【増補改訂】

Biografia Leksikono
de la Japana Anarkista Movado

日本アナキズム運動人名事典

日本アナキズム運動人名事典編集委員会*編

ぱる出版

装幀――工藤強勝＋勝田亜加里

増補改訂

日本アナキズム運動人名事典

増補改訂版刊行にあたって

　2004年に上梓した元版は，日本のアナキズム運動に直接関わった人物だけでなく，近代日本の民衆運動に大きな影響を与えた社会運動家や自由思想家，また台湾，朝鮮，中国などの活動家をも取り上げるとともに，基礎情報を重視する立場を貫いたことにより広く好評を頂き，版を重ねることができた。

　元版刊行に際して資料が乏しいため立項し得なかった人物が数多く存在するという認識を共有していた編集委員会は，さらに内容の充実を図るべく10年後に改訂版を刊行することを期した。

　そのため，研究・発表の場として雑誌『トスキナア』（2005年–2014年，通巻20号，皓星社）を刊行し，元版の記述の補正と，埋もれていた人物や資料の発掘に努めた。また，読者カードや執筆者へのアンケートで増補すべき人物の提案などの協力を得て，一層の充実を果たすことができた。資料面でも，アナ系の労働組合である信友会，正進会，芝浦労組，さらには農民自治会などの機関紙誌類を精査した。増補改訂版にはつぎの特色がある。

1　新たに3,000余名の人物を立項し，元版と合わせて6,000余名となった。
2　附録のアナキズム運動史関連機関紙誌リスト一覧を充実させ，新たに1945年から日本アナキスト連盟解散の1968年までの機関紙誌リストを加えた。
3　附録に，日本社会主義同盟（1920年設立）の加盟者名簿を収録した。
4　人名索引に加え，機関紙誌名の索引を載せた。

　近代日本の歴史の中で自由と平等を求めて闘った有名・無名の活動家の足跡発掘と業績の顕彰に，この増補改訂版が役立つことを願うものである。

2018年11月　編集委員会

編集委員	大澤正道	大和田茂	奥沢邦成
(50音順 ＊印 故人)	勝村　誠	川口秀彦	黒川　洋
	白仁成昭	田中ひかる	津田　透
	鶴見俊輔＊	手塚登士雄	冨板　敦
	山口　守	山中千春	渡辺雅哉

Antaŭparolo

En 1903 japanaj socialistoj fondis "Heimin-ŝa" (Societon de la popolo) k komencis eldoni semajnan ĵurnalon, kiu alvokas kontraŭmilitismon k socian ŝanĝon surbaze de socialismo. Iŝikaŭa Sanŝiro poste retrorigarde diris ke "Heimin-ŝa" estis sufiĉe sana k fekunda varmobedo, kiu koncipis semojn de la japana socialismo, komunismo k anarkismo.

Pasis 100 jaroj. Ĉu tiuj semoj ĝermis, kreskis sane, k donis riĉajn fruktojn? Bedaŭrinde ni ne povas doni jesan respondon. Kial? Al tiu peza demando ni devas senantaŭjuĝe alfronti.

Kun la celo esti utila por ekzameni la japanan anarkistan movadon ni redaktis tiun ĉi biografian leksikonon sub jenaj principoj.

1. Alte taksi faktojn. Ni klopodis por ke la bazaj informoj de la alprenitaj personoj estu kiel eble korektaj, k indikis fontomaterialojn.
2. Difini la koncepton de la anarkista movado kiel eble ampleksa. Ni priserĉis ne nur en la ĉefaj organoj de la movado, sed ankaŭ en literaturaj, ideaj ĵurnaloj k gazetoj, kies titoloj nombriĝis proksimume 700. Ni alprenis ĉ. 3000 personojn kiel artikoloj.
3. Lumigi la rilatojn kun la anarkista movado. En la priskriboj de la historiaj personoj oni ofte intence aŭ senkonscie ignoras koncernojn kun la anarkista movado. Pro tio ni emfazis rilatojn kun la movado.
4. Alpreni kiel eble multajn personojn de aliaj landoj, precipe en la proksimaj aziaj landoj, kiuj havis rilatojn kun la japana movado.
5. Alte taksi historiajn materialojn postlasitajn de la antaŭuloj k ankaŭ rikoltojn de plej novaj studoj. Ĉar informokvanto de la unuvoluma leksikono estas limigita, tial ni klopodis indiki la verkojn k la fontomaterialojn por la utilo de pluaj agadoj k studoj.

Ĉirkaŭ 6 jaroj pasis de la planiĝo de tiu ĉi projekto. Estis tre peniga sed tre merithava laboro. Feliĉe ni ricevis valoran kunlaboron tute sindonan de multaj personoj, kiuj plejparte ekster akademio laboras k studas. Tia karaktero estas tre konvena al tiu ĉi leksikono.

Ni estas kontentaj eldonante la plej bonan leksikonon, kiun ni povas nun postuli. Ni deziras ke ĝi helpos la posteulojn por atingi la deziratan celon.

Februaro 2004   Redaktkomitato

初版まえがき

「日本における社会主義，共産主義，無政府主義の種を宿していた，あの温床はかなり健全であり，豊饒であったと思います」とは平民社についての石川三四郎の回想である。

さてそれから100年の歳月を閲した今，その種はすくすくと育ち，見事に実を結んだだろうか。残念ながらとてもそうは言えまい。何故か。この重たい問いにわれわれは虚心で立ち向かう必要に迫られている。この事典はそれにいささかでも役立つことを目ざし，以下の基本方針により作業を進めた。

1 「論より証拠」「実事求是」に徹する。立項した人物の基礎情報（姓名・地名・組織名・年月日・事実経過など）は可能なかぎり正確を期し，その根拠を明記することにつとめた。

2 アナキズム運動なる概念の外延を最も広く設定する。『労働運動』『自由連合・自由連合新聞』『黒色青年』など主要機関紙はもとより，700点に近い運動・文芸・思想紙誌（巻末一覧参照）を検索し，約3000名を立項した。

3 アナキズム運動との関わりをクローズアップする。従来の歴史記述にはアナキズム運動との関わりを故意にあるいはそれと知らずに隠蔽し，省略する傾向が多々みられるゆえ，各項目の記述にあたってはとくに運動との関わりを強調した。

4 諸外国，とりわけ近隣諸国で日本の運動に深く関わった人物を可能なかぎり立項する。さらに直接の関わりが薄くとも運動全体の視点から必要と判断される人物を加えた。

5 先人が遺した文献・史料ならびに最新の研究成果を重視する。1巻の小項目事典の情報量には限界がある。それゆえ「著作」「文献」欄の充実につとめ，情報枠の拡大を計るとともに今後の運動・研究の礎とした。

企画発足以来約6年，気骨の折れる，しかしやり甲斐のある仕事であった。幸いにして多くの方々の奉仕ともいえる貴重な協力をいただき，感謝にたえない。その大半は在野の方々で，まことにこの事典にふさわしい陣容となった。また版元のぱる出版は辛棒強くわれわれの作業を待って下さった。あわせて心

からの謝意を表したい。

　現在の時点で望みうる最上の事典を世に送り得たと自負するものだが，さらに読者諸賢のご教示を得て完成度の向上につとめ，末永く江湖に迎えられ所期の目的に資することを願ってやまない。

2004年2月

編集委員会

編　集　委　員

猪野健治	植本展弘	大澤正道
奥沢邦成	亀田　博	川口秀彦
黒川　洋	呉　章煥	後藤彰信
小松隆二	近藤千浪	玉川信明
津田　透	鶴見俊輔	手塚登士雄
寺島珠雄*	戸田　清	戸田三三冬
冨板　敦	西村　修	古橋雅夫
真辺致真	三原容子	山口　晃
山口　守	李　文昌	

（50音順　*印　故人）

執筆者

秋元　潔*	足立　元	飯野正仁	五十嵐伸治	石瀧豊美
石田友三	磯部朋子	市原正恵*	一色哲八	猪野健治
井之川巨*	上野貴代子	植本展弘	内田麟太郎	梅本浩志
大岩川嫩	大澤正道	大杉　豊	大月　健*	大本　泉
大家眞吾	大和田茂	岡田孝子	岡野幸江	奥沢邦成
小黒基司	河西善治*	軽部哲雄	笠原芳光*	堅田精司
神谷昌史	亀田　博	川口秀彦	川成　洋	北沢文武
北村　巌	北村信隆	北村宏史	金　明燮	久保　隆
久保田一	暮尾　淳	黒川　洋	小正路淑泰	近代ナリコ
後藤彰信	小林千枝子	小松隆二	近藤千浪*	斉藤英子*
斉藤徹夫	斎藤秀昭	嵯峨　隆	坂井洋史	左近　毅*
佐藤昭司	澤辺真人	志賀英夫	嶋田恭子	志村正昭
白仁成昭	白沢吉利	鈴木義昭	須田久美	大東　仁
平　辰彦	高野慎三	竹内栄美子	高橋夏男	竹内康人
田島和夫	田中ひかる	田中英夫	田中真人*	千葉幸一郎
千葉正昭	津田　透	鶴見俊輔*	鶴見太郎	手塚登士雄
寺島珠雄*	遠矢徹彦*	戸田　清	戸田三三冬*	扉野良人
冨板　敦	内藤健治*	中村　隆	中見真理	西　杉夫
西村　修	西山　拓	林　彰	原　英樹	平山忠敬
廣畑研二	福田美鈴	藤巻謙一	古橋雅夫	細谷修平
堀内　稔	堀切利髙*	前田幸長*	増田智一	松下竜一*
松田　清	松田政男	松藤　豊	松本　勲	真辺致真
三原容子	宮坂英一	宮澤公明	森まゆみ	森　洋介
森下紀夫	安田常雄	柳井宏夫	矢野寛治	山泉　進
山口　晃	山口平明	山口　守	山下隆章	山田　修
山中千春	山野　治	山本有紀乃	吉川　凪	吉田文茂
米原　謙	米満晋八郎	龍武一郎	和田英子*	

(50音順　＊印 故人)

校正　勝平隆一
装幀　工藤強勝

凡　　例

1. 対　　象
   日本のアナキズム運動と思想に関わった国内外の人々を幅広く対象とした。ただし，原則として存命者は除いた。
2. 見出し
   ①　同一人で複数の呼称や読みがある場合は，最も一般的に用いられた名前での立項を原則としたが，絞りきれない場合は必要に応じてカラ見出しとして立項目を指示した(▷)。また，本名・旧姓を除く他の名前は別名のもとに列記した。
   ②　見出しは，漢字名(本見出し)・かな見出し(読み)の順とした。かな見出しは現代かなづかいによる平仮名書きとした。また，欧米人名は片仮名書きとし，ファミリー・ネームで表記し，長音は長音符号(ー)を用いた。ただし，中国・台湾・朝鮮の人名は，慣用の漢字読みによる平仮名書きとした。
   ③　外国人名は参考のため欧米は原語名，中国・朝鮮・台湾は当該国標準読みを片仮名で付した(中国は竹内実方式を採用)。
3. 配　　列
   配列は姓と名を区分したかな見出しの50音順とし，清音・濁音・半音の順に配列，長音は無視した。
4. 送り項目
   限られた資料に基づくために記述がほとんど重複する人名の場合は主なる項目へと送り，その項目を指示した(⇨)。
5. 用字・用語・字体
   ①　漢字かな混じり書きの口語文とし，平易簡潔な文章を心がけた。かなづかいは現代かなづかいを用い，敬語・敬称の使用は避けた。
   ②　漢字は，新字体を用い，原則として常用漢字で記述した。
   ③　数字は，漢数字を使用した。ただし，年号，度量衡，百分比，文献の編・巻・号などは，アラビア数字を用いた。
   ④　記号
   　　『　』書名・雑誌名・叢書名など。
   　　「　」引用文または引用語句，および論文名などを囲む。
   　　▷　カラ見出し項目で，参照すべき項目を示す。
   　　⇨　送り見出し項目で，参照すべき項目を示す。
   　　―　区間を示す。例：東京―大阪
   　　-　数の幅を示す。例：1910-20年
   　　・　並列点を示す。
6. 年次・年号
   ①　西暦で記載し，生没年および初出の年号のみ元号を(　)内に略記(明治→明,

　　　　大正→大，昭和→昭，平成→平）した。また，1872年＝明治5年以前のものは，年は西暦に換算して示した。
　　　②　生没年月日および文献の刊行年月日は年・月・日を略し，ピリオドで区切った。
 7.　出生地
　　　出生当時の地名を記し，できるだけ現在の市町村名を（　）内に記した。
 8.　組織名
　　　正式名称を用いることを原則としたが，頻出する組織名は〈略称一覧〉に従った。
 9.　執筆者
　　　記述の最後に執筆者名を（　）内に記し，別途一覧にまとめて表示した。
10.　著作・文献
　　　調査・研究の手がかりとして，各項目の末尾に主要著作・参考文献を〔著作〕〔文献〕として掲げ，いずれも出版社名・刊行年を付した。また，頻出する文献名は〈略称一覧〉に従った。
11.　索　　　引
　　　巻末に人名索引を付した。
12.　機関紙誌一覧
　　　本事典執筆・編集に際して使用した運動に関わる定期刊行物を中心に年代別一覧を付し，あわせて紙誌索引を付した。一部未見の資料を含むが，それらは今後の調査・研究に委ねたい。
13.　日本社会主義同盟加盟者名簿を参考資料として付した。

略称一覧

〔組　織〕

正式名称	略称
旭川一般労働組合	旭川一般
旭川黒色労働組合	旭川黒色
旭川純労働者組合	旭川純労
アナキスト自由連盟ロンダ組	ロンダ組
和泉漁業労働組合	和泉漁業
AC学生連盟	AC学連
AC労働者連盟	AC労連
沖縄印刷職工組合	沖縄印刷工／沖印
大阪印刷工組合	大阪印刷工／大印
大阪機械技工組合	大阪機械技工
大阪交通労働組合	大阪交通
大阪黒色一般労働組合	大阪黒色一般／黒色一般
大阪合成労働組合	大阪合成
大阪市市電自助会	市電自助会
大阪自由総合労働組合	大阪自総
大阪製鋲労働組合	大阪製鋲／製鋲労組
大阪鉄工労働組合	大阪鉄工
大阪平民新聞社	大阪平民社
岡山一般労働組合	岡山一般
岡山純労働者組合	岡山純労
岡山紡績労働組合	岡山紡績
小樽一般労働組合	小樽一般
関西一般労働組合自由連合会	関西一般
関西金属産業労働組合	関西金属
関西黒旗連盟	黒旗連盟
関西自由労働組合	関西自由
関西紡織労働組合	関西紡織
関西労働組合自由協議会	関西自協
関西労働組合自由連合会	関西自連
関東一般労働組合	関東一般
関東金属労働組合	関東金属
関東黒色青年連盟	関東黒連
関東サラリーマン同盟	サラリーマン同盟
関東自由労働者組合連合	関東自由
関東出版産業労働組合	関東出版
関東労働組合自由連合会	関東自連
関東労働組合自由連合協議会	関東自協
関東労働組合連合会	関東連合
機械技工組合（東京）	機械技工
京都一般労働者組合	京都一般
京都印刷工組合	京都印刷／京印
熊本印刷工組合	熊本印刷／熊印
呉印刷工組合	呉印刷／呉印
呉自由労働者組合	呉自由
江東自由労働者組合	江東自由
神戸印刷工組合	神戸印刷
神戸合成労働組合	神戸合成
神戸自由労働者組合	神戸自由労組
神戸純労働者組合	神戸純労
黒色自由労働者組合	黒色自由
黒色青年連盟	黒連
黒色労働者連盟	黒色労働
埼玉小作人組合	小作人組合
札幌印刷工組合	札幌印刷
札幌労働組合	札幌労組
四国黒色青年連盟	四国黒連
芝浦労働組合	芝浦労組
城南労働者自治連盟	城南自治
常磐一般労働者組合	常磐一般
上毛印刷工組合三山会	上毛印刷
新聞従業員組合正進会	正進会
世界産業労働者	IWW
全国印刷工連合会	全印連
全国行商人先駆者同盟	行商人先駆者同盟
全国水平社	全水／水平社
全国水平社解放連盟	全水解
全国水平社（自由）青年連盟	全水青
全国労働組合自由連合会	全国自連／自連
全世界無国家主義者エスペラント連盟	TLES
全世界無民族性協会	SAT
泉州純労働者組合	泉州純労

全日本鉱夫総連合会	鉱夫総連合	日本自治同盟	自治同盟
大日本労働総同盟友愛会	友愛会	日本社会党	社会党
中国一般労働者組合	中国一般	日本農民組合	日農
中国黒色青年連盟	中国黒連	日本無政府共産党	無共党
中国労働組合自由連合会	中国自連	日本労働組合会議	日労会議
中部黒色一般労働者組合	中部黒色一般	日本労働組合総同盟	総同盟
中部黒色青年連盟	中部黒連	日本労働組合総連合	総連合
朝鮮一般労働者組合	朝鮮一般	日本労働組合自由連合協議会	
朝鮮自由労働者組合	朝鮮自由		日本自協／自協
朝鮮人苦学生会	苦学生会	日本労働組合全国協議会	全協
朝鮮東興労働同盟		日本労働組合評議会	評議会
	東興労働同盟／東興労働	日本労友会	労友会
東海黒色青年連盟	東海黒連	沼津印刷工組合	沼津印刷／沼印
東京一般労働者組合	東京一般	農村青年社	農青社
東京印刷工組合	東京印刷／東印	農民自治会	農自
東京瓦斯工組合	瓦斯工組合	函館印刷工組合親交会	函館印刷／函印
東京市電自治会	市電自治会	播磨黒色一般労働者組合	播磨黒色一般
東京自由労働者組合	東京自由	汎太平洋労働組合会議	
東京食糧労働組合	東京食糧		太平洋労働組合会議
東京新聞労働連盟	新聞労働連盟	広島印刷工組合	広島印刷／広印
東京平民大学	平民大学	広島純労働者組合	広島純労
東北黒色青年連盟	東北黒連	広島労働組合自由連合会	広島自連
遠江印刷同工会	遠江印刷	北海黒色青年連盟	北海黒連
新潟一般労働者組合	新潟一般	横浜印刷工組合	横浜印刷／横印
日本アナキストクラブ	アナキストクラブ	横浜黒色一般労働者組合	横浜黒色一般
日本アナキスト連盟	アナ連	横浜自由労働者組合	横浜自由
日本印刷工組合信友会	信友会	琉球庶民会	庶民会
日本革命的無政府主義者協会	JRAP	労働運動社	労運社／労運
日本教員組合啓明会	啓明会	労働組合同盟会	同盟会
日本共産党	共産党		

〔文献および略称〕

日刊(週刊／月刊)『平民新聞』		日刊(週刊／月刊)『平民』	
『自由連合新聞』		『自連新聞』	
『自由連合』		『自連』	
『日本アナキズム運動人名事典編集委ニュース』		『編集委ニュース』	
『近代日本社会運動史人物大事典』全5巻日外アソシエーツ1997			
		『日外』	

田中惣五郎編『資料大正社会運動史』上下　三一書房1970
　　　　　　　　　　　　　　　　　　　　　　　　　『資料大正社会運動史』
松尾尊兊編『社会主義沿革1／2』(「続・現代史資料1／2』)みすず書房1984・86
　　　　　　　　　　　　　　　　　　　　　　　　　『社会主義沿革1／2』
農村青年社運動史刊行会著『1930年代に於ける日本アナキズム革命運動　資料農村青年社
　運動史』同刊行会1972　　　　　　　　　　　　　『資料農青社運動史』
農村青年社運動史刊行会編著『農村青年社事件・資料集』全3巻別冊1巻黒色戦線社1991-97
　　　　　　　　　　　　　　　　　　　　　　　　　『農青社事件資料集Ⅰ-Ⅳ』
同刊行委員会編『解放のいしずえ』解放運動犠牲者合葬追悼会世話人会1956
　　　　　　　　　　　　　　　　　　　　　　　　　『解放のいしずえ』旧版
解放運動犠牲者合葬追悼会中央実行委員会編『解放のいしずえ(新版)』同会1973
　　　　　　　　　　　　　　　　　　　　　　　　　『解放のいしずえ』新版
渡部徹・秋定嘉和編『部落問題・水平運動資料集成・補巻2』三一書房1978
　　　　　　　　　　　　　　　　　　　　　　　　　『水平運動資料集成』
無政府主義運動史編纂委員会『韓国아나키즘運動史』蛍雪出版社1978
　　　　　　　　　　　　　　　　　　　　　　　　　『韓国アナキズム運動史』

同編集委員会編『大阪社会労働運動史(第1巻)戦前編・上／下』有斐閣1986-89
　　　　　　　　　　　　　　　　　　　　　　　　　『大阪社会労働運動史上／下』
大阪交通労働組合編『大交史』労働旬報社1968　　　『大交史』
渡部徹編著『京都地方労働運動史増補版』同編纂会1968　『京都地方労働運動史』
斎藤勇『名古屋地方労働運動史(明治・大正篇)』風媒社1969
　　　　　　　　　　　　　　　　　　　　　　　　　『名古屋地方労働運動史』
静岡県労働運動史編さん委員会編『静岡県労働運動史資料上／下』静岡県労働組合評議会
　1980-81　　　　　　　　　　　　　　　　　　　『静岡県労働運動史資料上／下』
同上編『静岡県労働運動史』同上1984　　　　　　　『静岡県労働運動史』
同資料編集委員会編『岡山県労働運動史資料上／下』岡山県中央労働学校1951・52
　　　　　　　　　　　　　　　　　　　　　　　　　『岡山県労働運動史資料上／下』
岡山県労働組合総評議会編『岡山県社会運動史』全17巻労働教育センター1977-81
　　　　　　　　　　　　　　　　　　　　　　　　　『岡山県社会運動史』
山木茂『広島県社会運動史』労働旬報社1970　　　　山木茂『広島県社会運動史』
同編集委員会編『広島県労働運動史』全2巻広島県労働組合会議1980
　　　　　　　　　　　　　　　　　　　　　　　　　『広島県労働運動史』1980
広島県商工労働部労政課編『広島県労働運動史』第一法規出版1981
　　　　　　　　　　　　　　　　　　　　　　　　　『広島県労働運動史』1981

近代日本史料研究会編『特別要視察人状勢一斑』(復刻版)明治文献資料刊行会1962
　　　　　　　　　　　　　　　　　　　　　　　　　『特別要視察人状勢一斑』
『在米社会主義者・無政府主義者沿革』(復刻版)社会文庫叢書Ⅰ柏書房1964

　　　　　　　　　　　　　　　　　　　『在米主義者沿革』
『社会主義者無政府主義者人物研究史料』1-2(復刻版)社会文庫叢書Ⅶ-Ⅷ柏書房1964・1966
　　　　　　　　　　　　　　　　　　　『主義者人物史料1／2』
『大正期思想団体視察人報告』(復刻版)社会文庫叢書Ⅱ柏書房1965
　　　　　　　　　　　　　　　　　　　『大正期視察人報告』
内務省警保局編『社会運動の状況1／14』(復刻版)三一書房1971-72
　　　　　　　　　　　　　　　　　　　『社会運動の状況1／14』
同上編『社会運動の状況　大正15年版・昭和2年版』全2巻不二出版1994
　　　　　　　　　　　　　　　　　　『社会運動の状況大正15年版／昭和2年版』
内務省警保局編『特高月報』(各年月)(復刻版)政経出版社1973
　　　　　　　　　　　　　　　　　　　『特高月報』(各年月)
内務省警保局編『特別高等警察資料』全3巻5分冊(社会問題資料叢書第3輯)(復刻版)東洋文
　　化社1973・74　　　　　　　　　　　『特高資料』
『日本無政府共産党関係検挙者身上調査書』(社会問題資料叢書第1輯)(復刻版)東洋文化社
　　1974　　　　　　　　　　　　　　　『身上調書』
『日本無政府共産党事件第1審及第2審判決』(『昭和思想統制史資料第1巻共産主義・無政府主
　　義篇』)(復刻版)生活社1980　　　　　『無共党事件判決』
『自大正10年不敬事件至昭和2年不敬事件』(社会問題資料叢書第1輯)(復刻版)東洋文化社
　　1980　　　　　　　　　　　　　　　『不敬事件1』
『昭和3年不敬事件』(同上)同上1979　　　『不敬事件2』
『自大正11年1月至昭和元年12月思想犯罪輯覧』(社会問題資料叢書第1輯)(復刻版)東洋文化
　　社1979　　　　　　　　　　　　　　『思想輯覧1』
『昭和2年・昭和3年思想犯罪輯覧』(同上)(復刻版)東洋文化社1979
　　　　　　　　　　　　　　　　　　　『思想輯覧2』
司法省刑事局思想部『思想月報』(昭和9-19年度)全65巻(復刻版)文生書院1972-74
　　　　　　　　　　　　　　　　　　　『思想月報』(各年月)

朝鮮総督府警務局『東京出張員「在京朝鮮人状況」』(大正13年5月)1924
　　　　　　　　　　　　　　　　　　　『在京朝鮮人状況』
警保局保安課『大正15年中に於ける在留朝鮮人の状況』『在留朝鮮人の状況』
朝鮮総督府警務局『朝鮮人労働者内地渡航保護取締状況』1933
　　　　　　　　　　　　　　　　　　　『朝鮮人取締状況』
高等法院検事局『朝鮮治安維持法違反事件判決(1)』　『朝鮮治安維持法違反事件』
部落解放・人権研究所編『部落問題・人権事典』解放出版社2001
　　　　　　　　　　　　　　　　　　　『部落・人権事典』
柴田巌・後藤斉編『日本エスペラント運動人名事典』ひつじ書房2013
　　　　　　　　　　　　　　　　　　　『エス運動人名事典』

あ

相川 栄次郎 あいかわ・えいじろう ?-? 別名・栄二郎 中外商業社に勤め東京の新聞社員で組織された革進会に加わり1919(大8)年8月の同盟ストに参加するが敗北。のち正進会に加盟する。(冨板敦)〔文献〕『革進会々報』1巻1号1919.8, 正進会『同工諸君!! 寄附金芳名ビラ』1924.8

相坂 佶 あいさか・ただし 1884(明17)頃-1944(昭19)12.14 別名・火剣 広島市生まれ。06年呉海軍工廠の宮地嘉六を知り、社会主義や文学について啓発しあった。同年頃エスペラントを学ぶとともに日刊『平民新聞』に短歌の投稿を始める。その歌に「『君が代は千代に八千代』と歌ふ子の眼凹み頬落ち狼の如」(7号)がある。同年夏第1回社会主義講習会に出席するために広島から上京し有楽社にあった日本エスペラント協会を訪ね無給書記をつとめていた山鹿泰治と出会う。10年10月13日大逆事件に関連して広島の自宅が捜索され内山愚童の『入獄紀念無政府共産』を所持していたために同月28日検挙。不敬罪に問われ12月11日懲役5年の刑を受ける。12年9月27日明治天皇の死による大赦により出獄。出獄後は堺利彦の売文社を訪ね『へちまの花』の発行名義人になったりした。また大杉栄の仲間たちと活動し宮嶋資夫の家にエスペラント語研究会を設けた。14年実業之世界社にいるところに上海から帰った山鹿が訪ね親交を結ぶようになる。15年山鹿と二人で発禁となった月刊『平民新聞』を配付し、築地署に検束され警視庁特高課へ送られた。また山鹿と共同生活をして神楽坂に古本屋の夜店を出しながら『青年に訴ふ』を秘密出版する。15年10月に復刊された『近代思想』の同人に加わる。16年頃大阪へ移り同年3月12日坂上佐兵衛ら5人で大阪エスペラント協会を設立する。20年7月から大阪の福田国太郎を助けて全文エスペラント文芸誌の『Verda Utopio』(緑のユートピア)を発行し12号まで続けた。21年創刊の『種蒔く人』に毎号出ていた「種蒔き社宣言」のエスペラント訳は相坂の手によるものである。23年秋田雨雀、エロシェンコを監修者として『自由エスペラント講義録』を2冊刊行する。その生涯は山鹿とはまた違ったかたちでエスペラントとアナキズムという二つの運動を等価として、運動史のいしずえの道を歩んだといえる。(冨板敦)〔文献〕大島義夫・宮本正男『反体制エスペラント運動史』三省堂1974, 向井孝『山鹿泰治』自由思想社1984, 初芝武美『日本エスペラント運動史』日本エスペラント学会1998, 山本博雄・佐藤清賢編『橋浦時雄日記1』雁思社1983, 『エス運動人名事典』

四十崎 喜久治 あいざき・きくじ ?-? 1919(大8)年東京日本橋区(現・中央区)の三浦活版所に勤め活版印刷工組合信友会に加盟する。(冨板敦)〔文献〕『信友』1919年8・10月号

相沢 亀三郎 あいざわ・かめさぶろう ?-? 報知新聞社に勤め東京の新聞社員で組織された革進会に加わり1919(大8)年8月の同盟ストに参加するが敗北。のち正進会に加盟。20年機関誌『正進』発行のために1円寄付する。(冨板敦)〔文献〕『革進会々報』1巻1号1919.8, 『正進』1巻1号1920.4

相沢 賢太郎 あいざわ・けんたろう ?-? 1919(大8)年東京京橋区(現・中央区)の中屋印刷所文選科に勤め日本印刷工組合信友会に加盟する。(冨板敦)〔文献〕『信友』1919年10月号

相沢 尚夫 あいざわ・ひさお 1908(明41)5.7-2002(平14)4.23 別名・木村得三郎, 黒木実, 鈴木四郎, 田村厚三 津市中新町に生まれる。父英次郎は三重師範随一の名校長といわれた教育者。13年父の神奈川女子師範学校長兼県立高等女学校長就任に伴い横浜市西戸部町に移る。21年横浜一中に入学, 島崎藤村の『破戒』を読み社会主義に開眼。26年1月『労働運動』を求めに労働運動社を訪れた帰り駒込署に検束される。この警察の横暴で反逆心に火がつき大杉栄の著訳書を読み始める。27年10月早稲田高等学院に在学中、鈴木靖之『黒線』の同人となる。28年4月早大文学部哲学科入学前後からのちにAC学連と呼ばれるアナキズム研究会に入り、クロポトキン『パンの略取』、マラテスタ『選挙戦に際して』『農民に伍して』

1

などを榎本桃太郎，織田貫，鈴木柳介，樋田道賢らと学連の仲間と訳出。『パンの略取』はアナキズムの大古典として運動者にとっては垂涎の書だったが，幸徳秋水の訳書も発禁で日本語では容易に読むことができなかった。この待望の訳書は黒色戦線社から30年8月発禁覚悟の伏字なしで刊行されたが案の定発禁になり，相沢は星野準二と29日間拘留。しかし押収される前に訳書の多くは同志の手に渡った。28年『黒色文芸』の同人になり『二十世紀』『黒蜂』と合同して29年2月文芸思想誌『黒色戦線』を創刊したが，この頃から純正アナキズム対サンジカリズムの対立抗争が激化し同年末に分裂。30年1月鈴木，星野らと純正アナキズムを標榜する思想戦闘誌『黒旗』を発刊，黒木実，木村得三郎の筆名でほとんど毎号，巻頭の政治論文を書く。『黒旗』には農青イズムの原点といわれる宮崎晃の「農民に訴ふ」も掲載され「即時武装蜂起派」などと評された。31年5月廃刊。同年6月頃から前田淳一のすすめで『自由連合新聞』の編集に加わり自主分散を唱える農青社を批判する。32年2月長谷川進らとクロポトキン協会を設立，『アナキズム研究』を出したが1号で終わる。8月東京地方使用人組合を入江汎，遠藤斌，福田武寿，西山勇太郎らと結成し全国自連に加盟する。三越喫茶部に組合をつくろうとしたが協力者を得られず日常闘争の不足を痛感。『自連新聞』編集部の梅本英三，伊藤悦太郎，山口安二とはかり黒連に代わる革命団体の創出，全国自連と日本自協の合同をめざして動き出す。33年1月の自由連合新聞社の設立がその第一歩で，全国自連から自立した『自連新聞』77号は「主張」で「無組織無計画」「群雄割拠的大小グループの乱立」「思いつき的行動」などを従来のアナキズム本流の欠陥として批判し，各運動分野を結ぶ「最も効果的な組織と方法」の考究を呼びかけている。この時期の「主張」の筆者はほとんど伊藤と相沢だった。同年10月頃二見敏雄と会い革命団体結成の必要で合意，入江，植村諦，寺尾実を同志に加え12月日本無政府共産主義者連盟を結成，34年1月相沢の提案で日本無政府共産党と改称する。書記局責任者となり『自連新聞』を党の準機関紙化しフラクション活動をする一方，

党の理論家として綱領的な文書を起草する。「最高の理想社会としての無政府」(無共党テーゼ)として知られる文書はアナキズムの政治綱領として歴史的なものといってよい。無共党は二見の特務路線の独走で破綻しもっぱら党内テロや銀行襲撃事件などが喧伝されがちだが，政治運動としてのアナキズムの問題点を体を張って提起した活動として見直される必要がある。35年11月神戸へ走り二見とともに国外脱出をはかったが逮捕される。治安維持法違反により第2審で懲役6年に処され40年豊多摩刑務所に入獄，43年満期出獄し小西次郎の世話で大阪製鎖造機に入り敗戦を迎える。戦後同社で労働組合を結成，江西一三，逸見吉三，佐竹良雄らと中立系の日労会議設立に関わり書記局長などを歴任。47年大阪のメーデーで副議長をつとめ86歳の父を喜ばす。50年1月江口幹，白石徳夫，大谷二郎ら若い世代とともに自由社会主義同盟を結成する。73年若い同志とともに海燕書房をおこし『大杉栄書簡集』，井手文子『「青鞜」の女たち』，秋山清編『アナキスト詩集』，柏木隆法『千本組始末記』，『自由連合・自由連合新聞』(復刻版)などを出版した。(大澤正道)〔著作〕『日本無政府共産党』(植村諦「黒旗は破れた」「日本無政府共産党テーゼ」「プロレタリアの戦略戦術」を併録)海燕書房1974，「反体制運動におけるアナキズムの可能性」『思想の科学』1977.11，江口幹『自由を生きる』筑摩書房1980，『相沢英次郎年譜』(編)私家版1980，「解説」『黒旗』復刻版・黒色戦線社1987〔文献〕『農青社事件資料集Ⅰ』，『身上調書』，『編集委ニュース25』2002.7

相田 芳太郎 あいだ・よしたろう ?-? 別名・由太郎 1919(大8)年東京芝区(現・港区)の近藤商店印刷所欧文科に勤め活版印刷工組合信友会に加盟。同年11月2日横浜市長者町(現・中区長者町)の，せかんでで開かれた横浜印刷技工組合(横浜欧文技術工組合を改称)臨時大会発会式に，来賓として信友会を代表し奥秋博，石川三雄らと出席。21年末頃は芝区の日本印刷興業株式会社に勤めていた。(冨板敦)〔文献〕『信友』1919年8・10・12月号，1922年1月号

相羽 忠七郎 あいば・ちゅうしちろう ?-? 1919(大8)年東京京橋区(現・中央区)の築地活版所和文科に勤め活版印刷工組合信友会

饗庭 寅蔵 あいば・とらぞう 1905(明38)-1965(昭40)1.24 京都の博徒笹井末三郎の部下。20年笹井とともにロンダ組に加入。21年神戸でおこった川崎・三菱造船所の争議に助っ人参加。近藤茂雄、中尾吉之助らとしばしば行動をともにする。「酒を飲み革命歌を歌い、その勢いで街頭デモを行って警官と衝突するのがおちであった」(『京都地方労働運動史』)と酷評されることが多いが、当時の苛酷な労資対立、警察との対決の現場では被抑圧者側にとってその瞬発力は貴重な戦力となった。背中に般若の刺青があったことから「般若の寅」とも呼ばれ上京時はサトウ・ハチローら詩人、文人たちとも広く交遊。その後笹井に従って映画界に入り京都時代の宮嶋資夫を献身的に援助したことでも知られている。(西村修)〔文献〕柏木隆法『千本組始末記』海燕書房1992、岡本潤『詩人の運命』立風書房1974、玉川信明『日本番外地の群像』社会評論社1989、『京都地方労働運動史』

粟飯原 留吉 あいはら・とめきち ?-? 1919(大8)年横浜のジャパン・ガゼット社新聞課に勤め同年6月15日横浜欧文技術工組合を発起人として創立、理事長となる。同社の組合理事も務める。(冨板敦)〔文献〕『信友』1919年8・10月号、1920年1月号

相原 三子三 あいはら・みねぞう ?-? 印刷工として1919(大8)年日本印刷工組合信友会に加盟し活動する。(冨板敦)〔文献〕『信友』1919年10月号

青井 潔 あおい・きよし ?-? 1926(大15)年10月5日に創刊された第3次『小作人』の同人(同人はほかに岩佐作太郎、望月桂、近藤憲二、山鹿泰治、武良二、渡辺精一、副島辰巳、古川時雄、木下茂)。(冨板敦)〔文献〕『小作人』3次1・4・9号1926.10/27.2・10

青木 朝夫 あおき・あさお ?-? 1929(昭4)年5月頃福岡で赤木猛、奥村俊一郎、奥村文雄、佐藤三太郎、四宮三郎らと全九州黒塊社の結成に尽力する。32年同市で中村吉次郎、細迫郁三、江木ルイ、森才一、佐藤一夫、川村エマ子と会い自由連合九州準備会の機関紙の編集運営を決めるが弾圧のため準備会は不首尾に終わる。弘の父。(冨板敦)〔文献〕『社会運動の状況1』、松永伍一『日本農民詩史・中1』法大出版局1968

青木 有朋 あおき・ありとも ?-? 1919(大8)年東京牛込区(現・新宿区)の秀英舎(市ヶ谷)文選科に勤め活版印刷工組合信友会に加盟する。(冨板敦)〔文献〕『信友』1919年8・10月号

青木 亥三郎 あおき・いさぶろう ?-? 1919(大8)年東京神田区(現・千代田区)の三秀舎和文科に勤め活版印刷工組合信友会に加盟する。(冨板敦)〔文献〕『信友』1919年8・10月号

青木 市松 あおき・いちまつ ?-? 1919(大8)年東京芝区(現・港区)の東洋印刷会社文選科に勤め活版印刷工組合信友会に加盟する。(冨板敦)〔文献〕『信友』1919年8月号

青木 いね あおき・いね ?-? 助一は夫。夫の影響で東京北郊自主会に出入りしたとして1921(大10)年警視庁の思想要注意人とされる。北豊島郡西巣鴨町向原(現・豊島区池袋)に夫・助一と暮らしていた。(冨板敦)〔文献〕『警視庁思想要注意人名簿·大正10年度』

青木 菊太郎 あおき・きくたろう ?-? 新聞工組合正進会に加盟し1924(大13)年夏、木挽町(現・中央区銀座)本部設立のために1円寄付する。(冨板敦)〔文献〕正進会『同工諸君‼寄附金芳名ビラ』1924.8

青木 喜好 あおき・きこう ?-? 日本自協加盟の神戸合成労働組合、関西金属産業労働組合、大阪自由総合労働組合に所属。1930(昭5)年5月15日神戸の佐竹良雄が『ナボドネニー』に書いた文章を巡って長沢清、笠原勉、山口安治が佐竹に抗議、乱闘になる。佐竹の側に立ち長沢、山口に傷害を負わせるが起訴中止。31年5月大阪アルミ争議を闘う。同月23日社長宅へ夜襲をかけて検挙され、大阪自由のメンバー田所茂雄、後藤広数、逸見吉三、中田義秋、加藤進とともに起訴される。32年7月早川松太郎、後藤、佐竹良雄、中田、田所、逸見、久保譲、村川柳之助、斎藤久雄、松田等らと日本自協関西地方協議会を結成する。(冨板敦)〔文献〕『特高月報』1932.11、『社会運動の状況4』、江西一三『わが自協史』黒旗の下に発行所1974、『江西一三自伝』同刊行会1976、兵庫県特別高等課『特別要視察人ニ関スル状勢調ベ』(復刻版)兵庫県部落問題研究所1976、山口健助『青春無頼』私家版1982

青木 健太郎 あおき・けんたろう ?-? 芝浦製作所に勤め芝浦労働組合に加盟。1926(大15)年9月19日，同労組の緊急中央委員会で「共産党の走狗」であるとして渡辺精一，高橋知徳，春日正一，伐晃，菅野義清，小川武，中川栄，長谷川光一郎とともに組合から除名される。(冨板敦)〔文献〕『芝浦労働』3次10号1926.11，小松隆二『企業別組合の生成』お茶の水書房1971

青木 三郎 あおき・さぶろう ?-? 1919(大8)年東京神田区(現・千代田区)の丸利印刷所に勤め日本印刷工組合信友会に加盟する。(冨板敦)〔文献〕『信友』1919年10月号

青木 助一 あおき・すけいち 1891(明24)1.1-? いねは妻。東京市本郷区春木町(現・文京区本郷)に生まれる。1921(大10)年東京北郊自主会，労働社に出入りしたことから警視庁の思想要注意人とされる。北豊島郡西巣鴨町向原(現・豊島区池袋)に妻・いねと暮らしていた。(冨板敦)〔文献〕『警視庁思想要注意人名簿(大正10年度)』

青木 善太郎 あおき・ぜんたろう ?-? 報知新聞社に勤め東京の新聞社員で組織された革進会に加わり1919(大8)年8月の同盟ストに参加するが敗北。読売新聞社に移り正進会に加盟。20年機関誌『正進』発行のために5円寄付する。(冨板敦)〔文献〕『革進会々報』1巻1号1919.8，『正進』1巻1号1920.4

青木 武治 あおき・たけはる ?-? 1919(大8)年横浜の神戸印刷所に勤め横浜欧文技術工組合に加盟して活動する。(冨板敦)〔文献〕『信友』1919年8・10月号

青木 てう あおき・ちょう 1883(明16)-1959(昭34)8.30 埼玉県生まれ。19年陸軍大演習参加中の兵士へ文書を配布し連座検挙される。以来黒連，全国自連結成に活躍，争議犠牲者救援活動，街頭宣伝活動などを行う。その後夫・武良二と上海に渡り中国，朝鮮の同志とともに同地で活動。28年秋武が上海総領事脅迫事件で逮捕され同年暮れに控訴審のため長崎に送られたおりに帰国か。敗戦後長く鹿児島に住みのち東京へ移り死没。『クロハタ』(46号1959.10)は「大正末から昭和のはじめにかけて，武良二氏とともに運動に挺身した女丈夫」と追悼した。(三原容子)〔文献〕『無政府主義運動』29号1959.9

青木 徳三 あおき・とくぞう ?-? 1919(大8)年東京京橋区(現・中央区)の築地活版所文選科に勤め活版印刷工組合信友会に加盟する。(冨板敦)〔文献〕『信友』1919年8・10月号

青木 寅重 あおき・とらしげ ?-? 1919(大8)年東京神田区(現・千代田区)の丸利印刷所印刷科に勤め日本印刷工組合信友会に加盟する。(冨板敦)〔文献〕『信友』1919年10月号

青木 八郎 あおき・はちろう 1874(明7)-1927(昭2)11.27 江東自由労働者組合のメンバー。27年『自連』19号に訃報記事が掲載される。(冨板敦)〔文献〕『自連』19号1927.12

青木 弘 あおき・ひろし ?-? 福岡県生まれか。アナキスト青木朝夫の息子。博多人形師となり1949(昭24)年大杉の遺児魔子と結婚。55年抵抗社を結成し『抵抗者』を創刊，これが『無政府新聞』18号(1955.6)で「『抵抗者』創刊／故大杉の遺児らで」の見出しのもとに「発刊の言葉に無政府主義を宣言している。それはそのはずである。この発行者らは，われらの先輩大杉栄の長女真子君とその夫弘君は，またかつての同士青木朝夫君の遺児であるのだ」と紹介された。(三原容子)〔文献〕松下竜一『ルイズ 父に貰いし名は』講談社1982

青木 真子 あおき・まこ 1917(大6)9.25-1968(昭43)9.26 旧名・大杉魔子，伊藤真子，神真子 東京府北豊島郡巣鴨村宮仲(現・豊島区)に大杉栄と伊藤野枝の第1子として生まれる。妹や弟とともに出生届は出されず小学校に就学しなかった。同志の間でアイドル的存在であった。23年9月両親が虐殺され妹らと福岡の伊藤の実家へ。真子と改名され出生届。妹らと別れて福岡の母方の叔父に預けられ博多の小学校に編入。26年横浜の父方の叔父に引き取られた。女学校卒業後，東京の日仏同志会に就職。36年1月祖父の葬儀を機に博多へ帰り博多の大博覧会で九州日報社アナウンサーに採用され会期終了後同社に入社，校正などを担当。21歳で同社記者と結婚。戦後父大杉の名が復権しアナキズム運動が再興するなかで同志の寵愛を受けた遺児として注目される。49年10月子を残して家を出て同じくアナキスト青木朝夫の遺児で博多人形師青木弘と一緒になり55年夫とともに『抵抗者』を創刊した。(三原容子)〔文献〕松下竜一『ルイズ 父

に貰いし名は』講談社1982,『無政府新聞』18号1955.6,『無政府主義運動』61号1968.11

青木 まつ あおき・まつ ?-? 東京市蒲田区(現・大田区)志茂田町に居住し神田神保町の山縣製本印刷整版部に勤める。1935(昭10)年1月13日整版部の工場閉鎖,全部員40名の解雇通告に伴い争議勃発。工場を占拠して闘い同月15日解雇手当4カ月,争議費用百円で解決する。山縣製本印刷は当時東京大学文学部の出入り業者であり,東印は34年5月以降,東印山縣分会を組織していた。(冨板敦)〔文献〕『山縣製本印刷株式会社争議解決報告書』東京印刷工組合1935,『自連新聞』97号1935.1, 中島健蔵『回想の文学』平凡社1977

青木 道太郎 あおき・みちたろう ?-? 万朝報社に勤め東京の新聞社員で組織された革進会に加わり1919(大8)年8月の同盟ストに参加するが敗北。のち正進会に加盟。20年機関誌『正進』発行のために1円寄付。また24年夏,木挽町(現・中央区銀座)正進会本部設立のためにも1円寄付する。(冨板敦)〔文献〕『革進会々報』1巻1号1919.8,『正進』1巻1号1920.4, 正進会『同工諸君‼寄附金芳名ビラ』1924.8

青木 義雄 あおき・よしお ?-? 1919(大8)年東京神田区(現・千代田区)の三秀舎ポイント科に勤め日本印刷工組合信友会に加盟する。(冨板敦)〔文献〕『信友』1919年10月号

青木 嘉一 あおき・よしかず ?-? 印刷工として日本印刷工組合信友会に加盟。東京本郷区(現・文京区)の日東印刷会社に勤めていたが解雇され,1920(大9)年夏頃,解雇反対闘争を信友会のメンバーら30余名で戦う。(冨板敦)〔文献〕『信友』1920年8月号

青島 愛知 あおしま・あいち ⇨梶田徳次郎　かじた・とくじろう

青島 茂 あおしま・しげる 1929(昭4)1.16-2015(平27)7.10 1946年早稲田大学入学,そこで語学の教師にエスペラントを学ぶ。アナ連に参加し59年にアナ連が私学会館で開いたスペイン革命23周年記念集会を契機に大沢正道らとスペイン語に取り組む。67年大沢の個人誌『黒の手帖』2号にペイラッツの『スペイン革命におけるCNT』を紹介,2007年に南雲堂フェニックスから出た『スペイン内戦とガルシア・ロルカ』では「あるエスペランティストが見たスペイン内戦」を翻訳している。晩年までエス日併記の月刊個人誌"Pandora Skatolo"(パンドラの箱)を出していた。ひつじ書房の『日本エスペラント運動人名事典』(2013)にも協力している。(川口秀彦)〔著作〕ボテーリャ・アントニオ・マルコ(訳)「史料紹介・労働者エスペランチストから見たスペイン内戦」『スペイン現代史』15号2005.12, ウルリヒ・リンス(訳)「スペイン内戦中のエスペランチストたち」『スペイン現代史』17号2008.12,「日本エスペラント運動とスペイン内戦」『スペイン現代史』20号2011.12, 自伝的小説『岩の窪み』風詠社2014〔文献〕大沢正道『アはアナキストのア』三一書房2017

青島 辰方 あおしま・たつかた ?-? 1919(大8)年東京神田区(現・千代田区)の精芸出版合資会社に勤め活版印刷工組合信友会に加盟する。(冨板敦)〔文献〕『信友』1919年8・10月号

青沼 晃 あおぬま・あきら ?-? 1919(大8)年朝鮮の釜山日報社文選科に勤め日本印刷工組合信友会(朝鮮支部)に加盟。同年9月24日堀越佐一方で開かれた支部会で幹事に選ばれる。(冨板敦)〔文献〕『信友』1919年10月号

青沼 治重 あおぬま・はるしげ ?-? 別名・青沼春詩　長野県上水内郡安茂里村(現・長野市)で農業を営み1924(大13)年京都帝国大学に在学中の塚田隆雄が組織した散鐸会に加わる。回覧誌『散鐸』の編集委員を務めた。散鐸会が小山敬吾を介して農民自治会に合流すると農自全国連合に参加。27年8月15日安茂里小学校で開かれた農村問題講演会及び農自新北信連合発会式で開会の辞を述べる。(冨板敦)〔文献〕『農民自治』12号1927.9, 大井廣男『農民自治運動史』銀河書房1980

青野 季吉 あおの・すえきち 1890(明23)2.24-1961(昭36)6.23 新潟県佐渡郡沢根町(現・佐渡市)生まれ。佐渡中学に在学中から幸徳秋水らの著作に親しみ日刊『平民新聞』を定期購読,社会主義思想に傾倒した。09年高田師範学校卒業後小学校教師。10年早稲田大学文科予科に編入し同期の細田民樹,細田源吉,保高徳蔵らと親交。15年読売新聞社に入社,18年同社のシベリア出兵論に反対して市川正一らとスト決議を画策したが失敗し退社。以後新聞社,通信社に勤めながら社会主義理論の研究,ロープシン『蒼ざめたる馬』(冬夏社1919)などの翻訳を手がける。22年平林初之輔らとマルクス

主義の評論雑誌『無産階級』を創刊，以後政治・社会・文芸評論に活躍した。同年暮共産党入党，種蒔き社の同人となって以後プロレタリア文学運動の指導的批評家としての役割を担った。26年9月『文芸戦線』に「自然生長と目的意識」を執筆。これをきっかけとして『文芸戦線』からアナ派が脱退することとなる(アナ・ボルの対立激化)。27年労農派同人となり，以後文学活動が低迷するなかで33年頃から人民戦線に立つ反ファシズム運動で活躍，38年人民戦線事件で検挙入獄。敗戦後に批評活動を再開し日本ペンクラブの再建につとめた。(奥沢邦成)〔著作〕『無産政党と社会運動』白揚社1925，『解放の芸術』解放社1926，『転換期の文学』春秋社1927，『マルクス主義文学論争』神谷書店1929，『実践的文学論』千倉書店1930，『青野季吉選集』河出書房1950，『文学五十年』筑摩書房1957，『青野季吉日記』河出書房新社1964

青柳 尹二 あおやぎ・いんじ ?-? 石版工。1923(大12)年6月日本印刷工組合信友会に石版工仲間と加盟し山田義雄らと計19名で小柴支部を組織する。(冨板敦)〔文献〕『印刷工連合』3号1923.8。

青柳 虎吉 あおやぎ・とらきち ?-? 新聞工組合正進会に加盟し1924(大13)年夏，木挽町(現・東京中央区銀座)本部設立のために1円寄付する。(冨板敦)〔文献〕正進会『同工諸君!! 寄附金芳名ビラ』1924.8。

青柳 優 あおやぎ・ゆたか ▷丹沢明 たんざわ・あきら

青山 幾治 あおやま・いくじ ?-? 時事新報社に勤め新聞工組合正進会に加盟。1920(大9)年機関誌『正進』発行のために1円寄付する。(冨板敦)〔文献〕『正進』1巻1号1920.4。

青山 菊次郎 あおやま・きくじろう ?-? 1919(大8)年東京麹町区(現・千代田区)のジャパンタイムス＆メール社欧文科に勤め活版印刷工組合信友会に加盟する。(冨板敦)〔文献〕『信友』1919年8・10月号，1921年1月号，1922年1月号

青山 貞男 あおやま・さだお ?-? 1919(大8)年東京牛込区(現・新宿区)の秀英舎(市ヶ谷)第二和文科に勤め活版印刷工組合信友会に加盟する。(冨板敦)〔文献〕『信友』1919年8月号

青山 錠一 あおやま・じょういち ?-? 印刷工，信友会のメンバー。1924(大13)年7月19日信友会が正進会との合同を決めた神田松本亭での信友会臨時大会で石版部の理事に選出される。(冨板敦)〔文献〕『印刷工連合』15号1924.8，水沼辰夫『明治・大正期自立的労働運動の足跡』JCA出版1979

青山 正史 あおやま・せいじ ?-? 神奈川県高座郡で農業を営む。1931(昭6)年3月25日農青社の鈴木靖之，小野長五郎の訪問を受け地元の同志草薙市治，鈴木清士，三部豊と会合をもつ。(冨板敦)〔文献〕農青社資料集I，『特高外事月報』1936.5，『社会運動の状況8』

青山 たい あおやま・たい ?-? 1919(大8)年東京神田区(現・千代田区)の三省堂印刷部解版科に勤め活版印刷工組合信友会に加盟する。(冨板敦)〔文献〕『信友』1919年8・10月号

青山 大学 あおやま・だいがく ?-1968(昭43)1.11 広島県三原市生まれ。25年3月吉田昌晴，白砂健，佐竹新市，三篠自由労働者組合の矢口英一らと広島純労働者組合を結成し全国自連に加盟する。その後三原市で原田凡らと自由人社を結成して『自由人』を発行，福山の黎民社や広島の黒人社と交流する。自由人社は満州事変前後に潰滅。32年春頃長崎に一時移ったが34年頃三原市に帰郷。中之町に居住して芸備評論社をおこす。敗戦後週刊『芸備評論』を編集発行。46年アナ連に加わり同年7月白砂，佐竹良雄，逸見吉三らと計画して岩佐作太郎や水沼辰夫の参加で西日本アナキスト協議会を開催，同夜の伊串英治，栗原唯一，岩佐らの文化講演会の司会をするなどアナ連全国委員として中国地方を中心に活動。また同年9月三原市で中国，朝鮮の有志に呼びかけ国際自由連合会を結成する。「大衆の中へ，そして大衆と共に強権への闘いを戦おう」を信条とする闘士であった。(北村信隆)〔著作〕『三原市政裏面史』芸備評論社1953，「議会風雲録」『芸備評論』1954.12，「若き同志へ」『無政府主義会議』1号1948.2〔文献〕山木茂『広島県社会運動史』，『無政府主義運動』55号1967.4，『自由連合』138号1968.2，『平民新聞』3・35・46号1946.8.7・47.7.30・10.31

青山 年見 あおやま・としみ 1903(明36)-? 別名・草野守人，赤木冬彦 北海道高島郡祝津村(現・小樽市)に生まれ空知郡砂川村(現・砂川市)で育つ。18年1月上京。探

偵社に勤務、社会主義思想に触れる。大杉栄、堺利彦と文通。22年1月札幌自由労働新聞社の斎藤重浦を頼り札幌に移る。3月「革命ハ近ケリ」と題する手紙を道庁や区役所に送る。検挙され同月13日札幌区裁で懲役2年6カ月の判決を受ける。砂川に戻る。29年夏樺太に移る。無産政党支部を組織しようとしたが成功しなかった。30年春樺太戦旗読者協議会に参加、この組織のことを警察に密告され、6月検挙。10月4日懲役3年の判決を受ける。出獄後空知郡滝川町（現・滝川市）に移り肉屋となる。労働要視察人に編入される。36年中央空知消費組合準備会を組織。37年8月応召。（堅田精司）〔文献〕『不敬事件1』、『札幌控訴院管内社会運動概況』2輯1930.11、『特高関係要警戒人物一覧表』北海道庁特高課1936、『北海タイムス』1922.3.15・30.8.25・9.26・10.5・31.12.9

青山 紅人 あおやま・べにと ?-? 岡山市で童心社を経営し月刊雑誌『文芸往来』、『岡山詩人選集(1931年版)』などを出版。1932(昭7)年北海道石狩郡在住の小田正夫を編者としてアナキスト詩人らが寄稿した『大根詩集』を刊行。33年6月自らが編者となりアナ派アンソロジー『日本農民詩集』(世紀社内日本詩選刊行会)を出版。（冨板敦）〔文献〕松永伍一『日本農民詩史・中2』法大出版局1969

青山 義雄 あおやま・よしお ?-? 1926(大15)年6月29日夜、江東自由労働者組合事務所で開かれた日立従業員組合研究会で「消費組合の話」の講師をつとめる（参加者20人余）。（冨板敦）〔文献〕『自連』3号1926.8

紅井 暁 あかい・あきら ?-? 1926(大15)年東京印刷工組合本部の協力で、東京印刷深川分社の有志と東印深川支部を設立する。深川の紅井宅を事務所とし毎月第2・4土曜日に茶話会を開く。発会式を同年10月23日本所双葉倶楽部で開催、和田栄太郎、八太舟三らが登壇した。（冨板敦）〔文献〕『自連』4.5・6号1926.10・11

赤井 謙五郎 あかい・けんごろう ?-? 中央新聞社に勤め東京の新聞社員で組織された革進会に加わり1919(大8)年8月の同盟ストに参加するが敗北。のち正進会に加盟。24年夏、木挽町（現・中央区銀座）正進会本部設立のために1円寄付する。（冨板敦）〔文献〕『革進会々報』1巻1号1919.8、正進会『同工諸君!! 寄附金芳名ビラ』1924.8

赤石 憲太郎 あかいし・けんたろう 1900(明33)4.4-1928(昭3)2.10 号・蕗洲。秋田市保戸野町上丁29番生まれ。祖先は佐竹氏の家臣。秋田中学、秋田鉱専(中退)、早稲田大学文学部卒業。早大在学中『白樺』派の作家やアナキストを訪問し、1920年11月-1923年夏頃まで文芸雑誌『金砂』を編集発行した。同誌には有島武郎の題字、岸田劉生の表紙絵、大杉栄や加藤一夫の詩、堺利彦の翻訳などが掲載された。雑誌『種蒔く人』の初期同人近江谷友治と親交し秋田青年思想研究会に接近、同誌のロシア飢饉救済運動にも寄付した。『金砂』で同人となった作家伊藤永之介は「長髪を乱した青い顔の赤石蕗洲というアナーキストをたずねたこともあった」（『文学入門』新友社1953）と回想している。（大和田茂）〔文献〕千葉三郎「雑誌『金砂』の革新性」『文芸秋田』34号1992.7

赤石 鋲 あかいし・びょう ?-? 秋山清と交流し、1935(昭10)年『詩行動』に参加、詩「ほのかなる歌」(1号)、「人妻恋慕」(5号)を寄せる。（冨板敦）〔文献〕秋山清『あるアナキズムの系譜』冬樹社1973、同『アナキズム文学史』筑摩書房1975

赤岩 栄 あかいわ・さかえ 1903(明36)4.6-1966(昭41)11.28 愛媛県喜多郡肱川村（現・大洲市）生まれ。父は牧師。広陵中学時代トルストイを読みアナキズムに関心を持ち大杉栄に傾倒、「骨の髄から俺はアナキズムだ」という手紙を友人に送った。28年東京神学社を卒業し佐渡で伝道。高倉徳太郎主宰の雑誌『福音と現代』に「マルクス主義と基督教」を執筆、関心はアナキズムからマルクス主義に移行した。東京代々木上原に日本基督教団上原教会を形成、牧師をつとめる。戦後キリスト教とマルクス主義の両立を唱える。椎名麟三とともに雑誌『指』を発行。やがて教義や制度を批判、洗礼・聖餐・祈禱・賛美歌を廃止、礼拝を日曜集会と改称。さらに史的イエスを探求し64年『キリスト教脱出記』を著す。最後にイエスはキリストではなく「私」であると説いた。これは本来的自己を意味するものと考えられアナキズム的思想といえよう。（笠原芳光）〔著作〕『キリスト教脱出記』理論社1964、『赤岩栄著作集』全9巻別巻1・教文館1972〔文献〕笠原芳光「イエスのアナ

キズム』『赤岩栄著作集・別巻』, 同『イエス逆説の生涯』春秋社1999

赤尾　敏　あかお・さとし　1899(明32)1.15-1990(平2)2.6　「びん」と呼ばれることが多かった。名古屋市東区富沢町生まれ。父織之助は資産家。16年愛知三中5年の時結核を発病し中退, 三宅島に渡る。同島では祖父志津摩が赤尾家所有の土地300町歩を管理していた。18年武者小路実篤に傾倒し理想的社会主義に憧れ「新しき村」建設を決意, 父の協力を得て三宅島で事業に乗り出すが19年祖父が病死, 計画は挫折する。全面的な社会改革の必要を痛感し堺利彦, 山川均, 近藤栄蔵らと交流, 21年5月上京, 堺に師事。その後郷里の名古屋に戻り父の経営する赤尾金物店2階に事務所を開く。堺らの指導下に東海農業組合連合会, 名古屋借屋人同盟を結成, 実践活動に入る。事務所は名古屋の社会主義活動家や運動に関心をもつジャーナリストの拠点となり社会主義関係の印刷物, パンフレット, 機関紙の取次なども行う。23年名古屋第3司令部の練兵場で反軍演説を行い不敬罪の疑いで憲兵隊に引き渡され千種刑務所の隔離監に90日間拘束。釈放後東海農民組合連合会のカンパ集めにからみその言動が恐喝未遂に問われ懲役1年6カ月の実刑判決を受ける(第2審で執行猶予)。同志の裏切りもあり未決入獄中に愛国的社会革新への献身を決意, 25年3月上京し建国祭の開催を提唱, 26年2月11日第1回建国祭が10万人を動員したのを機に建国会を結成, 委員長に就任, 以後本格的な右翼運動に投じる。(猪野健治)〔文献〕猪野健治『評伝赤尾敏』オール出版1991

赤尾　房吉　あかお・ふさきち　⇨梶田徳次郎　かじた・とくじろう

赤尾　義信　あかお・よしのぶ　?-?　1919(大8)年東京京橋区(現・中央区)の築地活版所印刷科に勤め活版印刷工組合信友会に加盟する。(冨板敦)〔文献〕『信友』1919年8・10月号

赤川　建吉　あかがわ・けんきち　1919(大8)-?　別名・謙　秋田県生まれ。横手中学在学中にアナキズムに共鳴。38年上京し実兄宣吉が主幹する同人雑誌『新興文芸』を監修。40年後継誌『文芸思潮』を創刊する。41年横領被疑事件と『無政府主義的容疑行動』で静岡県警に取り調べを受ける。(冨板敦)

〔文献〕『社会運動の状況13』

赤川　啓来　あかがわ・はるき　1906(明39)頃-1974(昭49)6　中国名・泰希同　栃木県に生まれる。上京して印刷工となり東京印刷工組合欧文部に所属する。26年1月宇都宮第59歩兵連隊に入隊したが古兵の虐待にあい2月脱走, 山鹿泰治の手引きで首尾よく中国上海に逃れた。27年岩佐作太郎とともに福建省泉州の民団訓練所へ行き軍事訓練を受ける。民団訓練所はアナ系の武装共同体。しかし翌年民団は政治情勢の変化で泉州から撤退を余儀なくされ再び上海に戻る。同年7月南京で結成された東方無政府主義者連盟に参加したという。10月矢田上海総領事恐喝未遂事件で白山秀雄, 武良二らと逮捕, 脱走兵であることがわかり日本へ送還される。29年3月第14師団軍法会議にかけられ逃亡, 軍用物投棄, 恐喝未遂の罪で懲役2年の判決を受ける。「軍隊というところは下らぬところだと思い, 逃亡を決意した」と法廷で言い放った。東京渋谷衛戍刑務所に入れられ32年8月元気で出獄, 改めて1年の兵役を課され解放されたのは33年, 27歳であった。戦後もアナ連に参加, 寡黙だが存在感のある人だった。(大澤正道)
〔文献〕『自連新聞』31・34・73号1929.1・4・32.8, 『韓国アナキズム運動史』, 岩佐作太郎『痴人の繰言』日本アナキストクラブ1983, 向井孝『山鹿泰治』自由思想社1984

垢木　茂一　あかぎ・しげかず　?-?　別名・重一　1925年(大14)頃山口県で炭鉱労働者の組織化のため防長労働組合をつくる。山本利平を訪ね山本が2階借りしていた家に同居する。同年5月上旬の早朝, 風邪で寝ているところを下関警察署の警官に襲われるが, 機転をきかせて用を足す時間をもらい共同便所にあらかじめつくってあった裏口から逃れる。翌日の『関門日日新聞』は「過激派要注意人物, 便所から風をくらって逃走」と報じた。27年5月24日熊本市公会堂から始まり6月14日長崎市青年会館で終わった黒連の九州宣伝隊に筑後労働社を名のって山本らと参加。途中6月4日久留米太陽座での演説会で会場に入ったボル派の妨害に怒り, 翌5日労農党九州合同委員長, 福岡日日新聞社記者を刺したとして逮捕される(懲役6カ月)。(冨板敦)〔文献〕『黒色青年』10

号1927.7,『解放新聞』5号1927.7,山本利平「山口県の水平運動」部落問題研究所編『水平運動の無名戦士』同出版部1973,尾崎勇喜・杉尾敏明編著『気骨の人・山本利平』文理閣1979

赤木　猛　あかぎ・たけし　⇨奥村俊一郎　おくむら・しゅんいちろう

赤木　竜　あかぎ・りゅう　1899(明32)-?　1927(昭2)6.21　弘中柳三,中村千満与が発行する『中国評論』63号に「俺達の希望」と題し「権力なく命令なく服従なき社会の建設に努めなければならない」「妥協とか政治行動とかの欺瞞に目を向けず醜悪な現在社会の改革に対して全生命を投げよ」などの文を執筆,新聞紙法違反で弘中,中村と検挙される。赤木は略式起訴で罰金50円。(冨板敦)〔文献〕『思想輯覧2』

赤座久一　あかざ・ひさいち　1898(明31)3.15-?　東京市浅草区西三筋町(現・台東区三筋)に生まれる。1921(大10)年東京北郊自主会に出入りしたことから警視庁の思想要注意人とされる。北豊島郡高田町雑司ヶ谷(現・豊島区雑司が谷)に住み時計修繕業を営んでいた。(冨板敦)〔文献〕『警視庁思想要注意人名簿(大正10年度)』

赤坂　基　あかさか・もとい　1901(明34)-?　秋田県仙北郡西明寺村宇佐曾田(現・仙北市)生まれ。高等小学校を卒業後,農業に従事する。21年12月1日舞鶴海兵団に入団,23年2月13日三等水兵として帰休除隊となる。少年時代から文学を好んで詩歌をつくる。除隊後東京で自動車運転手の見習いをしている際,左翼文学者を訪ねて親交を結ぶ。帰郷後同志を集め地元に麻生久を招いて夏季講習会を開催するなど左翼文学の普及につとめる。28年頃農民自治会全国連合に参加。同年5月農自組織再編の際には組合部協同組合の常任委員に小山敬吾とともに選出される。35年10月堀川清弘の雑誌『生活』の同人として投稿した。35年末頃無共党事件で検挙されるが不起訴。(冨板敦)〔文献〕『農民自治』15-17号1928.2-6,『身上調書』

明石順三　あかし・じゅんぞう　1889(明22)7.1-1965(昭40)11.14　滋賀県坂田郡息長村岩脇(現・米原市)に漢方医の息子として生まれ14歳で彦根中学を中退。渡米を計画,08年18歳の時に実行して働きながら公立図書館で勉強。サンディエゴ,サンフランシスコ,ロサンゼルスの日本語新聞記者として働く。26年聖書の無謬と兵役拒否を説くものみの塔の日本支部灯台社をつくるために日本に送られ,満州事変下に反戦を説き信者とともに投獄された。法廷では「1億対5人の闘い」と述べて日本国家への批判を貫いた。45年敗戦後に自由の身になったが米国の運動が米国国旗を会場に掲げるなどして日本の信者の貫いた運動から離れたことを知って批判し除名された。以後同信の友とともに鹿沼市で余生を送り日本の戦後の傾向を憂慮して『高志人』に再軍備を憂える論文を発表し,キリスト教が景教を通して浄土宗成立に影響を与えたという長編小説を書いた。(鶴見俊輔)〔文献〕稲垣真美『兵役を拒否した日本人』岩波新書1972,同志社人文科学研究所キリスト教社会問題研究会編『戦時下のキリスト教運動1-3』新教出版社1972-73,同『戦時下抵抗の研究　キリスト者・自由主義者の場合Ⅰ』みすず書房1978,津山千恵『戦争と聖書』三一書房1988

明石鉄也　あかし・てつや　1905(明38)1.10-1969(昭44)1.31　本名・永井恭　鳥取県西伯郡余子村高松(現・境港市高松町)に生まれる。三高を経て東京大学仏文科に進んで3年で中退。この頃アナキズムの洗礼を受ける一方で,改良主義的な日本労働組合同盟の書記などをしながら同盟内の労農青年同盟に参加,組織の左翼化へ努力した。28年2月アナキズムからコミュニズムに転じた壺井繁治,高見順,三好十郎らとともに左翼芸術同盟を結成し,機関誌『左翼芸術』に小説「起重機」を書き同年4月ナップ創立に参加して『戦旗』にも作品を発表した。また同年イスクラ劇場も組織。29年鳥取県弓ケ浜の製糸工場の争議を舞台にした「故郷」が『改造』の懸賞小説に入選,プロレタリア作家として文壇にデビューした。その後2冊の作品集を刊行し注目された新人作家であったが30年5月ナップ活動家への治安維持法違反の嫌疑で逮捕入獄し,運動解体後は大衆文学の世界に転じた。(大和田茂)〔著作〕『失業者の歌』先進社1930,『鉄の規律』改造社1930〔文献〕『プロレタリア文学集17』新日本出版社1984,竹内道夫『伯耆の近代文学史』伯耆文庫刊行会1988

明石平三　あかし・へいぞう　?-?　1919(大8)年東京神田区(現・千代田区)の三秀舎印刷科に勤め活版印刷工組合信友会に加盟す

る。(冨板敦)〔文献〕『信友』1919年8・10月号

赤瀬川 原平 あかせがわ・げんぺい 1937(昭12)3.27-2014(平26)10.26 本名・赤瀬川克彦 筆名・尾辻克彦 横浜市中区本牧町に生まれる。55年武蔵野美術学校油絵科に入学。翌56年砂川基地反対闘争に参加。60年吉村益信、篠原有司男らと〈ネオ・ダダイズム・オルガナイザーズ〉を結成。62年座談会「直接行動の兆し」に高松次郎、中西夏之らと出席する(『形象』)。翌63年には個展「あいまいな海について」(新宿・第一画廊)を開催、紙に表一色で原寸大の千円札を印刷し案内状として現金封筒で送付する。同年高松、中西とともに〈ハイレッド・センター〉の公式活動を開始。翌64年刑事二人の自宅訪問を受け警視庁に任意出頭、「千円札事件」が起こる。同年『日本読書新聞』に「資本主義リアリズム論」を発表、千円札作品を「模型千円札」と規定する。同年〈ハイレッド・センター〉はイベント「首都圏清掃整理促進運動」を行う。69年には時評的文章とイラストレーションによる「現代野次馬考」シリーズを『現代の眼』に連載開始、独自のパロディを展開し「野次馬軍団宣言」を発表。翌70年美学校・美術演習講師となる。同年「お座敷」を『ガロ』に発表。81年には尾辻克彦名義による「父が消えた」で第84回芥川賞を受賞する。その後も〈トマソン観測センター〉、〈路上観察学会〉、〈ライカ同盟〉などのグループ結成に携わり活動を展開。(細谷修平)〔著作〕『オブジェを持った無産者』現代思潮社1970,『櫻画報永久保存版』青林堂1971,『追放された野次馬 思想的変質者の十字路』現代評論社1972,『東京ミキサー計画 ハイレッド・センター直接行動の記録』PARCO出版局1984,『超芸術トマソン』白夜書房1985など多数〔文献〕『赤瀬川原平の芸術原論展 1960年代から現在まで』千葉市美術館他2014

赤田 良次郎 あかだ・りょうじろう ?-? 別名・良二郎 時事新報社に勤め東京の新開社員で組織された革進会に加わり1919(大8)年8月の同盟ストに参加するが敗北。のち正進会に加盟。24年夏、木挽町(現・中央区銀座)正進会本部設立のために1円寄付する。(冨板敦)〔文献〕『革進会々報』1巻1号1919.8,正進会『同エ諸君!! 寄附金芳名ビラ』1924.8

赤羽 巌穴 あかば・がんけつ 1875(明8)4.5-1912(明45)3.1 本名・一 長野県東筑摩郡広丘村郷原(現・塩尻市)に生まれる。1894年家業を弟に譲り上京、翌年東京法学院に入学する。新聞記者となり活躍するかたわら三宅雪嶺の雑誌『日本人』にも寄稿。1902年『嗚呼祖国』(嗚皐書院)を刊行(のちに発禁)、日本に見切りをつけて渡米する。サンフランシスコの日本人福音会で岩佐作太郎らと知り04年片山潜らと日本人社会主義協会を設立、日露戦争に反対して非戦論を主張する。05年郷里の母重体の知らせで帰国。母の没後、06年3月上京し石川三四郎らの新紀元社に参加、谷中村の田中正造を支援する。つねに悲憤慷慨し火山の爆発する趣がある一方、男女問題などには処女のごとくはにかみやだったと石川は回想している。その後日刊『平民新聞』の編集に関わる。「政治と政治家とを憎むこと蛇蝎の如く、従つて思想は早くからアナキスチックだった」(石川)が、日刊『平民新聞』廃刊後は議会政策派の西川光二郎と行をともにし『社会新聞』『東京社会新聞』に参加する。『東京社会新聞』13号(1908.7.25)に書いた「社会党入獄史」などで軽禁錮10カ月の刑を受け08年12月千葉監獄に収監される。09年9月出獄、福田英子の『世界婦人』に協力し石川や渡辺政太郎らと運動を続ける。その間郷里へ帰り『農民の福音』を書き上げ翌10年5月発禁覚悟で秘密出版、渡辺、田中佐市らに配布を託す。案の定朝憲紊乱で逮捕、軽禁錮2年の重刑を科され千葉監獄へ送られる。12年2月獄中で持病の腸カタルが悪化、医師のすすめる医薬を拒否しハンガーストを強行、覚悟の自死ともいえる状態で死没。戒名は持明院鉄心厳大居士。渡辺は「気に入った」と実弟への手紙に書いている。陶淵明の詩を愛誦し田園の荒廃を心底憤慨していたという。『農民の福音』は29年に石川の共学社から「共学パンフレット」6輯として刊行されたがこれも発禁となる。(大澤正道)〔著作〕『農民の福音』増補復刻版・黒色戦線社1983(共学社版は大澤正道編『土民の思想』社会評論社1990に収録)、『乱雲驚濤』『明治社会主義文学集2』筑摩書房1965〔文献〕中村勝範『明治社会主義研究』世界書院1966,藤田美実『明治的人間像』筑摩書房1968,萩原富士夫「反文明・反近代主義者としての赤羽巌穴」『社会文学』1号1987,山泉進編『社会主義事始』社会評論社1990,飯野正仁編『渡辺政太郎遺

文』私家版2002，松尾貞子「赤羽巌穴」『初期社会主義研究』16号2003，「『新紀元』は赤羽巌穴の原点」『初期社会主義研究』19号2006

赤羽 宜十 あかば・ぎじゅう ?-? 長野県東筑摩郡広丘村郷原(現・塩尻市)に生まれる。平民社時代から激烈な社会主義的論調を展開したジャーナリスト赤羽巌穴の実弟で，兄に代わり家督を継ぐ。1912年3月1日巌穴が千葉監獄で持病の悪化にもかかわらず医薬を拒否しハンガーストによって亡くなった際，遺骸を引き取って故郷に葬った。その後『近代思想』の読者として大杉栄などとの文通の跡がみられる。(大和田茂)〔文献〕松尾貞子「赤羽巌穴『生活権』を視座とする無政府主義者」『初期社会主義研究』16号2003，『大杉栄全集』別巻ぱる出版2016

赤林 精 あかばやし・せい ?-? 東京市京橋区(現・中央区)湊町に居住し神田神保町の山縣製本印刷整版部に勤める。1935(昭10)年1月13日整版部の工場閉鎖，全部員40名の解雇通告に伴い争議勃発。工場を占拠して闘い同月15日解雇手当4カ月，争議費用百円で解決する。山縣製本印刷は当時東京大学文学部の出入り業者であり，東印は34年5月以降，東印山縣分会を組織していた。(冨板敦)〔文献〕「山縣製本印刷株式会社争議解決報告書」東京印刷工組合1935，『自連新聞』97号1935.1，中島健蔵『回想の文学』平凡社1977

赤間 乾一 あかま・かんいち 1898(明31)2.14-? 東京市京橋区入船町(現・中央区)に生まれる。報知新聞社に印刷工として勤め1919(大8)年東京各新聞社の整版部従業員有志で組織された労働組合革進会に加わり，8月初めの同盟ストに参加するが敗北。その後新聞工組合正進会に入会。20年日本社会主義同盟に加盟，12月9日発会式後の警官との乱闘で検挙され懲役3カ月となる。21年正進会機関誌『正進』2巻2・3号に「獄中より」を寄せる。同年5月19日に豊多摩監獄から出獄。同月24日に東京京橋区(現・中央区)桜橋際の川崎屋で出獄歓迎会が開かれる。その後，正進会の中心メンバーとして活動。23年5月20日月島演芸館での小田電機工場争議解決報告演説会，また6月13日青年会館での車両工組合スト報告演説会でも正進会を代表して演説。24年4月20日神田松本亭での全印連第1回全国大会で正進会が提出した8時間労働と2足のわらじの件の議案説明をする(可決)。(冨板敦)〔文献〕『革進会々報』1巻1号1919.8，『労働運動』2次1号1921.1，『正進』2巻1・3・5・6号1921.1-3・5・6，3巻6号1922.6，4巻4号1923.4，『印刷工連合』2・24号1923.7・25.5，正進会『同工諸君!! 寄附金芳名ビラ』1924.8，『警視庁思想要注意人名簿(大正10年度)』，土穴文人「大正初期のアナ系組合運動の一考察」『社会労働研究』9号1958，水沼辰夫『明治・大正期自立的労働運動の足跡』JCA出版1979

赤松 民平 あかまつ・みんぺい ?-? 兵庫県生まれか。1921(大10)年9月に創刊された『関西労働者』の編集同人となり創刊号に「斯くして自由を求めよ」を書いている。同じ頃ロンダ組有志近藤茂雄・正次兄弟，木谷栄吉，西脇英史，鴨川潔，岡部一太，上谷鉄夫らと黒光会を結成するなど神戸を舞台に活動した。(北村信яや)〔文献〕逸見吉三「戦前大阪における社会主義運動の思い出」『大阪地方労働運動史研究』2号1959.4，小山仁示「『関西労働者』について」同4号1960.8，逸見吉三『墓標なきアナキスト像』三一書房1976，『大阪社会労働運動史・上』

赤松 義視 あかまつ・よしみ 1904(明37)-? 28年12月神戸で，アナキストに貧民救済費として500円を与えよという内容の文書を郵送したことで検挙され恐喝罪で懲役10カ月となる。(冨板敦)〔文献〕『思想輯覧2』

阿岐 栄三 あき・えいぞう ?-? 東京印刷工組合のメンバー。1925(大14)年第4次『労働運動』の「労働組合総連合に就いて」というアンケートに東印組合員として賛成の回答を寄せる。28年『自連新聞』30号に「陰惨な農民運動 農民自治会の解体」を執筆する。(冨板敦)〔文献〕『労働運動』4次8号1925.2，『自連新聞』30号1928.12

安芸 盛 あき・さかん 1896(明29)10.2-1944(昭19)5.30 高知県土佐郡江ノ口村百軒町(現・高知市)に生まれ小学校卒業後印刷工となる。15年大阪に出て18年米騒動に群衆の一人として参加。20年心酔していた賀川豊彦を会長とする大阪印刷工革新同志会(同年大阪印刷工組合と改称)に加わる。21年大阪初のメーデーで演説，この年総同盟に加盟。矢野準三郎らと大阪の新聞工を組織し22年3月6日中之島中央公会堂で大阪新聞工組合の発会式を行う。3月12日第1回委員会を開き井上甚吾，成瀬徳明，広井音二と

常任委員に選出される（会計を兼務する）。4月から機関紙『兄弟』を発行。7月9日大阪天王寺公会堂で開かれた全国的組合連合促進演説会に参加，警官を殴打して懲役4カ月となる。その後高知県の労働運動も指導しのち国家社会主義に傾斜した。戦時中，乗っていた商船が米潜水艦の攻撃を受け死没。第3次『労働運動』は安芸と大阪新聞工組合について3度にわたって消息欄で紹介している。大阪新聞工組合は「『自主自治の堅き信念』の下に『何等指導者を戴かず，ソビエト制に似たる委員会制をとる関西』の嚆矢と自負，成瀬（徳明）が運動を『するに当たって最も憎むべき且注意すべきは学者と指導者である』（『兄弟』1号）といっていることからみて，総同盟系とは異質のものであった」（千本秀樹，渡部徹）。（冨板敦）〔著作〕入交好保編著・刊（安芸盛口述）『嗚呼！安芸盛』1984〔文献〕『労働運動』3次3・4・7号1922.3.4.9，『印刷工連合』8号1924.1，千本秀樹草稿・渡部徹補正「労働組合総連合運動の挫折」『大阪社会労働運動史・上』，横山光夫『解放運動のあけぼの（高知県左翼社会運動覚え書）』同刊行委員会1968

秋岡　源蔵　あきおか・げんぞう　?-?　1919（大8）年東京京橋区（現・中央区）の国文社和文科に勤め活版印刷工組合信友会に加盟する。（冨板敦）〔文献〕『信友』1919年8・10月号

秋沢　義夫　あきざわ・よしお　?-?　横浜印刷工組合のメンバー。1926（大15）年「1月10日までに入営しなければならない」と『印刷工連合』が報じる。（冨板敦）〔文献〕『印刷工連合』32号1926.1

秋田　雨雀　あきた・うじゃく　1883（明16）1.30-1962（昭37）5.12　本名・徳三。病弱で臆病者と自己卑下の気持ちから雨雀と称したという。青森県南津軽郡黒石町前町（現・黒石市）生まれ。02年東京専門学校（現・早稲田大学）英文科入学。同級に相馬御風，白柳秀湖，小川未明らがいる。03年本郷中央会堂で幸徳秋水，堺利彦らの非戦演説を聞き社会運動に眼を開かれる。07年早大卒業。小山内薫の『新思潮』の編集を手伝うかたわらイブセン会の書記となりイブセンを通して劇作に熱中する。15年頃エロシェンコと知り合いエスペランティストになる。またエロシェンコを通してバハイ教徒アグネス・アレクサンダーを知りその縁で望月百合子，神近市子と交流する。19年日蔭茶屋事件では神近を支援。この頃から社会運動への関わりを強め21年日本社会主義同盟に参加，『種蒔く人』にも寄稿する。関東大震災での大杉事件，亀戸事件，朝鮮人虐殺事件への抗議の意味をこめて「骸骨の舞跳」（1幕）を発表。掲載誌『演劇新潮』は発禁になる。24年日本フェビアン協会に参加，それ以降共産党の同伴者として活動するが良心的な人道主義の立場は崩さなかった。（北村信彦）〔著作〕『雨雀自伝』新評論社1953，尾崎宏次編『秋田雨雀日記』全5巻未来社1965-67，小山内時雄・藤田竜雄編『秋田雨雀戯曲集』津軽書房1965〔文献〕藤田竜雄『秋田雨雀研究』津軽書房1973，秋田雨雀研究会編『秋田雨雀』全2巻共栄社出版1975・76，『エス運動人名事典』

秋田　芝夫　あきた・しばお　?-?　秋田県仙北郡に暮らし1931（昭6）年10月全国農民芸術連盟が解体して結成された農民自治文化連盟に加わる。第3次『農民』に詩「ある対話」（3巻10号），詩「お前達の腕」（4巻1号）を寄稿。32年創刊された第2次『弾道』に「農民詩の研究」を，33年5月『農民詩人』に「百姓を稼ぐ者の農民詩に就いて」を寄せる。「宣伝や煽動を目的にしないで人々を起ちあがらせる詩，これがアナキズムの側からの農民詩のあるべき姿」（松永伍一）と主張し自らも詩作した。32年萩原恭次郎の『クロポトキンを中心とした芸術の研究』，定村比呂志の『鴉』に作品を寄せる。（冨板敦）〔文献〕『クロポトキンを中心とした芸術の研究』3号1932.10，松永伍一『日本農民詩史・中1』法大出版局1968

秋田　義一　あきた・よしかず　1897（明30）頃-1933（昭8）6.12.　北海道旭川出身。画家。萬鐵五郎に師事する。21年故郷の旭川でカムシュッペ画会の第五回展に出品し，個展も開く。22年頃美術雑誌『純正美術』の発行に関わり芸術論，評論を執筆。詩誌『楽園』の福士幸次郎や金子光晴と知り合う。22年9月二科会第9回展に「花」を出品。萬鐵五郎が結成した円鳥会に加わり23年6月第一回展に「風景」を出品する。度々中国に渡り「蘇州風景」など多くの絵を描く。24年暮福士幸次郎の紹介で上海にやってきた詩人で画家の富永太郎の世話をする。旭川新聞社の記者だった詩人の小熊秀雄とも交流し，26年6月旭川の旭ビルで萬鐵五郎，

秋田義一，小林徳三郎，虫明柏太，大森桃太郎の五人展を開く。28年暮から29年にかけて上海に滞在した金子光晴・森三千代夫妻と親しく交流し，29年春三人で蘇州に遊ぶ。29年7月以降魯迅と度々会い魯迅に絵を贈り，また9月27日に誕生した魯迅の息子を描く。「海嬰生後十六日像」と魯迅に贈った静物画は上海の魯迅旧居に今も飾られている。29年秋中国の画家・陳抱一に協力して上海江湾区にある陳のアトリエに晞陽美術学院を開き，中国の青年たちに油絵を教える。33年結核が悪化したため阿部正に付き添われて帰国，馬込の弟の家に身を寄せるが間もなくそこで亡くなる。享年36歳。（手塚登士雄）〔文献〕金子光晴『詩人』『どくろ杯』等，大岡昇平『富永太郎』中央公論社1974，洲之内徹「今年の桜」「秋田義一ともう一人」『人魚を見た人 気まぐれ美術館』新潮社1975，小熊秀雄「秋田義一氏の芸術を評す」『新版・小熊秀雄全集 第5巻』創樹社1991，新明英仁「大正期の旭川画壇について」『旭川研究 昔と今』第9号1996，佐々木一成「円鳥会の成立と消滅」『大正期美術展覧会の研究』中央公論美術出版2005，周国偉「魯迅与日本友人」上海書店出版社2006，趙怡「1920年代の上海における日中文化人の交流」『一九二〇年代東アジアの文化交流』思文閣出版2010，手塚登士雄「謎の画家 秋田義一について」「続・謎の画家 秋田義一について」『トスキナア』17・18号2013.6・11

秋月 静枝 あきづき・しずえ　1897（明30）9.29-?　別名・村松チエ，岡松子，小野チエ　生家は東京目白で運送業を営んでいたという。1921（大10）年4月九津見房子，堺（近藤）真柄，橋浦はる子らと赤瀾会を結成しメーデー参加を呼びかけるビラまき，演説会，労働争議の応援など積極的に活動した。当時静枝は学生アナキストとして民人同盟会を結成し大学を放逐されたのち大杉栄の労働運動社，高津正道の暁民会に参加し自らもアナキスト団体五月会を組織していた中名生幸力と同棲中であった。赤瀾会では幸力の妹いねと活動した。23年高尾平兵衛らの戦線同盟の解体後，運動の表舞台から離れた幸力と別れ友愛会，純労働者組合，機械労働組合連合会などでの活動の経歴がある俵次雄と結婚した。しかし30年頃俵とも別れ二人の子供を連れて満州に渡った。帰国後，俵の兄鶴岡貞之と一度会ったというが詳細は不詳。（西山拓）〔文献〕平林たい子「婦人闘士物語」『婦人公論』1930.8，鈴木裕子「女性として初めてメーデーに参加した赤瀾会の人々」『月刊総評』1979.5，江刺昭子『覚めよ女たち 赤瀾会の人々』大月書店1980

秋野 弥之助 あきの・やのすけ　?-?　1919（大8）年東京神田区（現・千代田区）の三秀舎文選科に勤め日本印刷工組合信友会に加盟する。（冨板敦）〔文献〕『信友』1919年10月号

秋葉 安一 あきば・やすいち　1898（明31）3.22-1984（昭59）10.5　旧名・安市，別名・久城吉男，小野鑛，愚外　鳥取県西伯郡米子町（現・米子市）に生まれ，日野郡黒坂村（現・日野町）で育つ。14年11月青森県下北の安部城鉱山に就職。17年2月北海道余市の明治鉱山に勤務し水銀精錬に従事。18年9月上京し職を転々。大杉栄と知り合い大杉の日本脱出の手伝いをする。アナキストグループに加わりたびたび留置された。特別要視察人（無政府主義）に編入される。22年8月札幌に移り資源調査に従事。鉱山調査のため山に入ると尾行がつくので話題となる。棚田義明の再現社に出入りし来札するアナキストと交際。「柳芽をもつ新川ぶちの再現社，アナキスト達そつと集まる」という歌を詠む。25年5月『無産人』創刊号に「検束の唄」を発表。12月農民労働党の禁止を愚行と決めつけかえって思想団体が隆盛になると予測した。26年6月『大衆短歌』を創刊。27年思想要注意人に編入替えとなる。28年6月新聞記者駒林菊松と札幌文芸協会を組織。30年思想要注意人名簿から削除される。34年10月4日札幌市会議員に当選。社会大衆党の正木清に同調。市会議員は1期で辞めた。老齢になるまで鉱山研究。札幌の代表的口語歌人でもあった。（堅田精司）〔著作〕『岩石をたゝいて』私家版1987〔文献〕『農民労働党禁止ニ対スル各方面ノ意響感想』内務省警保局1926.1，『思想要注意人調』北海道庁警察部1927.6，『特別要視察人・思想要注意人一覧表』同1929.1，『札幌控訴院管内社会運動概況』2輯1930.11，『北海タイムス』1923.7.18

秋葉 録之助 あきば・ろくのすけ　?-?　1919（大8）年東京神田区（現・千代田区）の三秀舎鉛鋳科に勤め日本印刷工組合信友会に加盟する。（冨板敦）〔文献〕『信友』1919年10月号

秋保 孝 あきほ・たかし　⇨佐野甚造　さ

の・じんぞう

秋元 清一郎 あきもと・せいいちろう ?-?
1924(大13)年6月8日千葉市内飯高館で千葉印刷工組合千工会創立大会を開き司会をつとめる。組合事務所を市内千葉寺町の自宅に置き全印連に加盟した。同年11月東印創立大会で祝辞を述べる。25年3月29日神田松本亭での全印連第2回大会に出席し千工会の情勢報告，千工会が提出した全国的宣伝の件の提案理由説明を行う(可決)。(冨板敦)〔文献〕『印刷工連合』11-14・19・24号1924.4-7 ・12/25.5，水沼辰夫『明治・大正期自立的労働運動の足跡』JCA出版1979

秋本 静吾 あきもと・せいご ?-? 1919(大8)年東京京橋区(現・中央区)の共栄舎和文科に勤め日本印刷工組合信友会に加盟する。(冨板敦)〔文献〕『信友』1919年10月号

秋本 仙松 あきもと・せんしょう ?-? 1919(大8)年東京京橋区(現・中央区)の福音印刷会社文選科に勤め日本印刷工組合信友会に加盟した。(冨板敦)〔文献〕『信友』1919年10月号

秋本 守一郎 あきもと・もりいちろう ?-?
万朝報社に勤め東京の新聞社員で組織された革進会に加わり1919(大8)年8月の同盟ストに参加するが敗北。のち正進会に加盟。20年機関誌『正進』発行のために1円寄付する。(冨板敦)〔文献〕『革進会々報』1巻1号1919.8，『正進』1巻1号1920.4

秋本 義一 あきもと・よしかず ?-? 別名・秋元義一　岡山県に生まれる。岡山一般労働組合に加わり1927(昭2)年12月13日岡山県苫田郡津山町(現・津山市)鶴山館で労農党撲滅社会問題批判大演説会を開催。関東黒連の後藤学三，岡山一般の田中勘三郎，有安浩雄と検束される。28年AC労働者連盟に加盟。同年夏東北宣伝中，恐怖時代社の平見思朗，AC農夫連盟の笹とともに検挙され29日間拘留される。秋には昭和天皇即位の際ACの仲間と予防検束にあう。その後労働者自治連盟に加盟。31年7月東京ガス社外工争議で日本自協派とぶつかり金沢末松，松本親敏，牟田征紀，上村実とともに負傷。33年4月全国自連第3回大会で上村らと副議長をつとめ5月梁瀬自動車争議で上村とともに検挙。自連・自協の合同を推進し34年3月合同後の全国自連第4回大会では書記をつとめる。無共党事件の弾圧後，36年7月再建された東京印刷工組合に参加する。温和で言葉少ない性格であったが柔道は相当の腕前だったという。自伝小説『痴人の秋』がある。(奥沢邦成・冨板敦)〔文献〕『黒色青年』15・18号1927.12・28.9，『労働者の叫び』1929.2，『自連新聞』60・79・81・82・84・85・90号1931.7・33.4・6・7・9・10・34.5，横倉辰次「黒色自由労働者組合とAC労働者連盟の思い出」『労働と解放』5号1967.11，山口健助『青春無頼』私家版1982

秋山 清 あきやま・きよし 1904(明37)4.20-1988(昭63)11.14　別名・局清，高山慶・慶太・慶太郎，直方十郎，夏川小吉，小寺謙吉，高田太郎　福岡県企救郡松ケ江村今津(現・北九州市)の生まれ。23年小倉中学を卒業，上京して日本大学予科に入学(中退)。24年11月創刊の『詩戦行』が秋山のアナキズムへの出発でそこへ導いたのは日大予科の友人斎藤峻だった。しかしアナキズムとの縁はそれより早く中浜哲と遠い親戚であることで結ばれていた。中浜は秋山の東京の下宿を訪ねたこともあるが，遠縁の年長者の生活観察訪問でアナキズムの話はしなかった。秋山は『詩戦行』『単騎』『矛盾』『黒色戦線』を経てアナキズムに拠る詩人，運動者の存在を確立していくが，当時は局清の筆名を用いた。秋山清の名が現れるのは30年2月小野十三郎に協力して刊行した『弾道』の編集発行人となってからである。また飯田豊二が中心の劇団解放劇場のアナキズム演劇運動にも参加した。32年6月岡本潤と協力して『解放文化』を創刊，同年10月には東京紀伊国屋書店で解放文化展(アナキズム運動史展)を開くなど退潮期の運動にテコ入れした。33年8月『解放文化』を月刊『文学通信』に拡大，解放文化連盟に全国組織の実態を備えさせる。一方35年3月清水清の『詩行動』創刊を助けてアナ系詩人の結集を実現した。このようにアナ系に多くみられるダダ的，虚無的な傾きをみせず具体的に実務を進めることを特色とし，無共党事件による運動壊滅後も『詩行動』の後身『詩作』発行(1号1936のみ)や40年にはマルクス主義者を含む人民戦線的市販誌『詩原』発行(2号まで)に尽力する。その間37年木材通信社に入社，業界新聞記者を生業として戦後に及ぶがそこでも関根弘，岡本，花田清輝，中野重治らの就職を斡旋している。た

だし戦時下の木材業界人としての戦争協力が皆無だったとはいえない。ひそかに反戦の思いを詩に述べる反面、『南洋の林業』(豊国社1942)、『チークの話』(木材経済研究所1943)、『日本の木、南の木』(文松堂1944)の啓蒙書を高山慶太郎の筆名で発行している。高山名は『弾道』でも使用。戦後は自筆ガリ版の『日刊・木材通信』を発行しながらその事務所の日本橋区茅場町(現・中央区)ゴムビルを新しい雑誌の創刊やアナキスト結集のための拠点に提供した。46年4月創刊の『コスモス』、同年5月結成のアナ連の準備は秋山の事務所で行われた。『コスモス』では岡本、小野、金子光晴らと人民的詩精神の主張を掲げて結集し編集発行人。また居住する中野区上高田の生活協同組合理事長をつとめた。新日本文学会常任委員となったのは50年、以来56年まで会務に従いこの間の体験を『文学の自己批判』(新興出版社1956)としてまとめ64年退会した。57年以降アナ連機関紙『クロハタ』(1962『自由連合』と改題)の編集にあたり特に62年以降終刊(1969)までその中心にあった。著作活動はこの頃から旺盛となる。59年7月処女詩集『象のはなし』(コスモス社)を刊行、60年2月共同研究『転向・中』(平凡社)に「アナキスト萩原恭次郎、岩佐作太郎」を執筆。66年11月ベトナム反戦直接行動委員会(笹本雅敬らの田無事件)へのカンパのため戦時下の作品を集め『白い花』(解説・吉本隆明、コスモス社)を刊行、68年『竹久夢二』(紀伊国屋書店)、75年ライフワークとしての『アナキズム文学史』(筑摩書房)など多数の詩集、歌集、編著作がある。68年11月アナ連解散後、大澤正道、横倉辰次らと麦社設立。71年1月『乱』(『麦社通信』改題)創刊。72年秋戦後関わってきたすべての団体を辞める。この時期、自己をアナキズムからさえも解放したいという思いを強くしていた。人民戦線的な戦略とアナキストとしての立場をその死まで貫いた。なお『コスモス』は第4次まで継続され没後の通巻101号『秋山清論特集』(1989.10)で終刊した。毎年11月に秋山とその仲間たちを偲んでコスモス忌がもたれている。〔寺島珠雄・黒川洋〕〔著作〕『無名詩集・祖国の砂』(中野重治と共編)筑摩書房1952、『日本の反逆思想』現代思潮社1960、『日本反戦詩集』(伊藤信吉・岡本潤と共編)太平出版社1966、詩集『ある孤独』コスモス社1967、『秋山清詩集』現代思潮社1968・増補版1973、『ニヒルとテロル』川島書店1968、『戦後詩の私的な回想』太平出版社1969、『近代の漂泊』現代思潮社1970、『郷愁論』青林堂1971、『幸徳・大杉・石川』(大沢正道と共著)北日本出版社1971、『自由おんな論争』思想の科学社1973、『反逆の信条』北冬書房1973、『あるアナキズムの系譜』冬樹社1973、『アナキスト詩集』海燕書房1974、『壺中の歌』仮面社1974、『アナキズム文学史』筑摩書房1975、『大杉栄評伝』思想の科学社1976、『恋愛詩集』冬樹社1977、『わが暴力考』三一書房1977、『夢二は旅人』毎日新聞社1978、『プロレタリア詩雑誌集成』(伊藤信吉と共編)全3巻久山社1978、『眼の記憶』筑摩書房1979、『やさしき人々』大和書房1980、歌集『冬芽』山崎書店1984、『昼夜なく』筑摩書房1986、『秋山清詩集』思潮社2001、『わが解説』文治堂書店2004、『秋山清著作集』全12巻別巻1巻ぱる出版2006-07〔文献〕『巻末年譜』『秋山清自選詩集』ぱる出版1984、『コスモス』通巻100・101号1988・89、暮尾淳『秋山清』『論争』2・3号1989、岡田孝一『詩人秋山清の孤独』土曜美術社出版販売1996、大澤正道『忘れられぬ人々』論創社2007、『現代詩手帖 特集・秋山清再検討』2007.10

秋山 国義 あきやま・くによし ?-? 1919(大8)年東京京橋区(現・中央区)の国光社文選科に勤め日本印刷工組合信友会に加盟する。〔冨板敦〕〔文献〕『信友』1919年10月号

秋山 信良 あきやま・のぶよし ?-? 日本印刷工組合信友会に加盟し1921(大10)年末頃、東京芝区(現・港区)の日本印刷興業株式会社に勤めていた。〔冨板敦〕〔文献〕『信友』1922年1月号

秋山 福之助 あきやま・ふくのすけ ?-? 東京市滝野川区(現・北区)滝野川に居住し神田神保町の山縣製本印刷整版部に勤める。1935(昭10)年1月13日整版部の工場閉鎖、全部員40名の解雇通告に伴い争議勃発。工場を占拠して闘い同月15日解雇手当4カ月、争議費用百円で解決する。山縣製本印刷は当時東京大学文学部の出入り業者であり、東印は34年5月以降、東印山縣分会を組織していた。〔冨板敦〕〔文献〕『山縣製本印刷株式会社争議解決報告書』東京印刷工組合1935、『自連新聞』97号1935.1、中島健蔵『回想の文学』平凡社1977

秋山 竜四郎 あきやま・りゅうしろう 1907(明40)-? 日雇い労働に従事し24年頃黒竜会簡易宿泊所で小松亀代吉、宮崎秀人らと知り合う。小松、加藤利造、伊崎豊太郎の4人で自由労働相互会を組織。26年1月銀座

事件で検挙され第1審懲役6カ月，控訴審で懲役6カ月，未決通算120日となる。(冨板敦)〔文献〕『黒色青年』1・18号1926.4・28.9, 『小松亀代吉追悼 叛逆頌』同刊行世話人会1972, 『思想輯覧1』

秋好 為一 あきよし・ためいち 1897(明30)9.19-? 別名・秋吉民市 山口県豊浦郡滝部村(現・下関市)に生まれる。上京し明治大学に入学。1921(大10)年5月9日日本社会主義同盟第2回大会に参加し検束される。小石川区指ヶ谷町(現・文京区白山)に住んでいた。(冨板敦)〔文献〕『労働運動』2次12号1921.6, 『警視庁思想要注意人名簿(大正10年度)』

秋吉 敏郎 あきよし・としろう ?-? 1926(大15)年末頃，ELU(電工組合)に加わり自由労働者同盟の中央委員を務める。ELUは組合員数216名で秋吉のほか木島一揆，鈴木吉三郎，今野作太郎，長田助吉が幹部を担っていた。(冨板敦)〔文献〕加藤昇「自由労働者同盟」『昭和2年版解放運動解放団体現勢年鑑』解放社1927

明田 市之助 あけだ・いちのすけ 1886(明19)-? 万年筆などの文具を売りさばく香具師となり大阪で生活する。アナキズムに触れ進め社の記者となる。北海道に渡る。労働運動に参加。1924年清水喜一郎とともに日本労働総同盟(総同盟とは別)函館支部を組織。函館無産青年同盟の武内清らと交際。労働要注意人に編入される。歌志内に移り朝鮮人香具師とともに炭鉱や農場などにアナキズムを宣伝。警察は25年7月以後消息をつかめなくなった。(堅田精司)〔文献〕『不敬事件1』，『所在不明各種要視察人調』北海道庁警察部1927.6, 『小樽新聞』1924.6.16

浅井 猪三郎 あさい・いさぶろう 1887(明20)8.30-1948(昭23)7.16 別名・豚仙，常忍 愛知県南設楽郡千郷村稲木(現・新城市)に生まれる。小学校教員の兄重一郎購読の『平民新聞』を読み社会主義を知ったという。07年頃養蜂を学ぶために社会主義協会員加藤今一郎宅に住み込む。08年5月加藤の紹介で新宮に大石誠之助を訪ねる。大石に心酔し同年暮再訪。10年9月この2度の大石訪問により大逆事件に連累し検挙。拷問により左手中指が砕けるが大石から預かった加藤の手紙の件は話さなかったという。釈放後世間から孤立し精神的にも行き詰まるが懇意の豊橋妙円寺の住職のすすめで出家。俳句をたしなみ豊一郎編集の『児童新聞』にも創作を寄せている。一生寺をもたず妙円寺に出仕し続けたという。(堀切利高)〔文献〕小栗喬太郎編・加藤今一郎著『残徒夜話』私家版1966, 柏木隆法『大逆事件の周辺』論創社1980

浅井 卯之助 あさい・うのすけ ?-? 1919(大8)年東京牛込区(現・新宿区)の秀英舎(市ヶ谷)第一和文科に勤め活版印刷工組合信友会に加盟する。(冨板敦)〔文献〕『信友』1919年8月号

浅井 茂雄 あさい・しげお 1904(明37)頃-? 別名・毅舟，岩武 愛知県海部郡津島町(現・津島市)に生まれ農業を営む。27年中部黒連応援のもと横井憲蔵らと津島の耕地整理反対闘争を闘う。同年第3次『小作人』12月号に「津島の耕整は今のところ小作人の勝利，地主達も小作人の力に慄えたのか耕整は無期延期だ。それで耕整反対同盟会も解散した」という文を寄せるがのちに闘争敗北。同年入営。31年2月24日農青社の宮崎晃，星野準二の訪問を受け，真野志岐夫，横井，小島一吉とともに農青社運動に関わる。36年5月5日農青社事件で検挙されるが不起訴。(冨板敦)〔文献〕『黒色青年』13号1927.10, 『小作人』3次2巻7・11号1927.8・12, 『資料農青社運動史』，『農青社事件資料集Ⅰ』

浅井 十三郎 あさい・じゅうざぶろう 1908(明41)10.28-1956(昭31)10.24 本名・関矢与三郎，別名・浅弘見，浅井与三郎 新潟県北魚沼郡守門村に生まれる。25年詩誌『無果樹』を創刊。28年新潟市で阿部清，亀井義雄，山崎修子らと『風が帆綱にわびしくうたふよ』を出す。地元で山口健助らとも交流した。教員を経て逓信省講習所を卒業，通信官吏となりストを指導して敗北後上京する。29年『黒色戦線』に参加。30年塩長五郎，丹沢明らと自協派の無政府主義文芸・思想雑誌『黒戦』を創刊する。31年詩集『其一族』を上梓するが発禁。32年『黒戦』を改題した文芸同人誌『アナーキズム文学』の同人ともなる。東京では工場経営，新聞記者などをする。35年末頃無共党事件で検挙される(不起訴)。39年帰郷。『詩と詩人』を創刊，泉芳朗らが協力した。43年『辻詩集』に寄稿。敗戦後の46年から『現代詩』を発行，『詩と詩人』も再刊する。(冨板敦)〔著作〕『街に

手の行列が』風が帆綱にわびしくうたふよ社1929、『其一族』アナーキズム文学社1931、『断層』詩生活発行所1938、『越後山脈』詩と詩人発行所1940、『火刑台の眼』詩と詩人社1949〔文献〕塩見五郎「『黒色戦線』から『アナーキズム文学』」『本の手帖』1968.8・9、松永伍一『日本農民詩史・中2』法大出版局1969、山口健助『青春無頼』私家版1982

浅井 秀雄 あさい・ひでお　1901(明34)-?
別名・野呂進　三重県鳥羽市生まれ。10年豊橋に移住。八町高等小学校では河合陸郎と同級生であった。朝鮮京城府立中学を中退し東京に出る。23年関東大震災で豊橋に戻り豊橋日日新聞社に記者として勤める。野口品二の影響を受けて河合陸郎、福沢卯介らと黒墓土(クロボト)社を結成、アナ系詩人井上康文を東京から招き座談会を開く。26年11月24日豊橋市河原座で黒墓土社主催の黒連演説会を開催。尾原与吉によれば「クロボト社同人の唯一の功績は、秘密出版物と革命歌の移入である」。27年東海黒連豊橋連合に参加。当時のアナキスト仲間に加藤健らがいた。その後豊橋通信社、名古屋新聞社を経て34年読売新聞社豊橋通信部記者となり定年まで勤める。(冨板敦)〔文献〕『黒色青年』7・12号1927.3・9、尾原与吉『東三河豊橋地方社会運動前史』私家版1966、宮脇良一『豊橋言論史』東海日日新聞社1973、『名古屋地方労働運動史』、『河合睦郎伝』同編纂委員会(社団法人豊橋文化協会内)1982

浅枝 次朗 あさえだ・じろう　1888(明21)-1967(昭42)　広島県加計町生まれ。山口県下関市に育つ。油絵を学ぶ。1912(大1)年下関洋画研究会を結成、日本洋画協会主催第一回作品競技会で二等賞受賞、同年4月『現代の洋画』創刊号に掲載、上京し日本水彩画研究所に学び同誌で美術評論も手がけるようになる。13年フュウザン会結成に参加。15年巽画会の『多都美』に編集者として入社し美術界の奮発を挑発する文章を発表するがすぐに退社。その頃、無政府主義研究会事務所に出入りしていた。16年林倭衛が浅枝の肖像画を制作。同年下関に戻り分離派洋画展覧会および関西美術協会に参加。19年劇団新生座を結成。23年マヴォ第1回展に対して批判的な記事を『読売新聞』に発表し村山知義と論争になる。関東大震災後、満州・大連に渡り満州日日新聞社に勤める。32(昭7)年満州国文京部に起用され芸文協会を創立して美術部委員長に就任。青田と号して日本画を描き始める。敗戦後、青森県田名辺(むつ市)に転居。女学校や新制高校の美術教師などを務めつつ中央画壇と無関係に水墨画を制作し続けた。(足立元)〔文献〕濱本聰「関門美術史ノート・近代洋画篇(序論)」『下関市美術館研究紀要』7号2000、『青森県人名事典』東奥日報社2002

朝枝 陸雄 あさえだ・りくお　?-?　報知新聞社に勤め東京の新聞社員で組織された革進会に加わり1919(大8)年8月の同盟ストに参加するが敗北。のち正進会に加盟。20年機関誌『正進』発行のために1円50銭寄付。また24年夏、木挽町(現・中央区銀座)正進会本部設立のためにも1円寄付する。(冨板敦)〔文献〕『革進会々報』1巻1号1919.8、『正進』1巻1号1920.4、正進会『同志諸君‼ 寄附金芳名ビラ』1924.8

浅岡 鎌太郎 あさおか・かまたろう　?-?　1926(大15)年頃、静岡県志太郡大津村(現・島田市)で暮し農民自治会全国連合に参加。27年3月20、21日東京神田区美土代町(現・千代田区神田美土代町)の東京基督教青年会館で開かれた第1回農民自治会全国委員会に静岡県を代表して出席する。(冨板敦)〔文献〕『農民自治』9号1927.4、『農民自治会内報』2号1927

浅川 三之助 あさかわ・みのすけ　?-?　東京機械工組合のメンバー。1927(昭2)年10月2日深川区猿江裏町(現・江東区)の広得亭で開かれた同労組の深川支部発会式並びに記念講演会で最初に登壇し演説する。(冨板敦)〔文献〕『反政党運動』4号1927.10

朝倉 喬司 あさくら・きょうじ　1943(昭和18)6.23-2010(平成22)11末　本名・大島啓司　岐阜県上矢作町生れ。1962(昭37)年早稲田大学第一文学部社会学科入学。新聞記者を目指していた。新聞会、マル学同に所属も一年半で脱退。その後『自由連合』を通じ笹本雅敬と出会う。66年「ベトナム反戦直接行動委員会」メンバーとして斎藤和らと兵器産業日特金属工業襲撃、続いて名古屋豊和工業攻撃に参加後逮捕。出所後笹本らと黒層社として活動、『反戦通信』発行など。ベトナム渡航歴もあるが時期不明。業界紙記者を経て69年講談社『週刊現代』社外記者。71年谷川雁が経営側にいた語学教材会社の

労働争議「テック闘争」を支援，労組委員長の平岡正明と出会う。72年楊明雄氏戦後補償およびミクロネシア独立支援闘争に参加，船戸与一らと出会う。73年講談社『働く記者の会』で待遇改善要求，五木寛之らを知りイベント「群論」を主宰。81年ルポライターとして独立，犯罪と芸能を軸に執筆活動開始。82年初の河内音頭コンサートを東京・渋谷と錦糸町で開催。85年中川六平らと「サンカ研究会」発足。01年連続企業爆破「大地の牙」裁判浴田由紀子の法廷に被告人側証言。10年壮大な民衆史として構想した『活劇日本共産党』執筆中急死，12月9日に発見。(鈴木義昭)〔著書〕『犯罪風土記』秀英書房1982・ハルキ文庫1998，『バナちゃんの唄』情報センター出版局1983，『犯罪風土記・続』秀英書房1984・ハルキ文庫1998，『メガロポリス犯罪地図』朝日新聞社1986，『芸能の始原に向かって』ミュージック・マガジン1986，『流行り唄の誕生』青弓社1989，『ヤクザフォービギナーズ』現代書館1990，『遊歌遊侠』現代書館1994，『走れ国定忠治』現代書館1996，『少年Aの犯罪プラスα』現代書館1998，『毒婦伝』平凡社1999・中公文庫2013，『明治・破獄協奏曲』毎日新聞社2002，『涙の連続射殺魔永山則夫と六〇年代』共同通信社2003・新風舎文庫2012・イースト・プレス2012，『自殺の思想』太田出版2005，『「色里」物語めぐり』現代書館2006，『老人の美しい死について』作品社2009，『スキャンダリズムの明治』洋泉社2007，『戦争の日々(上下)』現代書館2009，『都市伝説と犯罪』現代書館2009，『活劇日本共産党』毎日新聞社2011〔文献〕東アジア反日武装戦線への死刑・重刑攻撃とたたかう支援連絡会議編『でもわたしには戦が待っている』風塵社2004，さようなら朝倉喬司さん『実話ナックルズ』2011.11，現場の磁力『週刊ポスト』2011.1.28，鈴木義昭『朝倉喬司と牧田吉明』トスキナア15号2012.4

朝倉 重吉 あさくら・じゅうきち　1896(明29)3.1-1967(昭42)5.15　長野県北佐久郡北大井村加増(現・小諸市)に生まれる。1902年父を亡くし小学校を2年で中退，東京へ丁稚奉公に。尾崎行雄を訪ねたりもしたが大杉栄らアナキストから影響を受けた。23年全国水平社第2回大会に参加。24年4月23日小諸町で長野県水平社創立大会を開き以降アナ派長野県水平社の中心メンバーとして活躍。26年9月に結成されたアナ派全国水平社解放連盟の創立に尽力。同月農民自治会全国委員会の結成に参加，12月北大井村に農自を組織する。27年4月全水解支持を決めた長野県水平社第4回大会で開会の辞を述べる(座長高橋森太郎，議長高橋市次郎)。同年全水解の機関紙『全国水平新聞』を大井村で発行，編集人となる。長野県水平社ではカナ文字の普及につとめた。28年5月全水第7回大会ではボル派の強引な会場設営などに反発してアナ派による「全国水平社第7回大会不参加に対する共同声明書」を発表。梅谷新之助の抗議によって第7回大会が中途で終わったことから7月15日奈良県高田町山内水平社で全水府県代表会議が開かれる。その冒頭でボル派は不備を陳謝し会議では階級闘争第一主義を批判した新運動方針が発表された。朝倉は深川武とともに新運動方針を受け入れ関西全水解員ら純正アナ派は席を立つ。29年10月県水第8回大会でボル派の高橋市次郎が委員長となり県水はボル派に転じる。朝倉は全水中央委員として活動。同年11月全水第8回大会での全水解解散に関わる。31年沓沢区有林入会権差別糾弾闘争でボル派の県水幹部らが検挙されたのち，朝倉は再び県水の主導権を握る。35年県議選に立候補(落選)。戦後48年部落解放全国委員会長野県連合会を結成，初代委員長になる。のち全国委員会の常任中央委員となった。(冨板敦)〔文献〕『農民自治』6号1926.11，『全国水平新聞』1-3号1927.7-9，『関西自由新聞』3号1927.12，『農民自治会内報』2号1927，斉藤洋一「朝倉重吉」水平博物館編『全国水平社を支えた人びと』解放出版社2002，三原容子「水平社運動における「アナ派」について・正続」『世界人権問題研究センター研究紀要』2・3号1997・98，『水平運動史の研究5 研究篇上』部落問題研究所1972，宮崎晃『差別とアナキズム』黒色戦線社1975

朝倉 節雄 あさくら・せつお　⇨小倉敬介おぐら・けいすけ

浅倉 トクノ あさくら・とくの　1906(明39)11.2-?　旧姓・寺尾　山形県東置賜郡中川村(現・南陽市)生まれ。小学校，同補習科を卒業。女中を経て25年秋上京，産婆助手，看護婦見習として働きながら27年東京看護婦学校，28年東京助産婦学校を卒業，看護婦と助産婦の免許を取る。30年から『戦旗』『無産者新聞』『無産青年』などを読み共産主義を信奉。31年頃から牟田征紀方に出入りし寺尾実，舟川勇三らアナキストとの交際が始まる。31年6月寺尾と同棲。二人の家

には多くのアナキストが出入りした。35年7月無共党の相沢尚夫, 二見敏雄から入党し活動費用調達を説得され承諾。35年11月逮捕, 36年8月治安維持法違反で起訴, 39年5月執行猶予付き1年6カ月と判決, 控訴せず確定した。保釈後は木材新聞社勤務など。戦後業界紙の校正係として定年まで勤めた。無共党同志との交流は続き病気の二見を死没まで看護した。(三原容子)〔文献〕『身上調書』,『無共党事件判決』

浅子 寅之助 あさこ・とらのすけ ?-? 1919(大8)年東京京橋区(現・中央区)の国文社に勤め活版印刷工組合信友会に加盟。のち大倉印刷所欧文科に移る。(冨板敦)〔文献〕『信友』1919年8・10月号

浅田 きみ あさだ・きみ ?-? 読売新聞社に勤め新聞工組合正進会に加盟。1920(大9)年機関誌『正進』発行のために50銭寄付する。(冨板敦)〔文献〕『正進』1巻1号1920.4

朝田 善之助 あさだ・ぜんのすけ 1902(明35)5.25-1983(昭58)4.29 京都府愛宕郡田中村西田中(現・京都市左京区)生まれ。18年京都米騒動に活動。22年3月全国水平社創立大会に参加。4月田中水平社や京都府水平社の創立に参画, その内部に純水平運動と称して青年党(のち新選組)をつくる。23年6月全国水平社自由青年連盟(のち全国水平社青年連盟と改称)創設の中心となる。同年10月全水青第1回全国協議会を開催, 士族出身者の水平運動からの排斥などを決議。クロポトキン『パンの略取』『青年に訴ふ』『法律と強権』『相互扶助論』などを読みアナキズムの影響を受けていたが, 京都の生活擁護闘争を担っていた青年同盟に急速接近し26年1月全日本無産青年同盟京都地方準備会を沖田留吉らと結成。同年5月松田喜一とともに日本楽器争議にからむ差別事件の応援に浜松に長期出向く(同盟と全水青の和解は不成立)。同年10月全水労農党支持連盟の結成発起人となり, その後アナ系から離れた。28年三・一五事件で検束され釈放後は全水総本部の再建に尽力, 労農同盟の若手活動家として活躍, 労働争議の戦術的指導で名声を得た。戦後部落解放運動再建に参画, 55年解放委員会が部落解放同盟と改称ののちも中央執行委員をつとめ, 67年委員長に就任し75年まで在任した。(北村信隆)

〔著作〕『差別と闘いつづけて』朝日新聞社1969・新版1979,『解放運動の基本認識』部落解放同盟中央出版局1972〔文献〕『大阪社会労働運動史』, 部落問題研究所編・刊『水平運動史の研究』1972, 京都部落史研究所編『京都の部落史2』阿吽社1991,『京都地方労働運動史』, 宮崎晃『差別とアナキズム』黒色戦線社1975,『思想月報』74・78号1940.8・12

朝妻 盛枝 あさづま・もりえ ?-? 1919(大8)年東京本郷区(現・文京区)の杏林舎文選科に勤め活版印刷工組合信友会に加盟する。(冨板敦)〔文献〕『信友』1919年8月号

浅沼 亀寿 あさぬま・かめとし 1907(明40).1.6-1934(昭9).5.21 長野県南佐久郡桜井村(現・佐久市)に生まれる。25年桜井覚, 桜井武平らと政治, 社会, 文学, 新しい農村のありかたを語り合う農愛会を提唱し結成する。25年5月毛筆書きの文章を綴じ合わせた月刊回覧雑誌『農愛』を刊行。表紙にはハンマーと鎌を交差させた図柄を使い年号には西暦を使ったという。そこには加藤一夫の個人雑誌『原始』を購読するなどアナキズムの影響や青年訓練所に入っても「おらあんにもやらねえと決めたんだ」という反軍的気分も共有されていた。実践運動は25歳からという自重主義が持論であり農愛会は浅沼の入隊で事実上虚脱状態になる。27年残った桜井武平らは青衆会と改称し実践運動に転換した。同年12月浅沼は除隊とともに運動に復帰, 全農佐久支部結成などで活動するが第2次武装移民で渡満, 中国黒竜江省で戦死した。(安田常雄)〔文献〕大井隆男『農民自治運動史』銀河書房1980,『南佐久農民運動史・戦前編』同刊行会1983

浅野 紀美夫 あさの・きみお 1909(明42).2.25-1992(平4).5.19 本名・喜美雄 愛知県愛知郡千種町(現・名古屋市千種区)に生まれる。24年育英学校中退。27年10月『光風地』を主宰, 近藤正夫らが同人だった。また『名古屋詩人』『装甲車』『聖樹詩人』『神戸詩人』などに寄稿する。28年10月『一千年』を創刊。29年4月合詩集『怯える者の叫喚』を発刊。『自連新聞』『矛盾』『弾道』『詩行動』などに詩や評論を発表。30年甲府で吉川春雄, 八王子で坂本七郎と共同生活をする。『十二番街』(伊藤耕人編)に坂本との対談「草野心平批判」を発表, 当時の詩壇に物議をかもした。31年3月名古屋市昭和区に古書

店南天堂(1949まで)を開業。坂本と無届出版誌『手紙』を2号まで発行。35年11月無共党事件の余波で検挙されたが星野準二から農青社テーゼを受けたことに対する追及もかわし警察拘留で釈放。その後は地元ボル系の友人関係から治安維持法違反などで都合5回検挙され43年3月出獄。以後詩筆を絶つ。戦後は共産党に入党したが50年脱党。56年復刊『社会詩人』(のち『詩文学』)の同人となり詩，評論などを発表するが，鈴木惣之助らとの意見の違いで袂を分かつ。68年『風信』(1970まで3冊)を発刊。坂本，柴山群平，神谷暢，岩瀬正雄らの寄稿を受け，浅野も自伝を3回連載した。奈良重穂主宰の『氷河』にも寄稿した。(黒川洋)〔著作〕合詩集『1927年のために』光風社1927，合詩集『怯える者の叫喚』一千年社1929〔文献〕『自由民報』33号1931.1，木下信三「浅野紀美夫抄」『風』16・24号1968・69，『名古屋近代文学史研究』106号1993，杉浦盛雄『名古屋地方詩史』同刊行会1968，『身上調書』，秋山清『アナキズム文学史』筑摩書房1975，志賀英夫『戦前の詩誌・半世紀の年譜』詩画工房2002

浅野　進　あさの・すすむ　?-?　1919(大8)年東京牛込区(現・新宿区)の日清印刷会社欧文科に勤め活版印刷工組合信友会に加盟する。(冨板敦)〔文献〕『信友』1919年8・10月号

浅野　濤月　あさの・とうげつ　?-?　印刷工として日本印刷工組合信友会に加盟。1921(大10)年『信友』1月号に年賀広告を出す。(冨板敦)〔文献〕『信友』1921年1月号

浅野　広　あさの・ひろし　?-?　1919(大8)年東京麹町区(現・千代田区)の外務省活版部に勤め活版印刷工組合信友会に加盟。信友会の庶務係を市川彦太郎，菱田豊彦と担う。同年10月7日友愛会で開かれた日本労働代表反対の協議会に信友会を代表して市川らと出席。20年7月14日，日本交通労働組合出獄者歓迎会にも信友会を代表して出席する。さらに同月25日富士紡罷工の演説会に信友会を代表して出席。21年3月6日信友会定期大会で庶務担当理事に高崎岩吉，持地千代治と選出される。のち研究社に移る。(冨板敦)〔文献〕『信友』1919年8・10月号，1920年8月号，1921年4月号，1922年1月号

浅野　正男　あさの・まさお　?-?　筆名・浅野号人　1925(大14)年夏頃，名古屋市中区南伊勢町で自由労働社を組織し同年10月1日機関紙『自由労働』を発行編集兼印刷人として創刊する。同人に工藤葉魔，長谷川玲児，横井秋之介がいた。創刊号は愛知県警特高に押収されるが20日後返却される。その後，自由労働社を同市東区杉村町東田に移転。26年1月1日『自由労働』2号を刊行。ただし同号は同市南区瑞穂町で新時代社を組織していた宮村汝春を発行編集兼印刷人として機関紙『新時代』第3巻第1号附録として出された。この号では林哲人と詩「自由の闘争」を共同執筆する。(冨板敦)〔文献〕『自由労働』1・2号1925.10・26.1

浅野　護　あさの・まもる　1898(明31)1.7-?　1920年5月28日加藤一夫が中心になっておこした自由人連盟(のち自由人社)の創立メンバーで初期に役員として運営の中心にいたと考えられる。雑誌部に属し同連盟の機関誌『自由人』(1920.11創刊，3号1921.2まで)の2巻1号(通巻2号)から編集発行印刷人となる。同誌には「黒耀会展覧会感想」，評論「一切は否定より」，松本淳三が暴漢に刺された時の短歌3首を発表。評論では「私達が自由を翹望するのは決して社会主義者の説くが如き理想社会を夢想してではなく，または自由社会の到達を空想してではなく，唯刹那，刹那に於て我等の自我を拡充せんとする，その努力に生の意義を求める…刻々に不合理や圧迫を破壊すること，それが人生であると云ふのだ」と自らのアナキズム思想を語っている。22年1月創刊の第2次『自由人』からは名前がみえない。翻訳をしたりアスファルト工場で働いていたようだ。(大和田茂)〔文献〕『自由人』復刻版・緑蔭書房1994

浅野　孟府　あさの・もうふ　1900(明33)1.4-1984(昭59)4.16　本名・猛夫，別名・草之助　東京府豊多摩郡渋谷村(現・渋谷区)に生まれ，東京美術学校彫刻科に入学。22年10月新興美術運動団体アクションの結成に参加。23年関東大震災後は岡本唐貴と神戸に移る。岡本とともに「急速にダダ的な構成物の仕事を展開していったようである」(五十殿利治)。美校を中退。24年10月三科の創立に関わる。三科解散後の25年11月神戸で岡本，神原泰らと造形グループを結成。27年5月造形同人と新ロシア展開催に尽力。同年9月に刊行された坂本遼詩集『たんぽぽ』(銅鑼社)の装丁を担当，表紙と口絵を描

く。11月新宿で開かれた『たんぽぽ』出版記念会に出る。29年ナップ所属の日本プロレタリア美術家同盟と造形グループとの合同に参加，プロレタリア美術運動に傾く。70年大阪城公園の社会運動物故者顕彰塔の設計にあたる。（冨板敦）〔著作〕『浅野孟府彫刻作品集』同刊行委員会1986〔文献〕松永伍一『日本農民詩史・中2』法大出版局1969，五十殿利治『大正期新興美術運動の研究』スカイドア1998，寺島珠雄『南天堂』皓星社1999，高橋夏男『流星群の詩人たち 草野心平と坂本遼・原理充雄・木山捷平・猪狩満直』林造舎1999，五十殿利治・菊屋吉生・滝沢恭司・長門左季・野崎たみ子・水沢勉『大正期新興美術資料集成』国書刊行会2006，『エス運動人名事典』

浅野 吉雄 あさの・よしお ?-? 1919（大8）年東京牛込区（現・新宿区）の秀英舎（市ヶ谷）第二和文科に勤め活版印刷工組合信友会に加盟する。（冨板敦）〔文献〕『信友』1919年8月号

朝野 温知 あさの・よしとも 1906（明39）5.14-1982（昭57）8.2 本名・李寿竜，別名・哲，金哲 朝鮮京畿道坡州郡邑巾面坡州里に生まれる。家が貧しく父を早く亡くし職を転々とする。24年日本に憧れ渡日するが渡航船中で民族差別を知り衝撃を受ける。『京城日報』東京支局員を経て同年12月末東本願寺を訪ね，武内了温に出会い水平運動を知る。26年滋賀県犬上郡河瀬村広野（現・彦根市）の普賢寺に半年寄食。その後大谷大学に入学・中退し，29年再び普賢寺に戻りクロポトキンの相互扶助論にひかれアナキズムに傾倒した。31年寺を出て村の空き家を借り自由労働をしながらアナキズム運動を始める。33年石川三四郎の招きで東京の関東地協大会に出席し在京アナキストと交流。彦根町で自由評論社を名のり月刊新聞『自由評論』を発行，滋賀のアナキズム運動の中心人物として活躍する。高松差別裁判の頃から水平運動にも参加。34年5月14日彦根町金亀会館で自由評論社と滋賀金属労働組合主催の時局批判大演説会を開催する（関西自連の逸見吉三，中尾正義，『自連新聞』の山口安二が登壇）。同月村田才吉に対する愛知川署の差別暴行事件糾弾闘争で検挙され3週間拘留。35年11月13日伊藤悦太郎との関係を理由に無共党事件で検挙され，治安維持法違反で2年6カ月投獄される（朝野との交流を理由に同事件で伊賀水平社の松井久吉らが検挙された）。39年出所，武内の寺に寄食し仏教を学び得度。敗戦後再び部落解放運動に関わる。60年日本国籍を取得し部落解放同盟中央委員，大谷派同和委員会会長などを歴任する。（冨板敦）〔著作〕『宗教に差別のない世界を求めて 朝野温知遺稿集』真宗大谷派宗務局出版部1988〔文献〕『自連新聞』91号1934.6，三原容子『水平社運動における『アナ派』について・続』『世界人権問題研究センター研究紀要』3号1998

浅野 吉之助 あさの・よしのすけ ?-? 1919（大8）年東京深川区（現・江東区）の東京印刷深川分社第一部印刷科に勤め活版印刷工組合信友会に加盟。同年8月頃は病休中だった。（冨板敦）〔文献〕『信友』1919年8月号

浅原 健三 あさはら・けんぞう 1897（明30）2.28-1967（昭42）7.19 別名・岡藤吉雄，江道恩 福岡県鞍手郡宮田町に生まれる。貝島炭礦の坑長だった父が小炭鉱の経営に進出して07年失敗，母に育てられる。09年嘉穂中学に入学，行商や坑夫で家計を助ける。12年4月家出して上京，印刷所で働きながら正則英語学校で学び14年日本大学専門部法科に入学。同級の加藤勘十と親交し弁論部に入部。北風会の「演説会もらい」に共鳴し大杉栄らを知る。19年8月長兄の死により帰郷。官営八幡製鉄所で労働組合を組織しようとして解雇された西田健太郎を知り，同年10月西田とともに八幡製鉄工員を結集し日本労友会を結成。『労働運動』（1次2号1919.11）は労友会の結成を報じ，浅原について「落付いた策士らしい」「壮士タイプ」と記している。翌20年2月5日「500に近い煙突は煙を絶った」（「八幡の大罷業」『労働運動』1次5号1920.4）といわれる八幡製鉄第1次争議を指導，検挙され治安警察法違反で懲役4カ月に処される。21年西部炭鉱夫組合を，22年3月広安栄一，光吉悦心らと筑豊炭鉱組合を組織。同年2月5日八幡市（現・北九州市）有楽館で「大罷工二周年記念演説会」を開催，大杉，和田久太郎，近藤憲二，岩佐作太郎を招き，大杉が弁舌を振るう。23年4月北九州鉄工組合（5月北九州機械鉄工組合），24年5月総同盟九州連合会の結成に参加。25年九州民権党を組織し28年2月第1回普選に福岡2区から立候補しトップ当選。議会で日中不戦を演説し32年総選挙で落

選。のち石原莞爾に接近、東条英機と石原の対立から38年12月治安維持法違反で東京憲兵隊に逮捕され39年4月まで拘置。出獄後岡藤吉雄の偽名パスポートで上海、東南アジアなどを放浪。40年上海に戻り江道恩名で実業家となる。44年東条暗殺計画に関わったとして上海で拘束、東京へ護送される。45年2月釈放。(黒川洋・大澤正道)〔著作〕「九州の血戦」『労働運動』3次8号1922.10、『熔鉱炉の火は消えたり』新健社1930〔文献〕近藤憲二「八幡罷工記念演説会」『労働運動』3次3号1922.3、『八幡製鉄所労働運動誌』八幡製鉄所1953、仁科悟郎「満州国の建国者 石原莞爾と浅原健三」『転向・下』平凡社1978、桐山桂一『反逆の獅子 陸軍に不戦を仕掛けた男・浅原健三の生涯』角川書店2003

浅原 庄三郎 あさはら・しょうざぶろう ?-? 読売新聞社に勤め新聞工組合正進会に加盟。1920(大9)年機関誌『正進』発行のために2円50銭寄付。また24年夏、木挽町(現・中央区銀座)正進会本部設立のためにも1円寄付する。(冨板敦)〔文献〕『正進』1巻1号1920.4、正進会『同工諸君‼ 寄附金芳名ビラ』1924.8

浅原 庄兵衛 あさはら・しょうべえ ?-? 1919(大8)年東京京橋区(現・中央区)の帝国興信所に勤め活版印刷工組合信友会に加盟する。(冨板敦)〔文献〕『信友』1919年8・10月号

浅原 政義 あさはら・まさよし 1902(明35)11.6-? 別名・正義 長野県北安曇郡池田町に生まれる。上京し1921(大10)年5月9日日本社会主義同盟第2回大会に参加し検束される。芝区新堀町(現・港区芝新堀町)に住み芝浦製作所に勤めていた。(冨板敦)〔文献〕『労働運動』2次12号1921.6、『警視庁思想要注意人名簿(大正10年度)』

浅原 守平 あさはら・もりへい ?-? 読売新聞社に勤め新聞工組合正進会に加盟。1920(大9)年機関誌『正進』発行のために50銭寄付する。(冨板敦)〔文献〕『正進』1巻1号1920.4

葦津 珍彦 あしづ・うずひこ 1909(明42)7.17-1992(平4)6.10 福岡市東区箱崎町生まれ。父は神官。小学校から東京で育ち、府立五中から福岡高等商業学校に入る。在学中クロポトキンとレーニンとの理論的対決の間をさまよい高商を中退する。32年父の知友頭山満のうちに「おのれの欲するままに」生き抜く絶対自由の精神を見、以後右翼陣営に投じる。絶対の自由を「社会制度」に求めるのは順序が逆で、あくまで人間の内心のうちに求めるべきだと説く。三国同盟に反対し東条英機政府を批判。戦後占領軍の政策を批判し、『神社新報』論説主幹となり神社神道を擁護、統治と祭り主としての天皇論を展開する。61年『思想の科学』新年号(天皇制特集)に「国民統合の象徴」を寄稿、それがいわゆる思想の科学事件のきっかけとなった。(北村信隆)〔著作〕『大アジア主義と頭山満』日本教文社1965、『武士道 戦闘者の精神』徳間書店1969、『時の流れ』神社新報社1981、「おのれの欲するままに」『思想の科学』臨時増刊号1977.11

蘆山 兼徳 あしやま・かねのり ?-? 1919(大8)年東京神田区(現・千代田区)の大東印刷会社に勤め日本印刷工組合信友会に加盟する。(冨板敦)〔文献〕『信友』1919年10月号

足山 博義 あしやま・ひろよし ?-? 新聞工組合正進会に加盟し1924(大13)年夏、木挽町(現・東京中央区銀座)本部設立のために1円寄付する。(冨板敦)〔文献〕正進会『同工諸君‼ 寄附金芳名ビラ』1924.8

足山 四方雄 あしやま・よもお ?-? 報知新聞社に印刷工として勤め、1919(大8)年革進会に加わり8月初めの同盟ストに参加するが敗北。読売新聞社に移り正進会に加盟する。24年4月6日神田松本亭での印刷工連合会第1回全国大会で正進会が提出した関東大震災を毎年記念する件の議案提案理由説明をする(可決)。27年3月20日前橋市で開かれた全印連第4回大会で健康保険法反対の件の議案提案理由説明をする(可決)。(冨板敦)〔文献〕『革進会々報』1巻1号1919.8、『正進』1巻1号1920.4、『印刷工連合』12号1924.5、正進会『同工諸君‼ 寄附金芳名ビラ』1924.8、『自連』11号1927.4、水沼辰夫『明治・大正期自立的労働運動の足跡』JCA出版1979

網代 広 あじろ・ひろし ?-? 新聞工組合正進会に加盟し1924(大13)年夏、木挽町(現・中央区銀座)本部設立のために50銭寄付する。(冨板敦)〔文献〕正進会『同工諸君‼ 寄附金芳名ビラ』1924.8

飛鳥井 雅道 あすかい・まさみち 1934(昭9)11.26-2000(平12)8.31 父・伯爵・飛鳥井雅信の長男として東京市渋谷区に生まれる。弟雅慶は橿原神宮宮司。1957年京都大学文学部を卒業。81年同大学人文科学研究

所教授となる。「一入院一書」といわれるほど病気もちで多作の日本近代史学者だった。なかでも『幸徳秋水』(中公新書1969)、『坂本龍馬』(平凡社1975)、『中江兆民』(吉川弘文館1999)は三部作として知られているが、田中真人の追悼文(『初期社会主義研究』12号)によれば、数多くの編著書の中でその刊行をもっとも喜んだのは大杉栄『自叙伝・日本脱出記』の校訂書が岩波文庫に加えられた折(1971)で「もう、これだけで僕は本望だ。印税は全部大杉の子供にお渡しする」と語ったという。のちに『大杉栄評論集』(1996)の校訂書を同じ岩波文庫から刊行した。また『近代思想』こそプロレタリア文学の出発点であると従来の定説に異議を申し立てている(『日本プロレタリア文学史論』八木書店1982)。(大澤正道)〔著作〕上記のほか『近代文化と社会主義』晶文社1970、『日本近代の出発』塙書房1973、『近代の潮流』講談社1976、『国民文化の形成』筑摩書房1984、『文明開化』筑摩書房1985、『明治大帝』筑摩書房1989、『天皇と近代日本精神史』三一書房1989、『鹿鳴館』岩波書店1992、『日本近代精神史の研究』京大学術出版会2002〔文献〕大和田茂「プロレタリア文学の出発点として」(『大杉栄と仲間たち』ぱる出版2013)

アスカソ Ascaso, Francisco 1901-1936.7.20 スペイン、カタルーニャ地方のアナキスト運動の指導者アスカソ三兄弟の一人。フランシスコ・アスカソはスペイン革命(1936-39)勃発前から、ブエナベントゥーラ・ドゥルティとほぼ行動をともにしスペイン北部のアナキストの地盤を強固なものとした。大工、繊維労働組合の職員、トラック運転手、そしてアナキストの活動家となる。彼は暗殺を1つの政治的手段としてみなすこともあった。彼がおこした最も有名な事件は23年6月4日のサラゴサ大司教ソルデビラ・ロメラの暗殺であった。ロメラ大司教はCNT(全国労働連合、アナ系)とUGT(労働組合同盟、社会労働党系)の長期にわたる不倶戴天の敵だった。革命勃発の7月20日バルセロナで反乱軍を鎮圧するために交戦中に倒れた。スト、闘争や反乱軍との交戦中での卓越した指導性の発揮から、もしアスカソが革命期に生きていたならアナキスト運動をより効果的に指導しましたスペイン共和国内部の他の政党ともうまく提携できただろうとの見解をとる歴史家は意外と多い。日本でスペインのアナキズム運動との交流が本格化したのは戦後だが、戦前も『自連新聞』などの機関紙誌の海外情報欄では盛んに取り上げられ、アスカソはドゥルティの盟友としてその名があがっている。(川成洋)〔文献〕「アストリアス地方のアナーキスト革命」『自連新聞』97号1935.10、H.リュディガー「ドゥルティの生涯」(大沢正道要約)『クロハタ』73号1962.1、Kern, Robert W. Red Years Black Years: *A Political History of Spanish Anarchism, 1911-1937*, Institute for the Study of Human Issues, 1978. Cortada, James W. ed. *Historical Dictionary of the Spanish Civil War, 1936-1939*. Greenwood Press 1982. Roi, Valentin de Ascaso Durruti, Jover: *su obra de militantes, su vida de perseguidos*, Antocha, 1927. Bookchin, Murray. *The Spanish Anarchists: The Heroic Years 1868-1936*, Freedom Press, 1977.

足助 素一 あすけ・そいち 1878(明11)1.1-1930(昭5)10.29 別名・固有子、毒一、毒莖、雨田居、黙翁、無舌、絶巌 岡山県川上郡手荘村地頭(現・高梁市)生まれ。福山中学、同志社中学を経て札幌農学校林学実科卒業。農学校在学中に新渡戸稲造創設の遠友夜学校の教員をつとめまた有島武郎と親交を深める。札幌で貸本業独立社を開業したが14年静岡県興津清見寺で坂上宗禅老師に参禅する。別名の毒莖、無舌などは臨済禅への傾倒を示す。法友に岩瀬法雲がいる。翌年東京渋谷に焼芋屋イボメ屋を開業(有島の命名)。16年橋浦泰雄と知り合い回覧誌『名づくる日まで』の創刊に参加、同誌は有島、秋田雨雀、生田長江らを同人に迎え初心会に発展する。18年叢文閣を創業、第1冊目に有島の『生れ出る悩み』を出版。激情家で友誼厚く、友人への援助は思想上の共鳴よりも情宜上の援助の方が多大であったと橋浦が書き残している。叢文閣の出版は同志社時代からの友人山川均との縁でマルクス主義関係が多いが、高群逸枝『日月の上に』、エロシェンコ『夜明け前の歌』、大杉栄『無政府主義者の見たロシア革命』、大杉・椎名其二訳『フアブル昆虫記』などの出版や『労働運動』への出稿を通して労働運動社の友人を助けた。(白仁成昭)〔著作〕遺稿集『足助素一集』叢文閣1931・復刻版湖北社1993〔文献〕『エス運動人名事典』

東 佐吉 あずま・さきち ?-? 1919(大8)

年東京京橋区(現・中央区)の帝国興信所に勤め活版印刷工組合信友会に加盟する。(冨板敦)〔文献〕『信友』1919年8・10月号

東 勉 あずま・つとむ ⇨大前浅一 おおまえ・せんいち

東 鉄雄 あずま・てつお 1902(明35)3.10-? 別名・哲洲 香川県香川郡香西町(現・高松市)に生まれる。上京し日本大学に入学。幸徳秋水を崇拝し1920(大9)年仲間とともに千秋会を組織、放校処分になったことで警視庁の思想要注意人とされる。神田区表猿楽町(現・千代田区)に住んでいた。(冨板敦)〔文献〕『警視庁思想要注意人名簿(大正10年度)』

阿蘇 茂平 あそ・もへい ?-? 1919(大8)年東京京橋区(現・中央区)の築地活版所文選科に勤め活版印刷工組合信友会に加盟する。(冨板敦)〔文献〕『信友』1919年8・10月号

浅生 政二 あそう・せいじ ?-? 東京市京橋区霊岸島(現・中央区新川)に居住し神田神保町の山縣製本印刷整版部に勤める。1935(昭10)年1月13日整版部の工場閉鎖、全部員40名の解雇通告に伴い争議勃発。工場を占拠して闘い同月15日解雇手当4カ月、争議費用百円で解決する。山縣製本印刷は当時東京大学文学部の出入り業者であり、東印は34年5月以降、東印山縣分会を組織していた。(冨板敦)〔文献〕『山縣製本印刷株式会社争議解決報告書』東印刷工組合1935、『自連新聞』97号1935.1、中島健蔵『回想の文学』平凡社1977

麻生 哲 あそう・てつ ⇨小林一郎 こばやし・いちろう

麻生 義 あそう・よし 1901(明34)7.10-1938(昭13)10.11 本名・義輝 大分県に生まれる。七高から東京大学文学部哲学科に進み美学を専攻。七高では「七高始まって以来の文学青年」といわれる。東大在学中新人会に入りセツルメント活動を行う一方、新居格、宮嶋資夫、川合仁らの『文芸批評』(2号1926まで)に参加し編集に携わる。26年自然児連盟の前田淳一らと黒化社を結成し『黒化』(1号のみ)を発行、黒連に加盟する。27年に創刊された『文芸解放』に参加、「文芸運動の新転機」(1巻2号)、「如何にしてアナキズムの芸術論は確立し得るか」(同5号)などを発表、アナキズムの立場からの芸術論、文芸論を精力的に展開する。『文芸解放』は中心だった壺井繁治が黒連の暴力制裁を受けた事件ののち休刊になるが、麻生は前田とともに翌28年1月A思想協会を結成し『無政府主義研究』(1号のみ)を刊行、また同年6月松村元と『黒旗は進む』(1号のみ)を編集・発行する。この頃がアナキズム運動に最も積極的だった時期で、アナ系の労働組合の研究会や地方の講演会に講師として参加、またクロポトキンの著書を翻訳し、『自連新聞』30号(1928.12)に「反逆者列伝 ヨハン・モースト」などを書いている。その後日本哲学・美学の研究に転じ、相沢尚夫の父相沢英次郎の委託を受け明治初期の啓蒙学者西周の全集編纂に携わり、『西周哲学著作集』(岩波書店1933)などを刊行、日本哲学史研究で先駆的な役割を果たす。生涯についても知られるところ少なく、忘れられた思想家として再発掘が待たれている。(大澤正道)〔著作〕『社会思想家としてのトルストイ』春秋社1929、「マルクス主義以上のもの」『新潮』1930.5、「明治の先覚者・西周先生」『明治文化研究1』明治文化研究会1938、『近世日本哲学史』近藤書店1942・復刻版宗高書房1970、クロポトキン『サンヂカリズムとアナーキズム』(訳)金星堂1927、同「近代科学とアナーキズム」「近代国家論」(訳)『クロポトキン全集8』春陽堂1928〔文献〕丸山真男「麻生義輝『近世日本哲学史』を読む」『国家学会雑誌』1942.12、松田道雄編『アナーキズム』筑摩書房1963、大久保利謙「総説」『西周全集1』宗高書房1970、秋山清『アナキズム文学史』筑摩書房1975、石堂清倫・堅山利忠編『東京帝大新人会の記録』経済往来社1976、大澤正道「社会主義因縁ばなし」『初期社会主義研究』13号2000

安宅 哲 あたか・てつ ?-? 1928(昭3)年サンジカリズム派の新潟一般労働者組合で山口健助らと中心メンバーとして活動する。市川和平、後藤又吉らと新潟時事新聞争議を闘う。(冨板敦)〔文献〕山口健助『青春無頼』私家版1982

安宅 良治 あたか・りょうじ 1908(明41)-? 神戸市兵庫区水木通生まれ。松山高校を2年で中退し、家業の材木商を手伝う。高校在学中にマルクス主義理論を研究するが、大杉栄のサンジカリズム論に触れアナキズムに共鳴。30年5月から佐竹良雄と氾濫社を結成して『ナボドネニー』を3回ほど発行した。35年末頃無共党事件で検挙されるが不起訴。(冨板敦)〔文献〕『身上調書』

阿竹 銀次郎 あたけ・ぎんじろう ?-? 別

名・銀治郎　毎夕新聞社に勤め東京の新聞社員で組織された革進会に加わる。1919(大8)年8月，革進会の同盟ストを同会の庶務係兼毎夕新聞社の幹事として闘うが敗北。のち正進会に加盟。20年機関誌『正進』発行のために50銭寄付する。(冨板敦)〔文献〕『革進会々報』1巻1号1919.8，『正進』1巻1号1920.4.

安達　きみ　あだち・きみ　?-?　1919(大8)年東京本所区(現・墨田区)の凸版印刷会社解版科に勤め活版印刷工組合信友会に加盟する。(冨板敦)〔文献〕『信友』1919年8・10月号

安達　幸吉　あだち・こうきち　?-1985(昭60)4.7　長野県に生まれる。1925(大14)年長野印刷工組合兄弟会を組織し長野市緑町の旭印刷所争議を闘う。27年東京印刷工組合欧文部員として東印の理事となる。29年5月東印を脱退し東京印刷工連合会を結成，日本自協派の運動に関わったが，30年頃神田栄太郎，入沢三郎，西堀進午らと東印連を離れる。戦後アナ連，アナキストクラブに参加，めだたないが当てにできる存在だった。水沼辰夫，綱引邦農夫を偲ぶ追悼文はそのまま安達の到達点を語っている。(冨板敦・大澤正道)〔著作〕「典型的なアナキスト」『無政府主義運動』52号1965.10，「弧独にも似た仕事場の綿引さん」同64号1976.5〔文献〕『印刷工連合』25-27・31号1925.6-8・12，『自連』15号1927.8，『自連新聞』36号1929.6，山口健助『風雪を越えて』印友会本部1970，同『青春無頼』私家版1982

足立　好作　あだち・こうさく　1904(明37)-?　静岡県周智郡山梨町山科(現・袋井市)生まれ。准教員養成所を卒業し小学校に勤めたがまもなく病気のため退職。新聞配達などを経て25年静岡電鉄秋葉軌道部に就職。同年頃牧野修二らと黒連山梨連合を結成し演説会などを開く。35年『自連新聞』を職場の沼野実らと購読。同年末頃無共党事件で検挙されるが不起訴。(冨板敦)〔文献〕『身上調書』，『黒色青年』17号1928.4，大塚昇「静岡でのアナキズム運動」『沓谷だより』17号2000.8

足立　興三　あだち・こうぞう　?-?　別名・与三郎　1919(大8)年東京芝区(現・港区)の東洋印刷会社欧文科に勤め日本印刷工組合信友会に加盟する。(冨板敦)〔文献〕『信友』1919年10月号，1921年1月号

足立　豊吉　あだち・とよきち　?-?　1919(大8)年東京牛込区(現・新宿区)の秀英舎(市ヶ谷)欧文科に勤め活版印刷工組合信友会に加盟する。(冨板敦)〔文献〕『信友』1919年8・10月号

足立　正生　あだち・まさお　1939(昭14)5.13-　福岡県生八幡(現・北九州市)生まれ。1959(昭34)年日大芸術学部入学。日大新映研に所属し61年『椀』，63年『鎖陰』の共同製作に参加。大学中退後はVAN映画科学研究所に参加，城之内元晴，赤瀬川原平らと活動。ピンク映画を製作する若松プロに助監督，脚本家として参加。66年『堕胎』で初監督，以後71年『噴出祈願・15歳の売春婦』まで7本のピンク映画監督作品がある。脚本執筆も72年の『天使の恍惚』ほか約70本に参加。67年より大島渚らの創造社にも協力，『絞死刑』『帰ってきたヨッパライ』等で協働。69年『略称連続射殺魔』，71年『赤軍-PFLP・世界戦争宣言』を若松孝二と共同監督。72年世界革命戦線情報センターを設立。北海道静内町のシャクシャイン像台座損傷事件に関与，その後全国指名手配。73年パリで日本赤軍ハイジャック闘争の声明を発表。74年パレスチナに渡り日本赤軍に合流，その後国際指名手配される。97年ベイルートで岡本公三らと逮捕され3年間の禁固刑を経て2000年に強制送還。06年に35年ぶりの監督作品『幽閉者 テロリスト』を発表。16年フランツ・カフカ原作『断食芸人』を監督，徹底してシュルレアリストであることを誇示。(鈴木義昭)〔著作〕『足立正生シナリオ集』シアタースコルピオNo.11967，『映画への戦略』晶文社1974，『映画／革命』(聞き手平沢剛)河出書房新社2003，『塀の中の千夜一夜 アラブ獄中記』(山口猛監修)愛育社2005，『足立正生画帖』スローラーナー2007〔文献〕『日本映画の現状と批判』鈴木清順問題共闘会議1968，小野沢稔彦「足立正生の復権-その重すぎる課題」図書新聞2000.3.11，映画芸術2000.3増刊号『足立正生零年』，「総特集足立正生」『情況』2003.6別冊，「仲間たちの死を引き受けて インタビュー足立正生」『キネマ旬報』2016年3月上旬号

厚田　正二　あつた・しょうじ　?-?　群馬県生まれ。東京神田の三秀舎で植字工をつとめる。普選運動に力を注ぎ16年衆院選に出る。17年山口正憲らと立憲労働党を結成するがのち脱党。18年3月宮川善三らと日本印刷工組合信友会に入り，20年2月選ばれ一時会長にもなるが辞任。同年5月2日日本初のメーデーで信友会を代表して演説。

同月労働組合同盟会創立時に信友会の水沼辰夫，野村孝太郎と代議員となる。その後郷里に帰り24年宮川らと上毛印刷工組合三山会を組織し前橋市曲輪町に事務所を置き，同年11月16日同市榎町東家で発会式を行う（長沼善吉が開会を宣し，川隅鼎三郎が祝辞，祝電を読み上げ，厚田は座長をつとめた）。25年3月全印連第2回大会，26年11月23日前橋市榎町で開かれた上毛印刷の第3回大会で議長をつとめる。27年2月東京印刷工組合第4回大会，3月全印連第4回大会にも参加。同年11月の全国自連第2回大会に上毛印刷を代表して木原金一と出席し大阪合成労働組合に自決退場を求める。28年3月全国自連第2回続行大会に組合を代表して情勢報告をする。なお上毛印刷のメンバーの消息として『自連』12号に村山喜見次が27年3月27日死没したこと，小林躬之助が27年3月30日宇都宮連隊に入営したこと，『自連』21号に七五三木実が28年1月9日に除隊し多数の同志に迎えられたことが報告されている。（冨板敦）〔文献〕『労働運動』1次1・2・5号1919.10・11・20.4/4次7・9号1925.1・4，『信友』1919.10・20.3・22.1，『正進』1巻3号1920.6，『印刷工連合』19・24・26号1924.12・25.5・7，『自連』7・9.10・11・12・21号1926.12・27.3・4・5・28.1，『反政党運動』4号1927.10，水沼辰夫『明治・大正期自立的労働運動の足跡』JCA出版1979

渥美 広吉 あつみ・こうきち ?-?　報知新聞社に勤め東京の新聞社員で組織された革進会に加わり1919（大8）年8月の同盟ストを同社の幹事として闘うが敗北。のち正進会に加盟。20年機関誌『正進』発行のために2円寄付する。（冨板敦）〔文献〕『革進会々報』1巻1号1919.8，『正進』1巻1号・2巻2・3・5・8号1920.4・21.2・3・5・8

厚見 民恭 あつみ・たみちか　1945（昭20）9.3-1995（平7）7.5　別名・小三木報淑　京都市生まれ。父は厚見好男。64年立命館大学入学，昼間は家業の印刷出版玄文社を手伝う。民主青年同盟をはじめ諸党派活動を経て無党派アナキズム運動への思想的変遷で党派政治から離れ，京都二部学生同盟や全関西無党派行動戦線として広域の行動を行う。文学と思想の同人誌『集団「不定形」』（1969創刊）に小三木報淑などのペンネームで政治論文や闘争の総括的文章を寄稿。饒舌雄弁，無類の世話好きで，70年前後から学生同人誌やミニコミ誌の印刷発行を利益抜きで世話した（『ディオニソス』『辺境』など多数）。立命館わだつみ像を引き倒した裁判を熱心に傍聴，証言の裏取りや裁判の矛盾をつく。72年9月京都府立婦人センターで大杉栄虐殺49周年追悼集会，73年9月50周年集会を京都会館会議場で連続開催した。この間，長谷川武宅を訪ねる。また『黒光』を創刊。この頃『小三木報淑著作集』（私家版）を作成。『京大俳句』などの印刷も玄文社に依頼されていた。『フェミローグ』などの発行を手助けした90年前後から身体障害者問題やフェミニズムに関わり，終生運動者の視点と行動を失わなかった。95年転居後の自宅で2回目の脳出血で倒れ死没。（北村信隆）〔文献〕『黒光』1号1973.5，長谷川武『自伝・アナーキズム運動五十余年』私家版1977，追悼集編集会議編『黒い旗の記憶』玄文社1997

厚見 好男 あつみ・よしお　1903（明36）3.19-1983（昭58）4.8　別名・好夫，芳夫　門司市（現・北九州市門司区）生まれ。19年兄藤巌を頼って京都に出，兄の影響でアナキズムに接近，兄のいる労働団体印友会で活動。22年4月総連合運動が始まり，小田知一，西川金次郎らとともに総同盟の辻井民之助らと運動路線で激論し決別。同年5月兄らとともに京都印刷工組合を結成，のち熊島国三郎らを勧誘。23年兄とアナキスト同盟の会合出席のため上京，大杉栄に会う。酒井篤，山鹿泰治，笹井末三郎らと親交，高嶋三治，新谷与一郎，宮嶋資夫らを知る。水平社運動の南梅吉，朝田善之助らとも交際。30年末合同労働組合印刷支部の再建に努力，翌31年無産政党京都地方合同同盟結成大会で執行委員に選任される。全国労農大衆党の京都市議（下京区）候補津司市太郎の応援専任弁士を担った。34年6月京印は弾圧され組合活動が困難になり解散。戦後アナ連に加入。出版社玄文堂を経て60年頃玄文社を開設，逸見吉三もたびたび訪れた。（北村信隆）〔文献〕『印刷工連合』4・18号1923.9・24.11，『京都地方労働運動史』柏木隆法『千本組始末記』海燕書房1992，追悼集編集会議編『黒い旗の記憶』玄文社1997，大江音人「京都印刷工組合の人々1」『虚無思想研究』17号2001

安仁屋 政修 あにや・せいしゅう　1885（明

18)8.5-? 沖縄県島尻郡豊見城村に生まれる。94年島尻高等小学校3年を修了し沖縄県師範学校予科に入学したが中退して青山学院に入り英学を修めた。1901年卒業し渡米，サンフランシスコのメソジスト教会に関係した。また中学に編入しその後スタンフォード大学で学んだようであるが詳細は不明。この間岩佐作太郎，竹内鉄五郎らと交際があったものと推測される。03年ロサンゼルスに移住し生命保険の代理店を経営した。07年から在米社会主義者，アナキストの調査，取り締まりが強化され安仁屋も対象になった。その後大逆事件の拡大捜査の過程で11年4月22日社会主義を信奉する乙号として要視察人名簿に登録された。19年には名簿から削除されている。（西山拓）
〔文献〕『主義者人物史料1』，『在米主義者沿革』

畔蒜 義雄 あびる・よしお ?-? 1919（大8）年東京京橋区（現・中央区）の秀英本舎和文科に勤め活版印刷工組合信友会に加盟。のち三協印刷株式会社和文科に移る。（冨板敦）
〔文献〕『信友』1919年8・10月号

阿部 逸二 あべ・いつじ 1896（明29）12.9-1956（昭31）12.1 広島県双三郡三良坂町長田生まれ。呉警察署の巡査だった。その後上京してアナキズム運動に関わる（詳細不明）。28年秋頃帰郷，豆腐製造に従事。29年中国大衆党を創立，委員長となる。「その反骨，反権力精神は地元では高く評価されている」（山木茂）。（冨板敦）〔文献〕山木茂『広島県解放のいしずえ』たくみ出版1973，『解放のいしずえ』新版

阿部 記平 あべ・きへい ?-? 1919（大8）年東京京橋区（現・中央区）の三協印刷株式会社和文科に勤め日本印刷工組合信友会に加盟する。（冨板敦）〔文献〕『信友』1919年10月号

阿部 清 あべ・きよし ?-? 別名・南千秋 新潟県の第四銀行船場支店に勤め母親とともに銀行の宿直を兼ねて住み込んでいたという。1927（昭2）年頃新潟市内で亀井義雄，浅井十三郎，山崎修子，本間和歌子らとアナキズム的な詩の研究会を組織し，28年詩誌『風は帆綱にわびしく歌うよ』を刊行。新潟一般労働者組合の山口健助らと交流があった。その後山崎と結婚した。（冨板敦）〔文献〕山口健助『青春無頼』私家版1982

阿部 賢蔵 あべ・けんぞう ?-? 1925（大14）年12月中部交通労働組合大演説会に日本交通労働総連盟本部員として出席。翌26年7月遠藤喜一ら交通総連関西連盟主催の大阪市電高野山争議2周年記念演説会で演説，大阪交通労働組合解体後の組織自助会春日出支部から輪違清次，築港支部から沖本信吉，布川助七らも参加。27年2月自助会の三木光次と支部長菅忠正の解雇に反対する従業員大会で座長をつとめた。同年3月電気局内各組合代表による大阪市電従業員代表者会議に沖本（築港支部長）とともに自助会を代表して出席。春日出支部長として4月大阪電気労働組合の8周年大会に出席（自助会代表），電気局内労働戦線統一を主張。同月組合活動制限命令に対して大阪市電従業員代表者会議が結成され，同月の大阪市電自助会の第4回定期大会で議長に推された。以後大阪電気の影響を受けて自助会は急速に左傾化。5月交通総連本部の政治部長となる。6月過激な組合運動を理由に当局から共済組合評議員の辞職を勧告された。対華非干渉同盟関西協議会に傍聴者として参加，官憲の解散命令で総検束され2日間拘留されたのを理由に6月18日解雇。その間，芝の協調会館での交通総連第2回全国大会に遠藤らと出席，宣言文を朗読。（北村信隆）〔文献〕『大交史』，公営交通研究所編『大交五十年史』1995，『大阪社会労働運動史・下』，『市電交通労働』1号1926.5，『交通労働』4巻6・7号1927.6・7

阿部 小一郎 あべ・こいちろう 1900（明33）頃-1923（大12）3.2 新潟に生まれる。新潟新聞社に勤め1915（大4）年上京，中屋印刷所文選科に入る。のち東洋印刷で働く。18年3月活版工組合信友会に加入。国文社和文科を経て築地版製造所に移り，同所の組合委員として19年10月信友会8時間労働要求ストを闘うが敗北。20年2月25日の信友会役員改選で庶務係に選出される。同年5月2日日本初のメーデーで水沼辰夫らと検束される。この年正進会に加盟。読売新聞社に勤め9月の争議を闘う。21年5月日本社会主義同盟第2回大会で執行委員に選出。この年吉田らの『労働者』，22年宮越信一郎らの『労働者』同人となる。23年2月9日月島労働会館の2階から転落して負傷，余病を併発して死没。（冨板敦）〔文献〕『信友』1919年

8・10月号20年3月号21年1月号23年3月号,『正進』1巻3号1920.6/2巻1号1921.1/4巻2-3・4号1923.3・4『労働者』1号・2巻3号1921.4・23.3,『労働運動』3次12号1923.3,『組合運動』4号1923.5,『自連新聞』35号1929.5, 水沼辰夫『明治・大正期自立的労働運動の足跡』JCA出版1979, 後藤彰信『「労働社」論』『初期社会主義研究』2号1988, 萩原晋太郎『日本アナキズム労働運動史』現代思潮社1969

阿部 三之助 あべ・さんのすけ ?-? 1919(大8)年東京京橋区(現・中央区)の築地活版所印刷科に勤め日本印刷工組合信友会に加盟する。(冨板敦)〔文献〕『信友』1919年10月号

阿部 重 あべ・しげ ?-? 東京一般労働者組合のメンバー。重は略称か。1927(昭2)年10月8日東京一般江東支部連絡委員会で争議部員となる。同年11月江東支部定例会で阿部英男に代わり会計となる。(冨板敦)〔文献〕『自連』18・19号1927.11・12

阿部 順一 あべ・じゅんいち ?-? 1919(大8)年東京芝区(現・港区)の大博堂に勤め日本印刷工組合信友会に加盟する。(冨板敦)〔文献〕『信友』1919年10月号

阿部 四郎 あべ・しろう 1889(明22)5.6-? 別名・紫郎 福島県石川郡蓬田村(現・平田村)に生まれる。尋常小学校を卒業後, 安積中学, 慶応義塾予科を経て10年3月経済学の研究を目的として渡米。13年パラ・アルトで平井武平が経営していた洋食店に千葉利右衛門とともに雇われた。その後サンフランシスコに移住し印東鎗次郎とともにバークレー米人学生倶楽部で働く。北米文学雑誌の発行に携わり三本松義光とも交際があった。米国のアナキスト, エマ・ゴールドマンを尊敬していたという。16年8月25日要視察人名簿(無政府主義)に登録された。(西山拓)〔文献〕『主義者人物史料1』

阿部 誠一 あべ・せいいち ?-? 若松市(現・会津若松市)に生まれる。1923(大12)年4月耶麻郡松山村(現・喜多方市)の代用教員として赴任し, 7月村役場に書記として勤める。芥川政男とはかって「ああ革命は近づけり」をプリントして村内に配布し9月馘首となった。12月いったん帰省後大阪に出奔。名古屋にいた瓜生伝とともに京阪神電車争議に遭遇し社会運動に対する思いを強くする。のち神戸高等商船学校に入学, AC学連に加盟。(黒川洋)〔文献〕鳥見山捨磨「会津社会運動側面史」『冬の土』24・25号1933

阿部 清作 あべ・せいさく ?-? 報知新聞社に勤め東京の新聞社員で組織された革進会に加わり1919(大8)年8月の同盟ストに参加するが敗北。のち正進会に加盟。20年機関誌『正進』発行のために1円50銭寄付する。(冨板敦)〔文献〕『革進会々報』1巻1号1919.8,『正進』1巻1号1920.4

阿部 英男 あべ・ひでお 1897(明30)-1965(昭40)3.8 長野県小県郡滋野村別府(現・東御市)に生まれる。父は資産家だったが製糸会社で失敗し財産を失う。それを機に上京, 25年深川区富川町(現・江東区高橋)のドヤ街を拠点にして, 江西一三, 坂野八郎兄弟らが結成した無軌道社に参加する。当時すでに家庭をもち茶の行商を生業にしていた。しかし無軌道社に加わってから中央区日本橋蠣殻町の自宅で没するまで生涯下町アナとして活動する。27年1月江西一三, 高橋光吉らと江東地区の中小企業労働組合を糾合して東京一般労働者組合江東支部を結成, 会計委員などおもに事務方の仕事にあたる。また同年6月に江西や東京一般南葛支部の山本忠平(陀田勘助)らが創刊した『反政党運動』に協力し, 自宅を小松川支局とする。年長で家庭もちだったので, 妻静江とともに若い活動家たちの面倒をよくみたという。その年の8月黒連は『反政党運動』の江西, 高橋, 山本らを「弁証法的似非アナキズム, 改良的日和見主義的サンジカリスト」と糾弾し除名する。また翌28年3月東京一般江東支部は南葛支部などと全国自連を脱退し新たに関東一般労働組合を結成するが, 阿部は江西, 高橋らと行をともにしている。関東一般は本所区柳島(現・墨田区業平)に事務所を構えたが, 話が違うと家主は浅草六区を縄張りとする暴力団高橋組に頼み込んで事務所を占拠させ追い出しにかかった。事務所の実力奪還をめざした関東一般の面々は事務所に座り込む数人の組員を襲った。真っ先に手にしたこん棒で一撃を食わせたのが阿部だった。阿部はそのため45日の拘留となった。ふだんは温厚にみえる阿部だが, 権力に対しては徹底して闘う「不言実行の人であった」と江西は回想している。戦後はアナ連に参加し物心両面でアナ連を支えた。高橋は阿部の死を悼む

詩のなかで「君はおれの四十年このかたの恋人だった」と書いている。同志といわず恋人とあえて高橋が記したところに下町アナ阿部の真骨頂をみたのだろう。(大澤正道)〔文献〕『自連』12・14・16・18号1927.5・7・9・11，『反政党運動』2号1927.7，『自由連合』108号1965.4，『江西一三自伝』同刊行会1976，高橋光吉「恋人」『自由連合』108号1965.4，江西一三「同志・阿部さん」同109号1965.5

阿部 秀吉 あべ・ひでよし ?-? 万朝報社に勤め東京の新聞社員で組織された革進会に加わり1919(大8)年8月の同盟ストに参加するが敗北。のち正進会に加盟。20年機関誌『正進』発行のために1円寄付。また24年夏，木挽町(現・中央区銀座)正進会本部設立のためにも1円寄付する。(冨板敦)〔文献〕『革進会々報』1巻1号1919.8，『正進』1巻1号1920.4，正進会『同工諸君‼ 寄附金芳名ビラ』1924.8

阿部 均 あべ・ひとし ?-? 車夫同盟を組織していたが解散して1924(大正13)年頃大阪梅田駅裏で貧乏人社を構えていた。関谷栄，林隆人，牧本武想らが出入りする。25年関西黒旗連盟に参加。田園と工場社を名のり『田園と工場』を発行，26年黒連にも加盟する。(冨板敦)〔文献〕『黒色青年』4号1926.7，高丸九「黒い流れ1」『ムーヴ』1号1961.5

阿部 義宗 あべ・よしむね ?-? 1919(大8)年東京深川区(現・江東区)の東京印刷深川分社文選科に勤め活版印刷工組合信友会に加盟する。(冨板敦)〔文献〕『信友』1919年8月号

安保 京市 あぼ・きょういち 1907(明40)-? 別名・安藤道雄，安藤清 広島県御調郡向島西村(現・向島町)に生まれる。小学校卒業後上京し電気学校に学ぶ。新聞配達や日雇をしていたが31年4月全国自連に参加。5月長谷川武と開拓社を組織。6月中部黒色戦線同人となる。9月東京で反戦ビラを配付。小野長五郎と労働者の家をつくる。32年6月全国自連オルグとして北海道に渡り33年手稲鉱山に就労。仲間に米を貸与したが，あれは盗んだ米だと言い触らされ，言い触らした人物に重傷を負わせる。34年8月上旬道庁特高課の取り調べを受ける。その後留萌で港湾労働者として生活。35年11月無共党事件で検挙されるが不起訴。しかし特別要視察人乙号(無政府主義)に編入される。小樽に移り船内仲士となる。36年5月21日農青社事件で検挙され6月起訴猶予となる。その後運動から離れ港湾人夫の小頭となりかつて自分を取り調べた特高課警官を訪問。美談として新聞に報道される。(堅田精司)〔文献〕『身上調書』，『思想月報』27・35号，『特高関係要警戒人物一覧簿』北海道警察部特高課1936.9，『小樽新聞』1934.2.14，『北海タイムス』1934.8.10

阿保 与市 あぼ・よいち 1901(明34)-? 弘前市東長町生まれ。尋常小学校卒業後上京，名教中学を経て日本大学予科を2年で中退。帰郷し有隣保険に就職する。31年2月頃勤務先の弘前出張所員高木寿造の長男陸奥男(菊岡久利)が入営のため弘前に帰郷した際，懇意となりアナキズムを知る。また菊岡から当時弘前高校在学中の松原五千郎を紹介された。35年末頃無共党事件で検挙されるが不起訴。(冨板敦)〔文献〕『身上調書』，『特高外事月報』1936.7，『農青社事件資料集Ⅱ・Ⅲ』

天笠 惣市 あまがさ・そういち ?-? 東京市下谷区(現・台東区)金杉上町に居住し神田神保町の山縣製本印刷整版部に勤める。1935(昭10)年1月13日整版部の工場閉鎖，全部員40名の解雇通告に伴い争議勃発。工場を占拠して闘い同月15日解雇手当4カ月，争議費用百円で解決する。山縣製本印刷は当時東京大学文学部の出入り業者であり，東印は34年5月以降，東印山縣分会を組織していた。(冨板敦)〔文献〕『山縣製本印刷株式会社争議解決報告書』東京印刷工組合1935，『自連新聞』97号1935.1，中島健蔵『回想の文学』平凡社1977

天田 勝正 あまだ・かつまさ 1906(明39)3.15-1965(昭40)2.27 埼玉県大里郡太田村(現・熊谷市)生まれ。東京物理学校で学び農民自治会に参加，全国連合委員となる。分裂後の28年日本大衆党埼玉県連合会執行委員，組合同盟関東金属産業労働組合の常任書記をつとめた。派遣された秋田の労農運動と深く関わった。戦後は社会党結成に参加し，47年から参議院議員をつとめ59年民主社会党に移った。(安田常雄)

天土 松太郎 あまと・まつたろう 1898(明31)8.19-? 東京市芝区柴井町(現・港区)に生まれる。芝浦製作所につとめ，共済組合・購買組合的な性格をもつ共隆会芝浦支部に所属する。1920(大9)年8月平民大学夏期講

習会に参加。21年4月に創刊された吉田一らの『労働者』に桑原松蔵とともに芝無名会のメンバーとして同人となる。11月東京電気及機械鉄工組合芝浦支部、芝浦技友会、立憲労働義会袖ケ浦支部、共隆会芝浦支部の4団体を解散統合して結成された芝浦労働組合に加盟する。関東大震災後に同製作所を離れ佐藤陽一、富田繁蔵、嶋津一郎、渡辺政吉らと、24年5月芝浦労組の姉妹団体として関東電気鉄工労働組合を組織する。(冨板敦)〔文献〕『労働者』1号1921.4、『労働運動』3次1・6号1921.12・22.8、『芝浦労働』1次1号1922.11、小松隆二『企業別組合の生成』御茶の水書房1971、『社会主義沿革2』

天野 喬蔵 あまの・きょうぞう ?-? 東京郊外で野菜農業に就き1923(大12)年『小作人』に「一日が五銭」を寄稿する。(冨板敦)〔文献〕『小作人』2次5号1923.6

天野 幸治 あまの・こうじ ?-? 1919(大8)年東京本所区(現・墨田区)の凸版印刷会社欧文科に勤め活版印刷工組合信友会に加盟する。(冨板敦)〔文献〕『信友』1919年8・10月号

天野 武士 あまの・たけし 1901(明34)12.2-1928(昭3)4.13 呉市元町生まれ。呉海軍工廠に勤め、山下五六を中心とする砲貢部の労働者で結成された六・三倶楽部に加盟、時事問題などの討論会に参加する。危険思想の持ち主として前田栄之助とともに23年12月4日解雇となる。以後『中国日報』の記者となり呉海軍工廠の海工会を同紙上で批判し続けた。24年11月半月刊の新聞『呉評論』(のち『中国評論』)の創刊時から親友弘中柳三のはからいで明治以来の呉の労働運動史を連載。25年8月文芸誌『貘』(文芸社)に参加する。(黒川洋)〔著作〕『呉労働運動小史』中国評論社1928〔文献〕弘中柳三「天野武士君の死を悼む」『中国評論』129号1928.4、山木茂『広島県社会運動史』

天野 民三郎 あまの・たみさぶろう ?-? 報知新聞社に勤め東京の新聞社員で組織された革進会に加わり1919(大8)年8月の同盟ストに参加するが敗北。のち正進会に加盟。20年機関誌『正進』発行のために1円寄付する。(冨板敦)〔文献〕『革進会々報』1巻1号1919.8、『正進』1巻1号1920.4

天野 暢 あまの・とおる ?-? 新聞工組合正進会に加盟し1924(大13)年夏、木挽町(現・東京中央区銀座)本部設立のために3円寄付する。(冨板敦)〔文献〕正進会『同工諸君!!寄附金芳名ビラ』1924.8

天野 兵太郎 あまの・へいたろう ?-? 報知新聞社に勤め新聞工組合正進会に加盟。1920(大9)年機関誌『正進』発行のために1円寄付する。(冨板敦)〔文献〕『正進』1巻1号1920.4

天野 弥七 あまの・やしち ?-1920(大9)6 1919(大8)年大阪の大阪活版所に勤め活版印刷工組合信友会(大阪支部)に加盟。その後上京し、東京小石川区(現・文京区)の博文館印刷所で働くが、20年6月に亡くなる。(冨板敦)〔文献〕『信友』1919年8・10月号、1920年8月号

天野 林平 あまの・りんぺい ?-? 1919(大8)年東京京橋区(現・中央区)の三間印刷所欧文科に勤め活版印刷工組合信友会に加盟する。(冨板敦)〔文献〕『信友』1919年8・10月号

甘利 鉄夫 あまり・てつお 1894(明27)-1926(大15)9.5 25年3月旧横浜市内若葉町の若葉亭で開かれた横浜印刷工組合第1回大会で議長をつとめる。26年『自連』4・5号に訃報と横浜一般労働者組合応援のもとで追悼会が催されたと報告される。(冨板敦)〔文献〕『印刷工連合』23・32号1925.4・26.1、『横浜印刷工組合』(『印刷工連合』号外)1925.9、『自連』4・5号1926.10、水沼辰夫『明治・大正期自立的労働運動の足跡』JCA出版1979

網本 種吉 あみもと・たねきち 1901(明34)-? 1922(大11)年9月神戸で創刊された極東平民社の機関紙『極東』に大崎和三郎、日笠明らとともに参加する。30年頃は神戸に住んでいた。(冨板敦)〔文献〕『極東』1号1922.9、兵庫県特別高等課『特要視察人ニ関スル状勢調ベ』(復刻版)兵庫県部落問題研究所1976

鮎沢 寛一 あゆさわ・かんいち 1896(明29)-1968(昭43)5.18 長野県諏訪郡川岸村(現・岡谷市)生まれ。中学2年で中退し父の営む質屋を手伝い、のち消防士を経て農業に従事。大杉栄の著作の影響を受けアナキズムに共鳴した。15年上京し山崎今朝弥、大杉らを訪ねる。17年村の消防出初め式に消防士として出勤した際「無政府主義」と書いた紙を掲げようとしたが阻止された。20年頃から自宅で鮎沢実也、武居直人らと座談会をたびたび開きアナキズムの宣伝につとめる。同年9月日本社会主義同盟に加盟、

同年12月9日同同盟大会前の大杉宅での地方同志歓迎会に参加し検束される。10日の大会でも高輪署にて検束。21年8月4日大杉が上諏訪町(現・諏訪市)に来た際、竹内仲之らと訪ねた。25年9月4日上諏訪町滝の湯旅館で竹内の仲立ちで川口慶助、伊串英治に会い、川口の無政府主義講演会・座談会を鮎沢実也らと開催した。以後アナキズム運動から離れ社会大衆党に入党。同党長野県連諏訪支部の労働部長となった。35年末頃無共党事件で検挙されるが不起訴。(冨板敦)〔文献〕『正進』3巻12号1922.12、『小作人』2次1号1922.12、松本衛士『製糸労働争議の研究』柏書房1991、『身上調書』、『農青社事件資料集Ⅰ・Ⅲ』

鮎沢 実也 あゆさわ・じつや 1891(明24)-? 長野県諏訪郡川岸村(現・岡谷市)生まれ。高等小学校卒業後、農業に従事。20年4月13日鮎沢寛一方で武居直人らと社会主義に関する座談会を開く。同年9月堺利彦、岩佐作太郎、仲曽根源和らの来郡を機に、上諏訪町(現・諏訪市)高島公園で講演会を開くことを高山兼次郎らと計画するが警察に禁止され、やむなく竹内仲之方で座談会を催した。同月日本社会主義同盟に加入する。同年11月7日大杉栄から日本社会主義同盟発会式に参列するよう招待状を受け取るが、父馬之助が病気のために参加できなかった。25年9月4日上諏訪町滝の湯旅館で、竹内の仲立ちで川口慶助、伊串英治に会い、川口の無政府主義講演会・座談会を鮎沢寛一らと開催した。同年10月には茂野兼吉と会い運動にカンパする。鷹野原長義との交流もあった。34年頃には権藤成卿の農本主義に傾倒していた。35年末頃無党派事件で検挙されるが不起訴。(冨板敦)〔文献〕『身上調書』、『農青社事件資料集Ⅰ・Ⅲ』

新井 奥邃 あらい・おうすい 1846.5.29(弘化3.5.5)-1922(大11)6.16 通称・常之進 陸前国仙台元櫓町(現・仙台市青葉区)生まれ。父は代々の呉服商。藩校養賢堂に学び66年江戸に出て昌平黌や安井息軒の塾に通う。脱藩後、函館でギリシア正教の沢辺琢磨を介してロシア正教会修道司祭のニコライに会いキリスト教に入信。70年森有礼に随行して渡米、72年帰国命令に従わず長沢鼎と残り、ニューヨーク州プロクトンのT.L.ハリスの宗教的共同体新生同胞教団に入団、ハリスの教えを受ける。99年ほとんど無一文で帰国。4年余の流寓ののち東京巣鴨に私塾謙和舎を開く。以来77歳で死没するまで少数の門人の育成にあたる。その感化を受けた人に田中正造、高村光太郎、江渡狄嶺、後閑林平、柳敬助らがいる。谷中村事件を最後まで支援し、田中は「亞聖とでも称すべき人」と評した。生涯独身で肖像や写真を残さず、遺言により葬儀は行わず、東京下北沢の森厳寺に生垣をつくり、戦後墓石が建てられた。(北村信隆)〔著作〕永島忠重編『奥邃広録』全5巻刊行会1930-31・復刻版1991、工藤正三・コールダニエル編『新井奥邃著作集』全10巻春風社2000-2003〔文献〕長野精一『怒濤と深淵』法律文化社1981、工藤直太郎『新井奥邃の人と思想』青山館1984、新井奥邃先生記念会監修『知られざるのちの思想家』春風社2000

荒井 恭太郎 あらい・きょうたろう ?-? 1919(大8)年東京芝区(現・港区)の東洋印刷会社和文科に勤め活版印刷工組合信友会に加盟する。(冨板敦)〔文献〕『信友』1919年8月号

新井 金次郎 あらい・きんじろう ?-? 新聞工組合正進会に加盟し1924(大13)年夏、木挽町(現・中央区銀座)本部設立のために1円寄付する。27年2月20日京橋の読売新聞社講堂で開かれた東印第4回大会で健康保険法反対の議案を提出し可決される。東印では新聞部に所属していた。(冨板敦)〔文献〕正進会『同工諸君!! 寄附金芳名ビラ』1924.8、『自連』9.10号1927.3

荒井 七蔵 あらい・しちぞう ?-? 江東自由労働者組合(のち東京自由労働者組合)のメンバー。1926(大15)年12月5日沢田武雄、小松亀代吉、疋田治作と静岡から帰京し黒旗社に着くと同時に検束され翌日釈放。27年11月10日江東自由芝浦支部提唱の失業抗議闘争に参加し東京市室で市長に面会を求めた際、日比谷署の警官と乱闘になり同志22人とともに検束、29日拘留される。32年2月東京自由の誠首者の復職と復興局への警告のための書類作成にあたり交渉代表者となる。(冨板敦)〔文献〕『自連』8・19号1927.1・12

新井 淳一 あらい・じゅんいち ?-? 1928(昭3)年頃、農民自治会全国連合に加盟していた。同年5月農自の組織再編とともに「機関誌充実基金拠集参加者」の募集(第2

次)がありそれに2口応じる(機関紙は『農民自治』を『農民』(2次)に合併・改題することとなった)。他に応じたのは、三島周(11口)、飯塚秀吉(2口)、田中竜雄(10口)、斉藤茂吉(5口)、高橋光太郎(3口)、佐伯郁郎(10口)、犬田卯(10口)、長沢九一郎(5口)、跡部義治(20口)、加藤一夫(20口)、榎本凞(2口)、延原政行(50口)、大道寺浩一(5口)、宍戸貫一朗(5口)、石井政治(15口)、乾亀松(1口)、北山明(2口)、畑野義三郎(2口)、小野長悦(2口)、大泉昇(12口)、岸清次(5口)、鈴木泰次郎(6口)、屋宜盛則(6口)、荒井義治(6口)、笹田土塊(10口)、清水貞雄(10口)、金子隆治(10口)、山下一平(10口)、丹羽露舟(3口)、藤下三作(20口)、小山四三(10口)、田中静月(10口)、三村柳介(3口)、田中争議団(50口)、瀬川知一良(20口)、斉藤三四三(10口)、川合仁(30口)、奥梅尾(30口)、佐藤光政(10口)(なお第1次の応募者は「吉場強」項、第3次の応募者は「鶴田三雄」項参照)。(冨板敦)〔文献〕『農民自治』18号1928.8

荒井 新吉 あらい・しんきち ?-? 1919(大8)年東京深川区(現・江東区)の東京印刷深川分社第二部印刷科に勤め活版印刷工組合信友会に加盟する。(冨板敦)〔文献〕『信友』1919年8月号

新井 猛夫 あらい・たけお ?-? 1919(大8)年東京牛込区(現・新宿区)の日清印刷会社石版科に勤め活版印刷工組合信友会に加盟する。(冨板敦)〔文献〕『信友』1919年8月号

新井 竹治 あらい・たけはる ?-? 読売新聞社に勤め東京の新聞社員で組織された革進会に加わり1919(大8)年8月の同盟ストに参加するが敗北。のち正進会に加盟。20年機関誌『正進』発行のために1円寄付。また24年夏、木挽町(現・中央区銀座)正進会本部設立のためにも1円寄付する。(冨板敦)〔文献〕『革進会々報』1巻1号1919.8、『正進』1巻1号1920.4、正進会『同工諸君!! 寄附金芳名ビラ』1924.8

新井 長八 あらい・ちょうはち ?-? 1919(大8)年東京神田区(現・千代田区)の三秀舎鉛鋳科に勤め日本印刷工組合信友会に加盟する。(冨板敦)〔文献〕『信友』1919年10月号

荒井 利雄 あらい・としお ?-? やまと新聞社に勤め新聞工組合正進会に加盟。1920(大9)年機関誌『正進』発行のために、同社の高橋利助と計60銭の寄付をする。(冨板敦)〔文献〕『正進』1巻1号1920.4

荒井 春二郎 あらい・はるじろう 1908(明41)-? 宇都宮市二条町生まれ。高等小学校2年で中退し上京する。神田電気学校予科に入学後、2年で中退して帰郷。25年6月頃宇都宮市の鎌田印刷所の印刷工見習いとなり翌年茨城県の営進堂印刷所に転じた。さらに翌年宇都宮市の晃陽堂印刷所で印刷工として働く。30年1月頃田中豊吉、種子助蔵らとアナキズムの研究会を開催した。31年5月栃木県特高課から説諭処分を受ける。35年末頃無共党事件で検挙されるが不起訴。(冨板敦)〔文献〕『身上調書』

新井 房吉 あらい・ふさきち ?-? 東京日日新聞社に勤め東京の新聞社員で組織された革進会に加わり1919(大8)年8月の同盟ストに参加するが敗北。読売新聞社に移り正進会に加盟。20年機関誌『正進』発行のために50銭寄付。また24年夏、木挽町(現・中央区銀座)正進会本部設立のためにも2円60銭寄付する。(冨板敦)〔文献〕『革進会々報』1巻1号1919.8、『正進』1巻1号1920.4、正進会『同工諸君!! 寄附金芳名ビラ』1924.8

新井 冨士重 あらい・ふじしげ 1911(明44)-1989(平1)1.21 埼玉県児玉郡美里村(現・美里町)に生まれ教員をしていた。33年10月アナ派短歌誌第3次『芸術と自由』を引き継いで創刊された尾村幸三郎編集の『主情派』に参加する。敗戦後は『芸術と自由』(1964)再刊に参加、美里村の村長もつとめる。(冨板敦)〔著作〕『白い花』私家版1937、『沈丁花』埼玉県農村青年連盟1948、『明るい枯木』作歌荘1949、『田舎の駅』新短歌社1963、『ある農家の江戸と明治史』私家版1971、『続ある農家の江戸と明治史』梓出版1973、『陣見の空』現代書房新社1979、『朝の圃場』芸術と自由社1983〔文献〕木原実「アナキズム短歌の流れ」『本の手帖』1968.8・9、中野嘉一「新短歌の歴史」昭森社1967、小倉三郎『私の短歌履歴書』ながらみ書房1995

新井 文吾 あらい・ぶんご 1869.7.29(明2.6.21)-1916(大5)9.1 上野国甘楽郡柏木村(現・群馬県多野郡神流町)に生まれる。84年自由党に入党。88年北海道札幌に転じ新聞記者となる。91年春小樽の『北門新報』の発行印刷人となり、主筆中江兆民の来道を待つ。その後東京に移ったが再び渡道。05年中江と交際のあった白土宇吉や『平民新聞』

『直言』読者の広沢惣吉と稚内で新聞発行。07年白土が創刊した『樺太時事』に記者として入社。8月恐喝取材容疑で家宅捜索を受け検挙されたが世間は新聞社解散をねらったものと噂した。『樺太時事』が御用新聞に合併したことを不満として08年12月独力で『樺太時事』を再刊。三井物産など大資本に次々と利権を与える北海道庁長官平岡定太郎の暴政を攻撃。特に零細漁民のニシン・サケ・マス漁業への参加を力説。09年6月9日の刺網要求デモに関連して検挙され新聞紙法違反で罰金10円の判決を受ける。大泊住民は新井らの検挙に抗議し国旗の掲揚と守備隊交代の送迎を拒否した。その後も漁業の民主化を力説。樺太民会の上京請願委員となる。官僚から発狂説を流される。警視庁は幸徳秋水一派の樺太の社会主義者として新井を厳重に監視した。14年漁業制度改革に成功。しかし社会主義者・アナキストとして長官から退島命令を受ける。上京し田端で生活した。樺太における民衆派ジャーナリストの第1号であった。(堅田精司)〔文献〕秋山審五郎『南樺太』北進堂1909, 『樺太漁制問題沿革史』樺太めざまし社1914, 杉本善之助『樺太漁制改革沿革史』私家版1935, 『北海タイムス』1907.8.17・09.6.1-30, 『小樽新聞』1909.6.1-30, 『樺太日日新聞』1930.9.7・9.10・9.11

荒井 文作 あらい・ぶんさく ?-? 1921(大10)年埼玉県大里郡府村増田(現・熊谷市)で農業を営み小作議を闘う。同年11月には小作料2割減を勝ち取った。第3次『労働運動』「埼玉県下の火の手(農村争議)」は「増田には、未だ組合は出来ていないが、荒井文作君を中心に、堅実な結束を示している」と報じている。(冨板敦)〔文献〕『労働運動』3次1号1921.12

新井 兵太郎 あらい・へいたろう ?-? 別名・荒井平太郎 東京機械工組合に所属し、1925(大14)年5月1日第6回東京メーデーに参加、同労組を代表して演説する。26年12月東京市深川区越中島町(現・江東区)に純労働者組合の本部事務所を置き大久保勇と本部理事を務めていた。他の役員に新村明治郎(本町支部理事)、小林利造(小松川支部理事)、岡安愛(浅草支部理事)、松下義雄(浜松支部理事)、柴田力之助(大宮支部理事)、鶴岡貞之(相談役)がおり組合員は260名だった。27年(昭2)東京市本所区徳右衛門町(現・墨田区)で大久保勇とともに反政党運動本所第一支局を担う。(冨板敦)〔文献〕『印刷工連合』25号1925.6, 『反政党運動』2号1927.7, 『昭和2年版解放運動解放団体現勢年鑑』解放社1927

新井 松太郎 あらい・まつたろう ?-? 1920(大9)年頃朝日新聞社に勤め新聞工組合正進会に加盟する。27年7月東京印刷工組合の争議担当者に、9月パンフ発行委員となる。27年ルドルフ・ロッカー『パンの為の闘争』を金星堂から翻訳出版する。28年2月東印第5回大会に参加。既存の綱領を即時撤廃することが可決されたがこれに仲谷謙二とともに反対する。その後社会民主主義に傾き深川武らと全国自連を脱退、時事新報従業員組合を組織し30年8月10日浅草区橋場町(現・台東区)新愛館で発会式を行う。(冨板敦)〔文献〕『正進』1巻1号1920.4, 『印刷工連合』29・31号1925.10・12, 『自連』15・17・20・22・51号1927.8・10・28.1・3・30.9

荒井 林兵衛 あらい・りんべえ ?-? 1919(大8)年東京京橋区(現・中央区)の国文社和文科に勤め活版印刷工組合信友会に加盟する。(冨板敦)〔文献〕『信友』1919年8・10月号

荒井屠 亀次郎 あらいと・かめじろう ?-? 1919(大8)年横浜税関印刷部に勤め横浜欧文技術工組合に加盟して活動する。(冨板敦)〔文献〕『信友』1919年8・10月号

新垣 清輝 あらかき・せいき ?-? 1921(大10)年12月22日沖縄アナキスト壺屋グループの上与那原朝敏とともに出版法違反で起訴される。(冨板敦)〔文献〕『労働運動』3次2号1922.2

荒川 薫 あらかわ・かおる ?-? 1919(大8)年東京京橋区(現・中央区)の築地活版所印刷科に勤め日本印刷工組合信友会に加盟する。(冨板敦)〔文献〕『信友』1919年10月号

荒川 綱吉 あらかわ・つなきち ?-? 東京朝日新聞社に勤め東京の新聞社員で組織された革進会に加わり1919(大8)年8月の同盟ストに参加するが敗北。のち正進会に加盟。20年機関誌『正進』発行のために50銭寄付する。(冨板敦)〔文献〕『革進会々報』1巻1号1919.8, 『正進』1巻1号1920.4

荒川 春吉 あらかわ・はるきち ?-? 1922(大11)年第3次『労働運動』8号は個人消息欄で「荒川春吉君、甲斐進君。北九州の炭鉱

宣伝に悪戦苦闘しつつある人々のうち，荒川，甲斐両君は，過日の大辻炭鉱の格闘事件で起訴され，小倉裁判所で懲役4カ月の言渡しを受けた。が，この寒さを除ける考えで今控訴中だと聞く」と報じた。(冨板敦)〔文献〕『労働運動』3次8号1922.10

荒川　畔村　あらかわ・はんそん　1900(明33)10.31-?　本名・関根喜太郎，別名・康喜　東京生まれか。大正の初めに卜部哲次郎と出会う。1918(大7)年頃新しき村に参加，宮崎県児湯郡木城村の武者小路実篤の家を訪ねる。木村荘太，千家元麿，志賀直哉が出入りしていた。やがて新しき村の運動では社会革命は不可能と判断，堺利彦の『新社会』や土岐哀果の『生活と芸術』などに短歌を投稿し接触をはかる。20年日本社会主義同盟に参加。23年関東大震災で「弱輩で貧弱な資金で始めた」出版社を失う。24年宮沢賢治の自費出版『春と修羅』が神田の関根書店から刊行され発行人となる。宮沢評価のさきがけとなった辻潤の「惰眠洞妄語」(『読売新聞』1924.7.23)が書かれる。25年卜部の紹介で辻と出会い辻を中心とした雑誌『虚無思想研究』を創刊する。虚無思想は革命精神を希薄にするとの非難に新居格は「無政府主義と虚無思想」を書いた。26年吉行エイスケ出資で総合雑誌『虚無思想』を創刊するが3号雑誌で終わる。48-51年松尾邦之助らと『虚無思想研究』を単行本形式で4冊発刊する。その意図は「毒にも薬にもならぬ書物が横行している中に，少し薬のききすぎるものを出し」たいということにある。荒川は出版人として生きた。だから残している文章も少ない。蝸牛社版を編集した大澤正道は「復刊するに際して，僕は辻潤よりも松尾邦之助よりも，だれよりも先に，この復刊2巻を荒川畔村に献じたい」と記している。出版人冥利につきる言葉かもしれない。自死したとも伝えられる。(大月健)〔著作〕「自殺礼讃」「震災後と戦災後」『虚無思想研究1・2』1948・49〔文献〕大沢正道編『虚無思想研究・上下』蝸牛社1975・復刻版土佐出版社1986，大澤正道「関根康喜の思い出」『虚無思想研究19』2005，大澤正道『忘れられぬ人々』論創社2007

荒川　義英　あらかわ・よしひで　1894(明27)-1919(大8)10.2　愛知県生まれか。陸軍軍人荒川衛次郎の長男。一家で上京し父の母校成城中学に入るが中退。14年2月父の旧知堺利彦の斡旋で創作「一青年の手記」を『生活と芸術』に発表，一躍文壇に登場する。続いて『近代思想』『反響』『早稲田文学』などに作品を発表し15年1月『新潮』新進作家号に早くも名を連ねる。堺は売文社特約執筆家に加えて目をかけるが次第に堺から離れ大杉栄に親炙していく。第2次『近代思想』に参加，同誌廃刊後はその後を継ごうと16年2月五十里幸太郎と『世界人』を発刊する。しかし文学と運動とのはざまに揺れつつも，不良少年第1号といわれた放縦懶惰な放浪生活が荒川を追いつめ17年中国長春の父のもとへ去る。19年持病の喘息の発作で大連にて客死。20年5月堺は社会文芸叢書第2編として荒川の遺稿集『一青年の手記』(聚英閣)を編み刊行する。所収の諸家の追憶記はその面影を伝えて興味深い。(堀切利高)〔文献〕荒畑寒村「荒川義英追悼会」「歳晩雑録」『荒畑寒村著作集8』平凡社1976，佐藤春夫「吾が回想する大杉栄」『退屈読本』新潮社1926，生田春月「秋風一夕話」『生田春月全集8』新潮社1931，堀切利高「荒川義英の生涯」『大正労働文学研究』3号1979

荒木　郁子　あらき・いくこ　1890(明23)1.30-1943(昭18)2.26　本名・郁。東京市神田三崎町の旅館玉名館の三女として生まれる。小説家。女子美術学校卒業。雑誌『青鞜』創刊に参加，「喜劇陽神の戯れ」「手紙」(発禁)などの戯曲・小説8篇を発表。森鷗外の「題詞」三連を巻頭に掲げた小説集『火の娘』(尚文堂書店1914)を刊行，姦通や婚姻批判などを素材に自由奔放な新しい女性像を描いた。一時，玉名館の目白坂上支店経営を任される。三崎町本店には徳田秋声，相馬御風，近松秋江，岩野泡鳴・清夫妻などの文学者や宮崎民蔵・滔天兄弟(父と同郷)はじめ中国革命の志士が滞在したという。また辻潤のもとを去った伊藤野枝と大杉栄は姉の滋子を頼りしばらく滞在した。泡鳴の遺児を引き取り夫妻それぞれの墓建立に尽力，一方で自ら料理屋を開くなど姉御肌の面倒見のいい女性だった。1930年代から晩年にかけて精神を病んだ夫の介護や自らもアルコール依存の生活を一時送った。祖先は戦国大名の荒木村重，滋子も平民社・青鞜社に関係したといわれる。その娘が新劇女優荒木道子である。(大和田茂)〔著作〕『火の娘』復刻版

不二出版1986〔文献〕荒木滋子「あの時の野枝さん」『婦人公論』1923.11。『平塚らいてう自伝 元始、女性は太陽であった(完結篇)』大月書店1973,『『青鞜』の50人』平塚らいてうを読む会1996,岩田ななつ『文学としての『青鞜』』不二出版2003

荒木 四郎 あらき・しろう ?-? 東京市小石川区下富坂(現・文京区小石川)に居住し神田神保町の山縣製本印刷整版部に勤める。1935(昭10)年1月13日整版部の工場閉鎖、全部員40名の解雇通告に伴い争議勃発。工場を占拠して闘い同月15日解雇手当4カ月、争議費用百円で解決する。山縣製本印刷は当時東京大学文学部の出入り業者であり、東印は34年5月以降、東印山縣分会を組織していた。(冨板敦)〔文献〕『山縣製本印刷株式会社争議解決報告書』東京印刷工組合1935,『自連新聞』97号1935.1、中島健蔵『回想の文学』平凡社1977

荒木 新蔵 あらき・しんぞう ?-? 1919(大8)年東京麹町区(現・千代田区)の一色活版所文選科に勤め日本印刷工組合信友会に加盟する。(冨板敦)〔文献〕『信友』1919年10月号

荒木 秀雄 あらき・ひでお ?-? 佐賀県生まれ。そば屋の息子。1923(大12)年12月25日佐賀市公会堂で開催された社会問題演説会のビラ張りを手伝ったことからまだ学生だった荒木は東京から来ていた柳沢善衛、宮山栄之助を知り、後追いで自家の仏壇を売り旅費にして上京。同年末自然児連盟に参加する。26年の銀座事件では年少のため罰金30円。27年3月『吾々は空想する』(1号のみ)を発行。28年5月『ラ・ミノリテ』を畠山清行と発行。35年10月芝原淳三が無共党の内ゲバで神戸の摩耶山中で殺害されたあと、芝原の妻青田つぎを伴って忽然と市井に消えたという。(黒川洋)〔文献〕『黒色青年』1・4・9号1926.4・7・27.6、柳沢善衛「芝ジュンの横死を悼む」『ながれ』6号1974.3

荒木 弥右衛門 あらき・やえもん ?-? 1926(大15)年秋田県由利郡上浜村(現・にかほ市)で農業を営み農民自治会全国連合の精神に基づく小作人組合を組織する。秋田県代表の農自全国連合委員・鷹谷信幸と交流があった。(冨板敦)〔文献〕『農民自治』4号1926.8

新武 命 あらたけ・みこと ?-? 新聞工組合正進会に加盟し1924(大13)年夏、木挽町(現・中央区銀座)本部設立のために1円寄付する。(冨板敦)〔文献〕正進会『同工諸君!! 寄附金芳名ビラ』1924.8

荒畑 寒村 あらはた・かんそん 1887(明20)8.14-1981(昭56)3.6 本名・勝三、別名・荒犬王、断腸花 横浜市に生まれる。市立吉田高等小学校卒業。03年3月海岸教会で受洗。4月横須賀海軍造船廠見習工となる。10月『万朝報』の幸徳秋水、堺利彦の「退社の辞」に感激、社会主義者となる志を立てる。04年5月社会主義協会に入会。8月横浜平民結社を結成。05年4月と7月単身で東北伝道行商を敢行。栃木県下都賀郡谷中村(現・栃木市)で初めて田中正造に会う。10月平民社解散により和歌山県田辺の『牟婁新報』に入社。06年2月菅野すがが入社、12月菅野と結婚。07年1月日刊『平民新聞』の記者となる。8月処女著作『谷中村滅亡史』刊行(平民書房、発禁)。10月大阪に移り『大阪日報』記者となるかたわら『大阪平民新聞』を手伝う。08年6月赤旗事件で初めて入獄。10年2月出獄。入獄中に幸徳と菅野が結婚していたためピストルを持って神奈川県湯河原温泉に二人を襲おうとしたが留守のため失敗。大逆事件検挙の嵐のなかで桂太郎首相暗殺をはかるが果たせなかった。12年10月大杉栄と『近代思想』を創刊。創作「艦底」などを発表し新進作家として認められるが文学は目的とならず、13年7月大杉とサンジカリズム研究会を設立。14年10月労働者対象の月刊『平民新聞』を創刊。この時期サンジカリズムに傾くとともに楠山正雄とのテロリズム論争(『生活と芸術』1915.4)の際、「無政府主義と云ふことが荒畑君の一種の自分になってゐる」と大杉がいうほどアナキズムに心情的共感を示していた。しかし第2次『近代思想』前後から大杉と思想的感情的懸隔を生じ、アナルコ・サンジカリズムから産業別組織の労働組合運動に向かう。16年リーフレット『労働組合』、18年『青服』を発行。19年労働組合研究会の活動を経て20年5月『日本労働新聞』の編集を担い、社会主義運動と労働組合運動との連係をはかるなかサンジカリズムからコミュニズムへと向かう。22年7月堺、山川均らと共産党を結成。23年訪ソ。共産党検挙の報に帰国し事態の収拾にあたるが、再建共産党には参加せず以後労農派に属して活動する。戦後は労働

組合再建，労働組合運動の統一に努力し，全国金属労働組合初代代表，中央労働委員会労働者側委員となる一方，社会党に参加し衆議院議員となるが48年脱党。以後評論，著作活動を中心に晩年は特に公害問題に強い関心を示した。その生涯は『寒村自伝』に詳しい。(堀切利高)〔著作〕『荒畑寒村著作集』全10巻・平凡社1976・77,『平民社時代』中央公論社1973,『寒村茶話』朝日新聞社1976,『荒畑寒村の手紙 久濶多罪』平凡社1983,『春雪ふる 荒畑寒村戦中日誌』不二出版1993〔文献〕『荒畑寒村年譜』『荒畑寒村著作目録』『荒畑寒村著作集10』平凡社1977,寒村会編『荒畑寒村 人と時代』マルジュ社1982,『運動史研究9 特集荒畑寒村』三一書房1982,堀切利高『夢を食う 素描荒畑寒村』不二出版1993

荒俣 滝二郎 あらまた・たきじろう ?-? 1919(大8)年東京神田区(現・千代田区)の三秀舎文選科に勤め日本印刷工組合信友会に加盟する。(冨板敦)〔文献〕『信友』1919年10月号

荒谷 玉男 あらや・たまお ?-? 1919(大8)年東京牛込区(現・新宿区)の秀英舎(市ヶ谷)第一和文科に勤め活版印刷工組合信友会に加盟する。(冨板敦)〔文献〕『信友』1919年8月号

有坂 茂 ありさか・しげる ?-? 1919(大8)年東京京橋区(現・中央区)の新栄舎文選科に勤め活版印刷工組合信友会に加盟する。(冨板敦)〔文献〕『信友』1919年8・10月号

有沢 孝忠 ありさわ・たかただ ?-? 1926(大15)・27年頃の高知市の黒連のメンバー。同志の小松尚栄，岩崎健夫らと活動中逮捕され，有沢は爆発物取締規則違反で懲役6カ月，小松は不敬罪で同3カ月，判決当時第44連隊入営中の岩崎は不敬罪で同6カ月執行猶予付きとなる。27年2月高知刑務所にいた小松と岩崎は大赦で出獄。(冨板敦)〔文献〕『黒色青年』9号1927.6

有島 生馬 ありしま・いくま 1882(明15)11.26-1974(昭49)9.15 本名・壬生馬，別名・雨東生，十月亭 横浜生まれ。兄に有島武郎，弟に里見弴がいる。父は薩摩藩出身の大蔵官僚でのち実業界に転進，武郎ら兄弟を学習院に学ばせる。生馬は中等科時代，志賀直哉らと回覧雑誌をつくるなど文学に関心を寄せるが同時に美術にも魅せられ，04年東京外国語学校イタリア語科卒業後藤島武二に師事し，翌05年から10年まで滞欧して主に伊・仏で美術を学びことにセザンヌに傾倒する。10年2月帰国，『白樺』同人となり2・3号に日本で初めて本格的なセザンヌの紹介をする。17年2月駿台文芸講演会で大杉栄と知り合い大杉の没後，その思い出を『改造』(1923.11)に執筆。晩年は画業に専念し，また兄武郎の思想と実践の擁護者として資料の保存・紹介につとめた。(川口秀彦)〔著作〕『有島生馬全集』全3巻改造社1932・33〔文献〕『エス運動人名事典』

有島 盛三 ありしま・せいぞう 1906(明39)-1965(昭40)2.20 鹿児島市の農家に生まれる。ストの指導をして中学を中退。27年小野整が創刊したアナ派詩誌『南方詩人』に参加。29年3月全国農民芸術連盟に加わり第3次『農民』に詩を寄稿。同年末に刊行された『学校詩集』(1929年版)に小野とともに詩を寄せる。この年詩集『駄ん馬』を上梓。33年8月新屋敷幸繁，四元実と詩誌『僕等の花嫁』を出す。福岡日日新聞社鹿児島支局，鹿児島県庁勤務を経て40年鹿児島市上荒田で薬局を経営する。(冨板敦)〔著作〕『駄ん馬』南方詩人社1929〔文献〕松永伍一『日本農民詩史・中2』法大出版局1969,高木秀吉『鹿児島詩壇史』詩芸術社1976,伊藤信吉『逆流の中の歌』泰流社1977,村永美和子『詩人藤田文江』本多企画1996

有島 武郎 ありしま・たけお 1878(明11)3.4-1923(大12)6.9 別名・行正，泉谷，由井ケ浜兵六，勁隼生 東京小石川区水道町(現・文京区水道)生まれ。有島生馬，里見弴の兄。父は薩摩藩出身の大蔵官僚でのち実業界に入り資産家となる。96年学習院中等科を卒業後，札幌農学校に進み足助素一，森本厚吉らと親しくする。森本にすすめられ内村鑑三系の札幌独立基督教会に入る。01年農学校農業経済科を卒業。1年間の志願兵生活ののち03年森本とともに米国へ留学する。米国で迎えた日露戦争を契機としてトルストイ，ホイットマン，クロポトキンなどを読み始めキリスト教から離れる。06年生馬とともに欧州各地を回り07年ロンドン郊外に亡命中のクロポトキンを訪問，日本の現状を伝えクロポトキンから幸徳秋水にあてた手紙を託される。有島は英国でクロポトキンに会った最初の日本人である。08年帰国し東北大学農科大学(旧・札幌農学校)予科教授となる。学内で社会主義研究会を開き評判になる。メンバーに足助や吹

田順助らがいる。だが大逆事件後は文学に専念，『白樺』同人となり精力的に創作や評論を発表する。14年教職を辞して東京へ移る。17年発表した「カインの末裔」(『新小説』1917.7)で一躍人気作家となる。18年足助や秋田雨雀らと初心会を結成，「反逆者」ロダン，「自由人」ホイットマンに傾倒，自宅でホイットマンの訳読会を開いたりする。『種蒔く人』の寄稿家にも名を連ねている。20年に最終稿として発表された評論「惜しみなく愛は奪ふ」は大正生命主義の一つの頂点であり，有島のアナキズムの本質が示されているといわれる。また22年1月『改造』に載った「宣言一つ」は有産階級で知識階級に属する有島の正直な苦悩の表明で，広津和郎らから批判され文学と政治をめぐる論争の嚆矢となる。同年7月北海道狩太有島農場を狩太共生農園と名づけて小作人に解放，武者小路実篤の「新しき村」と並び白樺派理想主義の実践として話題を呼ぶ。この前後からアナキストらの要請に応えて運動資金を提供，22年11月大杉栄にも国際アナキスト大会への渡航費用を渡している。だが最後の創作「独断者の会話」(『泉』2巻6号1923.6)でアナキズムという曖昧な合言葉だけで結びつけられてはたまらないと述べているのをみてもわかるように，いつも快く資金を提供していたわけではなさそうだ。23年6月思想上，生活上の苦闘の末，波多野秋子と軽井沢の別荘浄月庵で心中，悲劇的な最期をとげる。フランスから帰国の船中でそれを知った大杉はさっそく軽井沢に弔電を打ったという。(北村信隆・大澤正道)〔著作〕『有島武郎全集』全12巻叢文閣1925,全16巻筑摩書房1988〔文献〕有島生馬「回顧」『改造』1923.11，宮嶋資夫『第四階級の文学・下』『自連新聞』28号1928.10，井東憲『有島武郎の芸術と生涯』弘文社1926，伊藤信吉『ユートピア紀行』講談社1973・講談社文芸文庫1997，森山重雄『文学アナキズムの潜流』土佐出版社1987

有田　永一　ありた・えいいち　1907(明40)-？　別名・栄一　名古屋市中区葉場町に生まれる。22年高等小学校卒業後，名古屋通信講習所に入所。同年12月名古屋郵便局に勤務する。29年1月に父の死から生じた家庭内の問題から社会的矛盾を感じるようになり『黒旗』『農民』などを読みアナキズムに傾倒。30年6月『ディナミック』の誌友となる。同月頃から月刊『誌文学』に詩を寄稿する。『社会詩人』を通じ肥田伊佐雄らと知り合う。35年8・9月3回にわたり無共党の伊藤悦太郎に資金カンパをする。『自連新聞』『自連新聞ニュース』を同志の伊串英治，浅野紀美夫らに配付。同年末頃無共党事件で検挙されるが不起訴。(黒川洋)〔文献〕『身上調書』，『ディナミック』40・42号1933.2・4,『特高外事月報』1936.12・37.4,『社会運動の状況8』,志賀英夫『戦前の詩誌・半世紀の年譜』詩画工房2002

有田　静　ありた・しずか　?-?　1919(大8)年東京深川区(現・江東区)の東京印刷深川分社欧文科に勤め日本印刷工組合信友会に加盟する。(冨板敦)〔文献〕『信友』1919年10月号

蟻通　佳明　ありみち・よしあき　?-?　北海道夕張郡夕張町(現・夕張市)に居住。1919(大8)年11月27日全国坑夫組合夕張支部に参加し幹事に任命される。20年10月全日本鉱夫総連合会夕張連合会の専任書記となる。11月楓別鉱などで演説し団結を説く。21年1月登川炭鉱争議支援のため安田為太郎，坂口義治とともに指導に赴く。2月夕張連合会鹿ノ谷支部の支部長姉川仁平が解雇されたため，反対闘争に取り組む。6月労働運動社夕張支局を担う。(堅田精司)〔文献〕『労働運動』2次13号1921.6，『新小樽』1920.11・21.1

有安　浩雄　ありやす・ひろお　1903(明36)1.5-?　別名・浩男　本籍・岡山県御津郡岡山県上房郡で生まれる。23年5月中国労働連合会(のち中国労働組合連合会)の事務所を自宅に置く。翌年6月頃岡山県護謨工労働組合の役員。26年5月全国自連第1回大会に代議員として参加。同年水沼熊らと関東黒連の中心人物となる。同年6月埼玉小作人組合，小作人社，無差別社などの共同主催で開かれた社会問題演説会で演説し弁士中止に警官と乱闘，治安警察法違反で禁錮2カ月。27年12月岡山県津山町(現・津山市)鶴山館で岡山一般労働組合の秋本義一，関東黒連の後藤学三，田中勘三郎らと労農党撲滅，社会問題批判大演説会を開き，後藤と拘留される。当時竹内春三らとも活動をともにした。28年3月全国自連第2回続行大会に中国自連と加盟組合を代表して地方連合会の報告途中で弁士中止。大会は退席退場騒ぎになったが退場した東京自由労働者組合などを批判して除名提案をした。(北村

信隆）〔文献〕『岡山県社会運動史』,『思想輯覧1』,『社会主義沿革2』,『関西自由新聞』3号1927.12,『労働運動』4次18号1926.7,『自連』1・5・23号1926.6・8・10・28.4,『黒色青年』15号1927.12,『戦前期警察関係資料集』第6巻不二出版2012

有吉 三吉 ありよし・さんきち ?-? 寒暖計の製造会社で働き，のち東京市下谷区上野桜木町（現・台東区）の自宅でゴムまりの絵付けを業とする。1915（大4）年11月近代思想社（大杉栄宅）で開かれた『近代思想』建て直しの会議に出席し，同人の一人となり庶務の責任者を引き受ける。12月大杉の逗子への移転後，近代思想社を自宅に置く。18年頃自宅で開いていた労働問題座談会に大杉，和田久太郎，久板卯之助らが参加し，大杉らの労働運動への進出の拠点となり19年3月頃北風会と合流する。この年の後半頃から有吉は警視庁のスパイではないかという噂が流れ，12月和田の計略で疑いはさらに濃厚になる。翌年1月北風会例会で有吉をスパイ視した若い中村還一を刺す事件をおこし以後運動から消える。遅れて事件現場に来た岩佐作太郎は，中村が有吉をスパイと言ったか有吉がスパイだったかは知らぬが，そういう噂をたてる卑怯者になるなとのちに述懐している。（大澤正道）〔文献〕岩佐作太郎『痴人の繰言』日本アナキストクラブ1983，近藤憲二『一無政府主義者の回想』平凡社1965

アルツィバーシェフ Artsybashev, Mikhail Petrovich 1878.10.24-1927.3.3 ウクライナの地方警察署長の息子として生まれる。01年処女作「パーシャ・ツマーノフ」を発表して文壇に登場。「ランデの死」(1904)で文名を高める。主な作品には「サーニン」をはじめ，「最後の一線」「ゴローボフ少尉補」「百万長者」「クプリヤン」「妻」「戦慄」「血痕」「人間の波」「労働者セヴィリョフ」，戯曲「嫉妬」「戦争」「蛮人の掟」などがある。17年の革命時には反ボルシェヴィキの立場を取り，その後『自由』という週刊の評論新聞を独力で出していたこともあるといわれる。若い頃から肺を病み，23年ポーランドに亡命，27年その地で死没。主著とされる「サーニン」は03年執筆され07年発表された。虚無主義的個人主義に立って既成の道徳を完全に排除し，「自然の欲望の無制限的満足」を主張，その反逆的享楽主義は「サーニズム」と呼ばれ一世を風靡する。「サーニン」によって描き出された「強い新人」のもう一つの半面を描いたのが「労働者セヴィリョフ」といわれる。05年の革命の時期に改革のために奮闘するがやがて官憲に追われる身となり，自己の生涯を犠牲にして救おうとした多数の不幸な者たちからさえも迫害を受けるに至り，ついには全社会に復讐する革命家の挫折と悲劇を描いている。アルツィバーシェフの作品は，日本では10（明43）年から昇曙夢，森鷗外らによって翻訳，紹介が始まり大正年間にはその大部分が翻訳される。「サーニン」を最初に完訳したのは武林無想庵で13年12月植竹書院から出版される。14年19歳の金子光晴は「サーニン」から決定的な影響を受ける。大杉栄は16年葉山日蔭茶屋事件をおこしたとき「サーニンのやうな男」と批判されるが，伊藤野枝は「理想の男性は」と問われ，「サーニンのやうな男」と応酬したという。「労働者セヴィリョフ」は14年翻訳出版され，大杉や宮嶋資夫らも特別な関心を寄せている。22年頃金子文子は新山初代から「労働者セヴィリョフ」を借り感激をもって読んだという。中国では魯迅が20年「労働者セヴィリョフ」を翻訳し『小説月刊』に発表，「幸福」と「医者」も訳している。「サーニン」は鄭振鐸によって翻訳されている。魯迅はセヴィリョフのアラジャーエフに対する批判（将来黄金時代が来ることを約束するが，現在苦しんでいる人々に何も与えることのできない人道主義者，理想主義者に対する批判）に共鳴し，たびたび自身の作品のなかで取り上げている。（手塚登士雄）〔文献〕昇曙夢『露国現代の思潮及文学』改訂版改造社1923，加藤一夫『エゴイズムと虚無思想 アルツィバーシェフの思想について』『原始』1926.2，昇隆一訳『アルツィバーシェフ名作集』青娥書房1975，森山重雄『評伝・宮嶋資夫』三一書房1984，XYZ『アルツィバーセフの生涯とそのニヒリズム』『虚無思想研究3』星光書院1949，大沢正道編『虚無思想研究・下』蝸牛社1975，中井政喜「魯迅と「労働者セヴォリョフ」との出会い」『野草』23・24号1979，野村邦近「魯迅とアルツィバーシェフ」『中国思想研究論集』雄山閣出版1986，中井政喜『魯迅探索』汲古書院2006

安　偶生 あん・ぐうせい アン・ウセン 1907-? 別名・Elpin（エルピン）　朝鮮黄海道に生まれる。安重根の甥。5・6歳の時父母とともに沿海州に渡り21年上海に移住する。父安恭

根は李東輝を助けて高麗共産党をつくったり金九の片腕となったり，あるいはアナキスト組織に接触したという。安偶生は上海の仁成学校を卒業しその後震旦大学などで学ぶ。27年エスペラントを学びこの頃鄧夢仙の華光病院に出入りする。32年李容俊の勧誘で南華韓人青年連盟に加わる。33年5月ハンガリー人のブラウンと協力して香港でOrienta Kuriero (『東方使者』) を創刊する。35年頃臨時政府光復軍の空挺部隊長となる李在賢にエスペラントを教える。金九の臨時政府の外交部に属し独立運動の右派に籍を置きながら中国の抗日統一戦線に参加する。38年漢口の国民党宣伝部で抗日放送に従事していたエスペランチスト長谷川テルの『あらしの中からささやく声』(1941) に'Paca Kolombo' (平和のハト) という序詞をよす。39年生華世界語者協会が香港で出版したElektitaj Noveloj de Lu Sin (『魯迅小説選』) に「狂人日記」「故郷」「白光」の3編をエスペラントに翻訳する。45年解放後帰国し金九の外交担当秘書として活動する。50年代後半に香港に移り消息を絶つ。86年4月19日『労働新聞』は安偶生署名「民族大団合の偉大な経緯 南北連席会議と白凡金九先生を回顧して」を掲載，当時北朝鮮に生存していたとみられる。(手塚登士雄)〔文献〕大島義夫・宮本正男『反体制エスペラント運動史・新版』三省堂1987，『エス運動人名事典』

安 興玉 あん・こうぎょく アン・フンオク ?-? 1934(昭9)年東興労働同盟，朝鮮一般労働者組合に加入。同年9月に勃発した日活争議をはじめ東京市電争議，豊隆社印刷所争議を呉宇泳とともに支援。(金明燮)

安 仁植 あん・じんしょく アン・インシク ?-? 東京の朝鮮自由労働者組合のメンバー。1932(昭7)年5月江東橋職業紹介所付近で共産党系の全協土建江東橋分会員と乱闘騒ぎをおこし金済元，李圭旭らとともに検束される。(堀内稔)〔文献〕『特高月報』1932.5

安 邦佑 あん・ほうゆう ?-? 1919(大8)年朝鮮の釜山日報社文選科に勤め日本印刷工組合信友会(朝鮮支部)に加盟する。(冨板敦)〔文献〕『信友』1919年10月号

アン・リネル ▷リネル

安西 激 あんざい・げき ?-? 江東自由労働者組合(のち東京自由労働者組合)のメンバー。1926(大15)年4月1日東京市復興局の測量に従事する自由労働者の賃下げに反対し同志200-300人と市役所に押しかけ，滝沢深らとともに日比谷署に検束され(計12人)拘留15日。同年4月8日京成電車争議の支援に駆けつけ検束され拘留25日。6月9日ギロチン社事件の傍聴に行き検束拘留3日。6月20日水戸市で開かれた黒連の文芸講演会で「プロレタリア解放戦における政治運動抹殺の理由」を演説するが中止となる。27年5・6月の黒連九州宣伝講演会に弁士として参加。28年1月小倉市の歩兵14連隊に入営する。(冨板敦)〔文献〕『黒色青年』2・4・10・15・16号1926.5・7・27.7・12・28.2,『自連』1・2号1926.6・7,『解放新聞』5号1927.7,『労働運動』4次18号1926.7

安西 作治 あんざい・さくじ ?-? 1919(大8)年東京京橋区(現・中央区)の築地活版所文選科に勤め日本印刷工組合信友会に加盟する。(冨板敦)〔文献〕『信友』1919年10月号

安斉 徳造 あんざい・とくぞう ?-? 1919(大8)年東京京橋区(現・中央区)の築地活版所石版科に勤め日本印刷工組合信友会に加盟する。(冨板敦)〔文献〕『信友』1919年10月号

安生 岸二 あんじょう・きしじ ?-? 1919(大8)年東京京橋区(現・中央区)の秀英本舎和文科に勤め日本印刷工組合信友会に加盟する。(冨板敦)〔文献〕『信友』1919年10月号

安生 武夫 あんじょう・たけお 1912(明45)-? 栃木県上都賀郡清洲村久野(現・鹿沼市)生まれ。小学校卒業後上京。高千穂中学を卒業後帰郷し農業に従事。34年6月頃同郷の樺見五郎に知己を得てアナキズムを知る。『自連新聞』などを愛読した。35年末頃無共党事件で検挙されるが不起訴。(冨板敦)〔文献〕『身上調書』

安藤 庵三郎 あんどう・あんさぶろう ?-? 1919(大8)年東京京橋区(現・中央区)の秀英本舎和文科に勤め日本印刷工組合信友会に加盟する。(冨板敦)〔文献〕『信友』1919年10月号

安藤 更生 あんどう・こうせい 1900(明33)6.10-1970(昭45)10.26 本名・正輝，別名・美牧燦之介 東京市牛込区御納戸町(現・新宿区納戸町)に生まれる。父忠義は陸軍大学などの仏語教授で大杉栄に仏語の手ほどきをした。19年早稲田中学を卒業，東京外国語学校仏語科に入学。同級に松尾邦

之助がいる。22年卒業後しばらく放浪。その間「父の弟子」大杉をはじめ辻潤，宮嶋資夫，百瀬二郎，石川淳らを知る。大杉との出会いは「余が人生を決定的となしぬ。これよりアナキズムを奉ずること，終生かはることなし」と晩年の自筆年譜にある。24年9月「同志村木源次郎の福田（雅太郎）大将襲撃事件に連座し，警視庁に囚へられる」（自筆年譜）。早稲田中学の恩師会津八一に師事し仏教美術研究に没頭するかたわら連夜銀座に出没する。下中弥三郎の知己を得て中国へ赴き新民印書館設立に尽力，周作人らと交流を深める。戦後は早稲田大学に移り仏教美術や日本ミイラの研究を進める。
（大澤正道）〔著作〕『銀座細見』春陽堂1931,『鑑真大和上伝之研究』平凡社1960,「あくたれ仲間」『素面』15号1965.2,「辻潤のこと」『個』14号1969.2〔文献〕『安藤更生年譜・著作目録』同作成委員会1972

安藤　昌益　あんどう・しょうえき　1703（元禄16）頃-1762.11.29（宝暦12.10.14）　本名・孫左衛門，別名・確竜堂良中，柳枝軒安氏正信　出羽国秋田郡二井田村（現・大館市二井田）の豪農の家に生まれる。その生涯は不分明で若い頃京，大坂，江戸などで修業し医師をやっていたとか長崎にいたらしいとか諸説がある。しかしこれまでに確定したのは1744-46（延享1-3）年頃陸奥国八戸（現・八戸市）城下で町医者をしていたこと，最晩年に郷里へ帰り村人の信望を受け旧弊を打破する運動を指導し，死後「守護大神確竜堂良中先生」と刻んだ石碑が建てられたことくらいである。それだけにこの「忘れられた思想家」（H.ノーマン）の全体像をさぐる研究にはいつも一種のロマンがつきまとっている。郷土史家石垣忠吉らにより昌益の墓が二井田の温泉寺本堂脇に現存していることが確認されたのは1970年代になってからである。昌益は「百年後の知己を待つ」という構えで膨大な著作を残したが，まさにその自負通り1899（明32）年に大著『自然真営道』（全101巻93冊）の稿本が狩野亨吉のもとに忽然とその姿を現す。「わが日本が世界的に誇り得る唯一の独創的思想家」とまで昌益に惚れ込んだ狩野は八方手を尽くして情報の収集と普及につとめる。この稿本は大同洋介の石本恵吉の手を経て東京大学図書館に納入されるが関東大震災でたまたま貸し出されていた12冊を残してすべて灰となる。その後稿本『統道真伝』（全4巻5冊）や刊本『自然真営道』（前編3巻）その他が発見され，それらのすべてを収めた『安藤昌益全集』全21巻22冊別巻1（農山漁村文化協会）が刊行されたのは87年のことである。この全集の刊行により昌益研究は新たな段階に入ったといえるが，主著『自然真営道』101巻のうち8割を超える86巻がいまだ姿を現していない現在，昌益の思想全体について確定的なことをいうのは控えるべきだろう。狩野の協力者として稿本『自然真営道』全巻に目を通していた渡辺大濤が記した「自然真営道稿本総目録」をみると，101巻中半数以上が「古医法妄失論」「転定病論」「婦人門病論」「小児門病論」など医学をテーマにしている。もともと昌益の生業は医師で農業ではないから医療問題が最大の関心事だったとしてもおかしくはない。もしこれらの諸巻が発見されたらこれまでと別の顔をした昌益が現れるかもしれない。そのあたりを考慮してここでは昌益とアナキズムとの接点をあげておくだけに記述をとどめたい。アナ系で昌益にもっとも深い理解を示したのは石川三四郎である。石川はアナ連の機関紙『自由共産新聞』（1951.7-52.3）に連載した「日本アナキズム運動史」（未完）を昌益から始めている。また大著『東洋文化史百講』全4巻（1939-48）の最終巻にあたる『近世東洋文化史』（大雅堂1948・増補復刻版黒色戦線社1980）でも第94講「日本のルネサンス」で昌益に一節をあてている。石川は昌益を「農本的無政府共産主義者」とする。最初の発見者狩野やその協力者渡辺も「農本的共産主義者」と呼んでおりこの規定は当を得たものといっていいだろう。昌益は理想社会を「自然世」，現実社会を「法世」と名づける。万人が「天道」に従い「直耕」に従事するのが「自然世」で，「直耕」の所産をかすめ取る「不耕貪食の徒」に支配されるのが「法世」である。昌益は我流の饒舌家である点で後世の田中正造を思わせるところがある。けれども彼の論理はきわめて単純明快である。「直耕」か「不耕」かの二者択一で，善と悪，味方と敵，健全と腐敗などに仕分けられる。儒・仏・老荘・神道・医道はみな「不耕貪食の徒」の仕業だからとして全否定される。まことに痛快だが

唯我独尊的でもある。狩野は昌益の「農本的共産主義」は孟子が批判したという許子に示唆されたのではないかといっているし，石川は老荘や賀茂真淵の国学，オランダ学の影響を指摘している。貧富，貴賤，男尊女卑のような一切の差別も「不耕」に由来すると昌益は主張する。それゆえ誰もが「直耕」すればこれらの差別は解消される。もし「直耕」を拒む不届き者が出た場合，その一族，一家には食物を与えてはならない。「働かざるものは食うべからず」である。それでも「直耕」を拒む「生まれ損ねの悪徒」に対しては「その一家，一族に之を殺さ」せる。しかし「上からの刑罰」は加えてはならない，これが「邑政」であると昌益は述べる。中央権力に処罰をゆだねるのではなく，その一家，一族で始末する，これはいうなれば村落共同体の自治である。この点で昌益の「邑政」は権藤成卿の「社稷」を連想させる。また上が下を慈しまなければ下にその恩を誇ることもなくなり，下が上を貴ばなければ上が慢心することもなくなる，そうなれば上下の区別はあっても上下の弊害はなくなり，「無欲，無盗，無乱，無賊，無悪，無病，無患」の「活真の世」となりうるとも説く。石川はこの発想に注目し，これは「生活態度の革命」であるとする。このように昌益はいく通りにも読むことのできる引き出しの持ち主なのである。『安藤昌益全集増補篇』に新たに発見された昌益の医学書が収録され，昌益医学解明も緒についた。（大澤正道）〔著作〕安永寿延校注『稿本自然真営道』（東洋文庫）平凡社1981，三宅正彦編『稿本自然真営道1』『安藤昌益全集1』校倉書房1981『安藤昌益全集』農山漁村文化協会1987，『安藤昌益全集増補篇』全3巻農山漁村文化協会2004〔文献〕守田生『百五十年前の無政府主義者・安藤昌益』『日本平民新聞』1908.1.20，内田魯庵『典籍の廃墟』『改造』1924.4·5，狩野亨吉『安藤昌益』『岩波講座世界思潮』1928，安部能成編『狩野亨吉遺文集』岩波書店1958，渡辺大濤『安藤昌益と自然真営道』木星社書院1930・増補復刻版勁草書房1970，E.H.ノーマン『忘れられた思想家・上下』（大原愿二訳）岩波新書1950，川原衛門『追跡安藤昌益』図書出版社1979，寺尾五郎・いいだ・もも・石渡博明『甦る安藤昌益』社会評論社1988，西村俊一『日本エコロジズムの系譜』農山漁村文化協会1992，尾尾正英ほか『安藤昌益』光芒社2002，若尾政希『安藤昌益からみえる日本近世』東大出版会2004

安藤 信太郎 あんどう・しんたろう ?-? 時事新報社に勤め東京の新聞社員で組織された革進会に加わり1919(大8)年8月の同盟ストに参加するが敗北。のち正進会に加盟。24年夏，木挽町（現・中央区銀座）正進会本部設立のために1円寄付する。（冨板敦）〔文献〕『革進会々報』1巻1号1919.8，正進会『同三諸君!! 寄附金芳名ビラ』1924.8

安藤 正楽 あんどう・せいがく 1866.12.21(慶応2.11.15)-1953(昭和28)7.24 伊予国宇摩郡中村（現・四国中央市土居町）生まれ。89年上京。明治法律学校に入学。この学校にいた国際法大博士であるパテルノストローから近代法の精神を学ぶ。99年帰郷。03年県会議員になる。初議会，翌年の議会，翌々年の議会で部落問題を取り上げ，分校制の廃止を訴える。07年同郷の兵士に頼まれて「日露戦役記念碑」の碑文を書く。10年この碑文がもとで検挙される。碑文の中の「忠君愛国の四字を滅す」が問題となった。天皇制を否定すると見られたようだ。幸徳秋水らの死刑が執行された日に釈放されたが碑文は全文が削り取られた。その削り取られた碑が現在も土居町藤原の八坂神社境内にある。その後，正楽は現代社会と絶交して歴史研究や絵画・書・漢詩などの世界に身を置き87歳で死去した。（水本正人）〔文献〕近代史文庫編『郷土に生きた人びと 愛媛県』静山社1983，山上次郎『安藤正楽 人と芸術』童馬堂1985，『人権文化の礎』解放新聞社徳島支局2005

安藤 福治 あんどう・ふくじ ?-? 1924(大13)年6月8日千葉市内飯高館で開かれた千葉印刷工組合千工会創立大会で会計理事に選出される。（冨板敦）〔文献〕『印刷工連合』14・15号1924.7・8，協調会情報課『(大正13年8月)本邦労働運動調査報告書』協調会1924.8，水沼辰夫『明治・大正期自立的労働運動の足跡』JCA出版1979

安藤 光房 あんどう・みつふさ 1907(明40)-? 福島県南会津郡大宮村大新田（現・南会津町）生まれ。高等小学校卒業後郷里の山口郵便局の配達夫となる。28年頃犬田卯らの『農民』を購読しアナキズムに共鳴。同郡の田中弘らと交流し29年2月全国農民芸術連盟員となる。30年5月『ギロチン』を刊行。出版法違反で検挙されたが起訴猶予となる。その後黒色戦線社の鈴木靖之，自由連合新聞社の榊泰治，小田切章らと交流を深める。無共党の主張に共鳴。34年12月以

降郷里で農業に従事するかたわら大新田実業青年団に相互扶助の思想を働きかける。35年末頃無共党事件で検挙されるが不起訴。〔冨板敦〕〔文献〕『農民自治会リーフレット』2号1929.3,『身上調書』

安藤 保太郎 あんどう・やすたろう ?-? 新聞工組合正進会に加盟し1924(大13)年夏,木挽町(現・中央区銀座)本部設立のために50銭寄付する。〔冨板敦〕〔文献〕正進会『同工諸君!! 寄附金芳名ビラ』1924.8

安藤 弥六 あんどう・やろく ?-? 岐阜県安八郡大藪町字五反郷(現・輪之内町)で農業を営む。1923(大12)年頃同村の小作人200人とともに小作争議を闘い勝利する。「近く自主自律の組合を作るといつている」と『小作人』は報じる。〔冨板敦〕〔文献〕『小作人』2次7号1923.9

安藤 芳信 あんどう・よしのぶ ?-? 1923(大12)年7月大阪北区本庄浮田町に背人社を組織し『背人』を創刊する。8月刊行の2号から重岡勢,中尾正義,高川幸二郎,安藤の4人が同人となる。同年10月4号で廃刊。4号には11月号から『民衆娯楽』に誌名改題の予告がある。〔冨板敦〕〔文献〕『背人』1-4号1923.7-10

安中 逸平 あんなか・いっぺい 1859(安政6)-1947(昭22) 駿府(現・静岡県磐田郡久努村)で小さな茶商の家に生れる。明治維新後,静岡で隠遁生活を送る徳川慶喜の下で布教を進めていたカナダ・メソジスト派教会に出入りし新しい思想に傾倒する。カナダからの日本最初の宣教師デイヴィッドソン・マクドナルド(1836-1905)は1874年静岡県の英学塾賤機舎で教え,英学生らに洗礼を授け静岡教会を組織,また優秀な医師として静岡病院で治療にもあたった。その後沼津に教会が生まれ,甲府伝道が開拓され,長野県にも広がった。安中は布教の流れを追って甲府に移り住みそこで結婚。長女はな(後の村岡花子1893-1968,モンゴメリー作『赤毛のアン』を翻訳)に幼児洗礼を受けさせ1903年麻布の東洋英和女学校に編入学させる。1898年ころ一家は上京し南品川で葉茶屋を営む。社会主義の理想に共鳴,1903年4月3日,労働者観桜会で検挙される。4月25日,社会主義演説会で弁士をつとめ,翌05年1月平民社の社会主義茶話会に参加。06年6月日本社会党発足に際し直ちに加盟,30銭寄付。07年2月同党評議員になる。のち社会主義同志会,労働奨励会で活動した。10年5月第1回労働倶楽部茶話会に出席するも,大逆事件後は運動から離れる。『原敬関係文書』第八巻収録の「社会主義者調 一」は警視庁が04年5月頃作成,安中逸平について「…社会主義者たりし小林富貴太郎と交際を為し其結果社会主義者となりたれども学問素養なく随て其言動に見るべきものなし。単に同主義に雷同したるに過ぎず。三七年一月二七日より社会主義の機関たる労働新聞発行を自宅に設け居れり(単に名義のみ)」とある。〔手塚登士雄・大和田茂〕〔文献〕『日外』,『社会主義協会史』新泉社1973,太田愛人『明治キリスト教の流域 静岡バンドと幕臣たち』築地書館1979,『原敬関係文書』第8巻日本放送出版会1987,村岡恵理『アンのゆりかご 村岡花子の生涯』新潮文庫2011

安中 作市 あんなか・さくいち ?-? 1926(大15)年頃,新潟県中蒲原郡十古村(現・五泉市)で暮し農民自治会全国連合に参加。地元の農民自治会を組織しようとしていた。27年1月4～7日北佐久郡北御牧村(現・東御市)島川原公会堂で開かれた第1回農民自治講習会に川口粂吉,須藤蔀,鶴巻徳市,石田光栄と新潟県から参加する。〔冨板敦〕〔文献〕『農民自治』8号1927.3,『農民自治会内報』2号1927,大井隆男『農民自治運動史』銀河書房1980

安楽 吉雄 あんらく・よしお 1902(明35)-? 鹿児島市山下尋常小学校卒業。父を亡くし19年から東京,北海道などで働く。24年実母と大阪に出て新聞配達員や工員となる。25年磯村宗義,池田晋吉を知る。同年6月「皇帝は国賊,安楽吉雄書」と書かれた文書が家宅捜索を受けた磯村宅からみつかり不敬罪で検挙されるが12月起訴猶予となる。26年5月全国自連創立大会に大阪機械技工組合の代議員として逸見吉三,杉浦市太郎,加藤末一,道脇と参加。同年10月21日大阪九条青年会館で開かれた第3回関西自連大会で関西黒旗連盟の代表として祝辞を述べる。27年1月17日静岡官舎放火事件被告林隆人,関谷栄の静岡地裁判決(無罪判決)に大阪から中尾正義と駆けつける。その夜静岡市内で開かれた両人出獄歓迎会に参加し大衆評論社のメンバーと交流する。(冨

板敦)〔文献〕『自連』2・7号1926.7・12,『静岡新報』1927.1.19,『不敬事件1』

い

飯沢　竹松　いいざわ・たけまつ　?-?　1919(大8)年東京深川区(現・江東区)の東京印刷深川分社欧文科に勤め活版印刷工組合信友会に加盟。21年末頃は日本橋印刷所で働いていた。(冨板敦)〔文献〕『信友』1919年8・10月号,1922年1月号

飯島　栄蔵　いいじま・えいぞう　?-?　新聞工組合正進会に加盟し1924(大13)年夏,木挽町(現・中央区銀座)本部設立のために1円寄付する。(冨板敦)〔文献〕正進会『同工諸君!!寄附金芳名ビラ』1924.8

飯島　亀吉　いいじま・かめきち　?-?　1919(大8)年東京牛込区(現・新宿区)の秀英舎(市ヶ谷)欧文科に勤め活版印刷工組合信友会に加盟する。(冨板敦)〔文献〕『信友』1919年8・10月号

飯島　金太郎　いいじま・きんたろう　?-?　1927(昭2)年東京府南葛飾郡砂町(現・江東区)で『反政党運動』砂町支局をつとめる。(冨板敦)〔文献〕『反政党運動』2号1927.7

飯島　賢次郎　いいじま・けんじろう　1909(明42)-?　長野県北安曇郡社村山ノ寺(現・大町市)生まれ。尋常小学校卒業後,21年松本市の信濃民報社で印刷見習工となる。その後名古屋に出るが25年再び信濃民報社に就職中,寺川俊男,須藤蔀を知りアナキズムに共鳴する。26年4月同社を解雇されボル系の松本合同労働組合に加盟。28年11月当時勤めていた松本市の信濃時報社の労働争議に寺川,須藤,東京印刷工組合の応援を得,アジビラ3000枚を配るなどの活動をしたが敗れて解雇される。29年ボル系の無産青年連盟発会式に出席するために上京,検束される。30年須藤から島津徳三郎を紹介され31年上京,東京の印刷所を転々とする。35年3月松本日日新聞社に印刷工として入社。相馬寿重雄,加藤陸三と会い松本で印刷工組合をつくる協議をする。同年末頃無共党事件で検挙されるが不起訴。(冨板敦)〔文献〕身上調書,『農青社事件資料集Ⅰ・Ⅲ』

飯島　幸太郎　いいじま・こうたろう　?-?　印刷工として1919(大8)年活版印刷工組合信友会に加盟し活動する。(冨板敦)〔文献〕『信友』1919年8月号

飯島　つね　いいじま・つね　?-?　印刷工として日本印刷工組合信友会に加盟。1920(大9)年末には東京芝区(現・港区)の東洋印刷株式会社欧文科に勤めていた。(冨板敦)〔文献〕『信友』1921年1月号

飯島　利之　いいじま・としゆき　⇨鈴木聡明　すずき・そうめい

飯島　万吉　いいじま・まんきち　?-?　1919(大8)年東京京橋区(現・中央区)の築地活版所印刷科に勤め活版印刷工組合信友会に加盟。同年10月頃,同所同科の組合幹事を葛西銀造,佐久間仙太郎,中原平八と担う。(冨板敦)〔文献〕『信友』1919年8・10月号

飯島　由一　いいじま・よしかず　?-?　1919(大8)年東京小石川区(現・文京区)の江戸川活版所文選科に勤め活版印刷工組合信友会に加盟する。(冨板敦)〔文献〕『信友』1919年8月号

飯島　力三郎　いいじま・りきさぶろう　?-?　やまと新聞社に勤め東京の新聞社員で組織された革進会に加わり1919(大8)年8月の同盟ストに参加するが敗北。のち正進会に加盟。20年機関誌『正進』発行のために30銭寄付する。(冨板敦)〔文献〕『革進会々報』1巻1号1919.8,『正進』1巻1号1920.4

飯田　菊次郎　いいだ・きくじろう　?-?　1919(大8)年東京麹町区(現・千代田区)の一色活版所欧文科に勤め活版印刷工組合信友会に加盟する。(冨板敦)〔文献〕『信友』1919年8・10月号

飯田　佐十郎　いいだ・さじゅうろう　?-?　別名・佐重郎　1919(大8)年東京京橋区(現・中央区)の中屋印刷所印刷科に勤め活版印刷工組合信友会に加盟する。(冨板敦)〔文献〕『信友』1919年8・10月号

飯田　重晴　いいだ・しげはる　1888(明21)12.7-1945(昭20)5.22　熊本県飽託郡竜田村(現・熊本市)に生まれる。熊本済々黌に学んだが,教師を批判して1904年9月退学。北海道函館に渡り海員生活をしていたが05年7月退職。京都高等海員養成所に入り再び

海員となったが病気のため帰郷。07年12月国鉄機関手となり福岡県大牟田に移る。09年7月久留米に転じ国鉄車掌となる。12月千葉の鉄道大隊に入営。『自由思想』などの雑誌を読み幸徳秋水の思想に共鳴し文通。10年6月幸徳宛の手紙が押収され7月13日特別要視察人乙号(無政府主義)に編入される。同月7日中学の同窓宇野静夫に「親分幸徳先生は遂にたおれたり」という手紙を送る。その後宇野が中野電信隊から逃亡しこの手紙が発見されたことから中隊長の取り調べを受け社会主義論を展開。重営倉30日の処分を受ける。12年5月北海道の土工部屋で逮捕された宇野が軍法会議で飯田の思想について触れたため再び取り調べを受ける。11月除隊。熊本実業銀行,実業之九州社に勤務。14年4月朝鮮に渡りさらに満州に移る。15年堺利彦と売文社支社について文通。奉天市(現・瀋陽市)信濃町で死没。(堅田精也)〔文献〕『へちまの花』15号1915.4,田中惣五郎『日本社会運動史・中』世界書院1948,『同窓会員名簿』済々黌同窓会1951,『主義者人物史料1』,『社会主義沿革1』

飯田 新一 いいだ・しんいち ?-? 1923(大12)年7月10日に創刊された『ナゴヤ労働者』の同人となる。他の同人に伊串英治,横田涼次郎,舟橋一寿,小川露夫,平林敬保らがいた。(冨板敦)〔文献〕伊串英治「名古屋に於ける社会運動史」『黒馬車』2巻12号1934.12

飯田 すず いいだ・すず ?-? 別名・寿々子 1919(大8)年東京神田区(現・千代田区)の三省堂印刷部文選科に勤め日本印刷工組合信友会に加盟。『信友』(1919年10月号)に「自覚の第一歩」を執筆する。(冨板敦)〔文献〕『信友』1919年10月号

飯田 清三郎 いいだ・せいざろう ?-? 東京朝日新聞社に勤め東京の新聞社員で組織された革進会に加わり1919(大8)年8月の同盟ストに参加するが敗北。のち正進会に加盟。20年機関誌『正進』発行のために50銭寄付する。(冨板敦)〔文献〕『革進会々報』1巻1号1919.8,『正進』1巻1号1920.4

飯田 赤三 いいだ・せきぞう ?-? 別名・斉藤新太郎 1922(大正11)年革命ロシア入りを企て満州の奉天市(現・瀋陽市)までいくが発覚して強制送還される。東京で高橋光吉と知り合い関東大震災後,23年10月高橋とともに大阪に逃れ逸見吉三宅で江西一三に出会う。文学青年でもあった3人は意気投合し江西と久保田鉄工で同僚の小板橋昇一を加え同人誌『黙人』(高橋の命名,1号のみ)を出す。24年5月高橋,江西とともに東京へ戻り東京機械技工組合に入り東京市外大崎居木橋(現・品川区大崎)の事務所に住み込み活動する。この事務所には佐藤護郎を世帯主格に池田寅三,村上長五郎ら7・8人が居住してボル系の組合との抗争に明け暮れていた。その後高橋と江西は無軌道社を結成するが飯田の名はなく,以後消息不明。(奥沢邦成)〔文献〕『江西一三自伝』私家版1976

飯田 徳太郎 いいだ・とくたろう 1903(明36)-1933(昭8)10.22 千葉県香取郡東条村船越(現・多古町)に生まれる。父は銚子警察署に勤務していた。経歴について本人は「小学校教師,新聞記者其他」と記す。22年6月『種蒔く人』に小説「帰村せる署長」と詩を発表。7月9日後藤謙太郎,茂野藤吉らとともに岡山連隊に反軍のビラをまき検挙,懲役1年執行猶予3年となり父が引責辞職。24年『ダムダム』同人となるが作品は発表せず。25年平林たい子と同棲。27年『文芸解放』,28年『単騎』『文芸ビルデング』の同人となる。29年2月飯田豊二,秋山清,矢丈吉,斎藤峻と『黒戦』を創刊する(1号のみ)。30年『自連新聞』にロープシンの「虚無党流血録」を訳出。31年読売新聞社校正係となり,33年斎藤と谷川岳に登り遭難死。(奥沢邦成・冨板敦)〔文献〕『自連新聞』46・48-50号1930.4・6-8,逸見吉三『墓標なきアナキスト像』三一書房1976,『岡山県社会運動史』,中山和子『平林たい子』新典社1999,寺島珠雄『南天堂』皓星社1999

飯田 豊二 いいだ・とよじ 1898(明31)3.1-? 愛知県中島郡稲沢町(現・稲沢市)に生まれる。1902年大阪の寺へ小僧に出され04年三重県の山寺に入る。17年上京,東京高等工業学校を卒業,職を転々と変え22年金星堂編集部に入社する。14年今東光,村山知義,金子洋文らと『文党』を創刊。25年金星堂で編集していた『文芸時代』に掲載した短編「我等の排列」が注目される。アナ・ボル対立後は『文芸解放』『単騎』『黒色戦線』(1次),『黒戦』(1次)に拠り,「反軍的な諷刺性に富んでいた」(秋山清)作品を発表した。純正アナキズムとサンジカリズム派の対立

ではサンジカリズム包容派に立った。27年10月劇団解放座を組織し演出責任者として築地小劇場で第1回『悪指導者』(オクタヴ・ミルボオ作, 石川三四郎訳)を公演。金井新作, 古田徳次郎, 萩原恭次郎, 飯田徳太郎ら文芸解放社の同人が演技し, 柳川槐人が装置を担当。「職工たちが工場内で休み時間や組合会議などの集会席で, 青い工具服着たままでやれる劇」という青服劇演劇試案をもっており, 同年古田, 戸原謙らの協力で第2回公演を打つ。28年第3回の公演は純正アナ派によってつぶされる。31年解放劇場を組織し, 八木秋子, 酒井俊, 門奈義男, 木崎豊, 寺島信, 白川洋, 秋山, 戸原らとアナキズムの勉強会を続けた。2月秋山, 八木, 吉田俊夫, 門奈, 入江汎らを出演者として第1回『ボストン』(アプトン・シンクレア作, サッコ・ヴァンゼッティ事件が主題)を上演。同年5月の第2回公演『クロンスタット』(ベルクマン作)の脚本執筆中にアナ派陣営の対立がさらに激しくなり降板(脚本は秋山が書き継いだ)。「仲間うちでも, 住居付近の人々との街の生活でも, あるいは勤務先の問題でも, 頼まれれば引き受け, 引き受けたら責任に応じ, どんな仕事にも彼なりの努力をつくすことがこの人の生涯につきまと」(秋山)った。(奥沢邦成・冨板敦)〔著作〕『飯田豊二集』『新興文学全集8』平凡社1929〔文献〕秋山清『アナキズム文学史』筑摩書房1975

飯高 棟三郎 いいだか・とうざぶろう ?-? 1919(大8)年東京京橋区(現・中央区)の帝国興信所印刷部に勤め活版印刷工組合信友会に加盟する。(冨板敦)〔文献〕『信友』1919年8月号

飯塚 学堂 いいづか・がくどう ?-? 1927(昭2)年『小作人』「地方通信」欄に新潟の現状を寄稿する。(冨板敦)〔文献〕『小作人』3次10・11号1927.11・12,『農民』2次1巻2号1928.9

飯塚 民次 いいづか・たみじ ?-? 芝浦製作所に勤め芝浦労働組合に加盟。1924(大13)年9月, 同労組の本部図書部に『労働組合論』1冊を寄贈する。(冨板敦)〔文献〕『芝浦労働』2次2号1924.11

飯塚 芳英 いいづか・よしひで ?-? 1919(大8)年東京深川区(現・江東区)の東京印刷深川分社製本科に勤め日本印刷工組合信友会に加盟する。(冨板敦)〔文献〕『信友』1919年10月号

飯野 時造 いいの・ときぞう ?-? 新聞工組合正進会に加盟し1924(大13)年夏, 木挽町(現・中央区銀座)本部設立のために1円寄付する。(冨板敦)〔文献〕正進会『同工諸君!! 寄附金芳名ビラ』1924.8

飯森 正芳 いいもり・まさよし ?-1950(昭25)8.17 別名・サラマンダー, 南泉子, 桃源洞人 石川県鳳至郡穴水町の生まれ。海軍機関学校を卒業し海軍予備機関中佐となるが, 日露戦争を契機にトルストイ信者となり14年海軍を辞職。禅宗, 浄土真宗, キリスト教, 神道, 神智学などさまざまな宗教を渡り歩き, 宗教のヴァガボンドと称され「予言者」宮崎虎之助の取り巻きとなるが短期間で離反。神智学にひかれ渡米しようとしたが, 大本教に神智学に近いものを感じ15年春頃大本教に入信, 8月新舞鶴の軍艦上で宣教の講演を行う。同年11月教団教学組織の学長などの要職に就任。古い陣笠をかぶりたすきをかけた異様な風体で全国を巡って布教, 浅野和三郎も飯森の来訪をきっかけに入信した。大本教を訪ねてきた高田集蔵と親交しその紹介で堺利彦を知る。10年代後半には九津見房子, 暁烏敏, 高光大船, 藤原鉄乗, 石川暁星, 高津正道らとも交わる。17年2月母の死没を機に大本教から離れる。のちアナキズムに傾斜。約3年間上海におり22年大杉栄の日本脱出の際に手助けをしたという説もあるが真偽は定かではない。山鹿泰治らに資金提供も行っている。帰国後赤化中佐と騒がれた。20年代後半には『虚無思想研究』『矛盾』『ニヒル』などのアナ系雑誌に執筆, 同じ頃辻潤宅に出入りする。26年に静岡工業学校(現・静岡工業高校)に入学した辻一を, 辻潤に帯同して巴里にゆく28年まで面倒をみていた。戦後の46年3月「降参党宣言」を執筆しているが, 戦後の混乱のなか不遇のまま50年死没。(神谷昌史・久保田一)〔文献〕渋六『神々の行末』『へちまの花』10号1914.11, 宮飼陶羊『余が綾部生活の2年』『恋愍心理』6巻6号1920.12,『大本70年史・上』1964, 牧瀬菊枝編『九津見房子の暦』思想の科学社1975,『辻潤全集』3巻1982, 寺島珠雄『おもしろがり屋報告3』『新日本文学』38巻10号1983.10, 大竹一灯子『母と私 九津見房子との日々』築地書館1984, 向井孝『山鹿泰治』自由思想社1984,『エス運動人名事典』

飯山 吉之助 いいやま・よしのすけ ?-? 1932（昭7）年頃大阪で南海民衆新聞社を組織していた。（冨板敦）〔文献〕『昭和7年自1月至6月社会運動情勢 大阪控訴院管内・上』東洋文化社1979

井浦 吉兵衛 いうら・きちべえ ?-? 1919（大8）年東京京橋区（現・中央区）の築地活版所和文科に勤め日本印刷工組合信友会に加盟する。（冨板敦）〔文献〕『信友』1919年10月号

井浦 喜六 いうら・きろく ?-? 1919（大8）年東京牛込区（現・新宿区）の秀英舎（市ヶ谷）第一和文科に勤め活版印刷工組合信友会に加盟する。（冨板敦）〔文献〕『信友』1919年8月号

井浦 徳太郎 いうら・とくたろう ?-? 1919（大8）年東京神田区（現・千代田区）の中外印刷会社に勤め日本印刷工組合信友会に加盟する。（冨板敦）〔文献〕『信友』1919年10月号

伊賀 忠四郎 いが・ちゅうしろう 1908（明41）-? 北海道夕張で育つ。室蘭に出て国鉄の機関助手となる。室蘭合同労働組合に参加。28年4月11日共産党入党容疑で検束され20日釈放されたが、6月20日鉄道を解雇される。特別要視察人乙号（無政府主義）に編入された。その後社会運動から離れる。30年思想要注意人に編入替えとなる。（堅田精司）〔文献〕『北海道ニ於ケル日本共産党事件顛末』北海道庁警察部特高課1928.4,『特別要視察人・思想要注意人一覧表』北海道庁警察部1929.1,『札幌控訴院管内社会運動概況2』1930.11, 赤嶋秀雄『暗黒時代鉄道労働運動史』叢文社1977

井垣 幸次郎 いがき・こうじろう ?-? 1919（大8）年東京京橋区（現・中央区）の国光社和文科に勤め日本印刷工組合信友会に加盟する。（冨板敦）〔文献〕『信友』1919年10月号

伊賀道 清一郎 いがみち・せいいちろう 1902（明35）-? 別名・天崖 北海道小樽区末広町（現・小樽市）で育つ。香具師となり、筧清七の子分となる。親分の片腕として香具師仲間の娼妓自廃運動を指導。アナキストと親交をもつ。24年夏、稲穂町で全国行商人先駆者同盟小樽支部を組織。25年5月鎖断社残党を集めて旭川で黒旗メーデーを敢行。26年5月小樽市最初のメーデーに寺田格一郎らと参加。小樽でもっとも戦闘的なアナキストとなった。その後社会運動から離れ筧一家の幹部として生活。30年9月20日帯広で新谷一家の子分と争い親分を殺害される。12月十勝の上士幌で賭場荒らしを働く。警察からは暴力の徒とみられていたが社会運動の闘士たちをひそかにかくまう。権力に対する反逆精神は晩年になっても失われず、50年10月北海道庁の不正行為をあばきいわゆるナンバープレート・海人草事件をおこした。（堅田精司）〔文献〕和田信義『香具師奥義書』文芸市場社1929,『小樽新聞』1931.2.6,『北海道年鑑』北海道新聞社1951

五十嵐 栄吉 いがらし・えいきち ?-? 1919（大8）年東京京橋区（現・中央区）の国文社和文科に勤め日本印刷工組合信友会に加盟する。（冨板敦）〔文献〕『信友』1919年10月号

五十嵐 亀吉 いがらし・かめきち ?-? 1919（大8）年東京牛込区（現・新宿区）の秀英舎（市ヶ谷）文選科に勤め活版印刷工組合信友会に加盟する。（冨板敦）〔文献〕『信友』1919年8・10月号

五十嵐 栄 いがらし・さかえ ?-? 新聞工組合正進会に加盟し1924（大13）年夏、木挽町（現・中央区銀座）本部設立のために3円寄付する。（冨板敦）〔文献〕正進会『同工諸君!! 寄附金芳名ビラ』1924.8

五十嵐 茂 いがらし・しげる 1912（明45）-1995（平7）3.29 東京市日本橋区小伝馬町（現・中央区）の村上糸店に勤務。33年10月尾村幸三郎編集のアナ派短歌誌『主情派』の同人となる。64年『芸術と自由』の再刊に携わった。（冨板敦）〔著作〕『三人上戸』謡文堂書店1935,『壺があるく1・2』芸術と自由社1976・89〔文献〕小倉三郎『私の短歌履歴書』ながらみ書房1995

五十嵐 信吉 いがらし・しんきち ?-? 1919（大8）年東京深川区（現・江東区）の東京印刷深川分社欧文科に勤め活版印刷工組合信友会に加盟する。（冨板敦）〔文献〕『信友』1919年8・10月号, 1922年1月号

五十嵐 隆 いがらし・たかし ?-? 1923（大12）年4月黒刷社同人として『タダ』を創刊する。チラシ「『タダ』発刊に際して」には黒刷社同人として他に小倉敬介、横山楳太郎、和田信義、串上繁蔵、大串孝、安谷寛一、手島博の名がある。またこのチラシの連絡先として黒刷社は神戸市の和田宅、黒煙社は和歌山県南部町、西部労働者同盟は大阪市南区木津鴎町と記されている。（冨板敦）〔文献〕『『タダ』発刊に際して』（廣畑研二編『岡山県特高警察資料（戦前期警察関係資料集）第8巻』（復刻版）不二出版2012）

五十嵐 年雄　いがらし・としお　1912(大1)-?　福島県南会津郡富田村和泉田(現・南会津町)生まれ。27年3月高等小学校卒業後,農業に従事。32年頃から『農村青年』『黒色戦線』『農民』『無政府主義研究』『自連新聞』『自連新聞ニュース』『われらの理論』などアナ系の新聞・雑誌を購読し,アナキズムに共鳴。35年末頃無共党事件で検挙されるが不起訴。(冨板敦)〔文献〕『身上調書』,『農青社事件資料集Ⅱ・Ⅲ』

猪狩 満直　いがり・みつなお　1898(明31)5.9-1938(昭13)4.17　福島県石城郡好間村(現・いわき市)生まれ。高等小学校卒業後,青年学校,法律学校に進むがいずれも中退。政府募集の開拓移民として福島県から北海道阿寒郡舌辛村(現・釧路市阿寒町)に渡ったのは25年。27歳の猪狩は妻と2児を抱えていた。開拓は30年5月に検査を通過,自有地を得たが売却帰郷した。その間,詩集『移住民』(銅鑼社1929)があり世評高くアナキズム系詩人の地位を確立したが,同一思想圏内の詩誌『弾道』と激しい論争もあった。猪狩には2度目の北海道生活もあるが短期に終わって帰郷,さらに長野県の河川工事に職を得るなど生活苦のなかで咽頭結核により郷里で死没。背景には1歳で父と死別した家庭事情があった。詩集に『農勢調査』(海岸線社1931),『秋の通信』(北緯五十度社1934)がある。アナキズム運動には携わらなかったが,詩で現実を報告し反逆を喚起した力は大きく,多くの深い友情に包まれた点では幸福でもあった。(寺島珠雄)〔著作〕『猪狩満直全集』全1巻・同刊行委員会1986〔文献〕吉野せい『かなしいやつ』『涙をたらした神』弥生書房1975,佐藤久弥『猪狩満直と『移住民』』尼子会1972

郁 達夫　いく・たっぷ　ユイー・ダアフ　1896.12.7-1945.8.29　本名・文　中国浙江省富陽県に生まれる。1913(大2)年訪日,14年一高に入学。19年東京大学経済学部に入学。21年6月東京で郭沫若,成仿吾らと創造社を結成する。佐藤春夫から大きな影響を受ける。22年春東大を卒業,7月帰国。25年10月上海に出,再び創造社の活動に参加。26年3月『創造月刊』を創刊し成仿吾とともに編集にあたる。同月郭抹若らとともに革命の策源地といわれた広州に向かい広東大学の文科教授となるが,革命の醜悪な現実に幻滅する。27年1月『洪水』25号に「広州事情」を掲載,革命の実状を暴露するとともに同誌26号に「無産階級専制と無産階級の文学」を発表し新興の軍閥,官僚,資産階級を打倒する真正の無産階級の革命を呼びかける。4月日本の雑誌『文芸戦線』に「日本無産階級文芸界同志に訴う」を発表。「広州事情」の発表は郭抹若らの非難を浴び8月創造社を脱退する。9月『民衆旬刊』を創刊し中国革命の中核となるのは圧倒的多数を占める農民であるという認識のもとに農民文芸を提唱する。28年6月魯迅と共同編集で月刊誌『奔流』を創刊(1929.12まで)。9月月刊誌『大衆文芸』を創刊。29年2月発行の6号まで編集を担当(『大衆文芸』はのちに中国左翼作家連盟の機関誌となる)。28年12月から29年5月まで上海に滞在した金子光晴は魯迅や郁らと交際し,郁は「コミュニストとアーキストの問題で悩んで」いたと回想している(『三異交友録』新評社1976)。30年2月中国自由運動大同盟設立の発起人の一人となり,3月に結成された左翼作家連盟に魯迅の推挙で加入するがまもなく活動不活発を理由に除名される。白色テロに恐怖を感じ,33年4月杭州に移住する。38年3月漢口に中華全国文芸界抗敵協会が組織されると郭沫若の招きで漢口に赴き常務理事をつとめる。5月『抗戦文芸』に「日本の娼婦と文士」を発表,佐藤らの戦争協力の無節操ぶりを激しく批判する。同年末シンガポールに渡り『星洲日報』の文芸欄を担当。40年6月読売新聞社が企画した新居格との公開往復書簡を「敵我之間」と題して『星洲日報』に掲載する。太平洋戦争が始まると42年シンガポールを脱出してスマトラ島に定住する。日本軍憲兵隊の通訳をさせられたことから,45年8月日本降伏直後,日本憲兵に誘い出されて殺害される。(手塚登士雄)〔著作〕駒田信二ほか訳『現代中国文学6 郁達夫・曹偶』河出書房新社1971〔文献〕小田嶽夫『漂白の中国作家』現代書房1965,鈴木正夫『郁達夫 悲劇の時代作家』研文出版1994

生草 三郎　いぐさ・さぶろう　?-?　1919(大8)年東京京橋区(現・中央区)の京浜印刷会社印刷科に勤め日本印刷工組合信友会に加盟する。(冨板敦)〔文献〕『信友』1919年10月号

生沢 とめ　いくさわ・とめ　?-?　読売新聞

社に勤め新聞工組合正進会に加盟。1920（大9）年機関誌『正進』発行のために50銭寄付する。（冨板敦）〔文献〕『正進』1巻1号1920.4

伊串 英治 いぐし・えいじ 1899（明32）1.8-1968（昭43）8.30 名古屋市東区杉之町生まれ。10年山吹尋常小学校卒業後、家業の撚糸工場を手伝う。同年相場師の叔父宅で幸徳秋水『平民主義』を読み社会主義を知る。13年『社会新聞』を配る鈴木楯夫に会い名古屋の初期社会主義者石巻良夫、矢木鍵次郎、片桐市蔵らを知る。14年9月6-10日に名古屋でおきた電車焼打事件に群衆の一人として参加。動かない社会主義者たちに「私は先輩のすべてを見て失望させられた」（『私の生い立ち』）。16年クロポトキン、田中正造、幸徳の著書を通してアナキズムに共鳴し17年名古屋の米騒動に加わる。19年10月松井不朽主催の労働問題大演説会が警察に阻止されたあとの懇親会で大杉栄、和田久太郎に会う。和田に名古屋アナキズム運動の草分けの一人横田涼次郎を紹介される。篠田清、高村藤一、伊藤長光らとも交流する。20年1月『労働運動』名古屋支局責任者となる。同年9月日本社会主義同盟に加入、同月21日名古屋市築地南陽館で堺利彦、荒畑寒村、近藤憲二らに会う。同年12月日本社会主義同盟発会式に参加するため上京、9日鎌倉の大杉宅での地方同志歓迎会に参加、検束され即日釈放。10日大会解散後再び検束される。21年9月岸井清、新谷与一郎、大串孝之助、後藤謙太郎、津馬忠孝（対馬忠行）らと『関西労働者』を、23年7月横田と『ナゴヤ労働者』を発行（1924.5『名古屋労働者』と改題）。25年9月2日鶴舞公園前の文化茶屋における無産青年デー記念座談会に参加、他のアナキスト11人とともに検束される。同月4日長野県上諏訪町（現・諏訪市）滝の湯旅館での無政府主義講演会・座談会に参加、川口慶助、竹内仲之、鮎沢実也、鮎沢寛一らと交流する。27年小川正夫と知り合う。31年大阪で逸見吉三、篠原律、安田穣、山崎次郎らとバクニン書房の名でガリ版刷りの『無政府主義運動』を刊行。33年頃映画「女人曼陀羅」をめぐって野口市郎が日活を恐喝したとされる事件があり野口を支援する。35年11月24日無共党事件で検束、即日釈放。戦後アナ連に参加、名古屋地協を結成した。57年から個人誌『資料日本社会主義運動史』を、63年から『米騒動の研究』などを刊行、独立独行の闘士だった。（冨板敦）〔著作〕『経済上の連帯責任』私家版1938、『蟻と人間』同1938、『官僚風刺集』同1950、『大杉栄「労働運動」の思い出』同1963、『私の生い立ち アナキストの歩み』同1964、『名古屋社会運動者略伝』同1957、『資料日本社会運動史』同1957、「関西労働者のころ」『大阪地方労働運動史研究4』1960、『米騒動の研究』1・2号1963.2・4、「大正期労働運動と知識人」『思想の科学』1963.11〔文献〕『身上調書』

生島 清太郎 いくしま・きよたろう ?-? 新聞工組合正進会に加盟し1924（大13）年夏、木挽町（現・中央区銀座）本部設立のために1円寄付する。（冨板敦）〔文献〕正進会『同工諸君!!寄附金芳名ビラ』1924.8

生島 繁 いくしま・しげる 1898（明31）1.24-1932（昭7）4.3 1919（大8）年報知新聞社に印刷工として勤め6月革進会、12月正進会の結成に参加。翌20年8月争議惨敗1周年記念会を開催、9月から開始された8時間労働制要求のストが長期化するなかで26日報知新聞社で活字ケース転覆事件が発生。その責任を問われて布留川桂、北浦千太郎、伏下六郎とともに検挙、懲役1年に処された。出獄後は大阪に移り大阪印刷工組合の先頭に立って活動。この年日本社会主義同盟に加盟。21年吉田一、高尾平兵衛らの労働社の同人となった。25年浪花区水崎町の自宅を大印の南支部とする。26年6月関西黒旗連盟の結成に参加、創立大会で進行係を、同年12月関西自連第3回大会では議長をつとめる。また28年3月全国自連第2回続行大会では関西を代表し副議長役を果たす。29年黒連に批判的な久保譲、逸見吉三らのグループに対抗して関西自協の結成に協力し自宅を事務所に提供。31年2月京都で脳出血で倒れ1年余の療養後に死没。酒を愛する関西アナの闘士だった。（奥沢邦成）〔文献〕『正進』1巻1号1920.4、『印刷工連合』25号1925.6、『自由連合運動』1932.4、『自連新聞』70号1932.5、水沼辰夫『明治・大正期自立的労働運動の足跡』JCA出版1979

生田 鴻三 いくた・こうぞう 1902（明35）8.5-? 山口県佐波郡中関村（現・山口市）に生まれる。上京し北豊島郡巣鴨町（現・豊島

区巣鴨)のナブボルツ商会時計工場に勤める。1921(大10)年3月,渡辺満三ら時計工組合幹部14名の解雇通告で始まった争議に参加したことから警視庁の思想要注意人とされる。小石川区大塚坂下町(現·文京区)に住んでいた。(冨板敦)〔文献〕『労働運動』2次8号1921.4,『警視庁思想要注意人名簿(大正10年度)』

生田 茂 いくた·しげる ?-? 時事新報社に勤め東京の新聞社員で組織された革進会に加わり1919(大8)年8月の同盟ストに参加するが敗北。のち正進会に加盟。24年夏,木挽町(現·中央区銀座)正進会本部設立のために1円寄付する。(冨板敦)〔文献〕『革進会々報』1巻1号1919.8,正進社『同工諸君!! 寄附金芳名ビラ』1924.8

生田 春月 いくた·しゅんげつ 1892(明25)3.12-1930(昭5)5.19 本名·清平 鳥取県会見郡米子町道笑町(現·米子市)生まれ。明道小学校に在学中,家業の酒造業が破産,高等小学校を2年で中退し一家とともに朝鮮など各地を流れ歩く。07年上京,同郷の生田長江宅で玄関番兼書生となる(長江とは血縁ではない)。長江の世話で新潮社の『文章講義録』の仕事につく。文章添削のこの仕事は25年まで続き生活を支えた。その間ドイツ語を夜学で学び英語,国文学,漢籍を独学する。14年『青鞜』同人の西崎花世と結婚。17年第1詩集『霊魂の秋』を,翌年『感傷の春』を新潮社から刊行し詩人として認められる。一方ツルゲーネフ,ゲーテ,ロングフェローなどの詩集を訳出,とくにハイネの研究に打ち込み革命詩人,社会詩人としてのハイネ像を明らかにする。早くから木下尚江,堺利彦,大杉栄らの影響を受けたがニヒリズムへの志向も強く,恋愛問題もからんで人生いかに生くべきかを生真面目に追求してやまない詩人であった。22年『詩と人生』を創刊,同人に大島庸夫,大江満雄らがいる。最晩年はアナキズムに到達,石川三四郎の『ディナミック』に創刊号から毎号詩を寄稿している。「政治活動／党の維持／さき立つものは金ばかり…」といったハイネばりの「政治のからくり」(『ディナミック』2号1929.12)やシルビオ·ゲゼル,エリゼ·ルクリュらのアナキストに捧げる追悼詩がある。しかし30年5月絶筆「海図」を残し汽船菫丸から播磨灘に身を投じる。同年7月『ディナミック』9号(1930.7)は生田春月追悼号を出すが,巻頭に「不義の勝つ世ぞ厭はしき／我れは死なん／かかる世に／憤りもて老ひなんよりは」という「義憤」と題する春月の短詩を掲げている。(北村信隆)〔著作〕『真実に生きる悩み』新潮社1923,『虚無思想の研究』天弦堂書房1916,詩集『象徴の烏賊』第一書房1930,『生田春月全集』全10巻新潮社1930·31〔文献〕『ディナミック』20号1931.6,大島庸夫『詩人春月を語る』海図社1932,石川三四郎「春月とその死」『書物展望』6巻8号1936.8

生田 長江 いくた·ちょうこう 1882(明15)4.21-1936(昭11)1.11 鳥取県日野郡根雨村大字貝原村に生まれる。本名は生田弘治。三男。1896(明29)年に中学校編入学準備のため大阪へ行きその頃から聖書に親しむようになる。97年大阪桃山学院第二学年に編入学し,98年秋にユニバーサリスト教会で受洗し内村鑑三や徳富蘇峰の著作を読む。00年第一高等学校文科に入学。02年から馬場孤蝶に師事。03年9月東京帝国大学哲学科に入学,この頃から森田草平の紹介で与謝野寛,晶子と知り合い『明星』に評論や翻訳,美文などを掲載する。05年夏目漱石を訪ね,翌年1月に馬場孤蝶と上田敏が主宰する文芸雑誌『芸苑』に同人として参加,「小栗風葉論」の『芸苑』発表によって文壇で知られるようになる。同年7月卒業。07年4月旧姓·亀田ふしと結婚し成美女学校の英語教師となる。同年11月には『文学入門』(新潮社)を刊行。この頃,閨秀文学会を成美女学校の中に結成し与謝野晶子,馬場孤蝶,森田草平らとともにその中心を担う。聴講者には平塚らいてうや山川菊栄などがいた。08年3月「夏目漱石論」(『中央公論』),「自然主義論」(『趣味』)を発表し文芸批評家として活動する。同年8月与謝野寛,石井柏亭らと和歌山県方面へ旅行,新宮を訪れ,このとき佐藤春夫は長江と懇意になり後に師事する。また09年5月から10年末まで森鷗外のアドバイスを得ながらニーチェ『ツアラトウストラ』の翻訳に没頭。10年春頃,生田春月と佐藤春夫が入門。11年新潮社より『ツアラトウストラ』を刊行。序文には森鷗外が「沈黙の塔」を掲げ大逆事件など当時の思想言論弾圧を暗に批判。同年9月には長江によって命名された青踏社を長江

の協力のもと平塚雷鳥が組織し『青踏』を創刊する。12年6月ルソー生誕二百年記念の会に出席し中江兆民，大杉栄，堺利彦，荒畑寒村らとともに幸徳秋水らを偲ぶ。以後，次第に社会問題への関心が芽生える。14(大3)年4月森田草平とともに文芸雑誌『反響』を創刊。このころから堺利彦の思想に共鳴し社会主義思想を持つようになる。6月には大杉栄と共訳でルソー『懺悔録』上・下巻(新潮社)を刊行する。このころから『ニイチェ全集』の翻訳を考えるようになる。16年2月『トルストイ叢書』第一編として『わが宗教』(新潮社)を刊行。同年4月，阿部次郎が「二つの道」(『太陽』)を発表して，前年からの長江と安倍能成との論争に加わる。同年11月には「自然主義前派の跳梁」(『新潮』)「最近思潮の一逆転」(『文芸雑誌』)などで白樺派の武者小路実篤を批判して文学論争に発展する。17年2月ハンセン病が悪化。この頃から初心会を開いて社会問題を論じる会を設け中村古峡，沖野岩三郎，橋浦時雄なども参加した。同年5月1日-4日「民衆芸術の問題」を『時事新報』に発表し，16年から本間久雄，大杉栄らの民衆芸術論争に参加。8月には友愛会大会に堺利彦と出席し，日本労働新聞社主催の労働問題講演会に堺とともに招かれて講演を行う。12月本間久雄との共著で『最新社会問題十二講』を新潮社から刊行。同月マルクス『資本論』第一分冊を緑葉社から刊行。跋は堺利彦。後，高畠素之から誤訳を指摘され論争になる。20年ころから社会主義から距離をとり次第に宗教色を強めてゆくこととなる。25年1月「所謂『新感覚派』と横光氏の近作」(『読売新聞』)を発表し，新感覚派を批判的に論じ以後論争となる。28年11月「左傾者だけが勇敢であるか」(『新潮』)を発表。29年4月ダンテ『神曲』を新潮社『世界文学全集』第一巻の目玉として刊行。18年から刊行を開始していた『ニイチェ全集』全十編(新潮社，十編のみ赤坂書店)は同年1月に完結。35年『創作釈尊』香風閣から刊行し，胃潰瘍と肺炎を併発して36年1月11日，自宅にて永眠。(山中千春)〔文献〕好村春基「宗教人としての/生田長江氏」『読売新聞』1936.1.17-19・21・23-25，西条和子「生田長江」『学苑』1955.2，木村彦三郎「生田長江」「長谷観音ゆかりの文学者Ⅰ」鎌倉長谷寺1956，生田長江顕彰会編『生田長江の人と業績』生田長江顕彰会1957，昭和女子大学近代文学研究室「近代文学研究叢書第四十巻 生田長江」昭和女子大学近代文化研究所1974，佐野晴夫「生田長江と生田春月のニイチェ(1)-(3)」『山口大学文学会志』1982.12・83.12・86，佐野晴夫「生田長江と生田春月のニイチェ(4)(5)」山口大学『独仏文学』1985・86，ドナルド・キーン「生田長江」『日本文学史 近代・現代篇八』中央公論社1992，島比呂志「宿命への挑戦 生田長江の生涯」『らい予防法』と患者の人権」社会評論社1993，曾根博義研究室「翻刻・注釈・解題『タづつ』第三号」日本大学大学院文学研究室2004・2005，荒波力『知の巨人 評伝生田長江』白水社2013

生田 花世　いくた・はなよ　1888(明21)10.15-1970(昭45)12.8　旧姓・西崎，別名・長曾我部菊子　徳島県板野郡松島村(現・上板町)に村長の娘として生まれる。徳島高等女学校在学中から『女子文壇』などに投稿，文学を志し10年上京。教員，記者などで生計を立てながら13年『青鞜』同人に。容貌などへのコンプレックス，自立の困難を正直に綴った「恋愛及び生活難に対して」(『青鞜』2巻1号1912.1)を生田春月が読み生田と結婚。また『青鞜』誌上のいわゆる貞操論争の火をつけ，「食べるために貞操を捨てることをいとわない」との立場に立った。しかし高群逸枝は生田について，アナ・ボル双方にいいように書くと批判している。『ビアトリス』『ウーマンカレント』，春月主宰の『詩と人生』などに執筆。29年それらに自伝的な作品を集めた『燃ゆる頭』(中西書房)を刊行。28年創刊の『女人芸術』でも中心メンバーの一人となる。春月のたび重なる女性関係に懊悩，「獅子は抗し難し」を同誌に発表。30年5月春月が瀬戸内海で投身自殺，その痛手を第2次『詩と人生』を主宰して乗り越える。戦後は生田源氏の会主宰。(市原正恵)〔文献〕児島光一「生田花世とその文学」徳島教育出版センター1986，戸田房子「詩人の妻」新潮社1986，尾形明子『女人芸術の人びと』ドメス出版1982

井口 正吾　いぐち・しょうご　?-?　1919(大8)年東京京橋区(現・中央区)の築地活版所和文科に勤め日本印刷工組合信友会に加盟する。(冨板敦)〔文献〕『信友』1919年10月号

井口 猛　いぐち・たけし　?-?　新聞工組合正進会に加盟し，1920(大9)年機関誌『正進』発行のために1円寄付する。(冨板敦)〔文献〕『正進』1巻2号1920.5

井口 昌太郎 いぐち・まさたろう ?-? 1919（大8）年東京京橋区（現・中央区）の共栄舎欧文科に勤め活版印刷工組合信友会に加盟。のち芝区（現・港区）の東洋印刷会社欧文科に移る。（冨板敦）〔文献〕『信友』1919年8・10月号，1920年2月号

生野 進 いくの・すすむ ?-? 村上義博，沢田武雄，三上由三，小松亀代吉と5人で東京北千住署の横の露地にあった一軒家を借り，野蛮人社を結成する。その後熊谷のAC運動社に加盟，1928（昭3）年同地で懲役4カ月とされる（詳細不明）。当時AC運動社には小村真清，工藤秀剣らがいた。（冨板敦）〔文献〕『労働者の叫び』2号1929.2，『小松亀代吉追悼 叛逆頌』同刊行世話人会1972

生野 正夫 いくの・まさお ?-? 江東自由労働者組合のメンバー。1927（昭2）年11月10日江東自由芝浦支部提唱の失業抗議闘争に参加し東京市長室で市長に面会を求めた際日比谷署の警官と乱闘になり同志とともに検束（計23人）29日間拘留される。（冨板敦）〔文献〕『自連』19号1927.12

生野 益太郎 いくの・ますたろう 1901（明34）9.10-1983（昭58）9.12 大阪府出身。17年日本兵器の見習工となり，大阪鉄工組合に加盟。鋳造部をはじめ全工場1000人の組合を組織した「すぐれたオルガナイザー」（江西一三）。22年2月大阪市今宮町の旅館春乃家での大杉栄を囲む懇談会に参加。水崎町の逸吉三宅にも出入りした。23年1月江西ら約120人とともに大阪鉄工組合内に総同盟の中央集権主義に対抗して自主・自治をモットーとする熱血団を結成，団長をつとめる。「アナキズムの研究会を常時開くとともに，未組織工場へのビラ入れや宣伝，オルグ活動，総同盟と張り合って，各所に頻発するストの応援に大きな役割を果した」。また，梅鉢車両，日本兵器，木本鉄工，久保田鉄工，浪花可鍛などのストライキにおける活躍はめざましいものがあった」（江西）。12月大阪での大杉・伊藤野枝追悼会の委員をつとめる。24年8月日本労働組合連合会関西連合会第16回大会で役員となる（会長代理杉浦市太郎）。10月浪花可鍛争議で杉浦，佐野太三郎とともに治安警察法違反で逮捕され，懲役2カ月となる。25年頃からは坂本孝三郎と政党運動に関わっていく。同志から「熱血団の生野の益さん」と呼ばれ，「とりわけ演説がうまく，名司会者だとの評判が高かった」（宮本三郎）。（冨板敦）〔文献〕田中惣五郎編『資料大正社会運動史・下』三一書房1970，『江西一三自伝』私家版1976，『思想輯覧1』，宮本三郎『水崎町の宿』私家版1981，『大阪社会労働運動史・下』

生原 繁 いくはら・しげる ?-? 岡山市の備前紡績労働組合のメンバー。1924（大13）年3月25日同市大福座での中国労働組合連合会結成1周年記念大会に出席し機関紙発行および宣伝部設置の件の提案理由説明を行う（機関紙発行は可決，宣伝部設置は否決）。（冨板敦）〔文献〕『労働運動』4次4号1924.6，『岡山県社会運動史4』

井組 寿郎 いくみ・ひさお ?-? 1919（大8）年東京京橋区（現・中央区）の築地活版所石版科に勤め日本印刷工組合信友会に加盟する。（冨板敦）〔文献〕『信友』1919年10月号

池内 三雄 いけうち・みつお ?-? 埼玉県入間郡宗岡村（現・志木市）に生まれ育つ。1920年代後半に展開された農民自治会運動の中心にいた渋谷定輔の親しい友人の一人で，渋谷によれば「農民とともに闘う一人の労働者」。全日本無産者同盟や労働組合評議会の活動に参加し，渋谷との語らいは政治運動や農民運動ばかりでなく文学や芸術にも及んだ。渋谷は池内と自分を比較して「彼は中央集権，私は自主連合。彼は政治主義，私は自治主義。しかし統一戦線では一致した」とも述べている。（小林千枝子）〔文献〕渋谷定輔『農民哀史・上下』勁草書房1970

池上 豊 いけがみ・ゆたか ?-? 1919（大8）年東京京橋区（現・中央区）の中屋印刷所文選科に勤め活版印刷工組合信友会に加盟する。（冨板敦）〔文献〕『信友』1919年8・10月号

池下 稔 いけした・みのる 1904（明37）-? 和歌山県有田郡御霊村（現・有田川町）に生まれる。正則英語学校を卒業。この頃クロポトキンの『青年に訴ふ』（大杉栄訳）を読んで共鳴する。23年頃兵庫県内の軍需工場に勤める。26年名古屋の黒潜社（住所は高嶋三治宅）の中心人物となり，上野克己，野村利市らが参加。その後農青社の鈴木靖之と親交，32年秋上京し黒旗社（1933.1解散）の結成に加わる。33年2月世田谷区の船木上の笹塚アパートで農青社活動資金獲得を計画

するが未着手。また伊藤悦太郎らと文化団体万人社をおこし雑誌『万人』を発行する。「リャク」(掠)とあちこちの襲撃を計画、頭山満、北一輝らの暗殺も計画するが同志の密告で成功しなかった。無共党、農青社事件とも一斉検挙の網を逃れ各地を転々とする。失意のうち37年5月3日参謀本部第一部長石原莞爾少将宅を襲い戸塚署に逮捕される。(黒川洋)〔文献〕『農青社事件資料集Ⅰ』、『都新聞』1937.6.25夕刊

池田 郁郎 いけだ・いくお ?-? 新聞工組合正進会に加盟し1924(大13)年夏、木挽町(現・中央区銀座)本部設立のために1円寄付する。(冨板敦)〔文献〕正進会『同工諸君‼ 寄附金芳名ビラ』1924.8

池田 市太郎 いけだ・いちたろう ?-? 1919(大8)年東京本所区(現・墨田区)の凸版印刷会社和文科に勤め活版印刷工組合信友会に加盟する。(冨板敦)〔文献〕『信友』1919年8・10月号

池田 一郎 いけだ・いちろう ?-? 1919(大8)年東京日本橋区(現・中央区)の中央印刷東京支店に勤め活版印刷工組合信友会に加盟する。(冨板敦)〔文献〕『信友』1919年8月号

池田 一郎 いけだ・いちろう ?-? 1919(大8)年横浜のジャパン・ガゼット社に勤め横浜欧文技術工組合に加盟して活動。同組合設立基本金として1円寄付する。(冨板敦)〔文献〕『信友』1919年8・10月号

池田 一夫 いけだ・かずお ?-? 大阪市佐野町で南海自治労働組合を組織し、1928(昭3)年10月南海労働組合自治連盟結成に加わる。関西自連の分裂で純正アナ派の河本乾次らの泉州純労働者組合が解体し、池田の南海自治労働組合に統合され、サンジカリズム派の南海労働組合自治連盟を脱退する。32年5月南海自由連盟を名のり上野克己の発行する『民衆の解放』の地方連絡所を担う。34年12月上野が大阪で創刊した『情報』の泉南支局(のち南海支局)をつとめた。(冨板敦)〔文献〕『民衆の解放』2・3・5-12号1932.5・7・33.1-34.8、『情報』1号1934.12、『大阪社会労働運動史・下』

池田 克己 いけだ・かつみ 1912(明45)5.27-1953(昭28)2.13 奈良県吉野郡竜門村平尾(現・吉野町)に生まれる。小学校3年から6年時の担任が植村諦だった。27年吉野工業学校建築科を卒業後、上京し写真館に住み込む。教員を辞職した植村に再会、秋山清、岡本潤、小野十三郎らを紹介され詩作に励む。写真館を開業するが家宅捜索、取り調べを受けたため帰郷。吉野で写真館を営む。34年第1詩集『芥は風に吹かれてゐる』を上梓、野長瀬正夫が跋文を寄せた。35年『詩行動』に参加、詩や評論を寄稿。36年上林猷夫らと『豚』を創刊、中室員重らも参加した。39年第1回国民徴用令で陸軍軍属として中国上海に渡り41年に解除。家族で上海に住み『上海文学』『亜細亜』を編集する。敗戦で帰国。46年上林らと謄写版雑誌『花』を出す。これは47年創刊の『日本未来派』に発展、初代編集長となる。葬儀委員長を植村がつとめた。(冨板敦)〔著作〕『芥は風に吹かれてゐる』日本書院1934、『原始』豚詩社1940、『上海雑草原』八雲書林1944、『中華民国居留』新生中国の顔』アルス1944、『池田克己詩集』日本未来派発行所1948、『法隆寺土塀』新史書房1948、『唐山の鳩』日本未来派発行所1951〔文献〕秋山清『あるアナキズムの系譜』冬樹社1973、『日本未来派詩集』思潮社1987、上林猷夫『ことばと詩人』砂子屋書房1989

池田 清 いけだ・きよし ?-? 1919(大8)年東京牛込区(現・新宿区)の福山印刷所和文科に勤め日本印刷工組合信友会に加盟する。(冨板敦)〔文献〕『信友』1919年10月号

池田 清次郎 いけだ・きよじろう ?-? 新聞工組合正進会に加盟し1924(大13)年初め、同会の活動に1円寄付。同年夏には木挽町(現・中央区銀座)正進会本部設立のためにさらに1円の寄付をする。(冨板敦)〔文献〕『印刷工連合』10号1924.3、正進会『同工諸君‼ 寄附金芳名ビラ』1924.8

池田 賢 いけだ・けん 1903(明36)-? 別名・健 呉市松葉町生まれ。高等小学校卒業後、呉市の俵鉄工所の工員となる。働きながら大正英学舎に通学するが3カ月で退学。22年4月同鉄工所を退職し神戸市の神戸製鋼所に勤め、23年1月大阪市蒲生の小林鉄工所に、同年9月再び神戸製鋼所に戻る。30年頃から多田英次郎、内藤好雄らを知りアナキズムにひかれる。同年7月神戸労働者自由連盟に加入した。高橋利夫らと知り合い笠原勉の布引詩歌社の同人にもなった。35年末頃無共党事件で検挙されるが不起訴。(冨板敦)〔文献〕『身上調書』

池田　源治　いけだ・げんじ　?-?　1919(大8)年東京芝区(現・港区)の近藤商店印刷所欧文科に勤め活版印刷工組合信友会に加盟。のち日本印刷興業株式会社に移る。(冨板敦)〔文献〕『信友』1919年8·10月号，1922年1月号

池田　幸吉　いけだ・こうきち　?-?　石版工。1923(大12)年6月日本印刷工組合信友会に石版工仲間と加盟し山田義雄らと計19名で小柴支部を組織する。(冨板敦)〔文献〕『印刷工連合』3号1923.8

池田　浩吉　いけだ・こうきち　?-?　1919(大8)年東京京橋区(現・中央区)の国文社和文科に勤め活版印刷工組合信友会に加盟する。(冨板敦)〔文献〕『信友』1919年8月号

池田　定吉　いけだ・さだきち　?-?　1919(大8)年東京神田区(現・千代田区)の三秀舎印刷科に勤め日本印刷工組合信友会に加盟する。(冨板敦)〔文献〕『信友』1919年10月号

池田　周太郎　いけだ・しゅうたろう　?-?　1919(大8)年東京芝区(現・港区)の近藤商店印刷所和文科に勤め活版印刷工組合信友会に加盟する。(冨板敦)〔文献〕『信友』1919年8·10月号

池田　稍　いけだ・しょう　?-?　1919(大8)年東京京橋区(現・中央区)の築地活版所印刷科に勤め日本印刷工組合信友会に加盟する。(冨板敦)〔文献〕『信友』1919年10月号

池田　晋吉　いけだ・しんきち　1902(明35)-?　静岡県浜名郡笠井町(現・浜松市)に生まれ名古屋市南区野立町で育つ。同市の尋常小学校卒業後，24年2月上阪し大阪陶器佐野分工場の工員となる。25年同工場で労働争議が勃発，同僚の磯村宗儀が爆弾製造の疑いをかけられ家宅捜索にあい安楽吉雄の書いた不穏文書が発見される。同じ文書を所持しているとして不敬罪で検挙されるが同年12月起訴猶予。33年泉州漁農労働組合を組織していた。34年2月13日関西地方の自連，自協の全国自連第4回再建大会協議会に上野克巳，逸見吉三，江西一三，村川柳之助，河本乾次らと出席。35年5月上野が大阪で出していた月刊『情報』(情報社)の発行責任者となる。(冨板敦)〔文献〕『情報』4巻5号1935.5，『不敬事件1』，『社会運動の状況5·6』，『特高月報』1934.2

池田　武雄　いけだ・たけお　1907(明40)-?　本名・禎治　叛逆児連盟のメンバー。26年6月21日埼玉県浦和公会堂で開催された小作人社，無差別社，埼玉小作人組合主催の社会問題演説会に参加。警官と大乱闘になり検束され翌日釈放。22日大宮の病院，料理店などで雑誌『叛逆児』を示し同志の救援カンパを求めたことが暴力行為にあたるとして三上由三，堂脇次郎，高橋五一とともに逮捕され，懲役3カ月となる。なお叛逆児連盟は東京池袋大原に事務所があった。(冨板敦)〔文献〕『黒色青年』4·5号1926.7·9，『黒闘』3号1926.7，『思想輯覧1』

池田　種生　いけだ・たねお　1897(明30)-11.18-1974(昭49)12.20　本名・胤夫，別名・野上荘吉　兵庫県氷上郡和田村(現・丹波市)に中地主の長男として生まれる。15年姫路師範学校一部に入学，大西伍一と親交を結ぶ。軍事教練で教官と衝突し約50日間の停学処分を受けた。卒業後但馬地方の小学校の訓導となり新教育を実践するが校長と対立して左遷された。23年農村青年と雑誌『蒼空』を発刊し教員組合啓明会に加わった。この頃農村の窮状を経験したこともあって農本アナキズム思想に接近，農村青年や教員へ積極的に働きかける活動を展開した。25年12月城崎郡五荘村(現・豊岡市)第二小学校校長として郡内統一の学力試験に反対し4年生の受験を拒否したという。同年11月農民自治会が結成されたこともあって26年3月教職を捨てて上京した。一方で農民自治会全国連合委員として特に教育部に力をそそぎ他方では大西と土の教育の実践に入った。この実践は経済的困難と権力の圧迫で挫折するが下中弥三郎の世話で啓明会の実務一切をまかされた。また小砂丘忠義と協力して『鑑賞文選』(文園社)を編集，28年児童文化協会を設立して『童謡読本』を刊行するなど多くの教育雑誌・新聞の編集などに携わった。しかし出版事業の多くは失敗に終わった。この前後からしだいに農本アナキズムからマルクス主義に接近し，啓明会再建に尽力するとともに30年8月新興教育研究所を設立，野上荘吉の名で中央常任委員に名を連ねた。32年8月には新興教育同盟準備会への改組にあたり委員長になり，同時にコップ(日本プロレタリア文化連盟)の協議員となった。この頃から戦中にかけ活動は困難になっていくが32年『国民教育新

聞』、34年『帝国教育新聞』などの新聞発行や帝教書房で出版活動に携わった。戦後は47年日本民主主義教育協会幹事、49年産業教育研究連盟主事などをスタートに民主主義教育の発展につとめた。75年教育運動史研究会は池田種生賞を設定した。（安田常雄）〔著作〕『日本教育暴露記』自由社1930、『動きゆく社会と教育』現代教育社1932、『プロレタリア教育の足跡』新樹出版1971、『わが教育風雪記』ホンゴー出版1993、『大正自由教育の超克』海老原治善編『昭和教育史への証言』三省堂1971

池田 留吉　いけだ・とめきち　?-?　1919（大8）年東京牛込区（現・新宿区）の福山印刷所印刷科に勤め日本印刷工組合信友会に加盟する。（冨板敦）〔文献〕『信友』1919年10月号

池田 豊吉　いけだ・とよきち　?-?　1919（大8）年横浜のケリー社に勤め横浜欧文技術工組合に加盟して活動する。（冨板敦）〔文献〕『信友』1919年8・10月号

池田 虎一　いけだ・とらいち　?-?　佐賀県生まれ。1928（昭3）年1月徳島に来県し徳島公園内の滴翠閣で逸見吉三らと共産党撲滅社会労働農村問題批判演説会の開催を計画するが警察に妨害される。（冨板敦）〔文献〕『昭和7年自1月至6月社会運動情勢　大阪控訴院管内・下』東洋文化社1979

池田 寅三　いけだ・とらぞう　1902（明35）3.4-1975（昭50）5.27　東京市四谷区（現・新宿区）に生まれる。24年3月23日佐藤護郎とともに議会主義に傾こうとしていた機械労働組合連合会から機械技工組合を脱退させる。同組合をアナ系に純化し他組合とともに自連派の関東労働組合連合会の結成（1924.9.21）に尽力した。同月25日岡山市の大福座で開かれた中国労働組合連合会記念大会に組合運動社を代表して祝辞を述べる。この頃東京大崎の居木橋にあった東京機械技工の事務所で佐藤護郎、飯田赤三、田所茂雄、高橋光吉、村上長五郎、江西一三らと7、8人で共同生活送る。古河三樹松、佐藤陽一、佐藤十五郎が常時出入りしていた。25年9月5日古河とともに福田雅太郎邸に人糞入りの小包を送り逮捕され懲役6カ月となる（くそくらえ事件）。27年5月から30年3月頃まで大串孝之助、佐藤十五郎、古河らと『蠢動』を発行する。戦時中は機械工場を経営。敗戦後は東京四谷で古河と書店を経営する。池田は古河の妹と結婚した。（冨板敦）〔文献〕『労働運動』4次4・6・13・17号1924.6・12・25.11・26.6、『黒色青年』2号1926.5、『江西一三自伝』私家版1976、『思想輯覧1』

池田 雅臣　いけだ・まさおみ　?-?　別名・比呂志　大阪生まれ。養子に出され養家を出奔して各地を放浪。留置場経験ののち病を経て逸見吉三のもとに寄宿。31年3月『無政府主義運動』創刊号に詩を発表。32年2月『自由連合運動』創刊号に比呂志名で詩を発表。（黒川洋）〔著作〕詩集『黒き血潮』バクニン書房1931

池田 義年　いけだ・よしとし　?-?　横浜毎朝新報社に勤め横浜印刷技工組合に加盟。1921（大10）年3月12日同社の減給拒絶闘争を26名で闘い勝利する。（冨板敦）〔文献〕『信友』1921年4月号

池田 米吉　いけだ・よねきち　?-?　1919（大8）年横浜のジャパン・ガゼット社に勤め横浜欧文技術工組合に加盟して活動。同組合設立基本金として1円寄付する。（冨板敦）〔文献〕『信友』1919年8・10月号，1920年1月号

池端 才次郎　いけはた・さいじろう　?-?　1919（大8）年東京京橋区（現・中央区）の秀英本舎和文科に勤め活版印刷工組合信友会に加盟する。（冨板敦）〔文献〕『信友』1919年8・10月号

池森 清　いけもり・きよし　?-?　報知新聞社に勤め新聞工組合正進会に加盟。1920（大9）年機関誌『正進』発行のために1円寄付する。（冨板敦）〔文献〕『正進』1巻1号1920.4

池谷 兵三郎　いけや・へいさぶろう　?-?　1919（大8）年東京京橋区（現・中央区）の国光社和文科に勤め日本印刷工組合信友会に加盟する。（冨板敦）〔文献〕『信友』1919年10月号

猪古 勝　いこ・まさる　1904（明37）-?　別名・勝太郎　熊本県生まれ。工藤日露時、林博、山田尚種と黒潮社を組織し、黒連に加盟する。熊本市光琳寺町の熊本水平社執行委員米村喜一郎宅に黒潮社の事務所を置く。自由労働に従事。以前市内の熊本電気に給仕として勤めていたことから、26年初め同社に機関紙『黒潮』創刊号の広告を求める。同年2月25日『黒潮』を創刊、編集兼発行人となる。同日正午発禁となるがかまわず頒布。広告料、購読料、発行援助金を求めたことが恐喝にあたり、発禁命令に従わ

なかったことが新聞紙法違反とされ黒潮社同人、熊本水平社のメンバーらとともに検挙、26年11月懲役10カ月罰金20円となる。27年5・6月全九州10カ所での黒連の宣伝講演会に黒潮社の工藤、山本と参加する。28年頃黒潮社は熊本市上迪町の山本宅から同市新鳥町の山田真一宅などへと事務所を転々とする。その後ボル派に傾き共産党の協力者となる。ともにボル陣営に移った大沼渉は猪古が「出獄後自殺」したと記している。(冨板敦)〔文献〕『労働運動』4次15号1926.4、『黒色青年』1・6・10・17号1926.4・12・27.7・28.4、『黒色運動』1号1928.8、『思想輯覧1』、『新過去帖覚書』大阪社会運動物故者をしのぶ会1969、神山茂夫『わが遺書』現代評論社1975

生駒　宗兵衛　いこま・そうべえ　1902(明35)-?　愛知県名古屋市西区で鼻緒製造の仕事に従事。1922(大11)年11月10日名古屋市西区志摩町の寿座で開かれた愛知県水平社創立大会で綱領を朗読する。11月25日同区内で起きた差別糾弾闘争で小林一吉、鈴木儀平らと脅迫罪で検挙、懲役3カ月執行猶予3年。26年1月愛知県水平社の役員改選で執行委員に選出される。(冨板敦)〔文献〕『名古屋新聞』1922.11.26・12.22, 1923.2.20・3.21『新愛知』1922.12.1・12.22, 1923.1.10・2.7・20・4.6『名古屋毎日新聞』1923.1.10(松浦國弘編著『愛知県・底辺社会史資料集成　部落篇　大正期』近現代資料刊行会2008)、『自由新聞』2号1926.2

生駒　長一　いこま・ちょういち　1905(明38)1.20-1945(昭20)9.30　名古屋市西区平野町生まれ。23年愛知県水平社結成と同時に参加、執行委員となる。また名古屋化学労働組合に加入、労働運動でも活躍した。28年の三・一五、四・一六事件と相次ぐ弾圧で弱体化した全国水平社本部の再建のため、30年5月全水本部に派遣され中央委員として尽力。同年4・5月豊橋連隊差別糾弾闘争では北原泰作、小山紋太郎らと現地闘争を指導した。31年12月全水第10回大会で水平社解消意見書を支持、賛成演説をして泉野利喜蔵らと対立。翌32年3月朝田善之助、北原泰作、野崎清二、井元麟之らとともに全水解消闘争委員会を結成し中央委員となる。40年北原とともに県下から荊冠旗を集めて焼却、水平社解散式を行った。初めはアナ系の全水青年連盟、全水解放連盟で活動したがボル派に転じ、全水左派の中心活動家の一人となった。郷里平野町の400戸余の部落の組織化、消費組合の設立などにも活躍。(奥沢邦成)〔文献〕『水平運動資料集成』、『部落問題・人権事典』部落解放人権研究所2001

井坂　美代治　いさか・みよじ　?-?　1919(大8)年東京本郷区(現・文京区)の杏林舎和文科に勤め活版印刷工組合信友会に加盟する。(冨板敦)〔文献〕『信友』1919年8月号

伊崎　豊太郎　いざき・とよたろう　?-?　別名・内山　1925(大14)年3月、東京・赤坂溜池の黒竜会簡易宿泊所で知り合った秋山竜四郎、小松亀代吉、加藤利造と4人で自由労働相互会を組織する。26年3月白昼抜刀、暴れたとして同会の加藤、宮崎秀人、川又常夫とともに大崎署に29日間拘留、4月16日に釈放される。当時『進め』を出していた福田狂二とも交流する。(冨板敦)〔文献〕『黒色青年』2号1926.5、『小松亀代吉追悼　叛逆頌』同刊行世話人会1972

伊笹　馬太郎　いざさ・うまたろう　?-?　新聞工組合正進会に加盟し1924(大13)年夏木挽町(現・中央区銀座)本部設立のために1円寄付する。(冨板敦)〔文献〕正進会『同工諸君!!寄附金芳名ビラ』1924.8

伊笹　重雄　いざさ・しげお　?-?　やまと新聞社に勤め東京の新聞社員で組織された革進会に加わり1919(大8)年8月の同盟ストを同社の幹事として闘うが敗北。のち正進会に加盟。20年機関誌『正進』発行のために2円寄付する。(冨板敦)〔文献〕『革進会々報』1巻1号1919.8、『正進』1巻1号1920.4

伊笹　秀太郎　いざさ・ひでたろう　?-?　別名・竹風　1919(大8)年東京京橋区(現・中央区)の三協印刷株式会社和文科に勤め活版印刷工組合信友会に加盟する。(冨板敦)〔文献〕『信友』1919年8・10月号

伊佐治　三郎　いさじ・さぶろう　1899(明32)3.20-?　東京府豊多摩郡落合村(現・新宿区)に生まれる。宝商会時計工場に職工として勤め1921(大10)年東京北郊自主会に出入りしたことから警視庁の思想要注意人とされる。荏原郡目黒村(現・目黒区)の宝商会寄宿舎に住んでいた。(冨板敦)〔文献〕『警視庁思想要注意人名簿(大正10年度)』

伊沢　梅吉　いざわ・うめきち　?-?　新聞工組合正進会に加盟し1924(大13)年夏、木挽

町(現・中央区銀座)本部設立のために1円寄付する。(冨板敦)〔文献〕正進会『同工諸君!! 寄附金芳名ビラ』1924.8

伊沢 康民 いざわ・やすたみ ?-? 1919(大8)年東京神田区(現・千代田区)の三秀舎和文科に勤め活版印刷工組合信友会に加盟。同年10月頃、同舎同科の組合幹事を蓑輪正一、佐藤徳松と担う。(冨板敦)〔文献〕『信友』1919年8・10月号

伊沢 八十吉 いざわ・やそきち 1907(明40)12.9-1990(平2)1.30 長野県上伊那郡富県村(現・伊那市)の農家に生まれる。幼時の病気で足が不自由となったが、高等小学校卒業後近村の製糸場に4年ほど勤務し27年以後は農業に従事した。文学に親しみ個人誌を発行。その頃南信日日新聞社の記者加藤陸三を介してアナキズムに傾倒、加藤が関与していたエスペラント講座にも参加、エスペラント個人誌『NI(我等)』を刊行した。28年小作人社の木下茂とも接触、『小作人』を通じて農村問題に関心を深め富県村青年会の総務委員として農村におけるアナキズム運動の実践に取り組むようになった。31年2月岩佐作太郎、小川三男、川口慶助、八木秋子らを招いて同村でアナキズム講演会を主催。『黒旗』に掲載された宮崎晃の「農民に訴ふ」に衝撃を受けこれを村報『富県時報』(1931.4-32.1)に全文転載した。同年3月星野準二、宮崎晃と会って農青社を知り、8月山田彰と会って県内の運動連携を協議。さらに同月23日八木を迎えて島津徳三郎、鷹野原長義、山田らと会合し長野県下5地区の全村運動連絡責任者を決定、伊那地区の責任者となった。青年会の軍事教練義務化実施への反対と青年会の自主運営に取り組み10月部落祭では農民劇『誰の罪か』を上演、12月農産物共進会に際しては自主自治、自給自足、不売不買の農青社思想を説く「村の人達に訴ふ」を執筆した組合報を配布する。32年4月長野県地方全村運動機関紙『信州自由連合』の創刊に尽力。33年8月文芸思想誌『清流』を刊行するが35年11月の農青社事件の一斉検挙で起訴、37年4月懲役2年執行猶予4年の判決を受けた。敗戦後は48年共産党入党、日農にも参加。61-63年富県農業協同組合理事、63-67年共産党公認で伊那市議会議員。72年農青社運動史刊行会同人として編集に参加。「生涯伊那の地を離れることなく、ひたすら農民として自主自治を求めた一生」と星野は述べている。(奥沢邦成)〔文献〕『資料農青社運動史』、『長野県史』1984、『農青社事件資料集Ⅰ』

石井 勇 いしい・いさむ 1870(明3)-1916(大5) 号・白露 京都の同志社大学出身。文学を志したが卒業後読売新聞の記者となる。『実業之日本』誌の権利を受けて独立し、1900年実業之日本社を創業した増田義一を助け09年同社の『婦人世界』は委託販売を取り入れ婦人雑誌の王座を占めるなど社業の隆盛に貢献した。同氏の下にあった藤原楚水は往年を追想して「僕等は社長を特別にどう思っていたのではないが、石井さんが実にいい人だったものだから、むしろ石井さんのために働いた」と語っているほど、社員の人望を集めた人格者であった。他面では上司小剣と親しく交わり、直接の面識はなかったようであるが大杉栄に対していくらかずつの物質的な援助を続けたものの47歳にして惜しまれつつ亡くなった。
(奥沢邦成)〔文献〕森銑三『明治人物閑話』中公文庫1988

石井 市蔵 いしい・いちぞう ?-? 1922(大11)年10月20日千葉県安房郡岩井村(現・南房総市)で小作人大会が開かれ、小作料3割減が決議された。その大会で地区代表に選出される。(冨板敦)〔文献〕『小作人』2次2号1922.12

石井 斧吉 いしい・おのきち ?-? 1919(大8)年東京京橋区(現・中央区)の秀英本舎校正科に勤め日本印刷工組合信友会に加盟する。(冨板敦)〔文献〕『信友』1919年10月号

石井 兼次郎 いしい・かねじろう ?-? 報知新聞社に勤め東京の新聞社員で組織された革進会に加わり1919(大8)年8月の同盟ストに参加するが敗北。のち正進会に加盟。20年機関誌『正進』発行のために1円寄付する。(冨板敦)〔文献〕『革進会々報』1巻1号1919.8、『正進』1巻1号・2巻5号1920.4・21.5

石井 恭二 いしい・きょうじ 1928(昭3)2.13-2011(平23)11.29 東京都中央区日本橋に生まれ育つ。府立11中時代動員先の工場でストをして憲兵に追われる。戦後日本共産党の党員となり非公然活動にも関わるなかで党のスターリニズムに反発、57年現

代思潮社を創立し社会主義リアリズム粉砕のための出版を始める。最初の出版物はサド『悲惨物語』(澁澤龍彦訳)と府立11中同級生の森本和夫が訳したルフェーブル『マルクス主義の現実的諸問題』(共に58年10月刊)で、以後トロツキー、ブルトン、バタイユ、埴谷雄高、秋山清、内村剛介、大沢正道、吉本隆明、谷川雁、黒田寛一らの著作を次々に刊行、60年安保闘争を通じて強く求められた既成左翼型運動と対抗する運動に大きな影響力を与えた。60年澁澤とともにサド裁判の被告。62年『ローザ・ルクセンブルク選集』、63年『大杉栄全集』を刊行。65年には山口健二、松田政男、川仁宏、笹本雅敬らと東京行動戦線を結成し機関紙発行人となる。このうち松田、川仁、笹本は時期は前後するが社員として現代思潮社に勤めた。69年には川仁の提唱した美学校を創設、校長となる。70年には労働者の立場を重視する労働組合との間で現代思潮社争議が起こるが闘争委員側の退職により翌年争議は治まる。74年頃より日本古典を重視した出版となり点数も減少する。96年現代思潮社を人手に譲り編集者を引退、道元に関する著作などの執筆活動に移る。(川口秀彦)〔著作〕『花には香り本には毒を』現代思潮新社2002,『正法眼蔵覚え書』現代思潮新社2002〔文献〕陶山幾朗『現代思潮社という閃光』現代思潮社2014

石井 きん いしい・きん ?-? 1919(大8)年東京本所区(現・墨田区)の凸版印刷会社解版科に勤め活版印刷工組合信友会に加盟する。(冨板敦)〔文献〕『信友』1919年8・10月号

石井 小太郎 いしい・こたろう ?-? 1923(大12)年小山紋太郎が浜松市福地に創設した静岡県水平社本部に参加。25年5月島田町(現・島田市)の加藤弘造宅で開かれた県水執行委員会会議に県水本部を代表して小山、杉浦茂夫と出席。6月県水本部執行委員となる。杉浦とともに『自由新聞』浜松支局を担う。26年5月18日石井は浜松の日本楽器争議の最中におきた日本主義労農同志会がまいたチラシ「争議団諸君と評議会の連中へ」に書かれた差別文言への抗議に、県水本部小山委員長、小山菊太郎、宮崎友太郎らと執行委員の一員として同会を訪れ、6月全国に檄をとばして応援を求め謝罪させた抗議糾弾活動に参加。27年5月17日浜松の若竹座で全国水平社解放連盟主催の福岡連隊爆破事件真相発表大演説会を山本林之助、高倉寿美蔵、小林次太郎らとともに運営する。のち全国水平社は南梅吉らの結成した日本水平社、労農党支持派の無産者同盟、全水解と3派に分かれたが石井は全水解派の県水解で活動した。(北村信隆)〔文献〕『静岡民友新聞』1924.10.29・25.3.16,『自由新聞』1・2・4号1925.6・7・9,『静岡新報』1926.5.15夕刊,竹内康人「静岡県水平運動史」『静岡県近代史研究』13・14号1987・88,『静岡県労働運動史資料・上』,宮崎晃『差別とアナキズム』黒色戦線社1975,『静岡県史 資料編19』1991,竹内康人『静岡県水平社の歴史』解放出版社2016

石井 宇 いしい・さかい ?-? 1926(大15)年頃、長野県小県郡で農業を営み農民自治会全国連合に参加。『農民自治』(6号・長野県号)に「須く真心を開け」を寄稿する。(冨板敦)〔文献〕『農民自治』6号1926.11

石井 作次郎 いしい・さくじろう ?-? 報知新聞社に勤め東京の新聞社員で組織された革進会に加わり1919(大8)年8月の同盟ストに参加するが敗北。のち正進会に加盟。20年機関誌『正進』発行のために1円寄付する。(冨板敦)〔文献〕『革進会々報』1巻1号1919.8,『正進』1巻1号1920.4

石井 繁蔵 いしい・しげぞう ?-? 別名・繁 1919(大8)年東京深川区(現・江東区)の東京印刷深川分社欧文科に勤め活版印刷工組合信友会に加盟する。(冨板敦)〔文献〕『信友』1919年8・10月号,1922年1月号

石井 清 いしい・せい ?-? 島根県生まれ。広島市西区三篠町の広島ゴムの女工となる。1925(大14)年7月30日突如解雇通告を受け解雇された男性労働者50人とともに広島純労働者組合に加入し、広島純労初のスト闘争を闘い円満解決をみた。石井は30日父の訃報を聞くが31日からのストのため争議団にとどまった。25年『自連』2号には広島自連の加盟組合として広島ゴム工組合が掲載されている。(冨板敦)〔文献〕『自連』2号1926.7,山木茂『広島県社会運動史』

石井 武明 いしい・たけあき ?-? 1919(大8)年東京京橋区(現・中央区)の英文通信社印刷所欧文科に勤め活版印刷工組合信友会に加盟する。(冨板敦)〔文献〕『信友』1919年8・10月号

石井　民樹　いしい・たみき　?-?　東京朝日新聞社に勤め東京の新聞社員で組織された革進会に加わり1919(大8)年8月の同盟ストに参加するが敗北。のち正進会に加盟。20年機関誌『正進』発行のために50銭寄付する。（冨板敦）〔文献〕『革進会々報』1巻1号1919.8、『正進』1巻1号1920.4

石井　長治　いしい・ちょうじ　?-1923(大12)9　欧文工、日本印刷工組合信友会のメンバー。1923(大12)年9月1日の関東大震災で被災し亡くなる。（冨板敦）〔文献〕『印刷工連合』10号1924.3

石井　鉄治　いしい・てつじ　1893(明26)-1966(昭41)7.9　徳島県生まれか。07年上京、堺利彦の売文社に出入りし大杉栄宅に寄宿したこともあるという。18年6月村木源次郎、近藤憲二とともに渡辺政太郎の研究会を受け継ぐ北風会の主催者となり7月要視察人に編入される。8月横浜の米騒動に関わり検挙。19年6月吉田只次、糸川二一郎らと横浜労働組合期成同盟会を結成。7月東京京橋で開催された労働問題演説会に参加、大杉、近藤ら北風会会員十数人とともに検束される。24年中華同心会を率いて中央労働組合に参加。戦後アナ連、アナキストクラブに加盟する。（冨板敦）〔文献〕『自由連合』122号1966.8、堅山利忠編『神奈川県労働運動史・戦前編』県労働部労政課1966、『解放のいしずえ』新版

石井　徳太郎　いしい・とくたろう　?-?　1919(大8)年東京牛込区(現・新宿区)の日清印刷会社欧文科に勤め活版印刷工組合信友会に加盟。同社同科の組合幹事を担う。（冨板敦）〔文献〕『信友』1919年8・10月号

石井　直治　いしい・なおはる　?-?　時事新報社に勤め東京の新聞社員で組織された革進会に加わり1919(大8)年8月の同盟ストに参加するが敗北。のち正進会に加盟。20年機関誌『正進』発行のために2円寄付。また24年夏、木挽町(現・中央区銀座)正進会本部設立のためにも2円寄付する。（冨板敦）〔文献〕『革進会々報』1巻1号1919.8、『正進』1巻1・5号1920.4・8、正進会『同志諸君!! 寄附金芳名ビラ』1924.8

石井　紀明　いしい・のりあき　?-?　芝浦製作所に勤め芝浦労働組合に加盟し配電器具分区に所属。1922(大11)年9月25日、札の辻(現・東京港区)の中鉄で開かれた全国労働総連合大会の関東側代議員の打ち合わせ会（東京鉄鋼組合・電機工組合の共催）に芝浦労働組合の代議員として佐藤陽一、天土松太郎、富田格之助と出席。9月29日関西労働組合同盟会本部で開かれた全国労働組合総連合大会の打ち合わせ会に参加。翌30日の総連合創立大会にも出席する。しかし大会は決裂、解散命令を受けたため同盟会本部に引き上げ打ち合わせ会を開く。同年11月7日芝浦労働組合創立1周年大会で開会の辞を述べる。（冨板敦）〔文献〕『芝浦労働』1次1・2号1922.11・12

石井　漠　いしい・ばく　1886(明19)12.25-1962(昭37)1.7　本名・忠純、別名・林郎　秋田県山本郡出身。小学校時は吃りのため登校拒否児であった。01年秋田中学に入学。5年時に全校ストに関わり退学となる。帰郷後小坂鉱山に勤務するが馘首。小説家か作曲家をめざしてあてもなく上京。文士や音楽家の門を叩いて寄寓する。10年春帝国劇場管弦楽部に採用されるが、貸与されたヴァイオリンを質で流したため退部となる。同年夏再び帝国劇場歌劇部を応募、三浦環の目にとまり合格。石井林郎と名のる。15年帝劇を退団。漠と改める。山田耕作の応援を得て創作舞踏に打ち込む。自分の踊りを舞踏詩と呼んで練習に励むが金にはならず、この貧乏時代に小山内薫を知る。16年舞踏詩は初めて舞台に乗るが観客は30人前後という暗澹たるさまであった。生活のため宝塚少女歌劇の舞踏教師として赴任、近松座で舞踏詩公演をやったところ空前の大入りとなった。即時上京。鎌倉、大磯、平塚、横浜と納涼音楽舞踏大会と銘打って東上、いずれも大入り。16年浅草へ進出、浅草オペラの花開くきっかけとなる。20年第1回のメーデー歌「聞け万国の労働者」を作曲（作詞は大場勇）。過激な大杉栄を敬遠していたきらいがあるが辻潤とは馬が合ったらしく伊藤野枝と別れたあとの辻の面倒をよくみていた。戦中には国立癩療養所長島愛生園の慰問にも出かけている。開園以来初の外部からの慰問団であったという。作曲家石井真木は長男。（黒川洋）〔著作〕『舞踏ざんまい』右文社1947〔文献〕石井歓『舞踏詩人石井漠』未来社1994

石井 はつ いしい・はつ ?-? 読売新聞社に勤め新聞工組合正進会に加盟。1920(大9)年機関誌『正進』発行のために50銭寄付する。(冨板敦)〔文献〕『正進』1巻1号1920.4

石井 秀 いしい・ひで ?-? 1926(大15)年『地上楽園』に投稿。東洋大学に在学し『白山詩人』の同人となる。28年12月に刊行された白山詩人社の同人詩集『一九二八年の一部』に山本和夫、岩瀬正雄らと詩を寄せる。29年3月大学を卒業。30年3月大江満雄、伊藤信吉らと『労働派』を創刊。創刊号では前年刊行されたアナ派アンソロジー『学校詩集』(1929年版)に対して「学校詩集批判」を掲載する。「石井秀は人間そのものが奇抜で、人をケムにまくような空ごとばかり言っていたが、『学校詩集批判』には、奇抜であることによって秀抜な批判もふくまれていた」(伊藤)。同年6月アナからボルへ転じたことでアナ派の襲撃を受ける。31年伊藤とともに『ナップ』に寄稿。ごく少数の作品を発表したのち詩作を中断。(冨板敦)〔文献〕壺井繁治・遠地輝武編『日本解放詩集』飯塚書店1950、岩瀬正雄『一匹の黄金虫』豊橋文化協会1972、伊藤信吉『逆流の中の歌』泰流社1977

石井 秀次郎 いしい・ひでじろう ?-? 1919(大8)年東京牛込区(現・新宿区)の秀英舎(市ヶ谷)文選科に勤め活版印刷工組合信友会に加盟する。(冨板敦)〔文献〕『信友』1919年8・10月号

石井 秀太郎 いしい・ひでたろう ?-? 印刷工として、1919(大8)年活版印刷工組合信友会に加わる。その後、時事新報社に勤め新聞工組合正進会に加盟。20年4月機関紙『正進』創刊号に「新聞社工場を改築せよ」を執筆する。同年京橋区船松町(現・中央区)に住み、日本社会主義同盟に加盟。(冨板敦)〔文献〕『信友』1919年8・10月号、1920年1月号、『正進』1巻1号1920.4

石井 光野 いしい・みつの ?-? 広島純労働者組合のメンバー。1925(大14)年7月31日広島横川真宗説教場で開かれた広島ゴム争議の演説会で女工代表としてストの真相を発表。8月2日広島市内寿座の演説会でも所感演説をする。(冨板敦)〔文献〕山木茂『広島県社会運動史』

石井 竜太郎 いしい・りゅうたろう 1889(明22)-? 大阪でアナキストとなり、九州の炭鉱に入り労働運動に加わる。北海道の炭鉱で労働運動を行うために渡道。美唄の友人の紹介で旭川に移り日雇となる。24年8月下旬大鐘参夫、寺田格一郎らと娼妓自由廃業を目的とする鎖断社を組織。31日遊廓側から襲撃され負傷。病院で看護婦に革命歌を教える。9月15日元憲兵隊司令官小泉六一少将の暗殺を計画したとされ検挙される。25年2月13日旭川地裁で禁錮8カ月の判決を受け控訴。4月9日法廷で労働運動で迫害された経歴を陳述。25日札幌控訴院で禁錮6カ月の判決を受け、傍聴席に向かい「社会主義万歳」「鎖断社万歳」と叫ぶ。5月7日出獄。夕張で職を求めたが炭鉱会社が6人の尾行をつけて妨害。加えて暴行を受けて負傷。札幌の香具師田口哲太郎の家に身を寄せ、寺田と『芸者の自由廃業の途』というパンフレットを作成。上京して北千住で労働者生活。9月16日労働運動社で開催された大杉栄追悼会に出席し検束される。自由労働運動社に参加、26年1月黒色青年連盟に加入。秋ピストルを所持していたため懲役4カ月の刑を受ける。27年7月函館に転じ失業漁業労働者の施設であるキリスト教系興友会ホームに身を寄せ、その後賀川豊彦のセツルメント運動に加わった。(堅田精司)〔文献〕『黒色青年』6号1926.12、『思想輯覧』、『司法研究』第8輯報告集6・1928.12、『小樽新聞』1924.9.6・25.2.16・4.26・5.8・5.11・5.30・6.4、『北海タイムス』1924.12.3・25.2.3・3.1・4.10・5.29、『函館日日新聞』1924.12.13・25.9.17、『函館毎日新聞』1925.2.15

石浦 卯之助 いしうら・うのすけ ?-? 別名・宇之助 1919(大8)年横浜のジャパン・ガゼット社に勤め同年6月15日横浜欧文技術工組合を発起人として創立、評議員となる。同組合設立基本金として3円寄付する。(冨板敦)〔文献〕『信友』1919年8・10月号、1920年1月号

石垣 綾子 いしがき・あやこ 1903(明36)9.21-1996(平8)11.12 旧姓・田中 東京に生まれる。自由学園高等科に学び大正デモクラシー、リベラリズムの洗礼を受ける。26年家族の強い要望で外交官の妻としてワシントンに駐在中の姉のもとへ行く。姉の家からジョージ・ワシントン大学へ通うが自由を求めてニューヨークへ移る。29年ニューヨークで社会主義リアリズムの中堅画家

石垣栄太郎と結婚。日本人労働者クラブにも加わり，スペイン革命で戦死した唯一の日本人義勇兵ジャック・白井と知り合う。第2次大戦期，日本の軍国主義に反対していた綾子と栄太郎は戦時情報局で日本向けの反戦ビラなどをつくった。日本の家族に累を及ぼさないようにと，マツイ・ハルの筆名を使わざるをえなかった。戦後はマッカーシー旋風をまともに受け51年日本に帰国。帰国早々『主婦という第二職業論』(『婦人公論』1955)を発表し，女性に精神の自立を呼びかけ，戦後のフェミニズムの嚆矢となった。91年夫の故郷和歌山県東牟婁郡太地町に石垣記念館を完成させる。(川成洋)〔著作〕Restless Wave, 1940(佐藤共子訳『憩なき波』未来社1990)，『さらばわがアメリカ 自由と抑圧の25年』三省堂1970，『オリーブの墓標 スペイン戦争と一人の日本人』立風書房1970・増補改訂版『スペインに死す』同1976，『美しき出会い 回想の十八人』ドメス出版1983，『海を渡った愛の画家 石垣栄太郎の生涯』御茶の水書房1988，J.マッキンノンほか『アグネス・スメドレー』(坂本ひとみと共訳)筑摩書房1993

石垣 栄太郎 いしがき・えいたろう 1893(明26)12.1-1958(昭33)1.23 和歌山県東牟婁郡太地村(現・太地町)に生まれる。父親は船大工。1909(明42)年アメリカに出稼ぎの父親に呼び寄せられ新宮中学を3年で退学し年末にシアトルに着く。11年木下尚江，聖書，社会主義関係書などを読み漁る。12年詩人の菅野衣川，彫刻家ガートルド・ポイル夫妻，15年ニューヨークで片山潜，17年マーガレット・サンガー，アグネス・スメドレーと知り合う。18年片山潜が主宰する社会主義研究会に参加。19年加藤シズエをサンガーに紹介する。22年ニューヨーク日本人美術家協会画彫会を結成。27年8月22日の夜サッコ・ヴァンゼッティ処刑反対の大衆集会に参加。この日，ユニオン・スクエアは民衆で見動きのできないほどだった。最後の瞬間に知事が「ノー」を告げるだろうと誰でも願っていた。アナトール・フランス，ロマン・ロラン，アインシュタイン，バーナード・ショウなど世界的な知識人からの抗議の電報が時計台の電光掲示版に浮かび上がり，その中に「日本でも，抗議」の一文が流れた。この「日本」という文字に栄太郎と田中綾子が惜しみなき拍手を送る。広場の大時計が12時に刻一刻と迫り2本の針がきっかりと重なる。それから重苦しい十数分後，電光掲示板に2人の処刑を伝える赤いフラッシュが流れる。広場の慟哭と悲しみの叫び声は夜明けまでこだましたという。29年ジョン・リード・クラブの創設メンバーに加わる。同年12月田中綾子と結婚。30年ソシアル・シーン派の中堅画家として頭角を現す。31年亡命中の演出家佐野碩と会う。36年アメリカ美術家会議の結成。第1回個展開催。41年日米開戦数日後FBIの尋問を受けその後内偵が執拗に続く。50年マッカシーによるアカ狩りの開始。51年5月3日逮捕，帰国を条件に釈放。6月15日横浜着。アメリカ滞在記や芸術論などを執筆。58年自宅で死去。(川成洋)〔著作〕『愛についての告白 男として女として』(石垣綾子と共著)平和書房1971〔文献〕石垣綾子『海を渡った愛の画家 石垣栄太郎の生涯』御茶の水書房1988，石垣綾子『わが愛 流れと足跡』新潮社1982，石垣綾子『さらばわがアメリカ 自由と抑圧の25年』三省堂1970，マッキンノンほか『アグネス・スメドレー』(石垣綾子・坂本ひとみ訳)筑摩書房1993

石上 太郎 いしがみ・たろう 1902(明35)2.11-1993(平5)10.14 別名・苔庵十仏 神奈川県足柄下郡大窪村板橋(現・小田原市)生まれ。15年尋常小学校を卒業後上京。苦学するなかで秋田雨雀と出会い加藤一夫が主宰した自由人連盟に加入。大杉栄の著作などを通じてアナキズム思想に近づく。その反戦思想の影響は22年の徴兵拒否と東京での逃避生活となった。26年早川二郎らとともにマルクス『資本論』研究のために土曜会を組織，のちに失業問題に関心を深め失業労働者同盟，失業対策同志会を組織し28-30年『失業問題叢書』全5巻などを刊行。布施辰治や山崎今朝弥との交流を通じて活動家の支援にも尽力した。第2次大戦の拡大とともに41年身柄を拘束され，戦後は『人民川柳』を発刊，古川柳研究などに取り組んだ。(奥沢邦成)〔著作〕「土曜会(マルクス資本論研究会)結成当時の私と若き講師小出民声君」『早川二郎著作集2』(「月報」)未来社1977

石上 文七郎 いしがみ・ぶんしちろう ?-? 報知新聞社に勤め東京の新聞社員で組織された革進会に加わり1919(大8)年8月の同盟ストに参加するが敗北。のち正進会に加盟。20年機関誌『正進』発行のために1円50

銭寄付する。(冨板敦)〔文献〕『革進会々報』1巻1号1919.8、『正進』1巻1号1920.4

石川 覚太郎 いしかわ・かくたろう ?-? 新聞工組合正進会に加盟し1924(大13)年夏、木挽町(現・中央区)銀座)本部設立のために1円寄付する。(冨板敦)〔文献〕正進会『同工諸君!!寄附金芳名ビラ』1924.8

石川 主計 いしかわ・かずえ 1904(明37)2.22-1932(昭7)10.27 別名・東純一 福島県河沼郡岡村下塔尻(現・会津若松市)に生れる。18年会津中学入学。同年父が足尾銅山で死没。24年4月早稲田第一高等学院政経科入学。中学時代の友人のマルクス主義者高橋蔵八を通じて佐藤正男、佐藤陽一を知る。同年秋頃同校社会思潮研究会に入会し建設者同盟その他のボル系研究会に出席する。かたわら正男、陽一、阿部誠一らとアナ系の団体にも出入りする。15年母が死没し弟の面倒と学費の捻出のため1学期を休学。同年暮れ頃ボル系といっさいの関係を絶ち瓜生伝の活動に参加。26年4月第一高等学院英文科に転科する。正男、陽一、阿部らと黒麦の友社を外から支援する。27年4月早大文学部へ福島県給費生として入学。同年農村運動連盟に加入。木下茂の紹介で松村元、鈴木靖之らを知る。AC学連に加入。『黒色文芸』に「門出」(東純一名)、『黒色戦線』に作品を発表する。28年秋頃同志との音信が途絶える。大柄な豪傑の風貌で飲めば斗酒をいとわずであったが給費生のノルマをまっとうするために死にものぐるいで勉学に励む。29年石川信子と結婚。30年卒業を期に血眼で職を探すが独立できず、31年2月麻布第3連隊に幹部候補生として入営。8月右湿性胸膜炎により除隊。帰郷して死没。瓜生ら地元の仲間は石川の消息を探したがつかめず東京の同志からの連絡で帰省していることを知る。32年10月『冬の土』は石川の病気見舞特集を組んだ。没後、瓜生、正男らによって遺稿集が編まれたが検閲のため削除伏せ字が多く体をなさなかった。(黒川洋)〔著作〕遺稿詩集『友と語る』冬の土社1933〔文献〕『冬の土』15号(石川主計病気見舞号)1932、『冬の土』21号(石川主計・木下茂追悼号)冬の土社1933

石川 和民 いしかわ・かずたみ 1910(明43)-1965(昭40) 静岡県磐田郡袖浦村(現・磐田市)生まれ。27年中泉農学校卒業。2年上に鈴木致一がいた。また鈴木武は小学校で一級下、二人とも級長だった。古山信義を加え4人で30年3月詩の同人誌『農民小学校』を創刊した。2号の責任編集は石川で表紙に蚕の種紙を使った。全国農民芸術連盟に参加、アナキズムの立場を鮮明にして詩と評論を発表、4月「農民詩の過去と将来」を寄稿。同年詩集『祭』を刊行、年末に召集を受け『農民小学校』は10号を「石川和民入営送別詩集出版記念号」とした。この号が実質的な終刊号。石川は満期除隊ののち3人を訪れず絶縁した。40年中泉職業紹介所に勤務、太平洋戦争に再度召集され45年9月帰還。47年浜松労働基準監督署に勤務した。(市原正恵)〔文献〕松永伍一『日本農民詩史・中1』法大出版局1972、菅沼五十一『郷土のデモクラシー文学管見』私家版1988

石川 勘司 いしかわ・かんじ ?-? 1919(大8)年東京牛込区(現・新宿区)の秀英舎(市ヶ谷)第一和文科に勤め活版印刷工組合信友会に加盟する。(冨板敦)〔文献〕『信友』1919年8月号

石川 金太郎 いしかわ・きんたろう 1904(明37)頃-1949(昭24)3.25 静岡市高松に生まれる。高等小学校卒業後、農業を経て23年市内で製紙労働者となり、7年ほど働いたが体調を崩し、小作農のかたわら日雇い労働に従事した。労働体験から社会主義思想に関心をもち文学にも親しんだ。30年小松亀代吉、沢田武雄、近藤寅雄、小林辰夫らとともにA思想研究会を結成、自由連合社会の建設を呼びかけて機関紙『アナルキスト』を発行。31年農青社の望月冶郎のオルグを受けるなかで農青社に加入、静岡地区の責任者となり同志の獲得をめざした。また静岡での蜂起への対応についても協議した。33-35年『自連新聞』を10数部知人に配布。35年11月無共党事件で検挙されいったん釈放されたが36年5月農青社事件で再び検挙され、治安維持法違反で沢田とともに起訴された。(竹内康人)〔文献〕『身上調書』、『農青社事件資料集』、『静岡民友新聞』『静岡新報』1937.1.12

石川 定吉 いしかわ・さだきち ⇨野中由次 のなか・よしじ

石川 三四郎 いしかわ・さんしろう 1876(明

9) 5.23-1956(昭31)11.28　旧姓・五十嵐，別名・旭山，不尽　埼玉県児玉郡山王堂村(のち旭村山王堂，現・本庄市山王堂)に三男として生まれる。生地は利根川の船着場であり五十嵐家はその一帯をとりしきる船問屋であった。利根川によって東京と結ばれていたこと，また自然の恵み豊かな川が身近にあったことは石川の感情，思想に大きな影響を残す。80年徴兵回避のため戸籍上でのみ同村の石川家の養子となる。84年高崎線開通により生家の衰退が始まる。その意味で石川は近代化に対して敗者の精神史の系譜に属しているといえる。90年本庄町高等小学校高等科卒業後上京，同郷の先輩の家の書生となり91年福田友作の家に預けられる。埼玉硫酸事件に兄たちが関与。95年福田家離散で郷里に戻り群馬県室田高等小学校の代用教員となる。97年再度上京。98年東京法学院に入学。99年養子縁組成立にもかかわらず他の女性と情交を結び翌年幸子誕生。この経験はその後の石川の女性関係に深い影響を残す。1901年本郷教会に通い海老名弾正から受洗。恋愛し弁護士試験に挑戦するが失敗，結婚をあきらめる。02年堺利彦，花井卓蔵の紹介で万朝報社に入社，黒岩涙香の秘書となり理想団演説会で演壇に立つ。03年非戦論で幸徳秋水，堺，内村鑑三が万朝報を退社，後を追って石川も退社，平民社に入る。05年社会主義伝道隊を主催。平民社解散後，木下尚江のすすめでキリスト教社会主義誌『新紀元』を刊行。06年栃木県下都賀郡谷中村(現・栃木市)を逸見斧吉と訪れ田中正造に会う。福田英子，荒畑寒村らと谷中村支援。政党よりも伝道を重視する「堺兄に与へて政党を論ず」を発表。しかし精神的な動揺に苦しみ箱根林泉寺に内山愚童を訪れ座禅。07年幸徳，堺の要請で日刊『平民新聞』に参加，発行兼編集人となる。筆禍で巣鴨監獄に入獄。獄中で『西洋社会運動史』のノートをとる。出獄後カーペンターの著作を精力的に読み精神的・肉体的問題の解決の糸口をみつける。この間，福田英子の『世界婦人』を助ける。10年再び入獄。出獄後生活窮迫，13年非合法出国を決意。英国ミルソープにカーペンターを訪ねる。英国での求職はうまくいかずベルギーのブリュッセルに戻り，ポール・ルクリュに助けられる。第1次大戦が勃発，15年フランスに脱出しパリへ。16年即時講和反対と戦争続行を訴えるクロポトキンらアナキスト「16人宣言」に署名。ルクリュ夫人介護のためドルドーニュ県ドムに移る。その間も『万朝報』へ定期的に記事を送り続ける。ドムでの農作業，夫人の介護，社会批判からなる独特なライフスタイルがいっそう地に足のついたものになっていく。その地で椎名其二に会う。19年ルクリュ夫人に付き添いモロッコへ行きエリゼ・ルクリュ『地人論』を読み，『古事記』研究に開眼。モロッコという独特な風土が石川の心の扉をまた一つ開けたといえる。20年秋帰国。新人会主催の講演会で「土民生活(デモクラシー)」を話す。聴衆に住谷悦治がいる。望月百合子，大宅壮一と知り合う。21年エリゼ・ルクリュの蔵書引き取りのため再び渡欧。船中で徳川義親を知る。23年関東大震災で保護検束されるが徳川の機敏な交渉で1週間ほどで釈放される。24年日本フェビアン協会の結成に参加。25年下中弥三郎らと農民自治会の創立に加わる。この頃サンジカリズム系労働組合の研究会，講演会にしばしば参加。27年東京府北多摩郡千歳村(現・世田谷区)に畑と土地を借りて移る。大地と樹木と動物につねに触れ仲間の集うこの共学社で生活することになる。中西悟堂が裸で訪れることもあった。同年上海郊外の国立労働大学に講義に行く。29年月刊『ディナミック』を望月と創刊。この個人誌は内容の密度の濃さだけでなく地方の誌友たちとのコミュニケーションの仕方としても特筆に値する。33年3度目の渡欧を志し中国へ寄り泰山に登る。中国文化の偉大さに感動。以後東洋文化史研究に専念。中国人同志との交流，終生にわたる老子思想の熟考，后土の評価など独特な中国理解を示す。45年敗戦を疎開先山梨で知りただちに上京。天皇擁護をうたう「無政府主義宣言」を起草。46年アナ連の結成に参加，顧問となる。以後『平民新聞』などに寄稿するほか各地に足を運び小集会で話し戦後世代のアナキスト，アナキズム研究者と交流をもつ。高天原の八百万の神々の集いを民主主義とみなし，アメノウズメノミコトの裸踊りに注目し裸の国際会議というユートピア

的発想など、石川の構想力は過去に根ざしながら未来に開かれておりそれが固有のアナキズムを形作っている。と同時に日本や外国の思想の消化が、自らの「思想、感情、生活の不統一」の苦しみの解決と基層において深く結びついている点も石川の思想の特徴である。そこから時流にとらわれない強権主義へのしなやかな批判が生み出される。また共学社を根拠地としての土民生活はそれ以前の田中正造、嶋田宗三との出会いを含みながら、最晩年の『地人論』翻訳へと継続されていく。『地人論』の完訳は長谷川進、広津信二郎の応援を得て開始されたが闘病生活のため果たせなかった。それは生態系への独自の深い問いかけである。郷里の本庄市立図書館に石川三四郎翁記念室、旭山文庫がある。(山口晃)〔著作〕『虚無の霊光』世界婦人社1898(発禁)・『哲人カアペンター』東雲堂書店1912、『西洋社会運動史』私家版1913(発禁)・口語版大鐙閣1922・改訂増補版仁書房1950、『古事記神話の新研究』三徳社1921、『非進化論と人生』白楊社1925、『マフノの農民運動』地底社1928・復刻黒色戦線社1970、ルクリュ『地人論1』(訳)春秋社1930、『社会美学としての無政府主義』共学社1932、組合書店1946、『歴史哲序論』曉書院1933、『東洋文化史百講』全3巻・育生社弘道閣1939-44、『時の自画像』同1941(発禁)、『エリゼ・ルクリュ』国民科学社1948、カーペンター『文明・その原因および救治』(訳)日本評論社1949、『自叙伝・上下』理論社1956、鶴見俊輔編『石川三四郎集』筑摩書房1976、『石川三四郎著作集』全8巻・青土社1977-79、『石川三四郎選集』全7巻・黒色戦線社1976-84〔文献〕臼井吉見『安曇野』全5巻筑摩書房1965-74、都築忠七『石川三四郎の自由社会主義』『歴史と人物』1968.4、秋山清・大沢正道『幸徳・大杉・石川』北日本出版社1971、北沢文武『石川三四郎の生涯と思想』全3巻鳩の森書房1974-76、綱沢満昭『日本近代と民族的異質』風媒社1976、大原緑峯『石川三四郎』リブロポート1987、西村修一『日本エコロジズムの系譜』農文協1992、『柳』(唐沢隆三個人誌)ソオル社1954-2011、『木学舎だより 石川三四郎研究季刊個人誌』木学舎1997-、『石川三四郎資料目録』埼玉県本庄市立図書館2000、稲田敦子『共生思想の先駆的系譜』木魂社2000、『初期社会主義研究』18号(特集 石川三四郎)・19号(特集「新紀元」)2005.11・06.12、西山拓『石川三四郎とユートピア』冬至書房2007、大澤正道『忘れられぬ人々』論創社2007、『エス運動人名事典』岡三郎『人類史から読む『古事記』の神話』国文社2013

石川 鹿次郎 いしかわ・しかじろう ?-? 新聞工組合正進会に加盟し1924(大13)年夏、木挽町(現・中央区銀座)本部設立のために1円寄付する。(冨板敦)〔文献〕正進会『同工諸君!!寄附金芳名ビラ』1924.8

石川 淳 いしかわ・じゅん 1899(明32)3.7-1987(昭62)12.29 東京市浅草区寿町(現・台東区)に生まれる。父は江戸の札差斯波家の養子となり、石川姓を継いだ二男の淳は旧幕臣で昌平黌の儒官だった祖父のもとで毎日『論語』を読まされた。17年本郷の京華中学を卒業、東京外国語学校仏語科に入学。2級下に松尾邦之助、安藤更生がいる。20年卒業後、22年同窓の高橋邦太郎や反戦作家として売り出し中の新井紀一らと同人誌『現代文学』を創刊。この頃アナキストたちと交際したというが誰かはわからない。ただ翌23年の大杉栄ら虐殺の報に「ほとんど仲間が殺されたみたいな」衝撃を覚えたと後年述懐している。24年福岡高校の仏語講師となる。同僚に本多顕彰が、学生に福田清人がいる。テキストに仏訳『共産党宣言』やロマン・ロラン『戦いを越えて』などを使ったというからいわゆる左傾教師だったのだろう。翌年福岡高校の社会科学研究会の解散をめぐる事件に関わり同年末退職して東京に帰る。以後35年「佳人」を発表するまでの約10年、放浪・無頼の日々を送る。その間の動静はジイド『法王庁の抜穴』(岩波文庫1928)などの翻訳以外あまり定かでない。石川は私生活については晩年に至るまでほとんど語らない人だった。辻潤、百瀬二郎、川口慶助、安藤更生らとしばしば会っていたというから、酒に明け暮れるダダ的生活を過ごしていたのかもしれない。この長い沈潜を経て37年「普賢」で第4回芥川賞を受賞、作家生活に入る。翌年1月『文学界』に発表した「マルスの歌」が反軍国的だとして発禁となり罰金刑を受ける。戦時中は「江戸留学」と称し江戸文学に韜晦する。戦後、革命あるいは反逆の原型を追求する観念小説「鷹」「鳴神」や、放浪の時代の回想を織り込んだ「白頭吟」「天馬賦」などを著しアナーキーへの思いの変わらぬことを示した。(大澤正道)〔著作〕『石川淳全集』全18巻筑摩書房1990-92〔文献〕野口武彦『石川淳論』筑摩書房1969、佐々木基一『石川淳』創樹社1972、渡辺喜一郎『石川淳評伝』明治書院1992

石川 新平 いしかわ・しんぺい ?-? 報知

新聞社に勤め新聞工組合正進会に加盟。1920(大9)年機関誌『正進』発行のために1円寄付。また24年夏,木挽町(現・中央区銀座)正進会本部設立のためにも50銭寄付する。(冨板敦)〔文献〕『正進』1巻1号1920.4,正進会『同工諸君!! 寄附金芳名ビラ』1924.8

石川 啄木 いしかわ・たくぼく 1886(明19)2.20-1912(明45)4.13 本名一 岩手県南岩手郡に生まれる。翌年同郡渋民村(現・盛岡市)に転住。盛岡中学入学後,金田一京助,野村胡堂を知る。02年盛岡中学中退。上京し新詩社に与謝野鉄幹・晶子を訪ねるが翌年病を得て帰郷。04年明星派の新進浪曼詩人として再度上京,05年5月処女詩集『あこがれ』(小田島書房)を刊行。再び盛岡に戻り渋民に母と妻と間借り生活,小学校代用教員となるが一家困窮。教員として高等科の生徒と校長排斥のストを決行,革命歌などを歌わせるが騒ぎが大きくなりすぎて石もて追われるが如く故郷を出る。函館に新天地を開こうと渡道,再び代用教員となる。その後札幌,小樽,釧路に地方新聞記者生活。08年創作に入る決意をして上京。金田一と同宿,友情に助けられつつ東京朝日新聞社に校正係として入社。この頃幸徳秋水の発禁本『平民主義』や在米の岩佐作太郎らが刊行,ひそかに日本に送ったクロポトキン『青年に訴ふ』(大杉栄訳)などを手に入れる。10年大逆事件に衝撃を受け友人平出修弁護士を通じ幸徳の獄中からの陳弁書など読む。以来「時代閉塞の現状」「日本無政府主義者陰謀事件及び附帯現象」「墓碑銘」などを書き「逆徒」への共感をひそかに示す。生活上,思想上の煩悶から多くの短歌をつくるとともに朝日歌壇の選者となる。同年12月処女歌集『一握の砂』(東雲堂書店)を刊行,歌人啄木として知られるようになる。社会主義への接近の歌,詩,日記,評論を書くが12年貧窮のなかに病没。『近代思想』(1巻10号1913.7)は『啄木遺稿』(東雲堂書店1913)から「果てしなき議論の後」など短歌3首を転載し荒畑寒村が同書と『啄木歌集』を取り上げ,啄木がもし生きていたら文学に満足せずわれわれのところへ来るか,単独でか「真の革命運動を起したらう」と評している。(内藤健治・大澤正道)〔著作〕『石川啄木全集』全8巻筑摩書房1978-80〔文献〕渡辺順三・矢代東村『啄木短歌評釈』ナウカ社1935,秋山清『啄木と私』たいまつ新書1977,岩城之徳『石川啄木伝』筑摩書房1985,近藤典彦『国家を撃つ者石川啄木』同時代社1989

石川 長作 いしかわ・ちょうさく ?-? 報知新聞社に勤め東京の新聞社員で組織された革進会に加わり1919(大8)年8月の同盟ストに参加するが敗北。のち正進会に加盟。20年機関誌『正進』発行のために1円寄付する。(冨板敦)〔文献〕『革進会々報』1巻1号1919.8,『正進』1巻1号1920.4

石川 豊吉 いしかわ・とよきち 1899(明32)-1952(昭27)6.11 茨城県に生まれる。水戸市立商業学校を卒業。25年黒鞭社を組織する。26年6月20日水戸市商業会議所で開かれた黒連の文芸講演会を設営,当日司会をつとめる。横山楳太郎,大沼渉,八太舟三,陀田勘助,安西激,田中治一郎,岩佐作太郎,高田格,寺田貢が弁士として登壇。閉会後市内をデモ行進した。27年初め頃茨城県東茨城郡常磐村(現・水戸市)に川又常夫,倉田稔,寺田義一ら黒鞭社のメンバーと常磐一般労働者組合を結成する(6月頃水戸市に移転)。同年水戸市常磐町神崎で榊原とともに『反政党運動』水戸支局を担う。なお黒鞭社は27年5月中旬黒鞭社リーフレット第1輯『村落同盟』を刊行したが,同年10月頃解体する。『小作人』3次9号(1927.10)に「解放運動に於ける都市労働者の役割」を執筆。その後全協に加入。敗戦後は共産党に入党。(冨板敦)〔文献〕『黒色青年』4・7・14号1926.7・27.3・11,『労働運動』4次18号1926.7・5次10号1927.10,『反政党運動』2号1927.7,『小作人』3次9号1927.10,『農民自治』13号1927.11,『昭和7年自1月至6月社会運動情勢 東京控訴院管内・下』,『解放のいしずえ』旧版

石川 虎雄 いしかわ・とらお ?-? 1919(大8)年東京牛込区(現・新宿区)の秀英舎(市ヶ谷)文選科に勤め活版印刷工組合信友会に加盟する。(冨板敦)〔文献〕『信友』1919年8・10月号

石川 楢太郎 いしかわ・ならたろう ?-? 1904(明37)年頃東京牛込の秀英舎で文選工をしていた。16年頃吉祥寺で新聞社の通信員をするかたわら水沼辰夫が編集する欧文植字工組合信友会機関紙『信友』の発行所を引き受ける。(冨板敦)〔文献〕水沼辰夫『明治・大

正期自立的労働運動の足跡』JCA出版1979

石川 彦吉 いしかわ・ひこきち ?-? 新聞工組合正進会に加盟し1924(大13)年夏，木挽町(現・中央区銀座)本部設立のために1円寄付する。(冨板敦)〔文献〕正進会『同工諸君！！寄附金芳名ビラ』1924.8

石川 政治 いしかわ・まさはる ?-? 1919(大8)年東京牛込区(現・新宿区)の秀英舎(市ヶ谷)第二和文科に勤め活版印刷工組合信友会に加盟する。(冨板敦)〔文献〕『信友』1919年8月号

石川 三雄 いしかわ・みつお ?-? 1919(大8)年東京京橋区(現・中央区)の中屋印刷所欧文科に勤め活版印刷工組合信友会に加盟。同所同科の組合幹事を担う。同年11月2日横浜市長者町(現・中区長者町)の，せかゐで開かれた横浜印刷技工組合(横浜欧文技術工組合を改称)臨時大会発会式に，来賓として信友会を代表し奥秋博，相田芳太郎らと出席する。21年3月6日の信友会定期大会で会計理事に南雲錠太郎とともに選出される。(冨板敦)〔文献〕『信友』1919年8・10・12月号，1921年4月号，1922年1月号

石川 良太郎 いしかわ・りょうたろう ?-? 1919(大8)年東京神田区(現・千代田区)の三秀舎文選科に勤め日本印刷工組合信友会に加盟する。(冨板敦)〔文献〕『信友』1919年10月号

石倉 久七 いしくら・きゅうしち ?-? 1919(大8)年東京深川区(現・江東区)の東京印刷深川分社第一部印刷科に勤め活版印刷工組合信友会に加盟。同年8月頃は病休中だった。(冨板敦)〔文献〕『信友』1919年8月号

石黒 鋭一郎 いしぐろ・えいいちろう ?-? 長野県生まれか。21年頃高畠素之門下だった平岩巌，横浜沖仕同盟会にいた平岡誠らと抹殺社を結成。同年2月皇太子裕仁の訪欧阻止のためにメンバー6人で麻布の西園寺八郎邸に乱入。12月反軍ビラを全国の連隊や軍艦に送りつけ検挙される。その後加藤一夫の自由人連盟に加わる。また抹殺社，黒炎社の同人として水平運動に関わる。23年5月平岩，吉田一，高尾平兵衛，中村還一，長山直厚らと戦線同盟を結成，6月機関紙『民衆新聞』を刊行する。同月24日同盟員10余人とともにスト破りをした南葛労働協会を急襲するなどの活動を展開。8月大杉栄らの呼びかけで召集されたアナキスト同盟結成の準備会に平岩と出席したが席を蹴って退場したという。同年9月関東大震災時には巣鴨署に加藤，平岡，南芳雄らとともに保護検束されるが，東京を離れることを条件に加藤とともに早期に釈放された。26年に発覚した朴烈と金子文子の怪写真事件の写真は25年入監中の石黒が朴烈に託され，岩田富美夫を通じて北一輝に渡ったと伝えられる。同年浜松の日本楽器争議では調停工作に関わるが失敗。特に平岩と親交しその妹スミと結婚している。(奥沢邦成)〔文献〕『水平』2号1922.11，『労働運動』3次1号1923.12，大宅壮一「ゆすり屋列伝」『毎日情報』6巻7号1951.7，『朝日新聞』1926.8.28，松尾尊兊『大正時代の先行者たち』岩波書店1993，大庭伸介『浜松・日本楽器争議の研究』五月社1980

石黒 栄二郎 いしぐろ・えいじろう 1887(明20)-1921(大10)5 別名・栄三郎 1903(明36)年活版工を志して東京京橋区(現・中央区)の築地活版所欧文科に入所。立教印刷所を経てジャパンタイムス社に移りリノタイプ技術を研究。18年ジャパン・アドヴァタイザー社リノタイプ科に勤め，活版印刷工組合信友会に加盟。信友会の前身，欧友会初期からの会員だったが，21年春病魔に襲われ5月に亡くなる。(冨板敦)〔文献〕『信友』1919年8・10月号，1921年7月号

石黒 周太郎 いしぐろ・しゅうたろう ?-? 1919(大8)年東京牛込区(現・新宿区)の秀英舎(市ヶ谷)文選科に勤め活版印刷工組合信友会に加盟する。(冨板敦)〔文献〕『信友』1919年8月号

石郷岡 睦 いしごうおか・むつみ ?-? 1919(大8)年活版印刷工組合信友会に加盟し同年10月頃東京京橋区(現・中央区)の文祥堂印刷所文選科に勤める。(冨板敦)〔文献〕『信友』1919年8・10月号

石坂 肇章 いしざか・けいしょう ?-? 1925(大14)年5月札幌で創刊された『無産人』に旅行記「『アンボイナ』から」を寄せる。『無産人』編集発行人の棚田義明は石坂について「ゴリキーの作中へ出てくる様な，徹底したバアカボンド。殆んど全国に足跡のあまねい人」と「編集後記」に記す。(冨板敦)〔文献〕『無産人』1号1925.5，堅田精司編『北海道社会運動家名簿仮目録』私家版1973，堅田精司『北海道社会文庫通信』737・1287・1900号1999.6.6・2000.12.7・

2002.8.12

石崎　潔　いしざき・きよし　?-?　1919(大8)年東京神田区(現・千代田区)の健捷堂に勤め活版印刷工組合信友会に加盟する。(冨板敦)〔文献〕『信友』1919年8月号

石崎　秀俊　いしざき・ひでとし　?-?　平沢計七ら純労働者組合のメンバー。1923(大12)年1月千葉鉄道第1中隊第5班に入営することとなり、9日夜大島労働会館で新年会を兼ねて送別会が開かれる。翌10日数十名の同志が純労働者組合の組合旗を押し立て革命歌を高唱しながら石崎を兵営内に見送った。(冨板敦)〔文献〕『労働運動』3次11号1923.2

石崎　吉郎　いしざき・よしろう　?-?　1919(大8)年東京京橋区(現・中央区)の築地活版所欧文鋳造科に勤め活版印刷工組合信友会に加盟。同所同科の組合幹事を垣上緑、山崎仁作と担う。(冨板敦)〔文献〕『信友』1919年8・10月号

石沢　新二　いしざわ・しんじ　1900(明33)8.31-?　宮城県仙台市小田原車町通に生まれる。上京し慶応大学に入学。1921(大10)年芝区三田北寺町(現・港区三田)に住み五月会また暁民会に出入りしたことから警視庁の思想要注意人とされる。(冨板敦)〔文献〕『警視庁思想要注意人名簿(大正10年度)』

石関　楠吉　いしざき・くすきち　?-?　1919(大8)年東京京橋区(現・中央区)の築地活版所和文科に勤め活版印刷工組合信友会に加盟する。(冨板敦)〔文献〕『信友』1919年8・10月号

石田　一松　いしだ・いちまつ　1902(明35)-1956(昭31).1.2　広島県安芸郡府中町(現・府中市)出身。法政大学在学中に添田唖蟬坊に師事して演歌師として学資を稼ぎながら卒業。のちにも時事小唄やのんき節で活躍し社会諷刺と批判を続けた。46年から民主党所属で東京から代議士に4回当選するが、52年講和条約・安保条約批准に際し離党。(奥沢邦成)〔文献〕『解放のいしずえ』旧版

石田　開二　いしだ・かいじ　?-1943(昭18)　名古屋市新尾頭町(金山細民街)に生まれる。小学校卒業後、名古屋中央郵便局の配達夫をしながら詩を書き始める。貧しい母子家庭であったがアナキズム運動参加のため馘首される。詩の指導を仰ぐため石原政明を訪ね浅野紀美夫を知る。1928(昭3)年5月『詩火線』、29年10月浅野の『一千年』に参加する。クロポトキンやバクーニンの著作を貪るように読破した。31年上京し吉行エイスケの『化粧新聞』の編集、宇野庄治の『六大学野球全集』(改造社)の手伝いをした。妻の郷里高山市に帰郷し高山新聞社、岐阜日日新聞社を経て43年中部日本新聞社の経済記者となった。(黒川洋)〔著作〕詩集『病める叛逆』一千年社1929〔文献〕浅野紀美夫『新尾頭町143番地』『風信』1968・70、杉浦盛雄『名古屋地方詩史』同刊行会1968、志賀英夫『戦前の詩誌・半世紀の年譜』詩画工房2002

石田　一男　いしだ・かずお　1905(明38)-?　⇒桜井駒吉　さくらい・こまきち

石田　兼男　いしだ・かねお　?-?　福島県耶麻郡慶徳村(現・喜多方市)に生まれる。1923(大12)年米国帰りの社会主義者渡部大三郎の影響を受け石田義友、生江栄市らと無届出版の雑誌『自由人』を創刊。村の青年団や御田植祭などでの演説、ビラや雑誌の配布をした。原田民治を通じて佐藤正男と文通をする。のち石田三成堂をおこし『冬の土』創刊に協力し、雑誌の表紙を受け持った。(黒川洋)〔文献〕鳥見山捨磨「会津社会運動側面史」『冬の土』24・25号1933、佐藤利意「文芸雑誌冬の土について」『佐藤喜十郎氏の米寿を祝う会記念誌』1991

石田　キヌ　いしだ・きぬ　?-?　神奈川県生まれ。1931(昭6)年2月鈴木靖之、小野長五郎が『農村青年』創刊号を携えて神奈川県下の草薙市治らを訪れ農青運動への参加を要請。それに賛同して農青社に参加した。36年農青社事件によって神奈川県グループ14人の一員として他の3人とともに逮捕された。神奈川県グループの逮捕は5月22日の土井郷成を筆頭に6月2日石田ら4人、翌3日関水重雄ら6人、同17日今関左広、同21日吉川又市ら2人と5次にわたったがいずれも起訴猶予となり諭告釈放となった。(奥沢邦成)〔文献〕『資料農青社運動史』、『農青社事件資料集Ⅰ・Ⅱ』

石田　九蔵　いしだ・きゅうぞう　1881(明14).4.6-?　神奈川県横浜市本牧町に生まれる。横浜の欧文会で副幹事長として活動。1917(大6)年上京し欧文植字工組合信友会に加わり19年5月活版印刷工組合信友会の副幹事長となる。築地活版製造所の労組委員として同年10月信友会の8時間労働要求スト

を闘う。信友会の交渉員(他のメンバーは厚田正二、入沢吉次郎、岡沢曲川、河内啓蔵、立田泰、水沼辰夫)として経営者側とわたりあうが敗北。20年2月25日の信友会役員改選で欧文科の副幹事長に選出される。のち東京京橋区(現・中央区)の福音印刷会社に勤める。20年日本社会主義同盟に加盟。21年4月吉田一らの『労働者』同人となる。(冨板敦)〔文献〕『信友』1919年8・10・12月号、1920年2・3・4・9月号、『労働運動』1次2・3号1919.11・20.1、『労働者』1号1921.4、水沼辰夫『明治・大正期自立の労働運動の足跡』JCA出版1979

石田 光栄 いしだ・こうえい ?-? 1926(大15)年頃、新潟県中蒲原郡川内村(現・五泉市)で暮し農民自治会全国連合に参加。同年末には農民新潟県連合の準備事務所を自宅に置いていた。27年1月4-7日北佐久郡北御牧村(現・東御市)島川原公会堂で開かれた第1回農民自治講習会に川口粂吉、須藤蕗、鶴巻徳市、安中作市と新潟県から参加する。(冨板敦)〔文献〕『農民自治』8号1927.3、『農民自治会内報』2号1927、大井隆男『農民自治運動史』銀河書房1980

石田 孝吉 いしだ・こうきち ?-? 1919(大8)年東京京橋区(現・中央区)の築地活版所漢字仕上科に勤め日本印刷工組合信友会に加盟する。(冨板敦)〔文献〕『信友』1919年10月号

石田 弘造 いしだ・こうぞう ?-? 1919(大8)年東京神田区(現・千代田区)の神田共栄舎和文科に勤め活版印刷工組合信友会に加盟する。(冨板敦)〔文献〕『信友』1919年8・10・12月号

石田 小三郎 いしだ・こさぶろう 1901(明34)-? 群馬県群馬郡金島村金井(現・渋川市)生まれ。師範学校卒業後、小学校の訓導となり4年勤務。病気のため左足を切断し退職。26年同郷渋川産業銀行に事務員として雇われるが32年解雇され、同年金島村役場の書記となる。26年頃から文学を通じてアナキズム文献に触れ共鳴する。渋川産業銀行で同僚だった宮川武雄らと交流し文芸雑誌などに詩歌や短編を投稿する。35年無共党事件で検挙されるが不起訴。(冨板敦)〔文献〕『身上調書』

石田 三郎 いしだ・さぶろう 1924.7.24-? カリフォルニア州フレズノ生まれ。1933年頃に日本に来る。京都大学で哲学を学び1948年に卒業。同時期から山鹿泰治らとともに京都でアナ連のメンバーとして活動する。同年4月頃、街頭で首に看板を掛けて山鹿の自宅にあった『平民新聞』300部を京都駅前、四条大宮などで販売。50年7月初旬頃、松田、高木、龍武一郎とともに四条河原町の街頭で黒旗を立てて演説をするとともに平民新聞やパンフレットなどを販売。48年12月末に山鹿と連名でシカゴのアレクサンダー・バークマン救援基金代表ボリス・イエレンスキー宛てに書簡を送る。その後シカゴのフリー・ソサエティー・グループ創立25周年記念英文集『リバタリアンの視点から見た世界』(1951年)にロッカーやウドコックのエッセーと並んで山鹿と石田の連名による「日本からの挨拶」という一文が収録されている。(田中ひかる)〔著書〕『春京の街頭に立つ』『休日を極楽と過ごす群れ』『平民新聞』69・70号1948、「自由の擁護」『無政府主義会議』第5号1948、T. Yamaga/S. Ishida, 'Greeting from Japan', in : *The World Scene from the Libertarian Point of View*, Chicago : Free Society Group of Chicago, 1951, pp.80-83.〔文献〕「解放戦線 京都地協街頭に叫ぶ」『平民新聞』12号1950、田中ひかる「日本とアメリカのアナーキストによる国境を越えた交流と連帯」『初期社会主義研究』24号2012

石田 茂一 いしだ・しげかず ?-? 日本印刷工組合信友会に加盟し1921(大10)年末頃、東京神田区(現・千代田区)の大成社文選課に勤めていた。(冨板敦)〔文献〕『信友』1922年1月号

石田 正治 いしだ・しょうじ 1904(明37)8.15-? 大阪市南区木津鷗町に生まれる。大阪外国語学校1年修了後、父の自転車修繕業を手伝う。早くから部落差別問題にめざめ木本凡人の青十字社、逸見直造の借家人同盟に出入りするようになりアナキズムに共鳴。逸見宅で伊藤孝一、木村平太郎、山岡喜一郎、山岡栄二らを知る。22年3月全国水平社創立大会に大阪代表として出席。同年4月大串孝之助、武田伝次郎らと関西自由労働組合を結成、大阪皮革工組合にも関わる。同年6月岡山連隊で後藤謙太郎、飯田徳太郎、茂野藤吉と反軍ビラをまく。仙台、金沢でもビラまきを計画するが果たせず7月新潟県新発田鯖江連隊営門付近で逮捕、懲役8カ月となる。出獄後大阪で大串と行動をともにし労働運動社、農村運動同盟関西支局を手伝いのち関西抹殺社

を組織する。23年4月木津水平社を創立。25年9月発禁となった『祖国と自由』発行人として拘留この時『祖国と自由』を発行する文明批評社の同人は石田，岩瀬久太郎(水平社)，大西伝次郎，大串，丹吉三郎，能勢仁，崔善鳴(朝鮮日報)，安達源，庄野義信(福岡在住)の9名。同年栗須七郎の『大阪水平新聞』刊行に北井正一らと協力，26年8月大阪府水平社委員会で議長となる。同月在郷軍人川上分会差別糾弾事件に関係し新堂水平社幹部として検挙され懲役6カ月となった。27年7月大阪府水平社解放連盟を結成。戦後は46年部落解放全国委員会大阪府連盟結成に奔走，栗須喜一郎，松田喜一とともに委員になる。戦前の石田による部落差別の問題提起がアナ系運動や自連系労組に与えた影響は大きく中尾正義，河本乾次，遠藤喜一，久保譲，林隆人らの協力者を得た。(冨板敦)〔文献〕『祖国と自由』1巻2号1925.9，逸見吉三『墓標なきアナキスト像』三一書房1976，宮本三郎『水崎町の宿』私家版1981，『大阪社会労働運動史・上』，三原容子「水平社運動における『アナ派』について」『世界人権問題研究センター研究紀要』2号1997

石田　惣二　いしだ・そうじ　?-?　1926(大15)年群馬県利根郡薄根村(現・沼田市)で暮し農民自治会全国連合に参加。地元の農民自治会を組織しようとしていた。(冨板敦)〔文献〕『農民自治会内報』2号1927

石田　忠太郎　いしだ・ちゅうたろう　?-?　1919(大8)年東京京橋区(現・中央区)のアドヴァータイザー社リノタイプ科に勤め日本印刷工組合信友会に加盟。のちジャパンタイムス＆メール社に移る。(冨板敦)〔文献〕『信友』1919年10月号，1921年1月号

石田　鎮三郎　いしだ・ちんざぶろう　?-?　日本印刷工組合信友会に加盟し1921(大10)年末頃，東京小石川区(現・文京区)の博文館印刷所に勤めていた。(冨板敦)〔文献〕『信友』1922年1月号

石田　友治　いしだ・ともじ　1881(明14)5.20-1942(昭17)5.16　別名・望天　秋田市湊本山町(現・土崎港中央)に生まれる。キリスト教の影響を受け上京して聖学院神学校に入学する。在学中福島四郎の『婦女新聞』に関わり下中弥三郎，島中雄三を知った。卒業後帰郷し牧師や『秋田魁新報』記者をつとめていたが，茅原華山の新唯心論の影響を受けて再度上京し『新公論』に入った。13年茅原の助力により『第三帝国』を創刊し発行兼編集人となった。本誌は茅原の変節や持主問題で内部分裂をおこしたが，石田の尽力により『新理想主義』，再度『第三帝国』，『文化運動』と改題されつつ継続された。22年東京基督教青年会員となり市民自由大学を経営。『文化運動』は下中の日本教員組合啓明会機関誌『啓明』(第1次)の後継誌となった。また島中の文化学会や沢柳政太郎の日本国際教育協会にも参画した。その後宗教活動に戻り賀川豊彦と『兄弟愛運動』を創刊した。晩年は社会運動と宗教運動を結合し世田谷で伝道活動に尽力した。(西山拓)〔文献〕下中弥三郎伝刊行会編『下中弥三郎事典』平凡社1965，伊多波英夫『銀月・有美と周辺明治・大正秋田文壇人誌』秋田近代文芸史研究会1975，松尾尊兊「解題」『第三帝国』復刻版不二出版1984

石田　秀　いしだ・ひで　?-?　新聞工組合正進会に加盟し1924(大13)年夏，木挽町(現・中央区銀座)本部設立のために1円寄付する。(冨板敦)〔文献〕正進会『同工諸君!! 寄附金芳名ビラ』1924.8

石田　福太郎　いしだ・ふくたろう　?-?　1919(大8)年東京芝区(現・港区)の東洋印刷会社和文科に勤め活版印刷工組合信友会に加盟する。(冨板敦)〔文献〕『信友』1919年8月号

石田　要之助　いしだ・ようのすけ　?-?　1919(大8)年東京京橋区(現・中央区)の中屋印刷所罫線科に勤め活版印刷工組合信友会に加盟する。(冨板敦)〔文献〕『信友』1919年8月号

石田　芳吉　いしだ・よしきち　?-?　1919(大8)年東京京橋区(現・中央区)の芳文社文選科に勤め日本印刷工組合信友会に加盟する。(冨板敦)〔文献〕『信友』1919年10月号

石田　義治　いしだ・よしはる　?-?　1919(大8)年東京京橋区(現・中央区)の帝国興信所印刷部に勤め活版印刷工組合信友会に加盟する。(冨板敦)〔文献〕『信友』1919年8月号

石塚　甚五郎　いしづか・じんごろう　?-?　1919(大8)年大阪の大阪活版所に勤め活版印刷工組合信友会(大阪支部)に加盟する。(冨板敦)〔文献〕『信友』1919年8・10月号，1920年1月号

石塚　甚蔵　いしづか・じんぞう　1903(明36)-?　16年尋常小学校を卒業し，28年8月

頃まで電機工場, メリヤス工場, 鉄工場, ゴム工場など十数カ所の工場を工具として転々とする。28年2月関東一般労働組合に加入, アナキズムに近づく。8月解雇手当を要求し逆に訴えられて検挙, 拘留15日となる。9月1日未明, 東京府の多摩陵に侵入し鳥居に「偶像を崇拝するな」「国家とは組織的略奪機関なり」「大馬鹿者の見本」などの血書を記して逮捕され不敬罪で懲役2年となる。(冨板敦)〔文献〕『不敬事件2』

石塚 英之 いしづか・ひでゆき ?-? 1919(大8)年東京京橋区(現・中央区)の築地活版所欧文科に勤め活版印刷工組合信友会に加盟する。(冨板敦)〔文献〕『信友』1919年8・10月号

石動 喜六 いしどう・きろく ?-? 1919(大8)年東京神田区(現・千代田区)の三秀舎和文科に勤め活版印刷工組合信友会に加盟する。(冨板敦)〔文献〕『信友』1919年8・10月号

石堂 正太郎 いしどう・しょうたろう ?-? 石版工。1923(大12)年6月日本印刷工組合信友会に石版工仲間と加盟し山田義雄らと計19名で小柴支部を組織する。(冨板敦)〔文献〕『印刷工連合』3号1923.8

石動 勝 いしどう・まさる ?-? 別名・勝事 1919(大8)年東京神田区(現・千代田区)の三秀舎文選科に勤め活版印刷工組合信友会に加盟する。(冨板敦)〔文献〕『信友』1919年8・10月号

石野 貞雄 いしの・さだお ?-? 1919(大8)年東京神田区(現・千代田区)の三秀舎印刷科に勤め活版印刷工組合信友会に加盟する。(冨板敦)〔文献〕『信友』1919年8・10月号

石橋 清太郎 いしばし・せいたろう ?-? 東京朝日新聞社に勤め東京の新聞社員で組織された革進会に加わり1919(大8)年8月の同盟ストに参加するが敗北。のち正進会に加盟。20年機関誌『正進』発行のために50銭寄付する。(冨板敦)〔文献〕『革進会々報』1巻1号1919.8,『正進』1巻1号1920.4

石橋 藤一 いしばし・とういち ?-? 芝浦製作所に勤め芝浦労働組合に加盟し, 第二回転機分区に所属。1924(大13)年9月頃, 同労組の労働学校に入学する。(冨板敦)〔文献〕『芝浦労働』2次2号1924.11

石原 猪之吉 いしはら・いのきち 1875(明8)5.15-? 別名・伊之吉 岡山県上道郡古都村(現・岡山市)に生まれる。相当の家柄だったが田畑を売り払い, 思想運動に飛び込んで古本屋になる。1916(大5)・17年頃岡山中学の学生だった伊東三郎はエスペラントの入門書を求めてその古本屋を訪ねるが, この変わり者の店主は分厚いエスペラントの本を取り出して読んで聞かせるが肝腎の入門書はないという。21年5月1日夜, 岡山市を流れる旭川の川原で幸徳秋水の「革命の歌」を高唱しメーデーを祝う社会主義者の一団に加わる。この夜を最後に岡山を去り姫路に移る。のち姫路や東京で露天商組合新農会の親分となる。東京神田でも古本屋を開く。(手塚登士雄)〔文献〕岡一太『岡山のエスペラント』日本文教出版1983

石原 蝶四郎 いしはら・ちょうしろう ?-? 東京印刷工連合会のメンバー。古堅弘毅の世話で, 山口健助とともに京橋区新富町(現・中央区)の幸昇堂印刷に臨時工として勤める。のち神田区淡路町(現・千代田区)の東印連本部に住み山口と組合専従となる。1931(昭6)年8月サッコ・ヴァンゼッティ記念闘争で東印連事務所が警察に襲われ山口, 大島らが検挙される。それを抗議しに京橋署に行き拘留される。胸を病み京橋区月島の義兄の家で芦沢喜倉, 京井弥一, 古川清幸らにみとられて死没。(冨板敦)〔文献〕『黒色労農新聞』14号1931.9, 山口健助『風雪を越えて』印友会本部1970, 同『青春無頼』私家版1982

石原 政明 いしはら・まさあき 1904(明37)7.19-? 愛知県知多郡上野村名和(現・東海市)に生まれ, 幼少時に一家とともに名古屋市南区新尾頭町(金山細民街)に移住する。トルストイの作品にひかれて文芸にめざめる。23年10月『野葡萄』, 24年11月『夜光虫』を佐藤栄治らと創刊。27年2月『肉食時代』を大西俊, 市川光, 吉川春雄と創刊する。同年10月『名古屋詩人』の編集発行人となり伊藤耕人, 村岡清春らが参加した。対人恐怖症のためほとんど外出はしなかったが, 石原の自宅には周辺のアナ系詩人や実際運動家の若者たちが訪れ一種の解放区となった。29年1月弟と妹, 11月母が死没したことから詩から離れて短歌や俳句に没頭する。同年7月『一千年』に岡本潤, 石田開二, 竹内てるよ, 板野栄治, 横地正次郎, 柴山群平らと同人となる。30年5月『社会詩人』に寄稿する。戦後は56年11月復刊『社会詩人』

に拠った。(黒川洋)〔著作〕内藤鋠策編『1927年詩集』抒情詩社1927,詩集『下水工事』名古屋詩人社1928,合詩集『怯える者の叫喚』一千年社1929,詩集『裏長屋より』同1929,歌集『憑かれる』同1930〔文献〕「詩人録」『日本詩集』巧人社1933,浅野紀美夫「新尾頭町143番地」『風信』1968・70,杉浦盛雄『名古屋地方詩史』同刊行会1968,志賀英夫『戦前の詩誌・半世紀の年譜』詩画工房2002,木下信三『名古屋抵抗詩史ノート』私家版2009

石原 政次郎 いしはら・まさじろう ?-? 1919(大8)年東京神田区(現・千代田区)の三秀舎和文科に勤め日本印刷工組合信友会に加盟する。(冨板敦)〔文献〕『信友』1919年10月号

石原 三 いしはら・みつ ?-? 報知新聞社に勤め新聞工組合正進会に加盟。1920(大9)年機関誌『正進』発行のために1円寄付する。(冨板敦)〔文献〕『正進』1巻1号1920.4

石部 徳太郎 いしべ・とくたろう ?-? 1913(大2)年末に東京神田区(現・千代田区)の三秀舎印刷科に勤め19年活版印刷工組合信友会に加盟。同舎同科の組合幹事を北尾幸次郎と担う。同年『信友』8月号に「鼻下長監督の反省を促す」を執筆する。(冨板敦)〔文献〕『信友』1919年8・10月号

石仏 次郎 いしほとけ・じろう ?-? 別名・二郎 広島の芸備日日新聞社に勤め新聞工組合正進会に参加。1921(大10)年『正進』2巻5号に「佛様の悪企み」「石佛二郎君に呈す」など、批判文が掲載される。(冨板敦)〔文献〕『正進』1巻8号1920.12,2巻5号1921.5

井島 為治 いじま・ためじ ?-? 1926(大15)年秋田県由利郡鮎川村黒沢(現・由利本荘市)で暮し農民自治会全国連合に参加。地元の農民自治会を組織しようとしていた。(冨板敦)〔文献〕『農民自治会内報』2号1927

石巻 良夫 いしまき・よしお 1886(明19)9.2-1945(昭20)10.1 別名・篁西 本籍地は名古屋市東区白壁町。愛知県師範学校附属小学校卒業後、岡崎中学、明倫中学に学ぶ。02年上京し東京政治学校に入学。在学中、山口義三と親しくなる。また社会主義協会の西川光二郎、幸徳秋水らの演説、矢野竜渓の『新社会』などの影響で社会主義に関心をもつようになる。03年同校廃校のため帰郷し扶桑新聞社に入る。同年11月山口、吉田磯らと鉄鞭社を設立、大杉栄を迎えての週刊『平民新聞』愛読者茶話会、西川

の遊説、小田頼造の伝道行商を迎えての演説会などに参加し社会主義運動の拡大につとめた。06年名古屋新聞社に移る。同年日本社会党に入党、演説会をしばしば開く。また雑誌『新思潮』を発刊。直接行動派と議会政策派の対立が名古屋に波及してきた際には幸徳、堺利彦、森近運平に親近感を抱いていたことから前者の立場に立った。以後『日本平民新聞』『熊本評論』に経済論を中心とした論評を掲載、07年末に雑誌『名古屋かゝみ』を発行、08年末に移った中央金物新報社では『金物新報』の主筆をつとめた。大逆事件では直接行動派を支持していたことから厳しい取り調べを受けた。しかし赤旗事件以降社会主義運動から遠ざかっていること、09年内山愚童との面会時に暴力革命への反対を明言したことを主張して連座を免れた。マルクス、クロポトキン、カーカップなどの著作を原書で読んでいたが、それは学理的な社会主義の研究であると弁解し、その内容が内山の供述と一致したため罪を逃れた。運動から離れたあとは銀行関連会社に就職した。また映画関係の書籍を刊行したりしている。(西山拓)〔著作〕『欧米及び日本の映画史』プラトン社1925〔文献〕大逆事件の真実をあきらかにする会編『大逆事件訴訟記録・証拠物写』近代日本史料研究会1960-62,柏木隆法編『大逆事件の周辺』論創社1980,森長英三郎『内山愚童』同1984

石村 良之助 いしむら・よしのすけ ?-? 時事新報社に勤め新聞工組合正進会に加盟。1920(大9)年機関誌『正進』発行のために1円寄付。また24年夏、木挽町(現・中央区銀座)正進会本部設立のためにも1円寄付する。(冨板敦)〔文献〕『正進』1巻1号1920.4,正進会『同工諸君!! 寄附金芳名ビラ』1924.8

石牟礼 道子 いしむれ・みちこ 1927(昭2)3.11-2018(平30)2.10 熊本県天草郡生まれ。生後しばらくして水俣に移住した。幼いころは祖母モカの影響を受けのちの石牟礼文学の素地を形成する。水俣実務学校卒業後は小学校教員になるも結核で退職し、1947(昭22)年中学校教師の石牟礼弘と結婚して長男をもうけた。歌誌『南風』で短歌を詠みはじめ1958年谷川雁、森崎和江、上野英信らの「サークル村」結成に参加、同誌に1960年1月『苦海浄土』の第一稿となる「奇

病」を発表した。1964年水俣の淇水文庫で出会った高群逸枝『女性の歴史』に衝撃を受ける。逸枝と直接会うことはなかったが，1966年逸枝の夫橋本憲三から逸枝の仕事場であった東京世田谷の「森の家」に招かれて滞在し高群逸枝研究を進める一方『苦海浄土』を書き継いだ。石牟礼は高群逸枝の仕事を知ったことで自分の内部で地殻変動が生じたと語っている。逸枝の思想に感応することで石牟礼の思想が深化された稀有な出会いであり，逸枝研究として『最後の人 詩人高群逸枝』がある。水俣病については「奇病」以降、渡辺京二の「熊本風土記」に連載したものを『苦海浄土』として1969年1月に講談社より刊行，『天の魚』を書きついで第三部までまとめ高い評価を得た。水俣病の患者に寄り添いつつ患者救済のための裁判や運動にも尽力。近代合理主義が捨象してきたものを丁寧にすくいとる独自の文学世界を構築した。(竹内栄美子)〔著作〕ほかの代表作に『椿の海の記』『西南役伝説』『霞の渚 石牟礼道子自伝』など。『石牟礼道子全集・不知火』全17巻別巻1藤原書店2004-14〔文献〕石牟礼道子ほか『不知火 石牟礼道子のコスモロジー』藤原書店2004、渡辺京二『もうひとつのこの世 石牟礼道子の宇宙』弦書房2013

石本 恵吉 いしもと・けいきち 1887(明20)12.20-1951(昭26)2 東京市小石川区高田町(現・文京区関口)に生まれる。父新六は男爵，陸軍中将。一高を経て東京大学工学部採鉱冶金学科に入学。一高時代の同級に岩波茂雄がいる。14年卒業，三井鉱山に入社。同年広田静枝(のち加藤シヅエ)と結婚し三池炭鉱へ赴任。18年病気になり帰京。外遊して労働問題，思想問題に見聞を広める。21年頃三井鉱山を退社，洋書輸入の大同洋行を創業する。超一流の書籍のみ取り扱うという営業方針で石川三四郎を介しブリュッセル新自由大学にあるエリゼ・ルクリュの蔵書6万巻を1万円で輸入する。また狩野亨吉所蔵の『自然真営道』などを7000円前後で購入し東大図書館に納める。商売というより不遇な学者を援助する文化事業のつもりだったらしい。だがこれらの書籍は関東大震災で烏有に帰し，大同洋行もその後まもなく解散したようだ。30年頃新天地を求めて満州に渡る。36年静枝と離婚。長男新は論理学者。(大澤正道)〔著作〕『鉄と石炭』通俗大学会1918〔文献〕石川三四郎『自叙伝・下』理論社1956, 川原衛門『追跡安藤昌益』図書出版社1979, 加藤シヅエ『ある女性政治家の半生』PHP研究所1981・日本図書センター1997

石山 すい いしやま・すい ?-? 1919(大8)年東京京橋区(現・中央区)の築地活版所〔欧文〕解版科に勤め活版印刷工組合信友会に加盟する。(冨板敦)〔文献〕『信友』1919年8・10月号

石山 正義 いしやま・まさよし 1898(明31)3.19-? 埼玉県比企郡西吉見村(現・吉見町)に生まれる。上京し中央電信局に配達人として勤め，1921(大10)年岩佐作太郎宅に出入りしたことから警視庁の思想要注意人とされる。麹町区富士見町(現・千代田区)に住んでいた。日本社会主義同盟に加盟したとされるが不明。(冨板敦)〔文献〕『警視庁思想要注意人名簿(大正10年度)』

伊集院 栄雄 いじゅういん・しげお 1902(明35)-? 大阪市東淀川区十三西之町生まれ。高等小学校卒業後，家業の古物商の手伝いをする。21年頃からアナキズムの影響を受け関西黒旗連盟に加入し専従。26年国際運送会社に事務員として勤務。35年末頃無共党事件で検挙されるが不起訴。(冨板敦)〔文献〕『身上調書』

石渡 山達 いしわた・やまたつ 1894(明27)11.28-? 本名・野本実 東京市小石川区関口台町(現・文京区)に生まれる。1920(大9)年11月に開かれた黒耀会第2回作品展覧会に「ブラックリスト」と題する絵を出品したが検閲により画題変更を命じられた。21年4月アナ・ボル協同戦線に反対の立場に立った者たちで結成した労働社が機縁となり後藤謙太郎，中浜哲，伊藤公敬，根岸正吉，松本淳三ら労働者詩人が交流を深めるようになった。労働社の解散後は詩誌『労働者詩人』を編集した。この頃から精力的に詩，戯曲，評論，挿絵，装画を文芸誌やアナ系機関誌に載せている。21年5月には岡本利吉主宰の『新組織』，22年1月『種蒔く人』，4月佐野袈裟美編集の『シムーン』，11月および翌23年1・3・7月『新興文学』，25年7月『文芸戦線』に石渡の名がみられる。特に『新興文学』では表紙の装画とカットを担当している。また23年1月岡本潤，萩原恭次

郎らが創刊した『赤と黒』の創刊号に作品は出していないものの名が出ているため、関係があったものと推察される。(西山拓)〔文献〕秋山清『アナキズム文学史』筑摩書房1975、逸見吉三『墓標なきアナキスト像』三一書房1976、小松隆二『大正自由人物語』岩波書店1988

石渡 綱太郎 いしわたり・こうたろう ?-? 1919(大8)年東京芝区(現・港区)の東洋印刷会社和文科に勤め活版印刷工組合信友会に加盟する。同社同科の組合幹事を渡辺半造と担う。(冨板敦)〔文献〕『信友』1919年8月号

石渡 昇三 いしわたり・しょうぞう ?-? 1919(大8)年東京京橋区(現・中央区)の築地活版所漢字鋳造科に勤め活版印刷工組合信友会に加盟。のち秀英本木鋳造科に移る。(冨板敦)〔文献〕『信友』1919年8・10月号

伊豆丸 徳一 いずまる・とくいち ?-? 印刷工として1919(大8)年活版印刷工組合信友会に加盟し活動する。(冨板敦)〔文献〕『信友』1919年8月号

泉 順子 いずみ・じゅんこ ?-? 旧名・嘉手納モウシ 1921(大10)年1月23日沖縄最初の社会主義団体庶民会の創設に合わせて来沖した岩佐作太郎が泊まった立島旅館の娘。女子師範学校を卒業後、糸満、天妃、那覇の各尋常小学校の訓導となる。泉正重と結婚。正重が岩佐作太郎講演会の張り紙事件で入獄し、出獄後夫婦ともに教員になるため上京するが官憲の干渉で実現しなかった。正重は労働運動社で働き、順子は鎌倉の大杉栄宅の家政婦となる。23年8月末関東大震災2日前に沖縄に帰り夫妻で与那国小学校、楚洲小学校の教員となる。(冨板敦)〔文献〕浦崎康華『逆流の中で 近代沖縄社会運動史』沖縄タイムス社1977、『労働運動』2次3号1921.2、金城芳子『なはをんな一代記』沖縄タイムス社1977

泉 正重 いずみ・せいじゅう 1897(明30)11.16-1959(昭34)9.20 旧名・伊豆見正重、別名・糯夫 沖縄県国頭郡名護間切名護(現・名護市)の生まれ。幼い頃那覇区久茂地(現・那覇市)に移り、県立一中に学び3年まで特待生だったが他県出身の教師と喧嘩して退校になる。小学校教員の検定試験に合格し、伊波普猷、比嘉春潮らのもとでエスペラントを学んだ。19年頃泊の宮城繁徳の家などで浦崎康華、城田徳隆、城田徳明、城間康昌、座安盛徳、比嘉栄、辺野喜英長

らとアナキズム文献をテキストに研究会を重ねる。当時アナ・ボル合同で開いていた講演会で伊是名朝義、上与那原朝敏、浦崎、城間らと検束され那覇署に留置される。20年2月琉球新報社に入社。21年1月15日沖縄初の社会主義団体庶民会の創立委員会を開き趣意書と会則の起草委員となる。これに合わせて1月23日座安の案内で岩佐作太郎が来沖。妻順子の実家立島旅館を手配し24日歓迎会の小宴を開いた。岩佐講演会の張り紙をして城田徳明、比嘉とともに検束され7日間拘留、科料2円とされる。庶民会発会式を2月24日に自宅で予定し、その趣意書と会則を2月20、21日に配付するが浦崎とともに取り調べを受け解散を命じられる。2月から自宅を労働新聞社沖縄支局と名のる。岩佐講演会張り紙事件の処分を不服として正式裁判に持ち込んだ件で、3月5日那覇区裁判所で出版法違反として罰金30円となる。罰金刑を拒否して入獄、10日間の労役に服した。出獄後妻とともに上京、22年1月から労働運動社で働く。同年3月頃、前年『琉球新報』に執筆した記事が新聞紙法違反とされ東京で入獄。22年12月大杉栄がフランスに行くことになり秘書兼用心棒として大杉家に住み込んだ。同年8月末関東大震災の2日前に沖縄に帰る。帰郷後はボル派へ傾斜。その後運動から離れ小学校に勤務。戦後は53年以来3期那覇市議会議員をつとめた。(冨板敦)〔著作〕『那覇市政史』1931〔文献〕浦崎康華『逆流の中で』沖縄タイムス社1977、新川明『琉球処分以後・下』朝日新聞社1981、新崎盛暉編『沖縄現代史への証言・上』沖縄タイムス社1982、比嘉春潮『沖縄の歳月』中公新書1969、『社会主義沿革2』、『労働運動』2次2・3・8号1921.2.1・2.10・4

泉 忠 いずみ・ただし 1882(明15)9.18-1943(昭18)7.4 本名・留吉 1920(大9)年足立機械製作所に勤務し東京鉄工組合理事をつとめる。同年12月29日労働運動に従事していることを理由に馘首され、翌日同所の工員80余人全員に工場閉鎖が宣告される。泉は委員長に選出され解雇反対闘争を始めるが復職のメドがたたず、解雇手当の要求も拒否され、21年1月12日交渉は打ち切られる。その夜、工員による襲撃が行われ事務所と工場は破壊。泉は自首し全42人が収

監された。22年6月出獄。(冨板敦)〔文献〕『労働運動』2次1号1921.1・3次6号1922.8

泉 芳朗 いずみ・ほうろう 1905(明38)3.18-1959(昭34)4.9 本名・敏登，別名・与史朗 鹿児島県大島郡(徳之島)伊仙村面縄(現・伊仙町)の生まれ。24年鹿児島県立第2師範学校卒業。27年東京の大地舎から第1詩集『光は濡れてゐる』，翌年第2詩集『赭土にうたふ』，34年第3詩集『オ天道様は逃げて行く』を黎明社から非合法出版，民衆詩人派として旗幟を鮮明にした。同年11月詩文学誌『詩律』を刊行。誌名を『モラル』『詩生活』と改題。小野十三郎，秋山清，金子光晴，吉田一穂らも同人としてブルジョア文学とボルシェヴィキ文学を排しアナキズム文学の宣揚に努力した。32年上京の徳之島の後輩米田正雄を石川三四郎に紹介し私淑させ，第2師範廃止反対運動や農青社運動にも協力した。39年自由な民衆詩の発表ができなくなったとして徳之島に引き揚げ教員生活に入った。戦後奄美大島日本復帰運動協議会議長として復帰運動に専心，奄美のガンジーといわれ尊敬された。(松田清)〔著作〕『泉芳朗詩集』同刊行会1959〔文献〕『道之島通信』52号1978.12，志賀英夫『戦前の詩誌・半世紀の年譜』詩画工房2002

泉田 繁雄 いずみだ・しげお ?-? 別名・善雄 東京朝日新聞社に勤め，東京各新聞社の整版部従業員有志で組織された労働組合革進会に加わり1919(大8)年8月の同盟ストに参加するが敗北。その後，新聞工組合正進会に参加。20年機関誌『正進』発行のために1円カンパする。21年12月の万朝報社争議を闘い解雇される(全18名，すべて正進会員)。(冨板敦)〔文献〕『革進会々報』1巻1号1919.8，『正進』1巻1号1920.4，『労働運動』3次1号1921.12

伊勢 敏一 いせ・としかず ?-? 1919(大8)年東京牛込区(現・新宿区)の秀英舎(市ヶ谷)欧文科に勤め活版印刷工組合信友会に加盟する。(冨板敦)〔文献〕『信友』1919年8・10月号

伊勢 敏一 いせ・としかず 1905(明38)-1926(大15)7.6 時事新報社に文選工としてつとめ，新聞工組合正進会に加盟し，1924(大13)年夏木挽町(現・中央区銀座)本部設立のために1円カンパする。のち東印で活動，26年『自連』3号に訃報記事が掲載される。(冨板敦)〔文献〕正進会『同工諸君!! 寄付金芳名ビラ』1924.8，『自連』3号1926.8

伊勢 寅吉 いせ・とらきち ?-? 時事新報社に勤め新聞工組合正進会に加盟。1920(大9)年機関誌『正進』発行のために1円寄付。また24年夏，木挽町(現・東京中央区銀座)正進会本部設立のためにも1円寄付する。(冨板敦)〔文献〕『正進』1巻1号1920.4，正進会『同工諸君!! 寄附金芳名ビラ』1924.8

伊勢 八郎 いせ・はちろう ?-? 1936(昭11)年早稲田大学政治経済学部在学中，牛込区馬場下町(現・新宿区)の伸旺閣で清水清・純子と同居する。37年8月詩誌『動向』を創刊し発行人となるが同人に配布する前に特高に押収される。同人に清水夫妻，秋山清，長谷川七郎，菅原克己，関根弘らがいた。(冨板敦)〔文献〕清水清『写実への道』青娥書房1991

井関 仁太郎 いぜき・じんたろう ?-? 万朝報社に勤め東京の新聞社員で組織された革進会に加わり1919(大8)年8月の同盟ストに参加するが敗北。のち正進会に加盟。20年機関誌『正進』発行のために1円寄付。また24年夏，木挽町(現・中央区銀座)正進会本部設立のためにも1円寄付する。(冨板敦)〔文献〕『革進会々報』1巻1号1919.8，『正進』1巻1号1920.4，正進会『同工諸君!! 寄付金芳名ビラ』1924.8

伊是名 朝義 いぜな・ちょうぎ 1893(明26)-? 沖縄県首里区(現・那覇市)生まれ。父が銀行の重役を勤める裕福な家庭に育つ。沖縄人を侮辱した第6師団(熊本)の予備役中尉を袋叩きにする事件がおこった。この犯人として自首し，軍法会議で有罪とされ小倉の衛成監獄で服役。出獄後沖縄に帰る。画家を志して上京したこともある。当時沖縄のアナキストグループには糸満グループと壺屋グループがあり，伊是名は壺屋グループのメンバーだった。鼻が大きいので伊是名ハナーと呼ばれていた。グループの仲間とともに那覇の西武門に本屋を開き，社会主義関係の本や雑誌『シムーン』『熱風』『種蒔く人』などを扱う。また波之上に小料理屋チクカー・クラブを出す。一品料理にトロツキー(カツレツのこと)などと名づけた。この頃の沖縄のアナキストたちは「申し合わせたように，トルコ帽によく似た帽子に，和服の上から洋服用の夏コートをひっかけ

るといういでたち。一目でそれとわかる大杉栄スタイル」(比嘉春潮)だったという。19年頃アナ・ボル合同の社会問題講演会で泉正重，上与那原朝敏，浦崎康華，城間康昌らとともに検束され那覇署に留置される。21年沖縄初の社会主義団体庶民会に参加する。その後上京して労働運動社に出入りした。大杉・伊藤野枝『二人の革命家』(アルス1922, 復刻版・黒色戦線社1985)にバクーニンとゴールドマンの肖像を描く。22年6月28日午後6時横浜真金町遊郭で斎藤光太郎，上野高次，佐々木左門，池田義太郎らと遊び真っ裸で2階縁側に出て欄干で鯱鉾立ちの芸当を演じようとして転落，横浜病院に担ぎ込まれた。大杉栄，近藤栄蔵，吉田只次らが病院に駆けつける。『読売新聞』は「伊是名氏昨日 遊郭で重傷を負ふ。二階から街路に落ちて 敷石に頭部を打つ」と報じた。その後帰郷。27年那覇の黒色琉人会，首里の黒焔会，糸満の爆人会の連合による琉球黒旗連盟に参加する。28年頃市内辻田町ノ毛通りにカフェーすずめを開いていた。(冨板敦)〔文献〕『読売新聞』1922.6.30, 『正義と自由』1号1928.7, 浦崎康華『逆流の中で』沖縄タイムス社1977, 新川明『琉球処分以後・下』朝日新聞社1981, 新崎盛暉編『沖縄現代史への証言・上』沖縄タイムス社1982, 比嘉春潮『沖縄の歳月』中公新書1969

磯　茂樹　いそ・しげき　1909(明42)4-?　和歌山県那賀郡安楽川村(現・紀の川市)に生まれる。県立那賀農学校を卒業後農業に従事。30年上政治の農民詩人協会に参加し『農民詩人』『詩華園』の同人となる。31年農民自治協会全国連合に加わり第4次『農民』に詩を寄せる。その後，詩作から遠ざかったという。(冨板敦)〔著作〕『くさもち』農民詩人協会出版部1931〔文献〕松永伍一『日本農民詩史・中2』法大出版局1969, 『土とふるさとの文学全集14』家の光協会1977

磯貝　広吉　いそがい・こうきち　?-?　新聞工組合正進会に加盟し1924(大13)年夏，木挽町(現・東京中央区銀座)本部設立のために1円寄付する。(冨板敦)〔文献〕正進会『同工諸君!! 寄附金芳名ビラ』1924.8

磯貝　重二郎　いそがい・しげじろう　⇨吉崎兼吉　よしざき・かねきち

磯崎　敬三　いそざき・けいぞう　?-?　報知新聞社に勤め東京の新聞社員で組織された革進会に加わり1919(大8)年8月の同盟ストに参加するが敗北。読売新聞社に移り正進会に加盟。20年機関誌『正進』発行のために1円寄付。また24年夏，木挽町(現・中央区銀座)正進会本部設立のためにも50銭寄付する。(冨板敦)〔文献〕『革進会々報』1巻1号1919.8, 『正進』1巻1号1920.4, 正進会『同工諸君!! 寄附金芳名ビラ』1924.8

磯田　登　いそだ・のぼる　?-?　名古屋黒潜社のメンバー。1928(昭3)年1月10日山田義雄，伊藤長光が路線の違いで伊串英治，後藤広数を諌言したことから暴力に発展した事件のあおりで，越田清治らと検束され拘留20日となる。30年頃鶴舞公園前の精養軒の料理人をする。(冨板敦)〔文献〕『黒潜』3号1928.2, 上野克己「戦線に立ちて」『自由連合主義』3号1930.7

五十子　鶴太郎　いそね・つるたろう　?-?　1919(大8)年東京麹町区(現・千代田区)のジャパンタイムス＆メール社欧文科に勤め活版印刷工組合信友会に加盟する。同年10月頃，同社同科の組合幹事を担う。(冨板敦)〔文献〕『信友』1919年8・10月号

磯部　四郎　いそべ・しろう　1851(嘉永4)5.26-1923(大12)9.1　旧名・上野秀太郎　富山藩若年寄役林太仲の4男として生まれる。2歳で父と死別，上野宗右衛門の養子となり上野秀太郎と称した。その後脱藩して越後に赴き磯部四郎と自称する。明治維新後大学南校，明法寮を経て75年から79年までパリ大学で法律学を学ぶ。帰国後司法省，太政官に勤務，法典編纂に従事。86年大審院判事，次いで勅任検事となる。90年第1回衆議院選挙で富山県から立候補し当選，その後は東京から立候補し4期をつとめる。92年から弁護士に転じ5期にわたり東京弁護士会会長をつとめた。20年貴族院議員に勅選される。23年関東大震災の犠牲となった。大逆事件では花井卓蔵，今村力三郎に請われ筆頭弁護人として幸徳秋水，管野が，奥宮健之の弁護を担当。著作は憲法，刑法，民法，商法，訴訟法に及ぶ。また明治法律学校，東京専門学校，警視庁などで教鞭をとった。(西山拓)〔文献〕摂提子編『帝国議会議員候補者列伝』庚寅社1890, 早大法学部編『明治弁護士列伝』私家版1981, 森長英三郎『日本弁護士列伝』社会思想社1984

磯部 敏彦　いそべ・としひこ　?-?　1919(大8)年東京神田区(現・千代田区)の三秀舎欧文科に勤め日本印刷工組合信友会に加盟する。〔冨板敦〕〔文献〕『信友』1919年10月号

磯部 光夫　いそべ・みつお　?-?　東京市深川区古石場町(現・江東区古石場)に居住し神田神保町の山縣製本印刷整版部に勤める。1935(昭10)年1月13日整版部の工場閉鎖,全部員40名の解雇通告に伴い争議勃発。工場を占拠して闘い同月15日解雇手当4カ月,争議費用百円で解決する。山縣製本印刷は当時東京大学文学部の出入り業者であり,東印は34年5月以降,東印山縣分会を組織していた。〔冨板敦〕〔文献〕『山縣製本印刷株式会社争議解決報告書』東京印刷工組合1935,『自連新聞』97号1935.1,中島健蔵『回想の文学』平凡社1977

磯部 門三郎　いそべ・もんざぶろう　?-?　上毛印刷工組合三山会のメンバー。1924(大13)年11月16日前橋市東家での上毛印刷工組合三山会の発会式で演説する。26年3月21日横浜市羽衣町幸友クラブで開かれた全印連第3回大会に出席,「第1及第3の日曜日を公休として賃金支給の件」の議案について提案理由を述べる。〔冨板敦〕〔文献〕『印刷工連合』19・35号1924.12・26.4

磯村 安良基　いそむら・あらき　?-?　1919(大8)年東京芝区(現・港区)の東洋印刷会社欧文科に勤め活版印刷工組合信友会に加盟する。〔冨板敦〕〔文献〕『信友』1919年8月号

磯村 宗儀　いそむら・そうぎ　1902(明35)-?　愛知県碧海郡明治村(現・安城市)に生まれる。高等小学校を卒業後,24年9月大阪陶器佐野分工場の工具となる。25年同工場で労働争議が勃発,爆弾製造をでっちあげられ家宅捜索にあう。その際安楽吉雄の書いた文書が発見されそれが不敬罪にあたるとして検挙されるが,同年12月起訴猶予となる。〔冨板敦〕〔文献〕『不敬事件1』

五十里 幸太郎　いそり・こうたろう　1896(明29)4.13-1959(昭34)5.25　別名・速水純　東京市下谷区茅町(現・台東区池之端)に青果卸問屋馬太郎の長男として生まれる。忍岡小学校,正則英語学校に学ぶ。忍岡小学校出身の茂木久平に誘われ同窓生田戸正春とともに平民講演会に参加。第2次『近代思想』の組織変更による同人会に田戸と加わる。『近代思想』廃刊後,同人会で知り合った荒川義英と相談し16年2月田戸と前月創刊した雑誌『平明』を『世界人 Cosmopolitan』と改題,『近代思想』の後を継ぐと自任,堺利彦,山川均,青山(山川)菊栄,大杉栄,辻潤らの寄稿も得て活発な活動を展開する。『青テーブル』の西村陽吉,『労働青年』の久板卯之助らと並ぶ若き第2世代の登場であるが官憲の干渉が強まり5月号で終わった。以後北風会への参加,また辻,宮嶋資夫,岡本潤,百瀬晋,牧野四子吉,松岡虎王麿らいわゆる南天堂グループと交流する。24年5月村木源次郎に拳銃を40円で売る。9月福田雅太郎狙撃事件の後,雇員として勤めていた東京日日新聞社を解雇される。28年7月宮嶋,田戸,岡本,宮山栄之助,局清(秋山清)らと「アナーキスト文芸思想の研究と建設」をうたった雑誌『矛盾』を創刊。編集兼発行人として,また経済面を担って発行の中心となる。29年矛盾印刷所をつくり矛盾叢書の刊行も企画するが,核となるべき宮嶋が突然出家したため30年2月8号をもって終わった。その後中国に渡り,戦後は平凡社に勤務した。〔堀切利高〕〔著作〕『音楽舞踊十五講』聚英閣1925〔文献〕岡本潤『詩人の運命』立風書房1974,堀切利高「雑誌『世界人』」『大正労働文学研究』5号1981,『矛盾』復刻版緑蔭書房1982,小松隆二『大正自由人物語』岩波書店1988,寺島珠雄『南天堂』皓星社1999

井谷 正吉　いたに・まさよし　1896(明29)4.29-1976(昭51)2.10　愛媛県北宇和郡日吉村生まれ。庄屋で政友会の長老正命の長男。16年1年志願兵として兵役に服するが,それ以前にクロポトキン,バクーニン,トルストイなどの著作に親しみ父の仕事を手伝うかたわら小作料の減額などを実行。退役後に大阪から奈良,三重へと放浪,19年三重県会郡七保村(現・大紀町)村長の大瀬東作に会い青年教育や義務教育費全額国庫負担運動などに関与。この間神戸で賀川豊彦,杉山元治郎,西尾末広,松岡駒吉に会い,上京して丘浅次郎に進化論を,安部磯雄,堺利彦,大杉栄,山川均らから社会主義を学んだ。のち七保村に土民協会を結成して『森のささやき』を刊行,「新しい村」づくりに挑んだ。とくに賀川の知遇と指導は20年以降深められた。社会主義同盟には七保村の住所で加盟した。22年日農創立大会

参加後に帰郷，同年10月明星ケ丘「我等の村」の建設を開始した。24年入村同人は1000人に達した。26年以後日農や労農党の支部結成など農民組合や無産政党の活動を展開する。45年社会党結成に参加。（奥沢邦成）〔著作〕『農村の貧乏と県会選挙』全国農民組合南予地方協議会1931，『ちんがらまんがら』大織冠書房1950，「井谷正吉自伝」『風雪の碑明星ケ丘』井谷正吉顕彰事業推進委員会1980〔文献〕三重県町村長会編『大瀬東作伝』1971，『農民組合運動史』日刊農業新聞社1976，井上啓『明星ケ丘 井谷正吉』『郷土に生きた人々・愛媛県』近代史文庫1983

板野 貞夫 いたの・さだお 1911（明44）-? 広島市船入町生まれ。24年4月県立商業学校に入学したが父親の事業の失敗で翌年1月中退。このことがもとで社会制度に対する疑問を抱き文学に興味をもつようになり，やがてアナキズムに共鳴する。28年頃『黒色戦線』を購読。30年叔父を頼って上京し書道家を志したが挫折。31年下谷区北稲荷町（現・台東区）紺野易断所で鑑札を得た。33年帰郷し家業の鼻緒製造業に従事。35年無共党事件で検挙されるが不起訴。（冨板敦）〔文献〕『身上調書』

板見谷 直治 いたみたに・なおじ ?-? 東京自由労働者組合深川支部のメンバー。1928（昭3）年12月29日本所の日東キネマ館で開かれた失業抗議運動協議会主催，関東自連後援の全国自由労働者失業大会で大会決議文を朗読する。（冨板敦）〔文献〕『自連』21号1928.2

板谷 治平 いたや・じへい ?-? 本名・加藤治平衛，別名・漂葉 横浜市に生まれる。中村勇次郎とともに大杉栄に傾倒し，1914（大3）年月刊『平民新聞』の寄付金募集に応じる。同年12月発禁になった同紙3号約100部をひそかに配布。『平民新聞』廃刊後，15年4月その後継紙をめざして月刊『解放』（3号まで）を創刊。『近代思想』復活号（1915.10）で「『平民新聞』の廃刊に次いで，横浜の同志中村勇次郎，板谷漂葉の二君が『解放』と題する小雑誌を出した事を，特筆して置きたい」と大杉は書いている。印刷人となったが2号で運動を離れ16年11月東京へ移る。翌年10月また横浜に戻り『解放』の後継誌『先駆者』（2号まで）の印刷人を引き受ける。関東大震災後，24年5月創刊された伊藤公敬編集・発行の『廃墟の上に』（バラック文芸社）の同人となる。その後は政治活動に向かい金井好次と行動を共にする。戦後社会党の衆議院議員新妻イトの私設秘書となったが東京で交通事故により死没した。（大澤正道）

市江 藤吉 いちえ・とうきち ?-? 広島製針朋友会のメンバーとして，1925（大14）年広島市のメーデーに参加する。朋友会は23年広島市内の初メーデー，24年メーデーに参加。また25年4月15日に広島純労働者組合，広島印刷工組合，広島洋服工親会，呉自由労働者組合，水平社自由青年連盟広島支部などアナ系組合とともに広島労働自由連合会を組織し，5月1日の丹悦太の呉自由労働者組合発会式に参加した。（冨板敦）〔文献〕山木茂『広島県社会運動史』

一尾 錙三郎 いちお・りゅうざぶろう ?-? 新聞工組合正進会に加盟し1924（大13）年夏，木挽町（現・東京中央区銀座）本部設立のために1円寄付する。（冨板敦）〔文献〕正進会『同工諸君!! 寄附金芳名ビラ』1924.8

市川 市太郎 いちかわ・いちたろう ?-? 東京毎日新聞社に勤め東京の新聞社員で組織された革進会に加わり1919（大8）年8月の同盟ストに参加するが敗北。のち正進会に加盟。20年機関誌『正進』発行のために寄付。また24年夏，木挽町（現・中央区銀座）正進会本部設立のためにも1円の寄付をする。（冨板敦）〔文献〕『革進会々報』1巻1号1919.8，『正進』1巻1号1920.4，正進会『同工諸君!! 寄附金芳名ビラ』1924.8

市川 一男 いちかわ・かずお ?-? 長野県北佐久郡三都和村（現・立科町）に生まれる。1926（大15）年1月頃，竹内茵衛，小山敬吾の指導の下で組織された「土に親しむものの会」に加わる。同会が農民自治会に合流，発展的に解消すると農自全国連合に参加。同年10月3日北佐久郡北御牧村（現・東御市）の北御牧小学校で発足した農自北信連合（のち東信連合に改称）に参加する。（冨板敦）〔文献〕『農民自治』6号1926.11，大井隆男『農民自治運動史』銀河書房1980

市川 和平 いちかわ・かずへい ?-? 新潟一般労働者組合に加わり，1928（昭3）年2月同組合の事務所を新潟市早川町の自宅に置く。安宅哲，後藤又吉らと新潟時事新聞社の争議を闘う。29年7月山口健助，平沢貞

太郎らと新潟一般として全国自協に加わる。
(冨板敦)〔文献〕『自連』22・23号1928.3・4，山口健助『風雪を越えて』印友会本部1970，江西一三『わが自協史』黒旗の下に発行所1974，山口健助『青春無頼』私家版1982

市川 元治 いちかわ・げんじ 1899(明32)-1927(昭2)2.11 別名・元春 新聞工組合正進会に加盟し，1924(大13)年夏，木挽町(現・中央区銀座)本部設立のために1円カンパする。のち国民新聞社に勤め東京印刷工組合新聞部で活動。26年3月21日横浜市羽衣町幸友クラブで開かれた全印連第3回大会に出席し東印新聞部の現勢を述べる。27年『自連』9・10号に訃報記事が掲載される。
(冨板敦)〔文献〕正進会『同工諸君!! 寄付金芳名ビラ』1924.8，『印刷工連合』35号1926.4，『自連』9.10号1927.3，水沼辰夫『明治・大正期自立の労働組合の足跡』JCA出版1979

市川 しづ いちかわ・しづ ?-? 長野県南佐久郡田口村(現・佐久市)に生まれる。農民自治会全国連合に加わり1927(昭2)年『農民自治』(8号)に「全力を注いで」を寄稿する。
(冨板敦)〔文献〕『農民自治』8・10号1927.3・6，大井隆男『農民自治運動史』銀河書房1980

市川 俊一郎 いちかわ・しゅんいちろう ?-? 1919(大8)年東京京橋区(現・中央区)の築地活版所印刷科に勤め日本印刷工組合信友会に加盟する。(冨板敦)〔文献〕『信友』1919年10月号

市川 鉦太郎 いちかわ・しょうたろう ⇨金汝春 きん・じょしゅん

市川 竹次郎 いちかわ・たけじろう ?-? 石版工。1923(大12)年6月日本印刷工組合信友会に石版工仲間と加盟し山田義雄らと計19名で小柴支部を組織する。(冨板敦)〔文献〕『印刷工連合』3号1923.8

市川 長次郎 いちかわ・ちょうじろう ?-? 報知新聞社に勤め東京の新聞社員で組織された革進会に加わり1919(大8)年8月の同盟ストを同社の幹事として闘うが敗北。のち正進会に加盟。20年機関誌『正進』発行のために2円寄付。その後，都新聞に移る。24年夏には木挽町(現・中央区銀座)正進会本部設立のためにも3円寄付する。(冨板敦)〔文献〕『革進会々報』1巻1号1919.8，『正進』1巻1・2号1920.4・5，正進会『同工諸君!! 寄附金芳名ビラ』1924.8

市川 藤市 いちかわ・とういち 1881(明14)5.23-1955(昭30)3.3 愛知県中島郡明地村(現・一宮市)に生まれる。12歳下の妹にのちに婦人参政権運動や女性解放運動に尽力する房枝(本名・ふさゑ)がいる。96年尋常小学校を卒業後，准教員講習科に籍を置いた。1901年明治法律学校(現・明治大学)で政治学を修め卒業。翌02年1月渡米した。03年日系新聞『新世界』の記者となる。05・06年に幸徳秋水が渡米した際に会見する。その後岩佐作太郎，倉持善三郎らと交際し日本人福音会で社会主義の研究会を開いた。07年ユタ州，次いでコロラド州に滞在し『日米新聞』の支社主任をつとめ，09年テネシー州の大学に入学，翌年卒業。10-12年コロラド州日本人会幹事をつとめる。この間11年2月から村岡準一らと『コロラド新聞』を発刊，主筆をつとめる。11年12月28日乙号として要視察人名簿に登録されたが，翌12年5月6日無政府主義的言動があったとして甲号に変更された。(西山拓)〔文献〕『主義者人物史料1』，『市川房枝自伝・戦前編』新宿書房1974，山泉進・斎藤英治『日系人コミュニティーとアメリカ文化』『明大人文科学研究所紀要』40冊1996.3

市川 白弦 いちかわ・はくげん 1902(明35)2.28-1986(昭61)6.7 幼名・利光 岐阜県加茂郡八百津町和知の臨済宗妙心寺派華蔵寺住職の子に生まれる。5歳の頃韋駄天の陀羅尼を唱えることを拒み勘当されるなど幼時から反骨精神がみられた。中学校卒業ののち小学校勤務を経て得度，妙心寺専門道場に掛搭。23年臨済宗大学(現・花園大学)入学。初めての京都生活で浄土真宗青年僧の間に黒衣同盟が成立し被差別部落解放と教団改革運動に着手したことを知り，自身も将来黒衣運動に乗り出す決意をする。後年，衣の色などは風俗的な問題などと妥協的になったが，終生色衣を着けなかったと述懐している(『解放の禅学』)。在学中から哲学者小笠原秀実・医師登兄弟に師事。26年臨済宗大学卒，花園中学校教諭。35年母校の臨済学院専門学校教授となる。世は戦時体制に入っていたが，後年この頃の自身を「社会思想の面ではおおむねクロポトキン的であったが，日中戦争に関しては細川嘉六，三木清，尾崎秀実の影響下にあった」(『仏教者の戦争責任』)と述懐している。小笠

原宅には八木信三，菊水治次らがしばしば訪れ市川も親交を結ぶ。46年小笠原秀実とともに発足直後のアナ連に加盟。『平民新聞』や『無政府主義会議』にしばしば執筆し戦前型のアナキズムの改革を訴えた。たとえば「ひとつの自省」(『平民新聞』72号1948.5.14)では「気分的アナほど頼みがたいものはなく」，「アナははなはだしばしば不勉強」と痛烈に批判し，「もっと明るい旗を」(『無政府主義会議』5号1948.7.20)では伝統的な黒旗はマイナス・イメージが強いからもっと明るいたとえば緑の旗を使おうと提言している。そのため叩き上げの闘士たちからは「学者アナキスト」などと揶揄されることがあり，48年小笠原，大門一樹，高橋良三らと新たに民主解放同盟を京都で結成する。その間，臨済学院専門学校学監として大学昇格準備に励むかたわら社会学科の新設，石川三四郎の講師招聘を画策するが学長や教学部長の猛反対にあい挫折する。50年原爆禁止を訴えるストックホルム・アッピールに呼応して7月自坊の施餓鬼会にて檀家総代，出頭寺院の了解を得て丸木位里・俊夫妻の原爆の図を絵巻状につくり変えて趣意書とともに展示し，参集者に署名とカンパを呼びかける。また『思想』7・8月号に「禅の孤高性について」を発表，これまでの禅が「凡愚な貧民の道でないこと，支配層に身を寄せた禅であって，支配される側に立った禅でないことを論証」(『解放の禅学』)する。これらが檀家や妙心寺派教団内で問題となり，宗議会で大学と教団から市川を追放せよと圧力が高まり一時は還俗を考える。52年教職員組合，市民団体の推薦によって京都市教育委員に就任，教団内に市川指弾の声が再燃する。この頃から京都人権擁護協会の活動に参加，のち常任理事。教団内で孤立感を深めるなかで思想の科学研究会の転向共同研究に参加，28-45年の自身の経験を省察する。この仕事はのちに『仏教者の戦争責任』『日本ファシズム下の宗教』に結実する。これらは仏教者の戦争責任論の先駆的な著述である。65年5月ベ平連に参加，10月京都ベ平連講演会「ベトナム戦争と私」に鶴見俊輔，桑原武夫，岡田みどりとともに演壇に立つ。72年花園大学定年退職，同大名誉教授の称号を受けたが還俗。(白仁成昭・大澤正道)〔著作〕ヤンコ・ラヴリン『超人の悲劇 ドストエフスキーの生涯と哲学』(訳)ふたら書房1940，『禅の基本的性格』同文館1942，『禅と現代思想』徳間書店1967，『仏教者の戦争責任』春秋社1970，『中世禅家の思想』(共著)岩波書店1972，『日本ファシズム下の宗教』エヌエス出版1975，『市川白弦著作集』全4巻法蔵館1993〔文献〕柏木隆法「市川白弦随聞記」『論争』1号1989.2，水上勉「市川白弦先生の思い出」季刊『仏教』33号1993.4，白仁成昭「黒衣同盟と市川白弦」『編集委ニュース』23号2002.1

市川 彦太郎 いちかわ・ひこたろう ?-? 1919(大8)年東京神田区(現・千代田区)の三秀舎欧文科に勤め活版印刷工組合信友会に加盟。信友会の庶務係を浅野広，菱田豊彦と担う。同年10月7日友愛会で開かれた日本労働代表反対の協議会に信友会を代表して出席する。(冨板敦)〔文献〕『信友』1919年8・10月号

市川 巳之助 いちかわ・みのすけ ?-? 1919(大8)年東京京橋区(現・中央区)の築地活版所欧文鋳造科に勤め活版印刷工組合信友会に加盟する。(冨板敦)〔文献〕『信友』1919年8・10月号

市川 林平 いちかわ・りんぺい ?-? 1919(大8)年東京京橋区(現・中央区)の築地活版所欧文鋳造科に勤め活版印刷工組合信友会に加盟する。(冨板敦)〔文献〕『信友』1919年8・10月号

市田 一太郎 いちだ・いちたろう ?-? 1919(大8)年東京京橋区(現・中央区)の築地活版所漢字鋳造科に勤め日本印刷工組合信友会に加盟する。(冨板敦)〔文献〕『信友』1919年10月号

市野 伸一 いちの・しんいち ?-? 1919(大8)年東京京橋区(現・中央区)の大倉印刷所和文科に勤め活版印刷工組合信友会に加盟。のち本所区(現・墨田区)の岡本活版所文選科に移る。(冨板敦)〔文献〕『信友』1919年8・10月号

一ノ瀬 峰弥 いちのせ・みねや ?-? 別名・峰雄 読売新聞社に勤め東京の新聞社員で組織された革進会に加わり1919(大8)年8月の同盟ストに参加するが敗北。のち正進会に加盟。20年機関誌『正進』発行のために1円寄付する。(冨板敦)〔文献〕『革進会々報』1巻1号1919.8，『正進』1巻1号1920.4

一関 市三郎 いちのせき・いちさぶろう ?-? 新聞工組合正進会に加盟し1924(大13)年

夏，木挽町(現・中央区銀座)本部設立のために1円寄付する。(冨板敦)〔文献〕正進会『同工諸君!! 寄附金芳名ビラ』1924.8

一宮 久 いちのみや・ひさし ?-? 東京日日新聞社に勤め東京の新聞社員で組織された革進会に加わり1919(大8)年8月の同盟ストに参加するが敗北。のち正進会に加盟。24年夏，木挽町(現・中央区銀座)正進会本部設立のために50銭寄付する。(冨板敦)〔文献〕『革進会々報』1巻1号1919.8，正進会『同工諸君!! 寄附金芳名ビラ』1924.8

市橋 善之助 いちはし・ぜんのすけ 1894(明27)12-1969(昭44)12.31 名古屋市東区東外掘町に生まれる。生後すぐ母を失い不幸な少年時代を過ごす。愛知一中を経て18年早稲田大学英文科を卒業。石川三四郎に師事し終生の友に村松正俊，安藤更生らがいる。生涯就職せず翻訳や著作に従事。トルストイなどのアナキズムにひかれ，雑誌『新人』にクロポトキン「社会主義進化に於る無政府主義の位置」を訳出，この訳は27年黒旗社から小冊子で刊行された。運動家ではなく日々の暮らしのなかでアナキズムを実践する道を選び，啓蒙的な教育書を多く著す。戦後アナ連に加盟，松尾邦之助らの自由クラブにも加わる。つねに生活者の視線を失わない独特な性格の持ち主で晩年，東京亀有の自宅で英語塾を開き地元の青少年の教育につくした。(大澤正道)〔著作〕『幼少の日の文豪』刀江書院1942，『トルストイ入門』星光書院1949，『読書法と勉強法』星光書院1950，「肯定と否定」『虚無思想研究・上』蝸牛社1975，「夢なきものの悲劇」同・下1975〔文献〕出来成訓「民間英語教師・市橋善之助」『外国文学』31号1983.3，『エス運動人名事典』

市橋 与三吉 いちはし・よみきち ?-? 1919(大8)年東京神田区(現・千代田区)の三秀舎紙工科に勤め日本印刷工組合信友会に加盟する。(冨板敦)〔文献〕『信友』1919年10月号

市原 金之助 いちはら・きんのすけ ?-? 1919(大8)年東京京橋区(現・中央区)の福音印刷会社文選科に勤め日本印刷工組合信友会に加盟する。(冨板敦)〔文献〕『信友』1919年10月号

市原 てい いちはら・てい ?-? 1919(大8)年東京神田区(現・千代田区)の三省堂印刷部文選科に勤め日本印刷工組合信友会に加盟する。(冨板敦)〔文献〕『信友』1919年10月号

市原 正恵 いちはら・まさえ 1935(昭10)9.26-2012(平24)7.15 静岡県静岡市三友町に父・三浦鉄太郎，母・緑の長女として生まれる。45年6月一家で疎開中に静岡市への大空襲で父が戦災死。戦後は母が肺結核で親類に預けられる。51年静岡市立城内中学校を卒業し城北高校入学。中学の同級生に作家で詩人の三木卓がいた。三木の高校時代を描いた小説『柴笛と地図』(2004)に登場する石上光江は市原がモデル。高校1年に肺結核で入院，さらに卒業後には長期療養を余儀なくされ大学への進学はできなかった。59年に結婚，2児を出産する。72年ごろより自宅で子ども向けの水曜文庫を始める。市原にとって「子どもが小さくて家庭に孤立し，仕事のない女が追いこまれて出口を模索」した結果，始めたのがこの文庫だった。73年「大杉栄墓前祭」に参加。76年には「思想の科学」に入会，この頃より執筆に携わるようになる。翌年よりタウン誌『ファミリー・ファンファン』に「静岡おんな百年」を連載。後にドメス出版より上下2冊として出版される。78年結成の静岡県近代史研究会はもとより，91年には「大杉栄墓前祭実行委員会」を組織し中心となって取り仕切り『沓谷だより』の編集を2002年まで務める。静岡出身の女性たちの生涯を辿り，さらに「満州」「戦争」へと広がっていった研究は疎開，父の死という体験が土台にあった。反権力の闘いの末，犠牲となった伊藤野枝の思想に共感。女性史，地域女性史研究の草分けの一人として埋もれた女性たちを掘り起し光を当てた仕事の意義は大きい。『近現代日本女性人名辞典』(ドメス出版2001年に刊行)の編集委員も務めた。(岡田孝子)〔著作〕『静岡おんな百年』上下ドメス出版1982，共著『静岡県と作家たち』静岡新聞社1996〔文献〕『近代静岡の文化と女性 市原正恵遺稿集』市原正恵遺稿集刊行委員会2013

市村 菊三郎 いちむら・きくさぶろう ?-? 1919(大8)年東京京橋区(現・中央区)の築地活版所鉛版科に勤め日本印刷工組合信友会に加盟する。(冨板敦)〔文献〕『信友』1919年10月号

市村 通次 いちむら・つうじ ?-? 国民新聞社に勤め東京の新聞社員で組織された革

進会に加わり1919(大8)年8月の同盟ストに参加するが敗北。時事新報社に移り正進会に加盟。20年機関誌『正進』発行のために1円寄付。その後同社を退社し，大阪へ出稼ぎに行く。(冨板敦)〔文献〕『革進会々報』1巻1号1919.8，『正進』1巻1・2号1920.4・5

一森 正吉 いちもり・しょうきち ?-? 1919(大8)年東京京橋区(現・中央区)の築地活版所漢字鋳造科に勤め活版印刷工組合信友会に加盟する。同所同科の組合幹事を森詮太郎，寺沢館太郎，桑名鋼次郎，月影辰之助と担う。(冨板敦)〔文献〕『信友』1919年8・10月号

一安 訒 いちやす・しのぶ ?-? 別名・信夫 1924(大13)年10月18日に大崎和三郎らが創刊した『極東平民』の編集主幹を担う。25年7月23日妻・忍子を腹膜炎で亡くし一安は肋膜を病み淡路島の洲本で転地療養していることが同年9月同誌4号で報じられる。その後上京，巣鴨町上駒込(現・豊島区)に住み極東平民東京支社を名乗る。『極東平民』は他に2号から大阪の杉村直太郎が泉南支部を担っていた。(冨板敦)〔文献〕『極東平民』1-5号1924.10・25.4・6・9・12

一力 重明 いちりき・しげあき ?-? 1932(昭7)年頃から農青社運動に関わる。4月には黒色戦線社に同人として参加，東京下目黒の秘密編集所に出入りした。同年9月の農青社解散声明のあとは鈴木靖之を支え，『黒色戦線』7号には発行人として名を連ねた。(奥沢邦成)〔文献〕『資料農青社運動史』，『農青社事件資料集Ⅰ・Ⅱ』

一叩人 いっこうじん 1912(大1)-1999(平11)4.9 本名・命尾小太郎，別名・淡三津海 東京生まれ。命尾姓は能の宝生流の名家の一つで妻の生家の姓。川柳名の一叩人は命尾の「命」の字を分解してつけた。34年法政大学文学部英法科を卒業。太平洋戦争末期，朝鮮から帰国する際治安維持法違反で検挙，敗戦まで拘留。50年代『アカハタ』川柳欄に投句。60年秋山清が書いた「ある川柳作家の生涯 反戦作家・ツルアキラ」(『思想の科学』9月号)を読み感動。64年石原青竜刀主宰『諷詩人』に同人として参加。岡田一杜発行の葉書版句集『人間(じんかん)』に同人として参加。64年『竹馬』(のち『目黒文芸』)に参加。この頃たびたび石川県河北郡高松町を訪れ鶴彬関係の資料を収集。金沢市在住の岡田一杜からも資料提供を受ける。73年から3年がかりでガリ版刷りの一叩人編『反戦川柳人鶴彬の記録』(川柳東別冊，全3巻)を刊行。77年9月一叩人編『鶴彬全集』全1巻(たいまつ社)を刊行。この頃東京目黒区の自宅に鶴彬研究会を創設，季刊『鶴彬研究』を編集発行。98年一叩人が増補改訂した『鶴彬全集』を依頼を受けた沢地久枝が自費で復刻刊行。(井之口巨)〔著作〕『新興川柳全集』(編)たいまつ社1978，『反戦川柳人・鶴彬』たいまつ新書1978，『評伝・反戦川柳人鶴彬』鶴彬研究会1983

井筒 仙太郎 いづつ・せんたろう ?-? 1919(大8)年東京京橋区(現・中央区)の大久保印刷所に勤め活版印刷工組合信友会に加盟。のち秀英本舎和文科に移る。(冨板敦)〔文献〕『信友』1919年8・10月号

井出 俊一 いで・しゅんいち ?-? 別名・俊郎 長野県南佐久郡畑八村(現・佐久穂町)で農業を営み1925(大14)年竹内圀衛，小山敬吾らの「土を慕ふものの会」に加わる。同会が農民自治会に合流，発展的に解消すると農自全国連合に参加。同年10月3日北御牧小学校で開かれた農自北信連合会発会式に出席する(北信連合はのち東信連合と改称)。(冨板敦)〔文献〕『土を慕ふものの会々報』1号1926.1，『農民自治』3・4・6号1926.6・8・11，大井隆男『農民自治運動史』銀河書房1980

井手 仙太郎 いで・せんたろう 1907(明40)-? 佐賀県三養基郡鳥栖町鳥栖(現・鳥栖市)生まれ。幼年の頃父と死別し継父(実父の弟)に養育される。福岡県立中学明善校を卒業して上京し，大正大学国漢文学科に学び小学校訓導の資格を得る。卒業後帰郷し郡内小学校に勤める。大学時代に左翼文献に触れ共産主義に共鳴し全協運動に従事する。32年頃地元で馬渡正人，吉田義明らの文芸サークルに加わり活動。35年無共党事件で検挙されるが不起訴。(冨板敦)〔文献〕『身上調書』

井出 好男 いで・よしお 1902(明35)-? 別名・余塩 長野県北佐久郡河辺村鴇久保(現・小諸市)の小地主の家に生まれる。高等小学校を卒業，20年小山敬吾のすすめで小諸メソジスト教会に通い受洗。22年西田天香の一灯園に入園するが数日で失望し帰郷。震災後上京，江渡狄嶺の影響を受け24年目黒の借家を共産の家＝敬耕舎と名づけ

小山，関和男，依田耕と共同生活を送る。同年帰郷し土に親しむものの会に加わり農民自治会に合流。26年農自北信連合傘下川辺農民自治会の事務所を自宅に置いた。農自全国委員もつとめ27年には北信連合，長野県連合の事務所も自宅に移す。7月農村モラトリアム期成同盟を組織，8月諏訪郡平野村岡谷(現・岡谷市)の山一林組大争議に朝倉重吉らと駆けつけ支援活動を行う。29年佐久電気消費組合を結成。農自分裂後も瀬川知一良らと会を継続，機関紙『農民自治』に関わり農自の存続に最後までつとめる。30年頃から運動を離れ農村へのキリスト教伝道に傾く。(冨板敦)〔文献〕『農民自治』3・6・11・臨・13号1926.6・11/27.8・10・11，『農民自治会内報』2号1927，『農民自治会リーフレット』2号1929.3，安田常雄『日本ファシズムと民衆運動』れんが書房新社1979，大井隆男『農民自治運動史』銀河書房1980，『南佐久農民運動史』同刊行会1983，松本衛士『製糸労働争議の研究』柏書房1991

伊藤 愛蔵 いとう・あいぞう 1908(明41)-? 埼玉県出身。31年頃から農青社の運動に関わった。36年5月農青社事件全国一斉検挙では岩崎直蔵，大熊房太郎とともに埼玉県警に逮捕されたが文書配布を受けた程度として岩崎とともに不起訴となる。(奥沢邦成)〔文献〕『資料農青社運動史』，『農青社事件資料集Ⅰ・Ⅱ』

伊藤 功 いとう・いさお ?-? 1938(昭13)年8月20日豊橋市で佐藤長吉，大山英一，金子義太郎らと詩の同人雑誌『詩と生活』を発行する。(冨板敦)〔文献〕『社会運動の状況10』

伊藤 逸郎 いとう・いつろう ?-? 1921(大10)年中名生幸力，渡辺善寿らが結成したアナキスト団体五月会のメンバー。22年5月メーデー当日，小池薫とともに職務執行妨害で検挙され懲役1ヵ月となる。(冨板敦)〔文献〕『労働運動』3次5・6号1922.6・8

伊藤 岩吉 いとう・いわきち ?-? 別名・伊東 万朝報社に勤め東京の新聞社員で組織された革進会に加わり1919(大8)年8月の同盟ストに参加するが敗北。のち正進会に加盟。20年機関誌『正進』発行のために1円寄付。また24年夏，木挽町(現・中央区銀座)正進会本部設立のためにも1円寄付する。(冨板敦)〔文献〕『革進会々報』1巻1号1919.8，『正進』1巻1号1920.4，正進会『同工諸君!! 寄附金芳名ビラ』1924.8

伊藤 栄次郎 いとう・えいじろう ?-? 1919(大8)年横浜の文寿堂に勤め横浜欧文技術工組合に加盟し理事となる。同組合設立基本金として3円寄付。文寿堂の組合理事も務める。(冨板敦)〔文献〕『信友』1919年8・10月号

伊藤 悦太郎 いとう・えつたろう 1911(明44)-1945(昭20) 別名・小原国一 酒田市下寺町生まれ。26年3月家業の瓦職に従事。経済的不遇もあって早くから社会問題に目を向け28年頃から『小作人』『自連新聞』を購読，30年自連新聞社飽海支局を立ち上げ活動。『自連新聞』にも積極的に寄稿する。32年10月中旬不穏文書配布のかどで検挙，同月18日治安維持法違反で送検されたが起訴猶予となり12日間の拘留で釈放される。33年1月上京して梅本英三らと交流，全国自連の事務所に寄宿し『自連新聞』の編集を手伝う。34年7月相沢尚夫のすすめで無共党に入党，関東地方委員，植民地部責任者となる一方，長野や山形などでオルグ活動を展開する。35年2月『万人』また6月には後身の『われらの理論』を発行。事件発覚によって同年10月検挙され懲役3年の判決を受ける。戦時中に召集されフィリピンで戦死。(奥沢邦成)〔文献〕『萬人』3号1935.2，『資料農青社運動史，森長英三郎『史談裁判3』日本評論社1972，相沢尚夫『日本無政府共産党』海燕書房1974，『身上調書』『自連新聞』43・47・49・72号1930.1・5・7・32.7，『平民新聞』1947.10.31

伊藤 音楠 いとう・おとくす 1864.6.2(元治1.9.28)-? 和歌山県海草郡港村(現・海南市)に生まれる。系統的な教育は受けなかったようである。1897(明30)年渡米するが，正業にはつかずつねに無頼者と交際し侠客をもって任じるような生活を送っていたという。1908年8月21日竹内鉄五郎を中心に岩佐作太郎，貴志正三，立花直之，堂本安松らと日本人労働者の基本的権利を主張し，労働条件を改善する目的でフレスノにおいて労働同盟会を結成し幹部となった。この同盟会は09年植山治太郎が行った外国在留帝国臣民登録規則反対運動とともに，在米社会主義者，アナキストの運動が大衆的基盤の上に立つことのできた数少ない実例といわれる。伊藤は幹部になったことが要因で10年1月甲号(無政府主義)として要視察人

名簿に登録された。(西山拓)〔文献〕『主義者研究史料1』,『在米主義者沿革』,大原慧『片山潜の思想と大逆事件』論創社1995

伊藤 覚太郎 いとう・かくたろう ?-1923(大12)9 欧文工,日本印刷工組合信友会のメンバー。1923(大12)年9月1日の関東大震災で被災し亡くなる。(冨板敦)〔文献〕『印刷工連合』11号1924.4

伊藤 兼二郎 いとう・かねじろう ?-? 欧文工。1917(大6)年2月11日欧文植字工組合信友会の副幹事長に選ばれる(幹事長は杉崎国太郎)。同年10月の幹事会で信友会の会員資格をすべての印刷工に広げることを決定。12月2日神田区神保町の徳吉亭で第1回全印刷工組合委員会を開く。そして18年1月16日神田南明倶楽部で活版印刷工組合信友会第1回大会(創立大会)を開催。ここで新しい信友会の幹事長に選出される(副委員長は岡野勝二,大林清蔵)。(冨板敦)〔文献〕水沼辰夫『明治・大正期自立的労働運動の足跡』JCA出版1979,警視庁労働係編『日本印刷工組合信友会沿革印刷工連合設立迄』,廣畑研二編・解説『1920年代社会運動関係警察資料』不二出版2003)

伊藤 兼蔵 いとう・かねぞう ?-? 時事新報社に勤め東京の新聞社員で組織された革進会に加わり1919(大8)年8月の同盟ストに参加するが敗北。のち正進会に加盟。20年機関誌『正進』発行のために1円寄付。また24年夏,木挽町(現・中央区銀座)正進会本部設立のためにも2円寄付する。(冨板敦)〔文献〕『革進会々報』1巻1号1919.8,『正進』1巻1号1920.4,正進会『同工諸君!! 寄附金芳名ビラ』1924.8

伊藤 貴一 いとう・きいち ?-? 別名・貫一 島根県に生まれる。農民自治会全国連合に参加し島根県代表の農自全国連合委員を務めた。1926(大15)年3月28日の農自委員会に出席。7月16日の農自小委員会で教育・研究・調査担当に伊福部隆輝,池田種生,石川三四郎,大西伍一,白石重,下中弥三郎,森田虎雄とともに選出される。この頃,東京小石川区関口駒井町(現・文京区関口2丁目)に暮らしていた。(冨板敦)〔文献〕『自治農民』1号1926.4,『農民自治』4・5号1926.8・9,竹内愛国『農民自治会』,『昭和2年版解放運動解放団体現勢年鑑』解放社1927,大井隆男『農民自治運動史』銀河書房1980

伊藤 菊之助 いとう・きくのすけ ?-? 1923(大12)年2月25日東京市深川区猿江裏町(現・江東区)の広得亭で開かれた関東車輌組合の発会式で議長をつとめる。同組合はこの会で機械連合への加盟を決議した。(冨板敦)〔文献〕『労働運動』3次12号1923.3

伊藤 久平 いとう・きゅうへい ?-? 東京日日新聞社に勤め東京の新聞社員で組織された革進会に加わり1919(大8)年8月の同盟ストに参加するが敗北。のち正進会に加盟。24年夏,木挽町(現・中央区銀座)正進会本部設立のために1円寄付する。(冨板敦)〔文献〕『革進会々報』1巻1号1919.8,正進会『同工諸君!! 寄附金芳名ビラ』1924.8

伊藤 清 いとう・きよし 1908(明41)-? 別名・名和仲弍 北海道石狩郡江別村(現・江別市)で育つ。製綿業で生活。アナキズムに共鳴し『黒旗』を愛読。30年10月『黒旗』9・10月号に「アナは俺達の要求」と題する通信が掲載される。『農村青年』を購読。36年5月農青社事件で検挙される。(堅田精司)〔文献〕『思想月報』32号1937.2,『農青社事件資料集Ⅰ・Ⅱ』

伊藤 金六 いとう・きんろく ?-? 報知新聞社に勤め東京の新聞社員で組織された革進会に加わり1919(大8)年8月の同盟ストに参加するが敗北。のち正進会に加盟。20年機関誌『正進』発行のために1円寄付する。(冨板敦)〔文献〕『革進会々報』1巻1号1919.8,『正進』1巻1号1920.4

井東 憲 いとう・けん 1895(明28)8.27-1945(昭20)8.5 本名・伊藤憲 東京市牛込区神楽坂(現・新宿区)生まれ。生後まもなく母の郷里静岡市に移り父は質屋を開業。明治大学在学中の16年大杉栄を知り親炙,アナキズムの研究を始める。20年日本精神医学会発行『変態心理』編集部記者となり同誌に執筆。21年2月第2次『労働運動』静岡支局を静岡市五番町の自宅に設置。東京・静岡間を行き来して『種播く人』『熱風』『文党』などに執筆。23年3月静岡の遊廓の娼妓の悲惨をテーマとする『地獄の出来事』(総文館)で本格デビュー。また梅原北明が25年11月『文芸市場』『変態資料』を創刊するとその中心の編集スタッフとして働く。26年『有島武郎の芸術と生涯』(弘文社)を刊行。英美子と恋愛,半同棲。27年夏上海渡航,北伐下の街を精力的に歩き回り創造社の郁達夫や鄭

伯奇、王独清らの作家、内山完造、井上紅梅らと交流、半年後帰国ののち再度渡航し『上海夜話』(平凡社1929)、『赤い魔窟と血の旗』(世界の動き社1930)ほか上海ものを次々と出版した。また銀座に新興中華研究所を設置、中国関係著訳書を大量に出版した。カーペンターの翻訳『禁欲と禁煙』(大東出版社1939)もある。静岡空襲による火傷で死没。(市原正恵)〔文献〕清沢洋「魔窟からの解放、井東憲のこと」『大正労働文学研究』1979、市原正恵「廃娼、上海、フェミニズム、井東憲」『近代静岡の先駆者』静岡新聞社1999、井東憲研究会編・刊『井東憲人と作品』2001

伊藤 源次郎 いとう・げんじろう ?-? 1919(大8)年東京本所区(現・墨田区)の凸版印刷会社鋳造科に勤め日本印刷工組合信友会に加盟する。(冨板敦)〔文献〕『信友』1919年10月号

伊藤 孝一 いとう・こういち 1900(明33)10.18-1943(昭18)頃 大阪市曾根崎の寺の離れで和裁の先生をする母の一人子として生まれる。19年頃から大阪の逸見直造宅の借家人同盟の2階に住み雑務を手伝う。色白の小太りで同志から孝ヤンと呼ばれる愛嬌者だったが生来の行動家で演説がうまく、21年2月大杉栄らが登壇した借家人同盟主催の社会労働問題大演説会で弁士をつとめる。各所の争議支援に関わり岡山、広島まで応援弁士として出向く。23年1月石田正治、大串孝之助らと関西自由労働組合を脱退し関西抹殺社を結成する。23年12月大阪での大杉・伊藤野枝追悼会の委員として生島繁、逸見吉三、久保譲、生野益太郎、南芳雄、武田伝次郎、坂谷寛一とともに名を連ねる。24年春頃大川利治らと大阪技工労働者組合(のち関西技工労組、その後製鋲労組と合同して大阪機械技工組合)を組織。同年3月30日ギロチン社事件で潜行中の中浜哲と大阪西江戸堀通りの実業同志会を「リャク」(掠)に訪れたところを逮捕され懲役3年とされ27年11月出獄。28年3月恐喝容疑で逮捕、再び3年の懲役となる。面会に行った宮本三郎によれば「わしは「孝」行を「一」にと名をつけてもろたのに、おかんに何一つ孝行せず、ブタ箱を出たり入ったりばかりや」と母親のことを心配していたという。戦争末期、布施か小坂あたりで疎開児童の世話をしている時に死没したと伝えられる。(冨板敦)〔文献〕『労働運動』3次11号1923.2・4次4号1924.6、『関西自由新聞』2号1927.11、『黒色運動』1号1928.8、『黒色青年』24号1931.2、『資料大正社会運動史・下』、逸見吉三『墓標なきアナキスト像』三一書房1976、『思想輯覧2』、『大阪社会労働運動史』、小松隆二「テロリスト詩人・中浜哲の思想と生涯」『中浜哲詩文集』黒色戦線社1992

伊藤 幸作 いとう・こうさく 1913(大2)-? 秋田県仙北郡田沢村田沢(現・仙北市)生まれ。中学卒業後家業の農業に従事。文学に親しむなか、32年頃から地元の共産党員堀川清弘と親しくなり左翼思想に共鳴。35年1月県下の文学青年や左翼青年と連絡し赤坂基らと同人雑誌『生活』を発行しようと計画する。同年末頃無共党事件で検挙されるが不起訴。(冨板敦)〔文献〕『身上調書』

伊藤 耕人 いとう・こうじん 1905(明38)10-? 本名・正一 名古屋市に生まれる。老舗の春日井商事の番頭見習。27年8月石原政明編集の詩誌『名古屋詩人』に浅野紀美夫、村岡清春らと参加。28年7月『神戸詩人』、29年8月『先駆詩人』、10月『一千年』の同人となる。同年2月浅野、石原、佐藤栄治と共著『怯える者の叫喚』を刊行。4月松山の木原茂らの『先駆詩人』に寄稿。6月詩集『俺』を上梓。30年1月『第一芸術』、2月『黒戦』に寄稿。31年10月アナ派詩誌『十二番街』を創刊、坂本七郎、岩瀬正雄らが参加した。またこの雑誌に浅野が草野心平批判対談を発表して話題を呼ぶ。(黒川洋・冨板敦)〔著作〕詞華集『東海詩集3』東京堂書店1928、合詩集『怯える者の叫喚』一千年社1929、詩集『俺』同1929〔文献〕「詩人録」『日本詩集』巧人社1933、浅野紀美夫「新尾頭町143番地」『風信』1968・70、杉浦盛雄『名古屋地方詩書』同刊行会1968、志賀英夫『戦前の詩誌・半世紀の年譜』詩画工房2002、木下信三『名古屋抵抗詩史ノート』私家版2009

伊藤 巷太郎 いとう・こうたろう ?-? 1919(大8)年横浜の文寿堂に勤め横浜欧文技術工組合に加盟して活動。同組合設立基本金として1円寄付する。(冨板敦)〔文献〕『信友』1919年8・10月号

伊藤 黒衣 いとう・こくえ ⇨小倉敬介おぐら・けいすけ

伊東 三郎 いとう・さぶろう 1902(明35)11.16-1969(昭44)3.7 本名・宮崎巌、旧名・磯崎巌、別名・伊井迂、野口樹々(野口昌夫

との共同の筆名），高木弘（大島義夫との共同の筆名） 岡山市天瀬に生まれる。岡山中学以来エスペラントに関心をもち大阪外国語学校時代にはエスペラント研究会と社会科学研究会を組織。30年日本プロレタリア・エスペラント協会（PEA）の結成に参加し産業労働調査所，国際文化研究所を経て共産党農民部長として活動した。伊東とアナキズムとの接点にはエスペラントの自由と寛容の精神があり，具体的な農民運動組織論についても上からの指導ではなく下から勤労農民の生活要求を汲み上げる構想があった。そこには渋谷定輔の経験がイメージされていたという。また戦中期に『児童問題』で子どもの幸せに心を砕き，詩集『緑葉集』では生きる根元にある生命感覚から考えるスタイルを表現した。（安田常雄）〔文献〕埴谷雄高『農業綱領と『発達史講座』』『鞭と独楽』未来社1957，渋谷定輔・埴谷雄高・守屋典郎編『伊東三郎・高くたかく遠くの方へ』土筆社1974，W. リンス（栗栖継訳）『危険な言語』岩波新書1975，安田常雄『出会いの思想史 渋谷定輔論』勁草書房1981，『エス運動人名事典』

伊藤 三次郎 いとう・さんじろう ?-? 東京朝日新聞社に勤め，東京各新聞社の整版部従業員有志で組織された労働組合革進会に加わり1919（大8）年8月の同盟ストに参加するが敗北。時事新報社に移り新聞工組合正進会に加盟。20年2月正進会の未加入者勧誘委員となる。（冨板敦）〔文献〕『革進会々報』1巻1号1919.8，『正進』1巻1号1920.4

伊藤 繁雄 いとう・しげお ?-? 別名・重雄 1919（大8）年横浜の大川印刷所に勤め横浜欧文技術工組合に加盟して活動。同組合設立基本金として1円寄付する。（冨板敦）〔文献〕『信友』1919年10月号

伊藤 繁雄 いとう・しげお ?-? 別名・伊東菊雄 芝浦製作所に勤め芝浦労働組合に加盟。1923（大12）年5月24日出獄（入獄理由は不明）。6月5日協調会館3号室で「伊藤君出獄のための茶話会」（同労組主催）が開かれ百余名が参加する。（冨板敦）〔文献〕『芝浦労働』1次6号1923.7

伊藤 醇之助 いとう・じゅんのすけ ?-? 『冬の土』を印刷した会進堂の印刷工。『豊橋文学』同人で同誌に作品がある。農青社事件で検束された。（黒川洋）〔文献〕『農青社事件事件資料集Ⅰ・Ⅱ』

伊藤 証信 いとう・しょうしん 1876（明9）9.10-1963（昭38）1.14 幼名・清九郎 三重県員弁郡久米村坂井（現・桑名市）生まれ。家は農家だが，1900年真宗大谷派の僧籍に入り証信と改める。01年真宗大学（現・大谷大学）卒業。清沢満之の仏教改革運動に参加，04年トルストイの『我懺悔』『我宗教』に影響を受ける。同年8月父の看病中に「無我愛」にめざめ，翌年東京巣鴨の大日堂に無我苑を設立（06年まで）『無我之愛』を創刊する。この運動は大きな反響を呼び，感激家の河上肇が一時無我苑に走ったことは有名。韓晛相も証信と居をともにしやがてアナキズムに向かっている。石川三四郎は『新紀元』（2号1905.12）の寸評で苦言を呈したが以来生涯交流が続く。11年3月『無我の愛』に「大逆事件の啓示」を書き入獄。25年愛知県碧海郡明治村西端（現・碧南市坂口）に移住し34年無我苑を再建。戦時中は超国家主義へ傾斜，戦後は世界連邦運動などに取り組む。（北村信隆）〔著作〕「無政府共産主義と無我愛主義」『精神運動』2号1920.2，『無我愛の哲学』栗田書店1933，『真正仏教学』同志同行会1942〔文献〕吉田久一『日本近代仏教史研究』吉川弘文館1959，千葉耕堂『無我愛運動史概観』無我愛運動史料編纂会1970，柏木隆法『伊藤証信とその周辺』不二出版1986

伊藤 信吉 いとう・しんきち ?-? 別名・信三 1919（大8）年東京芝区（現・港区）の近藤商店印刷所欧文科に勤め活版印刷工組合信友会に加盟。のち日本印刷興業株式会社に移る。（冨板敦）〔文献〕『信友』1919年8・10月号，1921年1月号，1922年1月号

伊藤 信吉 いとう・しんきち 1906（明39）11.30-2002（平14）8.3 別名・雄康，大川康之助，崎山茂吉，竹野村夫 群馬県群馬郡元総社村（現・前橋市）の小地主の長男として生まれる。父美太郎は養蚕農家を営む俳人。榛名や赤城の山々を望み近くを利根川の流れる四季折々の生地の自然は，風や雷や桑畑の抒情として詩的情操の形成に大きく影響した。小学校卒業後は独学で文学や社会科学を学びながら群馬県庁に勤め，18歳の時に前橋に住む萩原朔太郎を訪ねて師事する。この頃萩原恭次郎を訪ねた。28年県庁を退職。翌年1月前橋に来住していた草野心平を知り『学校』に参加。4月に上京，

アナ系の詩人たちと往来し高村光太郎を知り，朔太郎の紹介で室生犀星の知遇を得た。広くアナキズム的傾向の詩人を網羅したアンソロジー『学校詩集(1929年版)』を編集し年末に刊行。この生活意識における自由主義的な詩的アナキズムはその後の文学活動を貫いて流れるが，翌年雑誌『ナップ』の編集実務を担当。中野重治をはじめマルクス主義系の詩人を知り31年『ナップ七人詩集』(白揚社)に参加。32年夏治安維持法関連で検挙されたが起訴猶予となりプロレタリア文学運動から離脱して帰郷。その自己表現の断念による挫折感は「文章から『私』という文字が消えた」ほどだった。その後新聞記者をしながら文学評論や詩史研究をし山本健吉らと39年8月『批評』を創刊，『歴程』の同人となり著作生活に入る。戦時下に『萩原朔太郎全集』全12巻(小学館)を編集刊行。敗戦後は国鉄，銀行などの「職域詩運動」に協力。島崎藤村や石川啄木はもちろん近現代の詩人に関する視野の広い偏らない編集，解説，新生面を開いた鑑賞の著述が数多い。58年隔月刊の総合詩文雑誌『季節』を創刊，2ヵ年継続。全国各地をめぐり『ユートピア紀行』(講談社1973)などを出した。70歳頃から40年ぶりに詩作に戻り，76年詩集『上州』(麦書房)を出版。詩作を続けるかたわら秋山清，川浦三四郎と共編で『萩原恭次郎全集』全3巻(静地社1980-82)をまとめ，社会文学史的視点から日本の近代を問いなおす『監獄裏の詩人たち』(新潮社)を96年に刊行。群馬県立土屋文明記念文学館館長として98年から『群馬文学全集』全20巻を監修・編集，没後03年完結。(暮尾淳)〔著作〕『詩集故郷』中外書房1933，『島崎藤村の文学』第一書房1936，『土の唄と民話』四元社1939，『近代文学の精神』有光社1943，『現代詩の鑑賞・上下』新潮社1952，『高村光太郎』新潮社1958，『逆流の中の歌』七曜社1963，『詩のふるさと』新潮社1966，『抒情小曲論』青娥書房1970，『萩原朔太郎Ⅰ・Ⅱ』北洋社1976，『風色の望郷歌』朝日新聞社1984，『伊藤信吉詩集』思潮社1989，『佐藤緑葉の文学』堀書房1999，詩集『老世紀界隈で』集英社2001，『伊藤信吉著作集』全7巻沖積舎2001-03，『室生犀星』集英社2003

伊藤 信次郎 いとう・しんじろう ?-? 1919(大8)年横浜の中央印刷所に勤め横浜欧文技術工組合に加盟して活動。同組合設立基本金として1円寄付。のちジャパン・ガゼット社に移る。(冨板敦)〔文献〕『信友』1919年8・10月号

伊藤 整 いとう・せい 1905(明38)1.16-1969(昭44)11.15 北海道松前郡炭焼沢村(現・松前町)生まれ。本名の読みは「ひとし」。21年小樽高等商業学校に入学。教師に大熊信行が1年上級に小林多喜二がいる。小樽中学で教師を勤めたのち上京し27年東京商科大学に入る。31年中退。マルクス主義文学に対抗し新心理主義を提唱。31年から34年にかけてジョイスの『ユリシーズ』を翻訳。38・39年にはクロポトキン『ロシア文学講話・上下』(改造文庫)を訳出する。この訳書は戦後『ロシア文学の理想と現実』と改題され47年改造選書に収められ，52年瀬沼茂樹との共訳で創元文庫に収められた。64年に編集した『20世紀を動かした人びと6』(講談社)に「クロポトキン」(秋山清稿)を入れている。またロレンスの『チャタレイ夫人の恋人』(1950小山書店)を翻訳し，チャタレイ裁判を闘った。(北村信隆)〔著作〕『伊藤整全集』全24巻新潮社1972〔文献〕瀬沼茂樹『伊藤整』冬樹社1971，武井静夫『若き日の伊藤整』同1974，曽根博義『伝記 伊藤整』六興出版1997，「大槻憲二と伊藤整とアナキズム」『トスキナア』8号皓星社2008

伊藤 清吉 いとう・せいきち ?-? 1919(大8)年東京神田区(現・千代田区)の三秀舎印刷科に勤め日本印刷工組合信友会に加盟する。(冨板敦)〔文献〕『信友』1919年10月号

伊藤 外治 いとう・そとじ ?-? 1919(大8)年東京牛込区(現・新宿区)の福山印刷所和文科に勤め日本印刷工組合信友会に加盟する。(冨板敦)〔文献〕『信友』1919年10月号

伊藤 大輔 いとう・だいすけ 1898(明31)-1975(昭50)愛媛県宇和島生まれ。旧制松山中学を卒業し地方新聞社で記者生活。その後，呉海軍工廠で製図工となり職場で社会主義と文学を志す宮地嘉六を知る。1920年宮地の影響のもと演劇グループ「試演協会」に属す。工廠内での宮地の労働組合組織が挫折し工場ストライキを首謀した疑いにより宮地が逮捕・投獄。関係者として伊藤は退職処分を受ける。師事していた小山内薫の勧めで上京，松竹キネマの俳優学校に入る。以後文学への想いを絶ち切れぬまま数々の映画シナリオを執筆。24年に監督デビュ

一。映画で掘り起こしたかったのは田中正造と幸徳秋水と語っているが、27年傾向映画のはしりである「忠治旅日記」3部作で世評を獲得。「愛妾に，子分に，次々と裏切られながら旅から旅へとさすらう国定忠治を巧みに描出」「監督は忠治の姿を借りて彼の憎む世界と彼の愛する世界とを，鋭く鳴る金属の響きをもって」「感傷，絶望，虚無，反抗など青春のパセテックな感性が生む躍動」等々激賞された。その後も鼠小僧次郎吉など地下潜行者のイメージを造形し独自の世界観を構築。サイレント映画ながらディスカッションが多く常に検閲で横やりを入れられる。戦時下低迷するも戦後47年頃から創作意欲が回復。61年中村錦之助主演「反逆児」で異彩を放つ。（高野慎三）〔文献〕伊藤大輔・加藤泰『時代劇映画の詩と真実』キネマ旬報社1976，『宮地嘉六著作集　第六感』慶友社1985，『伊藤大輔』フィルムアート社1996

伊藤　武次郎　いとう・たけじろう　?-?　東京市四谷区谷町（現・新宿区若葉）に居住し神田神保町の山縣製本印刷整版部に勤める。1935（昭10）年1月13日整版部の工場閉鎖，全部員40名の解雇通告に伴い争議勃発。工場を占拠して闘い同月15日解雇手当4ヵ月，争議費用百円で解決する。山縣製本印刷は当時東京大学文学部の出入り業者であり，東印は34年5月以降，東印山縣分会を組織していた。（俵板敦）〔文献〕『山縣製本印刷株式会社争議解決報告書』東京印刷工組合1935，『自連新聞』97号1935.1，中島健蔵『回想の文学』平凡社1977

伊藤　公敬　いとう・こうけい　1896（明29）5.5-1977（昭52）12.12　別名・浜放浪歌，足利二郎　静岡県富士郡大宮町（現・富士宮市）の農家の二男として生まれる。01年一家で横浜へ移住。04年警醒小学校に入学するが父死没のため10年中退。山下町の商館ボーイとなり横浜美以教会で英語を学び，印刷関係の徒弟を振り出しに福音印刷に就職。11月3日裁断機に挟まれ右手の第1-4指を切断。この時の社長の扱いが不正であったことから社会不信の念を抱くきっかけとなった。同社の支配人小池潔が横浜平民社曙会の会員であったことから社会主義の洗礼を受けた。13年9月『生活と芸術』創刊号に口語定型歌を発表。14年『青テーブル』に作品発表。15年4月『解放』を中村勇次郎，板谷治平らと創刊。この時期に句会などを通して大杉栄，荒畑寒村，荒川義英らを知る。9月『赤壁』(偶像詩社)を創刊。16年初め古本屋開業，村木源次郎が「横浜刑務所にいる同志のために差し入れ用の古雑誌を合本してくれ」とよく現れた(2月16日村木は東京へ転出)。11月鈴木ヨネと結婚するが福音印刷を解雇となる。小池の援助によりうどん行商ののち港湾労働者となる。17年10月中村主宰の『先駆者』(のち『ゴシップ』)創刊に小池らと参加。18年4月『庶民詩歌』創刊号(のち『民衆の芸術』)に寄稿する。10月『民衆の芸術』に載った作品が発禁対象となる。20年5月板谷，馬場孤蝶の助力で労働詩集『どん底で歌ふ』を上梓，再版が発禁となったため，詩集『埠頭労働者（ハトバカラス）』を計画するが未刊となる(この草稿は『文芸アパート』4号1935.6に発表)。23年春港湾労働者を廃業し自由業となる。24年5月『廃墟の上に』(バラック文芸社，1号のみか)を創刊，同年『月刊詩歌』を創刊。26年1月『夜の横浜』を創刊。2月詩誌『虹』(甲斐詩人協会，のち『山脈』)創刊に参加。29年マンノー社(小池らの印刷会社)に就職するかたわら自営印刷所を設立。30年1月社会民衆党に入党。4月『横浜毎夕新聞』の発行人となる。同年『文芸アパート』を創刊。35年5月文芸誌『海市』を扇谷義男，笹沢美明，飯田九一らと創刊。44年戦時統制により印刷業の廃業を余儀なくされ生命保険代理店を没年まで経営。戦後，50年5月25日神奈川七島の相応寺で「伊藤公敬を囲む会」が扇谷の発案でもたれた。伊藤信吉，壺井繁治，遠地輝武，長島三芳，近藤東，松永浩介，山田今次，船方一らが参集した。（黒川洋）〔著作〕『どん底で歌ふ』(根岸正吉と共著)日本評論社出版部1920・復刻横浜版1967・上州版1992，歌集『感傷を描く』私家版1933，『現代国語歌選』紅玉堂1922，『日本現代詩体系8』河出書房新社1951〔文献〕斎藤秀夫「資料編」『どん底で歌ふ』横浜版，『解放のいしずえ　神奈川県』同会刊1983

伊藤　為之助　いとう・ためのすけ　?-?　1926（大15）年頃，秋田県由利郡本荘町（現・由利本荘市）で暮し農民自治会全国連合に参加。同年末には農自秋田県連合の事務所を自宅に置いていた。27年3月第1回農治全国委員会の頃には秋田県代表の全国連合委員を務めていた（他の秋田県代表の全国連合委員は渋

谷定輔『農民哀史』によれば鷹谷信幸，赤坂基，中村次郎，堀井梁歩）。（冨板敦）〔文献〕『農民自治』3・10・臨時号1926.6・27.6・10，『農民自治会内報』2号1927，竹内愛国『農民自治会』『昭和2年版解放運動解放団体現勢年鑑』解放社1927，渋谷寅輔『農民哀史』勁草書房1970

伊藤 常太郎 いとう・つねたろう ?-? 1919（大8）年東京神田区（現・千代田区）の三秀舎印刷科に勤め日本印刷工組合信友会に加盟する。（冨板敦）〔文献〕『信友』1919年10月号

伊藤 鶴松 いとう・つるまつ ?-? 関東金属労働組合のメンバー。1932（昭7）年『労働者新聞』20号に「『工場新聞』にまず引きつけて」を執筆する。当時関東金属では機関紙『金属の旗は進む』が発行されていた。（冨板敦）〔文献〕『労働者新聞』20号1932.6，後藤彰信『日本サンジカリズム運動史』啓衆新社1984

伊藤 貞太郎 いとう・ていたろう 1903（明36)-? 青森県下北郡川内村（現・むつ市）生まれ。高等小学校を卒業し教員資格をもつ。19年頃東京に住んでおり，社会主義思想の文献に触れた。帰郷後『労働運動』などのアナキズム紙誌を購読。19年から22年頃まで電話局に勤める。23年から下北郡尻労尋常小学校をはじめ5カ所の同郡内小学校を代用教員，准訓導として転々とする。35年末頃佐井村の長後分教場に勤務しているところ無共党事件で検挙される（不起訴）。（冨板敦）〔文献〕『身上調書』

伊藤 鉄次郎 いとう・てつじろう ?-? 1919（大8)年東京京橋区（現・中央区）の築地活版所欧文科に勤め活版印刷工組合信友会に加盟する。同所同科の組合幹事を花沢雄一郎，星野慶次郎らと担う。21年末頃は麹町区（現・千代田区）のジャパンタイムス＆メール社欧文科で働いていた。（冨板敦）〔文献〕『信友』1919年8・10月号，1922年1月号

伊藤 敏夫 いとう・としお ?-? 江東自由労働者組合のメンバー。1927（昭2)年南葛飾郡小松川町中平井（現・江戸川区）で宮崎潔とともに『反政党運動』平井局を担う。同年11月10日江東自由芝浦支部提唱の失業抗議闘争に参加し，東京市庁室で市長に面会を求めた際，日比谷署の警官と乱闘になり同志とともに検束（計23人），29日間拘留される。（冨板敦）〔文献〕『反政党運動』2号1927.7，『自連』19号1927.12

伊藤 留吉 いとう・とめきち ?-? 新聞工組合正進会に加盟し1924（大13)年夏，木挽町（現・東京中央区銀座）本部設立のために50銭寄付する。（冨板敦）〔文献〕正進会『同工諸君!!寄附金芳名ビラ』1924.8

伊藤 友治郎 いとう・ともじろう 1872（明5）6.20-? 別名・香夢，古江一二，一次，友治郎，藤治郎，小谷巳之助，山田市太郎，要十 長野県上伊那郡に生まれる。放浪生活を送り前科も多く不遇の青年期であったという。明治法律学校中退。満州や韓国でいくつかの偽名を使って日本政府批判を行い，08年10月から3年間関東都督府管内在留禁止処分，09年2月から3年間韓国在留禁止処分を受ける。09年10月シンガポールに渡り夕刊『星架坡日報』を創刊，社会主義に関する論説を多く掲載した。大逆事件中の10年10月19日号が安寧秩序を乱すという理由から国内発禁となったこともあったが，国外で捲土重来の時機を待つほうがよいという判断から，その後も雑誌『富の南洋』の発行，辛亥革命支援など，日本政府に批判的な活動を国外で続けた。11年2月2日社会主義を信奉する甲号として要視察人名簿に登録された。（西山拓）〔文献〕外務省編『過激派其他危険主義者取締関係雑件』，『主義者人物史料1』

伊藤 長光 いとう・ながみつ 1904（明37)-? 名古屋労働者協会，中部労働組合連合会に加盟。1922（大11)年鉄工場関係労働者の産業別組合の結成に向けて東京の諸団体と連絡を取り合う。23年2月名古屋自由労働者組合の争議に応援として参加，山崎常吉，亀田了介らと革命歌を高唱しながら市役所へ押しかける。同年4月23日善光寺本堂で名古屋鉄工場労働者組合を結成（50-60人），理事長となる。同年6月名古屋共産党事件で検挙されるがまもなく釈放。同年8月頃組合員との対立が表面化し組合活動は停滞やがて消滅する。26年4月長縄文夫と名古屋どん底社を結成し雑誌『どん底』を創刊，中部黒連，黒連に加盟。同年11月25日労農党名古屋支部発会式にあわせて中部黒連主催の無産政党撲滅演説会を熱田高砂座で開き渡辺年之助，小坂千里らと演説する。28年1月10日路線の違いから山田義雄とともに伊串英治，後藤広数を諌めるうちに短刀で後

藤を負傷させたとして殺人未遂で検挙される。この頃名古屋市新尾頭町(金山細民街)に住み山田利一，福岡巧，前田辰之助らの黒潜社に加わる。34年大日本国家社会党に参加し名古屋党務局長となる。(冨板敦)〔文献〕『新愛知』1923.3.18(松浦國弘編著『愛知県・底辺社会史資料集成 部落篇大正期』近現代資料刊行会2008)『どん底』1号1926.4，『黒潜』3号1928.2，『名古屋地方労働運動史』，浅野紀美夫「新尾頭町143番地」『風信』1968・70

伊藤 仁左衛門 いとう・にざえもん ?-?
富山県西礪波郡高波村東森下(現・高岡市)で農業を営む。1923(大12)年頃地主から小作権の返還を迫られるが同村の小作人とともに撤回を勝ち取る。(冨板敦)〔文献〕『小作人』2巻5号1923.6

伊藤 忍之助 いとう・にんのすけ 1901(明34)9.5-? 三重県四日市市高砂町に生まれる。上京し早稲田大学に入学。1921(大10)年豊多摩郡戸塚町(現・新宿区)に住み，暁民会に出入りして大杉栄と手紙のやりとりをしたことから警視庁の思想要注意人とされる。(冨板敦)〔文献〕『警視庁思想要注意人名簿(大正10年度)』

伊藤 野枝 いとう・のえ 1895(明28)1.21-1923(大12)9.16 本名・ノエ，別名・牧野静，安藤花子 福岡県糸島郡今宿村谷(現・福岡市西区今宿)生まれ。父伊藤亀吉，母ムメの第3子，長女。伊藤家は海産物問屋・諸国廻漕問屋万屋を営む旧家。祖父与平の頃から没落し始め亀吉の代になって暮らしは窮乏をきわめた。叔母マツ(亀吉のすぐ下の妹)らの家に養女に出されては実家に戻されるなどを繰り返し，つらい小学校時代を送って「自我の強い子」として成長。09年周船寺高等小学校を卒業，今宿郵便局に勤務。この頃東京の叔父代準介(亀吉の末妹キチの夫)に女学校入学を再三嘆願し，翌10年4月上野高等女学校4年に編入学がかなう。11年4月辻潤が英語教師として上野高女に赴任，初めて会う。12年3月上野高女を卒業，強制された結婚(11年8月末松福太郎と仮祝言，11月末松家に入籍，13年2月協議離婚成立)を嫌って帰郷後9日目にして出奔上京，北豊島郡巣鴨町上駒込(現・豊島区)の辻宅に身を寄せる。このことで辻は失職，以後母妹同居の辻家の苦しい家計を一身に背負う。晩春辻のすすめで平塚らいてうを訪ねる。10月『青鞜』の社員名簿に名が載り11月同誌上に詩「東の渚」を発表。『青鞜』の編集を手伝い始めて以降「新らしき女の道」「動揺」「婦人解放の悲劇」など習俗打破を基調とした評論，小説，翻訳を次々と発表，新しい女として一躍時の人となる。13年夏頃ヒポリット・ハベルによるエマ・ゴールドマンの小伝を読んで，公権力の圧迫に抗し革命運動に殉じようとする不屈の精神とその激しい生き方に感銘を受ける。14年3月ゴールドマンの『婦人解放の悲劇』(東雲堂書店)を翻訳刊行。5月に『近代思想』誌上で大杉栄が激賞。7月渡辺政太郎の紹介で大杉が辻宅を訪れ初めて会う。11月『平民新聞』を官憲の手から隠匿し大杉らの活動を『青鞜』誌上でも擁護，「個人主義を根底としたアナーキズムへ」の志向を強く意識し始める。15年1月平塚から『青鞜』の編集を引き継ぎ，以後「無規則，無方針，無主張，無主義」をうたってすべての婦人に自由に開放することを宣言，その後『青鞜』誌上で貞操・堕胎・廃娼論争を展開する。この頃渡辺政太郎・若林やよ夫妻から栃木県下都賀郡谷中村(現・栃木市)の話を聞き，村民たちが遊水池建設のための土地収用法に抗してその地に残り，家屋強制破壊によって悲惨な状況に追い込まれていることに深く心動かされ，大杉に長文の手紙を書く。16年2月大杉と恋愛関係に入り，『青鞜』は6巻2号で終刊。4月二男流二を連れて辻の家を出，9月大杉と麹町の第一福四万館で暮らし始める。11月大杉が神近市子に刺される(日蔭茶屋事件)。多角恋愛のスキャンダルとして多くの新聞雑誌で非難され二人は孤立する。17年9月長女魔子を出産。同年末亀戸の労働者街に居を構える。18年1月大杉と『文明批評』を創刊(3号1918.4まで)，同誌に大杉と訪れた旧谷中村のことを小説「転機」として結晶させ，公私にわたる大杉の同志として本格的にアナキズムの実践運動に入る。19年10月大杉らと第1次『労働運動』を創刊，婦人欄を担当し婦人労働運動に積極的に関わっていく。21年4月最初の社会主義婦人団体赤瀾会発会，顧問として参加。全面的に支援し赤瀾会主催の講演会などで婦人労働問題を論ずる。12月第3次『労働運動』創刊に加わり「無

政府の事実」を発表。22年12月大杉が国際アナキスト大会出席のため日本を脱出，留守中第1面に論説を発表するなど『労働運動』を牽引した。23年4月大杉との自律的な夫婦のあり方を描いた「私共を結びつけるもの」を発表。7月フランス国外追放となって帰国する大杉を神戸で迎える。関東大震災後の9月16日大杉とともに自宅近くで憲兵大尉甘粕正彦らに拘引され，その夜麹町憲兵隊において虐殺される。28歳。人の好き嫌いが激しく和田久太郎のように反目する同志がいる一方で，気の合う者には「心からの親しみを見せ」，細やかに気遣った。また大杉不在の労働運動社ではその勝気と決断力で同志に頼られてもいた。文筆活動や運動を精力的に展開しながら，辻との間に一（まこと），流二の2男（辻とは15年7月婚姻届を出し，17年9月協議離婚が成立して伊藤家へ復籍），また大杉との間に魔子，エマ（菅沼幸子），エマ，ルイズ，ネストルの4女1男をもうけた。〔磯部朋子〕〔著作〕『伊藤野枝全集』（『大杉栄全集』別冊）大杉栄全集刊行会1925，『伊藤野枝全集・上下』学芸書林1970，『定本・伊藤野枝全集』全4巻・同2000，森まゆみ編『吹きあれよ風よあらしよ 伊藤野枝選集』同2001，『乞食の名誉』（大杉栄と共著）聚英閣1920，『二人の革命家』アルス1922，ファブル『科学の不思議』（大杉栄と共訳）同1923〔文献〕『労働運動』4次2号（大杉栄・伊藤野枝追悼号）1924.3，『祖国と自由』大杉栄追悼号1925.9，岩崎呉夫『炎の女 伊藤野枝伝』七曜社1963，井手文子『自由それは私自身 評伝伊藤野枝』筑摩書房1979，『伊藤野枝著作目録・年譜』『定本・伊藤野枝全集4』，矢野寛治『伊藤野枝と代準介』弦書房2013，堀切利高『野枝さんをさがして』學芸書林2013

伊藤 登 いとう・のぼる ?-? 解雇された伊藤の交渉に，1927(昭2)年11月8日江東自由労働者組合の宇田川一郎，斎藤一平が出かけ本富士署に検束される。11月10日10円の解決金で伊藤の解雇が決定。〔冨板敦〕〔文献〕『自連』8号1927.1

伊藤 初五郎 いとう・はつごろう ?-? 1919(大8)年東京神田区(現・千代田区)の三秀舎文選科に勤め活版印刷工組合信友会に加盟する。〔冨板敦〕〔文献〕『信友』1919年8・10月号

伊藤 彦造 いとう・ひこぞう 1904(明37)2.16-2004(平16)9.9 大分県大分市生まれ。伊藤家は剣豪伊藤弥五郎一刀齋の末裔であり幼い頃から父の手ほどきにより真剣で修行した。大阪府立市岡中学校を喘息で中退。1918(大7)年頃，東京朝日新聞社に給仕兼見習い記者として入社し先輩の挿絵画家右田年英に絵を学ぶ。21年結核で帰阪，京都の日本画家橋本関雪に師事。25年『大阪朝日新聞』で挿絵画を初めて発表。剣士たちの鬼気迫る表情や血みどろの光景を浮世絵調の挿絵が主流だった時代に新しくペン画で細密に描き人気を博す。以後『講談倶楽部』『少年倶楽部』『キング』『サンデー毎日』『日本少年』などでも挿絵を発表。28(昭3)年から32年にかけて，かつて甘粕正彦を擁護したこともある有田ドラッグの新聞広告に「憂国の絵師」と称して「教育美談」と題する国威発揚の文章と絵を寄せた。33年大日本彩管報国党を結成，福岡・大阪で彦蔵の日本画を中心とする愛国画展覧会を開催。38年大阪から東京に転居。39年陸軍省嘱託として中国蘇州に渡る。43年アッツ島守備隊の記録画を制作。戦後は思想犯としてキャンプ座間に収容されるが米陸軍附画家として活動し戦犯の待遇交渉の役を務める。46年D.マッカーサーの依頼でキリスト像を描く。49年挿絵の仕事に戻り少年読者を熱狂させた。〔足立元〕〔文献〕松本品子・三谷薫『伊藤彦造 降臨！神業絵師』河出書房新社2013，伊藤彦造『新装増補版伊藤彦造イラストレーション』スタジオK2006

伊藤 秀之助 いとう・ひでのすけ ?-? 日本印刷工組合信友会に加盟し1921(大10)年末頃，東京京橋区(現・中央区)の中屋印刷所に勤めていた。〔冨板敦〕〔文献〕『信友』1922年1月号

伊藤 房一 いとう・ふさいち ?-? 福岡県小倉市(現・北九州市)に生まれる。文選工として町工場を転々。1929(昭4)年5月結成されたサンジカリズム派の東京印刷工連合会に加わる。路線の違いから西堀進午，古堅弘毅，安藤幸吉，神田栄太郎らが東印連を出ると，その後は山口健助，千葉浩，加藤栄太郎，柴田知之，京井弥一，川井大三，佐々幸三，堀江磯吉，菊地長太郎，山本徳市，宮崎静三，国府田賢治，広瀬長太郎，田村徳次郎，田中久馬，中村茂，小宮山隆雄，笠本信夫，内田静江，加藤とみ子，金森きみ子，国分艶子，芹沢喜倉，古川清幸，松沢一雄，奥村英太郎，寺島伊久雄，

広瀬儀蔵らとともに中心メンバーとなる。のち山口らと東印連を関東出版産業労働組合として改組する。35年無共党事件で検挙されるが病気のため釈放。郷里に帰ったが戦中に病没。〔冨板敦〕〔文献〕山口健助『風雪を越えて』印友会本部1970・『青春無頼』私家版1982

伊藤 政吉 いとう・まさきち ?-? 新聞工組合正進会に加盟し1924(大13)年夏、木挽町(現・東京中央区銀座)本部設立のために2円寄付する。〔冨板敦〕〔文献〕正進会『同工諸君!!寄附金芳名ビラ』1924.8

伊東 政次郎 いとう・まさじろう ?-? 1919(大8)年東京麹町区(現・千代田区)の一色活版所欧文科に勤め活版印刷工組合信友会に加盟する。同所同科の組合幹事を担う。〔冨板敦〕〔文献〕『信友』1919年8・10月号

伊藤 正宣 いとう・まさのぶ ?-? 1926(大15)年宮城県伊具郡大内村(現・丸森町)で暮し農民自治会全国連合に参加。同年末には農自宮城県連合の準備事務所を自宅に置いていた。〔冨板敦〕〔文献〕『農民自治会内報』2号1927

伊東 正躬 いとう・まさみ ?-? 世田谷区経堂で写真屋を経営していた。1933(昭8)年10月アナ派短歌誌第3次『芸術と自由』を引き継いで創刊された尾村幸三郎編集の『主情派』に参加する。同人に穂曾谷秀雄、中島国夫、小城善太郎らがいた。34年『主情派』廃刊後、同人たちと『動脈』を創刊。秋山清、笠原勉、植村諦、高橋光吉らが参加する。〔冨板敦〕〔文献〕木原実「アナキズム短歌の流れ」『本の手帖』1968.8・9、小倉三郎『私の短歌履歴書』ながらみ書房1995

伊藤 まつ いとう・まつ ?-? 1919(大8)年東京麹町区(現・千代田区)の外務省活版部和文科に勤め日本印刷工組合信友会に加盟する。〔冨板敦〕〔文献〕『信友』1919年10月号

伊藤 万吉 いとう・まんきち ?-? 1919(大8)年東京京橋区(現・中央区)の大倉印刷所文選科に勤め活版印刷工組合信友会に加盟する。同所同科の組合幹事を担う。〔冨板敦〕〔文献〕『信友』1919年8・10月号

伊藤 和 いとう・やわら 1904(明37)9-1965(昭40)4.4 別名・井頭堅 千葉県匝瑳郡栄村川辺(現・匝瑳市)に生まれる。生家は農家。23年頃から農民組合運動に参加し近隣町村の小作争議を応援、検挙や留置を経験しながら詩に親しみ『文芸戦線』などに投稿作品を発表した。その成果に27年刊の詩集『黒い魂』(五体社)があるが現物確認はできず、アナキズムへの傾斜を詩集名から推測するにとどまる。確認できる最初の詩集は『泥』(ドロ社1930)でこのガリ版詩集は発禁となった。31年2月発行人だった同人詩誌『馬』も発売禁止となり『馬』事件に拡大。『馬』の発禁は高神村(現・銚子市)に生じた農漁民蜂起事件の公判を機として村政非難、蜂起支持の田村栄の文章を掲載したことからだった。伊藤には発行人の責任と自作「高神村事件のときの詩」についての責任とが課せられ千葉地方裁判所に起訴され不敬罪、治安維持法違反、出版法違反で懲役2年執行猶予4年。その後は萩原恭次郎編集の『クロポトキンを中心にした芸術の研究』、解放文化連盟機関紙『文学通信』に詩を継続発表し、また単身東京に出て自由労働者生活をし関東消費組合連盟の書記もつとめた。35年11月無共党事件による検挙で東京砂町署に6カ月留置、翌36年7月には農青社事件で千葉県八日市場署に検挙、このあと第2次大戦終了まで詩筆を絶った。45年1月には反戦言辞を吐いたとして千葉県旭署に検挙。戦後は徴用解除後も勤続した横浜ヨット製作所銚子工場の労働組合副委員長として活動。また鈴木勝、土屋公平らと千葉詩人会を、八日市場町を拠点とする北総文化会を結成するなど地方文化運動を推進しながら、全国的には『コスモス』『新日本文学』などに多くの詩作品を発表した。戦後に短期間共産党に入党したが目立った活動はなかった。〔寺島珠雄〕〔著作〕『伊藤和詩集』国文社1960〔文献〕秋山清「伊藤和」『近代の漂泊』現代思潮社1970、松永伍一「伊藤和と『馬』事件」『日本農民詩史・中1』法大出版局1968、佐久間耕治『高神村一揆 昭和初期の民衆蜂起(上・下)』崙書房1980

伊藤 ルイ いとう・るい 1922(大11)6.7-1996(平8)6.28 大杉栄・伊藤野枝の四女として神奈川県三浦郡逗子町(現・逗子市)に生まれる。大杉はアナキストのルイズ・ミッシェルにちなみルイズと命名。両親が虐殺された1歳の時、野枝の郷里福岡県糸島郡今宿村(現・福岡市)の祖父母に引き取られ瑠意子と改名されて育つ。17歳で結婚、2男2女の母となるが、アナ連の支柱副島辰巳の雲

月堂に入り37歳で博多人形彩色職人となり自らルイを名のる。42歳で離婚，公民館での政治学級で学習に励む。49歳から最初の本格的活動となる朝鮮人被爆者支援の中心となる。以降，両親の名の重圧に耐えながら次々と反体制市民運動に関わる。特に60歳以降は解き放たれたように全国を駆け回り草の根的ネットワークを紡ぎ続けたが，それは「アナーキストとして虐殺された両親がやろうとしてもできなかったことかもしれない」（鎌田慧）と評価された。晩年に力をつくしたのは東アジア反日武装戦線の死刑囚の外部交流を求めた裁判であった。没後藤原智子監督の記録映画「ルイズ その旅立ち」が製作された。（松下竜一）〔著作〕『海の歌う日』講談社1985，『虹を翔ける』八月書館1991，『必然の出会い』記録社1991，『海を翔ける』八月書館1998〔文献〕松下竜一『ルイズ 父に貰いし名は』講談社1980，『しのぶぐさ 伊藤ルイ追悼集』草の根の会1997

糸賀 茂三郎 いとが・もさぶろう ?-? 1919（大8）年東京神田区（現・千代田区）の三秀舎和文科に勤め活版印刷工組合信友会に加盟する。（冨板敦）〔文献〕『信友』1919年8・10月号

糸川 二一郎 いとかわ・にいちろう 1891（明24）1.3-1963（昭38）2.23 千葉県印旛郡安食町（現・栄町）の農家に生まれる。高等小学校を卒業後，家業を継ぐ。その後上京，東京ガス社外工を経て08年横浜に移り沖仲士となる。19年吉田只次，石井鉄治らと横浜労働組合期成同盟会の結成に参加。沖仲仕争議に関わる。横浜赤旒会にも加わり20年神奈川県下初のメーデーに大本，池田らと黒旗を持って参加。23年関東大震災直後救済義団を組織し，焼け残りの家から食料品を集めたことが強盗罪に問われ入獄する。24年横浜合同労働組合を組織し評議会に加盟，30年横浜市議となる。敗戦後は社会党を経て共産党で活動。（冨板敦）〔文献〕野口義明『無産運動総闘士伝』社会思想研究所1931，『京浜の夜明け 糸川二一郎伝』神奈川県旧友会1963，『解放のいしずえ』新版，堅山利忠編『神奈川県労働運動史』県労働部労政課1966

糸島 孝太郎 いとじま・こうたろう 1898（明31）3.21-? 別名・幸太郎 岡山市生まれ。岡山機械工組合のメンバー。1923（大12）年5月入江秀夫，竹内春三，高木精一，玉田徳三郎らと中国労働連合会（同年末頃中国労働組合連合会と改称）を結成。24年3月中国労働組合連合会記念大会に入江，玉田らと参加。25年12月岡山県無産者団体協議会創立発会式で高木と常任委員になる。26年5月全国自連第1回全国大会に中国自連岡山機械工を代表して高木や塗谷逸次郎（繁谷市太郎）らと参加，代議員として労農党撲滅演説会の全国展開を提案。高木，竹内，重実逸次郎，小野田太郎らと中国自連の一翼を担う。27年6月鞆製鋲釘争議団本部が広島県沼隈郡鞆町（現・福山市）の糸島方に置かれ山口勝清らが応援。28年3月全国自連第2回続行大会に中国自連と加盟組合を代表して報告。大会での退席退場騒ぎでは有安浩雄らと行動をともにし残留。同年8月倉敷市の黒魂社での山陽黒旗連盟創立への協議会に高木と出席。山陽黒旗連盟には中国自連，倉敷黒魂社，福山黎明社，広島自連などが参加。29年岡山市の組合事務所やカフェ・ブラジルで大杉栄追悼集会を開催する。（北村隆ண）〔文献〕山木茂『広島県社会運動史』，坂本忠次『普選運動・無産運動史料』『岡山大学・経済学会雑誌』14巻2号1982.10，『岡山県労働運動史』，『労働運動』4次4号1924.6，『自連』1・3-5・8号1926.6・8・10・27.1，『中国連合』3輯1926.3，『反政党運動』1・3号1927.6・8

井戸田 盛吉 いどた・せいきち ?-? 1919（大8）年東京京橋区（現・中央区）の築地活版所欧文科に勤め活版印刷工組合信友会に加盟。のち横浜のジャパン・ガゼット社に移り，横浜印刷技工組合に加わる。（冨板敦）〔文献〕『信友』1919年8・10月号，1920年1月号

絲屋 寿雄 いとや・としお 1908（明41）10.18-1997（平9）5.21 京都府京都市生まれ。生家は先祖が太閤秀吉から朱印船貿易の鑑札をうけた旧家という。1930年早稲田大学を雄弁会事件等学生運動のため中退。33年に治安維持法違反で検挙され執行猶予となる。その後36年の新日本映画研究所を端緒に映画界に入り38年松竹京都撮影所に入社，映画の原案作成，時代考証などをてがける。かたわら明治維新期，近代史に関心をもち戦後1950年の「幸徳秋水伝」を最初として数多くの大逆事件・自由民権・女性史関係などの著作を発表，60年の大逆事件50周年を機とする再審請求運動の立ち上げに関

与する。同年の著書『大逆事件』(三一新書1960)は事件の最初の概説書として知られた。ほかに大逆事件の犠牲者のうち幸徳秋水・管野須賀子・奥宮健之・大石誠之助らの評伝を次々と刊行、なかでも『管野すが 平民社の婦人革命家像』(岩波新書1970)は管野須賀子に関する初の本格的評伝として話題を呼んだ。いっぽう吉村公三郎・新藤兼人らと設立した独立プロ近代映画協会の社長を務め、「夜明け前」(1953)「裸の島」(1960)などの近現代史にかかる文芸作品、「第五福竜丸」(1959)「松川事件」(1961)などの多くの社会派映画製作をプロジュースしている。独立映画製作運動の開拓者のひとりでもあった。高齢となって引退後は東京都台東区三ノ輪に住んで地元の「下町人間の会」の初代会長を没するまでつとめた。97年死去、享年88歳。(大岩川嫩)〔著作〕『大逆事件』三一新書1960・70改訂版、『幸徳秋水研究』青木書店1967、『管野すが 平民社の婦人革命家像』岩波新書1970、『大石誠之助 大逆事件の犠牲者』濤書房1971、『奥宮健之』紀伊國屋新書1972ほか。〔文献〕川島元次郎『朱印船貿易史』巧人社1921、稲岡進・絲屋寿雄『日本の学生運動』青木書店1961、『大逆事件の真実をあきらかにする会ニュース』第37号1998.1.24

稲生 益太郎 いなお・ますたろう 1884(明17)4.27-? 別名・大浪 熊本県飽託郡日吉村(現・熊本市)に生まれる。報知新聞社に文選工として勤め、北風会に参加する。1919(大8)年新聞従業員組合革進会に入り会計を担当。8月初め東京16新聞社の同盟ストに加わるが敗北。同年12月の正進会の結成に関わる。時事新報社に移り21年頃から会の中心メンバーとして活動。22年9月30日天王寺公会堂で開かれた日本労働組合総連合大会に正進会を代表して出席。23年5月20日自由連合主義をはっきりと示し信友会との機関紙合同を決定した正進会大会で座長を、24年7月12日信友会との合同を決定した正進会臨時大会と、11月2日神田松本亭での東京印刷工組合創立大会で議長をつとめた。(冨板敦)〔文献〕『革進会々報』1巻1号1919.8、『正進』1巻1号1920.4・2巻2号1921.2、『印刷工連合』1・19号1923.6・24.12、正進会『同工諸君!!寄附金芳名ビラ』1924.8、『労働運動』1次1号1919.10・4次6号1924.12、水沼辰夫『明治・大正期自立の労働運動の足跡』JCA出版1979

稲垣 足穂 いながき・たるほ 1900(明33)12.26-1977(昭52)10.25 大阪市東区北久宝寺町(現・中央区)生まれ。在籍した関西学院普通部の2級上に今東光、下級に江森盛弥がいた。佐藤春夫の注目と知遇を得、23年『一千一秒物語』(金星堂)の処女出版後、作品を『女性』『虚無思想』(「月光密輸入」)、『新潮』などに発表。アルコールやたばこ(葉巻)を愛好、中毒に陥ることがあった。居候や転居を繰り返し36年上京。37年頃住んだ牛込区横寺町(現・新宿区)の旺山荘アパートに辻潤が毎晩のように泊まり、近くのヤマニバーや飯塚酒場に通いつめ家賃不払いのため追い出される。戦中・戦後ほとんど夜具なしの日々を送り、ちり紙に醬油をつけて食いつないだり、原稿を枕がわりにするなど無頼生活に徹す。45年梅崎春生と一時同居。50年京都府児童福祉司の篠原志代と結婚、京都に移る。のち宇治「黄檗山万福寺搭頭」や「恵心院」境内の寓居で暮らす。以降小谷剛の主宰する『作家』にこれまでの200余編の主要旧作の改訂・整理稿を続載する。69年「少年愛の美学」で第1回日本文学大賞を受賞。反公式主義、反文学の立場に立ち、天体宇宙を愛好しオブジェとしての文学を指向した。(北村信隆)〔著作〕『タルホ・コスモロジー』文芸春秋1971、『多留保集』全8巻別冊1潮出版社1974、『稲垣足穂大全』全6巻現代思潮社1969、『稲垣足穂全集』全13巻筑摩書房2000-01〔文献〕稲垣代『夫稲垣足穂』芸術生活社1971、白川正芳『稲垣足穂』冬樹社1976、折目博子『虚空稲垣足穂』六興出版1980、中野嘉一『稲垣足穂の世界』宝文館出版1984

稲垣 藤兵衛 いながき・とうべえ 1894(明27)頃-1957(昭32)3.20 千葉県出身。10年台湾に渡る。11年4月蕃地巡査を志願し角板山に赴任するが間もなく辞職。16年台北の下町大稲埕に稲江義塾を設立、貧しい台湾人師弟に実業教育を行う。稲江義塾は「人類の家(Domo de Homarano)」という看板も掲げ、人類は民族の壁を越えて互いに愛さなければならないというキリスト教倫理に基づいて貧民のための社会運動を実践しようとする。稲江義塾はエスペラントも教え連温卿や蘇璧輝らがこれに協力。22年6月娼妓の自由廃業の運動を始める。1年余りの間に「人類の家」に駆け込んだ娼妓は六十

数人にのぼり娼妓たちの自由廃業や待遇改善に一定の成果をあげる。台湾文化協会(1921創立)台北支部(連温卿が中心)の活動に協力し、24年11月4日から4日間にわたり主催した陋風打破大講演会は特に台湾の青年に大きな影響を与えた。25年三菱財閥による土地収奪に抗して竹山、斗六、嘉義の3郡の農民の先頭に立って闘う。27年7月アナキズムの研究と宣伝を行う目的で林斐芳、張維賢らに呼びかけて孤魂連盟を結成。のちに愛愛寮の施乾も加わる。孤魂連盟は日本のアナキズム団体と連絡を取り研究会を続け28年3月『非台湾』を発行、同年7月14日関係者の取り調べと家宅捜索を受け事実上消滅する。稲垣はその後も孤児や家出女性らの相談や保護にあたり30年には140人ほども収容できる稲江義塾に成長する。敗戦後も台湾にとどまり社会事業を続けるが47年国民党政府の帰国命令を受け日本に戻る。その後アナ連に加入。東京で死没。(手塚登士雄)〔文献〕史可乗(連温卿)「人類之家・台湾ESP学会」『台北文物季刊』3巻1期1954.5、連温卿(張炎憲・翁佳音編校)『台湾政治運動史』稲郷出版社1988、台湾総督府警務局編・刊『台湾総督府警察沿革誌3』1939、『井上伊之助先生台湾山地伝道記』井上伊之助先生著書刊行会1960、竹中信子『植民地台湾の日本女性生活史2 大正篇』田畑書店1996、手塚登士雄「稲垣藤兵衛の『非台湾』など」『トスキナア』8号2008.10

稲垣 米吉 いながき・よねきち ?-? 1919(大8)年東京京橋区(現・中央区)の中屋印刷所印刷科に勤め活版印刷工組合信友会に加盟する。(冨板敦)〔文献〕『信友』1919年8・10月号

稲川 次郎 いながわ・じろう ?-? 1919(大8)年東京京橋区(現・中央区)の帝国興信所に勤め活版印刷工組合信友会に加盟する。(冨板敦)〔文献〕『信友』1919年8・10月号

稲毛 文蔵 いなげ・ぶんぞう 1886(明19)9.14-? 静岡県志太郡岡部町内谷に生まれる。尋常小学校卒業後、草履製造に従事。1925年2月岡部町で岡部水平社発会式を兼ねた宣伝演説会を開く。南梅吉、北原泰作、水野竹造、小山紋太郎らが登壇した。事務所を自宅に置き執行委員長をつとめる。5月静岡県島田駅前の加藤弘造宅で開かれた静岡県下の水平社執行委員会会議に岡部水平社を代表して宮崎徳次郎と参加する。岡部水平社は同年6月から毎月1日を水平デーとして宣伝活動を展開、青年連盟も組織した。8月に町長に後援させて水平講演会を開催する(開会の辞は岡部水平社の宮崎伝次郎が述べた)。『自由新聞』岡部支局を担う。(冨板敦)〔文献〕『自由新聞』1・3・4号1925.6・8・9、秋定嘉和・西田秀秋編『水平社運動1920年代』神戸部落史研究会1970

稲葉 喜一郎 いなば・きいちろう ?-? 1919(大8)年東京牛込区(現・新宿区)の秀英舎(市ヶ谷)欧文科に勤め活版印刷工組合信友会に加盟する。(冨板敦)〔文献〕『信友』1919年8・10月号

稲葉 昇太郎 いなば・しょうたろう ?-? 1919(大8)年東京牛込区(現・新宿区)の秀英舎(市ヶ谷)第二和文科に勤め活版印刷工組合信友会に加盟する。(冨板敦)〔文献〕『信友』1919年8月号

稲見 清之助 いなみ・せいのすけ ?-? 報知新聞社に勤め東京の新聞社員で組織された革進会に加わり1919(大8)年8月の同盟ストに参加するが敗北。のち正進会に加盟。20年機関誌『正進』発行のために50銭寄付する。(冨板敦)〔文献〕『革進会々報』1巻1号1919.8、『正進』1巻1号1920.4

稲吉 富士夫 いなよし・ふじお 1902(明35)-? 茨城県筑波郡吉沼村吉沼(現・つくば市)生まれ。地元の高等小学校を卒業後、横浜市で米穀商見習い店員になる。27年帰郷して飲食店を開業のち店をたたむ。28年頃から文学に興味をもちアナ系出版物に親しんだ。31年頃から『自連新聞』の読者となる。33年から兎の仲買商を始めた。35年末頃無共党事件で検挙されるが不起訴。(冨板敦)〔文献〕『身上調書』、『農青社事件資料集Ⅱ・Ⅲ』

犬養 智 いぬかい・さとし 1906(明39)8-? 岡山県都窪郡豊洲村高須賀(現・倉敷市)に生まれる。役場に勤めながら詩と民謡を書く。31年8月『今日の民謡』を創刊。32年鈴木勝の協力を得て『新興歌謡』に改題、新興歌謡作家同盟を結成する。佐藤末治、細川基、古本哲夫、藤原鎮夫、木坂俊平、国井重二、上政治、菊池信、小原義正、杉明一、松根有二、兼田俊夫、山口狂介らが参加した。33年新興歌謡叢書として民謡集『野良の昼飯』を上梓するが発禁となる。同年6月岡山市の青山紅人が刊行したアナキスト詩人のアンソロジー『日本農民詩集』(日本詩選

刊行会)に作品を寄せこの本のガリ切りをする。34年9月『新興歌謡選集(1933年版)』を刊行。解放文化連盟にも参加する。日雇いで雑誌の印刷用紙代を稼ぎガリ版の腕は玄人も及ばぬ力量だった。38年満州に渡り生活品配給会社に勤めた。45年4月現地で召集を受けソ連との戦闘中行方不明となる。(冨板敦)〔著作〕『野良の昼飯』新興歌謡作家同盟1933・復刻版1968〔文献〕松永伍一『日本農民詩史・中2』法大出版局1969, 秋山清『アナキズム文学史』筑摩書房1975, 古茂田信男ほか編『日本流行歌史・戦前編』社会思想社1981

犬飼 重雄 いぬかい・しげお 1906(明39)-? 三重県鈴鹿郡石薬師村石薬師(現・鈴鹿市)生まれ。神戸市兵庫区の明親高等小学校を1年で中退。三菱造船所の見習工として3年勤務。その後電報配達夫となる。のち大阪に出て義兄のもとで商売の手伝いをしている際、徴兵検査で補充兵となり3カ月の教育を受けて退営し、さまざまな労働に従事。34年から神戸市の川勝製缶工場の工員となり井上信一と交遊関係があったことから、35年末頃無共党事件で検挙されるが不起訴。(冨板敦)〔文献〕『身上調書』

犬飼 久吉 いぬかい・ひさきち ?-? 1919(大8)年横浜の福音印刷合資会社に勤め横浜欧文技術工組合に加盟して活動。同組合設立基金として1円寄付する。(冨板敦)〔文献〕『信友』1919年8・10月号

犬田 卯 いぬた・しげる 1891(明24)8.23-1957(昭32)7.21 茨城県河内郡牛久村(現・牛久市)の農家の長男に生まれる。高等小学校卒業後家業に従事。93年から牛久に住んだ小川芋銭に可愛がられる。15年思想上のことで父と衝突、芋銭のとりなしで上京し17年博文館編集部に入社する。翌18年米騒動をみて文学による農民解放を志向、19年頃から小説、評論を発表し始める。19年住井すゑと結婚。22年吉江喬松、中村星湖、椎名其二、石川三四郎らと農民文芸研究会(のち農民文芸会)を結成、幹事となる。27年機関誌『農民』を発行(全9号1927.10-28.6)、かたわら25年末結成された農民自治会にも参加し、機関誌『農民自治』(全18号1926.4-28.8)と合同した第2次『農民』を刊行するがこれは28年8・9月の2号で終わる。のち加藤一夫、鑓田研一、松原一夫らと全国農民芸術連盟を結成、第3次『農民』を発行(全31号1929.3-32.1)。並行して加藤、鑓田、麻生義、山川時郎、栗原荒野(のち『葉隠』研究の第一人者)らと『大地に立つ』を発行(1929.10-32.2)、あわせて『大地パンフ』も刊行した。31年10月全国農民芸術連盟と農民自治会が解体して新たに農民自治文化連盟が組織されたが、農民自治を第一義として反マルクス主義、反近代主義のみならず反アナキズムをも明確にした犬田は除名される。32年2月犬田は岡本利吉、加藤、橘孝三郎らと農本連盟を結成、機関誌『農本社会』(全7号1932.2-9)、改題して農民作家同盟の機関紙となった第5次『農民』(全8号1932.11-33.8)を刊行。戦時下の言論統制などのため35年牛久村に帰農、38年農相有馬頼寧主唱の農民文学懇話会には名を連ねるのみの消極的な関わりしかせず戦時下ではほとんど執筆活動もしていない。戦後は十分な発表の場をもてないまま病気がちとなり、65歳で死没。代表著作といえる『日本農民文学史』(農山漁村文化協会1958)が小田切秀雄の助力で死の翌年刊行された。(川口秀彦)〔著作〕『土に生まれて』平凡社1926, 『農民文芸の研究』(加藤武雄と共著)春陽堂1926, 『農民文芸十六講』同1926, 『農村・地方』同1939, 『農民文学入門』大観堂書店1939〔文献〕住井すゑ『愛といのちと』講談社1957, 横井一彦編「犬田卯年譜」『農民文学』冬号1987

井上 昭 いのうえ・あきら ?-? 機械技工組合のメンバー。1923(大12)年12月16日の大杉栄・伊藤野枝葬儀に田中貞吉とともに機械技工を代表して葬儀準備委員となる。24年9月21日東京芝公園協調会館で開かれた関東労働組合連合会の創立大会で議長をつとめる。同連合会は関東電機鉄工組合(関東大震災で芝浦製作所を馘首された佐藤陽一ら自由連合派のメンバーが芝浦労働組合から分離して創立した組合)、機械技工(24年3月に機械連合の中央集権的方向転換を拒否して脱退した組合)、自動車技工組合、輝醒労働組合、東京製菓工組合の5組合によって結成された。(冨板敦)〔文献〕『労働運動』4次2・6号1924.3・12

井上 逸夫 いのうえ・いつお 1905(明38)-? 広島県豊田郡小谷村(現・東広島市)生まれ。高等小学校卒業後、青物商の手伝いをす

る。24年2月呉海軍工廠会計部に勤務し呉市北迫町に移住。28年1月尾形亀之助らの全詩人連合に加盟する。33年仲間とともに詩誌『詩作品』(日本新人詩人会)を発行。この頃植村諦と交流し解放文化連盟機関紙『文学通信』に投稿する。35年末無共党事件で検挙されるが不起訴。40年1月文芸誌『柚の木』を創刊。広島市東蟹屋町の黎明館(民間福祉施設)に勤務していた柴山群平や吉田木一らが同人として参加している。(黒川洋)〔著作〕詩集『鉄と花弁』東北書院1934〔文献〕『全詩人連合』1号1928.4,『身上調書』,志賀英子『戦前の詩誌・半世紀の年譜』詩画工房2002

井上 英一 いのうえ・えいいち 1912(明45)2.23-? 三重県阿山郡城南村上野(現・伊賀市)生まれ。地元の小学校高等科を卒業後,伊賀傘製造所に傘骨削り職人として勤める。30年松井久吉らと「1升8銭で米を売れ」などのビラをまき検挙される。31年頃全国水平社三重県連合会伊賀支部に加わり常任書記として松井,福徳清吉らと活動する。滋賀の朝野温知らと付き合いがあったことから35年11月無共党事件で検挙されるが不起訴。のち大阪で死没。(冨板敦)〔文献〕『身上調書』,松井久吉『被差別部落に生きる』三一書房1983

井上 栄次郎 いのうえ・えいじろう ?-? 1919(大8)年東京神田区(現・千代田区)の丸利印刷所に勤め日本印刷工組合信友会に加盟する。(冨板敦)〔文献〕『信友』1919年10月号

井上 敬次郎 いのうえ・けいじろう ?-? 1919(大8)年東京京橋区(現・中央区)の築地活版所和文科に勤め活版印刷工組合信友会に加盟する。(冨板敦)〔文献〕『信友』1919年8・10月号

井上 剣花坊 いのうえ・けんかぼう 1870(明3)6.3-1934(昭9)9.11 本名・幸一 別名・秋剣 山口県萩市に生まれる。1884(明17)年独学で小学校の代用教員となる。90年20歳で萩の郊外の木間小学校に就職。92年山口市に移り『鳳陽新報』に入社。97年に上京。1902年新潟県高田市の『越後日報』に聘せられて主筆となるが翌年同社を退社後再び上京。新聞『日本』に入社。主筆古島一雄のすすめで03年7月3日新聞『日本』に剣花坊の名で「新題柳樽」欄を設ける。05年11月3日剣花坊は柳樽寺川柳会を組織して機関誌『川柳』を創刊。その巻頭論文「吾人の抱負」で剣花坊は「川柳」を「笑ふ文学」と定義し,「諷刺」と「写生」を旨とした「滑稽趣味」を注入した「社会風俗詩」を目指す。12(大1)年一時休刊していた『川柳』を『大正川柳』と改題し続刊。14年『大正川柳』(9月号)で剣花坊は「時々刻々と変化し,流転し,突発してゆく実在即ち生命の観察,連続の状態を捉えて之を詩にしたもの」を「新川柳」と定義する。19年8月南北社から『川柳を作る人に』の題で川柳論集を刊行。この論集で剣花坊は「川柳は一呼吸詩論」や「川柳民衆芸術論」を展開。「川柳」を「一呼吸詩」と名づけ,アメリカの民衆詩人ホイットマンの詩集『草の葉』の強い影響を受け川柳を「民衆芸術」にまで高めることを提唱。22年剣花坊は『大正川柳』の同人制を廃し,アナキズムの洗礼を受けた白石維想楼(朝太郎)を編輯担当とする。23年『大正川柳』で活躍した田中五呂八が小樽氷原社を興し新興川柳誌『氷原』を創刊。この川柳誌でアナキスト川柳作家として知られる八橋栄星が活躍する。『氷原』から「新興川柳」の名称が誕生し25年12月には五呂八編で『新興川柳詩集』を刊行。この本に井上剣花坊,白石維想楼,川上日車,島田雅楽王,森田一二などが「序」を執筆し,田中五呂八,井上信子,三笠しづ子,鶴彬(喜多一児),木村半文銭,渡辺尺蠖などが参加。剣花坊の『大正川柳』ではマルキシズムの川柳論を展開した森田一二や鶴彬,大杉栄と親交しアナキズムを信奉し「新川柳民衆芸術論」を発表した白石維想楼,新興川柳運動を展開した田中五呂八,『川柳と自由』を創刊し自由律川柳論を展開した中島国夫,女性川柳作家の草分けの存在の井上信子,新興川柳の代表的な女性川柳作家三笠しづ子,のちに小説家となる吉川英治(雉子郎)などが活躍した。剣花坊は昭和と改元された時『大正川柳』を『川柳人』と改題し「民衆芸術」としての川柳の意義を訴えた。28(昭3)年8月の『川柳人』(190号)に発表された「川柳現実論」では川柳人は国家の一員として「民衆詩」を作るべきだと主張。29年の『川柳人』(195号-199号)には「川柳王道論」を発表。34年の『川柳人』(255号-257号)にそれを発展させた「時代にふさわしい川柳」の創造を目指し,「冷刺的洞察の裸体

詩」と「熱愛的共感の社会詩」の両者が表裏一体となって「民衆詩」としての「川柳」が創造されるべきだとの総合川柳観を示した。この総合川柳観を発表した34年脳溢血により死去。享年64歳。「後五百年凡駒生まれて又千里」は剣花坊の辞世の句。35年8月井上信子編『井上剣花坊句集』(叢文閣)刊行。鎌倉・建長寺には剣花坊の「咳一ツきこえぬ中を天皇旗」の句碑がある。(平辰彦)〔文献〕渡辺尺蠖『井上剣花坊伝』柳樽寺川柳会1972、井上信子編『井上剣花坊句集』叢文閣1935、坂本幸四郎『井上剣花坊・鶴彬―川柳革新の旗手たち』リブロポート1990、平宗星「井上剣花坊とホイットマンの比較研究 民衆詩としての川柳形成をめぐって」新葉文館「川柳学」第2号2005・12

井上 源三 いのうえ・げんぞう ?-? 時事新報社に勤め東京の新聞社員で組織された革進会に加わり1919(大8)年8月の同盟ストに参加するが敗北。のち正進会に加盟。20年機関誌『正進』発行のために1円寄付する。(冨板敦)〔文献〕『革進会々報』1巻1号1919.8、『正進』1巻1号1920.4

井上 江花 いのうえ・こうか 1871.5.9(明4)3.20-1927(昭2)3.11 本名・忠雄 金沢市本町の旧武家屋敷に生まれる。『高岡新報』主筆。18年の米騒動に際し、8月4日富山市西水橋の主婦決起を「女軍米屋に薄(せま)る」と報道。他県へも高岡発として米騒動を発信。全国的な米騒動報道の発端となる。滑川への米騒動の波及を報じた8月7日付号は発禁となったが、屈することなく「何ぞ無情なる当局の窮民観」と反論。北海道で開かれた全国記者大会は米価対策を政府に要求することを決定。これを8月20日付同紙に「越中窮民の成さしめたる記者大会の決議」と論評した。没落士族として不遇な少年時代を送った井上の反骨精神は権力に対する徹底抗戦の姿勢となり、その後の警察の名指しの攻撃にもひるむことはなかった。(西村修)〔著作〕『井上江花著作集』新興出版社1985〔文献〕河田稔『ある新聞人の生涯』同1985、井上清・渡部徹『米騒動の研究1』有斐閣1959

井上 黒蘭 いのうえ・こくらん ?-? 横浜で活動し、1925(大14)年パンフレット『黒蘭』を発行。大阪の逸見吉三宅にしばしば立ち寄る。「身だしなみは良くていつもきちんとした背広を着ていた/土産だと云って一個十五銭もする戎橋筋千寿堂のシュークリームを十個も提げて来るのです。母や兄弟三人に女工さんも交えて、それを招ばれました/ああ、懐かしき『黒蘭』のシュークリームよ」と宮本三郎は思い出を記す。(冨板敦)〔文献〕宮本三郎『水崎町の宿・PartⅡ』私家版1981

井上 貞吉 いのうえ・さだきち ?-? 横浜自由労働者組合のメンバー。1926(大15)年3月関東自連結成に参加、その後連合宣言を携えて関西方面に出かける。6月関東自由の横浜自由連絡員に選出される。同月27日浜松の日本楽器争議視察と自由労働者啓蒙運動のために静岡方面に出かけ獄中の植田増吉、関谷栄、林隆人に面会する。7月12日東京府下高円寺の高松座での解放戦線社、朔風会、激風社、黒闘社主催の社会問題演説会で検束される。『自由連合』4・5号に「井上また病を得て伏す」と消息が記されている。(冨板敦)〔文献〕『自連』1-5号1926.6-10、『黒色青年』5号1926.9

井上 淳一 いのうえ・じゅんいち ?-? 1938(昭13)年6月3日宇和島市元結掛で『田舎新聞』を発行する。(冨板敦)〔文献〕『社会運動の状況10』

井上 正次 いのうえ・しょうじ ?-? 中央新聞社に勤め東京の新聞社員で組織された革進会に加わり1919(大8)年8月の同盟ストに参加するが敗北。のち正進会に加盟。24年夏、木挽町(現・中央区銀座)正進会本部設立のために1円寄付する。(冨板敦)〔文献〕『革進会々報』1巻1号1919.8、正進会『同工諸君!! 寄附金芳名ビラ』1924.8

井上 信一 いのうえ・しんいち 1904(明37)-? 神戸市兵庫区佐野通生まれ。誠の兄。高等小学校卒業後、市内の三菱電気製作所の見習工となる。21年11月上京、事務員をしながら神田普及英語学校、続いて正則高等予備校を卒業し24年10月帰郷。仏師の父が死没し一家離散のため25年3月大阪市浪速区の瑞竜寺で出家得度。27年4月京都府船井郡の竜沢寺に転山。同寺にあった大杉栄の『正義を求める心』などを読みアナキズムに触れる。僧坊生活の偽善性と退廃に愛想がつき28年10月退山、還俗して神戸に戻る。以後看板画工として生活する。従兄小林一信の紹介で佐竹良雄、笠原勉を訪ね29年4月近代思想研究会に入会。同人の

三木滋二，長沢清らと知り合う。また戦線同人社，神戸自由労働者組合（のちの神戸労働者自由連盟）にも加わった。同年三菱電機争議で解雇された小林の退職手当要求闘争で小林，笠原，芝原淳三，山口安二，多田英次郎らと検挙される（不起訴）。33年8月『生活と思想』発行。34年布引詩歌倶楽部に参加。この頃芝原を通じて二見敏雄に会う。35年10月上旬二見に誘われ無共党に入党。党では資金局員として二見，小林とともに神戸の中国人富豪宅，駒ケ林郵便局襲撃計画を立てるが失敗。同月18日神戸の摩耶山中で二見とともに機密漏洩の容疑で芝原を射殺。その後上京し二見，小林，三井剛，相沢尚夫と杉並区の馬橋郵便局襲撃計画を立てるが失敗する。同年11月頃検挙，治安維持法違反，殺人，強盗予備で起訴され39年5月第1審懲役12年，未決通算800日の判決を受け控訴せず刑が確定する。（冨板敦）〔文献〕『身上調書』，『無共党事件判決』，相沢尚夫『日本無政府共産党』海燕書房1974，向井孝「井上信一の場合」『編集委ニュース』12号2000

井上 新吉 いのうえ・しんきち ?-? 別名・潔 埼玉県北足立郡浦和町（現・さいたま市）に生まれる。1925（大正14）年松永鹿一，古川時雄，栗原一男，小泉哲郎らと自我人社を結成する。黒連に参加。26年2月21日大宮氷川公園遊園地ホテルで開かれた無差別社主催の社会問題演説会で望月辰太郎を知る。井上は当時大宮駅改札係（のち待遇改善争議で解雇）で同志から「鉄道アナ」と呼ばれていた。4月8日京成電車争議の支援に50人の同志とともに駆けつけ，300人の警官に囲まれ大乱闘になり松永，古川らと検束され拘留25日。27年1月21日自我人社で発行予定の金子文子の『獄窓に想ふ』（編集発行人兼印刷人・井上）が印刷中差し押さえられ発禁となる（復刻版・黒色戦線社1987）。10月31日仙台市公会堂での東北黒連設立の大演説会に自我人社の小泉らと応援に駆けつける。28年2月の東京印刷工組合第5回大会に黒連を代表して演説。29年頃は古川，木下茂とともに小作人社の同人だった。30年6月農村運動連盟の機関紙『小作人』を引き継ぎ同志とともに農民自由連合を結成し『農民自由連合』を創刊，編集発行人兼印刷人となる（8月刊行の2号は『自連新聞』50号の付録として発行，代表は梅本英三に代わる）。（冨板敦）〔文献〕『自我人』1・3号1925.8・10，『黒色青年』2号1926.5・9・27.11・29.12，『関西自由新聞』2号1927.11，『自連』22号1928.3，『小作人』復刻版・黒色戦線社1989，『望月辰太郎追憶集』望月兄弟会1972

井上 甚吾 いのうえ・じんご ⇨安芸盛あき・さかん

井上 清吉 いのうえ・せいきち ?-? 1919（大8）年東京本所区（現・墨田区）の凸版印刷会社和文科に勤め日本印刷工組合信友会に加盟する。（冨板敦）〔文献〕『信友』1919年10月号

井上 仙太郎 いのうえ・せんたろう ?-? 1919（大8）年東京京橋区（現・中央区）の築地活版所印刷科に勤め日本印刷工組合信友会に加盟する。（冨板敦）〔文献〕『信友』1919年10月号

井上 武次郎 いのうえ・たけじろう ?-? 1919（大8）年東京京橋区（現・中央区）の共栄舎和文科に勤め活版印刷工組合信友会に加盟する。（冨板敦）〔文献〕『信友』1919年8月号

井上 竜郎 いのうえ・たつろう ?-? 別名・竜雄 1919（大8）年東京京橋区（現・中央区）の築地活版所欧文科に勤め活版印刷工組合信友会に加盟する。20年7月17日紡織労働組合罷工演説会に信友会を代表して畠山天涯らと出席。のちジャパンタイムス＆メール社に移る。（冨板敦）〔文献〕『信友』1919年8・10号，1920年8・10月号，1921年1月号

井上 千代子 いのうえ・ちよこ ?-? 印刷工として日本印刷工組合信友会に加盟。1920（大9）年末には東京芝区（現・港区）の日本印刷興業株式会社に勤めていた。（冨板敦）〔文献〕『信友』1921年1月号

井上 寿一 いのうえ・としかず 1907（明40）-? 長野県上伊那郡富県村北麻（現・伊那市）に生まれる。農業に従事。同村在住の伊沢八十吉の農青社運動に協働し，1935（昭10）年12月13日に検挙。同月20日に釈放される（不起訴）。（冨板敦）〔文献〕『無政府共産党（革命結社「農村青年社」）検挙状況ノ件（昭和11年5月19日）』，青木恵一郎『改訂増補 長野県社会運動史』巌南堂書店1964，『農村青年社事件資料集Ⅰ・Ⅲ』

井上 豊蔵 いのうえ・とよぞう ?-? 毎夕新聞社に勤め東京の新聞社員で組織された革進会に加わり1919（大8）年8月の同盟ストに参加するが敗北。のち正進会に加盟。24

年夏, 木挽町(現・中央区銀座)正進会本部設立のために1円寄付する。(冨板敦)〔文献〕『革進会々報』1巻1号1919.8, 正進会『同工諸君‼ 寄附金芳名ビラ』1924.8

井上 奈良蔵 いのうえ・ならぞう ?-?　愛知県愛知郡千種町(現・名古屋市千種区)で金網製造業に従事する。1913(大2)年10, 11月『近代思想』の読者として大杉栄, 荒畑寒村と書簡のやりとりをする。15年2月5, 6日大杉の依頼を受けた荒川義英の訪問を受け意見交換。同年3月工場閉鎖のため失業。同志を頼って上京しようとするが警察の妨害にあい果たせず。大阪から名古屋に転住した横田涼次郎とも付き合う。のち金網製造機械を発明して成功したという。(冨板敦)〔文献〕『主義者人物史料1』,『社会主義沿革1』

井上 信子 いのうえ・のぶこ　1869(明2)10.4-1958(昭33)4.16　川柳作家。山口県萩土原(ひじわら)村(現・萩市土原)生まれ。戸籍名・ノフ。1877年(明10)に土原小学校に入学し, 83年2月土原養生小学校中等科を14歳で卒業。20歳で結婚するがのち離婚。94年10月から翌年1月まで日本赤十字社山口支部看護婦養成所にて看護法を修業。95年26歳で日清戦争従軍看護婦として東京陸軍予備病院第三分院へ派遣。99年井上剣花坊と再婚, 信子30歳。05年7月剣花坊, 柳樽寺川柳会を組織し機関誌『川柳』(北上屋書店)を創刊。12(大1)年8月剣花坊は『川柳』を改題し『大正川柳』を発行。13年信子の「夕がらす帰つたあとに子守唄」が『大正川柳』に掲載。16年頃から信子は川柳を本格的に作り出し20年に柳樽寺川柳会の同人。24年8月信子, 柳樽寺系の革新川柳研究合評グループ沈鐘会に参加。26年1月白石維想楼(朝太郎)編により現代川柳作家叢書第1編として第1句集『井上信子集』(柳樽寺川柳会出版部)刊行。これは川柳史上初の女性川柳作家による個人句集。27年(昭2)剣花坊は『大正川柳』を改題し『川柳人』発行。29年6月信子は『川柳人』(200号)に女性川柳作家の進出を概観するエッセイ「川柳と女性に就いて」を発表し同年12月女性川柳作家の育成を目的に「川柳女性の会」を結成。この会には大石鶴子, 三笠しづ子, 近藤十四子, 島田欣子, 戸川幽子らが参加。30年『女人芸術』7月号から川柳を寄せのち選者として「新興川柳」欄を創設。島田・大石・近藤らを活躍させた。35年8月『川柳人』が休刊となり信子は『川柳人』の復活のための暫定的機関誌として個人誌『蒼空』を創刊し37年1月まで発行。この頃鶴彬が中心となり編集を担当。同年3月信子が編集・発行人となり『川柳人』を復刊。同年11月『川柳人』が発禁処分となり12月『川柳人』廃刊。45年大空襲のあと盛岡へ疎開。48年8月『川柳人』(283号)を復刊。信子, 79歳で主宰者となる。58年4月脳溢血のため死去。享年88歳。鎌倉・建長寺の剣花坊の墓に葬る。辞世の句は「草むしり無念無想の地を広め」。代表句に「国境を知らぬ草の実こぼれ合ひ」「どのように座りかへてもわが姿」などがある。(平辰彦)〔文献〕谷口絹枝『蒼空の人　井上信子　近代女性川柳作家の誕生』葉文館出版1998, 平宗星『撩乱女性川柳』緑書房1997, 尾藤三柳監修・尾藤一泉・堺利彦編『川柳総合大事典』第1巻雄山閣2007

井上 白文地 いのうえ・はくぶんじ　1904(明37)2.24-1946(昭21)?　本名・岸本久七。後に井上隆證(りゅうしょう)。福井県敦賀市大島町に生まれる。3歳の時, 福井県足羽郡報恩寺(法華宗)住職の養子となり隆證と改名する。中学卒業後京都の法華宗学林に学び1922(大11)年旧制京都三高に進学。この頃級友に誘われ作句を始め, 三高俳誌『京鹿子』で同人となった。25年京都帝国大学文学部哲学科に入学と同時に一旦は消滅した三高俳句会を復活させる。28年同大卒業後鳥取連隊に入隊したが1カ月ほどで病を得て除隊となった。33(昭8)年1月の『京大俳句』創刊に中村三山, 平畑静塔らと参加。創刊号の巻頭に掲げた「宣言」は白文地が格調高く記した。37年の日中戦争とともに新興俳人たちが, 現地からのニュース映画や新聞から作句する「戦火想望俳句」の流れのなかで〈山陰線英霊一基づつの訣れ〉〈征く人の母は埋れぬ日の丸に〉など自らの体験に基づき, 戦争に呑みこまれてゆく個人や日常生活を凝視した句を詠んだ。40年2月14日に京大俳句事件第一次検挙者8人のうちの1人となったが起訴猶予, 2年間の保護観察付となり俳句は禁止された。無季俳句の論陣を張り反戦的な作品を発表しながらも起訴されなかったのは, 彼が具体的に俳句リアリズム論を書かなかったためと言

われている。42年12月結婚。44年朝鮮での教育召集による軍務を終えその後無線電話講習所教官となるが，戦争末期の45年3月懲罰的とも思われる高齢召集を受けて朝鮮に送られた。同年8月日本敗戦後ソ連軍の捕虜となり延吉収容所に抑留されて山地での木材伐採作業を課せられる。翌46年5月収容所全員がいくつもの部隊に分散させられ移動，白文地の消息はそこで途絶えた。80年家族が厚生省に死亡申告を提出。翌81年『井上白文地遺集』が出版された。『京大俳句』では実作のみならず俳句理論の論客としても実績を残している。(宮澤公明)〔著作〕『井上白文地遺集』永田書房1981〔文献〕田島和生『新興俳人の群像』思文閣出版2005，倉阪鬼一郎『怖い俳句』幻冬舎新書2012

井上 春雄 いのうえ・はるお ?-? 大阪市東成区大今里町に住み，1929(昭4)年2月大串孝之助と山岡喜一郎が出していた『民衆の中へ』(民衆社)の城東事務所を担う。(冨板敦)〔文献〕『反政党運動』2号1927.7，『関西自由新聞』3号1927.12，『民衆の中へ』2号1929.2

井上 誠 いのうえ・まこと 1912(大1)-? 別名・堀口 神戸市兵庫区佐野通生まれ。高等小学校を卒業後，神戸市内の商店員や新劇俳優の弟子となる。29年4月から新聞拡張員として九州を転々とした。30年神戸に帰り葺合区熊内橋通(現・中央区)の『大阪毎日新聞』販売店の配達人となり，のち同区二宮町で新聞取次店を営む。実兄信一，従兄小林一信を通して神戸の笠原勉，芝原淳三，多田英次郎を知る。34年兄のすすめで布引詩歌社の同人となり会合に出席。35年末頃無共党事件で検挙されるが不起訴。(冨板敦)〔文献〕『身上調書』

井上 正夫 いのうえ・まさお ?-? 1922(大11)年6月15日，函館新聞印刷工親交会を組織。のち函館印刷工組合親工会に組織を再編。27年6月同労組の組合長を務めていた。この時組合員数は22名。(冨板敦)〔文献〕堅田精司編『北海道社会運動家名簿仮目録』私家版1973，堅田精司『北海道社会文庫通信』92・747・1287号1996.3.6・1999.6.16・2000.12.7

井上 松男 いのうえ・まつお ?-? 本名・長谷川嗣 札幌二中を中退しアナキストとして活動。札幌で車夫をしていた。1925(大14)年5月に創刊された『無産人』に詩「俥夫の言葉」を寄せる。堅田精司によれば「井上松男」は長谷川嗣ではなく『無産人』編集発行人の棚田義明の可能性がある。また長谷川の詩に棚田が手を加えて井上松男のペンネームで発表したという説もあるという。(冨板敦)〔文献〕『無産人』1号1925.5，堅田精司編『北海道社会運動家名簿仮目録』私家版1973，堅田精司『北海道社会文庫通信』1287・1641・1705・1900号2000.12.7・2001.11.26・2002.1.29・8.12

井上 美奈子 いのうえ・みなこ 1924(大13)-2007(平19)3.2 別名・茅辺かのう 京都府与謝郡宮津町(現・宮津市)に生まれる。父は孤高の日本画家。29年頃京都市内に移る。京都府立第一高女，東京女子大学を卒業。47年，京都大学文学部哲学科に女性第一期生として入学し美学を専攻した。49年おなじ哲学科で退学・上京した山口健二を追って退学，上京，同棲し，同年5月，山口とともに日本アナキスト連盟に加盟，川合仁の学芸通信社に勤める。62年思うところありこれまでのすべてを捨てて単身北海道へ赴く。のちにその心境を以下のように淡々と語っている。「今の生活を変え，生産の現場で働いてみようと決心した。北海道で働こうと思ったのは，その自然を知りたかった。実際にその土地の生産的な仕事に就き，自分の生活をもったうえで，季節を感じたいと思った」(『アイヌの世界に生きる』)。網走の水産加工工場，帯広の農村，阿寒湖畔のアイヌの観光土産物屋など10年余最底辺の仕事に就くかたわら，その間の生活手記を『思想の科学』(1968.12-1969.11)に4回ほど寄せ『階級を選びなおす』(文藝春秋1970)と題して公刊，「日本のシモーヌ・ヴェーユ」と評判になる。また「ある差別 虚構のコタンから」を『展望』(1972.7)に書き，足寄在住のアイヌ女性からの聞き取りをまとめた『アイヌの世界に生きる』(筑摩書房1981)を刊行。73年，京都の実家に戻り鶴見俊輔や那須耕介らとも交流する。(大澤正道)〔文献〕鶴見俊輔・那須耕介『ある女性の生き方 茅辺かのうをめぐって』SURE編集工房2007

井上 村蔵 いのうえ・むらぞう 1906(明39)?-1981(昭56)7.23 山林労務者の父の本籍地，神奈川県高座郡麻溝村下溝(現・相模原市)に長男として生まれる。1911(明44)年父の寄留先，山梨県北都留郡大鶴村の大鶴

小学校に入学す。17(大6)年一家をあげて横浜市南吉田町に居住、父は材木店に勤務。市立第二日枝小学校に転校。20年同校卒と同時に市内の印刷所へ植字見習工として勤務。このころ文学に興味を持ち短歌をつくりはじめる。母が内職としていた手帳製本を父とともに家業に発展させる。23年関東大震災で職場も家も焼けたが家族は無事で父の本籍地に避難する。同年10月父とともに横浜に戻り復興事業などに従事。24年元の職場に復帰、一家も横浜へ帰り新川町に居住し製本業を再開。同年の大杉栄、伊藤野枝虐殺事件に関心を深めアナキズムへ傾斜していった。26-28年甲府歩兵49連隊へ現役召集。本部勤務で主に謄写印刷を担当し作歌の勉強はつづけた。31(昭6)年若山牧水主宰の『創作』に参加。同年2月農青社運動拡大のために訪問した鈴木靖之、小野長五郎らと神奈川グループ(草薙市治、鈴木清士ら)との協議を経て農青社に参加。同地区の全村運動、自主分散運動に取り組む。32年井上印刷所創業のため宮本町へ転居。32年8月須藤訷主宰の『自由の叫び』(自由連合横浜支局)創刊号に詩「無題」を発表。33年短歌誌『碧空』を江島文夫、井上由雄(実弟・月刊自動車労連編集長/詩人)らと創刊。36年5月農青社事件の全国一斉検挙で取調を受けるが起訴猶予、諭告釈放となる。37年結婚、甲府連隊召集直ちに中支作戦に参加。39年左肩に貫通銃創を負い野戦病院に入院。40年敗戦後帰郷。井上印刷所は神奈川新聞社の疎開工場として転用されていたため直ちに操業を開始。46年善友印刷(有)会社を設立し社長となる。76年発病まで地域社会への運動に積極的に関わる。(奥沢邦成・黒川洋)〔著作〕献呈版『井上村蔵遺歌集』井上洋一発行　1984.5〔文献〕『農青社件資料集Ⅰ・Ⅱ』

井上 弥寿三郎　いのうえ・やすさぶろう　?-?　松山市に生まれる。1929(昭4)年8月愛媛県温泉郡に新創人社を宮本武吉、木原良一、木原茂らと創設し31年11月『地底人』を宮本、起村鶴充らと発行。32年11月詞華集『南海黒色詩集』(新創人社)を起村、白井冬雄、日野忠夫、木原実らと出版。同年『冬の土』、33年『豊橋文学』に作品を寄稿。(黒川洋)〔文献〕『ディナミック』40号1933.2、秋山清「南海黒色詩集と愛媛の詩人たち」『自由連合』92号

1963.10、木原実『冬晴れの下で』オリジン出版センター1975

井上 康文　いのうえ・やすぶみ　1897(明30)6.20-1973(昭48)4.18　本名・康治。詩人小田原市生まれ。東京薬学校卒業。百田宗治編集発行の詩誌『表現』(1915年創刊)や白鳥省吾編集発行の『詩と評論』(1917年創刊)に詩を発表する。同郷の福田正夫が1918(大7)年1月に創刊した『民衆』では編集にも従事し、民衆詩派の一人して平易でヒューマンな詩を書き、詩話会にも参加した。小川未明の紹介で日本社会主義同盟に加盟。1921年雑誌『種蒔く人』11月号に詩「血の日曜日」を発表するが全文削除される。詩集に『愛する者へ』(新橋書店1920)、『愛の翼』(詩人会1921)、評論集に『現代の詩史と詩講話』(交蘭社1926)などがある。(大和田茂)〔文献〕『民衆』復刻版教育出版センター1983『詩人・井上康文』井上康文の詩碑を建設する会1980

井上 頼雄　いのうえ・よりお　?-?　1919(大8)年東京牛込区(現・新宿区)の秀英舎(市ヶ谷)欧文科に勤め活版印刷工組合信友会に加盟する。(冨板敦)〔文献〕『信友』1919年8・10月号

井上 麟二　いのうえ・りんじ　1896(明29)-1980(昭55)　井上剣花坊の長男。1930(昭5)年発行の『川柳人』(第208号)には麟二の「純正詩的川柳講座(2)」が掲載されている。34年12月に詩の同人誌『鵲(かささぎ)』が満州国の大連市で創刊され参加。創刊号には父・剣花坊を悼む「父を葬ふ」という詩を発表。この同人誌は41年1月までに全38冊を刊行。40年1月に発行された第31号は発行人が麟二。発行所も井上方(大連市久方町10)となっている。35年12月に井上信子編輯・発行の『蒼空』(第1号)に麟二は「江雨堂雑録　一つの目安」と題するエッセイを発表。このエッセイで麟二は詩人ホイットマンの詩集『草の葉』を例にあげながら「詩の一表現形態」としての「川柳」を目指し、あえて「川柳」と称えなくともよいと述べている。そしてそれが「私の詩に対する根本精神」であり「前進するための大きな目安」と記す。36年4月の『蒼空』(第5号)の巻頭にはアナキストの新居格の「市井人と川柳」と題する評論が置かれている。この評論で新居は「川柳」を「市井人の文学」であり、「民衆芸術

であり，それが「川柳」の特質であると述べている。この号で「柳俳無差別論者」であった麟二は「火箭集三月号評」を書き，これからの「新しい川柳」は「詩川柳」になるという予感を抱いている。代表的な詩川柳に「永遠へ帰る一筋白い息」がある。(平辰彦)〔文献〕井上剣花坊主宰『川柳人』(第208号)柳樽寺川柳会1930.2

井之川 巨 いのかわ・きょ 1933(昭8)9.12-2005(平17)3.21 筆名・志賀智之 東京品川区戸越で5人兄弟の次男として生れる。40年荏原区立大原尋常小学校入学。44年父の生家に弟・平等と縁故疎開。田沢国民学校転校。父母の家は東京大空襲で全焼。45年11月東京へ戻り戸越小学校へ転校。46年品川区立正中学入学。49年同区内で工場労働者となり都立小山台高校夜間部入学。文芸部で星野秀樹(江島寛)を知り詩作をはじめる。51年詩集『黄色いこおろぎ』で壺井繁治から励ましの手紙を貰う。百姓を志願し父の生地・新潟へ出向くが盲腸炎で入院。帰省後詩誌『時間』(北川冬彦主宰)に参加。この頃日本共産党に入党。52年江島より下丸子文化集団(53年南部文化集団と改組，56年終)の誘いを受け髙橋元彦，丸山輝夫，高島青鐘，浅田左次らを知る。港区三田の図書印刷に臨時工として勤務し抵抗グループを組織『微塵子』他を創刊，馘首される。民族解放東京南部文学戦線機関誌『石ツブテ』(この雑誌は作品と記事は全て無署名=非合法)に参加。53年詩誌『列島』『人民文学』などに作品発表。54年うたごえ運動の構成・作詞(志賀名)。55年伊豆大島の山村工作隊支援のため木下航二らと民謡採取に出かける。日共六全協で自己批判。57年日共離党以後政党には所属せず。新聞記者，雑誌編集など転々とし労働運動をする。63年久保田宣伝研究所主催の宣伝会議賞に入賞，福井デザイン事務所他へコピーライターとして勤務。69年広告製作会社設立。75年新日本文学会会員となる。76年詩誌『原詩人』創刊(植松安太郎と二人詩社，90年3月終)。79年6月三里塚空港反対集会で「原詩人詩集」，11月「反戦を問う市民フェスティバル」で同人たちが構成詩朗読。82年6月胃潰瘍手術。84年7月東京拘置所で『原詩人』掲載詩が検閲墨消されたことに抗議し「消すな！ われら

の」集会を開催。90年1月腎臓手術。3月『原詩人通信』(江原茂雄編集)発行。12月元南部文学集団有志で『眼』を城戸昇らと創刊。94年3月，詩誌『騒』(騒の会/暮尾淳編発)同人参加。97年日本現代詩人会に入会。98年2月視野障害で身体障害者手帳の交付を受ける。05年左肺手術後の療養中に没。(黒川洋)〔著作〕詩集『殺されるまえに』下丸子文化集団叢書1953，『詩と状況 俺が人間であることの記憶』社会評論社1974，『鋼鉄の火花は散らないか 江島寛・高島青鐘の詩と思想』社会評論社1975，『死者よ蘇れ』新日本文学会出版部1976，政治詩集『反国家宣言』1981，『反天皇』原詩人叢書1987，南島叢書『オキナワ島唄』海風社1987，『石油を食い過ぎた胃袋』原詩人社1993，『かみさんと階段』青娥書房1998，『君は反戦詩を知っているか 反戦詩・反戦川柳ノート』晧星社1999，『偏向する動き 反戦詩の系譜』一葉社2001，『旧世紀の忘れ唄』新現代詩の会2002〔文献〕新日本現代詩文庫『井之川巨詩集』土曜美術社出版販売2003，詩誌『騒』62号「井之川巨追悼号」2005.6

猪瀬 慶助 いのせ・けいすけ ?-? 新聞工組合正進会に加盟し1924(大13)年夏，木挽町(現・中央区銀座)本部設立のために1円寄付する。(冨板敦)〔文献〕正進会『同工諸君!! 寄附金芳名ビラ』1924.8

猪俣 資盛 いのまた・すけもり ?-? 1919(大8)年東京京橋区(現・中央区)の築地活版所欧文科に勤め活版印刷工組合信友会に加盟する。(冨板敦)〔文献〕『信友』1919年8・10月号

伊庭 孝 いば・たかし 1887(明20)12.1-1937(昭12)2.25 東京生まれ。星亨刺殺事件の伊庭想太郎の養子。同志社大学神学部を中退して上京，警醒社の洋書係となる。12年4月『演劇評論』を創刊，発表した一幕物戯曲『接吻』が発禁となる。同年5月上山草人らと近代劇協会を旗上げ。この頃同志社仲間の高畠素之，小原慎三との縁で日本橋区蠣殻町(現・中央区)の洋食店メーゾン鴻巣で開かれていた近代思想社小集会の常連となる。女と見間違えられるほどの好男子で能弁家だったという。「本当に瞞されてゐる男」(創刊号)，「本当に怒れぬ男」(5号)など『近代思想』にもよく寄稿した。そのため刑事の来訪が頻繁になった。17年高木徳子と歌舞劇協会を設立し浅草オペラの発展に寄与。18年黒瀬春吉経営のグリル茶目は伊庭の命名である。関東大震災前後から楽壇にも進出し音楽評論に健筆を振るう。震災

後生活に困っていた石井漠を関西に呼び、石井の肉体舞踊が成功するきっかけをつくった。(黒川洋)〔著作〕『窓に立てる女』現代社1913、『白眉音楽辞典』(編)白眉社1924、『雨安居荘雑事』信正社1937〔文献〕小田切秀雄編『発禁作品集』北辰堂1957、荒畑寒村『『近代思想』と文壇』『近代思想』付録Ⅱ復刻版・地六社1961、『荒畑寒村著作集8』平凡社1977、『エス運動人名事典』

伊波 南哲 いば・なんてつ 1902(明35)9.8-1976(昭51)12.28 沖縄県八重山郡大浜間切登野城(現・石垣市)に生まれる。尋常小学校卒業。23年近衛兵として上京しのち警視庁に勤める。佐藤惣之助に師事し『詩之家』の同人となる。31年アナ派の全日本農民詩人連盟に加盟し『農民詩人』に執筆する。『詩之家』『農民詩人』の同人橋本貞治のアナ派詩誌『山娘』にも寄稿。41年退職して文筆生活に入り『虹』を主宰。同年塩野等三、江口隼人らと日本青年詩人連盟を設立し愛国詩運動に傾く。(冨板敦)〔著作〕『南国之白百合』川崎詩之家1927、『銅鑼の憂鬱』詩之家出版部1930、『オヤケ・アカハチ』東京図書1936、『交番日記』河出書房1941、『麗しき国土』ぐろりあ・そさえて1942、『荒潮の若人』講談社1943、『伊波南哲詩集』未来社1960、『故郷よさらば(自897)』雄文社1974〔文献〕杉浦盛雄『名古屋地方詩史』同刊行会1968、松永伍一『日本農民詩史・中2』法大出版局1969

井橋 明治 いはし・めいじ ?-? 1919(大8)年東京牛込区(現・新宿区)の秀英舎(市ヶ谷)文選科に勤め活版印刷工組合信友会に加盟する。(冨板敦)〔文献〕『信友』1919年8月号

井原 末九郎 いはら・すえくろう 1912(明45)7.5-1994(平6)12.12 鹿島市横田に生まれる。29年県立佐賀中学を卒業、上京して明治大学予科に入る。産業組合中央金庫に職を得たが病気のため鹿島へ帰る。戦後、中学の先輩副島辰巳の縁でアナ連に入り47年副島らと九州地協を結成する。その頃福岡へ移り、博多人形の製造販売にあたり55年井原工房をおこす。翌年3月九州で発刊された『クロハタ』創刊号に「ソ連共産党の理論的変貌は果たして原理的なものか」を書く。副島とともにアナ連を支えアナ連解散後も麦社などに関わった。妹のユク子は副島と結婚。一家言をもつ骨のある人であった。(大澤正道)

井原 孝 いはら・たかし ?-? 新潟県中頸城郡高田町(現・上越市)に住み、1922(大11)年農村運動同盟に加盟、新潟支部を担う。(冨板敦)〔文献〕『小作人』2次2号1922.12

茨木 達也 いばらき・たつや ?-? 名古屋市に生まれる。1933(昭8)年『足跡』(のち『鉄路』)を肥田伊佐雄、内藤登志、森哲博らと創刊。35年『作』(のち『呼吸』)を内藤らと創刊する。解放文化連盟機関紙『文学通信』に寄稿する。(黒川洋)〔著作〕『青写真』(肥田伊佐雄と共著)鉄路詩社1933〔文献〕杉浦盛雄『名古屋地方詩史』同刊行会1968、浅野紀美夫「新尾頭町143番地」『風信』1968・1970

伊福部 舜二 いふくべ・しゅんじ ?-? 1949(昭24)年頃、東京・世田谷の石川三四郎の不尽草房で開かれていた青年中心の研究会に参加。研究会の常連には井上美奈子、唐沢隆三、大門一樹、椿宏治、山口健二などがいた。伊福部はフランス実証主義を論じていた。のち犯罪社会学者となる。(川口秀彦)〔文献〕大沢正道『アはアナキストのア』三一書房2017

伊福部 隆彦 いふくべ・たかひこ 1898(明31)5.21-1968(昭43)1.10 別名・隆輝 鳥取県に生まれる。21年頃上京。生田長江に師事しアヴァンギャルド、アナ系の詩人、文芸評論家として活動する。22年同門の畠山敬子と結婚。23年富田常雄らと詩誌『感覚革命』を創刊、翌年陀田勘助、松本淳三らの詩誌『鎖』『悍馬』と合同して『無産詩人』を発行、富田、陀田らと編集にあたる。1号に「『生活』の誤解と詩の遊戯化堕落」を書き『赤と黒』にみられるダダ的な傾向を一般民衆の生活意識から遊離していると批判した。その後農民文学に転じさらに反転して老子の研究に集中する。戦後は東京中野の自宅で人生道場無為修道会を主宰する。書道家としても一家をなした。長男伊福部舜児(1923-92)は池袋の児童の村小学校に通い石川三四郎らに可愛がられ、アナ連に加盟して活動した。(大澤正道)〔著作〕『現代芸術の破産』地平社書房1924、『老子道徳経研究』池田書店1955〔文献〕伊福部敬子「石川先生の想い出」『不尽』共学社1957

伊福部 敬子 いふくべ・としこ 1899(明32)2.16-1970(昭45)8.19 旧姓・畠山 福井県今立郡鯖江町(現・鯖江市)生まれ。東京女子高等師範学校文科2年修了後、21年から

生田長江に師事した。伊福部隆彦と結婚し23年に長男，次いで二男が生まれた。子供の教育に非常に関心が高く家庭での息子との生活の様子を描いた「母と子の記録」を『婦人運動』などに発表，29年雑誌『窓』を発刊。28年から『女人芸術』などに参加，30年1月無産婦人芸術連盟結成に参加し機関誌『婦人戦線』にほぼ毎号執筆。母性の問題を取り上げ母性文化の社会が築かれるべきであると論じ，31年の日本染絨争議でハンガーストライキを決行する労働者の話を母から聞いた長男舜児が「オネエサンタチ，ドウゾ，シッカリヤッテクダサイ。ボクタチモアナーキストデス」と手紙に書く一幕を記録するなど反国家，反資本家，反都会的思想を表明していた。37年9月日本婦人団体連盟が結成されると児童問題研究委員会の副委員長，大日本婦人会（1942統合発足）の指導的立場にも立った。戦後，東京民事裁判所調停委員，東京都児童福祉審議会委員などを歴任し母子問題のためにつくした。（三原容子）〔著作〕『母性の歴史』新路社1942，『母と子の記録』金鈴社1943〔文献〕望月百合子ほか『埋もれた女性アナキスト高群逸枝と「婦人戦線」の人々』私家版1976

イプセン，ヘンリック Ibsen, Henrik 1828.3.20-1906.5.23 ノルウェイ南部のシーンに生まれる。48年史劇「カテリーナ」を発表。50年「勇士の墓」を完成。クリスチャニア劇場で上演。51年ベルゲン国民劇場の座付作者に迎えられ舞台監督を兼任して劇場生活を送る。52年ベルゲン国民劇場で「聖ヨハネ祭の前夜」を，55年史劇「エストロートのインゲル夫人」を上演。56年1月に「ソルハウグの祝祭」を上演し好評。57年首都ノルウェイ劇場に招かれてベルゲンを去る。62年最初の現代劇「恋の喜劇」を完成。上演を拒否され，新聞に発表し，非難を受ける。この年にノルウェイ劇場が閉鎖されイプセンの生活は困窮に陥る。64年4月に故国を去り，5月ローマ近郊に住居を定める。65年劇詩「ブランド」を，67年詩劇「ペエル・ギュント」を完成。68年3月にローマを去りドイツのドレスデンに住む。69年最初の近代写実散文劇「青年同盟」を発表。76年ドイツのマイニンゲン劇団がイプセンの「王位僭称者」を上演。ヨーロッパにイプセンの名が次第に知られ始める。77年「社会の柱」を，78年「人形の家」を完成し，同年12月にコペンハーゲン王立劇場で上演。この近代写実散文劇でイプセンは世界的名声を博する。81年「幽霊」を発表。この劇は遺伝をテーマに「三単一」（時・所・筋の単一）の法則が守られ，「第四の壁」理論といわれるリアリズム演劇の創造理論が用いられている。この劇では主人公の人生の断面が額縁舞台に「再現」され，近代劇の典型として世界各地で上演される。近代劇では劇場は「人生の実験室」となる。82年「民衆の敵」を，84年「野鴨」を完成。90年「ヘッダ・ガブラー」などを発表し，06年5月死去。日本では，09年11月小山内薫の自由劇場の第1回公演として有楽座で「ジョン・ガブリエル・ボルクマン」（森鷗外訳）が初演され，11年11月「人形の家」が文芸家協会によって帝国劇場で上演された。（平辰彦）〔文献〕内村直也ほか訳『イプセン名作集』白水社1977

今井 一郎 いまい・いちろう 1890（明23）2.21-1952（昭27）10.3 新潟県中蒲原郡石山村上木戸（現・新潟市）生まれ。生家は代々名主をつとめた豪農だが家督を継ぐ頃には土地を手離し小作に零落していた。若い頃に石川三四郎を知り深く影響されたこともあって反権力的志向が強く農民運動へと傾斜した。日農に参加，25年3月県連評議員会では争議資金の管理委員に選出され26年3月日農第5回大会で中央委員，同年9月県連大会で執行委員。同年の木崎村小作争議では県連特別争議委員として主導，7月木崎無産農民学校の上棟式に農民1000人とともにデモ行進，久平橋で警官隊と衝突し検挙されて11月末まで投獄された。27年日農分裂の際は三宅正一とともに全日農結成に参加し中央委員。無産政党運動にも参加し三宅らが労農党から分裂して日本労農党を結成すると三宅と行動をともにした。28年全農結成に際して中央委員，県連の争議部長として県下の小作争議を指導する。38年大日本農民組合の結成では県連の執行委員長。敗戦後は農民組合の再建，社会党結成に尽力した。（奥沢邦成）〔文献〕川瀬新蔵『木崎村農民運動史』農民組合史刊行会1931，三宅正一『幾山河を越えて』恒文社1966，市村玖一『新潟県農民運動史』創作舎1982

今井　薫　いまい・かおる　?-?　1926(大15)年群馬県利根郡古馬牧村(現・みなかみ町)で暮し農民自治会全国連合に参加。地元の農民自治会を組織しようとしていた。(冨板敦)〔文献〕『農民自治会内報』2号1927

今井　亀蔵　いまい・かめぞう　⇨水田茂行 みずた・しげゆき

今井　久平　いまい・くへい　?-?　印刷工、信友会のメンバー。1921(大10)年末頃に東京芝区(現・港区)の日本印刷興業株式会社に勤めていた。24年7月19日信友会が正進会との合同を決めた神田松本亭での信友会臨時大会で欧文部の理事に選出される。25年11月29日東京木挽町(現・中央区銀座)の全印連本部で開かれた東印欧文部緊急理事会で欧文部事務所を自宅に置くことが決定される。(冨板敦)〔文献〕『信友』1922年1月号、『印刷工連合』15・33号1924.8・26.2、水沼辰夫『明治・大正期自立的労働運動の足跡』JCA出版1979

今井　幸一　いまい・こういち　?-?　岡山紡績労働組合のメンバー。1924(大13)年3月25日岡山市大福座での中国労働組合連合会結成1周年記念大会に出席し各組合から世話人選出の件の提案理由説明を行う(可決)。(冨板敦)〔文献〕『労働運動』4次4号1924.6、『岡山県社会運動史4』

今井　俊一　いまい・しゅんいち　?-?　岡山絹糸紡績労働組合のメンバー。1924(大13)年3月25日岡山市大福座での中国労働組合連合会結成1周年記念大会に出席し国際労働会議の件の提案理由説明を行う(可決)。(冨板敦)〔文献〕『労働運動』4次4号1924.6、『岡山県社会運動史4』

今井　庄之助　いまい・しょうのすけ　?-?　1919(大8)年東京神田区(現・千代田区)の三秀舎欧文科に勤め活版印刷工組合信友会に加盟する。(冨板敦)〔文献〕『信友』1919年8・10月号

今井　整　いまい・せい　?-?　1919(大8)年東京江原郡大崎町(現・品川区)の帝国印刷会社に勤め日本印刷工組合信友会に加盟する。(冨板敦)〔文献〕『信友』1919年10月号

今井　整　いまい・せい　?-?　東京市大森区(現・大田区)堤方町に居住し神田神保町の山縣製本印刷整版部に勤める。1935(昭10)年1月13日整版部の工場閉鎖、全部員40名の解雇通告に伴い争議勃発。工場を占拠して闘い同月15日解雇手当4カ月、争議費用百円で解決する。山縣製本印刷は当時東京大学文学部の出入り業者であり、東印は34年5月以降、東印山縣分会を組織していた。(冨板敦)〔文献〕『山縣製本印刷株式会社争議解決報告書』東京印刷工組合1935、『自連新聞』97号1935.1、中島健蔵『回想の文学』平凡社1977

今井　銑一　いまい・そういち　?-?　1919(大8)年東京京橋区(現・中央区)の国文社印刷科に勤め日本印刷工組合信友会に加盟する。(冨板敦)〔文献〕『信友』1919年10月号

今井　輝吉　いまい・てるきち　1901(明34)8.17-?　栃木県上都賀郡鹿沼町(現・鹿沼市)に生まれる。上京し時計工連合会に加わる。1921(大10)年東京北郊自主会に参加、同年4月に創刊された『労働者』に、北郊ソヴェット員の肩書で同人となる(東京北郊自主会は、通称「北郊ソヴェット」と呼ばれていた)。この年、「金ちゃん事件」(詳細不明)で時計工連合会の渡辺満三、吉田幸一、椎野と検挙され職務妨害罪で入獄する。(冨板敦)〔文献〕『労働者』1号1921.4、『労働運動』2次12号1921.6、『警視庁思想要注意人名簿(大正10年度)』

今井　常盤　いまい・ときわ　1898(明31)-1926(大15)7.11　横浜印刷工組合のメンバー。26年『自連』4・5号に訃報記事が掲載される。(冨板敦)〔文献〕『自連』4.5号1926.10

今井　勇治　いまい・ゆうじ　?-?　別名・勇次　1919(大8)年東京京橋区(現・中央区)の国文社欧文科に勤め活版印刷工組合信友会に加盟、会に50銭カンパする。国文社の組合幹事を担っていた。20年日本社会主義同盟に加盟。23年3月28日東京蒲田の新潟鉄工場争議団に信友会を代表して見舞いに行く。(冨板敦)〔文献〕『信友』1919年8・10月号・22年1月号、『印刷工連合』1号1923.6

今井　喜雄　いまい・よしお　?-?　1926(大15)年1月頃、長野県北佐久郡北御牧村(現・東御市)で暮し同村の荻原明象、吉池八十二、武井芳雄、関和喜、中山らと「土に親しむものの会」に加わる。同会が農民自治会に合流、発展的に解消すると農自全国連合に参加。同年10月3日北佐久郡北御牧村(現・東御市)の北御牧小学校で発足した農自北信連合(のち東信連合に改称)に仲間と共に参加する。(冨板敦)〔文献〕『農民自治』6号1926.11、大井隆男『農民自治運動史』銀河書房1980

今井 美武 いまい・よしたけ ?-? 1919(大8)年東京小石川区(現・文京区)の江戸川活版所文選科に勤め活版印刷工組合信友会に加盟する。(冨板敦)〔文献〕『信友』1919年8・10月号

今泉 省彦 いまいずみ・よしひこ 1931(昭6)11.30-2010(平22)7.13 埼玉県所沢市に生まれる。父の転任(陸軍少尉)に伴い幼少期数年を満州(現・中国東北部)で過ごす。18歳の頃、白樺派やセザンヌを知り美術に傾倒してゆく。1950(昭25)年日本大学芸術学部美術科に入学するがほとんど通わず博物館・美術館などを巡り歩いて過ごす。高校同級の岡田睦の紹介で川仁宏と、そして美術学生協議会や第5回平和友好祭を通じて中西夏之、高松次郎らと出会い、佐藤和男に誘われて雑誌『形象』(のち改題『機關』)に参加する。53年に設立された「青年美術家連合」にオブザーバーとして参加し左翼美術運動に関わりはじめる。56年電電公社立川特別電話局に臨時雇いとして就職し、61年には全電通労働組合分会執行委員を務める(以降、68年まで分会役員)。62年山口健二、谷川雁らが企画した「自立学校」の設立に参加、さらに犯罪者同盟に関わり、とりわけ犯罪者同盟の機関誌『赤い風船 あるいは牝狼の夜』の刊行に協力したことがのちの千円札事件へとつながっていった。裁判闘争の宣伝と資金集めのために、千円札懇談会には内緒の"八百長投稿"として日本読書新聞に「死した芸術は裁けず」を執筆し論争を巻き起こした。68年旧友の川仁宏から現代思潮社が始める絵の学校の相談を受け69年「美学校」の開校に関わる。同年日本電信電話公社を辞職し現代思潮社・美学校事務局長となる(75年現代思潮社から分離独立する)。「寺子屋画塾」とも呼ばれるアカデミズムの美術教育とは一線を画す独自の課程(「…教えられる機関はかんがえるとしても、教える機関はかんがえるわけにはいかぬ。最高の教育とは、教える意思を持たぬものから、必要なものを盗ませるということになろうか…」を作り上げる。2000年美学校「校長」を辞す。01年10月に表参道画廊にて個展。10年永眠、11年7月には追悼展が行われた。愛煙家だった今泉の墓標には「echo」の箱が彫られている。(白澤吉利)〔著作〕「岸田劉生『作品・批評』1955、「関根正二、長谷川利行、ケーテ・コルビッツ」『形像』1-3号1955-59、「自立学校の企図に寄せる」同6号、「直接行動の兆 I」同8号、以降17号まで赤瀬川源平、松澤宥、風倉匠、中村宏などが執筆、「特集・美学校の30年」『彷書月刊』1998、「絵描き共の変てこりんなあれこれの前説」『仁王立ち倶楽部』1985、のち月刊『あいだ』49-71号に再録、『ビッグ・パレード』赤組/なないろ文庫1983〔文献〕「今泉省彦自筆年譜」復刊『機關』11号「今泉省彦特集」1980

今岡 元隆 いまおか・もとたか ?-? 1919(大8)年東京京橋区(現・中央区)の築地活版所和文科に勤め活版印刷工組合信友会に加盟する。(冨板敦)〔文献〕『信友』1919年8・10月号

今坂 正八 いまさか・しょうはち 1898(明31)6.15-? 静岡県小笠郡南山村字一ノ谷(現・菊川市)に生まれる。1920年浜松歩兵第67連隊除隊後、自宅で農業兼草履製造業に従事。25年5月静岡県島田駅前の加藤弘造宅で開かれた静岡県下の水平社執行委員会会議に一ノ谷地区を代表して参加する。同月一ノ谷水平社を創立し、執行委員長となる。自宅に事務所を置いた。6月一ノ谷公会堂で講演会を開き凩幸次郎、辻本晴一、平野小剣、小山紋太郎らが登壇する。『自由新聞』一ノ谷支局を担う。(冨板敦)〔文献〕『自由新聞』1・4号1925.6・9、竹内康人「静岡県水平運動史」『静岡県近代史研究』13・14号1987・88、秋定嘉和・西田秀秋編『水平社運動1920年代』神戸部落史研究会1970

今関 友広 いまぜき・ともひろ ?-? 神奈川県生まれか。1932(昭7)年5月農青社の小野長五郎の訪問を受け全村運動、自主分散活動という実践的方針に共鳴して農青社に参加した。機関誌『農村青年』やパンフの頒布を通じて運動の拡大のために活動を展開、神奈川県グループを形成した。36年6月農青社事件の全国一斉検挙で逮捕され横須賀署に拘留されたが、起訴猶予で諭告釈放。(奥沢邦成)〔文献〕『資料農青社運動史』、『農青社事件資料集Ⅰ・Ⅱ』

今田 保 いまだ・たもつ 1898(明31)-? 静岡県浜名郡南庄内村協和(現・浜松市)生まれ。高等小学校を卒業後、家業の農業に従事。のち印刷工として浜松市、磐田郡の印刷所を転々とする。1929年遠州新聞社の印刷工となりのち職工長となる。同年遠江印刷同工会に加盟し陳緑根らと交流し、組織拡大のために活動する。『自連新聞』を仲間

に配布した。35年末頃無共党事件で検挙されるが不起訴。(冨板敦)〔文献〕『身上調書』

今仲 宗治 いまなか・そうじ ?-? 1919(大8)年朝鮮の釜山日報社文選科に勤め日本印刷工組合信友会(朝鮮支部)に加盟。同年9月24日、堀越佐一方で開かれた支部会で幹事に選ばれる。(冨板敦)〔文献〕『信友』1919年10月号

今西 錦司 いまにし・きんじ 1902(明35)1.6-1992(平4)6.15 京都・西陣の帯問屋の長男として生まれる。京都一中、三高を経て1928年京都大学農学部農林生物学科を卒業。35年京大学士山学会のリーダーとして白頭山冬期遠征を行う。39年渓流に棲むカゲロウ幼虫の分類と分布の研究で理学博士、40年『生物の世界』を発表。41年ポナペ島調査、42年北部大興安嶺探検、44年内蒙古草原調査などに従事し組織的学術探検の開拓者となる。50年より京大人文科学研究所所員のち教授、67年岐阜大学学長。戦後、内蒙古での遊牧研究を踏まえてウマ・シカ・サル等の群生活に関する生物社会学的研究に着手、49年以降はニホンザルに集中し霊長類の研究へと進み56年日本モンキーセンター設立。61年よりアフリカの類人猿学術調査を開始、ゴリラおよびチンパンジーの生態調査を重ねタンガニカに類人猿研究所をつくるなど日本の霊長類研究の基礎を築いた。他方、日本山岳界での活動はマナスル踏査のためのヒマラヤ遠征、52年のカラコルム・ヒンズークシ学術探検隊の組織、戦後のヒマラヤ登攀史では京大学士山岳会がもっとも成功率が高かった。根っからのナチュラリストで昆虫の生態学的研究を通して見出した棲み分け理論をもとにダーウィン以来の自然淘汰説とは異なる独自の進化思想を打ち出した。自然を分析するよりも全体として捉える方法論(ホーリズム)を主張し「ぼくはやはり山でなにかしら感じる。じかにそれをハダで感じるというときに、西田さんのいう〈純粋経験〉とか〈行為的直感〉のようなものがあるんじゃないか」と西田哲学の影響に触れ、また大正時代にクロポトキンの『相互扶助』を読んでそれが棲み分け理論、そしてダーウィンの自然淘汰説の批判につながっていったと語っている。『文芸春秋』(1965年7月号)では「私の信条」として「わたしは自由をこよなく愛する。自由を抑えつけようとするあらゆる権威は、だから、わたしにとっては、一ばんいやなものである」と記している。(奥沢邦成)〔著作〕『今西錦司全集』増補全14巻・講談社1993-94、『生物の社会』講談社文庫・中公クラシックス2002、『生物社会の論理』毎日選書1949〔文献〕『思想の科学』30号・中央公論社1961.6、他多数

今西 賢次 いまにし・けんじ ?-? 1919(大8)年東京本所区(現・墨田区)の金谷印刷所第二工場印刷科に勤め活版印刷工組合信友会に加盟する。(冨板敦)〔文献〕『信友』1919年8月号

今西 万太郎 いまにし・まんたろう ⇨長友厳 ながとも・いわお

今野 賢三 いまの・けんぞう 1893(明26)8.26-1969(昭44)10.18 本名・今野賢蔵 秋田県南秋田郡土崎港町(現・秋田市)に生まれる。1歳の頃父が病死、幼少時代から貧苦を味わう。高等小学校卒業後さまざまな仕事を転々とする。『秋田魁新報』に短歌を盛んに投稿。14年東京浅草三友館の弁士原紫翠の弟子となり活動弁士の道に進む。東京、水戸、秋田などで弁士をしつつ小説や随筆を執筆。21年小学校の同級生小牧近江、金子洋文らと『種蒔く人』を創刊。23年『種蒔く人』休刊のあとも24年『文芸戦線』同人、25年日本プロレタリア文芸連盟、27年労農芸術家連盟、32年左翼芸術家連盟と一貫して小牧、金子らと歩を一にする。また無産運動、農民組合運動でも活動、24年には無産政党運動の中心的組織であった政治研究会に参加し執行委員となっている。30年秋田県岩川小作争議を指導し翌年起訴されるが無罪。46年総選挙に立候補するが落選。47年社会党に入党。69年静岡県の病院で死没。「火事の夜まで」(『種蒔く人』4巻7号1923.3)が代表作。後年は主に郷土史や伝記などを執筆した。(神谷昌史)〔文献〕佐々木久春編『花塵録『種蒔く人』今野賢三青春日記』無明舎1982、北条常久『『種蒔く人』研究』桜楓社1992、『秋田社会運動史研究』2号1971.1

今林 宇一 いまばやし・ういち ?-? 1919(大8)年東京京橋区(現・中央区)の中屋印刷所印刷科に勤め活版印刷工組合信友会に加盟する。(冨板敦)〔文献〕『信友』1919年8・10月号

今村 久平 いまむら・くへい ?-? 1919(大8)年東京牛込区(現・新宿区)の秀英舎(市ヶ

谷)欧文科に勤め活版印刷工組合信友会に加盟。のち麹町区(現・千代田区)のジャパンタイムス＆メール社欧文科に移る。(冨板敦)〔文献〕『信友』1919年8・10月号

今村 幸吉 いまむら・こうきち ?-? 1919(大8)年東京京橋区(現・中央区)の築地活版所欧文鋳造科に勤め活版印刷工組合信友会に加盟する。(冨板敦)〔文献〕『信友』1919年8・10月号

今村 昌松 いまむら・しょうまつ ?-? 1919(大8)年東京神田区(現・千代田区)の三秀舎欧文科に勤め活版印刷工組合信友会に加盟する。(冨板敦)〔文献〕『信友』1919年8・10月号

今村 力三郎 いまむら・りきさぶろう 1866.6.14(慶応2.5.2)-1954(昭29)6.12 旧名・蜂谷，別名・徹堂 長野県下伊那郡飯田村(現・飯田市)に生まれる。84年上京。塩煎餅屋，大審院判事玄関番などを経て86年専修学校(現・専修大学)に中途入学。在学中に代言人試験に合格，弁護士活動に入る。関係した裁判は刑事，民事，商事と多面にわたり世間から注目を受けた足尾銅山鉱毒事件，大逆事件，シーメンス事件，天理教不敬事件，難波大助事件などの政治，社会，思想事件に多く関わった。特に大逆事件と難波大助事件では，裁判の不当性を訴えて事件の背景を分析し為政者，識者に注意を喚起した。自由民権思想の潮流にいたことや『万朝報』の理想団への参加，幸徳秋水や堺利彦との交友関係などから大逆事件の弁護に携わったが，その根底には思想，言論の自由の尊重や人権擁護の精神があった。戦後専大総長をつとめる。(西山拓)〔著作〕『法廷五十年史』専大1948〔文献〕専大図書館編・刊『今村力三郎訴訟記録目録』1937，専大総長今村先生追憶会編『今村力三郎翁追想録』専大1955，森長英三郎『日本の弁護士』『日本弁護士列伝』社会思想社1984，専大図書館神田分館編・刊『今村力三郎文庫目録 専大図書館所蔵』1995，専大今村法律研究室編『大逆事件1・2』専大出版局2001・02

井水 孝 いみず・たかし ?-? 1919(大8)年朝鮮の釜山日報社文選科に勤め日本印刷工組合信友会(朝鮮支部)に加盟する。(冨板敦)〔文献〕『信友』1919年10月号

井村 栄一 いむら・えいいち ?-? 新聞工組合正進会に加盟し1924(大13)年夏，木挽町(現・東京中央区銀座)本部設立のために1円寄付する。(冨板敦)〔文献〕正進会『同工諸君!!寄附金芳名ビラ』1924.8

伊村 忠一 いむら・ただかず ?-1928(昭3)3.19 京都印刷工組合の活動家。22年11月26日京印は京都日出新聞社印刷エストを敢行し闘う。当時京印は関西労働組合同盟に所属，東京の信友会や正進会，大阪印刷工組合などの争議応援を得る。円山公園内あけぼの亭に闘争本部を置き25日からスト阻止に雇われた者らを説得，争議団と握手させ12月2日経営者側の再就業懇請もあり闘争は一部手当改善で終結。京印は24年6月全印連に加盟，同年11月関西自連を結成。27年12月京印一般連合の理事を大井正一，熊鳥国三郎，前田辰之助，早川松太郎らと担う。(北村信隆)〔文献〕『京都地方労働運動史』，『労働新聞』(関西版)10号1923.1，『社会運動』68号1923.1，『自連』16・17・20・24号1927.9・10・28.1・5，大江音人「京都印刷工組合の人々1」『虚無思想研究』17号2001

伊予川 辰造 いよかわ・たつぞう ?-? 1919(大8)年東京神田区(現・千代田区)の三秀舎印刷科に勤め日本印刷工組合信友会に加盟する。(冨板敦)〔文献〕『信友』1919年10月号

入江 一郎 いりえ・いちろう ?-? 若松市に生まれる。1927(昭2)年12月星野準二，野村考子，正木久雄らと『行動者』を発行。28年6月『叛逆者の牢獄手記』を刊行。32年1月相沢尚夫，入江汎らと『自覚と建設』を創刊(4号1932.4で終刊)。またこの同人らと東京地方使用人組合を組織し全国自連に加盟する。33年3月31日全国自連第3回大会を開くための会場交渉で木村英二郎，呉宇泳と神楽坂署に拘束される。同年4月肺を患い年末か34年初め頃木村につきそわれて郷里に帰る。(冨板敦)〔文献〕『行動者』1巻1号1927.12，『自覚と建設』1-4号1932.1-4，『自連新聞』79・85・89号1933.4・10・34.2，『叛逆者の牢獄手記』行動者出版部1928・復刻版黒色戦線社1971

入江 常一 いりえ・つねいち 1904(明37)-? 土木請負業者。24年9月古田大次郎，和田久太郎らが福田雅太郎の暗殺を企てた事件の関係者として京都で新谷与一郎，八木信三，川井筆松(1881-?)らと捕らえられた。川井は入江と同じ土木請負業で当時同志社大学生の八木が新谷から持ち帰

らされた縄縛りの新聞紙包み(実は爆弾製作用の外装鉄管パイプの切れ端)を事情を知らされずに預かった。入江は坂谷寛一と新谷から古田と村木源次郎が逮捕されたのちに残された外装鉄管パイプを一時預かった。入江と川井は25年7月25日京都地裁で懲役2年執行猶予4年の判決を受けた。(北村信隆)〔文献〕『黒色青年』11号1927.8,『京都地方労働運動史』,森長英三郎『史談裁判3』日本評論社1972,秋山清「二人のロマンチスト」『ニヒルとテロル』川島書店1968,小松隆二「ギロチン社とその人々(1)(2)」『三田学会雑誌』66巻4・5号1973.4・5

入江 秀夫 いりえ・ひでお 1901(明34)4.28-? 別名・玉峯 岡山県御津郡(現・岡山市)生まれか。1922(大11)年板野勝次、田中仁之助、高木精一らと岡山社会問題研究会で活動。同年5月余公芳太郎や板野らが主催した岡山市内のカフェー・ブラジルでの第1回メーデーに松浦勉らと参加。同年12月岡山地方最初の労働組合岡山労働組合を結成。翌23年3月総同盟の西尾末広ら、自由連合の和田栄太郎や逸見吉三らを来賓として発会式と記念演説会を開く。アナ・ボル対立が強くなり5月同組合の総同盟加盟決定を機に玉田徳三郎、糸島孝太郎らと脱退、同月中国労働連合会を結成した。同年7月広島県下の自由連合系組合を傘下に収め11月頃中国労働組合連合会と改称、高木、玉田、竹内春三、糸島らと役員をつとめた。同年12月中国連合有志主催の大杉栄らの追悼会を開く。山陽ゴム争議で玉田らと拘留される。26年1月「創立3周年を迎える中国連合会の過去と現在」を『中国評論』に寄稿。(北村信隆)〔文献〕『自連』1・2号1926.6・7,『中国評論』25号1926.1,『岡山県労働運動史』,『岡山県社会運動史』,『岡山県社会運動史研究会会報』11号1983.11

入江 汎 いりえ・ひろし 1907(明40)11.3-1969(昭44) 通称・パン 静岡県駿東郡沼津町上土(現・沼津市)生まれ。24年5月県立沼津商業学校3年で中退し上京。内務省社会局、同潤会に勤務後築地小劇場研究生となり25-34年蝙蝠座、劇団東京、第七劇場、都市劇団、解放劇場などに関わり、解放劇場第1回「ボストン」(サッコ・ヴァンゼッティ事件)に出演した。アナキズムとの出会いは26年古田大次郎『死の懺悔』を読んで感銘を深

くした体験にあった。同年江西一三, 坂野良三らが前年結成していた無軌道社に参加、『無軌道』同人となる。また東京機械工組合に加わり同年9月日立製作所亀戸工場争議を支援。日立創業者久原房之助邸放火事件で宮崎晃、高橋光吉らとともに検挙され2カ月の懲役に服した。27年高橋、江西らと関東一般労働組合を結成。28年1月三島野戦重砲兵連隊に入営、29年11月除隊。32年1月入江一郎、相沢尚夫、遠藤斌らと自覚と建設社を結成し『自覚と建設』を刊行、あわせて同人たちは東京地方使用人組合を組織し全国自連に加盟した。33年12月相沢、二見敏雄、寺尾実、植村諦らと日本無政府共産主義者連盟を結成し中央委員となる。翌34年1月無共党と改称、組織局と軍事局の責任者となった。のちに相沢は「腕っぷしが強く、酒を飲むと暴れる悪い癖があったが、陰湿な喧嘩はしない男」と書いている。35年1月大阪に行き韓国東らと協力して関西地方委員会準備会をつくったが病を得て郷里の沼津へ帰った。その頃大阪で『映画戦線』を発行。同年11月無共党事件で検挙され懲役5年の判決。敗戦後46年9月二見らと日本自治同盟を結成した。また日本私鉄労働組合連合会書記をはじめいくつもの労働団体や争議に関わった。(奥沢邦成)〔文献〕『黒色青年』6号1926.12,森長英三郎『史談裁判3』日本評論社1972,相沢尚夫『日本無政府共産党』海燕書房1974,『身上調書』

入江 暮鐘 いりえ・ぼしょう ?-? 本名・正士 岡山県御津郡新山村(現・吉備中央町)に生まれる。1920年代新山村で青空詩社の機関誌『青空』を発行。同誌には岡山県の農民自治会会員延原政行、平松久雄、延原義憲らも寄稿しており、26(大15)年6月発行の4号に「日本農民自治会創立」が発表されている。また岡山県連合青年団誌『岡山青年』の歌壇の選者をつとめていた久保田宵二も寄稿している。(小林千枝子)〔文献〕小林千枝子『教育と自治の心性史』藤原書店1987

入沢 吉次郎 いりさわ・きちじろう 1890(明23)-? 別名・吉五郎 新潟に生まれる。1917(大6)年厚田正二らと立憲労働党を結成。東京牛込区(現・新宿区)の秀英舎を経て19年神田区(現・千代田区)の三秀舎文選科に移り活版印刷工組合信友会に加盟。同年5

月信友会の編集係を野村孝太郎,松尾要四郎と担う。また三秀舎文選科の組合幹事も瀬田進次と務めた。20年2月25日の信友会の役員改選で文選科幹事長に選出。同年7月4日の信友会幹事会で外務担当幹部からの辞任勧告案が可決される(詳細不明)。22年1月頃は成章堂文選課に勤めていた。同年3次『労働運動』8号で和田久太郎が「今は余り書かないが平野小剣,入沢吉次郎君らも熱のある文章を書く人だ」と紹介している。23年3月第2回水平社大会に信友会を代表して出席。7月高尾平兵衛の葬儀で信友会を代表して弔辞を読む。27年11月東印和文部の理事補欠選挙に推挙される。(冨板敦)〔文献〕『信友』1919年8・10月号,20年1・2・3・4・8月号,22年1月号,『労働運動』1次2・3・5号1919.11・20.1・4,『労働運動』3次8号1922.10,『印刷工連合』1・2・3・12・24号1923.6・7・8・24.5・25.5,『自連』19号1927.12,水沼辰夫『明治・大正期自立の労働運動の足跡』JCA出版1979

入沢 三郎 いりさわ・さぶろう ?-? 上毛印刷工組合のメンバー。組合の理事会や例会を自宅で開く。1927(昭2)年3月20日前橋市才川町厩生橋演芸館で開かれた全印連第4回大会に参加する。9月18日同館で開かれた上毛印刷第4回大会で議長をつとめる。同年11月6日上毛印刷渋川支部発会式,28年9月16日上毛印刷第5回大会で開会の辞を述べる。29年東京印刷工連合会のリーフレット『印刷工連合』の編集印刷兼発行人となる。東印連は同年4月29日東京印刷工組合を脱退したメンバーで結成されのち全国自協組織準備会と共同行動を展開する。(冨板敦)〔文献〕『自連』11-13・17・19・28号1927.4-6・10・12・28.10,『印刷工連合』1929.6

入山 浪造 いりやま・なみぞう ?-? 1919(大8)年東京京橋区(現・中央区)の京浜印刷会社印刷科に勤め活版印刷工組合信友会に加盟する。(冨板敦)〔文献〕『信友』1919年8・10月号

色川 豊 いろかわ・ゆたか ?-? 1919(大8)年東京深川区(現・江東区)の東京印刷深川分社第一部印刷科に勤め活版印刷工組合信友会に加盟する。(冨板敦)〔文献〕『信友』1919年8月号

岩井 徳三郎 いわい・とくさぶろう ?-? 1919(大8)年横浜の岩井商店に勤め横浜欧文技術工組合に加盟し評議員となる。同組合設立基本金として3円寄付する。(冨板敦)〔文献〕『信友』1919年8・10月号

岩川 末美 いわかわ・すえみ ?-? 関西技工労働組合のメンバー。1924(大13)年11月関西自連結成大会が北大阪染色労働組合,関西技工,製鋲工組合,関西自由労働組合,京都印刷工組合,神戸自由労働組合,大阪印刷工組合など7組合の結集で開かれ,大印の矢野準三郎,河合洵らとともに役員に選出された。25年関西技工は製鋲工組合と合同し,大阪機械技工組合として大川利治,逸見吉三,生島繁らを仮委員とした。(北村信隆)〔文献〕『印刷工連合』20号1925.1,『大阪社会労働運動史・上』

岩倉 栄司 いわくら・えいじ ?-? 1922(大11)年農村運動同盟に加盟し機関紙『小作人』2次2号から福島県支部を担う。事務所は福島県本宮町の菊田芳夫方に置いた。(冨板敦)〔文献〕『小作人』2次1・2号1922.10・12

岩佐 作太郎 いわさ・さくたろう 1879(明12)9.25-1967(昭42)2.12 千葉県埴生郡棚毛(現・長生郡長南町)に豪農の三男として生まれる。曾祖父は13カ村の大総代として江戸に出,領民の窮状と領主黒川丹波守の暴状を幕府に強訴して箱牢と拷問に耐えた人。自分もまた領主の暴状に身を捨てて抗議した祖父次郎作に作太郎と命名されて可愛がられた。寝物語に「人のため,世のために働くものは自分の生命や財産を惜しんじゃならない」と教えられ,ここに「徳川家以前から住んでいたのであるから徳川家やその家来筋の隷属民ではない」と聞かされたことは幼い作太郎の誇りと信念を形成した。屋敷のそばに鹿島明神をまつる鎮守の森があり村の老若が取り結ぶ一種の互酬関係は,彼が後年「くに」「自然の村」というときの原初的な心の風景となった。1895年12月同級生の放校に抗議して中学を退学。翌年1月東京法学院に入学,98年同校卒業。この頃フランス人宣教師リギョル著『秘密結社』を読んでアナキズムや共産主義を知り国改堂主人と号する。片山潜の渡米協会の集会を契機に渡米を決意,1901年6月サンフランシスコに到着。日本人福音会幹事に推されて活動するうち03年片山の演説会をきっかけに日本人社会主義協会の設立に関与。苦悩の

末，自ら非国民となるを心中に決し日露の開戦を前にして非戦論，軍備撤廃を叫ぶ。05年幸徳秋水の渡米時には「社会主義の実現は無政府主義によってのみ実現される」と断言する。06年4月のサンフランシスコ大地震に際し福音会を率いて傷病者の救援に従事，この頃すでに「老人」と呼ばれる。12月25日竹内鉄五郎，倉持善三郎，小成田恒郎とともにアナキストの機関紙『革命』創刊号を発行，「ジャップ・アナキスト」の存在が一躍有名となる。米国のアナ運動と連絡が取れ，エマ・ゴールドマンらと相知る。週刊『労働』を発行，かたわら月刊『新生』とクロポトキンの『青年に訴ふ』『国家論』などの小冊子を印刷し日本に送付。10年幸徳らが捕らわれるや全世界の抗議を背に東奔西走，サンフランシスコにおける日米合同抗議集会で主役となり演説，米国諸紙を飾る。さらに単独で日本天皇およびその属僚に対して公開状を制作，自ら印刷して11月発送。疲労その極みに達し11年幸徳らの死刑執行の報道を聞いて局部不能に陥る。14年6月母病気の報に米国滞在を打ち切って帰国，郷里棚毛に帰り以後警察の厳重監視下に置かれる。13年間の在米生活はアナキスト岩佐を形成しその洞察力を養った。社会と国家の峻別，自主自治の社会生活への信頼は，常にネットワークをつくる立場に立たされた彼が苦闘のなかで摑み取ったものであろう。心底には「郷里を思い祖国日本を愛する」心がある。だがその祖国とは「大日本帝国」ではない。あらゆる「人為的国家」から自由を取り戻し，「自然の祖国，自然の町村」に帰ることが「解放」である。権力の存在しない自主・自治・自由連合の共産社会こそ，人類の達し得る「最高，最善の社会組織」であり，この思想は人類が社会生活から学びとったものである。19年4月上京，米国時代の知友山崎今朝弥のところに「靴の紐をとき」，大杉栄の紹介で北風会会員となる。山崎宅で行われる平民大学の司会，見学の引率や同大学発行の『社会主義研究』（堺利彦・山川均主筆，山崎経営，岡千代彦印刷）の売りさばきなど実務の面倒に携わる。紺がすりの筒袖に肩にかけた袋には塩むすびを入れ労働者たちとたゆみなくともに行動して親しまれた。この頃から「演説会もらい」闘争や農民運動，水平社，朝鮮人差別撤廃運動などの支援活動にも従事する。また労働組合研究会の席上，人類の解放は自由と平等の双方を保障する共産制においてのみ期待される，しかし「労働組合の本質は保守的改良運動であって，人類の解放を約束するものではない」と主張して山川，堺，荒畑寒村と対立。この持論は革命的サンジカリストの運動やIWW（世界産業労働者）の運動を否定するものではなかったが，アナ・ボル論争の時代背景のなかでとかく「階級闘争の否定」「労働組合無用論」などとの誤解を生んだ。だが労働運動を「人間獲得運動」「自由連合運動」ととらえる労働者たち，いかに生きるかを求める若い人々の心をつかんだ。そのなかには水沼辰夫，綿引邦agrees夫，布留川桂・信など終生の同志もいる。20年日本社会主義同盟結成に努力し機関誌『社会主義』（前身は『新社会評論』）の編集責任者となる。21年吉田らの『労働者』（労働社）に参加。『社会主義』連続発禁のため6カ月の禁錮処分。22年農村運動同盟結成に参加。25年4月四国巡回講演。26年黒連結成に参画，各地講演会，演説会に弁士として参加。27年4月水沼，近藤憲二，古川時雄らと第5次『労働運動』を発刊。5月中国に渡りアナキスト張継，李石曾らと相知る。上海の国立労働大学，福建省泉州の民団訓練所に滞在指導，朝鮮の同志とも協同し敬愛される。28年5月済南事件に際して帰国，郷里棚毛に帰る。35年夫妻で東京日本橋に屋台を出し「アナキスト焼き鳥屋」として話題になったが採算が合わず廃業。37年山本勝之助に求められて執筆した「国家論大綱」は「奴隷の言葉」を駆使した体制批判とも読め，戦後一部に批判されたように「転向」と断じきれるかどうか。「愛国心」や天皇に対する尊崇の心の問題は，一人岩佐にとどまらず同時代の精神史のなかに日本アナキズムを位置づけるという根底的な検討を必要とする。46年5月アナ連結成に加わり推されて全国委員長となる。「無政府主義宣伝」のポスターを胸にかけ『平民新聞』を街頭で売り全国を行脚。どこに行くにもこの姿で車中でも宣伝と対話を行う。51年6月日本アナキストクラブ創立と同時にクラブ員となる。67年郷里で87歳の「行為の

宣伝」の生涯を閉じる。遺品のなかに布地の古びた財布があり中の書き付けには岩佐の筆跡で次のようにある。「このサイフは，稀代のスグレた反逆児，横浜生まれ，村木源次郎君が大杉栄虐殺の張本人とモクされた軍司令官服(福)田暗殺未遂犯の共犯者として巣鴨監獄に入牢中重病のため，出獄二日目に日本無政府主義者の本キョ本郷西片町の労働(運動)社に死去，その懐中にしていたサイフであった。このサイフそのものは村木君の人となりを表明するもの。彼れの死とともにその日から野生の手にウツリ長い間かくされきれたものである。幸徳刑死後五十余年千九百六十三年五月十一日　八十五叟　岩佐作太郎　念のため記しおくものを也」と。(戸田三三冬)〔著作〕『労働運動と大衆労働運動』未来と青年社1925，『小作人に訴ふ』農村運動同盟1926，『無政府主義者は斯く答ふ』労働運動社1927・改題復刊『無政府主義者はこう答える』日本アナキストクラブ・タナトス社1970，クロポトキン『フランス大革命・上下』(訳)春陽堂1929，『革命断想』黒色戦線社1931・日本アナキストクラブ1958，クロポトキン『パンの獲得』(訳)同1960，『痴人の繰言』同1983〔文献〕『無政府主義運動』55号(岩佐作太郎追悼号)1967.4，秋山清「アナキスト 萩原恭次郎，岩佐作太郎」『転向・中』平凡社1960・「天皇制国家とアナキズム 岩佐作太郎の場合」『われらの内なる天皇制』太平出版社1973，網凪満昭『農の思想と日本近代』風媒社2004，大澤正道「日本社会主義同盟あれこれ」『初期社会主義研究』20号2008.2

岩佐 七重　いわさ・ななえ　1922(大11)-1967(昭42)5.28　東京出身。35年母の再婚によって岩佐作太郎が義父となる。東京海上火災にタイピストとして就職し以後26年にわたって勤務した。義父の著作の出版費用から夫妻晩年の生活に至るまでを支え生涯を独身で終えた。(奥沢邦成)〔文献〕『解放のいしずえ』新版

岩崎 英一　いわさき・えいいち　?-1934(昭9)10.11　石川県で活動する。34年9月19日石川県で『自連新聞』を配布中に検挙される。釈放後4・5日を経た同年10月11日身体に変調をきたし「もうすこしでも生きて我が仕事の半分だけでもして終りたい，このまま死ぬのは残念だ」と言い残し急逝。肋膜を病みつつ農村運動の先頭に立って勇敢に闘ってきたが「留置場の過酷な待遇が病を昂進せしめ」たと『自連新聞』96号は報じている。(冨板敦)〔文献〕『自連新聞』95・96号1934.10・12

岩崎 革也　いわさき・かくや　1870.1.22(明2.12.21)-1943(昭18)10.13　旧名・茂三郎，別名・秋月　京都府船井郡須知村(現・京丹波町)に地方名望家岩崎藤三郎の長男として生まれる。父の死後家業の酒造業と銀行業を継ぎのち銀行業(須知銀行)に専念する。03年革也と改名。幸徳秋水らが平民社を創立するとその趣旨に賛同し財政的支援者となる。以後も社会主義陣営への援助を続けその支援は大逆事件を経て堺利彦の東京市会議員選挙まで続いた。一方で須知村長，さらに3度にわたって須知町の町長に就任しまた府議会議員にも選出され，地方経営に尽力した。官僚国家の屋台骨を支える名望家でありながら，その国家にとっては危険きわまりない特別要視察人に名を連ねる人物であった。幸徳，堺，北一輝ら多数の運動家から岩崎に宛てた400通近い膨大な量の書簡が残されており秋月文庫として保存されている。(志村正昭)〔文献〕太田雅夫・森本啓一『岩崎革也年譜』桃学大教育研究所1993.3，山泉進「『冬の時代』の若葉，青葉の旅」『初期社会主義研究』8号1995.7・「観音峠を越えて パート2」『初期社会主義研究』10号1997.9，志村正昭「佐渡が島のほんやり」から「富豪革命家」へ」石塚正英編『20世紀の悪党列伝』社会評論社2000

岩崎 勘治　いわさき・かんじ　?-?　新聞工組合正進会に加盟し1924(大13)年夏，木挽町(現・東京中央区銀座)本部設立のために1円寄付する。(冨板敦)〔文献〕正進会『同工諸君！！寄附金芳名ビラ』1924.8

岩崎 善右衛門　いわさき・ぜんえもん　1884(明17)-1940(昭15)9.26　旧姓・市毛　茨城県渡里村(現・水戸市)出身。養家(市毛家)に男子が生まれてからなじまず10代で出奔上京。人力車夫になって野沢重吉の影響を受け各派茶話会などの同志会合に出席。13(大2)年彼と「労働共済会」設置を企図。14年10月岩崎家に入夫。15年大杉らの月刊『平民新聞』発禁抗議デモに参加。16年小生夢坊，北原竜雄と地方遊説，自由倶楽部演説会でも弁じる。18年米騒動に関連して農商務省に抗議に行き，会議の席で糞尿瓶を叩き割り拘留20日。社会主義同盟創立時に検束される。21年特高名簿に特別要視察人乙号と指定。車夫の後に有楽町駅の高架下

でおでん屋を開業，「社会主義おでん屋」と評判になる。20年ころ日比谷山勘横町に分店の魚善を出し，ここで金子文子が21年から約10カ月働いた。のちに右翼に傾斜，中山法華経寺近くに養老院を私設，二十数人を養った。店の客であった松崎天民は「時代に対する不平と，人間に対する仁侠をゴチャマゼにしたやうな好漢」と評す。（大杉豊）〔文献〕『社会主義沿革』，『朝日新聞』1940.9.28，『金子文子・朴烈裁判記録』黒色戦線社1991，松崎天民『善友悪友珍友奇友』『中央公論』1925.3

岩崎 健夫 いわさき・たけお ⇨有沢孝忠ありさわ・たかただ

岩崎 長太郎 いわさき・ちょうたろう ?-? 1919（大8）年横浜の間瀬印刷所に勤め横浜欧文技術工組合に加盟して活動。同組合設立基本金として1円寄付する。（冨板敦）〔文献〕『信友』1919年8・10・12月号

岩崎 直三 いわさき・なおぞう ?-? 1919（大8）年東京麹町区（現・千代田区）の一色活版所文選科に勤め日本印刷工組合信友会に加盟する。（冨板敦）〔文献〕『信友』1919年10月号，1920年4月号

岩崎 直蔵 いわさき・なおぞう ?-? 埼玉県出身。1931（昭6）年頃から大熊房太郎を通じて農青社に関わりをもつ。36年5月農青社事件の全国一斉検挙で大熊，伊藤愛蔵とともに逮捕されるが文書の配布を受けていた程度と判断され伊藤とともに不起訴。（奥沢邦成）〔文献〕『資料農青社運動史』，『農青社事件資料集Ⅰ・Ⅱ』

岩崎 なみ いわさき・なみ ?-? 1919（大8）年東京神田区（現・千代田区）の三秀舎に勤め日本印刷工組合信友会に加盟する。（冨板敦）〔文献〕『信友』1919年10月号

岩崎 政雄 いわさき・まさお ?-? 別名・政治 1919（大8）年横浜の港栄社に勤め横浜欧文技術工組合に加盟して活動。同組合設立基本金として1円寄付する。（冨板敦）〔文献〕『信友』1919年8・10月号

岩崎 光好 いわさき・みつよし 1905（明38）2.1-1958（昭33）6.24 旧姓・酒井 静岡県田方郡下狩野村大平（現・伊豆市）の旧家に生まれる。韮山中学卒業後上京し日本大学に学ぶ。音楽家を志し文学にも熱中，自らルンペンと称して北海道まで放浪の旅に出て胸を病み故郷に連れ戻される。26年10月日

大を3年で中退，沼津日日新聞社の記者となり市政を担当。同社の印刷部はアナキスト富山欣次，川辺常三ら沼津印刷工労働組合の拠点職場だった。富山らを通して元沼津日日の入江汎や大原卓四を知るが，岩崎は「アナの組織外に超然としていた」という。28年3月同社主催で新居格，木村毅を招いた思想講習会が開催される。詩誌『詩戦』に拠る辻善明らが東海詩戦連盟を結成し，しばしば開いた新興沼津詩人祭に金井新作らと参加，静岡から井東憲らも駆けつけた。駿豆タイムス社，駿豆新報社の記者をつとめ，30年頃からボル派に傾き労農党，全農の地方幹部となるが，32年運動を離れ沼津で喫茶店を経営する。35年末頃入江との関係から無共党事件で検挙されるが不起訴。女優富士真奈美は三女。（冨板敦）〔著作〕『東静無産運動史』同刊行会1974〔文献〕静岡地方裁判所検事局『静岡県下に於ける階級運動の概略（昭和14年3月）』復刻版・三創1973，『身上調書』

岩崎 弥一 いわさき・やいち ?-? 1926（大15）年7月京都一般労働者組合が創立され，織物工部の理事に選出される。創立時の京都一般の事務所は下京区花屋町の京都印刷工組合に同居した。10月京都一般の染色工部と織物工部を独立させる準備委員に，同月関西自連第3回大会の京都一般の提出議案担当になる。27年5月京都メーデーでは集会で挨拶，デモの指揮をとる。同年中頃からは京印事務所とともに下京区西之京東笠殿町の中村鹿二宅を仮事務所とする。（冨板敦）〔文献〕『自連』3・7・13号1926.8・12・27.6，『京都地方労働運動史』

岩崎 与三郎 いわさき・よさぶろう 1883（明16）-? 1918年8月福井市の米騒動時は市内花月下町に住み印刷工を職とする。13日夕刻，九十九河原で群衆に向かい「米価暴騰するは一に福井県知事の施政当を得ざる為」と訴えその政治責任を追及。「今から知事官舎，及び市内米穀商を襲撃すべし」と叫んで印刷工の高木豊らとともに集団の先頭に立つ。米暴動参加者は2隊に別れ道沿いの米屋を次々に打ち壊したが，「知事に強要するの必要あり」と岩崎は福井警察，知事官舎の襲撃を指揮した。「暴動」後，和田検事正は「知事官舎，警察署，代議士邸を襲撃したるは官権に対する不平ありした

めにて，此点他府県と異なれり」と福井の米騒動の政治性を指摘している。(西村修)〔文献〕『福井県史 近現代1』1994，井上清・渡辺徹『米騒動の研究3』有斐閣1961

岩下 幸一 いわした・こういち ?-? 長野県北佐久郡春日村(現・佐久市)に生まれる。1926(大15)年1月頃，竹内閔衛，小山敬吾の指導の下で小山四三，関和男，井出好男らが組織した「土に親しむものの会」に加わる。同会が農民自治会に合流，発展的に解消すると農自全国連合に参加。同年10月3日北佐久郡北御牧村(現・東御市)の北御牧小学校で発足した農自北信連合(のち東信連合に改称)に参加する。(冨板敦)〔文献〕『農民自治』6号1926.11，大井隆男『農民自治運動史』銀河書房1980

岩下 チヨ いわした・ちよ 1909(明42)-? 群馬県山田郡梅田村(現・桐生市)生まれ。桐生高等女学校を卒業後家事手伝いをする。のち親の反対を押して桐生市の両毛織物新聞社に入社し校正と発送事務の仕事についた。文芸に親しみ萩原恭次郎らとの交流からアナキズムに共鳴する。32年9月から半年間『自連新聞』を購読。33年4月同社を退社し結婚，桐生市本町に住む。35年末頃無共党事件で検挙されるが不起訴。(冨板敦)〔文献〕『身上調書』

岩瀬 清武 いわせ・きよたけ ?-? 1929(昭4)年2月AC労働者連盟機関紙『労働者の叫び』2号は「消息黒言」で「同志岩瀬清武君，10日佐倉第○○連隊に入獄，9日夜数十名にて両国駅に送別す」と報じる。(冨板敦)〔文献〕『労働者の叫び』2号1929.2

岩瀬 銀治郎 いわせ・ぎんじろう ?-? 1921(大10)年第3次『労働運動』1号は個人消息欄で「持病の肺結核が重くなり，目下横浜久保山市立療養院にいる」と報じている。(冨板敦)〔文献〕『労働運動』3次1号1921.12

岩瀬 徳太郎 いわせ・とくたろう ?-? 1919(大8)年東京神田区(現・千代田区)の宮本印刷印刷科に勤め日本印刷工組合信友会に加盟する。(冨板敦)〔文献〕『信友』1919年10月号

岩瀬 正雄 いわせ・まさお 1907(明40)11.27-2003(平15)5.18 愛知県豊橋市の農家に生まれる。名古屋電気学校を病気のために中退し17歳から詩作を始める。21歳で萩原朔太郎に認められて上京，『白山詩人』『学校』『黒色戦線』『雑居区』『弾道』などに詩を発表。28年森竹夫，小野十三郎らと新詩人会を設立。33年帰郷，総合雑誌『文化都市』を編集発行。32年最初の詩集『悲劇』を刊行後，豊橋にもどり市職員の傍ら詩作をつづけた。34年第1次豊橋文化協会を組織。機関誌『文化』を発行(次第に翼賛化していく)。戦中は青年団主事などに従事，43年青少年の生活記録『戦ふ青少年』(希望の窓社)を編集。45年呉海兵団に召集。戦後は第2次豊橋文化協会設立に奔走，民主的文学運動に参加。詩誌『日本未来派』に拠る。白山南天堂に出入りした最後の世代である。00年12冊目の詩集『空』(須永書房1999)で現代詩人賞受賞。歴代最高齢。(黒川洋)〔著作〕詩集『悲劇』耕文社1932，『僕の文学史 一匹の黄金虫』豊橋文化協会1972〔文献〕寺島珠雄『南天堂』皓星社1999

岩田 栄吉 いわた・えいきち ?-? 1922(大11)年第3次『労働運動』2号は，1月9日石川県石川郡野々市村に野々市労働組合という小作人団体が結成され(会員300余人)岩田が会長となったことを知らせる手紙を掲載している。(冨板敦)〔文献〕『労働運動』3次2号1922.2

岩田 幹一 いわた・かんいち ?-? 1919(大8)年東京牛込区(現・新宿区)の秀英舎(市ヶ谷)第二和文科に勤め活版印刷工組合信友会に加盟する。(冨板敦)〔文献〕『信友』1919年8月号

岩田 勘蔵 いわた・かんぞう ?-? 1919(大8)年東京神田区(現・千代田区)の宮本印刷印刷科に勤め日本印刷工組合信友会に加盟する。(冨板敦)〔文献〕『信友』1919年10月号

岩田 藤蔵 いわた・とうぞう ?-? 1919(大8)年東京京橋区(現・中央区)の築地活版所欧文鋳造科に勤め活版印刷工組合信友会に加盟する。(冨板敦)〔文献〕『信友』1919年8・10月号

岩田 彦次郎 いわた・ひこじろう ?-? 1919(大8)年東京麹町区(現・千代田区)の外務省活版部に勤め活版印刷工組合信友会に加盟する。(冨板敦)〔文献〕『信友』1919年8・10月号

岩楯 佐吉 いわだて・さきち 1905(明38)頃-? 東京に生まれる。深川区木場(現・江東区)で兄と和菓子製造業に従事。1925年坂野八郎・良三兄弟，吉村大助，阿部英男，高川幸二郎，高橋光吉，江西一三と無軌道

社を組織、26年黒連に加盟する。この年舞浜海兵団に入営。全国自連分裂の際、日本自協派に属した。32年9月奥谷松治、白井新平、田所茂雄、山口健助、森辰之介、塩長五郎、中村吉次郎、鑓田研一らと自協派理論誌『黒旗の下に』を創刊、6-12号(1933.4-34.3)の発行責任者となる。(冨板敦)
〔文献〕『黒色青年』6号1926.12,『江西一三自伝』同刊行会1976,山口健助『青春無頼』私家版1982,『黒旗の下に』復刻版・黒色戦線社1984

岩谷 渋三 いわたに・しぶぞう ?-? 1919(大8)年東京芝区(現・港区)の東洋印刷会社和文科に勤め活版印刷工組合信友会に加盟する。(冨板敦)〔文献〕『信友』1919年8月号

岩谷 新三郎 いわたに・しんざぶろう ?-? 印刷工として1919(大8)年活版印刷工組合信友会に加盟。同年9月10日深川文楽亭で開かれた自由労働者組合創立発会式に信友会を代表して野村孝太郎、入沢吉次郎、平野小剣と参加。10月頃、東京日本橋区(現・中央区)の回文堂に勤める。20年2月25日の信友会役員改選で会計係に選出される。同年7月4日の神田錦町の松本亭で開かれた信友会幹事会(60余名参加)で除名案が可決され除名される(詳細不明)。(冨板敦)〔文献〕『信友』1919年8・10月号,1920年1・3・8月号

岩出 金次郎 いわで・きんじろう 1890(明23)5.4-1951(昭26)11.11 別名・白雨 大阪市西区新町通に岩出宝飾店の岩出伝吉・つねの一人子として生まれる。すでに養子の義兄喜市がいたので金次郎と名づけられたのであろう。西六尋常小学校、堀江高等小学校、市岡中学に学ぶ。第2次大阪平民社に参加。08年1月1日『日本平民新聞』の新年の挨拶の連名には森近運平、荒畑勝三(寒村)、百瀬晋、武田九平、岡本凸二郎(顕一郎)、三浦黒四郎(安太郎)らと並んで岩出白雨の名がみえる。同年12月のちに大逆事件の謀議をしたとされた大石誠之助を囲む村上旅館での会合に参加。ために岩出も検挙されるが危うく連累を免れた。これには母つねの懸命の奔走があったと伝えられる。逼塞後の彼の名が再びみえるのは12年12月『近代思想』の誌上である。以後荒畑、大杉栄と連繋をとり月刊『平民新聞』、リーフレット『労働組合』の配布などに協力、また堺利彦とも連絡を復活し、武田伝次郎(久平の

弟)とともに大阪の活動家の中心となる。16年業界紙『時計と貴金属』、17年地域紙『美なみ新聞』を創刊。19年3月『美なみ新聞』を発展させて『日本労働新聞』を創刊する。編集者は橋浦時雄、和田信義、荒畑と代わったが発行費は岩出一人が負担した。初めは労資協調をうたって慎重に進めたが次第に旗幟を鮮明にし、特に荒畑編集の35号(1920.5)以降は「運動に定着した唯一の社会主義的労働運動評論紙」(渡部徹)として関西労働運動に大きな影響を与える存在となったが、20年11月の京都赤旗事件で荒畑らが逮捕起訴されまた相次ぐ発禁処分によりついに47号(1921.6)をもって終わった。以後岩出印刷所の経営、『日本宝飾時報』(『時計と貴金属』改題)の発行などに従事した。岩出は堺が高適の「邯鄲少年行」を読むようだといった「船場のボンチ」でありながら「活動の表舞台に派手に登場しなかったが、大逆事件で全滅した大阪社会主義者たちに代って、明治大阪平民社の遺産を大正時代に引きついでゆく重要な人物」(荒木伝)だったといえよう。51年食道近くの大動脈瘤のため死没、享年61。当人の遺志で戒名はない。(堀切利高)
〔文献〕荒木伝『なにわ明治社会運動碑・下』柘植書房1983,荒畑寒村『寒村茶話』朝日新聞社1976,『日本労働新聞』復刻版(解説渡部徹・解題堀切利高)大正労働文学研究会1983,『社会主義沿革1』

岩藤 思雪 いわとう・しせつ 1879(明12)10.21-1938(昭13)3.28 本名・新三郎 岡山県勝田郡津山町西新町(現・津山市)に生まれる。同志社を中退し兵庫県明石の湊病院に勤務、勝精と知り合う。4カ月ほどで同病院をやめ上京して二松学舎に学ぶ。のち平民社に出入り。04年3月頃岐阜市の勝精宅を訪れており勝の紹介で濃飛育児院、次いで『西濃新聞』記者の職を得る。同年8月西川光二郎の来訪に尽力して演説会を開催、11月山口義三、小田頼造を迎えている。05年1月『平民新聞』読者会を、2月社会主義研究会を勝宅で開き、会の名称を岐阜平民会と定めて毎月例会をもつことを決める。1年前後で会は空中分解。06年10月上京し上司小剣の紹介で読売新聞社に入社しようとしたが失敗。梅屋庄吉率いる活動写真会社M.パテー商会に職を得、弁士長になる。さらに映画製作を手がけるようになり日本で最初

にカットバックの手法を試みた。後半生は映画人として生き，38年映画撮影のため中国に渡って急性肺炎で倒れ北京同仁病院で死没。プロレタリア作家岩藤雪夫はその息子だが，思雪が社会主義運動に挫折したのは幸徳秋水の死に絶望したためだろうと語っている。（神谷昌志）〔文献〕柏village隆志『勝精と岐阜平民会の人びと』『大逆事件の周辺』論創社1980，田中純一郎『日本映画発達史1』中公文庫1975，「梅屋庄吉伝25」『読売新聞』西部版2002.9.19

岩藤 雪夫 いわとう・ゆきお 1902（明35）4.1-1989（平1）8.28 本名・俤 横浜市に生まれる。父思雪は無声映画の活動弁士だったが若い頃は幸徳秋水のもとにいて各地を歩き回ったといわれる。母雪子は雪夫を産んですぐ死没し，戸籍上では祖父岩藤仙吉の三男となっている。家庭的には薄幸な少年時代を過ごし東京千駄ケ谷小学校から早稲田工手学校機械科を卒業，20年工員見習となり，鉄道省錦糸堀工場仕上工などを経て23年創立された東京蓄音器大崎工場の仕上工になった。関東大震災後は北海道東海汽船火夫などを経て東京出版労働組合に加入した。この頃のことを岩藤は「以来転々と放浪，職工，土方，船員と二十二才まで歩き廻り，アナキズムに心酔してゐた」（「新人文壇録・略歴」1929）と回想している。26年『東京朝日新聞』配達をしていた頃葉山嘉樹宅に出入りするようになり，葉山の紹介で文壇デビュー作「売られた彼等」が翌年8月『文芸戦線』に発表された。出世作「ガトフ・フセグダア」（1927.12）で明らかに葉山の『海に生くる人々』の影響下，自己の海員体験をもとにアナキズムやニヒリズムを克服し階級的闘いにめざめていく労働者像を描いている。27年労農芸術家連盟（労芸）に加盟後，労働者出身の作家として次々に力作を発表，とりわけ工場労働者の生活や感情を芸術的に表現し『文芸戦線』随一の作家になっていく。32年7月の労芸解散まで文戦派作家として活躍，その後旧労芸メンバーによる労農文学同盟，それからの脱退者によるプロレタリア作家倶楽部に所属。しかし34年頃から創作活動がしだいに弱まり，共産主義に近づくなかで太平洋戦争勃発時には神奈川県鶴見署に逮捕され敗戦後に釈放された。一応非転向を貫いたのである。戦後は新日本文学会に参加するが，もっぱら労働運動に関係し東芝鶴見労働組合執行委員長，全日自労鶴見執行委員長，京浜労働文化同盟幹事長などをつとめた。（大和田茂）〔著書〕『鉄』改造社1929，『賃金奴隷宣言』南蛮書房1929，『血』日本評論社1930，『工場労働者』天人社1930，「人を食った機関車」鮎川哲也編『下りはつかり 鉄道ミステリー傑作選』光文社文庫1986〔文献〕浦西和彦「岩藤雪夫の『鉄』と『賃金奴隷宣言』」『日本プロレタリア文学の研究』桜楓社1975

岩野 猛 いわの・たけし 1907（明40）-1927（昭2）2.23 熊本市の春竹水平社，熊本青年水平社のメンバーとして数々の糾弾闘争を闘う。1926（大15）年8月熊本の糾弾事件で在監中，病気にかかり保釈。出獄後療養中に死没。同時に起訴された熊本水平社メンバー（米村喜一郎，柏野貞之，杉本岩松，杉本正雄，藤井元一，鈴木田一男，米村嘉次郎，村本鎌太郎，米村市郎，中河一，北山章，坂田徳義，杉本五郎，末永時行，西岡政義，田平松雄）の裁判状況と岩野の訃報が『全国水平新聞』に掲載される。米村喜一郎宅に黒潮社事務所がありメンバーの工藤日露時，猪古勝，林博，山田尚種も起訴された。27年福岡連隊爆破事件の嫌疑で検挙され釈放後死没した清住政喜は岩野の従兄弟。（冨板敦）〔文献〕『全国水平新聞』1号1927.7，『思想輯覧1』

岩野 泡鳴 いわの・ほうめい 1873（明6）1.20-1920（大9）5.9 本名・美衛 兵庫県津名郡（淡路島）洲本町（現・洲本市）に生まれる。泡鳴は出身地にちなみ阿波の鳴門からつけた号。浪漫的思想詩から出発し象徴詩，自然主義的小説へと作品は変化するが，キリスト教とそれに対する懐疑，エマソンやシモンズの影響下での一元描写論など，実作家のみならず文学理論家としても多くの作品や翻訳を発表している。またゴシップ的には「三度妻を換えた話」（本人談話）など男女関係において高名でそれらの報道に対し逐一反論する泡鳴の姿勢が，彼の文学用語の半獣主義，刹那主義，本能主義，悪魔主義などという言葉とともに，旧来の倫理観や権威への反抗と受け取られていたようである。二番目の妻が青鞜社同人の遠藤清子，清子との離婚原因となった三番目の妻は青鞜社補助用員の蒲原英枝。遠藤と同棲中，13年2月の青鞜社講演会に講師として

「男のする要求」という題で講演，これは青鞜社同人が妻子を捨てて新しい愛人と同棲する泡鳴の半獣主義を認めたものとして一部の人々の反感を招き講演の壇上に聴衆の一人が泡鳴を非難してつかみかかったが，逆に泡鳴に突き落とされるという事件となった。大杉栄らの近代思想社小集にも招かれている。（川口秀彦）〔著作〕『泡鳴全集』全18巻国民図書1921·22·復刻版広文庫1971，『岩野泡鳴全集』全16巻別巻1臨川書店1994-97〔文献〕舟橋聖一『岩野泡鳴伝』角川選書1971，西川文子『平民社の女』青山館1984

岩橋　信二郎　いわはし・しんじろう　1884（明17）4.16-?　大阪市北区善源寺町に生まれる。上京し1921（大10）年自由人連盟に出入りしたことから警視庁の思想要注意人とされる。（冨板敦）〔文献〕『警視庁思想要注意人名簿（大正10年度）』

岩橋　恒男　いわはし・つねお　1910（明43）-1972（昭47）11.30　別名・恒星　屯田兵の息子として北海道空知郡江部乙村（現・滝川市江部乙）に生まれる。兄の影響を受け文学などの芸術に関心を深める。短歌から詩作に移る。34年4月詩集『北方の意思』を芸術教育社から刊行。自連新聞社北海道支局を担当。46年7月23日北海道農民大会実行委員の一人として上京。47年江部乙村農地委員となる。共産党に入党。55年4月江部乙町議に当選。4期続けて町議をつとめ71年4月滝川市議会議員に当選。任期中に死没。（堅田精司）〔文献〕『社会運動の状況6』，『戦後北海道農民運動史』全北海道農民連盟1968，『滝川市史・上下』1981

岩淵　五郎　いわぶち・ごろう　1920（大9）-1966（昭41）2.4　長野県生まれ。戦中に航空隊に所属。戦後小学校教員をつとめたのち上京し文化評論社編集部に在籍。その後『アカハタ』文化部に移るが六全協問題で脱党。60年安保の時，松田政男らと六月行動委員会を結成し6月15日国会突入をはかった全学連と行動をともにする。65年日韓条約反対の東京行動戦線に参加し事務局役を引き受ける。60年代の春秋社編集部に在籍中は吉本隆明，村上一郎，橋川文三らの著作を手がけた。66年2月全日空機の東京湾墜落事故で死没。（高野慎三）〔著作〕「最後のメモから」『試行』17号1966.5〔文献〕「東京行動戦線」9号1966.2，『自由連合』117号1966.2，吉本隆明「ひとつの死」『試行』17号1966.5

岩淵　良雲　いわぶち・りょううん　1887（明20）4.25-?　別名・天涯　岩手県西磐井郡山ノ目村（現・一関市）に生まれる。北海道上川郡比布村（現・比布町）に移住。新聞記者となる。23年5月旭川文化協会を組織。時永良一も参加。社会問題に関心が強く大杉栄らの虐殺が伝えられると，北海道や東北6県にわたり甘粕正彦糾弾の演説会を開催。「誤れる国士観念」と甘粕の思想を攻撃した。25年秋小樽高商事件について旭川で軍事教練批判演説会を開催。社会政策学院の講習を受け小作争議，借家人問題などについて発言。思想要注意人に編入されるがその後社会運動から離れ旭川市職員となる。34年10月市会議員選挙に立候補したが落選。（堅田精司）〔文献〕『思想要注意人調』北海道庁警察部1927.6，『小樽新聞』1923.11.30

岩間　勝太郎　いわま・かつたろう　?-?　別名・勝三郎　東京日日新聞社に勤め東京の新聞社員で組織された革進会に加わり1919（大8）年8月の同盟ストに参加するが敗北。読売新聞社に移り正進会に加盟。20年機関誌『正進』発行のために50銭寄付する。（冨板敦）〔文献〕『革進会々報』1巻1号1919.8，『正進』1巻1号1920.1

岩間　清四郎　いわま・せいしろう　?-?　1919（大8）年東京牛込区（現・新宿区）の秀英舎（市ヶ谷）欧文科に勤め活版印刷工組合信友会に加盟する。（冨板敦）〔文献〕『信友』1919年8·10月号

岩間　留吉　いわま・とめきち　?-?　別名・留三郎　やまと新聞社に勤め東京の新聞社員で組織された革進会に加わり1919（大8）年8月の同盟ストに参加するが敗北。のち正進会に加盟。20年機関誌『正進』発行のために50銭寄付する。（冨板敦）〔文献〕『革進会々報』1巻1号1919.8，『正進』1巻1号1920.4

岩間　福松　いわま・ふくまつ　?-?　1919（大8）年東京京橋区（現・中央区）の中屋印刷所印刷科に勤め活版印刷工組合信友会に加盟する。同所同科の組合幹事を担う。（冨板敦）〔文献〕『信友』1919年8·10月号

岩見　謙吉　いわみ・けんきち　?-?　新聞工組合正進会に加盟し1924（大13）年夏，木挽町（現・東京中央区銀座）本部設立のために1

円寄付する。(冨板敦)〔文献〕正進会『同工諸君!!寄附金芳名ビラ』1924.8

岩本 一喜 いわもと・かずき ⇨園田末喜そのだ・すえき

岩本 貞之助 いわもと・さだのすけ ?-? 1919(大8)年東京京橋区(現・中央区)の帝国興信所印刷科に勤め日本印刷工組合信友会に加盟する。(冨板敦)〔文献〕『信友』1919年10月号

岩本 秀司 いわもと・しゅうじ ?-? 別名・秀一 全国水平社関西解放連盟のメンバー、今宮水平社執行委員。1922(大11)年2月大阪平野で開かれた青十字社主催の部落問題演説会に参加。28年大阪メーデーに参加し松谷功らと検束される。29年2月大串孝之助と山岡喜一郎が出していた『民衆の中へ』(民衆社)の今宮事務所を岡田勘二郎と担う。9月16日の大杉栄追悼会準備中、事務所が弾圧を受け山崎真道、木村英一とともに検束、今宮署に拘留20日。梅谷新之助、前川敏夫、山岡、岡田と全水関西解放連盟を組織し10月『関西水平新聞』を創刊する。30年黒色青年自由連合(のちアナルキスト青年連盟に改称)にも加わり同年11月23日大阪天王寺公会堂で開かれた市電自助会の大会に出席して前島浩一、吉村明らと戎署に検束される。12月全水第9回大会に岡田、梅谷、白砂健、小林光太郎とビラを配付しようとするが入場を拒まれ殴打される。岡田の自宅にあった今宮水平社の執行委員をつとめた。(冨板敦)〔文献〕『自連』24号1928.5、『自連新聞』40・54号1929.10・30.12、『民衆の中へ』2号1929.2、『大阪社会労働運動史・下』、三原容子「水平社運動における『アナ派』について・正続」『世界人権問題研究センター紀要』2・3号1997・98、向井孝「木本凡人の『立場』『黒』7号2001.8、『昭和7年年1月至6月社会運動情勢 大阪控訴院管内・上』復刻版・東洋文化社1979、『自由民報』33号1931.1

岩本 新 いわもと・しん ?-? 1927(昭2)年東京市向島区隅田町(現・墨田区)で稲田末太郎とともに「反政党運動」隅田支局をつとめる。(冨板敦)〔文献〕『反政党運動』2号1927.7

岩本 貞一 いわもと・ていいち ?-? 1919(大8)年東京京橋区(現・中央区)の帝国興信所活版部に勤め日本印刷工組合信友会に加盟する。(冨板敦)〔文献〕『信友』1919年10月号

尹 赫済 いん・かくざい ユン・ヒョクチェ ?-? 大阪の朝鮮人アナキスト金泰燁らが1926(大15)年1月16日結成した新進会の常務委員として活動する。26年5月頃、24年6月大阪で朝鮮無産者社会連盟を組織した高順欽と協議し亜細亜民族大会反対運動を提唱し、在日本朝鮮労働総同盟大阪連合会と提携して戦列を準備しようとする。27年以降大阪朝鮮労働組合や新幹会大阪支会の幹部として活動。また在阪朝鮮人の生活権擁護の運動を中心に活動。大阪朝鮮労働組合西部支部を基礎に29年組織された大同消費組合や、30年から開始される大阪朝鮮無産診療所の設立・運営の運動に参加する。33年朝鮮人親睦団体聖天親睦会も組織する。(手塚登士雄)〔文献〕李浩竜「在日朝鮮人アナキストたちの組織と活動」(滝沢悦子・土井美保子訳)

印東 鎔次郎 いんどう・ようじろう 1869.12.20(明2.11.18)-? 東京府北豊島郡巣鴨村(現・豊島区巣鴨)に生まれる。家庭の都合により小学校を退学、安田銀行の給仕として働く。85年頃書記に登用され92年頃まで勤務。その後日本橋の米穀会社で書記として働きながら独学で英語を勉強し1903年渡米、カリフォルニア州バークレーに住んだ。07年11月におきた天皇暗殺檄文配布事件以降、在米社会主義者、アナキストの取り締まり調査活動が強化された。10年9月日本における大逆事件の拡大捜査が進展するなか岩佐作太郎、竹内鉄五郎らと交際があったという理由から甲号として要視察人名簿に登録された。しかし印東がめだった活動を行ったという形跡はない。19年6月名簿から削除されている。(西山拓)〔文献〕『主義者人物史料1』、『在米主義者沿革』

う

ヴァンゼッティ Vanzetti, Bartolomeo 1886.6.11-1927.8.23 イタリア北部の出身。1908年米国に移民として渡る。独身でいくつかの職業を転々としたが逮捕時には魚の

行商をやっていた。労働運動に加わり左翼思想に関心を持った。17年第1次大戦に米国が参戦すると徴兵拒否のためメキシコに逃れそこでサッコと出会う。帰国後も交際していた二人がマサチューセッツ州で賃金強奪と殺人の容疑で突然に逮捕されたのは20年5月5日のこと。以後サッコ・ヴァンゼッティ事件の当事者としてこの二人の名前は切り離すことができない。大戦後の不況のもとで失業者が増大し労働運動が高揚するなかでロシア革命をきっかけに共産党組織が結成され爆弾事件も相次ぐなど騒然たる状態にあった。事件はこのような時代背景のなかで生まれた。裁判はイタリア人移民に対する偏見あるいはアナキストに対する差別意識で満ちたものであり,十分な証拠の検証や公平な審理のもとで行われたものではなかった。逮捕時には英語の読み書きがほとんどできないという彼らの言語的な障害もあった。労働組合による裁判支援や抗議活動は米国にとどまらず世界各地へと広がっていった(日本での抗議活動はサッコの項を参照)。獄中でのヴァンゼッティが英語を学びダンテやシェークスピア,バルザックなど多方面の読書を通して自らの思想を確たるものとしたことは,獄中で著された自伝がその一端を物語っている。27年当時パリ留学中で運動方針をめぐる対立などで苦衷にあった巴金がヴァンゼッティの自伝を読み「その中の言葉に激しく心を揺さぶられた」と回顧。その後の文通によって勇気づけられそれまでの葛藤を29年発表のデビュー作『滅亡』に結実させ,作家としての地歩を築いた。マサチューセッツ州知事が二人の無実を公式に宣言したのは半世紀後の77年である。(山泉進)〔著作〕The story of a Proletarian life, 1923. The Letters of Sacco and Vanzetti, The Viking Press, 1927(草野心平訳『サッコ・ヴァンゼッチの手紙』渓文社1932)〔文献〕Sacco-Vanzetti : Development and Reconsiderations 1979, Boston Public Library, 1982. 山口守「巴金とサッコ=ヴァンセッティ事件」『研究紀要』(日大人文科学研究所)45号1993.3。

上 政治 うえ・せいじ 1907(明40)5-1969(昭44)1.26 和歌山県那賀郡鞆淵村(現・紀の川市)生まれ。生家は山林業。22年高等小学校卒業。補修科に入り村の青年団音楽部のリーダーとなりクラリネットで才能を発揮。24年『紀伊詩人』を編集。27年和歌山歩兵連隊に入隊。『地上楽園』(白鳥省吾),『詩之家』(佐藤惣之助)の同人となる。30年農民詩人協会を設立し『農民詩人』を発行。32年召集され中国呉淞砲台守備,100日で帰国。33年『冬の土』,復活『弾道』などに寄稿する。かたわら民謡詩歌をつくり蓄音機店を経営して作曲もした。戦後は文芸から離れた。(黒川洋)〔著作〕詩集『麗しき野人』大地舎1929,詩劇集『恋の横笛』農民詩人社1930,民謡集『絵日傘』農民詩人協会出版部1931,陣中民謡集『一兵卒の歌』大地舎1932,長編叙事詩集『妖麗の恋』農民詩人協会出版部1932〔文献〕松永伍一『日本農民詩史・中2』法大出版局1969・『農民詩紀行』NHKブックス1974。

上木 常吉 うえき・じょうきち 1876(明9)1.1-? 神奈川県横浜市伊勢町(現・西区伊勢町)に生まれる。上京し1921(大10)年北風会(東京北郊自主会)に出入りしたことから警視庁の思想要注意人とされる。豊多摩郡戸塚町下戸塚(現・新宿区戸山)に住み洋服裁縫職に就いていた。(冨板敦)〔文献〕『警視庁思想要注意人名簿(大正10年度)』

植木 清一郎 うえき・せいいちろう ?-? 1919(大8)年東京京橋区(現・中央区)の電新堂印刷所欧文科に勤め活版印刷工組合信友会に加盟する。同所同ека組合幹事を担う。(冨板敦)〔文献〕『信友』1919年8・10月号

植木 徹誠 うえき・てつじょう 1895年(明28)1.21-1978(昭53)2.19 三重県生まれ。御木本真珠店付属工場に就職。労働運動に参加。日本労働学校に通い「建設者同盟」「バガボンド社」の研究会に参加。キリスト教の洗礼も受ける。関東大震災後,工場閉鎖により解雇され社会主義運動に参加するも病気により三重県に戻る。ここで義父小幡徳月(真宗大谷派西光寺住職)に影響され得度。徹之助から徹誠に改める。三重県下の寺院に住み全国水平社と連携し部落・農民運動に参加。1935(昭10)年の朝熊闘争で中心的な役割を果たす。38(昭13)年1月18日「人民戦線事件」にて治安維持法違反及び陸軍刑法第99条違反で検挙され未決・既決を含め3年間獄中にあった。満州事変勃発後の反戦言動も罪となったのである。逮捕後寺院を追われ以後僧職を続けることはなく貴金

加工業を営んだ。戦後も60年安保闘争などに参加し社会活動を続けていた。(大東仁)〔文献〕植木等『夢を食いつづけた男　おやじ徹誠一代記』朝日新聞社1984

上倉　友男　うえくら・ともお　?-?　1919(大8)年東京京橋区(現・中央区)の三協印刷株式会社鋳造科に勤め日本印刷工組合信友会に加盟する。(冨板敦)〔文献〕『信友』1919年10月号

上島　久助　うえしま・ひさすけ　?-?　1919(大8)年東京京橋区(現・中央区)の大倉印刷所和文科に勤め活版印刷工組合信友会に加盟する。(冨板敦)〔文献〕『信友』1919年8・10月号

上島　房吉　うえしま・ふさきち　?-?　1919(大8)年東京京橋区(現・中央区)の築地活版所印刷科に勤め日本印刷工組合信友会に加盟する。(冨板敦)〔文献〕『信友』1919年10月号

上杉　亀吉　うえすぎ・かめきち　?-?　1919(大8)年東京京橋区(現・中央区)の築地活版所和文科に勤め日本印刷工組合信友会に加盟する。(冨板敦)〔文献〕『信友』1919年10月号

上田　彰　うえだ・あきら　?-?　別名・日出男　黒衛社、黒連、全国自連のメンバー。1927(昭2)年11月29日岩手県稗貫郡花巻町(現・花巻市)花巻座での評議会岩手交通労働組合創立記念演説会に北浦獏、米山、斎藤、瀬川ら5人で傍聴に行き大乱闘となり演説会をぶち壊す。28年3月全国自連第2回大会に黒衛社として祝辞を述べる。31年秋頃肺を病み東京清瀬病院で療養する。(冨板敦)〔文献〕『黒色青年』15号1927.12、『自連新聞』23・57・70号1928.4・31.4・32.5、『民衆の解放』2号1932.5

上田　蟻善　うえだ・ありよし　1892(明25)-1931(昭6)7.13　別名・矢張園人、オヤヂ名は「きぜん」とも読む。京都生まれ。京都薬学専門学校を卒業、薬剤師となる。京都大学医科大学医院薬局に勤務中から本草学や植物学さらには考古学に興味を示し、薬草の成分研究などを行う(のちに学会で論文も発表)。14年京都市三条通富小路東入で調剤、各種薬品・ミルク・洋酒・化粧品販売、衛生的試験、売薬製剤教授などを看板にウエダヤ薬局を開業。一方で済生会に対抗、他方で鈴木梅四郎、加藤時次郎らの実費診療所、京大病院の医師で14年に開業する梅敷軍次らに共鳴、労働者のために実費投薬や無期限貸与を実施。またへいみん石鹸などを相次いで販売。店は繁盛し睡眠時間を惜しんで施薬や薬草研究などに打ち込んだ。かたわら『近代思想』『へちまの花』などを購読、堺利彦、高島米峯らと交流した。薬局開業直後の14年7月堺の『へちまの花』の向こうを張ることを考え『へいみん』を創刊。ウエダヤ薬局を発行所に自ら編集兼発行人となる。翌15年6月の4号で終刊となるが上田自身は同紙に遅れて世に送り出された大杉栄らの『平民新聞』を同紙の「親類」と呼んでいた。その後京都本草会を主宰し事務局を自宅に置く。その研究例会を京都薬品試験所などで続ける一方でアナキズムにも関心を深め、アナキストはじめ社会主義者との交流も続けた。27年社会民衆党京都支部の結成に参加。京都府会議員選挙に立候補するが落選。29年京都市会議員選挙に立候補し当選。31年社民党を除名され京都地方合同同盟を結成。さらに全国労働大衆党の結成に参加。その直後に中耳炎で死没した。(小松隆二)〔文献〕『京都地方労働運動史』、太田雅夫「上田蟻善と『へいみん』」『初期社会主義研究』8号1995.7

上田　音市　うえだ・おといち　1897(明30)2.25-1999(平11)1.21　三重県飯南郡鈴止村(現・松阪市)に生まれる。松阪第一小学校高等科卒業。13年大阪で友禅職人となるが16年にストを指導し解雇され帰郷。車夫となる。22年4月松阪で三重県水平社を結成、23年日農県連松阪支部を組織する。同年4月上旬松阪のタクシー運行計画に反対し仲間とともに松阪車夫同盟会のビラをまきつつデモ。その日市内の中座で演説会を開きアナキズム的思想を背景とする労働者組合松阪車夫同志会(130人)を結成して活動、タクシー運行計画を阻止する。24年4月16日松阪車夫組合と改称し会長となる。25年全国水平社第4回大会で中央委員に就任。32年全農全国会議派初代委員長、37年社会大衆党県連執行委員をつとめる。戦後は46年部落解放全国委員会結成とともに全国委員となる。松阪車夫同志会は三重県で最も古い労働者組合といわれている。(冨板敦)〔文献〕大山峻峰『三重県水平社労農運動史』三一書房1977、三重県部落史研究会『解放運動とともに　上田音市のあゆみ』三重県良書出版会1982

上田　一夫　うえだ・かずお　1914(大3)-1970(昭和45)12.4　岐阜県出身。13歳の時

に北原泰作の影響を受け水平社運動に参加した。以後部落解放運動に尽力、46年部落解放委員会の結成に参加し執行委員となる。のち社会党滋賀県議、67年同県本部委員長。(奥沢邦成)〔文献〕『解放のいしずえ』新版

上田 銀次郎 うえだ・ぎんじろう ?-? 新聞工組合正進会に加盟し1924(大13)年夏、木挽町(現・東京中央区銀座)本部設立のために1円寄付する。(冨板敦)〔文献〕正進会『同工諸君!! 寄附金芳名ビラ』1924.8

植田 好太郎 うえだ・こうたろう 1893(明26)3.6-1938(昭13)9.10 大阪生まれ。18年明治大学法学部卒業。建設者同盟に参加、労働運動に関心をもち19年北沢新次郎らとともに大原社会問題研究所東京事務所のメンバーとなる。同年11月サラリーマン組合を設立し機関紙『レ・サラリア』を創刊、顧問に就任。第1次『労働運動』3号(1920.1)に「僕等のサラリーマン組合」を寄稿。20年12月日本社会主義同盟の結成に際して建設者同盟の代表として発起人となる。21年6月以降実際運動から退き学術研究に専念する。フランス語に堪能でフランスの労働運動、サンジカリズム、ソレルを紹介する。24年頃フランスに渡り、フランス人女性と結婚後に帰国したと伝えられる。(奥沢邦成)〔著作〕『仏国C.G.T.の運動と哲学』福永書店1920、『総同盟罷業の研究』文化学会出版部1923〔文献〕北沢新次郎『歴史の歯車』青木書店1969、『労働運動』2次12号1921.6

上田 次郎 うえだ・じろう ?-? 筑北農民組合のメンバー。1930(昭5)年『自由連合運動』10号に「農村運動を如何に展開せしむべきか」を投稿する。(冨板敦)〔文献〕『自由連合運動』10号1930.5

上田 セキ うえだ・せき ?-? 別名・せき 1919(大8)年東京京橋区(現・中央区)の東京印刷社和文部に勤め活版印刷工組合信友会に加盟する。機関誌『信友』の婦人欄の常連執筆者だった。20年頃新聞工組合正進会にカンパし機関誌『正進』の婦人欄にしばしば寄稿、女性同志を勇気づけた。機関誌『信友』には女子6時間労働要求について執筆する。同年9月12日紡織労働組合主催の茶話会兼演説会に信友会を代表して野村孝太郎、井上竜郎と参加。なお上田セキはペンネーム。(冨板敦)〔文献〕『信友』1919年8・10月号・20年1・2・3・4・7・9・10月号・21年1・2月号、『正進』1巻1-4・8号1920.4-7・12、2巻1・2・4号1921.1・2・4、水沼辰夫『明治・大正期自立的労働運動の足跡』JCA出版1979

植田 宗一郎 うえだ・そういちろう 1901(明34)-? 本名・宇江城良義 沖縄県首里区(現・那覇市)当蔵町生まれ。高等小学校を卒業後、同区上蔵町の池上医院で薬剤助手となる。21年歩兵第14連隊に入隊。23年除隊後すぐに上京する。30年11月市村座での新築地劇団公演中に言動不穏として検束される。31年広島に転住。片岡捨吉宅に寄宿し旬刊『山陽自治新聞』発行の手伝いをする。この年治安維持法違反で検挙。35年3月脅迫罪で拘留25日の処分を受け、5月には申し込みのない新聞を配布したとして拘留29日となる。同年末頃兵庫県の藤井順次宅に寄宿中、無共党事件で検挙されるが不起訴。(冨板敦)〔文献〕『身上調書』

上田 太良 うえだ・たいりょう ?-? 1918(大7)年鹿児島県大島郡住用村西仲間で米騒動を指揮、逮捕起訴された。鹿児島県下で米騒動の記録は奄美大島の事例1件だけである。8月24日夜西仲間の農民80人は村内の米商人川崎嘉一商店と吉富次郎商店を襲撃、雨戸を壊して乱入、1升39銭の米を33銭に、1合15銭の焼酎を12銭に値下げを要求、これを認めさせた。この騒動を指揮したのは上田と宝仁行の2人であり2人ともアナキストの影響を受けたものとみられているが詳細は不明。どのようにして本土の米騒動の情報を入手したのかも不明である。上田らは騒擾指揮、助恐喝、建造物破壊の罪名で懲役1年の刑に服した。(松田清)〔文献〕松田清『奄美社会運動史』JCA出版1979、『名瀬市誌・下』1973、『道之島通信』133号1995.6

植田 信夫 うえだ・のぶお ?-? 別名・上田吉郎 早稲田大学英文学科に入る。1928(昭3)年級友の丹沢明、森辰之介らと『二十世紀』(2号まで)を創刊、翌年鈴木靖之、星野準二らの『黒色文芸』(2号まで)、塩長五郎の『黒蜂』と合同しアナキズム文芸誌『黒色戦線』を始める。同誌には「無政府主義文芸批評論序説」をはじめほとんど毎号執筆するほか編集にもあたったらしい。同年10月15日東京京橋の読売講堂で開かれた黒色戦線社主催プロレタリア文芸・思想大講演会で

は司会をつとめる。この講演会には丹沢，能智修弥，宮嶋資夫，金井新作，神谷暢，松本親敏，鷹樹寿之介（菊岡久利），大塚貞三郎，栗原一男，新居格，前田淳一，川口慶助，松田巌，小野長五郎，工藤豊美，太田末二，古川時雄，塩，星野が講演と詩朗読で登壇したが，ほとんど全員が弁士中止となった。同年末『黒色戦線』は分裂し丹沢，森，塩らは『黒戦』をおこすが，植田の名前はみられない。『自連新聞』での「不純分子」呼ばわりに嫌気がさしたのかもしれない。（大澤正道）

上田 兵二郎 うえだ・へいじろう ?-? 1919（大8）年東京京橋区（現・中央区）の築地活版所和文科に勤め活版印刷工組合信友会に加盟する。（冨板敦）〔文献〕『信友』1919年8・10月号

上田 正夫 うえだ・まさお ?-? 1925（大14）年広島自由労働組合のメンバーとして広島市のメーデーに参加し同労組を代表して演説する。西練兵場記念碑前で午後1時から開催され参加者は170余人だった。（冨板敦）〔文献〕山木茂『広島県社会運動史』

植田 増吉 うえだ・ますきち 1891（明24）1-1957（昭32） 別名・上田益吉 兵庫県揖保郡東栗栖村（現・たつの市）生まれ。尋常小学校を卒業後，08（明41）年頃大阪に出て友禅職人として工場を転々とする。米騒動のあった翌19（大8）年末友禅工組合を組織し有給事務員となり労働争議に関わる。21年組合員を株主とする日本友禅会社の創業に参加。22年6月借家人同盟に加入。23年末大阪北区所在の労働団体の結合をはかり北大阪純労働会，関西紡績，大阪メリヤス組合，友禅工組合と協議するが，北大阪純労の改組と組織拡大の決定に終わり植田は友禅工組合の主事を辞し北大阪純労に加入する。25年友禅工組合から分かれて浪速友禅工同志会を発足させる。また関西黒旗連盟，闘ひ社に加わり中尾正義らと交流，無軌道社にも関わった。26年年6月2日浜松日本楽器争議での警察の労働者への弾圧を見かねて静岡県知事官舎の焼き打ちを関谷栄，林隆人と計画。ガソリンをつめた空気枕を官舎の玄関にぶちまけ火を放ち自首。懲役2年となる。当時妻を結核で亡くしたこともあり植田にとってこの闘争はカルモチンを持参しての死を賭けたものだった。31年中尾とともに恐喝で懲役2年（伊藤忠兵衛事件，詳細不明）。33年出獄，2月逸見吉三らが開いた中尾と植田の出獄歓迎会を機にそれまで分裂していた大阪での自連派と自協派の合同が具体化していく。中尾が発行する『黒馬車』の同人でもあった。35年末頃無共党事件で検挙されるが不起訴。大阪で古本屋を開業し戦中は徳島へ疎開。戦後，商売で成功し徳島で没。（冨板敦）〔文献〕『身上調書』，『大阪社会労働運動史』，宮崎晃『差別とアナキズム』黒色戦線社1975，『黒色青年』24号1931.2，『自連新聞』95号1934.10，小野寺逸也「新宮町生まれの労働運動家」『町史よもやま話』新宮町（兵庫県揖保郡）1996

上田 光慶 うえだ・みつよし 1909（明42）-? 別名・光敬 山梨県に生まれる。25年早春に開催された静岡，愛知，岐阜3県縦断無政府主義大演説会に参加，岩佐作太郎，近藤憲二，水沼辰夫，綿引邦農夫，武良二，松本親敏らとともに弁舌を振るう。同年7月後藤学三，北浦馨らと解放戦線社を結成，黒連に加盟する。同じ頃郷里の山梨で小島勇らと開拓者連盟を結成，東京と山梨の運動のパイプとなる。26年3月頃臼井源一らと激風社を結成，京成電車争議の支援で検束され拘留25日。27年12月前田淳一，菊岡久利らと壺井繁治を襲う暴力事件をおこす。28年3月全国自連第2回続行大会では東京一般労働者組合城南支部の嶋津一郎らとともに純正アナキズムの立場を貫く。同年4月黒色自由労働者組合に参加，29年7月東京芝魚藍坂で全国自連を脱退した江東自由労働者組合一派と乱闘となり歌川伸を鉄棒で打ちのめす。黒連の行動隊長格であった。（大澤正道）〔文献〕横倉辰次「黒色自由労働者組合とAC労働者連盟の思い出7」『労働と解放』7号1968.9，『自連』22・23号1928.3・4，『自連新聞』28・30・38号1928.10・12・29.7

上田 義雄 うえだ・よしお ?-? 1919（大8）年東京京橋区（現・中央区）の文祥堂印刷所文選科に勤め日本印刷工組合信友会に加盟する。（冨板敦）〔文献〕『信友』1919年10月号

上西 憲 うえにし・けん ⇨篠田清 しのだ・きよし

上野 英信 うえの・えいしん 1923（大12）8.7-1987（昭62）11.21 本名・鋭之進 山口

県吉敷郡井関村(現・山口市)生まれ。29年八幡市黒崎妙見町(現・北九州市八幡西区)に移住。36年八幡中学入学,剣道を始める。41年満州建国大学入学。在学中に学徒召集を受ける。45年8月6日広島宇品駐屯地にて被爆。46年京都大学文学部支那文学科に編入。47年中退して筑豊に入り採炭夫として働く。日炭高松第一時代,同僚であった中川一政門下の画家千田梅二らと炭鉱労働者文芸誌『労働芸術』を創刊。53年筑豊炭鉱労働者工作集団を結成,『地下戦線』を創刊(5号まで)。54年千田らと日炭高松文学・美術協議会を結成,『月刊たかまつ』の編集にあたるとともに筑豊の炭鉱夫の記録に取り組み千田の版画と上野の文で『絵ばなし・せんぶりせんじが笑った』(私家版1954)『絵ばなし・ひとくわぼり』(同1955),『親と子の夜』(麦書房1958)を刊行。56年文学仲間の歌人畑晴子と結婚。58年谷川雁,森崎和江らと九州サークル研究会を結成,『サークル村』を刊行。59年夏上野は事務局を離れ福岡市に移住する。以降『追われゆく坑夫たち』(岩波新書1960),『日本陥没期』(未来社1961),『地の底の笑い話』(岩波新書1969),『天皇陛下万歳』(筑摩書房1971)と筑豊記録文学を次々とまとめる。64年鞍手郡鞍手町新延の新目尾炭鉱の旧炭住廃屋を改装,「一人は万人のために,万人は一人のために」をスローガンとして筑豊文庫を旗上げし近隣の子供たちに剣道の指導を始める。74年以降炭鉱離職者の海外移住先を追って『出ニッポン記』(潮出版1977),『眉屋私記』(同1984)を刊行。84年から趙根在と共同監修で『写真万葉録・筑豊』全10巻(葦書房1986完結)の刊行を始める。サークル村にみられるセンターをもたない運動体のネットワーク構想や上野発明の「工作者」「自立」などの語彙は今泉省彦,菊畑茂久馬らの美学校や山口健二らの自立学校など,60-70年代の社会運動のキーワードとなったが近年その再評価の機運が高まっている。(白仁成昭)〔著作〕『上野英信集』全5巻径書房1985-86〔文献〕追悼文集刊行会編『上野英信と沖縄』ニライ社1988, 追悼録刊行会編・刊『追悼上野英信』1989, 岡友幸『上野英信の肖像』海鳥社1989,中野真琴『上野英信の生誕地にて』私家版1992,上野朱・坂口博編『上野英信著書一覧』『叙説』8号1993,上野晴子『キジバトの記』海鳥社

1998,上野朱『蕨の家』同2000, 松原新一『幻影のコンミューン サークル村を検証する』創言社2001

上野 克己 うえの・かつみ 1905(明38)3.15-1954(昭29)6.23 静岡県駿東郡三島町(現・三島市)に生まれ鹿児島県で育つ。22年東京の中央郵便局の書記補となる。職場にいた田中勇之進から影響を受けアナキズム運動に関心をもつ。23年親友の田中を通じギロチン社に参加。「彼は至極真面目な性分で,同時に淋しがりやだった。彼が一番僕達の仲間の中で,僕の気質に似ている男である」「震災前一度僕たちと共に大阪にいたが,8月末用事があり東京に帰り,消息を失う, 何でもない彼迄が大阪に引張られた」(古田大次郎『死の懺悔』)。ギロチン社の「リャク」(掠)行為に関わり懲役3年の判決を受ける。獄中の上野から交流が深かった関西の同志備前又二郎宛の便りが『黒』創刊号(1925.5)に掲載される。27年11月14日大阪刑務所から出獄。関西の同志たちによる出所歓迎会は警察により妨害され上野と仲間たちは検束される。31年6月兵庫県出身でアナキズム文献を読んでいた児島延代と結婚。32年3月大阪市西成区で国際評論社(1933民衆の解放社と改称)を設立,『民衆の解放』を創刊。自ら「あの時分を批判的に語る」というタイトルでギロチン社時代を回想し連載する。34年情報社を設立,『情報』を刊行。38年3月家族とともに東京板橋に移る。(亀田博)〔文献〕『関西自由新聞』1927.11,『自由連合主義』3号1930.7,『民衆の解放』2-12号1932.3-34.8,『情報』1号1934.12, 古田大次郎『死の懺悔』復刻版・黒色戦線社1988

上野 健助 うえの・けんすけ ?-? 1919(大8)年東京京橋区(現・中央区)の築地活版所鉛版科に勤め活版印刷工組合信友会に加盟する。(冨板敦)〔文献〕『信友』1919年8・10月号

上野 幸一郎 うえの・こういちろう ?-? 1919(大8)年東京神田区(現・千代田区)の精芸出版合資会社に勤め活版印刷工組合信友会に加盟する。(冨板敦)〔文献〕『信友』1919年8月号

上野 惣太郎 うえの・そうたろう 1878(明11)8.11-? 広島県双三郡川地村(現・三次市)に生まれる。94年小学校卒業後, 2年間『日本外史』を学んだ。その後父親に従って農業や林業に従事。98年5月ハワイへ移民

し1906年カリフォルニア州に移住した。サンフランシスコで岩佐作太郎が経営し，在米社会主義・アナキズム運動に関係する印刷物を中心に発行・印刷していた朝日印刷所に工員として雇われたことがある。11年1月25日同印刷所で開催された大逆事件の刑死者追悼集会に出席している。この岩佐との関係から12年2月9日アナキズムを信奉する甲号として要視察人名簿に登録された。その後めだった活動は行っておらず19年名簿から削除されている。（西山拓）〔文献〕『主義者人物史料1』，『在米主義者沿革』

上野　壮夫　うえの・そうふ　1905(明38)6.2-1979(昭54)6.5　戸籍名はそうお。茨城県筑波郡作岡村の地主で警察官であった父の三男として生まれる。19年上山川高等小学校卒後，4月県立下妻中学入学。二級下に木村信吉がいた。校友会誌『為桜』など編集。22年同校中退，文学修業のため上京。親戚の家に寄宿し花火工場など勤めながら，傍ら白山上の南天堂に出入りダダ，アナ系，マボイストの詩人たちと交わる。23年1月詩誌『赤と黒』創刊に感銘を受ける。9月関東大震災のため帰郷。24年中学卒業扱いとなり4月早稲田高等学院文科ロシア語専攻。上田進，中山省三郎，坂井徳三，三好十郎，佐伯孝夫らを知る。25年9月『黒嵐時代』(松本淳三主宰)に参加。26年10月アナ系詩誌『ACTION(アクション)』を三好，坂井らと創刊(推定27年初め2号終)同人には菅原芳助(俳優菅原文太の父)，壺井重治，上田，近藤栄らがいた。27年6月労農芸術家連盟の書記長となり，同年11月前衛芸術家連盟の結成に加わりマルクス主義に傾く。のちプロレタリア作家同盟に参加。『戦旗』の編集に携わり詩や小説を発表した。29年11月軍隊赤化の首謀者嫌疑を受け官位剝奪のうえ軍籍除籍となる。30年8月小坂多喜子と結婚。同年11月頃，蔵原惟人を匿った事由で治安維持法にて検挙。31年12月『ナップ七人詩集』(白揚社)に中野重治，伊藤信吉らと参加。33年2月20日小林多喜二虐殺の報を知り壮夫・多喜子は真っ先に駆けつけた。この頃，治安維持法違反判決禁錮3年執行猶予4年を受ける直前に転向声名を出す。3月『人物評論』を大宅壮一と創刊。35年2月『文学通信』15号の座談会「プロレタリア文学の現状を語る」に中野，壺井，永瀬清子，神保光太郎らと参加(解放文化連盟機関誌/植村諦，局清，岡本潤らの企画)。36年1月第二次『現実』創刊に参加。3月『人民文庫』創刊(武田麟太郎主宰)に参加。38年10月花王石鹼宣伝部属託となる。41年2月日本青年文学会委員長となる。42年2月『文芸復興』同人となる。45年8月奉天で敗戦を迎え戦後は新日本文学会に参加。55年復刊『文芸復興』に多田文三，長崎謙二郎らと参加。広告界ではコピーライターの草分けとして活躍した。（奥沢邦成・黒川洋）〔著作〕『上野壮夫全集』1-3巻別巻　図書新聞社2009.4-2011.12，詩集『黒の時代』栄光出版1977，『老いていく革命』永田書房1982.5〔共著〕『新興文学全集』10巻(日本篇)平凡社1929，『新興詩人選集』文芸社1930，『日本現代詩体系』8巻河出書房1951，『日本詩人全集』創元文庫1952，『日本プロレタリア文学大系』6巻三一書房1954，『日本プロレタリア文学全集』14/20巻新日本出版社1984-85〔文献〕堀江信男・塙作楽『茨城の文学』笠間書院1956，堀江朋子『風の詩人　父上野壮夫とその時代』図書新聞社1997，『上野壮夫全集』年譜2011

上野　貴　うえの・たかし　1898(明31)2.27-1971(昭46)頃　別名・澄水　東京市神田区皆川町(現・千代田区)生まれ。生家は神道天心流拳法を家伝とする武道の家柄でその8世を踏襲。7-18歳の間祖父のもとで拳法，杖術，捕手術を修行した。立教中学から早稲田大学法学部に進み在学中はアナキズムに傾倒して2年後輩の古田大次郎らと活動をともにしまた大杉栄らとも交流した。古田に武術を教えるなど親交は深く古田は獄中記『死刑囚の思ひ出』で「上野君，田中君，河合君……たちには(中略)顔を会わすこともできぬだらう」と決別を記した。のち横浜で法律事務所を開設し武道の修行に励むとともに多くの後進を育てて一家をなした。（奥沢邦成）〔文献〕古田大次郎『死刑囚の思ひ出』復刻版・黒色戦線社1971，神長成佳「追想・上野貴天心2」『文武館』9号1999.8。

上野　為次郎　うえの・ためじろう　?-?　1919(大8)年東京京橋区(現・中央区)の細川活版所印刷科に勤め活版印刷工組合信友会に加盟。（冨板敦）〔文献〕『信友』1919年8・10月号

上野　鶴之介　うえの・つるのすけ　1908(明41)-?　茨城県久慈郡佐都村里野宮(現・常陸

太田市)生まれ。高等小学校卒業後農業に従事。31年橘孝三郎の愛郷会に参加。『自連新聞』を購読。35年末頃無共党事件で検挙されるが不起訴。(冨板敦)〔文献〕『身上調書』

上野 富用 うえの・とみよう ?-? 1926(大15)年末頃，大工職組合革匠会に加わり同会の渡辺鉄治と自由労働者同盟の中央委員を務める。革匠会は23年8月13日に自由労働者組合の中の大工職人と日本大工職組合の改革派の職人とが合同で設立した組合で当日，自由労働者同盟も創立している。(冨板敦)〔文献〕加藤昇「自由労働者同盟」『昭和2年版解放運動解放団体現勢年鑑』解放社1927

上野 延代 うえの・のぶよ 1911(明44)1.30-2012(平24)6.7 旧姓・児島 兵庫県に生れる。10代から詩誌『矛盾』などを読みアナキズム思想に接する。31年出奔しかねてから連絡のあった大阪市のアナルキスト青年連盟に参加。同連盟の上野克己と結婚，上野らが検束されるたびに差し入れし救援にあたる。また文学を通じて解放文化連盟とも連携する。38年上野とともに東京へ。赤羽を経て板橋区に在住。戦後はアナキスト連盟に参加。50年以降，岩佐作太郎，綿引邦農夫らの日本アナキストクラブに参画。綿引，布留川信，女屋勘左衛門，安達幸吉らとともに持ち回りで月1回のアナキストクラブ例会を主宰し特に上野宅，布留川宅では家族ぐるみで多くの青年アナキストたちが活動を支えられた。その柔軟で実践的な姿勢は組織的対立関係に左右されることなく秋山清らとも交流。戦後一貫して同志たちの救援活動に携わり皇居発煙筒事件，ベ反委，背叛社事件，全共闘，黒ヘル，東アジア反日武装戦線など，アナキズム戦線に限らず死刑廃止運動や一般刑事犯の救援まで幅広く行う。(松本勲)〔著作〕『蒲公英101歳 叛骨の生涯』上野延代遺稿集刊行会2013

上野 頼三郎 うえの・よりさぶろう 1902(明35)4-1988(昭63) 山梨県東山梨郡岩手村(現・山梨市)生まれ。家業の養蚕農家を継ぐ。日川中学中退。県下の詩誌『裾野』の同人になるとともに『文芸解放』などを通じてアナキズムに親しむようになった。29年第1次『黒色戦線』12月号に詩「この俺達の腕がするのだ」を発表，詩誌『烏』発行。第1次『黒色戦線』が分裂解散後，後継誌『黒旗』を中心に近郷青年と読書研究集会を続ける。30年かねて属していた地元詩誌『山脈』がアナキズムに傾斜，詩や評論を積極的に発表。この頃の同人に杉原邦太郎，麻生恒太郎，中室員重，鈴木久夫，山口啓一らがいた。31年設立された農青社の趣旨に共鳴，機関紙『農村青年』と第2次『黒色戦線』を地域青年層に頒布。32年来訪した農青社の鈴木靖之に同行して県下の同志桜井一，米倉正則，塩沢逸策と中巨摩郡の吉岡重甫方に集合し運動展開について検討した結果，山梨地方独自の実践運動機関誌『甲州青年』発行を決定する。この夜の同志たちの会談を「やってきた晩」に託して『黒色戦線』に発表。また文芸時評「文化団体の連合に就いて」では文化運動の全地方的・分散的自由連合組織への転換を提起した。36年農青社事件の全国一斉検挙で検挙されたが起訴猶予。戦中・戦後は岩手村農業会の専任書記として農村救済と復興に献身した。(奥沢郡成)〔著作〕詩文集『村の生活』村落社1930，『魅力なき片言』詩と評論社1934〔文献〕大久保貞夫『長野県社会運動秘録』全6巻私家版1948，青木恵一郎『長野県社会運動史』同刊行会1952，『資料農青社運動史』，秋山清『アナキズム文学史』筑摩書房1975，『土とふるさとの文学全集14』家の光協会1977，『農青社事件資料集Ⅰ・Ⅱ』，毎日新聞社甲府支局編『山梨の作家2』山梨ふるさと文庫1995

上原 友定 うえはら・ともさだ 1888(明21)6.22-? 別名・友貞 京都市出身。1918年森田盛次，西川金次郎，岡本民造らと自立労働組合の結成を画策。翌19年2月山鹿泰治らの被差別部落民煽動秘密印刷物および『新労働組合主義』という小冊子出版配布関連で当時山鹿の点林堂印刷所の植字工だった上原が検挙された。配布されたのは『パンの略取梗概』『サンジカリズム』『平民の鐘』など。同年6月罰金120円の判決。8月野村卯之助，西口弥一，城増次郎，森田，岡本らと印友会を設立，11月23日正式に発会式(会員数約50人)を開く。岡本，西川，城，山下寒芽，野村らとともに最年長の上原も幹事に選ばれた。同年久板卯之助と会って信友会との連絡依頼をするなど全体の企画は上原が立てていたという。翌年11月印友会創立1周年記念講演会が京都三条青年会館で荒畑寒村を迎えて開かれ西川鉄，山

下，城らと演壇に立った。22年総連合運動の始まりの頃には森田とともに活動の場から退いていたという。以後印刷業界の役員，委員などを歴任。(北村信隆)〔文献〕『京都地方労働運動史』，『労働運動』1次3号1920.1，向井孝『山鹿泰治』自由思想社1984，『社会主義沿革』1，大江音人「京都印刷工組合の人々1」『虚無思想研究』17号2001

上原 正直 うえはら・まさなお ?-? 埼玉県北足立郡新倉村(現・和光市)で暮し1926(大15)年3月農民自治会全国連合に参加した。同年末には農自埼玉県連合の準備事務所を自宅に置いていた。(冨板敦)〔文献〕『農民自治会内報』2号1927，渋谷定輔『農民哀史』勁草書房1970

植松 勇 うえまつ・いさむ ?-? 東京朝日新聞社に勤め新聞工組合正進会に加盟。1920(大9)年機関誌『正進』発行のために50銭寄付する。(冨板敦)〔文献〕『正進』1巻1号1920.4

植松 丑五郎 うえまつ・うしごろう 1900(明33)-? 23年3月坂本清作，川島米治と群馬県邑楽郡水平社を結成する。同年同郡大川村(現・大泉町)の坂田水平社幹部として糾弾闘争を闘いそれが脅迫，恐喝にあたるとして群馬県水平社執行委員長坂本清作，坂本林蔵，坂本金十郎，植松忠蔵，川島貞作らと検挙され第2審で懲役6カ月となる。24年関東水平社連合機関紙『自由』の坂田支局を担う。26年10月20日群馬県水平社有志主催の関東水平社犠牲者慰安会が太田町(現・太田市)大の屋で開かれ清水弥三郎，斉川貞三郎，坂本清作とともに主賓となる。27年4月4日群馬県水平社大会で埼玉県の労農党支持連盟排撃の緊急動議を提出する(可決)。(冨板敦)〔文献〕『自由』1巻4号1924.11，『自由新聞』3号1925.8，『全国水平新聞』1・3号1927.7・9，本田豊編『群馬県部落解放運動60年史』部落解放同盟群馬県連合会1982，『思想輯覧1』

植松 勝蔵 うえまつ・かつぞう ?-? 東京市牛込区(現・新宿区)改代町に居住し神田神保町の山縣製本印刷整版部に勤める。1935(昭10)年1月13日整版部の工場閉鎖，全部員40名の解雇通告に伴い争議勃発。工場を占拠して闘い同月15日解雇手当4カ月，争議費用百円で解決する。山縣製本印刷は当時東京大学文学部の出入り業者であり，東印は34年5月以降，東印山縣分会を組織していた。(冨板敦)〔文献〕『山縣製本印刷株式会社争議解決報告書』東京印刷工組合1935，『自連新聞』97号1935.1，中島健蔵『回想の文学』平凡社1977

植松 秀太郎 うえまつ・ひでたろう ?-? 読売新聞社に勤め新聞工組合正進会に加盟。1920(大9)年機関誌『正進』発行のために50銭寄付。また24年夏，木挽町(現・東京中央区銀座)正進会本部設立のためにも2円寄付する。(冨板敦)〔文献〕『正進』1巻1号1920.4，正進会「同工諸君!! 寄附金芳名ビラ」1924.8

植村 甲子郎 うえむら・こうしろう ?-? 1919(大8)年東京京橋区(現・中央区)の国文社和文科に勤め日本印刷工組合信友会に加盟する。(冨板敦)〔文献〕『信友』1919年10月号

植村 鈔喜智 うえむら・しょうきち ?-? 1919(大8)年東京京橋区(現・中央区)の築地活版所和文科に勤め日本印刷工組合信友会に加盟する。(冨板敦)〔文献〕『信友』1919年10月号

植村 正治郎 うえむら・しょうじろう ?-? 1919(大8)年東京牛込区(現・新宿区)の秀英舎(市ヶ谷)文選科に勤め活版印刷工組合信友会に加盟する。(冨板敦)〔文献〕『信友』1919年8月号

植村 諦 うえむら・たい 1903(明36)8.6-1959(昭34)7.1 本名・諦聞，別名・真木泉 奈良県磯城郡多村千代(現・田原本町)生まれ。19年奈良県五条中学3年修了。21年和歌山県海草中学5年中退。23年9月奈良県竜門尋常小学校代用教員となる。生徒に池田克己がいた。同年10月僧侶を志し仏教専門学校2年修了の検定証を受け翌年奈良県吉野郡竜門村(現・吉野町)安楽寺住職となる。水平社に関わり27年3月教員と住職をやめ，同年4月朝鮮京城に至り雑誌『朝鮮及び満洲』の編集に携わる。この年詩誌『大和山脈』同人となる。29年10月東京のアナキストの文芸誌『矛盾』に短歌，詩を発表する。同じ頃野長瀬正夫を通じて岡本潤と相知る。30年4月『弾道』に詩を発表。朝鮮独立運動に関係，退鮮を命じられ5月上京，『自連新聞』『詩神』『日本詩壇』などに詩，エッセイを発表する。この年黒連に加盟。31年10月秋山清，岡本潤，小野十三郎，寺尾実らと解放文化連盟を結成し翌年6月機関紙『解放文化』を発行。9月第2次『弾道』が発行され編集にあたる。10月同連盟主催の解放文化展(アナキズム運動史展)を新宿紀伊国屋書店

で開く。33年8月解放文化連盟の拡大再編にあたり機関紙『文学通信』を発行、中心となって活動。12月相沢尚夫、入江汎、寺尾実、二見敏雄らとはかって日本無政府共産主義者連盟を結成。34年1月日本無政府共産党と改称。9月最年長でありかつ優れた説得力、調整力の持ち主として中央執行委員長に推される。それより先6月平凡社に入社、7月黎子と結婚。35年3月詩誌『詩行動』創刊、同人となる。10月二見らによる芝原淳三殺害、高田農商銀行襲撃でアナキズム運動に大弾圧が下り無共党および解放文化連盟は壊滅、解散。留置場と未決監ですごす。治安維持法、爆発物取締法違反などで起訴。39年2月第1回公判で懲役7年を求刑され3月保釈出獄。9月妻黎子を失う。12月懲役6年(未決算入600日)の判決で東京豊多摩刑務所へ。43年2月仮釈放。4月近藤延子と結婚、7月離婚。9月マシナリー社に入社。この間、獄中生活の回顧『獄中の回想』を脱稿、校了したが出版不許可、戦火で紙型焼失ともいう。44年3月棚橋フミと結婚。46年5月アナ連結成、参加。6月『コスモス』2号で自らの戦争責任を率直に告白。新日本文学会会員となる。47年5月アナ連全国委員に選出、アナ連東京地協を支えるとともに『平民新聞』などの機関紙誌でも活発に発言する。12月日本未来派同人。48年1月コスモス同人。5月マシナリー社から分かれて資料社設立、取締役就任。52年5月東京出版協同組合理事。53年12月アジア出版会理事。54年5月出版文化国際交流会(アジア出版会改組)常務理事。7月骨髄瘍で危篤(資料社解散)。56年4月アナ連から『労働者諸君に訴う』(パンフレット)を刊行。58年6月喀血入院する。9月脳出血で倒れる。59年7月4日東京浅草通覚寺での葬儀は遠藤斌が司会、副島辰巳の挨拶で始まり現代詩人会、日本未来派、新日本文学会、国際出版文化交流会、アナ連の弔辞朗読があり土橋治重の挨拶で閉会した。参列者約200人。「かつてアナキストであったという詩人は多い。だがいまもアナキストであるという詩人はかぞえるほどだろう。植村さんはその第一に呼ばれる詩人である。植村さんがアナキストとして生涯一貫したということと、豊富なイマジネイションで鮮烈な抒情の詩を書きつづけたということは、太いつながりがあるように思われる」。向井孝の植村追悼文の一節である。(猪野健治)〔著作〕『異邦人』民謡レビュー社・文潮社出版部1932、詩集『愛と憎しみの中で』組合書店1947、『詩とアナキズム』国文社1958〔文献〕『クロハタ』44号1959.8、『日本未来派』(特集植村諱追悼)1959.9、秋山清編『鎮魂歌植村諱』青磁社1980、『身上調査』

上本 長太郎 うえもと・ちょうたろう ?-? 1919(大8)年東京神田区(現・千代田区)の神田共栄舎印刷科に勤め日本印刷工組合信友会に加盟する。(富板敦)〔文献〕『信友』1919年10月号

植山 治太郎 うえやま・じたろう 1871.3.25(明4.2.5)-1941(昭16) 大分県下毛郡大幡村(現・中津市)に生まれる。高等小学校卒業後、小学校教員を経て94年北海道で搾乳業に従事。97年上京、巣鴨で牛乳販売業を経営。02年渡米、カリフォルニア州バークレーで夫婦で大洋旅館を経営。この旅館は赤ペンキで塗られていたことから「レッド・ハウス」と呼ばれ在米社会主義者たちが滞在した。植山は温和で人望も厚くバークレー日本人会参事員に推された。一方サンフランシスコ長老教会の信者となり岩佐作太郎と交際した。06年渡米中の幸徳秋水が結成した社会革命党の本部委員となり機関誌『革命』の発刊に携わった。07年11月天皇暗殺檄文配布事件への関与により09年アナキズムを信奉する甲号として要視察人名簿に登録された。大逆事件後は時計商を営み運動から遠ざかったが11年朝日印刷所で開かれた大逆事件刑死者追悼集会に参加、16年片山潜がサンフランシスコで発刊した『平民』に協力している。(西山拓)〔文献〕『主義者人物史料1』、『在米主義者沿革』、志田行男『暗殺主義』と大逆事件』元就出版会2000

ヴェーユ Weil, Simone 1909.2.3-1943.8.24 フランス、パリに生まれる。父のベルナールは医師、兄のアンドレはのち高名な数学者となる。ヴェーユは生来病弱だった。25年アンリ4世高等中学の高等師範学校受験準備学級に入り、同時にソルボンヌ大学に学生として登録。29年高等師範学校に入学。31年7月高等師範学校を卒業し10月オート・ロワール県ル・ピュイの女子高等中学の哲学教師として赴任。32年1月ル・ピュイ

市警察当局は失業者のデモに加わっていたヴェーユを逮捕するがただちに釈放する。保守系新聞各紙はこの事件でヴェーユを非難する。2月ル・ピュイの失業者の無届けデモに再び参加。10月オーセル女子高等中学に赴任。この頃労働総同盟(CGT)に加入する。この組織の多数派は共産党に対峙するためである。33年10月ロアンヌ女子高等中学に赴任。これと同時にロアンヌ労働組合事務所で活動を始める。12月31日トロツキーと会いソ連が労働者の国家であるかどうかを語り合う。34年12月4日パリのアルストン電機会社プルブ工場のプレス女工となり『工場日記』を書き始める。同月25日過労のため倒れる。35年10月ブールジュの女子高等中学に赴任。36年8月8日スペイン革命に共和国側の義勇兵として参戦する。9月25日火傷療養のためパリに戻る。これ以降反ファシズム国際救援事業団(SIA)主催のさまざまな会合に出席。37年3月スイスのモンターナで静養。10月サン・カンタンの女子高等中学に赴任。12月『抑圧と自由』を書き始める。38年1月病気のため休暇を願い出る。4月17日キリストの啓示を受ける。8月パリに戻る。40年6月家族とともにパリを脱出しマルセイユに着く。11月ユダヤ人法により教師資格を剥奪される。41年6月ドミニコ会のペラン神父と会う。8月ペラン神父の紹介によって、アヴィニョンでサン・マルセルの農民哲学者ギュスターヴ・ティボンと会い彼のもとで農業労働者として働く。42年5月家族とともにマルセイユを出港、7月ニューヨークに着く。9月負傷者救急看護法の免許試験に合格。12月ロンドンに渡る。43年4月疲労が限度に達しロンドンのミドルセックス病院に入院。8月ケント州アシュフォードのサナトリウムに移りフランス人の苦しみをともに味わうために食事を拒否する。死亡証明証には以下のように記載されている。「栄養失調と肺結核による心筋層の衰弱から生じた心臓衰弱。患者は精神錯乱をきたして食事を拒否、自から生命を絶った」。日本では『抑圧と自由』(石川湧訳、東京創元社1958)、『労働と人生についての省察』(黒木義典・田辺保訳、勁草書房1967)、『工場日記』(田辺保訳、講談社1972)などが訳出され注目されたが、ヴェーユが提起した抑圧や労働の問題はいまだ十分に解明されてはいない。(川成洋)〔著作〕橋本一明・渡辺一民編訳『シモーヌ・ヴェーユ著作集』全5巻春秋社1967-68〔文献〕M.ダヴィ『シモーヌ・ヴェーユ入門』(田沼保訳)勁草書房1968, R.リース『勇敢なる人びと D.H.ロレンスとシモーヌ・ヴェーユ』(川成洋・並木慎一訳)白馬書房1987, J.カボー『シモーヌ・ヴェーユ伝』(山崎庸一郎・中条忍訳)みすず書房1974, 村上吉男『シモーヌ・ヴェーユ研究』白馬書房1980

上与那原　朝敏　うえよなばる・ちょうびん　1898(明31)7.5-1933(昭8)8.18　沖縄県首里区(現・那覇市)の生まれ。沖縄県初の海軍軍医で少将上与那原朝珍の弟。県立二中を中退して上京、青山学院に入学するが中退し帰郷する。19年頃当時毎月行われていたアナ・ボル合同の社会問題講演会に参加し、泉正重、伊是名朝義、浦崎康華、城間康昌らとともに検束され那覇署に留置される。沖縄アナキスト壺屋グループのメンバーとして沖縄初の社会主義団体庶民会に加わる。庶民会解散命令後、上京を志すが大阪までは来たものの旅費が足らず東海道を1カ月歩いて東京にたどり着き、21年5月1日第2回メーデーに参加した。労働運動社に立ち寄り和田久太郎に会う。その後帰郷。この年沖縄では道路修繕業の青年団が演説会を始め首里や那覇で城田徳隆、渡久地政憑、辺野喜英長らと「演説もらい」に行く。同年12月22日新垣清輝とともに出版法違反で起訴される。その後上京。兄の仕送りで東京外国語学校仏科に入学し在学中関東大震災に見舞われる。沖縄なまりの言葉のために朝鮮人と間違われて自警団に殺されそうになるが、教育勅語を暗唱して難を免れる。震災後に帰郷、共産主義に傾斜し山田有幹、井之口政雄の選挙を手伝う。(冨板敦)〔文献〕浦崎康華『逆流の中で　近代沖縄社会運動史』沖縄タイムス社1977, 『労働運動』3次2号1922.2

魚田　康　うおた・こう　?-?　大阪機械技工組合のメンバー。1926(大15)年5月27日に開かれた大阪機械技工の理事会で会計兼連絡委員に選出される。この時連絡委員に選出された者に福島源之、町支源四郎、山田孝らがいる。(冨板敦)〔文献〕『自連』2号1926.7

ヴォーリン　Volin　1882.8.11-1945.9.18　本名・ウセヴォロド・エイヘンバウム(Vsevolod Eikhenbaum)　中央ロシアのヴォロネシ

の裕福なユダヤ系家庭に生まれる。弟はのちにフォルマリズムを唱える文芸評論家ボリス・エイヘンバウム。ペテルブルグ大学の法学部に入学したが04年頃エスエル派の革命運動に投じ05年血の日曜日事件にも参加した。その後秘密警察に逮捕されシベリア流刑となったが脱走してフランスへ亡命。パリでセバスチャン・フォールらと接触、この頃からアナキズムへ転じた。13年から国際反戦委員会のメンバーとして活躍、第1次大戦勃発でフランス警察の追及を避けるため米国へ脱出、在米ロシア人サンジカリストたちと提携して『労働の声』紙を発行した。祖国での2月革命勃発の第一声を聞いたヴォーリンは帰国を決断しペトログラードに上陸するとただちに『労働の声』紙の印刷にかかり宣伝活動に着手した。またレーニンを批判し屈辱的としてブレスト・リトフスク条約に反対。アナキスト組織の大同団結を訴えて情報宣伝活動を強化したがボルシェヴィキ政権はアナキスト弾圧を開始、ヴォーリンらはマフノ軍に合流した。しかし軍事行動のさなかチフスにかかって赤軍に逮捕されベルクマンやセルジュらの嘆願で処刑を免れ20年モスクワの監獄へ投獄された。のち国際的な保釈キャンペーンのなかでレーニンはアナキストたちの出獄を許可、大半がベルリンへ向け出国しヴォーリンは2度と祖国の土を踏まなかった。24年にパリへ移りそこを根拠地として国際的な著作活動を展開する。やがて組織論争からアルシーノフらと決裂、この頃から畢生の大著『知られざる革命』の著述にとりかかり始め40年マルセーユでこれを完成した。その後結核が悪化しパリで死没。68年5月パリの学生反乱を前後にアナキズムへの関心が復活し、日本でもロシア・アナキストたちの運動史が紹介され始め、ボルシェヴィキ革命を批判した手記や回想録が相次いで翻訳されヴォーリンの主著『知られざる革命』の一部もフランス語から翻訳された。(左近毅)〔著作〕野田茂徳・千browse子訳『知られざる革命』現代思潮社1970・『1917年・裏切られた革命 ロシア・アナキスト』現代評論社1972

鵜飼 桂六 うかい・けいろく 1898(?)-? 1920(大9)年-21年(当時23歳)にかけて『新愛知』紙上でマルクスの思想を擁護する立場から論争を展開していた。1921(大10)年5月以降、社会主義やアナキズムを含めた一切の社会変革思想・運動を退け、物質文明をすべて否定するとともに、性欲も含めたあらゆる欲望が人間社会に起きる諸問題の根源であるという見解を『名古屋新聞』『新愛知』で示していく。その際、日影茶屋事件を引き合いに出して大杉栄を「浅薄低劣な愚人」と評した。大杉の自室を訪ね、自説である「貧および無所有の哲学」や大杉の主張をめぐって議論をしたこともあり、23年7月末、三田のヴァガボンド社で開催された夏期講習会に出席し大杉によるフランス滞在に関する報告も聞いている。大杉が殺害された直後、彼の思想に対するきわめて批判的な見解を示していたが、その1年後に発表した追悼文では自身と大杉との違いが物質文明を全面的に否定するか否かという点にありながらも、大杉の人間としての魅力、自由人としての主張や行動を賞賛している。24年末(当時26歳)まで、あらゆる富と権力が存在しない、欲望から解放された貧者としての「絶対自由の生活」「原始生活」を称揚している。(田中ひかる)〔著書〕鵜飼桂六「貧乏理想論(2)」『名古屋新聞』1921.8.16、鵜飼桂六「廃墟の死都(4)」『新愛知』1923.10.11、鵜飼桂六「大杉栄印象記」『社会通信』1924.9(その他、新聞に掲載された鵜飼執筆の記事は以下を参照。「「極樂世界」の周邊」http://scharteken.tripod.com/paraiso/index.html)。〔文献〕〈対談〉大正期労働運動と知識人-名古屋を中心に-」『思想の科学』1963.11

請地 介三 うけち・かいぞう ?-? 1919(大8)年横浜の大川印刷所に勤め横浜欧文技術工組合に加盟して活動。同組合設立基本金として3円寄付する。(冨板敦)〔文献〕『信友』1919年8・10月号

宇佐美 五郎 うさみ・ごろう 1907(明40)-1931(昭6)2.11 東京でアナキズム運動に参加。関東大震災により北海道に渡り中川郡音威子府村の郵便局に勤務。25年名寄新芸術協会に参加。石井長治(名寄集産党の中心人物)らに影響を与える。26年上京。関東黒連に参加。同年12月検挙され拘留29日の処分を受けたが正式裁判では無罪となる。27年東京一般労働者組合に参加。6月旭川のアナキスト支援のため再び渡道。8月山下昇二らの釈放運動に参加。のち小樽に移り

稲穂町の北海黒連事務所に身を寄せ窪田節次郎の活動を支援。10月窪田の家賃闘争に協力。暴行したとして検挙される。その後上京して黒色戦線社に参加。凍死。(堅田精司)〔文献〕『自連新聞』56号1931.2,長谷川武『自伝アナーキズム運動五十余年』私家版1977,『北海タイムス』1927.10.9

鵜沢 総明 うざわ・ふさあき 1872(明5)8.2-1955(昭30)10.21 千葉県長柄郡(現・茂原市)に生まれる。1899年東京帝国大学を卒業し東京弁護士会に入る。大逆事件弁護士の一人。『法律と道徳との関係』で02年法学博士となる。『法学通論』等論文、著書多数。弁護士として日比谷国民大会事件、シーメンス事件、寺内朝鮮総督暗殺計画事件、横浜事件、帝人事件など多くの有名事件を担当。また極東国際軍事裁判では日本側の弁護団長を務めた。08年から政友会系の衆議院議員に連続して当選,28年貴族院議員に勅撰されるが37年相沢中佐事件の弁護にあたり辞退した。一方01年明治法律学校講師となり12年明治中学校初代校長、34年明治大学総長に就任する。大逆事件で誰を担当したか不明だが幸徳秋水は今村力三郎あて書簡で「同君が僕等の主義に対する公平周到の評論は難有敬聴した」と評している。(手塚登士雄)〔文献〕森長英三郎『日本弁護士列伝』社会思想社1984

宇治 秀吉 うじ・ひでよし ?-? 1919(大8)年東京京橋区(現・中央区)の中屋印刷所文選科に勤め活版印刷工組合信友会に加盟する。(冨板敦)〔文献〕『信友』1919年8・10月号

宇治木 一郎 うじき・いちろう 1904(明37)-? 別名・宇治行忠,玄中 兵庫県飾磨郡鹿谷村(現・姫路市)生まれ。尋常小学校4年修了後,神戸市の萩野木型工場で工員となる。18年同工場を解雇され各地を転々とする。その間アナキズムに関心をもち23年2月上京すると労働運動社を訪問,同年5月メーデーに参加し検束された。同時期福田狂二の進め社に出入りするうちに吉田一、高尾平兵衛と交わり戦線同盟に参加。関東大震災直後不敬な言辞を理由に検挙され12月神戸地裁にて不敬罪で懲役1年の判決を受けた。25年9月岡崎竜夫,八木豊吉,竹内一美らと黒闘社を結成、大杉栄3周年追悼会を開催した。11月発行した謄写版刷

『黒闘』は連続発禁となった。26年6月上京,臼井源一の激風社に滞在しつつ岩佐作太郎,古川時雄らと行動をともにし各地の講演会や演説会で弁士として活躍。11月神戸に戻り芝原淳三,広海貫一らの『自由公論』に参加。27年12月名古屋で恐喝罪で8カ月の懲役に処される。出獄後は運動から離れ保険勧誘の職につくが34年僧籍に入った。35年無共党事件で取り調べを受けた。戦後も僧籍にあって執筆・布教活動を続け梵文法華経研究所を主宰,67年急逝した笠原勉の導師をつとめた。(奥沢邦成)〔文献〕『身上調書』、季村敏夫『窓の微風 モダニズム詩断層』みずのわ出版2010

牛窪 明 うしくぼ・あきら ?-? 1919(大8)年東京京橋区(現・中央区)の福音印刷会社文選科に勤め日本印刷工組合信友会に加盟する。(冨板敦)〔文献〕『信友』1919年10月号

牛山 憲吉 うしやま・けんきち ?-? 1919(大8)年東京京橋区(現・中央区)の秀英本舎和文科に勤め日本印刷工組合信友会に加盟する。(冨板敦)〔文献〕『信友』1919年10月号

牛山 平八郎 うしやま・へいはちろう ?-? 別名・平八 埼玉県で暮し農民自治会全国連合に参加。1928(昭3)年5月農自の組織再編の際に委員に選出される。(冨板敦)〔文献〕『農民』1次1巻2・3号、1927.11・12,2巻1号1928.1,『農民自治』17号1928.6,渋谷定輔『農民哀史』勁草書房1970

臼井 一二 うすい・いちじ 1898(明31)-1930(昭5)9.4 長野県上水内郡に生まれる。幼い頃父を失い上京して酒屋に丁稚奉公する。その後印刷工となり信友会に加わり正進会と信友会の合同に尽力。合同して結成された東京印刷工組合に加盟、石版部で活動する。30年『自連新聞』52号に訃報、54号に遺稿整理中の記事が掲載される。(冨板敦)〔文献〕『自連新聞』41・52・54号1929.11・30.10・12

薄井 薫 うすい・かおる ?-? 別名・碓氷 1926(大15)年南多摩郡忠生村小山田(現・町田市)で暮し農業を営む。同村の20余名で紅潮社を組織していた。同年紅潮社の同人と農民自治会全国連合に参加。地元で小山田農自を組織し委員に選出される(他の委員は薄井博夫,若林,小川)。同年7月17日中西伊之助,竹内圀衛を招いて小山田農自発会式を開催する。(冨板敦)〔文献〕『農民自治』2-4号

1926.5-8,『農民自治会内報』2号1927

臼井 源一 うすい・げんいち 1905(明38)-?
　23年関東大震災後に結成された山田作松らの自然児連盟に加盟。25年1月『ヨタリスト』を発行。同年3月『自然児』の同人となる。6月東京府荏原郡馬込村(現・大田区)の同志岡陽之助宅からの帰途,同連盟の椋本運雄,深沼火魯胤,山田緑郎とともに公務執行妨害,傷害で逮捕,懲役3カ月となる。26年3月中旬自然児連盟は解体。上田光慶,藤尾清三郎と激風社を結成。4月8日京成電車争議の支援で上田,藤尾らとともに検束され拘留25日となる。6月14日豊多摩郡戸塚町上戸塚(現・新宿区)に事務所を置き『激風』を創刊,発行責任者となる。同月21日埼玉県浦和町公会堂で開かれた小作人社,無差別社,埼玉小作人組合主催の社会問題講演会に激風社として参加。大乱闘となり傷害罪で懲役4カ月,浦和刑務所に入獄する。27年初め激風社は解散した。その後名古屋で福岡巧らと未来と青年社を復活させる。〔冨板敦〕〔文献〕『自然児』1・2輯1925.3・7,『激風』1号1926.6,『黒色青年』2・4・5号1926.5・7・9,『黒闘』3号1926.7,『解放新聞』4号1927.3,『思想輯覧』1

臼井 省三 うすい・しょうぞう 1881(明14)3.24-? 松本市に生まれる。幼少期に一家が離散したため徒弟として3つの寺院を転々とする。1903年長野市曹洞宗中学校に入学するが他の徒弟と交替するため中退。04年上京し皇宮警手として奉職した。07年一時寺に戻ったが翌08年渡米,カリフォルニア大学バークレー校に入学した。また岩佐作太郎や竹内鉄五郎らと交際した。07年11月におきた天皇暗殺檄文配布事件以降,在米社会主義者,アナキストの取り締まり調査活動が強化されていたが,10年8月19日領事館の調査報告に基づきアナキズムを信奉する甲号として要視察人名簿に登録された。登録の理由は岩佐らと雑談中に過去に皇宮警手として勤めていた経験から天皇の日常生活に関して話したこと,宮内省の図面を作成することを承知したことなどであった。〔西山拓〕〔文献〕『主義者人物史料1』,『在米主義者沿革』,山泉進『「大逆事件」と桑港領事館』『明大教養論集』264号1994.3

臼井 武三郎 うすい・たけさぶろう ?-? 1919(大8)年東京京橋区(現・中央区)の築地活版所欧文鋳造科に勤め活版印刷工組合信友会に加盟する。〔冨板敦〕〔文献〕『信友』1919年8・10月号

磨井 豊喜 うすい・とよき 1901(明34)12.3-? 別名・藤本豊喜 熊本市新屋敷町生まれ。小学校卒業後,満鉄講習所に入所,『青島新聞』『満州日報』の印刷工となるかたわら社会主義に関心を深める。23年帰国後に上京し印刷工として信友会・正進会系の運動に参加するなかでサンジカリストとなる。関東大震災後は熊本に戻り労働運動や社会主義研究団体七日会の活動などに加わる。熊本無産者同盟の結成に参加し同郷のアナキスト作家田代倫の影響を受ける。23年熊本印刷工組合を組織して理事長,24年4月全国印刷工組合連合会の結成に参加するなど活発に活動したが25年頃から共産主義に転じ,26年全国自連結成に際し熊本印刷工組合は不参加,評議会加盟へと転換した。〔奥沢邦成〕〔文献〕熊本近代史研究会編・刊『近代日本と熊本』1975,上田穣一『熊本における戦前の社会運動1』熊本社会運動史研究会1958

薄井 博夫 うすい・ひろお ?-? 別名・碓氷 1926(大15)年南多摩郡忠生村小山田(現・町田市)で暮し農業を営む。紅潮社に加わり同年同人20余名とともに農民自治会全国連合に参加。小山田農自を組織し薄井薫,若林,小川とともに委員となる。小山田農自は府下で最初につくられた地元農民自治会組織。〔冨板敦〕〔文献〕『農民自治』2-4号1926.5-8,『農民自治会内報』2号1927

碓井 不二朗 うすい・ふじお ?-? 別名・不二雄,不二男 豊橋市の大衆新聞の記者をつとめ,1931(昭6)年佐藤長吉,岩瀬正雄ら20代の新聞記者を中心としたアナ・ボル混交団体東三新人会を結成する。32年11月市内手間町に住み佐藤らと耕文社をおこし『豊橋文学』を創刊,編集印刷兼発行者となる。〔冨板敦〕〔文献〕『豊橋文学』6集1933.11,岩瀬正雄『一匹の黄金虫』豊橋文化協会1972,宮脇良一『豊橋言論史』東海日日新聞社1973

臼井 吉見 うすい・よしみ 1905(明38)6.17-1987(昭62)7.12 長野県南安曇郡三田村(現・安曇野市)出身。旧制松本高校を経て東京帝国大学文学部卒。1946年『展望』編集長となり文芸評論家としても活躍。小説『安曇野』(64-74年)は明治30年代の安曇野から始

まり大正, 昭和そして戦後へと激動する時代を描く。相馬黒光・愛蔵夫妻を中心に木下尚江, 荻原碌山, 幸徳秋水, エロシェンコ, 大杉栄, 伊藤野枝, 神近市子, 田中正造, 有島武郎などアナーキストや社会運動家ら多数を登場させ半世紀にわたる日本近代史の中の群像を描いている。(岡野幸江)〔著作〕『戦後 臼井吉見評論集』全12巻筑摩書房1965-66, 『臼井吉見集』全5巻同1985-8

薄 又吉 うすき・またきち ⇨藤岡淳吉 ふじおか・じゅんきち

臼倉 甲子造 うすくら・かしぞう 1887(明20)10.20-1968(昭43)2.3 埼玉県北足立郡片柳村東新井(現・さいたま市)に地主兼自作農の長男として生まれる。04年早稲田中学卒業。07年10月頃から『週刊社会新聞』『東京社会新聞』などに投稿, 寄金をし社会主義に近づく。『東京社会新聞』廃刊後, 08年11月結成された社会主義青年団に参加。09年1月同団を発行所としパンフレット『平民の友 くらしを楽にする法』を発行しようとし発禁処分を受ける。14年『へちまの花』創刊に感動, 刺激を受け同年10月弟臼倉静造(碧浪), 渡辺政太郎と月刊誌『微光』を創刊。刊行資金は甲子造, 配布は渡辺があたった。『へちまの花』に続く小雑誌群の一つとして注目されたが, 警察の干渉が強まり村役場書記の父にまで及んだので05年6月9号で廃刊。以後運動から離れた。(堀切利高)〔文献〕中村勝範『「微光」総目次と解説』『「微光」復刻版』ペリカン書房1966, 『社会主義沿革1』

宇田 誠一 うだ・せいいち 1898(明31)10.10-1988(昭63)4.15 別名・壼岬 三重県飯南郡花岡村田村(現・松阪市)生まれ。自作農家だったが破産, 13歳で親戚を頼って上京し質屋の店員となる。徴兵され22年5月除隊, 行商ののち23年11月大阪市電の車掌となり労働運動に参加。24年7月大阪市電高野山争議ののち, 西部交通労働同盟を解散して大阪市電従業員組合を結成するとの総同盟の方針を批判, 沖本信吉らとともにサンジカリズム系の大阪交通労働組合の結成に参加。27年4月組合化宣言後の大阪市電自助会大会で執行委員, 財政部長に選出。その後沖本らと労農党に入る。(奥沢邦成)〔著作〕「小岩井浄さんと大阪市電自助会のたたかい」『大阪地方労働運動史研究』1960.8, 「ふるさとを語る」『早春』1969.10〔文献〕『大交史』, 『大阪社会労働運動史』

歌川 伸 うたがわ・のぼる 1895(明28)3.5-1944(昭19)12.25 本名・宇田川信一, 別名・三浦昂, 三浦浩, 北清吉 鳥取県気高郡逢坂村(現・鳥取市)に生まれる。鳥取中学を卒業後, 東京外国語学校に入学。徴兵を忌避してブラジルに渡り, 親戚の経営する外国貿易に従事し23年帰国。24年11月陀田勘助, 大沼渉らと中央自由労働者組合(26年3月江東自由, 28年1月東京自由と改称)を組織。25年1月内務省社会局と東京市に失業救済事業起工の陳情デモを組織し世論を喚起させ, 政府の失業救済事業施行政策の端緒を開いた。同年春, 大沼, 斎藤一平らと監獄部屋打破期成同盟を組織し, 北海道に渡り寺田格一郎らと活動する。同年の東京メーデーに参加, 中央自由労働者組合の代表として演説する。26年黒連, 全国自連に加盟。同年3月関東自由労働者組合連合に加わり会計担当となる。27年4月関東自連第2回大会で書記をつとめ5月中国漢口で開かれたプロフィンテルン系の汎太平洋労働組合会議に関東自連代表として松本親敏と参加。歌川の会議報告が『労働運動』『反政党運動』『黒色青年』に異なって発表されたことから労働運動社, 黒連, 全国自連メンバーの間に「後味の悪いものを残し, ひいては後に起こった『全自連』分裂問題にまで影響するに至った」(水沼辰夫)。28年3月全国自連第2回続行大会で綱領改訂をめぐり論争となり東京食糧, 東京一般江東支部, 同南葛支部とともに退場する。29年東京自由として全協に加盟。44年3月治安維持法違反で検挙され豊多摩刑務所で獄死する。(冨板敦)〔文献〕『印刷工連合』25号1925.6, 『自連』1・2・12・17・21・23号1926.6・7・27.5・10・28.2・4, 『自連新聞』35号1929.5, 水沼辰夫『明治・大正期自立的労働運動の足跡』JCA出版1979

宇田川 一郎 うだがわ・いちろう ?-1933(昭8) 中学を卒業後, 平岩巌の書生を経て労働運動社に関わる。近藤憲二の家に出入りし東京一般労働者組合城南支部, 東京印刷工組合に顔を出す。27年5月から6月の黒連による九州宣伝隊に参加。また後藤学三と荏原郡世田谷町太子堂(現・世田谷区)に同居し『解放新聞』(解放戦線社)の経営と編

集にあたる。この頃東京一般で支部書記をつとめる。児玉はると結婚し31年関東一般北部支部(もと全国自連東京一般北部支部)事務所に住む(2階には小川猛、鶴岡直和が住んだ)。同年日本自協に参加し32年機関紙『労働者新聞』20-23号の編集発行印刷人となる。同年日本自協パンフ第1集『日本自協の話』を執筆・刊行。のち大森区馬込(現・大田区)に移りそこに山口健助が一時寄宿する。肺を病み若くして死没したという。山口によれば「日本自協の書記として、理論的中心メンバーであった。特に資本主義の現状分析と革命的労働運動の役割についての彼の理論展開は、比較的抽象論に陥りやすいサンジカリズム運動に新生の息吹をあたえた」。(冨板敦)〔文献〕『自連』11号1927.4、『解放新聞』5号1927.7、『黒色青年』10号1927.7、山口健助『青春無頼』私家版1982、白井新平『日本を震憾させた日染煙突争議』啓衆新社1983

宇田川 三郎 うだがわ・さぶろう ?-? 1919(大8)年東京神田区(現・千代田区)の宮本印刷印刷科に勤め日本印刷工組合信友会に加盟する。(冨板敦)〔文献〕『信友』1919年10月号

宇田川 新太郎 うだがわ・しんたろう ?-? 1919(大8)年東京神田区(現・千代田区)の宮本印刷印刷科に勤め日本印刷工組合信友会に加盟する。(冨板敦)〔文献〕『信友』1919年10月号

宇田川 芳郎 うだがわ・よしお ?-? 1919(大8)年東京京橋区(現・中央区)の中屋印刷所罫線科に勤め活版印刷工組合信友会に加盟する。(冨板敦)〔文献〕『信友』1919年8月号

内田 賢治 うちだ・けんじ 1890(明23)2.5-? 東京市牛込区市ヶ谷本村町(現・新宿区)に生まれる。1921(大10)年自由人連盟に加盟していたことから警視庁の思想要注意人とされる。東京市四谷区坂町(現・新宿区)に住んでいた。(冨板敦)〔文献〕『警視庁思想要注意人名簿(大正10年度)』

内田 源太郎 うちだ・げんたろう 1906(明39)1.20-? 別名・陸野政雄、陸野広 岡山県真庭郡二川村(現・真庭市)生まれ。3歳の頃両親行方不明で弟とともに祖父母に育てられ、小学校卒業後、14歳から大阪に出て東区の羅紗商宇佐見商店に勤めた。同じ洋服問屋の茂野栄吉と知りあい社会問題に関心を抱き天王寺公園の演説会に参加。23年9月辞職し茂野を頼って清水村(現・旭区清水町)のギロチン社の仲間入りをし、福島紡績などの恐喝「リャク」(掠)に参加した。10月16日運動資金調達のため大阪府中河内郡布施村(現・東大阪市)の第十五銀行玉造支店小坂出張所の現金輸送を古田大次郎、小川義夫とともに襲撃、トランク強奪のため行員を殴打した。古田が誤って行員一人を刺殺し、トランクを奪えず他の鞄(勧業銀行債券9枚)を奪い小西次郎に手渡し逃走した。その後天満警察署に捕えられ、25年5月28日大阪地裁での第1審では無期、翌26年3月6日大阪控訴院での第2審では懲役15年に減刑された。38年甲府刑務所を出所。(北村信隆)〔文献〕『大阪社会労働運動史・上』、『思想輯覧』、森長英三郎『史談裁判』日本評論社1966、逸見吉三『墓標なきアナキスト像』三一書房1976、古田大次郎『死の懺悔』春秋社1926・復刻完全増補版黒色戦線社1988、秋山清『ニヒルとテロル』川島書店1968、小松隆二「ギロチン社とその人々(1)(2)」『三田学会雑誌』66巻4・5号1973.4・5

内田 広蔵 うちだ・こうぞう ?-? 1919(大8)年東京牛込区(現・新宿区)の福山印刷所和文科に勤め日本印刷工組合信友会に加盟する。(冨板敦)〔文献〕『信友』1919年10月号

内田 静江 うちだ・しずえ ⇨伊藤房一 いとう・ふさいち

内田 庄作 うちだ・しょうさく 1895(明28)10.2-1978(昭53)2.5 静岡県志太郡藤枝町下伝馬(現・藤枝市)に唐傘屋の二男として生まれる。10年藤枝尋常高等小学校を卒業。藤枝北高校准教員養成所中退。24年頃上京して辻潤、井伏鱒二、新居格らと親交を結ぶ。25年7月『生活と思想 思想篇』を自費出版する。この著は『生活篇』と『行為篇』の三部作の予定だったが刊行されなかったようだ。27年頃駆け落ち結婚。28年再上京し高円寺に住む。27年12月『考ふる所の人』を創刊(51年『考ふる人』と改題し復刊)。29年『文芸ビルデング』に2編の論文を執筆。30年の『ニヒル』創刊広告のチラシに執筆同人として名前はあるが執筆してはいない。辻が体調を崩し藤枝の志太温泉に静養に来た時のことを書いた「こんとらちくとら」にO君の小野庵保蔵とともにU君として内田が出てくる。辻門下の三哲の一人で傘哲と呼ばれた(ほかは卜部哲次郎と小野庵)。晩年は『考ふ

る人』を刊行し，その広告費などで生計を立てていたようだ。藤枝市本町で死没。（久保田一）〔著作〕『考ふる人』1951-74，『二二ヶ四』『文芸ビルデング』3巻2号1929，『唯我独尊』同3巻5号1929〔文献〕小野庵保蔵「内田庄作氏の『思想篇』出版に就いて」『静岡新報』1925.5.21・22・27，辻潤「乱輪舌」『虚無思想研究』2巻1号1926，『アフランシ』28号1955，臼井太衛「辻潤と志太温泉」『藤枝文学舎ニュース』30号1999

内田 信次郎 うちだ・しんじろう ?-? 1919（大8）年東京京橋区（現・中央区）の中屋印刷所文選科に勤め，日本印刷工組合信友会に加盟する。（冨板敦）〔文献〕『信友』1919年10月号

内田 徳次郎 うちだ・とくじろう ?-? 別名・定次郎 1919（大8）年東京京橋区（現・中央区）の秀英本舎和文科に勤め活版印刷工組合信友会に加盟する。同年10月頃から同舎同科の組合幹事を金子欣喜，賀川才次，中沢猪久三と担う。（冨板敦）〔文献〕『信友』1919年8・10月号

内田 徳太郎 うちだ・とくたろう ?-? 1919（大8）年東京麹町区（現・千代田区）のジャパンタイムス&メール社欧文科に勤め日本印刷工組合信友会に加盟する。（冨板敦）〔文献〕『信友』1919年10月号，1921年1月号，1922年1月号

内田 博 うちだ・ひろし 1909（明42）10.19-1982（昭57）2.25 本名・弘喜智 大牟田市に生まれる。30年看板絵描き見習いのかたわら日本プロレタリア作家同盟大牟田支部の仕事を推進。31年大牟田初のプロレタリア文学誌『街の文学』を西原正春らと創刊。2冊出したがいずれも発禁。32年日本プロレタリア作家同盟員になる。33年2月10日大牟田署に留置。34年から『詩精神』『啄木研究』などに作品を発表。36年文学同人誌『九州文学』創刊。4号で廃刊。37年7月反戦統一戦線の件で逮捕され久留米署に留置され転向声明を出す。39年浅井十三郎の『詩と詩人』に2号から参加。45年共産党大牟田地区委員会地区委員となる。47年新日本文学会会員。51年中野重治らを弁護して共産党から除名（六全協後に復党）。55年第2次『三池文学』，60年『新日本詩人』に参加。71年頃離党。その後『煙』，第3次『コスモス』同人となり詩と反権力について模索し続けた。（内田麟太郎）〔著作〕『内田博全詩集』青磁社1978，詩集『童説』同1981，阿部圭司編『内田博 詩と人生』無極堂2007〔文献〕『コスモス』4次37号1982，『煙』44号1982.11，『方方』19号1982

内田 文夫 うちだ・ふみお 1901（明34）3.25-? 本名・実 茨城県西茨城郡西那珂村（現・桜川市）に生まれる。1919（大8）年8月の東京各新聞社の整版部従業員有志で組織された労働組合革進会の同盟ストに参加するが敗北。やまと新聞社に勤め新聞工組合正進会に加わる。四谷区永住町（現・新宿区四谷四丁目）に住み20年10月やまと新聞社争議を闘い解雇され，自動車会社の事務員となる。同年日本社会主義同盟に加盟。のち北豊島郡西巣鴨町巣鴨（現・豊島区巣鴨）に移り，印刷工組合信友会に入る。22年7月小野源之助とヴァガボンド社を組織し8月月島労働会館で社会問題講習会を開催。同年和田久太郎は『労働運動』の「労働団体機関紙(2)批評と紹介」に，『信友』紙上で「若手の一本調子な文章を書く人に鈴木重治，内田文夫，小野源之助の諸君がいる」と紹介する。（冨板敦）〔文献〕『正進』1巻1・7号1920.4・11，『警視庁思想要注意人名簿(大正10年度)』，『信友』1922年6月号，『労働運動』3次8号1922.10，『社会主義沿革2』

内田 松太郎 うちだ・まつたろう ?-? 1919（大8）年東京小石川区（現・文京区）の江戸川活版所文選科に勤め活版印刷工組合信友会に加盟する。（冨板敦）〔文献〕『信友』1919年8月号

内田 要太郎 うちだ・ようたろう ?-? 印刷工として日本印刷工組合信友会に加盟。1920（大9）年末には東京芝区（現・港区）の東洋印刷株式会社欧文科に勤めていた。（冨板敦）〔文献〕『信友』1921年1月号

内田 義 うちだ・よし ?-? 1919（大8）年東京京橋区（現・中央区）の英文通信社印刷所文選科に勤め日本印刷工組合信友会に加盟する。（冨板敦）〔文献〕『信友』1919年10月号

内田 竜太郎 うちだ・りゅうたろう ?-? 1919（大8）年横浜の南中舎に勤め横浜欧文技術工組合に加盟して活動。同組合設立基本金として1円寄付する。（冨板敦）〔文献〕『信友』1919年8・10・12月号

内田 魯庵 うちだ・ろあん 1868.4.27（慶応4.4.5）-1929（昭4）6.29 本名・貢，別名・不知庵，三文字屋金平 江戸下谷車坂六軒町（現・台東区）生まれ。東京専門学校英学本科3年中退。90年代から『国民之友』『太陽』などを舞台に執筆し，ドストエフスキーの『罪

と罰』(1892·93)を翻訳刊行。二葉亭四迷，斎藤緑雨，横山源之助，松原岩五郎などと交流した。98年「くれの二八日」で小説家に転身，「政治小説を作れよ」を発表し社会小説論議に一石を投じた。01年『破垣』の発禁に対しては「『破垣』発売停止に当路者及江湖に告ぐ」で抗議した。11年大逆事件に対する感想をひそかに書き残し，17年審査員をつとめていた『大阪朝日新聞』懸賞小説に大石誠之助をモデルとした沖野岩三郎「宿命」を推し，2席となった。内務省警保局が新聞連載不許可とした同小説を翌18年改作し発表することに成功。23年関東大震災の直後，裏手に住み交流のあった大杉栄，伊藤野枝が虐殺されたのち通夜に列席。後年「大杉のお通夜の時の魯庵の姿ほど立派な姿を私は知らない」と山本実彦は語った。その後「恐怖の二週間」(『太陽』1923.11)と「第三者から見た大杉」(『改造』1923.11)で大杉らに対する官憲の暴虐に抗議した。自由主義者かつモラリストとしての生涯であったが他面では社会運動への支援も行った。農村青年社の中心人物の一人であった宮崎晃はノンフィクション作家の保阪正康の取材に答えて，「丸善という本屋さんのお偉い人ではあったけれど，我々は毛嫌いされたことはなかったですね。まああがれ，さああがれ，と言って，こんな本を読んでみろって勧めてくれるんです。結局，知り合うきっかけはリャクでしたけれど，つまりは人間と人間の相性ということになります。感情の交流が最終的な決め手になるんですよ」と述べている。宮崎の経験したリャク(カンパの強要)に応じてくれたのは，他に島崎藤村や真山青果などがいたという。　(岡野幸江·奥沢邦成)〔著作〕『文学一斑』博文館1892，『社会百面相』同1902，『思い出す人々』春秋社1925，『内田魯庵全集』全12巻補巻3別巻1ゆまに書房1983-87〔文献〕野村喬『内田魯庵伝』リブロポート1994，保阪正康『農村青年社事件』筑摩書房2011

内堀 栄太郎　うちぼり・えいたろう　?-? 1919(大8)年東京京橋区(現·中央区)の築地活版所石版科に勤め日本印刷工組合信友会に加盟する。(冨板敦)〔文献〕『信友』1919年10月号

内村 鑑三　うちむら・かんぞう　1861(文久1)2.13-1930(昭5)3.28　上州高崎藩士の長男として生まれ13歳で東京外国語学校英語科に入学。同級には新渡戸稲造や穂積八束などがいた。外語学校の最上級に在学中，札幌農学校の二期生募集に応募して官費生として採用される。17歳でメソジスト監督派宣教師により新渡戸などと共に受洗，熱烈な信者へと進む。20歳で農学校を首席卒業し北海道開拓使御用掛となり海域水産調査研究に従事して学者的才能を発揮した。23歳で結婚するが破局，傷心の中アメリカに私費留学。翌年1888(明21)年末に帰国。90年9月第一高等中学校嘱託教授となるが翌年1月9日の教育勅語奉戴式で勅語の天皇宸署に対して内村1人が最敬礼を行わず軽く頭を下げるにとどめたため，不敬漢·国賊として学内外を問わず全国的に喧伝されキリスト教排撃のスケープゴートにされた。病臥中解職され大阪，熊本，名古屋，京都と転々として著述に没頭，その孤立を支えたのは旧友の新渡戸や宮部金吾などのわずかな支持者であった。この迫害により内村の宗教的信念は一層堅固なものとなる。この不敬事件は収まるところを知らず国粋主義哲学者で東京帝大教授の井上哲次郎との論争に発展。井上は仏教界と連動して日本の近代化路線にそぐわず国体精神に反するとして内村を糾弾。内村はかつてない激しい論調で反駁。キリスト者は神の恩恵の下にあって道徳の下にはあらずとし，道徳の支配からの脱却がいかに革命的思想でありそれが「福音」であると主張した。97年1月日刊新聞『万朝報』の社主黒岩涙香の懇請により同紙の英文欄主筆に就任。翌年5月社会評論誌『東京独立雑誌』を創刊するが00年廃刊。01年3月月刊雑誌『無教会』創刊。内村の無教会主義は信仰の上に立脚した個の自覚があり，その自立と自由を全うするには国家権力やあらゆる教会から個は解放されねばならないというものであった。同4月足尾鉱毒問題解決期成同志会の一員として現地視察して『万朝報』紙上で政府を弾劾。同7月には幸徳秋水，堺利彦らと「理想団」を結成した。伝道を続ける傍ら足尾鉱毒問題講演会にも頻繁に登壇，団員として具体的な社会救済活動にも従事した。その一方，田中正造や安部らとキリスト教対社会主義の論争を展開。日露戦争開戦で内村は

「戦争廃止論」を『万朝報』に発表したが，涙香が開戦支持を03年10月8日に決定したためその翌日に幸徳，堺らと共に退社。幸徳と堺は平民社創立に動いたが，内村は袂を分かち伝道に専念する。24(大13)年には米国の排日移民法案に激怒し背教として非難。27(昭2)年3月の宗教法案反対基督教大会では「完全なる自由」を演題に講演した。古希の誕生日の2日後に永眠した。雑司ヶ谷墓地に埋葬されたが32年に英文墓碑をもって多磨霊園に改葬された。(一色哲八)〔著作〕『基督教徒のなぐさめ』(1893年の処女作)岩波文庫1976，『救安録』岩波文庫1939，『内村鑑三全集』全40巻・岩波書店1984完結，『内村鑑三日記書簡集』全8巻，『内村鑑三英文著作全集』全7巻〔文献〕森有正『内村鑑三』弘文堂1953，小沢三郎『内村鑑三不敬事件』新教出版社1961，山本泰次郎『内村鑑三 信仰・生涯・友情』東海大学出版界1966，内田芳明『現代に生きる内村鑑三』岩波書店1991，宮田光雄『平和の思想史的研究』創文社1978，富岡幸一郎『偉大なる罪人の生涯』リブロポート1988

内村 剛介 うちむら・ごうすけ 1920(大9)3.18-2009(平21)1.30 本名・内藤操(旧姓川野邊) 栃木県那須郡堺町大字大木須(現・那須烏山市大木須)に父・川野邊卯之吉，母・キミノの次男に生まれる。家業は農業。1934年高等小学校卒業後，満州で満鉄に勤めていた伯父・内藤松之允の養子となり35年9月満鉄育成学校に入学。40年4月満州国立大学哈爾濱学院に入学，43年11月同学院を繰り上げ卒業，関東軍総司令部参謀部勤務を命じられる。45年8月ソ連軍の侵攻で平壌に逃れたが同地で逮捕，ソ連へ送られ25年の刑を言い渡され56年12月まで各地の監獄を転々とする。帰国後，60年日商に入社，松田道雄らを知り独特の文体と歯に衣を着せぬ筆致で著作を始める。獄中記『生き急ぐ スターリン獄の日本人』(三省堂新書1967・のち中公文庫・講談社文庫)は「俺が死ぬか，ソ連が死ぬか」という内村の思想の原点が語られ，「生き急ぐ」は流行語になった。66年『黒の手帖』(大澤正道編集)に「トロツキー『赤軍史』に寄せて」を連載。70年『現代ロシヤ抵抗文集』全8巻企画・編集，勁草書房より刊行を始める。同年末雑誌『初原』を個人編集で現代思潮社から刊行(2号で終刊)。71年『ソルジェニツィン・ノート』(河出書房)を刊行，従来のロシヤ，ソ連文学者をきびしく批判する。73年北海道大学教授に就任。同年『スターリン時代』(「ドキュメント現代史」第4巻平凡社)を編集・刊行するなど，内村が「犯罪社会主義」と名づけるソ連・中国に甘い進歩的文化人らと対立。78年北海道大学を退職，上智大学外国語学部教授に就任。来日したソ連獄中での友人J.ロッシの『ラーゲリ(強制収容所)註解事典』(恵雅堂出版1996)の執筆を助ける。90年上智大学で最終講義「わが身を吹き抜けたロシア革命」を行う。2008年『内村剛介著作集』全7巻(恵雅堂出版)の刊行が始まったが完結(2013年)を待たずに亡くなった。(大澤正道)〔著作〕トロツキー『文学と革命』I・II(訳)現代思潮社1964-65，『呪縛の構造』現代思潮社1966，M. ロリンカイテ『マーシャの日記』(訳)雪書房1966，『エセーニン詩集』(訳)弥生書房1968，『わが思念を去らぬもの』三一書房1969，ソルジェニーツィン『鹿とラーゲリの女』(染谷茂と共訳)河出書房新社1970，『われらの内なる反国家』(大澤正道と共編)太平出版社1970，『独白の交錯』(対談・座談集)冬樹社1971，M. ミハイロフ『ロシア文学と実存』(青山太郎と共訳)紀伊國屋書店1971，『流亡と自存』北洋社1972，『愚図の系譜』白馬書房1973，『信の飢餓』冬樹社1973，『ナロードへの回帰』二月社1974，『幕末は終末』(歴史対談集)新人物往来社1974，『初原の思念』白馬書房1975，『妄執の作家たち』河出書房新社1976，『科学の果ての宗教』講談社学術文庫1976，『ロシヤ風物詩』西田書店1977，『定本 生き急ぐ』国文社1977，『革命の研究』(共著)高木書房1979，『ドストエフスキー』(「人類の知的遺産」第51巻)講談社1979，『だれが商社を裁けるか』(編集)高木書房1979，『失語と断念』思潮社1979，『ロシア無頼』高木書房1980，『わが身を吹き抜けたロシア革命』五月書房2000，『見るべきほどのことは見つ』恵雅堂出版2002，『内村剛介ロングインタビュー生き急ぎ，感じせく 私の二十世紀』(陶山幾朗編)恵雅堂出版2008。

内山 完造 うちやま・かんぞう 1885(明18)1.11-1959(昭34)9.20 クリスチャン。岡山県後月郡芳井村(現・井原市)に長男として生まれ，父は村長を務めた。天子様を馬鹿呼ばわりしたとして卒業間近の高等小学校を中退させられ大阪の反物問屋大塚商店の丁稚奉公に出される。その後16歳で京都の赤野商店に移るが日露戦争後の不況により店主は夜逃げ。12(大1)年27歳で京都教会の牧野虎次(後の同志社大学総長)を知りその説話に感銘を受けて入信する。牧野牧師から参天堂入社を勧められ上海出張員として赴任し大学目薬の営業を行う。16年1月結婚。

上海に日本から聖書を送らせる必要から内山書店を開設し妻を経営者とした。21年頃から上海YMCAの文化講座を企画，賀川豊彦や吉野作造らを招聘，内山書店はサロンとなり金子光晴，横光利一，谷崎潤一郎らが訪問。魯迅，郭沫若ら多くの中国文学者も訪れ交流の場となった。魯迅とは27(昭2)年秋に知り合い親交が始まり，32年には上海事変で避難する魯迅一家を自宅に匿って庇護し続けるなど中国文化人の信頼は厚かった。35年，完造の処女出版『生ける支那の姿』に魯迅は序文を寄せた。この年，弟嘉吉は東京内山書店を開店。翌年の魯迅死去に際しては葬儀委員となり埋葬式で追悼演説を行った。41年魯迅夫人の許広平は日本憲兵隊に連行されるが救出に尽力。45年敗戦により内山書店と財産全てが接収され47年12月に帰国。翌年から中国と中国人の真の姿を知らせるために全国行脚に回り講演八百回以上に及んだ。49年日中貿易促進会代表委員。翌年日中友好協会を組織し初代理事長に就任。56年北京での魯迅永逝20周年記念大会に招待される。59(昭34)9月19日中国人民対外文化協会の招きで病気療養のため訪中，北京に到着した夜脳溢血で倒れ，翌日北京の病院で死去。(一色哲八)〔著作〕『一個日本人的中国観』開明書店1936,『支那の民俗習俗に就いて』日本文化協会1938,『上海漫語』改造社1938,『両辺倒』乾元社1953,『魯迅の思い出』社会思想社1979〔文献〕小澤正元『内山完造伝』番町書房1972, 小泉謙『評伝魯迅と内山完造』講談社1979, 吉田曠二『魯迅の友 内山完造の肖像』新教出版社1994,『漫画 内山完造の生涯』先人顕彰会・井原2008

内山　愚童　うちやま・ぐどう　1874(明7)5.17-1911(明44)1.24　法名・天室愚童，幼名・慶吉，別名・阿奈岐　新潟県北魚沼郡小千谷町(現・小千谷市小千谷)生まれ。父直吉病死の16歳まで父のもとで和菓子木型職人の見習い。近郊は農業地帯で地主層が富裕化していくにつれ自作農，小作農が転落していく様子を身近にみた。1897年叔父天悉青柳憲道の手引きで神奈川県愛甲郡の宝増寺坂詰孝童について得度し，憲道の指導する同郡三田村(現・厚木市三田)の清源院常恒会で参禅修行を始める。同年10月小田原市早川の海蔵寺僧堂に移り，観道佐藤実英の室に入る。99年曹洞宗第二中学林2年級修了，海蔵寺僧堂五カ年安居証明(蔵主の僧位)を得る。1900年冬清源寺に移り憲道の後嗣和田寿静のもとで立職，首座の僧位を得る。01年神奈川県足柄下郡温泉村(現・箱根町大平台)林泉寺開山宮城実苗の室に入り嗣法。02年本山永平寺で転衣を許され住持の僧位を得る。03年林泉寺に入り翌年2月同寺に晋山，木型職人見習いの腕をいかした箱根細工，仏像彫刻などでわずかな収入を得ながら寺の経営にあたった。この頃矢野竜渓『新社会』(1902)を読み社会主義思想に目を開かれる。04年週刊『平民新聞』10号の「予は如何にして社会主義者となりし乎」に道元の『正法眼蔵』仏性巻頭の「釈迦牟尼仏言はく，一切は衆生にして悉有(普遍的にあるもの)なり，仏性なり」と，また日々読誦する金剛般若経から「是の法は平等にして高下有ること無し，是れを阿耨多羅三藐三菩提(仏の悟りの智慧)と名づく」，同じく『法華経』譬喩品から「今此の三界(生死を重ねる迷いの世界)は皆是れ我が有(所有物)なり，其の中の衆生は悉く是れ吾が子なり」を引用して「社会主義者の言ふ所の，右金言と全然一致するを発見して遂に社会主義の信者となりしものなり」と発表。平民社とその周囲の社会主義者との交流が始まり，愚童は地元に青年組合を組織，児童のための無料の夜間教育を始める。青年たちの会合には『平民新聞』『平民文庫』を討論の素材として使った。05年無我苑を開いた伊藤証信に共鳴，自らも後進の修養道場として修道苑を計画したが伊藤の脱宗に際しては「曹洞の信仰の下にあり乍ら高祖道元の性格は勿論其名だも知らぬといふ気の毒な人」を見捨てることはできないので「仏種を種ゆる」努力をしたいと，伊藤との立場の違いを書き送っている。同年8月小田原の加藤時次郎別邸で幸徳秋水，堺利彦と鼎座して禅を談じた。平民社のなかで例外的に座禅に冷淡な堺も「千成瓢箪の叩けばカチカチと音のする趣がある」とのちに愚童を評している。06年4月谷中村支援帰りの石川三四郎に座禅を指導する。この様子は石川の『自叙伝』に詳しい。07年県下の同志と『神奈川教報』を3号まで発行。日刊『平民新聞』によれば「宗教問題及び社会問題につき毎号有益の記事

多し」。同年6月箱根山中で工夫と土工60余人がダイナマイトを持ち出した乱闘事件があり，「僕は此時初めて労働者の勢力が高大な者であることを知つた」「吾等の任務はこの勢力を尤も有益に人力最大幸福の為にするやうに導くことである」と獄中の石川に書き送る。10月上京し電車賃事件控訴審傍聴，金曜講演会，社会主義研究会などに参加。08年2月『世界婦人』に「革命は近づけり善良なる平民は増税に苦しむ，今や吾等は改まる年と共に新たなる武器をとつて立つの止むなきに至れり，幸に平民の為めに健全なれ」と書き送り，直接行動派に近づく。6月の赤旗事件ののち一気に秘密出版の準備を進め同年末森近運平の『日本平民新聞』読者名簿をもとに『無政府共産』を発送。この小冊子で愚童は「政府と云ふ大泥棒を無くしてしまふ」ために「地主に小作米を出さぬこと，政府に税金と兵士を出さぬことを実行」することを呼びかけ，「正義は友をますものであるから，一村より一郡に及ぼし，一郡より一県にと，遂に日本全国より全世界に及ぼしてコヽニ安楽自由なる無政府共産の理想国が出来る」とする。続けて『帝国軍人座右之銘』（大杉栄訳「新兵諸君に与ふ」翻案），バシンスキー『道徳非認論』（大石誠之助訳）を刊行した。09年4月名古屋で石巻良夫を訪ねたのち永平寺夏安居に参加するが，留守中秘密出版の捜査が始まる。5月永平寺下山。尾行を引きつれて大阪で武田九平と，神戸で岡林寅松，小松丑治と会談。帰路国府津駅で身柄を拘束され横浜駅で逮捕される。7月林泉寺住職を退く。11月出版法違反と家宅捜査で発見されたダイナマイト所持とで有罪判決を受けたが爆発物取締規則違反について控訴。10年4月有罪判決。6月21日曹洞宗は「重罪ノ処刑ヲ受ケタルニ付」宗内擯斥処分（僧籍剥奪）。10月獄中で大逆事件被疑者として起訴。12月1日公判開始，29日結審。11年1月18日死刑判決，同月24日死刑執行。93年4月13日曹洞宗は83年ぶりに擯斥処分を取り消し愚童の名誉を回復した（告示は5月6日）。なお死刑執行にあたって沼波教誨師が数珠を手にすることをすすめたところ愚童は一言「止しましょう」と答えたと伝えられ，これが信仰を捨て去ったと解釈されることがあるが，道元に「数珠を持して人に向ふは是れ無礼なり」（『永平寺衆寮箴規』）の言葉があり，信仰を捨てたという解釈はあたらない。白井新平，遠藤誠，柏木隆法らを中心に78年1月24日以来03年まで，林泉寺で墨童忌が営まれていた。（白仁成昭）〔著作〕「伊藤中将姦通論」『世界婦人』21号1908.1，「入獄紀念・無政府共産」柏木隆法『大逆事件と内山愚童』JCA出版1979，「平凡の自覚」神崎清編『大逆事件記録1』世界文庫1964〔文献〕曹洞宗『宗報』127・340号1910.8・11，今村力三郎「公判ノート」専大図書館蔵，小山松吉述『日本社会主義運動史』司法省刑事局1929，池上亘「内山愚童と厚木」『ほんあつぎ』62号1930，堺利彦『日本社会主義運動史話』河出書房1954，石川三四郎『自叙伝』理論社1956，市川白弦「禅・華厳・アナキズム」『自由思想』5号1961.4，吉田久一『日本近代仏教史研究』吉川弘文館1964，神崎清編『大逆事件記録』全3巻世界文庫1964，岩崎正絋「内山愚童覚書」『神奈川県史研究』20号1973，大澤正道「アナキズムと思想の土着」『思想史の方法と課題』東大出版会1973，早大社会科学研究所編『社会主義者の書簡』早大出版会1974，白井新平『聞書・内山愚童と大平台』私家版1982，森長英三郎『内山愚童』論創社1984，曹洞宗人権擁護本部「内山愚童師名誉回復によせて」『曹洞宗報』696号1993.9，池田千尋「毒取るさんと愚童和尚」『初期社会主義研究』8号1995，末木文美士「近代日本と仏教」『明治思想家論』トランスビュー2004，白仁成昭「仏者は王者を敬はず」『アナキズム』9号2007.5

内山 賢次 うちやま・けんじ　1889（明22）9.20-1972（昭47）12.28　新潟県に生まれる。正則英語学校高等科に学び，加藤一夫の主宰した『労働文学』（東地球社1919，4号まで）にトルストイ「イリア」やホイットマンの日記を訳出する。25年クロポトキン『倫理学・其起源と発達』の初訳をアルスから刊行。その後『作品』『唯物論研究』『学芸』などによって翻訳を中心に活動する。戦後は単独で『シートン動物記』全19巻（評論社1951-56）を翻訳するなど，多くの科学読物を訳出した。（大澤正道）

卯月 長次郎 うづき・ちょうじろう ?-?　1919（大8）年東京京橋区（現・中央区）の築地活版所印刷科に勤め日本印刷工組合信友会に加盟する。（冨板敦）〔文献〕『信友』1919年10月号

宇都宮 卓爾 うつのみや・たくじ　1883（明16）10.10-?　山口県三田尻（現・防府市）に生まれる。日刊『平民新聞』の社員として庶務会計部に所属し，発送を担当していた。1908（明41）年6月22日山口義三の出獄歓迎

会の際,村木源次郎,佐藤悟などと「口々に激越な言葉を叫び乍ら場内の一隅に立掛けてあつた『無政府』『無政府共産』と赤地に白書せる旗を振つて場内を駆け廻つた」(吉川守圀)赤旗事件で重禁錮1年半,罰金15円を科せられる。神田警察署留置中,房内の壁に「一刀両断天王首/落日光寒巴黎城」と落書がなされ佐藤が犯人とされて不敬罪で重禁錮3年9カ月に処された事件では同志から真犯人と目され,獄中での査問会の結果一同に絶交を宣言される。ともに出獄した荒畑寒村に危篤の報がある父親の最期を見届けたら身の潔白を証明すると話したが,その後同志の前には二度と姿をみせなかったという。(神谷昌史)〔文献〕吉川守圀『荊逆星霜史』不二屋出版1936・復刻版不二出版1985,『社会主義沿革1』,『日本政治裁判史録・明治後』第一法規1969,荒畑寒村『寒村自伝』岩波文庫1975

内海 鶴記 うつみ・つるき 1901(明34)3-1965(昭40) 別名・内野剣,北野ひろし,宮城桃生 宮城県桃生郡桃生村(現・桃生町)に生まれる。03年父母とともに北海道に移住。小学校卒業後肉体労働に従事。その後裁判所の雇となる。19年辞職。信用人夫として監獄部屋に割り込む(同居)。その体験を「大方のハツパ作業は朝鮮人でヨボの命は安価とぞいふ」と詠む。21年土工夫生活をやめ日雇いとして各地を転々。社会の底辺に生きて社会問題に関心をいだき思想雑誌を耽読。23年帯広に転じ再び土工夫となる。短唱運動に参加。35年11月26日無共党弾圧に関連して取り調べられたが即時釈放。36年3月下旬農青社弾圧に連座して検挙されたが起訴を免れる。その後帯広土木現業所支所に勤務。敗戦後労働運動に参加。定年退職し59年6月三鷹市に転居。60年12月新日本歌人協会から歌集『吾子』を刊行。(堅田精司)〔文献〕『身上調書』,『短唱集』北海道短唱連盟1935,『思想月報』32号1937.2

内海 信之 うつみ・のぶゆき 1884(明17)8.30-1968(昭43)6.14 別名・泡沫,青潮 兵庫県揖保郡桑原村小犬丸(現・たつの市揖西町)に生まれる。1900年伊水高等小学校卒業。病弱のため進学を諦め小学校代用教員となる。02年新詩社に入る。『我宗教』(加藤直士訳1903)に接しトルストイに傾倒。日露戦争下『トルストイの日露戦争論』(加藤訳1904)に共鳴しトルストイを称えた「北光」を発表,続いて人道主義に立つ反戦詩を相次いで『新声』などに発表するが師与謝野鉄幹にも世にも認められず,戦後ようやく詩集『硝煙』1巻にまとめられた。大正政変に際し護憲運動に参加,犬養毅に心酔し立憲国民党に属し活動するが犬養横死後政治運動から離れる。反戦詩の佳編「残せし花」(1941.10)が戦前最後の発表作。竜野公園に「高嶺の花」詩碑が建つ。(堀切利高)〔著作〕詩集『淡彩』以文館1910,『高人犬養木堂』文正堂1924,詩集『花』同刊行会1950〔文献〕向井孝「解説」『硝煙』同刊行会1961,西田勝「反戦詩人内海泡沫のこと」『文学』1968.11,内海繁編『内海信之 人と作品』田畑書店1970,苗村樹編『内海信之』霞城館1999

内海 又次郎 うつみ・またじろう ?-? 別名・内藤又三郎 1919(大8)年東京京橋区(現・中央区)の福音印刷会社欧文科に勤め日本印刷工組合信友会に加盟,同会にしばしば寄付する。(冨板敦)〔文献〕『信友』1919年10・12月号,1920年1・2月号

内海 勇次郎 うつみ・ゆうじろう ?-? 東印新聞部のメンバー。1926(大15)年1月10日入営することになり全印連の同志達に黒旗で見送られる。(冨板敦)〔文献〕『印刷工連合』33号1926.2

有働 俊雄 うどう・としお ?-? 1919(大8)年東京京橋区(現・中央区)の築地活版所電気版科に勤め日本印刷工組合信友会に加盟する。(冨板敦)〔文献〕『信友』1919年10月号

ウドコック Woodcock, George 1912.5.12-1995.1.8 カナダ南部のウィニペグで生まれる。両親は英国人移住者で幼少の頃家族とともに英国に帰る。ロンドンでA.ハクスレー,G.オーウェル,H.リード,T.S.エリオットらと知り合い次第にアナキズムに興味を抱く。40年代英国のアナ系の雑誌『ウオー・コメンタリー』『フリーダム』の編集に関わる。49年カナダに戻りブリティッシュ・コロンビア大学で英文学とアジア思想史を講じる。59年季刊誌『カナダ文学』を創刊し,62年には自身の多年にわたる研究をまとめた本格的なアナキズム通史『アナキズム』を刊行する。同書はアナキズムの祖といわれるゴドウィンから個人主義的アナキストのシュティルナー,マルクス主義と対立するなかでアナキズムを深化させたプルードン,

バクーニン，クロポトキン，そして文学的にアナキズムを表現したトルストイに焦点をあてた思想編，フランス，イタリア，スペインなどにおけるアナキズムの実践的活動を克明にたどった運動編から構成される。D.ゲランの著作(江口幹訳『現代のアナキズム』三一書房1967，同訳『現代のアナキズムの論理』同1969)やJ.ジョルの『アナキスト』(河合秀和訳，岩波書店1975)に先駆けてアナキズムの思想，運動について体系的に論じた古典的名著，邦訳は68年に刊行され62年に出版された大澤正道の『自由と反抗の歩み』(現代思潮社，のちに『アナキズム思想史』と改題)とともに日本におけるアナキズム思想の理解に大きな影響を与えた。63年以降は編集・著作活動に専念し50冊以上の著書がある。その範囲は歴史，政治，社会批評，哲学，芸術，詩，演劇，伝記，文芸批評，旅行記など多岐にわたる。アナキズム関係ではゴドウィン，プルードン，クロポトキン，オーウェルの伝記も執筆している。(宮坂英一)〔著作〕白井厚訳『アナキズム Ⅰ思想編・Ⅱ運動編』紀伊国屋書店1968，山崎時彦訳『市民的抵抗 思想と歴史』御茶の水書房1982，奥山康治訳『オーウェルの全体像 水晶の精神』晶文社1972，有馬七郎訳『動物農場』から『1984年』へ』『思い出のオーウェル』晶文社1986，長沢純夫・大曾根静香訳『ベイツ アマゾン河の博物学者』新思索社2001，金倉円照訳『古代インドとギリシャ文学』平楽寺書店1972

畝田 香村 うねた・こうそん 1880(明13)5.24-? 本名・辰之助，旧姓・西田 大阪市東区北新町に生まれる。正則英語学校卒業後，富山県高岡高等小学校英語教師となる。1906年渡米，08年小成田恒郎らとサンフランシスコに朝日印刷所を設立した。しかし印刷所は資金難で閉鎖され畝田はサクラメントへ小成田はバークレーへ去った。その後印刷所は09年4月岩佐作太郎，村田稔らによって再興され在米社会主義者，アナキストの運動に関する印刷物を多数印刷・発行することとなった。11年1月25日同印刷所で開催された大逆事件刑死者追悼集会に参加している。13年帰国するが職が得られず翌年再渡米し，雑貨仲買商を営んだ。14年11月18日アナキズムを信奉する甲号として要視察人名簿に登録された。(西山拓)〔文献〕『主義者人物史料1』，『在米主義者沿革』

宇野 静夫 うの・しずお 1890(明23)-? 別名・宮沢純一 熊本市新南千反畑町に生まれる。1902年済々黌に入学したが04年に退学。10年中野電信隊に入営。友人飯田重晴とアナキズムに関して文通。7月幸徳秋水の影響を受けたアナキストとして追及を受ける。逃亡し北海道の土工部屋で生活。12年5月幌向の土工部屋で逮捕され27日軍法会議に付される。釈放後再び北海道で土工生活。色々な名で土工部屋を転々。28年当時は歌志内の西山炭鉱で働いていた。その後の消息不明。宇野の土工部屋潜入以来，北海道庁警察部は主義者調査に際し土工部屋を重点的に捜査することになる。(堅田精司)〔文献〕『自由の前触れ』大杉栄らの墓前祭実行委員会1993，『小樽新聞』1912.5.30，『北海タイムス』1928.10.20

宇野 淳 うの・じゅん ?-? 1925(大14)年5月札幌で創刊された『無産人』に詩「樺太にて」を寄せる。『無産人』編集発行人の棚田義明は宇野について「「樺太にて」の宇野淳君，「北寂」のSY生君，「小片」の田村(黒水)君何れも新鋭な拾代の人，芸術なんかより実行の方に腕が鳴ると云ふ人達」と「編集後記」で紹介する。(冨板敦)〔文献〕『無産人』1号1925.5，堅田精司編『北海道社会運動家名簿仮目録』私家版1973，堅田精司『北海道社会文庫通信』751・1900号1999.6.20・2002.8.12

宇野 信次郎 うの・しんじろう 1898(明31)11.12-1983(昭58)8.31 岐阜市京町の雑貨店に生まれる。名古屋市の高等小学校を卒業。19年1月上京し鐘淵紡績東京工場で機械修理工として働く。20年6月日本車輌東京支店に勤め東洋車輌労働連合会(のち日本労技会)の結成に参加，22年6月機械労働組合連合会の創立に参画する。同年8月20日機械連合主催の国際労働会議否認演説会を開催し，翌21日協調会を訪れ代表田沢義鋪に「労働者の意思表示」として鉄拳を見舞い，機械連合の平沢計七，俵次雄らとともに検挙され拘留15日となる。9月10日東京神田松本亭での総連合準備委員会に機械連合と労技会を代表して出席，30日大阪での総連合大会に参加，中央集権組織の非を鳴らす水沼辰夫提案を支持する。10月名古屋での愛知時計争議1周年記念演説会で労技会を代表して演説。同年末汽車会社の首

切り反対闘争を指導，また総同盟撲滅運動を進めた。23年2月関東車輛工組合(機械連合加盟)の発会式で機械連合を代表して祝辞を述べる。26年1月反総同盟の総連合に加わり自由連合主義から離れる。戦後はアナ連の「金は出すが口は出さぬ」支援者だった。(冨板敦)〔著作〕『隅田町誌』(編著)隅田町1932,『回顧七十年』三成工業1971,『八十年の人生』同1981〔文献〕『労働運動』3次7・9・12号1922.9・11・23.3/4次8号1925.2,『組合運動』6号1923.7,水沼辰夫『明治・大正期自立的労働運動の足跡』JCA出版1979

宇野　高　うの・たかし　?-?　中央新聞社に勤め東京の新聞社員で組織された革進会に加わり1919(大8)年8月の同盟ストに参加するが敗北。のち正進会に加盟。24年夏，木挽町(現・中央区銀座)正進会本部設立のために1円寄付する。(冨板敦)〔文献〕『革進会々報』1巻1号1919.8,正進会『同工諸君!! 寄附金芳名ビラ』1924.8

鵜木 与一　うのき・よいち　?-?　福岡県八女郡北山村小倉分(現・八女市)に住み1923(大12)年農村運動連盟に加盟，福岡支部を担う。(冨板敦)〔文献〕『小作人』2次6・7号1923.7・9

生方 敏郎　うぶかた・としろう　1882年(明15)8.24-1969(昭44)8.6　群馬県沼田町に生まれる。明治学院を経て早稲田大学文学部英文科卒。外務省に入省後，渋川玄耳の紹介で東京朝日新聞の記者となって，やまと新聞や早稲田文学などの記者生活を送り，個人雑誌『ゆもりすと』や『古人今人』を発行する。言論統制が強まる戦時下でも『古人今人』を発行し個人雑誌をもって時流に抵抗した。かつて『文章世界』(1913.8)「文壇暗流誌」で大杉栄をひやかした縁で交流するようになった。『近代思想』(1次12号1913.9)に寄せた詩「虫けらの心」はその前の号に大杉が書いた「むだ花」「むだ花の蜜をのみあさる虫けらの徒よ」に引っかけた反論で，ユーモリストの面目躍如としている。27年から個人雑誌『ゆもりすと』を始め戦中，戦後にやはり個人雑誌『古人今人』を続け「得意の皮肉の筆をふるった」(荒畑寒村)。坪内逍遥は敏郎を「ヒューモリスト」で「警句家であり風刺家」ではあるものの「君の大正頭は，正太夫の明治前期頭よりも，たしかに組織的であり，進歩的であり，世界的であり，ア

ップ・ツー・デートである」と評価する。例えば，1914(大3)年1月の「女流作家の群」(『文章世界』)に見られるように，個々の作家の各々の立場を踏まえて評価し，ここでは平塚らいてうの『青鞜』に触れ，田村俊子や伊藤野枝を取り上げながら，最後に女流作家の評価に陥りやすい世間の期待する浮いた話に釘を刺す。また27(昭2)年6月の「自然と人と書物」(『文章世界』)といった随想の多くは生い立ちをまとめたようなものであるが，この中で「私は自然よりも人間が面白くなつた。田舎よりも都会が面白くなつた。…今は唯自分だけを楽します為めに極めて軽い筆を取るやうになつた。それでも尚は持病の様に，私は時々社会改善の欲望に襲はれる」と書く。これらは26年の『明治大正見聞史』(春秋社)の底本になるものであるが，敏郎の姿勢や視点が示されている。前後するが11年5月の散文詩「巻煙草と死刑」(『早稲田文学』)は内容から大逆事件についての風刺であり，事件に関する個人の無関心さを痛烈に揶揄している。この他にプロレタリア運動を背景にした「下女の時代」や「金持の犬と貧乏人の猫」は風刺的内容で，26年の『哄笑・微笑・苦笑』(大日本雄弁会)も30編の小説・随筆・俗謡体風刺詩による当時の政界文壇風俗を軽妙に物事の真相を機微に穿っている。また40年10月には「教育勅語御下賜に因みて半世紀前を顧る」で1890(明23)年に公布された森有礼の制定した小学令に伴う教育に関する勅語公布について，それまで寺子屋式であった小学校が「官僚的色彩になった」と言い，面白みがなくなったと言及する。以後，逍遥が評したヒューモリストを生涯貫き69年享年86歳で没する。(五十嵐伸治・大澤正道)〔著書〕『敏郎集』植竹書院1915,『明治大正見聞史』春秋社1926・中公文庫1978,『東京初下り』小学館1928,『文芸雑誌』復刻版不二出版1989,『古人今人』(『ゆもりすと』合本)復刻版不二出版1990

海野 志郎　うみの・しろう　?-?　1919(大8)年東京本所区(現・墨田区)の凸版印刷会社欧文科に勤め活版印刷工組合信友会に加盟。のち京橋区(現・中央区)の国文社欧文科に移る。(冨板敦)〔文献〕『信友』1919年8・10月号, 1922年1月号

海野 政蔵　うみの・まさぞう　?-?　1919(大

8)年東京本所区(現・墨田区)の凸版印刷会社差換科に勤め活版印刷工組合信友会に加盟する。(冨板敦)〔文献〕『信友』1919年8月号

梅景 友治良 うめかげ・ともじろう ?-?
別名・梅影友治郎 1919(大8)年東京京橋区(現・中央区)の築地活版所漢字鋳造科に勤め活版印刷工組合信友会に加盟する。(冨板敦)〔文献〕『信友』1919年8・10月号

梅沢 嘉右衛門 うめさわ・かえもん ?-?
1919(大8)年東京牛込区(現・新宿区)の秀英舎(市ヶ谷)第二和文科に勤め活版印刷工組合信友会に加盟する。(冨板敦)〔文献〕『信友』1919年8月号

梅沢 啓三郎 うめさわ・けいさぶろう ?-?
1919(大8)年東京京橋区(現・中央区)の田中印刷所和文科に勤め活版印刷工組合信友会に加盟する。(冨板敦)〔文献〕『信友』1919年8・10月号

梅沢 吉之助 うめさわ・よしのすけ ?-?
1919(大8)年東京京橋区(現・中央区)の築地活版所欧文科に勤め活版印刷工組合信友会に加盟。のちジャパンタイムス&メール社に移る。(冨板敦)〔文献〕『信友』1919年8・10月号,1921年1月号,1922年1月号

梅田 定広 うめだ・さだひろ 1904(明37)-1932(昭7)10 別名・貞広 岐阜県武儀郡藍見村(現・美濃市)に生まれる。名古屋市の市電労働者となり20年創立された名古屋労働者協会に加盟,左派として葉山嘉樹,亀田了介のサンジカリズム的な労働組合運動を闘う。23年4月30日伊藤長光,佐々木侃一,高村藤一らと名古屋初のメーデー前の予備検束にあう(12人)。23年6月第1次共産党事件の余波を受けた名古屋共産党事件で検挙されるがまもなく釈放。24年9月文化茶屋での座談会に参加,梶田徳次郎ら在名アナキスト,左翼活動家らと検挙される(12人)。25年名古屋合同労働組合を結成,同年5月日本労働組合評議会中部地方評議会執行委員となる。労農党のち全協に所属し検挙され獄中で病気になり保釈後死没。(冨板敦)〔文献〕『名古屋地方労働運動史』,『解放のいしずえ』旧版

梅田 三八士 うめだ・みやじ 1905(明38)-1948(昭23) 別名・毎木角十 出生地は九州と伝えられる。早稲田大学を中退。旭川市に移る。アナキストとして活動。26年9月29日北海黒連に参加。27年旭川一般労働組合に参加。同年6月右翼団体旭粋会に襲撃され負傷。7月岩内で平野政雄と活動。器物破損で拘留5日の処分を受ける。上京し28年北浦馨,平野らと農奴解放社を組織。その後神奈川県に移り京浜電鉄現業委員会の委員長をつとめる。42年11月北海道新聞釧路支社編集部次長として釧路に移る。43年2月釧路翼賛芸術連盟の常任理事となる。44年北海道新聞社を退社。厚床で国民学校の教師となる。北見市で事故死。(堅田精司)〔文献〕『自連』22号1928.3,『司法研究報告書集・8輯6』司法省調査課1928,『社会運動の状況12』,鳥居三『釧路文学運動史・昭和篇』釧路市1969,佐藤喜一『小熊秀雄論考』北書房1968,『新釧路市史3』1972,佐藤喜一『旭川夜話』総北海1983,『小樽新聞』1927.6.23・7.12

梅谷 新之助 うめたに・しんのすけ 1906(明39)11.7-1957(昭32)5.17 京都市東七条生まれ。23年に水平社運動に参加,26年頃から27年にかけてはアナ・ボル対立期の運動でアナ派活動家として埼玉,山口,広島など全国的に活躍。東七条水平社解放同盟の創立では中心的な役割を果たした。28年5月ボル派の単独開催を強行された第7回全水大会では,2日目に大会反対を叫び解散命令のきっかけを生んだ。翌29年秋アナ派の分裂後は山岡喜一郎らとともに『関西水平新聞』発行など,アナ派独自の活動を展開した。35年6月京都市役所に就職,42年2月同和奉公会京都府本部協議会協議員。敗戦後に市役所を退職,55年4月日本民主党公認で府議会議員当選,環境改善事業の促進に専念した。(三原容子)〔文献〕『京都府議会歴代議員録』京都府議会事務局1961,三原容子「水平社運動における『アナ派』について」『世界人権問題センター研究紀要』2号1977

梅津 錦一 うめづ・きんいち 1897(明30)頃-? 群馬県に生まれる。父は前橋市の市議会議員をしており市内天川町に住んでいた。16年東宮七男とともに群馬師範学校に入学する。18年萩原恭次郎らが創刊した『新生』の誌友となる。24年『赤と黒』号外に寄稿。25年3月東宮とペタン社を結成し雑誌『PETAN・PETAN』(5号1926.2まで)を創刊,自宅を事務所とした。同月15日『上毛新聞』に「我等は個性ある爆弾なり みづから

が点火し突進する爆弾なり」と宣言した「PE-TAN・PETAN発刊」を発表する。『PETAN・PETAN』は「その性格は『赤と黒』上州版といったところがある」(伊藤信吉)。同年『マヴォ』,27年『バリケード』に寄稿。28年静岡で杉山市五郎,柴山群平らが創刊した戦闘的アナキズム詩誌『手旗』に参加する。死没後86年6月回想集『人間梅津錦一』が刊行された。(冨板敦)〔文献〕伊藤信吉『回想の上州』あさを社1977,伊藤信吉・川浦三四郎編著『萩原恭次郎の世界』煥乎堂1987,『詩人杉山市五郎作品集』武蔵野書房1995,関después治『群馬の昭和の詩人』みやま文庫1996,寺島珠雄『南天堂』皓星社1999

梅原 愛義 うめはら・あいよし ?-? 芝浦製作所に勤め芝浦労働組合に加盟し,制御器分区に所属。1924(大13)年9月27日,同労組の中央委員会で同分区の中央委員に川久保米蔵,松本啓次とともに選出される。また同月頃,同労組の労働学校に入学する。(冨板敦)〔文献〕『芝浦労働』2次2号1924.11

梅原 久三 うめはら・きゅうぞう ?-? 1919(大8)年東京京橋区(現・中央区)の三協印刷株式会社和文科に勤め活版印刷工組合信友会に加盟する。(冨板敦)〔文献〕『信友』1919年8・10月号

梅原 北明 うめはら・ほくめい 1901年(明34)1.15-1946(昭21)4.5 本名・貞康,別名・烏山朝太郎,談奇館主人,大塚倭堂,吾妻大陸 富山市惣曲輪の旧士族の二男に生まれる。早稲田大学在学中に片山潜のグループと接し社会主義思想に触れた。20年中退して関西で部落解放運動に従事。24年新聞社,雑誌社に勤めるかたわら小説を執筆,『殺人会社 悪魔主義全盛時代』が処女出版となる。25年ボッカチオ『全訳デカメロン』で世評を得,11月『文芸市場』(1925.11-27.5,復刻版日本近代文学館1976,上海移転改題『カーマ・シャストラ』1927.10-28.4)創刊,プロレタリア作家を擁した。26年から文芸市場社内に文芸資料研究会を置き『変態十二史』と機関誌『変態資料』(1926.9-28.6)を刊行,以後本格的に軟派書出版を開始。28年9月『グロテスク』(1928.9-31.8)創刊,豪華装幀の艶本を数多く出す。また文献学的研究にも力を入れ『明治大正綺談珍聞大集成』『近世社会大驚異全史』を刊行,明治初年以降の新聞記事を集め「官製の歴史」ではないありのままの「民間史」として提出した。たび重なる弾圧を受けながらもそれをはね返すエログロナンセンスの精神が梅原一流の社会的反逆であった。しかし当局の規制が強まる32年性文献出版の一切を断念。34年日劇支配人。戦時中は大衆小説を執筆。41年海外工業情報所を設立,海軍関連の技術図書の海賊版に関わる。戦後は出版界に復する様子をみせず46年病に倒れた。(扉野良人)〔著作〕『殺人会社 悪魔主義全盛時代』アカネ書房1924,『変態仇討史』文芸資料研究会1927,『明治大正綺談珍聞大集成』(編著)文芸市場社1929,『近世社会大驚異全史』(編著)史学館書局1931,ボッカチオ『全訳デカメロン』朝香屋書店1925,エ・エル・ウイリアムス『露西亜大革命史』(訳)朝香屋書店1925,ナブル女史『エプタメロン』(訳)国際文献刊行会1926〔文献〕斎藤昌三『三十六人の好色家』創芸社1956,高見順『昭和文学盛衰史』文芸春秋新社1958,虫明亜呂無「転換期の風流 エログロ文化の創始者」『思想の科学』1962.11,梅原正紀『近世奇人伝』大陸書房1978,扇谷正造ほか監修『ビジュアル版・人間昭和史8 風俗の演出者』講談社1987,秋田昌美『性の猟奇モダン 日本変態研究往来』青弓社1994

梅本 英三 うめもと・えいぞう 1904(明37)-1943(昭18) 別名・介久 東京市下谷区谷中初音町(現・台東区谷中)に生まれる。20年東京高等工業学校附属徒弟学校を卒業後,芝浦製作所に入り22年芝浦労働組合に参加。23年頃大杉栄の著作などにより自覚的なアナキストとなる。同年芝浦製作所を退職,静岡へ移ったが25年再上京。日本労働学院に学び,東京印刷工組合に加わり欧文部に属する。26年全国自連第1回全国大会では東印の情勢報告を行う。同年関東自連の会計になるなど活動家として頭角を現す。27年ムッソリーニ政権の労働者弾圧に抗議するイタリア製品ボイコット闘争を提言。大塚貞三郎のあとを継ぎ『自連』18号から編集印刷兼発行人となる(52号まで)。32年頃から高まった全国自連再組織の気運を受け,『自連新聞』編集部の相沢尚夫,伊藤悦太郎,山口安二とともに全国自連,日本自協の合同をめざし動き出す。33年1月の自連新聞社の設立はその第一歩。その頃梅本は黒連に見切りをつけており相沢に誘われて伊藤とともに無共党に入党,中央委員,関東地方委員となり労働第一部担当として全国自連傘下の組合への浸透につとめ

たが，二見敏雄の特務路線の独走で大弾圧を招き，35年逮捕，懲役2年に処される。「闘士とは思えぬほどもの静かな男だったが」「自説を主張して一歩も譲らない強さがあった」と相沢は回想している。(奥沢邦成)〔著作〕「生存競争と相互扶助・上中下」『自連』25号1928.6，『自連新聞』27・28号1928.9・10〔文献〕相沢尚夫『日本無政府共産党』海燕書房1974，森長英三郎『史談裁判5』日本評論社1972，『身上調査』

梅若 しず うめわか・しず ?-? 横浜毎朝新報社に勤め横浜印刷技工組合に加盟。1921(大10)年3月12日同社の減給拒絶闘争を26名で闘い勝利する。(冨板敦)〔文献〕『信友』1921年4月号

梅若 武一郎 うめわか・ぶいちろう ?-? 1919(大8)年朝鮮の釜山日報社和文科に勤め日本印刷工組合信友会(朝鮮支部)に加盟。同年9月24日，堀越佐一方で支部会を開き支部長に選ばれる。なお青沼晃と今仲宗治が幹事に選出された。のち日本に戻り横浜毎朝新報社に勤め横浜印刷技工組合に加盟。21年3月12日同社の減給拒絶闘争を26名で闘い勝利する。(冨板敦)〔文献〕『信友』1919年10月号，1921年4月号

浦 丁二 うら・ていじ 1900(明33)-? 小樽市花園町西生まれ。3歳で父と死別。以来母を養うため各地を転々とした。福岡県修猷館中学を1年で中退し福岡日日新聞社，博多毎日新聞社などの印刷工となる。20年小樽市で土木建築請負所に就職。23年病気のため親類を頼って上京。24年秋印刷ブローカーとなり結婚し母を迎える。29年婦人毎日新聞社に勤務している時にアナキスト文士たちとつきあうようになる。その後離婚。32年大阪市で日本生命の保険外交員となる。33年再婚し小林輝と雑誌『黄色公論』を発行したが2号で発行停止。34年同市内の桃谷印刷に事務員として勤めた。同年長年肺結核で苦しんでいた山崎真道が当時母妻と住んでいた阿倍野区長池の2畳，6畳二間の浦宅に暮らすようになり，浦一家は山崎の面倒をみる。山崎はこの家で死没。加藤一夫とつきあいしばしば上京する。35年末頃無共党事件で検挙されるが不起訴。(冨板敦)〔著作〕「山崎真道憶ふ」『新過去帖覚書』大阪社会運動物故者をしのぶ会1970〔文献〕『身上調査』

浦口 兼吉 うらぐち・かねきち ?-? 1919(大8)年東京京橋区(現・中央区)の帝国興信所活版部に勤め日本印刷工組合信友会に加盟する。(冨板敦)〔文献〕『信友』1919年10月号

浦崎 康華 うらさき・こうか 1897(明30)12.19-1994(平6)6.29 別名・夢二郎 沖縄県那覇区泊(現・那覇市)に農業と養豚で自給自足する家庭の三男として生まれる。文学好きの長兄の影響を受けて俳句，短歌，詩を『琉球新報』に投稿する。15年九州通信局通信生養成所卒業後4年間郵便局に勤め，在勤中に在米社会革命党の大逆事件に対する抗議書をみつけアナキズムに触れる。19年頃泊の宮城繁徳の家でのアナキズム研究会に参加する。泉正重，城田徳隆，城田徳明，城間康昌，座安盛徳，比嘉栄，辺野喜英長らが来ていた。同年12月琉球新報社に入社，記者となる。当時毎月開かれていたアナ・ボル合同の社会問題講演会で「万国のプロレタリア団結せよ」と琉球語で叫んだため仲間とともに検束され那覇署に留置される。21年1月15日沖縄初の社会主義団体庶民会の創立委員会を開き，趣意書と会則の起草委員となる。庶民会発会式を2月24日に泉宅で予定しその趣意書と会則を2月20・21日に配付，泉とともに取り調べを受け解散を命じられる。その後琉球新報社を退社して上京，労働運動社を訪ね近藤憲二，和田久太郎に会う。同社に起居を許されて炊事，発送の手伝いをした。浦崎の上京後，泉正重・順子夫妻，伊是名朝義，上与那原朝敏，城間，城田徳明，渡久地政憑，辺野喜ら沖縄の同志が相次いで上京する。泉，城田徳明とは同時期に労運に寄寓した。渡辺満三，久板卯之助らと連絡をとり各団体の演説会に参加したびたび検束された。22年3月大阪に出て大阪日報社に勤める。福本和夫の論文に触れ共産主義シンパとなる。28年三・一五事件で検挙され釈放後帰郷し，沖縄日日新聞社を経て33年座安の勤める沖縄朝日新聞社に紹介されて記者となる。沖縄では考え方の垣根を越えた同志間の強いつながりがあった。38年から県庁に勤め，45年沖縄戦後ウルマ新報社記者となる。敗戦後は47年沖縄人民党の初代委員長，また琉球日報社の記者となり那覇市議も1期つとめる。(冨板敦)〔著作〕『沖縄戦とその前後』私家版1977，『逆流の中で 近代沖縄社会運動

史』沖縄タイムス社1977,『戦争と平和の谷間から』出版・大永1983〔文献〕『労働運動』2次8号1921.4.3

浦島 善次郎 うらしま・ぜんじろう ?-? 1919(大8)年東京神田区(現・千代田区)の三秀舎文選科に勤め活版印刷工組合信友会に加盟する。(冨板敦)〔文献〕『信友』1919年8・10月号

浦田 茂男 うらた・しげお 1904(明37)3.28-? 別名・純穂 北海道雨竜郡多度志村(現・深川市)に生まれる。青年期に札幌に移りアナキズム運動に参加。豊平の貧民街で活動。画報の販売で生活。26年7月中旬アナキスト組織札幌労働組合に参加。23日札幌郵便局集配人に主義宣伝,妨害した当局に抗議。8月1日札幌電気軌道争議を支援して検束される。同月5日労働農民党札幌支部準備協議会を傍聴。同月9日革命歌を歌い検束される。9月29日北海黒連に参加。30日小樽の記念演説会で演説過激として大沼渉,髙田格とともに検束される。27年札幌で黒色戦線社を結成。4月伊達で寄付強要により拘留される。6月思想要注意人(無政府主義)に編入される。夏投獄される。(堅田精司)〔文献〕『黒色青年』12号1927.9,『思想要注意人調』北海道庁警察部1927.6,『小樽新聞』1926.7.24・8.3・8.12・10.2,『室蘭毎日新聞』1927.4.9

卜部 哲次郎 うらべ・てつじろう 1900(明33)10.20-1949(昭24)10.22 別名・鉄心 愛媛県生まれ。辻潤門下の三哲の一人で卜哲と呼ばれた(ほかは小野庵保蔵と内田庄作)。23年加藤一夫の自由人連盟の機関誌『自由人』(2巻1号)に詩「貧しきサラリマン」を発表。辻も同連盟の会員だった。二人の出会いはここにあったと思われる。25年辻,荒川畔村らと『虚無思想研究』を創刊。「こんとらぢくとら」などの文章を毎号掲載する。また辻潤後援会を設立し「駄々先生後援会趣意書」を書く。29年出家し天竜寺僧堂に入る。破れ笠破れ法衣で徹底した乞食行脚を続け「自由坊主」と称する。30年『ニヒル』創刊号に「天国は近づけり」を書く。労働争議が頻発するなか働かないことの効用を説く。また「ひぐりでぃや・ぴぐりでぃや」を連載にする。31年静岡県俵峯の水月院に入りのちに同県南松野の東光寺に移る。39年長野県蓼科の観音堂に入り詩人江口章子の面倒をみる。42年愛媛県喜佐方の円通寺の住職となる。戦後も『リベルテ』(1号1948.10)に

「ふらぐまん」を寄稿,辛辣な箴言の名手であった。(大月健)〔著作〕『乞食記』『中央公論』1930.8,「自殺未遂者の手記」『犯罪科学』1931.11,「卜部哲次郎の作品1-6」『虚無思想研究』9・12-16号1992-2000〔文献〕大沢正道編『虚無思想研究・上下』蝸牛社1975,末永文子『城ケ島の雨 真説・江口章子の生涯』昭和出版1981

瓜生 五郎 うりゅう・ごろう 1908(明41)8.20-1980(昭55)3.12 別名・五良 福島県耶麻郡松山村鳥見山(現・喜多方市)の農家に生まれる。喜多方中学の在学時に兄・伝の感化を受けてはいたが,その思想的内実はいまだ理解に届かぬ少年であった。24年10月末地元の新聞に佐藤正男,佐瀬由喜の影響により「中学2年生にして無政府主義者となる」と五郎の名が出たことにより発奮し兄の出奔後の書物を読みふけり佐藤らと親交をもつ。卒業後上京し,黒連,佐藤陽一らの関東労働組合連合会などに参加する。『黒羅紗』を発行。31年7月大阪へ行き後藤学三と『新興日本新聞』『春秋パック』を発行。35年メーデーでアナキスト闘争連盟を組織し黒色メーデーを計画,官憲の警戒厳しく地下に潜行していたが11月19日阪急蛍ケ池駅頭で船貝喜四郎とともに無共党事件関連で検束される(不起訴)。戦後は帰郷,関柴町で農業に従事し社会党に入党した。(黒川洋)〔文献〕『都新聞』1930.11.20,鳥見山捨磨「会津社会運動側面史」『冬の土』24・25号1933,『身上調書』

宇柳 伸一 うりゅう・しんいち ?-? 本名・瓜生伸一 『冬の土』執筆者。瓜生姓を宇柳にしていたため農青社事件の検束を免れた。(黒川洋)〔文献〕佐藤利意「文芸雑誌冬の土について」『佐藤喜十郎氏の米寿を祝う会記念誌』1991

瓜生 伝 うりゅう・でん 1905(明38)12.6-1965(昭40)7.5 別名・鳥見山捨磨 福島県耶麻郡松山村鳥見山(現・喜多方市)の農家に生まれる。22年頃から佐藤正男らの農民運動社(アナ・ボル混成)の研究会に出入りし高橋蔵八,佐瀬由喜,芥川政男らを知る。23年8月芝浦労働組合の闘士で『自由人』同人の佐藤陽一が会津を訪問,親交を深める。24年3月喜多方中学を卒業後神戸へ出奔。同年夏同郷の阿部誠一(大阪)と京阪神地区交通争議を目の当たりにして社会運動に対する関心を強くする。25年日本大学専門部

政経学科に入学。27年佐藤正男，石川主計らと松村元の土民草房を木下茂に連れられて訪ねる。同年『小作人』8月号に「農村とアナーキズム」を発表。AC学連に参加。28年卒業後，帰郷し家業を手伝う。31年7月編集発行人として正男と『冬の土』を創刊し吉田多蔵，松原一夫，小川未明らの寄稿を受ける。会津地方のアナーキズム文芸，特に童話の普及につとめた。同紙に連載された「会津社会運動側面史」（鳥見山捨磨名）は当時の貴重な証言である。33年に入ってのたび重なる発禁のため11月『冬の土』通巻27号が終刊となる（推定）。無共党事件の余波，農青社運動への協力などで36年5月検挙され懲役2年執行猶予3年の判決を受ける。戦後は共産党に入党し県議会選挙に立候補したが落選，直後に病没。（黒川洋）〔著作〕短編集『ふんべん』冬の土社1932，鳥見山捨磨「会津社会運動側面史」『冬の土』24・25号1933〔文献〕「身上調書」

宇留河 泰呂 うるがわ・やすろ 1901(明治34)11.27-1986(昭和61)2.8 東京の浅草生まれ。本名は宮崎辰親(たつちか)。山梨県立甲府中学校を経て慶應義塾大学中退。学生時代には，北原白秋と親交を結び小田原にあった白秋の「木菟の家」に出入りする。また竹久夢二とも親しく交わった。のちに野川隆らのアヴァンギャルドのモダニズム雑誌『GE・GJMGJGAM・PRRR・GJMGEM』(1924.6-1926.1)に参加して「LOthaLiOの酒会」「ZZ」「愉快なる毒素」などの前衛的な詩文を発表。絵画のほうでは，1924(大13)年10月に結成された「三科」による第二回展覧会に出品したものの「三科」は分裂，26年には「単位三科」を中原実，仲田定之助，玉村善之助らと結成したが短期間でその活動は途絶え，26年ごろにパリを目指してまずは上海に渡った。上海では内山書店に出入りして，内山完造の主催した「文芸漫談会」の雑誌『萬華鏡』の表紙を描き，郁達夫が編集した雑誌『大衆文芸』創刊号の表紙デザインも手がけた。「パンさん」というあだ名で呼ばれ，絵には「Pan」と署名。その間，やはり上海に滞在していた金子光晴と親しくなった。金子自身も上海で絵を描いて売っていたが，金子の絵と同様に宇留河の絵も魯迅が購入している。魯迅の日記には「パン・ウル個人絵画展覧会」に行って「逆立ちする

娘」を30元で購入したという記事がある。上海には3年ほど滞在して，その後フランスに渡ったが，40(昭15)年に開催されることになっていた東京オリンピックにあわせて帰国した。戦争中は通信省に勤務してフランス語の翻訳に従事，戦後は商業美術デザイナーとして活躍した。53年には第一回日本宣伝美術家協会賞を受賞，翌年より同協会委員をつとめた。金子光晴との交遊は60年頃東京で再会したあと晩年にいたるまで継続し何冊かの本を装幀している。金子のほうも『どくろ杯』で上海時代の宇留河を活写した。（竹内栄美子）〔文献〕宇留河泰呂「利子的歳々」『ユリイカ』青土社1972.5，嶋田英誠「魯迅故居でであった一枚の絵」『中国図書』内山書店1999.5

上井 直作 うわい・なおさく ?-? 1922(大11)年東京の批評社に関わっていた。第3次『労働運動』は団体消息欄に「ヴァガボンド社講習会，8月7日から13日まで堺，荒畑，小牧，赤松諸氏を講師として京橋の月島労働会館で思想問題夏期講習会を開催する。聴講料金2円。申込所，芝区三田1の26批評社内上井直作宛」と紹介している。（冨板敦）〔文献〕『労働運動』3次6号1922.8

惲 代英 うん・だいえい ユイン・タイイン 1895.8.12-1931.4.29 中国湖北省武昌出身。18年武昌の中華大学本科文学系哲学門卒業，大学校長の懇請で同大学中学部教務主任となる。クロポトキンのアナキズムに深く傾倒。17年10月学友と互助社を結成，五・四時期に多く誕生した社団(青年・学生の自発的小結社)の嚆矢といわれる。19年の五・四運動では武漢の学生運動の事実上の指導者となる。工読互助団運動がおこると20年2月互助社成員を中核に利群書社を設立，少年中国学会にも積極的に関与する。22年春頃中国共産党に入党したといわれる。23年夏上海に出て党員として活動を始める。27年武漢中央軍事政治学校政治総教官となり共産党中央執行委員に選出され，共産党の武漢政府からの退去後は武装暴動路線の最前線で活動。30年土地改革と農村根拠地拡大強化を強調したため李立三指導部の批判を受け降格される。同年5月上海で活動中に逮捕され銃殺される。（手塚登士雄）〔文献〕砂山幸雄「惲代英」『近代中国人名辞典』霞山会1995，小野信爾「五四時期の理想主義 惲代英のばあい」『青

うんの

海野 高衛 うんの・たかえ　1905（明38）-1931（昭6）5　長野県諏訪郡湖東村（現・茅野市）生まれ。高等小学校卒業後、製糸工場や駅夫を経て諏訪信濃新聞社茅野支局記者となる。小学校以来の友人鷹野原長義とともにアナキズムに関心を寄せ鮎沢寛一、武居直人、竹内仲之らと交流。26年9月鷹野原、笹岡栄とともに不敬罪などの容疑で逮捕されたが、27年大正天皇の死による大赦で鉄砲火薬類取締法違反のみで決審、罰金30円となった。28年以降南信日日新聞社などに勤めるかたわら島津徳三郎、増田貞治郎、松藤鉄三郎、山田彰ら同志との結びつきを深め、諏訪地区のリーダー格として大きな影響力をもった。31年3月『黒旗』掲載の「農民に訴ふ」に共鳴、他の同志とともに農青社運動に参加。長野全域に運動が展開されようとした5月盲腸炎の容態が急変し死没。（奥沢邦成）〔文献〕『資料農青社運動史』、『長野県史』1984、『農青社事件資料集』

※春群像　辛亥革命から五四運動へ』汲古書院2012

え

衛 恵林 えい・けいりん　ウエイ・ホウイリン　1900-1992　本名・安仁、別名・非子　中国山西省陽城出身。1921（大8）年早稲田大学に留学。深夜大杉栄を訪ねて議論し暁民会の高津正道とも行き来する。日中間の同志の往来のために山鹿泰治がまとめた『日・エス・支・英会話と辞書』（1925.9）の中国語関係の校訂を手伝う。23年南京の私立建業大学の教師となり4月盧剣波が南京で創刊した雑誌『民鋒』の経費を援助する。10月盧剣波と『黒濤』を発行。25年7月14日上海で『正義日報』創刊（59号1925.9.11まで）。8月盧剣波らと上海工団自治連合会を結成。9月巴金、毛一波らと民衆社を設立し月刊『民衆』を創刊。日本の第4次『労働運動』13号（1925.11）に「民衆運動の基調指標」を寄稿。26年巴金とともに古田大次郎の獄中日記やクロポトキンの『倫理学』を翻訳する。この頃『工団主義』（サンジカリズム）などのパンフレットを発行する。27年1月巴金とともにフランスに渡り、パリで呉克剛の出迎えを受ける。巴金、呉克剛と中国のアナキズム運動のあり方について各人の主張をまとめた『アナキズムと実際問題』を著す。当時パリではサッコとヴァンゼッティ事件への抗議運動が広がっていたが、8月二人に対する死刑が執行されると米国大使館への抗議デモに参加し負傷する。日本の第5次『労働運動』にパリからの通信を寄せる。その後上海に戻る。31年1月巴金とともに『時代前』を発行、6月に終刊。中国における最後の組織的なアナキズム運動となる。31年南京の中央研究院につとめる。35年呉朗西らが上海に設立した文化生活出版社に資金を提供する。36年武漢に行き畢修勺とともに家を借りる。48年末家族と広州に移る。その後米国に渡り民俗学を研究。66年頃日本を訪れ山鹿泰治と40年ぶりに再会。82年大陸に戻り各地で民俗学の学術報告をする。泉州で死没。（手塚登士雄）〔文献〕石磊他『衛恵林先生社会人類学的貢献』『中央研究院民族学研究所集刊』54期中央研究院1984、陳思和『人格的発展 巴金伝』業強出版社1991、毛一波「悼念衛恵林兄」『台湾風物』42巻4期1992、巴金『懐念衛恵林』『懐念集』寧夏人民出版社1994、山鹿泰治「日・中アナキスト四十年後の再会」『自由連合』118号1966.3

永 露瞋 えい・ろしん　ヤン・グロジン　?-?　別名・永露（ながつゆ）瞋　1927（昭2）年福岡県鞍手郡直方町（現・直方市）で木下浪哲らと近代思想社を設立する。直方自連支局を名のり九州地方自由連合協議会を結成し、29年9月16日福岡市記念館で大杉栄追悼大演説会を開催した。日本自協派機関紙『自由連合運動』は当日の様子を「開会の辞を安西が述べ、西九州一般の中園、直方自連支局の永露、熊本から参加の臼間野、西九州ツルハシ連盟の鞍打、また黒川、赤木が登壇。閉会後、登壇者と青木、佐藤、四宮ら12人は総検束される」（要約）と伝えた。（冨板敦）〔文献〕『黒色青年』7号1927.3、『農民自治会リーフレット』2・3号1929.3・5、『自由連合運動』6号1929.10、『自連新聞』41号1929.11、榊原幹夫「『九協』は何故確立されなかったか?」『黒戦』1巻1号1930.2

江上 繁治 えがみ・しげはる　?-?　1925

(大14)年2月中尾正義，植田増吉，伊藤と4人で闘ひ社を組織し月刊誌『闘ひ』を創刊，事務所を大阪市北区小松原町の自宅に置き発行責任者となる。35年中尾が発行した『黒馬車』13・14号に記事『Y君の死』(流人生)があり，闘ひ社同人の心中死についての追悼記が掲載されているが江上のことかどうかは不詳。(冨板敦)〔文献〕『闘ひ』1巻1・2号1925.2・3，『黒馬車』13・14号1935.2・4

江川　栄太郎　えがわ・えいたろう　?-?　1919(大8)年東京京橋区(現・中央区)の英文通信社印刷所文選科に勤め日本印刷工組合信友会に加盟する。(冨板敦)〔文献〕『信友』1919年10月号

江川　菊次郎　えがわ・きくじろう　1894(明27)10.14-1966(昭41)10.22　熊本県に生まれる。上京し21年頃陸軍技術本部に勤めたが，大杉栄らの労働運動に共鳴したため解雇される。24年メーデー前夜ビラ貼りで逮捕され治安維持令で起訴，市ケ谷刑務所へ入り10月頃出所。25年2月渡辺精一と市ケ谷刑務所の和田久太郎に面会に行く。「江川君は例によって『悲哀』そのものの様な目付きをしていた」と和田が書いている。27年世田谷区池尻町の自宅を事務所にサラリーマン同盟をおこし，同年4月サラリーマン同盟パンフレット第1輯『サラリーマンと労働運動』を，続いて7月第2輯『サラリーマン諸君へ』を発行，「全国のサラリーマンよ団結せよ!」と呼びかける。当時江川は失業中だったらしく，江川の家には高島屋を解雇された若い同盟員が同居していた。江川の妻かえもアナキストで東京印刷工組合に所属しその縁で山口健助も一時同居，28年2月の東印第5回全国大会には友誼団体として江川が祝辞を述べている。「大学は出たけれど」といわれた時代にふさわしい旗揚げだったが大きく発展はしなかったようだ。戦後アナ連に加盟。死没後東京青山の無名戦士の墓に合葬された。(大澤正道)〔文献〕和田久太郎『獄窓から』真正版黒色戦線社1988，『自連』19号1927.12，山口健助『青春無頼』私家版1982，『解放のいしずえ』新版

江川　允通　えがわ・まさみち　1923(大12)-?　早稲田大学を経てシカゴ大学社会科学部卒。1969年から麦社の活動に参加し『麦社通信 乱』5号(1971.5)に「反ファシズム闘争とW・ライヒ」，同8号(71.12)に「『緑色革命』に寄せて」を寄稿している。また同年刊のI.L.ホロヴィッツ『アナキスト群像』(社会評論社)では今村五月，大沢正道と共に共訳者となっている。麦社解散後の70年代半ばに自転車窃盗容疑の冤罪で逮捕され，全面否認で逮捕に抗議したため代用監獄の横浜刑務所に長期拘留される。獄中からの通信をまとめたものに『あるフレームアップ』(刊年，発行者不詳)と『獄中から　監獄法秩序粉砕闘争のために』(戦争抵抗者インターナショナル日本部1977)というパンフがある。この拘留のために体調を崩してしまったといわれている。(川口秀彦)

江口　幹　えぐち・かん　1931(昭6)2.24-　職業軍人の子として岩手県で生まれ東京で育つ。私立成城中学を経て仙台の陸軍幼年学校へ進むが14歳2年生の時に敗戦。復学した成城中学をその年3年生で中退。1946(昭21)年4月の総選挙で労農前衛同盟から立候補・落選した佐野学の選挙運動に参加。家族を離れ同年10月に新聞社の給仕となる。47年4月，新橋駅前で演説していた岩佐作太郎から『平民新聞』などを購入して読みアナキズムに親近感を持つ。その後芝の平民新聞編集室を訪れ編集長遠藤斌のほか松木千鶴，久保譲，呉世剣などを知る。遠藤の勧めで新聞社を退職し平民新聞の専従となるが，同年11月オールド・アナキストへの不満から若手仲間が計画した平民新聞乗っ取りの《陰謀》に加わり，事前に露顕してアナキスト連盟代表の近藤憲二に叱責されて辞職する。その時たまたま上京して近藤宅に泊り平民新聞編集室に来ていた逸見吉三に誘われて大阪へ行き，日労会議大阪で書記長をしていた相沢尚夫の下で書記となって機関紙『組織労働者』の編集などを担当。向井孝など関西のアナキストとも交流し彼らの理論誌にも協力する。滞阪半年ほどで相沢の日労会議本部書記長就任に伴う形で帰京，本部書記となる。49年日労会議は他の中立系労組と合同し全日労となるが，この頃機関紙『組織労働者』の実質的編集責任者となる。50年1月に相沢らと自由社会主義同盟を作るが，同年7月の全日労の総評参加，また同月のレッドパージなどで相沢，江口ともに失職，自由社会主義同

盟も活動実態のないまま消滅する。この秋、軽度の結核を発症、親戚等の支援で数年の療養生活を送る。54年交通関係の業界紙に就職、57年編集長となるが60年に会社の経営母体が一変、新体制になじめず退職しフリーの編集者となる。またそれを契機にヴァレリーの『テスト氏』に大きく影響を受けていたことから関心があったフランス語の習得にもはげむ。65年秋に渡仏、フランスのアナキスト達との交流で《自主管理》の概念を知る。翌年夏帰国、持ち帰ったダニエル・ゲラン『現代のアナキズム』を翻訳し67年三一新書として刊行。69年には同じ三一新書でゲラン『現代アナキズムの論理』も翻訳刊行する。この間、68年5-8月に再渡仏し五月革命についての見聞、資料の収集などを行う。60年代後半から70年代前半にかけての学生、青年労働者を主体とする社会運動の隆盛と衰退の中で『現代アナキズム研究』『永久革命』『麦社通信・乱』『アナキズム』などのアナキズム系各誌だけでなく、商業誌への登場も多かった。その紹介するヨーロッパの新しい思想潮流は、ヨーロッパ社会主義の源泉であるマルクス主義を離れながら旧来のアナキズムとは異なる世界像を提示しようとするもので、日本でも古い型の運動ではないものを模索している人々に魅力的なものだった。とくに五月革命に関する資料を集める中で、その運動を準備したとも予告したともいえる「社会主義か野蛮か」グループとその中心人物の一人であるカストリアディスに注目する。そこには自らが抱えていた問題意識に重なるものと問題解決への方位が見出され、70年代以降その思想的理解と著作の翻訳、その紹介に精力的に取り組む。(川口秀彦)〔著作〕『五月革命の考察』麦社1971、『方位を求めて』筑摩書房1973、『黒いパリ』筑摩書房1974、『評議会社会主義の思想』三一書房1977、『文明変革の視点』論創社1979、『自由を生きる』筑摩書房1980、『エコロジーから自治へ』(共著)緑風出版1983、『疎外から自治へ 評伝カストリアディス』筑摩書房1988、『根源的想念の哲学 カストリアディス読解の試み』カストリアディス研究会1996ほか(訳書省略)

江口 渙 えぐち・かん 1887(明20)7.20-1975(昭50)1.18 東京市麹町区富士見町(現・千代田区富士見)生まれ。父は軍医で父の家父長的権威に反発、大逆事件に影響を受け天皇制権力に否定的になる。ロシア革命に影響を受け社会主義的傾向の作品を発表。20年社会主義同盟結成に参加、加藤一夫に誘われ自由人連盟にも加盟。大杉栄と交流。9月中浜哲と古田大次郎が神奈川県鵠沼の自宅に居候し交友が始まる。摂政の暗殺計画をもっていることなどを打ち明けられグループに誘われるが断り、彼らの行為を書き残すこと、財政援助は約束する。11月から那須温泉で静養と執筆、翌年2月労働運動社の和田久太郎も療養に訪れ江口の世話で3カ月余り滞在。23年10月古田は小阪事件をおこし潜伏生活。東京府下笹塚(現・渋谷区)の府営住宅に移っていた江口宅に古田、中浜、大杉虐殺の責任者を狙っていた和田、村木源次郎らも出入りし打ち合わせの場所になる。24年9月古田らは逮捕され直後に江口も検挙されるが10日間で保釈、差し入れ、面会、手紙の発信を続けるが彼らの行動の効果に疑いをもち、前年に参加したフェビアン協会の事務局長大宅壮一から文献を借りマルクス主義に近づく。27年『改造』5月号に発表の記録小説「彼と彼の内臓」は村木の通夜、後藤謙太郎の獄死、解剖に至る経過を描写。29年日本プロレタリア作家同盟中央委員長となり非合法下共産党系の文化活動の中心を担う。山本宣治の暗殺、小林多喜二の死と遺体の状況を記録文学として発表。37年1月から38年11月まで治安維持法違反で投獄。『わが文学半生記・続』(春陽堂書店1958)で大杉、和田、村木、ギロチン社との交友を描く。また大杉たちの虐殺から古田と自身の逮捕までを描いた「黒旗の下に」(『朝日評論』1946.10-12・47.2-3)を発表。中心人物は実名で、江口は事実に近い記録文学というが筆者の政治的立場に強く影響され、なおかつ伝聞、推測、記憶違いが混在した小説である。(亀田博)〔著作〕『わが文学半生記』青木書店1953/『わが文学半生記・続』春陽堂書店1958・角川文庫1959・青木文庫1968・日本図書センター1989・講談社文芸文庫1995、『江口渙自選作品集』全3巻新日本出版社1972.73

江口 茂 えぐち・しげる 1906(明39)11.5-? 高知県高岡郡(現・土佐市)上ノ加江に生まれる。漁業に携わり1925(大14)年頃に興った

上ノ加江地区革新的グループの中心メンバー。同年10月12日，機械底曳網漁に反対し同地区の漁民出来秀正，松村静数，西井勝，叔父で漁業組合理事長の堀部虎猪とともに同港に碇泊中の船舶4隻のうち3隻の錨綱を切断，漂流させる。15日には出来，松村，西井と日本刀と大包丁を持って須崎港に船でおしかけ，漁船6隻の漁網を破り繋留ブイの綱を切断してのちに検挙。26年11月12日出来，松村，西井とともに懲役2年，執行猶予4年とされる。その後上ノ加江漁業組合書記となり，29(昭4)年11月18日高知市柳原公園で開かれた高知県機船底曳網漁業全廃期成同盟会に参加，宣言決議書を読み上げる。県内から一万余の漁民が県庁に押しかけたこの運動を扇動したとして逮捕，騒擾罪で起訴され30年12月16日高知地裁で懲役1年，31年6月20日大阪控訴院で懲役8月となる。その後グアムで亡くなる。(冨板敦)〔文献〕『自連』42・51号 1929.12・30.9，中井昭編著『高知県漁民運動史料集成』高知県漁業協同組合連合会1973

江口 隼人 えぐち・はやと 1905(明38)7-? 鹿児島県薩摩郡下甑村(現・薩摩川内市下甑町)手打に生まれる。1925(大14)年『詩神』，27年『亜細亜』，30年歓祭詩社に拠っていた。同年延島英一，山本晴士らによる『解放戦線』(解放芸術連盟)の創刊に参加する。同年詩集『舗装の町』を上梓。『解放戦線』1巻2号は新刊紹介欄で「アナキスト詩人の中でも，特に個性のある詩を書く著者の第1詩集である。独歩独立，この価値ある詩集を世に送った著者に対して，我々は満腔の敬意を表する」と報じる。41年塩野莉三，伊波南哲らと日本青年詩人連盟を創立し愛国詩運動に傾く。野村考子と暮し，戦後は土屋公平，鈴木勝，寺島珠雄らの『詩精神』に作品を寄せた。(冨板敦)〔著作〕『舗装の町』杉山書店1930，『決戦』通文閣1941，『月ある庭』江戸書院1946〔文献〕『解放戦線』1巻2号1930.11，『鹿児島詩人選集』三十万里社1931，杉浦盛雄『名古屋地方詩史』同刊行会1968，松永伍一『日本農民詩史・中1』法大出版局1968，志賀英夫『戦前の詩誌・半世紀の年譜』詩画工房2002

江尻 藤三郎 えじり・とうざぶろう ?-? 時事新報社に勤め東京の新聞社員で組織された革進会に加わり1919(大8)年8月の同盟ストに参加するが敗北。のち正進会に加盟。20年機関誌『正進』発行のために1円寄付。また24年夏，木挽町(現・中央区銀座)正進会本部設立のためにも1円寄付する。(冨板敦)〔文献〕『革進会々報』1巻1号1919.8，『正進』1巻1号1920.4，正進会『同工諸君!! 寄附金芳名ビラ』1924.8

江渡 狄嶺 えど・てきれい 1880(明13)11.13-1944(昭19)12.15 本名・幸三郎，別名・十湖八峰堂，謫山人，狄凡骨ほか 青森県三戸郡五戸村に生まれる。少年時代に『国民之友』『国民新聞』を愛読，その後の「思想傾向の，殆んど種子全部を含むものであつた」と回顧している。また会津藩の遺臣倉沢平治右衛門に四書五経の素読を受ける。1898年仙台の二高入学。聖書を耽読，トルストイに傾倒。トルストイについてはのちに「哲理的無政府主義者」と規定している。1901年東京大学法科大学法律学科入学。ほぼ同時に同郷の学生らと本郷区駒込動坂(現・文京区千駄木)で共同生活を始め精神窟と称する。大塚甲山もその一員であった。02年から『日本人』に寄稿を始め「社会主義者の徳性」(1903)では安部磯雄，石川三四郎らを批判している。05年頃クロポトキンを読み「生活を転換せしむる」決定的な影響」を受ける。新井奥邃，清沢満之，近角常観らを知る。08年吉田清太郎牧師から受洗。09年東大を退学し大規模共同農場太陽農場を構想するが挫折。11年北多摩郡千歳村(現・世田谷区)に移住，百性聖道場を開き農業に従事する。同年には従弟鳥谷部陽太郎がしばらく身を寄せており，また12月24日石川，渡辺政太郎が訪れクリスマスを祝っている。13年豊多摩郡高井戸村(現・杉並区高井戸東)に移り三蔦苑と呼ぶ。実際に農業に従事することでトルストイの影響から離脱するようになり，代わって「自然」「地湧」を発見するようになる。大正期には高田集蔵，石田友治，堀井梁歩，中里介山，丹沢正作，椎名其二らと親しく交際しており，また社会主義に賛同はしなかったが13年7月久板卯之助を連れて近代思想社小集に出席するなど関係は保っていた。14年安藤昌益の『自然真営道』を研究，安藤，佐藤信淵，二宮尊徳，田中正造を日本の四農とした。24年頃独自の「場」の思想の着想を得，28年頃「家稷農乗学」の枠組みが固まり「農乗曼

茶羅」が完成する。昭和期には農村教育に尽力し具体的な農村改革(綜業統制)の構想へと着手したが，別の見方をすれば帰農後のユートピア的コミューン主義から秘教的な小セクト主義に閉塞していったとの評価を下すこともできる。平成に入ってエコロジーの視点から見直しが進められている。
(神谷昌史)〔著作〕狄嶺会編『江渡狄嶺選集・上下』家の光協会1979〔文献〕『江渡狄嶺研究』1-28号1959-95，鳥谷部陽之助『春汀，狄嶺をめぐる人々』津軽書房1969・『続・春汀，狄嶺をめぐる人々』北の街社1977，和田耕作『江渡狄嶺「場」の思想家』甲陽書房1994，西村俊一『日本エコロジズムの系譜』農山漁村文化協会1992，斎藤知正ほか編『現代に生きる江渡狄嶺の思想』同2001，杉山光信・大畑裕嗣ほか「近代日本におけるユートピア運動とジャーナリズム」『東大新聞研究所紀要』41号1990.3，月឴銀金治「江渡狄嶺伝」山領健二ほか編『日本思想の可能性』五月書房1994，『エス運動人名事典』

衛藤 修剣 えとう・しゅうけん ⇨片岡捨三 かたおか・すてぞう

江藤 正夫 えとう・まさお ?-? 1946年山下武，大沢正道らの解放青年同盟に参加した。職業とする孔版印刷で同盟の機関紙の印刷などに貢献する。(川口秀彦)〔文献〕大沢正道『アはアナキストのア』三一書房2017

江成 一 えなり・はじめ ?-? 1919(大8)年東京芝区(現・港区)の東洋印刷会社和文科に勤め活版印刷工組合信友会に加盟。20年『信友』(7月号)に「信友対資本争議と治警」を執筆。当時は労働日報社で働いていた。(冨板敦)〔文献〕『信友』1919年8月号，1920年7月号

江成 弥作 えなり・やさく ?-? 1919(大8)年東京芝区(現・港区)の東洋印刷会社和文科に勤め活版印刷工組合信友会に加盟する。(冨板敦)〔文献〕『信友』1919年8月号

江西 一三 えにし・かずみ 1901(明34)12.5-1984(昭59)11.11 大阪市浪速区に染物職人の長男として生まれる。父は一三が10歳，弟が2歳の時に死没。以後母が内職で生計を立てるのを一三は夕刊売りをして助け尋常小学校卒業後すぐに小間物屋などに丁稚奉公，のち母とともに道頓堀浪速座の売店で働く。18年8月米騒動に群衆の一人として加わり天王寺署に一晩留置される。21年久保田鉄工に雑役工として就職。同社の従業員はほとんど大阪鉄工組合(坂本孝三郎組合長)傘下でその中核ともいえる同組合久保田鉄工支部に属していたため一三もこれに加入する。22年クレーン工となる。この頃，坂本の実兄で久保田鉄工支部長の広田からクロポトキンの『パンの略取』『相互扶助論』や大杉栄『正義を求める心』を借読し社会主義やアナキズムを知る。また生野益太郎が大阪鉄工の青年行動隊として組織した熱血団にも加わり集会，講演会，労働争議支援などに参加，青年部副部長に推される。23年組合同盟会の演説会で初めて弁士に立った時に戒署に検束され留置場内で久保譲と知り合う。これを機に水崎町の逸見吉三宅に出入りするようになり，同年10月下旬関東大震災の戒厳令を避けて大阪に来た高橋光吉，飯田赤三と逸見宅で知り合い意気投合する。24年3月高橋，飯田，久保田鉄工の同僚小板橋昇一を加えた4人で同人誌『黙人』を発行(1号のみ)。5月久保田鉄工を退職し高橋，飯田とともに上京，大崎居木橋(現・品川区大崎)の東京機械技工組合の事務所に落ち着き，佐藤護郎，池田寅三ら7, 8人の共同生活に3人とも加わる。ここは古河三樹松，佐藤陽一，佐藤十五郎らが常時立ち寄り，望月桂，望月百合子，石川三四郎らとも交流があった。日常的には五反田の工場街へのオルグ活動や争議支援を行い東京製菓工組合，輝醒労働組合，自動車技工組合などの結成の力となった。しかし普選運動やギロチン社事件の影響などから総同盟や評議会と対抗する自由連合主義労働運動の退潮が始まっていて，この頃の江西は組合運動に満足できず深川区富川町(現・江東区森下)のドヤ街に移り，25年阿部英男，岩楯佐吉，高川幸二郎，プロレタリア社の坂野八郎・良三兄弟や高橋らと無軌道社を結成，雑誌『無軌道』や山鹿泰治訳『サパトランド』を刊行する。26年1月黒連の発足に無軌道社は発起団体として名を連ねた。同年5月全国自連の結成に高橋とともに東京一般労働者組合江東支部の代議員として参加する。全国組織が形成され重要産業に組織を伸ばして一時の沈滞を脱し，組合員も一万人余となった自連系労働運動だが，黒連，自連内部での純正アナ派とサンジカリズム派，観念派と実践派の対立は激しく，27年5月汎太平洋労働組合会議への

出席をめぐる対立の直後，サンジカ派は江西を署名人，山本忠平(陀田勘助)，横山楳太郎，難波正雄を同人として27年6月から新聞『反政党運動』を発行して八太舟三批判などを行い，同年9月『黒色青年』12号は江西，山本，横山，難波，高橋の5人の黒連からの除名を発表。同年11月全国自連第2回大会でサンジカ派の大阪合成労働組合(白井新平，山中政之助，中村房一)の出席の取り扱いをめぐって流会となり，翌28年3月の第2回続行大会では綱領改定で激しく対立し，サンジカ派の東京自由労働者組合，東京食糧労働組合，東京一般江東支部，同南葛支部は一斉退場し，残留組によって退場組の除名と綱領改定が行われ全国自連は分裂した。同年4月江西，高橋らの東京一般江東支部は同南葛支部，東京食糧と合体して関東一般労働組合となり7月本所区柳島(現・墨田区横川)に組合事務所を借りたが，10月には家主が暴力団を使って立ち退きを迫り江西，高橋らと抗争となり，12月江西は大平署に逮捕，29日間拘留される。翌年1月扇橋署に再逮捕され引き続き29日間拘留される。この連続拘留の裏には小沢一の台湾黒色青年連盟事件の捜査があったという。29年9月関東一般の事務所を深川区猿江裏町(現・江東区住吉)に移し，1階に白井新平・政子一家，2階に江西，高橋，田所茂雄が常駐して共同生活のなかで運動を続ける。30年5月関東自協が31年11月日本自協が発足し，江西はその代表的活動家であった。自協が関わった主な労働争議に東京ロール，早川リーム，三井埠頭，日本染絨，大阪アルミ，雨宮製作所，東京瓦斯，時事新報争議などがあるが，32年9月東京瓦斯社外工争議が惨敗に終わり，日中戦争開戦で強化された戦時体制下での労働運動の困難に対して意を決して33年3月大阪に帰った。敗戦後46年アナ連に参加，48年佐竹良雄にすすめられて日労会議に参加，中央常任委員・組織部長に選ばれ東京常駐となった。日労会議が組織を拡大した全日労でも常任執行委員となり，50年総評結成には全日労の代議員として参加，大阪へ戻り大阪中小企業労連組織部長となる。その発展改称した総評全国一般大阪地方本部に至るまで長く中央執行委員を勤め続け，70歳

代半ばまで中執，専従として活躍した。また解散までアナ連に参加し69年の麦社結成にも加わっている。(川口秀彦)〔著作〕『わが自協史』黒旗の下に発行所1974，『江西一三自伝』同刊行会1976〔文献〕向井孝「江西一三とその時代」『イオム』3-6号1973-74

榎田　薫　えのきだ・かおる　1903(明36)-?　別名・南小路薫　群馬県群馬郡総社町植野生まれ。県師範学校を病気のため4年で中退。28年から桐生，桐生西，勢多郡北橘，勢多郡敷島小学校などで代用教員をつとめる。31年退職し教育雑誌などに執筆する。31年頃からアナキストと交際。32年渋川町で文芸雑誌『鳥之巣』を刊行，小林定治が協力したと思われる。34年夏頃からはアナキズムと別れ信仰生活に入るが35年末頃無共党事件で検挙される(不起訴)。(冨板敦)〔文献〕『クロポトキンを中心にした芸術の研究』1号1932.6，秋山清『アナキズム文学史』筑摩書房1975，伊藤信吉『逆流の中の歌』泰流社1977，『農青社資料集Ⅱ・Ⅲ』，『身上調書』，『昭和7年自1月至6月社会運動情勢　東京控訴院管内・下』東洋文化社1979

榎本　吉三郎　えのもと・きちさぶろう　?-?　関西黒旗連盟のメンバー。1931(昭6)年和歌山市で『自由生』を発行するが差し押さえられる。(冨板敦)〔文献〕『昭和7年自1月至6月社会運動情勢　大阪控訴院管内・下』東洋文化社1979

榎本　栄　えのもと・さかえ　1882(明15)-1926(大15).12.13　東京印刷工組合新聞部のメンバー。26年『自連』7号に訃報記事が掲載される。(冨板敦)〔文献〕『自連』7号1926.12

榎本　弘　えのもと・ひろし　1930(昭5)3.31-1988(昭63)4.6　福島県生まれ。生後間もなく父方の実家のある新潟県北蒲原郡中浦村(現・新発田市)に移り住む。県立新発田商業学校中退。戦後，日本共産党に入党し活動するもほどなく除名。演劇等の文化活動にも取り組む。新発田市水道局入局後，民間企業を経て榎本水道を設立するも倒産。70-78年富樫革新市長誕生に尽力。79年県議選に出馬(落選)。その余剰金をもとにミニコミ紙『かわらばん』創刊。78年にスタートした市長(保守)に対して終生批判的論陣を掲げて闘う。と同時に革マル派が牛耳る市職労にも闘いを挑んだ。一方『義民与茂七実伝』(畠山弄月子1900：新潟日報事業社出版部1987〈口語訳〉)を復刊，大杉栄とも交流があった

松下芳男の『幼き日の新発田』(1984年)の出版に関わり発行人となる。85年9月16日に新発田市で大杉栄生誕百年記念講演会を開催、講師の荻野正博(新発田高校教諭)はこの講演をきっかけに88年『自由な空 大杉栄と明治の新発田』を出版した。こののち大杉の遺児の菅沼幸子、野澤笑子、伊藤ルイが父の故郷を訪ねるようになった。榎本はその接待係をかって出て、旧制新発田中学等ゆかりの地を案内したり有志に呼びかけ市内の割烹で歓迎会を開催する等してもてなした。特に伊藤ルイは何度も新発田を訪れ、近くの阿賀野川で発生した新潟水俣病に強い関心を示し、当時制作中のドキュメンタリー映画「阿賀に生きる」(佐藤真監督)の現場を訪れてカンパをするなどしてその活動を支えた。榎本自身、子供が障害児であったこともあり市立ひまわり学園(障害児通所施設)開設にも関わった。また左だけではなく保守、経済人とも交流、「酒を飲む会」を主宰する等地域文化にも貢献した。晩年大腸ガンを患い還暦を前に亡くなる。没後、有志が遺稿集『あした天気になあーれ』を出版し故人を偲んだ。(斎藤徹夫)〔著作〕『あした天気になあーれ』私家版1989〔文献〕荻野正博『自由な空 大杉栄と明治の新発田』新潟日報事業社出版部1988

榎本 桃太郎 えのもと・ももたろう 1907(明40)3.5-1951(昭26)6.26 別名・長岡淳一、和田一雄 埼玉県北足立郡大石村(現・上尾市)に生まれる。早く両親を失い祖父母に育てられる。24年浦和高校理科に入るが26年中退。無差別社、小作人社に出入りし、同年不敬事件で起訴猶予になる。翌年立教大学に入りAC学連に参加、28年鈴木靖之、星野準二らと『黒色文芸』を発行。ついで29年に刊行された『黒色戦線』にも参加し、エルンスト・トラーの戯曲「どっこい・生きてる!」を訳載した。英・独・仏・伊語に堪能な情報通でアナ系諸紙に海外の運動を精力的に紹介した。同年谷本弘文らと社会理想研究会をおこし研究理論誌『社会理想』を発行(2号のみ)。榎本が下訳した大宅壮一訳『千夜一夜物語』の印税を元手に『バクーニン全集』全7巻を企画しその中心になる。この全集は大塚貞三郎の自由書房から出ることになっていたが、その後川合仁の近代評論社が版元となり3冊刊行された(1929-32)。ま

た黒色戦線社が発禁覚悟で刊行した伏字なしの『パンの略取』の翻訳も一部担当している。この時星野や相沢尚夫は逮捕されたが榎本はたまたま夏休みで帰省中だったので逮捕を免れたという。当時盛んに出版されていた春秋社や平凡社の思想全集には榎本の下訳がかなりあるらしい。大学卒業後、大阪毎日新聞社に入り昭和10年代には特派員としてアラブや欧州で活躍、ナチス占領下のパリから通信を送った数少ない記者の一人である。またインド独立運動に関係し戦後インド政府がインド象インディラを上野動物園に贈った際に尽力したといわれるが、その直後インド西ベンガル州ダージリンの滝に投身したと伝えられる。数奇な生涯を送った快男子だった。大阪毎日時代同僚だった井上靖の短編小説「夏草」は榎本をモデルにしている。(川口秀彦・大澤正道)〔文献〕松尾邦之助『風来の記』読売新聞社1970、『農青社事件資料集Ⅰ』、『思想研究資料』8輯

榎本 良作 えのもと・りょうさく ?-? 山形県最上郡新庄町(現・新庄市)に生まれる。機械製造業に携わり1921(大10)年5月1日のメーデーに参加し検束される。同月9日日本社会主義同盟第2回大会に参加し再び検束される。(冨板敦)〔文献〕『警視庁思想要注意人名簿(大正10年度)』

海老名 弾正 えびな・だんじょう 1856.9.18(安政3.8.20)-1937(昭12)5.22 幼名・喜三郎 筑後国柳川藩士の子として生まれる。藩校伝習館から72年熊本洋学校に学び79年同志社神学校卒業。牧師として安中、前橋、東京本郷湯島講義所、熊本組合教会で伝道、日本組合基督教会の指導者となる。93年神戸教会牧師、97年本郷教会牧師となる。「新武士道」などの説教は当時の青年を感激させたという。吉野作造、鈴木文治らを育て大杉栄、石川三四郎、のち石川武美にも洗礼を授けた。日露戦争では義戦論を唱え非戦論の石川らと対立、また石川の自由恋愛論に厳しく反駁した。大正時代には平和主義を唱えるなど時流の影響を受けた。また日本の神道説とキリスト教との調和をはかろうとした点で異彩を放つ。雄弁で知られその荘重な弁舌は特に青年学生、知識人には非常な魅力であった。(北村信隆)〔著作〕『基督教本義』日高有倫堂1903、『霊海新潮』金尾文

淵堂1906、『国民道徳と基督教』北文館1912、『日本国民と基督教』同1919、『海老名弾正』日本キリスト教団出版局2003〔文献〕石川三四郎『自叙伝・上』理論社1956、岩井文男『海老名弾正』日本基督教団出版局1973、吉馴明子『海老名弾正の政治思想』東大出版会1982、『海老名弾正資料目録』編・同志社大学人文科学研究所2004

海老沼　豊　えびぬま・ゆたか　?-?　1919(大8)年東京京橋区(現・中央区)の築地活版所校正科に勤め日本印刷工組合信友会に加盟する。(冨板敦)〔文献〕『信友』1919年10月号

海老原　重次　えびはら・しげじ　?-?　1919(大8)年東京本所区(現・墨田区)の凸版印刷会社欧文科に勤め活版印刷工組合信友会に加盟する。(冨板敦)〔文献〕『信友』1919年8月号

江本　万吉　えもと・まんきち　?-?　新聞工組合正進会に加盟し1924(大13)年夏、木挽町(現・東京中央区銀座)本部設立のために1円寄付する。(冨板敦)〔文献〕正進会『同工諸君!!寄附金芳名ビラ』1924.8

江森　盛弥　えもり・もりや　1903(明36)8.18-1960(昭35)4.5　別名・相馬十吉　東京市小石川区(現・文京区)生まれ。逗子開成中学時代に村木源次郎を知りアナキズムに関心を深めるとともに、20年頃から村木を介して大杉栄の家に出入りする。同年12月日本社会主義同盟の創立大会に参加しようとして検束、中学を中退する。以後運動を続ける一方で詩作を始める。加藤一夫主宰の『原始』のほか『人間群』『銅鑼』などに作品を発表。27年『文芸解放』創刊に参加し同人となる。その頃からアナ・ボル対立が明確となり、ボルの立場をとって28年左翼芸術家同盟の結成に参加しのちにナップと合流。以後詩作を離れ運動に専念、29年共産党に入党するが逮捕入獄。32年保釈後、児童文学の分野で活動、35年サンチョ・クラブの結成に参加。戦後共産党に入党。(奥沢邦成)〔著作〕『社会政策』三笠書房1938、『現代労働政策』同1940、『メーデーとは何か』人民社1946、『人生論第一章』伊藤書店1948、『わたしは風に向って歌う』同1948、『文化論』唯物論研究所1948、『十字架の人キリスト』伊藤書店1949、『詩人の生と死について』新読書社1959

江森　与吉　えもり・よきち　?-?　1919(大8)年東京京橋区(現・中央区)の築地活版所印刷科に勤め活版印刷工組合信友会に加盟する。(冨板敦)〔文献〕『信友』1919年8・10月号

江森　林蔵　えもり・りんぞう　?-?　1919(大8)年東京京橋区(現・中央区)の秀英本舎文選科に勤め日本印刷工組合信友会に加盟する。(冨板敦)〔文献〕『信友』1919年10月号

エルツバッハー　Eltzbacher, Paul　1868.2.18-1928.10.28　ドイツのケルンに生まれ各地の大学で学び、ハレ大学を経たのち06年ベルリン商科大学で法律学の教授となる。00年『アナキズム』をドイツ語で刊行。同書は学術的手法に則りバクーニンら6人のアナキストの思想を分析したものであり、アナキストからも好意的に受け入れられまた多数の言語に翻訳される。日本語版は21年に刊行。世紀転換期頃から国外のアナキストと連絡を取り文献を収集。その間クロポトキンら著名なアナキストと文通。1921-23年大原社会問題研究所職員の櫛田民蔵と森戸辰男がエルツバッハーの所蔵するアナキズム関連文献を引き取り、今日に至るまで同研究所に「エルツバッハー文庫」として所蔵。国際的にみても重要なコレクションである。(田中ひかる)〔著作〕若山健二訳『無政府主義論』聚英閣1921・復刻版黒色戦線社1990〔文献〕Archiv Paul Eltzbacher. in Guide to the International Archives and Collections at the IISH, Amsterdam, 1999. Martin, J.J. Editor's preface. in P. Eltzbacher, Anarchism, London, 1960. Verzeichnis der Eltzbacher-Bibliothek des Anarchismus im Ohara Institut für Soziale Forschung I, II(『大原社会問題研究所雑誌』7巻2・3号1930)、是枝洋「エルツバッハー文庫」『大原社会問題研究所雑誌』363・364号1989.2・3

エロシェンコ　Eroshenko, Vasiliy Yakovlevich　1889.12.31-1952.12.23　ロシア南部クールスク県アブーホフカ村(現・ウクライナ)に生まれる。94年重い麻疹にかかり盲目となる。08年モスクワ第一盲学校を卒業。11年エスペラントを学ぶ。12年英国の盲人師範学校に入学。亡命中のクロポトキンを訪ねる。14年東京盲学校で指圧を学ぶために来日。エスペランチストと交流を深める。15年バハイ教布教で来日したアグネス・アレクサンダー宅で福田国太郎、望月百合子、神近市子らを知る。秋田雨雀、大杉栄とも出会う。仲間から「エロさん」の愛称で親しまれた。7月大杉主催の平民講演会でクロポトキンとの会談を報告。秋田、神近らの助けを借りて口述の形で日本語の童話を発表

153

し始める。16年から東南アジアを放浪。19年再来日、アナキストや社会主義者との交流を深める。20年堺利彦らのコスモ倶楽部に参加。21年4月18日暁民会で初の政治演説。5月1日第2回メーデーに参加し三田署に検束。9日日本社会主義同盟第2回大会に参加、警視庁に留置される。28日「帝国の安寧秩序を紊すもの」として国外追放となる。その後秋田らの手で創作集が刊行され、23年相坂佶らの協力のもと秋田・エロシェンコ監修『自由エスペラント講義録』が刊行される。第2次『種蒔く人』にも名を連ねている。ウラジオストク、ハルビンを経て上海へ。ハルビンでは草野心平に影響を与えた。22年2月北京大学教授に招かれ魯迅と周作人の家に同居。同年8月ヘルシンキでの世界エスペラント大会に出席後、モスクワに寄り和田軌一郎を誘って8年ぶりに帰郷。同年11月北京に戻り大杉の渡欧旅券入手のために来中した山鹿泰治の訪問を受ける。24年モスクワで東洋勤労者共産主義大学（クートベ）の日本語通訳となる。晩年は盲人教育とエスペラント運動に尽力。49年モスクワで癌になり故郷に帰る。「闇の世界がわたしになんでも、そして誰でも疑ってみることを教えた。わたしはどんな政府も疑ったし、その政府に信頼をよせているどんな社会も疑った」(「ある孤独な魂」)。この盲学校時代につかんだ信念と、ザメンホフのホマラニスモ（人類人主義）を終生抱き放浪や創作、社会運動にいかし続けたエロシェンコの生き方は、大正知識人に少なからず影響を与えた。また日本エスペラント運動においては「学者の理論的玩具にすぎなかった」エスペラントに「現実性を与え」(秋田)る役割を果たした。(冨板敦)〔著作〕秋田雨雀編『夜あけ前の歌』叢文閣1921・『最後の溜息』同1921, 福岡誠一編『人類の為めに』東京刊行社1924, 高杉一郎編『エロシェンコ全集』全3巻みすず書房1959, 『ワシリイ・エロシェンコ作品集』全2巻同1974, 宮本正男訳注『エロシェンコ短編集』大学書林1970, 峰芳隆編『エロシェンコ選集Ⅰ-Ⅳ』日本エスペラント図書刊行会1979-96（全文エスペラント）, 高杉一郎編訳『エロシェンコ童話集』偕成社1993〔文献〕『労働運動』2次12・13号1921.6.4・6.25/3次3号1922.3, 高杉一郎『夜あけ前の歌』岩波書店1982, ア・ハリコウスキー『盲目の詩人エロシェンコ』恒文社1983, 大島義夫・宮本正男『反体制エスペラント運動史・新版』三省堂1987, 『社会主義沿革1』、藤井省三『エロシェンコの都市物語』みすず書房1989, 伊藤信吉『エロシェンコの回想』『騒』14号1993.6, 高杉一郎『ひとすじのみどりの小径』リベーロイ社1997, 初芝武美『日本エスペラント運動史』日本エスペラント学会1998, 『エス運動人名事典』

袁　振英　えん・しんえい　ユァン・チェンイン　1894-1965/74　別名・震瀛　中国広東省東莞出身。12年香港の香仁書院に学び、師復が広州で心社を組織したのに呼応して大同社を組織しアナキズムを宣伝する。15年北京大学に入学。17年春、黄凌霜らと実社を結成、『実社自由録』を刊行する。エマ・ゴールドマンの「婚姻与恋愛」の翻訳や「イプセン伝」を『新青年』(1917.7・18.6)に載せる。18年北京大学卒業。19年ルソン島に行き全フィリピン華僑労働者党を組織、『平民日報』を出版しアナルコ・サンジカリズムを広める。20年広州で『民号報』『新民国報』を編集、広東遊東記者団を組織し日本、朝鮮、台湾などの大都市を回り対華21カ条反対の宣伝を行う。同年5月頃上海で共産主義グループに参加。また共産主義グループの機関誌として9月に再刊された『新青年』の「ロシア研究」欄を担当しソ連に関する多くの記事を翻訳、紹介する。11月創刊の共産主義グループの党内誌『共産党』にも多くの翻訳を掲載する。同年末陳独秀とともに広州に戻り21年省立第一中学の校長となり男女共学を進める。5月オスカー・ワイルドの「社会主義のもとでの人間の魂」を翻訳、『社会主義与個人主義』として出版。7月中国共産党の成立後、陳独秀に反対して離党する。同年秋フランスに留学、24年帰国後、広東大学の教授となる。中華人民共和国成立後は広東省文史館館員となる。(手塚登士雄)〔文献〕『袁振英の回想』『中国アナキズム運動の回想』総和社1992, 石川禎浩『中国共産党成立史』岩波書店2001

延生　寿恵吉　えんしょう・すえきち　?-?　時事新報社に勤め東京の新聞社員で組織された革進会に加わる。1919(大8)年8月、革進会の同盟ストを同会の会計係兼時事新報社の幹事として闘うが敗北。のち正進会に加盟。20年機関誌『正進』発行のために5円寄付する。(冨板敦)〔文献〕『革進会々報』1巻1号1919.8, 『正進』1巻1号1920.4

遠藤 喜一 えんどう・きいち 1895(明28)-1945(昭20)5.30 別名・藤岡美智夫 鳥取県西伯郡東長田村東上(現・南部町)生まれ。高等小学校卒業後，家業の農業を手伝う。のち大阪に出て大阪市電の車掌となる。22年3月16日大阪市電を中心に組織された西部交通労働同盟に参加，翌日から西部交通幹部の解雇撤回闘争を闘う。24年7月大阪市電の大争議で一躍その名を知られる。腕力が強くみごとなあごひげを生やした「ライオンのやうな英姿」(中西伊之助)に当局は怖れをなしたという。争議団2000人余が1週間近く高野山に籠城する大闘争だったが惨敗に終わり，遠藤ら171人の解雇者を出す。西部交通の解体後に結成された大阪市電従業員組合は総同盟系のため，同年10月中西辰一，大西健次，糸山政六らと脱退し大阪交通労働組合を結成，執行委員となる。26年大阪交通と市電従組は解散し市電自助会に一本化され，上部団体の日本交通労働総連盟の本部常任書記となる。同年4月河本乾次らと大阪市電，南海電鉄，京阪電車などの交通労働者に呼びかけ自由思想研究会をつくりアナキズムの学習，研究につとめ，逸見吉三，久保譲，中尾正義らと交流する。7月，24年の大争議の解雇者30余人が大交倶楽部を結成，当局に公約の復職を迫り遠藤は中西のあとを継ぎその代表委員となる。27年7月河本らの南海電鉄高野山籠城ストの支援に駆けつけ高野警察署でひどい暴行を受ける。同年10月市電自助会内の同志とはかり市電自助会解散をめざすが失敗，市電自助会を離れ，11月アナ系の大阪交通産業労働組合を結成したが29年解散。同年2月大阪地方労働者組合として新発足し全国自連に加盟する。30年1月同組合の吉村明らと啓蒙誌『底流』(3号まで)を，ついで7月黒川猛夫，前島浩一らと『解放思潮』(5号まで)を刊行，郷里鳥取の農民の窮状を訴える文章を『自連新聞』45・47号(1930.3・5)に寄稿する。31年8月河本，山本勝夫らと雑誌『自由連合』を発行，これは34年9月までに16号を出した。32年1月創刊の『黒旗』(大阪)にも関わる。35年末頃無共党事件で大阪，神戸で検挙されるがいずれも警察拘留で釈放。その後鳥取へ戻り米子市で死没。関西での交通労働運動に賭けた一生であった。(冨板敦)〔文献〕河本乾次「遠藤喜一と大阪交通産業労組」『自由連合』90・92-96号1963.8・10-64.3，大阪交通労働組合編『大交史』労働旬報社1968，『大阪社会労働運動史』，『身上調書』

遠藤 久右衛門 えんどう・きゅうえもん ?-? 新聞工組合正進会に加盟し1924(大13)年夏，木挽町(現・中央区銀座)本部設立のために1円寄付する。(冨板敦)〔文献〕正進会『同工諸君!! 寄附金芳名ビラ』1924.8

遠藤 清子 えんどう・きよこ 1882(明15)2.11-1920(大9)12.18 旧姓・木村 東京市神田区の生れ。祖母の生家遠藤家の継ぎ戸主になる。府立第一高女を中退し19歳で小学校教員となりその後電報通信社(現・電通)記者になった。1905年福田英子，堺为子，小口みち子らと治安警察法第5条(女子の政治集会参加禁止)改正の請願運動に参加した。妻子ある男性との恋愛に行き詰まり入水自殺を図ったがその直後に作家岩野泡鳴の訪問を受け同棲生活に入りのち結婚する。しかし第一子を産むもその結婚生活はやがて破たんし訴訟に持ち込まれ協議離婚する。泡鳴の勧めで雑誌『青鞜』同人になり「岩野清」の名で小説や評論「人類として男性と女性は平等である」などを発表。泡鳴との出会いから別れを小説化した『愛の争闘』(米倉書店出版部1915)を出版した。画家遠藤達之助と結婚，第二子を産み20年新婦人協会に参加したが39歳で死去した。大杉栄は，清子の女性闘士ぶりや泡鳴との別居問題に論評を加えている。(大和田茂)〔文献〕『『青鞜』人物事典』大修館書店2001，折井美耶子ほか『新婦人協会の人びと』ドメス出版2009

遠藤 敬次郎 えんどう・けいじろう ?-? 新聞工組合正進会に加盟し1924(大13)年夏，木挽町(現・中央区銀座)本部設立のために1円寄付する。(冨板敦)〔文献〕正進会『同工諸君!! 寄附金芳名ビラ』1924.8

遠藤 斌 えんどう・さかん 1908(明41)3.11-2008(平20)2.3 別名・渡部栄介，渡部公平，杉公平，西外次郎，赤城利根夫 山梨県西八代郡富里村(現・下部町)に生まれる。前橋市の桃井小学校，前橋中学を経て26(大15)年慶応義塾高等部に入学。兄の影響でアナキズムに共鳴し，慶大在学中に石川三四郎らと交わり早稲田大学専門部学生緒方昇らと通称AC学連というアナ系の学生

団体に参加した。卒業直前から卒業後にかけて榎本桃太郎，谷本弘文ら社会理想研究会グループの『バクーニン全集』刊行に参加。30(昭5)年慶大を卒業したが就職せず探偵ものなどの翻訳と執筆活動で生活を維持しながらアナキズム運動を継続した。32年1月入江一郎，入江汎，相沢尚夫らと自覚と建設社を結成し『自覚と建設』(4号まで)を発行。次いで同年8月東京地方使用人組合を結成し，同年社会理想研究会や近代評論社との関係で『社会理想リーフレット』の刊行に加わった。33年6月新居格らの『自由を我等に』の編集を担当。35年10月無政府共産党事件の発覚後，弾圧を逃れて一時九州に身を隠ししばらくして上京，執筆と出版活動に従事。39年詩人松木千鶴と結婚。43年関係していた有光社の平凡社への合併により同社社員となる。敗戦後アナ連に加盟し久保譲，田戸栄とともに『平民新聞』の編集に当たる。その後60年小松隆二と『自由思想研究』(3号から『自由思想』と改題，7号まで)を刊行，大逆事件の再審活動，宮下太吉や金子文子の建碑活動に協力し，大杉栄らの墓前祭，橘宗一少年墓碑記念集会の発足に尽力した。下部帰郷後は68年原爆展(山梨原爆の会主催)開催に尽力。下部町選挙管理委員長，町誌編集委員長，花木組合長，茶生産組合長，上之平農事組合長を歴任し，上之平区長として沢水を源泉として雨が降れば濁り，渇水期には枯れた区内の簡易水道を廃止し町営水道に改め，区内の道を町道として車が通れるように拡幅するなど生活環境の改善につとめた。また昔ながらの冠婚葬祭の簡素化にも取りくんだが周囲の理解が得られず断念，次の世代に至って少しずつ改善の提案がうけいれられるようになった。日帰りの山歩きを好み85歳頃までは区内の友人5，6名と山歩きを楽しんでいた。86年喉頭癌を手術，98年右後頭部帯状疱疹治療の頃から身心の衰えを見せ始め08年2月3日早朝遂に不帰の客となった。(小松隆二，真辺致真追記)〔著作〕F.フェレル『近代学校』(訳)渓文社1933・創樹社1980，E.H.フェラー『国連と世界社会』(訳)緑地社1957，V.リチャーズ『スペイン革命の教えるもの』(訳)自由思想研究会1960・創樹社1979，H.ビスカーディ『われらに職を』(訳)審美社1960〔文献〕J.オブライエン『北極の狼犬』(訳)赤城利根夫)不二屋書房1933,J.ボーエル『移民』(宮原晃一朗と共訳・西外次郎)四元社1933,『開拓者』三和書房1940，ランドパーク『アメリカの六十家族』(訳)育生社1941,J.ボーエル『限りなき郷愁』上下(訳)寿星社1954,N.フェアウェル『男というもの』(訳)鱒書房1955,R.E.バード『バード南極探検誌』(訳)緑地社1956，ヴァン・ダイン『ドラゴン殺人事件』(訳)芸術社1956・審美社1959『カジノ殺人事件』芸術社1956『誘拐殺人事件』芸術社1958『競馬殺人事件』芸術社1956，シュルツ『あなたはもう知ってもよい』(訳)鱒書房1957,R.D.キャンハム『新しい実業家』(訳)緑地社1958，ゴードン『エジソン伝』(訳)実業之日本社1958,『愛と結婚についての108の質問』(鈴木武徳と共著)青春出版社1958,『愛と教養についての107の質問』(鈴木武徳と共著)青春出版社1958,G.ハウザー『美容のための献立』(訳)実業之日本社1962,C.マーティン『科学から自由へ』地六社1965,C.マーティン『自由社会主義への道』自由思想社1984，尾崎秀樹ほか『平凡社六十年史』平凡社1974,『回想・川合仁』同刊行会1975,『松木千鶴詩集』ばる出版1998

遠藤 庄次郎 えんどう・しょうじろう ?-? 1919(大8)年東京小石川区(現・文京区)の江戸川活版所和文科に勤め日本印刷工組合信友会に加盟する。(冨板敦)〔文献〕『信友』1919年10月号

遠藤 総太郎 えんどう・そうたろう ?-? 1919(大8)年東京牛込区(現・新宿区)の日清印刷会社紙截科に勤め日本印刷工組合信友会に加盟する。(冨板敦)〔文献〕『信友』1919年10月号

遠藤 寿松 えんどう・としまつ ?-? 1919(大8)年東京芝区(現・港区)の東洋印刷会社文選科に勤め活版印刷工組合信友会に加盟する。(冨板敦)〔文献〕『信友』1919年8月号

遠藤 友四郎 えんどう・ともしろう 1881(明14)9.27-1962(昭37)4.28 別名・無水，よぽ六，怒舞六 福島県大沼郡本郷村瀬戸(現・会津美里町)に生まれる。会津若松市の高等小学校卒業後呉服店に奉公。01年横浜の二兄を頼って出郷。蓬莱町(現・中区)のメソジスト教会で受洗，基督者としての道を歩み出す。救世軍士官養成所に入所，03年士官候補生として岡山県笠岡に赴任するが救世軍に失望，04年上京して小崎弘道の伝道学校，05年青山学院神学校別科に入学。この間神田の青年会館で幸徳秋水，堺利彦らの演説を聞きまた『社会主義神髄』を読み社会主義に目を開かれる。06年1月同志社神学校別科に入学，高畠素之と相知る。意

気投合し同志社社会主義グループを形成。同年神学生の夏季伝道で前橋教会に赴く。のちに結婚する純愛女学校出身の正木しげのを知る。前橋教会の日曜説教でも社会主義を説き同志社でも棄教の姿勢を示し続けたため給費を打ち切られ，07年1月退学して上京。平民社に石川三四郎を訪ねそのすすめで谷中村に入る。土地収用公告の出た(1907.1.26)情況下，陳情に請願に田中正造を助けて活動するが次第に熱がさめ谷中村を去る。次いで『世界婦人』に関わり13号(1907.7)から印刷人となるが高畠の同志社退学を待って去り，前橋に上毛平民倶楽部を結成する。08年8月第2次『東北評論』刊行の際には高畠が編集人，遠藤は発行兼印刷人となる。高畠の下獄後は発行兼編集人(印刷人は新村忠雄)となるが3号(1908.10.1)の記事の出版法違反で軽禁錮4月に処され入獄。『東北評論』はここで終わった。09年6月出獄。冬の時代下，変名で雑文を書き生計を立てる。18年春高畠の紹介で売文社に入社。『新社会』にほとんど毎号執筆するが19年2月遠藤の「君主社会主義の実行を勧む」が問題となり売文社は分裂。同年4月高畠，北原竜雄，茂木久平，尾崎士郎らと『国家社会主義』を創刊する(1919.4-8)。25年3月個人雑誌『日本思想』を創刊(全105号1925.3-39.7)，高畠とも別れて錦旗会を結成。君主社会主義を説いた遠藤としては当然の帰結であろうが，天皇信仰と皇民意識の昂揚を説き精神的な日本主義を鼓吹するに至った。（堀切利高）〔著作〕『社会主義になつた漱石の猫』文泉堂1919，島津書房1998，『改版財産奉還論』文泉堂1919，『クロポトキン獄中記』(訳)一言社1920，『無政府共産主義の根本批評』下出書房1922，『アナーキスト列伝』大鎧閣1922，『露西亜史実』竹内書店1923，バクーニン『神と国家』(訳)文化社1926，『超宗教国体論 天皇信仰』先進社1931〔文献〕都築久義「遠藤友四郎」『若き日の尾崎士郎』笠間選書1980，堀切利高「遠藤無水の行跡」『初期社会主義研究』11号1998

遠藤 浜太郎 えんどう・はまたろう ?-? 1919(大8)年東京芝区(現・港区)の東洋印刷会社文選科に勤め活版印刷工組合信友会に加盟する。（冨板敦）〔文献〕『信友』1919年8月号

遠藤 秀吉 えんどう・ひでよし ?-? 1919(大8)年東京本郷区(現・文京区)の杏林舎欧文科に勤め日本印刷工組合信友会に加盟する。（冨板敦）〔文献〕『信友』1919年10月号

遠藤 万次郎 えんどう・まんじろう ?-? 1919(大8)年東京京橋区(現・中央区)の三協印刷株式会社鋳造科に勤め日本印刷工組合信友会に加盟する。（冨板敦）〔文献〕『信友』1919年10月号

遠藤 未吉 えんどう・みきち ?-? 1919(大8)年東京牛込区(現・新宿区)の日清印刷会社石版科に勤め活版印刷工組合信友会に加盟する。（冨板敦）〔文献〕『信友』1919年8月号

遠藤 芳吉 えんどう・よしきち ?-? 時事新報社に勤め東京の新聞社員で組織された革進会に加わり1919(大8)年8月の同盟ストに参加するが敗北。のち正進会に加盟。20年機関誌『正進』発行のために1円寄付。また24年夏，木挽町(現・中央区銀座)正進会本部設立のためにも1円寄付する。（冨板敦）〔文献〕『革進会々報』1巻1号1919.8，『正進』1巻1号1920.4，正進会『同工諸君!! 寄附金芳名ビラ』1924.8

お

小井 はる おい・はる ?-? 1919(大8)年東京神田区(現・千代田区)の三秀舎に勤め日本印刷工組合信友会に加盟する。（冨板敦）〔文献〕『信友』1919年10月号

生出 金太郎 おいいで・きんたろう ?-? 1919(大8)年横浜のジャパン・ガゼット社に勤め横浜欧文技術工組合に加盟して活動。同組合設立基本金として1円寄付する。（冨板敦）〔文献〕『信友』1919年8・10月号

王 祺 おう・き ワン・チー 1890-1937 別名・淮君，思翁，思直 中国湖南省衡陽県獅子橋東田衙闘牛山の地主の家庭に生まれる。06年中国革命同盟会に参加。辛亥革命後南京で臨時政府内務部秘書をつとめる。13年革命に対する功績により米国官費留学に派遣，カリフォルニア大学で生物学を学ぶ。翌年日本に渡り法律を学び大杉栄らと知り合う。同年孫文の呼びかけに応じ

て中華革命党に参加。16年から湖南護国軍総司令程潜に従い護法運動に加わるが，運動失敗後上海，杭州で教壇に立つ。21年孫文が広州で中華民国非常大総統に就任すると招かれ軍政部秘書となる。中山艦事件ののち上海に逃れるが，陳炯明下野後の23年広東に戻り大本営軍政部秘書。またこの年アナキズム結社真社を組織し雑誌『春雷』『驚蟄』を発行，大杉虐殺に抗議する特集号を出した。以降湖北，湖南，南京などで国民党党務に従事，中央執行委員，監察委員，立法委員などの要職を歴任した。書画に巧みで教育者としても柔石，陳範予らを育てた。衡陽で死没。(坂井洋史)

王　光祈　おう・こうき　ワン・クワンチー　1892-1936　別名・若愚　中国四川省温江出身。14年北京の中国大学法律科に入学，18年卒業。19年7月李大釗ら7人を発起人とした少年中国学会を設立，初代執行部主任となる。同学会は李大釗，毛沢東，惲代英ら中国共産党の指導者となるもの，曾琦，李璜，左舜生ら中国青年党の指導者となるも，田漢ら文学方面で活躍するものなどそうそうたる会員を擁した。王はクロポトキンの無政府共産主義を信奉「能力に応じて働き，必要に応じて受け取る」社会を最高の理想とし，農村各地に働きつつ集団生活する小団体を結成してその拡充と連合により理想社会実現を果たそうと考える。19年12月「城市中的新生活」を発表し，都市で集団生活を行って働きつつ勉学する工読互助団の結成を提案。陳独秀，周作人，蔡元培，胡適らの賛同を得て20年初め北京，上海各地で次々と結成される。経済的な困難から長続きしなかったが社会変革の実践を求める青年に大きな影響を与えた。20年4月当初経済学を学ぶために欧米留学の途につくがやがて民族主義にめざめ，中国音楽の復興と進歩を通じて民族文化再興をはかることを急務と考え27年ベルリン大学音楽系に入学。32年11月ボン大学中国文芸講師に就任。34年中国古典歌劇についての論文でボン大学から博士号を授与される。特約通信員として『申報』や『時事新報』に執筆する。(手塚登士雄)〔文献〕後藤延子「王光祈」『近代中国人名辞典』霞山会1995，小野信爾「五四運動前後の王光祈」『青春群像　辛亥革命から五四運動へ』汲古書院2012

王　光輝　おう・こうき　ワン・クワンホウイ　?-?　中国湖南省出身。湖南甲種工業学校卒業。1920年11月同じ学校の卒業生黄愛，龐人銓らと湖南労工会を組織する(黄愛が書記委員，龐人銓が教育委員)。同年9月イルクーツクで開かれた東方諸民族大会に湖南労工会を代表して参加する。21年4月湖南第一紗廠の紗廠公有運動で黄愛とともに逮捕される。22年1月黄愛，龐人銓が趙恒惕省長によって惨殺されると，関係者と上海に集まり湖南労工会上海駐在弁事処を組織，書記委員となり各地で黄，龐の虐殺経過を報告する。24年1月国民党改組後，上海工人部の幹事に任命される。馬超俊とともに労働争議で労使調停を進めたため共産党系の労働組合から工賊(労働者階級の裏切り者)というレッテルを貼られる。抗日戦争期間には統一戦線を擁護。51年湖南労工会のすべての刊行物を北京の中央統一戦線部に献納したという。(手塚登士雄)〔文献〕諶小岑「黄愛，龐人銓の歴史的功績および湖南労工会後期の状況」『中国アナキズム運動の回想』総和社1992

王　詩琅　おう・しろう　オン・シロン　1908.2.26-1984.11.6　台北市出身。23年公学校卒業。家業の呉服商を継ぐため進学をあきらめ励学会という読書会をつくって学習を続ける。23年大杉栄の虐殺から大きな影響を受け直接東京と連絡を取って雑誌を取り寄せる。26年小沢一の誘いを受けて台湾黒色青年連盟の宣言書を印刷するが，それがフレームアップされ翌27年2月社会主義思想の影響を受けていた多くの青年とともに一斉に逮捕される。小沢に懲役2年半，王ら3人に懲役1年半の判決でほかは不起訴。30年6月張維賢が組織した民烽演劇研究会の発会式に同研究会の会員として出席。同年8月林斐芳，黄天海が創刊した文芸雑誌『明日』に寄稿。31年8月彰化の陳崁らが組織した台湾労働互助社事件で検挙され10カ月間入獄する。35年には日本の無共党事件で2カ月間拘禁される。この間社会運動から文芸創作に重点を移す。31年6月台湾在住の日本人井手薫らの呼びかけで結成された台湾文芸作家協会の創立総会に出席。34年台湾文芸協会に参加。36年8月から『台湾新文学』を編集。37年漢文の使用が許されなくなった

ため創作活動を中断。38年広州に赴き『広東迅報』の編集を行う。46年4月台湾に戻り『民報』の編集に携わる。国民党省党部幹事を兼ねる。48年『和平日報』の主筆となり国民党党部の職を辞し『台北文献』を編集。
(手塚登士雄)〔著作〕張良沢編『王詩琅全集』全11巻徳馨室出版社1979〔文献〕張炎憲「陋巷清士 王詩琅」張炎憲・李筱峯・荘永明編『台湾近代名人誌2』自立晩報社1987, 下村作次郎『文学で読む台湾』田畑書店1994

汪 精衛 おう・せいえい ワン・チンウエイ
1883.5.4-1944.11.10 本名・兆銘, 別名・季新, 季恂, 季辛 精衛は筆名。中国広東省三水県(現・広州市)生まれ。科挙の道を歩むが04年日本に留学し革命派に転じる。翌年中国同盟会に加入。機関誌『民報』に多数の記事を執筆する。のちにテロリズムに傾斜し鄭毓秀らと暗殺団を結成, 10年4月北京で摂政王載灃の暗殺をはかるが失敗, 投獄される。翌年武昌蜂起勃発後釈放される。中華民国成立後, アナ系の道徳団体進徳会に加入, その後渡仏して勤工倹学運動に加わる。13年帰国するが第2革命失敗後再び渡仏。帰国後孫文の広東軍政府(第1-3次)の要職につく。24年1月国民党第1回全国代表大会では中央執行委員となり, 翌年広東国民政府でも指導的地位につき容共路線を推進。27年7月反共に転じたが同年末に発生した広東コミューン事件の責任を問われて失脚。その後改組派の指導的人物となる。九・一八事変後蒋介石との一時的協調体制に入るがのちに「一面抵抗, 一面交渉」を唱えて蒋と対立。対日妥協との批判を浴び35年11月反対派から狙撃される。38年12月重慶を脱出, 対日和平を発表。40年3月南京に国民政府を樹立, 政府主席として対日協調政策を展開。その後古傷が悪化, 治療先の名古屋で死没。(嵯峨隆)〔文献〕蔡徳金『汪精衛評伝』四川人民出版社1987, 杉森久英『人われを漢奸と呼ぶ』文芸春秋1998, 土屋光芳『汪精衛と民主化の企て』人間の科学社2000

区 声白 おう・せいはく オウ・ショバイ
1893-? 中国広東省仏山出身。12年広州で許論博からエスペラントを学ぶ。13年広州に世界語伝播社を設立。14年広州無政府共産主義同志社に加わる。北京大学に進み黄凌霜らと同校のアナキスト派の中心的活動家となる。16年5月アナキズムの宣伝を内容とする『世界語読本』を出版, 7月エスペラントの月刊誌『国際人民』(Internacia Popolo)を創刊する。17年5月実社設立に加わり7月に創刊された『実社自由録』に執筆する。20年以降広州で活動を続け同年秋, コミンテルンの働きかけを受けアナ系共産党を結成, 10月『労働者』を創刊する。21年1月陳独秀が広州公立法政学校で「社会主義批評」と題しアナキズムを批判する講演を行うとただちに反批判を行い歴史に残るアナ・ボル論争を展開する。同年3月15日梁冰弦, 鄭佩剛らと広州で『民声』を再発行する(30号)。4月5日発行の『民声』30号増刊は陳独秀に対する3編の反論を収録。この頃『無政府革命方略』を出版。22年フランスに留学, 25年8月黄尊生とともに第17回世界エスペラント大会に参加。リヨン大学を卒業し帰国後は中山大学教授, 広州市教育局課長などを歴任。40年汪精衛政権に参加, 広州市社会局第三科長となる。抗日戦争後, 香港, マカオへ逃れほどなく死没したといわれる。
(手塚登士雄)〔文献〕スカラピーノ『中国のアナキズム運動』(丸山松幸訳)紀伊国屋書店1970, 宇野重昭「自由と統合をめぐる区声白・陳独秀論争」『成蹊法学』11号1977, 宮本正男『大杉栄とエスペラント運動』黒色戦線社1988, 侯志平『世界語運動在中国』中国世界語出版社1985

王 魯彦 おう・ろげん ワン・ルーイェン ?-1944.8 本名・衡, 別名・忘我 中国浙江省鎮海出身。15年高級小学校を2年で中退。17年上海に出て店員となり夜学に通う。20年王光祈の提案で結成された北京工読互助団の第一団に参加する。22年エロシェンコの世界語クラスに入る。12月大杉栄の旅券取得のため北京にやってきた山鹿泰治と知り合う。大学に近い騎河楼闘鶏坑で陳空三らと生活。山鹿は北京大学で王魯彦とともにエロシェンコのロシア文学の講義を聴講。通訳は周作人だった。23年大同合作社にも参加し張謙弟らと知り合う。24年10月『小説月報』に短編「柚子」を発表, 魯迅らに認められる。巴金は「灯」や「狗」など初期の散文を読み「その熱烈な人道主義の息吹, その社会の不正義に対する告発は私の若い心を揺り動かした」とのちに述べている。25年魯迅を訪問, 以後交流が続く。27年武漢で

『民国日報』復刊を編集。28年南京の国民党中央宣伝部国際科の世界語幹事となり東欧，北欧向けの報道に従事。蔡元培らの建議で29年に設立された黎明高等中学や平民中学などにエスペラントを導入し雑誌『緑星』を編集。31年泉州世界語学会に加入。32年福建省晋江で范天均らと晋江世界語学会を設立。36年6月魯迅の提唱した中国文芸工作者宣言に署名。10月魯迅の葬儀に参加。37年抗日戦争が始まると湖南に逃れる。38年3月中国文芸界抗敵協会に加入。また長沙エスペランティスト協会の活動に参加。その後郭沫若に招かれ武漢の国民政府政治部第三庁で抗日宣伝に従事。42年1月大型文芸月刊誌『文芸雑誌』を創刊，編集と創作に専念する。44年8月貧窮のうちに死没。（手塚登士雄）〔文献〕巴金「魯彦兄に」1944『懐念集』寧夏人民出版社1994，覃英編『中国現代作家選集　魯彦』三連書店香港分店1987，坂井洋史『巴金と福建泉州　黎明高級中学，平民中学のことなど」『猫頭鷹』5号1986.9

オーウェル　Orwell, George　1903.6.25-1950.1.21

本名・エリック・アーサー・ブレア(Eric Arthur Blair)　英領インド帝国の僻地ベルガル州モチハリで生まれる。父はインド阿片局の官吏。他の植民地官吏の子弟と同様に英国で正規の教育を受ける。8歳から全寮制の予備小学校に入学しイートン・コレッジに進学するがイートン卒業後ドロップアウトし，ビルマの警察官になる。ここで5年生活ののちパリで極貧生活を送りロンドンに戻り教師や書店の店員をしながら詩，ルポルタージュ，小説などを書く。36年12月英国北部の不況地帯のルポルタージュ『ウィガン・ピアへの道』を脱稿後，ILP(独立労働党)のバルセロナ駐在代表者宛の推薦状を頼りにスペイン革命の記事を書くためにバルセロナに入るが，バルセロナの革命的熱気に圧倒され反スターリニスト系のPOUM(統一マルクス主義労働者党)の民兵隊に義勇兵として志願しアラゴン戦線に従軍する。休暇でバルセロナに戻った37年5月3日共和国陣営で政治路線をめぐって共産党系と反共産党系(CNT，POUM)との間で市街戦が勃発したまま現場にいあわせたオーウェルはPOUM本部を死守するために兵士としてこの「内戦の中の内戦」に参加する。その後再びアラゴン戦線に復帰するが，5月20日首に貫通銃創を受け負傷を理由に除隊許可を受けてバルセロナに戻る。しかし共産党系の警察に逮捕されそうになり観光客を装ってスペインを脱出する。帰国後革命体験記中の金字塔といわれる『カタロニア讃歌』を上梓する。さらにオーウェルのスターリニズムへの追及は続き45年『動物農場』，49年『1984年』をそれぞれ刊行する。日本では戦後全体主義批判の書として『1984年』が訳出され，60年代にはスペイン革命との関連で『カタロニア讃歌』が広く読まれた。しかしオーウェルの鋭い政治批判，文明批判への理解は90年代に入ってようやく深まったといえよう。「オーウェルの傑作はオーウェル自身であった。彼は自分の書いたいかなる作品よりも優れた存在であった」と回顧したのは，オーウェルを終生敬愛していた詩人ポール・ポッツであった。（川成洋）〔著作〕鈴木隆・山内明訳『カタロニア讃歌』現代思潮社1966/橋口稔訳・筑摩書房1970/高畠文夫訳・角川文庫1975/新庄哲夫訳・早川文庫1984，牧野力訳『動物農場』国際文化研究所1957/新庄哲夫訳・学研1979，同『1984年』早川書房1968，鶴見俊輔ほか訳『オーウェル著作集Ⅰ-Ⅳ』平凡社1970・71，川端康雄編『オーウェル評論集1-4』平凡社1995〔文献〕G・ウドコック『オーウェルの全体像』(奥山康治訳)晶文社1972，B.クリック著『ジョージ・オーウェル・上下』(河合秀和訳)岩波書店1983，河合秀和『ジョージ・オーウェル』研究社出版1997，城嶋了『歪曲されるオーウェル』自由社2007

大井　正一　おおい・しょういち　1907(明40)-1928(昭3)3.13

別名・庄一　26年7月京都一般労働者組合が京都印刷工組合本部で開いた創立大会で綱領規約などの提案を行う。組合には当日議長の佐々木寅三(建築)，岩崎弥一(織物)，高桑，永田(以上染物)，有本，米田(以上建築)，手塚，桜井らがいた。大藪製材所の製材工として組合活動を始め，すぐそこを解雇されたが解雇反対闘争で挑み解決条件として解雇手当3週間分を獲得した。負傷した従業員の見舞金支給も獲得，衛生設備の改善，就職口の斡旋，工場法の実施などにも尽力。28年3月13日病気療養ののち死没。（北村信隆）〔文献〕『京都地方労働運動史』，『自連』3・号外・24号1926.8・28.4・5，『農民自治会内報』1927

大石　七分　おおいし・しちぶん　1890(明23)

7.20-1959(昭34)12.14　名古屋市熱田に生まれる。父は和歌山県新宮市の大石余平、母は旧姓・西村冬。長兄は西村伊作、二兄は大石真子。大石誠之助は余平の弟で叔父にあたる。1歳の時に濃尾大地震で両親を失い七分、伊作、真子らは一旦、奈良の西村家に預けられる。1903(明36)年に同志社普通学校に入学するがすぐに中退し、06年に16歳でアメリカへ渡る。14(大3)年夏頃に帰国し上京。堺利彦や大杉栄、荒川義英らと交流。その後、大杉栄に資金的援助をし16年には大杉と伊藤野枝を本郷の菊富士ホテルに住まわせた。七分も当時カフェの女中であった角田いそと同ホテルに滞在。要視察人名簿には「大杉栄一派の無政府主義斬新派」に分類されている。17年に角田いそと結婚。また、この頃、第三回二科展に絵画作品《セメント工場》を出品して入選。18年7月雑誌『民衆の藝術』を大杉栄をプロモーターとして奥栄一、永田衡吉、西村陽吉、下村悦男ら、新宮出身の青年たちと発刊し、七分は編集兼発行人となる。5号(1918.11)まで出すが相次ぐ発禁による財政難により挫折。寄稿者は大杉栄や伊藤野枝、そして荒川義英、馬場孤蝶、生田春月、江連沙村など。『民衆の藝術』の立場は労働者階級の解放と闘争に念頭を置きつつ民衆芸術論を展開していた大杉栄と異なり「精神の覚醒」(創刊号「宣言」)を前提とした芸術論とその実践を主とした。22年、渡仏。25年帰国。その後、伊作の援助や残った遺産などで生活し、絵を描いたり詩などを書いて暮らす。また建築設計の仕事にも携わり同郷の加藤一夫や佐藤春夫の邸宅の設計を行った。〔山中千春〕〔文献〕西村伊作『我に益あり』紀元社1960、近藤富枝『文壇資料本郷菊富士ホテル』講談社1974、西田勝「『民衆の藝術』の位置」『民衆の藝術』抄」『大正労働文学研究』3号1979、石田アヤ「大石七分と玉置除歩」『熊野誌』1981.11、『西村伊作の世界』NHKきんきメディアプラン2002、山中千春「無垢という〈アイロニィ〉-『近代思想』以後の仲間・大石七分」『大杉栄と仲間たち『近代思想』創刊100年』ぱる出版2013、山中千春「佐藤春夫と大逆事件」論創社2016

大石　正平　おおいし・しょうへい　1883(明16)1.31-?　和歌山県東牟婁郡新宮町(現・新宮市)に生まれる。新宮町の尋常小学校を卒業。02年東京郵便局事務員になる。05年広島郵便局に移る。同年日露戦争に出征し中国に渡って関東都督府郵便電信局に勤めた。その後店員、郵便局事務員をしながら長春、大連を転々とした。「品行不良」のために数回解雇されている。11年大連の商店に勤めていた時に要視察人名簿に登録されている。本人は社会主義思想を抱いていたわけではないようであるが、母が大逆事件で処刑された大石誠之助のいとこであったこと、玉置酉久、西村伊作が親族にいたことなどから要視察人の対象となったと推測される。〔西山拓〕〔文献〕『主義者人物史料1』

大石　誠之助　おおいし・せいのすけ　1867.11.29(慶応3.11.4)-1911(明44)1.24　別名・禄亭、無門庵、禄亭永升　紀伊国新宮仲之町(現・新宮市)に生まれる。同志社英学校に学んだのち1890年渡米。95年オレゴン州立大学医科を卒業後帰郷し翌年4月新宮で医院を開業。96年伝染病予防規則違反で起訴されたことを契機に98-1900年医院を閉鎖してシンガポール、インドなどで伝染病の研究に従事する。01年4月医業を再開し無請求主義、一つの病に一剤などの立場から良心的な治療を行う。周囲の人々からは「ドクトルさん」と呼ばれ親しまれていたという。インドに滞在中、カースト制に伴う貧困の現実をみて社会主義に関心をもつようになった。04年から『社会主義』、週刊『平民新聞』などの社会主義系雑誌への投稿を始め、次いで『直言』『光』『熊本評論』などに論説を発表し社会主義運動に参画する。06年上京して幸徳秋水らに面会。07年堺利彦、森近運平ら、08年幸徳が新宮を訪問し交友が深まる。また社会主義運動への財政的援助を惜しまなかった。大石の地元での活動は地方政治の醜態の暴露や非戦論を唱える演説会を開くことから始まった。05・06年『牟婁新報』で論陣を張っていた荒畑寒村と呼応する形で新宮の置娼問題に反対する。また06年頃から新聞雑誌縦覧所を設置して青年たちを啓発した。08・09年高木顕明、沖野岩三郎と毎月談話会を開き新しい文学や思想を紹介する。09年末頃から文学への傾斜が顕著になり10年2月沖野とともに新聞型雑誌『サンセット』を発刊。しかし大逆事件で同年6月拘引・逮捕され、東京に護送されたため同誌は5号で廃刊した。09年1月下旬大石が上京した際に聞いてきた幸徳の革命談を

披露する会が共同謀議とされ，11年1月18日大審院で死刑判決を受け24日処刑された。処刑の前，面会にきた堺に「今度の事件は真に嘘から出た真である」と語っている。墓石は禁止されていたが刑死者のなかでは最も早く建てられ，堺が「大石誠之助之墓」と揮毫した。大石は社会主義運動と並行して情歌の作家としても活躍した。97年から『団々珍聞』に投稿を始め03年に鶯亭金升から禄亭永升の号を受けて宗匠となる。また西洋合理主義の生活を実践し，西洋料理の普及などにも力を入れ『家庭雑誌』などへ投稿した。甥の西村伊作とともに太平洋食堂，中央洋食堂を開業している。このような大石の多彩な側面は堺の大石評「獄中より諸友を懐ふ1」(『日本平民新聞』17号1908.2.5)に的確に記されている。（西山拓）〔著作〕『大石誠之助全集』弘隆社1982〔文献〕『熊野誌』6号(大石誠之助特集号)1961.7，森長英三郎『大石誠之助の情歌』西村記念館1965，山口功二「明治後期における地方言論人の役割─大石誠之助とその周辺」『新聞学評論』17号1968.3，糸屋寿雄『大石誠之助─大逆事件の犠牲者』濤書房1971，浜畑栄造『大石誠之助小伝』荒尾成文堂・成江書店・宮井書店1972，森長英三郎『禄亭大石誠之助』岩波書店1977，佐野稔「大石誠之助にかんする覚書」『経済理論』164号1978.7，辻本雄一「『大逆事件』と紀州新宮」『社会文学』5号1991.7，同「大石誠之助の言論にみる『半島的視座』と現代」『地方史研究』45巻4号1995.8，高沢秀次「海を越えた知識人達5─大石誠之助」『発言者』51号1998.7，岡林伸夫「大石誠之助と『渡米雑誌』」『初期社会主義研究』12号1999.12，辻本雄一「『毒取る』大石誠之助と被差別部落のひとびと」『部落解放』478号2000.12，葛井義憲「大石誠之助，栄，沖野岩三郎とイエス─西村伊作試論」『名古屋学院大学論集─人文・自然科学篇』38巻1号2001，北村晋吾『大石誠之助物語』私家版2001, CRONIN, Joseph, *The Life of Seinosuke : Dr. Oishi and the High Treasou Incident*, White Tiger Press, 2007, 熊野新聞社編『大逆事件と大石誠之助 熊野100年の目覚め』現代書館2011，辻本雄一『熊野・新宮の「大逆事件」前後 大石誠之助の言論とその周辺』論創社2014，面地豊『小説大石誠之助』朱鷺書房2015

大石 善六 おおいし・ぜんろく ?-? 石版工。1923(大12)年6月日本印刷工組合信友会に石版工仲間と加盟し山田義雄らと計19名で小柴支部を組織する。（冨板敦）〔文献〕『印刷工連合』3号1923.8

大石 太郎 おおいし・たろう 1892(明25)-? 熊本県八代郡八代町(現・八代市)に生まれる。興行師となり各地を流れ歩きのち香具師となる。20年4月福岡県吉塚に居住。アナキストと交際し影響を受ける。福岡県警察部から大杉栄と親交のあるアナキストとみられ干渉を受ける。21年暁民会に参加。11月八幡製鉄所企業祭に主義宣伝のためアナキスト香具師集団を率いて潜入。22年2月鹿児島県入来の料理屋で警察官を愚弄し5月9日鹿児島区裁で懲役8カ月の判決を受ける。控訴したが6月9日棄却となる。23年秋北海道に渡る。釧路，野付牛，網走，帯広と転々。24年5月9日友人の新聞記者に「今秋大きな計画を立てている」と語る。8月旭川で寺田格一郎らの鎖断社員と交際。郵便物を検閲される。9月15日第7師団旅団長小泉六一少将の暗殺を計画したとして検挙される。しかし事実無根であることがわかり起訴を免れる。寺田らの法廷闘争を支援。（堅田精司）〔文献〕『思想輯覧1』，『北海タイムス』1924.9.16-19，『小樽新聞』1924.9.17-20

大石 鶴子 おおいし・つるこ 1907(明40)6.20-1999(平11)5.21 東京市神田区南甲賀町23番地に父・井上剣花坊，母・井上信子の次女として生まれる。1928(昭3)年実践女学校専門部(現・実践女子大学英文科)を卒業。この頃より川柳を始める。24歳で9歳年上の大石泰雄と結婚。夫の泰雄は『郵便報知新聞』主幹の矢野竜渓の甥にあたる。三男一女の母となる。58年母・信子の没後，川柳作句を復活させる。77年3月第1回全日本川柳大会で大賞受賞。受賞した「転がったところに住みつく石一つ」の作品は鶴子の代表作として全国に知られる。その後，鶴子は女性川柳作家として「戦争と平和を綴じる蝉しぐれ」「金属疲労いざ定年のあばら骨」など「無産派川柳」を根本に据えた「社会主義リアリズム」の視点に貫かれた社会詠の川柳を発表。平成の時代に入り鶴子主宰の『川柳人』が99年1月に800号を迎え，この記念号を最後に鶴子は主宰を退く。「川柳を愛し苦しみ生かされる」「清貧の風いっぱいに開く窓」「みんな逝ってしまった道のひとり」など作品には，80歳を越えた鶴子の心境がよく描かれている。93年8月『大石鶴子川柳句文集』を刊行。99年5月21日に死去するまで生涯現役の女性川柳作家として作品を発表。剣花坊の主宰誌だった『川柳人』は信

子，鶴子を経て現在，岩手県在住の川柳作家・佐藤岳俊が主宰者となり現在も定期発行されている。(平辰彦)〔文献〕平宗星『撩乱女性川柳』緑蔭書房1997，大石鶴子『大石鶴子句文集』柳樽寺川柳会1993，尾藤三柳監修/堺利彦・尾藤一泉編『川柳総合大事典』雄山閣2007

大石 朋吉 おおいし・ともきち ?-? 1919(大8)年東京京橋区(現・中央区)の三協印刷株式会社和文科に勤め活版印刷工組合信友会に加盟する。(冨板敦)〔文献〕『信友』1919年8・10月号

大石 真子 おおいし・まこ 1887(明20)-1925(大14)7.14 母の実家のある奈良県吉野郡下北山村で生まれる。キリスト教の聖マルコから命名。父は和歌山県新宮の大石余平，長兄は西村伊作，弟に七分，叔父に大石誠之助がいる。4歳の時濃尾大地震で両親を失う。伊作のいる下北山村の桑原尋常小学校で学ぶ。01年同校卒業。広島で伊作とともに生活する。03年4月広島の中学校から同志社普通学校へ転校。05年米国に留学。09年7月頃帰国，オートバイを乗り回し発明好きで和歌山県勝浦で魚運搬用の製氷場と鉄工所を経営する。10年11月大逆事件で拘留中の誠之助を見舞うため伊作と上京し，拳銃携帯で約1カ月拘留される。14年1月保母伊藤美寿恵と結婚。京都で死没。(大和田茂)〔文献〕西村伊作『我に益あり』紀元社1960，『西村伊作の世界』NHKきんきメディアプラン2002

大石 弥三郎 おおいし・やさぶろう ?-? 1919(大8)年東京神田区(現・千代田区)の豊盛堂印刷科に勤め活版印刷工組合信友会に加盟する。(冨板敦)〔文献〕『信友』1919年8・10月号

大石 安三郎 おおいし・やすざぶろう ?-? 1919(大8)年東京牛込区(現・新宿区)の秀英舎(市ヶ谷)印刷科に勤め活版印刷工組合信友会に加盟する。(冨板敦)〔文献〕『信友』1919年8・10月号

大石 米三 おおいし・よねぞう ?-? 1919(大8)年東京京橋区(現・中央区)のアドヴァータイザー社リノタイプ科に勤め日本印刷工組合信友会に加盟する。(冨板敦)〔文献〕『信友』1919年10月号

大石 余平 おおいし・よへい 1854(安政1)4.16-1891(明24)10.28 紀伊国新宮仲之町(現・和歌山県新宮市)に生まれる。大逆事件で処刑された大石誠之助の兄。西村伊作，大石真子，大石七分の父。大石家は代々学者家系であり江戸時代から私塾なども営んでおり余平は漢学や儒教を学ぶ。82(明15)年に妹から贈られた漢語訳『馬可伝』(マタイ伝)によってイエス・キリストに強い共感を覚えて，82年11月カンバーランド長老教会の宣教師であるA.D. ヘール(Alexander Durhan Hail)が新宮を訪問した際，受洗。余平の信仰は受洗後から強まり新宮を中心として布教活動を行いながら自身で教会を設計し，85年新宮で初のキリスト教会である新宮教会を設立。英語学校や幼稚園なども自邸の敷地内に設置。86年熊野川大洪水では被災民の救出に尽力。余平は生活改革の一貫として徹底的に偶像崇拝を否定して，自宅の仏壇から仏像や位牌を取り払い妻の実家である西村家の仏壇まで取り払ったという。近隣の信者たちと協力して〈パンを焼く会〉を結成して牛乳やパンの普及などにも努め，キリスト教とともに齎された西洋文化を取り入れることで新宮の近代化を目指した。弟・誠之助や長兄・伊作に大きな思想的影響を与えている。その後，布教活動が親族の反感を招き，伊作の親権を剥奪されて愛知県熱田市へ移住する。91年10月28日，教会でミサの途中，濃尾大地震により妻・冬とともに死亡した。(山中千春)〔文献〕沖野岩三郎『煉瓦の雨』福永書店1918，佐波亘編『植村正久と其の時代』第1巻，教文館1937，西村伊作『我に益あり』紀元社1960，森永英三郎『禄亭大石誠之助』岩波書店1977

大泉 黒石 おおいずみ・こくせき 1894(明27)7.27-1957(昭32)10.26 本名・清，別名・キヨスキー(ロシア名)，本山清 長崎県生まれ。ロシア人ヤホーヴィチを父に日本人恵子を母として生まれた。恵子は出産後もなく死没，祖母に育てられる。黒石の異貌はいじめの対象となる。小学校3年の時に漢口の領事をしている父ヤホーヴィチを訪ね，彼の死後伯母に連れられてモスクワに行く。この時に田舎住まいのトルストイと出会う。文豪トルストイも子供には「一人の見すぼらしい老人」と映る。その後パリの学校に移るが素行不良で放校され長崎に帰ってくる。「ロシアにくると日本へ帰りたくな

るし，日本に1年もいると，たまらないほどロシアが恋しくなる。俺は二つの血に死ぬまで引きまわされるんだろう」と書く黒石は「国際的居候」を自認する。デラシネ的性格はこの頃に培われた。17年モスクワでロシア革命の端緒となる赤い月曜日に遭遇，命からがら長崎に戻り三高，一高と入るがそれぞれ中退。妻子を抱えて浅草で屠牛人などを経験，どん底生活を送る。この頃浅草を転々とする辻潤と出会う。19年滝田樗陰に見出され『中央公論』に「俺の自叙伝」を連載，一躍脚光を浴びる。22年『老子』『老子とその子』を相次いで刊行。老子に託して人間の恣意の愚かさを訴え当時の権力者と社会主義者を批判する。24年博学多才で国際感覚をもつ黒石の台頭に不安を抱いた文壇のやっかみによって文芸雑誌から排除される。黒石は「文壇に対する私の心には，今や，軽蔑と冷笑のほかにはない」と記す。32年軍国主義化のなかで執筆活動を停止し酒に依存する。辻もこの頃から放浪生活に入っている。時代に迎合しない二人のニヒリストはほぼ同様の足跡をたどる。35年唯一の拠り所であった家を出て山あいの温泉宿を渡り歩く。『峡谷を探る』などがその副産物。黒石の被差別部落の人々を見る目は温かい。終生混血児として差別を受けた痛みがそうさせるのかもしれない。三男の混は俳優。(大月健)〔著作〕『俺の自叙伝』玄文社1919，『恋を賭くる女』南北社1920，『老子』新光社1922，『老子とその子』春秋社1922，『露西亜文学史』大灯社1922，『大宇宙の黙示』新光社1924，『人生見物』紅玉堂書店1924，『黒石怪奇物語集』新作社1925，『人間開業』毎夕社出版部1926，『予言』酒井雄文堂1926，『人間廃業』文録社1926，『峡谷を探る』春陽堂1929，『峡谷と温泉』二松堂1930，『おらんださん』大新社1936，『草の味』大新社1943，『予言』世界文庫1974，『大泉黒石全集』全9巻緑書房1988〔文献〕玉川信明『日本ルネッサンスの群像』白川書院1977

大泉 松尾 おおいずみ・まつお ?-? 1919(大8)年東京牛込区(現・新宿区)の日清印刷会社石版科に勤め活版印刷工組合信友会に加盟する。(冨板敦)〔文献〕『信友』1919年8月号

大泉 譲 おおいずみ・ゆずる 1903(明36)-? 本名・徳岡武雄 姫路市西神屋町生まれ。姫路商業学校を2年で中退，電気会社と裁判所に計2年ほど勤める。その後満州に渡り弁護士の書生となり，徴兵検査のため帰郷し養鶏業に従事。27年自宅に福田狂二の進め社の支局を置き『進め』の販売をする。同年9月16日大歳辰夫らと姫山公園で大杉栄追悼会を主催。翌日無産者自由社のリーフレット『かちん』を420部発行するが即日発禁。29年9月16日香呂藤吉，寺田格一郎，永久源吉，小松原繁雄，新聞記者の堀江熊治らと姫山公園で大杉追悼会を挙行し検束される。銃砲火薬類取締法違反で罰金20円とされたことがある。32年兵庫県飾磨郡飾磨町天神(現・姫路市)に転じ妹名義でカフェーを営んだ。35年末頃無共党事件で検挙されるが不起訴。(冨板敦)〔文献〕『身上調書』

大出 守一 おおいで・もりかず ?-? 1919(大8)年東京京橋区(現・中央区)の築地活版所鉛版科に勤め活版印刷工組合信友会に加盟する。(冨板敦)〔文献〕『信友』1919年8・10月号

大岩 由太郎 おおいわ・ゆうたろう ?-? 東京印刷工組合和文部のメンバー。1926(大15)年6月東印和文部でリーフレット発行委員，同年10月和文部理事となる。27年7月東印の争議担当者になる。29年4月27日東印を脱退し大島芳雄，河野淳，滝沢重太郎，田口幸作，武井時治，古堅弘毅，山本平重らと東京印刷工連合会を結成，自協派の運動に関わる。(冨板敦)〔文献〕『自連』2・6・15・36号1926.7・11・27.8・29.6，後藤彰信『日本サンジカリズム運動史』啓衆新社1984

大内 捷一 おおうち・しょういち ?-? 名古屋市東区久屋町の養父の経営する葬具店で育つ。1929(昭4)年11月開墾社を近藤正夫らと設立する。(黒川洋)〔著作〕詩集『断崖を攀じる』開墾社1929〔文献〕浅野紀美夫『新尾頭町143番地』『風信』1968・70，杉浦盛雄『名古屋地方詩史』同刊行会1968

大内 政栄 おおうち・まさえ ?-? 1919(大8)年東京京橋区(現・中央区)の築地活版所文選科に勤め活版印刷工組合信友会に加盟する。(冨板敦)〔文献〕『信友』1919年8・10月号

大内 義夫 おおうち・よしお 1907(明40)11.8-? 別名・竹村茂 東京市下谷区竜泉寺町(現・台東区竜泉)に生まれる。29年目黒無線電信講習所を卒業後，東京高等商船学校の練習船大成丸の通信士となる。32年2月米山大甫らと神戸のブラジル軒に集まり

無線通信技士倶楽部を結成，34年7月最低賃金引き上げを要求し無線技士停船ストを決行，この闘争で検挙される。この前後，詩を『弾道』7号(1931)，『文学通信』4号(1933)に寄せ，ルポルタージュ「北太平洋の孤島に自由共産社会を」を『自連新聞』73号(1932.9.10)に書いている。また35年米国渡航の際に解放文化連盟のメッセージを託され米国の同志に届けたという。戦後全日本海員組合の結成に関わり調査部長となったが，同組合の労資協調路線に抵抗し除名されたこともある。「海は呼ぶ」と題する詩を『平民新聞』5号(1946.9.18)に書いたのはこの頃。58年メーデーに際し「海上メーデーに反対」を主張した(『クロハタ』29号1958.5.1)。50年3月海員組合を離れ船舶通信士協会に移り5代目委員長となった。(大澤正道)〔文献〕海事協同会『海事協同会について』同会1931，村上行示『海上労働運動夜話』成山堂1966，秋山清『あるアナキズムの系譜』筑摩書房1973，寺島珠雄編『時代の底から 岡本潤戦中戦後日記』風媒社1983，日本経営研究所編『全日本海員組合四十年史』全日本海員組合1986

大浦 周蔵 おおうら・しゅうぞう 1890(明23)-1928(昭3) 東京に生まれる。丸善広告部に勤め，ショーウィンドーのディスプレイを担当する。21年10月未来派美術協会第2回展から同協会に参加。23年6月マヴォ結成に加わる。8月28日のマヴォによる反二科会運動二科会落選画歓迎の移動展覧会に参加。24年9月雑誌『マヴォ』3号で退会。10月三科の創立に加わる。24年丸善画廊を開設。25年5月劇場の三科に参加。三科解散後は単位三科の結成に関わる。(冨板敦)〔文献〕井出孫六『ねじ釘の如く 画家・柳瀬正夢の軌跡』岩波書店1996，五十殿利治『大正期新興美術運動の研究』スカイドア1998，五十殿利治・菊屋吉生・滝沢恭司・長門佐季・野崎たみ子・水沢勉『大正期新興美術資料集成』国書刊行会2006

大裏 忠一 おおうら・ちゅういち ?-? 中外商業社に勤め東京の新聞社員で組織された革進会に加わり1919(大8)年8月の同盟ストに参加するが敗北。のち正進会に加盟。24年夏，木挽町(現・中央区銀座)正進会本部設立のために1円寄付する。(冨板敦)〔文献〕『革進会々報』1巻1号1919.8，正進会『同工諸君!! 寄附金芳名ビラ』1924.8

大江 万吉 おおえ・まんきち ?-? 1919(大8)年東京神田区(現・千代田区)の丸利印刷所印刷科に勤め日本印刷工組合信友会に加盟する。(冨板敦)〔文献〕『信友』1919年10月号

大江 満雄 おおえ・みつお 1906(明39)7.24-1991(平3)10.12 高知県幡多郡宿毛町(現・宿毛市)生まれ。父・馨はクリスチャン。小学校卒業後独学し地元の教会に通う。20年上京，労働学院や日進英語学校の夜学に学び詩作を始める。原宿同胞教会で受洗。22年創刊された生田春月主宰の『詩と人生』に準同人格で参加。26年教会の詩友や朝鮮人金貞泰と『文芸世紀』を創刊。機械文明を神との関連で思考し，病貧者など弱者の血と魂に分け入る詩や戯曲を『文芸世紀』その他に発表。28年処女詩集『血の花が開く時』を刊行。30年『労働派』を創刊。32年作家同盟組織部員として活動，検挙。36年コムアカデミー事件で検挙，3カ月留置。その後転向，文学報国会編の『辻詩集』に協力し「四方海」を発表。人間性の追求と弱者への救済のまなざしは結核やハンセン病者の詩の運動への尽力につながる。53年アジアを結ぶという視点からハンセン病者の詩集『いのちの芽』を刊行。同じ頃山本三和人の東京目白の開かれた教会を拠点に鶴見俊輔，壺井繁治らと文化講座を開き『アジア詩人』を刊行。なお青年時から切支丹の転向に関心を抱き，戦後五島の離れ切支丹の実態調査に数回出かける。50年半ば前後からキリスト教とマルクス主義との架橋，統合を試みる。(北村隆隆)〔著作〕詩集『血の花が開く時』誠志堂書店1928，『日本詩語の研究』山雅房1942，詩集『日本海流』同1943，『子どものためのイエス伝』講談社1949，詩集『いのちの芽』(編著)三一書房1953，詩集『海峡』昭森社1954，『機械の呼吸』アジア詩人研究会1955，『大江満雄集』思想の科学社1996〔文献〕伊藤信吉「解説」『現代日本詩人全集14』創元社1955，森田進『パトスの彼方』ルガール社1974，藤原定「大江満雄」『現代詩鑑賞講座7』角川書店1969，渋谷直人『大江満雄論』大月書店2008

大条 虎介 おおえだ・こすけ 1869(明2.2)-1921(大10)5.23 旧姓・佐藤 大條虎介とも仙台藩士佐藤文弥の家に生まれたが，幼時に岩手県気仙郡今泉村(現・陸前高田市気仙町)の医師大条快順の養子となった。橘園舎，第二高等中学医学部(現・東北大学医学部)に学び90年郷里で医師となる。93年郡

司成忠大尉の千島探検を援助。96年世田米村(現・住田町)に移り一時転居を経て06年世田米村で開業。日露戦争時までは帝国主義者であったようだが、『社会新聞』の西川光二郎の論説を読み社会主義に興味をもつ。08年春に上京した際、西川、片山潜に面会。その後『平民新聞』『熊本評論』を読み直接行動派、アナキズムを支持するようになった。08年秋幸徳秋水に手紙を書いたことから交際が始まり同年冬に平民社で面会した。09年12月にも上京し幸徳、管野すが、新村忠雄に会っている。大逆事件の捜査では幸徳と交際していたことから厳しい取り調べを受け、09年12月の会合の内容や坂本清馬との関係について問われた。大条は幸徳が皇室に対して批判的な発言をしたものの暴力革命や大逆の計画は話さなかったこと、また自分は家庭の事情で運動の先頭に立てない旨を告げ、在郷同志の援助金を手渡したことなどを主張した。一方で社会主義を捨てたわけではないと発言したことから以後警察の監視下に置かれた。しかし片山の刊行していた『社会新聞』の購読中止願いで一家全滅の危機を逃れるために運動から離れることを表明している。その後川面凡児が創設した稜威会のミソギ教に入り、表面的な運動には携わらなかったが17年加藤時次郎が設立した社会政策実行団に財政的支援を行っている。〔西山拓〕〔文献〕大逆事件の真実をあきらかにする会編『大逆事件訴訟記録・証拠物等4』近代日本史料研究会1960、菅原芝彦『辺地の赤ひげ先生大条虎介』洋々社1976、『社会主義沿革1』

大賀 正太郎 おおが・しょうたろう ?-? 1919(大8)年東京麹町区(現・千代田区)の一色活版所欧文科に勤め活版印刷工組合信友会に加盟する。〔冨板敦〕〔文献〕『信友』1919年8・10月号

大鐘 参夫 おおがね・みつお 1898(明31)-? 京都市上京区寺町通今出川上町に生まれる。京都の中学校を卒業し書籍を販売する香具師となる。アナキズムに共鳴。旭川市に移り1924年8月鎖断社を設立。娼妓解放運動を推進。9月15日検挙され治安警察法違反容疑で起訴される。25年2月13日旭川地裁で禁錮8カ月の判決を受けたが控訴。4月25日札幌控訴院で禁錮6カ月とな

る。未決拘留算入のため5月7日出獄。6月稚内で主義を宣伝しようとしたが警察に放逐される。旭川に戻り香具師の生活を続ける。26年4月札幌狸小路で検束される。その後旭川曙遊廓の世話役となった。〔堅田精一〕〔文献〕『香具師名簿』北海道庁警察部1927.9、『思想輯覧1』、『函館毎日新聞』1925.2.15、『北海タイムス』1924.9.16-18・12.3・25.4.26、『小樽新聞』1925.2.14・6.19・26.4.5

大川 亀作 おおかわ・かめさく ?-1923(大12) 1919(大8)年東京京橋区(現・中央区)のジャパン・アドバタイザー社に勤め活版印刷工組合信友会に加盟。1923(大12)年5月5日神田松本亭での信友会5月例会で亡くなったことが報告される。〔冨板敦〕〔文献〕『信友』1919年8・10月号、『印刷工連合』1号1923.6

大川 利治 おおかわ・としはる ?-? 別名・大河利治 1922(大11)年9月21日対露非干渉関西同志会結成に参加、23年1月植松一三方で結成された大阪鉄工組合熱血団に属した。同熱血団には生野益太郎、具阿弥忠夫、植松一三、森川丑松、池田康太、熊沢喜一郎、内田文市、松井橋雄、船越富雄、島崎勇、田中若松、岡野是、岡山吾六らがいた。同年2月大阪鉄工組合5周年大会で足立金次、尾関憲城、今井武吉、阪田政治、熊沢らとともに常務理事。機関紙月刊『社会運動』は5月発禁、6月全部押収。同年11月鉄工組合臨時大会で普選即時断行政府声明を受けた「政治運動に関する件」で熱血団員の生野、植松、具阿弥らと関係すべきでないと反対を主張。24年5月頃大阪技工労働組合を組織、同年7月伊藤孝一ら結成の関西技工労働組合に参加、関西自連結成に矢野準三郎、重岡勢、逸見吉三らと尽力し11月結成大会に関西技工を代表して参加、明脇帯刀、加藤末一らと役員に選出される。〔北村信隆〕〔文献〕『大阪社会労働運動史』、宮本三郎『水崎町の宿・PARTⅡ』私家版1987、『社会運動』75号1923.9、『労働運動』4次7・8号1925.1・2

大川 平三 おおかわ・へいぞう ?-? 芝浦製作所に勤め芝浦労働組合に加盟し、制御器分区に所属。1924(大13)年8月26日、同労組の中央委員会で機関紙『芝浦労働』の定編編集員に細井角三郎とともに選出される。10月9日の常置委員会では『芝浦労働』の常任編集員に間宮直三郎とともに選ばれる。

25年5月12日の中央委員会で庶務係担当となるが、その後解雇される。(冨板敦)〔文献〕『芝浦労働』2次1・2・3・7・8号1924.10・11・12・25.6・9

大川 孫四郎 おおかわ・まごしろう ?-? 千葉県印旛郡旭村字和良比(現・四街道市)で農業を営む。1923(大12)年小作料値上げの通告に対抗し7月22日自宅で会合を開き「死を賭しても最後まで闘い、小作地返還の場合には結束して同一歩調を取る」ことを60人の小作人とともに決議する。(冨板敦)〔文献〕『小作人』2次7号1923.9

大河原 二郎 おおかわら・じろう ?-? 1919(大8)年東京京橋区(現・中央区)の京浜印刷会社和文科に勤め日本印刷工組合信友会に加盟する。(冨板敦)〔文献〕『信友』1919年10月号

大河原 安二 おおがわら・やすじ ?-? 新聞工組合正進会に加盟し1924(大13)年夏、木挽町(現・東京中央区銀座)本部設立のために1円寄付する。(冨板敦)〔文献〕正進会『同工諸君!! 寄附金芳名ビラ』1924.8

大木 静雄 おおき・しずお 1919(大8).8.1-1994(平6).7.27 東京府北豊島郡西巣鴨町(現・豊島区巣鴨)に生まれる。寺島珠雄の兄。千葉県成東中学を卒業後、40年頃菊岡久利を通じて西山勇太郎、石川三四郎、高橋新吉、小野十三郎らを知り辻潤やシュティルナーを読む。その間『電気会社事務員。海軍技術官。北海道への放浪。帰京、土方時間給一八銭、航空機工場職工。業界新聞の記者。洋食屋の出前持ち。造船の設計係」(「あわれなりわがねがい」『アフランシ』28号1955.5)と職業遍歴を重ね敗戦を迎える。45年11月『武良徒久 黒色または散策』(孔版、5号1947まで)を弟と創刊、木村荘太、西山、石川、高橋、岡本潤、陀田勘助(遺稿)、大門一樹、秋山清らが寄稿する。アナ系の文芸誌ではおそらく戦後最初の刊行だろう。日本アナキスト連盟に加盟、のちに自由クラブ異人となり『アフランシ』に滋味あふれるエッセーを寄せる。京成電鉄労働組合副委員長となるが50年レッドパージの余波で退職、51年千葉県山武郡八街町(現・八街市)で写真店を開業する。弟思いの温厚篤実な人だった。(大澤正道)〔著作〕『挽歌抄』私家版1947、詩集『断章』武良徒久社1950〔文献〕『低人通信』2次20・30号1994.8・96.7、『千葉県の歴史 通史編 近現代3』千葉県2009

大木 淳一 おおき・じゅんいち ?-? 芝浦製作所に勤め芝浦労働組合に加盟し、製缶分区に所属。1929(昭4)年5月3日、製缶分区の裏切り者を襲撃し三田署に検挙。7日、拘留29日とされる。6月6日出獄。11月16日芝浦会館で開かれた芝浦労働組合昭和4年度大会に参加し製缶分区の経過報告をする。(冨板敦)〔文献〕『芝浦労働』3次27・33号1929.6・12

大木 直太郎 おおき・なおたろう 1901(明34).4.3-1985(昭60).9.1 甲府市生まれ。川合仁とは中学の同級。21年12月甲府第49連隊に一般兵として入隊、同隊に川合、塩長五郎らがいた。日曜外出で婦人参政権の演説会を聴講し憲兵の密告により川合とともに大隊長から戒告処分を受ける。24年除隊後に家出奔し川合の東京下落合の家に寄宿する。のち飯田豊二主宰の劇団解放座の第3回公演「誰が罪」に川合とともに役者として出演する。35年明治大学文芸科を卒業後、山本有三に師事し明大教授となり日本古代中世演劇史と戯曲論を担当する。38年11月『文学界』に戯曲「みちのくの僧兵」を発表し注目される。かたわら演劇評論家としても活躍。川合が世話人となった山人会のメンバー。中村白葉は義理の叔父。(黒川洋)〔文献〕川合仁『私の知っている人達』藤書房1970、『回想・川合仁』同刊行会1975

大木 暮村 おおき・ぼそん ?-? 1919(大8)年東京京橋区(現・中央区)の東京印刷社和文科に勤め日本印刷工組合信友会に加盟する。(冨板敦)〔文献〕『信友』1919年10・12月号

大岸 広市 おおぎし・こういち ?-? 新聞工組合正進会に加盟し1924(大13)年夏、木挽町(現・東京中央区銀座)本部設立のために1円寄付する。(冨板敦)〔文献〕正進会『同工諸君!! 寄附金芳名ビラ』1924.8

大喜多 清七 おおきた・きよしち ?-? 1919(大8)年東京京橋区(現・中央区)の築地活版所和文科に勤め活版印刷工組合信友会に加盟する。(冨板敦)〔文献〕『信友』1919年8・10月号

大草 彦太郎 おおくさ・ひこたろう ?-? 1919(大8)年東京本所区(現・墨田区)の岡本活版所文選科に勤め活版印刷工組合信友会に加盟する。(冨板敦)〔文献〕『信友』1919年8・10月号

大串 孝之助 おおぐし・こうのすけ 1899(明

32)1.18-? 別名・大串孝 京都府紀伊郡伏見町に生まれる。関西学院中学部3年で退学。「書籍店港屋のボンチ」で和田久太郎らの影響で社会主義者となる。逸見直造の借家人同盟に出入りし日常業務を手伝う。20年12月社会主義同盟発会式に黒旗会メンバーとして参加。検束され懲役4カ月となる。21年9月岸井清らと『関西労働者』を創刊。22年4月武田伝次郎、石田正治らと関西自由労働組合を結成、大阪皮革工組合にも関わる。22年岡山連隊、新潟県新発田鯖江連隊に後藤謙太郎、石田らが反軍ビラをまきこれを計画しビラを書いたことで逮捕、懲役1年。出獄後石田と行動をともにし労働運動社、農村運動同盟の関西支局を手伝う。23年1月関西自由を脱退、石田、伊藤孝一らと関西抹殺社を組織。同年4月黒刷社同人として和田信義、安谷寛一らと『タダ』を発刊。25年石田らと『祖国と自由』(文明批評社)を発刊。同年9月2号を「大杉栄追悼特別号」として発行(発禁)、12月4号として刑死を目前にした中浜鉄(哲)が刑務所内で全ページを執筆編集した「中浜鉄著作集・黒パン」を発行(発禁)する(69年小松亀代吉がこの2冊を発見、復刻刊行した)。26年8月在郷軍人川上分会差別糾弾事件に関係して検挙され懲役8カ月。27年7月山岡喜一郎らと大阪府水平社解放連盟を結成し『V・NARODO! 民衆の中へ』を発行、水平運動にも深く関わる。同年10月久保譲、逸見吉三らと『関西自由新聞』を発刊。東京での分裂騒ぎ、特に黒連の内ゲバを批判し28年6月逸見らと黒連から脱退。29年末上野克已らと黒色青年自由連合を結成、30年3月『自由連合主義』を創刊する。同年9月天皇の神戸訪問前の予防検束で山岡とともに恐喝をでっち上げられ懲役1年。出獄後農青社運動に同調、32年1月平井貞二、大日方盛平、李ネストル(允熙)らと『大阪・黒旗』を創刊。同年5月大日方と『農民の友』(農民の友社)を、7月大日方、李と『無政府コンミュン』(文明批評社)を創刊、8月『如何に為すべきか』(農青社既刊版の複製)を刊行する。34年日活「女人曼陀羅」を差別映画として野口市郎らと糾弾。35年末のアナキスト大弾圧の際には京都刑務所に在監中だった。宮本三郎によれば「長身細面ちぢれ髪のインテリ文化人ふうで、次々に雑誌、パンフなどを生涯出しつづけ、大阪の運動の一中心者だった」。38年愛国労働農民同志会に入り大阪府連合会理事となる。15年戦争中に死没したといわれる。(冨板敦)〔文献〕『労働運動』2次1号1921.1/3次7・9・11号1922.9・11・23.2,『関西自由新聞』1-3号1927.10-12, 和田久太郎『獄窓から・真正版』黒色戦線社1988,『資料大正社会運動史』,『大阪社会労働運動史』,三原容子「水平運動における『アナ派』について」『世界人権問題研究センター研究紀要』2・3号1997・98,『思想月報』1940.1

大口 金七 おおぐち・きんしち ?-? 1919(大8)年東京牛込区(現・新宿区)の秀英舎(市ヶ谷)文選科に勤め活版印刷工組合信友会に加盟する。(冨板敦)〔文献〕『信友』1919年8・10月号

大久保 勇 おおくぼ・いさむ ⇨新井兵太郎 あらい・へいたろう

大久保 卯太郎 おおくぼ・うたろう ?-? 印刷工、信友会のメンバー。1924(大13)年7月19日神田松本亭での信友会臨時大会で書記をつとめ石版部の理事に選出される。この大会で信友会は正進会との合同を決定し東京印刷工組合となる。11月16日前橋市東家での上毛印刷工組合三山会発会式に参加。12月日比谷石版印刷所争議の交渉で田村寛一郎とともに検束される。25年3月印刷工連合会第2回大会で東印の情勢報告を行う。同年6月函館毎日新聞社争議の応援に参加する。以来東印幹部として活動を続けたが32年頃から右傾化し渡辺勝、工藤豊美、和田栄太郎、北原竜雄、山本勝之助らと新国家同盟の結成をはかる。(冨板敦)〔文献〕『印刷工連合』15・19・24-28号1924.8・12・25.5-9, 水沼辰夫『明治・大正期自立的労働運動の足跡』JCA出版1979,『司法研究』19輯10号1935,『自由連合』120号1966.6

大久保 栄 おおくぼ・さかえ ?-? 1919(大8)年東京牛込区(現・新宿区)の秀英舎(市ヶ谷)第二和文科に勤め活版印刷工組合信友会に加盟する。(冨板敦)〔文献〕『信友』1919年8月号

大久保 三五郎 おおくぼ・さんごろう ?-? 1919(大8)年東京京橋区(現・中央区)の三協印刷株式会社文選科に勤め活版印刷工組合信友会に加盟。のち読売新聞社に勤め新聞工組合正進会に加盟。20年機関誌『正進』発

行のために1円寄付する。（冨板敦）〔文献〕『信友』1919年8月号，『正進』1巻1号1920.4

大久保 四郎 おおくぼ・しろう ?-? 1919（大8）年東京小石川区（現・文京区）の江戸川活版所文選科に勤め活版印刷工組合信友会に加盟する。（冨板敦）〔文献〕『信友』1919年8月号

大久保 新太郎 おおくぼ・しんたろう ?-? 1919（大8）年東京京橋区（現・中央区）の築地活版所印刷科に勤め日本印刷工組合信友会に加盟する。（冨板敦）〔文献〕『信友』1919年10月号

大久保 長吉 おおくぼ・ちょうきち ?-? 1919（大8）年東京深川区（現・江東区）の東京印刷深川分社第一部印刷科に勤め活版印刷工組合信友会に加盟する。同社同科の組合幹事を担う。（冨板敦）〔文献〕『信友』1919年8月号

大久保 恒四郎 おおくぼ・つねしろう ?-? 東京市神田区（現・千代田区）神保町に居住し同町の山縣製本印刷整版部に勤める。1935（昭10）年1月13日整版部の工場閉鎖、全部員40名の解雇通告に伴い争議勃発。工場を占拠して闘い同月15日解雇手当4カ月、争議費用百円で解決する。山縣製本印刷は当時東京大学文学部の出入り業者であり、東印は34年5月以降、東印山縣分会を組織していた。（冨板敦）〔文献〕『山縣製本印刷株式会社争議解決報告書』東京印刷工組合1935，『自連新聞』97号1935.1，中島健蔵『回想の文学』平凡社1977

大久保 秀吉 おおくぼ・ひでよし ?-? 1919（大8）年東京京橋区（現・中央区）の築地活版所文選科に勤め活版印刷工組合信友会に加盟する。（冨板敦）〔文献〕『信友』1919年8・10月号

大久保 又郎 おおくぼ・またろう ?-? 1919（大8）年東京京橋区（現・中央区）の細川活版所印刷科に勤め日本印刷工組合信友会に加盟する。（冨板敦）〔文献〕『信友』1919年10月号

大久保 松雄 おおくぼ・まつお ?-? 1919（大8）年東京荏原郡大崎町（現・品川区）の帝国印刷会社文選科に勤め日本印刷工組合信友会に加盟する。（冨板敦）〔文献〕『信友』1919年10月号

大久保 安次郎 おおくぼ・やすじろう ?-? 1919（大8）年東京神田区（現・千代田区）の三省堂印刷部鉛版科に勤め活版印刷工組合信友会に加盟する。（冨板敦）〔文献〕『信友』1919年8・10月号

大熊 信行 おおくま・のぶゆき 1893（明26）2.18-1977（昭52）6.20 米沢市生まれ。東京高等商業学校本科卒業の3年後に母校の専攻部に戻り福田徳三の指導を受ける。卒業後小樽高商の教壇に立つが2年余りで病気休職し退職。27年高岡高商教授。29-31年欧米に留学。42年高岡高商退職、著作に専念しまた嶋中雄作主宰の国民生活研究所の仕事に携わる。44年郷里に疎開、敗戦の日を米沢で迎える。戦時中大日本言論報国会理事であったため占領下公職追放令の適用を受ける。しかし自己の戦争責任についての反省を記録する『告白』（1947・48）を書くことから再出発。神奈川大学，富山大学，創価大学の教授をつとめ戦後も学界と論壇に特異な光彩を放ち続ける。「日本に天皇制がある以上，人と人との関係が水平になることはない。天皇個人に近い人が偉い人，遠い人は偉くない人になる。垂直の差別が生じる天皇制は共和制の原理に反する」と語る。明治人の明快な天皇観であり、国家の非人間的な側面を強調する『国家悪』の論理と重ね合わせると納得できる。大熊を語る際、国家論とワンセットになっている主題に『家庭論』がある。そこでは家族が「生命再生産の場である」とされている。国家が死の象徴であるとするならば家庭は生の象徴というわけである。経済学ではオスカー・ランゲに先立って経済学の基本的概念である配分の概念を確立し、この配分原理はいずれの学派の体系にも潜在することを発見したという（『マルクスのロビンソン物語』）。13年土岐哀果の『生活と芸術』創刊号以来の歌人でもあり、「五月一日」と題してメーデーを詠んでいる。「真日照らすひかりもむなし時の世とあひゆるさざる黒き旗かげ」「地げむりのなかに見えくる赤き旗うち消しがたき思ひあらしむ」（『日光』1940）。戦前・戦中・戦後を経済学者、歌人、評論家として幅広く大きく揺れながら生きた大熊の軌跡は一言で自由人と呼んでいいだろう。（森下紀夫）〔著作〕『社会思想家としてのラスキンとモリス』新潮社1927，『マルクスのロビンソン物語』同文館1929，『政治経済学の問題』日本評論社1940，『経済本質論配分原理』日本評論社1941，『国家悪』中央公論社1957・増補版1971，『家庭論』新樹社1963，『資源配分の理論』東洋経済新報社1967，『日本の虚妄』潮出版社1970，『生命再生産の理論・上下』東洋経済新報社1975・76，『戦中戦後の精神史』論創社1979，『定稿告白』同

1980

大熊 房太郎 おおくま・ふさたろう　1908(明41)-?　埼玉県の蚕種製造業の家に生まれ川越の蚕業学校に学ぶ。在学中に近くの紡績工場での労働争議をみて労働・社会問題に関心を抱きやがてアナキズムに傾倒するようになった。卒業後は蚕業指導員として南崎乾蚕組合で指導にあたる。36年3月頃から農青社に関わり機関誌『農村青年』やパンフ配布などの活動に取り組む。36年5月農青社事件の全国一斉検挙に際して伊藤愛蔵、岩崎直蔵とともに逮捕され大熊のみ起訴される(量刑など不詳)。(奥沢邦成)〔文献〕『資料農青社運動史』、『農青社事件資料集Ⅰ・Ⅱ』

大越 泰治 おおこし・たいじ　?-?　1919(大8)年東京本所区(現・墨田区)の凸版印刷会社印刷科に勤め活版印刷工組合信友会に加盟する。(冨板敦)〔文献〕『信友』1919年8月号

大崎 正吉 おおさき・しょうきち　1865(慶1)-?　仙台に生まれ、上京して法律を学ぶ。友人のすすめで朝鮮にわたり1893(明26)年8月、釜山で法律事務所を開設、朝鮮改革を志す日本人志士の梁山泊となった。94年東学党の戦いを支援するため天佑俠を組織したと称する。爆弾強盗容疑で追われ逃亡の途中で宮崎滔天と知り合う。95年10月閔妃事件に連座し広島で入獄。11月末釈放。その後北海道に渡る。1905年に夕張で大日本労働至誠会の機関紙『新同胞』を編集。06年札幌に転じ反権力の行動の必要をとなえ『革命評論』を宣伝。上京し、滔天との交友再開。15年(大4)12月1日、頭山邸で開催されたインド独立運動の志士テス・ビハリ・ボース支援会議に出席。(堅田精司)〔文献〕『北炭五十年史資料』労務編、『東亞先覚志士記伝』上・下原書房1966、『宮崎滔天全集』全5巻平凡社1966-76

大崎 政吉 おおさき・まさきち　?-?　1926(大15)年兵庫県川辺郡神津村(現・伊丹市)で暮し農民自治会全国連合に参加。地元の農民自治会を組織しようとしていた。(冨板敦)〔文献〕『農民自治会内報』2号1927

大崎 和三郎 おおさき・わさぶろう　1899(明32)-?　別名・花崎和夫　兵庫県川辺郡神津村森本(現・伊丹市)生まれ。高等小学校卒業後、18年鉄道院大阪機関庫で機関夫となる。21年頃逸見吉三と知り合いアナキズムに傾倒。22年2月神戸市葺合区の鈴木ハッカ工場に雑役夫として勤める。同年9月極東平民社を組織し日笠明、網本種吉らと『極東』を創刊する。24年4月自宅を事務所として多田英次郎らと神戸自由労働者組合を組織(26年全国自連結成とともに加盟)、10月多田、竹内一美、芝原淳三らと極東平民社を再結成し雑誌『極東平民』を発行するなど神戸のサンジカリズム運動を牽引した。25年7月23日出版法違反で田中とともに罰金50円。28年7月阪急電鉄西宮車庫雇員に転じた。35年末頃無共党事件で検挙されるが不起訴。(冨板敦)〔文献〕『極東』1号1922.9、『極東平民』1・4号1924.10・25.9、『農民自治』8号1927.3、『身上調書』、向井孝『勉さんの人名録』『編集委ニュース』10号1999

大作 金造 おおさく・きんぞう　?-?　新聞工組合正進会に加盟し1924(大13)年夏、木挽町(現・東京中央区銀座)本部設立のために50銭寄付する。(冨板敦)〔文献〕正進会『同工諸君!! 寄附金芳名ビラ』1924.8

大里 繁太郎 おおさと・しげたろう　?-?　1919(大8)年東京京橋区(現・中央区)の製本合資会社欧文科に勤め活版印刷工組合信友会に加盟する。(冨板敦)〔文献〕『信友』1919年8月号

大沢 清 おおさわ・きよし　?-?　読売新聞社に勤め新聞工組合正進会に加盟。1921(大10)年12月の万朝報社争議を闘い解雇される(全18名、すべて正進会員)。(冨板敦)〔文献〕『正進』1巻1号1920.4、『労働運動』3次1号1921.12、正進会『同工諸君!! 寄附金芳名ビラ』1924.8

大沢 喜代司 おおさわ・きよじ　?-?　東京朝日新聞社に勤め新聞工組合正進会に加盟。1920(大9)年機関誌『正進』発行のために50銭寄付する。(冨板敦)〔文献〕『正進』1巻1号1920.4

大沢 重夫 おおさわ・しげお　1901(明34)6.18-?　本名・後沢重雄　長野県上伊那郡上片桐村(現・松川町)の農家に生まれる。16年高等小学校を卒業後、実兄を頼って単身北海道北見に渡る。21年黒土詩社を組織し『表現』を発行。22年函館師範学校を卒業し千島国後小学校に勤務。23年上京、第1詩集『太陽を慕ひ大地を恋ふる者の歌』を上梓する。24年雑誌『生存途上に歌ふむれ』を創刊、また国井淳一らと『新理想詩派』も出し

た。26年松本市の小学校に移り『信濃青年新報』を創刊、白鳥省吾の『地上楽園』に同人として参加。農民自治会北信連合の誕生に呼応し『農民自治』6号(1926.11)に「農民自身の生活をまつ所有すること」を寄稿。27年秋再び北海道に渡り30年更科源蔵、小熊秀雄らの『裸』の同人となる。31年国井、芳賀融らのアナ派詩誌『農民詩人』に加わる。32年創刊された第2次『弾道』に寄稿。36年下伊那郡の大河原小学校に移る。以降「戦中期に農民運動家や農民詩人たちが戦争協力的な農本主義的作品を書きながら時代に便乗したのに、大沢は詩と絶縁して批評の領域で地方主義を守った」(松永伍一)。敗戦後は県下の公立学校の校長を歴任し55年退職。農業に従事する。(冨板敦)〔著書〕『太陽を慕ひ大地を恋ふる者の歌』南天堂書店1923、『やさしい国文学史』厚生閣1926、『燃ゆる村落』大地舎1927、『いのちの呼応』思潮社1964、「私の接触した北海道文学」『北海道文学』8号1963〔文献〕『農民自治』6号1926.11、松永伍一『日本農民詩史・中1』法大出版局1968、安田常雄『日本ファシズムと民衆運動』れんが書房新社1979、大井隆男『農民自治運動史』銀河書房1980、木下信二『名古屋抵抗詩史ノート』私家版2009

大沢 実之助 おおさわ・じつのすけ ?-? 長野県北佐久郡小沼村塩野(現・御代田町)に生まれる。農民自治会に加わり1927(昭2)年3月の第1回農自全国委員会頃には長野県代表の全国連合委員を務めていた。農自の農村モラトリアム運動の呼びかけに応じ同年7月17日中西伊之助と朝倉重吉を招いて農村振興講演会を計画するが、小諸署の圧力で公会堂が使用禁止とされる。そこで二人を自宅に招き座談会を開いた上で小沼村農民自治会を結成し責任者となった。無尽講や商店の売掛金支払いの延期を決議した小沼村農自のモラトリアム運動実践方針はそれ以後、各農自のモラトリアム運動の実践目標となる。28年2月20日の第1回普通選挙に対して反対した農自長野非政党同盟会による演説会に同行(同月11日-18日、北佐久郡・南佐久郡の10カ所)。農自分裂後の29年には瀬川知一良の『農民自治リーフレット』に拠る。(冨板敦)〔文献〕『農民自治』16-18号1928.4-8、『農民自治リーフレット』1号1929.2、大井隆男『農民自治運動史』銀河書房1980

大沢 真一郎 おおさわ・しんいちろう 1937(昭12)2.6-2013(平25)2.26 群馬県出身、1960年東京大学文学部社会学科卒。国民文化会議事務局に入る。61年山口健二の呼びかけに応え川仁宏、吉田公彦らと後方の会を結成し筑豊の炭鉱離職者の「手をつなぐ家」建設にむけて尽力する一方、日銀・福銀・炭労への抗議活動など東京に炭鉱離職者の闘いの後方戦線を形成する活動に参加した。60年代半ば、東京代々木の木賃アパートを拠点にアジアの言語の共同学習活動を主催する。68年水の温泉郷で立て籠もり事件を起こした「ライフル魔」金嬉老被告を裁判支援するための委員会を岡village彦・久保覚・鈴木道彦・金達寿らと立ち上げる。72年4月『思想の科学』編輯長、72年4月京都精華短大英語英文科講師、73年4月同英文科助教授。74年6月精華学園理事・評議員、90年4月精華大学人文学部人文学科教授、97年4月精華大学人文学部長、2007年4月精華大学名誉教授。13年2月26日肺炎のために死去。(白仁成昭)〔著書〕評論集『後方の思想 あるいは長征への出発』社会評論社1971、小和田次郎と共著『総括安保報道 戦後史の流れの中で』現代ジャーナリズム出版会1970、思想の科学研究会編『共同研究 集団:サークルの戦後思想史』平凡社1976。評論集『遊撃の思想 長征の途上にて』行路社2000〔訳書〕R.P.ウォルフ、B.ムーア・jr.・H.マルクーゼ著『純粋寛容批判』せりか書房1968、ポール・スウィージー『資本主義の将来』ディヴィッド・クーパー編『解放の弁証法』せりか書房1969

大沢 善太郎 おおさわ・ぜんたろう ?-? 石版工。1923(大12)年6月日本印刷工組合信友会に石版工仲間と加盟し山田義雄らと計19名で小柴支部を組織する。(冨板敦)〔文献〕『印刷工連合』3号1923.8

大沢 鼎三 おおさわ・ていぞう ?-? 日本印刷工組合信友会に加盟し1921(大10)年末頃は麹町区(現・千代田区)のジャパンタイムス&メール社印刷科で働いていた。(冨板敦)〔文献〕『信友』1922年1月号

大沢 信広 おおさわ・のぶひろ ⇨森利一 もり・りいち

大澤 正道 おおさわ・まさみち 1927(昭2)9.25- 別名・大原緑峯、野田洋 愛知県名古屋市東区外堀町に生れる。日本銀行に勤める父に伴なわれ東京、福島、小樽、岡山を転々、小学校2年次に東京に戻る。武蔵高校在学中に父の蔵書にあったクロポト

キン，トルストイ，カーペンターなどの著書を読み敗戦後から「アナキスト」を自称。1946年2月日本アナキスト連盟創設準備の報に接し加盟を申し込み準備会に参加。同年東大文学部哲学科に入学後，白石幸雄，川崎覚太郎，山下武らとアナキスト青年組織・解放青年同盟を結成。アナ連準備会・解放青年同盟のメンバーとメーデーに参加。5月21日アナ連創立大会に参加。この頃大杉栄に惹かれ「青年のみた先駆者大杉」を『平民新聞』(5号1946.9)に発表。50年『恋と革命』を出版。51年松尾邦之助主催の自由クラブに参加，機関誌『アフランシ』の2号から終刊(57年36号)まで編集兼発行人を務める。同年石川三四郎の「近代学校」に関わる。52年平凡社に入社。同社では『哲学事典』(1954)，『世界大百科事典』全32巻(1957-1960)，『日本人の自伝』全25巻別2などの編集に携わった。57年12月東京新宿区北山伏町の自宅に編集局を置き，23号で休刊していたアナ連機関誌『クロハタ』を24号より復刊(79号1962.8まで，62.9からは『自由連合』と改題)，連盟解散まで編集発行人を務めた(147号69.1)。その間59年12月に遠藤斌，高橋光吉らと自由思想研究会を結成，『自由思想研究』(3号より『自由思想』7号まで)を発行。また60年「大杉栄論」を『思想の科学』に連載，これはのち68年『大杉栄研究』(同成社1968，改訂版 法政大学出版局1971)として結実，本格的な大杉栄論の先駆的な業績として高い評価を得た。60年の安保闘争では平凡社労組・アナ連・六月行動委員会のデモ・会合・ビラまきなどに秋山清等とともに参加しアナ連盟員に動員を呼びかける。61年『バクーニンの生涯』，62年『自由と反抗の歩み アナキズム思想史』(改題改訂『アナキズム思想史 自由と反抗の歩み』1966)を出版。さらにルドルフ・ロッカーの大著『ナショナリズムと文化 Nationalism and Culture』(1937)の翻訳に取り組むが中断，その間にロッカーとの間に交わされた書簡がアムステルダムの社会史国際研究所(IISG Internationaal Instituut voor Sociale Geschiedenis)に残されている。64年秋山清，小松隆二らと現代思潮社版『大杉栄全集』全14巻の編集に携わる。66年10月19日に東京田無の日特金属工業，11月15日に名古屋市外の豊和工業に対して兵器生産停止を求めて直接抗議をした大島啓司(朝倉喬司)，河津一彦，笹本雅敬らのベトナム反戦直接行動委員会の行動を支援，また逮捕・拘禁されたメンバーの救援活動に秋山清，遠藤斌らと携わる。その後平凡社労組での活動が増え，執行委員長を務めるに至る。64年-65年石川三四郎，近藤憲二，秋山清の日本アナキズム運動史分担執筆を引き継ぎ『自由連合』100-112号に「戦後の日本アナキズム運動」を連載。65年，暴力革命ではなく建設的な行動の蓄積により無権力社会への接近を模索すべきと主張，論争となる。66年個人誌『黒の手帖』創刊，77年まで全22号を刊行。68年8月イタリアのトスカーナ州カッラーラ(Carrara)で開催された国際アナキスト会議に篠原泰正，尾関弘とともに出席し日本代表としてスピーチを行い議長団のメンバーを務める。68年日本アナキスト連盟解散，翌69年秋山清らと麦社を設立。70年『黒の手帖』発表の論考を中心に『反国家と自由の思想』(川島書店)を刊行，学園闘争・全共闘世代の間に支持を得た。72年スイス・ローザンヌの国際アナキズム文献センター(CIRA)『通信』25号に「日本におけるアナキズム研究の現状」(英文)掲載。74年『大杉栄集』(筑摩書房)，77年『石川三四郎著作集』全8巻(青土社)を編集。86年平凡社退職。この頃オーストリアのDadA(ドイツ語圏のアナキズム運動データバンク)が計画していた『アナキズム百科事典 Lexikon der Anarchie』(1993)に戦前の日本アナキズムに関する項目を田中ひかるとR.ハーバーマイヤーの助力を得て執筆(同書は現在ウェブ上，DadA Webのサイトで参照できる)。97年『近代日本社会運動史人物大事典』(日外アソシエーツ)に収録された多くのアナキストに対する誤謬と中傷に満ちた記述に近藤千浪，白仁成昭，寺島珠雄，向井孝らとともに抗議を行い，結果，鶴見俊輔とともに本書(『日本アナキズム運動人名事典』)発刊の契機をつくる。98年奥沢邦成，山本光久と月刊紙『知的インフラ通信 ガラガラへび』を発刊。04年『日本アナキズム運動人名事典』刊行後，雑誌『トスキナア』(全20冊皓星社2005-15)の編集に携わった。(田中ひかる)〔著書〕『恋と革命と』ジープ社1950，『バクーニンの生涯』論争社1961，『自由と反抗の歩み アナキズム思想史』現

代思潮社1962・改題『アナキズム思想史 自由と反抗の歩み』1966・黒色戦線社1990,『大杉栄研究』同成社1968・改訂法政大学出版局1971,『反国家と自由の思想』川島書店1970,『全体革命への序説 アナキズムを越えるために』麦社1971,『ロマン的反逆と理性的反逆 全体革命の思想』太平出版社1972,『遊戯と労働の弁証法』紀伊國屋新書1975,『国家と組織』第三文明社1980,『国家と社会』第三文明社1981,『石川三四郎 魂の導師』(大原緑峯名)リブロポート1987,『個人主義 シュティルナーの思想と生涯』青土社1988,『転生と狂気』カタロニア社1989,『忘れられぬ人々』論創社2007,『アはアナキストのア さかのぼり自叙伝』三一書房2017〔共編著〕秋山清・小松隆二他共編『大杉栄全集』全14巻現代思潮社1964,内村剛介共編『われらの内なる反国家』太平出版社1970,秋山清共著『幸徳・大杉・石川 日本アナキストの原像』北日本出版社1971,『われらの内なる天皇制』太平出版社1973,『近代日本思想大系20大杉栄集』筑摩書房1974,『アナキズムと現代』三一新書1975,『虚無思想研究』蝸牛社1975,『土民の思想 大衆の中のアナキズム』社会評論社1990, 松尾邦之助『無頼記者、戦後日本を撃つ1945・巴里より』『敵前上陸』社会評論社2006〔翻訳〕ハーバート・リード『詩とアナキズム』(中橋一夫共訳)創元社1952, E.H.カー『バクーニン』現代思潮社1965・2013, ハーバード・リード『アナキズムの哲学』法政大学出版局1968,『相互扶助論』『クロポトキン』三一書房1970, L.L. ホロヴィツ編『アナキスト群像』(今村五月, 江川允通共訳)社会評論社1971・批評社1981, D. アプター, J. ジョル編『現代のアナキズム』(江川允通, 見市雅俊共訳)河出書房新社1973, シセラ・ボク『戦争と平和カント, クラウゼヴィッツと現代』ウニベルシタス叢書 法政大学出版局1990, シセラ・ボク『秘密と公開』ウニベルシタス叢書 法政大学出版局1997〔文献〕久保隆『戦後アナキズム運動試論』北冬書房1976, Peter Marshall, 'Japan', in *Demanding the Impossible : A History of Anarchism*, PM Press, 1992

大沢 弥一郎 おおさわ・やいちろう ?-? 別名・弥三郎 1919(大8)年東京神田区(現・千代田区)の三秀舎文選科に勤め活版印刷工組合信友会に加盟する。(冨板敦)〔文献〕『信友』1919年8・10月号

大鹿 卓 おおしか・たく 1898(明31)8.25-1959(昭34)2.1 愛知県津島町生まれ、金子光晴の実弟。一家は大鹿が二歳の時に東京へ移り、小学校時代に台湾へ移住したこともあったが間もなく帰国。東京府立一中を経て1921(大10)年秋田鉱山専門学校冶金科を卒業し、京都帝国大学経済学部に入学するが中退。22年から35年まで東京府立第八高女で化学教師。28年詩作の筆を折るま詩人として活動した大鹿は詩集『兵隊』(1926)で名を成し、実兄金子光晴周辺の詩人を含め森美千代、中西悟道、萩原恭次郎、岡本潤、小野十三郎、高橋新吉、林芙美子、サトウハチローらと交流があった。小説家としては台湾の先住民族に取材した『野蛮人』が1936年『中央公論』懸賞作品に入選したことで名が知られるようになり、佐藤春夫とも親交を深めた。足尾鉱毒事件を扱った『渡良瀬川』(1941)は後年畢生の大作とも言うべき『谷中村事件』(1957)へと発展した。(山口守)〔著作〕『谷中村事件』大日本雄弁会講談社1957,『野蛮人』(日本植民地文学精選集18)ゆまに書房2000,『大鹿卓作品集』(日本植民地文学精選集45)ゆまに書房2001〔文献〕「大鹿卓追悼号」『文芸日本』1959年4月号, 紅野敏郎「大鹿卓の第一詩集『兵隊』と第一短編集『野蛮人』佐藤一英・横光利一・佐藤春夫などをめぐって」『国文学解釈と鑑賞』平成17年9月号

大下 三太郎 おおした・さんたろう ?-? 芝浦製作所に勤め芝浦労働組合に加盟し、家庭用具分区に所属。1925(大14)年『芝浦労働』(2次5号)に「近時所感」を執筆する。(冨板敦)〔文献〕『芝浦労働』2次5号1925.3

大島 英三郎 おおしま・えいざぶろう 1905(明38)5.24-1998(平10)7.28 群馬県佐波郡名和村(現・伊勢崎市)に生まれる。農業に従事。被差別民解放の運動に加わり官憲から目の敵にされ26年6月窃盗罪をこじつけられ懲役1年の判決。「少年刑務所の懲役生活は単なる人道主義の私をして世を毒し人を害するものの正体、国家権力と私有財産制度に対する反逆の殉難者たらんと決意させた」「1927年夏、『解放』誌の広告で和田久太郎の『獄窓から』を知り、労働運動社を訪ねる。居合わせた近藤憲二から『労働運動』の旧号をもらう。アナキストとなったのは、それらを読んでから」「小作人社へ木下茂を訪ね岩佐作太郎と出会う」(「私はなぜアナキストになったか」『平民新聞』56号1948.1.16)。28年10月1日「社会問題に関わり、治安維持法撤廃、死刑廃止等」を主な理由として天皇への直訴を行い、請願令違反で7カ月の懲役を受ける。同志と黒人社を組織していた。35年11月無共党事件に関連し群馬の一斉検挙に巻き込まれるが関連なしとして釈放される。69年1月3日皇居前広場で発煙筒を焚き懲役

4カ月の判決を受ける。私財を投入し70年代に大田区蒲田のエンリコビルを拠点に黒色戦線社として復刻を中心にアナキズム文献の出版を始める。73年『労働運動』第1-4次の復刻。80年代前半は新宿に移り石川三四郎にちなみ共学文庫という名称でアナキズム文献の図書室を開設、学習会の場としても提供、アナキズムに関心をもち始めた若い人たちには刊行した文献を提供した。80年代後半に共学文庫が巣鴨に移りアナキズム文献の復刻は継続され、自己の所蔵文献、同志の所蔵文献、古書店での探究本を原本として百数十点に及ぶ運動紙誌や著作を刊行し晩年に至るまで運動に尽くした。また75年東アジア反日武装戦線による連続企業爆破で逮捕されたメンバーへの救援活動も熱心に行う。(亀田博)〔文献〕『上毛新聞』1928.10.1・2・5,『身上調書』,『天皇制破壊への渦動』黒色戦線社1971・増補再版1977

大島 英十志 おおしま・えとし ?-? 1919(大8)年東京本所区(現・墨田区)の凸版印刷会社欧文科に勤め活版印刷工組合信友会に加盟する。(冨板敦)〔文献〕『信友』1919年8月号

大島 次助 おおしま・じすけ ?-? 1919(大8)年東京四谷区(現・新宿区)の日本紙器株式会社電気銅版科に勤め日本印刷工組合信友会に加盟する。(冨板敦)〔文献〕『信友』1919年10月号

大島 庸夫 おおしま・つねお 1902(明35)12.21-1953(昭28)5.26 本名・大島虎雄 福島県に生まれ早稲田大学政経学部を卒業。小川未明らのアナ派プロレタリア童話運動グループ自由芸術家連盟に加わり、30年機関紙『童謡の社会』に詩や評論を寄稿、ボル派のプロレタリア童謡批判を展開した。生田春月に師事し石川三四郎を知る。30年から『ディナミック』に生田に関する詩や文章をしばしば執筆。また32年同紙36号に詩「マラテスタを想ふ」を寄せる。石川について大島は「春月を思ふとき私は石川先生を思ひ、石川先生を思ふとき亡き春月を思ふ／アナーキストでもない私が、春月の死を契機として、先生に最も深い親しみを感じてきたことは思想の何ものよりも人間的なものに惹きつけられたからだ」と記す(同紙49号1933)。33年松尾啓吉の『『混沌の児』記念の書』を編集する。生田の死没後、生田研究

詩誌『海図』を主宰(1931.5-35.1)。34年春月会を組織し常任幹事となり事務所を世田谷北沢の自宅に置いた。常任幹事は他に井上康文、南条蘆夫、中室員重、真船正己、光谷義香、望月百合子、山本和夫がつとめた。43年『辻詩集』に作品を寄せる。(冨板敦)〔著作〕『ひつじぐさ』光明詩社1922,『烈風風景』行人社1929,『詩人春月を語る』海図社1932,『裸身』同1932,『宣戦以後』同1943〔文献〕『ディナミック』復刻版黒色戦線社1974、木下信三『名古屋抵抗詩史ノート』私家版2009

大島 鉄次郎 おおしま・てつじろう ?-? 印刷工として1919(大8)年日本印刷工組合信友会に加盟し活動する。(冨板敦)〔文献〕『信友』1919年10月号

大島 友次郎 おおしま・ともじろう 1913(大2)4-1984(昭59)4.7 本名・養平 前橋市天川町(現・朝日町)に生まれる。高等小学校卒業後詩作を始める。31年萩原恭次郎を初めて訪ねる。32年6月萩原の個人誌『クロポトキンを中心にした芸術の研究』の制作を吉本孝一とともに手伝い2号から作品を寄稿。8月第1詩集『若い農民』(序文萩原、跋文柳芳太郎)は農民の生活と労働を実感的に描いたものであった。35年4月文芸誌『上毛文学』創刊に黒沼鱗(関口三郎)らと参加し短編小説を多数発表。36年『上毛文学』12月号は発禁となった。38年秋上京、業界新聞社などを経て戦争中は陸軍内務班で3年間を送る。戦後は事業経営で苦労しながら詩や短編小説を書き続けた。63年文芸誌『兆』を関口と創刊した。(黒田洋)〔著作〕『黒の詩人』兆社1968,詩集『北の空』同1969,『青春の回廊』あさを社1978,『寧楽の女』鏑半の会1956〔文献〕伊藤信吉『回想の上州』あさを社1977,同編『群馬文学全集14』群馬県立土屋文明記念館2003

大島 渚 おおしま・なぎさ 1932(昭7)3.31-2013(平25)1.15 京都市生まれ。京都市立洛陽高校時代から学生運動に参加、50年京都大学法学部進学、自立的非党員学生として京大同学会副委員長、京都府学連委員長を歴任、荒神橋事件などに関与。54年卒業と同時に松竹大船撮影所入社。59年「愛と希望の街」で監督デビュー。60年「青春残酷物語」等で日本ヌーヴェルヴァーグの旗手と評される。60年安保闘争を総括した「日本の夜と霧」上映中止事件で61年松竹退社。

以後独立プロ創造社を拠点に前衛的野心的作品を次々に発表。「白昼の通り魔」など「性」を主題とした作品は76年本邦初のハードコア「愛のコリーダ」で頂点に達し世界的に高い評価を受ける。同写真集が刑法175条により発禁処分，長い裁判闘争の末に79年無罪。戦後左翼の組織的退廃を糾弾，その姿勢は時にアナキズム的傾向を帯びたが一貫して新左翼的運動の可能性を映像表現の場で追求した。「日本春歌考」の黒旗と黒丸による紀元節反対デモなど象徴的シーンも多い。ジャーナリスト的活動も多く「忘れられた皇軍」などドキュメンタリー作品，「朝まで生テレビ」などテレビ出演も多い。96年ロンドンで倒れるが，3年後復帰して「御法度」を完成。以後，14年間の闘病の果て死亡。〔鈴木義昭〕〔著作〕『日本の夜と霧』現代思潮社1961，『魔と残酷の思想』芳賀書店1966，『絞死刑』至誠堂1968，『体験的戦後映像論』朝日新聞社1975，『解体と噴出』芳賀書店1970，『青春について』読売新聞社1975，『愛のコリーダ』三一書房1976，『愛の亡霊』1978，『同時代作家の発見』三一書房1978，『大島渚1960』青土社1993，『大島渚1968』青土社2004，『大島渚著作集』全4巻現代思潮社2008-2009〔文献〕思想の科学研究会編『転向』下巻1962，「愛のコリーダ」起訴に抗議する会『猥褻の研究』三一書房1977，内田剛弘編『愛のコリーダ裁判・全記録(上下)』社会評論社1980-1981，追悼特集大島渚『図書新聞』2013.2.9，小野沢稔彦『大島渚の時代』毎日新聞社2013

大島 政衛 おおしま・まさえ ?-? 1919(大8)年東京芝区(現・港区)の三成社に勤め活版印刷工組合信友会に加盟。同年10月頃病気で同社を退社する。〔冨板敦〕〔文献〕『信友』1919年8・10月号

大島 芳雄 おおしま・よしお ⇨大岩由太郎 おおいわ・ゆうたろう

大島 吉次 おおしま・よしじ ?-? 1919(大8)年東京神田区(現・千代田区)の三秀舎文選科に勤め活版印刷工組合信友会に加盟する。〔冨板敦〕〔文献〕『信友』1919年8・10月号

大城 次郎 おおしろ・じろう ?-? 那覇の琉人会メンバー。1927(昭2)年夏頃，琉人会主催の「バクーニン追悼大演説会」と題する黒連演説会を那覇市公会堂で開催したが，開会の辞を述べる間もなく中止解散させられた。〔冨板敦〕〔文献〕『小作人』3次9号1927.10

大須賀 健治 おおすが・けんじ 1898(明31)8.10-1937(昭12)5.12 別名・吉備朝平，矢川 愛知県額田郡藤川村(現・岡崎市藤川町)に織布業の素封家大須賀家の長男として生まれる。県立二中卒業。叔母大須賀里子の影響を受け社会主義に関心をもち，16年1月亡妻里子の墓参に寄った山川均に接しその念を強め，同年10月号から『新社会』に投稿。18年1月山川を頼って出奔，2月売文社に受付係として入り添田知道を知る。3月1日夜有吉三吉方の労働問題座談会に参加の帰途，新吉原五十軒町で大杉栄，久板卯之助，和田久太郎とともに職務執行妨害で拘束されるが6日釈放。16日祖父に連れ戻され以後運動から離れた。家業に従いつつ『新社会』『民衆の芸術』『国家社会主義』などに主に短歌を寄せたり，級友尾崎士郎の成功に刺激されて小説を書いたり，添田たちと交友も続けたがついに家を離れることなく37年自宅で縊死した。〔堀切利高〕〔著作〕福岡寿一編『三河平野』東海タイムズ社1970〔文献〕堀切利高「中三人 大須賀健治のこと」『大正労働文学研究』2号1979.5

大須賀 好次郎 おおすが・こうじろう ?-? 1919(大8)年東京芝区(現・港区)の東洋印刷会社和文科に勤め活版印刷工組合信友会に加盟する。〔冨板敦〕〔文献〕『信友』1919年8月号

大須賀 里子 おおすが・さとこ 1881(明14)9.4-1913(大2)5.27 本名・さと 愛知県額田郡出身。尋常小学校卒業後，叔父を頼り上京。20歳の時叔父の知人について渡米し，2年後帰国して青山女学院に入学したがまもなく日本女子医学校に転じた。この頃幸徳秋水，堺利彦らの金曜講演会に参加，神川松子と親しくなる。山川均らがローレル著『総同盟罷工論』を秘密出版する際，戸山ケ原の下宿の部屋を提供した。また社会主義の立場からエスペラントを学んだ数少ない先駆者の一人で甥の大須賀健治は里子から社会主義を教えられたという。08年5月山川と結婚，6月赤旗事件で山川は入獄し里子も小暮れい子とともに重禁錮1年執行猶予5年の判決を受けた。医師としての道を断たれた里子は一時筒井弁芳から写真術を学び，のち独力で写真研究を続けた。この間に他の男性と恋愛関係に陥り出獄した山川に事実を告白。山川からは里子の名誉と安全を守るため一時帰郷をすすめ

られ10年12月岡山県宇野の山川の実家に戻るが，まもなく病魔に襲われ山川に看病されながら死没。（岡野幸江）〔文献〕『山川均自伝』岩波書店1961，鈴木裕子編『資料平民社の女たち』不二出版1986，『エス運動人名事典』

大須賀　まき　おおすが・まき　?-?　印刷工として日本印刷工組合信友会に加盟。1920（大9）年末には東京芝区（現・港区）の東洋印刷株式会社欧文科に勤めていた。（冨板敦）〔文献〕『信友』1921年1月号

大杉　幸吉　おおすぎ・こうきち　?-?　1931（昭6）年11月創刊されたアナ派詩誌『農民詩人』に参加する。定村比呂志の『鴉』にも加わる。33年11月詩集『痩土に燃ゆる』（解放文化連盟）を上梓するが発禁となる。（冨板敦）〔著作〕『痩土に燃ゆる』解放文化連盟1933〔文献〕松永伍一『日本農民詩史・中1』法大出版局1968，秋山清『発禁詩集』潮文社1970

大杉　栄　おおすぎ・さかえ　1885（明18）1.17-1923（大12）9.16　香川県那珂郡丸亀町（現・丸亀市）に生まれる。本籍地は愛知県海東郡越治村宇治（現・津島市），戸籍上の出生日は5月17日。父東は陸軍士官。四男五女の長男で生後まもなく父の転任で東京へ。さらに89年末，事実上の故郷といえる新潟県北蒲原郡新発田本村（現・新発田市）へ移り「士官の子」として腕白少年時代を過ごす。吃りだった。99年名古屋幼年学校に入ったが厳格な軍律に反抗，01年退校処分に。翌年上京し東京外国語学校仏語科に入学するが，初めキリスト教に次いで社会主義に共鳴，04年3月平民社を訪れる。金ボタンの制服で，髪を油で固めたハイカラさんだったらしく「大ハイ」と呼ばれた。持ち前の行動力と語学力を発揮してたちまち頭角を現し，直接行動派の青年行動隊長格となり入出獄を繰り返す。06年創立されたばかりの日本エスペラント協会に入りエスペラントを教える。同年堀保子と結婚。08年赤旗事件で重禁錮2年6カ月の極刑に。「僕は監獄でできあがった人間」とは大杉の言葉だが，事実千葉監獄で「主義の奴隷から自立へ」の第一の転換を果たす。12年荒畑寒村と『近代思想』を創刊。同誌は「社会主義運動の復活を告げるラッパ」（近藤憲二）であるとともに，翻訳主流の明治社会主義から自立する大正社会主義への脱皮をめざす試みでもあった。

13年からサンジカリズム研究会（のち平民講演会を経て渡辺政太郎の研究会に合流）を始め，新世代の活動家の結集につとめる。14年『近代思想』を廃刊して『平民新聞』発刊に踏み切るが発禁のつるべ撃ち。この頃伊藤野枝を知り神近市子を加えた多角恋愛に発展，16年神近に首を刺される。この事件はジャーナリズムの好餌となり，同志の多くは離反するが，転んでもただでは起きない大杉はこの惨憺たる恋愛体験を生き抜くことで「書物から事実へ」の第二の転換を遂げる。この「どん底時代」をともにしのいだ伊藤，久板卯之助，和田久太郎らと発行した『文明批評』『労働新聞』（いずれも1918）に続き，19年「労働者の解放は労働者自身で」を合言葉に第1次『労働運動』を創刊し「日本のあらゆる方面の労働運動の理論と実践との忠実な紹介」に力を注ぐ。渡辺の没後，彼の号をとって成立した北風会（1918）はさながら労働運動の闘士養成所の観を呈し，大杉は若い同志とともに「演説会もらい」に東奔西走，労働運動の戦闘化をアピールする。20年上海へ密航しコミンテルン主催の極東社会主義者会議に出席。堺利彦，山川均が内乱罪を恐れて出席を拒んだため，アナキストの大杉にお鉢が回ってきたといわれる。「ひも付きの金なら一文もいらない」とコミンテルン代表に啖呵を切ったあたり自立をめざす大杉の面目躍如たるものがある。帰国後21年近藤栄蔵，高津正道の二人のボルシェヴィキを同人に加えアナ・ボル協同の第2次『労働運動』を創刊。村木源次郎らアナキストの反対を押しきってあえてアナ・ボル協同に踏み切った大杉の真意は「日本革命近し」の認識にあった。大杉は革命家であるがゆえにアナキストなのであって，その逆ではない。大杉は「社会的理想論」という論文で，レディメイドではなく白紙に一字一字自分で書き込んでいく「観念や理想」でなければ本物にはなりえないと白紙主義を提唱しているが，アナ・ボル協同はこの白紙主義の実践だったといえよう。だがボルの党派主義の前に大杉の理想は潰えアナ・ボル論争が始まる。第3次『労働運動』（1921）以降，大杉はアナの旗頭として論陣を張る一方，全国主要労働組合の大同団結をめざす総連合運動を積極的に支援する。

自主自治を主張する自由連合派の理論的主柱となった「労働運動の理想主義的現実主義」は、前衛党による大衆指導を強調する山川の「無産階級運動の方向転換」に対比される論文だが、ここでも白紙主義が貫徹されている。ベルリンで開催予定の国際アナキスト大会出席のため22年末日本を脱出。ロシア革命、特にマフノ運動をその目で確かめるのが主目的だったが大会は延期となり、パリ郊外のメーデー集会で一席ぶって逮捕、国外追放となる。帰国した大杉は「凱旋将軍」のように書き立てられた。この頃大杉はジャーナリズムの売れっ子で「無政府主義成金」と自嘲している。一男四女をもうけ、すでに高尾平兵衛に「老いたり矣大杉栄君」とかみつかれる一面もあった。アナキスト同盟の結成を画策中、関東大震災に遭遇し伊藤と甥の橘宗一もろとも麹町の東京憲兵隊に拘引、絞殺された。23年12月16日谷中斎場で3人の葬儀が営まれ、参会者は700人を超え、さらに和田、村木らの弔い合戦が相次いだ。73年9月16日3人の眠る静岡市沓谷霊園で「虐殺50周年墓前祭」が催され、以来毎年墓前祭が行われた。（大澤正道）〔著作〕『生の闘争』新潮社1914、『社会的個人主義』新潮社1915、『労働運動の哲学』東雲堂1916（発禁）、クロポトキン『相互扶助論』（訳）春陽堂1917、ロマン・ローラン『民衆芸術論』（訳）阿蘭陀書房1917、『獄中記』春陽堂1919、クロポトキン『一革命家の思出』（訳）同1920、『正義を求める心』アルス1921、『二人の革命家』（共著）同1922、『無政府主義者の見たロシア革命』叢文閣1922、『革命の失敗』労働運動社1922、ファーブル『昆虫記1』（訳）叢文閣1922、『日本脱出記』アルス1923、『自叙伝』改造社1923、『自由の先駆』アルス1924、安谷寛一編『未刊大杉栄遺稿』金星堂1927、近藤憲二編『叛逆の精神』麦人社1948・平凡社ライブラリー2011、多田道太郎編『大杉栄』中央公論社1969、『自叙伝・日本脱出記』岩波文庫1971、大澤正道編『大杉栄集』筑摩書房1974、『大杉栄書簡集』海燕書房1974、飛鳥井雅道編『大杉栄評論集』岩波文庫1996、鎌田慧『大杉栄語録』岩波書店2001、近藤憲二・安成二郎編『大杉栄全集』全10巻・アルス1926、復刻版・世界文庫1964、『大杉栄全集』全14巻・現代思潮社1965、『大杉栄・伊藤野枝選集』全14巻・新編復刻版・黒色戦線社1989、『大杉栄全集』全12巻別1ぱる出版2014-15〔文献〕近藤憲二『一無政府主義者の回想』平凡社1965、大澤正道『大杉栄研究』同成社1968・法大出版局1971、安成二郎『無政府地獄』新泉社1973、秋山清『大杉栄評伝』思想の科学社1976、萩野正博『自由な空 大杉栄と明治の新発田』新潟日報事業社1988、鎌田慧『大杉栄 自由への疾走』岩波書店1997、太田雅夫『大杉栄と本郷教会・平民社』梅森直之『号令と演説とアナーキズム』『初期社会主義研究』11号1998、竹中労『断影 大杉栄』ちくま文庫2000、『沓谷だより』1990-2003、『初期社会主義研究』15号（大杉栄特集）2002.12、飛矢崎雅也『大杉栄の思想形成と「個人主義」』東信堂2005、大杉豊編著『日録・大杉栄伝』社会評論社2009、瀬戸内寂聴ほか『大杉栄と仲間たち』ぱる出版2013、梅森直之『初期社会主義の地形学 大杉栄とその時代』有志舎2016、『大杉栄資料集成』全3巻ぱる出版2019-

大瀬 一夫 おおせ・かずお ?-? 別名・一雄 長野県上水内郡安茂里村（現・長野市）で暮し1925（大14）年塚田隆雄らが組織していた散鐸会に加わる。散鐸会が農民自治会に合流すると農自全国連合に参加。1927（昭2）年8月15日安茂里小学校で開かれた農村問題講演会（農自新北信連合発会式）で閉会の辞を述べる（開会の辞は青沼治重が述べた）。28年2月29日堀井梁歩を招いて自宅で座談会を開く。（冨板敦）〔文献〕『農民自治』12号1927.9、大井隆男『農民自治運動史』銀河書房1980

大関 英太郎 おおぜき・えいたろう ?-? 1919（大8）年東京京橋区（現・中央区）の英文通信社印刷所和文科に勤め日本印刷工組合信友会に加盟する。（冨板敦）〔文献〕『信友』1919年10月号

太田 明 おおた・あきら 1910（明43）2.19-? 別名・御手洗漠 徳島市富田浦町東富田に生まれる。28年徳島県師範学校を卒業。同年モラエスのすすめで『地上楽園』に参加。その頃青山一心の全日本黒色連盟に加盟し特高の尾行を受ける。29年詩集『田舎の窓』（大地舎）を上梓。30年『弾道』に寄稿。31年『農民』から分かれたアナキストたちと行動をともにする。芳賀融らのアナ派全日本農民詩人連盟に加盟し『農民詩人』に寄稿。32年早稲田大学文学部国文科に入学。36年名古屋市に転居。その後も農民詩と農民小説を書き続けた。戦後は憲法改悪阻止愛知県各界連絡会議にも参加。（冨板敦）〔著作〕『田舎の窓』大地舎1929、『四国詩文学選』現代書房1935、『太田明詩集』四海社1980〔文献〕松永伍一『日本農民詩史・中1』法大出版局1968

太田 光衛 おおた・こうえい ?-? 別名・燎原 小学校の教員だったが社会運動に関与して辞職。1931（昭6）・32年頃岡山県下で

県・市議会議員選挙のたびに小松勝法，重実逸次郎，竹内春三，野間田金蔵らと反選挙の運動をする。35年8月26日宮崎晃の小菅刑務所出獄に際して出迎えに参加した。（冨板敦）〔文献〕『農青社事件資料集Ⅰ』，『社会運動の状況8』

太田 智 おおた・さとし ?-? 自由労働相互会のメンバー。1925(大14)年5月1日第6回東京メーデーに参加，同労組を代表して演説する。（冨板敦）〔文献〕『印刷工連合』25号 1925.6

大田 重次 おおた・しげじ ?-? 印刷工として1919(大8)年活版印刷工組合信友会に加盟。同年10月頃，東京小石川区（現・文京区）の博文館印刷所和文科に勤めていた。（冨板敦）〔文献〕『信友』1919年8・10月号

太田 順一 おおた・じゅんいち 1901(明34)-1969(昭44)2.4 東京に生まれる。日立製作所亀戸工場に勤め21年頃機械技工組合に加入する。日立の職場には高橋光吉らがいた。黒連に加盟。26年黒連本部事務所引っ越し（品川から月島）の際，警察が介入し十数人の連盟員と検挙され20日間拘留。29年末名古屋に出て後藤広数，成田政市，横井憲蔵らと丸八ポンプ鉄工所争議支援を闘い，これを契機に30年中部黒色一般労働者組合を結成する。35年柴田鉄工労働組合を結成しストを指導。戦後は鉄工業に従事しアナ連に加盟する。（冨板敦）〔文献〕『黒色青年』5号1926.9，『解放のいしずえ』新版

太田 二郎 おおた・じろう ?-? 1929(昭4)年『自由連合運動』2号に「工場，仕事場の城砦に強固なる闘争の組織網を展開せよ！」を投稿。30年同紙10号に「日和見的妥協論を排して戦線分立の戦闘的意義を把握せよ！」を執筆。31年松永鹿一らの『創生時代』9月号に「自由連合主義組合と無政府主義」を執筆する。32年10月中旬に予定された日本自協組織教育部主催の秋季講習会第2回の講師に指名される（演題「国家主義，民族主義，国際主義」）。（冨板敦）〔文献〕『自由連合運動』10号1930.5，『労働者新聞』23号1932.10

太田 信二 おおた・しんじ 1903(明36)-? 香川県大川郡鴨部村東山（現・東かがわ市）生まれ。18年高等小学校を卒業後，母を助けて農業に従事する。母の死亡後，26年4月上京しメッキ工として働くうちにアナキズム

に興味をもち，29年2月頃から舟川勇三，桶地徹夫らと社会問題研究会を開き，桶地から鈴木靖之を紹介され雑誌『自由人』に参加。33年労働者自治連盟に加入し，34年から東京金属労働組合の常任書記，同年6月末鳥井坂署に連行され秋本義一とともに29日間拘留される。35年3月関東一般労働組合の協議委員，同年10月関東一般江東地区委員兼務となり大西正雄らと組合の拡大強化のために活動する。同年7月田所茂雄から無共党の存在を知らされ8月入党。同党関東地方委員会の労働第1部員となり同志の獲得につとめる。同年11月11日無共党事件で治安維持法違反として起訴される。39年第1審で懲役2年執行猶予3年の判決を受け控訴せず刑が確定した。44年8月頃第2次司法省派遣図南奉公義勇隊に動員され寺沢迪雄ら16人とともに広島県宇品港から北ボルネオに送られた。この船は途中フィリピン沖で米軍潜水艦の攻撃を受け撃沈される。帰還1人，海上戦死9人，戦病死3人，不明3人と報告されており太田は147兵站病院で戦病死した。なお司法省派遣図南奉公義勇隊とは，42年7月東条英機内閣の閣議で決定された「思想犯前歴者の措置」に基づいてつくられた部隊であり，本土決戦に備えて日本国内に居住させると危険な者を南島に送り隔離する政策だった。（冨板敦）〔文献〕『自連新聞』92・93号1934.7・8，『身上調書』，『無共党事件判決』，『北海道運動史年表』治安維持法犠牲者国家賠償要求同盟北海道本部1996，『赤旗』1984.5.14・6.1

太田 仁四郎 おおた・じんしろう ?-? 1919(大8)年東京神田区（現・千代田区）の丸利印刷所印刷科に勤め日本印刷工組合信友会に加盟する。（冨板敦）〔文献〕『信友』1919年10月号

太田 季吉 おおた・すえきち ?-? 1928(昭3)年3月東京一般労働者組合北部支部連絡委員（捺染部）に選出される。30年1月創刊されたアナキズム誌『黒旗』に参加し「無政府の拡充」(1号)，「コンミユンの交錯」(2号)を発表。同年2月戦闘的アナキズム詩誌『死の旗』(1号のみ)を創刊，編集発行人になる。同人に海明久夫，峯松太一，左部千馬，横地正次郎，宮島義勇らがいる。また『自連新聞』にアナキズムとテロリズムの関係を論じた「無政府主義の為に」や古代ユダヤの民

衆蜂起を取り上げた「エッセネ一揆」などを連載する。(黒川洋)〔文献〕『自連新聞』50-56号1930.8-31.2

太田　民男　おおた・たみお　1907(明40)-?　札幌市で生活。家業の家具職人となる。快活なスポーツ少年でもあった。26年7月アナキスト青年の組織した札幌労働組合に参加。『叛逆』発禁に関して豊平橋交番に抗議したことを理由に27年1月拘留10日の処分を受ける。同年夏組合事務所を自宅に移す。30年6月札幌エスペランチスト連盟に参加し9月弟の民明とともに事務所費用の半額を負担し事務所に寝泊まりする。全協札幌地区協議会の運動に加わり31年9月29日治安維持法違反容疑で検挙される。民明は起訴されたが民男は釈放される。警察の情報提供者となり33年4月25日の全協札幌地区協議会弾圧の手引きをする。同志から指弾され札幌から姿を消した。(堅け精司)〔文献〕『黒色青年』12号1927.9, 『北海道エスペラント運動小史』北海道エスペラント連盟1935, 佐藤八郎『ネヴォの記』私家版1976, 山岸一章『相沢良の青春』新日本出版社1984, 『小樽新聞』1927.1.29

大田　定二郎　おおた・ていじろう　?-?　1919(大8)年大阪の浜田日報社に勤め日本印刷工組合信友会(大阪支部)に加盟する。(冨板敦)〔文献〕『信友』1919年10月号

太田　正憲　おおた・まさのり　?-?　中央新聞社に勤め東京の新聞社員で組織された革進会に加わり1919(大8)年8月の同盟ストに参加するが敗北。のち正進会に加盟。24年夏, 木挽町(現・中央区銀座)正進会本部設立のために2円寄付する。(冨板敦)〔文献〕『革進会々報』1巻1号1919.8, 正進会『同工諸君!! 寄附金芳名ビラ』1924.8

太田　松蔵　おおた・まつぞう　1913(大2)-?　長野県下伊那郡千代村(現・飯田市)に生まれる。農業に従事。1935(昭10)年末か36年初め頃, 農青社運動に関わったとして検挙されるが不起訴となる。(冨板敦)〔文献〕青木恵一郎『改訂増補　長野県社会運動史』巖南堂書店1964, 『農村青年社事件資料集Ⅰ・Ⅲ』

太田　光雄　おおた・みつお　?-?　新聞工組合正進会に加盟し1924(大13)年夏, 木挽町(現・東京中央区銀座)本部設立のために1円寄付する。(冨板敦)〔文献〕正進会『同工諸君!! 寄附金芳名ビラ』1924.8

大田　光之助　おおた・みつのすけ　?-?　1919(大8)年朝鮮の釜山日報社文選科に勤め日本印刷工組合信友会(朝鮮支部)に加盟する。(冨板敦)〔文献〕『信友』1919年10月号

太田　善雄　おおた・よしお　1883(明16)7.8-?　長野県下水内郡太田村(現・飯山市)に生まれる。上京し1921(大10)年自由人連盟に加盟していたことから警視庁の思想要注意人とされる。北豊島郡巣鴨町(現・豊島区巣鴨)に住み逓信省で事務員をしていた。(冨板敦)〔文献〕『警視庁思想要注意人名簿(大正10年度)』

太田　竜　おおた・りゅう　1930(昭5)8.16-2009(平21)5.19　本名・栗原登一　樺太豊原町生まれ。漢方医達三郎の四男。次兄の蔵書を読みマルクス主義に傾倒。44年千葉県に引き揚げる。45年10月日本青年共産同盟に加盟, 47年日本共産党入党。東京理科大中退。53年脱党, 57年黒田寛一らと革命的共産主義者同盟(革共同)を結成。58年第4インターナショナル第5回大会出席後,「トロツキスト同志会」結成など独自活動を次々と展開。65年「第4インターナショナル」「プロレタリア軍団」を結成。71年組織を離れチェ・ゲバラを信奉, 世界革命浪人(ゲバリスタ)を自称。東アジアの民衆反乱を軸に竹中労, 平岡正明と接近「三馬鹿世界革命浪人」と呼ばれたがやがて訣別。同じ頃「辺境最深部」としてのアイヌからの革命を提唱, その後の「東アジア反日武装戦線」などに思想的影響を与えた。70年代半ばにマルクス主義から離れ, 80年代前半には自然食, エコロジー運動, 家畜制度全廃などを提起。玉川信明を介し竹中労と再会, 現代史研究会, アナキズム研究会などをともに運営したが, その後研究活動を中心に。日本原住民史, 天寿学体系構築, ユダヤ・フリーメーソンの研究, 陰謀論などを論じた著作, 翻訳書多数。後年太田龍の表記。革命, 探求, 空想の世界を晩年まで拡大し続けた。(鈴木義昭)〔著作〕『世界革命』(栗原登一)三一書房1971, 『日本革命の根本問題』風媒社1969, 『辺境最深部に向かって退却せよ!』三一書房1971, 『アイヌ革命論:ユーカラ世界への〈退却〉』新泉社1973, 『革命・情報・認識』現代書館1974, 『アイヌモシリから出撃せよ!』三一書房1977, 『世界革命への道』新泉社1978, 『いのちの革命』現代書館1980, 『私的戦後左翼史』話の特集1985, 『日本エコロジスト宣言』新泉

社1986、『声なき犠牲者たち・動物実験全廃へ向けて』現代書館1986、『天寿への自然医学・評伝森下敬一』柏樹社1988、『ユダヤ七大財閥の世界戦略』日本文芸社1991、『ユダヤ＝フリーメーソンの世界支配の大陰謀』泰流社1993、『ユダヤの謀略 世界革命運動の秘密』泰流社1995、『聖書の神は宇宙人である』第一企画出版1999、『長州の天皇征伐』成甲書房2003、『ネオコンの正体』雷韻出版2004、『地球の支配者は爬虫類人的異星人である』成甲書房2007、『宇宙一危険な発狂中国』成甲書房2010、『世界革命・革命児ゲバラ』面影橋出版2011〔文献〕「アナキズムの復権」竹中労との対談『同時代批評』7号1983.5、『左右を斬る』幸洋出版1983、"『永遠の革命家』太田龍さんを送る会"パンフ2009.6.23

大滝 竜二 おおたき・りゅうじ ?-? 日本印刷工組合信友会に加盟し1921(大10)年末頃、東京京橋区(現・中央区)の中屋印刷所に勤めていた。(冨板敦)〔文献〕『信友』1922年1月号

大竹 権蔵 おおたけ・けんぞう ?-? 1919(大8)年東京神田区(現・千代田区)の三秀舎鉛鋳科に勤め日本印刷工組合信友会に加盟する。(冨板敦)〔文献〕『信友』1919年10月号

大竹 惣吉 おおたけ・そうきち ?-? 別名・大田富美樹 一度都会に出るが病気で山形県南村山郡西郷村小穴(現・上山市)に帰郷。1932(昭7)年加藤吉治、加藤精宏、高橋小一郎らと『無肥料地帯』を創刊、発行人となる。33年9月加藤吉治の詩集『野良着』の発行人となるが発禁。(冨板敦)〔文献〕松永伍一『日本農民詩史・中2』法大出版局1969、志賀英夫『戦前の詩誌・半世紀の年譜』詩画工房2002

大竹 一灯子 おおたけ・ひとこ 1914(大3)2.2- 旧姓・九津見 大阪府中河内郡堅下村大県(現・柏原市)に高田集蔵と九津見房子を両親として生まれる。「貧者の一灯」という意味で命名された。17年両親とともに東京へ。20年小学校に入学したがそれ以降ある時は父とある時は母と暮らし、各地を転々としてあまり通学できなかった。21年大阪に移ったのちも母と三田村四郎とともに暮らしたり、父と暮らしたりして休学や転校が続いた。母との生活の際にはストライキやデモへ連れられて行った。20年4月浜松の日本楽器争議のため母に東京の堺真柄宅へ預けられ短期間東京の小学校へ通学する。26年夏に大阪へ戻り鍋山歌子らと駅頭での『無産者新聞』販売も行った。労働運動に活躍する活動家や青年たちの間で暮らす

うちに次第に社会主義に対する理解を深める。27年東京で母と三田村とともに非合法生活に入り28年1月札幌に移るが同年4月母とともに検挙、5月釈放。以後も何人かの人に預けられたり高等女学校に通ったり、東京の青バスの車掌になったりした。33年には出獄した母を自宅に迎えた。35年画家の大竹久一と結婚。戦後、最晩年の母を見取った。(三原容子)〔著作〕『母と私 九津見房子との日々』築地書館1984〔文献〕牧瀬菊枝編『九津見房子の暦 明治社会主義からゾルゲ事件へ』思想の科学社1975

大竹 芳松 おおたけ・よしまつ ?-? 東京毎日新聞社に勤め新聞工組合正進会に加盟。1920(大9)年機関誌『正進』発行のために寄付をする。(冨板敦)〔文献〕『正進』1巻1号1920.4

大舘 喜三郎 おおだて・きさぶろう ?-? 1919(大8)年横浜の福音印刷合資会社に勤め横浜欧文技術工組合に加盟して活動。のちジャパン・ガゼット社に移る。(冨板敦)〔文献〕『信友』1919年8・10月号

大谷 勝太郎 おおたに・かつたろう ?-? やまと新聞社に勤め東京の新聞社員で組織された革進会に加わり1919(大8)年8月の同盟ストに参加するが敗北。のち正進会に加盟。20年機関誌『正進』発行のために50銭寄付する。(冨板敦)〔文献〕『革進会々報』1巻1号1919.8、『正進』1巻1号1920.4

大谷 幸三郎 おおたに・こうざぶろう ?-? 1919(大8)年東京神田区(現・千代田区)の三省堂印刷部和文科に勤め活版印刷工組合信友会に加盟する。(冨板敦)〔文献〕『信友』1919年8・10月号

大谷 平治 おおたに・へいじ 1898(明31)7.9-? 別名・平沼 茨城県北相馬郡文間村(現・利根町)に生まれる。有山印刷所に植字工として勤め印刷工組合信友会に所属。1920(大9)年日本社会主義同盟に加盟。京橋区築地(現・中央区築地)に住んでいた。(冨板敦)〔文献〕『警視庁思想要注意人名簿(大正10年度)』

大谷 光子 おおたに・みつこ ?-? 1927(昭2)年頃、大阪で暮し堺市七道西町(現・堺区七道西町)の堺織機会社に勤めていた。南海電車内で社会主義者から『農民自治』をもらい婦人部があることを知って28年初め頃、

農民自治会全国連合に参加する。(冨板敦)〔文献〕〔文献〕『農民自治』15号1928.2,『農民自治会リーフレット』3号1929.5, 大井隆男『農民自治運動史』銀河書房1980

大津 澗山 おおつ・かんざん ?-? 本名不明 出自はあまり定かではないが一説には神奈川県横浜市中区野毛町の生まれで, 横浜商業学校(現・県立横浜商業高校)を卒業し早稲田大学に入学したという。妙心寺派の僧侶で24(大13)年頃には辻潤の家, 所謂「カマタホテル」に出入りしていた。静岡県静岡市俵峰にある朽ちかけた清石山水月院を各地を歩いて浄財を集めて再建した。支那事変や大東亜戦争に関して戦争反対の立場を鮮明に表わし, 中国へも行き中国禅宗会との交流もした。また登呂遺跡の発掘調査に係わり, 牧牛寺の住職をしていたが後は不明である。ただ大酒呑みだったという。(久保田一)〔文献〕『辻潤全集, 別巻』五月書房1982

大塚 一三 おおつか・かずみ ?-? 1926(大15)年兵庫県神崎郡溝口村(現・姫路市)で暮し農民自治会全国連合に参加。地元の農民自治会を組織しようとしていた。(冨板敦)〔文献〕『農民自治会内報』2号1927

大塚 銀次郎 おおつか・ぎんじろう ?-? やまと新聞社に勤め東京の新聞社員で組織された革進会に加わり1919(大8)年8月の同盟ストで同社の幹事として闘うが敗北。のち正進会に加盟。20年機関誌『正進』発行のために50銭寄付する。(冨板敦)〔文献〕『革進会々報』1巻1号1919.8,『正進』1巻1号1920.4

大塚 金之助 おおつか・きんのすけ 1892(明25)5.15-1977(昭52)5.9 別名・和田二男, ムサシノヒン坊 東京神田に「都市プロレタリア」の子として生まれる。子供の頃から社会の不合理を感じる。父の仕事の関係で川越, 下谷, 盛岡, 神戸を転々とする。09年神戸中学を卒業, 神戸高等商業学校に入学。この頃アナキズムにひかれエマ・ゴールドマンについての論文を書いたため学生のあらゆる権利を剥奪されたという。卒業後東京高商に入り母校に残る。19年ベルリン大学に留学, 歴史と社会に対する認識を鍛えた。帰国後しだいにマルクス主義に接近。27年東京商科大学教授。一方島木赤彦に嘱望され歌人として『アララギ』に地歩を築くとともに, 他方で『日本資本主義発達史講座』の編集に加わり東京社会科学研究所を創立して経済学批判の会を組織した。33年1月治安維持法違反容疑で検挙。以後13年間失職のなか監視が続いた。戦後東京商大教授に復職。墓も墓碑銘も拒否した「ゆるぎもない無神論者の一生」(良知力)であった。(安田常雄)〔著作〕『大塚金之助著作集』全10巻岩波書店1980・81〔文献〕良知力『魂の現象学』平凡社1986

大塚 源吉 おおつか・げんきち 1905(明38)-? 栃木県上都賀郡北押原村奈佐原(現・鹿沼市)生まれ。高等小学校を卒業後, 同郡鹿沼町で畳職人の見習いとなる。25年頃から職を求めて東京, 北海道を転々。30年帰郷し実家で畳職を営む。同年日本大衆党に入党, 12月全国労働組合同盟に加入し同同盟の金属労働組合鹿沼支部結成に力をつくした。31年10月農青社の鈴木靖之の訪問を受ける。33年鹿沼町に転住。35年12月再び実家に戻ったところ無共党事件で検挙され36年春農青社事件に連座して再検挙される(不起訴)。(冨板敦)〔文献〕『農青社事件資料集Ⅰ・Ⅱ』,『身上調書』

大塚 甲山 おおつか・こうざん 1880(明13)1.1-1911(明44)6.7 本名・寿助 青森県上北郡上野村(現・東北町)に生まれる。小学校教師の父が公有地を守るため辞職し貧窮のなかに育ち独学した。96年正岡子規の俳論に接して俳句に開眼。99年9月上京するが路頭に迷い翌年帰郷。02年9月再上京し江渡狄嶺の主宰する精神窟に寄食し『一茶俳句全集』を編集して俳壇に登場した。翌年詩人への転向を志すが精神窟が解散したため生活苦に陥り, 森鷗外の例会に招かれたことを機に鷗外に助けられる。04年4月日露戦争下における平民社の非戦論に共鳴し幸徳秋水と堺利彦に変革の詩人となろうとしている旨を書き送る。5月社会主義協会に入会。のち後藤宙外の『新小説』に詩を掲載していたが再び貧窮し05年帰郷。帰郷後も反戦詩, 田園詩などを書き続けた。11月村役場の書記となるが, 山口義三の誘いにより凡人社に入り『光』の編集にも携わる。12月『新小説』の原稿料をめぐる問題で中央文壇と絶縁。06年4月郡役所に移る。07年1月日刊『平民新聞』, 6月『社会新聞』の特別寄書家となり主に俳句を寄稿。10年役所を辞し上京。年末に大逆事件の特別裁判を批判

する詩を、11年1月には刑死した幸徳秋水を悼む短歌、詩を書いた。2月社会主義者の第1回各派合同茶話会に出席。3月要視察人にされるが肺病のために帰郷し死没。(西山拓)〔著作〕『大塚甲山遺稿集』全7巻上北町文化協会1999-2002(1・2巻のみ)〔文献〕藤井正次「大塚甲山と大逆事件」『歴史評論』1958.6,風穴真悦「大塚甲山小伝」船水清ほか編『青森県詩集・上』北方新社1975,今谷弘『大塚甲山詩研究 明治社会主義詩の側面』文芸協会出版1978,小山内時雄「大塚甲山著作年表」『近代諸作家追跡の基礎』津軽書房1981,きしだみつお『評伝大塚甲山』未来社1990,後藤正人「青森県における児玉花外と大塚甲山の二つの詩碑」『月刊部落問題研究』256号1998.4

大塚 常二 おおつか・じょうじ ?-? 1919(大8)年東京京橋区(現・中央区)の川崎活版所和文科に勤め活版印刷工組合信友会に加盟する。(冨板敦)〔文献〕『信友』1919年8・10月号

大塚 昇壮 おおつか・しょうそう ?-? 1919(大8)年東京京橋区(現・中央区)の共栄舎欧文科に勤め活版印刷工組合信友会に加盟する。(冨板敦)〔文献〕『信友』1919年8・10月号

大塚 猛 おおつか・たけし ?-? 中部黒色一般労働者組合のメンバー。1933(昭8)年5月1日名古屋のメーデーで決議文を朗読し検束、同月3日ピストル事件の嫌疑で中部黒色一般の柴田、高瀬、高橋と検挙される。6月京都市の熊鳥国三郎宅で開かれた日本自協、全国自連合同のための日本自協第2回全国代表者会議に出席。続いて大阪自由総合労働組合事務所で開かれた日本自協と全国自連の自由連合主義闘争協議会にも参加する。(冨板敦)〔文献〕『労働者新聞』30・31号1933.6・7,『特高月報』1933.5・7,『社会運動の状況5』

大塚 貞三郎 おおつか・ていざぶろう 1905(明38)2.22-1975(昭50)1.14 別名・河野貞三郎 埼玉県北葛飾郡幸手町(現・幸手市)生れ。家は農家だったが若くして労働運動に取り組む。24年東京精養軒の製パン工組合の結成に関わり同年9月機械技工組合などが中心になって進めた関東労働組合連合会の創立に関わる。のち東京印刷工組合和文部に属し全国自連に加入、東印の役員となる。26年6月創刊された『自連』の編集印刷兼発行人を17号までつとめる。東印、全国自連などの組合大会ではいつも書記または議長になっている。27年全国自連分裂の一因となった汎太平洋労働組合会議の代表の一人に選ばれたが、主催地が広東から漢口に変更になりそれらの報告のため会議に出席せず帰国する。同年12月『黒き群』を改題した『社会評論』(3号まで)を発行。この年自由書房をおこす。自由書房はアナ系の書籍や小冊子の取次販売も行った。28年全国自連の分裂後も自連に残り、農民自治会を批判する論文を『自連』(25号1928.6)『自連新聞』(27号1928.9)に連載する。29年松村元らと『社会理想』(2号まで)を創刊。33年4月5年ぶりに開催された全国自連第3回大会、翌年3月の第4回大会で議長となり全国自連、日本自協の合同を実現させる。戦後はアナ連結成に協力したが共産党に移り、中小商工団体の組織、育成につとめ、自由書房を解体、河野書店(中野区沼袋)を設立した。(奥沢邦成)〔文献〕『自連』1・7・17・18号1926.12・27.10・11,『自連新聞』79・88・90号1933.4・34.1・5,『農青社事件資料集Ⅰ・Ⅱ』

大塚 徹 おおつか・とおる 1908(明41)-? 兵庫県加古郡加古川町(現・加古川市)に生れる。姫路市に住み姫路中学在学中に病気となり中途退学。家業の時計商を手伝ううちに竹内武夫の影響で共産主義に傾倒。播磨芸術家協会に加入し機関紙『風と雑草』を編集、また戦旗社姫路支局をなのり活動中検挙される。35年小松原繁雄らとボル・アナ混合の詩誌『ばく』を創刊する。同年末頃無共党事件で検挙されるが不起訴。「『姫路音頭』の作詞などでちょっと知られた抒情詩人。戦後は共産党流行のなかで、大の政党ぎらい日共ぎらいの芸術派やった」(向井孝)。(冨板敦)〔文献〕『身上調書』,向井孝「『無名』の人々4」『編集委ニュース』5号1999.5

大塚 直吉 おおつか・なおきち ?-? 別名・直蔵 1919(大8)年東京深川区(現・江東区)の東京印刷深川分社欧文科に勤め活版印刷工組合信友会に加盟する。(冨板敦)〔文献〕『信友』1919年8・10月号,1922年1月号

大塚 昇 おおつか・のぼる 1902(明35)7.10-2000(平12)2.19 別名・奥平賀、馬場辰男 静岡県志太郡六合村(現・島田市)に生れる。小学校を卒業し東京高等工業学校専攻科に入るが3年で中退。19年頃大杉栄やクロポトキンの著作と出会う。静岡県出身の渡辺太郎と知り合い影響を受けた。25

年静岡で活動を始めた社会思想研究会に牧野修二、後藤章、服部豊、山崎佐市、柴山群平らと参加。26年黒連の結成により社会思想研究会が東海黒連へと改組されると、自由共産社会の実現と国家権力の廃止を求め演説会の開催、争議の支援、『大衆評論』の発行などに関わった。27年12月静岡の黒連メンバー16人が恐喝や治安維持法違反などの容疑で検挙され懲役6カ月の刑を受ける。出獄後無産者自治連盟や『大衆評論』再刊の活動を進めるが、28年10月天皇即位式に伴う弾圧により同誌は発行前日に差し押さえられ、大塚は拘留され沼津、静岡をたらい回しにされた。『大衆評論』が廃刊を強いられると29年6月『貧乏人新聞』を発刊。7月の2号に「無産者と法律」を書いたところ新聞紙条例違反とされ発行人の疋田治作とともに禁錮3カ月の刑を受ける。出獄後は『無産者自治新聞』を発行。この頃石川熊雄(滝川創)らと出版社四元社を設立。31年運動の停滞のなかで中田驥郎の紹介により救護会に勤め熊本、広島、神戸などで仕事をした。35年11月の無共党事件の際神戸で検挙され逆さ吊り、エビ責め、竹刀での殴打など激しい拷問を受ける。39年牧野、石川、後藤らと救護会武蔵野母子寮で仕事をした。戦後アナ連に参加、47年全国委員会で静岡の情勢を報告、自由の家の建設を計画した。58年8月龍武一郎らが主導した広島-東京1000キロ平和進の静岡での受け入れを行ったり、『日本食料産業新聞』の主幹として活動した。晩年には大杉栄らの墓前祭実行委員会に参加。(竹内康人)〔著作〕『獄中雑記1・2』『大衆評論』2巻7・8号1928、「街頭から」同2巻9号1928、「この暴圧をみよ」同2巻10号1928、「私はなぜアナキストになったか」『平民新聞』57号1948.1、「静岡時代・ハツさんのこと」『小松亀代吉追悼 叛逆頌』同刊行会1972、「静岡でのアナキズム運動」『沓谷だより』17号2000〔文献〕『沓谷だより』3号1990、『身上調書』、『黒色青年』7・13・16・17・21号1927.3・10・28.2・3・29.7、中島雅一・真辺致一『大塚昇さんを偲ぶ』私家版2000

大塚 正吉 おおつか・まさきち ?-1925(大14)3.21 横浜印刷工組合のメンバー。文選工として横浜市野毛町の三光堂印刷所に勤める。1925(大14)年3月21日午前6時に「搾取の犠牲となつて逝つた」と『印刷工連合』が報じる。(冨板敦)〔文献〕『印刷工連合』24号1925.5

大塚 義五郎 おおつか・よしごろう ?-? やまと新聞社に勤め東京の新聞社員で組織された革進会に加わり1919(大8)年8月の同盟ストに参加するが敗北。のち正進会に加盟。24年夏、木挽町(現・中央区銀座)正進会本部設立のために1円寄付する。(冨板敦)〔文献〕『革進会々報』1巻1号1919.8、正進会『同工諸君‼寄附金芳名ビラ』1924.8

大月 健 おおつき・けん 1949(昭24)2.11-2014(平26)5.17 岡山県上房郡賀陽町1719(現・加賀郡吉備中央町納地)に生れる。屋号は仁伊屋。66年に賀陽高校を卒業して岡山市の「夕刊新聞社」に4ヶ月程勤務した後に岡山交通に勤める。翌年の夏、19歳の時に京都の大谷大学で司書の講習を受けた時に京大職員の織田陽と知り合い誘われて京都大学の臨時職員として農学部の図書室に勤め、その後、公務員試験に通ってそのまま農学部図書室に2009年3月に定年で退職まで勤め、続けて附属図書館の人文研図書室に2013年3月まで勤務した。1973年に詩人の高木護の紹介で久保田一と知り合い親友となる。81年に久保田、大石和雄、山本薫、人見承門などと第3次『虚無思想研究』を発刊。後に中西徹が加わる。6人の共通項は"辻潤好き"の一点だったが意見の違いはあっても仲良くやっていた。97年4月に個人誌『唯一者』を創刊する。13号を準備していた2012年8月に食道癌がみつかり治療しながら編集をしていた。09年1月第三次「京大俳句会」を中島夜汽車、おいけのかっぱ等と復活する。14年2月頃から容態が悪化したが数多くの見舞い客を一切拒否せずに対応していたが、5月16日に急変し翌朝なくなった。(久保田一)〔著作〕『イメージとしての唯一者』白地社2016〔文献〕『唯一者』創刊号 13号1997-2014、『虚無思想研究』創刊号-20号同編集委員会1981-2015、『虚無思想研究』完全復刻版 土佐出版1986、『而シテ』4号 10号白地社1975-1980、『点燈舎通信』3・5・7・9・号1988-1997、『思想の科学』No 133思想の科学社1990、『CABIN』1号1999、『APIED』Vol 3アピエ社2003、『ガロ』青林堂1991、『月刊俳句会』No 170文学の森2010、『浮游』5号浮游社2014、句集『自由船』京大俳句会2013

大槻 憲二 おおつき・けんじ 1891(明24)11.2-1977(昭52)2.23 兵庫県に生まれる。早稲田大学英文科を18年に卒業。ウィリア

ム・モリスの芸術社会主義体系の研究を『早稲田文学』に発表し、モリスを通じて農民文学へも関心をもち吉江喬松、中村星湖、椎名其二、犬田卯らが24年に始めた農民文芸研究会に初期から参加する。研究会の後身農民文芸会編の『農民文芸十六講』(春陽堂1926)や27年2月の『文芸』農民文学特集号などに執筆、下中弥三郎らの農民自治会へも全国委員として参加し第1次『農民』(農民文芸会1927.10-28.6、全6号)、第2次『農民』(農民自治会1928.8·9、全2号)までは農民文学について文筆活動を続けているが、その活動の方向性の違いから会を離り、30年代にはフロイト精神分析学の紹介者としての活動に移る。性心理学者高橋鐵はこの時期の門下生である。東京精神分析研究所所長をつとめた。(川口秀彦)〔著作〕『精神分析概論』雄文閣1932、『精神分析雑稿』岡倉書店1935、『愛慾心理学』全3巻·育文社1952-55〔文献〕犬田卯『日本農民文学史』農山漁村文化協会1958、『精神分析·戦前篇』全12巻別冊1(復刻版)不二出版2008-09、曽根博義『解説』同復刻版別冊不二出版2008、曽根博義『大槻憲二と伊藤整とアナキズム』『トスキナア』8号2008

大槻 潤一 おおつき·じゅんいち ?–? 1925(大14)年兵庫県氷上郡鴨庄村(現·丹波市)で暮し大西伍一、池田種生、難波忠雄らの『あをぞら』の同人となる。26年農民自治会全国連合に参加。地元の農民自治会を組織しようとしていた。(冨板敦)〔文献〕『あをぞら』1号1925.10、『農民自治会内報』2号1927

大歳 辰夫 おおとし·たつお 1902(明35)–? 姫路市野里生まれ。尋常小学校を卒業後14年頃から木綿問屋に奉公する。19年岩出金次郎経営の日本労働新聞社に入りアナキズムにめざめる。20年労働運動実践のため同新聞社を退職し神戸川崎造船兵庫工場製缶部工員となる。岩出、和田信義の紹介で安谷寛一宅に出入りし、21年1月安谷が『労働運動』神戸支局を引き受けたのを助ける。同年2月安谷が開いていた変則仏学塾塾生らとロンダ組を結成、友愛会組織拡大のために賀川豊彦らが開いた講演会に「演説もらい」に行くなどし、ロンダ組事務所で半住み込み生活を始める。同年7月から45日間3万5000人が参加した川崎三菱造船所大争議に関わり解雇。同年8月『関西労働新聞』を創刊。当時ロンダ組には江川貞、本多季麿、武内利栄子、繁田浅二、堀井計一らが出入りした。22年姫路に帰り米穀仲買店に勤めながら安谷と活動をともにした。「まじめでおとなしく私を助けて事務的なことをやってくれる好青年だった」(安谷)。同年12月『パンの略取』秘密出版が発覚し高橋辰三郎、寺田格一郎らと検挙され罰金。24年1月20日午後2時神戸市羽阪通2丁目八王寺福昌寺で安谷寛一とともに大杉栄追悼会を開く。和田信義と安谷が追悼辞を朗読。検束者を出したが午後3時40分閉会、参加者34名。27年9月姫路で大杉栄追悼会を開き大泉譲らと検束。34年5月から南座事務員となる。35年末頃無共党事件で検挙されるが不起訴。戦後は神戸新開地で映画技師をつとめる。(冨板敦)〔文献〕『関西労働新聞』1号1921.8、協調会情報課『(大正13年12月)本邦労働運動調査報告書』協調会1924.12、向井孝『『ロンダ』の宵待草』『編集委ニュース』13号2000、『身上調書』

大波 政太郎 おおなみ·まさたろう ?–? 福島県信夫郡吉井田村(現·福島市)に生まれる。印刷工となりアナキズム運動に入り、東京·横浜間で活動。27年実家に戻り同年4月2日夜、福島市公会堂で開かれた農村問題講演会(黒土社主催、農村運動連盟後援)で開会の辞を述べる。登壇者に古川時雄「演題·歴史上の農村問題」、後藤学三「現代社会生活批判」、佐藤陽一「都会と農村」、平野小剣「水平運動の起源」、山田作松「政治の正体」、望月桂「現代の社会相」、岩佐作太郎「金と労働」、参加者200余名、10時閉会。数年福島に居住したのち東京に戻る。なお27年1月福島県ではアナ派の若い農民運動家により黒麦の友社(耶麻郡喜多方町月見町通)が組織され雑誌『黒麦の友』を発刊。同年4月3日には上記の会に続いて喜多方町でも農村問題講演会(黒麦の友社主催)を開いている。(冨板敦)〔文献〕『福島民報』1927.1.18·4.5、『黒色青年』9号1927.6、庄司吉之助『近代地方民衆運動史·上』校倉書房1978

大縄 利男 おおなわ·としお ?–? 1919(大8)年東京京橋区(現·中央区)の三協印刷株式会社文選科に勤め活版印刷工組合信友会に加盟する。(冨板敦)〔文献〕『信友』1919年8月号

大西 伍一 おおにし·ごいち 1898(明31)1.18–1992(平4)5.26 別名·小田就三 兵庫県揖保郡布施村南山(現·たつの市)に自作農

家の長男として生まれる。布施尋常小学校,揖西尋常高等小学校を卒業したのち,師範学校受験可能年齢になるまでの1年間家業を手伝う。13年姫路師範学校に入学。校長野口援太郎の指導を受ける。18年同校を卒業し短期現役兵を経たのち姫路師範学校代用附属城北小学校教諭となる。『教育の世紀』23年11・12月号に実践記録「自由学習試案」を発表。また同年11月師範学校の後輩池田種生や知り合いの農民らとともに同人誌『蒼空』を創刊。この頃啓明会に入会,下中弥三郎に傾倒。24年師範学校の先輩苦瓜恵三郎の手引きで苦瓜が主事をつとめる東京府女子師範学校附属竹早小学校に赴任するため上京。竹早小で大西はより徹底した自由教育を試みるが主事と対立してわずか1年で関口台町小学校に転出。ここでの実践記録『現代少年の社会観』(小田就三名)は啓明会を代表する実践記録となる。しかし大西は既存の学校教育とは異なる無教師無学校の理想的な教育像を描いた『土の教育』(1925)を公刊するのとほぼ同時に教職を離れる。以後武蔵野に居を構え農業をしながら農民自治会の活動に力を注ぐ。『蒼空』も下中の援助を得て全国的な思想運動誌『あをぞら』に転換し,その3号(1926.1)には農民自治会の標語や綱領が発表される。農民自治会準備誌となった同誌は4号まで発行され以後は『農民自治』誌に解消されていく。大西の家は森の家と呼ばれるようになり,ここを舞台に農民自治会の研究会や林間講座が開催された。しかし同会が組合運動路線を強めるようになるとともに大西は同会を離れ,農村教育研究会を組織し『農村教育研究』を28年6月から30年8月までに全25号発行。この頃農学者小野武夫の助手をつとめわずかな生活費を得ながら農業も行う。33年大著『日本老農伝』刊行。同年大日本連合青年団郷土資料陳列所主任(1937まで),民俗学の研究機関アチック・ミューゼアム研究員となる。青年団勤務の頃の大西は下村湖人の小説『次郎物語』第5部に登場する小西先生のモデルとなった。37年江渡狄嶺とともに生活と工芸の会を組織。戦時中には柳田国男の蔵書の一部を小出満二が校長をつとめる東京高等農林学校の小出文庫に疎開させるために柳田宅にしばしば通う。戦後も東京農工大学の図書館事務を担当。61年から67年定年退職するまで府中市立図書館長をつとめる。59年江渡狄嶺研究会を組織。(小林千枝子)〔著作〕『現代少年の社会観』啓明会1925,『大衆児童の生活』同1925,『土の教育』平凡社1925,『農村調査と青年指導』厚生閣1931,『日本老農伝』平凡社1933・改訂増補版農山漁村文化協会1985,『義農作兵衛』大日本連合青年団1934,『我国に於ける郷土博物館の発展』大日本連合青年団1936,『郷土日本の再建』第一出版協会1938,『自然観察の記』帝教書房1941,『六石取米作法』平凡社1947,『私の聞書き帖』慶友社1968・復刻版大空社1998〔文献〕中野光『大正デモクラシーと教育』新評論1977, 西村俊一『日本エコロジズムの系譜』農山漁村文化協会1992, 小林千枝子『教育と自治の心性史』藤原書店1997, 同「柳田国男と大西伍一」『柳田国男全集13月報』筑摩書房1998,『農村教育研究』復刻版・全3巻別冊1・緑陰書房1999

大西 正次郎 おおにし・しょうじろう 1904(明37)-? 名古屋市南区新尾頭町生まれ。尋常小学校を卒業後,下駄製造業の手伝いをする。29年3月名古屋市内の丸八ポンプ鉄工所に就職。そこでの労働争議に応援にかけつけた中部黒色一般労働組合の横井憲蔵,成田政市らと知り合う。32年3月同鉄工所を解雇され再び下駄職人となった。35年末頃無共党事件で検挙されるが不起訴。
(冨板敦)〔文献〕『身上調書』

大西 貞三郎 おおにし・ていさぶろう ?-? 別名・真三郎 1919(大8)年東京深川区(現・江東区)の東京印刷深川分社第二部印刷科に勤め活版印刷工組合信友会に加盟する。同社同科の組合幹事を栖原徳三郎と担う。
(冨板敦)〔文献〕『信友』1919年8月号

大西 徳太郎 おおにし・とくたろう ?-? 1919(大8)年東京京橋区(現・中央区)の国文社に勤め活版印刷工組合信友会に加盟する。
(冨板敦)〔文献〕『信友』1919年8・10月号

大西 俊 おおにし・とし ?-? 名古屋市南区新尾頭町(金山細民街)に生まれる。広小路界隈では「ケンカのトシ」と異名を取った。1927年(昭2)2月「肉食時代」を編集,同人に市川光,吉川春雄らがいる。「リャク」(掠)を得意としビラ,雑誌,新聞を発行した。(黒川洋)〔文献〕浅野紀美夫「新尾頭町143番地」『風信』1968・70, 志賀英夫『戦前の詩誌・半世紀の年譜』詩画工房2002, 木下信三『名古屋抵抗詩史ノート』私家版2009

大西　豊治　おおにし・とよじ　?-?　別名・豊次　1919(大8)年東京芝区(現・港区)の東洋印刷会社文選科に勤め活版印刷工組合信友会に加盟。のち新聞工組合正進会に加盟し24年木挽町(現・中央区銀座)本部設立のために1円寄付する。(冨板敦)〔文献〕『信友』1919年8月号,正進会『同工諸君‼　寄附金芳名ビラ』1924.8

大西　昌　おおにし・まさ　1892(明25)-?　東京市芝区浜松町(現・港区)生まれ。中学3年修了で中退,東京市内の羅紗店で働く。16年大阪へ移り,20年『日本労働新聞』の荒畑寒村らの影響を受け三野啓逸とL.L会に加わり,ともに日本社会主義同盟に加盟した。同年京都で友愛会の高山義三除隊出迎え赤旗デモに参加し荒畑,金咲道明,鍋山貞親,奥村甚之助,高地伝次郎,三野らと検束,懲役4カ月となる。その後神戸のロンダ組に三野と出入りするようになり事務所に住み込む。21年8月安谷寛一,三野,大野篤,本多孝麿,望月丈二,堀井計一,高野すみ子,大歳辰夫らと『関西労働新聞』を創刊。逸見直造の借家人同盟にも関わる。22年9月福岡に住み三野と香具師をしながら九州でアナキズムの宣伝ビラを配っていた。23年暮れからは国家主義思想をもつようになり大阪で勤皇烈士党を組織し雑誌『勤皇』を発行。28年大阪で藤屋食堂を経営,33年上京し仕入案内社に入社。35年拳銃1挺と弾丸100発を藤田勉に売却する(この拳銃は相沢尚夫に渡る)。同年末頃無共党事件で検挙されるが不起訴。(冨板敦)〔文献〕『労働運動』2次1号1921.1・3次1号1921.12,『労働者』3号1921.6,『関西労働新聞』1号1921.8,『身上調書』,宮本三郎『水崎町の宿・PARTⅡ』私家版1982,向井孝『『ロンダ』の宵待草』編集委ニュース』13号2000,『社会主義沿革2』

大西　正雄　おおにし・まさお　1911(明44)-?　神戸市葺合区雲井通生まれ。26年3月高等小学校を卒業後,自転車工場の見習い工として働くかたわら神戸市立実習補習学校の夜学に通う。27年上京,新聞配達をして苦学する。貧困で上の学校へ進めないこと,また雇主の虐待から社会に対しての矛盾を感じ始めニヒリズムに傾く。和田久太郎の『獄窓から』を読み感激する。29年春頃仕事先で『自連新聞』をもらいアナキズム文献に親しむようになる。重症の脚気になり同年

11月帰郷し療養中に井上信一と出会い,クロポトキンを紹介され共鳴。32年全国自連に加盟,同年7月上京,全国自連の山口安二,木村英二郎と知り合い朝鮮自由労働者組合の事務所などに出入りする。35年7月関東一般労働組合に加入,同組合の組織闘争委員となり太田信一らと組合の拡大強化のために活動。同月中旬伊藤悦太郎から無共党の存在を知らされ入党。9月同党関東地方委員会の労働第1部員,関東一般フラクション責任者となる。戦線統一のため在日朝鮮人三団体(東興労働同盟,朝鮮一般労働組合,朝鮮労働者合同組合)の合同を画策し朝鮮一般の李鐘文,呉宇泳らを説得する。同年11月無共党事件で検挙,治安維持法違反で起訴される。39年第1審懲役2年執行猶予3年の判決を受け控訴せず刑が確定。(冨板敦)〔文献〕『身上調書』,『無共党事件判決』

大貫　政次　おおぬき・せいじ　?-?　1919(大8)年東京京橋区(現・中央区)の築地活版所文選科に勤め活版印刷工組合信友会に加盟する。(冨板敦)〔文献〕『信友』1919年8・10月号

大沼　渉　おおぬま・わたる　1901(明34)11.10-1988(昭63)10.25　宮城県玉造郡岩出山町生まれ。18年石巻商業学校卒業後上京,22年日本大学中退。小学校の代用教員,自由労働者,雑誌編集などの仕事を経たのち同郷の布施辰治のすすめで関東大震災後盛んとなった失業者運動に参加。24年11月歌川伸らと中央自由労働者組合(のちの江東自由労働者組合)を結成する。25年春歌川,斎藤一平らと北海道へ渡り監獄部屋打破期成同盟を結成,6月から北海道,樺太の各地で活動する。26年東京で山本忠平(陀田勘助),高田格らと黒旗社を組織,黒連,全国自連に加わる。松田解子と結婚。27年11月江東自由の失業抗議闘争を組織し日比谷署の警官と乱闘,同志22人とともに検束される。28年3月全国自連第2回続行大会で歌川,斎藤,高田らとともに退場,やがてボル系へ転じる。敗戦後46年共産党に入党。(奥沢邦成)〔文献〕『自連』2・19・23号1926.7・27.12・28.4

大野　伊三郎　おおの・いさぶろう　?-?　芝浦製作所に勤め芝浦労働組合に加盟し家庭用具分区に所属。1924(大13)年9月27日,同労組の中央委員会で同分区の中央委員に

菅井熊次郎，富樫粂雄，村松英雄とともに選出される。(冨板敦)〔文献〕『芝浦労働』2次2号1924.11

大野 勝次郎　おおの・かつじろう　?-?　1919(大8)年東京牛込区(現・新宿区)の秀英舎(市ヶ谷)第二和文科に勤め活版印刷工組合信友会に加盟する。(冨板敦)〔文献〕『信友』1919年8月号

大野 国太郎　おおの・くにたろう　?-?　1919(大8)年横浜の福音印刷合資会社に勤め横浜欧文技術工組合に加盟し評議員となる。同組合設立基本金として3円寄付する。(冨板敦)〔文献〕『信友』1919年8・10月号

大野 源次郎　おおの・げんじろう　?-?　1919(大8)年東京牛込区(現・新宿区)の秀英舎(市ヶ谷)欧文科に勤め活版印刷工組合信友会に加盟する。(冨板敦)〔文献〕『信友』1919年8・10月号

大野 末吉　おおの・すえきち　?-?　日本印刷工組合信友会に加盟し1921(大10)年末頃、東京京橋区(現・中央区)の中屋印刷所に勤めていた。のち新聞工組合正進会に加盟し24年夏、木挽町(現・中央区銀座)正進会本部設立のために1円寄付する。(冨板敦)〔文献〕『信友』1922年1月号，正進会『同工諸君!! 寄附金芳名ビラ』1924.8

大野 長吉　おおの・ちょうきち　?-?　読売新聞社に勤め新聞工組合正進会に加盟。1920(大9)年機関誌『正進』発行のために50銭寄付する。(冨板敦)〔文献〕『正進』1巻1号1920.4

大野 鉄次郎　おおの・てつじろう　?-?　1919(大8)年東京京橋区(現・中央区)の帝国興信所に勤め活版印刷工組合信友会に加盟する。(冨板敦)〔文献〕『信友』1919年8・10月号

大野 鉄太郎　おおの・てつたろう　?-?　新聞工組合正進会に加盟し1924(大13)年夏、木挽町(現・東京中央区銀座)本部設立のために2円寄付する。(冨板敦)〔文献〕正進会『同工諸君!! 寄附金芳名ビラ』1924.8

大野 福太郎　おおの・ふくたろう　?-?　別名・福市　1919(大8)年東京京橋区(現・中央区)の中屋印刷所文選科に勤め活版印刷工組合信友会に加盟する。(冨板敦)〔文献〕『信友』1919年8・10月号，1922年1月号

大場 勇　おおば・いさむ　1901(明34)-1976(昭51)　浅草専修学校卒業後、池貝鉄工所に勤務。本芝労働組合に所属し労働運動に邁進，大杉栄らと親交した。20年第1回のメーデー歌「聞け万国の労働者」の作詞を手がけた(作曲・石井漠)。女優大場八重子は実姉。(黒川洋)〔文献〕『組合運動』3・4・6号1923.4・5・7，石井歓『舞踏詩人石井漠』未来社1994

大場 幸吉　おおば・こうきち　?-?　1919(大8)年東京牛込区(現・新宿区)の福山印刷所和文科に勤め日本印刷工組合信友会に加盟する。(冨板敦)〔文献〕『信友』1919年10月号

大場 正史　おおば・まさし　?-?　1937(昭12)年10月頃東京神田の友人宅で「戦争(の)本質は非人道的である，戦争に依っては本当に世界経済の平和及安定が齎らされるものではない，戦争は今日の資本主義制度の下では不可避的な現象で之は好悪を超越するものである，故に今日の支那事変も国内の経済的な行詰まりを打開する為には必要な第一手段である」と語ったという。この言葉は特高警察によってアナキズム思想にもとづく言動とみなされ，陸軍刑法第99条違反で検挙されたが38年4月6日起訴猶予となった。(安田常雄)〔文献〕『特高月報』1938.4

大橋 梅吉　おおはし・うめきち　?-?　1919(大8)年東京神田区(現・千代田区)の宮本印刷印刷科に勤め日本印刷工組合信友会に加盟する。(冨板敦)〔文献〕『信友』1919年10月号

大橋 吉次郎　おおはし・きちじろう　?-?　1919(大8)年東京神田区(現・千代田区)の宮本印刷印刷科に勤め日本印刷工組合信友会に加盟する。(冨板敦)〔文献〕『信友』1919年10月号

大橋 長四郎　おおはし・ちょうしろう　?-?　新聞工組合正進会に加盟し1924(大13)年夏，木挽町(現・東京中央区銀座)本部設立のために50銭寄付する。(冨板敦)〔文献〕正進会『同工諸君!! 寄附金芳名ビラ』1924.8

大橋 秀雄　おおはし・ひでお　?-?　1919(大8)年東京京橋区(現・中央区)の秀英本舎和文科に勤め活版印刷工組合信友会に加盟する。(冨板敦)〔文献〕『信友』1919年8・10月号

大林 亀次郎　おおばやし・かめじろう　?-?　1919(大8)年東京京橋区(現・中央区)の築地活版所文選科に勤め日本印刷工組合信友会に加盟する。(冨板敦)〔文献〕『信友』1919年10月号

大林 清茂　おおばやし・きよしげ　?-?　別名・清蔵　1918(大7)年1月16日神田南明倶

楽部で開かれた活版印刷工組合信友会の創立大会で岡野勝二とともに副幹事長に選出される(幹事長は伊藤兼二郎)。(冨板敦)〔文献〕『信友』1919年10月号、水沼辰夫『明治・大正期自立の労働運動の足跡』JCA出版1979、警視庁労働係編『日本印刷工組合信友会沿革 印刷工連合設立迄』(廣畑研二編・解説『1920年代社会運動関係警察資料』不二出版2003)

大林 ちよ おおばやし・ちよ ?-? 1919(大8)年東京神田区(現・千代田区)の三省堂印刷部解版科に勤め活版印刷工組合信友会に加盟する。(冨板敦)〔文献〕『信友』1919年8・10月号

大原 外光 おおはら・がいこう 1900(明33)12.14-1953(昭28)10.14 本名・望月満 静岡県庵原郡松野村南松野に生まれる。静岡新報記者を経て山梨時事新報特置員となる。この頃に藤枝の小野庵岐蔵や静岡市の矢嶋歓一を知り生涯の友となる。またこの二人を介して辻潤や卜部哲次郎、関根喜太郎などを知り『虚無思想研究』や『ニヒル』『我等の詩』等に執筆する。27(昭2)年12月に大阪毎日新聞社に入社。『サンデー毎日』の編集部に勤務した後、東京本社に転勤。34年9月大阪毎日新聞社・東京日日新聞社を退社して友松圓諦の全日本真理運動に参加し、その機関誌『真理』の創刊号を編集する。53年郷里の南松野の家に帰省の途中に交通事故で死去したという。外光の実家は卜部哲次郎が居た朝陽山東光寺の檀家でもあるが、外光の墓は東光寺ではなく、その地域内の集合墓地にある。(久保田一)〔著作〕『啄木の思想と生涯』弘文社1939、『啄木の生活と日記』弘文社1939〔文献〕『我等の詩』9月号我等の詩社1022、『銀の壺』7・8号銀の壺社1924、『虚無指数研究』1巻2号・4号虚無思想研究社1925、『サンデー毎日』第651号1927.11・第6巻52号1927・第9巻46号1930、『中外日報』昭和5年10月12日号、『真理』第1巻3・6号1935.3・6

大原 慧 おおはら・さとし 1927(昭2)6.21-1985(昭60)2.17 新潟県西蒲原郡燕町(現・燕市)生まれ。神官の第8子。新潟県立三条中学校、巣鴨経済専門学校を経て1950年慶應義塾大學経済学部卒業。社会政策学を専攻。50年から國學院大學政経学部副手・助手となり日本初期社会主義思想研究に着手するが、北岡寿逸学部長に排斥せられて57年退職。数年の半失業時代のち59年から東京経済大学専任講師・62年助教授・67年教授として教鞭をとる。かたわら幸徳秋水研究、片山潜研究にとりくみ、また60年大逆事件再審請求を支えるため発足した「大逆事件の真実をあきらかにする会」に参加、67年から83年まで森長英三郎弁護士の後を受けて第3代事務局長を務める。この間、明治社会主義関係資料の復刻、また大逆事件関係資料の発掘・編纂・分析に多くの業績を挙げ、とくに雑誌『思想』(63-64年)に発表した論文「『大逆事件』の国際的影響」は画期的な論文として評価された。77年6月『幸徳秋水の思想と大逆事件』を上梓。同書には幸徳秋水の人格・思想形成と彼の社会主義の分析、家系・出自についての独自の各論と前記の国際的影響についての改稿も収録。補論「元老山縣有朋への書簡」は大逆事件における山県を中心とする権力構造の役割を初めて実証した。また「大逆事件」再審請求裁判についての最終章では、裁判の経過を最高裁における特別抗告棄却に至るまでを詳細に叙述し司法・行政・立法府のありかたをするどく批判している。84年4月に在外研究のため渡英、シェフィールド大学日本問題研究所の客員研究員としての研究生活に入ったが、85年2月17日急性白血病のため王立ハラムシャ病院で死去。享年57歳。告別式はイギリスと遺灰が帰国した日本とで営まれ、95年死後10年の記念として『片山潜の思想と大逆事件』と友人知己による追憶集が出版された。(大岩川嫩)〔著作〕『幸徳秋水の思想と大逆事件』青木書店1977、『片山潜の思想と大逆事件』論創社1995〔文献〕大原慧さんを偲ぶ会編『追憶の大原慧』1995、『大逆事件の真実をあきらかにする会ニュース』第24号1985.7.20、大岩川嫩「故大原慧教授の業績について」東京経大学会誌第144号1986.1ほか。

大原 静子 おおはら・しずこ 1912(明45)-? 父は元司法官、兄3人のうち2人はマルキスト、1人はアナキスト(大原卓四か)の家庭で育つ。沼津高等女学校卒。入江汎と松本一三との連絡係を務めたという。静岡県東部地方の共産青年同盟では数少ない女性活動家の一人。(冨板敦)〔文献〕『礎をきずいた人々の記録-静岡県における治安維持法下20年の闘い』治安維持法国賠要求同盟静岡県本部1997

大原 淳之助 おおはら・じゅんのすけ ?-? 関東出版産業労働組合のメンバー。1932

(昭7)年8月2-7日東京ガス社外工争議で宮崎静三ら6人が深川の東京ガス製造所ガスタンク占拠闘争を敢行する。これに連座して関東出版の宮崎，皆川精一，藤田史郎，関東金属労働組合の三宅槌男らと家宅侵入，暴力行為違反で検挙される。大原は罰金40円の判決を受けた(皆川50円，藤田40円，三宅50円)。(冨板敦)〔文献〕『労働者新聞』22号1932.9

大原 曽平 おおはら・そへい ?-? 1919(大8)年東京牛込区(現・新宿区)の秀英舎(市ヶ谷)欧文科に勤め活版印刷工組合信友会に加盟する。(冨板敦)〔文献〕『信友』1919年8・10月号

大原 卓四 おおはら・たくじ ⇨富山欣次とみやま・きんじ

大藤 暉一 おおふじ・きいち ?-? 1932(昭7)年浦和地裁管内で『農民春秋』を出していた。(冨板敦)〔文献〕『昭和7年自1月至6月社会運動情勢 東京控訴院管内・下』東洋文化社1979

大前 キクノ おおまえ・きくの ?-? 広島純労働者組合婦人部長。1925(大14)年8月2日広島市内寿座で開かれた広島ゴム争議の演説会で登壇し原正夫とともに検束される。(冨板敦)〔文献〕山木茂『広島県社会運動史』

大前 浅一 おおまえ・せんいち ?-? 別名・芳正 1923(大12)年4月アナ・ボル混交団体広島青年革進会を結成する。24年9月20日から広島で開かれた八太舟三発案のアナキズム研究会・自由労働問題研究会に佐竹新市，加藤実，東勉，小林秀雄，村上健吉，鎌田喜三らと参加。25年3月22日研究会メンバーを中心として広島純労働者組合を結成，機関紙『閃光』を発行する。初め事務所は佐竹宅にあったが，しばらくして市外牛田村の大前宅に移転するとともに広島純労の代表格となる。この年の広島市メーデーに参加し演説する。のちボル派の広島労働組合の代表となる。(冨板敦)〔文献〕山木茂『広島県社会運動史』，『昭和7年自1月至6月社会運動情勢 名古屋・広島控訴院管内』東洋文化社1979

大前田 栄五郎 おおまえだ・えいごろう 1793(寛政5)-1874(明治7)2.26 本名・田島栄五郎 別名・英五郎 上野国勢多郡大前田村(現・群馬県前橋市大前田町)に生まれる。祖父の代までは名主の家だったが父・久五郎が侠客。地元の博徒の身内となって賭場を預かる。大前田村を中心に縄張りを持ち栄五郎の7歳年上の盲目の兄・要吉が父の後を継いだ。1801(享和元)年8歳の時，父が亡くなる。兄の片腕となって一家を守るべく05(文化2)年，角田常八から浅山一伝流を学ぶ。浅山一伝流は体術・柔術を基本とし武器を用いずに相手を挫く武術。後年，栄五郎が抜刀せずに勝負する工夫(目と身体で脅すことと早い逃げ足)をしのちに刀を封印，木刀に変えたのはここに根がある。07(文化4)年縄張り荒らしの博徒を殺害，越後に逃亡。17(文化14)年新田郡笠懸野の久宮村(現・みどり市)の親分・久宮の丈八を暗殺し再び逃亡。寄食先の美濃で地代官とその妻を斬る。雪の中を越後へ逃走中，足の指を凍傷で失う。出雲崎，美濃，尾張と渡り歩き24(文政7)年江戸で捕らえられ入牢。佐渡に島流し。25年佐渡を脱島，河越(現・埼玉県川越市)に潜伏。26(文政9)年国定忠治を寄食させる。この頃，親分同士の喧嘩の仲裁をすることで配下におさめ縄張りを増やす。「天下の和合人」として慕われた。33(天保4)年久宮一家と手打ちが成立，大前田村に居住。52(嘉永5)年勢多郡大胡村(現・前橋市)に転居。関東・東海・甲州一円に224ヵ所の賭場の権利を持つ大親分だった。賭場で使われた駒札は本来遊び場だけのもの。しかし栄五郎一家の駒札は一家の縄張り内では通貨で酒も買えたし釣銭ももらえたという。「プルードンはだしの人民銀行」(鶴見俊輔)だった。64(元治元)年水戸天狗党の軍師と会い幕府軍との無用な戦闘を避けるべく裏道を教えて義軍を支えると同時に，地元の農民への迷惑を減らす。68(明治元)年幕末の敗残兵らの強盗頻発に対し上州の治安維持のため子分らを警備にあたらせた。同年9月に引退。自宅で菓子屋を営み74(明治7)年正月風邪をこじらせ亡くなる。(冨板敦)〔文献〕萩原進『群馬県遊民史』上毛新聞社1965，子母澤寛『大前田栄五郎』『任侠の世界(子母澤寛全歴史エッセイ集3)』新人物往来社1972，「男の肚」『大前田栄五郎年譜(今川徳三編)』『子母澤寛全集20巻』講談社1974，浅田晃彦『上州遊侠 大前田栄五郎の生涯』新人物往来社1983，鶴見俊輔「大前田英五郎の生涯 子母澤寛『上州天狗』」『鶴見俊輔書評集成1巻』みすず書房2007

大松 多三郎 おおまつ・たさぶろう 1908

(明41)-? 別名・片岡太三郎，秋原林吉 神戸市林田区東尻池町生まれ。神港商業学校を1年で中退。26年3月頃からアナキズムに共鳴し笠原勉，三木滋二らと交流する。黒闘社の同人山路登志雄と奴隷解放社を結成。30年第4師団軍法会議で傷害罪により罰金30円の判決を受ける。32年姫路日報社に入社するが病弱のためまもなく退社。34年12月笠原の主催する布引詩歌社の同人となり井上信一，小松原繁雄らと知り合った。35年末頃無共党事件で検挙されるが不起訴。〔冨板敦〕〔文献〕『身上調書』

大道 和一 おおみち・わいち 1871.4.22(明4.3.3)-1918(大7)11.9 別名・雷淵 京都法学校を卒業後，オリエンタルホールで英語を学ぶ。1891年江口三省のすすめにより，立憲自由党の機関紙『立憲自由新聞』に社会主義の歴史や運動に関する翻訳を出している。92年佐藤勇作，酒井雄三郎，小島竜太郎らと社会問題研究会を創設。この頃中江兆民を知る。その後『北陸新報』，日本生命保険会社，『大阪毎日新聞』(京都支局)などを経て1905年『京都日出新聞』の主筆となった。幸徳秋水には佐藤の紹介で会ったことがあり週刊『平民新聞』に寄稿したこともあった。大逆事件の取り調べでは社会主義に反対であると主張したが，幸徳や大石誠之助と交流があったこと，クロポトキンの『相互扶助論』の翻訳を『日出新聞』に載せたことなどについて問われている。〔西山拓〕〔著作〕『近江唱歌』杉本甚之助1900，『京都唱歌』杉本甚之助1900，『情死の研究』東京同文館1911.10，『雷淵遺響』大道真一1919.03，『社会心理学』金港堂書籍1913〔文献〕大逆事件の真実をあきらかにする会編『大逆事件訴訟記録・証拠物写5』近代日本史研究会1962，堀田穣「大道和・雷淵 お伽運動への関わりと，その死」『人間文化研究』11京都学園大学人間文化学会2003.07，『京都人物百短評』京都万朝社1912

大宮 恵 おおみや・めぐみ ?-? 1919(大8)年東京京橋区(現・中央区)の秀英本舎和文科に勤め日本印刷工組合信友会に加盟する。〔冨板敦〕〔文献〕『信友』1919年10月号

大宮 芳太 おおみや・よしひろ ?-? 1919(大8)年東京京橋区(現・中央区)の築地活版所石版科に勤め日本印刷工組合信友会に加盟する。〔冨板敦〕〔文献〕『信友』1919年10月号

大村 半次郎 おおむら・はんじろう ?-? 1919(大8)年東京神田区(現・千代田区)の武木印刷所印刷科に勤め活版印刷工組合信友会に加盟する。〔冨板敦〕〔文献〕『信友』1919年8・10月号

大元 輝一 おおもと・きいち ?-? 河野九民の個人雑誌『混沌』に関わっていたが1930(昭5)年12月独立し和歌山の黒煙社との共同機関紙『解放運動』を創刊する。発行責任者となり，大阪市西淀川区に事務所を置き解放運動社を名のる。〔冨板敦〕〔文献〕『解放運動』1号1930.12

大森 鉦八 おおもり・しょうはち 1896(明29)7.26-1936(昭11)10.16 アナキスト。米騒動の折，名古屋の鶴舞公園で演説するが捕えられ精神病院に入れられたが食を絶って死ぬ。戸田三三冬の父(大森鑛太郎)の兄。兄弟が二人とも運動に入るのは困るということで弟は止まるが，歌などをみるとシンパでありつづけたのではないか。歌とは大森鑛太郎が連れ合いの戸田英(母)にメロディごと教えたものである。唱歌も上手く音感にも優れていた母は長女・戸田三三冬に伝授した。英と鑛太郎はのち離婚。戸田三三冬はこの歌を別れた父の遺品と思い，正確に歌えるようになった。年を経て父に再会した戸田三三冬はこの歌をうたったが，死の床にあった父は懐かしそうに耳を傾け喜んでいたように見えた。その歌とは「同志一人は床に臥し，同志二人は獄にあり。前途は遠く陽はくらし。われいつの日か報われん。見よや，この腕黒き腕。長く労苦を刻みたり。されど未来の礎は，この腕ならで誰が築く」。そして戸田三三冬は敬愛した布留川信さんの墓前でも歌うことができた。この歌詞は，昔父が属していた「政治経済時評社」という銘の入った200字詰原稿用紙に達筆な父のペンのなぐり書きで書かれていたのを子供の私が見たことがある。(2016年7月13日 戸田三三冬)

大森 浪太郎 おおもり・なみたろう ⇨森利一 もり・りいち

大宅 壮一 おおや・そういち 1900(明33)9.13-1970(昭45)11.22 別名・猿取哲 大阪府三島郡富田村(現・高槻市)生まれ。生家は造り醤油業。早く父を失い中学生の頃から一家を支える。18年米騒動に熱狂，アジ演説で教育勅語の文法の誤りを指摘して中学

を退学。翌年専検に合格し三高文乙に進む。20年10月フランスから帰国した石川三四郎を神戸港に出迎え西洋式のキスに驚く。以来，石川と親交を重ねる。22年東京大学文学部社会学科に入学，新人会に入り活動するがやがて中退。24年石川の推挙で日本フェビアン協会主事となる。25年新潮社嘱託となり『社会問題講座』全13巻を編集・執筆，その成功でジャーナリストとしての活動に入る。戦前は共産党のシンパとして検挙されたこともあるが，戦後はマスコミの寵児となり時代をリードした。だが石川との親交は生涯続き石川らアナ系の書物の出版の世話もしている。没後，週刊誌・雑誌を中心にした蔵書をもとに大宅壮一文庫が世田谷区八幡山に設立された。（北村信隆・大澤正道）〔著作〕『大宅壮一全集』全30巻別巻1蒼洋社1980-82，『無思想の思想 大宅壮一1巻選集』文芸春秋1972〔文献〕『追悼文集 大宅壮一と私』季龍社1971，大隈秀夫『大宅壮一における人間の研究』山手書房1977，新藤謙『大宅壮一とその時代』東京書籍1983，大隈秀夫『裸の大宅壮一』三省堂1996

大藪 勲 おおやぶ・いさお ?-? 1919（大8）年東京京橋区（現・中央区）の築地活版所文選科に勤め日本印刷工組合信友会に加盟する。（冨板敦）〔文献〕『信友』1919年10月号

大山 丑夫 おおやま・うしお ?-? 1919（大8）年東京牛込区（現・新宿区）の日清印刷会社欧文科に勤め活版印刷工組合信友会に加盟する。（冨板敦）〔文献〕『信友』1919年8・10月号

大山 英一 おおやま・えいいち 1908（明41）-1943（昭18） 別名・御手洗凡 豊橋市神明町に生まれる。高等小学校卒業後，市内で印刷工になる。山本一夫，佐藤長吉，金子義太郎らとときおり会合を開き，黒墓土社以降の豊橋アナ派を担った。32年11月佐藤らと耕文社をおこし『豊橋文学』を創刊。33年11月市内新銭町に酒場羅旬区を開く。同年発行された『文学通信』に加わり，35年『詩行動』にも参加する。11月24日無共党事件で検挙されるが同月29日不起訴。38年佐藤長吉らと『詩と生活』を発行する。40年豊橋同盟新聞社主催の奉祝短歌大会で特別委員をつとめる。43年徴用されボルネオに軍事基地建設のため渡航の途中，米軍の攻撃を受けて死没。（冨板敦）〔文献〕『身上調書』，岩瀬正雄『一匹の黄金虫』豊橋文化協会1972

大山 清二郎 おおやま・せいじろう ?-? 別名・清次郎 1919（大8）年東京深川区（現・江東区）の東京印刷深川分社欧文科に勤め活版印刷工組合信友会に加盟。同社同科の組合幹事を木下直介と担う。（冨板敦）〔文献〕『信友』1919年8・10月号，1922年1月号

大喜 三吉 おおよし・さんきち ?-? 鹿児島県に生まれる。喜界島出身で徳之島に来た人との説があるが詳細は不明。徳之島天城松原には大正初期から松原銅山があり，アナキスト指導による争議が盛んで，島の小作人たちもその風聞を耳にしていた。大喜は1928（昭3）年奄美大島名瀬で地方無産政党奄美新興同志会が結成され農民や労働者の地位向上に努力していることを知り，徳之島の大地主の息子で京都大学生の平利文と連絡を取り，29年8月新興同志会の支部という名目で小作人組合を天城を皮切りに東天城，伊仙で結成，小作料を本土並の6・4制（小作人6割地主4割）にすること，台風など災害時の小作料を減免することなどの要求を掲げ地主との団体交渉を展開した。（松田清）〔文献〕松田清『奄美社会運動史』JCA出版1979，『奄美郷土研究会報』16号1976

大和 平造 おおわ・へいぞう ?-? 新聞工組合正進会に加盟し1924（大13）年夏，木挽町（現・中央区・銀座）本部設立のために1円寄付する。（冨板敦）〔文献〕正進会『同工諸君‼ 寄附金芳名ビラ』1924.8

大脇 直寿 おおわき・なおとし ?-? 印刷工として1919（大8）年活版印刷工組合信友会に加盟。20年『信友』7月号に「工場法改正私見（下）」を執筆する。（冨板敦）〔文献〕『信友』1919年8・10月号，1920年1・7・8月号

大脇 孫三郎 おおわき・まごさぶろう ?-? 牧師宇都宮米一の影響を受け，1919（大8）年頃三重県南牟婁郡神志山村（現・御浜町）で宇都宮，池田実，浜口八十郎，堀田史郎と黎明会を組織し山林を購入する。開墾し家屋を建てて共同生活を送り土地を黎明ケ丘と名づけた。大脇はその地で農業を営み32年頃アナ系要視察人として視察の対象となっていた。（冨板敦）〔文献〕『社会主義沿革1』，『昭和7年1月至6月社会運動情勢 名古屋・広島控訴院管内』東洋文化社1979

大和久 伊平 おおわく・いへい 1881（明14）9.24-? 千葉県長生郡二宮本郷村（現・茂

原市)に生まれる。埴生学館を卒業後，医師の食客となりながら1901年東京物理学校を卒業。翌02年学術研究の目的で渡米し働きながらサンフランシスコの文科中学を卒業。06年6月渡米中の幸徳秋水がオークランドで結成した社会革命党の本部委員となり機関誌『革命』の発刊や演説会に携わった。07年3月カリフォルニア州の文科大学に進学。07年11月におきた天皇暗殺檄文配布事件以降，在米社会主義者，アナキストの取り締まり調査活動が強化され，08年アナキズムを信奉する甲号として要視察人名簿に登録された。11年1月25日岩佐作太郎が経営していた朝日印刷所で開催された大逆事件の刑死者追悼集会に参加している。(西山拓)〔文献〕『主義者人物史料1』,『在米主義者沿革』

大鷲 革一 おおわし・かくいち ?-? 新潟に住み，1930(昭5)年『農民自由連合』「地方情勢」欄に寄稿する。(冨板敦)〔文献〕『農民自由連合』1巻2号1930.8

岡 繁樹 おか・しげき 1878(明11)-1954(昭29) 高知県に生まれる。99年上京し従兄弟の黒岩周六(涙香)が社長をつとめていた『万朝報』の社会部記者となる。02年同僚の松居松葉を殴打したことで退社，同郷の幸徳秋水の助言や堺利彦らのカンパにより渡米。04年日露戦争に反戦を唱えて発刊された週刊『平民新聞』に呼応するかたちでサンフランシスコ平民社を設立した。05年幸徳が渡米した際には多方面にわたり支援した。米国ではさまざまな事業に手を出したが成功したのは印刷所と新聞社であった。金門印刷所では多くの日本語新聞，社会主義系新聞，反戦文書を刷った。39年『桜府日報』を買収し脅迫を受けつつも日本批判を続けた。42年自社の活字を米政府に貸出し自らインドに赴いて日本軍に反戦の宣伝ビラをまいた。46年帰米後, The Progressive News, 『北米毎日』を発行した。(西山拓)〔著作〕『井伊大老』さわもと書房1948〔文献〕『在米主義者沿革』, 岡直樹『祖国を敵として 在米日本人の反戦運動』明治文献1965, 同『偉人涙香』土佐文化資料調査研究会1970,『特高警察関係資料集成6』不二出版1991, 荒木伝『幸徳秋水と『流亡の画家』幸徳幸衛』『初期社会主義研究』12号1999.12

岡 正吉 おか・しょうきち 1905(明38)-1958(昭33) 埼玉県大里郡岡部村(現・深谷市)に自作農家の長男として生まれる。小学校高等科を卒業したのち検定試験を受けて中学卒業の資格を取り22年上京して苦学をしながら慶応大学商学部の夜学で学ぶ。23年5月脚気を病んで帰郷。山本鼎らの農民美術の講習会に参加して絵や面づくりを習う。20年代半ばに展開された埼玉県下の農民自治会運動に積極的に参加。『農民自治』28年4月号に犬田卯の小説『土に生れて』(1926)と『土にあえぐ』(1928)の感想を寄せ主人公の悩みは自分にも通じると書いた。また第1次『農民』27年12月号に子供が生活のなかで何げなく歌う唄を採集した「埼玉地方の子供の唄」を寄せている。市井の画家でもあり第3次『農民』30年6月号の表紙絵を担当した。農民自治会解散後，労農党埼玉支部を組織し全農埼玉県連合会の創立にも参加。農民として生き続け戦後岡部村の人々がミチューリン農法を導入するにあたって果たした役割が大きかったといわれる。(小林千枝子)〔文献〕渋谷定輔『農民哀史・上下』勁草書房1970,「埼玉県解放運動者略伝・戦前編」『埼玉県労働運動史研究』10号1978, 小林千枝子『教育と自治の心性史』藤原書店1997

岡 千代彦 おか・ちよひこ 1873(明6)2-1956(昭31)10.31 別名・拍子木亭，起雲松江市に生まれる。9歳で父と死別。小学校卒業後文選工になる。その後大阪, 名古屋を経て上京し『都新聞』の職工長となる。99年活版工組合に加わる。同組合が誠友会となると機関誌『誠友』を発刊し大沼金太郎，岸上克己らとともに労働者の啓発につとめた。04年平民社に加わる。06年2月片山潜，堺利彦らが結成した日本社会党の評議員になる。3月市電値上げ反対市民大会のデモで禁錮刑となる。07年1月から日刊『平民新聞』の編集に携わり，8月社会主義同志会に参加。10年赤羽巌穴の『農民の福音』を秘密出版し禁錮刑。活版工組合の頃から社会主義との結びつきを強め，誠友時代には組合の機関誌を自ら印刷するという理想を掲げ自宅に自由活版所を設けて運営したが，金銭トラブルや賛同者の不足，入獄などで軌道に乗せることができなかった。(西山拓)〔文献〕片山潜・西川光二郎『日本の労働運動』労働新聞社1901, 水沼辰夫『明治・大正期自

立的労働運動の足跡』JCA出版1979

岡 寛 おか・ひろし ?-? 芝浦製作所に勤め芝浦労働組合に加盟。1924(大13)年配電器具分区に所属し同分区選出の中央委員を務めていた。同年9月頃、同労組の労働学校に入学。10月9日本部会計係に選出される。(冨板敦)〔文献〕『芝浦労働』2次1・2・4号1924.10・11・25.1

岡 陽之助 おか・ようのすけ ⇨臼井 源一 うすい・げんいち

岡崎 梅次郎 おかざき・うめじろう ?-? 芝浦製作所に勤め芝浦労働組合に加盟。1924(大13)年9月27日、同労組の中央委員会で第一回転機分区の中央委員に金田吉政、黒川幸太郎、渡辺善三郎とともに選出される。(冨板敦)〔文献〕『芝浦労働』2次2号1924.11

岡崎 一男 おかざき・かずお 1911(明44)12.6-1945(昭20)5.26 茨城県西茨城郡岩間町生まれ。東那珂尋常小学校卒業後、県立水戸中学に入学、2学年で東京青山師範に転じたが病気のため中退し農業に従事した。アナキズムに関心をもち29年『矛盾』に寄稿。31年頃から石岡町在住の松倉小城とともに文学雑誌『紫蛙』『田園先端』『バラック』などを刊行し、同県下の文学愛好青年らに頒布してアナキズムの宣伝に尽力。また同年農青社結成後にオルグ活動を展開していた八木秋子、鈴木靖之らの訪問を受けた。32年5月石岡町の長谷川功らとともに文化サークルを結成し機関誌『創造の旗』『風』『茨城文学』を発行、また『自連新聞』を配布した。34年2月無共党に入党、同7月治安維持法違反で検挙、不起訴となるが36年5月農青社事件の一斉検挙によって懲役2年執行猶予4年の判決を受ける。40年農村共同体建設同盟茨城県地方本部幹事、43年茨城県農業会設立に参加し総務課情報係長。44年応召しフィリピンに渡り45年ネグロス島で戦死。(奥沢邦成)〔文献〕『農青社事件資料集Ⅰ・Ⅱ』、岡崎次男『いばら路 ある農民兵士の生涯』私家版1986

岡崎 金太郎 おかざき・きんたろう ?-? 横浜毎朝新報社に勤め横浜印刷技工組合に加盟。1921(大10)年3月12日同社の減給拒絶闘争を26名で闘い勝利する。(冨板敦)〔文献〕『信友』1921年4月号

岡崎 謙次郎 おかざき・けんじろう ?-? 1919(大8)年東京牛込区(現・新宿区)の秀英舎(市ヶ谷)文選科に勤め活版印刷工組合信友会に加盟する。(冨板敦)〔文献〕『信友』1919年10月号

岡崎 庄三郎 おかざき・しょうぶろう ?-? 1919(大8)年東京京橋区(現・中央区)の築地活版所鉛版科に勤め日本印刷工組合信友会に加盟する。(冨板敦)〔文献〕『信友』1919年10月号

岡崎 竜夫 おかざき・たつお 1904(明37)-? 本名・達雄 三重県南牟婁郡神志山村久生屋(現・御浜町)生まれ。高等小学校卒業後上京し働きながら学ぶ。関東大震災に遭遇し帰郷。24年頃アナキズムに共鳴、25年9月16日宇治木一郎が神戸で主催した大杉栄3周年追悼会に参加しようとするが、宇治木、増田信三、竹内一美、中村一次、笠原勉らとともに検挙される。同月神戸市で黒闘社を組織しガリ版刷り機関紙『黒闘』を創刊、発禁となる。その後関東方面に転じ旧友加藤陸三、斎藤修三、佐野甚造、宇治木らと黒闘社を東京市十二社(現・新宿区西新宿)に結成、のち幡ヶ谷に場所を移した。上落合にも事務所を置き、26年7月黒闘3号発行。26年末頃神戸に戻り、27年笠原、増田、中村、宇治木、長沢清、春田武夫と改めて黒闘社を発足、再び『黒闘』を発行する。同年創刊された『紀伊詩人』に村岡清春らと参加。また5月から6月黒連九州宣伝隊に加わる。28年2月『黒闘』を『アナーキ』と改題(なお同年6月現在の神戸黒闘社の同人は米山謙治、長沢、岡崎の3人)。この年笠原、長沢らと神戸純労働者組合の結成に関わり、30年高橋すみ子、多田文三らと『文明批評』を発行。また解放文化連盟に参加し機関紙『文学通信』に寄稿、『詩行動』にも加わる。35年無共党事件で検挙されるが不起訴。戦後は岩手県花巻温泉に暮らしアナ連、アナキストクラブに加盟して活動を続ける。(冨板敦)〔文献〕『黒闘』3号1926.7、『黒色青年』10号1927.7、『解放新聞』5号1927.7、『関西自由新聞』3号1927.12、『アナーキ』3巻3月号1928.2、『アナーキスト団体調査(昭和3年7月調査)』大原社会問題研究所資料室、『身上調書』、志賀英夫『戦前の詩誌・半世紀の年譜』詩画工房2002

岡沢 曲川 おかざわ・きょくせん 1886(明19)12.6-? 本名・卯三郎 東京府北豊島郡滝野川町(現・北区)に生まれる。1918(大7)

年3月活版印刷工組合信友会に加盟。19年東京京橋区(現・中央区)の築地活版所和文科に勤め同科の組合幹事を相羽忠七郎,吉田保慶と担う。10月信友会の8時間労働要求ストを闘うが敗北。20年信友会の副幹事長となり11月27日北品川の自宅で信友会・正進会両有志主催の茶話会を開く。22年4月23日神田松本亭での信友会大会で開会の辞を述べ議長をつとめる。同年メーデーで散布したビラの印刷を依頼されたのが出版法違反にあたるとして起訴される。和田久太郎は『労働運動』紙上の機関紙『信友』評で「軽い皮肉な文章では,岡沢曲川,林勇治郎なぞがある」と記す。(冨板敦)〔文献〕『信友』1919年8・10月号/20年1・3月号/21年4-6・8月号/22年1月号,『労働運動』1次3・5号1920.1・4,『正進』1巻8号1920.12/3巻6号1922.6,『労働者』5号1921.9,『印刷工連合』1923.8,正進会『同工諸君!! 寄附金芳名ビラ』1924.8,水沼辰夫『明治・大正期自立的労働運動の足跡』JCA出版1979

小笠原 勘一 おがさわら・かんいち ?-? 新潟で金属労働者として働き,1927(昭2)年9月新潟一般労働者組合の結成に関わる。新潟一般のなかでは能登整三らと「スチルネル流の個人主義的アナーキズムに傾いていた」(山口健助)。28年3月全国自連第2回続行大会で純正アナ派とサンジカリズム派が分裂したのを機に新潟一般を離れる。(冨板敦)〔文献〕山口健助『青春無頼』私家版1982

小笠原 貞 おがさわら・さだ 1887(明治20)11.25-1988(昭和63)6.6 仙台市生まれ。戸籍名「サタ」。長野高等女学校を経て女子美術学校中退。雑誌『女子文壇』投書家から『青鞜』に遅れて参加し同人となる。同誌には小説5編を発表し,男女のセクシュアリティや自由の問題を描いた。『青鞜小説集』第一(この巻のみ刊行)表紙の木版装幀者。尾竹紅吉らの女性雑誌『番紅花』に参加するが1915年以後,夫の転勤などで筆を断った。(大和田茂)〔著作〕『青鞜小説集 第一』東雲堂1913(復刻版不二出版1986年)〔文献〕『『青鞜』の50人』平塚らいてうを読む会1996

小笠原 秀実 おがさわら・しゅうじつ 1885(明18)1.1-1958(昭33)11.16 別名・山村青二 愛知県海部郡甚目寺村(現・あま市)生まれ。父は浄土真宗円周寺の住職。東海の今釈迦と呼ばれた。真宗京都中学を卒業後,03年早稲田大学予科に入る。新宿青木堂で開かれた茶話会で幸徳秋水の話を聞く。早大を中退,金沢の四高に入り西田幾多郎に教えを受け京都大学哲学科へ進む。京大卒業後,西山専門学校,仏教専門学校などで教鞭をとる。ヘーゲル哲学と華厳哲学,スピノザの汎神論と大乗起信論とを比較した講義など学生に迎えられた。市川白弦は西山専門学校時代の弟子である。24年矛盾の寓話集『梟の樹』(創生閣)を刊行する。矛盾は小笠原の哲学の中心概念だが「最もあからさまな姿に於いて矛盾の根元にふれ,人間としての進むべき態度を明らかにしやうとした」のが本書だと序文に書いている。またこの本に収められた論文「無産文化の方向」でユートピア実現に必要な三条件として非搾取,利他,科学をあげている。敗戦直前「我が手もて我が腫れものを潰し得ず,空しく人の手を待ちしかな」と自責の歌を詠む。この思いが戦後の活動の原点となった。敗戦後アナ連に参加し,週刊『平民新聞』に多くの論文,随想などを寄稿し講演活動を行った。自分は既存のアナキズムを通してアナキストになったのではない,真理愛への情熱を通してアナキズムに到達したと語り,アナキズムはもろもろのイズムの一つではなく,誤謬や迷信や偏見から自由なすべてにつけられた称号だと述べている(『平民新聞』10・11合併号1946.12.25)。48年市川,大門一樹,高橋良三らと民主解放同盟を結成し『民主解放宣言』を発表した。このなかで小笠原はアナキズムの哲学は批判的実在論あるいは実証的合理主義だといっている。このグループは俗に学者アナと呼ばれていた。(大澤正道)〔著作〕『体認の系統序説』弘道閣1926,『禅文化の体系』昭森社1944,『社会思想要論』学林社1949〔文献〕八木康敏『小笠原秀実・登』リブロポート1988

小笠原 政利 おがさわら・まさとし ?-? 1919(大8)年東京京橋区(現・中央区)の中屋印刷所和文科に勤め日本印刷工組合信友会に加盟する。(冨板敦)〔文献〕『信友』1919年10月号

小笠原 雄二郎 おがさわら・ゆうじろう 1902(明35)-1950(昭25) 秋田県雄勝郡三輪村(現・羽後町)生まれ。小学校卒業。詩誌『悍馬』創刊。発禁となり上京,24年佗田勘助らの『無産詩人』創刊に参加。戦後は郷里の

八幡宮宮司となる。(黒川洋)〔文献〕志賀英夫『戦前の詩誌・半世紀の年譜』詩画工房2002

岡田 一杜 おかだ・いっと 1922(大11)6.1-石川県金沢市に生まれる。49(昭24)年、川柳の人生や社会に対する庶民の思想感情、特に批評精神を表現する諷刺詩を主張する石上太郎の『人民川柳』に参加。同年7月発行の『人民川柳』(第2号)に鶴彬の「万歳とあげて行った手を大陸において来た」など4句が掲載され、同誌3号に小池蛇太郎の「鶴彬のこと」と題した小文を読み鶴彬のプロレタリア川柳を知り鶴彬研究に入る。50年(昭25)川柳会報『どぶ川』発行。55年5月「下は上を諷刺する」の庶民の批評精神を基本に和川柳社を創立し機関誌『和』を発行。56年9月金沢市妙蓮寺持明院で第1回鶴彬忌句会を催す。63年『文化評論』(12月号)に「鶴彬・その人と作品」を発表。65年鶴彬の命日に金沢市卯辰山公園玉兎ヶ丘に鶴彬の「暁を抱いて闇にゐる蕾」の句碑建立に参画。72年には鶴彬の故郷・高松に「枯れ芝よ 団結をして春を待つ」が建立される。80年『諷詩人同盟』の代表となる。81年『鶴彬の軌跡』(文芸集団)、87年『鶴彬句集』(和川柳社)を発刊。88年『日本プロレタリア文学集・40』(新日本出版社)にプロレタリア川柳集および解説を担当。97年(平9)山田文子と共著で『川柳人 鬼才〈鶴彬〉の生涯』(日本機関紙出版センター)を発刊。一杜は鶴彬と同郷の石川県在住という地の利を活かし鶴彬研究を精力的に行い、近・現代川柳史におけるプロレタリア川柳の特質を解明し川柳界に大きく貢献。その功績が評価され、石川県川柳協会文化賞を受賞。代表句に「はらわたが無い鯉だけに風にのり」「落ちこぼれ神の裏側覗いていた」などがある。(平辰彦)〔文献〕奥美瓜露編『石川近代文学全集19 近代川柳』石川近代文学館1996、岡田一杜・山田文子『川柳人 鬼才 鶴彬の生涯』日本機関紙出版センター1997

岡田 亀吉 おかだ・かめきち ?-? 芝浦製作所に勤め芝浦労働組合に加盟し第二回転機分区に所属。1924(大13)年9月27日、同労組の中央委員会で同分区の中央委員に浜井勝治とともに選出される。(冨板敦)〔文献〕『芝浦労働』2次2号1924.11

岡田 勘二郎 おかだ・かんじろう ?-? 別名・勘次郎、勘三郎 水平社解放連盟のメンバー、今宮水平社執行委員。1926(大15)年10月梅谷新之助、前川敏夫、山岡喜一郎、岩本秀司と全国水平社関西解放連盟機関紙『関西水平新聞』を創刊する。29年関西自連から分裂した自連派の大阪黒色一般労働組合、大阪印刷工組合、京都一般労働者組合、京都印刷工組合で結成された関西自協の事務所を30年半ば頃大阪市西成区中開の自宅に置く(関西自協には次いで大阪地方労働組合、大阪一般琺瑯組合、神戸自由労働者組合、水平社解放連盟、和歌山農民自治組合が加わる)。また今宮水平社の事務所を自宅に置き岩本秀司と執行委員をつとめる。30年12月5日の全水第9回大会の前日、岩本、梅谷、白砂健、小林次太郎らと会場でビラをまくことを計画するが当日入場を阻止される。(冨板敦)〔文献〕「関西水平新聞」1号1929.10、『自連新聞』51号1930.9、『大阪社会労働運動史・下』

岡田 慶次郎 おかだ・けいじろう ?-? 1919(大8)年横浜の大川印刷所に勤め横浜欧文技術工組合に加盟して活動。同組合設立基本金として1円寄付。のち福音印刷合資会社に移る。(冨板敦)〔文献〕『信友』1919年8・10月号

岡田 健二 おかだ・けんじ ⇨加藤進 かとう・すすむ

岡田 孝一 おかだ・こういち 1927(昭2)6.29-2002(平14)6.1 名古屋市生まれ。46年朝日新聞中部本社に入社、労働組合の青年部長、分会書記長に従事。50年7月28日第1次レッドパージにより解雇。以後全印総連の地方オルグとして印刷労働者の組織化につとめ地域の住民運動に関わる。新日本文学会加入(1968まで)。62年10月詩誌第3次『コスモス』の創刊に際し中部地区の吉田欣一、河合俊郎、錦米次郎、伊藤正斉、えのき・たかしらとはかり秋山清を助け印刷を第4次終刊まで引き受ける。『パルチザン通信』を主宰発行。69年中学生の指紋採取に反対する会に参加、活動家集団思想運動会員。71-88年文芸誌『幻野』『雑談』『貌』『象』を主宰、数多くの評論、エッセイを発表。研究主題は中野重治だった。晩年は夢創造の森計画を凍結させる会の地区代表となり住民運動の推進役として活躍。妻は魯迅研究の藤森節子。(黒川洋)〔著作〕『研究中野重治』(共著)神無書房1974、『文学 可能性への展望』オリジン

出版センター1977,『三頭立ての馬車』(共著)思想運動出版部1984,『中野重治 その革命と風土』武蔵野書房1986,『中野重治自由散策』武蔵野書房1995,『詩人秋山清の孤独』土曜美術出版販売1996,『中部の戦後文学点描』中日新聞社1999〔文献〕岩田光弘・石黒英男「岡田孝一さん追悼」『思想運動』2003.6,「偲ぶ岡田孝一」『象』44号2002, 藤森節子「愛知県社会運動家顕彰委員会」草稿2003

岡田 寧三 おかだ・さだみつ ?-? 東京毎日新聞社に文選工として勤め東京各新聞社の整版部従業員有志で組織された労働組合革進会に加わり1919(大8)年8月の同盟ストに参加するが敗北。のち新聞工組合正進会に加盟。20余年勤めてきたが23年6月25日突如一カ月余の手当で諭旨解雇とされる。その後争議が勃発, 正進会からさらなる解雇者を出した。(冨板敦)〔文献〕『革進会々報』1巻1号1919.8,『正進』1巻1号1920.4,『印刷工連合』3号1923.8

岡田 甚太郎 おかだ・じんたろう 1909(明42)-? 慶応商工学校を卒業し千葉県で販売店を営む。31年4月22日頃農青社の鈴木靖之, 星野準二の訪問を受け36年5月農青社事件で検挙されるが起訴猶予となる。(冨板敦)〔文献〕堅田精以『北海道社会文庫通信』1665号2001.12,『特高外事月報』1936.5,『社会運動の状況8』

岡田 末神 おかだ・すえかみ ?-? 1924(大13)年2月11日岡山純労働者組合を結成し幹部に選出され中国労働組合連合会に加盟した。(冨板敦)〔文献〕『労働運動』4次4号1924.6,『岡山県社会運動史4』

岡田 助蔵 おかだ・すけぞう ?-? 1919(大8)年東京京橋区(現・中央区)の国文社和文科に勤め日本印刷工組合信友会に加盟する。(冨板敦)〔文献〕『信友』1919年10月号

岡田 竜夫 おかだ・たつお 1903(明36)-? 本名・達夫, 別名・我竜院 北九州出身。21年頃東京銀座の切抜通信社に勤めていたが, すでに両親はなく病身の妹と幼い弟と住み込みであった。23年6月ドイツから帰国後の村山知義の個展「意識的構成主義」(神田文房堂画廊)を戸田達雄と見て影響を受ける。24年7月『マヴォ』創刊に参加。25年6月同誌5号から村山, 萩原恭次郎と編集発行人となる。独特のリノリウム版画や詩, 短編戯曲を多数発表。この頃神楽坂で街頭漫画屋と称し一筆3分間で50銭の似顔絵描きをする。8月久国明一の『ヒドロパス』に多田文三, 村山, 橘不二雄, 長谷川勲らと寄稿する。25年10月多田の『ド・ド・ド』創刊に西郷謙二, 橘, 奥村秀男, 伊藤和三郎, 林芙美子, 小野十三郎らと参加し, 表紙版画を担当。同月荻原の詩集『死刑宣告』に装画。この頃平林たい子と同棲。村山は意識的構成主義を一番理解していたのは岡田であるといっている。12月日本プロレタリア文芸連盟に村山, 柳瀬正夢らと加盟。27年1月『文芸戦線』から排除されたアナ系の『文芸解放』に拠る。28年末『文芸ビルデング』に参加, 版画や辻潤の似顔絵などを発表する。ブリキ造型と奇妙な舞踊も得意とした。この頃矢口に居住。28年10・11月札幌, 小樽で洋画家佐藤八郎と絵画展「造型舞踊会」を開催した。戦時中には満州との往来もあったと戸田は記述しているがその後の消息は不詳。(黒川洋)〔著作〕『岡田竜夫個人画報』形成会1928〔装丁〕萩原恭次郎詩集『死刑宣告』長隆舎書店1925, エルンスト・トルラー『燕の書』(村山知義訳)長隆舎書店1925〔文献〕多田文三『南天堂書店』『文芸復興』10集1958, 戸田達雄『私の過去帳』私家版1978,『マヴォ』復刻版・日本近代文学館1991, 寺島珠雄『南天堂』皓星社1999

岡田 刀水士 おかだ・とみじ 1902(明35)11.6-1970(昭45)9.30 前橋市才川町に生まれる。17年群馬郡久留村(現・高崎市)高等小学校を卒業後上京し皮革問屋の見習いとなる。21年帰郷して群馬県立師範学校に入学, 萩原朔太郎を訪ね4年間師事する。22年『帆船』の同人となり草野心平を知る。25年『銅鑼』3号から参加。この年師範学校を卒業し倉賀野小学校訓導となる。27年『バリケード』に寄稿。29年2月伊藤信吉の『片』に寄稿, 5月にはアンソロジー『アナキスト詩集』に詩「根なしを見る」を寄せる。のち高崎市に住み雑誌『興隆期』を刊行。敗戦後は高崎市塚沢小学校に勤め『青猫』『軌道』などを創刊する。(冨板敦)〔著作〕『桃李の路』創元社1947,『谷間』思索社1950,『純情の鏡』学芸書院1952,『幻影哀歌』歴程社1968,『灰白の蛍』同1970,『憂愁の蘭 岡田刀水士遺稿詩集』あさを社1976〔文献〕秋山清『あるアナキズムの系譜』冬樹社1973, 伊藤信吉『回想の上州』あさを社1977, 同『逆流の中の歌』泰流社1977, 平方秀夫「岡田刀水士・人と作品

『群馬の昭和の詩人』みやま文庫1996

岡田 虎二郎　おかだ・とらじろう　1872.7.18(明5.6.13)-1920(大9)10.17　別名・虎次郎　愛知県渥美郡田原町(現・田原市)生まれ。貧乏と虚弱のため田原小学校卒業後農業に従事、農作業をしていた14歳の夕方、回心にも似た宗教的体験をする。渡辺崋山、二宮尊徳に私淑しルソーやペスタロッチに共鳴し、晩年の清水次郎長にも教えを乞うているという。01年渡米、皿洗いをしながら米・独・仏語を不眠不休で学ぶ。05年帰国後素封家に婿入りしたが06年突然妻子を置いて山梨県の山中で黙座黙想、白隠禅師『夜船閑話』の黙座黙想の内観法と同じであることを確認、人生観の「転回」を得た。09年岡田式神霊指圧療法や大日本観音会などの名を揚げて布教。翌年逸見斧吉は木下尚江を岡田の静坐に誘い、木下に「余が思想の一大転化は静座の賜也」と語らしめた。以後木下は逸見とともに静坐普及の中心となる。10年逸見の妻菊枝は自宅で静坐会を開き、田中正造を岡田に紹介、田中は虎二郎を「人と言はんよりはむしろ神なり」と評した(本行寺以前の会場は日暮里崖下の逸見邸であったらしい)。11年6月末から日暮里本行寺に落ち着き毎朝静坐会が開かれた。静坐会に参加した人には逸見、木下、田中のほか石川三四郎、福田英子、望月百合子、相馬黒光、中村悌二郎、中村彝、芦田恵之助、中里介山、坪内逍遥、島村抱月、渋沢栄一、東伏見宮依仁夫妻、徳川慶喜らの名がある。12年に刊行された『岡田式静坐法』(実業之日本社)はベストセラーとなった。また化学肥料や農薬による農業に反対し自然農法を広めようとした。過労と腎臓病が原因で死没。本行寺本堂左手の供養塔には虎二郎の惜愛した『普賢経』の偈が彫られている。(北村信隆)〔著書〕小林信子編『岡田虎二郎先生語録』静坐1937。〔文献〕中西清三『ここに人あり』春秋社1972, 森まゆみ『岡田虎二郎と日暮里本行寺静坐』『明治東京畸人伝』新潮社1995・新潮文庫1999, 笹村草家人編『静坐 岡田虎二郎その言葉と生涯』無名会1974, 柳田誠二郎『岡田式静坐のすすめ』地湧社1983, 小堀哲朗「近代日本の民衆生活と身体」早大学位請求論文(博士・人間科学)2003, 栗田英彦「岡田虎二郎の思想と実践 越境する歴史のなかで」中外日報社「涙骨賞」最優秀論文2016

岡田 延治　おかだ・のぶはる　?-?　時事新報社に勤め東京の新聞社員で組織された革進会に加わり1919(大8)年8月の同盟ストに参加するが敗北。のち正進会に加盟。20年機関誌『正進』発行のために50銭寄付。また24年夏、木挽町(現・中央区銀座)正進会本部設立のためにも50銭寄付する。(冨板敦)〔文献〕『革進会々報』1巻1号1919.8,『正進』1巻1号1920.4, 正進会『同志諸君!! 寄附金芳名ビラ』1924.8

岡田 正雄　おかだ・まさお　?-?　1919(大8)年東京四谷区(現・新宿区)の万月堂印刷所に勤め活版印刷工組合信友会に加盟する。(冨板敦)〔文献〕『信友』1919年8・10月号

岡田 ます　おかだ・ます　?-?　1919(大8)年東京京橋区(現・中央区)の築地活版所〔和文〕解版科に勤め日本印刷工組合信友会に加盟する。(冨板敦)〔文献〕『信友』1919年10月号

岡田 光春　おかだ・みつはる　1905(明38)11.14-1945(昭20)10.8　靴職人。23年7月広島県連合水平社創立大会に参加。24年8月水平社連合会深安支部を結成、支部長となる。同年9月坂水平社の白砂健らと恐喝罪で召喚。同年10月差別糾弾で西田伝吉とともに恐喝罪で検挙起訴され岡田は実刑8カ月(西田は6カ月)で尾道刑務所に収監。26年10月第3回関西自連大会に中国自連代表で参加、祝辞を述べる。同年全国水平社解放連盟の結成に加わり27年4月山口勝清らが結成した黎明社が創刊した『解放運動』の同人となり「水平社同人に檄す」を書く。27年7月白砂らが結成した広島県水平社解放連盟に参加。和佐田芳雄、高橋貞雄、森分忠孝らがいた。同年12月全水第6回大会で建設委員に選出。同月山本利平とともに恐喝未遂で投獄、翌年出所。山口、沢田武雄、小林辰夫らの黎民社で活動。34年4月全水広島県連合会の再建大会に取り組み5月森分や白砂らと執行委員になる。高松差別裁判闘争には水平社委員として闘う。広島で被爆し尾道で死没。(北村信隆)〔著作〕「吾等の解放」『中国評論』1928.12〔文献〕宮崎晃『差別とアナキズム』黒色戦線社1975, 山木茂『広島県社会運動史』,『広島県労働運動史』,『福山市史・下』図書刊行会1983,『広島県水平運動史』広島県水平社連合会1930,『広島人権のあゆみ』広島県水平運動史研究会1994,『思想輯覧1』, 三原容子「水平社運動における『アナ派』について」『世界人権問題研究センター研究紀要』2・3号1997・98,『自連』7・39号1926.12・29.9, 山木茂『広島県解放のいしずえ』たくみ出版

1973、『水平新聞』5号1924.10

岡田 有対　おかだ・ゆうと　?-?　別名・友対　高知市出身か。1921（大10）年1月同志社大学で小柳津恒，長岡博明ら十数人と自由人連盟同志社支部の名のりをあげ同年秋自由人連盟京都支部を結成。結成後まもなく京極西裏通のカフェ江戸に対馬忠行，西川金次郎，小田知一らと集まり，その後京都四条通を革命歌を歌い闊歩，小柳津，長岡，対馬，西川らと検束。翌日の同志社東寮の捜索は京都における最初の学生寮捜査であった。山崎今朝弥主宰の平民大学や早稲田大学建設者同盟などと連絡を取りあって活動，送付パンフレットやビラを学内で秘密裡に頒布。翌22年春このグループを母体に十月会を組織。その後グループとしては次第にアナキズムから離れ，十月会は23年12月解散。25年法学部経済学科卒業後，高知市唐人町に居住。27年村井銀行倒産で退職した小柳津に高知城東商業学校を斡旋紹介するなど個人的な関係は継続した。（北村信隆）〔文献〕『京都地方労働運動史』，『京都帝国大学学生運動史』昭和堂1984，『同志社百年史・通史編』同志社1979，小柳津恒『戦時下一教師の獄中記』未来社1991，『エス運動人名事典』

岡田 利喜蔵　おかだ・りきぞう　?-?　1921（大10）-22年頃埼玉県大里郡別府村（現・熊谷市）で東別府労農会の中心メンバーとして活動する。会員は約120人だった。（冨板敦）〔文献〕『小作人』1次1号1922.2

尾形 逸郎　おがた・いつろう　?-?　1930（昭5）年アナキスト青年連盟の仮事務所を大阪市住吉区王子町の自宅に置く。（冨板敦）〔文献〕『自連新聞』61号1931.8

尾形 亀之助　おがた・かめのすけ　1900（明33）12.12-1942（昭17）12.2　宮城県柴田郡大河原町に生まれる。父は大地主で多額納税議員。20年東北学院中学4年で退学。石原純，原阿佐緒を中心に仙台で創刊の『玄土』に参加。21年未来派美術協会第3回展に出品，会友となり平戸廉吉，柳瀬正夢，ロシア未来派亡命画家ブルリュックと出会う。22年第3回展『三科インデペンデント』をアンデパンダン形式で開催し運営にあたる。23年村山知義とマヴォ結成。矢橋丈吉らを知る。24年新進詩人のアンソロジー『詩集左翼戦線』を共編。25年第1詩集『色ガラスの街』刊行。26年文芸誌『月曜』創刊。28年詩人協会に対抗し全詩人連合結成，『全詩人連合』創刊。詩誌『銅鑼』『亜』『暦程』同人となり辻潤，吉行エイスケらとも交流する。「不飲不食による自殺の正しさ」「最も小額の費用で生活して，それ以上労役せぬこと」と諧謔をこめていい，無形国思想を詩と生活で実践した。（秋元潔）〔著作〕詩集『色ガラスの街』恵風館1925，『雨になる朝』誠志堂書店1929，『障子のある家』炉書房1930，『尾形亀之助全集』増補改訂版思潮社1999〔文献〕辻潤『痴人の独語』書物展望社1935，矢橋丈吉『黒旗のもとに』組合書店1964，辻まこと『辻まことの世界』みすず書房1978，研究誌『尾形亀之助』全3冊1975.1-78.6，秋元潔『評伝尾形亀之助』冬樹社1979・『尾形亀之助論』七月堂1995，特集『尾形亀之助』『現代詩手帖』1999.11，『尾形亀之助展』仙台文学館2000，正津勉『小説尾形亀之助』河出書房新社2007

尾形 幸三郎　おがた・こうざぶろう　?-?　時事新報社に勤め東京の新聞社員で組織された革進会に加わり1919（大8）年8月の同盟ストに参加するが敗北。のち正進会に加盟。24年夏，木挽町（現・中央区銀座）正進会本部設立のために1円寄付する。（冨板敦）〔文献〕『革進会々報』1巻1号1919.8，正進会『同工諸君!!寄附金芳名ビラ』1924.8

緒方 昇　おがた・のぼる　1907（明40）10.3-1985（昭60）11.19　別名・尾形昇　熊本市本荘町中通りに生まれる。父は中国学者の緒方南溟。済々黌を経て25年上京。早稲田大学専門部政治経済学科に入学，逸見猶吉，萩原恭次郎らを知る。杉浦万亀夫，増田英一らと黒旋風社を結成。26年黒連に加盟，1月31日の銀座事件で検挙される。5月『黒旋風』を創刊するが発禁。この頃草野心平，小野十三郎，壺井繁治，岡本潤，高橋新吉，山之口貘を知る。28年幹部候補生として鹿児島の陸軍歩兵第45連隊に入営。謄写版印刷の反戦詩集『軍隊手牒』を秘密出版する。29年大阪毎日新聞社に入社。北京特派員，台北支局長をつとめるなど敗戦まで中国と日本を行き来する。30年逸見に誘われ『歴程』に参加。戦後は毎日新聞東京本社論説委員，『毎日グラフ』編集長などを歴任。47年『日本未来派』の創刊に関わる。56年11月石川三四郎葬儀に列し「坂を昇る葬列」（『ひろば』7号・1957.10）を書く。釣の名人で猪野健治の師だった。（冨板敦）〔著作〕『支那採訪』

東京日日新聞社・大阪毎日新聞社1941,『支那裸像』桜井書店1941,『天下』日本未来派の会1956,『日子』風社1962,『魚ごころ釣ごころ』創思社1962,『折れた傘』風社1966,『魚との対話』現文社1967,『魚仏詩集』明啓社1970,『釣魚歳時記』東京書房社1972,『つりの道』二見書房1976,『鬼三戒』八海文庫1977〔文献〕『労働運動』4次17号1926.6,『黒色青年』4・15号1926.7・12,『自連』4.5号1926.10,中桐雅夫編『昭和詩集1』新潮社1969,『日本未来派詩集』思潮社1987,小松隆二『大正自由人物語』岩波書店1988

岡野 勝二 おかの・かつじ ?-? 別名・勝次,勝治 1918(大7)年1月16日神田南明俱楽部で開かれた活版印刷工組合信友会の創立大会で大林清蔵とともに副幹事長に選出される(幹事長は伊藤兼二郎)。19年頃は大阪の三誠社に勤め信友会(大阪支部)に属し,21年末には東京小石川区(現・文京区)の博文館印刷所で働いていた。(冨板敦)〔文献〕『信友』1919年8・10・12月号,1920年1月号,1922年1月号,水沼辰夫『明治・大正期自立的労働運動の足跡』JCA出版1979,警視庁労働係編『日本印刷工組合信友会沿革 印刷工連合設立迄』廣畑研二編・解説『1920年代社会運動関係警察資料』不二出版2003)

岡野 興三 おかの・こうぞう ?-? 芝浦製作所に勤め芝浦労働組合に加盟し,鉄板分区に所属。1924(大13)年9月27日,同労組の中央委員会で同分区の中央委員に宮森常之助とともに選出される。(冨板敦)〔文献〕『芝浦労働』2次2号1924.11

岡野 章平 おかの・しょうへい ?-? 1919(大8)年東京神田区(現・千代田区)の丸利印刷所印刷科に勤め日本印刷工組合信友会に加盟する。(冨板敦)〔文献〕『信友』1919年10月号

岡野 辰之助 おかの・たつのすけ 1880(明13)頃-? 別名・辰之介,活石,迂拙,赤祥天 千葉県に生まれ成田中学に学ぶ。1904年2月巣鴨監獄の看守となる。入獄中の堺利彦に出会ったのが転機で社会主義者となる。その時の感想が「獄裡の枯川先生」(週刊『平民新聞』1904.5.22)である。06年看守を辞め平民新聞社に入社,校正係となる。日刊『平民新聞』廃刊後秀英舎の校正係となり竹内善朔らと麦粒会を結成する。08年赤旗事件で幸徳秋水上京の際は巣鴨平民社設営に尽力し,また『麵麭の略取』秘密出版には校正と発送に協力するが幸徳と妹テル子の問題で幸徳から離れる。10年6月田島梅子と結婚。11年3月梅子は売文社社員となるが9月死没。代わって売文社に入る。14年退社するが売文社周辺に位置し『へちまの花』『新社会』などに執筆している。(堀切利高)〔著作〕「社会主義運動思出話」『進め』1928.7-29.7〔文献〕「社会主義沿革話」,『田島梅子を偲ぶ』秩父文化の会1990,堀切利高「巣鴨平民社」『夢を食う』不二出版1993

岡野 春沓 おかの・はるくつ ?-? 群馬に住み1928(昭3)年『小作人』「地方通信」欄に寄稿する。(冨板敦)〔文献〕『小作人』3次12号1928.1

岡野 秀松 おかの・ひでまつ ?-? 1919(大8)年東京京橋区(現・中央区)の秀英本舎欧文科に勤め活版印刷工組合信友会に加盟する。(冨板敦)〔文献〕『信友』1919年8・10月号

岡野谷 新太郎 おかのや・しんたろう ?-? 1919(大8)年東京京橋区(現・中央区)の細川活版所印刷科に勤め活版印刷工組合信友会に加盟する。(冨板敦)〔文献〕『信友』1919年8・10月号

岡林 寅松 おかばやし・とらまつ 1876(明9)1.30-1948(昭23)9.1 別名・野花,真冬 高知市に生まれる。高知師範学校附属小学校を卒業後,99年医業開業前期試験に合格。04年9月週刊『平民新聞』読者が集まって結成された神戸平民俱楽部において,小松丑治とともに中心メンバーとして社会主義に関する研究,討議を行った。05年小松の世話で神戸の海民病院に就職,働きながら後期試験の勉強をした。06年夏『赤旗』と題する雑誌の発刊を試みるが果たせず,裏面赤色の葉書用紙に文章を印刷したものを配る。また同志が計画した貧民窟における夜間学校や日曜学校に賛同。その後大阪平民社を通じて森近運平,大石誠之助らと交際する。08年6月赤旗事件の際は,内山愚童が秘密出版した『入獄紀念無政府共産』が岡林,小松のもとに送られる。10年8月大逆事件で起訴され内山の皇太子暗殺計画や爆弾製造に関して尋問された。当初,海民病院において小松とともに初めて内山と対談した際に内山が計画の話をしたように思うと供述させられ,また爆弾を製造するうえでリスリンを混入することを話したと述べたが,その後の予備調書では一貫して否定した。しかし10月の検事調書では「ボンヤリ記憶シテ居リマス」という表現で認めさせら

れた。さらに判決文では内山の話を聞いて「暴力革命ノ必要ヲ悟リタリ」と断定され11年1月18日死刑判決を受けた。もともとこの起訴には無理があり，翌19日無期懲役に減刑されたが31年4月に仮出獄するまで20余年を監獄で過ごした。出獄後は病院に勤務しつつローマ字運動などに参加している。47年2月刑の失効通知を受けた。（西山拓）〔文献〕森長英三郎『大逆事件と大阪・神戸組』『大阪地方労働運動史研究』10号1969.12，酒井一「大逆事件と神戸」『兵庫県の歴史』10号1973.11，神崎清『大逆事件』全4巻あゆみ書房1977，荒木伝『なにわ明治社会運動碑・下』柘植書房1983，『エス運動人名事典』

岡部 和義 おかべ・かずよし 1899（明32）1.22-? 1923（大11）年北海道旭川の歩兵28連隊に入営。24年9月24日元憲兵司令官小泉六一の暗殺を企てたとされた旭川鎮断社弾圧事件に連座して検束。28年頃思想容疑者に編入。除隊後，旭川で易者として生活。（冨板敦）〔文献〕堅田精司『北海道社会文庫通信』573・1316・1349・1889号1998.12.24・2001.1.5・2.7・2002.8.1

岡部 清美 おかべ・きよみ ?-? 1926（大15）年秋田県由利郡下川大内村（現・由利本荘市）で暮し農民自治会全国連合に参加。地元の農民自治会を組織しようとしていた。（冨板敦）〔文献〕『農民自治会内報』2号1927

岡部 よし子 おかべ・よしこ 1896（明29）頃-1945（昭20）頃 本名・里栄，別名・芳子，木本夜詩子 岡山県生まれか。17年大阪府立女子師範学校を卒業。小学校勤務在職5カ月で馘首。21年頃木本凡人の青十字社に共鳴，木本と同棲生活に入る。22年2月借家人同盟の演説会後，木本と「差別撤廃の真の声を聴け」と書いたビラをまき，同月20日大日本平等会の創立大会で壇上に躍り上がり水平社創立大会のアピールをした。同年3月3日京都岡崎での全国水平社の創立大会で「ジャンヌダークの如き娘出でよ，スパルタ武士の母たれ」と演説。多くの壇上で自らが教壇に立つまで，またそれ以降の差別体験を語った。全水創立後自らは無産婦人運動に転じ同年5月の「女給連盟講演会」での婦人解放をはじめ，23年3月醒光婦人会を山内みな，森井（鍋山）歌子らと組織，婦人解放演説会や婦人問題演説会などを開く。西郡水平社の「社会問題講演会」でも山内みな子らと官憲糾弾の熱をあげた（『大阪朝日新聞』夕・1923.5.4）という。当時の岡部の演説は「男優りの達弁で，聴衆の野次を沈黙させる程」と言われるものであった。「検束よけに断髪して自転車乗り」とその活動する姿を形容された。同年12月16日東京と同時に大阪心眼寺で営まれた大杉栄らの葬儀に醒光婦人会を代表して弔辞を述べる。27年関東婦人同盟結成後，大阪での婦人同盟の創設に参画した。「関西同盟会ノ婦人部設置之件」には久津見房子と山内みな子と大阪三大婦人解放家と並称せられている。青十字社や家計生計の気苦労は大きく，戦時中製造販売統制を受けたが征露丸の製造を一手に引き受け木本の社会運動を支えた。戦後食糧買い出しに行き奈良県桜井町国道でバスが谷底に転落した事故で乗客十数人とともに事故死したという。（北村信隆）〔文献〕「女教員差別撤廃の楔」『大阪朝日新聞』1923.3.3夕，「血は叫ぶ水平運動の女5」『やまと新聞』1924.3.20夕，『奈良交通の20年』（年表）・奈良交通株式会社1963，山内みな『山内みな自伝』新宿書房1975，荒木伝『大阪社会運動の源流』東方出版1989，鈴木裕子『水平線をめざす女たち』ドメス出版1987・『婦人水平運動試論』同1988・「婦人水平運動史論覚え書3」『部落解放』191号1983.1，鈴木裕子＝編・解説『日本女性運動資料集成』4・7巻不二出版1994・5，向井孝「木本凡人の『立場』」『黒』1次7号2001.8

岡部 与四郎 おかべ・よしろう ?-? 1919（大8）年東京牛込区（現・新宿区）の秀英舎（市ヶ谷）欧文科に勤め活版印刷工組合信友会に加盟する。（冨板敦）〔文献〕『信友』1919年8・10月号

岡村 丑次郎 おかむら・うしじろう ?-? 国民新聞社に勤め東京の新聞社員で組織された革進会に加わり，1919（大8）年8月の同盟ストに参加するが敗北。のち正進会に加盟。24年夏，木挽町（現・中央区銀座）正進会本部設立のために1円寄付する。（冨板敦）〔文献〕『革進会々報』1巻1号1919.8，正進会『同工諸君!!寄附金芳名ビラ』1924.8

岡村 梅吉 おかむら・うめきち ?-? 時事新報社に勤め東京の新聞社員で組織された革進会に加わり1919（大8）年8月の同盟ストに参加するが敗北。のち正進会に加盟。20年機関誌『正進』発行のために1円寄付。また24年夏，木挽町（現・中央区銀座）正進会本部設立のためにも1円寄付する。（冨板敦）〔文

献〕『革進会々報』1巻1号1919.8,『正進』1巻1号・2巻5号1920.4・21.5,正進会『同工諸君!! 寄附金芳名ビラ』1924.8

岡村 敬事郎 おかむら・けいじろう ?-? 1919(大8)年東京京橋区(現・中央区)の築地活版所欧文鋳造科に勤め活版印刷工組合信友会に加盟する。(冨板敦)〔文献〕『信友』1919年8・10月号

岡村 祥七 おかむら・しょうしち ?-? 中央新聞社に勤め東京の新聞社員で組織された革進会に加わり、1919(大8)年8月の同盟ストに参加するが敗北。のち正進会に加盟。24年夏、木挽町(現・中央区銀座)正進会本部設立のために1円寄付する。(冨板敦)〔文献〕『革進会々報』1巻1号1919.8,正進会『同工諸君!! 寄附金芳名ビラ』1924.8

岡村 庄太郎 おかむら・しょうたろう ?-? 1919(大8)年横浜の神戸印刷所に勤め横浜欧文技術工組合に加盟して活動する。(冨板敦)〔文献〕『信友』1919年8月号

岡本 頴一郎 おかもと・えいいちろう 1880(明13)9.12-1917(大6)7.27 本籍地は山口県吉敷郡だが、本人によると出生地は沖縄県。01年上京、早稲田第一学院で学び安部磯雄や木下尚江の演説を聞いて社会主義に関心を抱く。03年頃恐喝取財罪で重禁錮を受け帰郷。04年大阪に出てランプの口金製造工員になる。07年6月森近運平が大阪平民社を再興し『大阪平民新聞』を刊行したことを知り同社を訪れる。以後月2回ほどの茶話会に参加し武田九平、三浦安太郎、岩出金次郎、百瀬晋、荒畑寒村、山川均、宮下太吉らと交際した。また同年11月に幸徳秋水が大阪に寄った際の歓迎会に出席している。08年6月の赤旗事件をめぐり、竹内善朔が迫害に対する一種の防御戦にすぎないとする論評を『熊本評論』(1908.7.20)に掲載したが、首都において無政府共産の旗が翻ったことに意義があるという主旨の反論投書を同誌にしている(1908.8.5)。10年8月大逆事件で起訴され、08年12月大阪の村上旅館で大石誠之助から幸徳の「逆謀の企図」を聞きそれに同意したという点を追及された。判決書によれば「逆謀の企図」とは幸徳が大石、森近らとともに赤旗事件の連累者の出獄を待って「大逆」を計画したというものである。岡本は陰謀の協議はなく幸徳の考えに賛否を示していない旨を主張したが、幸徳の歓迎会に出席したことや内山愚童が秘密出版した『入獄紀念無政府共産』が送られていることを根拠に、11年1月18日死刑判決を受けた。翌日無期懲役に減刑された。諫早監獄で服役中に病没。(西山拓)〔文献〕荒畑寒村「岡本君を憶ふ」『新社会』1919.9.「冬」『近代思想』1914.1,森長英三郎「大逆事件と大阪・神戸組」『大阪地方労働運動史研究』10号1969.12,幸徳秋水全集編集委員会編『大逆事件アルバム』明治文献1972,神崎清『大逆事件』全4巻あゆみ書房1977,荒木伝『なにわ明治社会運動碑・下』柘植書房1983

岡本 加一 おかもと・かいち ?-? 岡山印刷工組合のメンバー。1923(大12)年12月16日岡山禁酒会館で開かれた中国労働連合会有志主催の大杉(栄)・伊藤(野枝)・橘(宗一)追悼会で、「労働運動社からの『黒旗を高くかかげよ!』」など各地からの電報を朗読する。(冨板敦)〔文献〕『労働運動』4次2号1924.3

岡本 公夫 おかもと・きみお ?-? 富山県中新川郡西水橋町(現・富山市)に生まれる。1918(大7)年8月富山の米騒動で活躍。岡本は売薬業。世話好きで弱い者に味方する反骨精神が旺盛だったと伝えられている。7月上旬から行われていた東水橋町の米騒動は3日西水橋町に波及。「高い米を食うとる。なんとかせにゃかわいそうだ」と主婦たちの行動に加担して「男の大将」になる。5日実力行使に出た水上のぶとともに警官への暴行容疑で滑川署に拘引されるが、翌6日不当逮捕を訴え抗議にかけつけた群衆の「(岡本らに)罪はない、もし罰するなら我々もともに罰せよ」の声に釈放される。富山の米騒動はその後全国に波及、都市部では反政府的暴動に発展した。(西村修)〔文献〕田村昌夫『いまよみがえる米騒動』新興出版1988,井上清・渡部徹『米騒動の研究1』有斐閣1959

岡本 重夫 おかもと・しげお ?-? 1919(大8)年東京京橋区(現・中央区)の三間印刷所欧文科に勤め活版印刷工組合信友会に加盟する。(冨板敦)〔文献〕『信友』1919年8月号

岡本 重四郎 おかもと・じゅうしろう ?-? 1919(大8)年2月山鹿泰治、横井仙之助、深尾巳之助、上田蟻善、長沢確三郎、深見きん、小野清正、深草みどりらと一斉検挙された。のち上原友定も検挙取り調べを受ける。山鹿らが「特殊部落民煽動を主眼とし

た秘密印刷物及び『新労働組合主義』なる小冊子を秘密に約2000部出版して、京都市柳原町などを手始めに全国要所に『パンの略取梗概』『サンヂカリズム』『平民の鐘』などを配布せんとしたものである」との容疑。6月13日第1審で山鹿は禁錮2年、上田は禁錮4カ月、深尾は禁錮2カ月、上原と長沢は罰金120円、後藤仙吉は罰金80円の判決を受ける(岡本、深見、小野、深草らの量刑は不明)。〔北村信隆〕〔文献〕『京都地方労働運動史』、『社会主義沿革1』

岡本 収蔵 おかもと・しゅうぞう ?-? 1919(大8)年東京神田区(現・千代田区)の三省堂印刷部鉛版科に勤め活版印刷工組合信友会に加盟する。(冨板敦)〔文献〕『信友』1919年8·10月号

岡本 潤 おかもと・じゅん 1901(明34)7.5-1978(昭53)2.16 本名・保太郎、別名・和田松夫 埼玉県児玉郡本庄町(現・本庄市)生まれ。幼時に父母離婚。籍を父方に残して母と京都に移った。東京の大学生活も母の送金で支えられたが渡辺政太郎、久板卯之助らの北風会でアナキズムに接し、20年12月結成即解散命令の日本社会主義同盟大会に出席。21年2月大阪の仮寓先で病む母を看護、そのかたわらシュティルナーの『唯一者とその所有』を英訳と辻潤訳で読んだ。母の死後、中央大学から東洋大学へ転じ22年3月1年修了で中退。22年『熱風』に詩を発表、萩原恭次郎、壺井繁治、川崎長太郎とはかり23年1月詩誌『赤と黒』を創刊し「黒き犯人」と自称して芸術革命の烽火をあげ、本郷の南天堂書店2階レストランに展開したいわゆる南天堂時代の主役の一人だった。宮嶋資夫、辻、五十里幸太郎、牧野四子吉らとの交友起点は南天堂。土工稼ぎで生活を立てながら27年1月『文芸解放』創刊に参加、アナキズムに拠ることを明確化。純正派とサンヂカリズム派の内部対立では純正派の立場をとり、マルクス主義移行の壼井、陀田勘助らとも袂別した。28年1月素人社から詩集『夜から朝へ』を刊行、同年7月宮嶋中心の『矛盾』創刊に際しては自宅を3号までの発行所とし終刊8号まで毎号詩やエッセイを発表。この時期から35年の無共党事件による検挙までがアナキスト詩人として最も光彩を放っている。すなわち運動内外の諸誌紙への大量の執筆、編集協力、秋山清との『解放文化』(1932.6創刊)発行を通じての解放文化連盟の提唱、月刊機関紙『文学通信』の33年8月創刊の実現などである。同年2月には詩集『罰当りは生きてゐる』(解放文化連盟出版部)が発売禁止とされたが処分をくぐった少部数は世に出た。『文学通信』は35年10月19号まで植村諦が編集発行人で継続した。11月無共党事件の全国一斉検挙で検挙されたが党と無関係で釈放された。この一斉検挙で『反対』『詩行動』『コスモス』など岡本の関係雑誌はすべて中絶した。釈放後同志笹井末三郎の援助で京都移住、新興キネマ京都撮影所脚本部を経て上京、花田清輝、中野秀人と40年1月『文化組織』を創刊、作品発表のほか編集にもあたったが43年10月雑誌統制で終刊。41年12月詩集『夜の機関車』を文化再出発の会から発行し「岡本の第二の昂揚期」と評されている。戦後は大映多摩川撮影所労働組合、新日本文学会、アナ連で活動を再開。47年共産党入党、48年日本映画演劇労働組合東京支部委員長。50年レッドパージ、平凡社入社、61年8月共産党から除名。最晩年「初志だけはあくまで貫くつもり」と入院5年の病床で旧著に記した。〔寺島珠雄〕〔著作〕自伝『詩人の運命』立風書房1974、『岡本潤全詩集』本郷出版社1978、『時代の底から 岡本潤戦中戦後日記』風媒社1983〔文献〕栗田良平「岡本潤ノート」『トスキナア』6-12号2007-2010

岡本 伸一 おかもと・しんいち ?-? 1924(大13)年逸見吉三らと結成した大阪機械技工組合のメンバー。27年11月関西自連協議会で元大阪合成労働組合の中村房一ら6人の除名、大阪機械技工の楠利夫、杉浦市太郎の離脱による役員改選により関西自連の会計を担当した(同年7月関西自連会計を芝原貫一の辞職後、山中政之助が引き継いでいた)。28年大阪メーデーに参加、中之島公園からの行進中、第二住吉橋で黒連の平井貞二らとともに検束された。〔北村信隆〕〔文献〕『大阪社会労働運動史・上』、『自連』15·19·24号1927.8·12·28.5

岡本 清太郎 おかもと・せいたろう ?-? 東京市四谷区谷町(現・新宿区若葉)に居住し神田神保町の山縣製本印刷整版部に勤める。1935(昭10)年1月13日整版部の工場閉

鎖、全部員40名の解雇通告に伴い争議勃発。工場を占拠して闘い同月15日解雇手当4ヵ月、争議費用百円で解決する。山縣製本印刷は当時東京大学文学部の出入り業者であり、東印は34年5月以降、東印山縣分会を組織していた。(冨板敦)〔文献〕『山縣製本印刷株式会社争議解決報告書』東京印刷工組合1935、『自連新聞』97号1935.1、中島健蔵『回想の文学』平凡社1977

岡本 たけ おかもと・たけ ?-? 1919(大8)年東京本所区(現・墨田区)の凸版印刷会社解版科に勤め活版印刷工組合信友会に加盟する。(冨板敦)〔文献〕『信友』1919年8・10月号

岡本 竹三郎 おかもと・たけさぶろう ?-? 1919(大8)年東京本所区(現・墨田区)の凸版印刷会社和文科に勤め活版印刷工組合信友会に加盟する。(冨板敦)〔文献〕『信友』1919年8・10月号

岡本 民造 おかもと・たみぞう ?-? 印刷工。1918(大7)年京都の森田盛次宅にて森田、上原友定、西川金次郎らと印刷工による自立した労働組合の結成を画策する。翌年8月10日森田、上原、野村卯之助、西口弥一、城増次郎、加畑、北澤らと印友会を設立、11月23日に発会式(会員数約50人)を開く。上原、西川、城、野村、山下寒芽とともに幹事に選ばれる。(冨板敦)〔文献〕『労働運動』1次3号1920.1、『日本労働新聞』37・43号1920.7・21.1、『京都地方労働運動史』

岡本 忠太郎 おかもと・ちゅうたろう ?-? 1919(大8)年東京本所区(現・墨田区)の凸版印刷会社欧文科に勤め活版印刷工組合信友会に加盟する。同社同科の組合幹事を倉田孝三郎と担う。(冨板敦)〔文献〕『信友』1919年8・10月号

岡本 経厚 おかもと・つねあつ 1877(明10)2.17-1963(昭38)7.22 別名・大夢、大無京都上賀茂神社の社家の長男として生まれる。明治法律学校を卒業後、正岡子規に俳句を、のちに短歌を学ぶ。07年頃『京都日出新聞』に入社し校正係と日曜付録の文学欄を担当。08年11月同僚の徳美松太郎に誘われて東京から新宮へ帰途中の大石誠之助の京都の宿を訪ねた。10年9月大逆事件の捜査ではいわゆる「11月謀議」に参加したという点に関して追及された。岡本は幸徳秋水が爆弾のつくり方を研究しているとか、決死の士を集めて暴力革命をはかるといった話は断じて聞いていないと主張した。また自分は社会主義が嫌いであると述べている。結局不起訴となったが、同僚に誘われてたまたま大石を訪ねたばかりに当局側に過大に警戒されるかたちとなった。しかし岡本の大石に対する印象は「シッカリシタ人物」であり生涯尊敬したという。(西山拓)〔文献〕森長英三郎『禄亭大石誠之助』岩波書店1977

岡本 唐貴 おかもと・とうき 1903(明36)12.3-1986(昭61)3.28 本名・登喜夫、別名・近峰須多二、三浦俊 岡山県浅口郡連島町西之浦腕(現・倉敷市)に生まれる。小学校卒業後古本屋を営む。その後神戸に出て浅野孟府を知る。画家を志して上京、東京美術学校彫刻科選科に入学し浅野と共同生活をする。23年関東大震災後は浅野と神戸市外原田村に移り古い洋館で共同生活を送る。ここには26年『ラ・ミノリテ』の同人となった画家飛地義郎が同居したこともある。三宮神社の境内にあったカフェ・ガスを拠点に美術運動をおこし文学青年、アナキスト、社会運動家と交わる。「南天堂的な店」(寺島珠雄)だった。24年美校を中退。同年4月新興美術運動団体アクションに第2回展から加わる。10月三科の創立に参加。25年村山知義らのマヴォに参加、ダダイズムに走る。26年矢部友衛、浅野らと造形を創立。三科のアナキズム、ニヒリズム、ダダイズムをブルジョアの個人主義的限界と否定。27年新ロシア展開催に造形同人と尽力。プロレタリア美術運動に傾き28年ナップの中央協議会委員に選出される。32年に生まれた息子(登)は漫画家白土三平。(髙野慎三・冨板敦)〔著作〕『プロレタリア美術とは何か』アトリエ社1930、『岡本唐貴画集』同刊行会1963、『日本プロレタリア美術史』(松本文雄と共著)造形社1967、『岡本唐貴自選画集』東峰書房1983、『岡本唐貴自伝的回想画集』東峰書房1983〔文献〕五十殿利治『大正期新興美術運動の研究』スカイドア1998、寺島珠雄『南天堂』皓星社1999、五十殿利治・菊屋吉生・滝沢恭司・長門佐季・野崎たみ子・水沢勉『大正期新興美術資料集成』国書刊行会2006

岡本 久男 おかもと・ひさお 1900(明33)-1936(昭11) 三重県度会郡に生まれる。大正末期の20代半ば名古屋で新聞記者生活を送るうちにアナキズム運動に参加。天皇制を批判し蛙鳴会などの秘密組織によるテロ

リズムを企図するが，三重県で治安維持法違反で投獄され36年春頃獄死。(奥沢邦成)
〔文献〕『解放のいしずえ』旧版

岡本 文弥　おかもと・ぶんや　1895(明28)1.1-1996(平8)11.6　本名・井上猛一　東京市下谷区谷中上三崎南町(現・台東区谷中)に生まれる。父井上源次郎は土木請負師，母とらは新内語り鶴賀若吉。笹子トンネル関連工事に携わる父について幼少時を山梨県で過ごす。母と二人帰京し本所開発小学校，京華中学に入る。この頃から新聞・雑誌に興味をもち回覧雑誌をつくり，雑誌に投稿する。13年京華中を卒業。この頃渡辺政太郎，若林やよの研究会に参加，『へちまの花』に詩を投稿する。上野図書館でアナキズム，社会主義の文献を読むが「これがみんなむずかしくて，血にも肉にもなりゃしません」。同じ頃母の手ほどきで新内を始める。延島英一の妹せつが母の内弟子となりのち文弥の相三味線となる。この頃大杉栄，加藤時次郎，荒畑寒村，和田久太郎，辻潤らと知り合う。早稲田大学史学科に入るが勉強に身が入らず16年文光堂発行の『秀才文壇』，続いて『おとぎの世界』の編集にあたり初山滋，山村暮鳥を見出す。童話作家小森多慶子と田端で同棲。はじめ富士松加賀路大夫を襲名したが23年根津哥音本で岡本派を再興，まもなく文弥を名のる。遊里の心中物を多く歌い色街の流しがともすれば門付けと混同された新内を「この世の底辺を生きる女性たちの恨み，嘆き，無念をうたう」芸として再解釈した。新内に関する研究書も『新内夜話』(法木書店1923)，『遊里新内考』(同成社1967)，『新内曲符考』(同1972)などがある。昭和に入ると築地小劇場に関わり「太陽のない街」「西部戦線異状なし」「礫茂左衛門」などを新内につくり「赤い新内」と評判になる。藤蔭静枝らと組んで新内舞踊を創作，戦時中は移動演劇の役者をつとめた。戦後谷中に小さな居を構え新内に専心。しかし反権力は持続し，原爆反対を「ノーモア・ヒロシマ」に，朝鮮人慰安婦への謝罪寸志として「ぶんやアリラン」をつくった。古典をよく保存し新作に果敢であり，無形文化財新内節記録保持者に指定された。64年から日本民俗芸能代表としてたびたび訪中。「私の社会主義は理論でなく，イバる奴は嫌いだ，人を踏みつけにするのは許せないということで」と語り，共産党を支持しながらも自由人の姿勢を生涯貫いた。『芸渡世』(三月書房1962)，『文弥芸談』(同成社1963)，『芸流し人生流し』(中央公論社1972)などの随筆のほか短歌，俳句もよくした。「春塵やいっそままよのボンカレー」「省みて栄華の日々を持たざりし／我が人生を自画自賛する」(森まゆみ)〔文献〕和田久左郎『中村しげ子宛手紙』『獄窓から』真正版黒色戦線社1988，林えり子『ぶんや泣き節くどき節』朝日新聞社1983，森まゆみ『長生きも芸のうち』毎日新聞社1993・ちくま文庫1998

岡本 昌蔵　おかもと・まさぞう　?-?　1919(大8)年東京京橋区(現・中央区)の細川活版所印刷科に勤め活版印刷工組合信友会に加盟。のち築地活版所印刷科に移る。(冨板敦)〔文献〕『信友』1919年8・10月号

岡本 利吉　おかもと・りきち　1885(明18)12.25-1963(昭38)10.14　別名・普意識　高知市に生まれる。中学を中退後，02年上京し東京郵便電信学校に入学，05年卒業して逓信省に入省。12年三菱倉庫会社に移るが，18年9月勤務先の爆発事故を契機に退社。19年政治家片岡直温，財界人平生釟三郎らの支援のもと，資本と労働力の対等的結合を目的として企業立憲協会を組織する。20年事務所を東京府下大島町(現・江東区大島)に移し労働者教育に尽力。平沢計七が友愛会を脱退後に設立した純労働者組合が大島町にあったため岡本は機関誌『新組織』の編集を平沢に委嘱する。21年10月純労の講習会で労働者のための購買組合を提言，11月共働社を結社し12月産業組合法により有限責任購買組合共働社として認可される。共働社はロッチデールの先駆者組合にならい労働者のための生活必需品を扱った。22年2月信用組合の設立に着手し，3月有限責任信用組合労働金庫として認可され日本の労働金庫の草分けとなった。しかし純労の有力組合の争議に際し，出資金の払い込みが完了していない状態のまま組合員に多額な貸し付けを行ったため経営に行き詰まり，さらに23年関東大震災にあって解消した。一方22年5月連合機関消費組合連盟(1926.11関東消費組合と改称)を結成し労働組合内部での消費組合の設立を促した。26

年7月共働社の組合長を戸沢仁三郎に，連盟の責任者の地位を広田金一に託し，共同農場の経営，農民指導者の育成に力を入れるようになる。27年静岡県駿東郡富岡村(現・裾野市)に農村青年共働学校を設立し，34年神奈川県都築郡新治村(現・横浜市)に移転し美愛郷共同農場と純真学園を開設する。38年閉鎖し，軍の協力のもと宇治山田市に神都教学館を設立し占領地の現地工作にあたる指導者を養成する。戦後同館を民生館と改称し人間，生活，知識を体系化した生活構造論の構築に専心する。58年には世界語としてボアー・ボム語を完成させ，普及につとめた。(西山拓)〔著作〕『規範経済学』平凡社1929,『人生問題総解決』純真社1931,『人間理学講話』建設社1935,『民生論学大系1・2』民生館1951〔文献〕『共働社15年史』共働社1935，奥谷松治『労働者消費組合運動の一齣』戸沢仁三郎』生活協同組合久友会1974，角石寿一『先駆者普意識　岡本利吉の生涯』民生館1977，涌井安太郎『わが心に生きる協同組合の思想家』家の光協会1977，山本秋『日本生活協同組合運動史』日本評論社1982，藤田富士夫・大和田茂『評伝平沢計七』恒文社1996，岩崎正弥『農本思想の社会史』京大学術出版会1997，大和田茂「岡本利吉と平沢計七」『初期社会主義研究』15号2002.12，唐沢柳三「岡本利吉の思い出」『岡本利吉研究』1号2005.2

岡安　亀吉　おかやす・かめきち　?-?　1919(大8)年東京京橋区(現・中央区)の帝国興信所印刷科に勤め日本印刷工組合信友会に加盟する。(冨板敦)〔文献〕『信友』1919年10月号

小川　愛之助　おがわ・あいのすけ　?-?　1919(大8)年東京京橋区(現・中央区)の築地活版所印刷科に勤め活版印刷工組合信友会に加盟する。(冨板敦)〔文献〕『信友』1919年8月号

小川　一郎　おがわ・いちろう　?-?　芝浦労働組合に加盟し，鍛冶分区に所属。1927(昭2)年芝区(現・港区)金杉浜町で堀増己とともに『反政党運動』芝支局を担う。28年関東一般労働組合を設立し江西一三，山一由喜夫，高橋光吉と組合事務所で共同生活する。29年5月6日内藤健司，岩間賢助を殴り，同月8日芝浦製作所を解雇。9日三田署に検束され17日罰金40円とされる。『芝浦労働』3次28号に「袂別の辞」を寄せる。31年『黒色労農新聞』8・9号の発行責任者となり同年北部消費組合にも関わる。(冨板敦)〔文献〕『反政党運動』2号1927.7,『芝浦労働』3次27・28号1929.6・7,『黒色労農新聞』8・9号1931.2・3，小松隆二『企業別組合の生成』御茶の水書房1971,『江西一三自伝』同刊行会1976

小川　芋銭　おがわ・うせん　1868.3.11(慶応4.2.18)-1938(昭13)12.17　本名・茂吉，旧名・不動太郎，別名・牛里　江戸赤坂溜池池之端の牛久藩邸(現・港区赤坂)に生まれる。78年上京して商家に丁稚奉公をしながら，彰技堂で本多錦吉郎から洋画を学んだ。88年尾崎行雄の推薦により『朝野新聞』の客員となり，会津磐梯山の噴火をルポした画文が話題となり，以後帝国議会議場のスケッチや漫画を同紙に掲載した。93年から茨城県稲敷郡牛久村(現・牛久市)に戻り農耕や養蚕に従事した。98年『いはらき新聞』に漫画を送り主筆の佐藤勇作に支持されるようになった。佐藤が幸徳秋水の友人であったことから平民社から依頼を受け04年1月から週刊『平民新聞』に漫画や俳句を掲載。また運動基金を寄付する。この頃同じく佐藤の紹介により小杉未醒を知り親交が始まる。週刊『平民新聞』は05年1月に廃刊したが，以後『直言』『光』『ぺらむべえ』，日刊『平民新聞』『社会新聞』などの社会主義系の雑誌，新聞に寄稿を続ける。05年3月平民社を訪問し同年4月には東北地方へ社会主義伝道行商に出ていた荒畑寒村を自宅に泊め行商に一時参加するなど，実践面においても支援活動を継続した。07年田岡嶺雲，白河鯉洋らが『東亜新報』を創刊した際に招かれ東京に住んで同社に通勤する。08年牛久に戻ったが出版活動を継続し，小杉の企画により漫画集『草汁漫画』を発刊。10年の大逆事件後は会津や関西に漂泊していた。15年堺利彦の個人紙『へちまの花』に寄稿。17年日本美術院同人となる。以後東洋の理想社会像を意識した桃源郷図，牛久沼畔の風景，河童など，水墨画を多く描いた。(西山拓)〔著作〕斎藤隆三編『芋銭子文翰全集』中央公論社1939-40〔文献〕斎藤隆三『大痴芋銭』創元社1941，宮川寅雄「小川芋銭と初期社会主義」『歴史評論』104号1959.4，鈴木進編『芋銭』日本経済新聞社1963,『三彩』467号(特集・小川芋銭)1986.8，北島健「小川芋銭関係文献について」『日本古書通信』53巻7号1988.7，鈴木幸子編『小川芋銭日記「215張」』私家版1995，宮崎隆典「まちづくり人国記　牛久沼の河童を描いて観光資源を残した文人画家小川芋銭」『地域開発ニュース』265号2000.3，渡辺京二「小川芋銭　河童百図」茨

城県立歴史館2007、正津勉『河童芋銭 小説小川芋銭』河出書房新社2008

小川　一男　おがわ・かずお　1899(明32)-?　1925(大14)年9月3日18時半から小樽中央座で開かれた労働問題大演説会〈監獄部屋打破を主張する大沼渉、宇田川信一、寺田格一郎らの小樽自由労働者有志主催〉に参加。検束され14日間拘留される。(冨板敦)〔文献〕堅田精司編『北海道社会運動家名簿仮目録』私家版1973、堅田精司『北海道社会文庫通信』134・303・760・1287号1996.9.24・1997.10.7・1999.6.29・2000.12.7

小川　金治　おがわ・きんじ　1875(明8)7.20-?　秋田県秋田町川反(現・秋田市)に生まれる。小学校卒業後、活版工として生計を立てていたが、秋田にやってきたガルストの影響でキリスト教徒となり上京して本郷教会に出入りした。この間に社会主義に関心を抱くようになった。06年渡米しサンフランシスコの福音会に身を置き岩佐作太郎や植山治太郎らと交際した。幸徳秋水が渡米中に結成した社会革命党の本部委員になったり、07年の天皇暗殺檄文配布事件に関与していたことから08年6月に領事館の報告に基づき要視察人名簿に登録された。小川はその後も活動を続け岩佐が結成した革命社、竹内鉄五郎が結成したフレスノ労働同盟会に参加し、大逆事件刑死者追悼集会に出席している。片山潜がサンフランシスコで発刊した『平民』に協力するなど在米社会主義者の中心的人物の一人であった。(西山拓)〔文献〕『主義者人物史料1』、袖井林二郎『夢二加州客中』集英社1985、大原慧『片山潜の思想と大逆事件』論創社1995

小河　国吉　おがわ・くによし　?-?　1926(大15)年岐阜市で解放運動社を結成し黒連、中部黒連に加盟、10月『解放運動』を創刊する(1・2集発禁)。同年11月同市柳ケ瀬演芸館で同社主催の黒連演説会、27年2月黒風社と共催で社会問題大演説会を開く。同年4月黒風社、第一戦線社と共催で「支那動乱、無産政党、農村時局問題批判演説会」を予定するが会館の閉鎖で中止。同年11月4日盛岡市公会堂で開かれた黒連主催の農村時局労働問題日は演説会に登壇。この頃事務所を市外本荘の鐘淵紡績前、市外佐波に移転して活動する。30年2月末政治否定演説会を開催して失敗、県外追放となり伊

串英治との雑誌刊行計画が挫折する。(冨板敦)〔文献〕『黒色青年』7・8・9・12・17号1927.3・4・6・9・28.4、『関西自由新聞』2号1927.11、上野克己「戦線に立ちて」『自由連合主義』3号1930.7、小田切秀雄・福岡井吉『昭和書籍雑誌新聞発禁年表』明治文献1965、『社会主義沿革2』

小川　広太郎　おがわ・こうたろう　?-?　芝浦製作所に勤め芝浦労働組合に加盟。1926(大15)年9月23日「共産党の走狗」であるとして高橋権次郎、重久篤雄、矢崎保秀、村松英雄とともに組合から除名される。(冨板敦)〔文献〕『芝浦労働』3次10号1926.11、小松隆二『企業別組合の生成』お茶の水書房1971

小川　定科　おがわ・さだしな　?-?　1919(大8)年東京京橋区(現・中央区)の築地活版所文選科に勤め日本印刷工組合信友会に加盟する。(冨板敦)〔文献〕『信友』1919年10月号

小川　政次　おがわ・せいじ　?-?　1919(大8)年東京京橋区(現・中央区)の築地活版所鉛版科に勤め活版印刷工組合信友会に加盟する。(冨板敦)〔文献〕『信友』1919年8・10月号

小川　清蔵　おがわ・せいぞう　?-?　1919(大8)年東京京橋区(現・中央区)の帝国興信所印刷部に勤め活版印刷工組合信友会に加盟。10月頃同社を退社する。(冨板敦)〔文献〕『信友』1919年8・10月号

小川　潜　おがわ・せん　⇨小川正夫　おがわ・まさお

小川　武　おがわ・たけし　?-?　芝浦製作所に勤め芝浦労働組合に加盟。1926(大15)年9月19日、同労組の緊急中央委員会で「共産党の走狗」であるとして渡辺精一、高橋知徳、春日正一、伐晃、菅野義清、中川栄、青木健太郎、長谷川光一郎とともに組合から除名される。(冨板敦)〔文献〕『芝浦労働』3次10号1926.11、小松隆二『企業別組合の生成』お茶の水書房1971

小川　猛　おがわ・たけし　1902(明35)-?　秋田県南秋田郡北浦町西水口(現・男鹿市)に生まれる。高等小学校を卒業後、上京。弁護士事務所の事務員をしながら慶応商業学校夜間部に通学したが中退。芝浦製作所のほか印刷所、電器製作所などで働く。24年東京電気労働組合、機械技工組合に加わり25年11月15日白山秀雄とともに銀座で檄文を配布し懲役8カ月。26年黒連に加盟、27年東京一般労働者組合の創立に尽力、中心

メンバーとして活動する。28年3月全国自連続行大会で東京一般北部支部の常任委員として鶴岡直和らとともに中立的な立場をとって自連に残留。同年11月昭和天皇即位の予防検束で東京一般の水沼熊，金沢末松らと検束され拘留29日。その後サンジカリズム派に傾き30年4月自連から分離独立。関東自協，日本自協の結成に参加。7月創刊の『黒色労農新聞』初代編集発行印刷人。31年出版法違反で罰金20円。過労がもとで病気となり33年大阪へ。市内の知人宅を転々とし漁業の手伝いなどをする。35年奈良県生駒郡伏見村正田（現・奈良市）の実家に戻り，同年末頃無共党事件で検挙されるが不起訴。戦中は尼崎で魚の行商をする。31年日本染織争議で警視庁調停の際，灰皿を投げつけたことで一躍有名になったというエピソードを持つ「直情径行の闘士だった」（江西一三）。通称「モウさん」。（冨板敦）〔文献〕『黒色青年』6号1926.12，『自連』9.10号1927.3，『自連新聞（号外・東京一般労働組合版）』1・2号1928.11・12，『自連新聞』30号1928.12，『身上調書』，山口健助『風雪を越えて』印友会本部1970，江西一三『江西一三自伝』同刊行会1976，『思想輯覧1』，白井新平『日本を震撼させた日染煙突争議』啓衆新社1983

小川　健重　おがわ・たけしげ　?-?　1919（大8）年東京京橋区（現・中央区）の築地活版所漢字鋳造科に勤め活版印刷工組合信友会に加盟する。（冨板敦）〔文献〕『信友』1919年8・10月号

小川　露夫　おがわ・つゆお　?-?　1922（大11）年『新愛知』（8月16日）に「智識階級に與ふ（一労働者より）」を投稿し名古屋の知識人だった井箟節三を批判。井箟が自宅に怒鳴り込んでくる。同年9月25日名古屋市西区菊井町五丁目の伊串菓子問屋商店の二階で開かれた高津正道を招いての労働組合・アナ系団体の交歓集会に出席。アナ派の出席者は，伊串英治，横田淙次郎，矢木鍵次郎，高嶋三治，渡辺年之助，平林敬保，外山照，祖父江，小島，服部，山田ら。23年7月10日に創刊された『ナゴヤ労働者』の同人となる。（冨板敦）〔文献〕伊串英治「名古屋に於ける社会運動史」『黒馬車』2巻12号1934.12

小川　鉄五郎　おがわ・てつごろう　?-?　1919（大8）年東京京橋区（現・中央区）の三協印刷株式会社和文科に勤め活版印刷工組合信友会に加盟する。（冨板敦）〔文献〕『信友』1919年8月号

小川　藤次郎　おがわ・とうじろう　1906（明39)-?　26年静岡県清水市（現・静岡市）の自宅を事務所として自主労働社を組織していた。8月2日静岡市若竹座での黒連中部連盟演説会後，同月4日事務所を警官に襲われ八太舟三，広瀬わか，高田格が検束される。同日夜半再び警官に踏み込まれ斎藤一平，望月辰太郎，佐伯三郎とともに検束される。同月6日の清水市での演説会は中止に追い込まれた。11月清水港の自由労働者を組織するため清水自由労働者組合を設立し12日から宣伝ビラ，綱領規約などの印刷物を配布し始める。12月13日夜関西から来静した岡崎竜夫，杉田宏を静岡駅に迎えに行き小坂千里，山口勝清，大塚昇とともに総検束にあうが14日午前全員釈放される。『黒色青年』7号の消息に「静岡合成労働組合員小川藤次郎君静岡第34連隊に入獄」とある。（冨板敦）〔文献〕『静岡新報』1926.8.6・11.13・12.15夕刊，『黒色青年』5・7号1926.9・27.3

小川　寅蔵　おがわ・とらぞう　?-?　1919（大8)年東京神田区（現・千代田区）の三秀舎和文科に勤め活版印刷工組合信友会に加盟する。（冨板敦）〔文献〕『信友』1919年8・10月号

小川　尚春　おがわ・なおはる　?-?　1919（大8)年東京牛込区（現・新宿区）の秀英舎（市ヶ谷）文選科に勤め活版印刷工組合信友会に加盟する。（冨板敦）〔文献〕『信友』1919年8・10月号

小川　浩　おがわ・ひろし　?-?　新聞工組合正進会に加盟し1924（大13)年夏，木挽町（現・東京中央区銀座）本部設立のために2円寄付する。（冨板敦）〔文献〕正進会『同工諸君!!寄附金芳名ビラ』1924.8

小川　平蔵　おがわ・へいぞう　?-?　京都印刷工組合員。1925（大14)年8月，京印例会での役員改選で庶務担当に選出される。26年3月21日横浜市内幸クラブで開かれた全印連第3回大会に京印を代表して参加し組合の情勢報告を行う。8月京印理事会で東京方面の労働運動情勢を報告する。27年3月20日前橋市厩橋演芸館で開かれた全印連第4回大会に出席し京印の情勢報告をする。9月18日上毛印刷工組合第4回大会で演説。（冨板敦）〔文献〕『印刷工連合』35号1926.4，『自連』4.5・11.17号1926.10・27.4・10，『京都地方労働運

動史』、水沼辰夫『明治・大正期自立的労働運動の足跡』JCA出版1979

小河 牧夫　おがわ・まきお　1868.4.11(明1.3.19)-1938(昭13)8.4　旧名・亀次郎　千葉県山武郡東金町田間(現・東金市)生まれ。小学校卒業後北海道に渡る。札幌農学校を卒業後、師範学校教師、集治監での農業教師を経て1903年上京し牧畜業を営む。その後千葉県立茂原農学校助教授を経て04年7月から07年12月まで牧畜業視察の目的で渡米。この間に邦人社会主義者たちと交際があったと推測される。07年11月サンフランシスコにおいて天皇暗殺をほのめかす檄文を領事館や日本人宅に貼り付けたり海外に配布する事件があったが、小河はこの事件に関わったと疑われ08年5月3日アナキズムを信奉する甲号として要視察人名簿に登録された。帰国後は北海道の農場で働いたりしたがつねに視察の対象とされており仕事は長続きしなかった。本人は帰国時に同船した別人と間違えられたと訴えていた。(西山拓)〔文献〕『主義者人物史料1』、『在米主義者沿革』、『社会主義沿革1』、志田行男『「暗殺主義」と大逆事件』元就出版会2000

小川 孫六　おがわ・まごろく　1887(明20)8.22-1923(大12)8.9　広島県呉神田町(現・呉市中央)生まれ。呉労働組合を組織し役員になる。20年12月同労組のビラを呉海軍工廠内に持ち込み散布したのを理由に小早川小大郎、牛尾兼一とともに工廠を解雇された。翌21年1月9日同労組の決起を促す檄を飛ばしたが立ち上がらず同労組を離れた。同年7月呉で『民権新聞』を発行。10月3号に丹悦太が書いた「自由か死か」の一文で安寧秩序を乱すものと起訴され、12月20日の公判で判事、検事の座っている一段下の被告席での起立指揮に抗議、原告検事と被告の同一立場を主張、立つ必要なしと発言、起立を拒んだという(『民権新聞』は3号で廃刊)。裁判は第1・2審とも有罪(罰金刑)、大審院まで上告して無罪を勝ち取った。その後上京し東京市内で病死。(北村信隆)〔文献〕『呉市史』4巻1976、山木茂『広島県社会運動史』、『広島県社会運動史研究』1号1977.9、『広島県労働運動史』、山木茂『広島県解放のいしずえ』たくみ出版1973

小川 正明　おがわ・まさあき　?-?　1919(大8)年東京神田区(現・千代田区)の三秀舎印刷科に勤め日本印刷工組合信友会に加盟する。(冨板敦)〔文献〕『信友』1919年10月号

小川 正夫　おがわ・まさお　1895(明28)1.13-1964(昭39)1.24　名古屋市に生まれる。父小川鶴三郎は屈指の米問屋。08年愛知一中に入学。学業成績はよかったが素行修まらず、両親や教師に反抗的となり12年退校。13年同志社大学英文科に入ったが祇園に入れ上げ中途退学。18年米騒動で実家は焼き打ちにあう。翌年家を出、北海道を放浪する。22年心中事件をおこし一人生き残ったので自殺幇助罪の嫌疑で取り調べを受ける。23年フランス行きを志し上京してアテネフランセに通うが25年父の死で挫折。翌年家業の米問屋を廃業。28年頃名古屋のアナキスト篠田清らの支援を受け鶴舞公園に自力で労働図書館を設立する。この頃からアナキストとの交流が深まる。しかし図書館はうまくいかず31年上京。石川三四郎、新居格らを知り、北多摩郡宮沢村(現・立川市)に共同農園武蔵野園をおこす。この農園には野崎利夫ら青年が集まり小川からアナキズムを学んだという。共産党の大森の銀行襲撃事件の容疑で34年府中署に検挙され1カ月留置。41年不敬罪で検挙、2年3カ月の懲役刑に処され巣鴨刑務所、西多摩刑務所に服役、武蔵野園は解散する。43年出獄、戦争の激化で愛知県知多郡大野町(現・常滑市)に疎開し以来同地に永住する。戦後アナ連に参加し名古屋地協の中心となって活動する一方、異色の論稿を精力的に発表した。小川が大変な読書家、博識家であったことは没後に同志の手でまとめられた評論集『性とアナキズム』(同刊行会1974)を一読すれば理解されよう。小川の論稿にはカミュ、ヴェーユ、ブーバー、ランダウアー、ジュネ、ライヒら時代の先端をいく作家、思想家の名前がきら星のように並んでいる。山口英が追悼文で述べたように、小川にとってアナキズムは社会思想の枠を越えた人間の根源的な生き方に関わる哲学だった。小川の三男潜(1942-80)はアナ連に加盟し名古屋地協発行の『連盟ニュース』『あかつき』の編集などにあたる一方、勤務先の東洋プライウッドとの10年に及ぶ権利闘争を闘い抜き若くして病に倒れた。(大澤正道)〔著作〕『性とアナキズム』小川正夫遺稿集刊行会1974

〔文献〕『自由連合』96号1964.3,『あかつき』アナ連名古屋地協1964.5

小川 まつ おがわ・まつ ?-? 読売新聞社に勤め新聞工組合正進会に加盟。1920(大9)年機関誌『正進』発行のために50銭寄付する。(冨板敦)〔文献〕『正進』1巻1号1920.4

小川 未吉 おがわ・みきち ?-? 1919(大8)年東京京橋区(現・中央区)の京浜印刷会社紙截科に勤め日本印刷工組合信友会に加盟する。(冨板敦)〔文献〕『信友』1919年10月号

小川 三男 おがわ・みつお 1902(明35)1.4-1970(昭45)8.24 別名・光生, 冬木耕生, 冬木耕太, 染井五郎, 光南 千葉県香取郡多古町喜多生まれ。農学校1年で中退し上京, 鶏卵問屋若林商店に働くうち大杉栄, 望月桂などに接してアナキズム開眼。19年印刷工組合正進会に参加し翌年の第1回メーデーを体験。23年の関東大震災当時は出版法違反で未決監拘留中で官憲の朝鮮人来襲情報の虚妄を指摘, 懲罰された。筆名光生の現認できる最初は30年4月『自連新聞』46号の論文で31年4月57号までの間, 4種の筆名で計10回の執筆がある。この頃は全国自連書記局員で組織運営と新聞経営につとめ, 特に在日朝鮮人同志の東興労働同盟に協力した。また30年独自に無支配社を名のってパンフレット『政治運動及び無産党の解剖』を出し, 関東自由連合団体協議会の芝浦演説会で演説, 31年農青社運動の強い長野県上伊那郡富県村(現・伊那市)青年会に岩佐作太郎, 八木秋子と講師に招かれる。33年日本無政府共産主義者連盟(のち無共党)が結成されてから相沢尚夫が訪問したが, 郷里に病臥中で「話はできなかった」という。34年兄小川豊明が顧問のバス会社香匝自動車商会を代表して全国省営バス反対同盟に参加, 鉄道省の民営バス吸収策への反対機運を高め, 同年11月『日本学芸新聞』75号にやがて国民が国を裁くと結論する「農民の立場から」の時評を発表。同新聞社には社長川合仁, 編集に遠藤斌がいた。35年無共党事件, 36年農青社事件の検挙事項は不詳。両事件による運動閉塞後も可能な行動を千葉県下で持続した。38年頃の山武郡緑海村(現・山武市)の分村争議では分村側で活動, 香取養蚕組合連合会, 香取家禽組合の職員として農民の利益につくし

た。41年成田鉄道(現・千葉交通)に入社したが, 12月9日太平洋戦争開始に伴う予防検束に遭遇, 拘束約半年後に復社。45年8月敗戦直後, 千葉県人民解放連盟を提唱, その後「当面の民主戦線結成のため」共産党へ入党。45年12月成田鉄道労働組合を結成して委員長, 同組合は46年復活メーデーの千葉中央会場に黒旗で入場した。アナ連には不参加の反面, 機関紙『平民新聞』の配布, 本名での執筆, アナ連遠藤斌や植村諦の講演会を多古町で開くなどした。47年5月成田町議会議員当選(2期), 55年共産党離党。64年社会党代議士の兄豊明死没による補欠選挙当選(2期連続)。社会党の三里塚空港反対闘争委員長。3期目の落選後, 自伝執筆を念願して果たせなかった。(寺島珠雄)〔著作〕寓話集『猫のひとりごと』組合書店1947, 詩集『宇宙の孤児』同1963〔文献〕寺島珠雄『アナキズムのうちそとで』編集工房ノア1983

小川 三次 おがわ・みつよし ?-? 1919(大8)年東京神田区(現・千代田区)の三秀舎和文科に勤め活版印刷工組合信友会に加盟する。(冨板敦)〔文献〕『信友』1919年8・10月号

小川 未明 おがわ・みめい 1882(明15)4.7-1961(昭36)5.11 本名・健作。新潟県中頸城郡高田町(高田市を経て現・上越市)に生れる。高田中学を中退後, 東京専門学校(現・早稲田大学)に進み文学部英文科で学ぶ。早稲田では坪内逍遙, 島村抱月, 小泉八雲に師事。中学および大学で同郷の相馬御風と交流, お互いの作品にエールを送り合う。学生時代から小説を執筆。卒業後は抱月の世話で早稲田文学社に身を寄せた。卒業直後, 郷里高田に近い長岡市出身の山田キチと結婚。07年最初の作品集『愁人』を発行する。12年『北方文学』を相馬御風の協力で創刊。1910年代の前半には大杉栄とも交流する。第一次世界大戦を機とする社会運動の高揚期に社会主義運動にも参加。まず19年日本著作家組合に加盟, 翌年の第一回メーデーにも参加した。20年創設された日本社会主義同盟にも加盟, 発起人・常務委員に名を連ねた。大正後半から昭和にかけてアナ・ボル論争が活発になる流れのなかで日本無産派芸術聯盟, 自由芸術家聯盟に参加。アナキズム陣営に拠って発言した。21年児童文学の代表作「赤い蠟燭と人魚」を朝日新

聞に発表，すぐに『赤い蠟燭と人魚』（天佑社）にまとめて刊行。何者にも拘束されない文学の自由と自立，そしてヒューマニズムを主張。また環境への関心も強く農業を基本とする理想社会を発想した。26年童話作家宣言を発表。その頃から小説の執筆を減らし童話と評論・エッセーに比重を大きく移す。昭和恐慌以降のアナキズムの衰退期にもアナキズム系に属し続けた。アナ系の機関誌では，『虚無思想』『農民自治』『矛盾』『農民』『悪い仲間』『文芸ビルデング』『黒旗』『黒色戦線』『黒旗の下に』『自由を我等に』などに協力，寄稿した。1920年代の後半以降は，アナキズム運動の一層の後退と共に思想運動からは距離を置くようになる。以後も浜田広介らと並んで一方で童話のレベルアップ，他方で童話の普及・日常化に貢献する。ただ社会運動ことにアナキズム的理念や理想に惹かれたこと，それが童話等彼の作品の基底に位置し続けたことは忘れてはならない。第二次世界大戦中は戦争協力に傾斜。戦後児童文学者協会会長に就任，日本芸術院賞，文化功労賞を受賞する。（小松隆二）〔著書〕『小川未明童話全集』全12巻，講談社1950-52および1958-59〔文献〕岡上鈴江『父小川未明』新評論社1970。小松隆二『新潟が生んだ七人の思想家たち』論創社2016

小川 安次郎　おがわ・やすじろう　?-?　東京市荒川区南千住に居住し神田神保町の山縣製本印刷整版部に勤める。1935（昭10）年1月13日整版部の工場閉鎖，全部員40名の解雇通告に伴い争議勃発。工場を占拠して闘い同月15日解雇手当4カ月，争議費用百円で解決する。山縣製本印刷は当時東京大学文学部の出入り業者であり，東印は34年5月以降，東印山縣分会を組織していた。（冨板敦）〔文献〕『山縣製本印刷株式会社争議解決報告書』東京印刷工組合1935，『自連新聞』97号1935.1，中島健蔵『回想の文学』平凡社1977

小川 義雄　おがわ・よしお　1899（明32）12.28-1936（昭11）　別名・義男，義夫，上野三郎，全英　広島県芦品郡宣山村（現・福山市）生まれ。郷里で小学校へ，その後兵庫県甲東村（現・西宮市）の真言宗神咒寺に寄留し高等小学校を経て京都中学に入学。3年ほどで中退，戻って僧侶となる。22年秋上京し自由労働者となり，美土代町の入道館

で小田栄，茂野栄吉らと知り合う。23年2月小田の紹介で戸塚町源兵衛のギロチン社に加わり3月の一斉検挙で29日間の拘留。釈放後中浜哲，古田大次郎の出迎えで北千住（牛田）の新アジトへ迎え入れられる。同年9月他の同志の大阪移動に遅れて大阪の清水村（現・旭区清水町）のアジトに入り三越呉服店の「リャク」（掠）に加わる。同年10月16日古田，内田源太郎らと運動資金調達のため第十五銀行玉造支店小阪出張所からの現金輸送行員を襲撃（小阪事件），古田，内田と実行部隊として行員のトランクを奪おうとステッキで殴打したが強奪できず，鞄を内田が奪取。24年神戸市立労働宿泊所で検挙され25年5月28日大阪地裁で中浜，河合康左右，小西次郎，茂野，内田らとともに無期懲役，翌26年3月6日の大阪控訴院で懲役15年に減刑された。36年服役中の甲府刑務所で病没。（北村信隆）〔文献〕『思想彙覧1』，森長英三郎『史談裁判』日本評論社1966，逸見吉三『墓標なきアナキスト像』三一書房1976，秋山清『ニヒルとテロル』川島書店1968，小松隆二「ギロチン社とその人々(1)(2)」『三田学会雑誌』66巻4・5号1973.4・5，『労働運動』4次11・14号1925.7・26.4，『黒色青年』24号1931.2

沖 弥七郎　おき・やしちろう　?-?　報知新聞社に勤め東京の新聞社員で組織された革進会に加わり1919（大8）年8月の同盟ストに参加するが敗北。のち正進会に加盟。20年機関誌『正進』発行のために1円寄付する。（冨板敦）〔文献〕『革進会々報』1巻1号1919.8，『正進』1巻1号1920.4

沖浦 静夫　おきうら・しずお　1905（明38）-?　別名・勝夫　鍛冶職人。27年5月広島県沼隈郡鞆町（現・福山市）の鞆鋲釘会社の争議団本部で福山からの沢田武雄，山口勝清，小松亀代吉ら3人を知る。翌6月争議団解散の酒宴において争議敗北の鬱憤晴らしで支援に来ていた大阪製鋲労働組合の日野正義らと建物などを損壊，駆けつけた警官と乱闘の末，沢田，山口，小松らとともに尾道刑務支所へ収容される。中国自連の鈴木良吉，谷本角一，糸島幸太郎，河田武男らも逮捕。沖浦は6カ月の未決生活ののち10月31日尾道支部裁判所で懲役6カ月と判決された。日野は懲役4年。山口，沢田，小松らはこの獄内で2月黎民社を発足させた。（北

村信隆）〔文献〕山木茂『広島県社会運動史』，『広島県労働運動史』，小松亀代吉「想い出の人々」『ヒロバ』6号1957，『思想輯覧2』，『関西自由新聞』1927.11，『自連』14・15・19号1927.7・8・12

沖田 政五郎 おきた・まさごろう ?-? 1919（大8）年東京神田区（現・千代田区）の宮本印刷印刷科に勤め日本印刷工組合信友会に加盟する。（冨板敦）〔文献〕『信友』1919年10月号

沖田 松三 おきた・まつぞう ?-? 芝浦製作所に勤め芝浦労働組合に加盟し，配電器具分区に所属。1924（大13）年9月27日，同労組の中央委員会で同分区の中央委員に小田権次，郷田武哉，篠田庄八，三沢健一とともに選ばれる。また本部の中央委員に細井角三郎，村田喜三郎，黒川幸太郎，金田吉政とともに選出される。（冨板敦）〔文献〕『芝浦労働』2次2・3・7号1924.11・12・25.6，3次2号1926.2

沖田 松三 おきた・まつぞう ⇨金田吉政
かねだ・よしまさ

沖田 喜次郎 おきた・よしじろう ?-? 1919（大8）年東京京橋区（現・中央区）の築地活版所印刷科に勤め日本印刷工組合信友会に加盟する。（冨板敦）〔文献〕『信友』1919年10月号

荻田 啓三郎 おぎた・けいざぶろう ?-? 1919（大8）年東京本所区（現・墨田区）の凸版印刷会社欧文科に勤め活版印刷工組合信友会に加盟する。（冨板敦）〔文献〕『信友』1919年8・10月号

沖野 岩三郎 おきの・いわさぶろう 1876（明9）1.5-1956（昭31）1.31 別名・五点 和歌山県日高郡寒川村（現・日高川町）に生まれる。和歌山師範学校卒業後，小学校教師をしていた時キリスト教と出会い受洗して教会活動に専心する。故郷で日露戦争反対を唱え04年追放されて上京，明治学院神学部に入学。06年夏期休暇に和歌山県新宮で伝道活動中に大石誠之助を知り社会主義やアナキズム思想に触れた。07年明治学院を卒業して新宮教会に赴任。08年新宮で幸徳秋水と交流。09年1月大石が開いた新年会に出席しなかったためこの会を「謀議」とする大逆事件の連座を奇跡的に免れた。15年文壇活動を開始し『宿命』（福永書店1919），『生れざりせば』（大阪屋号書店1924），『宿命論者のことば』（福永書店1926）など大逆事件をテーマとした作品を残した。17年上京し統一基督教会に勤務。22年朝鮮，満州を旅行し翌年日本の植民地支配への批判的見解を示した。36年中野重治，神崎清らに大逆事件の真相を語り敗戦後の大逆事件研究の基盤をつくった。日中戦争開戦後は歴史，神話研究に没頭した。55年軽井沢の高原教会初代牧師となるが翌年死没。（西山拓）〔著作〕『沖野岩三郎著作集1-5』警醒社書店1919・20〔文献〕西村伊作『われに益あり』紀元社1960，森長英三郎『禄亭大石誠之助』岩波書店1977，辻橋三郎『沖野岩三郎の文学』『近代日本キリスト者文学論』双文社1978，沖野岩三郎先生顕彰事業実行委員会編・刊『沖野岩三郎自伝』1983，野口存弥『沖野岩三郎』踏青社1989

荻野 他人男 おぎの・たにお 1897（明30）-? 広島県双三郡三次町（現・三次市）生まれ。小学校を卒業後，広島郵便局通信員養成所に入所。1913年同所を卒業し山口，広島，香川各県の郵便局に勤務。のち私鉄の電気工事作業員をつとめる。24年9月8日広島市流川町の組合教会で米田剛三，山本武重，西川正人，杉野勝，原正夫らと広島印刷工組合の発会式を行い幹部委員となる。26年脅迫恐喝罪で懲役8カ月。28年以降は三次町の歯科医拓植利夫の手伝いをする。30年4月頃片岡捨三，河上豪らと社会批判社を結成，雑誌『社会批判』を発行。また個人でパンフレット『マルキシズムの誤謬』を発行。35年末頃無共党事件で検挙されるが不起訴。（冨板敦）〔文献〕『印刷工連合』17号1924.10，山木茂『広島県社会運動史』，『農青社事件資料集Ⅱ・Ⅲ』，『身上調書』

荻野 直一 おぎの・なおかず ?-? 1919（大8）年東京京橋区（現・中央区）の福音印刷会社和文科に勤め日本印刷工組合信友会に加盟する。（冨板敦）〔文献〕『信友』1919年10月号

荻野 平三郎 おぎの・へいざぶろう ?-? 1919（大8）年東京小石川区（現・文京区）の江戸川活版所印刷科に勤め日本印刷工組合信友会に加盟する。（冨板敦）〔文献〕『信友』1919年10月号

荻野 道夫 おぎの・みちお ?-? 別名・通雄 1925（大14）年兵庫県氷上郡鴨庄村（現・丹波市）で暮し大西伍一，池田種生，難波忠雄らの『あをぞら』の同人となる。26年農民自治会全国連合に参加。地元の農民自治会を組織しようとしていた。（冨板敦）〔文献〕『あをぞら』1号1925.10，『農民自治会内報』2号1927

荻原 四郎 おぎわら・しろう ?-? 長野県生まれ。21年内務省警保局の思想要注意人物に指定される。27(昭2)年1月『詩文学』2号(中外文芸社・松本淳三編)に詩「汽車が過ぎた」を発表。同年の『原始』(加藤一夫編・発)に創作、評論を多数発表。この頃、吉祥寺に居住。同時期に創刊された『文芸解放』の6号(6月)に創作「街上労働」を発表。同年10月10-11日飯田豊二主宰の劇団解放座第一回築地小劇場公演「悪指導者」(ミルボオ作、石川三四郎訳、飯田・古田徳次郎翻案、演出・飯田)に柳川槐人(装置)、矢橋丈吉(効果)、冬木充、上山秀一、中島信、河田弘、戸原謙、飯田徳太郎、壺井繁治、萩原恭次郎、江森盛弥、岡本潤らと舞台に立つ。大日本飛行協会の外郭団体飛行館に勤務。41年『少年文庫』(鳳文書林)を編集発行。戦後は46年文芸誌『高原』(山室静編)の発行者となる。(黒川洋)〔資料〕飯田豊二「悪指導者演出手帖」『文芸解放』10号近代芸術社1927.11、『詩文学』中外文芸社1927.1、『原始』不二出版(復刻)1990

荻原 井泉水 おぎわら・せいせんすい 1884(明17)6.16-1976(昭51)5.20 本名・藤吉 東京市芝区神明町(現・東京都港区浜松町)に生まれる。麻布中学より俳句を始め一高を経て1908(明41)年東京帝国大学文学部を卒業。10年『ゲーテ言行録』を刊行。井泉水はゲーテの「短詩」(エピグラム)に心酔し、「自然そのものを神」とし「自然の真の美しさ」を「自然そのもの」のありかたに見出そうとしたゲーテに共鳴した。そしてゲーテの自然観から井泉水の独自の自然観である「光」と「力」を指向するようになる。井泉水の自由律俳句への開眼はゲーテの影響を強く受けて形成された。井泉水にとって俳句とは「光」と「力」の印象を「緊張したる言葉と強いリズム」で捉える「印象の詩」であった。11年新傾向俳句の機関誌『層雲』を主宰。14年(大3)自由律俳句集『自然の扉』(東雲堂書店)を刊行。15年には「季語の無用」を主張し「一作一律」を旨とする自然のリズムを尊重。「無季自由律俳句」を提唱。この頃、尾崎放哉や種田山頭火が『層雲』に加わる。主な句集に28年(昭3)『皆懺悔』(春秋社)、32年『梵行品』(改造社)、35年『無所住』(三笠書房)、60年『井泉水句集』(層雲社)、64年『長流』(井泉水先生米寿祝賀会)などがある。65年日本芸術院会員。76年5月死去。享年91歳。代表句に「空をあゆむ朗々と月ひとり」「月光ほろほろ風鈴に戯れ」「雨がへちまの尻からしずくしている雨」などがある。特に「へちまの尻からしずくしている」という口語を用いた具象的な比喩表現には現代川柳にも通じる諧謔性があり、「雨」で始まり「雨」で結んだ自由律俳句には口語調のリズムから「雨」の日のイメージが限りなく拡がってゆく。こうした井泉水の口語自由律俳句は自由律川柳の形成と発展に大きな影響を与えた。(平辰彦)〔文献〕松尾靖秋・堀切実・楠本憲三・伊吹一編『俳句辞典 鑑賞』桜楓社1981

荻原 満三 おぎわら・まんぞう ⇒森利一　もり・りいち

荻原 明象 おぎわら・めいしょう ?-? 長野県北佐久郡北御牧村(現・東御市)に生まれる。1926(大15)年1月、同じ村の小山四三に誘われて「土に親しむものの会」に加わる。のち農民自治会に合流。27年2月第1回農自全国大会頃には長野県代表の全国連合委員を務めていた(ほかの長野県代表の農自全国連合委員は竹内闓衛、小山敬吾、朝倉重吉、小山四三、井出好男、関和男、柳沢恰、唐沢憲一、羽毛田正直、瀬川知一良、佐藤光政、平林龍男、降旗倉太郎、大沢実之助、高橋修一、中田美穂)。(冨板敦)〔文献〕『農民自治』6号1926.11、『農民自治会内報』2号1927、渋谷定輔『農民哀史』勁草書房1970、大井隆男『農民自治運動史』銀河書房1980

奥 栄一 おく・えいいち 1891(明24)3.27-1969(昭44)9.4 別名・愁羊 和歌山県に生まれる。新宮中学時代に同級生佐藤春夫とともに詩や短歌を発表。18年東雲堂書店の店主西村陽吉が主宰していた『庶民詩歌』が大石七分の『民衆の芸術』に合併するとその発刊に携わった。同誌は大杉栄、伊藤野枝、西村伊作らの投稿を得ていたが奥自らも詩、評論、小説などを載せた。社会運動にも関心を抱き堺利彦の売文社の翻訳係をつとめ、19年婦人運動家和田梅尾(奥むめお)と結婚した。1月1女をもうけたが離婚。その後静岡、埼玉で農場開墾に従事。(西山拓)〔文献〕紅野敏郎「群小雑誌への配慮『民衆の芸術』」『増補新編 文学史の園』青英舎1984、斉藤英子『西村陽吉』短歌新聞社1996

奥 むめお おく・むめお 1895(明28)10.24-

1997(平9)7.7 本名・梅尾,旧姓・和田 福井市の鍛冶屋に生まれる。機織りは貧乏人のやることであるという母と,学問好きの父に与えられた『青鞜』などの影響で社会問題に関心をもつようになった。福井県立高等女学校を卒業,12年日本女子大学家政科に入学するが良妻賢母教育が合わず読書三昧の日々を送る。在学中小橋三四子の紹介で『婦人週報』の編集を手伝いそこで『青鞜』の茅野雅子,長沼(高村)智恵子を知る。16年卒業後労働問題に関心を抱き大杉栄らに会う。『労働世界』の記者をつとめ労働同盟会の大会で演説も行う。19年変名で紡績工場に入り女工を体験。同年堺利彦の売文社で働いていた奥栄一と結婚(1男1女をもうけるが,のち離婚)。同年末平塚らいてう,市川房枝らと新婦人協会を結成し女性の政治活動を禁じた治安警察法第5条の改正などの運動を行う。その後職業婦人問題に関心を抱き,23年12月下中弥三郎のすすめで職業婦人社を設立し機関誌『職業婦人』の発行,働く婦人の家などの拠点づくりに励む。一方新居格の誘いで西郊共働社で消費組合運動に関わるようになり28年婦人消費組合協会を設立,30年本所に婦人セツルメントを設立する。また林町保育園を開設し社会問題講座,夜間女学部,職業相談部,母子ホームなどをつくる。戦中の41年に大政翼賛会調査委員となり協同社会建設の基礎づくりを提唱するが,ゆがんだかたちで利用された。戦後45年11月日本協同組合同盟の常任委員,47年2月参議院議員。48年主婦連合会を結成し初代会長として生活に密着した婦人運動を遂行する。〔西山拓〕〔著作〕『婦人問題十六講』新潮社1925,『あけくれ』ダヴィッド社1957,『野火あかあかと 奥むめお自伝』ドメス出版1988〔文献〕鈴木裕子編『日本女性運動資料集成6』不二出版1994

奥秋　博 おくあき・ひろし ?-? 1919(大8)年東京神田区(現・千代田区)の三秀舎和文科に勤め日本印刷工組合信友会に加盟。同年11月2日横浜市長者町(現・中区長者町)の,せかのうで開かれた横浜印刷技工組合(横浜欧文技術工組合を改称)臨時大会発会式に,信友会を代表して出席し水沼辰夫,厚田正二,高田公三,桑原錬太郎に続いて登壇する。〔冨板敦〕〔文献〕『信友』1919年10・12月号

奥崎　謙三 おくさき・けんぞう 1920(大9).2.1-2005(平17).6.16　兵庫県明石市生。小学校卒業後,商店の店員や貨物船の水夫として働いた後,神戸のバッテリー商店に勤務。41年徴兵で岡山連隊に入営後,九江(中国)の工兵隊へ転属。43年に転属した独立工兵第36連隊は当時激戦地だった東ニューギニアに派遣され敗走し壊滅。奥崎はニューギニア上陸前から上官に暴行を働き,上陸後も同様の行動を起こし,あるいは上官に反抗するが処罰されなかった。44年オーストラリア軍に投降。46年復員者の食料横領を企てた引き揚げ船の船長に暴行を加えるが刑罰を受けず。復員後,九州の炭鉱で働いた後,大阪の工場に就職。寮母と結婚。51年神戸市でバッテリー商店を開業。56年建物の賃貸借に関わる不動産業者の悪どいやり口に我慢できず制裁を加えるつもりが殺害。懲役10年の判決を受け独房に入獄中,天皇・天皇的なものの存在や行為は「神の法」に照らして許されるものではないと確信し,現在の社会構造を作りかえることが戦死した兵士に対する供養・贖罪であると考えるに至る。出獄後,自身の思想について語り始めるとともに店舗や商用自動車にスローガンを掲げるようになる。69年皇居の一般参賀で「山崎,天皇をピストルで撃て」と叫びながら天皇裕仁に向けて4発のパチンコ玉を発射して逮捕。暴行罪で1年数ヶ月服役後,警察による監視を常時受けるようになる。『ヤマザキ,天皇を撃て』の出版によりその行動と主張が広く知られ,またスローガンを大書した商用自家用車にスピーカーを積み,上京して単独デモを行うようになる。当時「私はいかなるアナキストよりはるかに多くアナーキーであると思っております」と述べている(「何が本質か」『アナキズム』8号1975)。76年自費出版の著書『宇宙人の聖書!?』宣伝のため,銀座,渋谷,新宿のデパート屋上から,ポルノ写真に天皇一家の顔写真をコラージュしたビラをまき逮捕され,猥褻図画頒布で懲役1年2か月の刑に服する。裁判では裁判官や検事らを罵倒し彼らに小便・つばをかける。松井不朽から得た200万円を供託金として77年に獄中より参院選全国区に立候補。選挙広告の掲載を拒否した朝日新聞社長の襲撃を

計画するが、「本当に正しい法と秩序」に基づく世界を実現するため目標を田中角栄殺害に変更。79年「天皇裕仁を殺せ」(顛脳非路人汚故路世)と印刷された『神軍新聞』号外が東京・大阪でばらまかれる。80年参議院全国区に立候補。81年『田中角栄を殺すために記す』出版。殺人予備罪で書類送検されるも不起訴。82年映画『ゆきゆきて、神軍』撮影開始。83年衆院選兵庫一区で立候補。元中隊長の長男を改造拳銃で撃ち殺人未遂罪等で懲役12年の刑に服する。87年『ゆきゆきて、神軍』が上映され話題になる。天皇死亡・新天皇即位に伴う大赦を拒否。97年府中刑務所より出所。98年主演した映画『神様の愛い奴』上映。2005年死去。「老いたる幼児」と呼ばれ、「《狂気》をコントロールできる人」(原一男)とも評される。その行動や言動は奇異奇矯、偏執狂的で時に暴言と暴力を伴った。それにもかかわらず多様な人々が奥崎の主張や行動に共感を示した。奥崎と関わったアナキスト・元アナキストとして大島英三郎、松井不朽、向井孝、山部嘉彦、和佐田芳雄がいる。(田中ひかる)〔著書〕『ヤマザキ、天皇を撃て！』三一書房1972・新泉社1987、『宇宙人の聖書!? 天皇ヒロヒトにパチンコを撃った犯人の思想・行動・予言』サン書店1976、『田中角栄を殺すために記す 人類を啓蒙する手段として』サン書店1981、『殺人論 国家・権力者・法律の犠牲者に捧げる殺人犯の贈物』サン書店1983、『ゆきゆきて「神軍」の思想』新泉社1987、『「ゆきゆきて神軍」の凱歌 非国民奥崎謙三は訴える!!!』新泉社1988、『奥崎謙三服役囚考』新泉社1995〔文献・資料〕映画『ゆきゆきて、神軍』原一男監督・疾走プロダクション1987、『ゆきゆきて神軍 製作ノート＋採録シナリオ』話の特集1987、向井孝「奥崎シズミさんの位置」『群論ゆきゆきて神軍』倒語社1988、『ドキュメントゆきゆきて神軍』社会思想社1994、映画『神様の愛い奴』藤原章・大宮イチ監督1998

奥崎 佐逸 おくざき・さいつ ?-? 1919(大8)年東京神田区(現・千代田区)の神田印刷所文選科に勤め日本印刷工組合信友会に加盟する。(冨板敦)〔文献〕『信友』1919年10月号

奥田 梅太郎 おくだ・うめたろう ?-? 山田正一、殿水藤之助、曾根昌介、新谷与一郎らと大阪の黒旒会で活動。1921(大10)年4月東京の『労働者』に呼応して地方同人になり、同年9月1日発刊された『関西労働者』の編集同人となる。東京の『労働者』3号に「大電罷業の感想」を寄稿。『関西労働者』創刊号に「職人の寝言」、2号に「日誌より」を寄稿。23年7月久保譲、備前又二郎、中尾正義、高川幸二郎、重岡勢らと『黒』創刊に参加。創刊号に「兄弟よ」を寄稿。(北村信隆)〔文献〕『大阪社会労働運動史・上』、逸見吉三「戦前大阪における社会主義運動の思い出」『大阪地方労働運動史』2号1959.4、小山仁示「『関西労働者』について」『大阪地方労働運動史研究』4号1960.8、『黒』1号1923.7、『労働者』1-3号1921.4-6

奥田 銀次郎 おくだ・ぎんじろう ?-? 1919(大8)年東京京橋区(現・中央区)の大倉印刷所欧文科に勤め活版印刷工組合信友会に加盟する。(冨板敦)〔文献〕『信友』1919年8・10月号

奥田 次郎 おくだ・じろう ?-? 1919(大8)年東京牛込区(現・新宿区)の秀英舎(市ヶ谷)文選科に勤め活版印刷工組合信友会に加盟する。(冨板敦)〔文献〕『信友』1919年8月号

奥田 初太郎 おくだ・はつたろう ?-? やまと新聞社に勤め東京の新聞社員で組織された革進会に加わり1919(大8)年8月の同盟ストに参加するが敗北。のち正進会に加盟。20年機関誌『正進』発行のために50銭寄付する。(冨板敦)〔文献〕『革進会々報』1巻1号1919.8、『正進』1巻1号1920.4

奥田 福太郎 おくだ・ふくたろう ?-? 報知新聞社に勤め東京の新聞社員で組織された革進会に加わり1919(大8)年8月の同盟ストに参加するが敗北。のち正進会に加盟。20年機関誌『正進』発行のために1円50銭寄付。また24年夏、木挽町(現・中央区銀座)正進会本部設立のためにも1円寄付する。(冨板敦)〔文献〕『革進会々報』1巻1号1919.8、『正進』1巻1・7号1920.4・11、正進会『同工諸君!! 寄附金芳名ビラ』1924.8

奥田 雪枝 おくだ・ゆきえ ?-? 京都の黒色解放社のメンバー。1926(大15)年7月25日呉市での中国黒連演説会に参加する(聴衆300余人)。(冨板敦)〔文献〕『黒色青年』5号1926.9

奥谷 松治 おくたに・まつじ 1903(明36)2.15-1978(昭53)6.4 兵庫県氷上郡鴨庄村戸平(現・丹波市)に木挽き職人の四男として生まれる。24年現役で福知山歩兵連隊に服務するがこの間河上肇や大杉栄の著作を読みふけった。在営中同郷の難波忠雄、大西伍一、池田種生らの雑誌『あおぞら』の同人となり、25年農民自治会が結成されるとこ

れに合流し大西，池田らと全国連合委員となる。26年1月上京し印刷会社アユミ社に雑役夫として住み込む。28年農民自治会内部で農民自治主義派と階級的農民運動派の分裂が顕在化する時期，奥谷は前者に傾斜する。28年1月から3月まで富士山麓裾野にある岡本利吉の農村青年共働学校で学ぶ。同年4月石川三四郎の共学社に住み込み岩佐作太郎，荒畑寒村，徳冨愛子(蘆花未亡人)らと知り合う。30年3月購買組合東京共働社に入り協同組合運動に奔走，渡辺幸平と協同組合研究会をつくり『消費組合と無政府主義』を翻訳出版した。32年弾圧でつぶされた東京浅草の北部消費組合に移り第二北部消費組合として再建，その責任者となりそこを事務所にして創刊された自協系の理論誌『黒旗の下に』の発行編集兼印刷人となる(4号まで)。しかし再建は必ずしもうまくいかず34年には実際の運動から離れほとんど独学で協同組合の理論と歴史的研究に入っていった。そこから35年『日本消費組合史』(高陽書院)，37年『協同組合論』(三笠書房)などが生まれ，38年の『近代日本農政史論』は戦後の学位申請論文の原型となった。戦後は農林省開拓研究所などを経て暁星商科短大に勤務。唐沢隆三の個人誌『柳』に同時代の人々について書き残しそれらはのちに『聞き書丹波の庶民史』(平凡社1972)，『思い出の人々』(私家版1978)などにまとめられた。(安田常雄)〔文献〕小林千枝子『教育と自治の心性史』藤原書店1977，奥谷キヨシ『略年譜』『思い出の人々』私家版1978

小口 一好 おぐち・かずよし ?-? 日本自協のメンバー。1933(昭8)年5月26日関東自連本部で高橋光吉，千葉浩，中村吉次郎，田所茂雄らとナチス抗議運動，ムーニー・ビリングス釈放運動のための無政府主義者国際弾圧防衛委員会関東地方協議会を開く。(冨板敦)〔文献〕『特高月報』1933.5

小口 徳三郎 おぐち・とくさぶろう ?-? 別名・徳二郎 東京毎日新聞社に勤め，東京の新聞社員で組織された革進会に加わり1919(大8)年8月の同盟ストに参加するが敗北。のち正進会に加盟。20年機関誌『正進』発行のために寄付をする。また24年夏，木挽町(現・中央区銀座)正進会本部設立のためにも1円の寄付をする。(冨板敦)〔文献〕『革進会々報』1巻1号1919.8，『正進』1巻1号1920.4，正進会『同工諸君!! 寄附金芳名ビラ』1924.8

小口 みち子 おぐち・みちこ 1883(明16)2.8-1962(昭37)7.27 旧姓は寺本。兵庫県加東郡社村(現・加東市)生れ。小学校卒業後，独学で教員検定試験に合格し郷里で2年間，神戸で3年間，上京後も2年間，小学校正教員の職に就いた。1904年平民社の社会主義婦人講演会に出席し女性解放思想に傾倒，平民社に出入りして同年11月7日の「社会主義婦人講演」で弁士として登壇した。以後，西川文子，延岡為子らと治安警察法第5条(女性の政治結社及び集会等参加禁止)撤廃請願運動をおこし1913年創刊の『新真婦人』の主要同人。その後新婦人協会などで女性政治参加要求運動に努力した。一方では1905年岩野泡鳴，相馬御風らによる文芸雑誌『白百合』で詩歌人「美留藻(女史)」と号し，のち「熱烈な情想と溢んばかりの才気，正に，与謝野夫人晶子の向かふを張つたもの」と読売新聞「新しい女」欄(1910.6.2)で評された。10年映画監督小口忠と結婚した。堺利彦が1914年に創刊した『へちまの花』に短歌，随筆を寄稿。また美顔術研究をきわめ1919年東京芝の自宅に「東京婦人美容法研究会」を開業し美顔術師として三越本店での美容室経営，化粧品販売などで長く活躍し，市川房枝の婦選運動の資金援助，吉岡弥生らと婦人同志会の幹事として活動した。女性参政権運動の先駆者のひとりであった。姓の読み方で「コグチ」とする文献もある。(大和田茂)〔文献〕西川文子『平民社の女』青山館1984折井美耶子ほか『新婦人協会の人びと』ドメス出版2009

奥出 三郎 おくで・さぶろう ?-? 別名・奥手 印刷所の外交員を務めのち札幌大通り西五丁目で古本屋白羊社を営む。札幌の古書店主でアナキストだったのは田所篤三郎，棚田義明と奥出だったが，のち奥出はボル派に傾く。1925(大14)年夏政治研究会札幌支部に参加。同年10月『無産者新聞』札幌支局を担当。26年4月2日共産主義文献の秘密出版事件で家宅捜索を受ける。戦時中は北海道屋根柾統制組合の常務理事を担い，敗戦後は書店を経営。(冨板敦)〔文献〕堅田精司編『北海道社会運動家名簿仮目録』私家版1973，堅田精司『北海道社会文庫通信』82・347・761・949・1128・

1287・1348・1592・1705号1996.1.16・1997.11.20・1999.6.30・2000.1.4・7.1・12.7・2001.2.6・10.8・2002.1.29

奥西 吉太郎　おくにし・きちたろう　?-?　1926(大15)年頃，京都府船井郡檜山村(現・京丹波町)で暮し農民自治会全国連合に参加。同年末には農自京都府連合の事務所を自宅に置いていた。27年『農民自治』(8号)に「青訓実話」寄稿，『小作人』「地方通信」欄にも投稿する。(冨板敦)〔文献〕『農民自治会内報』2号1927，『農民自治』8号1927.3，『小作人』3次11号1927.12，竹内愛国「農民自治会」『昭和2年版解放運動解放団体現勢年鑑』解放社1927

奥宮 健之　おくのみや・けんし　1857.12.27(安政4.11.12)-1911(明44)1.24　土佐国土佐郡布師田村(現・高知市)に生まれる。藩校致道館で学んだのち1870年に上京。75年板垣退助らが設立した立志社に入り西洋思想を学ぶ。81年から自由党の政治活動に参加，翌年馬場辰猪，大石正己らと国友会を結成し関東各地を演説した。同年神田明神境内で人力車夫の懇親会を開き車会党の結成をはかる。84年巡査殺害に加担し12年7ヵ月の獄中生活を経て97年に出獄。その後立憲自由党に参加するが流血事件をおこし除名処分を受けた。1900年から2年間烏森芸妓団のヨーロッパ巡業に同行した。02年矢野竜渓の社会問題講究会，大井憲太郎の大日本協会に参加するが，同年末渡米し一時同志のもとに身を寄せた。06年9月労働党を組織しているがめだった活動はしていない。07年からは平民社，日本社会党と接触し，08, 09年政友会系の雑誌の編集執筆に従事している。10年6月大逆罪の容疑で逮捕された。理由はアナキズム関係の書を平生読んでいた点，幸徳秋水と旧交があり爆弾の製法を尋ねられた点などであった。翌年1月24日処刑された。(西山拓)〔著作〕『奥宮健之全集・上下』弘隆社1988〔文献〕渡辺順三編『十二人の死刑囚　大逆事件の人々』新興出版社1956，神崎清編『大逆事件記録1 新編獄中手記』世界文庫1964，中島及『暗殺の記録』高知市民図書館1965，糸屋寿雄『奥宮健之　自由民権から社会主義へ』紀伊国屋新書1972，同『自由民権の先駆者　奥宮健之の数奇な生涯』大月書店1981，『彷書月刊』(特集・奥宮健之)2巻2号1986.1

奥山 伸　おくのやま・しん　1873(明6)12.29-1964(昭39)2.5　福岡県嘉穂郡舎利蔵村(現・飯塚市)に福岡藩の儒者兼漢方医奥山弘の長男として生まれる。長崎でオランダ医学を学び19歳で上京し医術開業試験に合格。国立伝染病研究所，血清薬院に助手として研究に従事するが，94年芝区三田四国町(現・港区)に奥山医院を開業。近くの堀紫山への往診がきっかけで堺利彦，幸徳秋水，片山潜を知り，その縁が広がって田岡嶺雲，大杉栄，石川三四郎，山川均・菊栄夫妻，荒畑寒村，山崎今朝弥，近藤憲二，和田久太郎，岩佐作太郎，鈴木茂三郎らが診療を受ける。ために警察の見張りがついたという。(堀切利高)〔著作〕「医者の診た社会主義者たち」『中央公論』1961.11〔文献〕山川振作編『医家四代』私家版1983

奥原 光三　おくはら・こうぞう　?-?　横浜印刷工組合のメンバー。1923(大12)年11月前橋市上毛印刷工組合三山会発会式に横印の原田武次郎，浜松孝太郎，若杉浪雄，川村直吉と応援に駆けつける。黒連に加盟し25年9月蒲田の田平印刷所の争議で警官と乱闘になり若杉らと検挙され懲役6カ月となる。26年1月6日出獄。同年横印第2回大会で9月1日追憶運動挙行の件について提案理由の説明をする(可決)。(冨板敦)〔文献〕『印刷工連合』19・23・24・29-34号1924.12/25.4・5・10-26.3，『黒旗』2号1926.1，『黒色青年』3号1926.6，『自連』1号1926.9，水沼辰夫『明治・大正期自立的労働運動の足跡』JCA出版1979

小熊 秀雄　おぐま・ひでお　1901(明治34)9.9-1940(昭和15)11.20　北海道小樽市に生まれる。秀雄3歳のときに母死去，父が再婚した継母が秀雄につらくあたるという複雑な家庭環境のなかに育つ。小樽から稚内，樺太と移住して樺太泊居町の高等小学校を卒業した。以後，漁場の人夫，伐木人，パルプ工場職工など職業を転々とする。パルプ工場では右手指二本を機械で失った。1922(大11)年姉の世話で見習いとして旭川新聞に入社，まもなく社会部記者として働くかたわら詩を発表するようになる。絵も描き自身も出品した旭川美術協会展覧会で小学校音楽教師であった崎本つね子と知り合い1925年に結婚，翌年長男の焔が誕生した。1928(昭3)年に旭川新聞を退社し家族を伴って上京，遠地輝武を知り31年にプロレタリア詩人会に入会，プロレタリア詩

人会が発展的に解消したナルプに参加した。34年遠地や新井徹らと『詩精神』を創刊。このころ近所の画家寺田政明を知り寺田のアトリエに通って竹ペン画を描く。35年5月，6月と続けて『小熊秀雄詩集』『飛ぶ橇』を刊行，『詩精神』廃刊後は壺井繁治，加藤悦郎，中野重治らプロレタリア文学の作家や漫画家たちと「サンチョ・クラブ」を結成し機関誌『太鼓』を出して諷刺精神の本質を説いた。37年池袋の喫茶店でデッサンの個展を開催。38年，大井広介，菊岡久利，本庄陸男らと『槐』を創刊し，翌39年には大井広介，菊岡久利，平野謙らと『現代文学』創刊，両誌に多くの詩を発表した。40年豊島区千早町のアパートで肺結核のため39歳で死去。没後41年5月に銀座で遺作展が開かれたさいは岡本潤が参観し詩「遺作展」(『夜の機関車』所収)に「機関銃のやうに詩を書いた君は/ひっそりと絵もかいてゐた/小熊秀雄遺作洋画展/そこで僕は/僕の知らない君をはじめて見た」と詠んだ。生前刊行予定であった『流民詩集』は47年に中野重治の編集で刊行された。初期はダダイズムに影響された詩風だったが，プロレタリア文学運動解体期の詩には鋭い社会批判と深い人間洞察があり，饒舌と哄笑の民衆詩人として抵抗精神を高らかに健康的に歌い上げた。プーシキンを愛読し「長長秋夜」では朝鮮を，『飛ぶ橇』ではアイヌを歌った小熊は，国境を越えていく広がりを示した稀有な詩人だった。馬の詩も多い。(竹内栄美子)〔文献〕『新版・小熊秀雄全集第五巻』創樹社1991，田中益三・河合修編『小熊秀雄とその時代』せらび書房2002

奥村 英太郎 おくむら・えいたろう ?-? 1929(昭4)年5月に結成されたサンジカリズム派の東京印刷工連合会(のち関東出版産業労働組合)に所属する。35年11月無実党事件で検挙されるが不起訴。(冨板敦)〔文献〕山口健助『青春無頼』私家版1982

奥村 国三郎 おくむら・くにさぶろう ?-? 大阪自由総合労働組合のメンバー。逸見吉三，久保譲，斎藤久雄らと交流し，1932(昭7)年頃大阪で全国自由労働運動社を組織していた。(冨板敦)〔文献〕『昭和7年自1月至6月社会運動情勢 大阪控訴院管内・上』東洋文化社1979

奥村 俊一郎 おくむら・しゅんいちろう ?-? 1929(昭4)年5月頃から福岡で青木朝夫，赤木猛，奥村文雄，佐藤三太郎，四宮三郎らと全九州黒塊社の結成に尽力する。31年頃鉱夫組合九州連合会を組織していた。(冨板敦)〔文献〕『社会運動の状況1・3』

奥村 富吉 おくむら・とみきち ?-? 1919(大8)年東京神田区(現・千代田区)の三省堂印刷部和文科に勤め活版印刷工組合信友会に加盟する。(冨板敦)〔文献〕『信友』1919年8・10月号

奥村 文雄 おくむら・ふみお ⇒奥村俊一郎 おくむら・しゅんいちろう

奥村 勇助 おくむら・ゆうすけ ?-? 1919(大8)年東京京橋区(現・中央区)の川崎活版所和文科に勤め活版印刷工組合信友会に加盟。のち日本橋区(現・中央区)の三浦活版所に移る。(冨板敦)〔文献〕『信友』1919年8・10月号

奥村 代一 おくむら・よいち ?-? 新聞工組合正進会に加盟し1924(大13)年夏，木挽町(現・中央区銀座)本部設立のために1円寄付する。(冨板敦)〔文献〕正進会『同工諸君‼ 寄附金芳名ビラ』1924.8

奥矢 学 おくや・まなぶ 1894(明27)-? 大阪市浪速区芦原町生まれ。尋常小学校卒業後，家事を手伝う。13年から労働に従事し，生野益太郎が組織した大阪労働組合連盟に加盟し組織の拡大強化につとめる。24年和歌山で恐喝罪で懲役4カ月，27年富山で暴力行為で懲役4年。32年僧侶となり兵庫県川辺郡長尾村中山(現・宝塚市)で托鉢生活をする。35年末頃無共党事件で検挙されるが不起訴。(冨板敦)〔文献〕『身上調書』，高丸久「黒い流れ1」『ムーヴ』1号1961.5

奥山 重義 おくやま・しげよし ?-? 別名・黒原栄嗣郎 名古屋市中区村田町に生まれる。名古屋中学卒業前頃から伊串英治の名古屋労働社の演説会で制服のまま演説，危うく退学処分を免れる。筆名の黒はクロポトキンの黒，原はその広がり，栄は大杉栄の栄であり，クロポトキンと大杉の後嗣という自負として命名した。クロポトキンの英語版を読破したのが自慢であった。28年5月『別働戦』(半営業紙)を発行。浅野紀美夫，石原政明が作品を寄せる。ほどなく中外商業新報社にいた兄を頼って上京し畠山清行や辻潤らと交遊。折口信夫の書生などを転々として帰郷。以後共同通信社の記者

となり44年陸軍報道班員として南方に召集された。戦後は日刊労働通信社に勤務した。(黒川洋)〔文献〕杉浦盛雄『名古屋地方詩史』同刊行会1968, 浅野紀美夫「新尾頭町143番地」『風信』1968・70, 『身上調書』, 志賀英夫『戦前の詩誌・半世紀の年譜』詩画工房2002

小倉 亀吉　おぐら・かめきち　?-?　1919(大8)年東京牛込区(現・新宿区)の日清印刷会社欧文科に勤め活版印刷工組合信友会に加盟する。(冨板敦)〔文献〕『信友』1919年8・10月号

小倉 敬介　おぐら・けいすけ　?-?　別名・啓介　1919(大8)年秋頃和田久太郎の影響で箆部治之助、小田知一らと京都で車夫組合を結成。21年医者の車夫をしながら船越基らと第2次労働運動社の京都支局を仮設。その後奥村甚之助宅に京都支局を設立、代表になる。22年和歌山県日高郡南部町で小倉雑貨店を経営。この年末頃宮本亮一、細尾繁、伊藤黒衣、朝倉節雄、野与二三、串上繁雄らと黒煙社を組織。29年3月蔵本光次郎、林隆人と解放戦線同盟を結成し『自由の先駆』を発行する。(冨板敦)〔文献〕『労働運動』2次1・2号1921.1・2/3次10号1923.1, 『借家人同盟』1号1922.5, 『自由の先駆』1929.3, 高丸久「黒い流れ」『ムーヴ』1号1961.5, 『昭和7年自1月至6月社会運動情勢　大阪控訴院管内・下』東洋文化社1979

小倉 七郎　おぐら・しちろう　?-?　1926(大15)年末頃、自由労働者組合に加わり自由労働者同盟の中央委員を小黒利一、上野富用、中田健助、秋吉敏郎、加藤昇(書記長)、会田健太郎(書記)、渡辺鉄治と務める。自由労働者同盟(1923年8月13日創立)の本部事務所は東京府南葛飾郡吾嬬町請地(現・墨田区)にあり組合員数は2071名(女48名、男2023名)だった。自由労働者組合(1919年6月12日創立)は組合員数511名(男463名、女48名)で小倉、加藤のほか北村桂之助、山田茂、小笠原一郎、角本弥一郎、北川弥三郎、犬丸要三が幹部を担っていた。(冨板敦)〔文献〕加藤昇「自由労働者同盟」『昭和2年版解放運動解放団体現勢年鑑』解放社1927

小倉 清三郎　おぐら・せいざぶろう　1883(明16)2.28-1941(昭16)1.14　福島県岩瀬郡須賀川町(現・須賀川市)生まれ。07年東京大学哲学科に入学。エリスの『性心理学研究』と出会う。13年1月性研究誌『相対』を創刊。伊藤野枝は『青鞜』で「私共はかう云ふ真面目な小雑誌の一つ生れる方が下だらない文芸雑誌の十も生れるよりはたのもしく思ひます」と紹介。女性解放はまた性の解放でもある。『青鞜』唯一の男性寄稿家だった。15年4月上野精養軒で江戸時代の性具を展示し第1回相対の会を開く。会員には平塚らいてう、伊藤野枝、堺利彦、大杉栄、辻潤らがいた。17年風俗壊乱容疑で捜索を受ける。19年坂本ミチヨと結婚。その生活も実験材料となる。22年『アインシュタイン博士相対性原理』が刊行され『相対』と誤解して購入した読者から版元に抗議が殺到する。33年相対会事件により禁錮4カ月。『相対』は清三郎没後もミチヨが遺志を継いで継続、44年4月まで刊行された。寄稿者黙陽生が芥川竜之介という説もあるが真偽は定かではない。自慰という言葉を考案、その効用を説いたのも清三郎である。(大月健)〔著作〕『思想の爆破』書物展望社1930〔文献〕『相対会研究報告・上下』復刻版・銀座書館1986・ちくま文庫1999, 相対会編『相対レポートセレクション1-10』河出文庫1998-2001, 玉川信明『日本番外地の群像』社会評論社1989, 「特集・性科学の曙光」『彷書月刊』192号2001.9

小倉 泰造　おぐら・たいぞう　?-?　1934(昭9)年東京市神田区三崎町(現・千代田区)の豊隆社印刷に勤めていた。吉原東一、谷田部得一とともに東京印刷工組合豊隆社分会協議委員となり、同年9月同社工場閉鎖争議を闘い40日分の解雇手当を得て解決する。(冨板敦)〔文献〕『東印ニュース』3号1934.9, 『自連新聞』94号1934.9

小倉 忠三　おぐら・ちゅうぞう　?-?　別名・忠造　毎夕新聞社に勤め東京各新聞社の整版部従業員有志で組織された労働組合革進会に加わり1919(大8)年8月の同盟ストに参加するが敗北。毎夕新聞社を退社し東京京橋区(現・中央区)の東京印刷社文選科に勤め日本印刷工組合信友会に加盟。同年12月新聞工組合正進会を組織、機関誌編集役員となる。20年12月20日神田松本亭でのSS会(正進会・信友会の有志によって組織された会)の忘年会に参加し北村栄以智、小林進次郎とともに検束10日間拘留される。なおこの会では添田啞蟬坊が歌を披露した。21年には横浜毎朝新報社に勤め横浜印刷技工組合に加盟。3月12日同社の減給拒絶闘争を26

名で闘い勝利する。5月1日のメーデーで近藤憲二が逮捕されるのを阻止して白銀東太郎，鈴木賢吉(以上正進会)，江原慎二(工友会)と職務執行妨害で検挙される。不起訴となり同月7日に釈放。(冨板敦)〔文献〕『革進会々報』1巻1号1919.8，『信友』1919年10月号・21年4月号，『正進』1巻1号1920.4，2巻1・2・5・6号1921.1・2・5・6，『労働運動』1次12号1921.6

小倉 ミチヨ おぐら・みちよ 1894(明27)9.14-1967(昭42)7.10 旧姓・坂本 愛媛県西宇和郡生まれ。松山技芸女学校卒業。19年26歳で11歳年上の性科学者小倉清三郎と結婚。清三郎は13年から相対会を主宰，会員制で性の文化を真剣に研究，『相対』を配布していた。最盛時には約300人の会員がおり大杉栄，伊藤野枝，堺利彦，辻潤の名前もあった。弁護士，作家，芸術家，思想家などおりからの大正リベラリズムの波にのり多くが名を連ねた。ミチヨは夫の研究を社会的使命と信じ夫との性交渉を「春的経験」として手記にし『相対』に載せた。その間メリ，ホリゾン，ルージョ，ネリアの1女3男を生む。夫には実生活への関心がなく経済面と弾圧との闘いはすべてミチヨ一人にかかった。33年1月夫が出版法違反で逮捕され家宅捜索されると，翌月ミチヨは大審院検事局に乱入して公文書を破棄，自ら刑事被告人を志願して「性の尊厳と研究の活路」について法廷で争おうとしたが警視庁の独房から横浜の精神病院に送られた。夫の死後も孤軍奮闘『相対』を出し続けたが44年4月相対会解散。子供4人に先立たれ，戦後の復刊も猥褻文書として取り締まられ不幸な晩年に心身のバランスを崩して死没。(市原正恵)〔文献〕『相対会研究報告・上下』復刻版・銀座書館1986・ちくま文庫1999，沢地久枝『完本昭和史のおんな』文芸春秋2003

小黒 一次 おぐろ・いちじ 1896(明29)-1927(昭2)7.5 長岡市生まれ。上京し読売新聞社に文選工として勤め新聞工組合正進会に加盟。1924(大13)年夏木挽町(現・中央区銀座)本部設立のために1円カンパする。のち東京印刷工組合で活動する。腹膜炎で死没。(冨板敦)〔文献〕正進会『同工諸君!! 寄付金芳名ビラ』1924.8，『自連』15号1927.8

小黒 利一 おぐろ・りいち ?-? 1926(大15)年末頃，鉄筋労働組合に加わり自由労働者同盟の中央委員を務める。鉄筋労働組合(1925年2月15日創立)は組合員数483名で小黒のほか黒岩，内山，梅原寛吉，佐々木喜代美，大橋鉄也が幹部を担っていた。(冨板敦)〔文献〕加藤昇『自由労働者同盟』『昭和2年版解放運動解放団体現勢年鑑』解放社1927

桶川 広一 おけがわ・こういち ?-? 1927(昭2)年頃，和歌山県で暮し農民自治会全国連合に参加。半農半漁で暮しを立てていた。精神を病み和歌山の同志十余人の助けを借りて和歌浦精神病院に入院したことが『農民自治』(8号)で報じられる。報告したのは泉南郡尾崎村(現・阪南市)の農自会員・杉村直太郎。(冨板敦)〔文献〕『農民自治』8号1927.3

尾越 辰雄 おごせ・たつお 1868(慶応4)4.14-1923(大12)9.21 肥後国宇土郡宇土(現・熊本県宇土市)に宇土藩士武藤三兵衛の三男に生まれ，尾越可俊の養子となる。93年独逸協会学校を卒業し熊本市で弁護士を開業。98年よりドイツのライプツィヒに留学し01年博士号を取得。帰国後は熊本市会議員などを努めた。06年東京市に事務所を開く。大逆事件では同郷の関係で熊本の松尾卯一太，新美卯一郎，佐々木道元を弁護した。(手塚登士雄)〔文献〕森長英三郎『日本弁護士列伝』社会思想社1984

尾崎 喜八 おざき・きはち 1892(明25)1.31-1974(昭49)2.4 東京市京橋区南小田原町(現・中央区)に生まれる。京華商業学校を卒業後中井銀行に勤める。22年『日本詩集』に新人として登場。25年8月『抒情詩』の選者として金井新作(1位)，真壁仁(2位)，伊藤整(3位)，更科源蔵(4位)の作品を推す。26年11月3日渡辺渡の『太平洋詩人』『女性詩人』共催の詩・舞踏・演劇の会で自作詩を朗読。27年『バリケード』創刊号に詩を寄せる。28年アナ派に傾いた『銅鑼』に翻訳を掲載。29年アナ派アンソロジー『学校詩集(1929年版)』に参加。30年小野整のアナ派詩誌『南方詩人』などに関わる。人道派詩人といわれるが当時アナ派詩人らと積極的につきあった。戦時中は日本文学報国会詩部会の幹事，同会勤労報国隊長をつとめる。(冨板敦)〔著作〕『空と樹木』玄文社1922，『高層雲の下』新詩壇社1924，『曠野の火』素人社1927，『旅と滞在』1933，『此の糧』二見書房1942，『尾崎喜八詩文集』全10巻創文社1958-75〔文献〕矢橋丈吉『自伝叙事詩

黒旗のもとに』組合書店1964, 松永伍一『日本農民詩史・上』法大出版局1967, 鳥居省三『釧路文学運動史・昭和編』釧路市1969, 秋山清『あるアナキズムの系譜』冬樹社1973, 伊藤信吉『逆流の中の歌』泰流社1977,『新訂学校詩集(1929年版)』麦書房1981, 寺島珠雄『南天堂』皓星社1999

尾崎 三七 おざき・さんしち ?-? 鹿児島県に生まれる。奄美大島古仁屋地区の活動家。1927(昭2)年8月6日昭和天皇の奄美行幸に際して危険思想家として逮捕され2日間古仁屋署に留置された。古仁屋は軍港として戦争準備のため社会主義者, キリスト教・大本教信者などが軍, 警察, 青年団, 消防団により撲滅の対象とされた。20年この地区に奄美要塞の築城本部が設置されカメラの所持, 港周辺への農漁民の立ち入りが禁止された。これに反対してアナキストが激しい反軍活動を展開し大杉栄の追悼碑を海岸の岩頭に建立するなど全国でも例をみない活動を続けた。尾崎もこの活動グループの一員である。(松田清)〔文献〕『奄美大島』1927.9,『道之島通信』133号1995.6

尾崎 士郎 おざき・しろう 1898(明31)2.5-1964(昭39)2.19 別名・瀝作 愛知県西尾市吉良町生れ。岡崎の県立第二中学校に学ぶ。同級に大須賀健治がいて社会主義文献を見せてもらった。そのころから雄弁術を学び普選運動や立憲政治実現の論文を投稿していた。早稲田大学高等予科時代に売文社の門をたたきその後社員となる。同世代の大須賀, 添田知道, 茂木久平らとともに売文社の「少年組」とよばれた。いわゆる早稲田騒動ではリーダー格で活躍し父兄召喚処分を受けたが, 以後大学へは通わず普選運動などの青年団体で活動した。また1919年の売文社分裂では堺利彦ではなく国家社会主義者の高畠素之と行動をともにした。20年日本社会主義同盟に加盟。21年1月の『時事新報』懸賞短篇小説では大逆事件を素材にした「獄中より」で二等当選。同年12月売文社分裂時代を背景した長篇小説『逃避行 低迷期の人々』(改造社), 翌年5月続編『懐疑者の群』(同)を刊行した。尾崎自身の運動からの逃避, 離反表明の書でもありここから作家の道を歩み『人生劇場』(1935)で人気作家となった。(大和田茂)〔著作〕『尾崎士郎全集』講談社1965-66〔文献〕茂木久平との共著『西

洋社会運動者評伝』売文社出版部1919, 都築久義『若き日の尾崎士郎』笠間書院1980

尾崎 直之助 おざき・なおのすけ 1879(明12)2.2-? 旧姓・立花 和歌山県那賀郡粉川町大字藤井に生まれる。02年尾崎音吉の養子となったが養父と対立し03年渡米, サクラメントに在留した。08年竹内鉄五郎が結成したフレスノ労働同盟会に参加し基本金募集委員, 会計主任となった。この活動を理由に10年2月要視察人名簿(無政府主義)に登録された。(西山拓)〔文献〕『主義者人物史料1』, 大原慧『片山潜の思想と大逆事件』論創社1995

尾崎 秀男 おざき・ひでお 1909(明42)-? 長野県小県郡神川村(現・上田市)に生まれる。神川村小学校を経て小県蚕業学校本科2部を卒業。社会問題を研究する叔父の金井栄から『吾等は如何に生くべきか』をもらい, また従兄弟の尾崎義一(上田進)が秋田雨雀の婿だったことなどから社会問題に興味をもつようになる。27年朝鮮全羅南道海南郡邑内里で農会技術員となる。29年帰郷し蚕種販売業に従事。同年『クロポトキン全集』(春陽堂1928)を購読, 金井から大杉栄・伊藤野枝『クロポトキン研究』(アルス1920)をもらって読む。30年『黒色青年』の送付を受ける。35年末頃無共党事件で検挙されるが不起訴。(冨板敦)〔文献〕『身上調書』,『農青社事件資料集Ⅰ・Ⅲ』

尾崎 平吉 おざき・へいきち 1875(明8)11.20-? 大阪市東区に生まれる。金沢医学専門学校卒業後, 大阪で開業。その後和歌山県, 三重県に転居し開業する。1907年2月頃から開業地の近さや同業者であったことが手伝って大石誠之助方に出入りするようになり影響を受ける。成石平四郎, 新村忠雄らとも交際。08年8月赤旗事件を受けて帰京途中の幸徳秋水と新宮で面会する。11年11月28日社会主義を信奉する乙号として要視察人名簿に登録された。登録の理由は友人と座談の際社会主義の話をして忠孝主義を批判したこと, また友人にクロポトキンの『麺麭の略取』を読むようにすすめたことであった。19年7月名簿から除外されたが16年キューバ旅行をしたため外務省文書には名簿が残された。(西山拓)〔文献〕『主義者人物史料1』

尾崎 放哉 おざき・ほうさい 1885(明18)

1.20-1926(大15)4.7 本名・秀雄。鳥取県邑美郡芳方町(現・鳥取市)に次男として生まれ恵まれた環境に育った。中学在学中から定型俳句を始め学友会雑誌や『ホトトギス』に投句した。一高俳句会では1年上級で活躍する荻原井泉水を識る。同級には華厳の滝に入水した藤村操がいてその死に影響を受ける。東京帝大法学部時代は句作に熱中し『ホトトギス』にしきりに投句を続けた。09(明42)年大学を卒業し日本通信社に就職するが役人の権威主義などに反発して1ヵ月で退社。翌年東洋生命保険会社に入社、直後に結婚し小石川に新居を構えた。14(大3)年大阪に支店次長として赴任するが1年で帰任。会社勤めへの心の崩れは定型俳句から離れ自由律に目覚めることになり、井泉水創刊の『層雲』15年12月号に初めて句が載せられる。寺男生活への転身を考え出して作句熱も冷め21年東洋生命を退社。翌年には朝鮮火災海上保険の支配人として妻と共に京城に渡るが禁酒の誓約が守れなかったため馘首される。満州を放浪するが、肋膜炎により引き揚げ妻を捨てて京都山科で西田天香の一燈園に入るが挫折。翌年には京都知恩院常照院の寺男、次いで神戸の須磨寺太子堂の堂守などを転変。井泉水の紹介と見送りを受けて24年8月に小豆島に渡り西光寺奥の院南郷庵の庵主におさまる。誰からも干渉を受けない庵主として独居無言、読経、俳句三昧の暮らしができたが、肺結核に咽喉カタルを併発しその理想的な暮らしも7ヵ月で終焉、孤独な41歳の死であった。その翌月には選抜句集『大空(たいくう)』(春秋社)が刊行された。放哉にとって俳句は宗教であり寺男生活は隠遁ではなく自己を守り得る場所であった。同じ井泉水門下の種田山頭火はその死の3日後に行乞放浪の旅に出立しており、彼の果たせなかった夢を継いだものと言われている。(一色哲八)〔著作〕『放哉書簡集』春秋社1927、『尾崎放哉全集』彌生書房1972、『放哉全集』全3巻・筑摩書房2002、伊藤完吾他編『尾崎放哉全集』増補決定版・春秋社2007〔文献〕上田都史『近代俳人列伝』第1巻・永田書房1986、青木茂『乞食放哉の大往生』篠山書房1932、志賀白鷹『俳人放哉』修文館1942、伊澤元美『尾崎放哉』南雲堂桜楓社1963

尾崎 三良 おざき・みつよし ?-? 鹿児島県生まれ。奄美大島古仁屋地区の活動家。古仁屋は軍港でもあり要塞築城本部が軍によって1920(大9)年設置されたが、22年ワシントン条約で軍縮のため築城は中断となり要塞司令部と名称が変更された。武田信良らアナキストグループは大正から昭和の初めにかけて要塞建設反対運動を激しく展開した。奄美の当時の社会運動はすべてアナキストの指導によった。尾崎はこのグループの活動家であり27年8月6日昭和天皇の奄美行幸の際、古仁屋の活動家5人とともに危険思想家として古仁屋署に2日間留置された。(松田清)〔文献〕『奄美大島』1927.9、『道之島通信』133号1995.6

長田 愉 おさだ・さとし ?-? 新聞工組合正進会に加盟し1924(大13)年夏、木挽町(現・中央区銀座)本部設立のために1円寄付する。(冨板敦)〔文献〕正進会『同工諸君!!寄附金芳名ビラ』1924.8

長田 英雄 おさだ・ひでお ?-? 新聞工組合正進会に加盟し1924(大13)年夏、木挽町(現・中央区銀座)本部設立のために1円寄付する。(冨板敦)〔文献〕正進会『同工諸君!!寄附金芳名ビラ』1924.8

長田 秀吉 おさだ・ひでよし ?-? 新聞工組合正進会に加盟し1924(大13)年夏、木挽町(現・中央区銀座)本部設立のために1円寄付する。(冨板敦)〔文献〕正進会『同工諸君!!寄附金芳名ビラ』1924.8

小山内 薫 おさない・かおる 1881(明14)7.26-1928(昭3)12.28 広島市に生まれる。1899(明32)年第一高等学校文科に入学。1906年に25歳で東京帝国大学を卒業。08年には演劇評『演劇新潮』を博文館より刊行。09年11月に有楽座でイプセンの『ジョン・ガブリエル・ボルグマン』(森鷗外訳)を自由劇場の第一回公演として初演。これがイプセンの近代戯曲の翻訳劇としての本邦初演。ボルグマンを歌舞伎役者の2世市川左団次が演じた。13(大2)年10月には帝国劇場で第7回公演として『夜の宿』を上演。これはロシアのモスクワ芸術座で小山内が観た『夜の宿』の感動を克明に記した演出ノートによって上演された。19年9月に自由劇場は第9回公演をもって消滅。24年6月に築地小劇場を土方与志と設立。この柿落とし公演で小山内はチェーホフの『白鳥の歌』とマゾオー

の『休みの日』を自然主義的に演出。土方はゲーリングの『海戦』を表現主義的に演出。同年には小山内の演劇論集『芝居入門』がプラント社より刊行。27年に『東京朝日新聞』の劇評欄を担当。同年11月にロシア革命10周年記念祭に国賓として招かれる。28年12月に心臓麻痺で倒れ急死。享年48歳。葬儀は築地小劇場葬で行われた。（平辰彦）〔文献〕久保榮『小山内薫』文藝春秋新社1947，水品春樹『小山内薫と築地小劇場』ハト書房1954

長内　津水　おさない・しんすい　?-?　1919（大8）年東京京橋区（現・中央区）の築地活版所和文科に勤め活版印刷工組合信友会に加盟する。（冨板敦）〔文献〕『信友』1919年8月号

小山内　竜　おさない・りゅう　1904（明37）6.15-1946（昭21）11.1　本名・沢田鉄三郎，別名・怒藻哲，沢田哲（徹，鉄）　北海道函館区若松町（現・函館市若松）に出生。19年若松小学校高等科を卒業。下駄工場工具を経て20年船員となる。同僚の中国人に刺激を受ける。ソ連の漁場生活で漁夫が食べかけの握飯を持ったまま寝るという驚くべき長時間労働の存在を知る。この間ボーイから1等火夫となるが心臓病のため下船。25年印刷所画工となる。26年若竹幸男と北方黒潮会を組織し黒連函館支部をつくる。10月北海黒連の演説会を函館で開催。その活動のために思想要注意人（無政府主義）としてマークされる。吃音があったため仲間からは愛称としてドモ哲，または沢鉄と呼ばれ，のちに怒藻哲名で『社会芸術』(1928)，第1次『黒色戦線』(1929)に詩を発表。26年末頃絵の勉強のため上京。27年11月『バリケード』3号は矢橋丈吉の表紙絵，沢田哲の風刺漫画が誌を飾っている。28年東京市の知識階級失業救済土木事業に矢橋，北浦馨，上田光慶，工藤秀剣，菊岡久利，岡本潤らと参加，芝浦の船人足などで生計をたてる。同年『自連新聞』に望月桂らと風刺一コマ漫画を毎号のように発表。この頃江東自由労働者組合に入りAC労働者連盟の横倉辰次らと『自連新聞』の配布にも従事。32年『週刊アサヒ』の懸賞漫画に入選し小山内名でデビューする。編集者伊藤逸平の紹介で近藤日出造，杉浦幸雄，横山隆一らを知り新漫画派集団結成に参加。35年『労働雑誌』に「分裂メーデーの立役者」など社会批判の強い作品を発表。36年末『コドモノクニ』などに児童漫画を連載。翌年『コドモアサヒ』の「コグマ」シリーズ連載が動物漫画として評判をとり41年がそのピークとなる。35年森永製菓が内箱に昆虫の漫画を入れる企画を新漫画派集団に持ち込んだことから，農学博士石井俤の指導により昆虫採集を行った。虫好きの小山内は昆虫，特に蝶に魅了され自ら飼育にも成功する。その経過を『オール女性』に連載し昆虫漫画の名手となる。動物集団を描いたがその動物たちは権力者をいただかず自由連合で生きていた。40年日本文化協会から第2回児童文化賞を贈られる。42年刊行の『黒い貨物船』（映画出版社）は船員生活を回想した自伝的なものである。45年戦争末期に北海道亀田郡大野村（現・北斗市）に疎開し，上京の機会のないまま死没した。昔の同志矢橋の依頼した小川三男の寓話集『猫のひとりごと』（組合書店1947）の挿画が遺作となる。（堅田精司・黒川洋）〔著作〕絵本『ゲンキナコグマ』朝日新聞社1941，百田宗治文『オヤマノカキノキ』帝国教育会出版会1941，随筆集『昆虫放談』大和書房1941・組合書店1948・築地書館1980・改題『昆虫日記』オリオン社1963，『昆虫のハナシ』博文館1942，『ホタルとヤンマ』小学館1942，『昆虫たちの国』中央出版社1944，平塚武二文『フシギナモノ』東栄社1943，『アマノニッポン』中央出版会1947・復刻版1974〔文献〕『思想要注意人調』北海道庁警察部1927.6，『黒色戦線』1次6号1929.12，矢橋丈吉『黒旗のもとに』組合書店1964，横倉辰次「書き洩らされたアナキズム労働組合運動史」『リベルテール』32号1972.7，寺島珠雄「岩倉憲吾と小山内竜」『遅刻』12号1992，沢田洋太郎「父・小山内竜を語る」（講演，大野田中央公民館1998)，近江幸雄『小山内竜ノート』私家版1999，堅田精司『北海道社会文庫通信』1410号2000

筬部　治之助　おさべ・はるのすけ　1896（明29）頃-1930（昭5）頃　19年秋頃和田久太郎の影響で小倉敬介，小田知一らと京都で車夫組合を結成。21年9月創刊，10月に2号を発刊した『関西労働者』の同人に岸井清，殿水藤之助，新谷与一郎，大串孝之助，対馬忠行，小田，赤松民平らとともに名を連ね2号に「脅迫的生活」を寄稿。25年大阪で久保譲，小西武夫，備前又二郎，山田正一，弟義之助らと月刊『黒』を刊行。大阪市北区天満橋に居住し，中浜哲の脱獄計画にからんで24年9月末から10月中旬までの間に山田，

小西武夫，小西松太郎らとともに検挙され翌年7月大阪地裁で懲役5年の判決を受け、出獄後病没。(北村信隆)〔文献〕『大阪社会労働運動史・上』，逸見吉三『墓標なきアナキスト像』三一書房1976，森長英三郎『史談裁判』日本評論社1966，小松隆二「ギロチン社とその人々(1)(2)」『三田学会雑誌』66巻4・5号1973.4・5，逸見吉三「戦前大阪における社会主義運動の思い出」『大阪地方労働運動史研究』2号1959.4，小山仁示「『関西労働者』について」同4号1960.8，柏木隆法『千本組始末記』海燕書房1992，『思想彙覧1』，『社会主義沿革2』，『黒』2次1号1925.5，『労働運動』4次11号1925.7

筏部 義之助　おさべ・よしのすけ　1894(明27)9.27-?　別名・南洋，義松，檻樓商(人) 1919(大8)年3月岩出金次郎の月刊『日本労働者新聞』発行を機に同年5月頃結成の思想団体白雨会に文通相手の堺利彦のすすめで出席。当時大阪には岩出宅出入りグループ(共産主義系)のほかに武田伝次郎(アナ系)や逸見直造(その他各派の社会主義者)らのグループがあった。同年10月日本労働新聞社主催の労働問題大講演会で逸見父子を知る。社会主義集会参加を警察から勤務先に知らされ九州に行って3年ほど運動から遠ざかった。22年上阪，再活動。大阪紡織労働組合(のち関西紡織労働組合と改称，全国自連に加盟)に備前又二郎と加入。23年6月頃組合員の解雇交渉で検挙，起訴猶予で出獄。同年『黒』に参加する。治之助は弟。(北村信隆)〔著作〕「ふりかえってみて」『ヒロバ』6号1957〔文献〕『大阪社会労働運動史・上』，逸見吉三「戦前大阪における社会主義運動の思い出」『大阪地方労働運動史研究』2号1959.4，『黒』1次1号1923.7・2次1号1925.5

大仏　空　おさらぎ・あきら　1930(昭5)8.27-1984(昭59)7.7　本名・晃，尊教　別名・フランシスコ空(洗礼名)・風乱軒主人　東京府荏原郡駒沢村大字上馬(現・東京都世田谷区駒沢)生まれ。大仏は戦後の社会党茨城県連書記(労農「河上」派)として常陸地域の常東農民運動オルグを飯田桃らと担った。北海道のカトリック修道院に入り，のちに社会福祉・養護施設職員。その後，父の寺である閑居山「願成寺」に帰り，障害者解放運動を土浦のキリスト教会の「県南障害者の会」への参加で始め，1960(昭35)年頃「青い芝の会」(1957年設立団体)と関係を持つようになり，翌々年に石岡市郊外の上志筑・閑居山麓(現・千代田町)にある自ら住職であった願成寺に「閑居山コロニー」を開設した。64年から脳性まひ者の自給・自足の自立コミューンを目指し，のち「マハラバ村」(発案者・小山正義)と改称して68年まで続いた。その間同年7月同志の脳性マヒ者一人を怪我させ，翌年上告裁判で懲役一年の刑を受けている。大仏の思想は「悪人正機説」や親鸞思想などの仏教思想に留まらず，キリスト教をはじめ古神道・古事記の世界も登場させマルクスの労働観をも批判(「社会科学としての労働」『青い芝』第24号)し，「異端」「異説」を展開する「曼荼羅思想」である。「人々は我々をアナーキストだと云う。我々は現代文明の拒否と現代社会の理性の否認」という「青い芝の論理」の基底には大仏独自の虚無と自由と共生への「あなきずむ」が流れている。ラスプーチンの様と称せられた大仏の最期は敗血症という病にてその生涯を閉じた。父・晃雄は僧侶で，基督教母体の「救世軍」の一員として谷中村・足尾銅山鉱毒事件などの社会運動に参加，娼妓らの「自由廃業運動」や「児童虐待防止法」制定に尽力，台湾「霧社事件」に理解を示したり「ノモンハン事件」を非難するなどにより治安維持法での投獄経験を持つ。大仏没後，長年の連れ合いであった妻・照子も波崎事件(冨山常喜さん支援)再審運動などの冤罪事件支援活動を中心に「反権力・反差別・反死刑・反原発」をネットワークを通じて担った。(北村信隆)〔著作〕特集・私にとっての国家-檻のなかの差別「社会福祉は治安維持の道具か」『朝日ジャーナル』1971.2，「社会科学としての労働」『青い芝』第24号1981，インタビュー構成「おのれの地獄を見きわめよ」『日刊・東風』1975.8月号，『開放理論研究会・テキスト』茨城青い芝の会1979.4，『開放理論研究会・テキストNo.2』開放理論研究会1979.12〔文献〕寺ノ門栄『偽りよ死ね』参玄社1973，横田弘『ころび草』自立社1975，小山正義『いきざま ある脳性マヒ障害者の半生』JCA出版1981，岡村青『脳性マヒ者と生きる 大仏空の生涯』三一書房1988，横塚晃一『母よ！殺すな』生活書院2007，藤井孝良『空 希望の果て，絶望の先』私家版(『マハラバの息吹 もうひとつの1960年代』『週刊金曜日』2009.12加筆・修正)，増田レア『無縁の地平に』マハラバ文庫2015

小沢　景勝　おざわ・かげかつ　1901(明34)6.18-?　山梨県北巨摩郡甲村(現・北杜市)に生まれる。新人会，革人会のメンバー。1921(大10)年第2回メーデーで車坂警察署

長をドブに落としたとして橋浦泰雄，湧島義博とともに職務執行妨害で検挙され禁錮2カ月となる。獄中便りを『労働者』3号に寄せる。出獄後身元引受人となった若林やよに付き添われて甲府に帰り静養する。10月矢崎源之助，片平茂雄ら17人で革人会を組織。22年7月18日高田良幻の革命歌ビラ印刷事件に連座して検挙され禁錮3カ月となる。（冨板敦）〔文献〕『労働運動』2次12号1921.6・3次7号1922.9，『労働者』3号1921.6，向井孝「八代と良幻・上下」『黒』2・3号2000.9・11，『資料大正社会運動史・上』

小沢 クリ おざわ・くり ?-? 1919（大8）年東京神田区（現・千代田区）の三秀舎に勤め日本印刷工組合信友会に加盟する。（冨板敦）〔文献〕『信友』1919年10月号

男沢 源次郎 おざわ・げんじろう ?-? 1919（大8）年東京京橋区（現・中央区）の築地活版所機械修繕科に勤め日本印刷工組合信友会に加盟する。（冨板敦）〔文献〕『信友』1919年10月号

小沢 正 おざわ・ただし ?-? 1919（大8）年東京神田区（現・千代田区）の神田共栄舎印刷科に勤め日本印刷工組合信友会に加盟する。（冨板敦）〔文献〕『信友』1919年10月号

小沢 一 おざわ・はじめ 1906（明39）3.9-1929（昭4）12.19 台湾彰化で生まれる。千葉県出身の父は巡査として台湾に渡り各地で勤務。12年4月台北の寿小学校に入学。18年4月台北一中に入学する。20年母が死没し父は基隆に転勤となるが淡水に住む獣医のもとに身を寄せる。21年6月中学4年の時に父に反抗し東京行きを決意。東京府下大井に住む姉の夫の家に身を寄せ獣医学校に通う。義兄と親しく往来する旋盤工の影響を受け23年頃からアナキズムの研究に没頭，実際の社会運動にも携わる。東京機械技工組合大崎支部の組合員として26年8月大杉栄らの虐殺3周年の際には14日間の拘留を受ける。自連や黒連のメンバーとして活動し江西一三らと知り合う。26年6月徴兵検査に甲種合格，同年11月入隊の準備のため一時帰台。この時周和成，呉滄州，呉松谷，王詩琅らと台湾黒色青年連盟の結成を計画したとされる。王詩琅宅で台湾黒色青年連盟の「宣言」を謄写印刷しまたアナキズムの宣伝パンフレット『サパトランド』を準備し，各地の無産青年グループの台湾人青年に配布する。同年12月下旬日本に戻り翌27年1月10日千葉県四街道の野戦重砲兵連隊に入営。台湾では台湾黒色青年連盟なる秘密結社の存在が明らかになったとされ2月1日から一斉逮捕が行われる。小沢は2月13日東京憲兵隊によって検挙され16日台北に護送される。この事件で100人を超える台湾人青年が取り調べを受けたが，当時活発となっていた台湾文化協会の左翼勢力無産青年グループが対象となった。28年2月21日小沢は懲役2年6カ月，呉滄州と王は懲役1年6カ月，呉松谷は懲役1年と判決される（周は公判前に獄死）。29年12月13日刑期満了で出獄するが仲間や親戚に会うことなく日本へ向けて護送され，台湾の新聞報道（1929.12.20）ではその帰還の途中門司港外で「監視人のスキに発狂し自殺した」という。日本当局により毒をもられ謀殺されたとの噂も流れた。（手塚登士雄）〔文献〕『台湾総督府警察沿革誌3』1934，『自連』8・9.10・43号1927.1・3.30.1，江西一三「獄窓で憤死した小沢一君の思い出」『リベルテール』118号1979，「王詩琅が語る『台湾新文学運動』」下村作次郎『文学で読む台湾』田畑書店1994，王詩琅「鼠の孔が大きな門になる」『陋巷清士 王詩琅選集』弘文館出版社1986

小沢 勝 おざわ・まさる ?-? 1926（大15）年長野県下伊那郡大鹿村で暮し農民自治会全国連合に参加。地元の農民自治会を組織しようとしていた。（冨板敦）〔文献〕『農民自治会内報』2号1927

押切 順三 おしきり・じゅんぞう 1918（大7）10.27-1999（平11）7.3 秋田県雄勝郡横堀町（現・湯沢市）に生まれる。県立横手中学を経て産業組合中央会附属産業組合学校を卒業し37年同中央会秋田支部に就職。補充兵として臨時召集され42年中国山西省に送られる。46年復員して秋田県農業会に復職しその後長く農協関係の仕事を続ける。同年アナ連に参加し『平民新聞』に「天皇氏よ」（50号1947.11），「律義もののうた」（86号1948.8）など多くの詩を発表する。詩は戦前から始めていたが本格化したのは戦後で，主な舞台は秋山清らの『コスモス』と『処女地帯』（北方自由詩人集団）だった。反権力的な思考をベースにし対象を的確に彫りあげていくリアリズムに徹した詩風だった。詩集

は『大監獄』(秋田文化出版社1963), 『斜坑』(たいまつ社1968), 『沈丁花』(秋田文化出版社1971), 『祝婚歌』(秋田ほんこの会1974)のほか, これらも含めて『押切順三全詩集』がたいまつ社から77年に出た。このあとも反骨を貫く詩作はとだえず, 90年からは手書き手づくりの詩集を年1回つくり続けてそれが8冊になった98年でとだえた。(西杉夫)〔著作〕『詩の図書館』秋田ほんこの会1997〔文献〕『読本・押切順三』秋田文化出版社2000

押田 仙太郎 おしだ・せんたろう ?-? 別名・仙蔵 1919(大8)年東京神田区(現・千代田区)の三秀舎印刷科に勤め活版印刷工組合信友会に加盟する。(冨板敦)〔文献〕『信友』1919年8・10月号

小島 祐馬 おじま・すけま 1881(明14)12.3-1966(昭41)11.18 別名・抱甕 高知県吾川郡弘岡上ノ村(現・高知市春野町)生まれ。五高を経て07年京都大学法科大学経済学科卒業。09年狩野直喜に師事すべく文科大学に再入学。この間河上肇を知る。12年京大文科大学哲学科(支那哲学史)卒業。京都一中, 三高の教師を経て18年同志社大学法学部教授。櫛田民蔵と親交, 河上とは終生無二の友誼が続いた。20年青木正児, 本田成之らと雑誌『支那学』創刊。同年京大文学部助教授。31年教授となり支那哲学史講座を担当。39年東方文化学院京都研究所(のち京大人文科学研究所)所長。43年『古代支那研究』(弘文堂)を刊行。53年高知での夏季大学で「社会と革命」を講義。東洋的社会主義者だった。(北村信隆)〔著作〕『中国の社会思想』弘文堂1952・1967, 「学究生活を顧みて」『思想』1953, 『中国の革命思想』筑摩書房1967, 「中国文化の源流を索めて」(桑原武夫との対談)『展望』1967.3, 『古代中国研究』同1968, 『中国思想史』創文社1968, 『政論雑筆』みすず書房1974〔文献〕竹之内静雄『先知先哲』新潮社1992

押本 和 おしもと・かず ?-? 1927(昭2)年大阪合成労働組合に参加。第1回と第2回の会合が関西自連の事務所で開かれ規約草案を協議し中村房一, 白井新平らとともに関西自連連絡委員を, 争議部門担当を中村と担う。同年4月関西自連で逸見吉三, 押本らの出獄歓迎会が開催された。同年8月大阪機械技工組合のアルミ争議交渉に行き逸見とともに検束, 2週間拘留。同年9月関西自連事務所での大阪機械技工の青年部研究会で産業革命について講話する。同年11月7日中村, 佐野英造, 白井, 芝原貫一, 山中政之助らと脱退声明書を出して関西自連から離れ12月8日除名された。(北村信隆)〔文献〕『大阪社会労働運動史・上』, 『自連』12・16・18号1927.5・9・11

尾関 潤吾 おぜき・じゅんご ?-? 1926(大15)年愛知県葉栗郡浅井町(現・一宮市)で暮し農民自治会全国連合に参加。地元の農民自治会を組織しようとしていた。(冨板敦)〔文献〕『農民自治会内報』2号1927

尾瀬田 辰造 おせだ・たつぞう ?-? 1919(大8)年東京京橋区(現・中央区)の秀英本舎和文科に勤め日本印刷工組合信友会に加盟する。(冨板敦)〔文献〕『信友』1919年10月号

小田 権次 おだ・けんじ ?-? 芝浦製作所に勤め芝浦労働組合に加盟し配電器具分区に所属。1924(大13)年9月27日, 同労組の中央委員会で同分区の中央委員に沖田松三, 金田吉政, 郷田武哉, 篠田庄八, 三沢健一とともに選出される。この月頃, 同労組の労働学校に入学する。(冨板敦)〔文献〕『芝浦労働』2次1・2号1924.10・11

小田 栄 おだ・さかえ 1904(明37)3.24-1994(平6)7.11 別名・天界 広島県加茂郡川尻町生まれ。12年一家で沖縄に移住し18年沖縄県立第一中学校に入学するが, 4年生時に社会批判の演説によって放校処分を受けた。沖縄の先輩で当時労働運動社にいた泉正重を頼って上京, 21年山口与曾八, 国見輝雄らと無限社を結成, 『無限者』を発行する。22年中浜哲, 古田大次郎らのギロチン社に参加するが翌23年の関東大震災を機に沖縄に帰った。24年徴兵検査を受け翌25年広島歩兵連隊に入営するがこの間にアナキズムから民族的社会主義に転向。除隊し沖縄に戻った27年以降は弟の俊与(1907-?)とともに黒十字軍, 皇国日本党などを設立し国家主義的運動に携わった。戦後, 『全東京新聞』を発行した。(奥沢邦成)〔著作〕『戦魂詩集』日本新国策研究所1939, 『天界物語1・2』全東京新聞社1961・1969, 『天界詩集』全東京新聞社1964〔文献〕『労働運動』3次5号1922.6, 『不敬事件1』, 国吉真哲「初期社会主義者と芸術家たち」『沖縄現代史への証言』沖縄タイムス社1982, 新川明『琉球処分以後・下』朝日新聞社1981, 安仁屋政昭

『沖縄の無産運動』ひるぎ社1983

織田　栄　おだ・さかえ　?-?　江東自由労働者組合(のち東京自由労働者組合)のメンバー。1927(昭2)年11月10日江東自由芝浦支部提唱の失業抗議闘争に参加し東京市長室で市長に面会を求めた際、日比谷署の警官と乱闘になり同志22人とともに検束、29日間拘留される。同年12月19日江東自由深川支部の会計となる。(冨板敦)〔文献〕『自連』19・21号1927.12・28.2

織田　三平　おだ・さんぺい　?-?　1919(大8)年東京神田区(現・千代田区)の大東印刷会社に勤め日本印刷工組合信友会に加盟する。(冨板敦)〔文献〕『信友』1919年10月号

織田　順作　おだ・じゅんさく　?-?　読売新聞社に勤め東京の新聞社員で組織された革進会に加わり1919(大8)年8月の同盟ストに参加するが敗北。のち正進会に加盟。20年機関誌『正進』発行のために1円寄付。また24年夏、木挽町(現・中央区銀座)正進会本部設立のためにも1円寄付する。(冨板敦)〔文献〕『革進会々報』1巻1号1919.8、『正進』1巻1号1920.4、正進会『同工諸君!! 寄附金芳名ビラ』1924.8

小田　正平　おだ・しょうへい　?-?　新聞工組合正進会に加盟し1924(大13)年夏、木挽町(現・中央区銀座)本部設立のために1円寄付する。(冨板敦)〔文献〕正進会『同工諸君!! 寄附金芳名ビラ』1924.8

織田　貫　おだ・つらぬく　?-?　別名・林崎琅、林崎正　岡山県生まれ。1927(昭2)年早稲田大学英文科在学時に鈴木靖之の『黒線』同人となり相沢尚夫を仲間に入れる。AC学連に加わり『黒色戦線』の同人となる。32年同誌2号に「無政府主義文学への要求」、『黒旗』創刊号に「強権と民衆の覚醒」などの論稿を書く。また榎本桃太郎らとクロポトキン『パンの略取』を訳出し秘密出版する。同県人の吉行エイスケに私淑しニヒルの気味があったという。(大澤正道)

小田　知一　おだ・ともいち　1898(明31)頃-?　1919(大8)年秋頃和田久太郎の影響で小倉敬介、莨部治之助らとともに京都で車夫組合を結成。同年結成の印友会で『資本論』の研究会を始める。19年武田伝次郎や和田信義らの社会主義座談会、革命運動社、黒旒会に属して活動、20年6月被差別部落への宣伝中に山田正一らと拘留される。21年3月笹井末三郎、西川欽、城増次郎らと『労働者』の地方同人になり3号に「大電罷業の感想」を寄稿。また第2次『労働運動』7号に「赤旗の脅威」を寄稿。大串孝之助、殿水藤之助、対馬忠行らと同年9月発刊の『関西労働者』の同人になる。22年5月印友会から離れて京都印刷工組合を藤本巌、厚見好男らと結成。23年8月和田信義らの『悪い仲間』に参加。同年9月関東大震災後、柳沢善衛、安谷寛一、和田信義、船越基、武田伝次郎らとサンジカリズムの宣伝や労働組合運動の無能ぶりを暴露する活動を行う。のち神戸のロンダ組にも出入りしていた。(北村信隆)〔文献〕『京都地方労働運動史』、『社会主義沿革2』、逸見吉三「戦前大阪における社会主義運動の思い出」『大阪地方労働運動史研究』2号1959.4、小山弘健「『関西労働者』その他について」同3号1959.12、『労働者』1-3号1921.4-6、『労働運動』2次7号1921.3、『大阪社会労働運動史・上』、大江音人「京都印刷工組合の人々1」『虚無思想研究』17号2001

小田　昇　おだ・のぼる　?-?　1919(大8)年東京京橋区(現・中央区)の三協印刷株式会社欧文科に勤め活版印刷工組合信友会に加盟する。(冨板敦)〔文献〕『信友』1919年8・10月号

小田　平吉　おだ・へいきち　?-?　東京朝日新聞社に勤め東京の新聞社員で組織された革進会に加わり1919(大8)年8月の同盟ストに参加するが敗北。のち正進会に加盟。20年機関誌『正進』発行のために50銭寄付する。(冨板敦)〔文献〕『革進会々報』1巻1号1919.8、『正進』1巻1号1920.4

小田　実　おだ・まこと　1932(昭7)6.2-2007(平7)7.30　大阪市此花区福島(現・福島区)生まれ。大阪府立夕陽丘高校卒業後、東京大学入学。フルブライト基金でハーバード大学院留学中に世界の各地を訪ねた旅行記『何でも見てやろう』がベストセラーになる。65年4月ベトナム反戦運動を「ベ平連」デモから始め代表になる(74年1月「ベ平連」解散)。後年の04年「九条の会」まで幾多の「平和・反戦」「変革」の市民運動を担い続けた。95年1・17未明の「阪神淡路大震災」を自宅で体験、翌年「公的援助」を求める「市民＝議員立法運動」に努力傾注する(98年実現)。終戦前日8・14のB-29大空襲爆撃後、「日本降伏」のビラを拾う体験が「私の人生、思考に

根強く残った」と自ら語り、難死や虫瞰図の視点視座に立つ。小説・評論など著作多数で長編『HIROSHIMA』でアジア・アフリカ作家会議『ロータス賞』を、短編『『アボジ』を踏む』で川端康成文学賞を受賞。07年国際民衆法廷審判員出廷後のトルコなどの旅から帰国したのち聖路加国際病院入院。胃がんにて死去。〔北村信隆〕〔著作〕『小田実全仕事』全11巻・河出書房新社1970-78,『被災の思想 難死の思想』朝日新聞社1996〔文献〕「特集・われわれの小田実」季刊『環』vol.31藤原書店2007.11

小田　正夫　おだ・まさお　1912(明45)1.24-1965(昭40)5.17　本名・正雄、別名・邦雄　江別市に生まれ町役場に勤めていた。32年4月岡山市の童心社から詩集『石狩』を上梓。同年知人のアナキスト詩人らに寄稿を頼み『大根詩集』(童心社)を編集。同社を経営する青山紅人が自らガリ切りをして刊行した。小田、青山のほか更科源蔵、木山捷平、塩野荀三、鈴木致一、福原寅雄、三嘴四郎、笠間静夫、田中清司、川合猛、鈴木勝、竹内てるよが執筆している。のち大政翼賛会主事となり宮沢賢治を研究。敗戦後は『亜細亜詩人』の同人となる。〔冨板敦〕〔著作〕『石狩』童心社1932,『宮沢賢治覚え書』弘学社1943,『屯田兵生活考』郷土研究社1945,『炉辺随筆』白都書房1946,『宮沢賢治 作品と生涯』新文化社1950,『雨ニモマケズ 宮沢賢治の生涯』酪農学園出版部1950,『平原と花 小田邦雄詩集』新文化社1951,『宮沢賢治 詩人の人間的形成について』白鵬社1957〔文献〕松永信一『日本農民詩史・中2』法大出版局1969,『土とふるさとの文学全集14』家の光協会1977

小田　頼造　おだ・らいぞう　1881(明14)1.15-1919(大8)6.18　別名・野声　山口県佐波郡島地村(現・山口市)に生まれる。01年上京し東京政治学校に学ぶ。同校には石巻良夫、山口義三がいた。04年3月千葉県下で社会主義伝道行商を始めるが牟婁新報社へ入社が決まり帰京。『牟婁新報』に野声の筆名で論評を執筆する。同年秋から翌年にかけて伝道活動を再開し千葉、東海道、山陽道、九州を回った。地方遊説は社会主義協会の時代から行われていたが、小田の伝道行商は社会主義の宣伝と同時に週刊『平民新聞』や平民文庫、社会主義関係の書籍を箱車に積んで売り歩いた点に特徴があった。この方式は社会主義伝道行商のモデルとなった。書籍類の売上げは財政的裏づけがないまま出発した平民社の援助金となった。東海道、山陽道行商では平民社に90円余りを納入したという。また伝道行商は青年社会主義者たちにとっての実地訓練の場となり彼らの精神的飢えを満たす役割も果たしたが、同時に官権による抑圧も厳しくなった。以後、社会主義の冬の時代の到来を受けて隠遁生活者、転向者、精神障害者などが出てきた。小田は九州行商以後、社会主義を一つの宗教と思いこんでいたが、そうでないことがわかったという理由で運動から離脱した。10年頃から精神的転回を迎え人生や社会の救済は外部からの智徳の注入ではなく「法性」への「帰元」により得られるという考えに至る。以来、伊藤証信の無我苑への参加、徳冨蘆花、江渡狄嶺、西田天香、奥谷文智、高田集蔵らとの交流を経て高野山に入り得度。17年8月大法師の資格を授与された。〔西山拓〕〔文献〕荒畑寒村編『社会主義伝道行商日記』新泉社1971,柏木隆法『小田頼造についての断片』『大逆事件の真実をあきらかにする会ニュース』29号1990.1,太田雅夫『初期社会主義史の研究 明治30年代の人と組織と運動』新泉社1991,吉田隆喜『無残な敗北 戦前の社会主義運動を探る』三章文庫2001

尾竹　紅吉　おたけ・べによし　1893(明26)3.36-1966(昭和41)9.22　「こうきち」とも読ませる。富山県に生まれる。本名・一枝。画家、随筆家。陶芸家富本憲吉と結婚して富本一枝の名で著作活動をする。「紅吉」は平塚らいてうを慕って同人となった雑誌『青鞜』時代の筆名である。いわゆる「五色の酒」や吉原「登楼」など「新しい女」たちの事件で世を賑わしたきっかけをつくった人物である。らいてうは尾竹のその自由奔放なふるまいを長所、美点として容認した。『青鞜』脱退後、1914(大3)年女性雑誌『番紅花』を神近市子らと創刊。28(昭3)年には長谷川時雨らの『女人芸術』に参加し、3周年記念号には「女人芸術よ、遅れたる前衛になるな」を書いて社会主義運動に接近した。〔大和田茂〕〔文献〕『番紅花』復刻版不二出版1984,『『青鞜』の50人』平塚らてうを読む会1996,渡辺澄子『青鞜の女・尾竹紅吉伝』不二出版2001

小田島　良種　おだじま・よしたね　1905(明38)頃-1932(昭7)頃　熊本市寺原町に生ま

れる。体に障害をもちつつも若年から労働運動に参加。アナキズムに傾斜，23年11月文芸誌『十字街』を徳永直，川内唯彦らと創刊。未確認だが竹中英太郎が表紙を装丁したといわれる。25年初め，小川町の仏教学院を出て，三池で僧籍に入るが身体障害者ということで追われる。25年無産者新聞社熊本支局長となる。山田尚種は実弟である。〔奥沢邦成・黒川洋〕〔文献〕創作の雑誌『戦闘曲』2号創刊1925.10，「戦前の社会運動を語る」『近代熊本』18号熊本近代史研究会1976.12，『解放のいしずえ』旧版

小田嶋 鐐四郎 おだじま・りょうしろう 1914(大3)-? 秋田県仙北郡淀川村中淀川中村(現・大仙市)生まれ。高等小学校卒業後，小学校教員の検定試験を受けるために勉学に励むが父親に反対されて農業をすることになる。このことから社会組織のあり方に疑問をもち左翼思想に傾いた。左翼印刷物を読んで研究するが父兄の監督が厳しく関係書籍を購入することもままならなかった。同郷のプロレタリア作家鈴木清，堀川清弘，寺田工らと文通し左翼的文学を創作し続けた。35年末頃無共党事件で検挙されるが不起訴。〔冨板敦〕〔文献〕『身上調書』

雄谷 巳之助 おたに・みのすけ 1881(明14)-1956(昭31)10.24 京都市に生まれる。96年上京し社会運動に携わるようになる。11年大逆事件で幸徳秋水らが処刑されたのち数人の同志とともに遺体を引き取りに行く。23年横浜で関東大震災にあい被災者や貧窮者のための生活救護運動をおこす。45年東京深川で戦災にあい小田原に移る。48年から50年まで数人で無料生活相談所を開設して活動。神奈川県と交渉してアジア救済連盟の物資を獲得し市内の愛育園を援助。〔西山拓〕〔文献〕『解放のいしずえ』新版

小樽 茂助 おたる・しげすけ ?-? 1919(大8)年東京京橋区(現・中央区)の築地活版所印刷科に勤め日本印刷工組合信友会に加盟する。〔冨板敦〕〔文献〕『信友』1919年10月号

小樽 まさ おたる・まさ ?-? 1919(大8)年東京京橋区(現・中央区)の築地活版所〔欧文〕解版科に勤め活版印刷工組合信友会に加盟する。〔冨板敦〕〔文献〕『信友』1919年8・10月号

落合 重信 おちあい・しげのぶ 1912(大1)10.5-1995(平7)2.15 四日市市北条町生ま

れ。夜間中学を卒業する。27年神戸市の兵庫信用組合の給仕となりその後同市の図書館の事務員に転じた。詩歌に興味をもち六甲短歌会に加盟する。34年新聞の新刊紹介欄で『布引詩歌』を知り布引詩歌社の会合などに出席，井上信一，笠原勉らと交流する。また六甲短歌会の鈴木正次を布引詩歌社に紹介した。35年末頃無共党事件で検挙されるが不起訴。〔冨板敦〕〔文献〕『身上調書』

落合 茂 おちあい・しげる 1903(明36)7.25-1965(昭40)5.17 名古屋市に生まれる。22年4月『燃焼』，24年12月『詩文庫』を鈴木惣之助と創刊する。27年『抒情詩』(内藤鋕策主宰)同人となる。28年『都会詩人』に参加，30年5月『都会詩人』を改題した『社会詩人』の編集発行人になる。その行動は常に鈴木とともにあり戦後も復刊『社会詩人』に拠った。山梨県の亀井高義主宰の『無門倶楽部』にも寄稿した。〔黒川洋〕〔著作〕内藤鋕策編『1927年詩集』抒情社1927，詩集『風の中の家』社会詩人社1930〔文献〕『詩人録』詞華集『日本詩集』巧人社1933，杉浦盛雄『名古屋地方詩史』同刊行会1968，志賀英夫『戦前の詩誌・半世紀の年譜』詩画工房2002，木下信三『名古屋抵抗詩史ノート』私家版2009

落合 蘭治 おちあい・らんじ ?-? 芝浦製作所に勤め芝浦労働組合に加盟し配電器具分区に所属。1924(大13)年9月頃，同労組の労働学校に入学する。〔冨板敦〕〔文献〕『芝浦労働』2次2号1924.11

乙骨 発太郎 おっこつ・はつたろう ?-? 1919(大8)年横浜の福音印刷合資会社に勤め横浜欧文技術工組合に加盟して活動。同組合設立基本金として1円寄付する。〔冨板敦〕〔文献〕『信友』1919年8・10月号

女屋 勘左衛門 おなや・かんざえもん 1903(明36)3.10-1987(昭62)6.12 栃木県に生まれる。父已巳三は群馬県勢多郡女屋村(現・前橋市)の旧家の出身。少年時代前橋で過ごし石版印刷所をやっていた義兄を頼って上京する。22年総同盟の労働学校に入り芝浦労働組合の嶋津一郎らと親しくなり，のち嶋津の妹と結婚する。ちょうど総連合をめぐってアナ・ボルの対立が激化した年で学内に乗り込んできた水沼辰夫の自由連合主義に共鳴，翌年8月芝区三田四国町(現・港区)の太子堂で開催された思想問題夏期講習会で大杉栄の講義を受け，以来アナキズ

ムに傾倒する。25年の東京メーデーに参加、輝醒労働組合の代表として演説する。戦後アナ連、アナキストクラブに参加、クラブの機関紙『無政府主義運動』紙上で論陣を張った。晩年に刊行した『魂の浄化 アナーキーの実践とその消長』(友々社1985)の「あとがき」で「貨幣否定説は私の生涯の持論でもあろう」と書いている。戦後日本の刷り師のパイオニアとしても知られ、72年東京版画研究所を設立、東京芸術大学の講師をつとめた。(大澤正道)〔著作〕「私はなぜアナキストになったか」『平民新聞』46号1947.10〔文献〕『印刷工連合』25号1925.6、室伏哲郎『版画事典』東京書籍1985

小成田 恒郎 おなりだ・つねろう 1882(明15)7.13-? 岩手県江刺郡米里村(現・奥州市)に生まれる。仙台の東北学院、東京の正則英語学校で学ぶ。1903年片山潜の斡旋により学術研究の目的で渡米。サンフランシスコの長老教会会員となり青年会館に止宿する。そこで岩佐作太郎、竹内鉄五郎らと交際。特に竹内はほぼ同年、同郷、東北学院同窓生であり影響を与え合ったという。06年渡米中の幸徳秋水が結成した社会革命党の本部委員となり機関誌『革命』の発行に携わる。07年11月天皇暗殺檄文配布事件に関与。08年竹内がフレスノで結成した労働同盟会に加わり機関紙『労働』の発行に携わる。10年8月アナキズムを信奉する甲号として要視察人名簿に登録される。11年1月25日岩佐の経営する朝日印刷所で開かれた大逆事件の刑死者追悼集会に参加する。(西山拓)〔文献〕『主義者人物史料1』、『在米主義者沿革』、志引行男『暗殺主義』と大逆事件』元就出版会2000

小野 兼次郎 おの・かねじろう 1889(明22)4.11-? 別名・賢次郎 京都市上京区東堀川通長者町に生まれる。22年第3次『労働運動』6号は個人消息欄で「昨年(1921.10)の(暁民)共産党事件で起訴されていたが、其後行方不明中であつた暁民会の小野賢次郎君は7月3日、上海からの帰途逮捕され直ちに東京監獄に収監された」と報じた。この逮捕を『朝日新聞』(1922.7.5)は小野が盲人だったことから「上海に高飛びして共産党本部にすがる/日本のエロシエンコ小野」と見出しをつけた。第1回公判では「(裁判長が)小野を訊問して何処で生れたと問へば『オレは生れた時記憶がないから知らない』と太い声で答へ、是も亦心臓病だからと云つて腰を掛て、何を問はれても記憶がないと云ひ、住所は京都だが変わつてゐたらオレは知らんと捨て鉢に裁判長を扱ふといつた具合であった」(『毎日新聞』1922.11.26)。(冨板敦)〔文献〕『労働運動』3次3・6号1922.3・8、『資料大正社会運動史・上』、『エス運動人名事典』

小野 久太郎 おの・きゅうたろう ?-? 1919(大8)年東京京橋区(現・中央区)の三間印刷所印刷科に勤め活版印刷工組合信友会に加盟する。(冨板敦)〔文献〕『信友』1919年8月号

小野 庫三郎 おの・くらさぶろう ?-? 1919(大8)年東京神田区(現・千代田区)の丸利印刷所に勤め日本印刷工組合信友会に加盟する。(冨板敦)〔文献〕『信友』1919年10月号

小野 剣吾 おの・けんご ?-? 別名・謙吾 万朝報社に勤め、東京の新聞社員で組織された革進会に加わり1919(大8)年8月の同盟ストに参加するが敗北。のち正進会に加盟。20年機関誌『正進』発行のために1円寄付する。(冨板敦)〔文献〕『革進会々報』1巻1号1919.8、『正進』1巻1号1920.4

小野 源之助 おの・げんのすけ ?-? 福島県に生まれる。はじめ東京市電に勤め日本交通労働組合に加盟するが争議で解雇される。1921(大10)年毎夕新聞社に見習いで勤め岡沢曲川の紹介で日本印刷工組合信友会に入会、立田泰らと行動をともにする。1922年7月内田文夫とヴァガボンド社を組織し8月月島労働会館で社会問題講習会を開く。同年9月30日大阪天王寺公会堂での全国労働組合総連合創立大会(中止・解散、のち決裂)に信友会を代表して水沼辰夫と参加(立田の代理)。『信友』誌上に寄せた文章が物議を醸したりした。(冨板敦)〔文献〕『信友』1921年11月号・22年1・2月号、『労働運動』3次3・7号1922.3・7、『正進』4巻1号1923.1、『印刷工連合』1・2号1923.6・7、水沼辰夫『明治・大正期自立的労働運動の足跡』JCA出版1979、『社会主義沿革2』

小野 新七 おの・しんしち ⇒三崎良一 みさき・りょういち

小野 整 おの・せい 1902(明35)-? 鹿児島市生まれ。父は独学で旧制第7高校の数学教授に就き、鹿児島カテドラル・ザビエル教会のエミール・ラゲ神父とともに和仏辞典や新訳聖書全訳に貢献した小野藤太(1870-1916)。整という命名は父藤太が数学の整数

論を研究していた時に誕生したためという。山下小学校、鹿児島一中卒。27年9月鹿児島で創刊された詩誌『南方詩人』(町田四郎編集)に参加。同誌は鹿児島の先行詩誌『南方楽園』と佐藤惣之助主宰『詩之家』同人を中心にしたローカル同人誌として出発したが、第2輯から小野が編集を担った結果『銅鑼』『学校』同人の作品発表誌となり、全国の詩人が参加する詩誌に成長した。小野と南方詩人社は『銅鑼』鹿児島支社を担い、全国の詩人と連携をとりながら鹿児島の詩人有島盛三詩集『駄ん馬』、平正夫詩集『白壁』も発行した。同誌は不定期刊行ではあったが、第7高校教授で詩人新屋敷幸繁の協力も得て広告収入のある活版誌として30年9月の第10輯まで刊行した。同誌に寄稿した詩人は北海道から沖縄まで100人を超え緒方昇と矢橋丈吉が題字を描いたこともある。木山捷平詩集『野』、竹内てるよ詩集『叛く』、猪狩満直詩集『移民民』、黃瀛詩集『瑞枝』に収録された作品の幾つかは『南方詩人』が初出掲載誌であり木山、竹内、猪狩、黃瀛の特集号がある。小野が小学生当時、林芙美子も同じ山下小学校に通学した時期があり、その縁で芙美子も『南方詩人』第9輯(1930年1月)に放浪記第2部終章の原型作『故郷』を発表した。小野は同誌に毎号作品を発表し、うち1篇は『学校詩集』(1929年版)に収録された。『南方詩人』第5輯には小野の詩集『はこべらの花』が杉山市五郎の芋畑社から刊行されるとの告知があるが、実際に刊行されたかどうかは不明。この間の28年に小野は木山捷平の詩集出版記念の音楽会に参加するため上京し29年には全九州詩人協会にも名を連ねた。30年には『毎夕新聞』を発行し56年以降、卸売市場広報紙『鹿児島市場新聞』を編集するなど鹿児島の新聞界で生きたが、『南方詩人』終刊後は詩作を発表した形跡がない。(冨板敦・廣畑研二)〔著作〕『鹿児島詩壇史』『鹿児島詩人選集』三十六方里社1931,「彼の詩集メクラとチンバ」(上・下)『鹿児島新聞』1931.6.15/6.22,『城山登山道路開鑿記』帝国在郷軍人会鹿児島市聯合分会1933〔文献〕小野整編『小野藤太遺稿』私家本1917,「郷土の生んだ数学の天才小野藤太先生」『史談』宇佐郡史談会1926.11, 詩誌『南方詩人』1927.9-1930.9,『年鑑九州詩集1929版』全九州詩人協会1929,『年鑑九州詩集1932版』全九州詩人協会1932, 緒方昇「南方詩人」『読売新聞』

1966.6.21(夕刊), 南日本新聞社編『郷土人系・下』春苑堂書店1970, 高木秀吉『鹿児島詩壇史』詩藝術社1976, 杢田瑛二「霧の中の詩人」『火山地帯』第55号1983.7, 鹿児島女子大学国語国文学会『かごしま文学案内』春苑堂書店1989, 村永美和子『詩人藤田文江』本多企画1996, 中脇紀一朗『木山捷平資料集』清音読書会2010(非売本), 鈴木武雄「ある独学数学者の軌跡―第七高等学校教授小野藤太」『数学教育研究』大阪教育大学数学教室2013.6, 廣畑研二「幻の詩誌『南方詩人』目次細目」『日本古書通信』2015.5-8

小野 竹次 おの・たけじ ⇨山本延二 やまもと・のぶじ

小野 長五郎 おの・ちょうごろう 1911(明44)2.1-1960(昭35)10.1 別名・峰川極, 小山長兵衛 大分県北海郡臼杵町海添(現・臼杵市)生まれ。臼杵中学から神奈川県逗子開成中学に転じ中退、海員となる。在学中から文学に親しみ『断崖』同人となって片岡茂らと交友、アナキズムに傾倒する。黒色自由労働者組合に参加し31年芝浦製作所の争議を支援。また農青社に加入し同年3月鈴木靖之に同行して神奈川県下に草薙市治らを訪れ運動への参加を促し、4月長谷川武らとともに東京府荏原郡戸越村(現・品川区)に労働者の家をつくり戸越グループを結成する。同所にパンと自由社を置き8月には農青社パンフ『最近運動の組織及形態に就ての一提案』を発行。翌32年1月平松秀雄, 宮崎晃の逮捕後は非合法グループに合流し、9月農青社の発展的解散の声明後は李ネストルとともに労働者の家を拠点とした分散自主活動に関わるがグループは自然解散。36年逮捕、治安維持法と爆発物取締法違反で懲役3年執行猶予3年の判決を受ける。敗戦後の一時期戸田達雄のオリオン社で働く。(奥沢邦成)〔文献〕大久保貞夫『長野県社会運動秘録』全6巻私家版1948, 青木恵一郎『長野県社会運動史』同刊行会1952,『資料農青社運動史』,『長野県史』1984,『農青社事件資料集Ⅰ・Ⅱ』

小野 鉄太郎 おの・てつたろう 1904(明37)-? 26年熊谷市で工藤秀剣と雑誌発行の資金カンパを求めたことが暴行罪に当たるとして懲役8カ月となる。著述業をしていた。(冨板敦)〔文献〕『思想輯覧1』

小野 十三郎 おの・とおざぶろう 1903(明36)7.27-1996(平8)10.8 本名・藤三郎, 別名・三宅哲三, 陸進, 岡見順一郎 大阪市南区難波新地(現・中央区)生まれ。東洋大学

中退。『赤と黒』の最終号となった24年6月発行の「号外」で同人に加盟、その拡大後継誌『ダムダム』(1号のみ)を経て27年1月明白にアナキズム文学運動を掲げた『文芸解放』の同人となり、以後詩、評論、翻訳、出版活動によってアナキズム文化運動の中心的推進者の一人となった。評論ではマルクス主義側からの青野季吉「自然成長と目的意識」論に対する批判論文の発表(『原始』『文芸解放』など)、翻訳ではソレルの『暴力論』の部分訳を『暴力の倫理』の題で27年金星堂から刊行。さらにサンドバーグ、マスターズなどアメリカ詩人の作品を継続して訳出、これは萩原恭次郎、草野心平、麻生義の翻訳も併せた『アメリカプロレタリヤ詩集』として31年弾道社から刊行。弾道社は秋山清と協力して小野が設立、資金も編集も担当して詩誌『弾道』を発行する(1930.2-31.5)。『弾道』は当時のアナキズム詩誌の中核的存在でとりわけサッコ・ヴァンゼッティ事件では日本の運動のなかで最も持続的であった。なお『弾道』はガリ版の第2次が31年6月から5回発行。33年4月妻子と生地大阪へ帰住し解放文化連盟大阪協議会を提唱、雑誌『順風』を創刊(2号まで)、評論集『アナーキズムと民衆の文学』(解放文化連盟1933)、詩集『古き世界の上に』(同1934)を刊行。35年11月無共党事件で阿倍防署に検挙留置されたが不起訴。運動潰滅後は詩集『大阪』(赤塚書店1939)、『風景詩抄』(湯川弘文館1943)があるほか、雑誌『文化組織』連載(1942.2-43.10)の「詩論」で「短歌の抒情の否定」論を展開、戦争日本への文学的な抵抗姿勢を保った。生活的には露店商組合事務員、次いで徴用による藤永田造船所勤務で敗戦を迎えた。戦後は戦中抵抗姿勢の評価と相次ぐ詩集発行でいわゆる進歩的文化人の関西代表の観を呈したが、ユートピア志向の形でそれを表現した。また54年大阪文学学校を創立して校長となり民衆の文学創造に寄与した。(寺島珠雄)〔著作〕『小野十三郎著作集』全3巻筑摩書房1991〔文献〕特集「アナキズムと文学」『本の手帖』76号1968、秋山清『あるアナキズムの系譜』冬樹社1973、『アナキズム文学史』筑摩書房1975、寺島珠雄『断崖のある風景 小野十三郎ノート』プレイガイドジャーナル社1980

小野 福太郎 おの・ふくたろう ?-? 別名・福 1919(大8)年東京京橋区(現・中央区)の英文通信社印刷所欧文科に勤め活版印刷工組合信友会に加盟する。英文通信社印刷所欧文科の組合幹事を担う。20年2月25日信友会の役員改選で庶務係に選出される。同年6月20日京橋区南鍋町のカフェー・パウリスタ3階食堂にて同志とTYW会(詳細不明)発会式を挙げる。信友会を代表して水沼辰夫が出席した。その後研究社に移り23年4月同社労組の代表として、会社側に対する8時間労働要求闘争などをたたかう。(冨板敦)〔文献〕『信友』1919年8・10月号・20年3月号・21年1月号、『印刷工連合』1号1923.6

小野 正太郎 おの・まさたろう ?-? 1919(大8)年東京京橋区(現・中央区)の国文社欧文科に勤め活版印刷工組合信友会に加盟する。(冨板敦)〔文献〕『信友』1919年8・10月号、1922年1月号

小野 光雄 おの・みつお ?-? 萬朝報社に勤め東京の新聞社員で組織された革進会に加わり1919(大8)年8月の同盟ストに参加するが敗北。のち正進会に加盟。20年機関誌『正進』発行のために1円寄付。また24年夏、木挽町(現・中央区銀座)正進会本部設立のためにも1円寄付する。(冨板敦)〔文献〕『革進会々報』1巻1号1919.8、『正進』1巻1号1920.4、正進会『同工諸君!! 寄附金芳名ビラ』1924.8

小野 保太郎 おの・やすたろう ?-? 1919(大8)年東京深川区(現・江東区)の東京印刷深川分社欧文科に勤め活版印刷工組合信友会に加盟。のち京橋区(現・中央区)の築地活版所欧文科に移る。(冨板敦)〔文献〕『信友』1919年8・10月号

小野 吉勝 おの・よしかつ 1882(明15)3.16-1965(昭40)3.17 別名・有香、別姓・岩崎 奈良県吉野郡下市町に生まれる。96年県立郡山中学に入学、翌年学資難のため退学、大淀村役場雇員となる。03年早稲田大学高等予科に入学、翌年政治経済学科に進学。大学では山田道兄に出会い永井柳太郎を幹事、安部磯雄を会長として早大社会学会を設立する。山田に連れられて福田英子に会う。白柳秀湖とともに加藤時次郎の経営する直行団に参加、機関誌『直言』に執筆。春海浩平らとトルストイ研究会を組織する。『火鞭』を創刊。06年田中正造が招かれた新紀元講演会で石川三四郎とともに谷

中村支援を呼びかける。同年『新紀元』終刊号に「葬むるに臨んで」を書き石川の立場に同情を示す。同年福田，堺為子らの社会主義同志婦人会による戸山ケ原での園遊会に参加する。07年『世界婦人』に執筆した「弱者陣頭に立てり」(7号)では福田を破門した内村鑑三を批判する。石川訳のヂョサイア・スツロング『廿世紀の大覚醒』(日高有倫堂1909)の翻訳を手伝う。この間キリスト教社会主義に深く関わり，新紀元社同人たちと田中を応援し一坪地主として谷中村裁判の原告となる。また宮崎民蔵の訪問を受け土地復権同志会に参加する。翌08年石川の出獄歓迎を兼ねた新紀元晩餐会では民蔵の容姿・話しぶりに感動する。他方07年から成女学校(1908成女高等女学校)に勤め始める。宮田脩校長のもとで性研究としてハヴェロック・エリスの著作に取り組む。この自由・進歩・寛容を特徴とする成女には望月百合子，堺利彦の一人娘真柄，安成貞雄の妹くら子，大杉栄の妹あやめなどが学んだ。14年友人大手八郎の童謡を小野が仲立ちし竹久夢二の挿絵で出版する(『ハトポッポ』岡村書店)。同年福田の媒酌で岩崎革也の長女きぬ子と結婚し岩崎姓となる。20年『道理乎無理乎 労働中尉公判日記』(東京公論社)を刊行。26年成女を退職。希望社社長後藤静香の懇願で27年同社の勤労女学校校長に就任。30年後藤の依頼を受け違星北斗の遺稿集『コタン』を編集し出版(希望社)。35年生長の家に入信，光明思想普及につとめる。(山口晃)〔著作〕詩集『望』希望社1920，「先輩恩師の片影1-84」『柳』1961.8-66.4〔文献〕唐沢隆三「柳糸亭通信8」『柳』1961.5，堅田精司「小野吉勝のこと」『北海道社会文庫通信』891号1999.11

小野庵 保蔵 おのいおり・やすぞう　1897(明30)2.3-1950(昭25)3.14　本名・小野田保蔵　別名・安田保助, 毛利安, 保田淳など多数　静岡県志太郡藤枝町上伝馬(現・藤枝市)に生まれる。辻潤門下三哲の一人で家業が蕎麦屋「小野庵」であったことから蕎麦哲と呼ばれた(ほかは卜部哲次郎と内田庄作)。18年『暮笛』の同人になる。23年から25年にかけて『銀の壺』に「文芸的価値と芸術的価値」などをほぼ毎月書き『極光』『尺土』『明暗』『虚無思想研究』『ニヒル』などに短歌，評論，随筆を発表する。24年藤枝で最初の文芸誌『夢幻』を創刊する。また若い頃から絵をよくし，加藤正雄のあとを受けて『かもめ』の表紙絵を全22巻のうち約半数描き，『太陽詩人』の表紙絵も手がけている。43年5月から約7カ月間『静岡新聞』の記者を経て12月から藤枝町役場に45年3月まで勤務。辻との出会いは24年に蒲田の辻宅を訪ねたのが初めてでその1週間後には小野庵の招きで辻は藤枝に来ている。その後辻は武林無想庵や荒川畔村を伴ったりしてたびたび訪れている。小野庵は当時の藤枝に中央の文芸やニヒリズムの風を吹き込んだ文化人だった。(久保田一)〔著作〕『幻灯』青柳詩社1927・生誕百年復刻版藤枝文学舎を育てる会/小野庵研究会1997，『青年石川啄木』成史書院1942，「自由思想とニヒリズム」『虚無思想研究』2巻2号1926，「虚無，酒，意識統一」『明暗』3号1927，「厭世の告白」「ニヒル」1巻1号1930，「生活素構」同1巻3号1930，「辻潤の思い出」『虚無思想研究』星光書院1948，藤枝文学舎を育てる会編『小野庵保蔵集』同会2003〔文献〕松尾邦之助編『ニヒリスト』オリオン出版社1967，阿井昇一「旧友小野庵保蔵」『静岡県近代史研究会会報』143号1991，真杉高之『小野庵保蔵の人と作品』私家版1991，『虚無思想研究』16号2000，久保田一「小野庵保蔵私論」1-5『藤枝文学舎ニュース』43・44・47-49号2002-2004，『虚無思想研究19』2005

小野澤 薫平 おのざわ・くんぺい　1910(明43)-?　長野県小県郡大門村字入大門(現・長和町)に生まれる。農業に従事。同村在住の鷹野原長義の農青社運動に協働し，1936(昭11)年1月9日に検挙。同月19日に釈放される(不起訴)。(冨板敦)〔文献〕『無政府共産党(革命結社「農村青年社」)検挙状況ノ件(昭和11年5月19日)』，『農村青年社事件資料集Ⅰ・Ⅲ』

小野澤 新太郎 おのざわ・しんたろう　1903(明36)-?　長野県小県郡大門村字入大門(現・長和町)に生まれる。農業に従事。同村在住の鷹野原長義の農青社運動に協働し，1936(昭11)年1月9日に検挙。同年2月11日に釈放される(不起訴)。(冨板敦)〔文献〕『無政府共産党(革命結社「農村青年社」)検挙状況ノ件(昭和11年5月19日)』，青木恵一郎『改訂増補 長野県社会運動史』巖南堂書店1964，『農村青年社事件資料集Ⅰ・Ⅲ』

小野沢 鉄之助 おのざわ・てつのすけ　?-?　別名・亀之助，鶴之助　1919(大8)年横浜のボックス社に勤め横浜欧文技術工組合に加盟し会計兼理事となる。同社の組合理事も

務める。(冨板敦)〔文献〕『信友』1919年8・10月号, 1920年1月号

小野沢　照雄　おのざわ・てるお　?-?　1919(大8)年東京神田区(現・千代田区)の文明社印刷科に勤め活版印刷工組合信友会に加盟する。(冨板敦)〔文献〕『信友』1919年8月号

小野田　喜作　おのだ・きさく　?-?　1919(大8)年東京京橋区(現・中央区)の三協印刷株式会社和文科に勤め活版印刷工組合信友会に加盟する。(冨板敦)〔文献〕『信友』1919年8・10月号

小野田　末太郎　おのだ・すえたろう　?-?　大勢新聞社に勤め新聞工組合正進会に加盟。1920(大9)年機関誌『正進』発行のために同社の畠山義郎,小早川鉄太郎と計3円を寄付。また24年夏,木挽町(現・中央区銀座)正進会本部設立のためにも2円の寄付をする。(冨板敦)〔文献〕『正進』1巻1号・2巻5号 1920.4・21.5,正進会『同工諸君!! 寄附金芳名ビラ』1924.8

小野田　太郎　おのだ・たろう　?-?　1926(大15)年6月20日中国労働組合連合会の委員会に参加,当日の講演会で司会をつとめる。12月24日中国自連の定期連絡委員会に参加。(冨板敦)〔文献〕『自連』3・8号1926.8・27.1,『岡山県社会運動史4』,『岡山県労働運動史資料・上』

小原　慎三　おはら・しんぞう　?-?　1911(明44)年同志社専門学校文学部在学中に先輩の高畠素之とともに開業早々の売文社に入社する。売文社では同志社文学士と呼ばれていた。「マルクス派の立場から社会学の方面を専攻しようと云ふ志しの様に見える」と堺利彦は『近代思想』3号(1912.12)で紹介している。英・独語に通じ『近代思想』にラファルグ,ウォード,グンプロヴィチらの翻訳を寄稿,高畠と並んで『近代思想』では数少ない社会科学系でマルクス系の筆者である。近代思想社小集の常連でもあった。堺の『へちまの花』『近代思想』の後継誌をめざした五十里幸太郎の『世界人』,久板卯之助の『労働青年』にも寄稿している。アナ・ボル未分化時代の研究者のようだが,その後の行方はわからない。(大澤正道)

小原　義正　おはら・よしまさ　?-?　千葉県山武郡豊成村(現・東金市)の豊成尋常小学校時代に鈴木勝を知る。競って詩を書いたという。29年鈴木,田村栄,鵜沢覚らと千葉詩人会を結成して『彗』を創刊する。30年に創刊された伊藤和,田村栄のアナ派詩誌『馬』を支えた。32年犬養智,鈴木らが組織した新興歌謡作家同盟に加盟し『新興歌謡』の同人となる。34年『新興歌謡選集(1933年版)』に作品を発表。佐原市北佐原小学校校歌の作詞をしている。(冨板敦)〔文献〕松永伍一『日本農民詩史・中1・2』法大出版局1968・69

小尾　政雄　おび・まさお　?-?　東京毎日新聞社に勤め東京の新聞社員で組織された革進会に加わり1919(大8)年8月の同盟ストに参加するが敗北。読売新聞社に移り新聞工組合正進会に加盟。20年機関誌『正進』発行のために50銭寄付。また24年夏,木挽町(現・中央区銀座)正進会本部設立のためにも1円寄付する。(冨板敦)〔文献〕『革進会々報』1集1号1919.8,『正進』1巻1号1920.4,正進会『同工諸君!! 寄附金芳名ビラ』1924.8

大日方　盛平　おひなた・もりへい　1909(明42)7.2-1982(昭57)11.28　別名・津山晃一郎　長野市箱清水生まれ。母子家庭に育つ。小学校卒業後,信濃毎日,長野新聞社で文選工として働く。長野新聞社の職場で増田貞治郎を知りアナキズムに共鳴。30年母の死を機に上京し神田活版所に勤め東京印刷工組合に参加。上京した増田を通じて田代儀三郎,松藤鉄三郎とともに文芸思想誌『奴隷の血』を発行,4人で共同生活を始める。同年秋星野準二に誘われ田代とともに関西へ向かい京都に転じる。31年1月大阪のアナルキスト青年連盟の事務所に寄宿し機関紙『アナルキスト青年』の刊行に協力,上野克己,平井貞二,和佐田芳雄,李ネストル(允煕)らと争議支援などで活動をともにした。同年3月星野,宮崎晃から農青社の報告を受け,アナ青連との連絡役を引き受けた。農青社の自主分散の活動方針のもとに8月のアナ青連解散後,堺で印刷工として働きながらメンバーとの連絡維持につとめた。32年1月平井,李,遠藤喜一,大串孝之助,田原保雄,山岡栄二らとともに大阪で『黒旗』を創刊。さらに同年5月『労働者の叫び』『農民の友』などの発行人となる。また田原とともに思想啓蒙誌『氾濫』を創刊,5号で発禁処分を受け検挙される。33年活動メンバーの相次ぐ逮捕によって運動が低迷

したが翌年3月運動の再構築を企図した合同への気運が高まり大阪で開催された関東関西協議会に参加。35年4月活路を求めて上京，西山勇太郎らの知遇を得る。同年9月宮崎晃の出獄歓迎会に参加，11月無共党事件で小林一信をかくまったことが発覚して検挙される。翌年5月農青社事件で草村欽治，船木上，別所孝三らとともに検挙され38年12月懲役1年執行猶予3年の判決を受ける。72年農青社運動史刊行会の同人として協力。（奥沢邦成）〔文献〕『資料農青社運動史』，『長野県史』1984，『農青社事件資料Ⅰ・Ⅱ』

尾前　正行　おまえ・まさゆき　1890（明23）10.25-1946（昭21）5.7　別名・翠村，渓泉　熊本県球磨郡多良木町に生まれる。07年熊本県師範学校に入学。志垣寛，黒田乙吉らと交際し文学活動を行う。入学前から『直言』『光』，日刊『平民新聞』などを購読し福田英子の『世界婦人』や『熊本評論』に詩文を投稿する。師範学校追放後も熊本評論社の運動を支持した。08年上京し順天中学を経て早稲田大学に入学し社会学会，文学会に属する。一時田岡嶺雲のもとに身を寄せていたという。在京中，松尾卯一太が『熊本評論』の後継紙として始めた『平民評論』，堺利彦の『家庭雑誌』に投稿した。大学中退後実業之日本社に入るが病気のため帰郷。その後も活動を続けた。（西山拓）〔文献〕水野公寿「『熊本評論』周辺の青年たち」『近代熊本』21号1981.12，上田穰一・岡本宏編『大逆事件と『熊本評論』』三一書房1986

尾又　勝次　おまた・かつじ　?-?　別名・勝二　印刷工として日本印刷工組合信友会に加盟。1920（大9）年末には東京芝区（現・港区）の日本印刷興業株式会社に勤めていた。（冨板敦）〔文献〕『信友』1921年1月号，1922年1月号

尾村　幸三郎　おむら・こうさぶろう　1910（明43）2.27-　別名・果無草，馬人，小倉三郎　東京市日本橋区本小田原町（現・中央区日本橋室町）生まれ。生家は魚問屋尾久。26年郁文館中学中退後，長兄の経営する魚市場の仕事を手伝う。川柳誌『きやり』などに投句。30年西村陽吉主宰のアナキズム短歌誌『芸術と自由』会員になる。31年前田夕暮の影響で現代語自由律短歌の形式で制作する。33年井上剣花坊主宰『川柳人』に評論を発表，論争になる。清水清編集の詩誌『詩戦』『ぼくら』に新短歌作品，評論を発表。『文学通信』で川柳・俳句欄を担当。10月主知的短歌に対抗して短歌誌『主情派』を創刊。研究会に岡本潤，渡辺順三，植村諦，秋山清，縄田林蔵，西村陽吉らを講師に招く。35年『川柳と自由』（中島国夫編集）創刊に同人として参加。無共党が結成され木原実とともに加わる。11月築地警察署に検挙されるが不起訴。戦時下は一家3人で茨城県那珂湊に疎開。50年大田区多摩川に居を移す。63年新短歌連盟が結成され委員長中野嘉一のもとで常任委員となる。64年第2次『芸術と自由』創刊，編集同人となる。70年魚河岸俳句会『魚影』の編集人代表となる。口語自由律による反戦短歌には「いつかふたたび　幾百万人の血を流させるために美しいリボンを添えて　勲章が渡される」，反戦川柳には「大砲のさきから税をブッ放し」などがある。（井之川巨）〔著作〕川柳句集『庶民哀歓』詩歌文学叢書1967，歌集『まぐろの感覚』芸術と自由社1976，『日本橋魚河岸物語』青蛙房1984，歌集『魚河岸のアナキスト』潮汐社1989，『魚河岸怪物伝』かのう書房1995，『私の短歌履歴書　魚仲卸売人の自由律運動史』ながらみ書房1995

面　漱二　おもて・そうじ　?-?　北海道深川市に生まれる。高等小学校卒業後，家業の農業に従事。西野幸三郎と口語短歌誌『黒い太陽』『泥炭地帯』，詩と評論誌『農民軍』などを創刊。32年6月『冬の土』に11号から参加する。33年満州に渡り飼料メーカーに勤務。現地召集され戦死。（黒川洋）〔著作〕歌集『荒野を闘ふ』〔文献〕松永伍一『日本農民詩史・中1』法大出版局1969，同『農民詩紀行』NHKブックス1974

表谷　泰助　おもてや・たいすけ　1899（明32）-?　別名・中尾　北海道函館区（現・函館市）で育ち，中学を経て早稲田大学に進学。アナキストグループに加わり中退。23年田中正造に心酔して田中正造のペンネームを使用していた谷水昇雄と北海道の同人雑誌『君影草』に参加。その後合法運動に転じ30年1月全国民衆党に参加。5月中央労働組合を組織し書記長となる。東京江東で労働運動を展開。31年7月共産党に入党。8月全国労働組合同盟革命的反対派を結成。共産党東京地方委員会北部責任者となる。三・一五弾圧被告奪還を計画。9月14日検挙され

37年6月ようやく釈放される。アナキスト時代から共産党員時代を通じて口の堅いことで定評があった。戦後は横浜で靴の販売会社を経営。(堅田精司)〔文献〕『特高月報』1930.3,『社会運動の状況2』,渡辺惣蔵『わが道わがたたかい』北海評論社1972

小柳津 恒 おやいづ・ひさし 1902(明35)10.22-1993(平5)7.20 愛知県渥美郡豊橋町呉服町(現・豊橋市)生まれ。生後すぐ蚕糸問屋小柳津荘作の養子となる。トルストイら外国文学を読み岸田劉生と草土社の従兄高須光治の影響で白樺派に親しみ,新しい村に関心をもつ。20年同志社大学経済学科に入学,シュティルナーの思想に近づき実践運動としては加藤一夫の自由人連盟に共鳴,21年1月アナキスト学生の学内団体自由人連盟同志社支部の名のりをあげ山本宣治らの指導を受ける。同年夏東京中野の自由人連盟本部に代表で行き秋山室武甫(軍平の息子),対馬忠行,西川金次郎らと自由人連盟京都支部を同志社東寮で結成する。同年革命歌を歌い歩き翌日寮が家宅捜索,拘引されたが釈放。22年春十月会を結成,次第にアナキズムから離れ総同盟とともに活動。42年3月京都市立三商事件で治安維持法違反,不敬罪で懲役2年執行猶予5年の判決を受ける。45年共産党入党。64年1月やなぎ塾を自宅に開き公教育についていけない生徒のための授業を行う。晩年は綴喜郡田辺町(現・京田辺市)の「洛南寮」に住みのち京都北山(現・京都北区)の原谷こぶしの里で生涯を閉じた。(北村信隆)〔著作〕『大正社会運動史年表』私家版1973,『京都民統の思い出』同1977,『戦時下一教師の獄中記』未来社1991〔文献〕『京都地方労働運動史』,住谷悦治・高桑末秀・小倉襄二『日本学生社会運動史』同志社大出版部1953,上野直蔵編『同志社百年史』1979,京都解放運動戦士の碑維持委員会編・刊『京都解放のいしずえ2』1995

小谷田 隼人 おやだ・はやと ?-? 別名・純吉 南多摩郡由木村(現・八王子市)で暮し農民自治会全国連合に参加。1926(大15)年5月17日東京基督教青年会館で開かれた農自の委員会に出席する(他の出席者は石川三四郎,池田種生,橋本義夫,大西伍一,奥谷松治,門脇定吉,川口善一,高橋友次郎,竹内悶衛,中西伊之助,中村次郎,性山与里,渋谷定輔,下中弥三郎)。(冨板敦)〔文献〕『農民自治』3号1926.6,『農民自治会内報』2号1927,大井隆男『農民自治運動史』銀河書房1980

親泊 政博 おやどまり・せいはく 1898(明31)4.18-1963(昭38)4.10 別名・玻名城政博,花城政博。首里崎山村(現那覇市)生まれ。1918年那覇区立商業学校を卒業,三菱商事に入社したがまもなく帰郷。那覇で文房具・スポーツ用品店を営み同時に週刊新聞『沖縄ウイークリー』を発行。20年の日本社会主義同盟創立には渡久地政慿,比嘉良次とともに「那覇区辻町炬火社/玻名城政博」の名前で加盟した。23年文房具店を閉め『琉球新報』『沖縄日報』で活躍。40年1県1紙の統合紙『沖縄新報』で業務局長。45年1月資材購入のため上京,福岡で敗戦を迎える。その後,福岡で疎開者向けの旬刊紙『沖縄新民報』を発行。53年沖縄に帰郷して『琉球新報』社長就任。戦前及び米軍占領下,沖縄の新聞界に貢献した。(廣畑研二)〔著作〕『沖縄経済を担う人々』琉球新報社出版部1962〔文献〕金城芳子『なはをんな一代記』沖縄タイムス社1977

尾山 篤二郎 おやま・とくじろう 1889(明22)12.15-1963(昭38)6.23 本名・与吉,別名・無柯亭主人 金沢市横安江町生まれ。15歳の時膝関節結核のため右足を大腿部から切断,生涯松葉杖の生活になる。在学中の金沢商業学校も中退。09年『秀才文壇』『新声』の訪問記者となり若山牧水や前田夕暮と交流する。10年訪問記者として幸徳秋水を訪ねたため大逆事件の関係者と誤解され職を失う。19年歌誌『自然』を創刊。何度かの復刊で33年まで続く。22年『信濃毎日新聞』に戯曲「虚無」を連載。24年宮沢賢治の自費出版『春と修羅』の発行所として関根喜太郎(荒川畔村)を紹介。賢治は手紙で「辻潤氏尾山氏佐藤惣之助氏が批評してくれましたが,私はまだ挨拶も礼状も書けないほど,恐れ入っています」と記す。25年辻の『虚無思想研究』に「新虚無思想研究」を書き雑誌を揶揄している。27年北原白秋と案を練り日本歌人協会をつくる。29年『読売新聞』に小説「影絵双紙」を連載。51年歌集『とふのすがごも』で芸術院賞を受賞。61年『大伴家持の研究』で東京大学文学博士。「幻想は鋼鉄のごとし何も喰ふものもなければ風に吹かるる」は個性的な尾山篤二郎の姿を彷彿とさせる。(大月健)〔著作〕『曼珠沙華』東雲

堂書店1921,『草籠』紅玉堂書店1925,『平明調』白帝書房1933,『清明』天理時報社1942,『短歌五十講』紅玉堂書店1925,『西行法師評伝』改造社1934,『とふのすがごも』新紀元社1946,『大伴家持の研究』平凡社1956,『雪客』春秋社1961,『日本の詩歌7』中央公論社1969,『尾山篤二郎全歌集』短歌新聞社1982,『無柯亭歌集』同1986〔文献〕津川洋三『尾山篤二郎』金沢市文化振興課1998,『芸林』尾山篤二郎追悼号1964.7

尾山　始　おやま・はじめ　1897(明30)5.26-1966(昭41)10.14　千葉県出身。20歳頃失明、千葉県那古船形町(現・館山市)でマッサージ業のかたわら短歌をつくり定型から自由律に転じてアナキズムに接し思想宣伝にガリ版誌『蟻の巣』を発行、同誌4号で検挙された。戦後は個人誌『宇宙時代』に寄稿者多数を得たが晩年は孤独不遇だった。(寺島珠雄)〔文献〕利田正男『館山市文学散歩』BOOKS松田屋1971

折原　尚仙　おりはら・しょうせん　?-?　1919(大8)年東京神田区(現・千代田区)の二喜堂に勤め日本印刷工組合信友会に加盟する。(冨板敦)〔文献〕『信友』1919年10月号

恩田　秀次　おんだ・ひでつぐ　?-?　新聞工組合正進会に加盟し1921(大10)年の春季総会のために1円寄付する。(冨板敦)〔文献〕『正進』1巻8号・2巻1・5号1920.12・21.1・5

恩地　金吉　おんち・かねきち　?-?　1919(大8)年東京京橋区(現・中央区)の築地活版所漢字鋳造科に勤め活版印刷工組合信友会に加盟する。(冨板敦)〔文献〕『信友』1919年8・10月号

恩地　秀一　おんち・しゅういち　?-?　京阪電鉄同友交通労働組合のメンバー。1927(昭2)年5月同労組の御用組合からの脱皮をはかろうとして中村司とともに組合長、副組合長に立候補すると会社から辞職を勧告される。関西自連ほか関西30余団体の支援を受けて解雇闘争を闘う。(冨板敦)〔文献〕『反政党運動』1号1927.6

遠地　輝武　おんち・てるたけ　1901(明34)4.21-1967(昭42)6.14　本名・木村重夫、別名・本地輝武、本地正輝　兵庫県飾磨郡八幡村(現・姫路市)生まれ。日本美術学校卒業。23年高橋新吉『ダダイスト新吉の詩』、村山知義の意識的構成主義的小品展覧会に強い影響を受け詩や小説を書き始める。24年『新詩人』の同人となり25年個人詩誌『Da-Dais』を創刊。同年7月出版した第1詩集『夢と白骨との接吻』(ダダイズ社)が発禁。『新興文学』『赤と黒』『文芸戦線』『虚無思想』などに作品を発表する一方、渡辺順三、松本淳三、秋山清、赤松月船、伊福部隆彦らと交友。以後『詩戦行』『原始』『第一戦線』などに参加、29年第2詩集『人間病患者』(聖樹詩人協会)を出版。のちダダイズムから次第にマルクス主義に転じ30年プロレタリア詩人会の結成に参加、次いで日本プロレタリア作家同盟に加入した。プロレタリア文学の退潮期に『詩精神』『詩人』などの編集を担当して最後までその運動をささえた。戦争中は美術評論に専念した。46年共産党に入党、新日本文学会詩部会委員となり、別途『新日本詩人』を刊行して民主的詩人の育成に努めた。(奥沢邦成)〔著作〕『日本近代美術史』造形美術研究会1957,『現代日本詩史』昭森社1958,『遠地輝武詩集』新日本詩人社1961〔文献〕村田正夫編『遠地輝武研究』新日本詩人社1968,秋山清『発禁詩集』潮文社1970,西杉夫『抵抗と表現』海燕書房1992

か

河　岐洛　か・きらく　ハ・キラク　1912.1.26-　別名・昌鉱，虚有　朝鮮慶尚南道咸陽郡安義面堂本里生まれ。29年ソウル第二高等普通学校在学中，光州学生運動に参加。中央普通高等学校に入り学生サークル活動に参加。その後早稲田大学に留学，1938(昭13)年1月の同窓会送別会における朝鮮語使用の禁止に対して不満をもち同志を集め使用禁止に対する反対運動を組織。39年12月早稲田大学大隈会館で開かれた朝鮮人留学生の同窓会の席上，数人の学生とともに公式の場での日本語常用という日本帝国主義の植民地政策を批判、朝鮮語で発言。会館の玄関で待ち構えていた警察官により検束され警視庁に3カ月留置。韓何然、李時雨、河璟尚、崔洛鍾ら早大、東京大学の学生たちと社会主義研究の集まりを組織、アナキズムの宣伝活動をすすめた。東興労働同盟

員となる。朝鮮解放後，45年9月自由社会建設者連盟結成準備に参加。46年2月慶南北アナキスト大会を開き機関紙『自由連合』の編集人となる。72年2月梁一東，鄭華岩とともに民主統一党を結成。78年編集責任者となり『韓国アナキズム運動史』(蛍雪出版)を刊行。抗日闘争期までが記述され唯一の体系的な朝鮮のアナキズム運動史として研究史料としての評価は高い。85年2月には前書を補完する運動史として『奪還』(同)を執筆。解放後の韓国アナキズム運動史が記述されている。80年代末にはソウルで国際アナキスト大会を開き，著名なアナキスト十数人をソウルに招請し学術大会を開く。(亀田博)

河　銀波　か・ぎんぱ　ハ・ウンパ　?-1929.12.31　別名・万楊　東京の朝鮮東興労働同盟のメンバー。1929(昭4)年6月の学友会襲撃事件で逮捕され，多摩刑務所に収容中に病気となり同年12月出獄，朝鮮東興労働同盟事務所で加療中死没。(堀内稔)〔文献〕『自連新聞』42・43号1929.12・30.1

河　環尚　か・けいしょう　ハ・ギョンサン　?-?　1925(大14)年朝鮮大邱における真友連盟事件で方漢相らが検挙されたことに衝撃を受け李時雨，禹漢竜らと慶尚南道の安義でアナキズムの研究会を組織，日本大学を中退した河宗鉉や一時安義に寄留した韓何然もこれに参与した。27年頃李時雨，禹漢竜とともに東京に渡り自由労働者として働く一方，黒友連盟，朝鮮自由労働者組合，極東労働組合に加入し活動，33年頃には黒友連盟の中心メンバーとなる。(堀内稔)〔文献〕『韓国アナキズム運動史』

何　震　か・しん　ホー・チェン　?-?　別名・班，志剣　中国江蘇省儀徴県生まれ。愛国女学に学ぶ。1907(明40)年日本に渡り夫の劉師培とともに女子復権会を組織し『天義』を創刊。同誌で激烈な女権論を主張，家庭解体を唱える。しかし間もなく夫とともに清朝官僚端方に投降し革命に背反。民国成立後は一時山西の閻錫山のもとに身を寄せる。劉師培死後は尼僧になったともいわれるが詳細は不明。著作に「女子復仇論」などがある。(嵯峨隆)〔文献〕Zarrow, Peter. *He Zhen and Anarcho-Feminism in China*. in The Journal of Asian Studies, 47, No. 4, Nov. 1988.

華　林　か・りん　ホワ・リン　1889.10.17-1980.1.21　中国浙江省長興出身(1882年生まれ，江蘇省出身という説もある)。13年中国社会党のメンバーとして6月頃フランスに渡りこの年4月ベルギーのブリュッセルに亡命していた石川三四郎を訪問，5月死刑になったと伝えられた鄭毓秀の報復計画を褚民誼らと練ったが処刑は誤報とわかり中止する。欧州滞在中にクロポトキンに会いその会見記を『実社自由録』第1集(1917.7)に載せる。16年10月北京で華法教育会，留法勤工倹学会の結成に参加。17年春『国風報』の記者として北京大学で開かれた実社結成会議に参加。『実社自由録』に多くの記事や小説を発表。同年マニラで『平民』を創刊。20年李大釗，黄凌霜らと北京での社会主義者同盟の活動を担う。21年フランスの華法教育会の仕事に従事。『旅欧週刊』『工余』などに執筆する。24年北京の『国風日報』編集長，27年頃上海で郁達夫らと交流し『民鐘』にも執筆。立達学園にも関係する。その思想は無政府個人主義といわれ芸術の意義を強調する。20年前後から大量の散文，随筆，詩歌を執筆，作品は『旅欧週刊』『時事新報・学灯』『民国日報・覚悟』『少年中国』『抗戦文芸』『弾花』『文芸月刊・戦時特報』『芸術旬刊』などの新聞雑誌に散見する。主著に『枯葉集』『求索』『低能教育』『芸術文集』などがある。(手塚登士雄)〔著作〕『枯葉集』1924『原典中国アナキズム史料集成』緑蔭書房1994〕，「石川三四郎宛書簡」『木学舎だより』5号2000〔文献〕李立明『中国現代六百作家小伝』波文書局1977

貝　京太　かい・きょうた　?-?　1919(大8)年東京京橋区(現・中央区)の英文通信社印刷所文選科に勤め日本印刷工組合信友会に加盟する。(冨板敦)〔文献〕『信友』1919年10月号

甲斐　進　かい・すすむ　⇨荒川春吉　あらかわ・はるきち

海城　兼次郎　かいじょう・かねじろう　?-?　帝国新報に勤め1920(大9)年新聞工組合正進会に加盟して活動していた。(冨板敦)〔文献〕『正進』1巻2号1920.5

皆州　荘治　かいす・しょうじ　?-?　1919(大8)年東京神田区(現・千代田区)の三秀舎文選科に勤め日本印刷工組合信友会に加盟する。(冨板敦)〔文献〕『信友』1919年10月号

加賀見　証三　かがみ・しょうぞう　?-?　1919

(大8)年東京京橋区(現・中央区)の新栄舎和文科に勤め活版印刷工組合信友会に加盟する。(冨板敦)〔文献〕『信友』1919年8・10月号

加賀谷 政雄 かがや・まさお ?-? 別名・正雄 やまと新聞社に勤め新聞工組合正進会に加盟。1920(大9)年機関誌『正進』発行のために50銭寄付。また24年夏,木挽町(現・中央区銀座)正進会本部設立のためにも1円寄付する。(冨板敦)〔文献〕『正進』1巻1号1920.4,正進会『同二諸君!! 寄附金芳名ビラ』1924.8

賀川 才次 かがわ・さいじ ?-? 1919(大8)年東京京橋区(現・中央区)の秀英本舎和文科に勤め活版印刷工組合信友会に加盟する。同年10月頃から同舎同科の組合幹事を金子欣喜,内田徳次郎,中沢猪久三と担う。(冨板敦)〔文献〕『信友』1919年8・10月号

賀川 豊彦 かがわ・とよひこ 1888(明21)7.10-1960(昭35)4.23 神戸市生まれ。4歳で両親を失い徳島県板野郡堀江村(現・鳴門市大麻町東馬詰)の賀川本家に引き取られる。徳島中学在学中,軍事教練サボタージュ事件をおこす。05年明治学院神学部予科入学。翌06年『徳島毎日新聞』(8.17)に「世界平和論」を発表。07年神戸神学校入学。09年神戸市葺合新川のスラム街に入り路傍伝道を始めボランティア集団「救霊会」(現・イエス団)を結成し無料宿泊所や食堂,職業紹介所を運営する。14年米国プリンストン大学,同神学校に留学。ニューヨークで6万人の労働者デモに遭遇,その力に衝撃を受け労働運動にめざめる。17年帰国,馬島僩の協力を得て無料巡回診療を始め同時に友愛会神戸連合会に参加。18年神戸連合会機関紙『新神戸』を発刊,19年関西労働同盟会結成へ導き19年8月友愛会大会における総同盟への転換方針採択の原動力となった。賀川の労働運動論はギルド社会主義的色彩を帯びたもので労働運動社を軸とするサンジカリズム運動と対極的な軸をなした。20年4月神田青年会館で演説中,大杉栄が「もらい」に押しかけたことがある。その後労働運動から退き軸足を協同組合運動,農民運動に移す。一世を風靡した著書『死線を越えて』(改造社1920)の印税10万円の使途内訳は神戸労働争後始末3万5000,日本農民組合費用2万,友愛救助所基本金1万5000,消費組合設立費用1万,その他の社会事業2万円であり賀川の当時の社会活動の広がりを示すものである。敗戦後東久邇内閣参与,46年貴族院勅選議員となり社会党結成に参加。下中弥三郎らの世界連邦運動にも熱心で54年協会副会長の任についた。世田谷松沢の旧宅は賀川豊彦記念松沢資料館として整備され2001年鳴門市大麻町に賀川豊彦鳴門記念館が開設された。(白仁成昭)〔著作〕『賀川豊彦全集』全24巻同刊行会1962-64〔文献〕同編さん委員会編『兵庫県労働運動史』兵庫県商工労働部労政課1961,隅谷三喜男『賀川豊彦』岩波書店1966

柿岡 正雄 かきおか・まさお 1912(明45)-? 北海道留萌郡鬼鹿村(現・小平町)に生まれる。留萌の小学校を終えたあと大和田郵便局に勤務。3年で解雇され土工夫として各地を転々。アナキズムに関心を深める。32年9月『自連新聞』を購読。33年9月北海道庁枝幸移民世話所の現業夫となる。35年11月無党弾圧に関連して検挙されたが36年6月不起訴処分となる。北海道庁警察部特別高等課は特別要視察人乙号(無政府主義)に編入し天皇来道の際厳重視察を行った。その後宗谷支庁の殖産課雇員となる。(堅田精司)〔文献〕『身上調書』,『思想月報』35,『特高関係要警戒人物一覧簿』北海道庁特別高等課1936

垣上 緑 かきがみ・みどり ?-? 1919(大8)年東京京橋区(現・中央区)の築地活版所欧文鋳造科に勤め活版印刷工組合信友会に加盟する。同所同科の組合幹事を石崎吉郎,山崎仁作と担う。(冨板敦)〔文献〕『信友』1919年8・10月号

垣田 金作 かきた・きんさく 1906(明39)-1956(昭31)4.18 別名・伊東右馬 栃木県出身。26年頃から東京自由労働者組合に参加,野田醤油の争議を支援する。28年関東自由労働者組合に参加して芝浦を中心に活動を続ける。29年全協土建労働組合に参加。31年トーキーの登場で失業した活動弁士の失業反対闘争,また映画演劇同盟の委員長をつとめる。46年清水市の日立製作所工場労働組合結成に参加,共産党に入党するが50年問題で党活動から離れた。(奥沢邦成)〔文献〕『解放のいしずえ』新版

柿沼 荘一郎 かきぬま・そういちろう ?-? 日本印刷工組合信友会に加盟し1921(大10)年末頃,東京京橋区(現・中央区)の中屋印刷所に勤めていた。(冨板敦)〔文献〕『信友』1922年

1月号

郭 漢丁 かく・かんてい　カク・ハンジョン　?-?　東京の朝鮮東興労働同盟のメンバー。1930(昭5)年1月の相愛会幹部襲撃事件で呉致燮、金済保とともに検挙、翌31年1月10カ月の刑を終えて出獄。同年8月万宝山事件批判演説会で檄文を配布し検束された。(堀内稔)〔文献〕『自連新聞』45・55・61号1930.3・31.1・8

角田 一雄 かくた・かずお　?-?　読売新聞社に勤め新聞工組合正進会に加盟。1920(大9)年機関誌『正進』発行のために50銭寄付する。(冨板敦)〔文献〕『正進』1巻1号1920.4

筧 清七 かけい・せいしち　1887(明20)9.11-1930(昭5)9.20　別名・清明　徳島県に生まれる。12年春、北海道雨竜郡雨竜村の蜂須賀農場の小作人として渡道。21年貧困生活に嫌気がさし香具師となる。関東小松家松井一家に所属。金属細工物を販売。帯広に住み東北海道香具師の大親分となる。娼妓自廃運動に力を入れ、24年日本労働総同盟(総同盟とは別)を組織し社会派香具師に慕われた。舎弟の清水喜一郎や明田市之助は函館で日本労働総同盟の支部を組織する。アナキストの伊賀道清一郎を片腕として活動させる。しかし30年9月20日対立する新谷一家に襲撃され殺害された。子分たちは親分の供養として貧困者に無料食券を配布。(堅田精司)〔文献〕『香具師名簿』北海道庁警察部1927、『小樽新聞』1926.6.23、『北海タイムス』1930.9.22、蜂須賀農場文書(北海道雨竜郡雨竜町役場所蔵)

筧 米吉 かけい・よねきち　?-?　報知新聞社に勤め東京の新聞社員で組織された革進会に加わり1919(大8)年8月の同盟ストに参加するが敗北。のち正進会に加盟。20年機関誌『正進』発行のために1円寄付する。(冨板敦)〔文献〕『革進会々報』1巻1号1919.8、『正進』1巻1号1920.4

掛川 幸太郎 かけがわ・こうたろう　⇒宮脇久　みやわき・ひさし

景山 楳子 かげやま・うめこ　1826(文政9)-1909(明42)1.18　本名・楳、別名・梅子　備前国岡山城下(現・岡山市)に生まれる。岡山藩士の父の私塾で学ぶ。結婚先の武家の封建的な身分差別を嫌い自ら離縁したのち最下級武士の景山確と再婚。生計を補うために確の私塾の師匠となる。1872年岡山県女子教訓所教師になり娘の英子(のち福田英子)を通学させるが所長と意見が合わず辞職し、私塾を開く。79年国会開設請願書提出上京委員壮行会に出席。82年9月岡山女子懇親会に入会。同年芸娼妓教育を目的とする女紅場の校長となった。83年12月英子と蒸紅学舎を創設し働く女性のための夜間教育、討論会や演説会を通じた政治教育を行う。しかし翌年8月旭川での自由党大会に生徒を参加させたことから弾圧を受け学舎は閉鎖される。その後様子は社会主義に身を投じた英子を内側から支え訪れる同志を励ました。特に田中正造とは意気投合していたという。(西山拓)〔文献〕『世界婦人』33号(故景山梅子刀自紀念号)1909.2、福田英子『妾の半生涯』岩波書店1958、村田静子『福田英子』岩波新書1959、岡山女性史研究会編『近代岡山の女たち』三省堂1987

笠井 梅太郎 かさい・うめたろう　?-?　1919(大8)年東京牛込区(現・新宿区)の秀英舎(市ヶ谷)第二和文科に勤め活版印刷工組合信友会に加盟する。(冨板敦)〔文献〕『信友』1919年8月号

葛西 銀造 かさい・ぎんぞう　?-?　1919(大8)年東京京橋区(現・中央区)の築地活版所印刷科に勤め活版印刷工組合信友会に加盟する。同所同科の組合幹事を佐久間仙太郎、中原平八、飯島万吉と担う。(冨板敦)〔文献〕『信友』1919年8・10月号

河西 国三郎 かさい・くにさぶろう　?-?　別名・国太郎　1919(大8)年横浜のジャパン・ガゼット社に勤め横浜欧文技術工組合に加盟して活動。同組合設立基本金として3円寄付する。(冨板敦)〔文献〕『信友』1919年8・10月号、1920年1月号

笠井 茂 かさい・しげる　?-?　大阪府中河内郡牧岡村南四条(現・東大阪市)に居住。1927(昭2)年後藤学三らの『解放新聞』(解放戦線社)関西支社を担う。(冨板敦)〔文献〕『解放新聞』5号1927.7

笠井 唯雄 かさい・ただお　1905(明38)-?　山梨県南巨摩郡西島村揚(現・身延町)生まれ。25年甲府中学卒業後、家業の水晶細工業を手伝う。27年6月横浜市港務部に勤務。8月横浜市の新興芸術連盟に加盟し書記長として活躍する。10月港務部を退職。28年

同連盟解散後、アナキストの岩田広、赤地敏郎、相沢尚夫らと交流し横浜市内で2・3回検挙された。のち謄写版筆耕として銀鈴社に勤め、35年11月から横浜市役所土木局港務課の臨時雇になる。同年末頃無共党事件で検挙されるが不起訴。（冨板敦）〔文献〕『身上調書』

香西 徳三郎 かさい・とくさぶろう ?-? 高松市生まれか。鹿児島県徳之島松原銅山で1916（大5）年6月賃上げ要求のストを指導し逮捕される。松原銅山は04年から古河鉱業の経営で採鉱が行われ28年閉山した。閉山時には職員5人、坑夫70人、臨時人夫30人がおり、奄美諸島における唯一最大の事業所であった。賃金は一等坑夫の日給がわずか80銭で本土（足尾銅山）の1円70銭に比べて劣悪きわまった。『鹿児島県警察史』には13年から5回のストについて参加人員と要求内容が細かく記録されている。（松田清）〔文献〕松田清『奄美社会運動史』JCA出版1979、『鹿児島県警察史』鹿児島警察本部1972

笠井 一 かさい・はじめ ?-? 印刷工として日本印刷工組合信友会に加盟。1920（大9）年末には東京芝区（現・港区）の東洋印刷会社欧文科に勤めていた。（冨板敦）〔文献〕『信友』1921年1月号

葛西 万平 かさい・まんぺい ?-? 東京印刷工組合のメンバー。1928（昭3）年2月19日読売講堂で開かれた東印第5回大会で政治運動反対の議案を朗読する（可決）。（冨板敦）〔文献〕『自連』22号1928.3

河西 善治 かさい・よしはる 1946（昭21）12.10-2009（平21）12.19 長野県出身。1966年中央大学入学、学生運動に参加、後中退。69-70年、日本アナキスト連盟解散後に元・東京地協が東京・池袋に設立した麦社の活動に参加。73年「書房かんたんむ」開店、また人智学研究会を組織して研究誌『現代神秘学』（全4号、76-78年）を発行する。日本におけるシュタイナー受容のあり方が一方で過度の神秘化と審美主義、他方で教育のみに特化した一面的な傾向に陥っていることから、シュタイナーの多岐にわたる著作が偏することなく紹介されるべきであると考え79年人智学出版社を設立し同代表。70年代半ばからドイツの思想家ルドルフ・シュタイナーの翻訳出版活動を始め、80年代にはシュタイナーの影響を一部で受け継いだ西ドイツ緑の党、ミヒャエル・エンデ、ヨーゼフ・ボイスなどの紹介と出版、雑誌『ルドルフ・シュタイナー研究』（全4号78-79年）、『人智学研究』（全3号80-82年）、『第三の道』（全7号84-89年）の刊行などに取り組む。90年代前半には「いじめバスターズ」としていじめ問題に取り組み、97年には神戸酒鬼薔薇事件の犯人像をいち早く的中させ事件の解決に貢献する。2000年以降はシュタイナーの思想につながる日本の隈本有尚、伊東ハンニを発掘し、さらには京都学派の西田幾多郎への影響を探求、その後は遺著となったシュタイナーの評伝に取り組みその途上で病没。（奥沢邦成）〔著作〕『1968ナルチシズム革命』人智学出版社1998、『いじめ逆襲マニュアル』データハウス2001、『坊ちゃんとシュタイナー 隈元有尚とその時代』ぱる出版2000、『シュタイナー入門』（共著）ぱる出版2001、『昭和の天一坊 伊東ハンニ伝』論創社2003、『京都学派の誕生とシュタイナー』論創社2004、『西田幾多郎の真実』ぱる出版2005、『シュタイナー伝・未定稿』ぱる出版2013〔文献〕深澤英隆「『シュタイナー伝』あとがき」ぱる出版2013

笠原 卯太郎 かさはら・うたろう ?-? 1919（大8）年横浜の文寿堂に勤め横浜欧文技術工組合に加盟して活動。のち金港社に移る。（冨板敦）〔文献〕『信友』1919年8・10月号

笠原 節 かさはら・たかし ?-? 1919（大8）年東京京橋区（現・中央区）の英文通信社印刷所和文科に勤め日本印刷工組合信友会に加盟する。（冨板敦）〔文献〕『信友』1919年10月号

笠原 勉 かさはら・つとむ 1906（明39）-1967（昭42）8.6 本名・菊次郎 神戸市神戸区三宮町生まれ。尋常小学校卒業後、19年から25年まで徳島市の洋服商に住み込みで働く。26年9月16日神戸で宇治木一郎主催の大杉栄3周年追悼会に参加しようとするが集合場所の中村一次宅が警察に急襲され宇治木、増田信三、岡崎竜夫、竹内一美、立風信吾、中村とともに検挙される。同年三木滋二らと近代思想研究会を始めのちに井上信一らが加わる。27年3月宇治木、増田、岡崎、中村、長沢清、春田武夫と黒闘社を結成し『黒闘』を発行。同年大阪の洋服店の職人となり28年兄の営む洋服商を手伝う。この年芝原淳三が発行する『自由公論』を手伝い、また岡崎、長沢らと神戸純労働者組

合を結成。29年8月三菱電気製作所がアナキストであることを理由に小林一信を解雇,その解雇撤回,解雇手当要求の争議を芝原,長沢,井上,佐竹良雄,多田英次郎,山口安二らと闘い検挙される(不起訴)。30年氾濫社の『ナボドネニー』に書いた佐竹の記事が同志を痛罵するものだとして長沢とともに佐竹に抗議し,怪我を負わせ傷害罪で罰金30円の処分を受ける。32年9月芝原,三木,井上,小林,長沢,山口らと『近代思想』を刊行する。34年3月日本自協,全国自連の合同大会に出席。同年4月葺合区二宮町に布引倶楽部を設け,6月から布引詩歌社として自由律新短歌同人誌『布引詩歌』を1年半刊行。同年7月に独立,二宮町に笠原洋服店を開いた。35年末頃無共党事件で検挙されるが不起訴。敗戦後の46年アナ連神戸地協を組織し地協例会や平民新聞神戸読書会を自宅で開く。66年『労働と解放』の発行に協力する。「生来温厚で感激屋,よく響くバリトンの声を持ち歌が大の得意」(向井孝)で同志からは「ベンさん」と呼ばれて親しまれた。67年脳血栓で急逝,通夜と葬儀では宇治木が導師をつとめた。(冨板敦)〔文献〕『身上調書』,向井孝『勉さんの人名録』『編集委ニュース』10号1999,『資料大正社会運動史・下』

笠原 範三 かさはら・のりぞう ?-? 時事新報社に勤め東京の新聞社員で組織された革進会に加わり1919(大8)年8月の同盟ストに参加するが敗北。のち正進会に加盟。24年夏,木挽町(現・中央区銀座)正進会本部設立のために1円寄付する。(冨板敦)〔文献〕『革進会々報』1巻1号1919.8,正進会『同工諸君!! 寄附金芳名ビラ』1924.8

風間 栄松 かざま・えいしょう ?-? 別名・栄治 1919(大8)年東京京橋区(現・中央区)の中臣印刷所和文科に勤め活版印刷工組合信友会に加盟。20年『信友』(4月号)に「団結に就て」を執筆する。(冨板敦)〔文献〕『信友』1919年8・10月号,1920年4月号,1922年1月号

風間 光作 かざま・こうさく 1914(大3)6.15-1992(平4)12.21 東京市向島区(現・墨田区)生まれ。日本大学芸術学部卒業。16歳の頃無風帯社の西山勇太郎と出会う。彼を通して辻潤,萩原朔太郎,石川三四郎,高村光太郎を知る。46年ダダの会を設立,雑誌『ダダ』を創刊する。戦後初めてダダイズム再生を企図した雑誌で辻の「ダダの話」を再録,辻再評価の先駆けとなる。49年11月24日陀仙忌に出席,西福寺境内の辻墓碑建立に立ち会う。62年『アカタレプシイ』を創刊。松尾邦之助の『近代個人主義とは何か』の発刊後,書評特集として6号を「近代個人主義特輯号」にあてる。また8号は辻特輯号で宮崎安右衛門,斎藤昌三らが文章を寄せ彼は詩「辻潤の顔」を発表。餓死した辻を「この世で一番残酷な,おのれの死を,あぐらを,かいて,『辻潤の顔』は世界をみていたのだ」と表現している。松尾主宰の「個」の会にも参加する。(大月健)〔著作〕詩集『山峡詩篇』青磁社1943,「文壇風交詩」1-28『万朝報』1948,詩集『奥戸の馬鹿』文芸四季社1962〔文献〕神谷忠孝『日本のダダ』響文社1987

風間 竹次郎 かざま・たけじろう ?-? 1919(大8)年東京芝区(現・港区)の東洋印刷会社和文科に勤め活版印刷工組合信友会に加盟する。(冨板敦)〔文献〕『信友』1919年8月号

風見 章 かざみ・あきら 1886(明19)2.12-1961(昭36)12.20 茨城県結城郡水海道町高野(現・常総市)に生まれる。下妻中学で校長に反抗して放校処分にあう。05年早稲田大学政治学科に入学。在学中杉浦重剛の称好塾に入り逆境にあっても平然としている杉浦の生活に影響を受ける。ジャーナリストを志し13年大阪朝日新聞社に入社した。その後国際通信社を経て23年『信濃毎日新聞』の主筆となる。『信毎』時代の5年間,労農運動への関心を深め日農や農民自治会など県内の社会運動を援助し,また伊那電鉄争議や山一林組争議を支援した。27年1月長野県北佐久郡北御牧村で開かれた農自北信連合主催の講習会で「カナモジと農村文化」と題して講義をしている。この講習会の講師には石川三四郎,大西伍一,竹内閊衛らの名がみられる。また自ら『信毎』に「マルクスについて」(1927.12)を連載した。28年2月茨城県から衆議院議員立候補のため長野県を去る。30年初当選後,立憲民政党,国民同盟を経て37年第1次近衛内閣の書記官長,40年第2次近衛内閣の法相をつとめた。42年政界を離れる。戦後は追放解除後左派社会党に属し護憲,原水爆禁止,日中・AA連帯などの運動で活動した。(安田常雄)〔文献〕須田禎一『風見章とその時代』みすず書房1965,小林

千枝子『教育と自治の心性史』藤原書店1997

風見 貫一 かざみ・かんいち ?-? 1919(大8)年東京京橋区(現・中央区)の千代田印刷所差換科に勤め活版印刷工組合信友会に加盟する。(冨板敦)〔文献〕『信友』1919年8月号

笠本 信夫 かさもと・のぶお ⇨伊藤房一いとう・ふさいち

文 英吉 かざり・えいきち 1890(明23)11.12-1957(昭32)5.16 別名・潮光 鹿児島県大島郡名瀬町(現・名瀬市)に生まれる。教員養成講習科卒業。大正時代にアナキスト活動を行い，28年奄美大島で地方無産政党の奄美新興同志会を結成，委員長に就任。当時奄美では農民の小作料は地主7割小作人3割でありこれを本土並みとするために小作人の多い徳之島で小作人組合を結成，地主と団体交渉を行った。30年7月4日名瀬で逮捕される。一方名瀬市では地元の基幹産業である大島紬の織工の組合を結成。待遇改善運動を展開，ストで多数の検挙者を出した。民俗学分野では島の民謡・伝説などを収集，雑誌や新聞を発行，奄美郷土歴史研究会を結成。関東大震災で一字姓をもつ奄美人が朝鮮人と間違えられ，血に飢えた憲兵隊に脅かされたことに対する激しい抗議・批判の声を活字で記録。戦後は名瀬市の職員組合役員として日本復帰運動に尽力した。(松田清)〔文献〕松田清『奄美社会運動史』JCA出版1979

梶 大介 かじ・だいすけ 1923(大12)頃-1993(平5)11.14 本名・北岡守敏 呉市に生まれる。父の出奔により母とともに四国に移り28年北九州の父のもとに引き取られる。37年家出して上京。42年日本軍軍属としてガダルカナルで負傷。46年5月復員。九州，中国，関西を放浪。同年11月東京山谷に入る。46-50年全国を泥棒行脚。50年逮捕され実刑。52年釈放。再び山谷に入りバタヤ稼業。53-55年再び関西，四国，九州地方を放浪。55年12月東京に帰り中野区江古田のバタヤ部落に居住。56年6月練馬区の仕切り場に移る。同年8月松沢満里子と結婚。同年11月10日上野台東会館で東都資源回収労働者組合を結成，同志7人。57年仲間とともに共同仕切り場を営む。同年『バタヤ物語』(第二書房)出版。58年6月調布市の多摩川べりに共同仕切り場と無料自然保育園(一粒会のち一粒精舎)を開設。同年9月西新井事件に衝撃を受け全国行脚を決意。同年12月どん底3000キロの旅を終え『粒ちゃんの灯』(光文社1959)として出版。61年1月妻満里子，娘粒子とともにミサイル試射場で揺れる新島へ行き新島保育園設立。62年新島から山谷へ戻り『週刊さんや』『月刊さんや』を発行。68年5月山谷解放委員会を設立，山谷自立合同労働組合を結成。同年11月竹中労らとともに東京都庁に乱入逮捕者30人を出す。梶は首謀者として全国指名手配ののち逮捕される。72年連合赤軍事件に関わって逮捕拘留される(坂口弘，永田洋子らの隠匿容疑)。80年山谷労働者と共に自立していく会を結成。みんなの家を拠点に炊き出しを継続。83年自然農法にもとづく自給自足体制と山谷労働者の自立をめざし，静岡県にいし・かわら・つぶて舎を建設。没後遺書とも読める以下の文書が残された。「親鸞さまありがとうございました。山谷さまありがとうございました。和田先生さまありがとうございました。すべてのみなさまありがとうございました。南無阿弥陀仏。1993年7月3日，梶大介。釈䉼樓」。(北村宏史)〔著作〕『地に堕ちた天使』第二書房1957,『山谷戦後史を生きて・上下』績文堂出版1977,『親鸞は生きている』現代評論社1981,『生きられなければ真実はみえてこない』樹心社1986

梶岡 勝 かじおか・まさる ?-? 1919(大8)年東京芝区(現・港区)の近藤商店印刷所和文科に勤め活版印刷工組合信友会に加盟する。(冨板敦)〔文献〕『信友』1919年8・10月号

梶川 均一 かじかわ・きんいち ?-? 日本印刷工組合信友会に加盟し1921(大10)年末頃，東京小石川区(現・文京区)の博文館印刷所に欧文工として勤めていた。23年4月28日の信友会大会で新常務委員(会計担当)に選出される。(冨板敦)〔文献〕『信友』1922年1月号,『印刷工連合』1号1923.6, 水沼辰夫『明治・大正期自立的労働運動の足跡』JCA出版1979

梶川 為吉 かじかわ・ためきち ?-? 1919(大8)年東京四谷区(現・新宿区)の万月堂印刷所に勤め活版印刷工組合信友会に加盟する。(冨板敦)〔文献〕『信友』1919年8・10月号

梶田 耕 かじた・こう ?-? 日本印刷工組合信友会に加盟し1921(大10)年末頃，東京小石川区(現・文京区)の博文館印刷所に勤

めていた。(冨板敦)〔文献〕『信友』1922年1月号

梶田 徳次郎　かじた・とくじろう　?-?　名古屋市生まれ。1924(大13)年7月10日頃アナキスト同志4人とともに東京から来名。25日宿泊中の名古屋市中区丸田町あずま館で同志5人とともに門前町警察署員に検挙される。新製の十手を携えて市内を徘徊しているうちに当局に注目されたとされるが容疑は不明。また同年9月2日午後7時から鶴舞公園前の文化茶屋で無産青年デーを記念した座談会に参加、50余人の警官に文化茶屋が取り囲まれ解散を命じられるとともに11人の在名アナキスト、左翼活動家らとともに検挙される(他の11人は佐々木侃一、加藤昇、宮村平治郎、富田兼吉、梅田定広、長谷川仁策、赤尾房吉、伊串英治、相良由次、山田政郎、青島愛知)。(冨板敦)〔文献〕『名古屋地方労働運動史』

鹿島 喜久尾　かしま・きくお　?-?　1921(大10)年肺結核のため横浜久保山市立療養院で療養する。22年11月根岸正吉が死没する2日前の病床の様子を執筆、「夢に叫んだ彼」と題して第3次『労働運動』10号に掲載する。(冨板敦)〔文献〕『労働運動』3次1・10号1921.12・23.1

柏 房次郎　かしわ・ふさじろう　?-?　1923(大12)年4月16日夜、名古屋市中区門前町の空地でアナキスト数十人とともに初の路傍演説を行う。その勢いを駆って栄町の伊藤呉服店の前で警察攻撃の演説をする。続いて伊藤英治が無政府主義の演説をしたところ伊串とともに拘引される。交通妨害で20日の拘留とされるが正式裁判を要求。同年8月30日名古屋区裁判所第二法廷で第1回公判が開かれ、結果科料5円とされる。(冨板敦)〔文献〕伊串英治「名古屋に於ける社会運動史」『黒馬車』2巻12号1934.12

柏木 栄一　かしわぎ・えいいち　?-?　日本印刷工組合信友会に加盟し1921(大10)年末頃、東京小石川区(現・文京区)の博文館印刷所に勤めていた。(冨板敦)〔文献〕『信友』1922年1月号

柏木 義円　かしわぎ・ぎえん　1860.3.30(万延1.3.9)-1938(昭13)1.8　越後国三島郡与板(現・長岡市与板町)生まれ。生家は浄土真宗西光寺住職。78年東京師範学校を卒業後、群馬県の細野西小学校校長になる。83年安中基督教会で海老名弾正から受洗。89年同志社英学校卒業。徳冨蘆花と同級だった。新島襄の信頼あつく同志社予備校主任となり山室軍平、山川均らを教える。93年井上哲次郎の「教育と宗教との衝突」に反論。97年安中教会牧師に就任し98年11月『上毛教会月報』を創刊。信仰によって国家と教会の不義を論難した。日露戦争、第一次大戦、満州事変に終始非戦論を唱え、大逆事件、乃木希典殉死に進歩的見解を述べ、社会主義を紹介。また組合教会の朝鮮伝道を批判、ファシズムを批判するなどその思想を貫き通し、キリストの教えと平和・非戦を農民や勤労市民層に説き続けて「安中の聖者」といわれた。(北村信ктан)〔著作〕伊谷隆一編『柏木義円集』全2巻未来社1970・1972〔文献〕伊谷隆一『非戦の思想 土着キリスト者・柏木義円』紀伊国屋新書1967、飯沼二郎・片野真佐子編『柏木義円日記』行路社1998、片野真佐子編『柏木義円日記補遺 付・柏木義円著述目録』行路社2001、片野真佐子編『柏木義円書簡集』行路社2011、片野真佐子編『柏木義円史料集』行路社2014

柏木 幸之助　かしわぎ・こうのすけ　?-?　1919(大8)年東京京橋区(現・中央区)の中屋印刷所文選科に勤め日本印刷工組合信友会に加盟する。(冨板敦)〔文献〕『信友』1919年10月号

柏木 秀造　かしわぎ・しゅうぞう　?-?　1919(大8)年東京神田区(現・千代田区)の三秀舎欧文科に勤め日本印刷工組合信友会に加盟する。(冨板敦)〔文献〕『信友』1919年10月号

柏木 道太郎　かしわぎ・みちたろう　?-?　1919(大8)年東京本所区(現・墨田区)の岡本活版所に勤め活版印刷工組合信友会に加盟する。(冨板敦)〔文献〕『信友』1919年8月号

柏崎 武次郎　かしわざき・たけじろう　?-?　1932(昭7)年頃横浜地方労働者連盟で活動する。特別要視察人に編入されていた。(冨板敦)〔文献〕『社会運動の状況4』、『昭和7年自1月至6月社会運動情勢 東京控訴院管内・下』東洋文化社1979

柏野 貞之　かしわの・さだゆき　⇨岩野猛　いわの・たけし

柏山 宗平　かしわやま・そうへい　?-?　1919(大8)年東京神田区(現・千代田区)の三秀舎文選科に勤め活版印刷工組合信友会に加盟する。(冨板敦)〔文献〕『信友』1919年8・10月号

かじわら

梶原　直　かじわら・すなお　?-?　1919(大8)年東京京橋区(現・中央区)の築地活版所和文科に勤め日本印刷工組合信友会に加盟する。(冨板敦)〔文献〕『信友』1919年10月号

春日　正一　かすが・しょういち　?-?　芝浦製作所に勤め芝浦労働組合に加盟。1926(大15)年3月14日、同労組の鶴見支部大会に出席。この大会はボル派が主導し労働農民党への加盟を決めた。同年9月19日、同労組の緊急中央委員会で「共産党の走狗」であるとして渡辺精一、高橋知徳、伐晃、菅野義清、小川武、中川栄、青木健太郎、長谷川光一郎とともに組合から除名される。(冨板敦)〔文献〕『芝浦労働』3次3・10号1926.6・11、小松隆二『企業別組合の生成』お茶の水書房1971

春日　実　かすが・みのる　1906(明39)-1966(昭41)8.3　別名・黒木蝶二　若松市紺屋町生まれ。横浜市の高等小学校を卒業後、印刷工になる。市内の印刷所を転々とした。27年頃横浜印刷工組合に加入し同組合のアナキズムに共鳴する。『自連新聞』を読み浜松孝太郎、町田喜代三、田代潔、笠原正夫らと交流した。32年9月頃マンノー社印刷所に在職中労働争議に関わり工場内を攪乱したとして同志4人とともに伊勢佐木警察署に検束。35年末頃無共党事件で検挙されるが不起訴。戦後は日本アナキストクラブに加わり東京で植字工をしていた。その後自由労働者となり、浅草の路上で倒れ病院に運ばれたが死没した。(冨板敦)〔文献〕『身上調書』『無政府主義運動』55号1967.4

粕川　勇　かすかわ・いさむ　1897(明30)1.1-?　東京市四谷区谷町(現・新宿区若葉)に生まれる。1919(大8)年四谷区の日本紙器株式会社和文科に勤め日本印刷工組合信友会に加盟。のち東京朝日新聞社に移り、活版工として勤め、20年頃新聞工組合正進会に加わる。同年、平民大学夏期講習会に出席、また日本社会主義同盟に加盟する。(冨板敦)〔文献〕『信友』1919年10月号、『正進』1巻1号1920.4、3巻7号1922.7、『警視庁思想要注意人名簿(大正10年度)』

カストリアディス，コルネリュウス　Cornelius Castoriadis　1922.3.11-1997.12.26　イスタンブールに生まれアテネで育つ。12歳で哲学とマルクス主義に関心を持ち14歳で共産青年同盟に加盟、41年にギリシャ共産党に入党するもアテネ大学在学中に共産党に疑問を持ち、やがて党から離れてトロツキストグループに移る。45年末にフランスに留学、ソルボンヌ大学に学び国際主義共産党(第4インター)に参加、そこでクロード・ルフォールと出会う。48年に党を離れて「社会主義か野蛮か」グループの共同創立者となる。同時にOECDのエコノミスト(48-70)、精神分析医(73-97)、社会科学高等研究院の指導教官(80-95)として働く傍ら、同グループ機関誌『社会主義か野蛮か』の主要執筆者、同グループの中心的活動家となった。同誌は67年にグループが解散するまで40号を発行、マルクス主義批判を深める一方で新しい思想と実践のあり方を提示する多くの論稿を発表した。64年頃には到達したマルクス主義との訣別ののちはギリシャ＝西欧思想史を批判的に再検証する哲学構築に向けた仕事に打ち込み、約10年の沈黙の後、75年に哲学的主著『想念が社会を創る』を発表すると同時に注目を集め、旧稿が『迷宮の岐路』シリーズとして相次いで刊行された。また68年には5月革命を推進した学生運動の活動家たちが『社会主義か野蛮か』での論文に注目し大きな影響を与え、70年代にはイギリスのソリダリティ・グループが多くの論文をポール・カルダン名でパンフレットとして刊行し続けた。日本では江口幹が精力的に著作の翻訳と紹介に努めている。(中村隆司)〔著作〕『社会主義の再生は可能か』三一書房1987、『社会主義か野蛮か』法政大学出版会1990、『想念が社会を創る』法政大学出版会1994、『迷宮の岐路』法政大学出版会1994、『意味を見失った時代』法政大学出版会1999、『したこととすべきこと』法政大学出版会2007他〔文献〕江口幹『評議会社会主義の思想』三一書房1977、江口幹『疎外から自治へ　評伝カストリアディス』筑摩書房1988

粕谷　好三　かすや・こうぞう　?-?　東京日日新聞社に勤め東京の新聞社員で組織された革進会に加わり1919(大8)年8月の同盟ストに参加するが敗北。のち正進会に加盟。24年夏、木挽町(現・中央区銀座)正進会本部設立のために1円寄付する。(冨板敦)〔文献〕『革進会々報』1巻1号1919.8、正進会『同工諸君!!　寄附金芳名ビラ』1924.8

片井　源三　かたい・げんぞう　?-?　1919(大8)年東京牛込区(現・新宿区)の秀英舎(市ヶ

谷)第一和文科に勤め活版印刷工組合信友会に加盟する。(冨板敦)〔文献〕『信友』1919年8月号

片岡　明　かたおか・あきら　1913(大2)-?　別名：薫明　神戸市葺合区旗塚通(現・中央区)生まれ。高等小学校を1年で中退したのち15歳の頃から神戸市内の化粧品店、洋菓子店などの店員をする。32年大阪市此花区の環鉄工所の見習工となりのち神戸市林田区大池町(現・長田区)の帝国精密会社の工具に転じた。文学に興味をもち広尾芳衛の紹介で笠原勉の布引詩歌社の会員となる。35年末頃無共党事件で検挙されるが不起訴。(冨板敦)〔文献〕『身上調書』

片岡　壱　かたおか・いち　?-?　大逆事件の取り調べの過程で押収された大石誠之助の住所氏名録に記載がある。それによると1906(明39)年6月現在、高知県高岡郡高岡町姫野々(現・土佐市)に在住し『革命評論』を予約購読している。『革命評論』は宮崎滔天主宰で06年9月から発刊され宮崎民蔵(滔天の兄)を中心とする土地復権同志会の機関誌も兼ねていた。(西山拓)〔文献〕『大逆事件記録2証拠物写・上下』世界文庫1972、上村希美雄『「革命評論」と初期社会主義者』『初期社会主義研究』4号1990.12

片岡捨三　かたおか・すてぞう　1905(明38)-?　呉市今西通生まれ。中学卒業後上京、印刷工になる。1年ほど働いたところで失職、自由労働者となった。この間アナキズムに共鳴し黒連に加盟。27年頃熊谷市で藤川兼介、衛藤修剣らと乱調時代社を組織する。28年AC労働者連盟に加わり同年秋昭和天皇即位の際にAC労連の仲間とともに予防検束される。29年帰郷、父の営む度量衡器販売を手伝う。30年2月から弘中柳三の『中国評論』の編集を手伝い、3月大阪で創刊された『自由連合主義』(のち『青年アナルキスト』)の同人となる。4月頃荻野他人男、河上豪らと広島市南竹屋町に社会批判社を設立し『社会批判』を発行する。31年10月から旬刊『山陽自治新聞』を発行、呉市政院外団として市政の裏面に関わった。32年6月中田義秋らと全国自連中国地方準備会、中国一般労働者組合の結成に動く。35年末頃無共党事件で検挙されるが不起訴。(冨板敦)〔文献〕『労働者の叫び』2号1929.2、『自由連合主義』創刊号1930.3、『望月辰太郎追憶集』望月兄弟会1972、長谷川武『自伝アナーキズム運動五十余年』私家版1977、『広島県社会運動史』、『農青社事件資料集Ⅱ・Ⅲ』、『昭和7年自1月至6月社会運動情勢　名古屋・広島控訴院管内』東洋文化社1979、『身上調書』

片岡　常之助　かたおか・つねのすけ　?-?　1919(大8)年東京京橋区(現・中央区)の中屋印刷所印刷科に勤め活版印刷工組合信友会に加盟する。(冨板敦)〔文献〕『信友』1919年8・10月号

片岡　道寧　かたおか・みちさだ　?-?　やまと新聞社に勤め東京の新聞社員で組織された革進会に加わり1919(大8)年8月の同盟ストに参加するが敗北。のち正進会に加盟。20年機関誌『正進』発行のために1円寄付する。(冨板敦)〔文献〕『革進会々報』1巻1号1919.8、『正進』1巻1号1920.4

片岡　和三郎　かたおか・わさぶろう　?-?　1919(大8)年東京京橋区(現・中央区)の中屋印刷所印刷科に勤め活版印刷工組合信友会に加盟する。(冨板敦)〔文献〕『信友』1919年8・10月号

堅田　精司　かただ・せいし　?-?　堅田は多くの研究論文や調査報告を世に残していてその意味では研究者といえよう。その研究は多岐にわたるが特出すべては社会主義運動や無政府主義運動に身を投じた人々の来歴調査である。たとえば『北海道社会運動家名簿仮目録』には明治・大正・昭和前期において北海道で社会運動に身を投じた活動家が3018名も収録されている。その著書のまえがきに堅田は「身体で運動を支えた、無名の運動者の姿を埋没させてはならない」「迫害された人々に正当な評価を与える」ことと記している。ここからもわかるようにこの著書の目的はそのような人々を記録し後世に伝えておくことにあるといえよう(そのため個々人の記述は簡単である)。もちろん堅田のその視線はあくまで階級的である。現にこの名簿には左翼活動に挺身しつつもその後に体制派や右翼に転じた人物、いわゆる国家権力の側に与した人物などは「経歴に問題あり除外した」と明記しその趣旨は徹底している。ただ堅田は自身の来歴(出生地・生年・職業など)については一切公表してなくその生涯は全く不明である。論文の発表は前半が『兵庫史学』誌であり、主に兵庫県における農村経済史の研究である。その

ことから考えると出生地及び人生の前半期は兵庫県地方であろうかと推察する。後半の論文は主に『北海道地方史研究』誌であり、活動の場を北海道に移している。ただし堅田がいつ来道したのかなども定かではない。さらに没年も含めてその生涯は最後まで不明である。(北村巖)〔著作〕『北海道内国貿易史の研究』北海道地方史研究会1966、『戦後労農運動目録』北海道地方史研究会1969、『北海道社会運動家名簿仮目録』私家版1973

片平 茂雄 かたひら・しげお ⇨高田良幻たかだ・りょうげん

片柳 忠男 かたやなぎ・ただお 1908(明41)-1985(昭60) 24年7月『マヴォ』の創刊に参加する。同年戸田達雄と広告代理店オリオン社を設立。29年までオリオン社があったエビス倶楽部の部屋には『マヴォ』の同人や種々雑多な人物が出没し、アナ系の貧乏サロンの趣きがあったという。(冨板敦)〔著作〕『海軍志願兵』(編者)北原出版創立事務所1944、『雨・風・曇』新聞研究社1956、『広告の中に生きる男』オリオン社出版部1959、『片柳忠男』三彩社1960・『カッパ大将』1962、『評伝三波春夫』オリオン社1966、『キャバレー太郎』同1966〔文献〕五十殿利治『大正期新興美術運動の研究』スカイドア1998、寺島珠雄『南天堂』皓星社1999、島崎蓊助『島崎蓊助自伝』平凡社2002

片山 正次 かたやま・しょうじ ?-? 別名・正治 芝浦製作所に勤め芝浦労働組合に加盟し鋳物分区に所属。1928(昭3)年4月25日、同労組の理事会で庶務係に同年5月9日の拡大委員会で会計監査委員に選出される。29年2月16日、芝浦会館で開かれた鋳物分区の定期総会で議長を務める。(冨板敦)〔文献〕『芝浦労働』3次19・25号1928.6・29.3

片山 喜長 かたやま・よしなが ?-1924(大13)2.16 文選工、日本印刷工組合信友会のメンバー。1924(大13)年3月「長々病気の所永眠された」と『印刷工連合』10号が報じる。(冨板敦)〔文献〕『印刷工連合』10号1924.3

勝 精 かつ・くわし 1866.7.9(慶応2.5.27)-1918(大7)1.2 別名・岐軒 岐阜県恵那郡遠山村上手向(現・恵那市)に大地主の二男として生まれる。平田神道の影響を受け赤報隊に加わったこともある祖父から四書五経の手ほどきを受ける。82年自由党に参加、自由党が分裂していくなか反主流派の大井憲太郎を支持。92年大井の脱党ののち脱党したものと思われる。95年結婚。97年兵庫県明石に転居、湊病院に勤務する。岩藤思雪、菊地杜夫と知り合う。03年頃岐阜市に転居。04年3月頃岩藤が来訪、自宅に住まわせ職を世話する。岩藤を通じ社会主義に接近、岐阜に西川光二郎、山口義三、小田頼造らを迎える。05年1月『平民新聞』読者会を2月社会主義研究会を自宅で開き、会の名称を岐阜平民会と定めて毎月例会をもつことを決める。1年前後で会は空中分解、06年郷里の上手向に移る。08年頃中津川に転居、貧困のなかガリ版刷りの『美濃新聞』を発行、青年教化と無教会系キリスト教の伝道につとめた。12年5月妻うらを亡くしいっさいの運動から手を引く。13年岐阜市に移転。大逆事件後、要視察人に指定され監視下に置かれていたが戦争否認や普選の主張を曲げなかった。岐阜市の自宅で死没。(神谷昌史)〔文献〕柏木隆法『勝精と岐阜平民会の人びと』『大逆事件の周辺』論創社1980

勝木 八十松 かつき・やそまつ ?-? 東印和文部のメンバー。1926(大15)年1月10日入営することになり全印連の同志達に黒旗で見送られる。(冨板敦)〔文献〕『印刷工連合』33号1926.2

勝田 八次郎 かつた・はちじろう ?-? やまと新聞社に勤め新聞工組合正進会に加盟。1920(大9)年機関誌『正進』発行のために同社の黒田亀次郎、橋本菊次郎、波多保雄、三瀬新吉と計1円50銭を寄付する。(冨板敦)〔文献〕『正進』1巻1号1920.4

勝田 吉太郎 かつだ・きちたろう 1928(昭3)2.5- 名古屋市生まれ。名古屋市立商業、大阪外事専門学校露語科を経て48年京都大学法学部入学。指導教授は滝川幸辰。54年京大助教授、55年9月-57年10月米・英・仏に研究留学。この間コロンビア大図書館、大英博物館図書館などでバクーニンなどの露語資料原典を読み込む。62年法学博士、64年京大教授となる。66年筑摩書房より新書版の『アナーキスト ロシア革命の先駆者』(74年社会思想社の現代教養文庫に収録)を刊行。アナキズム思想・運動の入門的概説書として既成左翼とは別の方向性を模索していた当時の若者達に読まれた。79年講談社の「人類の知的遺産」シリーズの『バクー

ン」を出す。この結語部分で「アナーキズムの思想的光芒は，決して消え失せてはいない」としながらも，勝田の著作活動はこの頃から『正論』『諸君』『自由民主』などを主要な発表の場とするようになる。勝田にとってアナーキズムとは「今日では時代錯誤のイデオロギーであろう。…しかし…われわれの再考をうながしている問題がないわけではない」(『アナーキスト』あとがき)という程度のものだったためだろう。(川口秀彦)〔著作〕『勝田吉太郎著作集』全8巻ミネルヴァ書房1992-94

勝俣 一郎 かつまた・いちろう 1902(明35)-? 法政大学予科を中退，千葉県で書籍商を営む。31年4月22日頃農青社の鈴木靖之，星野準二の訪問を受け36年5月農青社事件で検挙されるが起訴猶予。(冨板敦)〔文献〕堅田精司『北海道社会文庫通信』1665号2001.12，『特高外事月報』1936.5，『社会運動の状況8』

勝目 テル かつめ・てる 1894(明27)7.6-1984(昭59)10.3 別名・示野テル，照子 鹿児島県日置郡市来村(現・日置市)生まれ。生家は地主，父は漢方医，村長。女性蔑視の風潮に反対し小学校卒業後，高等科，教員養成科を卒業して17歳から分校の代用教員となる。河上肇『貧乏物語』によって社会への目を開かれ，仏教雑誌『異邦人』の主張に共鳴して発行人の金沢在住の示野吉三郎のもとに走る。以後アナキズム的新聞の発行と販売，検束という生活を送る。27年上京し家庭教師や婦人雑誌への寄稿などで生活を支えた。30年関東消費組合連盟，日本無産者組合連盟の婦人部長として41年まで活躍。農民組合との提携，婦選大会参加，国際消費組合デー参加，無産者託児所設立など暮らしに関わる広汎な運動に参加した。48年日本民主婦人協議会会長，消費組合運動を通して婦人運動に携わった。(奥沢邦成)〔著作〕『未来にかけた日々』平和ふじん新聞社1961，『未来にかけた日々・後編』新日本婦人の会1975，「たたかいのあと四分の三世紀を生きて」『婦人通信』1970.1-12

加藤 愛夫 かとう・あいお 1903(明36)4.19-1979(昭54)10.3 本名・加藤松一郎 北海道雨竜郡北竜町の開拓地に生まれる。早稲田実業学校を中退。21年生田春月の『文芸通報』(のち『詩と人生』に改題)の同人となり，『日本詩人』では国井淳一，壺井繁治とともに新人として推される。更科源蔵を知り32年頃からアナ派詩誌『北緯五十度』『犀』に参加。真壁仁の『抒情』にも寄稿する。37年日華事変に応召，戦争詩を書く。戦時中は『四季』の客員をつとめた。「アナキズムに対するひそかな信頼を一応置いてはいても，決して加藤吉治や上野頼三郎のように激烈にうたいあげるというのではなく，土の温かみに通じ合う牧歌性を常に漂わせていた」(松永伍一)。(冨板敦)〔著作〕『従軍』国詩評林社1938，『進軍』河出書房1940〔文献〕松永伍一『日本農民詩史・中2』法大出版局1969，北海道文学館編『北海道文学読本 詩・短歌・俳句編』共同文化社1988，木下信三『名古屋抵抗詩史ノート』私家版2009

加藤 東 かとう・あずま ?-? 1919(大8)年東京神田区(現・千代田区)の三秀舎ポイント科に勤め日本印刷工組合信友会に加盟する。(冨板敦)〔文献〕『信友』1919年10月号

加藤 一之助 かとう・いちのすけ 1899(明32)-? 1923(大12)年農村運動同盟岡山支部のメンバーとして同年1月21日岡山市の大福座で藤田農場争議批判演説会を主催する。その会では中止命令をきかなかったとして三田村四郎が住所氏名を詐称して宿泊したとして九津見房子と野田律太が逮捕された。また加藤も短刀所持で拘留処分とされた。同年9月の関東大震災前は東京に滞在していたが，大阪市で金物問屋で営む川合喜太郎が大阪地裁で不遜な答弁をしていることに憤慨，殺害するために上阪。12月15日に裁判所の第三号法廷で待ち伏せるが間違えて金物新報社社長の中川良太郎を背後から短刀で刺し重傷を負わせ逮捕される。(冨板敦)〔文献〕『小作人』2次3号1923.4，『東京朝日新聞』1923.12.16，『岡山社会運動史4』

加藤 今一郎 かとう・いまいちろう 1879(明12)11.6-1953(昭28)11 別名・烏仙 愛知県幡豆郡明治村榎前(現・安城市)に薬種商加藤彦左衛門の長男として生まれる。刈谷高等小学校卒業。1898年弁護士をめざして明治法律学校，東京専門学校に学ぶ。1900年社会主義協会に参加。弁護士試験に失敗，帰郷して07年養蜂事業を始める。住み込みの浅井猪三郎の大石誠之助訪問により10年9月大逆事件の嫌疑で検挙されるが釈放。17年青年啓蒙誌『新青年』，19年社会評

論誌『直言』を創刊。22年水平社成岩支部結成に助力。27年地方政党農労民衆党知多支部を結成。28年最初の普選に日本農民党，日本労農党の共同候補として立候補するが落選。のちにこの政治運動への参加は誤りだったと述懐している。以後養蜂事業に専心する。浅井を介して大石から42年1月の新年親睦会（大逆事件の謀議をしたとされた会合）の招待の書状を受けたというが大石との関係は不詳。また自らアナキストと称し戦後日本アナキスト連盟結成の際には岩佐作太郎から呼びかけを受けたというが，岩佐との関係も不詳。半田市で死没。（堀切利高）
〔文献〕小栗喬太郎編・加藤今一郎著『残徒夜話』私家版1966，柏木隆法『大逆事件の周辺』論創社1980

加藤 栄太郎 かとう・えいたろう 1910（明43）頃-? 東京に生まれる。30年9月凸版印刷本所工場でおきた争議のキャップで，応援に来た山口健助と知り合い以後形影をともにする。妻とみ子とともに凸版印刷を解雇され，神田の大山印刷所へ移り大山分会を関東出版（31年5月東京印刷工連合会を改組）の拠点にまで育てた。36年8月に再建された東京印刷工組合では事業部執行委員をつとめた。内剛外柔型で職場での人望も厚く生粋の江戸っ子で自らはあまり多く語らなかったが，窮乏する同志の援助を惜しまなかった。（植本展弘）〔文献〕山口健助『風雪を越えて』印友会本部1970・「東印再建記」『リベルテール』11号1975.11・『青春無頼』私家版1980

加藤 栄之進 かとう・えいのしん ?-? 1921（大10）年東京北郊自主会に出入りし自由人連盟に加盟していたことから警視庁の思想要注意人とされる。（冨板敦）〔文献〕『警視庁思想要注意人名簿（大正10年度）』

加藤 一夫 かとう・かずお 1887（明20）2.28-1951（昭26）1.25 和歌山県西牟婁郡防己村（現・すさみ町）の旧家に生まれる。99年和歌山県立田辺中学校に入学，4年生の時校長排斥の同盟休校を扇動したとして退学処分を受ける。その後1年遅れて和歌山中学へ編入。日本基督教会和歌山教会に通うが，そこには加藤よりはるか年上の沖野岩三郎と，山野虎市，児玉充次郎，杉山元治郎ら一部は日露戦争直前に非戦論を唱える青年グループがいた。生涯の友となる彼らから大きな影響を受けあとを追うように明治学院神学部予科に入学。しかし在学中に思想書，文学書を読破して信仰への疑問にとらわれ卒業後副牧師の職を得るがすぐにユニテリアンに転じ，内ケ崎作三郎の統一教会に入り『六合雑誌』編集を手伝いながら，神をも客体化し自我や生命に自己の実存基盤をおく本然主義の主張を打ち出すようになり，思想家としての第一歩が始まった。これにはトルストイやロマン・ロランなどの影響がみられ，加藤は最初はトルストイの翻訳者，紹介者として知られることになる。15年9月文学者として身を立てることを決意し西村伊作の協力を得て『科学と文芸』を創刊，トルストイ主義をにじませる汎労働主義を標榜，半農半著作の生活に入り注目された。続いて発刊した『労働文学』の時代，民衆芸術論争に積極的に参加，民衆とは「全人類をヒウマニテイーの自由なる活動とせんとする者の謂だ」という独自の民衆芸術論を展開した。これは論争者から指摘されたように超階級的，非社会的，個人主義的な民衆観であり，依然として本然主義が基底にあるということでもある。この民衆観に立った『労働文学』はもろくも廃刊，20年5月28日先鋭的なアナキスト集団自由人連盟を創設し機関誌『自由人』を発行するに至ってようやく階級的視野を獲得し，日本社会主義同盟の発起人にもなり本格的に実際運動に入っていく。自由人連盟はのち自由人社と改称し，アナ・ボル論争のなかよりアナキスト的なリーフレット第2次『自由人』を22年1月創刊。会員数は当局から50人程度とみられていて浅野護，宮崎竜介，宮嶋資夫，嶋中雄作，新居格，江口渙などが発足会員だが，反権力，反政党，反ボルシェヴィキを主張する自由連合主義的組織であり同盟員は一定していなかったようだ。大杉栄の労働運動社より規模は大きいが労働者主体の団体ではなく，むしろ知識人が労働者との連携をはかる思想・文化運動集団といえ，加藤のアナキズム的言説の裏には依然として本然主義が息づいていた。23年6月には雑誌『我等の運動』も自由人社から創刊。関東大震災に際しては一時検束を受けたが関西行きを条件に釈放，以後2年間の芦屋時代は小説を中心に執筆活動を行い25年1月個人誌『原始』創刊，同年8月帰京

後はギロチン社事件で処刑された古田大次郎の『死の懺悔』や獄死した金子文子の手記『何が私をかうさせたか』(ともに加藤も創業にかかわった春秋社刊)の出版に尽力した。やがて『原始』は文芸色の濃いアナ系雑誌の役割を果たすようになる。27年『原始』を終刊させて加藤は住居を神奈川県都築郡新治村(現・横浜市)に移し,そこに川井・共働農本塾を開き,都市化・機械化に反対する農本運動に入り第2次・第3次『農民』に協力,日本村治派同盟にも参加,29年には自ら『大地に立つ』を創刊,自主自治や相互扶助の理念に立つ農民の生活を訴えた。しかし恐慌下加藤のスポンサーだった春秋社が営業不振で農本塾閉鎖に至る。戦時下農本主義を介して民族主義に傾きキリスト教の日本化を唱えた。戦後はテレビドラマ「私は貝になりたい」の原作者である長男哲太郎が戦犯容疑で死刑宣告を受けた時,助命嘆願運動に奔走した。(大和田茂)〔著作〕『土の叫び地の囁き』洛陽堂1917,『民衆芸術論』洛陽堂1919,『自由人の生活意識』春秋社1922,『農民芸術論』春秋社1931,『農本主義理論篇』暁書院1933〔文献〕小松隆二「土の叫び地の囁き 加藤一夫の生涯と思想」『三田学会雑誌』78巻4号1985,『加藤一夫研究』1-5号(加藤一夫記念会)1987-94,『労働文学』復刻版・不二出版1989,『自由人』復刻版・緑蔭書房1994,『原始』復刻版・不二出版1990,大和田茂『民衆芸術論と生命主義』『大正生命主義と現代』河出書房新社1995

加藤 菊次郎 かとう・きくじろう ?-? 別名・菊次,菊治 1919(大8)年横浜の正金印刷部に勤め横浜欧文技術工組合に加盟し理事となる。同組合設立基本金として3円寄付し,正金印刷部の組合理事も務める。(冨板敦)〔文献〕『信友』1919年8・10月号

加藤 吉治 かとう・きちじ 1908(明41)1-? 山形県南村山郡西郷村小穴(現・上山市)に自小作農の長男として生まれる。高等小学校卒業後農業に従事。24年鈴木健太郎が創刊した『血潮』に詩を寄せる。28年『山峡詩人』を創刊。29年鈴木の『山形詩人』に参加。32年11月加藤精宏,大竹惣吉,高橋小一郎らと『無肥料地帯』を創刊(5号を『藁』と改題するが1号で廃刊)。『北緯五十度』『犀』に拠る詩人たちと兄事し『冬の土』『新興歌謡』などと交流し影響を受ける。33年9月詩集『野良着』を無肥料地帯社から刊行するが発禁となる。35年真壁仁の『抒情』に詩「熊」を発表

し山形警察に呼ばれる。敗戦後は農地改革に際して小作側の委員となる。(冨板敦)〔著作〕『野良着』無肥料地帯社1933・復刻版地下水出版部1973〔文献〕松永伍一『日本農民詩史』(中2)法大出版局1969,秋山清『発禁詩集』潮文社1970,松永伍一『農民詩紀行』日本放送出版協会1974,志賀英夫『戦前の詩誌・半世紀の年譜』詩画工房2002

加藤 銀太郎 かとう・ぎんたろう ?-? 1919(大8)年東京芝区(現・港区)の東洋印刷会社文選科に勤め活版印刷工組合信友会に加盟する。(冨板敦)〔文献〕『信友』1919年8月号

加藤 金之助 かとう・きんのすけ ?-? 1919(大8)年東京京橋区(現・中央区)の築地活版所印刷科に勤め活版印刷工組合信友会に加盟する。(冨板敦)〔文献〕『信友』1919年8・10月号

加藤 健 かとう・けん ⇨浅井秀雄 あさい・ひでお

加藤 権市 かとう・けんいち ⇨渡辺年之助 わたなべ・としのすけ

加藤 高寿 かとう・こうじゅ 1897(明30)-1923(大12)9.4 別名・藤太郎 栃木県塩谷郡矢板町川崎反町(現・矢板市)生まれ。14歳で上京,化粧品店の小僧を振り出しに新聞配達,自由労働者などを経験したのち立教中学,正則英語学校夜間部に学ぶが,4年時に教師に反抗し放校処分を受ける。その後自由労働者として生活。19年セルロイド工として働いていた時,渡辺政之輔らによる全国セルロイド職工組合(新人セルロイド工組合)の結成に際会し加入。以後労働運動に専心,各所の争議などを支援する。21年足立製作所争議では中心的役割を果たし起訴下獄。出獄後の22年中名生幸力,渡辺善寿らとアナ系の農村運動団体農村運動同盟を結成し活動。のちアナキズムからボルシェヴィズムに転じた。同年10月の南葛労働協会創立に参加し理事に選出され,翌年4月結成の共産青年同盟にも加盟。23年9月関東大震災に遭遇。夜警に従事しつつ川合義虎宅に避難していたところを亀戸署に検束され,同署で習志野の騎兵第13連隊の兵士に虐殺された。(後藤彰信)〔文献〕加藤文三『亀戸事件』大月書店1991

加藤 幸次郎 かとう・こうじろう ?-? 石版工。1923(大12)年6月日本印刷工組合信友会に石版工仲間と加盟し山田義雄らと計19名で小柴支部を組織する。(冨板敦)〔文献〕

『印刷工連合』3号1923.8

加藤　弘造　かとう・こうぞう　1896(明29)10.7-1982(昭57)7.28　静岡県志太郡島田町(現・島田市)生まれ。明倫中学を経て14年明治大学に入学するが，学生スト大会で弁士の声のかれたのをみかねてバケツに水を入れて演壇に持参したちまち退校処分となり，のち早稲田大学政経科に入学する。在学時に石川三四郎，賀川豊彦らと親交を結ぶ。17年12月豊橋輜重兵15大隊に1年志願兵として入営。19年除隊。22年在郷軍人会島田分会長となる。23年2月鈴木てつと結婚。同年島崎藤村の小説『破戒』の舞台である小諸の部落に赴き村の青年たちと「部落の歴史について」研究会を開く。23年秋『不幸の同胞小研究』(私家版)を発刊し水平社運動の実践者に配布して批判を仰ぎ，社会改革の思考のきっかけとなった。同年から24年の日本楽器争議，水平社運動に資金カンパをし多くの同志を助けた。25年6月全国水平社青年連盟の機関誌『自由』の後継紙として『自由新聞』を創刊。26年1月『平等新聞』を創刊，同年5月11号まで発行するが新聞紙法違反で罰金刑を科され終刊。以後父のあとを継ぎ地元銀行頭取となるが，静岡の大塚昇，後藤章らの運動を援助した。38年10月石川三四郎を訪問。39年9月静岡県議に当選。42年4月第21回衆議院議員選挙に当選。戦後公職追放となる。(黒川洋)〔著作〕中島光太郎編『起伏』(遺稿集)友吉社1994〔文献〕宮崎晃『差別とアナキズム』黒色戦線社1975

加藤　栄　かとう・さかえ　1891(明24)10.1-1976(昭51)9.13　愛知県海部郡津島町(現・津島市)に生まれる。幼い頃から下駄作りなどで家計を支え成人後は原皮，毛皮卸業に従事する。平野小剣，鈴木信，佐藤清隆の訪問を受けて水平社運動に飛び込む決意を固め，24年10月6日津島町巴座で海部郡水平社を結成，支部長となる。「海部郡水平社はすぐれたアナ系解放連盟」(宮崎晃)。26年佐藤，酒井松助らと部落改善施設津島共存園の建設に尽力。27年4月4日海部郡水平社第2回大会で座長をつとめる。この大会で海部郡水平社はアナ派の全国水平社解放連盟支持を決議した。26年佐藤，伊藤隆照とともに青年連盟機関紙『自由新聞』の津島町支局を担った加藤信一は栄の兄。(冨板敦)〔文献〕『全国水平新聞』2号1927.8，宮崎晃『差別とアナキズム』黒色戦線社1975，『海部郡水平社創立者加藤栄の回顧』『愛知県部落解放運動史 戦前編』愛知県部落解放運動連合会1983

加藤　昇吉　かとう・しょうきち　?-?　1919(大8)年東京神田区(現・千代田区)の三省堂印刷部文選科に勤め活版印刷工組合信友会に加盟する。(冨板敦)〔文献〕『信友』1919年8・10月号

加藤　正三　かとう・しょうぞう　?-?　東京朝日新聞社に勤め東京の新聞社員で組織された革進会に加わり1919(大8)年8月の同盟ストに参加するが敗北。のち正進会に加盟。20年機関誌『正進』発行のために50銭寄付する。(冨板敦)〔文献〕『革進会々報』1巻1号1919.8，『正進』1巻1号1920.4

加藤　正平　かとう・しょうへい　?-?　やまと新聞社に勤め新聞工組合正進会に加盟。1920(大9)年機関誌『正進』発行のために3円寄付する。(冨板敦)〔文献〕『正進』1巻1号1920.4

加藤　次郎　かとう・じろう　?-?　日本印刷工組合信友会に加盟し1921(大10)年末頃，東京小石川区(現・文京区)の博文館印刷所に勤めていた。(冨板敦)〔文献〕『信友』1922年1月号

加藤　信一　かとう・しんいち　?-?　1924(大13)年10月6日愛知県海部郡津島町(現・津島市)の寿座で開かれた海部郡水平社の創立大会で「人間は尊敬すべきものだ」と演説。26年佐藤清隆，伊藤隆照とともに水平社青年連盟機関誌『自由新聞』の愛知県海部郡津島町支局を担う。37年津島職業紹介所の所長に就任。のち海部郡佐屋町日置(現・愛西市)に配置転換。数年後，電車事故に遭い，それがもとで亡くなる。加藤栄は兄。(冨板敦)〔文献〕『自由新聞』1号1926.1，『愛知県部落解放運動史 戦前編』愛知県部落解放運動連合会1983

加藤　進　かとう・すすむ　?-?　大阪自由総合労働組合のメンバー。1930(昭5)年1月22日小河国吉，北原泰作らが岐阜市公会堂で開いた社会問題時局批判演説会に逸見吉三，久保譲，岡田健二，殿水藤之助，熊鳥国三郎らと大阪から参加し演説する。他の登壇者は地元の後藤広数，伊串英治，小河の3人。31年5月大阪アルミ争議を支援し，社長宅に押しかけ田所茂雄，逸見らと検挙される。(冨板敦)〔文献〕『特高月報』1932.11，『社会運動の状況4』，江西一三『わが自協史』私家版

1974，山口健助『青春無頼』私家版1982

加藤　精宏　かとう・せいこう　1908（明41）8.3-?　本名・伝　山形県南村山郡西郷村小穴（現・上山市）の自作兼小作農家に生まれる。23年小学校高等科を卒業後，農業に従事。同年鈴木健太郎の『山形詩人』に寄稿。32年11月加藤吉治らと『無肥料地帯』を創刊する。33年9月加藤吉治の詩集『野良着』のガリ切りをして発行するが発禁。57年以降詩から遠ざかる。（冨板敦）〔文献〕松永伍一『日本農民詩史・中2』法大出版局1969，秋山清『発禁詩集』潮文社1970，松永伍一『農民詩紀行』日本放送出版協会1974，『土とふるさとの文学全集14』家の光協会1977，志賀英夫『戦前の詩誌・半世紀の年譜』詩画工房2002

加藤　清次　かとう・せいじ　?-?　1919（大8）年東京牛込区（現・新宿区）の秀英舎（市ヶ谷）欧文科に勤め活版印刷工組合信友会に加盟する。（冨板敦）〔文献〕『信友』1919年8・10月号

加藤　清治　かとう・せいじ　?-?　愛知県水平社，全国水平社解放連盟のメンバー。1926（大15）年1月三浦弥之助，鈴木善十，鈴木善吉，山田勝平，近藤善一，水野一清，清水善清らと愛知県水平社青年連盟の執行委員に選出される（執行委員長生駒長一）。27年8月14日名古屋市西区平野町説教所での愛知県水平社主催，全水解応援による差別弾圧反対大演説会で登壇，「自分は来る1月入営しなければならぬ。自分はアンチミリタリストとしてまた部落民として差別と軍国主義とに戦う」と決意表明をする。（冨板敦）〔文献〕『自由新聞』2号1926.2，『全国水平新聞』3号1927.9，宮崎晃『差別とアナキズム』黒色戦線社1975，『愛知県部落解放運動史　戦前編』愛知県部落解放運動連合会1983

加藤　泰蔵　かとう・たいぞう　?-?　1919（大8）年横浜のジャパン・ガゼット社に勤め横浜印刷技工組合に加盟，同組合の評議員を担う。（冨板敦）〔文献〕『信友』1920年1月号

加藤　武員　かとう・たけかず　?-?　新聞工組合正進会に加盟し1924（大13）年夏，木挽町（現・中央区銀座）本部設立のために2円寄付する。（冨板敦）〔文献〕正進会『同工諸君！！寄附金芳名ビラ』1924.8

加藤　保　かとう・たもつ　?-?　芝浦製作所に勤め芝浦労働組合に加盟。1928（昭3）年5月9日，同労組の拡大委員会で「川崎事件〔詳細不明〕保証金未収調書の件」を一任される。29年11月16日芝浦会館で開かれた芝浦労働組合昭和4年度大会に参加し開会の辞を述べる。当時家庭用具分区に所属していた。（冨板敦）〔文献〕『芝浦労働』3次19・33号1928.6・12

加藤　鉄次郎　かとう・てつじろう　?-?　1919（大8）年東京京橋区（現・中央区）の三間印刷所印刷科に勤め活版印刷工組合信友会に加盟する。（冨板敦）〔文献〕『信友』1919年8・10月号

加藤　時次郎　かとう・ときじろう　1858（安政5.1.1）2.15-1930（昭5）5.30　旧姓・吉松，加治豊前国田川郡香春（現・福岡県香春町）に生まれる。75年上京，外国語学校などでドイツ語を学ぶ。76年警視裁判医学校入学，同校廃校により大学医学部に編入。80年退学，済生学舎に入学。84年開業医試験に合格，京橋の加藤病院の養子となる。88年ドイツに私費留学，エルランゲン大学で博士号を得る。90年帰国。01年矢野竜渓の社会問題講究会，黒岩涙香の理想団に入会，都市衛生問題を社会改良運動と結びつける契機となった。理想団では堺利彦，幸徳秋水，安部磯雄らと交流。03年理想団の理念を生かす機関として直行団を結成，機関紙『直言』を発刊。直行団の結成は平民社と重なり，堺，幸徳のほか石川三四郎，山口義三，岡千代彦らも加わる。非戦論者の加藤は週刊『平民新聞』や後継紙『直言』『光』，日刊『平民新聞』などへ資金提供を行い消費組合運動，日本社会党結成，市電値上げ反対運動，普選運動などにも関わる。06年合法的運動から逸脱しつつあった社会主義運動から距離を置くために一時ヨーロッパに脱出。07年第2インターナショナルに社会党代表として出席。幸徳との交流は続いたが09年片山潜，安部，斯波貞吉らと水曜会を結成，穏健な社会主義を模索した。大逆事件以後社会主義運動とは手を切り実費診療所，平民法律所，平民食堂などを設立，生活社，社会政策実行団を組織して国民の生活全般にわたる相互扶助システムを構想するなど独自の社会改良策を唱える。また労働立国に基づく産業の共同管理，土地国有化などの国家社会主義的方策，非軍事的公園国家構想なども提言している。晩年身延山で霊感に打たれ自由仏教団の設立をはかる。一

方日本労農党，日本大衆党に関わった。〔西山拓〕〔著作〕『加藤時次郎選集』弘隆社1981〔文献〕加藤さき編『ありし面影』私家版1930，成田竜一「加藤時次郎」不二出版1983，尾川昌法「加藤時次郎」『日本史研究』270号1985.2，中西淳朗「医師・加藤時次郎と横浜」『日本医史学雑誌』44巻2号1998.4，大牟田太朗『加治時次郎の生涯とその時代』鳥影社2014

加藤 とみ子　かとう・とみこ　1911(明44)頃-?　夫の加藤栄太郎とともに凸版印刷を解雇され，東京神田の大山印刷所に移りサンジカリストの関東出版に参加した。金森みつ子，国分艶子，内田静江らとともに婦人部の活動家として知られた。36年8月に再建された東京印刷工組合の婦人部の執行委員として加藤の姓が記されているが，とみ子のことだと思われる。〔植本展弘〕〔文献〕山口健助『風雪を越えて』印友会本部1970・『青春無頼』私家版1980

加藤 宣雄　かとう・のぶお　1913(大2)-?　28年5月皇太子が那須御用邸に行くため大宮を通過する際の予防検束で望月辰太郎，木下茂，長谷川武らと検束される。無政府社を名のり同年8月マラテスタ，ピエール・ラムスの翻訳などを思想誌『無政府』1号に掲載発行する。〔冨板敦〕〔文献〕『望月辰太郎追憶集』望月兄弟会1972，長谷川武『自伝アナーキズム運動五十余年』私家版1977

加藤 昇　かとう・のぼる　1899(明32)8.13-?　愛知県中島郡起町(現・一宮市)に生まれる。父は相場師。小学校卒業後上京，東洋実務学校を中退し名古屋中京法律学校に入る。のち再上京して中央大学に入学，中退。1918年沖電気に入社し外線の電工となる。北風会に出入りしてアナキズムに傾き19年6月吉川邦郎，渡辺鉄治，野口一雄らと自由労働者組合を組織する。21年抹殺社に関わり，皇太子裕仁訪米阻止闘争で麻布の西園寺公望邸になだれ込み傷害罪で入獄。22年メーデーに際して児島東一郎，斎藤雄平とアナ派団体無産民社を結成する。同年8月中浜哲らが深川区富川町(現・江東区)で結成した自由労働者同盟に留置場で一緒だった長谷川武と参加，書記長となる。「富川町の坂野兄弟(八郎，良三)，堀川久，三河町の南，石山，中浜，伊串英治等の諸君や朝鮮人の孫，白武の君君などが中堅」(中名生幸力)だった。また『半纏着の自由労働者が大挙して毎年のように市役所に押しかける。あの冬の名物はどうやらこの辺りが策源地らしい」(野口義明)といわれた。24年9月名古屋鶴舞公園前の文化茶屋での座談会に参加，梶田徳次郎ら在名アナキスト，左翼活動家らと検挙される(全12人)。25年6月25人の労働者が殺された五・三〇事件の慰問兼応援で中国上海に行き李立三と会見。26年7月大阪で創刊された自由労働者同盟機関紙『自由』の同人となる。27年夏上海で田中義一内閣出兵反対運動のビラをまき演説をして検挙され拘留29日，3年間の退去命令。〔冨板敦〕〔文献〕中生名幸力「自由労働者同盟生まる」『労働運動』3次7号1922.9，野口義明『無産運動総闘士伝』社会思想研究所1931，『名古屋地方労働運動史』，『社会主義沿革2』

加藤 春信　かとう・はるのぶ　?-?　新聞工組合正進会に加盟し1924(大13)年夏，木挽町(現・東京中央区銀座)本部設立のために1円寄付する。〔冨板敦〕〔文献〕正進会『同工諸君‼寄附金芳名ビラ』1924.8

加藤 正雄　かとう・まさお　1898(明31)-1987(昭62)　別名・まさお　東京に生まれる。22年早稲田大学建築科を卒業後，陸軍省で建築技師をつとめる。同年10月三科インデペンデント展から未来派美術協会に加わる。23年7月マヴォ第1回展に対抗して岡田竜夫と銀座のカフェー・イタリーで二人展を開く。『東京日日新聞』は「途轍もないダダイズムの作品展覧会」と紹介した。11月マヴォ第2回展に参加。24年7月雑誌『マヴォ』の創刊に参加する。〔冨板敦〕〔文献〕五十殿利治『大正期新興美術運動の研究』スカイドア1998，寺島珠雄『南天堂』皓星社1999，五十殿利治・菊屋吉生・滝沢恭司・長門佐季・野崎たみ子・水沢勉『大正期新興美術資料集成』国書刊行会2006

加藤 末一　かとう・まついち　?-?　1924(大13)年11月関西自連創立大会に関西技工組合員として参加し自連の役員となる。26年5月全国自連創立大会に大阪機械技工組合の代議員として逸見吉三，杉浦市太郎，安楽吉雄，道脇と参加。6月5日岐阜市での中部黒連創立大会，続いて21日の京都での京都黒青連主催の演説会に応援に行く。〔冨板敦〕〔文献〕『自連』1号1926.6，『黒色青年』4号1926.7，『大阪社会労働運動史・上』

加藤 万之助　かとう・まんのすけ　?-?　1919

(大8)年東京京橋区(現・中央区)の秀英本舎和文科に勤め日本印刷工組合信友会に加盟する。(冨板敦)〔文献〕『信友』1919年10月号

加藤　実　かとう・みのる　?-?　日本印刷工組合信友会に加盟し1921(大10)年末頃には東京神田区(現・千代田区)の三省堂印刷部欧文科に勤めていた。(冨板敦)〔文献〕『信友』1922年1月号

加藤　実　かとう・みのる　1907(明40)-1964(昭39)11.30　別名・河東稔　広島市生まれ。家業の材木商を継いだ。24年11月『呉評論』(のち『中国評論』)に詩、戯曲、小説を多く発表する。25年3月広島純労働者組合を結成し10月機関誌『閃光』を高橋彰三、米田剛三らと創刊した。11月1日新世界館(三条町)の労働問題大演説会で講演する。田中清一、矢口英一、小林秀夫、村上健吉、佐竹新市、大前芳成、三宅徳一、幡司友三郎が参加。28年7月黒十字軍の小田栄、文明批評社の大串孝之助と、河東稔名でギロチン社事件の河合康左右遺稿『英雄論 ある無期囚の手紙』を同刊行会から編集発行した。(森洋介)〔文献〕『呉評論』『中国評論』1924.11-30.6、『解放のいしずえ』新版

加藤保雄　かとう・やすお　?-?　芝浦労働組合のメンバー。1928(昭3)年2月19日読売講堂で開かれた東京印刷工組合第5回大会で芝浦労働組合を代表して祝辞を述べる。(冨板敦)〔文献〕『自連』22号1928.3

加藤安之助　かとう・やすのすけ　?-?　1919(大8)年東京京橋区(現・中央区)の中屋印刷所印刷科に勤め日本印刷工組合信友会に加盟する。(冨板敦)〔文献〕『信友』1919年10月号

加藤安世　かとう・やすよ　1884(明17)1.15-1966(昭41)3.18　別名・一骨、莫哀郎　神奈川県足柄下郡小田原町(現・小田原市)に生まれる。明治法律学校に在学中から新紀元社に出入りする。田中正造の片腕だった左部彦次郎が県当局側に移ったあと、05年11月木下尚江の斡旋で栃木県下都賀郡谷中村(現・藤岡町)入りし秘書役で田中を支える。06年村民染谷重五郎の長女イキと結婚、翌年3月頃から県当局側に転じ遠藤友四郎から「小狐の如き」男と罵られた(『世界婦人』7号1907.4)。その遠藤もまもなく支援活動から手を引いている。谷中村の闘いはそれほど厳しかったのだろう。6月宇都宮へ移り『下野新聞』などの記者となったが、外野からの支援は惜しまなかったともいう。のち朝日新聞社に勤める。(大澤正道)〔文献〕堀切利高『夢を食う』不二出版1993

加藤百合　かとう・ゆり　?-?　1919(大8)年東京神田区(現・千代田区)の三秀舎欧文科に勤め活版印刷工組合信友会に加盟する。(冨板敦)〔文献〕『信友』1919年8月号

加藤義直　かとう・よしなお　?-?　1919(大8)年東京京橋区(現・中央区)の朝日新聞社文選科に勤め活版印刷工組合信友会に加盟する。(冨板敦)〔文献〕『信友』1919年8月号

加藤与之助　かとう・よのすけ　?-?　1919(大8)年横浜の中央印刷所に勤め横浜欧文技術工組合に加盟し理事となる。同組合設立基本金として3円寄付し中央印刷所の組合理事も務める。のちジャパン・ガゼット社新聞課に移る。(冨板敦)〔文献〕『信友』1919年8・10月号、1920年1月号

加藤陸三　かとう・りくぞう　1905(明38)-1936(昭11)7.11　長野県上伊那郡西春近村(現・伊那市)生まれ。小学校卒業後上京し大成中学に学ぶ。在学中、友人の岡崎竜夫からアナキズムを知り傾倒。2年で中退、逓信省簡易保険局の臨時雇いとなった。26年8月岡崎、斎藤修三、佐野甚造らと黒闘社を結成したが27年初めに体調を崩して帰郷、兄宅に寄食。当初のテロリズム肯定から社会的アナキズムの立場に変わり、同年1月伊那町で木下茂、竹内仲之らを迎えて農村問題懇談会を開催、また農民向けの宣伝ビラを作成し配布しようとしたが伊那署に押収された。28年1月木下、竹内と信州黒色連盟の創立を協議、農村黒化社の名でビラ配布、この頃から富県村青年会の伊沢八十吉を知り支援するようになった。29年4月南信日日新聞社の記者となり同社屋でエスペラント講習会を開催、のち報知新聞社通信員を兼ねた。31年2月伊沢と相談し富県村青年会春季総会にあわせ岩佐作太郎、小川三男、川口慶助、八木秋子を招いて講習会を開いた。この頃から農青社グループとの連絡が密となった。同年5月地域の労農有志によるメーデー座談会を開催。32年10月伊那毎日新聞社に転じ『伊那評論』を発行しつつ農青イズムの浸透を図る一方、信濃民友新聞社争議、電灯料金値下げ運動に関わ

るが，多忙と心労で健康を害し35年4月退職。同年11月無共党事件の嫌疑で逮捕されさらに農青社事件で起訴されたが，取調べ中に病状悪化し仮釈放後に死没。（奥沢邦成）〔文献〕大久保貞夫『長野県社会運動秘録』全6巻私家版1948，『資料農青社運動史』，『長野県史』1985，『農青社事件資料集Ⅰ・Ⅱ』

加藤 利造　かとう・りぞう　?-?　1925（大14）年3月黒竜会簡易宿泊所で知った秋山竜四郎，小松亀代吉，伊崎豊太郎と自由労働相互会を結成する。当時『進め』を出していた福田狂二とも交流。26年3月頃白昼抜刀，暴れたとして同会の宮崎節，伊崎，川又常夫とともに大崎署に29日間拘留される。同年江東自由労働者組合の同志と交流を深め，関東自由の設立に関わり相互会の通信連絡委員となる。のち福田とともに日刊『社会運動通信』を発行する。（冨板敦）〔文献〕『黒色青年』2号1926.5，『自連新聞』2・60号1926.7・31.7，『小松亀代吉追悼　叛逆頌』同刊行世話人会1972

角丸 喜一　かどまる・きいち　?-?　1919（大8）年東京小石川区（現・文京区）の博文館印刷所に勤め活版印刷工組合信友会に加盟する。（冨板敦）〔文献〕『信友』1919年8・10月号

香取 政世　かとり・まさよ　?-?　1919（大8）年東京京橋区（現・中央区）の中屋印刷所和文科に勤め日本印刷工組合信友会に加盟する。（冨板敦）〔文献〕『信友』1919年10月号

門脇 晋郎　かどわき・あきお　?-?　別名・文　東京浅草で興行師をしており，尾形亀之助と交流する。1922（大11）年10月三科インデペンデント展（未来派美術協会）に参加。23年6月マヴォ結成に関わり7月の第1回展を尾形とともに主導。8月28日のマヴォによる二科会落選画歓迎の移動展覧会では楽隊を自ら呼んで大八車に落選画を積み，楽隊を先頭に上野から新橋駅まで練り歩こうとするが警察に阻止される。26年1月尾形が創刊した文芸誌『月曜』の編集に協力する。（冨板敦）〔文献〕秋元潔『評伝尾形亀之助』冬樹社1979，井出孫六『ねじ釘の如く　画家・柳瀬正夢の軌跡』岩波書店1996，五十殿利治『大正期新興美術運動の研究』スカイドア1998，五十殿利治・菊屋吉生・滝沢恭司・長門佐季・野崎たみ子・水沢勉『大正期新興美術資料集成』国書刊行会2006

門脇 定吉　かどわき・さだきち　?-?　東京に生まれる。1925（大14）年竹内図衛，小山

敬吾らの「土を慕ふものの会」に加わり機関紙『土を慕ふものの会々報』発刊に参画。同会が農民自治会に合流，発展的に解消すると農自全国連合に参加。26年5月6日豊多摩郡高井戸村（現・杉並区）の「森の家」（大西伍一・池田種生宅），同月17日東京基督教青年会館で開かれた農自の委員会に出席する。（冨板敦）〔文献〕『土を慕ふものの会々報』1号1926.1，『農民自治』3・4号1926.6・8，大井隆男『農民自治運動史』銀河書房1980

叶 儀志武　かない・ぎしたけ　?-?　鹿児島県大島郡（徳之島）岡前（現・天城町）生まれ。1929（昭4）年8月22日岡前で小作人140人を集め小作人組合を結成，地方無産政党奄美新興同志会（本部名瀬，委員長文英吉）の天城支部とした。結成当日は新興同志会本部から派遣された文委員長らとともに弁士や大会の議長もつとめた。徳之島の小作人の要求として「不作年度の小作料引下げ」「小作料を小作人3割，地主7割制度から6対4にせよ」「賦役制度の廃止」「牛馬豚税の廃止」などを掲げ地主と団交を行った。この組織は東京から警察署員をしていた小林三郎（のち代議士）が支庁長として大島に赴任して来て解散させられた。小林は岡前出身でもあった。（松田清）〔文献〕松田清『奄美社会運動史』JCA出版1979，『奄美郷土研究会報』16号1975.12，『道之島通信』7号1975.5

金井 喜助　かない・きすけ　?-?　別名・喜介　東京毎日新聞社に勤め東京の新聞社員で組織された革進会に加わり1919（大8）年8月の同盟ストに同社の幹事として闘うが敗北。のち正進会に加盟。20年機関誌『正進』発行のために寄付をする。（冨板敦）〔文献〕『革進会々報』1巻1号1919.8，『正進』1巻1号1920.4

金井 正二　かない・しょうじ　?-?　梁瀬自動車芝浦工場に勤め全国自連系の自動車技友連盟で活動。1933（昭8）年5月職場の同僚の高瀬とともに解雇され解雇撤回闘争を闘う。抗争15日。6月解雇は撤回できなかったものの「今後，絶対に不当解雇しない」などの成果を得て闘争を終結。（冨板敦）〔文献〕『自運新聞』81・82号1933.6・7，『社会運動の状況5』

金井 二郎　かない・じろう　?-?　京都印刷工組合準備会のメンバー。1934（昭9）年『労働者新聞』38号に「印連前進のために」を投稿する。この頃，東京印刷工組合が中心

となって遠江印刷同工会、大阪印刷工組合、京都印刷工組合準備会により全国印刷工組合連合会が再建されている。(冨板敦)
〔文献〕『労働者新聞』38号1934.5.

金井 新作　かない・しんさく　1904(明37)12.10-1978(昭53)9.21　静岡県駿東郡沼津町(現・沼津市)に生まれる。13年沼津商業学校に入学。15歳頃から石川啄木歌集などを愛読し詩作を始める。21年9月同人誌『青空』を沼津商業出身者と創刊。25年頃『奔流』創刊を主宰し弟広も参加する。旅館の娘との初恋のさなか遊学のため沼津と東京を行き来する。26年『抒情詩』の新人応募の選で尾崎喜八を知る。27年1月『文芸解放』創刊同人となる。同年1月29日の西銀座読売新聞社講堂で開かれた文芸解放社第1回文芸講演会で詩を朗読、10月劇団解放座による築地小劇場でのオクタブ・ミルボオ作、石川三四郎訳『悪指導者』で飯田豊二演出の主役をつとめ、古田徳次郎、萩原恭次郎、飯田徳太郎らが共演した。この間9月『バリケード』創刊にも参加。28年6月『手旗』(静岡)、8月『第二』(八王子)、7月『矛盾』、12月『自連新聞』などに作品を寄稿。麻布天現寺の下宿・福生館に住む。同館には小野十三郎や土方定一も住み、草野心平、逸見猶吉、大江満雄らが出入りしていた。29年初め北海道へ旅をし『至上律』(更科源蔵主宰、釧路)に参加。『黒色戦線』1次創刊、『学校』に拠り慶応大学仏文科を卒業する。30年東京蒲田に居住。『弾道』創刊に参加する一方で『新興詩人』(静岡)、『十二番街』にも寄稿。31年9月『黒色戦線』2次創刊に参加。34年6月古本屋を経営し処女詩集『瀛(うみ)』(金井書店)を上梓。8月『文学通信』にも協力する。太平洋戦争勃発の前頃『婦人戦線』などで活躍した詩人の碧静江と結婚、沼津へ帰郷。静江の持病である腎臓結核との闘いが終生続いた。戦中には沈黙、戦後もしばらく詩を発表しなかったが74年6月第2詩集『題を忘れた絵』(瀛詩社)を刊行。「私は詩を書くことを主な仕事として来たのではなくて、思想的の内的追求、自分の使命と考えて来た」と記す。75年11月第3詩集『生死の詩』(瀛詩社)は静江への愛と闘病生活をうたったものである。生涯を通じてアナキズム文学運動の同伴者として活動した。断片的でない全一的な自由をたえず求め続けて来た者の姿勢であり、戦中に書かれた「日米戦争のさ中にあって　ウォルト・ホイットマンを憶ふ」(『題を忘れた絵』)は代表作である。沼津市山神道で死没。(黒川洋)〔著作〕伊藤信吉編『学校詩集』同会1929、鈴木柳介編『アナキスト詩集』同出版部1929、『静岡詩集』(共著)1932-35、生田春月ほか編『日本詩集』巧人社1933、詩集『瀛』復刻版瀛詩社1976、詩集『追憶』私家版1977〔文献〕伊藤信吉『逆流の中の歌』七曜社1964・泰流社1977、秋山清『あるアナキズムの系譜』冬樹社1973・『アナキズム文学史』筑摩書房1975・『黒の手帖』21・22号1976.

金井 鉄之介　かない・てつのすけ　1902(明35)-?　別名・鉄之助　東京市京橋区港町(現・中央区)生まれ。高等小学校卒業後、大阪に出て合同紡績天満工場の工員となる。21年友愛会に加盟し豊崎支部に所属、同支部執行委員の中尾正義、田淵義輝らを知る。22年7月の大阪合同紡績天満支店争議を同支部の東野彦、重岡勢らと支援しビラをまいて検挙される。総同盟幹部に対する批判から23年3月府下豊能郡豊津村(現・吹田市)三国紡績争議敗北を機に同支部は総同盟を脱退、同月22日同支部の13人で関西紡織労働組合を名のり活動を始める。中尾、田淵、東野、重岡、倉地啓司、下野勇吉、林隆人らが関わっていた。逸見吉三らとも交流する。村松栄一の婦人解放運動社に加わり27年には和歌山市に住んで廃娼婚姻促進同盟の本部事務所を担うとともに『関西自由新聞』の支局も引き受けた。28年頃から理髪器具商、34年からは刃物研ぎを開業。同年廃娼促進同盟会を結成し廃娼運動に従事、機関紙『廓清』を発行する。35年末頃無共党事件で検挙されるが不起訴。(冨板敦)〔文献〕『労働運動』3次13号1923.4、『組合運動』4号1923.5、『関西自由新聞』1号1927.10、『身上調書』、『大阪社会労働運動史・上』.

金井 文人　かない・ふみと　?-?　1919(大8)年東京芝区(現・港区)の近藤商店印刷所欧文科に勤め活版印刷工組合信友会に加盟。のち日本印刷興業株式会社に移る。(冨板敦)〔文献〕『信友』1919年8・10月号、1921年1月号、1922年1月号.

金咲 道明　かなさき・みちあき　1894(明治27)12.20-?　滋賀県野州郡中州村(現・野洲

市)に生まれる。高等小学校3年修了という。大阪市北区上福島にて痛快社をおこし『痛快新聞』を発行。18年8月大阪の米騒動に際し同新聞の記事が騒擾罪、新聞紙法違反となり罰金50円禁錮2カ月に処される。20年7月に荒畑寒村が設立したL.L会に参加、同年11月高山義三除隊歓迎デモ(京都赤旗事件)で検挙され懲役4月。また22年11月「クロの『パン略』一件、禁錮六ケ月」(新聞紙法違反というが経緯は不詳)。23年10月13日出獄。24年4月『ブルドク』を八王子市に創刊。同年7月頃、名古屋の鈴木楯夫が出していた『社会通信』の編集を大阪で手伝う。著書『啼かれぬ鳥』(痛快社1924)は前科5犯の獄中記で、獄中の山鹿泰治、荒畑なども登場し、堺利彦、山崎今朝弥、藤田浪人の序文が、知られることの少ない金咲の面影を伝える。(堀切利高・冨板敦)〔文献〕『社会通信』88・94・96・97号1923.12・24.6・8・9、『日本労働新聞』復刻版大正労働文学研究会1983、『社会主義沿革』

金沢 末松 かなざわ・すえまつ ?-? 1927(昭2)年に結成された東京一般労働者組合に加盟し城南支部の書記として活動する。第1回大会のテーゼ起草委員となり書記をつとめる。28年5月右翼団体との衝突で大崎署に拘留10日。11月昭和天皇即位の際には水沼熊、小川猛、原田理一と日本堤署に予防検束され拘留29日。12月南品川の三沢鉄工所争議でビラをまいたとして鶴岡直和と品川署に拘留10日。29年3月第2回大会に参加するが右翼と警察に激しく弾圧され解散となる。11月芝浦労働組合大会に東京一般を代表して祝辞を述べる(中止)。『自連新聞』49号に「創造的破壊と社会革命の原動力」を執筆、この記事などに対して罰金刑を受ける。31年夏自連派の労働者自治連盟(東京一般の改称団体)メンバーとして東京ガス社外工争議を闘うが、戦術をめぐって日本自協派の関東一般労働者組合員らと暴力沙汰になり松本親敏、牟田征紀、秋本義一、上村実らと負傷した。32年メーデーで演説、検束され愛宕署に拘留29日。(冨板敦)〔文献〕『自連』13・16・18・25号1927.6・9・11・28.6、『自連新聞(号外・東京一般労働組合版)』1-4号1928.11-29・6、『自連新聞』30・32・34・42・49・60・61・70号1928.12・29.2・4・12・30.7・31.7・8・32.5、山口健助『青春無頼』私家版1982

金沢 すず かなざわ・すず ?-? 1919(大8)年東京神田区(現・千代田区)の三秀舎に勤め日本印刷工組合信友会に加盟する。(冨板敦)〔文献〕『信友』1919年10月号

金沢 鍛 かなざわ・たん ?-? 1927(昭2)年9月18日の上毛印刷工組合第4回大会で会計に選出される。28年9月16日前橋市才川町演芸館で開かれた上毛印刷第5回大会で支部連絡員設置の件を提案する。(冨板敦)〔文献〕『自連』17・28号1927.10・28.10

金森 きみ子 かなもり・きみこ ⇨伊藤房一 いとう・ふさいち

金森 鶴二 かなもり・つるじ ?-? 別名・火峰 信濃毎日新聞社北信支局長。農民自治会に深い理解を示し側面から運動を支援した。井出好男の回想によれば「和歌をよくし熱血、不正に対しては一歩も妥協しない硬骨漢」。1928(昭3)年3月の農民自治会第2回農民自治講習会では『信毎』記者林広吉の「当面の農村問題」という講演が行われたが、ここで林を農民自治会に紹介したのは金森であった。(安田常雄)〔文献〕大井隆男『農民自治運動史』銀河書房1980

金森 留吉 かなもり・とめきち ?-? 1919(大8)年東京深川区(現・江東区)の東京印刷深川分社鉛版科に勤め活版印刷工組合信友会に加盟する。(冨板敦)〔文献〕『信友』1919年8月号

金谷 鉄三郎 かなや・てつさぶろう ?-? 印刷工として日本印刷工組合信友会に加盟。1921(大10)年『信友』1月号に年賀広告を出す。同年末には研究社に勤めていた。(冨板敦)〔文献〕『信友』1921年1月号、1922年1月号

金谷 徳次郎 かなや・とくじろう ?-? 1919(大8)年東京麹町区(現・千代田区)の洋州社欧文科に勤め日本印刷工組合信友会に加盟。のち研究社に移る。(冨板敦)〔文献〕『信友』1919年10月号、1921年1月号、1922年1月号

金山 磯三郎 かなやま・いそさぶろう 1905(明38)-? 中学を中退し、愛媛県東宇和郡中筋村(現・西予市)で農業を営む。1928(昭3)年自宅を連絡先として四国黒色青年連盟を再起させる。29年五十里幸太郎の『矛盾』に寄稿。同年『自連新聞』に「アナキズムの農村への動向」、30年『黒旗』3月号に「思想の強化」を執筆。31年6月頃金山を頼って来県した松村元らとアナキズムの研究会を開

く。36年5月農青社事件で検挙されるが起訴猶予となる。（冨板敦）〔文献〕『黒色運動』2号1928.10,『自連新聞』32号1929.4,『矛盾』6号1929.10,『黒旗』2巻3号1930.3,『昭和7年自1月至6月社会運動情勢 名古屋・広島控訴院管内』東洋文化社1979,堅田精司『北海道社会文庫通信』1665号2001.12

金山 甚次郎 かなやま・じんじろう ?-? 1919（大8）年横浜のジャパン・ガゼット社に勤め横浜欧文技術工組合に加盟して活動。同組合設立基本金として1円寄付。のち中央印刷所に移る。（冨板敦）〔文献〕『信友』1919年8・10月号

金子 伊三郎 かねこ・いさぶろう ?-? 1926（大15）年頃、埼玉県入間郡宗岡村（現・志木市）で農業を営む。同年8月7日渋谷定輔が開いた南畑農民自治会の第2回懇談会に宗岡村を代表して出席。同月15日、同郡南畑村（現・富士見市）の南畑小学校で渋谷ら南畑農自が開いた農民文化講演会（講師は池田種生と中西伊之助）に参加する。（冨板敦）〔文献〕『農民自治』5号1926.9,渋谷定輔『農民哀史』勁草書房1970

金子 外史 かねこ・がいし ?-? 1919（大8）年東京京橋区（現・中央区）の築地活版所印刷科に勤め日本印刷工組合信友会に加盟する。（冨板敦）〔文献〕『信友』1919年10月号

金子 喜一 かねこ・きいち 1876（明9）10.21.-1909（明42）10.8 神奈川県に生まれる。上大岡小学校卒業。横浜神学校などで学びキリスト教ユニバーサリストとして成長。徳富蘇峰に心服し98年埼玉経済新報社に入社。同年10月社会主義協会への参加を誘われるが出席はしなかった。99年3月文学修行を目的に渡米しニューヨークに居を定める。イリーの『近世仏独社会主義』や米国での生活体験を通じて社会主義に傾倒。03年4月米国社会民主党に入党する。この頃『万朝報』、週刊『平民新聞』などへの寄稿を通して幸徳秋水を知り、日本の社会主義運動にも加わる。04年9月万国平和会議に参加するためボストンを訪れる。この地が気に入りハーバード大学大学院に入学、労働問題、社会問題などを学ぶ。同期に入学した有島武郎と親交を結び有島のキリスト教離反、社会主義思想開眼に大きな影響を与える。また詩人で米国社会党の機関誌『アピール・トゥー・リーゾン』の記者ジョゼフィン・コンガーと知り合い05年秋結婚、ニューヨークに住む。この頃米国における日本人移民問題について日本社会党は幸徳、堺利彦、西川光二郎連署の覚書を米国社会党へ申し入れることを決定、金子にその労を託す。06年シカゴに移り米国初の日刊社会主義新聞『シカゴ・ソシアリスト・デイリー』の記者として活躍する。07年6月妻とともに月刊誌『ザ・ソーシャリスト・ウーマン』を創刊（1909.3『ザ・プログレッシブ・ウーマン』と改題）、同年サンフランシスコで幸徳らが結成した社会革命党にも入党する。その後肺結核が進行し09年5月療養に専念するため帰国するが、同年10月沼津の病院で死没。（手塚登士雄）〔著作〕『海外より見たる社会問題』平民書房1907,『余は如何にして米国少女と結婚せしや』有楽社1909〔文献〕瀬沼茂樹「社会主義者金子喜一」『日本文学』1964.10,中村勝範「金子喜一論」『法学研究』1967.10,大橋秀子「金子喜一の生涯」『歴史研究』2000.2,同「シカゴにおける金子喜一」『初期社会主義研究』2001,『エス運動人名事典』

金子 吉蔵 かねこ・きちぞう ?-? 1919（大8）年東京神田区（現・千代田区）の三秀舎鉛鋳科に勤め日本印刷工組合信友会に加盟する。（冨板敦）〔文献〕『信友』1919年10月号

金子 きみ かねこ・きみ 1915（大4）2.16-2009（平21）6.3 旧姓・庄司 北海道紋別郡下湧別村芭露（現・湧別町）に生まれる。30年尋常高等小学校を卒業。この頃口語短歌にひかれる。35年東京にいた姉夫婦の招きで夏は北海道でハッカ栽培、冬は東京での生活を始める。西山勇太郎、穂曾谷秀雄、藤井福寿、大日方盛平、伊藤吉江らがいた文学グループ詩歌文学に加わる。38年12月西山の強いすすめで歌集『草』を上梓。口絵は穂曾谷が描き、装丁を辻まこと、製版・印刷を大日方が担当した。石川三四郎が『日本学芸新聞』（1939.2）で絶賛、39年2月新宿エステルで出版記念会が開かれる。石川、望月百合子、辻潤、川合仁、遠藤斌、伊東正躬らが参会した。40年金子智二と結婚。45年山梨に疎開、敗戦後も石川家とつき合う。小説を書き始め83年『東京のロビンソン』で第11回平林たい子賞を受ける。復刊『芸術と自由』の同人。朝日新聞家庭欄「ひととき」投稿者による「草の実会」の創立

メンバーだった。(冨板敦)〔著作〕『草』無風帯社1938,『藪踏み鳴らし』南北社1965,『雪と風と青い天』太平出版1967,『砂丘』養神書院1967,『ブラジルの霜』家の光協会1978,『東京のロビンソン』有朋舎1982,『草色の蛇』北海道新聞社1988〔文献〕「聞き書き 歌集『草』出版のあとさき・金子きみさん」『木学舎便り』6号2002,中野嘉一『新短歌の歴史 自由律運動半世紀の歩みと展望』昭森社1967,光本恵子『金子きみ伝』ながらみ書房2001

金子 欣喜 かねこ・きんき ?-? 別名・欣弥 1919(大8)年東京京橋区(現・中央区)の秀英本舎和文科に勤め活版印刷工組合信友会に加盟。同年10月頃から同舎同科の組合幹事を内田徳次郎,賀川才次,中沢猪久三と担う。10月5日明治座で開かれた日本労働代表反対演説会で信友会を代表して演説する。(冨板敦)〔文献〕『信友』1919年8・10月号

金子 幸作 かねこ・こうさく ?-? 1919(大8)年東京芝区(現・港区)の東洋印刷会社和文科に勤め活版印刷工組合信友会に加盟。のち福音印刷会社に移る。(冨板敦)〔文献〕『信友』1919年8月号,1921年1月号

金子 広三郎 かねこ・こうざぶろう ?-? 1919(大8)年東京京橋区(現・中央区)の築地活版所欧文科に勤め活版印刷工組合信友会に加盟。のち福音印刷会社また英文通信社を経てジャパン・タイムズ&メール社に移る。同社には日本印刷工組合信友会の鈴木重治がいた。1923年6月に28日間のストライキを闘い業務怠慢で他3名と解雇される(解決金1週間分)。(冨板敦)〔文献〕『信友』1919年8・10月号・21年1月号,『印刷工連合』4号1923.9

金子 紅村 かねこ・こうそん ?-? 1921(大10)年12月東京を発ち中国大連に行く。大連市の松浦印刷所に勤め23年5月自宅に各社の有志を集め労働組合を結成すべく第1回の会合を開く。(冨板敦)〔文献〕『信友』1922年6月号,『印刷工連合』2-4号1923.7-9

金子 庄三郎 かねこ・しょうざぶろう ?-? 1919(大8)年東京神田区(現・千代田区)の丸利印刷所に勤め日本印刷工組合信友会に加盟する。(冨板敦)〔文献〕『信友』1919年10月号

金子 四郎 かねこ・しろう ?-? 東京毎日新聞社に勤め新聞工組合正進会に加盟。1920(大9)年機関誌『正進』発行のために寄付。また24年夏,木挽町(現・中央区銀座)正進会本部設立のためにも1円の寄付をする。(冨板敦)〔文献〕『正進』1巻1号1920.4,正進会『同工諸君‼ 寄附金芳名ビラ』1924.8

金子 二郎 かねこ・じろう ?-? 印刷工として1919(大8)年日本印刷工組合信友会に加盟し活動する。(冨板敦)〔文献〕『信友』1919年10月号

金子 新吉 かねこ・しんきち ?-? 新聞工組合正進会に加盟し1924(大13)年夏,木挽町(現・中央区銀座)本部設立のために1円寄付する。(冨板敦)〔文献〕正進会『同工諸君‼ 寄附金芳名ビラ』1924.8

金子 新助 かねこ・しんすけ ?-? やまと新聞社に勤め東京の新聞社員で組織された革進会に加わり,1919(大8)年8月の同盟ストに参加するが敗北。のち正進会に加盟。24年夏,木挽町(現・中央区銀座)正進会本部設立のために50銭寄付する。(冨板敦)〔文献〕『革進会々報』1巻1号1919.8,正進会『同工諸君‼ 寄附金芳名ビラ』1924.8

金子 新太郎 かねこ・しんたろう ?-? 足尾鉱毒被災民救済運動を通じて社会主義運動に参加した。その後1904(明37)年に設立された横浜平民結社に参加,その後身曙会を経て日本社会党党員となった。07年社会党第2回大会の議会政策派と直接行動派の対立では後者の立場から発言している。10年大逆事件で不敬罪に問われ投獄された。12年大赦により出獄後は曙会の再出発を期して設立された第二土曜会で活動した。一時横浜の烏山町の三会寺で修行し僧侶となっていた。その後菓子職人などをしながら生計を立てていたという。大正期の米騒動の頃まで田中佐市らと運動を行っていた。昭和初期には神戸市に勤務した。(西山拓)〔文献〕堅山利忠編『神奈川県労働運動史 戦前編』神奈川県労働部労政課1966,荒畑寒村『寒村自伝・上下』岩波文庫1975

金子 杉太郎 かねこ・すぎたろう ?-? 1919(大8)年東京京橋区(現・中央区)の三協印刷株式会社文選科に勤め活版印刷工組合信友会に加盟する。(冨板敦)〔文献〕『信友』1919年8月号

金子 清一郎 かねこ・せいいちろう 1891(明24)-? 別名・精一郎 植字工,欧文植字工組合欧友会のメンバー。1911(明44)年10月東京築地活版製造所のストライキを闘い検挙。起訴され裁判を闘い無罪を勝ち取

る。京橋区(現・中央区)の京浜印刷会社和文科に移り19年活版印刷工組合信友会に加盟。同年5月信友会の副幹事長に石田九蔵とともに選出される。20年2月25日の信友会役員改選で和文科の幹事長となる。21年3月6日の信友会定期大会で編集理事に松尾要四郎、竹村菊之助とともに選出される。(冨板敦)〔文献〕『信友』1919年8・10月号・20年1・3・7月号・21年1・4月号『労働運動』1次1・2・5号1919.10・11・20.4、水沼辰夫『明治・大正期自立的労働運動の足跡』JCA出版1979

金子　善一郎　かねこ・ぜんいちろう　?-?　別名・全一路　長野県北佐久郡芦田村(現・立科町)に居住。1926(大15)年1月竹内圀衛、小山敬吾らの指導のもとに結成された土に親しむものの会に地元の羽田孟らと加わる。10月農民自治会北信連合結成に参加。34年3月に南沢袈裟松、鷹野原長義らが旧農村青年社の方向に基づいて結成した信州アナ連盟に加盟。同年11月群馬県下の特別大演習に際しての予防検束で南沢、高橋岩之助、林定直、三井剛、萩原時雄らと拘禁される。(冨板敦)〔文献〕『農民自治』6号1926.11、『農民自治会内報』2号1927、安田常雄『日本ファシズムと民衆運動』れんが書房新社1979、大井隆男『農民自治運動史』銀河書房1980

金子　武夫　かねこ・たけお　?-?　東京印刷工組合和文部のメンバー。1926(大15)年6月東印の理事に選出される。(冨板敦)〔文献〕『自連』2号1926.7

金子　猛　かねこ・たけし　?-?　1919(大8)年東京神田区(現・千代田区)の三秀舎和文科に勤め活版印刷工組合信友会に加盟する。(冨板敦)〔文献〕『信友』1919年8月号

金子　常次郎　かねこ・つねじろう　?-?　1919(大8)年東京京橋区(現・中央区)の築地活版所漢字仕上科に勤め日本印刷工組合信友会に加盟する。(冨板敦)〔文献〕『信友』1919年10月号

金子　徳三　かねこ・とくぞう　?-1920(大9)4.13　1919(大8)年東京京橋区(現・中央区)の築地活版所欧文科に勤め活版印刷工組合信友会に加盟。同年10月頃、病気で同社を退社。その後神田区(現・千代田区)の三秀舎に移るが20年4月13日に亡くなる。(冨板敦)〔文献〕『信友』1919年8・10・12月号、1920年2・4月号

金子　豊吉　かねこ・とよきち　?-?　1919(大8)年東京麹町区(現・千代田区)の同労舎欧文科に勤め活版印刷工組合信友会に加盟。のち神田区(現・千代田区)の三省堂印刷部欧文科に移る。(冨板敦)〔文献〕『信友』1919年8・10月号、1922年1月号

金子　農夫雄　かねこ・のぶお　1894(明27)3.14-1938(昭13)2.21　俳号・杜鵑花　北海道余市町生まれ。札幌中学在学中に家産が傾き自活のため師範学校に転校。卒業後、塩谷小学校をはじめ二三の小学校を転々とする。上京後、軍隊に志願、東京砲兵工科学校を卒業。満州海域に配属となりシベリア出兵のため召集され九死に一生を得て帰国する。1920年新潮社に入るが23年7月退社し、8月素人(そじん)社を設立。24年5月『現代文芸』創刊(31年10月『文芸サロン』改題33年終刊)。20年8月『蘖(ひこばえ)』主宰。22年6月西村陽吉主宰の新短詩雑誌『尺土』と合同で『我らの詩』を創刊(同年11月終)する。25年4月三浦十八公と『現代俳句』創刊。この時期『叙情詩』等に投稿。31年2月『俳句月刊』、34年3月『俳句世界』創刊。東京本郷丸山福山町に居住。病没。(黒川洋)〔著作〕『杜鵑花句集』素人社書屋1932、『無敵会句鈔』素人社書屋1937、編纂『新版　現代詩歌人名事典』1932〔文献〕日本近代文学館編『日本近代文学大事典』講談社1984

金子　英章　かねこ・ひであき　?-?　芝浦製作所に勤め芝浦労働組合に加盟し工具分区に所属。1924(大13)年9月27日、同労組の中央委員会で同分区の中央委員に徳田藤吉とともに選出される。またこの頃、同労組の労働学校に入学する。(冨板敦)〔文献〕『芝浦労働』2次2・4号1924.11・25.1

金子　広只　かねこ・ひろただ　1906(明39)-?　長野市南長野新田町生まれ。小学校卒業後上京、店員や写真師見習、文選工などを経て26年信濃毎日新聞社の松本支局印刷所に入る。同僚の寺川俊男、増田貞治郎らを知り、アナキズムに関心をもち『自連』を購読、松藤鉄三郎らの研究会活動に関わった。28年6月再び上京して全国自連の事務所を訪ねて活動に参加、29年には上京してきた松藤、増田、大日方盛平ら長野県出身者で研究会を組織した。30年3月長野に帰りパンケーキ屋を手がけるかたわら印刷工の柳沢次郎、西沢頼信らとともに研究会をもった。

31年8月再び上京，宮崎晃や星野準二と交流，さらに鈴木靖之を訪問しその農村解放論に共鳴し，10月帰郷して南沢裟娑松ら佐久地区の農青社グループと交流した。のち伊那，長野へと転じて活動を続けたが35年11月無共党事件の全国一斉検挙で長野署に逮捕，その供述が農青社事件の立件へと利用された。(奥沢邦成) 〔文献〕大久保貞夫『長野県社会運動秘録』全6巻私家版1948，『資料農青社運動史』，『農青社事件資料集Ⅰ・Ⅱ』

金子 寛温 かねこ・ひろはる ?-? 1919(大8)年東京京橋区(現・中央区)の築地活版所和文科に勤め日本印刷工組合信友会に加盟する。(冨板敦)〔文献〕『信友』1919年10月号

金子 福雄 かねこ・ふくお 1906(明39)-? 長野県小県郡大門村字入大門(現・長和町)に生まれる。農業に従事。同村在住の鷹野原長義の農青社運動に協働し，1936(昭11)年1月9日に検挙。同月30日に釈放される(不起訴)。(冨板敦)〔文献〕『無政府共産党(革命結社「農村青年社」)検挙状況ノ件(昭和11年5月19日)』，青木恵一郎『改訂増補 長野県社会運動史』巌南堂書店1964，『農村青年社事件資料集Ⅰ・Ⅲ』

金子 文子 かねこ・ふみこ 1903(明36)1.25-1926(大15)7.23 別名・ふみ子，朴文子，金子活浪 横浜市に生まれる。本籍地は山梨県東山梨郡諏訪村下杣口(現・甲州市)。父親が家庭を顧みず母以外との女性関係を幼い頃からみせつけられた。出生は届けられず無籍のため当初は小学校に入学できなかった。父は家を出，義妹と同居，母は男と同棲という家庭環境のもと横浜で育つ。11年秋，母の再婚先山梨県北都留郡に行きのち下杣口の叔父に引き取られる。母は他家に嫁ぎ「父には逃げられ，母には捨てられる」と自覚し「子供ながらに考へても判らない自分の身の上に嘆き呪ふ」とのちの朴烈事件調書で述べる。12年秋，父の妹の結婚先朝鮮忠清北道芙江の岩下家に引き取られ養子となる。父方の祖母は無籍者や私生児を引き取れないという理由で母方の祖父母の五女として入籍される。朝鮮でも無理解な待遇を受け続け自殺を考える。予審では19年の独立運動の光景を目撃して「私にすら権力への叛逆気分が起こり他人事と思へぬほどの感激が胸に湧く」と述べ，朝鮮人の置かれた立場を自らの境遇と重ね

ていた。19年母の郷里山梨県に帰されたが母はそれまでに4・5回縁づいて各地を巡り当時も蚕種問屋に嫁いでいた。「家の無い私は数日ずつ付近の親類方を彷徨つた」と回想。実父により母の弟に嫁がせられようとするが，それを避けることもあり20年4月単独で上京する。下谷区三ノ輪町(現・台東区)の洋服商の母方の大叔父宅にいたが上野の新聞売捌店に入って夕刊販売を始め，社会主義者と出会う。正則英語学校と研数学館に通う。学校は3カ月で退学するが新山初代と知り合い，社会主義やロシア・ナロードニキに関する本を借り大きな影響を受ける。同年7月末頃本郷区湯島(現・文京区)に間借りし粉石鹸の夜店を出す。同年末浅草で女中奉公。社会主義者堀清俊方に住み込み，印刷屋の活字拾いをして生活の苦闘を続ける。堺利彦の著書や雑誌を読む。21年夏頃朝鮮の社会主義者たちと知り合う。同年11月有楽町の社会主義者が集まる岩崎おでん屋に女給として入る。22年3月「無資産にして無名の一鮮人」朴烈を知り5月東京府荏原郡世田谷村池尻(現・世田谷)で同棲を始める。金子も朝鮮人社会主義者の思想研究会黒濤会に加入。黒濤会は同年9月共産主義者とアナキズム派に分裂。朴烈が主となり洪鎮裕，朴興坤，申焔波，徐相庚，張祥重らと黒友会を組織。機関誌として『民衆運動』を発行。金重漢，新山，栗原一男らとともに金子も加入。11月頃金子と朴烈とは『太い(フテイ)鮮人』(のち『現社会』と改題)を発行，執筆する。翌23年4月朴烈と相談してアナキズムに疎遠な人を集め不逞社を組織，3月から住んでいた東京府豊多摩郡代々木富ケ谷(現・渋谷区)の借家を集まりの場とする。5月27日頃第1回例会を開く。金子は「不逞社は権力に対して叛逆する虚無主義や無政府主義を抱いて居る者の集まり」であったと供述。朴烈は以前から金子以外の同志には内密に進めていた爆弾の入手を巡り，金重漢との関係がこの頃から悪化。8月の例会では喧嘩騒ぎになる。黒友会の解散も同時期に課題になり，新山と金重漢は独自の雑誌を発行する。関東大震災後の9月3日代々木の不逞社から保護検束という名目で金子は朴烈とともに警察に連行される。続いて他の同志たちも検挙される。治

安警察法違反から使用目的が具体化していなかった爆弾入手の意図が拡大解釈され、金子は刑法73条(大逆罪)で朴烈とともに起訴される。「天皇は病人ですから…それで坊ちやんを狙つたのです」と文子は予審で当時の皇太子を攻撃目標と考えていたと供述しているが具体性はなかった。しかし天皇を中心とした支配権力打倒の意志は変わらず、それに対し26年3月25日朴烈とともに大審院により死刑判決。4月5日恩赦による減刑で無期懲役。金子は栃木刑務所で服役するが筆や読書制限という弾圧を受ける。同年7月23日獄死。刑務所の発表は縊死。死因に疑問をもった布施辰治弁護士や同志は母親とともに刑務所の墓地を発掘するが、死に至る経緯は不詳。7月31日栗原らの自我人社で告別式を行う。8月同志による金子の遺骨保管に関連し警視庁は母親と同志たちを半日検束する。検束された栗原と椋本運雄はそのまま朝鮮に送還され真友連盟事件でフレームアップ弾圧を受ける。朝鮮から朴烈の兄が息子とともに遺骨を引き取りに来るが直接渡さず朝鮮の警察署に送るという、死んでもなお金子は管理され弾圧は続いた。兄は朴烈の故郷の山奥に遺骨を埋葬、土盛りだけであった。70年代に当時の朝鮮の同志たちが募金を集め、大きな碑を建立。朝鮮の人々と連帯し日本帝国主義と闘った金子の生き方を碑文に残す。日本では、死後50年を経た73年に、山梨の金子正明宅で初供養が営まれた。遠藤斌、小松隆二、小島康彦、瀬戸内晴美らが訪れ、文子ゆえに苦しめられ閉ざされていた遺族の心が開かれたことによる。全国各地から文子の同志、弁護士、関係者らが参加した。76年、山梨文化人協会のメンバーにかつての同志、関係者らが加わって文子歌碑を山梨県東山梨郡牧丘町杣口(現・山梨市牧丘町杣口)に建立した。裏面には「人間性の尊厳に徹し、自由を尊重し、権力主義を否定し、新時代の先駆となる」と栗原一男(夫)の撰文が刻まれている。毎年7月には碑の前で文子忌が営まれている。2012(平24)年、朴烈の故郷、慶尚北道聞慶市麻城面に朴烈とともに文子を顕彰する朴烈義士記念館が設立された。「われらの弁護士」と朝鮮で呼ばれていた布施辰治の展示コーナーも広が

とある。命をかけて朴烈と朝鮮民衆と連帯した文子が当地で評価され親愛の情を寄せられている。墓も敷地内に移され毎年墓前祭が営まれる。7年間、文子が少女期を暮らした芙江でも地域研究として文子を取り上げている。文子は獄中で700枚に及ぶ自伝(『何が私をかうさせたか』)を執筆し200首ほどの短歌を作った。自伝は悲惨な環境の中でいかに育ち、自己を見出し、思想を形成したかを語っている。短歌には同志への切なる思い、思想をよんだもの、獄中生活折々の飾らない心情をよんだものなどがある。これらの作品が世に出たのは同志たちの懸命な働きによるが、文子の死後受け取った原稿は鋏で、短歌は墨で極めて多くの部分、歌が国家権力によって抹殺されていたという。(亀田博・佐藤信子)〔著作〕「獄中雑詠」『婦人公論』1926.5、歌集『獄窓に想ふ』自我人社1927(発禁)・同復刻版黒色戦線社1976、栗原一男序『何が私をかうさせたか』春秋社1931・新装改訂版1998・同増補版2005、鶴見俊輔編『何が私をこうさせたか』(現代日本記録全集第14巻)筑摩書房1970、栗原一男序『何が私をかうさせたか』復刻版・黒色戦線社1972・増補改訂版1975、『なにが私をこうさせたか』(日本人の自伝第6巻)平凡社1980、『金子文子歌集』黒色戦線社1976、『赤いつつじの花 金子文子の思い出と歌集』黒色戦線社1984、書簡(山田昭二『金子文子・自己・天皇制国家・朝鮮人』収録)〔文献〕栗原一男「金子文子」『自連新聞』39号1929、林芙美子「金子ふみ子獄中手記『何が私をかうさせたか』」読売新聞1931.7.30・31(廣畑研二編著『大正アナキスト覚え帖』収録2013)、布施辰治ほか『運命の勝利者朴烈』世紀書房1946・復刻版黒色戦線社1987、小松隆二「反逆の女性・金子文子『朴烈事件』はしがき」『自由思想』第6号1961、瀬戸内晴美『余白の春』中央公論社1972、秋山清『金子文子のこと』『反逆の信條』北冬書房1973(秋山清著作集第4巻収録2006)、岸野淳子「金子文子と朝鮮」『季刊三千里』1982、再審準備会編『金子文子・朴烈裁判記録』黒色戦線社1977(手書き)・同改訂版(活字)1991、山崎朋子「いのちを賭けて〈国家〉を越えて金子文子と朴烈」『アジア女性交流史 明治大正編』筑摩書房1995、山田昭二『金子文子・自己・天皇制国家・朝鮮人』影書房1996、佐藤信子「一冊の獄中記をのこして 金子文子」『山梨の女性作家たち』ふじざくらの会1997、佐藤信子「金子文子を支えた人々 栗原一男を中心に」『甲府文学』12号1999、李順愛「金子文子 社会に向き合うということ」『韓国・朝鮮と向き合った日本人』明石書店2002、森まゆみ「金子文子 越境の歌人」『本の話』95号2003、鈴木裕子『わたしはわたし自身を生きる』梨の木社2006・改訂版2013、後藤守彦『只、意志あらば』日本

経済評論社2010，北村巌『大逆罪』中西出版2013，水木亮『ゲキコーウツウツ・早口早死に金子文子』『水木亮戯曲集 なまよみの山河を生きた庶民の歌』2015

金子 益太郎 かねこ・ますたろう 1897(明30)7.7-? 幼名・亀吉 栃木県下都賀郡栃木町(現・栃木市)に生まれる。高等小学校卒業後，東京の京染屋に奉公。その間キリスト教徒になり関西を伝道する。再び東京に帰り京染の修業をし雑司ケ谷に京染屋を開業した。1923年アナ系の文学運動への参加を皮切りに社会運動に奔走する。26年日本労農党に入党。しかし京染屋の仕事がうまくいかず29年帰郷した。それ以後栃木県下の労働・農民運動を指導し弟幸吉，忠治とともに金子3兄弟として知られる。32年1月には阿久津争議に参加。これは小作料軽減要求に端を発し全農組合員と大日本生産党員とが日本刀，槍，村田銃などによる大乱闘となり生産党員5人が死亡，12人が重傷を負い，約300人の検挙者(うち109人起訴)を出す事件に発展した。金子は「首魁者」の一人として懲役3年の刑を受けた。37年県会議員。戦後は46年衆議院議員(2期)，63年栃木市長をつとめた。(安田常雄)〔文献〕『農民組合運動史』日本民政調査会1960

金子 松太郎 かねこ・まつたろう ?-? 読売新聞社に勤め新聞工組合正進会に加盟。1920(大9)年機関誌『正進』発行のために50銭寄付。また24年夏，木挽町(現・中央区銀座)正進会本部設立のためにも1円寄付する。(冨板敦)〔文献〕『正進』1巻1号1920.4，正進会『同工諸君!! 寄附金芳名ビラ』1924.8

金子 衛 かねこ・まもる 1912(明45・大1?)-? 長野県諏訪郡湖南村(現・諏訪市)に生まれる。1935(昭10)年末か36年初め頃，農青社運動に関わったとして検挙されるが不起訴となる。(冨板敦)〔文献〕青木恵一郎『改訂増補長野県社会運動史』巌南堂書店1964，『農村青年社事件資料集Ⅰ・Ⅲ』

金子 光太郎 かねこ・みつたろう ?-? 1919(大8)年東京麹町区(現・千代田区)の洋州社文選科に勤め日本印刷工組合信友会に加盟する。(冨板敦)〔文献〕『信友』1919年10月号

金子 光晴 かねこ・みつはる 1895(明28)12.25-1975(昭50)6.30 本名・安和，別名・保和 愛知県海東郡越治村(現・津島市下切町)に大鹿和吉の三男として生まれる。弟に詩人，小説家の大鹿卓がいる。3歳時に建築清水組名古屋支店長金子荘太郎の若妻にみそめられて養子縁組，金子姓となり12歳でプロテスタント教会で洗礼を受ける一方，小林清親に日本画を習う。1914年暁星中学卒業。この間漢籍，江戸戯作，自然主義文学などを濫読。早稲田大学文科，東京美術学校日本画科，慶応大学文科をいずれも中退。22歳の春頃から詩作を始め，「老荘家流のニヒリズムからカーペンターの民主思想の影響を受けるに至り」，当時の民衆派的色調が強い詩集『赤土の家』(私家版1919)を金子保和名で出す。この前後から富田砕花，佐藤惣之助，福士幸次郎，辻潤，国木田虎雄らと知り合う。同年2月神戸港から第1次洋行に旅立ちロンドン，ベルギーのブリュッセル郊外の田園地帯ディーガムなどでヴェルハーレン，ボードレールに親しみながら2カ年を過ごす。23年「青春のヴァニテー」を華麗な作風で造型した詩集『こがね虫』で詩壇にデビュー。しかし間もなく養父荘太郎の遺産を使い果たし詩集『水の流浪』(新潮社1926)は刊行されるが，妻の森三千代の恋愛問題もおこり，28年魯迅らと親交した上海を振り出しに「文壇の左翼派台頭によってポジションを失い」「生活的，思想的，苦悩を抱いて」三千代とともに約5カ年にわたる東南アジア，ヨーロッパ放浪の旅に出る。「男娼以外」のあらゆる仕事をし「自殺を考えた」こともあるこの旅で植民地やヨーロッパの底辺の生活を知り日本を見るエトランゼの眼を身につけて帰国。35年詩「鮫」を『文芸』9月号に発表。詩集『鮫』(人民社1937)は，日本の天皇国家，封建制，軍国主義の重圧に対する抵抗の書であったが，「厚く擬装」されていた。その後も徹底した自我意識により反権力，反戦の思想を血肉化していくが，これらの詩編は敗戦後発表可能となり，48年『落下傘』(日本未来派発行所)，『蛾』(北斗書院)，49年『女たちへのエレジー』(創元社)，『鬼の児の唄』(十字屋書店)などとして刊行。また「人民詩精神」を掲げた『コスモス』を岡本潤，小野十三郎，秋山清と46年に創刊。戦後の人間懐疑の根元を問う意欲的な詩作は『人間の悲劇』(創元社1952)，『非情』(新潮社1955)，『水勢』(創元社1956)，『IL』(勁草書房1965)などの詩集とな

り、その一方孫娘をうたった『若葉のうた』(同1967)も刊行。『マレー蘭印紀行』(山雅房1940)ほか評論、随筆も多いが、『どくろ杯』(中央公論社1971)、『ねむれ巴里』(同1973年)『西ひがし』(同1974)の東南アジア、ヨーロッパ放浪の日々を描いた三部作には人間存在の底を射る文学のリアリティが波打っている。(暮尾淳)〔著作〕『金子光晴全集』全15巻中央公論社1975-77,『フランドル遊記、ヴェルレーヌ詩集』平凡社1994〔文献〕嶋岡晨『金子光晴論』五月書房1973, 上杉浩子『金子光晴の思い出』構想社1978,『現代詩読本3 金子光晴』思潮社1978, 田中清太郎『金子光晴の詩を読む』国文社1982, 中野孝次『金子光晴』筑摩書房1983, 牧羊子『金子光晴と森三千代』マガジンハウス1992, 茨木のり子『個人のたたかい』童話屋1999, 原満三寿『評伝金子光晴』北溟社2001, 森乾『父・金子光晴』書肆山田2002

金子 洋文 かねこ・ようぶん 1894(明27)4.8-1985(昭60)3.21 本名・吉太郎 秋田県南秋田郡土崎港町(現・秋田市)に生まれる。土崎小学校高等科卒業後上京し電気会社の見習工になる。1910(明43)年秋田県立工業学校入学、13年卒業とともに同校勤務。同年12月より16(大5)年10月まで土崎小学校で代用教員をする。この間秋田の新聞各紙に小説、詩、短歌、評論などを発表する。同月上京、茅原華山の主宰する『洪水以後』が改題した『日本評論』の一元社に入社。17年1月我孫子の手賀沼畔に引っ越したばかりの武者小路実篤宅に寄寓。志賀直哉や柳宗悦らとも親交を得る。19年日本評論社から『労働美談力の勝利』を刊行。20年の『親と子の汲み交わした知慧の泉』をはじめとして児童向け読み物一寸法師叢書全6冊を実業之日本社より刊行。21年小学校の同級生小牧近江、今野賢三らと『種蒔く人』を創刊。24年「亀戸の殉難者を哀悼するために」を『種蒔き雑記』に執筆、発行。同年『種蒔く人』を発展的解消をした『文芸戦線』を創刊し編集責任者として腕を振るう。小説、劇作だけでなく脚本、演出も手掛ける。47(昭22)年4月、第1回参議院選挙に日本社会党公認候補として全国区に立候補して当選。(須田久美)〔著作〕『地獄』自然社1923,『鷗』金星堂1924,『飛ぶ唄』平凡社1929〔文献〕北条常久『種蒔く人』研究』桜楓社1992, 須田久美『金子洋文と「種蒔く人」』冬至書房2009

金子 佳雄 かねこ・よしお ?-? 1919(大8)年東京神田区(現・千代田区)の三秀舎文選科に勤め日本印刷工組合信友会に加盟する。(冨板敦)〔文献〕『信友』1919年10月号

金子 由次郎 かねこ・よしじろう ?-? 1919(大8)年東京小石川区(現・文京区)の博文館印刷所に勤め活版印刷工組合信友会に加盟する。(冨板敦)〔文献〕『信友』1919年8・10月号, 1922年1月号

金子 義太郎 かねこ・よしたろう 1914(大3)-? 別名・葉井根 幼い頃両親とともに静岡県引佐郡気賀町(現・浜松市)に来住。豊橋市東田尋常小学校を経て31年豊橋商業学校を卒業し、家業の清酒卸小売商の手伝いをする。32年『豊橋文学』を発行する耕文社に関わり山本一夫、佐藤長吉、大山英一らと時折会合を開き、黒羊土社以降の豊橋アナ派を担う。35年末頃無共党事件で検挙されるが不起訴。38年佐藤、大山、伊藤功らと『詩と生活』を発行する。戦後アナ連に加盟し豊橋で活動した。(冨板敦)〔文献〕『身上調書』,『平民新聞』54号1947.12.26, 岩瀬正雄『一匹の黄金虫』豊橋文化協会1972

金子 義光 かねこ・よしみつ ?-? 1919(大8)年東京芝区(現・港区)の東洋印刷会社文選科に勤め活版印刷工組合信友会に加盟する。同社同科の組合幹事を担う。(冨板敦)〔文献〕『信友』1919年8月号

金子 隆治 かねこ・りゅうじ ?-? 1920年代後半に展開された埼玉県下の農民自治会運動の担い手の一人で、同会全国連合委員でもあった。1928(昭3)年埼玉県大里郡太田村(現・熊谷市)で暮し、同年1月初めに埼玉非政党同盟のビラを拾い農民自治会の存在を知る。農民自治会・文芸部発行の第2次『農民』28(昭3)年8月号に掲載された金子の「深緑旗は進む 俺達は其旗手」は、彼が同会の運動に身を入れる契機になったのは28年1月に手にした「非政党のビラ」であったと記す。その場でビラを配布していた渋谷定輔、川島甚一、笠原らと話し農自全国連合に参加する。その後、のちに運動をともにすることになった同郡岡部村在住の岡正吉から手紙をもらって運動に着手し、手始めに同村の天田勝正、関根武二、掛川甚一らを誘う。そして同年3月6日、中西伊之助、犬田卯、鑓田研一、川島を招いて文化講演会を開きあわせて大里郡太田村農民自治会

の発会式を行う。講演会および大里郡大田村農民自治会発会に際してはビラ配布やポスター貼りなどをして尽力した。その講演会の模様を「堆肥場に吹込まれた一枚のビラ」(岡正吾と共著)と題して『農民自治』28年3月号に寄稿。翌7日，太田村農自事務所で大里郡農自連合会第1回委員会が開かれ天田，関根，掛川らと出席する。(小林千枝子・冨板敦)〔文献〕『農民自治』16・18号1928.4・8，『農民』2次1巻1号1928.8，渋谷定輔『農民哀史・上下』勁草書房1970，小林千枝子「教育運動としての農民自治会」『信州白樺』59・60合併号1984.9

金坂　宥栄　かねさか・ゆうえい　1911(明44)-?　福島県石城郡内郷村御廐上宿(現・いわき市)生まれ。26年平第一高等小学校を卒業し同年4月から同郡赤井嶽に登り僧侶見習いとなる。30年修行生活に飽き無断で山を下りて上京する。東京市内で印刷工となり転々とするうち32年東京印刷工組合に加入して梅本英三，伊藤悦太郎らと交流しメーデーや労働争議に参加した。33年失職して帰山，再び僧侶となる。34年京都智山派の専修学院に入学し35年卒業，福島県白川郡近津村(現・東白川郡棚倉町)の徳善寺の住職となった。同年末頃無共党事件で検挙されるが不起訴。(冨板敦)〔文献〕『身上調書』

金田　一郎　かねだ・いちろう　?-?　1919(大8)年東京芝区(現・港区)の東洋印刷会社和文科に勤め活版印刷工組合信友会に加盟する。(冨板敦)〔文献〕『信友』1919年8月号

金田　国太郎　かねだ・くにたろう　?-?　1919(大8)年東京京橋区(現・中央区)の国文社印刷科に勤め日本印刷工組合信友会に加盟する。(冨板敦)〔文献〕『信友』1919年10月号

金田　茂　かねだ・しげる　1905(明38)頃-?　別名・繁　26年7月京都印刷工組合本部で結成された京都一般労働者組合に加わり活動。同年京都一般も京印に続いて全国自連に加盟。同年11月の関西自連第3回大会では西田文治，中村鹿二(以上京印)，佐々木寅三，岩崎弥一らと代議員参加，大会書記に推された。27年10月関西自連協議会に京印の早川晋太郎と参加。同年12月の京都一般の例会では健康保険法反対協議会設置，反対活動提起，争議交渉解決報告の一方，組合費未払・未納の財政難を嘆いている。28年以降京都一般は衰退。同年メーデーの示威責任者選出を小西栄三郎(京印)とともに委任される。同年京印と京都一般の組合連絡事務所は京都市一貫町松原下ルの金田方に置かれ会計兼書記を担う。(北村信隆)〔文献〕『京都地方労働運動史』，『印刷工連合』27号1925.8，『自連』3-5・7・8・13・19・20・24号1926.8・10・12・27.1・6・12・28.1・5

金田　辰三郎　かねだ・たつさぶろう　?-?　別名・辰次郎　報知新聞社に勤め東京の新聞社員で組織された革進会に加わり1919(大8)年8月の同盟ストに参加するが敗北。のち正進会に加盟。20年機関誌『正進』発行のために1円寄付する。(冨板敦)〔文献〕『革進会々報』1巻1号1919.8，『正進』1巻1号1920.4

兼田　俊夫　かねだ・としお　?-?　岡山県都窪郡茶屋町(現・倉敷市)に住み民謡誌『泥汽車』を刊行する。1932(昭7)年犬養智，鈴木勝らが組織した新興歌謡作家同盟に加盟し『新興歌謡』の同人となる。(冨板敦)〔文献〕松永伍一『日本農民詩史・中2』法大出版局1969

金田　彦平　かねだ・ひこへい　?-?　1919(大8)年東京麹町区(現・千代田区)の外務省活版部和文科に勤め日本印刷工組合信友会に加盟する。(冨板敦)〔文献〕『信友』1919年10月号

金田　日出男　かねだ・ひでお　1888(明21)1.1-?　別名・乞食坊主，朴堂　山形県最上郡新庄町小田島(現・新庄市小田島)に質屋の子として生まれる。新庄中学に進学したが，貧困者を見ると着ている服を脱いで渡したりするので変わり者とされた。北海道に渡り函館時事新聞社の記者となり，その後札幌に移り雑誌発行。不倫事件で入獄。出獄後仏教革新運動に入り寺院仏教を批判。函館高大森のサムライ部落(貧民地区)で妻峯子(1894年生まれ)とともに土工夫失業者の救済活動を開始し，22年聖労院を設立。アナキスト青年の組織である函館無産青年同盟の武内清，村上由らの支援を受ける。23年1月札幌で無料宿泊所を運営していた土工親方の井田菊蔵に共鳴し，井田の失業救済会の幹事となる。乞食坊主と称して辻説法を続ける。3月失業救済会の機関誌『労働と産業』の編集人となる。創刊号の編集後記に「正義の為には言論と腕力に於て一歩も譲らざる，俺と謂ふ正体の知れぬ男あり。敵は正に山奥の監獄部屋に有り」と書く。札幌の労働問題講演会の講師を積極的に引

受ける。25年夏，来道した監獄部屋打破期成同盟会の大沼渉，歌川伸，斎藤一平の活動を支援。思想要注意人(無政府主義)に編入される。26年5月上京し浅草の木賃宿で生活。その後北海道に戻り全道に街頭活動を続け，活動が積極的となったため特別要視察人甲号に編入替えされる。再び上京し30年雑司ケ谷で聖労院を経営。31年4月新興仏教青年同盟の集会に飛び入りで演説。妹尾義郎と親交をもつ。32年11月不穏言動を理由に検挙される。〔堅田精司〕「著作」「敢て道庁の反省を促す」『労働と産業』創刊号1924.3,「ルンペン調査より得たる種々相」『社会事業研究』1932.5〔文献〕『思想要注意人調』北海道庁警察部1927,『特別要視察人・思想要注意人一覧表』同1928,『札幌控訴院管内社会運動概況』第2輯1930.11,中部社会事業短期大学編『輝く奉仕者 近代社会事業功労者伝』同刊行会1955,村上由『北海道労働運動ものがたり』日本共産党北海道委員会1965,『妹尾義郎日記4』国書刊行会1974,稲垣真美『仏陀を背負いて街頭へ』岩波書店1974,『函館日日新聞』1925.10.7,『北海タイムス』1926.9.18・1931.1.21,『小樽新聞』1930.12.9

金田 真義 かねだ・まさよし 1950(昭25)12-1999(平11)7 東京生まれ。1969(昭44)年早稲田大学第一文学部入学。72年11月川口君虐殺徹底糾弾-早大管理支配体制解闘争において第一文学部行動委員会を結成し闘いの先頭に立つ。闘いの最中73年6月に大学構内でのテロにより重傷を負い入院するも，73年11・19の早大図書館占拠闘争を行う。大学中退後(株)新世紀社事業本部長として活躍するなか，三村遼のペンネームで主に光瀬龍の作品の評論活動を行う。〔田島和夫〕

金田 吉政 かねだ・よしまさ ?-? 芝浦製作所に勤め芝浦労働組合に加盟。1924(大13)年8月16日，日本電気争議団太子堂演説会に参加，同労組の細井角三郎，村田喜三郎とともに応援弁士として登壇する。同月26日，同労組の中央委員会で機関紙『芝浦労働』の発行兼編集人に選ばれる。同年9月27日の中央委員会で第一回転機分区の中央委員に岡崎梅次郎，黒川幸太郎，渡辺善三郎とともに選出される。さらに本部の中央委員に細井，村田，沖田松三，黒川とともに選ばれるが機関紙の責任者であることから本部中央委員は辞退する。〔冨板敦〕〔文献〕『芝浦労働』2次1・2・3・7号1924.10・11・12・25.6

兼成 藤吉 かねなり・とうきち ?-? 芝浦製作所に勤め芝浦労働組合に加盟し，角八分区に所属。1924(大13)年9月27日，同労組の中央委員会で同分区の中央委員に細井角三郎とともに選出される。〔冨板敦〕〔文献〕『芝浦労働』2次2号1924.11

金葉 三郎 かねは・さぶろう ?-? 芝浦製作所に勤め芝浦労働組合に加盟。1925(大14)年5月12日，同労組の中央委員会で研究会係に選出される。〔冨板敦〕〔文献〕『芝浦労働』2次7号1925.6

兼松 素石 かねまつ・そせき ?-? 1926(大15)年愛知県丹羽郡古知野町(現・江南市)で暮し農民自治会全国連合に参加。地元の農民自治会を組織しようとしていた。〔冨板敦〕〔文献〕『農民自治会内報』2号1927

金三津 とみ子 かねみつ・とみこ ?-1920(大9)3.31 東京神田区(現・千代田区)の三秀舎に勤め日本印刷工組合信友会に加盟。1920(大9)年『信友』(4月号)に訃報が掲載される。〔冨板敦〕〔文献〕『信友』1920年4月号

鹿野 慶次郎 かの・けいじろう ?-? 江東自由労働者組合のメンバー。1927(昭2)年11月10日江東自由芝浦支部提唱の失業抗議闘争に参加し東京市長室で市長に面会を求めた際，日比谷署の警官と乱闘になり同志22人とともに検束，29日間拘留される。同年12月14日同労組芝浦支部が警官20人ほどに理由なく襲われ斎藤，山田，浜崎とともに検束される。〔冨板敦〕〔文献〕『自連』19・20号1927.12・28.1

狩野 鐘太郎 かの・しょうたろう 1898(明31)4.23-? 東京市神田区(現・千代田区)生まれ。1920年東京工科学校電気科を卒業後，電気機械の設計に携わる。のち聚芳閣編集部に勤務するかたわら劇作を手がける。大正末期から『鉄槌』『文芸戦線』『文党』『解放』などにアナキズム的な実験劇や評論を数多く発表。〔奥沢邦成〕〔著作〕戯曲集『市場・工場』聚芳閣1925,『吉田松陰全日録』(編)新興亜社1943

加納 喜一 かのう・きいち ?-? 1924(大13)年11月日本製鋲工40人によって結成された製鋲工組合を代表して同月関西自連結成大会に日野正義とともに参加，役員に選出される。26年5月大阪機械技工組合本部で開かれた理事会で杉浦市太郎，安楽吉雄，日野らとともに関西自連の連絡員に選

ばれる。大阪機械技工組合は岡山機械工組合，広島純労働者組合と東京の機械技工組合に本部を置く全国金属工連合に属した。27年7月関西自連の南海電鉄高野山争議団支援にあたって大阪合成組合の田中とともに決議文提出の役目を担う。(北村信隆)〔文献〕『大阪社会労働運動史・上』，『自連』2・15号 1926.7・27.8

狩野 亨吉 かのう・こうきち 1865.9.17(慶応1.7.28)-1942(昭17)12.22 秋田藩の儒者狩野良知の二男として大館(現・大館市)に生まれる。東京大学数学科，哲学科，大学院に学び四高，五高の教授を経て98年34歳にして一高校長となり田辺元，野上豊一郎，小宮豊隆，岩波茂雄らに影響を与えた。06年京都大学文科大学長として幸田露伴や内藤湖南を招いて独自の学風を形成したが，文部省の天下り総長任命に抗議し2年で辞職。以後は一切の官職に就かず，東京大塚の一隅で書画の鑑定を生業として簡素な生涯を送った。西洋近代の実証的合理主義の立場から独自の倫理学を主張，また江戸時代の自然科学思想史に関心をもち特異な唯物論の立場から封建制批判を展開した安藤昌益，志筑忠雄，本多利明といった独創的な思想家の発見者でもあった。さらに「天津教古文書の批判」(『思想』1936.6)によって神代文字で書かれたという同教の神勅が贋作であると論破した。(奥沢邦成)〔著作〕安部能成編『狩野亨吉遺文集』岩波書店1958，『安藤昌益』書肆心水2005〔文献〕小林勇『隠者の焔』文芸春秋1971，鈴木正『狩野亨吉の思想』第三文明社1981・平凡社2002，青江舜二郎『狩野亨吉の生涯』明治書院1974・中央公論社1987，川原衛門『追跡安藤昌益』図書出版社1979

加納 幸蔵 かのう・こうぞう ?-? 1919(大8)年東京京橋区(現・中央区)の築地活版所文選科に勤め活版印刷工組合信友会に加盟する。(冨板敦)〔文献〕『信友』1919年8月号

狩野 武司 かのう・たけし ?-? 新聞工組合正進会に加盟し1924(大13)年夏，木挽町(現・中央区銀座)本部設立のために1円寄付する。(冨板敦)〔文献〕正進会『同工諸君!! 寄附金芳名ビラ』1924.8

狩野 忠一 かのう・ちゅういち 1904(明37)-? 福島県安達郡高川村中山松林(現・会津若松市)の農家に生まれる。18年会津中学に入学。同級の石川主計とは家も近くすぐ友人となった。21年病気のため3年で中退後上京。新聞の配達や発送，土方などを転々とする。23年頃神田青年会館の新聞労働連盟の演説会の帰途石川と再会，アナキストたちと交流。25年末労働運動社のパンフレットなどを売って生活していたが思い余って石川の下宿先に寄宿する。26年1月仙台輜重兵第2大隊に入営。入営する狩野のために石川は本を売った金で酒と馬肉を買い二人だけの酒盛りをする。27年11月除隊後帰郷し農業に従事。31年頃から『冬の土』同人たちと交わり購読者となる。35年11月無共党事件で検挙されるが不起訴。(黒川洋)〔著作〕「あの頃の彼」『冬の土』21号1933〔文献〕『身上調書』

加納 嘉彦 かのう・よしひこ ?-? 1919(大8)年東京京橋区(現・中央区)の中屋印刷所文選科に勤め活版印刷工組合信友会に加盟する。(冨板敦)〔文献〕『信友』1919年8・10月号

嘉納 米二 かのう・よねじ ?-? 大阪機械技工組合のメンバー。1927(昭2)年6月同組合西支部の例会で組合本支部世話人に選出され鞆鋲釘争議敗北の経過を報告する。27年7月18日南海電鉄争議応援のため高野山に向かう。(冨板敦)〔文献〕『自連』14・15号 1927.7・8

加波沢 六郎 かばさわ・ろくろう ?-? 新聞工組合正進会に加盟し1924(大13)年夏，木挽町(現・中央区銀座)本部設立のために1円寄付する。(冨板敦)〔文献〕正進会『同工諸君!! 寄附金芳名ビラ』1924.8

カフカ Kafka, Franz 1883.7.3-1924.6.3 オーストリア・ハンガリー帝国支配下のプラハにユダヤ人の両親の間に生まれる。チェコ，ドイツ，ユダヤの文化の影響を受けて育つ。01年プラハ・ドイツ大学入学。06年法学士となりボヘミア王国プラハ労働者災害保険局に勤める。08年雑誌に散文の小品8編が載る。短い期間ではあるがプラハのアナキストたちの集まりに参加した。10年アナキストでジャーナリストのマレシュに誘われてアナキストの講演会，パリ・コミューン40周年記念集会，フランスのアナキストのリアベフの処刑反対集会などに参加。「注意深く思慮深い聞き手」で「資金カンパ」も多めにしていたとマレシュは回想。12年『判

決』『変身』,14年『審判』をドイツ語で執筆。15年『変身』出版。「大学最後とそれに続く何年間は政治的,哲学的にも一種の社会主義的世界市民性へと傾斜,あらゆる形式ナショナリズムを拒絶」(クライトナー)し,「シオニズムに対しては批判的,クロポトキンの『反逆者のことば』などを読んでいたのでシオニズムの持つ選民思想,民族的エゴには同調できなかった」(好村富士彦)。22年『城』執筆開始。24年4月喉頭結核と診断され6月3日ウィーン郊外のサナトリウムで死没。作品は死後20年以上たった第2次大戦後にサルトルやカミュら実存主義者によって発見,評価され,広く読まれるようになった。日本で最初にカフカの作品を読み紹介したのは作家の中島敦だといわれている。彼は自らカフカのアフォリズム作品の一部を翻訳しており42年『南嶋譚』でカフカの『窖(あな)』に言及している。カフカ作品の最初の日本語訳は40年『審判』(白水社,本野亨一訳)。日本でもカフカは実存主義文学の系譜として紹介されてきたが見直しの気運がおこっている。(亀田博)〔著作〕中井正文訳『変身』角川文庫1952,本野亨一訳『審判』同1953,長谷川四郎訳『飢餓術師』河出文庫1954,『カフカ全集』新潮社1980・81,『カフカ小説全集』白水社2000・02〔文献〕Levi, Mijal. *Kafka and Anarchism*, Revisionist Press, 1972. Lowy, Michael. *Franz Kafka and libertarian socialism*. New Politics, no. 23, Summer, 1997. 池田浩士・好村富士彦・野村修ほか『カフカの解読』駸々堂1982,ミハル・マレシュ「フランツ・カフカとの出会い」『回想のなかのカフカ』平凡社1999,池内紀・若林恵『カフカ事典』三省堂2003

カーペンター Carpenter, Edward 1844.8.29-1929.6.28 英国ブライトンの中流上層階級の家に生まれる。祖父は海軍大将。ケンブリッジ大学で数学を学ぶ。77年ホイットマンを訪れるため渡米。79年イングランド北部の工業都市シェフィールドに移る。81年両親の遺産によってシェフィールドに近いミルソープに家と市場向け野菜栽培園を入手し自然に向き合う暮らしを始める。83年詩集『民主主義に向かって』を出版。84年再度ホイットマンを訪問。84・85年W.モリスはミルソープのカーペンターの家を訪れその生活に羨望を感じる。86年シェフィールド社会主義者協会の設立に従事,中央ではなく地方の人々との結びつきを強める。89年主著『文明』を刊行。91年インドとセイロンを訪れる。異教,非キリスト教文化への関心は彼の大きな特徴である。00年ボーア戦争を批判しボーア人を支持する。ミルソープを拠点にして新鮮な空気,動物実験反対,刑法改革,小作農地運動,労働者協同組合,適切な生活賃金,性科学論文といった多様な活動に関与する。しかし彼に特徴的なのはそうした活動が主義・思想よりも生それ自体からのものであった点であり,そこに共通しているのは個人と自然と美に対する愛である。D.H.ロレンス,E.M.フォースター,S.サッスーンはそうした身振り気配を彼から感じ取り深く心を揺さぶられる。「親密さ,そしてパーソナルな関係,それらこそが彼にとって究極のリアリティーであった」(フォースター)。日本でのカーペンターの紹介は93年(明26)『文明』の翻訳が最も早い。次いで堺利彦が『婦人問題』を抄訳。石川三四郎は「思想,感情,生活の不統一」に悩み,カーペンターに出会うことで乗り越えようとし,本格的なカーペンター論を著し13年日本を脱出,カーペンターを訪ねる。29年カーペンター死没の知らせを受けると石川は個人誌『ディナミック』8号をただちに追悼号とする。友人中西悟堂は石川から原著『民主主義に向かって』を借り受け一時は翻訳も考える。ミルソープにはカーペンターが40年過ごした家が現在も使用されており,シェフィールド古文書館にはカーペンター・コレクションがある。(山口晃)〔著作〕『文明の弊及其救治』民友社1893(『文明』の訳書はほかに古館清太郎訳・平凡社1929,宮島新三郎訳・春秋社1930,石川三四郎訳・日本評論社1949がある)。川崎備寛訳『ワルト・ホイットマン訪問記』聚英閣1919,宮島新三郎訳『わが日,わが夢』大勝館1921,富田砕花訳『民主主義の方へ』天弦堂1916,同訳『カアペンタ詩集』新潮社1920,宮島新三郎訳『愛と死』大日本文明協会1918・1930,加藤一夫訳『産業的自由』東京洛陽堂1920,宇佐見又蔵訳『愛と死の戯曲』聚芳閣1925,山川菊栄訳『恋愛の成熟』,三浦周助訳『生に徹する芸術』〔文献〕石川三四郎『哲人カアペンター』東雲堂書店1912・復刻版黒色戦線社1983,宮島新三郎『近代文明の先駆者』春秋社内杜翁全集刊行会1921,亀井俊介『近代文学におけるホイットマンの運命』研究社1970,都築忠七『エドワード・カーペンター』晶文社1985,『木学舎だより』1-3号1997・98

釜田 源太郎 かまた・げんたろう ?-? 1919

(大8)年東京京橋区(現・中央区)の築地活版所欧文鋳造科に勤め日本印刷工組合信友会に加盟する。(冨板敦)〔文献〕『信友』1919年10月号

鎌田　たま子　かまた・たまこ　?-?　東京京橋区(現・中央区)の英文通信社印刷所に勤め日本印刷工組合信友会に加盟する。1920(大9)年春頃は病気療養中だった。(冨板敦)〔文献〕『信友』1920年4月号

鎌田　義栄　かまた・よしえ　?-?　1919(大8)年東京京橋区(現・中央区)の三協印刷株式会社鋳造科に勤め日本印刷工組合信友会に加盟する。(冨板敦)〔文献〕『信友』1919年10月号

鎌田　喜三　かまた・よしぞう　⇨大前浅一おおまえ・せんいち

鎌田　芳太郎　かまた・よしたろう　?-?　水戸市上市表信願町に住み，1923(大12)年農村運動同盟に加盟，茨城支部を担う。(冨板敦)〔文献〕『小作人』2次7号1923.9

蒲地　源次郎　かまち・げんじろう　?-?　1919(大8)年東京京橋区(現・中央区)の福音印刷会社文選科に勤め活版印刷工組合信友会に加盟する。(冨板敦)〔文献〕『信友』1919年8月号

神尾　東一　かみお・とういち　?-?　1919(大8)年東京神田区(現・千代田区)の丸利印刷所に勤め日本印刷工組合信友会に加盟する。(冨板敦)〔文献〕『信友』1919年10月号

上岡　義人　かみおか・よしと　?-?　新聞工組合正進会に加盟し1924(大13)年夏，木挽町(現・中央区銀座)本部設立のために50銭寄付する。(冨板敦)〔文献〕正進会『同工諸君!! 寄附金芳名ビラ』1924.8

神川　松子　かみかわ・まつこ　1885(明18)4.28-1936(昭11)10.17　本名・西川マツ　広島市大須賀町生まれ。広島女学校を経て03年日本女子大学校入学，1年たらずで青山女学院に転じた。在学中平民社に出入りし社会主義婦人講演会などに参加，演説した。05年1月平民社婦人部の一員として西川文子，堺ため子，寺本みち子らと二十世紀の婦人社の今井歌子，川村春子らを誘い治安警察法中の女子の政治結社加入，政治集会を禁じる条項の改正請願の署名運動を行う。平民社解散後は幸徳秋水や堺利彦らの金曜演説会に参加，管野すがとも親交を結んだ。福田英子主宰の『世界婦人』にも多数寄稿し女性の経済的独立と社会変革を提起するなどした。08年赤旗事件で検挙，無罪判決となるが，拘留中に獄内で受けた拷問で松子の心境は大きく変化し，出獄しいったん帰郷したのち再上京して柏木に住み社会主義者たちとの交際を続けた。09年1月内山愚童が上京し幸徳宅で「爆裂弾の図」を見たときは同席していたという。同年6月台湾へ渡り西川末三と結婚。以後はロシア文学研究に打ち込んだ。(岡野幸江)〔文献〕鈴木裕子『広島県女性運動史』ドメス出版1985，同編『資料平民社の女たち』不二出版1986

神蔵　周造　かみくら・しゅうぞう　?-?　1919(大8)年東京神田区(現・千代田区)の三省堂印刷部和文科に勤め活版印刷工組合信友会に加盟する。(冨板敦)〔文献〕『信友』1919年8月号

神倉　長次郎　かみくら・ちょうじろう　?-?　1926(大15)年群馬県佐波郡名和村(現・伊勢崎市)で暮し農民自治会全国連合に参加。地元の農民自治会を組織しようとしていた。(冨板敦)〔文献〕『農民自治会内報』2号1927

上坂　才智郎　かみさか・さいちろう　?-?　別名・暁村　兵庫県城崎郡三江村(現・豊岡市)で暮し1925(大14)年大西伍一，池田種生，難波忠雄らの『あをぞら』の同人となる。26年農民自治会全国連合に参加。同年末には農自兵庫県連合の事務所を自宅に置いていた。(冨板敦)〔文献〕『あをぞら』3号1926.1，『農民自治会内報』2号1927，竹内愛国『農民自治会』『昭和2年版解放運動解放団体現勢年鑑』解放社1927

上條　寛雄　かみじょう・ひろお　1903(明36)1.13-?　長野県諏訪郡永明村茅野(現・茅野市)に生まれる。1918(大7)年上京，私立電機学校予科に入る。豊島区長崎村高松の新しき村出版部(曠野社)に出入りしたのち日本印刷工組合信友会に入会。23年3月28日京橋区月島(現・中央区)小田電機工場争議に信友会を代表して駆け付ける。同月30日千葉県東葛飾郡野田町(現・野田市)野田争議団本部(日本労働総同盟関東醸造労働組合野田支部)に信友会を代表して応援に行く。のちボル派に傾き帰郷。27年日本共産党に入党する。中国に渡り敗戦，47年創刊の雑誌『随筆中国』(日華文華会編集，東方書局発行)の編集・発行人。(冨板敦)〔著作〕「纏りのない感想」『新しき村』4巻10号1921.10〔文献〕『印刷工連合』1号1923.6，水沼辰夫『明治・大正期自立的労働運動の足跡』JCA出版1979

神近 市子 かみちか・いちこ　1888(明21)6.6-1981(昭56)8.1　本名・イチ、別名・榊纓　長崎県北松浦郡佐々村に生まれる。父は漢方医。10歳のとき家が没落、他家に養子に出され親類の援助で長崎活水女学校に進むが、09年3年次のとき家出同様に東京に出、働きながら受験勉強して10年女子英学塾に入学した。猛勉強で語学力を身につけた。12年8月青鞜社に加入、14年4月卒業して弘前の県立青森女学校に赴任するが青鞜社員であるのを理由に1学期で免職となり上京。尾竹紅吉と『番紅花』を創刊、また尾竹の紹介で『東京日日新聞』記者となった。しだいに社会主義思想に近づくなかで、15年青山(山川)菊栄とともに大杉栄の仏蘭西文学研究会に参加、大杉と知り合い恋におちる。大杉に出版の経済援助などをして尽くすが、妻堀保子と伊藤野枝との四角恋愛に悩み16年11月9日神奈川県葉山の日蔭茶屋で大杉を刺した。17年控訴審で2年の刑を受け服役。このとき『引かれものの唄』(法木書店1917)に心情を託した。19年東京監獄八王子分監から出獄。20年4歳下の評論家鈴木厚と結婚。翻訳、著述で身をたて3人の子を生み育てる。日蔭茶屋事件で運動に悪影響を与えたとの反省から自らは身を引こうとしたが、大杉の仲間だった吉田一などは市子の家に出入りし機関誌『労働者』は市子の家で編集された。22年伊豆山中で凍死した久板卯之助はその死の前、市子の家に寄宿していた。28年『女人芸術』創刊に参加、女性問題評論を寄稿し続けた。34年夫の協力を得、自ら主宰して「社会文芸総合誌」と名のる『婦人文芸』を創刊、しかし夫が暴力を振るうようになり37年離婚、雑誌も廃刊となる。戦後は左派社会党代議士として5選。56年公布の売春防止法制定に主導的な役割を果たす。69年政界引退。(市原正恵)〔著作〕『私の半生記』近代生活社1956、『神近市子自伝』講談社1972、『神近市子文集1-3』武斗工房1986・87

上司 小剣 かみつかさ・しょうけん　1874(明7)12.15-1947(昭22)9.2　本名・延貴、別名・子介、風満楼　兵庫県川辺郡多田村(現・川西市)の多田神社神職の子として生まれる。中学生の時堺利彦と知り合い以後兄事するようになる。97年上京し読売新聞社に入社し以後20数年在社して文芸部長、編集局長をつとめる。03年堺が幸徳秋水と平民社をおこすと社会主義思想に傾倒。また幸徳のすすめでクロポトキンを知り、06年その影響で生活改良雑誌『簡易生活』を発刊。この頃堺から平民社への入社をすすめられたが踏み切ることができず断る。その代わりとして、08年ゾラの社会小説を意識して『灰燼』(春陽堂)を刊行。その後自然主義に社会主義の側から期待するという立場に立った。14年『鱧の皮』(同)で文壇における地位を確立。『U新聞年代記』(中央公論社1934)に社会主義者たちとの交遊を描いている。(西山拓)〔著作〕『上司小剣選集』全2巻育英出版1947・48〔文献〕吉田悦志『上司小剣』『文学』41巻10号1973.10、森崎光子「文壇登場以前の上司小剣」『近代文学論創』1号1998.5

上村 昌平 かみむら・しょうへい　⇒佐野甚造　さの・じんぞう

上村 実 かみむら・みのる　1904(明37)-1934(昭9)3.16　熊本県生まれ。佐世保中学を中退して上京。30年頃東京一般労働者組合城南支部で活動する。東京一般分裂後は全国自連系の労働者自治連盟に属し、31年7月東京ガス社外工争議を支援するが支援の戦術をめぐり日本自協系の関東一般労働者組合と衝突し、金沢末松、松本親敏、秋本義一らと負傷。同年8月労働者自治連盟の事務所は東京市外大崎町上大崎(現・品川区大崎)の上村方に移っている。33年4月全国自連第3回大会で秋本らと副議長。同年5月梁瀬自動車争議支援で検束される。詩人として年下の清水清らの抒情詩グループと友好を保ち、グループを『詩行動』に発展させ岡本潤、小野十三郎、秋山清、植村諦などを同人とするアナ系有力詩誌となる端緒をつくった。34年自死。35年10月遺稿詩集『土塊(つちくれ)』が清水の鉄筆によるガリ版で無届け出版された。(寺島珠雄・大澤正道)〔文献〕『自連新聞』60・61・79・81・90号1931.7・8・33.4・6・1934.5、秋山清『発禁詩集』潮文社1970、清水清『写実への道』清水清作品集刊行会1991

神谷 錦一郎 かみや・きんいちろう　?-?　万朝報社に勤め新聞工組合正進会に加盟。1920(大9)年機関誌『正進』発行のために1円寄付。また24年夏、木挽町(現・中央区銀座)正進会本部設立のためにも1円寄付する。(冨板敦)〔文献〕『正進』1巻1号1920.4、正進会『同工

諸君!! 寄附金芳名ビラ』1924.8

神谷 静子　かみや・しずこ　?-?　別名・柳田邦枝　1930(昭5)年1月高群逸枝、望月百合子、松本正枝らとともに無産婦人芸術連盟結成に参加。『婦人戦線』の創刊号から最終号までほぼ毎号詩や短歌や評論を発表した。離婚し子を人手に預けて独立。短歌は失業の苦労、夫から解放された喜びを歌ったものが多い。評論でも夫婦愛の確立のために「夫に対する執着と卑屈を捨て…独立心(精神的)の持ち主でなくてはならない」と説き同年5月の婦人戦線の講演会でも演壇に立った。32年2月『婦人戦線』の後継誌『近代婦人』を宮山房子とともに創刊、積極的に運営執筆し3号まで発行。同月には政友会代議士の選挙応援演説のために長野県に出かけた。戦後娘の住む米国に移住。〈三原容子〉〔文献〕望月百合子ほか『埋もれた女性アナキスト高群逸枝と「婦人戦線」の人々』私家版1976、『婦人戦線』復刻版緑蔭書房1983

神谷 信之助　かみや・しんのすけ　?-?　1919(大8)年東京深川区(現・江東区)の東京印刷深川分社第二部印刷科に勤め活版印刷工組合信友会に加盟する。〈冨板敦〉〔文献〕『信友』1919年8月号

神谷 暢　かみや・のぶる　1904(明37)1.20-1977(昭52)8.13　東京生まれ。28年2月『銅鑼』13号、29年『学校詩集』に詩を発表。アナキズム出版社として渓文社を自営、重篤な病状にいるアナ系詩人竹内てるよを援助する「共同生活者」として、草野心平がガリ版で発行した竹内の詩集『叛く』の活版による改訂増補版を30年1月に発行する。無産派の川崎市会議員陶山篤太郎の経営する川崎新聞社で印刷技術を習得、詩人仲間の森竹夫の寄付した極小の印刷機と1字ずつ買い集めた活字で出版を行った。「われわれの出版物はわれわれの手で作ろう」という呼びかけに応じた全国からの援助がその背後にあった。渓文社は当初東京府荏原郡六郷町(現・大田区)、次いで同郡松沢村赤堤(現・世田谷区)に移り、印刷機を淀橋の木村鉄工場構内に住む西山勇太郎の部屋に預け、神谷が自宅で行った組版を運んで印刷するということもあった。31年草野詩集『明日は天気だ』、中浜哲詩集『黒パン党宣言』(ともにガリ版で後者は発禁)、萩原恭次郎詩集『断片』、32年『アナーキズム文献出版年報』(発禁)、草野訳『サッコとヴァンゼッチの手紙』、坂本遼詩集『たんぽぽ』、三野混沌詩集『ここの主人は誰なのかわからない』、33年マラテスタ『サンジカリズム論』、堀江末男小説集『日記』、フランシスコ・フェレル『近代学校・その理想と起源』(渡部栄介＝遠藤斌訳、発禁)、このほか竹内のもの数点やのちの映画カメラマン宮島義勇の筆名北達夫による詩集なども出版したが34年力つきて消滅した。35年無共党事件で検挙され渓文社の協働者吉本孝一も帰郷先の高崎市で同じ厄にあった。戦後の神谷についてはほとんど不詳。竹内てるよとの共同生活が解消していたのは確かである。死没地は多摩湖周辺の団地という。〈寺島珠雄〉〔著作〕「詩集『断片』の出来るまで」伊藤信吉・川浦三四郎編『萩原恭次郎の世界』煥乎堂1987〔文献〕西山勇太郎『低人雑記』無風帯社1939、秋山清『あるアナキズムの系譜』冬樹社1973、伊藤信吉『逆流の中の歌』泰流社1977

神谷 三之助　かみや・みのすけ　?-?　1930(昭5)年頃水戸市で壁詩社を組織し謄写版刷り文芸誌『壁』を発行。小森盛、竹内てるよ、金井新作、碧াাা江、更科源蔵、真壁仁、岩瀬正雄らが寄稿した。〈冨板敦〉〔文献〕『石川三四郎資料目録』埼玉県本庄図書館2000

神山 幸之助　かみやま・こうのすけ　?-?　1919(大8)年東京京橋区(現・中央区)の国光社文選科に勤め日本印刷工組合信友会に加盟する。〈冨板敦〉〔文献〕『信友』1919年10月号

神山 茂夫　かみやま・しげお　1905(明38)2.1-1974(昭49)7.8　下関市伊崎町生まれ。家が貧しく新聞配達などをしながら17年台湾台北の小学校を卒業、台湾銀行給仕になる。21年上京し成城中学に編入、在学中から社会主義に関心を抱き反動教師追放の全学ストを指導する。24年卒業後は台北に帰って台湾製糖所、台湾鉄道などに勤め徴兵も経験、この間社会主義者や周合源、稲垣藤兵衛らアナキストと交わる。27年9月台北から日本各地を転々とし労働生活を体験する。この間岡山では社会問題の演説会に飛び入りで演説、後藤学三らとの交流が生まれた。同年12月東京で自由労働に従事、黒色青年連盟傘下の東京黒連に参加し後藤と活動をともにする。28年2月江東自由労働

者組合に参加して大沼渉，歌川伸らとともに活動し常任委員となった。同年5月共産主義に転換し29年共産党に入党。全協の組織部長，書記長，委員長などを歴任。30年6月全協内に刷新同盟を結成，35年7月検挙されるが偽装転向で翌年11月出所，41年5月再逮捕。45年10月出獄して共産党再建に参加した。64年9月ソ連派として除名，志賀義雄・中野重治らと「日本のこえ」結成。その分裂後は中野とともに有声社を組織した。（奥沢邦成）〔著作〕『わが遺書』現代評論社1975，『神山茂夫著作集』全4巻三一書房1975〔文献〕『特高月報』1935.7・41.2，『特高外事月報』1936.6，『社会運動の状況13』，『神山茂夫研究』1号1975

神山　宗勲　かみやま・そうくん　1898（明31）-1966（昭41）11　那覇市上之蔵生まれ。県立二中を中退して15年上京，美術学校に学ぶ。19年那覇に戻り新聞社に勤め，21年庶民会にオブザーバーとして参加する。同年夏，那覇市公会堂で結婚披露宴を開いた際，7，8人の同志とともに沖縄に来ていた和田久太郎が参加，和田は「自由恋愛」についての短い演説をする。22年再度上京，アプトン・シンクレアの小説などを翻訳する。（冨板敦）〔文献〕『正義と自由』1号1928.7，中田幸子『父祖たちの神々　ジャック・ロンドン，アプトン・シンクレアと日本人』国書刊行会1991

上山　草人　かみやま・そうじん　1884（明17）1.30-1954（昭29）7.28　本名・三田貞（みただし）　宮城県仙台市生まれ。父の友人であった犬養毅の家に寄宿して早稲田大学文科に通うが中退し，1908年（明41）に藤沢浅二郎の東京俳優養成所の一期生となるが翌年養成所講師の排斥運動を起こし退所する。しかし同年に坪内逍遙が起こした文芸協会演劇研究所の補欠募集に合格して一期生となる。11年7月に大阪角座で「ハムレット」公演中に配役不満のトラブルを起こし退会を命じられるが，翌年自ら近代劇協会を起こし有楽座でイプセンの「ヘッダ・ガブラー」で旗揚げ公演をする。以後，草人自ら「芝居は異性であつた。真に肉的に初恋の異性であつた」と言うように森鷗外訳「ファウスト」「マクベス」，「ノラ」，「ハンネレの昇天」（帝国劇場）等，次々に翻訳劇を上演しおよそ8ヶ月間に及ぶ中国，九州，朝鮮，満州，台湾を巡る興行を打つ。15（大4）年のトルストイ作「復活」の脚本の興行権の問題で芸術座から訴えられ，7月下旬から公演したチェーホフの「桜の園」も9月の新聞雑誌で評価が上がらず，特に草人の老人フイルスは「物足らない努力であった」（『帝国文学』）と酷評され，借財を抱えた他に，衣川孔雀とのスキャンダルも暴露され，その解決も見いだせないまま19年夫婦で現状を打破するために渡米する。この間17年11月に自伝小説『蛇酒』（阿蘭陀書房）を刊行し谷崎潤一郎が序文「蛇酒に序す」を寄せている。渡米後，方々を渡り歩きロサンゼルスに居を構えハリウッドエキストラをやりながら清貧生活をしていたが，24年（大13）にサイレント映画「バグダッドの盗賊」にモンゴルの王子役で出演し一躍有名になった。ハリウッドはその後トーキー映画に移り草人は英語が堪能でなかったがゆえに出演数も減少し，29年（昭4）妻を残して一時帰国する。再渡米後，31年に帰国し松竹蒲田に入社し役者として多くの映画に出演するが映画人として注目される話題もないまま54年腸閉塞で没する。享年70歳。（五十嵐伸治・大澤正道）〔著書〕「煉獄」『蛇酒』合本新潮社1919，『素顔のハリウッド』ゆまに書房2006

神山　直蔵　かみやま・なおぞう　?-?　1919（大8）年東京京橋区（現・中央区）の築地活版所印刷科に勤め日本印刷工組合信友会に加盟する。（冨板敦）〔文献〕『信友』1919年10月号

神山　直次　かみやま・なおつぐ　?-?　別名・直二　1919（大8）年東京京橋区（現・中央区）の西脇印刷所に勤め活版印刷工組合信友会に加盟。のち中屋印刷所印刷科に移る。（冨板敦）〔文献〕『信友』1919年8・10月号

カミュ，アルベール　Camus, Albert　1913.11-60.1　フランスの旧植民地アルジェリアに生まれる。貧しい家庭に育った後ジャーナリストとして活躍したが，反政府活動のゆえに故郷を追放された。小説『異邦人』，哲学的エッセイ『シシフォスの神話』を執筆，人生にはそれ自体意味はないが，まさに意味がないからこそ生きるに値するのだという「不条理」の哲学を唱えた。また目をそむけず不条理な運命を見つめ続ける態度が「反抗」であり，小説『ペスト』では人間性を脅かす疫病に対する「反抗」の態度が人々の間で連帯を生むとされた。革命ではなく「反

抗」こそが社会を具体的な形で変革しうると説いた『反抗的人間』で，当時共産党を支持していたサルトルと対立。1957年ノーベル文学賞を受賞したが，その後交通事故により死亡した。神であれ歴史であれ，理性であれ，絶対的なものを信じることを拒否し，あらゆるイデオロギーに挑戦した点でアナキズム的な方向性を潜めた人物である。(山田修)〔著作〕『カミュ全集』全10巻新潮社1973〔文献〕佐藤朔訳『革命か反抗か カミュ＝サルトル論争』新潮社1969

亀井 栄助　かめい・えいすけ　⇨桜井駒吉さくらい・こまきち

亀井 国太郎　かめい・くにたろう　?-?　1919(大8)年東京牛込区(現・新宿区)の秀英舎(市ヶ谷)文選科に勤め日本印刷工組合信友会に加盟する。(冨板敦)〔文献〕『信友』1919年10月号

亀井 高義　かめい・たかよし　1906(明39)-1973(昭48)1.12　東京生まれか。23年関東大震災後中国大連に渡り歯科医の書生となる。24年山本敏雄を知る。同年5月31日摂政裕仁の成婚饗宴時に亀井発案のビラ作成散布計画を山本に相談。山本は文案のみ教示し計画を押しとどめる。亀井は単独でビラ「人類の正義と自由と平和のため労働者よ起て!」を作成するが散布前に発覚，山本，小川慶吉，平林たい子ほか2人と大連不敬罪事件として逮捕される。亀井，山本は懲役2年，小川は懲役1年執行猶予3年，平林は不起訴，ほかは無罪となる。26年9月25日山本とともに旅順監獄を釈放後本国送還となり瀬戸市に居住。30年9月月刊個人新聞『自由民報』を発行編集のかたわら東海黒連の看板を掲げる。自由民報社は30年末には本社編集事務局に亀井，東春支局労働記者・加藤五三郎，名古屋支局長・青山緑水，社会部記者・山口蘇水，知多郡担当記者・水野悟，愛知郡担当記者・堀江親尚，海部郡津島支局黒色思想記者・横井憲蔵，渥美郡担当記者・山際茂樹，ほかに記者として福島兼義，加藤八郎，麓ことえ，の陣容だった。31年農青社愛知県地方同志となる。戦時中に甲府へ疎開し無門倶楽部を開設，啓蒙運動に専念する。戦後はアナ連結成に参加。『文中時代』を創刊する。46年4月衆院選，52年10月参院選に無所属で立候補する

が落選。同年4月月刊紙『無門倶楽部』(『文中時代』の後継紙)を創刊し60年まで発行人となる。その主張は「弱者の新聞」であり，山梨県政を批判しマッチ・ポンプ的な役割をする。61年1月から妻金森美佐子を発行人とし旬刊となる。亀井没後は竹中英太郎を編集顧問に迎え，息子亀井嘉一も参画し78年まで発行された。(黒川洋)〔文献〕『日本労働年鑑』大原社会問題研究所1925，『自由民報』31-34号1930.11-1931.1，山本敏雄『生きてきた』南北社1964・『虚夢の足あと』残燈舎1975，『農青社事件資料集Ⅰ』

亀井 福太郎　かめい・ふくたろう　?-?　1919(大8)年東京牛込区(現・新宿区)の福山印刷所和文科に勤め活版印刷工組合信友会に加盟する。(冨板敦)〔文献〕『信友』1919年8月号

亀井 守一　かめい・もりかず　?-?　印刷工として1919(大8)年日本印刷工組合信友会に加盟し活動する。(冨板敦)〔文献〕『信友』1919年10月号

亀井 義雄　かめい・よしお　1906(明39)-?　新潟県中蒲原郡五泉町(現・五泉市)に生まれる。電信局に勤め何冊かの詩集を出す。28年浅El十三郎，阿部清，本間和歌子，山崎修らとアナ派詩誌『風が帆綱に侘しく歌ふよ』を創刊する。(冨板敦)〔著作〕『亀井義雄詩集』芸風書院1983〔文献〕山口健助『青春無頼』私家版1982

亀田 泰郎　かめだ・やすお　?-?　1919(大8)年東京京橋区(現・中央区)の築地活版所欧文鋳造科に勤め活版印刷工組合信友会に加盟する。(冨板敦)〔文献〕『信友』1919年8・10月号

亀田 了介　かめだ・りょうすけ　1896(明29)-1925(大14)頃　栃木県生まれ。名古屋新聞記者として20年6月名古屋労働者協会の創立に参加。職場の同僚の葉山嘉樹と協会のヘゲモニーを握りアナルコ・サンジカリズム的な労働運動を推し進める。21年10月団結権，団体交渉権を要求する愛知時計争議を指導，同月5日葉山，篠田清らと検挙起訴される。22年1月中部労働組合連合会の創立に参加。3月金汝春，市川鉦太郎らと名古屋借家人同盟会を組織する。5月1日名古屋初のメーデーを計画するが屋外集会が禁止され当日，葉山，山崎常吉，梅田定広，篠田らとともに家族連れで中村公園に集る。9月山崎らと名古屋自由労働者組

合を結成。23年3月麻裏加工職工の争議を指導、山崎、伊藤長光らと検束される。同年9月10日関東大震災の被災者救援活動中に横領事件をデッチあげられ山崎、梅田らと検挙される。釈放後、愛知通信社の新聞記者となり労働運動から離れる。『名古屋夕刊新聞』も発行。30歳くらいで死没。（冨板敦）〔文献〕『名古屋労働者』5号1924.7、『名古屋地方労働運動史』、『解放のいしずえ』新版、杉浦國弘編著『愛知・底辺社会史資料集成・部落編 大正篇』近現代資料刊行会2008

亀山 金蔵 かめやま・きんぞう ？-？ 東京郊外で農業を営み1928（昭3）年『小作人』「種を蒔かう！〔地方通信〕」欄に寄稿する。（冨板敦）〔文献〕『小作人』3次17号1928.7

亀山 剣鶴坊 かめやま・けんかくぼう 1934（昭9）6.24-2007（平19）5.6 本名・亀山真二 東京都目黒区に生まれる。早稲田高等部卒業。75年の春に『朝日新聞』朝刊の地方版に掲載された「川柳」欄の新設の報に接し、ふと気をそそられたのがきっかけで川柳を始める。選者の福永清造を心の師と仰ぐ。月刊誌『都大路』の同人。季刊『川柳展望』の会員。京都番傘の『御所柳』の誌友。柳樽寺川柳会に所属。井上剣花坊研究会の代表。1999（平11）年10月に『井上剣花坊研究』の第1号を刊行。04年6月発行の『剣花坊研究』は剣鶴坊の「近況報告」が紹介されている。この年剣鶴坊は古稀を迎える。この「近況報告」にはここ十数年で9回入院、4回手術を行い「余命三ヶ月」と診断されたことが記されている。07年5月死去。行年74歳。代表句に「無心に俺の影は生きている」「掬っても掴んで見ても砂ばかり」「柱にもなれずにそっと灰になる」などがある。（平辰彦）〔文献〕亀山剣鶴坊編集・発行『剣花坊研究』第4号井上剣花坊研究会2000。4

亀山 幸太郎 かめやま・こうたろう ？-？ 1919（大8）年東京京橋区（現・中央区）の三協印刷株式会社和文科に勤め活版印刷工組合信友会に加盟する。（冨板敦）〔文献〕『信友』1919年8月号

亀山 八十吉 かめやま・やそきち ？-？ 1919（大8）年東京京橋区（現・中央区）の細小活版所罫線科に勤め活版印刷工組合信友会に加盟する。（冨板敦）〔文献〕『信友』1919年8・10月号

茅原 華山 かやはら・かざん 1870（明3）8.3-1952（昭27）8.4 本名・廉太郎、別名・廉堂 東京市牛込区田町南町（現・新宿区市谷田町）に生まれる。『東北日報』『自由新聞』『山形自由新聞』の記者となり、薩長覇権の中央政治を批判して地方自治の重要性を説いた。01年『長野新聞』主筆となり社会主義を否定的に論じた「社会主義の新福音」を連載した。04年『万朝報』に移り幸徳秋水や安部磯雄の社会主義関係書を批判し、自由競争による経済社会を前提とした社会協同生活を新社会主義と名づけて独自の主張を展開した。しかし幸徳とは漢詩を通じて個人的交流があったという。05年『万朝報』特派員として欧米を視察。12年デモクラシーの訳語として民本主義を定着させ、翌年石田友治らと『第三帝国』を創刊するが、変節や雑誌の持ち主問題により石田と袂を分かった。大杉栄は「無邪気な青年をだましこんで自己の踏み台にしやうとする虚言ッ吐きでチャラッポコ」（「個人主義者と政治運動」『早稲田文学』1915.4）とからかっている。その後『洪水以後』『日本評論』を発刊したが暫時論壇から離れた。19年普選期成同盟に参画、翌年『東京毎日新聞』編集監督についた。同年脱亜論を基調とする『内観』を創刊。戦後48年には『自己批判』を発刊し社会評論を継続した。（西山拓）〔文献〕茅原健『茅原華山年譜・著作目録稿』私家版1984・『華山追尋』不二出版1985・『茅原華山』田中浩編『近代日本のジャーナリスト』御茶の水書房1987・『華山追尋』朝日書林1966、水谷悟『雑誌『第三帝国』と茅原華山』『メディア史研究』11号2001.9、茅原健『民本主義の論客 茅原華山伝』不二出版2002

唐亀 弁吉 からかめ・べんきち ？-？ 石版工。1923（大12）年6月日本印刷工組合信友会に石版工仲間と加盟し山田義雄らと計19名で小柴支部を組織する。（冨板敦）〔文献〕『印刷工連合』3号1923.8

唐沢 憲一 からさわ・けんいち 1908（明41）3.31-1985（昭60）6.29 別名・憲一郎、健一朗 長野県小県郡滋野村（現・東御市）生まれ。唐沢隆三の兄。北佐久郡北佐久農学校卒業後、農業に従事していたが、26年10月柳沢恰から農民自治会の話を聞き感激して入会（滋農民自治会）。加藤一夫の『大地に立つ』を共同購入したり夜は文芸や社会問題を討議するなどトルストイの影響を受け

たグループであったという。農民自治会北信連合，全国連合委員として活動し石川三四郎らを知る。28年農民自治会の分裂・動揺のなかで農本主義への傾斜を深め，同年1月から3月，岡本利吉の主宰する農村青年共働学校(富士裾野)に入り奥谷松治らを知る。岡本の影響を受けて帰郷したのち11月自ら編集発行人となって同人誌『土の花』(滋野村大地社)を創刊。搾取と強権の都市文明に対し「生産者即消費者たる組合組織による自主自治社会」を対置し，教育・芸術は生産に，人格は労働に基礎づけられねばならないと説いた。「大地社」から大地パンフレット『進化論の崩壊』を編集・発行している。同パンフレットには岡本利吉，奥谷松治らが書いている。また市川義孝らを加えて小県文芸同盟を結成し「土の文化」の探究を続けた。この発会式に文芸講演会を計画し講師として加藤一夫らを予定したが，加藤は危険人物として警察から解散命令が発せられたという。31年8月『滋野時報』に反戦詩「戦争のための戦争」を書いて発禁にあった。32年2月には革新的農本主義の集団である犬田卯，岡本らの農本連盟に加入し，同年8月には上京し木村毅を顧問に新居格，大宅壮一を顧問格とする公人書房を始めたがうまくいかず36年滋野村に帰り，滋野村青年団長をつとめる。戦後アナ連に加わり石川らを招いて啓蒙活動に尽力する。〈安田常雄〉〔文献〕大井隆男『農民自治運動史』銀河書房1980，『木学舎だより』4・5号1999-2000

唐沢 伝次郎 からさわ・でんじろう ?-? 1919(大8)年東京京橋区(現・中央区)の帝国興信所に勤め活版印刷工組合信友会に加盟する。同所の組合幹事を担う。〈冨板敦〉〔文献〕『信友』1919年8・10月号

唐沢 富太郎 からさわ・とみたろう ?-? 1919(大8)年東京京橋区(現・中央区)の築地活版所漢字鋳造科に勤め活版印刷工組合信友会に加盟する。〈冨板敦〉〔文献〕『信友』1919年8・10月号

柄沢 理一 からさわ・りいち 1902(明35)3.3-? 別名・丸山 長野県北佐久郡小諸町(現・小諸市)に生まれる。関東大震災後，大阪に移った進め社に身を寄せ，ギロチン社の仲間と称し獄中の中浜哲に差し入れる。25(大14)年大阪で結成された全日本労働者同盟の発起人に名を連ねる。28年頃東京の黒色自由労働者組合に所属し沢敬二郎，寺尾実，長谷川武，望月治郎らと東京市の失業対策事業に従事しながらアナ派のオルグ活動を展開。また30年頃鈴木靖之の自由人社を根城に寺尾，長谷川，望月，安保京市，小野長五郎，牟田征紀らと交流，鈴木の自由人講座「農村解放論」を受講，同志とともに農村問題研究会を組織した。戦中は海軍軍属となり各地を転々，46年宮城県矢本町に腰をすえ矢本民主連盟を結成する。アナ連に加わり岡崎竜夫，太宰秀明らと東北地方の運動を支え，分裂後はアナキスト・クラブに属する。〈奥沢邦成〉〔文献〕樋口喜徳『「進め社」の時代』新泉社1993

唐沢 隆三 からさわ・りゅうぞう 1918(大7)5.4-2011(平23)5.6 別名・柳三，泉文三 長野県小県郡滋野村(現・東御市)に生まれる。31年上田中学に入る。35年荻原井泉水の俳句誌『層雲』に参加し，37年岡本利吉の純真学園に学ぶ。43年北海道大学理学部数学科卒業後，ただちに海軍予備学生。戦後故郷に帰り人民塾を開き，のち上田中学，北大応用電気研究所に勤務。兄憲一を通じて知った石川三四郎の人間性に深く共感する。49年北大で知り合った大杉冨美子と結婚，東京都立の高校で数学を教える。54年にソオル社をおこし個人誌『柳』(月刊)を創刊(11月)。『柳』は石川の『ディナミック』を手本に，妻冨美子との二人同行で，98年には『柳』700号を称える会が開かれた(終刊2011年2月。通巻863号)。同誌には嶋田宗三，奥谷松治，村上信彦，小野吉勝，瓜生敏一らが連載し社会運動，自由律俳句に関わる貴重な証言が掲載されている。また石川の『浪』(1956)，『わが非戦論史』(1956)，『石川三四郎書簡集』(1957)，『福田英子書簡集』(1958)などを自力で出版，非商業出版に徹する。55年『層雲』500号記念号に「層雲年表」を発表，層雲賞を受けた。〈大澤正道〉〔著作〕句集『黒いネクタイ』ソオル社1958，『自由律俳句史ところどころ』同1965，『自由律俳句雑記』同1971，雑文集『馬の足』同1972，詩集『ふるさと』同1973〔文献〕「聞き書き唐沢隆三さん」『木学舎だより』4・5号1999・2000，山本美穂子「唐澤隆三・冨美子関係資料 解題」『北海道大学大学文書館年報7』2012.03

辛島 初治 からしま・はつじ ?-? 1919(大

8)年東京神田区(現・千代田区)の三秀舎欧文科に勤め活版印刷工組合信友会に加盟する。(冨板敦)〔文献〕『信友』1919年8・10月号

苅谷 きん子 かりや・きんこ ?-? 新聞工組合正進会に加盟し1924(大13)年夏、木挽町(現・中央区銀座)本部設立のために50銭寄付する。(冨板敦)〔文献〕正進会『同工諸君!! 寄附金芳名ビラ』1924.8

仮谷 三郎 かりや・さぶろう ?-? 1919(大8)年東京京橋区(現・中央区)の国光社文選科に勤め日本印刷工組合信友会に加盟する。(冨板敦)〔文献〕『信友』1919年10月号

苅谷 生太郎 かりや・しょうたろう ?-? 読売新聞社に勤め1919(大8)年東京の新聞社員で組織された革進会の賛助員となる。のち正進会に加盟。20年機関誌『正進』発行のために1円寄付する。(冨板敦)〔文献〕『革進会々報』1巻1号1919.8、『正進』1巻1号1920.4

苅谷 てつ かりや・てつ ?-? 読売新聞社に勤め新聞工組合正進会に加盟する。1920(大9)年機関誌『正進』発行のために50銭寄付する。(冨板敦)〔文献〕『正進』1巻1号1920.4

苅谷 録太郎 かりや・ろくたろう 1899(明32)7.25-? 別名・紋太郎 東京市芝区桜田本郷町(現・港区)に生まれる。都新聞社に勤め東京各新聞社の整版部従業員有志で組織された労働組合革進会に加わり1919(大8)年8月の同盟ストに参加するが敗北。その後新聞工組合正進会に入会。20年都新聞社を解雇され同年5月正進会臨時理事会で当該事件について報告する。この年、深川区猿江裏町の山下豊吉方に居住し日本社会主義同盟に加盟する。(冨板敦)〔文献〕『革進会々報』1巻1号1919.8、『正進』1巻4号1920.7

ガルシア・ヴィクトール García Victor 1919.8.24-1991.5.10 本名はTomás Germinal Ibars Graco。アナルコ・エスペランチスト。著述家。バルセロナで12年間織物工場労働者として働く。1933年CNTに入る。38年スペイン市民戦争で第26師団に志願兵として加わり負傷。フランスへ追放され収容所を転々とする。48年ベネズエラへ亡命。その後南米、アジア、中近東などを遍歴。57年(昭32)6月に来日し山鹿泰治らと交流。山鹿のエスペラント訳「老子」はEduardo Vivancosによってスペイン語訳され63年に出版されたが、その訳本に解題を寄せている。数ある著作の中で日本に関連するものは『今日の日本』(1960)、『日本のアナキスト:幸徳、大杉、山鹿』(1975)、『無政府主義:日本のアナキズム』(1977)がある。(藤巻謙一)〔文献〕向井孝『山鹿泰治 人と生涯』自由思想社1984

ガルシア・オリベル García Oliver, Juan 1901-? アナキストとしての活動の出発点は19年2月バルセロナのラ・カナディエンセ会社のストであった。その後ドゥルティやアスカソたちと知り合う。23年のサラゴサ大司教暗殺に関与し他の多くの同志たちが外国に逃亡したが、樹立したばかりのプリモ・デ・リベラの独裁政権に反対する勢力を糾合する任務があったためバルセロナにとどまる。26年半年の懲役ののちフランスへ赴き31年までの5年間パリに住み、ヨーロッパの左翼陣営の活動家たちと知り合いとなる。31年共和国政府が生まれ帰国する。36年7月スペイン革命勃発時にバルセロナで反乱軍に抵抗する組織を編成し、これを鎮圧。その後ウエスカ戦区やアラゴン戦線で指揮をとり、バルセロナに戻ってカタルーニャ政府に代わって行政を担当する反ファシスト民兵委員会のメンバーとなる。36年11月4日成立の第2次ラルゴ・カバリエロ内閣に4人のアナキストが入閣し、ガルシア・オリベルは司法大臣に就任する。法律にはまったくの素人であったガルシア・オリベル司法大臣は在任中にさまざまな革命的な法律を公布した。たとえば闇商人に対する厳しい法律、36年7月以前に有罪の判決を受けた多くの受刑者に対する恩赦、人民裁判の拡充、法律的に素人の判事や弁護士の登用などであった。37年5月14日バルセロナの市街戦の結果、ラルゴ・カバリエロ内閣は総辞職。ガルシア・オリベルの改革は後続のフアン・ネグリン政権によってことごとく廃止されてしまった。革命後メキシコに亡命し、そこに居を定めた。(川成洋)〔著作〕*El eco de los pasos. El anarcosindicalismo en la calle, en el Comité de Milicias, en el gobierno, en el exilio*, Barcelona, Ruedo ibérico Ibérica de Ediciones y Publicaciones, Barcelona, 1978〔文献〕Ken, Robert. W. *Red Years Black Years: A Political History of Spanish Anarchism, 1911-1937*, Institute for the Study of Human Issues, 1978. Peirats, Jose. *Los anarquistas en la crisis politica española*, Editorial Alfa, 1964. Paz, Abel (pseud. Diego Camacho).

Paradigma de una revolución（19 de julio 1936, en Barcelona），Ediciones AIT, 1967.

ガルシア・ロルカ Garcia Lorca, Federico 1898.6.5-1936.8.19 スペイン，グラナダ近郊のフエンテ・バケーロス村に生まれる。15年グラナダ大学に入学。19年マドリードの学生館に住む。ここで画家サルバドール・ダリや映画監督ルイス・ブニュエルと知り合う。20年最初の戯曲「蝶の呪い」がマドリードで初演されるが観客が賛否両派に分かれ乱闘騒ぎになる。翌21年最初の詩集『詩の本』を出版しマドリードの文壇に登場する。28年グラナダで雄鶏（ガリョ）グループを結成し雑誌『雄鶏』創刊号を発行。2日で完売，町中が雄鶏派と反雄鶏派に分かれ論争がわきおこる。32年大学生による移動劇団バラッカを創設，スペイン各地で公演。33年マドリードで戯曲「血の婚礼」を初演，大成功を収める。34年マドリードで戯曲「イエルマ」を初演，ロルカに敵意をもつ右翼の妨害にもかかわらず成功裡に終わる。バラッカは政府の補助金削減のため地方巡回公演がしだいに不可能になっていく。36年2月共産党詩人ラファエル・アルベルティ夫妻の帰国祝賀会に出席しスペイン文学者による「反ファシズム宣言」を読みあげる。同月末「平和のための世界連合宣言」に署名。5月1日メーデー参加者の労働者たちへのロルカの連帯メッセージが国際赤色救援会機関誌『救援』に載る。6月『太陽』紙上での漫画家バガリーアとの対談でロルカは偏狭な右翼ナショナリストを批判する。戯曲「ベクナルダ・アルバの家」を出版（これは「血の婚礼」「イエルマ」とともに農村を舞台に人間の本能の葛藤を扱ったロルカの三大悲劇である）。7月13日夜友人の反対を押し切ってロルカの守護聖人フェデリーコの祝日ミサに参列するため故郷のグラナダへ向かい14日朝グラナダに到着。7月17日スペイン革命勃発。20日フランコ反乱軍にグラナダは制圧され8月16日ロルカは逮捕，8月19日払暁銃殺され遺体は放置された。40年ロンドンの国際ペンクラブ本部からロルカの消息に関する問い合わせに，グラナダ市当局が作成した正式の死亡証明書には「1936年8月戦傷により死亡」と記されている。（川成洋）〔著作〕荒井正道ほか訳『フェデリコ・ガルシア・ロルカ』全3巻沖積社1984-85〔文献〕小海永二『ガルシーア・ロルカ評伝』読売新聞社1981，イアン・ギブソン『ロルカ』（内田吉彦・本田誠二訳）中央公論社1997，アグスティン・サンチェス・ビダル『ブニュエル・ロルカ・ダリ』（野谷文昭・網野真木子訳）白水社1998，ロルカ生誕百周年記念実行委員会編『ロルカとフラメンコ』彩流社1998，川成洋・坂東省次・本田誠二編『ガルシア・ロルカの世界』行路社1998

河合 金太郎 かわい・きんたろう ?-? 1919（大8）年東京神田区（現・千代田区）の神田共栄舎鉛版科に勤め日本印刷工組合信友会に加盟する。同舎同科の組合幹事を担う。（冨板敦）〔文献〕『信友』1919年10月号

河合 康左右 かわい・こうぞう 1899（明32）4.25-1943（昭18）4.8頃 別名・一徹 岐阜県羽島郡松枝村（現・笠松町）生まれ。幼児期に父母と死別，祖母に育てられる。岐阜県立中学を卒業，1年後上京して慶応大学予科政治科に入学。1年で退学，名古屋の八高理科乙類に入学。祖母や親戚のすすめで医学の道に入ったが在学中に医学への興味減退と家庭のいざこざから2年で中退，家出し各地を転々とした。上京後大杉栄を訪ね2週間ほど大杉宅に滞在したが満足を得ず，その後一時石川島や富川町で自由労働者になる。石黒鋭一郎，平岡誠らの抹殺社に，次いで吉田一らの労働社，プロレタリア社などにも関係。中浜哲らの自由労働者同盟にも参加，東京の福田狂二の進め社に入り進め社のボル化とともに平岩巌，平岡，石黒，米山平八郎らと飛び出し河合を除くメンバーはのち加藤一夫の自由人連盟に加わった。田中勇之進を通じて宮川町で自由労働者になった上野克己を知る。21年創刊の『関西労働者』を通じて新谷与一郎を知る。22年春中浜，古田大次郎，倉地啓司らのギロチン社に飛びこみ戸塚町源兵衛や北千住のアジトに同居。22年11月浮浪罪で拘留。神戸に移る。英・仏・西語にも通じた勉強家であった。23年3月ギロチン社事件連累で坂野良三らと20日間の拘留。同年6月東京の取り締まり強化で行き詰まった「リヤク」（掠）の活路を求めて大阪へ，清水村（現・旭区清水町）のアジトの中心となる。のち分黒党の名称を主に使い23年7月から三越呉服店，東洋紡績，高島屋呉服店，大日本紡績連合会内の実業同志会の理事八木幸吉，

神戸鐘淵紡績，東洋紡績取締役庄司乙吉など，連続的にリャクをしたという。23年10月16日布施村(現・東大阪市)で，運動資金調達のための第十五銀行玉造支店小阪出張所襲撃で行員を刺殺するに至る小阪事件では，実行日を当日知り現場へ追いかけて遠くにいて援護・見張り確認役として参加，のち小西次郎と三越大阪支店ヘリャクに行ったことから捕らえられ，25年5月28日大阪地裁で無期懲役判決を受ける。26年3月6日検事控訴による大阪控訴院でも無期懲役。一人上告しのち上告を取り下げて下獄する。43年岡山刑務所内で病死。(北村信隆)〔著作〕『英雄論』河合遺稿刊行会1928，「英雄論」松田道雄編『アナーキズム』筑摩書房1963，書簡集『無期囚』解放文化連盟出版部1934〔文献〕『労働運動』4次11・14・17号1925.7・26.4・6，『黒色青年』24号1931.2，『自連新聞』91・92号1934.6・7，『大阪社会労働運動史』『思想輯覧』，逸見吉三『墓標なきアナキスト像』三一書房1976，秋山清『ニヒルとテロル』川島書店1968，小松隆二「ギロチン社とその人々(1)(2)」『三田学会雑誌』66巻4・5号1973.4・5，板垣哲次『ギロチン社の人々の思想』『近代日本のアナーキズム思想』吉川弘文館1996，森長英三郎『史談裁判』日本評論社1966，入江一郎編『反逆者の牢獄手記』黒色戦線社1971

河合　繁　かわい・しげる　?-?　東京下渋谷の篠沢洋服裁縫工場に勤め，東京洋服工組合に加わり活動。東京一般労働者組合城南支部に所属していた。1927(昭2)年7月21日就業時間中に労組への加入宣伝をしていたことを理由に解雇通告を受ける。翌日団結権の承認を単身会社側と交渉した帰途検束され拘留15日となる。8月15日2カ月分の解雇手当で解決。同月城南支部の会計兼理事に選出される(11月に書記となるが12月に辞任)。28年2月19日読売講堂で開かれた東京印刷工組合第5回大会で同支部を代表して祝辞を述べる。この年，長野県上田市に活動の場を移す。(冨板敦)〔文献〕『自連』15・16・18・19・22号1927.8・9・11・12・28.3，『自連新聞(号外・東京一般労働組合版)』2号1928.12

川井 順英　かわい・じゅんえい　1904(明37)5.21-?　鹿児島県大島郡(奄美大島)古仁屋(現・瀬戸内町古仁屋)生まれ。23年鹿児島県立運船水産学校卒業。21年古仁屋に陸軍の要塞が建設されることになり町民は港周辺の山での柴刈や草刈，漁民は近辺の漁業が禁止された。武田信良らアナキストグループが反要塞運動を展開し『奄美タイムス』を発行，住民の圧倒的支持で税の不払運動も展開。これに兄順福とともに積極的に参加した。軍部や警察は右翼青年を結集，たびたびアナキストグループの個人宅の襲撃逮捕を繰り返した。のちに転向し軍部に協力する『国防新聞』を発刊，社会主義者の撲滅運動をリードした。米軍政時代に町会職員から立法議員，日本復帰後は町長を4期つとめ名誉町民ともなった。(松田清)〔文献〕松田清『奄美社会運動史』JCA出版1979

川井 順志　かわい・じゅんじ　1910(明43)-?　鹿児島県大島郡(奄美大島)古仁屋(現・瀬戸内町古仁屋)に生まれる。22年3月古仁屋尋常小学校を卒業後，鹿児島市に出る。4月鹿児島県立第2鹿児島中学に入学。27年5月頃所持する中学修身教科書教育勅語の御名御璽の文字の上に「殺せ，倒せ，メーデー。Revolution」などと書いたことが不敬罪にあたるとして検挙されるが9月起訴猶予となる。順福は長兄，順英は二兄。(冨板敦)〔文献〕『不敬事件1』

川井 順福　かわい・じゅんぷく　?-?　鹿児島県大島郡(奄美大島)古仁屋(現・瀬戸内町古仁屋)に生まれる。1921(大10)年古仁屋に陸軍要塞が建設されることになり，武田信良，徳池隆らアナキストグループが反要塞運動を展開し弟順英とともにこれに参加。最も顕著な活動は大杉栄一周忌に蘇刈海岸(東方村，現・瀬戸内町)海岸で追悼会を開催，高い岩石の上に「SO西暦千九百廿四年九月十六日」の文字を刻んだ碑を建てた。26年6月17日『大阪毎日新聞』に東京発の記事で「薩南の孤島に大杉栄の碑」と題する記事が掲載され開会中の鹿児島県議会で大騒動となった。(松田清)〔文献〕松田清『奄美社会運動史』JCA出版1979，『名瀬市誌・下』1973

河合 生三　かわい・しょうぞう　?-?　1919(大8)年東京京橋区(現・中央区)の築地活版所漢字仕上科に勤め日本印刷工組合信友会に加盟する。(冨板敦)〔文献〕『信友』1919年10月号

河合 仙次郎　かわい・せんじろう　?-?　別名・仙二郎　1919(大8)年横浜のボックス社に勤め横浜欧文技術工組合に加盟して活動。同組合設立基本金として1円寄付する。(冨板敦)〔文献〕『信友』1919年8・10月号

川井 大三 かわい・だいぞう 1913(大2)12.10-? 茨城県鹿島郡鉾田町鉾田生まれ。27年鉾田中学を2年で中退。同年10月に上京し印刷工となる。31年3月大谷四郎,小松徳らと大山印刷の争議に参加。同年6月加藤栄太郎,柴田知之に誘われ関東出版産業労働組合に加盟,同組合大山分会員となる。32年夏山口健助,千葉浩を知りアナキズムに共鳴する。34年3月自連,自協の合同に際して,東京印刷工組合に改組されると青年部員となり組織闘争委員として活動した。35年の大山印刷争議では交渉委員として争議に参加した。同年末頃無共党事件で検挙されるが不起訴。(冨板敦)〔文献〕『身上調書』

河合 徹 かわい・とおる ?-? 別名・清九郎 1930(昭5)年6月旧水平社解放連盟の山岡喜一郎,小山紋太郎,和佐田芳雄,松谷功,小林次太郎と荊冠旗社を組織し事務所を大阪市外富田林町(現・富田林市)と尼崎市外小田村(現・尼崎市)に置く。同年7月アナルキスト青年連盟機関誌『自由連合主義』に「偶感」と題した文を寄せ「水平運動は政治運動乃至日常経済運動に附随された階級闘争ではなく全人類解放への自由連合主義運動に依らねばならないと信じる」と述べる。尼崎で,大串孝之助,山岡と「関西居住権確立連盟」を組織しようとするが同年9月2日「リャク」(掠)行為が強窃盗罪にあたるとして検挙される。(冨板敦)〔文献〕『自由連合主義』3号1930.7,兵庫県特別高等課『特別要視察人ニ関スル状勢調ベ』(復刻版)兵庫県部落問題研究所1976,三原容子「水平社運動における『アナ派』について・続」『世界人権問題研究センター研究紀要』3号1998

河合 直紀 かわい・なおき ?-? 1919(大8)年東京京橋区(現・中央区)の中屋印刷所和文科に勤め日本印刷工組合信友会に加盟する。(冨板敦)〔文献〕『信友』1919年10月号

河井 華 かわい・はな ?-? 別名・河合 東京神田区(現・千代田区)の大東印刷会社に勤め日本印刷工組合信友会に加盟。1920(大9)年9月頃は病気療養中だったが,のち国際印刷株式会社に移る。(冨板敦)〔文献〕『信友』1920年10月号,1921年1月号

河合 洵 かわい・まこと ?-? 別名・潤,虎三郎 秀文社印刷所に勤め,文学青年だった。大阪印刷工組合に加盟し,1925(大14)年3月29日神田松本亭で開かれた全国印刷工連合会第2回大会で失業問題対策の件の議案提案理由説明を行う(可決)。同年西区北堀江通の自宅を大印の西支部とする。4月8日大阪印刷工組合協議会を自宅で開く(参会者20余名)。26年3月21日横浜市幸クラブで開かれた全印連第3回大会で,9月1日を記念日とする前大会の決議実行の件について議案提案理由説明を行う(可決)。(冨板敦)〔文献〕『名古屋労働者(関西「自由連合」号)』8号1925.1,『印刷工連合』24・25・27・36号1925.5・6・8・26.5,水沼辰夫『明治・大正期自立的労働運動の足跡』JCA出版1979,『大阪社会労働運動史・上』

河合 盛太郎 かわい・もりたろう ?-? やまと新聞社に勤め新聞工組合正進会に加盟。1920(大9)年機関誌『正進』発行のために2円寄付する。(冨板敦)〔文献〕『正進』1巻1号1920.4

川合 仁 かわい・やすし 1900(明33)12.22-1963(昭38)10.30 別名・山根雪郎 山梨県東山梨郡上万力村(現・山梨市)に生まれる。13年平等尋常高等小学校を経て県立日川中学に入学後,病気のため中退。18年農林学校に入学。20年11月甲府で文芸誌『聖杯』を大木直太郎らと山根名で創刊。21年八幡尋常小学校の代用教員となる。12月甲府第49連隊に志願兵で入隊,同隊に大木,塩長五郎らがいた。日曜外出で婦人参政権の演説会を聴講したのを憲兵に密告され大木とともに大隊長から戒告処分を受ける。体が弱く訓練を休んでばかりいたため「練兵休」とあだ名がつく。除隊後,23年4月一家を挙げて上京し東京郊外の下落合に移住。平凡社に勤務。社長の下中弥三郎の教員組合啓明会機関紙『文化運動』を編集する。関東大震災で平凡社は焼失,日本電報通信社へ転職後も『文化運動』編集を継続,執筆もして当時はアナキズムに近かった下中の影響下に思想を定めた。また電報通信社文芸部の職務である地方新聞への原稿配信は,川合が独立して行う生涯の仕事となる。25年1月『文芸批評』に寄稿。4月山梨県人文筆労働者の会(のち山人会)を設立。5月『潮流』を伊藤永之助,壺井繁治,黒島伝治,坪田譲治,古田徳次郎,飯田豊二らと創刊。12月下中,石川三四郎,中西伊之助が結成した農民自治会に参加。27年1月文芸解放社

を岡本潤，小野十三郎，壺井，萩原恭次郎，飯田豊二，飯田徳太郎らと結成。機関紙『文芸解放』2号(2月)の評論「目的意識の幽霊」は対立するマルクス主義側の青野季吉が主張した「目的意識論」を批判する先頭だった。28年6月飯田豊二主宰の劇団解放座の第3回公演「誰が罪」に大木とともに出演。7月アナキズム文芸誌『単騎』を矢橋丈吉，飯田豊二，古田，秋山清らと創刊し，発行所を自宅の川合書店としたが11月『矛盾』と合併後に離れる。29年3月新聞文芸社創立。社員に川崎長太郎がいた。30年1月AC学連のメンバーが翻訳した『バクーニン全集』(近代評論社)の発行名義人となる。35年『日本学芸新聞』創刊。42年7月同紙を日本文学報国会の求めで無償提供したが川合は1年間発行人として協力する。文学報国会の機関紙となった『日本学芸新聞』について「およそたよりない存在」という久保田正文の評があるが，文学報国会機関紙以前の独立した同紙には石川の連載コラム，多くの小野の詩の掲載，宮本百合子の女性時評など，わずかでも稿料を支払う川合の配慮がみえていた。編集部に同郷の遠藤斌を抱えたこともある。50年1月自営する仁書房から石川の『西洋社会運動史』改訂版を出版。50年2月学芸通信社を創設し55年4月新居の『区長日記』を出版。戦後結成のアナ連にも参加した。(寺島珠雄・黒川洋)〔著作〕川合仁『私の知っている人達』藤書房1970〔文献〕『単騎』1-3号1928.6-10，『回想・川合仁』同刊行会1975，遠藤斌「河合仁」『季刊 世界政経』1978.1，久保田正文「『日本学芸新聞』を読む」『燕雀雑考』永田書房1991

川合 弥寿太 かわい・やすた ?-? 浜松の遠江印刷同工会のメンバー。1935(昭10)年11月13日無共党事件で検挙されるが不起訴となる。(冨板敦)〔文献〕坪井愛二『斉藤仁雄雄』『礎をきずいた人々の記録 静岡県における治安維持法弾圧下20年の闘い』治安維持法犠牲者国賠要求同盟静岡県本部1997

河合 好衛 かわい・よしえ ?-? 時事新報社に勤め新聞工組合正進会に加盟。1920(大9)年機関誌『正進』発行のために50銭寄付する。(冨板敦)〔文献〕『正進』1巻1号1920.4

河合 陸郎 かわい・ろくろう 1902(明35)3.1-1976(昭51)12.20 別名・西進策 愛知県渥美郡豊橋町(現・豊橋市)に生まれる。08年叔母河合志げの養子となる。尋常小学校時代に野口品二と知り合う。高等小学校卒業後，実業家を夢見て大阪に出る。貿易会社で住み込み店員をしながらYMCA夜間英語学校に通う。この頃石川啄木にひかれた。18年帰省，豊橋の米騒動で逮捕拘留される。職を転々としたのち20年帰郷。21年新朝報社に文選工として入社，のち記者となる。23年野口，浅井秀雄，福沢卯介らと黒墓土(クロボト)社を結成。「ロクちゃん」の愛称で親しまれた。26年11月24日豊橋市河原座で黒墓土社主催の黒連演説会を開く。当日，拘束されそうになった弁士の伊串英治を裏口から逃しそれを口実として検束される。東海黒連豊橋連合の事務所を市内東田遊廓の自宅に置いた。新朝報在社中「警察といざこざが起きた時，新朝報社主の尽力により問題が解決したのに感激して新朝報を一代の働き場所と決意した」。社会部長を経て29年主筆となり西進策のペンネームで執筆。36年市会議員，47年県会議員を経て60年豊橋市長となる。(奥沢邦成・冨板敦)〔著作〕『仕事場の窓から』三河輿論新聞社1962，『見たり・聞いたり・感じたり 私の中国旅記』同刊行会1966，『潮潜居だより』三河輿論新聞社1969，『西進策の足跡』全3巻三河輿論新聞社1971，『豊橋よもやま話 河合陸郎座談集』東海日日新聞社1976〔文献〕『黒色青年』7・13・17号1927.3・10・28.4，『河合陸郎伝』同編纂委員会1982，尾原与吉『東三河豊橋地方社会運動前史』私家版1966，岩瀬正雄『一匹の黄金虫』豊橋文化協会1972，宮脇良一『豊橋言論史』東海日日新聞社1973，『郷土豊橋を築いた先覚者たち』豊橋市教育委員会1986，再審準備会編『金子文子・朴烈裁判記録』黒色戦線社1991，大森修『豊橋財界史』豊橋文化協会1973

河内 規矩二 かわうち・きくじ ?-? 時事新報社に勤め1919(大8)年6月東京各新聞社の整版部従業員有志で組織された労働組合革進会の設立に関わる。8月革進会の同盟ストに参加するが敗北。同年12月新聞工組合正進会を組織し常務理事となる。20年点呼召集のため長崎に帰郷，常任理事を辞任する。その後上京，読売新聞社の職工となる。(冨板敦)〔文献〕『革進会々報』1巻1号1919.8，『正進』1巻1・2・7号1920.4・5・11，横山和雄『日本の出版印刷労働運動(戦前・戦中篇)上』出版ニュース社1998

河内 啓蔵 かわうち・けいぞう ?-? 文選

工。1918(大7)年3月活版印刷工組合信友会に加入。国民新聞社に勤め東京各新聞社の整版部従業員有志で組織された労働組合革進会に加わり19年8月の同盟ストに参加するが敗北。東京神田区(現・千代田区)の博信堂印刷所和文科に移り労組代表として同年10月信友会の8時間労働要求ストを先導。信友会の交渉員としても闘うが再び敗北する。21年3月信友会定期大会で外務理事に岡沢曲川，立田泰とともに選出される。同年末頃は有明堂印刷部で働いていた。(冨板敦)〔文献〕『革進会々報』1巻1号1919.8,『信友』1919年10・12月号・20年1月号・21年4・8月号・22年1月号,『印刷工連合』15号1924.8, 水沼辰夫『明治・大正期自立的労働運動の足跡』JCA出版1979

河内 チカ かわうち・ちか ?-? 日本印刷工組合信友会に加盟し1921(大10)年末頃には東京神田区(現・千代田区)の三省堂印刷部欧文科に勤めていた。(冨板敦)〔文献〕『信友』1922年1月号

河内 美三 かわうち・よしぞう ?-? 1922(大11)年上京し芝浦製作所に勤め芝浦労働組合に加盟。28年には理事会に出席するなど中心的に活動する。同年秋に突如帰郷するため退社。『芝浦労働』(3次23号)に「同志に送る」を寄稿する。(冨板敦)〔文献〕『芝浦労働』3次19・21・22・23号1928.6・10・11・12

川江 正種 かわえ・まさたね ?-? 1919(大8)年東京京橋区(現・中央区)の京浜印刷会社和文科に勤め活版印刷工組合信友会に加盟。のち文祥堂印刷所和文科に移る。(冨板敦)〔文献〕『信友』1919年8・10月号

川上 音二郎 かわかみ・おとじろう 1864.2.8(文久4.1.1)-1911(明44)11.11 筑前国博多中対馬小路(現・福岡市博多区古門戸町)に生まれる。14歳の時に上京し福沢諭吉に見出され慶応義塾の学僕となる。87年頃自由民権運動の壮士として陣羽織，鉢巻きの姿で日の丸の軍扇を持ってオッペケペ節を語り活躍。官吏侮辱罪などで180回逮捕される。88年角藤定憲と大阪で大日本壮士改良演劇会を旗揚げ。91年芝居『板垣君遭難実記』が好評を博す。93年神田裏町の売れっ子芸者貞奴と結婚。のちに貞奴は女優第1号となる。94年日清戦争が始まり『実録日清戦争』を上演し大当たり。川上一座の人気が沸騰する。98年衆議院選挙に立候補，落選。00年頃渡米し横断興行を行い渡欧，パリ万博で歌舞伎を上演し人気を博す。フランスのアカデミー賞を受賞。この興行の過程でシェークスピアの作品に触れる。11年大阪に帝国座を建設，その舞台まで担架で運ばせ死没。新劇の先駆者として近代演劇の発展に貢献し西欧の作家の作品を移入した川上の存在は見過ごすことができない。(大月健)〔著作〕『自伝音二郎・貞奴』三一書房1984〔文献〕明石鉄也『川上音二郎』三杳書院1943, 村松梢風『川上音二郎・上下』太平洋出版1952, 松島栄一『明治演劇史の人々』朝倉書店1960, 倉田喜弘『近代劇のあけぼの』毎日新聞社1981, 白川宣力『川上音二郎・貞奴』雄松堂出版1985, 松永伍一『川上音二郎』朝日選書1988, 玉川信明編『日本番外地の群像』社会評論社1989

河上 豪 かわかみ・ごう ?-? 別名・川上剛 1921(大10)年3月18日丹悦太が広島市で開いた逸見直造の借家人同盟演説会に参加したことを理由に勤めていた呉海軍工廠を高橋彰三らと解雇される。23年4月に結成されたボル・アナ混交の広島青年革進会に参加。24年3月革進会は解散，ボル，アナ，水平社系と3派に分かれ，4月吉田昌晴，原正夫らと発起人になりアナ系の広島自由労働組合を結成する。30年4月頃片岡捨三，荻野他人男らと社会批判社を結成, 雑誌『社会批判』を発行する。(冨板敦)〔文献〕山木茂『広島県社会運動史』

川上 貞次郎 かわかみ・さだじろう ?-? 別名・河上 1919(大8)年東京神田区(現・千代田区)の三省堂印刷部電気銅版科に勤め活版印刷工組合信友会に加盟する。三省堂印刷部の鋳造・電気銅版・鉛版科の組合幹事を土谷清平と担う。(冨板敦)〔文献〕『信友』1919年8・10月号

川上 正吉 かわかみ・しょうきち ?-? 1919(大8)年東京牛込区(現・新宿区)の秀英舎(市ヶ谷)欧文科に勤め活版印刷工組合信友会に加盟する。(冨板敦)〔文献〕『信友』1919年8・10月号

川上 為男 かわかみ・ためお ?-1944(昭19)9.18 川上一剣坊と号した。長崎県佐世保の生まれ。1933(昭8)年頃から本格的に川柳を深め35年頃には鬼才とされ，連作や長律句を手がけ注目を受ける。井上剣花坊死去(1934.9.11)後，妻・井上信子の訪問を受け信

子の個人誌『蒼空』に維持同人として参加。『川柳人』復刊にも参加して号を本名に戻した。『川柳人』弾圧で逮捕される直前の鶴彬と対峙し，そのプロレタリア川柳論に夜を徹して一歩も譲らなかった。43年応召，大陸では上海方面で戦闘，戦況の悪化から44年4月陸軍独立混成第50旅団の一員として戦わずして玉砕したとされるメレヨン島（ウォレア環礁）に送られ死去，病餓死と推定される。（一色哲八）〔著作〕句集『髭の世の中』柳詩社1942〔文献〕谷口絹枝『蒼空の人井上信子』葉文館出版1998，高橋隆治『教科書に書かれなかった戦争第2部Part11』『川柳にみる戦時下の世相』梨の木舎1991，『川柳人』284(1948.11)，廣岡義明「川上のこと川上の川柳のこと」

川上 寅吉 かわかみ・とらきち ?-? 1919(大8)年東京牛込区(現・新宿区)の秀英舎(市ヶ谷)第一和文科に勤め活版印刷工組合信友会に加盟する。（冨板敦）〔文献〕『信友』1919年8月号

河上 肇 かわかみ・はじめ 1879(明12)10.20-1946(昭21)1.30 別名・梅陰，千山万水楼主人 山口県玖珂郡錦見村(現・岩国市錦見)の旧岩国藩士の家に生まれる。岩国学校，山口高校を経て98年東京大学入学。吉田松陰にならって梅陰の雅号をもつ文学少年であったが，進学に際して周囲の助言を受け入れず法科に志望を変えた。在学中は木下尚江，内村鑑三，田中正造，安部磯雄らの論説に強い関心を寄せ，01年11月足尾鉱毒地救済演説会に心を打たれ着ているもの以外の衣類の一切を寄付，『東京毎日新聞』に「篤志な大学生」と報じられた。02年卒業，新聞記者を志したが果せず03年東大農科大学講師となる。05年10月から『読売新聞』に千山万水楼主人の名で「社会主義評論」の連載をはじめ，社会政策学者や社会主義者の言論に鋭い批評を浴びせ同紙の発行部数急増に貢献したが，独自の人道主義的社会政策論に行き詰まりをみせ同年12月突如擱筆，一切の教職を辞して伊藤証信が旗上げしたばかりの無我苑に身を投じる。翌06年1月から『読売新聞』紙上に「人生の帰趣」を連載したが，苑内に伊藤，和田幽玄，河上の間で「無我愛」の理解に齟齬を生じ2月に入って無我苑は解散，河上は『読売新聞』に入社。08年8月京都大学法科に迎えられ13年9月ヨーロッパ留学。15年2月帰国，教授となる。16年9-12月『大阪朝日』に「貧乏物語」を連載，多くの読者を獲得したが，貧乏を社会問題としてとらえながらその解決策を社会改造ではなく人心改造に求めていると櫛田民蔵，堺利彦らに批判を浴び，しだいにマルクス主義に近づく。19年1月個人誌『社会問題研究』創刊(30年10月まで続刊)，史的唯物論，マルクス主義経済学の研究と紹介につとめた。26年学連事件で家宅捜索を受ける。事件後の言動を問題視され，28年京大辞職。29年11月大山郁夫，細迫兼光らと新労農党を結成するが翌年10月離党。32年8月共産党入党とともに地下生活に入る。33年1月検挙，転向を拒否，8月懲役5年の実刑判決を受ける。37年6月出獄。獄中で漢詩を独学，品格のある漢詩文をよくした。43年1月から『自叙伝』の執筆にとりかかる。（白仁成昭）〔著作〕『河上肇全集』全28巻岩波書店1982-84・続plus7巻別巻1 1984-86〔文献〕住谷悦治『思想史的にみたる河上肇博士』教研社1948，天野敬太郎『河上肇博士文献志』日本評論社1956，末川博編『河上肇研究』同1965，河上秀『留守日記』筑摩書房1967

川上 日車 かわかみ・ひぐるま 1887(明20)9.12-1959(昭34)11.9 本名・卯二郎。大阪市に生まれる。天才とされ21歳で早世した小島六厘坊とは府立市岡中学で同期であり文芸仲間となり俳句の世界に入った。新聞『日本』の正岡子規・河東碧梧桐の俳壇に投句。17歳頃から井上剣花坊選の同新聞の川柳欄に投句を始め，六厘坊より1歳年上であったため七厘坊を号し，八厘坊を名乗った木村半文銭らと活動した。のち日車に号を変えた。1905(明38)年4月六厘社創設に参画，『新編柳樽』を創刊。同誌は06年6月に『葉柳』と改題して大阪における川柳誌の嚆矢となった。六厘坊死去後，半文銭とともに関西川柳社に参画。13(大2)年1月『番傘』が創刊されたがその世俗性に妥協できず，同年8月半文銭や麻生路郎らと脱退して『雪』を創刊するが14号で消滅。『土團子』を経て19年に半文銭を誘って路郎と3人で『後の葉柳』を創刊。自分の経営する豆油工場が倒産したため一時川柳から離れた。23(大12)年2月に半文銭と2人で『小康』を創刊。小樽の田中五呂八の『氷原』とともに芸

術至上主義の一陣を張った。『小康』も3号で廃刊，2人はその活動の場を田中五呂八の『氷原』に移した。『氷原』では森田一二や鶴彬のプロレタリア川柳論と対峙。絶対自由・芸術至上の立場から五呂八・半文銭とともに論陣を張ったが，『葉柳』から『雪』に至る新短歌運動を清算しきれず，その情操的川柳と川柳論は川柳革新の流れの中で次第に精彩を失っていった。晩年は中風で筆がままならず川柳とも隔絶した。56(昭31)年1月その存在を惜しんだ岸本水府が番傘川柳文庫として『日車句集』を刊行したが，その3年後妹1人に看取られて寂しく死去した。
(一色哲八)〔文献〕東野大八『川柳の群像』集英社2004，坂本幸四郎『雪と炎のうた』たいまつ社1977，山本祐・坂本幸四郎『現代川柳の鑑賞』たいまつ社1981，尾藤三柳監修『川柳総合大事典』第1巻雄山閣2007

川口 粂吉 かわぐち・くめきち ?-? 1926(大15)年頃，新潟県刈羽郡枇杷島村(現・柏崎市)で暮し農民自治会全国連合に参加。同年末には農自新潟県連合の事務所を自宅に置いていた。27年1月4-7日北佐久郡北御牧村(現・東御市)島川原公会堂で開かれた第1回農民自治講習会に須藤蔀，鶴巻徳市，石田光栄，安中作市と新潟県から参加。3月20，21日東京神田区美土代町(現・千代田区神田美土代町)の東京基督教青年会館で開かれた第1回農自全国委員会に新潟県を代表して秋山，須藤と出席する。同年8月15日長野県上水内郡安茂里村(現・長野市)相生クラブで開かれた農自新北信連合発会式に新潟の須藤，山本義一と参加し県連を代表して祝辞を述べる。翌16日に3人で帰県しその夜南蒲原郡三条町(現・三条市)で県連最初の協議会を開く(参加者20余名)。(冨板敦)〔文献〕『農民自治』8・9・臨時号1927.3・4・10，『農民自治会内報』2号1927，竹内愛国「農民自治会」『昭和2年版解放運動解放団体現勢年鑑』解放社1927，大井隆男『農民自治運動史』銀河書房1980

川口 慶助 かわぐち・けいすけ ?-? 福岡県生まれ。別名・慶介，K介 福岡で横田涼次郎の影響を受け，1914(大3)年2月上京。堺利彦宅に寄宿し大杉栄，荒畑寒村らのサンジカリズム研究会に参加する。15年12月下関重砲兵第5連隊に入営，17年11月帰休除隊で帰郷。その後上京，労働運動社に出入りする。19年9月望月桂が開いた革命芸術茶話会(12月黒耀会と改名)に参加。21年5月9日社会主義同盟第2回大会で検束。22年8月幻のアナキスト同盟準備会に終わった会合の設営に尽力する。大杉虐殺後も労働運動社に拠り第4次『労働運動』を支えた。黒連に加盟，『自連新聞』にも執筆する。百瀬二郎，卜部哲次郎とともにアナ系の「居候の三名人」といわれ，クリスチャン的な言動をしたことからあだ名は「労運の神様」だった。31年6月宮越信一郎，佐藤栄らと国民解放社を組織し月刊誌『国民解放』を発行，国粋的農本主義に転じる。15年戦争中に死没。(冨板敦)〔文献〕『労働運動』2次12号1921.6，『ディナミック』30号1932.4，近藤憲二『一無政府主義者の回想』平凡社1965，『社会主義沿革』，小松隆二『大正自由人物語』岩波書店1988，寺島珠雄『南天堂』皓星社1999

川口 善一 かわぐち・ぜんいち ?-? 東京麹町に暮し1925(大14)年竹内圀衛らの「土を慕ふものの会」に加わる。同会が農民自治会に合流，発展的に解消すると農自全国連合に参加。26年4月17日の農治全国委員会，5月17日東京基督教青年会館で開かれた農自の委員会に出席。新潟県代表の農自全国連合委員を高橋友次郎，山本潔とともに務める。7月16日の農自小委員会では宣伝・組織・連絡担当に選出される。10月14日の委員会にも参加。この頃，豊多摩郡杉並町(現・杉並区)馬橋に暮していた。27年には農自の常務委員となり編集・出版担当兼，庶務・会計・代弁担当委員に選ばれる。28年5月農自の組織再編の際には鑓田研一と研究部担当常任委員にさらに庶務・会計・編集部担当委員にも選出される(他の庶務・会計・編集部の担当委員は鷹谷信幸，中野妙子，小山敬吾，瀬川知一良，延原政行，延原三郎，松本正枝，竹内政代，権正博，桑原政寿，斉藤三四三，中西伊之助)。(冨板敦)〔文献〕『土を慕ふものの会々報』1・4号1926.1・4，『農民自治』2-6・9・10・臨時・17号1926.5-11.27.4・6・10.28.6，『農民自治会内報』2号1927，竹内愛国「農民自治会」『昭和2年版解放運動解放団体現勢年鑑』解放社1927，渋谷定輔『農民哀史』勁草書房1970，大井隆男『農民自治運動史』銀河書房1980

川口 豊太 かわぐち・とよた ?-? 1919(大8)年東京神田区(現・千代田区)の三秀舎和文

科に勤め日本印刷工組合信友会に加盟する。(冨板敦)〔文献〕『信友』1919年10月号
川久保 米蔵 かわくぼ・よねぞう ?-? 芝浦製作所に勤め芝浦労働組合に加盟し，制御器分区に所属。1924(大13)年9月27日，同労組の中央委員会で同分区の中央委員に梅原愛義，松本啓次とともに選出される。(冨板敦)〔文献〕『芝浦労働』2次2号1924.11
川越 勲 かわごえ・いさお ?-? 新聞工組合正進会に加盟し1924(大13)年夏，木挽町(現・中央区銀座)本部設立のために50銭寄付する。(冨板敦)〔文献〕正進会『同工諸君!! 寄附金芳名ビラ』1924.8
川越 太郎 かわごえ・たろう ?-? 1919(大8)年東京京橋区(現・中央区)の築地活版所文選科に勤め活版印刷工組合信友会に加盟する。(冨板敦)〔文献〕『信友』1919年8月号
川越 義長 かわごえ・よしなが ?-? 1919(大8)年東京神田区(現・千代田区)の三省堂印刷部欧文科に勤め活版印刷工組合信友会に加盟する。(冨板敦)〔文献〕『信友』1919年8・10月号
川崎 彰彦 かわさき・あきひこ 1933(昭8)9.27-2010(平22)2.4 軍医の父の赴任地だった群馬県で生まれる。1947(昭22)年頃，啄木の心酔者となり同人誌『ヴ・ナロード』を発刊する。51年八日市高校3年の時，学校新聞に「朝鮮から手を引け!」と書き学校の秩序を乱したとして退学処分を受ける。53年早稲田大学露文科に入学。クラスメートに五木寛之，松岡親児，後輩に三木卓がいる。55年五木，野川洸，高杉晋吾らと『月報・現代芸術』を発刊。58年北海道新聞社に入社。66年最初の著作『五稜郭物語』を刊行。翌年北海道新聞社を退社して大阪茨木市に移住する。この頃より本格的に執筆活動をする。68年小野十三郎の大阪文学学校のチューターとなる。70年同人雑誌『燃える河馬』創刊。84年同人雑誌『黄色い潜水艦』創刊。2010年に76歳で亡くなるまでに81年と89年の二度の脳溢血を乗り越えて執筆を続けた。交遊関係は広く小沢信男を始めとして小島輝正，寺島珠雄，高木護など多彩をきわめ，作家としてデカダンス且つアナキスティックに生きた。(久保田一)〔著作〕『まるい世界』構造社1970，『わが風土抄』編集工房ノア1975，『虫魚区』編集工房ノア1980，『夜がらすの記』編集工房ノア1984，『蜜蜂の歌』海坊主社1919，『ぼくの早稲田時代』右文書院2005〔文献〕『函館勤労者文学』1960-1964，『新日本文学』1970-1982，『虚無思想研究』13・17号1997・2001，『山魚狗』10号1994，『CABIN』2号2000，『大和通信』創刊号1994-80号2008

川崎 市太郎 かわさき・いちたろう ?-? 印刷工として1919(大8)年活版印刷工組合信友会に加盟し活動する。(冨板敦)〔文献〕『信友』1919年8月号
川崎 えつ かわさき・えつ ?-? 1919(大8)年東京京橋区(現・中央区)の築地活版所仕上科に勤め日本印刷工組合信友会に加盟する。(冨板敦)〔文献〕『信友』1919年10月号
川崎 亀太郎 かわさき・かめたろう ?-? 1919(大8)年東京神田区(現・千代田区)の三省堂印刷部印刷科に勤め活版印刷工組合信友会に加盟する。(冨板敦)〔文献〕『信友』1919年8・10月号
河崎 孝 かわさき・たかし ?-? 1919(大8)年東京京橋区(現・中央区)の秀英本舎文選科に勤め日本印刷工組合信友会に加盟する。(冨板敦)〔文献〕『信友』1919年10月号
川崎 長太郎 かわさき・ちょうたろう 1901(明34)11.26-1985(昭60)11.6 神奈川県足柄下郡小田原町に三代続く魚商の長男として誕生。新聞配達をしながら小田原中学に入学するも，古田徳次郎ら友人の影響で文学の世界にのめり込む。図書館の蔵書を毀損した結果，1年足らずで中学を放校処分となり家業を継ぐ道を強いられるが，民衆詩人・福田正夫に親近することで民主的な思想や民衆詩の洗礼を受け，福田主宰の後期『民衆』に抒情的な詩を数篇発表。そこには庶民の生活の厳しさに裏打ちされたリリシズムが漂う。アナーキスト・加藤一夫が小田原に来てからは彼に接近し，クロポトキンの著作を読む等，そのアナーキーな思想から大きな影響を被る。社会主義文藝雑誌『シムーン』(『熱風』)や山田清三郎編集の『新興文学』，加藤主宰の『自由人』等に詩や評論を精力的に発表。革命家たらんとする意気に燃え無軌道な生活や行動にも進み出る。1923(大12)年には萩原恭次郎・岡本潤・壺井繁治らと詩誌『赤と黒』を創刊(誌名は長太郎の発案)。「激越なアナーキスト詩人」として伝統や因習を破壊する芸術革命的な現

代詩の創造に先鞭をつける。しかし関東大震災を境に所謂左翼的な活動とは一線を画し，文学者として私小説を書き続けるという終生変わらぬ人生行路に一人入った。25年には『新小説』に文壇的処女作「無題」を発表。小田原と東京を行き来し，29年3月古田との関係で川合仁を知り新聞文芸社に1号社員(給仕)として勤めたこともある。徳田秋声や宇野浩二から私小説の骨法を学びつつ『路草』(1934)『裸木』(1939)等の創作集を刊行。徴用で父島に送られるという厳しい戦争体験を経た後，戦後は物置小舎に住む孤独な己の赤裸々な生存と娼婦との交情を描いた『抹香町』(1954)『伊豆の街道』(同)の刊行によって，私小説家としては異例な社会的注目を集める。その後も軽い脳出血に伴う右半身不随と粘り強く闘いながら左手一本で作家活動を継続し，アナーキスティックな思想の小説の実践を貫いた。(黒川洋・齋藤秀昭)〔著作〕『路草』文庫書林1934，『抹香町』大日本雄弁会講談社1954，『歩いた路』河出書房新社1981，『川崎長太郎自選全集』全5巻・1980〔文献〕保昌正夫『川崎長太郎抄』港の人1997，復刻版『赤と黒』冬至書房1963，川合仁『私の知っている人達』藤書房1970，古田徳次郎『潮流と単騎』『回想・川合仁』同刊行会1975

川崎 恒夫 かわさき・つねお　1905(明38)-1978(昭53)　別名・プッペ，川上恒夫　25年9月三科の第2回展に参加。コラージュ「売笑婦」を寄せたほか巨大な門塔を制作して展示する。門塔はマヴォと都市動力建設同盟(ネオ・ダダイズムとネオ・マヴォイズムを標榜した団体)の共同制作とされ，制作者は川崎のほか村山知義，岡田竜夫，田河水泡，戸田達雄，柳川槐人，富永郁だという。34年独力でマリオネットを作り試演。敗戦後は46年人形劇団くるみ座の創立に参加，日本人形劇人協会の常任理事をつとめる。フランス人形制作者として活躍し文明堂のテレビCMのマリオネットは有名。(冨板敦)〔著作〕『フランス人形のやさしい作り方』雄鶏社1956〔文献〕五十殿利治『大正期新興美術運動の研究』スカイドア1998，五十殿利治・菊屋吉生・滝沢恭司・長門佐季・野崎たみ子・水沢勉『大正期新興美術資料集成』国書刊行会2006

川崎 春二 かわさき・はるじ　1891(明24)3.6-1969(昭44)8.27　別名・春次，春治　茨城県久慈郡西小沢村堅盤(現・常陸太田市)に生まれる。茨城師範学校を卒業後，県下の小学校の教員をつとめる。その後早稲田大学入学。同郷の野口雨情の紹介で生田長江に師事し伊福部隆彦，杉山平助とともに長江門下の三羽烏と呼ばれた。犬田卯，住井すゑを知る。自由人連合，暁民会に加わり1920(大9)年日本社会主義同盟に加盟。21年5月9日同同盟第2回大会に参加し検束される。22年『種蒔く人』に小説「鉄鎖を断つ」，アナ派文芸誌『シムーン』に評論「里見弴を論ず」，『熱風』(『シムーン』改題)に評論「吉田絃二郎論」を執筆する。両論文は，芸術というものが「人間の創造である以上，自然と人生の目的に添はないものが何の意味をなさう。」と問いかけ，「現代の作家，批評家の大多数が，意識的にか無意識的にかともかく，人間生活の立直しを否定するかのやうな言動に出て，恬然たるのみならず，却つてそれが芸術に対する本質的精進だといふ風な見解をしてゐるのが，あまりに不思議でたまらない。」という立場から批判を加えたものである。すなわち，里見については「作品を一貫するものは，ごまかしの技巧と臆病なエゴイズムとであ」り，ただ「まごころ」だけに拠る無思想を露呈しており，吉田については，「泣き芸術」「献欷の名手」という名称を与え，すべての物語を「センチメンタリズムの奴隷」となって感情的に仕立て上げると指摘している。26年日本プロレタリア文芸連盟に加わる。晩年は城郭史の研究に専念した。娘の川崎七瀬は東北帝大在学中，女性として初めて治安維持法で起訴収監された。(冨板敦・大和田茂)〔文献〕『労働運動』2次12号1921.6，『警視庁思想要注意人名簿(大正10年度)』，奈良達雄『文学の先駆者たち』あゆみ出版1998

川崎 秀夫 かわさき・ひでお　⇨富田常雄とみた・つねお

川崎 政吉 かわさき・まさきち　?-?　東京機械工組合のメンバー。1927(昭2)年10月2日深川区猿江裏町(現・江東区)の広得亭で開かれた同労組の深川支部発会式並びに記念講演会で議長を務め経過報告を述べる。(冨板敦)〔文献〕『反政党運動』4号1927.10

川崎 勇蔵 かわさき・ゆうぞう　?-?　日立従業員組合のメンバー。1926(大15)年9月15

日臨時工を理由に木村新之助，佐藤利一とともに突然解雇される。45日間の争議の末10月29日解決金7000円で終結。組合は惨敗を宣言した。(冨板敦)〔文献〕『自連』6号1926.11

川路 柳虹 かわじ・りゅうこう 1888(明21)7.9-1959(昭34)4.17 本名・川路誠。東京に生まれる。中学時代から文学に関心を持ち『中学世界』などに投稿。1907(明40)年9月河井酔茗の主宰する詩草社の機関誌『詩人』(4号)に自然主義精神に裏づけられた口語自由詩の「塵溜(はきだめ)」などを発表し注目を浴びる。10年9月処女詩集『路傍の花』(東雲堂)を発刊。口語のリズムで書かれた口語自由詩を収録した最初の詩集。13年東京美術学校(現・東京芸術大学)日本画科卒業。翌年第2詩集『かなたの空』(東京堂)を発刊。16年柳虹は曙光詩社を設立。同年11月柳虹が編輯兼発行者となり曙光詩社詩集として『伴奏』(第一輯)を発行。17年11月まで第5輯を発行。18年2月月刊雑誌『現代詩歌』を創刊。未来派詩人の平戸廉吉，アナキスト詩人の萩原恭次郎などがこの『現代詩歌』で活躍。同年柳虹は『勝利』(曙光詩社)を発刊。21年『曙の声』(玄文社)を発刊。27年外遊。パリ大学にて東洋美術史を学び帰国後，美術評論家としても活躍。30年1月田中五呂八主宰の新興川柳誌『氷原』(第48号)に「新諷刺としての川柳」を発表し「本来の川柳が持つ詩はサタイアの世界を極度に発揮した警句(エピグラム)の形式をとることが正しい」と「川柳サタイア論」を展開。『氷原』(第51号)でも「サタイア再言」と題して「純正なる詩的価値」をもつ「ポエジィ」を「サタイア」の一角から捉えた「人生」の「警句」を「川柳詩」と規定した。58年芸術院賞を受賞。享年70歳。(平辰彦)〔文献〕乙骨明夫『現代詩人群像 民衆詩派とその周圏』笠間書院1991, 坂本幸四郎『雪と炎のうた 田中五呂八と鶴彬』たいまつ社1977

川島 勝治 かわしま・かつじ ?-? 新聞工組合正進会に加盟し1924(大13)年夏，木挽町(現・東京中央区銀座)本部設立のために50銭寄付する。(冨板敦)〔文献〕正進会『同工諸君!! 寄附金芳名ビラ』1924.8

川島 かね かわしま・かね ?-? 1919(大8)年東京京橋区(現・中央区)の築地活版所〔和文〕解版科に勤め日本印刷工組合信友会に加盟する。(冨板敦)〔文献〕『信友』1919年10月号

川島 かよ かわしま・かよ ?-? 1919(大8)年東京京橋区(現・中央区)の英文通信社印刷所文選科に勤め日本印刷工組合信友会に加盟する。(冨板敦)〔文献〕『信友』1919年10月号

河島 酵三 かわしま・こうぞう ?-? 1919(大8)年東京京橋区(現・中央区)の築地活版所漢字仕上科に勤め日本印刷工組合信友会に加盟する。(冨板敦)〔文献〕『信友』1919年10月号

川島 甚一 かわしま・じんいち 1901(明34)-? 埼玉県入間郡水円社の組織者で，同県の農民自治会運動にも積極的に参加し同会全国連合委員にもなる。28年3月に大里郡で大田村農民自治会が発会するに際して文化講演会が開かれたが中西伊之助，犬田卯，鑓田研一らとともに講演をした。同年秋には渋谷定輔とともに農民自治会運動を広めるべく県下をまわった。(小林千枝子)〔文献〕渋谷定輔『農民哀史・上下』勁草書房1970, 小林千枝子「教育運動としての農民自治会」『信州白樺』59・60合併号1984

河島 真二 かわしま・しんじ ⇨三崎良一 みさき・りょういち

川島 清一 かわしま・せいいち ?-? 1919(大8)年東京本所区(現・墨田区)の凸版印刷会社差換科に勤め活版印刷工組合信友会に加盟する。(冨板敦)〔文献〕『信友』1919年8月号

川島 忏司 かわしま・せんじ 1876(明9)6-1917(大6)5.7 千葉県山武郡日向村(現・山武市)に生まれる。1898年中央大学の前身東京法学院を卒業，99年弁護士となる。黒岩涙香の社会改革運動である理想団に弁護士として花井卓蔵らと参加。刑事法に関する多くの論文を執筆，のち東京市会議員となり衆議院議員に立候補するも落選，40歳の若さで亡くなる。新村善兵衛の獄中手記に「そもそも力を尽くせしは川島弁護士の六時間に渡りし弁論義理明白唯々感に堪へたり」とある。(手塚登士雄)〔文献〕森長英三郎『日本弁護士列伝』社会思想社1984

川島 てふ かわしま・てふ ?-? 1919(大8)年東京神田区(現・千代田区)の三省堂印刷部解版科に勤め活版印刷工組合信友会に加盟。同年10月頃，同社を退社する。(冨板敦)〔文献〕『信友』1919年8・10月号

川島 徳次 かわしま・とくじ ?-? 印刷工，信友会のメンバー。1924(大13)年7月19日信

友会が正進会との合同を決めた神田松本亭での信友会臨時大会で，欧文部の理事に選出される。（冨板敦）〔文献〕『印刷工連合』15号1924.8，水沼辰夫『明治・大正期自立の労働運動の足跡』JCA出版1979

川島 平十郎 かわしま・へいじゅうろう ⇨沢口忠蔵　さわぐち・ちゅうぞう

川島 松五郎 かわしま・まつごろう ?-? 東京府水平社のメンバー。1926（大15）年3月長野県臼田警察署差別事件闘争を東京水平社の深川武，平野小剣，川島松蔵らと支援する。同年11月16日京都東七条郷ノ町西方寺での東七条水平社解放連盟創立大会で登壇し政治運動論に反駁演説。12月3日長野県北佐久郡小沼水平社の創立を支援する。（冨板敦）〔文献〕『自由新聞』4号1926.5，『全国水平新聞』1号1927.7

川島 松蔵 かわしま・まつぞう ?-1937（昭12）8　福岡県早良郡内野村（現・福岡市）に生まれる。上京し深川武宅に下宿し，深川の世話で時事新報社に印刷工として勤務。東京水平社に参加し26年長野県臼田警察署差別事件闘争を支援。27年1月23日アナ派の長野県小県水平社創立大会に深川と参加，高橋くら子と出会った。その後上京した高橋と結婚。37年時事新報社の第2次労働争議で馘首される。池貝鉄工所に再就職し初出勤日に機械に巻き込まれた同僚を助けようとして感電死した。（奥沢邦成・冨板敦）〔文献〕柴田道子『ひとすじの光』朝日新聞社1976，「東京水平社関係史料集」『東京部落解放研究』8・9合併号1977，東栄蔵『伊藤千代子の死』未來社1979，水平博物館編『全国水平社を支えた人びと』解放出版社2002

川島 元治 かわしま・もとはる ?-? 1919（大8）年東京神田区（現・千代田区）の三省堂印刷部欧文科に勤め活版印刷工組合信友会に加盟。信友会の会計係を永井銈造，里見幸吉と担う。20年初めころ大阪の三誠社に移るが21年末には東京に戻り芝区（現・港区）の日本印刷興業株式会社に勤めていた。（冨板敦）〔文献〕『信友』1919年8・10月号，1920年1・2・3月号，1922年1月号

川島 芳之助 かわしま・よしのすけ ?-? 新聞工組合正進会に加盟し1924（大13）年夏，木挽町（現・中央区銀座）本部設立のために2円寄付する。（冨板敦）〔文献〕正進会『同工諸君!! 寄附金芳名ビラ』1924.8

川島 米治 かわしま・よねじ ⇨沢口忠蔵　さわぐち・ちゅうぞう

川尻 なか かわじり・なか ?-? 1919（大8）年東京神田区（現・千代田区）の三秀舎に勤め日本印刷工組合信友会に加盟する。（冨板敦）〔文献〕『信友』1919年10月号

川隅 鼎三郎 かわずみ・ていさぶろう ⇨厚田正二　あつた・しょうじ

川瀬 松太郎 かわせ・まつたろう ?-? 保険新報社に勤め新聞工組合正進会に加盟。1920（大9）年機関誌『正進』発行のために5円寄付する。（冨板敦）〔文献〕『正進』1巻1号1920.4

河田 賢治 かわた・けんじ 1900（明33）1.1-1995（平7）12.17　別名・透　京都府与謝郡岩滝村（現・与謝野町岩滝）生まれ。12年舞鶴海軍工廠給仕をはじめ何度かの転職後，17年上京し19年日本鉄工旋盤工となり労働組合運動に参加，横石信一らと友愛会東京鉄工組合深川支部を組織。大崎町居木橋に居住。20年から22年頃までの労働組合運動はサンジカリズムの全盛期で，河田も山本懸蔵，高田和逸らとその影響下にあった。その後野坂参三や山本らと総同盟内左翼グループを結成，サンジカリズムからボルシェヴィズムに転換する。総同盟分裂後，25年評議会中央委員，関西地方委員会オルグメンバーとして大阪で活動。共産党創立時に入党，3.15事件で検挙，懲役10年の判決を受け服役。戦後は共産党の幹部として活動した。（北村信隆）〔著作〕『夜明けをめざして』京都民報社1968，「造語と労働者」『同胞』1921.3，「偶感」『ナロオド』1921.8，『大衆闘争と工場班』大阪労働問題研究所1927，『夜明けをめざして』京都民報社1968・追悼文集編集委1997〔文献〕近藤憲二「日本労働総同盟・関東大会の記」『労働運動』3次7・13号1922.9・23.4・4次7号1925.1，野口義明『無産運動総闘士伝』社会思想研究所1931，『大阪社会労働運動史・上』

河田 嗣郎 かわた・しろう 1883（明16）4.22-1942（昭17）5.21　別名・冰谷　山口県玖珂郡伊陸村（現・柳井市）生まれ。山口高校で戸川秋骨を知る。07年徳富蘇峰に見出され国民新聞社入社。翌年京都大学講師嘱託となる。10年『婦人問題』（隆文館）を著し発禁。12年ヨーロッパ留学先で島崎藤村と知り合う。その後京大総長沢柳政太郎免官と

総長互選制確立などに取り組む。17-18年月刊『社会改良』をはじめ次々に労働問題を論じて寄稿。翌19年2月米田庄太郎とともに大原社会問題研究所(大阪)の創設に参画、翌20年評議員に選任。18年7月から米田と『経済論叢』(7巻1号1918.7)に「さんぢかりずむ概論1-3」を連載(山鹿泰治はこれを骨子に『サンジカリズム』というパンフレットを作成)。同年『労働運動』1次5号(1920.4)に「労働運動と国家」を寄稿。25年12月京都学連事件第1次検束に対して京大経済学部教授団の一員として研究の自由擁護の抗議声明(意見書)に名を連ねる。大正から昭和の京大経済学部で河上肇らと進歩的気風を強めた。28年大阪商科大学初代学長。活動は学内にとどまらず労働者教育に講師や顧問となって力を入れた。自由主義者で農政や家族制度など論究は幅広く著書が多い。(北村信隆)〔著作〕『田舎の荒廃』『労働運動』3次2号1922.2, 『社会問題体系』全8巻有斐閣1924-35〔文献〕糸屋寿雄『日本社会主義運動思想史』法大出版局1979, 住谷・高桑・小倉共著『京都地方学生社会運動史』京都府労働経済研究所1953, 『京都帝国大学学生運動史』昭和堂1984, 『労働運動』2次1号1921.1.29, 『大阪社会労働運動史・上』

川田 岩蔵 かわだ・いわぞう ⇨藤岡亀吉 ふじおか・かめきち

川田 園吉 かわだ・そのきち ⇨藤岡亀吉 ふじおか・かめきち

川奈 錠作 かわな・じょうさく ?-? 1919(大8)年東京牛込区(現・新宿区)の秀英舎(市ヶ谷)欧文科に勤め活版印刷工組合信友会に加盟する。(冨板敦)〔文献〕『信友』1919年8・10月号

川名 寿 かわな・ひさし ?-? 1919(大8)年東京牛込区(現・新宿区)の日清印刷会社石版科に勤め活版印刷工組合信友会に加盟する。同社同科の組合幹事を林要と担う。(冨板敦)〔文献〕『信友』1919年8月号

川仁 宏 かわに・ひろし 1933(昭8)6.19-2003(平15)2.5 別名・穴木照夫 新宿区大久保百人町に生まれる。慶応大学仏文科卒業。中学生の頃『平民新聞』を目にする。50年代浅草、新宿のアンダーグラウンドシーンに出没。60年以後谷川雁の大正行動隊の支援に山口健二らと参加し後方の会を結成。今泉省彦らと美術雑誌『形象』『機関』を刊行。「火炎ビンの作り方」などを掲載。赤瀬川原平、高松次郎、中西夏之らのハイレッド・センターのパフォーマンスにも参加。赤瀬川の1000円札裁判で事務局長をつとめ法廷をハプニングの場にする。65年日韓闘争に向けての東京行動戦線に参加。66年ベトナム反戦直接行動委員会の行動と裁判を支援。その後現代思潮社に入社し秋山清, 稲垣足穂, 中村宏, 唐十郎らの著作を手がける。69年今泉の協力を得て美学校を創設。80年代は前衛ミュージシャン、舞踏家、美術家と競演。02年パーキンソン病と闘いながら千野秀一とライブ活動を再開。(高野慎三)〔著作〕「戦後の位相」『東京行動戦線』2号1965.6,「爆発物のまねび」同3号1965.8,「政治前衛と芸術前衛の接点『直接行動』」『叛』4号1998,「笑顔がよかった斎藤カズ君」『でもわたしには戦が待っている』風塵社2004

川延 松太郎 かわのべ・まつたろう ?-? 1933(昭8)年10月に創刊された尾村幸三郎編集のアナ派短歌誌『主情派』の同人となる。「横浜の純粋な文学ボーイ、有隣堂の会合では、彼の若い歌論を聞いたことも何回かあった」(尾村)。(冨板敦)〔著作〕『新しい家族』(共著)1933〔文献〕小倉三郎『私の短歌履歴書』ながらみ書房1995

川端 菊次郎 かわばた・きくじろう ?-? 1919(大8)年東京神田区(現・千代田区)の三秀舎印刷科に勤め日本印刷工組合信友会に加盟する。(冨板敦)〔文献〕『信友』1919年10月号

川端 孝吉 かわばた・こうきち ?-? 1919(大8)年東京本所区(現・墨田区)の凸版印刷会社文選科に勤め日本印刷工組合信友会に加盟する。(冨板敦)〔文献〕『信友』1919年10月号

川端 新太郎 かわばた・しんたろう ?-? 別名・真太郎 上毛印刷工組合理事。1927(昭2)年9月18日前橋市才川町演芸館で開かれた上毛印刷第4回大会で司会を、28年9月16日同館での第5回大会で議長をつとめる。(冨板敦)〔文献〕『自連』8・17・28号1927.1・10・28.10

川端 正浩 かわばた・せいこう ?-? 坑夫組合九州連合会、九州一般労働組合のメンバー。直方小学校校庭に不穏文書がまかれたことを理由に1928(昭3)年11月27日奥村、鄭、斎藤、岡島とともに直方警察署に拘引される。12月19日不起訴釈放となるがすぐに福岡警察署に拘引、同月30日には直方署

に再送された。(冨板敦)〔文献〕『自連新聞』32号1929.2

川畑 幸寿 かわばた・ゆきひさ 1902(明35)頃-? 鹿児島県大島郡(奄美大島)名瀬町(現・名瀬市)生まれ。20年代に法政大学中退、三重県下で農民運動を展開する。同地で自殺した。上京して中学を卒業し法大に入学したものと思われるが不詳。どうして三重県下の農民運動に参加したのかなどについても不詳。(松田清)

河原 常一 かわはら・つねかず ?-? 1919(大8)年東京京橋区(現・中央区)の福音印刷会社和文科に勤め日本印刷工組合信友会に加盟する。(冨板敦)〔文献〕『信友』1919年10月号

川辺 常三 かわべ・つねぞう ⇨富山欣次とみやま・きんじ

川辺 早雄 かわべ・はやお 1912(明45)-? 兵庫県揖保郡越部村下野田(現・たつの市)生まれ。尋常小学校卒業後、26年神戸の三友工作所に入り三木滋二にすすめられて長沢清、笠原勉らから『自連新聞』を借りて読みアナキズムに共鳴する。27年秋同所解散のため失職しその後は明治製菓出張所を経て三菱造船所の臨時雑役夫として働く。28年頃林田警察署に検挙される。31年頃からは結核のため療養生活を送る。35年末頃無共党事件で検挙されるが不起訴。(冨板敦)〔文献〕『身上調書』

川又 常夫 かわまた・つねお 1902(明35)-? 別名・川俣 25年に結成された自由労働相互会に加わり26年3月関東自由労働者組合連合の結成に関わる。同月白昼抜刀したとして相互会の伊ండ豊太郎、宮崎秀人、加藤利造と大崎署に拘留29日。27年常磐一般労働者組合に加盟、6月茨城で寺田義一と『平民評論』を創刊、発禁となる。これを配布したとして新聞紙法違反で罰金50円。7月水戸連隊区で質問したところ憲兵隊に拘引、宇都宮市外の衛戍刑務所へ護送される。28年東京印刷工組合に加盟し和文部に所属、東印第5回大会で8時間労働促進の件について提案理由説明を行う(可決)。同年延島英一、和田栄太郎らとともに純正アナ派の黒連、全国自連から脱退。その後右傾化し32年和田や大久保卯太郎らとともに新国家同盟の設立に関わる。(冨板敦)〔文献〕『黒色青年』2・11・18号1926.5・27.8・28.9、『自連』2・16・21・22号1926.7・27.9・28.2・3、『思想輯覧2』、『司法研究報告書集・19輯11』司法省調査課1935

河村 喜助 かわむら・きすけ ?-? 1919(大8)年東京京橋区(現・中央区)の福音印刷会社文選科に勤め日本印刷工組合信友会に加盟する。(冨板敦)〔文献〕『信友』1919年10月号

川村 さと かわむら・さと 1878(明11)11.30-1933(昭8)8.20 富山県滑川市猟師町に生まれる。18年8月富山の米騒動(滑川地区)で活躍。一男一女の母として漁業の手伝いをしていた川村は騒ぎが水橋町から滑川に拡大波及した5日、自らがリーダーシップを取り主婦らを結集して米商、米肥会社、資産家に対して米の値下げを訴える。6日滑川役場に押しかけ陳情ののち他県への米の積み出し船の出航を実力で阻止。さらに水橋町から押し寄せた群衆と合流して金川倉庫を取り巻くなど決起行動の先頭に立つ。『大阪朝日』は「女軍いよいよ猛る。またも現はれた新軍団」と報じたが、さとは「物事に感じ易く、義憤に燃える正直者」であったと伝えられている。(西村修)〔文献〕高井進『富山県女性史』桂書房1988、井上清・渡部徹『米騒動の研究1』有斐閣1995

川村 直吉 かわむら・なおきち ?-? 別名・河村 横浜印刷工組合のメンバー。1924(大13)年11月16日前橋市東家での上毛印刷工組合三山会発会式に参加。27年2月20日東京京橋の読売新聞社講堂での東京印刷工組合第4回大会で横印を代表して祝辞を述べる。4月10日関東自連第2回大会で横印を代表して情勢報告を述べる。この日会場として予定されていた月見楼は警察の弾圧により使えなくなったため、会場を変更し芝浦埋立地のサムライクラブで開催された。(冨板敦)〔文献〕『印刷工連合』19・23号1924.12・25.4、『自連』9.10・12号1927.3・5、水沼辰夫『明治・大正期自立的労働運動の足跡』JCA出版1979

河村 儀弥 かわむら・よしや 1897(明30)6.4-? 別名・義弥、儀哉 石川県金沢市上石引町に生まれる。足尾銅山に坑夫として働き、1919(大8)年大日本鉱山労働同盟会に参加し騒擾罪で検挙され入獄。20年11月仮出獄後は北豊島郡巣鴨町(現・豊島区巣鴨)の福田秀一宅に住み日本社会主義同盟に加盟。21年頃、麹町区元園町(現・千代田区麹町)に移り、東京北郊自主会に出入りし雑誌

記者をしていた。同年2月和田久太郎は『労働運動』に「福田〔秀一〕君はサンヂカリズム的の思想を有し，それ等の思想的影響を受けた幹部労働者には，京谷周一，高野松太郎，関谷博，河村義弥君などの，闘士があった。」と記す。（冨板敦）〔文献〕『労働運動』2次4号1921.2，『警視庁思想要注意人名簿(大正10年度)』

河本 乾次 かわもと・かんじ 1898(明31)4.28-1982(昭57)7.14 大阪市東区(現・中央区)谷町生まれ。家業は落花生卸商。北区第一盈進高等小学校卒業後，見習旋盤工，新聞配達，人力車夫などをしながら釜ケ崎や天六を転々とし文芸同好会や近松門左衛門研究発表の会に出席。米騒動の頃『我等』を愛読，長谷川如是閑の反政治的，反権力的論説に関心。また石川三四郎の『哲人カアペンター』を読み後記記載の「石川が花井卓蔵邸宅で語った受難の思い出」記事に胸打たれ，石川が社会運動への手引の人となる。19年1月上京，新聞配達や臨時郵便夫をしながら上野図書館で独学。五反田のかつての自由民権運動家榎本栄州の光風学舎に入舎宿泊，老荘などを説く弁舌に魅了される。社会主義への関心を増幅させ同年築地の川崎屋での労働問題演説会，山崎今朝弥の平民大学講演会を聴講し，山川均，堺利彦，荒畑寒村の労働組合研究会，20年5月加藤一夫の自由人連盟発会式，同年6月近藤憲二らの北風会，8月平民大学第2回夏期講習会などに参加。同月11日山崎宅の集会で望月桂，和田久太郎らと愛宕署に検挙され，9月社会主義同盟準備会参加を理由に星製薬大崎工場を解雇。10月五反田倶楽部での社会主義同盟創立宣伝演説会準備を星製薬で知り合った上田茂樹と二人で行い品川署に検束。21年1月蝶々料理店従業員となり，2月この店の経営者大和民労会長の河合德三郎暗殺計画や衆議院門前爆弾設置の容疑で警視庁に引致，20日間の拘留ののち証拠不十分で釈放。同年2月頃健康を害して帰阪する。この間自由人連盟で中浜哲を，建設者同盟集会で古田大次郎を知る。同年4月南海電鉄に入社，駅夫からのち車掌になる。22年京都での全国水平社の創立大会で祝辞，翌年の第2回大会にも出席。24年西部交通労働同盟加入，同年5月南海電鉄阪堺線争議を支援。7月大阪市電大争議を機に本線と高野線従業員で南海同志会を結成，同時に同志会内の戦闘的活動家を中心に先駆者同盟を結成，のち南海先駆社同盟と改称。争議終結後の9月河本ら先駆者同盟の活動家は解雇された。25年1月木本凡人宅で幸徳秋水追悼会が開かれ，その後大阪のアナ系の人々との交流が始まる。同年10月結成された大阪交通労働組合に加入，遠藤喜一を知る。12月中浜哲の『黒パン』出版記念会(新世界のいろは食堂)や同じ頃高尾平兵衛追悼会(天王寺公園の茶亭)に参加。26年4月早稲田大学生の桑田次郎編『南海の労働運動史』の発行に協力。桑田の発行した中西伊之助のパンフレット『政治運動と経済通勤』は当時の大阪地方のサンヂカリズム宣伝に役立ったといわれる。同年春頃『七道より』を発行。6月関西黒旗連盟の創立に南海先駆者同盟として参加。翌7月遠藤と交通労働者を中心とするアナキズム研究の自由思想研究会を組織。同じ頃泉州純労働者組合を結成し関西労働組合自由連合会に加盟。27年1月からは中西の農民自治会大阪地区の連絡事務所(大阪府連)も担当。同年10月創刊の『関西自由新聞』に協力，翌11月遠藤らの大阪交通産業労働者組合に加入，同月全国自連第2回大会に参加。28年4月泉州純労働組合，関西紡績労働組合を解体し，大阪合成労働組合の残留組や平井貞二，三世重次らと大阪黒色一般労働組合を結成し8月全国自連に加盟。29年2月遠藤らと大阪地方労働者組合結成。この頃体を壊して自宅静養。当時南海先駆者同盟の同志は15人，無首領社(3人)の連絡責任者も兼ねる。30年2月頃高知で「反政治運動」中，平井らと検束。31年3月『アナルキズム研究』，同年8月遠藤と協力して雑誌『自由連合』を発行(創刊の編集印刷発行人は遠藤，河本はのちに発行人となる)。32年5月上野克己の国際評論社で池田一夫らと『民衆の解放』や『国際評論』を発行。同年9月南海一般労働組合を創立。33年7月久保譲らと関西自連と関西自協との合同に努力し『自主労働者』を発行する。自協関東地協の時期尚早態度声明で立ち消えたが，翌34年1月「自協解消声明」が出され3月18日の自連・自協合同まで自連側委員として尽力。そのほか泉州漁農労働組合の連絡所も引き

受けた。敗戦後46年大阪府従業員組合および府労働組合連合会の執行委員として活躍。47年大阪府土木部直備労働組合結成、日本労働組合会議に参加。58年アナ連盟加入。61年2月『自由思想』（大逆事件特集号）や高島洋編『労働運動』をはじめ各雑誌への寄稿はきわめて多く自由連合主義への情熱は最期まで続いた。82年10月11日太融寺で河本乾次追悼集会がもたれた。蔵書は大阪社会運動協会図書室に河本文庫として収められた。（北村信隆）〔著作〕「南海沿線の社会問題」桑田次郎編『南海の労働運動史』南海先駆者同盟1916・復刻版クラルテ社1926,『南海同志会暗闘物語』クラルテ社1926,「大会に出席して」『関西自由新聞』1927.12.30,「大杉栄を憶ふ」『解放思潮』1930.10.25,「関西黒旗連盟の女性たち」『ヒロバ』5号1957.3,「私の歩いて来た道」同6号1957.7.1,「社会運動横町散歩1-10」『自由連合』1963.4-64.3,「大正時代の大阪」『イオム』5号1974.5,「『平民大学講演会』について」同7号1974.12,「日本の自由連合主義労働運動について」『ヒロバ』12号1959.2,「新宮と田辺」『自由連合』審美社1961.2.10,「『労働運動』誌における温故知新」『労働運動』1-4次完全復刻版・解説・黒色戦線社1973〔文献〕矢島茂明「石川君と河本君の追想」『南海公論』2巻7号1926.7,『自連』7・17・23・38・45号1926.12・27.10・28.4・29.8・30.3,「農民自治会内報」2号1927,「私鉄南海文学」5号1972,『アフランシ』34号1957.3,「労働運動」1-5号1960.2-9,「無政府主義運動」36・37・39・50・52・55号1961.12-67.4,「労働と解放」1966.5,「遠藤喜一と大阪交産労組」『ムーヴ』43・44号1963.10・67.4,『イオム』1-8号1973.3-75.5,『クロハタ』45号1959.9,『関西自由新聞』1-3号1927.10・11・12,『自由連合』82・86・90・92・95号1959.9-1964.1,「大阪社会労働運動史・上」

河本 正男 かわもと・まさお ?-? 別名・北晴美，北晴夫 1927（昭2）年9月津田出之，中島信，高橋勝之らと『羅列』を創刊する。同月『バリケード』に『羅列』の仲間とともに参加、中島と編集実務を担う。（冨板敦）〔文献〕『司法研究報告集・8集6』司法省調査課1928,秋山清『あるアナキズムの系譜』冬樹社1973,伊藤信吉『逆流の中の歌』泰流社1977

韓 夏雲 かん・かうん ハン・ハウン ?-? 1934（昭9）年6月大阪の関西自連が発行するハングル版ニュース『ウリトンム』（印刷発行人逸見吉三、1号の編集は韓国東）を編集。（堀内稔）〔文献〕『ウリトンム』1934.6

韓 何然 かん・かぜん ハン・ハヨン 1903.12.18-1960.3.26 別名・河鉉，河源，小竜善 朝鮮慶尚南道釜山出身で16歳の時両親に従って江原道淮陽に移住し火田民生活を送った。18歳の時元山仏教布教堂で経典を読み哲学や文学に没頭した。26年咸鏡南道元山で李郷，趙時元，柳愚錫らとアナキストグループをつくり秘密結社の本能児連盟を結成し、大衆的な青年団体である元山青年会を中心に思想啓蒙運動を行った。27年4月元山青年運動の単一化をめぐりアナキストグループと共産主義系青年たちが争闘（元山青年会事件），双方に死傷者を出し検挙されて咸興地方法院で懲役3年の刑を受けたが控訴し28年7月高等法院では無罪となった。同年日本に渡り東京で黒友連盟に加入，元心昌，鄭泰成らとともに機関誌『互助運動』の発行につとめ、崔福善らと自由青年連盟を組織して活動した。親日団体の相愛会や大同協会，共産系の朝鮮留学生学友会などと争闘、29年6月の学友会事件では懲役2年執行猶予4年の判決を受けた。30年4月に保釈され、32年には洪性煥とともに自由コンミュン社を設立し『自由コンミュン』紙を発行した。（堀内稔）〔文献〕『社会運動の状況1』，『韓国アナキズム運動史』，『自連新聞』48・70号1930.6・32.5

韓 晛相 かん・けんそう ハン・ヒョンサン 1900.5.8-1979 朝鮮全羅南道霊岩郡霊岩面板洞里生まれ。郷里で普通学校を卒業したのちソウルに出て中央学校に入学、在学中にメソジスト教会で洗礼を受け、卒業後神学校入学のため予備校に通っていたとき三・一独立運動に参加しようとして検挙され、植民地支配の矛盾に眼を開かれる。19年8月日本に渡航、精神運動社の伊藤証信の家に住み込み正則英語学校に通ううちに社会主義に接し社会主義同盟に加入、堺利彦や近藤憲二らのアナキストとも知り合う。21年夏一時朝鮮に帰り伝道生活しようとするがうまくいかず22年春再び来日，石田友治の紹介で平凡社の仕事を手伝いながら加藤一夫の自由人連盟に加入したり、朝鮮人の社会主義者グループとも交わるようになり、翌23年3月アナキストへの親近感から朴烈の黒友会に加入，朴烈が主宰した雑誌『現社会』（『太い鮮人』改題）には「欲求」と題する短い論文を書いた。同年9月の関東大震災で難を逃れたが10月に朴烈事件で検挙さ

治安警察法違反で起訴,翌24年6月母親の死亡で保釈され結局張祥重らとともに証拠不十分で予審免除となる。その後も隠れてアナキズム運動を続ける一方,キリスト教伝道師になろうと白十字会で働くようになり,26年頃からは信仰の道と白十字会での社会事業や結核問題に真剣に取り組む。39年には内部的軋轢から白十字を退職し賀川豊彦らが中心となっていた住宅の建て売り事業の建築ギルドに参加,敗戦までそこで働く。敗戦後ただちに朴の釈放運動を行い45年10月27日韓が身元引受人となり朴烈を出獄させる。しかし朴らの新朝鮮建設同盟には積極的には参加しなかった。(堀内稔)〔文献〕小松隆二「一在日韓国人の軌跡 65年の在日生活の聞き書き」『三田学会雑誌』78巻6号

韓　国東　かん・こくとう　ハン・グクトン　1913(大2)-?　別名・無想　朝鮮忠清南道論山郡連山面白石里生まれ。京城府立梅洞商業実習学校卒業後,京城法政学校夜間部に入学したが学資が続かず1年で中退。31年5月大阪に出て玉子商店の店員となり同年9月上京,東京市内の印刷工見習いを経て自由労働者となる。この頃『黒色戦線』を読み32年4月頃から全国自連事務所に出入りするようになり,同年11月頃から朝鮮東興労働同盟事務所に寄宿して組合運動に奔走する。34年4月再び大阪へ出て沖仲仕などをしながら大阪自由総合労働組合に加入,関西自連のハングル版ニュース『ウリトンム』を編集。また全国生活防衛同盟の組織運動をする。同年10月には全日本映画演劇従業員組合単一期成同盟を結成し教育出版部長兼常任書記となる(のち大阪本部常任書記)。同年11月東京での全国自連大会に関西地方代表者として出席,その際入江汎,田所茂雄に誘われて無共党に入党。35年1月入江,志岐義晴と同党関西地方委員会準備会を結成し責任者となる。7月に同党関西地方委員会の責任者となった。同年10月下旬に一時帰郷。同年末頃無共党事件で検挙されるが不起訴。(冨板敦)〔文献〕『ウリトンム』1934.6,『身上調書』,『無共党事件判決』,相沢尚夫『日本無政府共産党』海燕書房1974

神﨑　清　かんざき・きよし　1904(明37)8.31-1979(昭54)3.2　高松市生まれ。1928年東京帝大文学部卒業,在学中に新人会に加入。卒業後,木村毅,柳田泉らとともに明治文学談話会を設立,会務に携わり機関誌『明治文学研究』を発行。明治期の文学について研究会,資料発掘などを積極的に行った。談話会活動のなかで大逆事件についての知見を深め事件を解明するため資料収集・調査を始める。とくに沖野岩三郎のレクチャーを聞き,また軍国主義の戦時下で木下尚江が事件を「あれはムツヒトが自分の顔に泥をぬったようなものだ」と一言の下に語るのを聞いて「落雷に打たれたような」衝撃を受けたという。戦後間もなく官憲が隠匿していた幸徳秋水をはじめとする主要被告たちの獄中手記の流出をつきとめ,懇切な解説を付して50年『大逆事件記録Ⅰ 獄中手記』を刊行した。この獄中手記原本はその後また所在不明となったので,このときの刊行の意義と功績は大きい。その後,大逆事件訴訟記録全17冊の謄本をも入手,再審請求に備えて「大逆事件の真実をあきらかにする会」により順次復刻を始め(中断)たが,これらが61年の大逆事件再審請求の大きな基礎となった。また「証拠物写」の写真版をさきの「獄中手記」と併せて世界文庫から全三冊の『大逆事件記録』(1967)として刊行した。ほか竹内善朔の蒐集文献も譲り受けあらゆる方面の資料収集・聞取り等の渉猟を実施,その豊富な知見・資料蓄積を駆使しての著作として『革命伝説』上・下(中央公論社),『大逆事件』(筑摩書房),『実録幸徳秋水』(読売新聞社),『革命伝説』全4巻(芳賀出版),『大逆事件 幸徳秋水と明治天皇』全4巻(あゆみ出版,芳賀書店版の改題)などがある。79年死去,享年74歳。没後,名著の復刊を望む声も多く大逆事件100年記念出版として2010年大逆事件の真実をあきらかにする会監修『革命伝説 大逆事件』全4巻(子どもの未来社)が改訂新版として出版された。(大岩川嫩)〔著作〕『革命伝説』上・下中央公論社1963,『大逆事件』筑摩書房1964,『実録幸徳秋水』読売新聞社1971,『革命伝説』全4巻芳賀出版1968.6-1969.12,『大逆事件 幸徳秋水と明治天皇』全4巻あゆみ出版1976.12-1977.5芳賀書店版の改題,『革命伝説 大逆事件』全4巻子どもの未来社2010.10-12,ほか売春問題等をテーマとするドキュメンタリー著作も多数。〔編著〕『大逆事件記録Ⅰ 獄中手記』実業之日本社1950.6,『大逆事件記録』1967.2.5〔文献〕『大逆事件記録Ⅰ 獄中手記』解説,『革命伝説』あとがき,

他。

神崎 憲一 かんざき・けんいち ?-? 大逆事件の取り調べの過程で押収された大石誠之助，坂本清馬，新村忠雄の住所録に記載がある。1906(明39)年佐賀県唐津町旧城内(現・唐津市)に在住し『革命評論』を予約購読している。『革命評論』は宮崎滔天主宰で06年9月発刊され宮崎民蔵(滔天の兄)を中心とする土地復権同志会の機関誌も兼ねていた。（西山拓）〔文献〕『大逆事件記録2 証拠物写・上下』世界文庫1972，上村希美雄『『革命評論』と初期社会主義者』『初期社会主義研究』4号1990.12

神崎 順一 かんざき・じゅんいち 1882(明15)1.5-? 別名・沈鐘 大分県南海部郡東中浦町(現・佐伯市)生まれ。03年11月上京，平民社に住み込み勤務のかたわらドイツ語学校に学んだ。05年週刊『平民新聞』廃刊後は『新紀元』の発行などを手伝い，06年2月日本社会党の結成に参加。07年1月日刊『平民新聞』が創刊されると社員となり発送係を担う。この間石川三四郎らの影響を受け石川の求めに応じて同時期に刊行されていた『世界婦人』の印刷人，編集兼発行人となって同誌を支えた。日刊『平民新聞』廃刊後は議会政策派の『社会新聞』に移るがほどなく退社し『世界婦人』に専念。08年同誌28号の発禁で罰金40円の刑を受け退社。その後次第に運動を離れロシア文学の翻訳などを手がけた。（奥沢邦成）〔著作〕トルストイ『下僕の生活』(訳)平民書房1907

神崎 義太郎 かんざき・よしたろう ?-? 1919(大8)年東京麹町区(現・千代田区)の同労舎欧文科に勤め活版印刷工組合信友会に加盟する。（冨板敦）〔文献〕『信友』1919年8・10月号

ガンジー Gāndhī, Mohandās Karamchand 1869.10.2-1948.10.30 通称・マハトマ インドの藩王国の宰相の息子として生まれる。生家はヴァイシャのカースト。82年同じカーストの娘カストゥルバイと結婚。88年渡英。91年弁護士の資格を得て帰国。93年南アフリカに赴き人種差別の壁に直面し生涯の転機となる。99年南ア戦争にインド人野戦衛生隊を組織し英軍に協力。06年トランスヴァール政府の新アジア人登録法案に反対しサティヤーグラハ(真理の把握)闘争を開始し逮捕下獄が続く(この無抵抗主義闘争は14年に勝利する)。10年市民的抵抗者を訓練するためトルストイ農場を開く。17年ヒマラヤ山麓の農村地区チャンパーランでの藍小作人争議でインドにおける最初の市民的不服従を実施。18年アーメダバードの紡績労働争議を指導し最初の断食を行う。20年外国製布地ボイコット，手紡ぎ奨励など反英非協力運動を開始。24年ヒンズー・イスラム両教徒和解のため断食。30年「塩の行進」により反英非服従運動高まる。32年不可触民(サリジャン)を他のインド人から分離して選挙を行う制度に反対して獄中で断食。第二次大戦に際し英仏側に道義的・非暴力的支持を表明。40年参戦反対，言論・出版・集会の自由を要求して個人的非服従運動を示す。42年インドとパキスタンの「二国分割独立」の会議派決定に反対して会議派と絶縁。48年ヒンズー第一主義者の青年に暗殺される。行為の人であったガンジーに特徴的なのは，一方における手織のすすめ，不可触民制廃止，地域言語の重視のように固有の国民文化への深い洞察と，他方におけるサティヤーグラハ闘争，市民的不服従，断食といった国民の枠にとらわれない方法の選択である。そしてこの両者をつなぐところに個人主義的アナキストといわれるH.D.ソローからの市民的不服従の継承，H.S.ソルト経由の菜食主義，ラスキンやトルストイが原理とした生きるための労働の実践などの個人的要素がある。彼の関わる行為はインドの小さな農村，地方都市，南ア，大英帝国というように，その共同体の舞台は新たな関係が求められている人々の空間であった。人類が泥沼の対立・分裂へと悪化してしまう状態を避けようとする際，行為の方法としてのサティヤーグラハは当時もそして今も平和の回復への一つの道しるべである。日本では戦前下中弥三郎が青年期にガンジーに私淑し間雁二という筆名を用い，33年ガンジー協会を設立している。戦後山鹿泰治は非暴力主義を掲げるWRI(戦争抵抗者インター)日本部を設立，60年12月南インドのマドラス州ガンジーグラムで開催されたWRI第10回年次大会に大道寺三郎とともに出席した。WRI日本部は山鹿の没後，向井孝に受け継がれた。（山口晃）〔著作〕蝋山芳郎訳『自叙伝』中央公論社1967，森本達雄訳『わたしの非暴力1・2』みすず書房1970・71〔文献〕ル

イス・フィシャー(古賀勝郎訳)『ガンジー』紀伊国屋書店1968,ロマン・ロラン(宮本正清訳)『マハトマ・ガンジー』みすず書房1970, E.H.エリクソン(星野美智子訳)『ガンディーの真理1・2』みすず書房1973・74, Bondurant, Joan V. *Conquest of Violence*, U of California P, 1965.『下中弥三郎事典』平凡社1965,向井孝『山鹿泰治』自由思想社1984

神田 宇志八 かんだ・うしはち ?-? 1926 (大15)年福島県耶麻郡岩月村(現・喜多方市岩月町)で暮し農民自治会全国連合に参加。地元の農民自治会を組織しようとしていた。(冨板敦)〔文献〕『農民自治会内報』2号1927

神田 栄太郎 かんだ・えいたろう ?-? 東京印刷工組合本所方面委員。1926(大15)年11月23日前橋市での上毛印刷工組合三山会の第3回大会に応援に行く。閉会後検束されるが同志たちの手によりその場で奪還。27年末頃東印江東支部を本所区(現・墨田区)三笠町の自宅に置き定例研究会や定例会を開く。29年4月27日東印を脱退し同志と東京印刷工連合会を結成,日本自協派の運動に関わる。(冨板敦)〔文献〕『自連』7・13・19・36号1926.12・27.6・12.29.6

神田 国夫 かんだ・くにお ?-? AC労働者連盟のメンバー。1928(昭3)年3月全国自連第2回続行大会で同連盟を代表して祝辞を述べる。(冨板敦)〔文献〕『自連』23号1928.4

神田 幸司 かんだ・こうじ ?-? 新聞工組合正進会に加盟し1924(大13)年夏,木挽町(現・中央区銀座)本部設立のために50銭寄付する。(冨板敦)〔文献〕正進会『同工諸君!! 寄附金芳名ビラ』1924.8

神田 誠之助 かんだ・せいのすけ ?-? 1919 (大8)年東京神田区(現・千代田区)の三秀舎和文科に勤め日本印刷工組合信友会に加盟する。(冨板敦)〔文献〕『信友』1919年10月号

観田 鶴太郎 かんだ・つるたろう 1892(明25)6.1-1945(昭24)5.30 本名・観田長松 石川県に生まれる。帝国火災に勤務。20代より詩川柳を志す。1929(昭4)年6月椙元紋太が創立した新川柳誌『ふあうすと』(ふあうすと川柳社)の同人となる。当時俳壇では荻原井泉水,尾崎放哉などの自由律運動が活発で柳壇でも自由律川柳が各地に台頭。31年の『ふあうすと』(12月号)には鶴太郎の自由律川柳が発表される。33年ごろ『ふあうすと』誌上では盛んにこの自由律川柳が論争を呼ぶ。35年鶴太郎を中心に自由律派の川柳作家たちは『ふあうすと』を脱退し,伊良子擁一,石川棄郎らも加わり自由律川柳専門誌『視野』を創刊。やがて同人も20名を数え次第に自由律川柳誌の中で中心的な存在となる。しかし戦争の進展により41年5月には他の自由律川柳誌(『巻雲』『近代』『戦場人』)と合同し,『川柳公論』となる。選者は観田鶴太郎と井上信子が共選であたり,鈴木小寒郎らの有力な同人がエッセイや評論に筆を揮ったが同年太平洋戦争突入で廃刊。鶴太郎は45年5月に死去。享年56歳。没後,54年に『観田鶴太郎句集』が刊行される。また鶴太郎の死後,『視野』はハガキ判で52年に出され77年まで刊行される。鶴太郎の代表句には「大時計一分ごとに針がとび」「人の噂にならうとする林檎さくりと噛む」などがある。(平辰彦)〔文献〕木村半文銭『川柳作法』湯川明文館1927,伊良子擁一編『自由律川柳合同句集1』視野発行所1941

神田 博 かんだ・ひろし ?-? 1926(大15)年関東自由労働者組合連合の設立に関わり千住自由労働者組合の通信連絡委員に選出される。(冨板敦)〔文献〕『自連』2号1926.7

菅野 勘之丞 かんの・かんのじょう ?-? 埼玉県足立郡志木町(現・志木市)の菅野書店の店主。1920年代後半にこの地域で展開された農民自治会に共感し機関誌『農民自治』や「啓明パンフレット」を店頭に並べ,妻とともに運動に協力した。1926(大15)年6月には渋谷定輔に頼まれ『農民自治』4-7号の編集兼発行人となる。「菅野主人は,口数の少ない小柄な金仏さまのような感じの人だが,夫人は弁説巧みな才人である。夫妻ともクリスチャンだ」と渋谷はその印象を記している。(安田常雄)〔文献〕渋谷定輔『農民哀史』勁草書房1970

管野 すが かんの・すが 1881(明14)6.7-1911(明44)1.25 別名・菅野すが,スガ,須賀子,幽月 大阪市北区衣笠町に生まれる。森長英三郎の調査によれば,名前はもともとは菅野すがの表記であったと推測されているが,のちに戸籍上管野スガと表記されるようになり大逆事件の判決書にもこのカタカナ名が記されている。父親の仕事(鉱山業)に伴われて大阪,愛媛,大分などの小学校を転々とする。99年東京深川の雑貨

商小宮福太郎と結婚するが父親の病気看病のため帰阪，弟正男の師宇田川文海を知り彼の紹介により『大阪朝報』に入社する。幽月，須賀子をペンネームとして用いる。02年福太郎と協議離婚。翌年第五回内国勧業博覧会が大阪で開かれ担当記者となり，余興の浪花踊りを醜業婦舞踊として反対する。この時社会主義協会の片山潜，安部磯雄，木下尚江らが大阪入りして社会主義大会と演説会とが開かれた。木下は「社会問題としての婦人問題」という演題でこの醜業婦舞踊の問題を取り上げ須賀子を感激させた。その年5月大阪婦人矯風会に入会，専従となり，11月天満基督教会で受洗。日露戦争中の04年7月全国婦人矯風会大会のため上京，平民社を訪ね堺利彦に面会する。翌年週刊『平民新聞』62号(1905.1.15)に管野らにより大阪同志会が結成されたとの記事が掲載される。6月父親が死没し本籍を京都府葛野郡(現・京都市)に移す。06年2月堺の推薦により『牟婁新報』記者となり先任の記者荒畑寒村を知る。4カ月足らずで辞任し京都へ帰る。荒畑が来訪し同棲する。のち上京し『毎日電報』記者となる。08年6月赤旗事件により検挙。無罪判決を得るが『毎日電報』を解雇される。この事件により荒畑は1年半の懲役刑に服する。同年秋事件の裁判に合わせて高知県中村から上京した幸徳秋水を淀橋町柏木(現・新宿区)に訪問，恋愛関係となり同じ柏木の神谷荘の住み込みの手伝いとなった。09年3月幸徳の平民社が巣鴨から千駄ケ谷に移り住み込みの助手となる。5月編集発行人となり幸徳と共同して『自由思想』1号を発行するが発禁。翌月発の2号も同じく発禁となり検挙される。9月罰金400円の判決を受け釈放，平民社へ帰る。この年11月長野県明科で宮下太吉が爆弾の試爆に成功，翌年1月宮下が上京し空き缶の投擲を試みる。また古河力作が訪問し投擲順番を決める。3月小泉策太郎らの配慮により幸徳は執筆活動のため湯河原温泉の天野屋に赴き管野も同行する。5月『自由思想』の罰金刑の支払いができず換金刑に服するため単身上京，18日入獄する。この間1月に出獄した寒村がピストルを携えて天野屋を訪問するが幸徳らに会うことができず復讐に失敗する。10年5月25日爆弾事件が発覚し宮下太吉，新村忠雄らが逮捕される。31日刑法第73条に違反する大逆事件へと切り替えられ幸徳を首謀者とする事件が構成される。管野も7人の被告の1人として予審請求(起訴)された。当時の刑法第73条は「天皇，太皇太后，皇太后，皇后，皇太子又ハ皇太孫ニ対シ危害ヲ加ヘ又ハ加ヘントシタル者ハ死刑ニ処ス」との規定で，大逆事件に対しては第1審にして終審である大審院の特別法廷における裁判が規定されていた。6月1日幸徳が湯河原で逮捕，管野に対してもこの事件による予審が開始される。11月9日大審院が公判開始を決定，これにより弁護士の選定や接見，通信が許されることになった。12月10日公判が開始されるが1人の証人も呼ばれず29日終結，翌11年1月18日管野を含む24人の被告に対して死刑(残り2人は有期刑)が宣告され，翌日半数の12人に恩赦による無期懲役が下された。死刑執行は東京監獄において行われ幸徳ら11名は1月24日，管野だけは翌日の25日に執行された。午前8時28分絶命，遺体は増田勤三郎が引き取り，28日妹の秀子の眠る代々木の正春寺に埋葬された。近年管野に対する再評価が行われ女性解放運動への貢献，権力と権威に対する反抗の思想などにおいてその先駆性が見直されている。

(山島進)〔著作〕清水卯之助編『管野須賀子全集』全3巻弘隆社1984〔文献〕糸屋寿雄『管野すが』岩波新書1970，大谷渡『管野スガと石上露子』東方出版1989，清水卯之助『管野須賀子の生涯』和泉書院2002

菅野 青顔　かんの・せいがん　1903(明36)2.10-1990(平2)1.21　本名・千助　別名・一砂，千輔，青害風，水島流舌　宮城県気仙沼町字釜の前(現・気仙沼市魚町)生まれ。25年文芸雑誌『ボロジン』を創刊。誌名は「襤褸を纏う人」といった意。また『虚無思想研究』1巻4号に詩「ボロニストの歌へる」を発表。この頃大気新聞社(三陸新報社の前身)に入社。30年気仙沼自由芸術協会設立に参加。34年辻潤を気仙沼に迎え歓待する。また『大気新聞』に「東北の天地，詩人あり」を書いて宮沢賢治を評価。41年気仙沼図書館に入る。この年に辻が2度目の来訪。48年画64点，遺品約100点などで「辻潤駄々羅先生遺墨展」を催す。49年図書館長になる。また松尾邦之助を迎えて「辻潤追悼記念講

演会」を開催。50年『夢幻』を創刊。この雑誌で41年の辻滞留期間中の日記を「夢幻洞日記」として公表する。53年『空々くろろん 辻潤駄々羅先生覚書』を刊行。「俺は駄々羅先生によって生まれかわった」と扉に記し辻礼賛の文章を綴る。また『三陸新報』のコラム欄「万有流転」を12月2日から担当し87年9月28日に擱筆するまで34年間続け、その数は1万編に達する。78年図書館長を辞職し著述に専念する。没後、辻関係の貴重な資料「夢幻洞文庫」は息子仙多が管理している。(大月健)〔著作〕「陸前気仙沼の正月」『民族』1927,『空々くろろん 辻潤駄々羅先生覚書』桜井文庫第1巻1953,『万有流転・上下』三陸新報社1979-80,『空々くろろん(再録)』『虚無思想研究』7号1986,『悪童物語』菅野青顔著作集1耕風社1991〔文献〕『自由芸術1』気仙沼自由芸術協会1949,『追悼菅野青顔を語る』菅野青顔追悼集刊行委員会1990, 伊藤文隆編『菅野青顔関係資料集』宮城県鼎が浦高校1993

神林 常吉 かんばやし・つねきち ?-? 1919(大8)年東京小石川区(現・文京区)の江戸川活版所文選科に勤め活版印刷工組合信友会に加盟する。(冨板敦)〔文献〕『信友』1919年8月号

神林 与作 かんばやし・よさく ?-? 1919(大8)年東京神田区(現・千代田区)の丸利印刷所印刷科に勤め日本印刷工組合信友会に加盟する。同所同科の組合幹事を橋本万吉と担う。(冨板敦)〔文献〕『信友』1919年10月号

蒲原 兼造 かんばら・かねぞう ?-? 1926(大15)年頃、静岡県安倍郡千代田村(現・静岡市葵区)で農業を営み農民自治会全国連合に参加。27年には静岡県連千代田農自を組織し同年秋には県連合の事務所を自宅に置いていた。『農民自治』(10号)に「不断の努力」を寄稿する。(冨板敦)〔文献〕『農民自治』10・臨時号1927.6・10,『農民自治会内報』2号1927

神原 泰 かんばら・たい 1898(明31)2.23-1997(平9) 仙台市に生まれる。中央大学卒業。詩を発表する一方、17年二科展で初入選。イタリア未来派を紹介する。22年10月浅野孟府、飯田三吾、泉治作、古賀春江、中川紀元、難波慶爾、重松岩吉、矢部友康、山本行雄、横山潤之助、吉田謙吉、吉邨二郎、神原の13人を同人とし有島生馬、石井柏亭を顧問とする「新興美術運動の『可能性』」(五十殿利治)をはらんだ「アクション」を結成。二科会の新傾向絵画陳列室の定連や未来派美術協会の人々が集う。23年5月赤と黒運動第1回文芸講演会の講師に新居格、尾崎士郎、山田清三郎、松本淳三、宮嶋資夫らと名を連ねた(講演会は中止)。関東大震災直後にバラック装飾社(今和次郎らの尖塔社同人とアクション同人との合流により結成)に加わる。24年10月アクション解散後は三科の創立に関わる。25年5月劇場の三科に参加。11月浅野孟府、岡本唐貴らと造形を組織。29年造形グループがナップ所属の日本プロレタリア芸術家同盟と合同するにあたり神原は造形を離れる。30年創刊された『詩・現実』に拠る。(冨board敦)〔著作〕『第1回神原泰宣言書』私家版1920,『ビーナスの誕生』同1922,『新しき時代の精神におくる』イデア書院1923,『芸術の理解』同1924,『未来派研究』同1925,『新興芸術の烽火』中央美術社1926,『神原泰画集』蒲田書房1934,『戦争する石油』皇国青年教育協会1942,『定本神原泰詩集』昭森社1961,『ピカソ礼讃』岩波書店1975,『「アクション」が生まれるまで』『中川紀元 拾遺と追想』私家版1983〔文献〕菊地康雄『青い階段をのぼる詩人たち』青銅社1965, 中野嘉一『前衛詩運動史の研究』大原新生社1975, 五十殿利治『大正期新興美術運動の研究』スカイドア1998, 寺島珠雄『南天堂』皓星社1999, 五十殿利治・菊屋吉生・滝沢恭司・長門佐季・野崎たみ子・水沢勉『大正期新興美術資料集成』国書刊行会2006

神戸 雄一 かんべ・ゆういち 1902(明35)6.22-1954(昭29)2.25 宮崎県生まれ。東洋大学を中退。20年代の新興芸術運動の渦中にあって詩作に打ち込む。社会的関心が強くアナ系詩人を結集した『ダムダム』に参加。23年第1詩集『空と木橋との秋』(抒情詩社)を刊行, プロレタリア詩の絶叫調を批判しつつ表現技術の追求を主張する。昭和に入ってからは小説も手がけ『海豹』『作品』『先駆文芸』『文陣』などの同人として作品を発表。44年宮崎県に疎開、日向日日新聞社に勤めた。(奥沢邦広)〔著作〕詩集『岬 一点の僕』作品社1927,『新たなる日』図書研究社1943, 小説集『番人』図書研究社1943, 詩集『鶴』竜舌蘭社1955

き

木内 喜七 きうち・きしち ?-? 1919(大8)年東京京橋区(現・中央区)の築地活版所印刷科に勤め日本印刷工組合信友会に加盟する。(冨板敦)〔文献〕『信友』1919年10月号

木内 四郎 きうち・しろう 1868(明1)-1937(昭12) 長野県南佐久郡岸野村(現・佐久市)に生まれる。豪農。木内宗蔵の弟。クリスチャンの耕作地主,農村指導者で明治期から農事改良,寒冷地米作改良法などに取り組んだ。13年沓沢区農事改良備荒貯蓄会を設立した。これは村を地主,自作,小作対等の共同体とし,地主小作関係を純経済的な関係ととらえて身分関係を否定し,小作料適正化のため地主,自作,小作をメンバーとする評議会の設置を提唱した同時代としてはきわめてユニークなものであった。木内の農民自治思想は「20世紀の自治農民たるものは中世紀の政府の政府保護策を依頼するの愚をなさず」という表現によく現われている。この開明的な農民自治の発想をもってしばしば農民自治会の講師となり機関誌にも寄稿するなど,共感をもって運動を支援した。たとえば28年3月1日から開かれた第2回農民自治講習会では「改良米作談」の講演をした。(安田常雄)〔文献〕大井隆男『農民自治運動史』銀河書房1980

木内 宗蔵 きうち・むねぞう 1863(文久3)-1939(昭14) 長野県南佐久郡岸野村(現・佐久市)に生まれる。木内四郎の兄。畸人で知られる。その独創的な桑林・天日蚕論は一時期の養蚕界を風靡したという。桑は林業とし無肥・無耕作で育生し,蚕は昆虫なので自然のまま天日で飼育すべしと説いた。また門前に「学者官吏撲滅同盟本部」の看板を掲げ上田蚕糸専門学校や小県蚕業学校の官僚・アカデミズムの学風と徹底的に闘った。「恐るべき大敵は支那糸よりも人絹よりも」「実に役人と御用学者である。彼等こそ恐るべき産業の大害虫である」(『農民自治』16号)。農民自治会との接触は竹内閲衛「蚕業地方の最大関心事」(同6号)を読んで批判を寄せたことに始まり,その自然・自治主義の思想から農民自治会に共感した。舌鋒鋭くしばしば臨検から「弁士注意」を受けながら講演会の講師をつとめ機関誌にもしばしば寄稿した。(安田常雄)〔文献〕大井隆男『農民自治運動史』銀河書房1980

木岡 きの きおか・きの 1901(明34)2.8-? 別名・きみ 兵庫県美方郡浜坂町(現・新温泉町)に生まれる。1921(大10)年無政府主義思想を抱持し,当時連れ合いだった植田好太郎と無政府主義研究会を組織したことから警視庁の思想要注意人とされる。(冨板敦)〔文献〕『警視庁思想要注意人名簿(大正10年度)』

菊岡 久利 きくおか・くり 1909(明42)3.8-1970(昭45)4.22 本名・高木陸奥男,別名・鷹樹寿之介,残庵 弘前市和徳町生まれ。筆名菊岡久利の初見は35年4月アナ系詩誌『詩行動』3号で以前の筆名が鷹樹寿之介。この鷹樹の時期がアナキストとしての活動期とほぼ重なり活動開始は年齢に比べて早かった。「自伝」に「大正14年の小坂鉱山(秋田県)の大争議に関係した」ことがアナキズムを知る動機だったと記し,その争議を主題にした長編詩「小坂、細越」は詩集『貧時交』にある。しかし17歳の少年の争議応援の実際活動は未詳。それ以前,新潮社発行の商業詩誌『日本詩壇』に新進詩人として作品が掲載され秋田の同人誌に参加するなどのことがあり,いずれも鷹樹の筆名だった。早熟な文学少年に社会意識を抱かせた契機が小坂鉱山争議との「関係」だったと理解できる。東京に出て黒連その他に参加,27年8月発生した長野県岡谷の製糸会社山一林組争議を現地で応援,逮捕された。『黒色青年』14号(1927.11)に「鷹樹君は松本刑務所に打ち込まれてゐたが10月16日元気で出獄」とある。当時も未成年で起訴に至らなかったと推定するが未詳。また同年12月マルクス主義転換の壺井繁治などを黒連が襲撃した事件では前田淳一,北浦馨,上田光慶らと襲撃側にいて前田に終生兄事する端緒となった。著書の初めは29年A思想協会発行のパンフレット『哲学の反動と哲学抹殺』でこの年ようやく21歳。30年2月,31年2月の2回,陸軍への入営と即日帰郷,入営予

定と療養中の消息が『黒色青年』にあるが，31年10月『自連新聞』63号に「戦争問題の一研究」があるので結局入営はしていない。以下33年まで『自連新聞』への論文発表計5回，座談会出席1回があるほか解放文化連盟機関紙『文学通信』10・12号(1934.7.9)，雑誌『詩人時代』4巻9号(1934.9)までが現在明らかな筆名鷹樹期間である。この間「最初の入獄は信州松本刑務所，上海の領事館監獄や，豚箱生活30回」と「自伝」にある。新しい筆名の菊岡久利は横光利一に与えられ同時に詩作への復帰を促されたという。35年新筆名により『詩行動』に執筆，続いて岡本潤，藤田勉と『反対』を創刊。同年無共党事件では二見敏雄に北浦馨を介して逃走資金を提供したという。36年1月詩集『貧時交』発行，この頃に頭山秀三の天行会との接触が推定できる。天行会は31年結成の右翼結社，頭山秀三は右翼の総帥頭山満の三男である。第2次大戦末期，菊岡は東京で絶対勝利確信運動を提唱，敗戦後47年6月の詩誌『日本未来派』創刊号では天皇ヒューマニズムを主張した。「私は天皇陛下を愛し，国旗を愛し，国歌を愛し，日本といふ国号を愛する。その私が，社会観において，アナキズムを愛し，クロポトキンをいまも愛する。矛盾の許容といふべきか」(「青春捨身」)と自己総括。事実菊岡は青年にエスペラント学習を説くなど右翼にまれな存在だった。
(寺島珠雄)〔著作〕『貧時交』第一書房1936，『怖るべき子供たち』日比谷出版社1949，「文士ゆすり顛末記」『新潮』別巻1号1951.1，『銀座八丁』小説朝日社1952，「自伝」『現代日本詩人全集14』創元社1955〔文献〕梶山季之『銀座遊俠伝』文芸春秋1970，『青森県詩集・下』北方新社1975，寺島珠雄「アナキズムのうそぅそで」編集工房ノア1983，『エス運動人名事典』

菊水　治次　きくすい・はるつぐ　1905(明38)7.7-1992(平4)2.2　旧姓・谷川馨一　福井県小浜町生まれ。同志社中学(今出川校)卒業。26年関西美術院に通い洋画家の道を歩んだが途中挫折，兄とともに烏丸二条で喫茶ふたばを開く。48年6月民主解放同盟の高橋良三が主催した小笠原秀実を囲む集会がレストランふたばで開催された。同じ頃，同場所にて毎週土曜日に山鹿泰治のエスペラント講義が開かれていた。小笠原が病気で名古屋の病院に入院するまで当時聖護院西町に在住した小笠原らと交流があった。のち八木信三の紹介で京都厚生園に勤務した。
(北村信隆)〔文献〕八木康敏「真理は勲章をさげない　小笠原秀実事始」『虚無思想研究』4号1984，『平民新聞』78号1948.6

菊田　一夫　きくた・かずお　1908(明41)3.1-1973(昭48)4.4　本名・数男　横浜市に生まれる。両親が離婚して以降，3度養子に出される。薬種問屋の丁稚奉公，神戸市立高科実業高校(夜間部)を経て25年1月上京。内藤鋹策の抒情詩社印刷部に勤める。26年渡辺渡が設立した太平洋詩人協会に移る。住み込みの印刷工となりまもなく責任者になる。同年11月太平洋詩人協会と『女性詩人』共催の詩・舞踏・演劇の会で自作の詩を朗読し，矢橋丈吉作の演劇に役者として出演。この時に刊行された小野十三郎詩集『半分開いた窓』(太平洋詩人協会)の印刷人を担う。太平洋詩人協会でサトウ・ハチローに出会い27年門下に入る。「阿呆義士迷々伝」で劇作家としてデビューし，戦中は古川ロッパの座付作者となる。敗戦後はラジオドラマ『鐘の鳴る丘』『君の名は』で知られ55年東宝の演劇担当重役に就任。自伝小説『がしんたれ』や林芙美子の『放浪記』を劇化することで「往年の南天堂時代の風俗，雰囲気を昭和大戦後に伝えた」(寺島珠雄)。
(冨板敦)〔著作〕『がしんたれ』光文社1959，『菊田一夫戯曲選集』全3巻演劇出版社1965-67，『落穂の籠』読売新聞1973〔文献〕矢橋丈吉『自伝叙事詩　黒旗のもとに』組合書店1964，三木澄子『小説菊田一夫』山崎書房1974，寺島珠雄『南天堂』皓星社1999

菊田　歓蔵　きくた・かんぞう　?-?　1919(大8)年東京芝区(現・港区)の近藤商店印刷所和文科に勤め活版印刷工組合信友会に加盟する。(冨板敦)〔文献〕『信友』1919年8・10月号

菊田　芳夫　きくた・よしお　?-?　福島県安達郡本宮町に住み，1922(大11)年農村運動同盟に加盟，福島県支部を担う。(冨板敦)〔文献〕『小作人』2次1号1922.10

菊地　久平　きくち・きゅうへい　?-?　東京市牛込区(現・新宿区)改代町に居住し神田神保町の山縣製本印刷整版部に勤める。1935(昭10)年1月13日整版部の工場閉鎖，全部員40名の解雇通告に伴い争議勃発。工場を占拠して闘い同月15日解雇手当4カ月，争議費用百円で解決する。山縣製本印刷は当

時東京大学文学部の出入り業者であり，東印は34年5月以降，東印山縣分会を組織していた。(冨板敦)〔文献〕『山縣製本印刷株式会社争議解決報告書』東印刷工組合1935,『自連新聞』97号1935.1，中島健蔵『回想の文学』平凡社1977

菊地 清吉 きくち・きよきち 1909(明42)-1947(昭22)6.17 別名・晴吉 山形県置賜郡長井村五十川(現・鶴岡市)の小作の家に生まれる。高等小学校卒業後，生家で農業に従事。文学好きで同郷の大道寺三郎を通じてアナキズムに近づく。25年頃八太舟三，木下茂を招き村で講演会を開いたが，会場のふすまにクロポトキンやマフノの絵を描く。木下の農村運動同盟に加わり山形県最初のアナの運動ともいわれる小作人社を立ち上げる。29年には『自連新聞』支局を引き受けたが警察の圧力で断念。『黒旗』などにしばしば通信を寄せ，32年1月上京し農青社を訪れる。4月に帰郷後『農村青年』を配布する。36年5月農青社事件で検挙，起訴される(量刑は未詳)。健康を損ねて敗戦を迎えたが，『平民新聞』にカンパを送るなど最後までアナへの情熱を燃やし続けた。「寡言のうちに不屈の闘志をみなぎらせ」と追悼記事(『平民新聞』32号1947.7.2)にある。(大澤正道)〔文献〕『資料農青社運動史』，『農青社事件資料集Ⅰ・Ⅱ』，大道寺三郎「蒔かれた種は芽をふいて」『無政府主義運動』51号1964.10,『身上調書』

菊地 源吾 きくち・げんご ?-? 1926(大15)年頃，青森県三戸郡五戸町で暮し同町の助役を務め農民文化会を組織していた。助役を辞めることになり農民自治会全国連合に参加。青森県代表の農自全国連合委員を務め同年末には農自青森県連合の事務所を自宅に置いていた。28年5月農自の組織再編の際に委員に選出される。(冨板敦)〔文献〕『農民自治』5・17号1926.9・28.6,『農民自治会内報』2号1927，竹内愛国「農民自治会」『昭和2年版解放運動解放団体現勢年鑑』解放社1927

菊池 幸次郎 きくち・こうじろう 1911(明44)-? 浜松市名残町生まれ。尋常小学校卒業後，印刷工見習いとして浜松市内の印刷店，新聞社などを転々とする。34年2月頃から4月頃まで『自連新聞』数部を配布。同年11月から浜松新聞社の植字工となる。35年末頃無共党事件で検挙されるが不起訴。(冨板敦)〔文献〕『身上調書』

菊地 繁松 きくち・しげまつ ?-? 1919(大8)年東京神田区(現・千代田区)の三秀舎印刷科に勤め日本印刷工組合信友会に加盟する。(冨板敦)〔文献〕『信友』1919年10月号

菊地 茂 きくち・しげる 1879(明12)8.20-1932(昭7)10.24 別名・松堂，紀南半史ほか 東京府北多摩郡五宿上布田(現・調布市)に生まれる。99年9月早稲田大学入学。01年12月田中正造の明治天皇直訴事件を契機とし足尾鉱毒事件に関わる。鉱毒被害民救済，鉱毒絶滅のため青年修養会を結成し，演説会を開催。田中正造，群馬県谷中村民援護のため時としては官憲と争う。早稲田社会学会入会。05年7月早大卒業ののち谷中村を離れ，8月『山梨日日新聞』主筆となる。以後東京毎日新聞社，中外商業新報社，万朝報社などに入り普選運動に参加。田中正造『義人全集』5巻(中外新論社1925-27)に「谷中村問題」「学生の鉱毒救済運動」を寄稿する。(斉藤英子)〔著作〕斉藤英子編『菊地茂著作集』全4巻早大出版部1977-84

菊地 長太郎 きくち・ちょうたろう ?-? 東洋社に勤務し1929(昭4)年5月に結成されたサンジカリズム派の東京印刷工連合会(のちの関東出版産業労働組合)に加わり，東印連の分会キャップをつとめる。36年1月無共党事件で拘留されていた山口健助が釈放されると荏原区中延(現・品川区)の自宅に呼び寄せ寄宿させた。(冨板敦)〔文献〕山口健助『風雪を越えて』印友会本部1970・『青春無頼』私家版1982

菊池 徳 きくち・とく 1816(文化13)-1889(明治22).2.6 本名・一倉徳子 別名・とく，登久，徳子 上野国群馬郡上有馬村(現・群馬県渋川市有馬)で農業兼茶屋を営む一倉家に生まれる。40(天保11)年佐位郡五目牛村(現・伊勢崎市赤堀町)の農民菊池千代松と結婚。46(弘化3)年千代松病没。この年侠客・国定忠治が4年ぶりに逃亡先の会津から戻り忠治を情人とする。忠治には正妻の鶴，情人には町(まち)もいた。徳は奉公人を置いて養蚕・農業を営む一家の主だった。『赤城録』(羽倉外記の忠治伝)では町は「殊色(美貌)」で，徳は「鷙悍(しかん：小型の猛禽類のような強くて荒々しい侠気)」で魅了したと記す。『赤城録』には「忠治を追う岡っ引が，ある日徳の家を強制捜索し，忠治を発見できず。それに怒った徳は，罵詈雑言を浴び

せた挙句，岡っ引を殴打。辱められた岡っ引はその後自死した」という武勇伝もある。50(嘉永3)年7月中風で倒れた忠治が運び込まれるが，町の家で起きたことを知ると激怒，一行を追い返す。同年8月田部井村(現・佐波郡田部井)で忠治とともに捕まる。江戸に送られ未決囚が入る公事宿預けになるも両国へ繰り出し小料理屋で酒食に興じた。大戸の関所(現・吾妻郡東吾妻町大戸)での忠治の磔刑が決まると，終生二足の草鞋(博徒と捕吏の兼業)を履かず侠勇に生きた忠治として逝かせる決意を固める。上州特産の高級絹織物で死出の衣装を仕立て途中永別となる板橋宿では大衆の面前で「磔刑をまっとうせよ，死して生まれよ」と鼓舞した。51年忠治が処刑されると若者を刑場に差し向け忠治の遺体を引き取り田部井村の円明院で葬儀を行う。また五目牛村の菊池家の墓地内に墓碑(情深墳)を立てた。のち善応寺(現・伊勢崎市曲輪町)に移転。78(明治11)年8月竹橋事件に義甥の菊池作次郎が連座し同年10月に銃殺刑。83年忠治33回忌に国定村(現・伊勢崎市国定町)の養寿寺に忠治の墓を建てる。同年2月亡夫千代松との夫婦別姓墓(『菊池千世松 一倉徳子之墓』)を建立，またこの年逆賊の汚名を着せられた義甥の墓碑も建てた。徳はこの時，質屋も営み五目牛村一の大地主になっていた。89年自宅で没。(冨板敦)〔文献〕萩原進『群馬県遊民史』上毛新聞社1965，新月通正『国定忠治の旅』朝日ソノラマ1981，高橋敏『国定忠治の時代』平凡社1991，高橋敏『国定忠治』岩波書店2000，高橋敏『国定忠治を男にした女侠 菊池徳の一生』朝日新聞社2007

菊池　信　きくち・まこと　?-?　1932(昭7)年犬養智，鈴木勝らが組織した新興歌謡作家同盟に加盟し『新興歌謡』の同人となる。33年宇都宮の習作民童謡舎から謄写版印刷の民謡集『浮世』を上梓。34年『新興歌謡選集(1933年版)』に作品を発表。(冨板敦)〔著作〕『浮世』習作民童謡舎1933〔文献〕松永伍一『日本農民詩史・中2』法大出版局1969

菊地　道男　きくち・みちお　?-?　1919(大8)年東京本所区(現・墨田区)の凸版印刷会社印刷科に勤め活版印刷工組合信友会に加盟する。(冨板敦)〔文献〕『信友』1919年8月号

木坂　俊平　きさか・しゅんぺい　1910(明43)-1986(昭61)　姫路市坊主町に居住。30年佐藤末治らの『詩道場』に関わる。32年犬養智，鈴木勝らが組織した新興歌謡作家同盟に加盟し『新興歌謡』の同人となる。34年『新興歌謡選集(1933年版)』に作品を発表。35年『胡桃』を創刊する。(冨板敦)〔著作〕『土方民謡集』原田開春堂出版部1932，『関西の童謡運動史』木坂俊平遺稿刊行会1987〔文献〕松永伍一『日本農民詩史・中2』法大出版局1969，古茂田信男ほか編『日本流行歌史・戦前編』社会思想社1981，志賀英夫『戦前の詩誌・半世紀の年譜』詩画工房2002

木崎　豊　きざき・ゆたか　⇨飯田豊二　いいだ・とよじ

木沢　源次郎　きざわ・げんじろう　?-?　1919(大8)年東京小石川区(現・文京区)の博文館印刷所に勤め活版印刷工組合信友会に加盟する。(冨板敦)〔文献〕『信友』1919年8・10月号

貴志　浅吉　きし・あさきち　?-?　泉州純労働者組合のメンバー。1927(昭2)年頃和歌山県海草郡貴志村字中の自宅を泉州純労働者組合和歌山支部の事務所とした。(冨板敦)〔文献〕『自連』12号1927.5

岸　梅太郎　きし・うめたろう　?-?　1919(大8)年東京本所区(現・墨田区)の凸版印刷会社和文科に勤め活版印刷工組合信友会に加盟。同年10月頃には同社を退社していた。(冨板敦)〔文献〕『信友』1919年8・10月号

岸　莞爾　きし・かんじ　?-?　1919(大8)年東京京橋区(現・中央区)の築地活版所欧文鋳造科に勤め活版印刷工組合信友会に加盟する。(冨板敦)〔文献〕『信友』1919年8・10月号

岸　三吉　きし・さんきち　?-?　1931(昭6)年初め長野県富県村で開かれた青年団処女会連合の研究大会に岩佐作太郎，小川三男，八木秋子と出席する。『自連』56号に「自己犠牲に就て」を執筆。(冨板敦)〔文献〕『自連』56号1931.2

岸井　清　きしい・きよし　?-?　別名・清一　1921(大10)年1月結成された逸見直造の借家人同盟の運動に参加。同年2月『労働運動』和歌山支局主催の社会問題演説会に笹井末三郎，山田正一らと参加，3月家主征伐第3回演説会の弁士として堺利彦，三田村四郎，岩佐作太郎，荒畑寒村，吉田順一，逸見らと演壇に立つ(中止解散)。同年の大阪第1回メーデーで検束。5月武田伝次郎や大串孝之助らとともに活動していた黒旋会を復讐会と改称。同年9月創刊の機関

誌『関西労働者』1号の発行責任者として原稿集めに奔走。同誌には編集同人のほか，川路静江，北浦千太郎，武田伝次郎，長島新，中島安太郎，有本俊夫らが参加，大阪印刷工組合の文学青年河合洵もいた。同誌1号は東京で印刷，笹井とともに持ち帰った。同月末，不穏文書，新聞紙法違反で検束，しかも逃亡のおそれありと未決に2カ月収監され，同誌1号1面の「絵」と「宣言」により朝憲紊乱罪として大阪拘置所に拘禁。12月保釈許可なく第1審で禁錮6カ月を言い渡され，翌22年1月控訴取り下げで堺刑務所に入監。さらに2号の「絵」により4月再び朝憲紊乱罪で起訴され新谷与一郎とともに裁判にかけられ，1年4カ月と罰金40円の宣告。その間21年11月暁民共産党事件にも連座，懲役6カ月。約2年の刑期を終えて23年11月出獄。大阪南区空堀町の武田伝次郎方(『関西労働者』発行所)で静養した。その後の活動は不明。(北村信隆)〔著作〕「争議を見て」『関西労働者』神戸労働争議号(特別号附録)1921.9〔文献〕『大阪社会労働運動史・上』，『社会主義沿革2』，逸見吉三「戦前大阪における社会主義運動の思い出」『大阪地方労働運動史研究』2号1959.4，小山弘健「『関西労働者』その他について」同3号1959.12，小山仁示「『関西労働者』その他について」，伊串英治「『関西労働者』のころ」同4号1960.8，逸見吉三『墓標なきアナキスト像』三一書房1976，『借家人同盟』1号1922.5，『労働運動』3次2号1922.1，4次1号1923.12，『黒』2次1925.5

岸田 一郎 きしだ・いちろう ?-? 別名・市郎 国民新聞社に勤め東京の新聞社員で組織された革進会に加わり1919(大8)年8月の同盟ストに参加するが敗北。のち正進会に加盟。24年夏，木挽町(現・中央区銀座)正進会本部設立のために1円寄付する。(冨板敦)〔文献〕『革進会々報』1巻1号1919.8，正進会『同工諸君!! 寄附金芳名ビラ』1924.8

岸田 國士 きしだ・くにお 1890(明23)11.2-1954(昭29)3.5 別号・翠村・眠柳 東京市四谷右京町に生まれる。1902(明35)年名古屋第二高等小学校に進学，04年に名古屋陸軍地方幼年学校入学，別号で『文章世界』に短歌を投稿。10年12月に士官学校に進学，12年卒業。14年軍職を辞めフランス語の個人指導や家庭教師などで自活生活を始める。16年9月に東京帝国大学仏文科に入学。大学でフランスの古典劇や近代劇を読み，フランス演劇へ興味を抱き渡仏を決意。20年1月にマルセイユに着。パリに滞在しフランス演劇の研究。21年にソルボンヌ大学の公開講座に出席。ジャック・コーポを訪れヴィユ・コロンビエ座と付属俳優学校に自由に出入することを許可される。22年夏に自作のフランス語で書かれた戯曲「黄色い微笑」をピトエフ夫妻に示して好意的な批評を得る。23(大12)年7月に帰国。8月に山本有三に『古い玩具』の批評を求める。この戯曲は「黄色い微笑」を邦訳したものであった。24年1月に創刊された山本有三編集の『演劇新潮』3月号に『古い玩具』を発表。同誌9月号には『チロルの秋』を発表。この2作により新進の劇作家としてデビュー。同年10月に新劇協会によって『チロルの秋』が帝国ホテル演芸場で初演。25年『文芸春秋』5月号に発表した『紙風船』で劇作家の地位を決定的なものとする。同年9月に第一書房より最初の創作戯曲集『岸田國士戯曲集』を刊行。26年4月に最初の演劇評論集『我等の劇場』を新潮社より刊行。同年5月に築地小劇場で青い鳥劇団により『紙風船』を初演。29(昭4)年11月に戯曲集『牛山ホテル』を第一書房より刊行。32年3月に岸田を中心に演劇同人誌『劇作』を創刊。38年3月より文学座の運営・指導にあたる。54年文学座の舞台稽古の指導中に倒れ死去。(平辰彦)〔文献〕岸田國士『岸田國士全集 28』岩波書店1992

木島 一揆 きじま・いっき ?-? 自由労働者同盟のメンバー。1925(大14)年5月1日第6回東京メーデーに参加，同労組を代表して演説する。(冨板敦)〔文献〕「印刷工連合」25号1925.6

木島 勝三郎 きじま・かつさぶろう ?-? 1919(大8)年横浜のジャパン・ガゼット社に勤め同年6月15日横浜欧文技術工組合を発起人として創立する。(冨板敦)〔文献〕『信友』1919年8・10月号

木島 勝太郎 きじま・かつたろう ?-? 1919(大8)年北京のヘラルドに勤め日本印刷工組合信友会に加盟する。(冨板敦)〔文献〕『信友』1919年10月号

木島 金弥 きじま・きんや ?-? 1919(大8)年東京牛込区(現・新宿区)の秀英舎(市ヶ谷)文選科に勤め活版印刷工組合信友会に加盟する。(冨板敦)〔文献〕『信友』1919年8月号

木島 政太郎 きじま・まさたろう ?-? 1919(大8)年東京京橋区(現・中央区)の築地活版所機械修繕科に勤め日本印刷工組合信友会に加盟する。(冨板敦)〔文献〕『信友』1919年10月号

木島 芳次郎 きじま・よしじろう ?-? 1919(大8)年東京京橋区(現・中央区)の築地活版所漢字仕上科に勤め日本印刷工組合信友会に加盟する。(冨板敦)〔文献〕『信友』1919年10月号

岸本 嘉市 きしもと・かいち 1905(明38)-? 別名・泰、岸波栄 北海道空知郡滝川町(現・滝川市)に生まれる。札幌の豊平でアナキストとしての活動を始め自由労働社を組織。25年5月『無産人』創刊号に「プルウドンの生涯」を発表。26年7月札幌労働組合に参加。12月10日薄野で検束される。13日アナキズム宣伝誌『叛逆』を発行し発禁処分を受ける。14日家宅捜索を受け拘引され27年2月新聞紙法違反で有罪判決。特別要視察人甲号(無政府主義)に編入される。10月旭川の不敬事件に連座した同志の釈放運動を推進。その後滝川町に戻り『黒色戦線』に寄稿。(堅田精司)〔著作〕「坂炭鉱の爆発事件」『黒色戦線』1次6号1929.10〔文献〕「特別要視察人・思想要注意人一覧表」北海道庁警察部1928、『北海タイムス』1926.12.12・12.15・27.2.5、『小樽新聞』1927.1.29

岸本 信威 きしもと・のぶたけ ?-? 1927(昭2)年山口県都濃郡徳山町(現・徳山市)で無産新聞社を名のりアナ派月刊新聞『無産新聞』を発行していた(印刷人は同郡町田町の神崎建蔵)。34号には農村運動同盟発行の『俺達と政治』『小作人に訴ふ』の広告が掲載されている。(冨板敦)〔文献〕『無産新聞』34号1927.2

きだ みのる 1895(明28)1.11-1975(昭50)7.25 本名・山田吉彦 別名・木田稔 現・鹿児島県名瀬市(奄美大島)生まれる。医師である父の任地台湾で幼年期を過ごす。叔父に引き受けられて上京、開成中学に入学したが家出を繰り返して勘当。15年6月大杉栄の仏蘭西文学研究会でフランス語を学ぶ。宮嶋資夫夫妻、神近市子、青山菊栄らもいた。19年渡欧。アテネ・フランセの創始者ジョセフ・コットの庇護を受ける。24年夏宮嶋、五十里幸太郎、竹森一則らと交流し辻潤に傾倒する。33年渡仏、39年までパリ大学で古代社会学を専攻、各地を遍歴。マルセル・モースに師事して社会学と人類学を学ぶ。39年帰国後はフランス通信社AFP記者、アテネ・フランセの講師をつとめながら翻訳の仕事に従事する。レヴィ=ブリュル『未開社会の思惟』(小山書店1935、岩波文庫1953)、ファーブル『昆虫記』(林達夫と共訳、岩波文庫1958)などがある。戦中戸数14の小部落である東京八王子恩方の廃寺に住み46年『気違い部落周遊紀行』を「きだみのる」の筆名で『世界』に連載(のち48年吾妻書房刊で毎日出版文化賞を受賞)。52年捕鯨船で南氷洋に出かける。続いてドブネズミ号と命名した自動車に二男隼を同乗させ、中部、東北、北海道を旅行したり東南アジアの村落調査をするなど、自由を愛して放浪癖があった。長編小説『聖なるおん母、絶望のマリアの大道曲芸師に関する諸遺文』の執筆を進め自伝を構想中死去した。晩年は安藤昌益に関心を示したという。生涯自由人として生き、アカデミズムを嫌った。(北村信隆)〔著作〕『モロッコ紀行』日光書院1943、『道徳を否む者』新潮社1955、『ドブネズミ漂流記』中央公論社1961、『人生逃亡者の記録』中央公論社1972、『きだみのる自選集』全4巻読売新聞社1971〔文献〕米山俊直「きちがい部落論」『思想の科学』76号1961、新藤謙『きだみのる 放浪のエピキュリアン』リブロポート1988、寺島珠雄『南天堂』皓星社1999、嵐山光三郎『漂流怪人 きだみのる』小学館2016

北井 正一 きたい・しょういち 1899(明32)3.5-1938(昭13)11.9 大阪府南河内郡新堂村(現・富田林市)生まれ。22年結成の河内水平社(のち新堂水平社)の初代委員長となり、翌年8月の大会には泉野利喜蔵、栗須七郎、駒井喜作、西光万吉らを招き運動を盛り上げた。24年から大阪府水平社の執行委員として栗須を中心とする『水平線』『西浜水平新聞』『大阪水平新聞』の編集発行に尽力。25年頃から新堂がアナ派活動家の拠点となりえたのは、運動のために家業製材業の私財をなげうった熱意であった。26年8月川上村在郷軍人差別事件の解決を目前にして弾圧され石田正治、大串孝之助、山岡喜一郎とともに実刑判決を受ける。のち家業不振のため大阪市内に出て行商で生計を支えながら水平運動、労働運動に活躍し、31年7月全国労農大衆党浪速支部結成に参

加、12月北中皮革争議を支援。33年1月大阪皮革労働組合を結成して組合長となる。36年自宅を事務所に全国水平社北大阪地区協議会を組織。38年赤貧のなかに死没。（三原容子）〔著作〕「喜田博士の『融和促進』を難ず」『同愛』1926.6〔文献〕『最後のひとりの立場に』河内水平社創立60周年記念誌編集委員会1983

北浦 馨 きたうら・かおる　1909（明42）-？　別名・獏、蕎介　北海道紋別郡渚滑村（現・紋別市）に生まれる。25年名寄中学を退学させられ上京、7月上田光慶、後藤学三らと解放戦線社を結成、黒連に加盟する。26年1月31日銀座事件で逮捕され起訴。10月市ケ谷刑務所を出獄後、前田淳一の黒化社に身を寄せる。27年東北黒連の結成に尽力し10月31日仙台市公会堂で創立大会を開く。東北黒連は市内の黒色評論社内に事務所を置く。11月1日から4日まで一関、水沢、花巻、盛岡で演説会を開催、盛岡で国粋会と乱闘になる。それがきっかけで同月盛岡に黒旗社を立ち上げ連盟事務所を仙台から盛岡へ移す。同月29日花巻座での評議会系岩手交通労働組合記念演説会に上田彰、瀬川米八らと傍聴に行き、大乱闘となり演説会をぶちこわす。28年2月東京印刷工組合第5回大会、3月全自連第2回続行大会で東北黒連を代表して祝辞を述べる。その後東京へ戻り同年8月藤尾清三郎と『黒旗』（認識と解放社）を創刊。この頃盛岡の黒旗社は事務所を引き上げ東北黒連の連絡先は関東黒連内となり、仙台の黒色評論社は黒色平民社、自由平民社となっている。同年秋昭和天皇の即位の際に藤尾らと予防検束される。30年2月東京で菊岡久利、岡本潤、上田、矢橋丈吉らと知識階級失業救済土木事業に従事する。35年7月『反対』2号（山崎真道追悼）に「病める鷹」を寄せる。同年無共党事件では逃走中の二見敏雄に菊岡からの金を渡す仲介役をしたといわれる。戦後は映画評論社社長になる。（黒川洋・冨板敦）〔文献〕『黒色青年』11・14-17号1927.8・11・12・28.2・4、『自連』22・23号1928.3・4、『労働者の叫び』2号1929.2、『黒色労働者』1号1930.4、菅原政雄『集産党事件覚え書き補遺1』私家版1988

北浦 千太郎 きたうら・せんたろう　1901（明34）2.25-1961（昭36）4.18　長野県に生まれる。大阪の難波小学校卒業後、大阪毎日新聞社などの文選工となる。上京して秀英社市谷工場、同京橋工場、東京朝日新聞社、報知新聞社で働き、新聞工組合正進会に加わる。20年9月8時間2部制労働と最低賃金80円を要求する報知新聞争議を組合側交渉委員として闘い、活字ケースを転覆させ布留川桂、生島繁、伏下六郎らと検挙、懲役4カ月となる。この年日本社会主義同盟に加盟。21年1月日本橋常盤倶楽部での社会主義者・労働運動者新年会で堺利彦、永田耀とともに右翼に襲撃され負傷。4月吉田一らの『労働者』同人となる。9月『関西労働者』創刊号に『ボルシェヴィズムとアナキズム』を執筆、ロシア革命後のソ連は「無政府主義の自主自治的な工業的村落と同じものであるということは窺い得る材料がある」と述べる。22年高尾平兵衛、長山直厚、秀島広二、白銀東太郎、渡辺幸平、水沼熊とソ連に密入国し、チタ市内で日本軍兵士に向けた反戦ビラ印刷に携わり、モスクワの東洋勤労者共産主義大学（クートベ）に入る。24年10月帰国し、11月2日東京印刷工組合創立大会に参加、アナ・ボル協同戦線の議案提案説明をするが「未だその時期にあらざることを悟った」と議案を取り下げる。25年3月全印連第2回大会に参加する。帰国後は共産党の活動にも入り、福本イズムと激しく対立、次第にアナキズム陣営から離れる。戦後は日本機関紙印刷所の労働組合委員長、全印総連東京地連中央委員などをつとめた。（冨板敦）〔文献〕『正進』1巻1号1920.4、『労働者』1号1921.4、『関西労働者』1号1921.9、『労働運動』2次1・2・9号1921.1・2・4・4次6号1924.12、『印刷工連合』19・24・26号1924.12・25.5・7、水沼辰夫『明治・大正期自立的労働運動の足跡』JCA出版1979、横山和雄『日本の出版印刷労働運動（戦前・戦中篇）上』出版ニュース社1998、『解放のいしずえ』新版

北尾 幸次郎 きたお・こうじろう　?-?　別名・幸太郎　1919（大8）年東京神田区（現・千代田区）の三秀舎印刷科に勤め活版印刷工組合信友会に加盟。同年10月頃から同舎同科の組合幹事を石部徳太郎と担う。（冨板敦）〔文献〕『信友』1919年8・10月号

喜多川 寿雄 きたがわ・ひさお　?-?　1919（大8）年東京神田区（現・千代田区）の文明社文選科に勤め日本印刷工組合信友会に加盟する。（冨板敦）〔文献〕『信友』1919年10月号

北川 冬彦 きたがわ・ふゆひこ 1900(明33)6.3-1990(平2)4.12 本名・田畦忠彦 別名・北川象一 滋賀県大津市生れ。1908(明41)年父の満鉄赴任に伴われ小学校・中学校時代を荒涼とした満洲各地で過ごした。旅順中学、第三高等学校文科丙類を経て25(大14)年東大仏法科卒、仏文科中退。24年11月安西冬衛、城所英一、富田充と散文詩運動を提唱して大連で『亞』創刊。三号で北川・城所・富田は『亞』を脱退し福富菁児を加え東京で『面』を創刊。25年第一詩集『三半規管喪失』刊行、横光利一らの評価をうけた。26年第二詩集『検温器と花』。28年春山行夫、近藤東、神原泰、飯島正、上田敏雄、安西冬衛、外山卯三郎、三好達治、滝口武士、竹中郁らと『詩と詩論』創刊。29年第三詩集『戦争』刊行。梶井基次郎が「私は北川冬彦のやうに鬱然とした意志を蔵してゐる藝術家を私の周圍に見たことがない」と評した。29年安藤一郎、福富菁児、伊藤信吉、草野心平、小野十三郎、岡本潤らと新詩人会を結成。30年春山らの「現実遊離の傾向」に不満を表明し『詩と詩論』を脱退、『詩・現実』を創刊。40年に花田清輝・岡本潤らの創刊した『文化組織』に寄稿。1950年雑誌『時間』創刊。大岡昇平編『言語空間の探検』(學藝書林1969)で北川は「私の二十代は、第一次大戦後の新興前衛芸術の世界的な抬頭期で偶然、私は日本現代詩の一大変革期の真つ只中に身を置かれ、関東大震災やプロレタリア文学運動、各種の新興芸術派、ことにシュールレアリスムなどの、煮返るような息吹にもみくちやにされながらも、自己確立のための新分野開拓に全身を投げ打つてかかつていた」と自己紹介している。(白仁成昭)〔著作〕上掲の他に、『北方』蒲田書房1935、『純粋映畫記』第一藝文社1936、『詩人の行方』第一芸文社1936、『シナリオ文學論』作品社1938、『散文映畫論』作品社1940、小説集『古鏡』河出書房1940、『現代映畫論』三笠書房1941、小説『悪夢』地平社1947、『詩の話』宝文館1949-51、『映画への誘い』温故堂出版部1952、『シナリオの魅力』社会思想研究会出版部1953、『現代詩鑑賞』有信堂1970、『北川冬彦全詩集』沖積舎1988、翻訳にマックス・ジャコブ『骰子筒』厚生閣書店1929、ジョゼフ・ケッセル『最後の戦闘機』井原彦六訳西東書林1936、ダンテ『神曲・地獄篇』創元社1953、ジャック・プレヴェール『パロール抄』有信堂1960

北崎 新次郎 きたざき・しんじろう 1903(明36)-? 大分県西国東郡河内村森(現・豊後高田市)生まれ。小学校高等科を卒業後、16歳の頃から3・4年間佐世保市の叔母権藤リョウ方でうどん製造業の見習い。徴兵検査修了後1・2年間下関市内の書店の店員。その後帰郷して妻帯し精米兼うどん製造業で生計を立てた。29(昭4)年頃『関門日日新聞』の広告欄の新刊紹介で『黒旗』を知り直接購読した。35年末頃無共党事件で検挙されるが不起訴。(冨板敦)〔文献〕『身上調書』、『農青社事件資料集Ⅱ・Ⅲ』

北沢 甲子 きたざわ・かつし ?-? 1919(大8)年東京神田区(現・千代田区)の三秀舎文選科に勤め活版印刷工組合信友会に加盟する。(冨板敦)〔文献〕『信友』1919年8・10月号

北沢 熊太郎 きたざわ・くまたろう ?-? 1919(大8)年東京神田区(現・千代田区)の丸利印刷所印刷科に勤め日本印刷工組合信友会に加盟する。(冨板敦)〔文献〕『信友』1919年10月号

北沢 長次 きたざわ・ちょうじ 1898(明31)-? 前橋市田町生まれ。高等小学校卒業。新聞工組合正進会に加盟し、1924(大13)年夏、木挽町(現・中央区銀座)本部設立のために2円カンパする。東京市本所(現・墨田区)の岡本印刷所在職中、東京印刷工組合に加盟のち全国自連に加わる。東印では和文部の理事、リーフレット委員となり定例会の書記もつとめた。27年3月前橋で開かれた全印連第4回大会、28年2月サンジカリズム的綱領を廃した東印第5回大会、3月全国自連第2回続行大会ではいずれも書記をつとめる。28年5月足利市の『夕刊足利新聞』記者になる。35年末頃無共党事件で検挙されるが不起訴。(冨板敦)〔文献〕正進会『同工諸君!! 寄付金芳名ビラ』1924.8、『自連』2・6・9・11・22・23号1926.7・11・27.3・4・28.3・4、『身上調書』

北沢 武一 きたざわ・ぶいち ?-? 1919(大8)年東京京橋区(現・中央区)の築地活版所和文科に勤め活版印刷工組合信友会に加盟する。(冨板敦)〔文献〕『信友』1919年8・10月号

北島 清 きたじま・きよし ?-? 1919(大8)年東京芝区(現・港区)の東洋印刷会社欧文科に勤め活版印刷工組合信友会に加盟。同年10月頃には兵役についていた。(冨板敦)〔文献〕『信友』1919年8・10月号

北島 重太郎 きたじま・しげたろう ?-? 1919(大8)年東京神田区(現・千代田区)の三秀舎和文科に勤め活版印刷工組合信友会に加盟する。(冨板敦)〔文献〕『信友』1919年8・10月号

北島 泰之助 きたじま・やすのすけ 1870(明3.8.20)9.15-? 初期社会主義運動を資金援助も含めて積極的に支える。平民社の維持金募集に際し1円、『光』の発行所である凡人社に30銭寄付する。06年4月宮崎民蔵主宰の土地復権同志会の三多摩遊説に際し訪問すべき有志家を紹介、教示するなど協力の姿勢を示した。また同会の機関紙の役割を果たしていた『革命評論』を12号まで予約購読。当時の住所は東京府西多摩郡青梅町(現・青梅市)。大逆事件の捜査で押収された大石誠之助、新村忠雄、坂本清馬の住所録に北島の名が記載されており、また石巻良夫宛の手紙も発見されている。14年10月大杉栄、荒畑寒村が発行した月刊『平民新聞』に1円50銭を寄付する。(西山拓)〔文献〕宮崎民蔵・相良寅雄「巡歴日誌」『革命評論』1号1906.9,「寄附(凡人社へ)」『光』22号1906.9,『大逆事件記録2 証拠物写・上下』世界文庫1972,「社会主義沿革」,上村希美雄「『革命評論』と初期社会主義者」『初期社会主義研究』4号1990.12

北園 克衛 きたぞの・かつえ 1902(明35)10.29-1978(昭53)6.6 本名・橋本健吉、別名・亜坂健吉 三重県度会郡四郷村朝熊(現・伊勢市)に生まれる。兄は彫刻家橋本平八。宇治山田商業学校を経て19年上京、中央大学経済学部に入学する。23年生田春月の紹介で『文章倶楽部』に詩を発表。同年野川孟・隆兄弟と出会う。25年野川兄弟、玉村善之助らが創刊した詩誌『ゲエ・ギムギガム・プルルル・ギムゲム』2号から参加。同年萩原恭次郎が加わった『マヴォ』5-7号に寄稿、また『世界詩人』にも作品を寄せる。27年中原実、玉村らの新興芸術団体単位三科に加わり、6月三科形成芸術展覧会に出品、劇場の三科にも参加する。11月『薔薇・魔術・学説』の編集同人となりシュルレアリスムに傾く。80年に北園の句集『村』を出した藤富保夫は「苦闘しながら詩の実験をつづけた北園だが、本人はきわめて明るいアナーキストであった」と記す。多摩美術大学に北園克衛文庫がある。(冨板敦)〔著作〕『白のアルバム』厚生閣書店1929,『若いコロニイ』ボン書店1932,『天の手袋』春秋書房1933,『火の菫』昭森社1939,『黒い火』同1951,『村』瓦185年1980,『北園克衛全詩集』沖積舎1983〔文献〕藤富保夫「詩の図学を完成させた詩人」『北園克衛詩集』思潮社1981,菊地康雄『青い階段をのぼる詩人たち』青銅社1965,中野嘉一『前衛詩運動史の研究』大原新生社1975,五十殿利治『大正期新興美術運動の研究』スカイドア1998,寺島珠雄『南天堂』皓星社1999,藤富保男『評伝北園克衛』沖積舎2003

北爪 赳三 きたづめ・たけぞう ?-? 別名・赳夫 1919(大8)年東京京橋区(現・中央区)の新栄舎文選科に勤め活版印刷工組合信友会に加盟する。(冨板敦)〔文献〕『信友』1919年8・10月号

木田橋 弥之助 きだはし・やのすけ ?-? 時事新報社に勤め新聞工組合正進会に加盟。1920(大9)年機関誌『正進』発行のために1円寄付。また24年夏、木挽町(現・中央区銀座)正進会本部設立のためにも1円寄付する。(冨板敦)〔文献〕『正進』1巻1号1920.4,正進会『同上諸君!! 寄附金芳名ビラ』1924.8

北林 嘉六 きたばやし・かろく ?-? 1919(大8)年東京京橋区(現・中央区)の築地活版所和文科に勤め日本印刷工組合信友会に加盟する。(冨板敦)〔文献〕『信友』1919年10月号

北林 太吉 きたばやし・たきち ?-? 1925(大14)年の第6回メーデーに参加、自動車技工の代表として演説する。26年5月全国自連第1回大会で東京瓦斯工組合を代表して組合の情勢を報告する。27年3月21日浅草統一閣で開催された新・東京瓦斯工組合創立大会で議長をつとめる。(冨板敦)〔文献〕『印刷工連合』25号1925.6,『自連』1・11号1926.6・27.4

北原 一郎 きたはら・いちろう ?-? 1919(大8)年東京京橋区(現・中央区)の国光社文選科に勤め日本印刷工組合信友会に加盟する。(冨板敦)〔文献〕『信友』1919年10月号

北原 泰作 きたはら・たいさく 1906(明39)1.1-1981(昭56)1.3 別名・泰雄、弥寿尾、ヤスオ・キタハラ、稲葉敬、弾左介、井の口明 岐阜県稲葉郡黒野村(現・岐阜市)の小作農家生まれ。20年高等小学校卒業後、郵便配達員となる。22年5月作家をめざして上京し挫折。23年3月西田天香の一灯園に入る(2カ月)。その後木村京太郎の獄中記「桎梏より鉄鎖へ」(『水平』1巻2号)に感銘

受け郷里で水平社の創立を企て失敗。24年頃クロポトキンの『無政府主義の哲学』や『麵麭の略取』を貪り読み、大杉栄の『正義を求める心』や『自由の先駆』を読む。特にクロポトキンに感銘し、深く尊敬していたのは岩佐作太郎だと後年自ら述懐。25年全国水平社初代委員長失脚後の南梅吉宅に寄留。翌26年結成の全水青年連盟に参加。全水の無産政党支持などをめぐり小山紋太郎らと孤軍奮闘。この間全水解放連盟で活躍、岩佐や伊串英治らアナキストらと交流が続く。27年入営後、11月19日名古屋練兵場における陸軍特別大演習観兵式臨席の馬上の天皇に軍隊内差別撤廃の訴状を持って直訴、取り押さえられ同月軍法会議で懲役1年、大阪衛戍刑務所で服役。29年10月除隊後、全水第8回大会に出席し生駒長一の紹介で高嶋三治を知り高嶋宅に逗留。30年2月上京、深川武の世話で東京府水平社連合会書記兼浅草消費組合書記となる。同年4月日本大学専門部社会科(夜学)通学、マルクス主義を勉強し共産主義者となる。33年共産党に入党。34年1月福岡市で検挙、同年未決監中転向を決意。38年大日本連合青年団に就職。翌39年松田喜一らと大和会を結成。40年全水総本部の朝田善之助、松田、野崎清二らと部落厚生皇民運動を組織(同年末解散)。同年8月松田らと全水本部より除名処分を受けた。46年部落解放全国委員会結成(のち55年8月解放同盟と改称)後、中央執行委員、書記長を歴任。のち73年解放同盟から離反し、74年以降阪本清一郎、木村京太郎らと反解放同盟の部落解放運動の統一と刷新をはかる有志連合の代表幹事の一人となりその旗手ともなった。(北村信隆)〔著作〕『賤民の後裔』筑摩書房1974、『屈辱と解放の歴史』北大路書房1950、『部落の歴史』(井上清と共著)理論社1956、『部落解放の路線』部落問題研究所1980、『北原泰作部落問題著作集』全3巻同1981-83〔文献〕『岐阜県社会運動史』同刊行会1971、宮崎晃『差別とアナキズム』黒色戦線社1975、白石正明「初期水平運動とアナキズム」『京都部落史研究所紀要』9号1989.3、三原容子「水平社運動における『アナ派』について・正続」『世界人権問題研究センター研究紀要』2・3号1997・98、竹内康人『静岡県水平社の歴史』解放出版社2016

北原 竜雄 きたはら・たつお 1892(明25)8.28-1981(昭56)8.20 別名・中村浩太 高知市本与力町生まれ。同市城東中学卒業後、早稲田大学を中退。16年頃渡辺政太郎宅の研究会に参加し17年1月堺利彦の立候補を応援する。6月堺と加藤時次郎らの社会政策実行団の結成に参加し、12月同団を中心とした普通選挙運動で検挙。18年売文社社長となり『新社会』を発行、また石井鉄治らとともに週刊『世の中新聞』を刊行し社会制度改革と各国の社会主義運動を報じた。19年上海で汎アジア社会主義者会議の開催を図るが実現できなかった。同年に生じた売文社の分裂では高畠素之らと行動をともにして『国家社会主義』を発行、20年日本社会主義者同盟の結成で執行委員となった。23年2月福田狂二と雑誌『進め』を発行、その編集にあたった。この頃共産党に入党。30年末岩田富美夫の大化会に入り、やまと新聞社副社長。戦争中は中国に渡って特務機関に関与。(奥沢邦成)〔著作〕『階級の話』共生社1924、『常識の社会主義』民声社1926〔文献〕近藤憲二『一無政府主義者の回想』平凡社1965、田中真人『高畠素之』現代評論社1978、『社会主義沿革1』、『思想月報』1940.1

北原 鉄雄 きたはら・てつお 1887(明20)9.5-1957(昭32)3.28 北原白秋の弟(三男)。正しくは鐵雄。福岡県出身。慶応大中退。1913年鉄雄と父親が始めた魚類仲買業が失敗し翌年金尾文淵堂で修業。15(大4)年独立して白秋と阿蘭陀書房、改名してアルスを設立する。大杉栄の『クロポトキン研究』(20)を嚆矢とする著作を刊行。『労働運動』を刊行していたアナキスト近藤憲二を大杉栄の紹介で受け入れ、25-26年近藤憲二と安成二郎編集『大杉栄全集』全10巻を出版した。文化推進を掲げ、苦境にある文人のアジールとしての場も提供した。芸術雑誌『ARS』や日本初の写真雑誌『CAMERA』を創刊。「日本児童文庫」で興文社の「小学生全集」と乾坤一擲の大争覇戦を演じた。文芸・美術一般書、『白秋全集』等白秋の著作の大半も出版。戦時中の出版統制により弟義雄のアトリエ社と合併し北原出版と改称するが、戦後は独立して社名をアルスに戻した。(大本泉)〔文献〕戸田達雄『私の過去帖』光文社1972、石塚純一『金尾文淵堂をめぐる人びと』新宿書房2005

北原 真木夫 きたはら・まきお ?-? 1926

(大15)年頃，長野県で暮し農民自治会全国連合に参加，長野地方農自を組織する。同年4月『自治農民』創刊号の「自治会地方事情(通信)」欄では「入会者は続々増加しています。殊に南信では，最も優勢になりそうです」と真っ先に報告している。(冨板敦)〔文献〕『自治農民』1号1926.4，『農民自治会内報』2号1927

北原 正雄 きたはら・まさお ?-? 1919(大8)年東京京橋区(現・中央区)の築地活版所文選科に勤め日本印刷工組合信友会に加盟する。(冨板敦)〔文献〕『信友』1919年10月号

北原 弥吉 きたはら・やきち ?-? 印刷工として1919(大8)年活版印刷工組合信友会に加盟し活動する。(冨板敦)〔文献〕『信友』1919年8月号

北御門 二郎 きたみかど・じろう 1913(大2)2.16-2004(平16)7.17 熊本県球磨郡湯前町の大地主の家に生まれる。17年人吉の教会で受洗。旧制熊本中学から五高に入学，高校3年19歳の年にトルストイとの出会いを経験，以後傾倒する。33年東京大学に入学，36年ロシア語学習のため満州ハルビンに半年ほど移り住む。この時の思い出は自伝小説『仮初ならば』(青銅社1965・ヤースナヤポリヤーナ書肆1998)にまとめられている。37年以降，大学に復帰せずに農業を営み晴耕雨読の生活に入る。トルストイの思想の帰結として38年兵役拒否，また滝川幸辰，河上肇と交わる。60年トルストイ作品の誤訳を指摘した最初の論文「翻訳の偉大と悲惨」を地元同人誌『詩と真実』に発表，以後同誌および『人吉文化』『熊本日日新聞』『近代文学』などに評論や翻訳を多数発表する。79年トルストイ3部作『戦争と平和』『アンナ・カレーニナ』『復活』を翻訳出版(東海大学出版会1979・復刊2000-01)，同訳業で第16回日本翻訳文化賞を受賞，12月には第5回世界ロシア・ソヴィエト文学翻訳者会議に招待された。89年から北御門訳トルストイ文庫(ヤースナヤポリヤーナ書肆)が刊行され，03年全213冊・別33冊で完結。さらに戦争中の日記の刊行が予定されている。(奥沢邦成)〔著作〕『トルストイとの有縁』武蔵野書房1981，『ある兵役拒否者の歩み』径書房1983・地の塩書房1999，トルストイ『生ける屍』(訳)青銅社1965，同『懺悔』(訳)青銅社1965，同『神の国は汝等の衷にあり』(訳)冬樹社1973，新藤謙『国家に抗した人びと』子どもの未来社2004

北村 市郎 きたむら・いちろう ?-? やまと新聞社に勤め東京各新聞社の整版部従業員有志で組織された労働組合革進会に加わり1919(大8)年8月の同盟ストに参加するが敗北。同年12月新聞工組合正進会を組織し機関誌編集役員となる。20年機関誌『正進』のために1円70銭カンパする。(冨板敦)〔文献〕『革進会々報』1巻1号1919.8，『正進』1巻1号1920.4

北村 栄以智 きたむら・えいいち ?-? 長野県に生まれる。時事新報社に印刷工として勤め新聞従業員組合革進会に所属，1919(大8)年8月在東京16新聞社の同盟ストライキに加わるが敗北。読売新聞社に移り，北風会に参加していた新聞印刷工らと同年12月正進会を組織，常務理事となる。20年4月機関紙『正進』創刊号に「正進会の門出に際し」を執筆。5月2日，日本初のメーデーで正進会を代表して演説。6月労働組合同盟会第1回代議員会に正進会を代表して参加。21年末頃吉田一，和田軌一郎，小林進二郎らと極東民族大会参加のためソ連に渡る。徳田球一，小林と帰国後，共産党と正進会の狭間で悩み，病を得て運動から退き郷里に帰る。(冨板敦)〔文献〕『革進会々報』1巻1号1919.8，『正進』1巻1・3号1920.4・6，土穴文人「大正初期のアナ系組合運動の一考察」『社会労働研究』9号1958，水沼辰夫『明治・大正期自立的労働運動の足跡』JCA出版1979，横山和雄『日本の出版印刷労働運動・上』出版ニュース社1998

北村 兼松 きたむら・かねまつ ?-? 日本印刷工組合信友会に加盟し1921(大10)年末頃，東京京橋区(現・中央区)の中屋印刷所に勤めていた。(冨板敦)〔文献〕『信友』1922年1月号

北村 佐市 きたむら・さいち 1893(明26)4.24-? 長野県上伊那郡河南村(現・伊那市)に生まれる。上京し東京毎日新聞社に印刷工として勤め，東京各新聞社の整版部従業員有志で組織された労働組合革進会に加わる。1919(大8)年8月革進会の同盟ストに参加するが敗北。のち新聞工組合正進会に加わる。20年機関誌『正進』発行のために15円カンパする。この年日本社会主義同盟に加盟。21年7月赤瀾会の講習会に出席する。東京市芝区三田松坂町(現・港区)に住んでいた。(冨板敦)〔文献〕『革進会々報』1巻1号1919.8，『正進』1巻1号1920.4，『警視庁思想要注意人名簿(大

正10年度)』

北村 定子 きたむら・さだこ ?-? 東京印刷工組合婦人部のメンバー。1927(昭2)年2月20日に開かれた東印第4回大会で同組合婦人部の情勢報告をする。(冨板敦)〔文献〕『自連』9.10号1927.3

北村 順治郎 きたむら・じゅんじろう 1909(明42)3.25-1984(昭59)7.31 別名・北村順次郎 北海道釧路市厚岸郡太田村に出生。翌年、道北の士別に移住。中士別尋常小学校高等科を卒業し、1926年2月に道北の寒村・音威子府の駅手となる。当時、旭川で活動していたアナキスト系の「鎖断社」の活動に刺激され、また関東大震災後の弾圧を逃れて音威子府に身を寄せていたアナキスト宇佐美五郎とともに、北村は音威子府消防番屋で大杉追悼演説会を開催。これにより北村は警察の取調べをうけ駅手を罷免される。その後、賀川豊彦が主宰する新潟農林高校に一時在籍(中退)。北海道に戻り上磯町(現・北斗市)の浅野セメント降灰公害反対の闘いや小樽での磯野小作争議や月形小作争議などに関わる。小樽での磯野小作争議において小林多喜二と接する。その争議を描いた多喜二の『不在地主』の登場人物「健」は北村がモデルである。その後、北村は旭川にて日農北連の常任書記となる。小作人争議の農民運動を牽引しつつ当時旭川に在住していた小熊秀雄や今野力らと親交。27(昭2)年11月、名寄で始めた小集団「集産党」が非合法秘密結社とみなされ治安維持法で逮捕され、北村ら11名が有罪となる。この事件を担当したのが東京検事局の若手エリート検事の黒川渉、池田克、平田勲であった。3人はこの事件弾圧のために来道し指揮している。「集産党事件」は同法の全国での2番目の適用となる(最初の適用は京都学連事件)。北村はその後もさまざまな試練に晒されつつも暗黒時代を何とか生き延びる。戦後、農民運動に関わりつつ士別で新聞を創刊。1984年に没するまで北村は道北地方のジャーナリズムや文化活動をリードしていく。(北村巖)〔著作〕『蛇紋岩』士別市民の会1983〔文献〕菅原政雄『集産党事件覚え書き』私家版1973、宮田汎『朔北の青春にかけた人びと』2007

北村 庄太郎 きたむら・しょうたろう 1889(明22)3.5-1945(昭20)1.13 三重県飯高郡矢川村(現・松阪市)に生まれる。小学校卒業後、理髪業を営む。21年1月町名変更速新会を組織し、のち青年同志会に発展させ22年2月部落解放をめざす綱領をもつ徹真同志社に改組して活動。同月21日大阪中之島中央公会堂での大日本平等会創立大会に参加して駒井喜作を知り、3月3日全国水平社創立大会に出席、三重地方を代表して演説する。同年4月21日松阪町中座劇場で三重県水平社創立大会を開催、開会の辞を述べるとともに議長をつとめ県水の代表となる。23年5月『三重水平新聞』を発刊、2号では発行人となる(創刊号の発行人は不詳)。7月『関東水平運動』に三重水平社執行委員長として「三重県の水平運動」を執筆、「私共は親鸞の流れを汲み、親鸞を渇仰している」と記した。24年1月県水臨時大会で執行委員長を罷免され、11月松阪で聖戦雑誌社をおこし雑誌『聖戦』を発刊する。同誌は同年スパイ事件で全水を除名された平野小剣、委員長を罷免された南梅吉を擁護し平野、南の処分を承認しなかった関東水平社や純水平運動を掲げた全水青年連盟を支持し、反ボル色を鮮明にしていた。27年以降は日本水平社で活動を続ける。(冨板敦)〔文献〕『水平』1巻1号1922.5、『三重水平新聞』1・2号1923.5・6、『関東水平運動』1号1923.7、『聖戦』1-3・5号1924.11・25.1・3・11、『自由新聞』3号1925.9、大山峻峰『三重水平社労農運動史』三一書房1977、三重県部落史研究会『解放運動とともに』三重県良書出版会1982

北本 哲三 きたもと・てつぞう 1913(大2)1.9-? 本名・鎌田喜右衛門 秋田県南秋田郡太平村八田(現・秋田市八田)の自作農の長男に生まれる。27年高等小学校卒業家業に従事。31年冷害凶作にあい貧苦の農民生活に社会的疑義が芽生える。32年文芸誌『野人』創刊。33年『処女地帯』創刊。35年10月『詩行動』に7号から参加。36年『詩作』に参加。秋田の産業組合誌に反戦詩「部落民」(のち「勲章」と改題)を発表したことで同誌は発禁、編集者は始末処分を受ける。37年『詩現実』(山形)に参加。38年10月反戦運動容疑で秋田署に検挙10日間留置される。41年太平村翼賛壮年団長就任を慫慂され受託、村会議員に推され当選。戦局苛烈ななかで警察の白眼視が続いた。戦後の46年『詩旗』(山形)に参加。この年公職追放とな

る。50年押切順三とともに第2次『処女地帯』創刊。51年公職追放解除。太平村農業委員となる。57年再刊『コスモス』に第4次終刊まで関わった。この間秋田市農業委員や農業共済組合副理事などに就任。(黒川洋)〔著作〕詩集『再び生命の灯が』草園書房1948 秋田農民詩集『地方の種子』(共編)1953、『農民詩集』(共編)新評論社1955、『年間処女地帯詩集』(共編)処女地帯社1960、詩集『健康な奴だけを』たいまつ社1978、『雪国の詩』(共編)秋田文化出版社1979〔文献〕「同人素評」『コスモス』11号1966

北山 章 きたやま・あきら ⇨岩野猛 いわの・たけし

北山 銀一郎 きたやま・ぎんいちろう ?-? 1919(大8)年東京神田区(現・千代田区)の大東印刷会社に勤め日本印刷工組合信友会に加盟する。(冨板敦)〔文献〕『信友』1919年10月号

北山 大助 きたやま・だいすけ ⇨和田実 わだ・みのる

木津 嘉一郎 きづ・かいちろう ?-? 1919(大8)年東京本所区(現・墨田区)の凸版印刷会社欧文科に勤め日本印刷工組合信友会に加盟する。(冨板敦)〔文献〕『信友』1919年10月号

橘田 栄次郎 きつた・えいじろう ?-? 1919(大8)年東京神田区(現・千代田区)の丸利印刷所に勤め日本印刷工組合信友会に加盟する。同所の組合幹事を玉村徳之助と担う。(冨板敦)〔文献〕『信友』1919年10月号

橘高 武憲 きつたか・たけのり 1902(明35)2.9-? 広島県芦品郡新市町(現・福山市)に生まれる。上京し早稲田大学に入学。1919(大8)年無政府主義思想を抱持し民人同盟会を組織したとして警視庁の思想要注意人とされる。(冨板敦)〔文献〕『警視庁思想要注意人名簿(大正10年度)』

木戸 源吉 きど・げんきち ?-? 1919(大8)年東京京橋区(現・中央区)の文祥堂印刷所に勤め活版印刷工組合信友会に加盟する。(冨板敦)〔文献〕『信友』1919年8月号

鬼頭 広明 きとう・ひろあき 1912(大1)8.2-1988(昭63)3.11 愛知県愛知郡荒子村(現・名古屋市中川区中島新町)に生まれる。27年熱田中学3年時に長期病欠し中退。家業の米屋を手伝う。29年5月米配達の途中、電柱に貼られたアナキズム宣伝のビラをみて事務所を訪ね後藤広数、成田政市らと知り合い『青年に訴ふ』などのパンフを入手する。「心に滲み通るような」また「自分の生涯を決定する別れ道」と晩年鬼頭はその日のことを日記に記している。30年成田、後藤らと中部黒色一般労働者組合組織準備会をつくり同年9月名古屋市東邦電気鋳鋼所の争議を支援。同年末中部純労働者組合を結成、再び東邦争議を闘う。31年1月栗田製作所争議、2月大同電気争議、名古屋ガラス争議を支援。中部純労を中部黒色一般労働者組合と改称、32年5,6月丸八ポンプ製作所の争議を支援する。鬼頭は家人の目を盗んで米を差し入れて争議団を支え、『黒色労農新聞』(のち『労働者新聞』と改称)にしばしばカンパを送った。33年家出をして上京。3年前に訪問したことが忘れられず浅草の東京一般労働者組合の事務所に転がり込む。米配達の経験を生かして村田常次郎の常駐する大島共働社に手伝いで通う。同年3月の自協関東地協第2回大会に参加して山口健助らとともに検束され9日間留置される。結局3週間で地元に呼び戻された。35年11月24日無共党事件で検束されるが即日釈放。40年海軍に応召、46年3月復員帰国。労組書記長、雑誌『自由連合』発刊(数号で廃刊か)、社会党議員秘書など転々とする。61年『社会新報』愛知県総局長になり72年引退。この間アナ連名古屋地協小川正夫らと親交し、60年坂本清馬を招き「大逆事件の真相を明らかにする講演会」を開催するほか64年小川が急死するとその遺稿刊行会代表となり、74年『性とアナキズム』を刊行。また68年伊串英治が死没すると納骨、遺品整理、追悼会など中京地方のアナキズム運動のまとめ役を担う。75年日泰寺墓地に埋もれていた橘宗一の墓碑がみつかるとその保存に奔走、保存会の設立、以来毎年9月15日の墓前祭と記念講演会の基盤を確立した。80年頃から名古屋平民図書室を発起、5年余りをかけて3000点弱のアナキズムを中心とする文献を収集完成させる。(冨板敦)〔文献〕『黒色労農新聞』3・4・7-9号30.9・10・31.1-3,『労働者新聞』20・21・26-28号1932.6・7・33.1・2・4,『身上調書』

木名瀬 露文 きなせ・つゆふみ ?-? 1920(大9)年日本社会主義同盟に加盟。当時、茨城県多賀郡北中郷(現・北茨木市)の山口炭鉱で働いていた。27年『小作人』「地方通信」

欄に茨木の現状を寄稿する。(冨板敦)〔文献〕
『小作人』3次8号1927.9

木下 勇 きのした・いさむ ?-? 別名・野毛九郎　横浜市に生まれる。1924(大13)年頃から『文章倶楽部』『若草』『日本詩人』などに投稿を始める。『日本詩人』の編集委員佐藤惣之助を知り、29年『詩之家』の同人を経て『SOS』、29年10月文芸誌『大地に立つ』(加藤一夫主宰)に参加する。10号(1930.7)に詩「饑餓の港」などを発表。同年10月『解放戦線』創刊(延島英一編集、山本晴土発行・解放芸術連盟)に江口隼人、野村孝子、宮崎秀らと参加する。詩「無言の歩みを」「壁を隔て、生活する」を発表する。同年『宣言』(内野健児編集)に拠りボル系に転向。32年4月『赤い銃火』第一集(江口渙編)に野毛名で「召集電報」を寄せる。33年2月『麵麭』(堀場正夫編・32年1月創刊)の主要同人として参加。35年10月『芸術クラブ』(望月義編集・横浜)創刊同人として奥津兼一郎(山田今次)、船方一、松永浩介、島田宗治らと人民戦線的傾向の雑誌作りを目的として参加。代表作に小説「牛」がある。戦時は家族と離れ本人不在を通し徴兵を逃れ、徴用工として計器メーカーに勤める。戦後は京浜地区の勤労者文学運動に山田や熱田五郎、松永らと協働した。横須賀地方の駐留軍労組の役員をつとめた。(黒川洋)〔著作〕詩集『召集電報』コップ神奈川支部1932(発禁)、共著『文学の旗』新日本文学東京支部1947、『日本プロレタリア詩集』新日本文学会1949〔文献〕『横浜の詩人たち』横浜市教育委員会1972

木下 茂 きのした・しげる　1900(明33)12.6-1932(昭7)12.20　別名・信夫山人　長野県伊那郡竜丘村駄科(現・伊那市)に生まれる。代々の農家であった。17年春、上京し苦学生活を数年する。この間国家主義を信奉。以後愛国主義の頑迷に飽き足らず急速にアナキズムに傾く。21年豊橋師団輜重兵連隊に輜重輸卒として入隊。23年関東大震災後、同志とともに自然児連盟を結成。25年3月『自然児』同人となる。矢橋丈吉らと交遊、同年8月『マヴォ』7号に詩「抗議」を発表。26年10月第3次『小作人』を継続させるため望月桂、古川時雄らと編集発行責任者となる。この時期農村各地の演説会や座談会に飛び回る。会津の瓜生伝、石川主計、越智鼎らと親交を結ぶ。27年4月『土民芸術』の大島唯史、石川三四郎、草野心平、岡本潤、吉田金重らと創刊同人となる。27年秋農村運動連盟結成に奔走。この頃大阪天満署に初めて検挙、たらい回しにされ官憲に抗議をしたため激しい拷問を受け健康を害する因となった。28年秋頃から肺疾と痔疾が生涯の持病となり療養生活に入る。『小作人』は28年10月19号(通巻29号)で終刊。影では聖人と呼ばれ岡本の詩「ゲルさん、意を安んじてくれ」(『黒色戦線』1929.12)がある。28年『黒色文芸』や30年『黒旗』などに詩やエッセイを寄せる。30年7月『農民自由連合』(2号まで)創刊に伴い八太舟三らと寄稿。31年4月埼玉県大宮町で農村青年社の運動報告を鈴木靖之から受ける。31年暮岡本ら東京の仲間に見送られて大阪経由で別府へ転地療養に旅立つ。元自然児連盟の前田淳一が付き添った。途次で『黒旗』1・2号発表の「僕はこう考える」(1932.1・2)を起稿。農青社蜂起の趣旨を認めながらも時期尚早であるという論旨であった。療養先で八太の「農村も都会を搾取する」という説に反論を書くつもりであった。文芸への夢を持続しながらその生涯を農民運動の実際活動に身を挺した。70編余の詩作ノートが手元に残され遺稿集の計画もされたが頓挫した。別府の同志田坂積春のもとで命を終える。遺骨は前田によって生家に届けられた。
(黒川洋)〔著作〕マラテスタ『農民に伍して』(訳)小作人社1930・復刻版黒色戦線社1990〔文献〕『冬の土』21号(木下茂追悼号)1933.4、小松隆二『大正自由人物語』岩波書店1988、『農青社事件資料集Ⅰ』

木下 秀一郎 きのした・しゅういちろう　1896(明29)-1991(平3)　別名・秀一、秀　福井県に生まれる。20年日本医学専門学校在学中に普門暁らが結成した未来派美術協会に参加する。21年10月同会の第2回展開催に尽力。その後医師として福井に赴任。亡命ロシア人ダヴィト・ブルリューク(1920来日)と交流、23年『未来派とは？　答へる』を共著として上梓するほかロシア未来派を紹介する。24年春東京に戻り7月『マヴォ』創刊号に作品を寄せる。10月旧アクション、マヴォ、第一作家同盟のメンバーらが大同団結した三科を結成する。25年5月吉田謙吉らと劇場の三科を開催。9月三科第2回展が

内紛により会期途中で中止となり三科は解散となる。第2回展で木下はオブジェ「決行せるアナルヒストの心理的像」を発表。その後絵筆を折る。(冨板敦)〔著作〕『未来派とは?答へる』(ブルリュックと共著)中央美術社1923,『歌舞伎素描』講談社1968,『木下秀一叢書1-3』同刊行会1975-79,『日枝神社江戸鎮座五百年』日枝神社御鎮座五百年奉賛会1978〔文献〕五十殿利治『大正期新興美術運動の研究』スカイドア1998,五十殿利治・菊屋吉生・滝沢恭司・長門佐季・野崎たみ子・水沢勉『大正期新興美術資料集成』国書刊行会2006

木下 尚江 きのした・なおえ 1869(明2)9.8-1937(昭12)11.5 旧名・尚恵 別名・松野翠,みどり,緑鬢翁,樹陰生,残陽生,平和主義者の一人など 信濃国松本天白町(現・松本市)生まれ。松本中学時代クロムウェルに心酔し卒業後上京,英吉利法律学校に入学するが,すぐに東京専門学校に転じた。この頃民法上での女性の権利を主張した論を発表。88年帰郷し『信陽日報』記者となり廃娼や禁酒を盛んに説いた。93年代言人試験に合格し松本に法律事務所を開設するとともに『信府日報』記者となる。同年秋,松本美以教会で受洗。日清戦争時にはキリスト教会の戦争支持に憤慨したが,戦後は石川半山らと政府攻撃の目的で遼東半島還付反対運動を行った。やがて中村太八郎,石川半山らと普通選挙運動を展開,97年県会議員選挙にからむ疑獄事件で起訴され収監されるが翌年無罪出獄となる。島田三郎の知遇を得,99年上京して毎日新聞社に入社するや平和論,廃娼論,足尾鉱毒問題,政官界の汚職追及などに筆を振るった。同年普選期成同盟結成に参加,00年には社会主義協会に入会し,01年片山潜,安部磯雄,河上清,幸徳秋水らとともに社会民主党を創立した。また同年秋矢島楫子,潮田千勢子らが足尾鉱毒被害民の救済活動をおこすのに協力奔走した。02年の衆議院議員選挙では深沢利重らキリスト教徒に推され前橋から立候補するが29票で落選。03年11月幸徳,堺利彦が平民社を創立するとこれを支援し,20号社説「嗚呼増税!」の筆禍事件に対しては弁護人としても出廷し堺,幸徳の下獄後は中心的存在として社を支えた。一方毎日新聞社においても反戦小説『火の柱』(平民社1904・岩波文庫1954)や天皇制を批判した小説『良人の自白』(前篇・平民社1904/中篇・同1905/下篇・由分社1905/続篇・金尾文淵堂1906,岩波文庫1953)を連載,小説家としても注目された。平民社解散後は,05年11月石川三四郎,安部磯雄らとキリスト教社会主義の立場から雑誌『新紀元』を創刊,日露戦後の軍国主義の強化や朝鮮植民地化を批判するなど鋭い批評活動を展開し,06年6月幸徳が米国から帰国すると幸徳とともに日本社会党に入党した。しかしこの頃日露戦勝利に酔う国民への絶望,社会主義運動内部の対立などから次第に煩悶を深め毎日新聞社を退社,11月『新紀元』を廃刊し社会主義運動からの離脱を表明した。そして10月末より翌年12月まで群馬県伊香保山中にこもり著述活動に専心し,『懺悔』(金尾文淵堂1906),『飢渇』(昭文堂1907)などを相次いで出版,08年2月には雑誌『新生活』を創刊する。この間伊香保滞在中も谷中村問題の演説会では講演を行い,07年6月の家屋強制破壊のときには現地に赴くなど,運動離脱ののちも一切の権力を否定する立場から独自の活動を続け,特に谷中村の農民と田中正造の活動を支援した。やがて大逆事件直前の10年5月逸見斧吉の紹介で静坐法の岡田虎二郎を知り,師事することとなる。以後は表立った社会的活動をしていないが,13年田中の臨終に立ち合った。晩年は明治文学談話会などに出席し明治天皇をムツヒトと呼び出席者に大きな衝撃を与えた。また軍国主義化が進行するなかで再び社会運動への復帰を考えていたともいわれるが,実現することはなかった。(岡野幸江)〔著作〕『労働』昭文堂1909,『火宅』弘学館書店1910,『創造』金尾文淵堂1912,『田中正造翁』新潮社1921,『神,人間,自由』中央公論社1934,『木下尚江著作集』全15巻明治文献1968-73,『木下尚江全集』全20巻教文館1990-2003〔文献〕石川三四郎『自叙伝・上』理論社1956,山極圭司『評伝木下尚江』三省堂1977,山田貞光『木下尚江と自由民権運動』三一書房1987,後神俊文『木下尚江考』近代文芸社1994,清水靖久『野生の信徒木下尚江』九州大学出版会2002

木下 直介 きのした・なおすけ ?-? 1919(大8)年東京深川区(現・江東区)の東京印刷深川分社欧文科に勤め活版印刷工組合信友会に加盟。同社同科の組合幹事を大山清二郎と担う。(冨板敦)〔文献〕『信友』1919年8・10月

号，1922年1月号

木下 春吉 きのした・はるきち ?-? 大阪府生まれ。大阪釜ケ崎の地主で今宮に旅館春乃家を経営。逸見直造とは小学校の同窓生で交遊。1922(大11)年2月北九州八幡製鉄のゼネスト2周年集会に招かれた帰途、大阪に下車した大杉栄を囲む野武士組の懇談会に旅館を提供した(当時木下は市会議員)。その会は全国労働組合総連合の下地をつくるべく画策され、和田久太郎によって企画されたもので、逸見をはじめ野田律太、中村義明、鍋山貞親、瀬野久司、山内鉄吉、生野益太郎、植松市三、杉浦市太郎、武田伝次郎、岩出金次郎、花岡潔、吉村於兎也、三野啓逸、大西昌、江西一三、山内嘉市、西前雅文、東野彦、金咲道明、倉地啓司、藤沢猛、金井鉄之介、石田正治、林唯義、大川利治ら各派各流を超えた壮観さで在阪主要活動家30人(80人とも)近くを集めたが、大杉、逸見、和田ら27人が検束された。(北村信隆)〔文献〕『大阪社会労働運動史・上』、逸見吉三『墓標なきアナキスト像』三一書房1976

木下 浩 きのした・ひろし ?-? 1919(大8)年東京深川区(現・江東区)の東京印刷深川分社第一部印刷科に勤め活版印刷工組合信友会に加盟する。(冨板敦)〔文献〕『信友』1919年8月号

木下 操子 きのした・みさこ 1874(明7)9.16-1936(昭11)8.1 盛岡市出身。17歳のとき米国浸礼教会のボート牧師から受洗、身を伝導に捧げようと上京し横浜の伝道者養成の学校へ入学した。そこでナイチンゲールの生涯を聞き深く感動、看護婦を志し日本最初の看護婦の一人大関和子のもとで働く。98年12月神田の看護婦会館に大関を訪ねた尚江と出会い、2年後の00年12月、27歳のとき大関の斡旋により当時青山学院長だった本田庸一の媒酌で結婚。尚江は「僕の前途には何等の幸運も無い。絞首台か、乞食か、此の二つの外には何も持つて居るものが無い」と語ったというが、その後操子は尚江の活動を支え続けた。足尾鉱毒反対運動では01年11月に基督教婦人矯風会の矢島楫子、潮田千勢子、島田信子、松本英子らが中心となり結成された鉱毒地救済婦人会に参加。02年1月には銅山主古河市兵衛に対し事業中止を求める「勧告書」を送った総代のなかの一人に名を連ねている。日露戦争後、社会運動を離れた尚江は静坐法の岡田虎二郎に師事すると、操子も行動をともにした。(岡野幸江)〔文献〕松本英子『鉱毒地の惨状』教文館1902、木下尚江『書簡に代へて(妻みさ子の永眠を語る)』私家版1936

木下 杢太郎 きのした・もくたろう 1885(明18)8.1-1945(昭20)10.15 本名・太田正雄、別名・きしのあかしや、葱南ほか 静岡県賀茂郡湯川村(現・伊東市)生まれ。上京して独協中学、一高理科に在学しているときに美術と文学に興味をもつ。東京大学医科大学進学後に与謝野鉄幹の新詩社に参加、『明星』に写生文や短歌を発表し森鴎外の観潮楼歌会にも出席する。08年新詩社の同年輩の友人、北原白秋や吉井勇と文芸懇話会パンの会をつくり文学と美術の交流をはかる。この時期、新詩社の同人石川啄木、平出修とも親しく交友している。足尾鉱山暴動(1907)や大逆事件(1910)を背景として書いた作品「和泉屋染物店」(『スバル』1911.3、東雲堂1912)は、社会主義思想に目覚めた青年と家族制度的な発想にとらわれているその父親との衝突を軸に、旧体制の打破を志向する青年の苦悩を描いた社会主義戯曲として評価されている。(川口秀彦)〔著作〕『木下杢太郎全集』全24巻岩波書店1981、『木下杢太郎日記』全5巻同1979〔文献〕野田宇太郎『木下杢太郎の生涯と芸術』平凡社1980、中村文雄『大逆事件と知識人』三一書房1981

木下 浪哲 きのした・ろうてつ ⇨永瞋 えい・ろしん

木原 金一 きはら・きんいち ?-? 1927(昭2)年3月20日前橋市才川町厩橋演芸館で開かれた全国印刷工連合会第4回大会で書記をつとめる。9月18日の上毛印刷工組合第4回大会で理事に選出される。同年11月の全国自連第2回大会に厚田正二とともに上毛印刷を代表して出席し、大阪合成労働組合に自決退場を求める。28年9月16日上毛印刷第5回大会で書記となる。(冨板敦)〔文献〕『自連』11・17・20・28号1927.4・10・28.1・10

木原 熊太郎 きはら・くまたろう ?-? 1919(大8)年東京京橋区(現・中央区)の築地活版所欧文科に勤め活版印刷工組合信友会に加盟する。(冨板敦)〔文献〕『信友』1919年8・10月号

棋原 源太郎 きはら・げんたろう ?-? 横浜毎朝新報社に勤め横浜印刷技工組合に加盟。1921(大10)年3月12日同社の減給拒絶闘争を26名で闘い勝利する。(冨板敦)〔文献〕『信友』1921年4月号

木原 茂樹 きはら・しげき ?-? 1919(大8)年東京京橋区(現・中央区)の築地活版所鉛版科に勤め活版印刷工組合信友会に加盟する。(冨板敦)〔文献〕『信友』1919年8・10月号

木原 茂 きはら・しげる ?-? 松山市に生まれる。1927(昭2)年詩誌『黒林』(第一芸術社)を木原良一, 名本栄一と発刊する。29年8月温泉郡に新創人社を宮本武吉らと創設する。同時に『先駆詩人』(前身は『松山詩人』)の編集発行人となる。30年1月宮本らの『文学地帯』(新創人社)と合併し『第一芸術』の編集同人となる。藤田唯志, 神谷暢, 遠地輝武, 伊福部隆彦, 竹内てるよ, 浅野紀美夫, 関沢源治, 伊藤耕人, 名本栄一, 宮本, 木原良一らが拠った。(黒川洋)〔文献〕「全国詩雑誌総覧」『詩文学』1930, 木原実『冬晴れの下で』オリジン出版センター1975, 志賀英夫『戦前の詩誌・半世紀の年譜』詩画工房2002

木原 誠一郎 きはら・せいいちろう ?-? 日本印刷工組合信友会に加盟し1921(大10)年末頃, 東京小石川区(現・文京区)の博文館印刷所に勤めていた。(冨板敦)〔文献〕『信友』1922年1月号

木原 実 きはら・みのる 1916(大5)3.1-2010(平22)1.18, 別名・健, 稔, 木暮真人 愛媛県越智郡桜井町(現・今治市)に生まれる。実家は呉服商であった。28年今治中学入学。30年の春頃から詩を書き始め『南海新聞』の文芸欄に投稿。同年木原茂, 木原良一, 名本栄一らと文芸誌『黒林』(第一芸術社)の同人になるが毎号発禁。同年文芸誌『防塞』を宮本武吉らと創刊。名本栄一詩集『飢えている大地』(第一芸術社)が発禁となり各同人宅の家宅捜索を受け『黒林』は廃刊。31年春松山市へ1日だけの家出を試み宮本, 名本らに初めて会う。この件で下関市のラシャ商店(親戚)に預けられ監視つきの店員見習となる。この頃岡本潤, 草野心平らと文通を始める。同年11月『南海黒色詩集』(起村鶴充編, 新創人社)に白井冬雄, 日野忠夫, 宮本, 井上弥寿三郎らと木原健名で作品を寄せる。少部数発送後に発禁となる。33年春岡本潤のすすめで下関より上京。秋山清方に寄宿。植村諦, 岡本, 清水清と初めて会う。牛込倶楽部でのリアリズム研究会に参加, 丹沢明(青柳優)や石川三四郎, 西村陽吉, 近藤憲二を知る。同年8月解放文化連盟機関紙『文学通信』創刊。10月自由律短歌の西村陽吉の流れを汲む短歌誌『主情派』に拠り, 稔名で新短歌運動に没頭する。34年1月尾村幸三郎と無共党に参加。新短歌雑誌『動脈』を尾村らと創刊。『文学通信』14号から作品発表。35年春本郷の東京学生消費組合の事務員となる。母が転地療養先で死没のため別府へ帰る。12月末無共党事件の総検挙にからみ別府警察に逮捕, 36年5月大分刑務所に移送。12月末治安維持法違反で懲役3年執行猶予5年で釈放。取り調べで特高から受けた屈辱が終生の糧となり, 出所後社会主義について猛勉強をする。40年春再び上京し産業組合中央会(のち全国農業会)の機関紙部局に勤務。この時期に稲村順三に出会い全国の農山村を巡回する。42年9月召集され45年8月北満とソ連の国境にて敗戦を知る。46年末引揚者に混じって博多に上陸, 書店の店頭で詩誌『コスモス』を見て秋山に手紙を出す。この時期に農民運動に加わり日本農民組合本部中央執行委員会, 社会党に入党。向坂逸郎らを知り社会主義協会に参加する。47年8月『コスモス』6号から同人となる(以後, 第4次終刊101号まで)。49年12月第2次『コスモス』創刊1号の「兵隊たちのこえ」(木暮名)は戦後の民主主義文学運動に対する鋭い批判としての名エッセイである。64年3月短歌誌第2次『芸術と自由』の同人となる。67年1月社会党衆議院議員に当選(1980.9まで)し成田闘争に参加。かたわら労働大学の講師を兼任。89年から文芸誌『象』(名古屋)の同人となる。(黒川洋)〔著作〕共著『南海黒色詩集』1931, エッセイ集『アジア幻視行』オリジン出版1975, 『冬晴れの下で』同1975, 歌集『恋うた』同1985, 『木原実全詩集』オリジン出版センター1986, 歌集『韋駄天』芸術と自由社1987, 歌集『笑う海』潮汐社1994, 共編『日本資本主義大系』弘文堂1957, 編著『資本主義の揺らぐ日』オリジン出版1970, 『燎火の流れ』同1977, 「寸借」『掌』96号2006.7(『トスキナア』8号2008に転載)〔文献〕秋山清『アナキズム文学史』筑摩書房1975, 山口一枝編『籌小草』私家版1977, 小倉三郎『私の短歌履歴書』ながらみ書房1995, 『身上調書』

木原 庸一 きはら・よういち ?-? 岡山県苫田郡に生まれる。中国自連のメンバー。岡山歩兵第十連隊に入営することになり1926(大15)年12月27日岡山市の天瀬パリー食堂で高木精一，糸島孝太郎らに入営送別会を開いてもらう。この時，中国自連からは藤本茂が広島野砲隊へ原正夫も岡山歩兵第十連隊に入営することになった。(冨板敦)〔文献〕岡山県警察部『大正15年特別要視察人水平社等ノ状勢調』(廣畑研二編『岡山県特高警察資料(戦前期警察関係資料集)第7巻』(復刻版)不二出版2012)

木原 良一 きはら・りょういち ?-? 松山市に生まれる。1927(昭2)年詩誌『黒林』(第一芸術社)を木原茂，名本栄一と発刊する。29年8月温泉郡に新創人社を宮本武吉らと創設する。同時に『先駆詩人』(前身は『松山詩人』)の同人となる。30年1月宮本らの『文学地帯』(新創人社)と合併し『第一芸術』の編集同人となる。31年末北海道阿寒山麓に移住し開墾生活に入る。32年復活『弾道』『クロポトキンを中心にした芸術の研究』に寄稿する。その後，帰郷し朝日新聞の記者となり郷土史を研究した。(黒川洋)〔文献〕秋山清『南海黒色詩集と愛媛の詩人たち』『自由連合』92号1963，木原実『冬晴れの下で』オリジン出版センター1975，志賀英夫『戦前の詩誌・半世紀の年譜』詩画工房2002

木全 増太郎 きまた・ますたろう 1884(明17)7.10-? 東京市深川区富吉町(現・江東区)に生まれる。万朝報社に勤め北風会に参加。東京各新聞社の整版部従業員有志で組織された労働組合革進会に加わり1919(大8)年8月の同盟ストに参加するが敗北。同年12月新聞工組合正進会を組織し，機関誌編集役員となり会の中心メンバーとして活動。20年5月帰郷のため辞任した河内規矩二に代わり正進会の常務理事となる。同年6月友愛会本部で開かれた第1回労働組合同盟会代議員会に正進会の代表として北村栄以智と出席。この年東京北郊自主会に参加。21年6月友愛会が脱退した労働組合同盟会の常任理事となる(他の常任理事は下中弥三郎<啓明会>，立田泰<信友会>)。同年12月万朝報社の争議で解雇される。(冨板敦)〔文献〕『革進会々報』1巻1号1919.8，『正進』1巻1・3-5号1920.4・6-8，2巻7号1921.7，『労働運動』3次1号1921.12，水沼辰夫『明治・大正期自立的労働運動の足跡』JCA出版1979

君塚 喜三郎 きみつか・きさぶろう ?-? 1919(大8)年東京神田区(現・千代田区)の神田印刷所印刷科に勤め日本印刷工組合信友会に加盟する。(冨板敦)〔文献〕『信友』1919年10月号

木村 英一 きむら・えいいち ?-? 関西労働組合自由協議会のメンバー。1929(昭4)年9月16日の大杉栄追悼会の準備のために関西自協事務所に集まり同志とともに悪家主糾弾のため革命歌を高唱，黒旗を掲げてデモをした。そこを今宮署の警官に包囲され，検束された山崎真道を助けようとして乱闘になり山崎，岩本とともに検挙され拘留20日となる。(冨板敦)〔文献〕『自連新聞』40号1929.10

木村 英二郎 きむら・えいじろう ?-? 1928(昭3)年3月水戸市で『田園と工場』を創刊，編集発行印刷人となり栃木で刊行されていた月刊『解放自治』との合併をめざした。『自連新聞』68-87号(1932.3-33.12)の編集印刷発行人となる。また『自連新聞』の付録で謄写版刷りの新聞『闘ふ農民』の3号分の発行者ともなった。33年3月31日全国自連第3回大会を開くための会場交渉で入江一郎，呉宇泳と神楽坂署に拘束される。34年病に倒れた入江を郷里若松市に送り帰途大阪で自らも病となる。同年1月30日帰郷し，静養する。(冨板敦)〔文献〕『田園と工場』1号1928.3，『自連新聞』68・79・88・89号1932.3・33.4・34.1・2，『闘ふ農民』『自連新聞』85・86・87号付録1933.10・11・12

木村 勝利 きむら・かつとし ?-? 1926(大15)年秩父郡大滝村(現・秩父市)で暮し農民自治会全国連合に参加。地元の農民自治会を組織しようとしていた。(冨板敦)〔文献〕『農民自治会内報』2号1927

木村 亀吉 きむら・かめきち ?-? 1919(大8)年東京京橋区(現・中央区)の帝国興信所に勤め活版印刷工組合信友会に加盟する。(冨板敦)〔文献〕『信友』1919年8・10月号

木村 謙吉 きむら・けんきち ?-? 新聞工組合正進会に加盟し1924(大13)年夏，木挽町(現・中央区銀座)本部設立のために1円寄付する。(冨板敦)〔文献〕正進会『同工諸君!! 寄附金芳名ビラ』1924.8

木村 駒子 きむら・こまこ 1887(明20)

7.29-1980(昭55)7.10　本名・木村駒，旧姓・黒瀬　熊本区鴨町(現・熊本市)に生まれる。熊本女学校卒業後，渡米を企てるが養父木村万作の甥木村秀雄と同棲。07年九州唯一の社会主義系新聞『熊本評論』に出入りするようになり新美卯一郎や松尾卯一太らと交流する。「革命劇を創唱す」「革命と新年」などの文章を寄稿し，内務省警保局によって危険人物とされる。09年上京し正式に結婚。帝国劇場附属技芸学校に入学。12年同窓の西川文子，宮崎光子と婦人雄弁会を結成，翌13年新真婦人会を組織。その機関誌『新真婦人』は関東大震災まで続いた。その後女優として人気を得て米国興行も果たした。社交ダンスや日本舞踊の教育に尽力。〔西山拓〕〔文献〕松本克平『日本新劇史』筑摩書房1966，西川文子『平民社の女』青山館1984，西川文子・木村駒子・宮崎光子『新らしき女の行くべき道』復刻版不二出版1986，石原通子『「熊本評論」の女』家族史研究会1989，上田穣一「熊本における研究動向」『初期社会主義研究』3号1989.12，ウルリケ・ウェール「大正期婦人運動の宗教とのかかわり」『初期社会主義研究』5号1991.12，『新真婦人』復刻版全6巻付録1別冊1不二出版1994，藤田富士男『もう一人の新しい女伝説小説・木村駒子』かたりべ舎1999

木村　三山　きむら・さんざん　1927(昭2)12.17-1988(昭63)3.16　本名・七郎，筆名・とおる，徹　群馬県吾妻郡高山村中山の樵兼農家に生まれる。1943(昭18)年，藤田讃陽の雑誌『紫雲』で書を始める。44年中之条農学校在学中，陸軍特別幹部候補生に志願し航空通信学校長岡教育隊に入隊。45年高井戸送信所で敗戦を迎える。46年小学校の代用教員となるが戦籍を理由に三カ月で追放され専売局に勤務。50年組合活動でレッドパージに遭い馘首されて上京。54年飯田幸子と結婚。同郷の書家，大沢雅休・竹胎の作品に出逢い影響を受ける。59年キムラ孔版設立。61年渋谷定輔，松永伍一の依頼で幸子とともに『陀田勘助詩集』(国文社1963年)の草稿作成。この年から皮革製品の外商で全国を歩く。65年「手本をなぞってなにが創作だ，家元制が正しい表現を阻むのだ。こんな体制は否定する」と，「紙の上，筆で泣け，闘え(9.7書誌テーゼ)」を宣言。68年船橋市で創風会を設立し書を教え始める。「公募展が受け入れないなら個展でだ」と，75年に初個展(全23回)。76年機関紙『創風』を『現代書詩』(88年191号で終刊)と改題「書の腕よりも詩の内容を，思想をいかに伝えるか，という事に，むしろ芸の本質に，ウエイトを置く」書の新ジャンル「現代書詩」を創出。松永は「詩と書の婚姻」と記した。石川啄木，萩原朔太郎，野間宏，木島始，松永らの詩文，各地の子守唄，民謡を書にするほか福島泰樹の短歌を流木にしたためた。81年「荒畑寒村記念市民の集い」ほか社会運動の集会場のタイトルを揮毫。82年大島英三郎の新宿共学文庫で半年間にわたって第11回個展(狭山裁判再審要求・石川一雄獄中歌)を開催。86年には中曽根康弘首相への「芸術議員連盟会長への手紙」という2メートルに及ぶ公開抗議文を出す。この頃，第1・3金曜午後5時〜7時半に白井新平のシライビル(文京区猿楽)で，東京教場を開く。渡良瀬川研究会にも参加し田中正造の文に取り組み，自作の「書詩」に真向かわんとした矢先に肝臓癌で亡くなる。〔冨板敦〕〔著作〕『みなかみはるお詩集』私家版1951，『詩集母の碑』(きむら・あさろうと共著)くさむらの会1956・鏡浦書房1958，詩集『無権利の証言』現代詩の会1963，詩集『虚商』創風書房1970，書詩集『私本現代手習鑑』私家版1975，『第二回木村三山書詩展作品集』私家版1976，『ビジネスサインのために』カイガイ出版1978，『木村三山(徹)自作書詩集年代記』私家版1978，『木村三山書詩展 底辺の美-松永伍一詩文より』私家版1984〔文献〕『木村三山特集』『月光』3・7号月光の会1988・90，福島泰樹『無頼の墓』筑摩書房1989，木村幸「遊びのエピローグ」『新日本文学』651号2004.9・10，木村幸『メリー・ウィドウ』私家版2011

木村　淳三　きむら・じゅんぞう　?-?　日本印刷工組合信友会に加盟し1921(大10)年末頃，東京小石川区(現・文京区)の博文館印刷所に勤めていた。〔冨板敦〕〔文献〕『信友』1922年1月号

木村　荘太　きむら・しょうた　1889(明22)2.3-1950(昭25)4.15　別名・久木今作，木村艸太　東京両国吉川町(現・墨田区)生まれ。父荘平は牛肉店いろは経営者であり，火葬会社社長。洋画家木村荘八の兄，映画監督木村荘十二の異母兄。07年京華中学卒。中学の親友に先代市川猿之助(喜熨斗政泰)がいた。同年生田葵山の文学会に参加。08年『新思潮』に参加。10年第2次『新思潮』を結成，和辻哲郎や谷崎潤一郎らと同人。同年短編「前曲」などを発表。小山内薫，島崎

藤村らと親交，高村光太郎の愛人と関係。のち石川三四郎，古川時雄，望月百合子らと交流。ソローや倪雲林を愛読しクロポトキンなどに深い感銘を受ける。その後13年伊藤野枝との恋愛の経緯を告白した小説「牽引」を『生活』に発表，15年ストリンドベリーの『痴人の懺悔』(洛陽堂)を翻訳。大正中期から白樺派に接近，武者小路実篤，長与善郎，千家元麿らについての評論を書く。18年武者小路の新しき村に参加したがすぐ離村。20年から翌年にかけて『ロマン・ロラン全集』(人間社)の翻訳に専念したが，3巻で中絶頓挫。関東大震災を機に千葉県印旛郡遠山村(現・成田市)に移り，養鶏や半農耕生活に入る。久木哲や寺島珠雄が訪れている。50年5月青春告白の自伝『魔の宴』(朝日新聞社)を上梓，刊行直前に自殺した。(北村信隆)〔著作〕随想集『農に生きる』暁書院1933，『林園賦』建設社1935，「魔の宴」『日本人の自伝18』平凡社1981〔文献〕石川三四郎「魔の宴」旬刊『平民新聞』13号1950.7，『武田元敏集』私家版1999，『エス運動人名事典』

木村 信吉　きむら・しんきち　1907(明40)12.17-?　茨城県真壁郡大村松原(現・筑西市)に生まれる。26年下妻中学校を卒業後，家の農業を継ぐ。27年横瀬夜雨に師事し28年鳴海要吉の口語短歌誌『新緑』に参加。西村陽吉の『芸術と自由』にも関わる。29年『地上楽園』，30年第3次『農民』，32年『農民詩人』に寄稿する。37年個人雑誌『野性芸術』を創刊。38年日本詩人会茨城支部(のち茨城詩人会と改称)を組織する。40年『開墾のうた』(大地舎)を上梓。41年大村産業組合専務理事をつとめる。敗戦後は農業に従事し村の教育委員などをつとめた。(冨板敦)〔著作〕『開墾のうた』大地舎1940〔文献〕松永伍一『日本農民詩史・中1』法大出版局1968

木村 甚作　きむら・じんさく　?-?　東京毎日新聞社に勤め東京の新聞社員で組織された革進会に加わり，1919(大8)年8月の同盟ストに参加するが敗北。のち正進会に加盟。20年機関誌『正進』発行のために寄付をする。(冨板敦)〔文献〕『革進会々報』1巻1号1919.8，『正進』1巻1号1920.4

木村 甚三郎　きむら・じんざぶろう　?-?　1919(大8)年東京神田区(現・千代田区)の三秀舎文選科に勤め日本印刷工組合信友会に加盟

する。(冨板敦)〔文献〕『信友』1919年10月号

木村 信次　きむら・しんじ　?-?　1920(大9)年5月28日加藤一夫が中心になって設立した自由人連盟(のち自由人社)の創立メンバー。機関誌『自由人』(第1次)同年11月創刊号では編集兼発行人になっているが，すぐに中国青島へ就職が決まり以後自由人連盟を離れたようである。なお32年8月25日不動銀行白山支店の現金1万2000円を共産党に渡し情報提供した銀行員木村信次とは別人である。(大和田茂)〔文献〕『自由人』復刻版緑蔭書房1994

木村 新之助　きむら・しんのすけ　⇨川崎勇蔵　かわさき・ゆうぞう

木村 武三　きむら・たけぞう　?-?　群馬県に生まれる。文選工として1918(大7)年3月活版印刷工組合信友会に加入。19年東京神田区(現・千代田区)の健捷堂に勤めのち神田共栄舎文選科に移る。20年5月第1回メーデーに参加した翌日検挙され東京監獄に送られる。21年『信友』(5-8月号)に「獄中雑感」を執筆。20年日本社会主義同盟に加盟。23年4月28日の信友会大会で新常務委員に選出される。同年5月20日の機械技工組合大会，6月7日の車両工組合のデモに信友会を代表して参加。同月20日大阪での車両工スト報告演説会にも信友会から野村孝太郎，高畑得二，高田公三と出席。7月高尾平兵衛葬儀委員会に出席する。8月14日「騒擾に関与し(詳細不明)」たとして検束され懲役8カ月とされる。(冨板敦)〔文献〕『信友』1919年8・10・12月号・20年1月号・21年5・6・7・8月号・22年1月号，『労働者』6号1921.11，『印刷工連合』1-3号1923.6-8，水沼辰夫『明治・大正期自立的労働運動の足跡』JCA出版1979，『社会主義沿革1・2』

木村 斌任　きむら・たけとう　1867.1.13(慶応2.12.8)-?　別名・芳遠　東京市麹町区富士見町(現・千代田区富士見)に生まれる。香川，三重，東京を転々とし95年破産宣告を受ける。97年頃渡米。シカゴで医学士の学位を得たのち1910年オークランドのクリスチャン病院で助手をしていた。07年11月におきた天皇暗殺檄文配布事件以降，在米社会主義者・アナキストの取り締まり調査活動が強化されていたが，10年9月12日無政府主義を信奉する甲号として要視察人名簿に登録された。登録の理由は在米社会主義者・アナ

木村 常吉 きむら・つねきち ?-? 1919(大8)年東京神田区(現・千代田区)の三秀舎ポイント科に勤め日本印刷工組合信友会に加盟する。(冨板敦)〔文献〕『信友』1919年10月号

起村 鶴充 きむら・つるみ ?-? 松山市に生まれる。1929(昭4)年8月温泉郡に新創人社を宮本武吉、木原良一、木原茂らと創設し31年11月『地底人』を宮本らと発行。32年11月詞華集『南海黒色詩集』(新創人社)を編集、白井冬雄、日野忠夫、井上弥寿三郎、木原実らと出版した。(黒川洋)〔文献〕秋山清「南海黒色詩集と愛媛の詩人たち」『自由連合』92号1963、木原実『冬晴れの下で』オリジン出版センター1975

木村 半文銭 きむら・はんもんせん 1889(明22)3.7-1953(昭28)12.16 本名・三郎 大阪市生まれ。天才といわれた小島六厘坊の人と作品に魅せられ16歳頃から川柳を始める。川上日車が七厘坊を名乗っていたため八厘坊を号した。1906(明39)年六厘坊主宰の『葉柳』創刊同人。六厘坊は09年5月わずか21歳で肺結核により死去。頼るべき存在を失うが剣花坊の川柳革新誌『川柳』に参加、09年関西川柳社を興し創立同人となり、11年水府・麻生路郎らと『轍』を創刊したが2号で廃刊。大正元年剣花坊が創刊した『川柳』の後継誌『大正川柳』(昭和2年『川柳人』改題)に続けて参加。翌27(昭2)年関西川柳社から『番傘』が発刊されたが旧態依然とした句に妥協を許せず、33日車・路郎と3人で『後の葉柳』を創刊。これも3号で廃されると全ての既存柳誌と絶縁、路郎とも袂を分かって日車を主宰として『小康』を創刊。田中五呂八の『氷原』とともにアナキズム基調の生命主義派の中心となった。『小康』も短命に終わり日車とともに『氷原』の同人となり、無産プロ派に対して絶対自由・芸術至上を主張して論争にしのぎを削った。とりわけ鶴彬との論戦は執拗に繰り返された。マルクス主義の前衛性を批判。「論は五呂八、句は半文銭」と言われたように、前衛句を試み川柳の芸術的可能性を示し注目された。『氷原』が廃刊される31年以降は復刊『川柳人』からも離れていたが、『蒼空』創刊とともに復活。37年3月の『川柳人』復活を支え、翌月の第1回剣花坊賞の選考委員を日車・鶴彬・森田一二らと務めた。同年11月『川柳人』10・11月号が鶴彬らの句が原因で発禁、12月早々鶴と信子が検挙されるに及んで、半文銭のその拠り所は時代の流れに抹殺された。著述業として川柳以外の著作も多く、「少年の悩み」を代表作とする通俗小説が50篇近くあり、〈亀の子のしっぽよ二千六百年〉など時代と社会を風刺した句も多く残した。(一色哲八)〔著作〕『川柳作法』湯川明文館1926、『川柳の作り方研究』弘文社1929、『木村半文銭句集』1933〔文献〕東野大八『川柳の群像』集英社2004、坂本幸四郎『雪と炎のうた』たいまつ社1977、山本祐・坂本幸四郎『現代川柳の鑑賞』たいまつ社1981、尾藤三柳監修『川柳総合大事典』第1巻雄山閣2007、一叩人編『鶴彬全集』(有)久枝1998

木村 広吉 きむら・ひろきち ?-? 1919(大8)年東京神田区(現・千代田区)の三省堂印刷部文選科に勤め日本印刷工組合信友会に加盟する。(冨板敦)〔文献〕『信友』1919年10月号

木村 ふさ きむら・ふさ ?-? 1919(大8)年東京神田区(現・千代田区)の三秀舎に勤め日本印刷工組合信友会に加盟する。(冨板敦)〔文献〕『信友』1919年10月号

木村 平二 きむら・へいじ 1900(明33)-? 兵庫県播磨郡英賀保村英賀(現・姫路市)に生まれる。大阪で工具をしている際、22年7月岡山連隊に反軍ビラがまかれた過激思想軍隊宣伝事件に連座して検挙される。(冨板敦)〔文献〕『岡山県社会運動史』、『岡山県労働運動史』

木村 正徳 きむら・まさのり ?-? 1919(大8)年東京京橋区(現・中央区)の三協印刷株式会社欧文科に勤め活版印刷工組合信友会に加盟する。(冨板敦)〔文献〕『信友』1919年8・10月号

木村 又三郎 きむら・またさぶろう ?-? 1919(大8)年東京京橋区(現・中央区)の築地活版所石版科に勤め日本印刷工組合信友会に加盟する。(冨板敦)〔文献〕『信友』1919年10月号

木村 三七郎 きむら・みなろう ?-? 1919(大8)年東京芝区(現・港区)の近藤商店印刷所欧文科に勤め活版印刷工組合信友会に加盟する。(冨板敦)〔文献〕『信友』1919年8・10月号

木村 芳二郎 きむら・よしじろう ?-? 1919(大8)年東京本所区(現・墨田区)の凸版印刷会社印刷科に勤め活版印刷工組合信友会に加盟する。〔冨板敦〕〔文献〕『信友』1919年8月号

木本 凡人 きもと・ぼんじん 1888(明21)12.11-1947(昭22)5.4 本名(僧名)・正胤, 別名・青十字凡人 大分県西国東郡田染村(現・豊後高田市)生まれ。大阪歯科医専門学校を中退, 見丘浅香と結婚。20年自宅で征露丸(クレオソート丸薬)を製造販売。同年12月19日青十字報社を主宰して新聞『青十字報』を創刊。弱者の敵財閥攻撃を展開し, 住友家別荘の茶臼山の公園化と市民開放を求めた市民大会開催を計画して反響を呼んだ。失業者相互扶助会を設置, 逸見直造ら社会主義者, アナキスト, 在阪の朝鮮人とも広く交友。21年2月解放闘争宣言とともに部落解放の自主的解決(部落民の真の解放は部落民の手によって)をめざして青十字社を旗揚げ。翌3月喜田貞吉を講師に招いて部落解放問題を問う民族歴史大講演会を開催。この間, 岡部よし子と同棲, 阪本清一郎, 石田正治, 野口市郎らが青十字社に出入りした。借家人同盟などの大衆運動経験を生かしビラ配布や講演会のやり方などを具体的に指導, 全国水平社創立結成以前の水平社運動の量的拡大や先駆的活動を展開, 木本宅は水平社設立準備本部の様相を呈した。22年3月3日全国水平社創立大会当日, 自らの運動の目的が達成されたと青十字運動の中止を決定。23年第3回大会には先駆者同盟の名で祝辞を述べた。のち総同盟撲滅大演説会を開催, 23年8月水平記者倶楽部の発会式に参加。同年9月の関東大震災後, 抹殺社の平岡誠, 平岩巌, 石黒鋭一郎らを知る。同年12月大阪心眼寺での大杉栄・伊藤野枝追悼会に参加。25年1月自宅で幸徳秋水追悼会を開く。26年中浜哲の獄中記『黒パン』の出版記念会席上, 重岡勢が木本を罵倒し殴りかかり散会となる。結核を患い敗戦後よし子が事故死したので浅香と復縁し, 田辺に移り住んで浅香が看病。羽曳野で死没。〔北村信隆〕〔著作〕「水平社とは?」『種蒔く人』1923.2, 『大正日日新聞』1921.3.12〔文献〕『大阪社会労働運動史・上』, 『新選去帖覚書』大阪社会運動物故者をしのぶ会1969, 宮崎晃『差別とアナキズム』黒色戦線社1975, 逸見吉三「墓標なきアナキスト像」三一書房1976, 成沢栄寿「水平運動の勃興と人道運動の役割」部落問題研究所編・刊『部落史の研究 近代篇』1984, 宮本三郎『水崎町の宿・PART Ⅱ』私家改訂版1987, 白石正明「初期水平運動とアナキズム」『京都部落史研究所紀要』9号1989, 向井孝「木本凡人の『立場』」『黒』1次7号2001.8

木元 弥一郎 きもと・やいちろう ?-? 1919(大8)年東京京橋区(現・中央区)の築地活版所欧文科に勤め活版印刷工組合信友会に加盟する。〔冨板敦〕〔文献〕『信友』1919年8・10月号

木山 捷平 きやま・しょうへい 1904(明37)3.26-1968(昭43)8.23 岡山県小田郡新山村山口(現・笠岡市)に生まれる。矢掛中学卒業後, 22年姫路師範学校二部に入学, 23年兵庫県の小学校教員となる。25年上京。勝承夫に憧れて東洋大学文化学科に入り郷土の先輩赤松月船の詩誌『朝』(のち『氾濫』と改題)に参加。同人に佐藤八郎, 草野心平, 黄瀛, 吉田一穂, 大鹿卓, 神戸雄一らがいた。26年帰郷。27年姫路で小学校に勤め, 個人詩誌『野人』を発行。同年9月に刊行された坂本遼の『たんぽぽ』に感動し姫路歩兵第10連隊にいた坂本を訪ねる。27年尾形亀之助, 草野, 赤松らと新興詩人集団全詩人連合に参加。29年4月再上京, 岡本潤らと交流する。5月第1詩集『野』を上梓。赤松, 坂本, 小野整が序文を書いた。12月アナ派アンソロジー『学校詩集(1929年版)』に詩「おかあの血のにじんだ餅」「地球たたいて日が暮れた」を寄せる。31年第2詩集『メクラとチンバ』を上梓。32年頃から詩人とのつきあいを絶ち創作に取り組むようになる。33年太宰治, 大鹿, 神戸らと『海豹』を創刊。〔冨板敦〕〔著作〕『野』抒情詩社1929, 『メクラとチンバ』天平書院1931, 『抑制の日』赤塚書房1939, 『昔野』ぐろりあ・そさえて1940, 『河骨』昭森社1941, 『和気清麻呂』みたみ出版1944, 『木山捷平全集』全8巻講談社1978・79, 『木山捷平全集』三笠書房1987〔文献〕松永伍一『日本農民詩史・中2』法大出版局1969, 伊藤信吉『逆流の中の歌』泰流社1977, 『新訂学校詩集(1929年版)』麦書房1981, 岩阪恵子『木山さん, 捷平さん』新潮社1996, 中脇紀一朗『木山捷平資料集』清音読書会2010

久徳 正憲 きゅうとく・まさのり ?-? 報知新聞社に勤め新聞工組合正進会に加わる。1920(大9)年9月, 報知新聞社争議で布留川桂, 北浦千太郎, 生島繁, 伏下六郎らが起こした活字ケース転覆事件の後, 第3の交

渉委員として会社側と交渉にあたるが検挙されのち解雇。久徳は19年8月東京各新聞社の整版部従業員有志で組織された労働組合革進会の同盟スト敗北の後、大阪に転じていたが争議を知り駆けつけた。万朝報社に移り21年12月万朝報社の争議を闘い和田栄太郎、白石朝太郎、秀島広治、牧野清一郎、木全増太郎、白銀東太郎、佐藤音丸、田中幹治、吉田信、大澤清、藤田一蔵、伊藤三司、根津辰雄、立松国松、松本富太郎、泉田善雄、矢倉米吉と解雇される（全18名、すべて正進会員）。（冨板敦）〔文献〕『正進』1巻1・7号1920.4・11,『労働運動』3次1号1921.12,水沼辰夫『明治・大正期自立的労働運動の足跡』JCA出版1979

許 聖三 きょ・せいぞう ホ・ソンサム 1883頃-? 朝鮮慶南道蔚山郡本分町生まれ。1918(大7)年宇部炭坑の暴動に発展した山口県の米騒動で主導的役割を果たす。許が楳取夫として働いていた第二沖ノ山炭坑の坑夫たちは8月17日午後10時頃から他の坑山と呼応して決起。村民も加わった1万人余が炭坑主宅、米屋、酒屋を次々に襲撃し日頃反発を買っていた新川遊廓に放火。翌18日坑夫たちは逮捕された仲間を奪還しようと警察に押しかけ、山口歩兵42連隊と衝突。軍隊の発砲により13人が射殺された。その後も一部は山中にたてこもって抵抗。19日午後軍隊、警察、在郷軍人団、青年団の総攻撃でついに鎮圧された。炭坑の仕入れ店に押しかけ「米を1升15銭で売る約束ができているからそれ以上に売ることはならん」と叫んだ許は、事件後に率先助勢、放火を問われ懲役15年を言い渡された。（西村修）〔文献〕丸木彰造『山口県米騒動の想い出』私家版1962,井上清・渡部徹『米騒動の研究4』有斐閣1962,高野義祐『米騒動記』米騒動40周年記念刊行会1959

許 卓然 きょ・たくぜん シュイ・ヂュオラン 1884-1930 中国福建省晋江出身。中国革命同盟会に参加、後に中国国民党、中華革命党に参加。16年袁世凱死後、厦門に民衆日報社を設立、『民衆日報』を創刊。護法運動では18年閩南靖国軍第2路司令となる。同年厦門に江声日報社を設立。23年秦望山、陳国輝らの自治軍を改編した東路討賊軍第8軍の泉州戒司令（のちに泉州警備司令）となる。24年国民党第1回全国代表大会

で福建省代表に選ばれる。29年蔡元培らの建議により秦望山らと海外に寄付を募って泉州に黎明高級中学を設立。同様に秦望山らと平民中学、愛群小学も設立する。泉州の黎明高中と厦門鼓浪嶼の民衆日報社は許卓然を軸として連係があったとみられ、陳範予、范天均、王魯彦らは前後して黎明高中で教え『民衆日報』の編集に携わった。（手塚登士雄）〔文献〕坂井洋史「巴金と福建泉州 黎明高級中学, 平民中学のことなど」『猫頭鷹』5号1986.9

許 論博 きょ・ろんぱく シュイ・ルゥンボ ?-? 中国広東省潮陽出身。1904年フランスに留学。08年帰国し広西梧州でヨーロッパ人からエスペラントを学ぶ。09年広州でエスペラントの普及活動を行う。各地の学校で講習会を開催。12年広州西関の平民公学での講習会は大成功を収める。師復、区声白、黄尊生、鄭彼岸、鄭佩剛らが学ぶ。同年秋広州世界語学会を設立、会員は300人を超えた。13年8月師復が広州で『晦鳴録』（のち『民声』と改称）を創刊すると毎号4分の1を占めるエスペラント版の執筆、翻訳を担当する。同年世界エスペラント協会の広州正代理人となる（師復は副代理人）。26年広州のエスペラント運動に復帰し伍大光、区声白、黄尊生らと協力。広州世界語師範講習所教授となる。（手塚登士雄）〔文献〕宮本正男『大杉栄とエスペラント運動』黒色戦線社1988, 侯志平『世界語運動在中国』中国世界語出版社1985

姜 虚峰 きょう・きょほう カン・ホボン ?-? 1927(昭2)年頃東京における朝鮮自由労働者組合江東部の代表者として活動。同年6月の自由労働者河璟尚負傷事件では親方と交渉するなど解決に奔走。同年12月江東自由労働者組合芝浦支部の提唱により自由労働者失業抗議運動協議会が結成され、運動の一環として開催された全国自由労働者失業大会で司会をつとめた。（堀内稔）〔文献〕朴尚僖「東京朝鮮人諸団体歴訪記」『朝鮮思想通信』1927.11-28.1,『自連』13・21号1927.6・28.2

匡 互生 きょう・ごせい クアン・フウション 1891-1933.4.22 本名、頌英、別名、人俊、互生 中国湖南邵陽県（現・邵東県）出身。11年長沙の中学時代に革命軍に参加。16年北京高等師範数理部入学。18年同僚社を組織、また反帝愛国の『国民雑誌』を創刊。19年半工半読の工学会を組織。曹汝林宅に飛

び込み火をつけ五・四運動の口火を切る。同年卒業後湖南に戻り教育活動を始めると同時に反軍閥闘争に参加。新村運動にも従事。25年上海で豊子、朱光潜らと立達学会を組織し「人格を修養し学術を研究し教育を発展させ社会を改造する」目的の立達中学(のち立達学園)を創設。27年石川三四郎、山鹿泰治、岩佐作太郎が講師として招かれた上海国立労働大学創設に参加。同年魯迅が立達学園で講演。31年柳子明を立達学園農村教育科に招請。32年上海事変で日本軍の爆撃により学園と農場が破壊。校舎を再建後、腸癌で倒れて死没。(嶋田恭子)〔文献〕『匡互生和立達学園教育思想教学実践研究』北京師範大学出版社1985、「匡互生略伝」嵯峨隆ほか編訳『中国アナキズム運動の回想』総和社1992

姜　正三　きょう・しょうさん　カン・ジョンサム　?-?　東京の朝鮮自由労働者組合のメンバー。1927(昭2)年11月江東自由労働者組合芝浦支部の提唱で結成された自由労働者失業抗議運動協議会による失業抗議運動で日比谷署警官と乱闘となり検挙される。(堀内稔)〔文献〕『自連新聞』19号1927.12

姜　信球　きょう・しんきゅう　カン・シング　?-?　東京の朝鮮自由労働者組合のメンバー。1927(昭2)年9月虐殺された同志の追悼会で検束、拘留される。(堀内稔)〔文献〕『自連』17号1927.10

京井　弥一　きょうい・やいち　?-?　東京に生まれる。1929(昭4)年4月に東京印刷工組合から分かれたサンジカリスト派の東京印刷工連合会、次いで31年5月に東京印連を改組した関東出版産業労働組合に参加した。36年8月に再建された戦前最後のアナ系労組である東京印刷工組合にも加わっている。生っ粋の江戸っ子で気前がよく母親と妹を抱えながら同志の面倒をよくみた。腕のいい文選工として知られ竹を割ったような性格と端正な容貌で解版女工の間で人気が高かったという。(植本展弘)〔文献〕山口健助『風雪を越えて』印友会本部1970、同『青春無頼』私家版1980

今日泊　亜蘭　きょうどまり・あらん　1910(明43)7.28-2008(平20)5.12　本名・水島寅衛。別名に水島太郎、宇良島多浪、今日泊蘭二、紀尾泊園児、紀尾泊世央、璃昂、志摩滄浪など多数　父は画家・随筆家の水島爾保布、祖父は佐倉藩郡奉行出野家の次男で水島家に養子に入り明治期は字典類を編纂した慎次郎。母の山室福は読売新聞の女性記者。下谷上根岸町に生まれ、長谷川如是閑、武林無想庵、辻潤などと交友のある父の縁で彼らに影響を受ける。府立第五中学校(現・都立小石川高校)在学時から杉浦幸雄らとアナキズムに関する議論をおこないバクーニン、クロポトキンやスティルナーを論じた。相互扶助により個人の自発性と社会の連帯性が合致する理想郷を夢見て、自分たちが亡命するアナキストの国独自の単語、文法を持つ国語も自作する。上智大学付属の外国語学校在学中、ドイツで語学を学ぶべく密航を試みるが強制送還される。アテネ・フランセでも語学を学ぶが退学する。45年オランダ語に堪能なためジャカルタへ通訳に派遣される寸前に敗戦を迎える。50年『文芸首都』同人になり多くの筆名を使いわけつつ文芸評を書きリアリズム文学に一線を引いた見解を示す。佐藤春夫の紹介で大鹿卓編集の『文芸日本』に関わり58年「河太郎帰化」で直木賞候補となる。互いの父に交友がある辻まことの紹介で『歴程』にも参加する。科学小説同人おめがクラブに参加。前後して57年日本最初のSF同人誌『宇宙塵』にも客員として設立より参加する。光瀬龍らととりわけ親しんだ。62年戦後初のSF長編小説『光の塔』を刊行。未来の日本社会の描写と江戸弁という異色な取り合わせに実験的な言語表記を織り込みつつ文明批評に至り日本SFの古典となる。以後、寡作ながら執筆を続け91年には『光の塔』の続編『我が月は緑』を刊行した。少年時から語学に才能を示し独自の言語理論をあたためていたが公開されることは無かった。(津田透)〔著作〕『光の塔』東都書房1962、『アンドロボット'99』金の星社1969、『最終戦争』早川書房1974、『標渺譚』早川書房1977、『怪獣大陸』鶴書房1978、『海王星市から来た男』早川書房1978、『シュリー号の宇宙漂流記』国土1981、『シューベルト』ぎょうせい1981、『氷河0年』朝日ソノラマ1982、『宇宙兵物語』早川書房1982、『我が月は緑』早川書房1991、『まぼろし綺譚』出版芸術社2003〔文献〕峯島正行『評伝・SFの先駆者　今日泊亜蘭』青蛙房2001、辻まこと「光の塔の作者」『歴程』1963.3、北杜夫「同人誌のころ」『三田文学』1995年春季号

京谷　周一　きょうや・しゅういち　1891(明

24)9.24-?　東京市京橋区松屋町(現・中央区八丁堀)に生まれる。足尾銅山に坑夫として働き，1919(大8)年9月1日栃木県上都賀郡足尾町通洞(現・日光市)金田座での大日本鉱山労働同盟会発会式で会長補佐に選出される(会長は松葉鏗寿)。同月東京明治座での第1回国際労働会議(ILO)代表選出反対演説会で，坑内着のまま参加し激烈な演説をして高野松太郎と検挙されのちに懲役3カ月となる。11月28日には足尾銅山古河鉱業所で飯場制度の撤廃闘争を指揮し，松葉鏗寿，綱島正興，高野，高梨二男，川井出保蔵と再び検挙，騒擾強盗業務妨害，電波法違反などで懲役1年6カ月とされた。東京北郊自主会に出入りし20年日本社会主義同盟に発起人として参加。当時は巣鴨の福田秀一宅に住んでいた。21年2月和田久太郎は『労働運動』に「(大日本鉱山労働同盟)の会長はモト足尾の飯場頭だった松葉鏗寿君で福田秀一，綱島正興の二君は顧問として活動した。殊に福田君はサンジカリズム的の思想を有し，それ等の思想的影響を受けた幹部労働者には，京谷周一，高野松太郎，関谷博，河村義弥君などの，闘士があった」と記す。23年6月戦線同盟の創立発起人。(冨板敦)〔文献〕『労働運動』1次2・3号1919.11・20,1，2次4号1921.2，『社会主義』創刊号(8巻1号)1920.9，『警視庁思想要注意人名簿(大正10年度)』，『資料大正社会運動史』，村上安正『足尾に生きたひとびと』随想舎1990，小松隆二「戦線同盟覚書」『初期社会主義研究』10号1997

峡陽　山人　きょうよう・さんじん　?-?　1919(大8)年東京麹町区(現・千代田区)の外務省活版部和文科に勤め活版印刷工組合信友会に加盟する。(冨板敦)〔文献〕『信友』1919年8・10月号

清川　秀敏　きよかわ・ひでとし　1889(明22)6.15-?　東京市四谷区南伊賀町(現・新宿区若葉)に生まれる。北豊島郡日暮里町元金杉(現・荒川区東日暮里)に住み1920(大9)年日本社会主義同盟に加盟。21年1月石黒鋭一郎，久保順らと抹殺社を組織。同年2月26日皇太子裕仁の訪欧阻止のために石黒，平岡誠，平岩巌ら6名で麻布区飯倉片町(現・港区)の西園寺八郎邸に乱入して検挙され傷害罪で入獄する。(冨板敦)〔文献〕『社会主義沿革2』，『警視庁思想要注意人名簿(大正10年度)』

清川　平成　きよかわ・へいせい　?-?　印刷工として1919(大8)年活版印刷工組合信友会に加盟し活動する。(冨板敦)〔文献〕『信友』1919年8・10月号

曲線　立歩　きょくせん・りっぽ　1910(明43)1.23-2003(平15)5.11　本名・前田忠次　北海道斜里町に生まれ3歳の時に前田家の養子となる。14歳で小樽新聞の田中五呂八選による川柳壇に投句，1926(大15)年田中五呂八の『氷原』に参加して号を星寂子とした。30(昭5)年上歌志内炭鉱で短唱支社を設立し号を曲線立歩とする。五呂八の新興川柳・川柳革新に道を重ね，芸術至上主義の立場をとった。48年『川柳人』戦後復刊の同人となり，ニヒルに特徴のある句を詠み同誌の垂天賞を得る。現代川柳は短詩型文芸として「詩的凝縮」をその宿命とし，自己内燃表現の義務感と発表することの責任の深さに怠慢であってはならないとし，イデオロギーによって川柳作品がその存廃を詰問される理由はないとした。『えぞふじ』『オホーツク』などの川柳誌の選者や，北海道HBC放送文芸「四季の綴り」川柳選者を7年間担当。北海道新興川柳の生き残り的存在としてその発展に尽くした。(一色哲八)〔著作〕句集『目ん玉』私家版2003〔文献〕『川柳人』283号(復刊1号)1948.8，資料『鶴彬に寄せてⅪ』中岡光次私家版2007(日本現代詩歌文学館蔵)

清沢　清志　きよさわ・きよし　1905(明38)8.18-1959(昭34)8.10　長野県南安曇郡穂高町に生まれる。家業は製糸業であった。松本商業高校を中退して上京，青山学院に入学。在学中にダダイスト吉行エイスケ，東郷青児，団伊玖磨，『種蒔く人』同人らと親交を深め，帰郷後，吉行と文通を介して24年4月『賣恥醜文』(文化書院)を創刊するが，吉行，清志とも当時の出版法の年齢に満たていなかったため清志の妻・貞子を発行責任者とした。同年，辻潤，吉行，津田光造が寄宿する。並行して安曇野の地に「穂高演劇協会」を主宰。その伝統は現在にも引き継がれている。40年頃から自宅を開放し「藤村会」を主催した。40年5月「信州モンパルナス」などを主宰し地域文化の貢献に寄与した。41年開戦の翌朝，治安維持法により検挙される。高橋玄一郎(『詩の家』)，新巻圭太郎(『世界詩人』)らと信州詩人連盟(の

ち長野県詩人協会)を創設。47年失明する。晩年の竹内てるよは清志亡きあとの清沢家の庇護のもとで鬼籍に入っている。〔奥沢邦成・黒川洋〕〔文献〕赤羽篤他編『長野県歴史人物大事典』郷土出版社1989, 清沢稔『清沢清志』『長野県文学全集(詩歌編2)』郷土出版社1996, 腰原哲郎監修「清沢清志論」『清沢清志関係資料集』松本大学出版会2005

清沢 洌 きよさわ・きよし 1890(明23)2.8-1945(昭20)5.21 別名・信濃太郎, 信濃生, 太郎生, 穂高生, 安曇生, 有明生 長野県安曇郡北穂高村(現・安曇野市)に生まれる。内村鑑三門下の井口喜源治が開いた研成義塾に学び, 07年井口のすすめで渡米, ホイットウォース大学に学ぶ。邦字新聞の記者となるが11年「所謂大逆罪」と題する文章をワシントン州タコマで発行されていた『太平洋公論』に投稿し, 幸徳秋水らへの日本政府の弾圧を批判。特別要視察人(乙号)に編入される。18年に帰国, 27年朝日新聞社企画部次長となる。29年に刊行した『自由日本を漁る』(博文堂)に収めた架空対談「甘粕と大杉の対話」が右翼の激しい攻撃を受け朝日を退社, 以後評論活動に専念する。戦前の代表的な自由主義者とされている。〔大澤正道〕〔著作〕『アメリカは日本と戦はず』千倉書房1932,『暗黒日記』東洋経済新報社1954・評論社復刊文庫1971-73・岩波書店1990・ちくま学芸文庫2002〔文献〕北岡伸一『清沢洌』中央公論社1987

清志 満敬 きよし・みつけい ?-? 名瀬市で大島紬の織工組合長をつとめる。1930(昭5)年5月8日奄美新興同志会(地方無産政党)の支援を受け本場大島紬の織工42人が初めて組合を結成, 待遇改善に乗り出した。この組合はアナキストの文英吉が指導結成したもので組合長の清志はアナキストグループの活動拠点古仁屋町に多い姓である。同時期に古仁屋要塞司令部で社会主義の学習会を組織したとして活動家数人が検挙され名瀬では清志や組合結成支援の文英吉, 登山恒孝が7月4日に検挙された。また鹿児島市でも関係者数人が逮捕され組合潰しが強行された。〔松田清〕〔文献〕『奄美郷土研究会報』171号1977.3, 松田清『奄美社会運動史』JCA出版1979

清住 政喜 きよすみ・まさき 1906(明39)-1927(昭2)6.10 熊本市春竹町上春竹に生ま れる。春竹水平社のメンバー。26年末の福岡連隊爆破事件の嫌疑で検挙収監され, 免訴帰宅後腎臓炎を患い心臓麻痺を併発して死没したという訃報が『全国水平新聞』に掲載される。春竹水平社には山本利平らが応援にかけつけていた。同じ年に死没した岩野猛は清住の従兄弟。〔冨板敦〕〔文献〕『水平月報』26号1927.3,『全国水平新聞』1号1927.7

桐谷 竹次郎 きりたに・たけじろう ?-? 別名・竹二郎 1919(大8)年東京京橋区(現・中央区)の中屋印刷所印刷科に勤め活版印刷工組合信友会に加盟する。〔冨板敦〕〔文献〕『信友』1919年8・10月号

桐谷 正義 きりたに・まさよし ?-? 1926(大15)年頃, 奈良県宇陀郡政治村(現・宇陀市)で暮し農民自治会全国連合に参加。同年末には農自奈良県連合の事務所を自宅に置いていた。〔冨板敦〕〔文献〕『農民自治会内報』2号1927, 竹内愛国『農民自治会』『昭和2年版解放運動解放団体現勢年鑑』解放社1927

桐生 悠々 きりゅう・ゆうゆう 1873(明6)5.20-1941(昭16)9.10 本名・政次 石川県金沢市に旧藩士の3男として生まれる。1892(明25)年同郷の徳田秋声と共に小説家を志望して上京するが果たせず帰郷。95年に東京帝大に入学。99年に卒業後は職を転々とするが1903年以降大阪毎日, 大阪朝日, 東京朝日を経るなどジャーナリストの途を歩み10年信濃毎日新聞の主筆となる。12年「乃木将軍の殉死」を批判, 14(大3)年シーメンス事件で政友会を批判して社長と対立し退職。同年新愛知新聞の主筆, 24年には衆院選に立候補するも落選するなどを経験。28(昭3)年には再び信濃毎日の主筆に復帰した。33年「関東防空大演習を嗤ふ」が軍の怒りを買い退社を余儀なくされた。34年以後41年の死に至るまでは「名古屋読書会」を主宰, 会誌『他山の石』に拠って言論活動を続けた。この時期, 伊串英治など名古屋在住のアナキストたちとも交わる。伊串は『他山の石』に原稿を寄せている。〔奥沢邦成〕〔著作〕『畜生道の地球』三啓社1952・中央公論社1989〔文献〕判決弘『土着の思想』紀伊國屋書店1967, 太田雅夫『桐生悠々』紀伊國屋書店1972,『評伝桐生悠々』不二出版1987, 井出孫六『抵抗の新聞人 桐生悠々』岩波書店1980

金 演秀 きん・えんしゅう キム・ヨンス ?-?

1925（大14）年1月大阪で組織された朝鮮新進会に関係、30年には大阪でアナルキスト青年連盟の創立に関わった。（堀内稔）〔文献〕『韓国アナキズム運動史』、『社会運動の状況4』

金　学俊　きん・がくしゅん　キム・ハクジュン　?-?　1931（昭6）年5月に組織された朝鮮東興労働同盟北部支部の中心メンバー。荒川区三河島の住居を同支部の事務所として、親日反動派の日鮮互助会や栄尚協会などと抗争することによって朝鮮人労働者の利益を擁護する運動に尽力した。31年のメーデーではビラをまいて出版法違反で拘束、同年7月には万宝山事件に際して檄文を配布して拘留された。34年11月同支部の2回大会で朝鮮労働者合同組合に改称、翌年3月には事務所を荒川区南千住に移転して『朝鮮労働者合同組合ニュース』を発行するが、ほとんど毎号発禁処分に付された。（堀内稔）〔文献〕『社会運動の状況5-7』、玉川信明「アナキスト鄭哲の闘い」『労働史研究』2号、『自連新聞』58・61号1931.5・8

金　莞　きん・かん　キム・ワン　?-?　1940（昭15）年6月栃木県塩谷郡栗山村の鬼怒川水力発電所工事で人夫として働き、金錫永ら同志と建達会を組織するが、同年12月無政府共産主義社会建設のため蜂起を企てたとして検挙される（建達会事件）。（堀内稔）〔文献〕『社会運動の状況13』

金　煕明　きん・きめい　?-?　朝鮮忠清南道論山邑に生まれる。日本大学専門部社会科に学び東京府（のち都）の職員として社会事業分野で働く。1923（大12）年7月『大東公論』（『亜細亜公論』後継誌）の発行人となる。26年5月8日夜、カフェーブラジルにて野獣群主催文藝漫談会を開催。同年6月16日野獣群第10回詩と絵画の展覧会を開くが官憲により途中中止、3名が逮捕される。同年8月野獣主義を提唱して『野獣群』（金煕明編輯）を創刊、編集同人は菊池北深ほか全25名。27（昭2）年1月2号を発行。のちボル派に傾斜し、同年4月に発行された『文芸闘争』（『野獣群』4号を改題）、また『文芸戦線』、『前衛』などに執筆。戦後は、在日本韓国居留民団副団長、事務総長を務める。（黒川洋・冨板敦）〔著作〕『戦時独逸の軍事保護対策』（編著）日本社会事業研究会1939,『興宣大院君と閔妃』洋々社1967、『日本の三大朝鮮侵略史』洋々社1972

〔文献〕『野獣群』1・2号1926.8・27.1、朝鮮総督府警務局『在京朝鮮人概況』1924.5、朴慶植「金煕明」『日外』

金　鍵　きん・けん　キム・ゴン　?-?　1926（大15）年12月12日張祥重、元心昌らと黒友会を解体し組織された黒色戦線連盟を朴烈の事業を継承するという意味で不逞社と改称するが、当局の激しい弾圧を受け27年2月黒風会と改称する。28年1月さらに黒友連盟と改称する。27年9月13日亀戸倶楽部で開かれた朝鮮自由労働者組合主催の「被〇〇追悼会」で検束、25日間拘留される。（手塚登士雄）〔文献〕『自連』17号1927.10

金　賢哲　きん・けんてつ　キム・ヒョンチョル　?-?　東京の自由労働者組合のメンバー。1927（昭2）年11月江東自由労働者組合芝浦支部の提唱で結成された自由労働者失業抗議運動協議会による失業抗議運動で日比谷署警官と乱闘となり検挙される。（堀内稔）〔文献〕『自連』19号1927.12

金　乞煕　きん・こうき　キム・ゴルヒ　?-?　1930（昭5）年大阪で設立されたアナルキスト青年連盟の中心メンバー。（堀内稔）〔文献〕『社会運動の状況6』

金　弘根　きん・こうこん　キム・ホングン　?-?　1921（大10）年朴烈ら20人と黒濤会を結成した。22年秋アナ・ボル抗争が激化して分裂。23年黒友連盟を結成した。関東大震災の混乱時に朴烈事件で検挙された。（堀内稔）〔文献〕近藤憲二『一無政府主義者の回想』平凡社1965

金　国泰　きん・こくたい　キム・ククテ　?-?　東京の朝鮮東興労働同盟のメンバーで1929（昭4）年11月の同盟芝部の創立大会で書記をつとめる。（堀内稔）〔文献〕『自連新聞』42号1929.12

金　在夏　きん・ざいか　キム・ジェハ　?-?　東京の朝鮮東興労働同盟員で1931（昭6）年4月に開催された同盟第9回大会で当局の暴圧に抗議して検挙、同年6月には融和系との争闘で三河島署に検挙される。（堀内稔）〔文献〕『自連新聞』57・60号1931.4・7

金　済元　きん・さいげん　キム・ジェウォン　?-?　朝鮮自由労働者組合の活動家。1927（昭2）年5月負傷した自由労働者河璟尚のために親方と交渉。同年10月15日付の『自由連合』に「生かすか？　殺すか？　朝鮮民衆を！」と題する小論を発表。11月には日本人の江東自由労働者組合と共同で自由労働

者失業抗議運動協議会を結成し，市当局と交渉する過程で警官と乱闘となり日比谷署に検挙される。12月同協議会主催で開催された全国自由労働者失業大会では書記に選出された。32年5月には共産主義系の全協土建江東橋分会員と衝突事件をおこし首謀者として李圭旭，安仁植らとともに検束される。（堀内稔）〔文献〕『自連』13・17・19・21号1927.6・10・12・28.2，『特高月報』1932.5。

金　済保　きん・さいほ　キム・ジェホ　?-?
東京の朝鮮東興労働同盟のメンバー。1930（昭5）年1月の相愛会幹部襲撃事件で呉致燮，郭漢丁とともに検挙，翌31年1月10カ月の刑を終えて出獄。同年5月のメーデーではビラを配布して検束。また同年8月の万宝山事件批判演説会では黒色書房関係者として検挙される。（堀内稔）〔文献〕『自連新聞』55・58・61号1931.1・5・8。

金　佐鎮　きん・さちん　キム・ジャジン　1889.11.24-1930.1.24　別名・白冶　朝鮮忠清南道洪城の両班の家に生まれる。ラジカルな開化主義者として成長し，金家の当主となった14歳の時田地を小作人に分与し多くの婢僕を解放する。05年武官学校入学をめざしてソウルに出る。申采浩ら愛国の先達を訪ね救国運動に飛び込む。07年頃安昌浩，李始栄，申采浩らが結成した抗日秘密結社新民会に加盟する。11年強盗罪で逮捕される。13年朴尚鎮らと大韓光復団を結成，15年再び逮捕され3年の懲役刑を受け17年出獄。その後満州に渡り徐一らが組織した重光団（のちの正義団）に加わり，1200人の隊員と多くの銃器をもつ軍事組織を作り上げる。19年三・一運動後，徐一らと正義団を組織。8月正義団を軍政府に改編，9月北路軍政署と改称する。20年10月金佐鎮らの北路軍政署部隊は独立軍根拠地をつぶすために出動してきた日本軍を北間島の和竜県で打ち破る（青山里の大勝）。日本軍は20年10月から翌年5月にかけて北間島および西間島で掃蕩作戦を行う（庚申年大惨変）。各独立軍は北上し20年12月黒竜江岸の密山で大韓独立軍団に統合する。21年1月大韓独立軍団はシベリアのアレクセーエフスク一帯に駐屯する。日本との外交関係の悪化を憂慮したソ連政府は6月独立軍を赤軍内に吸収しようとするが独立軍はこれを拒否したため，赤軍の包囲攻撃を受け壊滅的な打撃を受ける（自由市惨変）。この事件で金佐鎮は従来の容共的立場を反共的立場に変える。その後独立軍部隊は満州を中心に再統合運動を推進し，金佐鎮は金赫らと北満州に一種の自治政府である新民府を結成する。27年10月遠縁にあたる金宗鎮の訪問を受け新民府の改革について協議。改革を進めるため無私で献身を惜しまないアナキストを招くことに同意する。29年7月金宗鎮，李乙奎，高自性らの提言を受け入れ新民府を改編して韓族総連合会を結成し主席となる。この組織はアナキズムの理念を打ち出し実践した朝鮮史上初めての農民の組織といわれる。しかし韓族総連合会が発展するなかで共産主義勢力との間に葛藤が深まり，30年1月20日共産主義者の青年に暗殺される。3月25日山市（黒竜江省）で金佐鎮の社会葬が盛大に挙行され33団体が参加する。（手塚登士雄）〔文献〕姜徳相「青山里大捷の将軍・金佐鎮」『朝鮮独立運動の群像』青木書店1984，李康勲『わが抗日独立運動史』（倉橋葉子訳）三一書房1987，堀内稔「韓族総連合会について」『朝鮮民族運動史研究』9号1993，「北満州を震がいせる山市事件の真相」『自連新聞』48号1930.6，「金佐鎮君の『社会葬』を挙行」同50号1930.8。

金　山　きん・さん　キム・サン　1905.3.10-1938　本名・張志楽　朝鮮西北部の農村に生まれる。19年三・一運動の時に平壌のキリスト教系中等学校に在学し教師や学生とともにデモに参加する。同年夏頃東京に留学し02年初頭まで滞在。その後満州に渡り15歳で新興武官学校に入学する。20年琿春事件と間島出兵の直前にこの地を離れ上海に行き，臨時政府の機関紙『独立新聞』の校正の仕事をしながら英語やエスペラント，アナキズムの理論を学ぶ。「中学ではじめてトルストイを読んだ時から1922年までトルストイ風理想主義者であり，1919年から20年にかけての時期はおぼろげなアナーキズム支持者，21年から23年にはアナーキストであった」という。この頃義烈団の二人のテロリスト金若山（元鳳），呉成崙と親交。金山はのちに呉成崙らによる田中義一大将暗殺未遂事件（1922.3.28）と呉の脱獄事件を生き生きと描いた小説「奇妙な武器」を発表する（1930）。22年頃北京協和医学院に入学。

この頃から金忠昌(金星淑)の影響を受けてマルクス主義に傾き,共産主義の雑誌『革命』を中心とするグループに加わる。26年頃中国共産党に加入。27年12月中国共産党による広州蜂起(広州コミューン)に参加する。その後吉林と安東に派遣され朝鮮人共産主義者の中国共産党入党を促進する工作を行う。30年11月逮捕され日本領事館に引き渡され朝鮮に送られる。裁判を受けるが証拠不十分で釈放。31年6月北京に戻るが党から除名処分を受ける。逮捕後戻ってきたのが余りにも早かったため転向したのではないかと疑われたためといわれる。36年自身の党籍問題を解決するために延安に行き,37年7月頃ニム・ウェールズのインタビューを受け自身の半生を語る。のちにニム・ウェールズによって『アリランの歌』にまとめられる。38年党によって秘密裏に処刑される。「日本のスパイ」あるいは「トロッキー派」と疑われたことに原因があり,朝鮮共産党の指導者として活動した韓偉健の中傷にもとづくものともいわれる。83年名誉が回復され党籍を回復する。(手塚登士雄)〔文献〕ニム・ウェールズ『アリランの歌 ある朝鮮人革命家の生涯』(松平いを子訳)岩波文庫1987,李恢成・水野直樹編『「アリランの歌」覚書 キム・サンとニム・ウェールズ』岩波書店1991

金 錫永 きん・しゃくえい キム・ソギョン 1898-? 朝鮮平安北道昌城郡昌城面雲坪洞出身。1934(昭9)年頃朝鮮東興労働同盟の中心メンバーとして活動,同年4月メーデーの準備中神奈川県高津署に検束される。41年6月李圭旭,李宗植らの同志とともに栃木県の鬼怒川水力発電所工事場へ移住,建達会を組織し,無政府共産社会実現のため蜂起を計画したとして逮捕(建達会事件),41年11月送検される。(堀内稔)〔文献〕『黒色新聞』1934.5,『社会運動の状況13』

金 重漢 きん・じゅうかん キム・ジュンハン 1902.11.10-? 朝鮮平安南道竜岡部池雲面頭勤里生まれ。ソウルの培材高校在学中,アナキストの詩人李允煕を知りアナキズムに関心を持つ。朴烈の主宰する雑誌『現社会』の同人でもある李允煕の紹介で東京在住の朴烈と文通し23(大12)年4月渡日。東京の本郷区湯島天神町(現・文京区)に下宿,同年5月朴烈らの不逞社,黒友会に加入しアナキズム運動に参加する。その頃新山初代を知りパートナーに。8月朴烈らと決別,新山と雑誌『自擅』を発行。同月末大杉栄の呼びかけで根津で開かれたアナキスト同盟の集まりに列席する。その後抹殺社に移り住み右翼に対する高尾平兵衛射殺の報復襲撃に関わり検挙される。「生気潑剌とした青年で,実に歯切れのよい雄弁家であった」と布施辰治はいう。23年9月3日朴烈に爆弾入手の相談を受けたとして検挙,治安警察法違反,爆発物取締法違反として起訴され26年10月26日懲役3年の判決を受けて服役,27年2月6日出獄した。(堀内稔)〔文献〕金一勉『朴烈』合同出版1973,『韓国アナキズム運動史』,『金子文子・朴烈裁判記録』黒色戦線社1977

金 昌圭 きん・しょうけい キム・チャンギュ ?-? 東京の朝鮮自由労働者組合のメンバー。1929(昭4)年12月組合事務所で創立された極東労働組合に参加,33年3月組合再編成で宣伝部員となる。(堀内稔)〔文献〕『特高月報』1933.8

金 承八 きん・しょうはち キム・スンパル ?-? 東京の朝鮮東興労働同盟のメンバー。1930(昭5)年1月相愛会西部出張所を襲撃して検挙。32年7月には共産系に対抗するため日本人の黒色労働者連盟,労働者自由連盟と協力して芝浦労働者自由連合を結成した。(堀内稔)〔文献〕『社会運動の状況2・4』

金 汝春 きん・じょしゅん キム・ユチュン ?-? 別名・宮村汝春 名古屋労働者協会に加盟し,1922(大11)年1月中部労働組合連合会の創立に参加。3月亀田了介,市川鉦太郎らと名古屋借家人同盟会を組織し幹部となる。関西との連携を進め同年11月1日の大阪における関西借家人大会に名古屋代表として出席する。これ以後毎月2回,大阪借家人同盟の逸見直造が借家問題の講演や相談に来名するようになる。同月8日豊橋市への組織拡大のための演説会を計画するが亀田,市川,伊藤長光らと豊橋駅で検束される。名古屋の組織化はその後も進み,23年2月に新栄借家人同盟会,3月に千種町に借地借家人同盟会が結成される。24年5月第2回名古屋メーデーで労働歌を高唱したとして検束される。名古屋市南区瑞穂町で新時代社を組織し機関紙『新時代』を出していた。(冨板敦)〔文献〕『自由労働』2号(『新時

代』3巻1号附録）1926.1,『名古屋地方労働運動史』

金　水山　きん・すいざん　キム・スサン　?-?
東京の朝鮮東興労働同盟三河島部のメンバーで1933(昭8)年2月の反建国祭闘争で検束される。(堀内稔)〔文献〕『自連新聞』78号1933.3

金　正根　きん・せいこん　キム・ジョングン
1909-1927.7.29　別名・墨　朝鮮京畿道京城府孝悌洞生まれ。もとは僧侶だったともいわれる。1920(大9)年渡日，正則英語学校などを経て早稲田大学政治学科に入学，アナ系の不逞社，共産主義系の労友社などに出入りするうちにアナキズム思想に傾き，関東大震災直後には鶏林荘に入ってアナキズム運動を展開，黒友会とも深い関係をもった。「彼はいつも古いボロボロの着物を着て，黒い手拭いを腰にぶらさげて，紐を付けた万年筆をポケットに入れ，パンフレットや原稿用紙や朝鮮人参などを風呂敷につつんで出歩くのが彼のいつもの姿である」(宋暎運)。25年2月東京における在日本朝鮮労働総同盟結成大会には黒友会を代表して登壇し，総同盟の主義主張に反駁「我々の解放は無政府主義によってなすべき」ことを力説，壇上からコップを投げつけ警官に検束された。同年5月黒友会の事務所を同志とともに借り運動を展開，一時朝鮮に帰国したがまもなく東京に戻った。26年7月金子文子の自殺の報に接し布施辰治弁護士らとともに栃木刑務所に赴き，遺骨紛失事件で検束，そのまま栗原一男，椋本運雄とともに朝鮮へ送られた。25年に大邱で結成されたアナキズム団体の真友連盟と緊密な連携があったためで官庁爆破，要人暗殺を企図したとされる真友連盟事件に関連して26年8月大邱に押送，治安維持法違反で起訴され27年7月5日大邱地方法院で懲役5年の判決を受けた。獄中で断食闘争を行うなどの運動をしたが肺炎を患い回復の見込みなしと認められて27年4月出獄，ソウルの自宅に帰り死没した。(堀内稔)〔文献〕『韓国アナキズム運動史』，高等法院検事局『朝鮮治安維持法違反事件判決1』，宋暎運「金墨君」『自連新聞』48号1930.6

金　聖寿　きん・せいじゅ　キム・ソンス　1901-?
別名・芝江　朝鮮慶尚南道密陽出身。22年中国広東に渡り26年9月黄埔軍官学校歩兵科に入学，また同年義烈団に入団する。28年8月在中国朝鮮無政府主義者連盟に加入。30年12月呉冕植らと天津の李会栄の居宅に集まり運動資金獲得について協議した結果，日本租界内の正実銀行を襲撃し3000余円を奪う。31年上海で南華韓人青年連盟の結成に参加，抗日救国連盟(黒色恐怖団)にも加わる。37年1月17日日本領事館警察に逮捕され朝鮮に送られる。海州地方法院で懲役18年の刑を受け，服役9年後に出獄する。(手塚登士雄)〔文献〕『韓国アナキズム運動史2前編・民族解放闘争』黒色救援会1978

金　性竜　きん・せいりゅう　?-?　1919(大8)年朝鮮の釜山日報社文選科に勤め日本印刷工組合信友会(朝鮮支部)に加盟する。(冨板敦)〔文献〕『信友』1919年10月号

金　碩　きん・せき　キム・ソク　?-?　1927年(昭2)頃東京の朝鮮自由労働者組合山手部の代表者として活動。(堀内稔)〔文献〕朴尚僖「東京朝鮮人諸団体歴訪記」『朝鮮思想通信』1927.12

金　宗鎮　きん・そうちん　キム・ジョンジン
1900.12.26-1931.7.11　別名・是也　朝鮮忠清南道洪城に生まれる。19年3月7日洪城の民衆デモの先頭で闘い検挙されるが，3カ月後未成年のため釈放される。その後ソウルで抗日地下運動に参加。弾圧が強まったため亡命。上海臨時政府の紹介で雲南軍官学校に入学，4年間を過ごす。この頃満州の朝鮮農民を屯田兵として訓練し抗日武装闘争を進める構想を抱き始める。25年9月軍官学校を卒業後上海で白貞基に会い，天津に李会栄を訪ねアナキズム思想に共鳴する。27年10月遠縁にあたる新民府の金佐鎮を訪ねその同意を得て在中国のアナキストに協力を呼びかける。29年7月海林(黒竜江省)で在満朝鮮無政府主義者連盟を組織し李康勲，李達，厳亨淳，李俊根，金野雲らが加わる。7月21日新民府を改編しアナキズムの原則に基づく農民の自治組織韓族総連合会を結成する。8月総連合会の役員が選出され金佐鎮が委員長に，金宗鎮が組織・宣伝・農務委員長に，李乙奎が教育部委員長になる。金佐鎮の暗殺後，連合会の運営を中心となって担い，各地のアナキストに支援を要請，同年鄭華岩，白貞基，呉冕植，李圭淑と李賢淑(李会栄の娘)らが韓族総連合会に駆けつける。しかし翌31年7月李俊根と金野雲が共産主義者によって殺害

され，7月11日金宗鎮も拉致され消息不明となる。アナキストたちは前後して北満の地を去り韓族総連合会の運動は終わる。(手塚登士雄)〔文献〕李乙奎「ある朝鮮人アナキストの伝記 是也金宗鎮伝1-5」(西京二訳)『アナキズム』3・4・6・8・9号1974.5-75.12、李康勲『わが抗日独立運動史』(倉橋葉子訳)三一書房1987、堀内稔「韓族総連合会について」『朝鮮民族運動史研究』9号1993

金 泰燁 きん・たいよう キム・テヨプ 1902.12.13-? 別名・突破 朝鮮慶尚南道機張郡生まれ。1915(大4)年14歳で渡日，大阪の吉備造船所，東明製帽工場，東洋フェルト工場と職場を転々とするなかで労働者意識にめざめる。20年3月上京，苦学しながら日本大学社会学科に入学，22年11月には在東京朝鮮労働同盟会の創立に参画した。日本人や朝鮮人の社会主義者，アナキスト，共産主義者らと交わりながら労働運動を展開，関東大震災時には検束され拷問を受ける。23年12月関東大震災での朝鮮人虐殺を暴露し糾弾する任務をもって関西へ行き，翌24年3月に大阪中之島公会堂で朝鮮人虐殺事件糾弾大会を開催して司会を担当，検挙される。同年6月には崔善鳴，高順欽らと朝鮮無産者社会連盟を組織，25年3月には金守顕らと朝鮮労働学校を創設し少年教育にも力を注いだ。26年1月には李春植とともに新進会を組織しまた自我声社を設立して『自我声』を発行する。同年12月多くの朝鮮人労働者が工事に従事していた北陸へ行き，富山を本拠地に労働運動を行い27年8月に白衣労働信友会を結成，黒部水力発電所工事場問題，茂住争議などにかかわり31年逮捕される。35年9月出獄と同時に朝鮮へ追放，39年12月再来日し朝鮮人徴用工に対する個人的な労働運動を行うが44年12月に朝鮮へ帰国する。解放後は釜山を中心に建国労働総同盟を組織，大韓労働総同盟に合流させてその釜山支部委員長になる。(堀内稔)〔著作〕石坂浩一訳『抗日朝鮮人の証言』不二出版1984〔文献〕「在留朝鮮人の状況」警保局保安課

金 鉄 きん・てつ キム・チョル ⇨宮脇久 みやわき・ひさし

金 東民 きん・とうみん キム・ドンミン ?-? 別名・東敏 東京の朝鮮自由労働者組合のメンバー。1929(昭4)年12月組合事務所で創立された極東労働組合に参加。31年4月麹町の職業紹介所の騒動で検挙。33年3月の組合再編成で会計部員となる。(堀内稔)〔文献〕『自連新聞』57号1931.4，『特高月報』1933.8

金 東輪 きん・とうりん キム・ドンリン 1905-? 朝鮮京城府橋北洞出身。1940(昭15)年6月栃木県塩谷郡栗山村の鬼怒川水力発電所工事で人夫として働き同志と建達会を組織するが，同年12月無政府共産主義社会建設のため蜂起を企てたとして逮捕(建達会事件)41年11月送検される。(堀内稔)〔文献〕『社会運動の状況13』

金 炳運 きん・へいうん キム・ビョンウン ?-? 東京の朝鮮東興労働同盟の活動家。1929(昭4)年6月共産主義系の学友会に斬り込んだ事件に関連して検挙，30年5月奥多摩刑務所を保釈後逃走したが33年3月に逮捕され34年3月控訴審で懲役5年の判決を受ける。(堀内稔)〔文献〕『自連新聞』39・47・90号1929.9・30.5・34.5，『社会運動の状況5』

金 奉文 きん・ほうぶん ?-? 1919(大8)年朝鮮の釜山日報社文選科に勤め日本印刷工組合信友会(朝鮮支部)に加盟する。(冨板敦)〔文献〕『信友』1919年10月号

銀山 一郎 ぎんざん・いちろう 1903(明36)3.11-? 東京市本所区緑町(現・墨田区緑)に生まれる。1921(大10)年東京北郊自主会に出入りして警視庁の思想要注意人とされる。北豊島郡西巣鴨町池袋(現・豊島区池袋)に住み，金栄社時計工場に職工として勤めていた。(冨板敦)〔文献〕『警視庁思想要注意人名簿(大正10年度)』

金城 亀千代 きんじょう・かめちよ 1904(明37)6.7-43(昭18)2.10 本名・陽介 筆名・桜木康雄，波照間礁，海野英太郎，谷原勇 沖縄県竹富島に生まれる。竹富尋常小学校，石垣島登野城小学校卒。以後不詳。1927年1月文芸誌『セブン』創刊に拠り詩「世紀末的島の心臓」を発表。25年8月頃詩誌『詩の家』(佐藤惣之助主宰)の会員となる。27年9月『南方詩人』(町田四郎編発・創刊の辞/小野整/南方詩人連盟，『南方楽園の後継誌』創刊に参加。この頃八幡市に在住。28年本名の陽介にする。同年九州日報の記者となる。28年4月八幡浜のメソジスト教会にて開催された北九州芸術祭にて藤崎寛起，高野貞三，南部喬一郎，河原重巳らと壇上に登りアジ演説をぶって検束される。同年

夏九州合同通信社に拠る。29年年6月『文芸戦線』に八幡市会議員選挙のリポートを寄稿(陽介名)する。29年夏『九州公論』を主宰。この頃から31年3月頃まで北海道の小樽に滞在し小林多喜二との交友を持つ。33年12月『とらんしっと』(同誌社・浜田礫一編発)に拠り波照間名及び海野名で同人となる。36年頃は『九州日報』八幡支局長を勤める。この頃画家の宮城与徳が訪ねて来て八幡製鉄所の実情をレクチャーする。38年11月頃東京世田谷太子堂に居住。日刊工業新聞記者となる。(黒川洋)〔著作〕『日本海賊史話』大浸社1937,『日鉄王国と其の重役陣を検討す』新聞評論社1937,〔リライト〕桜木康雄名少年版『土と兵隊』(火野葦平作)田中宋栄堂(大阪)?〔文献〕坂口博『叙説 4文学批評』「謎の海賊詩人・金城陽介」花書房1990

く

久我 信寿 くが・のぶとし ?-? 1919(大8)年東京京橋区(現・中央区)の細川活版所印刷科に勤め日本印刷工組合信友会に加盟する。(冨板敦)〔文献〕『信友』1919年10月号

日下 亀太郎 くさか・かめたろう ?-? 1919(大8)年東京京橋区(現・中央区)の中屋印刷所和文科に勤め日本印刷工組合信友会に加盟する。(冨板敦)〔文献〕『信友』1919年10月号

日下 秀雄 くさか・ひでお 1892(明25)-1927(昭2)4.18 時事新報社に鉛版工として勤め東京印刷工組合に加盟、新聞部で活動する。27年『自連』13号に訃報が掲載される。(冨板敦)〔文献〕『自連』13号1927.6

日下 米三郎 くさか・よねさぶろう ?-? 1919(大8)年東京京橋区(現・中央区)の中屋印刷所和文科に勤め活版印刷工組合信友会に加盟する。(冨板敦)〔文献〕『信友』1919年8・10月号

草階 俊雄 くさかい・としお 1924(大13)9.23-? 秋田県に生まれる。1948(昭23)年、明大専門部に在学中、日本アナキスト連盟に加盟する。同年6月秋田で『黒点』を創刊し、また7月詩誌『一つぶの種』を創刊する。52年に刊行された中野重治・秋山清編『日本無名詩集』(筑摩書房)に作品が掲載される。70年、内村剛介・大澤正道編『われらの内なる反国家』(太平出版社)に「農村から出た一文学グループのこと」を寄稿する。71年詩集『イタリアの空』(秋田文化出版社)を刊行。72年春情報誌『リベルテ通信』、75年季刊『頭脳戦線』を創刊し秋田の一角からアナ系、新左翼系の情報交流に努める。80年代に詩画誌『ARS』を創刊。85年詩集『泡の建築家』、91年詩集『私の三色旗』、99年詩集『抽象の薔薇』を、それぞれARS CLUBより刊行する。(大澤正道)

日下野 忠次郎 くさかの・ちゅうじろう ?-? 機械技工組合のメンバー。深川区猿江裏町(現・江東区)の早川工場に勤めていた。1926(大15)年12月11日事業短縮を理由に解雇を言い渡され、同組合の交渉委員二人ともに話し合いを続け工場規定以上の退職金2カ月分で解決する。(冨板敦)〔文献〕『自連』8号1927.1

草刈 蒼之助 くさかり・そうのすけ 1913(大2)1.1-1992(平2)8.9 本名・下条房一 岐阜市内に知られた機織業の長男として生まれた。13歳で母を肺病で亡くしその頃から自分も肺病で病臥した。18歳頃からの病床でなじんだ『文章倶楽部』等に散文を投稿したり、西条八十の『草の丘』に詩を投じたりした。20歳の頃には仲間と小説主体の同人誌『文学新人』を発刊、『改造』や『文芸首都』にも投稿、広津和郎から期待を受けたという。「姉の狂死、弟の出奔自滅、父の爆死等肉親の壊滅」(句集『色即色』自著略歴)により自暴自棄の放浪に走り文学とは離れた。30歳頃川柳革新に挑み岐阜で活躍する今井鴨平と出会い、その主宰誌『人間像』や傍ら編集を務める『創天』の創刊同人となりエッセイなども掲載。鴨平が1957年現代川柳作家連盟の委員長に就任してその機関誌とした『現代川柳』に参加した。鴨平の64年の死によって一旦は川柳から離れる決意を持ったが、河野春三と出会いその人間性に魅かれて投合、道を共に歩むことになる。『川柳人』にも参加。同人として句や評論を寄せる。同誌550号(1978.1)の「川柳人は如何にあるべきか」特集から557号に「時事吟私考」

を寄せ，川柳を階級闘争の一翼とする一叩人が反論したことから，多くの川柳家を巻き込んだ川柳史上稀にみる川柳アナ・ボル論争が巻き起こった。同誌578号(1980.4)に病床の中で1万4千字に及ぶ「川柳平家物語」を投稿，「所詮相容れない川柳観の対立」としながらも，一叩人の「逃避のイズム＝芸術至上主義」論に執念をもって応酬。そのプロレタリア川柳論を激しく批判した。弱視と重度の難聴，そして終生つきまとわれた肺病に苦しみながら，用紙をなめるようにして句を吐き評論を書いた。不眠症にさいなまれアルコール漬けの寝たきり生活で絶命。（一色哲八）〔著作〕『草刈蒼之助集〈短詩型文学全集・川柳編第4集〉』八幡社1973，句集『色即色』風発行所1980〔文献〕東野大八『川柳の群像』集英社2004，中岡光次『資料鶴彬に寄せて』Ⅺ『毎文子』私家版2007，『川柳人』1960-1980

草薙 市治 くさなぎ・いちじ 1908(明41)-? 別名・一，一郎 神奈川県高座郡大野村上鶴間中和田(現・相模原市)に生まれる。高等小学校中退後，家業の農業に従事。『自連新聞』などを読んでアナキズムに共鳴し『黒旗』にしばしば投稿する。『黒旗』(3巻2号1931.2)に掲載された添田晋(宮崎晃)の「農民に訴ふ」に接し農青社に参加，小学校同級の鈴木清士や三部豊，草柳太助，佐々木仁久らとともに神奈川県下で運動を開始する。31年3月鈴木靖之，小野長五郎を招き具体策を協議。32年1月思想文芸誌『鍬』を創刊する(発禁)。続いて『雑木林』を発行。33年12月農民文芸社をおこし『耕人』を発行するが翌年1月号は発禁となる。36年5月5日農青社事件の全国一勢検挙で仲間とともに逮捕される。神奈川県下の検挙者は24人。佐々木，三部は起訴猶予，草薙，鈴木清士は起訴(判決未詳)，ほかは諭告釈放となった。（黒川洋・奥沢邦成）〔文献〕『資料農青社運動史』，『農青社事件資料集Ⅰ』，斎藤秀夫「京浜のプロレタリア文学運動2」『横浜市立大学論叢人文学系列』43巻1・3号1993

草彅 甚一 くさなぎ・じんいち 1906(明39)-? 秋田県仙北郡清水村黒鐙高野(現・大仙市)生まれ。農業学校を卒業後，自宅で農業に従事する。地元の青年団幹部をつとめた。35年末頃無共党事件で検挙されるが不起訴。（冨板敦）〔文献〕『身上調書』

草野 心平 くさの・しんぺい 1903(明36)5.12-1988(昭63)11.12 別名・北山癌蔵，熊十蔵 福島県石城郡上小川村(現・いわき市小川町)生まれ。中国広東の嶺南大学(現・中山大学)に在学中，25年4月詩誌『銅鑼』を創刊した。同人は中国人2人日本人3人。この年中国の排日・排英の運動が広がり大学の最終課程にいた草野は中途退学で日本へ帰り，『銅鑼』は3号以降日本で発行され28年6月16号で終刊するまでアナ系詩人を結集させた。草野はアナキズム運動の実践面への参加では同時代詩人の岡本潤，萩原恭次郎，小野十三郎，秋山清，植村諦などに比べてはるかに少なかったが，雑誌に詩人を結集させ文学的拠点を形成することでは妙を得ていた。28年12月創刊の『学校』も『銅鑼』後継誌の役割を果たし，伊藤信吉編集の『学校詩集1929年版』にはアナキズム系，人道主義系の36人が参加している(『学校』終刊は7号1929.10)。また中国からの帰国に際して米国詩人サンドバーグの詩集『シカゴ』を携え，これを自ら訳出するほか小野らに貸して米国左翼詩人の作品が多く邦訳される契機をつくった。米国詩人15人の作品を小野30編，草野と萩原恭次郎各7編，麻生義2編の割で訳出したものをまとめた『アメリカプロレタリヤ詩集』(弾道社1931)は草野のもたらしたサンドバーグ詩集に帰因する。さらに20年ボストンでおこったイタリア系移民労働者の冤罪死刑裁判への抗議運動に参加し，被告のサッコとヴァンゼッティの獄中書簡を訳して雑誌に発表，32年『サッコ・ヴァンゼッチの手紙』の書名で渓文社から発行した。アナキズムに拠る草野の誌的足跡から運動との主な接点を拾うと以上が浮かび，あとは33年8月解放文化連盟機関紙『文学通信』創刊号の題字執筆，9月同紙2号に元『銅鑼』同人原理充雄の地下共産党員としての死を悼んだ詩「原理死す」の発表をみる程度である。無共党事件による一斉検挙ではどうだったのか未詳。35年逸見猶吉らの『歴程』創刊に参加。40年中国の汪精衛政権の宣伝部顧問として南京に移住。43年大東亜文学者大会に中国代表団員として出席。敗戦後の46年帰国。47年『歴程』復刊後は83年文化功労者，87年文化勲章受章。詩壇の現役重鎮の座にいたまま88年11月12日死

没。没後郷里のいわき市に市立草野心平記念文学館が設立された。(寺島珠雄)〔著作〕『草野心平全集』全12巻筑摩書房1978-84〔文献〕『銅鑼』復刻版日本近代文学館1978，伊藤信吉『逆流の中の歌』泰流社1977，大橋吉之輔『アメリカプロレタリヤ詩集』解題，「喜志邦三・草野心平・小野十三郎」『アンダスンと3人の日本人』研究社出版1984，『現代詩読本・草野心平』思潮社1989，『草野心平』いわき市立草野心平文学館1998

草村 欽治 くさむら・きんじ 1908(明41)2.2-? 別名・吉田伸 新潟県東頸城郡浦田村(現・十日町市)生まれ。23年浦田高等小学校卒業後上京，製本工となる。大杉栄の著作を読んでアナキズムに親しみ，28年には仕事仲間の桜井正次郎らと読書会をもつ。さらに自連社のエスペラント講習会に出席，『黒色戦線』の購読から同誌やパンフレットの配布活動に参加する。30年寺田俊男とともに秋山清，飯田豊二が主宰するアナキスト劇団「解放劇場」に加わり，団員の新津杏三(本多京三)，別所孝三，八木秋子，横山実らと交流。同年12月劇団の稽古場牛込倶楽部で開催された在京アナキスト大会に出席，農村の解放運動に熱弁を振るう鈴木靖之に共鳴する。その後農青社に参加，32年主力メンバーの相次ぐ逮捕に直面してからは鈴木を支えて活動に邁進。農青社解散声明の発表，『黒旗』の発刊など33年10月の黒旗社解散に至るまで運動の主力となる。36年5月の農青社事件全国一斉検挙により逮捕され38年12月懲役2年執行猶予3年の判決を受けた。第二次大戦末期に召集され戦地に送られたが，その後の消息は不明。(奥沢邦成)〔文献〕『資料農青社運動史』『農青社事件資料集Ⅰ・Ⅱ』

草柳 太助 くさやなぎ・たすけ 1878(明11)頃-? 神奈川県高座郡秦野村(現・秦野市)生まれ。農業を営み周辺の農民にアナキズムを説き信望を得ていた。また同志の間では最も年長でもあり「太助爺さん」の愛称で親しまれた。31年2月頃農青社運動の拡大のため同地方を訪れた鈴木靖之，小野長五郎，船木上との会合に息子の真とともに参加，県下の農青社運動推進を協議した。36年5月農青社事件の全国一斉検挙で父子ともに逮捕されたが，諭告釈放となった。(奥沢邦成)〔文献〕『資料農青社運動史』『農青社事件資料集Ⅰ・Ⅱ』

串上 繁雄 くしがみ・しげお ⇨小倉敬介 おぐら・けいすけ

九島 作一 くしま・さくいち 1895(明28)4.23-? 静岡県志太郡島田町鶴ケ谷(現・島田市)生まれ。高等小学校卒業後，1924(大13)年島田町の衛生委員となる。同年5月関東水平社連盟島田支部を創立し事務所を自宅に置く。島田支部では25年1月四民平等をうたった明治天皇遥拝碑を建設，水平社員のつくった水平歌を配布しようとするが発売頒布禁止とされ39部押収される。同年5月島田駅前の加藤弘造宅で開かれた静岡県下の水平社執行委員会会議に島田支部を代表して九島己之吉，山田真次，小沢勘一らと参加する。この年『自由新聞』島田支局を担う。のち融和運動に転じ40年県融和団体連合記念大会で表彰される。(冨板敦)〔文献〕『自由新聞』1・4号1925.6・9，『平等新聞』8号1926.1，竹内康人『静岡県水平運動史』『静岡県近代史研究』13・14号1987・88，秋定嘉和・西田秀秋編『水平社運動1920年代』神戸部落史研究会1970

葛岡 兼吉 くずおか・かねきち ?-? 1919(大8)年東京本郷区(現・文京区)の日東印刷会社に勤め活版印刷工組合信友会に加盟する。(冨板敦)〔文献〕『信友』1919年8月号

城田 徳明 ぐすくだ・とくめい 1898(明31)5.11-1974(昭49)9.10 別名・白田来鳥 沖縄県那覇区久米町(現・那覇市)の雑貨商の家に生まれる。17年8月県立二中を3年で中退。兄徳隆に感化され早くからアナキズムに触れた。沖縄アナキスト糸満グループの中心メンバー。沖縄の教員には早くから社会主義思想に関心を寄せるものが多く，17年12月宮城繁徳とガリ版の雑誌『MAZUSHIKIHIKARI(貧しき光)』を創刊し彼らに配付した。18年シンガポールに渡る。帰国し糸満で喧嘩売買社を結成，理髪組合長として活躍，さらに荷馬車組合を組織，また高嶺製糖工場のサトウキビ農民を組織して賃上げ闘争を展開するなど「非常に優れた実践家であった」(浦崎康華)。その後高嶺小学校の代用教員を勤めるが尾行を嫌い1年ほどでやめる。21年1月沖縄初の社会主義団体庶民会の創立に向けて岩佐作太郎が来沖。この岩佐講演会の張り紙をして泉正重，比嘉栄とともに検束され7日間の拘留，科料2

円とされる。これを不服として正式裁判に持ち込むが罰金刑となる。その後上京して労働運動社に身を寄せこの年の第2回メーデーに参加。同年7月下旬に和田久太郎を案内して帰郷する。22年4月29日那覇久米バプテスト教会の講演会に飛び入り、「忘れられぬ労働祭」と題して前年東京でのメーデーの光景を実感とともに述べる。「熱狂のあまり聴衆の前に飛び降りて激語をはなったので中止を命ぜられた」（城田徳隆）。警官との乱闘の末、一晩那覇署に留置される。27年糸満で爆人会を組織し黒色青年連盟に加盟する。また伊是名朝義らと那覇の黒色琉人会、首里の黒焰会を連合して琉球黒旗連盟を発足させ自宅を連盟事務所とした。同年5月1日那覇市公会堂で琉球黒連発会式を兼ねたメーデー大演説会を開き、東京瓦斯工組合の屋良猛、おりから滞沖中の呉自由労働者組合の丹悦太が応援にかけつけた。同年和田の分骨が沖縄に持参され徳明らによって手厚く葬られるが、警察の知るところとなり、持参した人に返される。またこの前後から徳隆と糸満で民衆座を経営し、沖縄芝居の興行にたずさわった。戦後は第11代糸満町長になり、74年首里の自宅で病没した。（冨板敦）〔文献〕『労働運動』2次3・8号1921.2・4/3次2・5号1922.2・6、『労働者』3・4号1921.6・7、『自連』13号1927.6、『黒色青年』9・17号1927.6・28.4、新里金福・大城立裕著・琉球新報社編『沖縄の百年3』太平出版社1969、浦崎康華『逆流の中で』沖縄タイムス社1977、新川明『琉球処分以後・下』朝日新聞社1981、『主義者人物史料』

城田 徳隆 ぐすくだ・とくりゅう 1895（明28）5.20-1929（昭4）8.27 沖縄県島尻郡兼城間切（現・糸満市）の生まれ。18年沖縄県師範学校を中退して喜屋武小学校の代用教員になる。この頃から大杉栄やクロポトキンの著作を読んで深い感銘を受け退職後は家でアナキズムを研究する。沖縄のアナキストとして草分け的な存在であり代表的な指導者。弟城田徳明、座安盛徳、比嘉栄、宮城繁徳らとともに糸満グループと呼ばれた。19年頃泊の宮城の家などで泉正重、浦崎康華、徳明、城間康昌、座安、比嘉、辺野喜英長らとアナキズム文献を用いて研究会を重ねる。21年4月泉の上京に伴い代わって自宅を労働新聞社沖縄支局とする。同年5月1日糸満グループが中心となり沖縄初のメーデーを行った。22年5月1日波之上広場で沖縄第2回メーデーを開催、デモ行進は十数人、見物人が300人ほどついてきたという。第3次『労働運動』に沖縄の運動状況をたびたび寄稿している。23年朴烈らの『現社会』（『太い鮮人』改題）の琉球支社を担う。26年農民自治会全国連合沖縄県連合事務所を自宅に置く。29年インフルエンザにかかり同年8月に35歳で死没した。（冨板敦）〔文献〕『労働運動』2次9号1921.4/3次2・5号1922.2・6、『自治農民』1号1926.4/2・臨号1926.5・27.10、『農民自治会内報』2号1927、浦崎康華『逆流の中で』沖縄タイムス社1977、新川明『琉球処分以後・下』朝日新聞社1981、大井隆男『農民自治運動史』銀河書房1980、『金子文子・朴烈裁判記録』黒色戦線社1991

城間 康昌 ぐすくま・こうしょう 1903（明36）1.18-? 沖縄県那覇区壺屋（現・那覇市）の旧家の三男として生まれる。泊小学校を卒業して上京、私立の電気学校に入り電気工学（強電）の理論と技術を習得する。その後帰郷して家業の陶器製造を手伝う。19年頃泊の宮城繁徳宅、松下町の泉正重宅、また城間の自宅で浦崎康華、城田徳隆、城田徳明、座安盛徳、比嘉栄、辺野喜英長らとアナキズム文献をテキストに研究会を重ねる。この頃は比嘉春潮らを中心とした小学校教員、文学青年らの社会思想研究グループ、山田有幹ら新聞人の社会科学研究グループとアナキストグループとが共同して那覇公会堂などで毎月社会問題講演会を開いていた。ある講演会で浦崎が「万国のプロレタリア団結せよ」と琉球語で叫んだことがもとで泉、伊是名朝義、上与那原朝敏、浦崎らとともに検束され那覇署に留置される。21年沖縄初の社会主義団体庶民会の創立に参加。沖縄アナキスト壺屋グループのメンバー。敗戦直後の45年11月米軍政府に命じられて陶器製造の先遣隊長となり、103人を率いて壺屋に帰り那覇市復興の基礎を築く。戦前戦後を通じて那覇市議会議員となり副議長も1期つとめる。（冨板敦）〔文献〕浦崎康華『逆流の中で』沖縄タイムス社1977

楠 利夫 くすのき・としお ?-? 別名・利雄 1926（大15）年5月大阪機械技工組合の理事会において大阪印刷工と互選し杉浦市太郎、安楽吉雄、松村伊三郎、加納喜一、

日野正義らと連絡委員をつとめる。27年11月中村房一ら大阪合成労働組合員6人(除名組)と、同じ大阪機械技工組合の杉浦とともに関西自連から離れた。(北村信隆)〔文献〕『大阪社会労働運動史・上』,『関西自由新聞』2号1927.11,『自連』2・19号1926.7・27.12

楠山 次郎 くすやま・じろう ?-? 1925(大14)年9月5日東京小石川区西丸町(現・文京区千石)の東京印刷工組合本部での和文部例会で「王子製紙事件に就て」演説。26年3月和文部の理事に選出される。34年に東印の役員を務めていた。35年東京市豊島区駒込に居住しており神田神保町の山縣製本印刷整版部に勤める。同年1月13日同社整版部の工場閉鎖,全部員40名の解雇通告に伴い争議勃発。工場を占拠して闘い同月15日解雇手当4カ月,争議費用百円で解決する。山縣製本印刷は当時東京大学文学部の出入り業者であり東印は,34年5月以降,東印山縣分会を組織していた。(冨板敦)〔文献〕『印刷工連合』29・35号1925.10・26.4,『東印ニュース』3号1934.9,『山縣製本印刷株式会社争議解決報告書』東京印刷工組合1935,『自連新聞』97号1935.1,中島健蔵『回想の文学』平凡社1977

グッドマン Goodman, Paul 1911.9.9-1972.8.2 米国のアナキズム思想家,哲学者,ゲシュタルト・セラピスト,社会・文芸評論家,小説家・詩人。地域分権的で人間的なコミュニティの回復を説き管理主義的な学校教育を批判した。都市計画や心理療法についての共著もある。1960-70年代の反体制運動,対抗文化に大きな影響を与えた。1970年頃の米国の反体制知識人のなかでは,ポール・スウィージー,アンジェラ・デーヴィス,ハーバート・ガンス,ノーム・チョムスキーらとともに代表的な論客であった。マレイ・ブクチンやチョムスキーと並んで現代米国を代表するアナキスト知識人として日本でも著名であり,アナキズム関係者のみならず米国の対抗文化や教育に関心をもつ人びとにも広く読まれた。(戸田清)〔著作〕片桐ユズル訳『分権化と混合制度』『社会主義の新展開』平凡社1968,パーシバル・グッドマンと共著『コミュニタス 理想社会への思索と方法』(横文彦・松本洋訳)彰国社1968,片桐ユズル訳『新しい宗教改革』紀伊國屋書店1971,『不条理に育つ』平凡社1971,片岡徳雄監訳『不就学のすすめ』福村出版

1979〔文献〕高橋徹『現代アメリカ知識人論』新泉社1987,大沢正道「アナキズムと現代革命」『現代思想』1973.9

久津見 蕨村 くつみ・けっそん 1860.2.5(安政7.1.14)-1925(大14)8.7 本名・息忠,別名・暮村隠士,謐鶏学人 江戸神田裏猿楽町生まれ。旗本直参の長男として生まれるが明治維新で生家は没落。独学自修で19歳の時に代言人開業試験に合格する。82年東洋新報社に翻訳・論説記者として入社,新聞記者生活が始まる。また『教育時論』に教育論を展開。97年万朝報社に入社,幸徳秋水,堺利彦らと出会う。以後,長野日々新聞,函館毎日新聞,長崎新報の主筆となり各地に遊ぶ。06年『無政府主義』を平民書房から刊行,発禁になる。その付録『社会主義と個人主義』の中で「今の純粋なる社会主義者,我国に於ては平民社諸子の如き其一なり。而して個人的無政府主義に於ては欧州には既に其人あり,…我国にては未だ一人の之あるをみず,…此点より見れば余は方に日本唯一の無政府主義者なるべし」と宣言する。蕨村はシュティルナーの個人的無政府主義を継承するものとしてニーチェの超人の思想を高く評価し本書で紹介している。労作『ニイチエ』の端緒はこのあたりにあるのかもしれない。大逆事件後ベストセラーとなった煙山専太郎の『近世無政府主義』は露国虚無党の過激な運動を中心に据えた批判の書であるが,蕨村の『無政府主義』はその根幹の思想を好意的に描き出している。09年東京毎日新聞社の主筆を最後に記者生活から離れ,読書と研究のかたわら雑誌,新聞などに文章を発表する。12年創刊の『近代思想』に「ニイチエと社会主義」(1巻6号1913.3),「近代思想社小集」(1巻10号1913.7),「三忘の覚悟」(2巻11・12号1914.9)の3編を寄稿する。死後に刊行された『久津見蕨村集』は1060頁の大冊である。伏字は『無政府主義』『人生の妙味』の2冊の発禁本を収録する苦労を物語っている。社会主義者と不即不離の関係を保ちながら孤高を生きた蕨村の存在は今ほとんど忘れられている。個人的無政府主義の先駆者として再評価が待たれる。(大月健)〔著作〕『耶蘇教衝突論』中外堂1893,A.フォウィリー『国家教育論』(訳)普及会1894,『児童研究』三育社1897,『哲学問答』普及

社1897,『世界之十大宗教』同1898,『教育時代観』右文館1898,『無政府主義』平民書房1906(『唯一者』4号1999.3-),『人生の妙味』丙午出版社1911,『真人偽人』同1912,『現代八面鋒』同1912,『ニイチエ』同1914,『自由思想』文明社1914, チャーレス・ゴルハム『基督教罪悪史』(訳)丙午出版社1917,『久津見蕨村集』同刊行会1926〔文献〕しまねきよし「忘れられた思想家 久津見蕨村論」『歴史と文学』秋季号1974

九津見 房子 くつみ・ふさこ 1890(明23)10.18-1980(昭55)7.15 岡山市二日市町生まれ。両親の離婚後、産婆を開業した母に育てられる。岡山高等女学校時代に社会主義の文献に関心をもち、06年自宅近くで開かれた社会主義講演会を機に山川均と知り合い影響を受ける。同年上京し同郷の福田英子宅で家事や雑誌『世界婦人』発行に伴う雑務を担当。07年父の葬儀のため帰郷後に森近運平らのグループとの交流によって特別甲号要視察人となる。母の死後、高田集蔵を頼って大阪へ。13年に高田と結婚、2女をもうける。18年夫に無断で子連れで上京、松屋呉服店に勤めたのち、大杉栄らの労働運動社の雑用、夜店でのパンフレット売りなど社会主義運動に関わる。21年4月第2回メーデー参加のために堺真柄、仲宗根貞代らと赤瀾会を結成し世話人となる。21年12月大阪へ移り三田村四郎と同居。ともに文選工として大阪印刷労働組合(総同盟加入のちに評議会加入)を組織、自宅は組合事務所や活動家の研究会会場になる。この間23年藤田農場争議、24年大阪市電ストライキ、26年浜松日本楽器争議などの大争議を指導、数回の検挙を経験。青年活動家たちから「おばさん」と呼ばれ親しまれた。24年以降論議となった労働組合内の婦人部設置問題では、自分の経験から賃金や託児などの女性の問題に取り組む婦人部の設置の必要性を主張した。27年三田村とともに共産党に加入、東京で非合法活動に入り翌年4月三・一五事件の全国的検挙に伴い検挙下獄、女性治安維持法適用者第1号であった。満期出所後も活動、41年9月ゾルゲ事件で逮捕下獄。戦後は三田村の内助的存在となり自身は政治活動には参加しなかった。大竹一灯子は娘。(三原容子)〔文献〕牧瀬菊枝編『九津見房子の暦』思想の科学社1975, 大竹一灯子『母と私 九津見房子との日々』築地書館1984, 近藤真柄『わたしの回想・上』ドメス出版1981

工藤 勇 くどう・いさむ ?-? 日本労友会のメンバーとして1920(大9)年2月5日から3月1日の北九州八幡製鉄ストに関わる。22年2月5日浅原健三、西田健太郎、広安栄一らと大杉栄、岩佐作太郎、和田久太郎、近藤憲二を招いて北九州市有楽館で八幡製鉄スト2週年記念の講演会を開き、登壇するが中止。(冨板敦)〔文献〕『労働運動』3次3号1922.3

工藤 運平 くどう・うんぺい ?-? 1926(大15)年頃、群馬県北甘楽郡尾沢村(現・甘楽郡南牧村)で暮し農民自治会全国連合に参加する。地元の農民自治会を組織しようとしていた。(冨板敦)〔文献〕『農民自治』2・7号1926.5・27.1,『農民自治会内報』2号1927

工藤 秀剣 くどう・しゅうけん 1903(明36)3.6-? 本名・秀顕 弘前市田町出身。早く父を失い尋常小学校卒業後、青森、秋田で働く。21年頃上京し自由労働者として働くうちにアナキズムを奉じ、村上義博らによって28年1月に結成されたAC労働者連盟、次いで同年4月に結成された黒色自由労働者組合に加わった。180cmを超す大男ながら笑顔には愛嬌があり同志愛に厚い人柄で信頼された。29年7月10日就労券をめぐって黒色自由7人が江東自由労働者組合60人と乱闘事件(魚藍坂事件)をおこした際に3mの梯子を振り回して大暴れしながら退却のしんがりをつとめ敵味方を驚嘆させた。のち右翼に転じ愛国戦線社などを結成する。(植本展弘)〔文献〕『自連新聞』38号1929.8,『思想月報』1940.1-12, 横倉辰次「黒色自由労働者組合とAC労働者連盟の思い出」『労働と解放』4号1967.9,『思想月報』1940.9

工藤 信 くどう・しん 1898(明31)3.6-? 大分県大分郡谷村(現・由布市)生まれ。20年早稲田大学英文科卒業後、東京外国語学校イタリア語科に学ぶ。早大在学中に加藤一夫主宰の『労働文学』同人となり小説と詩を発表。27年壺井繁治、岡本潤らと『文芸解放』の創刊に参加しクロポトキン論を中心にした評論を発表。28年『単騎』と合併後の『矛盾』に寄稿。同年北昤吉の祖国同志会機関誌『祖国』に山崎真道の自伝を発表した。戦時は召集され、以後は不詳。(黒川洋)〔著作〕イレーツキー『鼠陥し』(訳)金星堂1927, ジャン・カタラ『戦争を製造する人々』(訳)三一書房1952〔文

献〕前田淳一「山崎」『反対』2号1935.7

工藤 精次 くどう・せいじ ?-? 1919(大8)年東京京橋区(現・中央区)の築地活版所印刷科に勤め日本印刷工組合信友会に加盟する。(冨板敦)〔文献〕『信友』1919年10月号

工藤 精治 くどう・せいじ ?-? 1919(大8)年東京神田区(現・千代田区)の丸利印刷所鋳造科に勤め日本印刷工組合信友会に加盟する。(冨板敦)〔文献〕『信友』1919年10月号

工藤 豊美 くどう・とよみ 1911(明44)-? 17歳の時に足尾銅山から上京して自由労働者となり、村上義博らによって28年1月に結成されたAC労働者連盟、次いで同年4月に結成された黒色自由労働者組合に参加した。仲間には「長ボン」と呼ばれた。上京時にダイナマイトと導火線を持参して仲間の度胆を抜いたがセンチメンタルで歌の巧みな美少年だったという。(植本展弘)〔文献〕横倉辰次「黒色自由労働者組合とAC労働者連盟の思い出」『労働と解放』3号1967.3

工藤 長人 くどう・ながと ?-? 1919(大8)年東京京橋区(現・中央区)の築地活版所文選科に勤め日本印刷工組合信友会に加盟する。(冨板敦)〔文献〕『信友』1919年10月号

工藤 葉魔 くどう・はま ?-? 1925(大14)年名古屋市で浅野正男、長谷川玲児、横井秋之介とともに自由労働社を組織し10月機関紙『自由労働』を創刊する。自由労働社では外交係を担っていた。『自由労働』創刊号に「自由への道」を執筆する。(冨板敦)〔文献〕『自由労働』1号1925.10

工藤 日露時 くどう・ひろじ 1905(明38)-? 熊本県生まれ。26年頃猪古勝、林博、山田尚種と熊本市に黒潮社を組織し黒連に加盟する。同年2月『黒潮』創刊号を発刊(発禁)。雑誌の資金調達、発禁雑誌の頒布が恐喝、新聞紙法違反とされ猪古、山田、林や熊本水平社のメンバーらとともに検挙。26年11月懲役10カ月罰金20円となる。27年5月24日熊本市公会堂を最初として6月14日長崎青年会館まで、全九州10カ所での黒連の宣伝講演会に黒潮社の猪古らと参加する。その後上京し江東自由労働者組合に加盟。同年11月10日江東自由芝浦支部提唱の失業抗議闘争に参加し、東京市長室で市長に面会を求めた際、日比谷署の警官と乱闘になり同志とともに検束(計23人)、29日拘留され

る。28年東京自由の規約草案委員、自連第2回続行大会の大会準備委員となる。(冨板敦)〔文献〕『黒色青年』1・6・10号1926.4・12・27.7、『自連』19・21号1927.12・28.2

国井 幸吉 くにい・こうきち ?-? 1919(大8)年東京深川区(現・江東区)の東京印刷深川分社和文科に勤め活版印刷工組合信友会に加盟する。(冨板敦)〔文献〕『信友』1919年8月号

国井 重二 くにい・しげじ ?-? 兵庫県加東郡市場村(現・小野市)で農業を営む。1926(大15)・27年頃『走馬灯』、28年『牧笛』を発行する。31年定村比呂志のアナ派詩誌『鴉』に寄稿する。32年犬養智、鈴木勝らが組織した新興歌謡作家同盟に加盟し『新興歌謡』の同人となる。34年『新興歌謡選集(1933年版)』に作品を発表。35年『ばく』に寄稿。(冨板敦)〔著作〕『蛙の学校』新興歌謡作家同盟〔文献〕松永伍一『日本農民詩史・中1・2』法大出版局1968・69、古茂田信男ほか編『日本流行歌史・戦前編』社会思想社1981、志賀英夫『戦前の詩誌・半世紀の年譜』詩画工房2002

国井 淳一 くにい・じゅんいち 1902(明35)9-1974(昭49)10.29 栃木県那須郡親園村(現・大田原市)の地主の家に生まれる。大田原中学を経て東洋大学文化学科を卒業。24年12月大沢重夫、有岡明正らと『新理想詩派』を創刊する。那須農民塾を創設し農民の啓蒙につとめた。26年第1詩集『痩がれた土』を上梓、同年白鳥省吾がおこした大地舎の詩誌『地上楽園』に同人として参加する。29年全国農民芸術連盟に加盟、第1次、第3次『農民』に寄稿する。30年松本文雄らと下野詩人連盟を結成し31年『下野楽謡』を創刊。11月芳賀融、土屋公平、大沢らと全日本農民詩人連盟を組織しアナ派詩誌『農民詩人』を創刊する。一時は編集発行人となり印刷は自ら経営する東駒形の那須野社で行い、連盟事務所を下落合の自宅に置いた。30年延島英一の『解放戦線』に詩を寄せる。34年親園村村長に選出。無共党事件直後の36年4月創刊されたアナ派詩誌『詩作』創刊号に詩「心臓」を寄せる。敗戦後は参議院議員を1期つとめ栃木県原水協の世話人でもあった。(冨板敦)〔著作〕『痩がれた土』文芸日本社1926、『雑草に埋もれつつ』1929〔文献〕『解放戦線』1巻2号1930.11、松永伍一『日本農民詩史・上・中1』法大出版局1967・68、秋山清『あるアナキズムの系

譜』冬樹社1973, 古茂田信男ほか編『日本流行歌史・戦前編』社会思想社1981

国定 忠治 くにさだ・ちゅうじ 1819(文政2)-1850(嘉永3) 本名・長岡忠次郎 現群馬県国定村の百姓の長男に生まれる。17歳で殺人を犯し無宿者となり以後博徒に走る。25歳のとき縄張り争いから年長の博徒を殺害, 関東取締出役のお尋ね者に。大半の親分衆が組織の権益を守護するため地元の警察力を手にして「二足のわらじ」をはいたが, 忠治は断固として拒否。国定村を中心に上州博徒500人の親分として国境の関所破りを繰り返すなど権力に対し徹底抗戦。赤城周辺は盗区と呼ばれたが治安がよく農民たちから畏敬される。1833年近世三大飢饉のひとつ天保飢饉が始まる。忠治は為政者にかわって金をかき集め飢饉に苦しむ窮民を救済。灌漑用水の土木工事をも請け負い「弱きを助け強きを挫く」侠客のイメージに貢献。しかし子分の多数が捕縛されたのは伊勢崎の勘助の仕業とみて謀殺。幕府による忠治包囲網が厳しさを増し1850年逃亡16年にして捕縛。殺害, 賭場荒らし, 関所破りの罪などで大戸の関所で見せしめの磔刑。, 農民ら1500人に見守られるなか刑場は忠治奪還を恐れ厳重な警護, 処刑直後から数種の英雄伝が刊行され刑場跡には民衆が忠治地蔵を建立。忠治の記録資料も豊富で現実感が強かったため明治以後小説, 講談, 浪曲, 旅芝居等で忠治ものが盛んとなり庶民の英雄像として定着。1930年代の「忠治旅日記」(伊藤大輔)「国定忠治」(山中貞雄)などニヒリズムの濃厚な映画も大衆に支持された。 (高野慎三)〔文献〕萩原進『群馬県遊民史』上毛新聞社1965, 高橋敏『国定忠治』岩波書店2000, 朝倉喬司『走れ国定忠治』現代書館1996, 子母沢寛『遊侠奇談』桃源社1971

国見 輝雄 くにみ・てるお ⇨山口与曾八やまぐち・よそはち

国本 政太郎 くにもと・まさたろう ?-? 1919(大8)年東京牛込区(現・新宿区)の秀英舎(市ヶ谷)第一和文科に勤め活版印刷工組合信友会に加盟する。(冨板敦)〔文献〕『信友』1919年8月号

久保 栄 くぼ・さかえ 1900(明33)12.28-1958(昭33)3.15 北海道札幌区南二条八丁目に生まれる。1913(大2)年4月に東京府立第一中学校(現・日比谷高校)に入学。17年中学在学中に青哉や棣栄の俳号で俳句を発表。18年9月に第一高等学校第三部甲入学・入寮。村山知義らと同室。21年3月に第一高等学校を2年で退学。23年4月に東京帝国大学文学部独文選科に入学, 26年3月に東京帝国大学独文科卒業。5月に築地小劇場文芸部に入り以後, 小山内薫と土方与志のもとで劇づくりを学ぶ。29年3月に築地小劇場を退団。4月に新築地劇団創立に参加するが7月に退団。30(昭5)年1月に新築地劇団によって処女作「新説国姓爺合戦」が上演。31年1月にプロレタリア戯曲研究会をつくる。33年12月に劇詩「吉野の盗賊」を前進座に書き演出する。これはシラーの戯曲「群盗」の自由翻案。34年10月に前進座演出部に加わり11月に新協劇団の旗挙げ公演「夜明け前」(村山知義脚色)第一部で演出を担当。36年3月に新協劇団の公演「夜明け前」(村山知義脚色)第二部で演出を担当。37年12月に戯曲「火山灰地」第一部を『新潮』に発表。38年6月に新協劇団によって「火山灰地」第一部・第二部を上演。39年2月に「ファウスト」第一部の演出を担当。40年8月に新協劇団・新築地劇団などの新劇人の一斉検挙に遭う。これは後に「新劇事件」と呼ばれる。41年12月に保釈出所。以後, 終戦まで一切の公的活動から遠ざかる。45年11月に東京芸術劇場を滝沢修らと創立し再び演劇活動を始める。52年12月に民芸公演「五稜郭血書」の演出を担当。民芸特別劇団員となる。53年5月に劇団民芸公演「日本の気象」の演出を担当。『日本の気象』を新潮社より刊行。55年11月に「吉野の盗賊」が松竹で映画化。57年3月にうつ病悪化し順天堂病院に入院。58年3月に順天堂病院の病室で縊死。(平辰彦)〔著作〕『久保栄全集』三一書房1963〔文献〕井上理恵『久保栄の世界』社会評論社1989

久保 由市 くぼ・ゆういち 1908(明41)9.9-? 別名・義信 和歌山県日高郡に生まれる。1926(大15)年6月野間田金蔵, 山本京平とともに倉敷市寿町に黒魂社を組織, 27年9月『黒魂』(1輯)を創刊。28年頃倉敷市に住み同年7月1日岡山市の岡山一般事務所で開かれたバクーニン53年忌記念茶話会に参加。他の参加者に高木精一, 有安浩男, 竹

内春三，糸島孝太郎，重実逸次郎，玉田徳太郎，畠保，山口勝清，山本ら全12名。高木，重実がバクーニンについて発表，感想を述べその後中国黒連の解散の協議をする。この年夏頃倉敷署に拘留される（詳細不明）。〔冨板敦〕〔文献〕岡山県警察部『御大礼警備取締要綱』(廣畑研二編『岡山県特高警察資料（戦前期警察関係資料集）第5巻』(復刻版)不二出版2012)，岡山県特別高等課『(昭和3年8月)特別高等警察資料第一輯』(廣畑研二編『岡山県特高警察資料（戦前期警察関係資料集）第5巻』(復刻版)不二出版2012)，岡山県特別高等課『(昭和3年11月)特別高等警察資料第四輯　特別要視察人等情勢調』(廣畑研二編『岡山県特高警察資料（戦前期警察関係資料集）第5巻』(復刻版)不二出版2012)，岡山県特別高等課『(昭和5年11月)特別要視察人等情勢調　昭和5年度』(廣畑研二編『岡山県特高警察資料（戦前期警察関係資料集）第6巻』(復刻版)不二出版2012)

久保　譲　くぼ・ゆずる　1903（明36）1.10-1961（昭36）11.16　別名・ジョー・クボ　大阪市西区本田町（現・西区本田）の生まれ。大阪市内で手広く商いする「やぐら鮨」の二男。高等小学校卒業後，家を出て上京し東洋曹達で働きながら正則中学を経て明治大学予科に入学，20年専門部法科に移る。明大に入って間もなく普選運動のデモで検挙，騒擾罪で拘留される。この時は不起訴処分だったがこれがきっかけで社会運動に挺身することになる。まずオーロラ協会に入会，21年岩佐作太郎の協力で中名生幸力が結成した五月会に入り五月会の旗を持って街頭へ，一度は検束，一度はうまく逃げた。オーロラ協会のあった神田駿河台の駿台クラブには望月桂の同人図案社，第2次の労働運動社，『労働者』を発行した黒労社などもあり，大杉栄，和田久太郎，近藤憲二，山鹿泰治らアナキストの面々と出会えた。23年3月明大卒業とともに大阪に帰り逸見吉三らの関西自由労働組合に入り，同組合も参加している関西組合同盟会主催の講演会で検束され戎署の留置場で同じく検束された江西一三を力づけたという。同年笈部義之助・治之助兄弟，小西武夫，藤岡房一らと黒社を結成し7月月刊『黒』を発刊（12月廃刊），24年7月M.スティマー『ロシアに於ける一労働者の体験』(黒社)を翻訳出版した。この頃新聞紙法違反で告発され禁錮2カ月の実刑に服し26年11月14日に出獄。それより前，25年6月黒社などが発起して関西アナキストの連合組織関西黒旗連盟を結成，のち全国組織の黒連に加盟する。しかし27年頃から黒連内部でサンジカリスト対反サンジカリストの激しい抗争がおこりサンジカリスト系の除名や暴力沙汰に発展するに至り，29年黒連を離脱，サンジカリズムを掲げる日本自協の結成に向かった。また世界唯一の『クロポトキン全集』(全12巻・春陽堂1928-30)の翻訳・編集に小池英三とともに当たり完成させた。その後34年に鍼灸師の免許を取り開業，35年に無共党事件で検挙されたが不起訴となる。37年フランスに渡りパリで東洋医学院を開いた。敗戦の翌年，46年12月に帰国しアナ連に加盟，近藤，遠藤斌，田戸栄とともに週刊『平民新聞』の編集にあたるなど戦後の運動で中心的な役割を果たした。「ベレー帽とあごの久保さん」と近藤真柄は追想している。〔白仁成昭〕〔著作〕E.ゴールドマン『愛国心とは何ぞや』(訳)1926，『スペイン革命　CNTを中心として』ヒロパの会1954，「わが自伝的回想」『ひろば』6号1957〔文献〕『江西一三自伝』同刊行会1976，近藤真柄「ベレー帽とあごの久保さん」『クロハタ』72号1961.12，逸見吉三『墓標なきアナキスト像』三一書房1976，『身上調書』

久保秋　兵吉　くぼあき・ひょうきち　?-?　1919（大8）年東京牛込区（現・新宿区）の日清印刷会社石版科に勤め活版印刷工組合信友会に加盟する。〔冨板敦〕〔文献〕『信友』1919年8月号

久保田　耕三　くぼた・こうぞう　?-?　1919（大8）年東京本所区（現・墨田区）の凸版印刷会社欧文科に勤め活版印刷工組合信友会に加盟。のち麹町区（現・千代田区）のジャパンタイムス＆メール社欧文科に移る。〔冨板敦〕〔文献〕『信友』1919年8・10月号，1922年1月号

久保田　重尾　くぼた・しげお　?-?　別名・鬼平，竹宇相　北海道函館区（現・函館市）に生まれる。家業は東浜町の質屋。『近代思想』の読者となり『へちまの花』の読者さらに寄稿家となる。1915（大4）年5月千曲皓らと足跡社を設立し6月5日『足跡』を創刊。警察の妨害にあう。創刊号に「独逸デシネルト博士の霊魂不死説に就いて」を発表。堺利彦，岩佐作太郎と親交。特別要視察人に編入される。11月15日『足跡』が発禁処分を受ける。家宅捜索を受け朝8時から夜12時まで訊問され社会主義文献を没収される。足跡

社を解散して平等社を組織。16年2月『足跡』を6号で廃刊。家族の監視により運動から離脱。(堅田精司)〔文献〕『特別要視察人状勢一斑6-8』、『へちまの花』15・16号1915.4・5、『近代思想』3巻3号1915.12、『新社会』3号1915.11、『函館毎日新聞』1915.5.15・6.2.10、『エス運動人名事典』

久保田 春太郎 くぼた・しゅんたろう ?-? 印刷工として日本印刷工組合信友会に加盟。1920(大9)年末には東京麹町区(現・千代田区)のジャパンタイムス&メール社に勤めていた。(冨板敦)〔文献〕『信友』1921年1月号

久保田 宵二 くぼた・しょうじ ?-? 岡山県に生まれる。野口雨情の「民謡的発想と形式にならい多くの田園詩を書いた」(松永伍一)といわれる。1920年代に岡山県連合青年団誌『岡山青年』の歌壇の選者を担当し「生活を離れての詩はあり得ない」「ブルヂョア・有閑階級の専有物とされたのは昔のことである。工場にも詩はある。炭坑にもある」(「詩に就て二」『岡山青年』29号1925.9)といった作詩上の心構えや諸注意を同誌上で青年たちに伝える。岡山県下で発行されていた入江暮鐘の『青空』などの文芸誌にも寄稿しており、青年団誌以外の場面でも青年たちと交流していたことがうかがえる。(小林千枝子)〔文献〕松永伍一『日本農民詩史・上』法大出版局1967、小林千枝子『教育と自治の心性史』藤原書店1987

窪田 節次郎 くぼた・せつじろう 1903(明36)-1979(昭54)6.3 別号・洪 北海道小樽区(現・小樽市)に生まれる。上京し25年大沼渉らの中央自由労働者組合に参加。26年4月京成電車争議を支援。6月木崎村小作争議支援演説会に参加。21日浦和の小作人社主催の演説会で警官と乱闘。8月北海黒連結成準備のため北海道に派遣される。9月16日岩佐作太郎を迎えて札幌で開催された黒連結成準備演説会で評議会などの中央集権主義を批判。29日小樽で北海黒連結成。11月帰京。27年1月『自連』の編集員となる。6月小樽に戻り定住。8月『労働運動』8月号に「小樽市総罷業批判」を発表し港湾労働者争議を惨敗と決めつける。小樽黒連の指導者として宇佐美五郎などと活動。特別要視察人甲号(無政府主義)に編入される。29年ボルに転向し全小樽労働組合に参加。30年1月上京し消費組合について調査。2月小樽に戻り7月20日小樽共働社を組織し理事長となる。48年8月日本共産党浦河診療所の事務長となりアイヌ民族など地域住民の健康維持に奔走。その後札幌で民主商工会の運動を指導。(堅田精司)〔文献〕『自連』2-4.5・8・9.10号1926.7-10・27.1-3、『特別要視察人・思想要注意人一覧表』北海道庁警察部1928、『札幌控訴院管内社会運動概況』第2輯1930.11、『本道ニ於ケル左翼労働組合運動沿革史』北海道庁1931、新藤甚四郎『民商1』東銀座印刷出版1976、松田解子『回想の森』新日本出版社1979、『このあゆみ星につなげ』北海道勤労者医療協会1985、『北海タイムス』1926.9.17

久保田 種太郎 くぼた・たねたろう 1884(明17)2.8-1914(大3)8.10 別名・牧民 栃木県下都賀郡三鴨村都賀(現・栃木市)に出生。祖父、父ともに獣医。麻布獣医学校を卒業、1904年獣医職員として栃木県庁に就職。同年11月宇都宮市で田中正造らの社会主義演説会を開催。翌年4月県庁職員を罷免。06年4月佐野同胞会結成、谷中村鉱毒運動展開。幸徳秋水のアナキズムに共鳴、警察に監視されたために離郷。07年4月北海道虻田郡真狩村留寿都村で獣医となり、平民農場に協力する。10年帰郷。同年9月頃大逆事件被告の一人の住所録に氏名記載されていたため検挙され、栃木県警察監視下に三鴨村に巡査の派出所が4軒建つ。その後閉塞状態のまま死没。07年頃屋敷内に氏神社社殿改築、社殿の棟木に「願くは我が家より社会改革者の出現せんことを祈る」と記す。久保田良一は甥。(斉藤英子)〔著作〕「谷中問題の回顧及教訓」『世界婦人』22号1908.2〔文献〕小池喜孝『谷中から来た人たち』新人物往来社1972、同『平民社農場の人びと』現代史出版会1980

久保田 頼男 くぼた・よりお ?-? 1927(昭2)年『小作人』「地方通信」欄に長野県下伊那地方の現状を寄稿する。(冨板敦)〔文献〕『小作人』3次11号1927.12

久保田 良一 くぼた・りょういち 1907(明40)2.10-1979(昭54) 栃木県下都賀郡三鴨村(現・栃木市)に生まれる。父の弟である久保田種太郎は県下の有力なアナキストであった。父母とともに叔父種太郎が獣医を開業していた北海道虻田郡真狩村留寿都村に移る。父母は市街地で呉服屋を営んだ。種太郎の子供たちは良一の父の監督下におか

れ，思想問題に関心をもたぬようにとの配慮から商人の道をとらされる。しかし良一は上級学校に進み，叔父の知己である石川三四郎などに可愛がられアナキズム運動に参加し学校から退学を迫られる。病気の療養を目的として留寿都村に戻る。27年3月『労働運動』(5次3号)に「百姓に喰ひつく蛭」を発表。近隣の青年に主義を宣伝。訪問するアナキストには飽き足らず石川を思慕した。次第に運動から離れる。31年山田ヨシエと結婚。(堅田精司)〔文献〕『ディナミック』4号1930.2

窪寺 せき くぼでら・せき ?-? 1919(大8)年東京京橋区(現・中央区)の築地活版所〔和文〕解版科に勤め日本印刷工組合信友会に加盟する。(冨板敦)〔文献〕『信友』1919年10月号

熊谷 順二 くまがい・じゅんじ ?-? 芝浦製作所に勤め芝浦労働組合に加盟して活動。1923(大12)年辞職に追い込まれる。24年『芝浦労働』に詩「貧乏人を叫べ」「春は来た」を寄稿する。(冨板敦)〔文献〕『芝浦労働』1次6・7・8号1923.7・24.3.4

熊谷 順二 くまがい・じゅんじ 1902(明35)-? 別名・熊ケ谷 自由労働に従事し，26年1月の銀座事件で検挙され懲役8カ月となる。その後金属工連合会，東京機械技工組合に加盟(のち東京一般労働者組合に吸収合併)，27年2月20日東京印刷工組合第4回大会で東京機械技工を代表し祝辞を述べる。3月6日東京メリヤス工争議応援演説会で大沼渉，時永良一，古江正敏とともに全国自連メンバーであることを理由に検挙され拘留20日となる。(冨板敦)〔文献〕『黒色青年』1・4・6・9号1926.4・7・12・27.6,『自連』9.10-12号1927.3-5,『思想輯覧1』

熊谷 千代三郎 くまがい・ちよざぶろう 1881(明14)?-? 1905(明38)年週刊『平民新聞』廃刊の後，東京本郷区根津宮永町にて平民書房を開業し火鞭会の機関誌『火鞭』の経営を引き受ける。以後同誌の常連の執筆者の著書を軸に斯波貞吉『智識と趣味』05，堺枯川『半生の墓』05.8，内田魯庵訳 トルストイ『イワンの馬鹿』05などを出版。1906年本郷区真砂町に1907年同区弓町に移転。大岡紫山『電車問題』06.11，久津見蕨村『無政府主義』1906.11，金子喜一『海外より見たる社会問題』1907.5，神崎順一訳 トルストイ『下僕の生涯』07.7，荒畑寒村『谷中村滅亡史』07.08(発禁)など平民社以来の付き合いの社会主義者たちの書籍も多い。07年4月7日平民社楼上で開かれた「山口君大杉君入獄送別会」に参加。同年5月大杉栄・堀保子の『家庭雑誌』の刊行を家庭雑誌社から引き継ぐが同年8月に休刊。同年8月荒畑寒村『谷中村滅亡史』を刊行(発禁)。同年『西鶴全集』を編纂上下二巻本を自社から，全一巻本を岡崎屋書店から刊行，この本はよく売れたようでつづけて『西鶴好色本』を編纂刊行するが発禁。08年1月よりそれまで吉田屋で開かれていた金曜講演会の会場に社屋二階を提供するが，同月17日開催の金曜講演会は中止解散を命ぜられ，茶話会に切り替えたところまたも解散を命ぜられ，堺が2階から戸外の群衆数百人に警官の迫害とストライキの効用を訴えた。堺・山川・大杉栄らが検挙され『日本平民新聞』も廃刊に追い込まれた(屋上演説事件)。11年1月30日大逆事件刑死者の遺体引き取りなどに尽力した同志の慰労会が堺宅で開かれ大杉栄，堀保子，岡野辰之助，半田一郎，斉藤兼次郎，吉川守圀，渡辺政太郎，石川三四郎，福田英子らとともに出席。同年2月21日牛込区神楽坂倶楽部で開かれた堺利彦，藤田四郎発起の第1回各派合同茶話会に出席する。(白仁成昭)

熊谷 鼎児 くまがや・ていじ ?-? 1919(大8)年東京京橋区(現・中央区)の築地活版所文選科に勤め活版印刷工組合信友会に加盟。同所同科の組合幹事を和田北侊，鈴木福好，菅原喜平治と担う。のち同社の和文科に移る。(冨板敦)〔文献〕『信友』1919年8・10月号

熊木 貝治 くまき・かいじ ?-? 1919(大8)年東京神田区(現・千代田区)の宮本印刷印刷科に勤め日本印刷工組合信友会に加盟する。(冨板敦)〔文献〕『信友』1919年10月号

熊木 十一 くまき・じゅういち ?-? 1928(昭3)年4月瓦斯工組合機関紙『瓦斯労働』1号の発行責任者となる。(冨板敦)〔文献〕小松隆二「大正・昭和初期における自由連合主義労働運動と機関紙誌」『労働運動史研究』33号1962.9

熊崎 一郎 くまざき・いちろう 1906(明39)-? 長野県諏訪郡下諏訪町弥生町生まれ。尋常小学校卒業後，20年6月同郡平野村(現・岡谷市)の中央蚕糸新聞社に印刷工と

して勤務する。以後諏訪地区の新聞社を印刷工として渡り歩く。30年6月頃上諏訪町（現・諏訪市）の信陽新聞社に在社中，同僚の松藤鉄三郎に影響されアナキズムに共鳴。山田彰らが主催するアナキズム研究会に参加して『黒旗』『自連新聞』『農村社会問題講座』などを購読する。33年信陽新聞社の賃金値下げ反対の争議に松藤と関わったが敗北。34年アナキズム運動関連で検束された。35年末頃無共党事件で検挙されるが不起訴。(冨板敦)〔文献〕『身上調書』，『農青社事件資料集Ⅰ・Ⅲ』

神代 竹三郎　くましろ・たけさぶろう　?-?　やまと新聞社に勤め新聞工組合正進会に加盟。1920(大9)年機関誌『正進』発行のために2円寄付する。(冨板敦)〔文献〕『正進』1巻1号 1920.4

熊鳥 国三郎　くまとり・くにさぶろう　1908(明41)-1981(昭56)11.16頃　別名・熊取，村国三郎　京都下立売千本（現・上京区）生まれ。尋常小学校卒業後，21年府庁前の中西印刷所見習い印刷工となり22年二条駅前の民文社に移る。6月借家人同盟主催演説会のため来阪した赤欄会の堺真柄，九津見房子らを梅田駅に出迎える。京都印刷工組合に加入，福島佐太郎から文選工として指導される。大杉栄の『正義を求める心』などを読みサンジカリズムに深く共鳴。24年4月高倉植苗正文舎印刷所賃上げ争議で脅迫罪による拘留処分を受け同印刷所を解雇。同年9月逸見直造の紙函屋に寄宿，生島繁の世話で大阪市浪速区の中村英盛堂印刷所に文選工で入社。25年2月大阪印刷工組合に参加。27年京都印刷工組合一般連合の会合で大阪の情勢を報告。同年12月伊村忠一らと京印の理事を担う。28年5月全国自連を脱退，自由連合全国会議（のち日本自協と改称）に加わる。30年1月黒色青年自由連合のメンバーとして岐阜の社会問題演説会に参加。31年の大阪アルミ労働争議を支援。32年2月編集発行兼印刷人として『自由連合運動』を発行。33年中村印刷所を退社，同年2月京都七本松通で古本屋を開く。同年6月上京区二本松にあった熊鳥方で日本自協全国代表者会議が開かれ，中尾正義らの自由連合主義闘争協議会に参加。34年1月下旬逸見吉三と相談して早川松太郎らと京印再建準備会を結成，責任者となる。同年2月東京芝協調会館での第8回全国自連大会に出席滞在中，中尾の紹介で小林一信らを知る。同年3月全国自連と自協の合同で自連が再建再統一され京印も加盟参加。35年11月無共党事件で検挙，不起訴。戦後，吉田本町の京都大学農学部東門前で古書店を営む。81年5月「逸見吉三を偲ぶ会」（呼びかけ人の一人）参加。(北村信隆)〔文献〕『印刷工連合』15号1924.8，水沼辰夫『明治・大正期自立的労働運動の足跡』JCA出版1979，宮本三郎『水崎町の宿・PARTⅡ』私家版1987，『社会運動の状況5』，『自由連合運動』2巻2号1932.4，『自連』15・18・20号1927.8・11・28.1，『思想月報』1936.2，『身上調書』，大江音人「京都印刷工組合の人々1」『虚無思想研究』17号2001

熊野 利貞　くまの・としさだ　?-?　東京市江戸川区西小松川に居住し神田神保町の山縣製本印刷整版部に勤める。1935(昭10)年1月13日整版部の工場閉鎖，全部員40名の解雇通告に伴い争議勃発。工場を占拠して闘い同月15日解雇手当4カ月，争議費用百円で解決する。山縣製本印刷は当時東京大学文学部の出入り業者であり，東印は34年5月以降，東印山縣分会を組織していた。(冨板敦)〔文献〕『山縣製本印刷株式会社争議解決報告書』東京印刷工組合1935，『自連新聞』97号1935.1，中島健蔵『回想の文学』平凡社1977

隈本 有尚　くまもと・ありたか　1860.9.8（万延1.7.23）-1943(昭18)11.26　筑後国久留米（現・久留米市）の生まれ。東京英語学校を経て東京大学理学部星学科を修了。星学科准助教授から福岡県尋常中学修猷館初代館長に転身。その後山口高等中学教頭，長崎高等商業学校長，朝鮮総督府京城中学校長などを歴任。03年洋行して人智学の創始者ルドルフ・シュタイナーや占星術家アラン・レオらと出会う。12年日本で最初のシュタイナーの紹介を行う。(河西善治)〔著作〕『欧式淘宮術独判断』杉本光文館1912，『天文ニ依ル運勢予想術』東海堂1913，『占星算命術』日東堂1918，『現代密教徒の宇宙観』密教研究1925，『スタイネルの人格観』丁酉倫理会倫理講演集1925〔文献〕河西善治『「坊っちゃん」とシュタイナー』ばる出版2000

熊本 喜代志　くまもと・きよし　?-?　1919(大8)年東京京橋区（現・中央区）の築地活版所文選科に勤め日本印刷工組合信友会に加

盟する。〔冨板敦〕〔文献〕『信友』1919年10月号

粂 銀次郎 くめ・ぎんじろう ?-? 1919(大8)年東京京橋区(現・中央区)の千代田印刷所和文科，また芝区(現・港区)の東洋印刷会社和文科に勤め活版印刷工組合信友会に加盟する。〔冨板敦〕〔文献〕『信友』1919年8月号

倉上 歌吉 くらうえ・うたきち ?-? 1919(大8)年東京牛込区(現・新宿区)の日清印刷会社石版科に勤め活版印刷工組合信友会に加盟する。〔冨板敦〕〔文献〕『信友』1919年8月号

倉方 勝蔵 くらかた・かつぞう ?-? 1919(大8)年東京京橋区(現・中央区)の築地活版所文選科に勤め日本印刷工組合信友会に加盟する。〔冨板敦〕〔文献〕『信友』1919年10月号

倉島 きち くらしま・きち ?-? 1919(大8)年東京京橋区(現・中央区)の秀英本舎製版科に勤め日本印刷工組合信友会に加盟する。〔冨板敦〕〔文献〕『信友』1919年10月号

倉田 孝三郎 くらた・こうざぶろう ?-? 1919(大8)年東京本所区(現・墨田区)の凸版印刷会社欧文科に勤め活版印刷工組合信友会に加盟する。同社同科の組合幹事を岡本忠太郎と担う。〔冨板敦〕〔文献〕『信友』1919年8・10月号

蔵田 豊吉 くらた・とよきち ?-? 横浜毎朝新報社に勤め横浜印刷技工組合に加盟。1921(大10)年3月12日同社の減給拒絶闘争を26名で闘い勝利する。〔冨板敦〕〔文献〕『信友』1921年4月号

倉田 稔 くらた・みのる ?-? 石川豊吉，川又常夫，寺田義一らと黒鞭社を組織し，1927(昭2)年常磐一般労働者組合を結成。同年茨城県那珂郡大宮町で『反政党運動』大宮支局をつとめる。〔冨板敦〕〔文献〕『反政党運動』2号1927.7，『昭和7年1月至6月社会運動情勢東京控訴院管内・下』東洋文化社1979

倉地 啓司 くらち・けいじ 1890(明23)8.1-1960(昭35)3.5 別名・島野勇吉 岡山県都窪郡倉敷町(現・倉敷市)生まれ。幼少時に家業失敗で破産し一家とともに転々とする。同県上道郡西大寺町(現・岡山市)の犀戴小学校卒業後，14年大阪に出て天満紡績などの紡績工となる。21年総同盟系組合を除名された仲喜一らと関西紡績労働組合を結成。同年『関西労働者』の印刷人をしていた新谷与一郎らを知る。22年木下春吉の旅館春乃家での大杉栄を囲む会に参加。同年5月上京して深川区富川町(現・江東区)で自由労働者となり中浜哲と会う。中浜，平岡誠，南芳雄らとギロチン社の結成に参加。同年8月27日富川町で伊串英治，中名生幸力，中浜らと自由労働者同盟を結成。23年関東車輌工組合の創立発会式に応援演説で登壇。同年大阪へ移動。おもに分黒党を名のり23年7月三越大阪支店，8月東京紡績，神戸鐘淵紡績などで次々と「リャク」(掠)をした。24年6月広島県安佐郡間ノ平の水力発電所工事に島野勇吉の名で労働者として住み込み，7月14日工事用ダイナマイトを持ち出し新谷に爆弾の外装製作を依頼，東京府荏原郡平塚村上蛇窪(現・品川区平塚)で爆弾の本格的製造にとりかかり，同年7月下谷区谷中清水町(現・台東区)の共同便所や青山墓地で実験。古田大次郎とつくった爆弾は和田久太郎，村木源次郎に手渡されたが和田の福田雅太郎大将狙撃失敗後，古田が小包爆弾として使用。24年9月28日，東淀川区豊崎町の大阪紡績労働組合に立ち寄ったところを逮捕された。25年9月10日東京地裁で爆発物取締違反で懲役12年の判決。26年6月9日新谷との第1回控訴公判が東京控訴院で始まり，7月第1審と同判決。甲府刑務所で8年を過ごし35年出所した。戦後アナキスト・クラブに所属し，自由労働者の組織化にも尽力。51年三鷹建設労働組合副委員長，53年統一自由労働組合委員長を経て，54年全日自労三鷹武蔵野ブロック会議議長などをつとめた。田無町(現・西東京市)の佐々病院にて死去。〔北村信隆〕〔著作〕『ギロチン社』『新過去帖覚書』大阪社会運動物故者をしのぶ会1969〔文献〕『大阪社会労働運動史・上』，『思想輯覧1』，逸見吉三『墓標なきアナキスト像』三一書房1976，古田大次郎『死刑囚の思ひ出』復刻版黒色戦線社1971，秋山清『ニヒルとテロル』川島書店1968，小松隆二『ギロチン社とその人々(1)(2)』『三田学会雑誌』66巻4・5号1973.4・5，『クロハタ』52号1960.4，「倉地君の日記から」『無政府主義運動』45号1963.6

倉橋 仙太郎 くらはし・せんたろう 1890(明23)3.23-1965(昭40)1.29 大阪府南河内郡野田村(現・堺市北野田)生まれ。上京後，10年文芸協会演劇研究所で沢田正二郎と出会う。13年協会解散後，芸術座に沢田と俳優として移り17年4月新国劇を沢田らと旗揚げ三枚目の看板俳優として活躍。19年秋に

舞台で喀血、病に倒れ野田村に引きこもった。小康後22年秋頃、野田村内にカーライルをヒントにソロー、ザメンホフなどにも思いを寄せ桃源郷を夢みて新文化村を創設、23年3月新民衆劇学校(校長沢田)を設立、実質的指導をした。生徒には正親町勇(のちの大河内伝次郎)らがいた。24年2月卒業生による新民衆劇団(第二新国劇)旗揚げ公演、西光万吉の戯曲『天謀組』を水平社宣伝劇として上演、各地で公演活動を続けた。23年12月新文化村に難波英夫が大阪時事新報社を辞して入村、劇団文芸部に所属、24年7月『ワシラノシンブン』創刊。新文化村内土曜会の組織や村の会に関与し、文化講を発起し自宅で継続した。25年夏東京浅草での盆興行が失敗し多額の借金で劇団解散のうき目にあう(『ワシラノシンブン』改題『解放新聞』も同年11月30号で終刊)。のち映画スターとなった大河内は不遇の倉橋に経済的援助を惜しまなかったという。25年以降映画製作指揮、原作、出演、指導など断続的に続けたが大河内に依存する生活に耐え切れずにいた頃、西田天香の一灯園から西田作「不壊の愛」の演出を頼まれ上演後一灯園に入園。31年5月すわらじ劇園を組織した。36年退園後、大美野演劇塾を開校し浪花節の改良にも取り組んだ。(北村信隆)〔著作〕「線路工夫の死」『新民衆劇脚本集』新民衆劇出版部1924,「サナトリアム療園創設の企図」『ワシラノシンブン』創刊号1924.7,「農村青年の使命と覚悟」同第12号1925.1〔文献〕沢田正二郎『苦闘の跡』新作社1924,平野寿美子『幕のうちそと』一灯園1967,富士正晴「倉橋仙太郎と大河内伝次郎(荒書)」『大河内伝次郎』中央公論社1978,河内水平社創立60周年記念誌編集委員会編・刊『最後のひとりの立場に』1983,園部裕之「解説」『ワシラノシンブン』復刻版不二出版1990,北崎豊二「倉橋仙太郎と新文化村」『堺研究』22号1991.3

倉林 隣 くらばやし・さと ?-? 東京一般労働者組合江東支部のメンバー。1927(昭2)年10月7日の江東支部定期例会で砂町分会の連絡委員に選出される。この時倉林喜も同じく砂町分会連絡委員となった。(冨板敦)〔文献〕『自連』18号1927.11

倉林 喜 くらばやし・はる ⇨倉林隣 くらばやし・さと

倉持 伊平 くらもち・いへい 1908(明41)-? 茨城県筑波郡大穂村前野(現・つくば市)生ま れ。尋常小学校卒業後、農業に従事する。文学を愛好し32年春頃からアナキストと交流するようになった。アナ系出版物を配布しアナキズム文学研究会に参加する。34年7月18日アナキズム関連の治安維持法違反で検挙され、35年末頃にも無共党事件で検挙されるがいずれも不起訴。(冨板敦)〔文献〕『身上調書』

倉持 善三郎 くらもち・ぜんざぶろう 1884(明17)3.25-? 茨城県猿島郡沓掛村(現・坂東市)に生まれる。1904年畜産学を学ぶ目的で渡米。サンフランシスコで長老教会会員となり青年会館に出入りした。この時に岩佐作太郎らと知り合い社会主義思想を抱くようになった。岡繁樹が設立した平民社サンフランシスコ支部、オークランドで結成された社会革命党に、また岩佐、岡などと社会主義研究会に参加した。07年11月の天皇暗殺檄文配布事件に関与し無政府主義を信奉する甲号として要視察人名簿に登録された。取り締まりの強化と内部分裂のために社会革命党が解散したあとも活動を続けた。08年竹内鉄五郎らとフレスノに労働同盟会を設立、幹部会員となった。09年村田稔、岩佐らとサンフランシスコ日本人福音会を拠点とした運動に参加、また岩佐が再興した朝日印刷所に加わり工員となる。11年1月25日朝日印刷所で開かれた大逆事件の刑死者追悼集会に参加している。30年代東京・深川で業界新聞の木材通信社社長。同社には秋山清、鶴彬、花田清輝らが勤めていた。また棚橋貞雄、石黒修一、岡部隆司らもおり第一次日本共産党再建指導部の拠点でもあったという。(西山拓)〔文献〕『光』第5・10号1906.1.20・4.5, 在米日本人会事蹟保存部編・刊『在米日本人史』1940,『主義者人物史料1』,『在米主義者沿革』, 秋山清『近代の漂泊』現代思潮社1970, 大原慧『片山潜の思想と大逆事件』論創社1995, 吉田健二「野添憲治『労農運動に生きる』評」『大原社会問題研究所雑誌520』2002.3

蔵本 光次郎 くらもと・みつじろう ?-? 1929(昭4)年小倉敬介、林隆人と解放戦線同盟を結成し『自由の先駆』を発行。和歌山市で我等の運動社を組織し32年5月上野克己が発行する『民衆の解放』の地方連絡先を担う。(冨板敦)〔文献〕『自由の先駆』1929.3,『民衆の解放』2・3号1932.5・7,『昭和7年自1月至6月社会運動

情勢 大阪控訴院管内・下』東洋文化社1979

栗須 喜一郎　くりす・きいちろう　1889(明22)1.17-1973(昭48)5.14　本名・喜市郎　和歌山県東牟婁郡本宮村(現・田辺市本宮町)生まれ。小学校卒業後，元来の虚弱体質もあってか中学進学を断念。02年親戚を頼って上京。06年中国に渡る。中国人に対する圧迫と蔑視を目の当たりにして社会悪への義憤や人類愛の精神を芽生えさせた。09年帰国し帰郷。社会運動に身を投じ，16年には『明治之光』外交記者となり，水平運動には22年2月大日本平等会発会式，3月全国水平社創立大会，8月大阪府水平社創立結成に参加。以来，大阪地方の水平運動を担い続ける一方，無産政党運動に加わり大阪市議をつとめた。戦後も社会党右派に属し市議2期，副議長もつとめた。詩歌を好み朴烈，幸徳秋水，管野すが，大杉栄虐殺，霧社事件などに対する思い，水平運動のアナ・ボル対立に悲しみを寄せる歌稿がある。(北山信隆)〔著作〕詩集『荊棘の花』大阪無産者新聞社1933，詩集『流転』私家版1960，詩歌文集『浜千鳥』同1962〔文献〕『大阪社会労働運動史1-4』，『復刻・明治之光』兵庫部落問題研究所1977

栗須 七郎　くりす・しちろう　1882(明15)2.17-1950(昭25)1.21　和歌山県東牟婁郡本宮村生まれ。1889(明22)年7歳のとき空前の雨台風で集落は潰滅し口減らしのため叔父の養子となる。1897年西牟婁郡田辺町の小学校の代用教員となるも部落出身の出自が知られ教員を辞して上京。昼間は通信書記補として働き夜間は国民英学会で学ぶ。02年12月1日徴兵で大阪の歩兵第37連隊に入営。03年12月部落民虐めに堪えかね看護手に転属。04年10月日露戦争沙河の会戦で貫通弾10発，盲貫弾2発を受けながら負傷兵を救助した功績で第2軍司令官感状を受ける。瀕死の重傷のため内地送還。快復後，病院船勤務。06年4月金鵄勲章功6級を受け同年11月30日満期除隊。07年叔父と協議離縁，原籍に復籍。上京して日本医学校に入学した際，大原幽学の衣鉢を継ぐ八石教会信徒の住む日暮里の性学長屋に下宿。1年後盲貫弾の後遺症の神経衰弱で無期休学となり親鸞全集や撃剣修行に救いを求める。中山博道の道場有信館で二松学舎教授細田謙蔵，三島中洲の子息三島復らと知り合う。12年神川彦松の導きで静坐の岡田虎二郎に入門，神経衰弱を脱する。13(大2)年神生教壇の宮崎虎之助に入門。15年郷里本宮村役場の差別事件のため帰郷。青年団を率いて村長糾弾闘争を指導し，村長辞職の勝利。同年8月堺利彦が『新社会』誌上で栗須の糾弾闘争を取り上げ堺との親交が始まる。この頃から書道家横山雪堂とともに赤城大瀧での瀧行など修験道修行も行い伊藤証信との親交も始まる。栗須は終生『無我の愛』の読者であった。17年二松学舎の会計職員に就くが翌年細田謙蔵の二松義会理事選挙落選に殉じて退職。19年岡田虎二郎の紹介で豊橋の製糸工場の静坐教師に就くが女工を酷使する工場主と対立して追放される。20年日露戦争の戦友大月隆仗が工場主と対立する栗須をモデルとした小説「憑き物」を執筆する。21年大阪で静坐道場を開いた当時，日本社会主義同盟に加盟する。同年3月奈良の水平社創立準備事務所より半年早く和歌山県中部の庄地区で小林三郎らの青年を指導し部落解放団体直行会を組織する。22年2月本宮村での法要の場で水平運動参画を宣言し徒歩で上洛をめざす。この法要には新宮浄泉寺山口大信師も参加した。この法要を記録した中上七松は作家中上健次の大叔父にあたる。同年5月上洛途上の和歌山県海草郡で平野小劔，西光万吉，泉野利喜蔵らと出会い6月大阪西浜を本拠とする。8月5日天王寺公会堂で大阪府水平社創立。この頃から神戸の前田平一が栗須を師と仰ぎ水平運動に参画する。23年6月朴烈・金子ふみ子主幹雑誌『現社会』に自著『水平の行者』の広告を掲載した。25年7月新堂水平社主催社会問題講習会の講師には栗須，岸本順作，高順欽，岡田播陽，崔善鳴が名を連ねた。26年水平社第5回大会において第1次綱領が改訂され，第1次綱領を至上の運動基本理念とする栗須は徐々に中央本部と一線を画するようになる。28(昭3)年自宅長屋を水平道舎と名づけ大阪空襲で全焼するまで在留朝鮮人少年の寄宿寺子屋として朝鮮人の支援活動を続けた。後年，農民文学賞を受賞した在日1世作家鄭承博は水平道舎住み込み書生の1人である。29年朝鮮衡平社が栗須著『水平宣言』を朝鮮語に翻訳。この間2度の刑事弾圧を受けた

が26年11月に逮捕された沖野々事件は，暴力行為等処罰ニ関スル法律(26年4月施行)が水平運動に初めて適用された事件であった。30年第2回普通選挙に立候補(落選)した際，国政選挙史上初めてハングル文字の選挙看板を使用した。33年の堺利彦葬儀に上京し弔辞を述べた。45年大阪空襲で焼け出され和歌山県日置川に疎開。46年住まいを学習の家と名付け地域の子ども達に学習の場を提供した。没後の51年から93年までに栗須の個人顕彰碑が紀南地方全域に計6基断続的に建立された。〔廣畑研二〕〔著作〕『水平社とは何か』大阪府水平社1922(発禁)，『水平運動の趣意』大阪府水平社1923(発禁)，『水平の行者』日本社1923(発禁)，『水平運動の精神』大阪府水平社1923(合法版)，『水平の行者』日本社1924(合法版)，『水平審判の日』大阪府水平社1924，『水平宣言』大阪府水平社1924，『融和促進批評』大阪府水平社1925，論考集『水平道』大阪府水平社1928〔文献〕大月隆仗『嗜慾の一皿』一人社1925，前田平一研究会編『前田平一が歩いた道』非売本1987，柏木隆法編『伊藤証信日記(二)』非売本1996，鄭承博『水平の人一栗須七郎先生と私一』みずのわ出版2001，廣畑研二『水平の行者 栗須七郎』新幹社2006，廣畑研二『水平の行者 栗須七郎―その思想と実践の軌跡―』和歌山人権研究所2011

栗田 勇 くりた・いさむ ?-1932(昭7) 岡崎市に居住。28年4月鈴木惣之助，落合茂らが創刊したアナ派詩誌『都会詩人』(1930.5『社会詩人』と改題)の同人となる。32年自死し，33年11月遺稿詩集『青い夕暮』が刊行される。〔冨板敦〕〔著作〕『青い夕暮』街路樹詩社1933〔文献〕杉浦盛雄『名古屋地方詩史』同刊行会1968，木下信三『名古屋抵抗詩史ノート』私家版2009

栗田 賢正 くりた・けんしょう ?-? 1926(大15)年福島市舟場町で暮し農民自治会全国連合に参加。地元の農民自治会を組織しようとしていた。〔冨板敦〕〔文献〕『農民自治会内報』2号1927

栗林 乙太郎 くりばやし・おつたろう ?-? 1919(大8)年東京芝区(現・港区)の大博堂に勤め日本印刷工組合信友会に加盟する。〔冨板敦〕〔文献〕『信友』1919年10月号

栗林 四郎一 くりばやし・しろいち ?-? 愛媛県出身の活版文選工。高尾平兵衛らが1921(大10)年4月15日に発行した『労働者』創刊号の「『労働者』同人」欄に「紅一会員 栗原四郎一」とある。この頃，日本社会主義同盟に加盟。同年10月5日東京瓦斯電気株式会社工場の労働争議に際し「短刀ヲ携ヘテ侵入シ職工等ノ態度ヲ軟弱ナリト非難シ煽動的言辞ヲ弄」(警視庁「特別要視察人情勢調大正十年度」)したとして治安警察法違反で検挙。同年，警視庁特別要視察人甲号編入。23年6月結成の戦線同盟発起人となり機関紙『民衆新聞』創刊号に「協同戦線論」を掲載。アナ・ボル対立激化の中で，再度のアナ・ボル提携を模索する。同年6月26日，高尾が赤化防止団長米村嘉一郎の凶弾に倒れた際に検挙され歩兵大佐井染禄朗方への住居侵入及び恐喝罪で起訴された。同年12月頃第一次共産党事件で市ヶ谷刑務所に未決入獄中の堺利彦へ見舞い状を送る。堺が1930年2月総選挙に東京無産党より立候補した際も応援弁士を務めている。〔小正路淑泰〕〔文献〕後藤彰信「『労働社』論」『初期社会主義研究』2号1988.4，小松隆二「戦線同盟覚書」『初期社会主義研究』10号1997.9，堺利彦獄中書簡を読む会編『堺利彦獄中書簡を読む会』菁柿堂2011

栗林 健数 くりばやし・たけかず ?-? 1919(大8)年東京京橋区(現・中央区)の築地活版所石版科に勤め日本印刷工組合信友会に加盟する。〔冨板敦〕〔文献〕『信友』1919年10月号

栗原 梅吉 くりはら・うめきち ?-? 1919(大8)年東京本郷区(現・文京区)の杏林舎欧文科に勤め日本印刷工組合信友会に加盟する。〔冨板敦〕〔文献〕『信友』1919年10月号

栗原 一男 くりはら・かずお 1903(明36)3.18-1981(昭56)6.22 別名・一夫 埼玉県北足立郡与野町八王子(現・さいたま市)に生まれる。小学校を卒業後，岩倉鉄道学校予科を卒業，20年4月中央郵便局通信事務員となり，のち工員，肉体作業員などとして働く。『現社会』をみて神田で布施辰治の演説会を聞きに行き朴烈と出会う。文学を趣味として雑誌を出そうと朴烈を訪ねる。23年7月朴烈に誘われ不逞社に加入。7月中に住まいを朴烈・金子文子方に移し8月28日近くに部屋を借りる。東京府豊多摩郡代々幡町代々木幡ケ谷(現・渋谷区)根井養吉方から10月16日治安警察法違反で淀橋署に検束される。2年近くの予審後，免訴になる。獄外に出てからは朴烈と金子への救援活動を担う。金子の歌集，自伝の原稿を預かる。25年井上新吉，小泉哲郎，松永鹿一，古川

時雄らと自我人社を結成し同年8月『自我人』を発行。26年黒連に加盟。同年7月31日自我人社で金子の告別式を行う。8月金子の遺骨保管に関連して警視庁に検束されそのまま朝鮮大邱に送られる。真友連盟というフレームアップされた事件にひっかけられ，27年3月8日予審終結し，栗原，椋本運雄，金正根の3人は免訴になるが，検事抗告により公判に付され栗原と椋本が懲役3年，金正根は同5年となる。その間27年1月自我人社発行の金子の歌集『獄窓に想ふ』が印刷中差し押えられ発禁となる。29年6月19日出獄。同年小泉と民烽社をおこし『民衆自治』を創刊する。また『自連新聞』に「金子ふみ子」「洪鎭祐」などを寄稿する。その後河北新報社に入社，31年4月金子の母親の訪問を記事にする。7月金子の自伝『何が私をかうさせたか』を編者として春秋社から刊行。戦中，中国天津の『東亜新報』編集局長，戦後『新夕刊』編集局長，日本及び日本人社顧問などをつとめたが金子への友情は終生変わらなかった。（亀田博）〔著作〕「朝鮮に於ける牢獄の思ひ出」『自連新聞』37号1929.7，「金子ふみ子」同39号1929.9，「洪鎭祐」同41号1929.11〔文献〕『黒色青年』3・6・8・10・11・12・21・22号1926.6・9・27.4・7-9・29.7・12，『河北新報』1931.4.1・2

栗原 勝次郎 くりはら・かつじろう ?-? 1919（大8）年東京麹町区（現・千代田区）の外務省活版部和文科に勤め日本印刷工組合信友会に加盟する。（井板敦）〔文献〕『信友』1919年10月号

栗原 光三 くりはら・こうぞう 1895（明28）7.25-1967（昭42）3.12 神奈川県秦野市生まれ。大正初期の売文社に給仕として起居しアナキズムに傾倒。のち一時堺利彦の紹介で岩из金次郎の『美なみ新聞』の編集に携わる。48年藤沢市で『湘南新聞』を発行。（奥沢邦成）〔著作〕『湘南随筆』湘南新聞社1958

栗原 貞子 くりはら・さだこ 1913（大2）3.4-2005（平17）3.6 旧姓・土居，別名・八島藤子 広島県安佐郡可部町上町屋（現・広島市）生まれ。30年県立可部高等女学校卒業。31年18歳で栗原唯一と結婚。唯一がアナキストで準禁治産者だったため両親に反対される。37年広島市金屋町で日用雑貨の店を開く。長女真理子，二女純子出産後，ようやく実家への出入りを許される。40年唯一が徴用で病院船吉野丸に乗船，上海に上陸中目撃した日本軍の残虐行為を人に話したところ密告，起訴される。42年唯一の話をヒントに「戦争とは何か」などの反戦詩，反戦短歌を書く。45年3月祇園町長束に転居。8月6日爆心4kmながら家屋の壁，戸，障子，窓が爆風で吹き飛ぶ。12月作家細田民樹を顧問に中国文化連盟を結成。46年3月『中国文化』（原子爆弾特集号）を創刊。事後検閲で占領軍民間情報部に発行人の唯一が呼び出される。8月詩歌集『黒い卵』（中国文化連盟叢書）刊行。検閲で詩3編，短歌11首が削除される。46年唯一とともにアナ連に参加し『平民新聞』『クロハタ』などに数多く寄稿する。60年正田篠枝，森滝しげ子，山口勇子らと原水禁広島母の会を発足。『ひろしまの河』創刊。65年に始まったベ平連運動が「被害者であると同時に加害者である」という反戦の新しい視点を提示したことに共感，詩「ヒロシマというとき」を書く。80年10月唯一が膵臓癌で死没。「献詩」の中で「クロポトキンの自由発意と自由合意の／無権力社会を信じて闘ったひと／道，窮して神に祈らず／不可能を可能にした若きヒーロー」と亡き夫を愛惜する。83年，36年ぶりに米国からゲラ刷りコピーが戻り占領下検閲の反戦詩歌集『黒い卵』完全版を出版することができた。詩「生ましめんかな」は広く愛誦され世界各国に翻訳紹介されている。（井之川巨）〔著作〕『ヒロシマの原風景を抱いて』未来社1975，『核・天皇・被爆者』三一書房1978，『核時代に生きる』同1978，詩集『ヒロシマというとき』同1976，詩集『黒い卵』人文書院1983，『栗原貞子詩集』土曜美術社1984，『栗原貞子全詩篇』土曜美術出版販売2005〔文献〕大澤正道「忘れられぬ人々」論創社2007，『エス運動人名事典』

栗原 唯一 くりはら・ただいち 1906（明39）11.27-1980（昭55）10.15 広島県安佐郡可部町（現・広島市）生まれ。23年関東大震災時に多数の朝鮮人や大杉栄夫妻が虐殺されたことを怒り社会運動に飛び込む。31年土居貞子と結婚。40年頃軍の病院船に徴用され上海で目撃した中国人への非道に抗議し軍事裁判にかけられる。以後，特高が2人つく。45年8月6日三精機祇園工場の職域義勇隊の救援活動中に黒い雨を浴び被爆する。12月壬生町の疎開先で知り合った細田民

樹，畑耕一を顧問に中国文化連盟を結成し46年3月雑誌『中国文化』(原子爆弾特集号)を創刊。この号に貞子の詩「生ましめんかな」を掲載。5月日本アナキスト連盟創立大会に参加。7月三原市で開催されたアナ連西日本協議会に出席，青山大学司会の文化講演会で講演。47年アナ連中国地方協議会を結成。4月『広島平民新聞』(旬刊)を創刊。48年『中国文化』18号で終刊，11月アナ文芸誌『リベルテ』と改題し創刊(6号で廃刊)。5月アナ連第4回大会で全国委員に選出される。12月週刊『平民新聞』休刊後，後継紙として『広島平民新聞』を改題し旬刊『平民新聞』として発行(7号で休刊)。この年フランスのアナ連機関紙『リベルテール』で，『中国文化』原子爆弾特集号が全紙面をあて紹介される。50年5月アナ連第5回大会で「無政府主義とは」の演題で講演。51年4月安佐郡祇園町町議に初当選(無所属革新)。6月旬刊『広島生活新聞』を創刊。55年4月広島県議会議員に当選(社会党)。67年4月任期満了で議員を勇退。没後の80年11月栗原唯一追悼『平和憲法の光をかかげて』(栗原貞子編集・発行)刊行。貞子は「あなたは護憲，反核，反戦のため／戦後を闘い抜いた」と「献詩」に書いた。(井之川巨)〔文献〕『栗原貞子詩集』土曜美術社1984，栗原貞子『忘れじのヒロシマ わが悼みうた』詩集刊行の会1997

栗原　藤七郎　くりはら・とうしちろう　1901(明34)-?　農学博士。群馬県に生まれ東京帝国大学農学部を卒業。農村自治会全国連合に加わり1927(昭2)年3月20，21日東京神田区美土代町(現・千代田区神田美土代町)の東京基督教青年会館で開かれた第1回農自全国委員会に群馬県を代表して出席。農自の〔常務〕委員となり協同組合・農学技術担当兼，教育・調査・研究担当委員に選出される。同年8月15日長野県上水内郡安茂里村(現・長野市)安茂里小学校で開かれた農自新北信連合発会式のための農村問題講演会で「農民運動の創造的意義」を演説。翌16日には小山敬吾，朝倉重吉，小山勝清と北佐久郡北御牧村(現・東御市)を訪れ布下公会堂で農自東信連合主催の農村問題研究会に参加。同年10月16日南佐久郡臼田町(現・佐久市)の臼田館で開かれた農自南佐久連合の発会式を兼ねた農村問題講演会で「資本主義経済と農村問題」を演説。28年5月農自の組織再編の際には技術部の常任委員に選出される。のち東京農業大学名誉教授。(冨板敦)〔著作〕『農家経済の新研究』巌松堂書店1926,「非国家主義的農本主義思想について　昭和初期の農本主義の一潮流」『農村研究』33・34合併号1972.2〔文献〕『農民自治』9・11・12・臨時・13・17号1927.4・8・9・10・11・28.6，『農民』1次2巻5号1928.5，2次1巻2号1928.9，渋谷定輔『農民哀史』勁草書房1970，大井隆男『農民自治運動史』銀河書房1980

栗原　虎治　くりはら・とらじ　1912(明45・大1?)-?　長野県小県郡武石村(現・上田市)に生まれる。土木請負業の事務職に就く。1935(昭10)年末か36年初め頃，農青社運動に関わったとして検挙されるが不起訴となる。(冨板敦)〔文献〕青木恵一郎『改訂増補　長野県社会運動史』巌南堂書店1964,『農村青年社事件資料集Ⅰ・Ⅲ』

栗原　春子　くりはら・はるこ　1911(明44)-?　長野県小県郡武石村(現・上田市)に生まれる。1935(昭10)年末か36年初め頃，農青社運動に関わったとして検挙されるが不起訴となる。(冨板敦)〔文献〕青木恵一郎『改訂増補　長野県社会運動史』巌南堂書店1964,『農村青年社事件資料集Ⅰ・Ⅲ』

栗原　文吉　くりはら・ぶんきち　?-1922(大11)12?　芝浦製作所に板金係として勤め芝浦労働組合に加盟。1922(大11)年12月頃亡くなる。23年『芝浦労働』(1次3号)の「会報」に訃報が掲載される。(冨板敦)〔文献〕『芝浦労働』1次3号1923.3

栗村　実　くりむら・みのる　?-?　石版工。1923(大12)年6月日本印刷工組合信友会に石版工仲間と加盟し山田義雄らと計19名で小柴支部を組織する。(冨板敦)〔文献〕『印刷工連合』3号1923.8

栗本　謹二　くりもと・きんじ　?-?　1919(大8)年東京麹町区(現・千代田区)の外務省活版部文選科に勤め日本印刷工組合信友会に加盟する。(冨板敦)〔文献〕『信友』1919年10月号

栗谷　鎌三　くりや・かまぞう　?-?　別名・謙三，金蔵　時事新報社に勤め東京の新聞社員で組織された革進会に加わり1919(大8)年8月の同盟ストに参加するが敗北。のち正進会に加盟。20年機関誌『正進』発行のために1円寄付。また24年夏，木挽町(現・中央区銀座)正進会本部設立のためにも1円寄付す

る。(冨板敦)〔文献〕『革進会々報』1巻1号1919.8, 『正進』1巻1号・2巻5号1920.4・21.5, 正進社『同工諸君!! 寄附金芳名ビラ』1924.8

栗山 コト くりやま・こと ?-? 横浜毎朝新報社に勤め横浜印刷技工組合に加盟。1921(大10)年3月12日同社の減給拒絶闘争を26名で闘い勝利する。(冨板敦)〔文献〕『信友』1921年4月号

栗山 次郎 くりやま・じろう ⇒鈴木友一 すずき・ゆういち

栗山 鶴吉 くりやま・つるきち ?-? 1919(大8)年東京深川区(現・江東区)の東京印刷深川分社第二部印刷科に勤め活版印刷工組合信友会に加盟する。(冨板敦)〔文献〕『信友』1919年8月号

栗山 祐太郎 くりやま・ゆうたろう ?-? 1919(大8)年東京深川区(現・江東区)の東京印刷深川分社欧文科に勤め活版印刷工組合信友会に加盟する。(冨板敦)〔文献〕『信友』1919年8・10月号, 1922年1月号

来間 恭 くるま・きょう 1897(明30)-? 島根県簸川郡平田町(現・出雲市)に生まれる。新人会のメンバー。1922(大11)年第3次『労働運動』5号の団体消息欄は「新人会の機関紙『ナロード』は4月号を以て廃刊した。尚, 同誌1月号の記事で新聞紙法違反として起訴された千葉雄二郎, 来間恭両君は地方裁判所で無罪の判決があった」と報じる。36年10月橋本欣五郎を統領とする大日本青年党の結成に関わる。(冨板敦)〔著作〕『無産政党行進譜』忠誠堂1930,『日本政党暗闘史』天人社1931,『政党通』四六書院1931,『日本魂精髄』新興亜社1942〔文献〕『労働運動』3次5号1922.6,『資料大正社会運動史・上下』

黒岩 守也 くろいわ・もりや ?-? 東京鉄道局第二改良事務所に勤め職場の同僚に斎藤峻, 西川計夫らがいた。徴兵忌避の疑いで馘首され建築会社に移る。1924(大13)年11月に斎藤, 秋山清, 細田東洋男らが創刊した『詩戦行』に加わる。クロポトキンの「青年に訴ふ」に心酔し, 大杉栄を愛読。25年『大杉栄全集』が出た際には『詩戦行』の仲間のうちで真っ先に申し込んでいたが, その後結核に倒れたという。(冨板敦)〔文献〕斎藤峻「集団『詩戦行』『本の手帖』76号1968, 秋山清『あるアナキズムの系譜』冬樹社1973

黒江 八千代 くろえ・やちよ ?-? 別名・丹野八千代 盛岡市に生まれる。明治薬科専門学校に在学し校内にアナキズムサークルをつくり, 1929(昭4)年第1次『黒色戦線』, 30年『黒旗』, 31年第2次『黒色戦線』を配付する。32年の第2次『黒色戦線』に詩「挑戦」, 評論「最近女性の思想動向を啓す」(2巻2号), 評論「人間らしい生活の要求」(2巻3号), 評論「思想的ルンペンを嗤ふ」, 詩「伸びゆく意志」(2巻4号), 詩「蹶起」(2巻5号)など積極的に執筆した。(冨板敦)〔文献〕星野準二「農青運動に一体化した第2次『黒色戦線』の思考と経過」『第2次黒色戦線』復刻版・黒色戦線社1988

黒川 幸太郎 くろかわ・こうたろう ?-? 芝浦製作所に勤め芝浦労働組合に加盟。1924(大13)年9月27日, 同労組の中央委員会で第一回転機分区の中央委員に金田吉政, 岡崎梅次郎, 渡辺善三郎とともに選ばれる。さらに本部の中央委員に細井角三郎, 村田喜三郎, 沖田松三, 金田とともに選出される。25年5月12日の中央委員会で会計担当となる。(冨板敦)〔文献〕『芝浦労働』2次2・3・4・7号1924.11・12・25.1・6

黒川 真一郎 くろかわ・しんいちろう ?-? 1919(大8)年東京牛込区(現・新宿区)の秀英舎(市ヶ谷)文選科に勤め日本印刷工組合信友会に加盟する。(冨板敦)〔文献〕『信友』1919年10月号

黒川 猛夫 くろかわ・たけお ⇒遠藤喜一 えんどう・きいち

黒川 徳松 くろかわ・とくまつ 1893(明26)3.11-? 千葉県安房郡勝山町(現・鋸南町)に生まれる。上京し1921(大11)年東京北郊自主会に出入りして警視庁の思想要注意人とされる。北豊島郡西巣鴨町池袋(現・豊島区池袋)に住んでいた。(冨板敦)〔文献〕『警視庁思想要注意人名簿(大正10年度)』

黒川 実 くろかわ・みのる ?-? 1919(大8)年東京深川区(現・江東区)の東京印刷深川分社鋳造科に勤め活版印刷工組合信友会に加盟する。(冨板敦)〔文献〕『信友』1919年8月号

黒川 安広 くろかわ・やすひろ ⇒野中由次 のなか・よしじ

黒木 笹夫 くろき・ささお ?-1933(昭8)9 熊本県生まれ。28年AC労働者連盟に加わり同年秋昭和天皇即位の際にAC労連の仲間とともに予防検束される。また黒色自由労働者組合で横倉辰次, 渡辺勝らと活動す

る。横倉によれば「眉秀で色黒けれど美青年，寡黙，一日中に数語発すのみ，酒に酔うても酔態の表現法を知らず，アナキズム研究は熱心であり朴訥誠実であった」。33年『自連新聞』85号に訃報記事が掲載される。（冨板敦）〔文献〕『労働者の叫び』2号1929.2，『自連新聞』85号1933.10，横倉辰次「黒色自由労働者組合とAC労働者連盟の思い出」『労働と解放』5号1967・「書きもらされたアナキズム労働組合運動史5」『リベルテール』10号1970.9

黒木　英　くろき・ひで　?-?　江東自由労働者組合のメンバー。1927(昭2)年11月10日江東自由芝浦支部提唱の失業抗議闘争に参加し，東京市長室で市長に面会を求めた際，日比谷署の警官と乱闘になり同志とともに検束(計23人)，29日間拘留される。（冨板敦）〔文献〕『自連』19号1927.12

黒木　義之　くろき・よしゆき　?-?　新聞工組合正進会に加盟し1924(大13)年夏，木挽町(現・中央区銀座)本部設立のために1円寄付する。（冨板敦）〔文献〕正進会『同工諸君‼ 寄附金芳名ビラ』1924.8

黒杉　佐羅夫　くろすぎ・さらお　?-?　本名・臼井憲治　旭川毎日新聞社の記者となる。アナキストとして活動。1926(大15)年『旭川新聞』のプロレタリア文学とブルジョア文学論争に参加。27年盛んに詩を発表。「海浜にて歌ふ」「歯痛」は小熊秀雄に評価される。28年10月『文芸戦線』に「聞いてくれ理論家よ」を発表。29年7月『黒色戦線』に小樽のソヴィエト行き人夫を描いた「硝子の街と林檎」を発表する。全国自連北海道支局準備会を組織。その後森川武美らの影響でボルに転換。30年10月自宅で全協の産業別労働組合について協議。『戦旗』旭川支局の責任者となる。12月1日検挙される。釈放後も社会運動に参加。38年11月松岡二十世の組織した奉魂新営隊に参加。（堅田精司）〔文献〕『本道ニ於ケル左翼労働組合運動沿革史』北海道庁1931，『小熊秀雄全集3』創樹社1978

黒瀬　春吉　くろせ・はるきち　1884(明17)-1936(昭11)4　倉敷市に生まれ神戸で育つ。東京瓦斯創立者久保扶桑の庶子。母は黒瀬とく。05年初め下関の内国通運支店に勤務。門司市九州倶楽部の吉野省一，横田淙次郎，有村忠恕，杓子勘助らと鹵獲(ろかく)兵器から小銃60，六連発拳銃40，弾薬1万数千個，抛射爆弾数個を抜き取る。東京か韓国に転送を計画するが警戒厳しく果せず。吉野らの民声社の倉庫に隠した。10年5月下旬五銭白銅貨偽造容疑で逮捕，東京監獄に拘留されるが無罪釈放となる。在監中に橋浦時雄が目撃している。幸徳秋水ら大逆事件の新聞報道(1910.6.4)後，報復のために東京へ上記の兵器移送を計画するが黒瀬は東京，吉野，横田，有村らは門司と小倉で6月22日に逮捕される。17年頃小生夢坊と青柳雪江を仲立ちにして確信犯的「重婚通知事件」をおこす。18年頃伊庭孝命名のグリル茶目を浅草12階下に開店，辻潤，和田久太郎，中村還一，和田むめお(のち奥むめお)，添田知道らが出入りする。19年3月『月刊資本と労働』を創刊(2号まで)。労働同盟会を創設(会長黒瀬，副会長五十里幸太郎，常任理事中村)。4月16日浅草で労働問題演説会を主催。5月15日神田青年会館で第1回大会を開催，茂木久平，山崎今朝弥，岡千代彦，大杉栄，荒畑寒村らが参加した。5月28日時計工組合を結成。精工舎労働組合61人のスト決行は失敗。責任を取って黒瀬，中村は辞任する。20年2月延島英一らが黒瀬はスパイであると風評を流したことから，黒瀬の申告により服部浜次宅で査問会が開かれ，荒畑，堺利彦，岩佐作太郎らが立ち会い，中村は黒瀬の証人として出席。結果は証拠不十分という形で黒瀬，中村とも運動からの引退要請を進言された。また添田啞蟬坊の住むいろは長屋(細民窟)を買収し労働会館の建設をはかるが実現しなかった。22年2月浅草雷門脇の貸席東橋亭で「未来派講演会」を企画し辻を講師に招く。9月ジプシー喜歌劇団「享楽座」をおこし「元始」「享楽主義者の死」などの戯曲を自らが執筆し辻主演で企画するが実現しなかった。かたわら辻命名のパンタライ社(浅草馬道)でお座敷ダンス(女優派出業)を営業。27年開化文庫を王子権現に開設。29年『中央公論』6月号に「『スパイ』の告白」(同誌4月号里村欣三「日本社会運動スパイ物語9 名物おでん吾助の主人」への反論)を宮嶋資夫の斡旋で掲載。この頃スパイ専業白衛社をおこす。30年5月『にひる』2号に「一愛国者の手記」を発表。31年6月頃から妻の花園歌子一座とともに国内，大連，台湾各地を巡

業。36年初め東方文化協会の招きで北京を巡業中に腸チフスにかかり歌子にみとられて死没。（黒川洋）〔文献〕『東京日日新聞』1911.6.28, 三角寛『日本勃興秘史』東亜書院1935, 花園歌子「添田知道宛書簡」1936.5.5神奈川県近代文学館所蔵・『新民踊通信』冊子1936.12・「芸人アパートの居住人の一人として」『芸人アパート』1号1938.1, 中村還一「異端の笑い 黒瀬春吉メモ」『つむじ』2・3号1964, 添田知道・中村還一『辻潤全集・別巻』五月書房1982, 山本博雄ほか編『橋浦時雄日記 冬の時代』雁思社1983, 岩佐作太郎『痴人の繰言』日本アナキストクラブ1983, 山口昌男『「敗者」の精神史』岩波書店1995

黒田 オサム　くろだ・おさむ　1931（昭6）3.4-　群馬県に生まれる。早くから画家を志す。高等小学校卒。敗戦直後, 古書店で大杉の『日本脱出記』などを求める。共産党に入党したが新宿駅でサンドイッチ姿のアナキスト（岩佐作太郎か）から『平民新聞』を買ったりする。1948年に家出, 上京し山谷を中心に都内の底辺をさまよい, 日雇, バタヤ, あさり売りなどに従事, 山谷で知った友人と物乞いの乞食芸（ホイト）を始める。56年読売アンデパンダン展に出品。62年第一次山谷事件が起こるや率先して裁判対策に奔走, 梶大介と知り合う。67年『自由連合』に「ごきぶり戯評」を連載。88年個展を開いたが, 最終日の踊りが好評を博しパフォーマーとしてデビューする。同年11月「黒田オサム・パフォーマンス クロポトキンの金玉」を粉川哲夫の企画で公演。89年『黒の手帖』に「俺はオバケだ！」を連載。91年霜田誠二らとソロパフォーマンスを開催, 以後海外にも進出し20数か国で公演する。2012年80歳の祝いの会で「80歳の無政府芸術主義者。緑の森に神を呼ぼう」と自己紹介している。（大澤正道）〔文献〕『ちんぷんかんぷん』街から舎2001, 大澤正道「ホイト芸（乞食芸）の第一人者・黒田オサム」『トスキナア』14号2001.10

黒田 亀次郎　くろだ・かめじろう　?-?　やまと新聞社に勤め新聞工組合正進会に加盟。1920（大9）年機関誌『正進』発行のために同社の勝田八次郎, 橋本菊次郎, 波多保雄, 三瀬新吉と計1円50銭寄付する。（冨板敦）〔文献〕『正進』1巻1号1920.4

黒田 新之助　くろだ・しんのすけ　?-?　横浜毎朝新報社に勤め横浜印刷技工組合に加盟。1921（大10）年3月12日同社の減給拒絶闘争を26名で闘い勝利する。（冨板敦）『信友』1921年4月号

黒田 忠次郎　くろだ・ちゅうじろう　1893（明26）2.27-1971（昭46）8.4　本名・忠治郎。東京豊島区に次男として生まれる。1899（明32）年赤坂中之町小学校に入学, 手当たり次第に少年雑誌に投稿し, 家が貧しかったためにその賞金で本を買い読んだという。1911（明44）年大倉高商高等科（現・東京経済大学）に入学, 同年6月に創刊された中塚一碧楼の『試作』『第一作』に光湖の号で俳句, 短歌, 詩を投稿。14（大3）年高商卒業後海軍省に入る。『層雲』4月号に載せた自由な連作体である詩歌句「枕頭悲語」は荻原井泉水の激賞を受けた。15年『射手（いて）』を創刊, 日本的詩歌の発想を転換し俳句, 短歌や詩を別個のジャンルのものとせず俳壇, 結社俳句という狭い殻を打ち破る文語俳句への闘いを挑んだ。黒田の存在は金子光晴に大きな影響を与え「未だかつて彼ほど日本的なうつくしさを生かした詩人を僕はしらない」とまで言わしめている。『射手』に続いて31（昭6）年11月, 射手メンバーに生活俳句を提唱して『生活派』を創刊, 2度目の挑戦を試みる。生活派という名称は時局として国策に反するという当局の圧力のもと39年9月に編集発行人を平沢栄一郎に変更, 同人宅を発行所とするが11月に廃刊。翌年平沢を編集発行人として『日本俳句』を創刊, プロ派の進出が目立ち, 京大俳句事件からの俳句弾圧の流れのなかで41年2月15日に平沢は検挙されるに至った。（一色哲人）〔著作〕『評釈句選現俳壇の人々』抒情詩社1917, 『嵐の来る時』大正堂1926, 『生活俳句提唱』青蘭詩社1936, 詩集『寂寥の家』俳句の研究社1919〔文献〕口語俳句別冊『黒田忠二郎全容』口語俳句発行所まつもとかずや1974, 金子光晴『詩人』平凡社1957, 唐沢柳三個人誌『柳』第2巻第5・6号ソオル社1956

黒田 秀雄　くろだ・ひでお　1907（明40）9-1959（昭34）11　金沢市横安江町に生まれる。法政大学経済学部卒業後帰郷。中田忠太郎, 伊藤信吉らとつきあい, 28年詩誌『城』を創刊。29年2月伊藤が出した『片（ペンス）』に詩を寄せる。敗戦後は『石川詩人』に拠った。（冨板敦）〔著作〕『雲』私家版1932〔文献〕伊藤信吉『回想の上州』あさを社1977・『逆流の中の歌』泰流社1977・『金沢の詩人たち』白楽1988

黒田 八十吉　くろだ・やそきち　?-?　都新

聞社に勤め東京の新聞社員で組織された革進会に加わり1919(大8)年8月の同盟ストに参加するが敗北。のち正進会に加盟。24年夏，木挽町(現・中央区銀座)正進会本部設立のために50銭寄付する。(冨板敦)〔文献〕『革進会々報』1巻1号1919.8，正進会『同工諸君!! 寄附金芳名ビラ』1924.8

黒田 米二郎 くろだ・よねじろう ?-? 1919(大8)年東京神田区(現・千代田区)の三省堂印刷部鉛版科に勤め活版印刷工組合信友会に加盟する。(冨板敦)〔文献〕『信友』1919年8・10月号

黒部 伊三郎 くろべ・いさぶろう ?-? 東京毎日新聞社に勤め，東京の新聞社員で組織された革進会に加わり1919(大8)年8月の同盟ストに参加するが敗北。のち正進会に加盟。20年機関誌『正進』発行のために寄付をする。(冨板敦)〔文献〕『革進会々報』1巻1号1919.8，『正進』1巻1号1920.4

クロポトキン Kropotkin, Peter Alekseevich 1842.12.9-1921.2.8 名門貴族に列する公爵家に生まれ，幼少からエリート軍人としての教育を受けつつも，多方面の知的啓発のプロセスでとりわけ地理学への深い関心をいだき，シベリアへ赴任。軍務のかたわら地理学的調査に従事するうち方向転換を決意して退職，ペテルブルグ大学理数学部へ入学。他方では兄アレクサンドルの影響や農奴解放後のゆれ動く社会と革命運動の高揚のなかで改革意識にめざめチャイコフスキー団と接触して逮捕された。76年周到な脱獄計画によって監獄病院を逃れ西ヨーロッパへの亡命を果たした。以後イギリス，スイス，フランスを転々としつつ，バクーニン系アナキズム運動でしだいに中心的役割を果たすに至る。フランス語の新聞『反逆者』発行やイギリスでの活動で国際的に知られるに至り，西ヨーロッパのジャーナリズムを回路として日本にその名が伝わった。その伝わり方としてわが国の自由民権運動の高まりが関わっている点は注目すべきであろう。初期の紹介者西河通徹にしろ，『自由新聞』の宮崎夢柳にしろ，自由民権を推進する新聞人であった。クロポトキンは当時『反逆者』紙上で政治的権利を主張し，ブルジョアジーによって制限的に与えられた「市民の政治的権利」の実体化を叫んでいた。にもかかわらずクロポトキンの紹介で特徴的であったもう一つの点は，ロシアのナロードニキ運動の一環としてとらえられていることで，それは虚無党，虚無思想という誤解されやすい形容詞が冠せられたことである。これは西ヨーロッパ・ジャーナリズムによるクロポトキン理解が，そのまま日本へ持ち込まれたことを意味している。しかしその後のクロポトキン受容も，時代と個人によって一義的ではなく，幸徳秋水では「革命と反逆」「直接行動論」といった面が突出し，その時点つまり日露戦争の前後ではクロポトキンにつながる運動と思想がロシアから直接入ってくるようになった。やがてクロポトキンの『パンの征服』を座右の書とした幸徳は革命を生への根源的権利として認識するに至る。いわゆる大逆事件を媒介に，時代の挑発を乗り越えて石川啄木や土岐哀果といった歌人たちはクロポトキンの人間性に深い芸術的共感をおぼえ，ロシア革命を経た大正の時期には萩原恭次郎，伊藤信吉といった詩人の内部にロシアの倫理的巨人は「反逆の詩魂」を扶植する。「クロポトキンの片影」がよきにつけ悪しきにつけ日本で最も大きく及んだ人物は大杉栄にほかならない。クロポトキンに傾倒したものの独自の思索への努力を通してそれをも絶対化しなかった大杉は「近代の超克」を先取りする地点に達していた数少ない一人である。大杉がその対独戦合理化を批判したケースは好例であろう。ヨーロッパでポール・ルクリュに接触して帰国した石川三四郎は風土と人間の面からクロポトキン理解に構造的な変化をもたらしたといえる。自伝文学としても優れている『ある革命家の手記』の著者クロポトキンの禁欲的な倫理主義に感銘した一人に有島武郎がいる。トルストイと並んで，彼が日本近代の文学営為および生命の燃焼に果たした役割は少なくない。それがひいてはキリスト者への影響としても現れ八太舟三などをつき動かした。クロポトキンに関係する著作が日本で筆禍をこうむった有名な事件に森戸事件がある。しかしながらそれはクロポトキンが社会的に危険思想であった以上に，ロシア革命の波及を極端に恐れていた日本官憲の過剰反応であったとみるべきであろう。ロシア革

命で晩年帰国したクロポトキンはボルシェヴィキによる監視と蟄居のなかで協同組合活動にささやかな貢献をした。その面で多少なりとも影を落とした日本人として賀川豊彦と新居格をあげることができる。このようにクロポトキンが日本にまいてきた種子は豊饒かつ多様をきわめている。近年内外で改めて注目されているのはその協同思想、その文明論的な相互扶助、共生原理である。クロポトキンは未来への思索をわれわれにいまだに提供し続けている。(左近毅)
〔著作〕大杉栄訳「青年に訴ふ」『平民新聞』43-63号1907,山川均訳「動物界の道徳」有楽社1908(発禁)、幸徳秋水訳「麺麭の略取」平民社1909(発禁)、大杉栄訳「革命家の思出」春陽堂1924・『相互扶助論 近代の一要素』春陽堂1927・『相互扶助論 進化の一要素』万有文庫刊行会1927,麻生義訳『サンヂカリズムとアナーキズム』金星堂1927,室伏高信訳「田園工場及仕事場」・「相互扶助」、八太舟三訳「近代科学と無政府主義」『世界大思想全集34』春秋社1928,『クロポトキン全集』全12巻春陽堂1928・29,平林初之輔訳「倫理学 起原と発達」『社会思想全集31』平凡社1928,石川三四郎・望月百合子訳『叛逆者の言葉』『社会思想全集29』平凡社1929,室伏高信・百瀬二郎訳「相互扶助論」『社会思想全集30』平凡社1929,黒色戦線社訳『パンの略取』黒色戦線社1930(発禁)、淡徳三郎訳『仏蘭西革命史』改造文庫1931,大杉栄訳『革命家の思出』春陽堂1932,伊藤整訳『ロシア文学講話』改造文庫1938,大杉栄訳『青年に訴ふ』彰考書院1946,伊藤整訳『ロシア文学の理想と現実』改造社1947,伊藤整・瀬沼茂樹訳『ロシア文学の理想と現実』創元文庫1952,淡徳三郎訳『フランス革命史』青木文庫1952,藤本良造訳『一革命家の思い出』角川書店1954,岩佐作太郎訳『パンの獲得』日本アナキストクラブ1960,幸徳秋水訳『麺麭の略取』岩波文庫1960,高杉一郎訳「ある革命家の思い出」『世界教養全集26』平凡社1962,藤本良造訳「一革命家の思い出」『世界ノンフィクション全集32』筑摩書房1962,大杉栄訳「一革命家の思い出」『大杉栄全集5』世界文庫1963・「相互扶助論」『大杉栄全集6』世界文庫1963・「一革命家の思ひ出」『大杉栄全集8・9』現代思潮社1964・「青年に訴う」日本アナキストクラブ1966,三浦精一訳『叛逆者の言葉』、大沢正道訳『相互扶助論』『アナキズム叢書 クロポトキンⅠ』三一書房1970,長谷川進訳『パンの略取』、磯谷武郎訳『田園・工場・仕事場』『アナキズム叢書 クロポトキンⅡ』三一書房1970,大杉栄訳『相互扶助論』現代思潮社1971,淡徳三郎訳『フランス大革命』新人物往来社1971,麻生義訳『正義と道徳』復刻版黒色戦線社1972,高杉一郎訳『ある革命家の手記』岩波文庫1977,淡徳三郎訳『仏蘭西革命史』復刻版改造図書出版1977,勝田吉郎訳「近代科学とアナーキズム」

『世界の名著53』中央公論社1980,八太舟三訳『倫理学 その起原と発達』黒色戦線社1983,高杉一郎訳『ロシア文学の理想と現実』岩波文庫1985 大杉栄訳「相互扶助論」・「一革命家の思出」『大杉栄・伊藤野枝選集8』黒色戦線社1989,大杉栄・石川三四郎・大沢正道訳『クロポトキン小論文集1・2』同1992〔文献〕金子喜一「トルストイとクロパトキン」週刊『平民新聞』59号1905,石巻良夫「クロポトキンの経済学説」『新思潮』5号1908,田中純「共働者クロポトキン」『早稲田文学』1918.4,森戸辰男「クロポトキンの社会思想の研究」『経済学研究』1920.1,昇曙夢他「クロポトキン思想研究」『改造』1920.3,石川千代松「生物学の見地から クロポトキン思想を評す」『日本及日本人』1920.3,森戸辰男『クロポトキンの片影』同人社1921,同「クロポトキンの死」『大原社会問題研究所パンフレット』2号1922,石川三四郎「ロマン・ローランとクロポトキン」『文芸春秋』1926.8,工藤信「クロポトキニズムの現実的考察」『文芸解放』1927.11・「再びクロポトキニズムに就いて」『文芸解放』1927.12,新居格「ピヨトル・クロポトキン その生涯の輪郭」『思想春秋』1928.3,石川千代松「生存競争と相互扶助」『中央公論』春季大付録号1928,植田信夫「クロポトキンの芸術論と現代との交渉」『黒色戦線』6号1929.12,石川三四郎「クロポトキン並にマラテスタと労働組合」『黒戦』2号1930,加田哲二「ピイタア・クロポトキン(経済学者の話)」『経済知識』313号1930,萩原恭次郎個人雑誌『クロポトキンを中心にした芸術の研究』1932,萩原恭次郎「クロポトキン文学論序説」『新詩論』2集1933,森戸辰男『クロポトキン』アテネ文庫1949,ベルネリ「ピョートル・クロポトキン その連合主義について」(原口遼訳)『現代思想』1974.6,左近毅「ロシア革命とクロポトキン」『現代思想』1976.2,太田竜「現代思想家クロポトキン、原始共同体的アナーキズム」『流動』1979.7,高山亮二「有島武郎とクロポトキン 農場解放の一視点として」『北方文芸』1980.8-10,助川徳是「啄木とクロポトキン」『九大文学部文学論叢』1982,堀内秀雄「啄木とクロポトキン」『雪渓文学』10号1985,左近毅「『風の王国』とクロポトキンの『相互扶助論』」『むうざ』3号1985,三浦一羊「中小企業組合の原理に関する考察 クロポトキン『相互扶助論』を中心に」『明大大学院紀要政治経済学編』23号1986,青山太佳夫「ダーウィン・不安・クロポトキン」『現代思想』1987.6,左近毅「クロポトキン伝の系譜」『えうゐ』23号1992・「クロポトキンの兄」『ロシア手帳』35号1992・「死と変容 クロポトキンの死によせて」『窓』83号1992,同「クロポトキン・アルヒーフをめぐって」『大阪市大文学部人文研究』44巻1992,同「クロポトキンの『ロシア文学の理想と現実』の成立をめぐって」『むうざ』12号1993,ビルーモヴァ『クロポトキン伝』(左近毅訳)法大出版局1994

黒柳 勝次 くろやなぎ・かつじ ?-? 1919(大8)年東京京橋区(現・中央区)の築地活版所和文科に勤め日本印刷工組合信友会に加

盟する。(冨板敦)〔文献〕『信友』1919年10月号

黒柳 貴一 くろやなぎ・きいち 1909(明42)1.2-? 別名・綺一,室伏綺太郎,若杉伴作 豊橋市に生まれる。24年頃詩誌『欧亜詩巣』を山本一夫,後藤克,井上隆らと創刊する。29年再刊『自画像』に岩瀬正雄,大山英一,白井一二らと綺一名で参加。豊橋税務署に勤務のかたわら詩からシナリオに転じ,30年「蜥蜴鞘」「爆発浪人街」「春風浪士」,35年「浪人新風剣」「双竜一殺剣」などの脚本を執筆。「蜥蜴鞘」「爆発浪人街」「浪人新風剣」は当時の傾向時代劇映画監督白井戦太郎(古海卓二に師事。広島の原爆投下で死没)らによって映画化された。集団時代劇の先駆的な作家の一人でもあったようである。映画界の翼賛統合まで作品を発表した。戦後は税理士として独立,晩年まで続け引退。(黒川洋)〔文献〕岩瀬正雄『僕の文学史 一匹の黄金虫』豊橋文化協会1972,志賀英夫『戦前の詩誌・半世紀の年譜』詩画工房2002

桑島 稿吉 くわしま・こうきち ?-? 別名・稿治 東京毎日新聞社に勤め新聞工組合正進会に加盟。1920(大9)年機関紙『正進』発行のために寄付をする。(冨板敦)〔文献〕『正進』1巻1号1920.4

桑島 藤枝 くわじま・ふじえ ?-? 農民自治会全国連合に加わり1928(昭3)年5月農自の組織再編の際に委員に選出される。桑島政寿は夫。(冨板敦)〔文献〕『農民自治』17号1928.6,渋谷定輔『農民哀史』勁草書房1970

桑島 政寿 くわじま・まさひさ 1903(明36)-1992(平4)12.2 別名・真砂ひさし 米沢市に8人兄弟の末子として生まれる。生家は糸撚り業。米沢中学を卒業したのち22年仙台の二高に進学するが中退。23年に上京して神学校に入学してキリスト教を学ぶが信仰をもつには至らぬまま友人と文芸誌を発行するなどしており,ここも中退。恋人とともに埼玉県の志木町に移り住み英語塾,薬局勤めなどで生計を保つ。このころ渋谷定輔と出会い農民自治会運動に参加。理論家肌で『農民自治』28年7月号に「農民自治会の構成及び機能」を発表。小説家の面もあわせもっており,日本教員組合啓明会の機関誌『啓明』27年1月号に寄せた創作小説「憎まれ小僧」では,野性味をもった子供が生きにくくなっていることを描き出している。後年の小説「デクノボー社」(『あてのない出発』所収)には農民自治会運動の頃の友人たちとの交流が生き生きと描かれている。農民自治会運動終結後は生命保険会社に勤め,そのかたわら短歌をつくったり『易経』を読み合う会に参加したりしながら小説も書いた。(小林千枝子)〔著作〕「地主の脱税」『農民』2次1巻1号1928.8,「心の地図」『花辻』1980秋,『あてのない出発』栄光出版社1980,『ガラスの音』栄光出版社1982〔文献〕渋谷定輔『農民哀史・上下』勁草書房1970,小林千枝子『教育と自治の心性史』藤原書店1997

桑名 鋼次郎 くわな・こうじろう ?-? 1919(大8)年東京京橋区(現・中央区)の築地活版所漢字鋳造科に勤め活版印刷工組合信友会に加盟する。同年10月頃から同所同科の組合幹事を一森正吉,月影辰之助と担う。(冨板敦)〔文献〕『信友』1919年8・10月号

桑原 松蔵 くわはら・まつぞう ?-1922(大11)2.17 21年4月に創刊された吉田一らの『労働者』に天土松太郎とともに芝無名会のメンバーとして同人となる。22年第3次『労働運動』3号の個人消息欄は桑原について「黒色労働組合及び北風会の会員であった同君は,肺病のため昨年12月以来東京療養院に入院していたが2月17日朝,死去した」と報じた。(冨板敦)〔文献〕『労働者』1号1921.4,『労働運動』3次3号1922.3

桑原 錬太郎 くわばら・れんたろう 1885(明18)-1960(昭35)7.5 帝国興信所の和文植字工として,1918(大7)年3月結成された活版印刷工組合信友会に加盟。20年2月25日の信友会役員改選で庶務係に選出される。同年10月正進会争議収拾宣言の執筆依頼に鎌倉の大杉栄を訪ね,上海へ密航する大杉のトランクを大船駅まで近藤憲二とかつぐ。日本社会主義同盟に加盟。21年1月第2次『労働運動』で和田久太郎に代わり労働運動大阪仮支局を担う。「パルチザン」と同志から呼ばれていた。連絡先を武田伝次郎宅に置き武田,堀田康一,阪本要,元黒旗会のメンバーらが支局を手伝う。同年4月からは暁民会の三田村四郎が大阪支局を開設し桑原はサポートにまわる。東京印刷工組合,全国自連に加盟して活動。30年5月水沼辰夫宅で開かれた和田『獄窓から』の出版記念会に出席する。戦後はアナ連に参

加，「レンさん」の愛称で知られた。(冨板敦)〔文献〕『信友』1919年8・10月号・20年3月号・22年2月号，『労働運動』1次2号1919.11，2次1号1921.1，『クロハタ』57号1960.9，近藤憲二『一無政府主義者の回想』平凡社1965，水沼辰夫『明治・大正期自立的労働運動の足跡』JCA出版1979，近藤千浪『桑原レン太郎さんと宋世何さん』『編集委ニュース』16号2000

郡司　楠峯　ぐんじ・くすみね　?-?　茨城県西茨城郡稲田村(現・笠間市)に住み，1923(大12)年農村運動同盟に加盟，茨城支部を担う。(冨板敦)〔文献〕『小作人』2次3号1923.4

け

景　梅九　けい・ばいきゅう　ヂン・メイヂォウ　1882.3.15-1959.3.10　本名・定成，別名・枚九，無碍居士，銘鼎，老梅など　中国山西省安邑県(現・運城市)生まれ。京師大学堂などを経て，1903(明36)年日本に渡り一高に入学。05年中国同盟会に加入。07年幸徳秋水らと交わり思想的影響を受ける。翌年帰国，青島の震旦公学の教員となる一方，労働運動の指導に当たる。10年一時日本に滞在し，帰国して北方革命を企てるも挫折。11年2月北京で『国風日報』を創刊。武昌蜂起後，山西の独立を画策。アナキズムを唱える一方，過渡的手段として議会政治を認め13年には衆議院議員となる。袁世凱打倒を主張して一時下獄。17年8月広州で非常国会に参加。国民政府成立後，任官を求められたが拒否。22年山鹿泰治から大杉栄渡欧の旅券入手を頼まれたが不調に終わる。48年1月中国国民党革命委員会が成立すると中央監察委員に就任。中華人民共和国成立後，西安市人民代表，西北行政委員会参事となる。59年西安で病没。著作は『罪案』『入獄始末記』『石頭記真諦』など多数。(嵯峨隆)〔著作〕大高巌・波多野太郎訳『留日回顧』(『罪案』の抄訳)平凡社1966〔文献〕向井孝『山鹿泰治』自由思想社1984，景克寧・趙瞻国『景梅九評伝』山西人民出版社1990，『民国人物小伝7』伝記文学出版社1985，『エス運動人名事典』

ケストラー　Koestler, Arthur　1905.9.5-1983.3.3　ハンガリー人の父とオーストリア人の母(ともにユダヤ系)のもとブダペストに生まれる。父の事業の失敗のために19年に一家はウィーンに移転。ウィーン工科大学で工学を専攻するが，26年にパレスチナに出奔しシオニズム運動に参加する。ここで文才が認められドイツの大手新聞社ウルシュタイン社に入る。31年末ナチスの台頭を阻止するために共産党に入党する。33年ナチス政権奪取後パリに移り反ファシズム運動に従事する。36年ロンドンの『ニューズ・クロニクル』紙の特派員として内戦のスペインを取材する。セビリアのフランコ反乱軍の本拠に入るがたちまち正体を見破られて脱出する。37年3度目のスペイン潜入を果たすが，マラガ陥落に際して反乱軍に捕らえられ死刑の宣告を受けセビリア中央刑務所に収監される。4カ月後反乱軍の空軍将校との捕虜交換という形で釈放されイギリスに戻る。同年セビリアの獄中記『死との対話』を出版し，翌年『スペインの遺書』を出版する。このセビリアの獄中体験，それにソ連でのスターリンによる大量の政治粛清，さらにスペインのバルセロナの5月の市街戦，その後のトロツキスト狩りとユダヤ人反ファシスト活動家の処刑などを知り38年正式に共産党を離党する。その後ただちにモスクワ裁判をテーマとする『真昼の暗黒』の執筆にとりかかる。39年第2次大戦勃発時にパリにいたがやがて「不穏分子」としてフランス警察に逮捕され，40年初頭に釈放されるがドイツ軍の占領1カ月前に『真昼の暗黒』を脱稿する。偽名を使ってフランス外人部隊に入り，マルセイユ，カサブランカを経てリスボンに逃れイギリスに戻る。今度はイギリスで不法入国者として拘留されるが，やがて居住権が認められイギリス陸軍に加わる。48年正式にイギリスに帰化する。これ以降イギリスの作家として旺盛な執筆活動を続ける。晩年のケストラーはイギリス安楽死協会の会長をつとめていたこともあるが白血病とパーキンソン病に苦しみ，83年3月3日，55歳の3度目の妻シンシアを道づれに自殺する。ケストラーは77歳であった。(川成洋)〔著作〕平田次三郎訳『スペイ

ンの遺書』ダヴィット社1953・ぺりかん社1966・新泉社1974，岡本成蹊訳『真昼の暗黒』筑摩書房1950（庄野満雄訳）鳳映社1958・角川文庫1960，木野木哲郎訳『行者と人民委員』国際文化研究所1957，リチャード・クロスマン編（村上芳雄訳）『神は躓く』ぺりかん社1969，井本威夫訳『現代の挑戦』荒地出版社1958，西村克彦訳『絞首刑』青林書院1959，小尾信弥ほか訳『ヨハネス・ケプラー』河出書房新社1971，木村寿訳『コペルニクス』すぐ書房1973，大久保直幹ほか訳『創造活動の理論』ラティス1966，日高敏隆ほか訳『機械の中の幽霊』ぺりかん社1984，池田善昭監訳『還元主義を超えて』工作舎1984，石田敏子訳『サンバガエルの謎』サイマル出版会1984，村上陽一郎訳『偶然の本質』蒼樹書房1974，田中三彦ほか訳『ホロン革命』工作舎1983，甲斐弦訳『ケストラー自伝・目に見えぬ文字』彩流社1993

ゲゼル　Gesell, Silvio　1862.3.17-1930.3.11　ドイツ，ライン地方のマルメディ近郊生まれ。学校教育終了後，郵政省を経て実業の世界に入る。1886年24歳でアルゼンチンに渡り貿易と小規模の工場経営を手がけ事業に成功を収めた。該地での85-90年の大不況を経験するなかで経済政策や金融上の諸問題に関心を深め，91年『社会的国家への架橋としての貨幣制度改革』など4冊の著作を上梓。1900年ヨーロッパに戻りスイスに居を定め，実業から隠退して経済学の研究に打ち込む。06-11年アルゼンチンに戻ったのちはドイツに住み11年『貨幣と利子の新理論』を刊行し社会改革の理論的な体系化を試みた。この間『重農主義者』（月刊）を第1次大戦勃発による発禁処分を受けるまで発行。15年再びスイスに移り16年主著となる『自由地と自由貨幣による自然的経済秩序』を刊行，初めて注目された。19年バイエルン革命政府の財務担当人民委員として招かれランダウアーとともに改革に取り組むが政権崩壊のため挫折。以後著作に専念する一方，20年ワイマール体制のもとでの通貨政策の提言，21年ヴェルサイユ条約改定の提案など積極的な発言も続けた。27年最後の著作となった『国家の解体』では反官僚主義の立場から将来の社会像を論じた。プルードンの弟子を自認し時間の経過とともに減価するスタンプ貨幣を創案，同プランは世界恐慌期の32年オーストリアのヴェルグルで実践された。スイスとドイツに多くの支持者を今なおもち，また90年代以降は地域通貨への関心の高まりとともに再び注目を集めている。日本への紹介は41年岩井茂の『異説貨幣論研究』がまとまった著作であるが，それ以前の29年生田春月が「ミノリテの歌」でゲゼルとスタンプ貨幣に触れている。また岩井の著作に触れて布施辰治が「ゲゼルの自由貨幣論を評す」の草稿を遺している。その後の空白期間ののち90年代末期になって地域通貨に関心が高まるとともに見直しと再評価が進められた。（奥沢邦成）〔著作〕*Die Natüriche Wirtschaftsordnung durch Freiland und Freigeld*. Berlin 1916. Gesammelte Werke： Silvio Gesell, 18 Bde., Gauke, 1988-2000. 山本光久訳「金と平和?」『自由経済研究』7号1996.8, 相田慎一訳『自由地と自由貨幣による自然的経済秩序』ぱる出版2007・『シルビオ・ゲゼル「初期貨幣改革論・国家論」論集』ぱる出版2017〔文献〕生田春月「ミノリテの歌」『ディナミック』1号1929.11，土田杏村『生産経済学より信用経済学へ』第一書房1930，岩井茂『異説貨幣論研究』大同書院1941，ゲゼル研究会編「特集・シルビオ・ゲゼルの貨幣理論Ⅰ-Ⅲ」『自由経済研究』5-7号1966.5-8，河邑厚徳ほか『エンデの遺言』日本放送出版協会2000，相田愼一『ゲゼル研究』ぱる出版2014

結束　林平　けっそく・りんぺい　1908（明41）-?　茨城県筑波郡小田村平沢生まれ。高等小学校卒業後，農業に従事する。27年春頃から文学に没頭しアナキズム文学に共鳴するようになる。31年第3次『農民』に「悪辣なる『戦旗』の商略」を執筆。『解放文化』『自連新聞』『自連新聞ニュース』などの読者となった。35年末頃無共党事件で検挙されるが不起訴。（冨板敦）〔文献〕『農民』3次9号1931.9，『身上調書』

毛馬内　官次　けまない・かんじ　1870（明3）-?　北海道小樽の堺尋常小学校の校長を務め，無政府主義に関心を持ち地元の社会主義者と交流を重ねる。1910（明43）年12月12日『小樽新聞』が「人非人毛馬内官次を葬る」記事を掲載，一年間の休職処分を受ける。毛馬内の前妻が市内を放浪して保護されたことを契機とする警察と新聞が一体となってのフレームアップだった。復職直前の11年11月17日，函館監獄に収監されていた真宮孫一郎が「毛馬内と空知郡幾春別の炭山事務員篠原三郎（二代目並木凡平1891-1941）とが共謀して爆裂弾を使用して政府要人を暗殺しようとしている」とのウソの供述をする。結果，毛馬内は教育界に復帰でき

なかった。(冨板敦)〔文献〕堅田精司編『北海道社会運動家名簿仮目録』私家版1973, 堅田精司『北海道社会文庫通信』122・1287・1704号 1996.8.6・2000.12.7・2002.1.28

煙山 専太郎 けむやま・せんたろう 1877(明10)6.3-1954(昭29)3.21 岩手県九戸郡大川目村(現・久慈市)に生まれる。はじめ東京大学史学科に入りのち哲学科に移り卒業の02年に『近世無政府主義』(東京専門学校出版部)を刊行する。この本は日本で最初のまとまったアナキズム紹介書で運動に大きな影響を与えた。前編「露国虚無主義」, 後編「欧米列国に於ける無政府主義」よりなるが, とくに前編は人気を呼び当時争って読まれたという。管野すが, 宮下太吉, 坂本清馬, 中浜哲などこの本に得るところ大であったといえよう。新居格は「アナキズムの理論的方面の着筆は粗だが運動の歴史的方面は詳かである。著者自ら編著と云つているやうに全くの客観的紹介であるが, しかし当時にあつてこれだけのことを書いたのは今からすれば珍らしい」(「邦文アナキズム文書」『労働運動』5次2号1927.2)と評しているが適評であろう。4年後の06年に刊行された久津見蕨村『無政府主義』は発売直後に発禁になったこともあり運動への影響の点でははるかに劣るが, 内容的にははるかに充実している。煙山はその後早稲田大学教授となり, 西洋政治史を講じた。西洋史関係の著書を多く著しユダヤ問題, ロシア史にも造詣が深く, 同学の会津八一に「本物の学者」と評された。東大在学中に学生結婚した妻八重(1881-1955)は明治女学校の出身で関東大震災後, 母子家庭のための「愛の家」を設立, 母子寮や保育園の先駆者である。(大澤正道)〔文献〕『煙山専太郎先生著作目録』『史観』34-35号1951, 糸屋寿雄「解題」『近世無政府主義』復刻版明治文献1965, 千葉瑞夫『愛と先見の人 煙山専太郎』岩手日報社1988

ゲラン Guerin, Daniel 1904-1988 フランス, パリのブルジョア階級に生まれ, 18歳で詩集を出して注目される。20代で仏領の中近東やインドシナに旅をしてフランス帝国主義の現実に直面し植民地解放と社会主義の運動に加わった。政治的立場は社会党左派からフランス共産党, 第四インターナショナルを経てアナキズムに至る。68年に絶対自由共産主義運動(MCL), 71年に絶対自由共産主義組織(OCL)の創設に参加。アナキズムとマルクス主義を総合する立場から労働者自治管理, フランス革命, 人民戦線, スペイン革命, アルジェリア, キューバ, チェコ, ユーゴ, ブラックパワー, 人種差別, 同性愛などについての論考を発表。68年のパリ5月革命に大きな影響を与えた。83歳まで著作活動を続けた。ヨーロッパを代表する反権威主義的社会主義者として日本のアナキストのみならず反体制, 新左翼的な意識をもつ人びとに広く読まれた。(戸田清)〔著作〕江口幹訳『現代のアナキズム』三一新書1967, 海原峻訳『人民戦線 革命の破産』現代思潮社1968, 江口幹訳『現代アナキズムの論理』三一新書1969, 『エロスの革命』太平出版社1969, 栖原弥生訳『褐色のペスト ドイツ・ファシズム=ルポルタージュ』河出書房新社1972, 長谷川進・江口幹訳『神もなく主人もなく アナキズム・アンソロジー』全2巻 河出書房新社1973, 村上公敏訳『革命的自然発生 ゲランのローザ論』風媒社1976(岡谷公二訳)みすず書房1980〔文献〕尾関弘『現代のアナキズム運動』三一新書1971, 入江昆『フランスの極左と極右』三一書房1975, 江口幹『パリ, 共生の街』径書房1990, 江口幹ほか『自由共産主義思想の新しい青春』「交流と運動」編集委員会2000

玄 永爕 げん・えいしょう ヒョン・ヨンソプ 1906-? 別名・工藤永男 朝鮮京城府長沙洞で朝鮮総督府の諮問機関である中枢院の参議玄憲の長男として生まれる。31年3月京城大学法文学部を卒業, 三・一独立運動の刺激と一般文学書の渉猟でしだいにアナキズムを信奉するようになった。同年7月アナキストの元心昌を頼って上海に行き南華韓人青年連盟に加入し連盟員の教育, 外国文献の翻訳, 機関誌社説の執筆, 内外の運動状況の紹介および連絡などを担当した。同年11月ひそかに日本に渡り東京在住の張祥重らとの連絡にあたった。翌32年1月一時朝鮮に帰国, 33年12月再来日し東興労働同盟員の梁一東らと連絡をとり, また『黒色新聞』に獄死したドイツ人アナキストのミューザムの「労働者の歌」を翻訳投稿するなど裏面において主義の宣伝に努めた。35年頃東京府学務部社会課臨時雇になったが, 同年11月20日検挙され12月23日治安維持法違反として送検された。その後思想転向し緑旗連盟に加担, 38年1月『朝鮮人の進むべき

道」(緑旗連盟)を著し「日本人として生きる道以外進むべき方向はあり得ない」とした。
(堀内稔)〔文献〕『社会運動の状況7』

厳　享淳　げん・きょうじゅん　オム・ヒョンスン　1907-1936　別名・舜奉　朝鮮慶尚北道英陽出身。貧しい境遇のなかで初等教育も受けず18歳の時に満州に渡り農業に従事。29年7月海林(黒竜江省)で組織された在満朝鮮無政府主義者連盟に加わる。31年万宝山事件後に北京に移る。その後立達学園の教師柳子明を頼って上海南翔に行き近くで農業を行う。柳子明らの感化を受けアナキズムに共鳴する。32年12月頃上海フランス租界で白貞基、元心昌らの誘いを受けて南華韓人青年連盟に加わる。35年3月鄭華岩の提唱により運動家の動静を日本領事館に通報している上海朝鮮人居留民会会長の李容魯を殺害することを計画し同月25日李圭虎(李会栄の三男)を見張り役としてこれを実行する。二人はその場で中国警察に逮捕され日本領事館警察に引き渡される。朝鮮本国に送られ36年厳享淳は無期懲役、李圭虎は懲役13年となる。(手塚登士雄)〔文献〕『韓国アナキズム運動史2 前編・民族解放闘争』黒色救援会1978

玄　景周　げん・けいしゅう　ヒョン・ギョンジュ　?-?　大阪自由総合労働組合のメンバーで1931(昭6)年5月に発生した大阪アルミニウムのスト闘争で逸見吉三らとともに解決にあたる。(堀内稔)〔文献〕『社会運動通信』1931.6.17

元　鐘麟　げん・しょうりん　ウォン・ジョンリン　?-?　ソウルの裕福な家庭の一人息子として生まれたという。渡日後、東洋大学哲学科に籍を置き鄭泰成、権煕国らとともに堺利彦らのコスモ倶楽部と高津正道の暁民会および加藤一夫の自由人連盟などに出入りし日本の社会主義者と交流する一方、大杉栄や岩佐作太郎らのアナキストとも接触した。21年10月には思想団体の新人連盟を結成し約10人の同志を得、また林沢竜とはかって黒洋会を組織しようと計画中、岩佐作太郎らの助言を得て同年11月両団体を合併し新たに黒濤会を組織した。また20年11月に東京で組織された朝鮮苦学生同友会の幹部の一人として22年4月『朝鮮日報』に掲載した同友会宣言に名を連ねた。(堀内稔)

〔文献〕金子ふみ子『何が私をかうさせたか』復刻版黒色戦線社1972、『社会運動の状況5』、『在京朝鮮人状況』朝鮮総督府警務局1924

元　心昌　げん・しんしょう　ウォン・シムチャン　1906.12.1-1971.7.4　別名・勲　朝鮮京畿道平沢郡彭城面安亭里生まれ。郷里の小学校を卒業、京城中学2年の時に三・一独立運動がおこり14歳の身で運動に参加し大きな影響を受けた。ソウルの中東学校促成科を卒業後、24(大13)年に日本に渡り日本大学社会学科に入学、クロポトキンや大杉栄らの書物を読んで理論的にアナキズムを信奉、やがて実践運動に身を投じるようになった。26年には崔圭悰と東京雑司ケ谷に1戸を借りて黒色運動社の看板を掲げ独自に運動を展開。さらに同年11月には張祥重、陸洪均らと黒色戦線連盟を組織し日本人団体の黒連にも加盟した。また朴烈らの不逞社を再興し機関紙『黒友』2号を刊行した。翌27年2月弾圧を避けるために不逞社を黒風会に改称し積極的に運動を展開、特に共産系団体とは激しく対立し同年2月には新幹会、朝鮮青年同盟を襲撃し司法処分に処された。この頃小石川で設立された朝鮮東興労働同盟会が黒風会傘下のアナキズム系労働団体となるがその幹部として労働運動にも参加した。28年1月黒風会を黒友連盟と改称、同年5月にはアナキズム系の自由労働組合員が朝鮮労働総同盟に転じたことが原因で東京朝鮮労働組合北部支部を襲撃、暴力行為処罰法違反で検挙された。さらに29年6月には東京留学生学友会の運動会に反対して運動会開催準備委員会場であった新幹会東京支会事務所を襲撃、数人の死傷者を出した(東京留学生学友会事件)。そのためただちに逮捕され豊多摩刑務所に収容された。30年4月28日予審中に保釈で刑務所を出獄、より積極的な抗日闘争を志して日本を脱出、朝鮮を経て北京に到着、翌31年には上海に赴いてアナキズム団体南華韓人青年連盟、さらにはテロ組織黒色恐怖団の中心的メンバーとして活躍した。33年3月白貞基、李康勲らとともに上海の料亭で有吉明公使を暗殺しようとして捕まり(六三亭事件)、長崎裁判所で死刑の判決を受け最終審で無期懲役となる。「彼は常に同志たちを激励し、革命家の異性との生活を拒否して

いた。彼の性格はあまりにも従順であり、感傷的であったが一面冷静な英断力の所有者でもあった」と梁一東は評している。鹿児島刑務所服役中、東京留学生学友会事件で東京に移送、東京大審院で懲役5年を追加され鹿児島刑務所に還送、同所で解放を迎える。解放後、朴烈らとともに新朝鮮建設同盟を創設し副委員長に就任、在日朝鮮居留民団では事務総長、中央本部副団長、中央本部団長、顧問を歴任した。55年には祖国平和統一促進協議会の主要メンバーとして活躍、59年には『統一朝鮮新聞』を創刊して代表常任顧問に就任、さらに65年には韓国自主統一同盟日本本部を結成して代表委員となる。(堀内稔)〔文献〕『外務省警察史・支那之部』、『統一朝鮮新聞』1971.7.14(元心昌追悼記事)、『社会運動の状況3』、梁一東「上海爆破事件の同志元心昌伝」『自連新聞』93号1934.8

源間 政平 げんま・まさへい ?-? 1927(昭2)年静岡県榛原郡萩間村(現・牧之原市)で同志とともに黒流社を結成し東海黒色青年連盟、黒連に加盟する。自宅を事務所として雑誌『黒流』の発行を計画したが発刊には至らず28年6月黒流社を解体。なお30年夏頃に雑誌『黒流』は創刊される(発行所は遠江印刷同工会と同住所の浜松市北寺島町斎藤竹雄方)。(冨板敦)〔文献〕『黒色青年』11・17号1927.8・28.4、『自連新聞』50号1930.8、「アナーキスト団体調査(昭和3年7月調査)」大原社会問題研究所資料室

原理 充雄 げんり・みちお 1907(明40)2.19-1932(昭7)6.30 本名・岡田政治郎、別名・岡田政二郎、鱶十治、小酒井雄 大阪市西淀川区(現・福島区)浦江町に生まれ、鷺洲小学校に学ぶ。21年高等科を出て大阪郵便局に勤務。23-24年関西学院文学部系の詩誌『想苑』に抒情詩4編を岡田政二郎の名で発表、特に竹内勝太郎に心酔した。他方で未来派、表現派、ダダイズムにも傾斜し思想的転機に際して名を原理充雄と改める。25年『日本詩人』に入選を果たし草野心平の誘いで『銅鑼』の創刊に参加、アナキズムの詩誌の有力な同人として活躍した。27年ごろからマルクス主義に転じ、草野や農民詩の坂本遼を鋭く批判したが親交は続けた。以後は実践活動に急進しナップや作家同盟の大阪における担い手となる。31年4月ビラまきで検挙され翌32年6月衰弱のため釈放直後に死亡。草野は追悼詩で「獄死」と書いた。(高橋夏男)〔文献〕秋元潔「原理充雄研究」『ぬう・とーれ』1995.9、小関和弘「原理充雄の軌跡」『和光大紀要』1996、高橋夏男『流星群の詩人たち』林道社1999、高橋夏男『西灘村の青春』風来舎2006

こ

胡 愈之 こ・ゆし フー・ユイージ 1896.9.9-1986.1.16 別名・天月 中国浙江省上虞県出身。11年紹興府中学堂入学、魯迅の教え子となる。12-13年頃エスペラントを学ぶ。14年上海商務印書館訓練生となり苦学する。20年巴金らと上海世界語学会を再建。沈雁冰らと文学研究会を設立。21年日本を追放され上海にやってきたエロシェンコの世話をする。魯迅訳のエロシェンコの作品を商務印書館の雑誌に多数掲載する。27年反共クーデターに際して国民党に抗議。28年パリ大学に遊学、マルクス主義の著作を学ぶ。31年『東方雑誌』主幹となる。上海で中国プロレタリア世界語連盟を設立。33年中国共産党の秘密党員となり抗日文化工作に従事する。のちに日本軍占領下の上海で『魯迅全集』(1938版)の編集、出版に尽力する。40年10月シンガポールに行き『南洋商報』を編集。新中国成立後は『光明日報』編集長、全国政協副主席、中国民主同盟副主席などを歴任。(手塚登士雄)〔文献〕長堀祐造「胡愈之」『近代中国人名辞典』霞山会1995、宮本正男『大杉栄とエスペラント運動』黒色戦線社1988

呉 宇泳 ご・うえい オ・ウヨン ?-? 別名・宇栄 1927(昭2)年2月に創立されたアナキズム系朝鮮自由労働者組合の代表者として活動。29年12月朝鮮自由労働者組合事務所において極東労働組合を創立、30年のメーデーではビラをまいて29日間拘留され31年のメーデーにはビラまきの責任者として検挙、同年7月には小石川区(現・文京区)伝通院でアナ系各団体が主催した万宝山事件

の真相批判演説会で解散に抗議して検挙されるなど果敢な闘争を展開した。32年には極東労働組合の陳琯源らと「二十世紀」と題する印刷物を発行，33年6月には李允煕らとともにアナ系各団体の統一を目指し自由労働者組合の名称を自由労働者協議会に改称することを提唱するが内部の反対で挫折した。第14回メーデー準備協議会にはアナ系朝鮮人団体の代表として出席したがメーデー当日は事前検束された。同年7月の南朝鮮水害救援運動では，警察に寄付金募集の許可願を提出したが警察に許可されず運動は挫折した。また同年9月には組織の大衆化をはかるため従来の自由労働者組合を解消，江東橋登録者協力会を組織するがうまくいかず34年1月に朝鮮一般労働者組合を設立，同年のメーデーには朝鮮一般労働者組合として参加したほか，日活，東京市電，豊隆社印刷所，三つ葉屋家具製作所の労働争議に応援参加するなど労働争議にも積極的に関わった。同年11月の朝鮮労働者合同組合の第2回大会では議長をつとめた。(堀内稔)〔文献〕『社会運動の状況2-6』，『自連新聞』47・58・80号1930.5・31.5・8・33.5

呉　規鎬　ご・きこう　オ・ギュホ　?-?　東京の朝鮮自由労働者組合のメンバーで，1933(昭8)年2月の反建国祭闘争で検束，同年3月には相愛会の金鳳守と争闘して検挙された。(堀内稔)〔文献〕『自連新聞』78号1933.3，『朝鮮人労働者内地渡航保護取締状況』朝鮮総督府警務局1933

呉　空超　ご・くうちょう　1984-1963　本名・呉相淳　日本の立教大学宗教学部を卒業，帰国後キリスト教の宣教師となる。後に仏教に改宗し世界主義者となる。1922年北京に行き中国の「新しい村運動」を指導する周作人の八道湾の家を訪問，ここで周樹人(魯迅)，周建人とも会ったとされる。当時周兄弟の家に寄宿していたエロシェンコとも知り合い同年4月16日周作人，エロシェンコと共に北京大学近くのエスペラント学会を訪問。5月8日後に朝鮮人無政府主義者として活動する李又観(本名：李丁奎)を魯迅兄弟に紹介する。(手塚登士雄)〔文献〕『周作人日記』，金時俊(道上知弘訳)『中国に流亡する韓国知識人と魯迅』『アジア遊学』25号勉誠出版2001.3.5

呉　克剛　ご・こくごう　ウー・コーカン　1903-1999.5.22　別名・君毅　中学時代に沈仲九，匡互生，五・四運動の闘将朱光潜らの薫陶を受け李石曾の訳した『青年に訴う』『夜未央』などを読み，太虚法師(楽無)が名づけた「無強権無私産主義」を信じるようになる。22年北京大学のエスペラント講師に招かれたエロシェンコとともに魯迅，周作人兄弟宅に住み助手としてエロシェンコの活動を助ける。24年3月5日沈仲九とともに上海で『自由人』を創刊(5号1925.10まで)。日本の第4次『労働運動』(1924.12)に通信を寄せる。その後租界当局の追跡を逃れフランスに渡る。27年3月巴金と衛恵林をパリで出迎える。3人は中国のアナキズム運動のあり方について各人の主張をまとめた『アナキズムと実際問題』を著す。アナキスト・インタナショナルの創立運動に携わったため5月31日マフノら17人の外国人とともに逮捕され追放処分となる。30年福建省泉州に秦望山らが海外から寄付を募って設立した黎明高級中学の校長となり巴金を参観に招く。45年台湾に渡り，政府の公職を経て台湾大学や中興大学で教鞭をとる。89年大陸に戻りたびたび巴金を病院に見舞うが天安門事件を機に再び台湾に戻る。回想録『一個合作主義者見聞録』(中国合作社1999)がある。(手塚登士雄)〔著作〕「魯迅およびエロシェンコを憶う」『魯迅回憶録・散篇』北京出版社1999，「巴金幾件事」陳思和編著『解読巴金』春風文芸出版社2002〔文献〕巴金「克剛について」『懐念集』寧夏人民出版社1994，陳思和『人格的発展 巴金』業強出版社1991，藤井省三『エロシェンコの都市物語』みすず書房1989

呉　塵　ご・じん　ウー・チェン　1892-?　本名・上官悟塵　中国湖北省出身。1908年直隷陸軍幼年学校卒業，中国同盟会に加入。13年頃師復が発行する『民声』を購読，師復と交わりアナキズムの宣伝を行う。同年(大2)10月日本に留学，大杉栄と往来する。4・5月『民声』の東京における取次先になる。15年7月20日長崎市に転居，長崎医学専門学校に入学する。同年8月上京し大杉主催の平民講演会に出席。16年1月大杉の紹介で佐世保海軍工廠に働く深町作次を知る。呉は居室にクロポトキンらの写真を掲げ『新社会』などを購読。同誌16年12月号に大逆事件刑死者を追慕し中国の運動と連携する必要を説く文章を投稿。16年より19年まで

特別要視察人として特高警察の視察の対象となる。16年5月海軍工廠を解職され上海に渡りたいという深町の相談を受け上海の同志への紹介の労を取る。17年3月祖父が死去したため保定に赴き同年6月長崎に戻る。その後ボルシェヴィズムに傾き日支軍事協定に反対するため長崎在住の中国人留学生に働きかける。19年3月長崎医専を卒業、同月25日叔父のいる山東省済南に赴き青島民政部済南医院に就職を願う。この頃特別要視察人名簿から削除される。（手塚登士雄）〔文献〕『社会主義沿革1・2』、小野信爾『五四運動在日本』汲古書院2003

呉　世創 ご・せいそう　オ・セヂャン　1918（大7）頃-1951（昭26）12.29　朝鮮の豪農の息子を自称。戦前に東京の大学に留学。1937年の人民戦線事件で検挙された。戦後は東京・大森にバラックを建て宮島志げ江と住む。その後は京都に移り、京都東山祇園の花見小路で居酒屋ノンベル大学、主なき家を経営、アナ系の溜り場となる。自殺の前夜「星はいつもの通り、夜空に輝いている／人々は巷でさわいでいる…その中であつけなく亡びて逝くものたち／ああ、何がなんなのか…」という詩を残し「あらゆることに破れた呉世創の最終の前夜のその表情」と自賛した肖像画を前にして睡眠薬を服用、33歳で自殺した。急報に駆けつけた岩佐作太郎が葬儀万端にあたった。「あばた面の苦悩と暗い影と悲痛な魂を抱いて異国の土に、…冷たい死屍は、静かに残っている、何ごとも、無かったように」と宮崎秀人が追悼の詩を書いた。（北村信隆）〔著作〕詩「自殺の前夜」『アナキスト・クラブ』6号1952.4〔文献〕宮崎秀人「呉世創の死を悼む」『訃報』『アナキスト・クラブ』5号1952.1、江口幹『自由を生きる』筑摩書房1980

呉　成文 ご・せいぶん　オ・ソンムン　?-?　東京の朝鮮自由労働者組合のメンバーで、1929（昭4）年12月組合事務所で創立された極東労働組合に参加、33年3月の組合再編成で文化部員となる。（堀内稔）〔文献〕『特高月報』1933.8

伍　禅 ご・ぜん　1904-88　中国広東省出身。26年来日、東京高等師範に学ぶ。31年10月呉朗西とともに帰国。32年夏から泉州の平民中学で教鞭を取るが33年夏に東南アジアへ移る。35年上海の立達学園で教えた

こともある。中華人民共和国成立後、致公党副主席を務める。（手塚登士雄・山口守）〔文献〕呉念聖「第三世代中国人アナーキストの中の日本留学組　沈仲九を中心に」『プロジェクト研究』5号早稲田大学総合研究機構2010.3、『懐念集』第2・5輯泉州平民中学・晋江民生農校校友会1987

呉　稚暉 ご・ちき　ウー・ジーホイ　1865.3.25-1953.10.30　本名・敬恒、幼名・紀霊、別名・燃、燃料、夷、朏　中国江蘇省陽湖県生まれ。江蔭の南菁書院に学び1891年挙人となる。上海の南洋公学の教員などを経て1901年日本に留学し、東京高等師範学校に入学するが、翌年7月成城学校入学事件で国外退去を命じられる。この間の政治意識は改良主義的であったが帰国後革命派へと移行する。03年蘇報事件を機にイギリスに渡る。05年冬中国同盟会に加入、翌年フランスに渡って李石曾、張静江らと世界社を結成する。この間アナキズムを受容し07年6月李石曾らとアナキズム宣伝誌『新世紀』を創刊し多数の記事、論説を執筆した。その思想は李石曾に影響された部分が多く、クロポトキンの思想を基盤とした科学主義的傾向を有し、中国の伝統文化を全面否定するところに特徴があった。ヨーロッパ滞在中アナキズムの鼓吹と併行して科学知識の普及にも尽力した。また孫文と同志的連帯を強め章炳麟らと論争を行い、同盟会における孫文の指導権維持に貢献した。武昌蜂起後帰国するがアナキズム宣伝には消極的となり、むしろ個人の修養と教育に関心を向ける。12年李石曾、蔡元培らと進徳会を結成、留法倹学会の設立に加わる。第2革命失敗後ヨーロッパに渡り勤工倹学会の設立に加わり16年帰国する。20年以降北京中法大学、リヨン中法大学の創設に協力、リヨン中法大学の校長としてフランスに滞在したが23年学内紛争のため帰国。「科学と人生観論争」では以前からの持論である唯物論的科学主義を展開した。24年1月中国国民党1全大会に出席、中央監察委員に選出される。この頃から反共主義を明確にする。北伐開始後、蔣介石に接近し同年の四・一二クーデタには支持を表明した。以後一貫して国民党右派として蔣介石を支持する立場を取り続ける。49年2月大陸を脱出し台湾に移り中央評議委員となった。著作

は『呉稚暉先生文集』に収められている。(嵯峨隆)〔文献〕李文雲『呉敬恒対中国現代政治的影響』正中書局1977, 楊愷齡『民国呉稚暉先生敬恒年譜』台湾商務印書館1981, 湯承業『呉敬恒述伝』世界書局1987

呉　致燮　ご・ちしょう　オ・チソプ　1904-1933.9.20　朝鮮平安南道大同郡竜江面草潭里生まれ。平安南道鎮南浦商工学校を卒業後、1924(大13)年渡日し李弘根と親交するなかでアナキズム思想をもつようになり、26年朝鮮自由労働者組合山手部創立時には献身的な活動を行った。一時故郷に帰り平壌で創立されたアナキストの連合体である関西同友会(1927年12月設立、のち関西黒友会と改称)に加入。再び渡日し28年1月に東京で組織された黒色連盟の主要メンバーとして活動、29年11月親日団体の相愛会幹部を斬って負傷させ、逮捕されて豊多摩刑務所に収監され31年1月出獄。31年4月休刊していた黒色連盟の機関誌『黒色新聞』の編集委員に加わり、同年4月21日同新聞第3号を無届け発行したとして検挙された。同年9月15日アナキスト労働団体の東興労働同盟、朝鮮自由労働者組合合同の「関東大震災被害虐殺同胞追悼及批判会」(中央仏教会館)で演説し、臨席警官の中止命令と同時に強制解散となり会衆はデモで抵抗した。32年6月東京から神戸へ運動の連絡に行き神戸で検挙されて朝鮮に強制送還、故郷で肺炎のため29歳で死没。(堀内稔)〔文献〕『社会運動の状況3』, 『韓国アナキズム運動史』, 『黒色新聞』1933.12

呉　鎮山　ご・ちんざん　オ・ジンサン　?-?　東京の朝鮮自由労働者組合のメンバーで、1929(昭4)年12月組合事務所で創立された極東労働組合に参加、33年3月の組合再編成で宣伝部員となる。(堀内稔)〔文献〕『特高月報』1933.8

呉　冕植　ご・めんしょく　オ・ミュンシク　1892-1937頃　別名・楊汝舟　朝鮮黄海道安岳出身。21年出身地で『朝鮮日報』『東亜日報』両新聞の記者をしている時、洪完基を知り独立運動のため同年11月上海に至る。金九を師とし実践運動に専念する。22年金九の指示で臨時政府秘書長の金革を殺害、また募兵徴金機関である韓国老兵会に加わる。29年鄭華岩らアナキストと交わり南華韓人青年連盟に加入する。32年11月李会栄が日本警察に逮捕されたのは李圭瑞ら二人の密告によるものだとして鄭華岩らと二人を殺害する。33年3月有吉明公使暗殺計画にも加わり5月日本総領事館の密偵であるとして李鉱洪を殺害する。さらに8月親日家の玉観彬を暗殺、南華連盟は鋤奸団の名義で玉観彬の罪状を公表する。同年11月再び金九一派に投じ、34年12月頃南京で組織された韓国独立軍特務隊の秘書としてテロ敢行の下準備を行う。35年末から金九らの横暴に不満を抱き、36年2月金東宇、韓道源、柳滋錫、金昌根、金勝恩ら韓国盟血団(猛血団)を結成する。しかし2月22日柳滋錫が拳銃強盗を行おうとして工部局警察に逮捕されたのを皮切りに3月韓道源、金勝恩、金昌根、呉冕植が逮捕され、猛血団は壊滅状態に陥る。逮捕者は朝鮮に送られ翌37年4月呉冕植と金昌根に死刑、柳滋錫と韓道源に懲役5年、金勝恩に懲役3年の判決が下された。(手塚登士雄)〔文献〕『韓国アナキズム運動史2 前編・民族解放闘争』黒色救援会1978

呉　朗西　ご・ろうせい　ウー・ランシー　1904.10-1999.2.20　中国四川省開県出身。22年上海に出て中国公学に学ぶ。同年エスペランティスト胡愈之から紹介された飯森正芳宅でのちに巴金らとパリでアナキズム活動を行う同級生呉克剛とともにエロシェンコと出会い、通訳として北京の魯迅宅までエロシェンコと同行。之江大学附属高校を経て25(大14)年日本に留学。上智大学でドイツ文学を専攻するが31年満州への日本の侵略に怒り卒業前に帰国。その後巴金らと文化生活出版社をおこし編集者、翻訳家として活躍。晩年の魯迅とも親交があった。また匡互生が創設しアナキストが集まった立達学園、福建のアナキストが黎明中学閉鎖ののちに創設した平民中学で教鞭をとった。(山口守)〔文献〕上海魯迅記念館編『呉朗西先生紀念集』上海文芸出版社2000

小荒井 啓八　こあらい・けいはち　?-?　1919(大8)年東京京橋区(現・中央区)の秀英本舎和文科に勤め活版印刷工組合信友会に加盟する。(冨板敦)〔文献〕『信友』1919年8月号

五井　輝夫　ごい・てるお　⇒佐野甚造　さの・じんぞう

小池　愛三郎　こいけ・あいざぶろう　?-?　別名・愛次郎　やまと新聞社に勤め東京の

新聞社員で組織された革進会に加わり、1919(大8)年8月の同盟ストに参加するが敗北。のち正進会に加盟。20年機関誌『正進』発行のために50銭寄付する。(冨板敦)〔文献〕『革進会々報』1巻1号1919.8,『正進』1巻1号1920.4

小池 伊一郎 こいけ・いいちろう ?-? 別名・青陽 長野県諏訪郡境村(現・富士見町)に生まれる。高等小学校卒業。その名は1907(明40)年3月27日の日刊『平民新聞』「読者の領分」欄に初めてみえる。同文によると東京市街鉄道勤務の05年頃『直言』により社会主義に接したという。07年10月境村小六部落を基盤に社会主義グループ喚醒会を結成。主義の伝道と『社会新聞』読者獲得につとめ同年末には同志十数人、購読者8人を得る。一方山崎今朝弥、村田四郎らとも交流し講演会も企画するが警察の干渉が強まり08年1月解散させられる。09年10月第二喚醒会といわれる農民喚醒会を結成、機関誌『農民』発行準備も進めるが10年6月メンバー13人とともに検挙、治安警察法違反で同年9月禁錮8カ月に処された(他の10人は禁錮6カ月、うち5人は執行猶予。3人は不起訴)。諏訪秘密結社事件といわれたこの事件は明らかに同年5月に始まった大逆事件検挙の一環であり農民喚醒会は潰滅した。(堀切利高)〔文献〕『社会主義沿革1』、松本衛士『長野県初期社会主義運動史』弘隆社1987

小池 梅三郎 こいけ・うめさぶろう ?-? 1919(大8)年横浜の福音舎に勤め横浜印刷技工組合に加盟、同組合の評議員を担う。(冨板敦)〔文献〕『信友』1920年1月号

小池 英三郎 こいけ・えいざぶろう ⇨佐野甚造 さの・じんぞう

小池 英三 こいけ・えいぞう 1902(明35)頃-1948(昭23)8 東京に生まれる。東京大学理学部卒業。語学の才能がありエスペラントのほか英・仏・独語もこなしたという。26年朝鮮馬山でエスペラント講習会を指導。27年第5次『労働運動』の同人となり、山鹿泰治とともにエスペラント講座や海外の運動を紹介する世界の運動欄を担当。27年村上信彦、平松義輝らの訪問を受け『クロポトキン全集』刊行の計画や当時のアナキズム運動の実状を紹介する。村上はのちに小池をモデルにした人物が登場する小説『音高く流れぬ』(興風館1940,4巻三一書房1958,2巻理論社1969)を書くほか、自身の日記に基づく『黒助の日記』(偕成社1977)を出版して小池との交友を詳述している。28年2月頃上海国立労働大学副校長の職を辞した沈仲九がヨーロッパへ向かう途中日本に立ち寄ると近藤憲二、留学中の中国人アナキスト衛恵林、張易(張景の弟)、毛一波、周索非らと会合をもつ。28-30年久保譲らと『クロポトキン全集』(全12巻春陽堂)の編集と出版に力を入れる。自身も「ロシアに於ける立憲運動」(2巻)、「ロシアの監獄」「シベリア流刑囚」(3巻)、「進化論と相互扶助」(7巻)、「フランス革命は何故に失敗したか」『倫理学・其の起源と発達』エスペラント版序」(11巻)など多くの論文を翻訳する。「クロポトキン全集月報」にも「フランス大革命の再吟味」(1929.1)、「『倫理学』其他」(1929.8)などの文章を載せる。29年自由書房よりベルクマン『クロンスタットの叛逆』を訳出し刊行する。31年朝鮮に渡り32年暮に戻る。石川三四郎の共学社に住み込み「神経系統の疲労のために静養をかねて畑仕事なぞ手伝う」(『ディナミック』1933.7)。39年頃満州に渡り新京(現・長春)に住む。満州のエスペラント運動に参加。41年6月22日新京で開かれた第10回全満エスペラント大会に出席する。48年8月敗戦後国民政府政治委員会調査部に留用されていたが、共産党軍に包囲された長春で食糧不足が原因で病死。妻は幼い長女とともに長春を逃れ、翌年瀋陽の日本人会で働きのち帰国。(手塚登士雄)〔文献〕山鹿泰治「たそがれ日記」、村上信彦「小池英三の思い出」『La Movado』1974.11、奥谷松治「小池英三君」『柳』1977.2、『エス運動人名事典』

小池 薫 こいけ・かおる 1896(明29)頃-? 別名・春水 21年6月大阪での借家人同盟大演説会の頃に東京から来て1週間ほど逸見直造宅に逗留し、宮本三郎と辻ビラ吊りをする。色白のすらりとした長身、背中まである長髪の美男子、印半纏に腹掛に、白いパッチに地下足袋姿、山形弁で話した。22年大串孝之助らの反軍ビラ闘争(過激思想軍隊宣伝事件)に連帯して7月14日東京両国の川開きに乗じてビラをまいた容疑で同月26日府下巣鴨宮下町(現・豊島区)の風来倶楽部にいた飯田徳太郎、中沢天蓋、伊串英治と検挙、20日間拘留される。当時小池は同志

から「無宿の春水」と呼ばれていた。また同年8月31日不穏ビラをまいたとして深川区富川町（現・江東区）のプロレタリア社で石井竜太郎ら5人と検束される。23年2月頃深川で難波大助に出会いしばらくともに暮らす。大阪の逸見宅を難波に紹介した。同年12月30日皇太子暗殺に決起した難波への差し入れと面会に行き理由なく逮捕される。その後の消息は不明だが24年から31,32年頃まで逸見吉三宛に松沢精神病院からの救出を求める葉書が定期的に届く。葉書が途絶えた34年頃山崎今朝弥が病院に問い合わせたが不在との回答だった。（冨板敦）〔文献〕『労働運動』3次7号1922.9、『資料大正社会運動史・上』、逸見吉三『墓標なきアナキスト像』三一書房1976、宮本三郎『水崎町の宿』私家版1981

小池 喜孝 こいけ・きこう 1916(大5)9.11-2003(平15)11.28 民衆史研究家。東京都北多摩郡東村山村（現・東村山市）出身。青山師範学校卒。小学校教師を続ける傍ら法政大学で歴史や社会学の教科研究を続ける。戦後、東京都教育労組で活動するも48年レッドパージで公職追放となる。51年三笠書房に勤務、村岡花子訳『赤毛のアン』の刊行に尽力する。53年北海道北見北斗高校へ社会科教師として赴任。66年美幌高校、73年北見工業高校に異動になる。54年秩父困民党会計長で死刑判決を受け北海道内に潜行、1917年に病没した井上伝蔵の事跡を調査、初めて歴史の掘り起こしを行い関係者が暴徒史観の呪縛から解放される場に立ち会う。72年秩父の歴史運動に触発され集団的な歴史掘り起こしを目指して「北見歴史を語る会」を結成、76年「オホーツク民衆史講座」に発展する。埋もれた歴史に光をあて既成の歴史評価を転換させる歴史掘り起こしは北海道開発の犠牲となった囚人、タコ労働者、アイヌ・ウタリ、強制連行され水銀鉱山等で働かされた中国人・朝鮮人など広範囲に及んだ。77年北海道歴史教育者協議会副会長、78年「人権と民主主義を守る民衆史掘りおこし北海道連絡会」事務局長に就任。78年北見工業高校を定年退職。82年埼玉県東松山市に移住、2003年病没した。小池は明治政府の奸策により北海道に集団移住させられた足尾鉱毒被害民の帰郷運動を支援、『谷中から来た人たち 足尾鉱毒移民と田中正造』（新人物往来社1972）を著し、また1905年に平民社の後援で北海道真狩村八ノ原（現・虻田郡留寿都村）に開園した平民社農場に入植した原子基、深尾韶、佐野安吉、鈴木志郎らの足跡を追った『平民社農場の人びと』（徳間書店1980）を著すなど優れたドキュメント作品を残した。（手塚登士雄）〔著書〕『鎖塚 自由民権と囚人労働の記録』現代史出版会1973、『秩父蕨 秩父事件と井上伝蔵』現代史出版会1974、『伝識と森蔵 自由民権とアイヌ連帯の記録』現代史出版会1976、『常紋トンネル 北辺に甦れたタコ労働者の碑』朝日新聞社1977〔文献〕「民衆史研究家・小池喜孝先生ご逝去」『ヌプンケシ』市史編さんニュース62号北見市企画部2003.12.15.

小池 潔 こいけ・きよし ?-? 1903(明36)年週刊『平民新聞』の創刊に際し資金を提供した。04年荒畑寒村、服部浜次らが設立した横浜平民結社に参加。また同社が解散したのちに組織された曙会にも加わる。その後日本社会党に入党。10年頃福音印刷の支配人をつとめていたが大逆事件の取り調べを受ける。不敬罪で検挙され懲役5年の実刑となっていた田中佐市が12年大赦で出獄すると、同志を集めて活動を再開する。大杉栄、荒畑らの『近代思想』の小集会にも参加。15年9月印刷会社マンノー社を創立し23年関東大震災で福音印刷が廃業するとマンノー社に専心する。40年小池印刷所を創設したが44年活字献納のために廃業。戦後活動を再開することはなかった。（西山拓）〔文献〕竪山利忠編『神奈川県労働運動史－戦前編』神奈川県労働部労政課1966、荒畑寒村『寒村自伝・上下』岩波文庫1975、水沼辰夫『明治・大正期自立的労働運動の足跡』JCA出版1979

小池 公平 こいけ・こうへい ?-? 東京毎日新聞社に勤め新聞工組合正進会に加盟。1920(大9)年機関誌『正進』発行のために寄付をする。（冨板敦）〔文献〕『正進』1巻1号1920.4

小池 宗四郎 こいけ・そうしろう 1893(明26)9.1-? はるは妻。栃木県河内郡豊郷村（現・宇都宮市）に生まれる。1919年（大8）春、黒瀬春吉、元時計工の中村還一らと労働同盟会を組織する。尚工舎に時計工として勤め、北豊島郡西巣鴨町宮仲（現・豊島区巣鴨）のナプボルツ商会時計工場職工グループの土曜会に参加し同社に移る。20年5月29日大塚倶楽部で時計工組合（ナプボルツ商会時

計工場職工150名の組合)発会式を行う。この頃，時計工組合同志の渡辺満三と小出邦延を北風会や労働組合研究会に紹介した。9月北風会と土曜会とを合同し東京北郊自主会とする。同年，日本社会主義同盟に加盟。21年2月宝商会目黒時計工場の争議に時計工組合から応援にかけつけて勝利。同月27日大塚倶楽部で宝商会目黒時計工場職工30名を加えた時計工連合を結成する。同年4月創刊の『労働者』の同人。東京府北豊島郡西巣鴨町池袋(現・豊島区池袋)に妻・はると暮らしていた。(冨板敦)〔文献〕『労働運動』2次8号1921.4，『労働者』1号1921.4，『警視庁思想要注意人名簿(大正10年度)』

小池 長治郎 こいけ・ちょうじろう ?-? 1919(大8)年東京神田区(現・千代田区)の三秀舎文選科に勤め活版印刷工組合信友会に加盟する。(冨板敦)〔文献〕『信友』1919年8・10月号

小池 長二郎 こいけ・ちょうじろう ?-? 上毛印刷工組合のメンバー。1927(昭2)年初め頃竹本藤次郎宅の組合事務所を引き継ぎ，前橋市一毛町の自宅を一時組合事務所とする。同年3月20日前橋市で開かれた全印連第4回大会で情勢報告を行う。5月21日上毛印刷桐生支部設立懇談会で開会の辞を述べる。9月18日前橋市才川町演芸館で開かれた上毛印刷第4回大会で会務報告をし11月6日上毛印刷渋川支部発会式で議長をつとめる。28年9月16日上毛印刷第5回大会で書記となる。(冨板敦)〔文献〕『自連』9.10・11・13・17・19・28 1927.3・4・6・10・12・28.10

小池 透 こいけ・とおる ?-? 長野県の医師で大杉栄，堺利彦と関係したとして特別要視察人名簿に掲載されている。また川上真水との連絡のもとに1915(大4)年5月雑誌『薄い骨』を発行しアナキズム的記事を掲載したが，同誌は同年9月に3号で発禁となったと記されている。(西山拓)〔文献〕『社会主義沿革1』

小池 はる こいけ・はる ?-? 宗四郎は夫。1920年(大9)日本社会主義同盟に加盟。宗四郎の影響で東京北郊自主会に出入りしたとして1921(大10)年警視庁の思想要注意人とされる。東京府北豊島郡西巣鴨町池袋(現・豊島区池袋)に夫・宗四郎と暮らしていた。(冨板敦)〔文献〕『警視庁思想要注意人名簿(大正10年度)』

小池 弘 こいけ・ひろし ?-? 1919(大8)年東京京橋区(現・中央区)の三協印刷株式会社文選科に勤め活版印刷工組合信友会に加盟する。(冨板敦)〔文献〕『信友』1919年8月号

小池 政雄 こいけ・まさお ?-? 1919(大8)年東京牛込区(現・新宿区)の日清印刷会社紙截科に勤め活版印刷工組合信友会に加盟する。(冨板敦)〔文献〕『信友』1919年8・10月号

小生 夢坊 こいけ・むぼう 1895(明28)2.13-1986(昭61)12.6 本名・第四郎 夢坊は永平寺僧の命名。金沢市生まれ。日本画家広谷水石の門に学ぶ。雑誌『ベースボール』に野球漫画を連載。のち14年頃母と上京。『二六新報』の文芸欄を担当，『第三帝国』『新社会』に寄稿，堺利彦は『へちまの花』に寄せた画を聖と称えた。16年北原竜雄や岩崎善右衛門らと地方遊説。関東大震災直後の23年から浅草を舞台とする曾我廼屋五九郎らの演劇活動に関係，布施辰治の支援のもと俳優の争議を決行しプロレタリア芸術家の使命を唱える。八光流誌『護身道』にも寄稿。戦後は樋口一葉記念館の建設，曾我廼屋五九郎顕彰碑の建立，下町博物館の建設などの文化活動に尽力する。戦後の著作に53年『天狗まんだん』(長谷川書房)や73年『小生夢坊随筆集』(八光流全国師範会)などがある。大正期に「特別要視察人」乙号に指定されたことがあるが，後年になっても大逆事件は国家権力のデッチあげと批判した。(北村信隆)〔著作〕『野球絵物語』野球界社1913，『尖端をゆくもの』塩川書房1930，『涙と憤りと共に 布施辰治の生涯』(本多定喜と共著)学風書院1954〔文献〕『社会主義沿革2』

小泉 策太郎 こいずみ・さくたろう 1872(明5)11.3-1937(昭12)7.28 別名・三申 静岡県賀茂郡三浜村(現・南伊豆町)に生まれる。小学校卒業後漢学を独学，故郷の成功館の教員となる。1892年自由党系の『静岡日報』記者となるが数カ月で退社。上京して村上浪六宅で居候となる。その後『自由新聞』に入社，幸徳秋水を知る。95年『めさまし新聞』に移る。その後『九州新聞』の主筆となる。その間，史伝作家としての地位を築いた。1903年再上京，『週刊経済新聞』を創刊，印刷所三協舎の経営に参加，東京市街鉄道ほかの会社要職につくなど財界進

出を果たす。一方理想団にも加わる。幸徳には友人として個人的援助を行ったが本人は社会主義者にはならなかった。大逆事件では幸徳との関係で取り調べを受ける。幸徳の墓に「幸徳秋水之墓」と記す。他方政界進出を志し12年政友会から立候補し当選、以後7回選出された。28年政友会を脱党、30年事実上引退。（西山拓）〔著作〕『懐往時談』中央公論社1935，『小泉三申全集』全4巻岩波書店1939-42〔文献〕小島直記『小泉三申』中公新書1976，長谷川義記『評伝小泉三申』島津書房1977

小泉 しま こいずみ・しま ?-? 1919（大8）年東京本所区（現・墨田区）の凸版印刷会社解版科に勤め活版印刷工組合信友会に加盟する。（冨板敦）〔文献〕『信友』1919年8・10月号

小泉 竹次郎 こいずみ・たけじろう ?-? 新聞工組合正進会に加盟し1924（大13）年夏，木挽町（現・中央区銀座）本部設立のために1円寄付する。（冨板敦）〔文献〕正進会『同工諸君‼ 寄附金芳名ビラ』1924.8

小泉 哲郎 こいずみ・てつお ?-? 1925（大14）年井上新吉，古川時雄，栗原一男，松永鹿一らと自我人社を結成する。27年10月31日仙台市公会堂での東北黒色青年連盟設立の大演説会に自我人社の井上，山本と応援に駆けつける。28年3月自連第2回大会で自我人社を代表して演説。この年半ばに自我人社は解体し栗原と民烽社をおこす。29年8月編集発行印刷人として機関紙『民衆自治』を創刊する。（冨板敦）〔文献〕『黒色青年』18・22号1928.9・29.12，『民衆自治』1号1929.8，『自連』23号1928.4

小泉 富三 こいずみ・とみぞう ?-? 新聞工組合正進会に加盟し1924（大13）年夏，木挽町（現・中央区銀座）本部設立のために1円寄付する。（冨板敦）〔文献〕正進会『同工諸君‼ 寄附金芳名ビラ』1924.8

小泉 寅吉 こいずみ・とらきち ?-? 新聞工組合正進会に加盟し1924（大13）年夏，木挽町（現・中央区銀座）本部設立のために50銭寄付する。（冨板敦）〔文献〕正進会『同工諸君‼ 寄附金芳名ビラ』1924.8

小板橋 光太 こいたばし・こうた ?-? 1919（大8）年東京京橋区（現・中央区）の築地活版所印刷科に勤め日本印刷工組合信友会に加盟する。（冨板敦）〔文献〕『信友』1919年10月号

小出 邦延 こいで・くにのぶ 1895（明28）1.4-? 別名・邦造 大阪府西成郡豊崎町（現・東淀川区）に生まれる。上京し北豊島郡西巣鴨町宮仲（現・豊島区巣鴨）のナブボルツ商会時計工場に時計工として勤める。1920（大9）年5月29日大塚倶楽部で小池宗四郎，渡辺満三らと時計工組合（ナブボルツ商会時計工場職工150名の組合）発会式を行う。小池の紹介で渡辺と北風会や労働組合研究会に出入りするようになる。同年，日本社会主義同盟に加盟。21年2月宝商会目黒時計工場の争議に時計工組合から応援にかけつけて勝利。同月27日大塚倶楽部で宝商会目黒時計工場職工30名を加えた時計工連合を結成する。同年4月創刊の『労働者』の同人。西巣鴨町巣鴨（現・豊島区巣鴨）に住んでいた。（冨板敦）〔文献〕『労働運動』2次8号1921.4，『労働者』1号1921.7，『警視庁思想要注意人名簿（大正10年度）』

小岩 新一郎 こいわ・しんいちろう ?-? 1926（大15）年頃，北海道上川郡人舞村（現・清水町）で暮し農民自治会全国連合に参加。北海道代表の農自全国連合委員を務め同年末頃には農自北海道連合の事務所を自宅に置いていた。（冨板敦）〔文献〕『農民自治会内報』2号1927，『農民自治』臨時号1927.10，竹内愛国『農民自治会』『昭和2年版解放運動解放団体現勢年鑑』解放社1927

小岩 陟 こいわ・わたる ?-? 1919（大8）年東京京橋区（現・中央区）の築地活版所石版科に勤め日本印刷工組合信友会に加盟する。（冨板敦）〔文献〕『信友』1919年10月号

小岩井 浄 こいわい・きよし 1897（明30）6.9-1959（昭34）2.19 長野県東筑摩郡島立村栗林（現・松本市）に中農の長男として生まれる。開明的な家庭で育ち石川啄木に傾倒した。松本中学で校長の生徒会解散に抗議して退学，一高を経て19年東京大学法学部に入学し新人会に参加。卒業後，弁護士として社会運動に関わった。また荒畑寒村の情熱に感動して共産党に入党しサンジカリズムからマルクス主義に転換したといわれる。23年第一次共産党事件で検挙。下獄後27年労働農民党に参加し福本イズムのセクト主義を批判した。29年新労農党結成に参加，河上肇と接近する。32年再検挙の出獄後は弁護士資格を剥奪された生活窮迫のな

かで『冬を凌ぐ』(ナウカ社)を刊行。35年内野壮児らと『労働雑誌』を創刊し「反ファシズム人民戦線」の論陣を張った。37年検挙、獄中で転向。中国に渡り東亜同文書院で憲兵に見張られながら日本精神思想史を講義したという。戦後は復党が認められず、愛知大学学長などをつとめながら「民主主義陣営の発展に貢献」した。(安田常雄)〔文献〕岩村登志夫「小岩井浄論」『日本人民戦線史序説』校倉書房1971,『エス運動人名事典』

黄　愛　こう・あい　ホワン・アイ　1897.9-1922.1.17　別名・正品，建忠　中国湖南省常徳県生まれ。長沙の甲種工業学校を経て天津高等工業学校に学ぶ。五・四運動がおこるとこれを積極的に支持，天津学生連合会の執行部の一員となる。同年8-9月山東鎮守使馬良に反対する運動で逮捕され，学校を除籍となる。翌年北京で工読互助団に参加。この頃からアナキズムに傾斜する。同年9月長沙に戻り龐人銓らと甲工学友会を組織し，同年11月これを基礎に湖南労工会を結成，教育部主任となる。以後湖南第一紗廠の公有化問題に取り組むが21年4月逮捕されて運動は敗北に終わる。同年冬毛沢東の要請に応じて安源炭鉱を訪れ労働者の生活状況を視察。この頃社会主義青年団に加入したともいわれる。22年1月湖南第一紗廠で一時金要求のストが発生。龐人銓とともに経営者側との交渉にあたったが捕らえられて処刑される。(嵯峨隆)〔文献〕『中共党史人物伝14』陝西人民出版社1984,『湖南労工会研究論文及資料』湖南人民出版社1986

黄　瀛　こう・えい　ホアン・イン　1906(明39)10.4-2005(平17)7.30　中国人の父と日本人の母のもと中国四川省重慶に生まれる。幼くして父を亡くし母と来日。19年千葉県八日市場尋常高等小学校を経て正則中学校に入学。23年夏当時家族のいた中国天津に帰省中，関東大震災で東京に帰れず青島日本中学校に編入。ここで嶺南大学留学中の草野心平を知る。25年再び来日。同年2月『日本詩人』に投稿，千家元麿の選で1位となる(2位は菊岡久利)。4月原理充雄，劉燧元，富田彰，草野と『銅鑼』を，10月には高村光太郎，手塚武，菊岡らと『朝』(のち『氾濫』と改題)を創刊する。26年高村が保証人となり文化学院に入学。翌年中退し陸軍士官学校に入学。28年『学校』の同人となる。29年2月伊藤信吉の『片(ペンス)』，5月坂本七郎の『第二』に参加，12月アナ派アンソロジー『学校詩集』に詩「唐沽から天津へ」「将軍よ!」を寄せる。同年春宮沢賢治を訪問。30年田村栄を発行者として第1詩集『景星』上梓。31年南京で軍務につく。34年第2詩集『瑞枝』上梓。49年国民党の将校として共産党軍の捕虜となり投獄(1962出獄)。66年文化大革命で再び投獄(1978出獄)。78年四川外語学院で日本語を教え始める。84・96年来日。(冨板敦)〔著作〕『景星』私家版1930,『瑞枝』ボン書店1934・復刻版蒼土舎1982〔文献〕秋山清『あるアナキズムの系譜』冬樹社1973,伊藤信吉『逆流の中の歌』泰流社1977,『新訂学校詩集(1929年版)』麦書房1981,佐藤竜一『黄瀛』日本地域社会研究所1994,寺島珠雄『南天堂』皓星社1999

洪　泳祐　こう・えいゆう　ホン・ヨンウ　?-?　1928(昭3)年1月東京で創立された自由青年連盟の中心メンバー。(堀内稔)〔文献〕『社会運動の状況2』

高　漢容　こう・かんよう　コ・ハニョン　1903(明36).7.23-1983(昭58).10.23　開城(ケソン)出身。朝鮮最初のダダイスト。日本大学に留学していた1921年頃に高橋新吉や辻潤の影響を受けてダダに目覚め，朝鮮の新聞や雑誌に本名または高ダダの名でダダを紹介する記事を書いた。24年には高橋と辻をソウル旅行に招いた。なお辻の年譜などに記されている「ピストル乱射事件」が実際に起った形跡はない。高はアナキストではなかったものの秋山清たちの雑誌『詩戦行』のメンバーにも名を連ねアナキストの友人，知人は多かった。高山慶太郎という筆名を持っていたが後に秋山清に譲る。一時，宮崎で地方新聞社に勤務したこともある。27年頃以後はずっと朝鮮で暮らしソウルで没した。最初の妻と子は亡くなり，二度目の妻との間に三男二女をもうけた。児童文学者高漢承(コ・ハンスン，1902-?)は同郷で遠い親戚。(吉川凪)〔文献〕『東亜日報』1924.11.17・12.1・12.22,『開闢』1924.9.1924.10

洪　亨義　こう・きょうぎ　ホン・ヒョンウィ　1911.5.3-1968.3.11　朝鮮咸鏡南道洪原郡竜源面竜湖里に生まれる。31年3月開城商業学校を卒業。4月日本大学社会学科入学。32年2月黒友連盟に加入しメーデーの乱闘

で佐野甚造らとともに検束される。同年10月洪性煥,韓何然らと自由コンミュン社を創立し編集人として12月20日『自由コンミュン』を創刊(33年3月12日2巻1号200部を発行頒布したのち資金難となり同月14日廃刊)。34年2月同大学を3年で中退,韓国学生事件で日本を追放される。35年1月三千里社編集局に入社,37年6月退社する。同月朝鮮エスペラント文化社を創立,10月全文エスペラント誌『コレーア・エスペランティスト』を刊行する。39年3月日本警察に逮捕され雑誌は廃刊。獄中体験をもとに洪は「全朝鮮のすべての刑務所はエスペラントの学校になった」という。45年11月民友社を設立し出版部責任者となる。同年12月創立の朝鮮エスペラント学会書記長となる。のち成均館大学講師,青丘大学副教授を歴任。52年1月世界エスペラント協会韓国代表となる。57年には韓国エスペラント学会会長をつとめ65年8月第50回世界エスペラント大会(東京)に参加。67年嶺南大学の教授となる。〔冨板敦〕〔著作〕『洪亨義先生文選』同刊行委員会(韓国)1969〔文献〕ウルリッヒ・リンス『危険な言語』(栗栖継訳)岩波書店1975,大島義夫・宮本正男『反体制エスペラント運動史(新版)』三省堂1887,初芝武美『日本エスペラント運動史』日本エスペラント学会1998,『エス運動人名事典』

黄 源 こう・げん 1906-2003 中国浙江省出身。春暉学園を経て1925年秋,立達学園に入学。27年後半,労働大学編訳館に勤務,魯迅が労働大学や立達学園で行った講演の記録を担当。28年1月来日,呉朗西,朗偉,張易,中村有楽らと交流。29年夏帰国後『文学』『訳文』等の編集に携わる。36年国防文学論戦で巴金と共に中国共産党側からアナーキストと非難されるが,魯迅が擁護。〔手塚登士雄・山口守〕〔文献〕呉essential『第三世代中国人アナーキストの中の日本留学組 沈仲九を中心に』『プロジェクト研究』5号早稲田大学総合研究機構2010.3,丸山昇他編『中国現代文学事典』東京堂1985,『魯迅全集』第17巻北京・人民文学出版社2005

黄 興 こう・こう ホワン・シン 1874(明7)10.25-1916(大5)10.31 原名・軫,号・杞園,字・厪午を後に名・興,号・克強へと変える。筆名は競武,琴五など多数。中国湖南省長沙生まれ。孫文,章炳麟と並ぶ辛亥革命期の代表的革命家の一人。長沙の城南書院を経て清末の洋務派官僚張之洞が創設した両湖書院に進み,在学中に軍事蜂起の計画に関与するも失敗。1902(明35)年6月日本へ留学し弘文学院に学ぶ。03年6月帰国後は湖南を中心に宋教仁,陳天華らと反清革命活動に従事,03年11月に革命団体華興会を設立して会長に就任。一省自立志向の強い点で孫文らとの思想的分岐はあるものの孫文と共に辛亥革命前の反清革命活動を主導した。日本留学時代に知り合った宮崎滔天との親交が深く,革命思想の交流のみならず,長男一欧が宮崎に引き取られて日本で教育を受けるなど個人的な関係でも二人は深く結びついていた。また辛亥革命をめぐるアジア主義を回路として黒龍会の成員とも接点があった。石川三四郎が13年3月渡欧の寄港地上海で黄興を訪ねるなど日本のアナキストとも交流があった。〔山口守〕〔著作〕『黄興年譜』湖南人民出版社1980〔文献〕『黄興集』湖南人民出版社2008,宮崎滔天『革命党領袖黄興と語る』『黄興先生三週年の思ひ出』『黄興将軍と刺客高君』『宮崎滔天全集』第1巻 平凡社1973,石川三四郎『ポール・ルカ号の旅』『石川三四郎著作集』第8巻青土社1977,「支那の知友達」『石川三四郎著作集』第6巻青土社1978

江 亢虎 こう・こうこ チャン・カンフー 1883.7.18-1954.12.7 本名・紹銓。別名・洪水,亢廬,康瓠 中国江西省弋陽出身。12歳の時北京の東文学堂に入り,1901(明34)年春から半年間日本に留学。帰国後北洋編訳局総弁と『北洋官報』の編集者となる。07年の渡日の際,日中両国のアナキストと交わり社会主義に傾倒。11年7月上海で社会主義研究会を組織。同年11月同会を中国社会党に改組。当初アナキズムの傾向をみせたが翌年には改良主義的傾向に転じる。13年8月中国社会党が解散を命じられたため渡米。20年夏帰国,翌年春にはソ連を訪問,コミンテルン第3回大会に参加しレーニンらと会見する。しかし22年8月に帰国後は反共を前面に出した「新社会主義」を主張。24年6月再び中国社会党(翌年,中国新社会民主党と改称)を組織。国民革命時期,新社会民主党を解散し27年夏米国に渡りのちにカナダの大学で教鞭をとる。33年秋帰国,日中戦争勃発後は香港に逃れたが39年9月上海に移り翌年3月の汪精衛の南京政府成立後

高　自性　こう・じせい　コ・ジャソン　1894.5.23-1961.4.1　本名・柳華永，別名・柳林，金月波　朝鮮慶北道安東郡出身。1910年日韓併合後光復運動に挺身。19年三・一運動以後武装闘争を準備する目的で満州に脱出。22年四川省の成都師範大学に入学，巴金と知り合いエスペラントを教える。25年卒業。その後各地を転々とし朝鮮青年の組織と人材育成に尽力する。28年満州地域に入り吉林で韓族労働党中央幹部に選ばれる。29年金宗鎮，李乙奎とともに新民府の指導者である金佐鎮に対しアナキズムに基づいて新民府を再編することを説得し，同年7月韓族総連合会が組織される。31年奉天(現・瀋陽)で朝鮮共産無政府主義者連盟事件により逮捕され朝鮮に送還される。懲役5年の刑を終え37年出獄。再び満州に脱出し活動を続ける。43年以降大韓民国臨時政府の要職を歴任。45年朝鮮独立後韓国に帰り46年全国アナキスト大会の決議に従って7月独立労農党委員長に選ばれる。52年朝鮮アナキスト総連盟書記長名でのメッセージが『平民新聞』27号(1952.9.5)に掲載されている。60年革命同志総同盟を結成する。(手塚登士雄)〔文献〕嶋田恭子『巴金と朝鮮人』『相浦杲先生追悼中国文学論集』同刊行会1992

黄　子方　こう・しほう　1900-76　中国雲南省出身。24年来日，東京高等師範に学ぶ。同郷の張景を通じて沈仲九，衛恵林，呉朗西及び石川三四郎，山鹿泰治，武良二らと知り合う。石川三四郎『西洋社会運動史』を翻訳。28年帰国，『革命週報』を発行する自由書店で働く。31年泉州の黎明高級中学図書館に勤務，後に上海に行き巴金らが主宰する『時代前』の編集に協力。31年伍禅と週報『弗尼達姆』を発行するが発禁処分を受ける。(手塚登士雄)〔文献〕呉念型「第三世代中国人アナキストの中の日本留学組　沈仲九を中心に」『プロジェクト研究』5号早稲田大学総合研究機構2010.3

高　順欽　こう・じゅんきん　コ・スンフム　1890-1975　朝鮮全羅南道済州島出身。ソウルで秘密結社大韓独立団を組織して独立運動を展開，19年7月には朴重華らと朝鮮労働問題研究会を組織，翌20年4月朝鮮で初めての労働団体である労働共済会結成に参加し綱領と憲章を起草した。活動を展開するうち22年8月に逮捕され釈放後24(大13)年3月に大阪に渡り崔善鳴らが組織した思想団体の南興黎明社に関係，同年6月には崔善鳴，金泰燁らとともに朝鮮無産者社会連盟を組織，同年8月大阪朝鮮労働同盟会，三一青年会，南興黎明社などと共同で朝鮮人言論集会圧迫弾劾大会などを開催した。25年朝鮮女子保護会を組織し特に済州島出身の女工の待遇改善とその権利の擁護を標榜して紡績工場における女工の待遇改善その他紛争問題に関与，自由労働団堺市第一連盟などの組織化にも参与した。堺市に住み朝鮮日報堺支局長も兼ねる。同年夏の朝鮮水害罹災民救済運動では自由労働団堺市第一連盟主催，朝鮮日報後援の形で救援義捐金募集のため在阪の各労働団体に働きかけ「朝鮮大水災罹災同胞救援団」を組織，主に堺市において義捐金の募集活動を行い9月には文明批評社の大串孝之助らとともに救援演説会を開催した。26年には朝鮮新進会の尹赫済とともに亜細亜民族大会反対運動を提唱し在日本労働総同盟大阪連合会と提携して運動を進める一方，自我声社，朝鮮民報社などの言論事業にも貢献した。解放後は初期民団の幹部として活動した。(堀内稔)〔文献〕『韓国アナキズム運動史』，『在留朝鮮人の状況』

洪　性煥　こう・せいかん　ホン・ソンファン　1906-1975　在東京朝鮮人アナキスト団体である黒友連盟の幹部。1932(昭7)年11月韓何然らと自由コンミュン社を創立，機関紙『自由コンミュン』を発行する。『黒色新聞』だけではアナキズム思想を十分に宣伝できない憂慮があったためだが，翌33年3月には資金不足で廃刊する。同年夏上海の有吉明公使暗殺未遂事件で逮捕された白貞基，元心昌，李康勲らが長崎に押送されることを知り梁一東，崔学柱らの同志とともに救援活動を展開，11月代表として長崎に派遣される。34年9月には台風で被害を受けた関西地方在住同胞救援のため在東京朝鮮人

アナキスト団体と日本人団体自由連合組合が主催した義捐金募集運動に参加、また35年5月には黒友連盟の事務所移転にからみ移転費を強要したとして李東淳とともに逮捕される。(堀内稔)〔文献〕『社会運動の状況4-7』、『韓国アナキズム運動史』

高 成熙 こう・せいき コ・ソンヒ 1930-1988.10.17 別名・塔 朝鮮咸鏡南道咸興市周吉町に生まれる。幼年時から抗日精神に富み日本人教師排斥運動、三・一運動に参加。咸興鉄道学校を卒業。南満鉄道機関庫に就業、労働運動に加わる。22年関東社会主義同盟、咸興労働同盟にも参加。27年5月咸興で金信遠ら15人とともに咸興自然科学研究会を結成。7月平壌で関西黒友会の李宏根とともに咸興精進青年会を組織し共産主義陣営の赤色労働組合に反対し黒色社会運動に専念。洪原で活動し洪祖順と結婚。43年咸鏡南道安辺に移り人材養成を目的に小学校を設立。45年東明木材を経営。60年四・一九学生運動の直後、鄭華岩、梁一東らとともに民主社会主義研究会の主要メンバーとして活動。66年9月『韓国無政府主義運動史』出版準備委員に加わる。77年社団法人国民文化研究所信用協同組合の理事と顧問に就任。(金明燮)〔文献〕『古塔高成熙先生自筆略暦』1978

黄 素英 こう・そえい ホワン・スウーイン 1901-? 中国広東省東番禺出身。3歳で父と死別。借金の人質となって高利貸しの手に渡り6歳頃から酷使され16歳の時シンガポールの売春街に売られる。15年かけて借金を返し結婚して写真屋を開業する。22年中国における排日運動がシンガポールに波及すると夫とともにこの運動に加わりアナキズムを学ぶ。その後夫とともに追放され広州に戻って活動する。25年再びシンガポールに渡り府総督の爆殺を計画するが果たせず、クアラルンプールの華民護衛司署に爆弾を投げる。華民政務副司が負傷し素英も負傷し逮捕される。一時獄死したと伝えられ李占標が『黄素英伝』を編むが、その後裁判で懲役10年の刑に処されたと伝えられた。(手塚登士雄)〔文献〕欧西「南洋無政府主義運動の概況」『中国アナキズム運動の回想』総和社1992、山鹿泰治訳「東洋のソフィア 鮮血に滲んだ黄素英女史の半生」『労働運動』4次10号1925.6・「叛逆者伝8 黄素英」『自連新聞』35号1929.5

黄 尊生 こう・そんせい ホワン・ツゥンション 1894-? 別名・渭声, 渭生 中国広東省出身。1912年広州で許論博からエスペラントを学ぶ。広州のアナキスト・グループの一人として14年広州無政府共産主義同志社に加わり『民声』の刊行に協力、20年広州におけるアナ系共産党の結成にもかかわる。21年フランスのリヨンに留学。24年8月ウィーンで開かれた世界エスペラント大会に蔡元培とともに参加。25年8月ジュネーブで開かれた第17回世界エスペラント大会の夏季大学で孔子思想について講演する。国際エスペラント運動中央委員会委員の要職を歴任する。26年広州世界語師範講習所処長となり中山大学でエスペラントを教える。第2次大戦前ブタペストで刊行されたエスペラント百科事典の中国関係の運動および人物の主要な寄稿者。(手塚登士雄)〔文献〕宮本正男『大杉栄とエスペラント運動』黒色戦線社1988、侯志平『世界語運動在中国』中国世界語出版社1985

洪 鎮裕 こう・ちんゆう ホン・ジニュ 1897.10.24-1928.5.18 朝鮮忠清南道論山郡城東面三湖里生まれ。三・一独立運動後渡日、21(大10)年11月朴烈らと黒濤会結成に参加、22年黒濤会が分立した黒友会に加入した。小柄な痩身の身で肉体労働に従事、黒友会事務所に起居しながら労働自進会など労働運動を展開した。その間、最初の朝鮮語アナキズム機関紙『民衆運動』を創刊したがまもなく廃刊、続いて『自壇』を創刊した。23年9月4日朴烈事件で金子文子らと検挙されたが不起訴となる。当時の彼を「頗る多面的の思想の持主で、情熱家で、その反面恐るべき理想家で理知的なその生活は当時、周辺の人々をして驚嘆せしめていた」と栗原一男は評している。24年夏市ヶ谷刑務所を出獄したのち朝鮮に帰り、25年4月24日「京城」府内で黒旗連盟発起人会を開いたが李復遠(李哲)らとともに検挙された。同年11月17日制令第7号違反として京城地方法院で懲役1年の判決を受け西大門刑務所で服役。病気保釈後、28年5月18日京城大学病院で親友李箕永や妹らに見守られながら死没した。(堀内稔)〔文献〕慶尚北道警察部『高等警察要史』1934、『韓国アナキズム運動史』、栗原一男「反逆者列伝2 洪鎮裕」『自連新聞』41号1929.11

黄　天海　こう・てんかい　ホワン・ティエンハイ　?-?　台湾の宜蘭出身。宜蘭出身の呉麗水らが1926年6月南京で結成した中台同志会の宜蘭での会合に出席したため7月取り調べを受けるが不起訴。27年頃台湾文化協会の北部地域の重要幹部とみられていた。星光演劇研究会を組織し各地で演劇活動を行っていた張維賢の影響を受け28年12月宜蘭民烽劇団を組織する。30年5月前年11月彰化で結成された台湾労働運動互助社が開催した台湾社会運動清算講演会に参加する。同年8月林斐芳と文芸雑誌『明日』を創刊。同年6月東京の築地小劇場で演劇を学んで帰台した張維賢が結成した民烽演劇研究会に加わり，研究会では「近代劇概論」の講師をつとめる。台湾労働互助社を結成した陳崁らが同社の機関紙とすべく盛んに投稿する。6号を刊行するがそのうち3号が発禁処分を受ける。その後上海に赴き黄天海一派をなすが当地で死没したとされている。（手塚登士雄）〔文献〕台湾総督府警務局編『台湾総督府警察沿革誌3』1939，王詩琅「思想鼎立時期の雑誌」『王詩琅全集9』徳馨室出版社1979

洪　日　こう・にち　ホン・イル　?-?　1934（昭9）年9月『黒色新聞』31号発行で李東淳とともに検挙される。（堀内稔）〔文献〕『自連新聞』94号1934.9

高　万植　こう・ばんしょく　コ・マンシク　?-?　東京の朝鮮自由労働者組合のメンバーで1929（昭4）年12月組合事務所で創立された極東労働組合に参加，33年3月の組合再編成で会計部員となる。（堀内稔）〔文献〕『特高月報』1933・8

高　武湜　こう・ぶしょく　コ・ムシク　?-?　東京の朝鮮自由労働者組合のメンバー。1931（昭6）年4月本所区麴町（現・墨田区）の職業紹介所で暴行を働いたとして検挙される。（堀内稔）〔文献〕『自連新聞』1931.4

黄　凌霜　こう・りょうそう　ホワン・リンシュアン　1898-1988　本名・文山　筆名・兼生，超海，列悲ほか　広東省台山県出身。1914年区声白，劉石心らと広州無政府共産主義同志社を設立。15年北京大学入学。17年5月区声白，趙太侔らと実社を結成し『実社自由録』を刊行。19年1月民声社，実社，平社，群社を合併して進化社を結成，上海で月刊『進化』を刊行する。また同年『北京大学学生週刊』の総編輯となり誌上で虚無主義革命を主張する朱謙之と論戦。同年11月『進化』が軍閥政府により発禁となると天津で『新生命』を創刊。20年4月コミンテルンが派遣したヴォイチンスキーが天津に到着すると李大釗との面会を手配した。ヴォイチンスキーは各地に社会主義者の統一戦線的組織の結成を促す。北京では8月，少年中国学会，覚悟社，人道社などが合同して「改造聯合」が設立され，北京共産主義組織では当初8人のうち6人が黄の率いるアナキストだった。黄の要請で上海に移った鄭佩剛は陳独秀に協力，「社会主義者同盟」の活動として又新印刷所を設立し雑誌，小冊子，ビラを発行した。黄はヴォイチンスキーの命で広州入りしたストヤノヴィチらに区声白，梁冰弦らを紹介，アナキストによる「共産党」が組織され，20年10月『労働者』を創刊。20年末，陳独秀が広州入りし区声白と激しい「無政府主義論戦」を展開，アナキストらは袂を分かち21年3月広州で『民声』を復刊。また22年4月無政府主義者同盟（AF）を結成，共産党に対抗した。梁冰弦，劉石心らと広東機器工会を組織。22年1月モスクワで開かれた極東民族大会に参加，ボルシェビズムの実態に批判を強める。この間秦抱朴とクロポトキン夫人を訪問。21年北京大学卒。22年10月下旬山鹿泰治の紹介で大杉栄と東京で数回にわたり面談のち渡米。同年アメリカで『新大陸』誌を創刊。コロンビア大学に学ぶ。23年広州の『春雷』に詩「悼大杉栄」を寄せた。28年上海労働大学教授。29年『社会進化』を刊行。30年以降，南京，広州の大学教授を歴任。49年台湾に渡り50年アメリカに移住。南カリフォルニア大学教授等を歴任した。（白仁成昭，手塚登士雄）〔文献〕山鹿泰治「大杉の旅券」『平民新聞』64号 1948.03.12，張益弘（編）『黄文山文化学体系研究集』台湾中華書局1976，坂井洋史「近代中国のアナキズム批判：章炳麟と朱謙之をめぐって」『一橋論叢』101(3)1989.03，嵯峨隆他編訳『中国アナキズム運動の回想』総和社1992，石川禎浩『中国共産党成立史』岩波書店2001，Graham, Robert (edit.):"Chinese Anarchism' in " Anarchism : a Documentary History of Libertarian Ideas" Vol. 1, Black Rose Books, 2005，周麗卿「政治，權力與批判：民初劉師復派無政府團體的抵抗與追求」『國史館館刊』42台湾・國史館2014.12，趙立彬（編）『黄文山卷』中国近代

思想家文庫 中国人民大学出版社2015

幸内 純一 こううち・じゅんいち 1886(明19)-1970(昭45)10.11 岡山県生まれ。父は幸内久太郎。家族と上京し三宅克己門下，太平洋画会などで学ぶ。1908(明41)年頃北沢楽天の楽天社に入社し漫画家として『東京パック』に長年関わる。12(大1)年『近代思想』の同人として巻頭挿絵やカットを寄稿。同年『少女世界』にも寄稿。同年12月東京毎夕新聞に入社し17年2月まで1面の政治漫画を担当。その頃，岡本一平主宰の東京漫画会に参加。その後，活動写真の世界に入り小林商会の小林喜三の依頼でアニメーションを制作した。第1作「なまくら刀」(17年6月「塙凹内新刀の巻」と改題して上演)は現存する最古の国産アニメーションとして知られる。同年の第2作『茶目坊の空気銃の巻』，第3作「塙凹内かっぱまつり」以降は現存せず詳細不明。18年に東京毎日新聞に入社し新聞漫画記者に戻る。『大震災画集』(金尾文淵堂1923)に漫画を掲載。23年スミカズ映画創作社を設立し漫画と並行して再びアニメーションを手がけるようになるが行政や政治家の宣伝を目的とするものが多かった。戦時中は『読売新聞』などに漫画を寄稿。戦後は雑誌『将棋世界』で写真を手がけたが漫画家・アニメーション作家としての活動はない。(足立元)〔著作〕「活動写真法」『アルス写真大講座第6』アルス1928，「時局漫画の考へ方」日本漫画会編『漫画講座第3巻』建設社1934〔文献〕足立元「鎖を引きちぎろうとする男「近代思想』の挿絵について」『初期社会主義研究』24号2012

幸内 久太郎 こううち・ひさたろう ?-? 1853(嘉永6)年頃江戸に生まれたとする説と，65(慶応1)年岡山県に生まれたとする説があるが詳細は不詳。幼少期から仏教を信じ「一切衆生悉有仏性」という平等思想にひかれていたが，1902(明35)年に片山潜の演説を聞いてから社会主義に関心をもつようになり社会主義協会の会員となった。週刊『平民新聞』13号(1904.2.7)に掲載された「予は如何にして社会主義者となりし乎」において釈迦，孔子，基督は社会主義の伝道者であるという考えから社会主義者になったと記している。その後も平民社の研究会や足尾鉱毒事件の視察に参加し06年日本社会党に入党。08年6月山口義三の出獄歓迎会が赤旗事件に発展したが，この歓迎会の発起人を石川三四郎，斉藤兼次郎，野沢重吉とともにつとめていたため当局から事件の「隠れたる発現人」とされた。議会政策派に属していたが，年長者であり活動歴もあったため社会主義者の大同団結を期した同会の発起人になったものと推測される。09年東京市電値上げ反対集会に参加はしなかったものの，名前を出したり14年渡米する片山の送別会に出席するなど社会主義運動から離れることはなかった。運動に携わりつつ鋳職人として生計を立てていた。東京府豊多摩郡渋谷町(現・渋谷区)に住み，多くの職人を使って金銀モールを製造し比較的恵まれた生活をしていたという。『新社会』18年6月号の遠近消息の欄には幸内機械発明考案所を設立することなどが記されている。なお幸内の長男純一は『近代思想』の扉カットを描き，購読依頼状に名前を連ね，二男秀夫は堺利彦の売文社で見習いとして働いた。(西山拓)〔文献〕『社会主義沿革1』，「社会主義者調査」原敬文書研究会編『原敬関係文書8』日本放送出版協会1987

国府田 賢治 こうだ・けんじ ?-? 1929(昭4)年5月に結成されたサンジカリズム派の東京印刷工連合会(のちの関東出版産業労働者組合)に加わり活動する。(冨板敦)〔文献〕山口健助「風雪を越えて」印友会本部1970・『青春無頼』私家版1982

郷田 武哉 ごうだ・たけや ?-? 芝浦製作所に勤め芝浦労働組合に加盟し配電器具分区に所属。1924(大13)年9月27日，同労組の中央委員会で同分区の中央委員に沖田松三，小田権次，篠田庄八，三沢健一とともに選出される。(冨板敦)〔文献〕『芝浦労働』2次2号1924.11

河内山 歌吉 こうちやま・うたきち ?-? 日本印刷工組合信友会に加盟し1921(大10)年末頃，東京神田区(現・千代田区)の大成社文選課に勤めていた。(冨板敦)〔文献〕『信友』1922年1月号

上月 岩太郎 こうづき・いわたろう 1897(明30)-? 神戸市兵庫区湊町生まれ。実業補習学校を2年で中退し鐘淵紡績兵庫支店の給仕となる。1917年姫路歩兵第39連隊に入営，軍曹となり20年12月退営。その後逸見直造，安谷寛一，和田信義らと交流し。神戸で雑誌『紅い町』を発行，半年ほど

で廃刊したのち，借家相談所(のちの神戸借家人同盟)を開設し22年横領罪で懲役6カ月となる。獄中で天皇暗殺の血書を作成したとして24年不敬罪で懲役5年とされる。23年内田光明と赤閃組を結成するが，アナキズムにふさわしくないことから黒閃組と改称して活動する。出所後名古屋に行き中部黒連の再建運動に加わる。また市内で法律事務所を開設したが28年恐喝罪で懲役1年となる。30年頃は経済雑誌の記者をしていた。33年神戸に帰り債権取立業につく。35年末頃無共党事件で検挙される(不起訴)。(冨板敦)〔文献〕上野克己「戦線に立ちて」『自由連合主義』3号1930.7，『不敬事件1』，『身上調書』

高徳 きく こうとく・きく ?-? 東京市小石川区(現・文京区)戸崎町に居住し神田神保町の山縣製本印刷整版部に勤める。1935(昭10)年1月13日整版部の工場閉鎖，全部員40名の解雇通告に伴い争議勃発。工場を占拠して闘い同月15日解雇手当4カ月，争議費用百円で解決する。山縣製本印刷は当時東京大学文学部の出入り業者であり，東印は34年5月以降，東印山縣分会を組織していた。(冨板敦)〔文献〕『山縣製本印刷株式会社争議解決報告書』東京印刷工組合1935，『自連新聞』97号1935.1，中島健蔵『回想の文学』平凡社1977

幸徳 駒太郎 こうとく・こまたろう 1855.11.27(安政2.10.18)-1913(大2)8.19 旧名・長尾駒太郎 土佐国幡多郡中村大川筋(現・高知県四万十市)に生まれる。16歳の時幸徳秋水の伯父幸徳篤道の下僕として仕え幼少の秋水の後見人となった。秋水は薬種商を営む俵屋の5代目を相続したが実際には駒太郎に運営をまかせた。82年篤道の廃家予備養子となり，秋水の母多治，兄亀治ほか幸徳一族の生活を支えた。10年8月大逆事件で秋水が逮捕されると11月に多治を伴って上京し東京監獄で母子の対面を実現させた。秋水の遺骨を引き取るために再度上京し，のち堺利彦と相談のうえ小泉策太郎の筆による「幸徳秋水之墓」と記した墓を建てた。(西山拓)〔文献〕神崎清『実録幸徳秋水』読売新聞社1971，大原慧『幸徳秋水の思想と大逆事件』青木書店1977，糸屋寿雄『幸徳秋水研究』増訂版日本図書センター1987，塩田庄兵衛『幸徳秋水の日記と書簡』増補決定版未来社1990，師岡千代子『風々雨々 幸徳秋水と周囲の人々』復刻版秋水研究会1997

幸徳 秋水 こうとく・しゅうすい 1871.11.5(明4.9.23)-1911(明44)1.24 本名・伝次郎 高知県幡多郡中村(現・四万十市)生まれ。土佐自由民権運動の影響を少年期に受け88年中江兆民の書生，98年『万朝報』の記者となり社会主義のジャーナリストとして活躍。01年12月田中正造のために足尾鉱毒事件の直訴文を起草。03年10月日露非戦論を主張し堺利彦，内村鑑三とともに万朝報社を退社。11月堺と週刊『平民新聞』を発行，石川三四郎，西川光二郎，木下尚江らも参加。04年11月1周年号に堺と共訳で「共産党宣言」を掲載，即日発禁。05年2月石川の筆禍で禁錮5カ月の刑で巣鴨監獄に入獄。獄中でクロポトキンの著作に傾倒。05年12月から半年間渡米しサンフランシスコ，オークランドに滞在。アナキストや日本人社会主義者と交流。竹内鉄五郎，岩佐作太郎，小成田恒郎らと社会革命党を結成。大地震も経験し現実の相互扶助を知る。日本社会党主催の演説会で「世界革命運動の潮流」と題し「労働者の革命は労働者自ら行う」「総同盟罷工」を提唱し，直接行動時代へ向け同志に訴えたのはサンフランシスコから戻った直後の06年6月であった。07年1月日刊『平民新聞』を発刊。2月5日号に「余が思想の変化」を発表。「労働者階級の欲するところは，政権の略取ではなくて，麺麭の略取である」と直接行動派の宣言を行い，初期の社会主義運動の中にアナキズムの立場を確立させた。同月第2回社会党大会で直接行動派が党内の主流となるが西園寺内閣は『平民新聞』の発禁，社会党の結社禁止と弾圧を強化。しかし幸徳は非戦論集『平民主義』を刊行，即日発禁，のちに石川啄木は「国禁の書」と呼ぶ。5月にはドイツのアナキスト，ローレルの『社会的総同盟罷工論』の翻訳を完成(翌08年森岡永治，戸恒保三，守田有秋，神川松子が秘密出版)。07年幸徳は社会主義夏期講習会でも人気を得，新村忠雄らが集まり中国人留学生も参加する。アナキズムの傾向であった張継，劉光漢，何震，章炳麟はインドの革命家とともに反帝国主義・民族独立をめざす亜州和親会を呼びかけ幸徳，大杉栄，山川均も関係，朝鮮や安南の革命家も参加。同年7月幸徳は堺ら社会主義者有志と日本帝国主義による朝

鮮への植民地的支配強化に対し抗議文を公表。翌08年幸徳は「東洋諸国の革命党にして，その眼中国家の別なく，ただちに世界主義・社会主義の旗幟の下に，大連合を形成する」(『高知新聞』1月1日)と論じるように国際主義の立場であった。それは20年代に大杉に引き継がれ，28年には朝鮮人アナキストが中心となり台湾，フィリピン，インド，安南，日本(赤川啓来ら)のアナキストも参加した東方無政府主義者連盟の結成につながる。幸徳の著書や翻訳書は中国や朝鮮の社会主義者にも読まれ重訳され運動に影響を与えた。連盟員の朝鮮人アナキストであり歴史学者，申采浩は幸徳の著作に影響を受けアナキストになったと法廷で宣言している。07年10月幸徳は病気で中村に帰郷，クロポトキンが無政府共産主義の社会を著した『麺麭の略取』の翻訳を進める。東京では屋上演説会事件，赤旗事件と弾圧が続くが，地方では上毛同志会が続けて開かれるなど「平民の中へ」という幸徳の主張が実践された。幸徳は08年7月翻訳を完成，大石誠之助，内山愚童ら各地の同志を訪ねながら8月に来京，赤旗事件の公判を傍聴，豊多摩郡淀橋町柏木(現・新宿区)に住み平民社とする。坂本清馬が住み込み森近運平も合流，管野すが，戸恒，新美卯一郎，守田らも出入りする。9月平民社を巣鴨に移転。11月大石が訪れ，堀保子，神川，榎米吉，竹内善朔，神崎順一らの同志が集まる。12月中旬には『麺麭の略取』を秘密出版。翌09年1月末には配布を終える。2月新村が平民社に住み込み，2月13日宮下太吉が初めて平民社を訪ねて来る。3月平民社を千駄ケ谷へ移転，管野との同居が始まり近在の奥宮健之が訪れるようになる。同月妻師岡千代子と別れる。幸徳は制度としての家や結婚に関して封建的な家父長の意識を変えられず，一方では身近な女性との恋愛を進めるという矛盾した態度があり，一部の同志の中傷を受けたり離反される要因ともなった。幸徳は運動を推し進めるため同居した管野との恋愛を貫きながら『自由思想』を2号まで発行，古河力作が印刷人となった。同時期，宮下は爆弾により天皇を打倒する決意を固め管野，新村と接触するがそれは準備のための話し合いであった。古河も加わ

り幸徳も初めは消極的ながら話し合いに関与したが管野の入院，自身の病状の悪化，警察の監視の強化もあり10年3月には平民社を閉じ，神奈川県湯河原に投宿し執筆活動に専念する。その後は具体的な計画がないまま宮下が長野県明科で逮捕，続いて幸徳も6月1日に湯河原で逮捕される。幸徳以下，計画とはまったく無縁の同志も含め24人に大逆罪で死刑判決(直後に12人は減刑)。審理中からエマ・ゴールドマン，ヒッポリート・ハベルら『マザー・アース』誌によるアナキスト・グループを中心に国際的な抗議行動が展開されるが，市ケ谷の東京監獄において11年1月24日処刑，管野は翌日に執行。逮捕直前にほぼ書き上げ獄中で脱稿した『基督抹殺論』は11年2月に刊行，増刷を重ね，印税は堺により12人の死刑囚の遺族，懲役刑の獄中者，家族への救援費用に当てられ，また20年初の屋外メーデーの開催費用にも役立てられる。アナキストはのちに「幸徳事件」「大逆事件」と語る。45年に発見された「獄中手記」以下，「予審調書」「証拠物写」なども史料として発掘され，天皇睦仁，明治専制政府の大弾圧の実態の基礎的な研究に取り組まれるのが50年代から60年代である。「大逆事件の真実を明らかにする会」が発足。坂本清馬を中心に再審請求が行われ，管野の菩提寺東京代々木の正春寺などで毎年1月記念集会が行われている。(亀田博)〔著作〕『廿世紀之怪物帝国主義』警醒社1901，『長広舌』人文社1902，『兆民先生』博文館1902，『社会主義神髄』朝報社1903，『ラサール』平民社1904，『平民主義』隆文館1907(発禁)，レオ・ドヴィッチ『革命奇譚神愁鬼哭』(訳)隆文館1907(発禁)，ローレル『総同盟罷工論』(訳)秘密出版1908，クロポトキン『麺麭の略取』(訳)平民社1908(発禁)，岩波文庫1960，『基督抹殺論』丙午出版社1911・岩波文庫1954，塩田庄兵衛編『幸徳秋水の日記と書簡』未来社1954・増補版1990，伊藤整編『幸徳秋水』中央公論社1970，飛鳥井雅道編『幸徳秋水集』筑摩書房1975，大野みち代編『幸徳秋水』日外アソシエーツ1982，『幸徳秋水全集』全9巻別巻2補巻1明治文献1968-73・日本図書センター1982〔文献〕塩田庄兵衛・渡辺順三編『秘録大逆事件』春秋社1959，秋山清・大澤正道『幸徳・大杉・石川』北日本出版社1971，はしもとよしはる『「大地」誌に発表された幸徳事件』バルカン社1971，『大逆事件記録』世界文庫1971・向井孝「墓標のないアナキスト群像」『現代の眼』1973-74・「大逆事件の周辺で1-3」『直接行動』1976-77，神崎

清『大逆事件』(『革命伝説』改題)全4巻あゆみ出版1977，大原慧『幸徳秋水の思想と大逆事件』青木書店1977，『大逆事件の真実を明らかにする会ニュース』1960-

幸徳 多治　こうとく・たじ　1840.12.16(天保11.11.23)-1910(明43)12.28　旧姓・小野　土佐国幡多郡山county村(現・高知県四万十市)に医師小野亮輔の長女として生まれる。56年中村町で薬種商、酒造業を営んでいた幸徳家の幸徳篤道と結婚。3男3女を生んだが秋水は3男で末子。72年夫と死別すると再婚せず自ら働いて生計を立てた。秋水が上京して『万朝報』の記者となるとともに生活し、99年秋水が師岡千代子と結婚すると麻布で3人で生活した。また秋水を通じて堺利彦、小泉策太郎らと交流。07年秋水は病気の悪化により家族を連れて帰郷、翌年単身で再上京した。10年8月大逆事件で秋水が逮捕されると11月中継養子の駒太郎に付き添われて上京し東京監獄で母子の対面を果たす。帰郷後、秋水が処刑される1カ月前に病死。(西山拓)〔文献〕神崎清『実録幸徳秋水』読売新聞社1971，糸屋寿雄『幸徳秋水研究』増訂版日本図書センター1987，塩田庄兵衛『幸徳秋水の日記と書簡』増補決定版未来社1990，師岡千代子『風々雨々 幸徳秋水と周囲の人々』復刻版・秋水研究会1997

幸徳 富治　こうとく・とみじ　1891(明24)9.16-1967(昭42)5.23　高知県幡多郡中村町(現・四万十市)に生まれる。幸徳秋水の後見人駒太郎の子。堺利彦や大杉栄らと文通があった。15年8月『土南新聞』発刊の件を堺らに相談している。戦前・戦後、秋水の故郷中村で秋水の復権をはかった。(西山拓)〔著作〕『伯父幸徳秋水』『中央公論』1955年2月〔文献〕神崎清『実録幸徳秋水』読売新聞社1971，『社会主義沿革1』，糸屋寿雄『幸徳秋水研究』増訂版日本図書センター1987，塩田庄兵衛『幸徳秋水の日記と書簡』増補決定版未来社1990，師岡千代子『風々雨々 幸徳秋水と周囲の人々』復刻版秋水研究会1997

幸徳 幸衛　こうとく・ゆきえ　1890(明23)1.17-1933(昭8)2.16　別名・死影　高知県幡多郡中村町(現・四万十市)に生まれる。幸徳秋水の実兄亀治の二男。父亀治は叔父篤道の家督を相続したものの家業の薬種商、酒造業に熱心ではなかった。1902年亀治が東京で死没すると上京していた秋水に引き取

られた。05年秋水が渡米した際に同行，以後カリフォルニア州に住み洗濯業をしながら絵画の勉強をして画家となった。10年9月幸徳秋水の甥である点や岡繁樹をはじめとした在米社会主義者、アナキストと交流していた点から要視察人名簿に無政府主義を信奉する甲号として登録された。その後パリに渡り秋のサロン展に入選したこともあった。28年に帰国したが警察の監視が厳しく生活は安定しなかった。アルコール中毒気味となり大阪西成区で死没。(西山拓)〔著作〕「叔父秋水の憶ひ出」『中央公論』1933.4〔文献〕『主義者人物史料1』，神崎清『実録幸徳秋水』読売新聞社1971，関林暁『幸徳秋水の甥』新潮社1975，糸屋寿雄『幸徳秋水研究』増訂版日本図書センター1987，塩田庄兵衛『幸徳秋水の日記と書簡』増補決定版未来社1990，師岡千代子『風々雨々 幸徳秋水と周囲の人々』復刻版秋水研究会1997，木村林吉『眼のない自画像 画家幸徳幸衛の生涯』三好企画2001，津野輔猷「画家・幸徳幸衛のこと」『土佐すくも人』17号2001.4

河野 淳　こうの・じゅん　⇨大岩由太郎　おおいわ・ゆうたろう

河野 すて　こうの・すて　?-?　1919(大8)年東京京橋区(現・中央区)の秀英本舎解版科に勤め日本印刷工組合信友会に加盟する。(冨板敦)〔文献〕『信友』1919年10月号

河野 春三　こうの・はるぞう　1902(明35)3.10-1984(昭59)6.3　9人兄弟の次男として、大阪市西区に生まれる。4歳の時に堺市に転居。1914(大3)年府立堺中学に入り若山牧水選の『中央文学』などに投句を始め、牧水の勧めにより『創作』に参加する。19年堺中学を卒業して大阪北浜の住友銀行に就職。仲間を集めて文芸誌『嫩草』(わかくさ)を創刊、自らは短歌を詠む一方、社内サークルでエスペラントを学んだ。23年創立したばかりの大阪外語学校英語部の受験に失敗して北浜の大日本火災に入社。この頃から川柳を始め、岸本水府選の『大阪日日新聞』の柳壇に特選を受け、水府から春魚の号をもらい『番傘』茶話会に参加する。25年水府が勤める堺市の福助足袋に入り広告文案係となる。昭和に入り川上日車・木村半文銭・麻生路郎らの川柳革新運動を知り、路郎の『川柳雑誌』に本名で加わり、林田馬行・井上刀三らと「川柳使命会」を結成。佐藤惣之助の『詩の家』傘下誌である大阪の

『詩短冊』に同人加入。水府とは性格も合わず1931年(昭6)福助足袋を退社して新古書籍商を自営する。33年には古本商組合を結成して組合長となった。44年(42歳)中学先輩の安西冬衛の斡旋で堺市役所に入り『堺市史』の編集に当たる。45年焼け跡の街に古本屋「永山文庫」を始め、林田馬行らの来訪により48年『私』をバラックから創刊、川柳復帰献身への原点句とした。50年亀井勝次郎と2人誌『人間派』を創刊。「短詩無性」を唱え、川柳と俳句はそれが詩性であるかぎり「柳俳無差別」であるとしてその垣根を取り払おうとした。鶴彬の時代は終わったとしていわゆるプロレタリア川柳の限界を指摘、社会性を包含しつつそれを突き抜けた詩性川柳を希求した。56年『天馬』創刊、現代詩の一分野としての現代川柳をテーゼとした。64年の個人誌『馬』66年は新進各誌を統合した『川柳ジャーナル』に発展解消したが、自らは川柳を離れて詩誌『空』を創刊して多くの詩人と交わった。61年に知り合った寺島珠雄は詩等を寄せた。〈おれのひつぎはおれがくぎうつ〉は誰もが推す代表句であり、戦後の現代川柳を推進した第一人者である。(一色哲八)〔著作〕『河野春三集〈短詩型文学全集・川柳編第一集〉』八幡社1973、『河野春三集〈川柳新書第33篇〉』新書刊行会1958、評論集『現代川柳への理解』天馬発行所1962、作品集『無限階段』森林書房1961〔文献〕山本祐・坂本幸四郎『現代川柳の鑑賞』たいまつ社1981、東東大八『川柳の群像』集英社2004、『川柳ジャーナル』別冊「河野春三特集号」

河野 久吉 こうの・ひさきち ?-? 1919(大8)年東京京橋区(現・中央区)の中屋印刷所欧文科に勤め活版印刷工組合信友会に加盟する。(冨板敦)〔文献〕『信友』1919年8・10月号

河野 松太郎 こうの・まつたろう ?-? 1919(大8)年東京京橋区(現・中央区)の国光社文選科に勤め日本印刷工組合信友会に加盟する。(冨板敦)〔文献〕『信友』1919年10月号

河野 通夫 こうの・みちお ?-? 大阪砲兵工廠の工員。横田涼次郎が砲兵工廠工員を対象に設置をはかった親睦団体煙倶楽部の機関誌『煙』の編集兼発行人。大杉栄が横田に紹介したというがその関係は不詳。1915(大4)年5月30日1号を発行するが同号のみで終わった。なお河野と印刷人矢尾弥市郎はともに砲兵工廠を戮首された。(堀切利高)〔文献〕『社会主義沿革1』

河野 康 こうの・やすし ?-? 1931(昭6)年6月創刊の『農本社会』(農本社会建設協同会)の刊行に西村節三、松原一夫、山川時郎、中村敬一らとともに関わり、32年2月農本連盟の機関誌として発行された『農本社会』の刊行にも森田重次郎、岡本利吉、犬田卯らとともに関わっている。(川口秀彦)〔文献〕犬田卯『日本農民文学史』農山漁村文化協会1958

小海 隆三郎 こうみ・りゅうざぶろう ?-? 新潟県中魚沼郡川治村(現・十日町市)に住み、1927(昭2)年頃木下茂らの『小作人』と関わる。同年9月に結成された新潟一般労働者組合に加わり11月の臨時研究会で「自然科学の発達と社会生理学」の講話を行う。同月全国自連第2回大会に新潟一般を代表して能登整三、須藤蔀と参加する。(冨板敦)〔文献〕『小作人』3次7・8・10・16号1927.8・9・11・28.6、『自連』19・20号1927.12・28.1、山口健助『風雪を越えて』印友会本部1970・『青春無頼』私家版1982

香呂 藤吉 こうろ・とうきち 1900(明33)-? 1929(昭4)年9月16日午後8時、姫路市の姫山公園で開かれた大杉栄・伊藤野枝追悼会に参加、検束される。この頃、姫路市に住み古物行商で生計を立てていた。(冨板敦)〔文献〕兵庫県特別高等課『特別要視察人ニ関スル状勢調べ』(復刻版)兵庫県部落問題研究所1976

古賀 勝定 こが・かつさだ ?-? 1923(大12)年12月25日佐賀市公会堂で柳沢善衛、小山茂、宮山栄之助らと社会問題演説会を開いて弾圧された。(奥沢邦成)〔文献〕和田信義・柳沢善衛「小山茂君を憶ぶ」『自由』1929.1

古賀 光二 こが・こうじ ?-1928(昭3) 20歳の頃喀血し3年間闘病生活を余儀なくされた古賀は定職につかず、23年1月福岡で雑誌『駄々』を発行。古賀は詩を書き辻潤の「ふあんたじあ」や高橋新吉の「ダダ仏問答」を掲載する。同人募集広告に「芸術家、非芸術家を問わず。但しダダ主義者に限る」と記している。『駄々』は4号まで出たらしい。これを機会に辻、大泉黒石、高橋を講師としてダダ講演会を企画。4月13日福岡第一公会堂で聴衆200人で催されたが高橋は闘病中、大泉は未着、辻一人で約2時間をこなす。入場料は30銭だった。この事情については辻の「陀々羅行脚」が詳しい。病弱な

古賀は自殺願望が強く何度も未遂を繰り返し28年秋にその目的を果たした。32歳前後だった。(大月僚)〔文献〕原田種夫『西日本文壇史』文画堂1958, 辻潤『陀々羅行脚』『辻潤全集2』五月書房1982, 坂口博「『辻潤の福岡講演』『唯一者』5号1999, 今井慎之介『福岡県の戦前におけるプロレタリア文化運動』私家版1974

古賀 甲三 こが・こうぞう ?-? 鹿児島市西田町に生まれる。1905(明38)年5月23日小田頼造が社会主義の九州伝道行商で鹿児島を訪れた際に出迎え翌日鹿児島平民倶楽部の結成をはかる。同会は学生, 農民, 新聞記者, 官吏, 元小学校教師などからなっていた。当時古賀は七高の学生であったが同会の1周年記念会では「社会主義者の自由競争論に対する世人の誤解」と題して所見を述べるなど積極的に活動していた。古賀の名は大逆事件の取り調べの過程で押収された大石誠之助, 幸徳秋水, 坂本清馬, 新村忠雄の住所氏名録に記載されている。同住所で『革命評論』を予約購読していた。『革命評論』は宮崎滔天主宰で06年9月から発刊され, 宮崎民蔵を中心とする土地復権同志会の機関誌も兼ねていた。(西山拓)〔文献〕小田頼造「九州伝道行商日記8 日向都城より」『直言』2巻19号1905.6, 「同志の運動」『光』14号1906.6, 『大逆事件記録2 証拠物写・上下』世界文庫1972, 上村希美雄『革命評論』と初期社会主義者」『初期社会主義研究』4号1990.12, 吉田隆喜『無残な敗北 戦前の社会主義運動を探る』三章文庫2001

古賀 辰美 こが・たつみ ?-? 1926(大15)年9月29日北海黒連に参加。27年旭川一般労働組合に参加。この組合は7月21日の臨時総会で旭川純労働者組合に改称される。無産者文庫を計画。8月27日不敬事件に巻き込まれたが9月9日免訴となった。特別要視察人甲号(無政府主義)に編入される。運動から離脱。30年思想要注意人に編入替えされる。社会事業に転身。38年社会大衆党旭川支部に参加。45年12月1日日本社会党旭川支部を組織し支部長となる。(堅田精司)〔文献〕『自連』16・18・19号1927.9・11・12, 『特別要視察人・思想要注意人一覧表』北海道庁警察部1929, 『札幌控訴院管内社会運動概況』第2輯1930.11

小門 直吉 こかど・なおきち ⇒古川清幸 ふるかわ・きよゆき

凩 幸次郎 こがらし・こうじろう ?-? 静岡市白山町に居住し, 山本林之助, 鍋田喜一らと静岡水平社を担う。1925(大14)年5月1日, 志太郡島田町(現・島田市)の加藤弘造宅で開かれた静岡県水平社執行委員会会議に静岡水平社代表として山本, 鍋田と出席。6月7日午後1時, 小笠郡南山村(現・菊川市)の一ノ谷公会堂で開かれた一ノ谷水平社主催の講演会で辻本晴一, 平野小剣, 小山紋太郎とともに静岡水平社代表として登壇。同日午後7時, 小笠郡下平川村(現・菊川市)の珠宝寺で開かれた宣伝演説会で再び登壇する。同年8月19日榛原郡川崎町(現・牧之原市)の慶住寺で開かれた川崎水平社青年連盟創立のための巡回講演会で開会の辞を述べる。同月22日自宅で静岡県水平社本部主催の講演会を開く。(冨板敦)〔文献〕『自由新聞』1・2・4号1925.6・7・9, 竹内康人「静岡県水平運動史」『静岡県近代史研究』13・14号1987・88

後閑 林平 ごかん・りんぺい 1896(明29)3.7-1964(昭39)9.29 別名・后閑鱗平, 山鳩, 平林侃音 群馬県利根郡桃野村月夜野(現・みなかみ町)に後閑林兵衛の長男として生まれる。後閑家は富農で村役人をつとめる旧家。同地で高等小学校を卒業。中学校へ進学する希望を抱いていたが家業の呉服・雑貨店を継ぐようにという父の懇請を受け入れ進学を断念。その代わりときどき上京しては文芸や思想の新しい思潮に触れるのを楽しみにしていた。『中央公論』『文章世界』『近代思想』『新社会』『へちまの花』『へいみん』『生活と芸術』『青テーブル』『労働青年』『基督教世界』, また『白樺』とその周辺誌などを購読, 投稿することもあった。高田集蔵, 中里介山らの個人誌に触れ自らもガリ版刷りの個人誌を発行。18年に以前からひかれていたキリスト教の信仰に傾斜。同時に結婚。久保田勢, 新井奥邃, 徳冨蘆花・愛子らを敬愛し, 江渡狄嶺, 堀井梁歩, 宮崎安右衛門, 富田砕花, 石川三四郎, 奥谷松治らとは距離を置きつつも親愛の情をもって交流した。大正から昭和にかけても月夜野と東京を往復する生活を送るが, 月夜野にいるときは沼田の豊文堂山田屋書店を通して新刊著書を購入しては新しい動向・潮流への渇望を癒した。28年に父とともに埼玉県蕨, ついで東京郊外の北多摩郡千歳村粕谷に移り養鶏業に従事した。養鶏は大

正末に短期間，江渡のもとで見習いをしたことがあった。その後も郷里に帰ることはあったがほぼ東京に落ち着く生活になった。34年不二屋書房に勤務し堀井『野人ソロー』(1935)，吉川守圀『荊逆星霜史』(1936)などの編集・出版に従事。38年蘆花恒春園の東京市への移管に際して管理人(管理主任)に就任した。以後同園とともに歩むが戦後同園にて大杉栄らの『近代思想』記念集会，足尾鉱毒事件の田中正造直訴記念集会などの開催の世話役となった。没後の10月3日，蘆花恒春園において告別式および追憶の集いが催された。58年に創刊した『武蔵野ペン』は8号を「後閑林平を悼む」追悼号とし廃刊された。日本近代の文学，芸術，思想などの膨大な蔵書は後閑大学と称されるほど多くの研究者・学徒に活用された。その蔵書の主要部分は山梨県文学館に寄贈された。(小松隆二)〔文献〕奥谷松治『思い出の人々』私家版1978，『武蔵野ペン』8号1965.4

谷　斯盛　こく・しせい　1874-?　本名・谷鐘秀　直隷省(現在の河北省)の出身。科挙試験で生員となり京師大学堂に入学。1901年日本に渡り早稲田大学に入学，その後中国同盟会に加入し大杉栄ら日本の社会主義者と交流する。1908年赤旗事件で大杉栄等が入獄すると栄福，馬宗豫の三人で柏木に一軒の家を借り「神谷別墅(別荘)」という表札を掲げた。堀保子と毎日電報の職を失った管野須賀子を賄いとし生活を援助した。帰国後，直隷高等師範学堂の教員を務めた後，政治家としての活動を始める。辛亥革命後の12年統一共和党を組織して臨時参議院で25席を獲得，参議院の全院委員長に選出される。同党は中国同盟会などと合併し国民党となる。15年，袁世凱が帝政運動を始めると『中華新報』を創刊して帝政反対の論陣を張る。16年袁世凱が急死し段祺瑞政権が誕生すると農商総長に任じられ全国水利局総裁を兼務する。国会が回復されると谷鐘秀派を形成し，政学会が結成されるとその副主席となる。没年不詳。著書に『中華民国開国史』等がある。(手塚登士雄)〔文献〕竹内善作「明治末期における駐日革命運動の交流」『中国研究』(5号)日本評論社1948・9・1，『近代中国人名辞典』霞山会1995，手塚登士雄「日本の初期エスペラント運動と大杉栄らの活動(2)『トスキナア』5号2007.4

告原　浦吉　こくはら・うらきち　?-?　東京朝日新聞社に勤め新聞工組合正進会に加盟。1920(大9)年機関誌『正進』発行のために50銭寄付する。(冨板敦)〔文献〕『正進』1巻1号1920.4

国分　艶子　こくぶ・つやこ　⇨伊藤房一　いとう・ふさいち

児倉　勝　こぐら・まさる　?-?　別名・児倉輝城，鬼倉輝城，見倉勝　1923(大12)年頃から福岡県京都郡祓郷村で暮し農業に就く。26年頃，農民自治会全国連合に参加。同年末には農自福岡県連合の事務所を自宅に置いていた。28年5月農自の組織再編の際に委員に選出される。同年6月『農民自治』(17号)に農自九州連合準備事務所・福岡県農自連合会として「本年上半期の主なる収穫」の詳細な報告をする。(冨板敦)〔文献〕『自治農民』1号1926.4，『農民自治』2・4・5・10・臨時・17号1926.5・8・9・27.6・10・28.6，『農民自治会内報』2号1927，竹内愛国「農民自治会」『昭和2年版解放運動解放団体現勢年鑑』解放社1927

小暮　れい子　こぐれ・れいこ　1890(明23)2.23-1977(昭52)7.17　本名・れい　群馬県佐波郡三郷村(現・伊勢崎市)生まれ。父は豪農の民権運動家でれい子は小学校卒業後，伊勢崎実業補修学校に入ったが中退。08年5月18歳で上京，堺利彦の家に寄遇し社会主義運動に投じた。上京後わずか1カ月後の6月，赤旗事件で逮捕され重禁錮1年罰金10円の判決を受けるが，逮捕者のうち最年少者であったため当時の警保局長有松英義が執行猶予の運動を行い執行猶予5年で出獄，れい子の保護と監督は政友会系の鉱山業を営む山崎某に託されることになる。出獄後堺宅へ戻るが迎えにきた実兄に無理やり「生木を裂かれるがごとく」(堺為子)連れ去られ，社会主義運動からその名を消した。その後れい子は山崎の子を出産，これがのちに黒色青年連盟による銀座事件の山崎真道である。やがて山崎家を出されたれい子は大分県南庄内村の那須千万彦と結婚，後半生は大分で暮らした。(岡野幸江)〔文献〕菊地邦作「小暮れい子のこと」『労働運動史研究』22号1960，鈴木裕子編『資料平民社の女たち』不二出版1986

小坂　千里　こさか・ちさと　?-?　本名・嘉

一郎　1926(大15)年7月山口勝清とともに東京から清水市に移り黒戦社，自主労働社の活動に参加，アナキズムを宣伝。26年8月24日と9月15日大杉栄追悼会を前に検束され，10月2日の自主労働社主催の労働問題講演会を前に9月28日出版法違反を理由に検挙される。宣伝ビラを押収したうえで応援者の検束をねらう清水署の弾圧のもとで開かれた10月2日の集会は岩佐作太郎への発言中止を契機に警官との格闘となり6人が検束される。清水の港湾・木材労働者へ宣伝し11月自由労働者組合の設立をめざす。12月13日静岡市内で関西の岡崎竜夫らといるところを小川藤次郎，山口，大塚昇らとともに検束。27年1月牧野修二らと20人余で日本楽器争議放火事件で無罪となった仲間の出獄歓迎会を開く。4月牧野とともに関東労働組合自由連合会大会に参加。不穏計画を理由に警察は5月4日未明に小坂の住居を捜索し検束した。このように検束・検挙のなかで小坂は活動を進めたが27年8月東海黒連は小坂を「解放戦の裏切者」とし除名した。(竹内康人)〔文献〕『清水市史資料・近代』吉川弘文館1973，『黒色青年』12号1927.9，『沓谷だより』4号1991

小坂　富雄　こさか・とみお　?-?　岡山県勝田郡豊並村(現・奈義町)で暮し農民自治会岡山県連合会に参加。1927(昭2)年2月5日苫田郡の津山キリスト教図書館ホールで中西伊之助を迎えて開かれた農自備前・備中・美作の三国の代表委員協議会に同村の延原義憲，守安宗，水島善四郎と出席する。(冨板敦)〔文献〕『自治農民』1・5・8号1926.4・9・27.3

小阪　亮吉　こさか・りょうきち　?-?　別名・小坂　時事新報社に勤め東京の新聞社員で組織された革進会に加わり1919(大8)年8月の同盟ストに参加するが敗北。のち正進会に加盟。20年機関誌『正進』発行のために1円寄付。また24年夏，木挽町(現・中央区銀座)正進会本部設立のためにも1円寄付する。(冨板敦)〔文献〕『革進会々報』1巻1号1919.8，『正進』1巻1号・2巻5号1920.4・21.5，正進会『同工諸君!! 寄附金芳名ビラ』1924.8

小坂田　雲美　こさかだ・くもみ　?-?　1920年代後半から30年代にかけて展開された岡山県下の農民自治会運動の担い手の一人で英田郡豊田村農民自治会所属。同村の農民

自治会会員に野口弘一もいた。小坂田は『農民自治』28(昭3)年6月号に「岡山県東作州連合の創立」を寄稿，同年4月17日に全国連合から中西伊之助を招いて東作州連合発会式を開いたことなどを報じた。(小林千枝子)〔文献〕小林千枝子『教育と自治の心性史』藤原書店1997

越田　清治　こしだ・せいじ　?-?　別名・清次　1925(大14)年伊串英治が名古屋市東区杉村町に借りていた一軒家の「名古屋労働者」事務所に住み込んでいた。のち名古屋黒潜社のメンバーとして成田政市らと活動する。28(昭3)年1月10日山田義雄，伊藤長光が路線の違いで伊串，後ария広数を諫言したことから暴力に発展した事件のあおりで磯田登らと検束され拘留20日となる。30年3月頃越田に会った上野克己は「自由労働や牛乳配達を永らくやり，運動者として立ちたいとあせっているが生活に追われがちで手の出しようがなく弱っている」と報告している。その後同年秋頃亀井高義，真野志岐夫，小島一吉らと東海黒連を結成する。33年9月16日大阪での大杉栄追悼茶話会に参加。(冨板敦)〔文献〕『黒潜』3号1928.2，上野克己「戦線に立ちて」『自由連合主義』3号1930.7，『自由民報』34号1931.2，『特高月報』1933.9，伊串英治「名古屋に於ける社会運動史」『黒馬車』2巻12号1934.12

越野　進二　こしの・しんじ　?-?　1919(大8)年東京芝区(現・港区)の東洋印刷会社和文科に勤め活版印刷工組合信友会に加盟する。(冨板敦)〔文献〕『信友』1919年8・10月号

小柴　順治　こしば・じゅんじ　⇨田口俊二　たぐち・しゅんじ

小島　勇　こじま・いさむ　1903(明36)-1934(昭9)2　山梨県東山梨郡松里村(現・甲州市)に生まれる。家業の農業に従事していたが，25年頃から同郷の橘爪義孝らと開拓者連盟をおこす。帰郷中の上田光慶も参加し27年5月農村運動同盟の支援を得て塩山町で農村問題講演会を開く。その後開拓社と改称，黒連，自連の友誼団体として活動する。31歳の若さで没したがその志は弟の康彦に受け継がれた。(大澤正道)〔文献〕『黒色青年』9・11号1927.6・8

小島　一吉　こじま・かずきち　1903(明36)2.3-1983(昭58)10.31　愛知県海部郡立田村戸倉生まれ。農業に従事し製糸工場に勤め

る。鈴木幸次郎，横井憲三らと付き合い，『反政党新聞』の支局を担い，黒潜社に出入りして伊串英治，成田政市，高嶋三治らを知る。「無政府主義運動の欠陥及び将来」を執筆した。30年秋真野志岐夫，横井憲蔵，亀井高義，越田清治らと東海黒連を結成。31年2月24日農青社の宮崎晃，星野準二の訪問を受け真野，横井，浅井茂雄とともに農青社運動に関わる。36年5月5日農青社事件で検挙されるが不起訴。（冨板敦）〔文献〕『自由民報』34号1931.2，『資料農青社運動史』，『農青社事件資料集Ⅰ』

児島 輝一　こじま・きいち　1905（明38）-?　別名・輝夫　神戸市兵庫区東柳原町生まれ。高等小学校卒業後，家の商売の手伝いをする。24年頃から思想問題や労働問題に関心をもち神戸地方評議会に加盟するが，26年同会を脱会。のち笠原勉，寺田格一郎，多田英次郎らと交流し，神戸自由労働者組合（のち神戸黒色労働者連盟）に加入してアナキズムに共鳴する。30年4月鐘紡の労働争議に参加し檄文を配布するなどして活躍した。35年末頃無共党事件で検挙されるが不起訴。（冨板敦）〔文献〕『身上調書』

小島 きよ　こじま・きよ　1902（明35）10.21-1981（昭56）3.18　別名・玉生清　新潟市に生まれる。幼年時は新潟の祖父母に育てられ12歳の時に広島で呉服商を営む両親のもとにひきとられる。20年三原女子師範学校二部を卒業，3カ月間教職についたのち上京。中村彝の「椅子による女」のモデルになる。22年7月1日労働同盟会主催の思想講習会に参加，辻潤と出会い一緒に暮らすことになる（入籍1928.7.14）。辻の関係で南天堂に出入りし宮嶋資夫，岡本潤らと交流。23年秋生生まれる（1945戦死）。25年『虚無思想研究』1巻2号に「酔語踊跚」を書く。辻の放浪と生活苦，一歳年下の林芙美子を意識した作家志望と挫折の過程で酒を溺愛する。この頃「蠎（うわばみ）のお清」といわれた。29年辻と別れる。33年画家玉生謙太郎と結婚，二男一女をもうける。以後も辻の居候を受け入れ奇妙な関係が保たれる。67年『ニヒリスト・辻潤の思想と生涯』（オリオン出版社）に「辻潤の思い出」を書く。（大月健）〔著作〕「辻潤を送る」『文芸公論』1928.2，「酔語踊跚」『女人芸術』1929.11，「小島きよの日記1-4」『虚無思想研究』4-6・12-14号1984-98〔文献〕倉橋健一『辻潤への愛　小島キヨの生涯』創樹社1990，瀬戸内晴美「美しきものを見し者は」『マダム』1983.1・2，『虚無思想研究』3号（小特集小島きよ）1983

小島 源蔵　こじま・げんぞう　?-?　1919（大8）年東京京橋区（現・中央区）の築地活版所石版科に勤め日本印刷工組合信友会に加盟する。（冨板敦）〔文献〕『信友』1919年10月号

小島 鉱治　こじま・こうじ　?-?　1919（大8）年東京浅草区（現・台東区）の金子印刷所に勤め日本印刷工組合信友会に加盟する。同所の組合幹事を担う。（冨板敦）〔文献〕『信友』1919年10月号

小島 高太郎　こじま・こうたろう　?-?　1919（大8）年東京京橋区（現・中央区）の細川活版所印刷科に勤め活版印刷工組合信友会に加盟する。（冨板敦）〔文献〕『信友』1919年8・10月号

小島 専三郎　こじま・せんざぶろう　?-?　新聞工組合正進会に加盟し1924（大13）年夏，木挽町（現・中央区銀座）本部設立のために1円寄付する。（冨板敦）〔文献〕正進会『同工諸君!!寄附金芳名ビラ』1924.8

小島 常三郎　こじま・つねさぶろう　?-?　横浜毎朝新報社に勤め横浜印刷技工組合に加盟。1921（大10）年3月12日同社の減給拒絶闘争を26名で闘い勝利する。（冨板敦）〔文献〕『信友』1921年4月号

小島 鶴吉　こじま・つるきち　?-?　報知新聞社に勤め，東京の新聞社員で組織された革進会に加わり1919（大8）年8月の同盟ストに参加するが敗北。のち正進会に加盟。20年機関誌『正進』発行のために1円寄付する。（冨板敦）〔文献〕『革進会々報』1巻1号1919.8，『正進』1巻1号1920.4

児島 東一郎　こじま・とういちろう　1899（明32）-1926（大15）11　長野県生まれ。人力車曳きの仕事にたずさわり22年鶴橋泰四郎，米山俵蔵らと石黒鋭一郎の抹殺社に加わる。同年のメーデーに向けて加藤昇，斎藤雄平とアナ派団体無産社を組織し事務所を東京府荏原郡大井町（現・品川区）の福田狂二宅に置いた。米山を名義人とする小冊子『労働経済史略』を発行した。同年この小冊子をもとに近衛文麿邸などで「リャク」（掠）をしたとして鶴橋，米山らと検挙され懲役8カ月となる（鶴橋は懲役5カ月，米山は懲役4カ月）。黒連に抹殺（運動）社として加盟，

26年結核のため中野の病院で死没。(冨板敦)〔文献〕『組合運動』2号1923.2,『黒色青年』6号1926.12,『思想彙覧1』,『社会主義沿革2』

小島 文次郎 こじま・ぶんじろう ?-? 1919(大8)年東京麹町区(現・千代田区)のジャパンタイムス&メール社欧文科に勤め活版印刷工組合信友会に加盟する。(冨板敦)〔文献〕『信友』1919年8・10月号

小島 康彦 こじま・やすひこ 1909(明42)11.21-1987(昭62)6.28 山梨県東山梨郡松里村(現・甲州市)に生まれる。兄勇らの影響でアナキズムにひかれ27年中学4年で中退,上田光慶を頼って上京する。29年上田とともに黒色労働者組合に入る。34年2月兄が没し故郷に呼び戻され農業に従事する。戦後アナ連に入り山梨地方の全国委員となり,石川三四郎らを呼んで座談会,講演会を開いたりした。石川の死を偲んで「バトンを握って根かぎり走ります」と短い追悼の言葉を寄せているが,この言葉通り不言実行の人であった。72年全山梨文化人会議に参加し宮下太吉の碑を仲間とともに建立している。(大澤正道)〔文献〕『平民新聞』60・113号1948.2・49.3,『アフランシ』34号1957.3

小島 りう こじま・りう ?-? 1919(大8)年東京京橋区(現・中央区)の築地活版所〔和文〕解版科に勤め日本印刷工組合信友会に加盟する。(冨板敦)〔文献〕『信友』1919年10月号

小島 林蔵 こじま・りんぞう ?-? 1919(大8)年東京京橋区(現・中央区)の築地活版所欧文仕上科に勤め日本印刷工組合信友会に加盟する。(冨板敦)〔文献〕『信友』1919年10月号

腰山 茂忠 こしやま・しげただ ?-? 1931(昭6)年11月アナ派詩誌『農民詩人』の同人となり詩「アナキスト宣言」「お前と俺と」を寄せる。(冨板敦)〔文献〕松永伍一『日本農民詩史・中』法大出版局1968,『土とふるさとの文学全集14』家の光協会1977

越山 守一 こしやま・もりかず ?-? 印刷工として1919(大8)年活版印刷工組合信友会に加盟し活動する。同年8月から10月頃にかけては病休中だった。(冨板敦)〔文献〕『信友』1919年8・10月号

越山 良一 こしやま・りょういち 1908(明41)?-1999(平11)夏 東京・上野の旅館の長男として生まれる。専修中学時代にプロレタリア俳句の横山林二と同級となる。山を愛し詩に関心を持ちアナキスト詩人を自称。時期不明であるが治安維持法にふれ半年余り拘留された。実家の旅館は空襲で焼失,ために離婚を経験,晩年はアパートに独居しつつ交友を楽しむ。(奥沢邦成)

五条 伊太郎 ごじょう・いたろう 1885(明18)10.18-1964(昭39)5.7 18年大井川通舟組合長として逓信省と交渉,20年日本労働組合総同盟に加盟,組合長として賃金の平等化や扶助につとめた。26年島田で八太舟三の滞在を世話し加藤弘造とともに八太と交流した。八太は五条に「一切か然ずんば皆無か」の書を残したという。同年日本絹織島田工場や日本楽器での争議を支援,29年には身延鉄道の争議を支援した。30年大井川鉄道に対して大井川水夫の生存権擁護をかかげて争議を指導し検束留置され,組合費横領情報を警察によって喧伝されるなどの弾圧を受けた。全国労農大衆党島田金谷支部長としても活動した。戦後は共産党員となり,島田市農地委員長に選出された。(竹内康人)〔文献〕杉山金夫「大井川通舟組合の失業救済争議とそのてんまつ」『静岡県近代史研究』11号1985,加藤弘造『起伏』友吉社1994,『静岡県労働運動史資料・上』

小城 善太郎 こしろ・ぜんたろう 1910(明43)12.2-1952(昭27)5.16 33年10月アナ派短歌誌第3次『芸術と自由』を引き継いで創刊された尾村幸三郎編集の『主情派』に参加する。同人に穂曾谷秀雄,中島国夫,伊東正躬,木原実らがいた。34年『主情派』廃刊後,同人たちと『動脈』を創刊する。のち満州に渡り敗戦後上海から引き上げる。「法政の学生で,銀座に出ることにシニカルな抵抗をおぼえるような青年だった」(木原)。(冨板敦)〔著作〕『美しき銭』(小倉三郎・木原実・穂曾谷秀雄と共著)詩歌文学懇話会1965〔文献〕木原実「アナキズム短歌の流れ」『本の手帖』1968.8・9,小倉三郎『私の短歌履歴書』ながらみ書房1995

小杉 栄一 こすぎ・えいいち 1904(明37)-? 本名・岩崎勇 東海黒連のメンバー。27年10月頃大塚昇,瀬川竜らと静岡市水落町の瀬川の自宅を事務所として人間生活社を組織する。同年11-12月に雑誌『人間生活』の発行資金を求めたことが恐喝にあたるとして12月11日頃大塚,瀬川,服部豊,石川熊雄(滝川創),牧野修二らと一斉検挙され(16

人），懲役6カ月執行猶予2年となる。（冨板敦）〔文献〕『静岡新報』1927.12.13夕刊，『黒色青年』16号1928.2，『思想彙覧』2

小助川 祐三 こすけがわ・ゆうぞう ?-? 1919（大8）年東京神田区（現・千代田区）の三秀舎印刷科に勤め日本印刷工組合信友会に加盟する。（冨板敦）〔文献〕『信友』1919年10月号

小須田 薫 こすだ・かおる 1906（明39）-? 別名・北上健，笛木哀之介 群馬県北甘楽郡磐戸村檜沢（現・甘楽郡南牧村）生まれ。磐戸高等小学校卒業後，農業に従事する。24年頃からプロレタリア文学に親しみ25年2月加藤一夫主幹の雑誌『原始』を購読してアナキズムに共鳴，27年『原始』3巻3号に「蛙峰」を投稿する。29年5月頃全国農民芸術連盟の維持会員となる（1931.1脱退）。30年加藤の『大地に立つ』，延島英一の『解放戦線』に寄稿。同年中頃から『自連新聞』『文学通信』を購読。34年3月からは磐戸村磐戸で雑貨商を営む。35年末頃無共党事件で検挙されるが不起訴。（冨板敦）〔著作〕『虚無』私家版1925〔文献〕『解放戦線』1号1930.10，『原始』3巻3号1927.3，『身上調書』，松永伍一『日本農民詩史・中1』法大出版局1968

コズロフ Kosrob ?-? 米国生まれのロシア人でIWW（世界産業労働者）の組合員として大杉栄により紹介されている（「コズロフを送る」）。イワン・コズロフと称されている。1917（大6）年妻クララと来日，妻は夫より2，3歳年上のロシアから来たユダヤ人の娘で「ロシア・ユダヤ人の無政府主義労働者の一団体」に加わっていたと，これまた大杉により紹介されている。内務省の記録（『特別要視察人情勢一斑』など）によれば，ロシアでの革命勃発の知らせを聞いて米国からロシアに向かう途中日本に立ち寄ったところ，何らかの理由によりロシア入国が果たせず日本に6年ばかり滞在することになったという。22年7月日本政府から退去命令を受け神戸から上海に向け出発している。この時の様子を描いているのが大杉の文章である。コズロフの滞日中，生まれた子供に管野すが子の名前をとってスガチカと名づけたこと，B.ラッセルの来日のおりに彼に日本の社会主義運動や労働運動についての知識を与えたことなどが大杉により紹介されている。コズロフの著作『日本における社会主義運動と労働運動』（*The Socialist and Labour Movement in Japan*）はロバート・ヤングが刊行していた『ジャパン・クロニクル』に掲載され，21年ジャパン・クロニクル社からBy an American Sociologistとして出版されたものである。大杉は珍しくこの書に称賛の辞を与えている。23年6月3日大杉がフランスを国外追放で帰国途中，上海に寄港したおりに真っ先に出迎えたのがコズロフだった。（山泉進）〔文献〕大杉栄「コズロフを送る」『漫文漫画』1922.11，近藤憲二「コズロフ1・2」『平民新聞』17-18号1947.2.19-3.5，山泉進「『大逆事件』とイギリス」『明治大学人文科学研究所紀要』2001.3

小竹 久雄 こたけ・ひさお ?-? 1920（大9）年5月加藤一夫が中心となって創設した自由人社（自由人連盟の改称）のメンバー。同社の月刊リーフレット第2次『自由人』（1922.1創刊）の編集実務を同年9月頃から杉野三郎とともに担当し，自らも「捷径への提案」「社会思想と労働者」など多数の論文を発表する。アナ・ボル対立の時期で小竹は自由連合主義の立場から中央集権的合同主義を痛烈に批判，反ボルシェヴィキ，反政党，反知識人の主張を展開した。労働者出身の運動家だったようだ。自由人社では上記リーフレットのほかに月刊オピニオン雑誌の発行が計画され，23年6月『我等の運動』を創刊し発禁となるが，小竹は「自由連合と組織の問題」を発表，また編集も担当した。（大和田茂）〔文献〕『自由人』復刻版・緑蔭書房1994

小谷 滝雄 こたに・たきお ?-? 1919（大8）年東京京橋区（現・中央区）の築地活版所文選科に勤め日本印刷工組合信友会に加盟する。（冨板敦）〔文献〕『信友』1919年10月号

小谷川 喜一郎 こたにがわ・きいちろう ?-? 東京市小石川区小日向町（現・文京区関口）に居住し神田神保町の山縣製本印刷整版部に勤める。1935（昭10）年1月13日整版部の工場閉鎖，全部員40名の解雇通告に伴い争議勃発。工場を占拠して闘い同月15日解雇手当4カ月，争議費用百円で解決する。山縣製本印刷は当時東京大学文学部の出入り業者であり，東印は34年5月以降，東印山縣分会を組織していた。（冨板敦）〔文献〕『山縣製本印刷株式会社争議解決報告書』東京印刷工組合1935，『自連新聞』97号1935.1，中島健蔵『回想の文学』平凡社1977

児玉 兼吉 こだま・かねきち ?-? 1919(大8)年東京牛込区(現・新宿区)の日清印刷会社石版科に勤め活版印刷工組合信友会に加盟。のち新聞工組合正進会に加盟。24年夏、木挽町(現・中央区銀座)正進会本部設立のために1円寄付する。(冨板敦)〔文献〕『信友』1919年8月号、正進会『同工諸君!! 寄附金芳名ビラ』1924.8

児玉 亀太郎 こだま・かめたろう ?-? 石版工。1923(大12)年6月日本印刷工組合信友会に石版工仲間と加盟し山田義雄らと計19名で小柴支部を組織する。(冨板敦)〔文献〕『印刷工連合』3号1923.8

児玉 巌鉄 こだま・がんてつ 1903(明36)頃-? 本名・節 浜松から岐阜に来て、岐阜最初の社会主義者組織鉄血団事務所の中村如水に連絡をとり、23年岐阜市内の磯田歯科医院の歯科技工士となる。磯田歯科医院院長は社会主義、アナキズムのシンパであったという。24年7月に創立された岐阜県水平社と関わる。岐阜県水はアナ系の自由青年連盟に加入、名古屋の生駒長一ら東海水平社と歩調を合わせている。また同年8月頃日本毛織岐阜工場争議でストを組織して解雇された坂井由衛や伊藤長光らと中部青年(運動)同盟を組織し機関誌『中部青年』を発行、25年10月後藤毛織のストでは争議組合代表の一人に名を連ねた。27年1月親交する北原泰作が軍隊に入営する時、愛用のルパシカ姿で荊冠旗をひるがえして生駒や水野竹造らとともに見送った。3月北原が軍隊内差別事件に抗議して脱営したとき磯田歯科医院内に一時かくまい、名古屋の黒潜社や伊藤らの同志と相談して香具師の親分植村の家にかくまったという。(北村隆ераль)〔著作〕「岐阜県社会運動側面史 巌鉄思い出話」『ぎふ人民新聞』1923.6〔文献〕北原泰作『賤民の後裔』筑摩書房1974、『北原泰作部落問題著作集』全3巻部落問題研究所1981-83、愛知県部落解放運動連合会編・刊『愛知県部落解放運動史 戦前編』1983

児玉 昇之助 こだま・しょうのすけ ?-? 1919(大8)年東京神田区(現・千代田区)の三省堂印刷部欧文科に勤め活版印刷工組合信友会に加盟する。(冨板敦)〔文献〕『信友』1919年8・10月号

児玉 はる こだま・はる 1906(明39)3.15-1988(昭63)3.22 別名・はる子 東京生まれ。24年頃解版工となり東京印刷工組合に加入し、布留川信の妻で同じ解版工テツと婦人部で活躍する。26年5月24日全国自連第1回大会で「婦人労働者の運動がふるわないのには一つには男性側に女性蔑視の偏見があるからだ。婦人部を作って事足れりとするだけではなく、もっと基本的なところから応援してほしい」と述べる。10月25日東印定例会で行木勇より「深川支部設立以来婦人部が復興の気運にあるため、各部門からの応援を要請したい」との発言があり婦人部の宣伝ビラを作成することを決定、行木とともに起草委員となる。信の兄布留川桂夫妻宅に出入りし、宇田川一郎と出会う。宇田川と結婚し31年関東一般北部支部(旧全国自連東京一般北部支部)事務所に住む。33年宇田川が死没し、39年満州に渡り奉天(現・瀋陽)の満鉄印刷所で働く。46年6月引き揚げた。川柳をよくしたという。(冨板敦)〔文献〕『自連』1・6号1926.6・11、水沼辰夫『明治・大正期自立的労働運動の足跡』JCA出版1979、白井新平『日本を震撼させた日染煙突事件』啓衆新社1983、相京範昭「児玉はるさんの世界」『黒』7号2001

児玉 豊 こだま・ゆたか 1913(大2)-? 広島市白島東中町生まれ。尋常小学校を卒業。32年頃からアナキズムに共鳴、『中国評論』発行人の弘中柳三に雇われ同家に出入りするようになり、アナキストと交流した。33年5月頃中田義秋らと呉黒色一般労働者連盟準備会を結成して活動するが、同志の脱退などにより同年末解消した。呉市に住み外交員として暮らしを立てている時に35年末頃共党事件で検挙されるが不起訴。(冨板敦)〔文献〕『身上調書』

小垂 藤次郎 こたれ・とうじろう ?-? 京都印刷工組合員。1926(大15)年組合書記となる。同年9月頃富浪印刷争議を支援する。27年の京都メーデー集会で司会をつとめる。『自連』16号の「京都一般、印刷工情勢」の欄に8月14日「小垂藤次郎除名の件」が協議されたと報告されている。(冨板敦)〔文献〕『自連』3・6・13号1926.8・11・27.6、『京都地方労働運動史』

小柄 皎 こづか・こう 1908(明41)-? 本名・作雄、別名・沙皎、丙子 北海道夕張郡角田村(現・栗山町)に生まれる。少年期には俳句をつくっていたが25年文芸誌『空』を創刊し詩作に転じる。アナキズムに傾斜。26

年平田千代吉の『自然児』に参加。30年4月『黒潮時代』を創刊し1号で終わったが竹内てるよ、猪狩満直、小野十三郎、平田らが寄稿。33年9月大沢重夫と『新世紀』を出したが発禁。印刷所を経営。その後『山脈』の同人となる。敗戦後百田宗治ら疎開文学者の面倒をみて感謝された。(堅田精司)〔著作〕『春の帆船』私家版1929〔文献〕『小樽新聞』1925.3.21・5.7・6.15・10.12

小寺 千代蔵 こでら・ちよぞう ?-? 別名・千代造 報知新聞社に勤め新聞工組合正進会に加盟。1920(大9)年機関誌『正進』発行のために1円寄付。また24年夏にも木挽町(現・中央区銀座)の正進会本部設立のために1円寄付する。(冨板敦)〔文献〕『正進』1巻1号1920.4、正進会『同工諸君‼ 寄附金芳名ビラ』1924.8

後藤 章 ごとう・あきら 1904(明37)-? 静岡県小笠郡掛川町大池(現・掛川市)生まれ。准教員養成所卒業後、19年静岡県安倍郡美和村(現・静岡市)第3小学校の准訓導となる。21年退職。以来、玩具工、新聞社の事務員となる。23年静岡市内で牧野修二、服部豊らと機関紙『この人を見よ』を刊行するグループ結成。山崎佐市、大塚昇、柴山群平ら多数の青年が参加するようになり25年静岡思想研究会(のち静岡社会思想研究会と改称)を設立。26年黒連結成に呼応し東海黒色青年連盟と改称、黒連に加盟する。28年無産者自治連盟(東海黒連の改称団体)にも加わる。同年10月弁護士中田驥郎の経営する救護会大阪支部の事務員に採用され、主事となり社会事業に従事。35年末頃無共党事件で検挙されるが不起訴。その後全農職員、また『静岡木工新聞』主筆をつとめたといわれる。(冨板敦)〔文献〕柴山群平「静岡文芸運動の想い出」『文芸静岡』11号1966・「社会思想研究会の人々」『風信』1号風信社(浅野紀美夫)1968、竹内康人「静岡のアナキズム」『沓谷だより』3号1990、大塚昇「静岡でのアナキズム運動」同17号2000、向井孝「大塚昇らを辿って」『黒』8号2002、『静岡県労働運動史資料・上』、『身上調書』

後藤 学三 ごとう・がくぞう 1901(明34)4.10-1962(昭37)8.5 別名・高原誓之助 大分県大分郡東穂田村貝ノ原生まれ。小学校卒業後、20年上京し山田作松を通じてアナキズムに接した。23年山田、福田理三郎らと黒幽会を結成。同年8月に開催の社会主義演説会で配布したビラのために検束され一時帰郷。翌24年11月に再び上京し福田狂二の進め社に参加。25年7月半沢公吉、上田光慶、長谷川仁策らと解放戦線社を結成、同年3月『解放戦線』(1927.3『解放新聞』と改題)を刊行。26年1月黒連の結成には解放戦線社を率いて加入した。9月札幌労働組合主催の社会問題演説会では弁士をつとめ10月函館で検束。27年12月岡山県津山町で秋本義一、田中勘三郎、有安浩雄らと労農党撲滅・社会問題批判大演説会を開き神山茂夫が飛び入りで演説する。26-28年は関東黒連の一員として各地を遊説し検束を繰り返した。この間解放新聞社から『ロシア無政府主義運動小史』やマラテスタ、後藤謙太郎などの著作を刊行、29年8月には山田真一、瓜生五郎、斎藤修三と『解放新聞』を再刊。その後アナキズム運動から離反し32年右翼団体五月党を結成。35年5月瓜生とともに『産業経済新聞』『産業経済』を刊行。同年11月無共党事件で取り調べを受けた。(奥沢邦成)〔文献〕『身上調書』

後藤 謙太郎 ごとう・けんたろう 1895(明28)-1925(大14)1.20 熊本県葦北郡日奈久町(現・八代市)生まれ。本籍は沖縄県那覇区上之蔵町(現・那覇市)。家は商売をしていたが親戚に保証を頼まれたのが因で倒産、一家は炭鉱へ夜逃げする。その直後に生を受けたが父は死没。年少時から北は北海道から南は香港まで各地を愛犬をつれて放浪し三池、松島、伊田などの炭鉱地帯で採炭労働に従事する。『日本少年』などに俳句を投稿し賞をとったことから折にふれ短歌や詩をつくることを覚えた。文学雑誌を読むなかで社会主義を知り独学で手当たりしだいに本を読みあさる。15年頃年少時からの労働が災いして肺病にかかる。上田、栃木、熊本(1919)、宇都宮の監獄を転々とし、21年4月『労働者』(労働社)に拠る。労働社は長続きはしなかったが反インテリ主義を掲げていたため生粋の労働者が集まり山路信、伊藤公敬、根岸正吉、中浜哲、松本淳三、石渡山達らと文芸仲間と親交。同年9月『関西労働者』同人となる。22年春高崎監獄を出獄した足で小作人社を訪問、古田大次郎、中浜哲と酒を酌み交わし一期の邂逅をする。22年4月大阪にいた逸見吉三が岡山の軍旗

祭は一般見学が可能であることを大串孝之助に話し，来阪していた後藤が聞きつけて仲間集めの試金石として岡山連隊反軍ビラまきを計画。同年6月2000枚のビラを作成。茂野藤吉，東京から来阪していた飯田徳太郎，石田正治と岡山に出向き決行。帰阪後，石田とともに東京，仙台，金沢，新発田と足を進め新発田の鯖江連隊営門付近で300枚のビラまきに時間を費やし引き揚げるところを憲兵隊に逮捕される。折からの過激社会運動取締法案の生贄として大々的に報道される。予審では責付だったが検事控訴で懲役1年の刑が確定し24年7月巣鴨刑務所に投獄される。それ以前，23年冬頃，神経性アル中発作で巣鴨保養院に収監され，村木源次郎がその世話にあたっていた。24年9月和田，村木らの福田雅太郎大将狙撃事件を知る。25年1月の厳寒の朝，鉄格子に細紐を掛けて縊死する。身元引受人となっていた村木は市ヶ谷刑務所に収監中で，肺病のため1月23日仮死状態で責付出獄となり労働運動社の近藤憲二らのみとるなか後藤の死の4日後に死没する。その間際に労運社の玄関へ「うちの謙太郎はどこにいるのでしょう」と年配の女性が訪ねてくる。巣鴨刑務所からの電報で熊本から上京して来た後藤の母であった。労運社の仲間は初めて後藤の死を知る。村木に代わって和田栄太郎と大久保卯太郎が遺体を引き取りに出向いた。2人の合同葬は2月1日小石川道栄寺で少数の同志たちによって行われた。26年4月逸見ら仲間の手によって遺稿集が上梓された。その巻頭にはギロチン社事件の中浜哲の序文が付されている。根岸，伊藤，松本らとともに先駆的労働者詩人の一人であった。(黒川洋)〔著作〕詩歌集『労働・放浪・監獄より』同刊行会1926・復刻版黒色戦線社1991〔文献〕近藤憲二「牢獄に倒れた二人の同志」『労働運動』4次8号1925.2，和田久太郎「後藤君の追憶」同4次9号1925.4，松本親敏「後藤謙太郎」『自連新聞』36号1929.6，近藤憲二『一無政府主義者の回想』平凡社1965，秋山清「壺中の歌」仮面社1974，逸見吉三『墓標なきアナキスト像』三一書房1976

後藤 高治　ごとう・こうじ　?-?　1919(大8)年東京芝区(現・港区)の東洋印刷会社和文科に勤め活版印刷工組合信友会に加盟。(冨板敦)〔文献〕『信友』1919年8月号

後藤 光倉　ごとう・こうぞう　1886(明19)-?　山形県西村山郡北谷地村吉田(現・河北町)に生まれる。植木職人であったが07年香具師となる。旭川で生活。24年鎖断社に参加。さらに全国行商人先駆者同盟に参加。各地で社会主義の宣伝ビラを配付。鎖断社弾圧後も娼妓自廃運動を続ける。25年7月24日思想対立から赤化防止団大和武道会の親分を襲撃。26年5月1日旭川地裁で懲役3年の判決を受ける。旭川露店商組合の組合長となる。10月16日控訴審で懲役2年6カ月。(堅田精司)〔文献〕『香具師師名簿』北海道庁警察部1927.9，『北海タイムス』1925.7.26・26.5.3・10.17，『小樽新聞』1926.3.11・4.15

後藤 三二　ごとう・さんじ　?-?　時事新報社に勤め新聞工組合正進会に加盟。1920(大9)年機関誌『正進』発行のために1円寄付。また24年夏，木挽町(現・中央区銀座)正進会本部設立のためにも1円寄付する。(冨板敦)〔文献〕『正進』1巻1号1920.4，正進会『同工諸君!! 寄付金芳名ビラ』1924.8

後藤 登記男　ごとう・ときお　1893(明26)7.26-?　別名・登喜男　広島県神石郡新坂村(現・神石高原町)に生まれる。上京し東京朝日新聞社に記者として勤める。1921(大10)年東京北郊自主会に参加していたことで警視庁の思想要注意人とされる。北豊島郡西巣鴨町宮仲(現・豊島区巣鴨)に住んでいた。(冨板敦)〔文献〕『警視庁思想要注意人名簿(大正10年度)』

後藤 富夫　ごとう・とみお　1909(明42)-1981(昭56)11.2　北海道札幌区(現・札幌市)に生まれる。生家は有名な飲食店であった。札幌中央創成小学校，札幌二中を経て早稲田大学商学部を卒業。33年三井生命に入社したが34年2月退社。7月北海道庁雇となり殖民軌道の枝幸線運輸事務所に勤務。柿岡正雄の影響を受けアナキズム文献を読む。35年11月無共党事件で取り調べを受けるが釈放された。その後，北海道水産物卸商業協同組合，大丸グリルに勤務。(堅田精司)〔文献〕『身上調書』

後藤 広数　ごとう・ひろかず　?-?　黒連結成時には京都印刷工組合と黒色解放社(元・貧乏人社)のメンバーとして活躍し，のち名古屋に移り日本自協派の労働争議を闘った。1926(大15)年6月岐阜での中部黒連発

会式に登壇。同月21日京都黒連演説会では司会をつとめ官憲による弁士中止の連続に「俺達の会場は街頭なり」と宣言，京都駅までデモ。その際官憲を殴ったとして逮捕，20日間収監される。その後名古屋に移り伊串英治，小河国吉ら愛知，岐阜の活動家と広く交流。28年1月10日路線の違いから伊藤長光に短刀で刺される。静岡の『大衆評論』に参加し大衆評論名古屋支局（名古屋市中区御器所町滝子）を名のる。29年大阪で銃砲火薬取締法違反として逮捕され懲役2カ月となる。出獄後名古屋に戻る。30年春自治民報社を組織，機関紙『自治民報』を発刊，無産者人事百般相談所を設けた。また街頭移動文庫でパンフレットを売りアナキズム思想の宣伝につとめる。30年夏成田政市，鬼頭広明らと中部純労働者組合を結成，31年中部黒色一般労働者組合と改称する。31年5月大阪アルミ争議を支援し逸見吉三，中田義秋と逮捕され，懲役4カ月となり12月出獄。再び名古屋に戻り32年丸八ポンプ争議などを闘う。（冨板敦）〔文献〕『黒色青年』4・5・7号1926.7・9・27.3，『自由連合』2号1926.7，『黒潜』3号1928.2，『黒色運動』2号1928.10，『自由連合運動』5・9号1929.9・30.4，上野克己「戦線に立ちて」『自由連合主義』3号1930.7，『自由連合運動』2巻2号1932.4

後藤　博　ごとう・ひろし　?-?　上村実とともに詩人の会蛇鳥社のメンバー。1929（昭4）年頃草薙市治の紹介で長谷川武と交流，長谷川は『NAC（ニヒリスティック・アナルコ・コミュニズム）』を刊行する。後藤の叔父が経営する別荘に長谷川らと行きダイナマイトをみつける。長谷川は31年芝浦製作所争議での使用を企てた。蛇鳥社またNACの仲間に三宅政次，渡辺丙午らがいた。（冨板敦）〔文献〕長谷川武『アナーキズム運動五十余年』私家版1977，『社会運動の状況8』

後藤　政久　ごとう・まさひさ　?-?　1919（大8）年東京京橋区（現・中央区）の三協印刷株式会社文選科に勤め活版印刷工組合信友会に加盟する。（冨板敦）〔文献〕『信友』1919年8月号

後藤　又吉　ごとう・またきち　?-?　新潟県西蒲原郡沼垂町（現・新潟市）に生まれる。新潟実業新聞社に文選工として勤め山口健助を知る。1928（昭3）年サンジカリズム派の新潟一般労働組合に加わり市川和平，安宅哲らと新潟時事新聞社の争議を闘う。のち柏崎日日新聞社に勤め30年7月徴兵検査で帰郷した山口を同社に紹介，入社させる。同新聞社の賃金不払いに抗して山口とともに社内に黒色労農新聞読書会を組織し8月ストを闘う。（冨板敦）〔文献〕『黒色労農新聞』3号1930.9，山口健助『青春無頼』私家版1982

ゴドウィン　Godwin, William　1756.3.3-1836.4.7　英国ケンブリッジ州ウィズビーチの非国教徒の牧師の家に生まれる。この地方は独立自営農が多く自立の気風があった。67年両親は学校をやめさせ息子を独立教会派の牧師サミュエル・ニュートンのただ一人の弟子にさせる。急進派のサンデルマン主義とその現実の習慣に直接触れたことは，のちの『政治的正義』や反権威的共産主義思想の大きな柱となる。非国教徒のため大学に入れず73年ホクストン・アカデミーに入学。78年学校を卒業すると諸州の小さな非国教派の教会を主宰するが次第に牧師職に適していないと感じ始める。83年牧師をやめロンドンへ出て文筆に従事。この年私立学校設立を計画し「セミナリ説明書」を発行。学校設立は実現しなかったが，この説明書には自然な平等主義の社会が人為的な統治社会に対置されていた。『政治的正義』の執筆少し前から無神論者となり後年は汎神論に傾く。93年『政治的正義』を出版，フランス革命の激動のなかにあった英国思想界に深刻な影響を与える。人間がもっているのは権利ではなく互恵的な正義のもと仲間たちの援助への要求であり，唯一の法は理性であるとした思想はフランス革命から導入されたものではなく，すでに形成されていたものがフランス革命を契機として現れたものであった。また小さなゆるやかな集団の重視はのちのアナキスト組織形態の一つの出発点であり，財産なき社会のヴィジョンは農耕的であった。94年出版の『カレブ・ウイリアムズ』は好評を博し米国文学にも影響を与える。97年『婦人の権利の弁護』の著者メアリ・ウルストンクラフト（1759-97）と結婚。『政治的正義』の修正部分は結婚により「感情の意義」が大切にされたためといわれる。05年出版業を始めるが次第に社会からは忘れられた存在になり，詩人シェリーは12年ゴドウィンの存命を知って驚

きロンドンで会う。ゴドウィンの自由意思を重んじる考えは同時代のロバート・オーウェンに伝えられ、80年代英国の社会主義が復活するとモリス、ワイルド、ショー、ウェルズへと受け継がれていく。また石川三四郎と交流のあったH.S.ソルトは90年『政治的正義』第8章のリプリントに解説を付しその普及に寄与した。日本では1922(大11)年土田杏村が個人誌『文化』に「ゴドウィン研究」を特集し、また昭和になると新居格がゴドウィンに言及、加藤一夫は『政治的正義』を訳す(春秋社1930)。暴徒の支配と暴力を非難し悟性、誠実さ、高邁な感情による政治的変化を切望したゴドウィンの思想は日本の社会運動のなかで十分に検討されることは少なかった。(山口晃)〔著作〕岩城忠一訳『ゴドキン財産論』大村書店1923、松本吾朗訳『政治的正義に関する研究』平凡社1929、はしもと・よしはる訳『政治の正義 財産論』バルカン社1969、白井厚訳『政治的正義(財産論)』陽樹社1973、白井厚・堯子訳『メアリ・ウルストンクラーフトの思い出』未来社1970〔文献〕白井厚『ウィリアム・ゴドウィン研究』未来社1964、G.ウドコック『アナキズムⅠ』(白井厚訳)紀伊国屋書店1968

小那木 璋 こなぎ・あきら ?-? 千葉で農業を営み1927(昭2)年『小作人』に近況報告などを寄稿する。(冨板敦)〔文献〕『小作人』3次10・11号1927.11・12

小西 栄三郎 こにし・えいざぶろう ?-? 京都印刷工組合のメンバー。1928(昭3)年4月10日関西自由連合協議会で金田茂とともにメーデーデモ責任者の選出を任される。(冨板敦)〔文献〕『自連』24号1928.5

小西 次郎 こにし・じろう 1900(明33)12.12-? 大阪市東区淡路町(現・中央区)生まれ。小学校卒業後、大阪実践商業学校夜間部に通い3年で中退、かたわら1913年浪速銀行に用務員として勤務。18年銀行をやめ父の洋品店、日本電話工業に勤務。20年頃兄武夫とともに神戸のロンダ組に出入りした。22年上京し東京興信所に勤め正則英語学校に通う。東京で中浜哲らのギロチン社に出入りしていたが22年末関西に戻り、翌23年1月加古川の日本毛織の工員となり青年五月党と称する団体をつくる。6月日本毛織をやめて大阪に帰りギロチン社グループと合流。8月大阪合同紡績、翌月福島紡績などから「リャク」(掠)したとされる。同年9月大杉栄らの復讐のため、三重県松阪にいる甘粕正彦の弟を襲撃しようとした田中勇之進の遂行見届け役として同行、実行前に帰る。この頃倉地啓司の紹介で入社していた川北電気の給与強奪、砲兵工廠への給料運搬襲撃を計画するが失敗。10月16日第十五銀行玉造支店小阪出張所からの現金輸送襲撃に参加、古田大次郎が行員を誤って刺殺した(小阪事件)。現金の入ったトランクは奪えず内田源太郎から債券の入った鞄を受け取り、翌日内田と京都で換金。行員のうち一人が浪速銀行在職中の顔見知りだったのでその後ほどなく小川義夫、内田らとともに天満警察署に捕らえられた。25年5月28日大阪地裁で無期懲役を言い渡され26年3月6日大阪控訴院も同じ判決。40年頃仮釈放で出所、戦後大阪近郊で食堂を経営していたという。(北村隆信)〔文献〕『大阪社会労働運動史・上』、『思想輯覧1』、逸見吉三『墓標なきアナキスト像』三一書房1976、古田大次郎『死の懺悔』完全復刻増補版黒色戦線社1988、秋山清『ニヒルとテロル』川島書店1968、小松隆二「ギロチン社とその人々(1)(2)」『三田学会雑誌』66巻4・5号1973.4・5、『大阪あなきずむ』4号1968.11

小西 武夫 こにし・たけお 1898(明31)4.24-1927(昭2)11.7 18年4月鍋山貞親、岸井清、対馬忠行らとともに関西労働者同盟を結成。20年弟次郎とともに神戸のロンダ組に出入りした。その後21年9月創刊の『関西労働者』編集同人となる。22年7月反軍ビラ事件関連で石田正治らとともに拘留される。同年12月逸見直造とともに借家人運動関連の横領・詐欺罪で起訴され逸見6ヵ月、小西2ヵ月の懲役判決を受ける。23年久保譲、備前又二郎、山田正一、笹部治之助・義之助兄弟らと黒社を結成、同年7月『黒』創刊号の発行編集印刷人となり「裏切り者総同盟」を掲載。24年古田大次郎や中浜哲らのギロチン社に加わる。中浜脱獄計画に関与して懲役7年。服役中大阪堺刑務所で病没。(北村隆信)〔文献〕『大阪社会労働運動史1』、『岡山県労働運動史資料・上』、『岡山県社会運動史』、『思想輯覧1』、逸見吉三『墓標なきアナキスト像』三一書房1976、『新過去帖覚書』大阪社会運動物故者をしのぶ会1969、秋山清『ニヒルとテロル』川島書店1968、「別窓だより」『黒』1号1925.5.10

小西 寿保 こにし・ひさやす ?-? 高知県に生まれる。1926(大15)年頃神戸自由労働者組合に参加。当時神戸にいた兄益喜に思想的影響を与えた。のち高知に帰郷。全国自連に加盟し松村静数、江口茂、細見らと行動をともにする。29年11月高知で1万余の漁民がおこした反機械底引網漁船闘争を山本直憲、松村、江口らと闘う。32年9月16日県内で大杉栄追悼座談会の開催を計画するが前日松岡正人とともに検束され中止となる。(冨板敦)〔文献〕『自連新聞』42・51号1929.12・30.9、『特高月報』1932.9、『不敬事件1』

小西 益喜 こにし・ますき 1896(明29)-? 高知県に生まれる。高等小学校1年の半ばに中退し私塾に1年半学ぶ。農業の手伝いをし16年歩兵第44連隊に入営。18年除隊後、19年5月から神戸市で人力車曳きになる。弟寿保の影響でアナキズムを知る。26年8月神戸市東遊園地内での言辞が不敬罪にあたるとして検挙され、同年11月懲役1年6カ月となる。29年7月19日陸軍演習への応召に応じなかったとして検挙、起訴され禁錮4カ月。30年9月13日傷害事件で検挙、懲役3カ月。(冨板敦)〔文献〕『不敬事件1』、兵庫県特別高等課『特別要視察人ニ関スル状勢調ベ』復刻版兵庫県部落問題研究所1976

小西 松太郎 こにし・まつたろう 1892(明25)-? 荷馬車曳きに従事。1924年爆弾を使って大阪刑務所からギロチン社の中浜哲、小西次郎を脱獄させる計画に参加。従兄弟の小西武夫から計画を打ち明けられ資金面を担当する。爆弾入手前に計画が発覚し小西、山田正一、筬部治之助とともに検挙(懲役4年)。(冨板敦)〔文献〕逸見吉三『墓標なきアナキスト像』三一書房1976、『中浜哲詩文集』黒色戦線社1992、『思想輯覧1』

小西 弥一郎 こにし・やいちろう ?-? 新聞工組合正進会に加盟し1924(大13)年夏、木挽町(現・中央区銀座)本部設立のために50銭寄付する。(冨板敦)〔文献〕正進会『同工諸君!!寄附金芳名ビラ』1924.8

小沼 平次 こぬま・へいじ ?-? 東京朝日新聞社に勤め東京の新聞社員で組織された革進会に加わり1919(大8)年8月の同盟ストに参加するが敗北。のち正進会に加盟。20年機関誌『正進』発行のために30銭寄付する。(冨板敦)〔文献〕『革進会々報』1巻1号1919.8、『正進』1巻1号1920.4

木場 倉一 こば・そういち ?-? 1919(大8)年東京京橋区(現・中央区)の築地活版所和文科に勤め活版印刷工組合信友会に加盟する。(冨板敦)〔文献〕『信友』1919年8・10月号

木場 穂積 こば・ほづみ 1904(明37)-? 別名・小葉 鹿児島県生まれ。北大阪天六や和歌山のアナキストと活動する。和歌山最初のメーデーの隊列に黒旗を掲げて割り込み警官らと乱闘、宮脇久、中村公平らと検挙される。28年奈良県丹波市町(現・天理市)の野口市郎、安田理貴宅に小松亀代吉、林隆人とともに同居。同年8月23日大阪の阪神急行電鉄重役室で専務にピストルを向けて脅したとして篠原国雄と検挙され(ホールドアップ事件)、強盗未遂で懲役6年となる。(冨板敦)〔文献〕『黒色青年』24号1931.2、『小松亀代吉追悼 叛逆頌』同刊行世話人会1972、水田ふう・向井孝「女リャク屋リキさん伝12」『風』25号1998.5、『思想輯覧2』

小畑 正英 こばた・まさひで ?-? 1919(大8)年東京京橋区(現・中央区)の中屋印刷所印刷科に勤め活版印刷工組合信友会に加盟する。(冨板敦)〔文献〕『信友』1919年8・10月号

小早川 鉄太郎 こばやかわ・てつたろう ?-? 大勢新聞社に勤め新聞工組合正進会に加盟。1920(大9)年機関誌『正進』発行のために同社の畠山義郎、小野田末太郎と計3円を寄付する。(冨板敦)〔文献〕『正進』1巻1号1920.4

小林 一郎 こばやし・いちろう 1903(明36)-? 別名・谷昇 千葉県の軍人の家に生まれる。浦和中学時代に斎藤峻と知り合う。東京歯科医学校に入学。24年11月秋山清、斎藤、細田東洋男と青赤黒社を結成して詩誌『詩戦行』を創刊する。『詩戦行』には西川計夫、黒岩守也、名川三、吉田出、佐藤義雄、村岡妖之助、田中忠男、田中祐一、伏見彦麿、河上弘三郎、井上稲夫、麻生哲、遠地輝武、高漢容、笹部邦久、小川武敏、無縁寺心灯ら小林の地元の仲間や秋山、斎藤の友人らが集まり「小型コムミュン」(秋山)だった。戦時中に中国大陸に渡る。戦後は金沢医大、国立第二病院に勤める。(冨板敦)〔文献〕秋山清『あるアナキズムの系譜』冬樹社1973

小林 いね こばやし・いね ?-? 新聞工組

合正進会に加盟し1924(大13)年夏，木挽町（現・中央区銀座）本部設立のために1円寄付する。（冨板敦）〔文献〕正進会『同工諸君!! 寄附金芳名ビラ』1924.8

小林 丑松 こばやし・うしまつ ?-? 1919(大8)年東京麹町区（現・千代田区）の外務省活版部印刷科に勤め日本印刷工組合信友会に加盟する。（冨板敦）〔文献〕『信友』1919年10月号

小林 栄之助 こばやし・えいのすけ ⇨福島徳三郎 ふくしま・とくさぶろう

小林 歌鶴 こばやし・かかく ?-? 1919(大8)年東京神田区（現・千代田区）の二喜堂に勤め日本印刷工組合信友会に加盟する。（冨板敦）〔文献〕『信友』1919年10月号

小林 覚次郎 こばやし・かくじろう ?-? 万朝報社に勤め東京の新聞社員で組織された革進会に加わり1919(大8)年8月の同盟ストに参加するが敗北。のち正進会に加盟。20年機関誌『正進』発行のために1円寄付する。（冨板敦）〔文献〕『革進会々報』1巻1号1919.8，『正進』1巻1号1920.4

小林 角太郎 こばやし・かくたろう ?-? 新聞工組合正進会に加盟し1924(大13)年夏，木挽町（現・中央区銀座）本部設立のために1円寄付する。（冨板敦）〔文献〕正進会『同工諸君!! 寄附金芳名ビラ』1924.8

小林 一信 こばやし・かずのぶ 1909(明42)-? 大阪市港区抱月町生まれ。25年3月神戸市の須佐高等小学校を卒業後，父の勤務先である三菱電機製作所の見習工をしながら，26年4月村野工業学校専修科夜間部に入学し28年3月に卒業。職場の上司の仕打ちに対する憤りから社会主義にひかれ，総同盟神戸連合会に加入するがやがて退会。職場の同僚のアナキスト岩本某の紹介で佐竹良雄，笠原勉，芝原淳三，多田英次郎らと交流した。多田のすすめで神戸自由労働者組合，近代思想研究会に加入しアナキズムに共鳴する。29年7月三菱電機製作所の解雇に従兄弟の井上信一，多田，芝原，長沢清，山口安二らと抗議し暴力行為で懲役6カ月となる。出所後関西自連に加入し組織の拡大につとめる。32年9月笠原，芝原らと『近代思想』を発行。33年春全国自連の大会に上京して寺尾実，二見敏雄と知り合う。笠原の布引詩歌社にも関わり中井嘉美，小松原繁雄らと交わった。35年10月上旬神戸で二見に誘われ無共党に入る。党では資金局員として資金獲得を計画した。二見，井上とともに神戸の中国人富豪宅，駒ヶ林郵便局襲撃計画を立てるが失敗する。同月18日神戸の摩耶山中で二見，井上がスパイ容疑として芝原を射殺する際，見張りに立っていた。その後上京し二見，井上，三井剛，相沢尚夫と杉並区の馬橋郵便局，駒海郵便局襲撃計画を立てるが失敗する。11月6日朝，同人たちと目白の高田農商銀行を襲撃，拳銃不発のため失敗，逃走した。11月14日検挙され治安維持法違反，殺人，強盗予備，強盗未遂で起訴され39年5月第1審で懲役10年，未決通算800日の判決を受け控訴せず刑が確定する。（冨板敦）〔文献〕相沢尚夫『日本無政府共産党』海燕書房1974，『身上調書』，『無共党事件判決』，『自連新聞』37・39・45号1929.7・9・30.3

小林 一吉 こばやし・かずよし 1903(明36)-? 愛知県名古屋市西区で靴製造の仕事に従事。1922(大11)年11月10日名古屋市西区志摩町の寿座で開かれた愛知県水平社創立大会で祝辞祝電を代読する。11月25日同区内で起きた差別糾弾闘争で，生駒宗兵衛，鈴木儀平らと脅迫罪で検挙，懲役3カ月執行猶予3年。25年12月22日愛知県水平社執行委員会及び青年連盟委員会が開かれ生駒長一，鈴木星花とともに『自由新聞』（埼玉・自由新聞社）の編集部員となる（愛知支局長は鈴木信）。26年1月愛知県水平社の役員改選で執行委員に選出される。（冨板敦）〔文献〕『名古屋新聞』1922.11.26・12.22，1923.2.20・3.21『新愛知』1922.12.1・12.22，1923.1.10・2.7・20・4.6『名古屋毎日新聞』1923.1.10（松浦國弘編著『愛知県・底辺社会史資料集成 部落篇 大正期』近現代資料刊行会2008），『自由新聞』1・2号1926.1・2

小林 哥津 こばやし・かつ 1894(明27)11.20-1974(昭49)6.25 東京京橋生まれ。仏英和女学校（現・白百合学園）卒業。父小林清親は明治の浮世絵版画家。「青鞜」社員として多くの詩・小説・戯曲を執筆。『赤い鳥』に童話も発表。翻訳に『瑞典（スウェーデン）のお伽噺不思議な旅』等がある。日本画家小林祥作と結婚。一時大東高等女学校で教師を勤める。小説や戯曲には，家族や係累のしがらみから自由で且つ自立した女性で

ありたいという願望を抱える女性登場人物が描かれている。その造詣が東京下町風物と女性特有の化粧を重ねた心情と相俟って自由闊達なものとなっていることは注目される。「麻酔剤」(『青鞜』1912)や「ゑかきの一家」(『青鞜』1914)等にその特徴が窺える。54年以降父親小林清親の追懐と研究資料の紹介に努める。「『清親』考」(吉田漱編『最後の浮世絵師 小林清親』蝸牛社1977)がその代表。(千葉正昭)〔文献〕らいてう研究会編『『青鞜』人物事典』大修館書店2001年

小林 躬之助 こばやし・きゅうのすけ ⇨ 厚田正二 あつた・しょうじ

小林 袈裟松 こばやし・けさまつ 1900(明33)8.4-1949(昭24)2.21 別名・霊人 長野県南佐久郡切原村(現・佐久市)に生まれる。南佐久農蚕学校卒業後、同級の平林竜男、瀬下貞夫らと「赤土会」(あかのっぺかい)という文芸サークルを結成した。この会は文芸の創作・鑑賞とともに自由にさまざまな問題を話し合う「自由奔放な会」として発展した。また23年の関東大震災後、佐久ギロチン連盟を結成し運動の草分けとなったという記録もあるが、詳細は不明。23-24年頃、親友瀬川知一良が赤土会に参加し北信・上小地域の青年層との連携を深め、27年10月16日には農民自治会南佐久連合を結成した。小林は『農民自治』第2号(1926.5)に霊人の名で詩「木乃伊は永遠に笑ふ」を書いている。28年の農民自治会の分裂後には全農切原支部(全会派)を結成して農民運動に奔走した。戦後は47年共産党に入党。切原農民組合を結成し日農南佐久郡組合長として活動するが、過労のため死没。(安田常雄)〔文献〕『解放のいしずえ』旧版、大井隆男『農民自治運動史』銀河書房1980、『南佐久農民運動史・戦前編』同刊行会1983

小林 光輝 こばやし・こうき ?-? 別名・輝 1933(昭8)年8月21日大阪で開かれた関西地方での全国自連と日本自協合同のための協議会に、東京から近藤憲二、菊岡久利、小野十三郎と参加する。合同声明書を発表し機関紙『自主労働者』を発行する。(冨板敦)〔文献〕『大阪社会労働運動史・下』、『特高月報』1933.9、『社会運動の状況5』

小林 栄 こばやし・さかえ ?-? 1919(大8)年東京麹町区(現・千代田区)の東京毎日新聞に勤め活版印刷工組合信友会に加盟する。(冨板敦)〔文献〕『信友』1919年8・10・12月号、1920年2月号

小林 栄 こばやし・さかえ ?-? 豊橋市植田町に生まれる。名古屋郵便局に勤めアナ派の詩人たちと交流した。同郷の友人岩瀬正雄は26年1月名古屋の石原政明、浅野紀美夫から詩の座談会参加の誘いを受け小林、山本一夫、伊藤功と自転車で駆けつけたという。その後ボル派のMLT研究会、戦旗読書会に参加。「温和で話し好きで人柄が好いので、アナ系からボル系との知人が多い」(尾原)。敗戦後は花屋を営む。(冨板敦)〔文献〕尾原与吉『東三河豊橋地方社会運動前史』私家版1966、岩瀬正雄『一匹の黄金虫』豊橋文化協会1972

小林 定治 こばやし・さだじ ?-? 群馬県利根郡に生まれる。東京で放浪生活を送り植村諦らアナキストと交流する。1932(昭7)年第2次『黒色戦線』に詩を寄せる。同年謄写版印刷機を東京から前橋まで運び萩原恭次郎による『クロポトキンを中心とした芸術の研究』の印刷に協力する。同誌1号の消息欄は「失業。この程子供生る。男子。大造君」と伝える。この失業は伊藤信吉によれば小学校教員をしていたが榎田薫とアナ派詩誌を発行し、解雇されたことだという。当時群馬県下で萩原の影響を受けた若い詩人に小林のほか温井藤衛、榎田薫、塩野荀三、横地正次郎、朽津洋子、大島養平(友次郎)、田島嘉らがいた。32年9月第2次『弾道』を草野心平、秋山清と西大久保の小林の自宅で製作する。その後上毛新聞社に入社。敗戦後は読売新聞社金沢支局長をつとめる。(冨板敦)〔文献〕秋山清『反逆の信条』北冬書房1973・『あるアナキズムの系譜』冬樹社1973・『アナキズム文学史』筑摩書房1975、伊藤信吉『逆流の中の歌』泰流社1977・『回想の上州』あさを社1977

小林 三郎 こばやし・さぶろう 1896(明29)1.5-1947(昭22)10.8 和歌山県有田郡生まれ。1911(明44)年吉備実業学校を卒業。農業に従事しながら地域の篤志家岡本繁医師の薫陶を受ける。岡本医院処方の風邪薬飛行散の行商を通じ一時期大阪で薬種屋の丁稚として働く。18年の米騒動や日常的な部落差別に対する怒りから社会主義文献に親しむようになる。ガリ版刷りのクロポトキン

の著作も所持していた。岡本医師を通じて栗須七郎と知り合い21(大10)年3月栗須の指導により地域部落解放団体直行会を結成する。22年2月21日大阪での同胞差別撤廃大会、翌3月3日京都の水平社創立大会に参加。同年8月8日庄水平社を結成する。24年5月地元選出の代議士に対する差別糾弾会が傷害罪に問われ栗須七郎とともに検挙訴追される。2人とも罰金刑であったがこの時の顛末を栗須が『水平審判の日』に著した。この他、徳川家の土地会社徳義社による土地取り上げ事件(24年-25年9月)に対する闘争、29年の田殿村農民組合の組織、南海水力電気株式会社に対する電灯料金不払い闘争(33年-34年)など、地域住民の権利擁護の先頭に立ち御霊村村会議員もつとめた。栗須の水平道舎には毎年米を送る支援を続け戦後初の部落解放団体新生社の設立も支援した。(廣畑研二)〔文献〕亀井千寿『小さな村の物語』吉備町同和委員会1974,『同和問題研究資料Ⅰ』龍谷大学同和問題研究委員会1979,『小林三郎の青春日記』私家本1996

小林 佐平 こばやし・さへい ⇨森利一
もり・りいち

小林 茂八 こばやし・しげはち ?-? 1919(大8)年東京小石川区(現・文京区)の博文館印刷所に勤め活版印刷工組合信友会に加盟する。(冨板敦)〔文献〕『信友』1919年8・10月号

小林 茂 こばやし・しげる ?-? 1919(大8)年東京京橋区(現・中央区)の三協印刷株式会社和文科に勤め活版印刷工組合信友会に加盟する。同社同科の組合幹事を林勇三郎、前川銀治郎と担う。(冨板敦)〔文献〕『信友』1919年8・10月号

小林 次太郎 こばやし・じたろう 1908(明41)-1944(昭19)1 別名・治太郎 浜松市福地町生まれ。高等小学校卒業後、草履製造業に従事。26年9月東京での全国水平社解放連盟の結成に静岡から小山紋太郎、杉浦茂夫、高倉寿美蔵と参加する。26年11月京都東七条水平社解放連盟創立大会で演説したほか、27年には長野県水大会、愛知新舞子水平社演説会、愛知海部郡水平社演説会で登壇するなど全水解の活動的メンバーだった。同年11月の北原泰作天皇直訴事件への支援、また30年豊橋連隊糾弾闘争でも中心的に闘う。30年12月全水第9回大会では旧全水解系の入場は拒否されたが、小林は代議員として入場。旧本部派を批判しつつ討論に参加した。浜松では斎藤竹雄らの遠江印刷同工会で活動する。高倉とともに33年高松差別糾弾全国請願隊に参加、34年第2回差別糾弾闘争全国委員会で静岡の情勢を報告。35年11月13日無共党事件で検挙されるが不起訴。40年頃まで水平運動に関わり41年頃満州に移民。44年息子の徴兵見送りのため帰郷し病没。(冨板敦)〔文献〕竹内康人「静岡県水平運動史1・2」『静岡県近代史研究』13・14号1987・88,『静岡県労働運動史資料・上』、宮崎晃『差別とアナキズム』黒色戦線社1975,『身上調書』

小林 周造 こばやし・しゅうぞう ?-? 別名・周三 時事新報社に勤め東京の新聞社員で組織された革進会に加わり1919(大8)年8月の同盟ストに参加するが敗北。報知新聞社に移り正進会に加盟。20年機関誌『正進』発行のために2円寄付する。(冨板敦)〔文献〕『革進会々報』1巻1号1919.8,『正進』1巻2号1920.5

小林 周太郎 こばやし・しゅうたろう ?-? 1919(大8)年東京京橋区(現・中央区)の帝国興信所活版部に勤め日本印刷工組合信友会に加盟する。(冨板敦)〔文献〕『信友』1919年10月号

小林 重太郎 こばやし・じゅうたろう ?-? 1919(大8)年東京京橋区(現・中央区)の芳文社文選科に勤め日本印刷工組合信友会に加盟する。(冨板敦)〔文献〕『信友』1919年10月号

小林 進二郎 こばやし・しんじろう ?-? 別名・進次郎,信 新潟に生まれる。時事新報社に勤め新聞従業員組合革進会に所属,1919(大8)年8月在東京16新聞社の同盟ストに加わるが敗北。読売新聞社に移り,北風会に参加していた新聞印刷工らと同年12月正進会を組織,役員(庶務担当)となる。20年日本社会主義同盟に加盟。21年末頃吉田一、和田軌一郎、北村栄以智らと極東民族大会参加のためソ連に渡る。徳田球一,北村と帰国途中、徳田から運動費の保管を託されるが、危険を察知し海中に投棄。24年11月2日神田松本亭での東京印刷工組合創立大会、25年3月全印連第2回大会、28年2月東印第5回大会でいずれも書記をつとめる。(冨板敦)〔文献〕『革進会々報』1巻1号1919.8,『正進』1巻1号1920.4/4巻4号1923.4,『自連』22号

1928.3，水沼辰夫『明治・大正期自立的労働運動の足跡』JCA出版1979，横山和雄『日本の出版印刷労働運動・上』出版ニュース社1998，『社会主義沿革2』

小林 清一 こばやし・せいいち ?-? 1919（大8）年東京麹町区（現・千代田区）の外務省活版部に勤め活版印刷工組合信友会に加盟する。（冨板敦）〔文献〕『信友』1919年8・10月号

小林 清作 こばやし・せいさく ?-? 東京市王子区上十條町（現・北区上十条）に居住し神田神保町の山縣製本印刷整版部に勤める。1935（昭10）年1月13日整版部の工場閉鎖，全部員40名の解雇通告に伴い争議勃発。工場を占拠して闘い同月15日解雇手当4カ月，争議費用百円で解決する。山縣製本印刷は当時東京大学文学部の出入り業者であり，東印は34年5月以降，東印山縣分会を組織していた。（冨板敦）〔文献〕『山縣製本印刷株式会社争議解決報告書』東京印刷工組合1935，『自連新聞』97号1935.1，中島健蔵『回想の文学』平凡社1977

小林 清次郎 こばやし・せいじろう ?-? 東京朝日新聞社に勤め東京の新聞社員で組織された革進会に加わり1919（大8）年8月の同盟ストに参加するが敗北。のち正進会に加盟。20年機関誌『正進』発行のために50銭寄付する。（冨板敦）〔文献〕『革進会々報』1巻1号1919.8，『正進』1巻1号1920.4

小林 傍 こばやし・そば ?-? 報知新聞社に勤め新聞工組合正進会に加盟。1920（大9）年機関誌『正進』発行のために1円寄付する。（冨板敦）〔文献〕『正進』1巻1号1920.4

小林 辰夫 こばやし・たつお 1907（明40）-? 別名・達夫 大分県速見郡杵築町宮司（現・杵築市）生まれ。早稲田工手学校を4年で中退後，新聞配達となる。千住自由労働者組合員。26年のメーデーで検束拘留された中村一次，宇治木一郎，沢田武雄，小松亀代吉を迎えに行き彼らを時事新報社の新聞勧誘員として職の世話をする。6月21日浦和での黒連講演会で村上義博，池田武雄，小松とともに検束される。静岡の東海黒連に加わり7月に恐喝罪で懲役6カ月。出獄後27年4月浦和の小作人社に加わり7月九州鉱夫組合の書記となる。28年2月福山市で山口勝清，沢田らと黎民社を結成。同年3月岡山一般労働組合に加盟。4月広島県深安郡の資産家に「リャク」（掠）をしたとして杉田宏，野間田金蔵とともに恐喝罪で懲役10カ月。29年大阪に行きアナルキスト青年連盟発行の『自由連合主義』の同人になるほか無首領社，黒旗社に出入りした。31年に結成された静岡のアナキズム思想研究会にも関わる。33年5月呉で出版法違反で罰金20円。35年7月末倉敷市の山口勝清宅に寄住し新聞印刷業の手伝いをする。同年11月15日倉敷市で日雇い労働をしているところ無共党事件で検挙されるが不起訴。（冨板敦）〔文献〕『自連』2号1926.7，『関西自由新聞』4号1928.3，『自由連合主義』3号1930.7，『小松亀代吉追悼 叛逆ияワ』同刊行世話人会1972，大塚昇『静岡でのアナキズム運動』『沓谷だより』17号2000，『静岡県労働運動史資料・上』，『思想輯覧2』，『農青社資料集Ⅰ・Ⅲ』，『身上調書』

小林 忠次郎 こばやし・ちゅうじろう ?-? 1919（大8）年東京京橋区（現・中央区）の福音印刷会社和文科に勤め日本印刷工組合信友会に加盟する。（冨板敦）〔文献〕『信友』1919年10月号

小林 輝 こばやし・てる ?-? 別名・テル 東京府北豊島郡巣鴨町（現・豊島区）生まれ。1928（昭3）年9月改題の『文芸ビルデング』の悪い仲間の一人である。佐藤八郎とともに同誌のカットや裏表紙のデザインを手がけ映画評や洒脱なヨタ記事を数多く発表している。同誌の28年11月号に26年1月31日黒連の銀座事件に関わった「ステッキ」という詩を発表している。女形の格好をし口紅，白粉の和服姿で街中やカフェを徘徊していたようである。両親とのいさかいで大喧嘩となり巣鴨保養室に入院させられた時，隣の病室に島田清次郎がいた。島田の詩作品をちり紙に筆記させたものを畠山清身とはかって持ち出し『文芸ビルデング』に掲載した。33年夏『黄色評論』を創刊。35年頃には大連に渡ったといわれる。（黒川洋）〔文献〕『文芸ビルデング』10-23号1928.9-29.10

小林 輝次 こばやし・てるじ 1896（明29）3.12-1989（平1）8.22 栃木県安蘇郡犬伏町鐙塚（現・佐野市）に生まれ，キリスト者の父と田中正造に影響を受ける。21年京都大学卒業。在学中は河上肇に師事し高山義三らと京都労学会を組織する。22年第3次『労働運動』2号は個人消息欄で小林が大卒後京都市七条で水平運動に関わっていたことと「去る

(1921)12月1日、宇都宮師団に入営したが、急性気管支の名目で入営を拒まれた」ことを報じ労働運動社のメンバーとの関わりがうかがえる。のち法政大学教授となる。(冨板敦)〔著作〕ラムゼー・マクドナルド『議会と革命』(訳)白揚社1929〔文献〕『労働運動』3次2号1922.2

小林 藤五郎 こばやし・とうごろう ?-?
1919(大8)年東京神田区(現・千代田区)の二喜堂に勤め活版印刷工組合信友会に加盟する。(冨板敦)〔文献〕『信友』1919年8月号

小林 藤三郎 こばやし・とうざぶろう ?-?
新聞工組合正進会に加盟し1924(大13)年夏、木挽町(現・中央区銀座)本部設立のために1円寄付する。(冨板敦)〔文献〕正進会『同工諸君!! 寄附金芳名ビラ』1924.8

小林 藤次郎 こばやし・とうじろう ?-?
新聞工組合正進会に加盟し1924(大13)年夏、木挽町(現・中央区銀座)本部設立のために1円寄付する。(冨板敦)〔文献〕正進会『同工諸君!! 寄附金芳名ビラ』1924.8

小林 藤太郎 こばやし・とうたろう ?-?
1919(大8)年東京京橋区(現・中央区)の新栄舎文選科に勤め活版印刷工組合信友会に加盟する。(冨板敦)〔文献〕『信友』1919年8・10月号

小林 徳寿 こばやし・とくひさ ?-? 1919(大8)年東京京橋区(現・中央区)の帝国興信所に勤め活版印刷工組合信友会に加盟する。(冨板敦)〔文献〕『信友』1919年8・10月号

小林 敏道 こばやし・としみち ?-? 1919(大8)年東京神田区(現・千代田区)の三秀舎ポイント科に勤め日本印刷工組合信友会に加盟。のち東京毎日新聞社に移り、新聞工組合正進会に加盟。20年機関誌『正進』発行のために寄付をする。(冨板敦)〔文献〕『信友』1919年10月号、『正進』1巻1号1920.4

小林 トミ こばやし・とみ 1930(昭5)5.15-2003(平15)1.2 土浦市に生まれる。34年千葉県東葛飾郡浦安町(現・浦安市)に一家で転居。45年東京大空襲で恩師や友人を失う。葛飾高等女学校、土浦高女を経て東京芸術大学美術学部に入学。54年卒業後、柏市の自宅で絵を描きながら都内のアトリエや定時制・通信制高校で絵を教える。思想の科学研究会に加わり傘下のサークル主観の会の世話役をつとめた。60年安保闘争では首相岸信介が「声なき声にも耳を傾けなければ」と発言したことに対して、6月4日不破三雄(映画助監督)と二人で「誰デモ入れる声なき声の会」の横断幕を掲げて虎ノ門から国会に向けて歩き出す。300人の見物者がこのデモに加わりこれを機に声なき声の会が誕生。デモをする人と見物人との垣根を取り払い、道行く人が自由に出入りして列が長くなるようなデモのスタイルが生まれた。同会の代表世話人となり投稿誌『声なき声のたより』を発行。毎年6月15日には60年安保闘争を忘れないための集まりをもち、樺美智子の冥福を祈る国会前の献花を死没するまで続けた。65年ベ平連に参加。02年9月生前最後に編集した『声なき声のたより』(98号)を「もう二度と戦争はしたくないと強く思っている」の言葉で締めくくる。「トミさんがした『声なき声の会』は断じて市民運動なんかではない。戦争はいやだという普通の人が誰でも感じることを、誰でもできる仕方でしただけだった」(鶴見俊輔)。(冨板敦)〔著作〕『貝がらの町』思想の科学社1980、『わが町・浦安』新宿書房1983、『東京ダウンタウン』理論社1988、『声なき声』をきけ』同時代社2003〔文献〕『復刻版 声なき声のたより1・2』思想の科学社1996

小林 彦次郎 こばやし・ひこじろう ?-?
中央新聞社に勤め東京の新聞社員で組織された革進会に加わり1919(大8)年8月の同盟ストに参加するが敗北。のち正進会に加盟。24年夏、木挽町(現・中央区銀座)正進会本部設立のために3円寄付する。(冨板敦)〔文献〕『革進会々報』1巻1号1919.8、正進会『同工諸君!! 寄附金芳名ビラ』1924.8

小林 彦太郎 こばやし・ひこたろう ?-?
1919(大8)年東京京橋区(現・中央区)の福音印刷会社欧文科に勤め活版印刷工組合信友会に加盟する。20年7月21日東京瓦斯工組合主催の紡織労働組合罷業応援演説会に信友会を代表して野村孝太郎と出席する。のち福音印刷を馘首され同年夏頃信友会のメンバー15名で解雇反対闘争を闘う。(冨板敦)〔文献〕『信友』1919年8・10月号、1920年8月号

小林 久雄 こばやし・ひさお ?-? 1926(大15)年長野県上伊那郡中箕輪村(現・箕輪町)で暮し農民自治会全国連合に参加。地元の農民自治会を組織しようとしていた。(冨板敦)〔文献〕『農民自治会内報』2号1927

小林 久松 こばやし・ひさまつ ?-? 1919(大8)年東京京橋区(現・中央区)の福音印刷

会社文選科に勤め活版印刷工組合信友会に加盟する。〔冨板敦〕〔文献〕『信友』1919年8月号

小林 英雄 こばやし・ひでお ?-? 1920年代後半から30年代にかけて展開された岡山県下の農民自治会運動の担い手の一人で英田郡巨勢村(現・美作市)在住。1928(昭3)年3月17日巨勢村で同会全国連合から中西伊之助を招いて同会東作州連合が結成され小林は自分の家を同連合の事務所にした。〔小林千枝子〕〔文献〕小林千枝子『教育と自治の心性史』藤原書店1997

小林 秀雄 こばやし・ひでお ⇨大前浅一 おおまえ・せんいち

小林 藤熊 こばやし・ふじくま ?-? 1919(大8)年東京京橋区(現・中央区)の福音印刷会社文選科に勤め日本印刷工組合信友会に加盟する。〔冨板敦〕〔文献〕『信友』1919年10月号

小林 ふみよ こばやし・ふみよ ?-? 読売新聞社に勤め新聞工組合正進会に加盟。1920(大9)年機関誌『正進』発行のために50銭寄付する。〔冨板敦〕〔文献〕『正進』1巻1号1920.4

小林 政敏 こばやし・まさとし ?-? 報知新聞社に勤め東京の新聞社員で組織された革進会に加わり1919(大8)年8月の同盟ストに参加するが敗北。のち正進会に加盟。20年機関誌『正進』発行のために1円寄付する。〔冨板敦〕〔文献〕『革進会々報』1巻1号1919.8,『正進』1巻1号1920.4

小林 政義 こばやし・まさよし ?-? 1927(昭2)年頃、アナキスト結社絶桜社を田辺潔らとともに結成した。〔奥沢邦成〕

小林 松太郎 こばやし・まつたろう ?-? 1919(大8)年東京四谷区(現・新宿区)の日本紙器株式会社銅版科に勤め日本印刷工組合信友会に加盟する。〔冨板敦〕〔文献〕『信友』1919年10月号

小林 武二男 こばやし・むにお ?-? 1919(大8)年東京牛込区(現・新宿区)の秀英舎(市ヶ谷)文選科に勤め活版印刷工組合信友会に加盟する。〔冨板敦〕〔文献〕『信友』1919年8月号

小林 茂登次郎 こばやし・もとじろう ?-? 1919(大8)年東京牛込区(現・新宿区)の秀英舎(市ヶ谷)文選科に勤め活版印刷工組合信友会に加盟する。〔冨板敦〕〔文献〕『信友』1919年8月号

小林 保次 こばやし・やすじ ?-? 1919(大8)年東京京橋区(現・中央区)の築地活版所機械修繕科に勤め日本印刷工組合信友会に加盟する。〔冨板敦〕〔文献〕『信友』1919年10月号

小林 八十吉 こばやし・やそきち ?-? 横浜毎朝新報社に勤め横浜印刷技工組合に加盟。1921(大10)年3月12日同社の減給拒絶闘争を26名で闘い勝利する。〔冨板敦〕〔文献〕『信友』1921年4月号

小林 要三郎 こばやし・ようざぶろう ?-? 1919(大8)年東京京橋区(現・中央区)の築地活版所漢字仕上科に勤め日本印刷工組合信友会に加盟する。〔冨板敦〕〔文献〕『信友』1919年10月号

小林 離憂 こばやし・りゆう ?-? 1919(大8)年東京牛込区(現・新宿区)の秀英舎(市ヶ谷)文選科に勤め活版印刷工組合信友会に加盟。のち国際印刷株式会社に移る。〔冨板敦〕〔文献〕『信友』1919年8・10月号,1921年1月号

小日向 寅蔵 こひなた・とらぞう ?-? 1919(大8)年東京京橋区(現・中央区)の国文社印刷科に勤め日本印刷工組合信友会に加盟する。〔冨板敦〕〔文献〕『信友』1919年10月号

ゴベール Gobert, Fernand ?-? ベルギー、ブリュッセル生まれか。1912(明45)年5月から13年3月まで横浜駐在のベルギー副領事として日本に滞在。13年3月1日に石川三四郎がひそかに日本を出国しベルギーに「亡命」した時その便宜を図った。日本に来る前は中国で勤務していて石川が出国した直後にアメリカに転任した。石川の『一自由人の放浪記』(平凡社1929)によると、石川に「亡命」をすすめたのは「中国の革命少女」鄭毓秀だった。ゴベールは中国滞在時代に鄭と親密な関係になっていたから、石川は鄭の仲介でゴベールと知り合ったのだろう。ブリュッセル到着後もゴベールの紹介でナポリ通りに下宿した。鄭が中国で逮捕・処刑されたニュースが伝わった時(後に誤報とわかった)、石川は帰国したゴベールとともに報復を計画したこともあった。石川が一時ロンドン郊外に寄留していた時、ゴベールは鄭とともにそこを訪ねている。埼玉県本庄市立図書館の旭山文庫にゴベールの石川宛書簡や電報などが所蔵されている。〔米原謙〕〔文献〕石川三四郎『自叙伝・上』理論社1956,米原謙「石川三四郎の亡命を助けたベルギー外交官ゴベールのこと・上下」『書斎の窓』1997.3・4

小堀 茂七 こほり・しげしち ?-? 1919(大

8)年東京京橋区(現・中央区)の国文社和文科に勤め活版印刷工組合信友会に加盟する。(冨板敦)〔文献〕『信友』1919年8・10月号

胡麻 政和 ごま・まさかず ?-? 和歌山県の農家に生まれる。1922(大11)年和歌山師範学校在学中に発表した詩「革命の日」が発禁となる。その後同県の小学校に勤める。24年「紀伊詩人」を創刊。26年白鳥省吾の『地上楽園』に参加。29年全国農民芸術連盟に加わり第3次『農民』に寄稿。30年犬田卯が編集したアナ派アンソロジー『新興農民詩集』に詩を寄せる。31年全日本農民詩人連盟に加わり芳賀融らが創刊したアナ派詩誌『農民詩人』に拠る。(冨板敦)〔著作〕『涙の瞳よ』津田書店1924,『農土詩集』大地舎1927,『紀伊詩集』(編者)紀伊詩人協会1930〔文献〕松永伍一『日本農民詩史・中1』法大出版局1968, 志賀英夫『戦前の詩誌・半世紀の年譜』詩画工房2002

駒井 喜作 こまい・きさく 1897(明30)5.18-1945(昭20)11.1 別名・紫朗, 古磨井 奈良県南葛城郡掖上村大字柏原(現・御所市)生まれ。生家は桐材商, 水平運動「柏原三青年」の一人。16年大阪の自彊学院を部落差別のため中退, 演歌師として各地を放浪。20年5月同郷の西光万吉, 阪本清一郎らと燕会を結成, 部落環境の改善, 村政の刷新をはかる。堺利彦, 大杉栄, 山川均らと交流。阪本が一番大杉と心安かったらしいが一途者の駒井も大杉に心服。3人で水平社創立準備に打ち込む。22年木本凡人宅での全国水平社創立協議に参加, 同年3月3日の全水創立大会で駒井は参加者約700人を前に宣言を声をつまらせながら朗読した。のち執行委員となり全水本部に常駐し各地の水平社結成, 差別発言糾弾, 宣伝演説会, 機関誌『水平』の資金調達などに東奔西走した。翌23年3月水平社と右翼団体国粋会との争闘事件で逮捕, 25年4月懲役1年の実刑判決を受け下獄。裁判係争中も日本農民組合の奈良各地での連合会結成を指導した。27年5月労農党奈良県支部連合会書記長に就任するが8月突然辞任。28年三・一五事件以降の春頃水平運動や社会運動から身を引いた。32年婚約女性をめぐる問題で暴力団員殺人事件をおこして懲役12年。39年4月仮釈放で出所。奈良に帰って喫茶店を開き敗戦当時まで缶詰工場を共同経営していた。(北村信隆)〔著作〕「水平運動の一考察」『水平』1巻2号1922.11,「解放と改善」『警鐘』2巻11号1921.11,「金殻を脱いで」同12号1921.12,「解放の鍵」『労働週報』4号1922.2.28〔文献〕『水平』1巻1号1922.7,『大阪社会労働運動史・上』,『奈良県水平運動史』部落問題研究所出版部1972, 木村京太郎『水平社運動の想い出・上下』部落問題研究所出版部1968・73,『創立期水平社運動資料』全4巻別冊1復刻版不二出版1994, 白石正明「初期水平運動とアナキズム」『京都部落史研究所紀要』9号1989

駒形 亥三郎 こまがた・いさぶろう ?-? 新聞工組合正進会に加盟し1924(大13)年夏, 木挽町(現・中央区銀座)本部設立のために3円寄付する。(冨板敦)〔文献〕正進会『同工諸君!! 寄附金芳名ビラ』1924.8

小牧 近江 こまき・おうみ 1894(明27)5.11-1978(昭53)10.29 本名・近江谷 駉(こまき) 秋田県南秋田郡土崎港町(現・秋田市)に生まれる。父は実業家で代議士。10年父に連れられてパリへ行き名門のアンリ四世校に入学。家運が傾いてからもパリにとどまり苦学しながら18年パリ大学法学部を卒業。その頃亡命中の石川三四郎に会う。ロマン・ロランに共鳴し, アンリ・バルビュスが提唱したクラルテ運動に参加。翌19年末に帰国する。20年外務省情報部嘱託となり, 21年2月小学校時代同級だった金子洋文や今野賢三らと郷里の土崎港町で『種蒔く人』を創刊(3号で休刊), 同年10月村松正俊, 佐々木孝丸らを同人に加え東京で再刊する。再刊1号に載った執筆を約束した寄稿家には秋田雨雀, 有島武郎, 石川三四郎, 小川未明, 加藤一夫, 宮嶋資夫らのほか, カーペンター, コルネリセン, エロシェンコ, ポール・ジル, ポール・ルクリュらアナ系の人々が並んでいる(外国人で実際に寄稿したのはエロシェンコくらい)。『種蒔く人』はこれまでもっぱらプロレタリア文学の先駆誌とみられているがアナ・ボル協同戦線の場でもあった。関東大震災後, 後継誌として24年6月『文芸戦線』を創刊するが, 第1次分裂(1926)までは協同戦線は続いている。小牧は「最後の非マルクス主義社会主義者」(田村紀雄)とも評されるが, 特定の党派に属さず協同戦線に希望を託した理想主義者ともいえる。バルビュス『クラルテ』(叢文閣1923), シャルル・ルイ・フィリップ『小さな町』(新潮社1925)など翻訳も多い。35年仏印

へ渡りハノイ日本文化会館事務所長となり敗戦後帰国，中央労働学院院長，法政大学教授となった。(大澤正道)〔著作〕「巴里で会った日本の文学者　島崎藤村・石川三四郎・吉江喬松」『新潮』1923.2，『ある現代史』法大出版局1965，『種蒔くひとびと』かまくら春秋社1978〔文献〕しまねきよし・田村紀雄・後藤宏行・鶴見俊輔『二十世紀の思想』青木書店1967，北条常久『種蒔くひと小牧近江の青春』筑摩書房1995，『彷書月刊』1998.11，『エス運動人名事典』

小松　伊四郎　こまつ・いしろう　1899(明32)-?　秋田県仙北郡横沢村国見大釣木(現・大仙市)生まれ。高等小学校を卒業後，小学校代用教員をつとめる。21年4月秋田県立師範学校講習科に入学，23年11月卒業。26年上京し小石川の盲啞学校教員養成所に入り，卒業後同校の教員となるが32年5月に病気のため退職，帰郷。好んで詩作をした。35年末頃，病気療養中のところ無共党事件で検挙されるが不起訴。(冨板敦)〔文献〕『身上調書』

小松　一郎　こまつ・いちろう　⇨宮脇久
みやわき・ひさし

小松　卯吉　こまつ・うきち　?-?　1919(大8)年東京牛込区(現・新宿区)の秀英舎(市ヶ谷)文選科に勤め活版印刷工組合信友会に加盟する。(冨板敦)〔文献〕『信友』1919年8月号

小松　丑治　こまつ・うしじ　1876(明9)4.15-1945(昭20)10.4　別名・天愚　高知市帯屋町に生まれる。岡林寅松と同じ高知師範学校附属小学校高等科4年を卒業。93年頃大阪に出て区役所，小学校雇員，郵便局員などの職についた。郵便局員時代，官印盗用などの嫌疑で重禁錮1年の刑を受ける。96年帰郷，病院に勤務したが前科と肺病に苦しんだ。98年神戸に出て海民病院事務員となる。03年友人に週刊『平民新聞』創刊号を見せられてから社会主義思想に関心を抱く。04年3月津田はると結婚。同年9月岡林と神戸平民倶楽部を設立，北川竜太郎，中村浅吉，井上秀夫らが加わった。07年幸徳秋水が大阪に立ち寄った際に初めて面会。その後大阪平民社の森近運平，武田九平らと交際する。08年の赤旗事件後，内山愚童が秘密出版した『入獄紀念無政府共産』が本人から30部ほど送られてきて1部を中村に渡す。10年1月頃海民病院事務員の職を岡林に譲り養鶏業を始めるが同年8月大逆事件の容疑者として連行された。容疑は09年5月海民病院で永平寺から帰途中の内山に岡林とともに面会し内山の皇太子暗殺計画に同意した点，また爆弾の製法に関して助言を与えたという点にあった。小松は自らは議会政策論者であり幸徳らの考えには賛成していないことや，内山の放言も聞いた憶えがないことを主張したが，11年1月18日死刑判決を受けた。しかし起訴した側も自信がなかったようで，翌日恩赦により無期懲役に減刑され天皇の「聖恩」を示すために利用されたようなかたちとなった。諫早監獄に20年余り入獄し，31年4月仮出獄，妻と養鶏業を営んだ。警察の監視が厳しく生活難に苦しみ敗戦直後栄養失調により死没。(西山拓)〔文献〕森長英三郎「大逆事件と大阪・神戸組」『大阪地方労働運動史研究』10号1969.12，幸徳秋水全集編集委員会編『大逆事件アルバム』明治文献1972，酒井一「大逆事件と神戸」『兵庫県の歴史』10号1973.11，神崎清『大逆事件』全4巻あゆみ出版1976・77，荒木伝『なにわ明治社会運動碑・下』柘植書房1983

小松　亀代吉　こまつ・きよきち　1906(明39)3-1971(昭46)4.12　別名・猛　大阪市浪速区生まれ。高等小学校1年終了後，働きながら夜間商業学校に行くが23年関東大震災での平沢計七，大杉栄，朝鮮人多数の虐殺に憤激して中退。24年上京，自由労働に従事。25年3月黒竜会簡易宿泊所で知った秋山竜四郎，加藤利造，伊崎豊太郎らと4人で自由労働相互会を結成。相互会に出入りしていた沢田武雄，村上義博や三上由三，生野進の5人で北千住に家を借り野蛮人社を名のり活動する(のち堀田正一が加わる)。26年黒連，全国自連に加盟。野蛮人社は北千住署に襲われ全員逮捕，立ち退きを迫られ解散。八太舟三の家に沢田と転がり込みこの年のメーデーではビラをまいて拘留される。その後沢田の郷里静岡へ。27年2月浜松での水平社解放連盟主催の演説会に沢田と浜松労働社を名のり応援に行くが事前検束。4月山口勝清に呼ばれ福山市に行き5月山口，沢田，岡田光春と月刊『解放運動』を創刊。同月広島県沼隈郡鞆町(現・福山市)の鞆鋲釘に争議が発生，中国自連の糸島孝太郎から応援依頼があり山口，沢田らと福

山解放運動社を名のり争議団本部に泊まり込んで奔走。6月6日敗北解団式に侵入した警官と大乱闘となり懲役10カ月となる。この騒動の結果，会社は争議団の条件をのんで妥結。獄中で山口，沢田と黎民社を結成，28年出獄後，岡山，倉敷，福山で活動，山陽黒旗連盟設立に尽力する。昭和天皇即位式で予防検束。釈放後，東京の自連事務所，大阪の関西黒旗連盟などで働く。29年末に再び静岡へ行き大塚昇らの世話で市内馬淵町に家を借りハツと世帯をもつ。30年沢田，石川金太郎らとA思想研究会を結成し自宅を事務所とする。31年3月『アナルキスト』を創刊。同年4月頃農青社の望月治郎が来静し沢田，石川，三上らと会合をもち研究会として農青社運動と協同することを決定した。32年頃大阪へ帰り生活のため雑誌『実業の世界』関西支局を設置，34年頃は雑誌『ビジネスマン』を発行する。各地の同志が絶え間なく来ていつも2，3泊の食客がいた。二見敏雄と芝原淳三がピストルの入手を話しあったのも小松宅だった。35年無共党事件で検挙，農青社事件も発覚するが起訴猶予となる。戦後アナ連に参加。「小松さんをぬきにしては戦後の〈京阪神のアナ〉運動史はかけないし，だいいち運動そのものがなかった」（山口英）といわれる。69年9月晩年最後の仕事として発禁没収され誰も見たことのなかった『祖国と自由』大杉栄追悼号（文明批評社1925.9），『中浜哲遺稿集・黒パン』（同1925.12）を発見，復刻した。（冨板敦）〔文献〕『黒色青年』3・7・13・17・24号1926.6・27.3・10・28.4・31.2，『解放運動』1号1927.5，『自連』14号1927.7，『関西自由新聞』2・4号1927.11・28.3，『黒色運動』1号1928.8，『アナルキスト』1号1931.3，『小松亀代吉追悼 叛逆頌』同刊行世話人会1972，『身上調書』，『思想輯覧2』，『静岡県労働運動史資料・上』，『農青社事件資料集I』，竹内康人「農村青年社と静岡A思想研究会」『沓谷だより』9号1992

小松 謙輔 こまつ・けんすけ　1886（明19）-?　山形市十日町の出身。幼少期から文学を愛好する穏やかな性格であったが山形中学に在学中から社会問題，社会思想へと関心を移す。庄内の解放運動のリーダー笹原定治郎の呼びかけに呼応して運動に参加，新聞記者として言論・啓蒙運動を展開した。初めは安部磯雄，木下尚江の影響を受けたがのち大杉栄，荒畑寒村らの思想と運動にひかれた。特に『近代思想』には深く共鳴し賛辞と支援を惜しまず強く推薦した。『山形新報』『山形民声』『山形新聞』などに論説，評論を数多く発表した。（奥沢邦成）〔文献〕佐藤善夫『ものがたり山形県社会運動史・前篇』民主組織促進会1946

小松 左京 こまつ・さきょう　1931（昭6）1.28-2011（平23）7.26　京都大学イタリア文学科卒業。日本共産党に入党するが離党。経済雑誌記者，父親経営の金属加工工場の手伝い，ラジオ漫才台本作家等を経て61年早川書房主催第1回空想科学コンテストにて「地には平和を」で努力賞入選。63年には同短編集で直木賞候補となる。64年『日本アパッチ族』（光文社）は廃墟と化した大阪陸軍砲兵工廠跡に鉄屑泥棒が鉄を食う怪物に変身し日本を脅かすという筋書き。73年『日本沈没』（同）は地殻変動で日本列島が水没，日本民族が流浪するという構成。これは後チームが編成され谷甲州が執筆し，06年『日本沈没 第二部』（小学館）として刊行。他に人類と宇宙のテーマで60年『虚無回廊』を連載するが未完。震災と復興という問題にも意を注いだ。数値の信憑性を取り入れSF小説が社会現象を巻き起こした意義は大きい。万国博や未来論に留まらず文明思想家としての活躍は瞠目に値する。（千葉正昭）〔文献〕『KAWADE夢ムック文藝別冊追悼小松左京』河出書房新社2011，『さよなら小松左京』徳間書店2011

小松 尚栄 こまつ・なおえ　1903（明36）-?　高知県に生まれる。23年師範学校を卒業後，小学校教員となる。個人主義的アナキズムにひかれ田村作，有沢孝忠，岩崎健夫らと交流。進め社の支局主任となり黒連にも所属した。26年1月と3月前田実満に，2月有沢に送った手紙の内容が不敬罪にあたるとして同年10月懲役3カ月となる。27年2月大赦で高知刑務所を出獄。（冨板敦）〔文献〕『黒色青年』9号1927.6，『不敬事件1』

小松 なみ こまつ・なみ　?-?　1919（大8）年東京神田区（現・千代田区）の三秀舎，また三省堂印刷部解版科に勤め日本印刷工組合信友会に加盟する。（冨板敦）〔文献〕『信友』1919年10月号

小松 はる こまつ・はる　1884（明17）4.5-1967（昭42）3.25　旧姓・津田　神戸市に生ま

れる。04年3月神戸の海民病院事務員小松丑治と結婚。10年1月頃丑治が同郷の岡林寅松に職を譲り夫婦で養鶏業を始めた。同年8月大逆事件の容疑者として丑治が連行され11年1月18日証拠不十分のまま死刑判決を受ける。翌日恩赦により無期懲役に減刑。31年4月29日の仮出獄まで20年間にわたって養鶏業を営みながら丑治を待った。しかし丑治は長年の監獄生活の疲れと警察の監視の厳しさにより職につけず、敗戦直後の45年10月栄養失調により死没。はるは戦前、神戸多聞教会の今泉真幸牧師の世話になり受洗している。戦後は京都洛西教会の田村貞一牧師の世話で教会と幼稚園の雑役を手伝った。大逆事件の被告の妻であることを隠して生きてきたが、再審請求後居所が確認され大野みち代が面会、その苦難に満ちた生涯が明らかになった。(西山拓)
〔文献〕堺利彦『丸い顔』『へちまの花』1914.4、大野みち代『小松はるさんのこと』『大逆事件の真実をあきらかにする会ニュース』12号1966.2、幸徳秋水全集編纂委員会編『大逆事件アルバム』明治文献1972

小松 正道 こまつ・まさみち 1904(明37)-? 本名・勝法 広島教員養成所を中退し、『岡山民報』の記者となる。1928(昭3)年1月徳島に行き徳島公園内の滴翠閣で逸見吉三、池田虎一らと共産党撲滅・社会労働農村問題批判演説会の開催を計画するが警察に妨害される。山陽黒旗連盟で活動。岡山一般にも加わり岡山市内田で解放運動社を組織し『解放運動』を発行。30年8月22日岡山一般事務所で開かれたサッコ・ヴァンゼッティ3周年追悼会に出席、他の参加者に玉田徳三郎、重実逸次郎、糸島孝太郎、竹内春三、高原辰夫、藤本茂。同年8月に起きた岡山ラバークロース株式会社の解雇事件に岡山一般労組員として介入し円満解決に導く。同月28日9月1日に配布しようとしていたビラ「震災想記」3000枚が差し押さえられ発禁。9月16日岡山市のカフェー・ブラジルで開かれた岡山一般主催の大杉栄追悼茶話会に参加、他の参加者に玉田、糸島、重実、藤本、高原、入江秀夫ら。この時持っていた自作のビラ「9月を想起せよ」2000枚も差し押さえられ即日発禁。10月末には岡山・広島で11月に行われる陸軍特別大演習反対のビラ用原稿が差し押さえられた。31年6月岡山市西春日町の自宅で『A.C評論』を発行、野間田金蔵、山口勝清らが文を寄せる。31・32年頃岡山県下で県・市議会議員選挙のたびに野間田、重実、竹内、太田光衛らと反選挙運動を展開。32年7月岡山県下で農村救済請願運動中に暴力行為で検挙された延原大川らの救援活動を行う。8月22日サッコ・ヴァンゼッティ追悼5周年忌を竹内、重実らと自宅で開催。33年5月1日自宅でメーデー座談会を開く。36年5月農青社事件で検挙されるが起訴猶予。(冨板敦)
〔文献〕『A.C評論』1931.6、『特高月報』1933.5、『特高外事月報』1936.5、『社会運動の状況4・5・8』『昭和7年自1月至6月社会運動情勢 名古屋・広島控訴院管内』東洋文化社1979、堅田精司『北海道社会文庫通信』1665号2001.12、岡山県特別高等課『(昭和5年11月)特別要視察人等情勢調 昭和5年度』『廣畑研二編『岡山県特高警察資料(戦前期警察関係資料集)第6巻』(復刻版)不二出版2012

小松崎 千代 こまつざき・ちよ ?-? 守一郎の妹。報知新聞社の解版部に勤めるが、1924(大13)年6月頃突然解雇通知を受ける。兄(小松崎守一郎)が正進会の会員であったことから、本部が対応。布留川桂、和田栄太郎が交渉にあたり一カ月余の手当を出させて解決。(冨板敦)〔文献〕『印刷工連合』3・14号1923.8・24.7

小松崎 守一郎 こまつざき・もりいちろう ?-? 別名・宇一郎 千代の兄。時事新報社に勤め東京各新聞社の整版部従業員有志で組織された労働組合革進会に加わり1919(大8)年8月の同盟ストに参加するが敗北。やまと新聞社に移り23年2月やまと新聞社争議を闘い解雇される。その後新聞工組合正進会に入会する。(冨板敦)〔文献〕『革進会々報』1巻1号1919.8、『印刷工連合』3号1923.8

小松原 栄三 こまつばら・えいぞう ?-? 1930(昭5)年7月9日夜姫路市西塩町の路上で小松原繁雄とともに暴力事件を犯したとして検挙、8月6日罰金30円とされる。(冨板敦)
〔文献〕兵庫県特別高等課『特別要視察人ニ関スル状勢調べ』(復刻版)兵庫県部落問題研究所1976

小松原 繁雄 こまつばら・しげお 1900(明33)-? 別名・死解夫 姫路市上久保町生まれ。尋常小学校卒業後、家業の豆腐製造につく。21年頃大歳辰夫の影響を受けてアナキズムに共鳴。井上信一、笠原勉、多田英

次郎，高橋利夫，山路登志雄らと詩歌を通して交流する。26年白星詩人社を組織し雑誌『白星』を発行(不定期刊)。29年9月16日夜8時から姫山公園で大杉栄，伊藤野枝追悼会を開き，徳岡武雄(大泉譲)，香呂藤吉，寺田格一郎，永久源吉，堀江熊治らとともに検束された。30年8月6日小松原栄三とともに傷害罪で罰金30円とされる。34年6月頃から笠原の主宰する布引詩歌社の同人となる。35年大塚徹らと詩誌『ばく』(アナ・ボル混交，会員数20，200部)を創刊し4号まで続け，その後分離して新日本民謡社をつくった。35年末頃無共党事件で検挙されるが不起訴。戦後も上久長町で豆腐屋を続けた。小松原弘の弟。(冨板敦)〔文献〕『身上調書』，兵庫県特別高等課『特別要視察人ニ関スル状勢調べ』(復刻版)兵庫県部落問題研究所1976，向井孝「無名の人々」『編集委ニュース』5号1999

小松原弘 こまつばら・ひろし ?-? 姫路市上久長町に生まれる。1928(昭3)年自由と民衆社を組織する。29年4月10日暴力行為で検挙，懲役6カ月。30年5月に出獄後，山路登志雄，西浦貞雄らと自由と民衆社機関誌『追放者』発刊を計画。その後播磨黒色一般労働組合を組織する。姫路市上久長町の自宅を組合事務所とし『解放の前駆』(機関紙)を昭和6年1月より発行」と『自連新聞』54号の消息欄で予告している。35年アナ・ボル混交の機関紙『ろば』に関わる。36年9月人生問題研究所を設立主宰し，機関紙『宇宙と人生』(200部)を発行する。小松原繁雄は実弟。(冨板敦)〔文献〕『自連新聞』48・54号1930.6・12，兵庫県特別高等課『特別要視察人ニ関スル状勢調べ』復刻版兵庫県部落問題研究所1976，向井孝「無名の人々」『編集委ニュース』5号1999

駒見 健二 こまみ・けんじ ?-? 新聞工組合正進会に加盟し1924(大13)年夏，木挽町(現・中央区銀座)本部設立のために1円寄付する。(冨板敦)〔文献〕正進会『同工諸君!! 寄附金芳名ビラ』1924.8

五味 正彦 ごみ・まさひこ 1946(昭21)7.23-2013(平25)9.24 東京都文京区西片町で生まれる。区立誠之小，区立六中，東京教育大附属高を経て66年早稲田大学第一文学部に入学。当時学園闘争中だった早大で，すぐに新入生連絡協議会の結成，学部長団交などに関わる。以後，新左翼(三派系)の運動に随伴するが党派にのめり込むことなく，翌年10月8日の羽田闘争直後に非党派型の運動体創出の動きを始める。この頃国民文化会議で日高六郎らと出会い佐藤訪米阻止闘争や翌68年の王子野戦病院闘争などにべ平連と共に取り組む。同年4月べ反学連を結成，「べ反学連の呼びかけ」をべ平連のデモで配る。69年に国民文化会議の専従となる一方で早大反戦連合の結成に加わる。70年に早大文学部在学中の津村喬などと共に反入管情報センター及びライン出版を設立。同年8月のライン出版総会での「自分たちのメディアを創り，育てる」という話をもとに，全国の市民運動関係のミニコミ誌，通常の流通ルートにのらない小流通出版物を専門に扱う書店として同10月に新宿御苑そばに模索舎を開店，その代表となる。同舎は右であれ左であれ持ち込まれる出版は党派性などを不問としてすべて扱うことを方針とした。また開店から1年半ほど交流の場としてのスナック・シコシコを併営していた。72年7月委託出版物として預かった『四畳半襖の下張』が猥褻文書であるとして四谷警察署が強制捜査，五味と舎員の小林健の2名を逮捕拘留する。この事件は80年11月最高裁の上告棄却で模索舎側の敗訴に終わる。この間，舎員だった川上健一が出版取次各社に取引口座のない小零細版元の取次への納品代行をする地方小出版物流通センターを始めて出版流通に風穴をあけるが，そこから洩れるミニコミ，自主出版物の全国的な流通を促すために87年にほんコミニケート社を創業し自然・産直食品店，生協，古書店などに「ほんコミ・ミニ書店」としての参加を募り東京吉祥寺の直営店，新宿の模索舎だけにとどまらないネットワークをつくろうとした。89年には模索舎を離れてほんコミ社に専念，ミニ書店と版元との交流にも積極的だったが，インターネットの普及によって出版流通の環境が変化し2005年にはほんコミ社を知人に譲渡，自らは『有機本業』というミニコミ誌の主宰と，エコロジー関連の出版・グッズの販売のプロデュースをしながら，ミニコミ誌など社会運動から生じる情報メディアの記録と探求に力を貸していた。(川口秀彦)〔著作〕『対決 七五条「四畳半襖の下張」模索舎裁判』共著・亜紀書房

1997,『四畳半襖の下張・わいせつ・模索舎』第一幕・第二幕・第五幕(模索舎出版部, 編者代表)〔文献〕川口秀彦「五味正彦と私 五味正彦追悼」『トスキナア』19号2013

小宮山 隆雄 こみやま・たかお ⇨伊藤房一 いとう・ふさいち

小向 千代 こむかい・ちよ ?-? 1919(大8)年東京京橋区(現・中央区)の築地活版所〔和文〕解版科に勤め日本印刷工組合信友会に加盟し活動する。(冨板敦)〔文献〕『信友』1919年10月号, 1920年1月号

小村 泉 こむら・いずみ ?-? 渡米中の幸徳秋水が1906(明39)年6月オークランドで結成した社会革命党のメンバー。(西山拓)〔文献〕『社会主義沿革1』

小村 真清 こむら・しんせい ?-? 別名・真晴 村上義博らによって1928(昭3)年1月に結成されたAC労働者連盟, 次いで同年4月に結成された黒色自由労働者組合に参加。小柄ながら眼光が鋭いという印象を人に与えたがまったく年齢を判断させない雰囲気だったという。古田大次郎にあこがれ厭世的な一面があったものの勤勉に就労するまじめな性格も仲間に記憶されている。(植本展弘)〔文献〕横倉辰次「黒色自由労働者組合とAC労働者連盟の思い出」『労働と解放』3号1967, 『労働者の叫び』2号1929

小村 清次郎 こむら・せいじろう ?-? 1919(大8)年東京京橋区(現・中央区)の築地活版所鉛版科に勤め日本印刷工組合信友会に加盟する。(冨板敦)〔文献〕『信友』1919年10月号

古茂田 信男 こもた・のぶお 1907(明40)1-? 別名・真船晃一 北茨城市に生まれる。国民英学会を卒業し保険会社に勤める。27年日本民謡詩人会を組織し『日本民謡』を創刊。全国農民芸術連盟に加盟。30年から第3次『農民』に精力的に農民詩, 民民謡などを執筆。反ナップの急先鋒だった。同年犬田卯編集のアナ派アンソロジー『新興農民詩集』に参加。また延島英一らの解放文化連盟に加わり『解放戦線』創刊号に民謡を寄せる。戦時中は筆を絶った。敗戦後52年雨情会を結成して『雨情民謡童謡選集』を編纂。58年日本民謡芸術協会を設立し常任理事となる。64年自らの未発表民謡を『週刊てんおん』(11月号)に発表する。(冨板敦)〔著作〕『柴笛集』私家版1928, 『島の歌』日本民謡詩人会1930, 『キツツキのたいこ』金の星社1963, 『夜刈唄』風書房1974, 『孤独な熊』同1986, 『さびしいがちょう』葱の会1987, 『雨情と新民謡運動』筑波書林1989, 『七つの子』大月書店1992, 『日本流行歌史』全3巻社会思想社1995〔文献〕『解放戦線』1巻1号1930.10, 松永伍一『日本農民詩史・中1・2』法大出版局1968・69

菰田 小一郎 こもだ・しょういちろう 1916(大5)-? 豊橋市新川町字市南生まれ。高等小学校を卒業後, 家業の製糸用具製造業に従事。33年夏頃から市内に英独語の私塾を始めた従兄弟の野崎利夫に自宅を自転車置き場として提供したことから親しくなった。野崎の依頼で豊橋アナキスト同志間の連絡係となる。35年末頃無共党事件で検挙されるが不起訴。(冨板敦)〔文献〕『身上調書』

小森 盛 こもり・さかん 1906(明39)3.20-1984(昭59)2.16 茨城県那珂郡山方村(現・常陸大宮市)に生まれる。横瀬夜雨の甥。水戸中学卒業。26年白鳥省吾の『地上楽園』に作品を寄稿。28年6月高村光太郎の紹介を得て釧路市の更科源蔵を訪れ10月まで滞在する。『至上律』の同人となり7月更科, 猪狩満直とともに釧路市公会堂で至上律文芸講演会を開催。29年草野心平らの『学校』, 坂本七郎の『第二』, 30年辻潤らの『ニヒル』, 小野整の『南方詩人』, 『弾道』などに寄稿する。逸見猶吉と同居し尾形亀之助, 矢橋丈吉らと交流した。38年『大熊座』に文を寄せるが, その後は詩と絶縁し詩人との交際もやめ時事通信社に入る。敗戦後は禅を学び画筆をとり, 美術批評にも力を注いだ。(冨板敦)〔文献〕鳥居省三『釧路文学運動史・昭和編』釧路市1969, 松永伍一『日本農民詩史・中2』法大出版局1969, 伊藤信吉『逆流の中の歌』泰流社1977, 村永美和子『詩人藤田文江』本多企画1996

小森 貞幸 こもり・さだゆき ?-? 横浜毎朝新報社に勤め横浜印刷技工組合に加盟。1921(大10)年3月12日同社の減給拒絶闘争を26名で闘い勝利する。(冨板敦)〔文献〕『信友』1921年4月号

古屋 まさよ こや・まさよ ?-? 1919(大8)年東京牛込区(現・新宿区)の日清印刷会社解版科に勤め活版印刷工組合信友会に加盟する。(冨板敦)〔文献〕『信友』1919年8月号

古屋 夢村 こや・むそん 1895(明28)?-

1952(昭27)7.6　本名・寅雄。山口県萩市に萩焼窯元の5男に生まれのち養子となる。陸軍除隊後，広島市の中国新聞社に就職。1923(大12)年10月『新川柳・千里十里』(ちりとり)を創刊して千里十里吟社を設立。25年1月川柳影像社を設立，それまでの『千里十里』を『影像』と改題し，川上日車・木村半文銭の『小康』(大阪)や田中五呂八の『氷原』(小樽)とともに革新川柳運動生命派の一陣を占め，無産プロ派とのイデオロギー論争を展開した。25年に刊行されたアンソロジーの五呂八編『新興川柳詩』に参加，序文を記すとともに〈法説くに光る頭がいるのです〉〈墓石が思い思いの向きに立ち〉などの句を載せた。川柳を始めたばかりの鶴彬が数誌の中で唯一注目したのが『影像』であり，26年6月号に鶴は「古屋夢村論」を掲載した。その後プロ派に転向した鶴彬は夢村に「決闘書」を突きつけたが「君の論からすれば，詩を作る前に田を作る方が先決ではないか」と無職状態の鶴を軽くあしらった。31(昭6)年頃までその活躍は続いたが，数度にわたって応召を余儀なくされ，戦中は留守家族の原爆被爆，広島同人の壊滅があり，復員後も苦闘生活の中で川柳から離れざるを得なかった。晩年は中国新聞徳山支局長となるが川柳界に知られる事なく57歳で死去した。(一色哲八)〔著作〕古屋夢村編『影像句集』影像社1927〔文献〕一叩人編『新興川柳選集』たいまつ社1978，坂本幸四郎『雪と炎のうた』たいまつ社1977，尾藤三柳監修『川柳総合大事典』第1巻雄山閣2007，一叩人編『鶴彬全集』(有)久枝1998

小谷内 梅五郎　こやうち・うめごろう　?-?　1919(大8)年東京京橋区(現・中央区)の細川活版所印刷科に勤め活版印刷工組合信友会に加盟する。(冨板敦)〔文献〕『信友』1919年8・10月号

小柳 仙太郎　こやなぎ・せんたろう　?-?　やまと新聞に勤め1923(大12)年2月の争議を闘い馘首される。のち新聞工組合正進会に加盟。24年夏，木挽町(現・中央区銀座)正進会本部設立のために1円寄付する。(冨板敦)〔文献〕『印刷工連合』3号1923.8，正進会『同工諸君!!寄附金芳名ビラ』1924.8

小柳 徳松　こやなぎ・とくまつ　?-?　新聞工組合正進会に加盟し1924(大13)年夏，木挽町(現・中央区銀座)本部設立のために1円寄付する。(冨板敦)〔文献〕正進会『同工諸君!!寄附金芳名ビラ』1924.8

小山 勝清　こやま・かつきよ　1896(明29)3.29-1965(昭40)11.26　熊本県球磨郡相良村生れ。済々黌中学時代に大逆事件を知り社会主義に目覚める。中学を中退して1917年上京し堺利彦の売文社に入り大日本鉱山労働同盟会の運動に参加，高尾平兵衛らと足尾，釜石支部支援に出かけ，19年11月足尾における飯場制度撤廃などをめぐる争議で活躍し逮捕される。日本社会主義同盟，日本無産派文芸連盟などに加盟するがその後運動から離れ，運動体験を素材に小説を書き農村小説，童話にも領域を広げた。戦後は宮本武蔵を研究調査し『それからの武蔵』全六巻(東都書房1957)を書きあげた。(大和田茂)〔文献〕高田宏『われ山に帰る』新潮社1982

小山 菊次郎　こやま・きくじろう　?-?　1919(大8)年東京牛込区(現・新宿区)の秀英舎(市ヶ谷)欧文科に勤め活版印刷工組合信友会に加盟する。(冨板敦)〔文献〕『信友』1919年8・10月号

小山 菊太郎　こやま・きくたろう　?-?　静岡県浜名郡天神町村福地(現・浜松市)に生まれる。1925(大14)年6月水平社静岡県委員会で県本部の執行委員となる。同年8月静岡県岡部水平社の講演会で演題「人間礼賛」，同月大池東西水平社連合大会で演題「暗黒社会より脱せよ」を演説する。9月小笠郡南山村(現・菊川市)の高松神社が被差別部落の者を祭典に参加させない差別に対して糾弾，祭典参加を実現する。27年5月静岡市水平社主催の福岡連隊爆破陰謀事件真相発表大演説会で登壇する。30年頃には日本水平社に加わり，同年10月群馬県新田郡太田町(現・太田市)で開かれた関東水平社青年連盟幹部の主唱による日本統一党結成第1回大会に参加し，中央執行委員となる。小山紋太郎は弟。(冨板敦)〔文献〕『自由新聞』2・4・6号1925.7・9・11，『全国水平新聞』2号1927.8，竹内廉人『静岡県水平運動史1・2』『静岡県近代史研究』13・14号1987・88

小山 敬吾　こやま・けいご　1902(明35)5.19-1979(昭54)　別名・啓　長野県小諸町(現・小諸市)の旧家に生まれる。家の没落のため苦学するが，21年大里小学校の代用教員となる。文学，英語に関心をもちキリス

ト教に接近。小諸のメソディスト教会で竹内圏衛、井出好男らと出会う。上京し青山学院や早稲田大学で学んだ。この頃江渡狄嶺の「土の生活」に感銘する。25年9月上京していた井出、竹内、関和男らと「土を慕ふものの会」を結成、長野県で結成された「土に親しむものの会」とともに25年12月農民自治会に合流。以後、運動に奔走するが小山の思想は「トルストイの思想と江渡狄嶺の実践」に影響を受けた「個人の尊貴を基調とする人間礼賛主義」というところにあり、それは物質的解放に解消されない人間解放の理想を意味した。28年10月運動の分裂とともに脱会して上京。英文学の勉強を続けるとともに苦学生のための夜間学校早稲田尚学会を創立した。戦後は早稲田ゼミナールを併設、学校法人湖南学園を設立。(安田常雄)〔著作〕『御牧ケ原』新人物往来社1979、『千曲川』創史社1980〔文献〕大井隆男『農民自治運動史』銀河書房1980、安田常雄『日本ファシズムと民衆運動』れんが書房新社1979

小山 茂 こやま・しげる 1905(明38)-1928(昭3)5.3 別名・壌人 佐賀県の裕福な家に生まれる。22年頃神戸の和田信義の家に寄宿していたおり、東京から来た柳沢善衛が同宿し親交を結ぶ。23年8月和田の『悪い仲間』(黒刷社)創刊に際し柳沢が編集担当となり小山壌人名で小品や詩を発表する。同年の関東大震災の余波で神戸須磨署に柳沢らと留置されるが父親が迎えにきて帰郷する。年末に釈放された柳沢は宮山栄之助とともに小山を訪ねる。12月25日佐賀市公会堂での社会問題演説会に古賀勝定、柳沢、宮山、小山が弁士として参加するが全員中止させられる。24年春国家主義者の父との折り合いが悪く柳沢、宮山のあとを追って黒刷社に現れる。同12月和田、柳沢、宮山らの『文明批評』(『悪い仲間』改題)の創刊を手伝う。故郷と東京、関西と往来をするなかで病む。27年秋頃九州大学病院に入院するが抜け出して上京。中野に居住したが病が重くなったのを機に同棲中の愛人に置き去りにされる。黒刷社の道本精一に発見され和田の手配で入院するが結核性脳膜炎のため死没。(黒川洋)〔文献〕和田信義・柳沢善衛「小山茂君を憶ふ」『自由』1929.1

小山 荘吉 こやま・しょうきち ?-? 1919(大8)年東京牛込区(現・新宿区)の日清印刷会社印刷科に勤め活版印刷工組合信友会に加盟する。(冨板敦)〔文献〕『信友』1919年8・10月号

小山 正次郎 こやま・しょうじろう ?-? 1919(大8)年東京本所区(現・墨田区)の凸版印刷会社印刷科に勤め活版印刷工組合信友会に加盟する。(冨板敦)〔文献〕『信友』1919年8月号

小山 正太郎 こやま・しょうたろう ?-? 1919(大8)年東京神田区(現・千代田区)の神田印刷所鉛版科に勤め日本印刷工組合信友会に加盟する。(冨板敦)〔文献〕『信友』1919年10月号

小山 徳次郎 こやま・とくじろう ?-? 1919(大8)年東京京橋区(現・中央区)の明正印刷会社に勤め日本印刷工組合信友会に加盟する。(冨板敦)〔文献〕『信友』1919年10月号

小山 利夫 こやま・としお ⇨田原保雄 たはら・やすお

小山 仁平 こやま・にへい ?-? 1919(大8)年東京芝区(現・港区)の東洋印刷会社文選科に勤め活版印刷工組合信友会に加盟する。(冨板敦)〔文献〕『信友』1919年8月号

古山 信義 こやま・のぶよし 1912(明45)-? 静岡県磐田郡長野村(現・磐田市)生まれ。小地主の四男で県立掛川中学から東京外国語学校に進んだが28年11月病気のため中退、帰郷して農業に従う。29年鈴木武らと『土』創刊、30年鈴木武、鈴木致一、石川和民と4人で『農民小学校』創刊、盛んに詩を発表。『農民』『弾道』にも執筆。松永伍一は「四人の中では古山の詩がもっとも抒情的で安定性があった」という。ワーズワースを愛読したといいその田園情緒性を指摘している。31年9月詩集『土塊の合掌』を東京の新時代社から刊行。第2詩集『部落の灯』を出そうとしたが警察の介入により果たせなかった。戦時中村の農業組合役員となり、磐田市との合併後は磐田農協組合長をつとめた。(市原正恵)〔文献〕松永伍一『日本農民詩史・中1』法大出版局1972

小山 政之助 こやま・まさのすけ ?-? 1919(大8)年東京牛込区(現・新宿区)の秀英舎(市ヶ谷)欧文科に勤め活版印刷工組合信友会に加盟する。(冨板敦)〔文献〕『信友』1919年8・10月号

小山 紋太郎 こやま・もんたろう 1903(明36)10.13-1979(昭54) 別名・荊冠 静岡県浜名郡天神町村(現・浜松市)に生まれる。尋常小学校卒業後，麻裏草履製造や工員の仕事につく。23年3月全国水平社第2回大会に参加し同月末自宅に静岡県水平社を設立し委員長となる。25年6月『自由新聞』を編集発行。県内各地に水平社を結成し，差別糾弾に取り組むとともに「自由社会の建設」という題などで熱弁をふるった。同年全水の中央委員となり水平社内のアナ派のリーダーとしても活動し，全水青年連盟，全水解放連盟などの組織化を進めた。26年11月浜松で全水解主催でアナキズム宣伝集会を開き司会をつとめた。27年1月自由連合や相互扶助などアナキズムを宣伝する『平民の鐘』(平民の鐘社)という冊子を発行するが発禁とされ罰金刑。27年11月東京浅草で甲冑づくりの仕事につくが，北原泰作が軍隊内差別を糾弾して直訴行動をおこしたため，支援の集会や激励行動に奔走。28年『水平運動第5年度差別事件報告書』を静岡県水平社本部から出す(発禁)。30年山岡喜一郎らとともに荊冠旗社を結成し『全国水平社解放連盟解体に就いて』(荊冠旗社刊)を執筆(発禁)。33年の高松差別裁判糾弾闘争では現地調査を行い請願行進隊や東京での交渉などに参加。これらの活動をもとに34年『請願隊は如何に闘ったか』(全国水平社静岡県連)を発行(発禁)。再刊本を持って自転車で全国部落調査に出発した。部落委員会活動方針には賛意を示し，水平社の解体に反対して運動を進めた。小山菊太郎の弟。(竹内康人)〔著作〕編著『自由新聞』1925，復刻版『初期水平運動資料集5』不二出版1989〔文献〕宮崎晃『差別とアナキズム』黒色戦線社1975，竹内康人『静岡県水平運動史1・2』『静岡県近代史研究』13・14号1987・88

小山 四三 こやま・よつみ 1900(明33)4.28-1992(平4)12.22 長野県北佐久郡北御牧村の自小作農の二男に生まれる。地主制に憤り有島武郎，大杉栄，江渡狄嶺，石川三四郎を愛読し，農を基本とする権力なき平等の自治社会を理想とする。26年1月「土に親しむものの会」に参加し農民自治会に合流する(北御牧村農自の責任者)。この組織こそ「みじめな農村に魂を奪ひ返し甦らすもの」と考えた。運動への参加をめぐって兄と対立，関一男と「土の家」に住む。27年1月農自北信連合主催の農村問題講習会が開かれ，講師に招かれた石川を囲んで一夜を語り明かしたのはこの家だった。当時「実に温厚な模範青年」(竹内囹衛)と評された。29年には農自運動を離れ農の理想を追求する(29年に結婚)。戦後は46年北御牧村村長に当選，「共産党村長」と呼ばれたが，49年には「赤の村長がいるので嫁の来手がない」などのデマが広がりリコールが成立して退職した。農民は権力を握って支配する階級ではない，そのためか自分はいつも批判者の立場で生きてきたように思う，これが晩年の回想である。(安田常雄)〔著作〕「百姓魂の奪還」『農民自治』4号1926.8，「長野，北佐久，北御牧村」同13号1927.11〔文献〕石川三四郎「北御牧村」『平民新聞』25号1947.4，もろさわようこ『わが旅 沖縄・信濃・断想』未来社1976，大井隆男『農民自治運動史』銀河書房1980

ゴールドマン Goldman, Emma 1869.6.27-1940.5.14 リトアニア，カウナス(当時ロシア領)でユダヤ人の両親のもとに生まれる。ユダヤ人に対する迫害や一家の経済的困窮などによりケーニヒスブルクに移住，実業学校に通う。81年ロシアのペテルブルグに移り手袋工場で働く。この頃チェルヌイエフスキーの『何をなすべきか』を読んで影響を受けたといわれる。85年米国に移住，ニューヨーク州ロチェスターの裁縫工場で働く。この工場での移民労働者に対する搾取をみて資本主義への反感を抱くようになる。89年マンハッタンに移りアレクサンダー・ベルクマンと知り合う。またこの頃シカゴでのヘイマーケット事件に対する弾劾演説を行っていたアナキストのヨハン・モストに魅せられ影響を受ける。92年ベルクマンがカーネギー製鉄所の労働争議中11人の労働者を殺害した工場責任者の暗殺を企て失敗，エマも擁護の演説を行ったことで1年間の入獄を強いられる。01年チョルゴシュによってマッキンレー大統領が暗殺され，この青年がエマの演説から影響を受けたという理由で逮捕される。ジャーナリズムは「レッド・エマ」と書き立てた。日本でも『万朝報』を始めとしていくつかの新聞がエマのことに言及する記事を掲載した。06年『マザー・アース』を創刊，同年アムステルダムで開催され

たアナーキスト・インターナショナルに米国代表として出席し,「アナキズムはクロポトキンとイプセンを選り好みはしない」と主張する。イプセンに始まる近代劇,前衛文学,サンガー夫人の産児制限運動などにも積極的に関わり,実生活でも自由恋愛を実行する懐の深さがあった。幸徳秋水は滞在中のサンフランシスコで『マザー・アース』を読む。やがてこのグループとの交流が開始され,大逆事件の際には日本政府に対する抗議運動と幸徳らの救済を世界に呼びかける。第1次大戦に際してはアメリカの参戦に反対,徴兵制に反対した罪で逮捕され2年の刑を宣告される。19年ベルクマンとともに米国から追放され革命後のロシアに渡った。革命当初はボルシェヴィキを支持していたエマは,21年にはクロンシュタット事件に対する弾圧を批判しロシアから脱出し,のちにロシア革命批判の書 My Disillusionment in Russia(1923)を執筆。その後も36年スペイン革命を支援する闘いに加わるなどアナキストとして社会正義のための人生を貫いた。31年に刊行された自伝 Living My Life は今も米国で読み継がれている。日本においてエマの思想的影響をもっとも強く受けたのは伊藤野枝であった。野枝はエマの著作 Anarchism and Other Essays(1910)から「婦人解放の悲劇」を訳して『青鞜』に掲載したほか,所収のいくつかの論文を訳して,14年同題で東雲堂書店から出版した。野枝はエマの思想以上にその生き方に感激し,これを契機にして大杉栄との出会いが生まれてくる。彼らのロシア革命に対する批判もエマらのニュース・ソースによるところが多かった。90年5月ハワード・ジン原作「エマ」が劇団民芸で上演されたが,米国では女性解放の先駆として再評価されている。(山泉進)〔著作〕はしもとよしはる訳『アナキズムと女性解放』JCA出版1978, 小田光雄・小田透訳『エマ・ゴールドマン自伝』上下ぱる出版2005〔文献〕渡部栄介「愛と闘いと 同志エマの生涯1-5」『平民新聞』104-108号1949.1.24-2.21, 野田洋「同6-19」同111-124号1949.3.14-6.27, 大沢正道「恋と革命と」ジープ社1950, 山泉進「誰れが"レッド・エマ"をみたか」『初期社会主義研究』4号1990・「エマ・ゴールドマン日本人評判記」『婦人解放の悲劇』黒色戦線社1992, 大澤正道「エマ・ゴールドマン」『季刊女子教育』夏号1991

コロメル Colomer, André 1886.12.4-1931.10.7 国際アナーキスト会議への出席を要請する手紙を大杉栄宛に出しパリで大杉と会ったアナーキスト。南フランスのセルベルで生まれ,パリとボルドーの学校に通う。兵役を終えた後,中等・高等学校で勤務。第1次世界大戦後,文筆家組合と劇作家組合に加わる。21年以降,機関紙『リベルテール』,『アナーキスト評論』誌の執筆・編集に関わり,22年から統一労働総同盟・娯楽産業労働組合連合で活動する。同時期よりサンディカリズムを主張するようになる。同年9月スイスのサン・ティミエで反権威主義派インターナショナル創立会議50周年を記念する集会が開催され,フランスの代表として出席し,彼の提案に基づきアナーキスト国際会議の開催が決定する。その準備作業の中で,小松清から教えられた大杉に会議出席を要請する手紙を出した。大杉が殺害された後『リベルテール』紙上に追悼文を発表している。翌24年,渡欧中の小牧近江と会見する。23年12月から25年3月まで書記として編集を担うが評判が悪く,24年8月に書記を解任された後,25年に編集部を辞任。27年にフランス共産党加入後,家族とロシアに移住。31年にモスクワで死去。(田中ひかる)〔文献〕大杉栄「日本脱出記」『自叙伝・日本脱出記』岩波書店1971, 亀田博「コロメルに大杉栄の名を告げたのは小松清」『トスキナア』創刊号2005, 田中ひかる「大杉栄が出席できなかったアナーキスト国際会議」『初期社会主義研究』第17・18号2004・2005, 田中ひかる「A.コロメルによる大杉栄追悼論説」『トスキナア』第6号2008, 'Colomer Jean, Eloi, André', in : *Dictionnaire biographique du mouvement ouvrier français*, Tome XI, Troisième partie : 1871-1914, Paris, 1973, PP. 236-238.

コロンタイ Kollontai, Aleksandra Mikhailovna 1872.3.31-1952.3.9 アレキサンドラ・ミハイロウナ・コロンタイ ロシア帝国サントクペテルブルクに生まれる。21歳で結婚し一児を出産,女子工場労働者の惨状を見て社会革命運動に携わる。1898年にチューリッヒ大学に留学。1899年ロシア社会民主労働党に入党。同党分裂の際は中立を保つが1905年革命時はメンシェヴィキに所属する。08年ドイツ亡命後は第二インターナショナルに参加し女性解放運動も手がけた。第一次世界大戦勃発後ボリシェヴィキに転じ亡命に終止符を打ち17年レーニンの4月革命を

支持，10月革命後にソビエト人民委員となり女性の生活向上に尽力した。しかし18年ブレスト講話に反対して辞任し，党内左派の労働者反対派に所属するが，21年党から除名される。23年世界初の女性大使としてノルウェーに赴任する。その後もメキシコ，スウェーデン大使などや国際連盟代表部部員を歴任した。社会主義社会における男女の自由で平等な性愛関係の理想を追求し，日本の知識人に影響を与えた。(須田久美)〔著作〕松尾四郎訳『赤い恋』世界社1927，林房雄訳『恋愛の道』世界社1928，林房雄訳『恋愛と新道徳』世界社1928，内山賢次訳『グレート・ラブ』アルス1930，大竹博吉訳『婦人労働革命』内外社1930，『新婦人論』ナウカ社1946〔文献〕今野賢三『プロレタリア恋愛観』世界社1930，ミハイル・アレーシン『世界初の女性大使コロンタイの生涯』東洋書店2010

今　東光　こん・とうこう　1898(明31)3.26-1977(昭52)9.19　神奈川県横浜市伊勢町に生まれる。父同士が友人だった郡虎彦の影響で文学に関心を持つ。1914(大3)年16歳の時に関西学院中等部を退学。上京し小石川茗荷谷の伯父の家に寄宿し，画家をめざし太平洋画塾に通いながらも文学に関心を持ち佐藤春夫と親交を結ぶ。17年本郷白山上に開業した南天堂は一階が書店で2階が喫茶兼レストラン。その常連客にはアナキストの大杉栄をはじめ岡本潤・和田久太郎・秋山清らがおり，今東光はこうしたアナキスト達と南天堂の2階で交流。18年秋に佐藤春夫宅で谷崎潤一郎に遇い生涯の師と仰ぐ。21年2月に第6次『新思潮』の創刊号に同人として参加し短編「女人転身」を発表。23年1月に創刊された『文芸春秋』の同人となり随筆「出目草子」などを発表して認められる。25年7月に今東光の編集・発行で同人誌『文党』を刊行。創刊に際して『文党』同人はプラカードをぶら下げ歌を歌って街頭を練り歩いたという。これは既成文壇に挑戦したアナキストの反俗的行動のあらわれだった。同年10月に処女作品集『痩せた花嫁』を金星堂より刊行。27(昭2)年に芥川龍之介の自殺に遇い，この頃より出家を志し30年5月に東京・金龍山浅草寺伝法院で出家・得度。以後33年まで比叡山延暦寺に籠り修行。56年1月に中外日報社社長に就任。同年裏千家家元の機関誌『淡交』に「お吟さま」を連載，翌年1月に直木賞を受賞して文壇に復帰。一躍流行作家となる。65年権大僧正となり岩手県平泉町の天台宗東北大本山中尊寺の貫主に就任。自伝的長編小説として『悪太郎』(中央公論社，1959)などがある。代表作の『悪名』(新潮社)は61年に大映で映画化されシリーズ化された。72年に新潮社から短編集『華やか死刑派』を刊行。その巻頭作品「華やかな死刑派」には20(大9)年の南天堂の2階の喫茶兼レストランに集うアナキストたちのことが記されている。77(昭52)年9月に死去。享年79歳。(平辰彦)〔文献〕『日本文学全集59 今東光・今日出海集』集英社1969，寺島珠雄『南天堂松岡虎王麿の大正・昭和』皓星社1999

権　尚瑾　ごん・しょうきん　クォン・サングン　?-1929(昭4)6.7　東京の共産党系留学生組織学友会に対し29年6月7日黒友連盟の元心昌，李時雨らとともに切り込みを敢行し死没。同年6月16日に朝鮮自由労働者組合の主催で追悼会が開かれた。(堀内稔)〔文献〕『自連新聞』37号1929.7

権　相泰　ごん・そうたい　クォン・サンテ　?-?　東京の朝鮮東興労働同盟のメンバー。1929(昭4)年6月相愛会の禹福守と争闘して負傷させる。(堀内稔)〔文献〕『社会運動の状況2』

権正　博　ごんしょう・ひろし　?-?　山梨県に生まれる。1926(大15)年「土を慕ふものの会」に加わり4月24日同会の第7次例会に出席。同会が農民自治会に合流，発展的に解消すると農自全国連合に参加。山梨県代表の農自全国連合委員を川合仁とともに務める。同年7月16日の農自小委員会では編集・庶務・会計担当に選出される。この頃荏原郡大井町(現・品川区)に暮らしていた。28年3月1-4日長野県北佐久郡北大井村(現・小諸市)荒堀公会堂で開かれた第2回農自講習会に参加。同年5月農自の組織再編の際には庶務・会計・編集部担当の常任委員に選出される。(冨板敦)〔文献〕『土を慕ふものの会々報』4号1926.4，『農民自治』4・5・17号1926.8・9.28.6，『農民自治会内報』2号1927，竹内愛国『農民自治会』昭和2年版解放運動解放団体現勢年鑑』解放社1927，大井隆男『農民自治運動史』銀河書房1980

権田　権太郎　ごんだ・ごんたろう　?-?　1919(大8)年東京京橋区(現・中央区)の築地活版所印刷科に勤め活版印刷工組合信友会に加盟する。(冨板敦)〔文献〕『信友』1919年8・10月号

近藤 卯八郎　こんどう・うはちろう　?-?　東京毎日新聞社に勤め1919(大8)年東京の新聞社員で組織された革進会の活動に賛助員として3円寄付。のち新聞工組合正進会に加盟。20年正進会の活動にも5円寄付する。〔冨板敦〕〔文献〕『革進会々報』1巻1号1919.8、『正進』1巻2・8号1920.5・12

近藤 栄蔵　こんどう・えいぞう　1883(明16)2.5-1965(昭40)7.3　別名・伊井敬、伊井鞍馬、倉田英太郎、E.K　東京市小石川区諏訪町(現・文京区)に生まれる。高等小学校卒業後、02年渡米し08年カリフォルニア農学校を卒業、10年帰国するが事業に失敗、16年再度渡米し翌年ニューヨークで片山潜に出会い社会主義運動に入る。米騒動の報を聞き19年帰国、堺利彦、山川均らに会い『日本労働新聞』などに寄稿する。20年末山川の紹介で大杉栄に会い、高津正道とともにアナ・ボル協同の第2次『労働運動』のボル側の同人となる。『労働運動』には主としてロシア革命や西欧の社会主義運動の紹介記事を書いているが、水と油の不協和音は号を追うごとに高まり根岸正吉や諏訪与三郎らから反論を受ける。初め近藤は大杉、山川、荒畑の三角同盟という協同戦線を考え『労働運動』(1921.1-6)に参加したが、その後コミンテルンや堺、山川の方針に従い、同年5月秘密裏に上海に渡りコミンテルン極東部委員会に日本代表として出席、共産党結成の工作資金6500円を受け取り下関で遊興を怪しまれ検挙という失態を演じる。アナ・ボル協同戦線を裏切った堺、山川、荒畑、近藤らを「ゴマのハイ」と大杉は呼んでいる。8月高津と暁民共産党を結成、11月反軍ビラ事件で検挙、禁錮8カ月となる。22年5月に出獄、共産党中央委員になる。23年第1次共産党事件でソ連に亡命、26年帰国後は共産党を離れ次第に右傾化、31年国家社会主義への転向を表明、以後いくつもの右翼団体に関係する。〔大澤正道〕〔著作〕『コムミンテルンの密使』文化評論社1949、『近藤栄蔵自伝』ひえい書房1970〔文献〕大杉栄「なぜ進行中の革命を擁護しないのか」『労働運動』3次17号1922.9、太田雅夫『近藤栄蔵の生涯』『近藤栄蔵自伝』ひえい書房1970、『近藤栄蔵文献目録』同志社大人文科学研究所1969、『思想月報』1940.8

近藤 鼎　こんどう・かなえ　1905(明38)10.10-?　岡山県都窪郡に生まれる。1928(昭3)年には農業を営み久保由市、野間田金蔵、山本京平らと黒魂社(事務所・倉敷市)で活動していた。〔冨板敦〕〔文献〕岡山県特別高等課『(昭和3年8月)特別高等警察資料第一輯』(廣畑研二編『岡山県特高警察資料(戦前期警察関係資料集)第5巻』(復刻版)不二出版2012)、岡山県特別高等課『(昭和3年11月)特別高等警察資料第四輯　特別要視察人等情勢調』(廣畑研二編『岡山県特高警察資料(戦前期警察関係資料集)第5巻』(復刻版)不二出版2012)

近藤 喜七　こんどう・きしち　?-?　印刷工として1919(大8)年日本印刷工組合信友会に加盟し活動する。〔冨板敦〕〔文献〕『信友』1919年10月号

近藤 憲二　こんどう・けんじ　1895(明28)2.22-1969(昭44)8.6　兵庫県氷上郡前山村上竹田(現・丹波市)に生まれる。12年早稲田大学専門部政経学科に入学。在学中、シーメンス事件に端を発した山本内閣倒閣運動に参加、その渦中で大杉栄『生の闘争』を読み大杉と出会い平民講演会に出席、そこで出会った渡辺政太郎に私淑、渡辺を介し井上猛一(岡本文弥)、北原竜雄、添田啞蟬坊、高田公三、中村還一、林倭衛、原田新太郎、久板卯之助、水沼辰夫、村木源次郎、望月桂、山路信、和田久太郎らと交流する。早大卒業後、東京毎日新聞を経て北原の紹介で18年売文社に入社、山川均、荒畑寒村編集の『青服』を担当。また渡辺の没後、渡辺の研究会の世話人を引き継ぎ、19年春村木の仲介で大杉、和田らの労働問題座談会と合併、北風会を結成し「演説会もらい」に奔走。「時代が北風会をして立ち上がらせたのだ」と晩年回想している。同年10月大杉、和田、伊藤野枝とともに『労働運動』を創刊、荒畑、山川が社外協力、服部浜次、吉川守圀が金銭援助。広告取りを通じて足助素一の知遇を得、労働運動社に寄宿した琉球庶民会の浦崎康華を通じて沖縄への人脈を広げる。20年11月コスモ倶楽部に参加。この倶楽部は内外の社会主義者の交流をめざすゆるい集まりで堺利彦、宮崎竜介、権熙国が中心となり中国、台湾、朝鮮の学生も多数参加し、そのなかには関東大震災で官憲テロに倒れた王希天もいた。アナ系では石川三四郎、岩佐作太郎、大

杉，加藤一夫，原沢武之助，吉田順司が参加している。同年12月日本社会主義同盟の設立に参画し有給の常勤書記に推挙されるが，運動から金は貰えぬとしてこれを辞退，山川とともに機関誌『社会主義』の編集にあたるが，結成大会で検束されたため2号からは岩佐が編集する。21年1月アナ・ボル協同の第2次『労働運動』創刊に参加。大阪支局（桑原錬太郎，逸見直造），神戸支局（兼谷美英，安谷寛一），京都支局（小倉敬介，奥村甚之助），名古屋支局（伊藤英治），和歌山支局（島谷鈍平），静岡支局（伊藤憲），金沢支局（示野吉三郎），沖縄支局（泉正重，城田徳隆），夕張支局（蟻通佳明）が号を追って設けられる。アナ・ボル協同戦線の瓦解後，同年12月第3次『労働運動』創刊に参加。第2次と違いアナキズム色を強め，山川らのいわゆる科学的共産主義に対しては白紙主義をもってあたり，労働運動の現場からの報告を柱にすえる。23年8月帰国した大杉の発議でアナキスト同盟の結成をめざして動いたが関東大震災とそれに続く大杉らの虐殺で頓挫する。第4次『労働運動』は休刊を余儀なくされた第3次の復刊で同年12月創刊。同人は近藤，水沼，村木，山鹿泰治，和田栄太郎，和田久太郎の6人。水沼と山鹿の加入もあって，労働組合活動の報告がより詳細になり，また中国や東欧からのレポートなどいわば外電種の記事が増える。『大杉栄・伊藤野枝追悼号』（2号1924.3）のみ雑誌形式で発行。そのかたわら安成二郎と協働で『大杉栄全集』全10巻を編纂，25-26年アルスから刊行。印税は大杉の遺児の養育資金にあてられた。25年末に結成された黒連に労運社として参加する。27年1月和田栄太郎，古川時雄を中心に，第5次『労働運動』創刊。近藤は和田久太郎の遺稿『獄窓から』の編纂に専念し同年労運社から発行（増補版・改造文庫30年）。28年黒連の観念的傾向に憤慨して脱退。同年春平凡社に入社する。のちに地底社をつくる田辺清春，滝口徳治，古河三樹松がすでにおり，やがて安成二郎，岡本潤，植村諦，古川時雄，望月桂，守田有秋，遠藤斌らが顔をそろえた。この頃，久保譲，小池英三編集の『クロポトキン全集』に協力，大杉の訳稿をそろえ『一革命家の思ひ出』のブランデスの序文を訳出する。30年石川のルクリュ研究会に参加，32年に創刊された自協系の理論誌『黒旗の下に』を支援し「永遠の誇りマラテスタを憶ふ」（2号1932.10）を寄稿する。35年堺真柄と結婚。敗戦後に結成されたアナ連では57年病床につくまで主要なメンバーとして活躍する。古武士の風格をもち，生涯を通じてアナキズム運動を支え切った。宋の趙子昂や蔡襄の行書にならう書をよくし陶淵明の詩を愛した。（白仁成昭）〔著作〕『一無政府主義者の回想』平凡社1965，『私の見た日本アナキズム運動史』麦社1969・増補版1972・啓衆新社1983〔文献〕安谷寛一編『未刊大杉栄遺稿』金星堂1927，水沼辰夫「大杉栄と労働運動」『自由思想』3-4号1961，『大正期視察人報告』，大澤正道『忘れられぬ人々』論創社2007・「近藤憲二と山鹿泰治の思い出」『トスキナア』5号2007

近藤 佐吉 こんどう・さきち ?-? 1919（大8）年東京牛込区（現・新宿区）の秀英舎（市ヶ谷）第一和文科に勤め活版印刷工組合信友会に加盟する。（冨板敦）〔文献〕『信友』1919年8月号

近藤 定吉 こんどう・さだきち ?-? 1919（大8）年東京小石川区（現・文京区）の江戸川活版所文選科に勤め活版印刷工組合信友会に加盟する。（冨板敦）〔文献〕『信友』1919年8月号

近藤 三郎 こんどう・さぶろう ⇨福岡巧ふくおか・たくみ

近藤 三治 こんどう・さんじ ?-? 印刷工，信友会のメンバー。1924（大13）年7月19日，信友会が正進会との合同を決めた神田松本亭での信友会臨時大会で和文部の理事に選出される。（冨板敦）〔文献〕『印刷工連合』14・15号1924.7・8，水沼辰夫『明治・大正期自立的労働運動の足跡』JCA出版1979

近藤 茂雄 こんどう・しげお 1900（明33）2.13-1991（平3） 別名・神戸光 神戸市湊町生まれ。兵庫県立尋常高等小学校を経て関西学院中学部に進む。20年安谷寛一の周辺に出入りしロンダ組に弟の正次とともに参加。京都の笹井末三郎，饗庭寅蔵らと知り合う。21年川崎の三菱造船所争議で逮捕され神戸市内の警察をたらい回しにされる。過激な行動，生来のけんか早さから「神戸のピカ」の異名をとる。しばしば上京「関西から流れてきていた近藤茂雄，中尾吉之助，饗庭寅蔵（中略）などという暴れ者がケ

ンカの主役をよく演じていた」(岡本潤)とその姿が伝えられている。23年『法律と強権』の訳書を秘密出版。警察の要視察人乙号になる。大杉栄死後の沈滞する空気のなか宮嶋資夫の三里塚開墾に同行するが別れて関西に戻る。アナキストのたまり場となっていた神戸元町の喫茶店三星堂にたむろ。26年2月『ラ・ミノリテ』を創刊。同誌には岡本,小野十三郎,宮嶋ら南天堂の常連が寄稿している。この時のペンネーム神戸光が笹井の紹介で日活入りしたのちの俳優時代の芸名にもなる。戦後は第一新聞社に勤務。(西村修)〔文献〕柏木隆法『千本組始末記』海燕書房1992,竹中労「日本映画縦断」『キネマ旬報』1972,『宮嶋資夫著作集7』慶友社1983,岡本潤『罰当たりは生きている』未来社1965,寺島珠雄『南天堂』皓星社1999

近藤 自由 こんどう・じゆう ?-? 1919(大8)年東京京橋区(現・中央区)の築地活版所印刷科に勤め日本印刷工組合信友会に加盟する。(冨板敦)〔文献〕『信友』1919年10月号

近藤 正次 こんどう・しょうじ 1901(明34)-? 1921(大10)年2月頃安谷寛一が神戸で組織したアナキスト自由連盟ロンダ組に兄の茂雄とともに加わる。30年頃は神戸市に住んでいた。(冨板敦)〔文献〕兵庫県特別高等課『特別要視察人ニ関スル状勢調べ』(復刻版)兵庫県部落問題研究所1976,向井孝『『ロンダ』の宵待草』『編集委ニュース』13号2000

近藤 次郎 こんどう・じろう ?-? 大宮市(現・さいたま市)の無差別社メンバー。1927(昭2)年7月31日常磐一般労働組合を訪問する。(冨板敦)〔文献〕『自連新聞』16号1927.9

近藤 甚七 こんどう・じんしち 1908(明41)-? 福島県南会津郡大宮村鴻巣荒田(現・南会津町)生まれ。24年高等小学校を卒業後,農業につく。29年12月頃,農民の生活窮乏をなくすには農民の政治的進出が重要と考え,農民の啓蒙をし政治教育をする目的で地元農民30余人を集め農村革新連盟を結成する。30年11月出版法違反で検挙され起訴猶予となり同連盟を脱退する。連盟は自然解消となった。35年末頃無共党事件で検挙されるが不起訴。(冨板敦)〔文献〕『身上調書』

近藤 澄二 こんどう・すみじ 1909(明42)-? 豊橋市東田町西郷生まれ。高等小学校を卒業後,豊橋郵便局の集配手となる。徴兵されて豊橋第18連隊へ入営し一等兵として除隊する。以後,豊橋市下水道課に勤める。地元の河合陸郎に影響されてアナキズムに共鳴し,『大杉栄全集』『クロポトキン全集』などを読んだ。31年5月頃から山本一夫を通じて『自連新聞』『豊橋文学』を入手した。35年末頃無共党事件で検挙されるが不起訴。(冨板敦)〔文献〕『身上調書』

近藤 清吉 こんどう・せいきち ?-? 1919(大8)年東京京橋区(現・中央区)の三協印刷株式会社文選科に勤め活版印刷工組合信友会に加盟する。(冨板敦)〔文献〕『信友』1919年8月号

近藤 千浪 こんどう・ちなみ 1941(昭16)9.1-2010(平22)6.20 東京四谷に生まれる。父はアナキストの近藤憲二,母は堺利彦の娘で女性社会運動家の堺眞柄。60年調布学園卒業後,参議院議員坂本昭(社会党)の事務所に入る。また「大逆事件の真実をあきらかにする会」の事務を担当し再審請求の準備を手伝う。66-81年参議院議員市川房枝の秘書を務める。81-82年院内会派・参議院第二院クラブ事務長を務め81-04年市川房枝政治資金調査室室長。両親の運動が残した人脈の連絡拠点となる。92年には佐川急便不正献金問題で自民党副総裁金丸信衆議院議員及び経世会所属氏名不詳国会議員60数名を政治資金規正法違反で東京地検に告発。捜査の過程でヤミ献金,ゼネコン癒着,金丸の蓄財などが明るみに出た。93年白仁成昭と結婚。97年『近代日本社会運動史人物大事典』(日外アソシエーツ)と同書の出版記念会で配布された「編集委員会会報特別附録」の悪質な中傷記事に対して抗議行動を起こす。これは相沢尚夫,大澤正道,奥沢邦成,寺島珠雄,戸田三三冬,西村修,真辺致一,向井孝らの抗議と結びついて拡大した。03年アメリカのイラク攻撃への支持表明とそれにともなう安全保障会議への指示などについて内閣総理大臣小泉純一郎を刑法93条及び第94条ならびに第193条に定める犯罪の容疑で東京地方検察庁に告発。また06年には(財)市川房枝記念会が婦選会館を立ち入り禁止とし婦人有権者同盟に退去を求め職員4名を退職させた際,会館の継続と退職勧告の撤回を求めて

署名活動を行った。07年頃から両親が残した資料の整理をはじめ夫婦で集めた資料を「近藤文庫」と名付け，「近藤文庫の預かり人」という立場で資料の保管・公開に尽力した。10年大動脈解離により逝去。(山中千春)
〔文献〕遺稿集刊行会編『捨て石埋め草 近藤千浪遺稿集』2010

近藤 十四子 こんどう・としこ 1915(大4)?-? 本名・富貴子。1931(昭6)年7月号『女人芸術』の井上信子選による「新興川柳」欄に連続5号の間に計14句の鮮烈な句を島田欣子などと共に投じたが，同号を最後として『女人芸術』を含め川柳界から姿を消した。31年9月号の『女人芸術』の付録『女人大衆』にエスペラント講座が連載されたことからエスペラント学習を始め，直ちにプロレタリアエスペラント連盟(PEU)に加盟。連盟の中での軋轢からすぐに非合法の労働運動に転じた。十四子の柳号は，川柳を始めた30年頃まだ14歳だったことによる。井上信子主宰の川柳女性の会に参加，熱心に句を作ったがその作家生活は2年に満たないものに終わっている。32年には全協系の日本繊維労働組合に加入，陸軍千住製絨所の臨時工となりビラ撒きが原因で南千住署に19日間拘留。戸塚署で同房であった神田市子を頼りその『婦人文芸』に職を得た。38年4月，7年間の獄中生活から出所してきた千葉成夫と「友情結婚」してすぐに上海に身を移した。4人の子をもうけたが，その長女の千葉敦子は52年に死去した父の葬儀で初めて両親の活動歴を知ることになった。敦子は後にアメリカに渡り国際ジャーナリストとして名を挙げ，そのガン闘病記を『朝日ジャーナル』に連載したことから有名になったが，一言の説教もせずその生き方を手本として示した両親を真の自由主義者として強く誇りに思うとし，病床に「親子になれてありがとう…あなたを育てることで私も育てられました」という手紙を貰い，そういう表現のできる素晴らしさに母を尊敬した。晩年は詩と短歌を残し社会奉仕活動に忙しく携わった。(一色哲八)〔著作〕千葉富貴子『三好家のメモ』新興出版社1980，同『生い立ちの記』意識教育研究所1992〔文献〕『川柳人』1929-1931，『女人芸術』1931，井之川巨『君は反戦詩を知ってるか』皓星社1999

近藤 寅雄 こんどう・とらお ?-? 本名・次郎か 別名・寅夫 1930(昭5)年夏に静岡市で結成されたA思想研究会に参加，沢田武雄，石川金太郎，小松亀代吉，小林辰夫らとともに活動し機関誌『アナルキスト』の発行責任者となった。第1号は31年3月に発行，巻頭には都市を批判し農工合一のコミューンの連合と発展を訴える「無政府主義運動の理想と現実」(筆者不明)という論文を掲載した。第2号は翌月に出され巻頭には三上由三筆という「民衆の動向とアナルキズム社会」を掲載した。A思想研に参加した三上や農青社の望月治郎らのオルグによりA思想研は農青社の思想的影響下にあった。32年3月静岡市川辺町の事務所を閉鎖。(竹内康人)〔文献〕『静岡県労働運動史資料・上』

近藤 はる子 こんどう・はるこ ?-? 新潟県に生まれる。東京モスリン亀戸工場に勤め1928(昭3)年『小作人』に「農村の姉妹へ」を寄稿する。(冨板敦)〔文献〕『小作人』3次14号1928.4

近藤 弘 こんどう・ひろし ?-? 新聞工組合正進会に加盟し1924(大13)年夏，木挽町(現・中央区銀座)本部設立のために3円寄付する。(冨板敦)〔文献〕正進会『同工諸君!! 寄附金芳名ビラ』1924.8

近藤 博人 こんどう・ひろひと 1915(大4)頃-? 17歳の時に樋田道賢，岩佐作太郎と出合いアナキズムに傾倒。のち70歳で再びアナキズム思想に取り組み，87年『アナルシの世界』(落合書店)を著す。(奥沢邦成)

近藤 真柄 こんどう・まがら 1903(明36)1.30-1983(昭58)3.6 旧姓・堺 東京府豊多摩郡淀橋町角筈(現・新宿区)に生まれる。堺利彦と堀保子の姉美知子の一人娘。1歳で母が死没し一時親類に預けられたが，07年から継母為子に引き取られる。21年宮田脩が校長の成女高等女学校を卒業。3年上級に望月百合子がいる。同年4月秋月静枝，九津見房子らと赤瀾会を結成，第2回メーデー初参加を皮切りに講演や争議支援の先頭に立ち何度か検束される。同年秋に関東で行われた陸軍大演習に向けて「諸君は銃を逆さに取れ，資本家の手先となって同胞を殺すな!」と書かれたビラを配り(軍隊赤化事件)出版法違反に問われ仲宗根貞代とともに禁錮4カ月で東京監獄に入獄する。女性

政治犯の入獄では福田英子，管野すが，高津多代子に次ぐ4番目となった。22年創立された共産党に入党，翌年高瀬清と結婚する。25年政治研究会婦人部，29年無産婦人同盟に参加し，32年社会大衆婦人同盟書記長となり，市川房枝らの婦選獲得同盟と共闘した。35年高瀬と別れ近藤憲二と結婚する。戦後はアナ連の中心的存在だった近藤を支えて協力，60年安保には「御老体」といたわられながら娘二人とともに声なき声の会のデモに加わった。近藤の死没後，婦人有権者同盟の幹部として活動する一方，名古屋・日泰寺の橘宗一墓碑保存会や静岡・沓谷霊園の大杉栄ら墓誌建立委員会の「心棒」となり，明治以来の社会主義運動を生き抜いた証人として運動に傷つき倒れた有名無名の人たちの顕彰に尽力した。初期社会主義の魂を最後まで失わない人だった。（大澤正道）〔著作〕『無政府とは最高の秩序"声なき声の会"の実感』『クロハタ』55号1960.7，「九月は苦の月」『東京新聞』1973.9.4夕刊，「わたしの回想・上下」ドメス出版1981〔文献〕「九月は苦の月 橘宗一少年の墓碑保存運動の十年」同会1985，鈴木裕子「女性として初めてメーデーに参加した赤瀾会の人々」『月刊総評』1979.5，江刺昭子『覚めよ女たち』大月書店1980，牧瀬菊枝「近藤真柄」『季刊女子教育もんだい』18号1984，東京女性財団編・刊『先駆者たちの肖像』1994

近藤　正夫　こんどう・まさお　1909（明42）-?　愛知県愛知郡千種町（現・名古屋市）に生まれる。父三四郎は警視庁巡査だったが名古屋に移転後，ダリアの栽培業に従事する。15年小学校に入学。浅野紀美夫とは同級生。腹違いの兄と鈴木バイオリン工場の工員となる。27年頃家田瑳王賀男（五百田一夫）と大日本ビール名古屋工場に勤めるかたわら浅野が主宰する『光風地』に参加する。天野銀一，大野捷一らを従えて無頼の生活に浸る。その後ボル陣営に拠る。33年共産党中京突撃隊事件で入獄。（黒川洋）〔著作〕合歌集『1927年のために』光風地社1927〔文献〕浅野紀美夫「新尾頭町143番地」『風信』1968・70

近藤　政平　こんどう・まさへい　1883（明16）-?　栃木県安蘇郡佐野町（現・佐野市）の近藤履物店の二男として生まれる。02年末受洗。05年『平民新聞』読者会をもとに近藤家の下駄職人戸恒保三，増田惣八，久保田種太郎らと佐野同胞会（下野同胞会ともいう）を結成。同年末築比地仲助らの群馬県邑楽郡高島村（現・邑楽町）グループと連係し社会主義雑誌『人間』を創刊するが1号で終わる。06年4月遊説中の木下尚江を迎え田中正造の参加も得て佐野同胞会主催の社会主義政談演説会を佐野町万座で開催。近藤，戸恒も演説。同年日本社会党に入党。12月機関誌『弱者の友』の発刊を計画するが警察の干渉で挫折。08年2月高島村，安中村（現・安中市）の同志と第1回両毛同志大会を高島村で開催。東京から守田有秋が参加。4月近藤，築比地，長谷部寅吉が呼びかけ人となり第2回両毛同志大会を佐野町で開催。田中，東京から守田，山川均，大杉栄，佐藤悟が参加。続く第3回大会は新村忠雄の提案を受けて9月に長野市で信毛同志大会を開催することになったが赤旗事件後の当局の弾圧の強化，『東北評論』の相次ぐ筆禍事件（新村も連座）によりこの連帯はならなかった。（堀切利高）〔文献〕築比地仲助「平民社回想」『労働運動史研究』15・16号1959.5・7，田村紀雄『明治両毛の山鳴り』新宿書房1981

近藤　正美　こんどう・まさみ　?-?　1934（昭9）年2月23日全国自連と日本自協の合同に伴い，アナ系文化団体合同のために東京の城西仏教会館で開かれた出版活動協議会に文芸時調社を代表して参加する。他の参加者は山口安二，崔学柱，植村諦，高橋光吉，岩楯佐吉，船木上，中尾正義。（冨板敦）〔文献〕『特高月報』1934.3，『社会運動の状況6』

近藤　茂登木　こんどう・もとき　?-?　1919（大8）年東京京橋区（現・中央区）の築地活版所和文科に勤め活版印刷工組合信友会に加盟する。（冨板敦）〔文献〕『信友』1919年8・10月号

近藤　良悦　こんどう・りょうえつ　1909（明42）-?　秋田県南秋田郡五城目町上町生まれ。高等小学校を卒業後，24年4月船川銀行に見習いとして入行。翌年第四十八銀行大館支店に入り準書記となる。32年4月家の都合で退職し履物商を営むが，同年11月復職し同行矢島支店勤務となる。読書が趣味で，26年頃から各種の文学書に興味を覚えマルキシズム，アナキズムの本を読んだ。32年には黒色戦線社の『黒旗』を購読する。33年頃から祖父母の諫めを受けやがて右翼化した。35年末頃無共党事件で検挙されるが不起訴。（冨板敦）〔文献〕『身上調書』，『特高外事月報』1936.5，『農青社事件資料集Ⅱ・Ⅲ』

権藤 勇 ごんどう・いさむ ?-1948(昭23)6.24 別名・惺章 権藤成卿の養嗣子。医師で自治学会会長をつとめる。家学は一種のアナキズムだと考え、戦後、日本アナキスト連盟福岡地方協議会の準会員となる。(大澤正道)〔文献〕『平民新聞』82号1948.7.26

権藤 成卿 ごんどう・せいきょう 1868.4.13(明1.3.21)-1937(昭12)7.9 本名・善太郎、別名・開々道人、開々子 久留米市に生まれる。父は久留米藩の藩医で制度典礼学を家伝とする家柄。弟の震二は黒竜会の結成に加わる。84年二松学舎に入ったが中退し郷里で制度学を独学する。86年中国、朝鮮に赴き同郷の武田範之らの運動に関わる。95年閔妃暗殺事件後帰国、02年黒竜会に入る。08年『東亜日報』の編集にあたり日韓合邦論を唱える。18年老社会に参加、この前後から制度学の研究に打ち込み20年『皇民自治本義』を書き上げ東京代々木西原の自宅に自治学会を開く。27年『自治民範』を刊行、社稷を基本とする君民共治論を展開する。社は土地、稷は五穀、社稷とは日本古来の農村共同体を意味し、人は国家なしでも生きていけるが社稷なしには生きられず、民は自治に徹し君は儀範を示せばよいと説く。この頃安岡正篤の金鶏学院の講師をつとめたが、陽明学の安岡とは意見が合わず30年に辞職。翌年農本主義者の大同団結をめざす日本村治派同盟の顧問となり、32年『農村自救論』を刊行。村治派同盟の解体後、橘孝三郎、長野朗らと自治農民協議会を結成、飢餓農民救済請願書の署名運動を展開し3万2000人の署名を集める。一方30年頃に知り合った井上日召に自宅の隣の家作を提供し、改革派青年将校のイデオローグに祭り上げられる。32年の血盟団事件では逮捕されたが不起訴となる。権藤逮捕の報道に驚いた石川三四郎は「氏は国史学者として正義の士として、またと得難き大人物である」と『ディナミック』(30号1932.4)に書いている。五・一五事件で橘らが捕らえられたあと、34年長野とともに農民生活擁護連盟をおこし飯米獲得運動を展開、35年には自治講究会を結成するなど、最後まで官治主義、官僚主義、国権主義に反対し君民共治の道を追求した。権藤の社稷論は戦前では萩原恭次郎らに、戦後では吉本隆明らに注目されており、見直しを迫られている。(大澤正道)〔著作〕『権藤成卿著作集』復刻版全7巻別1黒色戦線社1973-78〔文献〕山本勝之助『日本を亡ぼしたもの』評論社1969、滝沢誠『権藤成卿』紀伊國屋新書1971・ぺりかん社1996、久保隆『権藤成卿論』JCA出版1981

今野 カネ こんの・かね ?-? 1919(大8)年東京神田区(現・千代田区)の三秀舎に勤め日本印刷工組合信友会に加盟する。(冨板敦)〔文献〕『信友』1919年10月号

紺谷 力松 こんや・りきまつ 1893(明26)6.26-? 北海道函館区(現・函館市)で生活し国鉄に勤務。22年武内清らと函館無産青年同盟を組織。函館最初のアナキスト組織であった。10月井上角五郎の演説会を荒らす。日本労働総同盟(総同盟とは別)函館支部員と称する香具師明田市之助、清水喜一郎と労働運動を展開。その後新聞配達となり愛国大衆党員と称して宣伝活動。普通要視察人となる。(堅田精司)〔文献〕『普通要視察人調』北海道庁警察部1927.6、『不敬事件2』、『函館日日新聞』1922.10.19、『小樽新聞』1932.7.12

さ

沙 淦 さ・かん シャ・カン ?-1913.7.10 別名・宝explain、憤憤 中国江蘇省南通の人。清末に日本に留学し中国同盟会に加入。帰国後は革命運動に従事し武昌蜂起勃発後は陳其美らと敢死隊を組織して上海製造局を襲撃する。江亢虎の中国社会党に加入し上海本部庶務幹事などをつとめるが、楽無らと同党から分離して社会党を組織しアナキズムを主張する。反袁闘争への参加を口実に軍閥政府によって逮捕・殺害される。なお8月死亡説もある。(嵯峨隆)〔文献〕徐友春編『民国人物大辞典』河北人民出版社1991

崔 学柱 さい・がくちゅう チェ・ハクジュ 1906-? 朝鮮慶尚南道統栄邑生まれ。26(大15)年安鍾浩、柳致真らとアナキズム系の学生団体学生連盟を組織する一方、在東

京朝鮮人アナキスト団体朝鮮東興労働同盟の創立にも参加した。31年には黒友連盟の機関紙『黒色新聞』の編集委員の一人となり、翌32年10月からは東興労働同盟の責任者として活動、財政面で尽力して同盟の事務所移転や『黒色新聞』の続刊に取り組んだ。翌33年のメーデーには東興労働同盟の代表として準備協議会に出席、当日は左派の隊列でデモ行進した。同年6月呉宇泳や李允熙らが在京アナ系団体統一を目的に提唱した自由労働者協議会には反対の意見を表明、そのため協議会構想は挫折した。同月30日には反ナチス・ファッショ民衆大会のビラ貼りを契機に事務所が警官に襲撃され暴行を受ける。同年11月には有吉明公使殺害未遂事件被告の救援活動を展開、翌34年3月にはアナキズム系新聞雑誌社代表らによって牛込区(現・新宿区)矢来町の仏教会館で開かれた出版活動協議会に『黒色新聞』の代表として出席、解放文化連盟の全国的組織について協議した。(堀内稔)〔文献〕『社会運動の状況4-6』、『自連新聞』82号1933.7、『韓国アナキズム運動史』

崔　圭悰　さい・けいそう　チェ・ギュジョン　1895.6.14-?　朝鮮全羅北道金堤郡白山面下里生まれ。1921(大10)年11月朴烈らと黒濤会結成に参加、22年黒濤会から分立した黒友会に、23年には不逞社に加入し共産主義系の学生との争闘、日本を訪問した張徳秀を襲うなど暴力的直接活動を展開した。同年9月3日朴烈、金子文子らと検挙されたが不起訴となる。26年張祥重、元心昌らと黒色運動社、黒色戦線連盟を組織し黒連に加入して朝鮮問題講演会で講演したり、機関誌『黒友』などを刊行した。(堀内稔)〔文献〕『在留朝鮮人の状況』、『韓国アナキズム運動史』

蔡　元培　さい・げんばい　ツァイ・ユァンペイ　1868.1.11-1940.3.5　幼名・阿培、別名・鶴卿、仲申、民友、孑民、蔡振、周子余　中国浙江省紹興府生まれ。科挙の道を歩み1892年に進士となり翰林院に入る。96年官職を離れ郷里に戻り、1901年には上海の南洋公学の教員となる。翌年中国教育会を組織して会長に就任。03年上海で『俄事警聞』を創刊。この頃からアナキズムに関心を寄せ翌年に発表した小説『新年の夢』にもその思想的影響が現れている。04年11月光復会が成立すると会長に就任、翌年の中国同盟会結成後は上海分会会長となる。07年ドイツに留学。李石曾らパリ在住の中国人アナキストと交わる。11年12月帰国。翌年1月中華民国臨時政府の教育総長に就任。12年6月辞職しドイツに再び留学。第2革命の勃発後フランスに渡り、李石曾らの留法勤工倹学運動に携わる。16年帰国して北京大学学長に就任。19年の五・四運動に際しては学生を支持して学長職を辞す。改組後の国民党においては党中央監察委員となる。27年3-4月中央監察委員会常務会議を主宰し共産党弾圧を求める決議を採択、これが蒋介石のクーデタの伏線となる。しかしのちに蒋とは距離を置き始め、32年には宋慶齢らと中国民権保障同盟を組織し政治犯の救済に尽力する。37年日中戦争の勃発によって香港に移り当地で死没。(嵯峨隆)〔文献〕周天度『蔡元培伝』人民出版社1984、王世儒編『蔡元培先生年譜』北京大学出版社1998、中目威博『北京大学元総長蔡元培』里文出版1998

崔　甲竜　さい・こうりゅう　チェ・カビョン　1904.5.29-　朝鮮釜山府佐川洞に生まれる。幼少の頃黄海道兼二浦(現・松林)に移住。少年工として兼二浦の三菱製鉄所、22年からは平壌の醸造会社で働いたが、24(大13)年11月東京に渡り正則英語学校に学んだ。当初同居した韓源烈、李宏根の影響でアナキズムにひかれ3人で読書会をもつ。その後目白駅近くに住み、高田馬場の黒友会にはしばしば立ち寄り黒友会幹部たちとも交流するようになった。26年5月のメーデーに李宏根とともに参加しようとしたが警察の予備検束のため失敗した。27年妹の死をきっかけに帰国、同年12月に朝鮮の関西地方のアナキストの連合体として関西同友会(1年後に関西黒友会に改称)を組織した。29年11月平壌で全朝鮮黒色社会運動者大会の開催を計画したが、当局は集会禁止して代表者の一斉検挙に踏み切り、東京から来た東興労働同盟の代表は汽車を降りるとすぐに逮捕された。難を逃れた崔ら代表者たちは大会予定日にひそかに集まり朝鮮共産無政府主義者連盟を組織したが、翌年3月組織が露呈し崔ら9人が逮捕、治安維持法違反で起訴された。解放後、韓国自主人連盟を結成し代表幹事となった。(堀内稔)〔文献〕朴烜

「朝鮮共産無政府主義者連盟の結成 崔甲竜の事例を中心に」『国史館論叢』41輯1993

崔 在崙 さい・ざいろん ?-? 1919(大8)年朝鮮の釜山日報社文選科に勤め日本印刷工組合信友会(朝鮮支部)に加盟する。(冨板敦)〔文献〕『信友』1919年10月号

崔 鐘観 さい・しょうかん チェ・ジョングァン ?-? 東京の朝鮮東興労働同盟のメンバー。1932(昭7)年7月黒色労働者連盟の小村真清,労働者自由連盟の植村真らとともに芝浦労働者自由連合を組織し同志の糾合を図るが,官憲の弾圧を受ける。(堀内稔)〔文献〕『社会運動の状況4』

崔 善鳴 さい・ぜんめい チェ・ソンミョン ?-? 東洋大学哲学科卒業後,金泰和らとともに大阪で唯一のアナキズム団体南興黎明社を組織。1924(大13)年6月高順欽らとともに朝鮮人が自力で向上し新文化を建設することを目的とする朝鮮無産者社会連盟を組織する。同年8月朝鮮集会圧迫弾劾大会を,翌25年8月日本人の無産諸団体との共同で水害罹災同胞救済演説会を開催する。金泰燁にも思想的影響を与える。(堀内稔)〔文献〕『在留朝鮮人の状況』,金泰燁『抗日朝鮮人の証言』(石坂浩一訳)不二出版1984

崔 相彬 さい・そうひん チェ・サンビン ?-? 東京の朝鮮自由労働者組合のメンバー。1929(昭4)年12月組合事務所で創立された極東労働組合に参加,33年3月の組合再編成で宣伝部員となる。(堀内稔)〔文献〕『特高月報』1933.8

崔 仲憲 さい・ちゅうけん チェ・チュンホン ?-? 東京の朝鮮東興労働同盟のメンバー。1933(昭8)年6月反ナチス・ファッショ民衆大会(7月1日開催)の事前検束を受ける。(堀内稔)〔文献〕『自連新聞』82号1933.7

崔 福善 さい・ふくぜん チェ・ボクソン ?-? 朝鮮の鎮南浦出身。1927年12月平壌で関西地方のアナキストの連合体として創立された関西同友会(創立後すぐに関西黒友会と改称)に参加,その後日本に渡り朝鮮自由労働者組合に入り,29(昭4)年6月共産党系の学友会への斬り込み事件に関係して検挙,30年6月保釈される。(堀内稔)〔文献〕『韓国アナキズム運動史』,『自連新聞』47号1930.5

崔 洛鍾 さい・らくしょう チェ・ラクチョン ?-? 1929(昭4)年在東京のアナキズム労働団体の東興労働同盟千住部責任者として活動,30年のメーデーではビラをまいて29日間拘留される。31年には黒友連盟の機関紙である『黒色新聞』編集委員の一人となる。33年芝浦労働者自由連合を組織し『自連新聞』号外などを刊行した。また朝鮮語の名刺印刷などを行っていたが,33年2月同胞から印刷設備を買い取り三文社を設立,以後東京の朝鮮人アナキストたちの発行する印刷物の印刷を引き受けた。33年自身でも朝鮮東興労働同盟芝浦支部(約50人の組織)の刊行物を発行している。(堀内稔)〔文献〕『自連』47号1930.5,『社会運動の状況9』,『黒色新聞』37号1935.4

雑賀 善次郎 さいか・ぜんじろう ?-? 1919(大8)年東京麹町区(現・千代田区)の外務省活版部鉛版科に勤め日本印刷工組合信友会に加盟する。(冨板敦)〔文献〕『信友』1919年10月号

斉川 民次郎 さいかわ・たみじろう 1904(明37)5.13-? 別名・晋,太宰紀一 北海道函館区(現・函館市)で育つ。印刷工として生活。アナキストの組織した函館印刷工親交会に参加。25年5月メーデー記念屋内演説会で感想を述べる。ボルの函館合同労働組合の執行委員となり労働要注意人(共産主義)に編入される。しかし人々はアナキストとみていた。27年8月小樽に移り吉田印刷所で働く。28年4月風間六三からアナキストだから安全だろうと日本共産党関係文書を預かる。5月家宅捜索され共産党北海地方組織テーゼなどを発見される。函館に移ったが6月検挙され送検される。29年1月特別要視察人乙号(共産主義)に編入された。(堅田精司)〔文献〕『北海道関係労働団体一覧表』北海道庁警察部1927,『執務参考資料』同1928,『日本共産党事件関係容疑者ニ関スル件』北海道庁1928

斉川 貞三郎 さいかわ・ていざぶろう ⇨ 植松丑五郎 うえまつ・うしごろう

西光 万吉 さいこう・まんきち 1895(明28)4.17-1970(昭45)3.20 本名・清原一隆 奈良県葛上郡掖上村大字柏原北方(現・御所市)の真宗西光寺に生まれる。水平運動「柏原三青年」の一人。畝傍中学,京都の平安中学を部落差別のため中退。画家志望で上京後,差別の壁で諦め帰郷後の20年5月同郷の阪本清一郎,駒井喜作らと燕会を結

成，部落の社会改善や村政の改革をはかる。堺利彦，大杉栄，山川均らと交流。22年阪本，駒井と3人で木本凡人宅での全国水平社創立協議に参加。同年3月3日全国水平社創立大会の創立宣言の起草に関わる。西光のデザインした荊冠旗が水平社旗と決定(第2回大会)中央執行委員に選出された。同年7月の「水平社状勢一斑」によれば，本部幹部として無政府主義を説き注意中とある。23年から日本農民組合で小作人争議を指導。同年3月「天皇への上奏文」を書き同年9月錦旗革命(天皇奪取)を企図(未遂)。その後全水青年同盟結成や『水平新聞』創刊に尽力。27年共産党入党，28年三・一五事件で検挙，控訴せず5年間奈良刑務所に投獄。33年初め獄中で『『マツリゴト』についての粗雑なる考察』を書き，2月仮釈放。釈放以後水平運動への直接参加はない。大日本国家社会党に入党し金鴟旗の団体旗をデザインし『街頭新聞』を創刊。36年皇国農民同盟に加わり，解放を国家社会主義的立場から追求，大日本青年党支援など昭和維新運動に深く関わった。敗戦後戦争責任から自殺未遂し半年病臥。再起後社会党で独自の不戦国際和栄政策を提唱。弟の清原道端は黒徹底社をつくり発禁のアナキズム文書を秘密出版して奈良県下で撒いていたという。(北村信隆)〔著作〕『西光万吉著作集』全4巻濤書房1971-74，『西光万吉集』解放出版社1990，『西光万吉の絵とじ』大阪人権歴史資料館1990〔文献〕福本正夫「水平運動における転向」私家版1982(再録『大阪労働運動史研究』8号1983.3)，『大阪社会労働運動史・上下』，白石正明「初期水平運動とアナキズム」『京都部落史研究所紀要』9号1989.3，木村京太郎『水平社運動の思い出・上下』部落問題研究所出版部1972・73，『奈良県水平運動史』部落問題研究所1972，師岡佑行『西光万吉』清水書院1992，塩見鮮一郎『西光万吉の浪漫』解放出版社1996，宮橋国臣『至高の人西光万吉』人文書院2000，吉田智弥『忘れさられた西光万吉』明石書店2002，『エス運動人名事典』

西郷 兼久 さいごう・かねひさ ?-? 1919(大8)年東京牛込区(現・新宿区)の秀英舎(市ヶ谷)欧文科に勤め活版印刷工組合信友会に加盟する。(冨板敦)〔文献〕『信友』1919年8・10月号

西郷 実 さいごう・みのる 1915(大4)-? 本名・沢田実 北海道上川郡鷹栖村(現・鷹栖町)に生まれる。小学校卒業後農業に従事。31年頃から文学雑誌を購読。共産主義に関心をもっていたがアナキズムに転じ，32年8月『解放文化』の送付を受ける。その後『解放文化』や『自連新聞』の読者となる。35年1月現役志願兵として歩兵第28連隊に入隊。35年11月無共党事件で取り調べを受ける。12月西郷と交際のあった鷹栖の農民運動家数人が家宅捜索を受けた。除隊後，産業組合連合の運動を指導。(堅田精司)〔文献〕『身上調書』，『北海タイムス』1935.12.4，『鷹栖村史』1963

西条 了 さいじょう・さとる 1879(明12)2.23-? 熊本県八代郡八代町(現・八代市)に生まれる。99年渡米，サンフランシスコに住み植山治太郎らと交際する。06年6月1日渡米中の幸徳秋水がオークランドで結成した社会革命党の本部委員となる。6月10日岩佐作太郎，竹内鉄五郎，長谷川市松らと路傍演説会を行ったが無届けだったため官憲と衝突し西条と竹内が拘引された。同年12月岩佐らが始めた機関誌『革命』の発行に携わる。07年頃金子喜一を尊敬してシカゴに転居した。同年11月天皇暗殺檄文配布事件以降，在米社会主義者，アナキストに対する取り締まりが強化され，西条もサンフランシスコ領事館から要注意人物と認定され，11年4月1日大逆事件の拡大捜査の過程で無政府主義を信奉する甲号として要視察人名簿に登録された。(西山拓)〔文献〕『主義者人物史料1』，『在米主義者沿革』

西条 守雄 さいじょう・もりお 1906(明39)-? 長野県上水内郡水内村新町(現・長野市)生まれ。高等小学校を卒業後，自宅で家業の米穀肥料商の手伝いをする。20年物価暴落に伴い家は破産した。そのため中学に行けず家の手伝いをするかたわら俳句，短歌，詩に興味をもつ。文芸雑誌に投稿をし，アナキストと手紙をやりとりするうちにアナキズムに共鳴，『自連新聞』『黒旗』などを購読する。31年春に上京し印刷所の外交となる。32年春に帰郷し洋品小間物商を営んだ。35年末頃無共党事件で検挙されるが不起訴。(冨板敦)〔文献〕『身上調書』，『農青社事件資料集Ⅰ・Ⅲ』

西条 弥市 さいじょう・やいち 1881(明14)-? 宮城県本吉郡北沢村(現・登米市)に生まれる。農業に従事していたが06年北海

道に渡る。雑穀仲買で生活したが失敗。日雇暮らしを続ける。旭川市に移りアナキストとして活動。旭川一般労働組合に参加。北海黒連に加盟。27年8月20日サッコ，ヴァンゼッティ死刑に関しアメリカ大使館に抗議。27日軍人に対して「その剣をもって大臣資本家を倒せ，天皇も人間だ」と話しかけ不敬罪として検挙される。特別要視察人甲号(無政府主義)に編入される。10月14日旭川地裁で懲役2年の判決を受け控訴したが11月29日札幌控訴院で懲役2年となる。(堅田精司)〔文献〕『不敬事件2』，『特別要視察人・思想要注意人一覧表』北海道庁警察部1928，『小樽新聞』1927.8.28・8.29，『北海タイムス』1927.8.30・10.1

在津　豊　ざいつ・ゆたか　?-?　1926(大15)年福岡県戸畑市明治町(現・北九州市戸畑区)で暮し農民自治会全国連合に参加。地元の農民自治会を組織しようとしていた。(冨板敦)〔文献〕『農民自治会内報』2号1927

斎藤　功　さいとう・いさお　?-?　渡米中の幸徳秋水が1906(明39)年6月オークランドで結成した社会革命党のメンバー。(西山拓)〔文献〕『社会主義沿革1』

斉藤　磯吉　さいとう・いそきち　1899(明32)10.30-?　北海道利尻郡鬼脇村で漁師の子に生まれる。1915(大4)年に札幌師範に入学。英語と数学が得意であったが習字が不得意であった。17年にロシア革命に衝撃を受けるが，周辺の人々がロシアに出稼ぎしていたから生の革命情報が入った。19年に師範を卒業して利尻の小学校に勤務。20年新人会の地方会員となったがアナキストに徹した。23年に小樽高商に入学。アナキストの畠山清身や鷹樹寿之介と交際。遊郭に出入りして学校から問題にされた。24年1月，小林多喜二にクロポトキンの『パンの略取』の外国語版を提供。これは小林の卒論の一部となった。25年春，小樽高商に社会科学研究会を結成。夏，休学。10月，アナキストに指揮された朝鮮人の暴動という軍事教育想定糾弾事件を指導。12月13日退学となる。26年2月札幌郊外の篠路小学校に勤務したが，思想要注意人に編入され退職。28年10月結婚により橋本姓に改姓。(堅田精司)〔文献〕『先駆』5号1920，『同胞』1号1921.11，『思想要注意人調査』北海道警察部1927，『篠路小学校記録』『北海教育評論』20-13，『本道二於ケル左翼労働組合沿革史』北海道庁1931，『騒友』71-72号1970，倉田稔『小林多喜二伝』論創社2003

斉藤　一郎　さいとう・いちろう　?-?　日本印刷工組合信友会に加盟し1921(大10)年末頃，東京京橋区(現・中央区)の中屋印刷所に勤めていた。(冨板敦)〔文献〕『信友』1922年1月号

斎藤　一平　さいとう・いっぺい　1899(明32)-?　別名・孔　宮城県牡鹿郡女川村(現・女川町)に生まれる。上京し労働者生活。24年11月本所の自由労働者を糾合して中央自由労働者組合を組織。思想要注意人に編入される。25年春大沼渉，歌川伸，難波正雄らと監獄部屋打破期成同盟会を組織。6月から北海道，樺太で運動。9月3日小樽で鎖断社との合同労働問題演説会を開催し検束される。拘留20日で釈放され助川貞二郎に旅費をもらい帰京。26年2月1日黒色青年連盟の銀座事件に関連して検束される。3月関東自連の結成を機に中央自由を江東自由に改組。4月京成電車争議を支援し検束される。拘留25日。7月千葉地方で演説。8月静岡地方で遊説。10月甲府で演説。11月8日本富士署に検束。同月26日向島の演説会で検束。12月5日社会民衆党演説会に行き検束される。27年1月水戸の演説会に参加。4月10日関東自連大会で「人夫請負制度撤廃」の提案理由説明。10月下旬自由労働者失業抗議運動協議会に参加。11月失業抗議運動に参加し拘留29日。28年1月江東自由を東京自由労働者組合に改称。3月17日全国自連第2回続行大会に出席し，綱領改正案を説明。18日東京自由は全国自連を脱退。その後は時永良一，大沼，歌川とは異なる道をたどる。30年理想の土工部屋建設をめざして同志30人と北海道札沼線工事に就労。32年北海道土工殖民協会の趣旨に賛同し協力する。その後，土工殖民協会の後身北海道労働福利協会の職員となり機関誌の編集に従事。周旋屋の勢力が強く問題の多かった旭川の出張所主任となる。協会本部主事に転じ「協会名物二人の大男主事」の一人として土工夫に信頼された。(堅田精司)〔文献〕『続現代史資料3』みすず書房1988，『黒色青年』2号1926.5，『自連』1・2・4・6・8・10・12・15・19・21・23号1926.6・7・10・11.27.1・3・5・8・12.29.2・4，『別冊北海道職業行政史』日本公共職業安定協会北海道支部1954.2，『北海タイムス』1925.6.28・9.3・9.5・9.9，

『小樽新聞』1925.4.30・9.5

斉藤 亥子吉 さいとう・いねきち ?-? 1919(大8)年東京京橋区(現・中央区)の国文社和文科に勤め活版印刷工組合信友会に加盟する。(冨板敦)〔文献〕『信友』1919年8・10月号

斉藤 可一郎 さいとう・かいちろう ?-? 1919(大8)年東京本所区(現・墨田区)の岡本活版所印刷科に勤め活版印刷工組合信友会に加盟する。(冨板敦)〔文献〕『信友』1919年8月号

斉藤 角太郎 さいとう・かくたろう ?-? 時事新報社に勤め東京の新聞社員で組織された革進会に加わり1919(大8)年8月の同盟ストに参加するが敗北。のち正進会に加盟。20年機関誌『正進』発行のために1円寄付。また24年夏、木挽町(現・中央区銀座)正進会本部設立のためにも1円寄付する。(冨板敦)〔文献〕『革進会々報』1巻1号1919.8、『正進』1巻1号1920.4、正進会『同工諸君‼ 寄附金芳名ビラ』1924.8

斉藤 一寿 さいとう・かずとし ?-? 報知新聞社に勤め東京の新聞社員で組織された革進会に加わり1919(大8)年8月の同盟ストに参加するが敗北。のち正進会に加盟。20年機関誌『正進』発行のために1円50銭寄付。また24年夏、木挽町(現・中央区銀座)正進会本部設立のためにも3円寄付する。(冨板敦)〔文献〕『革進会々報』1巻1号1919.8、『正進』1巻1号1920.4、正進会『同工諸君‼ 寄附金芳名ビラ』1924.8

斉藤 兼次郎 さいとう・かねじろう 1862(文久2)-1926(大15)1.2 「けんじろう」とも。江戸に生まれる。筆の穂先を揃えるのに使う珍しい金櫛の職人。日蓮宗信者だが社会主義に共感し社会主義協会に入り普選同盟会会員となる。03年10月社会主義協会幹事改選で西川光二郎とともに幹事に選ばれ、同年平民社に参加。06年2月第1回日本社会党結党大会で評議員となる。3月同党の電車賃値上げ反対闘争で起訴され罰金10円に処される。07年1月日刊『平民新聞』創刊に加わり発送係を担う。4月同紙廃刊後はいわゆる軟派の社会主義同志会、労働奨励会に加わるが分派抗争の高まるなかで08年6月、硬軟両派合同の山口義三出獄歓迎会を発起人の一人として企画するなど両派の融合に努めた。11年大逆事件被告刑死後の跡始末に尽力し冬の時代の各派会合にも欠かさず出ている。20年日本社会主義同盟にも参加した。文筆の人ではないため文章から考えを知ることはできないが、社会主義者の会合の写真にはその巨躯とクロポトキンと綽名された顔がいつも見える。堺利彦は「正直律儀をもつて運動に終始した」と回想している。(堀切利高)〔文献〕堺利彦「斉藤翁の追憶」『解放』1926.2、『社会主義沿革1』

斉藤 喜久治 さいとう・きくじ 1896(明29)10.18-? 別名・菊治 秋田県由利郡松ヶ崎村(現・由利本荘市)に生まれる。上京し1921(大10)年5月9日本社会主義同盟第2回大会に参加し検束される。本郷区湯島新花町(現・文京区湯島)に住んでいた。(冨板敦)〔文献〕『労働運動』2次12号1921.6、『警視庁思想要注意人名簿(大正10年度)』

斉藤 慶次郎 さいとう・けいじろう ?-? 1919(大8)年東京京橋区(現・中央区)の築地活版所漢字仕上科に勤め日本印刷工組合信友会に加盟する。(冨板敦)〔文献〕『信友』1919年10月号

斉藤 慶蔵 さいとう・けいぞう ?-? 1919(大8)年東京牛込区(現・新宿区)の福山印刷所文選科に勤め日本印刷工組合信友会に加盟する。(冨板敦)〔文献〕『信友』1919年10月号

斎藤 恵太郎 さいとう・けいたろう 1895(明28)-? 別名・恵、迷宮美、迷久美、迷宮霧 酒田市の生まれ。年少の頃から社会思想に対して深い関心をもち山形県における解放運動の先駆者笹原定治郎の影響を受ける。13年『酒田新聞』の記者となり、また酒田で刊行されていた雑誌『木鐸』の編集にも関わる。15年徴兵検査で甲種合格。自らの思想と入営問題との葛藤に悩んで上京、大杉栄らに助言を求めたが解決するに至らなかった。10月入営を目前にしてアルツィバーシェフ『労働者セキリオフ』の紹介記事を『木鐸』に掲載してアナキズムと反軍思想を表明する。酒田署に検挙され新聞紙法違反で禁錮1年罰金100円に処されて下獄。16年末に出獄するとただちに入営。18年除隊後には記すべき活動はみられない。(奥沢邦成)〔文献〕佐藤善夫『ものがたり山形県社会運動史・前篇』民主組織促進会1946

斎藤 孔 さいとう・こう ▷斎藤一平 さいとう・いっぺい

斎藤 幸次郎 さいとう・こうじろう ?-? 1919(大8)年東京牛込区(現・新宿区)の秀英舎(市ヶ谷)第二和文科に勤め活版印刷工組

斎藤 孝輔　さいとう・こうすけ　1909(明42)2.22-1990(平2)10.3　秋田県仙北郡花館村字南裏地(現・大仙市)生まれ。山形高校に在学中から社会科学の研究に没頭し28年6月3年生の時，ストの首謀者として鈴木清らとともに退学処分を受ける。以後農民運動に関わった。30年7月頃から各地の小作争議を支援する。同年9月仙北郡大曲町で傷害罪で罰金30円とされた。31年同じく大曲町全農仙北郡協議会を設置し，共産主義の研究を続けながら活発に運動した。同年11月治安維持法違反で懲役2年執行猶予5年の判決を受ける。32年6月暴力行為等の処罰に関する法律違反で懲役6カ月とされ，7月5日先の執行猶予が取り消され入獄した。35年末頃無共党事件で検挙されるが不起訴。戦後は県農業委員，花館村農協組合長などを歴任する。(冨板敦)〔文献〕『身上調書』，小沢三千雄『秋田県社会運動の百年』私家版1978

斎藤 晃三　さいとう・こうぞう　?-?　東京印刷工組合和文部のメンバー。東京雑司ヶ谷のユニオン印刷所に勤め1925(大14)年5月15日不当に解雇されたとして工場主を殴りつけ検挙される(傷害罪で懲役3年)。27(昭2)年『自連』15号の東印会報欄に，7月5日の緊急理事会で同月11日夜京橋区(現・中央区)木挽町本部にて斎藤晃三出獄歓迎会を開くことを協議したとある。(冨板敦)〔文献〕『印刷工連合』25-28・30-32・34号1925.6-9・11-26.1・3，『黒旗』2号1926.1，『自連』15号1927.8，水沼辰夫『明治・大正期自立的労働運動の足跡』JCA出版1979

斉藤 三郎　さいとう・さぶろう　?-?　1919(大8)年東京牛込区(現・新宿区)の秀英舎(市ヶ谷)第二和文科に勤め活版印刷工組合信友会に加盟する。(冨板敦)〔文献〕『信友』1919年8月号

西東 三鬼　さいとう・さんき　1900(明33)5.15-1962(昭37)4.1　本名・齋藤敬直(けいちょく)。岡山県苫田郡津山町(現・津山市)に四男として生まれる。1918(大7)年母が55歳で死去，東京の長男に引き取られて25年日本歯科医専を卒業して11月結婚。12月シンガポール在勤中の長兄に呼び寄せられて歯科診療所を開業する。28年帰国，33年神田の共立和泉橋病院歯科部長に転身，同僚の医師と患者らに勧められ33歳にして俳句を始めることとなり号を三鬼とした。翌34年1月『走馬燈』に加入，三谷昭らを知って新興俳句に没頭する。同年11月三鬼の発想で『走馬燈』『土上』『句と評論』『早稲田俳句』同人らと『新俳話会』を結成。35年3月『走馬燈』の後継誌『扉』を創刊，編集にあたる。同年4月平畑静塔の誘いで三谷昭と共に『京大俳句』に加入する。37年日中戦争勃発以降，「冷徹に戦争の本質を見極めて作る」戦火想望俳句を『京大俳句』誌上で積極的に展開，〈兵隊がゆくまつ黒い汽車に乗り〉という兵士の行く末を暗示する句を端緒の一作とした。39年『天香』の創刊を準備。40年3月の発行とし三谷昭・辰之助・聖林子・白泉との5人を創刊同人とした。創刊号発売直前の2月14日に平畑静塔ら8人が検挙される第1次京大俳句事件が発生。5月3日『京大俳句』同人1名と共に三鬼を除く『天香』同人の4名が逮捕される。この時，三鬼のみ逮捕を免れたことが後に流布された特高スパイ説の根拠となった。その三鬼も40年8月31日ついに逮捕，11月起訴猶予となるが執筆禁止を言い渡され帰京。釈放後はほぼ沈黙する。46年神戸で平畑静塔と再会して句作復活。47年新俳句人連盟総会に出席。特定政治団体への寄付を問題視し上部団体(日本民主主義文化連盟)からの脱退を求めるが1票差で否決される。しかし退会者が続出し連盟は分裂した。このことを三鬼は著書『俳愚伝』で「オールドリベラリストの私は，俳句団体が思想的な上部機関に所属することに反対である」と記している。48年鈴木六林男らの同人誌『青天』を譲り受けて『天狼』を創刊。同人として編集にあたる。52年主宰誌『断崖』を創刊。56年12月角川書店に入社，月刊『俳句』編集長に就任する。以降，恵まれた労働環境の中で多彩な俳句活動を展開した。女性関係は奔放で多くのエロス・性愛的な作品も詠んだ。その一方で〈杖上げて枯野の雲を縦に裂く〉など孤影を感じさせる句を詠んでいる。62年4月死去。61歳。(一色哲八・宮澤公明)〔著作〕句集『旗』三省堂1940，『夜の桃』七洋社1948，『三鬼百句(自註句集)』現代俳句社1948，『今日』天狼俳句会1951，『変身』角川書店1962，『西東三鬼全句集』沖積舎1983，随筆他『俳句鑑賞三六五日』実業日本社1962，『神戸・続神

戸・俳愚伝』出帆社1975、『冬の桃』毎日新聞社1977〔文献〕『特高月報復刻版』政経出版社1973、沢木欣一・鈴木六林男『西東三鬼』桜楓社1979、『故西東三鬼スパイ事件裁判判決』朝日新聞1983.3.24、鈴木六林男選『西東三鬼集』朝日文庫1984、田島和生『新興俳人の群像』思文閣出版2005、大岡信他『現代俳句大辞典』三省堂2005、川名大『挑発する俳句・癒す俳句』筑摩書房2010

斎藤 修三 さいとう・しゅうぞう ?-? 別名・修造 福島県に生まれる。1926(大15)年8月佐野甚造、岡崎竜夫、加藤陸三らと東京新宿十二社で黒闘社を結成する。27年7月頃仙台市小田原金剛院町の自宅で後藤学三らが出していた『解放新聞』(解放戦線社)の仙台支社を担う。29年8月後藤、山田真一、瓜生五郎と東京吉祥寺に解放新聞社を組織し月刊『解放新聞』を創刊する。31年『自連新聞』65号に消息として「広尾病院に入院加療中」と記されている。(冨板敦)〔文献〕『解放新聞』1次5号1927.7、2次1号1929.8、『黒色青年』22号1929.12、『自連新聞』65号1931.7

斉藤 真三郎 さいとう・しんざぶろう ?-? 1919(大8)年東京神田区(現・千代田区)の三秀舎印刷科に勤め日本印刷工組合信友会に加盟する。(冨板敦)〔文献〕『信友』1919年10月号

斉藤 信蔵 さいとう・しんぞう ?-? 1919(大8)年東京京橋区(現・中央区)の国光社文選科に勤め日本印刷工組合信友会に加盟する。(冨板敦)〔文献〕『信友』1919年10月号

斎藤 峻 さいとう・たかし 1903(明36)-1968(昭43)12.18 東京府北豊島郡滝野川町上中里(現・北区)の生まれ。曾祖父と祖父は幕末の江戸三大道場の一つ斎藤練兵館の斎藤弥九郎。16年浦和中学に入学。同組に小林一郎がいた。23年日本大学予科在籍時に秋山清を知る。24年東京鉄道局の定傭手となる。同年詩誌『詩戦行』を細田東洋男、小林、秋山らと創刊。思想的主柱を斎藤、詩論的主柱を細田が受け持ちアナキストの詩人集団の一角を担う。中野の秋山の借家で会合のしちに遠地輝武らが参加。この頃『途上に現れるもの』『世界詩人』『黒色戦線』『矛盾』『自由を我等に』『弾道』『詩行動』などに寄稿。33年南アルプス登山中に遭難、同行の飯田徳太郎が死没したことから詩作の筆を絶つ。34年結婚後、父の関係の宗教団体惟神会機関誌の編集者のかたわら法政大学夜間高等師範部卒業。41年品川の青年学校教師。43年法大法文学部卒業。44年東京教育局社会教育課に転じ58年まで勤務。同年『月刊社会教育』(国土社)の編集長を63年までつとめる。60年反安保の国会議事堂を取り巻く座り込み市民デモで秋山と再会。62年11月第3次『コスモス』創刊に参加し詩作を再開する。25年頃秋山に手渡した未刊詩集『跫音』がある。(黒川洋)〔著作〕詩集『秋の詩』多露多書房1932、詩集『夢に見た明日』組合書店1963、詩集『窓枠の朝』東京コスモス社1968〔文献〕秋山清「もう一つの詩集」『コスモス』3次19号(斎藤峻追悼)1969.8

斎藤 竹雄 さいとう・たけお 1900(明33)-1970(昭45) 静岡県浜名郡飯田村東鶴見(現・浜松市)生まれ。小学校3年で中退し磐田郡二俣町(現・浜松市)の耕厳堂印刷所の印刷工となる。その後浜松市内の印刷所で働く。27年松井正男の提唱で松井賢一らと浜松印刷同工会を組織し28年遠江印刷同工会と改称して中心メンバーとなる。29年6月15日二俣支部を設立、浜松一般労働者組合準備会を結成する。30年夏頃浜松市北寺島町の同工会事務所に黒流社を組織し機関紙『黒流』を創刊。31年3月独立して印刷業を始めた。32年には黒流社から雑誌『思想界』を出していた。35年末頃無共党事件で検挙、懲役1年6カ月執行猶予4年となる。戦後は社会党に入党。(冨板敦)〔文献〕『自連』22号1928.3、『自連新聞』31・34・37・47・50・74号1929.1・4・7・30.5・8・32.10、『特高外事月報』1936.12・37.3・4、『静岡県労働運動史資料・上』、『社会運動の状況8』、『身上調書』

斉藤 武男 さいとう・たけお 1902(明35)-? 鈴木寅男とともに金沢で売薬行商をしていた。23年4月金沢の銀行で寄付や雑誌広告の出稿を求めまた売薬の購入を迫ったとして脅迫罪で懲役1カ月とされる。(冨板敦)〔文献〕『思想輯覧1』

斎藤 辰夫 さいとう・たつお 1904(明37)-? 東京新聞労働連盟に加盟。26年5月全国自連第1回大会で極東自由連合主義労働組合会議設置促進の件について議案説明をする(可決)。27年2月東京印刷工組合第4回大会で新聞労働を代表して祝辞を述べる。26年10月日立製作所争議の際、久原房之助邸を襲撃して宮崎晃、高橋光吉、古江

正敏、山一由喜夫、入江汎と検挙され懲役2カ月となる。『自連』1号に「経済自治を獲得せよ」、3号に「自由は与へられず」を執筆。〔冨板敦〕〔文献〕『黒色青年』6・7・9号1926.12・27.3・6、『自連』1・3・6・9.10号1926.6・8・11・27.3、『思想輯覧』

斉藤 忠次郎　さいとう・ちゅうじろう　?-?
1924(大13)年3月15日岡山紡績労働組合を結成し高原辰夫とともに幹部に選出される。同月25日岡山市大福座での中国労働組合連合会結成1周年記念大会に出席し常任理事設置の件の提案理由説明を行う(可決)。〔冨板敦〕〔文献〕『労働運動』4次4号1924.6、『岡山県社会運動史4』

斉藤 藤次郎　さいとう・とうじろう　?-?
1919(大8)年東京神田区(現・千代田区)の神田共栄舎印刷科に勤め日本印刷工組合信友会に加盟する。〔冨板敦〕〔文献〕『信友』1919年10月号

斉藤 留吉　さいとう・とめきち　?-?　読売新聞社に勤め東京の新聞社員で組織された革進会に加わり1919(大8)年8月の同盟ストに参加するが敗北。のち正進会に加盟。20年機関誌『正進』発行のために1円寄付する。〔冨板敦〕〔文献〕『革進会々報』1巻1号1919.8、『正進』1巻1号1920.4

斉藤 とり　さいとう・とり　?-?　1919(大8)年東京神田区(現・千代田区)の三秀舎に勤め日本印刷工組合信友会に加盟する。〔冨板敦〕〔文献〕『信友』1919年10月号

斎藤 和　さいとう・のどか　1947(昭22)11.14-1975(昭50)5.19　通称・カズ　室蘭市に生まれる。66年室蘭東高校を卒業し都立大学人文学部に入学、同年秋ベトナム反戦直接行動委員会に加わる。この時知りあった笹本雅敬を介して67年頃レボルト社と70年頃麦社と関わる。またこの頃笹本が勤めていた東京イングリッシュ・センター(通称・テック、経営陣に谷川雁がいた)の労働争議の支援にも参加している。74年8月30日東アジア反日武装戦線「狼」が三菱重工本社を爆破、レボルト社で交流のあった大道寺将司の「狼」部隊に続いて斎藤は浴田由紀子とともに東アジア反日武装戦線「大地の牙」として同年10月14日三井物産本社、12月10日大成建設本社、翌75年2月28日間組大宮工場、4月19日銀座の韓国産業経済研究所に、帝国主義的経済侵略に抗議するとして次々と爆弾闘争を行う。75年5月19日朝、内偵により逮捕状をとっていた警視庁により東アジア反日武装戦線の「狼」「さそり」「大地の牙」各部隊7人が一斉逮捕、斎藤のみが用意の青酸カリカプセルを逮捕時に服用して同日の取り調べ中に自殺。同時に逮捕拘留された他のメンバーの多数は、同年6月に沖縄で抗議自決した船本洲治と斎藤の通称のイニシャルをとって東アジア反日武装戦線KF部隊と名のった。〔川口秀彦〕〔著作〕『でも私には戦いが待っている』風塵社2004〔文献〕大道寺将司『明けの星を見上げて』れんが書房新社1984、松下竜一『狼火を見よ』河出書房新社1987、朝倉喬司『自殺の思想』太田出版2005

斉藤 半兵衛　さいとう・はんべえ　?-?　1919(大8)年東京神田区(現・千代田区)の文明社印刷科に勤め活版印刷工組合信友会に加盟する。〔冨板敦〕〔文献〕『信友』1919年8月号

斎藤 久雄　さいとう・ひさお　?-?　大阪自由総合労働組合のメンバー。1932(昭7)年7月大阪自総の逸見吉三、村山柳之助、青木喜好、松田等、中部黒色一般の後藤広数、京都印刷工組合の早川松太郎、神戸合成労働組合の佐竹良雄、中国一般の中田義秋、西九州一般の田所茂雄らと日本自協関西地方協議会を結成する。無政府主義運動社を組織していた。〔冨板敦〕〔文献〕『特高月報』1932.11、『社会運動の状況4』、『昭和7年自1月至6月社会運動情勢　大阪控訴院管内・上』東洋文化社1979

斉藤 秀一　さいとう・ひでかつ　1908(明42)12.24-1940(昭15)9.5　別名・森馥、野沢愛蘭、鳥海昇、北島三郎　山形県東田川郡山添村(櫛引町を経て現・鶴岡市)で泉流寺住職の父秀苗、母たみゑの長男に生まれる。鶴岡中学校を卒業し28年駒沢大学予科、次いで本科に入学。在学中ローマ字に親しんだ。またエスペラントやカナ文字にも興味を持ちそれぞれの学会に参加。国際連帯や平和の必要を学ぶ。31年駒沢大卒業後、郷里・山添の隣村大泉村(朝日村を経て現・鶴岡市)尋常高等小学校大平村分校の教員になる。日中戦争が本格化しだす厳しい時代であったがすぐに大泉ローマ字会を結成、『ローマ字のきかんしゃ』を創刊する。ローマ字や言語を重視するなど自由な教育を実践。32年赤化教員・左翼思想家として教員を解

雇されたうえ検挙された。釈放後プロレタリア作家同盟に参加し山形支部鶴岡地区委員会で活動する。この年さらに2回検挙される。34年林高院住職富樫玉宏の三女於英と結婚。その後も弾圧にめげず平和と民衆本位の文化・教育のためにローマ字，言語，エスペラントの運動を続ける。34年謄写刷の『文字と言語』を発行。35年謄写刷りで『東京方言集』を発行。37年全文エスペラントの雑誌『ラティニーゴ』を創刊し国際交流を実践，平和の必要を一層痛感する。共産党を足場にしつつも特定のイデオロギーや党派を超えて平和と民衆本位を希求する視点に立ち続ける。38年東北帝国大学図書館に勤務するがすぐに治安維持法違反で検挙，予審を経て秋田刑務所に入獄。獄中で肺結核を悪化させ帰宅を許されるが半年も経たずに亡くなる。2007年生誕百年を記念して秀一の生涯を記録したリーフレットが発行され，あわせて泉流寺に彼を讃える顕彰板がたてられた。〔小松隆二〕〔文献〕山形県小中学校校長会・山形県小中学図書館部会編『走れ！一号きかん車―少年少女山形人物風土記3』山形教育用品1988，佐藤治助『吹雪く野づらに エスペランチスト斎藤秀一の生涯』鶴岡書店1997，「斎藤秀一」生誕百周年記念実行委員会2007

斉藤 英俊　さいとう・ひでとし　1909（明42）-1947（昭22）　別名・柏原経俊，松山英俊　大分県立農学校を卒業。同県宇佐郡院内村（現・宇佐市）で31年『土に生くる者』を発行。32年中村吉次郎，細迫郁三，砂丘浪三，太谷秀水，山下一夫とともに定村比呂志宅を事務所として自由連合九州準備会を企てる。また全日本農民詩人連盟に加わりアナ派詩誌『農民詩人』に詩を寄せる。『流人』『山峡詩人』を地元で発行したほか『習作時代』では砂丘浪三と一緒だった。39年京都で歌謡文学社を興し『歌謡文学』を発行。43年召集されるが44年病気除隊。敗戦後農村演劇運動を計画，また総合文芸誌『文芸牧場』の発刊をめざすが病没。妻と友人の手で『文芸牧場』が発刊され創刊号が斉藤追悼号となる。〔冨板敦〕〔著作〕『村の夜明』山峡詩人社1932，『古塚の唄』同1935，『日本放浪詩集2596』（編著）詩壇タイムス社1936〔文献〕松永伍一『日本農民詩史・中1・2』法大出版局1968・69

斉藤 藤之助　さいとう・ふじのすけ　?-? 1926（大15）年頃，茨城県北相馬郡大井沢村（現・守谷市）で暮し農民自治会全国連合に参加。同年末には農自茨城県連合の事務所を自宅に置いていた。〔冨板敦〕〔文献〕『農民自治』5号1926.9，竹内愛国『農民自治会』『昭和2年版解放運動解放団体現勢年鑑』解放社1927

斉藤 平吉　さいとう・へいきち　?-?　報知新聞社に勤め東京の新聞社員で組織された革進会に加わり1919（大8）年8月の同盟ストに参加するが敗北。のち正進会に加盟。20年機関誌『正進』発行のために1円50銭寄付する。〔冨板敦〕〔文献〕『革進会々報』1巻1号1919.8，『正進』1巻1号1920.4

斉藤 政太郎　さいとう・まさたろう　?-?　1919（大8）年東京牛込区（現・新宿区）の秀英舎（市ヶ谷）欧文科に勤め日本印刷工組合信友会に加盟する。〔冨板敦〕〔文献〕『信友』1919年10月号

斉藤 正之助　さいとう・まさのすけ　?-?　1919（大8）年東京小石川区（現・文京区）の博文館印刷所に勤め活版印刷工組合信友会に加盟する。〔冨板敦〕〔文献〕『信友』1919年8・10月号

斉藤 万吉　さいとう・まんきち　?-?　1919（大8）年東京京橋区（現・中央区）の国文社印刷科に勤め日本印刷工組合信友会に加盟する。〔冨板敦〕〔文献〕『信友』1919年10月号

斎藤 光太郎　さいとう・みつたろう　1895（明28）-1925（大14）3.25　茨城県結城郡宗道村（現・常総市）に生まれる。各地の人夫部屋を渡り歩き正義感と腕っ節の強さで満身創痍，仲間から「疵光」と呼ばれ畏敬された。20年3月横浜港の沖仲仕の大争議に参加，社会主義にめざめ吉田只次の横浜労働組合期成同盟会に出入りし労働運動社を訪れて大杉栄，和田久太郎，村木源次郎らと知り合う。21年11月暁民会の反軍ポスターを横浜市域に張りめぐらす事件で吉田，行木勇，山上房吉らと捕らえられ出版法違反で禁錮2カ月に処される。22年2月出獄後，山上らと本牧町に叛逆社をおこし横浜自由労働者組合に加わる。23年『無産者新聞』を発行，出版法違反で禁錮6カ月の刑を受け根岸刑務所に入獄中，関東大震災に遭遇し脱獄，大阪から北海道へと逃れたが捕らえられる。出獄後，警察権力と文字通り体を張って闘いたび重なる拘禁と拷問に責め抜か

れ力尽きて没した。「筆は持てず，喋る事は全く駄目で，唯身体を持つて事に当たつた」反逆児と浜松孝太郎は追悼している。（大澤正道）〔文献〕浜松孝太郎「斎藤光太郎」『自連新聞』38号1928.8

斉藤 三四三 さいとう・みようぞう ?-? 1926（大15）年頃，秋田県由利郡象潟町（現・にかほ市）で暮し農民自治会全国連合に参加する。27年『農民自治』（7号）に「今や全国的」を執筆。28年5月農自の組織再編の際には庶務・会計・編集部担当の常任委員に選出される。（冨板敦）〔文献〕『農民自治』7・17号1927.1・28.6，『農民自治会内報』2号1927，大井隆男『農民自治運動史』銀河書房1980

斎藤 茂吉 さいとう・もきち 1903（明36）-? 栃木県塩谷郡藤原町藤原生まれ。地元の尋常小学校を卒業後，今市高等小学校に入学するが家の都合で6ヵ月で中退し農業のかたわら精米業につく。31年2月第一生命保険会社の外交員となる。同年5月頃から学友の平野平作から送られたアナキズム文学関係書や『自連新聞』などを購読するようになった。32年5月には再び農業，精米業を営む。35年末頃無共党事件で検挙されるが不起訴。（冨板敦）〔文献〕『身上調書』

斉藤 茂吉 さいとう・もきち ?-? 栃木県で暮し農民自治会全国連合に参加。1928（昭3）年沼尾武彦を介して宍戸貫一朗を農民自治会に誘う。その後，宍戸と下野連合発会の準備をする。宍戸とともに栃木県代表の農自全国連合委員にもなった。（冨板敦）〔文献〕『農民自治』17号1928.6，渋谷定輔『農民哀史』勁草書房1970

斎藤 要三 さいとう・ようぞう ?-? 日本染絨に勤め東京一般労働者組合に加盟する。1927（昭2）年職場の同僚高松茂とともに東京一般北部支部の協議委員となる。（冨板敦）〔文献〕『自連』18号1927.11

斉藤 喜三 さいとう・よしぞう ?-? 新聞工組合正進会に加盟し1924（大13）年夏，木挽町（現・中央区銀座）本部設立のために1円寄付する。（冨板敦）〔文献〕正進会『同工諸君!! 寄附金芳名ビラ』1924.8

斎藤 義延 さいとう・よしのぶ 1901（明34）2.11-? 別名・深見正 宮城県遠田郡涌谷村（現・涌谷町）に生まれる。印刷工となり各地を転々。アナキズムの影響を受ける。北海道の夕張町で活動。27年思想要注意人（共産主義）に編入される。しかし交際範囲はアナキストであった。28年特別要視察人乙号（無政府主義）に編入替えとなる。その後運動から離脱し30年思想要注意人に編入替えとなった。（堅田精司）〔文献〕『思想要注意人調』北海道庁警察部1927，『特別要視察人思想要注意人一覧表』同1928，『札幌控訴院管内社会運動概況』2輯1930.11

斎藤 竜鳳 さいとう・りゅうほう 1928（昭3）1.10-1971（昭46）3.25 別名・原竜次 東京府北多摩郡武蔵野村吉祥寺（現・武蔵野市）の公務員の家庭に生まれる。長野県須坂中学から43年海軍飛行予科練習生を志願。敗戦後年少の復員兵として復学し46年青年共産同盟を経て共産党に入党。47年明治大学に入学するが中退。長野県で小学校教師になるが50年レッド・パージで追放され52年上京。56年2月内外タイムス社に入社し映画記者として「塹壕の狙撃兵」を自称，歯切れのいい文体で健筆を振い65年退社後も映画批評家として活躍する。64年『監獄』（三一書房）を刊行。70年代にかけての仕事は『遊撃の思想』（同1965），『武闘派宣言』（同1969）に集大成された。「抒情的大正アナーキスト」という題の加藤泰論や睡眠薬を愛用したアナーキーな生き方，また67年夏の山谷暴動への参加と逮捕などからアナキスト視されるが，本人は毛沢東思想を信奉するマルクス・レーニン主義者を自認し67年3月善隣会館闘争後にブントML派に加盟した。71年熟睡中にガスストーブで中毒死。（松田政男）〔著作〕『なにが粋かよ』創樹社1972・増補版ワイズ出版1997

斉藤 わか さいとう・わか ?-? 1919（大8）年東京神田区（現・千代田区）の三秀舎に勤め日本印刷工組合信友会に加盟する。（冨板敦）〔文献〕『信友』1919年10月号

斉野 貞吉 さいの・さだきち ?-? 新聞工組合正進会に加盟し1924（大13）年夏，木挽町（現・中央区銀座）本部設立のために1円寄付する。（冨板敦）〔文献〕正進会『同工諸君!! 寄附金芳名ビラ』1924.8

斉野 留吉 さいの・とめきち ?-? 新聞工組合正進会に加盟し1924（大13）年夏，木挽町（現・中央区銀座）本部設立のために1円寄付する。（冨板敦）〔文献〕正進会『同工諸君!! 寄附

金芳名ビラ』1924.8

佐伯 三郎 さえき・さぶろう 1900（明33）-? 別名・小林三郎 26年8月2日静岡市若竹座での黒連中部連盟演説会後の4日夜半、清水市（現・静岡市）の小川藤次郎の自宅、自主労働社事務所が警官に襲われ小川、斎藤一平、望月辰太郎とともに検束される（8月6日清水市で計画していた演説会は中止に追い込まれた）。自主労働社を根城に雑誌『黒戦』の主幹を名のり雑誌発行資金を求めたことが恐喝にあたるとして同月16日検挙される。（冨板敦）〔文献〕『静岡新報』1926.8.6夕刊、『清水市史資料・近代』吉川弘文館1973

佐伯 彬郎 さえき・ひんろう ?-? 芝浦製作所に回巻係として勤め芝浦労働組合に加盟。1923（大12）年『芝浦労働』（1次6号）に「希望の彼岸へ」を執筆する。（冨板敦）〔文献〕『芝浦労働』1次6号1923.7

三枝 文雄 さえぐさ・ふみお ?-? 1928（昭3）年東京府荏原郡荏原町中延（現・品川区）で静岡の『大衆評論』関東支局を担う。29年11月16日に芝浦会館で開かれた芝浦労働組合昭和4年度大会に祝電を送る。（冨板敦）〔文献〕『大衆評論』2巻4号1928.5、『芝浦労働』3次33号1929.12

嵯峨 伝三郎 さが・でんざぶろう ?-? 1919（大8）年東京京橋区（現・中央区）の築地活版所印刷科に勤め活版印刷工組合信友会に加盟する。（冨板敦）〔文献〕『信友』1919年8・10月号

酒井 石之助 さかい・いしのすけ ?-? 1919（大8）年東京京橋区（現・中央区）の国文社に勤め活版印刷工組合信友会に加盟する。（冨板敦）〔文献〕『信友』1919年8・10月号

酒井 栄治 さかい・えいじ 1901（明34）2.21-? 東京市四谷区新宿（現・新宿区）に生まれる。宝商会時計工場に時計工として勤め1921（大10）年東京北郊自主会に出入りしたことから警視庁の思想要注意人とされる。北豊島郡西巣鴨町宮仲（現・豊島区巣鴨）に住んでいた。（冨板敦）〔文献〕『警視庁思想要注意人名簿（大正10年度）』

酒井 喜一郎 さかい・きいちろう ?-1922（大11）9.26 芝浦製作所に勤め芝浦労働組合に加盟し家庭用具分区に所属。1922（大11）年『芝浦労働』（1次1号）の「組合報告」に訃報が掲載される。（冨板敦）〔文献〕『芝浦労働』1次1号1922.11

酒井 国太郎 さかい・くにたろう ?-? 報知新聞社に勤め東京の新聞社員で組織された革進会に加わり、1919（大8）年8月の同盟ストに参加するが敗北。のち正進会に加盟。20年機関誌『正進』発行のために1円寄付する。（冨板敦）〔文献〕『革進会々報』1巻1号1919.8、『正進』1巻1号1920.4

堺 佐橘 さかい・さきつ ?-? 1919（大8）年東京神田区（現・千代田区）の大東印刷会社に勤め日本印刷工組合信友会に加盟する。（冨板敦）〔文献〕『信友』1919年10月号

酒井 貞治 さかい・さだはる ?-? 1919（大8）年東京京橋区（現・中央区）の築地活版所漢字鋳造科に勤め活版印刷工組合信友会に加盟する。（冨板敦）〔文献〕『信友』1919年8・10月号

酒井 俊 さかい・しゅん 1907（明40）-? 横浜市に生まれる。1927年立教大学中退。29年カジノ・フォーリーの脚本を二年間執筆。これ以後、観音座を初めとする浅草六区の小屋の文芸部を転々とする。31年2月7-8日飯田豊二主宰の解放劇場第一回公演「ボストン」（築地小劇場）に秋山清、八木秋子らと参加。ヴァンゼッチ役を演じる。サッコ役は寺田信（新）であった。この後、35年雑誌『新喜劇』の脚本応募に入選。33年「笑の王国」脚本部、戦後は「清水金一一座」文芸部を経て46年8月「デン助劇団」に在籍し大宮敏充の座付作家として活躍。生涯を通してレビュー、軽演劇の脚本を多作。舞台演出も手がけたが大空襲ですべての資料を焼失。73年4月デン助一座解散後は軽演劇の新人育成に努めた。晩年は厚木市毛利台に居住。71年から「ごぶじ会」の幹事を努めた。（黒川洋）〔著作〕『浅草あれこれ話』三一書房〔文献〕「解放劇場パンフレット」1号同事務所1931

坂井 二郎 さかい・じろう ?-? 1919（大8）年東京京橋区（現・中央区）の新栄舎和文科に勤め活版印刷工組合信友会に加盟する。（冨板敦）〔文献〕『信友』1919年8・10月号

酒井 武男 さかい・たけお ?-? 新聞工組合正進会に加盟し1924（大13）年夏、木挽町（現・中央区銀座）本部設立のために1円寄付する。（冨板敦）〔文献〕正進会『同工諸君!! 寄附金芳名ビラ』1924.8

坂井 辰三 さかい・たつぞう ?-? 1919（大8）年東京京橋区（現・中央区）の帝国興信所印刷部に勤め活版印刷工組合信友会に加盟。

のち読売新聞社に移り新聞工組合正進会に加盟する。20年機関誌『正進』発行のために1円寄付する。(冨板敦)〔文献〕『信友』1919年8・10月号,『正進』1巻1号1920.4

堺 為子 さかい・ためこ 1872(明5.5.19)6.24-1959(昭34)1.2 旧姓・延岡 金沢藩に出入りしていた米仲買人の父が大阪にいる時に生まれる。その後金沢で育つ。01年頃から弟常太郎とともに『万朝報』『家庭雑誌』などを愛読しのちに週刊『平民新聞』の購読者となる。04年松岡(西川)文子が出した平民社の台所方の募集に応じて上京し同志の面倒をみた。05年1月平民社に出入りしていた福田英子,小口みち子,遠藤清子らとともに治安警察法の改正を帝国議会に請願する。同年堺利彦と結婚。08年赤旗事件により利彦が禁錮2年の刑で入獄するとその間髪結いや屋台の仕事をしながら夫を待った。また先妻の子真柄を引き取って育てる。利彦が出獄後売文社を設立し『へちまの花』の発行を始めるとそれを支えた。(西山拓)〔著作〕「台所方三十年」『中央公論』1933.3,「妻からみた堺利彦」『中央公論』1933.4〔文献〕堺利彦『破鍋綴蓋の記』『直言』2巻32号1905.9,近藤真柄『わたしの回想・上下』ドメス出版1981,林尚男『平民社の人びと』朝日新聞社1990

堺 利彦 さかい・としひこ 1871.1.15(明3.11.25)-1933(昭8)1.23 別名・枯川,由分子,貝塚渋六 士族の三男として豊前国仲津郡豊津(現・福岡県京都郡豊津町)に生まれる。第一高等中学を中退したのち大阪や福岡で教員や新聞記者をするかたわら小説を執筆し96年堀美知子(妹保子は大杉栄の妻)と結婚。その後東京で末松兼澄主宰の『防長回天史』の編集に従事。99年『万朝報』記者となった前後から福沢諭吉らの影響を受けた社会改良論を主張するが,やがて社会主義の立場を鮮明にしていく。03年10月日露開戦前夜,開戦論に転じた『万朝報』を退社し幸徳秋水と平民社を設立,11月週刊『平民新聞』を発行する。同紙は平民主義,社会主義,平和主義を掲げ日露非戦を訴えるとともに社会主義思想の普及に力をつくした。04年4月新聞紙条例違反で2カ月の禁錮刑(社会主義者の初入獄)。同年妻と死別,翌年延岡為子と再婚。政府の弾圧によって同紙が廃刊したのちも機関紙『直言』『光』を発行して活動を継続。06年日本社会党の結成に参画,07年1月日刊『平民新聞』を発行。2月社会党第2回大会で幸徳の直接行動論と議会政策論が対立すると調停をはかるが,社会党結社禁止後は幸徳の金曜会に拠った。大逆事件の際には08年6月の赤旗事件で入獄していたため難を免れた。出獄後は大逆事件によって打撃を受けた社会主義運動を再建するため売文社をおこし『へちまの花』とその後継誌『新社会』を発行して,いわゆる冬の時代における社会主義運動の結節点としての役割を果たす。22年共産党創立に参画するが,第一次共産党事件後には同党の運動から離れた。27年山川均と『労農』を創刊,翌28年には無産大衆党の結党に参加し以後も無産政党運動に尽力する。29年東京市会議員選挙に立候補し最高点で当選。31年勃発の満州事変に際しては帝国主義戦争絶対反対を訴えるが病床に伏し33年死没。平明達意の文章を武器に数多くの著作,翻訳を行い,多くの新聞や雑誌を発行するなど,社会主義思想の紹介と啓蒙につとめた。堺の社会主義論は,信頼に基づく人と人との結びつきとそれを支える平和を何よりも重視した。アナキズムにおける相互扶助の考え方と共通するものがあるといえるだろう。近藤真柄は娘。(志村正昭)〔著作〕『堺利彦全集』全6巻中央公論社1933・法律文化社1970・71,『堺利彦』論創社2002〔文献〕岡本宏『幸徳秋水・堺利彦』田中浩編『近代日本のジャーナリスト』御茶の水書房1987,川口武彦『日本マルクス主義の源流 堺利彦と山川均』ありえす書房1983,川口武彦『堺利彦の生涯・上下』社会主義協会出版局1992,林尚男『評伝堺利彦』オリジン出版センター1987,『初期社会主義研究』10・11号(特集堺利彦)1997・98,黒岩比佐子『パンとペン 社会主義者・堺利彦と「売文社」の闘い』講談社2010,『エス運動人名事典』

酒井 釟一 さかい・はついち ?-? 1919(大8)年東京牛込区(現・新宿区)の秀英舎(市ヶ谷)欧文科に勤め活版印刷工組合信友会に加盟する。(冨板敦)〔文献〕『信友』1919年8・10月号

酒井 久吉 さかい・ひさきち ?-? 渡米中の幸徳秋水が1906(明39)年6月オークランドで結成した社会革命党のメンバー。(西山拓)〔文献〕『社会主義沿革1』

酒井 宏 さかい・ひろし ?-? 1919(大8)

419

年東京京橋区(現・中央区)の福音印刷会社文選科に勤め日本印刷工組合信友会に加盟する。(冨板敦)〔文献〕『信友』1919年10月号

酒井 葴 さかい・まもる 1901(明34)1.5-1973(昭48)6.17 前名・綱吉。京都市生まれか。笹井末三郎とともに朱雀校から立命館中学へ進学するが、家庭の事情で中退を余儀なくされ日新電機の工員となる。この頃労働運動に参加しながら『波濤』という文学雑誌を発行していたという。笹井とは思想上同志であり、20年代の初め酒井の下宿に笹井が居候していた頃、労働運動などを通じて知り合った厚見好男に笹井を紹介したという。23年頃友愛会の鈴木文治を招いて開かれた普選講演会に久板卯之助、笹井らと参加し演説会乗っ取りを企てるが失敗する。24年笹井と高嶋三治の再会の場(レストラン菊水)に同席。のち生涯の友笹井の紹介で32年宝塚キネマに入り37年に新興キネマの製作部長となる。戦後も引き続いて大映の重役や撮影所所長を歴任。晩年は公楽会館社長、東京スタジアムの取締役となった。(北村信隆)〔文献〕柏木隆法『厚見父子と笹井末三郎』『黒い旗の記憶』玄文社1997・『千本組始末記』海燕書房1992

坂井 光雄 さかい・みつお 1908(明41)-1927(昭2) 東京印刷工組合に加盟し和文部に所属。東印定例会で情勢報告、全印連連絡委員になるなど中心的に活動する。27年『自連』19号に訃報記事が掲載される。(冨板敦)〔文献〕『自連』6・12・19号1926.11・27.5・12

酒井 弥三郎 さかい・やさぶろう ?-? 1919(大8)年東京本所区(現・墨田区)の凸版印刷会社印刷科に勤め活版印刷工組合信友会に加盟する。同社同科の組合幹事を担う。(冨板敦)〔文献〕『信友』1919年8月号

酒井 勇造 さかい・ゆうぞう ?-? 印刷工として、1919(大8)年横浜のジャパン・ガゼット社に勤め横浜印刷技工組合に加盟し活動する。(冨板敦)〔文献〕『信友』1920年1月号

栄 健 さかえ・けん 1946(昭21)12.6-1967(昭42)10.20 埼玉県で育つ(本籍・富山県)。足立学園高校卒業。ベトナム反戦直接行動委員会のメンバーとして66年10月19日田無市の日特金属工業、同年11月15日愛知県の豊和工業への軍需生産抗議行動に参加。豊和工業の現場で笹本雅敬ら他のメンバーとともに逮捕される。未成年のため非行少年扱いでいったん少年鑑別所へ収容されたのち釈放される。翌年富士宮市で服毒自殺する。『現代アナキズム研究』創刊号(1968.5)に遺稿が掲載されている。(川口秀彦)〔文献〕『追悼笹本雅敬』笹本雅敬追悼集刊行会1989

栄 尚 さかえ・たかし 1908(明41)-? 鹿児島県大島郡(奄美大島)笠利村(現・奄美市)生まれ。『文芸戦線』同人として活躍。28年12月名瀬で結成された地方無産政党奄美新興同志会に参加、名瀬の大島紬織工組合結成などに参加する。32年11月逮捕される。(松田清)〔文献〕松田清『奄美社会運動史』JCA出版1979、『奄美郷土研究会報』16号1976

坂上 明 さかがみ・あきら ?-? 時事新報社に勤め東京の新聞社員で組織された革進会に加わり1919(大8)年8月の同盟ストに参加するが敗北。のち正進会に加盟。20年機関誌『正進』発行のために1円寄付する。(冨板敦)〔文献〕『革進会々報』1巻1号1919.8、『正進』1巻1号1920.4

坂上 栄勝 さかがみ・えいしょう ?-? 東印和文部のメンバー。1926(大15)年1月10日入営することになり全印連の同志達に黒旗で見送られる。(冨板敦)〔文献〕『印刷工連合』33号1926.2

坂上 鶴吉 さかがみ・つるきち ?-? 1919(大8)年東京日本橋区(現・中央区)の共盛堂印刷所に勤め日本印刷工組合信友会に加盟する。(冨板敦)〔文献〕『信友』1919年10月号

阪上 利一郎 さかがみ・りいちろう 1885(明18)4.13-? 大阪府泉南郡岸和田町(現・岸和田市)に生まれる。同志社英学校を中退後、04年渡米。カリフォルニア州で労働に従事しつつ在米社会主義者と交際した。11年4月要視察人名簿(無政府主義)に登録された。理由は友人に幸徳秋水の処刑に関する批判を記した手紙やアナ系の月刊誌『マザー・アース』を送っていたというものであった。(西山拓)〔文献〕『主義者人物史料1』、大原慧『片山潜の思想と大逆事件』論創社1995

榊原 規矩太郎 さかきばら・きくたろう ?-? 1919(大8)年東京本所区(現・墨田区)の凸版印刷会社欧文科に勤め活版印刷工組合信友会に加盟する。(冨板敦)〔文献〕『信友』1919年8月号

榊原 三吉 さかきばら・さんきち ?-? 東

京印刷工組合和文部に所属し、1927(昭2)年7月東印緊急理事会で争議担当者に選出される。28年2月19日読売講堂で開かれた東印第5回大会で暴圧法反対の件について説明するが警察によって採決は中止させられる。(冨板敦)〔文献〕『自連』15・21・22号1957.8・28.2・3

榊原 孝 さかきばら・たかし 1902(明35)6.19-? 東京市芝区神明町(現・港区)に生まれる。時事新報社に勤め1920(大9)年頃新聞工組合正進会に加わり機関誌『正進』発行のために15円カンパする。この年日本社会主義同盟に加盟。同年12月27日三越洋服技工組合のストの応援に正進会の諏訪与三郎、五十嵐と駆けつける。21年1月23日工友会主催の演説会に正進会を代表して参加する。(冨板敦)〔文献〕『正進』1巻1号1920.4・2巻2号1921.2,『警視庁思想要注意人名簿(大正10年度)』

坂口 喜一 さかぐち・きいち 1894(明27)8.7-? 熊本県球磨郡上村(現・あさぎり町)に生まれる。1919(大8)年地元で真人会を組織し社会主義を研究。上京し鉛版工として勤め、信友会に加わりステロ(鉛版)部に所属。20年日本社会主義同盟に加盟。23年溝井宗吉郎、松浦秀介らと雑誌『ステロ』を創刊。同志の獲得に努める。同年2月創刊の『組合運動』に関わる。正進会との機関紙合同を決議した同年4月28日神田松本亭での信友会大会で編集担当の常務委員に選出される。同年12月16日の大杉栄・伊藤野枝葬儀にはステロ社有志代表として準備委員となる。和田久太郎は『労働運動』紙上で機関紙『信友』を評して「『信友』には『正進』のような洗練された名文家は揃っていない。しかし、坂口喜一君の如く、明晰な頭脳で堂々とした論陣を張る一異彩がある」と記す。(冨板敦)〔文献〕『信友』1920年12月号・21年3・7・8月号・22年1月号、『労働運動』3次8号1922.10/4次2号1924.3、『組合運動』1号1923.2、『正進』4巻2・3・合併号1923.3、『印刷工連合』1・8号1923.6・24.1、水沼辰夫『明治・大正期自立的労働運動の足跡』JCA出版1979

坂口 正雄 さかぐち・まさお 1901(明34)-1928(昭3)1.23 長野市生まれ。印刷工として長野印刷工兄弟会で活動する。兄弟会は全印連に第2回大会(1924)から加盟した。26年上京し富士印刷所に勤め東京印刷工組合

和文部に所属。28年『自連』24号に訃報記事が掲載される。(冨板敦)〔文献〕『自連』24号1928.5

坂口 義治 さかぐち・よしじ 1895(明28)3.23-1966(昭41)3.26 北海道夕張郡登川村(現・夕張市)で坑夫顔役の子として生まれる。苦学を目的として上京。麻生久と知り合う。労働運動に参加。19年5月友愛会本部員となり9月全国坑夫組合に参加。同月新人会機関紙『デモクラシイ』6号に坑夫の肩書で「労働問題と吾人の覚悟」を発表。夕張で全国坑夫組合のオルグとして活動しいくつもの支部を組織。20年4月8支部で夕張連合会を発足させる。5月登川神社の祭礼で700人の坑夫デモに成功。6月北上坑爆発事故(死者209人)に際し会社の責任を追及。犠牲者全員の名を刻んだ碑を建立。8月和田軌一郎と全国坑夫組合夕張連合会朝鮮人部を組織。サンジカリストとして各地を飛び回る。10月全日本鉱夫総連合会を組織し副理事兼書記となる。この組織の拠点夕張連合会の専任書記にアナキスト蟻通佳明を選任。21年1月北炭の争議を指導。4月『労働』4月号に「北海道夕張炭田の大罷業」を発表。7月再燃した北炭の争議を指導し暴力行為とされ麻生とともに禁錮刑を受ける。22年4月『労働同盟』4月号に「北海道礦山労働運動の過去及現在」を発表。6月石川県下の鉱山の争議を指導。秋ソ連に潜入。23年1月渡辺春男とともに帰国。4月『赤旗』の「無産階級から見た朝鮮解放問題」なるアンケートに答えて朝鮮放棄論を展開。しかし兄の鶴治や兄の岳夫渋谷杢次郎が警察のスパイをつとめ共産党弾圧の手引きをしたことから義治も社会運動家から排除される。当時の社会運動家のなかには義治と兄の鶴治を混同している人がいる。また在京活動家であった渡辺らは「よしはる」と呼んでいたが、夕張では「よしじ」と呼ばれていた。(堅田精司)〔文献〕『労働運動』2次3・4号1921.2.10・20,『鉱山労働者』1920-22、『デモクラシイ』6号1919.9、『労働』106-122号1920・21、『労働同盟』1922.4、『麻生久伝』同刊行会1958、足尾銅山労働組合編・刊『足尾銅山労働運動史』1958、三菱美唄炭鉱労働組合編『炭鉱に生きる』岩波書店1960、渡辺春男『思い出の革命家たち』芳賀書店1968

坂下 直人 さかした・なおと 1902(明35)-?

長野県下伊那郡千代村(現・飯田市)に生まれる。農業に従事。1935(昭10)年末か36年初め頃、農青社運動に関わったとして検挙されるが、不起訴となる。(冨板敦)〔文献〕青木恵一郎『改訂増補　長野県社会運動史』巖南堂書店1964、『農村青年社事件資料集Ⅰ・Ⅲ』

坂下 をせ　さかした・をせ　?-?　1919(大8)年東京京橋区(現・中央区)の秀英本舎解版科に勤め日本印刷工組合信友会に加盟する。
(冨板敦)〔文献〕『信友』1919年10月号

坂田 セイ　さかた・せい　?-1923(大12)12.19　埼玉県大里郡御正村(現・熊谷市)で農業を営む。23年12月小作人たちが小作料軽減を地主に要求するが聞き入れられず、19日自宅(組合長坂田安三宅)で小作人幹部80余人が会合を開いた。「協議中、坂田君の妻セイ君は、車座になった小作人の間に躍り込み『死んで小作人の敵を打つ』と言いながら料理包丁で心臓を突き自殺した」(『小作人』)。20日500余人による小作組合葬が行われる。(冨板敦)〔文献〕『小作人』2次8号1924.2、『埼玉県部落解放運動史』部落解放同盟埼玉県連合会1984

坂田 徳義　さかた・とくよし　⇨岩野猛
いわの・たけし

坂田 斉　さかた・ひとし　?-?　福岡県鞍手郡直方町(現・直方市)に暮し1927(昭2)年『反政党運動』直方町支局を鶴我文良と担う。また同年9月に創立された九州一般労働組合に加盟、同月行われた県議選の政見発表演説会で「政治の無能、政党の欺瞞」と叫んで検挙され選挙後まで拘留される。(冨板敦)〔文献〕『反政党運動』2号1927.7、『小作人』3次9・10号1927.10・11

坂田 安三　さかた・やすぞう　⇨坂田セイ
さかた・せい

坂谷 寛一　さかたに・かんいち　1897(明30)3.25-?　別名・貫一　兵庫県印南郡の形村(現・姫路市)生まれ。姫路中学中退、家業の製塩業に従事。1921年4月頃から『社会主義』を購読し大杉栄と文通、望月桂らと交わったという。23年3月大阪に出る。同年12月大阪で開かれた大杉栄・伊藤野枝追悼会の委員となる。他委員には生島繁、逸見吉三、久保譲、生野益太郎、南芳雄、武田伝次郎、伊藤孝一らがいた。大杉らの報復のため24年倉地啓司らが福田雅太郎の暗殺計画を立て、新谷与一郎が爆弾ケースの製造を頼まれ坂谷は逸見らとその爆弾用の外装鉄パイプの運搬などを援助し逮捕された。25年7月京都地方裁判所で懲役4年、26年9月大審院で懲役1年半を判決される。27年7月豊多摩刑務所を出所後、逸見吉三方に寄食する。同年11月上野克己出所歓迎茶話会に出席し検束。28年1月神戸取引所内の長谷川源太郎商店の店員となる。35年11月大歳辰夫や寺田格一郎らと無共党事件関連で検挙されるが不起訴。(北村信隆)〔文献〕『身上調書』、古田大次郎『死の懺悔』完全増補版黒色戦線社1988、秋山清『ニヒルとテロル』川島書店1968、『黒色青年』3・5・11号1926.6・9・27.8、『労働運動』4次9・11・17・18号1925.4・7・26.6・7、『自連』3号1926.8

坂野 一郎　さかの・いちろう　⇨小川一郎
おがわ・いちろう

坂野 八郎　さかの・はちろう　1896(明29)-?　北海道に生まれる。坂野良三は弟。上京して自由労働者としての日々を過ごすうちにアナキズムに共鳴した。22年に野口一雄らのプロレタリア社に加わり8月27日には深川区富川町(現・江東区)で伊串英治、倉地啓司、庄司富太郎、白武、中名生幸力、中浜哲らと自由労働者同盟を結成、特別要視察人乙号(無政府主義)に編入される。この間7月には岡山師団の軍隊宣伝事件で検束。関東大震災後しばらく大阪で活動し23年11月ギロチン社の小阪事件の連累で検挙された。25年富川町で弟の良三や江西一三、高橋光吉らと無軌道社を結成し雑誌『無軌道』を刊行(4号まで)。無軌道社はパンフレット『サパトランド』(山鹿泰治訳)を出したがのちに小沢一が台湾黒色青年連盟の活動の一環としてこれを再刊している。また無軌道社と並行して自由労働者の東京一般労働者組合江東支部に参加した。26年9月19日に小松川の江東倶楽部で社会運動犠牲者追悼記念演説会を主催。全国自連の分裂後はサンジカリズム派の関東一般労働組合(1928.3結成)に加わり頻発する争議に尽力するなど、弟良三とともに一貫して下町のアナキストとして活動した。(植本展弘)〔文献〕『労働運動』3次7号1922.9、江西一三『江西一三自伝』私家版1976、堅田精司『北海道社会文庫通信』1294号2000.12.14、向井孝「難波大助の時代・上」『黒』2001.1

坂野 良三 さかの・りょうぞう 1899(明32)-1933(昭8)10.20 別名・安達良三 北海道に生まれる。上京後，兄八郎とともにアナキストとして深川区富川町(現・江東区)で活動し22年プロレタリア社に参加。8月に結成された倉地啓司，白武，中名生幸力，中浜哲らの自由労働者同盟にも加わった。7月には岡山師団宣伝事件で検束されている。23年3月ギロチン社事件の連累で河合康左右らとともに20日間拘留され，11月小阪事件で検挙された。釈放後は東京に戻って活動を継続し25年富川町で兄八郎，江西一三，高橋光吉らと無軌道社を結成し，これに並行して東京一般労働者組合江西支部にも参加した。26年9月日立製作所亀戸工場の争議を支援し無軌道社に争議団本部を置いている。全国自連の分裂に際してはサンジカリスト派に属し28年3月関東一般労働組合に参加。同年8月江西の協力を得て甲府で娼妓の自由廃業に尽力しており，江西によれば良三は以前から娼妓の足抜けに協力していたという。32年7月には東京ガス社外工争議を支援して江西とともに中間搾取者の暴力団赤羽組に乗り込んで直談判するなど献身的に闘っている。(植本展弘)〔文献〕『労働運動』3次7号1922.9，『労働者新聞』33号1933.11，江西一三『江西一三自伝』私家版1976，堅田精司『北海道社会文庫通信』1294号2000.12.14，向井孝「難波大助の時代・上」『黒』2001.1

坂村 義雄 さかむら・よしお ?-? 1936(昭11)年8月山口健助，加藤栄太郎，柴田知之，堀江磯吉，芹沢喜倉，京井弥一，山本徳市，広瀬長太郎，秋本義一，中村茂，村井竜太郎，永山健二らと東京印刷工組合の再建に尽力する。同年10月東印内に親睦団体協力委員会を設立し委員長となり，欧工の友担当に選出される。(冨板敦)〔文献〕山口健助『風雪を越えて』印友会本部1970・『青春無頼』私家版1982，『思想彙報Ⅱ』不二出版1997

坂本 紅蓮洞 さかもと・ぐれんどう 1866.2(慶応2.3-4)頃-1925(大14)12.16 本名・易徳 東京生まれ。慶応義塾理財科を出て教員や新聞記者をするが長くは続かなかった。03年『明星』に「文芸家の表彰に就て」を書き学問に学位令があり学士会院があるように文芸，音楽，美術を表彰する芸位令を制定せよと主張。日本芸術院をイメージしたもっとも早い時期の発言ではないかと思われる。多くの文章を残していないが与謝野鉄幹，吉井勇をはじめとして多くの文学者と交友を結び酒を求めて渡り歩いた。佐藤春夫の『都会の憂鬱』，久保田万太郎の『独身会のおもひで』，水上滝太郎の『貝殻追放』などに紅蓮洞の奇人ぶりが表現されている。吉井勇らが発起人になって紅蓮洞後援会をつくり晩年の生活を支えた。「かにかくに紅蓮の翁はおもしろし吃りながらも世をばあざける」(吉井)。(大月健)〔著作〕「文芸家の表彰に就て」『明星』1903.10，「蔦蘰樓」同1906.9，「江東町人言」同1906.10-11，「江東町人語」同1906.11・07.2〔文献〕正岡容「紅蓮さん・辻潤氏」『荷風前後』古賀書店1948，「半世紀畸人伝50年史」『アサヒグラフ』1951.6，「駄々先生後援会趣意書」『虚無思想研究』1巻4号1925

坂本 幸四郎 さかもと・こうしろう 1924(大13)9.19-1999(平11)5.10 北海道函館市に生まれる。1942(昭17)年北海道庁立函館中学校卒業後，国鉄入社。45年官立無線電信講習所(現・電気通信大学)卒業。80年青函連絡船通信長を最後に国鉄退職。35年間，青函連絡船の乗務員として過ごした半生を描いた『青函連絡船』(朝日イヴニングニュース社1983)，『わが青春の青函連絡船』(光人社1983)，『青函連絡船ものがたり』(朝日新聞社1987)の著書をもつ。54年9月26日の洞爺丸台風では連絡船の石狩丸の首席通信士として乗務していた坂本は洞爺丸の遭難の第一報を打電した。これが1430人が犠牲となった我が国の海難史上最悪の事故として語り継がれる悲劇の始まりとなる。この他，函館本町教会牧師補の不慮の死の背景に迫った『涙の谷を過ぎるとも 小山祐牧師補の獄中自殺』(河出書房新社1985)の著書もある。これはキリスト教徒として治安維持法で入獄され，獄中死した小山祐事件を取材したものでこの事件に関する単行本の資料としては唯一のもの。また坂本は現代川柳評論家として井上剣花坊や鶴彬を中心とした川柳革新の歴史を掘り起こし，新興川柳運動を克明に描いた『雪と炎のうた 田中五呂八と鶴彬』(たいまつ社1977)，『新興川柳運動の光芒』(朝日イヴニングニュース社1986)，『井上剣花坊・鶴彬 川柳革新の旗手たち』(リブロート1990)などの著書もある。1990(平2)年

には，こうした文学活動が評価され北海道文化賞奨励賞を受賞している。現代川柳評論家の山村祐との共著『現代川柳の鑑賞』（たいまつ社1981）では近代編を担当し，川柳中興の祖・井上剣花坊，プロレタリア川柳作家の鶴彬，新興川柳の生みの親・田中五呂八，新興川柳作家の木村半文銭，川上日車，アナキストの川柳作家として知られる八橋栄星などの現代川柳を詳細に鑑賞している。享年74歳。（平辰彦）〔文献〕山村祐・坂本幸四郎『現代川柳の鑑賞』たいまつ社1981

坂本　貞義　さかもと・さだよし　⇨山口与曾八　やまぐち・よそはち

坂本　七郎　さかもと・しちろう　1907（明40）12.6-1969（昭44）12.9　別名・波之　群馬県太田町（現・太田市）に生まれる。父は小学校長。23年勉学のため上京。25年頃，長兄精一の知り合い東宮七男の縁で萩原恭次郎を知り10月『死刑宣告』を読み以後生涯心酔する。26年築路工手学校卒業。同年末から27年まで堺市の火力発電所の建設に朝鮮人労働者と従事。朝鮮人が酷使される姿にいたたまれなく帰京。亀戸の鋳物工場に勤務したがここも無断退職，柴山群平を頼って静岡市へ行き前橋市から来た横地正次郎と住む。困窮のなかで詩を書いた。28年6月頃詩誌『手旗』を創刊（推定3号）。29年八王子市の臨時水道部技手となるかたわら末繁博一の協力を得て個人詩誌『第二』を創刊（同年1月頃）。11月9号まで継続。恭次郎，草野心平，伊藤信吉，岡本潤，小野十三郎，猪狩満直，竹内てるよ，森竹夫，山本和夫が寄稿している。浅野紀美夫との同居生活を経て甲府，水戸などへの放浪が続いた。31年6月頃麻布十番で麻雀屋の支配人となり心平の屋台を援助。詩誌『北緯五十度』の更科源蔵，真壁仁らとの交流を経て『北方詩人』や『犀』に寄稿。31年秋名古屋の三菱重工の飛行機製作所に勤務。32年1月頃同地で古本屋を経営の浅野とファシズムの波高くなるなか『宛て名のない手紙』として仲間の健在を確認するため無届機関紙『手紙』を創刊。好評であったが経済的理由と重なり2号で終わった。同年10月帰京し中島飛行機製作所に入社。この時期恭次郎の『クロポトキンを中心とした芸術の研究』，小野，秋山清らの『弾道』復活号に拠る。38年7月『大熊座』創刊号（釧路）に代表詩「鶴」を発表。以後は俳句結社『かびれ』に拠り詩作を中断。敗戦直後の焦土のなかで農機具工場の設立と『新農土』発刊に奔走する。詩作を再開し『ポエム』（前橋），『氷河』（横浜）に寄稿。68年『風信』の自伝連載が絶筆となった。（黒川洋）〔著作〕句集『清濤』私家版1942，小説『鉄魂記』育成社弘道閣1943，『蛇性の姪　上田秋成の人と作品』ジープ社1950，共著『日本詩人全集9』創元文庫1953，遺稿句集『麦明』私家版1973〔文献〕伊藤信吉『逆流の中の歌』七曜社1964・泰流社1977，浅野紀美夫編『風信』1-3号1968・70，秋山清『アナキズム文学史』筑摩書房1975，末繁博一『家　その前後』（付録）駒込書房1979，『萩原恭次郎の世界』同全詩集刊行委員会1968，小山和郎『坂本七郎覚書』『凧』6-11号1979-81，黒川洋「昭和余年考」『騒』40号1999，伊藤信吉編『群馬文学全集14』群馬県立土屋文明記念館2003

阪本　清一郎　さかもと・せいいちろう　1892（明25）1.7-1987（昭62）2.19　奈良県葛上郡掖上村柏原（現・御所市）生まれ。家業は膠製造業。御所高等小学校を経て奈良市立商業学校入学後，2年で中退。差別に立ち向かう性格が強く子供の頃から生涯にわたって西光万吉を助け友情は終生続いた。10年3月満州に渡り2年間放浪。15年中井数枝と結婚。19年西光，駒井喜作らと燕会を結成，部落問題の研究に打ち込む。その間山川均，堺利彦，大杉栄らとも交流。「柏原三青年」のなかで一番大杉と心安かったといわれる。水平社の名称を発案し21年10月松井庄五郎宅で南梅吉と出会い南と交流が始まる。同年11月水平社創立事務所を西光，駒井らと設置（駒井宅）。この間地元誓願寺の三浦参玄洞，大阪天王寺の青十字社の木本凡人，大阪時事新報社の難波英夫らから大きな影響を得ている。22年1月阪本らは木本宅に寄って部落民自らの手による部落解放運動を相談，また木本を介して平野小剣らを知った。同年2月京都駅前の宮本旅館で綱領，宣言，決議文案などを作成，翌3月京都岡崎での全国水平社創立大会では創立者の一人として経過報告を行った。23年関東大震災時，天皇を京都に迎え部落民決起の革命（錦旗革命）を企て頓挫。24年全水第3回大会では西光らと農民，労働者との三角同盟を主張した。28年三・一五，四・一六事件後の組織再建に尽力し全水中央派の

指導的役割を担い，左派の水平社解消論には一貫して反対の立場をとった。34年西光や米田富らと大日本国家社会党に入党，国家社会主義の『街頭新聞』を創刊(45号1938まで)。戦後46年2月部落解放全国委員会結成の顧問，55年解放同盟と改称後の中央委員に就任した。妻数枝は23年全水第2回大会で全国婦人水平社設立を提案している。(北村信隆)〔著作〕「水平社運動の思い出」『部落』180号1964.9，水平社パンフレット『扉を開く』五条町全国水平社大島支部1935〔文献〕「阪本清一郎年譜」『部落解放』261号1987.5，阪本清一郎「回顧録」水平社博物館蔵，奈良県水平運動史研究会編『奈良県水平運動史』部落問題研究所1972，藤野豊『水平運動の社会思想史的研究』雄山閣出版1989，『荊冠』2号1966.7，座談会「水平社の生れるまで」『部落』53号1961.4・5，白石正明「初期水平運動とアナキズム」『京都部落史研究所紀要』9号1989.3，駒井忠之「全国水平社創立期における阪本清一郎」『水平社博物館研究紀要』4号2002.3

坂本 清作 さかもと・せいさく ⇨沢口忠蔵 さわぐち・ちゅうぞう

坂本 清馬 さかもと・せいま 1885(明18)7.4-1975(昭50)1.15 別名・克水 高知県室戸町元(現・室戸市)で極貧の家に生まれる。高知県立中学海南学校，県立二中を中退。『老子』から東洋アナキズム思想を学び河上肇『社会主義評論』で社会主義を知る。06年上京，砲兵工廠の警夫となる。07年3月幸徳秋水との交流が始まり活動に入る。4月中国人革命家張継，章炳麟，劉師培，何震を，同月末大杉栄，神川松子，堺利彦，赤羽巌穴，管野すがらを知る。週刊『平民新聞』から非戦論の影響を受けたのに続いて幸徳『社会主義神髄』，煙山専太郎『近世無政府主義』などを読みアナキズムに傾倒したという。張継，劉師培らが呼びかけた8月31日の社会主義講習会には幸徳の講演草稿を持って随行。08年1月金曜会屋上演説事件で逮捕，入獄1カ月。2月『熊本評論』に「革命即愉快」を発表，5月熊本に移る。赤旗事件では竹内善朔が同紙に送ってきた記事を激しい調子に書き換えたため両者険悪に。7月上京し劉師培宅に寄寓，馬宗予，汪公権らを知る。8月幸徳宅へ。09年1月幸徳訳『麵麭の略取』発行人となり出版法違反で起訴。2月初め幸徳と管野との関係をめぐり幸徳と絶交。10年東北遊説から帰京後の7月連行され翌月大逆事件で起訴される。翌年1月死刑判決，翌日特赦により無期懲役へ減刑され秋田監獄へ。14年司法大臣に無実と仮出獄を訴え上申書。31年高知刑務所へ移監。34年仮出獄。戦時中松脂採取などに従事，中村町(現・中村市)に住む。47年特赦により刑が失効し公民権回復。61年東京高裁に大逆事件の再審請求，65年棄却後最高裁に特別抗告したが67年却下された。日中友好運動に尽力。54年日中友好協会中村支部を結成，文化大革命ではこれを支持した。(原英樹)〔著作〕「逆徒といわれて 在獄25年」『中央公論』1952.10，「大逆事件秘話1-3」『クロハタ』49-51号1960.1-3，「我観中国1-12」『中国』52-91号1968-70，『大逆事件を生きる 坂本清馬自伝』新人物往来社1976〔文献〕神崎清『革命伝説 爆裂弾の巻』中央公論社1960，『エス運動人名事典』

坂本 外吉 さかもと・そときち ?-? 1919(大8)年東京京橋区(現・中央区)の築地活版所文選科に勤め日本印刷工組合信友会に加盟する。(冨板敦)〔文献〕『信友』1919年10月号

坂本 孝夫 さかもと・たかお ?-? 芝浦製作所に勤め芝浦労働組合に加盟し鍛冶分区に所属。1927(昭2)年5月5日に開かれた芝浦労働組合昭和2年度定期大会に出席し「共産党排撃の件」を緊急動議として提出(満場一致で可決)。のち解雇され『芝浦労働』(3次17号)に「職にあぶれて」を寄稿する。その後，雨宮製気所に勤める。29年5月，元の職場(鍛冶分区)の同僚小川一郎の闘いに加勢し9日小川とともに三田署に検束，12日傷害暴行罪で起訴(17日不起訴となる)。14日雨宮製気所を解雇，6月14日釈放される。(冨板敦)〔文献〕『反政党運動』1号1927.6，『芝浦労働』3次15・17・27・28号1927.6・11・29.6・7

坂本 孝雄 さかもと・たかお ?-? 日本自協派の関東金属労働組合に所属し1931(昭6)年7月東京ガス社外工争議を支援。8月2-7日田所茂雄，宮崎静三らと6人で深川ガス工場のタンク(高さ80メートル)に登り占拠闘争を闘う。(冨板敦)〔文献〕山口健助『風雪を越えて』印友会本部1970，江西一三『江西一三自伝』同刊行会1976

阪本 時二 さかもと・ときじ ?-? 1937(昭12)年10月7日石川県羽咋警察署長宛に「上京して天皇陛下及び他の皇族を一身上の上に不都合だから全部襲撃すべし，其時

は貴公も県知事も皆首の運命になりますね，…戦いを止めよ，国民は高率税に苦しみ近い間には革命が起ること間違いなしだ」と投書し10月26日大阪で検挙，不敬罪で送検された。アナキズム思想を抱懐し関西黒旗連盟に所属していた。(奥沢邦成)〔文献〕『特高外事月報』1937.10・11

坂本 徳松 さかもと・とくまつ 1895(明28)-? 大阪府堺で生まれる。北海道に渡り，夕張で坑夫となる。全国坑夫組合夕張支部のサンジカリストグループに参加。坑夫組合の朝鮮人部の結成に協力。1921(大10)年7月の争議で活躍し，麻生久とともに検挙される。その後要視察人に編入され，視察を受けていた。(堅田精司)〔文献〕『小樽新聞』1920.8.6,『所在不明各要視察人調』北海道警察部1927

坂本 直道 さかもと・なおみち ?-? 新聞工組合正進会に加盟し1924(大13)年夏，木挽町(現・中央区銀座)本部設立のために1円寄付する。(冨板敦)〔文献〕正進会『同工諸君!! 寄附金芳名ビラ』1924.8

阪本 信男 さかもと・のぶお ?-? 三重県南牟婁郡上川村和気(現・熊野市)生まれ。和歌山県新宮に来て1926(大15)年紀南地方最初のメーデー行進を行った新宮合同労組に加わる。婦人解放社の村松栄一らと交流。30年町議，35年市議に当選。敗戦後は三重に帰る。愛称イガ。(冨板敦)〔文献〕小川竜一『紀南地方社会運動史(戦前)』私家版1966

坂本 義一 さかもと・よしかず ?-? 1919(大8)年東京京橋区(現・中央区)の国光社文選科に勤め日本印刷工組合信友会に加盟する。(冨板敦)〔文献〕『信友』1919年10月号

坂本 義治 さかもと・よしはる ?-? 1919(大8)年東京神田区(現・千代田区)の三秀舎和文科に勤め活版印刷工組合信友会に加盟する。(冨板敦)〔文献〕『信友』1919年8・10月号

坂本 遼 さかもと・りょう 1904(明37)9.1-1970(昭45)5.27 兵庫県加東郡上東条村横谷(現・加東市)に生まれる。県立小野中学，関西学院文学部卒業。在学中の25年2月『日本詩人』に原理充雄とともに入選し草野心平に誘われて『銅鑼』に参加した。貧しい農民体験に根ざした素朴なヒューマニズムを働く母親や妹や村の若者たちへの愛の呼びかけに具体化し，叙情に富む平淡なリアリズムと方言によるみごとな表現に結晶させた。イデオロギーと行動への突出を避けた心情や情操としてのアナキズム，詩的アナキズムの一派と評された『銅鑼』は坂本の詩風にとって絶好の舞台となった。31年朝日新聞大阪本社に入る。35年無共党の検挙に際し二見敏雄との関わりで特高の取り調べを受ける。戦後は『歴程』に属しながら同窓の竹中郁と児童文学誌『きりん』に専念し長編『きょうも生きて』が児童文学の各種の賞を受けた。『朝日新聞』論説委員でもあった。(高橋夏男)〔著作〕詩集『たんぽぽ』銅鑼社1927,小説集『百姓の話』私家版1927,『きょうも生きて』東都書房1959〔文献〕松永伍一『日本農民詩史・中2』法大出版局1969，山本英孝『おかん この切実なるものの結晶』鹿砦社1995，高橋夏男『流星群の詩人たち』林道舎1999

坂森 米吉 さかもり・よねきち ?-? 時事新報社に勤め東京の新聞社員で組織された革進会に加わり1919(大8)年8月の同盟ストに参加するが敗北。のち正進会に加盟。20年機関誌『正進』発行のために1円寄付。また24年夏，木挽町(現・中央区銀座)正進会本部設立のためにも1円寄付する。(冨板敦)〔文献〕『革進会々報』1巻1号1919.8,『正進』1巻1号・2巻4・5・8・9・11号・3巻3・4号1920.4・21.4・5・8・9・11・22.3・4，正進会『同工諸君!! 寄附金芳名ビラ』1924.8

性山 与里 さがやま・より ?-? 別名・嵯峨山 1926(大15)年「土を慕ふものの会」に加わり4月24日同会の第7次例会に出席。同会が農民自治会に合流，発展的に解消すると農自全国連合に参加。同年5月6日豊多摩郡高井戸村(現・杉並区)の「森の家」(大西伍一・池田種生宅)，同月17日東京基督教青年会館で開かれた農自の委員会に出席する。啓明会にも参加していた。(冨板敦)〔文献〕『土を慕ふものの会々報』4号1926.4,『農民自治』2・3・4・5号1926.5・6・8・9,『農民』3次1巻4号1929.7，大井隆男『農民自治運動史』銀河書房1980

相良 由次 さがら・よしつぐ ⇨梶田徳次郎 かじた・とくじろう

佐川 次男 さがわ・つぐお ?-? 1919(大8)年東京神田区(現・千代田区)の丸利印刷所印刷科に勤め日本印刷工組合信友会に加盟する。(冨板敦)〔文献〕『信友』1919年10月号

崎久保 誓一 さきくぼ・せいいち 1885(明18)10.12-1955(昭30)10.30 別名・漁洋，革

亭　三重県南牟婁郡市木村(現・御浜町)に生まれる。早稲田大学高等師範部を中退後、同郡木ノ本町(現・熊野市)の『紀南新報』記者となる。07年11月土地の鉱毒問題をめぐる恐喝取材事件に巻き込まれ重禁錮2カ月の刑を受けた。同年春頃から大石誠之助に社会主義関係の書物を送ってもらうようになっていたが出獄後には純然たる社会主義者となっていた。08年夏大石と初めて面会しまた新宮を訪問した幸徳秋水の思想にも触れる。09年1月下旬大石が上京した際に聞いてきたという幸徳の革命談を披露する会に高木顕明、峯尾節堂、成石平四郎とともに出席(この会はのちに大逆事件の捜査の過程で共同謀議とされた)。同年4月『滋賀日報』赴任に際し立ち寄った大石宅で新村忠雄に会う。11月滋賀から帰り大石宅の『牟妻新報』新宮支局員となり、『熊野新報』にも入社。10年6月成石が爆発物取締罰則違反として起訴された直後、証人として新宮署に出頭。7月起訴され東京に送られる。沖野岩三郎の依頼により平出修が弁護にあたるが11年1月18日死刑判決。翌日無期懲役に減刑され秋田監獄に服役。29年4月仮出獄して生家に帰り農業に従事。しかし雪冤を期して堺利彦や弁護士今村力三郎と盛んに文通し再審にも言及していた。出獄後も警察の監視が厳しく毎月1回の出頭、皇族の伊勢神宮参拝時の身柄拘束、外出時の尾行などが敗戦時まで続いた。48年6月26日刑の失効が決定し復権。〔西山拓〕〔著作〕『道徳衰退と救済策』『明鏡新聞』5号1907.10.27〔文献〕沖野岩三郎『生を賭して』警醒社1919、関山直太郎『紀州社会主義運動史料採訪余録『明鏡新聞』と崎久保誓一』『日本歴史』132号1959.6、塩田庄兵衛・渡辺順三編『秘録大逆事件』下春秋社1959、森長英三郎『禄亭大石誠之助』岩波書店1977、辻本雄一『「大逆事件」と紀州新宮』『社会文学』5号1991.7

佐木谷 友太郎　さきたに・ともたろう　?–?　別名・友公　1922(大11)年頃、千葉で農業を営み『小作人』に現況をしばしば執筆する。〔冨板敦〕〔文献〕『小作人』2次2・5–7号1922.12・23.6–9

鷺谷 精一　さぎたに・せいいち　1881(明14)6.15–?　別名・南強　埼玉県北埼玉郡大越村(現・加須市)に生まれる。04年渡米し日系紙『日米新聞』の記者となった。同年末に渡米した幸徳秋水が同紙に執筆している。翌年幸徳がオークランドで結成した社会革命党の本部委員となり岩佐作太郎や竹内鉄五郎らと交流した。山形春吉発行の『四千涅外』に寄稿したこともあった。10年1月サンフランシスコ領事館の調査報告に基づき要視察人名簿(無政府主義)に登録された。11年1月25日岩佐の運営する朝日印刷所で行われた大逆事件刑死者追悼集会に参加している。その後新聞社を退社し、テキサス州に移る。〔西山拓〕〔文献〕『主義者人物史料1』

崎本 正　さきもと・ただし　1930(昭5)1.28–1957(昭32)11.10　別名・成瀬純　大阪市阿倍野区天王寺町に生まれる。39年一家と中国北京へ渡る。42年北京の日本商業学校に入学。46年4月神戸市長田区五番町に引き揚げ県立第一神戸商業学校に入学。社会科学研究部に属したが父数広の影響を受け次第にアナキズムに近づいていった。49年3月星陵高校を卒業。51年3月頃アナ連に加盟。5月姫路の城ペン祭に参加、『イオム』を知る。8月詩誌『土曜詩人』創刊。5月イオム同盟に加入。9月頃に『土曜詩人』『二十代』などを統合し連帯社を創立。10月『連帯』1号創刊。栗原唯一の広島生活新聞社に入社。翌年3月神戸へ帰るがこの広島行きで大きな影響を受けその後の作品のテーマは原爆が占めることとなる。この頃から『アナキズム』『イオム』などに次々と評論や詩作を発表するとともに、アナ連関西地協事務局責任者となる。57年6月姫路で開かれたアナ連西日本協議会で「経済従属化の実態と構造」と題して報告(9月『ひろば』7号に掲載)。10月アナ連東京大会に参加。11月10日自宅と会社に「私につらなるすべての人よ、さようなら」と書かれた紙を残して消息を絶つ。58年1月12日神戸再度山中にて遺体発見。満27歳10カ月の生涯であった。〔小黒基司〕〔文献〕『定本イオム同盟詩集』コスモス社1957

佐久間 新吾　さくま・しんご　?–?　1919(大8)年東京京橋区(現・中央区)の秀英本舎和文科に勤め活版印刷工組合信友会に加盟する。〔冨板敦〕〔文献〕『信友』1919年8月号

佐久間 仙次　さくま・せんじ　?–?　1919(大8)年東京芝区(現・港区)の東洋印刷会社欧文科に勤め活版印刷工組合信友会に加盟する。〔冨板敦〕〔文献〕『信友』1919年8・10月号、1921年1月号

佐久間 仙太郎 さくま・せんたろう ?-? 1919(大8)年東京京橋区(現・中央区)の築地活版所印刷科に勤め活版印刷工組合信友会に加盟する。同年10月頃から同所同科の組合幹事を葛西銀造,中原平八,飯島万吉と担う。(冨板敦)〔文献〕『信友』1919年8・10月号

作間 チヨノ さくま・ちよの 1911(明44)-? 別名・緑川純子 北海道勇払郡安平村追分(現・平安村)に生まれる。中川郡本別村(現・本別町)に移り十勝裁縫女学校を卒業。裁縫で生計を立てる。友人の紹介で『文学新聞』『戦旗』や『蟹工船』を購読。32年頃プロレタリア文学を標榜する回覧雑誌『ストーム』を作成。34年6月『自連新聞』を購読。35年夏,吉川静夫らの『詩謡歌壇』に参加。11月26日無共党事件で取り調べを受けただ一人の女性アナキストとして話題になったが嫌疑薄弱として釈放された。しかし36年秋,天皇来道にあたり特高の視察対象にされた。いくつかの文学作品がある。(堅田精司)〔文献〕『身上調書』,『特高関係要警戒人物一覧簿』北海道庁警察部特別高等課1936,『小樽新聞』1935.11.30,『本別町史』1977

佐久間 貞一郎 さくま・ていいちろう 1886(明19)11-? 別名・呉文武 千葉県市原郡市西村(現・市原市)に生まれる。早稲田大学法学科2年を修了。1905年大連に渡り末松準一郎らと『遼東新報』を発刊,10年まで携わった。佐久間は中国語に堪能でまた弁髪にしていたという。帰国後,友人との会飲中に社会主義に関する発言があり,現政府を非難し爆裂弾を投げる必要があるなどの大言を吐いたため大逆事件の拡大捜査の網にかかり,土地復権同志会の設立者宮崎民蔵と交際があったとして11年丙号として要視察人名簿に登録された。その後友人との間に傷害事件をおこして入獄したり上海に渡ったりしているが,社会主義者として活動したということではないようである。(西山拓)〔文献〕『主義者人物史料』

佐久間 宮夫 さくま・みやお ?-? 新聞工組合正進会に加盟し1924(大13)年夏,木挽町(現・中央区銀座)本部設立のために1円寄付する。(冨板敦)〔文献〕正進会『同工諸君!! 寄附金芳名ビラ』1924.8

桜井 駒吉 さくらい・こまきち 1900(明33)-? 京都印刷工組合のメンバー。26年5月京都一般労働者組合創立のための京印協議会や茶話会を自宅で開く。27年9月17日芝田金三郎宅で開かれた大杉栄追悼会で相馬寅三(1905-?),石田一男,中辻修吉,亀井栄助らと太秦署に検束される(計9人)。(冨板敦)〔文献〕『自連』1・2号1926.6・7,『京都地方労働運動史』

桜井 覚 さくらい・さとる 1905(明38)9.26-1938(昭13)2.23 長野県南佐久郡桜井村(現・佐久市桜井)に生まれる。25年3月下伊那地方の青年運動に刺激されて結成された農愛会(桜井村)の会員となる。政治,社会,文学や新しい農村などを語り合う青年のサークルであった。桜井はアナ系の加藤一夫の『原始』を愛読し軽井沢に加藤を訪ねようとしたり,当時アナ系と見られた高倉輝に会うため別所に自転車を走らせたりしたという。その後農民自治会に入会。昭和恐慌下には青年団の電灯料値下げ運動に加わり,また全農佐久地区,労農党佐久地区結成に参加する。32年2月『農民闘争』佐久支局臼北小地区の責任者となる。38年中国渓河東で戦死。(安田常雄)〔文献〕大井隆男『農民自治運動史』銀河書房1980,『南佐久農民運動史・戦前編』同刊行会1983

桜井 重夫 さくらい・しげお ?-? 東京毎日新聞社に勤め東京の新聞社員で組織された革進会に加わり1919(大8)年8月の同盟ストに参加するが敗北。のち正進会に加盟。20年機関誌『正進』発行のために寄付をする。(冨板敦)〔文献〕『革進会々報』1巻1号1919.8,『正進』1巻1号1920.4

桜井 重信 さくらい・しげのぶ ?-? 時事新報社に勤め東京の新聞社員で組織された革進会に加わり1919(大8)年8月の同盟ストに参加するが敗北。のち正進会に加盟。20年機関誌『正進』発行のために1円寄付する。(冨板敦)〔文献〕『革進会々報』1巻1号1919.8,『正進』1巻1号1920.4

桜井 治助 さくらい・じすけ ?-? 1919(大8)年東京神田区(現・千代田区)の宮本印刷印刷科に勤め日本印刷工組合信友会に加盟する。(冨板敦)〔文献〕『信友』1919年10月号

桜井 盛一 さくらい・せいいち ?-? 1926(大15)年長野県南佐久郡畑八村(現・佐久穂町)で暮し農民自治会全国連合に参加。地元の農民自治会を組織しようとしていた。

(冨板敦)〔文献〕『農民自治会内報』2号1927

桜井 忠三郎 さくらい・ちゅうざぶろう ?-? 東京日日新聞社に勤め東京の新聞社員で組織された革進会に加わり1919(大8)年8月の同盟ストを同社の幹事として闘うが敗北。東京毎日新聞社に移り正進会に加盟。20年機関誌『正進』発行のために寄付をする。(冨板敦)〔文献〕『革進会々報』1巻1号1919.8、『正進』1巻1号1920.4

桜井 一 さくらい・はじめ 1911(明44)1.1-? 甲府市富士川町生まれ。小学校卒業後家業の製本業に携わるかたわら、30年頃からプロレタリア文芸誌を購読した。上京のおりに弟庄次郎を介して草村欽治を知り、その所属したアナ系劇団解放劇場の秋山清との出会いを経てアナキズムに傾倒した。31年5月農青社に鈴木靖之を訪ねその農村解放論に深く共鳴した。『黒色戦線』に詩を寄せ『農村青年』を地域青年たちに配布、宣伝するなどの活動を展開した。32年5月鈴木、船木上が上野頼三郎とともに訪れ、さらに同行して塩沢逸策、米倉正則を訪ねて山梨県下の農青社運動の展開について協議、『甲州青年』の発刊などを決議した。同年8月上京して農青社を訪問し秋山、小野十三郎らの解放文化連盟に参加した。以後、機関紙『文学通信』に詩を寄せ『峡中日報』に詩や評論を発表した。36年5月農青社事件で石和署に逮捕されその活発な動勢から山梨県ではただ一人起訴された。37年3月懲役2年執行猶予4年の判決を受けた。(奥沢邦成)〔文献〕『資料農青社運動史』、『農青社事件資料集Ⅰ・Ⅱ』

桜井 広昌 さくらい・ひろまさ ?-? 石版工。1923(大12)年6月日本印刷工組合信友会に石版工仲間と加盟し巴野善一らと計9名で柴田支部を組織する。(冨板敦)〔文献〕『印刷工連合』3号1923.8

桜井 松太郎 さくらい・まつたろう ?-? 1905(明38)年4月石川三四郎が主催した労働者観桜会において社会主義伝道隊の赤塗り大太鼓を叩いて先頭に立った。東京上野公園における巡査との乱闘で真っ先に捕らえられ下谷警察署に検束された。石川の回想によると、桜井は子供相手にヨカヨカ飴を売り歩く大道飴屋であり救世軍にいたこともあった。佃島の裏長屋に夫婦と子供3人で暮らしていたが貧乏をきわめていた。しかし演説会場がない時には自宅を開放したり鳴り物をつくって近所を歩いて注意を引くなど本職を生かして運動を継続していた。18年の米騒動では保護検束されている。晩年は子供たちに「社会主義ジイサン」と呼ばれ佃島界隈の名物男であったという。(西山拓)〔文献〕石川三四郎「自叙伝」『石川三四郎著作集8』青土社1977、向井孝『直接行動派の時代』「黒」発行所2001

桜井 六郎 さくらい・ろくろう ?-? 石版印刷工、信友会のメンバー。1924(大13)年7月19日信友会が正進会との合同を決めた神田松本亭での信友会臨時大会で、石版部の理事に選出される。(冨板敦)〔文献〕『印刷工連合』3・15号1923.8・1924.8、水沼辰夫『明治・大正期自立的労働運動の足跡』JCA出版1979

桜木 忠平 さくらぎ・ちゅうへい ?-? 1919(大8)年東京京橋区(現・中央区)の築地活版所欧文鋳造科に勤め活版印刷工組合信友会に加盟する。(冨板敦)〔文献〕『信友』1919年8・10月号

桜間 喜次郎 さくらま・よしじろう ?-? 1919(大8)年東京神田区(現・千代田区)の神田共栄舎印刷科に勤め日本印刷工組合信友会に加盟する。(冨板敦)〔文献〕『信友』1919年10月号

佐向 克己 さこう・かつみ ?-1910(明43)10 渡米中の幸徳秋水が06年6月オークランドで結成した社会革命党のメンバー。07年に帰国している。(西山拓)〔文献〕『社会主義沿革1』

酒向 清次郎 さこう・せいじろう ?-? 1919(大8)年東京京橋区(現・中央区)の築地活版所文選科に勤め活版印刷工組合信友会に加盟する。(冨板敦)〔文献〕『信友』1919年8・10月号

左近 毅 さこん・たけし 1936(昭11)1.25-2002(平14)1.4 東京市世田谷区下馬に生まれる。父は陸軍軍人。明治学院中学、国立高校を経て東京外国語大学ロシア語学科に入学、一橋大学大学院で金子幸彦教授につきロシア思想史を研究。バクーニンやクロポトキンなどアナキズムの研究につとめる。修士論文は「ミハイル・バクーニンの思想と生涯」。大阪市立大学で教鞭を取る傍ら精力的にバクーニン、クロポトキンらの研究に努め、73年戸川継男と共編で『バクーニン著作集』全6巻(白水社1973-74)やN. M. ピ

ルーモヴァ『クロポトキン伝』(法政大学出版局1994)などを訳出する。同書に付された70ページを越す年譜・著作一覧・参考文献・解説はクロポトキン研究の基本資料として高く評価された。1999年大阪市立大学退職後も「永遠の書生」を目指して後進の研究者と盛んに交流していたが，化膿性脊椎炎を病み志半ばで亡くなった。(大澤正道)〔著作〕上記のほかH．アルヴァン『アナーキズム』(訳)文庫クセジュ白水社，トロツキー『われわれの政治的課題』(藤井一行と共訳)1990，D．パヴロフ『日露戦争の秘密』(訳)成文社1994，G．ケナン『シベリアと流刑制度』(訳)全2巻法政大学出版局1996，奥村剋三と共編『ロシア文化と近代日本』世界思想社1998，バクーニン『国家制度とアナーキー』(訳)白水社1999，V．クザーノフ『ロシアのサムライ』(訳)元就出版社2001，堀江満智『遥かなる浦潮(ウラジオストック)』(監修・解説)新風書房2002〔文献〕大阪市立大学『人文研究左近毅退任記念号』51号1999.12,「亡くなられた左近毅さんの「自己史」」『日本アナキズム運動人名事典編集委員ニュース』24号2002.5.24

笹　辰雄　ささ・たつお　?-?　1919(大8)年東京神田区(現・千代田区)の川辺印刷所に勤め日本印刷工組合信友会に加盟する。(冨板敦)〔文献〕『信友』1919年10月号

笹井　末三郎　ささい・すえさぶろう　1901(明34)2.10-1969(昭44)1.12　別名・陶，陶三郎，季三郎，季郎　京都市中京区千本三条生まれ。朱雀校(現・朱雀第一小学校)を経て立命館中学卒業。上級学校への進学を希望したが千本組組長であった父の許しが出なかった。詩作にふける文学少年であった。19年に創設された労働者と学生の合宿所ボルガ団に出入りし和田久太郎を知る。大杉栄はボルガ団訪問が縁で20年高山義三の入営中に招かれ講演などしている。この年家出して神戸の安谷寛一を頼り近藤茂雄らを知る。ロンダ組に加わり京都に帰って『労働運動』京都支局を手伝う。その後千本組の三男という血のしがらみに悩み家出を繰り返す。千本組(荒寅)は土木建築請負，二条駅貨物の輸送を生業としていたが同時に大日本国粋会京都支部としても知られる存在であった。20年笹井季の変名で日本社会主義同盟に加盟する。21年出獄してきた山鹿泰治の京都脱出を助けたことが山鹿の記録絵に残されている。この年近藤らとともに『関西労働者』に参加。22年アナキストが主導権を握る京都印刷工組合が結成され，組合会長藤本巌の周辺にいる「千本の大親分荒寅の息子」(『京都地方労働運動史』)として注目される。23年4月饗庭寅蔵(般若の寅)や大杉の京都案内に一役買った永田雅一を従えて団員29人の血桜団を結成。25年虐殺された大杉の報復を計画。吉田らアナキストも待機したが決行直前に同業者との抗争がおき戦いの先頭に立つ。抗争終結後，騒擾罪で服役。以後は社会運動の表舞台を去りもっぱら活動家を側面から支援する道を選ぶ。近藤，岡本潤の映画界入りを助けさらに京都で仏籍に入った宮嶋資夫を全面的に支援するなど助けられたアナキズム関係者は多い。戦後は映画界の陰の実力者としてのみ知られるが48年にはアナ連に加入申込書を届けるなどアナキズム社会実現の熱意は変わらなかった。やくざの親分と呼ばれることを嫌い「オレはたんなるゴロツキだよ」と語ったが岡本の詩「S」にある「涙もろい／涙の底にきらめく眼」をもった人情家であった。(西村修)〔文献〕『労働運動』1次6号1910.6,住谷悦治ほか『日本学生社会運動史』同志社大出版部1953,『京都地方労働運動史』，岡本潤『罰当たりは生きている』未来社1965，竹中労『日本映画縦断』全3巻白川書院1974-76，岡本潤『詩人の運命』立風書房1974，マキノ雅弘『映画渡世』平凡社1977，岡本潤『時代の底から』風媒社1983,『宮嶋資夫著作集7』慶友社1983，山口猛『満映』平凡社1989，柏木隆法『千本組始末記』海燕書房1992

笹尾　安太郎　ささお・やすたろう　?-?　1919(大8)年東京京橋区(現・中央区)の国光社文選科に勤め日本印刷工組合信友会に加盟する。(冨板敦)〔文献〕『信友』1919年10月号

笹岡　栄　ささおか・さかえ　1904(明37)-?　長野県に生まれる。高等小学校を経て21年上伊那郡農学校を卒業。その後小学校代用教員を3年つとめ上諏訪町の信濃新聞社見習い記者となる。25年頃から海野高衛，鷹野原長義，竹内仲之，高山兼次郎，武居直人らと交流する。同年10月，12月に諏訪郡米沢村尋常高等小学校運動場の御真影奉安殿に投石，また26年海野に出した葉書が不敬罪にあたるとして検挙されるが27年2月免訴となる。(冨板敦)〔文献〕『不敬事件1』

笹川　四十郎　ささがわ・しじゅうろう　?-?　1919(大8)年東京京橋区(現・中央区)の築地

活版所欧文鋳造科に勤め日本印刷工組合信友会に加盟する。〔冨板敦〕〔文献〕『信友』1919年10月号

佐々木 逸郎 ささき・いつろう ?-? 長野県南佐久郡畑八村（現・佐久穂町）で暮し1927（昭2）年農民自治会全国連合に参加する。同年『農民自治』（13号）に小山四三と関和男の住み家「土の家」をテーマにした詩を投稿。28年11月には唐沢憲一（滋野村農民自会員）発行の『土の花』（創刊号），29年1月には竹内新（田口村農民自会員）発行の『みどり』（4号）に寄稿する。〔冨板敦〕〔文献〕『農民自治』13号1927.11，大井隆男『農民自治運動史』銀河書房1980

佐々木 修 ささき・おさむ ?-? 1919（大8）年東京麹町区（現・千代田区）の同労会和文科に勤め活版印刷工組合信友会に加盟する。〔冨板敦〕〔文献〕『信友』1919年8・10月号

佐々木 一夫 ささき・かずお 1906（明39）9.9-1987（昭62）1.23 鳥取県北谷村（現・倉吉市）に生まれる。27年犬田卯の推薦で『地方』に小説「石地蔵」を発表，同年夏に農民文学会会員となる。29年4月の第3次『農民』創刊号には「寄付金」を発表している。34年には「没落後」（『文学界』），「茂の一家」（『文化集団』），「秋」（『文学評論』），「篤農時代」（『文化集団』）などを発表し農民文学作家としての地歩を築く。戦後は新日本文学会に加入，のちに民主主義文学同盟に所属する。〔川口秀彦〕〔文献〕犬田卯『日本農民文学史』農山漁村文化協会1977，『エス運動人名事典』

佐々木 勝之助 ささき・かつのすけ ?-? 中央新聞社に勤め東京の新聞社員で組織された革進会に加わり，1919（大8）年8月の同盟ストに参加するが敗北。のち正進会に加盟。24年夏，木挽町（現・中央区銀座）正進会本部設立のために2円寄付する。〔冨板敦〕〔文献〕『革進会々報』1巻1号1919.8，『正進』4巻4号1923.4，正進会『同工諸君!! 寄附金芳名ビラ』1924.8

佐々木 金悦 ささき・かねのぶ ?-? 時事新報社に勤め新聞工組合正進会に加盟。1920（大9）年機関誌『正進』発行のために1円寄付する。〔冨板敦〕〔文献〕『正進』1巻1号1920.4

佐々木 兼正 ささき・かねまさ ?-? 1919（大8）年東京神田区（現・千代田区）の神田共栄舎和文科に勤め日本印刷工組合信友会に加盟する。〔冨板敦〕〔文献〕『信友』1919年10月号

佐々木 侃一 ささき・かんいち 1903（明36）-1968（昭43）10.28 愛知県生まれ。名古屋労働者協会に加盟し左派として葉山嘉樹，亀田了介らのアナルコ・サンジカリズム的な労働組合運動を闘う。23年名古屋鉄工場労働者組合に加入。同年名古屋初のメーデーを前にした4月20日のカンパニア演説会で伊սu長光らと演説，同月30日伊藤，梅田定広，高村藤一らと予備検束にあう（12人）。24年9月文化茶屋での座談会に参加，梶田徳次郎ら在名アナキスト，左翼活動家らと検挙される（12人）。26年労農党名古屋支部執行委員となる。45年日本社会党に入党。〔冨板敦〕〔文献〕『名古屋地方労働運動史』，『解放のいしずえ』新版

佐々木 欽一 ささき・きんいち ?-? 新聞工組合正進会に加盟し1924（大13）年夏，木挽町（現・中央区銀座）本部設立のために3円寄付する。〔冨板敦〕〔文献〕正進会『同工諸君!! 寄附金芳名ビラ』1924.8

佐々木 均一 ささき・きんいち ?-1965（昭40）4.13 別名・均，函館市で印刷工となる。22年6月15日井上正夫とともに函館印刷工親工会を会員60人で組織。24年4月印刷工連合会の全国大会に出席。同年11月東印創立大会で祝辞を述べる。25年頃は東京に居住していた。26年5月函館最初のメーデーに会員30人とともに参加。同月25日会員が半減したので組織再建を協議。9月29日北海黒連に団体加盟。27年3月全国印刷工連合会第4回大会に出席。函館の情勢報告をする。その年の函館メーデーには参加せず，その後上京し東京印刷工組合の新聞部で活動した。しかし31年春，宮越信一郎，佐藤栄三とともに東印を脱退し6月1日東京印刷産業労働組合，国民解放社を組織した。〔堅田精司〕〔文献〕『印刷工連合』12・19・24・26・35号1924.5・12・25.5・7・26.4，『自連』2・7・11・13号1926.7・12・27.4・6，『黒色青年』6号1926.12，産業労働調査所編『1926年に於ける日本労働組合の勢力』希望閣1926，『北海道労働団体一覧表』北海道庁警察部1927，『本道ニ於ケル左翼労働組合運動沿革史』北海道庁1931，水沼辰夫『明治・大正期自立的労働運動の足跡』JCA出版1979，『無政府主義運動』52号1965.10

佐々木 銀次郎 ささき・ぎんじろう ?-? 1919（大8）年東京京橋区（現・中央区）の築地活版所機械修繕科に勤め日本印刷工組合信友会

に加盟する。(冨板敦)〔文献〕『信友』1919年10月号

佐々木 国策 ささき・くにさく ?-? 1919(大8)年東京神田区(現・千代田区)の三秀舎ポイント科に勤め日本印刷工組合信友会に加盟する。(冨板敦)〔文献〕『信友』1919年10月号

佐々木 紅尼 ささき・こうじ ?-? 1925(大14)年アキスト香具師として，小樽鎖断社に参加し娼妓廃業運動や労働運動に奔走。その後土建業に転進し，土工部屋を経営したが，敗戦とともに炭坑の支柱夫となる。芦別などの炭坑街を制圧した右翼系香具師に対抗して，かつてのアナキスト香具師を糾合し「山だに追放運動」を展開。これに成功。炭労が勢いを強めると，労働運動から離れた。(堅田精司)〔文献〕『小樽新聞』1925.9,『労働福利』各号,『北海道新聞』1946-1950各号

佐々木 貞吉 ささき・さだきち ?-? 1919(大8)年東京本所区(現・墨田区)の凸版印刷会社欧文科に勤め活版印刷工組合信友会に加盟する。(冨板敦)〔文献〕『信友』1919年8・10月号

佐々木 左門 ささき・さもん ?-? 1921(大10)年横浜市内で過激宣伝ビラを散布したとして吉田只次，山上房吉，斎藤光太郎とともに検挙される。第1審で禁錮2カ月とされ控訴した。22年12月13日横浜市羽衣町弁天社内京浜華友倶楽部で斎藤とともに横浜自由労働者組合創立一周年記念講演会を開くが解散させられる。参加者40名。(冨板敦)〔文献〕『労働運動』3次1・3号1921.12・22.3, 協調会情報課『(大正12年3月)本邦労働運動調査報告』協調会1923.3,『神奈川県労働運動史(戦前編)』

佐々木 正吾 ささき・しょうご 1895(明28)-1921(大10)10.15 盛岡に生まれる。高等小学校卒業後上京。麹町区(現・千代田区)の報文社欧文科に入社。のち秀英舎，築地活版所，福音印刷会社を経て1919(大8)年同労舎欧文科に勤め活版印刷工組合信友会に加盟。同年8月に京橋区(現・中央区)の国文社に移る。21年9月に病魔に襲われ鎌倉で療養するが10月15日に亡くなる。(冨板敦)〔文献〕『信友』1919年8・10月号，1921年11月号

佐々木 正太郎 ささき・しょうたろう ?-? 読売新聞社に勤め新聞工組合正進会に加盟。1920(大9)年機関誌『正進』発行のために50銭寄付する。(冨板敦)〔文献〕『正進』1巻1号1920.4

佐々木 慎一郎 ささき・しんいちろう ?-? 1919(大8)年東京小石川区(現・文京区)の博文館印刷所に勤め活版印刷工組合信友会に加盟する。(冨板敦)〔文献〕『信友』1919年8月号

佐々木 末蔵 ささき・すえぞう ?-? 1919(大8)年東京京橋区(現・中央区)の三協印刷株式会社文選科に勤め活版印刷工組合信友会に加盟する。(冨板敦)〔文献〕『信友』1919年8月号

佐々木 大蔵 ささき・だいぞう ?-? 1934(昭9)年11月3日東京神田キング倶楽部で開かれた全国自連全国委員会で小委員会委員に任命される。(冨板敦)〔文献〕『自連新聞』95号1934.10,『特高月報』1934.11,『社会運動の状況6』

佐々城 佑 ささき・たすく 1883(明16)4.1-1978(昭53)3.24 東京市で医師佐々城本支と婦人運動家星豊寿の長男として生まれる。姉信の恋人国木田独歩と交際。同志社中学を経て札幌中学に学ぶ。在学中に内村鑑三の無教会主義に共鳴。1900年中学卒業。片山潜と親交のあったキリスト教社会主義者で姉の婚約者森広に英語を学んでいたが「日本の事が上から下までいやになり」01年5月渡米。人間の権利が重んじられていることに驚く。06年在米日本人アナキストの組織社会革命党に中学の後輩並河乳蛇とともに入党。エスペラントを学習。07年末帰国したがスパイの報告で荷物を取り調べられ特別要視察人に編入される。佐世保の姉の家に身をよせる。08年7月社会革命党時代の同志二俣松太郎と妹が結婚。13年10月特別要視察人名簿から削除される。佐賀市の竜谷中学の教員となり熊本市の九州学院に転じる。17年ルーテル教会の牧師のすすめでホイッテケルのキリスト伝『超絶せる生涯』を翻訳して刊行。上京しエスペラントを通じて26年山川菊栄の姉松栄と結婚，妻とともに女性エスペランチストの会クララ会の組織を拡大。横浜市立二中に勤務。敗戦後は佐々城英学塾を経営。(堅田精司)〔文献〕『無教会』6号1901.8,『主義者人物研究史料1』,『北方文芸』1973.4,『社会主義沿革1』, 阿部光子『或る女』の生涯』新潮社1992,『エス運動人名事典』

佐々木 保 ささき・たもつ ?-? 東京市江戸川区平井に居住し神田神保町の山縣製本印刷整版部に勤める。1935(昭10)年1月13

日整版部の工場閉鎖,全部員40名の解雇通告に伴い争議勃発。工場を占拠して闘い同月15日解雇手当4カ月,争議費用百円で解決する。山縣製本印刷は当時東京大学文学部の出入り業者であり,東印は34年5月以降,東印山縣分会を組織していた。(冨板敦)〔文献〕『山縣製本印刷株式会社争議解決報告書』東京印刷工組合1935,『自連新聞』97号1935.1,中島健蔵『回想の文学』平凡社1977

佐々木 長四郎 ささき・ちょうしろう ?-? 1934(昭9)年東京印刷工組合の協議委員をつとめる。当時の東印役員は梅本英三,山口健助,大塚貞三郎,柴田知之,加藤栄太郎,堀田幸一,三井利員,満田友之助,川井大三,八重樫春美,楠山次郎,山本捷太郎,古川清幸,菊地長太郎,玉置義明,佐藤留吉,佐々木の17人。梅本が組合責任者だった。(冨板敦)〔文献〕『東印ニュース』3号1934.9

佐々木 道元 ささき・どうげん 1889(明22)2.10-1916(大5)7.15 熊本市西坪井町の真宗西本願寺派即生寺の二男として生まれる。熊本高等小学校を経て県立中学済々黌に入学。兄徳母は新美卯一郎と小学校以来の知人で東京に遊学してルソーの民約論,老荘思想,社会主義思想などを学んだりオーストラリア,シャム,満州に渡り社会運動に参画するなど活動的な人物であった。この兄の影響で道元は済々黌在学中に『革命評論』『熊本評論』を読み08年頃に熊本評論社を訪れた。新美から社会主義の研究をすすめられ『新紀元』を借りた頃から同社を頻繁に訪れるようになり,松尾卯一太の思想にひかれ尊敬するようになった。また一時入社した坂本清馬とも交流。『熊本評論』廃刊後も松尾と交流し済々黌中退後は『平民評論』の発行に携わった。大逆事件では坂本や宮下太吉と接触したことから大逆罪に問われ死刑宣告を受けたが翌日無期懲役に減刑され千葉監獄に収監された。16年獄死。(西山拓)〔文献〕糸屋寿雄『増補改訂大逆事件』三一書房1970,水野公寿『「熊本評論」周辺の青年たち』『近代熊本』21号1981.12,上田穣一・岡本宏編著『大逆事件と「熊本評論」』三一書房1986

佐々木 寅三 ささき・とらぞう ?-? 京都一般労働者組合のメンバー。1926(大15)年7月2日京都市下京区花屋町大宮の京都印刷工組合本部で開かれた京都一般創立大会で議長をつとめる。また建築工部の理事となる。8月2日西陣キリスト教会で開かれた京都一般,京印,関西黒旗連盟,自連主催の労働運動批判大演説会で開会を宣言する。10月2日労農党の議会解散演説会でやじり倒し検束される。同月21日の関西自連第3回大会で無産政党排撃の議案(可決)を朗読するが中止となる。(冨板敦)〔文献〕『自連』3・4.5-7号1926.8・10・11・12,『京都地方労働運動史』

佐々木 登 ささき・のぼる ?-? 大逆事件の取り調べの過程で押収された大石誠之助,新村忠雄の住所氏名録に記載があり神戸市二宮町在住になっている。また愛媛県宇和島袋町(現・宇和島市)のシンガ裁縫機械会社出張所内の住所において『革命評論』を予約購読している。『革命評論』は宮崎滔天主宰で06年9月から発刊され,宮崎民蔵を中心とする土地復権同志会の機関誌も兼ねていた。(西山拓)〔文献〕上村希美雄『「革命評論」と初期社会主義者』『初期社会主義研究』4号1990.12

佐々木 初太郎 ささき・はつたろう ?-? 1919(大8)年東京京橋区(現・中央区)の築地活版所石版科に勤め日本印刷工組合信友会に加盟する。(冨板敦)〔文献〕『信友』1919年10月号

佐々木 仁久 ささき・ひとひさ 1902(明35)-? 福島県双葉郡長塚村福田迫(現・双葉町)生まれ。8歳で父と死別し母の実家の相馬郡小高村(現・南相馬市)に移り同地の小学校を卒業後,東京に出る。19年大原簿記学校を卒業,下谷区(現・台東区)の広野炭坑に勤めるうちクロポトキンの『相互扶助論』『田園・工場・仕事場』などを読むようになる。半年後福島県下の同炭坑現場係となり飯場制度の矛盾を痛感して改善につとめるが1年ほどで退社,21年神奈川県足柄上郡に転住して養蜂業を始める。28年中郡秦野町(現・秦野市)に移り『労働農民新聞』の取次店も経営。29年専売局の葉煙草の買い取り価格の低さが煙草耕作民を圧迫していることに抗議しパンフレット『農民の敵』を出版し秦野署に拘留される。31年3月末高座郡大野村(現・相模原市)に住む農青社の草薙市治の呼びかけで鈴木靖之,小野長五郎らとの会合に鈴木清士,青山正史,三部豊,草薙太助らと参加,農青社神奈川メンバーとなる。この会議では同地方の啓蒙運動を文芸誌に

拠ることと決定。佐々木は文学思想誌『雑木林』を発行し農青社運動に奔走するが1年で発禁となる。32年足柄下郡湯河原町に転じ35年10月『湯河原新聞』を発行，36年1月廃刊。同年初め頃無共党事件で検挙され5月農青社事件で再び検挙されるが起訴猶予となる。(冨板敦)〔文献〕『身上調書』，『資料農青社運動史』，『農青社事件資料集Ⅰ』

佐々城 松栄 ささき・まつえ 1886(明19)5.3-1933(昭8)6 旧姓・森田 山川菊栄の4歳上の姉。小学校から女子英学塾までいつも総代であった。水戸藩儒者であった祖父の青山延寿から漢学，歴史を学び母森田千世からも教育される。03年女子英学塾に進み卒業して宇都宮高等女学校教諭として赴任。20年エスペラントを学び日本における草分けの一人となる。22年自宅で若い女性たちに教えるようになりそれが25年4月クララ会に発展，全国にクララ会組織が広がる。26年佐々城佑と結婚後は夫妻で指導にあたる。海外エスペラント雑誌への寄稿も活発に行い日本の労働運動，女性運動の実情を報告。47歳で死没し，母千世が『佐々城松栄遺稿集』(日本エスペラント学会1934)を出版した。(市原正恵)〔文献〕山川菊栄『女二代の記』平凡社1972，「ああ佐々城松栄夫人」"La Revuo Orienta"日本エスペラント学会1933，『エス運動人名事典』

佐々木 通理 ささき・みちさと ?-? 万朝報社に勤め東京の新聞社員で組織された革進会に加わり1919(大8)年8月の同盟ストに参加するが敗北。のち正進会に加盟。20年機関誌『正進』発行のために1円寄付。また24年夏，木挽町(現・中央区銀座)正進会本部設立のためにも1円寄付する。(冨板敦)〔文献〕『革進会々報』1巻1号1919.8，『正進』1巻1号1920.4，正進会『同工諸君!! 寄附金芳名ビラ』1924.8

佐々木 保男 ささき・やすお 1909(明42)-? 28年8月27日金沢市金沢電気局で，電気使用料の支払えない知人が電力供給をストップされようとしたことを黒連メンバーを名のって抗議する。これが暴力行為にあたるとして懲役2カ月となる。(冨板敦)〔文献〕『思想輯覧2』

佐々木 義夫 ささき・よしお ▷砂丘浪三 すなおか・なみぞう

佐々木 龍太郎 ささき・りゅうたろう ?-? 1925(大14)年5月24日函館市西川町(現・豊川町)の函館印刷工組合親工会事務所で開かれた「新工会大正14年度大会」に小樽の同志として祝電を送る。(冨板敦)〔文献〕『印刷工連合』26号1925.7

笹島 善吉 ささしま・ぜんきち ?-? 1919(大8)年東京京橋区(現・中央区)の秀英本舎紙裁科に勤め活版印刷工組合信友会に加盟する。(冨板敦)〔文献〕『信友』1919年8・10月号

笹島 福造 ささしま・ふくぞう ?-? 1919(大8)年東京麹町区(現・千代田区)の外務省活版部印刷科に勤め日本印刷工組合信友会に加盟する。(冨板敦)〔文献〕『信友』1919年10月号

笹原 定治郎 ささはら・さだじろう 1882(明15)1.11-1964(昭39)7.4 別名・潮風 山形県鶴岡市元曲師町に生まれる。庄内中学に学び在学中すでに民友社版『現時の社会主義』を読んで感銘を受けた。1898年東京専門学校(現・早稲田大学)入学，政治経済を学ぶ。安部磯雄に師事する一方，幸徳秋水，木下尚江，片山潜らとも交わる。1903年卒業とともに帰郷して啓蒙活動を開始，鶴岡新聞社の主筆兼経営者として紙上の論説および講演会などで多くの青年たちに影響を与えた。05年平民社の創立と同時に入社。やがて活動基盤を庄内から山形，村山へと拡げ思想的には幸徳に学んだ。10年大逆事件に触れて『鶴岡新聞』に発表した記事によって翌11年禁錮5カ月の判決を受けて下獄。自由民権運動が退潮した明治後期にあって山形地方における初期社会主義，啓蒙期の先覚者としてあとに続いた活動家たちの生みの親でもあった。(奥沢邦成)〔文献〕佐藤善夫『ものがたり山形県社会運動史・前篇』民主組織促進会1946

笹部 邦久 ささべ・くにひさ ▷小林一郎 こばやし・いちろう

笹本 雅敬 ささもと・まさひろ 1940(昭15)2.11-1987(昭62)5.21 鹿児島市生まれ。56年鹿児島高校に入学。翌57年中退して上京，大森高校定時制に入学，同時に東京大学附属病院分院皮膚科に勤務する。61年同病院を退職し日刊シルク情報社に入社。同年アナ連に加盟。62年小石川高校定時制を退学し自立学校に参加。63年直接行動者委員会による動労尾久機関区闘争，64年メノ

ン，クマール来日の国際平和行進，同年無政府共産党結成に参加。65年ベトナム人民義勇軍運動，東京行動戦線などに加わる。同年日韓条約反対のアンモニア瓶闘争で逮捕される(処分保留)。66年4月ベトナム反戦直接行動委員会を結成し，大島啓司(朝倉喬司)，斎藤和，栄健，島崎忠，河津一彦，松野猛，和田俊一，新倉雅博，斉藤準一，高橋愿らと共に10月19日兵器産業日特金属工業，11月15日豊和工業を攻撃，逮捕されたが12月保釈，以後裁判闘争を展開。67年レボルト社に参加。同年8月ベ反委闘争の公判が開始され，黒旗を立て裁判所内をデモし法廷で胡椒をまくなど傍聴者を含め裁判史上類をみない激しい裁判闘争となる。公判中メンバーの栄健，松野猛が自殺。71年5月第1審判決(懲役8ヵ月執行猶予2年)。この間68年語学関係会社テックに入社。71年頃から朝日連峰のぶなを守る会，南アルプス・スーパー林道反対など自然保護運動に積極的に関わり奥秩父連峰などの雷鳥生息調査にも参加した。73年4月テックを退社して現代思潮社に入社。76年同社を退社後，83年自由思想社を設立。86年5月斎藤和(ベ反委，東アジア反日武装戦線)10周年追悼会を主催，6月スペイン革命50周年記念集会を開催。87年5月アナ連再建のための準備会議を呼びかけ，その打ち合わせのおりに倒れ心筋梗塞で死没。同年7月新宿花園神社で追悼集会，秋にみやま山荘で追悼の夕べが開かれた。(真辺致真)〔文献〕ベトナム反戦直接行動委員会編・刊『死の商人への挑戦』1967，松田政男『テロルの回路』三一書房1969，『追悼笹本雅敬』笹本雅敬追悼集刊行会1989

笹森 勳 ささもり・いさお ?-? 芝浦製作所に勤め1922(大11)年芝浦労働組合に加盟し鍛冶分区に所属。『芝浦労働』(1次2号)に「組合加入に臨んで」を執筆する。(冨板敦)〔文献〕『芝浦労働』1次2号1922.12

笹森 登美夫 ささもり・とみお 1909(明42)-? 26年頃乱調時代社をおこし同年12月農党埼玉県支部連合会発会式に堂脇次郎，成沢量一，水野利悦らと押しかけ検挙される。同年埼玉県大里郡熊野町(現・熊谷市)で李主奭と「リャク」(掠)をしたとして検挙され暴行罪で懲役1年6カ月，恐喝罪で2年6カ月となる。雑誌記者をしていた。戦後アナ連に入り松戸市で松戸生活擁護同盟を組織し活動したが48年住宅侵入罪で検挙された。(冨板敦)〔文献〕『思想輯覧1』，『平民新聞』105号1949.1.31

笹山 米太郎 ささやま・よねたろう ?-? 1919(大8)年岡山市の村本研精堂に勤め活版印刷工組合信友会に加盟する。(冨板敦)〔文献〕『信友』1919年8・10月号

佐鋪 亀太郎 さじき・かめたろう ?-? 新聞工組合正進会に加盟し1924(大13)年夏，木挽町(現・中央区銀座)本部設立のために3円寄付する。(冨板敦)〔文献〕正進会『同工諸君!! 寄附金芳名ビラ』1924.8

佐敷 喜之助 さじき・よしのすけ ?-? 新聞工組合正進会メンバー。1921(大10)年11月18日石川島造船所争議の応援に行き，正進会の布留川信，生島繁，北浦千太郎と検束される。(冨板敦)〔文献〕『正進』1巻7号1920.11, 2巻12号1921.12, 正進会『同工諸君!! 寄附金芳名ビラ』1924.8

佐周原 小一 さすはら・しょういち ?-? 1919(大8)年東京京橋区(現・中央区)の秀英本舎和文科に勤め活版印刷工組合信友会に加盟する。(冨板敦)〔文献〕『信友』1919年8月号

佐田 清次 さだ・せいじ ?-? 1919(大8)年東京深川区(現・江東区)の東京印刷深川分社第二部印刷科に勤め活版印刷工組合信友会に加盟する。(冨板敦)〔文献〕『信友』1919年8月号

佐竹 新市 さたけ・しんいち 1900(明33)12.5-1982(昭57)6.20 別名・真一 広島県山県郡川迫村(現・北広島町)生まれ。広島港港湾労働者として働き修道中学に学び中退。石炭販売外交員も経験。かなり以前からクロポトキンを読んでアナキズムに触れ上京して大杉栄を訪ねる。24年9月八太舟三の労働問題講習会(翌年3月中止)に参加。25年3月吉田昌晴，白砂健，青山学，矢口英一，東勉，鎌田喜三，大前浅一，加藤実，小林秀雄らと広島純労働者組合を結成，8月機関紙『閃光』を発行。同年10月広島純労主催で労働芸術の大講演会を開催。翌年7月広島ゴム労働者ストをはじめ30年鐘紡大争議など支援闘争を展開。同年松原カメ子と結婚。この頃から無産政党結成運動に向かいアナ系から離れる。38年2月第2次人民戦線事件で検挙。敗戦後，47年から

58年まで社会党の衆議院議員を通算4期つとめた。(北村信隆)〔文献〕『思想月報』53号1938.9,山木茂『広島県社会運動史』,川戸教学99年記念実行委員会編『記念誌』千代田町立川迫小学校1972,保田庄一『社会運動十字街』1978,『広島県労働運動史』1980,『広島県労働運動史』1981

佐竹 富夫 さたけ・とみお 1886(明19)2.20-? 別名・大鑑 京都府中郡丹波村丹波(現・京丹後市)に生まれる。1920(大9)年加藤一夫宅に住み日本社会主義同盟に加盟。21年自由人連盟に出入りし無政府主義を抱持しているとして警視庁の思想要注意人とされる。(冨板敦)〔文献〕『警視庁思想要注意人名簿(大正10年度)』

佐竹 良雄 さたけ・よしお 1906(明39)-1950(昭25)9.18 別名・中村智 神戸市林田区東尻池町に生まれる。24年三菱職工学校機械科を卒業後,同社工場に勤めるが25年3月病気退職。同年10月大阪市の明治ビル地下食堂のコック見習いをはじめとしてあちこちコックとして働く。29年芝原淳三の誘いで黒連に加盟。30年頃神戸で安宅良治と氾濫社を設立,4月鐘紡兵庫工場争議を闘う。5月自協系の機関紙『ナボドネニー』を創刊。のち神戸合成労働者組合を結成。この間日本自協のメンバーとしても活動する。34年3月18日上京,自協・自連の合同大会(全国自連第4回大会)に神戸合成代表として参加,大会役員をつとめる。全国自連から独立した『労働者新聞』を逸見吉三とともに編集。この年から神戸市吉田町の山添工務店に製図工として勤めた。35年末頃無共党事件で検挙されるが不起訴。戦後はアナ連に参加。46年大阪地方労働組合会議を逸見,福井陽三らと結成(のち日本労働組合会議,全日本労働組合連盟に発展)。日労会議の出版部を担う。(冨板敦)〔文献〕『黒色労農新聞』4号1930.10,『労働者新聞』37号1934.3,『平民新聞』18号1950.12,萩原晋太郎『日本アナキズム労働運動史』現代思潮社1969,『身上調書』

佐竹 柳作 さたけ・りゅうさく ?-? 1919(大8)年東京芝区(現・港区)の東洋印刷会社欧文科に勤め活版印刷工組合信友会に加盟する。(冨板敦)〔文献〕『信友』1919年8・10月号

定村 比呂志 さだむら・ひろし 1912(明45)2.19-1968(昭43)3.3 本名・定村浩 福岡県京都郡稗田村(現・行橋市下稗田)に地主兼自作農の長男として生まれる。29年県立豊津中学を卒業し大東文化学院に入学するが翌年病気のため中退する。『文芸戦線』などを読み中学の先輩である葉山嘉樹に近づくが同年暮全国農民芸術連盟(犬田卯ら)に参加。31年4月上京,親戚に身を寄せ文選工となる。『農民』の内紛のためアナ系の山下一夫,土屋公平らの側に立ち自治連盟全国連合結成に加わる。9月家庭の事情で帰郷。全国農民詩人連盟に加わるが経済的理由で翌年退会。12月農民詩誌『鴉』を発行。従兄の山田与志雄と親交。『創生時代』『農本社会』に寄稿。32年佐賀県の郷迫郁三,中村吉次郎,江上ルイ,福岡県の佐藤一夫,青木朝夫,川村エマ子らと自由連合九州準備会を結成するが弾圧のため不首尾に終わる。34年3月詩集『廃園の血脈』(詩の仲間社)を刊行するが発禁,家宅捜索を受け資料,書籍すべて押収され10日間拘留される。8月『畦文学』創刊。35年養蚕,養鶏に励み稗田村農会に勤務する。11月農青社事件関連で取り調べを受ける。39年8月召集を逃れて朝鮮に渡り仁川陸軍造兵廠に勤める。敗戦により帰郷後は教育長,教育委員会総務課長などを歴任。67年5月退職。(黒川洋)〔文献〕松永伍一『日本農民詩史・中2』法大出版局1969・『農民詩紀行』NHKブックス1974,秋山清『発禁詩集』潮文社1970

定森 於和可 さだもり・おわか ?-? 別名・於和歌 岡山県勝田郡豊田村(現・奈義町)で暮し農民自治会岡山県連合会に参加。1920年代後半から30年代にかけて展開された岡山県下の農民自治会運動を担った数少ない女性活動家の一人。1927(昭2)年2月2-7日に同会全国連合の中西伊之助が岡山県各地を回り,6日には勝田郡豊並村で講演し豊並村ほか数カ村の農民自治会が発会した。定森は柴田みさほとともにこれに参加し婦人部の担い手になることも論議された。同日は正午から同郡豊並村(現・奈義町)の豊並村小学校で中西伊之助の講演会が開かれた。その後旅館に移り豊並村農自・豊田村農自の合同発会式があり,さらに豊田村農自婦人部が決められる。その夜旅館に集まった同志は,延原義憲,延原政行,有元,岸本,延原亀一,小坂富雄,守安宗,水島善四郎,国富,野々上,柴田,中西,定森

の全13名。(小林千枝子・冨板敦)〔文献〕中西生「各地情勢一斑 岡山行」『農民自治』2年8号1927.3, 小林千枝子『教育と自治の心性史』藤原書店1997

サッコ Sacco, Nicola 1891.4.22-1927.8.23 イタリア南部生まれ。米国に渡ったのは1908年のこと，この年13万人以上のイタリア人が移民として米国にやってきたという。靴職人だったサッコは12年同じイタリア出身の女性と結婚し二人の子供をもうけ，労働運動に加わり左翼思想に関心を持った。17年第1次大戦に米国が参戦すると徴兵を拒否するためメキシコに逃れた。そこでヴァンゼッティに出会う。数カ月ほどしてともに米国に帰った二人がマサチューセッツ州サウス・ブレイントゥリーにおいて賃金強奪と殺人の容疑で突然に逮捕されるのは20年5月5日のことであった。以後サッコ・ヴァンゼッティ事件の当事者として，27年の電気椅子による処刑の日を通して今日までこの二人の名前は切り離すことができない。大戦後の不況のもとで失業者が増大し労働運動が高揚する一方で，ロシア革命をきっかけに共産党組織が結成され爆弾事件も相次ぐなど騒然たる状態にあった。事件はこのような時代背景のなかで生まれた。「赤の恐怖」に対して政府はロシア人社会主義者やアナキストを逮捕し国外追放にするなどして事態に対応しようとした。裁判はイタリア人移民に対する偏見あるいはアナキストに対する差別意識に満ちたもので十分な証拠の検証や公平な審理のもとで行われたものではなかった。加えて彼らの言語的な障害もあった。また知事のもとに諮問委員会が設けられ事件の見直しが行われたが死刑判決を覆すには至らなかった。労働組合による裁判支援のほか，ドス・パソスらの作家や知識人たちが判決の不当さを訴えた。抗議活動は米国にとどまらず世界各地へと広がり日本でサッコ・ヴァンゼッティ擁護の闘いに最も積極的に取組んだのはアナ系諸団体である。27年8月アナ系諸団体による国際防衛委員会が結成され，21日夜築地小劇場で抗議大演説会を開催，米国大使館に押しかけ石川三四郎はじめ30余名が検束された。28年全国自連第2回大会では米国製品ボイコットが決議され，31年2月には飯田豊二らの解放劇場がアプトン・シクレアの「ボストン」を築地小劇場で公演，32年には草野心平訳『サッコ・ヴァンゼッチの手紙』(渓文社)が出ている。マサチューセッツ州知事が二人の無実を公式に宣言したのは半世紀後の77年である。(山泉進・大澤正道)〔文献〕荒川実蔵・佐々木孝編『サッコ＝ヴァンゼッチ事件の真相』南宋書院1927，アプトン・シンクレア(前田河広一郎・長野兼一郎共訳)『ボストン』全2巻改造社1929・30，『弾道』1巻4号1930，前田河広一郎『サッコ・ヴァンゼッテ事件』記録文学叢書7河出書房1937，『自由連合』143号1968.8, 守川正道『サッコ・ヴァンゼッティ事件』三一書房1977, Avrich, Paul, *Sacco and Vanzetti*, Princeton UP, 1991, 山口守「サッコ・ヴァンゼッティ紀行1-3」『編集委ニュース』28-30号2003.2・4・7

佐々 幸三 さっさ・こうぞう ?-? 1929(昭4)年5月に結成されたサンジカリズム派の東京印刷工連合会(のちの関東出版産業労働組合)に所属する。35年11月無共党事件で検挙されるが不起訴。(冨板敦)〔文献〕山口健助『青春無頼』私家版1982

薩田 源次郎 さつた・げんじろう ?-? 1919(大8)年東京京橋区(現・中央区)の国光社和文科に勤め日本印刷工組合信友会に加盟する。(冨板敦)〔文献〕『信友』1919年10月号

佐藤 伊太郎 さとう・いたろう 1908(明41)-? 浜松市中島町生まれ。高等小学校を卒業後上京し印刷工見習となる。25年1月帰郷。以後種々の仕事につき簿記学校も卒業。31年4月頃浜松市の遠江印刷同工会に加盟し斎藤竹雄らと活動する。『自連新聞』を定期的に鈴木貫一ら15人に配布した。同年5月からは家業の食堂を手伝いながら印刷外交員となる。35年1月上野克己が大阪で出していた月刊『情報』の東海支局を担う。同年11月13日無共党事件で検挙され懲役1年6カ月執行猶予4年となる。(冨板敦)〔文献〕『情報』2巻1号1935.1, 『特高外事月報』1936.12・37.3・4, 『社会運動の状況8』, 『身上調書』

佐藤 栄治 さとう・えいじ ?-? 千葉県に生まれ地元銀行の行員となる。1923(大12)年10月板野栄治，西尾虹二と『野葡萄』(石原政明編)の同人となる。27年末頃「資本家どもに奉仕する仕事がどうにもガマンならず」と出奔，飄然と名古屋に現れ28年10月個人誌『海豹』を創刊，石原らが参加した。29年7月岡本潤，竹内てるよ，石原，石田開二，横地正次郎，柴山群平らとアナキズ

437

ム詩誌『一千年』(浅野紀美夫編)の同人となる。画才もあり共著詩集の表紙装丁も手がけた。朴訥な人柄は皆から信頼を集めた。29年末頃結婚、港近くのセメント工場で組合づくりをしていた佐藤を浅野が激励に行ったのちは未詳。(黒川洋)〔著作〕共著詩集『怯える者の叫喚』一千年社1929〔文献〕浅野紀美夫『新尾頭町143番地』「風信」1968・70、杉浦盛雄『名古屋地方詩史』同刊行会1968、志賀英夫『戦前の詩誌・半世紀の年譜』詩画工房2002

佐藤 栄三 さとう・えいぞう ?-? 新聞工組合正進会に加盟し1924(大13)年夏、木挽町(現・中央区銀座)本部設立のために2円80銭カンパする。東京印刷工組合の中心メンバーとして組合大会の司会、ビラの起草委員となるほか全国自連結成に尽力する。26年4月8日京成電車争議の支援に50人の同志とともに駆けつけ、300人の警官に囲まれ大乱闘になり東印の関川らとともに検束され拘留25日となる。5月4日釈放。26年10月初旬から開かれた東印主催のエスペラント講習会で古河三樹松、山鹿泰治とともに講師をつとめる。28年9月『自連新聞』(27号)に「反逆者伝・師復」を執筆。30年9月やまと新聞社で不当解雇撤回争議が起こり支援、10月13日社主望月一郎の顔面を切りつけ硫酸をかけたとして検挙、懲役4カ月となる。31年6月宮越信一郎、川口慶助と月刊誌『国民解放』を発行し国粋的農本主義を主張する。(冨板敦)〔文献〕正進会『同工諸君!! 寄附金芳名ビラ』1924.8、『印刷工連合』34・35号1926.3・4、『黒色青年』2号1926.5、『自連』4.5号1926.10、『自連』53号1930.11、『ディナミック』30号1932.4

佐藤 於兎丸 さとう・おとまる ?-? 別名・乙丸、音丸 報知新聞社に文選工として勤め、東京各新聞社の整版部従業員有志で組織された労働組合革進会に加わり1919(大8)年8月の同盟ストに参加するが敗北。その後新聞工組合正進会に参加。20年機関紙『正進』創刊号に「醒めよ労働者」を寄せる。万朝報社に移り21年12月万朝報社の争議を闘い解雇。その後大阪に転じ23年12月安芸盛ら総同盟指導のもと日本織物新聞社の争議を闘う。当時佐藤は正進会を脱退していたが印刷工連合(正進会、信友会、京印)による外部支援を受ける。(冨板敦)〔文献〕『革進会々報』1巻1号1919.8、『正進』1巻1号1920.4、『労働運動』3次1号1921.12、『印刷工連合』8号1924.1

佐藤 数雄 さとう・かずお ?-1922(大11)7.18 時事新報社に勤め東京各新聞社の整版部従業員有志で組織された労働組合革進会に加わり1919(大8)年8月の同盟ストに参加するが敗北。その後新聞工組合正進会に加盟。22年機関誌『正進』3巻8号に訃報が掲載される。(冨板敦)〔文献〕『革進会々報』1巻1号1919.8、『正進』1巻1号1920.4、3巻8号1922.8

佐藤 一義 さとう・かずよし ?-? 新聞工組合正進会に加盟し1924(大13)年夏、木挽町(現・中央区銀座)本部設立のために1円寄付する。(冨板敦)〔文献〕正進会『同工諸君!! 寄附金芳名ビラ』1924.8

佐藤 勝弥 さとう・かつや ?-? 1919(大8)年東京深川区(現・江東区)の東京印刷深川分社第二部印刷科に勤め活版印刷工組合信友会に加盟する。(冨板敦)〔文献〕『信友』1919年8月号

佐藤 枯葉 さとう・かれは ?-? 1925(大14)年末頃、横浜市浅間町で飢渇人社を組織し26年1月機関紙『飢渇人』を編集印刷兼発行人として創刊する。創刊号には若杉浪雄が獄中から「市ヶ谷だより」を寄稿している。(冨板敦)〔文献〕『飢渇人』1号1926.1

佐藤 清隆 さとう・きよたか ?-? 別名・清太、加藤清隆 愛知県海部郡津島町(現・津島市)に生まれる。平野小剣、鈴木信らのすすめで1924(大13)年10月6日津島町巴座で加藤栄とともに海部郡水平社を結成し執行委員長となる。26年加藤信一、伊藤隆照とともに青年連盟機関紙『自由新聞』の津島町初日町支局を担う。27年4月海部郡水平社第2回大会で開会の辞を述べる。この大会で海部郡水平社はアナ派の全国水平社解放連盟支持を決議した。同年11月北原泰作直訴事件で山田三郎、山岡喜一郎、梅谷新之助、小林次太郎らと弁護士の依頼、慰問状の発送、師団司令部に対する糾弾など救援活動をする。(冨板敦)〔文献〕『自由新聞』1号1926.1、宮崎晃『差別とアナキズム』黒色戦線社1975、『愛知県部落解放運動史 戦前編』愛知県部落解放運動連合会1983

佐藤 国雄 さとう・くにお ?-? 別名・遠江静 浜松市に生まれる。1930(昭5)年西条八十らが出していた『蠟人形』の投稿仲間として清水清を知る。35年11月『詩行動』の

同人であったことを理由に無共党事件で検挙され（不起訴）職を失う。36年4月清水らとともに詩誌『詩作』を創刊，発行人を引き受ける。『詩作』は1号で終わるが，その後も清水と詩誌を出す。（冨板敦）〔文献〕清水清『写実への道』青娥書房1991

佐藤　国之助　さとう・くにのすけ　?-?　1919(大8)年横浜のジャパン・ガゼット社新聞課に勤め横浜欧文技術工組合に加盟して活動。同組合設立基本金として1円寄付する。（冨板敦）〔文献〕『信友』1919年8・10月号，1920年1月号

佐藤　久二彦　さとう・くにひこ　?-?　渡米中の幸徳秋水が1906(明39)年6月オークランドで結成した社会革命党のメンバー。（西山拓）〔文献〕『社会主義沿革1』

佐藤　国慶　さとう・くによし　?-?　芝浦製作所に勤め芝浦労働組合に加盟し変圧器分区に所属。1928(昭3)年4月25日，同労組の理事会でメーデー行列責任者となる。同年5月9日の拡大委員会では会計監査委員に選出される。29年11月16日芝浦会館で開かれた芝浦労働組合昭和4年度大会に参加し，副議長を務める。（冨板敦）〔文献〕『芝浦労働』3次19・21・22・23・33号1928.6・10・11・12・29.12

佐藤　健太郎　さとう・けんたろう　?-?　1919(大8)年東京麹町区（現・千代田区）の海商通報社に勤め活版印刷工組合信友会に加盟する。（冨板敦）〔文献〕『信友』1919年8月号

佐藤　広吉　さとう・こうきち　?-?　1919(大8)年東京四谷区（現・新宿区）の万月堂印刷所に勤め活版印刷工組合信友会に加盟する。（冨板敦）〔文献〕『信友』1919年8・10月号

佐藤　幸三　さとう・こうぞう　?-?　1919(大8)年東京神田区（現・千代田区）の三省堂印刷部鉛版科に勤め活版印刷工組合信友会に加盟する。（冨板敦）〔文献〕『信友』1919年8・10月号

佐藤　護郎　さとう・ごろう　?-?　1922(大11)年9月30日大阪の天王寺公会堂で開かれた日本労働組合総連合大会に機械技工組合を代表して参加。同年結成された農村運動同盟に加わり機関紙『小作人』の同人となる。23年水沼辰夫，佐藤陽一と組合運動社を組織し『組合運動』を創刊。23年12月16日の大杉栄・伊藤野枝葬儀には組合運動社を代表して準備委員となる。24年3月25日岡山市での中国労働組合連合会の結成大会に機械技工を代表して祝辞を述べる。同年末頃下中弥三郎，新居格，中西伊之助，佐藤，富田繁蔵らとサンジカリズム研究会をつくる。この年関東労働組合連合会に加盟。25年抹殺社を組織し『抹殺運動』(5月号から『左翼運動』と改題)を発行。同年11月末渡辺政吉，富田らと関東労働組合連合会から脱退する。東京機械工組合に所属し27年南葛飾郡砂町（現・江東区）の加藤工場争議を村田常二郎とともに応援，勝利に導く。（冨板敦）〔文献〕『労働運動』3次7号1922.9/4次2・4・9・14号1924.3・6・25.4・26.1,『組合運動』1号1923.2, ビラ「佐藤護郎放逐顛末」機械技工組合1925.11.29,『反政党運動』1号1927.6,『小作人』復刻版黒色戦線社1989, 水沼辰夫『明治・大正期自立的労働運動の足跡』JCA出版1979

佐藤　権八　さとう・ごんぱち　?-?　1919(大8)年東京神田区（現・千代田区）の三省堂印刷部欧文科に勤め活版印刷工組合信友会に加盟する。（冨板敦）〔文献〕『信友』1919年8・10月号, 1922年1月号

佐藤　悟　さとう・さとる　?-?　仙台市出身。添田啞蟬坊のうしほ会に属し啞蟬坊の東北巡演には行をともにしている。演歌を業としたが東北弁丸出しで歌い語ったという。1908(明41)年4月第2回両毛同志大会に山川均，守田有秋，大杉栄とともに参加，佐藤は「愉快なる『社会主義俗歌』」を歌ったという。6月赤旗事件で検挙，重禁錮1年罰金10円に処され，神田警察署留置中，房内の白壁に書かれた「一刀両断天王首」の筆者とされ不敬罪で未成年ながら重禁錮3年9カ月罰金150円，監視6カ月に処された。真の筆者は同房の宇都宮卓爾か森岡永治かといわれるが真相は不明。荒畑寒村の小説「一挿話」（『近代思想』1914.6)はこの事件を題材とした作品である。（堀切利高）〔文献〕添田知道『演歌師の生活』雄山閣1967,『社会主義沿革1』

佐藤　三太郎　さとう・さんたろう　⇒奥村俊一郎　おくむら・しゅんいちろう

佐藤　治太郎　さとう・じたろう　1904(明37)-?　秋田県山本郡能代港町富町（現・能代市）生まれ。高等小学校を卒業後，19年7月秋田木材会社に入り機械製作所の仕上げ見習い工となる。父の死亡後，能代港町の書店一長堂の店員に転じた。30年頃友人のすすめで左翼文献を読むようになった。35年

末頃無共党事件で検挙されるが不起訴。(冨板敦)〔文献〕『身上調書』

佐藤 十五郎 さとう・じゅうごろう ?-? 東京市深川区富川町(現・江東区森下)周辺で無軌道社,黒旗社のメンバーらと交流し下町アナと呼ばれる。池田寅三,大串孝之助,古河三樹松とともに1927(昭2)年5月から30年3月にかけて刊行された『蠢動』の同人となる。(冨板敦)〔文献〕『江西一三自伝』同刊行会1976

佐藤 淳 さとう・じゅん ?-? 1919(大8)年東京京橋区(現・中央区)の三協印刷株式会社和文科に勤め活版印刷工組合信友会に加盟する。(冨板敦)〔文献〕『信友』1919年8・10月号

佐藤 昌一 さとう・しょういち ?-? 1919(大8)年東京京橋区(現・中央区)の電新堂印刷所欧文科に勤め活版印刷工組合信友会に加盟する。(冨板敦)〔文献〕『信友』1919年8・10月号

佐藤 庄太郎 さとう・しょうたろう 1888(明21)-? 別名・紅葉 大逆事件の拡大捜査の過程で1910年8月坂本清馬に関して取り調べを受ける。坂本が過激な議論を行い暗殺論を主張していたとか爆弾の製法を尋ねたことがあったなど坂本に不利な発言ばかりしている。06年電車事件で重禁錮を受けたこと日本の社会主義者の著作はたいてい読んだこと議会政策を支持していることなども述べている。『社会主義者沿革3』(内務省警保局1911.7)には松崎源吉,谷田徳三らと自由倶楽部をつくったことが記録されており,ほかにも佐藤の名は社会主義運動史にしばしば登場する。しかし石川三四郎や岡千代彦らにより,佐藤,加藤重太郎,富山仙次郎らは「其ノ筋ニ買収セラレタルト認メ」られたため除名処分されている。(西山拓)〔文献〕大逆事件の真実をあきらかにする会編『大逆事件訴訟記録・証拠物写4』近代日本史料研究会1960,『社会主義沿革1』

佐藤 進三 さとう・しんぞう ?-? 東京府北豊島郡巣鴨町上駒込(現・豊島区巣鴨)で印刷所潮光社を営み,1926(大15)・27年に木下茂らの第3次『小作人』の印刷者となる。(冨板敦)〔文献〕『小作人』3次2-6号1926.11-27・5

佐藤 末治 さとう・すえじ 1910(明43)8-? 別名・洞夢 岡山県都窪郡豊洲村五日市(現・倉敷市)の小作農家に生まれる。高等小学校卒業後,犬養智を知る。30年1月『詩道場』を創刊し38年まで何度かの発禁に耐えて続刊。その間地方紙の記者をつとめた。34年犬養と岡山農民自治連盟を組織。44年召集。敗戦後2年8カ月のシベリア抑留生活を経て48年復員。倉敷農業委員,地元の農協理事を歴任。(冨板敦)〔著作〕『万年床』私家版1933〔文献〕松永伍一『日本農民詩史・中2』法大出版局1969,坂本明子『岡山の現代詩』日本文教出版1972,『土とふるさとの文学全集14』家の光協会1977,古茂田信男ほか編『日本流行歌史・戦前編』社会思想社1981

佐藤 清一 さとう・せいいち 1911(明44)-? 群馬県群馬郡渋川町(現・渋川市)生まれ。渋川尋常小学校を卒業後,渋川町の増田新聞店の店員,亀田牛乳店の牛乳配達などをする。32年頃から思想問題に興味をもち33年春頃から『自連新聞』を購読した。34年6月東京市荒川区尾久町の亀戸ゴム会社に勤めるが,35年3月家の都合で帰郷し地元で父とともに土工となる。同年末頃無共党事件で検挙されるが不起訴。(冨板敦)〔文献〕『身上調書』

佐藤 善之助 さとう・ぜんのすけ ?-? 1919(大8)年東京神田区(現・千代田区)の三秀舎和文科に勤め活版印刷工組合信友会に加盟する。(冨板敦)〔文献〕『信友』1919年8・10月号

佐藤 惣之助 さとう・そうのすけ 1890(明23)12.3-1942(昭17)5.15 川崎市生まれ。小学校高等科1年修了後,東京の糸商に住み込み奉公をするが,17歳から2年暁星中学附属仏語専修科で学ぶ。12歳から俳句を学ぶが12年に詩に転じ詩誌『テラコッタ』(1912),『エゴ』(1913)を発刊。この2誌には千家元麿,高村光太郎,武者小路実篤,木村荘八,岸田劉生,長与善郎らが同人または寄稿者となっていて白樺派と志向を同じくしている。17年結成された詩壇の総合団体的な組織詩話会の21年の分裂時は,脱退した芸術派ではなく残留した民衆詩派の側にいて新しく選ばれた委員10名のうちの一人となった。生涯22冊の詩集をすべて作風を変えて出したほか,趣味の釣りの本や随筆も多数刊行。16年辻潤らと浅草の観音劇場でゴーリキーの「どん底」を上演,24年宮沢賢治の『春と修羅』を辻とともにいち早く推奨した。主宰誌『詩之家』で多数の新人の育成につとめたことも業績となっている。

また阪神タイガースの球団歌「六甲おろし」や「赤城の子守唄」「人生劇場」などの作詞者でもある。(川口秀彦)〔著作〕『佐藤惣之助全集』桜井書店1943〔文献〕藤田三郎『佐藤惣之助』木菟書館1983

佐藤 辰治 さとう・たつじ ?-? 1919(大8)年東京深川区(現・江東区)の東京印刷深川分社第一部印刷科に勤め活版印刷工組合信友会に加盟する。(冨板敦)〔文献〕『信友』1919年8月号

佐藤 長吉 さとう・ちょうきち ?-? 1919(大8)年横浜のジャパン・ガゼット社に勤め横浜欧文技術工組合に加盟し評議員となる。同組合設立基本金として3円寄付。同年11月2日横浜市長者町(現・中区長者町)の、せかわで開かれた横浜印刷技工組合(横浜欧文技術工組合を改称)臨時大会発会式で登壇。のち港栄舎に移る。(冨板敦)〔文献〕『信友』1919年8・10・12月号, 1920年1月号

佐藤 長吉 さとう・ちょうきち 1904(明37)-1960(昭35)7.30 別名・晋川音吉 愛知県豊橋市魚町に生まれる。高等小学校を経て神奈川県の開成中学2年に編入。24年卒業後、同県で蓄音機店を開く。27年帰郷。29年豊橋大衆新聞社の記者となり30年豊橋新報社に転じる。豊橋大衆新聞社入社当時から山本一夫らと交流し『弾道』などの詩誌を通じてアナキズムに興味をもつ。31年豊橋における20代のジャーナリストを中心としたアナ・ボル・自由主義者混交のグループ東三新人会に参加。山本、大山英一、金子義太郎らとときおり会合を開き黒墓土社後の豊橋アナ派を担う。32年11月大山らと耕文社(のち豊橋文学社と改称)を創設し『豊橋文学』を創刊。33年に発行された『文学通信』に加わり35年『詩行動』にも参加。34年2月に結成された豊橋文化協会(理事に河合陸郎、野口品二、浅井秀雄、岩瀬正雄らがいた)の実務を担当し、6月に開かれた豊橋文化祭では文芸展を開き石川三四郎、岩佐作太郎らの原稿や色紙を展示した。同年3月豊橋文学社から河合康左右の獄中書簡を『無期囚』として刊行。35年3月に豊橋新報社を退社し飲食店を開業。11月24日無共党事件で検挙されるが12月3日不起訴。38年8月大山、金子、伊藤功らと詩誌『詩と生活』を発行する。「つねに微笑をたたえ、大きな声をどいちどもたてたことのない」(岩瀬)人だった。(冨板敦)〔文献〕『身上調書』, 岩瀬正雄『一匹の黄金虫』豊橋文化協会1972

佐藤 貞一 さとう・ていいち ⇨鈴木友一
すずき・ゆういち

佐藤 徳松 さとう・とくまつ ?-? 1919(大8)年東京神田区(現・千代田区)の三秀舎和文科に勤め活版印刷工組合信友会に加盟する。同舎同科の組合幹事を蓑輪正一, 伊沢康民と担う。(冨板敦)〔文献〕『信友』1919年8・10月号

佐藤 敏時 さとう・としじ ?-? 江東自由労働者組合のメンバー。1927(昭2)年11月10日江東自由芝浦支部提唱の失業抗議闘争に参加し東京市長室で市長に面会を求めた際、日比谷署の警官と乱闘になり同志とともに検束(計23人)拘留29日となる。(冨板敦)〔文献〕『自連』19号1927.12

佐藤 留吉 さとう・とめきち ?-? 1919(大8)年東京京橋区(現・中央区)の帝国興信所に勤め活版印刷工組合信友会に加盟。のち読売新聞社に移り新聞工組合正進会に加盟。20年機関誌『正進』発行のために1円寄付する。34年には東印の役員を務めていた。(冨板敦)〔文献〕『信友』1919年8・10月号,『正進』1巻1号1920.4,『東印ニュース』3号1934.7

佐藤 酉夫 さとう・とりお ?-? 横浜自由労働者組合のメンバー。1927(昭2)年『自連』2号は「三枝君は1年2カ月で下獄、山上房吉、佐藤の両君は未だ未決にいる」と報じた。同年6月23日山上と佐藤の公判が開廷され7月13日検事求刑が行われる。山上は懲役1年6カ月、佐藤は1年となる。この頃横浜自由の連絡先は黒蘭会気付になっていた。(冨板敦)〔文献〕『自連』2・3号1926.7・8

佐藤 子之助 さとう・ねのすけ ?-? 1919(大8)年東京神田区(現・千代田区)の文明社印刷科に勤め活版印刷工組合信友会に加盟する。(冨板敦)〔文献〕『信友』1919年8月号

佐藤 憲弘 さとう・のりひろ 1897(明30)11.10-? 長野県南佐久郡田口村(現・佐久市)に生まれる。田口村三反田の佐藤宅に農民自治会南佐久連合の事務所が置かれた。1927(昭2)年7月1日夕方、長野県下で数万枚のビラが一斉に配られた「農村モラトリアム期成同盟」の活動に高橋修一、内藤国雄、関要、友野とくじ、木内らと加わる。同年10

月農自南佐久連合の事務所を自宅に置く。同月16日、南佐久郡臼田町(現・佐久市)の臼田館で農村問題講演会(講師に木内宗蔵、栗原藤七郎、渋谷定輔、松本正枝)と郡下農民懇談会(座長は高橋市次郎)が開かれた。その後、農自南佐久連合の発会式が行われ佐藤宅を連合事務所とすることが決められる。農民自治会の分裂の時には「蟬の脱殻と優越感 渋谷定輔君に呈す」(田口農民自治会機関誌『みどり』4号1929.1)を書いて渋谷らが非政党運動を捨てて政党入りしたことなどを批判した。分裂後の全国連合は瀬川知一良によって継承され29年にリーフレット版『農民自治』が2冊刊行されるが、佐藤はこれにも執筆している。具体的な運動としては29年電灯料三割値下げなどを要求する佐久電気消費組合運動の先頭に立って闘った(北佐久郡川辺村の井出好男方と南佐久郡田口村の佐藤方に事務所が置かれた)。戦後は45年12月田口村に県下最初の農民組合を結成し副組合長となった。のち村会議員、農業委員、農協理事などをつとめ著書に『佐久のともし灯(歴史編)』などがある。(安田常雄・冨板敦)〔文献〕『農民自治』13・15号1927.11・28.2、『農民』2次1巻2号1928.9、『農民自治会リーフレット』2号1929.3、大井隆男『農民自治運動史』銀河書房1980、『南佐久農民運動史・戦前編』同刊行会1983

佐藤 八郎 さとう・はちろう 1905(明38)7.10-1991(平3) 新潟県に生まれ幼少の頃北海道小樽区(現・小樽市)に移住する。絵の好きな少年で三浦鮮治、兼平英示の指導を受ける。小樽中学を2年で中退、25年アンデパンダン展に風景画を出品。畠山清身、寺田格一郎と知り合いアナキズムに傾斜する。菊岡久利と同居したこともある。27年10月上京、窪田節次郎の紹介で江東自由労働者組合に入り小山内竜からアナキスト漫画集団の話を持ちかけられる。28年4月小樽に戻り小学校時代の親友相沢純一と札幌で同居、アナキストのたまり場になる。映画館の看板書きで生計を立てる。小林多喜二から『戦旗』配付の相談を受け、次第にボルシェヴィキに近づく。しかし28年1月号以来の『悪い仲間』の表紙装丁は『文芸ビルデング』と改題後の29年11月の終刊号まで続けた。28年夏札幌市北二条西三に喫茶店ネヴォを開店。ネヴォはアナ・ボルに解放された憩いの場となった。10月10-12日札幌丸井店、15-18日旭川三好屋で岡田竜夫と絵画展を開催、11月4日丸井記念館で造型舞踊会を構成主義的舞台形成と銘打ち岡田、畑研一と公演、ゴリラを演じた。いずれも文芸ビルデング主催、北海タイムス、北海道漫画連盟応援。以後日本プロレタリア美術家同盟、ナップ、全協などに参加し再三検束される。36年上京、翌年東京日日新聞社に入社、44年従軍画家としてフィリピンに派遣され、捕虜となり帰国する。(堅田精司・黒川洋)〔著作〕『ネヴォの記』私家版1976〔文献〕『文芸ビルデング』1928.11、日本プロレタリア美術家同盟札幌支部編『替え歌漫画集』1932、『前衛と反骨のダイナミズム』市立小樽美術館2000、『北海道社会文庫通信』1481号2001.6.19、『札幌控訴院管内社会運動概況』2輯1930、『昭和7年自1月至6月社会運動情勢 札幌控訴院管内』『思想研究資料』32輯1932.9

佐藤 春夫 さとう・はるお 1892(明25)4.9-1964(昭39)5.6 和歌山県東牟婁郡新宮町(現・新宮市船町)に生まれる。長兄。1904(明37)年和歌山県立新宮中学校に入学。在学中は佐藤潮鳴の筆名で交友会誌や『熊野実業新聞』などに短歌を掲載した。08年『明星』に「風」の総題で投稿した短歌の一首が石川啄木の選に入り以後、同郷の『はまゆふ』の同人となり『文庫』『新声』『趣味』などの文芸雑誌にも活発に短歌を投稿する。09年『スバル』創刊号に短歌10首を発表。与謝野寛のすすめで詩作に転じて以後『スバル』の主要メンバーとなった。同年8月「熊野夏期講演会」が開催され新宮中学校四年だった佐藤春夫が前座として「偽らざる告白」の題で講演。懇親会では大石誠之助と自然主義文学をめぐって論争めいたものになり生田長江が仲裁に入った。春夫は長江と懇意になり後に師事する。この講演と同年11月に起きた中学校ストライキ事件の首謀者とみなされ無期停学処分を受ける。その後、長江に入門。10年9月慶応義塾大学予科に入学。11年1月大逆事件によって同郷の医師である大石誠之助が処刑され、ショックを受けた春夫は同年3月に誠之助の死を悼む詩「愚者の死」を『スバル』に発表、上田敏や折口信夫から評価を受ける。その後も『スバル』『三田文学』誌上で抒情詩や、三種の神器を揶揄する「小曲四章」などの傾向詩を

発表し，体制とそれに迎合してゆく民衆を批判する姿勢を示す。またこの頃から生田長江の周辺にいた大杉栄などの無政府主義者たちと交流するようになる。創作活動は次第に文学評論的なものになり13(大2)年慶応義塾大学を退学。14年12月，元芸術座の女優・川路歌子(遠藤幸子)と本郷区追分で同棲し絵をよく描くようになる。第二回二科展では『自画像』『静物』が入選している。17年6月にはのちに『田園の憂鬱』となる「病める薔薇」を『黒潮』に発表。10月から女優・米谷香代子と同棲。またこの頃，江口を通じて芥川龍之介を知り6月には谷崎潤一郎とも知り合っている。21年3月谷崎潤一郎の妻だった千代に恋愛感情をもち，それを契機に谷崎と絶交。このときの体験が『殉情詩集』に結晶する。23年9月，大杉栄，伊藤野枝らが虐殺され11月『中央公論』に「吾が回想する大杉栄」を掲載し追悼した。25年6月には谷崎潤一郎，千代との三角関係をテーマとした長編『この三つのもの』を連載し未完に終わる。その後，弟・佐藤夏樹の家に同居。そこに稲垣足穂も同居した。この頃，高橋新吉を知る。26年には谷崎との交友を一旦は回復し，報知新聞客員記者となり菊池寛，宇野浩二らとともに中国へ旅行する。30(昭5)年には谷崎の妻・千代を譲り受けスキャンダルとなる。同年8月に太宰治を知る。41年5月，太平洋戦争文士部隊として従軍しマレー，ジャワへ視察旅行。戦争を賛美する作品を残す。48年日本芸術院会員となり59年宮中歌会始の召人に選ばれる。64年5月6日，ラジオ番組の録音中，心筋梗塞で死去。(山中千春)〔著作〕『定本佐藤春夫全集』全36巻臨川書店1998-2001〔文献〕中村光夫『佐藤春夫論』文芸春秋社1962，大320信「佐藤春夫と堀口大學」『日本の近代詩』読売新聞社1967，森長英三郎「大石と与謝野寛，佐藤春夫」『禄亭大石誠之助』岩波書店1977，内田隆三「大逆と殉情」『国土論』筑摩書房2002，佐藤春夫記念館編『新編図録佐藤春夫 多様・多彩な展開』新宮市立佐藤春夫記念館2008，辻本雄一監修・河野龍也編著『佐藤春夫読本』勉誠出版2015，山中千春『佐藤春夫と大逆事件』論創社2016

佐藤 日出夫 さとう・ひでお　1905(明38)-? 33年西村陽吉，鳴海要吉らと『短歌文学』の編集同人。同年10月創刊された尾村幸三郎編集のアナ派短歌誌『主情派』に加わる。『主情派』同人当時は朝鮮で教員をしていた。64年『芸術と自由』の再刊に携わる。(冨板敦)〔著作〕『みみっちい叙情』尾鈴山書房1984〔文献〕小倉三郎『私の短歌履歴書』ながらみ書房1995

佐藤 英麿 さとう・ひでまろ　1900(明33)1.7-? 秋田県に生まれる。法政大学専門部を中退。百田宗治，金子光晴，吉田一穂らと交流する。29年3月草野心平，伊藤信吉らの『学校』3号に詩「肩」を寄稿する。敗戦後は73年吉田の『反世界』に関わる。(冨板敦)〔著作〕『光』私家版1926，『佐藤英麿小詩集』同1933，『かげろう』同1936，『蝶々トンボ』同1970〔文献〕伊藤信吉『逆流の中の歌』泰流社1977

佐藤 房次郎 さとう・ふさじろう　?-?　報知新聞社に勤め，東京の新聞社員で組織された革進会に加わり1919(大8)年8月の同盟ストに参加するが敗北。のち正進会に加盟。20年機関誌『正進』発行のために1円寄付する。(冨板敦)〔文献〕『革進会々報』1巻1号1919.8，『正進』1巻1号・2巻3・5・12号・3巻9.10号1920.4・21.3・5・12・22.10

佐藤 平七 さとう・へいしち　?-?　1919(大8)年東京京橋区(現・中央区)の築地活版所漢字仕上科に勤め日本印刷工組合信友会に加盟する。(冨板敦)〔文献〕『信友』1919年10月号

佐藤 昌雄 さとう・まさお　?-?　1919(大8)年東京京橋区(現・中央区)の新栄舎文選科に勤め活版印刷工組合信友会に加盟する。(冨板敦)〔文献〕『信友』1919年8月号

佐藤 正雄 さとう・まさお　?-?　1918(大7)年1月16日神田南明倶楽部で開かれた活版印刷工組合信友会の創立大会で庶務係に選出される。19年には大阪の三誠社に勤め信友会大阪支部に所属していた。(冨板敦)〔文献〕『信友』1919年8・10・12月号，1920年1月号，警視庁労働係編『日本印刷工組合信友会沿革　印刷工連合設立迄』，廣畑研二編・解説『1920年代社会運動関係警察資料』不二出版2003)

佐藤 正男 さとう・まさお　1903(明36)10.24-1995(平7)12.16　別名・正雄，喜十郎　福島県耶麻郡松山村(現・喜多方市)に香久山酒造の長男として生まれる。21年会津中学時代に高橋蔵八(のちボル系)と協調会雑誌『労働』をみて，大杉栄の『労働運動』を取り寄せ回し読みする。22年社会運動に身を投じるにあたり語学の必要を感じ23年4月まで上京する。進学受験と称し家族の桎梏から

逃れるため同郡上三宮村(現・喜多方市)に居を構え高橋、瓜生伝、佐瀬由喜、芥川政雄らを集めて農民運動社(アナ・ボル混成)を結成。23年8月20日芝浦労働組合の闘士で自由人社の佐藤陽一が会津地方を訪問、親交を深める。関東大震災後同志と五日会の結成をはかるが官憲の警戒が厳しく頓挫。大杉栄の葬儀に会津代表として参列するため上京、12月15日陽一を訪ね翌日労働運動社に向かう。岩佐作太郎、村木源次郎、和田久太郎、渡辺精一、伊串英治らを知る。帰途和田栄太郎と小作人社に望月桂を訪ねる。震災後初の『小作人』の発送を手伝う。24年3月早稲田高等学院に入学。のち早大露文科に進みAC学連のメンバー、小作人社の木下茂、古川時雄らと交流する。鈴木靖之は学友。父死没のため早大を2年で中退、帰郷後家業を継ぐ。31年7月瓜生と『冬の土』を創刊(27号1933.11終刊)。石田兼男、伊藤醇之助、瓜生ら地元の仲間の力添えを得た。この間『豊橋文学』などに正雄名で寄稿。無共党事件、農青社事件に連座、37年3月福島地裁で懲役2年執行猶予3年の判決を受ける。(黒川洋)〔著作〕童話集『もぐらと光』冬の土社1933〔文献〕鳥見山捨麿「会津社会運動側面史」『冬の土』24・25号1933、『身上調書』、佐藤利意「文芸雑誌冬の土について」『佐藤喜十郎氏の米寿を祝う会記念誌』1991

佐藤 満夫 さとう・みつお 1947(昭22)1.19-1984(昭59)12.22 新潟県に生まれる。高校3年の時に上京、当時は全共闘運動の全盛期であった。69年東大列品館闘争に参加し逮捕される。その後、映画評論家・斉藤竜鳳等の影響を受け映画の世界に入る。83年「東アジア反日武装戦線への死刑・重刑攻撃とたたかう支援連絡会議」の集会に参加し、それをきっかけにして「山谷越冬闘争を支援する有志の会」のメンバーになり山谷へ。以後83-84越冬闘争や対皇誠会・西戸・互助組合戦を支援の先頭で闘い抜く。84年11月本格的に寄せ場の映画を撮るため「マニフェスト映像」を結成。ドキュメンタリー映画を制作すべく12月5日より撮影を開始。山谷の中心にカメラを据え山谷労働者に向き合いつつその姿を真正面から撮影する。しかし12月22日早朝、日本国粋会金町一家西戸組組員・筒井栄一に刺殺される。享年37歳。

(軽部哲雄)

佐藤 光政 さとう・みつまさ 1903(明36)-? 別名・杏二、美津雄 長野県上水内郡安茂里村(現・長野市)に生まれる。富裕な自作農の長男だが大家族(9人兄弟)のため進学を断念。高等小学校卒業後、塚田隆雄の白人会に入るが会の停滞とともに農村問題研究会を組織、のち「自由人の文化創造」を目標に掲げた散鐸会に所属する。27年には「暗い農村」からの脱出をはかって上京するが失意のうちに帰郷。小山敬吾と知り合い農民自治北信連合を結成する。以後農民講座、農村モラトリアム運動などに熱心に活動した。佐藤の残した記録と日記は社会改革と自己の卑小さ、教養と行動、大衆と知識人との間で不安に揺れる同時代のまじめな農村青年の精神の記録として貴重である。27年秋ブハーリン『史的唯物論』などでマルクス主義の勉強を志すが挫折。28年1月には農民自治会との関係も断ち29年には散鐸会の解散届を長野警察署に出した。戦後には再び農民運動に加わったという。(安田常雄)〔文献〕大井隆男『農民自治運動史』銀河書房1980

佐藤 三代次 さとう・みよじ 1919(大8)-? 日本アナキスト連盟岡山地方協議会のメンバーで管野すがの墓を東京から岡山に改葬したとされる。これといった活動歴はないが、青年期にアナキズムに関心を抱き石川三四郎や近藤憲二から大逆事件について教わったという。管野すがは代々木の正春寺に1911(明44)年1月妹ヒデの隣に座棺で土葬されたとされている。その過去帳の上欄に「昭和16年2月28日骨引取ル 安井弘志」とあり、下欄に「岡山県都窪郡庄村字二子村共同墓地へ」と当時の住職の掌によって書き添えられた。安井弘志は佐藤の偽名である。佐藤は41(昭16)年2月その墓が無くなっており、住職の話によれば檀家の抗議によりやむなく無縁仏の方へ移したのだと説明、無縁墓地に案内された佐藤は掘り返して最後の一片まで集めて骨壺に収めて持ち帰ったとしている。これは『岡山県社会運動史』を著した水野秋が77年に直接取材した佐藤の話である。ところが清水卯之助が80年の夏に佐藤を訪ね、持ち帰ったのは「骨か土か」に触れた際の話として「納骨堂から老僧が取り出してくれたもので、奇麗な骨で土葬の

ものとは違う」と佐藤は話している。またももともとの墓から掘り起こしたともしていて佐藤の話には矛盾が多く、骨を持って帰ったという話にはにわかに信じ難い。正春寺が厄介払いとして「骨引取ル」と過去帳にわざわざ付記したのは事実であり、佐藤が持ち帰ろうとしたのも事実である。持ち帰ったとされる骨は同志と相談して幸徳秋水の墓に入れてもらうべく話したが拒否され、やむなく岡山市東花尻の自宅前にある妙伝寺の佐藤家墓所の一隅に埋葬したという。30センチほどの小さな無刻の墓石で「和田幽月の墓」という木製の墓標が立てられた。当時としては「管野すがの墓」と表示できなかったのは当然である。49年4月22日にアナ連岡山地協による「管野すが子の墓前祭」が高木肇ら12名の参加を得て行われている。水野秋は「もし佐藤が遺骨を持ち帰らなかったら、おそらく管野の骨は正春寺のどこかで土に帰して、所在もわからなくなっていたに違いない。その意味では佐藤が持ち帰ったものが遺骨であろうと、ただの土つれであろうとも、その果たした役割はまことに貴重」と高く評価している。現在も2代目と思われる小さな墓石は佐藤家墓所の墓塔正面前にある。（一色哲八）〔文献〕洲脇出『岡山と大逆事件』私家版2003，岡山労働組合総評議会編・水野秋執筆『岡山県社会運動史3』労働教育センター1977，絲屋寿雄『増補改訂 大逆事件』三一書房1970，神崎清『大逆事件(4)』あゆみ出版1977，清水卯之助『管野須賀子の生涯』和泉書院2002，『大逆事件の真実をあきらかにする会ニュース』復刻版(No.22・23)ぱる出版2010

佐藤 六三 さとう・むつみ ?-? 1919(大8)年東京京橋区（現・中央区）の京浜印刷会社校正科に勤め日本印刷工組合信友会に加盟する。（冨板敦）〔文献〕『信友』1919年10月号

佐藤 勇一郎 さとう・ゆういちろう 1913(大2)-? 秋田県平鹿郡田根森村（現・横手市）に生まれる。33年8月北海道庁殖民軌道の保線補助員となる。枝幸保線区に勤務。友人柿岡正雄の影響でアナキズムに関心をもつ。35年11月無共党事件で検挙されるが不起訴。（堅田精司）〔文献〕『身上調書』

佐藤 勇作 さとう・ゆうさく 1871(明4)9.13-1908(明41)4.1 旧姓・中田、別名・秋蘋、蘋生、秋の人、万翠廬主人、夜雨荘客 石川県羽咋郡に生まれる。91年立憲自由党の機関紙『立憲自由新聞』に掲載された大道和一の翻訳論文により社会主義を知り、中江兆民の書生時代の幸徳秋水と知己となる。92年末大道，上野岩太郎，酒井雄三郎，小島竜太郎と社会問題研究会を結成したが板垣退助らの反対により自然消滅。その後急進党の結成を試みるなど活動を継続し，01年『いはらき』新聞の主筆となり自らの社会主義論や幸徳の論説を掲載する。平民社の結成以後，05年1月水戸平民新聞読者会での吉田磯，同年5月社会主義伝道行商で訪れた荒畑寒村との交流などがあった。幸徳は佐藤を意志が固く孤立してまで節操を守る人物と評している。（西山拓）〔文献〕石川旭山（三四郎）「日本社会主義史」日刊『平民新聞』2-57号1907.1.20-3.24，桜庭宏「忘れられた言論人佐藤勇作（秋蘋）の足跡から」『茨城県立歴史館報』18・20号1991・94

佐藤 勇次郎 さとう・ゆうじろう ?-? 1919(大8)年東京本郷区（現・文京区）の杏林舎文選科に勤め活版印刷工組合信友会に加盟する。（冨板敦）〔文献〕『信友』1919年8月号

佐藤 祐介 さとう・ゆうすけ 1903(明36)-? 秋田県仙北郡西明寺村門屋字道目木生まれ。高等小学校を卒業後、家業の農業に従事する。30年西明寺村役場の書記に就任し33年退職。再び農業についた。民政党に好意をもち政治に関わった。また文学を趣味として堀川清弘の雑誌『生活』の同人となり「よしきり」と題する歌を投稿したこともある。35年末頃無共党事件で検挙されるが不起訴。（冨板敦）〔文献〕『身上調書』

佐藤 陽一 さとう・よういち ?-? 別名・陽生 福島県会津地方出身か。1921(大10)年に結成された芝浦労働組合の自由連合派の闘士で同志に天土松太郎，富田繁蔵，渡辺政吉，富田格之助，少し遅れて嶋津一郎らがいる。22年9月総連合結成大会に芝浦労組代議員として出席し中央集権主義に固執する総同盟側と闘う。23年2月水沼辰夫，佐藤護郎らと『組合運動』を創刊その発行編集人となる。反資本主義，反中央集権主義，反政治運動を掲げ「労働者の叫び」と傍題をつけた『組合運動』は『労働運動』とともに大正期の自連派労働運動に大きな役割を果たしたといわれる。同年加藤一夫の自由

人社の同人となり6月に創刊された『我等の運動』にも短稿を寄せている。同年8月会津を訪れ佐藤正男，瓜生伝らと親交を深める。12月に執行された大杉栄・伊藤野枝らの合同葬では芝浦労組代表として準備委員にその名がある。関東大震災で潰滅的な打撃を受けた芝浦製作所はほとんどの組合活動家を含む1500人の大量解雇を実施，佐藤らも解雇される。24年5月芝浦解雇者たちは関東電機鉄工労働組合を結成，同年9月機械技工組合，輝醒労働組合，東京製菓工組合，自動車技工組合とともに関東労働組合連合会(約700人)が創立されるが佐藤はそこで推進力となり翌25年9月の第2回大会では司会をつとめる。関東連合はその後全国自連に吸収されるが全国自連の活動家のなかに佐藤の名はない。運動の現場を離れたのだろうか。戦後アナ連に加わり経済面で協力した。(大澤正道)〔著作〕「総連合が産んだ産物」『労働運動』3次9号1922.11，「関東労働組合連合会創立大会」同4次6号1924.12〔文献〕鳥見山捨磨「会津社会運動側面史」「冬の士」24-26号1933.8-10，小松隆二「戦前『芝浦労働組合』略史」『労働運動史研究』30号1962.3

佐藤 義雄 さとう・よしお ?-? 1925(大14)年東京府豊多摩郡大久保町東大久保(現・新宿区大久保)の秋山清の家に同居し『詩戦行』に加わる。斎藤峻，小林一郎，遠地輝武，笹部邦久，麻生哲らが起居し「まさに小さな梁山泊の観があった」(斎藤)。(冨板敦)〔文献〕斎藤峻「集団『詩戦行』」『本の手帖』76号1968，秋山清『アナキズム文学史』筑摩書房1975・『あるアナキズムの系譜』冬樹社1973

佐藤 由蔵 さとう・よしぞう 1888(明21)-? 1925(大14)年9月3日18時半から小樽中央座で開かれた労働問題演説会(小樽自由労働者有志主催)に参加し検束される。(冨板敦)〔文献〕堅田精司編『北海道社会運動家名簿仮目録』私家版1973，堅田精司『北海道社会文庫通信』804・1287号1999.8.12・2000.12.7

佐藤 義治 さとう・よしはる 1897(明30)-? 長野県南佐久郡田口村下越(現・佐久市)生まれ。高等小学校を1年で中退し農業兼植木職につく。1919年頃新人会発行の『デモクラシー』などを読み社会問題に関心を深める。27年地元に農民自治会が創立されると同村の高橋修一，竹内団衛らに誘われて同会に加盟し，事務所を自宅に置いて活動した。29年農民自治会の電灯料値下げ運動に参加する。この頃から『農民自治』の配布を受けるようになりまた31年頃南沢袈裟松から『自連新聞』を受け取った。35年末頃無共党事件で検挙されるが不起訴。(冨板敦)〔文献〕『身上調書』，『農青社事件資料集Ⅲ』

佐藤 利一 さとう・りいち ⇨川崎勇蔵 かわさき・ゆうぞう

佐藤 良八 さとう・りょうはち ?-? 1925(大14)年5月24日函館市西川町(現・豊川町)の函館印刷工組合親工会事務所で開かれた「親工会大正14年度大会」に札幌の同志として祝電を送る。(冨板敦)〔文献〕『印刷工連合』26号1925.7

佐藤 緑葉 さとう・りょくよう 1886(明19)7.1-1960(昭35)9.2 本名・利吉 群馬県吾妻郡東村に富農叶屋当主の長男として生まれる。中之条農業学校在学中から詩などを書き04年早稲田大学高等予科に入学，友人永代静雄(田山花袋「蒲団」のモデル)の紹介により花袋を知る。05年英文科に進み同級の若山牧水，土岐哀果，安成貞雄らと北斗会をつくり創作に励む。07年1月北斗会のメンバーと牛込区(現・新宿区)市ヶ谷の管野すが宅で日刊『平民新聞』を読む。卒業後は旅に出た牧水に代わって『創作』を編集，また『万朝報』学芸部記者をしながら荒畑寒村，大杉栄が創刊した『近代思想』に13年から翌年5月まで主要寄稿家として詩や翻訳，劇評などを発表。同誌に4回にわたり連載したラムスズスの反戦小説「人間屠殺所」の翻訳は第1次大戦勃発の14年7月の2ヵ月前に著者名をラムスウスと直して単行本として泰平館より刊行された。ラムスウスはドイツの教育者で，原著は発行後数ヵ月でヨーロッパ各国語に翻訳出版されドイツ皇帝は国内における発売を禁止したという。伊藤信吉は「緑葉の仕事ではこの翻訳が第一級のもの」と評した。同年詩集『塑像』(春陽堂)刊行。神近市子が大杉栄を刺して実刑を受けた日陰茶屋事件を題材にして21年寒村，大杉をモデルにした中編小説「無為の打破」を『早稲田文学』7月号に発表。大杉は「そう大してまずくもないじゃないか，モデルとしての苦情は別としてだね，もっとも，いよいよ刺すというだんに到る，道ゆきがはなは

だあっけなさ過ぎるが」(『大杉栄書簡集』海燕書房1974)と安成貞雄宛はがきに書いた。同年長編小説『黎明』(新潮社)刊行。23年万朝報社を退職して法政大学予科講師となり以後東京女子専門学校(現・昭和女子大学)、法大教授などをつとめ47年評伝『若山牧水』(興風館)刊行。48-59年東洋大学で教壇に立ちG.ギッシング『蜘蛛の巣の家』(高文堂書店1930・改訳版角川文庫1953)、R.スティヴンスン『ジキル博士とハイド氏』(鳳林書林1948)など翻訳書を刊行。60年八王子市高尾山麓の旅館で服毒自殺。なお最初の妻薫は夭折の歌人田中辰雄の姉。(暮尾淳)〔著作〕クロポトキン『露西亜文学講話(馬場孤蝶・森下岩太郎と共訳)アルス1920、『群馬文学全集7 佐藤緑葉・白石実三・田中辰雄』土屋文明記念文学館2000〔文献〕伊藤信吉『佐藤緑葉の文学』塙新書1999、『伊藤信吉著作集3』沖積舎2002

里見 幸吉 さとみ・こうきち ?-? 1919(大8)年東京京橋区(現・中央区)の電新堂印刷所欧文科に勤め活版印刷工組合信友会に加盟。信友会の会計係を永井鉎造、川島元治と担う。(冨板敦)〔文献〕『信友』1919年8・10月号

里見 順 さとみ・じゅん ?-? 東海黒色連盟のメンバー。1927(昭2)年5月17日静岡市明治館で開かれた文芸解放社主催のアナキズム文芸提唱講演会に連盟員の牧野修二、山崎佐市、小坂千里と参加し演説する。(冨板敦)〔文献〕『反政党運動』1号1927.6

里見 弴 さとみ・とん 1888(明21)7.14-1983(昭58)1.21 本名・山内英夫 横浜市生れ。有島武郎・生馬の弟。雑誌『白樺』同人として小説を発表、泉鏡花に師事する。1921年9月から二年間、神奈川県逗子町に居住したとき、同じころ近くに伊藤野枝、娘魔子と住んでいた大杉栄と、家族ぐるみで交流し、その回想やモデル小説を書いている。逗子時代の大杉の写真は、里見の撮影したものもあるといわれる。(大和田茂)〔著作〕「春めいた日の出来事」『新小説』1922.6〔文献〕小谷野敦『里見弴伝』中央公論新社2008

里見 茂平 さとみ・もへい ?-? 1919(大8)年東京京橋区(現・中央区)の細川活版所印刷科に勤め日本印刷工組合信友会に加盟する。(冨板敦)〔文献〕『信友』1919年10月号

里村 欣三 さとむら・きんぞう 1902(明35)3.13-1945(昭20)2.23 岡山県和気郡福河村寒河(現・備前市日生町)生まれ。本名・前川二享。18年米騒動の年、関西中学校でストライキを主導し諭旨退学処分。20年初め頃上京、東京市電の車掌となり交通労働運動に参加。同年9月入獄中の中西伊之助に代り弱冠18歳ながら日本交通労働組合を代表して日本社会主義同盟創立発起人の一人となった。21年神戸市電に転じ22年歳首、再入職を要求して電車課長を刺傷し同年4月から6ヶ月間入獄。「スチルネルの個性主義と、クロパ(ポ)トキンのアナーキズムに心酔してゐる頃」で「英雄気取りで」刑を終えたと自省している。22年は徴兵検査の年だったが出獄後入営を忌避し満洲に逃亡、翌23年5月頃帰国、朴烈、金子文子、栗原一男ら不逞社メンバーと交わる。24年8月「里村欣三」の名で『文芸戦線』に初めて作品を発表、以後徴兵忌避の追及から逃れるため関東大震災で戸籍を焼失したことにして実生活でもこの名で生きた。この間、深川富川町を拠点に土木労働に従事、24年秋から翌年秋にかけて再び満州を放浪。26年4月葉山嘉樹、林房雄らと共に『文芸戦線』同人となり、同6月「苦力頭の表情」によりプロレタリア作家として認められた。政治的にはアナキズムを脱し労農派を支持したが「富川町から」や満洲放浪雑話では無鉄砲な青春の反逆、立ん坊など組織されない下層労働者への親近感を示した。28年平林たい子の紹介で藤村マスエと結婚。プロレタリア文学運動が壊滅する34年まで一貫して『文芸戦線』派の作家であった。35年4月徴兵忌避を自首したが以後も人民戦線懇話会への参加、日本無産党の選挙応援をした。37年7月姫路第10聯隊輜重兵として日中戦争に応召し39年11月まで中国各地を転戦。40年『第二の人生』三部作で戦場の自己を見つめ直した。41年12月太平洋戦争勃発時は徴用されて井伏鱒二、堺誠一郎等とマレー戦線に報道従軍、『熱風』『河の民』等の作品を残した。42年暮の帰国後も北千島や中国湖南地方に従軍、44年12月今日出海とフィリピンに渡り45年2月23日バギオの最前線で取材中被爆死した。振幅の大きい人生ゆえ転向作家と見做され勝ちだが、命令一下死地に立たされて突撃する下級兵士への同情、眼前の虐げられた人々への連帯は終生変らな

かった。(大家眞悟)〔著作〕『里村欣三著作集』全12巻・大空社1997〔文献〕里村欣三「思ひ出す朴烈君の顔」『文芸戦線』3巻5号1926.5，高崎隆治『従軍作家里村欣三の謎』梨の木舎1989，大家眞悟『里村欣三の旗』論創社2011，里村欣三顕彰会『里村欣三の眼差し』吉備人出版2013

真田　玉蔵　さなだ・たまぞう　?-?　1919(大8)年東京神田区(現・千代田区)の丸利印刷所印刷科に勤め日本印刷工組合信友会に加盟する。(冨板敦)〔文献〕『信友』1919年10月号

佐鍋　亀太郎　さなべ・かめたろう　?-?　1919(大8)年東京小石川区(現・文京区)の江戸川活版所文選科に勤め活版印刷工組合信友会に加盟する。(冨板敦)〔文献〕『信友』1919年8月号

佐野　一郎　さの・いちろう　?-?　京都市中京区三条烏丸東入の佐野度量衡器店の長男として生まれる。京都府立二中退。上海に渡り中国名を林昭雄と称し中国人と結婚，万年筆の製造を行う。1921(大10)・22年頃上海から強制送還され京都に戻っていたところ秘密出版事件の刑期を終えて出獄した山鹿泰治の訪問を受け「すぐ脱出してまた中国へ行く」と決意を語る。再び上海戻って活動を続け25年鄧夢仙の家の2階に滞在。その年の秋上海にやって来た高橋光吉と同居する。26年1月1日高橋とともにフランス租界内のカトリック教会へ行き反宗教とアナキズムを訴えたビラをまく。28年7月南京で日本，朝鮮，中国，台湾，ベトナム，インド，フィリピンの7民族のアナキストを糾合して結成された東方無政府主義者連盟に谷田部勇司とともに参加。31年9月の満州事変後に朝鮮人アナキスト鄭華岩らによって結成された抗日救国連盟(黒色恐怖団)に加わる。(手塚登士雄)〔文献〕山鹿泰治「古本屋の高橋君」『たそがれ日記』第7冊1965(未刊)，向井孝『山鹿泰治』自由思想社1984，「上海及南京地方に於ける朝鮮人の一般状況と最近の不逞朝鮮人の思想運動」『思想研究資料』特輯40号1928，『思想情勢視察報告集3・8・9』東洋文化社1977，『韓国アナキズム運動史2　前編・民族解放闘争』黒色救援会1973

佐野　英造　さの・えいぞう　1899(明32)7.10-1940(昭15)12.2　別名・英三　京都市上京区生まれ。平野小学校を卒業後，酒屋の住込奉公などで働き18年8月米騒動に参加。同志社大学神学部在学中，社会問題研究会に入り学生運動，労働運動に関わる。卒業後，25年大阪市職業紹介所に主任として就職。この頃阿倍野区松虫に住み古本屋の夜店を出し白井新平と知り合う。26年秋頃中村房一，山中政之助らが結成した大阪合成労働組合に参加(のち白井を誘い宮本三郎が加わる)。事務所は大国町にあり自連派のたまり場になる。のち関西自連に加盟。『反政党運動』大阪支局を担う。27年11月中村らとともに関西自連から離脱，共産主義に転じ12月大阪大衆労働組合を結成。29年2月共産党に入党，四・一六事件で検挙され懲役4年の実刑。37年11月埼玉人民戦線事件で渋谷定輔，田島貞衛らと検挙され39年治安維持法違反で浦和地裁で懲役4年の実刑判決を受け入獄，翌年京都刑務所で十二指腸潰瘍で死没した。(北村信隆)〔文献〕『大阪社会労働運動史・上』，宮本三郎『水崎町の宿・PARTⅡ』私家版1987，白井新平『反逆の原点エビス町界隈』『現代の眼』1981.6，『解放のいしずえ』旧版，『関西自由新聞』2号1927.11，『検事調書』大阪地裁検事局1929.11，宮本三郎『アナーキスト群像回想記』あ・うん2007

佐野　喜三郎　さの・きさぶろう　?-?　1919(大8)年横浜のジャパン・ガゼット社新聞課に勤め横浜印刷技工組合に加盟し活動する。(冨板敦)〔文献〕『信友』1920年1月号

佐野　吉五郎　さの・きちごろう　?-?　1919(大8)年横浜の福音印刷合資会社に勤め横浜欧文技術工組合に加盟し，理事となる。同組合設立基本金として3円寄付。のち文寿堂に移り，同社の組合理事も務める。(冨板敦)〔文献〕『信友』1919年8・10月号

佐野　金次　さの・きんじ　?-?　東京芝区(現・港区)の近藤商店印刷所に勤め活版印刷工組合信友会に加盟。1919(大8)年11月28日2年間の兵役を終えて復社。のち日本印刷興業株式会社に移る。(冨板敦)〔文献〕『信友』1920年1月号，1921年1月号，1922年1月号

佐野　袈裟美　さの・けさみ　1886(明19)2.2-1945(昭20)11.13　長野県埴科郡の生まれ。早稲田大学英文科卒。加藤一夫主宰の雑誌『科学と文芸』(1915.9-18.8)に理想主義的な評論，小説を発表。20年5月発足したやはり加藤を中心とする自由人連盟に参加し機関誌『自由人』に反権力，反独裁を主張する評論を書きアナキズムの立場に移行す

る。22年4月文芸誌『シムーン』(2号から「熱風」に改題)を創刊，編集発行人となる。創刊号巻頭に「文壇に於ける階級闘争の意義」を掲載し「文芸は人生の生きた血と肉とから生まれる。社会の階級闘争の事実は，自ら文芸に反映する。団結的な力によつて自らを解放しようとするプロレタリアの側に立つ作家の作品は，自ら宣伝的な色彩を帯びるのは当然のことである」と言い切る。23年4月頃『種蒔く人』同人に加わりこの頃から共産主義に転じ『文芸戦線』同人，日本フェビアン協会加入，コップ中央協議員などを歴任。敗戦直後，獄中で病没。(大和田茂)〔著作〕『自由社会の創造』極光社1920(発禁)，『社会改造の諸問題』日本評論社出版部1920，『支那歴史読本』白楊社1937〔文献〕『日本プロレタリア文学集35』新日本出版社1988，大和田茂『社会文学・1920年前後』不二出版1992

佐野 繁太郎 さの・しげたろう ?-? 1919(大8)年東京京橋区(現・中央区)の三協印刷株式会社和文科に勤め活版印刷工組合信友会に加盟する。(冨板敦)〔文献〕『信友』1919年8-10月号

佐野 甚造 さの・じんぞう 1908(明41)9.1-? 富士宮市に生まれる。26年頃横浜で横浜印刷工組合の浜松孝太郎の世話になりアナキズム運動に入る。26年若杉浪雄らと横浜黒色一般労働者組合結成，翌年5月山東出兵反対のビラまきで官憲の追及を逃れ埼玉県大宮の望月辰太郎宅に一時隠れる。その後東京府大森に移り30年生活思想研究会を設立，7月『生活思想』を発行する。『生活思想』は「ペダンチックな理屈ッぽいもの」は排し生活体験から滲み出た大衆の文章を歓迎する独特な編集方針を掲げ，当時のアナ系誌では珍しく長く続き32年5月まで19号を出した。別所孝三，上村昌平，五井輝夫，花山幾治，牧野秀麿，小池英三郎らが協力している。その年のメーデーの乱闘で労働者自治連盟の金沢末松，黒友連盟の洪亨義らと愛宕署に検束され29日間拘留。戦後アナ連，アナクラブに参加している。60歳で生前葬儀を千葉県安房郡白浜町で行い話題になった。(大澤正道)〔文献〕『自連』71号1932.6

佐野 寿 さの・ひさし 1876(明9)10.2-? 旧姓・渡辺 福岡県山門郡柳河町(現・柳川市)に生まれる。93年頃上京し巣鴨英語専門学校を経て青山学院を卒業。1902年9月キリスト教徒となる。その後小諸義塾で英語を教え同塾解散後は小諸町立小諸商工学校教諭となり土地復権同志会の宮崎民蔵と接触。08年4月福岡に帰郷後渡米，カリフォルニア州バークレーに居住し植山治太郎，小川金治らと交際。同年6月9日乙号として要視察人名簿に登録された。11年2月12日サンフランシスコのジェファーソン・スクエアホールで開かれた幸徳秋水らの追悼集会に夫婦で出席。この会で「顧問的態度」で「斡旋指揮」にあたったとして同年4月5日無政府主義を信奉する甲号として要視察人名簿に再編入された。(西山拓)〔文献〕『主義者人物史料1』，『在米主義者沿革』

佐野 道夫 さの・みちお ?-? 新聞工組合正進会に加盟し1921(大10)年の春季総会のために50銭寄付する。(冨板敦)〔文献〕『正進』2巻5号1921.5

佐野 安吉 さの・やすきち 1850.6.17(嘉永3.5.8)-1924(大13) 別名・岩崎，天竺安，静岡小僧，遠山金吾 駿河国庵原郡江尻村魚町(現・静岡市)に生まれる。無頼の徒となり1873年10月ばくちで数人に傷を与える。逃走の途中で病に苦しむ女性を助ける。人命救助で賞与を受け助けた女性を郷里に送り返すよう命令され釈放される。その後神奈川県の戸長宅に押し入り78年11月23日強盗殺人犯として死刑の判決を受けたが人命救助の経歴のため無期懲役に減刑。東京石川島監獄に収監されたが破獄を繰り返し北海道樺戸集治監に送られた。典獄大井上輝前の諭しでキリスト教に入信。96年大赦で出獄。その後静岡で岩崎せきと結婚するが，せきは1902年死去。きんと再婚。05年5月，渡辺政太郎らの要請を受け平民社農場を開園するため原子基，深尾韶と北海道虻田郡真狩村(現・留寿都村)に渡る。同年12月妻きん，先妻の長女岩崎かよ，かよの弟の辰蔵を農場に迎える。かよには娘きみがいたが函館の神父にあずける。原子基は二人の娘を迎え，深尾韶は東京の平民社に戻ったが，新たに鈴木志郎が加わり，この年農場の越冬者は8人となった。06年3月岩崎辰蔵死去。鈴木志郎は岩崎かよと結婚し樺太に渡る。豊田道之助と古川啓一郎が入場する

が間もなく去る。07年日笠与八と久保田種太郎が入場する。原子基らと村々を回り谷中村残留民救済運動を行う。「岩崎老人」は村民を集めるため自らの強盗殺人の実録と懺悔話を語ったという。同年11月不慮の災害などが重なり平民社農場は解散，跡地を佐野と日笠与八が個人農場として引き継ぐ。数年後佐野夫妻は跡地を日笠に譲渡し喜茂別の鈴木志郎の家に同居。24年安吉は樺太豊原の鈴木志郎宅で亡くなった。（堅田精司・手塚登士雄）〔文献〕『光』凡人社1906，豊田剣陵『運命』良書刊行会1926，小池喜孝『平民社農場の人びと』現代史出版会1980，菊地寛『赤い靴はいてた女の子』現代評論社1979，『小樽新聞』1906.4.16-18・07.3.9

ザメンホフ Zamenhof, Lazaro Ludoviko 1859.12.15-1917.4.14 ポーランド（当時ロシア領）のビアリストクでユダヤ人の家庭に生まれる。1873年ワルシャワに移る。ザメンホフが生きたのはロシア革命前夜の東ヨーロッパであり生まれ育った町にはロシア人，ポーランド人，ドイツ人，ユダヤ人が住み互いに言葉が通じず民族間の偏見が甚だしかった。加えてロシア帝国はユダヤ人差別政策を行いしばしばユダヤ人虐殺の暴動が引き起こされた。ザメンホフは民族間の憎しみをなくし人類が再び一つの家族のように平和に暮らすためには「一つの共通の言葉」と「一つの共通の宗教」が必要だと考え。87年7月14日最初のパンフレット『エスペラント博士著，国際語，まえがきと全課学習書』をロシア語で出版，この言葉の普及運動を開始する。筆名として用いたエスペラント（希望する人という意味）がのちにこの言葉の名称となる（アナキズム運動ではしばしば1887年を世界語元年とする暦年の表記方法が用いられた）。エスペラントは徐々に学習者を増やし1900年パリで万国博覧会が開かれる頃までにはフランスを中心に西欧諸国に急速に広まる。05年フランスのブーローニュ・シュル・メールで第1回世界エスペラント大会が開かれ22の民族から600人以上が集まる。この大会でエスペラント主義は中立的な言葉を普及することでありエスペラントにあれこれの思想を結びつけるのはその人個人の問題であってエスペラント主義は責任を負うものではないとする「ブーローニュ宣言」が採択される。ザメンホフは異なる宗教の架け橋となるべき中立的な宗教として06年「ホマラニスモ（人類人主義）」を提唱する。12年第8回エスペラント大会で運動の主導的立場からの引退を宣言，自由な立場からホマラニスモの普及運動に打ち込もうとする。しかし第1次大戦の勃発で第1回大会開催の計画は中止となりワルシャワで死没。エスペラントが唯一の人工国際語として成功したのはザメンホフが決して権威者として運動を指導しようとはせずエスペランティストたちの自主性を尊重しましたエスペラントが表現豊かな言語として成長するよう当初から世界的な文学作品の翻訳に力を入れていたためであるといえる。20世紀の初頭，日本でもエスペラントの普及が始まった。丘浅次郎（動物学者，『進化論講話』の著者），二葉亭四迷，黒板勝美（古文書学，東大教授）らが学習を始め，05年堺利彦は黒板の話を元に『直言』7号（3月19日）に「エスペラント語の話」を掲載。同じ頃，岡山の第六高校英語教師ガントレットが行っていた通信教育を堺や大杉栄らが受講。06年6月黒板らにより設立された日本エスペラント協会には堺，大杉のほか福田国太郎，守田有秋，加藤時次郎，相坂佶，山鹿泰治らも加入した。（手塚登士雄）〔著作〕水野義明編訳『国際共通語の思想 ザメンホフ論説集』新泉社1997〔文献〕土岐善麿『ひとりと世界』日高書房1948，伊東三郎『エスペラントの父ザメンホフ』岩波書店1950，岡一太『わが名はエスペラント ザメンホフ伝』ザメンホフ伝刊行会1980，小林司『ザメンホフ 世界共通語を創ったユダヤ人医師の物語』原書房2005『エス運動人名事典』

座安 盛徳 ざやす・せいとく 1901（明34）1.7-1971（昭46）10.29 別名・黒手人 沖縄県島尻郡豊見城間切長堂（現・豊見城市）に生まれ幼い頃糸満に転住する。医者を目指すが相談した医者から結核と診断される。20歳までしか生きられないといわれやりたいことをしようとアナキストになる。県立農林学校へ入学。在学中から大杉栄に私淑し糸満の宮城繁徳，城田徳隆，城田徳明，比嘉栄らと交わり糸満グループを形成する。宮城，城田徳明が創刊した『貧しき光』を引き継ぎ18年2月第3号を刊行。また前衛詩歌をつくり『沖縄朝日新聞』「朝日歌壇」に黒手人

の名で作品を投稿した。卒業直後に投稿した「働く者のうたえる」という前衛短詩を選者の山城正忠が「これは歌ではない」と評したことから大論争に発展，大杉訳『民衆芸術論』をもとに「それは歌でありうる」と反論，読者の判断を仰ぐことになった。黒手人に軍配が上がり山城は黒手人の抗議文と自分のわび文を載せ選者をやめた。20年の夏仕事を探して上京するが就職できず翌21年1月23日岩佐作太郎を案内して帰郷，翌24日夜岩佐歓迎の小宴を開いた。同年革命歌を配付したとして泉正重，城田徳明，浦崎康華，島袋紀成とともに取り調べを受け6月11日出版法違反で入獄する。25年から29年頃まで西鹿児島で琉球絣，古本の行商をし29年3月から1年間ほど月刊郷土雑誌『沖縄』を発行，ソテツ地獄からの解放を訴える。30年頃帰郷し沖縄朝日新聞社，沖縄新報社に勤める。戦後は48年『沖縄タイムス』を創刊，同社専務となる。また54年琉球放送を設立し社長に就任した。(冨板敦)〔著作〕『通俗沖縄歴史』1931〔文献〕浦崎康華『逆流の中で 近代沖縄社会運動史』沖縄タイムス社1977，真久田巧『戦後沖縄の新聞人』同1999，『琉球新報百年史』琉球新報1993，『労働運動』2次7・8号1921.3・4，3次2号1922.2，『主義者人物史料1』

更科 源蔵 さらしな・げんぞう 1904(明37)1.27-1985(昭60)9.25 北海道川上郡弟子屈村字熊野原野(現・弟子屈町)に生まれる。12年弟子屈尋常小学校に入学。21(大10)年東京獣医畜産学校に入学したが翌年胸を病み休学。弟子屈郵便局員の岡本清一らと文芸誌『リリー』(4号から『ロゴス』と改題)を創刊する。23年同校を退学して帰郷，農業の手伝いをする。24年江渡狄嶺の紹介で尾崎喜八を知る。25年『抒情詩』に尾崎の選で「栄光の秋」が4位に入選。同じく入選した金井新作(1位)，真壁仁(2位)，伊藤整(3位)らと交流が始まる。27(昭2)年7月金井が釧路を訪れたことを契機に『港街』(28年『至上律』と改題)を創刊。28年7月小森盛，猪狩満直とともに釧路市公会堂で至上律文芸講演会を開催。30年1月猪狩，真壁，葛西暢吉，渡辺茂と『北緯五十度』を創刊，『弾道』に拠っていた秋山清，小野十三郎らと論争を繰り広げる。『北緯五十度』は始めはちり紙に孔版だった。35年まで続く。同年第1詩集『種薯』(北緯五十度社)を刊行。31年4月この詩集を読んで感激した中島はなえと結婚する。この頃より盲目の古老弟子屈カムイからアイヌ文化を学ぶ。32年5月熊野原野のセタイベツに山小屋を建て疏菜園芸を試みるがうまくいかず，翌年3月屈斜路コタンに移る。34年弟子屈へ出て印刷業を始める。35年11月26日無共党事件で検挙されるが不起訴。その後北海道詩人協会会長に選ばれたが特高の圧力で辞任をよぎなくされる。昭和天皇行幸に際し要警戒人に編入，視察を受ける。42年北方叢書の第3冊として『コタン生物記』を刊行。43年第2詩集『凍原の歌』(フタバ書房)を刊行。同年『辻詩集』，翌年『大東亞』に作品を発表する。戦後は「原野の詩人」としてまたアイヌ文化の共鳴者として活躍する。没後，更科源蔵文学賞が設けられた。(大澤正道)〔著作〕『北の国の物語』大鵬社1944，『弟子屈町史』1949，『更科源蔵詩集』北海道書房1961，『熊野原野』広報1965，詩集『原野』私家版1967，『更科源蔵アイヌ関係著作集』全10巻みやま書房1981-84，『更科源蔵詩集』土曜美術社1986，『コタン生物記』全3巻法大出版局1992，『更科源蔵滞京日記』北海道文学館2004〔文献〕『原野暦régime』更科源蔵文学碑建立期成会1977，『北方文芸』(更科源蔵特集号)1985.12，小野寺克己編『更科源蔵書誌 原野彷徨』1990，鳥居省三『釧路文学運動史・昭和編』釧路市1969，松永伍一『日本農民詩史・中2』法大出版局1969，秋山清『あるアナキズムの系譜』冬樹社1973

沢 青鳥 さわ・せいちょう ?-? 村山知義によれば「七卿落ちのひとり沢宣嘉の孫」だという。ロシア語に堪能だった。1924(大13)年5月東京護国寺前の鈴蘭で開かれた意識的構成主義的連続展からマヴォの同人となり7月雑誌『マヴォ』の創刊に参加する。25年萩原恭次郎『死刑宣告』にリノリウムカットを寄せる。(冨板敦)〔著作〕『グライダーの研究』東学社1934，『ソヴェト航空の全貌』三笠書房1938，『グライダー初歩練習』大倉書店1938〔文献〕五十殿利治『大正期新興美術運動の研究』スカイドア1998，寺島珠雄『南天堂』皓星社1999，五十殿利治・菊屋吉生・滝沢恭司・長門佐季・野崎たみ子・水沢勉『大正期新興美術資料集成』国書刊行会2006

沢 敬 さわ・たかし ?-? 東印印刷部のメンバー。1925(大14)年6月25日神田松本亭で開かれた東印定例会で三省堂の争議報告をする。26年1月10日入営することになり全印連の同志達に黒旗で見送られる。(冨板

敦)〔文献〕『印刷工連合』27・28・31・33号1925.8・9・12・26.2

沢井 栄一郎 さわい・えいいちろう ?-? 石版工。1923(大12)年6月日本印刷工組合信友会に石版工仲間と加盟し山田義雄らと計19名で小柴支部を組織する。(冨板敦)〔文献〕『印刷工連合』3号1923.8

佐脇 良治 さわき・りょうじ ?-? 1919(大8)年東京本所区(現・墨田区)の凸版印刷会社和文科に勤め活版印刷工組合信友会に加盟。同年10月頃には同社を退社していた。(冨板敦)〔文献〕『信友』1919年8・10月号

沢口 忠蔵 さわぐち・ちゅうぞう 1901(明34)5.25-? 別名・天嶺 群馬県山田郡韮川村太田(現・太田市)に生まれる。高等小学校卒業後，自ら出していた農民新聞を通して平野小剣を知る。群馬県内に水平社を創立するため村岡静五郎，川島米治，清水弥三郎，山口静らと尽力，23年3月23日関東水平社創立大会を開く。24年2月群馬県水本部の機関紙『相愛』を創刊。7月川島，辻本晴一，山口，朝倉重吉，坂本清作，平野，沢口を同人として関東水平社連盟本部内に自由社をおこしアナキズムの傾向が強い雑誌『自由』を創刊。25年4月平野らと全関東水平社青年連盟を創立。26年2月群馬県融和会の主事に就任。同年4月太田町での全国水平社関東連合会創立大会で深川武と進行係をつとめる。27年1月南梅吉の自宅で坂本，川島，山口らと日本水平社を創立，3月群馬県水は日本水平社に加盟することになる。4月4日群馬県水大会で諸般の報告を行う(開会の辞を川島米治，議長は清水がつとめ，警官失言糾弾委員長に川島平十郎が選出される)。この県水大会の報告がアナ派の全水解放連盟機関紙『全国水平新聞』3号に掲載されており群馬県水と全水解との間に関係があったことがうかがえる。(冨板敦)〔文献〕『関東水平運動』1号1923.7，『相愛』創刊号1924.2，『自由』1巻1-5号・2巻1・2・号外・6号1924.7-12・25.1・3・6，『自由新聞』4号1926.5，『全国水平新聞』3号1927.9，宮崎晃『差別とアナキズム』黒色戦線社1975，本田豊編『群馬県部落解放運動60年史』部落解放同盟群馬県連合会1982，三原容子「水平社運動における『アナ派』について」『世界人権問題研究センター研究紀要』2号1997

沢路 光太郎 さわじ・こうたろう ?-? 1919(大8)年東京京橋区(現・中央区)のアドヴァータイザー社に勤め活版印刷工組合信友会に加盟する。(冨板敦)〔文献〕『信友』1919年8・10月号

沢田 栄七 さわだ・えいしち ?-? 石版工。1923(大12)年6月日本印刷工組合信友会に石版工仲間と加盟し巳野善一らと計9名で柴田支部を組織する。(冨板敦)〔文献〕『印刷工連合』3号1923.8

沢田 二郎 さわだ・じろう ?-? 1926(大15)年4月評議会系の浜松合同労働組合がおこした日本楽器争議に際し，先端が槍になっている組合旗の棹で警官の腹部を刺し傷害罪で入獄。出獄後に旧知の村上義博を頼って上京し28年に結成されたAC労働者連盟，黒色自由労働者組合に参加した。労働は搾取を肯定するものとして嫌いまもなく東京を去った。(植本展弘)〔文献〕横倉辰次「黒色自由労働者組合とAC労働者連盟の思い出」『労働と解放』5号1967.11

沢田 武雄 さわだ・たけお 1906(明39)2.6-1970(昭45)1.7 別名・寧 静岡市本通の質店に生まれる。駿府商業学校卒業。23年叔父と上京し古着商を手伝いアナキズム運動を知る。24年運動に入るべく自由労働者となり小松亀代吉と知り合う。小松，村上義博，三上由三，生野進の5人で野蛮人社を名のり活動。千住自由労働者組合員としても活躍。26年黒連，全国自連に加盟。野蛮人社は全員逮捕，解散となる。斎藤一平の地獄寮，黒旗社，八太舟三の家などを小松と転々。この年のメーデーで拘留。その後小松を伴い郷里静岡へ。10月2日清水市江尻劇場から県下で始まる東海黒連創立演説会の準備中，9月30日市内の山口勝清宅自主労働社で検束される(10月2日は大乱闘となり再び検束)。27年2月浜松での水平社解放連盟主催の演説会に小松と浜松労働社を名のり応援に行くが事前検束。4月頃広島県福山に山口を訪ね，5月山口，小松，岡田光春と『解放運動』を創刊。同月広島県鞆町の鞆鋲釘会社に争議が発生，山口，小松らと福山解放運動社を名のり奔走。6月6日敗北解団式に侵入した警官と大乱闘，懲役8カ月となる。獄中で山口，小松と黎民社を結成。28年2月13日出獄。山陽黒旗連盟設立に尽力。静岡でも活動し同年3月発

行の復刊『大衆評論』の発行人となる。東海黒連を解体して結成された無産者自治連盟にも加盟。同年11月昭和天皇即位式の際に予防検束。29年大塚昇，疋田治作らの『貧乏人新聞』が両人の逮捕とともに発行停止処分になると小松，桑名哲夫(鈴木重賓)と9月に『無産者自治新聞』を刊行する。30年小松，近藤寅雄らとA思想研究会を結成。10月11日反選挙ビラを静岡市内にまき検束。31年3月『アナルキスト』を創刊。同年4月頃農青社の望月治郎が来静し小松，石川金太郎，三上らと会合をもつ。32年頃A思想研の事務所を市内森下町の自宅に移す。この頃から実兄の麻雀荘を手伝う。35年11月17日無共党小林一信逃亡幇助の容疑で検挙，続いて農青社事件で再検挙され37年6月静岡地裁で懲役2年となる。戦後はアナ連に参加。(冨板敦)〔文献〕『静岡新報』1926.10.1・10.4，『黒色青年』7・13・17・18・21号1927.3・10・28.4・9・29.7，『自連』1・14・19・31・64・68号1926.6・27.7・12・29.1・31.11・32.3，『解放運動』1号1927.5，『関西自由新聞』2・4号1927.11・28.3，『特高外事月報』1937.4，『小松亀代吉追悼 叛逆唄』同刊行世話人会1972，『身上調書』，『思想輯覧1』，『静岡県労働運動史資料・上』，『農青社事件資料集』，竹内康人「静岡のアナキズム1920-30年代」『沓谷だより』3号1990，大塚昇「静岡でのアナキズム運動」同17号2000

沢田 鉄三郎 さわだ・てつさぶろう ▷小山内竜 おさない・りゅう

沢田 穂束 さわだ・ほつか 1871.7.19(明4.6.2)-1950(昭25)11.23 岐阜県吉城郡上宝村の地主の長男として生まれる。村会議員をつとめ週刊『平民新聞』の創刊号からの読者であり上宝村，高山町(現・高山市)の購読者グループの中心にあった。日露戦争に対する平民社の論調に賛同し同志とともに非戦集会を開いた。山間地の飛騨地方にそのような活動があったことは明記されてよい。週刊『平民新聞』にはその活動が逐一掲載されている(「高山読者会」「飛騨読者会」「飛騨政談演説会」)。また平民社維持の募金に応募した人たちのそれぞれの金額とともに氏名20人ほども掲載されている。そのなかで大林二郎(上宝村在住，沢田の実弟)と近藤豊之助(高山町在住，上宝村出身)が沢田とともに活動の中心にいた人たちであろう。(松藤豊)〔文献〕「開化の炎・沢田穂束の生涯」森田三千三編『本郷小学校史』本郷小学校1975，「沢田穂束と鎮守の森の非戦集会」柏木隆法編『大逆事件の周辺』論創社1980，『岐阜県史 通史編・近代・下』1972

沢田 与四郎 さわだ・よしろう ?-? 1919(大8)年東京京橋区(現・中央区)の国文社和文科に勤め活版印刷工組合信友会に加盟する。(冨板敦)〔文献〕『信友』1919年8・10月号

桟敷 新松 さんじき・しんまつ 1862.2.27(文久2.1.29)-1931(昭6)5.29 伊勢国で生まれる。北海道に移住。1897年12月21日北海道庁から尋常小学校本科准訓導の免許を受け単級校三石郡延出尋常小学校に勤務。98年3月三石尋常小学校に転勤。7月小学校専科正教員(英語科)の免許取得。9月利尻高等小学校に転勤。12月稚内高等小学校に転任。1900年12月宗谷東高等小学校に転任。01年4月退職。その後琴似に移住。農業を営みながら北海中学の教師をつとめる。トルストイに共鳴。04年『平民新聞』を購読。札幌の社会主義グループに参加。右翼的な北海中学に新思想を持ち込み平等を説く。05年12月16日『協学会誌』3号に「道徳起源諸説」を発表。漁村生活の体験からアナキズムに共鳴。思想的対立から北海中学を退職。日本組合教会札幌教会員となる。篠路で開墾に従事。村役場の住民に対する生活・思想干渉を批判。20年代札幌市で英語塾を開く。晩年は盤渓で開墾生活。二女ジョセフインは関西で共産党員として活動。息子は札幌郊外のキリスト村に参加。(堅田精司)〔文献〕桟敷よし子『永遠なる青春』青春社1975

三宮 吉平 さんのみや・よしへい ?-1966(昭41) 27年頃新潟県南蒲原郡三条町(現・三条市)でアナ系のグループを結成。敗戦後東京青山脳病院の事務長をつとめ，47年須藤郁，山口健助らとアナキズム研究団体社会理想研究会を組織する。「重厚な人柄で情愛の深い人だった」(山口健助)。(冨板敦)〔文献〕山口健助「新潟アナーキズム運動の一側面」「一つの回想 新潟一般労働者組合の軌跡」『リベルテール』33・73号1972.8・76.1，『青春無頼』私家版1982

三部 豊 さんべ・ゆたか 1908(明41)-? 神奈川県出身の神道丸山教会本院に属する布教師で農村の荒廃を身近に接し問題意識を深めていた。草薙市治らとの交流を通じて農青社運動を知り全村運動，自主分散活動にもとづく具体的な実践論に深く共鳴し神奈川県グループを形成した。草薙らが主

宰した文芸誌『鍬』『雑木林』『農民文芸』などの発刊に協力するとともに，鈴木靖之，小野長五郎の訪問に際しては県下の活動方針をともに協議した。機関誌『農村青年』『農民の友』の配布を通じ啓蒙普及に尽力した。36年5月農青社事件の全国一斉検挙によって佐々木仁久とともに逮捕されたが起訴猶予となった。(奥沢邦成)〔文献〕『農青社事件資料集Ⅰ・Ⅱ』

三本松 義光 さんぼんまつ・よしみつ　1882(明15)1.10-?　別名・尽八　福島県石川郡蓬田村(現・平田村)に生まれる。東京の正則英語学校を中退後，04年語学研究を目的として渡米しサンフランシスコで『北米文学雑誌』を発刊していた。阿部四郎や平井武平らと交流があった。16年8月内務省警保局の要視察人名簿(社会主義)に登録されている。(西山拓)〔文献〕『主義者人物史料1』

し

施 乾 し・かん　シ・カン　1899.7.25-1944.8.13　台湾淡水出身。台北工業学校を卒業後，台湾総督府商工課の技師となる。西田天香，賀川豊彦の主張に傾倒。台北市の貧民を調査し救済機関をつくることを決心する。23年4月職を辞し私財を投じて台北市緑町に陋屋を建て愛愛寮と名づけて乞食20余人を収容，乞食と寝食をともにして世話をする。社会救済事業としては16年稲垣藤兵衛の始めた稲江義塾，別名人類之家があり，稲垣の人類愛の思想の影響も受けたと思われる。27年5月張維賢の星光演劇研究会は愛愛寮の募金のために公演を行う。同年7月稲垣らが組織した孤魂連盟に加わる。28年から孤魂連盟は日本のアナキズム団体と連絡し『自連新聞』その他機関誌を輸入頒布したびたび愛愛寮で研究会を開く。同年7月14日家宅捜索を受け孤魂連盟は活動を停止する。愛愛寮は徐々に基礎を固め家屋を増設，収容者は200人を超え台北市から乞食がいなくなる。教育，授産，職業指導の機関を付設し正業につかせることを目的とした。33年財団法人愛愛救済院となり常任理事となる。『乞食とは何ぞや』『乞食撲滅論』『乞食社会の生活』などの著作がある。34年京都出身の日本人清水照子と再婚。事業は照子が引き継ぎ台北市私立愛愛院としておもに身寄りのない老人のための施設となった。(手塚登士雄)〔文献〕張炎憲「乞丐的保姆施乾」張炎憲・李筱峯・荘永明編『台湾近代名人誌1』自立晩報社1987,「台湾人物誌」『王詩琅全集7』徳馨室出版社1979

施 存統 し・そんとう　シ・ツゥントン　1899-1970　中国浙江省金華出身。17年杭州の浙江省第一師範学校入学。19年北京で五・四学生運動がおこるとアナキズム思想の啓発を得て孝の道徳を痛罵し「人類は自由，平等，博愛，互助であるべきだ」とする「非孝」を執筆，杭州の進歩的雑誌である『浙江新潮』2号(1919.11)に掲載される。「非孝」は浙江省当局はじめ守旧派に格好の攻撃材料となり新旧両派の対立から乱闘騒ぎ学校封鎖にまで発展する(浙江一師風潮)。20年1月俞秀松らと北京に行き王光祈らの提唱で結成された北京工読互助団第一組に参加する。6月戴希陶と宮崎滔天・竜介親子の援助を受け日本へ留学する。留学当初は中国のアナキズム運動との連絡を保っており上海で発行された景梅九らの『自由』1号(1920.12)に日本通信所として存統の名が掲載されたため日本警察の監視下に置かれることになる。雲南省出身のアナキスト張景と同じ下宿に住む。20年12月頃から堺利彦，高津正道ら日本の社会主義者と接触を始め日中両国の共産主義運動の橋渡し役をつとめるようになる。高津が第2次『労働運動』に執筆した「支那に於ける無政府主義運動」(1921.4)は施存統の情報に基づいている。中国共産党結成の活動が本格化すると周仏海とともに中国共産党日本グループを形成，7月周仏海を代表として中国共産党第1回大会に派遣する。一方日本語の社会主義文献の翻訳を精力的に行い上海の新聞，雑誌に発表，また「マルクスの共産主義」(『新青年』1921.8)などを執筆，当時中国で幕を上げたアナキズム論戦に大きな役割を果たす。21年10月極東諸民族大会への代表派遣要請のためにひそかに張太雷が来日

すると堺利彦や近藤栄蔵に引き合わせる。暁民共産党事件で日中間の運動資金授受に関与したとして12月20日逮捕され，29日国外追放となる（警視庁外事課の取り調べを受けた際の詳しい供述が残されている）。22年初めに帰国後は中国社会主義青年団など中国共産党組織の役職を歴任。27年共産党を離脱。29年から翻訳著述に携わり北京大学などの教授を歴任。45年末黄炎培らと中国民主建国会を設立。49年9月中国人民政治協商会議の常務委員兼副秘書長となる。（手塚登士雄）〔文献〕石川禎浩『中国共産党成立史』岩波書店2001

師　復　し・ふく　シ・フー　1884.6.27-1915.3.27　本名・劉紹彬，別名・子麟，思復　中国広東省香山県（現・中山市）生まれ。郷紳の家庭に生まれる。1899年科挙の受験資格である生員となるが，1901年以降科挙の道を離れ社会変革の活動を開始する。04年日本に留学し翌年の中国同盟会の創立に加わる。06年帰国。翌年春，広州で広東水師提督李準暗殺を企て失敗，重傷を負い2年間投獄される。この間の思想傾向は排満，共和革命論であったが出獄後はしだいに同盟会の活動から離れ始める。09年釈放されて香港に赴き翌年支那暗殺団を組織，清朝高官の暗殺を企てる。11年武昌蜂起勃発後，香軍を組織し広東光復に加わる。他方暗殺活動を再開し袁世凱らの暗殺を企てるが清朝崩壊の報を聞き中止する。アナキズム宣伝の時機到来と考え12年5月広州に国内最初のアナキズム組織・晦鳴学舎を創設。まもなく個人の修養を図るための組織として心社を創設する。13年広州で宣伝誌として『晦鳴録』を創刊。エスペラントの普及にも努める。同年9月竜済光の広州占領によってマカオに逃れここで『晦鳴録』を『民声』と改題して刊行。しかし当地でもいれられずまもなく上海の共同租界へ移転した。この頃から大杉栄らとの連絡が始まり山鹿泰治は大杉の要請を受けて一時師復の活動に参加している。14年7月上海で無政府共産主義同志社を創設。『民声』に加え思想宣伝のための小冊子が出版されているが，その多くは辛亥革命前の『新世紀』の論説の再版であった。ここからわかるように，彼の思想はクロポトキンの思想を知的源泉とする『新世紀』グループの思想の延長線上にあり，科学を唯一の真理とみなし封建的迷信に反対する立場に立っていた。しかし『新世紀』の人々の一部が後年政界へ接近していったのに反し彼は理論，実践の両面でアナキズムの純化を求めた点において特徴的である。15年3月肺病のため上海で死没。のちに杭州西湖の煙霞洞に葬られた。死後，著作は『師復文存』として出版された。（嵯峨隆）〔文献〕張磊・余炎光『論劉師復』『近代中国人物』中国社会科学出版社1983，嵯峨隆・坂井洋史・玉川信明編訳『中国アナキズム運動の回想』総和社1992年，『民声』復刻版朋友書店1992，向井孝『山鹿泰治』自由思想社1984，嵯峨隆『中国黒色革命論』社会評論社2001

椎名 其二　しいな・そのじ　1887（明20）2.12-1962（昭37）4.3　別名・素地，素乃地　秋田県仙北郡角館町田町（現・仙北市）生まれ。99年秋田中学入学，同級に終生の友堀井梁歩がいる。05年早稲田大学英文科に入学。中退後，08年渡米，ミズーリ州立大学新聞学科に学ぶ。13年卒業後セントルイスやボストンで新聞記者生活を送る。16年第1次大戦下パリに渡る。カーペンターの紹介でポール・ルクリュの知己を得，アナキズムの洗礼を受けた。南仏ドンムのルクリュ家で亡命中の石川三四郎と知り合い，その交わりは書簡の往復をはじめ終生続いた。農学校を経てロマン・ロランの親友のクリュツピ夫人の農場で働く。19年ヴェルサイユ講和会議の視察で来仏中の黒岩涙香の通訳を石川の依頼でつとめる。22年帰国，翌年吉江喬松の推挙によって早大で講師をするかたわら吉江や石川と自由講座などを主宰した。関東大震災時石川や加藤一夫，近藤憲二，浅沼稲次郎らと保護という名目で王子警察署に留置された。大杉栄のあとを受けてファーブル『昆虫記』(2-4巻・叢文閣1924-26)を訳出，文筆活動に従ったが，27年官憲の弾圧を嫌い教職を捨てて再びパリに渡る。30年日本人会書記を以後10年間つとめ石川の『ディナミック』に4編のパリ通信を寄稿する。41年対独レジスタンス活動に協力，44年邦人のほとんどが引き揚げるなかでとどまる。同年パリ解放後，45年敵性外国人として捕虜収容所に入所。のち一時行方不明となるが51年，46年からの地下室の住ま

いで芹沢光治良らと再会。その間、マビヨン街の通称「熊洞」と呼ばれる仮住まいで芸術的製本などを業としながら清貧に甘んじつつモラリスト文学の研究に打ち込んだ。57年一人で一時帰国。58年麹町の原由美方で椎名フランス語教室を開くが成功せず、かつての教え子から養老院入りのすすめなどを受け幻滅。この間「パリで知った黒岩涙香」「佐伯祐三の死」「石川三四郎のことなど」を「自由に焦れて在仏40年」として『中央公論』に連載、「農民作家エミール・ギヨマンその他」などを『声』に発表、ラクロアの『出世しない秘訣』(理論社)を翻訳刊行して話題を呼んだ。60年フランスに戻りオンドヴィリエのジャック・ルクリュ家別荘で余生を送る。反立身出世主義に立つ自由と友愛を求めた生き方は交遊した森有正や野見山暁治らに感銘を与えた。椎名の初伝記を著した蜷川譲は「ユニークな自由人だった。彼の反権力の思想は、究極の自由主義であり、永いフランス生活で育まれた独特な思想家であった。ミシェル・フーコやジル・ドゥルーズらの源には椎名のこの思想が波打っている。また椎名はモンテーニュやアランに親しみ、生涯もっとも敬愛した思想家はプルードンであった」と評している。その人間性豊かな人柄は、パリ人から「東洋の哲人」と呼ばれた。(北村信隆)〔著作〕『仏蘭西農界の傾向』『農民文化』1922.5.16、バルザック『ウージェニイ・グランデ』(訳)新潮社1924、ジャン・ポール＝ラクロア『出世しない秘訣 すばらしきエゴイズム』理論社1960・こぶし社2011、「自由に焦れて在仏四十年」『中央公論』1958.1・60.1、〔文献〕山本夏彦『無想庵物語』文芸春秋1989、蜷川譲『評伝椎名其二』藤原書店1996、中村光夫『日本を忘れた芸術家たち』『芸術新潮』新潮社1960.12月号、富木友治「椎名其二 異郷意識の人」『あきた』1967.9、森有正『パリだより』筑摩書房1974、近藤信行「ある生涯」『白猫』創刊号、1964.4、高田博厚『分水嶺』岩波書店1975、近藤信行「旅と棄郷と 其二さんのこと」「旅と棄郷と2 椎名其二さんの手紙」『早稲田文学』1981.2・6、野見山暁治『四百字のデッサン』河出書房新社1978・2012、野見山暁治『遠ざかる景色』筑摩書房1982

椎名 道治 しいな・みちはる 1899(明32)7.30-? 神奈川県足柄下郡小田原町(現・小田原市)に生まれる。1921(大10)年東京北郊自主会に出入りしたことで警視庁の思想要注意人とされる。(冨板敦)〔文献〕『警視庁思想要注意人名簿(大正10年度)』

椎名 麟三 しいな・りんぞう 1911(明44)10.1-1973(昭48)3.28 本名・大坪昇 兵庫県飾磨郡曾佐村(現・姫路市書写)生まれ。11歳の頃アナキストの福本熊一(号・白宇)からクロポトキンや大杉栄の思想を教えられ興味をもつ。姫路中学に入学し父母の別居により中退、大阪で働く。宇田川電気鉄道(現・山陽電鉄)の車掌となり労働運動に従事。共産党に入党、31年一斉検挙で投獄。ニーチェの『この人を見よ』を読み転向。新潟鉄工所勤務時代に小説を書き始め荒本守也(本名・清水義勇)から『キルケゴール選集』を借りて熟読。福本と荒本はアナキズムと実存主義の師であった。47年小説「深夜の酒宴」で文壇に登場。ドストエフスキー論の座談会で赤岩栄に会い50年受洗。雑誌『指』に協力、のちに赤岩の『キリスト教脱出記』を批判、正統的キリスト教に転向した。アナキズム、マルクス主義、実存主義、キリスト教と格闘した作家である。(笠原芳光)〔著作〕『椎名麟三全集』全23巻冬樹社1978〔文献〕斎藤末弘『椎名麟三の文学』桜楓社1980

塩 長五郎 しお・ちょうごろう 1901(明34)3.7-1983(昭58)7.10 別名・磯崎邦、岡喬夫 横浜市北方町(現・中区麦田町)に生まれる。13年立野小学校を卒業後、親戚の西洋家具屋に預けられ家具職人の腕を磨く。17年上京し家具職人として働きながら錦城中学夜間部に学ぶ。友愛会家具職人組合幹事となり21年日本橋三越の争議を支援、日本橋新場橋署に検挙され留置場で八幡博道、浦田武雄に会う。八幡に連れられ加藤一夫を知り自由人連盟に入る。同年4月結成された労働社同人に八幡と名を連ねる。自由人連盟では八幡や中浜哲に弟のように可愛がられたという。12月甲府連隊に入営。甲府では矢崎源之助や矢崎の家にいた若林やよと交流する。入隊中持っていたワイルドの『獄中記』とシュティルナーの『自我経』をとがめられ1カ月外出停止となる。25年内藤辰雄、立野信子らとプロレタリア芸術研究会を結成したがアナ・ボル対立で自然消滅。28年鏑木順、三宅哲次郎らと文芸思想誌『黒蜂』を創刊、翌29年丹沢明、森辰之介らの『二十世紀』、鈴木靖之、星野準二らの『黒色文芸』と合同し無政府主義文芸誌『黒

色戦線』を発刊する。これは無政府個人主義を排し無政府共産主義へという当時のアナ文芸運動内の風潮にこたえたもので，創刊号に載った論文「行動論的認識の領域」で塩は「行動論的認識‼それは弁証法ではなくて，帰納＝演繹法である」と主張している。帰納＝演繹法はクロポトキンの主張したところだが，以来弁証法批判が生涯の課題となる。『黒色戦線』は純正アナ派の策謀で廃刊に追い込まれ30年丹沢，森，山岡栄二，浅井十三郎らと無政府主義文芸・思想雑誌『黒戦』を創刊，編集・発行に当たる。31年10月新聞紙法違反で罰金100円を課され廃刊。32年罰金完納を期に後継誌『アナーキズム文学』(4号まで)を丹沢，森らと発刊す。34年青柳優の本名に戻った丹沢と文芸同人誌『文陣』(1939まで)を刊行。表紙を棟方志功の版画で飾り，青柳と同郷の唐木順三の作品なども載る純文芸誌で「ドストエフスキーとヘーゲル」「芸術的世界観」などを発表し注目される。しかし時局は逼迫し加藤に協力して始めた牛乳消費組合運動に追われ筆を断つ。戦後，アナ連に加盟し，研究会で弁証法批判などを論じたが論文などを発表することはなかった。(大澤正道)〔著作〕『わが回想』『イオム』7号1974.12,「『黒色戦線』から『アナーキズム文学』」『本の手帖』1968.8・9,「中浜哲と改名した頃」『新過去帖覚書』大阪社会運動物故者をしのぶ会1969

塩崎 市蔵 しおざき・いちぞう　?-?　日本印刷工組合信友会に加盟し1921(大10)年末頃，成章堂文選課に勤めていた。(冨板敦)
〔文献〕『信友』1922年1月号

塩沢 逸策 しおざわ・いっさく　1903(明36)-?　本名・塩沢秀雄　山梨県東山梨郡奥野田村(現・甲州市)生まれ。高等小学校卒業後，農業を継いだ。アナキズムに共鳴するとともに詩を愛好し自らも詩作。秋山清，小野十三郎，萩原恭次郎らが主宰したアナ系文芸誌『弾道』『レボルテ』を購読，県内の詩人上野頼三郎，桜井一らと交流した。『黒色戦線』『黒旗』などアナ系出版物を周囲の青年たちに配布し，31年には『黒旗』に掲載された「農民に訴ふ」に深く共鳴して農青社運動に参加その啓蒙に努めた。36年5月農青社事件の全国一斉検挙によって逮捕されたが起訴猶予。(奥沢邦成)〔文献〕『資料農青

社運動史』『農青社事件資料集Ⅰ・Ⅱ』

塩沢 兼吉 しおざわ・かねきち　?-?　1931(昭6)年に農青社に加わった石川金太郎(農青社静岡地区責任者)から機関紙を配布された等として官憲からマークされ「部外秘 静岡県下に於ける階級運動の概略」に名前が残されている。石川との関係で記されているのは他に寺尾やす，杉山惣平，岩崎兼吉，伴野秋二，足立幸作，佐野爐太郎，望月由太郎，杉山市五郎，土屋堅輔の9名。(冨板敦)〔文献〕静岡地方裁判所検事局「静岡県下に於ける階級運動の概略」(司法警察官吏訓練教材特第1輯〈昭和14年3月〉)『静岡県労働運動史資料・上』

塩田 庄兵衛 しおた・しょうべえ　1921(大10)4.15-2009(平21)3.20　高知県吾川郡井野町に生まれる。1927(昭2)年両親とともに大阪に移住したが戦災に遭い再び郷里に戻る。東京帝大経済学部研究室に在籍中の1946年1月，帰省中に敗戦後最初の幸徳秋水墓前祭が中村で開催されるのを知り友人とともに参加。このとき初めて幸徳秋水について知りまた坂本清馬とも出会った。以後社会政策研究者として東京大学社会科学研究所助手，東京都立大学教授，立命館大学教授等を歴任しながら幸徳秋水の思想と行動に関する数多くの論文・著作をてがける。なかでも1954年に上梓した編著『幸徳秋水の日記と書簡』は幸徳研究の基本資料となり，その後「増補版」(1965年)，「増補決定版」(1990年)と版を重ねた。『幸徳秋水全集』(明治文献1968-1972年)の編纂・刊行をも編集委員として推進。また大逆事件再審請求運動にも積極的にかかわり1960年設立された「大逆事件の真実をあきらかにする会」の中心メンバーの1人となる。塩田は大逆事件の国家権力による犯罪性を告発するとともに，この事件を「日本人民と天皇制との最初の正面衝突」として歴史の中に位置付けるという主題を明確にしている。また幸徳秋水を日本の民主主義，反戦平和のさきがけとして評価しその生涯の意義をさぐることをライフワークのひとつとした。最後の著作は新書版の評伝『幸徳秋水』(1993年)。ほかにも大逆事件の犠牲者・奥宮健之などについてもいくつかの著述がある。(大岩川嫩)
〔著作・編著〕増補決定『幸徳秋水の日記と書簡』未来

社1990、「明治社会主義の思想 幸徳秋水を中心として」ミネルヴァ書房『日本史研究』1970、『秘録大逆事件』春秋社1959、『幸徳秋水』新日本出版社1993、『二十一世紀へのバトン 塩田庄兵衛の八十年』私家版2002〔文献〕山泉進「塩田庄兵衛さんの「大逆事件」研究について」『大逆事件の真実をあきらかにする会ニュース』第49号2010

塩野 荀三 しおの・じゅんぞう 1905（明38）4-1984（昭59）6.8 群馬県利根郡川場村生まれ。群馬師範学校卒業。川場尋常小学校に訓導として赴任。24年6月雑誌『狼火』創刊に参加。25年同郡沼田町（現・沼田市）に来た萩原恭次郎を訪ね親交。28年川場村に小学校教師として赴任してきた小野忠孝らと詩泉社を結成。同2月前橋市在住の草野心平を沼田に案内する。29年3月教員規程に抵触する行為があったとして解雇。直後上京する。『詩文学』『犀』『弾道』『黒色戦線』『農民』などに寄稿。31年1月子供社をおこし詩集『隧道』を刊行。『詩神』に寄稿。33年『詩律』（のち『モラル』と改題）に小野らと参加。この時期にリベラリスト宣言をする。36年結婚。長女は作家塩野七生。東京で小学校教員として定年まで勤務。（黒川洋）〔著作〕詩集『子供たちの唄』子供社1936〔文献〕秋山清「詩集隧道評」『弾道』7号1931、伊藤信吉編『群馬文学全集14』群馬県立土屋文明記念館刊2003

塩原 伊三郎 しおはら・いさぶろう ?-? 横浜毎朝新報社に勤め横浜印刷技工組合に加盟。1921（大10）年3月12日同社の減給拒絶闘争を26名で闘い勝利する。（冨板敦）〔文献〕『信友』1921年4月号

塩原 市朗 しおはら・いちろう ?-? 1919（大8）年東京神田区（現・千代田区）の健捷堂に勤め活版印刷工組合信友会に加盟する。（冨板敦）〔文献〕『信友』1919年8月号

塩原 あさ しおばら・あさ ?-? 東京市四谷区（現・新宿区）左門町に居住し神田神保町の山縣製本印刷整版部に勤める。1935（昭10）年1月13日整版部の工場閉鎖、全部員40名の解雇通告に伴い争議勃発。工場を占拠して闘い同月15日解雇手当4カ月、争議費用百円で解決する。山縣製本印刷は当時東京大学文学部の出入り業者であり、東印34年5月以降、東印山縣分会を組織していた。（冨板敦）〔文献〕『山縣製本印刷株式会社争議解決報告書』東京印刷工組合1935、『自連新聞』97号

1935.1、中島健蔵『回想の文学』平凡社1977

塩原 幹重 しおばら・みきしげ 1905（明38）-1965（昭40） 長野県東筑摩郡朝日村古見に生まれる。東京で農民自治会全国連合に参加。1927（昭2）年5月2日、南安曇郡豊科町（現・安曇野市）の丸山熊次郎の自宅（農自長野県中信連合事務所）で開かれた江渡狄嶺の講演会に参加（演題は「日本の真実なる建設者として農村青年に望む」）。同年7月1日夕方、長野県下で数万枚のビラが一斉に配られた「農村モラトリアム期成同盟」の活動に丸山、青柳善一らと加わる。（冨板敦）〔文献〕大井隆男『農民自治運動史』銀河書房1980

塩見 勇太 しおみ・ゆうた ?-? 1919（大8）年岡山市の村本研精堂印刷科に勤め日本印刷工組合信友会に加盟する。（冨板敦）〔文献〕『信友』1919年10月号

塩山 利一 しおやま・りいち 1905（明38）-? 姫路市西神屋町生まれ。高等小学校を1年で中退し神戸市に出る。神戸区北町の米国人経営の貿易会社に給仕として勤めるが23年に解雇。その後文学を愛好するようになり友人の広尾芳衛の影響を受けてアナキズムに傾倒した。野田鬼雄、余島嘉一らと交流する。27年タイヤ商会でタイヤ修繕見習工となり技術を習得しのち神戸市内で独立した。35年末頃無共党事件で検挙されるが不起訴。（冨板敦）〔文献〕『身上調書』

志賀 主殿 しが・とのも ?-? 植字工。立憲労働党に加わり、普選運動をしながら活版印刷工組合信友会に入会、幹事も務めた。1919（大8）年東京京橋区（現・中央区）の国文社和文科に勤め同年10月頃に退社。12月24日信友会を代表して釜石の鉱山労働者の応援に行く。のち神田区三河町（現・千代田区）に協営社組版を経営。下中弥三郎が創立した平凡社の組版の仕事を主としていた。初めは友人同志と協働していたが27（昭2）年10月争議が勃発、信友会とぶつかる。（冨板敦）〔文献〕『信友』1919年8・10月号・20年1月号、『労働運動』1次2・4号1919.11・20.2、水沼辰夫『明治・大正期自立的労働運動の足跡』JCA出版1979

志賀 連 しが・むらじ 1878（明11）12.15-1924（大13）10.5 熊本県に生まれる。済々黌を中退、正業にはつかず金銭に無頓着な生活を送っていた。03年片山潜、西川光二郎らの九州遊説に全面的に協力しこの時設

立された社会主義協会熊本支部の委員に牧田忠蔵とともに選出される。その後済々黌の同窓新美卯一郎，松尾卯一太らが創刊した九州唯一の社会主義系新聞『熊本評論』に社友として参画。08年赤旗事件では坂本清馬とともに上京し公判を傍聴している。大逆事件では熊本地裁や東京地裁で尋問された。〔西山拓〕〔文献〕労働運動史研究会編『熊本評論』明治文献資料刊行会1962，水野公寿『『熊本評論』周辺の青年たち』『近代熊本』21号1981.12，上田穣一・岡本宏編著『大逆事件と「熊本評論」』三一書房1986，吉田隆喜『無残な敗北 戦前の社会主義運動を探る』三章文庫2001

鹿野 朗 しかの・あきら ?-? 1919(大8)年東京神田区(現・千代田区)の三秀舎欧文選科に勤め日本印刷工組合信友会に加盟する。〔冨板敦〕〔文献〕『信友』1919年10月号

志岐 義晴 しき・よしはる 1914(大3)-? 別名・支岐，四木良春 福岡県大牟田市大浦町生まれ。高等小学校を卒業後，28年4月鐘淵紡績大阪支店人事課の給仕になる。そのかたわら夜間中学校の大阪修成学校に通学。鐘紡で政治，経済，労働問題などに関する書籍に触れ社会問題に興味をもつ。30年の鐘紡争議に影響を受け翌年退社。大阪市内で牛乳配達夫，メッキ会社の外交員，メッキ工などをしながら日本大学専門学校法律科に1年ほど通学する。その頃から社会問題を理論的に研究しようと共産主義文献を読み始め，32年関西自協の書記青木徹を知り関西金属労働組合に加入し活動する。『労働者新聞』23号に「組織拡大のために方針は実践の中から」を投稿。34年3月全国自連第4回大会に逸見吉三とともに参加，関西金属の情勢報告をする。同年大阪中之島公園での統一メーデーで演説を行う。この頃松田等，韓国東とともに関西金属の中心メンバーとして活動した。同年以後は韓らと全日本映画演劇従業員組合組織運動にも参加。同年11月下旬韓の誘いを受け無共党に入党。35年1月下旬から入江汎，韓とともに同党関西地方委員会準備会の結成をめざした。同年末頃無共党事件で検挙，起訴される(量刑不詳)。〔冨板敦〕〔文献〕『労働者新聞』23・37号1932.10・34.3，『自連新聞』90号1934.5，『特高外事月報』1936.12，『社会運動の状況8』，『大阪社会労働運動史・下』，『無共党事件判決』，『身上調書』

重岡 勢 しげおか・せい ?-? 別名・堯，誓 総同盟大阪連合会豊崎支部に所属し，1922(大11)年8月大阪合同紡績天満支店争議を闘い同支部の金井鉄之介，東野彦と検挙送検される。9月北大阪染色労働組合を結成。23年末友禅工組合，関西紡織労働組合，大阪メリヤス組合，北大阪純労働会のメンバーによって改組された北大阪純労働会の理事長になる。24年5月衰退した北大阪染色を大阪染色労働組合として再興。重岡らが中心となり11月9日大阪西九条青年会館で関西自連結成大会を開き役員となる。35年頃青年日本同盟大阪支部に加わり愛国運動に転じる。〔冨板敦〕〔文献〕『名古屋労働者(関西「自由連合」号)』8号1925.1，『大阪社会労働運動史・上下』，逸見吉三『墓標なきアナキスト像』三一書房1976

重岡 清三郎 しげおか・せいざぶろう ?-? 1919(大8)年東京牛込区(現・新宿区)の日清印刷会社欧文科に勤め活版印刷工組合信友会に加盟する。〔冨板敦〕〔文献〕『信友』1919年8・10月号

繁田 浅二 しげた・あさじ ?-? 別名・浅次 1921(大10)年8月神戸で『関西労働新聞』を創刊した大歳辰夫らのロダン組に出入りしていた。23年岡山市三門巌井に住み農村運動連盟に加盟，岡山支部を担う。中国労働組合連合会に所属していた。〔冨板敦〕〔文献〕『関西労働新聞』1号1921.8，『小作人』2次6・7号1923.7・9，『組合運動』6号1923.7

繁谷 市太郎 しげたに・いちたろう ?-? 別名・塗谷逸次郎 岡山ゴム労働者組合，中国自連のメンバー。1926(大15)年5月24日浅草区北島町(現・台東区)統一閣で開かれた全国自連第1回全国大会に岡山ゴムを代表して参加。組合の情勢を述べるとともに未組織労働者組織運動の議案を提案，説明する(可決)。〔冨板敦〕〔文献〕『自連』1号1926.6，『岡山県社会運動史』

繁戸 多一 しげと・たいち 1905(明38)-? 神戸市兵庫区神明町生まれ。神戸キリスト教青年会商業学校を3年で中退し神戸取引所藤忠支店に勤める。3年後に同店を辞め大道易者となり湊川新開地で開業した。30年頃同市湊東区福原町の大和喫茶店に出入りしていた芝原淳三，笠原勉，長沢清，井

上信一，小林一信，三木滋二らと付き合うようになった。35年末頃無共党事件で検挙されるが不起訴。(冨板敦)〔文献〕『身上調書』

重富 惣一 しげとみ・そういち 1890(明23)-? 島根県美濃郡益田町(現・益田市)生まれ。18年8月宇部炭坑の暴動に発展した山口の米騒動で活躍。最底辺の労働者として悲惨な日常生活を送っていた坑夫の重富は，17日賃上げ交渉の協議を同僚に発議，他の坑山にならっての休業を呼びかけたが交渉は難行。交渉相手に雇用者でなく警察署長が来たことから坑夫たちが反発。その怒りは暴動に転化し炭坑主宅の襲撃から米屋，遊廓への焼き打ちとエスカレートした。18日被逮捕者の奪還に警察に向かった坑夫と出動した山口歩兵42連隊が激突。軍隊の発砲で13人が死没。「死体は首実検ができるよう顔だけを出して埋められ，上に荒筵がかけられた」(『米騒動記』)。重富は最初に賃上げ交渉を計画した「主魁」として懲役8年を言い渡された。(西村修)〔文献〕井上清・渡部徹『米騒動の研究4』有斐閣1962，高野義祐『米騒動記』米騒動40周年記念刊行会1959

茂野 栄吉 しげの・えいきち 1904(明37)8.21-? 別名・伊井三郎 金沢市野々市町の生まれ。高等小学校卒業後，農業に従事。のち19年11月大阪市東区の洋服地問屋に勤める。兄の藤吉に影響され，アナキズム運動に近づく。同店の後輩内田源太郎にも影響を与えた。中尾正義，仲喜一，林隆人らとともに活動，小川義夫らと知り合う。23年5月同店を辞めて上京，自由労働者をしていたが7月大阪に戻りギロチン社に参加。同年8月三越への「リャク」(掠)で船場警察署に浮浪罪で拘留。同年10月16日小阪事件で見張り監視の役割を担ったがのち捕えられる。26年3月6日大阪控訴院で懲役15年。38年岡山刑務所を出獄し戦後書籍商を営んだ。(北村信隆)〔文献〕『大阪社会労働運動史・上』，『思想輯覧2』，森長英三郎『史談裁判』日本評論社1966，逸見吉三『墓標なきアナキスト像』三一書房1976，秋山清『ニヒルとテロル』川島書店1968，小松隆二「ギロチン社とその人々(1)(2)」『三田学会雑誌』66巻4・5号1973.4・5

茂野 藤吉 しげの・とうきち 1898(明31)-? 金沢市西側町生まれ。金沢北土会に加盟。20年日本社会主義同盟に加盟する。1921年5月14日三崎会館前で第2次『労働運動』を販売中に交通妨害で暁民会の川崎憲次郎と検挙され拘留14日となる。22年7月9日後藤謙太郎，飯田徳太郎，石田正治と岡山連隊に反軍ビラをまき21日甲府で検挙される。のちギロチン社に関わるが家の事情で脱退する。茂野栄吉は弟。(冨板敦)〔文献〕『労働運動』2次12号1921.6，3次7・9号1922.9・11，逸見吉三『墓標なきアナキスト像』三一書房1976，『岡山県社会運動史4』，『岡山県労働運動史資料・上』

重久 篤雄 しげひさ・あつお ?-? 芝浦製作所に勤め芝浦労働組合に加盟。1926(大15)年9月23日「共産党の走狗」であるとして高橋権次郎，矢崎保秀，村松英雄，小川広太郎とともに組合から除名される。(冨板敦)〔文献〕『芝浦労働』3次10号1926.11，小松隆二『企業別組合の生成』お茶の水書房1971

重広 虎雄 しげひろ・とらお ?-? 1923(大12)年『朝日新聞』に詩を投稿，しばしば掲載される。同年5月12日東京神田区猿楽町(現・千代田区)の明治会館で開かれる予定だった赤と黒運動第1回文芸講演会の講師に選出されるが会は中止された。6月陀田勘助，松本淳三，村松正俊，鶴巻盛一，山根正義らと鎖人社をおこし詩誌『鎖』を発行。24年7月『鎖』『感覚革命』『悍馬』が合同して創刊された『無産詩人』に参加する。25年藤森成吉，山崎今朝弥，陀田，鶴巻と細井和喜蔵の遺稿を管理し，紡績労働者解放基金をつくる(のちに解放運動無名戦士の墓建立の基金ともなる)。(冨板敦)〔文献〕『陀田勘助詩集』国文社1963，寺島珠雄『南天堂』皓星社1999

重松 亀太郎 しげまつ・かめたろう ?-? 1919(大8)年東京京橋区(現・中央区)の三協印刷株式会社和文科に勤め日本印刷工組合信友会に加盟する。(冨板敦)〔文献〕『信友』1919年10月号

重実 逸次郎 しげみ・いつじろう 1903(明36)4.1-? 岡山県御津郡に生まれる。岡山ゴム労働者組合に加盟し1926(大15)年6月25日岡山県無産団体協議会常任委員会に中国自連を代表して畠保と参加。27年高木精一，有安浩男らと中国黒連の幹部を務めていたが同年9月解散を決議(ただし名称のみ残すこととした)。9月16日岡山市の中国自連事務所で開かれた大杉栄追悼茶話会に参

加, 他の参加者に有安ら全15名。28年7月15日倉敷市の黒魂社で名前の残っていた中国黒連を正式に解散し山口勝清, 竹内春三らと山陽黒旗連盟を新たに組織する。その日の出席者は高木, 有安, 山本京平, 久保由市, 山口ら23名。8月1日高木とともに産業労働調査所を開所し同月30日生産制限分権料撤廃期成同盟を組織, 岡山市内で講演会を開く(産業労働調査所は29年12月15日解散)。12月28日中国自連事務所で労農党一派を阻止する抹殺団を組織し有安, 原正夫とともに責任者となる。30年岡山市下石井の自宅に産業労働調査会を組織し, 同年7月リーフレット『産業労働』を発行。31・32年頃, 岡山県下で県・市議会議員選挙の度に小松正道, 野間田金蔵, 竹内, 太田光衛らと反選挙の運動をする。(冨板敦)〔文献〕『自連』3号1926.8, 『特高外事月報』1936.5, 『社会運動の状況3-5・8』, 『岡山県社会運動史4・6』, 『岡山県労働運動史資料・上』, 『岡山県特別高等課』(昭和3年8月)附別高等警察資料第一輯』(廣畑研二編『岡山県特高警察資料(戦前期警察関係資料集)第5巻』(復刻版)不二出版2012), 岡山県特別高等課『昭和3年11月』特別高等警察資料第四輯 特別要視察人等情勢調』(廣畑研二編『岡山県特高警察資料(戦前期警察関係資料集)第5巻』(復刻版)不二出版2012), 岡山県特別高等課『昭和5年11月』特別要視察人等情勢調 昭和5年度』(廣畑研二編『岡山県特高警察資料(戦前期警察関係資料集)第6巻』(復刻版)不二出版2012), 岡山県警察部『昭和2年特別要視察人水平社等ノ状勢調』(廣畑研二編『岡山県特高警察資料(戦前期警察関係資料集)第7巻』(復刻版)不二出版2012)。

志沢 源太郎 しざわ・げんたろう ?-? 中外商業社に勤め, 東京の新聞社員で組織された革進会に加わり1919(大8)年8月の同盟ストに参加するが敗北。のち正進会に加盟。24年夏, 木挽町(現・中央区銀座)正進会本部設立のために1円寄付する。(冨板敦)〔文献〕『革進会々報』1巻1号1919.8, 正進会『同工諸君!!寄附金芳名ビラ』1924.8。

宍戸 貫一朗 ししど・かんいちろう 1909(明42)-? 栃木県で暮し, 1928(昭3)年同村の斉藤茂吉から沼尾武彦を介して農民自治会を知らされる。農自全国連合に参加し斉藤と下野連合発会の準備をする。『農民自治』(17号)に詩「貧しき百姓の死」を寄稿。(冨板敦)〔文献〕『農民自治』17号1928.6, 『農民』2次1巻1号1928.8。

宍戸 精助 ししど・せいすけ ?-? 1919(大8)年東京神田区(現・千代田区)の大東印刷会社に勤め活版印刷工組合信友会に加盟。のち芝区(現・港区)の近藤商店印刷所欧文科を経て日本印刷興業株式会社に移る。(冨板敦)〔文献〕『信友』1919年8・10月号, 1921年1月号, 1922年1月号。

宍戸 林太郎 ししど・りんたろう ?-? 1919(大8)年東京神田区(現・千代田区)の三秀舎欧文科に勤め活版印刷工組合信友会に加盟する。20年夏頃は病気静養中だった。(冨板敦)〔文献〕『信友』1919年8・10月号, 1920年8月号。

志田 広吉 しだ・ひろきち ?-? 神奈川県出身。草薙市治らとの交友を通じてアナキズムに親しんだ。1931(昭6)年2月鈴木靖之, 小野長五郎らが農青社運動の拡大のために来訪した際, 同志とともに県下における運動の展開について協議, 以後神奈川県グループの一員として運動に取り組んだ。農青社の機関誌『農村青年』やパンフレットの配布など活動を続けた。36年5月農青社事件の全国一斉検挙によって町田地区グループの同志とともに逮捕されたが起訴猶予で諭告釈放された。(奥沢邦成)〔文献〕『資料農青社運動史』, 『農青社事件資料集Ⅰ・Ⅱ』。

志田 操 しだ・みさお ?-? 1919(大8)年東京神田区(現・千代田区)の三省堂印刷部欧文科に勤め活版印刷工組合信友会に加盟する。同年10月頃から同社同科の組合幹事を前田実松と担う。20年2月25日の信友会役員改選で庶務係に選出される。(冨板敦)〔文献〕『信友』1919年8・10月号, 1920年3月号, 1922年1月号。

信太 裕 しだ・ゆたか 1948(昭23)9.22-? 北海道出身。道立滝川高校卒業, 法政大学法学部入学, 後中退。法政大学アナキズム研究会に所属しベトナム反戦直接行動委員会のメンバーだった和田俊一を中心に結成された背叛社に参加。背叛社の理念としては, 「直接行動は, 一切の権威と権力に叛逆する。この事実=真理を総破壊と称する」というものでバクーニン理論に通じていくものがある。ここには戦後アナキズムの運動体がサロン集団化したことへの苛立ちと, 折からの新左翼運動の苛烈化が影響していたことは明らかだ。68(昭43)年10月6日夜, 新宿区上落合の背叛社事務所で製造中

の手製爆弾が誤爆するという事故が起きて、背叛社のメンバー全員が逮捕される。唯一の未成年者だった信太は起訴されなかったものの、公判中和田が公安権力と癒着していたことが判明、大きな衝撃を受ける。その結果一部の人たちを除き、旧来のアナキズム的立場の側からは、べ反委の運動は評価されるべきだが背叛社の運動はアナキズムといえないという錯誤的発言が露呈していった。ここにいたって信太は旧来のアナキズム的立場を似而非アナキスト達と断じ、1969年8月中央大学学生寮の一室でタナトス社結成準備会を立ち上げる。そして結成にあたっては、「日本のアナキズム運動を主体的に嚮導する力量が不足していることを直視するとき、(略)啓蒙主義的アナキズムを超克し、より激烈な反権力闘争を展開し、現今の無政府主義陣営内部に侵食している日和見主義・退嬰主義・敗北主義を排斥する新たな反権力組織を結成するのが焦眉の急と存意する。(略)擬制の自由ではなくして真制の自由を志向し、(略)現今の似而非アナキズム潮流を排して、新たな革命的アナキストによる組織を結成し逼迫せる革命の橋頭堡を構築し、ありとあらゆる国家権力機構の瓦礫と廃墟の上に黒旗を屹立せしめよ！」と宣していく。理念的位置づけの先鋭さは突出していたが運動総体としては宣言通りの激越な闘いというわけにはいかなかった。それはタナトス社から分岐して結成されたギロチン社にもいえることだった。70年10月タナトス社、ギロチン社の共同呼びかけで、富士宮にて全国アナキスト会議が二日間にわたって開かれた。これは旧来のアナ連やアナキストクラブといった組織とは別のまったく新しい、二十歳前後という若い世代が領導した画期的なものだったことは強調していい。ここからネビース社といった新たな運動体も生まれたことも付記しておく。その後、運動関係から離れた信太は関西の方へ転居して大阪で古書店を営んでいたことと、生前唯一の著作となった句集を出したこと以外、その消息はほとんど知られていない。『水の音』と題された句集は179句が収められ、「春の香や 水の音して 醒むる日の」「戦いの ひまを盗みて 濁り酒」「目覚めるも つかのまの虹 かかる空」

「粉雪や 虚空に消ゆる 音の影」「忽ちに 消ゆるも夜の 花火かな」などの作品がある。また「あとがき」には多行形式で「観し景は/古今を/辿る/言の葉の/道の/奥処に/月/出ずる/まで」という短歌を記して一書を閉じている。(久保隆)〔著作〕句集『水の音』近代文藝社1991〔文献〕信太裕「10.6背叛社事件、その意味するもの 蘇生するアナキズム」『中央大学新聞』1969.9.9、「新たな反権力組織結成にむけて」『THANATOS創刊号』1969.9、和田俊一『背叛社非政治資料・国体論並びに背叛革命』1968.12

蔀 徳次郎 しとみ・とくじろう ?-? 1921(大10)年工友会に所属し、第2次『労働運動』13号に「労働者の敵」を執筆。1923年12月16日の大杉栄・伊藤野枝葬儀に、工友会を代表して葬儀準備委員となる。(冨板敦)〔文献〕『労働運動』2次13号1921.6、4次2・6号1924.3・24.12

品田 源策 しなだ・げんさく ?-? 1919(大8)年東京牛込区(現・新宿区)の秀英舎(市ヶ谷)第一和文科に勤め活版印刷工組合信友会に加盟する。(冨板敦)〔文献〕『信友』1919年8月号

信乃 大二郎 しの・だいじろう ?-? 解放劇場のメンバー。1932(昭7)年『自連』70号の消息欄に「メーデーのビラまきで四谷署に拘留10日」と報じられる。(冨板敦)〔文献〕『自連』70号1932.5

篠崎 豊吉 しのざき・とよきち ?-? 1919(大8)年東京本所区(現・墨田区)の凸版印刷会社和文科に勤め活版印刷工組合信友会に加盟する。(冨板敦)〔文献〕『信友』1919年8・10月号

篠崎 豊次郎 しのざき・とよじろう ?-? 1919(大8)年東京深川区(現・江東区)の東京印刷深川分社第二部印刷科に勤め活版印刷工組合信友会に加盟する。(冨板敦)〔文献〕『信友』1919年8月号

篠田 清 しのだ・きよし 1901(明34)-? 愛知時計に勤め、20年6月名古屋労働者協会の創立時に加盟。21年頃葉山嘉樹、亀田了介らのアナルコ・サンジカリズム的な労働運動の影響を受けて同協会愛知時計支部を結成。同年10月4日から14日の愛知時計大争議を闘う。同月5日葉山、亀田らとともに門前町署に検束起訴される。争議は惨敗に終わり解雇。22年中部労働組合連合会の創

立に参加。同年5月1日名古屋初のメーデーを計画するが屋外集会が禁止され，当日，葉山，亀田，山崎常吉，梅田定広らと家族連れで中村公園に集まる。同年6月名古屋共産党事件で葉山らと検挙起訴され禁錮6カ月となり服役。23年11月保釈後，醬油屋の兄の手伝いをしながら名古屋民衆倶楽部を設立，政治活動に入る。25年門前署の巡査と格闘になり前田辰之助，成田政市と逮捕，懲役8カ月。26年3月黒潜社内に街頭人社を結成，雑誌『街頭人』を創刊（同人・成田，宮崎阿村，上西憲，篠田）。中部黒連，黒連に加盟。27年アナキストは労働者の敵と書いた者を殴ったとして高村藤一らと新栄署に検束。27年12月黒潜社同人が一斉検挙され，面会に行き高村，山田義雄と検挙される。28年鶴舞公園に労農図書館を創立した小川正夫を助ける。30年頃活動常設館港座に勤める。（冨板敦）〔文献〕『社会通信』90号1924.2，『名古屋労働者』12号1925.12，『街頭人』1号1926.3，『黒色青年』13号1927.10，上野克己「戦線に立ちて」『自由連合主義』3号1930.7，『自由民報』33号1931.1，『名古屋地方労働運動史』，『解放のいしずえ』新版

信田 照司 しのだ・しょうじ ?-? 別名・琴風　1919（大8）年東京京橋区（現・中央区）の築地活版所文選科に勤め活版印刷工組合信友会に加盟。のち中屋印刷所に移る。（冨板敦）〔文献〕『信友』1919年8・10月号，1922年1月号

篠田 庄八 しのだ・しょうはち ?-? 芝浦製作所に勤め芝浦労働組合に加盟し配電器具分区に所属。1924（大13）年9月27日，同労組の中央委員会で同分区の中央委員に沖田松三，小田権次，郷田武哉，三沢健一とともに選出される。（冨板敦）〔文献〕『芝浦労働』2次2号1924.11

篠原 国雄 しのはら・くにお 1904（明37）-? 28年8月23日大阪の阪神急行電鉄重役室で専務にピストルを向けて脅したとして木場穂積とともに検挙され（ホールドアップ事件），強盗未遂で懲役7年となる。（冨板敦）〔文献〕『黒色青年』24号1931.2，『思想彙報2』

篠原 五郎 しのはら・ごろう 1909（明42）-? 群馬県吾妻郡長野原町林生まれ。29年高崎商業学校を卒業後，高崎市内で自動車運転手となるが，30年に実家に戻り精米業につく。28年頃から萩原恭次郎，草野

心平らの指導を受けて詩の勉強をする。32年頃『解放文化』『自連新聞』の送付を受けた。35年末に無業党事件で検挙されるが不起訴。（冨板敦）〔文献〕『身上調書』

篠原 泰正 しのはら・やすまさ ?-? 戦後のアナキスト連盟員。1968年イタリア・カラーラでの国際アナキスト連盟の大会に大沢正道，尾関弘と共に参加。帰国後同年にアナ連は解散したがアナ連東京地方本部の有志10人が翌69年春「麦社参加のよびかけ」を行っていてその一人となっている。他のメンバーは秋山清，大沢正道，笹本雅敬，塩長五郎，杉藤二郎，高橋光吉，萩原晋太郎，三浦精一，横倉辰次。麦社発足後69年9月に東京・水道橋の中央労政会館で開かれた麦社第1回講演会の司会を務めるが背叛社系の信太裕らが会場で妨害行動をして講演会は中止となる。この後，篠原は麦社を去る。（川口秀彦）〔文献〕大沢正道『アはアナキストのア』三一書房2017

篠原 律 しのはら・りつ ?-? 京都の活動家か。1931（昭6）年大阪で創刊された『無政府主義運動』創刊号に「法の消滅」を書いている。32年11月逸見吉三方で開かれた日本自協関西地方協議会に京都から参加した。この研究会には大阪5人，京都2人，神戸4人が出席し戦線確立研究会の組織化などが協議されたという。（大澤正道）〔文献〕『特高月報』1932.11

四宮 三郎 しのみや・さぶろう ⇒奥村俊一郎　おくむら・しゅんいちろう

柴崎 三蔵 しばざき・さんぞう ?-? 印刷工として日本印刷工組合信友会に加盟。1920（大9）年末には東京京橋区（現・中央区）の福音印刷会社に勤めていた。（冨板敦）〔文献〕『信友』1921年1月号

柴田 市太郎 しばた・いちたろう ?-? 1919（大8）年東京神田区（現・千代田区）の三省堂印刷部文選科に勤め活版印刷工組合信友会に加盟する。（冨板敦）〔文献〕『信友』1919年8・10月号

柴田 悦五郎 しばた・えつごろう ?-? 別名・悦之助　万朝報社に勤め東京の新聞社員で組織された革進会に加わり，1919（大8）年8月の同盟ストに参加するが敗北。のち正進会に加盟。20年機関誌『正進』発行のために1円寄付。24年夏，木挽町（現・中央区銀

座)正進会本部設立のために1円寄付する。(冨板敦)〔文献〕『革進会々報』1巻1号1919.8,『正進』1巻1号1920.4, 正進会『同工諸君!! 寄附金芳名ビラ』1924.8

柴田 亀吉 しばた・かめきち ?-? 1919(大8)年東京京橋区(現・中央区)の福音印刷会社印刷科に勤め日本印刷工組合信友会に加盟する。(冨板敦)〔文献〕『信友』1919年10月号

柴田 菊 しばた・きく 1889(明22)11.16-1981(昭56)12.22 旧姓・大杉 東京市麹町区(現・千代田区)に生まれ、少女時代、祖父大杉猪に引き取られて市立名古屋女学院卒業。07年米国サンフランシスコで食堂を経営する静岡市出身の柴田勝造と結婚、渡米。サンフランシスコ地震に遭遇して11年フレスノに移り食堂や映画館を経営、財をなして21年春帰国、静岡市鷹匠町に居を構えた。同家には兄の大杉栄、伊藤野枝、橘あやめらがよく滞在した。大杉らの遺骨は虐殺後、長く証拠物件として留め置かれ返されたのは24年5月であった。父東の菩提寺から埋葬を拒否され菊は墓地を求めて心を砕いた。ようやく柴田家にほど近い静岡市立沓谷霊園に墓地を求め5月25日に埋葬することができた。費用は労働運動社250円、菊、松枝、あやめ、勇ら弟妹が50円ずつ出しあった。柴田家は52年東京に転居。大杉らの墓前祭は73年の50年祭以後遺子や旧同志、市民によって営まれ、90年からは墓前祭実行委員会が結成された。(市原正恵)〔文献〕大杉豊編『年譜・大杉栄とその子ら』私家版1986, 市原正恵「柴田勝造・菊夫妻のことなど」『静岡県近代史研究会会報』58号1983

柴田 金三郎 しばた・きんざぶろう 1902(明35)頃-1966(昭41)1.22 別姓・芝田, 北原 三重県生まれ。1914(大3)年頃雷団という不良少年(ガリコ)グループの元団長で映画館やカフェに出入りし女給のヒモをしていたという。のち京都市新京極近くの自宅兼事務所で相馬弥平らと京都解放連盟を立ち上げる。そこに熊鳥国三郎、福島佐太郎、永田雅一、マキノ雅広らが出入りした。22年2月頃大将軍に事務所を移し恐喝や詐欺で入獄。留置場で警官を怖れないアナキストに感心し以後アナキストグループに近づく。26年5月全国自連第1回大会に京都印刷工組合の代表として参加、黒色解放社を結成する。同年6月同社主催の講演会を開催、官憲を殴り後藤広数、杉田宏、吉田昌晴と京都刑務所送りとなる。27年9月花園村垣ノ内の自宅で大杉栄らの追悼会を開き杉田宏、桜井駒吉、川村喜明、金田茂、早川松太郎ら9人検束。その後満州事変に感奮したと称し右翼に転じ、国家主義に転じ、31年神州報國會の會長として福島佐太郎らと満州軍を慰問し、同年に大日本生産党に加わる。(北村信隆)〔文献〕『京都地方労働運動史』京都府立総合資料館編『京都府百年の資料・政治行政編』1972, 柏木隆法『厚見親子と笹井末三郎』『黒い旗の記憶』玄文社1997, 『自連』1・2・7・17号1926.6・7・12・27.10, 大江音人「京都印刷工組合の人々」『虚無思想研究』17号2001, 柴田和志『チャー坊遺稿集1950-1994』飛鳥新社2002

柴田 呴保 しばた・こうほ ?-? 別名・向保 1919(大8)年東京小石川区(現・文京区)の博文館印刷所に勤め活版印刷工組合信友会に加盟。のち京橋区(現・中央区)の英文通信社に移る。(冨板敦)〔文献〕『信友』1919年8・10月号, 1922年1月号

柴田 三郎 しばた・さぶろう 1884(明17)1.29-1943(昭18)6.10 栃木県に生まれる。幼少時代は函館、山形、盛岡、八戸、青森、宇都宮を転々。宇都宮中学在学中に栃木県下都賀郡谷中村(現・栃木市)を訪ね、廃村前の惨状を『平民新聞』に発表。04年東京美術学校西洋画科に入学。同期に望月桂、岡本一平、藤田嗣治らがいた。学生時代に日暮里の逸見斧吉宅に下宿。そこを田中正造が上京時の常宿としていたことから田中に親しく触れた。この頃から新紀元社にも出入りしさらには同社に居候し自炊生活も経験。そこで安部磯雄ら多くの社会主義者を知るが特に石川三四郎と親しく交流。2年留年して10年美術学校を卒業。卒業後は『都新聞』『東京日日新聞』などで新聞記者生活を送り北里柴三郎に私淑、菜食主義者になったり中里介山と往来したりした。望月桂とは卒業後も長く交流を続けた。(小松隆二)〔著作〕『義人田中正造翁』敬文館1913〔文献〕小松隆二『『義人田中正造翁』の著者柴田三郎の足跡』『田中正造と足尾鉱毒事件研究』7号1988

柴田 淳平 しばた・じゅんぺい ?-? 1919(大8)年東京牛込区(現・新宿区)の秀英舎(市ヶ谷)第二和文科に勤め活版印刷工組合信

柴田 治朗 しばた・じろう ?-? 東京朝日新聞社に勤め東京の新聞社員で組織された革進会に加わり1919(大8)年8月の同盟ストに参加するが敗北。のち正進会に加盟。20年機関誌『正進』発行のために50銭寄付。また24年夏，木挽町(現・中央区銀座)正進会本部設立のためにも2円寄付する。(冨板敦)〔文献〕『革進会々報』1巻1号1919.8，『正進』1巻1号1920.4，正進会『同工諸君!! 寄附金芳名ビラ』1924.8

柴田 仙太郎 しばた・せんたろう ?-? 全国自連メンバー。1934(昭9)年5月1日東京芝浦埋立地で開かれたメーデー集会で全国自連を代表して演説する。7月29日本所区(現・墨田区)中和小学校で開いた第2回失業登録者大会で演説，検束されるが同志の手でその場で奪還。(冨板敦)〔文献〕『自連新聞』90・93号1934.5・8

柴田 知之 しばた・ともゆき ?-1974(昭49) 長崎県に生まれる。上京し大山印刷に勤め29年4月東京印刷工組合から分かれたサンジカリズム派の東京印刷工組合連合会に参加する。「オールバックにロイド眼鏡が，どことなく知的なものを感じさせ，読書家の彼は難解な用語を駆使して，よく議論をしていた」(山口健助)。東印連が改称した関東出版産業労働組合でも活動。35年末無共党事件に連座して検挙されるが不起訴。36年8月山口らと東印を再建，教育部執行委員となる。(冨板敦)〔文献〕山口健助『風雪を越えて』印友会本部1970，『青春無頼』私家版1982，『思想彙報2』不二出版1997

柴田 宜要 しばた・のぶとし ?-? 1919(大8)年東京神田区(現・千代田区)の三省堂印刷部欧文科に勤め活版印刷工組合信友会に加盟する。同年8月頃，同社同科の組合幹事を南雲錠太郎と担っていた。(冨板敦)〔文献〕『信友』1919年8・10月号，1922年1月号

柴田 八蔵 しばた・はちぞう 1894(明27)8.7-? 別名・芳明 新潟県岩船郡村上本町(現・村上市)に生まれる。上京して大学に入学したがアナキズム運動に参加して中退。思想要注意人(無政府主義)に編入される。25年春北海道に渡り活動を続ける。監獄部屋に入ったこともあった。7月旭川警察署の取り締まりに抗議し拘留10日の処分を受ける。9月3日小樽で鎖断社と監獄部屋打破期成同盟会が共催した労働問題演説会で弁士をつとめたが，警察と癒着した椎熊三郎の妨害で会場混乱。検束され留置場で革命歌を歌う。拘留25日の処分を受けたが正式裁判を要求。11月27日無罪判決を受ける。26年札幌，小樽で寄付強要を続ける。樺太でも寄付強要行為。かたわら秘密出版を試みる。11月小樽警察署を訪れ運動から離脱を誓い尾行解除を要請したが，警察は信用せず逆に特別要視察人甲号に編入替えし視察を強化した。北海黒連は「柴田は連盟とは無関係」と声明。同年芝原淳三らの『自由公論』に参加。その後函館に移り運動から離脱。30年思想要注意人に編入替えとなる。(堅田精司)〔文献〕『思想要注意人調』北海道庁警察部1927，『特別要視察人・思想要注意人一覧表』同1928，『札幌控訴院管内社会運動概況』2輯1930.11，『小樽新聞』1925.7.15・9.2・4・5，『北海タイムス』1925.9.3・5・29・11.12・28・26.11.7・11・16

柴田 汜 しばた・ひろ ?-? 新聞工組合正進会に加盟し1924(大13)年夏，木挽町(現・中央区銀座)本部設立のために50銭寄付する。(冨板敦)〔文献〕正進会『同工諸君!! 寄附金芳名ビラ』1924.8

柴田 みさほ しばた・みさほ ?-? 1920年代後半から30年代にかけて展開された岡山県下の農民自治会運動を担った数少ない女性の一人。27(昭2)年2月2-7日同会全国連合の中西伊之助が岡山県各地を回って講演した。柴田は6日に勝田郡豊並村小学校で開催された講演会，続いて豊並村ほか数カ村の農民自治会発会式に定森於和歌とともに紅二点として参加した。この二人を中心に婦人部を設置することも議論された。(小林千枝子)〔文献〕中西生「各地情勢一斑 岡山行」『農民自治』2年8号1927.3，小林千枝子『教育と自治の心性史』藤原書店1997

柴田 隆一郎 しばた・りゅういちろう 1908(明41)4.25-1945(昭20)2.18 東京市下谷区稲荷町(現・台東区)生まれ。22年高等小学校卒業後，凸版印刷に就職し文選，植字などの仕事につく。いくつかの印刷工場を転々とするなかで労働運動に取り組むようになる。28年全協に加盟するが，やがて全協は労働者の大衆組織ではなく同一思想を信条とする組織になっていると批判し，労働者

の自律的運動の実践を重視するようになる。33年臨時工として働きながら労働者との交流を深め文学雑誌『梧桐』，交流雑誌『歩み』を発行，35年26人のメンバーによる和工会創設へとつなげていった。37年には和工会を出版工倶楽部（のち出版工クラブ）へと発展させ組合への弾圧と解散が相次いだなかで1500人余を擁した。戦時下の組合右傾化に反対しアナ系の印刷工連合会との共同行動，印刷技術研究会，読書会，旅行会などの日常活動を指導しクラブに対する警察の弾圧には産業報国会への参加拒否，表向きの解散と各活動部門の独立と活動継続で抵抗した。42年8月反戦活動容疑で逮捕，禁錮7年の判決で服役中に栄養失調で獄死。（奥沢邦成）〔文献〕杉浦正男『戦時中印刷労働者の闘いの記録・出版工クラブ』私家版1964，大原社会問題研究所編『太平洋戦争下の労働運動』労働旬報社1965

芝原 貫一 しばはら・かんいち ?-? 別名・貫，柴原貫一 東京の大学で学生運動を経験，卒業後来阪し天王寺区勝山通りに居住した。1924（大13）年11月関西自連結成大会に北大阪染色組合を代表して重岡勢，佐野秀邦らと参加し役員となる。26年5月全国自連第1回全国大会で大阪印刷工組合の情勢報告をした。6月京都黒色解放社主催の演説会に大阪から逸見吉三，中尾正義らと参加。当時の関西自連の連絡員には芝原（全国自連の連絡員も兼任）のほか中村鹿二，杉浦市太郎，松村伊三郎，矢野準三郎らがいた。11月関西自連緊急協議会で非政党デーの反対行動を「地域から地方的に」拡大を提案。12月の関西自連第3回大会で大会書記を金田茂，中村房一とともにつとめる。27年7月南海電鉄高野山争議を支援。同月関西自連の会計担当を辞職，大阪合成労働組合に加わり活動していたが中村房一らとともに関西自連から離脱し除名された。（北村信隆）〔文献〕『印刷工連合』29号1925.10，『農民自治会内報』2号1927，『大阪社会労働運動史』，宮本三郎『水崎町の宿PART II』私家版1987，『関西自由新聞』3号1927.12，『自連』1・2・4・8・15・19号1926.6・7・10-12・27.1・8・12

芝原 淳三 しばはら・じゅんぞう 1902（明35）-1935（昭10）10.18 本名・淳蔵，別名・淳造 神戸市に生まれる。大阪の天王寺公会堂で開催された演説会に濃紺のルパシカ姿でしばしば現れ弁士中止，解散の声がかかる頃にはすばやく姿を消したという。22年頃東京から大阪へ移った柳沢善衛に出会い親交を保つ。この頃神戸で『のき行灯』を発行。26年上京し自由評論社を設立して『自由公論』（2号まで）を創刊し，和田信義・柳沢共著『近代無政府主義運動史』を望月桂の口絵つきで刊行する。神戸生まれの青田つぎと同棲。和田が編集長をしていた『上野浅草新聞』を手伝う。この頃神戸，名古屋，東京を往来し安谷寛一の変則仏学塾の第2期生となる。29年8月三菱電機争議で解雇された小林一信の退職手当要求闘争に加わり検挙され懲役8カ月。32年9月井上信一，長沢清らと『近代思想』を刊行。35年無共党特務機関（責任者二見敏雄）に井上，小林とともに参加，情報漏洩の疑いをかけられ摩耶山中で二見により射殺される。遺骨は大阪天王寺の一心寺に埋葬された。（黒川洋）〔文献〕相沢尚夫『日本無政府共産党』海燕書房1974，柳沢善衛・安谷寛一「芝ジュン追悼記」『ながれ』6号1974.3，『自連新聞』39・45・54号1929.9・30.3・12

柴山 群平 しばやま・ぐんぺい 1907（明40）6.30-1970（昭45）6.30 別名・星歌 静岡市尾形町に生まれる。祖父は芭蕉の「梅若菜鞠子の宿のとろろ汁」で名の出た丸子丁字屋を経営。23年頃同郷の作家井東憲を知る。24年頃牧野修二の提唱で結成された社会思想研究会に後藤章，山口淳，服部豊，中島松二（のち挿絵画家），山崎佐市らと加わる。24-25年機関紙『この人を見よ』を山口，服部らと発刊。26年東海黒連に加わり『大衆評論』を山崎らと手伝う。上京して伊串英治らを知る。27年12月東海黒連静岡支部の一斉検挙の際，自宅が家宅捜索を受ける。28年3月静岡先駆芸術連盟（のちナップ静岡支部）が結成され『先駆芸術』創刊に参加。同年6月頃『手旗』を渡辺渡，横地正次郎，杉山市五郎，薄野寒雄（湊英季），金井新作らと創刊。29年9月坂本七郎の斡旋でガス会社の日雇人夫となる。以後『第二』『黒色戦線』『弾道』『詩文学』『犀』に作品を寄稿。32年6月詩集『断層』を上梓。四元社の民間福祉事業に携わり各地を転任。37年結婚を機に社会事業団体の職員となり広島の労働者無料宿泊所に主任として赴任。戦時

下には東京の母子寮や養護施設さやま園に勤めた。戦後は山梨市に居住し民芸と版画のいずみ工房を経営。68-70年『風信』に自伝を連載。晩年は国分寺市に居住。(黒川洋)〔著作〕「静岡文芸運動の思い出」『風信』1-3冊1968-70〔文献〕市原正恵「静岡県戦前同人誌小史」『静岡の文化』7号1986・「大正・昭和前期静岡の詩アンソロジー」同23号1990

柴山 小柳丸 しばやま・こりゅうまる ?-? 1919(大8)年東京京橋区(現・中央区)の国光社和文科に勤め活版印刷工組合信友会に加盟する。(冨板敦)〔文献〕『信友』1919年8・10月号

柴山 久高 しばやま・ひさたか ?-? 1919(大8)年東京京橋区(現・中央区)の国光社文選科に勤め日本印刷工組合信友会に加盟する。(冨板敦)〔文献〕『信友』1919年10月号

芝山 孫三 しばやま・まごぞう ?-? 1919(大8)年東京神田区(現・千代田区)の宮本印刷印刷科に勤め日本印刷工組合信友会に加盟する。(冨板敦)〔文献〕『信友』1919年10月号

柴山 道男 しばやま・みちお ?-? 東京市蒲田区(現・大田区)新宿町に居住し神田神保町の山縣製本印刷整版部に勤める。1935(昭10)年1月13日整版部の工場閉鎖、全部員40名の解雇通告に伴い争議勃発。工場を占拠して闘い同月15日解雇手当4カ月、争議費用百円で解決する。山縣製本印刷は当時東京大学文学部の出入り業者であり、東印は34年5月以降、東印山縣分会を組織していた。(冨板敦)〔文献〕『山縣製本印刷株式会社争議解決報告書』東京印刷工組合1935、『自連新聞』97号1935.1、中島健蔵『回想の文学』平凡社1977

渋井 福太郎 しぶい・ふくたろう ?-? 香具師、演歌師。明治末から大正にかけて添田唖蝉坊の影響下にあった。母親は著名な演歌師。底辺に生きる者の反骨心、反逆心を一身に体現。あらゆる権威に刃向かい軍隊生活では脱営、営倉入りを繰り返した。1910(明43)年9月発禁処分された演歌「破棄余勢」の著作者(実作者は添田唖蝉坊)として名が出ている。通行人に威圧感を与えていた東京電力の変圧器に飛びついて自死したとされる。その直情径行、無器用な生き様を添田知道は「四行の歌を二行でうたった男」と愛惜している。(西村修)〔文献〕添田知道『演歌師の生活』雄山閣1994

渋川 三郎 しぶかわ・さぶろう ?-? 青森に住み1930(昭5)年『農民自由連合』「地方情勢」欄に寄稿する。(冨板敦)〔文献〕『農民自由連合』1巻2号1930.8

渋川 芳三 しぶかわ・よしぞう ?-? 1919(大8)年東京芝区(現・港区)の東洋印刷会社和文科に勤め活版印刷工組合信友会に加盟する。(冨板敦)〔文献〕『信友』1919年8月号

澁澤 龍彦 しぶさわ・たつひこ 1928(昭3)5.8-1987(昭62)8.5 本名・渋沢竜雄 渋沢栄一一族の一員として東京に生まれる。府立五中、浦和高校を経て53年東京大学仏文科卒業。この頃肺結核が発症したためもあって就職しないまま校正、翻訳などを経て文筆業に入り生涯自由業のまま通した。数冊の翻訳書のあと59年第1評論集『サド復活』を弘文堂から出版。同年サド『悪徳の栄え・正篇』を現代思潮社から出版、続篇が翌60年4月発禁となり出版者石井恭二とともに61年1月起訴される。この頃非正統派左翼の本を精力的に出していた石井を介し秋山清、埴谷雄高らを知る。61年現代思潮社刊のトロツキー『わが生涯』の共訳者に名を連ねサドのみならず異端の思想の紹介者としての姿勢を明らかにする。サド裁判は埴谷ら多数の文筆家、学者を特別弁護人とするが、両被告とも国家権力による裁判を否認する形で69年10月7万円の罰金刑が最高裁で確定するまで続けられる。摘発から裁判終了までの間に手帖三部作(『黒魔術の手帖』桃源社1961、『毒薬の手帖』同1963、『秘密結社の手帖』早川書房1966)をはじめ初期代表作を次々と刊行、68年にはエロティシズムと残酷の綜合研究誌と銘打つ『血と薔薇』(1968.11創刊)の編集責任者となり、進行中のサド裁判を含め既成の権威、権力を否定する志向を鮮明にする。アナキズムやアナキストに直接言及した文章は少ないがサド、フーリエ、ブルトンなど異端を媒介とした過激なユートピア志向と反国家、反権力を自明のものとする文章は60-70年代に同じような方向性を模索した青年たちに少なからぬ影響を与えた。『血と薔薇』の終刊、離婚と再婚、渡欧体験、親交のあった三島由紀夫の死など澁澤を取り巻く環境の変化のためか、晩年は自己の内なるもの、日本的なものへ興味の対象を移したが既成の権威、権力の否定という志向は一貫していた。若

い時からの自らの予告どおり60歳を超えることなく世を去った。(川口秀彦)〔著作〕『澁澤龍彦全集』全24巻河出書房新社1993,『澁澤龍彦翻訳全集』全16巻同1993〔文献〕「澁澤龍彦スペシャルⅠ・Ⅱ」『別冊幻想文学』4・5号1988・89

渋沢　正彬　しぶさわ・まさあき　?-?　1919(大8)年東京芝区(現・港区)の東洋印刷会社和文科に勤め活版印刷工組合信友会に加盟する。(冨板敦)〔文献〕『信友』1919年8月号

渋谷　修　しぶや・おさむ　1900(明33)-1963(昭38)　石川県に生まれ，木下房一郎の父親が経営する病院で書生をしていたという。21年10月未来派美術協会第2回展から同会に参加。22年10月尾形亀之助らと三科インデペンデント展(未来派美術協会)を開催する。24年4月に開かれた国民美術協会主催の帝都復興創案展頃からマヴォの同人らと知り合う。7月『マヴォ』創刊号に作品を寄せる。10月三科に参加。25年5月劇場の三科に参加。6月萩原恭次郎が新たに編集に加わった『マヴォ』5号にも寄稿。27年に刊行が始まった『現代商業美術全集』(全24巻アルス)の出版に尽力する。(冨板敦)〔文献〕五十殿利治『大正期新興美術運動の研究』スカイドア1998, 五十殿利治・菊屋吉生・滝沢恭司・長門佐季・野崎たみ子・水沢勉『大正期新興美術資料集成』国書刊行会2006

渋谷　定輔　しぶや・ていすけ　1905(明38)10.12-1989(昭64)1.3　埼玉県入間郡南畑村(現・富士見市)に自小作農の長男として生まれる。自作農になりたいという父の期待にこたえる苛酷な労働のなかで自己実現のために本を読み，詩を書き，生活を記録し，生活者の根底に立つ多様な運動を展開した。その原質には人間の内なる生命感覚からの発想が置かれている。小学校卒業のころから大杉栄，石川啄木，ハイネ，マルクスを読み，詩や短歌を同人雑誌に投稿するようになる。22-24年村に小作料減額を要求する小作争議がおこりこれに勝利したことに大きな影響を受けた。詩集『野良に叫ぶ』は一人の農村青年の生命の叫びをうたって衝撃を与え，青野季吉に「自然成長と目的意識」(『文芸戦線』1926.9)を書かせプロレタリア文学に論争を呼びおこした。また生活記録『農民哀史』は争議の経験を受けて農民自身の生きた運動と組織とは何かを深く問うものとなった。25年には下中弥三郎, 中西伊之助らと農民自治会を結成, 全国連合委員となる。南畑村にも農民自治会をつくり県内の組織化に奔走した。28年頃からマルクス主義に接近し階級的農民運動の方向に転換, 農民自治会を脱退した。29年5月には農民自治会埼玉県連合は全農埼玉県連支部と合同して全農埼玉県連を結成し書記長として運動の中心を担った。30年池田ムメ(渋谷黎子)と結婚。また同年には伊東三郎らと『農民闘争』を発行し全農の分裂後は全国会議派に所属した。31年秋以降は警察から受けた頭部の傷の悪化と妻黎子の看病のため第一線を退くが部落世話役活動を通した生活のなかからの農民の組織化を推し進めた。37年埼玉人民戦線事件の一環として秋田県で検挙。戦後は日本生活協同組合設立などに参加するが, 60年ごろから戦後の自己の思想と行動のありかたに疑問をもち, 62年南畑に戻り自己の歴史を再検討しようとした。このなかで詩や記録の復刊が実現し, 地域の市民・文化運動とも深い関わりが生まれた。(安田常雄)〔著作〕『野良に叫ぶ』平凡社1926・復刻版同1964,『農民哀史』勁草書房1970,『大地に刻む』新人物往来社1974,『農民哀史から六十年』岩波新書1986〔文献〕安田常雄『出会いの思想史　渋谷定輔論』勁草書房1981,『エス運動人名事典』

渋谷　悦作　しぶや・のぶさく　?-?　万朝報社に勤め東京の新聞社員で組織された革進会に加わり1919(大8)年8月の同盟ストに参加するが敗北。のち正進会に加盟。20年機関誌『正進』発行のために1円寄付。また24年夏, 木挽町(現・中央区銀座)正進会本部設立のためにも1円寄付する。(冨板敦)〔文献〕『革進会々報』1巻1号1919.8,『正進』1巻1号1920.4, 正進会『同工諸君!! 寄附金芳名ビラ』1924.8

渋谷　保躬　しぶや・やすみ　?-?　1919(大8)年横浜の中央舎に勤め横浜印刷技工組合に加盟, 同組合の評議員を担う。(冨板敦)〔文献〕『信友』1920年1月号

渋谷　黎子　しぶや・れいこ　1909(明42)6.24-1934(昭9)9.16　旧名・池田ムメ　福島県伊達郡栗野村(現・伊達市)の大地主池田家の四女に生まれる。地主の寄生生活と父の放蕩への嫌悪から社会主義に共感し, この地を訪れた渋谷定輔と知り合い文通を始

る。当時の黎子の手紙には生きる感覚と社会主義をつなぐ清冽な感受性がよく現れている。29年9月渋谷を頼って家出上京し名も黎子と改めた。30年1月1日渋谷と結婚。黎子は全農埼玉県連合婦人部長として浦和，熊谷，寄居と活動の場所を移しながら貧しい農村の女性たちとともに日常の世話役に徹した運動を展開した。たとえば裁縫所に通う女性が教師に対し「節句・暮盆の贈り物を廃止する事」などを要求し承認させたという。しかし32年2月2日全農西吉見支部発会式は激しい弾圧に見舞われ(吉見事件)，翌日熊谷署に救援の差し入れに来た黎子もその場で検挙された。過労と栄養失調，そして権力の拷問のため34年9月16日短い一生を閉じた。(安田常雄)〔著作〕『この風の音を聞かないか』家の光協会1978〔文献〕『渋谷黎子雑誌』1-7号1974-76，渋谷定཯『農民哀史』勁草書房1970・「曲がり角の農民運動」『大地に刻む』新人物往来社1974，鶴見俊輔「書評・この風の音を聞かないか」『朝日ジャーナル』1978.7.7，安田常雄『出会いの思想史 渋谷定཯論』勁草書房1981

島　保　しま・たもつ　?-?　1919(大8)年東京神田区(現・千代田区)の文明社印刷科に勤め活版印刷工組合信友会に加盟する。(冨板敦)〔文献〕『信友』1919年8月号

島　宗博　しま・むねひろ　?-?　時事新報社に勤め東京の新聞社員で組織された革進会に加わり1919(大8)年8月の同盟ストに参加するが敗北。のち正進会に加盟。20年機関誌『正進』発行のために1円寄付する。その後同社を退社し大阪に出稼ぎに行く。(冨板敦)〔文献〕『革進会々報』1巻1号1919.8，『正進』1巻1・2号1920.4・5

島影　盟　しまかげ・ちかい　1902(明35).2.18-1983(昭58).2.8　福島県出身。1926(大15)年11月日本プロレタリア文芸連盟が日本プロレタリア芸術連盟に改組された際，排除されたアナキズム系の人々が結成した日本無産派文芸連盟に所属した。この連盟は一時『解放』を機関誌としていたが，やがて発行人である山崎今朝弥が労農党支持を打ち出したため28年6月独自に『尖鋭』を創刊，島影は「編集後記」を執筆している。この時期『文芸公論』『解放』などに戯曲を発表していたが表現派風のシナリオ「麺麭」(初出不詳)が日本左翼文芸家総連合から出された

反戦創作集『戦争に対する戦争』(1928)に収められた。のち歌人として短歌雑誌に作品を発表していたが，その後は戦後まで宗教から人生論・処生術まで幅広い著述活動をした。(大和田茂)〔文献〕『日本プロレタリア文学集5』新日本出版社1985

島上　勝次郎　しまがみ・かつじろう　1881(明14)8.24-1923(大12)9.1　三重県度会郡(現・伊勢市)に生まれる。戦後社会党議員となった島上善五郎の岳父。05年上京して浅野スレートに入社するが解雇され07年に東京市電の車掌となる。時事新報記者中西伊之助の働きかけに応じ，19年8月市電従業員の仲間とともに中西を理事長とする日本交通労働組合を結成し本所支部長に就任。同年11月賃上げ要求に端を発する市電大争議にあたって交渉委員の一人として奔走したが，20年2月の市電全線，続く4月の14線を運休させる総罷業で官憲の弾圧にあい理事長以下多数の同志とともに逮捕され組合は壊滅した。しかし翌21年には市電本所出張所の青年を糾合して相扶会を結成，佐々木専治らの入会とともにのちの東京市電自治会を準備した。サンジカリズムに立脚した相扶会は関東労働組合同盟会に加盟し，労働組合総連合の運動では反総同盟の自由連合派として活動した。23年東京市電気局に復職したが関東大震災で焼死。(植本展弘)〔文献〕東交史編纂委員会『東京交通労働組合史』東京交通労働組合1968，『資料大正社会運動史』

島崎　こま子　しまざき・こまこ　1893(明26)11.7-1979(昭54)6.29　筆名・長谷川こま子(京大社研メンバーの長谷川博と結婚後，長谷川こま子を名乗り，一女をもうけたが間もなく離婚。)　朝鮮京城(現在の韓国・ソウル)に作家・島崎藤村の次兄広助の次女として生まれる。1912年，こま子の叔父でもある藤村との間に一子をもうけたが悲劇的別れとなる。藤村と離別後，25年に京都YMCA学生寮長の栗原基の娘・俊子と知り合い同家に身を寄せた。26年俊子の婚約者・鈴木安蔵たちが組織していた勉強会・京大社研のメンバーが治安維持法違反第1号事件で激しい弾圧を受けるや全力を投じて救援に立ち上がり，以降敗戦に至るまで特高警察との熾烈な抵抗闘争に身を捧げた。救援資金を稼ぐためにプレッシング店を京都・河原町丸太

町界隈で営業する一方で地下抵抗活動に従事。特高警察から第一級の政治犯として常時監視され、裸で逆さ吊りにされるなど拷問を受け、心身ともに回復しがたい傷を受ける。東京に出てなお救援活動を続けたが極貧の生活で倒れ、救貧院に収容された。敗戦直後、身を寄せていた故郷・長野県の妻籠で、共産党細胞を組織したが思想的にはキリスト者だった。藤村の三男・島崎蓊助が大杉栄に強い興味を抱き日本プロレタリア美術連盟に参加するとともに「無産者新聞」の編集に加わるなどしていたが、こま子を慕い、影響を受けていたことでも明らかなように、こま子は無産労働運動に関わった藤村の子どもたちに強い影響を与えた。藤村作品『出発』の「お栄」、『新生』の「節子」、『明日』の「お仙」のモデル。（梅本浩志）〔著作〕「悲劇の自伝」『婦人公論』1937.5-6、「長谷川こま子書簡」「長谷川こま子二題」（いずれも藤一也個人誌）〔文献〕伊東一夫編『島崎藤村事典（新訂版）』明治書院1982、松田解子「出会いの時」『民主文学』1999.6、伊東一夫『藤村をめぐる女性たち』国書刊行会1998、梅本浩志『島崎こま子の「夜明け前」エロス愛・狂・革命』社会評論社2003、森田昭子『島崎こま子おぼえがき』文芸社2006

島崎 新太郎 しまざき・しんたろう 1882（明15）1.21-1971（昭46） 京都府与謝郡府中村（現・宮津市）に生まれる。02年早稲田大学入学、06年文学部卒業。在学中の03年社会主義協会入会。同年10月同協会会員の早大生松岡荒村、吉田磯らと早稲田社会学会結成。社会主義思想を抱懐する。04年11月トルストイ会入会。会員はほかに宮田脩、白柳秀湖、小野吉勝ら。同年『荒村遺稿』編集出版の世話人となる。早大卒業後、大阪毎日新聞社、東京日日新聞社に勤務。在職中の08年11月青年社会政策学会を結成、会員はほかに菊地茂、白柳秀湖ら。東京日日に定年の55歳まで勤務。「親から金を貰う高等乞食でありますが…大に東洋大陸に渡って社会主義の伝播に勉めたい」（週刊『平民新聞』12号1904.1.21）。（斉藤英子）

島崎 藤村 しまざき・とうそん 1872（明5）2.17-1943（昭18）8.22 長野県の馬籠村（現・岐阜県中津川市）生まれ。明治から昭和前期にかけて活躍した日本を代表する詩人・小説家。代表作に第一詩集『若菜集』、長編小説『破戒』(1906)、『家』(1910-11)、『新生』(1918-19)、『夜明け前』(1929-35)がある。大正-昭和初年代にかけてアナキズムや社会主義運動に対するシンパ者として資金援助を行う。農村青年社運動の中心メンバーであった宮崎晃は1975年に保阪正康の取材に答えて「私が日本から中国に逃亡するときに相談に乗ってくれたのは作家の島崎藤村でした。私は大正末期からリャクで密かに藤村のもとに行っていたんです。…どうも大審院の決定が出るので、またぶちこまれそうだ。ついては旅費を心配してほしいと申し込むと、藤村は〈そうか〉と言ってしばらく考えこんでいた。そのあとに〈よかろう、俺が逃がしてやるよ〉と言って、金を二百円近くくれたんです。…あの人は私だけでなく、朝鮮人のアナキストにもよくカネを渡していた。…あの人はリャクに来た人の話は熱心に聞くんです。そしてその場では決してカネを渡さない。〈考えましょう〉と言ってあとで送金するわけです。送ってこないという連中もいたから誰にでも送るというわけではなかったようです」と回想、他に真山青果（劇作家）や内田魯庵（文筆家）の名前をあげている。（奥沢邦成）〔著作〕『藤村全集』全17巻・別巻1筑摩書房1966-71、他多数〔文献〕保阪正康『農村青年社事件 昭和アナキストの見た幻』筑摩書房2011

島崎 彦八 しまざき・ひこはち ?-? 1919（大8）年東京神田区（現・千代田区）の豊盛堂印刷科に勤め活版印刷工組合信友会に加盟する。（冨板敦）〔文献〕『信友』1919年8・10月号

島田 雅楽王 しまだ・うたおう 1886（明19）-1942（昭17） 本名・島田毅一 1922（大11）年頃から井上剣花坊主宰の『大正川柳』に参加し同人となる。24年8月柳樽寺系の川柳合評グループ枕鐘会を主唱し創設。枕鐘会同人には井上信子、渡辺尺蠖、三笠しづ子などが参加。雅楽王は感情と理知の交錯する一点に川柳美を求める〈情智一如〉を提唱。五呂八はこれを「新抒情主義」と評した。評論に「川柳とプロレタリア文芸」、「所謂無産派川柳とは」がある。28年6月樺太に赴任し日本領土の最北端に白鳥川柳会、吟葉会を結成する。42（昭17）年樺太通運株式会社社長に就任。その後罹病。静岡県伊東市で療養中に死去。享年55歳。辞世の句に

「魂を鞘におさめて征きました」がある。代表句として「灯を消せば昏くやうに闇が来る」「天へ向くことは知らない足の裏」などがある。(平辰彦)〔文献〕一叩人編『新興川柳選集』たいまつ社1978

島田 兼吉 しまだ・かねきち ?-? 万朝報社に勤め新聞工組合正進会に加盟。1920(大9)年機関誌『正進』発行のために1円寄付。また24年夏、木挽町(現・中央区銀座)正進会本部設立のためにも1円寄付する。(冨板敦)〔文献〕『正進』1巻1号1920.4, 正進会『同工諸君!! 寄附金芳名ビラ』1924.8

島田 欣子 しまだ・きんこ 1908(明41)11.?-1997(平9)? 東京市本郷区(現・文京区)生まれ。父の死により貧しい生活を余儀なくされ、10歳頃医学書を専門とする印刷会社の杏林舎に働き6年間夜学に学ぶ。14歳頃から舎内の文芸誌『麦笛』で短歌を始め、主宰者前田盗閑の指導を得て俳句に進む。職場にアナキストで『川柳人』同人の森田心太がいて、その酒癖に嫌っていたが盗閑から〈白粉もなく十八を朝の五時〉などの句を教えられ衝撃を受ける。川柳を勧められて川柳を始めようとした矢先に心太が急死。1930(昭5)年8月に開かれた追悼句会に参加、以後一気に川柳に走った。同年末頃『川柳人』の「川柳女性の会」に参加、その美貌と性格から『川柳人』では「お欣ちゃん」と呼ばれアイドル視された。長谷川時雨主宰『女人芸術』に31年7月号から井上信子選「新興川柳」欄が開設されたため積極的に投句。〈赤いんぢやない食へねいんだ〉などの男まさりの激しい句を投じた。同年9月号には「職場からの叫び」欄に「従業員組合設立に当りて」を2頁見開きで掲載。労組結成に向けた懇談会開催を報告している。さらに同号の読者欄では付録の『女人大衆』のエスペラント講座によってその学習を始めたことを報告。『川柳人』誌上でプロ派川柳派の前田栗平から句の非階級性批判を受けたことに対して「プロ陣営に答ふ」と題して反論。「私もまたプロレタリアートだ。だがプロレタリアートは、自己の感情を赤裸々に発露してはいけないのだろうか。私の川柳は自分の人間性をほとばしり出たもので、私はこの道を確信をもって歩むつもりである…」と主張している。労組結成活動も回覧雑誌を発行するなど糾合はかったが昭和7年春頃に当局の介入を受けて敗北。『女人芸術』投稿も32年5月号を最後とした。33年9月結婚、結婚してからその句は一変するが、のちに信子の死去を知って『川柳人』に同人として完全に復帰。過去の姿を取り戻した。64年新年号の同人欄の名前を最後に姿は完全に消えた。(一色哲八)〔文献〕『女人芸術』1931.5-1932.6,『川柳人』1931.6-1932.6, 谷口絹枝『蒼空の人井上信子』葉文館出版1998, 井之川巨『詩があった!』一葉社2005

島田 健二郎 しまだ・けんじろう 1899(明32)1.20-1933(昭8)6.28 秋田県山本郡森岳村(現・三種町)に生まれる。小学校卒業後小作をしていたが函館に移り鉄道に勤務。アナキスト仲間の武内清、袴田里見と第1次函館無産青年同盟に参加。その後鈴木治亮の影響でマルクス主義に転じ24年共産主義グループ第2次函館無産青年同盟を組織。函館の交通労働者を糾合する函館交通労働組合を計画したが失敗。25年春解雇され帰郷。27年日農森岳支部を組織。28年初頭北海道に渡り漁業労働者組織化に奔走。2月函館ドック争議を指導中に暴行容疑で検挙、道庁特高課から有力な共産主義者とみなされたが三・一五弾圧を免れた。30年帰郷。農民運動に奔走中死没。33年7月2日農民葬で送別された。(堅田精司)〔文献〕『小樽新聞』1928.3.10夕刊,『北海道ニ於ケル日本共産党事件顛末』北海道庁特別高等課1928.5, 小沢三千雄『秋田県社会運動の百年』私家版1977

島田 孝太郎 しまだ・こうたろう ?-? 1919(大8)年東京芝区(現・港区)の近藤商店印刷所文選科に勤め活版印刷工組合信友会に加盟。同年10月頃には同社を退社していた。(冨板敦)〔文献〕『信友』1919年8・10月号

島田 三吉 しまだ・さんきち ?-? 新聞工組合正進会に加盟し1921(大10)年の春季総会のために1円寄付する。(冨板敦)〔文献〕『正進』2巻5号1921.5

島田 清次郎 しまだ・せいじろう 1899(明32)2.26-1930(昭5)4.29 別号・清二郎 石川県石川郡美川町生まれ。2歳の時父を亡くし5歳より母方の祖父の営む金沢西廓の貸座敷の一室で育つ。野町尋常小首席卒業, 11年金沢二中入学, 12年東京白金の明治学院普通部へ編入, 13年金沢二中復学, 14年

金沢商業本科に転校と親戚・知人の援助を受けながらの就学のため学校を転々とする。14年に小説を書き始め投稿入選も回を重ねた。15年に金沢商業を退学。17年18歳で長篇小説「死を超ゆる」を『中外日報』に連載。「ニイチェとドストエフスキーはたまらなく好きだ」と書く島田は，19年に自信作『地上』の原稿を16年からニーチェ全集を翻訳刊行中の生田長江に持ち込み，彼の紹介で同年6月新潮社より『地上 第一部 地に潜むもの』を出版。生田，堺利彦らの絶賛もあって一大ベストセラーとなる。この頃，以前より文通のあった大熊信行の訪問を受け以後親交を深める。大熊の紹介で矢代東村とも出会っている。20年刊の第二部『地に叛くもの』，21年の第三部『静かなる暴風』，22年の第四部『燃ゆる大地』までの四部作で50万部以上の売上だった。文壇での評価は高くなかったが貧困や格差，恋愛など逼迫していた社会状況に対する青少年層の心理の文学表現として受けとめられていたのだろう。島田本人には文学よりも政治という意識も強く，20年に新明正道を介して「新人会」の会合に参加し同年日本社会主義同盟にも加盟している。この年まだ17歳だった堺真柄に一方的な恋情を抱き父利彦に拒絶されているという挿話もある。島田の「天才である」という自尊と傲岸不遜ぶりは，この頃から反発を買っていたが，23年にひき起こした「名家令嬢誘拐監禁事件」で文筆業なのに執筆依頼をすべて失い，孤立を深めて24年7月に巣鴨の精神病院「保養院」に収容される。保養院で知りあった『悪い仲間』同人の小林輝を通じて28年に『悪い仲間』に詩を数編発表，同誌改題の『文芸ビルデン』29年10月号の「明るいペシミストの唄」が最後の詩となる。翌年9月に肺結核により死去。(川口秀彦)〔著作〕『早春』聚英閣1920,『大望』新潮社1920,『帝王者』新潮社1921,『勝利を前にして』改造社1922,『革命前夜』改造社1922,『我れ世に勝てり 第一巻』新潮社1923,『我れ世に敗れたり』春秋社1924〔文献〕杉森久英『天才と狂人の間』河出書房新社1962，森See信吾『栄光なき天才たち 第10巻』集英社，風野春樹『島田清次郎 誰にも愛されなかった男』本の雑誌社2013

島田 清太郎 しまだ・せいたろう ?-? 1919(大8)年東京京橋区(現・中央区)の築地活版所漢字仕上科に勤め日本印刷工組合信友会に加盟する。(冨板敦)〔文献〕『信友』1919年10月号

島田 善次郎 しまだ・ぜんじろう ?-? 1919(大8)年朝鮮の釜山日報社文選科に勤め日本印刷工組合信友会(朝鮮支部)に加盟する。(冨板敦)〔文献〕『信友』1919年10月号

嶋田 宗三 しまだ・そうぞう 1889(明22)10-1980(昭55)1.23 栃木県下都賀郡谷中村内野(現・栃木市)に生まれる。入籍は90年1月1日。嶋田は戸籍名，島田を常用。熊吉は長男，宗三は二男。早く祖父，父を失い尋常小学校補習科を中退，家業の農業に従事。02年に来村した田中正造の話に大きな感銘を受け，以来田中の秘書役として終生尽力する。田中の秘書役だった左部彦次郎，加藤安世らが県当局側に転じるなかで嶋田だけは誠心誠意田中につくし，田中の信頼も厚かった。田中の死後も自ら谷中村遺民を名のり旧谷中村を望む渡良瀬川畔に建てられた田中霊祠で毎年慰霊祭を行い谷中村残留民の裁判闘争の中心となる。裁判闘争が一応の決着をみた20年10月霊祠前で挙行された谷中問題解決奉告祭で，嶋田は「万斛の血涙を嚥んで」闘いを終結すると祭文を読み上げているがそのなかで「目前の小利小欲」に走り「父子相争い，兄弟相鬩ぐの醜態を演じ」た多くの旧谷中村村民に触れ，谷中村を救済すべきは「外なる政府」ではなく「内なる我らの身心」であると断じている。本当に闘った人にして初めて口にしうるところだろう。その後足利町(現・足利市)に移った嶋田は「田中翁伝記資料編輯所」の看板を掲げ，かねてから進めていた田中の遺品の収集と保存に専念する。80年に完結した『田中正造全集』全19巻別巻1(岩波書店)はこの嶋田の仕事抜きでは成り立たなかったろうが，嶋田自身は一層の「真実発掘」を期していたと息子の早苗は語っている。(大澤正道)〔著作〕『田中正造翁余録・上下』三一書房1972,「谷中問題解決奉告祭文」宇井純編『谷中村から水俣・三里塚へ』社会評論社1991,「石川先生の手紙」唐沢柳三編『石川三四郎書簡集』ソオル社1957,「田中正造翁の思い出」1-12『柳』1960.2-61.1〔文献〕嶋田早苗「田中正造全集のこと」『柳』1978.9・「父を語る」『田中正造全集・月報12』岩波書店1979

島田 浪吉 しまだ・なみきち ?-? 1919(大

8)年東京神田区(現・千代田区)の三秀舎印刷科に勤め活版印刷工組合信友会に加盟する。(冨板敦)〔文献〕『信友』1919年8・10月号

島田 彦太郎 しまだ・ひこたろう ?-? 中央新聞社に勤め東京の新聞社員で組織された革進会に加わり1919(大8)年8月の同盟ストに参加するが敗北。のち正進会に加盟。24年夏、木挽町(現・中央区銀座)正進会本部設立のために50銭寄付する。(冨板敦)〔文献〕『革進会々報』1巻1号1919.8、正進会『同工諸君!! 寄附金芳名ビラ』1924.8

島田 秀三郎 しまだ・ひでさぶろう ?-? 自然児連盟のメンバー。1925(大14)年頃出版法違反で懲役6カ月となる(詳細不明)。(冨板敦)〔文献〕『労働運動』4次11号1925.7

島田 吉信 しまだ・よしのぶ ?-? 新聞工組合正進会に加盟し1924(大13)年夏、木挽町(現・中央区銀座)本部設立のために2円寄付する。(冨板敦)〔文献〕正進会『同工諸君!! 寄附金芳名ビラ』1924.8

島田 美彦 しまだ・よしひこ ?-? 1926(大15)年11月日本プロレタリア文芸連盟が日本プロレタリア芸術連盟に改組されたとき排除されたアナキズム系の作家たちが結成した無産派文芸連盟に所属した。一時この連盟の機関誌だった『解放』27年12月号に、前線で敵兵同士の瞬時の交流を点描した作品「兵と兵」を発表、これが当時分裂状態にあったプロレタリア文学諸団体を統合した日本左翼文芸家総連合の唯一の仕事である反戦創作集『戦争に対する戦争』(1928)に収められた。この時期、他誌にもいくらか作品を発表したようだが不詳。(大和田茂)〔文献〕『日本プロレタリア文学集5』新日本出版社1985

嶋津 一郎 しまづ・いちろう 1900(明33)3.1-1974(昭49)2.14 村上市に生まれる。高等小学校を卒業後上京し電機学校に入る。21年頃芝浦製作所に入社。芝浦労働組合に参加する。当時、芝浦労組では佐藤陽一、富田繁蔵、天土松太郎ら自由連合派の闘士が活発に活動中で嶋津もその仲間となる。22年総同盟主催の労働学校に学び、そこで女屋勘左衛門に出会う。のちに女屋は嶋津の妹と結婚、生涯の同志となる。芝浦労組の機関紙『芝浦労働』の編集委員になるなど自由連合派の活動家として頭角を現した

が、23年の関東大震災で壊滅的な打撃を受けた芝浦製作所は組合活動家を中心に工具を大量整理し、嶋津も佐藤、富田らと解雇される。27年1月産別化できない中小企業労組を糾合した東京一般労働組合を有志とともに結成、城南支部の委員となる。東京一般は関東自連、全国自連に加盟する。純正アナキズムとサンジカリズムとの対立が頂点に達した28年3月の全国自連第2回続行大会で、東京一般の江東支部(高橋光吉、江西一三ら)、南葛支部(陀田勘助ら)は東京自由労働者組合、東京食糧労働組合とともに退場し全国自連は分裂するのだが、嶋津らの城南支部は反サンジカの立場を明らかにし自連にとどまる。29年3月東京一般第2回大会では議長をつとめる。戦後、アナ連に参加、岩佐作太郎、水沼辰夫らを支持し『平民新聞』の編集に対し厳しい批判を加える。48年自宅のある立川市で三多摩自由人連盟を結成し岩佐らを講師に講演会など啓蒙活動を行う。また50年以降、国際自由人協会機関紙と銘打ち『自由人新聞』(月刊)を発行する。51年アナ連分裂後は日本アナキストクラブの論客として活躍し一貫して思想の純化と護持を訴えた。64年メーデーを前にして水沼と共編でパンフレット『メーデーとアナキズム』を日本アナキストクラブから刊行している。嶋津にとって水沼は思想開眼の師ともいえる存在だから、この小冊子の刊行は感慨深いものがあったに違いない。(大澤正道)

島津 末二郎 しまづ・すえじろう ?-? 長野県諏訪郡上諏訪町清水町(現・諏訪市)生まれ。島津徳三郎の実兄。上京して読売新聞社の文選工となり東京印刷工組合に所属。1926(昭1)・27年山鹿泰治が全国自連事務所で開いた講習会でエスペラントを学ぶ。同講習会で最後までやり通したのは芝浦労働組合の安井義雄と島津だけだったという。27年3月東印第4回大会で新聞部の報告を行ない、『自連』の「海外飛報」欄で海外のアナ運動の情報を紹介する。29年11月山鹿、安井、古河三樹松、平松義輝らとエスペラントのリーフレット『LA ANARKIISTO』を発行、1号から3号の編集発行兼印刷人となる。山鹿の妻みかの妹と結婚。戦後アナ連に加わり経済的に支持。市川市中山町の自

宅敷地の一隅を山鹿の住居に提供する。(手塚登士雄)〔文献〕山鹿泰治「たそがれ日記」(富士宮アナキズム文献センター蔵)、『自連』9.10・18・30号1927.3・11・28.12、『エス運動人名事典』

島津　徳三郎　しまづ・とくさぶろう　1912(明45)-1978(昭53)11.11　長野県諏訪郡上諏訪町清水町(現・諏訪市)生まれ。27年高等小学校卒業後、上諏訪町の印刷所に見習工として入る。同僚からマルクス主義を教えられた。28年信濃新聞社、伊那毎日新聞社に転じ在京の兄末二郎や同地の海野高衛、寺川俊男らとの交流から『黒色戦線』『自連新聞』を購読しアナキズムへと傾倒した。29年10月上京し末二郎方に寄宿し運動への参加を志したが、運動は対立・分裂状態にあって思うに任せなかった。唯一、山鹿泰治が全国自連事務所で開催したエスペラント講習会に出席、安井義雄、和田義雄らとエスペラント文誌『ラ・アナルキスト』を刊行した。その後帰郷し30年3月湖国新聞社に入り海野を介して鷹野原長義、山田彰、須藤郁、金天海らと交流。さらに10月には東京から帰郷した増田貞治郎、松densities鉄三郎らも加わり長野県での運動の展開と組織化について協議を重ねた。31年3月星野準二、宮崎晃が来訪して農青社設立の趣旨と方針を説明、参加を求めた。同席していた同志たちとともに参加を表明、それまでに協議していた結社主義的なアナキスト連盟の構想を排してただちに農村コミューンの樹立を目的に同志間の連絡網確立を協議、松本地区の責任者となった。同年8月八木秋子を松本に招き鷹野原、山田、伊良八十吉とともに浅間温泉で協議のうえ長野県各地区の連絡責任者を決定した。32年3月星野を迎えて『信州自由連合』の刊行を協議。34年4月再び上京し文選工として働くかたわら全国自連と日本自協の合同という状況のもとで多くの同志と交わり活動に参加した。35年11月の無共党事件では事情聴取のみであったが、農青社事件では逮捕起訴されて、37年4月懲役2年執行猶予4年の判決を受けた。敗戦後は日本エスペラント学会の理事。(奥沢邦成)〔文献〕大久保自夫『長野県社会運動秘録』全6巻私家版1948、『資料農青社運動史』『長野県史』同刊行会1984、『農青社事件資料集Ⅰ・Ⅱ』、『エス運動人名事典』

島津　峰蘭　しまづ・ほうらん　?-?　日本印刷工組合信友会に加盟し1921(大10)年末頃、研究社に勤めていた。(冨板敦)〔文献〕『信友』1922年1月号

島津　義久　しまづ・よしひさ　?-?　1919(大8)年東京京橋区(現・中央区)の秀英本舎校正科に勤め活版印刷工組合信友会に加盟する。(冨板敦)〔文献〕『信友』1919年8・10月号

島根　芳太郎　しまね・よしたろう　?-?　別名・由太郎　万朝報社に勤め東京の新聞社員で組織された革進会に加わり1919(大8)年8月の同盟ストに参加するが敗北。のち正進会に加盟。20年機関誌『正進』発行のために1円寄付。また24年夏、木挽町(現・中央区銀座)正進会本部設立のためにも1円寄付する。(冨板敦)〔文献〕『革進会々報』1巻1号1919.8、『正進』1巻1号1920.4、正進会『同工諸君!!寄附金芳名ビラ』1924.8

島林　十蔵　しまばやし・じゅうぞう　?-?　1919(大8)年東京神田区(現・千代田区)の博信堂和文科に勤め日本印刷工組合信友会に加盟する。(冨板敦)〔文献〕『信友』1919年10月号

島袋　紀成　しまぶくろ・きせい　?-?　後名・長嶺紀成　1920(大9)年2月沖縄アナキスト壺屋グループの初期のメンバー浦崎康華の紹介で泉正重とともに琉球新報社に入社する。21年革命歌を配付したとして泉、浦崎、城田徳明、座安盛徳とともに取り調べを受ける。この事件がもとで琉球新報社を退社した。「革命歌配付」という短信を第2次『労働運動』(7号)に寄せている。同年沖縄初の社会主義団体庶民会創立に参加した。のち沖縄朝日新聞社に入社、記者となり26年10月沖縄新聞記者協会創立に関わる。(冨板敦)〔文献〕浦崎康華『逆流の中で　近代沖縄社会運動史』沖縄タイムス社1977、『琉球新報百年史』琉球新報社1993、『労働運動』2次7・8号1921.3・4

島村　抱月　しまむら・ほうげつ　1871(明4)1.10-1918(大7)11.5　本名・瀧太郎　島根県那賀郡久佐村に生まれる。1890(明23)年2月に上京。91年10月に東京専門学校文学科に入学。坪内逍遥と森鷗外の「没理想論争」の影響を強く受ける。94年7月に東京専門学校の第1回生として卒業。98年9月より東京専門学校文学科講師となる。1902年5月に早稲田大学出版部より『新美辞学』を出版。同年10月にオックスフォード大学で聴

講開始。翌年ロンドンで舞台公演を80数回観劇。04年7月に渡独。同年10月にベルリン大学の聴講開始。翌年9月に帰朝。同年10月に早稲田大学文学科講師となりのちに教授に就任。09年2月に文芸協会附属演劇研究所の指導講師となり新劇運動に参加。翌年1月に『早稲田文学』にイプセン劇『人形の家』の翻訳を掲載。11年9月に文芸協会附属演劇研究所の試演場にて松井須磨子主演の『人形の家』を演出して好評を博す。この年に須磨子との交渉深くなる。13(大2)年に文芸協会を辞し同年9月に芸術座を組織し有楽座で第1回公演を行う。17年2月の『早稲田文学』に「民衆劇としての演劇」を発表。この頃、民衆芸術論が流行。18年11月にスペイン風邪にかかりそれが肺炎に変じ心臓麻痺を併発して死去。翌年1月須磨子の自殺で芸術座解散。芸術座ではメーテルリンクの『内部』、イプセンの『人形の家』、トルストイの『復活』、シェイクスピアの悲劇『マクベス』、チェーホフの喜劇『熊』、ワイルドの『サロメ』などを上演。特にトルストイの『復活』(抱月脚色)は松井須磨子主演で大ヒット。新劇の大衆化に貢献した。(平辰彦)〔文献〕川副国基『近代作家研究叢書54 島村抱月-人及び文学者として』日本図書センター1989

清水 市太郎 しみず・いちたろう ?-? 1919(大8)年東京神田区(現・千代田区)の三秀舎鉛鋳科に勤め日本印刷工組合信友会に加盟する。(冨板敦)〔文献〕『信友』1919年10月号

清水 市平 しみず・いちへい ?-? 1919(大8)年東京京橋区(現・中央区)の原田印刷所に勤め日本印刷工組合信友会に加盟する。(冨板敦)〔文献〕『信友』1919年10月号

清水 市郎 しみず・いちろう ?-? 別名・一郎 やまと新聞に勤め1923(大12)年2月の争議を闘い馘首される。のち新聞工組合正進会に加盟し24年夏、木挽町(現・中央区銀座)本部設立のために1円寄付する。(冨板敦)〔文献〕『印刷工連合』3号1923.8, 正進会『同工諸君!! 寄附金芳名ビラ』1924.8

清水 卯之助 しみず・うのすけ 1909(明42)2.8-1991(平3)6.9 1926年慶應義塾大学文学部入学, 学生運動の影響を受ける。33年時事新報社経済部記者となり50年代末まで記者生活を続ける。ジャーナリストとしての活動のかたわら石川啄木に親しみ, 啄木晩年の思想の探究から大逆事件への関心を深める。とくに管野須賀子の軌跡に強く共感し心血を注いで1984年『管野須賀子全集』全3巻を編纂・刊行する。さらに管野須賀子の本格評伝執筆を志すが未完のまま91年6月病没。享年82歳。遺稿を核とした『管野須賀子の生涯 記者・クリスチャン・革命家』は遺著として友人・太田登らの尽瘁により没後の2002年に刊行された。(大岩川嫩)〔著作〕『石川啄木 愛とロマンと革命と』和泉書院1990,『管野須賀子の生涯 記者・クリスチャン・革命家』和泉書院2002〔編著〕『管野須賀子全集』全3巻弘隆社1984,『編年石川啄木全歌集』短歌新聞社1986

清水 央治 しみず・おうじ ?-? 1926(大15)年長野県北佐久郡北御牧村(現・東御市)で暮し同年10月3日北佐久郡北御牧村(現・東御市)の北御牧小学校で開かれた農民自治会北信連合会発式に出席する(北信連合はのちに東信連合と改称)。竹内圀衛は『農民自治』(6号)に「北御牧で清水央治の如き中年の中堅が投じてくれたのは心強い。どうか第一線につっ立ってほしい」と記している。(冨板敦)〔文献〕『農民自治』6号1926.11, 大井隆男『農民自治運動史』銀河書房1980

清水 薫 しみず・かおる ?-? 1919(大8)年東京神田区(現・千代田区)の三秀舎文選科に勤め日本印刷工組合信友会に加盟する。(冨板敦)〔文献〕『信友』1919年10月号, 1920年2月号

清水 兼太郎 しみず・かねたろう ?-? 1919(大8)年東京京橋区(現・中央区)の築地活版所欧文科に勤め活版印刷工組合信友会に加盟する。(冨板敦)〔文献〕『信友』1919年8・10月号

清水 喜一 しみず・きいち ?-? 芝浦製作所に勤め芝浦労働組合に加盟。1927(昭2)年5月5日に開かれた芝浦労働組合昭和2年度定期大会で高安とともに書記を務める。(冨板敦)〔文献〕『芝浦労働』3次15号1927.6

清水 喜一郎 しみず・きいちろう 1894(明27)-? 函館生まれと称していた。香具師となり各地を行商。函館の大森町に住み函館無産青年同盟のアナキスト武内清, 紺谷力松らと知り合い社会運動に参加する。24年1月明田市之助とともに筧清七の組織した日本労働総同盟(総同盟とは別)の函館支部を結成。2月上磯の浅野セメント工場の解雇反対運動に参加。各地で行商するかたわら娼妓自廃運動を展開。25年5月香具師仲

間ともに函館市内で小作人に対する主義の宣伝ビラを配付。6月木下茂とともに旭川近辺の土工部屋を調査。11月仲間と赤旗を立てて興部警察分署にデモをかけ警察の不当行為を糾弾。士別町で逮捕される。公務執行妨害で起訴された。(堅田精司)〔文献〕『不敬事件1』,『北海タイムス』1925.5.27・28,『小樽新聞』1925.12.30・31

清水 きよ しみず・きよ ?-? 1919(大8)年東京京橋区(現・中央区)の秀英本舎解版科に勤め日本印刷工組合信友会に加盟する。(冨板敦)〔文献〕『信友』1919年10月号

清水 清 しみず・きよし 1917(大6)4.5-1989(平1)12.30 別名・紀代詩,佐富司,きよし,甲斐芯太郎,三野春生 東京市浅草区千束(現・台東区)生まれ(本籍・長野県)。28年第一峡田小学校卒業、早くから詩作に関心をもち30年佐藤紅緑に弟子入りを志すが家人の反対で実現しなかった。少年雑誌の投稿に力を注ぎ31年14歳のとき投稿仲間を集めて詩と小唄の月刊誌ガリ版10数ページの『帰帆』、翌年改題して『詩戦』を刊行。この頃アナキスト詩人の上村実と出会い影響を受けるとともに植村諦,岡本潤,秋山清らを知る。33年8月解放文化連盟が結成されると参加し機関紙『文学通信』に作品を発表する。11月福永剛らと月刊活版32ページ『ぼくら』(のち『暖流』と改題)創刊。この頃定村比呂志の詩集『廃園の血脈』、自殺した上村の遺稿集『土塊』を自らが主宰した詩の仲間社から発行した。35年3月岡本,小野十三郎,丹沢明らと『詩行動』を創刊、編集発行人となり「詩作の写実的方法の芽生え,詩のリアリズムへの意識」(西杉夫)を鮮明にした。また同時期に岡本,植村,丹沢らのリアリズム研究会にも関わった。同年11月無共党事件で滝野川署に検挙されるが未成年のため起訴留保で釈放された。36年以降『詩作』『ラ・エスペロ』『動向』、投稿文芸誌『新樹』の発行に携わるかたわら『福永剛遺稿集』『池上忠夫遺稿集』を刊行。40年読売新聞社に入社、43年召集され45年台湾で敗戦を迎えた。46年『コスモス』が創刊されると9号から作品発表(49年に同人として参加)、47年読売新聞社に復職。50年を過ぎた頃より詩作を中止、作品評や書評に力を注いだ。71年第4次『コスモス』(通巻40号)から編集人となり77年脳溢血で倒れるまで編集発行人(通巻57号)となった。(奥沢邦成)〔著作〕『詩行動』と風景詩』『本の手帖』1968.9,『重い彼方』コスモス社1975,『写実への道』青蛾書房1991〔文献〕岡本潤『罰当りは生きている』未来社1965,秋山清『あるアナキズムの系譜』冬樹社1973,『アナキズム文学史』筑摩書房1975,西杉夫「リアリズムの追求」『写実への道』

清水 錦一郎 しみず・きんいちろう ?-? やまと新聞社に勤め東京の新聞社員で組織された革進会に加わり1919(大8)年8月の同盟ストで同社の幹事として闘うが敗北。のち正進会に加盟。20年機関誌『正進』発行のために50銭寄付する。(冨板敦)〔文献〕『革進会々報』1巻1号1919.8,『正進』1巻1号1920.4

清水 健之助 しみず・けんのすけ ?-? 1919(大8)年東京牛込区(現・新宿区)の日清印刷会社石版科に勤め活版印刷工組合信友会に加盟する。(冨板敦)〔文献〕『信友』1919年8月号

清水 曠逸 しみず・こういつ ?-? 1919(大8)年東京本所区(現・墨田区)の凸版印刷会社欧文科に勤め日本印刷工組合信友会に加盟する。(冨板敦)〔文献〕『信友』1919年10月号

清水 貞雄 しみず・さだお ?-? 別名・鎖断男 北海道雨竜郡深川町(現・深川市)で生活。文学を愛好。1927(昭2)年「捨られたこうま」を発表。小熊秀雄から「詩の熟練工としての臭気を感じさせない」と評価される。29年1月全国農民芸術連盟に参加。4月『黒色戦線』に「悲憤に満ちた三千年!」を、5月『黒色戦線』に「村の暴状」を発表。官製青年団を批判。30年2月『農民』に「敵」を発表。31年西野幸三郎と『農民軍』を発行。(堅田精司)〔文献〕松永伍一『日本農民詩史・中1』法大出版局1968・70,『小熊秀雄全集2』創樹社1978,『北方文芸』1980.9・10

清水 重夫 しみず・しげお 1891(明24)-1925(大14)8.16 印刷工として横浜印刷工組合に加盟。1924(大13)年9月以来病臥中だったが25年に亡くなる。(冨板敦)〔文献〕横浜印刷工組合『横浜印刷工組合』(『印刷工連合』号外)1925.9.24

志水 繁治 しみず・しげはる ?-? 新聞工組合正進会に加盟し1924(大13)年夏、木挽町(現・中央区銀座)本部設立のために1円寄付する。(冨板敦)〔文献〕正進会『同工諸君!! 寄附金芳名ビラ』1924.8

清水 新太郎 しみず・しんたろう ?-? 新聞工組合正進会に加盟し1924(大13)年夏、木挽町(現・中央区銀座)本部設立のために1円寄付する。(冨板敦)〔文献〕正進会『同工諸君!!寄附金芳名ビラ』1924.8

清水 善次郎 しみず・ぜんじろう 1896(明29)6.5-? 埼玉県児玉郡長幡村(現・上里町)に生まれる。香具師となり各地に行商。函館市東雲町に住みアナキストと交わる。24年3月富良野線の列車内で主義宣伝ビラを配付。27年思想要注意人に編入される。(堅田精司)〔文献〕『思想要注意人調』北海道庁警察部1927、『特別要視察人・思想要注意人一覧表』同1929、『小樽新聞』1924.3.14

清水 武雄 しみず・たけお ?-? 1919(大8)年東京神田区(現・千代田区)の三秀舎文選科に勤め日本印刷工組合信友会に加盟する。(冨板敦)〔文献〕『信友』1919年10月号

清水 長次郎 しみず・ちょうじろう ?-? 毎夕新聞社に勤め東京の新聞社員で組織された革進会に加わり1919(大8)年8月の同盟ストに参加するが敗北。のち正進会に加盟。24年夏、木挽町(現・中央区銀座)正進会本部設立のために1円寄付する。(冨板敦)〔文献〕『革進会々報』1巻1号1919.8、正進会『同工諸君!! 寄附金芳名ビラ』1924.8

清水 常次郎 しみず・つねじろう ?-? 1919(大8)年東京牛込区(現・新宿区)の秀英舎(市ヶ谷)第一和文科に勤め活版印刷工組合信友会に加盟する。(冨板敦)〔文献〕『信友』1919年8月号

清水 伝一郎 しみず・でんいちろう ?-? 1919(大8)年東京赤坂区(現・港区)の日本公論社に勤め日本印刷工組合信友会に加盟する。(冨板敦)〔文献〕『信友』1919年10月号、1920年2月号

清水 仲太郎 しみず・なかたろう ?-? 1919(大8)年東京京橋区(現・中央区)の田中印刷所印刷科に勤め活版印刷工組合信友会に加盟する。(冨板敦)〔文献〕『信友』1919年8・10月号、1920年1月号

清水 信義 しみず・のぶよし ?-? 1934(昭9)年9月10日奈良市で短歌建設発行所を主宰し『短歌建設作品集』、福田米三郎の歌集『掌と知識』を刊行(いずれも発禁)したため福田とともに出版法違反で検挙される。(冨板敦)〔文献〕『特高月報』1934.9、小田切秀雄・福岡井吉編『増補版昭和書籍雑誌新聞発禁年表・中』明治文献資料刊行会1981

清水 英雄 しみず・ふさお 1904(明37)-? 岡山県英田郡巨勢村海田(現・美作市)の農民。同村では海田青年互助会と若水社によって16年から同人誌『若水』が発行されていた。清水はその編集兼印刷者となり30年7月には50号を発行。誌友は200余人に及んだが同誌の発行は清水の尽力によるものであった。20年代後半から30年代にかけて展開された岡山県下の農民自治会運動にも積極的に関わり、農民自治会文芸部発行の第2次『農民』の支局を自宅に置いた。『若水』には野口弘一、村上伊勢男、延原大川といった農民自治会参加者も寄稿している。(小林千枝子)〔文献〕小林千枝子『教育と自治の心性史』藤原書店1997

清水 房之丞 しみず・ふさのじょう 1903(明36)3.6-1964(昭39)4.15 群馬県新田郡沢野村牛沢(現・太田市)の農家に生まれる。22年群馬師範学校を卒業し尋常高等小学校の訓導となる。25年佐藤惣之助が創刊した『詩之家』の同人となる。27年農民文芸会に加わり第1次『農民』に寄稿。32年『上州詩人』を創刊。33年6月岡山で青山紅人が編集刊行したアナ派アンソロジー『日本農民詩集』に詩「偶成」を寄せる。35年1月萩原恭次郎の「悲哀について」を『上州詩人』17輯に掲載。これがもとで太田警察署の取り調べを受ける。敗戦後も教職に就き群馬県文学賞詩部門選考委員などをつとめた。(冨板敦)〔著作〕『霜害警報』詩之家1930、『青い花』上州詩人社1932、『西史』同1933、『炎天下』東宛書房1942、『西蔵娘』柏書房1952〔文献〕松永伍一『日本農民詩史・中2』法大出版局1969、長谷川安ське『清水房之丞・人と作品』『群馬の昭和の詩人』みやま文庫1996

清水 政太郎 しみず・まさたろう ?-? 1919(大8)年東京麹町(現・千代田区)の一色活版所文選科に勤め日本印刷工組合信友会に加盟する。(冨板敦)〔文献〕『信友』1919年10月号

清水 弥三郎 しみず・やさぶろう ⇒沢口忠蔵 さわぐち・ちゅうぞう

清水 康夫 しみず・やすお 1932(昭7)-1999(平11)東京生まれ。早稲田大学卒。1949年頃、松尾邦之助らの自由クラブに参加し大沢正道などと交流する。またこの頃、現代詩について高い理念を持ち18歳で『詩集』を刊行。書肆ユリイカの伊達得夫からはあま

り評価されなかったが出版人としての伊達を慕い伊達没年の61年頃から勤めはじめた河出書房を退職。69年に青土社を設立し詩誌『ユリイカ』を復刊する。73年には『現代思想』を創刊し，77-79年には大沢の編集で『石川三四郎著作集』全8巻を刊行する。また大沢の『個人主義』(1988)も出版している。(川口秀彦)〔文献〕大沢正道『アはアナキストのア』三一書房2017

清水 祐三 しみず・ゆうぞう ?-? 1919(大8)年東京神田区(現・千代田区)の丸利印刷所印刷科に勤め日本印刷工組合信友会に加盟する。(冨板敦)〔文献〕『信友』1919年10月号

清水 要助 しみず・ようすけ ?-? 1919(大8)年東京京橋区(現・中央区)の築地活版所漢字鋳造科に勤め活版印刷工組合信友会に加盟する。(冨板敦)〔文献〕『信友』1919年8・10月号

志村 兼周 しむら・けんしゅう ?-? 1919(大8)年東京京橋区(現・中央区)の三間印刷所欧文科に勤め活版印刷工組合信友会に加盟する。(冨板敦)〔文献〕『信友』1919年8・10月号

志村 春吉 しむら・はるきち ?-? 別名・志沢 1919(大8)年東京牛込区(現・新宿区)の秀英舎(市ヶ谷)文選科に勤め活版印刷工組合信友会に加盟する。(冨板敦)〔文献〕『信友』1919年8・10月号

七五三木 実 しめぎ・みのる ⇨厚田正二 あつた・しょうじ

示野 吉三郎 しめの・きちさぶろう 1892(明25)?-1941(昭16)1.18 1920年前後，石川県金沢でアナキズム運動の中心的存在であった。1916年金沢で仏教雑誌『氾濫』を刊行していた浄土真宗大谷派の革新的僧侶，藤原鉄乗，暁烏敏，高光大船らの愚禿(ぐとく)社に出入りし，仏以前の「自己の絶対化」を学んだ。1920年北川重吉らと異邦人社を結成，新聞『異邦人』の編集・発行人となりアナキズム的基調の誌面を展開した。同誌は同年末に合同した新人会金沢支部の機関誌となった。また同時期，示野は金沢支部を代表して日本社会主義同盟の創立大会に参加した。翌年1月創刊した大杉栄らの第二次『労働運動』では金沢支局を担い，メーデーでは新人会会員たちが金沢市内で無許可デモを敢行した。戦前から戦後の消費者運動や婦選運動の先頭に立っていた勝目テルは郷里で『異邦人』をよみ共感し示野と文通を続け家出同然に鹿児島から金沢の示野のもとに身を投じ結婚した。21年6月『労働運動』『労働者』を街頭販売しているとき二人は検挙された。示野は建築業，テルは家庭教師，寄稿で暮らしを立て，主義者たちを陰で支えた金沢の農園経営者本部仁太郎の家にも出入りして支援も受けた。22年1月の堺利彦らの金沢講演を機にアナキズムからの離反が始まり，25年6月の政治研究会金沢支部発足に二人は参加した。27年秋上京，以後示野は織田一麿に弟子入りして浮世絵制作，建築業などでテルの活動を陰で支えた。小説(童話)には「トベナイカナリヤ」(『七月二日をめがけて！消費組合小説集』1932所収)がある。(大和田茂)〔文献〕勝目テル『未来にかけた日日』前編平和ふじん新聞社1961・後編新日本婦人の会1975，『石川県社会運動史』能登印刷出版部1989

下岡 昌人 しもおか・まさと ?-? 1926(大15)年頃，長野県下伊那郡喬木村で農業を営み農民自治会全国連合に参加。『農民自治』(6号：長野県号)に「大正維新の曙光」を寄稿する。(冨板敦)〔文献〕『農民自治』6号1926.11，『農民自治会内報』2号1927，大井隆男『農民自治運動史』銀河書房1980

下平 美重 しもだいら・よししげ ?-? 新聞工組合正進会に加盟し1924(大13)年夏，木挽町(現・中央区銀座)本部設立のために50銭寄付する。(冨板敦)〔文献〕正進会『同工諸君‼寄附金芳名ビラ』1924.8

四元 實 しもと・みのる ?-? 服装など一切かまわない天真爛漫な人であった。タダイストでリベラリストであった。27年9月『南方詩人』(町田四郎編発，『南方楽園』の後継)創刊に参加。33年8月詩誌『僕等の花嫁』を新屋敷幸繁，有島盛三と創刊。35年詩誌『草原』に参加。(黒川洋)〔文献〕高橋秀吉『鹿児島詩壇史』詩芸術社1976，村永美和子『詩人・藤田文江』本多企画1996

下中 弥三郎 しもなか・やさぶろう 1878(明11)6.12-1961(昭36)2.21 別名・的間雁二，山雨楼主人，芳岳 兵庫県多紀郡今田村下立杭(現・篠山市)に生まれる。小学校(前期3年)を卒業，家業の立杭焼に従う。向学の心やみ難く97年神戸へ出，小学校教員試験に合格，小学校教員になる。02年上京，04年週刊『平民新聞』(9.11)に「悪魔万

歳」と題する反戦詩を寄せる。12年埼玉師範学校教諭。ガンジーを崇拝し仕間雁二という筆名を用いたりする。14年に刊行した『や，此は便利だ』がベストセラーになり平凡社を創立，教育と出版に乗り出す。19年埼玉師範の教え子らとともに啓明会を結成，翌年9月日本教員組合啓明会と改称，日本で最初の教員の労働組合として活動する。同年5月わが国最初のメーデーに参加し司会をつとめる。その後労働組合同盟会を結成，労働戦線の連合をめざす。時あたかもアナ・ボル対立が表面化した時期で下中の立場はアナ寄りではあるが双方の仲介役に終始している。22年に創刊した『労働週報』にもそのねらいがうかがわれる。この年のメーデー報告会で全国労働組合総連合の結成を提案，労働界を二分する論議を巻き起こしたが同年9月の創立大会は決裂，解散に終わり，それとともに下中は労働運動から離れていく。25年石川三四郎，中西伊之助，渋谷定輔らと農民自治会を結成，農民運動に取り組むがその後大アジア主義の政治運動へと傾斜する。戦後は世界連邦運動を提唱，世界平和アピール七人委員会などで平和を訴えたりした。戦前・戦後を通じ平凡社にあって下中に親しく接した近藤憲二は「ときどき下駄を履き違える人」と評している。「遊動円木」という評もある。これに対して下中は「自分は一枚，一枚皮を剥いで成長していく筍だ」と反駁している。敗戦の日「教育を高めてさえおけば，その国，その民族は亡びない」と語ったがこれが変幻自在にみえる下中の真骨頂であろう。（大澤正道）〔著作〕『万人労働の哲学』啓明会1923・地底社1930，『万人労働の教育 下中弥三郎教育論集』平凡社1974，『下中弥三郎労働運動論集』同1995〔文献〕『下中弥三郎事典』平凡社1965，『エス運動人名事典』

下村 国太郎 しもむら・くにたろう ?-? 1919（大8）年東京神田区（現・千代田区）の三省堂印刷部鋳造科に勤め活版印刷工組合信友会に加盟する。（冨板敦）〔文献〕『信友』1919年8・10月号

下村 謙岳 しもむら・けんがく ?-? 1919（大8）年東京京橋区（現・中央区）の築地活版所校正科に勤め活版印刷工組合信友会に加盟。『信友』（同年10月号）に「修養機関の急設

を要す」を執筆する。（冨板敦）〔文献〕『信友』1919年8・10月号

下山 伊之助 しもやま・いのすけ ?-? 東京毎日新聞社に勤め東京の新聞社員で組織された革進会に加わり1919（大8）年8月の同盟ストに参加するが敗北。のち正進会に加盟。20年機関誌『正進』発行のために寄付をする。（冨板敦）〔文献〕『革進会々報』1巻1号1919.8，『正進』1巻1号1920.4

下山 繁夫 しもやま・しげお ?-? 別名・繁雄 大阪機械技工組合員。1925（大14）年7月18日京都三条青年会館で開かれた京印14年度大会に出席し祝辞を述べる。26年5月27日同組合理事会で連絡委員となる。その後広島に移る。中国自連のメンバーとして27年5月24日の熊本公会堂をはじめとする黒連九州宣伝隊（20日間）に同伴した。広島黒人社を名のり同年12月5日広島市外三篠町の横川青年会館で労働問題大演説会を，6日市内立町崇徳教社で時局批判演説会を主催する。この年後藤学三らが出していた『解放新聞』（解放戦線社）の広島支局を広島市宇品新開の自宅で担う。（冨板敦）〔文献〕『印刷工連合』27号1925.8，『自連』2号1926.7，『黒色青年』10号1927.5，『解放新聞』5号1927.5，山木茂『広島県社会運動史』

下山 正三九 しもやま・しょうさく 1909（明42）-? 栃木県下都賀郡小山町神鳥谷（現・小山市）生まれ。高等小学校を卒業後，17歳の頃東京に7カ月ほど出稼ぎに出る。以後自宅で農業の手伝いをする。32年5月新潟県魚沼生まれのアナキスト藤木徳太郎との付き合いが生じ『自連新聞』などの配布を頼まれた。35年11月小山町青年団長をしているところを無共党事件で検挙されるが不起訴。（冨板敦）〔文献〕『身上調書』

下山 昇 しもやま・のぼる ?-? 1919（大8）年東京神田区（現・千代田区）の神田共栄舎文選科に勤め日本印刷工組合信友会に加盟する。（冨板敦）〔文献〕『信友』1919年10・12月号

下山 義三 しもやま・よしぞう ?-? 1919（大8）年東京芝区（現・港区）の東洋印刷会社和文科に勤め活版印刷工組合信友会に加盟する。（冨板敦）〔文献〕『信友』1919年8月号

謝 晋青 しゃ・しんせい シエー・チンチン ?-? 1910年代末中国から日本に留学。20（大9）年神田区北神保町（現・千代田区）の中華留日

基督教青年会館の一室に東方書報社を開き、北京や上海で発行される新思想に関わる出版物や雑誌、新聞を売る。のちに朱鳴田、羅豁らが加わり中国留日学生の文化センター的役割を果たす。この頃から要視察人として官憲の注視を受ける。10月クロポトキン『青年に訴う』の中国語訳『告少年』を発行、横浜華僑学校教員の黄芸博はこれを同校学生に売る。黄ら4人の教員が免職となり、12月21日東方書報社は出版法違反を口実に家宅捜索を受け謝は黄とともに横浜地方裁判所に送致される。21年2月黄だけが禁錮2カ月の判決を受け出獄後強制退去処分となる。謝は通信員として『民国日報』副刊の『覚悟』紙に定期的に記事を送る。5月11日掲載「本年日本のメーデー」、5月17日掲載「日本社会主義同盟の第二戦の記録」、6月6日掲載「日本当局社会党を猛攻撃」、6月10日掲載「追放のロシア党人(エロシェンコ)すでに離日」などの記事がある。東方書報社のメンバーは20年11月に結成されたコスモ倶楽部にも積極的に関わり、日本の社会主義者特に大杉栄らと密接に交流したとみられる。青年会館でもたびたび大杉らを招いて思想講演会を開いている。21年6月7日大杉と羅豁が講演し、6月22日コスモ倶楽部主催で開かれた思想講演会では伊藤野枝、田漢、朱鳴田とともに講演する。6月24日のコスモ倶楽部主催の大演説会が警察の解散命令で大混乱となったのち留日学生への監視・圧迫が強化され、8月28日退去命令を予測して上海に帰国する。帰国後江蘇省立第五師範学校の教員となる。(手塚登士雄)〔文献〕小野信爾『五四運動在日本』汲古書院2003、藤井省三『エロシェンコの都市物語』みすず書房1989

朱　謙之　しゅ・けんし　ジュ・チエンジ　1899.11.17-1972.7.22　中国福建省閩侯県出身。福州省立一中時代から投稿を開始。17年北京大学法学予科に入学。19年文科哲学系に進学。旺盛な読書欲に基づく精力的な執筆活動を展開し、20年1月「無政府主義批評」を収める『現代思潮批判』を刊行。天地宇宙の消滅をめざす虚無主義革命を主張しクロポトキン派の黄凌霜と『北京大学学生週刊』誌上で論争を展開する。同1月郭夢良、易家鉞らと奮闘社を結成し旬刊『奮闘』を刊行する。この頃北京大学図書館の助理員をしていた毛沢東とアナキズム革命の実行方法などを討論。また試験廃止運動を行う。21年『革命哲学』を刊行、知識を罪悪とする見解を魯迅から批判される。自殺志願、仏教帰依などの彷徨ののち汎神論的立場の唯情主義を唱え23年『周哲学』を刊行。29年4月から31年初めまで日本に留学、歴史哲学の研究に専念する。31年8月上海の暨南大学教授。32年上海事変後、広州中山大学歴史系教授となり52年まで20年間在職。49年新中国成立後マルクス主義者となる。52年北京大学教授となり58年東方哲学史教研室で日本哲学史を研究。(手塚登士雄)〔著作〕「世界観の転変」『中国アナキズム運動の回想』総和社1992、『現代思潮批評』1920、『奮闘世年』1946(『原典中国アナキズム史料集成』復刻版緑蔭書房1994)〔文献〕坂井洋史「近代中国のアナキズム批判　章炳麟と朱謙之をめぐって」『一橋論叢』101巻3号1989.3

秋　瑾　しゅう・きん　チェー・チン　1875.10.11-1907.7.15　本名・秋閨瑾、別名・玉姑、璿卿、競雄、鑑湖女士、漢俠女児　中国福建省閩県厦門生まれ。幼くして詩、書、文学に親しみ武術を習った。96年結婚して2児の母となったのち03年北京で呉芝瑛、服部繁子などに出会う。04(明37)年服部の帰国に際して横浜まで同行、東京で日本語を学ぶ。実践女学校附属清国女子師範工芸速成科に入学。清国女子学生の共愛会の再結成に参加、留学希望者を日本に呼び寄せ世話をする仕事を分担。同年横浜で反清朝の秘密結社三合会に参加、軍事役を引き受け王時沢、劉道一、馮自由らと射撃、爆弾製造などを学んだ。05年一時帰国中に蔡元培、陶成章らの浙江省人の革命団体光復会に入会。7月日本に戻り勉学を進め『看護学教程』の翻訳、『弾詩精衛石』の執筆を始める。孫文を東京に迎え中国同盟会が発足するとこれに参加。清国政府の弾圧が強化されると抗議して12月帰国。その活動は当時医学生の魯迅に強い印象を与えた。帰国後教師のかたわら運動を継続、06年秋上海で『中国女報』の発刊準備、爆弾試作中の暴発で傷を負うなどののち07年1月紹興の大通師範学校(革命蜂起の拠点の一つ)の校長となる。同月『中国女報』発刊(2号まで)。7月上海での徐錫麟のテロと処刑後、学校が包囲

されて捕らわれ処刑された。清国政府の打倒はすなわち中国女性の解放であるとの志を貫いた。絶命詞は「秋雨秋風愁殺人」。(奥沢邦成)〔著作〕『秋瑾集』上海古籍出版社1991〔文献〕小野和子『辛亥革命期の婦人運動』『辛亥革命の研究』筑摩書房1978,中国女性史研究会編『中国女性解放の先駆者たち』日中出版1984,武田泰淳『秋風秋雨人を愁殺す 秋瑾女士伝』筑摩書房1968・76,藤森節子『秋瑾 嘯風』武蔵野書房2000

周　作人　しゅう・さくじん　チョウ・ツゥオレン　1885.1.16-1967.5.7　中国浙江省紹興出身。魯迅の4歳下の弟。1906(明39)年日本に留学,さまざまな国の文学作品を翻訳。07年クロポトキンの著作を紹介し劉師培の主宰する『天義報』に「ロシア革命と虚無主義の別を論ず」を発表。09年羽太信子と結婚。11年辛亥革命の直前に帰国,17年北京大学の教授に迎えられ以後北京に住む。折からの文学革命運動に呼応して活発な評論活動を展開,「人間の文学」(『新青年』1918.12)などを発表して人道主義文学を提唱する。また武者小路実篤の新しき村に感銘し「日本の新村」(『新青年』1919.3)など一連の文章と講演を通して新しき村を宣伝,19年7月宮崎県の新しき村本部を訪問する。新しき村の正式会員となり20年2月北京西直門内八道湾の自宅に北京支部を開設する。19年,20年上海と北京を中心に新村論議が頻繁に交わされ新村主義が多くの青年の心をひきつける。21年1月鄭振鐸,葉紹鈞らと文学研究会を設立。22年2月前年6月日本を追放されたエロシェンコが北京大学のエスペラント講師に招かれて北京にやってくると自宅の一室を提供し講演の通訳などを行い活動を助ける。同年春中国共産党の勢力拡大をはかる大規模な反キリスト教運動がおこると,銭玄同らと「ある信教自由を主張する宣言」を発表して信教の自由を擁護。37年7月日本軍が北京に入城すると北京大学は長沙,そして昆明に移るが作人は北京に留まる。38年日本側の肝いりによる更正中国文化建設座談会に出席。日本の傀儡政権のもとで39年北京大学教授兼文学院長,41年には教育総署督弁に就任する。45年日本敗戦とともに漢奸罪で国民党政府に逮捕され南京高等法院で懲役14年を課せられる。49年中華人民共和国のもとで釈放され北京に戻るが蟄居生活を余儀なくされる。最晩年には自伝『知堂回想録』を執筆する。66年文化大革命がおこると紅衛兵の迫害を受け病没。(手塚登士雄)〔著作〕松枝茂夫訳『周作人随筆』冨山房百科文庫1996,木山英雄編訳『周作人談義集』平凡社2002〔文献〕尾崎文昭『周作人の新村提唱とその波紋』『明治大学教養論集』207・237号1988・91,于耀明『周作人と日本近代文学』翰林書房2001,劉傑『漢奸裁判』中公新書2000,『エス運動人名事典』

周　索非　しゅう・さくひ　チョウ・スオフェイ　?-?　1911年2月景梅九が北京で創刊した『国風日報』の副刊として22年10月に創刊された『学匯』の編集をつとめる。『学匯』はアナキズムに関する論文や論争,詩歌や小説などを載せるほか各地の運動を紹介,23年6月の出版まで確認されている。23年半月刊『微明』を編集。25年9月巴金らが上海で設立した民衆社の発起人の一人となる。26年上海世界語学会が開いた講習会や通信講座で胡愈之,陸式楷,王魯彦らとともにエスペラントを教える。27年頃開明書店に入る。近藤憲二の回想によると,28(昭3)年2月頃ヨーロッパへ向かう途中日本に立ち寄った沈仲九を囲んで周,近藤,小池英三,留学中の衛恵林,毛一波らが会合をもつ。27年フランスに渡った巴金は28年処女作「滅亡」を書き上げ友人の周に送る。周はこれを『小説月報』主編の葉聖陶に紹介,29年1月から4月同誌に連載され大きな反響を呼び巴金の作家デビューとなる。周は開明書店で微明叢書を編集,同年その1点として巴金の『滅亡』を出版する。28年頃結婚,同年末にフランスから帰った巴金と一緒に暮らす。巴金の代理人となって巴金の原稿を出版社に届けまた原稿料を巴金のもとに届ける。32年1月28日上海事変後も上海にとどまり編集の仕事を続ける。46年開明書店を辞め台湾に渡り書店を経営する。(手塚登士雄)〔文献〕巴金『私と開明』『無題集』筑摩書房1988,近藤憲二『一無政府主義者の回想』平凡社1965,陳思和『人格の発展 巴金伝』業強出版社1991

祝　振綱　しゅく・しんこう　?-?　中国出身。1913年9月来日。一高予科,四高を経て九大医学部に学ぶ。14年日本エスペラント協会入会。21年福岡エスペラント会創立に参加。帰国後,江蘇省公立医専教授。江

蘇医大国際語学会を設立。エスペラント運動で交流のあった山鹿泰治は27年8月設立されたばかりの上海国立労働大学に招かれてエスペラントを教えるが12月に帰国したため、同大学の教授で校医となっていた祝振綱らがエスペラントを教えた。（手塚登士雄）〔文献〕『日本エスペラント運動人名事典』

シュタイナー Steiner, Rudorf 1861.2.27-1925.3.30 オーストリアのクライエベックに生まれる。1879年ウィーン工科大学に入学。82年弱冠21歳にしてキュルシュナー版『ドイツ国民文学』中の「ゲーテ自然科学論文」の編集を委託される。94年『自由の哲学』、95年『反時代的闘士・フリードリッヒ・ニーチェ』、97年『ゲーテの世界観』を刊行。のちベルリンへ移住、J.H.マッケイと交友。この時代、自由人の絶対的自立とあらゆる外的権威の拒否を先鋭的に主張していたシュタイナーは、『自由の哲学』における倫理的個人主義についての叙述とマッケイの個人主義的アナキズムの間に大きな一致を認めた。その後神智学協会ドイツ支部事務総長を経て人智学協会を設立する。第1次大戦後、精神生活には自由、政治生活には平等、経済生活には友愛を標語に社会有機体三層化運動を展開したが、現代のシュタイナーの後継者たちの展開する直接民主主義や相互扶助的事業体モデルはアナキズムの主張ときわめて似通ったものになっている。（河西善治）〔著作〕伊藤勉・中村康二訳『シュタイナー自伝1・2』人智学出版社1982-83・ぱる出版2001、本間英世訳『自由の哲学』人智学出版社1981、広嶋準州訳『社会問題の核心』同1981、新田義之ほか訳『精神科学と社会問題』同1986、樋口純明訳『ニーチェ』同1981、大西そよ子訳『精神科学の立場から見た子供の教育』同1980、石井良・樋口純明訳『神秘学概論』同1982、深沢英隆訳『アーカーシャ年代記より』同1982、高橋巌訳『シュタイナー・コレクション』全7巻筑摩書房2003-04〔文献〕Y.ヘムレーベン・A.ベールィ『シュタイナー入門』（川合増太郎ほか訳）人智学出版社1982、F.エミショーベン『ルドルフ・シュタイナー』（伊藤勉・中村康二訳）同1980、K.ベッカー・H.シュライナー『人智学の現況』（新田義之・貴代訳）同1982、R.ギーゼ編『ルドルフ・シュタイナーの社会変革構想』（伊藤勉ほか訳）同1986、ハーランほか『ヨーゼフ・ボイスの社会彫刻』（伊藤勉ほか訳）同1986、M.エンデほか『ミヒャエル・エンデ』（樋口純明訳編）1986、『第三の道』1-7号1984-89、大澤正道『個人主義』青土社1988、河西善治「坊っちゃん」とシュタイナー

ぱる出版2000

シュティルナー Stirner, Max 1806.10.25-1856.6.25 本名・ヨハン・カスパール・シュミット（Johann Kaspar Schmidt） ドイツのバイロイトに生まれる。早く父を失い26年ベルリン大学に入学したが家庭の事情で卒業できず34年に退学、ベルリンの高等女学校教師となる。「ベルリン・ヘーゲル派」の溜り場だったヒッペル酒場の常連となり喧騒のなかで孤独を楽しみ、44年主著『唯一者とその所有』を書き上げ一躍注目を浴びる。「シュティルナー・ショック」はマルクスにも及び、膨大な反批判論文「聖マックス」（のちに『ドイツ・イデオロギー』所収）を執筆させた。筆名のシュティルナーは高校時代のあだ名「おでこ君」をそのまま流用したもの。しかし48年の革命以後、反動の時代の到来とともにすっかり忘れられ一人寂しく生涯を閉じた。93年『唯一者とその所有』のレクラム文庫版が刊行され、97年J.H.マッケイの『マックス・シュティルナー・その生涯と著作』が公刊されてようやくこの忘れられた思想家は復活する。欧米諸国ではシュティルナーは個人主義的アナキズムの創始者とされることが多い。シュティルナーの最初の評伝を書いたマッケイ、『唯一者とその所有』の英訳に協力したB.R.タッカーはいずれも代表的な個人主義的アナキストで、その流れはしばらく伏流していたが近年アナルコ・キャピタリズムあるいはリバータリアニズムとなって現れているようである。日本でシュティルナーを最初に紹介したのは煙山専太郎『近世無政府主義』（1902）で、「日本唯一の無政府主義者」と称し『無政府主義』（1906）を著した久津見蕨村は一時「個人的無政府主義」を唱えていた。またDer Einzige und sein Eigenthumを『唯一者とその所有』と訳したのは森鷗外だがこの訳書名は現在まで定着している。大正に入って大杉栄は第2論文集を『社会的個人主義』（1915）と名づけ社会運動における個人の力に着目、当時のマルクス主義の経済決定論に対抗した。荒畑寒村は大杉のアナキズムは「スチルネリヤン的アナーキズム」だと評しているがその意は個人の重視ということであろう。大杉はシュティルナーの力の哲学に共鳴し、それをバネにして「冬の時代」を切り開き労働運動

へと向かっていくが，それとまったく逆の方向に向かったのが『唯一者とその所有』の最初の全訳者辻潤である。『唯一者とその所有』を読んで人生に対する「ポーズ」が決まったと告白する辻は，シュティルナーの創造者的虚無の哲学に共感し「自我の趣くままに生きて行く」ライフスタイルに徹した。『唯一者とその所有』を『自我経』と言い換え，ニーチェの超人に対して低人，共産党をもじって降参党と名のる風狂ぶりで，社会から疎外された無名の人々に波紋を広げた。昭和初年の円本ブーム，文庫ブームに乗って，『世界大思想全集』（春秋社），『社会思想全集』（平凡社），岩波文庫，改造文庫に『唯一者とその所有』などが収録され，学生や知識層でも読まれるようになった。埴谷雄高が「一種特別なスティルネリアン」を自称したのはその頃である。戦後にも新訳が出，シュティルナーに注目する動きもありなかなか目が離せない。〔大澤正道〕〔著作〕辻潤訳『自我経』冬夏社・改造社1921（同時出版）・改造文庫1930，草間平作訳『唯一者とその所有』岩波文庫1929・片岡啓治訳現代思潮社1967〔文献〕松尾邦之助『マックス・スティルナア』星光書院1949，大澤正道『個人主義』青土社1988

首藤 雄平 しゅとう・ゆうへい 1895（明28）3.28-? 大分県大分郡戸次町（現・大分市）に生まれる。上京し東洋大学に入学。1920（大9）年日本社会主義同盟に加盟。当時は大分県別府町（現・別府市）の中山病院に入院中だった。21年『労働運動』を購読したことで警視庁の思想要注意人とされる。荏原郡目黒村（現・目黒区）に住んでいた。〔冨板敦〕〔著作〕『新支邦と対満蒙政策』1928，『日本政治史概論』私家版1944，『天皇制と日本占領の要諦』私家版1946，『我が日本革命案』『綜合文化』1956.10·12，『四たび姐妃のお美智の追放を提唱する』1961〔文献〕『警視庁思想要注意人名簿（大正10年度）』

ショー，ジョージ・バーナード Show, George Bernard 1856.7.26-1950.7.26 アイルランドのダブリンに生まれる。76年ロンドンに移り住み電話会社に勤める。83年頃に5編の小説を書く。この頃ショウはマルクスの『資本論』とダーウィンの『進化論』を読み強い影響を受ける。また『進歩と貧困』の著者と知られるアメリカの経済学者ヘンリー・ジョージの演説を聞いて社会主義者となり，84年に創立されたフェビアン協会に加わり実践運動に乗り出す。95年から98年に『土曜評論』に劇評を発表。イプセンの近代劇に関心を持つ。92年12月に処女戯曲「やもめの家」が独立劇場によって初演。以後，劇作家としての道を歩む。93年に売春と結婚制度について論じた「ウォレン夫人の職業」を発表。94年に戦争の英雄視を嘲笑する「武器と人」を上演。これは商業劇場で公演されたショーの最初の劇。95年にはイプセンの「人形の家」に触発されて書いた「キャンディダ」や青年ナポレオンを登場させた喜劇「運命の人」を発表。1903年にはモーツアルトの「ドン・ジョヴァンニ」をモチーフにして書いた「人と超人」を発表。20年に発表された「ジョン・ブルの離れ島」の序文では「プロテスタントは理論的にアナキスト」であり，「個人主義者」であると述べ，同年に発表された「バーバラ大佐」の序文では「人は等しくアナキスト」であると述べている。23年12月には社会と葛藤するひとりの人間としてジャンヌ・ダルクを描いた「聖ジョウン」が初演され好評を博した。1925年にノーベル文学賞を受賞。ショーの代表作「ピグマリオン」（1913）はミュージカル化され「マイ・フェア・レディ」の題で56年にニューヨークのブロードウェイで初演され大ヒットする。評論にはイプセンについての英国における最初の書物『イプセン主義真髄』（1891）や『知的女性のための社会主義と資本主義の手引き』（1928）などがある。50年に94歳で死去。生涯，深く社会運動にかかわりながら，社会主義者の視点で53編の戯曲を書いた。「ピグマリオン」の日本における類似の作品としては石川達三の『結婚の生態』があり，谷崎潤一郎の『妖人の愛』はパロディとも考えられる。『コレクター』なども含めて「ピグマリオン・コンプレックス」と呼ぶことがあり，小野俊太郎に同名の著書（ありな書房）がある。〔平辰彦〕〔文献〕日本バーナード・ショー協会編『バーナード・ショーへのいざない』文化書房博文社2006

徐 相漢 じょ・そうかん ソ・サンハン 1901-1967.8.29 朝鮮慶尚北道大邱市西城洞に生まれる。14年大邱高等普通学校を卒業。18（大7）年日本に渡り明治大学に入学。正則英語学校に転校。20年1月東京労働同志会を組織。4月28日の親王李垠と日本の

皇族梨本宮方子との政略結婚の式場に爆弾を投げ込む計画を立て爆弾を試爆。発覚し4月11日逮捕され4年間服役。22年出獄後，柳震杰とともに蛍雪会に関わる。黒友連盟とも提携し労働運動に参加。朝鮮の解放後，在日居留民団三多摩本部議長，顧問などを歴任。ロシアで活動した徐相日の弟。
（金明燮）

徐　相庚 じょ・そうこう　ソ・サンギョン　1900.8.22-1962.12.7　別名・徐相一　朝鮮忠清北道忠州出身。19年3月忠清北道清州農業学校在学中に独立運動に参加，3月19日検挙され懲役5カ月の判決を受ける。出獄後日本に渡る。22（大11）年朴烈らの黒濤会の結成に加わり幹事の一人となる。その後共産主義者と分裂して黒友会を結成。23年3月申栄雨，洪鎮裕，徐東星らと黒友会の機関紙『民衆運動』を創刊する。23年4月設立された不逞社の同人となる。23年9月関東大震災が発生すると不逞社関係者の一人として予防拘禁を受ける。10月20日不逞社参加者16人の一人として起訴されるが翌24年2月15日不起訴処分となる。その後朝鮮に帰り25年ソウルで李復遠（李哲）らと秘密裏にアナキズム団体黒旗連盟を結成し，5月に創立大会を開こうとするが4月関係者9人全員が逮捕され，11月17日全員に懲役1年の判決が下される。29年2月忠州で権五淳らと秘密結社文芸運動社を組織し『文芸運動』誌を刊行するが，同年5月検挙され30年3月12日治安維持法違反で懲役5年の判決を受ける。（手塚登士雄）

徐　東星 じょ・とうせい　ソ・ドンソン　1895.2.13-1941.1.8　朝鮮慶尚北道大邱府西千代田町生まれ。1921（大10）年11月朴烈らと黒濤会結成に参加，22年の黒濤会分裂後は黒友会に参加する一方，申焰波，徐相庚らとともに黒友会内に民衆運動社をつくり朝鮮文の雑誌『民衆運動』を創刊した。また23年4月朴烈を中心に結成された不逞社に加入，同年9月3日朴烈，金子文子らと検挙されたが不起訴となった。その後朝鮮に帰り25年9月大邱で方漢相，馬鳴らとアナキズム思想の研究を目的とする真友連盟を組織，活動していたが，翌26年7月破壊陰謀を企てたとして盟員10人とともに検挙（真友連盟事件），治安維持法違反として起訴され27年7月5日大邱地方法院で懲役3年の判決を受けた。29年6月出獄。（堀内稔）〔文献〕『高等警察要史』慶尚北道警察部1934,『韓国アナキズム運動史』

蒋　愛真 しょう・あいしん　ジァン・アイチェン　?-?　1912年11月沙淦（憤憤），楽無らが江亢虎の中国社会党を離れて結成した社会党の江蘇省常熟支部のメンバー。13年2月上海に赴きエスペラントを学習，常熟に戻り常熟世界語研究所を設立。翌14年2月常熟世界語学社，常熟世界語講習所を設立。14年7月上海で師復が無政府共産主義同志社を設立すると，これに呼応して常熟に無政府共産主義伝播社を設立。19年周作人が日本の新しき村の宣伝を始めるとさっそくその海外会員となる。23年東方無政府主義者連盟を代表して南方に行き運動の組織化につとめる。ペナンの鐘霊中学校の教務を担当しながら労働者学校を創設し東方無政府主義者連盟のペナン支部を組織。24年2月6-7日ペナン皇后街でマレー半島アナキスト大会を開く。植民地政府の指名手配を受けバンコクに逃れる。毎晩エスペラントを教えながら同志の獲得につとめる。25年上海に戻り上海世界語学会の教師となって胡愈之，魯彦らとともにエスペラントの夜間教室や通信教育を担当する。（手塚登士雄）〔文献〕劉石心『弟の語る師復』，欧西『南洋無政府主義運動の概況』『中国アナキズム運動の回想』総和社1992，侯志平『世界語運動在中国』中国世界語出版社1985

章　警秋 しょう・けいしゅう　1895-?　別名・章桐　江蘇省出身。1911年頃-1915年頃日本に留学。留学中に片足を失う。帰国後，師復（1915年没）亡き後の上海民声社で活動する。師復の妹の一人と結婚。16年5月呉塵の紹介で長崎から上海に渡った深町作次を助け呉稚暉が主筆をつとめる『中華報』に紹介する。深町作次が大杉栄に送った手紙などから日本の警察は上海民声社の動きをつかむ。19年7月五四運動で上海労働者の全面的なスト突入に大きな役割を果たした「中華工党」を中心に組織された中華工界連合会の臨時評議会に来賓として出席，また同年9月上海職工公会の会員歓迎大会で演説を行う。1921年10月呉稚暉，李石曾，蔡元培らが中仏両国の賛同を得て義和団賠償金や広東軍閥政府から引き出した

資金で設立したリヨン中仏大学に開校と同時に入学する。同校に留学していた中国人アナキストの中心的人物となる。23年2月14日ベルリンで開かれる予定の国際無政府主義者会議に参加するため上海の鄭佩剛の紹介状をもってリヨンを訪れた大杉栄の世話をする。大杉の『日本脱出記』に「リヨンの同志」として登場。2月20日頃大杉に同行してパリに出てパリ郊外で活動する中国人アナキストに大杉を紹介する。リヨンで大杉の身分証明書発行の手続きを行う。3月18日林倭衛と共にリヨンに戻りドイツ行きのビザの発行を待つ大杉のためにホテルを探し食事の世話をする。大杉はビザを得られないまま4月29日再びパリに出る。大杉が5月1日のメーデー集会で演説を行い警察に逮捕されるとリヨンの代表をパリに送るが,自身も警察の家宅捜索を受ける。5月31日頃国外退去処分となった大杉の荷物をマルセイユまで届ける。7月「大杉に関連した」という理由でフランス政府から追放命令を受ける。出国までの数日の猶予中パリで林らに会いドイツに渡った。1926年10月中法学院を卒業した記録があるのでその後中仏大学に復学したと考えられる。(手塚登士雄)〔文献〕『社会主義沿革1』,林倭衛「仏蘭西監獄及法廷の大杉栄」『改造』1924.6,江田憲治「五四時期の上海労働運動」同朋舎1992,「里昂中法大学学生録」リヨン市立図書館HP,手塚登士雄「アナキストのエスペラント運動(4)」『トスキナア』10号2009.10,手塚登士雄「師復とその弟子たちとの交流」『大杉栄と仲間たち』ぱる出版2013

章　炳麟　しょう・へいりん　チャン・ビンリン　1869.1.12-1936.6.14　別名・絳, 枚叔, 太炎　中国浙江省余杭県生まれ。幼時から伝統的教育を受けるが持病のてんかんのため科挙受験を諦め学問の道に入る。90年杭州の詁経精舎に入り兪樾に師事する。95年強学会に加入し変法運動に参加。戊戌変法失敗後, 台湾, 日本に逃れる。00年弁髪を切り排満の意志を明確にする。02年日本に渡って孫文と交わり支那亡国242年記念会開催を企図。翌年『蘇報』事件が発生, 上海で3年間投獄される。06年出獄して日本に渡り中国同盟会に参加, 機関誌『民報』の主筆となり革命的言論を展開する。翌年夏劉師培らと社会主義講習会を組織, 幸徳秋水, 大杉栄らを講師に招聘する。同じ頃アジア諸民族の反帝国主義的連帯を主張する亜州和親会を組織。しかし他方で孫文との対立を深め革命派の分裂を生じる。11年辛亥革命勃発後上海に戻る。中華民国成立後は袁世凱に接近し官職につくが帝政復活に反対を表明して北京に幽閉される。袁の死後, 再び孫文に接近し護法を支持する。新文化運動に対しては伝統墨守の姿勢を貫く。政治的には反共, 反国民革命の態度をとるが日中戦争開始後は抗戦を主張。蘇州で死没。(嵯峨隆)〔文献〕湯志鈞編『章太炎年譜長編』中華書局1979, 西順蔵・近藤邦康編訳『章炳麟集』岩波書店1990

城　夏子　じょう・なつこ　1902(明35)5.5-1995(平7)1.13　本名・福島静, 別名・しづか　和歌山市生まれ。県立和歌山高等女学校卒業。『花物語』の吉屋信子に憧れ女学校時代から『女子文壇』などに詩, 小説を投稿, 上京して『令女界』の記者となりかたわら少女小説を書き, 竹久夢二の装丁挿絵で短編集『薔薇の小径』(宝文館1924)が評判となり版を重ねる。28年『女人芸術』の編集者として参加するが, 30年高群逸枝, 望月百合子らと無産婦人芸術連盟を結成,『婦人戦線』創刊に加わる。アナキストは自然児だし詩人だからと参加の理由を述べた。また加藤一夫と親戚関係にあったことも理由にあげている。同誌に『女人芸術』の内部を風刺した「職業婦人倶楽部」(1930.8), 結婚生活を総括した「7年間」(1931.2-4)など毎号作品を発表した。『婦人戦線』廃刊後は『火の鳥』に加わる。強烈なナルシシズムが特徴の作品を書き続け晩年は千葉県流山の老人ホームでの気ままでのびやかな暮らしが話題となった。(市原正恵)〔文献〕『婦人戦線』復刻版緑蔭書房1983, 尾形明子『女人芸術の人びと』ドメス出版1981

定　林之助　じょう・りんのすけ　?-?　1919(大8)年東京神田区(現・千代田区)の三秀舎印刷科に勤め日本印刷工組合信友会に加盟する。(冨板敦)〔文献〕『信友』1919年10月号

城倉　角三郎　じょうくら・かくさぶろう　?-?　新聞工組合正進会に加盟し1924(大13)年夏, 木挽町(現・中央区銀座)本部設立のために1円寄付する。(冨板敦)〔文献〕正進会『同工諸君!! 寄附金芳名ビラ』1924.8

庄司　吉之助　しょうじ・きちのすけ　1905

(明38)2.18-1985(昭60)4.30　福島市に生まれる。同市の小学校を卒業。福島民報社に文選工として勤務。東京に出てひそかに『麺麹の略取』を入手した。23年6月法要のため帰省した平野小剣と会い，24年登智気優吾(栃木勇吾)と自由社福島支局を担い，福島県水平社創立に関わる。また24年3月市内の印刷工70人で親睦団体印友会を結成，25年福島印刷工組合に発展させる(アナ派の印刷工連合会に加盟しようとするが時期尚早論が多数を占め延期となる)。27年農民自治会全国連合委員となる。一方，社会経済史に関心を抱き福島県内の農業，工業に関する論文を発表する。40年福島高等商業学校の藤田五郎と知り合ってからはその強いすすめに応じて研究生活に入る。福島県内を対象として世直し騒動から米騒動に至る問題に関して経済構造の側面から分析を行った。50年福島大学経済学部講師となり63-69年同大学教授をつとめる。日本学術会議会員。(西山拓・冨板敦)〔著作〕『福島県農業史』福島県農業復興会議1948，『明治維新の経済構造』御茶の水書房1954，『世直し一揆の研究』板倉書房1975，『近代地方民衆運動史・上下』校倉書房1978，『近世民衆思想の研究』同1979，『福島自由民権運動史』歴史春秋社1982〔文献〕『自由』1巻4号1924.11，『印刷工連合』36号1926.5，『農民自治会内報』2号1927，三原容子「水平運動における『アナ派』について」『世界人権問題研究センター研究紀要』2号1997.3

庄司 きみ　しょうじ・きみ　▷金子きみ　かねこ・きみ

庄司 富太郎　しょうじ・とみたろう　1891(明24)3.20-?　山形県に生まれる。上京し友愛会城東支部に所属。1919(大8)年5月9日城東支部に属する大島製鋼所争議労働者大会を開催し榊原藤太郎，大野重太郎，八島京一，竹内と演説。21年5月5日南葛飾郡亀戸町(現・江東区亀戸)の自宅で黒色労働会(城東・亀戸支部が合併し，友愛会から独立した組合)の発会式を開く。共存倶楽部の野口一雄，中尾新三郎らも参加した。この頃，田原鉄工所に職工として勤めていた。22年8月27日深川区富川町(現・江東区森下)で坂野八郎，坂野良三，堀川清，中浜哲，伊串英治，白武，中名生幸力ら20余名と自由労働者同盟を組織する。(冨板敦)〔文献〕『労働運動』2次13号1921.6，3次1・2・7号1921.12・22.2・9，『警視庁思想要注意人名簿(大正10年度)』，堅田精司『北海道社会文庫通信』1913号2002.8.25，『社会主義沿革2』

荘司 智夫　しょうじ・ともお　1916(大5)-?　水戸市東台町生まれ。高等小学校を卒業後，31年4月から橘孝三郎の愛郷塾に入り草木の栽培をする。橘イズムの研究につとめた。35年末頃無共党事件で検挙されるが不起訴。(冨板敦)〔文献〕『身上調書』

荘司 直次　しょうじ・なおつぐ　?-?　1919(大8)年東京小石川区(現・文京区)の博文館印刷所に勤め活版印刷工組合信友会に加盟する。(冨板敦)〔文献〕『信友』1919年8・10月号

正司 春市　しょうじ・はるいち　1891(明24)頃-?　岡山県後月郡荏原村神代(現・井原市)生まれ。1918年8月岡山の米騒動で若手のリーダーとして活躍。正司は当時楮畑と呼ばれた被差別部落の元青年団長。13日夜市民の反感の的になっていた岡山市内の岡崎合資会社の米倉庫襲撃を計画。陽動作戦として老人や女性の一隊を岡山神社に集結させて警察隊の主力をここに集めみずからは若者50人を率いて米倉庫を襲撃。さらには岡崎の本宅を襲う。岡山神社の集合者は警察の説得に応じたかに装って解散ののち再び集結。米店に押しかけさらに岡崎本宅に殺到した。決起した被差別窮民は「吾々は弱者の為に闘う義民」であると語り「群衆の喝采を博した」という。(西村修)〔文献〕井上清・渡部徹編『米騒動の研究3』有斐閣1961

荘司 美濃治　しょうじ・みのじ　?-?　1919(大8)年東京本郷区(現・文京区)の正文舎に勤め活版印刷工組合信友会に加盟する。(冨板敦)〔文献〕『信友』1919年8月号

正田 忠太郎　しょうだ・ちゅうたろう　?-?　1919(大8)年東京神田区(現・千代田区)の三秀舎欧文科に勤め活版印刷工組合信友会に加盟する。(冨板敦)〔文献〕『信友』1919年8・10月号，1921年1月号

ショパン　Chopin, Fryderyk Franciszek　1810.3.1-1849.10.17　前期ロマン派を代表する作曲家。ポーランドで生まれる。音楽的な家庭の中で早熟な才能を示し8歳の時には公衆の前で演奏した。1830年20歳で演奏旅行のためポーランドを離れる。その頃七月革命の影響で故郷では独立運動が起き翌年9月ロシアに占領される。ショパンはその

悲報を旅先で聞きエチュード「革命」を作曲したといわれる。その後祖国に戻ることはなかったが祖国のことを忘れることはなく，パリに移住した後も多くの亡命ポーランド貴族と難民救済のためのチャリティーコンサートに出演する等，祖国の文化を伝承する活動をした。パリ駐在のロシア大使が身柄をロシアに所属させようとした時も従わなかった。また恋人となった女流作家ジョルジュ・サンドはピエール・ルルー，ルイ・ブランら社会主義思想家・活動家と交流しており，民族の独立を願いつつ亡命生活を続けるショパンは彼女と政治思想的に深い結びつきがあった。39歳で死去。心臓は故郷ワルシャワ聖十字教会に収められた。〔上野貴代子〕〔文献〕『新訂標準音楽事典』音楽之友社1966，河合貞子『ショパンとパリ』春秋社2001，小坂裕子『ショパン』音楽之友社2004

ジョンソン Johnson, Albert 1844.12.13-? 無神論者，自由思想家，アナーキスト。サンフランシスコ在住。「単純でぶっきらぼうな労働者」を自認する。「サンフランシスコとオークランド通いの汽船の水夫」(岩佐作太郎)だったという回想がある。同地で本田長次が営む美術雑貨商店に来訪する中で日本の社会主義者の紹介を依頼し，堺利彦を経由して幸徳秋水と知り合う。レオポルト・フライシュマンが紹介したとも言われる (Hippolyte Havel, 'Kotoku's Correspondence with Albert Johnson', Mother Earth, August, 1911)。文通は1904年から始まった(幸徳「平民日記」『平民新聞』1904.12.25，堺「老友の詩」『家庭雑誌』1906.5)。ジョンソンは，アメリカから幸徳にクロポトキンをはじめとするアナーキズム関係文献を送り，クロポトキンの住所を教え，幸徳渡米中フリッチ(フリッツ)をはじめとするサンフランシスコ在住の無神論者やアナーキストを幸徳に紹介した。またジョンソンから提供されたパブリックライブラリーの利用者カードを使って図書館で学んだ成果が『基督抹殺論』に反映され，またジョンソンの無神論からも幸徳が影響を受けたと言われる。ジョンソンはヴァーモント州のグリーン山脈に生まれる。母親は敬虔なメソジストだが，父はアメリカ独立戦争期の活動家イーサン・アレンの子孫にあたり，教会に行かず聖書も読まない人物だった。14歳の時に家を出て1858年にマサチューセッツ州ニューベッドフォードで捕鯨船の船員となって中国，日本，フィリピンを訪問。カーボヴェルデ諸島に住んだ後にフリゲート船の船員としてアフリカを訪ねてからアメリカに戻り西海岸に向かい，カリフォルニアに移住。同地で結婚。子どもの頃から無神論者であったが，40歳頃に独学で宗教について学び，宗教と国家が人間の理性と権利を奪うという結論に至り，哲学的なアナーキストになったと言われる。世界各地の優れた思想家と文通し，アメリカにおける自由思想家による定期刊行物に多くの記事を寄稿するとともにサンフランシスコ自由思想家協会の会長を務める。米西戦争時には自由思想文献を配布し，兵士たちを夕食に招待し，戦争の残虐性と彼らの従軍の問題点について議論を行った。自ら詩を書き，また優れた文芸批評家であり西海岸在住の芸術家たちとも親交があった。現在知られている最後の消息は，18年2月に堺宛の書簡が届いたとの内務省報告で住所はワシントン州とされている(『特別要視察人状勢一般8』)。〔山泉進・田中ひかる〕〔文献〕Josephine K. Henry, 'Albert Johnson', *Blue Grass Blade*, 4.10.1908, F. G. Notehelfer, *Kotoku Shusui : Portrait of a Japanese Radical*, Cambridge University Press, 1971.

白井 ジャック Shirai Jack ?-1937(昭12)7.11 函館市ないし函館市近郊に生まれる。孤児だったために苗字以外，名前も生年月日も不詳。白井の存在が確認されたのは1920年代末のニューヨーク。ジャパニーズ・レストラン島で働きながら，「日本人労働者クラブ」のメンバーとして労働運動に参加する。文字も満足に書けない白井は朝鮮人と蔑視されしだいにクラブから離れていく。36年12月スペイン共和国を防衛する米国人義勇兵第一陣96人の一人としてニューヨーク港を出港する。スペインで白井は第15国際旅団リンカン大隊の大隊付炊事兵兼兵站部付兵卒であった。白井の戦友によれば激しい戦闘にもかかわらず「とても陽気な男」だったという。リンカン大隊の大隊長はオリバー・ローという黒人だったことからも，リンカン大隊は白井にとって今までとまったく異なる世界だった。37年7月11日マドリー

ドの郊外ブルネテ戦線で敵の攻撃で動けなくなった食料車を動かそうとして塹壕から飛び出したとたん頭部を撃たれて即死した。白井のスペインでの活動が活字や写真となって初めて紹介されたのは第15国際旅団の機関誌『自由のための義勇兵』(1937.10.4)であった。これにはD.ルドウックの追悼の詩と「ジャック・白井、彼は陽気な心の持主だった」というキャプションつきのヘルメットをかぶり小銃を握っている白井の写真が掲載されている。また38年に刊行された第15国際旅団戦争委員会編『第15国際旅団 スペインの第15国際旅団イギリス人、アメリカ人、カナダ人、アイルランド人義勇兵の記録』のなかに白井の写真2枚が収められ「ジャック・セライ(Jack Sherai)」と記されている。これは「シライ(Shirai)」の間違いであろう。敵の重包囲のもとで制作された本であるため他の記述においても誤植と思われる個所があった。また戦死したボブ・エリオットの37年3月10日付の戦線日誌に「日本人の知り合いと会った」と記されているが、この「日本人」は白井のことであろう。現在ニューヨーク在住の元義勇兵ハリー・フィッシャーが99年に刊行したスペイン内戦回想録『同志たち スペイン内戦の一旅団兵士の回想録』(ネブラスカ大出版局)には、「ジャック・白井の埋葬、モスキート・ヒル近く、7月11-12日、サム・ウォルターによる撮影」というキャプションつきの「埋葬の写真」が収められている。(川成洋)〔文献〕坂井孝夫『ヴァガボンド通信』改造社1939、石垣綾子『オリーブの墓標』立風書房1970・増補改訂版『スペインに死す』同1976、『スペインで戦った日本人』朝日文庫1989、川成洋『スペイン戦争 ジャック白井と国際旅団』朝日選書1989・『スペイン・未完の現代史』彩流社1991

ち売りをする。11月大阪合成は関西自連を脱退、関西自連側はそれを「裏切り的脱退」とみなし大阪合成の中村房一、山中政之助、芝原貫一、押本和、佐野、白井を除名する。同月開催された全国自連第2回全国大会でこれが問題となり全国自連分裂の伏線となる。その後中村、山中、佐野らはボルへ移るが、白井は上京して江西や高橋光吉らの関東一般労働組合に加わり深川区猿江(現・江東区)の事務所に住み込む。この事務所には江西、高橋、田所茂雄も常駐しておりのちに高橋は政子の姉と結婚する。29年6月結成された日本自協に積極的に関わる一方、生活のために競馬ファン社に入り、また『国際情報』(のち『国際労働者』と改題)を刊行する。弁舌には定評があり争議演説会ではいつもトリをつとめた。31年の日本染絨争議では中心の一人として闘い争議の過程で生まれた北部消費組合の専従となる。その後再び競馬ファン社に戻るが、32年9月創刊された日本自協の理論機関紙『黒旗の下に』を経済的に支えた。敗戦後、日本アナキスト連盟の結成に参加、全国委員となり『平民新聞』編集に関わるが、やがて重心を事業に移しもっぱら経済面で助力する。74年日本自協史を著す目的で『黒旗の下に』を創刊、ついで『ながれ』を創刊、内山愚童を偲ぶ愚童忌を発起するなど運動の顕彰にも力を尽くした。(大澤正道)〔著作〕『熱計表』私家版1939、『流れ』(共著)私家版1940、『天皇制を裁く』啓衆社1946、『奴隷制としての天皇制』三一書房1977、『住民運動の原像』(玉川しんめいと共著)JCA出版1978、『アナーキズムと天皇制』三一書房1980、「反逆の原点エビス町界隈」『現代の眼』1981・6、『日本を震憾させた日染煙突事議』啓衆新社1982、『競馬と革命と古代史』現代評論社1982〔文献〕江西一三『わが自協史』同刊行会1974、『江西一三自伝』同刊行会1982、山口健助『青春無頼』私家版1982

白井 新平 しらい・しんぺい 1907(明40)8.18-1988(昭63)9.25 別名・山本三郎、山本秋、アキ・ヤマモト 舞鶴市生まれ。大阪高校2年中退。25年頃大阪で古本屋の夜店を出していた佐野英造と知り合い、26年頃佐野に誘われて大阪合成労働組合に参加、27年同組合の連絡委員に選出され出版教育部を担当する。同年5月大阪合成は関西自連に加盟。6月創刊された江西一三らの『反政党運動』大阪支局に加わり熱烈な恋愛で結ばれた政子夫人とともに新世界で立

白井 俊雄 しらい・としお ?-? 1919(大8)年東京京橋区(現・中央区)の秀英本舎和文科に勤め活版印刷工組合信友会に加盟。信友会に50銭の寄付をする。同年10月頃には同社を退社していた。(冨板敦)〔文献〕『信友』1919年8・10月号

白井 冬雄 しらい・ふゆお ?-? 松山市に生まれる。1929(昭4)年8月愛媛県温泉郡に新創人社を宮本武吉、木原良一、木原茂らと創設し、32年11月詩集『南海黒色詩集』を

起村鶴充，日野忠夫，井上弥寿三郎，木原実らと出版した。(黒川洋)〔文献〕『ディナミック』40号1933.2，秋山清「南海黒色詩集と愛媛の詩人たち」『自由連合』92号1963.10，木原実『冬晴れの下で』オリジン出版センター1975

白井 平十 しらい・へいじゅう ?-? 1919(大8)年東京京橋区(現・中央区)の福音印刷会社欧文科に勤め活版印刷工組合信友会に加盟。同年10月頃から同社同科の組合幹事を担う。21年末には麹町区(現・千代田区)のジャパンタイムス＆メール社欧文科で働いていた。26年1月10日入営することになり全印連の同志達に黒旗で見送られる。欧文工の高橋藤重とともに講道館の4段を持っていた。(冨板敦)〔文献〕『信友』1919年8・10月号，1922年1月号，『印刷工連合』33号1926.2，水沼辰夫『明治・大正期自立的労働運動の足跡』JCA出版1979

白石 朝太郎 しらいし・あさたろう 1893(明26)8.17-1974(昭49)6.1 本名・浅太郎，別名・維想楼 東京市京橋区木挽町(現・中央区東銀座)生まれ。父を早く亡くし製本の内職をする母の手一つで育てられる。銀座泰明小学校を卒業。15年築地活版所に文選工として就職。その後国文社，毎日新聞社，都新聞社，万朝報社に勤務。大杉栄の影響を受けアナキストになる。16年井上剣花坊主宰『大正川柳』に参加。19年7月勤務時間8時間2部制と最低賃金制の実施を求め新聞社(万朝報，時事，朝日，ヤマト，読売，毎日)印刷工によるストライキの先頭に立つ。しかし多数の検挙者を出し組合側は敗北。その後運動内部の対立分裂にいや気がさし社会主義運動から身を引く。20年剣花坊に嘱望されて『大正川柳』11月号から選者(剣花坊と共選)となり編集を担当(27年7月までの7年間)。23年9月大杉栄，伊藤野枝らの虐殺ののち検挙される。この前後高村光太郎，ワシリイ・エロシェンコ，吉川英治，北原白秋らと親交を結ぶ。29年『大正川柳』改題『川柳人』6月号から再び編集を担当(30年5月号までの1年間)。35年大村新蟬主宰『川柳むさしの』(のち『風詩むさしの』と改題)の選者となる。50年佐原市に転居。以後大野風柳主宰『柳都』(新津市)，藤沢岳豊主宰『川柳はつかり』(盛岡市)など，東北川柳界の指導に当たる。その句に「殺される値打ちを持つて蛇は生き」がある。子息幸男は1946年5月大澤正道，川崎覚太郎，山下武らとアナ連の青年組織・開放青年同盟を結成した。のちに父の句集を編纂刊行している。(井之川巨)〔著作〕「悪者になれ」『労働運動』3次1号1921.12，『井上信子句集』柳樽寺川柳会1926，『昭和新興川柳自選句集』同1930〔文献〕大野風太郎編著『わたしと白石朝太郎』柳経川柳社1976，一叩人編『新興川柳選集』たいまつ社1978，白石幸男『朝太郎断片と朝太郎101句』川柳はつかり吟社1986，井之川巨「維想楼五十句」『人民の力』2007，『エス運動人名事典』

白石 かね しらいし・かね ?-? 読売新聞社に勤め新聞工組合正進会に加盟。1920(大9)年機関誌『正進』発行のために50銭寄付する。(冨板敦)〔文献〕『正進』1巻1号1920.4

白石 清子 しらいし・きよこ 1890(明23)-? 朝鮮に生まれる。父は軍人で朝鮮の官舎で育つ。内地に戻り恋愛結婚したもののすぐに離婚，その後一人で生きていく職業婦人となる。40歳近くなってから子ども連れの60歳近い男性と再婚し下町生活に入る。1930年1月無産婦人芸術連盟が結成されるとただちに参加。『女人芸術』『婦人戦線』『解放戦線』『近代婦人』などに多数の小説や論文を発表，特に『婦人戦線』には2号以降毎号発表している。同年5月の婦人戦線社主宰農民の講演会では司会を担当し，講演では「下町の実生活に於ける横暴な男性を皮肉った」という。(三原容子)〔文献〕『婦人戦線』復刻版緑蔭書房1983

白石 重 しらいし・しげ 1900(明33)-? 千葉県に生まれる。1926(大15)年頃，農民自治会全国連合に参加し千葉県代表の農自全国連合委員を務めた。同年7月16日に開かれた農自委員会で教育・研究・調査担当委員に石川三四郎，伊藤貴一，池田種生，大西伍一，伊福部隆輝，森田虎雄，下中弥三郎とともに選出される(ただし池田と大西は同年5月17日の委員会ですでに教育・研究・調査担当の常務委員として選出されていた)。同年末には東京四谷区(現・新宿区)花園町に居住。27年『農民自治』(7号)の「新刊紹介」欄には白石の著書『日本農村論』が取り上げられており「著者は我が農自全連の委員である。地主の子に生れ乍ら土地を小作人に解放し無産階級の中に身を投じた人」と記している。28年5月農自の組織再編の際に委員に

白石　虎一　しらいし・とらいち　?-?　1919(大8)年東京京橋区(現・中央区)の国文社和文科に勤め日本印刷工組合信友会に加盟する。(冨板敦)〔文献〕『信友』1919年10月号

白石　寅吉　しらいし・とらきち　?-?　新聞工組合正進会に加盟し1924(大13)年夏、木挽町(現・中央区銀座)本部設立のために2円寄付する。(冨板敦)〔文献〕正進会『同工諸君!!寄附金芳名ビラ』1924.8

白石　幸雄　しらいし・ゆきお　?-?　戦前の正進会の闘士で川柳作家の白石朝太郎の息子。1946年東京・荻窪の自宅が大沢正道、川崎覚太郎、山下武らのアナ連の青年組織・解放青年同盟の溜り場となっていた。白石ら詩人グループは岡本潤や秋山清の指導を受けていた。(川口秀彦)〔文献〕大沢正道『アはアナキストのア』三一書房2017

白川　洋　しらかわ・ひろし　⇨飯田豊二 いいだ・とよじ

白須　新蔵　しらす・しんぞう　?-?　横浜毎朝新報社に勤め横浜印刷技工組合に加盟。1921(大10)年3月12日同社の減給拒絶闘争を26名で闘い勝利する。(冨板敦)〔文献〕『信友』1921年4月号

白砂　健　しらすな・たけし　1906(明39)10.7-1946(昭21)7.8　本名・春一　広島県安芸郡坂村浜宮(現・坂町)生まれ。小学校卒業後、警察署の雑用係や魚市場の店員となりのち家業の生魚商を手伝う。八太舟三のいる広島組合教会で八太の指導を受ける。同組合教会には大前浅一、加藤実、佐藤貞男らも出入りした。23年7月広島県水平社結成と同時に水平運動に関わりのち全国水平社に加入。25年3月青山大学、吉田昌晴、佐竹新市らと広島純労働者組合を結成。26年横領・恐喝・脅迫罪という名目で10カ月受刑。27年5月広島市内に荊冠旗社を結成、6月『荊冠旗』を発刊(のち全国水平社解放連盟の機関紙名になる)。同年7月ボル派の全水無産者同盟支部に対抗して広島県水平社解放連盟を結成、尾長町説教所で岡田光春、和佐田芳雄、高橋貞雄、森分忠孝らと大演説会兼創立結成大会を開く。同月大阪府水解連結成大会で演説、弾圧する警官と格闘の末検束。黒連にも加わって活動。同年8月名古屋市で水解連の結成に参加。同年12月第6回全水大会(広島)でボル系と対立、解散を命じられる。31年同志と旬刊『民衆評論』を発行。同年公務執行妨害罪で懲役4カ月。のち2年間京都で同和教育を研究。33年帰郷。同年5月高松差別裁判糾弾闘争で上京中、八太と交際復活。34年5月岡田、森分とともに全水広島県執行委員。35年末頃無共党事件で検挙されるが不起訴。40年8月全水第16回大会で中央委員に選出。大和報国運動の活動も担った。戦後アナ連に参加、青山らとアナ連西日本協議会の開催を準備中、広島県佐伯郡大柿町で急死。(北村信隆)〔文献〕山木茂『広島県社会運動史』、『広島県労働運動史・年表』広島県労働組合会議1979、宮崎晃『差別とアナキズム』黒色戦線社1975、『身上調書』、三原容子「水平社運動における「アナ派」について・正続」『世界人権問題研究センター研究紀要』2・3号1997・98、山木茂『広島県解放のいしずえ』たくみ出版1973、『全国水平新聞』1・2号1927.7.25・8.25、『黒色青年』10号1927.7、『平民新聞』3号1946.8.7

白土　三平　しらと・さんぺい　1932(昭7)2.15-　本名・岡本登はプロレタリア画家・岡本唐貴の長男として東京に生まれる。太平洋戦争中に長野県上田に疎開。1946年中学を中途退学、画家を志すがやがて加太こうじが主催する東京金町の紙芝居集団で作画を手がける。同時に松谷みよ子らの人形劇団「太郎座」にも参加。52年の血のメーデー事件に遭遇。目前で展開された争闘をいつの日か描こうと決意。日本共産党員を志望するも却下。次第に組織なるものに対して懐疑的となる。58年から貸本マンガ家に移行。初期から「消え行く少女」「カラスの子」など原爆問題、混血児問題など社会派的なテーマを描きつぐ。また忍者ものにおいてもフェミニズムの視点を貫く。1960年1月より62年まで『忍者武芸帳・影丸伝』全17冊を発表。戦国時代を背景に権力者に一揆で立ち向かう農民を描く。一揆のリーダー影丸を含め若い武士や浪人たち、敵対する女忍者に至るまでニヒリズムが漂う。歴史認識

は講座派理論を踏襲していたがドラマ自体は「総破壊」に向かう過激なアナーキーさに包まれた。貸本マンガとしては異常な人気で通常の3倍8000部を発行。64年より作画集団・赤目プロを組織し「カムイ伝」を連載すべく『ガロ』を創刊。ベトナム戦争開始と同時に反戦メッセージを『ガロ』や『日本読書新聞』等に発表。ベトナム反戦デモにも参加しベトナム反戦直接行動委員会の裁判にもカンパ協力。『忍者武芸帳』に見られたニヒリズムは『カムイ伝』より『カムイ外伝』に顕著であった。(高野慎三)〔文献〕『ガロの世界』青林堂1967, 毛利甚八『白土三平伝』小学館2011

白鳥 利一 しらとり・りいち ?-? 1919(大8)年東京京橋区(現・中央区)の大倉印刷所和文科に勤め活版印刷工組合信友会に加盟する。(冨板敦)〔文献〕『信友』1919年8・10月号

白柳 秀湖 しらやなぎ・しゅうこ 1884(明17)1.7-1950(昭25)11.9 本名・武司 静岡県引佐郡気賀町気賀(現・浜松市)に生まれる。15歳で上京し書生をしながら郁文館中学に通い早稲田大学文学科哲学部に入学。社会改良主義を主張する加藤時次郎の直行団に入り機関誌『直言』の編集を任された。日露戦争に際し平民社の非戦論に共鳴し、05年に『平民新聞』が発禁になると『直言』は『平民新聞』の後継機関紙となった。安部磯雄, 幸徳秋水, 堺利彦, 木下尚江, 西川光二郎と親交。平民社解散後堺の始めた『社会主義研究』にクロポトキン, フーリエ, ルイ・ブラン, プルードン, オーウェンを紹介。「『直言』以来この時まで少年義勇兵として働き一切の努力はすべて無報酬だった」(「白柳秀湖略歴」白柳夏雄口述筆記)。07年兵役を終えてから『親分子分』三部作を書き始め12年『英雄編』『俠客編』、14年『浪人編』を刊行。16年から21年まで毎日三宅雪嶺をたずねて口述筆記を行い、1時間余り何かのテーマを選んでその雑談を聞き得るところ多かった。社会講談の運動をおこし『坂本竜馬』(平凡社1929)その他を書いた。そのスタイルは『財界太平記』(日本評論社1929)、『西園寺公望伝』(日本評論社1929)、『民族日本歴史』(全5巻千倉書房1935)に生かされる。交遊と語り口にアナーキーを保ちつづけた。(鶴見俊輔)〔著作〕『鉄火石火』隆文館1908,『黄昏』如山堂書店1909,『町人の天下』隆文館1910〔文献〕白柳夏雄『戦争と父と子と』日本商工出版1971, 西田勝『近代文学の発掘』法大出版局1971, 秀湖伝刊行会編『見返しの形見考』西田書店1993

城 増次郎 しろ・ますじろう ?-? 1919(大8)年8月野村卯之助らと印友会の設立を決議し、同年11月正式に発会式を京都市松原大宮西入蛭子倶楽部であげ幹事となる。印友会には加畑, 北沢らもいた。翌年11月印友会創立1周年記念講演会には幹事として演壇に立った。21年4月創刊された『労働者』に京都からは笹井末三郎, 小田知一, 西川欽らと地方同人となる。22年5月結成の京都印刷工組合に参加。のち29年春頃から6月の関西毎日新聞社争議をきっかけに総同盟から離脱した印刷工工友会の発展的解消を待って、同年11月京都印刷労働組合(西川金次郎委員長)を結成し調査部長になる。30年全国民衆党準備委員として参加, 常任委員として参画。31年以降、出版産業労働組合役員として活動。(北村信隆)〔文献〕『京都地方労働運動史』,『日本労働新聞』42号1920.12,『労働者』1・2号1921.4・5, 大江音人「京都印刷工組合の人々1」『虚無思想研究』17号2001

白銀 東太郎 しろがね・とうたろう ?-? 万朝報社に勤め正進会に加盟する。1921(大10)年メーデーで近藤憲二が逮捕されるのを阻止しようとして小倉忠三, 鈴木賢吉(以上正進会), 江原慎二(工友会)と検挙。6月から12月まで『正進』(2巻6-12号)の編集人をつとめる。同年末の万朝報社の争議を闘い解雇(全18人)。22年高尾平兵衛, 長山直厚, 秀島広二, 渡辺幸平, 水沼熊, 北浦千太郎とソ連に密入国しチタで4カ月間, シベリア出兵の日本兵士向け反戦新聞『農民, 兵士, 労働者に訴ふ』の組版印刷に従事する。25年4月26日東京市京橋区木挽町の東印新聞部で開かれた東印臨時理事会で書記をつとめる。(冨板敦)〔文献〕『労働運動』2次12号1921.6・3次1号1921.12,『印刷工連合』25号1925.6, 土穴文人「大正初期のアナ系組合運動の一考察」『社会労働研究』9号1958.10, 後藤彰信『労働』論』『初期社会主義研究』2号1988, 水沼辰夫『明治・大正期自立的労働運動の足跡』JCA出版1979, 横山和雄『日本の出版印刷労働運動(戦前・戦中篇)上』出版ニュース社1998

白鳥 省吾 しろとり・せいご 1890(明23)2.27-1973(昭48)8.27 別名・天葉 宮城県

栗原郡築館町に農家の二男として生まれる。早稲田大学英文科卒。在学中から象徴派風の詩を発表していたがホイットマンに傾倒し訳詩集『ホイットマン詩集』(新潮社1919)、ホイットマン、カーペンター、トラウベルらの詩人を紹介した評論集『民主的文芸の先駆』(同1919)、詩集『大地の愛』(抒情詩社1922)を刊行し大正デモクラシーとともにおこった民衆芸術論を詩の分野で実践した。『大地の愛』所収の「殺戮の殿堂」は反軍国主義、反戦のテーマを形象化した代表作として知られる。福田正夫、百田宗治らとともにいわゆる民衆詩派の中心的一員として活躍し、口語自由詩の構造と詩における芸術性と社会性をめぐる北原白秋との論争は大正期詩壇の注目すべき論争であった。詩誌『地上楽園』(1926-38)を発行し、民謡の創作や研究にも力を入れた。戦後には日本農民文学会の会長に推された。(暮尾淳)〔著作〕『白鳥省吾自選詩集』大地舎1969〔文献〕高橋たか子『白鳥省吾先生覚書』仙台文学会1987、『白鳥省吾のふるさと逍遥』私家版2000、『エス運動人名事典』

白山 秀雄 しろやま・ひでお 1901(明34)10.2-1982(昭57)4.9 別名・中条秀雄 兵庫県養父郡伊佐村浅間(現・養父市)の浅間寺に生まれる。伊佐小学校、高野山中学を経て19年上京し日本大学、東洋大学に学ぶ。25年11月15日小川猛と銀座でアジビラを配り服部時計店などを襲い懲役8カ月。26年末上海へ渡り武良二、赤川啓来らと知り合う。28年上海総領事矢田部、同領事清水が中国人と組み武器密輸で私腹を肥やしているスキャンダルを告発する。官憲はこれを恐喝事件にでっちあげ同年9月白山を逮捕、続いて赤川、武も逮捕された。いわゆる上海事件で白山は懲役2年の刑に処された。この事件はやはり上海で松永鹿一が捕らえられた爆弾製造なるでっちあげ事件同様、「日中プロレタリアの提携を阻止する彼らの一手段である」と『自連新聞』(32号1929.2)は報じている。出獄後31年岡本利吉の農村青年共働学校に入り活動。34年以降民芸家となる。(大澤正道)〔著作〕「ビラ一枚の機縁」角石寿一『先駆者普意識岡本利吉の生涯』民生館1977〔文献〕『自連新聞』31号1929.1、岩崎正弥『農本思想の社会史』京大学術出版会1997

申 栄雨 しん・えいう シン・ヨンウ 1903.2.13-? 別名・焔波、援波、南興 朝鮮忠清道清州に生まれる。21(大10)年東京正則英語学校で苦学中、朴烈らに出会って黒濤会に参加、機関誌『黒濤』に寄稿。22年黒友会に参加。朴烈事件以前に朝鮮に戻りソウル黒旗連盟に参加。『朝鮮日報』記者となる。33年『満蒙日報』記者。(金明燮)〔文献〕『大韓独立運動抗日闘争史・下』1989

申 鉉商 しん・げんしょう シン・ヒョンサン 1905-1950.8.13 別名・一鳶 朝鮮忠清南道礼山出身。19歳の時同郷の崔錫栄のすすめで中国に亡命。上海勤労大学などで学ぶ。上海で柳絮、鄭華岩らと交流しアナキズムに傾倒する。29年独立運動の資金調達のため朝鮮に帰国。30年2月崔錫栄と礼山の湖西銀行から5万8000円の巨額の金を詐取し(湖西銀行事件)、満州経由で北京に潜入する。同年4月この運動資金をもとに将来の運動方針を討議するため北京で在中国朝鮮無政府主義者連盟代表者会議が招集され、李会栄、李乙奎、金宗鎮、鄭華岩、白貞基、金聖寿が集まる。李会栄の提案で満州に総力を集中し上海、福建、北京に連絡部を置くことが決議される。しかし国内から追跡してきた日本警察によって一網打尽にされ巨額の資金を用いた遠大な計画はつぶれる。申鉉商らは国内に送られ同年12月公州法院で申鉉商と崔錫栄は懲役4年の判決を受ける。34年出獄後忠清南道で開拓事業を行い地域開発に寄与する。45年解放後は金九の弁公室長として活動、また三烈士奉葬委員として尹奉吉、李奉昌、白貞基の国内安葬に尽力する。50年朝鮮戦争勃発で南下の途中人民軍に捕まり殺害されたという。(手塚登士雄)〔文献〕堀内稔「民族運動史上の人物・申鉉商」『朝鮮民族運動史研究』10号1994、『韓国アナキズム運動史1 前編・民族解放闘争』黒色救援会1978

申 采浩 しん・さいこう シン・チェホ 1880.11.7-1936.2.21 朝鮮忠清南道大徳郡山内面於南里に生まれる。成均館に入校。98年独立協会に加入して活動、検挙され投獄。05年成均館博士(教授の総称)を受けるが辞退し『皇城新聞』の論説記者として言論界に進出。筆致は鋭く05年『大韓毎日申報』の論説記者として招かれ、「李舜臣伝」「乙支文

徳伝」など国家と民族の危機に対しかつて闘った名将の業績を著す。『大韓毎日申報』に「読史新論」「小説家の趨勢」「帝国主義と民族主義」などを発表。10年中国，次いでウラジオストクに亡命。『海潮新聞』『青丘新聞』『勧業新聞』『大洋報』などの発行に参加しつつ抗日運動を続ける。上海で博達学院を開設，青年たちを教育。14年白頭山，広開土王陵などを旅行，貴重な経験となる。15年新韓革命党新韓青年会を組織するが，歴史研究と文学的な創作に没頭する。16年春，北京で中編小説『夢空』を発表，独立運動を象徴的手法で劇化した代表的な小説となる。その後北京で歴史研究に邁進。「大韓独立宣言書」が国外の39人の独立運動指導者の名で発表される。「戊午独立宣言」とも呼ばれるこの独立宣言に主要人物として参加。この宣言書は武力闘争が唯一の独立運動であることを宣言し，二・八独立宣言や三・一独立宣言とは内容的に違う。19年上海で統合した臨時政府構成の論議に入り，議政院の全院委員長に推されるが李承晩に対し「彼はない国まで売り払う…」と激しく反対し決別。北京に帰り抗日運動に奮闘。21年頃北京大学の中国人教授でアナキスト李石曾との交際でアナキズムへの理解を深め幸徳秋水に共鳴したという。22年金元鳳が率いていた義烈団に顧問として加入。23年義烈団宣言である「朝鮮革命宣言」を作成（朴烈・金子文子の予審調書に資料として全文が翻訳され添付されている）。24年独立運動の行動隊多勿団を指導。独立運動は民衆革命によりなせると判断，24年北京で初めて結成された在中国朝鮮無政府主義者連盟の機関誌『正義公報』に論説を載せアナキズム運動に傾く。27年南京で設立され日本からも含めアジア各地域のアナキストが参加した東方無政府主義連盟に加入，機関誌『奪還』『東方』にも中心的に関与し文章を掲載。この頃小説「竜と竜の大激戦」執筆といわれる。また幸徳秋水を高く評価し『基督抹殺論』を漢訳，中国のアナキズム雑誌『晨報』に掲載。28年4月朝鮮人のアナキストたちの北京東方連盟大会から本格的にアナキズム革命運動に参加。活動のため資金闘争として外国偽造紙幣をつくり爆弾製造所設置に活用を企図。この偽造紙幣を交換しよ

うとしたが発覚し台湾の基隆港で逮捕される。2年間にわたる裁判ののち懲役10年の判決を受け旅順監獄に収監。29年10月7日『東亜日報』には「幸徳秋水の著作を読んで共鳴し最も合理的である」と法廷での発言が掲載されている。31年逮捕前の草稿「朝鮮上古史」が『朝鮮日報』に連載。刑期を3年ほど残し病気が悪化，脳溢血で獄死。〔亀田博〕〔著作〕『改定版丹斎申采浩全集』全4巻蛍雪出版1977，『朝鮮上古史』（矢部敦子訳）緑蔭書房1983，『竜と竜の大激戦』『朝鮮幻想小説傑作集』白水社1990〔文献〕梶村秀樹「申采浩の啓蒙思想」，金学鉉「恨と抵抗に生きる，申采浩の思想」「申采浩と民衆文学」，高峻石「朝鮮革命宣言と申采浩」

沈　若仙　しん・じゃくせん　シェン・ルゥオーシエン　?-?　1914年頃上海で師復と交際しそのアナキズムと工団主義（サンジカリズム）の影響を受ける。17年4月中華民国工党の評議員となりのちに文読部幹事となって同党ナンバー・ツーの位置を占める。中華工党は工業の発展や労働者の地位向上と生活改善をめざすブルジョア工界団体だったが，この頃からこれまでとは異質な理論・宣伝活動を開始。コラムでゼネスト戦略を含む労働運動論を展開する。17年11月中華工党の新たな章程を提起，労働者の生活改善とともに賃金制度の廃絶，共産主義社会の実現をめざす組織に労働者大衆を結集しそれを平等な成員によって運営することを主張した。19年2月の華紗廠女工たちのストを支持し待遇改善を求める。19年5月上海五・四運動が始まり日貨ボイコット運動が展開されると中華工党はストを訴える。6月北京の六・三運動では沈若仙，李徳明以下18職種22人の連名で「宣言」を発表し，上海の労働者にスト突入を煽動したことは7日から8日にかけてストを全面的なものへと展開させる大きな要因となった。8月27日，沈は上海職工公会代表，中華工界連合会書記の肩書きで五・四運動後に台頭した工界団体の実業救国路線を徹底的に批判し，資本家との対決を通じての労働者の待遇改善と国際間の共同行動をめざすべきことを訴えた。同年11月母の病気のため郷里の四川に帰り，そのため2団体の活動が停止し労働運動への直接的な介入から後退する。〔手塚登士雄〕〔文献〕江田憲治『五四時期の上海労働運動』同朋舎

出版1992

沈　茹秋　しん・じょしゅう　シム・ヨチュー
1904.4.18-1930.4　本名・容海　朝鮮咸鏡北道出身。19年朝鮮を離れ，中国吉林省延吉道立二中に入学。三・一運動の頃愛国組織忠烈団に参加。柳絮もこの頃入団。23年中学卒業後，長春の『大同日報』の記者となる。24年北京の『国風日報』の編集者となる。社長は景梅九，編集長は華林，副刊『学匯』の編集長は周索非で，索非と一緒に編集室のそばの小部屋に住む。25年北京に来た巴金と会う。『国風日報』が発禁処分にあうと陳友仁が創刊した『民報』に移る。柳絮に紹介された朝鮮愛国志士金承万の娘と結婚。同年冬『高麗青年』を発行，巴金も投稿する。28年延吉に帰郷。事実上日本の植民地となっている状況を実地調査し「延辺調査実録」にまとめる。中国語養成所をつくって朝鮮青年を教え農民の土地や訴訟等の相談にのる。その頃「延辺調査実録」が『民声報』に連載され日本による植民地統治の罪業を暴露する。銃で暗殺される。(手塚登士雄)〔文献〕嶋田恭子「巴金と朝鮮人」『相浦杲先生追悼中国文学論集』同刊行会1992

沈　仲九　しん・ちゅうきゅう　シェン・チュウンジョウ　1887-1968　本名・銘訓　中国浙江省紹興出身。1919-20年浙江省教育会で『教育潮』を編集。19年10月『星期評論』に「私の人生観」を発表，青年に大きな影響を与える。20年長沙の湖南省第一師範で教える。劉夢葦，孫俍工，袁紹先らと長沙安社を結成，青年同楽会などを設立してアナキズムを広める。24年3月雑誌『自由人』を創刊。25年9月に結成された民衆社の発起人の一人となる。25年(大14)頃日本に留学，張景とともに辻潤，石川三四郎らと往来する。27年5月上海で創刊された『革命週報』主編，9月開校の国立労働大学労工学院の院長となり石川，岩佐作太郎，山鹿泰治らを同大学に招聘する。28年自由書店が出版する『自由叢書』の主編となる。30年頃上海郊外の南翔にある立達学園分校(農村教育科)を主宰。30年代に入ると運動から離れ，34年縁戚関係にあった陳儀福建省主席のもと福建省政府参議となる。45年陳儀が台湾行政長官になると長官公署顧問に就任する。(手塚登士雄)〔文献〕曹聚仁「一代の政治家・沈仲九」，張景「アナキズム宣伝活動断片」『中国アナキズム運動の回想』総和社1992

申　哲　しん・てつ　シン・チョー　1905(明38)-1931(昭6)10.15　朝鮮咸鏡南道成興生まれ。少年時から靴職人として北満州，シベリアなどを流浪する。27年頃日本に渡り大阪，東京で解放闘争に参加。関西のアナキスト青年連盟に加盟して活躍。31年3月頃から肺結核を病み死没。古田大次郎の大を取って，申大山と名づけた3歳の男子と妻が残された。(黒川洋)〔文献〕『黒色戦線』2次2巻1号1932.1，『自連新聞』64号1931.10

秦　望山　しん・ぼうさん　チン・ワンシャン　1891-1970　中国福建省晋江出身。福州中学卒業後，中国革命同盟会に参加。上海大学に学ぶ。福建靖国軍に加わり23年自治軍(民軍)統合後，東路討賊軍第8軍第3路司令となる。27年頃から郭其祥，李良栄，梁竜光らと泉州永春二属民団武装編練処を組織。28年岩佐作太郎は赤川啓来とともに梁竜光の案内でこの民団編練処を訪れる。29年蔡元培らの建議により許卓然らと海外に寄付を募って泉州に黎明高級中学を設立する。同様に許卓然らと平民中学，愛群小学も設立。その後国民党福建省党部委員，監察部監察委員などを歴任。(手塚登士雄)〔文献〕坂井洋史「巴金と福建泉州　黎明高級中学，平民中学のことなど」『猫頭鷹』5号1986.9，岩佐作太郎『痴人の繰言』日本アナキストクラブ1983

秦　抱朴　しん・ほうぼく　チン・パオプウ　?-?　本名・滌清　中国上海に生まれる。1920年秋ロシアに留学するため上海社会主義青年団に参加，ロシア語を学ぶ。21年8月モスクワの東洋勤労者共産主義大学(クートベ)に入学。22年1月モスクワで開催された極東民族大会に参加。同大会には朝鮮，日本，中国からアナキストを含む多くの代表が参加。日本からは片山潜を代表に吉田一，和田軌一郎らも加わり，中国からは張国燾ら共産党員のほか黄凌霜も参加した。抱朴は熱狂的な共産主義者としてモスクワにやって来たが差別と陰謀，反対派への弾圧が横行しているボルシェヴィキの専横を目の当たりにしてアナキズムに転じる。エマ・ゴールドマンを訪ねまた黄凌霜とともにクロポトキン夫人を訪問。22年2月8日クロポトキン逝去1周年記念集会に参加，クロ

ポトキン記念館やトルストイ記念館を参観しトルストイアンの集会に参加したりモスクワ近郊のトルストイアン新村を訪問する。またエスペラントを学んでロシアのアナキストたちと交流。23年帰国。24年3月以降広州の『民鐘』にボルシェヴィキによる反対派弾圧の実態を伝える論文を掲載する一方、8月23日から9月8日にかけて『晨報副刊』に「赤露旅行記(赤俄遊記)」を連載。25年1月発行の『民鐘』は「獄中の革命党員支援特集号」とし、抱朴の報告のほか「南支那無政府主義者同盟のロシア政府に対する抗議書」を掲載する。のちに民鐘社から「赤俄叢書」として『俄国革命論叢』『俄国革命之失敗』を出版する。26年2月『赤俄遊記』を魯迅と関係があった北新書局から出版。9月上海で巴金ら16人のアナキストが設立した民衆社の発起人の一人となる。この頃巴金にエマ・ゴールドマンを紹介する。のち国民党に参加。(手塚登士雄)〔著作〕「赤露旅行記」(抄訳)『中国アナキズム運動の回想』総和社1992〔文献〕藤井省三『エロシェンコの都市物語』みすず書房1989

新海 尚 しんかい・ひさし ?-? 1919(大8)年東京北豊島郡滝野川村(現・北区)の滝乃川学園印刷部和文科に勤め活版印刷工組合信友会に加盟する。(冨板敦)〔文献〕『信友』1919年8・10月号

新家 庄松 しんけ・しょうまつ ?-? 1919(大8)年東京京橋区(現・中央区)の三協印刷株式会社和文科に勤め活版印刷工組合信友会に加盟する。(冨板敦)〔文献〕『信友』1919年8・10月号

神水 留吉 しんすい・とめきち ?-? 1919(大8)年東京神田区(現・千代田区)の三省堂印刷部和文科に勤め活版印刷工組合信友会に加盟する。(冨板敦)〔文献〕『信友』1919年8・10月号

新谷 与一郎 しんたに・よいちろう 1900(明33)1.20-1979(昭54)11.19 京都市下京区三条通南二筋目白川筋北木之元町(現・東山区北木之元町)に棒天振の魚屋の長男として生まれる。栗田高等小学校卒業。初め大阪の骨董屋に奉公するが叔父の斡旋で京都の奥村電機商会に入社、生涯の仕事の旋盤工となる。19年奥村電機の争議に参加、争議事務所の高山義三宅に出入りし高山から啓発されたという。またボルガ団に加入、同志社大学生東忠続らと合宿し活動する。奥村電機罷首後は大阪の町工場で働きながら日本労働新聞社の会合にも参加、20年11月の京都赤旗事件には寄付金名簿に名を連ねている。21年9月労働者の主体性を強く主張する『関西労働者』を編輯兼発行人岸井清と並んで印刷人として創刊。中浜哲、河合康左右、倉地啓司、古田大次郎らと知り合い、23年10月の小阪事件にも参加する予定だったが集合時間に遅れたうえ検束されて参加できなかったという。24年倉地の依頼で爆弾の外装をつくる。この外装で古田、倉地がつくった爆弾は和田久太郎、村木源次郎に渡されたが和田の福田雅太郎大将狙撃失敗後、古田によって使用された。24年12月5日大阪で身柄を確保され同日京都七条署で逮捕された。26年7月控訴審で原審と同じく爆発物取締違反で懲役5年となり服役。出獄後東京で自由労務者となり黒色自由労働者組合に加わったが笹井末三郎に呼ばれて帰洛。しかし笹井の紹介の撮影所就職も成らず結局高嶋三治の世話で名古屋の町工場に入り旋盤工として働き、79年膵臓癌で死没した。横倉辰次はその回想で「本当に地味で実直な人柄」と語っているが、晩年の新谷もいかにも鍛えぬいた機械工という体つきで朴訥ともいえる口調で語る人だった。牧野四子吉夫妻が変わらぬ交友を続けたのもわかる気がした。「やっぱりああいうことは、ひとりでやらなきゃいけない」とポツリと述懐した言葉が印象に残っている。(堀切利高)〔文献〕横倉辰次「黒色自由労働者組合とAC労働者連盟の思い出6」『労働と解放』6号1968.3、森長英三郎『史談裁判』日本評論社1966、吾妻栄ほか編『日本政治裁判史録・大正』第一法規出版1969、堀切利高「新谷与一郎さんの死」『大正労働文学研究』4号1980.6

新長 基三 しんちょう・もとぞう ?-? 広島県府中水平社のメンバー。1927(昭2)年12月広島で開かれた全国水平社第6回大会に森分忠孝、小森武夫とともに参加する。同月忠孝・恭正兄弟と府中水平社を創立する。(冨板敦)〔文献〕広島県部落解放運動史刊行会編『広島県水平運動の人びと』部落問題研究所1973、宮崎晃『差別とアナキズム』黒色戦線社1975

新藤 貫一 しんどう・かんいち ?-? 芝浦製作所に勤め芝浦労働組合に加盟。1927

(昭2)年5月5日に開かれた芝浦労働組合昭和2年度定期大会で副議長を務める。(冨板敦)〔文献〕『芝浦労働』3次15号1927.6

神道 寛次 しんどう・かんじ 1896(明29)11.20-1971(昭46)2.17 愛知県宝飯郡御油町(現・豊川市)生まれ。共産主義者神道久三は弟。16-23年兵役に服す間に陸軍工科学校,中央大学専門部法律科に学ぶ。明治大学予科に通っていた弟の久三によって社会主義思想に関心をもち川合義虎や大杉栄などを知った。22年弁護士試験に合格し布施辰治の事務所に出入りした。23年9月関東大震災時の亀戸事件は隊内で得た情報を布施に伝えて発覚した。同年12月除隊して布施事務所に入り弁護士活動をはじめた。自由法曹団に所属し朴烈,金子文子の大逆事件,古田大次郎,和田久太郎らの福田雅太郎大将狙撃事件などアナキストの関係した事件を弁護,また労働組合,農民組合,借家人組合といった社会的な事件を手がけた。31年解放運動犠牲者救援弁護団に参加するが33年日本労農弁護士団の一斉検挙で起訴され治安維持法違反で有罪判決を受けた。45年再建された自由法曹団の幹事となり中心的役割を果たした。(奥沢邦成)〔著作〕「草創の頃」自由法曹団編『自由法曹団物語』労働旬報社1966〔文献〕小田中聡樹「伏石事件」『日本政治裁判史録・大正』第一法規出版1969

進藤 直剛 しんどう・なおたけ 1899(明32)4.8-? 北海道北見国網走郡網走町(現・網走市)に生まれる。上京し法政大学に入学。1921(大10)年東京北郊自主会に出入りしたことで警視庁の思想要注意人とされる。神田区表猿楽町(現・千代田区神田神保町)に住んでいた。(冨板敦)〔文献〕『警視庁思想要注意人名簿(大正10年度)』

神野 末吉 じんの・すえきち ?-? 1919(大8)年東京京橋区(現・中央区)の細川活版所印刷科に勤め日本印刷工組合信友会に加盟する。(冨板敦)〔文献〕『信友』1919年10月号

新保 英松 しんぽ・ひでまつ ?-? 東京一般労働者組合江東支部のメンバー。1927(昭2)年8月7日の江東支部定期例会で阿部英男が理事を辞任したため後任として理事になる。(冨板敦)〔文献〕『自連』16号1927.9

真保 美代司 しんぽ・みよじ ?-? 1919(大8)年東京京橋区(現・中央区)の築地活版所和文科に勤め活版印刷工組合信友会に加盟する。(冨板敦)〔文献〕『信友』1919年8・10月号

神保 隆恒 じんぽ・たかつね 1915(大4)-? 東京市本所区平川橋(現・墨田区)生まれ。尋常小学校を卒業後,29年から31年まで神保製図機械製作所の見習いとなる。その後各地の印刷所を転々とし33年10月からは協栄印刷所の印刷工となった。34年同印刷所の給料未払いに対する争議に参加するなかでアナキズムに共鳴し,翌年5月東京印刷工組合に加入し同年7月協議委員となる。同年8月から田所茂雄,梅本英三ら無共党員が開いた闘士養成研究会に参加した。同年末頃無共党事件で検挙されるが不起訴。(冨板敦)〔文献〕『身上調書』,『無共党事件判決』

神保 貞一 じんぽ・ていいち 1887(明20)7.4-? 別名・新保 新潟県刈羽郡内郷村(現・柏崎市)に生まれる。東京牛込区(現・新宿区)の秀я舎に勤め監事を殴って解雇される。のち1919(大8)年東京京橋区(現・中央区)の福音印刷会社欧文科に勤め活版印刷工組合信友会に加盟。同年8月頃,福音印刷会社欧文科の組合幹事を担う。同年10月信友会による8時間労働要求争議の際,東京基督教青年会館の演壇で「働かざるものは食らうべからず」と言って中止をくらい錦町署に検束。市川印刷所に移る。11月1次『労働運動』の「信友会の戦士」の項では「千住の小工場に埋もれてはいるが,熱烈な聖書研究者和文植字工神保貞一君の,その数奇な運命と理想論は一異彩である」と紹介されている。20年信友会と東京印刷工組合との合同を提起するが2月1日神田錦町の松本亭で開かれた信友会例会で否決され同会から除名。21年5月日本社会主義同盟第2回大会で検束。この頃京橋区築地(現・中央区)に住み尚文舎で活版工として働いていた。その後ジャパン・タイムスに文選工として移り23年第4回メーデーに参加。(冨板敦)〔文献〕『信友』1919年8・10月号,1920年1・2月号,『労働運動』1次2号1919.11・2次12号1921.6,『印刷工連合』1・10号1923.6・24.3,水沼辰夫『明治・大正期自立的労働運動の足跡』JCA出版1979

神保 四良 じんぽ・しろう ?-? 新聞工組合正進会に加盟し1924(大13)年夏,木挽町(現・中央区銀座)本部設立のために1円寄付する。(冨板敦)〔文献〕正進会『同工諸君!! 寄附金

芳名ビラ』1924.8

新村 竹之助 しんむら・たけのすけ ?-?
芝浦製作所に勤め芝浦労働組合に加盟。1924(大13)年10月9日，同労組の常置委員会で本部会計の補助係に選出される。(冨板敦)〔文献〕『芝浦労働』2次2号1924.11

新明 文吉 しんめい・ぶんきち 1926(大15)1.3-? 東京・千住に生まれる。戦後，全逓労組で活動中レッドパージされ，総評系の地区労書記などを務める。その後労働組合運動を離れ行商や土工など転々とする。福島県会津喜多方市に移り，同市の全日自労に参加，日本アナキスト連盟に加盟する。全日自労では孤軍奮闘，あくまでアナキストとして活動した。(大澤正道)〔文献〕大澤正道「倒叙 まさじい自伝の下書き4」『トスキナア』13号 2011.5

新明 正道 しんめい・まさみち 1898(明31)2.24-1984(昭59)8.20 台湾台北生まれ。金沢の四高在学中にトルストイに傾倒，18年東京大学に入学し政治学を専攻，吉野作造に師事した。在学中は新人会で活躍，第1次大戦後デモクラシー論陣に加わり活発に発言。21年卒業し関西学院大教授。同年新人会叢書の第3輯としてプルードン『財産とは何ぞや』(英訳文からの重訳)を聚英閣から刊行するが発禁。22年『社会思想』の同人となり以後は社会学の研究に取り組み31年東北大学教授。当時主流であったドイツの形式社会学の抽象性と非現実性を批判して行為の実質と社会関係の形態を統一的にとらえる総合社会学の体系を樹立，28年『形式社会学』(巌松堂)，39年『社会学の基礎問題』(弘文堂)，42年『社会本質論』(弘文堂)，68年『綜合社会学の構想』(恒星社厚生閣)などを著した。その後はパーソンズの社会体系論を批判的に研究。(奥沢邦成)〔著作〕『社会学』岩波書店1929，『知識社会学の諸相』宝文館1932，『社会学要論』弘文堂1935，『ファシズムの社会観』岩波書店1936，『史的民族理論』同1948，『社会学史概論』同1954，『新明正道著作集』全10巻誠信書房1976-93，『ワイマール・ドイツの回想』恒星社厚生閣1984〔文献〕大道安太郎『新明社会学』恒星社厚生閣1974，山本鎭雄・田野崎昭夫編『新明社会学の研究』時潮社1996，山本鎭雄『新明正道 綜合社会学の探究』東信堂2000

新屋敷 幸繁 しんやしき・こうはん 1899(明32)4.15-1985(昭60)7.15 沖縄県与那城村(現・与那城町)に生まれる。学歴不詳。18年沖縄師範卒。22年島内の小学校訓導を経て23年鹿児島県立第二中学教諭となる。同年，鹿児島で初めての詩誌『非詩人』創刊に後の妻つる子と参加する。27年1月詩誌『南方楽園』を金城亀千代，小野整らと創刊(推定同年9月終刊)。閨秀詩人藤田文江も参加。後継誌として27年9月詩誌『南方詩人』を金城，小野，有馬盛三らと創刊する。林芙美子，佐藤惣之助らが寄稿。小野の人脈の草野心平系の詩人たちで占められた。30年第七高造士館教授。31年研究誌『日本文学』(同校)を発刊。34年東大国語研究室を経て37年再上京『日本文学』を継続発刊。林芙美子，菊岡久利，葉山嘉樹らの著作出版。47年鹿児島を経て57年再度教職に就く。72年沖縄大学教授。77年同大学長。85年市内山里にて没。戦後は琉球沖縄地域の民話や歴史の著作多数あり。(黒川洋・廣幡研二)〔著作〕詩集『生活の挽歌』1926，詩集『野心ある花』1931，新屋敷美江編『新屋敷幸繁全詩集』ロマン書房本店1994，他に国文学関係著作多数〔文献〕廣幡研二「『南方詩人』総目録『日本古書通信』2015.4-7月号，新屋敷美江「亡き父を語る」・野ざらし延男「向日性の詩人」『新屋敷幸繁全詩集』

す

吹田 善三 すいた・ぜんぞう ?-? 1919(大8)年東京荏原郡大崎町(現・品川区)の帝国印刷会社に勤め活版印刷工組合信友会に加盟する。(冨板敦)〔文献〕『信友』1919年8・10月号

末繁 博一 すえしげ・ひろかず 1907(明40)11.16-? 朝鮮平安南道鎮南浦に生まれる。13年父が死没し母に伴われ東京に移り住む。母は旧幕臣の子でギリシャ正教徒。小学校教育も満足に受けられなかった境遇のなかで自動車修理，工場徒弟，写真館の門生，興信所給仕兼事務員，少年雑誌の記者，無声映画の弁士，運送業の配達人，鉄工所の見習工を転々とする。24年『鉄槌』(田中二郎主宰)に投稿し初めて詩が活字に

なる。この頃中国人の日本語詩人黄瀛を知る。同年個人誌『野葡萄』を創刊。25年頃幼友達の長浜茂から坂本七郎を紹介され29年坂本主宰の『第二』を共同編集する。この頃伊藤信吉の生涯で一度の肉体労働のアルバイト斡旋とその料金1円70銭の取り立てをしたというエピソードもある。37年8月坂本のつてで東京の中島飛行機製作所に工作機械の修理工として勤務。戦後は『起点』『日本未来派』同人を経て『潮流詩派』で活躍。（黒川洋）〔著作〕詩集『家』小倉書店1932，詩集『家その前後』駒込書房1979〔文献〕「末繁博一詩歴」『家その前後』付録・駒込書房1979

末永 時行 すえなが・ときゆき ⇨岩野猛いわの・たけし

末広 伝次郎 すえひろ・でんじろう ?-?
別名・伝吉，伝治 1927（昭2）年9月18日前橋市才川町演芸館で開かれた上毛印刷工組合第4回大会で常ས理事となる。同年10月頃小池長二郎宅の組合事務所を引き継ぎ前橋市紅雲町の自宅を組合事務所とする。28年9月16日上毛印刷工組合第5回大会で会務報告をする。（冨板敦）〔文献〕『自連』17・22・28号1927.10・28.3・10

須賀 市太郎 すが・いちたろう ?-? 石版工。1923（大12）年6月日本印刷工組合信友会に石版工仲間と加盟し山田義雄らと計19名で小柴支部を組織する。（冨板敦）〔文献〕『印刷工連合』3号1923.8

菅 善三郎 すが・ぜんさぶろう ?-? 1919（大8）年東京京橋区（現・中央区）の築地活版所欧文仕上科に勤め日本印刷工組合信友会に加盟する。（冨板敦）〔文献〕『信友』1919年10月号

菅 松之助 すが・まつのすけ ?-? 1919（大8）年東京本所区（現・墨田区）の凸版印刷会社和文科に勤め活版印刷工組合信友会に加盟。同年10月頃には同社を退社していた。（冨板敦）〔文献〕『信友』1919年8・10月号

菅井 熊次郎 すがい・くまじろう ?-? 芝浦製作所に勤め芝浦労働組合に加盟し，家庭用具分区に所属。1924（大13）年9月27日，同労組の中央委員会で同分区の中央委員に富樫粂雄，大野伊三郎，村松英雄とともに選出される。（冨板敦）〔文献〕『芝浦労働』2次2号1924.11

菅沼 幸子 すがぬま・さちこ 1919（大8）12.24-2003（平15）7.11 旧名・大杉エマ 東京市本郷区駒込曙町（現・文京区）に大杉栄，伊藤野枝の二女として生まれる。生後8カ月で大杉の妹夫妻牧野田彦松・松枝の養女となり戸籍上は20年8月14日，中国天津生まれ牧野田家の実子となっている。大杉と伊藤の子と知ったのは寄宿先の叔母（大杉の妹柴田菊）宅から静岡英和女学校に通っていた時，家にあった『大杉栄全集』『伊藤野枝全集』をみた時だという。それより従姉と思っていた真子が姉であったこと，妹が2人，異父兄が2人もいたことが嬉しかったと回想している。44年10月彫刻家菅沼五郎と結婚。近藤憲二宅に結婚の挨拶に訪れた際，来訪者が録する「本村帖」に五郎は「これから」，幸子は「まごゝろ，そして光のもとに」と記している。おおらかさと細やかさを併せもつ性格は誰からも愛され慕われた。名古屋の橘宗一少年墓碑保存会に当初から参加，以来名古屋，静岡の大杉，伊藤，橘の墓前祭には遺族の代表として出席。静岡の沓谷霊園の墓を守った。岩手県に居住する長男緑のもとで死没。（近藤千浪）〔著作〕「伊藤野枝 はるかなる存在のひと」『いしゅたる』10号1989

菅沼 高市 すがぬま・たかいち ?-? 1919（大8）年東京小石川区（現・文京区）の博文館印刷所に勤め活版印刷工組合信友会に加盟する。（冨板敦）〔文献〕『信友』1919年8・10月号

菅野 義清 すがの・よしきよ ?-? 芝浦製作所に勤め芝浦労働組合に加盟。1926（大15）年3月14日，同労組の鶴見支部大会に出席。この大会はボル派が主導し労働農民党への加盟を決めた。同年9月19日，同労組の緊急中央委員会で「共産党の走狗」であるとして渡辺精一，高橋知徳，春日正一，伐晃，菅野義清，小川武，中川栄，青木健太郎，長谷川光一郎とともに組合から除名される。（冨板敦）〔文献〕『芝浦労働』3次3・10号1926.6・11，小松隆二『企業別組合の生成』お茶の水書房1971

菅谷 伊和子 すがや・いわこ 1875（明8）7.23-1929（昭4）11.13 旧姓・木下，別名・藤なみ子，藤浪子，藤浪女 松本市出身。木下尚江の妹。青山女学院卒業後，99年同郷の東京大学医学部出身の菅谷徹と結婚，02年に死別した。若き日の尚江をキリスト教に導き，恐喝取材容疑で市ケ谷監獄に収監

されていた尚江を再びキリスト教に開眼させた。日露戦争時，尚江の紹介で平民社に参加し04年11月の社会主義婦人講演で寺本みち子，西川文子とともに講演，「源氏物語における女性」と題し登場女性たちの不幸な境涯を類別しながら女性が男性の不義を戒めるよう主張した。平民社解散後は尚江らが創刊した『新紀元』に協力，「流るゝ水」「宵のゆめ」「迷児」「夜の青山墓地」などを寄稿し，のち尚江の著『飢渇』(昭文堂1907)に収められた。07年福田英子が創刊した『世界婦人』に協力，「世界婦人の発刊を祝ひて」の祝詞を寄せ下層民衆の生活ぶりを記した「隣の長屋」を載せている。10年5月すでに社会運動から離脱していた尚江を静座法の岡田虎二郎のもとに連れて行った。(岡野幸江)〔文献〕鈴木裕子編『平民社の女』不二出版1986，『木下尚江全集』全20巻教文館1990-2002

菅谷 修一 すがや・しゅういち ?-? 1919(大8)年東京京橋区(現・中央区)の国文社石版科に勤め日本印刷工組合信友会に加盟する。(冨板敦)〔文献〕『信友』1919年10月号

菅原 市次 すがわら・いちじ ?-? 別名・一二 1919(大8)年東京京橋区(現・中央区)の中屋印刷所印刷科に勤め活版印刷工組合信友会に加盟する。(冨板敦)〔文献〕『信友』1919年8・10月号

菅原 克己 すがわら・かつみ 1911(明44)1.22-1988(昭63)3.31 宮城県亘理郡亘理町生まれ。23年1月県視学の父が急死。4月県立一中へ入学。のち一家で上京。27年4月豊島師範学校へ入学。詩人で実姉の高橋たか子の影響で詩作を始める。師範4年の時，寄宿舎の自治権，公費の使途の明確化を要求してストを先導，退学処分になる。31年4月日本美術学校図案科に入学するが中退。33年共産党の地下活動に協力。自製の謄写機で軍隊向けの新聞『兵士の友』や『赤旗』を刷る。リンチ共産党事件に巻き込まれたあと逮捕。35年秋山清，小野十三郎，岡本潤らアナキスト詩人らの同人雑誌『詩行動』に作品を発表。37年幼なじみの杉本ミツと結婚。銀座伊東屋の宣伝部で雑誌『マシナリー』編集部に勤務。戦後は『新日本文学』『コスモス』『列島』，現代詩の会などに拠りサークル詩誌『P』を主宰。日本文学学校の詩の組の講師を30余年間つとめる。(井之川巨)

〔著作〕詩集『手』木馬社1951，『日の底』飯塚書店1958，『陽の扉』東京出版センター1966，『遠くと近くで』同1969，『菅原克己詩集』思潮社1972，『叔父さんの魔法』朔人社1975，『定本菅原克己詩集』永井出版企画1979，小説・エッセー集『遠い城』創樹社1977，エッセー集『詩の鉛筆手帖』土曜美術社1981，編著『詩の辞典』飯塚書店1964，『菅原克己全詩集』西田書店2003〔文献〕須藤出穂「文学学校と菅原克己」『新日本文学』新日本文学会1988.7，辻征夫「机とモンパルナス」『新日本文学』新日本文学会1988.7，岩田宏「追悼菅原克己」『詩学』詩学社1988.7，比嘉辰夫「詩人のもう一つの顔：菅原克己・覚え書き」『新日本文学』新日本文学会1996.3，小沢信男「通り過ぎた人々(5)菅原克己」『みすず』2005.7

菅原 喜平治 すがわら・きへいじ ?-? 別名・喜平次 1919(大8)年東京京橋区(現・中央区)の築地活版所文選科に勤め活版印刷工組合信友会に加盟する。同所同科の組合幹事を和田北侭，鈴木福好，熊谷鼎児，畠山天涯と担う。(冨板敦)〔文献〕『信友』1919年8・10月号

菅原 清吉 すがわら・せいきち ?-? 新聞工組合正進会に加盟し1924(大13)年夏，木挽町(現・中央区銀座)本部設立のために1円寄付する。(冨板敦)〔文献〕正進会『同工諸君‼寄附金芳名ビラ』1924.8

菅原 弥志雄 すがわら・やしお ?-? 1926(大15)年頃，宮城県伊具郡金山町(現・丸森町金山)で暮し農民自治会全国連合に参加。地元の農民自治会を組織しようとしていた。27年『農民自治』(7号)に「仙南逢隈の里にて」を執筆する。(冨板敦)〔文献〕『農民自治』7号1927.1，『農民自治会内報』2号1927

菅原 芳蔵 すがわら・よしぞう ?-? 1919(大8)年東京神田区(現・千代田区)の三秀舎和文科に勤め活版印刷工組合信友会に加盟する。(冨板敦)〔文献〕『信友』1919年8月号

杉 駿三郎 すぎ・しゅんざぶろう 慶応4.7.11(1868.8.28)-1933(昭8)5.31 高知本丁筋5丁目(現・高知市)に生まれる。幼名・直枝。旭村(現・高知市)村長を2期，土佐郡会議員を1期つとめる。1904(明37)年9月，岡本方俊，富田幸次郎，野中楠吉らとともに高知新聞を創刊しのち取締役に就任する。07年から県会議員を1期，25年から高知市会議員を2期つとめる。博覧強記の新聞人として知られ，俳諧を好み，「指月」と号して高知新聞の俳句の選者もつとめた。幸徳秋水と親交

があり日本社会主義同盟に加入している。社会主義への造詣も深く、議会での演説の際にはロバート・オーエンやサン・シモン、ベンサム、スペンサー、ダーウィン、ヘッケルの名を引用し、マルクス『資本論』についても批判的立場をとりつつも読まずして批判できないと同書の一読を推奨した。死去2年後に出版された遺稿集も検閲によって一部削除、一部伏字のままで刊行された。〈吉田文茂〉〔著作〕『杉指月集』1935〔文献〕『高知新聞80年史』高知新聞社1984、吉田文茂「〈研究ノート〉日本社会主義同盟名簿のなかの高知県人」『土佐史談』251号2012.12

杉浦 市太郎 すぎうら・いちたろう 1883(明16)-1927(昭2)10 1921年1月大阪鉄工組合本部書記長に就任。同月普選期成関西労働連盟主催演説会の司会をつとめた。生野益太郎らと大阪の数多くの争議を指導する。22年2月大杉栄を囲む春乃家の会合に生野らと参加。23年12月大阪鉄工を代表して日本労働組合連合会創立大会に出席し理事となる。25年3月同連合会分裂で脱退を勧告され脱退、植松一三らと西成区津守町周辺の労働者を結集して鉄工労働組合を設立、組合長となる。アナキズムに転じ、26年大阪機械技工組合を設立し松村伊兵衛、逸見吉三らと関西自連に加盟。この間一心寺近くに居住し木本凡人の征露丸販売で生活。同年5月の全国自連創立大会に逸見、加藤末一、道脇、安楽吉雄らと参加、大会宣言を朗読提案。のち大阪印刷工組合の芝原貫一らと関西自連連絡委員となる。同年10月の関西自連第3回大会で議案提案、黒連と一線を画した。27年11月楠利夫と関西自連を離れる。〈北村信隆〉〔文献〕『大阪社会労働運動史』、宮本三郎『水崎町の宿・PARTⅡ』私家版1987、『思想輯覧』、『自連』1・2・4・7・19号1926.6・7・10・11・12・27.12、中村英雄編『最近の社会運動』協調会1929

杉浦 栄 すぎうら・さかえ 1912(明45)-? 京都市上京区六軒町通元誓願寺上ル大文字町生まれ。高等小学校を1年で中退し25年4月京都市内のミシン店の見習いとなる。28年頃から文学に興味をもち『文芸戦線』『戦旗』『黒色戦線』などを読む。貧困な家庭環境と文献からアナキズムに共鳴。31年頃から『自連新聞』『黒色戦線』などを直接購読し仲間に配布して活動する。ミシン縫製工として働き35年11月12日無共党事件で検挙されるが不起訴。〈冨板敦〉〔文献〕『身上調書』、『農青社事件資料集Ⅱ・Ⅲ』

杉浦 茂夫 すぎうら・しげお ?-? 別名・繁尾 浜松に設立された静岡県水平社の活動を小山紋太郎、小林次太郎、高倉寿美蔵らと担う。25年5月山梨県水平社結成大会に小山とともに応援弁士として参加、同年7月刊の『自由新聞』2号に「水平運動は単なる差別撤廃ではない」を寄稿し、「よき日」としての世界平和の実現は互いに人間が尊敬しあう水平運動が世界にいきわたるときとし、世界平和建設への闘いを呼びかけた。同年8月掛川での水平社大会で「人間のために戦へ」の題で演説した。石井小太郎とともに『自由新聞』浜松支局を担当、同年10月小笠郡の高松神社での差別を糾弾した。26年2月浜松鈴木織機争議の際、官憲糾弾演説会で発言。同年東海黒連に参加し9月東京での全国水平社解放連盟結成集会に浜松の水平社メンバーと参加。27年4月埼玉での全水解の会議に静岡県水解連を代表して参加、入間郡水平社創立大会でも演説した。30年に発行された小山紋太郎『全国水平社解放連盟解体に就いて』によれば「故杉浦」とあり30年までに死没したとみられる。〈竹内康人〉〔文献〕小山紋太郎『全国水平社解放連盟解体に就いて』荊冠社1930、宮崎晃『差別とアナキズム』黒色戦線社1975

杉浦 常弥 すぎうら・つねや ?-? 1919(大8)年東京深川区(現・江東区)の東京印刷深川分社第一部印刷科に勤め活版印刷工組合信友会に加盟する。〈冨板敦〉〔文献〕『信友』1919年8月号

杉浦 万亀夫 すぎうら・まきお ?-? 緒方昇、増田英一らと黒旋風社を組織し黒連に加盟する。1926(大15)年5月機関紙『黒旋風』を創刊する。鈴木靖之とも交流があった。〈冨板敦〉〔文献〕『労働運動』4次1926.6、『黒色青年』3号1926.6、『黒旋風』2号1926.12

杉浦 まつ すぎうら・まつ ?-? 1919(大8)年東京京橋区(現・中央区)の秀英舎解版科に勤め日本印刷工組合信友会に加盟する。〈冨板敦〉〔文献〕『信友』1919年10月号

杉尾 寿 すぎお・ひさし ?-? 1919(大8)年東京神田区(現・千代田区)の三秀舎和文科

に勤め活版印刷工組合信友会に加盟する。（冨板敦）〔文献〕『信友』1919年8月号

杉木 弥助 すぎき・やすけ ?-? 石川県鹿島郡七尾町(現・七尾市)に生まれる。上京して芝浦製作所に就労。サンジカリストとして活動。芝浦技友会の幹部となり1920(大9)年3月ストライキを指導。友愛会側から反対される。21年11月友愛会の活動家によって職場を追われる。日本労働協会に参加。サンジカリスト仲間であった清河清吉から依頼され清河の住む北海道上川郡神楽村(現・東神楽町)の御料地解放闘争を支援するために22年2月横田晃一らと日本農民総同盟を組織。3月神楽村の上京団を指導して宮内省と交渉。小作争議指導のため12月現地入りをする。芝浦労働組合の田中長作、滑川正之助の二人を呼び3人で指導部を構成。闘争歌などを作成し連日デモを行う。23年2月代表団とともに上京し宮内省に陳情。4月神楽村耕作者連合組合を組織。宮内省と交渉が成立し小作人への土地解放に成功する。しかし夏になると地主と妥協し小作人から批判される。9月地主代表と札幌に出て地主的立場の運動を展開。小作人から怒りの声があがり村に呼び戻される。12月告別の辞を残して神楽村を去る。村から巨額の謝礼を受け取ったため荒岡庄太郎などから争議ブローカーと酷評された。24年3月さまざまな策動により小作人を混乱させる。村の高台の土地を取得しようとしたが失敗。帰郷。北一輝は杉木一派に皇室財産を払い下げたことを問題にしいわゆる宮内省怪文書事件をおこす。（堅田精司）〔文献〕『労働運動』2次1号1921.12、『日本労働年鑑』大原社会問題研究所1922・23、『大正12年労働運動概況』社会局、『司法研究報告書集・14輯5』司法省調査課1931、『聖台開発記念誌』神楽村1936、『東神楽村開基六十年史』東神楽村1951、『北海道上川世伝御料地小作争議誌』北海道1954、『歴史家』3号1954.5、小松隆二『企業別組合の生成』御茶の水書房1971、『北一輝著作集3』みすず書房1972、『北海道農民組合運動50年史』農民組合創立五十周年記念祭北海道実行委員会1974、『日本農民運動史料集成1』三一書房1976、松沢哲成編『人と思想 北一輝』三一書房1977、金巻鎮雄『北海道御領地争議の顛末』みやま書房1982

杉崎 国太郎 すぎさき・くにたろう ?-? 1917(大6)年2月11日、欧文植字工組合信友会の幹事長に選ばれる。19年東京京橋区(現・中央区)のアドヴァータイザー社に勤め活版印刷工組合信友会の会長を担う。（冨板敦）〔文献〕『信友』1919年8・10月号、水沼辰夫『明治・大正期自立的労働運動の足跡』JCA出版1979、警視庁労働係編『日本印刷工組合信友会沿革 印刷工連合設立迄』(廣畑研二編・解説『1920年代社会運動関係警察資料』不二出版2003)

杉島 万堂 すぎしま・まんどう ?-? 1919(大8)年東京牛込区(現・新宿区)の秀英舎(市ヶ谷)第二和文科に勤め活版印刷工組合信友会に加盟する。（冨板敦）〔文献〕『信友』1919年8月号

杉田 浅香 すぎた・あさか ?-? 1919(大8)年東京神田区(現・千代田区)の三秀舎に勤め日本印刷工組合信友会に加盟する。（冨板敦）〔文献〕『信友』1919年10月号

杉田 すゑ すぎた・すゑ ?-? 1919(大8)年東京神田区(現・千代田区)の三秀舎に勤め日本印刷工組合信友会に加盟する。（冨板敦）〔文献〕『信友』1919年10月号

杉田 虎吉 すぎた・とらきち ?-? 1919(大8)年東京神田区(現・千代田区)の宮本印刷印刷科に勤め日本印刷工組合信友会に加盟する。（冨板敦）〔文献〕『信友』1919年10月号

杉田 秀治 すぎた・ひではる ?-? 1919(大8)年東京牛込区(現・新宿区)の福山印刷所和文科に勤め活版印刷工組合信友会に加盟。同年10月頃には同社の文選科に移り同科の組合幹事を担う。（冨板敦）〔文献〕『信友』1919年8・10月号

杉田 宏 すぎた・ひろし 1902(明35)2.18-1945(昭20)9.13 岡山県に生まれる。東洋大学中退。岡山純労働者組合に所属、中国自連、黒連に加盟する。1926(大15)年4月24日岡山市の岡南水平社公会堂でのメーデー宣伝大演説会で中国自連を代表して高木精一とともに熱弁。5月全国自連創立大会に参加、6月5日中部黒連創立演説会で登壇。同月20日京都黒連の演説会の前日、ビラをまき警官と乱闘、検束され4日間拘留。7月4日岡山市の岡山劇場で開かれた中国黒連創立記念演説会で高木らと検束されるが翌日釈放。倉敷市で野間田金蔵、山本京平らが組織した黒魂社に前原一郎らと参加。この頃自ら黒血社を名のり機関誌『黒血』の発刊を準備していた。9月1日岡山市の禁酒

会館で開かれたアナ・ボル混交の震災記念並びに大杉栄追悼会に玉田徳三郎，糸島孝太郎らと出席。同月15日中国自連機関誌として新たに創刊された『中国評論(岡山版)』に関わる。16日中国自連事務所で開かれた大杉追悼茶話会にも参加。27年9月17日京都花園の芝田金三郎宅での大杉追悼会で太秦署に検束。28年4月15日広島県の資産家を野間田，小林辰夫とともに恐喝したとして検挙され懲役10カ月。30年頃倉敷市に住み自転車修繕で生計を立てる。倉敷一般労働組合を組織すべく同年7月30日倉敷劇場で自由連合主義社会問題演説会を開催。弁士は倉敷一般から杉田，山本，渡辺郁市，池田国浩，野間田，岡山一般から重実逸次郎，高原辰夫，有安浩男，小松正道，玉田，福山市在住の種本重雄，山口勝清，児島郡琴浦町(現・倉敷市)在住の小島四郎。33年9月16日自宅で東井信福らと大杉追悼10周年忌茶話会を開催。36年5月農青社事件で検挙されるが起訴猶予。その後思想犯を本土内に住まわせないことを企図した42年7月東条内閣の閣議決定，思想犯前歴者の措置に基づき44年7月11日第1次司法省派遣図南奉公義勇隊として門司港から北ボルネオに送られる(計30名)。シンペガンにて病没。(冨板敦)〔文献〕『自連』1-3号1926.6-8，『黒色青年』4号1926.7，『特高月報』1933.9，『赤旗』1984.5.14，『社会運動の状況5』，『京都地方労働運動史』，山木茂『広島県社会運動史』，『岡山県社会運動史4』，『北海道運動年表』治安維持法犠牲者国家賠償要求同盟北海道本部1996，堅田精司『北海道社会文庫通信』1665号2001.12，岡山県特別高等課『昭和5年11月』特別要視察人等情勢調 昭和5年度』，廣畑研二編『岡山県特高警察資料(戦前期警察関係資料集)第6巻』(復刻版)不二出版2012)，岡山県警察部『大正15年特別要視察人水平社等ノ状勢調』(廣畑研二編『岡山県特高警察資料(戦前期警察関係資料集)第7巻』(復刻版)不二出版2012)

杉田　勝　すぎた・まさる　?-?　1919(大8)年東京京橋区(現・中央区)の帝国興信所に勤め活版印刷工組合信友会に加盟する。(冨板敦)〔文献〕『信友』1919年8・10月号

杉田　松五郎　すぎた・まつごろう　?-?　1919(大8)年東京京橋区(現・中央区)の中屋印刷所欧文科に勤め活版印刷工組合信友会に加盟する。(冨板敦)〔文献〕『信友』1919年8・10月号，1922年1月号

杉藤　二郎　すぎとう・じろう　1905(明38)4.1-1995(平7)10.17　名古屋市西区裏塩町に生まれる。早稲田大学英文科を卒業後朝日新聞社に入社。37年召集され41年北支で負傷し除隊となり名古屋支局に復職。社内の社会思想研究会のため検挙拘留27日となる。45年敗戦を機に九州へ行き福岡県嘉穂郡の麻生芳雄鉱業所吉隈坑に入山。46年玉置ミキと結婚。47年同坑労働組合長に選ばれる。同年8月列車内で『平民新聞』を宣伝販売している副島辰巳に出会いアナ連に加盟し副島，井原末九郎，小副川善吾らと九州地方協議会を結成する。51年12月同郡穂波町の自宅に平民新聞社を置き旬刊『平民新聞』を創刊，自家製の大型謄写版による印刷で53年5月まで50号を出した。また同じく孔版印刷で向井孝編『反戦詩集』，石川三四郎『行動美論』，M.L.ベルネリ『スターリンロシアの労働者』(大澤正道訳)などのパンフレットを刊行，沈滞する運動のなかで一人気を吐いた。妻ミキも杉けい子などの筆名で小説「箱の中」(18-27号1952.2.25-9.5)などを連載。58年8月原水爆禁止第4回世界大会に福岡県代表として参加，59年4月穂波町町会議員に当選。65年東京へ移り東京地協に参加する。アナ連解散後は麦社の設立に関わり横倉辰次，望月百合子らと順天堂大学内の献体者の白菊会に加わるなど最後まで有言実行の人だった。(大澤正道)〔著作〕『筑豊の黒旗』神戸共同文庫1976〔文献〕復刻版『平民新聞九州版』(『戦後アナキズム運動資料1』)緑蔭書房1990

杉野　三郎　すぎの・さぶろう　?-?　1920(大9)年加藤一夫を中心に結成されたアナキズムの思想運動団体自由人連盟(のち自由人社)の途中参加のメンバー。機関誌第2次『自由人』に「小作人諸君」「衆愚の立場から」「群集心理と自我の問題」「総ては団結から」などの論文を発表し，自我主義的自由連合の必要や小作人の団結を訴えた。同誌2巻4号からは小竹久雄と編集を担当し22年5月自由人社から創刊の月刊雑誌『我等の運動』の同人になり編集にも従事する。関東大震災後の動向は不明だが加藤の周辺から離れたようである。(大和田茂)〔文献〕復刻版『自由人』緑蔭書房1994

杉野　勝　すぎの・まさる　?-?　1924(大13)年9月8日米田剛三，山本武重，西川正人，

荻野他人男らを発起人として広島市内の組合教会で結成された広島印刷工組合の幹部委員となる。(冨板敦)〔文献〕山木茂『広島県社会運動史』

杉野矢 捱吉 すぎのや・がいきち ?-? 芝浦製作所に勤め芝浦労働組合に加盟し角力分区に所属。1924(大13)年9月27日、同労組の中央委員会で同分区の中央委員に坂野一郎とともに選出される。(冨板敦)〔文献〕『芝浦労働』2次2号1924.11

杉原 喜一 すぎはら・きいち ?-? 1919(大8)年東京神田区(現・千代田区)の三省堂印刷部印刷科に勤め活版印刷工組合信友会に加盟する。同社同科の組合幹事を担う。(冨板敦)〔文献〕『信友』1919年8月号

杉原 金二 すぎはら・きんじ ?-? 1919(大8)年東京牛込区(現・新宿区)の秀英舎(市ヶ谷)第一和文科に勤め活版印刷工組合信友会に加盟する。(冨板敦)〔文献〕『信友』1919年8月号

杉原 邦太郎 すぎはら・くにたろう 1905(明38)-1961(昭36) 山梨県に生まれる。26年甲斐詩人協会、第1期『山脈』に参加。27年第2期『山脈』を上野頼三郎らと創刊、5号からは野長瀬正夫も加わる。30年第十銀行東京支店に勤め勤労無産階級詩誌と銘打った第3期『山脈』(機山閣書店)を上野、中室員重らと創刊、小野十三郎らも寄稿する。生田春月、尾崎喜八らと交流した。33年岡山の青山紅人が刊行したアナ派アンソロジー『日本農民詩集』に詩を寄せる。43年『辻詩集』に寄稿。敗戦後は中室らと『中央山脈』を創刊した。(冨板敦)〔著作〕『桜草の喪』甲斐令女社1929、『火山』機山閣書店1930、『鉄』森林書院1931、『木々の梢に』私家版1942、『山と高原の詩』洛陽書院1943〔文献〕松永伍一『日本農民詩史・中2』法大出版局1969、毎日新聞社甲府支局編『山梨の作家2』山梨ふるさと文庫1995、木下信三『名古屋抵抗詩史ノート』私家版2009

杉村 楚人冠 すぎむら・そじんかん 1872(明5)8.28-1945(昭20)10.3 本名・広太郎、別名・縦横 和歌山市谷町に生まれる。1887年和歌山中学を中退して上京。英吉利法律学校(現・中央大学)に入るがここも中退、国民英学校を卒業する。99年在日米国大使館の通訳となる。1900年高島米峯らと『新仏教』を創刊。また社会主義協会に入り幸徳秋水を知り平民社にも出入りした。社会主義は好きだが4・5人を除き社会主義者は大嫌いと『平民新聞』掲載の連載記事「予は如何にして社会主義者になりし乎」で言い放っている。03年東京朝日新聞社に入社、以後生涯朝日新聞社で過ごす。11年頃岩佐作太郎が米国で発行し送付したクロポトキン『青年に訴ふ』(大杉栄訳)を杉村は石川啄木に渡したと後年岩佐は語っている。当時、杉村は朝日新聞社社会部長だった。もっとも『啄木日記』では同書は埼玉の歌人谷静湖から送られたとあり真偽は不明である。(大澤正道)〔著作〕『楚人冠全集』全18巻日本評論社1937-43〔文献〕『無政府主義運動』25号1958.2

杉村 直太郎 すぎむら・なおたろう ?-1930(昭5)12.25 別名・福田哲夫 24年10月創刊された『極東平民』に加わる。27年4月大阪府泉南郡尾崎村(現・阪南市)の杉村方に置かれていた泉州純労働者組合尾崎支部から分離独立し、以後和泉漁業労働組合(関西自連、全国自連加盟)で活動した。27年10月から翌年3月まで久保譲、平井貞二、中尾正義らと『関西自由新聞』を発行、社員としてほかに大串孝之助、河本乾次、高川幸二郎、二木寛、逸見吉三らがいた。27年11月全国自連第2回大会において議長水沼熊とともに副議長に満場一致で選ばれた。同月大阪合成労働組合の中村房一、芝原貫一らとともに関西自連から除名。28年大阪メーデーに参加し検束。同年10月結成された南海労働組合自治連盟(泉州純労、和泉漁業、和泉一般労働組合、南海自治労働組合)の代表を担った。関西自連の分裂で和泉漁業(泉州漁業労働組合と改称)は和泉一般とともに29年全国自協に、30年大阪自由総合労働組合に加入した。(北村信隆)〔文献〕『大阪社会労働運動史』、『極東平民』2・4・5号1925.4・9・12、『関西自由新聞』1-3号1927.10-12、『自連』12・17・19・24・56号1927.5・10・12、1928.5・31.2

杉本 岩松 すぎもと・いわまつ ⇨岩野猛 いわの・たけし

杉本 喜十郎 すぎもと・きじゅうろう ?-? 別名・嘉十郎 1919(大8)年東京京橋区(現・中央区)の築地活版所欧文鋳造科に勤め活版印刷工組合信友会に加盟する。(冨板敦)〔文献〕『信友』1919年8・10月号

杉本 金次郎 すぎもと・きんじろう ⇨藤岡

亀吉　ふじおか・かめきち

杉本 五郎　すぎもと・ごろう　⇨岩野猛　いわの・たけし

杉本 茂吉　すぎもと・しげきち　?-?　1919(大8)年東京神田区(現・千代田区)の丸利印刷所印刷科に勤め日本印刷工組合信友会に加盟する。(冨板敦)〔文献〕『信友』1919年10月号

杉元 しげる　すぎもと・しげる　1904(明37)-?　本名・杉元繁　岡山県吉備郡大和村(現・吉備中央町)に農家の長男として生まれる。川上郡松原村の平松久雄が発行していた文芸同人誌『まつかさ』同人となる。20年代後半から30年代にかけて展開された岡山県下の農民自治会運動の担い手の一人。27年2月2-7日に同会全国連合の中西伊之助が岡山県各地を回ったが杉元は2日に高倉小学校で中西伊之助を迎えて開かれた農自研究会に同郡の松本経夫、松本西南一と参加する。他の参加者に平松久雄、鈴井教市、平野留蔵ら十数名がいた。同月4日中西と平松が大和村を訪れ松本らも交えて村の運動について協議する。30年頃小説「看護婦の死」を3回に分けて『中国民報』に発表。(小林千枝子・冨板敦)〔文献〕『農民自治』8号1927.3、小林千枝子『教育と自治の心性史』藤原書店1997

杉本 末松　すぎもと・すえまつ　?-?　水平社同人。1930(昭5)年末頃、知多半島に居住していた加藤今一郎のもとにいたが、袂を分かってアナ系に傾斜し『平民時報』を発刊、高群逸枝などの論文を掲載する。(冨板敦)〔文献〕『自由民報』31号1930.11

杉本 清吉　すぎもと・せいきち　?-?　別名・精一郎　1919(大8)年横浜のジャパン・ガゼット社に勤め横浜欧文技術工組合に加盟して活動。同組合設立基本金として1円寄付する。(冨板敦)〔文献〕『信友』1919年10月号、1920年1月号

杉本 博　すぎもと・ひろし　1907(明40)-?　別名・平二　戦後練馬区に住み農村協同社練馬出張所を経営、練馬生活協同組合の設立を準備中にアナ連に入る。『無政府主義会議』3号(1948.4)に寄せた「革命的協同組合運動」で大衆運動である協同組合のなかでのアナキストの役割を論じ、一例として組合内では「政府の発行する貨幣を使用せず、私幣に依って流通を計ることも考えられる」というような先駆的な提案を試みている。

革命的協同組合の夢は実現できなかったが、晩年は日本アナキストクラブに属し自由労働者のなかで活動した。(大澤正道)

杉本 正雄　すぎもと・まさお　⇨岩野猛　いわの・たけし

杉守 圭次郎　すぎもり・けいじろう　?-?　新聞工組合正進会に加盟し1924(大13)年夏、木挽町(現・中央区銀座)本部設立のために50銭寄付する。(冨板敦)〔文献〕正進会『同工諸君!! 寄附金芳名ビラ』1924.8

杉山 市五郎　すぎやま・いちごろう　1906(明39)5.24-1978(昭53)7.4　静岡県安倍郡長田村(現・静岡市広野)に生まれる。14年親戚の杉山定一の養子となる。21年尋常小学校高等科を卒業。24年上京して印刷技術を学ぶが26年頃帰郷。同年10月柴山群平らと静岡文芸家協会の発起人となる。渡辺渡の『太平洋詩人』に投稿するかたわら柴山らと『赤い処女地』を創刊し個人誌『青林檎』も発行する。27年地元の詩誌『浚渫船』に寄せた杉山の詩が筆禍事件となる。28年渡辺が寄寓、草野心平、萩原恭次郎を知る。自ら印刷機を購入。同年6月柴山、渡辺、坂本七郎、横地正次郎、薄野寒雄(湊英季)、東宮七男、梅津錦一らと戦闘的アナキズム詩誌『手旗』を創刊(3号で廃刊)。第1詩集『芋畑の詩』を上梓。草野心平の第1詩集『第百階級』を印刷、発行人となる。29年個人誌『南海詩壇』を発行。猪狩満直の詩集『移住民』を印刷。伊藤信吉の編んだ『学校詩集』に静岡県から柴山、森竹夫と作品を寄せる。この頃から『黒色戦線』『学校』『第二』『詩神』『馬』『南方詩人』『弾道』『クロポトキンを中心とした芸術の研究』『宣言』などアナ派雑誌にしばしば寄稿。34年第2詩集『飛魚の子』を上梓。35年農青社事件で検挙されるが不起訴。杉山らが機関銃を持って第36連隊を襲うというデマを流され家宅捜索を受けている。39年静岡市役所に勤務。杉山は自身の詩作の軌跡を「アナキズムからネオ・リアリズムへ」と述べる。(奥沢邦成・冨板敦)〔著作〕『芋畑の詩』銅鑼社1928、『飛魚の子』とびうを社1934、『詩人杉山市五郎作品集』武蔵野書房1995〔文献〕坂本七郎「明日はわからない」・柴山群平「画・詩・狂友」『風信』2号風信社(浅野紀美夫)1968

杉山 正三　すぎやま・しょうぞう　?-?　1910(明43)年田中佐市宛の葉書が大逆事件に関

する家宅捜索の際に発見されて不敬罪に問われて9月に逮捕，10月に懲役5年を言い渡された。18(大7)年5月吉田只次，小池潔と横浜市に来たオランダ人共産主義者ルトガースの面倒をみる。19年6月結成された横浜労働組合期成同盟会に参加，機関紙『横浜労働新聞』の発行に携わった。(奥沢邦成)〔文献〕山内昭人「日本社会主義者とコミンテルン・アムステルダム・サブビューローとの通信1919-1920年」『大原社会問題研究所雑誌』499号2000.6，小股憲明『明治期における不敬罪の研究』思文閣2010

杉山 剛 すぎやま・つよし ?-? 新聞工組合正進会に加盟し1924(大13)年夏，木挽町(現・中央区銀座)本部設立のために1円寄付する。(冨板敦)〔文献〕正進会『同工諸君‼ 寄附金芳名ビラ』1924.8

杉山 寿郎 すぎやま・ひさお ?-? 1919(大8)年東京京橋区(現・中央区)の築地活版所和文科に勤め活版印刷工組合信友会に加盟する。(冨板敦)〔文献〕『信友』1919年8・10月号

杉山 実子 すぎやま・みね ?-? 1919(大8)年東京京橋区(現・中央区)の築地活版所〔和文〕解版科に勤め日本印刷工組合信友会に加盟する。(冨板敦)〔文献〕『信友』1919年10月号

須崎 実 すざき・みのる ?-? 別名・土肥保夫 1935(昭10)年関東一般労働組合のメンバーとして，同労組の深沢宏とともに無共党の伊藤悦太郎，大西正雄，太田信二らと交流する。(冨板敦)〔文献〕『特高外事月報』1936.12，『無共党事件判決』

鈴川 季安 すずかわ・すえやす ?-? 石版工。1923(大12)年6月日本印刷工組合信友会に石版工仲間と加盟し山田義雄らと計19名で小柴支部を組織する。(冨板敦)〔文献〕『印刷工連合』3号1923.8

鈴木 愛助 すずき・あいすけ ?-? 別名・愛 1918(大7)年1月16日神田南明倶楽部で開かれた活版印刷工組合信友会の創立大会で会計係に選出される。19年には東京神田区(現・千代田区)の三省堂印刷部欧文科に勤めのち小石川区(現・文京区)の博文館印刷所に移る。(冨板敦)〔文献〕『信友』1919年8・10月号，1922年1月号，水沼辰夫『明治・大正期自立的労働運動の足跡』JCA出版1979，警視庁労働係編『日本印刷工組合信友会沿革 印刷工連合設立迄』廣畑研二編・解説『1920年代社会運動関係警察資料』不二出版2003

鈴木 朝次郎 すずき・あさじろう ?-? 印刷工として1919(大8)年活版印刷工組合信友会に加盟。同年10月頃には東京小石川区(現・文京区)の江戸川活版所文選科に勤めていた。(冨板敦)〔文献〕『信友』1919年8・10月号

鈴木 厚 すずき・あつし 1895(明28)7.12-1955(昭30)12.4 旧姓・片岡 千葉県山武郡大網白里町に生まれる。成東中学在学中，母方の実家鈴木家の養子となる。鈴木家は当時千葉県内で五指に入る地主であったというがそのために若くして親戚の財産争いに巻き込まれることになる。弁護士をめざし明治大学へ進学，途中文学に転向し大学を中退。20年大杉栄を刺して出獄後の神近市子と結婚した。反大杉を標榜する吉田一らは主に資金面で鈴木と神近に協力を求め，鈴木もまた政略的な財産争いへの嫌気から鈴木家からの送金を惜しげもなく提供した。片岡姓で吉田ら労働社の『労働者』また『種蒔く人』に寄稿。23年6月創立の戦線同盟にも参加している。34年神近とともに『婦人文芸』を創刊し編集実務に携わる。37年神近と離婚後，40年再婚。晩年は防共新聞社の編集，千葉大学の歴史の講師などをつとめた。(山本有紀乃)〔著作〕『護国の女神和宮様』大和書店1942，『和宮親子内親王』創造社1943，イバニエス『血と砂』(訳)改造社1924，レエニン『組織論』(訳)改造文庫1929 神近市子『神近市子自伝 わが愛わが闘い』講談社1972，鈴木れいじ編『神近市子文集3』武州工房1987，小松隆二「戦線同盟覚書」『初期社会主義研究』10号1997.9

鈴木 勇 すずき・いさむ ?-? 石版工。1923(大12)年6月日本印刷工組合信友会に石版工仲間と加盟し巳野善一らと計9名で柴田支部を組織する。(冨板敦)〔文献〕『印刷工連合』3号1923.8

鈴木 一太郎 すずき・いちたろう ?-? 1919(大8)年東京京橋区(現・中央区)の築地活版所鉛版科に勤め日本印刷工組合信友会に加盟する。(冨板敦)〔文献〕『信友』1919年10月号

鈴木 一郎 すずき・いちろう ?-? 1919(大8)年東京芝区(現・港区)の近藤商店印刷所欧文科に勤め活版印刷工組合信友会に加盟する。同所同科の組合幹事を担う。のち日本印刷興業株式会社に移る。(冨板敦)〔文献〕『信友』1919年8・10月号，1921年1月号，1922年1月号

鈴木 丑三郎 すずき・うしさぶろう ?-? 1919

(大8)年東京本所区(現・墨田区)の金谷印刷所第二工場印刷科に勤め活版印刷工組合信友会に加盟する。(冨板敦)〔文献〕『信友』1919年8月号

鈴木 梅次郎 すずき・うめじろう ?-1920(大9)1.10 1919(大8)年東京京橋区(現・中央区)の大倉印刷所和文科に勤め活版印刷工組合信友会に加盟する。同所同科の組合幹事を担う。20年『信友』2月号に訃報が掲載される。(冨板敦)〔文献〕『信友』1919年8・10月号, 1920年2月号

鈴木 悦 すずき・えつ 1886(明19)10.17-1933(昭8)9.11 愛知県渥美郡老津村生まれ。1906(明39)年東京外語を経て早稲田大学英文科入学。07年同郷の彦坂かねと学生結婚。早大では島村抱月に学びのちにトルストイの『戦争と平和』を翻訳出版する際, 共訳者として抱月の名を借りる。10年早大卒業後, 萬朝報入社。記者生活のかたわら『早稲田文学』に多数の創作, 評論を執筆する。14(大3)年萬朝報を退社し植竹書院で「文明叢書」シリーズを担当する。この間妻かねとの間に4人の子をもうけるが相次いで夭逝し妻かねと別居, 作家田村俊子と同棲する。18年5月カナダ・バンクーバーの邦字紙大陸日報社主山崎寧の誘いを受け心機一転カナダに渡り, 同年10月田村俊子も鈴木を追って渡加した。鈴木は同紙主筆として新聞編集を担うかたわら移民労働者の地位向上のためカナダ日本人労働組合の組織化を支援し機関誌『労働週報』(のちに『日刊民衆』と改題)を発行する。22年『大陸日報』にエマ・ゴールドマンの「露国観」を22回にわたり翻訳掲載した。23年5月日本の水平社対国粋会騒擾事件に際し, 鈴木が指導するカナダ日本人労働組合は水平社に対して連帯メッセージを届けた。同年9月関東大震災と甘粕事件の報に際し, 陸軍を糾弾する記事を連日掲載し大杉の「入獄から追放まで」を18回にわたり転載した。また東京駐在記者の橘あやめ取材談話を掲載したほかあやめの手記も掲載した。平塚らいてうによる伊藤野枝追悼文を初めて掲載したのも『大陸日報』である。24年アメリカの排日移民法施行と前後して大陸日報社を退社, 組合機関紙『日刊民衆』の発行に専念するが, 田村俊子は『日刊民衆』と『大陸日報』の双方に関与した。同紙の文芸欄が充実したのは二人の功績である。32(昭7)年健康上の不安から一時帰国。上智大学や明治大学で新聞学の講師に就くが虫垂炎手術のあと急死した。鈴木没後も, 鈴木の指導を受けた移民1世らは米日開戦で発行停止処分を受けるまで『日刊民衆』を5千号を超えて発行し続け, 戦時下においても英日両語新聞『The New Canadian』として発行許可を取りカナダ全土に分散させられた日系人をつなぐネットワークの役割を果たした。(廣畑研二)〔著作〕翻訳ズーデルマン『死の歌』海外文芸社1913, 『水滸伝物語』実業之日本社1915, 『芽生』水野書院1915, 島村抱月・鈴木悦共訳トルストイ『戦争と平和』目黒分店1916〔文献〕工藤美代子/スーザン・フィリップス『晩香坡の愛/田村俊子と鈴木悦』ドメス出版1982, 田村紀雄『鈴木悦-カナダと日本を結んだジャーナリスト』リブロポート1992, 廣畑研二「カナダから水平社に届いた連帯メッセージ」『解放研究』第21号2008, 廣畑研二『甦る放浪記 復刻版覚え帖』論創社2013

鈴木 億蔵 すずき・おくぞう ?-? 1919(大8)年東京神田区(現・千代田区)の三秀舎印刷科に勤め活版印刷工組合信友会に加盟する。(冨板敦)〔文献〕『信友』1919年8・10月号

鈴木 斧松 すずき・おのまつ ?-? 1919(大8)年東京京橋区(現・中央区)の築地活版所漢字鋳造科に勤め活版印刷工組合信友会に加盟する。(冨板敦)〔文献〕『信友』1919年8・10月号

鈴木 一男 すずき・かずお ?-? 石版工。1923(大12)年6月日本印刷工組合信友会に石版工仲間と加盟し巴野善一らと計9名で柴田支部を組織する。(冨板敦)〔文献〕『印刷工連合』3号1923.8

鈴木 要 すずき・かなめ ?-? 東京毎日新聞社に勤め東京の新聞社員で組織された革進会に加わり1919(大8)年8月の同盟ストに参加するが敗北。のち正進会に加盟。20年機関誌『正進』発行のために寄付をする。(冨板敦)〔文献〕『革進会々報』1巻1号1919.8, 『正進』1巻1号1920.4

鈴木 鎌一郎 すずき・かまいちろう ?-? 芝浦製作所に勤め芝浦労働組合に加盟。1928(昭3)年5月9日, 同労組の拡大委員会で会計監査委員に選出される。(冨板敦)〔文献〕『芝浦労働』3次19号1928.6

鈴木 貫一 すずき・かんいち 1905(明38)-? 浜松市寺島町生まれ。尋常小学校を4年で中退しハンカチ工, 楽器会社雑役

夫，新聞社の印刷工をする。29年頃遠江印刷同工会に加盟し30年同会を拡大するための機関紙『黒流』の編集発行人となる。また『自連新聞』を購読。31年1月から豆腐の製造販売業につく。35年末頃無共党事件で検挙されるが不起訴。(冨板敦)〔文献〕『身上調書』，『自連新聞』50号1930.8，『静岡県労働運動史資料・上』

鈴木 吉蔵 すずき・きちぞう ?-? 1919(大8)年東京牛込区(現・新宿区)の日清印刷会社石版科に勤め活版印刷工組合信友会に加盟する。(冨板敦)〔文献〕『信友』1919年8月号

鈴木 吉蔵 すずき・きちぞう ?-? 静岡県榛原郡川崎町静波(現・牧之原市)に生まれる。水平運動に関わり，1925(大14)年6月川崎町大川岩座で川崎水平社創立大会を開く。当日北原泰作，増田久枝，辻本晴一，平野小剣，南梅吉らが演説した。29年には自宅に事務所を置いたまま鈴木吉蔵が執行委員長となる。『自由新聞』川崎支局を担う。(冨板敦)〔文献〕『自由新聞』2・4号1925.7・9，秋定嘉和・西田秀秋編『水平社運動1920年代』神戸部落史研究会1970

鈴木 儀平 すずき・ぎへい 1902(明35)-? 愛知県名古屋市西区で靴製造の仕事に従事。1922(大11)年11月25日同区内で起きた差別糾弾闘争で小林一吉，生駒宗兵衛らと脅迫罪で検挙，懲役3カ月執行猶予3年となる。26年1月愛知県水平社の役員改選で執行委員に選出される。(冨板敦)〔文献〕『名古屋新聞』1922.11.26・12.22，1923.2.20・3.21『新愛知』1922.12.1・12.22，1923.1.10・2.7・20・4.6『名古屋毎日新聞』1923.1.10(松浦國弘編著『愛知県・底辺社会史資料集成 部落篇 大正期』近現代資料刊行会2008)，『自由新聞』2号1926.2

鈴木 久一 すずき・きゅういち ?-? 静岡県小笠郡平田村下平川(現・菊川市)に生まれる。1925(大14)年6月下平川の珠宝寺で水平社宣伝演説会を開催する。凩幸次郎，辻本晴一，平野小剣，小山紋太郎が登壇。その後，座談会を開き平川水平社を創立する。『自由新聞』平川支局を担う。(冨板敦)〔文献〕『自由新聞』2・4号1925.7・9

鈴木 清 すずき・きよし 1907(明40)4.29-? 秋田県平鹿郡旭村塚堀(現・横手市)生まれ。横手中学5年在学中にストに加わり退学となる。26年山形高校に入学する。社会科学研究会に加入して活動し斎藤孝輔らとともに再び退学処分となる。28年東京合同労働組合に加盟し書記となる。29年1月東京モスリン亀戸工場の工員となり同時に日本紡績労働組合に加盟。同年四・一六事件で検挙される。31年5月保釈され帰郷。郷里で日本プロレタリア作家同盟に加盟し創作を始める。32年ナルプ秋田支部を結成し再び上京。ナルプの組織部長となる。34年四・一六事件の控訴審で懲役2年執行猶予5年とされ同年5月帰郷し農業に従事。35年末頃無共党事件で検挙されるが不起訴。その後は農業改革と取り組み戦後日農(統一派)委員長，秋田県会議員などを歴任した。(冨板敦)〔著作〕『鈴木清選集』日本民主主義文学同盟秋田県連絡会1990〔文献〕『身上調書』，小沢三千雄編『秋田県社会運動の百年』私家版1978

鈴木 清士 すずき・きよし 1908(明41)11.25-1937(昭12)4.12 神奈川県高座郡大野村上鶴間中和田(現・相模原市)に生まれる。小学校卒。18歳の時両親と死別，小作農戸主となる。一家を支える重圧で一時虚無的傾向に陥ったが小学校同窓の草薙市治の誘いから『自連新聞』などに接しアナキズムに近づく。30年1月『黒旗』創刊を契機に草薙と協力して研究グループを結成，文芸誌を発行して隣接地域の農民青年層を対象とする啓蒙運動を展開。31年2月『黒旗』所載「農民に訴ふ」に感動し3月農青社機関紙『農村青年』1号を見て上京，発行所を訪ねて数日滞在。その後は神奈川地方と農青社間を随時往来した。その直接連絡係となる一方，秦野地方の葉煙草耕作農民の専売支局襲撃計画を立ててビラをまき，満州事変勃発に際しては地方一帯に反戦ビラをまくなどの活動を精力的に行った。36年5月5日農青社事件全国一斉検挙の際，『夕刊さいたま』浦和支局に滞在中，手配の情報をつかんで逃亡。5月12日西宮市甲子園町の後藤学三方に潜伏中逮捕された。神奈川県の検挙者24人のうち鈴木は草薙とともに起訴され予審中に病没した。(黒川洋)〔文献〕『資料農青社運動史』，『農青社事件資料集Ⅰ・Ⅱ』，斎藤秀夫『京浜のプロレタリア文学運動2』横浜市立大学論叢書1993

鈴木 国男 すずき・くにお 1942(昭17)-1974(昭49)2.16 広島県呉市生まれ。小学1年生の時に父が病死，母とともに流浪。中学卒業後

呉造船に就職, 定時制高校に通う。16歳のとき最初の精神病院入院。1963(昭38)年広島大学政経学部入学, 広島学生会館に起居。世界連邦運動, 民青を経て革命的ヒューマニスト同盟結成。68年中核派の呼びかけで出かけた三里塚集会の帰途, 山谷へ行く。暴動に直面し山谷での闘争始まる。広島に帰りプロレタリア解放同盟結成。再度上京, 山谷解放委員会に介入。山谷自立合同労組結成。越冬闘争をめぐり分裂後, 69年6月全都統一労働組合山谷支部結成。70年1月四谷駅で駅員を殴打, 足立精神病院措置入院。8月山谷で同居中の友人をカツアゲした男を「不法監禁・暴行障害」した容疑で指名手配。西成地区に潜行。71年西成地区の活動家女性と結婚。72年1月大阪港作業中のインドネシア船員にアジ演説中に喧嘩, 水上署に逮捕。東京の精神病院へ措置入院。船本洲治らにより「S闘争支援共闘会議」結成される。闘争と措置入院反復。74年2月16日大阪拘置所精神障害者保安処分により殴殺される。享年31。『愛と革命・全円なる彼岸への過程』と題する二冊の論稿ノートがあったといわれる。(鈴木義昭)〔文献〕竹中労『山谷 都市反乱の原点』全国自治研修会1969, 竹中労「日本映画縦断81回『浪人街』ツアールポⅠ」冥府通信1977.6.15, 船本洲治遺稿集『黙って野たれ死ぬな』れんが書房新社1985

鈴木 庫三 すずき・くらぞう ?-? 1922(大11)年農村運動同盟に加盟し機関紙『小作人』の中部地方同人として名前を連ねる。(冨板敦)〔文献〕『小作人』2次1号1922.10

鈴木 賢吉 すずき・けんきち ?-? 報知新聞社に勤め東京各新聞社の整版部従業員有志で組織された労働組合革進会に加わり1919(大8)年8月の同盟ストに参加するが敗北。その後新聞工組合正進会に参加する。20年9月の報知新聞社争議で布留川桂, 北浦千太郎, 生島繁, 伏下六郎らが活字ケースを転覆した際, 筆谷由次郎, 沢之井, 田中らと検挙される。同年, 本郷区根津須賀町(現・文京区)に住み日本社会主義同盟に加盟。21年5月1日のメーデーで近藤憲二が逮捕されるのを阻止して白銀東太郎, 小倉忠三(以上正進会), 江原慎二(工友会)と職務執行妨害で検挙される。同月7日不起訴となり釈放。(冨板敦)〔文献〕『革進会々報』1巻1号1919.8,『正進』1巻1・7号1920.4・11, 2巻5・6号1921.5・6,『労働運動』1次12号1921.6, 正進会『同工諸君!! 寄附金芳名ビラ』1924.8, 水沼辰夫『明治・大正期自立的労働運動の足跡』JCA出版1979

鈴木 健次郎 すずき・けんじろう ?-? 新聞工組合正進会に加盟し1924(大13)年夏, 木挽町(現・中央区銀座)本部設立のために2円寄付する。(冨板敦)〔文献〕正進会『同工諸君!! 寄附金芳名ビラ』1924.8

鈴木 健三 すずき・けんぞう ?-? 1919(大8)年東京京橋区(現・中央区)の築地活版所見本科に勤め日本印刷工組合信友会に加盟する。(冨板敦)〔文献〕『信友』1919年10月号

鈴木 健太郎 すずき・けんたろう 1909(明42)-1964(昭39)10 山形県に生まれる。24年『血潮』を創刊, 加藤吉治らが寄稿した。28年山形新聞社の記者となる。29年1月『山形詩人』を創刊, 真壁仁, 加藤吉治, 加藤精宏, 長崎浩らが寄稿する。同年『北方』(『北方詩人』と『山形詩人』の合併誌)を発行。30年から3年間農業に従事。33年青山紅人が刊行したアナ派アンソロジー『日本農民詩集』に詩「君は言ふけれど」を寄稿する。34年山形県南村山郡宮生村(現・上山市)役場に勤める。(冨板敦)〔著作〕『古風な村』中西書房1931〔文献〕松永伍一『日本農民詩史・中2』法大出版局1969, 志賀英夫『戦前の詩誌・半世紀の年譜』詩画工房2002

鈴木 源之助 すずき・げんのすけ ?-? 日本印刷工組合信友会に加盟し1921(大10)年末頃には毎夕新聞社に勤めていた。(冨板敦)〔文献〕『信友』1922年1月号

鈴木 幸四郎 すずき・こうしろう ?-? 1919(大8)年東京京橋区(現・中央区)の築地活版所文選科に勤め活版印刷工組合信友会に加盟する。(冨板敦)〔文献〕『信友』1919年8・10月号

鈴木 光二郎 すずき・こうじろう ?-? 万朝報社に勤め, 東京の新聞社員で組織された革進会に加わり1919(大8)年8月の同盟ストに参加するが敗北。のち正進会に加盟。24年夏, 木挽町(現・中央区銀座)正進会本部設立のために1円寄付する。(冨板敦)〔文献〕『革進会々報』1巻1号1919.8, 正進会『同工諸君!! 寄附金芳名ビラ』1924.8

鈴木 小寒郎 すずき・こかんろう ?-? 1933(昭8)年1月小寒郎は木村半文銭, 川上日車, 松丘町二らを同人に自由律川柳誌『手』

を創刊。この『手』には現代川柳の作家として活躍した河野春三も参加している。38年印刷所失火のため『手』は惜しくも廃刊となる。この『手』は「柳俳無差別」を唱え口語自由律による「新たなる人間詩の創造」を目ざした。41年に発行された『自由律川柳合同句集1』には鈴木小寒郎の「自由律川柳小史」がある。これは自由律川柳史についての数少ない資料のひとつである。代表句に「貰って来た大根の寒さである」「行きつまつた話のももひきが出る」などがある。(平辰彦)〔文献〕伊良子擁一編『自由律川柳合同句集1』視野発行所1941, 河野春三『現代川柳への理解』天馬発行所1962

鈴木 斉太 すずき・さいた ?-? 1919(大8)年東京京橋区(現・中央区)の築地活版所漢字鋳造科に勤め活版印刷工組合信友会に加盟する。(冨板敦)〔文献〕『信友』1919年8・10月号

鈴木 栄 すずき・さかえ ?-? 京都印刷工組合のメンバー。1924(大13)年3月16日京都三条青年会館での京印主催の国際労働会議否認演説会で登壇する(司会者は福島佐太郎、京印の登壇者は他に中川正雄、鈴木信)。同年6月21日京都の植苗正文社で争議が勃発、京印の福島、中川らと交渉にあたる。(冨板敦)〔文献〕『印刷工連合』11・15号1924.4・8

鈴木 佐太郎 すずき・さたろう ?-? 1919(大8)年東京深川区(現・江東区)の東京印刷深川分社第二部印刷科に勤め活版印刷工組合信友会に加盟する。(冨板敦)〔文献〕『信友』1919年8月号

鈴木 三郎 すずき・さぶろう ?-? 1919(大8)年東京神田区(現・千代田区)の三秀舎印刷科に勤め活版印刷工組合信友会に加盟する。(冨板敦)〔文献〕『信友』1919年8・10月号

鈴木 茂雄 すずき・しげお ?-? 1928(昭3)年頃愛知県で森哲博らと凡人社を結成した。(黒川洋)〔著作〕詩集『自殺者の手記』凡人社1928, 詩集『窮乏』同社1929, 詩集『凡人日記』私家版1930, 詩集『言葉』(森哲博と共著)凡人社1931〔文献〕杉浦盛雄『名古屋地方詩史』同刊行会1968

鈴木 重一 すずき・しげかず ?-? 1919(大8)年東京麹町区(現・千代田区)の外務省活版部に勤め活版印刷工組合信友会に加盟する。(冨板敦)〔文献〕『信友』1919年8・10月号

鈴木 重治 すずき・しげはる 1896(明29)-? 別名・重次, 重吉, 黒沢官太部, 1919(大8)年東京神田区(現・千代田区)の三秀舎欧文科に勤め活版印刷工組合信友会に加盟。三秀舎欧文科の組合幹事を吉田定三と担う。同年12月高田公三の入営に際し横浜赤旒会の赤旗を掲げて近藤憲二、高尾平兵衛、延島英一らと見送る。研究社を経てジャパン・タイムス社に移り、24年2月20日同社の争議で単独決起し副社長を工場内で襲撃。この事件が契機となり争議は勝利する。4月20日全印連第1回全国大会で京都印刷工組合から提出された議会運動否認の議案に賛成意見を力説する(可決)。(冨板敦)〔文献〕『信友』1919年8・10月号・20年1・2月号・21年1月号・22年1月号, 『労働運動』1次2号1919.11, 『正進』3巻7号1922.7, 『印刷工連合』4・10号1923.9・24.3, 『社会主義沿革1』, 水沼辰夫『明治・大正期自立的労働運動の足跡』JCA出版1979

鈴木 重賓 すずき・じゅうひん ?-? 別名・桑名哲夫 河本乾次らの南海先駆者同盟に属し1924(大13)年6月の南海電鉄ストにより馘首された。その後「南海犠牲者消息」によればセルロイド工場で労働しながら無産解放運動に奮闘していたという。27年関西黒旗連盟加盟の泉州純労働者組合に加わって活動、関西自連委員となった。同年7月南海電鉄争議で高野山支援先発隊として大阪合成労働組合の笹島、逸見吉三、河本らと参加。同年8月泉州漁業労働組合から関西紡績労働組合へ調査派遣される。同年11月関西自連協議会で大阪合成除名後の役員改選で泉州純労から河本とともに役員として選任された。その後静岡へ移り28年2月沢田武雄、服部豊、疋田治作、山崎佐一らと休刊中の『大衆評論』を再刊した。『大衆評論』に「権力小児病患者」「総選挙観」「野田争議に就いて 悪指導者を葬れ」「時事評」「無産者の立場より寺崎斗南の兵役制度改革論を排撃す」などの評論を寄稿した。29年2月『大衆評論』が発禁とされ廃刊に追い込まれると9月には『無産者自治新聞』を小松亀代吉、沢田らと発行した。(北村信隆・竹内康人)〔文献〕『黒色青年』11号1927.8, 『南海犠牲者消息』『七道より』1号1926.1, 『自連』15・16・19号1927.8・9・12, 『大衆評論』1928, 大塚昇「静岡でのアナキズム運動」『沓谷だより』17号2000

鈴木 秋峰 すずき・しゅうほう ?-? 東京印刷工組合欧文部のメンバー。1927(昭2)

年7月5日の同組合緊急理事会で欧文部の理事となる。28年2月19日東印第5回大会で、それぞれの地域の会社も含みこんだ各社別研究会を組織する議案を提出，説明する(可決)。(冨板敦)〔文献〕『自連』15・22号1927.8・28.3

鈴木 周六 すずき・しゅうろく ?-? やまと新聞社に勤め東京の新聞社員で組織された革進会に加わり1919(大8)年8月の同盟ストを同社の幹事として闘うが敗北。のち正進会に加盟。24年夏，木挽町(現・中央区銀座)正進会本部設立のために1円寄付する。(冨板敦)〔文献〕『革進会々報』1巻1号1919.8，正進会『同工諸君!! 寄附金芳名ビラ』1924.8

鈴木 俊二 すずき・しゅんじ ?-? 新聞工組合正進会に加盟し1924(大13)年夏，木挽町(現・中央区銀座)本部設立のために50銭寄付する。(冨板敦)〔文献〕正進会『同工諸君!! 寄附金芳名ビラ』1924.8

鈴木 丈一 すずき・じょういち ?-? 1919(大8)年東京京橋区(現・中央区)の電新堂印刷所欧文科に勤め活版印刷工組合信友会に加盟する。のち英文通信社に移る。(冨板敦)〔文献〕『信友』1919年8・10月号，1920年9月号，1922年1月号

鈴木 尚治 すずき・しょうじ ?-? 別名・尚次 やまと新聞社に勤め東京の新聞社員で組織された革進会に加わり，1919(大8)年8月の同盟ストに参加するが敗北。のち正進会に加盟。20年機関誌『正進』発行のために50銭寄付する。(冨板敦)〔文献〕『革進会々報』1巻1号1919.8，『正進』1巻1号1920.4

鈴木 正次 すずき・しょうじ 1913(大2)-? 神戸市兵庫区西宮内町生まれ。高等小学校を卒業後，神戸岡崎銀行柳原支店の給仕を4年ほどつとめる。文学を好み30年末頃河上肇の『貧乏物語』を読んで共感し，31年春級友の魚住正太郎のすすめで日本赤色救援会に加盟した。32年6月湊西銀行運河支店の事務員となり退行後謄写版の筆耕をする。短歌の研究雑誌『六甲』の会友落合重信から紹介されて布引詩歌社の会合に出るようになり井上信一，笠原勉らと交流した。35年末頃無共党事件で検挙されるが不起訴。(冨板敦)〔文献〕『身上調書』

鈴木 正三 すずき・しょうぞう ?-? 1919(大8)年横浜の中央舎に勤め横浜印刷技工組合に加盟し同組合の理事長を務める。(冨板敦)〔文献〕『信友』1920年1月号

鈴木 志郎 すずき・しろう 1980(明13)-1953(昭28) 青森県鰺ヶ沢で生れる。いつ北海道に渡り，いつ社会主義に共鳴したか不明だが「大沼の同志」として1905年平民社農場に入植する。06年岩崎かよと結婚。二人は新天地を求めて樺太に渡るが一年足らずで再び農場近くに戻る。07年農場は解散し札幌の『北鳴新聞』社に入る。同じ頃入社した野口雨情と同じ家に住む。同年9月石川啄木と知り合い3人は社会主義者小国露堂の世話で小樽日報社に入社する。11月雨情は胆振新報社に転出し，08年1月啄木も釧路新聞に転社，4月小樽日報は廃刊になる。野口雨情はかよから函館の神父に預けた娘のきみの話を聞き，後に童謡「赤い靴」を作詞したという。なお，きみは米国に渡ることなく11年東京麻布の永坂孤児院で結核のため9歳で亡くなった。啄木は『悲しき玩具』の中で「名は何と言ひけむ 姓は鈴木なりき 今はどうしてどこにゐるらむ」と志郎のことを詠んでいる。その後鈴木夫妻は真狩村に戻り志郎は留寿都郵便局や喜茂別郵便局で集配人として勤める。13年三女そのが生まれ翌年そのと鈴木夫妻はカトリックの洗礼を受ける。15年室蘭の輪西製鉄所に就職。原子基を入社させ隣同士で住む。19年不況で馘首され23年夕張炭坑に職を得るが間もなく樺太に渡り豊原でカトリックの布教活動を行う。53年小樽市で亡くなる。(手塚登士雄)〔文献〕小池喜孝『平民社農場の人びと』徳間書店1980

鈴木 信 すずき・しん ?-? 京都印刷工組合のメンバー。1924(大13)年3月16日京都三条青年会館での京印主催の国際労働会議否認演説会で登壇する(司会者は福島佐太郎，京印の登壇者は他に中川正雄，鈴木栄)。同年6月21日京都の植苗正文社争議を闘い，工場破壊の名目で福島，熊鳥国三郎，高橋らと検挙され15日間拘留される(不起訴)。(冨板敦)〔文献〕『印刷工連合』11・14・15号1924.4・7・8

鈴木 信 すずき・しん ?-? 1922(大11)年11月に創立された愛知県水平社に加わりこの年執行委員長となる。アナ派の愛知県水を水野竹造，生駒長一らと牽引し中心的に活動した。24年4月愛知県水主催，静岡，

岐阜、愛知三県下水平社合同の東海水平社大会で議長をつとめる。水野が緊急動議として私服警官退場を提案、鈴木は「私服巡査といえども彼らはパンのために余儀なく働く労働者」だと応じ動議を保留。またこの大会には国粋会愛知県本部から花輪が贈られ話題となる。25年12月全国水平社青年連盟機関紙『自由新聞』愛知支局を確立し支局長となる。26年1月役員改選で執行委員長に再選される(その際選出された執行委員は、鈴木伝治、小林一吉、水野竹造、鈴木星花、生駒宗兵衛、鈴木儀平の6人)。26年9月全水解放連盟の結成に参加、名古屋市西区平野町に事務所を置く。11月愛知県水解放連盟は西平野町説教所で「無政府主義による新部落民解放」講演会を開催した。29年11月名古屋で開催された全水第8回大会での解放連盟解散に関わる。33年全水県連委員長として名古屋市議選に立候補(落選)。(冨板敦)〔文献〕『自由新聞』1・2号1926.1・2,『全国水平新聞』2・3号1927.8・9,宮崎晃『差別とアナキズム』黒色戦線社1975,『愛知県部落解放運動史 戦前編』愛知県部落解放運動連合会1983

鈴木 真嗣郎 すずき・しんじろう 1905(明38)-? 秋田県仙北郡四ツ屋村四ツ屋上前村(現・大仙市)生まれ。24年6月農学校を中退。同年7月秋田新聞記者となり、翌25年10月上京して文芸春秋に入社し27年退社。28年東京時事新報社の文芸部に勤めたが病気のために29年帰郷。32年千代田生命の保険外交員となり35年11月頃堀川清弘の雑誌『生活』に投稿する。同年末頃無共党事件で検挙されるが不起訴。(冨板敦)〔文献〕『身上調書』

鈴木 進 すずき・すすむ ?-? 万朝報社に勤め新聞工組合正進会に加盟。1920(大9)年機関誌『正進』発行のために1円寄付する。(冨板敦)〔文献〕『正進』1巻1号1920.4

鈴木 誠一 すずき・せいいち ?-? 1919(大8)年東京京橋区(現・中央区)の共栄舎和文科に勤め活版印刷工組合信友会に加盟する。(冨板敦)〔文献〕『信友』1919年8月号

鈴木 星花 すずき・せいか ?-? 別名・禎一 1924(大13)年10月6日愛知県海部郡津島町(現・津島市)の寿座で開かれた海部郡水平社の創立大会で「我が陣頭に立ちて」を演説、他の演説者に「俺等は人間である」松下庄平(海部郡)、「人間は尊敬すべきものだ」加藤信一(海部郡)、「正義の為に闘へ」杉浦敏尾(静岡)、「水平運動に就て」高木重太郎(岐阜)、「俺等の運動は正義に」小山紋太郎(静岡)、「危機及過激に就て」北原泰作(大阪)、「色眼鏡を止めよ」水野竹造(愛知)、「人類最高の完成」鈴木信(愛知)。26年1月愛知県水平社の役員改選で執行委員に選出される。26年7月3日知多郡成岩町(現・半田市)の差別糾弾闘争を水平社青年連盟員として生駒長一、水野らと闘う。(冨板敦)〔文献〕『名古屋新聞』1924.10.7『新愛知』1926.7.16(松浦國弘編著『愛知県・底辺社会史資料集成 部落篇 大正期』近現代資料刊行会2008),『自由新聞』2号1926.2,『愛知県部落解放運動史 戦前編』愛知県部落解放運動連合会1983

鈴木 清次郎 すずき・せいじろう ?-? 1919(大8)年東京京橋区(現・中央区)の築地活版所欧文鋳造科に勤め活版印刷工組合信友会に加盟する。(冨板敦)〔文献〕『信友』1919年8・10月号

鈴木 清之助 すずき・せいのすけ ?-? 1919(大8)年東京京橋区(現・中央区)の三協印刷株式会社和文科に勤め活版印刷工組合信友会に加盟する。(冨板敦)〔文献〕『信友』1919年8・10月号

鈴木 せき すずき・せき ?-? 東京市牛込区(現・新宿区)市ヶ谷本町に居住し、神田神保町の山縣製本印刷整版部に勤める。1935(昭10)年1月13日整版部の工場閉鎖、全部員40名の解雇通告に伴い争議勃発。工場を占拠して闘い、同月15日解雇手当4カ月、争議費用百円で解決する。山縣製本印刷は当時東京大学文学部の出入り業者であり、東印は34年5月以降、東印山縣分会を組織していた。(冨板敦)〔文献〕『山縣製本印刷株式会社争議解決報告書』東京印刷工組合1935,『自連新聞』97号1935.1,中島健蔵『回想の文学』平凡社1977

鈴木 善次郎 すずき・ぜんじろう ?-? 別名・善二郎 都新聞社に勤め東京の新聞社員で組織された革進会に加わり1919(大8)年8月の同盟ストに参加するが敗北。のち正進会に加盟。24年夏、木挽町(現・中央区銀座)正進会本部設立のために2円寄付する。(冨板敦)〔文献〕『革進会々報』1巻1号1919.8,正進会『同工諸君!! 寄附金芳名ビラ』1924.8

鈴木 惣之助 すずき・そうのすけ 1903(明

511

36)9.29-1967（昭42）　愛知県海部郡美和村（現・あま市）に生まれる。家族とともに名古屋市南区新尾頭町に移る。22年4月『燃焼』、24年『烽火』（真船浩ら）に拠る。同年12月『詩文庫』を落合茂と創刊する。30年5月『社会詩人』（28年『都会詩人』と改題）を落合茂らと創刊。植村諦、小野十三郎、浅野紀美夫、伊福部隆彦、遠地輝武、相川俊孝、野長瀬正夫、山本一夫、石原政明らが寄稿した。35年12月植村が無共党事件で検挙され、その余波により第1次『社会詩人』は通巻29号で中断した。独特な詩論家鈴木を中心とする勇猛な毒舌はこの地方に異彩を放ち、全国的にも特異な詩誌として多くの新人を出した。戦後56年1月『社会詩人』復刊第1号を出す。同年末『詩文学』と改題し民主的詩運動の一翼を担った。（黒川洋）〔著作〕内藤鋠策編『1927年詩集』抒情詩社1927、詩集『都会は跳躍する』都会詩人社1929、『現代詩の周囲』現代詩人協会1959・65・69、初期作品集『ろまんの海』同1964、『風雪の碑』（編）同1966、詩集『昆虫』詩文学社1975〔文献〕『詩人録』『日本詩集』巧人社1933、杉浦盛雄『名古屋地方詩史』同刊行会1968、志賀英夫『戦前の詩誌・半世紀の年譜』詩画工房2002、木下信三『名古屋抵抗詩史ノート』私家版2009

鈴木　聡明　すずき・そうめい　1909（明42）-?　茨城県で農業を営む。31年3月頃『農村青年』1号を携えた農青社の鈴木靖之の訪問を受け岡崎一男、松倉小城、飯島利之と会合をもつ。革命の可能性は農村にあるとし今後のとるべき方向を協議。36年5月農青社事件で検挙されるが起訴猶予となる。（冨板敦）〔文献〕『農青社資料集Ⅰ』、堅田精司『北海道社会文庫通信』1665号2001.12、『特高外事月報』1936.5、『社会運動の状況8』

鈴木　代三郎　すずき・だいざぶろう　?-?　1927（昭2）年東京印刷工組合の理事として職工手帳反対運動に関わりまた全国自連第2回大会の準備委員となる。（冨板敦）〔文献〕『自連』15・18号1927.8・11

鈴木　武　すずき・たけし　1911（明44）-1999（平11）　静岡県磐田郡袖浦村（現・磐田市）生まれ。生家は貧農。30年3月鈴木致一、石川和民、古山信義とともに同人誌『農民小学校』を責任編集で創刊。その時すでに全国農民芸術連盟に参加、作品を発表していた。アナキズムを信奉しメンバーの中でもっとも強烈な個性と反骨を作品に示した。詩集『農民細胞の書』はガリ版刷りでクロポトキンの『パンの略取』の思想をうたい上げた。詩集を発行すると同時に31年秋、憲兵の付き添いで徴兵検査を受けさせられ32年6月リレー式の憲兵の受け渡しにより台湾の連隊に入隊。台湾で浅原冬彦から借りた『無政府主義思想史』を兵営のベッドに隠していたのが発覚、大問題となる。いったん除隊、37年8月再応召して39年5月右大腿部、右臀部貫通銃創、尿道切断という重傷を受け各地の病院を転々、歩行困難のまま41年帰還。竜洋町で蜜柑栽培と乳牛の飼育を手がけて草の実牧場を経営、逆境の子らとともに戦後を生きた。（市原正恵）〔文献〕松永伍一『日本農民詩史・中1』法大出版局1972、菅沼五十一『郷土のデモクラシー文学管見』私家版1988

鈴木　橘　すずき・たちばな　?-?　1919（大8）年東京神田区（現・千代田区）の三秀舎欧文科に勤め活版印刷工組合信友会に加盟する。（冨板敦）〔文献〕『信友』1919年8・10月号

鈴木　楯夫　すずき・たてお　1880（明13）1.3-1946（昭21）1.15　愛知県海東郡井和村（現・あま市）に生まれる。小学校卒業後、12歳から銀行の給仕、水利事務所雇員、監獄看守、巡査などをつとめる。04年6月週刊『平民新聞』を読んで社会主義者となる。同年7月大須観音堂での大杉栄のビラまきを手伝う。06年社会党に入党、名古屋で矢木鍵次郎、石巻良夫らと演説会を開く。07年9月上京、片山潜の週刊『社会新聞』発行所に寄宿し各地を遊説した。09年4月名古屋通信社に移る。10年普選の演説会を開く。同年大逆事件の捜査を受け日記の記載内容が不敬罪に問われた第1号事件となり、11年同罪で収監された。12年大赦で出獄。17年6月矢木、片桐市蔵らと普選期成会を結成、機関紙『民声』の発刊や演説会を開く。20年12月日本社会主義同盟に参加、大杉宅で開かれた地方同志歓迎会に出席、検束される。25年地方政党結成をめざした無産政党期成同盟に協力。27年労農民衆党書記長、28年社会民衆党愛知県第一支部長になった。29年普選による名古屋市会議員選挙に初当選。満州事変後の33年の市議選では落選。35年過ぎまで活動は続けている。（西山拓）〔文献〕『社会主義者沿革1』、伊藤英一『評伝鈴

木楯夫」マイタウン1997、「大杉栄のビラ撒き」「鈴木楯夫の『不穏文書事件』」『初期社会主義研究』7・10号1994.3・97、小股憲明『明治期における不敬事件の研究』思文閣2010

鈴木 為吉 すずき・ためきち ?-? 1919(大8)年東京小石川区(現・文京区)の博文館印刷所に勤め活版印刷工組合信友会に加盟する。(冨板敦)〔文献〕『信友』1919年8・10月号、1922年1月号

鈴木 保 すずき・たもつ ?-? 新聞工組合正進会に加盟し1924(大13)年夏、木挽町(現・中央区銀座)本部設立のために1円寄付する。(冨板敦)〔文献〕正進会『同工諸君!! 寄附金芳名ビラ』1924.8

鈴木 千代吉 すずき・ちよきち ?-? 1930(昭5)年5月1日岡山市の煙草専売局付近で関東自連作成のビラ「奪還の日メーデーが来た、俺達は黒旗を守る」を同志とともに配布する。同日夜、中国自連事務所で開かれたメーデー茶話会に参加。他の参加者に竹内春三、糸島孝太郎、入江秀夫、重実逸次郎、玉田徳三郎、高原辰夫、藤本茂、小松正道。(冨板敦)〔文献〕岡山県特別高等課『〔昭和5年11月〕特別要視察人等情勢調 昭和5年度』(廣畑研二編『岡山県特高警察資料(戦前期警察関係資料集)第6巻』(復刻版)不二出版2012)

鈴木 鶴吉 すずき・つるきち ?-? 1919(大8)年東京京橋区(現・中央区)の三協印刷株式会社文選科に勤め活版印刷工組合信友会に加盟する。(冨板敦)〔文献〕『信友』1919年8月号

鈴木 鉄作 すずき・てつさく ?-? 1919(大8)年東京小石川区(現・文京区)の江戸川活版所文選科に勤め活版印刷工組合信友会に加盟する。(冨板敦)〔文献〕『信友』1919年8月号

鈴木 伝吉 すずき・でんきち ?-? 名古屋市西区で下駄屋を営んでいた。1926(大15)年1月愛知県水平社の役員改選で執行委員となる。同志から「おやじ」と呼ばれていた。(冨板敦)〔文献〕『自由新聞』2号1926.2、『新愛知』1927.11.26(松浦國弘編著『愛知県・底辺社会史資料集成 部落篇昭和期』近現代資料刊行会2008)、『愛知県部落解放運動史 戦前編』愛知県部落解放運動連合会1983

鈴木 藤八 すずき・とうはち ?-? 東京朝日新聞社に勤め東京の新聞社員で組織された革進会に加わり1919(大8)年8月の同盟ストに参加するが敗北。のち正進会に加盟。

20年機関誌『正進』発行のために50銭寄付する。(冨板敦)〔文献〕『革進会々報』1巻1号1919.8、『正進』1巻1号1920.4

鈴木 時一郎 すずき・ときいちろう ?-? 日本印刷工組合信友会に加盟し1921(大10)年末頃、成章堂文選課に勤めていた。(冨板敦)〔文献〕『信友』1922年1月号

鈴木 徳太郎 すずき・とくたろう ?-? 1919(大8)年東京小石川区(現・文京区)の日本文具新聞社に勤め日本印刷工組合信友会に加盟する。(冨板敦)〔文献〕『信友』1919年10月号

鈴木 俊雄 すずき・としお ?-? 東京朝日新聞社に勤め新聞工組合正進会に加盟。1920(大9)年機関誌『正進』発行のために50銭寄付する。(冨板敦)〔文献〕『正進』1巻1号1920.4

鈴木 寿助 すずき・としすけ ?-? やまと新聞社に勤め東京各新聞社の整版部従業員有志で組織された労働組合革進会に加わり1919(大8)年8月の同盟ストに参加するが敗北。同年12月新聞工組合正進会を組織し庶務役員となる。(冨板敦)〔文献〕『革進会々報』1巻1号1919.8、『正進』1巻1号1920.4、正進会『同工諸君!! 寄附金芳名ビラ』1924.8

鈴木 富 すずき・とみ ⇨鈴木彦太郎 すずき・ひこたろう

鈴木 富次郎 すずき・とみじろう ?-? 読売新聞社に勤め新聞工組合正進会に加盟。1920(大9)年機関誌『正進』発行のために1円寄付する。(冨板敦)〔文献〕『正進』1巻1号1920.4

鈴木 虎雄 すずき・とらお ?-? 1919(大8)年横浜の共立社印刷所に勤め横浜欧文技術工組合に加盟して活動する。(冨板敦)〔文献〕『信友』1919年8・10月号

鈴木 寅男 すずき・とらお 1902(明35)-? 斉藤武男とともに金沢で売薬行商をしていた。23年4月金沢の銀行で寄付や雑誌広告の出稿を求めまた売薬の購入を迫ったとして脅迫罪で懲役4カ月とされる。(冨板敦)〔文献〕『思想輯覧1』

鈴木 虎次郎 すずき・とらじろう ?-? 1919(大8)年東京京橋区(現・中央区)の秀英本舎和文科に勤め活版印刷工組合信友会に加盟する。(冨板敦)〔文献〕『信友』1919年8・10月号

鈴木 初太郎 すずき・はつたろう ?-? 1919(大8)年東京小石川区(現・文京区)の日本文具新聞社に勤め活版印刷工組合信友会に加

鈴木 彦太郎 すずき・ひこたろう ?-? 1919(大8)年東京京橋区(現・中央区)の細川活版所植字科に勤め活版印刷工組合信友会に加盟。のち神田区(現・千代田区)の大成社文選課に移る。(冨板敦)〔文献〕『信友』1919年8・10月号, 1922年1月号

鈴木 彦太郎 すずき・ひこたろう ?-? 東京印刷工組合のメンバー。1927(昭2)年に導入された職工手帳に反対すべく東印は東京印刷同業組合の支部員と評議員に対して自宅訪問戦術をとる。鈴木は鈴木富らとともに同年7月25日の東印例会で個別訪問の担当となった。28年2月19日東印第5回大会で宣伝強化のために組合費の値上げを求める議案を提出するが否決される。29年4月27日東印を脱退し東京印刷工連合会を結成,自協派の運動に関わる。(冨板敦)〔文献〕『印刷工連合』34・35号1926.3・4,『自連』15・22・36号1927.8・28.3・29.6

鈴木 秀男 すずき・ひでお 1884(明17)7.1-1905(明38)7.1 02年横浜海岸教会で受洗。郵便局員をつとめていたが04年春から海岸教会員荒畑寒村とともに平民社,社会主義協会などに関係した。同年7月服部浜次,荒畑らと横浜平民結社を創立した。海岸教会で小集会を続けていたが荒畑が軍属として従軍すると10月から連絡責任者となり普選同盟会にも参加した。翌月官権の弾圧により横浜平民結社が解散すると曙会を組織して会長になった。05年1月召集され北海道を経て満州に出征したが同年7月戦死。8月海岸教会において葬儀が行われた。(西山拓)〔文献〕堅山利忠編『神奈川県労働運動史戦前編』神奈川県労働部労政課1966,荒畑寒村『寒村自伝・上下』岩波文庫1975

鈴木 秀吉 すずき・ひでよし ?-1925(大14)6.3 東京印刷工組合和文部のメンバーとして1924(大13)年3月東京田端の和洋菓子新聞社争議,また牛込の南郊社印刷所争議を闘う。25年6月腸チフスで亡くなる。(冨板敦)〔文献〕『印刷工連合』26号1925.7

鈴木 博 すずき・ひろし ?-? 1919(大8)年東京京橋区(現・中央区)の築地活版所石版科に勤め日本印刷工組合信友会に加盟する。(冨板敦)〔文献〕『信友』1919年10月号

鈴木 福太郎 すずき・ふくたろう ?-? 東京朝日新聞社に活版工として勤め東京各新聞社の整版部従業員有志で組織された労働組合革進会に加わり1919(大8)年8月の同盟ストに参加するが敗北。その後新聞工組合正進会に参加。20年3月賃上げ交渉の代表者となったことで東京朝日新聞社を解雇される(解決金50円)。同月7日この不当解雇を巡り正進会員の阿部宅で非公式協議が行われる。やまと新聞社に移り同年8月正進会の常任理事となる。(冨板敦)〔文献〕『革進会々報』1巻1号1919.8,『正進』1巻1・2・4・6号1920.4・5・7・9,3巻12号1922.12,正進会『同工諸君!! 寄附金芳名ビラ』1924.8

鈴木 福好 すずき・ふくよし ?-? 1919(大8)年東京京橋区(現・中央区)の築地活版所文選科に勤め活版印刷工組合信友会に加盟する。同所同科の組合幹事を担う。(冨板敦)〔文献〕『信友』1919年8・10月号

鈴木 文彦 すずき・ふみひこ ?-? 1919(大8)年東京京橋区(現・中央区)の築地活版所欧文科に勤め活版印刷工組合信友会に加盟する。(冨板敦)〔文献〕『信友』1919年8・10月号

鈴木 文次郎 すずき・ぶんじろう ?-? 1919(大8)年東京深川区(現・江東区)の東京印刷深川分社欧文科に勤め活版印刷工組合信友会に加盟する。(冨板敦)〔文献〕『信友』1919年8・10月号, 1922年1月号

鈴木 平次郎 すずき・へいじろう ?-? 1919(大8)年東京神田区(現・千代田区)の神田印刷所鉛版科に勤め日本印刷工組合信友会に加盟する。(冨板敦)〔文献〕『信友』1919年10月号

鈴木 孫十 すずき・まごじゅう ?-? 1919(大8)年東京牛込区(現・新宿区)の秀英舎(市ヶ谷)第一和文科に勤め活版印刷工組合信友会に加盟する。(冨板敦)〔文献〕『信友』1919年8月号

鈴木 正亀 すずき・まさき ?-? 1919(大8)年東京京橋区(現・中央区)の築地活版所欧文科に勤め活版印刷工組合信友会に加盟する。(冨板敦)〔文献〕『信友』1919年8・10月号

鈴木 政吉 すずき・まさきち ?-? 東京朝日新聞社に勤め東京の新聞社員で組織された革進会に加わり1919(大8)年8月の同盟ストに参加するが敗北。のち正進会に加盟。20年機関誌『正進』発行のために50銭寄付する。(冨板敦)〔文献〕『革進会々報』1巻1号1919.8,

『正進』1巻1・8号1920.4・12

鈴木　正志　すずき・まさし　?-?　別名・正忠　やまと新聞社に勤め東京の新聞社員で組織された革進会に加わり1919(大8)年8月の同盟ストに参加するが敗北。のち正進会に加盟。20年機関誌『正進』発行のために50銭寄付する。(冨板敦)〔文献〕『革進会々報』1巻1号1919.8,『正進』1巻1号1920.4

鈴木　勝　すずき・まさる　1905(明38)6.28-?　千葉県山武郡豊成村二又(現・山武市)生まれ。兄の夭逝で農家の後継者の立場にあったため17歳で大網実業学校を中退、農業と青年団活動に取り組む。そのかたわら詩作を始め白鳥省吾、中西悟堂に接して詩を発表、29年千葉詩人会を結成し雑誌『彗』を発行。この頃からアナキズムに深く関わり犬田卯、鑓田研一らの全国農民芸術連盟に参加し農民自治思想に至る。31年友人関係にあった伊藤和と田村栄が検挙された『馬』事件では家宅捜索を受け公判に証人喚問される。32年犬養智、細川基らと新興歌謡作家同盟を結成し大衆的詩歌の創造をめざす新興民謡運動をおこす。しかし33，34年の旱魃は文学から不況農村の現実運動への転換を余儀なくさせた。権藤成卿の『農村自救論』などを愛読し33年10月石橋弥、市原正利らと千葉農民自治連盟(のち皇国農民自治連盟と改称)を結成し農本主義による農業改善運動を推進。このため敗戦により公職追放となった。敗戦後は東金市助役2期を経て県議。(奥沢邦成)〔著作〕『農民民謡集』私家版1931,「百姓の民謡」『文学通信』5号1933.12,「関寛斎の人間像」千葉日報社1979,『皇国農民自治連盟の研究2』(編)私家版1990〔文献〕松永伍一「鈴木勝の動向」『日本農民詩史・中1・2』法大出版局1968・9

鈴木　真洲雄　すずき・ますお　1896(明29)6.15-1964(昭39)10.10　別名・木人　秋田県鹿角郡花輪町(現・鹿角市)に生まれる。秋田師範学校卒業後小学校に勤務。23年教員をやめ秋田県河辺郡下北手村(現・秋田市)に兄弟愛道場を設立、続いて汎農民同盟、貧乏人会を結成。26年秋田消費組合を設立し組合長、33年秋田県医療組合連合会、東北消費者組合連合会を結成して会長となる。36年満州に渡り東亜機械農場を開く。45年11月日本協同組合同盟を創立し中央委員長となる。(奥沢邦成)〔文献〕『解放のいしずえ』新版，『意識をもった生命の思想　鈴木真洲男・遺稿と追憶』同編集委員会刊1976，小沢三千雄編『秋田県社会運動の百年』私家版1978

鈴木　操　すずき・みさお　?-?　1919(大8)年東京麹町区(現・千代田区)の一色活版所欧文科に勤め活版印刷工組合信友会に加盟。のち京橋区(現・中央区)の三協印刷株式会社欧文科に移る。(冨板敦)〔文献〕『信友』1919年8・10月号

鈴木　道利　すずき・みちとし　?-?　1919(大8)年東京牛込区(現・新宿区)の秀英舎(市ヶ谷)第二和文科に勤め活版印刷工組合信友会に加盟する。(冨板敦)〔文献〕『信友』1919年8月号

鈴木　光雄　すずき・みつお　?-?　別名・光男　1926(大15)年1月『黒旗』2号から黒旗社同人となる。江東自由労働者組合にも加盟。メーデーで不穏文書を配布したとされ住田六郎、守下日吉らと検挙拘留され罰金20円。8月宇都宮農民運動社に遠征する。のち大阪に出て関西黒旗連盟に加わるが、27年大阪合成労働組合除名問題の際に脱退。(冨板敦)〔文献〕『黒旗』2号1926.1,『黒色青年』3号1926.6,『自連』1・2・4.5号1926.6・7・10,『関西自由新聞』2号1927.11

鈴木　三代吉　すずき・みよきち　?-?　1919(大8)年横浜のジャパン・ガゼット社に勤め同年6月15日横浜欧文技術工組合を発起人として創立、評議員となる。のち港栄社に転じ、さらに中央印刷所を経て東京橋区(現・中央区)の福音印刷会社に移って活動する。(冨板敦)〔文献〕『信友』1919年8・10月号，1921年1月号

鈴木　致一　すずき・むねいち　1909(明42)-?　静岡県浜名郡飯田村(現・浜松市)生まれ。26年県立中泉農学校を卒業、石川和民より2級上で、農業をしながら30年6月号の『農民』に詩を書き萩原恭次郎の『クロポトキンを中心にした芸術の研究』にも寄稿。31年『農民小学校』創刊に参加と同時に個人詩集『葱』刊行。石川は「その地についた素朴な味はひは最近の観念的なプロ詩の洪水の中に堂々としてる」と称えた。『農民小学校』を主宰する鈴木武の家へ毎晩3里の道を通った。37年応召、39年帰還。静岡農会で働き戦後は静岡県庁に勤めた。64年から74年まで天竜農業協同組合に勤務。(市原正恵)〔文

献〕松永伍一『日本農民詩史・中1』法大出版局1972, 菅沼五十一『郷土のデモクラシー文学管見』私家版1988

鈴木 宗太郎 すずき・むねたろう ?-? 1919(大8)年東京京橋区(現・中央区)の築地活版所漢字仕上科に勤め日本印刷工組合信友会に加盟する。(冨板敦)〔文献〕『信友』1919年10月号

鈴木 六林男 すずき・むりお 1919(大8)9.28-2004(平16)12.12 本名・次郎 大阪府泉北郡山滝村(現・岸和田市)に次男として生まれる。小学校卒業後, 1932(昭7)年中学校への進学を望んだが叶わず堺商業学校へ進む。校友会雑誌に俳句に関する文章を載せる傍ら和歌山県の俳誌『串柿』に投句。37年商業学校卒業後は美術学校進学を望んだが許されず大阪青年学校支那語科に入学。俳句に熱中する傍ら大阪ミナミなどの盛り場に遊び学業が進まなかった。39年和田吉郎, 中村民雄と同人誌『螺旋』を創刊編集。加才信夫の『蠍座』に寄稿。『京大俳句』『自鳴鐘』に投句, 新興俳句に関わると共に西東三鬼を知り師事する。40年応召, 戦闘で自らも右腕を負傷して帰還。その時の句は〈射たれたりおれに見られておれの骨〉とリアリズムに徹していた。帰還後『京大俳句』を始めとする新興俳句弾圧事件を知る。43年山口高商(現・山口大学)に入学, 44年結婚。45年7月3度目の召集, 8月に敗戦を迎える。戦後の約6年間は仕事をせず家・土地・妻・子供以外の売れるものはすべて売るという生活の中で西東三鬼, 平畑静塔らと俳句三昧の交流を続けた。49年第1句集『荒天』発刊。リアリズムとしての無季俳句の根底にはニヒリズムとアナキズム性を認め, それにはヒューマニズムに通じるという思想が横たわる。55年『天狼』同人となる。同年『吹田操車場』(60句)発表。56年同作で現代俳句協会賞受賞。戦争と愛を終生のテーマとして社会批判を忘れぬ句を多く残した。また80年京大俳句事件特高スパイ説『密告昭和俳句弾圧事件』の著者と出版元を相手どり名誉回復を提訴。83年新聞への謝罪広告掲載と慰謝料を認める判決を勝ち取った。95年『雨の時代』で蛇笏賞, 2002年現代俳句大賞受賞。俳誌『花曜』の主宰, 大阪芸術大学の教授など後進の指導にあたった。04年肝不全のため死去85歳。(一色哲八・宮澤公明)〔著作〕『荒天』雷光同人会1949,『谷間の旗』風発行所1955,『第三突堤』風発行所1957,『定本・荒天』ぬ書房1974,『櫻島』アド・ライフ社1975,『国境』湯川書房1977,『鈴木六林男全句集(第六句集『王国』を含む)』牧神社1978,『講座 現代俳句の100冊第二巻』現代俳句協会1981,『悪霊 現代俳句叢書』角川書店1985,『傷賊 俳句の現在第十二巻』三一書房1986,『鈴木六林男 自選三百句』春陽堂1993,『雨の時代』東京四季出版1994,『一九九九年九月』東京四季出版1999,『鈴木六林男句集』芸林書房2002,『鈴木六林男全句集』草子舎2008〔文献〕川名大『昭和俳句 新詩精神の水脈』有精堂出版1995, 田島和生『新興俳人の群像』思文閣出版2005, 大岡信他『現代俳句大辞典』三省堂2005, 川名大『挑発する俳句 癒す俳句』筑摩書房2010

鈴木 茂三郎 すずき・もさぶろう ?-? 1919(大8)年東京麹町区(現・千代田区)の外務省活版部文選科に勤め日本印刷工組合信友会に加盟する。(冨板敦)〔文献〕『信友』1919年10月号

鈴木 元次郎 すずき・もとじろう ?-? 1919(大8)年東京本所区(現・墨田区)の凸版印刷会社木版科に勤め日本印刷工組合信友会に加盟する。(冨板敦)〔文献〕『信友』1919年10月号

鈴木 茂利美 すずき・もりみ 1899(明32)11.23-? 長野県小県郡長村横尾(現・上田市)の商家の三男に生まれる。小学校の頃から宗教に興味を抱き宗教に一生を捧げる覚悟をもって上京, 高田道見から通印という法名を授かる。またキリスト教を学び社会主義者とも広く交遊。特に大杉栄の思想に共鳴し18年8月米騒動に参加して検束(1カ月拘留, 罰金40円)。27年偶然帰郷した長村の経済的窮迫により農民運動に吸引される。小林杜人の指導を受けて長村小作人組合(日農支部)を結成。三・一五事件後は上小地方の組織化を進め上小農民組合の結成に力をつくした。30年11月上小農連が全農長野県連合会に合流すると, 全農(全国会議派)上小地区常任として小県郡西塩田村(現・上田市)争議などに奔走。33年2月4日長野県教員赤化事件(二・四事件)で検挙された。出獄後は「共産主義と宗教」の関係を研究して戦中戦後をすごした。(安田常雄)〔文献〕安田常雄『日本ファシズムと民衆運動』れんが書房新社1979,『長野県上小地方農民運動史』同刊行会1985

鈴木 弥一郎 すずき・やいちろう ?-? 報

知新聞社に勤め東京の新聞社員で組織された革進会に加わり1919(大8)年8月の同盟ストに参加するが敗北。のち正進会に加盟。20年機関誌『正進』発行のために1円50銭寄付する。(冨板敦)〔文献〕『革進会々報』1巻1号1919.8, 『正進』1巻1号1920.4

鈴木 安五郎 すずき・やすごろう ?-? 1919(大8)年横浜の福音印刷合資会社に勤め横浜欧文技術工組合に加盟して活動。同組合設立基本金として1円寄付する。(冨板敦)〔文献〕『信友』1919年8·10月号

鈴木 保治 すずき・やすじ ?-? 1919(大8)年東京芝区(現·港区)の東洋印刷会社和文科に勤め活版印刷工組合信友会に加盟する。(冨板敦)〔文献〕『信友』1919年8月号

鈴木 靖之 すずき・やすゆき 1903(明36).5.10-1970(昭45).9.6 別名・三四郎, 一之, 高田一男, 北州 茨城県多賀郡華川村(現·北茨城市)生まれ。21年上京し22年鎌倉中学4年に編入, 大杉栄に魅せられたがキリスト教に熱心で牧師になろうとしていた。24年明治学院神学部に入学するがまもなく退学し25年早稲田大学法学科に入学。在学中に緒方昇, 杉浦万亀夫, 増田英一ら黒旋風社の同人と交流, 学内で相沢尚夫, 有馬好雄, 織田貫らと文芸思想誌『黒線』を発行, 東京の学生を糾合してAC学生連盟を結成した。28年『行動者』『北極星』『黒色文芸』の創刊に携わり29年には文芸思想誌『黒色戦線』を創刊, 理論誌『無政府思想』に論文を多数執筆した。のち宇都宮騎兵連隊に入営, 除隊後は一時郷里で農業に従事したが30年5月再び上京, 舟川勇三, 牟田征紀を同人として自由人社を結成し『自由人』を発行, また農村問題研究会を主催した。自由人社には安保京市, 小野長五郎, 柄沢理一, 寺尾実, 長谷川武, 望月治郎らが参加, 同居した。同年8月自由人社から『農村青年に訴ふ』を発行, 12月在京アナキスト大会の席上で都市集中型運動を批判, 農村を基盤とした運動の展開を主張した。この主張を機に翌31年2月「農民に訴ふ」の筆者宮崎晃と会い同席した星野準二, 八木秋子に望月を加えて農青社を創立した。同社は従来のアナキズム運動を批判し, 自主分散, 自由連合に基づく農村コミューン樹立をめざす全村運動を掲げた。以後3月『農村青年』, 9月第2次『黒色戦線』を創刊し掲載論文などの執筆に尽力。32年宮崎, 星野, 八木, 平松秀雄ら主力メンバーが検挙されたあと, 船木上, 草村欽治, 別所孝三らと『黒色戦線』の発行に専念する一方, 山梨県の上原頼三郎らと『甲州青年』を発行, 岡山県の延原大川の草刈騒擾事件支援などに取り組んだ。同年9月情勢の逼迫を受けて自主分散による運動の継続を方針として農青社解散声明を発表した。以後も『農民軍』『黒旗』を刊行したがいずれも発禁の連続によって廃刊に追い込まれた。35年12月無共党事件のからみで検挙され37年懲役3年の判決を受ける。39年出獄し実家の炭鉱業に携わった。敗戦後は華川村塾を開設, 『常盤タイムス』『北いばらき新聞』を刊行した。(奥沢邦成)〔著作〕『日本無政府主義運動史』黒色戦線社1932·復刻版同1970-79, 『自治民約論』同1936, 『日本無政府共産党批判』同1936, 『無政府主義組織論』同1936, ジョージ・バレット『アナキスト革命』(訳)同1930, 『鈴木靖之 アナキズム論集』同91-95(未完)〔文献〕『資料農青社運動史』, 『長野県史』長野県庁内同刊行会1984, 『農青社事件資料集Ⅰ·Ⅱ』

鈴木 弥太郎 すずき・やたろう ?-? 1919(大8)年東京京橋区(現·中央区)の築地活版所見本科, また神田区(現·千代田区)の神田印刷所文選科に勤め日本印刷工組合信友会に加盟する。(冨板敦)〔文献〕『信友』1919年10月号

鈴木 友一 すずき・ゆういち ?-? 東京ガス社外工。1932(昭7)年7月社外工に対する劣悪な労働条件改善と請負単価引き上げを要求して争議が勃発。8月2日田所茂雄, 宮崎静三, 同じガス工仲間の照井荘五郎, 佐藤貞一, 栗山次郎と6人で深川の東京ガス製造所ガスタンク(高さ80m)に登り占拠する。7日に引きずり降ろされ逮捕。12月22日栗山, 佐藤とともに懲役4カ月(未決通算120日)の判決を受ける(照井は懲役6カ月, 未決通算120日)。33年1月8日本自協で鈴木を迎えての茶話会が開かれ獄中の体験談などを語った。(冨板敦)〔文献〕『黒旗の下に』1号1932.9, 『労働者新聞』23·26·27号1932.10·33.1·2, 『江西一三自伝』同刊行会1976

鈴木 雄五郎 すずき・ゆうごろう ?-? 1919(大8)年東京京橋区(現·中央区)の大倉印刷所和文科に勤め活版印刷工組合信友会に加

盟する。(冨板敦)〔文献〕『信友』1919年8月号

鈴木　行広　すずき・ゆきひろ　?-?　1919(大8)年東京京橋区(現・中央区)の築地活版所欧文科に勤め活版印刷工組合信友会に加盟。のち牛込区(現・新宿区)の日清印刷会社欧文科に移る。(冨板敦)〔文献〕『信友』1919年8・10月号

鈴木　豊　すずき・ゆたか　?-?　東京毎日新聞社に勤め新聞工組合正進会に加盟。1920(大9)年機関誌『正進』発行のために寄付をする。同年、日本社会主義同盟に加盟、神田区新銀町(現・千代田区)に住んでいた。24年夏には木挽町(現・中央区銀座)正進会本部設立のためにも3円の寄付をする。(冨板敦)〔文献〕『正進』1巻1号・2巻5号1920.4・21.5、正進会『同工諸君!!　寄附金芳名ビラ』1924.8

鈴木　洋次郎　すずき・ようじろう　1882(明15)2.22-?　仙台市東七番町に生まれる。1907年渡米しカリフォルニア州バークレーの植山治太郎の旅館(通称レッド・ハウス)に止宿していた。11年要視察人名簿(無政府主義)に登録された。13年パナマ・パシフィック洗濯会社の重役になった。その後アラメダ郡でブドウ栽培などに従事していたという。(西山拓)〔文献〕『主義者人物史料1』

鈴木　吉三　すずき・よしぞう　?-?　1919(大8)年東京本所区(現・墨田区)の凸版印刷会社印刷科に勤め活版印刷工組合信友会に加盟する。(冨板敦)〔文献〕『信友』1919年8月号

鈴木　吉之助　すずき・よしのすけ　?-?　1919(大8)年東京牛込区(現・新宿区)の秀英舎(市ヶ谷)文選科に勤め活版印刷工組合信友会に加盟する。(冨板敦)〔文献〕『信友』1919年8・10月号

鈴木　吉之助　すずき・よしのすけ　?-?　芝浦製作所に勤め芝浦労働組合に加盟し、制御器分区に所属。1924(大13)年9月頃、同労組の労働学校に入学する。(冨板敦)〔文献〕『芝浦労働』2次2号1924.11

鈴木　力太郎　すずき・りきたろう　?-?　1919(大8)年東京京橋区(現・中央区)の築地活版所欧文鋳造科に勤め活版印刷工組合信友会に加盟する。(冨板敦)〔文献〕『信友』1919年8・10月号

鈴木　柳介　すずき・りゅうすけ　?-?　別名・谷戸竜介、谷戸柳介　秋田の出身という。安谷寛一の変則仏学塾の塾生だったともいわれ、そうだとすれば神戸あたりの出身か。1928(昭3)年早稲田大学在学当時、星野準二、榎本桃太郎らと『黒色文芸』を創刊。創刊号に詩「友と語らうではないか」を発表。AC学連のメンバー。草野心平に師事し29年おもなアナキスト詩人のアンソロジー『アナキスト詩集』(復刻版・戦旗復刻版刊行会1983)の発行人になる。また榎本らとクロポトキン『パンの略取』を翻訳し秘密出版する。2次『黒色戦線』創刊号にR.ボールドウィン「クロポトキンの生涯と学説の意義」を一部訳出。31年夏病気の山崎真道を東京府中野の自宅で看護する。その後満州へ渡り同地で没したと伝えられる。(大澤正道)〔文献〕『自連新聞』61号1931.8

鈴木　了空　すずき・りょうくう　?-?　樺太に居住し、1925(大14)年5月札幌で創刊された『無産人』に戯曲「痛ましき存在」を寄せる。(冨板敦)〔文献〕『無産人』1号1925.5、堅田精司編『北海道社会運動家名簿仮目録』私家版1973、堅田精司『北海道社会文庫通信』817・1287・1900号1999.8.25・2000.12.7・2002.8.12

鈴木　礼三　すずき・れいぞう　?-?　新聞工組合正進会に加盟し1924(大13)年夏、木挽町(現・中央区銀座)本部設立のために1円寄付する。(冨板敦)〔文献〕正進会『同工諸君!!　寄附金芳名ビラ』1924.8

鈴木　六太郎　すずき・ろくたろう　?-?　1919(大8)年東京京橋区(現・中央区)の帝国興信所印刷部に勤め活版印刷工組合信友会に加盟する。(冨板敦)〔文献〕『信友』1919年8月号

鈴木田　一男　すずきだ・かずお　⇨岩野猛いわの・たけし

薄野　寒雄　すすきの・さむお　?-?　別名・湊英季　札幌市に居住。1924(大13)年第1次『黒色戦線』創刊号に寄稿。27年『装甲車』に浅野紀美夫らと寄稿する。28年静岡の杉山市五郎、柴山群平、渡辺渡らが創刊したアナ派詩誌『手旗』の同人となる。29年5月羅針社を組織し『吹雪』を創刊、黒杉佐羅夫、竹内てるよらが寄稿した。同年『第二』、伊藤信吉が編んだアナ派アンソロジー詩集『学校詩集(1929年版)』に寄稿。30年小柄皎が創刊した『黒潮時代』に加わる。『弾道』にも関わった。(冨板敦)〔文献〕『黒潮時代』1年1輯1930.4、柴山群平「静岡文芸運動の想い出」『文芸静岡』11号1966、柴山群平「画・詩・狂友」『風信』2

号風信社(浅野紀美夫)1968, 秋山清『アナキズム文学史』筑摩書房1975, 堅田精一『北海道社会文庫通信』1851号2002, 志賀英夫『戦前の詩誌・半世紀の年譜』詩画工房2002

スチルネル ▷シュティルナー

ステプニアク Stepnyak 1851.7.1-1895.12.23 本名・セルゲイ・ミハイロヴィチ・クラフチンスキー(Sergei Mikhailovich Kravchinsky) ロシア, ポルタヴァの医師の家庭に生まれる。軍事学校一筋の教育を受けて最後はペテルブルグの砲兵学校を修了, 砲兵少尉となった。その後まもなく退役して林業大学へ入学したものの退学, 72年にチャイコフスキー・グループに参加し社会運動への歩みを踏み出した。官憲の追跡を逃れて74年に国外へ脱出, イタリアでの武装蜂起に投じて逮捕され死刑を待つ間に恩赦を得国外追放となった。78年ジュネーヴで革命運動の『共同体』誌の編集に加わるうちロシアの革命結社「土地と自由」から帰国要請を受けてロシアへ潜入, メゼンツォフ憲兵長官を暗殺した。再び国外に逃れ, 以後80年代にはステプニアクの筆名で作家活動に進出。その『地下ロシア』は84(明17)年宮崎夢柳によって『虚無党実伝記鬼啾啾』として翻案され, 1970年には佐野努がロシア語から訳した。スイス官憲の追及でさらにロンドンへ渡り文筆活動を続けた。1890年に渡米してロシア革命運動への弾圧を訴え, 帰英してからは『フリー・ロシア』の主幹となった。不慮の列車事故により死没。死後その著作は妻によりソ連に寄贈された。ロシアの革命運動が日本に紹介されるプロセスで, ステプニアクは少なからぬ役割を果たしている。とりわけ70年代のロシアにおける革命運動に関する著作が英語で書かれていたために, 早い時期から日本へ伝わった。その自己犠牲にあふれた境涯は, 後世にほとんど伝説的に伝わっている。革命運動がもたらした新たな人間性の典型は, 日本の読者の間にも共感を呼んだ。(左近毅)〔著作〕水上一枝訳『断頭台に上がるまで』昭文堂1926, 漆原隆子訳『ツァー権力下のロシア』現代思潮社1969, 佐野努訳『地下ロシア』三一書房1970〔文献〕クロポトキン「わが友セルゲイ・クラフチンスキー」『地下ロシア』三一書房1970, 稲掛久雄「ステプニャーク=クラフチンスキーと自由ロシア出版基金」『北大史学』24号1984, 左近毅「言葉と力」『えうゐ』24号1993

須藤 栄一 すどう・えいいち ?-? 毎夕新聞社に勤め, 東京の新聞社員で組織された革進会に加わり1919(大8)年8月の同盟ストに参加するが敗北。のち正進会に加盟。24年夏, 木挽町(現・中央区銀座)正進会本部設立のために1円寄付する。(冨板敦)〔文献〕『革進会々報』1巻1号1919.8, 正進会『同工諸君!! 寄附金芳名ビラ』1924.8

須藤 茂 すどう・しげる ?-? 改人社を組織し関西黒旗連盟に加盟。1927(昭2)年11月大阪合成労働組合除名問題の際に鈴木光雄, 楠利雄, 田中正義, 備前又二郎, 田淵義輝, 田口俊二とともに同連盟を脱退する。(冨板敦)〔文献〕『関西自由新聞』2号1927.11

須藤 都 すどう・しとみ 1907(明40)3-? 別名・詩登美 新潟県中蒲原郡大郷村赤渋(現・新潟市)に生まれる。上京して東京印刷工組合に加盟。26年新潟に戻り同年末頃森田小一郎宅に寄宿して丸山直臣, 平沢貞太郎, 村井竜太郎, 相馬三郎, 森山啓, 山口健助らとアナキズムを研究。27年3月全印連第4回大会, 4月関東自連第2回大会に参加。9月森田, 山口, 平沢, 村井, 丸山, 相馬, 能登整三, 小笠原勘一らと新潟一般労働者組合を結成(組合員20余人), 新潟市横七番町智泉寺で初の演説会を開く。「新潟県で初めての近代的労働組合の誕生であり, また, アナ系の未踏の地を拓いたものである」(山口)。市内横七番町に組合事務所を構えて専従となり, 同月新潟朝日新聞社の争議を闘い脅迫罪で検挙される。11月新潟一般を代表して小海隆三郎, 能登と全国自連第2回大会に出席。28年初めに新潟一般を退き上京。再び東印に加わり2月東印第5回大会に参加する。3月17日全国自連第2回続行大会に出席, 登壇して検束される。続行大会では能登によって須藤が新潟一般から除名されたと報告される。この発言を端緒としてくすぶっていた純正アナ派とサンジカリズム派の対立が表面化し翌18日サンジカ派は退場, 全国自連は分裂した。31年『マルクス主義討伐論』を刊行。32年『自連新聞』横浜支局を担い『自由の叫び』を創刊。信濃毎日新聞社に勤めたことがあり東京で記者生活も送った。島津徳三郎らとエスペラントを学ぶ。敗戦後アナ連に加

盟。47年新潟で三宮吉平，山口らと社会思想研究会を組織。また月刊『新潟民報』の主筆となり農村の社会大学である自由学舎塾を開いた。(冨板敦)〔著作〕『マルクス主義討伐論』日本評論社1931，『極楽浄土の実現　自由連合主義の人生観』生活の理想社1932，『光を求める農民』(須藤与詩子と共著)新潟民報社1949，『地中のりんご』(同)自由学舎1952〔文献〕『自連』2・11・12・15・17・19・20・22・23号1926.7・27.4・5・8・10・12・28.1・3・4,『農民自治』8-10・12・13号1927.3-6・9・11,『自連新聞』56号1931.2,『自由の叫び』1号1932.8，山口健助『風雪を越えて』印友会本部1970,『青春無頼』私家版1982,『エス運動人名事典』

須藤　徳次郎　すどう・とくじろう　?-?　別名・平次郎　1919(大8)年東京京橋区(現・中央区)の築地活版所鉛版科に勤め日本印刷工組合信友会に加盟。のち研究社に移る。(冨板敦)〔文献〕『信友』1919年10月号，1922年1月号

須藤　与詩子　すどう・よしこ　1918(大7)9-?　東京市神田区(現・千代田区)に生まれる。日本大学製図専攻科卒業。須藤蔀と結婚。45年4月蔀の生地新潟県中蒲原郡大郷村(現・新潟市)に疎開する。(冨板敦)〔著作〕『光を求める農民』(須藤蔀と共著)新潟民報社1949,『地中のりんご』(同)自由学舎1952

ストパニ　Stopani, V.　1894?-1921.3.27　スペイン系のロシア人，ハンガリー人という説も。1910年代後半日本に滞在。日本のエスペランティストと交流，思想問題で追放される。1919年に中国に渡り20年胡愈之，陸式楷らと上海世界語学会を再建。上海のエスペラント運動とアナキズム運動に大きな影響を与えた。21年3月27日突然ピストル自殺を遂げた。(手塚登士雄)〔文献〕『民聲』31号1921.4.15,「運命の犠牲者」『REVUO ORIENTA』1921年7月号

砂丘　浪三　すなおか・なみぞう　1905(明38)8-?　本名・佐々木義夫　別名・義郎　大分県速見郡中山香村(現・杵築市)の農家に生まれる。3歳で叔母の家に養子となる。21年高等小学校を卒業，親の反対を押して上京。新聞記者を志して苦学をする。この時期に『種蒔く人』を知る。25年徴兵検査のため帰郷し農業を継ぐ。『文芸戦線』にルポなどを書く。黒島伝治，里村欣三らを知る。中西伊之助を通じて農民自治会に参加し犬田卯らの『農民』に参加。30年全国農民芸術連盟に参加し寺神戸誠一，定村比呂志，泉芳朗，名本栄一らと交流する。一方，植村諦，岡本潤，小野十三郎，瓜生伝，伊藤和などを知り『弾道』『冬の土』『農民詩人』『黒馬車』『創生時代』『文学通信』などに寄稿する。34年定村の『畦文学』に協力，『農民文学』にも寄稿する。同年，詩集『灰色の村』(百姓詩人社)の出版を計画するも刊行目前で特高により詩稿，蔵書などを押収され別府署に1カ月拘留。以後詩作を断つ。戦後は農協の専務理事，村会議員などの公職に従事。(黒川洋)〔文献〕松永伍一『日本農民詩史・中2』法大出版局1969,『農民詩紀行』NHKブックス1974,『身上調書』

須永　好　すなが・よしみ　?-?　群馬県新川郡強戸村(現・太田市)で農業を営む。1921(大10)年第3次『労働運動』1号で和田久太郎は「鐘が鳴る　農村争議雑感」と題し同村で須永が小作人組合をつくり労働総同盟の応援のもと争議を闘っていることを報告している。(冨板敦)〔文献〕『労働運動』3次1号1921.12

須永　連次　すなが・れんじ　?-?　東京市四谷区谷町(現・新宿区若葉)に居住し，神田神保町の山縣製本印刷整版部に勤める。1935(昭10)年1月13日整版部の工場閉鎖，全部員40名の解雇通告に伴い争議勃発。工場を占拠して闘い，同月15日解雇手当4カ月，争議費用百円で解決する。山縣製本印刷は当時東京大学文学部の出入り業者であり，東印は34年5月以降，東印山縣分会を組織していた。(冨板敦)〔文献〕『山縣製本印刷株式会社争議解決報告書』東京印刷工組合1935,『自連新聞』97号1935.1，中島健蔵『回想の文学』平凡社1977

砂川　潤一郎　すながわ・じゅんいちろう　?-?　1919(大8)年東京麹町区(現・千代田区)のジャパンタイムス&メール社欧文科に勤め活版印刷工組合信友会に加盟する。(冨板敦)〔文献〕『信友』1919年8・10月号，1921年1月号，1922年1月号

砂川　信助　すながわ・しんすけ　?-?　1919(大8)年東京神田区(現・千代田区)の三秀舎文選科に勤め活版印刷工組合信友会に加盟する。(冨板敦)〔文献〕『信友』1919年8・10月号

砂川　嶽正　すながわ・たけまさ　?-?　国民新聞社に勤め東京各新聞社の整版部従業員有志で組織された労働組合革進会に加わり1919(大8)年8月の同盟ストに参加するが敗北。読売新聞社に移り新聞工組合正進会に

参加。20年高崎市の上野新聞社に転じ正進会高崎支部を設立する。（冨板敦）〔文献〕『革進会々報』1巻1号1919.8,『正進』1巻1・4・7号1920.4・7・11, 正進会『同工諸君!! 寄附金芳名ビラ』1924.8

砂沢 市太郎　すなざわ・いちたろう　1890（明23）9.7-1953（昭28）8.22　北海道樺戸郡新十津川村（現・新十津川町）のワッカウエンベツコタンに生まれる。のち雨竜村の伏古コタンに転じる。徴兵検査で甲種合格し海兵団入りを望んだが実現しなかった。13年1月父マカナクルの熊送りに参加。14年旭川の近文コタンに単身移住。稲作に励むとともに熊狩りの名人として有名になる。和人に近づいた模範農家とされ22年12月22・23日の『北海タイムス』に家庭生活が紹介される。救世軍に参加しアイヌ語の軍歌合唱が話題となる。23年4月優良青年として表彰される。民衆派弁護士としてふるまっていた堀井久雄のすすめで禁酒会に加わりウタリに禁酒を説く。26年10月全国水平社に刺激を受けアイヌ解平社を組織。同時に労働ブローカー木下源吾のすすめで日本農民党に入党。12月16日全日本農民組合同盟北海道同盟の理事に選ばれる。しかし解平社は木下や同族のコタン指導者を望んでいた資本家鹿川利助に利用され活動不能となる。27年12月8日日本労働組合評議会旭川合同労働組合豊栄支部（ウタリ35人で組織）を結成し旧土人保護法廃止を決議。監督制度や世襲酋長制の廃止を旭川市に要求した。28年10月12日コタンのウタリと和人のコタン侵略に対して陳情。29年社会民衆党に接近。しかし和人の動きに疑問を抱き無産政党から離れる。30年12月年少のウタリ3人とともに札幌時計台の旧土人法問題演説会に参加。32年3月全道のウタリに団結を呼びかける檄文を送付。アイヌ給与地の防衛をめざし6月荒井源次郎夫妻や妻ベラモンコロとともに上京して運動。社会大衆党の木下の介入や反帝同盟の支援を拒否し,特高の干渉を受けながら民族自主の運動を展開し成功。全国各地で講演活動。33年アイヌ文化資料館の設立に助力。アイヌ農民芸術協会を結成。34年5万円の運動功労金を要求した木下との関係を絶つ。35年11月豊栄神社の建立には消極的な態度をとった。36年12月川上コヌサアイヌ宅のエカシプリの熊送りを司会。人望があったがコタンの政治には介入しなかった。戦時中もインターナショナルを歌い天皇制を批判し,アイヌ社会の革命を念じていた。46年雨紛の開拓地に移る。権力を望まず野人として生涯を終えた。（堅田精司）〔文献〕『ときのこえ』639号1922.8.1,『北海タイムス』1922.12.22-23,『室蘭毎日新聞』1926.10.22・10.24,『小樽新聞』1926.10.28・27.12.11・35.11.20・12.4・12.18, 全日本農民組合同盟中央本部『農民組合』6号1926.11.15,『旭川新聞』1923.4.19・27.12.11, 松井国三郎『旧土人給与地附与願に関する陳述』旭川市豊栄互助組合1931,『東京日日新聞』1932.6.9・33.8.26, 北海道樺太版『蝦夷の光』2号1931.3,『昭和七年自一月至六月社会運動情勢 長崎・宮城・札幌控訴院管内』1932.9, アイヌ民族の現在と未来を考える会編『明日を創るアイヌ民族』未来社1988,『雨竜町百年史』1990, 荒井源次郎『アイヌ人物伝』私家版1992,『北海道社会文庫通信』21号1997.10, 小川正人・山田伸一編『アイヌ民族 近代の記録』草風館1998, 竹ケ原幸朗「解平社の創立と近文アイヌ給与予定地問題」『近代日本と北海道』河出書房新社1998

砂見 爽　すなみ・あきら　1911（明44）-?　早稲田大学在学中, 33年10月に創刊された尾村幸三郎編集のアナ派短歌誌『主情派』に加わる。その後中国大連に渡った。64年『芸術と自由』の再刊に携わる。（冨板敦）〔著作〕『街の印象』邦文閣1936,『砂塵』詩学社1971,『指向』新短歌社1971,『希求』多摩書房1972,『未踏の誘い』暦象詩社1973,『新短歌入門』芸術と自由社1976〔文献〕小倉三郎『私の短歌履歴書』ながらみ書房1995

栖原 徳三郎　すはら・とくさぶろう　?-?　1919（大8）年東京深川区（現・江東区）の東京印刷深川分社第二部印刷科に勤め活版印刷工組合信友会に加盟。同社同科の組合幹事を大西貞三郎と担う。（冨板敦）〔文献〕『信友』1919年8月号

墨 作二郎　すみ・さくじろう　1926（大15）11.2-2016（平28）12.23　大阪府堺市に生まれる。34（昭9）年詩人・安西冬衛を知る。39年堺市立商業学校在学中に文芸部に参加し渡辺水巴門の大野翠峰に師事。俳句を知る。46年5月河野春三の誘いを受け現代川柳を知る。同年処女句集『石ころ』を出版。47年河野春三の現代川柳誌『私』に参加。54年句集『凍原の墓標』を刊行。57年5月現代川柳作家連盟が東京で結成されるとこれに参加。58年には川柳新書第30集『墨作二郎集』

や句集『アルレキンの脇腹』を刊行。また73年1年3ヶ月いた東京時代の作品をまとめた句集『東京』，81年3年2ヶ月いた名古屋時代の作品をまとめた句集『尾張一宮在』がある。84年株式会社クボタを定年退職。87年には『点鐘』を発行主宰。同年句集『蝉の樹』を刊行。その後，川柳作家として精力的に活動を行い定期的に句集を刊行し常に「これからの川柳」を探究。96年には「即興感偶川柳」ともいえる吟行作品を収録した句集『遊行』を刊行。代表句に「鶴を折るひとりひとりを処刑する」「かくれんぼ 誰も探しに来てくれぬ」「空缶に金魚が沈む 嘔吐の冬」などがある。（平辰彦）〔文献〕尾藤三柳監修・日本川柳ペンクラブ編『現代川柳ハンドブック』雄山閣1998

鷲見 善一 すみ・ぜんいち 1915（大4）12.3-1989（昭64）11.26 別名・すみ・ぜんいち 岐阜市加納永井町に生まれる。アナ連に参加，名古屋地協に属し伊串英治，小川正夫，小川潜らとともに活動。1963（昭38）-68年機関紙『クロハタ』『自由連合』に執筆，また名古屋地協の代表もつとめる。自由労働に従事し仲間とともに地熱の会を結成，62年頃から『地熱』を発行，健筆を振るう。66年『自連』に連載されたモーリス・クランストン『バクーニン・マルクス架空会見記』（加藤茂訳）を刊行。68年アナ連解散後は麦社に参加，若い世代の人々と親交した。肺癌で亡くなる間際まで橘宗一少年墓碑保存活動に尽力した。（奥沢邦成）〔著作〕「失対打切法案と自由労働者のたたかい」『自由連合』91号1963.9，「絶えざる叛逆 わがアナキズム論」同100号1964.7，「琉球よ独立せよ」同137号1968.1

住井 すゐ すみい・すえ 1902（明35）1.7-1997（平9）6.16 本名・犬田すゑ，別名・すゑ子，満田よし子 奈良県磯城郡平野村満田（現・田原本町）生まれ。08年平野村小学校に入学。10年大逆事件の際の校長訓話で幸徳秋水の反戦，平等の思想に感動。早くから文学雑誌に親しむ。女学校卒業後小学校に勤め18年に小学校教員資格検定試験に合格。この頃『文章世界』『文章倶楽部』に投稿し掲載される。19年講談社の婦人記者に応募，提出した短編小説が採用され記者となる。21年長編小説『相剋』（表現社）を出版。21年10月農民文学者犬田卯と結婚。犬田の運動に協力し病身の犬田を支えながらの執筆活動と4人の子育てを続ける。30年1月高群逸枝，望月百合子らと無産婦人芸術連盟を結成しアナキズムを主張，『婦人戦線』に執筆。5月には講演会で二女を抱いて演壇に立ち「母性は起つ」と題して講演する一幕もあった。第5次『農民』をはじめ多数の雑誌に小説，評論，児童文学を発表。マルクス主義者を批判し個を大切にする無政府社会の正しさを説きまた独自の視点で農民の生態を描いた。35年犬田の故郷牛久に移る。戦後も執筆と病身の夫の世話が続く。54年『夜あけ朝あけ』（新潮社）は映画化，劇化し評判となった。57年7月犬田死没。東京青山の無名戦士之墓に遺骨を納めその足で部落解放運動への参加を申し出，人間平等をテーマに代表作『橋のない川』（全7部・新潮社1961-92）を書き始めた。（三原容子）〔著作〕「農村恋愛問答」『平民新聞』90・91号1948.9.27・10.4，『愛といのちと』（犬田卯と共著）講談社1957，『わが生涯』（聞き手・増田れい子）岩波書店1995，『住井すゑ作品集』全8巻新潮社1998・99〔文献〕犬田章『母・住井すゑの横顔』大和書房1999

住釜 仁三郎 すみかま・じんざぶろう ?-? 1919（大8）年東京牛込区（現・新宿区）の秀英舎（市ヶ谷）第一和文科に勤め活版印刷工組合信友会に加盟する。（冨板敦）〔文献〕『信友』1919年8月号

墨崎 信 すみさき・まこと 1904（明37）12.19-? 別名・島村義夫，辻村 福井県丹生郡野田村（現・越前町）に生まれる。東京に遊学し商工学校に入学するが2年で中退。藤倉電信の工具として働く。18年5月父母のいる北海道に渡り旭川に居住。茶舗，電灯会社に勤務しその後呉服商人となる。25年アナキズムの運動に参加し，小作争議などを支援。26年9月岩佐作太郎の来道を機会に北海黒連に参加。山下昇二の指導する旭川一般労働組合に参加。森川武美と親交を深めともに運動に飛び回る。しかし27年8月山下が不敬罪で検挙されアナキズム運動が退潮するとボルに転身。28年秋菊地直芳の影響を受け旭川合同労働組合に参加。ローラン社を創設し『自然科学』を発行したが失敗。29年4月共産党事件で検束されたが起訴を免れる。その後も旭川合同で活動。30年9月全協北海道地方協議会の組織化に努める。11月旭川の印刷所争議を指

導。同月30日室蘭で検挙され12月30日起訴される。31年10月19日札幌地裁で懲役5年の判決を受け控訴。32年2月26日札幌控訴院で懲役5年の判決を受ける。46年2月6日日本共産党福井県委員会の結成に参加。(堅田精司)〔文献〕『札幌控訴院管内社会運動概況』第2輯1930.11,『本道ニ於ケル左翼労働組合運動沿革史』北海道庁1931,『北海タイムス』1931.6.15,号外・9.10,『小樽新聞』1932.2.26

隅田 勇 すみだ・いさむ ⇨福島清 ふくしま・きよし

澄田 政介 すみだ・せいすけ ?-? 新聞工組合正進会に加盟し1924(大13)年夏,木挽町(現・中央区銀座)本部設立のために1円寄付する。(冨板敦)〔文献〕正進会『同工諸君‼寄附金芳名ビラ』1924.8

住田 六郎 すみだ・ろくろう ?-? 別名・隅田六郎 1926(大15)年5月メーデーで関東自由労働者組合連合,江東自由労働者組合を代表して演説し,守下日吉とともに言辞不穏で愛宕署に検挙され拘留29日となる。(冨板敦)〔文献〕『黒色青年』3号1926.6,『自連』1号1926.6

住宅 顕信 すみたく・けんしん 1961(昭36)3.21-1987(昭62)2.7 25歳で白血病死した岡山市生まれの俳人。中学校を卒業して調理師専門学校に進み番長を張る無頼であった。23歳の誕生日を1ヵ月後に控えた時,入院闘病が始まる。発病する前年7月に通信教育を経て京都西本願寺で出家得度し自ら考えた顕信を法号とする。幼い頃から母が毎日仏前で読経する姿からの影響といい,詩や小説にも憧れたが19歳頃から種田山頭火に影響を受け自由律俳句を始める。入院中には尾崎放哉全集をぼろぼろになるまで読み通し,藤本一幸主宰の自由律俳句誌『海市』に依拠し『層雲』にも投句する。22歳で結婚,1歳年下の妻は妊娠していたが発病により破綻,子供は顕信が引き取った。当時職を得ていた岡山市役所の同僚の呼びかけで毎日数10人分の鮮血が必要であったため市職員数百人が交代で献血するが,脳血管障害を併発して没した。無常観に添う句が多く〈ずぶぬれて犬ころ〉が代表句とされる。死を覚悟して句集『未完成』出版の準備をするが間に合わず,その一周忌に刊行された。フランスのガリマール書店から刊行された日本俳句のアンソロジーには山頭火や放哉と並んで9句が取り上げられている。(一色哲八)〔著作〕『試作帳』私家版(入院中),『未完成』彌生書房1988〔文献〕池畑修一『住宅顕信』小学館2003,松林誠画『ずぶぬれて犬ころ』中央公論新社2002,香山リカ『住宅顕信読本 若さとはこんな淋しい春なのか』中央公論新社2002,『Haiku : Anthologie du poème court japonais』ガリマール書店2002

住谷 磐根 すみや・いわね 1902(明35)-1997(平9)7.2 別名・イワノフ・スミヤヴィッチ 群馬県に生まれ,勢多農林学校を卒業後上京。荷揚げ人夫,線路工夫,剪花売りをしながら絵を学ぶ。教育新聞社で働いていた時に矢橋丈吉を知る。23年8月26日二科展にイワノフ・スミヤヴィッチ名の「工場に於ける愛の日課」が入選するが28日矢橋らマヴォ同人の説得で入選撤回を申し入れる。同日マヴォによる反二科会運動二科会落選画歓迎の移動展覧会に参加。24年4月前橋で戸田達雄とマヴォ展を開く。7月『マヴォ』の創刊に参加する。同年10月『マヴォ』4号で退会。25年5月劇場の三科に参加。萩原恭次郎『死刑宣告』に写真版カットを寄せる。同志社大学総長をつとめた住谷悦治の弟。(冨板敦)〔著作〕『布衣』採集と飼育の会1970,『点描武蔵野』武蔵野新聞社1980〔文献〕『朝日新聞』1923.8.27,矢橋丈吉『自伝叙事詩黒旗のもとに』組合書店1964,井出孫六『ねじ釘の如く 画家・柳瀬正夢の軌跡』岩波書店1996,五十殿利治『大正期新興美術運動の研究』スカイドア1998,寺島珠雄『南天堂』皓星社1999,五十殿利治・菊屋吉生・滝沢恭司・長門佐季・野崎たみ子・水沢勉『大正期新興美術資料集成』国書刊行会2006

住谷 悦治 すみや・えつじ 1895(明28)12.18-1987(昭62)10.4 群馬県群馬郡群馬町国分に二男として生まれる。10年群馬県立前橋中学2年の時,大逆事件を知る。二高に入る前,利根川の流れで叔父住谷天来の手によって洗礼を受ける。東京大学法学部政治学科では吉野作造に影響を受ける。20年新人会主催の石川三四郎講演会「土民生活」への出席は「生涯の先生」との出会いとなる。吉野作造の推薦で海老名弾正が総長の同志社大学に教職を得る。33年滝川事件の関連で拷問を受ける。同志社を退き失業。思想犯保護観察が敗戦まで続く。63年

同志社総長に就任。社会主義者としての山川均、堺利彦、キリスト教では内村鑑三の影響が強いが、悦治の非戦平和の思想はなによりも実践において非戦を生き通した天来の生き方を継承している。住谷天来伝を書くことが果たせなかったが、ライフワークであった。（山口晃）〔文献〕唐沢柳三編『石川三四郎書簡集』1957、『住谷文庫目録』群馬県立図書館住谷文庫1990、住谷一彦・住谷磐編・刊『回想の住谷悦治』1993、住谷一彦ほか『住谷天来と住谷悦治』みやま文庫1997、田中秀臣『沈黙と抵抗』藤原書店2001、『エス運動人名事典』

住谷 天来 すみや・てんらい 1869.3.28（明2.2.16）-1944（昭19）1.27 幼名・弥作、八朔、別名・黙庵 群馬県群馬郡国府村東国分村（現・高崎市）に生まれる。85年前橋に出て竹越与三郎らに学ぶ。88年前橋教会で受洗。90年上京して東京専門学校を1カ月で退学し慶応義塾で福沢諭吉のもとで学ぶ。しだいに行動するクリスチャンになっていく。この東京時代に群馬の廃娼運動にも参加。97年服部ミツと結婚。日清戦争が終わって国民が勝利に酔っている時、これは平和の勝利ではないと断言。03年内村鑑三の『聖書之研究』に「墨子の非戦主義」を発表。これは非戦・平和の思想家、言論人としての天来の出発であった。やがてその言論、行動によって保護観察下に置かれる。11年天来と改名。伊勢崎教会、甘楽教会で伝道に従事。関東大震災に際しては朝鮮人の虐殺、自警団の暴行を批判。27年『聖化』を創刊、39年発禁、廃刊。日清・日露戦争、第一次大戦、日独伊防共協定、東亜新秩序などの時局に対する非戦論に基づく平和への活動は日本近代史の中でも特筆に値する。『聖化』は広告依頼者の多様性および数からもわかるように天来個人に対する県内外の熱心な支援者に支えられていた。（山口晃）〔著作〕『天来漫筆』1905、（神洲孟亜訳）『詩聖ダンテの教訓』警醒社1909、ウァード『社会改良家としてのヂョン・ラスキン』（訳）同1909、『トマスカーライルと彼が福音の労働』同1909、『孔子及孔子教』同1912、（カーライル訳）『英雄崇拝論』同1917、『聖哲遺詠人生之歌』一粒社1935、『人生の歌』同1935、『大夢の目醒』新報社1938、『仁風遺影』同1938、『住谷天来詩集』平和舎1941、『黙庵詩鈔』同1941、『聖化』復刻版不二出版1990〔文献〕住谷悦治「住谷天来と私」『群馬評論』1980、住谷一彦「内村鑑三と住谷天来」『内村鑑三全集・月報19』岩波書店1982、住友一彦ほか『住谷天来と住谷悦治』みやま文庫1997

諏訪 勇吉 すわ・ゆうきち ?-? 1926（大15）年福島県大沼町川口村（現・金山町）で暮し農民自治会全国連合に参加。地元の農民自治会を組織しようとしていた。（冨板敦）〔文献〕『農民自治会内報』2号1927

諏訪 与三郎 すわ・よさぶろう 1896（明29）1.29-1931（昭6）10.4 東京市芝区新網町（現・港区浜松町）生まれ。人力車夫の長男。08年神明小学校を卒業後、活版印刷の町工場を転々とする。のち時事新報社、東京日日新聞社、読売新聞社などで植字工として働く。18年日本印刷工組合信友会に加入、19年6月京新聞社製版工が組織した革進会の結成に参加。革進会は7月31日から8月4日まで東京16新聞社製版工ゼネストを行って敗れ衰退したが、その後身新聞印刷工組合正進会の結成に発起人として参加する。正進会は以後信友会と緊密な関係を保ち、特に両会の若手の急進主義者はS・S会と称する団体を組織。水沼辰夫とともにこの会の中心メンバーの一人となった。S・S会は第1回メーデーの成功とその産物としての在京労働団体を打って一丸とした労働組合同盟会の結成に中心的な役割を果たす。さらにS・S会員は20年12月結成の日本社会主義同盟に大量加盟し諏訪自身は執行委員、常務委員として関わった。21年頃時事新報社の解版工大橋時子と結婚。大杉栄の思想的影響のもと日々の労働のなかから多くの論稿を正進会機関誌『正進』、第2・3次『労働運動』に発表した。21年運動内部に知識階級排撃論が生じると運動の先頭に立ち吉田一、高尾平兵衛らによって創刊された『労働者』の同人となって労働者主義の立場から論陣を張った。また22年9月日本労働組合総連合の創立大会では自由連合論の立場で活躍した。しかし大正末期のアナ系の退潮とともに運動から退いた。（後藤彰信）〔文献〕水沼辰夫『明治・大正期自立的労働運動の足跡』JCA出版1979

せ

盛　国成　せい・こくせい　ション・グオチョン　?-?　1909年中国上海で陸式楷とともに中国世界語会を設立。12年5月中国世界語学会は中華民国世界語会に改組される。陸式楷は世界エスペラント協会の正代理人に,盛は副代理人となる。同年10月『世界語函授講義』(通信講座)を出版。江亢虎の中国社会党に関係し,13年1月安真とともに上海で『中国社会主義者』を創刊する。16年1月上海でエスペラントによる月刊誌『華星』を創刊,国際的に評価を得る(12号発行)。師復が創刊した『民声』の4号頃からエスペラント欄の相当部分を担当し多くのエスペラント文の記事を書く。22年『自修適用世界語講義』を編集出版。(手塚登士雄)〔文献〕宮本正男『大杉栄とエスペラント運動』黒色戦線社1988,侯志平『世界語運動在中国』中国世界語出版社1985

瀬尾　九郎　せお・くろう　1896(明29)-?　広島県芦品郡戸手村(現・福山市)で生まれる。兄幸久が小樽の香具師親分として勢力を振るっていたため1922年に北海道に渡り口上薬売りとなる。アナキスト香具師の仲間となり廃娼運動で頭角を現す。28年同志の中田米吉とともに特別要視察人甲号(無政府主義)に編入される。29年幸久が香具師を隠居したので跡目を継ぐ。電気料金値下げ運動に奔走。30年思想要注意人に編入替えになったが10月中田とともに小樽電灯料金値下げ期成同盟を組織。31年1月8日小樽の社会派香具師に呼びかけ小樽実業真友会を結成,会長となる。32年7月以前に死没。右翼的な兄とは最後まで思想を異にした。(堅田精司)〔文献〕『香具師名簿』北海道庁警察部1927,『特別要視察人・思想要注意人一覧』同1928,『札幌控訴院管内社会運動概況』第2輯1930.11

瀬川　岩吉　せがわ・いわきち　?-?　東京朝日新聞社に勤め東京の新聞社員で組織された革進会に加わり1919(大8)年8月の同盟ストに参加するが敗北。のち正進会に加盟。20年機関誌『正進』発行のために50銭寄付する。(冨坂敦)〔文献〕『革進会々報』1巻1号1919.8,『正進』1巻1号1920.4

瀬川　久次郎　せがわ・きゅうじろう　⇨中島安太郎　なかじま・やすたろう

瀬川　知一良　せがわ・ともいちろう　1897(明30)-1977(昭52)　長野県南佐久郡切原村(現・佐久市)の小作農の家に生まれる。営林署に勤めながら苦学して日本大学の夜学に通う。23年小林裘裟松主宰の文芸サークル赤土会(あかのっぺかい)に参加。25年個人誌『高原の鐘』を創刊し近在の農村青年に影響を与える。この頃の思想はキリスト教人道主義といわれるがしだいに重農主義に傾斜。26年農民自治会に入り全国委員となる。第2次『農民』に参加。農自分裂の頃は雑誌『みどり』に渋谷定輔の無産政党への参加を批判した文章を発表するなど重農的地方主義の立場を明確にした。特に『信濃毎日新聞』紙上での若林忠一との論争では土の文化の再興,農村生活に立つ地方文化の建設,非議会主義的組合による経済闘争を提唱しプロレタリア独裁論の誤りを主張した。農自分裂後も29年には農自全国連合の名前をもってリーフレット版『農民自治』を刊行した(事務所は東京)。また第3次『農民』にも参加。戦中は満州で満州造林などに勤務,戦後は上田で『東信建設新聞』を発行した。(安田常雄)〔文献〕大井隆男『農民自治運動史』銀河書房1980

瀬川　久雄　せがわ・ひさお　?-?　長野県南佐久郡切原村(現・佐久市)に生まれる。1926(大15)年4月18日小林裘裟松を中心とした文芸愛好者の集まりである赤土会(あかのっぺかい)の会員となる。このなかで瀬川は瀬下貞夫とともに従来の「お祭り青年会」の抜本的改革をめざして啓蒙運動を展開した。これは当時の青年団自主化運動の影響を受けたものであった。26年10月切原農民自治会が結成され参加して活動した。29年農自運動の挫折ののち友人の平林竜男が切原村湯原区に作った「光の集ひ」に瀬下らと参加した。これはキリスト教社会主義の精神をもって農村振興と農村生活の改善をめざした集団であり同年12月には臼田町に賀川豊彦を招いて講演会を開いた。33年には満州に渡る。(安田常雄)〔文献〕大井隆男『農民自

治運動史』銀河書房1980

瀬川 米八 せがわ・よねはち ?-? 岩手県で農業を営む。1927(昭2)年11月29日稗貫郡花巻町(現・花巻市)花巻座での評議会岩手交通労働組合創立記念演説会に東北黒連の北浦馨、上田彰らと傍聴に行き乱闘となり検挙。治安警察法・出版法違反、傷害で罰金50円を求刑される。(冨板敦)〔文献〕『小作人』2次5号1923.6、3次11・12号1927.12・28.1、『黒色青年』15号1927.12

瀬川 竜 せがわ・りゅう 1908(明41)-? 本名・岡村恒男 東海黒連のメンバー。27年10月頃大塚昇、小杉栄一らと静岡市水落町の自宅を事務所として人間生活社を組織する。表札代わりに奥平清、瀬川竜の名刺を貼り東海黒連静岡連合の事務所も兼ねていた。毎日アナ系の長髪者が15・16人出入りしていたという。同年9-11月に雑誌『人間生活』の発行資金を求めたことが恐喝にあたるとして12月11日大塚、小杉、服部豊、滝川創、牧野修二らと一斉検挙され(16人)懲役6カ月執行猶予2年となる。28年頃『大衆評論』の営業を担うが2巻5号以降同誌から離れる。(冨板敦)〔文献〕『静岡新報』1927.12.13夕刊、『黒色青年』16・17号1928.2・4、『大衆評論』2巻5号1928.6、『思想輯覧2』

関 一男 せき・かずお 1911(明44)-? 長野県小県郡大門村(現・長和町)生まれ。高等小学校を卒業後、父とともに農業兼炭焼業に従事。31年11月頃大門村の青年会合で社会主義運動に関する講話を聞いて社会問題に関心をもつ。32年2月頃同村の鷹野原長義の影響を受けてアナキズムに共鳴した。同年4月頃から鷹野原から機関紙『農村青年』『自連新聞』の配布を受ける。また『黒色戦線』『黒旗』、石川三四郎『西洋社会運動史』、鈴木靖『日本無政府主義運動史』などを読み、大門村の同志らと数多くの会合を開き同志獲得に活躍した。35年末頃無共党事件で検挙されるが不起訴。(冨板敦)〔文献〕『身上調書』、『農青社事件資料集Ⅰ・Ⅲ』

関 和男 せき・かずお 1902(明35)-? 別名・間可津夫、間一夫 長野県北佐久郡北御牧村の旧家の二男として生まれる。21年自活の道を求めて上京。秋田雨雀からエスペラントを学ぶ。震災後竹内匡衛のアパートで小山敬吾、井出好男らと共同生活に入るが結核で倒れ帰郷。26年1月前年8月東京で結成された「土を慕ふものの会」に呼応して信州に「土に親しむものの会」をつくる。両者は農民自治会に合流した。弾圧も厳しく父としばしば対立し家を捨てることを決意。御牧ケ原の仮小屋を土の家と名づけ「本当の百姓生活」を始めここが農自北信連合の拠点となる。ガンジーに共感、スワラジの愛称で親しまれた。また仮名で書くカナモジ運動を進めた。29年佐久電気消費組合運動を展開するが、以後「土の生活に沈潜」、運動の表面に立つことはなかった。29年の結婚後も自治的な生き方は農民生活を離れてはありえないという信条を実践した。(安田常雄)〔文献〕大井隆男『農民自治運動史』銀河書房1980

関 久蔵 せき・きゅうぞう ?-? 1922(大11)年千葉県夷隅郡古沢村字谷上(現・いすみ市)で小作人仲間70余人とともに小作料半減を求めて争議を闘う。(冨板敦)〔文献〕『小作人』2次2号1922.12

関 清 せき・きよし ?-? 上田市の上小農民組合連合会加盟の古里農民組合岩間区支部のメンバー。1929(昭4)年4月関の組合活動を嫌った地主坂口時頼が突如土地3反歩の返還を強行、苗代を破壊する。上小組合応援のもと古里農民組合員たち100余人は同月27日早朝当該小作地までデモ。「瞬時にして田打ちを成し、畦をこしらえ、施肥、その他田植えの用意を全部済まして12時頃」引き上げ解散した。翌28日永続して耕作することを認めこの争議の一切の費用を地主が負担することで解決、小作争議は勝利した。(冨板敦)『自連新聞』37号1929.7

関 賢蔵 せき・けんぞう 1907(明40)3.22-1985(昭60)6.2 旧姓・根元 秋田県鹿角郡花輪町(現・鹿角市)に生まれる。23年准教員養成所を修了し盛岡銀行花輪支店に勤務。石田英一郎から贈られたクロポトキンの『青年に訴ふ』に感動、社会運動に飛び込み26年9月日農花輪支部に参加、『無産者新聞』花輪支局を開設。10月日本鉱夫組合尾去沢支部を発足。全日本無産青年同盟鹿角地区責任者となる。28年4月暴圧反対時局批判演説会を計画し地主攻撃のビラを配布、出版法違反で検挙され銀行を解雇される。29年初頭共産党に入党。四・一六事件で検挙

され懲役3年の刑を受ける。出獄後タクシー運転手となる。35年北海道に渡る。48年共産党に再入党。小樽市梅ケ枝町で窪田節次郎の指導する民主商工会に参加。（西山拓）〔文献〕『思想輯覧1』，『特高関係要警戒人物一覧簿』北海道庁特高課1936，小沢三千雄『万骨のつめあと』暁民社1974・『秋田県社会運動の百年』私家版1977，『不屈20年の歩み』治安維持法犠牲者国家賠償要求同盟北海道本部1996

関 孝造 せき・こうぞう ?-? 1919（大8）年東京京橋区（現・中央区）の築地活版所印刷科に勤め日本印刷工組合信友会に加盟する。（冨板敦）〔文献〕『信友』1919年10月号

関 誠一 せき・せいいち 1906（明39）12.31-1982（昭57）9 米沢市に生まれる。米沢商業学校在学中にクロポトキンの『相互扶助論』を読み感銘を受ける。卒業後上京し左翼系の出版社白揚社に入るが，すぐに帰郷し農民運動に参加した。28年受洗，翌年米沢市で協同農場恩寵農園を運営する。31年福島市近郊で農村伝道活動に入り宮原良平，榊原厳，石黒厳らの支援を受けて消費組合期成青年同盟を結成，翌年福島消費組合を設立。37年福島市議選に出馬するが落選，翌年結婚し妻とめばえ幼稚園を設立した。39年満州に事情調査の旅行を行い植民地支配反対運動を始めたため官憲の監視を受ける。43年検挙投獄。翌年釈放され消費組合運動を継続した。戦後消費組合が生活協同組合として再出発すると日本協同組合同盟の創立に参加，また日本生活協同組合連合会代表として世界の協同組合を訪問するなど賀川豊彦系の運動を引き継いだ。（西山拓）〔著作〕関誠一『太陽を射る者に』日本生活協同組合連合会1973〔文献〕協同組合経営研究所編『協同組合経営研究月報』196号1970.1

関 英夫 せき・ひでお ?-? 新聞工組合正進会に加盟し1924（大13）年夏，木挽町（現・中央区銀座）本部設立のために50銭寄付する。（冨板敦）〔文献〕正進会『同工諸君!! 寄附金芳名ビラ』1924.8

関 芳一 せき・よしかず ?-? 1919（大8）年東京京橋区（現・中央区）の築地活版所石版科に勤め日本印刷工組合信友会に加盟する。（冨板敦）〔文献〕『信友』1919年10月号

関口 いね せきぐち・いね ?-? 1919（大8）年東京京橋区（現・中央区）の築地活版所〔欧文〕解版科に勤め活版印刷工組合信友会に加盟する。（冨板敦）〔文献〕『信友』1919年8・10月号

関口 菊次 せきぐち・きくじ ?-? 時事新報社に勤め東京各新聞社の整版部従業員有志で組織された労働組合革進会に加わり1919（大8）年8月の同盟ストに参加するが敗北。万朝報社に移り新聞工組合正進会に参加。21年2月頃，正進会を代表して下獄する赤間乾一と最後の面会をする。（冨板敦）〔文献〕『革進会々報』1巻1号1919.8，『正進』1巻1号1920.4，2巻3号1921.3，正進会『同工諸君!! 寄附金芳名ビラ』1924.8

関口 庫次 せきぐち・くらじ ?-? 1919（大8）年東京京橋区（現・中央区）の築地活版所文選科に勤め活版印刷工組合信友会に加盟する。（冨板敦）〔文献〕『信友』1919年8・10月号

関口 栄 せきぐち・さかえ ?-? 1928（昭3）年頃常磐一般労働組合とともに茨城県西茨城郡岩瀬町を中心とした筑北農民組合を結成し岩瀬町の自宅を事務所とする。29年9月17日早朝，関東一般労働者組合事務所が警官に襲われ高橋光吉とともに検束される。この年の大杉栄らの追悼日にあわせて関東地方自連の関東一般，関東総合労働組合，東京機械工組合は9月15日夜からビラまきポスター貼りをし16日はサボタージュを敢行，浦安方面へ記念ピクニックに行き浦安海岸で記念集会を催した。（冨板敦）〔文献〕『自連』24号1928.5，『自由連合運動』6号1929.10

関口 鉦二 せきぐち・しょうじ ?-? 1919（大8）年東京京橋区（現・中央区）の築地活版所印刷科に勤め日本印刷工組合信友会に加盟する。（冨板敦）〔文献〕『信友』1919年10月号

関口 専三 せきぐち・せんぞう ?-? 東京朝日新聞社に勤め東京の新聞社員で組織された革進会に加わり1919（大8）年8月の同盟ストに参加するが敗北。のち正進会に加盟。20年機関誌『正進』発行のために50銭寄付する。（冨板敦）〔文献〕『革進会々報』1巻1号1919.8，『正進』1巻1号1920.4

関口 太一郎 せきぐち・たいちろう ?-? 1919（大8）年東京京橋区（現・中央区）のアドヴァータイザー社に勤め活版印刷工組合信友会に加盟する。同社の組合幹事を担う。（冨板敦）〔文献〕『信友』1919年8・10月号，1920年4月号

関口 近次郎 せきぐち・ちかじろう ?-? 1919

(大8)年東京神田区(現・千代田区)の神田共栄舎和文科に勤め活版印刷工組合信友会に加盟する。同年10月頃から同舎同科の組合幹事を担う。(冨板敦)〔文献〕『信友』1919年8・10・12月号

関口 輝吉 せきぐち・てるきち ?-? 1919(大8)年東京京橋区(現・中央区)の築地活版所印刷科に勤め日本印刷工組合信友会に加盟する。(冨板敦)〔文献〕『信友』1919年10月号

関口 広八 せきぐち・ひろはち ?-? 1919(大8)年東京京橋区(現・中央区)の製本合資会社欧文科に勤め活版印刷工組合信友会に加盟する。(冨板敦)〔文献〕『信友』1919年8月号

関島 正人 せきじま・まさと 1908(明41)-? 長野県下伊田郡鼎村(現・飯田市)に生まれる。農業に従事。1935(昭10)年末か36年初め頃、農青社運動に関わったとして検挙されるが、不起訴となる。(冨板敦)〔文献〕青木恵一郎『改訂増補 長野県社会運動史』巖南堂書店1964、『農村青年社事件資料集Ⅰ・Ⅲ』

関戸 政太郎 せきど・まさたろう ?-? 1919(大8)年東京本所区(現・墨田区)の凸版印刷会社和文科に勤め日本印刷工組合信友会に加盟する。(冨板敦)〔文献〕『信友』1919年10月号

関根 庫太 せきね・くらた ?-? 新聞工組合正進会に加盟し1924(大13)年夏、木挽町(現・中央区銀座)本部設立のために1円寄付する。(冨板敦)〔文献〕正進会『同工諸君!! 寄附金芳名ビラ』1924.8

関根 重吉 せきね・じゅうきち ?-? 埼玉県入間郡南畑村(現・富士見市)の小作人組合に所属。1923(大12)年の臨時総会で交渉係に選出される。(冨板敦)〔文献〕『小作人』2次3号 1923.4

関根 正二 せきね・しょうじ 1899(明32)4.10-1919(大8)6.16 福島県白河郡大沼村搦目(現・白河市)生まれ。06年西白河小学校入学、家族は10年に郷里での生活を諦めて上京するが一足先の08年に上京して深川区(現・江東区)東川小学校に転じた。のち錦城中学夜間部に入り小学校の同級生伊東深水の紹介で12年東京印刷会社の図案課に勤務。同職場の洋画家小林専からアナキズム思想の影響を受けた。その関心はのちに交友した今東光の「『俺は地上の一切の権力を否定する。その点はロシヤの農奴(ムジーク)と同じだ。それなのにロシヤの革命家は同じよ うに権力の奪取をしている。権力を奪った奴は何時かはその権力を誰かに奪い返される。ロシヤ革命は革命家という偽せ者によって裏切られたんだ』関根は悲痛な顔をして言った」との述懐に表れている。13年山梨から長野、新潟への無銭旅行の経験と交友の機会を得た河野通勢との出会い、さらには翌14年の安井曾太郎との知遇により転機を経験。15年から二科会に作品を発表、18年第5回展に「信仰の悲しみ」「姉妹」「自画像」を出品し樗牛賞を受けたが、ほかに「三星」「少年像」などの作品を残して翌年病没。(奥沢邦成)〔文献〕伊東深水「関根正二と私」『三彩』1960.6、土方定一「幻視の画家 関根正二」「関根正二遺聞」「山形の関根正二」『土方定一著作集7』平凡社1976、今東光「幻視の画家関根正二補遺」『絵』1971.6

関根 善吉 せきね・ぜんきち ?-? 1919(大8)年東京神田区(現・千代田区)の三秀舎印刷科に勤め日本印刷工組合信友会に加盟する。(冨板敦)〔文献〕『信友』1919年10月号

関根 弘 せきね・ひろし 1920(大9)1.31-1994(平6)8.3 東京市浅草区森下町(現・台東区寿町)に生まれ、向島区(現・墨田区)の寺島第二小学校卒業。中学に合格したが経済事情のため断念して工場で働き、文通で清水清を知りアナ系詩誌『詩行動』に詩を載せる。36年から無共党事件で検挙され釈放された清水のアパートに毎月遊びに行き大杉栄、クロポトキンなどを読み、その部屋を「わたしにとっての学校だった。もしこの部屋がなかったら、小学校しか出ていなかったわたしの人生はまったく別のものになったろう」と半自伝『針の穴とラクダの夢』(草思社1978)に書いた。40年秋山清や花田清輝を知り『文化組織』に詩や散文を発表。以後業界誌記者などをしながら戦後共産党に入党。『近代文学』同人になり、『列島』創刊号(1951)から編集委員として参加、プロレタリア詩とアヴァンギャルド芸術の統合を掲げて活躍、野間宏との「狼論争」は話題を呼んだ。60年安保闘争で党を批判し除名されたが、『東大に灯をつけろ!』(内田老鶴舗1961)、『くたばれ独占資本』(三一書房1961)などのルポルタージュを書き、71年詩集『阿部定』(土曜美術社)、87年『花田清輝』(リブロポート)刊行。東京下町育ちの即物的な庶民感覚による現代的フォークロアの世界を戦後

詩にもたらした。(暮尾淳)〔著作〕詩集『絵の宿題』建民社1955,『死んだ鼠』飯塚書店1957,『関根弘詩集』思潮社1969,『新宿詩集』土曜美術社1980,『泪橋』思潮社1980,『奇態な一歩』土曜美術社1989,『関根弘詩集』同1990, 評論『狼がきた』ユリイカ1955,『青春の文学』三一書房1959,『小説吉原志』講談社1971,『浅草コレクション』創樹社1973,『パビリオンTOKYOの町』創樹社1986

関根 福太郎 せきね・ふくたろう ?-? 1919(大8)年東京京橋区(現・中央区)の細川活版所印刷科に勤め活版印刷工組合信友会に加盟する。(冨板敦)〔文献〕『信友』1919年8・10月号

関根 松太郎 せきね・まつたろう ?-? 日本印刷工組合信友会に加盟し1921(大10)年末頃, 成章堂文選課に勤めていた。(冨板敦)〔文献〕『信友』1922年1月号

関根 祐一郎 せきね・ゆういちろう ?-? 別名・祐次郎　東京日日新聞社に勤め東京の新聞社員で組織された革進会に加わり1919(大8)年8月の同盟ストに参加するが敗北。読売新聞社に移り正進会に加盟。20年機関誌『正進』発行のために1円寄付。また24年夏, 木挽町(現・中央区銀座)正進会本部設立のためにも3円寄付する。(冨板敦)〔文献〕『革進会々報』1巻1号1919.8,『正進』1巻1号1920.4, 正進会『同人諸君!! 寄附金芳名ビラ』1924.8

関根 六之助 せきね・ろくのすけ ?-? 1919(大8)年横浜のジャパン・ガゼット社新聞課に勤め横浜欧文技術工組合に加盟して活動。同組合設立基本金として1円寄付する。のち東京麹町区(現・千代田区)のジャパンタイムス&メール社欧文科に移る。(冨板敦)〔文献〕『信友』1919年8・10月号, 1920年1月号, 1921年1月号, 1922年1月号

関水 重雄 せきみず・しげお　?-?　神奈川県出身。草薙市治, 小野長五郎らとの交友を通じてアナキズムに近づいた。1931(昭6)年2月鈴木靖之, 小野が『農村青年』創刊号を携えて神奈川県下の草薙らを訪れ農青社運動への参加を要請, その趣旨・方針に賛同し神奈川県グループの一員となった。以後藤沢を拠点に農青社の機関誌『農村青年』やパンフを配布して啓蒙・宣伝活動を展開, 運動の拡大に尽力した。36年6月農青社事件の全国一斉検挙では他の同志とともに逮捕留置されたが, 起訴猶予で論告釈放された。(奥沢邦成)〔文献〕『資料農青社運動史』,『農青社事件資料集Ⅰ・Ⅱ』

関水 寅吉 せきみず・とらきち　?-?　1919(大8)年東京京橋区(現・中央区)の築地活版所印刷科に勤め日本印刷工組合信友会に加盟する。(冨板敦)〔文献〕『信友』1919年10月号

関目 初次郎 せきめ・はつじろう　?-?　1919(大8)年東京京橋区(現・中央区)の折本五色堂に勤め日本印刷工組合信友会に加盟。同会に50銭の寄付をする。(冨板敦)〔文献〕『信友』1919年10・12月号

関谷 栄 せきや・さかえ　1902(明35)-1937(昭12)　大阪府生まれか。大阪黒旗連盟で活動した北大阪天六系運動家。主として会社の「リャク」(掠)回りをやった。東京市深川区富川町(現・江東区)で自由労働者となったが震災後帰郷。24年4月ギロチン社関連で久保譲らと拘留。同年のリャク屋一斉検挙で中尾正義, 高川幸二郎, 植田増吉, 山田三造らと検挙される。その頃大阪メリヤス労働組合争議応援で牧本武想らと検束, 留置場で林隆人と知り合う。25年中尾, 植田, 江上繁治(発行人), 伊藤らを同人に月刊『闘ひ』を創刊, 自ら『思想』を執筆。26年浜松日本楽器争議応援で植田が放火計画を企て関谷も林とともに相談を受けていた。6月植田が単独で静岡県知事官舎に放火実行して自首。関連者として大阪で北大阪グループの宮脇久, 林ら多数とともに連行される。放火罪で起訴されたが布施辰治弁護士の努力で林とともに無罪となる。31年3月解放パック社をおこし中山照などの描くマンガ雑誌『解放パック』を発刊。また32年頃林と解放戦線社を結成,『解放戦線』を発刊(34年末には休刊中)。34年頃関西自由思想研究会を開いていたが戦局拡大のなかで違警罪で拘引されその後脅迫罪で2年6カ月の懲役で下獄。出獄ののち明石市に住んだが妻が病気で自らも獄中で肺を侵され, 明石で親子心中を遂げた。(北村信隆)〔著作〕「思想」『闘ひ』1925.2〔文献〕『解放パック』2号1933.9, 逸見吉三『墓標なきアナキスト像』三一書房1976, 宮崎晃『差別とアナキズム』黒色戦線社1975, 高丸九「黒い流れ48」『月刊ムーヴ』48号(関谷栄追悼号)1968.4,『小松亀代吉追悼 叛逆頌』同刊行世話人会1972,『社会運動の状況5・6』,『新過去帖覚書』大阪社会運動物故者をしのぶ会1969,『社会主義沿革2』

関谷 新一　せきや・しんいち　?-?　日本印

刷工組合信友会に加盟し，1921(大10)年末頃，研究社に勤めていた。(冨板敦)〔文献〕『信友』1922年1月号

関谷　博　せきや・ひろし　⇨高野松太郎　たかの・まつたろう

瀬古沢　精治郎　せこざわ・せいじろう　?-?　別名・精二郎，清次郎　報知新聞社に勤め東京の新聞社員で組織された革進会に加わり1919(大8)年8月の同盟ストに参加するが敗北。のち正進会に加盟。20年機関誌『正進』発行のために1円寄付。また24年夏，木挽町(現・中央区銀座)正進会本部設立のためにも1円50銭寄付する。(冨板敦)〔文献〕『革進会々報』1巻1号1919.8，『正進』1巻1号1920.4，正進会『同工諸君!! 寄附金芳名ビラ』1924.8

瀬下　巌　せしも・いわお　?-?　東京朝日新聞社に勤め新聞工組合正進会に加盟。1920(大9)年機関誌『正進』発行のために50銭寄付する。(冨板敦)〔文献〕『正進』1巻1号1920.4

瀬下　貞夫　せしも・さだお　?-?　長野県南佐久郡切原村(現・佐久市)に生まれる。1926(大15)年4月18日小林袈裟松を中心とした文芸愛好者の集まりである「赤土会」(あかのっぺかい)の会員となり，瀬川久雄とともに従来の「お祭り青年会」の抜本的改革をめざして啓蒙運動を展開した。これは当時の青年団自主化運動の影響を受けたものであった。26年10月切原農民自治会が結成され参加。農村モラトリアム運動などで活躍する。特に27年南佐久農蚕学校で開かれた江渡狄嶺の講演を聞いて感動し28年には江渡の弟子となりのちに「門下の俊秀」(大井隆男)になったと評価されている。29年農自運動の挫折ののち友人の平林竜男が切原村湯原区につくったキリスト教社会主義の「光の集ひ」にも瀬川らと参加した。のち青山学院に入学，その後全厚連資材部長，信越化学筆頭常務などをつとめた。また一貫して狄嶺会の主要メンバーとして活動した。(安田常雄)〔文献〕大井隆男『農民自治運動史』銀河書房1980

瀬田　進次　せた・しんじ　?-?　1919(大8)年東京神田区(現・千代田区)の三秀舎文選科に勤め活版印刷工組合信友会に加盟する。同年10月頃から同舎同科の組合幹事を入沢吉次郎と担う。のち大成社文選課に移る。(冨板敦)〔文献〕『信友』1919年8・10月号，1922年1月号

瀬戸内　寂聴　せとうち・じゃくちょう　1922(大11)5.15-　旧名・瀬戸内晴美　別名・三谷晴美，三谷佐和子　徳島県徳島市塀裏町生まれ。1929(昭4)年小学校6年生の頃に明治の初めから熱心なクリスチャンであった大伯母瀬戸内いとの家を父豊吉が継いで三谷の姓から瀬戸内に変わる。プロテスタント系の東京女子大学在学中の21歳の時に酒井悌と見合い結婚をし，外務省留学生で後に北京大学の助教授にもなった夫の任地である北京へ渡り，44(昭19)年に長女を生んだ。50(昭25)年に恋愛事件と晴美自身の創作意欲に伴う様々なことが絡み合い協議離婚する。この年に「青い花」が『少女世界』に掲載され，翌年三谷佐和子の名で投稿した「岬の虹」(『ひまわり』)が入選し，作家としての道を決意し上京する。55年に「痛い靴」(『文学者』)を発表。翌年，「女子大生・曲愛玲」を『新潮』に投稿し掲載され，57年第三回新潮同人雑誌賞を受賞。この年に発表した「花芯」(『新潮』)がポルノグラフィーだと酷評され，以後5年間ほど辛酸を舐める。『文学者』に一年間連載した「田村俊子」が61年に文藝春秋社から刊行され第1回田村俊子賞受賞する。63年には「夏の終り」で第2回女流文学賞を受賞し，以降毎月文芸誌に作品を発表するようになる。73年51歳の時に中尊寺住職今春聴(今東光)が師僧のもと得度し法名が寂聴となり，翌年京都嵯峨野に寂庵を結ぶ。86年1月24日には東京高等裁判所で連合赤軍裁判の永田洋子被告の証人となり，この永田洋子との往復書簡集が11月に福武書店から『愛と命の淵に』と題して刊行される。また数年前から取り組んでいた『源氏物語』についての作品を発表し始めている。91年(平3)2月には湾岸戦争に抗議し「殺スナカレ殺サセルナカレ」と垂れ幕を掛けて断食を行い戦争犠牲者の救済支援も行う。この年には雲仙普賢岳火砕流被害者の支援も行い，95年1月に起こった阪神淡路大震災直後には被災地を訪れ救済支援活動を行う。この間92(平4)年『花に問え』(中央公論)で第28回谷崎潤一郎賞，95年9月に刊行した『白道』(講談社)で芸術選奨文部大臣賞を受賞する。2001年9月に起きたアメリカの貿易センターテロ事件とブッシュ大統領のアフガン報復戦争に対して「仏教徒とし

て，あらゆる武力戦争に反対します」という内容の文書をネットで流す。この年『場所』(新潮社)で第54回野間文芸賞を受賞する。以降，随筆や小品を発表しつつ1980年代から始まった寂聴説法がメディアでも取り上げられ意欲的に活動する。得度を決意するに至ったことについて，晴美は随筆の中で「伊藤野枝，管野須賀子，金子文子等，私の書いた女の革命家たちはすべて国家権力によって無惨な殺され方をしている。そのこともまた，私の今度の決心をうながす重大な要因になっている」と述べる。また明治の末から大正，昭和の初めという社会の中での女の生き方に強く心が引かれ，その資料を探る内に『青鞜』の存在と意義と業績を知り，伊藤野枝の早熟な才能と生き方に共感を覚え，「辻潤，大杉栄を通して，ダダイズムと，アナーキズムについて目を開かれた」と言う。(五十嵐伸治)〔著作〕『瀬戸内寂聴全集』全20巻新潮社2002，『瀬戸内晴美随筆選集』全6巻河出書房新社1976

瀬藤 宇之助 せふじ・うのすけ ?-? 1919(大8)年東京牛込区(現・新宿区)の秀英舎(市ヶ谷)欧文科に勤め活版印刷工組合信友会に加盟する。(冨板敦)〔文献〕『信友』1919年8・10月号

世良田 実 せらだ・みのる 1907(明40)-1925(大14)10.22 横浜印刷工組合のメンバー。毎朝社臨時部印刷課で働いていたが1925(大14)年9月24日頃から床に就くようになり，同年10月22日午後に亡くなる。(冨板敦)〔文献〕『印刷工連合』31号1925.12

芹沢 光治良 せりざわ・こうじろう 1896(明29)5.4-1993(平5)3.23 静岡県駿東郡楊原村我入道(現・沼津市)に生まれる。100戸ほどの漁村の網元であったが父常晴は光治良4歳の時，天理教の無所有の伝道生活に入る。そのため祖父母，叔父夫婦に育てられる。生活は困窮。船酔いのため漁師にはならず進学の援助者を自ら真剣に探す。15年沼津町立小学校の代用教員になる。翌年一高仏法科に進む。17年有島武郎の草の葉会に加わり有島を「ただ一人の先生」として終生尊敬する。東京大学経済学部を経て22年農商務省に入る。25年藍川金江と結婚，渡仏。渡航前に石川三四郎に会いジャック・ルクリュのことを知らされる。ソルボンヌ大学に入学し貨幣論を研究。三木清，佐伯祐三と交流。27年スイスで肺結核の療養中，アルプスの景観のなかで創作の思いを強める。28年帰国途中，上海でルクリュと中国の青年たちとともに病床の魯迅を訪れる。この数年間の中国人たちとの出会いは東洋と西洋の問題を考える契機となる。30年「ブルジョア」が改造社の懸賞小説に当選。33年に発表した主人公がマルクス主義に距離を置く小説「橋の手前」は当時一種の流行語になる。38年中国を巡歴。42年戦時下の日本的な考え方とは異なる「巴里に死す」を『婦人公論』に連載，共感を呼ぶ。50-57年中山みき伝「教祖様」を『天理時報』に掲載し，61年ルクリュとの交流を描いた『愛と知と悲しみと』(新潮社)を刊行する。ヒューマニズムの文学として今日に至るまで読み継がれている。(山口晃)〔著作〕『芹沢光治良作品集』全16巻新潮社1974-75・『芹沢光治良文学館』全12冊 同 1995-97〔文献〕『『良心』の文学』『アエラ』2003.9.26，『エス運動人名事典』

芹沢 喜倉 せりざわ・よしくら ?-? 静岡県生まれ。東京京橋の長島印刷植字工になる。「愉快な異色の青年で，奇行も多かった。いつも髪はオールバックで短軀にビロードのルパシカを着込み，太身のステッキを抱えていた」(山口健助)。東京印刷工連合会(のちの関東出版産業労組)に所属し29(昭4)年6月日本自協の成立に関わり山口らとともに書記局員，全国委員となる。33年頃山本勝之助の影響でファシズムに傾斜しいったんアナキズム運動から離れるが，36年8月東印の再建に尽力，青年部を担い38年2月組合解散まで活動する。敗戦後は御殿場市に住む。芹沢が残した日記「東印始末記」は山口の『青春無頼』の執筆を助けた。(冨板敦)〔文献〕山口健助『風雪を越えて』印友会本部1970・『青春無頼』私家版1982，山口一枝『篝火草』私家版1977

宣 炳曦 せん・へいぎ ソン・ビョンウィ ?-? 東京の朝鮮自由労働者組合のメンバー。1929(昭4)年12月組合事務所で創立された極東労働組合に参加，33年2月の反建国祭闘争で検束される。同年3月の組合再編成で宣伝部員となる。(堀内稔)〔文献〕『特高月報』1933.8，『自連新聞』78号1933.3

全 春燮 ぜん・しゅんしょう チョン・チュン

ソプ ?-? 別名・全寒村 朝鮮人アナキズム団体黒友連盟，朝鮮東興労働同盟のメンバー。1932(昭7)年11月クロポトキンの著作『法律と強権』を発行するが発禁処分となる。翌33年9月アナ系文芸雑誌を発行するため土民社を創立し『土民』を創刊，同年から翌年にかけて継続して7号まで出したが「内容過激」としてほとんど毎号発禁となった。その特集号には農青社運動に同調したものもあった。34年7月詩集『無軌列車』を刊行したが発禁処分とともに出版法違反で罰金30円に処された。(堀内稔)〔文献〕『社会運動の状況5・6』，『韓国アナキズム運動史』

千家 元麿 せんげ・もとまろ 1888(明21)6.8-1948(昭23)3.14 政治家・神道家として活躍した男爵・千家尊福の庶子として東京で生まれる。慶応義塾普通部，府立第四中学をいずれも中退。トルストイやホイットマンに影響を受け，雑誌『白樺』の衛星誌である『エゴ』『生命の川』などに詩や戯曲を発表し「白樺派」のひとりと目される。1918(大7)年第一詩集『自分は見た』を刊行。即物的な詩の世界を作り出し，後の民衆詩派やプロレタリア詩派の詩人たちに強い影響を与えたと評価されている。また第二詩集『虹』(1919)，第三詩集『青い枝』にも労働者・貧しい人々・哀れな母子などを捉えた詩が多く掲載されている。武者小路実篤の「新しき村」運動に賛同して村外会員になり，1918年4月16日に実際に入村するものの数日で逃亡した。アナキズム色の強い雑誌『太平洋詩人』(1926-27)の「委員」に名を連ねている。(千葉幸一郎)〔著作〕『千家元麿全集』2巻弥生書房1964-65〔文献〕郷原宏「千家元麿ノート」1-10(『詩学』1984.1・2・4・5・7・8・9・10・11・12，昭和女子大学近代文学研究室『近代文学研究叢書』昭和女子大学近代文化研究所1990

仙洞田 正次郎 せんどうだ・しょうじろう ⇒高田良幻 たかだ・りょうげん

千本 旻 せんぽん・そら ?-? 1919(大8)年東京牛込区(現・新宿区)の秀英舎(市ヶ谷)文選科に勤め日本印刷工組合信友会に加盟する。(冨板敦)〔文献〕『信友』1919年10月号

そ

宋 暎運 そう・えいうん ソン・ヨンウン ?-? 1929(昭4)年頃に青年無支配者連盟の代表者として，また35年頃には黒旗労働者連盟(30年6月に東京で結成)の中心メンバーとして活動。(堀内稔)〔文献〕『韓国アナキズム運動史』，『社会運動の状況7』

奏 帰一 そう・きいち ?-? 別名・秦 1926(大15)年頃，四国の東予地方で暮し農民自治会全国連合に参加。東予農自を組織し四国地方農自準備委員を名のる。(冨板敦)〔文献〕『自治農民』1号1926.4，『農民自治』2号1926.5

宋 世何 そう・せいか ソン・セハ 1908.1.16-1974.1.5 朝鮮全羅北道の農家に生まれる。高等普通学校在学中の16歳の時，関東大震災時の朝鮮人や大杉栄の虐殺事件に刺激され，特に大杉の著作を通じてアナキズムに傾倒。のちに校長排斥運動をおこし中退後に郷里で代用教員となる。25年17歳の時に来日，日本人アナキストとの交流を深める。翌26年から32年までは朝鮮人留学生の寄宿舎鶏林荘を拠点に運動に関わった。江東自由労働者組合の歌川伸や高田格の教示を得つつ全連，黒連また在日朝鮮人アナキスト団体東興労働同盟や朝鮮自由労働者組合などに出入りするとともに石川三四郎，岩佐作太郎，八太舟三，新居格らと交わる。黒連の銀座事件，丁賛鎮らの黒色労働者連盟の結成などに参加。29年の朝鮮自由と朝鮮総同盟との対立では黒友会，東興労働とともに襲撃事件に加わり入獄。32年以後は東興労働の『黒色新聞』の編集に携わる。46年アナ連結成に参加(在日朝鮮人は宋と李亨秀の二人のみ)，また朝鮮促進青年連盟を結成し若手の育成に努めるが数年後には在日本大韓民国居留民団に吸収される。47年の出入国管理令の施行を機にアナ連を離れて自由社会建設者同盟を結成して『自由社会新聞』を発行するが4号までで中断。在日朝鮮人同志の多くが民族主義に転じるなかにあって終生その志を変えることはなかった。(奥沢邦成)〔著作〕「朝鮮人によるアナキズム運動の過去と現在」『アナキズム』3号1974，「社鵬

の声』『黒の手帖』11号1971,「或る在日朝鮮無政府主義者の回想」『思想の科学』1971.11,大澤正道「忘れられぬ人々」論創社2007.

草堂 啓三 そうどう・けいぞう　?-?　1919(大8)年東京京橋区(現・中央区)の国文社和文科に勤め日本印刷工組合信友会に加盟する。(冨板敦)〔文献〕『信友』1919年10月号

相馬 愛蔵 そうま・あいぞう　1870(明3)10.15-1954(昭29)2.14　長野県白金村(現・長野県安曇野市)出身。禁酒運動や廃娼運動で木下尚江とも交流,新宿中村屋創立後は妻黒光のサロンに集う萩原碌山ら芸術家たちを応援,インドの亡命志士ビハリ・ボース(のち長女俊子と結婚)をかくまった。1920年,佐々木孝丸らが創作戯曲朗読会「土の会」を中村屋二階で結成,ロシアの詩人エロシェンコらと参加し22年『種蒔く人』再刊では印刷費を用立てるなど協力した。(岡野幸江)〔著作〕『一商人として』新版岩波書店1984

相馬 御風 そうま・ぎょふう　1883(明16)7.10-1951(昭25)5.8　本名・昌治　新潟県西頸城郡糸魚川町(現・糸魚川市)に生れた。高田中学校(現・県立高田高等学校)在学中に『高田新聞』の短歌選者になる。02年東京専門学校(現・早稲田大学)に入学,坪内逍遙,島村抱月の指導を受け英文学を修める。在学中から文学活動に従事。岩野泡鳴,前田林外らと東京純文社を創設。のちに最初の著書となる歌集『睡蓮』も同社から刊行する。卒業の年に24歳で早稲田大学校歌「都の西北」を作詞。07年日本女子大在学中の藤田テルと結婚。卒業後は『早稲田文学』の編集委員,成美女学校教員などを務めた。12年小川未明を助けて『北方文学』を創刊。大正に入るとトルストイに傾倒,また抱月の新劇運動にも参加した。同時に大杉栄らの『近代思想』にも興味を示し13年近代思想社小集に抱月と共に招かれる。その後運動・変革への関わり方,個人革命と社会革命を巡って大杉と論争。同時に大杉らの『労働新聞』に声援を送る。16年『還元録』を発表,都市生活と都会時代を厳しく自己批判し郷里糸魚川に還元する。以後,糸魚川を足場に地方から全国を俯瞰し発信を続ける。郷里では評論,童話・短歌などの創作,良寛研究に打ち込んだ。また短歌会の主宰,指導,個人誌『野を歩む者』の発行など地域活動にも従事。戦時下には戦争協力の役割も演ずる。戦後復活するが妻に先立たれかつ健康も損なっており十分な活動はできなかった。(小松隆二)〔著作〕『相馬御風随筆全集』全8巻厚生閣1936,『相馬御風著作集』(厚生閣版復刻)全8巻名著刊行会1981〔文献〕相馬文子『相馬御風とその妻』青蛙房1986,『相馬御風 人と文学』名著刊行会1982,金子善八郎『相馬御風』新潟日報事業社2010,小松隆二『新潟が生んだ七人の思想家たち』論創社2016

相馬 黒光 そうま・こっこう　1876(明9)9.12-1955(昭30)3.2　本名・相馬良,旧名・星良　宮城県下第一大区小五区(現・仙台市)生まれ。佐々城豊寿の姪。幼くして父を失い貧苦のなかで育ち,日曜学校を開いていた島貫兵大夫を知って受洗。宮城女学校では学校改革事件で先輩に殉じ退校。横浜のフェリス女学校に入学するが95年明治女学校に転じ,97年卒業すると長野県安曇野の養蚕家相馬愛蔵と結婚,木下尚江の家を実家代わりとした。自宅で開かれる東穂高禁酒会などを通じて木下,井口喜源治らと親交を結ぶ。この頃『女学雑誌』に投稿,黒光と号する。01年夫と子どもとともに上京,本郷でパン屋中村屋を始めのち新宿駅前に移転した。周りには荻原守衛,高村光太郎,秋田雨雀,神近市子,松井須磨子,石川三四郎ら多くの人々が集まり中村屋は芸術家や社会運動家たちのサロンとなった。15年にはインド独立運動家ビバリー・ボースを保護するがそれが縁で長女俊子はボースと結婚した。また17年から4年間ロシア亡命詩人エロシェンコを寄宿させるなど市民的自由を守る活動を惜しまなかった。(岡野幸江)〔著作〕『黙移』女性時代社1934・平凡社1995年,『広瀬川の畔』女性時代社1939,『明治初期の三女性』厚生閣1940,『相馬愛蔵・黒光著作集』全5巻郷土出版社1980・81〔文献〕山本藤枝『アンビシャス・ガール』集英社1983,臼井吉見『安曇野』全5部筑摩書房1964-74,『エス運動人名事典』

相馬 三郎 そうま・さぶろう　⇨森田小一郎 もりた・こいちろう

相馬 寿恵雄 そうま・すえお　1908(明41)-?　長野県北安曇郡会染村相通寺(現・池田町)生まれ。高等小学校を卒業後,松本市内の中島屋竹店の店員をしながら夜間商業学校に通う。26年7月から松本市信濃民報社の

印刷工となる。以後いろいろ職を変えたが33年から印刷工に落ち着き，35年伊那毎日新聞社に入りここで記者の加藤陸三と知り合いアナキズムに触れる。『自連新聞』の購読者となりまた加藤の発行する『伊那評論』を手伝った。同年10月初旬伊那毎日新聞社の争議を計画するが中止する。同月加藤らと伊那印刷工組合を結成し常任執行委員長となる。さらに松本市の飯島賢次郎を訪問して松本印刷工組合設立の協議をした。その後松本市の中信日報社の印刷工となった。同年末頃無共党事件で検挙されるが不起訴。(冨板敦)〔文献〕『身上調書』，『農青社事件資料集Ⅰ・Ⅲ』

相馬　寅三　そうま・とらぞう　1905(明38)-?　1927(昭2)年9月17日京都の芝田金三郎宅で開かれた大杉栄追悼会で桜井駒吉，石田一男，中辻修吉，亀井栄助らと太秦署に検束される。同年末，杉田宏とともに検挙，19日間留置され越年する。(冨板敦)〔文献〕『関西自由新聞』3号1927.12，『京都地方労働運動史』

副島　辰巳　そえじま・たつみ　1906(明39)3.18-1962(昭37)12.31　別名・茂十　佐賀県藤津郡吉田村皿屋(現・嬉野市)に生まれる。父茂八は吉田焼窯元8代目。初代は朝鮮から渡来した陶工といわれる。18年佐賀県立鹿島中学に入学。下村湖人が同校の校長となり自由主義教育を受けその影響から個人主義を奉じる。しかし社会主義にも引かれ悩んでいるおりに大杉栄の『正義を求める心』に出会い，大杉こそ「日本で一番偉い人間に見える」。22年熊本の五高受験に失敗，そのまま上京し大杉に会おうとしたが果せなかった。翌年鹿島中学を卒業。再び上京し労働運動社を訪ね村木源次郎らに会う。大杉は渡仏中だった。7月帰郷，大杉らの死を郷里で知る。同級の村島軍治，野辺らと相談し『ブラックニユース』と称する秘密出版物をつくる。24年2月これをもって上京し佐賀の友人や知人に郵送，これをある同級生に密告され4月検挙される。25年2月控訴審で懲役6カ月執行猶予5年の判決。これで「押しも押されぬアナキスト?となる」と後年書いている。在京中，村木の紹介で岩佐作太郎に会い生涯大きな影響を受ける。同年11月窯元を継ぐ決心がつき帰郷。27年7月吉田村村長選挙妨害事件，12月佐賀中学共産党事件で検挙されたがいずれも不起訴となる。33年窯元を継ぎ茂十と名のる。35年11月無共党事件で検挙，不起訴になる。37年福岡市柳町に移り博多人形の製造を始める。45年3月久留米歩兵連隊に召集され青島方面へ出征したが敗戦で復員し，翌年1月から雲月堂と称し博多人形の製造販売を再開する。同年5月アナ連結成大会に参加，全国委員に選ばれ，10月頃から一家をあげて『平民新聞』の宣伝販売に文字通り体を張って奮闘，47年に井原末九郎，杉農二郎らと九州地方協議会を結成し，以来，戦後のアナキズム運動の主柱となる。56年には九州地協の有志とともに『クロハタ』(月2回刊)を刊行，運動再建ののろしをあげた。副島が連盟解体論にあくまで反対した根拠は戦前の苦い体験にあった。「これは前時代にもろくも敵の前に屈服して団体を解体した私等の世代の者の責任にひとしき感情である」と述べている。「私は副島辰巳。他の何者でもない」これが副島の最後の言葉だった。大杉の遺児青木真子，伊藤ルイに人形制作の手ほどきをし自立を助けたのも副島である。(大澤正道)〔著作〕「私はなぜアナキストになったか」『平民新聞』69号1948.4.23，「無政府主義私見」『無政府主義会議』2号1948.3，「連盟解消せず」『アナキズム』7号1953.12〔文献〕『自由連合』84号1963.2.1，『身上調書』

副島　民彦　そえじま・たみひこ　1914(大3)-?　佐賀県藤津郡吉田村丁(現・嬉野市)生まれ。子供の頃から近所に住む副島辰巳と親交があり彼のアナキズムの影響を受ける。29年3月吉田高等小学校を卒業後，製陶画工となった。『自連新聞』などのアナ系出版物を購読して東京の同志と交流し地方情勢を報告するなどの活動をした。35年11月に無共党事件で検挙されるが不起訴。(冨板敦)〔文献〕『身上調書』

添田　啞蟬坊　そえだ・あぜんぼう　1872.12.25(明5.11.25)-1944(昭19)2.8　本名・平吉，別名・不知山人，のむき山人，凡人，了閑　神奈川県中郡大磯町生まれ。1890年横須賀で人夫生活をしていた時に自由党壮士の街頭演歌に感動，単独で演歌師を始める。最初の活動は三浦半島から房総半島の範囲。1901年大田タケと結婚。02年知道誕生。天衣無縫の1代目と堅実型の2代目，演歌史を

代表する名コンビとなる。05年非戦論に共鳴、堺利彦を訪ね社会主義運動に入り社会党の評議員になる。この頃から啞蟬坊を名のる。西川光二郎らと東北、北海道を遊説。この演説会の聴衆の一人に石川啄木がいる。民衆の心を代弁した「ラッパ節」「あゝ金の世」などはこの頃つくられている。10年大逆事件がおき社会主義の「冬の時代」を迎える。14年自由倶楽部を結成。堺、渡辺政太郎らと「平民中心社会革新政談大演説会」を開く。演説が中止されると演歌を歌い一人で2度中止されるのは啞蟬坊だけだといわれた。16年演歌の舞台を東京浅草に移し、『添田啞蟬坊新流行歌集』を山口屋書店から刊行。18年演歌組合青年親交会を設立。演歌者を読売業として公認させる。19年『演歌』を創刊、のちに知道らの加入で『民衆娯楽』と改題。25年演歌から離れて桐生に山居、松葉食など半仙生活に入る。35年四国遍路の旅に出て八八カ所の霊場巡りを3回半、次いで九州一円と中国筋を巡拝し5年間を旅で暮らす。演歌は自由民権運動の啓蒙活動として始まり「演説」に対する「演歌」であり壮士節ともいわれている。反体制的色彩は濃い。啞蟬坊は社会主義と出合うことによって民衆の視点から演歌を生み出した。「あゝ金の世」などは現在でも十分に通用する。(大月健)〔著作〕『啞蟬坊流生記』添田啞蟬坊顕彰会1956、『添田啞蟬坊・添田知道著作集』全5巻別巻1刀水書房1982-83、『添田啞蟬坊 啞蟬坊流生記』日本図書センター1999〔文献〕木村聖哉『添田啞蟬坊・知道』リブロポート1987、『添田啞蟬坊・知道文庫目録』神奈川文学振興会1994

添田 知道 そえだ・ともみち 1902(明35) 6.14-1980(昭55) 3.18 別名・さつき、吐蒙 東京市本所区番場町(現・墨田区)生まれ。父は「演歌の元祖」啞蟬坊。08年坂本竜之輔校長の万年小学校に入学。10年母タケ死没。啞蟬坊は演歌の遊説でほとんど不在。17年堺利彦の売文社に給仕として入社。荒畑寒村らと出会う。社会主義のメッカ売文社でストライキをしてクビになるという逸話を残している。18年「東京節」を作詞、評判になる。バイオリンを独学、神田の縁日で歌う。22年啞蟬坊の雑誌『演歌』が『民衆娯楽』に改題、同人になる。30年『浅草底流記』を近代生活社から刊行。この頃から『講談倶楽部』などに大衆読物を書く。40年『啞蟬坊流生記』をまとめるために群馬県湯本館で10日間啞蟬坊と膝をつき合わす。42年『教育者』1-2部を刊行。新潮文芸賞を受賞。賞金1000円は『教育者』を全国の図書館に配布するために使われた。44年啞蟬坊死没。B29東京初空襲の11月24日から46年9月4日まで「空襲下日記」を書く。その細密な記述は空襲下の東京市民の動揺を示す貴重な証言である。61年季刊誌『素面』を創刊する。63年岩波新書『演歌の明治大正史』を刊行、毎日出版文化賞を受賞。66年『日本春歌考』を光文社から刊行、大島渚により映画化される。演歌師2代の啞蟬坊・知道親子は自由人として生きた。天才的な啞蟬坊は実践者として全国を遊説し、実直な知道は『演歌の明治大正史』『演歌師の生活』などの著作を残す。自由民権運動の壮士節として始まった演歌は反体制的色彩が濃い。社会主義者との交友はそれを物語っている。反骨の人坂本竜之輔を扱った小説『教育者』は10部まで構想されながら4部で終わり未完となった。「おれはたった一人で世の中にストライキする」という俳句がある。孤高を生きた添田知道のマニュフェストである。(大月健)〔著作〕『利根川随歩』三学書房1941・崙書房1974、『教育者1-3』錦城出版社1942-43・『同4』増進堂1946・『同1-4』玉川大学出版部1978、『どん底の顔』興栄社1948、『流行り唄五十年』朝日新聞社1955、『朝風街道』同星出版社1958、『添田さつき歌曲選』慶友社1960、『香具師の生活』雄山閣1964、『演歌師の生活』雄山閣1967、『ノンキ節ものがたり』青友書房1973、『冬扇簿』素面の会1979、『添田啞蟬坊・添田知道著作集』全5巻別巻1刀水書房1982-83〔文献〕『素面』1-76号1961-80、木村聖哉『添田啞蟬坊・知道』リブロポート1987、『添田啞蟬坊・知道文庫目録』神奈川文学振興会1994

添野 陸次 そえの・りくじ ?-? 1919(大8)年東京京橋区(現・中央区)の中屋印刷所印刷科に勤め活版印刷工組合信友会に加盟する。(冨板敦)〔文献〕『信友』1919年8・10月号

添野 陸太 そえの・りくた ?-? 1919(大8)年東京京橋区(現・中央区)の文祥堂印刷所和文科に勤め日本印刷工組合信友会に加盟する。(冨板敦)〔文献〕『信友』1919年10月号

曽川 こと そがわ・こと ?-? 1919(大8)年東京小石川区(現・文京区)の日本文具新聞社に勤め日本印刷工組合信友会に加盟する。(冨板敦)〔文献〕『信友』1919年10月号

曽雌 朝雄 そし・あさお ?-? 1919(大8)年東京京橋区(現・中央区)の築地活版所欧文科に勤め活版印刷工組合信友会に加盟する。(冨板敦)〔文献〕『信友』1919年8・10月号

外丸 金太郎 そとまる・きんたろう ?-? 1919(大8)年東京京橋区(現・中央区)の中屋印刷所文選科に勤め活版印刷工組合信友会に加盟する。(冨板敦)〔文献〕『信友』1919年8・10月号

園田 末喜 そのだ・すえき ?-? 熊本県八代郡の郡築新地(現・八代市)で農業を営む。1923(大12)年5月の小作争議で脅迫罪とされ拘留7日。また争議をおこしたことから岩本一喜ほか13人が小作地返還を求められ「近く争議勃発せん形勢である」と再びの争議の可能性を『小作人』は報じている。(冨板敦)〔文献〕『小作人』2次5・6号1923.6・7

染谷 一郎 そめや・いちろう ?-? 新聞工組合正進会に加盟し1924(大13)年夏,木挽町(現・中央区銀座)本部設立のために1円寄付する。(冨板敦)〔文献〕正進会『同工諸君!! 寄附金芳名ビラ』1924.8

曽谷 左右平 そや・そうへい ?-? 1919(大8)年東京深川区(現・江東区)の東京印刷深川分社第二部印刷科に勤め活版印刷工組合信友会に加盟。同年8月頃には兵役についていた。(冨板敦)〔文献〕『信友』1919年8月号

曾山 良彦 そやま・よしひこ ?-? 明治20年代(1887-96)鹿児島県大島郡(奄美大島)生まれ。奄美出身者では最も古い先覚者とされているが具体的な活動については未詳。奄美大島で社会運動が公然と行われるようになったのは大正時代に入ってからであり,東京で大杉栄と交流のあった武田信良らが古仁屋で反要塞運動をおこしたのが記録として残されている。曾山の活動は東京での活動とみられている。(松田清)〔文献〕松田清『奄美社会運動史』JCA出版1979

ソルト, ヘンリー・S Salt, Henry Stephens 1851.11.20-1939.4.19 父の任地インドで生まれる。イギリスではイートン,ケンブリッジに進む。イートン校で教職につき同校のジョインズ師の娘キャサリン(ケイト)と結婚。フェビアン協会に加わる。1885年イートン校を去り簡素な生活を実践する。E・カーペンター,B・ショーとはとりわけ深い交流を結ぶ。創設した人道主義協会を拠点に菜食主義,動物の権利,監獄の改良などの問題で活動する。1890年,『ソロー伝』を刊行。合衆国においてソローはエマソンの追従者とまだみなされていた頃であった。その後もニューイングランドのソロー周辺の人々と膨大な量の書簡を交換し,それを生かし1896年に第二版を刊行。アジアとの関係ではインドのM・ガンジーの菜食主義に根本的な影響を与え,ソルトを通じてガンディーはソローの市民的不服従を実践において深めていく。ソルト夫妻は石川三四郎とも交流があった。『ソロー伝』第三版は決定稿ができていたが生前に刊行されることはなかった。さまざまなソロー資料とともにその原稿は,合衆国のレイモンド・アダムズに送られる。アダムズはソロー協会初代会長。アダムズを師としたのがすぐれたソロー伝を著すことになるウォルター・ハーディング。世界の視野でみてソロー理解の深化の道すじの中でソルトの果した役割は大きい。平和主義者バートラム・ロイド宛ソルト書簡569通は一橋大学・社会科学古典センターに保管されている。(山口晃)〔著作〕山口晃訳『ヘンリー・ソローの暮らし』風行社2001年

ソレル Sorel, Georges 1847.11.2-1922.8.28 フランス西部のシェルブールに生まれる。役人生活のかたわらプルードンやマルクスを研究していたが,1894年ドレフュース事件をきっかけに労働者階級の直接行動こそ社会主義実現の鍵と確信。ブルジョア権力による上からの抑圧を強力,この抑圧に反逆する労働者大衆の抵抗を暴力と区別し,ゼネストは暴力の最大の表現であるとする。また「革命運動における一切はあらかじめ知ることを許さない」とし,労働者を鼓舞し決起させる「社会的神話」の重要性に着目する。しばしばソレルは革命的サンジカリズムの理論的代表者のようにいわれるが実際運動とのつながりはほとんどない。理論的共鳴者とみたほうが適切であろう。ソレルの暴力論や社会的神話論はむしろのちにレーニンやグラムシ,そしてなによりもムッソリーニに支持者を見出している。ソレル自身ロシア革命を歓迎しレーニンを擁護している。日本では石川三四郎,西川勉らが主著『暴力論』(1908)を,小野十三郎がそれから抜粋したパンフレット『暴力の倫理』を訳

出しているが労働運動への影響は薄い。(大澤正道)〔著作〕小野十三郎訳『暴力の倫理』金星堂1927,西川勉訳『暴力考』中央公論社1929,石川三四郎・望月百合子訳『暴力論』平凡社1930・木下半治訳岩波文庫1933,百瀬二郎訳「マルクス説の崩壊」『世界思想全集』春秋社1930,川上源太郎訳『進歩の幻想』ダイヤモンド社1974

ソロー Thoreau, Henry David 1817.7.12-1862.5.6 米国マサチューセッツ州のコンコードで生まれそこで死没する。生涯この場所と深い関わりをもった作家,思想家であった。父ジョンはコンコードで鉛筆製造を生業とし,母シンシアは奴隷制度廃止の活動を続けた。33年ハーバード大学に進むがもっぱら図書館で読書して過ごす。卒業後,兄とともに私設の小さな学校の運営に短期間携わる。そこでの教育は実践と野外旅行を取り入れた当時としては先駆的なものであった。終生,周囲の子供たちが動物や植物に興味を示すと自分の知恵を惜しみなく示すタイプの「自然の学士」(エマソンの命名)であった。45-47年ウォーデン湖畔に自ら小屋を建て暮らした。コンコードの町に距離を置きながら離れない,すなわち共同体と個の独特な結びつき方はソローの特色である。自らは作家と考えていたが生業の測量の仕事のほうが町民には高く評価されていた。生前の著書は『コンコード川とメリマック川の1週間』(1849)と『森の生活』(1854)の2冊に過ぎない。しかし17歳の時から書き始めた「日誌」は,彼の数々の作品と講演の源であった。50年代逃亡奴隷の支援に深く関与した。しかしそうした政治的行為にもかかわらず彼は組織よりもつねに個人を優先させていた。死後「エマソンの追従者」とみなされていたソローを英国民に知らせるためソロー伝を書いたH.S.ソルトはソローを個人主義的アナキストとしてとらえている。ソルトにソローの存在を教えたのはカーペンターであった。日本においてソローの名は明治20年代から現れ始め30年代内村鑑三,小山東助がソローを愛読している。1911(明44)年水島耕一郎『森林生活』(成光館書店)が,翌年西川光二郎『トロー言行録』(内外出版協会)が刊行される。35年堀井梁歩は『野人ソロー』(不二屋書房)を著し,41年石川三四郎は戦中最後の時評でソロー

米国の本質を示す思想家として評価している。外国においても日本においてもソローの受容は国家や社会から隔絶し自然のなかで暮らす面に重きが置かれることが多かった。毎日数時間は野外を歩き博物誌を詳述することがソローの日課であった。しかし同時に1846年対メキシコ戦争に反対しての人頭税不払い,奴隷制廃止活動への献身,コンコード町民への訴えなど共和主義的活動家の側面もある。ソローの市民的不服従の思想は,20世紀においては個人と国民の接点でガンジーに,組織化の点でキングへと継承される。またアメリカ先住民への深い関心,動植物への好奇心に示されるように,現実に存在する人々や事物に片時も目を離すことがなかった。家具職人林二郎は『森林生活』が人生の転機となり,また画家ワイエス親子がソローから受け継いだものがあるように思想や文学の領域以外へのソローの隠れた衝撃力も無視できない。優れた博物誌家でもあった南方熊楠は1905年『方丈記』の英訳書名を『12世紀のソロー』とした。和歌山県田辺を根拠地とし神社合祀反対に従事した熊楠と「コンコードの人」であったソローは場所に根ざしながら個の立場から政治に交差する時があった。(山口晃)〔著作〕古舘清太郎訳『ウォルデン』春秋社1930,木村晴子ほか訳『H.D.ソロー』研究社1977,小野和人訳『メインの森』金星社1992,飯田実訳『コッド岬』工作舎1993,飯田実訳『森の生活』岩波文庫1995,飯田実訳『市民の反抗』同1997,山口晃訳『一市民の反抗』文遊社2005,山口晃訳『生き方の原則』文遊社2007,山口晃訳『コンコード川とメリマック川の一週間』而立書房2010〔文献〕富田彬『ソーロウ』研究社1934,伊藤詔子『よみがえるソロー』柏書房1998,H.S.ソルト『ヘンリー・ソローの暮らし』(山口晃訳)風行社2001, W. ハーディング『ヘンリー・ソローの日々』(山口晃訳)日本経済評論社2005

孫 仁述 そん・じんじゅつ ソン・インスル ?-? 1929(昭4)年11月創立の朝鮮東興労働同盟芝部の中心メンバーとして活動。(堀内稔)〔文献〕『社会運動の状況6』

孫 炳輝 そん・へいき ソン・ビョンヒ ?-? 東京の朝鮮自由労働者組合のメンバーで,1929(昭4)年12月組合事務所で創立された極東労働組合に参加,33年3月の組合再編成で宣伝部員となる。(堀内稔)〔文献〕『特高月報』1933.8

孫　無　そん・む　ソン・ム　?-?　1934(昭9)年メーデーで事前検束される。(堀内稔)〔文献〕『黒色新聞』1934.5

孫　俍工　そん・りょうこう　スゥン・リアンクン　1894-1962　本名・光策　中国湖南省隆回出身。16年北京高等師範学校国文部に入学。19年匡互生が結成した工学会に参加，五・四運動では趙家楼攻撃に加わる。工学会の主要メンバーとして同年11月『工学』を創刊，「工学主義」「新村」などを執筆し「新しき村」の実現を唱える。20年長沙第一師範の国文教員となり沈仲九，劉夢葦らと安社を設立。毛沢東が組織した青年倶楽部と対立する団体長沙青年同楽会に参加。また魯迅らが組織した文学研究会の会員になる。24(大13)年冬日本に渡り上智大学でドイツ文学を研究。生田春月の『新しい詩の作り方』(1918)の影響を受け『新詩作法講義』を執筆する。28年帰国。以後，各地の大学教授を歴任する。31年休暇を取って妻と日本に渡るが満州事変がおこり10月帰国。32年3月国立編輯館に勤める。抗日戦争期には成都で国民党中央軍校成都分校政治主任教官，華西大学文学教授に任じられる。豊富な著述を残しており「20年代の文壇を特徴づけた所謂『問題小説』の代表的作家として，反強権，反封建の主題をアナキズムにまで徹底，観念的な作風に盛っている」(坂井洋史)という。(手塚登士雄)〔文献〕李立明『中国現代六百作家小伝』波文書局1977，于耀明『周作人と日本近代文学』翰林書房2001，坂井洋史『忘れられた作家』孫俍工，あるいは『文学史』の限界」『逸脱と啓示　中国現代作家研究』汲古書院2012

た

泰　重弘　たい・しげひろ　1917(大6)-1999(平11)12.12　鹿児島県大島郡(奄美大島)古仁屋町(現・瀬戸内町)生まれ。46年3月奄美人民解放連盟結成に参加，同月逮捕され21日間留置，懲役1年執行猶予2年の判決を受ける。この事件以後アナキスト・グループから離れ奄美共産党に加入，50年3月28日奄美共産党事件で49日間留置後釈放。奄美の日本復帰運動に参加する。64年3月1日南大島診療所弾圧事件で診療所事務長として15日間古仁屋署に留置された。以後東京に出て理髪業に従事，共産党居住細胞で活躍。兄清之進は戦前大阪交通労働組合で活躍，その影響を受けて重弘と弟の三五郎は社会主義者となった。(松田清)〔著作〕『奄美の回想』私版1991〔文献〕松田清『奄美社会運動史』JCA出版1979，『ルリカクス』24号2000.5

代　準介　だい・じゅんすけ　1868(明1)7-1946(昭21)12.13　福岡県糸島郡太郎丸村(現・福岡市西区)生まれ。13歳から起業し23歳で長崎に出て海軍及び三菱造船所用達となり財を成す。長崎時代に姪・伊藤ノエを引き取る。40歳の時，遠縁頭山満の仕事を助けるべく上京。ノエを再び引き取り上野高女に通わす。自叙伝「牟田乃落穂」に拠れば大杉栄には非常な好感をもち大杉，野枝，魔子ほか子供たちも自分の孫のごとく陰に日向に支えている。野枝は帰省のたびに今宿の実家より準介の家で過ごしている。代は毎月上京し大杉と野枝の家に泊まり生活費の面倒をも見ていた。1923(大12)年9月，虐殺の報に触れ単身中山道経由で戒厳令の府下に入る。大阪で途中下車し，棺桶を三棺用意していた。遺体下げ渡しに難航し頭山，杉山茂丸，三浦梧楼らの力を借り，25日朝陸軍第一師団衛戍病院にて腐乱遺体を受け取る。直ぐに落合火葬場にて荼毘に付す。魔子を筆頭に四人の遺児を連れて博多へ戻る。在郷軍人会等の反対の中，今宿の浜で三人の葬を営む。頭山らや玄洋社の人々とも交りまた大杉を中心にアナキスト達とも交わる。内田魯庵らの知遇を受け，右翼よりも左翼の人物の教養知性品格人間性に深く打たれる。野枝の実父亀吉よりも，野枝の真の父と言っていい。(矢野寛治)〔著作〕「牟田乃落穂」1940〔文献〕矢野寛治『伊藤野枝と代準介』弦書房2012

鯛尾　吉五郎　たいお・きちごろう　?-?　1919(大8)年東京京橋区(現・中央区)の築地活版所印刷科に勤め，日本印刷工組合信友会に加盟する。(冨板敦)〔文献〕『信友』1919年10月号

大東 忠次郎 だいとう・ちゅうじろう ?-?
1919(大8)年東京京橋区(現・中央区)の帝国興信所印刷部に勤め活版印刷工組合信友会に加盟する。(冨板敦)〔文献〕『信友』1919年8月号

大道寺 浩一 だいどうじ・こういち ?-?
山形県に生まれる。農民自治会全国連合に参加し山形県代表の農自全国連合委員を務めた。1926(大15)年末頃は平凡社に勤め豊多摩郡野方町(現・中野区)新井に居住。27年3月20、21日東京神田区美土代町(現・千代田区神田美土代町)の東京基督教青年会館で開かれた第1回農自全国委員会に出席する。(冨板敦)〔文献〕『農民自治』5・6・9号1926.9・11・27.4、『農民自治会内報』2号1927、竹内愛国『農民自治会』『昭和2年版解放運動解放団体現勢年鑑』解放社1927、『農民』1次1巻2号1927.11、渋谷定輔『農民哀史』勁草書房1970

大道寺 三郎 だいどうじ・さぶろう 1901(明34)-1966(昭41)5.29 別名・伏見三郎、伏見十郎、山形三郎 山形県西置賜郡長井村(現・長井市)に生まれる。10代の頃から農村の疲弊を体験し若い仲間を集めて共同耕作運動をおこす。そのなかの一人が終生の同志菊地清吉である。21年頃出稼ぎで上京、小作人社の木下茂らを知る。25年頃郷里での講演会に木下と八太舟三を連れていく。大道寺自身は東京で活動し菊地らの農民運動のパイプ役を果たしたようだ。30年高群逸枝に宮山房子を紹介、宮山は『婦人戦線』の同人になる。のち「三郎さんなら大丈夫」と高群が保証し二人は結婚する。33年に創刊された『自由を我等に』(3号まで)の発行人となる。この雑誌には新居格、田戸正春、辻潤、菊岡久利らが書いている。44年3月埼玉県北足立郡吹上町へ疎開、そこが第二の故郷になる。戦後アナ連に参加、農業問題を中心に多くの論文を『平民新聞』に寄稿する。政府の農地改革は大いに不満だが「ケチをつけて事足れりとすましている訳には行かない」とする「農村民主化のため最高度に利用せん」(同紙8号1946.11.30)は大道寺の基本姿勢といえよう。日本経済新聞社などに勤務する一方、吹上町で農民相互扶助連盟をおこし、地域に根ざした運動を粘り強く続け55年には町長選挙に出馬、56年に町会議員になる。61年インドで開催されたWRI(戦争抵抗者インターナショナル)世界大会に山鹿泰治と出席、インドの土地改革運動の実際を見て回る。地味で篤実、気骨を感じさせられる人だった。(大澤正道)〔著作〕「農民相互扶助連盟設立趣旨 農民の解放は農民自身の手で」『平民新聞』56号1948.1.16、「町会議員」『クロハタ』27号1958.3、「平和行進のメノン・クマール両君を迎えて」『自由連合』101号1964.8、「蒔かれた種は芽をふいて」『無政府主義運動』51号1964.10

大門 一樹 だいもん・いちじゅ 1907(明40)10.15-1995(平7)10.17 本名・富之助 大阪市北区堂島に生まれる。32年京都大学経済学部を卒業。在学中河上肇を愛読する。卒業後逓信省嘱託。御殿場に疎開し同地の農業学校に勤務。敗戦後同校校長の追放運動をおこしたが逆に戦時中の職歴と勤務成績不良を理由に教職追放になる。その頃アナ連に加盟し週刊『平民新聞』の編集に参加。48年京都へ移り小笠原秀実、市川白弦らと民主解放同盟をおこし機関誌『思想紀元』を出す。翌49年『強盗論』(ロゴス書店)を刊行、資本主義経済の暴力性を告発する。書名からはプルードンが連想されるが大門独自の経済論の出発点といえる。50年頃東海大学教授、52年関東学院大学教授となる。50年代後半、アナキズム革命の方法論をめぐる論争に積極的に加わる。「アナキズムの最大の欠点はアナーキーということである」と説く論文「アナーキーを追放せよ」(『ヒロバ』7号1957.10)は原理原則派からの猛烈な反発を呼んだ。大門の論旨は相互扶助の原理原則を繰り返すだけでは「アナキストは永遠に批評家にとどまってしまう」、それでは「アナキズムをほろぼすのはアナキストだということになる」として理論の確立を訴えたのだったが、「学者アナ」の世迷い言のように退けられたのである。その頃からアナの運動を離れ使い手と買い手の側に立つ消費の経済学の立場から盛んに発言するようになる。ベストセラーになった『原価の秘密』(三一書房1970)はカラーテレビ不買運動の火つけ役といわれている。(大澤正道)〔著作〕『現代経済の倫理性』有光社1943、『経済社会の衰退過程』理想社1955、『社会主義と欲望』東洋経済新報社1966、『欲望の経済学』至誠堂1966、『物価抵抗史』三省堂1967、『盗奪の論理』サイマル出版会1970、『物価暴動をおこそう』三一書房1973、『価額の秘密』同1983〔文献〕大澤正道「気になる三人の経済

学者」『自由経済研究』4号1996.3,大澤正道『忘れられぬ人々』論創社2007

大門　重徳　だいもん・しげのり　?-?　1919(大8)年東京京橋区(現・中央区)の築地活版所文選科に勤め活版印刷工組合信友会に加盟する。(冨板敦)〔文献〕『信友』1919年8月号

平　正夫　たいら・まさお　?-?　鹿児島市薬師町356木山方　29年3月『南方詩人』(小野整編・大坪勇発行『南方楽園』の後継誌)に拠る。29年6月『詩の家』(佐藤惣之助主宰)の会員となる。(黒川洋)

田岡　嶺雲　たおか・れいうん　1871.1.11(明3.11.21)-1912(明45)9.7　本名・佐代治,別名・れいうむ,枴々生,爛腸　高知県土佐郡石立村(現・高知市)に生まれる。立志社の共立学校を退学し大阪官立中学(三高の前身)に入るが,学制改革による軍隊化に反対して監禁され重い胃病となる。療養生活ののち1890年上京,水産伝習所(現・東京水産大学)を経て翌年東京大学漢学科選科に移る。卒業後,95年2月『青年文』の主幹となり作家たちに労働者の世界の描写や金権社会の悪徳の摘出を求めた。生活難で一時岡山県津山高校の漢文教師となるが女性関係のもつれで再度上京する。97年12月『万朝報』の論説記者となり西欧列強からのアジアの解放,国内の藩閥・富閥政権の打破などを主唱し,労働者のストライキや超党派の市民運動を画策したが挫折した。98年8月水戸『いばらき』新聞の主筆となるが,翌年2月退社し上海に渡る。日本語教師をつとめながら康有為派の志士たちと交流したが体調不良のため帰国した。1900年6月『九州日報』に入り特派員として北清事変に従軍するが検閲により記事を自由に送れず帰国,岡山の『中国民報』に移り主筆となる。01年知事の汚職事件を摘発,逆に官吏侮辱罪に問われ入獄した。日露戦争期,アジア解放の見地から開戦論に加担するが,一方で非戦論を唱える週刊『平民新聞』に寄稿した。04年上京し近代文明の欠陥を衝く目的で雑誌『天鼓』を創刊するが経営難に陥り再び中国に渡った。しかし脊髄病の悪化のため帰国。08年歩行の自由を失ったが伊豆や日光で療養しながら文筆活動を続けた。10年6月湯河原で幸徳秋水が大逆事件の捜査で逮捕されるのに立ち会っている。著書はほとんど発禁処分を受けたが,自由党左派の武装決起事件を記録した『明治叛臣伝』(日高有倫堂1909)や自叙伝『数奇伝』(玄黄社1912)は処分を免れている。(西山拓)〔著作〕『田岡嶺雲全集』全8巻法大出版局1969-87〔文献〕家永三郎『数奇なる思想家の生涯　田岡嶺雲』岩波新書1955,西田勝「田岡嶺雲の天皇観」『近代文学の潜勢力』八木書店1973・「田岡嶺雲と幸徳秋水」『社会文学』創刊号1987.6・『田岡嶺雲・女性解放論』法大出版局1987,岡林清水ほか『田岡嶺雲』土佐出版社1987,瀬尾幹夫「田岡嶺雲の研究1-3」『拓殖大学論集』175・183・187号1988.12/90.1・12,西田勝「100年前の虐殺証言　田岡嶺雲の北清事変従軍記」『軍縮問題資料』237号2000.7

高井　信幸　たかい・のぶゆき　?-?　岡山県勝田郡豊並村関本(現・奈義町)生まれの農民。1920年代後半から30年代にかけての頃,岡山県では青年たちによる文芸活動が活発で『郷土』(勝田郡豊並村馬桑),『新星』(同村皆木),『土』(同村関本),『青空』(御津郡新山村),『若水』(英田郡巨勢村海田)などの同人誌が発行されていた。高井は『土』の編集兼印刷兼発行人。同誌の表紙には「土短歌会発行」とあり奥付には「印刷兼発行所・豊並村青年団事ム所」ともある。『土』誌には延原義憲,延原大川といった農民自治会運動に積極的に関わった者も寄稿していた。(小林千枝子)〔文献〕小林千枝子『教育と自治の心性史』藤原書店1997

高石　新　たかいし・しん　▷平井貞二　ひらい・ていじ

高尾　千代　たかお・ちよ　?-?　別名・千代子　1919(大8)年東京京橋区(現・中央区)の大倉印刷所欧文科に勤め活版印刷工組合信友会に加盟。同年8月頃は病休中だった。のち芝区(現・港区)の日本印刷興業株式会社,さらに大道社に移る。(冨板敦)〔文献〕『信友』1919年8・10月号,1921年1月号,1922年1月号

高尾　智道　たかお・ともみち　?-?　新聞工組合正進会に加盟し1924(大13)年夏,木挽町(現・中央区・銀座)本部設立のために50銭寄付する。(冨板敦)〔文献〕正進会『同工諸君‼　寄附金芳名ビラ』1924.8

高尾　楓蔭　たかお・ふういん　1879(明12)2.21-1964(昭39)8.12　本名・亮雄　大津市の酒屋に生まれる。幼少期に父兄と死別する。15歳の時一時上京。その後同志社大学を卒業したとされるが詳細は不明。1900年

『京都新聞』の通信員として清国に赴く。帰国後小笠原誉至夫主宰の『和歌山実業新聞』の記者となる。同僚に吉田笠雨，児玉怪骨がいた。03年1月から小笠原が大阪で発行した『評論之評論』を手伝う。同年4月児玉花外，奥村梅皐と社会主義研究会を計画，6月和歌山で沖野岩三郎らと交流，8月沖野主催の青年大演説会で演説，10月和歌山で社会主義研究会を組織。日露戦争期には非戦論を主張，04年8月吉田璣を迎えて大阪で社会主義研究会を開く。11月『大阪日報』に移り翌05年1月管野すが，三宅磐と大阪同志会を結成。3月第1次大阪平民社と合併し森近運平を助ける。06年11月社会劇の創設者大亦墨水らとお伽劇団を結成，解散後は大阪お伽倶楽部を組織する。08年10月津市での芝居が社会主義を主張するものとして中止命令を受ける。13年宝塚少女歌劇が結成されると振付師として招聘される。16年辻利助と大阪エスペラント協会を設立，普及に尽力。23年『大阪朝日新聞』に入り34年まで童話関係の仕事に携わった。（西山拓）
〔文献〕『宝塚少女歌劇二十年史』宝塚少女歌劇団1933，松本茂雄編『大阪エスペラント運動史Ⅰ』柏原エスペラント資料センター1976，武内善信「日清戦後における紀北の労働運動と初期社会主義運動」『和歌山地方史研究』15号1988.6・「高尾楓蔭小論 初期社会主義とお伽芝居」『ヒストリア』150号1996.3，『エス運動人名事典

高尾 平兵衛 たかお・へいべえ 1895（明28）12.1-1923（大12）6.26 別名・平公，生死生 長崎県北高来郡諫早村（現・諫早市永昌町）生まれ。10年諫早高等小学校卒業後，家業の運送業を手伝う。13年大志を抱き大阪へ出ていくつかの商売を手がけるが失敗。15年上京して神田三崎町で焼絵を始める。そこで村山槐多らを知る。これは成功したが16年夏同郷の先輩福田秀一にあて「揚子江遡江中」と記された長文の手紙を送ってから消息を絶つ。満州で馬賊のまねをしたともいわれ，大陸浪人の群れに投じていたのかもしれない。いつ帰国したか不明だが18年10月に始まる老壮会の参加者記録にその名がある。19年7月17日京橋区南桜河岸（現・中央区新富）の寄席川崎家で大逆事件以来最初の社会主義者主催の労働問題演説会が開かれ，多数の検挙者を出し北風会の大杉栄，近藤憲二，高田公三，吉田一らが留置された。なかに一人人を食ったような新顔がいた。それが高尾で以来北風会に出入りするようになる。同年9月結成された足尾銅山の労働者を主体とする大日本鉱山労働同盟会に福田の縁で参加し機関紙『労働社会』を編集，足尾銅山，釜石鉱山の争議に関わる。20年クロポトキンの『法律と強権』『クロポトキンの社会思想研究』（いずれも謄写印刷）を秘密出版，逮捕され同年8月から21年3月まで東京監獄に入獄。その法廷で裁判長の起立命令を拒否し裸になって抗議する。法廷での起立拒否は19年10月控訴審で大杉が実践しており高尾はそれを受け継いだ。当時の新聞は「不起立宣伝者」と書き立てた。出獄後北郊自主会，黒瓢会の結成に関わり，第2次『労働運動』のアナ・ボル協同路線に反対で知識階級排撃の徹底を求めるアナ系を糾合すべく労働社をおこし，21年4月『労働者』を創刊，「老いたり矣 大杉栄君」を発表する。「軽挙妄動」を戒めた大杉への批判である。同月再燃した足尾銅山争議に竹内一郎，原沢武之助とともに支援に馳けつけ即日逮捕，未決・既決通算4カ月を宇都宮監獄で過ごす。22年3月長山直厚，北浦千太郎，水沼熊，渡辺幸平らとロシアへ密入国，7月モスクワに入る。ボルに転じ帰国後，22年7月に結成された共産党に入り「生死生」の名で「なぜ進行中のロシア革命を擁護しないのか 大杉栄氏に問ふ」と題する質問状をロシア革命批判に転じた第3次『労働運動』に送る。大杉はこの質問状を全文『労働運動』（3次7号1922.9）に掲載し反論している。自ら「ボルの外様」と称した高尾はまもなく共産党を離れ23年5月『革命評論』を創刊（1号のみ），6月「階級戦の共同戦列を形成すべく」戦線同盟を結成，『民衆新聞』を発刊する。戦線同盟には平岩巌，石黒鋭一郎，長山直厚，中名生幸力，中村還らが参加している。同月26日平岩，長山，吉田とともに赤化防止団団長米村嘉一郎宅を訪れ膺懲を加えた帰り道，背後から米村の拳銃の乱射を浴び即死。7月6日青山斎場で「故高尾平兵衛君社会葬」が盛大に営まれる。会葬者には中野正剛，小川未明，辻潤，青野季吉，堺ま子，近藤真柄らの顔もみえ，なによりも革命を志向した故人に

ふさわしいものであった。ライバル大杉はフランスからの帰国の船中にあったが、両者の志向するところは存外共通していたのではあるまいか。故郷の諫早村の共同墓地に葬られ、「平学堂倫居士」と戒名をつけた僧侶は警察に叱責されたという。(大澤正道)〔文献〕加藤一夫「高尾平兵衛君を悼む」『自由人』2巻6号1923.7、平岩巌編『高尾平兵衛と其の遺稿』戦線同盟1924、「高尾平兵衛・久板卯之助追憶全集」『民衆運動』2巻2号1925.2、岩佐作太郎「高尾平兵衛」『自連新聞』45号1930.3、近藤憲二「一無政府主義者の回想」平凡社1968、萩原晋太郎「永久革命への騎士 高尾平兵衛」リベルテールの会1972、松尾尊兊「忘れられた革命家高尾平兵衛」『思想』1972.7(『大正時代の先行者たち』岩波書店1993)、小松隆二「戦線同盟覚書」『初期社会主義研究』10号1997

高川 幸二郎 たかがわ・こうじろう 1898(明31)-? 別名・幸次郎 備前又二郎、吉田金重、山田清三郎、中尾正義らと『背人』に参加。大阪の関西紡織労働組合で中尾らと活動したのち上京し25年深川区富川町(現・江東区森下)で江西一三、高橋光吉らと無軌道社を結成する。その後大阪へ帰り27年10月中尾、久保譲、逸見吉三、大串孝之助、平井貞二、河本乾次らと「水を割らない」アナキズム紙『関西自由新聞』を創刊。28年4月中尾の『民衆の中へ』に協力。暴力行為で中尾とともに検挙される。31年関谷栄らとマンガ雑誌『解放パック』を創刊、発行人となる。(黒川洋・冨板敦)〔文献〕江西一三『江西一三自伝』同刊行会1976、『黒色青年』14号1927.11、『関西自由新聞』1-3号1927.10-12、『黒色運動』1号1928.8、『思想輯覧2』

高木 護 たかき・まもる 1927(昭2)1.25- 熊本県鹿本郡山鹿町に生れる。42年に山鹿実業学校を卒業後、丸善書店博多支店に勤める。この頃、古本屋南陽堂から辻潤を教えて貰う。43年の秋頃から詩作を始める。陸軍少年軍属に志願、44年シンガポールに上陸するとテング熱、アメーバ赤痢、マラリア熱帯病などに罹り員数外となる。45年敗戦クアラルンプールで武装解除を受け、抑留生活で重労働をさせられ飢えとマラリアの再発で苦しむ。46年6月に名古屋港に復員。47年熱病の後遺症で歩くのがやっとだったが口減らしの為に山の炭焼き小屋で暮らす。48年体力も回復し土方や日雇いの仕事をする。2月に『詩と真実』の同人とな

る。50年ガリ版詩集『裏町悲歌』を刊行。この頃、丸山豊を訪ね第二期『母音』、松永伍一の『交叉点』に参加。森崎和江、川崎洋などを知る。63年松永伍一を介して『週刊女性自身』で放浪詩人として特集され、その縁で翌年吉田鴎と結婚し上京する。これを機にものを書き始める。66年西山又二と出会い松尾邦之助、添田知道、村松正俊等が催す『個の会』に参加。67年『ニヒリスト 辻潤の思想と生涯』をオリオン出版社に持ち込み出版する。その後『辻潤著作集』『辻潤全集』等も編集する。そして詩集、エッセイ、句集等も著して現在に至る。(久保田一)〔著作〕『放浪の唄』大和書房1965、『おろかな人間』オリオン出版社1967、『人間浮浪考』財界展望社1972、『落伍人間塾』白地社1977、『辻潤 個に生きる』たいまつ社1979、『野垂れ死考』未来社1983、詩集『夕焼け』国文社1954、『高木護詩集』五月書房1974、『鼻唄』日本随筆家協会1986、『ガシ ガシ ガシ』ダニエル社2005、『ぽやっと』トライ2011、句集『駄句祭』胡蝶の会1995他多数〔文献〕『辻潤全集』別巻五月書房1979、『虚無思想研究』創刊号-第19号1981-2005、『放浪読本』光文社1985、『辻潤の想い出』虚無思想研究編集委員会1987、『放浪と土と文学と』現代書館2005、『昭和の仕事』弦書房2010、『Myaku』14-16号2012-2013、『詩人高木護』脈発行所2012

鷹木 嘉右衛門 たかぎ・かうえもん 1884(明17)2.17-? 岩手県紫波郡水分村(現・紫波町)に生まれる。1904年県立盛岡中学卒業後上京し早稲田中学校、明治法律学校(現・明治大学)に入学するがいずれも中退する。06年10月留学のため渡米するが学費が欠乏し労働に従事。08年日本人労働者の基本的権利の主張と労働条件の向上を目的として同郷の竹内鉄五郎が中心となってフレスノで結成した労働同盟会に参加し基本金募集委員となる。無政府主義を信奉する甲号として要視察人名簿に登録される。09年7月病のため帰国。その後は社会主義者との交際はなかったが厳しい監視下に置かれた。(西山拓)〔文献〕『主義者人物史料1』、『在米主義者沿革』、大原慧『片山潜の思想と大逆事件』論創社1995

高木 敬四郎 たかぎ・けいしろう ?-? 福岡県糟屋郡志免村亀山(現・糟屋郡)の全日本鉱夫総連合会(のち日本鉱夫組合)亀山支部に所属していたが1925(大14)年10月頃、長文の理由書を付して脱会。筑豊の炭山坑夫

運動に携わっていた。のち工場労働者、また自由労働者の運動を起こすべく別府、福岡、直方、久留米、熊本などの同志と図り27年9月11日、九州一般労働組合を創立。28年福岡県鞍手郡直方町(現・直方市)の自宅で静岡『大衆評論』の九州支局を担う。(冨板敦)〔文献〕日本労働総同盟機関誌『労働』11月号1925.11、『小作人』3巻9・17号1927.10・28.7、『大衆評論』2巻5号1928.6

高木 顕明　たかぎ・けんみょう　1864.6.24 (元治1.5.21)-1914(大3)6.24　旧名・山田妻三郎、田島顕明、別名・荒松　尾張国西春日井郡下小田井村(現・愛知県名古屋市)に山田佐吉の三男として生まれる。菩提寺の法蔵寺の小僧となり82年真宗尾張小教校(のちの尾張中学)卒業、さらに養源寺住職神守空観の私塾に入り真宗教学を学んだ。教校在学中、田島治助の娘やうと結ばれ婿養子となったが89年死別。93年12月名古屋道仁寺住職高木義答の養嗣子となり高木姓を名のる。94年1月余間立(住職の後継資格)を与えられる。97年新宮馬町の浄泉寺住職となる。浄泉寺は藩主の菩提寺格の寺だが門徒180戸のうち120戸は被差別地域の住民で貧しく、高木の奮闘ぶりを当時の『熊野新報』が「仏教寺院十有余、内に闘ひで外に当るの勇なく集金に奔走して斯く寺塔の修復を事とす。特殊部落を擁護して弱者の友たるを期する一箇狷介不羈の高木顕明が常に孤独、衆僧の排斥する所となるは其原因奈辺にあるか」(1909.6.6)と伝え、また後年峯尾節堂が「小供を集めて読書を授けたり、御堂の賽銭を集めて筆紙墨を買つて学生に与へたり、拙づかつたらしいが御説教も毎月欠かさずにやつたやうである。常に曰く、僕は檀家の者がひどいどぶ浚へなんかした銭や下駄なんかを修復したゼニを貰て活きてをるのは、どうも堪えられない」と口にしていたと回想している(『我懺悔の一節』)。貧しい檀家の布施に頼らぬために按摩で糊口を凌いでいたらしい。04年「余が社会主義」を執筆。「社会の改良は先ヅ心霊上より進みたいと思ふ」として「信仰の対象」と「信仰の内容」に分段、さらに信仰の対象を教義、人師、社会、次に信仰の内容を、思想の改転、実践行為に分段。教義とは「即チ南無阿弥陀仏であります。(中略)阿弥陀仏と云ふ過境の普善者の、救ふから安心せよ、護るから心配するなと、呼で呉れたる呼び声である」とし人師に釈尊と親鸞ほかを挙げ「彼れは実ニ平民ニ同情厚き耳ならず、確ニ心霊の平等生活を成したる社会主義者であらう(中略)仏教は平民の母にして貴族の敵なり」とし、社会とは理想世界、「人師の教手ニ依て理想世界を欲望シ」「極楽を社会主義の実践場裡てあると考へて居る」とし、思想の改転とは「弥陀の呼び声を聞き付」けること、実践行為とは「弥陀と違はん力を得て、仏心とは大慈悲心是なりと云ふ心ニ成りて、他方国土へ飛び出して有縁有縁の人々を済度するに間隙のない身となる」ことであって、南無阿弥陀仏は「平等に救済し給ふ声」であるから念仏によって「生存競争の念を離れ、共同生活の為めに奮励」し「念仏の意義のあらん限り、心霊上より進で社会制度を根本的に一変するのが、余が確信したる社会主義である」と西欧からの借入語をいっさい借りず信仰の言葉だけで自己の社会思想を述べている。公娼廃止運動や差別問題を通して新宮教会牧師沖野岩三郎と深く交わり同人誌『サンセット』や新聞雑誌縦覧所を共同で経営。新聞雑誌縦覧所利用者のなかには佐藤春夫がいた。また沖野を通して医師大石誠之助と交遊。10年7月その大石との交遊を主たる訴因として大逆事件の共犯として予審に付され「何れ無罪と存候間、出監の上は推参拝顔可仕候」(1911.1.7堺利彦宛葉書)と終始無罪を信じたが11年1月18日死刑判決。翌19日勅命で無期に減刑され21日秋田監獄に移送、14年6月収監中の同監獄で自決した。真宗大谷派は起訴直後に高木を住職差免、擯斥処分としたが96年4月1日「深く慙愧し心から謝罪」して85年ぶりにこの処分を取り消した。(白石成昭)〔著作〕『日蓮宗非仏教論』法蔵館1894(前田賢竜後掲論文に翻刻)、「余が社会主義」神崎清編『大逆事件記録2』世界文庫1964〔文献〕沖野岩三郎『生を賭して』警醒社書店・弘栄社1919、吉田久一『日本近代仏教史研究』吉川弘文館1959、渡辺順三・塩田庄兵衛編『秘録大逆事件』春秋社1959、神崎清編『大逆事件記録』全3巻世界文庫1964、伊串英治「高木顕明の名古屋時代」『大逆事件の真実をあきらかにする会ニュース』13号1966、大澤正道「アナキズムと思想の土着」『思想史の方法と課題』東大出版会1973、森長英三郎『禄亭大石誠之助』岩波書店1977、沖浦和光「熊野

における大逆事件と被差別部落」『へるめす』1997.1、戸次公正「歴史の闇に人を見つめて 大逆事件と仏教者たち」『身同』17号1998、泉恵機「高木顕明と部落差別問題1」『大谷学報』77巻1号1998・「高木顕明と部落差別問題2」『信心の社会性』同和教育振興会1998、前田賢竜「高木顕明述『日蓮宗非仏教論』について」『身同』19号1999、『高木顕明の事蹟に学ぶ学習資料集』真宗大谷派宗務所2010、大東仁『大逆の僧高木顕明の真実 真宗僧侶と大逆事件』風媒社2011

高木 高蔵 たかぎ・こうぞう 1883(明16)10.3-1937(昭12)3.17 別名・孤舟 新潟県佐渡郡相川町大間町に生まれる。地元の中学を中退し北海道に渡る。05年第7師団歩兵第26連隊に入営し軍隊生活に矛盾を感ずる。11月大日本労働至誠会の機関紙『至誠』の編集記者となる。06年9月同志高田伝司の指導する幾春別炭鉱至誠会の顧問として活動、争議を支援。秋、南助松が夕張を去るにあたり至誠会の後事を託される。07年初頭幾春別に転居。日刊『平民新聞』の配布に従事、しばしば押収される。3月再び高田の指導する争議を支援。08年1月6日特別要視察人に編入される。西川光二郎、添田啞蟬坊の演説会を開催しようとして炭鉱会社から禁止される。4月吉田民鉄、井口竜城らと各地で社会主義演説会を開催。大逆事件後、北海タイムス社の三笠山特置員となる。22年函館に移り新聞を発行しアナキストと交際。24年上京し浅草区象潟町(台東区浅草)で死没。(堅田精司)〔文献〕日刊『平民新聞』66号1907.4.4、「特別要視察人甲号高木高蔵略式名簿」北海道庁特別高等課1927.6、「特別要視察人・思想要注意人一覧」北海道庁特別高等課1928.11、『小樽新聞』1907.3.10

高木 重太郎 たかぎ・じゅうたろう 1894(明27)-? 岐阜県水平社連盟執行委員(のち委員長)。毛皮製造に従事。1924年2月岐阜県不破郡敬恩寺の過去帳に水平社同人の祖先に対する差別文字があることを知り糾弾。それが脅迫にあたるとして懲役6カ月となる。同年10月愛知県海部郡津島町(現・津島市)巴座での海部郡水平社創立大会で来賓弁士として登壇する。25年5月の水平社岐阜県委員会で委員長を辞任。(冨板敦)〔文献〕『自由新聞』6号1925.11、『愛知県部落解放運動史 戦前編』愛知県部落解放運動連合会1983、『思想輯覧1』

高木 錠太郎 たかぎ・じょうたろう ?-? 1919(大8)年東京牛込区(現・新宿区)の秀英舎(市ヶ谷)欧文科に勤め活版印刷工組合信友会に加盟する。同舎同科の組合幹事を藤井紳と担う。(冨板敦)〔文献〕『信友』1919年8・10月号

高木 末吉 たかぎ・すえきち ?-? 1919(大8)年東京京橋区(現・中央区)の京浜印刷会社和文科に勤め日本印刷工組合信友会に加盟する。(冨板敦)〔文献〕『信友』1919年10月号

高木 精一 たかぎ・せいいち 1897(明30)11.3-? 岡山市下石井に生まれる。大阪市立今宮職工学校を中退後、大阪市と岡山市で工具として働く。ボル的傾向の強い岡山労働組合に当初所属するが脱退し岡山機械工組合に所属。1923(大12)年5月31日岡山で入江秀夫、玉田徳三郎、糸島孝太郎、竹内春三らと中国労働組合連合会(のち中国自連)を結成する。11月1日後藤謙太郎とどん底社をつくり詩誌『どん底』を創刊(発行責任者は後藤、発行所は高木の自宅)。12月16日岡山市の禁酒会館で中国自連主催の大杉追悼会を開き開会を宣する。24年3月中国自連1周年記念大会を開催。25年3月24日新聞紙法違反で検挙される(詳細不明、4月22日証拠不十分で無罪)。同年5月1日岡山市の大福座で開かれたアナ・ボル混交のメーデー演説会に参加(司会は入江)。8月ボル系の中国地方評議会創立大会に来賓として挨拶。9月16日中国自連事務所で大杉栄追悼会を開く。参加者は竹内、重実逸次郎ら全11名。26年全国自連第1回大会で開会の辞を述べる。27年6月福山の鞆鋲釘争議を糸島らとともに応援。9月1日中国自連事務所で開かれた関東大震災記念の会に参加、他の参加者に竹内、玉田ら全11名。28年4月パンフレット『労働運動と自由連合主義』(山口勝清、社会思想研究会)を出版。8月1日重実とともに産業労働調査所を開所し自宅に事務所を置く。9月1日自宅で関東震災記念会を開催。参加者は竹内、重実、安衣浩男、畠保、原正夫、藤本茂。同月16日には中国自連事務所で大杉栄追悼茶話会を開いた(参加者10名)。岡山機械工組合(のちの岡山一般)と関西黒旗連盟の岡山地方事務所も自宅に置き中国自連の中心メンバーとして活躍する。「岡山の町でハカマをはき、バイオリンを弾いて流し」(高畑信一)ていたという。29年病気になり静養、5月兵庫県川辺郡小

浜村(現・宝塚市)の村役場用務員となる。35年末頃無共党事件で検挙されるが不起訴。(冨板敦)〔文献〕『組合運動』2・5号1923.2・6,『労働運動』3次13号1923.4・4次2-4・18号1924.3.4.6・26.7,『どん底』1巻1号1923.11,『黒色青年』13号1927.10,『自連』1号1926.6,『自連新聞』36号1929.6,『岡山県社会運動史4-6』,宮本三郎『水崎町の宿・PARTⅡ』私家版1982,向井孝「高畑信一の『戦前』と『戦後』」編集委ニュース』11号1999,『身上調書』,岡山県特別高等課〔昭和3年8月〕特別高等警察資料第一輯」(廣畑研二編『岡山県特高警察資料(戦前期警察関係資料集)第5巻』(復刻版)不二出版2012),岡山県警察部〔昭和3年11月〕特別高等警察資料第四輯 特別要視察人等情勢調」(廣畑研二編『岡山県特高警察資料(戦前期警察関係資料集)第5巻』(復刻版)不二出版2012),岡山県警察部「大正14年特別要視察人水平社等ノ状勢調」(廣畑研二編『岡山県特高警察資料(戦前期警察関係資料集)第7巻』(復刻版)不二出版2012),岡山県警察部「昭和2年特別要視察人水平社等ノ状勢調」(廣畑研二編『岡山県特高警察資料(戦前期警察関係資料集)第7巻』(復刻版)不二出版2012)

高木 辰夫 たかぎ・たつお ?-? 1919(大8)年東京神田区(現・千代田区)の三秀舎和文科に勤め日本印刷工組合信友会に加盟する。(冨板敦)〔文献〕『信友』1919年10月号

高木 哲 たかぎ・てつ ?-? 日本自協関東地協のメンバー。1933(昭8)年5月1日芝浦埋立地で行われた全国自連・日本自協合同メーデーに参加,開会宣言をする。(冨板敦)〔文献〕『労働者新聞』30号1933.6,『特高月報』1933.5,「社会運動の状況5」

高木 徳蔵 たかぎ・とくぞう ?-? 新聞工組合正進会に加盟し1924(大13)年夏,木挽町(現・中央区)銀座)本部設立のために2円寄付する。(冨板敦)〔文献〕正進会『同工諸君!! 寄附金芳名ビラ』1924.8

高木 緑 たかぎ・みどり ?-? 1926(大15)年青森県南津軽郡常盤村(現・藤崎町)で暮し農民自治会全国連合に参加。地元の農民自治会を組織しようとしていた。(冨板敦)〔文献〕『農民自治会内報』2号1927

高木 豊 たかぎ・ゆたか ?-? 1919(大8)年東京牛込区(現・新宿区)の秀英舎(市ヶ谷)第二和文科に勤め活版印刷工組合信友会に加盟する。(冨板敦)〔文献〕『信友』1919年8月号

高木 夢二郎 たかぎ・ゆめじろう 1895(明28)?-1970(昭45)11.8 本名・正一,別号康正 名古屋市に生まれ,7歳の時北海道に渡り北海道各地で40年間教鞭をとった。23歳の時函館毎日新聞に短編小説と短歌が入選したが知人の強い勧めにより川柳を始め,川柳鴉社を起こし『川柳すやき』を創刊。札幌に移り,川柳足跡社を結成,『川柳ひかり』を創刊。1935(昭10)年には全国川柳互選会を1人で始めたがいずれも続かず,37年田中五呂八主宰の『氷原』に参加。芸術至上主義による詩的川柳を模索した。五呂八の死による『氷原』,古屋夢村の『影像』の廃刊により『川柳時代』に移った。戦時統制による柳誌統合で残った唯一の革新派拠点『川柳公論』に旧氷原派として参加したが太平洋戦争突入とともに廃刊。戦後は『川柳人』復刊に参加。亡くなる半年程前の井上信子の訪問と懇請を受けて57年8月発行の316号から編集を511号まで17年にわたり務めた。とりわけ天皇制に対しては舌鋒鋭く既成柳壇から反発を招いた。批判精神の止むことを知らず多くの社会批判の句を残したが,句集と句碑に縁のない川柳人生であった。(一色哲八)〔著作〕編著『井上剣花坊伝』剣師生誕百年事業1971〔文献〕『川柳人』1930-1975,『川柳公論』1941,東野大八『川柳の群像』集英社2004,谷口絹枝『蒼空の人井上信子』葉文館出版1998

高木 喜次郎 たかぎ・よしじろう ?-? 1919(大8)年東京京橋区(現・中央区)の三間印刷所和文科に勤め活版印刷工組合信友会に加盟する。(冨板敦)〔文献〕『信友』1919年8・10月号

高倉 金一 たかくら・きんいち ?-? 浜松の遠江印刷同工会のメンバー。1935(昭10)年11月13日無共党事件で検挙されるが不起訴となる。(冨板敦)〔文献〕坪井愛二「斉藤竹雄」『礎をきずいた人々の記録-静岡県における治安維持法弾圧下20年の闘い』治安維持法犠牲者国賠要求同盟静岡県本部1997

高倉 寿美蔵 たかくら・すみぞう 1908(明41)-? 浜松市福地町生まれ。小学校を卒業後,同市日本形染の工員となる。27年同社を退職し実家で草履製造業に従事。26年9月東京での全国水平社解放連盟の結成に静岡から小山紋太郎,杉浦茂夫,小林次太郎と参加する。27年5月静岡市若竹座での福岡連隊爆破陰謀事件の真相発表会を山本林之助,石井小太郎,小林ら全水解県メンバーと開催する。31年遠江印刷同工会に参加。33年8月浜松福地公会堂で高松地方裁

判所差別事件真相発表演説会を開催し小林とともに全国請願隊に参加(途中で小林は小山と,高倉は高倉美代蔵と交替)。34年1月大阪で開かれた第3回全水中央委員会第2回差別糾弾闘争全国委員会で静岡の情勢を報告。40年8月部落厚生皇民運動全国協議会第1回大会に参加,のち理事に選出される。35年11月13日無共党事件で検挙されるが不起訴。(冨板敦)〔文献〕竹内康人「静岡県水平運動史1・2」『静岡県近代史研究』13・14号1987・88,『身上調書』

高桑 久雄 たかくわ・ひさお ?-? 東京朝日新聞社に勤め新聞工組合正進会に加盟。1920(大9)年機関誌『正進』発行のために50銭寄付する。(冨板敦)〔文献〕『正進』1巻1号1920.4

高崎 岩吉 たかさき・いわきち 1896(明29)12.22-? 東京市赤坂区伝馬町(現・港区)に生まれる。1919(大8)年東京京橋区(現・中央区)の中屋印刷所文選科に勤め,活版印刷工組合信友会に加盟。中屋印刷所文選科の組合幹事を担う。同年10月の信友会による8時間労働要求ストを闘う。20年2月25日の信友会役員改選で庶務係に選出される。中津印刷所に移り文選工として勤めSS会に参加,日本社会主義同盟に加盟。23年4月28日の信友会大会で新事務所を四谷区伝馬町(現・新宿区四谷)の高崎宅に置くことが決定される(関東大震災後は正進会と全印連の事務所も同所)。同年のメーデーでデモ指揮をつとめる。24年4月20日全印連第1回大会で開会の辞を述べ,信友会が提出した工場設備および幼年工待遇の件の議案提案説明をする(可決)。7月19日正進会との合同を決議した信友会臨時大会で議長をつとめる。(冨板敦)〔文献〕『信友』1919年8・10月号・20年3月号・21年4月号・22年1月号,『印刷工連合』1・12号1923.6・24・5,『労働運動』4次4号1924.6,水沼辰夫『明治・大正期自立的労働運動の足跡』JCA出版1979

高砂 長一郎 たかさご・ちょういちろう ?-? 1919(大8)年横浜のジャパン・ガゼット社に勤め横浜欧文技術工組合に加盟して活動。同組合設立基本金として1円寄付する。(冨板敦)〔文献〕『信友』1919年8・10月号,1920年1月号

高沢 久侍 たかざわ・きゅうじ ?-? 東京朝日新聞社に勤め東京の新聞社員で組織された革進会に加わり1919(大8)年8月の同盟ストに参加するが敗北。のち正進会に加盟。20年機関誌『正進』発行のために50銭寄付する。(冨板敦)〔文献〕『革進会々報』1巻1号1919.8,『正進』1巻1号1920.4

高下 鉄次 たかした・てつじ 1906(明39)-? 大阪生まれか。大阪貿易語学校を卒業後,工員,外交員などをつとめる。28年夏,鈴木柳介,秋岡潤一とアンソロジー『アナキスト詩集』の刊行を計画。29年5月鈴木の編集によって刊行された『アナキスト詩集』には自らの詩「サッコ・ヴァンゼッチを救へ!」を掲載。同年畠山清身らの『文芸ビルデング』にしばしば寄稿する。(冨板敦)〔文献〕『文芸ビルデング』3巻5号1929.5,鈴木柳介編『アナキスト詩集』アナキスト詩集出版部1929・戦旗復刻版刊行会1983

高階 四郎 たかしな・しろう ?-? 芝浦製作所に勤め芝浦労働組合に加盟し木型木工分区に所属。1922(大11)年12月22日突如縊首される。翌23日同労組の中央委員会(20余名出席)で善後策が協議されさしあたり50円がおくられる。(冨板敦)〔文献〕『芝浦労働』1次3・7号1923.3・24.3

高島 喜一 たかしま・きいち 1901(明34)-? 兵庫県出石郡出石町本町に生まれる。高等小学校卒業後,家業の土木建築請負業を手伝う。24年8月大阪に出て市電車掌となる。大阪市電自助会に加入し同会内のアナキストと交流しアナキズムに共鳴。32年6月同会築港支部長になる。たびたびおきた大阪タクシー会社争議では大阪自動車従業員組合の松田長左衛門委員長が検挙された際に代わって闘争指導をしたこともある。34年10月大阪市電従業員組合結成とともに中央委員となる。35年末無共党事件で検挙されるが警察拘留で釈放。(冨板敦)〔文献〕『身上調書』,『大阪社会労働運動史・下』

高嶋 三治 たかしま・さんじ 1895(明28)2.11-1986(昭61)8.24 別名・参治 兵庫県飾磨郡鹿谷村前之庄岡(現・姫路市)生まれ。10代後半に上京,大学(不詳)に進んだが結核のため転地療養を兼ねて京都へ。その頃大杉栄,近藤憲二,和田久太郎,中村還一,村木源次郎らを知る。アナキズム運動に参加する一方,朝鮮の学生運動家とも親交を深める。日本の特高警察に追われる彼らから学ぶところが多かったようで住所を転々と変えた。名古屋に移ったのは19年頃。偶然のきっかけでテキ屋桜井一家(極東

桜井宗家)の桜井庄之助こと立木左馬之助(1888.5.18-1949.12.31)の身内の知遇を得て、しばらく身を寄せた。当時の桜井一家にはのちに極東関口一家をおこす関口愛治、2代目を継ぐ日野清吉、紺野武男、名取幸雄など一騎当千のつわものがそろっていてその庇護のもとに特高警察の追及をかわしながら活動した。桜井に恩義を感じた高嶋は本気で桜井一家のために稼業に専念、同時に政治活動にも力を注ぐ。23年の関東大震災後、高嶋は暗殺された大杉の報復を決意、朝鮮に渡り爆弾製造に関わり震災時の戒厳司令官福田雅太郎大将暗殺をはかるが、失敗して7年の刑を受け咸鏡北道の清津監獄に収監。大正天皇の死没により釈放され、27年7月名古屋に帰り上野克己、成田政市などと黒潜社を再建、機関紙『黒潜』を発行した。同年12月強盗殺人、爆発物取締法違反容疑で逮捕され翌年6月検察側は論告求刑で無期刑を求めたが、転向を受け入れ第2審で無罪となった。転向をすすめたのは三宅正太郎判事。三宅は名古屋で手広く芸能興行を事業としていた博徒本願寺一家4代目高瀬兼次郎に高嶋の身柄を預けた。高瀬の舎弟として歌舞伎座の支配人に就任、政治活動から身を引き事業家に転身する。大正中期から全国に広がったテキ屋の社会主義運動全国行商人先駆者同盟の流れのなかでは抜きん出た存在で死没するまで極東桜井一家の最高顧問の地位にあった。〔猪野健治〕〔文献〕上野克己「戦線に立ちて」『自由連合主義』1930.7、松尾喜八郎『神農思考』日本神農商業新聞社1970、池田享一『極道の譜1・2』三浦エンタープライズ1981、柏木隆法『千本組始末記』海燕書房1992

高島 米峯 たかしま・べいほう 1875(明8)1.15-1949(昭24)10.25 本名・円、別名・大同、高嶋米峯 新潟県中頸城郡吉川村(現・上越市)生まれ。生家は浄土真宗本派の寺。高田の宗立興仁学校、京都の真宗本派文学寮(現・龍谷大学)を経て東京の哲学館を卒業。在学中からユニテリアン教会に出入りする。卒業後、哲学館創設者井上円了の指名で『東洋哲学』編集に従事する。1899年同窓の境野黄洋、安藤弘らと仏教清徒同志会(のち新仏教同志会)を結成、禁酒、禁煙、廃娼運動を始める。1900年『新仏教』を創刊、丙午出版社をおこし仏教既成教団の頽廃、停滞を批判するとともに仏教書、哲学書を刊行する。幸徳秋水の『基督抹殺論』や堺利彦『売文集』は丙午出版社の刊行。08年松村介石、平野力三創設の心象会に参加、同会は超常現象の研究団体でほかに『珍界団』の野口復堂、同じ浄土真宗出で『自治民政と仏教』(丙午出版社1923)の著者である加藤咄堂らがいた。高島の参加は『妖怪学』の提唱者師井上円了の影響か。11年島田三郎、江原素六、伊藤秀吉らと廓清会を設立、道徳的理想主義の立場から14年東京吉原花魁道中禁止、16年大阪飛田遊郭移転反対、23年廃娼デー設定、25年公娼制度制限法案提案などの運動を繰り広げ、26年6月婦人嬌風会と合同して廓清会婦人嬌風会を設立した。43年東洋大学学長。〔白仁成昭〕〔著作〕『高嶋米峰選集』丙午出版社1941、『心の糧』金尾文淵堂1946、『高嶋米峰自叙伝・回顧談・続自叙伝』合本復刻版・大空社1993〔文献〕菅沼晃「新仏教運動と哲学館 境野黄洋と高嶋米峰を中心に」『印度仏教学研究』97号2000、没後50年記念顕彰書籍刊行会『高嶋米峰』ピーマンハウス2001

高島 宗良 たかしま・むねよし ?-? 1919(大8)年東京神田区(現・千代田区)の文明社印刷科に勤め活版印刷工組合信友会に加盟する。〔冨板敦〕〔文献〕『信友』1919年8月号

高島 洋 たかしま・よう 1916(大5)11.17-1995(平7)1.13 本名・徳市郎、別名・徳一郎 兵庫県武庫郡本山村田中(現・神戸市東灘区田中町)生まれ。32年報徳商業学校退学。仕出し屋の家業を手伝う。36年朝鮮竜山騎兵28連隊入隊。38年北京憲兵教習隊入隊。中国各地を転戦。敗戦時憲兵曹長。46年復員。神戸大丸百貨店保安課に勤務。48年向井孝、山口英、柳井秀らのIOM同盟に参加。49年日亜製鋼(のち日新製鋼)に就職(守衛係)。この頃アナ連に加盟。以後アナキスト詩人高島洋として詩作、労働運動に活躍。戦中、戦後の生々しい実体験に基づく戦争、労働を主題とする詩作品を発表。53年日新製鋼労働組合執行委員。55年労組専従を辞退。非専従副組合長続任のまま職場に復帰。57年鉄鋼労連尼崎地区中央執行委員に推され鉄鋼労連本部に赴任、在京1年。その間詩誌『コスモス』の同人。在京の同志たちとの交流を深める。アナ連内の数少な

い労働運動家として実践活動。アナ連機関紙誌上に労働運動，労働問題に関する発言を重ねる。58年職場に復帰し懇談会グループを結成。のち鉄鋼労働者と自由労働者の交流からなる阪神労働者懇談会(阪神労懇)に発展。60年『労働運動』(1962まで)の編集発行人。この頃神戸でアナキズム研究会を主催。阪神労懇の仲間らと反体制市民運動に参加。64年頃ARF(大阪アナキスト労働者・労生連合)の若い仲間と共闘，反戦・反安保の闘争に参加。66年『労働と解放』(1968まで)を編集。73年『イオム』(1976まで)の編集に参加。83年無政府共同文庫の開設に参画。87年関西アナキストの会(のちのアナキスト連盟，機関紙『自由意思』)の発起人の一人となる。68年のアナ連解散後，旧アナ連の同志たちの運動に対し協力を惜しまなかった一方，アナ連の復活，再生を望む学生，若い労働者たちとも協力関係をもった。時にはいっさいの運動関係から身を引き詩の勉強に没頭したいなどと愚痴をいうこともあったが，その誠実な生き方，人柄のゆえにすべての人から信頼され敬愛された。(前田幸長)〔著作〕『高島洋詩集』コスモス社1972,『揺れる煙管』同1983,『虚しい河』摩耶出版社1987〔文献〕『高島洋追悼録』同刊行会1997

高須 以礼 たかす・いれい ?–? 1919(大8)年東京牛込区(現・新宿区)の秀英舎(市ヶ谷)文選科に勤め活版印刷工組合信友会に加盟する。(冨板敦)〔文献〕『信友』1919年8・10月号

高須 政治 たかす・まさはる ?–? 東印のメンバー。東京印刷深川工場に勤め1926(大15)年3月初めの争議を闘い勝利。同月13日に同工場の従業員と向上会を組織し発会式を行う。21日突如解雇を言い渡され支配人を殴って逮捕，市谷刑務所に収監される。28日不起訴で釈放。4月5日の東印緊急理事会で挨拶をする。(冨板敦)〔文献〕『印刷工連合』35・36号1926.4・5

鷹巣 守人 たかす・もりと ?–? 1926(大15)年長野県北安曇郡社村(現・大町市)で暮し農民自治会全国連合に参加。地元の農民自治会を組織しようとしていた。(冨板敦)〔文献〕『農民自治会内報』2号1927

高杉 一郎 たかすぎ・いちろう 1908(明41)7.17–2008(平20)1.9 本名・小川五郎，別名・すぐろひでお 静岡県田方郡中伊豆町に生まれる。29年東京高等師範学校英語科在学中にエスペラントを独習。東京文理科大学英文学科中退。33年改造社に入社，のち『文芸』編集長となる。在職中東京文理大英文学科に再入学し卒業。37年エロシェンコのエスペラント創作集『ある孤独な魂のうめき』に出会い平易で素直な文章に影響を受ける。44年夏に応召し満州，ハルビンへ。10年余の編集者生活に「私の頭を占めていたのは，ザメンホフに教えられたインターナショナリズムと危機にさらされている日中関係のゆくえだった」(『ひとすじのみどりの小径』)という。45年ハルビンで敗戦，軍事捕虜としてシベリアに4年抑留される。この間エスペラント大国のはずのソ連で一人のエスペランチストにも出会わなかったこと，その秘密がスターリンの言語政策にあったことを復員後に知り反発，戦後の仕事をエロシェンコの後半生を調べることから始める。50年抑留体験記『極光のかげに』を，56年評伝『盲目の詩人エロシェンコ』を刊行。これを機にエロシェンコ作品集の復刻に尽力，59年『エロシェンコ全集』(全3巻みすず書房)を編集する。62年クロポトキン『ある革命家の思い出』，85年同『ロシア文学の理想と現実』を翻訳。高杉は自伝的著作『征きて還りし兵の記憶』を次のように締めくくる。「ぬかるみの道がなおつづくことを覚悟しながら，私はピョートル・クロポトキンの遺言(『倫理学』)に明日のよりよき時代への希望をわずかにつないでいる」(冨板敦)〔著作〕『極光のかげに』目黒書店1950・冨山房百科文庫1977・岩波文庫1991,『盲目の詩人エロシェンコ』新潮社1956(『夜あけ前の歌』岩波書店1982),『中国の緑の星』朝日新聞社1980,『ザメンホフの家族たち』田畑書店1981,『大地の娘』岩波書店1988,『スターリン体験』同1990,『シベリアに眠る日本人』同1992,『征きて還りし兵の記憶』同1996,『ひとすじのみどりの小径 エロシェンコを訪ねる旅』リベーロイ社1997，長谷川テル『嵐のなかのささやき』(訳)新評論社1954，スメドレー『中国の歌ごえ』(訳)みすず書房1957・筑摩書房1994，クロポトキン『ある革命家の思い出』(訳)平凡社1962(『ある革命家の手記・上下』岩波文庫1979)・『ロシア文学の理想と現実・上下』岩波文庫1985〔文献〕『高杉一郎・小川五郎 追想』私家版2009,『エス運動人名事典』

高瀬 幾太郎 たかせ・いくたろう ?–? やまと新聞社に勤め新聞工組合正進会に加

盟。1920(大9)年機関誌『正進』発行のために1円寄付する。(冨板敦)〔文献〕『正進』1巻1号1920.4

高瀬 市太郎 たかせ・いちたろう 1878(明11)頃-? 滋賀県栗多郡葉山村(現・栗多郡栗東市)生まれ。1918年8月10日京都市下京区東七条から始まった米騒動は11日には全市に拡大。日活撮影所小道具係だった高瀬は北野神社前に結集した群衆に2度にわたって演説。「我輩は月給22,3円取っているが之で家族4人を養うのは誠に困難」「諸君やらぬか,躊躇する場合ではない」と決起を促した。西陣署は100人の警官で解散させたが群衆はさらに増え米商を襲う。首謀者とみなした18人の逮捕でも事態は収まらずついには全国初の軍隊出動となった。米騒動は「東七条の民衆にとって自信と勇気」を与えたが一方「騒いだ所には弾圧をまじえた差別政策」(朝田善之助)が強化される結果ともなった。(西村修)〔文献〕『七条部落解放史』部落解放同盟京都府連合会1987,井上清・渡部徹『米騒動の研究1』有斐閣1959

高瀬 清 たかせ・きよし 1901(明34)10.12-1973(昭48)8.7 岐阜県大野郡高山町(現・高山市)生まれ。斐太中学を中退後,東京中央商業学校を卒業,19年早稲田大学予科に入学する。在学中の20年5月高津正道,中名生幸力らと暁民会を結成した。翌21年10月社会主義運動参加を理由に早大を退学になるが,9月には暁民会の代表として極東民族大会出席のためモスクワに向けて離日した。22年6月に帰国し徳田球一らとともに堺利彦,山川均に共産党結成を要請,7月には共産党創立大会が開催された。第1次共産党事件で服役後,共産党グループには参加せず26年3月堺真柄とともに無産社をおこし『大衆』を創刊。28年日本大衆党に入党,以後全国大衆党,全国労農大衆党,社会大衆党と歩んだ。(奥沢邦成)〔著作〕『日本共産党創立史話』青木書店1978〔文献〕太田雅夫ほか「『暁民共産党』と第1次日本共産党」『近藤栄蔵自伝』ひえい書房1970

高瀬 慶次 たかせ・けいじ ?-? 1919(大8)年東京京橋区(現・中央区)の国文社和文科に勤め日本印刷工組合信友会に加盟する。(冨板敦)〔文献〕『信友』1919年10月号

高瀬 藤五郎 たかせ・とうごろう ?-? 1919(大8)年東京京橋区(現・中央区)の秀英本舎文選科に勤め日本印刷工組合信友会に加盟する。(冨板敦)〔文献〕『信友』1919年10月号

高相 順一 たかそう・じゅんいち ?-? 1919(大8)年東京京橋区(現・中央区)の秀英本舎和文科に勤め活版印刷工組合信友会に加盟する。(冨板敦)〔文献〕『信友』1919年8・10月号

高田 集蔵 たかた・しゅうぞう 1879(明12)10.1-1960(昭35)10.10 別名・竹鄰 岡山県真庭郡勝山町に生まれる。19歳でキリスト教の洗礼を受ける。神戸,大阪の生活を経て17年生活困難から上京する。この間九津見房子と再婚。個人紙『独立』『村落通信』を発行。人間性の善を信じつつ清貧生活を貫いた。上京後資本主義生産に関わることをいっそう厳しく拒否し自給自足生活に徹した。結局収入の道なく九津見との結婚生活も終わりを告げた。貧窮のなかにも明治末から自ら活字を拾い発行した個人紙を通して自らの生活,宗教,思想の発信を継続した。その個人紙は中里介山,江渡狄嶺,宮崎安右衛門,後閑林平らに大きな影響を与えた。宗教や思想も独特でキリスト教,大本教,四書五経などに広く関心を寄せ,科学的考察から心霊実験など霊的対応にわたる宇宙的視野,また自然科学や社会科学を包み込む既成の枠を超える視野で新しい世界と生活を創造する努力を続けた。日露戦争を含め戦争と軍備を受け入れず平和主義を貫いた。(小松隆二)〔著作〕『聖痕』聖書文学会1922,『木の葉』流水文庫1931,『対応と言葉』昭和書房1926,『善の宗教』私家版1938・復刻版高田集蔵著書刊行会1995〔文献〕高田満穂『高田集蔵追悼録』私家版1970,大竹一灯子『母と私 九津見房子との日々』築地書館1984,小松隆二『大正自由人物語』岩波書店1988,『エス運動人名事典』

高田 博厚 たかた・ひろあつ 1900(明33)8.19-1987(昭62)6.17 石川県鹿島郡矢田郷村(現・七尾市)生まれ。父が福井市で弁護士を開業したため移転。13年福井中学に入学,ニーチェ,クロポトキン,ロマン・ロランなどとともに『白樺』を読んだ。18年上京,19年東京外国語学校伊語科入学,21年中退。高村光太郎,尾崎喜八,高橋元吉,岸田劉生,片山敏彦らと交わる。ロダンに傾倒し彫刻家を志し27年大調和展に出品し受賞。同年高村らと「新しき共産村」をつくり

共同理想生活を試みる。この頃草野心平らとも交流があった。28年には自宅アトリエで『無産者新聞』の発送などに協力していた疑いで荻窪署に留置される。隣房は福井中学の後輩中野重治だった。31年渡仏，ロダン，ブールデル，ルオー，アランらと交友する。40年毎日新聞社在仏特派員，49年読売新聞社通信員となりヨーロッパの動向を日本へ紹介，59年秋帰国後も多くの翻訳や著作を残した。（川口秀彦）〔著作〕『高田博厚著作集』全4巻朝日新聞社1985〔文献〕黒の会編『同時代』39号1981.12

高田　格　たかだ・かく　?-?　別名・国　1925（大14）年11月大沼渉，陀田勘助，時永良一らと東京小松川（現・江戸川区）で黒旗社を結成，『黒旗』（2号まで）を創刊，発行・編集人となる。江東自由労働者組合（のち東京自由）にも参加，中心となって活動。26年黒連に加盟し6月黒連主催の水戸市での文芸講演会では大沼，陀田，岩佐作太郎，八太舟三，横山楳太郎らとともに弁士中止をくいながら演説した。解散後の市内デモ行進で逮捕拘留された。8月静岡市での黒連中部連盟演説会では事務所を警官に襲われ八太，広瀬わからとともに検束され，のち北海道に渡る。9月16日札幌で札幌労働組合主催の社会問題演説会（弁士岩佐ら）に参加，以後も演説会は岩見沢，深川，滝川，旭川と続き，29日小樽では北海黒連発会記念演説会が開催され岩佐らとともに参加しいずれも警官隊との乱闘のうちに散会した。28年全国自連第2回続行大会に東京自由のメンバーとして参加，退場した。のちボルに転向した。（奥沢邦成）〔文献〕『黒色青年』2・4・7・10号1926.5・7・9・12・27.3・7，『自由連合』23号1928.4

高田　国　たかだ・くに　▷高田格　たかだ・かく

高田　群次郎　たかだ・ぐんじろう　1871（明4)-1953（昭28）1.17　号・屋漏子　埼玉県秩父郡槻川村（現・東秩父村）に生まれる。地元の教員となり熊沢蕃山，王陽明，内村鑑三の影響を受ける。1906（明39）年槻川村村長に選ばれる。まず村是五網領（自治の振興，民力の充実，教育振張，保健の増進，民風の作興）を制定，村内の国有林を村有化した。28（昭3）年初め非政党同盟の活動で県内をまわっていた渋谷定輔と川島甚一が来訪する。渋谷は『農民自治』（15号）にレポートを載せ「農民自治主義を着々として，実現化しつつある我等理想の自治農村，槻川村」「我等農民自治の父，槻川村村長高田群次郎氏」と記している。渋谷から機関誌『農民自治』の題字を依頼されて揮毫，15号-17号の表紙に使用された（なお同誌15・16号の表紙絵は横井弘三による木版画である）。32年槻川村塾を開設。47年H.ホイヴェルス神父から受洗。49年現東秩父村坂本，落合橋のたもとに「高田群次郎先生頌徳碑」が建てられた。53年1月19日カトリックによる村葬が執り行われた。（冨板敦）〔文献〕渋谷定輔「一つの見本　自治農村槻川村を訪ふ」『農民自治』15号1928.2，関根茂章『師父列傳―わが内なる師父たち』邑心文庫1996

高田　公三　たかだ・こうぞう　1898（明31)-?　1914年頃欧文印刷工組合欧友会のメンバーとなる。16年欧文植字工組合信友会の創立に関わる。渡辺政太郎の研究会に参加し大杉栄らを知る。機関紙『信友』に寄せた「職長就任を制限せよ」という主張が組合員である職長らの憤激を買い幹事会で問題になる。19年ジャパン・アドヴァタイザー新聞社の欧文植字工の時に徴兵検査があり「自己は無政府主義者なるをもって軍備の必要は絶対に認めず。従って兵役に服することもまた絶対に望まず」と述べる。12月1日麻布の歩兵第3連隊に若林やよ宅から鈴木重治，高尾平兵衛，延島英一，近藤憲二，山本智雄，車隆三，松本文充郎らに見送られて入営。鈴木は横浜赤旒会の赤旗を掲げ松本は「祝入営社会主義者高田公三君」と書いた白旗を掲げていた。信友会メンバー十数人は営内に入り「社会党万歳」を高唱する。満州に行き南満州郭家店守備隊三中隊二班に所属，22年5月頃除隊。23年6月5日に創刊された正進会・信友会合同機関紙『印刷工連合』の編集兼印刷人となる。（冨板敦）〔文献〕『信友』1919年8・10月号/20年1・8月号/21年2・3月号/22年1・6月号，『労働運動』1次2号1919.11.3次5号1922.6，『印刷工連合』1・3号1923.6・8，水沼辰夫『明治・大正期自立的労働運動の足跡』JCA出版1979，『社会主義沿革1・2』

高田　鉱造　たかだ・こうぞう　1904（明37）8.16-1998（平10）9.16　別名・悟風，大村宏　名古屋市南区御園町生まれ。時計商の長

男。09年大阪に移り17年鯰江尋常小学校を卒業し時計商の見習いとなる。翌18年に米騒動を目撃した。同年大阪砲兵工廠に就職。この頃から文学書に親しみかつ社会問題に関心をもつようになった。向上会に入り大阪最初のメーデーに参加。アナキズムの影響を受け23年には大杉栄の虐殺事件に触発されて職を辞して上京，労働運動社を訪れようとしたが果たせず帰阪。郵便集配手をはじめ職を転々としながら労働運動に従事，26年評議会鯰江支部に参加し多くの争議を指導した。28年共産党入党，三・一五事件に先立って検挙され懲役5年の判決を受ける。34年福田狂二の社会運動通信社に入社，のちに矢次一夫の『労働週報』の編集長となり上京するが，38年再検挙された。（奥沢邦成）〔著作〕『一粒の種』大阪労働運動史研究会1991

高田 治作 たかだ・じさく 1891（明24）2.19-1955（昭30）8.12 本名・次作，別名・紅果 北海道小樽区色内（現・小樽市）に生まれる。私立の商業学校に学ぶ。06年2月保険代理業奥田商会に勤務。文学を愛好していたが思想問題に関心を深め社会主義文献を愛読。07年11月石川啄木と知り合い師事す。08年1月4日碧川企救男や大滝由太郎が主催した西川光二郎，添田啞蟬坊の社会主義演説会を傍聴し座談会にも出る。啄木の社会主義思想の理解度に軽い失望を感じる。『スバル』に投稿。10年初頭春鳥詩社を組織し『詩と創作』を創刊。小樽最初の社会主義系文学誌であった。11年1月下旬塚原辰吉と短歌大会に出席。幸徳秋水をしのぶ歌を発表。12月入営。啄木から「君の入営を悲しむ」と書いた手紙をもらう。入営中社会主義者として視察の対象になっていることに気がつく。兵営生活での二等卒の悲しみを詠じる。除隊後社会主義の影響の濃い文芸雑誌『海鳥』『白夜』『ニホ笛』を次々と発行。15年秋『新社会』の読者となる。18年1月有島武郎に共鳴する人々と『おれたち』を創刊。3月13日島崎庄一郎，塚原辰吉，出口豊泰とともに武林無想庵を囲む座談会を開催。19年2月15日思想団体小樽啓明会を結成。特別要視察人乙号に編入される。思想講演，音楽会，絵画展などを開催。小林多喜二は常連であった。啓明会で婦人問題を取り上げようと提案したが大西猪之介が死没したため実現しなかった。22年『北方日本』の編集にあたる。菊岡久利，寺田格一郎らアナキスト青年との交際が始まりアナキズムに傾く。啄木の思想を高く評価するようになる。26年思想要注意人（無政府主義）に編入替えとなる。15年戦争期には越崎宗一とともに小樽書物同好会を組織。敗戦後このメンバーを中心に小樽啄木会を組織。小樽市富岡町で死没した。生涯，小樽から離れず民間文化運動を指導した。（堅田精司）〔文献〕『社会主義沿革1』，『思想要注意人調』北海道庁警察部1927，『特別要視察人・思想要注意人一覧表』同1928

高田 保 たかだ・たもつ 1895（明28）3.28-1952（昭27）2.20 別名・羊軒 茨城県新治郡土浦町（現・土浦市）生まれ。祖父の代まで土浦藩の右筆で，祖父母の墓参に父と同伴したことから幼少時から浅草になじむ。土浦中学に1番で入学。2番は作家下村千秋。教師に北昤吉（一輝の弟）がいた。13年早稲田大学英文科に入学。在学中に宇野浩二，片岡鉄兵と劇団美術劇場に参加する。17年早大卒業後『活動の世界』『活動画報』の記者を経て18-22年根岸興行の文芸部に籍を置き浅草オペラ全盛時代に半放浪生活を送る。19年喜歌劇「トスキナ」の作者獏与太平（古海卓二）を知り『オペラ評論』に「トスキナ」の脚本を掲載する。20年秋金竜館でわが国初の本格的歌劇「カルメン」の上演を手がけるが不評に終わる。この時期に芥川竜之介，金子洋文，辻潤，大杉栄，広津和郎を知る。22年帝劇の懸賞に応募し舞踏劇「案山子」が入選。関東大震災まで菊富士ホテルに逗留する。23年末根岸興行主の娘むめと入籍。24年春新国劇を経て26年頃から社会主義演劇に没頭する。29年新築地劇団に参加，「西部戦線異状なし」などを脚色。30年6月共産党シンパの容疑で検挙されるが2カ月後伶吉の尽力で起訴猶予。33年12月東京日日新聞社文芸部に籍を置く一方，36年再び新国劇に拠り「斬られの仙太」の脚色演出をする。37年10月従軍記者として上海に赴くが48時間で帰還。以後は新生新派など商業演劇に活躍。43年喀血のため神奈川県大磯に移住。戦後は『毎日新聞』に「ブラリひょうたん」を連載し好評を博した。その生涯は思

想的淫奔性を抱えながら反権力的姿勢を貫いた。「ブラリ」とは宙に浮く姿であった。(黒川洋)〔著作〕戯曲集『人魂黄表紙』原始社1927,『宣伝』塩川書房1930, 随筆集『舗道雑記帳』時潮社1933,『風話』和敬書房1948,『ブラリひょうたん』創元社1950,『第2ブラリひょうたん』同1950,『第3ブラリひょうたん』同1951,『河童ひょうろん』要書房1951, 小説集『青春虚実』創元社1951,『高田保著作集』全5巻同1952・53〔文献〕青地晨『野次馬列伝』毎日新聞社1971, 夏堀正元『風来の人』文芸春秋1979, 榊原勝『高田保伝』風濤社1982

高田 政孝 たかだ・まさたか ?-1922(大11)頃 埼玉県秩父郡に生まれる。埼玉師範を卒業後, 入間郡川越尋常小学校に勤める。19年8月下中弥三郎らの啓明会結成を知り, 同年11月郡内の青年教師とともに入間啓明会を結成, 啓明会に合流し20年1月上京して専任幹事となる。平井昶と並んで創立期の啓明会を担った活動家である。啓明会には教員の教化運動をめざす流れと組合運動化をめざす流れとがあり, 前者の中心が平井, 後者の中心が高田だった。いずれも下中の教え子。高田は「教育者に教員組合が必要なるは労働者に労働組合が必要なのと同様である」(『啓明』2号1919.11)と主張している。20年5月啓明会は第1回メーデーに参加し高田は下中の提唱で結成された労働組合同盟会の会計検査役に選ばれる。だが啓明会の「左傾化」に会員の動揺は大きく脱落者が相次ぎ, 失望した高田は「ねむつてをるものは自らさめる外ない, 余計なおせつかひはもうやめだ」と諦めの心境に達しまもなく死没した。啓明会はその後ふたたび当初の教化団体へと戻っていく。(大澤正道)〔文献〕下中弥三郎『誇つてよいと私は思ふ』『文化運動』1924.9,『万人労働の教育』平凡社1974,『下中弥三郎労働運動論集』同1995)

高田 良幻 たかだ・りょうげん 1894(明27)9.23-1993(平5)1.23 本名・一太郎, 別名・大堀近雄 福山市本町に生まれる。07年兄に引き取られ大阪に出て土佐堀キリスト教会英語学校を卒業。12年仏門に入る(大津市長安寺)。13年時宗本山遊行寺内の宗学林に入学し藤沢市で全寮生活を送る。18年入営する学友の送別会で「すでに仏徒である身が人殺しの兵士になれやうか。非戦不殺生を脳裡に銘じてもらひたい」との言葉を送る。卒業間際, 寄せ書き文集に「二千五百年の偶像を葬れ」という文を書いたことが「不敬」にあたるとして放校処分となり大阪に戻る。19年上京, 第1次『労働運動』に影響を受ける。甲府市で甲府日報社の記者となり20年9月市内谷村劇場で岩佐作太郎, 近藤憲二らを招いて演説会を開催, 自らも演説(演題「略奪の組織」)。その後岩佐宅での居候を経て21年再び甲府に行き, 10月矢崎源之助(三恵村), 小沢景勝(甲府市), 片平茂雄(富川村)ら17人で組織された革人会に加わる。22年1月『山梨民報』に投稿した「一月二十四日」と題する幸徳秋水に関する記事で検挙される(不起訴)。22年甲府49連隊の見習士官候補生で軍曹の園田後藤太と連隊への革命歌ビラ配付を計画するが印刷したところで発覚。7月18日革人会の矢崎, 小沢, 片平, 仙洞田正治郎と検挙される。矢崎は禁錮5カ月, 小沢, 片平, 仙洞田は3カ月。高田は分離裁判となり不敬罪が加重されて懲役2年。24年出獄後は福田狂二の社会運動通信社大阪支局記者などをつとめた。支局解散後は僧職に戻り全国各地の寺を転々, 小浜市の称念寺で敗戦を迎える。48年日本共産党に入党, その後離党を申し出る。80年代は反原発運動に関わり86年僧籍を剥奪される。93年新見市で死没。「アナ・ボル対立をあまり意識しないままの反戦・反軍・反天皇」(向井孝)の人だった。(冨板敦)〔文献〕『労働運動』3次3・4・7号1922.3・4・9, 向井孝「八代と良幻・上下」『黒』2・3号2000.9・11, 大杉彦助『山梨思想運動史』山梨思想問題研究所1950, 社会問題資料研究会編『昭和7年自1月至6月社会運動情勢 東京控訴院管内・下』東洋文化社1979

高田 和逸 たかだ・わいつ 1895(明28)6.2-1970(昭45)8.27 静岡県駿東郡御殿場町(現・御殿場市)に生まれる。尋常小学校卒業後, 古物商, 町工場に勤め17年5月芝浦製作所に仕上工として入社, 友愛会に出入りし東京電気・機械鉄工組合に加盟する。21年友愛会の棚橋小虎が「労働組合に帰れ」(『労働』1月号)を書いたことに対してサンジカリズムの立場から公然と批判, 友愛会内のサンジカリストとして活動。同年4月吉田一らの『労働者』同人となる。5月日本社会主義同盟第2回大会で執行委員に選出。22年9月30日大阪天王寺公会堂で開かれた日

本労働組合総連合大会に東京鉄工組合を代表して参加，「中央集権に反対するが，合同必ずしも中央集権ではない」と演説，議論は白熱し大会は中止・解散となる。関東大震災直前に運動から退く。(冨板敦)〔著作〕『謎の労働紛議 芝浦事件の真相』友愛会芝浦支部出版部1920〔文献〕『労働運動』2次1号1921.1・3次4号1922.4，『労働者』1号1921.4，水沼辰夫『明治・大正期自立的労働運動の足跡』JCA出版1979，荒木伝『大阪社会運動の源流』東方出版1989，『解放のいしずえ』新版

高谷 久次郎 たかたに・ひさじろう ?-? 1919(大8)年東京深川区(現・江東区)の東京印刷深川分社鋳造科に勤め活版印刷工組合信友会に加盟する。(冨板敦)〔文献〕『信友』1919年8月号

高地 伝次郎 たかち・でんじろう ?-? 1920(大9)年11月30日京都の高山義三除隊記念会で荒畑寒村，金咲道明，三野啓逸，鍋山貞親，奥村甚之助，大西昌と検挙される。第3次『労働運動』1号は個人消息欄で「奥村甚之助，高地伝次郎君は荒畑君と同事件で懲役3カ月を終え，奥村君は(21年12月)23日，高地君は25日出獄する」と報じる。(冨板敦)〔文献〕『労働運動』2次1・12号1921.1・6・3次1号1921.12

高津 正道 たかつ・せいどう 1893(明26)4.20-1974(昭49).1.9 広島県御調郡羽和泉村羽倉(現・三原市)生まれ。真宗本願寺派南光寺住職の長男。幼時に両親を失い18歳で京都の正則学校に学び21歳で本願寺の教師試験に合格，郷里の寺を継ぐ。しかし京都時代に抱いていた仏教改革の志が幸徳秋水の著作などを通して政治へと向けられるようになった。18年妻を伴って上京し早稲田大学文学部哲学科に入学，雄弁会に属するとともに北風会に出入りした。19年高瀬清，川合義虎らと学外に暁民会を結成。20年8月日本社会主義同盟準備会には暁民会を代表して発起人となるがそれが問題視されて11月には中名生幸力らとともに早大放校処分を受ける。21年大杉栄，近藤栄蔵らとともにアナ・ボル協同戦線をめざした第2次『労働運動』を創刊。同誌でのアナ・ボル協同の破綻後，4月コミンテルン日本支部(日本共産党準備委員会)結成に加わる。23年6月第1次共産党事件ではソ連へ亡命したが24年帰国，禁錮10カ月の判決を受けて入獄した。27年出獄後は福本イズムに反対し共産党から離れ，以後は無産政党，労農派に属し敗戦後は社会党に参加した。(奥űち邦成)〔著作〕「暁民会前後の思い出」『労働運動史研究』12号1958〔文献〕野口義明『無産運動総闘士伝』社会思想研究所1931，近藤栄蔵『近藤栄蔵自伝』ひえい書房1970，『エス運動人名事典』

高塚 伝右衛門 たかつか・でんえもん 1891(明24)-? 長野県北佐久郡協和村(現・佐久市)に生まれる。小学校卒業後，農業を営む。朝倉重吉と交流し1925年2月28日協和村水平社を創立し執行委員長となる。「高塚伝右衛門などは，(朝倉重吉の)強力な支持者であったようです」(南沢袈裟松)。(冨板敦)〔文献〕秋定嘉和・西田秀秋編『水平社運動1920年代』神戸部落史研究会1970，『水平運動史の研究5』部落問題研究所1972，宮崎晃『差別とアナキズム』黒色戦線社1975

高梨 二男 たかなし・つぐお 1896(明29)3.27-1953(昭28).7.5 別名・次雄 静岡県田方郡韮山村(現・伊豆の国市)に生まれる。父親が放蕩者で01年に出奔。10年足尾銅山古河鉱業所の鉱夫となり19年大日本鉱山労働同盟の結成と同時に加盟。同年11月足尾銅山古河鉱業所争議を闘い高野松太郎らと検挙される。22年第3次『労働運動』は団体消息欄で「大正8年10月の足尾銅山同盟罷業で騒擾罪として刑期6カ月に処せられた高梨，可児両君が(22年)2月中旬出獄したので，2月14，15日の両日，通洞と本山とで盛大な出獄歓迎講演会を開催した」と報じる。28年全国労農大衆党に参加。戦前は東京市議，府議，戦後は社会党に加盟，都議，都議会副議長をつとめる。(冨板敦)〔文献〕『労働運動』1次3号1920.1・3次3号1922.3

高波 啓作 たかなみ・けいさく ?-? 万朝報社に勤め東京の新聞社員で組織された革進会に加わり1919(大8)年8月の同盟ストに参加するが敗北。のち正進会に加盟。20年機関誌『正進』発行のために1円寄付。また24年夏，木挽町(現・中央区銀座)正進会本部設立のためにも1円寄付する。(冨板敦)〔文献〕『革進会々報』1巻1号1919.8，『正進』1巻1号1920.4，正進会『同工諸君!! 寄附金芳名ビラ』1924.8

高根 伝四郎 たかね・でんしろう ?-? 1919(大8)年横浜の港栄舎に勤め横浜印刷技工

組合に加盟，同組合の副理事長を山口富蔵と担う。(冨板敦)〔文献〕『信友』1920年1月号

高野　さん　たかの・さん　?-?　1919(大8)年東京神田区(現・千代田区)の三秀舎に勤め日本印刷工組合信友会に加盟する。(冨板敦)〔文献〕『信友』1919年10月号

高野　信太郎　たかの・しんたろう　?-?　1919(大8)年東京神田区(現・千代田区)の三秀舎文選科に勤め日本印刷工組合信友会に加盟する。(冨板敦)〔文献〕『信友』1919年10月号

高野　宗　たかの・たかし　?-?　1919(大8)年東京京橋区(現・中央区)の国文社和文科に勤め日本印刷工組合信友会に加盟。のち新聞工組合正進会に加わり24年夏，木挽町(現・中央区銀座)正進会本部設立のために5円寄付する。(冨板敦)〔文献〕『信友』1919年10月号，正進会『同工諸君!! 寄附金芳名ビラ』1924.8

高野　武二　たかの・たけじ　1891(明24)6.7-?　別名・冬江，紅鳥　東京府南多摩郡川口村(現・八王子市)に生まれる。1919(大8)年6月まで甲号特別要視察人とされていた。20年平民大学夏期講習会に出席。同年日本社会主義同盟に加盟，小石川区大塚窪町(現・文京区)に住んでいた。21年東京北郊自主会に出入りし23年第1次共産党事件で検挙，起訴される。36年城西消費購買組合の杉並区内組合員だった。(冨板敦)〔文献〕『警視庁思想要注意人名簿(大正10年度)』

高野　八郎　たかの・はちろう　?-?　1919(大8)年東京京橋区(現・中央区)の国光社和文科に勤め日本印刷工組合信友会に加盟する。(冨板敦)〔文献〕『信友』1919年10月号

高野　ハナコ　たかの・はなこ　1903(明36)-1933(昭8)3.22　旧名・伊藤花子　萩市出身。24年義兄長山直厚を頼って上京し労働運動に参加する。26年高野実と結婚。活動を続ける一方タイピストとして家計を支えた。文化運動にも加わり伊藤名で『文芸戦線』に作品を発表。(奥沢邦成)〔文献〕『解放のいしずえ』旧版

高野　松太郎　たかの・まつたろう　1892(明25)-1943(昭18)3.9　石川県金沢に生まれる。栃木県の足尾鉱山に行き坑夫となる。19年8月大日本鉱山労働同盟に加盟。9月東京明治座での第1回国際労働会議への桝本卯平代表選出反対演説会で京谷周一と検挙され，11月には足尾銅山古河鉱業所争議を闘い高梨二男，京谷らと検挙される。21年第2次『労働運動』3号に鉱山労働組合3団体が合同したことを報じる「全日本鉱夫総連合会」の記事中，和田久太郎は「(大日本鉱山労働同盟)の会長はモト足尾の飯場頭だった松葉鑑寿老で福田秀行，綱島正興の二君は顧問として活動した。殊に福田君はサンジカリズム的の思想を有し，それ等の思想的影響を受けた幹部労働者には，京谷周一，高野松太郎，関谷博，河村義弥などの，闘士があった」と記した。同年4月に創刊された『労働者』の足尾地方同人となる。5月日本社会主義同盟第2回大会で検束。22年第3次『労働運動』に詩「囚人の歌へる」を寄せる。同年10月吉田順司，殿水藤之助と『労働者』の後継誌『民衆の力』を創刊する。この後しばらくして作家の北川千代と結婚，東京府北豊島郡三河島町(現・荒川区)の労働者街，千葉県山武郡蓮沼村に暮らした。(冨板敦)〔文献〕『労働運動』1次2・3号1919.11・20.1/2次3・12号21.2・6/3次3号22.3，『労働者』1号1921.4，『民衆の力』1922.10，『資料大正社会運動史』，江刺昭子『覚めよ女たち』大月書店1980

鷹野原　長義　たかのはら・ながよし　1905(明38)10.10-1978(昭53)4.15　長野県諏訪郡湖東村(現・茅野市)生まれ。22年高等小学校卒業後，農業に従事しながら近隣農家の手伝い製糸工場の臨時工として働く。小学校時代からの親友で『信濃新聞』記者となっていた海野高衛からアナキズムを知りまた笹岡栄，高岡兼次郎，竹内仲之らと交わる。26年6月海野の紹介で『信濃新聞』の見習記者となったが，7月の徴兵検査の時に検査用写真の裏に「軍国主義反対」などと書き込んで提出したことで物議をかもし小県郡大門村(現・長門町)に移住する。その後海野を通じて島津徳三郎，南沢袈裟松，矢崎義久，山田彰を知る。伐木運搬夫などをしながら大門村の青年たちと読書会を開きアナキズム思想の啓蒙をはかるなど同村を拠点に本格的な活動を展開する。31年3月宮崎晃「農民に訴ふ」に衝撃を受け農青社への積極的参加を表明し，5月同論文を大門村公報『大門時報』に連載。8月八木秋子を迎えて県内の全村運動について協議，10月には岩佐作太郎，八木を講師としてアナキズム講演会を開催した。32年には大門村以外の

県内同志との連絡と会合が頻繁となり4月『信州自由連合』の刊行を協議し、9月には農青社解散声明が出るが南沢らと連絡をとりつつ自主分散、居村を拠点にした運動を継続する。第2次『黒色戦線』や『黒旗』を配布する一方、同村の不況対策委員会に参加、電灯料値下げ運動などを展開。34年3月南沢らと信州アナキスト連盟の設立を協議するが、同年暮れ大門村での農業に専念するため運動を断念し立憲養正会に加入した。35年11月無共党事件への嫌疑、次いで農青社事件で検挙されて起訴、懲役2年執行猶予4年の判決を受けた。敗戦後はアナ連に加盟、全国委員となり長野地方の運動に尽力、『平民新聞』にも「まさに再思三省のとき」(47号1947.11.7)など提言や報告をしばしば寄稿した。72年農青社運動史刊行会の同人。(奥沢邦成)〔文献〕大久保貞雄『長野県社会運動秘録』全6巻私家版1948、『資料農青社運動史』、『大門時報』縮刷版大門史学会1989、『農青社事件資料集』

高場 乱 たかば・おさむ 1831(天保2.10.8)11.12-1891(明24)3.31 博多(現・福岡市博多区)生まれ。男装・帯刀の眼科医、漢学者。興志塾(通称・人参畑塾)主宰。玄洋社生みの親と称される。門下からは武部小四郎など士族反乱(明10・福岡の変)の指導者、箱田六輔、平岡浩太郎、頭山満、来島恒喜ら自由民権運動、玄洋社で活躍した人々が輩出した。反乱を扇動した疑いで福岡の変終結後に収監されたが、負け戦となったことが自分が指導しなかった証拠だと主張し釈放された。玄洋社員名簿の中でただ一人の女性。福岡藩医の孫。廃校となった福岡藩校甘棠館の流れを汲む亀井暘洲(南冥の孫)に学び亀門の四天王と称された。帯刀は藩の許可を受けたもので、牛や馬に乗るなど平生のふるまいは女と思われなかったという。「人参畑の婆さん」と親しまれた。福岡市博多区博多駅前4丁目(旧・那珂郡住吉村字人参畑)に人参畑塾址碑(頭山満書)が、博多区崇福寺内玄洋社墓地に頭山、来島と並んで高場の墓がある(題字は勝海舟書)。(石瀧豊美)〔文献〕石瀧豊美「高場乱小伝」『暗河』17号1977.12・18号1978.3、石瀧豊美『増補版 玄洋社発掘 もうひとつの自由民権』(「高場乱小伝」収録)西日本新聞社1997、石瀧豊美『玄洋社・封印された実像』海鳥社

2010

高橋 市次郎 たかはし・いちじろう 1890(明23)9.19-1981(昭56)2.24 長野県南佐久郡中瀬村大字瀬戸(現・佐久市)に生まれる。農業に従事。長野県水平社運動のボル派の代表的活動家。1929(昭4)年から3年間、長野県水平社執行委員長を務める。35年12月28日、居住していた平賀村(現・同市)で農青社運動の支持者、『農村青年』の読者であるとして検挙。同月釈放される(不起訴)。(冨板敦)〔文献〕『無政府共産党(革命結社「農村青年社」)検挙状況ノ件(昭和11年5月19日)』、青木恵一郎『改訂増補 長野県社会運動史』巌南堂書店1964、『農村青年社事件資料集Ⅰ・Ⅲ』、『部落問題・人権事典』解放出版社2001

高橋 一郎 たかはし・いちろう ?-? 1919(大8)年東京京橋区(現・中央区)の中屋印刷所和文科に勤め日本印刷工組合信友会に加盟する。(冨板敦)〔文献〕『信友』1919年10月号

高橋 岩之助 たかはし・いわのすけ 1889(明22)-? 長野県南佐久郡青沼村入沢(現・佐久市)生まれ。青沼村小学校を卒業後、野沢中学に入学。同校を4年で中退し農業に従事。1923年3月群馬県太田町(現・太田市)での関東水平社創立大会に招かれ出席、水平社綱領・宣言書を持ち帰る。24年4月24日小諸町高砂座での長野県水平社創立大会を朝倉重吉、高橋滝司らと開催、当日の座長となる。10月7日臼田町佐久良座で佐久水平社創立大会を開き副執行委員長に選出される。南沢裂裟松、藤井武夫、三上由三、古川時雄らと交流。34年秋群馬県での陸軍大演習への天皇出席を機に行われた長野県下アナ系メンバーへの予防拘禁にあう。35年末頃無共党事件で検挙されるが不起訴。無共党事件当時、信濃同仁会南佐久支部入沢区の代表者だった。(冨板敦)〔文献〕『身上調書』、大井隆男『農民自治運動史』銀河書房1980、部落問題研究所編・刊『水平運動史の研究5』1972、宮崎晃『差別とアナキズム』黒色戦線社1975、『農青社事件資料集Ⅰ・Ⅲ』

高橋 和巳 たかはし・かずみ 1931(昭6)8.31-1971(昭46)5.3 大阪市浪速区生まれ。釜ケ崎近隣の町工場自営業者の二男で祖母と母が熱心な天理教信者。空襲での自宅焼失、香川県への疎開などののち48年旧制松江高校最後の入学生、49年新制京都大学文

学部最初の入学生となる。松高在学中に埴谷雄高「死霊」を知り傾倒する。京大では作家をめざす文学同人活動のかたわら，50年共産党に入党申請して細胞会議に出たり(入党はせず)，52年破防法反対ストに対する処分に抗議してハンストに参加したりしながら，埴谷に次ぐ日本第2のジャイナ教徒と自称して文学，哲学，宗教などを研究。54年京大大学院中国文学科に進学，56年同人誌仲間の紹介で初めて埴谷に会う。61年「逸脱の論理　埴谷雄高論」が『近代文学』に掲載され翌62年『悲の器』で第1回文芸賞を受賞，これ以後次々に発表される小説や評論が60年代後半の反戦・学園闘争のなかで多くの読者を獲得する。作中での自由連合主義や直接行動への言及がほぼ同時期のフランス5月革命の思想などと重なって非党派型の運動を模索していた学生・青年層に歓迎された。学園闘争にも真剣に対していたが，自己否定の不徹底さを「清官教授を排す」として京大生の壁新聞が指摘，69年秋病に倒れたこともあって70年春に京大助教授を苦悩のなかで辞任し，71年に再起できないまま死没する。病中の執筆活動は旺盛で，三島由紀夫の自死から約半年後の死は闘いの中での敗北死のような衝撃を読者に与え3000人を超す若者が青山斎場での葬儀に参列した。なお69年に発足した麦社(アナ連解散後，アナ的運動の後衛組織として結成された任意組合)に組合員として参加しているが病中のためか記録に残る活動はない。（川口秀彦）〔著作〕『捨子物語』足立書房1958，『悲の器』河出書房新社1962，『憂鬱なる党派』同1965，『孤立無援の思想』同1966，『邪宗門』同1966，『我が心は石にあらず』新潮社1967，『堕落』河出書房新社1969，『散華』同1967，『わが解体』同1971，『高橋和巳全集』全20巻同1977-80〔文献〕埴谷雄高編『高橋和巳論』河出書房新社1972，立石伯『高橋和巳の世界』講談社1972，高橋たか子『高橋和巳の思い出』同1977，『エス運動人名事典』

高橋　勝之　たかはし・かつゆき　?-?　1927(昭2)年『文芸解放』の同人となる。同年9月津田出之，中島信，河本正男らと『羅列』を創刊。同月『羅列』のメンバーが編集を担った『バリケード』にも参加する。のち津田，中島，壺井繁治，江森盛弥らとともにボル派に傾く。（冨板敦）〔文献〕『司法研究報告書集・8輯』司法省調査課1928，柴山群平「画・詩・狂友」『風信』2号風信社(浅野紀美夫)1968，秋山清『あるアナキズムの系譜』冬樹社1973，伊藤信吉『逆流の中の歌』泰流社1977

高橋　喜一　たかはし・きいち　1878(明11)-?　1925(大14)年9月3日18時半から小樽中央座で開かれた労働問題演説会(小樽自由労働者有志主催)に参加し検束される。（冨板敦）〔文献〕堅田精司編『北海道社会運動家名簿仮目録』私家版1973，堅田精司『北海道社会文庫通信』134・303・823・1287号1996.9.24・1997.10.7・1999.8.31・2000.12.7

高橋　菊次郎　たかはし・きくじろう　?-?　1919(大8)年東京京橋区(現・中央区)の秀英本舎和文科に勤め活版印刷工組合信友会に加盟。のち三協印刷株式会社和文科に移る。（冨板敦）〔文献〕『信友』1919年8・10月号

高橋　菊太郎　たかはし・きくたろう　?-?　別名・菊二郎　やまと新聞社に勤め東京の新聞社員で組織された革進会に加わり1919(大8)年8月の同盟ストに参加するが敗北。のち正進会に加盟。20年機関誌『正進』発行のために30銭寄付する。（冨板敦）〔文献〕『革進会々報』1巻1号1919.8，『正進』1巻1号1920.4

高橋　きよ　たかはし・きよ　?-?　1919(大8)年東京本所区(現・墨田区)の凸版印刷会社解版科に勤め活版印刷工組合信友会に加盟する。（冨板敦）〔文献〕『信友』1919年8月号

高橋　清吉　たかはし・きよきち　?-?　新聞工組合正進会に加盟し1924(大13)年夏，木挽町(現・中央区銀座)本部設立のために2円寄付する。（冨板敦）〔文献〕正進会『同工諸君‼寄附金芳名ビラ』1924.8

高橋　くら子　たかはし・くらこ　1907(明40)4.2-1938(昭13)7.9　本名・高橋くらの高橋利重は弟。長野県北佐久郡大井村加増(現・小諸市)生まれ。被差別部落に生まれ幼時から差別を受けた。25年小諸高等女学校卒業。在学中の24年4月小諸で開催された長野県水平社創立大会に朝倉重吉らと参加し弁士として差別撤廃を訴えた。その後群馬，埼玉など主に東日本の水平社運動の第一線で弁士として活躍，アナキスト系の関東水平社連盟，水平社自由青年連盟の機関紙誌上に執筆するなどめざましい活動を展開し，男女間の水平問題として男女平等を説いた。27年12月広島で開催された全国水平社の第6回大会には長野県水平社の代議員として参加，軍隊内での部落差別を糾弾

し天皇への直訴をはかった北原泰作の家族救援を訴えた。28年頃上京し九州出身のアナキスト川島松蔵と結婚する。37年職場の事故で松蔵を失い帰郷して父母のもとで暮らすが3児を残して死没。(奥沢邦成)〔文献〕柴田道子「埋もれた婦人運動家7 高橋くら子」『婦人公論』1972.8、東栄織「高橋くら子と長野県水平運動の創立期」『部落解放』82号1976、柴田道子『ひとすじの光』朝日新聞社1976、鈴木裕子『水平線をめざす女たち』ドメス出版1987

高橋 源一 たかはし・げんいち ?-? 宮城県刈田郡小原村(現・白石市小原)に暮し1926(大15)年竹内閊衛らの「土を慕ふものの会」に関わり支部設立を計画する。同会が農民自治会に合流、発展的に解消すると農自全国連合に参加、小原農自を組織する。宮城県代表の農自全国連合委員を務め同年末頃、農自県連合の事務所を自宅に置いていた。28年春、地元の同志22名で農民自治大学を創設。同年5月農自の組織再編の際には委員に選出される。(冨板敦)〔文献〕『土を慕ふものの会々報』3号1926.3、『農民自治』2・4・5・7・13・17号1926.5・8・9・27.1・11・28.6、『農民自治会内報』2号1927、竹内愛国『農民自治会』『昭和2年版解放運動解放団体現勢年鑑』解放社1927、大井隆男『農民自治運動史』銀河書房1980

高橋 健治 たかはし・けんじ ?-? 1920(大9)年8月新聞工組合正進会の常例理事会で布留川桂、田口金三郎、鈴木福太郎、牧野清一郎とともに常任理事に選出される。(冨板敦)〔文献〕『正進』1巻6号1920.9

高橋 健次郎 たかはし・けんじろう 1893(明26)4.10-? 別名・健二郎 東京市神田区錦町(現・千代田区)に生まれる。時事新報社に勤め東京各新聞社の整版部従業員有志で組織された労働組合革進会に加わり、1919(大8)年8月の同盟ストに参加するが敗北。のち新聞工組合正進会に参加。機関誌『正進』発行のために2円カンパする。その後、時事新報社を退社し神田区今川小路(現・千代田区)で絵葉書卸商を営む。20年日本社会主義同盟に加盟。(冨板敦)〔文献〕『革進会々報』1巻1号1919.8、『正進』1巻1号1920.4、『警視庁思想要注意人名簿(大正10年度)』

高橋 権次郎 たかはし・けんじろう ?-? 芝浦製作所に勤め芝浦労働組合に加盟。1925(大14)年11月28日、同労組の中央委員会で設置された教育部の責任者となる。26年9月23日「共産党の走狗」であるとして重久篤雄、矢崎保秀、村松英雄、小川広太郎とともに組合から除名される。(冨板敦)〔文献〕『芝浦労働』3次2・10号1926.2・11、小松隆二『企業別組合の生成』お茶の水書房1971

高橋 五一 たかはし・ごいち 1905(明38)-? 本名・橋本五一 大宮市の無差別社メンバー。同人に望月辰太郎、堂脇次郎、滝沢深、長谷川清、鳴海黒流がいた。26年6月21日大乱闘となった浦和公会堂社会問題講演会(小作人社、無差別社、埼玉小作人組合共催)の翌日、大宮の病院、料理店などで雑誌『叛逆児』を示し同志の救援カンパを求めた池田武雄、三上由三、堂脇らを道案内したことが暴力行為にあたるとして逮捕、懲役4カ月となる。(冨板敦)〔文献〕『黒闘』3号1926.7、『黒色青年』4・5号1926.7・9、『無差別』3号1927.1、『思想輯覧1』

高橋 小一郎 たかはし・こいちろう 1912(大1)8-? 別名・小一郎、宏一朗 山形県南村山郡西郷村小穴(現・上山市)に生まれる。高等小学校を卒業後市役所に勤務。32年11月加藤吉治、加藤精宏らの『無肥料地帯』に参加する。(冨板敦)〔文献〕松永伍一『日本農民詩史・中2』法大出版局1969、『土とふるさとの文学全集14』家の光協会1977、志賀英夫『戦前の詩誌・半世紀の年譜』詩画工房2002

高橋 光吉 たかはし・こうきち 1903(明36)10.14-1984(昭59)11.6 別名・蕗の薹 新潟県南蒲原郡本成寺村(現・三条市四日町)に生まれる。高等小学校を中退して上京。本所の府立職工学校別科で2年学んだのち18年新潟鉄工月島工場に旋盤工として就職。21年に設立された機械技工組合に参加する。22年兄の勤める日立亀戸工場に移る。日立には機械技工の太田順一、純労働組合の戸沢仁三郎らがいて、23年5月の汽車会社の争議支援を通して彼らや平沢計七、消費組合共働社の岡本利吉らと交わるようになる。同年9月の関東大震災では5日に亀戸事件がおき10日頃に東京を去って新潟に避難し、9月末帰京出社するが運動との関わりを理由に解雇通告を受け、兄への影響を恐れて日立を退職する。10月下旬逸見吉三を頼って大阪に行き江西一三と知り合う。24年3月飯田赤三、江西らと同人誌『黙人』

を刊行。5月江西，飯田と上京し大崎居木橋（現・品川区大崎）の東京機械技工組合事務所での佐藤護郎，池田寅三ら7・8人の共同生活に3人とも加わりオルグ活動や争議支援の日々を送る。25年岩楯佐吉，阿部英男，高川幸次郎，坂野八郎・良三兄弟，江西らと無軌道社を結成。同年秋，山鹿泰治の世話で上海の鄧夢仙のもとに渡り毛一波，巴金らと交わる。翌26年元旦，鄧家で同宿の佐野一郎とともに表は中国語，裏はフランス語で反宗教とアナキズムを訴えたビラを新年の礼拝が行われている仏租界内のキリスト教会でまいて，逃げ遅れた高橋は仏租界警察に29日間拘留される。釈放後まもなく黒連の結成を聞いて3月頃帰国したが，すぐに『黒色青年』創刊号を印刷所から運ぶ途中で検束され創刊号を没収される。5月全国自連第1回大会に江西とともに東京一般労働者組合江東支部代議員として参加する。9月日立亀戸工場の争議で社長久原房之助邸放火事件や専務小平浪平襲撃事件をおこしたとして宮崎晃，山一由喜夫，古江正敏，斎藤辰夫，入江汎らとともに検挙される。27年黒連，全国自連内部で純正アナ派とサンジカリズム派の対立が激化し，9月黒連は高橋，江西，山本忠平（陀田勘助），横山楳太郎，難波正雄の除名を発表，11月全国自連第2回大会の流会を受けた翌28年3月の第2回続行大会では綱領改訂を否とする東京一般江東・南葛両支部，東京自由労働者組合，東京食糧労働組合は一斉退場し，残留組は退場組の除名と綱領改訂を決定し全国自連は分裂する。高橋は江西らとともに東京一般を関東一般に発展させ，31年日本自協の発足では全国委員となり機関紙『労働者新聞』，32年創刊の自協派の理論誌『黒旗の下に』にも参加，この間数多くの労働争議に関わり江西と並んで関東自協の二大主柱と評される。33年頃白井新平の妻政子（1937死没）の姉たか子と結ばれ，34年1月消費組合共働社の常務理事となり満州事変以降の戦時体制下で著しく活動を制約された労働運動の第一線から離れる。戦後45年12月神田神保町で古本の露店を開業，のち住居の近くの川崎市新丸子で甘露書房の店を構える。46年5月アナ連に加わり，59年12月自由思想研究会を川合仁，秋山清，遠藤斌，副島辰巳，大澤正道，小川正夫，久保譲，向井孝らと結成，代表世話人となり，60年C.マーティン『科学から自由へ』，V.リチャーズ『スペイン革命の教えるもの』を刊行。アナ連の解散後は69年5月麦社の設立にも加わっている。また39年頃から句作を始め店でも詩歌句集を多く扱っていたが，アナ系の書籍・雑誌の通信販売を行い，自主刊行物も快く置いてくれていた。（川口秀彦）〔文献〕江西一三『わが自叙史』黒旗の下に発行所1974，市鹿泰治『山鹿泰治』自由思想社1984，江西一三『江西一三自伝』同刊行会1976

高橋 五三郎 たかはし・ごさぶろう ?-? 1919（大8）年東京京橋区（現・中央区）の築地活版所月島分工場鋳造科に勤め日本印刷工組合信友会に加盟する。（冨板敦）〔文献〕『信友』1919年10月号

高橋 吾助 たかはし・ごすけ ?-? 芝浦製作所に勤め芝浦労働組合に加盟。1925（大14）年5月23日，同労組の中央委員会で常置委員に推薦される。29年3月9日，上野自治会館で開かれた自連団体協議会主催の市議選挙批判市民大会（開会の辞は同労組の吉田潔が務める）に参加し小川一郎らとともに上野署に検束される。同年11月19日機関紙『芝浦労働』の編集兼発行人となる。31年2月芝浦製作所芝浦工場の鶴見移転に伴う大量解雇計画が発表されると，吉田らとともに闘争委員会を結成し解雇撤回闘争を闘う。同月9日解雇反対などの嘆願書を提出するが12日に拒否されると，1300人でストに突入。21日のデモで吉田ほか自連派の支援者たちとともに三田署に検束される。22日吉田ら6人とともに（計7人）懲戒解雇，63人の普通解雇が発表され28日争議は惨敗。吉田と普通解雇扱いで馘首される。解雇者70人のうち芝浦労働組合に所属していたのは29人だった。（冨板敦）〔文献〕『芝浦労働』2次7号1925.6, 3次21・26・33・号外（瓦斯労働版）・34号1928.10・29.4・12・30.1・2,『自連』56・57号1931.2・4,『黒色労農新聞』9号1931.3, 小松隆二『企業別組合の生成』お茶の水書房1971

高橋 貞雄 たかはし・さだお 1898（明31）8.1-1969（昭44）4.21 別名・貞夫 広島市福島町に生まれる。精肉商を営み21年頃照山正巳が結成した福島町を中心とする青年グループ躍進青年団に加わる。23年3月全国

水平社第2回大会に照山，高原秀行と参加。その後照山ら青年団のメンバーと同年7月30日広島県水平社創立大会を開く。11月広島市の青年デーで新聞記者に暴行したとして検挙されるが無罪。24年自由青年連盟機関紙『自由新聞』に共産主義者が台頭してきた広島県水第3回大会を報告。27年6月広島県水アナ派のメンバーと全水解放連盟に加わり7月市内尾長町で広島県水解放連盟創立大会を開く。同月水平の叫び社をおこし8月『水平の叫び』を創刊。同年末広島で行われた全水第6回大会と同時に第5回広島県連合大会を開き県水執行委員長に選出される。28年普選第1回総選挙に立候補した松本治一郎の応援で福岡へ行き，同年3月福島町での演説会で「部落民解放の唯一段階は，無産党入党によって全国無産大衆の左翼的拡大化によってのみ実現する」と述べアナ派から離れていく。30年頃日本大衆党広島支部準備委員会に参加する。(冨板敦)〔文献〕『自由新聞』4号1925.9，『全国水平新聞』2号1927.8，中野繁一『広島県水平運動史』広島県水平社連合会1930，山木茂『広島県社会運動史』『広島県解放のいしずえ』たくみ出版1973，広島県部落解放運動史刊行会編『広島県水平運動の人びと』部落問題研究所1973，宮崎晃『差別とアナキズム』黒色戦線社1975

高橋 定吉 たかはし・さだきち ?-? 1919(大8)年東京本郷区(現·文京区)の杏林舎文選科に勤め活版印刷工組合信友会に加盟する。(冨板敦)〔文献〕『信友』1919年8月号

高橋 七郎 たかはし・しちろう ?-? 1919(大8)年東京京橋区(現·中央区)の三協印刷株式会社文選科に勤め活版印刷工組合信友会に加盟する。(冨板敦)〔文献〕『信友』1919年8月号

高橋 修一 たかはし・しゅういち 1905(明38)3.21-1928(昭3)6.22 別名·修峰，修一郎 長野県南佐久郡田口村(現·佐久市)に生まれる。少年期に大病をしたが奇跡的に回復しあとの「余計」な人生を部落解放運動にささげる。24年4月長野県水平社創立大会で朝倉重吉とともに執行委員となり農民自治会全国委員，南佐久連合の責任者として農村モラトリアム，非党派運動などに活躍した。差別反対運動に対する弾圧が激しかった時は県警部長と刺し違える計画を立てたという。差別と貧困に対する「叛逆の焰」(『農民自治』17号)を歌った痛切な詩句を書き，また肺を病んだ病中の手記には「畳の上での犬死が残念でならない」「同志よ，死を美しくせよ，さらば健在なれ」(『断末魔』『みどり』2号1928.5)と記しそれを遺書のように死没した。翌29年10月14日には荊冠祭と追悼演説会が開かれ参列した人々は秋の花々で花輪をつくり墓前に供えたという。(安田常雄)〔文献〕『解放のいしずえ』旧版，大井隆男『農民自治運動史』銀河書房1980，『南佐久農民運動史(戦前編)』同刊行会1983

高橋 峻 たかはし・しゅん ?-? 1919(大8)年東京京橋区(現·中央区)の築地活版所印刷科に勤め活版印刷工組合信友会に加盟する。(冨板敦)〔文献〕『信友』1919年8·10月号

高橋 純二 たかはし・じゅんじ ?-? 1921(大10)年和田軌一郎，高尾平兵衛らの労働社に関わり機関紙『労働者』に文章や詩を寄せる。22年第3次『労働運動』3号は和歌山県在住の村井林三郎による久板卯之助追悼文を掲載しており「労働社の高橋純二君」から久板の死を知らされたと記している。(冨板敦)〔文献〕『労働者』5·6·8号1921.9·11·12，『労働運動』3次3号1922.3

高橋 準三 たかはし・じゅんぞう ?-? 1919(大8)年横浜の山縣印刷所に勤め横浜欧文技術工組合に加盟して活動。同組合設立基本金として1円寄付する。(冨板敦)〔文献〕『信友』1919年8·10月号

高橋 彰三 たかはし・しょうぞう 1898(明31)-1940(昭15)11.28 22年大杉栄らの社会主義夏期講習会に出席して呉海軍軍需部を解雇される。『呉日日新聞』『大阪毎日新聞』の支局記者をつとめるかたわら24年春岩佐作太郎を呉に招いてアナキズム講演会を開催するが岩佐は雲隠れ事件をおこす。同年6月後藤謙太郎が来呉し酒を飲みながら芸術論を語る。同年11月弘中柳三主幹の半月刊の新聞『呉評論』(25年2月『中国評論』と改題)に詩や小説を発表。25年8月文芸誌『獏』(のち『あかつき』と改題)を弘中，藤田兼男，天野武士，野間崎高らと創刊する。35年4月総合誌『東洋鬼』を主宰(36年11月まで10冊)し，『女人芸術』の同人大谷藤子の「銀の針金」を掲載した。福岡巧らも参加。なお高橋は戦争歌人渡辺直己の異父兄にあたる。(黒川洋)〔著作〕随筆·歌集『白虹』抒情詩社

1924，小説『或る日の幻想』文芸社1927，短詩集『貿易風』白虹社1932，小説『鋲』同1933，歌集『黄雀行』同1933，短詩集『六月祭』同1933〔文献〕『呉市史4・5』1976-87，『解放のいしずゑ』新版

高橋 正太郎 たかはし・しょうたろう ?-? 1919(大8)年東京牛込区(現・新宿区)の秀英舎(市ヶ谷)欧文科に勤め活版印刷工組合信友会に加盟する。(冨板敦)〔文献〕『信友』1919年8・10月号

高橋 新吉 たかはし・しんきち 1901(明34)1.28-1987(昭62)6.5 愛媛県西宇和郡伊方村(現・伊方町)に生まれる。13年八幡浜市松柏小学校を卒業し八幡浜商業学校に入学したが，18年2月無断で上京し同校を退学。19年再び上京。チフスに罹り行路病者扱いで駒込病院に2カ月入院。少年時代から無類の本好きで夏目漱石のすべて，ドストエフスキーからワイルド，バクーニン，プルードンまで読んだと伝えられるが真偽のほどはわからない。20年2月八幡浜へ戻り『万朝報』の懸賞短編小説に応募，入選する。8月15日同紙に載ったトリスタン・ツァラのダダイズム宣言の紹介記事を読み強い衝撃を受けわれこそダダイストと思いこむ。21年2月思うところあって近在の金山出石寺で小僧修行に入るが9月に退山。また上京し埼玉県北葛飾郡栗橋町の利根川堤防下のバラック小屋で暮らし始める。以来51年結婚する頃まで放浪生活が続く。秋，神奈川県橘樹郡川崎町砂子(現・川崎市)に辻潤を訪ねダダについて語る。22年7月『週刊日本』に辻の紹介で「断言はダダイスト」が掲載される。日本最初のダダイズム宣言で，「ヨーロッパの鳶が鷹を生んだ」と後世評される傑作である。同年9月『改造』に「ダダの詩三つ」を発表。この号には辻も「ダダの話」を寄稿しそのなかで「異人の紹介ばかりするのがホンヤク業者のダダではないから，わが若きダダイスト高橋新吉の詩を少しばかり紹介してみやう」と「高橋新吉」と題する詩をいくらか手を入れて引用している。その頃から精神に異常をきたし八幡浜に帰る。翌年2月辻の編集で『ダダイスト新吉の詩』(中央美術社)を刊行，新詩人としての地位を確立する。そこに収められた「皿」は東京日日新聞社の食堂で終日皿洗いをしていた体験に基づく作品だが，形式・内容ともかつてない迫力で当時の詩壇を震撼させた。だが『ダガバジジンギヂ物語』(思潮社1965)によると八幡浜の警察の留置場でこの詩集を受け取るや破り捨てたという。杜撰な編集で誤植が多く書名も辻が決めたからだと述べている。正気と狂気はその後も繰り返されたらしい。在京中，佐藤春夫，宮嶋資夫，萩原恭次郎，岡本潤，草野心平，逸見猶吉らと知り合い，『新興文学』『ダムダム』『文芸戦線』『虚無思想研究』などに詩や小説を発表したがいずれの集団にもくみすることなく孤客の道に徹した。戦後最も嫌いな有名文化人を3人あげよという『アフランシ』(7号1951.10)のアンケートで「1.高橋新吉：仏くさいことをいうから。2.佐藤春夫：バカヤローだから。3.高村光太郎：ツマラヌ詩を書くから」と答えている。(大澤正道)〔著作〕『高橋新吉全集』全4巻青土社1982〔文献〕辻潤「ぷろむなあど・さんちまんたる」『グリンプスDADA』『絶望の書・ですぺら』講談社学芸文庫1999，清水康雄『高橋新吉』『現代詩鑑賞講座8』角川書店1969，平居謙『高橋新吉研究』思潮社1993

高橋 信次 たかはし・しんじ ?-? 1919(大8)年東京京橋区(現・中央区)の築地活版所印刷科に勤め活版印刷工組合信友会に加盟する。(冨板敦)〔文献〕『信友』1919年8・10月号

高橋 信司 たかはし・しんじ 1899(明32)6.6-1971(昭46)11.15 別名・鷹野武介，タカノヴスキー 岐阜県安八郡大垣町(現・大垣市)生まれ。19年同志社大学法学部予科入学，翌年森戸辰男の論文筆禍でクロポトキンの名を知り，大杉栄『クロポトキン研究』，大杉訳『相互扶助論』，遠藤無水(友四郎)訳『近世科学と無政府主義』などを通読。在学中に受洗。22年十月会に参加。鷹野武介(タカノヴスキー)と号し赤松五百麿(克麿の弟，難波大助の小学校同級生)らと親交。同年赤松と上京，ロシア革命記念・学生連合会の結成集会に参加，同じ頃山川均，荒畑寒村らを訪問。十月会の新派に属しアナキズムから離れた。24年政治学科卒業後，京都労働学校開校など労働者教育に関わる。31年毎日新聞大阪本社調査部に入社。53年県立高知短期大学教授，59年末から69年末の10年間同大学学長代理をつとめた。(北村信隆)〔著作〕「同志社と立志社」『同志社時報』8号1964，自伝『或る社会科学者の生涯』高知短大社会

科学会1972〔文献〕上野直蔵編『同志社百年史・通史編』同志社1979,『京都地方労働運動史』,『社会主義沿革2』

高橋 真太郎 たかはし・しんたろう ?-? 日本印刷工組合信友会に加盟し1921(大10)年末頃,東京京橋区(現・中央区)の中屋印刷所に勤めていた。(冨板敦)〔文献〕『信友』1922年1月号

高橋 季暉 たかはし・すえてる ?-? 農民自治会全国連合に加わり,1927(昭2)年頃東京府代表の農自全国連合委員をしていた(他の東京府代表の全国連合委員は渋谷定輔の『農民哀史』によれば下中弥三郎,石川三四郎,中西伊之助,伊福部隆輝,大塚貞三郎,深川武,鶴巻盛一,和田伝,犬田卯,鑓田研一,大槻憲二,永島光十郎,橋本義夫)。28年5月農自の組織再編の際に委員に選出される。なお26年『文芸戦線』(3巻4号)に「色々な芝居」,27年『婦人倶楽部』(8巻7号)に「近代夫人(ラジオコメディ)」を執筆している。(冨板敦)〔著作〕『百姓一揆(長編戯曲)』昭文堂1926,「小作人(戯曲)」『プロ作家最近傑作集 続(1926年後半期版)』解放社1926〔文献〕『農民自治』15・17号1928.2.6,渋谷定輔『農民哀史』勁草書房1970

高橋 末義 たかはし・すえよし ?-? 1926(大15)年高知県吾川郡神谷村(現・いの町)で暮し農民自治会全国連合に参加。同年末には農自高知県連合の事務所を自宅に置いていた。(冨板敦)〔文献〕『農民自治会内報』2号1927

高橋 孝良 たかはし・たかよし ?-? 1919(大8)年東京芝区(現・港区)の東洋印刷会社和文科に勤め活版印刷工組合信友会に加盟する。(冨板敦)〔文献〕『信友』1919年8月号

高橋 武 たかはし・たけし ?-? 1932(昭7)年夏,東京市外杉並町(現・杉並区)馬橋で百姓運動東京支局を組織し同年9月1日機関紙『百姓運動』を編集印刷人兼発行人として創刊する。(冨板敦)〔文献〕『百姓運動』1号1932.9

高橋 武 たかはし・たけし 1888(明21)1.5-? 別名・チャールズ・T・タカハシ 東京府豊多摩郡大久保村(現・新宿区大久保)に生まれる。1906年3月語学研究の目的で渡米,雑貨商を営むシカゴの伯父のもとで働く。渡米以前から社会主義に関心を抱いていたが渡米後は幸徳秋水の紹介で金子喜一に接触。06年6月渡米中の幸徳がオークランドで結成した社会革命党のシカゴ支部をつくるため活動する。その後エマ・ゴールドマンに接近したり,世界産業労働組合(IWW)の創設者デ・レオンを指導者とする社会労働党に加入し,党の支援により『プロレタリア』と題する新聞を発刊したりする。大逆事件後の党機関紙『ウィークリー・ピープル』(1911.4.22)に「幸徳処刑ー日本人社会労働党員から見て」と題した論説を掲載し,日本政府批判と幸徳らの追悼を行った。(西山拓)〔文献〕前田河広一郎「赤い馬車」『解放』1923.2,同『青春の自画像』理論社1958,山泉進「大逆事件言語弾圧余録」『社会文学』5号1991.7,中田幸子『前田河広一郎における「アメリカ」』国書刊行会2000

高橋 猛 たかはし・たけし ?-? 1919(大8)年東京神田区(現・千代田区)の丸利印刷所鉛版科に勤め日本印刷工組合信友会に加盟する。(冨板敦)〔文献〕『信友』1919年10月号

高橋 玉枝 たかはし・たまえ ⇨森利一　もり・りいち

高橋 玉吉 たかはし・たまきち ?-? 1919(大8)年東京神田区(現・千代田区)の丸利印刷所に勤め日本印刷工組合信友会に加盟する。(冨板敦)〔文献〕『信友』1919年10月号

高橋 千代寿 たかはし・ちよひさ ?-? 1919(大8)年東京小石川区(現・文京区)の江戸川活版所文選科に勤め活版印刷工組合信友会に加盟する。(冨板敦)〔文献〕『信友』1919年8月号

高橋 藤重 たかはし・とうじゅう ?-? 1919(大8)年東京小石川区(現・文京区)の博文館印刷所に勤め活版印刷工組合信友会に加盟。博文館印刷所の組合幹事を担う。のち三省堂に移る。23年5月のメーデーで延島英一と検束される。白井平十とともに講道館の4段を持っていた。(冨板敦)〔文献〕『信友』1919年8・10月号,『印刷工連合』1号1923.6,水沼辰夫『明治・大正期自立的労働運動の足跡』JCA出版1979

高橋 藤蔵 たかはし・とうぞう ⇨古川清幸　ふるかわ・きよゆき

高橋 徳太郎 たかはし・とくたろう ?-? 明治電友会のメンバー。1923(大12)年12月16日の大杉栄・伊藤野枝葬儀に明治電友会を代表して葬儀準備委員となる。(冨板敦)〔文献〕『労働運動』4次2号1924.3

高橋 利夫 たかはし・としお 1909(明42)-? 神戸市葺合区日暮通生まれ。高等小学校を卒業後,21年5月葺合郵便局の集配手とな

る。職場の同僚の多田英次郎の影響を受けてアナキズムに共鳴。30年8月同局と神戸中央電信局の労働争議に参加し解雇される。その後家の豆腐製造業を手伝いながら神戸自由労働者組合の池田賢，宮下恵らとつきあい，31年11月に米穀商を開いた。34年4月頃からは笠原勉の主催する布引詩歌倶楽部に出入りした。井上信一，小松原繁雄らとも交流があった。35年末頃無共党事件で検挙されるが不起訴。(冨板敦)〔文献〕『身上調書』

高橋 利重 たかはし・とししげ 1909(明42)-? 長野県北佐久郡北大井村大字加増字荒堀(現・小諸市)に生まれる。27年北佐久農業学校を卒業後，家業の食肉・生皮販売に従事。姉くら子，朝倉重吉の影響で水平運動に関わる。27年4月17日全国水平社解放連盟支持を決議した長野県水平社第4回大会で書記をつとめる。28年9月長野刑務所看守中牧彦次郎差別待遇糾弾対策委員会に出席，10月同事件糾弾演説会で登壇。同月上田市での上小農民組合主催の農村問題講演会で演説する。29年長野県青年水平社を組織。その後ボル派の県水委員長高橋市次郎らと活動，31年沓沢区有林入会権差別糾弾闘争で検挙され第2審で懲役5カ月となる。(冨板敦)〔文献〕『全国水平新聞』2号1927.8，秋定嘉和・西田秀秋編『水平社運動1920年代』神戸部落史研究会1970，宮崎晃『差別とアナキズム』黒色戦線社1975，中山英一「信濃同仁会と長野県水平社」秋定嘉和・朝治武編著『近代日本と水平社』解放出版社2002

高橋 富三郎 たかはし・とみさぶろう 1881(明14)3.25-? 宮城県伊具郡角田町(現・角田市)に生まれる。1904年七高法科に入学するが07年1月家庭の都合で退学。同年4月サンフランシスコ大学法科に入学し働きながら学んでいたが13年退学。11年5月2日無政府主義を信奉する甲号として要視察人名簿に登録された。07年11月におきた天皇暗殺檄文配布事件以降強化された在米社会主義者・アナキストの取り締まりでは少しでも体制に批判的な言動があった人物は要視察人に認定した。高橋はめだった活動をしていないが在米社会主義者・アナキストが頻繁に出入りしていた大洋旅館(通称レッドハウス)の経営者植山治太郎と交際があったために当局は過大に警戒したようである。(西山拓)〔文献〕『主義者人物史料1』，『在米主義者沿革』

高橋 友次郎 たかはし・ともじろう ?-? 新潟市旭町で暮し1925(大14)年12月1日，東京神田錦町の平凡社で下中弥三郎，石川三四郎，中西伊之助，渋谷定輔，竹内圀衛，大西伍一，川合仁と集まり農民自治会全国連合を発足させる。26年1月18日神田区淡路町の万生閣で開かれた農自創立準備委員会に出席。同年5月17日東京基督教青年会館で開かれた農自の委員会に出席し新潟・群馬の情勢報告をする。新潟県代表の農自全国連合委員を川口善一，山本潔とともに務める。この頃，新聞記者として『新潟新聞』東京支局長を務めていた。7月16日の農自小委員会では宣伝・組織・連絡担当に下中，橋本義夫，奥谷松治，川口，竹内，渋谷，森田虎雄，中西と選出される。(冨板敦)〔文献〕『あをぞら』4号1926.2，『農民自治』2・3・4・5号1926.5・6・8・9，『農民自治会内報』2号1927，竹内愛国『農民自治会』『昭和2年版解放運動団体現勢年鑑』解放社1927，渋谷定輔『農民哀史』勁草書房1970，大井隆男『農民自治運動史』銀河書房1980

高橋 知徳 たかはし・とものり ?-? 芝浦製作所に勤め芝浦労働組合に加盟。1925(大14)年11月28日，同労組の中央委員会に設置された組織部の責任者となる。26年9月19日の緊急中央委員会で「共産党の走狗」であるとして渡辺精一，春日正一，伐晃，菅野義清，小川武，中川栄，青木健太郎，長谷川光一郎とともに組合から除名される。(冨板敦)〔文献〕『芝浦労働』3次2・10号1926.2・11，小松隆二『企業別組合の生成』お茶の水書房1971

高橋 浪吉 たかはし・なみきち ?-? 東京朝日新聞社に勤め東京の新聞社員で組織された革進会に加わり1919(大8)年8月の同社ストに参加するが敗北。のち正進会に加盟。20年機関誌『正進』発行のために50銭寄付する。(冨板敦)〔文献〕『革進会々報』1巻1号1919.8，『正進』1巻1号1920.4

高橋 昇 たかはし・のぼる ?-? 1919(大8)年東京京橋区(現・中央区)の秀英本舎和文科に勤め日本印刷工組合信友会に加盟。(冨板敦)〔文献〕『信友』1919年10月号

高橋 初太郎 たかはし・はつたろう ?-? 1919(大8)年東京京橋区(現・中央区)の大倉印刷所印刷科に勤め活版印刷工組合信友会に加

盟する。(冨板敦)〔文献〕『信友』1919年8月号

高橋 はな たかはし・はな ?-? 1919(大8)年東京神田区(現・千代田区)の三秀舎に勤め日本印刷工組合信友会に加盟する。(冨板敦)〔文献〕『信友』1919年10月号

高橋 久由 たかはし・ひさよし ?-? 1927(昭2)年5月東京千住で創刊された詩誌『先駆』の編集発行人となる。同誌の同人は草野心平、原理充雄、坂本遼、手塚武、土方定一、三野混沌、猪狩満直。3号で終刊。(奥沢邦成)〔文献〕志賀英夫『戦前の詩誌・半世紀の年譜』詩画工房2002

高橋 秀次郎 たかはし・ひでじろう ?-? 新聞工組合正進会に加盟し1924(大13)年夏、木挽町(現・中央区銀座)本部設立のために1円寄付する。(冨板敦)〔文献〕正進会『同工諸君!! 寄附金芳名ビラ』1924.8

高橋 兵吉 たかはし・ひょうきち ?-? 1919(大8)年東京京橋区(現・中央区)の折本五色堂に勤め日本印刷工組合信友会に加盟する。(冨板敦)〔文献〕『信友』1919年10月号

高橋 福之助 たかはし・ふくのすけ ?-? 1919(大8)年東京深川区(現・江東区)の東京印刷深川分社第二部印刷科に勤め活版印刷工組合信友会に加盟する。(冨板敦)〔文献〕『信友』1919年8月号

高橋 古美 たかはし・ふるみ 1906(明39)-? 長野県北佐久郡南大井村(現・小諸市)に生まれる。1935(昭10)年末から36年初め頃、農青社運動に関わったとして検挙されるが不起訴となる。(冨板敦)〔文献〕青木恵一郎『改訂増補 長野県社会運動史』巖南堂書店1964、『農村青年社事件資料集Ⅰ・Ⅲ』

高橋 文吾 たかはし・ぶんご ?-? 新聞工組合正進会に加盟し1924(大13)年夏、木挽町(現・中央区銀座)本部設立のために1円寄付する。(冨板敦)〔文献〕正進会『同工諸君!! 寄附金芳名ビラ』1924.8

高橋 孫次郎 たかはし・まごじろう ?-? 1919(大8)年東京小石川区(現・文京区)の博文館印刷所に勤め活版印刷工組合信友会に加盟する。(冨板敦)〔文献〕『信友』1919年8・10月号

高橋 正義 たかはし・まさよし 1914(大3)-? 長野県南佐久郡青沼村(現・佐久市)に生まれる。農業に従事。農青社支持者として1935(昭10)年12月10日に検挙。同月20日に釈放(不起訴)。(冨板敦)〔文献〕『無政府共産党(革命結社「農村青年社」)検挙状況ノ件(昭和11年5月19日)』、青木恵一郎『改訂増補 長野県社会運動史』巖南堂書店1964、『農村青年社事件資料集Ⅰ・Ⅲ』

高橋 巳喜之助 たかはし・みきのすけ 1885(明18)-? 長野県岡谷市小口に生まれる。明治4年創業の酒醸造業(現・高天酒造)の仕事を継ぐ。28(昭3)年全国清酒品評会で「清酒高天」が長野県初の名誉賞を受賞し信州の日本酒の名を高める礎を築く。35年末から36年初め頃、農青社運動に関わったとして検挙されるが不起訴となる。(冨板敦)〔文献〕青木恵一郎『改訂増補 長野県社会運動史』巖南堂書店1964、『農村青年社事件資料集Ⅰ・Ⅲ』

高橋 森太郎 たかはし・もりたろう ⇨朝倉重吉 あさくら・じゅうきち

高橋 ヨキ たかはし・よき 1906(明39)3.2-? 新潟県中魚沼郡に生まれる。小学校卒業後、女工生活に入る。24年群馬県の両毛製織に勤めていた時に桐生労働組合に加わりストに参画。争議後、首謀者の一人とみなされ馘首されたが桐生にとどまって組合活動を続ける。マルクス主義の勉強をして社会主義に接近。26年上京しアナキスト秋月静枝・俵次雄夫妻の家に寄宿しながら女工を続ける。その後、俵の兄の仲介で東京市バスの車掌となり東京市電自治会(のち東京交通労働組合)に加盟。同会では婦人部の組織化に着手し婦人部長となる。28年三・一五事件で検挙、解雇される。以後、共産党の非合法活動に入った。29年4・16事件でも検挙され宮城刑務所に入獄。34年6月出獄し新潟に帰り、佐藤佐治らの葛塚無産者医療同盟に加わる。36年小川登一(戦後に共産党町会議員第1号)と結婚。(西山拓)〔文献〕牧瀬菊枝『聞書 ひたむきの女たち』朝日新聞社1976、林登代「高橋ヨキさんに聞く」運動史研究会編『運動史研究7』三一書房1981

高橋 芳三郎 たかはし・よしざぶろう ?-? 東京朝日新聞社に勤め東京の新聞社員で組織された革進会に加わり1919(大8)年8月の同盟ストに参加するが敗北。時事新報社に移り正進会に加盟。20年機関誌『正進』発行のために1円寄付。また24年夏、木挽町(現・中央区銀座)正進会本部設立のためにも1円寄付する。(冨板敦)〔文献〕『革進会々報』1巻1号1919.8、『正進』1巻1号1920.4、正進会『同工諸

君‼ 寄附金芳名ビラ』1924.8

高橋 良三 たかはし・よしぞう 1909(明42)1.26-1970(昭45)3.8 別名・りょうぞう 福山市出身。33年立命館大学商学科卒業，37年立命大助教授となる。その後満鉄上海事務所調査室，中日文化協会上海分会理事業務処長，改造日報社編集局論説委員を歴任。戦後46年5月にアナ連が結成され7月岡崎北御所町の山鹿泰治の自宅に平民新聞社京都支局が置かれた。小笠原秀実や市川白弦らとともに協力支援した。また龍武一郎，松田稔，石田三郎の助力で新聞配布を活発に行った。47年立命大教授。市川，大門一樹らと結成した民主解放同盟を主宰。同年7月福山市で開かれたアナ連中国地協主催のアナキズム講座に小笠原や石川三四郎らと講師として参加。66年立命大土曜講座での最後の演題は「マックス・シュティルナー，唯一者とその所有」であった。(北村信隆)〔文献〕『立命館土曜講座50年史』立命大人文科学研究所1997，西村信雄編『立命館大学土曜講座叢書第2集』有斐閣1948，『平民新聞』78号1948.6.28

高橋 芳太郎 たかはし・よしたろう ?-? 1919(大8)年東京京橋区(現・中央区)の築地活版所石版科に勤め日本印刷工組合信友会に加盟する。(冨板敦)〔文献〕『信友』1919年10月号

高橋 利助 たかはし・りすけ ?-? やまと新聞社に勤め新聞工組合正進会に加盟。1920(大9)年機関誌『正進』の発行のために同社の荒井利雄と計60銭の寄付をする。(冨板敦)〔文献〕『正進』1巻1号1920.4

高橋 良 たかはし・りょう 1900(明33)3.1-? 千葉県山武郡片貝村(現・九十九里町)に生まれる。上京し日本大学に入学。在学中に千秋会を組織して放校処分を受ける。1920(大9)年第1回国勢調査で自らを無政府主義者と記す。同年日本社会主義同盟に加盟。当時，豊多摩郡淀橋町角筈(現・新宿区)に住んでいた。(冨板敦)〔文献〕『警視庁思想要注意人名簿(大正10年度)』

高畑 栄三 たかはた・えいぞう ?-? 1919(大8)年東京牛込区(現・新宿区)の日清印刷会社石版科に勤め活版印刷工組合信友会に加盟する。(冨板敦)〔文献〕『信友』1919年8月号

高畑 嘉一 たかはた・かいち ?-? 1919(大8)年横浜の正金印部に勤め横浜欧文技術工組合に加盟して活動する。(冨板敦)〔文献〕

『信友』1919年8月号

高畑 耕 たかはた・こう ?-1920(大9)9.10 1919(大8)年東京芝区(現・港区)の東洋印刷会社欧文科に勤め活版印刷工組合信友会に加盟する。20年9月10日に亡くなる。(冨板敦)〔文献〕『信友』1919年8・10月号，1920年10月号

高畑 信一 たかはた・しんいち 1908(明41)4.21-1976(昭51)8.26 別名・徹 倉敷市本町に生まれる。高等小学校卒業後，岡山地方裁判所廷丁となる。23年大阪へ出，催眠術を学ぶ。25年岡山へ戻りサーカス団に入り各地を旅する。27年呉の香具師でアナ系の野安司堂の客分となり初めて大杉栄などアナ系の書物を読み目を開かれる。28年黎民社の山口勝清，鞆鋲釘争議で入獄中の小松亀代吉，青山大学，栗原唯一らを知り，藤原孝憲，持田太郎と山口の印刷所で働く。戦後アナ連に参加，岡山地協の責任者となる。印刷業を営む自宅は同志の集会，宿泊，休息の場であった。50年困難を承知で『平民新聞』の発行を引き受け印刷工場を手放すに至る。56年発行された『クロハタ』の岡山支局を引き受け，58年6月龍武一郎らの平和行進を高木肇らと岡山で出迎え岡山地区を行進する。(冨板敦・大澤正道)〔文献〕山木茂『広島県社会運動史』，『昭和7年自1月至6月社会運動情勢 名古屋・広島控訴院管内』東洋文化社1979，『クロハタ』32号1958.8，向井孝「高畑信一の『戦前』と『戦後』」『編集委ニュース』11号1991.12

高畑 得二 たかはた・とくじ ?-? 別名・得次・得治 1919(大8)年東京京橋区(現・中央区)の国文社に勤め活版印刷工組合信友会に加盟。のち芝区(現・港区)の東洋印刷株式会社欧文科，さらに研究社に移る。23年4月28日の信友会大会で新常務委員(外務担当)に選出される。同年6月19日争議中の車両工組合に信友会を代表して訪問し見舞金10円を渡す。21日大阪での車両エスト報告演説会にも信友会から野村孝太郎，木村武三，高田公三と出席。7月高尾平兵衛葬儀委員会に出席する。(冨板敦)〔文献〕『信友』1919年8・10月号・21年1月号・22年1・6月号・23年3月号，『印刷工連合』1-4号1923.6-9，水沼辰夫『明治・大正期自立的労働運動の足跡』JCA出版1979

高畠 素之 たかばたけ・もとゆき 1886(明19)1.4-1928(昭3)12.23 前橋市生まれ。前橋教会で受洗し同志社神学校に進学するが

キリスト教に疑問を感じて中退。08年郷里の前橋で直接行動論の影響の強い新聞『東北評論』を発刊。その赤旗事件の報道をめぐる筆禍事件の獄中において差し入れられた『資本論』を初めてひもとく。大逆事件後堺利彦の売文社に入社してその有力な論客となる。17年のロシア革命の実態を最も早くに日本に伝え，この革命によってもたらされたプロレタリア国家の成立を政治運動否定のサンジカリズムや国家否定を唱えるマルクス主義への反証とし，18年の山川均との政治運動と経済運動をめぐる論争を経て国家社会主義運動を開始した。山川・高畠論争はこのあとのアナ・ボル論争の先駆をなすものである。またプロレタリア革命の結果として決して「死滅」するはずのない強大な新たな国家が出現したという事実認識においては大杉栄らのアナキストと共通する。大杉らはそれを「なされてはいけない革命」としたわけだが，高畠は搾取機能なき国家，統制機能としての国家の出現というみずからの国家社会主義理論の例証とした。20年代においてさまざまな国家社会主義グループの機関紙の発行に関与するとともに日本で最初の『資本論』の完訳に没頭する。普通選挙実施とともに社会民主主義者，国家主義者，軍部指導者を糾合した国家社会主義新党の結成を画策したが胃ガンのため急死。昭和期の国家主義運動にも少なからぬ影響を与えた。(田中真人)〔著作〕マルクス『資本論』(訳)大鐙閣・而立社1920-24，『批判マルクス主義』日本評論社1929〔文献〕田中真人「アナ＝ボル論争」松本健一編『論争の同時代史』新泉社1986，田中真人『高畠素之』現代評論社1978

高原 辰夫　たかはら・たつお　1904(明37)6.16-?　別名・高橋辰夫，辰吉　1924(大13)年6月頃，岡山紡績労働組合の幹部をしていた。25年2月19日岡山市の岡山劇場で開かれたアナ・ボル混交の治安維持法案反対演説会で司会を務める。アナ派の参加者に藤本茂，玉田徳三郎，高木精一，入江秀夫。3月9日児島郡日比町(現・玉野市)の寄席・太陽館で開かれた労働問題批判演説会(中国自連主催)で司会を担う。参加者に玉田，入江，藤本，重実逸次郎，原正夫ら。5月17日岡山市の禁酒会館で開かれたアナ・ボル混交の農民組合，水平社，労働組合三団体連合茶話会に高木と参加。28年頃ゴム工として勤め同年12月11日中国自連事務所で開かれた県下出張演説会の打ち合わせに出席，他の出席者に高木，玉田，有安浩男，畠保，竹内春三，糸島孝太郎ら全16名。同月12日苫田郡津山町(現・津山市)の鶴山館での演説会に主催者として参加，他の主催者に高木，畠，糸島，玉田，重実，入江，後藤学ら13名，聴衆250名。なお16日は岡山市の音楽会館(玉田らが演説)，19日は吉備郡真金村(現・岡山市)の吉備津座(入江らが演説)で演説会を開いている。30年6月岡山市下石井の自宅に大衆公論社を組織しリーフレット『大衆公論』を創刊。同月22日中国自連の委員会に出席，他の参加者に糸島，玉田，入江，重実，竹内，藤本ら全11名。中国自連と岡山紡績を解散し，全組合員が岡山一般に加入することを決める。7月28日岡山一般事務所で開かれた日野正義出獄慰労茶話会に出席，他の出席者に重実，有安，糸島，竹内，小松正道。(冨板敦)〔文献〕『岡山県社会運動史4』，岡山県特別高等課『昭和3年11月』特別高等警察資料第四輯 特別要視察人等情勢調」(廣畑研二編『岡山県特高警察資料(戦前期警察関係資料集)第5巻』(復刻版)不二出版2012)，岡山県特別高等課『昭和5年11月』特別要視察人等情勢調 昭和5年度』(廣畑研二編『岡山県特高警察資料(戦前期警察関係資料集)第6巻』(復刻版)不二出版2012)，岡山県警察部『大正14年特別要視察人水平社等ノ状勢調』(廣畑研二編『岡山県特高警察資料(戦前期警察関係資料集)第7巻』(復刻版)不二出版2012)

高比良 雪四郎　たかひら・ゆきしろう　?-?　1919(大8)年東京麹町区(現・千代田区)のジャパンタイムス＆メール社欧文科に勤め活版印刷工組合信友会に加盟。のち北京のヘラルドに移る。(冨板敦)〔文献〕『信友』1919年8・10月号

高松 茂　たかまつ・しげる　?-?　東京一般労働者組合北部支部のメンバー。1927(昭2)年10月12日の協議委員会で斎藤要三，小川猛とともに北部支部協議委員に選出。28年北部支部弁論部の委員に日本染織から選出される。(冨板敦)〔文献〕『自連』18・22号1927.11・28.3

高松 すみ子　たかまつ・すみこ　⇨多田文三
ただ・ぶんぞう

高丸 義男　たかまる・よしお　?-?　香川県

三豊郡観音寺町(現・観音寺市)生まれ。香川県水平社執行委員長として共同墓地使用などの部落差別糾弾闘争をリードした。1925(大14)年4月第1回香川県水平社大会で司会,同時期に日本農民組合香川県連合会の前川正一らと連携を協議し労農水三角同盟を確立させる。26年7月労農党香川県支部連合会発会式で副議長。26年9月第2回全四国水平社大会では徳永参二を継いで2代目執行委員長。27年1月8日ソウルの衡平社本部を訪れ張志弼らと提携を協議,張の日本訪問約束を取り付けて12日帰郷。後,高麗革命党事件で張が逮捕され,31日再びソウルを訪問。李俊福らと協議し,3月李東煥の京都,大阪,香川の水平社訪問に繋いだ。27年4月第4回県水平社大会で「穏健なる右翼派運動を展開する」と主張,知事を会長とし各村の有識者を代表とする「公正会」組織を提案し,5月の県執行委員会では委員長辞任を訴え糾合に努めたが支持を得られず8月県水平社執行委員会で除名処分を受けた。(山下隆章)〔文献〕山下隆章「全四国水平社第二代執行委員長高丸義男」『部落解放研究』160号2004.10

高見 順 たかみ・じゅん 1907(明40)1.30-1965(昭40)8.17 本名・高間芳雄 福井県坂井郡三国町で県知事坂本鉐之助と高間古代の間に私生児として生まれる。08年母,祖母とともに上京,府立一中を経て24年一高に進学。25年高洲基らとダダの傾向の同人誌『廻転時代』を創刊,またこの頃築地小劇場に出入りし久保栄を知る。27年新田潤らと『文芸交錯』を創刊,28年壺井繁治,三好十郎らと左翼芸術同盟を結成しナップに参加。31年プロレタリア作家同盟に加わり,翌年同城南地区キャップ。同年治安維持法違反で検挙され33年起訴保留で釈放。同年新田,渋川驍らと『日暦』を創刊し35年同誌に掲載した「故旧忘れ得べき」が第1回芥川賞の候補となる。36年武田麟太郎らの『人民文庫』に加わるが38年廃刊となる。38年には旧友高洲と『新公報』を創刊,榎本桃太郎の中国リポートを載せたりしたがこれも3号で廃刊した。長編『故旧忘れ得べき』(人民社1936)や「工作」「嗚呼いやなことだ」などのこの頃の短編には,「リャク」(掠)屋やアナキスト,オルグなどとの交際の経験の影響が強く,戦後の長編『いやな感じ』(文芸春秋新社1963)は大杉栄虐殺の報復を試みたアナキストを主人公にして大正から昭和大戦期にかけての日本を描こうとしている。大戦中から戦後にかけての生活記録『高見順日記・正続』(勁草書房1964-75)を残しただけでなく,62年から日本近代文学館の設立による文学資料の収集,保存に力をつくそうとしたが文学館起工式の翌日に死没した。(川口秀彦)〔著作〕「大杉栄」『朝日ジャーナル』1962.11.25,『高見順全集』全20巻別1勁草書房1970-75,『エス運動人名事典』

高見沢 融策 たかみざわ・ゆうさく 1881(明14)5.1-1953(昭28)10.20 長野県南佐久郡佐久町に生まれる。21年同郡栄村(現・佐久町)で小作人組合を組織し,同県の初期農民運動に活躍した。また小作組合長をつとめ農民自治会にも参加した。全農県連の時代にも役員などをつとめ,特に全農栄村支部長として30年の南佐久郡栄製糸工場の賃金闘争を指導した。戦後はいち早く栄村農民組合を組織,組合長として農地改革と村政の民主化を推進した。(安田常雄)〔文献〕『解放のいしずえ』旧版,『南佐久農民運動史・戦前編』同刊行会1983

高光 大船 たかみつ・だいせん 1879(明12)5.11-1953(昭28)9.15 石川県石川郡北間(現・金沢市)生まれ。08年東京真宗大谷大学を卒業後,一時七尾刑務所で教誨師をつとめた。そこで出会った暁烏敏によって清沢満之の精神主義に傾倒。清沢は仏教思想の内面化をはかり天皇制絶対主義国家に対しては親鸞の信をもって個の尊厳を守るべく内的な抵抗を主張した。清沢の精神主義を受け継ぎ,その観念化と日常生活からの遊離を排して極貧の日常生活のなかで北間の専称寺を離れることなくその実践を追求した。伝統と因習に縛られた村落に身を置き,信徒の無理解と反発にあいながらもその志を貫いた。16年藤原鉄乗,暁烏と金沢に愚禿社を設立し雑誌『氾濫』を刊行。加賀の三羽烏と呼ばれる。その思想と実践に関心を寄せた青年たちや社会主義者,アナキストとの交流が絶えなかった。直接会う機会はなかったものの,辻潤は深い思想的共感を示した。戦後は浄土真宗大谷派の同朋会運動の指導者たちの育成に尽力した。(奥沢邦

成)〔著作〕『高光大船著作集』全5巻弥生書房1973-75, 松原祐善編『高光大船の世界』全4巻法藏館1989, 福島和人・水島見一編『道ここに在り 高光大船の世界』真宗大谷派宗務所出版部2000〔文献〕松田章一『直道の人』北国新聞社出版局1997, 松田章一『直道の人温かき仏者高光大船』北国新聞社出版局1997, 水島見一『近代真宗史論 高光大船の生涯と思想』法藏館2004,『信は生活にあり 高光大船の生涯』法藏館2010

高村 光太郎 たかむら・こうたろう　1883(明16)3.13-1956(昭31)4.2　本名・光太郎(みつたろう), 別名・砕雨　東京市下谷区西町(現・台東区)に生まれる。父は木彫師光雲。1897年東京美術学校予科に入学。彫刻科に進み02年卒業。学生時代『明星』同人となり短歌, 詩, 翻訳を発表。03年ロダンの作品を知りロダンに傾倒する。06-09年外遊。帰国後, 北原白秋, 木下杢太郎らのパンの会に加わり, 10年入営祝いののぼりを黒枠で囲む事件をおこす。反軍思想ということで激しく非難を浴びる。この頃から詩作に打ち込み11年『スバル』に「第二敗闕録」を発表, 新詩人として注目される。12年本郷区駒込林町(現・文京区)にアトリエを建て14年『青鞜』のメンバーだった長沼智恵子と結婚。詩作, 絵画, 彫刻, 翻訳の生活が続く。21年初め訳編『続ロダンの言葉』『回想のゴッホ』(いずれも叢文閣)の広告が第2次『労働運動』に載る。同年2・3月頃自作の「手」を持って神田駿河台の労働運動社を訪問, 近藤憲二に進呈したいと申し出る。この年にはホイットマンの『自選日記』も叢文閣から訳出している。25年来日した黄瀛をモデルに「黄瀛の首」を制作, それが縁で草野心平との交流が始まる。同年10月黄瀛, 手塚武, 菊岡久利, 野口米次郎, 大木敦夫らと詩誌『朝』(のち『氾濫』と改題)を創刊する。26年文化学院に入学した黄瀛の保証人となる。28年草野が創刊した詩誌『学校』に寄稿する。翌年10月草野, 高田博厚, 岡本潤, 逸見猶吉, 岩瀬正雄と赤城山に登る。酒が足りなくなり赤城神社に供えられていた御神酒を頂戴したという。31年草野が麻布十番(のち新宿角筈)に開いた焼鳥屋いわきに椅子代わりにリンゴの空き箱を提供, 夫妻で顔をみせる。34年『宮沢賢治全集』全3巻(文圃堂書店)の共同責任編纂を宮沢清六, 横光利一, 草野と引き受ける。40年岸田國士に誘われ中央協力会評議員になり42年文学報国会詩部会会長に就任, 戦争詩, 愛国詩にのめり込む。45年4月空襲でアトリエ炎上, 岩手県稗貫郡太田村(現・花巻市)の山小屋に移る。47年7月雑誌『展望』に「暗愚小伝」を発表。秋山清はこれを戦前大きな影響を受けた多くのアナ系詩人の問題としてとらえ厳しく批判する。(大澤正道)〔著作〕西山勇太郎編『赤城画帖』竜星閣1956, 北川太一編『高村光太郎全詩集』筑摩書房1982, 吉本隆明・北川太一編『高村光太郎選集』全6巻春秋社1981・82〔文献〕伊藤信吉『高村光太郎研究』思潮社1966, 秋山清「高村光太郎の『暗愚』について」『コスモス』1947.12, 高慶太郎「高村光太郎全詩集」『自由連合』118号1966.3, 近藤憲二「高村光太郎氏のこと」『クロハタ』3号1956.4,『エス運動人名事典』

高村 次郎吉 たかむら・じろきち　?-?　1919(大8)年東京京橋区(現・中央区)の帝国興信所に勤め活版印刷工組合信友会に加盟する。(冨板敦)〔文献〕『信友』1919年8・10月号

高村 藤一 たかむら・とういち　?-?　別名・藤市　名古屋労働者協会に加盟。1923(大12)年1月12日と18日に名古屋労働者協会, 自由労働者組合, 鉄工場労働者組合, WP(ホワイト・プロレタリアート)労働組合で結成した名古屋労働同盟の「普選断行, 過激社会運動取締法案反対演説会」で演説。23年4月30日名古屋初のメーデー前に佐々木倪一, 伊藤長光らと予備検束にあう。24年9月広島印刷工組合発会式で応援演説。26年黒蝶社を結成し中部黒連, 黒連に加盟。同年6月5日岐阜柳瀬電気館での中部黒連主催社会問題大演説会で黒蝶社を代表して演説。27年アナキストは労働者の敵と書いた者を殴ったとして篠田清らと新栄署に検束される。同年12月黒潜社同人が一斉検挙され面会に行き篠田, 山田義雄と検挙される。29年秋檄文を全国に配布して黒潜社同人福岡巧とともに検挙される。戦後はアナ連名古屋地協で活動。(冨板敦)〔文献〕『印刷工連合』17号1924.10,『黒色青年』4・13号1926.7・27.10,『黒潜』3号1928.2, 上野克巳「戦線に立ちて」『自由連合主義』3号1930.7,『名古屋地方労働運動史』

高群 逸枝 たかむれ・いつえ　1894(明27)1.18-1964(昭39)6.7　本名・イツエ, 別名・大杉好子, 勝地彩子, 木田静子, 高月和子,

月岡あさ子，払川栞，山崎文代　熊本県下益城郡豊川村(現・宇城市)に生まれる。父は小学校長。火の国に生まれ早くから詩人として頭角を現した。第4詩集『東京は熱病にかかっている』(1925)に収録の「家出の詩」は，結婚制度を所有・非所有の関係ととらえ奴隷道徳からの女性の出発をうながすフェミニスト宣言であった。続く『恋愛創生』(1926)をはじめ，女性・恋愛問題についてアナキズムの立場から旺盛な執筆活動を繰り広げた。しかし運動家としての活動が顕著なのは無産婦人芸術連盟を結成，機関誌『婦人戦線』を主宰した時期であろう。大正末から昭和初期にかけて女性ジャーナリズムが隆盛期を迎え『婦人公論』『ウーマンカレント』『女人芸術』『婦人運動』などに多くの女性が執筆したが彼女らもまたアナ・ボル論争を盛んに繰り広げた。ボル側は山川菊栄，赤松明子ら。アナ側は高群をはじめとして平塚らいてう，八木秋子，松本正枝，城夏子，望月百合子ら。ボル側は女性解放をマルクス主義政治・経済理論とからませ，アナ側は自由連合に恋愛の復活，母性の再生をからませて相対立した。しかしこの論争は対立の論理が先走りして当事者にとっても実り少ないものであった。そこで高群は理論水準の向上をめざして『婦人戦線』の創刊に踏み切った。発売元は山崎今朝弥の解放社が引き受けた。1930年3月創刊，31年10月まで通巻16号。誌名は夫の橋本憲三による。「綱領」には，「強権主義否定！　男性清算！　女性新生！」とうたい，自治社会の実現を期し男性専制の暴露清算をもって一般女性の社会的自覚をうながし新文化，新社会のため，女性の立場から新思想を提出することを義務とすると宣言した。高群の創刊の辞『婦人戦線に立つ』は，上記綱領をかみくだいてマルクス主義強権との闘いを呼びかけている。最初の連盟参加者は平塚，伊福部敬子，住井すゑ，望月百合子，八木，竹内てるよ，松本ら15人で彼らが主たる執筆者となった。2号からは特集を組み「家庭否定」(4月)，「戦闘小説」(5月)，「ブルマル男をうつ」(6月)，「無政府恋愛」(9月)と古い習俗に対して果敢な闘いを挑んだ。また同誌には高群の小説集『黒い女』(解放社)と，その姉妹出版と銘うつ『強権に抗す』

(解放社)の全面広告がしばしば掲載されている。しかし高群はここでも限界を感じざるを得ずまた夫の橋本も高群のため新たな計画を軌道に乗せ始めていた。すなわち31年7月，世田谷町満中在家に通称森の家を建設，世俗いっさいの交渉を断ちライフワークの女性史研究に入るのである。夫の物心両面にわたる献身に支えられ最初は『大日本女性人名辞書』(厚生閣1936)を刊行，続いて『母系制の研究』(同1938)。『招婿婚の研究』(大日本雄弁会講談社1953)は戦後にもちこまれたが，後二著は日本古代の母系制の残存と室町以前の招婿婚を実証して日本の女性解放運動の理論的支柱となり画期的業績となった。にもかかわらず戦中皇国史観による『女性二千六百年史』(厚生閣1940)のほか大日本婦人会機関誌『日本婦人』に毎回軍国主義鼓吹の連載を続けまた各地で講演したことを加えておきたい。没後橋本の編集で全集10巻が刊行されたが，アナキズム時代の著作は未熟という理由でほとんど収録されていない。秋山清が抗議したが，橋本は応じなかったという。(市原正恵)〔著作〕『高群逸枝全集』全10巻理論社1965-67，『婦人戦線に立つ』2冊・女性史研究会1973〔文献〕『婦人戦線』復刻版緑蔭書房1983，秋山清『自由おんな論争　高群逸枝のアナキズム』思想の科学社1973，松本正枝ほか『埋もれた女性アナキスト高群逸枝と「婦人戦線」の人々』私家版1976，村上信彦『高群逸枝と柳田国男』大和書房1977，橋本憲三・堀場清子『わが高群逸枝・上下』朝日新聞社1981，西川祐子『森の家の巫女高群逸枝』新潮社1982，山下悦子『高群逸枝論「母」へのアルケオロジー』河出書房新社1988，熊本日日新聞社事務局編『炎のひと　高群逸枝生誕100年記念誌』同記念祭実行委員会1995，永畑道子編著『わが道はつねに吹雪けり　十五年戦争前夜』藤原書店1995，丹野さきら『高群逸枝の夢』藤原書店2009

鷹谷 信幸　たかや・のぶゆき　?-?　筆名・牧テルヲ，牧輝夫　1926(大15)年頃，秋田県で暮し農民自治会全国連合に参加。中村次郎とともに秋田県代表の農自全国連合委員を務める。同年10月1日東京三田四国町(現・港区芝)の全国連合事務所(竹内愛国宅)で開かれた長野県支会設立準備会に竹内，小山敬吾，中西伊之助，渋谷定輔と参加。27年には農自の〔常務〕委員となり協同組合・農学技術担当兼，編集・出版担当兼，庶務・会計・代弁担当委員に選出される。28年

5月農自の組織再編の際には法律部兼, 庶務・会計・編集部の常任委員に選ばれる。中西が全国連合から除名されたのち続いて渋谷, 小山, 延原政行らとともに除名される。(冨板敦)〔文献〕『農民自治』3・4・6・7・9・11・臨時・13・15・16・17号1926.6・8・11・27.1・4・8・10・11・28.2・4・6, 『農民』2次1巻1号1928.8, 『農民自治リーフレット』1929.2, 竹内愛国「農民自治会」『昭和2年版解放運動解放団体現勢年鑑』解放社1927, 大井隆男『農民自治運動史』銀河書房1980

高柳 重信 たかやなぎ・しげのぶ 1923(大12)1.9-1983(昭58)7.8 東京都小石川区に生まれる。1940(昭15)年17歳で早稲田大学専門部法科に入学, 早大俳句研究会に入会。この頃19世紀のフランス文学に親しみ文芸同人誌『群』を創刊。42年『早大俳句』を創刊。大戦が激化し繰り上げ卒業。この夏胸部疾患発病。45年前橋市に疎開し同地の理研重工業に勤務中に敗戦を迎える。47年富澤赤黄男を訪問し『太陽系』に参加。48年俳句同人誌『弔旗』を創刊し多行形式による俳句を実践するが翌年2号を出して終刊。50年に同人誌『黑彌撒』を創刊するも6号をもって終刊。52年に富澤赤黄男を擁し『薔薇』を創刊。57年『高柳重信作品集 黑彌撒』(琅玕洞)を刊行。この「序にかへて」で富澤赤黄男は「高柳重信の精神」はアナキズム的な「反抗と否定の精神」であると指摘した。処女句集『蕗子』では高柳は「俳壇の一切の既成権威を破壊する」と共に「自分自身をも破壊しつくすこと」を「ほとんど唯一絶対の念願としていた」という。また高柳は「覚書」で俳壇における「人間探求派」の俳句を「白彌撒」とすれば, それと対比的に存在するのが私の「黑彌撒」であると述べている。この「黑彌撒」の「黑」には23年1月に創刊された『赤と黒』をはじめ『黒色文芸』などに繋がるアナキズムの思想が認められる。58年3月同人誌『俳句評論』を創刊。68年『俳句研究』の編集長に就任。72年3月『高柳重信全句集』(母岩社)を刊行。74年10月には句集『青彌撒』(深夜叢書社)を刊行。同年11月には第一評論集『俳句評論 バベルの塔』(永田書房)を刊行。その巻頭の評論「敗北の詩」は47年7月に『太陽系』に発表されたものだが, この評論では高柳は俳句を「敗北の詩」と呼び, 俳句作家を「反社会的な」存在と捉える。そこには24歳のアナキスト・高柳重信の姿が「虚無的な数条の光芒の中」ではっきりと描かれている。80年6月第10句集『山川蟬夫句集』(俳句研究新社)を刊行。83年7月, 肝硬変のため死去。享年60歳。代表句に「身をそらす虹の/絶巓/処刑台」「明日は/胸に咲く/血の華の/よいどれし/蕾かな」「まなこ荒れ/たちまち/朝の/終りかな」などがある。(平辰彦)〔文献〕『俳句研究 特集・高柳重信』第49巻第3号1982, 『現代俳句 特集・高柳重信』第17集南方社1983, 『俳句研究 特集・追悼高柳重信』第50巻第11号1983, 『俳句評論 追悼・高柳重信』通巻第200号・終刊号1983

高山 兼次郎 たかやま・かねじろう ?-? 1920(大9)年9月堺利彦, 岩佐作太郎, 仲曽根源和らを長野県諏訪郡に迎え, 上諏訪町(現・諏訪市)高島公園での講演会を鮎沢実也らと計画して届けるが警察から禁止処分をうける。やむなく同郡平野村岡谷(現・岡谷市)の竹内仲之宅で座談会を催す。(冨板敦)〔文献〕「鮎沢実也」「身上調書」

高山 久蔵 たかやま・きゅうぞう 1895(明28)12.1-1958(昭33)12.7 千葉県長生郡豊岡村南吉田(現・山武市)生まれ。開成中学中退。大塚鉄工場の工員となり職場を渡り歩くうちに労働運動に関与する。19年杉浦啓一らと大日本機械技工組合(のち日本機械技工組合, 機械技工組合)を結成し理事。池貝鉄工所, 石川島造船所などを基盤に組織拡大をはかり, 21年本芝労働組合を結成, 機械技工組合との合同機関紙『鉄鞭』を創刊, 編集に携わる。22年6月両組合を率いて機械労働組合連合会に参加し, 自由連合派の中心的な活動家として数多くの争議を指導, 争議支援などで活躍した。関東大震災後, 24年3月現実主義の方向に転じ, 25年のメーデーに参加, 機械連合の代表として演説。のち26年1月坂本孝三郎らの日本労働組合連合会と合同し日本労働組合総連合を結成。さらに政治活動に関わり日本労農党, 全国大衆党に参加。31年日本労働倶楽部, 32年日本労働組合会議, 36年愛国労働組合全国懇話会の結成に参加するなど右翼陣営に傾斜する。敗戦後は公職追放となった。(奥沢邦成)〔著作〕『日本の労働者の動向について』1934〔文献〕『印刷工連合』25号1925.6, 木下半治『日本右翼の研究』現代評論社1977・『日本国家主義

高山 周助 たかやま・しゅうすけ ?-? 1919(大8)年東京京橋区(現・中央区)の国光社和文科に勤め日本印刷工組合信友会に加盟する。(冨板敦)〔文献〕『信友』1919年10月号

高山 信一 たかやま・しんいち ?-? 1919(大8)年東京神田区(現・千代田区)の三秀舎文選科に勤め活版印刷工組合信友会に加盟する。(冨板敦)〔文献〕『信友』1919年8・10月号

高山 清次郎 たかやま・せいじろう ?-? 新聞工組合正進会に加盟し1924(大13)年夏,木挽町(現・中央区銀座)本部設立のために1円寄付する。(冨板敦)〔文献〕正進会『同工諸君!! 寄附金芳名ビラ』1924.8

高山 宗治 たかやま・そうじ ?-? 1919(大8)年東京京橋区(現・中央区)の三協印刷株式会社和文科に勤め活版印刷工組合信友会に加盟。(冨板敦)〔文献〕『信友』1919年8・10月号

高山 辰三 たかやま・たつぞう 1892(明25) 10.5-1956(昭31)8.9 山形県置賜郡上長井村(現・米沢市)に生れる。米沢中学で同級の大熊信行を知り啄木短歌に傾倒し歌人を志した。土岐哀果に認められ1913年創刊の『生活と芸術』同人になり荒畑寒村らを知る。早稲田大学英文科中退。15年70人の文壇人に関する人物評,ゴシップなどを集めた『天下泰平文壇与太物語』を出版。序文には大杉栄,馬場孤蝶,堺利彦ら10名の作家,歌人が名を連ねた。『近代思想』廃刊後,荒川義英ら大杉周辺の青年たちによって16年1月に創刊された雑誌『世界人』の同人となる。その後『東京毎日新聞』『報知新聞』ほかの記者を経て,戦後は米沢に帰り農協組合長をしながら社会運動に従事した。(大和田茂)〔著作〕『天下泰平文壇与太物語』牧民社1915〔文献〕出久根達郎『本と暮らせば』草思社2014

高山 初二 たかやま・はつじ 1890(明23) 1.23-? 群馬県東群馬郡前橋町前橋曲輪町(現・前橋市)に生まれる。報知新聞社に勤め,東京の新聞社員で組織された革進会に加わり1919(大8)年8月の同盟ストを同社の幹事として闘うが敗北。読売新聞社に移り正進会に加盟。20年機関誌『正進』発行のために3円寄付する。同年日本社会主義同盟に加盟,東京市下谷区三輪町(現・荒川区)に住んでいた。(冨板敦)〔文献〕『革進会々報』1巻1号1919.8,『正進』1巻1号1920.4,『警視庁思想要注意人名簿(大正10年度)』

高山 久太郎 たかやま・ひさたろう ?-? 1919(大8)年横浜のジャパン・ガゼット社に勤め同年6月15日横浜欧文技術工組合を発起人として創立,理事となる。同組合設立基本金として3円寄付。ジャパン・ガゼット社の組合理事も務める。8月7日横浜欧文技術工組合を代表して早川歳吉と上京。杉崎国太郎宅で東京の印刷工組合である信友会と協議し機関誌を共通の『信友』とすることに決める。信友会側の出席者は,石田九蔵,金子清一郎,水沼辰夫,立田泰。のち横浜欧文技術工組合を改称した横浜印刷技工組合の書記を担う。(冨板敦)〔文献〕『信友』1919年8・10月号,1920年1月号

高山 万次郎 たかやま・まんじろう ?-? 1919(大8)年東京京橋区(現・中央区)の築地活版所和文科に勤め日本印刷工組合信友会に加盟する。(冨板敦)〔文献〕『信友』1919年10月号

宝 仁和行 たから・にわいく ?-? 鹿児島県大島郡(奄美大島)住用村の農民。1918(大7)年8月24日同村西仲間で発生した米騒動を指揮,騒擾指揮助勢恐喝建造破壊一般毀棄罪という長い罪名で1年の懲役刑に服した。奄美大島の南部地区には古仁屋(現・瀬戸内町)という天然の良港があり海軍がたびたび入港,また陸地には要塞の築造が企画されていたが,古仁屋は奄美第2の都市であり大杉栄の影響を受けたアナキストの活動が盛んであった。宝はこの古仁屋グループと連絡をとり米騒動を組織したものとみられている。西仲間農民80人が川崎嘉一商店と吉喜次郎商店を襲撃,1升39銭の米を33銭に,1合15銭の焼酎を12銭に値下げを要求,これを認めさせ焼酎4合を奪った。鹿児島県下の米騒動第1号でもあった。(松田清)〔文献〕南日本新聞社編『鹿児島百年・下』謙光社1968,松田清『奄美社会運動史』JCA出版1979,『道之島通信』133号1995.6

田川 ゑつ たがわ・えつ ?-? 東京市牛込区(現・新宿区)改代町に居住し神田神保町の山縣製本印刷整版部に勤める。1935(昭10)年1月13日整版部の工場閉鎖,全部員40名の解雇通告に伴い争議勃発。工場を占拠して闘い同月15日解雇手当4カ月,争議費用百円で解決する。山縣製本印刷は当時東京大学文学部の出入り業者であり,東印は34

年5月以降, 東印山縣分会を組織していた。
(冨板敦)〔文献〕『山縣製本印刷株式会社争議解決報告書』東京印刷工組合1935, 『自連新聞』97号1935.1, 中島健蔵『回想の文学』平凡社1977

田河 水泡 たがわ・すいほう 1899(明32) 2.10-1989(昭64)12.12 本名・高見沢仲太郎, 別名・高見沢路直, 高沢路亭 東京市本所区林町(現・墨田区)に生まれる。幼少時から絵が好きで従兄で錦絵複製で知られる高見沢遠治から洋画を学ぶ。19-21年外地で兵隊生活。22年日本美術学校図案科入学, 杉浦非水, 中川紀元の指導を受ける。未来派美術協会展を引き継ぐ三科インデペンデント展に出品。23年村山知義, 柳瀬正夢らによるマヴォに参加。首都美術展(1924), 新興美術諸団体が集結した三科公募展(1925)などに出品, ダダ的色彩を帯びる芸術活動を展開した。なかでも築地小劇場での『劇場の三科』(1925)では岡田竜夫, 住谷磐根とともにハプニング劇を演じ大正期前衛の最も先鋭化した表現であった。25年卒業後は図案家, また高沢路亭の名で新作落語作家として活動。27年から講談社の雑誌に漫画を執筆。31年同社『少年倶楽部』(新年号)に『のらくろ二等卒』を連載開始, のらくろの人気に伴い漫画家田河水泡の名は不動のものとなった。妻潤子は小林秀雄の実妹。(扉野良人)〔著作〕『漫画の罐詰』講談社1930, 『のらくろ上等兵』同1932, 『凸凹黒兵衛』同1934, 『蛸の八ちゃん』同1935, 『少年漫画作集』冨岳本社1947, 『のらくろ漫画全集』同1967, 『田河水泡新作落語集』同1976, 『滑稽の構造』同1981, 『私の履歴書』『日本経済新聞』1988.10.1-31, 『のらくろ一代記 田河水泡自叙伝』(高見沢潤子と共著)講談社1991〔文献〕高見沢潤子『のらくろひとりぼっち』光人社1983, 『永遠のふたり 夫・田河水泡と兄・小林秀雄』講談社1991, 高見順『昭和文学盛衰史』文芸春秋新社1958, 本間正義編『日本の前衛美術』フジ出版社1971, 梶井純『演劇的自叙伝2』東邦出版社1971, 梶井純『執れ膺懲の銃とペン』ワイズ出版1999, 五十殿利治『日本のアヴァンギャルド』青土社2001, 『エス運動人名事典』

田川 季彦 たがわ・すえひこ 1881(明14)-1969(昭44)4.20 松本市生まれ。小学校を卒業後上京して就職。2年年少の山本飼山とは少年時代からの友人で上京後も交友は続く。09年松本中学に在学中の山本は日記に「田川季彦君よりクロポトキン著・平民社訳『麺麭の略取』を送らる」と記した。無神論を説きアナキズムに関心を深め上京後の山本とともに近代思想社に出入りした。(奥沢邦成)〔文献〕山本一蔵『飼山遺稿』泰平館書店1914・湖北社1980, 村松武司『遥かなる故郷』皓星社1979

田川 長吉 たがわ・ちょうきち ?-? 1919(大8)年東京牛込区(現・新宿区)の秀英舎(市ヶ谷)第一和文科に勤め活版印刷工組合信友会に加盟する。(冨板敦)〔文献〕『信友』1919年8月号

田木 繁 たき・しげる 1907(明40)11.13-1995(平7)9.9 本名・笠松一夫 和歌山県海草郡日方町(現・海南市)に生まれる。県立和歌山中学, 三高を経て27年京都大学文学部独文科に入る。在学中から戦旗社や日本プロレタリア作家同盟(ナルプ)に関係し, 29年『戦旗』4月号に発表した「拷問を耐へる歌」が評判になる。30年京大卒業後, 大阪で活動。ナルプ大阪支部執行委員長をつとめ第一詩集『松ケ鼻渡しを渡る』(ナルプ関西地方委員会1934)を刊行する。もっとも戦闘的な詩人田木の側面を現す詩集といわれる。ナルプ解体後は『詩精神』とその後継誌『詩人』に拠り第二詩集『機械詩集』(文学案内社1937)を刊行, もっとも写実的な詩人田木を示す詩集といわれる。36年有田市に移り農業に従事する。『現代詩精神』に参加し第三詩集『妻を思ひ出さぬ為に』(現代詩精神社1941)を出すがこれにはもっとも叙情的な詩人田木が現れている。戦後は『コスモス』『新日本文学』に加わり『コスモス』には「杜甫」を連作。また戦前のプロレタリア文学運動を厳しく批判した小説集『私一人は別物だ』(真善美社1948)を刊行する。「素手でひとり立つ孤独者の自由」こそ田木を田木たらしめたものだと秋山清は共感を込めて評している。(大澤正道)〔著作〕「官尊民卑について」『黒の手帖』9号1970, 『田木繁詩集』現代思潮社1969, 『田木繁全集』全3巻青磁社1982-84〔文献〕秋山清『戦後詩の私的な回想』太平出版社1969, 大澤正道「俺は俺である」『黒の手帖』9号1970, 中村泰編「聞き書き・大阪プロレタリア文学史1」『蒼馬』4号1978

瀧井 孝作 たきい・こうさく 1894(明27)4.4-1984(昭59)11.21 和田久太郎の俳句生活における親友・同志で俳号は折柴(せっさ

い)。岐阜県高山町(現・高山市)に指物師の次男として生まれる。12歳から17歳まで町内の魚問屋の丁稚奉公に出される。店の隣に住んでいた青年からすすめられ俳句を始める。河東碧梧桐が全国行脚で高山入りした際，対面。句会でも句に目をとめられたことからも碧梧桐を師と仰ぐようになる。芸妓との恋愛から借金を作り，その金策で1912(明45)年4月大阪に出奔。碧梧桐のつてで大阪市東区の特許事務所の事務員となる。碧梧桐の合評会に出席した時に株屋勤務の和田久太郎と初めて出会う。年も一歳違いで，ほど近い所に住んでいたことから親交が始まった。俳誌『紙衣(かみこ)』の編集に途中から2人で携わる。13(大2)年夏上旬，久太郎の自殺行の土佐行きの船中から出された〈雲の峰の中のやうな世界へ行くのであります〉という，たった1行の葉書を受ける。しばらくしてふらりと事務所を訪ねてきた久太郎から葉書が自殺予告であることを教えられ驚く。碧梧桐門下の戸田麦花が自殺した土佐の宇佐海岸で投身できなかったことは芝居じみておかしいと批判したが，久太郎は黙して語らなかったという。15年に特許事務所を辞め東京の中塚一碧楼方に身を寄せ，『海紅』の編集を手伝う傍ら小説を書き始める。久太郎も上京していたが，12年12月号の『層雲』に2人の句が見えるのを最後に関係は途絶えた。19年時事新報社文芸部記者となり芥川龍之介を知り，翌年『改造』の文芸欄担当となり，志賀直哉から『暗夜行路』を貰う。吉原にいたことのある妻榎本りんとの恋愛小説をまとめた『無限抱擁』は芥川に絶賛され，その作家的地位を確立した。35年芥川賞創設当初から82年まで選考委員を務め，中断していた俳句を復活。それまでの自由律から定型に移り孝作を署名した。81年胃ガンとなり3年間の闘病生活を経て〈秋の風味けはしや薬かみにけり〉を絶句とした。(一色哲八)〔著作〕『瀧井孝作全句集』牧羊社1974，『瀧井孝作全集』中央公論社1978-79〔文献〕『瀧井孝作全集』第3巻中央公論社1978，『酔峰君』『週刊朝日』1931年3月増大号，唐沢隆三個人誌『柳』第1巻11号「酔峰のこと」1955，上田都史『近代俳人列伝』第3巻永田書房1987

滝川　創　たきがわ・そう　1908(明41)-1975(昭50)8.27　本名・石川熊雄　静岡県安倍郡安中村大岩(現・静岡市)に居住。東海黒連のメンバーとなり，1927(昭2)年静岡市水落町の瀬川竜の自宅を事務所とした人間生活社に出入りする。雑誌『人間生活』の発行資金集めが恐喝にあたるとして12月11日頃東海黒連の同志とともに一斉検挙にあう(全16人)。20日間の即決拘留処分で不起訴となる。28年3月全国自連第2回続行大会で静岡の大衆評論社を代表して祝辞を述べる。この頃市外稲川の自宅を東海黒連の事務所としていた。大衆評論社では瀬川とともに営業部員をつとめるが同年7月に発行された『大衆評論』2巻6号から社を離れる。37年中田駿郎の救護会武蔵野母子寮で牧野修二，大塚昇，後藤章と働く。戦後は日本共産党に入党。(冨板敦)〔文献〕『静岡新報』1927.12.13夕刊，『黒色青年』17号1928.4，『自連』23号1928.4，『大衆評論』2巻6号1928.7，大塚昇「静岡でのアナキズム運動」『沓谷だより』17号2000

滝川　智三　たきがわ・ともぞう　?-?　1919(大8)年東京京橋区(現・中央区)の築地活版所鉛版科に勤め日本印刷工組合信友会に加盟する。(冨板敦)〔文献〕『信友』1919年10月号

滝口　修造　たきぐち・しゅうぞう　1903(明36)12.7-1979(昭54)7.1　富山県出身。医者の家庭に長男として生まれ，幼年時代より絵画に親しむ。両親の死後，1923年慶応大学文学部予科に進みブレイク，モリスなどを読みふける。26年『山繭』参加，永井龍男，堀辰雄と交友，また西脇順三郎やランボー，ブルトンなどフランスのシュールレアリストを日本に紹介する。41年逮捕・取調べを受け8ヶ月余拘留された。47年日本アヴァンギャルド美術家クラブの結成に参加，50年頃より美術評論を執筆，現代美術プロデューサーとして新人紹介の展覧会を企画。またベネチア・ビエンナーレの日本代表として渡欧するなど評論と実際行動で表現の原点を問いつづける姿勢は若い世代の信頼を集めた。59-62年美術評論家連盟の会長，65年以降赤瀬川原平の千円札模造事件では特別弁護人となった。遺された書籍・ポスター類は多摩美術大学上野毛図書館に寄贈・同文庫となっている。(奥沢邦成)〔著作〕ブルトン『超現実主義と絵画』(訳)厚生閣1930，『近代芸術』三笠書房1938・美術出版社1962，『ダリ』アトリエ社1939，『幻想画家論』新潮社1959，『滝口修造の詩

的実験1927-1937』思潮社1967〔文献〕渡辺広士『小林秀雄と滝口修造』審美社1976, 同「滝口修造とアナーキズム」『思想の科学』1977年11月増刊号

滝口　徳治　たきぐち・とくじ　?-1945(昭20)12.16　別名・逍遙生　兵庫県揖保郡小宅村(現・たつの市)に生まれる。姫路師範を卒業。級友に大西伍一がおり23年大西や池田種生らが創刊した同人誌『蒼空』の同人になる。上京して平凡社に入る。北多摩郡千歳村八幡山(現・世田谷区)に住み近所のよしみで27年頃から石川三四郎の共学パンフレットの制作を手伝う。28年同じ平凡社の社員でアナキストの古屋三樹松, 田辺清春とはかり地底社をおこし地底叢書を刊行する。第1輯が石川『マフノの農民運動』(1928)で, 以下ベルテロ(山鹿泰治訳)『平民の鐘』, マラテスタ『無政府主義論』(1929), 下中弥三郎『万人労働の哲学』(1930)などがある。石川の著書の索引なども作成していたらしい。45年郷里へ疎開し, 戦後上京を熱望しながら病に倒れる。46年石川は自身の満70歳の誕生祝に滝口の遺影を飾り追悼したという。(大澤正道)

滝沢　重太郎　たきざわ・じゅうたろう　⇨大岩由太郎　おおいわ・ゆうたろう

滝沢　深　たきざわ・しん　?-?　江東自由労働者組合(のち東京自由労働者組合)のメンバー。1926(大15)年4月1日東京市復興局の測量に従事する自由労働者の賃下げに反対し, 200-300人で市役所に押しかけ安西激らとともに日比谷署に検束され(計12人)拘留15日。26年4月8日京成電車争議の支援に駆けつけ検束され拘留25日。埼玉の水平社運動にも関わる。27年冬創立した失業抗議運動協議会代表として同年12月29日本所日東キネマ館で開かれた全国自由労働者失業大会で経過報告演説をする。(冨板敦)〔文献〕『黒色青年』2号1926.5, 『自連』1・3・12・21号1926.6・8・27.5・28.2

滝沢　村之助　たきざわ・むらのすけ　?-?　長野県埴科郡戸倉村磯部(現・千曲市)に生まれる。1926(大15)年磯部で小作争議が発生し日農県連(準備会)に支援を仰いで解決を求めたが, 県連は組合加入を支援の前提にしまた小作人の意思を尊重するよりも日農の解決条件を「押しつけ」た。その結果磯部の単独小作人組合は崩れたという。農民自治会は組織に「入ろうと入るまいと一人の地主に対して同じ様な小作人が出来るだけ全体で要求するほうがいい」という立場で組織化に取り組み, 小作人に有利な解決を勝ち取った。ここには組織の運動方針よりも農民の生活要求をもとに組織化を進めるという農自の思想がよく出ている。これに参加しその思想に共鳴した滝沢は永井誠之助, 降旗倉太郎らとともに, 27年1月12日磯部農自を結成した。(安田常雄)〔文献〕安田常雄『日本ファシズムと民衆運動』れんが書房新社1979

滝田　利吉　たきた・りきち　1897(明30)4.7-?　別名・理吉　石川県石川郡戸板村(現・金沢市)に生まれる。新聞工組合正進会に所属し平民大学夏期講習会に参加。1920(大9)年機関誌『正進』発行のために1円カンパする。この年日本社会主義同盟に加盟。21年頃国桂会出版部に文撰工として勤め東京市下谷区上野桜木町(現・台東区)に住んでいた。(冨板敦)〔文献〕『正進』1巻1号1920.4, 『警視庁思想要注意人名簿(大正10年度)』

滝波　はる　たきなみ・はる　?-?　1919(大8)年東京京橋区(現・中央区)の秀英本舎解版科に勤め日本印刷工組合信友会に加盟する。(冨板敦)〔文献〕『信友』1919年10月号

滝野　修黎　たきの・しゅうれい　?-?　1919(大8)年東京京橋区(現・中央区)の築地活版所和文科に勤め活版印刷工組合信友会に加盟する。(冨板敦)〔文献〕『信友』1919年8・10月号

滝野　藤之助　たきの・ふじのすけ　?-?　別名・藤之輔　1919(大8)年東京京橋区(現・中央区)の三協印刷株式会社文選科に勤め活版印刷工組合信友会に加盟。のち京浜印刷会社印刷科に移る。(冨板敦)〔文献〕『信友』1919年8・10月号

滝本　竹松　たきもと・たけまつ　?-?　1919(大8)年横浜の南中舎に勤め横浜欧文技術工組合に加盟して活動。のちジャパン・ガゼット社新聞課に移る。(冨板敦)〔文献〕『信友』1919年8・10月号, 1920年1月号

滝脇　治作　たきわき・じさく　?-?　横浜毎朝新報社に勤め横浜印刷技工組合に加盟。1921(大10)年3月12日同社の減給拒絶闘争を26名で闘い勝利する。(冨板敦)〔文献〕『信友』1921年4月号

田口　一馬　たぐち・かずま　?-?　長野県小県郡滋野村に生まれる。1926(大15)年『文

芸戦線』や『早稲田文学』を通して同村の柳沢恰，土屋勝太郎と知り合う。農民自治会全国連合に加わり同年10月3日北佐久郡北御牧村(現・東御市)の北御牧小学校で発足した農自北信連合(のち東信連合に改称)に参加。27年3月20, 21日東京神田区美土代町(現・千代田区神田美土代町)の東京基督教青年会館で開かれた第1回農民自治会全国委員会に長野県を代表して出席する。長野県代表は他に柳沢，朝倉重吉，小山四三，小山敬吾，竹内圀衛，野沢，宮島の全8名だった。〔冨板敦〕〔文献〕『農民自治』6・9号1926.11・27.4, 大井隆男『農民自治運動史』銀河書房1980

田口 金三郎 たぐち・かねざぶろう ?-? 東京朝日新聞社に勤め，1919(大8)年12月新聞工組合正進会を組織し常務理事となる。20年8月同会の常例理事会で常任理事に再選，正進会の中心メンバーとして活動。同年日本社会主義同盟に加盟。のち広島の芸備日日新聞社に勤めるが21年初めに解雇される。〔冨板敦〕〔文献〕『正進』1巻1号1920.4, 2巻5号1921.5

田口 亀造 たぐち・かめぞう 1882(明15)11.4-1925(大14)1.18 群馬県群馬郡岩鼻村(現・高崎市)生まれ。18歳で上京，のち足尾銅山で鉱夫として働く。07年足尾暴動で社会問題に関心をもった。芝浦製作所，池貝鉄工所などを経て18年機械工として東京鉄工組合に参加, 21年組合長となる。サンジカリストとして大崎日本鉄工，園池製作所，蒲田新潟鉄工所など多くの争議を支援，指導した。20年日本社会主義同盟の創立大会に参加し逮捕投獄された。23年関東労働同盟会の会長に就任，本部中央委員などを歴任。〔奥沢邦高〕〔文献〕『解放のいしずえ』旧版

田口 憲一 たぐち・けんいち ?-? 1925(大14)年埼玉県南埼玉郡越谷町(現・越谷市)に居住。黙殺社を名のりビア・アンチカ個人雑誌『黙殺』を発行する。〔冨板敦〕〔文献〕『黙殺』1・2号1925.6・7

田口 幸作 たぐち・こうさく ⇨大岩由太郎 おおいわ・ゆうたろう

田口 定吉 たぐち・さだきち ?-? 1919(大8)年東京神田区(現・千代田区)の三秀舎和文科に勤め活版印刷工組合信友会に加盟する。〔冨板敦〕〔文献〕『信友』1919年8・10月号

田口 智 たぐち・さとし ?-? 1926(大15)年頃，埼玉県南埼玉郡新和村(現・さいたま市)で農業を営み農民自治会全国連合に参加。同年秋頃，維持会員となる。同年末には埼玉県連合の準備事務所を自宅に置いていた。〔冨板敦〕〔文献〕『自治農民』6号1926.11, 『農民自治会内報』2号1927

田口 俊二 たぐち・しゅんじ ?-? 和歌山の黒煙社に加わりのち代表格となる。関西黒旗連盟，黒連に加盟し宮脇久ら北大阪天六アナと交流。1927(昭2)年11月須藤茂, 鈴木光雄, 楠利夫, 田中正義, 備前又二郎, 田淵義輝とともに関西黒旗連盟から脱退。29年山岡喜一郎，大串孝之助らの民衆社(『民衆の中へ』発行)和歌山事務所を担う。同年和歌山地方農民労働者自治連合を組織。また小柴順治らと和歌山一般労働組合でも活動。〔冨板敦〕〔文献〕『関西自由新聞』2号1927.11, 『民衆の中へ』2号1929.2, 『自連新聞』32・33・38号1929.2・3・8, 高丸久「黒い流れ1」『ムーヴ』1号1961.5, 『社会運動の状況1・4』, 『昭和7年自1月至6月社会運動情勢 大阪控訴院管内・下』東洋文化社1979

田口 善吉 たぐち・ぜんきち ?-? 1919(大8)年岡山市の村本研精堂に勤め活版印刷工組合信友会に加盟する。〔冨板敦〕〔文献〕『信友』1919年8・10月号

田口 福太郎 たぐち・ふくたろう ?-? 1919(大8)年東京京橋区(現・中央区)の千代田印刷所和文科に勤め活版印刷工組合信友会に加盟する。〔冨板敦〕〔文献〕『信友』1919年8月号

田口 政吉 たぐち・まさきち ?-? 1919(大8)年東京牛込区(現・新宿区)の日清印刷会社欧文科に勤め活版印刷工組合信友会に加盟する。〔冨板敦〕〔文献〕『信友』1919年8・10月号

武 良二 たけ・りょうじ 1895(明28)8.15-1976(昭51)以降 鹿児島県大島郡(奄美大島)名瀬町(現・名瀬市)生まれ。上京して東京歯科医専門学校に在学中，米騒動に接し大杉栄らの演説を聞き社会運動に近づく。21年5月日本社会主義同盟第2回大会に参加, 大杉, 和田久太郎, 高津正道, エロシェンコら50数人の検束者の一人となる。同年11月いわゆる暁民共産党事件で検挙，一審では無罪だったが控訴審で有罪となり23年11月豊多摩監獄を出獄する。24年頃朔風会を結成。24年のメーデーの前夜江川菊次郎とともにビラ配付で逮捕され同年10月市

ケ谷刑務所を出る。26年1月結成された黒連に加盟、『黒色青年』創刊号(1926.4.5)の巻頭論文「行動に思想あれ」を書いたという。『労働運動』4次14号(1926.1.1)に書いた「僕等の覚悟」はボル系への清算と読める。27年2月サイパン島沖縄人4000人ストを支援、8月サッコ・ヴァンゼッティの死刑反対に飛び回る。28年1月黒連内で台頭した内ゲバ傾向に反対し、野蛮人社の村上義博らとはかってAC労働者連盟を設立したが前田淳一一派に制裁され黒連を除名。まもなく上海へ去り同年10月矢田部上海総領事恐喝未遂のでっちあげ事件で白山秀雄、赤川啓来とともに逮捕される。戦後上海から鹿児島へ引揚げアナ連に加盟、全国委員となり『平民新聞』鹿児島支局を拠点に盛んに宣伝活動を行った。奄美出身でその活動が本土の記録に残されている唯一のアナキストでもある。妻は青木てう。(松田清・大澤正道)〔著作〕『アナルキズムの科学的基礎』1927朔風会、『アナーキズムの立場からの強権主義の解剖』1927朔風会〔文献〕『労働運動』2次12号1921.6.4/4次1・5号1923.12・24.7、『黒色青年』16号1928.2・5、『自連新聞』31号1929.1、『平民新聞』7号1946.11.23、横倉辰次「黒色自由労働者組合とAC労働者連盟の思い出」『労働と解放』2号1966.11

武居 鐘次 たけい・しょうじ ?-? 1919(大8)年東京麹町区(現・千代田区)の一色活版所文選科に勤め日本印刷工組合信友会に加盟する。(冨板敦)〔文献〕『信友』1919年10月号

武井 時治 たけい・ときはる ⇨大岩由太郎 おおいわ・ゆうたろう

武居 直人 たけい・なおと 1893(明26)-? 長野県諏訪郡出身。1920-21年に長野県諏訪郡の鮎沢寛一宅で開かれていたアナキズムの座談会に参加する。鮎沢実也、海野高衛、竹内仲之、高山兼次郎らと交流があった。22年頃岡谷町に民衆社を組織し月刊新聞『民衆』を発行。同年新聞発行の寄付を求めたことが恐喝罪とされ鮎沢とともに逮捕、懲役1年執行猶予5年となる(鮎沢は懲役8カ月執行猶予5年)。(冨板敦)〔文献〕『労働運動』3次7号1922.9、『正進』3巻12号1922.12、『小作人』2次1号1922.12、宮崎晃「差別とアナキズム」黒色戦線社1975、『思想輯覧』1、『社会主義沿革2』

武石 衛次 たけいし・えいじ ?-? 1919(大8)年東京京橋区(現・中央区)の築地活版所鉛版科に勤め日本印刷工組合信友会に加盟する。(冨板敦)〔文献〕『信友』1919年10月号

竹入 金次郎 たけいり・きんじろう ?-? 1919(大8)年東京京橋区(現・中央区)の三協印刷株式会社和文科に勤め活版印刷工組合信友会に加盟する。(冨板敦)〔文献〕『信友』1919年8月号

竹内 一郎 たけうち・いちろう 1895(明28)-1923(大12)6.24 茨城県に生まれる。20年に組織された橋浦時雄の北郊自主会に高尾平兵衛、原沢武之助、和田軌一郎らと参加する。労働運動社に加わり21年1月第2次『労働運動』同人となる。同年2月24日浜松の新聞記者塚本が主催した借家問題演説会で演説するが5分で中止となる。4月12日足尾銅山のストに高尾、原沢とビラを持って参加、治安警察法違反で検挙される。栃木監獄で検事が父親を呼んで説得させた話が第2次『労働運動』11号に掲載される。5月28日無罪釈放。21年5月吉田一らの『労働者』2号から北郊自主会員として同人となる。日本社会主義同盟第2回大会で執行委員に選出。23年肺を病んで死没、『労働運動』15号に訃報が掲載される。(冨板敦)〔文献〕『労働運動』2次1・7・9・11・13号1921.1.29・3.20・4.24・5.13・6.25/3次15号1923.7、後藤彰信「『労働社』論」『初期社会主義研究』2号1988、近藤憲二「一無政府主義社の回想」平凡社1965、『社会主義沿革2』

竹内 一美 たけうち・かずみ 1893(明26)頃-? 広島県豊田郡豊浜村斎島(現・呉市)生まれ。高等小学校を卒業後、船員となりのち神戸で小船運送業に就く。21年5月頃福田狂二と知り合い、進め社の支局を神戸に設立して責任者となった。24年頃アナキズムに転じ多田英次郎、大崎和三郎、芝原淳三らと極東平民社、神戸自由労働者組合を結成する。25年9月16日宇治木一郎が神戸で主催した大杉栄3周年追悼会に増田信三、岡崎竜夫、中村一次、笠原勉らとともに参加検束される。同月神戸で宇治木、岡崎らと黒闘社を組織しガリ版刷り機関紙『黒闘』創刊号を11月27日に発行、発禁処分となる。35年末頃無共党事件で検挙されるが不起訴。(冨板敦)〔文献〕『身上調書』

竹内 勝太郎 たけうち・かつたろう ?-? 東京朝日新聞社に勤め新聞工組合正進会に加盟。1920(大9)年機関誌『正進』発行のため

に50銭寄付する。(冨板敦)〔文献〕『正進』1巻1号1920.4

竹内 兼七 たけうち・かねしち 1882(明15)-1957(昭32)6.5 別名・無為舎 弘前市東長町に生まれる。高等小学校を卒業後上京,商業学校や東京専門学校などで学ぶ。1902年頃渡米,カリフォルニアで農業に従事するかたわら邦人社会主義者と交際。04年帰国,家業の質商を営む,しばしば上京し社会主義者と交際する。06年4月笹森修一らと渋茶会を結成,のち弘前社会主義研究会,弘前労働協会と改め社会主義の研究と宣伝につとめる。経済的に豊かであったため日刊『平民新聞』創立資本を提供し平民社の再興に貢献する。同紙廃刊後は印刷所浩文社を経営。09年以降弘前で家業に従事していたが,10年5月弘前市会議員に当選,1期つとめる。大逆事件の捜査では社会主義関係の文書一切が押収された。以後,主義を捨てたわけではないようだが,商工会議所議員を1度つとめる以外は公職につかず俳句,狩猟などの趣味に生きた。(西山拓)〔文献〕青森県民生労働部労政課編・刊『青森県労働運動史』1969,稲葉克夫『青森県近代史の群像』北の街社1985,山泉進「幸徳秋水と『平民新聞会計報告書』」『初期社会主義研究』12号1999

竹内 兼松 たけうち・かねまつ ?-? 東京毎日新聞社に勤め東京の新聞社員で組織された革進会に加わり,1919(大8)年8月の同盟ストに参加するが敗北。のち正進会に加盟。20年機関誌『正進』発行のために寄付。また24年夏,木挽町(現・中央区銀座)正進会本部設立のためにも1円の寄付をする。(冨板敦)〔文献〕『革進会々報』1巻1号1919.8,『正進』1巻1号1920.4,正進会『同工諸君!! 寄附金芳名ビラ』1924.8

竹内 金之助 たけうち・きんのすけ ?-? やまと新聞社に勤め東京の新聞社員で組織された革進会に加わり1919(大8)年8月の同盟ストに参加するが敗北。のち正進会に加盟。24年夏,木挽町(現・中央区銀座)正進会本部設立のために1円寄付する。(冨板敦)〔文献〕『革進会々報』1巻1号1919.8,正進会『同工諸君!! 寄附金芳名ビラ』1924.8

竹内 圀衛 たけうち・くにえ 1897(明30)11.30-1974(昭49)9.21 別名・愛国,悠兒,悠久児 長野県北佐久郡北御牧村御牧原の開拓農家に生まれる。「強欲な地主の伯父」に土地を奪われそれが社会問題への開眼になったといわれる。新聞記者や帰農などを試みるが失敗し「一人の人間として」の完成をめざし人生の方向を模索。18年末小諸のメソディスト教会で洗礼を受けるが,ここで小山敬吾,井出好男らと出会う。21年弟文治と上京し下中弥三郎の『文化運動』などを手伝いながら独学に励んだ。芝区三田四国町(現・港区三田)の家には長野県の青年たちが泊まり込みそこから25年9月「土を慕ふものの会」が生まれた。さらに25年12月それを母体に農民自治会が結成されると全国連合委員,『農民自治』の編集など中心の一人として活動した。渋谷定輔によれば「地味な口数の少ない人物であるが,真実を追求する情熱と行動力には,一種の教祖的風格をそなえている」と評されていた。28年8月中西伊之助除名問題に端を発する農自の分裂時には会の実質的責任者として引責脱退を余儀なくされたが,他方で佐久電気消費組合運動の提唱者として活動した。29年8月この運動の敗北を契機に自己の立場をマルクス主義と宣言,新労農党に反対し農自の全農への転換をはかるべく奔走した。30年9月全農組織内に農民闘争社佐久支局を設立,31年1月には『無産青年』配布網を確立しその責任者となった。31年4月の全農の分裂では全国会議派を支持した。32年6月29日佐久全農事件で検挙。転向を強要されたが「キリスト教からアナーキズムへ,そしてマルキシズムへと来た私に,今更どこへ行けといふんです?」と述べ,「非転向のまま」求刑どおり懲役3年の判決を受けて下獄したという。35年3月出獄ののちは採石業に従事した。戦後には再び共産党に入党して活動するが「あまり生彩あるものではなかった」と回想している。(安田常雄)〔文献〕大井隆男『農民自治運動史』銀河書房1980,渋谷定輔『農民哀史』勁草書房1970,安田常雄『日本ファシズムと民衆運動』れんが書房新社1979,『南佐久農民運動史・戦前編』同刊行会1983

竹内 慶三 たけうち・けいぞう ?-? 報知新聞社に勤め東京の新聞社員で組織された革進会に加わり1919(大8)年8月の同盟ストに参加するが敗北。のち正進会に加盟。20年機関誌『正進』発行のために1円寄付する。

(冨板敦)〔文献〕『革進会々報』1巻1号1919.8,『正進』1巻1号1920.4

竹内 孝二郎 たけうち・こうじろう 1912(明45)年頃-? 秋田県南秋田郡土崎港町永覚町(現・秋田市)生まれ。土崎商業学校を卒業後,兄長九郎のもとで暮らす。のち南秋田郡寺内町の寺内町遊園地の運動部係をつとめる。商業学校に在学中から文学を好み左翼文献に興味をもった。同郷の先輩小牧近江,今野賢三,金子洋文らの影響を受けて仲間とともに文芸雑誌を刊行する。35年末頃無共党事件で検挙されるが不起訴。
(冨板敦)〔文献〕『身上調書』

竹内 作左衛門 たけうち・さくざえもん ?-? 1919(大8)年東京神田区(現・千代田区)の三秀舎印刷科に勤め日本印刷工組合信友会に加盟する。(冨板敦)〔文献〕『信友』1919年10月号

竹内 俊次 たけうち・しゅんじ ⇨成沢富太郎 なるさわ・とみたろう

竹内 春三 たけうち・しゅんぞう 1885(明18)4.26-? 別名・俊平,老平,老夫 広島市東向島町に生まれる。中学3年で退学後上京し東京獣医学校に入学する。同校を2年で中退。その後は京浜,阪神地方を鉄工,ゴム職人をしながら転々とするうちにアナキズムに共鳴した。1904(明37)年頃から社会運動の演説会に参加。06年東京市電値上げ反対焼打事件に加わった。20年神戸市第一ゴム製造所に工具として就職中,日本社会主義同盟に加わり活動したために解雇される。その後岡山に移住。ボル的傾向の強い岡山労働組合から分かれて23年5月31日岡山で入江秀夫,玉田徳三郎,糸島孝太郎,髙木精一らと中国労働組合連合会(のち中国自連)を結成,中心メンバーとして活動する。25年1月9日糸島宅で開かれた糸島入営送別会に入江,玉田,髙木ら10名で参加。10日同२0余名で「万国の労働者団結せよ 団結は吾等の武器である」と記した旗を押し立てて岡山練兵場まで糸島を送る。同年9月16日中国自連事務所で開かれた大杉栄追悼会に参加。26年7月8日岡山市のカフェーブラジルで開かれたアナ・ボル混交の高尾平兵衛追悼会に参加,参加者8名。アナ派からは他に糸島ら。同年9月15日中国自連機関誌として月刊『中国評論(岡山版)』を発刊,30年7月頃まで岡山市下石井に中国評論社岡山支局の事務所を構えていた。27年6月福山の鞆鋲釘争議を糸島,髙木らとともに応援。28年11月文藝解放社岡山支局を自宅に置き11月号から取次・販売を始める。29年銃砲火薬類取締法違反で懲役2カ月。31年頃,小松正道,重実逸次郎,太田光衛らと反選挙運動を闘う。32年頃から中国日報岡山支局を経営,34年岡山一般の事務所を自宅に置く。35年11月無共党事件で検挙されるが不起訴。同志から「竹内老人」と呼ばれていた。(冨板敦)〔文献〕『組合運動』2・5・6号1923.2・6・7,『労働運動』3次13号1923.4,『自連』3・8号1926.8・27.1,『自連新聞』90号1934.5,『岡山県社会運動史4・6』,宮本三郎『水崎町の宿・PARTⅡ』私家版1982,『社会運動の状況8』,『身上調書』,岡山県特別高等課『(昭和3年8月)特別高等警察資料第一輯』(廣畑研二編『岡山県特高警察資料(戦前期警察関係資料集)第5巻』(復刻版)不二出版2012),岡山県特別高等課『(昭和3年11月)特別高等警察資料第四輯 特別要視察人等情勢調』(廣畑研二編『岡山県特高警察資料(戦前期警察関係資料集)第5巻』(復刻版)不二出版2012),岡山県特別高等課『(昭和5年11月)特別要視察人等情勢調 昭和5年度』(廣畑研二編『岡山県特高警察資料(戦前期警察関係資料集)第6巻』(復刻版)不二出版2012),岡山県警察部『大正14年特別要視察人水平社等ノ状勢調』(廣畑研二編『岡山県特高警察資料(戦前期警察関係資料集)第7巻』(復刻版)不二出版2012)

武内 正司 たけうち・しょうじ ?-? 1919(大8)年東京京橋区(現・中央区)の秀英本舎和文科に勤め日本印刷工組合信友会に加盟する。(冨板敦)〔文献〕『信友』1919年10月号

竹内 新 たけうち・しん 1906(明39)11.10-1930(昭5)12.22 長野県南佐久郡田口村(現・佐久市)の中農の家に生まれる。高等小学校卒業後,丸興製糸従業員を経て海軍に志願するが病気のため除籍。郷里で簿記学校に通ううち内藤国雄の「バイブルを読む会」に参加。また田口村に来ていた瀬川知一良に傾倒し農民自治主義を学ぶ。28年1月10日には自ら編集発行人となり田口農民自治会機関誌『みどり』を創刊(6号まで)。病身にもかかわらずガリ版切り製本などほとんど独力でやっていたという。29年には羽毛田正直,友野義太郎らと佐久電気消費組合運動に加わり,新労農党結成運動,全農佐久地区結成に参加した。「夜が明けろ,早く百姓の春となれ,世はまっくろの吹雪がおどる」(「旅と病と」『みどり』4号)と書いた

翌30年病気で死没した。(安田常雄)〔文献〕大井隆男『農民自治運動史』銀河書房1980,『南佐久農民運動史・戦前編』同刊行会1983

竹内 新次 たけうち・しんじ ?-? 1926(大15)年頃,埼玉県入間郡南畑村(現・富士見市)で農業を営み南畑農民自治会に加わる。同年8月7日南畑農自の第2回懇談会に参加する(他の参加者は渋谷定輔,坂間庄作,水村幸治,小保(俣)啓太郎,吉原勘次郎,須田政之輔,木下元美,秋元源之助,松沢淳蔵,松沢真一,坂間三九郎,朝倉栄一,町田鎌太郎,朝倉金一,高野禎蔵,谷沢金誉,柳川福寿,吉川秀雄,谷合信作,島田正,高野菊雄,丸山十三二,大沢秋蔵,関根市兵衛,当麻雪四郎,丸山賢作,丸山周悦,島田善吉,金子伊三郎。ただし金子のみ同郡宗岡村を代表して出席)。なお渋谷定輔『農民哀史』によれば,さらに吉原甚左衛門,吉原健吉,吉原幸男,吉原喜市,吉原幸次郎も参加していた。(冨板敦)〔文献〕『農民自治』5号1926.9,渋谷定輔『農民哀史』勁草書房1970

竹内 清作 たけうち・せいさく ?-? 毎夕新聞社に勤め東京の新聞社員で組織された革進会に加わり1919(大8)年8月の同盟ストに参加するが敗北。のち正進会に加盟。20年機関誌『正進』発行のために1円50銭寄付する。(冨板敦)〔文献〕『革進会々報』1巻1号1919.8,『正進』1巻1号1920.4

竹内 精司 たけうち・せいじ ?-? 長野県小県郡和村(現・東御市)に生まれる。すでに詩歌の創作を中心とした同人雑誌『せせらぎ』の編集を発端とし,滋野村(柳沢恰,唐沢憲一ら)と和村(竹内友次ら)の青年層は交流をもっていたが,その交流を土台に農民自治会に入会した。1928(昭3)年秋の農自の分裂に際して,農本主義的方向ではなくあくまで地域の農村問題に取り組む方向を選択し,29年には上小農民組合の有賀有喜らと和村に和農村研究会をつくり農民を無知のまま放置した資本家,地主,僧侶,新聞を告発し労働者階級との連携を模索する階級的性格を打ち出した。同時に「豆地主も自作も小作も倶に手を握り合つて小作料の減免,土地を農民へ,独占価格及高利の反対,悪税廃止等を闘ひ取らねばならぬ」(『農村人』2号1929.5)と訴え旧来の小作人組合を超える農民組織論を提起した。また30年には柳沢恰らと柳沢禎三小作人会を組織し小作争議を闘った。戦後は長野山宣会で活動した。(安田常雄)〔文献〕安田常雄『日本ファシズムと民衆運動』れんが書房新社1979,大井隆男『農民自治運動史』銀河書房1980

竹内 善朔 たけうち・ぜんさく 1885(明18)4.7-1950(昭25)6.26 別名・善作 神奈川県高座郡海老名村(現・海老名市)国分生まれ。02年東京府立四中卒業,二高に入学したが2カ月ほどで中退。03年から早稲田大学講義録を購読し校外生を2カ年で修了。その後中国語を学習。初めは宗教に関心があったが島田三郎の『社会主義概評』を読み社会主義に転じ週刊『平民新聞』を購読,05年4月頃から平民社へ出入りする。07年第2回社会党大会に参加,直接行動派と行動をともにする。張継,劉師培らが呼びかけた亜州和親会に参加,日中革命運動の交流につとめる。8月31日の中国人による社会主義講習会に幸徳秋水に随行。劉発行の『衡報』の編集人兼発行人となった。戸恒保三らと山手平民倶楽部を組織,東京府下雑司ケ谷(現・豊島区南池袋)に住み活版職工として1日13時間以上働きながら活動に従事。『大阪平民新聞』に「私の分派観」を,『日本平民新聞』に「清国労働者入国問題に就いて」を寄稿。翌08年1月金曜会屋上演説事件で張継の国外逃亡を支援したが自らは逮捕され1カ月間入獄。『日本平民新聞』に「張継君を懐ふ」,『熊本評論』に「ヰリアム・テルの話」「簡易社会主義」などを寄稿。赤旗事件では「廿二日の無政府党の活動」を『熊本評論』に,同事件の裁判を「官吏抗拒事件第1回公判記」と題して『東北評論』に寄稿。幸徳の『自由思想』刊行に助力したが,幸徳と管野すがとの関係をめぐり幸徳と絶交。大逆事件では家宅捜索と取り調べを受けながらも連座を免れる。事件後は運動から離れ,善作と名のり図書館界で活躍。東京市立日比谷図書館などに勤務。私立大橋図書館主事,日本図書館協会顧問などをつとめた。この間も大逆事件関係資料を保管し続け,48年には中国人革命家との交流について講演した。(原英樹)〔著作〕「大逆事件の前後に於ける社会思想関係の文献解説」『図書館評論』7号1968,「明治末期における中日革命運動の交流」『中国研究』5期1948〔文献〕神崎清『革命伝説 爆裂弾の巻』中央

公論社1960，森島泉「若き日の竹内善作素描」『図書館評論』7号1968

竹内　保　たけうち・たもつ　?-?　1919(大8)年東京京橋区(現・中央区)の京浜印刷会社印刷科に勤め日本印刷工組合信友会に加盟する。(冨板敦)〔文献〕『信友』1919年10月号

竹内　鶴松　たけうち・つるまつ　?-?　1919(大8)年東京京橋区(現・中央区)の秀英本舎和文科に勤め日本印刷工組合信友会に加盟する。(冨板敦)〔文献〕『信友』1919年10月号

竹内　鉄五郎　たけうち・てつごろう　1883(明16)5.25-1942(昭17)6.20　岩手県紫波郡に生まれる。97年盛岡中学に入学するが翌年病気のため中退，その後東北学院に転じる。03年渡米，サンフランシスコ長老教会会員となり勤労学生として06年の大地震まで青年会館に止宿。この時に岩佐作太郎らの影響を受けたと推測される。05年渡米中の幸徳秋水に面会し震災後はオークランドで同宿し影響を受けた。06年幸徳が結成した社会革命党の本部委員となり機関誌『革命』の発刊に携わる。07年11月の天皇暗殺檄文配布事件では起草者といわれる。08年8月フレスノの日本人労働者の基本的権利を主張する目的で労働同盟会を結成し，機関紙『労働』の発刊や路傍演説を行う。同年11月『桑港新聞』記者大塚則鳴の労働組合反対記事をめぐり傷害事件をおこす。11年1月25日朝日印刷所で岩佐作太郎らと大逆事件処刑者追悼集会を開く。その後運動から離れ職業幹旋業や料理学校運営に従事。40年一時帰国したが日米開戦後立ち退き命令を受け，タンホーラン収容所で病没。(西山拓)〔文献〕『ほもな便り』4号1942.6，『在米主義者沿革』，川並秀雄「県人の日本脱出7・8」『岩手日報』1972.4.13・14，菅原芝郎「岩手の人物　竹内鉄五郎」『いわて医報』1974.3.10，山泉進『『大逆事件』と桑港領事館』『明大教養論集』264号1994.3，大原慧『片山潜の思想と大逆事件』論創社1995

竹内　照政　たけうち・てるまさ　⇨藤岡亀吉　ふじおか・かめきち

竹内　てるよ　たけうち・てるよ　1904(明37)12.21-2001(平13)2.4　本名・照代，別名・木村てるよ　銀行員の父と半玉だった母親の間に札幌市北七条で生まれる。母とは誕生後生き別れる。釧路で判事をしていた父方の祖父母に引き取られる。一家で東京に出るが女学校を中退し商事会社の事務員となる。文学好きで仕事を終えると創作にいそしむ。16歳で『婦人公論』の短編募集に応募すると入選すると社長に手紙を書き『婦女新聞』を紹介され記者となる。作品をみてもらうため有島武郎に何度か会う。24年5月父親の借金相手と結婚，出産。腰椎カリエスにかかり28年2月離婚，子供は手放す。闘病生活の過程で詩の創作を始める。27年神谷暢らの『詩神』に作品を掲載。続けて28年『銅鑼』にも掲載。『銅鑼』15号(1928.5)に同人として初めて木村てるよの名が出るが同誌は16号で終刊。引き続き『学校』2号から6号まで毎号掲載(1929.2-7)。同年神谷と滝野川で共同生活を始める。陶山篤太郎経営の『川崎新聞』に神谷が印刷見習いとして通うため荏原郡六郷町高畑(現・大田区)に移居。「当時竹内君の病状は悪く，ほとんど毎日の喀血，血便，貧血による人事不省状態の連続」(神谷『『渓文社』事始め』『風信』1968)。29年5月詩集『叛く』(孔版)を銅鑼社から刊行。同年7月草野心平らが「竹内てるよを死なせたくない会」を発足させる。同年神谷と竹内は啓文社(のち渓文社)を創立。竹内の詩集を刊行するという目的もあったがアナキズム的思想の啓蒙，詩集，文集，童話，パンフレット，小新聞などの発行と印刷をめざした。竹内は30年創刊の小野十三郎，秋山清らの『弾道』にも詩を寄稿(1・6号)。30年1月26日無産婦人芸術連盟結盟に参加。病気のため会合には参加していない。機関誌『婦人戦線』創刊号に詩「われら」，長編自伝小説「明日」第1回を発表。2号の編集後記に竹内への見舞金に関わる報告が記されている。小説「夜露，1年前のこと」を『自連新聞』43号(1930.1)に掲載。同年1月詩集『叛く』(増補版，活版)を啓文社から発行。11月北海道の黒潮時代社刊行の『曙の手紙』が発禁となる。31年9月第2次『黒色戦線』創刊号に作品を掲載。32年『クロポトキンを中心とした芸術の研究』1号に「かえつてゆくひとり」を寄稿。33年頃猪狩満直，更科源蔵らの詩誌『北緯五十度』にも途中から参加。小野，秋山の『弾道』との間に農本主義を挟んでの論争を継続。33年アナ系詩人で萩原恭次郎と交流があった吉本孝一が渓文社で働き始める。34年渓文社の活動はや

むが竹内の詩作活動，童話執筆は続く。『冬の土』にも多くの作品が載っている。40年代以降は病状も回復の傾向にあり執筆活動も盛んになるが，渓文社時代とは異なり国家への加担が顕著になる。その後神谷は妻，4人の子供と山梨県北都留郡猿橋町（現・大月市）に移るが竹内も同行し共同生活が続いた。最晩年は心霊研究に打ち込む。自伝『海のオルゴール』（家の光協会1977）を原作にテレビ番組が2回制作される。（亀田博）〔著作〕『第二曙の手紙』渓文社1932，『大きくなったら』同1932，『花とまごころ』同1933，『葡萄』同1934，『静かなる愛』第一書房1940，『悲哀あるときに』同1940，『生命の歌』同1941，『灯をかかぐ』文昭社1942，『雪のある素描』鄰友社1943，『美しき朝』第一書房1943，『微笑少女』弘学社1943，『花を献ず』有光社1943，『黎明の書』万里閣1946，『霜の来る朝』南北書園1946，『いのち新し』目黒書店1946，『永遠の花』六都書店1946，『能のをみなたち』南北書園1946，『銀の逸矢』利根山書房1947，『夕月』第一書房1947，『花と母性』印岡社1949，『生と死とのあひだ』保健同人社1950，『愛と孤独と』宝文館1950，『ひかり立ちぬ』協立書店1951，『バラサン岬の少年たち』宝文館1952，『竹内てるよ作品集』全4巻同1952，『母』『傷の中の青春』実業之日本社1957，『花とメノコと』第二書房1958〔文献〕西山勇太郎『低い雑記』無風帯社1939，秋山清『あるアナキズムの系譜』冬樹社1973，伊藤信吉『逆流の中の歌』泰流社1977，佐藤信子『若き日の竹内てるよの作品と『銅鑼』の仲間たち』甲府文学』14号2003.6

武内 東一 たけうち・とういち ?-? 1919（大8）年東京麹町区（現・千代田区）のジャパンタイムス＆メール社欧文科に勤め活版印刷工組合信友会に加盟する。（冨板敦）〔文献〕『信友』1919年8・10月号

武内 利栄 たけうち・としえ 1901（明34）9-1958（昭33）7.2 別名・利栄子 高松市に生まれ20年頃兵庫県に移住。パルミヤ英語学院を卒業。神戸の安谷寛一らのロンダ組に加わる。21年7月神戸三菱川崎造船所争議に関わり県の特高課から退去命令が出され神戸を追われる。その後『婦人戦線』『女人芸術』などに作品を発表。敗戦後は新日本文学会，児童文学者協会会員となる。90年息子の武内辰郎が『武内利栄作品集』を出版。（冨板敦）〔著作〕『山風のうた』理論社1956，『武内利栄作品集』オリジン出版センター1990〔文献〕『関西労働新聞』創刊号1921.8，向井孝『『ロンダ』の宵待草』『編集委ニュース』13号2000.2

竹内 友次 たけうち・ともじ ?-? 別名・土人 長野県小県郡和村（現・東御市）に生まれる。1928（昭3）年農民自治会が階級的農民運動と農民自治主義に分岐しようとする時期，二つの雑誌が誕生した。一つは滋野村の唐沢憲一が発行した『土の花』であり，もう一つが竹内による『土』であった。竹内は28年11月15日自ら編集発行人となって詩誌『土』を創刊し「土を離れて生活なく，人生なく社会なく人類なし／土を離れて科学なく，芸術なく根底なし／吾等は土の上に立つ！」とその基調を記した。これは農自内の農民自治主義（農本主義）派の宣言でもあった。のち唐沢の『土の花』と合流し小県文芸連盟が結成された。また31年6月北御牧村での石川三四郎の講演会に参加している。（安田常雄）〔文献〕大井隆男『農民自治運動史』銀河書房1980

武内 豊次郎 たけうち・とよじろう ?-? 別名・竹内 時事新報社に勤め東京の新聞社員で組織された革進会に加わり1919（大8）年8月の同盟ストに参加するが敗北。のち正進会に加盟。20年機関誌『正進』発行のために2円寄付。また24年夏，木挽町（現・中央区銀座）正進会本部設立のためにも1円寄付する。（冨板敦）〔文献〕『革進会々報』1巻1号1919.8，『正進』1巻1号・2巻5号1920.4・21.5，正進会『同工諸君!! 寄附金芳名ビラ』1924.8

竹内 仲之 たけうち・なかゆき ?-? 長野県諏訪郡出身。1920（大9）年9月堺利彦，岩佐作太郎，仲曽根源和らの諏訪来訪を機に，上諏訪町（現・諏訪市）高島公園で講演会を開くことを計画するが禁止され自宅で座談会を開く。21年8月大杉栄が上諏訪町に来た際，鮎沢寛らと訪ねる。25年9月上諏訪町の滝の湯旅館で川口慶助の無政府主義講演会を鮎沢寛一，鮎沢実らと開催。武居直人，高山兼次郎，海野高衛，伊串英治，鷹野原長義らと交流があった。しばしば上京し労働運動社を訪ね在京アナキストとつきあう。26年9月同社での大杉追悼会に出席した。27年1月伊那町（現・伊那市）で木下茂，加藤陸三らと農村問題懇談会を開く。同年9月平野村岡谷（現・岡谷市）の山一林組争議に諏訪印刷工組合同工会，諏訪一般労働組合，労働大勢社名のビラをまき検束される。当時印刷業を営み「赤鬼」と呼ば

れていた。(冨板敦)〔著作〕『農家及栞』(竹内秋晨と共著)私家版1911〔文献〕宮崎晃『差別とアナキズム』黒色戦線社1975,『社会主義沿革2』,松本衛士『製糸労働争議の研究』柏書房1991

竹内 ひで　たけうち・ひで　1895(明28)10.16-?　一郎は夫。茨城県那珂郡八里村(現・常陸大宮市)に生まれる。1920(大9)年日本社会主義同盟に参加。21年夫・一郎が参加していた東京北郊自主会に出入りし,そこに集った女性たちと赤瀾会を組織する。同年5月1日の第2回メーデーのデモに赤瀾会のメンバーと参加。北豊島郡西巣鴨町宮仲(現・豊島区巣鴨)に暮らしていた。(冨板敦)〔文献〕『警視庁思想要注意人名簿(大正10年度)』

竹内 文五郎　たけうち・ぶんごろう　?-?　横浜毎朝新報社に勤め横浜印刷技工組合に加盟。1921(大10)年3月12日同社の減給拒絶闘争を26名で闘い勝利する。(冨板敦)〔文献〕『信友』1921年4月号

竹内 政代　たけうち・まさよ　?-?　長野県小県郡丸子町(現・上田市)に生まれる。北佐久郡小諸町(現・小諸市)のメソジスト教会の牧師・岸本信義から竹内圀衛を紹介されて宮原君子とともに農民自治会全国連合に加わる。1926(大15)年11月7日,農自の委員会に松本正枝,富岡小夜子,宮原と出席し婦人部を結成(婦人部には鑓田貞子,高橋くら子がすぐに加わった)。婦人部の常任委員兼農自全国連合委員も務める。この頃,南豊島郡落合村(現・新宿区)下落合の西洋人メーヤ宅で手伝いをして暮らしていた。同月15日東京基督教青年会館で開かれた農自第3回公開研究会に参加。これは農自婦人部最初の研究会でほかに松本,富岡,宮原が出席している。28年5月農自の組織再編の際には庶務・会計・編集部の常任委員にも選ばれた。(冨板敦)〔文献〕『農民自治』7・臨時・15・17号1927.1・10・28.2・6,『農民自治会内報』2号1927,渋谷定輔『農民哀史』勁草書房1970,大井隆男『農自治運動史』銀河書房1980

竹内 安次郎　たけうち・やすじろう　?-?　1919(大8)年東京神田区(現・千代田区)の宮本印刷印刷科に勤め日本印刷工組合信友会に加盟する。(冨板敦)〔文献〕『信友』1919年10月号

竹内 余所次郎　たけうち・よそじろう　1865.5.24(慶応1.4.30)-1927(昭2)4.20　別名・矮亭　石川県に生まれる。金沢医学校に学ぶ。91年貧民救済の道を志して北海道に渡り札幌農学校農業伝習所に入学。同校中退後,札幌で薬局を経営。93年札幌独立基督教会に入会。教会活動に携わる過程で理想団に加わる。週刊『平民新聞』が創刊されると札幌に読者会を組織。05年渡米するがまもなく帰国し,06年2月日本社会党結成大会で座長に推される。3月東京市電値上反対市民大会事件で罰金刑。07年平民社の消費組合運動の一環として東京複式消費組合を計画する。この組合は石川三四郎,大杉栄,幸徳秋水,山川均ら20人以上の社会主義者の賛同を得たが実行されなかった。21年ブラジルに渡航し開拓事業に参加したがサンパウロで死没。(西山拓)〔文献〕渡辺惣蔵『北海道社会運動史』レポート社1966,山田昭夫『有島武郎 姿勢と軌跡』右文書院1973,松沢弘陽『札幌農学校と明治社会主義』『北大百年史通説』ぎょうせい1982,山本秋『日本生活協同組合運動史』日本評論社1982,岡林伸夫『彷徨の竹内余所次郎』『初期社会主義研究』16初期社会主義研究会2003

竹腰 捨三　たけごし・すてぞう　?-?　新聞工組合正進会に加盟し1924(大13)年夏,木挽町(現・中央区銀座)本部設立のために1円寄付する。(冨板敦)〔文献〕正進会『同工諸君!!寄附金芳名ビラ』1924.8

竹下 源之助　たけした・げんのすけ　1909(明42)-1947(昭22)2・17　筆名・竹下弦之介　静岡県志太郡岡部町子持坂(現・藤枝市岡部町)に生れる。24年に岡部小学校高等科を卒業した後銀行に勤めるが友人の傍杖を食って退職する。25年18歳の時に『明暗』を編集発行する。この頃に藤枝の小野庵保蔵や内田庄作を知る。27年静岡新報に「男が酒を買う」が新春短編小説二等入選する。28年の春,先に上京していた内田を頼って上京し辻潤や卜部哲次郎,関根竜太郎等と交遊する。29年に関根の口添えで刀江書院に入社。30年『ニヒル』の創刊号を編集するが不評。この年に刀江書院と『ニヒル』を馘首される。36年『大法輪』編集部に入社。高橋新吉等と交う。39年オリオン社に入社して『オール女性』を編集する。41年大和書店に入社。43年に退社して執筆生活に入るがうまくいかなかった。交際範囲はひろく大原外光,杉山市五郎,亀田督など多数であった。47年歯茎の悪性腫瘍が原因で静岡の島

田市で死去した。(久保田一)〔文献〕「男が酒を買う」静岡新報社1927,「断食物語」「写経の話」大法輪1936,「聖農石川現之介翁の生涯」大法輪1937,「出水」大法輪1938,「大寒の頃」1939,『ダガバジジンギギ物語』思潮社1965,『詩人杉山市五郎作品集』武蔵野書房1995,『虚無思想研究』第19号2000,『藤枝文学舎ニュース』55号2006

竹下　静馬　たけした・しずま　1880(明13)9.10-?　別名・天声　長崎県壱岐郡志原村(現・壱岐市)に生まれる。97年弁護士岸原鴻太郎の食客となり法律などを学ぶ。1902年上京するが06年頃岸原の世話で渡米，キリスト教徒となる。教会の関係から岩佐作太郎と交際が始まったものと推測される。06年6月渡米中の幸徳秋水がオークランドで結成した社会革命党の本部委員となる。その後邦語新聞『日米』のオークランド主任をつとめていたが，11年7月3日無政府主義を信奉する甲号として要視察人名簿に登録された。15年一時帰国したおり自分は米国で社会主義に反対したにもかかわらず尾行の対象となったことは納得できないなどと話したという。(西山拓)〔文献〕『主義者人物史料1』,『在米主義者沿革』

竹下　浩　たけした・ひろし　1866.12.1(慶応2.10.25)-?　長崎県南高来郡に生まれる。奈良県の中学校を卒業後，陸軍教導団に入り特務曹長まで累進する。1904年4月渡米。10年9月30日岩佐作太郎や竹内鉄五郎と交際があったとして無政府主義を信奉する甲号として要視察人名簿に登録された。11年1月25日朝日印刷所で開かれた大逆事件刑死者追悼集会に出席し岩佐らと1月24日を日本革命記念日とすることを決議し，在米日本革命党の名で革命党宣言を発したと名簿に記されている。19年6月名簿から削除。(西山拓)〔文献〕『主義者人物史料1』,『在米主義者沿革』

武田　勇　たけだ・いさむ　1902(明35)-?　福島県河沼郡日橋村金田東原(現・会津若松市)で農業を営む。31年10月農青社の鈴木靖之の訪問を受ける。32年頃渡辺又吉，安田次郎，吉田多蔵らと地元の若者に農青社の宣伝をし，36年5月農青社事件で検挙され起訴保留となる。(冨板敦)〔文献〕『資料農青社運動史』,『農青社資料集Ⅰ』

武田　九平　たけだ・くへい　1875(明8)2.20-1932(昭7)11.29　別名・信原幸道　香川県香川郡浅野村(現・高松市)に生まれる。実弟は武田伝次郎。尋常小学校を卒業後，大阪に出て奉公をしていた。その後名古屋を経て上京。1898年片山潜らの労働組合期成会に参加した。1901年大阪で三宅磐らと共同して関西労働組合期成会を設立。同会は弾圧にあい労働青年会に合流した。その後07年森近運平が再興した大阪平民社の常連となり労働問題や社会主義の宣伝普及につとめた。大阪平民社の解散後は自宅に大阪平民倶楽部の看板を掲げて運動の継続をはかった。大逆事件で08年12月大石誠之助を囲む懇親会への出席，09年5月内山愚童との接触を理由に死刑判決を受けた。特赦で無期懲役に減刑され29年4月仮出獄後，広島の金光教会佐藤範雄のもとで約3年間過ごし，32年3月再び大阪に出て金属彫刻業を営んでいたが，同年11月交通事故にあい死没。(西山拓)〔文献〕吉岡金市「森近運平と武田九平」『大阪地方労働運動史研究』4号1960.8, 森長英三郎「大逆事件と大阪・神戸組」同10号1969.12, 佐藤範雄『信仰回顧65年』同刊行会1971, 荒木伝『なにわ明治社会運動碑・下』柘植書房1983

嶽田　源治　たけだ・げんじ　?-?　印刷工として日本印刷工組合信友会に加盟。1920(大9)年末には東京芝区(現・港区)の日本印刷興業株式会社に勤めていた。(冨板敦)〔文献〕『信友』1921年1月号

武田　源太郎　たけだ・げんたろう　?-?　1919(大8)年東京京橋区(現・中央区)の築地活版所欧文科に勤め活版印刷工組合信友会に加盟する。(冨板敦)〔文献〕『信友』1919年8・10月号

竹田　重太郎　たけだ・しげたろう　?-?　1919(大8)年東京神田区(現・千代田区)の三秀舎和文科に勤め活版印刷工組合信友会に加盟。同年10月頃には同社を退社していた。(冨板敦)〔文献〕『信友』1919年8・10月号

武田　信良　たけだ・しんりょう　1892(明25)5.15-1964(昭39)7.9　鹿児島県大島郡(奄美大島)瀬戸内町深浦出身。奄美大島はもちろん鹿児島県下でも最古参のアナキストとされている。早稲田大学在学中に大杉栄を訪ねその思想に共鳴，郷里の後輩を感化，反戦反軍運動を展開，戦後までその影響は大きく残された。20年古仁屋町(現・瀬戸内町)に陸軍の要塞が築かれることになり

全郡から農民や大工が徴用され古仁屋に集められた。武田らは『奄美タイムス』を発行，税金不払いと要塞建設反対運動を展開，町民の支持を受けていた。軍部，警察，青年団は社会主義撲滅運動を展開，激しい抗争となった。24年瀬戸内町海岸の岩頭に大杉栄追悼碑を建立，同志とともに1周忌の供養をした。26年この碑は警察に発見されて『大阪毎日新聞』(1926.6.17)で大きく報じられ，鹿児島県議会で大騒動となった。(松田清)〔文献〕『道之島通信』74号1980.10.15，『名瀬市誌・下』1973

竹田 宗七 たけだ・そうしち ?-? 芝浦製作所に勤め芝浦労働組合に加盟し変圧器分区に所属。1924(大13)年9月27日，同労組の中央委員会で同分区の中央委員に矢崎繁次郎とともに選出される。(冨板敦)〔文献〕『芝浦労働』2次2号1924.11

武田 武市 たけだ・たけいち ?-? 鹿児島県大島郡(奄美大島)に生まれる。武田信良の一族で，信良と行動をともにした。古仁屋町(現・瀬戸内町)で印刷所を経営し，信良が発行していた『奄美タイムス』の印刷を引き受けた。1924(大13)年大杉栄の1周忌に記念碑を瀬戸内町海岸の岩石に建立した時に協力した。この碑は26年6月17日に本土の新聞が大きく報じたため鹿児島県議会で問題化し，その議事録が残されている。武市ら発行の『奄美タイムス』は発行部数が2000部近くに達していたと記録されているが，現物は残されていない。(松田清)〔文献〕松田清『奄美社会運動史』JCA出版1979，『奄美郷土研究会会報』16号1975.12，『大阪毎日新聞』1926.6.17

武田 伝次郎 たけだ・でんじろう 1882(明15)9.1-1940(昭15)11.18 大阪で生まれる。7歳上の兄武田九平と同じ彫金師になる。兄に思想的影響も受け大阪平民社に出入りする。大逆事件では参考人として取り調べを受ける。その後も堺利彦らと交際を続けたため内務省警保局の「特別要視察人状勢一斑」に行動が記録される。17年岩出金次郎，若林藤蔵らと平民食堂を企画したが実現しなかった。19年岩出らが『日本労働新聞』の読者を集めて結成した白雨倶楽部に参加，同年8月米騒動を来阪中の大杉栄と視察する。21年頃大阪の運動が分裂した際，大杉に近づき革命運動社を組織。25年

から金光教佐藤範雄を中心に始まった兄九平の仮出獄運動に参加。29年4月兄は仮出獄し金光教教会所を経て32年3月伝次郎方に身を寄せた。同年6月伝次郎一家はブラジルに移住。帰国後1・2年で死没。(西山拓)〔文献〕吉岡金市『森近運平と武田九平』『大阪地方労働運動史研究』4号1960.8，森長英三郎『風霜五十余年』私家版1967

武田 政治 たけだ・まさはる ?-? やまと新聞社に勤め東京の新聞社員で組織された革進会に加わり1919(大8)年8月の同盟ストに参加するが敗北。のち正進会に加盟。20年機関誌『正進』発行のために50銭寄付。また24年夏，木挽町(現・東京都中央区銀座)正進会本部設立のためにも50銭寄付する。(冨板敦)〔文献〕『革進会々報』1巻1号1919.8，『正進』1巻1号1920.4，正進会『同工諸君!! 寄附金芳名ビラ』1924.8

武田 光郎 たけだ・みつお ?-? 新聞工組合正進会に加盟し1924(大13)年夏，木挽町(現・中央区銀座)本部設立のために1円寄付する。(冨板敦)〔文献〕正進会『同工諸君!! 寄附金芳名ビラ』1924.8

武知 元一 たけち・げんいち ?-? 新聞工組合正進会に加盟し1924(大13)年夏，木挽町(現・中央区銀座)本部設立のために1円寄付する。(冨板敦)〔文献〕正進会『同工諸君!! 寄附金芳名ビラ』1924.8

竹中 英太郎 たけなか・えいたろう 1906(明39)12.18-1988(昭63)4.8 別名・草間英，沙羅双二，苟三平 福岡市上名島町生まれ。19年熊本中学を中退し熊本警察署の給仕として働く。投稿少年である一方，警察に押収されている左翼関係書をひそかに読んで思想開眼の端緒を得た。21年給仕をやめるが，それは自分の勤める警察の前で開かれた留置人釈放要求大会に参加したためという。ただちに熊本水平社，九州無産者同盟などの運動に参加，運動と生活の資を写生画売り，映画館のプログラム編集などで得た。八幡製鉄ストを指導した浅原健三を知ったのもこの頃である。竹中の長男労は当時の父を「アナキズムの側に立っていた」と書いている。26年上京，挿絵画家として雑誌『苦楽』に進出したが，半面ではアナキズムを離れた壺井繁治などの左翼芸術同盟に参加，機関紙『左翼芸術』創刊号

(1928.5)の表紙を描き，漫画と随筆も執筆している。この間の思想移行の筋道は不詳。挿絵画家としては『新青年』を舞台とするに至って著名となったが，32年には陸軍のいわゆる革新派将校橋本欣五郎と接触し直木三十五，三上於菟吉，吉川英治，岩田専太郎らの作家や画家と五日会を創立，これを国家社会主義文学同盟と称して機関紙『文学同盟』を発行した。この移行内容も不詳だが，革命のための武器の必要，武器を持つ軍隊は農民主体の民衆集団という発想があったと推定できる。さらに五族協和，王道楽土をうたい文句に日本軍が占領した満州に関心を深め，36年二・二六事件関連の検挙から釈放されると渡満して『月刊満州』などの編集をした。しかし満州からは半強制的に退去させられ東京で鉄工所を経営したのち，太平洋戦争中に甲府市へ疎開，戦争末期に『山梨日日新聞』の記者となった。竹中の社会主義的活動が経歴の表面に出るのは戦後の山梨日日新聞労働組合結成以後である。46年同労組書記長，県労協書記長。47年地方労働委員会労働側委員。48年地労委委員再選，新聞労連中央副委員長，県労組民主化同盟幹事長。49年社会党県連顧問。53年山梨一般合同労組委員長となりこの組合を通じてアナルコ・サンジカリズムの現代的実践を試みたという。62年地労委公益委員，以降3選，会長もつとめた。画業復帰は68年からで労の著書装幀その他多彩な作品がある。また戦前の業績紹介もジャーナリズムで広く行われた。（寺島珠雄）〔著作〕作品譜『百怪，我ガ腸ニ入ル』三一書房1990，『竹中英太郎作品集成』（目録）わい きゃっつ1993（非売）〔文献〕竹中労『わが青春残侠伝』『無頼と荊冠』三笠書房1973，「探偵・怪奇のモダニズム」『別冊太陽』1986.5，鈴木義昭『夢を吐く絵師 竹中英太郎』

竹中 彰元 たけなか・しょうげん 1867.10.29（慶応3.10.3）-1945（昭20）10.21 岐阜県不破郡生まれ。真宗大谷派明泉寺住職。真宗大谷派布教使。日中戦争勃発後の1937（昭12）年9月15日出征兵士見送りに際し「戦争は罪悪である」と村人に対し反戦言動をおこなう。出征する村内旧知の若者を心配しての言動であった。そのため強い非難を受けるが10月10日近在の僧侶たちに再び反戦言動をおこなう。この時は「戦争は罪悪である」だけにとどまらず日中戦争は「侵略」と主張した。また「彼我の生命を奪う」と語り仏教の平等思想からの反戦も明確となった。38（昭13）年3月12日岐阜地方裁判所で陸軍刑法第99条違反（造言飛語罪）で禁固4か月，4月27日名古屋控訴院で禁固4か月・執行猶予3年が確定。同年11月18日，真宗大谷派は「軽停班」（僧侶の位を最下位にする）3年・布教使資格剥奪の処分をする。2007（平19）年1月19日真宗大谷派は処分撤回を発表。（大東仁）〔文献〕大東仁『戦争は罪悪である 反戦僧侶竹中彰元の叛骨』風媒社2008

竹中 労 たけなか・ろう 1930（昭5）3.30-1991（平3）5.19 別名・真壁紫，夢野京太郎 東京市牛込区肴町（現・新宿区神楽坂）で生まれる。父は竹中英太郎。品川区鮫浜小学校卒業後，私立高輪中学に入学。42年山梨県立甲府中学へ転入。45年10月甲府中学のストを指導。46年東京外事専門学校露語科に入学。47年二・一スト敗北後共産党に入党。同年8月文芸誌『フェニックス』5号に秋山清らと真壁紫名で詩「闘魚」を発表。49年新日本文学会会員となる。53年甲府に帰り一般合同労働組合で活動。58年上京，東京毎夕新聞社入社，文化部に籍を置く。59年『女性自身』専属ライターに。芸能ルポライターの草分けとして健筆を振るう。65年中国を訪問するがその内実に激しく失望して帰る。66年ビートルズ来日のルポルタージュ『ザ・ビートルズ・レポート』を共同編集。この取材を機に竹中はアナキズムに転じることになる。ビートルズのために群れ集った少女たちが演奏者と聴衆というヒエラルキーを無視し，大人の制止を乗り越えて情動を爆発させた姿に立ち会った時に，竹中はなお自分を縛っていた前衛党型の発想を振り捨てることに成功したのである。68年11月5日山谷自立合同労働組合による都知事への陳情を同行取材中に都庁玄関のガラスを破ったとして鈴木国男や船本洲治たちとともに逮捕される。69年沖縄へ最初の渡航。「祖国復帰」と「沖縄奪還」のスローガンを批判し「琉球独立」の回路を探りつつ島うたの世界に深くひかれていく。70年在韓被爆者の密航運動に関わり広島，韓国を訪れる。この頃からマルクス・エンゲルスの『共産党宣言』が見捨てたルンペン・プロレタリアやマルク

ス「中国問題」によって世界史の進歩史観から排除された東アジアでの民衆反乱という問題に言及し，太田竜，平岡正明と並んで「三馬鹿世界革命浪人」などと呼ばれる。通俗的な「科学的社会主義」から見捨てられた人々による窮民革命を提唱した竹中はまた「詩人の共和国」も夢見た。竹中は常に理性が排除した部分に足場を置いて闘うことを維持し続けた。83年日本赤軍の取材を始める。87年4月リビアで開かれたマタバ(国際革命フォーラム)議長に選ばれ基調演説を行う。90年最後の著作『たま』の本刊行。どのように閉塞した状況のなかであろうとも「自由になろうとする自由」を求め貫いた竹中のアナキズムは今も古びることなく新しい読者を獲得し続けている。(津田透)〔著作〕『美空ひばり』弘文堂1965・増補版朝日新聞社1987・89,『呼び屋』弘文堂1966,『ザ・ビートルズレポート』(責任編集)話の特集1966・白夜書房1982,『山谷都市反乱の原点』全国自治研修会1969,『エライ人を斬る』三一書房1971,『琉球共和国』同1972・筑摩書房2002,『世界赤軍』(夢野京太郎名義)潮出版社1973,『水滸伝 窮民革命のための序説』(平岡正明と共著)三一書房1973,『無頼と荊冠』三笠書房1973,『ニッポン春歌行』伝統と現代社1973,『逆桃源行』山と渓谷社1975,『琉歌幻視行』田畑書店1975,『聞書アラカン一代鞍馬天狗のおじさんは』白川書院1976・徳間書店1985・筑摩書房1992,『竹中労の右翼との対話』現代評論社1981,『角栄だけがなぜ悪いのか』(いいだもも・大野明男・丸山邦男と共著)幸洋出版1983,『聞書庶民列伝 牧口常三郎とその時代』全4巻潮出版社1984-87,『大杉栄』現代書館1985,『にっぽん情歌行』ミュージックマガジン社1986,『百怪，我ガ腸ニ入ル 竹中英太郎作品譜』(編著)三一書房1990,『『たま』の本』小学館1990,『無頼の墓碑銘』KKベストセラーズ1991,『ビートルズレポート』WAVE出版1995,『決定版ルポライター事始』筑摩書房1999,『断影・大杉栄』同2000,『黒旗水滸伝・上下』(かわぐちかいじと共著)皓星社2000,『芸能人別帳』筑摩書房2001〔文献〕『竹中労・別れの音楽会パンフレット』1991,鈴木義昭『風のアナキスト・竹中労』現代書館1994,木村聖哉『竹中労・無頼の哀しみ』同1999,大泉実成『『ザ・ビートルズレポート』をレポートする』『Quick Japan』1号1994,黒川洋「秋山清と竹中労」『方方』31号1999

竹浪 昌四郎 たけなみ・まさしろう 1913(大2)-? 青森県南津軽郡藤崎町藤崎生まれ。弘前中学を卒業後，上京する。東京大原簿記学校の商業簿記科を卒業。33年末頃岡本潤の詩集を本人から購入したところ『文学通信』が詩集とともに送られてきた。以後『文学通信』を継続的に読むようになる。34年12月から南津軽郡女鹿沢村(現・浪岡町)の尋常高等小学校の代用教員となった。35年末頃無共党事件で検挙されるが不起訴。(冨板敦)〔文献〕『身上調書』,『農青社事件資料集Ⅱ・Ⅲ』

武林 無想庵 たけばやし・むそうあん 1880(明13)2.23-1962(昭37)3.27 本名・磐雄，のち盛一 北海道札幌区(現・札幌市)生まれ。父三島正治が武林写真館の内弟子で，長男であるにもかかわらず4歳で武林盛一の養子となり84年に上京した。養父母は東京の麹町に新たに武林写真館を構え札幌の武林写真館は実父の三島がそのまま引き継ぐことになる。番町小学校，東京府尋常中学，一高を経て03年に東京大学英文科に入学する。同期に小山内薫，川田順らがいて同人雑誌『七人』を創刊しドーデの『サフォ』の翻訳を連載する。05年東大を中退，翌年京都に行き京都新聞社に1年間勤める。この時筆名を無想庵とする。08年林八重子と結婚。放蕩・放浪癖は直らずその関係は長く続かなかった。16年アルツィバーシェフの『サーニン』を完訳出版する。この頃辻潤と出会い思想的に共感する。20年3月『改造』に「ピルロニストのように」を書く。これは人妻との情事を物語ったもので以後の無想庵の文体を決定づけた作品である。同年元やまと新聞社の記者中平文子と恋愛し結婚，渡仏する。21年娘イヴォンヌが生まれる。パリから「『Cocu』のなげき」(1925.9),「女房に逃げられた男の心理描写」(1926.2)など風采のあがらない自分を赤裸々に描いた小説を送り『改造』に発表する。25年辻が主宰する『虚無思想研究』創刊号に「ふらぐめんた」を書き無為徒食するしがない自分を表現している。33年緑内障が亢進して右目を失明。男関係を含めて自由奔放に活動する文子と別れて34年に帰国する。38年生涯の伴侶となる波多朝子と同棲。43年左目も失明し全盲となる。戦後の49年に共産党に入党。晩年になっても表現する意識は衰えず『むそうあん物語』を構想し朝子の協力で口述筆記を行う。57年に無想庵の会から1冊目が刊行され生前に21冊，没後に24冊と別冊1が出ている。本格的な小説を書きたいと

念願しながら結局実現することはなかったが『むそうあん物語』で自身のすべてを語っている。(大月健)〔著作〕『結婚礼讃』改造社1922,『文明病患者』同1923,『世界を家として』一人社1925,『飢渇に』新時代社1930,『流転の書』岡倉書房1936, ゾラ『大地』(訳)全3巻隣友社1940・41,『無想庵独語』朝日新聞社1948,『むそうあん物語』全45冊別冊1無想庵の会1957-69,『盲目日記』記録文化社1972〔文献〕山本夏彦『無想庵物語』文芸春秋1989

竹久 夢二 たけひさ・ゆめじ 1884(明17)9.16-1934(昭9)9.1 本名・茂次郎 岡山県邑久郡本庄村(現・瀬戸内市)生まれ。01年単身上京。翌年早稲田実業学校に入学する。黒板に描いたいたずら書きの絵を見た新進教授島村抱月に才能を認められ画家になることをすすめられる。05年平民社に出入りし荒畑寒村の斡旋で『直言』にコマ絵「勝利の悲哀」を描く。これは骸骨の白衣の男と泣く女が描かれ日露戦争の戦勝気分を痛烈に批判している。日刊『平民新聞』にもコマ絵と俳句を多数寄稿する。06年「夢二式美人」のモデルになった岸他万喜と出会い『早稲田文学』『中学世界』に絵が採用される。また発禁詩集『社会主義の詩』に短歌を掲載。社会主義の新聞にコマ絵を掲載すると同時に一般雑誌で美人画が評判になる。こういう例は夢二をおいてほかにない。10年大逆事件の余波を受けて2日間拘束される。11年幸徳秋水らの処刑の日、自宅に人を集めて通夜をする。平民社で出会った多くの人が列席していた。12年京都府立図書館で第1回作品展を開く。14年絵草紙店港屋を開店、生活と芸術の両立を実践。自分でデザインした版画、絵葉書、封筒、千代紙などを売る。彼の遊び心はアート・デザイナーの先駆的存在となる。港屋で笠井彦乃と出会う。19年本郷の菊富士ホテルでモデルの佐々木かねよと出会う。この頃アバンギャルド芸術に興味をもつ。彼の作品は古いものと新しいものとの混淆によって成立している。23年どんたく図案社を設立したが関東大震災で潰える。『都新聞』に「災難画信」を連載。震災の傷跡を熱心にスケッチする。自然の驚異と人間の愚かさを確認したに違いない。31年米国から西欧への旅行に出発。ナチスの国家統制を憎む。女性遍歴を重ねた夢二の女性に対するこだわりは徹底している。他万喜を環に、彦乃をしのに、かねよをお葉に呼び替える。イメージで描く美人画の対象は完璧でなければならなかった。(大月健)〔著作〕『夢二画集』全6巻洛陽堂1909・10,『どんたく』実業之日本社1913,『小夜曲』新潮社1915,『気の弱い一市民の手記』五月書房1978,『夢二書簡1・2』岩波ブックサービスセンター1991,『青い小径』野ばら社1974,『宵待草』ノーベル書房1977,『竹久夢二文学館』全9巻別1日本図書センター1993,『夢二句集』筑摩書房1994,『竹久夢二コレクション1・2』紫峰図書2000〔文献〕栗田勇編『竹久夢二』山陽新聞社1983, 秋山清『竹久夢二』紀伊国屋新書1994, 青江舜二郎『竹久夢二』東京美術1971, 中右瑛『竹久夢二 ロマン版画』里文出版1994, 木村毅『竹久夢二』恒文社1996, 長田幹雄編『竹久夢二』昭森社1975, 秋山清『わが夢二』北冬書房1976, 尾崎左永子『竹久夢二抄』平凡社1983, 工藤英太郎『夢二再考』西田書店1996,『本の手帖』特集竹久夢二1967, 関谷定雄『竹久夢二』東洋書林2000,『本の本』特集竹久夢二1975, 三田英彬『評伝竹久夢二』芸術新聞社2000, 小笠原洋子『夢二 ギヤマンの舟』大村書店2002

竹見 竹雄 たけみ・たけお 1911(明44)-1945(昭20)〔推定〕 神奈川県足柄下郡下中村小竹(現・足柄市)に生まれる。学歴不詳。家業の雑貨商店を父に代わって切り盛りする。29年純情詩社を興し自宅を事務所とし詩と随筆誌『竹と石』を鈴木正雄、経田新一と創刊。29年7月『南方詩人』7輯(小野整編・大坪勇発行)に閨秀詩人で若くして亡くなった藤田文江に誘われ参加。この時期尾形亀之助に傾倒しニヒルな作品を書く。31年2月詩誌『鬣(たてがみ)』創刊(間野捷魯編発・原始詩社/岡山/同年6月7号終)、月刊詩誌『詩神』の投稿者仲間の扇谷義男、佐久間利秋、藤田文江、岡本弥太、細川基らと創刊同人となる。扇谷、細川らと親交を持った。純情詩社(後・湖南サロンと改名)で『鬣』の印刷を引き受ける。33年1月詩誌『獣帯』を主宰発行。尾形、小森盛、若杉香子、野間、高橋新吉、宮崎稔、髙柳奈美子らが参加。35年頃東京芝区三田に居住。召集地不詳であるが戦死。(黒川洋)〔著作〕民謡集『新開田』純情詩社/発売素人社1929, 詩集『虚実の本』日本書房1933〔文献〕詩誌『鬣』1-7号1932.2-6, 間野捷魯『随想・静屋夜抄』本多企画2001

竹村 あや たけむら・あや ?-? 1919(大8)年東京神田区(現・千代田区)の三省堂印刷部解版科に勤め日本印刷工組合信友会に加盟

する。(冨板敦)〔文献〕『信友』1919年10月号

竹村 菊之助　たけむら・きくのすけ　?-?　1918(大7)年8月有吉三吉方で開催された米騒動の記念茶話会に活版印刷工組合信友会の若手活動家として水沼辰夫, 高田公三とともに参加。『特別要視察人状勢一斑 大正7年調』中の「要視察人ト労働者又ハ其ノ団体」には, 信友会の活動に関する言及がみられる。それによると水沼, 高田, 竹村は主たる要視察人の開催する各種の会合にほとんど出席していたということである。各種の会合とは有吉の労働問題座談会, 渡辺政太郎の研究会, 荒畑寒村の労働組合研究会などである。21年度の『特別要視察人状勢調』中の「特別要視察人系統別調査表(大正10年12月現在)」では, 竹村は正進会の諏訪与三郎, 北風会の水沼熊らとともに共産主義漸進派の系統の乙類として分類されている。(西山拓)〔文献〕『信友』1921年4月号, 『印刷工連合』1号1923.6, 水沼辰夫『明治・大正期自立的労働運動の足跡』JCA出版1979, 『社会主義沿革2』

竹村 寿葉　たけむら・としは　?-?　1919(大8)年東京京橋区(現・中央区)のアドヴァータイザー社に勤め活版印刷工組合信友会に加盟。のち築地活版所欧文科さらに研究社に移る。(冨板敦)〔文献〕『信友』1919年8・10月号, 1921年1月号, 1922年1月号

竹村 豊治　たけむら・とよはる　⇨三島一郎　みしま・いちろう

竹村 浩　たけむら・ひろし　1901(明34)8.1-1925(大14)8.31　長野県下伊那郡山本村(現・飯田市)に生まれる。高等小学校を卒業。生田春月の『新らしき詩の作り方』(新潮社1919)に影響を受ける。20年『信濃時事』新年号の募集小説で1位に当選。20年回覧雑誌『王冠』, 21年『無名作者』, 22年詩誌『未来人』を創刊。同年下伊那自由青年連盟に詩友羽生三七らと加わる。その後アナキズム運動に加わり24年3月秘密結社事件で拘引されるが5日で釈放。同年『抒情詩』の同人となる。この頃細川嘉, 大沢重夫, 芳賀融らを知る。25年6月抒情詩社の新詩人の首位に推薦され詩集『高原を行く』『狂へる太陽』を上梓。信濃民友新聞社など新聞社を転々とし放浪の日々も送る。25年4月『ふんなも』, 8月『情熱時代』を創刊。同月東京上尾久で自己過失により死没。(冨板敦)〔著作〕『高原を行く』抒情詩社1925, 『狂へる太陽』同1925, 『竹村浩全集』遺稿集出版会1926〔文献〕松永伍一『日本農民詩史・上』法大出版局1967

竹本 藤次郎　たけもと・とうじろう　?-?　1924(大13)年11月厚田正二らと上毛印刷工組合三山会を組織し印刷工連合会に加盟しのち前橋市天川町の自宅を事務所とする。11月16日榎町東家で開かれた上毛印刷発会式で設立までの経過報告を行う。26年8-9月勤めていた前橋印刷所争議を闘い勝利する。26年11月23日榎町いろは席での上毛印刷第3回大会で会務を報告。26年末頃前橋印刷所を退社する。(冨板敦)〔文献〕『印刷工連合』19・35号1924.12・26.4, 『自連』1・4.5・7・8号1926.6・10・12・27.1, 水沼辰夫『明治・大正期自立的労働運動の足跡』JCA出版1979

竹森 一則　たけもり・かずのり　1886(明19)-?　金沢市に生まれる。幼年の頃北海道に移住。03年夏上京, 正則英語学校に入学し社会主義に関心をいだく。08年1月旭川で西川光二郎, 添田啞蟬坊の社会主義演説会を応援する。14年世界雑誌社に勤め『近代思想』『新社会』などを購読, 安成貞雄, 中里介山, 高田集蔵らと親しくする。22年東洋経済新報社に入社。24年7月頃東京田端に住み宮嶋資夫, 五十里幸太郎, 山田吉彦(きだみのる)らと交流があり新雑誌発刊を計画していた。それが28年創刊の『矛盾』に転じたのかもしれない。『矛盾』の主流は文芸だが, そのなかで「憶良の見た百姓」(1号), 「盗むこといろいろ」(4号), 「都会は果たして農村の搾取者か」(8号)のような経済論文を発表している。また「一つの価値転倒」(2号)では親鸞の「善人なをもて往生を遂ぐ, いはんや悪人をや」を日本思想における「新しき秩序, 新しき道徳の発見」と評価し価値転倒の哲学なくしては救われぬ時代といっている。同年日本エスペラント学会維持会員。43年東洋経済新報社から『索引政治経済大年表』を刊行。50年東洋経済新報社を退社する。石橋湛山に並ぶ隠れた自由主義者ともいわれる。(大澤正道)〔著作〕『新あまのじゃく』宮越太陽堂1939, 伊藤喬編『日本保険史』同朋舎出版1978〔文献〕荒畑寒村『悪犬伝』『中央公論』1933.10, 堅田精司『北海道社会文庫通信』965号2000.1.12, 寺島珠雄『南天堂』皓星社1999, 『エス運動人名事典』

竹森　思水　たけもり・しずる　?-?　江東自由労働者組合のメンバー。1927(昭2)年4月10日芝浦のサムライ倶楽部で開かれた関東自連第2回大会で書記をつとめる。同月28日自由労働の実地調査のため北海道に行く。11月10日江東自由芝浦支部提唱の失業抗議闘争に参加し東京市長室で市長に面会を求めた際、日比谷署の警官と乱闘になり同志とともに検束(計23人)29日間拘留される。〈冨板敦〉〔文献〕『黒色青年』9号1927.6、『自連』13・19号1927.6・12

田子　忠四郎　たこ・ちゅうしろう　?-?　1919(大8)年東京神田区(現・千代田区)の精芸出版合資会社に勤め活版印刷工組合信友会に加盟する。〈冨板敦〉〔文献〕『信友』1919年8月号

太宰　治　だざい・おさむ　1909(明42)6.19-1948(昭23)6.13　本名・津島修治　青森県北津軽郡金木村(現・五所川原市)に生まれる。学生時代に左翼思想に傾倒、1930年(昭5)に分家除籍となる。42年事実上復縁、戦時には疎開し農耕に没頭していた。終戦直後から書簡にて便乗主義的な戦後日本の趨勢を痛罵し始め、戦後の指針として46年弟子堤重久に天皇支持とアナキズムの必要を説きクロポトキンの名を挙げる。同年「苦悩の年鑑」「冬の花火」にて「倫理の儀表を天皇に置き」農耕を核とする相互扶助的な「支那の」「自給自足のアナキズム風の桃源」を希求した。これは石川三四郎の天皇擁護と土民思想に通じ「斜陽」のかず子の「支那ふうの山荘」での生活に顕われている。47年末、堤に「おれは此頃、アナキストなんだ。政府なんて、いらんと考えているんだ」と告白。しかし「冬の花火」の数枝が桃源郷を「ばかばかしい冬の花火だ」と言うようにそのアナキズムは絶望を色濃く孕んでいた。翌48年6月入水自殺。〈澤辺真人〉〔著作〕『太宰治全集』全13巻・筑摩書房1998-99〔文献〕堤重久『太宰治との七年間』筑摩書房1969、津島美知子『回想の太宰治』講談社1983、東郷克美『太宰治という物語』筑摩書房2001

田坂　積春　たさか・せきしゅん　1893(明26)-?　大分県別府で生活。香具師となり北海道東部で行商。大石太郎と知り合う。娼妓自廃運動に参加。23年11月帯広の木賊原遊郭で待遇のことから騒ぎとなり検挙起訴される。区裁、地裁で法廷闘争。北海道における主義者の法廷闘争の最初であった。24年夏旭川の鎖断社に参加。9月鎖断社弾圧事件犠牲者の救援にあたり25年1月大石とともに法廷闘争を指導。同年中に上京。26年1月黒連の創立大会に参加し銀座デモに加わり検束される。その後別府に戻ったが特高から有力なアナキストとして特別要視察人に編入される。4月に黒流社を組織。易者・香具師の渡辺義広などが参加した。9月16日九州黒連に参加。10月15日別府で古田大次郎追悼演説会を開催。27年5月黒連の九州宣伝隊に参加。31年4月前田淳一から木下茂の療養について依頼され自宅で療養させたが、九州における陸軍特別大演習のため追放され木下とともに四国に転居。演習終了後別府に戻ったが12月木下が死没。その後もアナキスト香具師として活動を続けた。〈堅田精司〉〔文献〕『黒色青年』1・6・10号1926.4・12・27.7、『自連新聞』61・64・76号1931.8・11・32.1、『思想月報』1941.9、『続・現代史資料3』みすず書房1988、『北海タイムス』1923.11.17・24.12.4・25.1.20

田沢　金太郎　たざわ・きんたろう　?-?　1919(大8)年東京京橋区(現・中央区)の築地活版所和文科に勤め活版印刷工組合信友会に加盟する。〈冨板敦〉〔文献〕『信友』1919年8・10月号

田沢　良七郎　たざわ・りょうしちろう　?-?　新聞工組合正進会に加盟し1924(大13)年夏、木挽町(現・中央区銀座)本部設立のために1円寄付する。〈冨板敦〉〔文献〕正進会『同工諸君!! 寄附金芳名ビラ』1924.8

田島　高七　たじま・こうしち　?-?　1919(大8)年東京芝区(現・港区)の東洋印刷会社和文科に勤め活版印刷工組合信友会に加盟する。〈冨板敦〉〔文献〕『信友』1919年8月号

田島　治三郎　たじま・じさぶろう　?-?　1915(大4)年頃長崎で商船会社の荷物番をつとめていた。ショーペンハウエルやトルストイの著作を読みやがてアナキズムを信奉するようになった。〈奥沢邦成〉〔文献〕『社会主義沿革1』

田島　正次郎　たじま・しょうじろう　?-?　1919(大8)年東京本所区(現・墨田区)の凸版印刷会社和文科に勤め活版印刷工組合信友会に加盟する。〈冨板敦〉〔文献〕『信友』1919年8・10月号

田島　弘　たじま・ひろし　?-?　静岡県で暮し1927(昭2)年頃、農民自治会全国連合に

参加。同年5月1日東京の農民自治会員グループ(在京同志会)の農村問題研究会に招かれて金融恐慌について話をする。農自静岡連合を組織し『農民自治』に「数字のはいつてゐる話」(10号)、「年寄はかく語る」(11号)、「巡査と小地主」(13号)を寄稿する。(冨板敦)〔文献〕『農民自治』10・11・13号1927.6・8・11

田島 政次郎 たじま・まさじろう ?-? 1919(大8)年東京本所区(現・墨田区)の凸版印刷会社和文科に勤め活版印刷工組合信友会に加盟する。(冨板敦)〔文献〕『信友』1919年8月号

田島 要蔵 たじま・ようぞう ?-? 別名・要三 1919(大8)年東京神田区(現・千代田区)の三秀舎校正科に勤め活版印刷工組合信友会に加盟。のち小石川区(現・文京区)博文館印刷所校正科に移る。(冨板敦)〔文献〕『信友』1919年8・10月号

田島 力太郎 たじま・りきたろう ?-? 印刷工として日本印刷工組合信友会に加盟。1920(大9)年末には国際印刷株式会社に勤めていた。(冨板敦)〔文献〕『信友』1921年1月号

田代 儀三郎 たしろ・ぎさぶろう 1907(明40)1.2-1967(昭42)2.27 別名・牧童、牧道、孤村 長野市横沢町生まれ。城山尋常小学校高等科を経て21年長野工業学校電気科入学。23年同校を2年で中退。同年4月伯父を頼り上京、関東大震災にあう。25年活路を求めて中国上海に渡り拳銃密輸の手先や港湾荷役関係を転々とし27年帰国。28年12月詩誌『舗道』を創刊。29年東京外国語学校英文科に入学するが2年で中退。新居格の翻訳手伝いをする。この頃同郷の東京印刷工組合の大日方盛平、増田貞治郎を知りアナキズム運動に共鳴する。秋頃松藤鉄三郎を加えて中野駅近くで共同生活を始める。30年4月大塚貞三郎の紹介で黒色戦線社の星野準二を訪問。8月新訳版『パンの略取』の発禁によって秘密編集所が発覚し星野の検挙により共同生活は解散。31年1月大阪阿倍野区のアナルキスト青年連盟に寄宿。2月宮崎晃の「農民に訴ふ」を読み衝撃を受ける。3月星野の来阪時に同行の宮崎に紹介される。「農民に訴ふ」を趣旨として創立した農青社の目的に賛同。アナ青連の連携役を引き受ける。4月平松秀雄の百貨店争議に参加。6月その解決後、平松とともに上京。宮崎のアジトに同居。長野から印刷工金子広只も訪ねて来る。8月15日星野が合流。12月資金調達のため八木秋子を伴って下阪した。32年1月平松、宮崎らが検挙され状況逼迫のため大阪へ先行。4月星野、八木、望月治郎、和佐田芳雄逮捕の報を受けたので上海に逃れ武器調達の画策をしたが果たせず帰国した。34年8月帰郷、家業の土建業を継ぐかたわら詩誌『埋火』を創刊する。35年11月星野の紹介で二見敏雄を知人宅に一時隠匿。12月2日無共党事件の全国一斉検挙で長野署に拘引され取り調べ中金子の自供から宮崎アジトでの談義が「信州暴動謀議」とされ、農青社事件としてでっちあげられることとなった。37年10月東京控訴院判決で懲役1年6カ月。38年末出獄、出版社玉研社に勤務。42年日本通運東京支社庶務課入社。44年応召し北支で戦傷、帰還した。45年日通西那須農場長を経て46年本社総務部に転務し『わだち』『日通ニュース』編集長となる。(黒川洋)〔著作〕『崩壊』オリオン書房1951, 共編『全日通労働運動史』同労働組合1952,『荷物事故物語』交通出版社1953,『興亡』創美社1956,〔文献〕大久保貞夫『長野県社会運動秘録』全6巻私家版1948,『日通文学』(田代儀三郎追悼特集号)1964.5,『資料農青社運動史』,『長野県史』1984,『農村青年社事件資料集Ⅰ・Ⅱ』

田代 謙太郎 たしろ・けんたろう ?-? 別名・鎌太郎 都新聞社に勤め東京の新聞社員で組織された革進会に加わり1919(大8)年8月の同盟ストに参加するが敗北。のち正進会に加盟。24年夏, 木挽町(現・中央区銀座)正進会本部設立のために50銭寄付する。(冨板敦)〔文献〕『革進会々報』1巻1号1919.8, 正進会『同工諸君!! 寄附金芳名ビラ』1924.8

田代 倫 たしろ・さとし 1887(明20)10.4-1955(昭30)9.30 熊本市八代生まれ。八代裁判所の判事の長男。05年18歳で小説修業のために上京。10年頃、森鴎外の門を叩き小説と戯曲を学ぶが、3年ほどで義絶。17(大6)年8月2日千葉県犬吠埼の君ヶ浜で今井国三(白揚)とともに水死した三富義臣(朽葉)、増田篤夫らと薄命文士会を結成。『象徴芸術』を創刊。21年頃、日本画家の楠本信江と熊本市春竹で同居生活をする。この頃、熊本高校の社研結社「五日会」の指導的役割をする。美濃部長行、竹中英太郎らが出入りした。21-23年『解放』(大鐙閣)に小説

や戯曲を発表。23年5月短編集『異邦人の散歩』を出版するが発禁となり,『…の哄笑』と改題して再販された。23年関東大震災時東京中野に居住していた。浮浪罪で騎馬巡査に検束されていた山本敏雄と平林たい子が10月8日の釈放後訪ねている。同年帰郷。26年再上京し『人と人』『家の光』(産業組合協調会)に短編を発表。29年頃中野区大和町に居住。雑誌『大愛』を主宰し地方出身の青年や学生の育成塾を開設し,『横浜貿易新聞』に小説,随筆を連載。戦中は熊本に疎開。52年頃再上京し吉祥寺に居住。肝硬変にて没した。英太郎の回想によると「ハイカラで長髪,髭を生やし,頭は禿げていた。サルマタが英国製の生地で派手な色模様であった。万年筆も銀の彫物があり,悠然と机に向かっていた」しかし「生活能力はなかった」ようだとある。自伝的要素の濃い「異邦人の散歩」(『解放121.7)では東京府下の木賃宿で売れない小説を書いている三十代半ばの,異邦人の顔をした高等遊民と自称する主人公(田代もこの時期34歳)が,家主から家賃の催促を受けて困り果てる姿。三畳一間の部屋には机と絹面の布団一組と柳行李一つしかない。その後特高刑事が様子を伺いに来る。故郷での水平運動に係わっていたころに要視察人物となっていたのであろう。その刑事を真面目な顔でからかうという内容が,震災の年に著作として出版された時に発禁対象となったのであろう。薄命文士会を名乗りかなりペダンチックな人物であったと思われる。『解放』に短編戯曲「沈黙」「第三の太陽」,『新興文学』に随筆「痴人の言葉」を発表。戦後52年『文芸首都』に「森鷗外とわたし」がある。(黒川洋)〔著作〕無名作家叢書『死者の街より』未詳1914,『悪魔の伝道とその報告書』隆文館1921,『新しきアダムとイヴ』隆文館1921,『闇の使者 象徴劇13曲集』隆文館1921,『異邦人の哄笑』文武堂1923,編著『田代晶遺稿集』私家版1935,『日本絶唱詩編』(漢詩)教材社,『新生日本の創建とその使命』親和日本社1947〔文献〕杉並四郎「田代倫君の死」『日本談義』同社1955.12,藤本豊喜他の対談「戦前の社会運動を語る」『近代熊本』18号創元社1976.12,大村茂著編『竹中英太郎画譜リスト』わいきゃっつ1993

多田 英次郎 ただ・えいじろう 1900(明33)-? 別名・英二郎 神戸市神戸区生田町生まれ。小学校3年修了後,労働に従事。25年神戸市葺合区御幸通のマザープラット社に就職中に相生町の神戸労働学校に通学して思想問題に興味をもつ。神戸自由労働者組合と極東平民社に加盟し竹内一美,児島輝一らと知り合う。26年7月10日神戸の黒連演説会に参加。同年夏八太舟三の来神で開かれた自由連合主義の講義を聴講。27年葺合郵便局電報配達手となる。同僚に高橋利夫がいた。28年4月大崎和三郎が勤めていた鈴木薄荷工場の従業員獲得のためビラをまき出版法違反で罰金20円となる。同年7月勤務先で労働争議がおこり解決後に解雇される。その後山本幸雄,宮下恵らと知り合う。29年7月小林一信が三菱電機製作所を解雇されると解雇手当の要求のため小林,井上信一,芝原淳三,長沢清,山口安二らと同所所長宅を訪れ抗議したことを理由に検挙され,暴力行為で懲役6カ月となる。30年6月出獄。内藤好雄とともに同月『神戸自労ニュース』を創刊。7月4日神戸自由労働者組合を神戸黒色労働者連盟(事務所は神戸市西灘秤田)と改称。同月9日『神戸黒労ニュース』を創刊(発禁)。全国自連の神戸地区責任者で同志に機関紙を配布した。電球販売業を経て31年から表具師兼古物商となった。山本の紹介で布引詩歌社の同人となり小松原繁雄らと知り合った。35年末頃無共党事件で検挙されるが不起訴。(冨板敦)〔文献〕『黒色青年』5号1926.9,『自連新聞』39・45号1929.9・30.3,『身上調査』,兵庫県特別高等課『特別要視察人ニ関スル状勢調ベ』(復刻版)兵庫県部落問題研究所1976

多田 庄吉 ただ・しょうきち ?-? 1919(大8)年東京四谷区(現・新宿区)の万月堂印刷所に勤め活版印刷工組合信友会に加盟。のち麹町区(現・千代田区)の一色活版所欧文科に移る。(冨板敦)〔文献〕『信友』1919年8・10月号

多田 当身次 ただ・とみじ ?-? 東京毎日新聞社に勤め東京の新聞社員で組織された革進会に加わり1919(大8)年8月の同盟ストに参加するが敗北。のち正進会に加盟。20年機関誌『正進』発行のために寄付をする。(冨板敦)〔文献〕『革進会々報』1巻1号1919.8,『正進』1巻1号1920.4

多田 文三 ただ・ぶんぞう 1903(明36)11.6-1978(昭53)7.13 本名・康員,別名・白鳥 大阪市に生まれる。父は陸軍佐官。18

年頃短歌誌『人形の群』の長崎謙二郎に誘われ多田白鳥名で参加する。21年東京第一外語学校独逸語科を経て東洋大学文科に入るが2年で中退。23年末，宝塚歌劇の脚本募集に「夢の牡丹花」が入選するが，上演直前の24年1月宝塚劇場の火事のため脚本もろとも日の目をみなかった。同年の関東大震災後，白山上の南天堂での雑誌『紀元』創刊の会合に岡本二一，宵島俊吉（勝承夫）と出かけ岡本潤，萩原恭次郎，小野十三郎を知る。24年石川啄木13回忌記念歌会に河路青藜（鍋山貞親），春日庄次郎らと出席。同年上京してきた長崎や久松勝（正二郎）と同人誌『東邦芸術』を創刊の予定であったが資金難で挫折。25年『紀元』の誌風に飽き足らず6月ダダ系アナキズム誌『ド・ド・ド』を創刊（推定3号，版画・岡崎竜夫），西郷謙二，橘不二雄，奥村秀男，伊香和三郎，林芙美子，小野らが同人となる。冊子『1926年芸術宣言』を配布し文学，演劇，美術，映画のあらゆる芸術の分野に泥靴をつっこみ，ダダで日本の芸術をゆさぶろうという旗印であった。27年初めダダ映画製作のため東京本郷から大阪に発行所を移し，2月街宣用の冊子『1927年宣言』を発行するが準備が整ったクランクインの前夜，監督奥村の急逝により挫折する。他人の意表に出る反俗的行為を展開しドドドの文三と評判をとる。この頃『世界詩人』『太平洋詩人』『マヴォ』『銅鑼』『文芸市場』『論戦』『ヒドロパス』などに寄稿。29年7月『断言』を岡崎竜夫，高橋新吉，毛呂博明，中西維三郎らと創刊。30年9月『文明批判』を高松すみ子，毛呂，安家正明，岡崎と発行。33年詩誌『順風』に拠った。戦後は森林資源総合対策協議会に73年まで従事，社史編纂にあたる。47年第1次『コスモス』の人民的詩精神の主張に賛同し参加。58年『文芸復興』復刊（落合茂編集発行）に上野壮夫，長崎らと参加。二男の宋之助は演歌グループ殿さまキングスのギター奏者多田そうべい。（黒川洋）〔著作〕『山の子一平』共同出版社1954，『林総協会史』同刊行会1973，『南天堂書店』『文芸復興』10集1958〔文献〕長崎謙二郎「文壇野史」『文芸復興』17-30集1961-64，落合茂「ドドドの文三の死」『文芸復興』64集1978，寺島珠雄「南天堂」皓星社1999，多田そうべい「心にビタミンを!」ニーズサプライ2000，黒川洋「ドドドの文三は翔んだ」『方方』34号2001，『清沢清志関係資料集』松本大学出版会2005

陀田　勘助　だだ・かんすけ　1902（明35）1.15-1931（昭6）8.22　本名・山本忠平，別名・山本勘助，山本勘，茂木勘助，諏訪順吉　栃木県下都賀郡栃木町（現・栃木市）に生まれる。08年上京。開成中学夜間部卒業間際に教師と激突，自ら退学する。18年内務省警保局図書課出版係に勤め職場にいた村松正俊を知る。22年村松と『ELEUTHERIA』を出す。23年6月詩誌『鎖』を創刊。同人に村松，松本淳三，重広虎雄，鶴巻盛一，山根正義，坂本斐沙子がいた。のちに細井和喜蔵が加わる。24年7月『鎖』と『感覚革命』『悍馬』を合同して『無産詩人』を創刊。これに先立つ4月日本無産派詩人連盟展覧会を南天堂ほか都内5カ所の喫茶店で開き，陀田はトラックからビラをまく。11月中央自由労働者組合（のち東京自由労働者組合，続いて江東自由労働者組合と改称）を結成。25年『マヴォ』5・6号に寄稿。11月小松川で大沼渉，時永良一らと黒旗社を組織，『黒旗』を創刊する。12月労農党結党式に反対のビラをまき，また中浜哲，河合康左右に面会するため大阪に行き検束。26年黒連に参加，黒連演説会などでしばしば検束された。3月関東自由労働者組合連合に参加。27年第5次『労働運動』に時評などを執筆。黒旗社を解散，東京一般労働者組合の南葛支部に拠る。6月『反政党運動』の発行に関わり，9月横山楳太郎，難波正雄，江西一三，高橋光吉と黒連を脱退する。この頃からボル派に傾き『無産者新聞』『労働農民新聞』の購読，配布をする。28年3月全国自連第2回続行大会で東京自由，東京食糧労働組合，東京一般江東・南葛支部とともに退場，自連を離れる。7月東京合同労働組合に加入，12月共産党に入党。29年11月検挙され31年豊多摩刑務所で獄中死。仲間から「カンさん」と呼ばれていた。63年渋谷定輔らによって『陀田勘助詩集』が刊行される。（冨板敦）〔著作〕『陀田勘助詩集』国文社1963〔文献〕『自連』2・4・5・18・23号1926.7・10・27.11・28.4，『黒色青年』2・4・6・11号1926.5・7・12・27.8，『労働運動』4次18号1926.7・5次4・5号1927.4・5，岡本潤「暗黒政治の犠牲者山本忠平君の追悼会」『平民新聞』5号1946.9.18，村松正俊「亡くなった革命詩人たち」『アフランシ』4号

たちかぜ

1951.7，後藤彰信『日本サンヂカリズム運動史』啓衆新社1984，寺島珠雄『南天堂』皓星社1999

立風 信吾　たちかぜ・しんご　1897（明30）-?

長崎県生まれ。神戸黒闘社のメンバー。1925年9月16日神戸で宇治木一郎主催の大杉栄3周年追悼会に参加しようとするが事前に宇治木、中村一次らと検束される。（冨板敦）〔文献〕『資料大正社会運動史・下』

立川 秀雄　たちかわ・ひでお　?-?

1919（大8）年東京京橋区（現・中央区）の築地活版所鉛版科に勤め日本印刷工組合信友会に加盟する。（冨板敦）〔文献〕『信友』1919年10月号

太刀川 平作　たちかわ・へいさく　?-?

1919（大8）年東京京橋区（現・中央区）の築地活版所和文科に勤め活版印刷工組合信友会に加盟する。（冨板敦）〔文献〕『信友』1919年8・10月号

橘 あやめ　たちばな・あやめ　1900（明33）6.26-1929（昭4）5.7

旧姓・大杉　大杉栄の9人兄弟の末子。母豊を2歳で、父東を9歳で失い、大杉の妻堀保子に引き取られ12歳で伯母の夫の退役中将山田保永の和歌山の家に預けられる。高等女学校を卒業と同時に16年4月渡米、ポートランドで農場やレストランを営む橘惣三郎と結婚。17年4月12日宗一誕生。19年一時帰国。23年6月結核療養のため帰国、静岡の姉柴田菊方から伴野病院に入院。感染を恐れ宗一は横浜の二兄勇方に預けた。9月16日関東大震災で鶴見に避難した勇の無事を確かめ、宗一を引き取った大杉夫妻は3人とも憲兵隊に拉致、虐殺された。確報が静岡に届いたのは24日。あやめはたった一人の愛息を奪われた悲しみのなかで米国の邦字新聞あてに矢継ぎ早に手紙を書いた。また宗一は米国籍なので10月1日米国大使館に対して日本の外務省へ抗議するよう要求。25年いったん帰米、夫と離別することとなり26年4月一人帰国し上京、本郷区駒込片町（現・文京区）の労働運動社に起居した。『婦人公論』（1927.3）に寄稿した「甘粕事件以後」は、アナキストへの連帯の意思の表明であった。28年3月大杉の思想の継承と5人の遺児の保護につくす近藤憲二と再婚、しかし1年のち29歳で死没した。（市原正恵）〔文献〕大杉豊編『年譜・大杉栄とその子たち』私家版1986、大杉豊「大杉栄と一族〈大変〉」『沓谷だより』19号2002、『央州日報』1923.10.22-23、『北米時事』1923.10.22-23、『新世界』（サンフランシスコ）1923.10.25-29

立花 きんじ　たちばな・きんじ　?-?

印刷工として1919（大8）年活版印刷工組合信友会に加盟し活動する。（冨板敦）〔文献〕『信友』1919年8・10月号

橘 孝三郎　たちばな・こうざぶろう　1893（明26）3.18-1974（昭49）3.30

水戸市馬口労町に生まれる。家は水戸有数の資産家。12年水戸中学から一高に入ったが在学中トルストイやカーペンターを愛読、文明社会に疑問を抱き15年3月中退。郷里に帰り兄弟や友人とともに兄弟村農場を始める。27年大地主義、兄弟主義、勤労主義の三原則を掲げる愛郷会を結成、農村青年の啓蒙活動に乗り出し、さらに31年には愛郷塾を開き教育活動を展開、『農村学前編』（建設社）を著す。32年日本村治派同盟に権藤成卿らと参加。村治派同盟解体後、権藤や長野朗らと自治農民協議会を結成。それ以前から井上日召、藤井斉、古賀清志らとの交流を深め、32年五・一五事件では農民の存在感を訴えるべく愛郷塾の塾生を率いて農民決死隊を名のり、東京の暗黒化をめざして各地の変電所を襲撃、手榴弾を投じた。橘は満州へ逃れたがまもなく自首し無期懲役に処された（40年に恩赦で出獄）。戦後は水戸に戻り農業と著述に専念した。橘が影響を受けたのは石川三四郎『西洋社会運動史』と北一輝『国体論及び純正社会主義』だったといわれる。（大澤正道）〔著作〕『日本愛国革新本義』建設社1932、『皇道国家農本建国論』同1935、「ある農本主義者の回想と意見」（聞き手・竹内好）『思想の科学』1960.5〔文献〕松沢哲成『橘孝三郎』三一書房1972、保阪正康『五・一五事件』草思社1974、安田常雄「愛郷会・愛郷塾と国家主義運動」『水戸市史・下2』1995

橘 宗一　たちばな・むねかず　1917（大6）4.12-1923（大12）9.16

米国ポートランド生まれ。大杉栄を長兄とした9人兄弟の末子あやめが橘惣三郎との間にもうけた第一子。23年6月母が結核療養のため一時帰国した際、感染を恐れて母は静岡の柴田家（大杉家の二女菊の嫁ぎ先）で加療を受け、横浜の勇（大杉家の三男）夫妻に預けられた。同年9月の関東大震災後の16日、勇夫妻の避難先であった鶴見で大杉栄・野枝夫妻に引き取られて淀橋の大杉宅に帰る途上、夫妻とともに憲兵隊に連行され扼殺された。柴田夫妻

は3人の遺骨の引き取り埋葬，墓守りに尽力。柴田家は52年東京に移ったが27年に父惣三郎によって建てられた墓碑が名古屋で半世紀ぶりの72年に偶然に見出され，碑には息子を失った父親の無念と怒りをにじませて「宗一ハ…大杉栄，伊藤野枝ト共ニ，犬共ニ虐殺サル」と刻まれていた。73年の50周年祭以後，大杉，野枝，橘宗一墓前祭が遺児や旧同志，市民によって静岡，名古屋で毎年行われ90年からは墓前祭実行委員会が結成された。(奥沢邦成)〔文献〕『九月は苦の月 橘宗一少年の墓碑保存運動の十年』同会1985，大杉豊『年譜・大杉東とその子たち』私家版1986

橘 泰吉 たちばな・やすきち 1897(明30)-? 北海道夕張郡登川村(現・夕張市)に生まれる。橘啓作の養子となり小樽，釧路，下富良野と転々。下富良野小学校高等科を卒業。18年殖民鉄道の保線夫となる。23年9月大杉栄夫妻の虐殺に衝撃を受ける。25年『大杉栄全集』を読みアナキズムに共鳴。26年『労働運動』の読者となる。その後『小作人』『農村青年』『黒色青年』『黒色戦線』『黒旗』『自連新聞』を購読。32年思想傾向について上司より注意を受ける。34年4月陸別保線区助役となる。35年11月26日無共党事件で検挙されたが警察釈放。36年天皇来道に際し特高の要警戒人物に指定された。(堅田精司)〔文献〕『身上調書』，『特高関係要警戒人物一覧簿』北海道庁警察部特別高等課1936

辰尾 健一 たつお・けんいち ?-? 1919(大8)年東京神田区(現・千代田区)の宮本印刷印刷科に勤め日本印刷工組合信友会に加盟する。(冨板敦)〔文献〕『信友』1919年10月号

タッカー Tucker, Benjamin R. 1854.4.17-1939.6.22 米国マサチューセッツ州サウス・ダートマウスに生まれる。父は捕鯨船主でクエーカー派，母はユニテリアンでトーマス・ペインの熱心な支持者であった。ボストン派アナキズムと呼ばれる米国独特の個人主義的アナキズムの大成者で，81年以来27年間『リバティ』(半月刊，のち週刊)をボストン(のちニューヨーク)で刊行するかたわらプルードン，バクーニン，シュティルナーなど欧州のアナキズム文献を英訳，発行する。タッカーの個人主義的アナキズムは日本ではほとんど知られなかったが，彼が刊行した英訳書が及ぼした影響は大きい。1907年末の大火で事務所を焼かれたのちモナコへ隠棲する。戦後まもなく，小川正夫が「タッカーについて」(『平民新聞』7号1946.11)を書いている。(大澤正道)

立田 時次郎 たつた・ときじろう ?-? 1919(大8)年東京京橋区(現・中央区)の中屋印刷所印刷科に勤め活版印刷工組合信友会に加盟する。(冨板敦)〔文献〕『信友』1919年8・10月号

立田 泰 たつた・やすし 1883(明16)-? 東京神田区(現・千代田区)の三省堂印刷所に欧文植字工として勤め欧友会に加盟，のち同社を解雇され博文館印刷所に移る。16年2月欧文植字工組合信友会を組織し庶務担当役員となる。しばらくして小石川区中富坂(現・文京区小石川)の自宅に信友会の事務所を移す。18年博文館でストを打ち水沼辰夫とともに解雇され，争議で検束される。19年三省堂印刷部欧文科に再び勤め活版印刷工組合信友会に加盟。信友会の幹事長に選出され同年8月に創刊した同会機関誌『信友』の発行兼編集印刷人を担う(23年3月の終刊まで)。同年11月8時間労働制を要求して闘う信友会を代表して経営者団体と交渉にあたるが敗北。20年3月15日のメーデー懇談会に信友会を代表して参加。21年労働組合同盟会の常任理事となる。22年機関紙『信友』3月号が発禁となり発行編集人として筆者の平野小剣と起訴される。30-32年に日本欧文植字工，ライノタイプ工機関誌『欧工の友』を発行していた。(冨板敦)〔文献〕『信友』1919年8・10月号-23年3月号，『労働運動』1次2号1919.11/3次4号1922.4，『印刷工連合』1号1923.6，水沼辰夫『明治・大正期自立的労働運動の足跡』JCA出版1979，横山和雄『日本の出版印刷労働運動・上』出版ニュース社1998，『石川三四郎資料目録』本庄市立図書館2000

辰野 静雄 たつの・しずお ?-? 福島県会津に出生し，幼少期に宮城県築館町(現・栗原市)に移住。宮城県立一中を卒業。1906(明39)年に従兄弟の高橋武とともにシカゴに居住していた叔父・山田質郎を頼り渡米。サンフランシスコで幸徳秋水を訪問，以後社会主義に関心を抱いていく。シカゴでは後に合流した前田河広一郎も加え3人で極貧生活をしていく。当地で金子喜一とその妻ジョセフィン・コンガーと出会い親交。大逆事件に抗議して編まれた『ソーシアリス

ト・ウーマン』48号(1911年5月)の「日本版」に"たつのしずお"の記名で「12名の高潔な精神の日本人」を寄稿し明治政府の幸徳たちの処刑に抗議していく。その後の足どりは不明。(北村巌)〔文献〕前田河広一郎『青春の自画像』理論社1959, 北村巌『金子喜一とその時代』柏艪舎2007

辰巳 寿三郎 たつみ・じゅさぶろう ?-? 1919(大8)年東京京橋区(現・中央区)の秀英本舎和文科に勤め日本印刷工組合信友会に加盟する。(冨板敦)〔文献〕『信友』1919年10月号

辰見 義雄 たつみ・よしお ?-? 東京市神田区北神保町(現・千代田区)の東邦自動車会社工具。1931(昭6)年2月7日事業縮小を名目として3人の解雇が発表される。労働者自治連盟が応援し自動車技友連盟の旗のもとストで闘う。同月11日解雇撤回を勝ち取り争議は完全勝利する。翌12日から芝浦製作所芝浦工場ストの応援に駆けつける。34年『労働者新聞』36号に「芝浦スト思ひ出二三」を執筆。(冨板敦)〔文献〕『自連新聞』56号1931.2, 『労働者新聞』36号1934.2

館野 芳之助 たての・よしのすけ 1860.5.21-6.18(万延1.4)-1891(明24)9.22 別名・北溟漁史, 小堤漁史 下総国西葛飾郡小堤村(現・茨城県古河市)の豪農に生まれる。師範学校を卒業後, 小学校教員となり82年武総共進会を結成し各地で演説会を開く。翌年自由党に入党。84年製造中の爆弾が爆発し右手を切断する重傷を負い加波山事件への関与を疑われ逮捕される。翌年釈放されると大井憲太郎らの大阪事件に関与した。文筆活動にも力を注ぎ特にユートピア小説を得意としていた。自由の「美味」や「最上文明」においては政府が滅絶されなければならない点などを述べた『自由東道』(1889)や, 土地公有・無政府の社会を描いた『刀水新報』(1891)を残している。(西山拓)〔著作〕「自由東道」『古河市史資料7』1980〔文献〕小島晋治「晩年の館野芳之助ならびに『刀水新報』について」『古河市史研究』10号1985.3

立松 国次郎 たてまつ・くにじろう ?-? 万朝報社に勤め東京の新聞社員で組織された革進会に加わり1919(大8)年8月の同盟ストを同社の幹事として闘うが敗北。のち正進会に加盟。24年夏, 木挽町(現・中央区銀座)正進会本部設立のために1円寄付する。(冨板敦)〔文献〕『革進会々報』1巻1号1919.8, 正進会『同工諸君!! 寄附金芳名ビラ』1924.8

田戸 栄 たど・さかえ 1924(大)13-? 田戸正春の長男。戦後アナ連に入り遠藤斌, 久保譲を助け『平民新聞』の製作にあたり, 1957年10月にアナ連全国大会で決定した『クロハタ』の復刊を大沢正道とともに引き受け60年安保後まで同紙編集に従事する。松尾邦之助らの個の会に入り, 松尾『親鸞とサルトル』(実業の世界社1965)が機縁となり, 歎異抄研究会に参加した。(川口秀彦)〔文献〕大沢正道『アはアナキストのア』三一書房2017

田戸 正春 たど・まさはる 1899(明32)1.2-1937(昭12)11.15 東京市下谷区(現・台東区)に生まれる。12年忍岡小学校卒業。同校には五十里幸太郎, 後年に国家社会主義へ転向した茂木久平らがいた。16年父が死没, 以後祖父に育てられる。この時期大杉栄のサンジカリズム研究会に五十里, 茂木らと参加。露頭して京華中学を退学となる。同年『世界人』(のち『平明』と改題)の印刷人となる。この頃から渡辺政太郎主宰の研究会に出入りする。23年祖父死没により上野の貸席料亭三宜亭を受け継ぐ。同時代の三宜亭には辻潤や宮嶋資夫ら数人が居候しアナキストたちのたまり場となった。数年後に三宜亭は人手に渡る。同年6月中旬白山上の南天堂喫茶部で伊藤野枝と出会い, また7月初め大杉と歓談(近藤憲二が同席)したのが今生の別れであった。25年1月『世界詩人』3号に寄稿。この時期新劇女優の松下南枝子と恋愛関係をもつ。28年7月創刊された『矛盾』の同人となる。この時期『文芸ビルデング』などに戯曲, 評論などを発表する。30年2月古田大次郎遺稿集『死刑囚の思ひ出』を広津和郎, 林倭衛の協力を得て大森書店から刊行。31年8月農青社の学習に上京してきた和佐田芳雄と芝原淳三が一時寄宿した。33年6月創刊の文芸雑誌『自由を我等に』の編集人となる。35年6月文芸雑誌『反対』創刊に寄稿。この時期肺疾が悪化, 伊豆半島静浦居住の林の招きで約1年間静養するが, 東京四谷で死没。長男栄(1924-?)は戦後アナ連に入り『平民新聞』『クロハタ』などの編集に従事した。(黒川洋)〔文献〕森山重雄『評伝宮嶋資夫』三一書房1984, 森まゆみ『白山南天堂』『ちくま』1998, 寺島珠雄『南天堂』皓星社

1999

田所 茂雄 たどころ・しげお　1907(明40)-1945(昭20)　別名・山下春雄，阿比古欽　長崎県北松浦郡大野村(現・佐世保市)生まれ。愛媛県立西条中学5年中退後，24年9月大分県の久原鉱業佐賀関製錬所に入社。以後九州各地の炭坑で働く。のち上京し江東自由労働者組合(のち東京自由労働者組合)に加わる。27年11月10日江東自由芝浦支部提唱の失業抗議闘争に参加し東京市長室で市長に面会を求めた際，日比谷署の警官と乱闘になり同志22人とともに検束，29日間拘留される。同年12月19日江東自由深川支部の書記となり29日開かれた失業大会の決議文作成委員となる。28年1月7日東京自由への改称の際，規約綱領作成草案委員，社会局交渉委員となる。2月29日東京一般労働者組合京橋支部創立演説会に応援に駆けつけ月島署に検束される。3月全国自連第2回続行大会で東京自由の議案提出理由起草委員となる。4月大同電気田町工場で解雇争議が勃発，6月10日市川市の同社社長宅に抗議に訪れ住居侵入罪で高橋光吉らと逮捕され懲役2カ月執行猶予3年となる。29年3月『自連新聞』佐世保支局を拠点に同地に西九州一般労働組合を結成。同年6月日本自協結成に加わり10月九州地協を発足させた。30年上京し5月関東一般労働組合の常任書記，9月江東地方争議共同闘争委員会の事務局長となり，東京瓦斯社外工争議に際しては千住のガスタンク上で黒旗をひるがえして闘うが家宅侵入，暴力行為で懲役3カ月執行猶予3年の判決を受けた。32年9月京浜合成労働組合の常任書記，33年4月江東地方労働組合協議会の事務局員，34年5月関東一般の常任書記，35年5月全国自連の書記局責任者など労働組合の専従，委員，機関紙編集担当を歴任した。その間34年6月無共党に入党し関東地方委員から中央委員となったが，35年10月検挙され39年5月懲役2年に処された。出獄後徴用でスマトラに向かう輸送船が撃沈され死没した。(奥沢邦成・冨板敦)〔文献〕『自連』19・21・22号1927.12・28.2・3，『思想輯覧1』，近藤憲二『一無政府主義者の回想』平凡社1965，森長英三郎『史談裁判・第3集』1972，相沢尚夫『日本無政府共産党』海燕書房1974，『身上調書』，江西一三『江西一三自伝』1976，白井新平『日本を震撼させた日染煙突争議』啓衆新社1983

田所 篤三郎 たどころ・とくさぶろう　1893(明26)5.15-1962(昭37)5.3　北海道札幌区(現・札幌市)に生まれる。12年札幌中学を卒業し仙台高等工業に進学。19年米国に留学し20年帰国。帯広の小学校で代用教員となったがすぐ札幌に戻り，22年3月足助素一の独立社の書籍を継承して古書店創建社を経営。蔵前光家(のちに京浜で共産党指導者)や地主淳吉などアナキスト青年が集まり思想を論じ革命歌を歌ったりした。ロシア飢饉救済運動に参加し蔵前らの働く国鉄苗穂工場に呼びかける。9月20日研究会参加者一同とともに検挙される(創建社事件)。12月特別要視察人乙号に編入される。その後古書店を棚田義明に譲り各地を放浪。31年1月洞爺温泉郵便局長となる。伊達で鉱山を経営。(堅田精司)〔著作〕『有島武郎の思い出』共成舎1927〔文献〕『文化生活』1923.9，北海道庁警察部「特別要視察人略式名簿」蔵前光家分，『社会主義沿革2』，『有島武郎全集14』筑摩書房1985，藤島隆・菅原英一『北のアンティクアリアン』北の文庫1988，『北海タイムス』1922.9.23

田中 勇 たなか・いさむ　1895(明28)-?　1923(大12)年東京市浅草区千束町(現・台東区千束)に住み演歌師・香具師をしていた。同年10月旭川に行き営業。12月9日午後5時，同市内の師団道路，第一神田館前で労働歌を印刷した反軍ビラを入営者に配布しながら演説。演歌本(1部30銭)を販売して検束される。24年1月2日にも香具師仲間とともに検束され取り調べを受ける。(冨板敦)〔文献〕堅田精司編『北海道社会運動家名簿仮目録』私家版1973，堅田精司『北海道社会文庫通信』831・1319・1322・1330・1375・1485・1525・1705号1999.9.8，2001.1.8・11・19・3.5・6.23・8.2・2002.1.29

田中 勝次 たなか・かつじ　?-?　1919(大8)年大阪の三誠社に勤め活版印刷工組合信友会(大阪支部)に加盟する。(冨板敦)〔文献〕『信友』1919年8・10・12月号，1920年1月号

田中 勝利 たなか・かつとし　?-?　1925(大14)年の第6回メーデーに参加，東京製菓工組合の代表として演説する。29(昭4)年12月26日東京市赤坂区青山高樹町(現・港区南青山)の黒連事務所で予定されていた忘年会に駆けつける(流会)。25日山本義昭が青山警察署から厳重警告を受けこの日の忘年会

は中止として諸団体に報告したが、個人参加の田中らには未連絡だったとされる。（冨板敦）〔文献〕『特高資料』、『印刷工連合』25号1925.6

田中 克己 たなか・かつみ 1910（明43）-? 長野県上伊那郡富県村（現・伊那市）に生まれる。農業に従事。同村在住の伊沢八十吉の農青社運動に協働し、1935（昭10）年12月13日に検挙。同月19日に釈放される（不起訴）。（冨板敦）〔文献〕『無政府共産党（革命結社「農村青年社」）検挙状況ノ件（昭和11年5月19日）』、青木恵一郎『改訂増補 長野県社会運動史』巖南堂書店1964、『農村青年社事件資料集Ⅰ・Ⅲ』

田中 貫一 たなか・かんいち ?-? 1919（大8）年東京芝区（現・港区）の東洋印刷会社和文科に勤め活版印刷工組合信友会に加盟する。（冨板敦）〔文献〕『信友』1919年8月号

田中 勘三郎 たなか・かんざぶろう 1900（明33）-? 別名・聖能 大阪市浪速区船出町生まれ。小学校高等科を卒業後、13年頃から医療器具や蓄音機の製作工場で働いたが、16年頃からは不良青年グループに入り太陽団を結成した。23年頃から共産主義に傾倒し大阪一般労働組合に加入。26年逸見吉三と出会い影響を受けてアナキズムに共鳴、大阪合成労働組合に加わり関西自連の活動に専従する。27年岡山一般労働組合にも加盟、同年12月津山町（現・津山市）で秋本義一、有安浩雄、後藤学三らと「労農党撲滅、社会問題批判大演説会」を開いた。「リャク」（掠）をしたとされ26年9月伊勢で恐喝容疑で懲役10カ月、28年5月、30年6月には大阪で恐喝容疑でそれぞれ懲役1年6カ月、懲役2年、また33年2月大阪で賭博容疑で懲役5カ月となった（28年の事件では原徳太郎、本庄恒造、杉田宏が共犯とされた）。35年末頃無共党事件で検挙されるが不起訴。（冨板敦）〔文献〕『自連』15号1927.8、『関西自由新聞』2・4号1927.11・28.3、『黒色青年』15・17号1927.12・28.4、『思想彙覧2』、『身上調書』

田中 勘治 たなか・かんじ ?-? 別名・乾治 報知新聞社に勤め東京各新聞社の整版部従業員有志で組織された労働組合革進会に加わり1919（大8）年8月の同盟ストに参加するが敗北。その後、新聞工組合正進会に加わり20年日本社会主義同盟に加盟。のち万朝報社に移り21年12月同社の争議を闘い解雇される（全18名、すべて正進会員）。（冨板敦）〔文献〕『革進会々報』1巻1号1919.8、『正進』1巻1号1920.4、『労働運動』3次1号1921.12

田中 喜一郎 たなか・きいちろう ⇨三井八郎 みつい・はちろう

田中 久馬 たなか・きゅうま ⇨伊藤房一 いとう・ふさいち

田中 清吉 たなか・きよきち ?-? 新聞工組合正進会に加盟し1924（大13）年夏、木挽町（現・中央区銀座）本部設立のために1円寄付する。（冨板敦）〔文献〕正進会『同工諸君!! 寄附金芳名ビラ』1924.8

田中 金太郎 たなか・きんたろう ?-? 1919（大8）年東京京橋区（現・中央区）の築地活版所石版科に勤め日本印刷工組合信友会に加盟する。（冨板敦）〔文献〕『信友』1919年10月号

田中 啓次郎 たなか・けいじろう ?-? 1919（大8）年東京京橋区（現・中央区）の英文通信社印刷所和文科に勤め日本印刷工組合信友会に加盟する。（冨板敦）〔文献〕『信友』1919年10月号

田中 玄 たなか・げん ?-? 江東自由労働者組合のメンバー。1926（大15）年4月8日京成電車争議の支援で検束され拘留25日。同年6月関東自由の江東自由への通信連絡委員となる。7月26日評議会支部演説会事件で月島署に10日間拘留される。（冨板敦）〔文献〕『黒色青年』2号1926.5、『自連』2・4.5号1926.7・10

田中 源次郎 たなか・げんじろう ?-? 別名・源二郎 都新聞社に勤め東京の新聞社員で組織された革進会に加わる。1919（大8）年8月、革進会の同盟ストを同会の庶務係兼都新聞社の幹事として闘うが敗北。のち正進会に加盟。24年夏、木挽町（現・中央区銀座）正進会本部設立のために50銭寄付する。（冨板敦）〔文献〕『革進会々報』1巻1号1919.8、『正進』第1巻6号1920.6、正進会『同工諸君!! 寄附金芳名ビラ』1924.8

田中 愿蔵 たなか・げんぞう 1844（弘化1）-1864（元治1） 現茨城県久慈郡で医者の次男として生まれる。父親が水戸藩の側医であったため17歳にして藩命により野口時雍館の館長となり子弟の育成に努める。1863年3月、攘夷を掲げた藤田小四郎らの天狗党による筑波山挙兵に参加。20歳の田中は中隊長をつとめるが小四郎ら天狗党中央と意見対立。田中は「甲州を略し、駿府を襲

い，罪を幕府に問い」と倒幕を主張。結果，天狗党の別働隊「田中隊」として独自に行動。「世直し」を掲げ上州赤城山麓などで隊員募集。農民，やくざなど300の若者が結集。田中は出身や身分の違いを廃し全員をざん切り頭とした。その平等意識は長州奇兵隊を組織した高杉晋作より早かった。進軍する際に隊員に豪華な陣羽織を着けさせ「世直し」のための軍資金を上州の豪商，豪農から徴発。栃木で待ち構えていた藩兵と衝突し豪商の町が炎上。この「栃木戦争」が原因で天狗党本隊から除名処分。さらに水戸藩を含めた幕藩から追撃命令が出された。以後田中隊は栃木，茨城，福島と転戦。後退戦にも関わらず各地で農民，武士，僧侶，大工，祈祷師など雑多な人々が参加。最終的に9月八溝山頂にて田中隊を解散。隊員の年齢は13歳から50代にまで及ぶ。田中は塙で捕縛され刑場にて斬首。山を下った330人余の隊員のほとんども山狩りなどにあい田畑や河原で斬首された。(高野慎三)〔文献〕金沢春友『水戸天狗党遭聞』光風社1963，稲葉誠太郎『水戸天狗党栃木焼打事件』ふろんてぃあ1983，中山義秀「関東狂少年」(『新潮』収録)1962，村上一郎『草莽論』大和書房1972

田中　剛二　たなか・ごうじ　1899(明32)7.5-1979(昭54)4.11　広島県御調郡三原町(現・三原市)に生まれる。父は日本組合基督教会牧師・田中小出海(1864-1911)。日本伝道学校の田村直臣による苦学生のための育英施設・自営館(東京築地)に寄宿，働きながら早稲田中学校に通い3年次に受洗。田村は足尾事件救済にも努めた牧師で内村鑑三，植村正久とともに「三村」と呼ばれていた。早稲田大学予科(理工科)に進むがアナキズムの実践運動にのめり込む。労働運動をすべく大学を中退し大阪玉造の佐藤鉄工所に職工として入所。その後，朝鮮銀行奉天支店に勤めロシア入りを志すが警察監視下に置かれてかなわず。1922(大11)年アメリカ南長老教会の神戸神学校に逃げ込みS.P.フルトン校長に出逢い改心。牧師の道を歩む。41年政府の要請による日本基督教団結成に岡田稔とともに反対の論陣を張る。敗戦後，日本基督教団が国家に従属し戦争協力と国家神道儀礼を拒絶できなかったことを悔い改めて教団を脱退。日本基督改革派教会に拠って終生活動。(冨板敦)〔著作〕『田中剛二著作集』全4巻　日本基督改革派神港教会1982-86〔文献〕安田吉三郎解説『田中剛二　日本の説教13』日本キリスト教団出版局2004，『日本キリスト教歴史大事典』教文館1988

田中　幸三　たなか・こうぞう　1906(明39)-1925(大14)11.3　函館印刷工組合親工会に加わり1925(大14)年5月の函館屋内メーデーに参加。同月24日函館市西川町(現・豊川町)の親工会事務所で開かれた「親工会大正14年度大会」で詳細な会務報告をする。また組合事務を引き受け組合内に弁論部を設置し函館地方労働組合協議会連絡委員を務めるなど親工会の中心メンバーとして活躍。同年11月大沼で自死。同月5日午後7時から組合事務所で追悼懇談会が開かれる。(冨板敦)〔文献〕『印刷工連合』18・25-31号1924.11・25.6-12

田中　五呂八　たなか・ごろはち　1895(明28)9.25-1937(昭12)2.10　本名・次俊。北海道鳥取村(現・釧路市)生まれ。次男。小・中学校を首席卒業し札幌農科大学林業科(現・北大)に進むが1年で中退。明治公債会社旭川支店に就職，旭川柳社の尾山夜半杖(やわじょう)と出会い，それまでの俳句から川柳に転向，寒泉から五呂八に号を変えた。井上剣花坊主宰『大正川柳』で活躍，1年9カ月後には川柳番付で東の横綱を張る。1920(大9)年8月に明治公債会社小樽支店長となり小樽市に転居。翌年10月その実績から26歳で小樽新聞文芸欄の川柳選者に就任。22年に入り既成川柳の低俗性に疑問を持ち，翌年2月小樽川柳社(後に水原社)を結成し『氷原』を創刊，短詩型文学としての近代川柳の確立を目指し，中央柳壇を激しく批判して「新興川柳」と命名，川柳革新運動を起こした。川柳革新の主張は剣花坊・古屋夢村・木村半文銭・森田一二・鶴彬らの共鳴者を得て既成柳壇に強い影響を与えた。アナキズム川柳論を吐く編集同人八橋清一(栄星)のその思想を原因とした失職と生活苦に対して自己の貸家を無料で提供，食事を共にさせるなど生活の面倒をみた。26年7月小樽新聞社に入社。北海道拓殖銀行小樽支店に転勤していた小林多喜二と出会いそのプロレタリア文学論を批判。激しい論争を交わしたことは多喜二の日記に登場する。アナキスト視されることは当然であったが自称するこ

とはなくマルキストと論争を繰り返し，いかなる国家権力も信じるに足りないとした。28年9月『氷原』と『大正川柳』に載せた主要論文をまとめた『新興川柳論』を小樽氷原社から刊行，本格的川柳論出版の嚆矢となった。貧の底で必死にプロ派の論陣を張る鶴彬らに対し，社会運動に不透明な自己の立場を悩み，精神的に疲れ病に倒れたことと財政難もあって31(昭6)年3月の62号をもって『氷原』を休刊。小樽新聞社を退職し健康が一応回復した36(昭11)年末，既成新興川柳の清算と新生命主義を掲げて『氷原』を復刊。かつての盟友半文銭・川上日車，亡き剣花坊の妻井上信子らを顧問格に迎えて体裁を総合誌とした。持病の腎臓結核に倒れ，37(昭12)年1月の『氷原』再刊4号に載せた「新生命主義への出発」を絶筆として死去した。「論は五呂八」といわれた41歳の死は川柳界の大きな損失となった。五呂八の論を激しく批判した鶴彬もその存在と功績を最大級に評価し思慕する追悼文「田中五呂八と僕」を『火華』(1937・4・25号)に寄せた。(一色哲八)〔著作〕『新興川柳詩集』氷原社1925，『新興川柳論』氷原社1927〔文献〕坂本幸四郎『雪と炎のうた』たいまつ社1977，山本祐・坂本幸四郎『現代川柳の鑑賞』たいまつ社1981，東野大八『川柳の群像』集英社2004，尾藤三柳監修『川柳総合大事典』第1巻雄山閣2007，谷口絹枝『蒼空の人井上信子』葉文館出版1998，一叩人編『鶴柳全集』(有)久枝1998

田中 佐市　たなか・さいち　1861.2.15(文久1.1.6)-1935(昭10)4.26　武蔵国多摩郡中藤村(現・東京都武蔵村山市)に生まれる。82年横浜に出て木材商，貸家業を営みつつ万朝報社の理想団に加わる。日露戦争期に週刊『平民新聞』読者となる。04年荒畑寒村，服部浜次らが設立した横浜平民結社に参画。同社が解散したのちに組織された曙会では会長をつとめる。田中はマルクスにならったヒゲを生やしていたという。06年日本社会党横浜支部の責任者となる。09・10年の大逆事件では同志の書簡が押収されその内容から不敬罪で検挙され懲役5年の実刑となる。12年9月大赦で出獄し中村勇次郎，伊藤公敬らの活動を支援。17年7月曙会を第二土曜会と改め再出発を期したが，18年8月の例会以降流会が続いた。田中はその後も吉田只次らとの交流を続け経済的支援も行っていたが，35年4月16日復興記念横浜博覧会の会場で倒れ死没。(西山拓)〔文献〕竪山利忠編『神奈川県労働運動史 戦前編』神奈川県労働部労政課1966，荒畑寒村『寒村自伝・上下』岩波文庫1975

田中 貞吉　たなか・さだきち　1896(明29)-?　東京府に生まれる。アナキズム系の機械技工組合，1922年に創立されたその上部団体の機械労働組合連合会の活動家として指導的役割を果たす。中名生幸力との関係から妹いねと結婚するがのち離籍。同組合内に杉浦啓一らの指導する共産党系の反対派が生じアナ・ボルの対立が表面化，23年2月同組の分裂に際し，3次『労働運動』11号に「分裂提案の理由」を寄せる。同12月大杉栄らの葬儀に際して機械技工組合を代表して井上昭らとともに葬儀準備委員をつとめる。25年3月機械労働組合連合大会で議長をつとめた。29年7月全産業労働組合全国会議の結成大会で大会委員をつとめ，関東全産業労働組合の代表として報告を行った。この組織は合法左翼の運動の復活を企図するものであったが，共産党の指導する日本労働組合全国協議会の支持層も包含していた。田中は大道憲二，森繁らとともに労働組合において政治問題を中心にすると組合分裂のおそれがあるという見解から，中立的な立場をとった。(西山拓・奥沢邦成)〔文献〕『労働運動』3次11号1923.2，4次2・9号1924.3・25.4，『社会運動の状況1』，内務省警保局保安課編『特高外事月報』1937.12，社会文庫編『無産政党史史料(戦前)後期』柏書房1965

田中 三郎　たなか・さぶろう　?-?　毎夕新聞社に勤め東京の新聞社員で組織された革進会に加わり1919(大8)年8月の同盟ストに参加するが敗北。のち正進会に加盟。20年機関誌『正進』発行のために1円寄付する。(冨板敦)〔文献〕『革進会々報』1巻1号1919.8，『正進』1巻1号1920.4

田中 治一郎　たなか・じいちろう　⇨石川豊吉　いしかわ・とよきち

田中 正造　たなか・しょうぞう　1841.12.15(天保12.11.3)-1913(大2)9.4　幼名・兼三郎　下野国安蘇郡小中村(現・栃木県佐野市小中町)の名主の家に生まれる。57年(安政4)父を継いで名主に選ばれたが，主家六角家の改革に挺身し68年入獄，追放となる。71年

江刺県(現・岩手県)で上役暗殺嫌疑で投獄，74年疑いが晴れて帰郷する。77年頃から民権運動に志し80年栃木県会議員となる。82年立憲改進党に入党。84年県令三島通庸の不急な土木工事に反対して投獄67日。86年県会議長となる。90年第1回衆議院総選挙で改進党から立候補し当選，以後連続6回当選。足尾鉱毒問題をひっさげ議会で孤軍奮闘する。1900年2月大挙して請願に向かう鉱毒農民は田中の制止を聞かず群馬県邑楽郡川俣村(現・明和村)で官憲と衝突，凶徒嘯集罪で100人近い逮捕者を出す(川俣事件)。この体験からその後も常に非暴力を説く。同月改進党を脱党，川俣事件のために大弁護団を組織し弁護にあたる。同年11月公判廷で検事論告中の大あくびが官吏侮辱罪に問われ02年6月40日間重禁錮に服す。01年3月議会演説を最後に議員を辞し幸徳秋水に明治天皇への直訴状の起草を依頼，加筆修正を加え12月直訴を決行する。幸徳の大きい政治志向と田中の小さい政治志向の相違がこの加筆修正にも表われている。翌年利根川治水計画の一環として栃木県下都賀郡谷中村(現・栃木市)に遊水池案が持ち上がる。これは鉱毒問題を治水問題にすり替える古河市兵衛や原敬ら銅山党の奸策だとして猛反対。「政治に没頭している間に肝心の人民は亡びた」といい04年7月谷中村に居を移し，これまでの政治運動をいっさいやめて人道の戦いと修行に邁進するべく人道教会の看板を掲げる。この時64歳。当時でいえば隠居の年齢である。議会での10年の戦いはまったく無駄な10年だったとのちに石川三四郎に語っている。04年12月栃木県会は秘密会を経て本会議で谷中村買収案を議決し，県当局は強引に買収工作を開始する。田中を先頭とする説得にもかかわらず総崩れとなり，2年半足らずで400世帯2700余人のうちあくまで買収に応じず残留を決意した村民はわずかに19戸(堤防内16戸)100人余りとなる。しかしこの残留民との共闘のうちに田中の新生面が開ける。06年4月22日木下尚江，石川らの新紀元講演に招かれ，「土地兼併の罪悪」と題し2時間余の大演説を行う。「結髪白髯，赧面童顔，黒の羽織，黒の綿入れ，黒の袴，例の大きな五ツ紋」と『新紀元』(7号1906.5)は田中登壇の姿を報じている。この演説の冒頭で谷中村問題を小さな問題として片づけたがる政治家を鋭く批判し，百聞は一見にしかずと谷中村へ現地視察を呼びかける。28日この呼びかけに応じて東京からも木下，石川，荒畑，福田英子，小野吉勝ら10数人が押しかけ，当日予想された県当局による仮堤防撤去を1日延期させる。この日田中は仮堤防の上で死ぬ覚悟だったという。翌07年6月29日堤防内残留民16戸の強制破壊が決行されるが，その後も彼らは堤防内に仮小屋を建て8月25日の大洪水で水浸しになってもなお田中の避難のすすめを振り切って居座った。残留民は田中を「生き神様」と慕ったが田中もまた彼ら土民のど根性に脱皮した。佐山梅吉，小川長三郎，川島伊勢五郎，茂呂松右衛門，嶋田熊吉，嶋田政五郎，水野彦市，染宮与三郎，水野常三郎，間明田粂次郎，間明田仙弥，竹沢釣蔵，竹沢房蔵，竹沢庄蔵，宮内勇治，渡辺長輔，そして田中が感嘆した堤防外の高田仙治郎らの面々である。「高田仙治郎氏ニよりて正造ハ歳年長き四十余年間の長夢を覚したり」と田中は日記(1912.2.26)に記している。強制執行当時は東京でも谷中救済会などが設立されたが長くは続かず，困窮するなか谷中村不当廉価買収訴訟などの闘いを粘り強く継続する。10年木下，逸見斧吉・菊枝夫妻に誘われ岡田虎二郎の静座に通う。最晩年の「翁の境遇は，実に哀れなものでありました」と最も身近にいた一人福田は語っている(柴田三郎『義人田中正造翁』敬文館1913)。だがそのようななかでも田中は意気軒昂としていた。09年7月の日記にはこう書いている。「到底日本ハ狂して亡び，奔りて亡び，勝ちて亡び，凌ぎて亡び，奪ッて亡び，詐りて亡び，盗んで亡び，又色欲に亡び，人生観なきに亡び，最も大ナルハ無宗教ニ亡びるのと見へます」と。死没後，愛弟子嶋田宗三は旧谷中村を望む渡良瀬川畔に田中正造霊祠を建て毎年慰霊祭を行った。谷中村の壮絶な闘いは若い伊藤野枝の心を燃え上がらせ，大杉栄との恋に火をつけた。16年12月どん底状態の二人は旧谷中村に嶋田を訪ね，田中霊祠に詣でている。郷里の現・佐野市には田中正造旧宅，田中正造誕生地墓所，田中正造展示室(佐野市郷土博物館

内)などがある。(大澤正道)〔著作〕『義人全集』全5巻中外新論社1927,『田中正造全集』全19巻別1岩波書店1980・『田中正造選集』全7巻同1989〔文献〕木下尚江『神・人間・自由』中央公論社1934, 石川三四郎『自叙伝・上』理論社1956, 村田静子・大木基子編『福田英子集』不二出版1998, 荒畑寒村『谷中村滅亡史』岩波文庫1999, 嶋田宗三『田中正造翁余録』全2巻三一書房1972, 大鹿卓『谷中村事件』新泉社1972, 城山三郎『辛酸 田中正造と足尾鉱毒事件』中公文庫1976・角川文庫1979, 由井正臣『田中正造』岩波新書1984, 東海林吉郎・菅井益郎『通史足尾鉱毒事件』新曜社1984, 大澤正道編『土民の思想』社会評論社1990, 大澤正道「直訴状をめぐる幸徳秋水と田中正造」『初期社会主義研究』12号1999, 布川了『要約川俣事件』随想舎2000, 小松裕『田中正造の近代』現代企画室2001, 布川了『田中正造と天皇直訴事件』随想舎2001

田中 惣五郎 たなか・そうごろう 1894(明27)3.14-1961(昭36)9.14 別名・大森辰男 新潟県中頸城郡斐太村長森(現・上越市)に自作農の3男として生まれる。私立中学有恒学舎を経て15年高田師範学校を卒業し, 鏡淵小学校教員となる。23年2月教師の教育権と身分の確立などを目的に原素行, 野口伝平衛らと無明会を結成した。ここには県下60余人の教師が参加しその思想的傾向は社会主義, アナキズム, 自由主義などが混在していた。野口の行った無明会結成の趣旨説明が警察にもれ, 会員名簿も特高の入手するところとなり機関誌『無明』は発禁, 野口は左遷され田中らは退職に追い込まれた。22年上京。順天中学の教壇に立つとともに啓明会に参加し関根悦郎, 池田種生らとともに啓明会を再建して教員組合に組織化することに尽力した。特に27年11月5日付の『教育週報』に掲載された「啓明会第2次宣言」は池田と田中の合作でありそのなかには校長公選, 治安維持法第5条の撤廃, 義務年限の撤廃, 教員転免権乱用への抗議, 代用教員・女教員への差別改善, 試験制度の合理化の6つの要求項目が記されていた。そこには当時啓明会内部に広がっていた下中弥三郎らのアナキズム的傾向に「あきたらない」という気持が込められていたという(池田種生)。28年には「教員組合運動私見」「教員組合を結成せよ」(大森長男と共著)を『教育新潮』に発表するなど, 啓明会の教員組合化を推進した。また政治研究会やサラリーマン・ユニオンの運動にも参加した。しかし29年の啓明会分裂による解散ののちは運動から離れ在野の歴史家として着実な実証と独自の人間味あふれる叙述によって『東洋社会党考』(一元社1930・新泉社1970),『北越草莽維新史』(武蔵野書房1943)を刊行した。戦後は47年順天中学を辞職し鎌倉アカデミアに協力, 49年から明治大学講師となった(1953-61教授)。(安田常雄)〔著作〕『幸徳秋水』理論社1955,『吉野作造』未来社1958,『北一輝』同1959,『日本ファシズム史』河出書房新社1960, 編著『資料大正社会運動史・上下』三一書房1970〔文献〕「特集・田中惣五郎追悼」『労働運動史研究』28号1961, 池田種生「大正自由教育の超克」海老原治善編『昭和教育史への証言』三省堂1971

田中 武雄 たなか・たけお ?-? 東京市牛込区(現・新宿区)若松町に居住し神田神保町の山縣製本印刷整版部に勤める。1935(昭10)年1月13日整版部の工場閉鎖, 全部員40名の解雇通告に伴い争議勃発。工場を占拠して闘い同月15日解雇手当4カ月, 争議費用百円で解決する。山縣製本印刷は当時東京大学文学部の出入り業者であり, 東印は34年5月以降, 東印山縣分会を組織していた。(冨板敦)〔文献〕『山縣製本印刷株式会社争議解決報告書』東京印刷工組合1935,『自連新聞』97号1935.1, 中島健蔵『回想の文学』平凡社1977

田中 辰尾 たなか・たつお ?-? 1919(大8)年東京京橋区(現・中央区)の築地活版所文選科に勤め活版印刷工組合信友会に加盟する。(冨板敦)〔文献〕『信友』1919年8・10月号

田中 竜雄 たなか・たつお 1903(明36)-? 兵庫県揖保郡揖西村新宮(現・たつの市)生まれ。高等小学校を卒業後, 家業の農業を手伝う。21年4月頃から郡内の井川, 内海, 小林など各製材所の工員として転々とする。のち再び井川製材所の工員となる。同郷出身者の大西伍一や石川三四郎と交流があり26年12月9日同村の新宮青年倶楽部で二人の文芸講演会を開催した。その後農民自治会に加盟。35年末頃無共党事件で検挙されるが不起訴。(冨板敦)〔文献〕『身上調書』

田中 長作 たなか・ちょうさく ?-? 芝浦製作所に職工として勤め, 芝浦労働組合の幹部を担うサンジカリストだった。1919(大8)年9月14日服部浜次宅で開かれた荒畑寒村主催の労働組合研究会の例会に参加。解散命令を受け抗議し荒畑らと日比谷警察署

に押し掛ける。23年杉木弥助に誘われ北海道に渡り上川郡神楽町(現・東神楽町)の御料地解放闘争を支援。26年11月砂沢市太郎らによって結成されたアイヌ解平社を支援。同年日本農民党に参加、28年同党北海道同盟の理事となる。同年12月日本大衆党に加盟、中央委員に選出される。(冨板敦)〔文献〕堅田精司編『北海道社会運動家名簿仮目録』私家版1973、堅田精司『北海道社会文庫通信』831・1094・1632・1705・1867・1924号1999.9.8・2000.5.28・2001.11.17・2002.1.29・7.10・2002.9.5

田中 鉄造 たなか・てつぞう ?-? 1925(大14)年5月札幌で創刊された『無産人』に無産人社の同人として「一労働者よりサラリーマンへ」を寄せる。『無産人』編集発行人の棚田義明は田中について「その名を鉄造と云ふ如く、いつも鉄砲玉の様に元気のいい男だ」と「編集後記」で紹介する。(冨板敦)〔文献〕『無産人』1号1925.5、堅田精司編『北海道社会運動家名簿仮目録』私家版1973、堅田精司『北海道社会文庫通信』832・1705・1900号1999.9.9・2002.1.29・8.12

田中 要雄 たなか・としお ?-? 1919(大8)年東京浅草区(現・台東区)の金子印刷所に勤め日本印刷工組合信友会に加盟する。(冨板敦)〔文献〕『信友』1919年10月号

田中 豊吉 たなか・とよきち ?-? 1919(大8)年東京京橋区(現・中央区)の三協印刷株式会社和文科に勤め活版印刷工組合信友会に加盟する。(冨板敦)〔文献〕『信友』1919年8・10月号

田中 豊吉 たなか・とよきち 1903(明36)-? 宇都宮市西大寛町生まれ。尋常小学校西校を卒業後、同市二条町の福田印刷所で印刷工見習いとなる。のち印刷工として転々とした。24年東京市浅草区(現・台東区)の大島印刷所に勤めている時に同僚のアナキスト富山、桂山らとつきあうようになる。彼らからアナ系出版物を知らされアナキズムに共鳴。25年春帰郷して宇都宮市内で印刷工となる。30年1月頃から自宅や種子助蔵宅で種子、荒井春二郎らとアナキズムの研究会を開催。31年5月『自連新聞』『黒色戦線』などを配布して栃木県特高課から説諭処分。同年10月農青社の鈴木靖之の訪問を受ける。34年市内旭町の博文社印刷所に勤める。35年末頃無共党事件で検挙されるが不起訴。36年春農青社事件に連座して再検挙、12月懲役2年執行猶予3年となる。(冨板敦)〔文献〕『自連新聞』50号1930.8、『特高外事月報』1936.5、『社会運動の状況8』、『資料農青社運動史』、『農青社事件資料集』、『身上調書』

田中 秀吉 たなか・ひでよし ?-? 時事新報社に勤め東京の新聞社員で組織された革進会に加わり1919(大8)年8月の同盟ストに参加するが敗北。のち正進会に加盟。20年機関誌『正進』発行のために1円寄付する。(冨板敦)〔文献〕『革進会々報』1巻1号1919.8、『正進』1巻1号・2巻5号1920.4・21.5

田中 弘 たなか・ひろし 1901(明34)-? 福島県南会津郡伊南村古町生まれ。尋常小学校を卒業する。29年8月頃から同郡大宮村(現・南郷町)に住む農民芸術連盟の安藤光房から雑誌『農民』を配布され購読する。『無政府主義研究』『自連新聞』なども読みアナキズムに共鳴した。31年1月頃から自由労働者となり34年4月から山口営林署に勤務。35年末頃無共党事件で検挙されるが不起訴。(冨板敦)〔文献〕『身上調書』

田中 福太郎 たなか・ふくたろう ?-? 新聞工組合正進会に加盟し1924(大13)年夏、木挽町(現・中央区銀座)本部設立のために1円寄付する。(冨板敦)〔文献〕正進会『同工諸君!!寄附金芳名ビラ』1924.8

田中 福太郎 たなか・ふくたろう 1888(明21)-? 栃木県芳賀郡益子町益子生まれ。尋常小学校を4年で中退し陶器練習所で約2年間陶器製造の技術を学ぶ。のち家業の陶器製造職につく。31年5月益子陶器労働組合に加盟し組合の拡大運動に活躍する。32年2月満州事変で召集され同年4月帰郷。35年末頃無共党事件で検挙されるが不起訴。(冨板敦)〔文献〕『身上調書』

田中 正義 たなか・まさよし ?-? 大阪市電自助会鶴町支部に所属。1926(大15)年7月遠藤喜一ら日本交通労働総連盟関西連盟が主催する大阪市電争議2周年記念演説会で同支部を代表して高木三郎とともに演説。演説会は、自助会幹部の攻撃に終始、サンジカリズム宣伝の会場と化した。27年11月須藤茂、鈴木光雄、楠利夫、備前又二郎、田淵義輝、田口俊二と関西黒旗連盟から脱退する。(冨板敦)〔文献〕『大交史』、『関西自由新聞』2号1927.11

田中 美知太郎 たなか・みちたろう 1902(明35)1.1-1985(昭60)12.18 新潟市に生まれる。10年東京へ移り牛込区弁天町(現・新宿区)に住み早稲田小学校を経て開成中学に入る。当時の「怒れる若者」の一人で高校受験を拒否し20年中学卒業前後から「思想的遍歴」を続ける。新人会，売文社，北風会，暁民会などに顔を出したが新人会のインテリ臭にあきたらず，北風会や暁民会の体を張った人々，とりわけ渡辺政太郎，久板卯之助，和田久太郎らの生き方に共感したと自伝『時代と私』(文芸春秋1971)で回想している。北風会の会合や大杉栄が「もらい」に押しかけた演説会などにも参加しているが，それ以上運動に深入りせず23年京都大学哲学科選科に入学してからは学問一筋に徹する。45年5月東京の空襲で大火傷を負って九死に一生を得たのち「最も必要なものだけの国家」(『思想』1946.1-2)を発表，47年京大に迎えられ西洋古典学の第一人者となる。進歩主義，理想主義に対する保守主義，現実主義の論客としても活躍するがそこには少年時代の「思想的遍歴」の残映がうかがわれる。78年文化勲章を受章。(大澤正道)〔著作〕『田中美知太郎全集』全26巻筑摩書房1987-90

田中 明治 たなか・めいじ 1899(明32)-? 神戸市湊東区橘通生まれ。小学校を卒業後，父の表具職の手伝いをする。29年10月父が死没。関西芸術社を創設し月刊雑誌『芸美』を発行する。布引詩歌社とも関わりがあった。35年末頃無共党事件で検挙されるが不起訴。(冨板敦)〔文献〕『身上調書』

田中 やす たなか・やす ?-? 1919(大8)年東京神田区(現・千代田区)の三秀舎に勤め日本印刷工組合信友会に加盟する。(冨板敦)〔文献〕『信友』1919年10月号

田中 やすゑ たなか・やすえ ?-? 東京市本所区(現・墨田区)向島に居住し神田神保町の山縣製本印刷整版部に勤める。1935(昭10)年1月13日整版部の工場閉鎖，全部員40名の解雇通告に伴い争議勃発。工場を占拠して闘い同月15日解雇手当4カ月，争議費用百円で解決する。山縣製本印刷は当時東京大学文学部の出入り業者であり，東印は34年5月以降，東印山縣分会を組織していた。(冨板敦)〔文献〕『山縣製本印刷株式会社争議解決報告書』東京印刷工組合1935,『自連新聞』97号1935.1, 中島健蔵『回想の文学』平凡社1977

田中 泰 たなか・やすし 1887(明20)-? 別名・半狂 神戸市に生まれる。高等小学校卒業後，大阪の商業学校で05年2月まで学ぶ。その後酒屋に勤める。06年帰郷，三井炭坑発電所に勤務。07年大阪で酒販売業を開業。同年小学校時代の友人三浦安太郎から社会主義の話を聞き大阪平民社の茶話会に参加，森近運平らと親しくなる。08年8月から神戸で牛乳配達，株仲介業，『神戸新聞』記者などに従事。09年10月上京，幸徳秋水宅に止宿したのち浅草での福田武三郎，百瀬晋との共同生活を経て12月向島でマルテロ社をおこしたが内部対立で失敗，大阪に戻る。10年9月大逆事件の取り調べを受け岡本頴一郎，三浦が不利になる証言をさせられた。森近に共感し直接行動に賛成するが暗殺などを行う無政府共産とは違うと主張し罪を逃れた。しかし同年内山愚童が秘密出版した『入獄紀念無政府共産』を流布した行為が不敬罪にあたるとして懲役5年に処された。(西山拓)〔文献〕大逆事件の真実をあきらかにする会編『大逆事件訴訟記録・証拠物写』近代日本史料研究会1960-62,『社会主義沿革1』

田中 康之助 たなか・やすのすけ ?-? 1919(大8)年東京京橋区(現・中央区)の築地活版所欧文科に勤め活版印刷工組合信友会に加盟。のち東京印刷会社欧文科に移る。(冨板敦)〔文献〕『信友』1919年8・10月号，1922年1月号

田中 祐一 たなか・ゆういち ?-? 1919(大8)年東京神田区(現・千代田区)の三秀舎印刷科に勤め日本印刷工組合信友会に加盟する。(冨板敦)〔文献〕『信友』1919年10月号

田中 勇之進 たなか・ゆうのしん 1904(明37)8.1-1966(昭41)11.9 別名・木野京太郎，米田実，白椿 山口県都濃郡末武南村笠戸島(現・下松市)生まれる。早く父を失い，母の再婚先の萩市の商業学校を卒業。22年上京，東京通信局監査課事務員になる。ここで同局勤務の上野克己と知り合う。山川均主宰の『社会主義研究』を読んでいるのを知られ解雇されたという。深川区富川町(現・江東区森川)で自由労働者となり，そこでのちのギロチン社主要メンバーを知る。中浜哲や中名生幸夫らの結成した自由労働者同盟に参加。「リャク」(掠)仲間に入り河合康

左右と立ち寄った三井の重役邸から麹町署に留置された。のち戸塚町源兵衛(現・新宿区高田馬場)のギロチン社に出入りし千住牛田(現・足立区千住)の河合方に寄宿した。田は白榛と号して短歌や詩作をし多くの作品が残されているという。ギロチン社メンバーの関西移動にあわせて大阪府清水村上の辻(現・旭区清水町)、神戸市板宿(現・須磨区)に移る。23年8月東洋紡績取締役庄司乙吉恐喝に加わり、同年9月12日仲喜一と同社相談役飯尾一二の帰途を待ち伏せ威嚇して金銭を強要するが失敗。同月大杉栄の報復を主張、三重県松阪町から津中学に甘粕正彦の実弟五郎が通学していることを知り襲撃を決意、小西次郎が後見役で松阪入りした。10月4日少年の姿に躊躇動揺も伴い殺人未遂で逃走後、松阪駅前で格闘の末現行犯逮捕されギロチン社最初の逮捕者となった。25年5月28日大阪地裁で懲役8年、26年3月6日大阪控訴院でも一審どおり判決され大阪刑務所に収監。戦後アナキストクラブに所属。植字工を経てのち廃品回収業に従事し、午前から午後にかけて街を呼び歩き午後3時頃問屋にその日のものを渡して家に帰り好きな焼酎を飲んで眠るという毎日を過ごす。倉地啓司とは彼が死没する60年まで付き合いが続いた。(北村信隆)〔文献〕『大阪社会労働運動史・上』,『思想彙報1』,小松隆二「ギロチン社とその人々(1)(2)」『三田学会雑誌』66巻4・5号1973.4・5,逸見吉三『墓標なきアナキスト像』三一書房1976,古田大次郎『死の懺悔』完全復刻増補版・黒色戦線社1988,秋山清『ニヒルとテロル』川島書店1968,『無政府主義運動』55号1967.4,『労働運動』4次11・14号1925.7・26.4,『黒色青年』24号1931.2

田中 与吉造 たなか・よきちぞう ?-? 1919(大8)年東京京橋区(現・中央区)の国文社印刷科に勤め日本印刷工組合信友会に加盟する。(冨板敦)〔文献〕『信友』1919年10月号

田中 良雄 たなか・よしお ?-? 1919(大8)年東京京橋区(現・中央区)の築地活版所印刷科に勤め活版印刷工組合信友会に加盟する。(冨板敦)〔文献〕『信友』1919年8・10月号

田中 義雄 たなか・よしお 1911(明44)-? 群馬県勢多郡北橘村八崎生まれ。尋常小学校を卒業後、東京府北豊島郡西巣鴨町(現・豊島区)の薪炭商で働く。28年帰郷。30年頃『自連新聞』の送付を受けた。32年群馬県北群馬郡渋川町(現・渋川市)で自動車運転手の見習い助手になり翌年12月運転手となる。35年末頃無共党事件で検挙されるが不起訴。(冨板敦)〔文献〕『身上調書』

田中 芳次郎 たなか・よしじろう ?-? 1919(大8)年東京芝区(現・港区)の東洋印刷会社欧文科に勤め活版印刷工組合信友会に加盟。のち研究社に移る。(冨板敦)〔文献〕『信友』1919年8・10月号,1922年1月号

田中 隆一 たなか・りゅういち ?-1939(昭14) 新潟医専出身。1923年関東大震災当時、東京・麹町の陸軍東京第一衛戍病院の外科に軍医大尉として勤務。同年9月20日「第一師団軍法会議予審官陸軍法務官は、陸軍憲兵大尉甘粕正彦殺人被告事件ニ付被害者三名ノ死因」の鑑定を命ぜられた。命令そのものは鷹津少佐に下りたが専門が異なるため法医学専門の田中が実施した。鑑定書は2部どりし1部は手元に残しもう1部の最後に「軍医正 鷹津三郎」と記名して提出、手元に残された死因鑑定書が半世紀ぶりの76年に見つかった。夫人が保存していたもので、鑑定書は①大杉氏と伊藤さんの2人は肋骨などがめちゃめちゃに折れ、死ぬ前に、ける、踏みつけるなどの暴行を受けている、との新事実を明らかにしたうえ、②死因は、3人とも首を腕などの鈍体によって絞圧、窒息させられたもの(扼殺)としている。発見のきっかけを作った後輩医師の安田医師の記憶では昭和はじめごろに田中軍医は「古井戸から病院まで、死体はワラを積んだ車の中に隠して運び、ロウソクの火の下での解剖中ずっと、着剣した一個小隊が部屋を護衛していた。伊藤さんの解剖にかかる前、乱れた髪をとかしてあげ、また終ったあと死体に薄化粧をするように看護婦に命ずることを忘れなかった。立ち会いの服部法務官が"死体を丁寧に扱っていただいて感謝する"といった」と話してくれたという。また夫人の話では田中軍医は熱心なクリスチャンで、鑑定書を完成したあと「ひどい話だ。憲兵隊はこんな子供まで…」と怒っていた、という。(奥沢邦成)〔文献〕『朝日新聞』1976.8.26,『大杉栄資料集成 第2巻』ぱる出版2018

田中 竜一 たなか・りゅういち ?-? 1926(大15)年頃、北海道旭川で暮し農民自治会

全国連合に参加。同志の獲得につとめる。
（冨板敦）〔文献〕『自治農民』1号1926.4

棚田 義明 たなだ・よしあき 1899（明32）9.3-? 別名・多奈木照雄，照明 北海道札幌区（現・札幌市中央区）に呉服商の息子として生まれる。中央創成小学校を経て庁立小樽商業学校に学び文学・思想問題に関心を深める。19年小樽高等商業学校に入学したが病気のため退学。21年札幌短歌会に参加。22年末貸本屋再現社を経営。足助素一，田所篤三郎と継承された貸本屋であった。社会主義者やアナキストが出入り。北海道大学予科生の臼井三郎が常連となり棚田に影響を与える。24年12月橋浦泰雄の紹介状を持って秋田雨雀を訪問。25年2月再現社を閉店。5月『無産人』を創刊。札幌最初の資本主義否定を目的とした雑誌であった。26年夏来道した岩佐作太郎を案内。思想要注意人（虚無主義）に編入される。今後アナキストと交際しないという誓約書を警察に入れ年末北海タイムス社に入社。27年7月から8月にかけ『北海タイムス』に「芥川氏の死から」を連載。29年北海タイムス社を退社。30年思想要注意人名簿から削除される。小樽の三馬ゴム会社に勤務。支配人となる。（堅田精司）〔文献〕『思想要注意人調』北海道庁警察部1927，『札幌控訴院管内社会運動概況』2輯1930.11，藤島隆・菅原英一『北のアンティクアリアン』北の文庫1988

田辺 兼吉 たなべ・かねきち ?-? 1919（大8）年東京京橋区（現・中央区）の築地活版所漢字鋳造科に勤め活版印刷工組合信友会に加盟する。（冨板敦）〔文献〕『信友』1919年8・10月号

田辺 義道 たなべ・ぎどう 別名・郁洋 1893（明26）5.15-1966（昭41）11.25 熊本県八代郡千丁村（現・八代市）生まれ。隆法寺住職の息子。幸徳秋水の死刑に強い衝撃を受けアナキズムに共感。八代中学に学ぶが3年の時にスト騒動をおこしたため玉名中学に転校して卒業。上京して明治大学に学ぶが各地を流浪したのち大阪で人力車夫となる。大阪人力車組合の組合長となったのち巡査に転じた。職務で杉山元治郎を監視するうちに杉山を訪れた郡築村（現・八代市）干拓地の小作争議団を知り共鳴。のちに郡築に移っていた隆法寺に帰るが小作争議後の農民の窮状をみて29年から小作争議の指導をする。小作組合を再建し23年以降の2次にわたる争議が解決できなかった課題に取り組んだ。30年には自ら組合長，小作争議団長となって第3次争議をおこし八代郡町村公益事務組合と対峙した。争議は県下の学生，労働運動，水平運動に大きな影響を与えた。争議解決後は郡築村に住み住職となった。（奥沢邦成）〔文献〕熊本県立八代高校社会クラブ『郡築争議史料1・2』1967，郡築郷土史編纂協議会編・刊『郡築郷土史』1974，岩本税『土に生きた法衣の男 郡築小作争議リーダー田辺義道伝』『熊本・徳永直の会会報』35号1997.1

田辺 潔 たなべ・きよし 1903（明36）-1933（昭8）2.14 北海道釧路市浦見町生まれ。父は金沢出身の元屯田兵。兄は社会学者の田辺寿利。札幌中学から兄を頼って神奈川県立一中に転じ兄の影響もあって社会科学，社会主義に関心を抱いて中退，労働者の道を歩む。27年5月横浜市電の信号手になるが翌年解雇。黒連に参加。小林政義と絶桜社を結成し新労農党に参加。足柄トンネル工事の人夫，商店員などを転々とし横浜自由労働者組合の糸川二一郎の紹介で富士瓦斯紡績川崎争議に労農党から派遣されていた赤松勇に出会う。30年11月争議支援のため煙突に上り130時間の座り込みによって争議解決に貢献した。煙突男第1号。のち全協に所属したが32年12月横浜伊勢佐木署に逮捕後行方不明となり，33年2月に遺体で発見された。（奥沢邦成）〔文献〕石原美行『史上初の「煙突男」で富士紡争議を勝利に』『月刊総評』1977.4・5合併号，加藤佑治『川崎の煙突男の思出 米林富男氏にはなしを聞く』『労働史研究』3号1956.9，井出孫六『煙突男 空からのストライキ』『エコノミスト』1986.2

田辺 清春 たなべ・きよはる 1899（明32）-? 別名・王無久 高知県に生まれ，高知師範学校卒業後，幡多郡（現・土佐清水市）の清水小学校などで教師を務める。啓明会に参加し1924（大13）年11月上田庄三郎，小砂丘忠義らが出した雑誌『地軸』に「小学校教科書批判」を発表。この雑誌上で「社会革命が先か，教育革命が先か」について上田との間で論争が展開される。これはアナ・ボル論争の「教育」版のさきがけといわれる。教師を辞めて上京，26年には平凡社に勤め豊多摩郡野方町（現・中野区）下沼袋に暮していた。

農民自治会全国連合に加わり高知県代表の農自全国連合委員を務める。27年3月20,21日東京神田区美土代町(現・千代田区神田美土代町)の東京基督教青年会館で開かれた第1回農自全国委員会に高知県を代表して出席。農自の〔常務〕委員となり教育・調査・研究担当兼,編集・出版担当委員に選出される。28年平凡社での職場の同僚の古河三樹松,滝口徳治と地底社を名のり地底叢書を刊行する。(富板敦)〔文献〕『農民自治』4-6・9・臨時号1926.8-11・27.4・10,『農民自治会内報』2号1927,竹内愛国『農民自治会』『昭和2年版解放運動解放団体現勢年鑑』解放社1927,志摩陽伍『教育内容論1(近代日本教育論集3)』国土社1970,大井隆男『農民自治運動史』銀河書房1980,「王無久」『日外』

田辺 輝光 たなべ・てるみつ ?-? 小樽で積取人夫をしていた。1925(大14)年9月3日18時半,小樽中央座で開かれた労働問題演説会(小樽自由労働者有志主催)に参加。寺田格一郎の開会の辞に続いて印袢天姿で登壇。「俺達の生活」を演説する。(富板敦)〔文献〕堅田精司編『北海道社会運動家名簿仮目録』私家版1973,堅田精司『北海道社会文庫通信』134号1996.9.24

田辺 若男 たなべ・わかお/よしお 1889(明32)5.28-1966(昭41)8.30 本名・富蔵 新潟県刈羽郡野田村(字石塚)の自作兼小作農家の長男として生まれる。04年4月親戚を頼って上京するも脚気になり療養のため一時帰郷。05年日本鉄道の養成所へ入所,電報通信員となり上野駅勤務。08年2月新派の木下吉之助門下生となる。この頃新派の座付作家であった佐藤紅緑の書生・福士幸次郎を知る。09年5月徴兵検査のため帰郷。川上音二郎一座に入り北海道,東北を巡業。11年東京俳優学校に入所。新聞や雑誌の投稿短歌を読み我流で作歌する。『劇と詩』等に投稿する。この頃から「自然の懐に抱かれたこの人生,社会が俳優の舞台だ」をモットーとした。13年9月芸術座(島村抱月主宰)に入座,松井須磨子らと『剃刀』で共演。20年『女の世界』(青柳有美編)2月号に「その夜の須磨子」を執筆。20年-22年10月大阪の新国劇に参加。21年10月『種蒔く人』(小牧近江主宰)が創刊され毎号むさぶり読み詩作をはじめる。在阪時から書きためていた詩をもって金子洋文を訪ね作品を選んでもらい処女詩集を出す。22年3月詩誌第一次『帆船』(多田不二主宰)に福士らと参加。この時期,南天堂の二階で市民座旗揚げ計画のため神戸,詩誌『赤と黒』の同人たち,宮嶋資夫,小野十三郎,野村吉哉,五十里幸太郎,田戸正春,牧野四子吉に相談を持ちかける。市民座へ女優志願で応募してきた林芙美子と短期同棲する。24年6月21,22日市民座第一回公開試演公演。24年9月『無産詩人』(陀田勘助主宰)同人となる。24年11月『文芸戦線』に評論を主に発表。『文芸市場』『世界詩人』『バリケード』『野獣群』『性文学』などに詩や演劇評を発表。29年1月『労農文芸』創刊の同人となり芸術論を発表。32年5月下谷竹町で喫茶店ラ・ポエームを経営。築地小劇場,松竹蒲田映画,芸術小劇場,瑞穂劇団,移動劇団桜隊の客演を経て,戦後は『新日本歌人』の同人となる。(黒川洋)〔著作〕詩集『自然児の出発』叙情詩社1924,『俳優舞台生活五十年』春秋社1960,〔共著〕『編年体大正文学全集』8巻ゆまに書房(1919年版)2001,『日本プロレタリア文学全集』38巻新日本出版社2000,壺井重治・遠地輝武編『日本解放詩集』青木書店文庫1956,伊藤信吉・秋山清編『日本反戦詩集』太平出版社1969,〔資料〕寺島珠雄『南天堂』皓星社1999,竹内栄美子編『都市モダニズム詩誌 アナキズム』ゆまに書房2009,佐藤健一編『都市モダニズム詩誌 ダダイズム』ゆまに書房2010,〔映画評〕1925『乃木大将』牛原虚彦監督松竹キネマ,1926「街の人々」五所平之助監督松竹蒲田,1926「お坊っちゃん」島津保次郎松竹キネマ,1929「大尉の娘」豊田四郎監督

多並 鹿造 たなみ・しかぞう 1900(明33)3-? 茨城県猿島郡岡郷村大字大山(現・古河市)に生まれる。小学校高等科卒業後,消火器販売,自転車修理業に従事。群馬県世良田村(現・太田市)水平社のすすめで24年4月15日猿島郡新郷村(現・古河市)から岡郷村にまたがる中田,大山に茨城県水平社を創立し幹部となる。望月辰太郎らと交流。28年9月埼玉県北葛飾郡で仲間の雇用問題解決に関わり,傷害事件をおこしたとして検挙(不起訴)。31年全国水平社第10回大会に参加する。(富板敦)〔文献〕秋定嘉和・西田秀秋編『水平社運動1920年代』神戸部落史研究会1970,宮崎晃『差別とアナキズム』黒色戦線社1975

谷 常二 たに・じょうじ ?-? 1919(大8)年東京京橋区(現・中央区)の新栄舎文選科に勤め日本印刷工組合信友会に加盟する。

(冨板敦)〔文献〕『信友』1919年10月号

谷　静湖　たに・せいこ　1892(明25)8.5-1918(大7)11.21　本名・清太郎　滋賀県神崎郡山上村(現・東近江市)に生まれる。95年父が埼玉県賀美郡長幡村藤木戸(現・児玉郡上里町)に酒造会社を創立，同地へ一家で移る。地元の小学校を経て04年4月藤岡中学に入学。同年7月石川三四郎が谷の家からほど近い民家を会場に談話会を開いたが「会する者，青年十数名，みな真面目に傾聴せり」(『平民新聞』1904.7.31)とあり，また「平民新聞及び小冊子に依りて，藤岡中学校内より4人の主義者を出す」(同1904.10.9)などの記事があり，谷も在校中多少の影響を受けたらしい。のちに大逆事件を口実に社会主義関係の読書が禁じられた時，谷は郷土の文学青年たちの同人雑誌『野より』(1911.1)に，「裂けかけしクロポトキンの書を読める男の顔をしみじみと見る」という歌を載せている。08年12月卒業を目前にして「家庭の都合で退学」するが真因は不詳。翌年から『文章世界』『はがき文学』などの雑誌に詩，短歌，短文などを精力的に投稿。同年11月母校の長幡尋常小学校の代用教員となる。10年9月頃在米の岩佐作太郎からクロポトキンの『青年に訴ふ』(大杉栄訳)が送られてきたという。同じ頃『朝日新聞』の「朝日歌壇」に多くの作品を投稿，入選回数最多。選者は石川啄木で翌年出版された谷の歌集『嘲笑』(私家版)に序文を寄せる。11年1月5日上京，啄木と初対面ながら「12時過ぎまで話をした」(『啄木日記』)。同10日先の『青年に訴ふ』を啄木に送る。3月25日代用教員を辞して上京。啄木が「歌の革新」を看板にして「青年の思想を煽動せん」(1911.2.6大島純男宛書簡)として準備中の雑誌『樹木と果実』の同人となるが啄木の発病で実現しなかった。啄木の死没(1912)後，『文章世界』『夜の酒盛』などの雑誌に幾編かの詩歌や短篇を発表するがいずれも社会主義的なニュアンスなどまったく感じられないありふれた内容である。(北沢文武)〔文献〕横山強「石川啄木と谷静湖の関わりについて」『国際啄木学会東京支部会報』6号1998.1，北沢文武『谷静湖と石川啄木』塩ブックス2009

谷　春松　たに・はるまつ　1908(明41)-?　北海道雨竜郡妹背牛村(現・妹背牛町)に生まれる。29年清水貞雄のすすめにより『農民』を購読。その後岩佐作太郎の『無政府主義者は斯く答ふ』(労働運動社1927)を購読。35年11月無共党事件で検挙されるが不起訴。(堅田精司)〔文献〕『身上調書』

谷川　進　たにかわ・すすむ　?-?　1926(大15)年頃，農民自治会全国連合に参加。同年夏頃，深川武，田辺清春，大道寺浩一とともに全国連合委員に選出される。(冨板敦)〔文献〕『農民自治』5・6号1926.9・11

谷川　雁　たにがわ・がん　1923(大12)12.25-1995(平7)2.2　本名・巖　水俣市生まれ。兄は民俗学者谷川健一。45年東京大学文学部社会学科卒業。8カ月の軍隊生活を経て敗戦後，西日本新聞社記者となり共産党に入党。46年『九州タイムズ』文化担当の安西均を知り彼の誘いで同人詩誌『九州詩人』(翌年3号で廃刊)に参加，次いで47年創刊の同人詩誌『母音』に丸山豊らと加わり，当時「詩は象徴だ」と断言していた。47年西日本新聞社争議を指導，GHQのインボーデン新聞課長を激怒させ退職処分。一時期党九州地区委員会の常任となるが結核のため帰郷，水俣や阿蘇で療養。のち離党。51年佐竹彬や松本広治らと大高読書会を組織。54年巻頭の詩「商人」をはじめとする第1詩集『大地の商人』(母音社)，56年『天山』(国文社)と詩集を刊行し，詩語のうえで象徴主義的な暗喩を極限まで推し進めた。他方54年「原点が存在する」(『母音』)，57年「民衆の無党派的エネルギー」(『日本読書新聞』)などの諸論文を発表。58年森崎和江，上野英信，石牟礼道子らと福岡県中間市で『サークル村』を創刊，のち河野信子，角ămu俊輔，中村きい子も加わる。同年評論集『原点が存在する』(弘文堂)を刊行し，50年代末の三池闘争に加わり，敗北後の60年，大正炭坑を拠点に山口健二らと大正行動隊(のちに大正鉱業退職者同盟)を組織して精力的に活動，60年代の新左翼陣営やのちの市民運動に思想的影響を与えた。同年共産党の反代々木学生運動批判を批判する知識人の声明書「さしあたってこれだけは」を起草，同年『谷川雁詩集』(国文社)を刊行し詩をやめることを宣言した。61年吉本隆明，村上一郎とともに同人誌『試行』創刊に参加，「不可視の党のために」「権力止揚の回廊」など

を寄稿。同年評論集『戦闘への招待』(現代思潮社)を刊行。62・63年山口、松田政男らと自立学校を創立、埴谷雄高、吉本隆明らと講師をつとめる。同系列の反の会にも参加。64年「詩は亡んだ」と宣言、以後文筆活動を休止。65年上京し語学教材会社テックの役員となり社会の表面に出なくなった。その後幼児や少年の外国語教育という形のサークル活動に力を注ぐ。言語教育の会社をおこすが、退社後子供たちを対象にした言語教育グループ十代の会を主宰。ほかにものがたり文化の会を主宰。谷川の思想は戦後において独自であり、アジアあるいは日本における農村共同体を夢みられた村の原点として固執した。(北村信隆)〔著作〕『工作者宣言』中央公論社1959、評論『影の越境をめぐって』現代思潮社1963、現代詩文庫『谷川雁詩集』思潮社1968、『定本谷川雁詩集』潮出版社1978、『意識の海のものがたり へ』日本エディタースクール1983、詩集『海としての信濃』深夜叢書社1985、『賢治初期童話考』潮出版社1985、『ものがたり交響曲』筑摩書房1989、『極楽ですか』集英社1992〔参考〕吉本隆明「谷川雁論 不毛なる農本主義者」『思想の科学』1959.12、松本健一『谷川雁革命伝説』河出書房1997、内田聖子『谷川雁のめがね』風濤社1998

谷川 清 たにがわ・きよし ?-? 東京朝日新聞社に勤め新聞工組合正進会に加盟。1920(大9)年機関誌『正進』発行のために50銭寄付。また24年夏、木挽町(現・中央区銀座)正進会本部設立のためにも1円寄付する。(冨板敦)〔文献〕『正進』1巻1号1920.4、正進会『同工諸君!! 寄附金芳名ビラ』1924.8

谷口 重太郎 たにぐち・しげたろう ?-? 1919(大8)年東京京橋区(現・中央区)の細川活版所印刷科に勤め日本印刷工組合信友会に加盟する。(冨板敦)〔文献〕『信友』1919年10月号

谷口 長次郎 たにぐち・ちょうじろう ?-? 1919(大8)年東京京橋区(現・中央区)の築地活版所漢字鋳造科に勤め活版印刷工組合信友会に加盟する。(冨板敦)〔文献〕『信友』1919年8・10月号

谷口 房吉 たにぐち・ふさきち ?-? 国民新聞社に勤め東京の新聞社員で組織された革進会に加わり1919(大8)年8月の同盟ストに参加するが敗北。時事新報社に移り正進会に加盟。20年機関誌『正進』発行のために1円寄付。また24年夏、木挽町(現・中央区銀座)正進会本部設立のためにも1円寄付する。(冨板敦)〔文献〕『革進会々報』1巻1号1919.8、『正進』1巻1号1920.4、正進会『同工諸君!! 寄附金芳名ビラ』1924.8

谷口 道之助 たにぐち・みちのすけ ?-? 報知新聞社に勤め新聞工組合正進会に加盟。1920(大9)年機関誌『正進』発行のために1円寄付する。(冨板敦)〔文献〕『正進』1巻1号・2巻2号1920.4・21.2

谷本 弘文 たにもと・ひろぶみ ?-? 早稲田中学で二見敏雄と同級。早中を退学し海城中学に移り松原五千郎や菊岡久利らと知り合う。榎本桃太郎のいた浦和高校を経て東京大学文学部に入る。AC学連に加わり、その頃進んでいた『パンの略取』の新訳の一部をガリ版のパンフレットにし学生仲間に売り歩いた。1929(昭4)年松原や榎本とともに社会理想研究会を結成し『社会理想』(2号のみ)を刊行、また『バクーニン全集』(近代評論社1930)の翻訳・出版に努めた。卒業後、朝鮮に渡り農業団体に関係、戦後は帰国し農協に入ったといわれ、72年相沢尚夫の海燕書房設立に協力した。(大澤正道)〔文献〕勝野幸男「相沢尚夫さんと海燕書房時代」『編集委ニュース』25号2002.7、『農青社事件資料集Ⅰ』

種岡 惣太郎 たねおか・そうたろう ?-? 1919(大8)年東京京橋区(現・中央区)の大倉印刷所和文科に勤め活版印刷工組合信友会に加盟する。(冨板敦)〔文献〕『信友』1919年8月号

種子 助蔵 たねこ・すけぞう 1905(明38)-? 宇都宮市簗瀬町生まれ。同町の小学校を卒業後石版工となり市内の晃陽社印刷所などに勤務。30年1月頃から田中豊吉宅や自宅で田中、荒井春二郎らとアナキズムの研究会をもつ。31年5月栃木県特高課から説諭処分。同年10月農青社の鈴木靖之の訪問を受ける。34年4月市内の三共印刷に転じた。35年末頃無共党事件で検挙、36年春農青社事件に連座して再検挙されるがともに不起訴。(冨板敦)〔文献〕『農青社事件資料集Ⅰ』、『身上調書』

種田 山頭火 たねだ・さんとうか 1882(明15)12.3-1940(昭15)10.11 本名・正一。山口県西佐波令村(現・防府市)に長男として生まれる。家は大種田といわれる大地主。11歳の時に父の放蕩が原因で母が33歳で投身自殺し以後祖母に育てられる。尋常小学校を

卒業し入学した私立周陽学舎では学友と文芸同人誌を発行。3年を修了して山口中学に編入、20歳で私立東京専門学校高等予科に入学して翌年に早稲田大学文学科に進む。1年半程で神経衰弱や家の窮状もあって中途退学して帰郷。家業立て直しに苦労する父の手伝いをした。09(明42)年28歳で結婚、翌年長男健が誕生。この頃から無軌道な酒を飲むようになる。翌年には郷土文芸誌『青年』に参加、ツルゲーネフなどの翻訳を発表、文章に山頭火、俳句には田螺公を用いた。13(大2)年、荻原井泉水に師事し『層雲』に投句を始め文芸誌『郷土』を創刊。16年には『層雲』の選者の1人となるが、父の酒造業が破産し妻子を連れて熊本に移り古本屋「雅楽多」を営むことになる。翌年には弟の自殺や祖母の死もあり妻子を残して1人で東京に出奔。句作も途絶える。関東大震災により熊本に戻り曹洞宗報恩寺の住込みの寺男となり出家得度し耕畝と改名する。まもなく味取観音堂(曹洞宗瑞泉寺)の堂守となり禅寺の僧侶になるという願望を果たした。26年4月に同門の尾崎放哉が没し、その3日後には行乞遍歴に旅立ち以降死ぬまで断続的に放浪転変の生活を続ける。30(昭5)年12月には熊本で謄写版の俳誌『三八九(さんぱく)』を創刊するが3号で挫折。年齢と体力低下から結庵を望み32年に「其中(ごちゅう)庵」を結ぶ。この年に第1句集『鉢の子』上梓。37年四国に旅立ち高台の一軒家を「一草庵」と名付け終の棲家とするに至った。層雲派を中心に「柿の会」が結成され、40年10月11日未明に脳溢血による心停止が確認された。無常観を基調にした自己表現を続けながら自らの俳句を表現主義芸術と位置づけた。事物と自我を一体化する物我一如の短律俳句を特色とし、ありふれた事象でさえ見事に生命を宿させている。〈分け入っても分け入っても青い山〉〈うしろ姿のしぐれてゆくか〉などの句が有名。その句碑は全国で130以上にも及ぶ。(一色哲八)〔著作〕一代句集『草木塔』八雲書林1940、第一句集『鉢の子』1932～第七句集『鴉』1940、『定本種田山頭火句集』彌生書房1971、『定本山頭火全集』春陽堂書店1973〔文献〕大山澄太『俳人山頭火の生涯』彌生書房1971、荻原井泉水他『山頭火を語る』潮文社1972、金子兜太『種田山頭火』講談社1974、上田都史『近代俳人列伝』永田書房1987、同『山頭火の虚像と実像』講談社1990、木下信三『山頭火虚像伝』三省堂1990

種本 重一 たねもと・じゅういち ?-? 倉敷市浜に居住。1934(昭9)年上野克己が出していた月刊『情報』(情報社)の中国支局を担う。(冨板敦)〔文献〕『情報』4巻2号1935.2

田畑 栄太郎 たばた・えいたろう ?-? 1919(大8)年東京京橋区(現・中央区)の築地活版所石版科に勤め日本印刷工組合信友会に加盟する。(冨板敦)〔文献〕『信友』1919年10月号

田畑 松治 たばた・まつじ 1896(明29)-1927(昭2)5.1 別名・小畑松治 島根県那賀郡岡見村(現・浜田市)に生まれる。高等小学校卒業後に鍛冶職となり20年頃から大阪、長崎の造船所や鉄工所を渡り歩いた。その後広島に移り23年4月17日広島青年革新会が創設されるとこれに参加。同年11月7日ロシア革命記念日に開催された無産青年親睦会では「10年後に生ま首を上げてみせる」との皇族批判で検挙され不敬罪で1年6ヵ月の実刑判決。その後未解放部落で社会主義の宣伝に尽力した。27年養子縁組で小畑姓。同年5月交通事故死。(奥沢邦成)〔文献〕『解放のいしずえ』新版、山木茂『広島県解放のいしずえ』たくみ出版1973

田端 良蔵 たばた・よしぞう ?-? 芝浦製作所に勤め芝浦労働組合に加盟し配電器具分区に所属。1923(大12)年『芝浦労働』(1次4号)に「メーデーを祝福せよ」「資本主義断末魔の苦悩」「白木屋呉服店洋服技工のストライキ」を執筆する。(冨板敦)〔文献〕『芝浦労働』1次4号1923.4

田原 保雄 たはら・やすお 1902(明35)頃-? 別名・小山利夫 27年大阪合成労働組合のメンバーで南海電鉄高野山争議団応援隊の一員として争議に参加。30年5月に結成された大阪アナルキスト青年連盟に加盟、31年1月星野準二、田代儀三郎、大日方盛平が来阪、上野克己、和佐田芳雄、山岡(喜一郎・栄治)兄弟、平井貞二、大串孝之助、李ネストル(允熙)らとともに当時住吉区王子町の連盟事務所で会い、同年2月結成された農青社の呼びかけにこたえて和佐田らとメンバーとして活動。9月アナルキスト青年連盟は自主的に解散。同年11月山岡喜造(栄治の実父)方で李、山岡栄治、平井らと協議、農青社宣伝の目的で大阪黒旗社

を結成。32年1月大串，山岡喜一郎，遠藤喜一らを加えて『大阪黒旗』を創刊。33年氾濫社を大日方と主宰，山成秀夫，鈴木靖之，伝田響らと5月啓蒙機関誌『氾濫』を発行。32年9月鈴木らによる農青社の解散声明がすでにあったが，35年11月から農青社メンバーの一斉検挙が始まり36年満州安東県に逃亡中，大阪府警の手配で逮捕，上野と同じ戒署に検束，のち起訴猶予となる。(北村信隆)〔文献〕「農青社事件資料集Ⅰ」，『農青社運動史』，三原容子「水平社運動における『アナ派』について正・続」『世界人権問題研究センター研究紀要』2・3号1997・98，『社会運動の状況8』

田平 松雄 たひら・まつお ⇨岩野猛 いわの・たけし

田淵 克巳 たぶち・かつみ ?-? 1919(大8)年東京神田区(現・千代田区)の丸利印刷所に勤め日本印刷工組合信友会に加盟する。(冨板敦)〔文献〕『信友』1919年10月号

田淵 嘉平 たぶち・かへい ?-? 1919(大8)年東京本所区(現・墨田区)の凸版印刷会社欧文科に勤め活版印刷工組合信友会に加盟する。(冨板敦)〔文献〕『信友』1919年8月号

田淵 賢 たぶち・けん ?-? 新聞工組合正進会に加盟し1924(大13)年夏，木挽町(現・中央区銀座)本部設立のために1円寄付する。(冨板敦)〔文献〕正進会『同工諸君!! 寄附金芳名ビラ』1924.8

田淵 義輝 たぶち・よしてる 1902(明35)-? 本名・好照 鳥取県岩美郡成器村殿(現・鳥取市)生まれ。大阪貿易語学校を中退後，19年5月大阪市天満紡績の工員となり友愛会に加入。中尾正義らとともに豊崎支部を組織し執行委員となる。天満紡績，また次に勤めた東洋紡績など3カ所で労働争議となりいずれも解雇される。22年7月以降は組合専従。23年大阪で「リャク」(掠)をしたとして恐喝容疑で懲役1年。のち関西紡績労働組合に関わる。26年関西黒旗連盟に加盟，7月10日神戸での黒連演説会に参加，検束される。同年10月黒星社を組織。27年11月須藤茂，鈴木光雄，楠利夫，田中正義，備前又二郎，田口俊二とともに連盟から脱退，全国自連からも脱退し，28年8月逸見吉三と『黒色運動』を創刊する。35年9月頃から大阪市西区の小倉組屎尿汲取部の事務員となった。同年末頃無共党事件で検挙されるが不起訴。(冨板敦)〔文献〕『黒色青年』5号1926.9，『関西自由新聞』2号1927.11，『黒色運動』1号1928.8，『大阪社会労働運動史・上』，宮本三郎『水崎町の宿・PART Ⅱ』私家版1982，『身上調書』

田部井 善吉 たべい・ぜんきち ?-? 1919(大8)年東京京橋区(現・中央区)の築地活版所印刷科に勤め日本印刷工組合信友会に加盟する。(冨板敦)〔文献〕『信友』1919年10月号

玉置 真吉 たまおき・しんきち ?-1970(昭45)1.8 和歌山県における大石誠之助のグループの一人。大逆事件では08年11月大石が東京で幸徳秋水とかわした雑談が「謀議」とされたが，玉置はこの雑談を大石が「みやげ話」として話した会に出席していなかったため沖野岩三郎とともに奇跡的に連座を免れた。その後舞踏界の第一人者となり社会主義運動から離れたが21年頃まで尾行がついていたという。62年当時を回想した『猪突人生』(私家版)を発行している。(西山拓)〔文献〕『大逆事件の真実をあきらかにする会ニュース』18号1970.11

玉置 義明 たまおき・よしあき ⇨佐々木長四郎 ささき・ちょうしろう

玉川 信明 たまがわ・のぶあき 1930(昭5)6.9-2005(平17)7.6 富山市旅籠町生まれ。富山県立神通中学卒業。在学中17歳で共産主義者青年同盟に加盟，その後日本共産党入党。県税務署臨時職員を振り出しに労働現場と独立学習を反復。1952(昭27)年法政大学第二経済学部入学，53年中核自衛隊として富山市内で火炎瓶闘争，日本共産党脱党。上京し三浦つとむ，「心友」と呼んだ黒田寛一と出会う。58年竹内好に自筆ノートを送り上京を奨められ都立大「盗講生」。富山と東京を往還する生活始まる。64年頃辻潤を知り思想的飛躍。同じ頃松尾邦之助と交流「個の会」等に参加，アン・リネルを知る。雑誌社勤務，英語塾，行商などさまざまな職を転々。同人誌『三文評論』からアナキズム運動と出会う。71年日中友好協会に所属して中国訪問，帰国後竹中労と出会い以後多くの研究会，多様な運動で深く交流。70年代前半には向井孝の勧めで山岸会に入会。知的遍歴は多岐に及んだ。評論家，ルポライターとして活躍，思想の科学会員にも。ジャーナリスト専門学校の講師も長く務めた。辻潤をはじめ大正期のリバ

ータリアンを中心に多くの伝記を執筆。晩年は宗教家ラジニーシに傾倒。漂泊と在野の学問に生きた。(鈴木義昭)〔著作〕『毛沢東その青年時代』(共訳)至誠堂1966,『評伝辻潤』三一書房1971,『風俗越中売薬』巧左出版1973・同改訂版『反魂丹の文化誌』晶文社1979,『中国・アナキズムの影』三一新書1974,『日本ルネッサンスの群像』白川書院1977,『真山岸已代蔵』流動出版1979,『中国の黒い旗』晶文社1981,『ダダイスト辻潤』論創社1984,『田村栄太郎』リブロポート1987,『FOR BEGINNERS アナキズム』現代書館1987,『日本番外地の群像 リバータリアンと解放幻想』(編著)社会評論社1989,『エコールド・パリ日本人野郎』朝日新聞社1989,『僕は浅草の不良少年』作品社1991,『夢はリバータリアン』社会評論社1991,『開放下中国の暗黒』毎日新聞社1992,『我が青春, 苦悩のおらびと歓喜』現代思潮社2003,『玉川信明セレクション全5巻』社会評論社2005.10-06.2〔文献〕鈴木義昭『玉川信明インタビュー「黒旗水滸伝」と竹中労』彷書月刊1998.9, 鈴木義昭『風のリバータリアンあるいは玉川さんと僕らの想いで』トスキナア2号2005.10, 対談朝倉喬司×鈴木義昭『『玉川信明セレクション』をめぐって』図書新聞2006.3.4

玉城 正次 たまき・しょうじ ?-? 1919(大8)年東京京橋区(現・中央区)の築地活版所漢字仕上科に勤め日本印刷工組合信友会に加盟する。(冨板敦)〔文献〕『信友』1919年10月号

玉置 酉久 たまき・とりひさ 1861.8.6(文久1.7.1)-1949(昭24)2.13 別名・三星, 環紀伊国新宮川原町(現・和歌山県新宮市)に生まれる。大石誠之助の6歳違いの兄である。玉置家の養子となってから漢詩, 和歌, 謡曲, 能仕舞, 太鼓などを修めた。75年頃から海運業を営み材木や木炭を東京へ運んだ。84年兄余平の影響で受洗し教会活動に尽力した。また町会議員や郡会議員をつとめ革新派として活躍した。07年頃から弟の誠之助や牧師の沖野岩三郎らをまじえ被差別部落解放をめざす虚心会を高木顕明とともに組織している。大逆事件で処刑された誠之助の遺骨を上京して引き取っている。新宮では奇人として知られ社会に対して気に入らないことがあると自宅に建てた鐘堂から鐘を鳴らしたという。一度町会議員を追われたが復帰後は奇人聖者として仰がれた。(西山拓)〔文献〕西村伊作『我に益あり』紀元社1960, 森長英三郎『禄亭大石誠之助』岩波書店1977

玉木 肇 たまき・はじめ ?-? 1927(昭2)年『小作人』「各地情勢」欄に福島県会津地方の現状を寄稿する。(冨板敦)〔文献〕『小作人』3次11号1927.12

玉田 徳三郎 たまだ・とくさぶろう 1901(明34)6.2-? 岡山上房郡(現・岡山市)出身。1923(大12)年5月岡山で入江秀夫, 竹内春三, 高木精一, 糸島孝太郎らと中国労働連合会(のち中国労働組合連合会と改称)を結成。同年12月岡山での大杉栄らの追悼会では追悼文を朗読。24年1月岡山労働学校の開校式に来賓参加。その頃の中国労働組合連合会は岡山機械労働組合, 岡山純労働組合, 岡山紡績労働組合, 広島自由労働組合など組合員1363人の連合体で総同盟側をはるかにしのぐ状態であった。しかし24年3月の連合会1周年記念大会後, 対立で組合員数は半減した。同年4月政治研究会岡山支部にも加わり支部執行委員を担い, 同年の評議会創立大会に来賓として参加。26年12月倉敷万寿紡績工場首切り問題中国自連対策担当者となる。同年頃中国労働組合連合会の事務所が岡山上伊福町の玉田方に置かれている。27年5月ボル派に転じていたが杉宏や吉田昌晴の中国黒連に参加。同年中国地方評議会(総同盟岡山県労働組合の後身)と組合員数は主客転倒した。(北村信隆)〔文献〕『岡山県社会運動史4』,『岡山県労働運動史』,『労働運動』4次4号1924.6, 岡山県警察部『大正15年特別要視察人水平社等ノ状勢調』廣畑研二『戦前期警察関係資料集』第7巻

玉田 芳子 たまだ・よしこ ?-? 岡山純労働者組合のメンバー。1924(大13)年3月25日岡山市大福座での中国労働組合連合会結成1周年記念大会に出席し婦人部設置の件の提案理由説明を行う(可決)。(冨板敦)〔文献〕『労働運動』4次4号1924.6,『岡山県社会運動史4』

玉村 善之助 たまむら・ぜんのすけ 1893(明26)-1951(昭26) 別名・方久斗 京都府に生まれ京都市立絵画専門学校を卒業する。22年第1作家同盟を結成。23年『エポック』を創刊。24年6月野川孟・隆, 近藤正治, 高木春夫と詩誌『ゲエ・ギムギガム・プルルル・ギムゲム』を創刊する。同年10月三科に加わり25年5月劇場の三科に参加。同年9月三科第2回展の内紛の際には「巨漢の玉村善之助がハンマー投げの鎖を振りまわして大暴れにあ暴れていた」と居合わせた高見順は回想している。26年5月中原実, 大浦周蔵

らと単位三科を結成する。〔冨板敦〕〔著作〕『世の中』高見沢木版社1939,『美術誌』河北書房1942〔文献〕高見順『昭和文学盛衰史』文芸春秋新社1958,中野嘉一『前衛詩運動史の研究』大原新生社1975,五十殿利治『大正期新興美術運動の研究』スカイドア1998,五十殿利治・菊屋吉生・滝沢恭司・長門佐季・野崎たみ子・水沢勉『大正期新興美術資料集成』国書刊行会2006

玉村 徳之助 たまむら・とくのすけ ?-? 1919(大8)年東京神田区(現・千代田区)の丸利印刷所に勤め日本印刷工組合信友会に加盟する。同所の組合幹事を担う。〔冨板敦〕〔文献〕『信友』1919年10月号

田宮 孝之助 たみや・こうのすけ ?-? 万朝報社に勤め東京の新聞社員で組織された革進会に加わり1919(大8)年8月の同盟ストに参加するが敗北。のち正進会に加盟。20年機関誌『正進』発行のために1円寄付。また24年夏,木挽町(現・中央区銀座)正進会本部設立のためにも1円寄付する。〔冨板敦〕〔文献〕『革進会々報』1巻1号1919.8,『正進』1巻1号1920.4,正進会『同工諸君‼ 寄附金芳名ビラ』1924.8

田宮 幸 たみや・さち ?-? 1919(大8)年東京神田区(現・千代田区)の博信堂印刷科に勤め日本印刷工組合信友会に加盟する。〔冨板敦〕〔文献〕『信友』1919年10月号

田村 一雄 たむら・かずお ?-? 別名・新井生 前橋市生まれ。『上州新報』記者時代に萩原朔太郎の担当となる。一方,同世代の萩原恭次郎らと文学サークルを結成し,大正から昭和にかけての前橋におけるアナキズム文学運動の中心人物の一人となる。自らも社会主義的な作品を発表した。昭和初期に勃発した『上州新報』争議の際に検挙され実刑を受けた。〔奥沢邦成〕

田村 寛一郎 たむら・かんいちろう ?-? 東京に生まれる。日本印刷工組合信友会のメンバー。1923(大12)年5月大森ガス電気事件(詳細不明)で獄中にあり,懲罰監での拷問の様子が『労働運動』3次15号に記されている。24年近藤三治,西堀進午,村瀬信義らと信友会和文第一支部(原町支部)を組織し事務所を小石川区原町(現・文京区)の自宅に置く。同年7月19日信友会が正進会との合同を決めた神田松本亭での信友会臨時大会で和文部の理事に選出される。11月16日前橋市東家での上毛印刷工組合三山会発会式に参加。12月日比谷石版印刷所争議の交渉で大久保卯太郎とともに検束。25年1月8日東京印刷工組合有志により入営送別茶話会が催され26年12月除隊歓迎茶話会が開かれた。〔冨板敦〕〔文献〕『労働運動』3次15号1923.7,4次8号1925.2,『印刷工連合』14・15・19・21号1924.7・8・12・25.2,『自連』8号1927.1, 水沼辰夫『明治・大正期自立的労働運動の足跡』JCA出版1979,『社会主義沿革2』

田村 黒水 たむら・こくすい ?-? 1925(大14)年5月札幌で創刊された『無産人』に無産人社同人として「小片」を寄せる。この時,同社同人の宇野淳らと同じ10歳代だった。〔冨板敦〕〔文献〕『無産人』1号1925.5, 堅田精司編『北海道社会運動家名簿仮目録』私家版1973, 堅田精司『北海道社会文庫通信』834・1900号1999.9.11・2002.8.12

田村 栄 たむら・さかえ 1910(明43)2-1987(昭62) 千葉県海上郡旭町(現・旭市)生まれ。千葉師範学校中退後,東京に出て武者小路実篤の新しき村印刷場に勤めた。ここで働きながら29年岩手県出身の月丘きみ夫との共著詩集『ささやかな出発』を自費出版。伊藤和,鈴木勝,押尾孝らの詩誌『馬』(馬社)に参加し30年『田村栄詩集』を馬社から刊行。同年同じ九十九里浜沿岸の高神村で,村長,網元などの圧制に抵抗する農漁民の決起があり決起の主力は逮捕された。田村は評論で伊藤は詩で『馬』誌上に決起の正当を説き連帯を訴え,不敬罪,治安維持法違反,出版法違反で起訴された(『馬』事件)。この事件の裁判開始時に田村は徴兵されて佐倉歩兵第57連隊に入営中だったので軍法会議で懲役2年の実刑判決を受けた(普通の裁判の伊藤は懲役2年執行猶予4年)。陸軍刑務所に服役後,原隊に復帰した。兵役を離れたのち満州に渡ったと伝えられ戦後生物写真家となった。〔寺島珠雄〕〔著作〕『田村栄写真集 自然の片隅で』誠文堂新光社1965,『昆虫の生態』誠文堂新光社1951〔文献〕鈴木勝個人誌『ふるさと詩人』1-51号1977-96,『伊藤和詩集』国文社1960, 野長瀬正夫詩集『夕日の老人ブルース』創房1981, 秋山清『あるアナキズムの系譜』冬樹社1973

田村 高知 たむら・たかとも 1901(明34)3.10-? 高知県安芸郡室戸町(現・室戸市)に生まれる。上京し東京砲兵工廠に職工として勤め,1921(大10)年5月吉田一らの『労働

者』に紅一会の会員として同人となる。小石川区餌差町（現・文京区小石川）に住んでいた。なお紅一会は東京砲兵工廠の職工グループで，田村とともに21年に警視庁の思想要注意人とされた同会のメンバーは石出清蔵，代田良一，佐治為政の3名。（冨板敦）〔文献〕『労働者』2号1921.5,『警視庁思想要注意人名簿（大正10年度）』

田村 たき　たむら・たき　?-?　1919（大8）年東京神田区（現・千代田区）の三省堂印刷部文選科に勤め日本印刷工組合信友会に加盟する。（冨板敦）〔文献〕『信友』1919年10月号

田村 貞一　たむら・ていいち　1893（明26）-1967（昭42）10.18　大阪府に生まれる。27年矢部喜好牧師から受洗。大逆事件で死刑判決を受けその後無期懲役となった小松丑治（31年仮出獄）の妻はるを20年にわたって世話した。京都市の日本基督教団洛西教会牧師をつとめた。（西山拓）〔著作〕『矢部喜好の生涯 日本最初の良心的戦争拒否者』キリスト新聞社1967〔文献〕『大逆事件の真実をあきらかにする会ニュース』16号1968.3

田村 徳次郎　たむら・とくじろう　?-?　サンジカリズム派の東京印刷工連合会が改組された関東出版産業労働者組合で活動する。1936（昭11）年8月山口健助，加藤栄太郎，柴田知之，堀江磯吉，芹沢喜倉，京井弥一，村井竜太郎，山本徳市，広瀬長太郎，秋本義一，坂村義雄，中村茂，永山健二らと東京印刷工組合の再建に尽力する。（冨板敦）〔文献〕山口健助『風雪を越えて』印友会本部1970・『青春無頼』私家版1982

田村 治芳　たむら・はるよし　1950（昭25）9.29-2011（平23）1.1　京都府福知山市で生まれ和歌山県田辺市で育つ。田辺高校卒業。1969（昭44）年上京して石井恭二，今泉省彦，川仁宏らがこの年に創設した美学校の一期生となる。70年大正大学文学部に入学するが授業料滞納により除籍となる。77年世田谷区梅ヶ丘に古書店なないろ文庫を開業。85年堀切利高らが始めた『彷書月刊』（2010年300号で終刊）に編集長としてかかわる。87年世田谷区九品仏に店を移し，なないろ文庫ふしぎ堂と改称，2001年閉店後も目録通販と催事は続けて終刊まで雑誌編集長と古本屋の二枚看板を通した。堀切らの関係から『彷書月刊』の執筆者には初期社会主義研究会や寒村会と重なる人々が多く，「無政府趣味者」を自称する田村の発案で『彷書月刊』はたびたびアナキストや初期社会主義者をテーマとする特集を組んでいる。（川口秀彦）〔著作〕『彷書月刊編集長』晶文社2002,〔文献〕川口秀彦「ああ，無政府趣味」『トスキナア』13号2011.5

田村 秀雄　たむら・ひでお　?-?　東京日日新聞社に勤め東京の新聞社員で組織された革進会に加わり1919（大8）年8月の同盟ストに参加するが敗北。のち正進会に加盟。24年夏，木挽町（現・中央区銀座）正進会本部設立のために1円寄付する。（冨板敦）〔文献〕『革進会々報』1巻1号1919.8, 正進会『同工諸君!! 寄附金芳名ビラ』1924.8

田谷 やす　たや・やす　?-?　1919（大8）年東京神田区（現・千代田区）の三省堂印刷部解版科に勤め活版印刷工組合信友会に加盟する。（冨板敦）〔文献〕『信友』1919年8・10月号

樽井 千代次　たるい・ちよじ　?-?　報知新聞社に勤め東京の新聞社員で組織された革進会に加わり1919（大8）年8月の同盟ストに参加するが敗北。のち正進会に加盟。20年機関誌『正進』発行のために1円寄付。また24年夏，木挽町（現・中央区銀座）正進会本部設立のためにも1円寄付する。（冨板敦）〔文献〕『革進会々報』1巻1号1919.8,『正進』1巻1号・2巻2・4号1920.4・21.2・4, 正進会『同工諸君!! 寄附金芳名ビラ』1924.8

樽井 藤吉　たるい・とうきち　1850.5.25（嘉永3.4.14）-1922（大11）11.25　別名・森本藤吉，丹芳，丹木　奈良県宇智郡霊安寺村（現・五條市）生まれ。生家は農業と材木商を営む。村内地蔵寺の僧について学ぶ。13歳の時，倒幕をめざした天誅組が近くの桜井寺を本陣としたこともあって強い印象を受けた。68年五カ条の誓文に感動し国事につくすことを決意。73年上京，井上頼国の国学塾に学ぶ一方，右大臣岩倉具視への船艦充実の建言，『評論新聞』の編集発行，西郷隆盛の挙兵に呼応するための東北地方での募兵，朝鮮南海岸の無人島探険などに取り組む。自由民権運動が高揚した82年5月島原で赤松泰助，丸毛兼道らと東洋社会党を結成。党則，綱領に平等の権利，親愛，社会公衆の最大福利を掲げた。6月結社禁止を受け禁錮1年の判決で下獄。84年出獄後『佐賀新

聞』主筆などをつとめるが次第に中国や朝鮮に目を向けるようになる。上海に渡り平岡浩太郎，末広重恭，中江兆民，杉田定一らとともに東洋学館設立に尽力。大阪事件では金玉均との接触で連座し，条約改正問題では秘密出版で起訴され保安条例によって1年半の追放。91年「大東合邦論」を『自由平等経論』に発表し日本と朝鮮の対等合併を説いた。93年同論文は増補されて刊行された。対等合併後の国名を大東としているがその記述中には日本が一歩先行しているとの意識がある。92年奈良県から衆議院議員に選出。97年幸徳秋水も参加していた社会問題研究会を中村太八郎，佐久間貞一，西村玄道らと結成し幹事をつとめた。この間足尾鉱毒事件や普通選挙運動に関わる。その後朝鮮などで鉱山経営に乗り出すが支援者の材木商土倉庄三郎の死もあって失敗に帰し郷里で不遇のうちに死没した。(奥沢邦成)〔著作〕『大東合邦論』私家版1893・復刻版長陵書林1975，『明治維新発祥記』私家版1919〔文献〕中村義三『内外政事情』自由出版1882，田中慫五郎『東洋社会党考』一元社1930・新泉社1971，奥谷松治『東洋社会党』の思想に就いて」『ディナミック』54号1934.4，桜井義之「東洋社会党 樽井藤吉と『大東合邦論』」『明治と朝鮮』桜井義之先生還暦記念会1964，鈴木正『近代日本の理性』勁草書房1967

樽見 五郎 たるみ・ごろう 1909(明42)-？ 栃木県上都賀郡粟野町粟野生まれ。高等小学校を卒業後上京。電気工として働き3年余で帰郷。その間東京電気学校に6カ月，川崎市の田島商工学校夜間部に約2年在学。31年10月農青社の鈴木靖之の訪問を受ける。33年5月再び上京し『読売新聞』の販売外交員となる。同年12月再び帰郷。地元で安生武夫との付き合いがあった。35年末頃共無党事件で検挙され(不起訴)，36年春農青社事件に連座して再検挙されるが起訴猶予。(冨板敦)〔文献〕『特高外事月報』1936.5，『資料農青社運動史』，『農青社事件資料集』，『身上調書』

樽水 甚一 たるみず・じんいち ？-？ 時事新報社に勤め新聞工組合正進会に加盟。1920(大9)年機関誌『正進』発行のために1円寄付する。同年日本社会主義同盟に加盟。京橋区月島通(現・中央区)に住んでいた。(冨板敦)〔文献〕『正進』1巻1・7号・2巻1号1920.4・11・21.1

俵 次雄 たわら・つぎお 1892(明25)4-1935(昭10) 旧姓・鶴岡 鶴岡貞之は兄。東京市芝区新銭座町(現・港区)生まれ。兄とともに機械工となり，職場を転々とするうちに労働運動に関心をもち14年友愛会に参加。16年東京計器小名木川工場の争議を皮切りに大島製鋼，東京汽車会社，瓦斯電気工業，日本鋳鋼など多くの争議の指導に携わった。この間19年頃からアナキズムに傾倒し20年には純労働者組合の結成に参加，アナ系の活動家となった。22年機械労働組合連合会の結成に参加し中央委員。同年9月10日神田松本亭で開催された総連合創立協議会で機械連合代表として挨拶し座長をつとめる。創立大会では自由連合派を代表する闘士として総同盟派に抗し活躍した。関東大震災後，機械労働組合連合会の現実主義路線への方向転換とともに次第に政治運動に関わるようになった。秋月静枝と結婚。(奥沢邦成)〔著作〕『鉄工の連合と友愛会』『労働運動』3次1号1921.12〔文献〕『労働運動』3次1・6・8号1921.12・22.9・10

丹 悦太 たん・えつた 1871(明4)8.29-1959(昭34)11.15 別名・丹星菫 松山県周桑郡小松町新屋敷村(現・愛媛県西条市小松町)に生まれる。広島県に移り宇品造船所に勤める。19年7月新人会広島支部を設立，支部長となり普選運動などをする。機関誌『ナロヲド』を配布。同年9月『デモクラシイ』に詩「暁鐘」を寄稿。20年12月日本社会主義同盟に加盟。21年4月武永文七と吉田一らの『労働者』の地方同人(広島)となる。同年7月『労働者』4号に「侠客諸君」を寄稿。10月から呉市で刊行中の『民権新聞』3号に掲載された「自由か，死か」が安寧秩序を紊乱するとして発行人の小川孫六とともに起訴される(大審院で無罪，同紙は廃刊)。同年宇品造船所を解雇された。23年5月広島市のメーデーに黒潮会を組織して参加，黒色に骸骨を描きその下に「自由？ 死？ 黒潮会」と染め出した幅広い長旗を高々と掲げ「労働者万歳」を叫びその日に検束。この頃呉市を中心として乳母車で本を販売する大道書店プロ丹書房を開店。自由連合主義を唱えるアナキストとして活動，『青年に訴ふ』を朗読しながら販売し治安警察法違反で検挙さ

れ禁錮20日とされたこともある。24年11月創刊の『呉評論』に参加。翌25年5月『呉評論』(のち『中国評論』)の弘中柳三らと呉自由労働者組合を結成、創立綱領を読み上げた。同年末弘中に見送られて沖縄に行く。26年全国自連の創立に加わる。同年黒連にも加盟。その後再び沖縄に渡り27年5月1日那覇の黒色琉人会、首里の黒焔会、糸満の爆人会の連合による琉球黒旗連盟発会式を兼ねたメーデー大演説会に東京瓦斯工組合の屋良猛と応援参加。のち黒潮会として琉球黒旗連盟に加盟。28年に糸満黒色青年連盟を結成。戦時中は呉に戻り無免許の歯科技工士として生活した。広島県下で最古参の社会主義者の一人。(北村信隆・冨板敦)〔文献〕『労働者』1号1921.4、『信友』1921年8月号、『組合運動』4号1923.5、水沼辰夫『明治・大正期自立的労働運動の足跡』JCA出版1979、『呉市史4』1976、山本茂『広島県社会運動史』、『広島県労働運動史』1980、『広島県労働運動史』1981、『解放のいしずえ』新版

丹 吉三郎 たん・きちさぶろう ?-? 1925(大14)年9月頃、大阪府堺市安井町(現・堺区)に文明批評社堺事務所を開設。この月発行の『祖国と自由』(1巻2号)に詩「恐怖の鎌倉」を寄せる。文明批評社では岩瀬久太郎、大西伝次郎、崔善鳴、安達源とともに『関西アドヴァタイザー』の発行準備をしていた。当時、文明批評社は南河内郡新堂村(現・富田林市)と住吉区住吉町にも事務所を持ち同人は全9名、他に石田正治、大串孝之助、能勢仁、福岡在住の庄野義信がいた。(冨板敦)〔文献〕『祖国と自由』1巻2号1925.9

丹 潔 たん・きよし 1896(明29)9.20-1968(昭43)1.18 東京市京橋区銀座新道(現・中央区)の生まれ。東洋大学専門部中退。極貧のなかで苦学しながら日本のゴリキーをめざして18年作品集『民衆の為に』を出版。小川未明を囲む会青鳥会を母体にした雑誌『黒煙』を反資本主義的、民衆の傾向に改め労働文学の推進者となる。姉の丹いね子が主宰した『婦人文芸』の編集に携わる。売文社に出入りし周囲から「タンケツ」と呼ばれる若年運動家だった。一時大杉栄のもとで働いたこともあり、名古屋のアナキスト松井不朽主宰の『日刊大公論』主筆をつとめ、加藤一夫の自由人連盟にも参加。関東大震災時、一時検束を受けこれを機に運動から遠ざかり、以後明治維新関連の書物を執筆した。(大和田茂)〔著作〕『民衆の為に』如山堂書店・星文館書店1918〔文献〕『日本プロレタリア文学集4』新日本出版社1985、大和田茂『社会文学・一九二〇年前後』不二出版1992

淡 徳三郎 だん・とくさぶろう 1901(明34)8.15-1977(昭52)5.20 大阪市西区北堀江生まれ。別名・斎藤信三、馬込健之助 三高を経て京都大学哲学科へ。三高時代から学生運動のリーダーとなる。25年卒業後、京都無産者教育協会の結成に参加。26年学連事件で禁錮10カ月。28年共産党に入党。三・一五事件でも懲役2年執行猶予5年。その後クロポトキン『仏蘭西革命史』(改造社1930)、クラウゼヴィッツ『戦争論』(南北書院1931・32)などを翻訳する。34年共産党除名。左翼運動への弾圧が厳しくなった35年に思想犯保護団体大孝塾の海外派遣員として渡仏。のち改造社の欧州特派員をつとめナチス礼賛のルポが注目をあびる。48年に帰国。ナチ占領中のフランスのレジスタンス運動について多くの評論を執筆。共産党系の平和運動などに尽力する。(北村信隆)〔著作〕『抵抗』創芸社1949、『人類・祖国・階級』北隆館1950、『アルジェリア革命』弘文堂1960、『パリ・コンミュン史』法大出版局1968

丹沢 明 たんざわ・あきら 1904(明37)2.1-1944(昭19)7.30 本名・青柳優、別名・大寺謙吉 長野県南安曇郡烏川村(現・安曇野市)に生まれる。義兄に加藤朝鳥がいる。松本中学を経て30年早稲田大学英文科を卒業。在学中、女子大生だった石垣綾子に失恋したという。27年級友の渡辺竹二郎らと『世紀文学』を創刊、ついで28年級友の森辰之介、植田信夫らと『二十世紀』(2号まで)を創刊、翌29年鈴木靖之、星野準二らの『黒色文芸』、塩長五郎の『黒蜂』と合同しアナキズム文芸誌『黒色戦線』を発刊、おもに文芸時評を担当する。純正アナ派の策謀で『黒色戦線』が7号を出して廃刊に追い込まれるやただちに30年塩、森らとアナキズム文芸・思想雑誌『黒戦』(6号まで)を創刊しサンジカリズム派の立場を明確に打ち出し、自協系の組合運動を積極的に支援する。32年『黒戦』の後継誌『アナーキズム文学』(4号まで)を塩、森らと発刊、「プロレタリア詩の正しき発展のために」を3・4号(1932.9・11)に発表

する。33年8月結成された解放文化連盟には準備の段階から積極的に参加し機関紙『文学通信』で持論であるリアリズム詩論を展開，大寺謙吉の筆名で萩原恭次郎，小野十三郎，岡本潤，植村諦，伊藤和，局(秋山)清について的確な批評を試みる。また35年に創刊された『詩行動』の同人となり「詩のリアリテイに就いて」(3・5号1935.5・7)を発表，「現実をして語らせる，叫ばせる」という方法論は厳しい戦時体制下にあって詩作を続ける詩人の支えとなった。この方法により詩を書き得た例として秋山は詩集『白い花』(コスモス社1966)に収められた自身の戦時下の作品をあげている。丹沢自身も詩作を試みているが彼の本領は評論にあった。34年塩らと文芸同人誌『文陣』(1939まで)を刊行，ここでは本名・青柳優に戻り，その後第3次『早稲田文学』編集同人となり高見順らが始めた大正文学研究会に入ったりして新進評論家として活躍する。しかし秋山が指摘している通り「昭和のアナキストの文学活動の中ではもっとも努力し実際的な活動をした一人として忘れることのできない」人でその再評価が求められる。(大澤正道)〔著作〕『現実批評論』赤塚書房1939，『文学の真実』赤塚書房1941，『批評の精神』南方書院1943〔文献〕秋山清『アナキズム文学史』筑摩書房1975

丹沢 正作　たんざわ・しょうさく　1876(明9)3.22-1926(大15)7.16　山梨県西八代郡上野村(現・市川美郷町)に生まれる。98年市川教会で受洗。東京専門学校を経て03年上野村役場に勤務。前後して上野村信用組合を設立。この間，平等主義，幸徳秋水への共感もあってアナキストとみなされ尾行がつく。日露戦争の際は市川教会の幹部に対して非戦論を説く。06年平民学校をおこし郷土を愛し「土を愛し土を離るゝな」をモットーに子弟の教育にあたる。07年役場を退職し静岡県，山梨県で伝道。徳冨蘆花は愛犬「白」を丹沢に預けるが『みゝずのたはこと』で丹沢は「赤沢」として描かれている。16年木下尚江の媒介で田中正造のもとにいた斎藤きさと再婚。夫婦協力してキリスト教の伝道，農民の救済にあたる。19年上野村助役に就任。「小僕」「村の小使い」の意識で農民への奉仕に徹する。20年上野村小作組合を設立。20年蘆花の紹介で江渡狄嶺が丹沢を訪れその生き方に深い感銘を受ける。丹沢の従兄弟で組合の同志でもあった新津友蔵は，戦時下の特高の厳しい監視にもかかわらず石川三四郎に疎開の場を提供した。(山口晃)〔文献〕徳冨蘆花『みゝずのたはこと』新橋堂書店1913，石原文雄『太陽樹』文昭社1941，『山の先生』山の先生遺徳顕彰会1978，清水威『山の先生・丹沢正作』山梨ふるさと文庫1985，和田耕作『江渡狄嶺』甲陽書房1994

ち

池 在善　ち・ざいぜん　チ・ジェソン　?-?　1931(昭6)年6月神戸で李孝黙が洋靴労働者10余人を糾合して組織した神戸朝鮮同友会の中心メンバー。(堀内稔)〔文献〕『社会運動の状況6』

崔 然　チェ・ヨン　?-?　詩人，活動家。出生地，出生年月日不詳。昭和期来日して朴烈の朝鮮独立運動に参加。広く日本詩人と交流。2004(平16)年小田原における北村透谷碑建立活動に参加，寄付金収集中，独立運動資金調達と怪しまれ約1ヶ月拘束される。06年詩集『憂鬱の世界』平凡社刊。下中弥三郎の尽力及び白鳥省吾，武者小路実篤，千家元麿，福田正夫，新居格の序文を得る。〈一日としてパンの問題を忘れて詩作したことはなかった〉後記から。戦後長い拘束の後，故国へ帰還した模様。その後の消息不明。(福田美鈴)〔著作〕詩集『憂鬱の世界』平凡社2006〔文献〕「北村透谷碑とチェヨンのこと」

チェルケゾフ　Cherkezov, Varlaam Nikolaevich　1846-1925.8.18　別名・Djkon Aslanovich　ロシアのグルジア貴族出身の革命家でモスクワでイシューチン派の運動に参加。モスクワ農業大学へ入学してまもなく生じたカラコゾフによる皇帝暗殺事件に連座して逮捕，政治監獄へ投獄された。翌年釈放されてペテルブルグに住んだが，69年に再びモスクワへ潜入し今度はネチャーエフ事件にからんで逮捕され裁判ののちトムスク流刑の身となったが76年脱走してロンドン

へ。さらにジュネーヴへ移ってバクーニン派の『共同体』誌編集部と接触，さらに70年代後半クロポトキンと提携しアナキスト系の雑誌『レヴォルテ』創刊に加わった。ボルシェヴィキ革命後グルジアに帰還して民族革命に飛び込み，無政府共産主義を主張，またグルジア人としてカフカスの民族独立運動を強く支援したがボルシェヴィキ軍を逃れて再亡命しロンドンで死没した。日本では亡命中に知り合った石川三四郎を通じ『共産党宣言』はコンシデランからの剽窃であると批判した『共産党宣言の種本』（『社会主義史』の1章）が延島英一により訳出され物議をかもした。(左近毅)〔著作〕延島英一訳『共産党宣言の種本』労働運動社1925・黒色戦線社1979，「インターナショナルの先駆者」1899，『マルクス主義理論 それは科学か』1903〔文献〕石川三四郎「チェルケゾフを憶ふ」『労働運動』4次12号1925.9，『石川三四郎著作集6』青土社1978，ネットラウ『アナキズム小史』（上杉聡彦訳）三一書房1970，ピルーモヴァ『クロポトキン伝』（左近毅訳）法大出版局1994

近嵐 忠太郎 ちからし・ちゅうたろう ?-? 新聞工組合正進会に加盟し1924(大13)年夏，木挽町(現・中央区銀座)本部設立のために1円寄付する。(冨板敦)〔文献〕正進会『同工諸君!! 寄附金芳名ビラ』1924.8

千野 勇造 ちの・ゆうぞう ?-? 新聞工組合正進会に加盟し1924(大13)年夏，木挽町(現・中央区銀座)本部設立のために2円寄付する。(冨板敦)〔文献〕正進会『同工諸君!! 寄附金芳名ビラ』1924.8

千葉 豊治 ちば・とよじ 1881(明14)12.29-1944(昭19) 宮城県志田郡古川町大柿(現・大崎市)に生まれる。宮城県立農学校，早稲田大学邦語政治科を卒業後，06年5月渡米しサンフランシスコにおいて文芸研究のかたわら日米新聞社で働いた。また渡米中の幸徳秋水が同年6月オークランドで結成した社会革命党の本部委員となっている。07年12月からサンフランシスコ領事館の調査が行われ10年10月2月の「要視察人」名簿(無政府主義)に登録されたが，16年8月削除。日米新聞社時代は『日米年鑑』などの編集に携わり10年月刊誌『北米農報』の編集責任者となっている。加州日本人中央農会の設立に関わり，農民の啓発につとめていたが20年代前半における排日状況のなか日本人の活路を満州に見出している。(西山拓)〔著作〕『千葉豊治遺稿・上下』私家版1944〔文献〕『主義者人物史料1』，伊藤卓二『天開の驥足 千葉豊治物語』大崎タイムス社1987，木村健二「戦前期の海外雄飛と思想的系譜 千葉豊治の足跡と著作をめぐって」『研究年報経済学』53巻4号1992.3，長谷川雄一「排日移民法と満州・ブラジル 千葉豊治と永田稠の移民論を中心に」三輪公忠編著『日米危機の起源と排日移民法』論創社1997

千葉 浩 ちば・ひろし 1912(明45)-? 本名・若夫，別名・前田益次郎 岩手県に生まれる。北海道に移り製靴工でボル系の小樽合同労働組合に加入，その後上京し東京印刷工連合会(のち関東出版産業労働者組合)，日本自協と関わる。31年4月21日浅草の日本染絨で解雇に端を発した争議がおき従業員側186人がハンストに入る。これは日本労働運動史上最初のハンストと呼ばれた。5月1日千葉は工場の大煙突(高さ40m)に上り黒旗を掲げて応援，14日まで316時間滞空して闘う。新聞では「三世煙突男」と報じられたが白井新平によれば4人目の煙突男だという。同年7月深川の雨宮製作所争議を支援し警官を傷つけたとして検挙，懲役6カ月となる。その後山本勝之助の影響を受けて右翼運動に傾く。戦後は山谷で靴の卸問屋を開いていた。(冨板敦)〔文献〕山口健助『青春無頼』私家版1982，白井新平『日本を震撼させた日染煙突争議』啓衆新社1983

地場 博 ちば・ひろし ?-? 水沼浩によれば「かつて日染にいて(31年日本染絨争議の)ハンストの頃は退職していたのにチバヒロシというのがいた。煙突に上った千葉浩とは別人で地場博といった。彼は青年部を中心に人気があったのでよく応援してくれた。あの争議解散式の写真(1931.5.14)にもいる」。(冨板敦)〔文献〕『自連新聞(号外・東京一般労働組合版)』2・3号1928.12・29.4，白井新平『日本を震撼させた日染煙突争議』啓衆新社1983

千葉 正雄 ちば・まさお 1898(明31)1.6-? 東京府北豊島郡南千住町(現・荒川区南千住)に生まれる。1919(大8)年中国からの帰途，宮崎県の「新しき村」を訪ねる。大杉伸(大杉栄の弟)と交際し20年日本社会主義同盟に加盟したことから，警視庁の思想要注意人とされる。神田区西小川町(現・千代田区西神田)に住み特許インキ株式会社で事務員とし

て勤めていた。(冨板敦)〔文献〕『警視庁思想要注意人名簿(大正10年度)』

千葉 雄次郎 ちば・ゆうじろう 1898(明31)9.23-1990(平2)8.29 別名・雄二郎 秋田県仙北郡清水村(現・大仙市)に生まれる。上京し東京帝国大学に入学。新人会に加わり自由人連盟の会合にも参加。1922(大11)年編集していた新人会機関紙『ナロオド』(21年12月号)の論文「敵か味方か」が新聞紙法違反で起訴される。22年『労働運動』(3次5号)の団体消息欄は「新人会の機関紙『ナロード』は4月号を以て廃刊した。尚、同誌1月号の記事で新聞紙法違反として起訴された千葉雄次郎、来間恭両君は地方裁判所で無罪判決があった」と報じる。同年東京朝日新聞社に入社。編集総長として敗戦を迎え退社。名古屋で『中京新聞』を創刊する(51年に廃刊)。のち東洋大学教授、日本新聞学会会長。日本記者クラブ賞は千葉の寄託金によって1972年に創設された。(冨板敦)〔著作〕ラファルグ『社会主義社会観』(訳)大鐙閣1922,『知る権利』東京大学出版会1972〔文献〕『労働運動』3次2・5号1922.2・6,『警視庁思想要注意人名簿(大正10年度)』,『資料大正社会運動史・上下』

千葉 利右衛門 ちば・りうえもん 1888(明21)9.20-? 別名・桜井時代、栄吉典吉 宮城県牡鹿郡石巻町(現・石巻市)に生まれる。東北中学を卒業後、1907年5月商業研究の目的で渡米、阿部四郎、平井武平らと交際しエマ・ゴールドマンを尊敬する。大杉栄や堺利彦らと文通し『近代思想』『新社会』のサンフランシスコにおける購読取次を行った。16年5月片山潜がサンフランシスコで在留同胞の利益を代表することを目的として発刊した『平民』に協力し、1号に「思想と争闘と事実と」と題する論説を載せている。同月無政府主義を信奉する甲号として要視察人名簿に登録された。名簿には15年末に爆裂弾の製造を企てたことがあり「頑強過激ナル社会主義者」であるという評価が記されている。(西山拓)〔文献〕『主義者人物史料1』,『在米主義者沿革』

地原 玉吉 ちはら・たまきち ?-? 別名・池原 万朝報社に勤め東京の新聞社員で組織された革進会に加わり1919(大8)年8月の同盟ストに参加するが敗北。のち正進会に加盟。20年機関誌『正進』発行のために1円寄付。また24年夏、木挽町(現・東京都中央区銀座)正進会本部設立のためにも1円寄付する。(冨板敦)〔文献〕『革進会々報』1巻1号1919.8,『正進』1巻1号1920.4, 正進会『同工諸君‼ 寄附金芳名ビラ』1924.8

千布 利雄 ちふ・としお 1881(明14)1.22-1944(昭19)1.10 佐賀市与賀町に生まれる。99年佐賀県第一尋常中学卒業。東京高等師範学校を中退。熊本農業学校の教師などをつとめ06年上京。8月この年6月に設立された日本エスペラント協会(JEA)に入会。9月17日本郷の私立習性小学校で開校したJEA主催のエスペラント語学校に入り講師大杉栄の授業を受ける。07年1月12日JEA東京支部の例会で同支部の幹事となり大杉とともにJEA機関誌『日本エスペラント』の編集主任となる。また前年のエスペラント世界大会の提案を受けて東京にエスペラント領事館を設置することが決められ、領事に安孫子貞次郎、副領事に大杉と千布が任命される。08年赤旗事件で大杉が逮捕されたため大杉が4月から行っていた劉師培ら在日中国人革命家のためのエスペラント講習会の講師を引き受けるが、『日本エスペラント』8月号に「エスペラントと社会主義」を発表、大杉の思想とエスペラントは直接的な関係はなく自身が社会主義者の仲間ではないことを弁明している。14年7月『エスペラント全程』(JEA)を発行、長く学習書として利用される(15年間で20数版を重ねる)。17年2月神戸に移り神戸郵便局に勤務。この頃からエスペラント運動は再び盛り上がり始め19年7月エロシェンコの再来日も運動を助勢する。同年12月20日JEA総会において小坂狷二らは千布の主張に基づいて活動中央機関として日本エスペラント学会(JEI)設立を提案、可決される。20年12月再び東京に移る。23年8月『エスペラントの憲法・ブーローニュ宣言の要旨』(ブーローニュ宣言擁護同盟、日本エスペラント社)を発行し、ザメンホフの唱えた人類人主義などの思想をエスペラントに結びつけることに反対、やがて運動から離れ37年頃佐賀に転居し死没。(手塚登士雄)〔文献〕坪田幸紀『葉こそおしなべて緑なれ…』リベーロイ社1997, 初芝武美『日本エスペラント運動史』日本エスペラント学会1998,『エス運動人名事典』

褚 民誼 ちょ・みんぎ チュ・ミンイー 1884-1946.8.23 本名・明遺，別名・重行，民 中国浙江省呉興県生まれ。03年渡日し日本大学で政治経済学を学ぶ。06年渡仏。途中シンガポールで中国同盟会に加入。パリで世界社の創設に加わり『新世紀』の出版に携わる。11年一時帰国。翌年再渡欧し2月留法倹学会，15年中法教育会の設立に参画。13年ブリュッセルで石川三四郎を知り，親交を結ぶ。20年李石曾らとリヨン中法大学を創設し副校長となる。24年帰国し広東大学の教授，校長代理などを歴任。26年国民党中央執行委員候補(のちに中央執行委員)に選出される。32年1月行政院秘書長。38年12月汪精衛に従ってハノイに渡り和平運動に参加，翌年7月党籍を剥奪される。40年3月南京に汪政権が成立すると行政院副院長兼外交部部長に就任。12月駐日大使に就任。日中戦争終了後，漢奸として逮捕され翌年処刑される。著書に『褚民誼先生論文集』などがある。(嵯峨隆)〔文献〕石川三四郎「支那の知友達」『時の自画像』育生社弘道閣1941, 『石川三四郎著作集6』青土社1978，関固煊「褚民誼」『伝記文学』32巻4期1978，黄美真・張雲「抗日戦争時期三箇漢奸政権及其主要頭目」『人物』1984・3期, 『中国国民党名人録』湖北人民出版社1991

張 易 ちょう・い 1904-? 中国雲南省出身。張景の弟。在日期間は不詳。26年末，呉朗西らと雑司が谷に住む。27年8月兄張景と協力して山鹿泰治を上海の国立労働大学に招聘する。37年古田大次郎の『死の懺悔』を翻訳，呉朗西らが設立した文化生活出版社より刊行する。(手塚登士雄)〔文献〕呉念聖「第三世代中国人アナーキストの中の日本留学組 沈仲九を中心に」『プロジェクト研究』5号早稲田大学総合研究機構2010.3

張 維賢 ちょう・いけん ティウン・ウイヘン 1905.5.17-1977.5.18 別名・乞食 台北市出身。23年台北中学卒業。24年彰化出身の陳凸(明棟)が組織した星光演劇研究会に参加。27年7月稲垣藤兵衛，周合源，林斐芳らと孤魂連盟を結成，アナキズムの研究，宣伝を目的として数回講演会を開催。28年7月孤魂連盟関係者の一斉取り調べと家宅捜索を受け活動は消滅する。28年渡日して築地小劇場に入り日本の演劇の実際を学ぶ。山鹿泰治や中国から来ていた毛一波らと知り合う。30年台湾に戻り6月民烽演劇研究会を設立。この間29年11月に設立された台湾労働互助社の指導にもあたったが31年8月一斉検挙にあい一時拘束される。33年同会は初演を行い張維賢が脚色した佐藤春夫の「原始人の夢」，イプセンの「人民の敵」などを演出する。34年2月在台日本人が組織する台北劇団協会が開催した新劇祭に民烽劇団も参加。35年無共党事件の余波で王詩琅とともに逮捕される。40年頃山鹿泰治は上海で張を訪ねる。張は日本海軍の台湾人工作を利用して上海付近のジャンク組合の役員となっていた。張は山鹿に大量のアヘンを保管する2棟の倉庫に放火して焼き払ったことを打ち明けた。山鹿は林則徐の「アヘン事件以来の世界的歴史事件」であると書き残している(『たそがれ日記』)。46年台湾に戻りのち映画会社を設立, 「一念之差」という映画を撮るが成功しなかった。(手塚登士雄)〔著作〕「我的演劇回憶」『台北文物』3巻2期1954.8〔文献〕王詩琅『新劇台湾第一人』『王詩琅全集6』1980，荘永明「台湾新劇第一人 張維賢」張炎憲・李筱峯・荘永明編『台湾近代名人誌1』自立晩報社1987

張 永源 ちょう・えいげん ティウン・エンゴァン 1906(明39)-? 別名・西山源一 台北市日新町生まれ。台北市の製糖会社社員西山茂七に養育され，地元の小学校を卒業し製糖会社の給仕となる。22年西山とともに日本に渡り東京千駄ケ谷に住み，有楽町の機械商前田工業所などに勤めながら大倉商業学校夜間部を卒業した。30年2月前田工業所が解散となり同年10月銀座の新聞連合社の発送部員となる。34年10月新聞連合社前橋支局，35年7月同社岡谷支局に勤務。35年末頃長野県諏訪郡下諏訪町に居住中，無共党事件で検挙されるが不起訴。(冨板敦)〔文献〕『身上調書』, 『農青社事件資料集Ⅰ・Ⅲ』

張 赫宙 ちょう・かくちゅう チャン・ヒョクチュ 1905.10.13-1997.2.4 本名・張恩重，別名・野口赫宙，野口稔 朝鮮慶尚北道大邱に生まれる。大邱高等普通学校に入学。23年アナキズムに接し25年大邱のアナキスト団体真友連盟に参加する。加藤一夫を尊敬し30(昭5)年10月加藤の『大地に立つ』2巻10号に「白楊木」(ぽぷら)を掲載，朝鮮の小作人の悲哀を描く。その後アナキズムから

離れボルに接近，32年4月「餓鬼道」が『改造』の懸賞に当選，日本文壇にデビューする。しかし「私はマルキストではなくアナキストでした」とのちに『文芸』(1939.11)に記している。同年9月「追はれる人々」を『改造』(1932.9・10)に掲載，この作品は大島義夫(高木弘)によりエスペラントに訳される。33年1月『文芸首都』が創刊され同人となる。36年以降日本に定住して著作活動に専念，多くの作品を発表。「日本文壇初の朝鮮人作家という異彩」(許南薫)として注目を受ける。39年『文芸』に親日派宣言といわれる「朝鮮の知識人に訴ふ」を掲載。この時期の言動が韓国と日本の双方から痛烈に批判される。46年週刊『平民新聞』に小説「意中の人」を連載(3-25号1946.8.7-4.30)するが中途で連載打ち切り。打ち切りの理由は不詳。52年10月日本に帰化，野口稔が本名となる。54年以降野口赫宙の筆名を使用。54年自伝的長編「遍歴の調書」は半生を総括，75年『嵐の詩』(講談社)で再び自伝的長編を執筆。(亀田博)〔著作〕「白楊木」「追はれる人々」『土とふるさとの文学全集3』家の光協会1976,『わが風土記』ゆまに書房2002,『私の小説勉強』『文芸』1939.11,「祖国朝鮮に飛ぶ」『毎日情報』1951.9, 南富鎮・白川豊編『張赫宙日本語作品選』勉誠出版2003〔文献〕白川豊『植民地期朝鮮の作家と日本』大学教育出版1995,川村湊「金史良と張赫宙 植民地人の精神構造」・高崎宗司「朝鮮の親日派 緑旗連盟で活動した朝鮮人たち」『近代日本と植民地6』岩波書店1993

張景 ちょう・けい チャン・ヂン ?-? 別名・曉天 中国雲南省昆明出身。1910年代末日本に留学。20(大9)年東京の下宿にアナキズムのパンフレットを持って訪ねて来た四川省の羅豁，雲南省の陳春培ら6，7人が集まり光社を結成，アナキズム関係の出版物を読む。市外の下宿に移りのちに中国共産党日本グループの中心的活動家となる施ází統も同じ下宿に住む。22年1月湖南労工会の黄愛らが処刑されると神田の基督教青年会館で追悼会を開く。22年夏，陳春培と神田の印刷屋でアナキズムの宣伝ビラを数百枚印刷，留学生に配布さらに国内に持ち帰ろうとするが帰郷の途中神戸で3日間拘束され取り調べを受ける。陳春培は国外追放処分になる。新学期に再び東京に戻るが特高の監視がさらに厳しくなる。早稲田大学に留学している衛恵林と知り合う。24・25年頃新たに留学してきた沈仲九らと辻潤，秋田雨雀，新居格，石川三四郎らと行き来する。27年上海国立労働大学設立の準備をしていた沈仲九から連絡を受け同大学で石川に社会主義運動史を，山鹿泰治にエスペラントを講義するよう依頼する。8月山鹿が労働大学に到着するとこれを出迎え山鹿の案内と通訳をつとめる。29年帰国し上海で児童文学の翻訳をして生計を立てる。この頃立達学園の匡互生，巴金，盧剣波ら多くのアナキストと知り合う。同年匡互生の紹介で福建省泉州にある黎明高級中学で労働作業過程を担当する。(手塚登士雄)〔著作〕「アナキズム宣伝活動断片」『中国アナキズム運動の回想』総和社1992〔文献〕向井孝『山鹿泰治』自由思想社1984, 小野信爾『五四運動在日本』汲古書院2003

張継 ちょう・けい チャン・チー 1882.8.31-1947.12.15 本名・溥，別名・溥泉，博泉，自然生，黄帝子孫之一個人 中国直隷省滄州(現・河北省滄県)生まれ。蓮池書院で経史を学び99年日本に渡る。翌年早稲田大学に入学。革命思想を抱き留学生を組織して励志会，青年会などを結成。03年中国で最初にアナキズムを体系的に紹介した文献『無政府主義』を出版。05年同盟会に加入し同会本部司法部判事兼『民報』発行人となる。その後幸徳秋水らと交わり『天義』や社会主義講習会，亜洲和親会，エスペラント講習会にも関わる。社会主義講習会では章炳麟らばかりでなく幸徳，堺利彦，山川均，大杉栄，竹内善朔らも講師に招いた。08年1月金曜茶屋上演説事件がおこりパリに移る。パリでは『新世紀』グループに合流し，アナキストがフランス西北部につくった共産主義実験村に滞在したこともある。しかしこの間アナキズムに関するまとまった著述を残しておらずその思想の具体的内容は明らかではない。11年帰国し翌年には国民党参議となり，13年には参議院議長に就任。師復から政界への接近はアナキストのモラルに反すると厳しい批判を受けた。その後討袁の軍事活動に参加，第2革命敗北後は日本に渡り中華革命党に加入する。20年広東軍政府顧問となり翌年からは中国国民党の要職につく。この間日本から密航した大杉と上海で面会。24年1月国民党第1回全国大会で中央監察委員に就任。同年6月

謝持らと共産党弾劾文を発表。孫文死後は党内右派の中心人物となり第1次国共合作分裂後は南京政権に加わる。47年南京で病死。著作は『張溥泉先生全集』全3編（中央文物供応社1951-82）に収められている。（嵯峨隆）〔文献〕嵯峨隆『近代中国の革命幻影』研文出版1996，黄季陸主編『革命人物誌4』中央文物供応社1870，劉紹唐主編『民国人物小伝1』伝記文学出版社1981，徐文珊『北方之強 張継伝』近代中国出版社1982，『エス運動人名事典』

張　謙弟　ちょう・けんてい　チャン・チエンテイー　?-?　本名・履謙　中国四川省巴県出身。1921年重慶で日本製品排斥運動がおこり盧剣波と知り合う。22年春，重慶の川東師範から四川省南部における新文化運動の中心だった瀘県の川南師範に転校。23年毛一波らと文学サークル愛波社を組織し重慶『商務日報』の副刊紙面を借りて『零星』を刊行。24年湖南省長沙の平民大学に入り星社，大同合作社にも参加。上海，広東に行き中学校の教鞭をとり26年上海に出て盧剣波らと『民鋒』を発行。27年福建省厦門で『民鐘日報』の編集に携わり，また秦望山らの民団武装編練処の活動に加わる。28年毛一波，盧剣波らと『文化戦線』『現代文化』などを刊行，革命文学論争に加わり「革命文学の批判」（『現代文化』創刊号）などを発表。また『新時代』には毛一波，盧剣波らとともに主要な寄稿者になる。37年四川で盧剣波らと『驚蟄』を発行，成都で印刷出版を担当する。中華人民共和国成立後は四川大学中国文学系で教え，58年，退職，84年以前に死没。（手塚登士雄）〔文献〕毛一波「三十年代の四川作家『張謙弟』」，蔣俊「盧剣波のアナキズム運動」『中国アナキズム運動の回想』総和社1992，毛一波「アナキズム回想」玉川信明『中国の黒い旗』晶文社1981

趙　昌国　ちょう・しょうこく　チョウ・チャングク　?-?　1931（昭6）年5月に東京で設立された東興労働同盟北部の幹部で，32年責任者金学淳と対立する。（堀内稔）〔文献〕『社会運動の状況4』

張　祥重　ちょう・しょうじゅう　チャン・サンジュン　1901-1962.7.28　別名・讚寿　朝鮮慶尚南道出身。20（大9）年11月頃から親日派制裁を旨とする朴烈の鉄血団などで活動，体格がよく痛快なる鉄拳の持ち主として親日派を戦慄させた。21年11月には朴烈，金若水らと黒濤会を組織，23年4月に組織された不逞社のメンバーとしても活動，同年8月末大杉栄の呼びかけで東京根津で開かれたアナキスト同盟の集まりに金重漢らと列席する。9月関東大震災直後に治安警察法違反として検挙され25年6月予審免訴となる。在東京朝鮮人団体が連合して25年9月24日に開催した痛哭震災当時被虐殺同胞には黒友会として参加，騒擾行為で一時検束される。朴烈事件が終結した26年春頃から朴の遺志を継承すべく戦線の立て直しをはかり元心昌，李宏根らの黒友会のメンバーとともに日本人の団体である黒連に加入，同年3月黒連の応援のもとに朝鮮問題講演会を開催，東京雑司ケ谷に黒色運動社の看板を掲げ活動した。機関紙『黒友』および『小作争議』と題するパンフレットを発行する。翌27年2月には朝鮮自由労働者組合を組織，同年9月崔洛鍾らが朝鮮東興労働同盟を組織した際には宣伝隊の一員となり朝鮮労働者の飯場を巡訪し『黒友』を改題した『自由社会』を配布した。31年5月個人的にアナキズム宣伝紙『自由論戦』を発行，翌32年11月には在日朝鮮無産者不当弾圧抗議同盟，在日朝鮮無産者居住権獲得同盟を組織して朝鮮語の檄文を作成，広く同志に配布した。しかしその後は運動から離れ，38年頃には雇人20余人を使用する古物商を営んだ。45年8月には朴烈の釈放運動に成功。46年日本アナキスト連盟の結成に参加，連盟解散後は日本アナキストクラブ員として活躍。（堀内稔）〔文献〕『韓国アナキズム運動史』，『社会運動の状況4-10』，『特高月報』1938.6

張　成賢　ちょう・せいけん　チャン・ソンヒョン　?-?　李孝黙，張善籌らと1931（昭6）年6月21日「神戸在住朝鮮人の相互親睦と知識啓発」を目標とする朝鮮同友会を組織した。この団体は平壌洋靴職工組合員であった同僚10余人が関西黒友会事件後日本に渡り東京，大阪，平壌と連絡を取りながら組織したアナキストグループで，同年7月の万宝山事件時には対策協議会を開催，団体交渉委員を選出して行動を開始しようとしたが2人が検束され失敗した。（堀内稔）〔文献〕『社会運動の状況3』

張　静江　ちょう・せいこう　チャン・チンチア

ン 1877.9.19-1950.9.3 本名・増澄，別名・人傑，臥禅 中国浙江省呉興県生まれ。生家は生糸商。02年フランス公使随員の身分で李石曾とともにパリに渡る。当地で通運公司を設立，骨董品の売買で財をなすと同時に李石曾らが創刊した『新世紀』を経済面から援助する。また孫文への援助も行う。07年香港で中国同盟会に加入。14年中華革命党の財政部長に任じられるが病気のため渡日を果たさず。20年上海証券取引所を設立。中国国民党第1回全国大会で中央執行委員に任じられる。同郷の縁で早くから蔣介石と親密になりその反共政策を積極的に支持した。28年中華民国建設委員会主席，浙江省政府主席をつとめる。37年出国し39年から滞米，ニューヨークで病没。著作は『張静江先生文集』(中央文物供応社1982)に収められている。(嵯峨隆)〔文献〕玉川信明ほか『中国アナキズム運動の回想』総和社1992，楊愷齢『民国張静江人傑年譜』台湾商務印書館1981

張 善籌 ちょう・ぜんちゅう チャン・ソンジュ ?-? 1931(昭6)年6月李孝黙，張成賢とともに神戸で平壌出身の洋靴労働者10余人を糾合して神戸朝鮮同友会を組織，同年7月万宝山事件に関して対策協議会を設け活動しようとして弾圧を受ける。(堀内稔)〔文献〕『社会運動の状況3』

趙 太侔 ちょう・たいぼう チャオ・タイモウ 1889-1968 本名・畸 中国山東省益都出身。1913年国民党が北京に開設した国民大学(中国大学の前身)に入学。14年北京大学英文学科入学。17年同校の黄凌霜，袁振英らと実社を組織し『実社自由録』を刊行。同年北京大学卒業，済南一中の教員となる。19年渡米，週刊『労働潮』を発行(4号まで)。コロンビア大学大学院に入る。のちに戯曲研究に携わり山東大学教授などを歴任する。(手塚登士雄)〔著作〕「趙太侔自伝」『中国アナキズム運動の回想』総和社1992

長南 善吉 ちょうなん・ぜんきち ?-? 1919 (大8)年東京神田区(現・千代田区)の三省堂印刷部和文科に勤め活版印刷工組合信友会に加盟する。(冨板敦)〔文献〕『信友』1919年8月号

千代田 米吉 ちよだ・よねきち ?-? 1919 (大8)年東京深川区(現・江東区)の東京印刷深川分社製本科に勤め日本印刷工組合信友会に加盟する。(冨板敦)〔文献〕『信友』1919年10月号

陳 延年 ちん・えんねん チェン・イェンニエン 1898-1927.7.4 中国安徽省懐寧出身。陳独秀の長男。15年上海に出て『新青年』を発行する父のもとで学ぶ。上海震旦大学に学び，アナキズムに傾倒し19年1月黄凌霜らと進化社を組織し『進化』を創刊。20年2月留仏勤工倹学運動に参加，兄弟でパリに渡る。22年1月雑誌『工余』の編集主任をつとめるが，その後マルクス主義者に転向し周恩来らと旅欧中国少年共産党を組織，中央執行委員，機関誌『少年』の発行人となる。27年4月蔣介石の反共クーデター直後に上海に入り6月26日国民党に逮捕され処刑される。(手塚登士雄)〔文献〕横山宏章「陳延年」『近代中国人名辞典』霞山会1995

陳 崁 ちん・かん ツァン・カム ?-? 台湾の彰化出身。台湾文化協会において社会主義思想の影響を受けた無産青年一派を形成。1925年1月彰化で周天啓らとアナキズムの宣伝を目的に劇団鼎新社を組織，「良心的恋愛」を公演する。その後思想的啓発を中心に進むべきだとする頼通堯らは別に台湾学生同志連盟会を組織，演劇を行うが取り締まりを受ける。陳は26年両劇団を合同し彰化新劇社を組織，巡回公演を行う。27年2月台湾黒色青年連盟の一斉検挙で逮捕されるが同年10月釈放。27年台湾文化協会の分裂後も協会台中支部の専従運動家として活動。28年周天啓，陳煥圭らと巡回映画興行団旭瀛社を組織する。同年台湾農民組合の楊貴が同組合彰化支部に駐在し，同地の無産青年一派を共産主義に転向させようとはかったため陳らと鋭く対立。12月3日両派は立会演説会を行う。アナは陳のほか郭炳榮，謝有丁，潘爐，王清実，陳源。29年9月24日文化協会彰化特別支部大会で共産主義派はアナ派を排斥。陳らは文化協会を脱退，約30人の同志を集め台湾労働互助社を設立，11月1日創立総会を開催。陳らは30年7月に創刊された雑誌『明日』を互助社の機関誌とすべく盛んに投稿しまた資金獲得のため陳煥圭らが始めた滋養乳の製造販売店を支援する。31年8月27日滋養乳店店員で互助社社員の蔡秋宗が拳銃所持で逮捕されたのをきっかけに主要人物の一斉検挙が行われる。陳のほか蔡禎祥，王清実，

621

呉泉木，王詩琅，張維賢ら16人が送検されるが十分な証拠がなくその後釈放された。(手塚登士雄)〔文献〕台湾総督府警務局編·刊『台湾総督府警察沿革誌3』1939

陳　琯源　ちん・かんげん　チン・グァンウォン　?-?　1929(昭4)年12月東京の朝鮮自由労働者組合の事務所で創立された極東労働組合の責任者で，32年に呉宇泳とともにアナキズム宣伝出版物『二十世紀』の発行を計画した。(堀内稔)〔文献〕『社会運動の状況4』

陳　空三　ちん・くうさん　チェン・クンサン　?-?　本名·延璠，別名·昆山　中国陝西省戸県出身。1922年北京大学哲学系を卒業。23年陳声樹，馮省三らとともに北京世界語専門学校(世専)の設立につとめその理事となる。世専の関係でしばしば魯迅を訪ねる。陳空三は山鹿泰治が「たそがれ日記」で回想している陳昆山と同一人物と推察される。22年12月ベルリンで開催予定の国際アナキスト大会への招待状を受け取った大杉栄の依頼で大杉の偽旅券入手のために北京に渡った山鹿は当時周作人宅に滞在し，北京大学でロシア文学の講義をしていたエロシェンコより陳空三(陳昆山)を紹介される。山鹿は陳の家に泊めてもらい，陳の紹介で『国風日報』社長の景梅九に旅券取得を頼んだがなかなかはかどらず，あきらめて上海に向かう。山鹿によると陳は「後に紅槍隊というゲリラを作ってマフノにならって暴れたらしいが行方不明になった」という(「たそがれ日記」)。(手塚登士雄)〔文献〕山鹿泰治「たそがれ日記」富士宮アナキズム文献センター所蔵，向井孝『山鹿泰治』自由思想社1984，『魯迅日記』『魯迅全集17-19』学習研究社1985·86，侯志平『世界語運動在中国』中国世界語出版社1985

陳　炯明　ちん・けいめい　チェン・ジュンミン　1878.1.13-1933.9.22　本名·捷，別名·賛三，月楼，競存　中国広東省海豊県生まれ。初め科挙の道を歩むがのちに新学に転じて08年広東法政学堂を卒業。09年広東省の諮議局議員となる。同年中国同盟会に加入，翌10年師復が組織した支那暗殺団に加入する。11年4月黄華崗蜂起に加わるが失敗して香港に逃れる。武昌蜂起勃発後，東江一帯で軍事行動を行い，広東独立後は副都督となる。第2革命では広東の独立宣言を発して討袁活動に加わり，敗北後はシンガポールに逃れる。16年東江で討袁活動に従事，翌年広東軍政府が組織されると援閩粤軍総司令として福建南部に進駐する。以後3年間各地のアナキストを招聘して改良運動を行うとともにソ連代表とも接触する。20年広東に復帰し粤軍総司令兼広東省長となる。その後広東省内では革命戦略をめぐって孫文と陳の間に緊張が高まり，22年6月陳はクーデタを敢行，孫文を広東から排除する。23年2月広州が国民党によって回復されたあとは恵州に拠点を移す。25年国民革命軍の攻撃を受け敗北して香港に移る。以後中国致公党を結成するなど政治活動を続けたが大きな影響力をもつことはなかった。(嵯峨隆)〔文献〕陳演生編『陳競存先生年譜·増訂本』竜門書店1980，段雲章·陳敏·倪俊明『陳炯明的一生』河南人民出版社1989

陳　春培　ちん・しゅんばい　チェン・チュウンペイ　?-?　中国雲南省出身。1920(大9)年1月来日。東京神田の東亜予備校に入るがまもなく退学。下宿に四川省の羅翯，雲南省の張景ら6, 7人が集まりアナキズム関係の出版物を読む。21年9月謝晋青が帰国したあとを受けて中華留日基督教青年会内の東方書報社を主宰する。上海の『民国日報』その他中国各地の新聞社に排日あるいは無政府共産主義に関する記事を送る。警視庁の要視察人に編入される。22年3月16日青年会で開かれた湖南労工会の黄愛·龐人銓追悼会の発起人の一人となる。『外事警察報』によると4月23日張景，蔡文耀，杜伯訓，楊敬慈，衛恵林，靳文炳らの留学生と光社を結成する。日本人社会主義者と交流し青年会で開いていた思想講演会に大杉栄，伊藤野枝らを招く。同年夏，張景と神田の印刷屋でアナキズムの宣伝ビラ(光社の宣言)を数百枚印刷，留学生らに配布する。9月16日逮捕，取り調べを受け10月7日国外追放処分になる。第3次『労働運動』11号(1923.2)に雲南から寄せた「支那の無政府主義運動」が掲載される。范天均によれば33年頃満州を占領した日本軍と戦うため第15路義勇軍を組織したという。(手塚登士雄)〔文献〕中名生幸力「陳春培君を送る」『労働運動』3次9号1922.11，張景「アナキズム宣伝活動断片」『范天均氏訪問記』『中国アナキズム運動の回想』総和社1992，小野信爾『五四運動在日本』汲古書院2003

陳　小我　ちん・しょうが　チェン・シアオウオ　?-?　本名・慕勤　中国四川省達県出身。辛亥革命前後にアナキズム思想の影響を受け1920年達県に元社会党支部を基礎に四川初めてのアナキズム団体適社を組織する。のちに重慶に移り重慶連合中学学監となる。『適社意趣』『告少年』（青年に訴う）、『軍人之社会革命』などパンフレットを相次いで刊行、四川省を中心に影響を与える。四川省合江の盧剣波も適社のパンフレットを読み重慶に陳小我を訪ねる。21年のメーデーでは陳小我の書いた労働歌のビラが学生によってまかれる。成都で雑誌『半月』の編集に加わった巴金は陳小我と連絡を取る。陳小我はのちに中国共産党に加入し四川省北部で殺されたといわれる。（手塚登士雄）〔文献〕蔣俊「盧剣波のアナキズム活動」『中国アナキズム運動の回想』総和社1992

陳　声樹　ちん・せいじゅ　チェン・ションシュー　?-?　北京の法政大学の学生。1923年陳空三、馮省三らとともに北京世界語専門学校の設立につとめる。「魯迅日記」に12回の記載がある。27年9月上海に開校した国立労働大学でエスペラントを教える。同大学に招かれた山鹿泰治と交流する。（手塚登士雄）〔文献〕「魯迅日記」『魯迅全集17-19』学習研究社1984

陳　範予　ちん・はんよ　チェン・ファンユイ　1901-1941.2.15　本名・昌標　中国浙江省出身。18年杭州の浙江省第一師範学校入学。19年五・四運動がおこると積極的に宣伝活動に参加。印刷労働者と交流、業余補習学校を開き浙江印刷公司互助会が創刊した労働者新聞『曲江工潮』の編集に参加。王祺のアナキズム思想に大きな影響を受け23年1月王祺と杭州西湖西南の煙霞洞にある師復の墓の改修を行う。27年国立上海労働大学で社会問題、社会主義史などの講義を行うとともに立達学園高等中学部で社会問題を教える。29年病状が重く杭州の王祺の家で療養する。30年秋、福建省泉州の黎明高級中学で教え校長の呉克剛の招きでやって来た巴金と知り合う。巴金は陳範予の「人間は宇宙の驕児ではなく、生命はあらゆる所に存在し、連綿として絶えることがないという生活哲学」から大きな影響を受ける。36年10月沈仲九の招きで福州の福建省民衆教育師資訓練処処長となる。その後福建各地を転々とし『新宇宙観』（文化生活出版社1936）を著す。肺結核で死没。遺著に『科学と人生』（改進出版社）がある。（手塚登士雄）〔文献〕巴金「範予兄を悼む」『懐念集』寧夏人民出版社1994、坂井洋史『巴金と福建泉州　黎明高級中学、平民中学のことなど』『貓頭鷹』5号1986.9、同「王祺、陳昌標師弟による煙霞洞師復墓重修について」『言語文化』31巻1994、同整理『陳範予日記』学林出版社1997

陳　翼龍　ちん・よくりゅう　1886-1913　1909年上海の『神州日報』記者として日本を訪問。1911年11月に江亢虎が組織した中国社会党の総幹事となる。12年8月北京支部の主任になり天津支部設立にも力を注いだ。北京では平民学校を設立すると共に北京世界語（エスペラント）会を組織し講習会を開いた。後に周恩来と結婚する鄧穎超の母は平民学校の教職に就き鄧穎超も平民学校に入学した。袁世凱による締め付けが厳しくなると党内では体制の許す範囲での社会改良を唱えるようになった江亢虎との対立を深めた極端社会主義派と自称する沙淦らアナキストたちが12年10月中国社会党から分裂し別に「社会党」を結成した。しかし袁世凱政権による弾圧はますます厳しくなり、沙淦は13年7月逮捕・銃殺され社会党は壊滅した。陳翼龍も13年8月に逮捕・処刑され、中国社会党は解散を命じられた。北京世界語会も姿を消すがおよそ10年後の22年に再生し周作人が会長となった。（手塚登士雄）〔文献〕蔣俊・李興芝共著『中国近代的無政府主義思潮』山東人民出版社1990

陳　緑根　ちん・りょくこん　チン・ノクコン　1910-?　朝鮮咸鏡南道洪原郡竜源面雲州里生まれ。朝鮮普通学校を卒業後しばらく養蚕の手伝いをする。27(昭2)年苦学を志し日本へ渡る。職を求めて下関、名古屋を経て浜松に出る。浜松相愛会の世話で市内の博文堂印刷所の印刷工となる。28年頃遠江印刷同工会に加盟し斎藤竹雄らとともに組織の拡大とアナキズムの宣伝につとめた。『自連新聞』『文学通信』などを今田保らに配付する。35年9月頃同印刷所を退所し大阪に出て大阪旋盤学校に入学する。同年末頃同学校の寄宿舎に居住中、無共党事件で検挙されるが不起訴。（冨板敦）〔文献〕『身上調書』、『社会運動の状況7』

つ

築比地 仲助 ついひじ・なかすけ 1886(明19)6.1-1981(昭56)1.7 別名・通平寺伴助 群馬県邑楽郡高島村(現・邑楽町)に生まれる。館林中学を卒業後上京し国語伝習所で学んだ。その後帰郷していたが幸徳秋水『社会主義神髄』に反発を感じ幸徳に手紙を書いたところから社会主義者との交流が始まった。04年に再度上京し幸徳の要請により読書会を結成した。07年頃からは郷里を拠点に社会主義者のネットワークを広めつつ何回か上京して地方と中央の社会主義者の交流をはかった。この時期森近運平の『大阪平民新聞』での革命歌応募に「嗚呼革命は近づけり」で始まる歌を寄せて入選,革命歌として広く愛唱された。08年5月高畠素之らの『東北評論』に参加し発禁処分,高畠の下獄,再刊発行などの状況下で奮闘した。同年6月の赤旗事件後は地方の社会主義者を幸徳の周囲に集めて運動を支援した。大逆事件では幸徳との関係から厳しい取り調べを受けた。13年以降実業界に転身し石橋湛山と経済倶楽部を設立。浮世絵や西洋版画のコレクターとしても有名であった。(西山拓)〔著作〕「管野スガと大逆事件」『ひろば』5号1957.3,「平民社回想録」『労働運動史研究』15・16号1959.5・7,「大逆事件の思ひ出」『大逆事件の真実をあきらかにする会ニュース』16号1968.3〔文献〕大逆事件の真実をあきらかにする会編『大逆事件訴訟記録・証拠物写4』近代日本史研究会1960, 田村紀雄『明治両毛の山鳴り』百人社1981, 長谷川安衛編著『築比地仲助翁 幸徳秋水事件関係資料集』邑楽町立図書館2000

塚沢 憲太郎 つかさわ・けんたろう ?-? 1919(大8)年東京神田区(現・千代田区)の三秀舎文選科に勤め活版印刷工組合信友会に加盟する。(冨板敦)〔文献〕『信友』1919年8・10月号

塚田 喜三郎 つかだ・きさぶろう ?-? 印刷工として1919(大8)年活版印刷工組合信友会に加盟し活動する。(冨板敦)〔文献〕『信友』1919年8・10月号

塚田 隆雄 つかだ・たかお ?-? 長野県上水内郡安茂里村(現・長野市)の正覚院住職。1921(大10)年七高を1年休学して帰村し安茂里小学校代用教員となる。近在の農村青年を集め文芸と社会科学の学習会白人会をつくった。ここには佐藤光政らの農民も参加したが教養主義的な学習会は農村青年の期待にこたえるものではなかった。塚田は翌年復学し京都大学に進学するが,25年1月「世の道しるべ」を意味する散鐸会を組織した。これは「広ク学芸ノ研究及ビ其ノ普及ヲ目的トス」とされ同人誌『散鐸』(1924.11-27.3, 計6冊)も発行され,その「自由人の文化創造」という理想は農村青年に大きな影響を与えた。しかし依然として教養主義的な性格にあきたらない農村青年は小山敬吾の指導のもとに「改訂会則」を作成,そこでは「大地ニ立脚セル人生観, 社会観ニヨリ, アラユル機会ヲ捉ヘテコノ信条ノタシカサヲ究メ告ゲユキ, 以テ吾ラノ世界展開ヲ期ス」と宣言された。こうして農民自治会との懸け橋がつくられていった。(安田常雄)〔文献〕大井隆男『農民自治運動史』銀河書房1980

塚田 博 つかだ・ひろし ?-? 1919(大8)年東京神田区(現・千代田区)の三省堂印刷部鋳造科に勤め活版印刷工組合信友会に加盟する。(冨板敦)〔文献〕『信友』1919年8・10月号

塚田 政之助 つかだ・まさのすけ ?-? 東京日日新聞社に勤め東京の新聞社員で組織された革進会に加わり1919(大8)年8月の同盟ストに参加するが敗北。のち正進会に加盟。24年夏, 木挽町(現・中央区銀座)正進会本部設立のために1円寄付する。(冨板敦)〔文献〕『革進会々報』1巻1号1919.8, 正進会『同工諸君!!寄附金芳名ビラ』1924.8

塚田 稔 つかだ・みのる 1900(明33)3.17-? 東京市小石川区白山御殿町(現・文京区白山)に生まれる。宝商会時計工場に時計工として勤め1921(大10)年東京北郊自主会に出入りしたことから警視庁の思想要注意人とされる。(冨板敦)〔文献〕『警視庁思想要注意人名簿(大正10年度)』

塚田 義光 つかだ・よしみつ ?-? 1926(大15)年頃, 長野県小県郡滋野村で農業を営み農民自治会全国連合に参加。山浦隆介,

土屋勝太郎，田口一馬らと地元の農民自治会を組織しようとしていた。『農民自治』(6号：長野県号)に「深緑旗の下に」を寄稿する。(冨板敦)〔文献〕『農民自治』6号1926.11,『農民自治会内報』2号1927,大井隆男『農民自治運動史』銀河書房1980

塚原 賢二郎 つかはら・けんじろう ?-? 日本印刷工組合信友会に加盟し1921(大10)年末頃，研究社に勤めていた。(冨板敦)〔文献〕『信友』1922年1月号

塚原 定次 つかはら・さだつぐ ?-? 新聞工組合正進会に加盟し1924(大13)年夏，木挽町(現・中央区銀座)本部設立のために2円寄付する。(冨板敦)〔文献〕正進会『同工諸君!!寄附金芳名ビラ』1924.8

塚原 辰吉 つかはら・たつきち ?-? 北海道小樽区(現・小樽市)に居住していた。歌人として「花骸」の号を持つ。1907年ころ小樽時代の石川啄木と親交しのち啄木1周忌集会を主催した。啄木の書簡，日記には塚原の名が見える。同じく小樽のアナキスト歌人高田治作(紅果)と行動をともにし，西川光二郎，添田啞蟬坊などを迎えた小樽の社会主義演説会に参加，社会主義系文芸誌にも関係していた。高田同様に小樽の保険代理業・奥田商会の社員だった。大逆事件後，当局の尾行をうけ，幸徳秋水を偲ぶ短歌「恋に死にし強者なりけり傷ましく其子も父の跡追はむとす」を詠じた。1914年3月，月刊『平民新聞』の寄付者一覧には「小樽区 塚原辰吉氏」の名が見える。(大和田茂)〔文献〕堅田精司編『碧川企救男論説集』・『北海道社会運動家名簿仮目録』私家版1973

塚本 卯四郎 つかもと・うしろう 1902(明35)-? 茨城県稲敷郡大宮村宮淵(現・竜ケ崎市)生まれ。22年竜ケ崎中学校を卒業し明治大学予備校に入学するが7月に退学。23年4月青山学院商業科に入学し25年6月に病気のため中退した。以後は帰郷して農業に従事。30年頃からアナ系出版物や『自連新聞』の読者となった。35年末頃無共党事件で検挙されるが不起訴。(冨板敦)〔文献〕『身上調書』

塚本 栄 つかもと・さかえ ?-? 報知新聞社に勤め新聞工組合正進会に加盟。1920(大9)年機関誌『正進』発行のために50銭寄付する。(冨板敦)〔文献〕『正進』1巻1号1920.4

塚本 恒次郎 つかもと・つねじろう ?-? 長島新，渡辺善寿，古田大次郎とともに小作人社を結成し1922(大11)年2月6日『小作人』を創刊する。(冨板敦)〔文献〕『小作人』1次1号1922.2

塚本 はる つかもと・はる ?-? 1919(大8)年東京京橋区(現・中央区)の築地活版所仕上科に勤め日本印刷工組合信友会に加盟する。(冨板敦)〔文献〕『信友』1919年10月号

月岡 国保 つきおか・くにやす 1898(明31)頃-? 1922(大11)年春同志社自由人連盟グループが組織した十月会に八木信三，高橋信司，誉田季麿らと参加。23年メーデーのデモ不許可で5月1日夜，メーデー祝福労働問題大演説会を開く。その日早朝，市内壬生車庫付近を中心に西陣・田中町方面の電柱へ絵入りの不穏ビラを貼りつけたとし福島佐太郎，道本精一，中島猛ら3人とともに検束。当時十月会は名物教授の山本宣治と親交し当初思想的立場も人道主義，民主主義，アナキズム，サンジカリズム，社会主義など多様であったが，労働運動の共産主義への変化と時期を同じくして内部の思想的対立が生じ社会主義を研究する新派が旧派と対立した。23年12月解散。26年経済学科卒業後の活動の詳細は不詳。上京後の28年も在京有力アナキストと判定されていたという。(北村信隆)〔文献〕『京都地方労働運動史』，上野直蔵編纂『同志社百年史・通史編1』同志社1979,住谷一彦・住谷磐編・刊『回想の住谷悦治』1993

月岡 長一郎 つきおか・ちょういちろう ?-? 1919(大8)年東京神田区(現・千代田区)の丸利印刷所に勤め日本印刷工組合信友会に加盟する。(冨板敦)〔文献〕『信友』1919年10月号

月影 辰之助 つきかげ・たつのすけ ?-? 1919(大8)年東京京橋区(現・中央区)の築地活版所漢字鋳造科に勤め日本印刷工組合信友会に加盟する。同所同科の組合幹事を一森正吉，桑名鋼次郎と担う。(冨板敦)〔文献〕『信友』1919年10月号

築地 安次郎 つきじ・やすじろう ?-? 1919(大8)年東京京橋区(現・中央区)の築地活版所和文科に勤め日本印刷工組合信友会に加盟する。(冨板敦)〔文献〕『信友』1919年10月号

辻 伊三郎 つじ・いさぶろう ?-? 印刷工として1919(大8)年活版印刷工組合信友会

に加盟し活動する。(冨板敦)〔文献〕『信友』1919年8月号

辻　潤　つじ・じゅん　1884(明17)10.4-1944(昭19)11.24　別名・水島流吉、静美、陀々羅、風流外道、陀仙、驢鳴　東京市浅草区向柳原町(現・台東区)生まれ。江戸時代に札差だった裕福な家に生まれた。98年荒木古童(竹翁)の門に入り尺八を習う。その尺八が辻の生涯の伴侶となる。99年家が衰退し開成尋常中学校を中退。正則国民英学会で英語を学ぶ。03年千代田尋常高等小学校の助教員になる。07年社会主義夏期講習会に参加し堺利彦、幸徳秋水、森近運平らと接触。11年神経衰弱を理由に精華高等小学校を退職し上野高等女学校の英語教師となる。大逆事件で1月に幸徳ら12人が処刑されている。辻はほとんど大逆事件に触れていないがこの転職もその影響かと思われる。ニヒリスト辻の端緒はここにあるのかもしれない。12年伊藤野枝との恋愛事件で上野高女を追われ職を失う。14年ロンブロゾーの『天才論』(植竹書院)を刊行、反響を呼ぶ。15年『生活と芸術』にスチルネルの「万物は俺にとって無だ」を訳載。16年伊藤が大杉栄のもとへ走り失意のうちに浅草時代が始まる。21年スチルネルの『自我経』(『唯一者とその所有』の完訳)を冬夏社(青表紙)、改造社(赤表紙)から刊行。自分は「唯一者」の思想によって生き方が決まったとスチルネリアンを標榜する。22年月島の社会主義思想講習会でダダイズムの話をし小島きよと出会う。また『改造』に「ダダの話」などを書いて本格的にダダイズムの紹介を始める。辻は「スチルネルの哲学を芸術に転換すると、そのままダダの芸術が出来あがる」と記している。23年高橋新吉の作品を編集して『ダダイスト新吉の詩』を中央美術社から刊行。この詩集は中原中也、吉行エイスケらの若い詩人に大きな影響を与えた。関東大震災後大杉、伊藤、橘宗一が虐殺される。「ふもれすく」は伊藤に対する鎮魂歌である。またボル派の集会三人の会にアナ派が突入し混乱が生じた時、彼がテーブルの上に飛び乗り奇妙な声を発して仲裁をしたという逸話が残っているのもこの年。内部抗争を繰り返す彼らに対する痛烈な批判である。24年『ですぺら』を新作社から刊行。ユニークな造語は彼の柔軟な思考から生まれている。『読売新聞』に宮沢賢治の『春と修羅』を評価した「惰眠洞妄語」を連載、賢治評価の先駆けとなる。25年卜部哲次郎、荒川畔村らと『虚無思想研究』を創刊、アフォリズムを連載する。また体調を崩した辻のために辻潤後援会ができる。以後も辻が窮地に陥った時にしばしば後援会ができている。28年読売新聞社の文芸特置員として渡欧、約1年間パリに滞在する。ほとんど外に出ず中里介山の『大菩薩峠』を読んでいたという。29年『どうすればいいのか?』を昭文堂文芸部から刊行。30年『にひる』を創刊、萩原朔太郎、生田春月らと親交を深める。『絶望の書』を万里閣書房から刊行。32年精神に異常をきたし青山脳病院に入院する。この頃から尺八で門付をし一所不在の放浪生活に入る。35年松尾季子と同棲。『癡人の独語』を書物展望社から刊行する。その中に「一ツの整理、無精者が偶々気紛れに部屋の掃除をしてみる。一切の整理の結末は自殺、それでいい加減にして、また凡ゆる塵埃の中に没入する。それが日々の生活」という言葉がある。享楽することを辻は提唱する。36年『孑孑以前』を昭森社から刊行。41年真珠湾奇襲の勝利に沸く気仙沼で「日本必敗」を予言する。44年放浪の旅から東京に戻り上落合のアパートで餓死する。特異な辻の生涯はまた辻独自のものでなければならない。それぞれの人間が唯一者として生きることを始めた時、辻の苦難は救われるのかもしれない。(大月健)〔著作〕デ・クインシィ『阿片溺愛者の告白』(訳)三陽堂書店1918、マコウア『響影』(訳)同1918、ワイルド『ド・プロフォンディス』(訳)越山堂1919、スティルネル『唯一者とその所有(人間篇)』(訳)日本評論社出版部1920、『浮浪漫語』下出書店1922、ムウア『一青年の告白』(訳)新作社1924、訳文集『螺旋道』新時代社1929、『水島流吉の覚え書』無風帯社1946、『辻潤集』全2巻近代社1954、『辻潤著作集』全6巻別1オリオン出版社1969・70、『辻潤選集』五月書房1981、『辻潤全集』全8巻別1同1982、『ダダイスト辻潤　書画集』虚無思想研究編集委員会1994、玉川信明編『辻潤　孤独な旅人』五月書房1996、『絶望の書・ですぺら』講談社文芸文庫1999〔文献〕『虚無思想研究1-4』星光書院1948-50、『本の手帖』44号1965、松尾邦之助編『ニヒリスト　辻潤の思想と生涯』オリオン出版社1967、三島寛『辻潤　芸術と病理』金剛出版社1970、玉川信明『評伝辻潤』三一書房1971、高木護『辻潤』たいまつ新書1979、玉川

信明『ダダイスト辻潤』論創社1984，脇とよ『孤影の人』皆美社1985，松尾季子『辻潤の思い出』虚無思想研究編集委員会1987，折原修三『辻まこと・父親辻潤』リブロポート1987，倉橋健一『辻潤への愛 小島キヨの生涯』創樹社1990，『虚無思想研究』1-15号1981-2000，玉川信明『放浪のダダイスト辻潤』社会評論社2005，高野澄『風狂の人 辻潤』人文書館2006

辻 まこと つじ・まこと 1913(大2)9.20-1975(昭50)12.19 本名・辻一，別名・津島琴，宇留喜内 辻潤と伊藤野枝の長男として東京府北豊島郡巣鴨町上駒込(現・豊島区)に生まれる。16年弟流二を連れて母野枝が出奔，流二を里子に出して大杉栄と同棲する。失意の父は浅草を転々とする。ダダイスト辻潤の放浪の端緒となる。23年9月関東大震災に乗じて母野枝が大杉，橘宗一少年とともに甘粕正彦憲兵大尉らに虐殺される。宗一と年齢が近いまことが被害者だと長い間思われていた。26年静岡工業学校に入学するが28年に中退し父とともに渡欧，パリに1年間滞在する。画家を志すがルーブル美術館に1カ月通って絶望的となる。29年6月初めての文章「エレンブルグに会う」を『文学時代』に書く。33年戸田達雄の広告宣伝会社オリオン社に入り雑誌の表紙や挿画を担当する。同社には矢橋丈吉，竹久不二彦，島崎蓊助がいた。36年友人とデザイン会社Zスタジオを設立，この頃から山歩きを始める。37年竹久，福田了三と金鉱探しに夢中になり東北信越の山を駆け巡るが成果はなかった。38年武林無想庵の娘イヴォンヌと結婚。42年軍国主義化の日本を嫌い東亜新報記者として中国に渡る。44年父が東京のアパートの一室で餓死する。45年天津で召集を受け陸軍に入隊。斥候などの個人的行動を積極的に志願する。尾形亀之助の『障子のある家』はこの間も所持していた。47年帰国。松尾邦之助らの自由クラブ異人となりアナ連機関紙『平民新聞』に挿絵と風刺画文を寄稿。48年イヴォンヌと離婚。詩誌『歴程』の同人になる。49年松本良子と結婚。『図書新聞』に挿画，風刺画文を連載しこれは生涯続けることになる。64年『虫類図譜』を芳賀書店から刊行。日本文化を画と文によって痛烈に風刺批判，まこと独自の世界を開く。第2回歴程賞を受賞。72年胃の切除手術をし，療養生活に入る。76年遺著『すぎゆくアダモ』が創文社から刊行される。イスミ川を遡行するアダモの姿は彼の人生を凝縮させたものである。辻まことは「小生はその誕生からして居候であり，居候として育ち，居候として成人した」と記している。ダダイスト辻潤とアナキスト伊藤野枝を両親にもつ特異な境遇のなかで成長した彼は孤独と自由を愛した。山歩きはその証左かもしれない。(大月健)〔著作〕『山からの絵本』創文社1966，『山の声』東京新聞出版局1971，『山で一泊』創文社1975，矢内原伊作編『辻まことの世界・正続』みすず書房1977-78，宇佐見英治編『辻まことの芸術』同1979，『辻まこと全画集』同1980，『居候にて候』白日社1980，『山の風の中へ』同1981，『山の画文』同1982，『辻まことセレクション1-2』平凡社ライブラリー1999，『辻まこと全集1-4』みすず書房1999-2002，琴海倫編『すぎゆくアダモ』未知谷2011，『遊ぼうよ 辻まことアンソロジー』未知谷2011〔文献〕『アルプ』218号1976，『同時代』31号1976，『山と渓谷』87号1987，宇佐見英治編『辻まことの思い出』湯川書房1978，折原修三『辻まこと・父親辻潤』リブロポート1987，池内紀『見知らぬオトカム』みすず書房1997，西木正明『夢幻の山旅』中央公論社1994，『江古田文学』46号2001，琴海編『辻まことマジック』未知谷2010

対馬 忠行 つしま・ただゆき 1901(明34)11.5-1979(昭54)4.11 別名・忠孝，津島忠孝，横瀬毅八，大原親 香川県大川郡志度町(現・香川県さぬき市)の地主兼糖業の家に生まれる。京都府立三中に入学，途中登校せず独学自主退学。19年クロポトキン『麺麭の略取』を読み，『田園・工場・仕事場』などに影響を受けた。同志社の学生ではなかったが，21年春自由人連盟京都支部で活動。同年9月岸井清，伊東英治，新谷与一郎，大串孝之助，後藤謙太郎らと『関西労働者』を発行(2号まで)，創刊号に「集中と分散」を寄稿。同年12月ビラ配布で東山二条で検束。23年桜花嵐山赤旗デモ演説，帰途革命歌高唱で検束。同年6月上海へ渡航，ロシア密航を企てたが果たせず，帰国後24年河上肇の京都大学社会科学研究会に参加，アナキズムからマルクス主義に転換。同年労農党機関紙部員。28年横瀬毅八の筆名で処女論文「日本無産階級運動発達史」を発表，のち労農党の基本綱領を起草。50年反スターリン主義の先駆者となる。「対馬－黒田ソ連論論争」として著名。トロツキーを援用し内ゲバの批判と提言活動を続ける。

60年反スターリニスト連盟結成に参加。マルクス主義の立場でトロツキズムを精力的に紹介。77，78年続けて自殺未遂。79年対馬斉あての手紙に「マルクス曰く，レーニン曰く，曰く曰くで我が生涯は終りぬ」と書く。同年4月播磨灘へ投身自殺。(北村信隆)〔著作〕『日本資本主義論争史論』黄土社1947，『日本におけるマルクス主義』三元社1949，『スターリン主義批判』アテネ文庫1950，『クレムリンの神話』実業之日本社1956・こぶし書房1996，『国家資本主義と革命』現代思潮社1964，『マルクス主義とスターリン主義』同1966，『トロツキズム』風媒社1967，『天皇と明治維新』国書刊行会1976〔文献〕『京都地方労働運動史』，『大阪地方労働運動史研究』4号1960，しまねきよし「対馬忠行の思想形成期の一齣」『思想の科学』9号1981，松沢哲成『昭和史を歩く』第三文明社1976，『自由連合』91号1963.9.1，『大阪社会労働運動史・上』

辻本 浩太郎 つじもと・こうたろう 1900(明33)1.28-1970(昭45)8.10 岡山県勝山町に生まれる。09年警察署長であった父の転任に伴い上京。東京市内の小学校を転々とし成城中学を卒業。働きながら日本大学美術科と社会科に通ったが体力が続かず関東大震災のため中断。以後，多彩な職業に従事，22年藤倉電線の職工時代に社会主義に触れる。結核で倒れ倉田百三らの援助で養生。26年1月個人誌『人間群』を発行。26年『文芸市場』に小説「はだか」他を発表。27年1月創刊の『文芸解放』に参加。「田吾爺とその伜」他を発表。27年10月『大調和』に評論を発表。28年京都の右太プロに入社。29年「青服劇場」を結成しナップ京都支部に加盟，プロットの中央委員に押されるが脱退。30年4月大坪草二郎主宰『つばさ』創刊に拠る。同6月神原泰，戸川静子らと「進む劇場」を興し早大・大隈講堂のこけら落とし(平凡社後援)公演をする。41年1月朝日新聞社の『新日本文学』に応募当選「奇蹟」が掲載される。戦後は週刊誌出版(社)を興し『女性新聞』『週刊カメラ』『小説通信』などを出す。藤沢市辻堂に居住。(黒川洋)〔著作〕『強い男』人間群社出版部1926，映画脚本『髪』(原作・金子洋丈，監督・城戸昌郎/右太プロ)1928，『新興文学全集』6巻平凡社1930，『ロシアの胴体』春秋社1930，『大馬鹿social長』女性新聞社出版部1960-61，『癌日記』オリオン社1964，共著『カレンダー・ロール』『日本プロレタリア文学全集(5)』新日本出版社1985〔文献〕『日本近代文学大事典』講談社1984，『新興文学全集』6巻，『日本プロレタリア文学全集(5)』

辻本 庄平 つじもと・しょうへい ⇨藤岡亀吉 ふじおか・かめきち

辻本 晴一 つじもと・せいいち 1893(明26)-1981(昭56)3.9 別名・青山，晴山，セイイチ 埼玉県北足立郡桶川町(現・桶川市)生まれ。軍隊除隊後，22年埼玉県水平社創立大会に参加し桶川町に支部を創立。翌23年3月群馬県水主催の第2回関東水平社大会に参加。同年4月埼玉県水第2回大会に参加，支部結成のために奔走。24年7月沢口忠蔵らと『自由』を創刊。24年12月全国水平社の左翼化に反発，25年日本水平社の準備委員になる。25年3月群馬県水は平野小剣の排斥，辻本の入県禁止，雑誌『自由』の不買を決議。平野の再婚相手は辻本の妻の姉であり辻本は平野といつも行動をともにしていた。同年4月桶川町で開かれた全関東水平社青年連盟創立大会で開会の挨拶と経過報告をする。26年静岡の『自由新聞』を埼玉の自宅に事務所を移して再刊，同年5月の4号まで刊行。31年全関東融和促進同盟結成に宮本熊吉らと参加。32年8月関東地方の水平社と融和団体の統一を目的とした全関東部落民全体会議の創立大会(埼玉県熊谷町公会堂)が開かれ書記長に選出され，政府への陳情に取り組んだ。(北村信隆)〔著作〕「不用意の毒矢」『自由』1巻3号1924.10，「何のキンケンだ?」同1巻5号1924.12，「方面委員を撤廃せよ」『関東水平運動』2号1923.8，「中央新聞の『水平運動』観を駁す」『自由』2巻2号1925.3，「蔑視どころか寧ろ尊敬せよ」『聖戦』5号1925.11，「社会進化と青年の使命」『自由』2巻6月号1925.6〔文献〕渡部徹・秋定嘉和編『部落問題・水平運動資料集成2・補』三一書房1974・78，秋定嘉和「水平社運動におけるアナ・ボル対立について」『部落解放史・ふくおか』10号1978.2，三原容子「水平社運動における『アナ派』について・正続」『世界人権問題研究センター研究紀要』2・3号1997・98，本田豊「水平社運動とアナキズム・上」『東京部落解放研究』53号1987.3，編纂委員会編『埼玉県部落解放運動史』1984部落解放同盟埼玉県連合会

辻本 富蔵 つじもと・とみぞう ⇨藤岡亀吉 ふじおか・かめきち

辻山 義雄 つじやま・よしお 1908(明41)-? 本名・樽谷徳太郎 神戸市葺合区雲井通生まれ。神戸パルモア英学院を中退後，21年春頃神戸の由井商会に入社し24年に退社。

この頃福田狂二の進め社に出入りしそこで笠原勉を知りアナキズムに興味をもつ。26年10月中外商業新報社神戸支局に入社し31年5月に退社。同年日本海運集会所に勤務。34年笠原のすすめで布引詩歌倶楽部の会員となり井上信一らと知り合う。また『布引詩歌』に投稿した。35年末頃無共党事件で検挙されるが不起訴。(冨板敦)〔文献〕『身上調書』

津田 出之 つだ・いでゆき ⇨中島信 なかじま・しん

津田 光造 つだ・こうぞう 1889(明22)12.2-? 神奈川県足柄上郡南足柄村(現・南足柄市)生まれ。早稲田大学英文科中退。『種蒔く人』(東京版)の同人として小説「青年指導者」「遺産」などを発表。22年自由人連盟の機関誌『自由人』に「米は権力よりも強い」を書く。自由人連盟の会員だった辻潤と出会い妹恒を妻に迎えることになったのではないかと思われる。アナ系の雑誌『シムーン』(のち『熱風』に改題)の創刊同人となりブルジョア文学批判を展開する。24年ダダの雑誌『売문醜文』に戯曲「カフェーダダ」と詩「俺は死ぬ」を発表。また穂高の清沢清志を辻と訪ね吉行エイスケと合流、ダダイズムの気炎をあげる。同年6月『新潮』に「芸術の母胎としての創造的虚無」を著し自我主義的芸術論を説く。下中弥三郎の平凡社に出入りし31年日本村治派同盟の書記長、32年『国民思想』の同人となる。のち民族主義に移行。(大月健)〔著作〕『大地の呻吟』大同館書店1921、『僧房の黎明』大林閣1931、『皇道自治精義』青年書房1940〔文献〕山田清三郎『プロレタリア文学史・上』理論社1954

津田 末松 つだ・すえまつ ?-? 1919(大8)年東京芝区(現・港区)の東洋印刷会社文選科に勤め活版印刷工組合信友会に加盟。のち新聞工組合正進会に加わり24年夏、木挽町(現・中央区銀座)正進会本部設立のために1円寄付する。(冨板敦)〔文献〕『信友』1919年8月号、正進会『同工諸君!! 寄附金芳名ビラ』1924.8

津田 秀夫 つだ・ひでお ⇨山内恭三 やまうち・きょうぞう

津田 芳太郎 つだ・よしたろう ?-? 1919(大8)年東京京橋区(現・中央区)の築地活版所欧文鋳造科に勤め活版印刷工組合信友会に加盟。(冨板敦)〔文献〕『信友』1919年8・10月号

土田 杏村 つちだ・きょうそん 1891(明24)1.15-1934(昭9)4.25 本名・茂(つとむ)新潟県佐渡郡新穂村大字井内に生まれる。日本画家土田麦僊は実兄。新潟師範学校、東京高等師範学校予科(博物科)を経て京都大学文科大学哲学科、同大学院に学んだ。大学在学中の17年に波多野千代子と結婚。師範学校・京大在学中から頭角を現し、時代の潮流や哲学に対して独特の考察を加えた。学生時代から西田幾多郎や田中王堂の強い影響を受けた。もっとも王堂の場合は杏村に対する理解者・支援者であると同時に論敵にもなっていく。王堂は初期の杏村の哲学的主張がカントや新カント派の敷衍にすぎないと批判しつつも、文化主義を提唱する「最初の一人」(『救は反省より』実業之日本社1923)と評している。杏村は表象から始まり広く哲学、文学、文化・文明、教育、思想、宗教、社会、生活、環境、機械、農業と広範な問題に関心を示し発言した。特に日本文化学院の創設や『文化』を通して活動した文化学、文化主義への取り組み、地域自由大学運動の先駆となる信濃自由大学、上田自由大学にみられる自由大学運動、さらに農民の解放と農業の重視には並々ならぬ関心を示し大きな足跡を残した。根底に権威や中央に対抗する意識を保持していたこと、一個の人間、一つの地域を大切にする理念や原理を大切にしたことが杏村に在野人として独特の地位と役割を付与することになった。この点に一時傾斜しかけたマルクス主義から離れた要因を探ることができるし、またアナキズムや自由連合主義につながるものを見出すこともできるであろう。もっとも杏村はアナキズムを全面的に支持したわけではない。ただし「改造は外形的でのは無く、内面的でなければならぬ。…此点に就いては、我国ではボリシェヴィキはすべて誤まり、却てアナアキストは正しい見解に達して居る」(『社会哲学原論』第一書房1928)というように、アナキズムに共感するものを感じ取っていた。(小松隆二)〔著作〕『流言』小西書店1924、『土田杏村全集』全15巻第一書房1935-36・日本図書センター1982〔文献〕上木敏郎『土田杏村と自由大学運動』誠文堂新光社1982、同編『土田杏村とその時代』新潟県佐渡郡新穂村教育委員会1991、渡辺光弥『土田杏村と新潟新聞』私

家版1996

土田 精一 つちだ・せいいち　?-?　1919(大8)年東京京橋区(現・中央区)の国文社に勤め日本印刷工組合信友会に加盟する。20年夏頃は，病気静養中だった。(冨板敦)〔文献〕『信友』1919年10月号，1920年4・9月号

土橋 定治 つちはし・さだはる　?-?　1919(大8)年東京京橋区(現・中央区)の英文通信社印刷所和文科に勤め日本印刷工組合信友会に加盟する。(冨板敦)〔文献〕『信友』1919年10月号

土屋 勝太郎 つちや・かつたろう　?-?　長野県小県郡滋野村に生まれる。1926(大15)年『文芸戦線』や『早稲田文学』を通して同村の柳沢恰，田口一馬と知り合う。同年10月3日北佐久郡北御牧村(現・東御市)の北御牧小学校で発足した農自北信連合(のち東信連合に改称)に参加する。(冨板敦)〔文献〕『農民自治』6号1926.11，大井隆男『農民自治運動史』銀河書房1980

土谷 清平 つちや・きよへい　?-?　1919(大8)年東京神田区(現・千代田区)の三省堂印刷部に勤め活版印刷工組合信友会に加盟する。三省堂印刷部の鋳造・電気銅版・鉛版科の組合幹事を川上貞次郎と担う。(冨板敦)〔文献〕『信友』1919年8月号

土屋 源吾 つちや・げんご　1913(大2)-?　静岡県田方郡三島町茶町(現・三島市)生まれ。小学校を卒業後，新聞配達，印刷工，傘製造見習い，古物商などを経て食料品製造店に勤務。33年7月頃から山口安二，入江汎らと交流しアナキズム運動の拡大方法，『自連新聞』の読者獲得方法について協議する。相沢尚夫から無共党のテーゼを受け承認の意見書を提出。また解放文化連盟に加盟し『文学通信』に反戦詩を投稿。35年末頃無共党事件で検挙，起訴される(量刑不詳)。(冨板敦)〔文献〕『特高外事月報』1936.12，竹内восточ人「静岡のアナキズム」『沓谷だより』3号1990，『静岡県労働運動史資料・上』，『社会運動の状況8』，『身上調書』

土屋 公平 つちや・こうへい　1911(明44)3.15-1959(昭34)4.11　千葉県香取郡香西村大根(現・香取市)生まれ。佐原中学卒業後，東京へ出てアテネ・フランセでフランス語を学びながら加藤一夫主宰の雑誌『大地に立つ』，全国農民芸術連盟の『農民』などに詩と評論を発表，農本的アナキズムへの傾斜を深めた。30年全日本農民詩人連盟結成に参加して『農民詩人』の主要メンバーとなり，連盟の分裂に際しては犬田卯などから離れて山下一夫などと自治連盟全国連合を結成して『戦野』『農民』を発行，その事務所を自宅に置いた。この時期の土屋は詩の実作者であると同時にアナキズムを理念とする農民詩，農民芸術の理論家だったがそれに対して観念的という批判もあった。土屋は農村出身に相違ないが，家庭は村の富農(父はのちに村長)で土屋自身がようやく20歳を超えた若さであったことも批判を招きやすかった。33年8月アナ系文学者が結集した解放文化連盟の機関紙『文学通信』1号にも評論「農民小説について」を発表してマルクス主義に拠る農民小説を批判した。その後『文学通信』では3号に短編小説，4号に評論，5号に詩を執筆しているが，6号以降の執筆はない。帰郷して精米所や製縄工場の自営，農業会職員として生活し青年団や壮年団の幹部もつとめ，戦争末期の44年9月香西郵便局長(特定局)となりわずかな日数を海兵団に招集されて敗戦を迎えた。戦後は伊藤和，鈴木勝と『詩精神』を創刊したがアナキズムには復さず，佐原市議会議員を1期つとめた。(寺島珠雄)〔文献〕鈴木勝「土屋公平の人と作品」『ふるさと詩人』19-32号1983.2-87.3，松永伍一「土屋公平の存在」『日本農民詩史・中1』法大出版局1968

土屋 泰助 つちや・たいすけ　?-?　1919(大8)年東京神田区(現・千代田区)の丸利印刷所印刷科に勤め日本印刷工組合信友会に加盟する。(冨板敦)〔文献〕『信友』1919年10月号

土屋 彦次郎 つちや・ひこじろう　?-?　神奈川県出身。草薙市治らとの交友によってアナキズムに親しむようになった。1931年(昭6)2月鈴木靖之，小野長五郎らが『農村青年』創刊号を携えて神奈川県下を訪れ農青社運動への参加を要請。これに参加し神奈川県グループの一員として全村運動，自主分散活動の主張を実践した。機関誌『農村青年』やパンフレットの配布などに取り組む。36年5月農青社事件全国一斉検挙によって逮捕されたが，起訴猶予で諭告釈放。(奥沢邦成)〔文献〕『資料農青社運動史』，『農青社事件資料集Ⅰ・Ⅱ』

土谷 文雄 つちや・ふみお ?-? 別名・土屋 1919(大8)年東京の洋州社欧文科に勤め活版印刷工組合信友会に加盟。のち芝区(現・港区)の日本印刷興業株式会社に移る。(冨板敦)〔文献〕『信友』1919年8・10月号,1922年1月号

続木 斉 つづき・ひとし 1883(明16)1.18-1934(昭9)6.19 愛媛県宇摩郡野田村(現・四国中央市)の豪農の三男として生まれる。家の没落と父の夭折後,13歳時に岡山の醸造家で住込みで働く。18歳で神戸に出て鈴木商店に勤め,のち上京し東京外国語学校英文科に入学。この頃仏文科の大杉栄と出会う。詩作に没頭。内村鑑三門下となり,のち妻になるハナ(1885-1955)の実兄鹿田久次郎(食パン工場進々堂前身の創始者)と創業間もない新宿中村屋で知り合う。13年春,帰洛してパン店の事業継承。続木は熱心なキリスト教徒で幅広い交際をもち18年8月京都を訪れた大杉栄を山鹿泰治や上田蟻善らと迎えたという。大杉の娘を一時預かっている。その後太宰施門から本格的にフランス語を勉強し,24年からパリのソルボンヌ大学でフランス文学を研究。かたわら2年余の間欧州でパン作りを実習して帰国。30年百万遍に店舗を新築,山鹿はそこのにわか仕込みのバーテンダーを半年つとめた。妻ハナは同志社女学校そして明治女学校で学び,相馬黒光と親交。夫・斉のパリ在住中の不在時や没後事業を受け継ぎ48歳で8人の子供を抱えながら進々堂の経営にあたった。終戦前43年には進々堂の暖簾を下ろすという苦渋の選択を経験し乗り越えてパン製造を続け,47年「株式会社進々堂」を設立した。夫・斉と同様キリスト教精神に生き誠実なパン造りを守り多くの人々に愛され信頼された。四男・続木満那(1922-1982)は35年羽仁もと子・その夫の吉一創立の自由学園に学び卒業後の42年に召集新兵として中国に派兵された。現地での上官小隊長からの俘虜銃剣刺殺命令に一晩悩んだ末「現場に出る,しかし殺さない」と決断・命令を拒否し「犬畜生だ,犬より劣る」と雪中軍靴をくわえ四つん這いで嗅ぎまわるという屈辱の仕打ちに耐えた。戦地でも小さな聖書を肌身離さず携えていたという。終戦の翌年満身創痍で復員し療養生活後,ハナの強い願いに応えて進々堂に復帰して日本初の包装食パン「デイリーブレッド」(日毎の糧)の開発などに取り組み長男・猟夫の死後,社長に就任した。(北村信隆)〔著作〕『続木斉詩文集』私家版1977〔文献〕続木満那編『日毎の糧 パンと歩んだ五十年』白川書院1963,向井孝『山鹿泰治』自由思想社1984,安谷寛一「大杉栄と私」『自由思想研究』1960.7,『社会主義沿革1』,『続木満那文集1-4』私家版1989-1993,『進々堂百年史』進々堂2013

堤 憲次郎 つつみ・けんじろう ?-? 1931(昭6)年4月に終刊した西村陽吉のアナ派短歌誌第3次『芸術と自由』に参加していた。33年10月尾村幸三郎編集のアナ派短歌誌『主情派』の同人となる。「樺太の人,山林男の頑健な性格」(尾村)。(冨板敦)〔文献〕中野嘉一『新短歌の歴史』昭森社1967,小倉三郎『私の短歌履歴書』ながらみ書房1995

堤 水叫峰 つつみ・すいきゅうほう 1902(明35)5.8-? 本名・堤強。前号・水叫坊。長崎県諫早市に次男として生まれる。3歳の時に母は死去,10歳の時に父が破産。1917(大6)年大連に渡り6年後満鉄に入社,終戦まで働いた。19年頃から文学に興味を覚えて詩,短歌,俳句を手がけたが,25年井上剣花坊歓迎句会に参加しプロ派とは一線を画す詩性川柳に取り組む。翌年結婚。32(昭7)年大連で一線吟社を結成した。『川柳人』同人として投句し,37年11月号に載せた〈射抜かれて笑つて死ぬるまで馴らし〉が原因の一つとなって同誌は発禁,鶴彬の逮捕につながった。敗戦での引き揚げ後,妻の実家の島根県大田市に身を寄せ裸一貫からの行商生活で再起を図り,1年程で郷里諫早に戻り薬や日用品などの行商を継続。53年に諫早吟社を結成,56年に念願の機関誌『螢』を創刊するも直後の諫早大水害等で中坐。『川柳人』への投句は継続し終生剣花坊の長男・麟二に師事し,その川柳論「純正川柳として止み難き自己心象の再現を心がけ」,多くの社会批評句を詠んだ。晩年は諫早市議を務め,引揚者追悼事業や水害対策に積極的に取り組んだ。(一色哲八)〔著作〕『地下足袋の道』私家版1980〔文献〕谷口絹枝『蒼空の人井上信子』葉文館出版1998,中岡光次『鶴彬に寄せて』・『毎文子』私家版2007,『川柳人』1930-1980

堤 末次郎 つつみ・すえじろう ?-? 1919(大8)年横浜の山縣印刷所に勤め横浜欧文

技術工組合に加盟して活動。同組合設立基本金として1円寄付する。（冨板敦）〔文献〕『信友』1919年8・10月号

綱島 弥右衛門 つなしま・やえもん ?-? 1919 (大8)年東京京橋区（現・中央区）の築地活版所欧文仕上科に勤め日本印刷工組合信友会に加盟する。（冨板敦）〔文献〕『信友』1919年10月号

恒川 長 つねかわ・ちょう ?-? 1919(大8)年東京深川区（現・江東区）の東京印刷深川分社製本科に勤め日本印刷工組合信友会に加盟する。（冨板敦）〔文献〕『信友』1919年10月号

椿 宏治 つばき・こうじ 1907(明40)1.27-1995(平7)12.3 新潟県古志郡入東谷村来伝（現・長岡市）に生まれる。26年一高理科に入学。一高在学中からしばしば石川三四郎宅を訪問、奥谷松治、村上信彦らを知る。33年東京大学医学部を卒業、50年順天堂医科大学教授。ルパシカを愛用する名物教授だった。戦後アナ連に参加。50年頃石川宅で開かれていた研究会や石川が発起した近代学校の講師を引き受けた。専門は解剖学で山鹿泰治の献体を機に順天堂大学内に献体者の白菊会をつくり横倉辰次、小島康彦、杉藤二郎、望月百合子（古川百合）らがこれに応じた。（大澤正道）〔著作〕『日本人の顔』平凡社カラー新書1975、「日本人の源流をたずねて1-4」『順天堂医学』17巻1-4号1975〔文献〕村上信彦「小池英三の思い出」『柳』23巻5号1977、古川百合「椿教授の美しさ」『故椿宏治名誉教授をしのんで』順天堂大医学部解剖学第1講座1996

椿 大次郎 つばき・だいじろう ?-? 1922(大11)年7月岡山連隊に反軍ビラをまいた軍隊宣伝事件、両国川開き、浅草でのビラ事件に連座してプロレタリア社同人の坂野八郎、坂野良三、野中俊鱗、堀川清と検挙され拘留20日のうえ未決監に入れられる。（冨板敦）〔文献〕『労働運動』3次7号1922.9

坪井 愛二 つぼい・あいじ 1905(明38)-? 静岡県磐田郡二俣町二俣（現・浜松市）生まれ。高等小学校を卒業後、印刷工として浜松、二俣町、東京などの印刷所を転々とした。28年3月頃アナキズムに共鳴して遠江印刷同工会に加盟する。30年頃全国労農大衆党に入党し浜松支部北分会書記長となり、32年頃プロレタリア作家同盟と連絡して組織の拡大をはかるが検束。34年9月頃再び遠江印刷に出入りし斎藤竹雄とつきあい活動する。35年2月浜松市常盤印刷所に勤め、同年11月13日無共党事件で検挙されるが不起訴。戦後は日本共産党に入党。（冨板敦）〔文献〕『身上調書』、竹内康人「静岡のアナキズム」『沓谷だより』3号1990、『礎をきずいた人々の記録 静岡県における治安維持法弾圧下20年の闘い』治安維持法犠牲者国賠要求同盟静岡県本部1997

壺井 栄 つぼい・さかえ 1899(明32)8.5-1967(昭42)6.22 旧姓・岩井 香川県小豆郡坂手村（現・小豆島町）生まれ。10人兄弟の5女として20人の大家族のなかで育つ。内海高等小学校で壺井繁治、黒島伝治と1，2年違いの同窓で優等生だった。卒業後約10年村役場や郵便局に勤めたが25年繁治を頼って上京し結婚。林芙美子と野村吉哉が隣家に、平林たい子と飯田徳太郎が近所に住みいきなりアナーキーな文学的雰囲気に投げ込まれた。詩誌『赤と黒』を創刊しアナキスト詩人だった繁治が27年頃マルクス主義に転じると栄も従い、繁治が検挙されると戦旗社の事務を担当した。のち救援活動で宮本百合子、佐多稲子と知り合い小説を書くようすすめられて書き始め「大根の葉」などを次々と発表。黒島伝治は「女としては珍しい大きな作家になるのでは」と励ました。戦後わだった売れっ子作家として代表作『二十四の瞳』などの作品が競って映画、芝居となり多くの人々をとらえた。（市原正恵）〔著作〕『壺井栄全集』全10巻筑摩書房1968・69〔文献〕鷺只雄編『壺井栄』日外アソシエーツ1992

壺井 繁治 つぼい・しげじ 1897(明30)10.18-1975(昭50)9.4 香川県小豆郡苗羽村堀越（現・小豆島町）生まれ。10年苗羽尋常小学校を卒業、父親の反対で進学を一時断念したが13年大阪の上宮中学2年に編入。17年早稲田大学に入学するが中退、在学中に詩作を始める。20年姫路歩兵第10連隊に入隊、反軍思想をもつて2カ月で除隊。21年中学の英語教師となる。のち上京、22年早大の先輩白鳥省吾の推薦で『日本詩人』に詩を発表。同年9月個人雑誌『出発』を創刊、雑誌を機縁に岡本潤と出会いアナの傾向を強める。翌23年1月岡本、萩原恭次郎、川崎長太郎と壺井執筆の「詩とは爆弾である！詩人とは牢獄の固き壁と扉に爆弾を投ずる黒き犯人である！」という宣言を掲げた詩誌

『赤と黒』を創刊(1-4輯 1923.1-5、号外1924.6)。ヨーロッパの新思潮である未来派、ダダ、表現派が旧来の詩壇変革を求めアバンギャルド運動が活発化するなかでアナキスト詩人として活躍した。その詩は自我の解放を極端にデフォルメしたどぎつい表現手法が特徴だった。24年無産派詩人連盟の展覧会を開催、『ダムダム』を創刊する(1号のみ)。窮乏のなか25年岩井栄と結婚。26年1月反戦詩「頭の中の兵士」を『文芸戦線』に発表、発禁となる。27年1月岡本、萩原、小野十三郎、江森盛弥らと『文芸解放』を創刊、10号に「観念的理想主義者の革命理論を駁す」、11号に「我等は如何に彼等と対立するか」を発表。同年12月飯田豊二宅での会議中に黒連メンバーに襲撃され3カ月の重傷を負う。この事件によって『文芸解放』は廃刊、アナキズムと訣別してマルクス主義に転じた。28年2月三好十郎らと左翼芸術同盟を結成し『左翼芸術』を創刊、4月同盟を解散してナップに参加し『戦旗』の編集にあたった。以後検挙と拘留を繰り返し、詩作の空白時代となった。31年共産党に入党、32年コップ弾圧で再入獄。34年転向。保釈後は風刺文学運動を進めた。戦後は新日本文学会の創立に参加、62年詩人会議を結成し運営委員長をつとめた。(奥沢邦成)〔著作〕『壺井繁治詩集』青磁社1942、『詩人の感想』新星社1948、『抵抗の精神』飯塚書店1949、自伝『激流の魚』光和堂1966、『詩と政治の対話』新興書房1967、『壺井繁治全集』全6巻青磁社1988.89〔文献〕秋山清『アナキズム文学史』筑摩書房1975

坪井 専次郎 つぼい・せんじろう 1890(明23)5.17-? 東京市芝区白金三光町(現・港区)生まれ。東京府立一中を5年で中退、軍人を志願して歩兵第1連隊に入隊したものの軍批判を抱いて退役した。のち北海道に渡って美唄炭鉱、室蘭製鋼所などを転々とし17年帰京。石川島造船所に就職、労働運動に関わりアナ系の活動家として知られる。21年造機船工労働組合に加入。22年9月の総連合創立大会では自由連合派として活動。のちに無産政党運動に加わり労働運動から離れた。(奥沢邦成)

坪井 武雄 つぼい・たけお ?-? 1919(大8)年東京神田区(現・千代田区)の神田印刷所鉛版科に勤め日本印刷工組合信友会に加盟する。(冨板敦)〔文献〕『信友』1919年10月号

坪井 政之助 つぼい・まさのすけ ?-? 1919(大8)年東京京橋区(現・中央区)の新栄舎文選科に勤め活版印刷工組合信友会に加盟する。(冨板敦)〔文献〕『信友』1919年8・10月号

坪井 隆吉 つぼい・りゅうきち 1878(明11)2.3-? 別名・降吉 和歌山県牟婁郡新宮村(現・新宮市)に生まれる。上京し1906(明39)年日本社会党に入党。都新聞社に勤め東京各新聞社の整版部従業員有志で組織された労働組合革進会に加わる。19年8月の革進会同盟ストに同社労組の幹事として参加するが敗北。都新聞社を退社し20年4月新聞工組合正進会に参加。その後四谷区荒木町(現・新宿区)で印刷業を営み日本社会主義同盟に加盟する。(冨板敦)〔文献〕『光』1巻27号1906.11、『革進会々報』1巻1号1919.8、『正進』1巻3号1920.6、『警視庁思想要注意人名簿(大正10年度)』

坪内 逍遥 つぼうち・しょうよう 1859.6.22(安政6.5.22)-1935(昭10)2.28 本名・勇蔵のちに雄蔵と改名 別号・春のやおぼろ、春のや主人 岐阜県美濃加茂市に生まれる。1883(明16)年東京大学文学部政治経済科を卒業後、早稲田大学の前身の東京専門学校の講師となりのちに教授。85年に『小説神髄』『当世書生気質』を発表。91年に『早稲田文学』を創刊。99年文学博士の学位を受ける。1902年早稲田中学校の校長に就任。09年に逍遥は文芸協会を設立し、同年4月に文芸協会附属演劇研究所を開設し、男女の俳優養成に乗り出す。11年5月に帝国劇場で卒業公演として『ハムレット』(坪内逍遥訳)を上演。同年11月には帝国劇場でイプセンの『人形の家』(島村抱月訳・演出)を第2回公演として上演。ノラを演じた松井須磨子が好評を博した。これは同年9月に文芸協会附属研究所の試演場で初演されたものをそのまま第2回公演の演目としたものであった。12年5月に有楽座で上演された第3回公演では、自然主義作家のズーダーマンの『故郷』(島村抱月訳・演出)を上演。この公演中に抱月と須磨子の恋愛問題が取り沙汰され13年に須磨子は退会処分を受け、抱月も文芸協会を辞し、文芸協会は13(大2)年6月にシェイクスピアの悲劇『ジュリアス・シーザー』の公演を最後に解散となる。公演・私演あわせて翻訳劇を中心とした舞台劇の上

演は15回であった。逍遥は以後，演劇の実践運動から離れシェイクスピア劇の翻訳に専念。15年早稲田大学教授に就任。28（昭3）年坪内逍遥を記念する演劇博物館が早稲田大学構内に開館。35年2月に死去。早稲田大学学園葬が行われ，熱海水口の海蔵寺に埋葬される。（平辰彦）〔文献〕坪内士行『近代作家研究叢書25 坪内逍遥研究』日本図書センター1984

坪川　清　つぼかわ・きよし　?-?　1919（大8）年東京本所区（現・墨田区）の凸版印刷会社和文科に勤め活版印刷工組合信友会に加盟する。同社同科の組合幹事を担う。（冨板敦）〔文献〕『信友』1919年8・10月号

坪川 甚三郎　つぼかわ・じんざぶろう　?-?　東京朝日新聞社に勤め新聞工組合正進会に加盟。1920（大9）年機関誌『正進』発行のために50銭寄付する。（冨板敦）〔文献〕『正進』1巻1号1920.4

坪田 吟一郎　つぼた・ぎんいちろう　1906（明39）-?　新潟県西蒲原郡和納村和納（現・新潟市）生まれ。23年3月長野市の長野工業学校土木科を卒業。同年4月長野県土木課に勤める。24年上京，東京市役所土木課で仕事をするなかで農村の窮乏や労働者の悲惨な生活を知り社会問題に関心をもつようになる。同年初めから鈴木靖之，二見敏雄，鴨志田勝，浜村末吉らと交流しアナキズムに共鳴する。石川三四郎，古田大次郎，クロポトキンの著作，『自連新聞』に親しんだ。31年2月芝浦製作所の争議が勃発し二見，寺尾実，長谷川武，舟川勇三，牟田征紀，小野長五郎らと協議し工場と重役邸の爆破を計画する。坪田は宣伝ビラ作成を担当するが，争議は敗北に終わり計画を中止した。同年3月初旬二見，寺尾，牟田らと協議しこの失敗からアナキズム運動には資金と活動目標が必要と考えるようになる。この4人でグループを結成してアナキズム革命のための運動資金強奪などを計画した。坪田は革命時の攻撃目標となる諸官庁，弾薬庫などの地理的調査を担当するが同年11月頃計画を中止した。33年4月二見，寺尾，牟田とアナキズム革命をおこす目的で日本革命的無政府主義者協会（JRAP）を結成する。JRAPは二見により34年1月に成立した無共党の特務機関に改組されたといわれる。35年10月相沢尚夫からピストルを預かり当時神戸にいた二見に送付した。同年末頃無共党事件で検挙，治安維持法違反，爆発物取締罰則違反，銃砲火薬類取締法施行規則違反で起訴された。しかし後備役陸軍輜重二等兵として臨時召集を受け39年5月新潟県新発田町の筒井部隊に入隊したので控訴棄却となる。（冨板敦）〔文献〕相沢尚夫『日本無政府共産党』海燕書房1974，『身上調書』，『無共党事件判決』

坪田 譲治　つぼた・じょうじ　1890（明23）3.3-1982（昭57）7.7　岡山県御野郡石井村島田（現・岡山市島田本町）の生まれ。米国に留学してクリスチャンになった兄の影響もあって早稲田大学英文科入学の頃に統一教会で洗礼を受け，トルストイに傾倒した。『六合雑誌』『科学と文芸』などの編集を手伝いながら童話や小説を執筆，18歳の時から師事した小川未明の青鳥会に入りそこを母体とした労働文学の先駆的雑誌『黒煙』(1919創刊)初期の中心的な存在になる。運動に積極的に関係したことはないが未明や加藤一夫などアナ系作家の近くにいたり，『文芸戦線』に詩や小説を発表したりしたことはある。27年から鈴木三重吉のすすめで『赤い鳥』に童話を発表し同誌の常連となるに至り，本格的に童話作家としての道を歩んだ。（大和田茂）〔著作〕『坪田譲治全集』全12巻新潮社1977・78〔文献〕小田嶽夫『小説坪田譲治』東都書房1970, 善太と三平の会編『坪田譲治の世界』日本文教出版1992

坪野 勝次　つぼの・かつじ　?-?　1919（大8）年東京神田区（現・千代田区）の宮本印刷印刷科に勤め日本印刷工組合信友会に加盟する。（冨板敦）〔文献〕『信友』1919年10月号

坪野 政一　つぼの・まさかず　?-?　1919（大8）年東京神田区（現・千代田区）の宮本印刷印刷科に勤め日本印刷工組合信友会に加盟する。（冨板敦）〔文献〕『信友』1919年10月号

坪松 一郎　つぼまつ・いちろう　?-?　北海道に居住。1933（昭8）年10月に創刊された尾村幸三郎編集のアナ派短歌誌『主情派』の同人となる。（冨板敦）〔著作〕『納屋の子供等』現代書房1936〔文献〕小倉三郎『私の短歌履歴書』ながらみ書房1995

妻木 泰治　つまき・たいじ　?-?　福島県に生まれる。1917（大6）年頃から猪狩満直，三野混沌らと交流。22年1月頃仲間と謄写

版刷り詩誌『初芽』を創刊，3月猪狩が加わり『播種者の群』(『初芽』改題)を創刊する。のち三野も加わる(誌名は『播種者』『ハンシュ者』『ハンシュシャ』と年度により任意に使用された)。その後朝鮮に渡る。帰国後27年9月『バリケード』に参加，28年アナ派に傾いていた『銅鑼』の16号から久米七郎とともに同人となる。(冨板敦)〔文献〕小関和弘「詩誌『銅鑼』の変遷」『日本の誌雑誌』有精堂出版1995，松永伍一『日本農民詩史・中2』法大出版局1969，秋山清『あるアナキズムの系譜』冬樹社1973，『猪狩満直全集』同刊行委員会1986，寺島珠雄『南天堂』皓星社1999

露廼家 誠 つゆのや・まこと ?-? 1919(大8)年東京京橋区(現・中央区)の国文社に勤め活版印刷工組合信友会に加盟する。(冨板敦)〔文献〕『信友』1919年8・10月号

鶴 彬 つる・あきら 1909(明42)1.1-1938(昭13)9.14 本名・喜多一二，別名・喜多一児，山下秀 石川県河北郡高松町に竹細工職人松太郎の二男として生まれる。翌年機屋を経営する叔父徳太郎の養子となる。25年『影像』5月号に喜多一児の号で投句，川柳界に入る。大阪で町工場労働者として働く頃，森田一二，田中五呂八の論争に触発されて新興川柳，無産川柳を志す。27年森田に伴われて上京，井上剣花坊を知り『川柳人』10月号に「僕らは何を為すべきや」を発表。翌年2月郷里高松にプロレタリア川柳を主唱する高松川柳会を創設，ナップに加入。4月高松川柳会への弾圧で同会の5人とともに検束される。筆名を山下秀と改めるが上京して鶴彬とする。29年自由労働者となる。30年1月第9師団金沢歩兵7連隊に入営。3月1日(旧陸軍記念日)連隊長質問事件により重営倉となる。31年4月『無産青年』配布容疑の金沢第7連隊赤化事件により軍法会議で刑期1年8カ月となり大阪衛戍監獄に収監される。33年末刑期を終え二等兵のまま除隊。34年『川柳人』『柳人街』『詩精神』『文学評論』などを拠点に川柳活動を再燃させる。井上剣花坊没後，35年12月創刊の井上信子主宰『蒼空』の編集発行を助ける。川柳活動は通算13年になるが軍隊での収監など4年の空白があり実質的には約9年。この間一貫してプロレタリア川柳，川柳リアリズムの作品と階級闘争に根ざす川柳理論を展開，多くのエッセーを残した。

37年9月応召入隊，即日帰郷となる。10月頃井上信子推薦，秋山清紹介により東京深川の木材通信社に就職。12月反戦思想犯として出勤と同時に特高警察に検挙され東京中野の野方署に留置される。38年8月赤痢に罹患し収監のまま東京淀橋の豊多摩病院に入院して死没。盛岡市本町通の真宗大谷派光照寺に葬られる。墓前では毎年鶴彬忌が行われている。金沢市と高松町に句碑があり高松町では鶴彬賞を設定，毎年川柳を公募している。新興川柳，反戦川柳の象徴的作家。最後の句に「高粱の実りへ戦車と靴の鋲」「屍のゐないニュース映画で勇まし」「出征の門標があつてがらんどうの小店」「万歳とあげて行つた手を大陸へおいて来た」「手と足をもいで丸太にしてかへし」「胎内の動きを知るころ骨がつき」(『川柳人』1937.11)がある。(井之川巨)〔著作〕一叩人編『鶴彬全集』たいまつ社1977〔文献〕秋山清『近代の漂泊』現代思潮社1970，一叩人編『新興川柳集』たいまつ社1978，一叩人編『評伝・反戦川柳人鶴彬』鶴彬研究会1983，坂本幸四郎『井上剣花坊・鶴彬』リブロポート1990，岡田一杜・山田文子編著『川柳人・鬼才鶴彬の生涯』日本機関紙出版センター1997

鶴岡 貞之 つるおか・さだゆき 1887(明20)2.11-1953(昭28)10.19 のち裕導と改名。俵次雄は弟。長崎県下県郡厳原町生まれ。04年昆谷中学を中退し上京。石川島造船所を皮切りに機械工として工場を渡り歩き14年友愛会に入会し労働運動と関わる。19年には友愛会城東連合会を組織するが，この頃からアナキズムの影響を受け友愛会から遠ざかる。20年アナ系の純労働者組合を組織し21年日本鋳鋼争議を指導，22年6月機械労働組合連合会の結成に尽力し中央委員となる。同年の労働組合総連合運動では自由連合派の中心グループとして総同盟と対決するなどアナ系の活動家として数多くの争議に関与した。関東大震災後，機械労働組合連合会の現実主義への転換と歩調を合わせ，26年に大阪の坂本孝三郎らの日本労働組合連合会と合同して総連合を結成したあとはアナキズムから離れ，労農党への加盟など政治活動に関わる。28年全国借家人同盟執行委員，32年松谷与二郎らと国家主義的な新日本建設同盟を結成し理事。45年以降は社会党に所属した。(奥沢邦成)〔文献〕

野口義明『無産運動総闘士伝』社会思想研究所1931,『特高月報』1930.9・31.4・32.2・9

鶴岡 直和 つるおか・なおかず 1907(明40)-? 東京市芝区三田四国町(現・港区三田)生まれ。正則英語学校普通科を卒業後,市内で電気商に勤務。在学中にトルストイなどの著作から社会問題に関心をもつ。27年頃東京一般労働者組合北部支部に加入,書記となる。同年北豊島郡三河島町(現・荒川区)で原田寅助とともに『反政党運動』三河島支局を担う。この年10月東京一般第1回総会で北部支部の情勢報告を行う。28年全国自連続行大会で書記に選出され,村上電機争議で戸倉義夫らの解雇撤回闘争を支援して検挙(罰金20円),三沢鉄工所争議で拘留10日。29年7月江西一三,高橋光吉,宇田川一郎,小川猛,村田常次郎と関東自協を結成し,31年4月日本染絨争議では別働隊として社長宅に人糞攻撃をしかけたりした。同年大阪に行き知人の経営する財界時報社に入社し雑誌記者となる。35年末頃無共党事件で大阪で検挙されるが不起訴。(冨板敦)〔文献〕『反政党運動』2号1927.7,『自連』18・25・32号1927.11・28.6・29.2,『自連新聞(号外・東京一般労働組合版)』1・3・4号1928.11・29.4・6,山口健助『青春無頼』私家版1982,白井新平『日本を震撼させた日染煙突争議』啓衆新社1983,『思想輯覧2』,『身上調書』

鶴岡 政男 つるおか・まさお 1907(明40) 2.16-1979(昭54)9.27 高崎市生まれ。絵画に興味をもち高等小学校を卒業後,22年太平洋画会研究所に入る。同研究所では靉光,松本竣介,寺田政明らと交際,ガマガエルの綽名をもらう。24年最も前衛的な美術団体三科造形美術協会設立に参加,創立メンバーの一人岡本唐貴は「前衛画風のいきついた先がダダイスムだったんだ。あとは自殺しかないんだ。…みんながアナーキストであり,テロリストであり,ニヒリストなんだから,ダダも当然の帰結だった」と回想。西欧の未来派,構成主義,立体派の影響の強かったなかで最もアナーキーな存在だった。28年3月靉光ら21人と洪原会を結成。30年NOVA美術協会に参加,31年松本の個人誌『線』(2号まで),のちに『雑記帖』(1936.10-37.12,15号まで)に執筆。32年頃から一時アナキズムの実際活動に関わる。37年応召し39年除隊後は軍需工場で旋盤工として働く。この間池袋モンパルナスの画家や詩人小熊秀雄らと交わる。42年美術文化協会の展覧会に血にまみれた軍人の絵を出品して拒否されている。43年参加した新人画会展は戦時色を排した特異な展覧会となった。(奥沢邦成)〔文献〕宇佐美承『池袋モンパルナス 大正デモクラシーの画家たち』講談社1990・集英社1995

鶴我 文良 つるが・ふみよし ?-? 1927(昭2)年福岡県鞍手郡直方町中泉(現・直方市)で『反政党運動』直方町支局を坂田斉と担う。(冨板敦)〔文献〕『反政党運動』2号1927.7

鶴島 輝光 つるしま・てるみつ 1909(明42)-? 茨城県真壁郡竹島村市野辺(現・筑西市)生まれ。高等小学校を卒業後,下館合同運送の事務員となる。30年頃からアナキズムに共鳴し『自連新聞』の読者となった。35年末頃無共党事件で検挙されるが不起訴。(冨板敦)〔文献〕『身上調書』

鶴田 佐 つるた・たすく 1903(明36)-1975(昭50)9 佐賀県佐賀郡東与賀村下古賀(現・佐賀市)生まれ。19年頃からアナキズム文献を読んで共鳴する。20年佐世保で発禁の印刷物を配って新聞紙法違反で検挙され罰金30円となる。長崎市の通信生養成所を卒業後上京し正則英語学校を経て日本大学専門学校に学ぶ。24年日大専門学校を2年で中退し帰郷。25年夏大阪に出て雑誌・新聞記者となる。29年頃から大阪市内で関西黒旗連盟の関谷栄らと活動した。30年夏頃からは岸和田市内でガラス工場の外交員として働く。のち国家主義に傾斜し大日本生産党に入党し岸和田分会の会長となる。35年末頃無共党事件で検挙されるが不起訴。(冨板敦)〔文献〕『身上調書』,高丸久「黒い流れ9」『ムーヴ』10号1962.2

鶴田 三雄 つるた・みつお ?-? 1927(昭2)年頃,熊本県葦北郡田浦村(現・芦北町)で農業を営み農民自治会全国連合に参加。同年『農民自治』(9号)に「甘籃〔キャベツ〕の種子分譲す 同志鶴田三雄君からの趣き,その代金若干を全連支持費に提供すと,追て各種も採収の由,申込みを乞ふ」の記事が掲載される。28年5月農自の組織再編とともに「機関誌充実基金拠集参加者」の募集(第3次)があり,それに5口応じる〔機関紙は『農民自治』を『農民』(2次)に合併・改題する

こととなった〕。他に応じたのは，河本乾次(10口)，延原茂(5口)，皆木大太郎(5口)，延原亀一(5口)，延原重太郎(1.5口)，延原竹夫(2.5口)，延原義憲(11口)，大沢実之助(3口)，見上千代一(5口)，浜野信次(5口)，浜野俊(3口)，岡正吉(10口)，笹沢勇(20口)，平井重三(2口)，蓮見末(2口)，芝生秀郎(5口)，小芝小太郎(5口)，石川行夫(6口)，久保田武一(15口)，古知野農民自治会(10口)，高橋佐久蔵(10口)，浅井理市(1口)，大西伍一(5口)，守田虎尾(131口)，松本正枝(131口)(なお第1次の応募者は「吉場強」項，第2次の応募者は「新井淳一」項参照)。(冨板敦)〔文献〕『農民自治』9・11号1927.4・8，『農民自治会リーフレット』1号1929.2，『農民自治会リーフレット』2号1929.3

鶴橋 泰四郎 つるはし・やすしろう ⇨児島東一郎 こじま・とういちろう

鶴間 三郎 つるま・さぶろう ?-? 1919(大8)年東京牛込区(現・新宿区)の秀英舎(市ヶ谷)欧文科に勤め活版印刷工組合信友会に加盟する。(冨板敦)〔文献〕『信友』1919年8・10月号

鶴巻 盛一 つるまき・せいいち ?-? 別名・伊土競 1923(大12)年6月陀田勘助，松本淳三，村松正俊，重広虎雄，山根正義らと詩誌『鎖』を創刊する。24年7月『感覚革命』『悍馬』と『鎖』との合同詩誌『無産詩人』に参加。28年には農民自治会に加わり，同年5月農自再編の際には委員に選出される。31年8月22日陀田の獄中死の知らせを受け，翌日陀田の兄らと豊多摩刑務所の監守長に面会し死の模様について問いただした。(冨板敦)〔文献〕『農民自治』17号1928.6，『陀田勘助詩集』国文社1963，寺島珠雄『南天堂』皓星社1999

鶴巻 徳市 つるまき・とくいち ?-? 1926(大15)年新潟県南蒲原郡井栗村(現・三条市)で暮し農民自治会全国連合に参加。27年1月4-7日北佐久郡北御牧村(現・東御市)島川原公会堂で開かれた第1回農自講会に川口条吉，須藤薪，石田光栄，安中作市と新潟県から参加する。27年『農民自治』(8号)に「障害を踏み越えて」を寄稿。(冨板敦)〔文献〕『農民自治』8号1927.3，『農民自治会内報』2号1927，大井隆男『農民自治運動史』銀河書房1980

鶴見 和子 つるみ・かずこ 1918(大7)6.10-2006(平18)7.31 鶴見祐輔の長女として生まれ，1939年3月津田英学塾を卒業後9月に米国ヴァッサー大学大学院に入学，哲学を専攻する。日米開戦のため42年中退し弟・俊輔とともに日米交換船で帰国した。46年俊輔，丸山真男，武谷三男と『思想の科学』創刊。55年牧瀬菊枝らと「生活をつづる会」を結成。66年成蹊大学助教授，69年上智大学外国語学部教授・国際関係研究所所員，73年トロント大学の招請を受けカナダへ。95年脳出血で左片麻痺となり車椅子生活を送りながら著作をまとめ，自らの辿り着いた考えを未完の「内発的発展論」─各々の地域や社会には固有の文化があり，その異なる文化に根ざした多様な発展の仕方があり，異なるままに曼陀羅の手法によって新しい文化を生み出す途を求める─と表現した。(奥沢邦成)〔著作〕『生活記録運動のなかで』未来社1963，『漂泊と定住と 柳田国男の社会変動論』筑摩書房1977・ちくま学芸文庫1980，『南方熊楠 地球志向の比較学』講談社学術文庫1981，『殺されたもののゆくえ わたしの民俗学ノート』はる書房1985，『内発的発展論の展開』筑摩書房1996，『女重生』はる書房1997，『コレクション鶴見和子曼陀羅』全9巻藤原書店1997-99，『南方熊楠・萃点の思想 未来のパラダイム転換に向けて』藤原書店2001

鶴見 俊輔 つるみ・しゅんすけ 1922(大11)6.25-2015(平27)7.20 東京市麻布区(現・港区麻布)に生まれる。父は政治家で流行作家の鶴見祐輔，母は医師で政治家・後藤新平の娘・愛子。母の厳しい「躾」から自らが「悪人」であることを自覚，自由と生とを悪の方角に求める。1928(昭3)年張作霖爆殺事件の実相が入る家庭だったため日本人及び日本国への不信感を得た。34年野村芳兵衛の文章に会い「アナキズム」という言葉を覚え好ましく感じる。「小学校の時から大杉栄の党派なんです」と回想するように不良少年として過ごし，35年3月東京高等師範学校付属小学校卒業。同年4月東京府立高等学校尋常科に入学するが翌年退学，同年府立第五中学校に編入するも翌年再び退学。この間36年石本新の勧めで大杉訳『革命家の思出 クロポトキン自叙伝』を読みあこがれを持ったことから，クロポトキンの日本語訳の著作全てを読破。渡辺慧からは「アナ(キ)ズム)気質を持つ者が，アナキストである」という定義を教えられる。37年15歳で渡米。ハーヴァード大学哲学科でプラグマティズ

ムを学ぶ。39年石川三四郎の「潮の満干」を読んで感じ入り、のちに「混沌の美しさを計画でつぶさない」石川のアナキズム観に触れる。42年米国連邦警察FBIによってアナキスト容疑で逮捕されるが拘置所内で卒業論文を書き上げ同年大学卒業。この年、日米交換船で帰国。帰国後すぐに徴兵検査を受け合格、ジャワ島・ジャカルタ在勤海軍武官府に軍属として勤務。敗戦後の46年5月雑誌『思想の科学』創刊に参画。同年石川三四郎宅を訪ねる。49年京都大学に助教授として勤務。51年10月2日新宿中村屋で開かれた石川主宰「近代学校」講師団の打ち合わせ会に参加。他の出席者に大江満雄、佐藤豊、唐沢柳三、村松正俊、大門一樹、大澤正道、石川がいた。同月8日文京区本郷の大韓民国居留民団東京本部(丁賛鎮支援)で開校した「近代学校」で「ハーバート・リードの思想」を講義。出席者は10名程。この講義は「ハーバート・リードの思想と日本的風景」と改題して『アフランシ』9号(1952.1)に掲載。54年東京工業大学助教授となる。56年11月28日、29日石川三四郎の通夜と密葬に参列、12月7日東京四谷の主婦会館で開かれた「石川三四郎をしのぶ会」では書記を務めた。60年日米安保条約の強行採決に抗議して東京工業大学を辞職。同年小林トミら「声なき声の会」に参加。63年11月パンフレット『石川三四郎をしのぶ』(56年12月の会の記録)を独力で刊行、配布。65年「ベトナムに平和を!市民連合」(ベ平連)を発足。続いて66年逮捕覚悟の座り込みで抗議する独立集団・非暴力反戦行動委員会(70年安保拒否百人委員会に改組)をつくり非暴力直接行動を繰返し展開。67年11月12日には佐藤首相訪米阻止のために羽田空港入口で非暴力反戦行動のメンバー11名が路上に横たわり全員逮捕。鶴見は見届け役をあらかじめ担っていた。同年非公然の地下組織・反戦脱走米兵援助日本技術委員会(JATEC=ジャテック)を発足、実動部隊の室謙二、吉岡忍、山口文憲、阿奈井文彦らと行動。70年大学闘争で大学側が機動隊を導入したことに抗議して61年から教授として勤めていた同志社大学を辞職。76年『石川三四郎集』(筑摩書房)を編集・解説者として上梓。81年飯沼二郎から引き継いで朝鮮人社を自宅に置き、83年3月機関誌『朝鮮人 大村収容所を廃止するために』(21号)を刊行(91年5月に27号で終刊)。98年11月14日講師として登壇した「コスモス忌(秋山清を偲ぶ会)」での鶴見の発言、"アナキストの人名事典を、自分たちの手で"をきっかけとして本書『日本アナキズム運動人名事典』(ぱる出版2004)は生まれた。(冨板敦)〔著作〕『鶴見俊輔著作集』全5巻筑摩書房1975-76、『鶴見俊輔集』全12巻同1991-92、『鶴見俊輔集・続』全5巻同2000-01、『鶴見俊輔座談』全10巻・晶文社1996、『鶴見俊輔書評集成』全3巻みすず書房2007、『期待と回想(上・下)』晶文社1997、『かくれ佛教』ダイヤモンド社2010、『もうろく帖』同(後編)編集グループSURE2010・2017、『鶴見俊輔全詩集』同2014、『敗北力 Later Works』同2016・増補版同2018〔文献〕『クロハタ』19号1956.12.18、『自由連合』94号1963.12.2、北沢文武『帝力、我に何かあらんや 石川三四郎の生涯と思想』鳩の森書房1976、『石川三四郎著作集』8巻青土社1977、菅孝行『鶴見俊輔論』第三文明社1980、鶴見俊輔『彼がもっとも左翼公式主義に近づいた日々』『大宅壮一全集』1巻蒼洋社1981、金井佳子「坐り込み」『鶴見俊輔集』10巻月報1992、小泉英政「たいらな道」『鶴見俊輔集』12巻月報1992、阿奈井文彦『ベ平連と脱走米兵』文春新書2000、原田達『鶴見俊輔と希望の社会学』世界思想社2001、小熊英二『〈民主〉と〈愛国〉』新曜社2002、鶴見俊輔『私の"国家批判"は仏教と地つづき』『金剛峯寺(仏教新発見8)』朝日新聞社2007、『鶴見俊輔 いつも新しい思想家』河出書房新社2008、冨板敦編『鶴見俊輔語録1定義集』・『鶴見俊輔語録2この九十年』皓星社2011、大澤正道『責任感の強かった人 鶴見俊輔』『文献センター通信』32号アナキズム文献センター2015.9、村瀬学『鶴見俊輔』言視舎2016、『鶴見俊輔さんの仕事①-⑤』編集グループSURE2016・2017、黒川創『鶴見俊輔伝』『新潮』2017年7・10月号、2018年1・4・7月号

鶴見 良行 つるみ・よしゆき 1926(大15)4.28-1994(平6)12.16 外交官の父を持ち、アメリカ合衆国のロスアンゼルスに生まれる。敗戦後、自分の意志で日本国籍を選んだが、従兄の鶴見俊輔と同様コスモポリタン的な性格を持つ。『思想の科学』などで執筆活動を始め、小田実らとベ平連発足に関わる。当時「完全な主権否定の運動、国家消滅の運動、日本が兵器一切を放棄したとすれば、古典的な意味での国家とはいえないかもしれない」という感想を述べていたが、その後日本が経済大国化し高度な消費社会が実現していくのを否定し、アジアを仲立ちとして日本を見るという立場をとる。「国

家意思の形成や公権力の行使に関心を持たない人じゃないと、ホンモノの学問はできない」という信念から、民衆の学問を志向するアジア研究者として『バナナと日本人』、『ナマコの眼』などを発表。「革命がなくても大思想を生まなくても村むらが平穏無事に生きていられれば，それでじゅうぶんだ」という境地にたどり着く。(山田修)〔著作〕『鶴見良行全集』全12巻・みすず書房2004

て

鄭　毓秀　てい・いくしゅう　チョン・ユイーシュー　1891/94-1959.12.16　広東省宝安(現・深圳市)出身。父は清朝の高官。古い教育で育てられるが纏足を拒否。03年北京に移る。小学校卒業後，親の決めた婚約を破談にする。革命家たちが活躍する日本にあこがれ09(明42)年3月日本に渡り中国革命同盟会の会員となる。それから半年後，東京の汪精衛から至急北京の同志と連絡を取る任務を受け帰国。京津(北京と天津)両地同盟会の情報連絡の仕事に当たる。清朝の摂政戴灃暗殺計画を進める汪精衛の依頼で10年2月天津から北京へ爆弾を運搬する。12年李石曾らを中心とする袁世凱暗殺計画に加わり爆弾運搬の任務に当たるが官憲の追求を受け，同年11月末再び日本に渡り東京の実践女学校に入学する。ベルギーの副領事ゴベールの紹介で石川三四郎や大杉栄らを知る。13年1月石川の欧州亡命の資金を援助する。中国へ戻り独裁を進める袁世凱らに爆弾を投げつけようと機会をうかがう。官憲の追及を逃れた毓秀は李石曾らの女子留学運動に参加，14年3月ゴベールとともに当時ロンドンにいた石川を訪れ3人で再会を祝う。その後パリ大学法学部に入学，24年一時帰国し数十人の留仏女子学生を率いて渡仏，25年(または24年)「中国憲法趨要」という論文でアジア女性として最初のパリ大学法学博士の学位を受ける。帰国後上海地方審判庁長，上海臨時法院院長となる。47年国民党立法委員となる。台湾の二・二八事件後，台湾に渡るが48年米国に定住。(手塚登士雄)〔文献〕『中国近現代人名大辞典』中国国際広播出版社1989，石川三四郎『自叙伝』『石川三四郎著作集8』青土社1979，山崎朋子『アジア女性交流史』筑摩書房1995

鄭　華岩　てい・かがん　チョン・ファアム　1896.9.14-1981.1.21　本名・鄭賢燮　朝鮮全羅北道金堤に生まれる。19年11月ソウルで李丁奎らと親交を結ぶ。21年奉天へ脱出，上海に行くが内部抗争を続ける臨時政府に失望する。北京で魯迅やエロシェンコと交流し，エロシェンコからクロンシュタットの反乱などの話を聞き次第にアナキズムに傾斜する。21年運動資金調達のため国内に潜入，23年8月北京に戻る。同年9月中国人陳偉光と湖南省で農村自治運動を展開する。24年4月北京で在中国朝鮮無政府主義者連盟の創立に加わる。その後上海，福建省泉州，南京などで活動。30年4月北京で在中国朝鮮無政府主義者連盟代表者会議に参加，満州での運動を協議する。同年10月資金を調達して韓族総連合会の活動を支援するため満州に渡る。翌31年7月金宗鎮らが殺害され捜査の危険が迫ったため上海に戻る。上海で元心昌，柳子明らと南華韓人青年連盟を結成する。31年9月満州事変が勃発すると韓中台連合抗日救国連盟を結成し韓国代表となる。32年2月抗日救国連盟の別働隊(黒色恐怖団)を組織し要人暗殺などを指揮する。同年5月金九とはかって鋤奸団をつくり反民族者の粛清を行う。33年3月中国駐在の有吉明公使の暗殺をはかるが直前に発覚して白貞基，李康勲，元心昌が逮捕される(六三亭事件)。34-39年上海南翔の立建学園を中心に労働運動者，農民運動者の養成に力を注ぐ。解放後も上海にとどまり僑胞の救済と教育に努力する。47年3月李何有とともに呉稚暉らの協力を得て朝鮮学典館と申采浩学舎を設立し韓国学研究の道を開く。54年韓国に帰国後は民主社会党，統一社会党などの幹部を歴任する。(手塚登士雄)〔文献〕堀内稔「民族運動史上の人物・鄭華岩」『朝鮮民族運動史研究』7号1991.4

鄭　甲辰　てい・こうしん　チョン・カプチン　1913-?　朝鮮忠清南道論山郡江景邑錦町出

身。日本に渡り朝鮮自由労働者組合で活動、29(昭4)年12月組合事務所で開かれた極東労働組合創立大会にも参加した。31年4月本所区緑町(現・墨田区)の職業紹介所の顔役連に暴行を加えた容疑で検挙、また33年3月には組織改編された朝鮮自由の宣伝部員となった。38年の組織解消後、40年5月李宗文、文成勲らと栃木県栗山村の鬼怒川水力発電所工事場に就業、金錫永、李宗植らの同志を呼び寄せ建達会を組織するが無政府共産社会実現のため蜂起を計画したとして検挙され41年11月に検事局に送致された。(堀内稔)〔文献〕『自連新聞』57号1931.4、『特高月報』1933.8、『社会運動の状況13』

丁 賛鎮 てい・さんちん　チョン・チャンジン　1904-?　朝鮮慶尚南道統栄出身。19(大8)年頃渡日。20年代半ば頃にアナキストの活動の場となっていた東京中野の鶏林荘を中心としてアナキズム運動を展開、同所で知り合った金豪九、李鶴儀らと28年天皇暗殺、重要機関の破壊を闘争目標とした秘密結社一声団を組織、同志糾合のため宣伝物を印刷し内外に郵送するなどの活動を行った。金豪九らは朝鮮へ帰り実践活動中黒戦社事件として検挙されるが、丁は事件への連座を免れる。30年6月李聖勲らと黒色労働者連盟を結成、同連盟が活動を停止する38年1月までその中心メンバーとして活動した。31年7月万宝山事件批判演説会で檄文を配布して検挙、翌32年8月には東興労働同盟の事務所明け渡しに関連した事件で逮捕され11月公務執行妨害で10カ月の刑を受ける。33年6月に出所してすぐに反ナチス・ファッショ民衆大会(7月1日開催)の事前検束を受け、同年8月には呉季泳らと南朝鮮水害救援活動を企図するが失敗した。また同年11月上海での有吉明公使暗殺未遂事件の被告救援を協議して黒友連盟の洪性煥を代表として長崎に派遣した。一方31年4月アナ系朝鮮人の機関紙である『黒色新聞』の編集委員として編集に携わり、さらに35年2月資金的に行き詰まった『黒色新聞』の発行責任を引き受けるが、まもなく拳銃事件に関連して誤認逮捕され拘束されたため実際の発行には関係しなかった。釈放後発行継続を協議するが結局資金難の局面を打開できず35年5月に廃刊届けを出す。黒色労働者連盟が活動を停止したのちは千葉県成田で料理店を営み活動する同志らに資金提供を行った。戦後日本アナ連に加盟、全国委員となる。また大韓民国居留民団に関わり55-57年同中央本部団長になった。(堀内稔)〔文献〕『韓国アナキズム運動史』、『社会運動の状況』各年度版、『自連新聞』61・82号1931.8.10・33.7.10、『平民新聞』30・46・73号1947.6.18・10.31・48.5.24

鄭 聖鈺 てい・せいぎょく　チョン・ソンオク　1911頃-1935.1.13　朝鮮平安道義州面生まれ。15歳の時故郷を出て満州を転々と放浪する間にアナキズムに接した。1年間の放浪ののち帰郷するが官憲の圧迫を逃れ27(昭2)年渡日し千葉県に居住。全農千葉県連書記となって小作争議や理髪利用組合設立など果敢な農民闘争を行い、しばしば官憲に逮捕された。しかし33年頃には全農を脱退して独自に農民に働きかけるとともに内鮮協和自治会を結成、その活動中に急死した。(堀内稔)〔文献〕『自連新聞』97号1935.1

鄭 然圭 てい・ぜんけい　チョン・ヨンギュ　1899.2.14-1979.4.25　別名・西野貞治　朝鮮京畿道出身。23(大12)年頃短編小説「生の悶え」、長編小説「さすらひの空」を発表、はじめて日本語で書かれた朝鮮人の小説として注目を集める。朴烈らアナキストとの親交もあり、関東大震災時に朴烈らとともに一時検束される。要視察人乙号として監視を受けながら文筆活動を続け朝鮮人虐殺に関する文などを『報知新聞』に掲載した。また25年の朴烈の大逆事件の公判の際に朴烈の実兄朴庭植を朝鮮から呼び寄せた。29年からは朝鮮統治に関する情報を提供する『朝鮮情報通信』(当初日本文、のちハングル。40年まで継続)を発行、内容が民族意識を高揚させ「内鮮融和」を妨げるものとしてしばしば発禁処分を受けた。31年にはモルヒネ中毒防止を主内容とした『労農新聞』を発行しようとするが発禁となる。32年からは『満蒙時代』(36年『魂』と改題)を発行するが、38年からは発行所を皇学会とするなど融和的傾向がめだつようになる。『魂』は戦後も刊行。(堀内稔)〔文献〕『在京朝鮮人状況』、『社会運動の状況1-14』

鄭 泰成 てい・たいせい　チョン・テソン　1901.8.28-?　別名・鄭泰星、鄭太成　朝鮮

咸鏡南道端川郡北斗日面新徳里生まれ。20(大9)年11月苦学生と労働者の相互扶助の目的で東京につくられた朝鮮苦学生同友会に加入，21年11月同友会会員朴烈，金若水らとともに初めての在日朝鮮人思想団体黒濤会を結成するが会内部の思想対立によって分裂，22年11月朴烈らとアナキズムを標榜する黒友会を組織した。また23年4月朴烈が中心となって組織した不逞社に加入し同年9月朴烈らとともに検挙されたが免訴となり釈放された。26年には黒友連盟などを組織して活動を続けた。戦後は46年新朝鮮建設同盟の結成に参加，宣伝部長となる。
(堀内稔)〔文献〕『在京朝鮮人状況』，朴慶植『解放後在日朝鮮人運動史』三一書房1989

鄭　哲　てい・てつ　チョン・チョル　1909.11.20-?　別名・鄭泰崇，鄭白湧　朝鮮平安南道江西郡水山面雲北里生まれ。全寮制のミッション・スクールを卒業後，31(昭6)年3月渡日，寄宿した知人宅が朝鮮東興労働同盟員のアジトだった関係からアナキズムに接しクロポトキンの『法律と強権』を読んで感激。32年のメーデーでは東興労働同盟北支部代表として演説，また相愛会をはじめとする反動勢力との武闘を積極的に展開，何度も検束された。35年11月無共党事件で逮捕，釈放後一時法政大学に通うが予備検束を避けて北海道の大夕張炭坑の鉱夫に応募，炭坑夫や朝鮮人監督としての生活を送る。44年春に東京に戻り建達会事件裁判の傍聴をしたり釈放された同志たちの面倒をみた。同年11月最後の検束を受ける。解放後，信託統治反対運動から在日朝鮮人連盟との対決のなかで在日朝鮮居留民団の結成に関わり以後民団で活動するが，72年幹部の腐敗堕落から民団を離脱する。(堀内稔)
〔著作〕『民団』洋々社1967，『在日韓国人の民族運動』同1970，『民団今昔』啓衆新社1982〔文献〕玉川信明「アナキスト鄭哲の闘い」『労働史研究』2号1985

鄭　佩剛　てい・はいごう　チョン・ペイカン　1890.12.24-1970.12.27　中国広東省香山県(現・中山市)出身。鄭彼岸の弟で師復とも同郷。妻は師復の妹無等。十数歳から彼らと活動をともにする。14年山鹿泰治は上海で彼らの『民声』出版を半年ほど手伝っている。15年師復死没後，彼の遺志を継ぎ『民声』の出版を継続。17年北京で黄凌霜たちと実社を組織し『実社自由録』の印刷発行を担当。20年夏上海の陳独秀の家で社会主義者同盟成立会議に参加，コミンテルンの資金援助で又新印刷所をつくりその責任者となる。22年春上海の無政府主義者連盟(AF)成立。佩剛は宣伝部主任，妻無等は婦人部主任。同年12月上海に来た大杉栄はAFと数回会談をもつが1月足らずの滞在中，佩剛宅にも宿泊。佩剛は在仏の同志たちに大杉の世話を頼む手紙を出す。その後も上海を中心に一貫して印刷出版，販売および配布活動に従事する。エスペラントも堪能で初期に『世界語漢文新字典』をつくる。広州の自宅で脳溢血で死没。(嶋田恭子)〔文献〕『無政府主義思想資料選・下』北京大学出版社1984，嵯峨隆ほか編訳『中国アナキズム運動の回想』総和社1992，向井孝『山鹿泰治』自由思想社1984，大杉栄『自叙伝・日本脱出記』岩波文庫1971

鄭　彼岸　てい・ひがん　チョン・ビーアン　?-1975　本名・岸父　中国広東省香山県(現・中山市)生まれ。日本に留学し中国同盟会に加入。師復の終生の同志として支那暗殺団，晦鳴学舎，心社の結成に加わる。清末に師復下獄の際には救援に奔走。1912年『討袁報』創刊，袁世凱批判を行う。第2革命後は北米大陸に渡り21年サンフランシスコで『平等』を創刊。36年帰国。抗日戦争後は中山県図書館長，人民共和国成立後は広東文史館副館長となる。著作に「香山起義回憶」(『辛亥革命回憶録2』文史資料出版社1981)などがある。(嵯峨隆)〔文献〕徐友春主編『民国人物大辞典』河北人民出版社1991

テイラー，ワトソン　Taylor, Simon Watson　1923.5.15-2005.11.4　イギリスのアナキスト，評論家，翻訳家。オックスフォードシャーのウォリングフォードで裕福な家庭に生まれ幼少期にロンドンに転居。第二次世界大戦中，共産党青年同盟に加わるが，1941年にトラファルガー広場での集会に参加した際にロンドンのアナキストたちによって刊行されていた『ウォー・コメンタリー』に出会い，編集者のマリー・ルイズ・ベルネリと彼女のパートナーであり，ホワイトチャペルで書店を経営していたヴァーノン・リチャーズ，そして挿絵画家フィリップ・サンソムらと知り合うなかでアナキストになる。44年に反戦パンフレットを兵士に配布した罪で

ベルネリらアナキスト4名が逮捕されると,ハーバート・リード,ジョージ・ウドコック,ジョージ・オーウェルらによって組織された支援委員会(Freedom Defense Committee)に加わり法廷で陳述。戦時中,シュルレアリスムのための評論誌『フリー・ユニオン』刊行を準備するなかで警察による家宅捜索を受ける。警察は意味不明の原稿を「暗号」と勘違いした。同時期,機内添乗員として世界各地をまわるなかで52年4月15日搭乗機が日本に立ち寄った際リチャーズを通じて知った大沢正道を訪ね,同日新宿中村屋で広海貫一など他のアナ連メンバー10名以上とともに約3時間にわたり交流した。50年代,ブルトンの専横な態度などに違和感を抱いた末にシュルレアリスムから離脱,パタフィジックのサークルに加わる。アンドレ・ブルトン,ルイ・アラゴン,アルフレッド・ジャリなどの小説・戯曲の英訳書の翻訳・編集に携わり70年代にはインド,フィリピンで生活した後にイギリスに戻る。2005年11月4日ロンドンで死去。生涯にわたってアナキストであり「真の自由人」(イギリスのジャズ・ブルース歌手で評論家のジョージ・メリーによる)だった。(田中ひかる)〔文献〕「ロンドン来の一青年アナキスト」『平民新聞』1952.5.5, George Melly, 'Simon Watson Taylor : Surrealist turned Anarchist, Pataphysician and Hippie', *Independent*, 16.11.2005, 'Growing up with Anarchist, Surrealists, and Pataphysicians'(ChristieBooks.com より)

手島 茂子 てじま・しげこ ?-? 印刷工として日本印刷工組合信友会に加盟。1920(大9)年末には東京芝区(現・港区)の日本印刷興業株式会社に勤めていた。(冨板敦)〔文献〕『信友』1921年1月号

手島 光 てじま・ひかる ?-? 1919(大8)年東京京橋区(現・中央区)の英文通信社印刷所文選科に勤め日本印刷工組合信友会に加盟する。(冨板敦)〔文献〕『信友』1919年10月号

手塚 勇 てづか・いさむ ?-? 印刷工として日本印刷工組合信友会に加盟。1920(大9)年末には東京芝区(現・港区)の日本印刷興業株式会社に勤めていた。(冨板敦)〔文献〕『信友』1921年1月号

手塚 市次郎 てづか・いちじろう ?-? 1919(大8)年横浜の福音印刷合資会社に勤め横浜欧文技術工組合に加盟して活動。同組合設立基本金として1円寄付する。(冨板敦)〔文献〕『信友』1919年8・10月号

手塚 武 てづか・たけし 1905(明38)8.23-1986(昭61)4.6 栃木県那須郡烏山町に生まれる。早稲田大学を中退。25年草野心平に誘われて『銅鑼』同人となり編集にも携わる。26年12月上野の聚楽で宮沢賢治,高村光太郎の3人で会食。27年草野,原理充雄,坂本遼,高橋久由,土方定一,三野混沌,猪狩満直らと『先駆』を創刊。また福富菁児,野村吉哉らと『詩壇消息』に拠り『バリケード』にも参加する。28年2月銅鑼社から詩集『一社会人の横断面』を出すが発禁となる。39年『東亜新報』記者として中国に渡る。敗戦後に帰国し以降は後進の指導につとめた。(冨板敦)〔著作〕『一社会人の横断面』銅鑼社1928,『山家集』現代書房1936,『月夜の傘』下野新聞1973,『少年院詩集抄』橘の会1985,『鬼怒川冬日』同1985〔文献〕秋山清『発禁詩集』潮文社1970, 小寺謙吉『発禁の詩』評言社1972, 佐藤竜一『黄瀛』日本地域社会研究所1994, 寺島珠雄『南天堂』皓星社1999, 落合雄三『栃木県近代文学アルバム』随想社2000, 志賀英夫『戦前の詩誌・半世紀の年譜』詩画工房2002

手塚 蘭 てづか・らん ?-? 1919(大8)年東京京橋区(現・中央区)の大倉印刷所文選科に勤め活版印刷工組合信友会に加盟する。(冨板敦)〔文献〕『信友』1919年8・10月号

寺尾 実 てらお・みのる 1905(明38)-1944(昭19) 長崎市生まれ。高等小学校を卒業後,20年5月市内の貿易商富田商店などに勤め23年11月中学編入をめざし上京。24年8月東京殖民貿易語学校に入学と同時に牛込郵便局電報配達夫の職についた。同郵便局で山口勝清,井上新吉らと出会いアナキズムに傾斜。26年黒連に加入。27年9月同郵便局を解雇され国際映画通信社,キネマ旬報社など職を転々としながらアナキズム運動に深く関わる。30年頃から相沢尚夫,入江汎,植村諦,二見敏雄,芝原淳三らと親交し31年『自連新聞』の発行に加わる。同年12月二見と調達した拳銃などに関し銃砲火薬類取締法違反で罰金20円を科された。32年3月『無政府主義読本』を無政府主義協会の名称で発行したが発禁。33年4月二見や坪田吟一郎,牟田征紀と日本革命的無政

府主義者協会(JRAP)を結成し非合法活動を計画。翌33年12月無共党の前身日本無政府共産主義者連盟の結成に参画、中央委員となった。しかし翌34年2月スパイの疑いがかかり改称された無共党を除名となる。その後は結核を病みつつも前年来従事していた軍事教育雑誌『さくら』の編集に携わった。35年無共党事件の発覚によって旧党員として検挙、起訴され懲役3年6カ月の判決を受けた。(奥沢邦成)〔文献〕森長英三郎『史談裁判3』1972、相沢尚夫『日本無政府共産党』海燕書房1974、『身上調書』

寺門　昱　てらかど・あきら　1912(大1)-?　茨城県多賀郡松岡町下手綱(現・高萩市)生まれ。31年3月県立水戸農学校を卒業後、同年4月愛郷塾に入塾し農本主義運動に関わる。32年11月同塾を退塾。34年水戸農学校2部に入学し35年に卒業する。のち茨城県購買販売利用組合連合会の上水戸出張所の書記となった。同年末頃無共党事件で検挙されるが不起訴。(冨板敦)〔文献〕『身上調書』

寺神戸　誠一　てらかど・せいいち　1903(明36)-1955(昭30)9.30　茨城県新治郡美並村深谷(現・かすみがうら市)に生まれる。高等小学校を経て26年東京外国語学校に入学するが翌年中退し帰郷。29年再び上京し豊多摩郡杉並町成宗(現・杉並区)にて著述業で生計を立てる。27年農民文芸会の会員となる。第1次『農民』、全国農民芸術連盟の第3次『農民』にしばしば評論、小説、詩を執筆。31年10月全国農民芸術連盟と農民自治会を解体し犬田卯らと新たに農民自治文化連盟を結成し東京連合事務所を自宅に置く。12月アナキズムではなく農民自治主義をとる犬田を除名、連盟事務所を自宅に置き同連盟をアナーキスト芸術連盟に改称、32年『農民』を改題した『戦野』を発行する(のち団体名を自治連盟、雑誌名を『農民』と再び改称)。同人誌『田園尖端』を発行(1931)した岡崎一男らと交流した。33年2月再び帰郷し35年末頃無共党事件で検挙されるが不起訴。戦後アナ連に加盟し『平民新聞』に小説「泡1-15」(88-103号1948.9.13-49.1.3)などを寄稿する。(冨板敦)〔著作〕『廃村賦』私家版1929、『土に燃ゆる』全国農民芸術連盟出版部1930、『米に群がる』農民文芸社1931、『農村紀行』今日の問題社1943、『蚕』全4巻筑波書林1980〔文献〕『身上調書』

犬田卯著・小田切秀雄編『日本農民文学史』農山漁村文化協会1958、高橋春雄「解説」『農民』復刻版・不二出版1990

寺口　豊太郎　てらぐち・とよたろう　?-?　印刷工として1919(大8)年活版印刷工組合信友会の神戸支部に加盟し活動する。(冨板敦)〔文献〕『信友』1919年8月号

寺沢　館太郎　てらさわ・かんたろう　?-?　1919(大8)年東京京橋区(現・中央区)の築地活版所漢字鋳造科に勤め活版印刷工組合信友会に加盟する。同年8月頃、同所同科の組合幹事を一森正吉、森詮太郎と担う。(冨板敦)〔文献〕『信友』1919年8・10月号

寺沢　迪雄　てらさわ・みちお　1907(明40)3.6-?　長野県下高井郡中野町(現・中野市)に生まれる。北海道に移住。長沼、夕張で自由労働者生活を続けるうちにアナキズムの運動に参加。26年7月14日西山六郎とともに札幌の豊平で札幌労働組合を組織。8月1日札幌電気軌道争議を支援し検束される。同月寺田格一郎を指導者とする鎖断社の小樽北遊廓征伐行動の行動隊長となり負傷。9月29日北海黒連に参加。特別要視察人甲号(無政府主義)に編入される。27年1月「民衆を売らんとする無産政党を抹殺せよ」というビラを配布。2月23日新聞紙法違反で罰金20円。活動の場を旭川に移す。10月3日不敬罪で起訴された西山らの釈放運動のため旭川市民に「暴圧反対」の全道暴圧防衛委員会名のビラを配布。出版法違反で5日旭川区裁で罰金10円の判決を受ける。28年1月入営。30年4月上等兵で除隊。長沼で農業に従事。8月点呼の際「此の後も自己の思想を捨て運動と絶縁することは絶対にない」と発言。アナキストから墨崎信、森川武美らのボル派に転じる。9月旭川出版労働組合を指導。墨崎らと全協北海道地方協議会を組織。12月1日検挙され30日起訴される。31年10月19日札幌地裁で懲役2年6カ月の判決を受けたが控訴。32年2月26日札幌控訴院で同一判決。札幌刑務所内で非転向グループ(のち監獄細胞に発展)を組織。34年4月出獄。北辰病院の小使を経て藤田印刷所に勤務。特別要視察人(共産主義)乙号に編入替えされたが活発な運動を続ける。35年社会大衆党札幌青年隊の隊長として活動。36年反ファシズム運動を展開。37年応

643

召。中国に派遣される。除隊後41年北海道に潜入してきた大沼渉，歌川伸と旧交を温める。44年図南奉公義勇隊員として南方に送られる。川に落ちたのを逃亡行為とみなされ銃殺されそうになる。現地召集され捕虜生活。46年産別会議に参加。47年8月札幌で北海道労働調査所を設立。『週刊北海道労働情報』を発行。〔堅田精司〕〔文献〕『特別要視察人・思想要注意人一覧表』北海道庁警察部1928，『本道ニ於ケル左翼労働組合運動沿革史』北海道庁1931，『思想輯覧2』，『札幌控訴院管内社会運動概況』2輯1930.11，『特高関係要警戒人物一覧簿』北海道庁警察部特別高等課1936，『特高月報』1942.12，『小樽新聞』1926.8.22・37.12.16，『北海タイムス』1931.6.15号外・32.2.26，『不屈』北海道版30号1984.2

寺島 伊久雄 てらしま・いくお ?-? 東京印刷工連合会(のち関東出版産業労働組合)に所属し，1931(昭6)年7月深川区(現・江東区)の雨宮製作所争議を闘い森下町のデモで警官と乱闘となり千葉浩とともに検挙される。警官を負傷させたとして起訴され6カ月を獄で送った。〔冨板敦〕〔文献〕山口健助「風雪を越えて」印友会本部1970・『青春無頼』私家版1982

寺島 信 てらしま・しん ?-? 別名・寺島新　飯田豊二主宰の「解放劇場」に秋山清，八木秋子らと参加。31年2月7-8日築地小劇場の第一回公演「ボストン」でサッコ役を演じる。ヴンゼッチ役は酒井俊，八木秋子がヒロインのコルネリアを演じた。39-51年にかけ東宝，新東宝で脇役として活躍。主たる作品は「エノケンのとび助冒険旅行」(49年9月20日封切/中川信夫監督・新東宝エノケンプロ製作)他がある。時代劇は新，近現代劇は信名を使用した。〔黒川洋〕〔文献〕「解放劇場パンフレット」1号同事務所1931

寺島 珠雄 てらしま・たまお 1925(大14)8.5-1999(平11)7.22 本名・大木一治，別名・寺島玉夫 東京府北豊島郡西巣鴨町(現・豊島区)に父大木操，母ゆきの二男として出生。父は警視庁巡査で剣道の巡回師範であった。兄は大木静雄。38年千葉県の東金小学校卒業後，成東中学に入学するが40年初夏に中退。40年10月兄と北多摩の飛行機会社に就職。41年6月家出同然にハルビン，京城を放浪。7月強制送還され北海道の炭鉱夫となる。42年4月帰還後初めて詩の雑誌(『若い人』)に投稿。父の意向に従い海軍志願兵を受験し合格。43年5月横須賀第2海兵団第122分隊第12教班主計課を経て8月鈴鹿海軍航空隊主計課に転属。44年1月東京の海軍経理学校普通科衣糧技術練習生に入校。4月外出から約2週間帰還せず。戦時逃亡罪で懲役1年8カ月の軍法会議判決。横浜海軍刑務所に服役。45年3月全身衰弱症で横須賀海軍病院に入院。6月退院服役。8月25日敗戦により釈放。9月自宅近くの小私鉄に就職。11月『武良徒久 黒色または散策』を兄静雄と創刊。12月職場に労働組合を結成し半専従の委員長となる。『ダダ』創刊に兄と参加。46年『宇宙時代』『無風帯ニュース』や第1次『コスモス』に寄稿。年末，労組の専従を辞任，小川三男のいる成田に移住，映画社に入り映画の巡回上映に従事する。47年1月『詩精神』創刊号から同人となる。3月所帯をもつが入籍前に出奔。4月日本アナキスト連盟に加入。新日本文学会に参加。共産党に入党。仕事も放棄して各地の闇市地帯を放浪。48年縫製工場の自然発生倩業を助けて労働組合を結成。工場占拠ストを70日間継続。49年辻潤の墓碑建立記念陀仙忌に参加。『自由クラブ通信』『アフランシ』などに寄稿。関東一円を放浪。54年山谷，神戸，大阪を住居一定とせず飲食店，工場で労働のかたわら月刊大衆雑誌に多数の小説やルポなどを発表。63年5月父が京都武徳殿で試合中に倒れ死没。69年春から秋にかけて竹中労が釜ケ崎を訪れ親交を結ぶ。向井孝と竹中を引き合わせる。70年月刊誌『現代の眼』に集団の会のルポなどを発表。小野十三郎ノートと年譜の調査を始める。72年3月第1次『低人通信』創刊号を発行。74年12月『労務者渡世』創刊・編集委員会に参加。76年10月第3次『解氷期』に参加。78年5月第4次詩誌『コスモス』同人となる。83年5月『現代詩神戸』に参加。91年『小野十三郎著作集』(全3巻筑摩書房)の編集を終える。94年5月竹中没後3周年の講演「初源の風景」に参加。95年9月15日「うたあそび・アナキズムのうちそとで」の講演で沖縄行き。98年初夏から念願の「南天堂群像」の執筆に入るが発刊をみることなく食道癌のため死没。〔黒川洋〕〔著作〕獄中手記『道標のない地帯』私家版1940，大木一治詩集『ほうふらのう

た』武良徒久社1948・寺島珠雄事務所2000, 詩集『まだ生きている』『復刻版・別冊釜ケ崎通信』1969, ドキュメント『どぶねずみの歌』三一書房1970, 詩集『わがテロル考』VAN書房1976, 評論と詩『釜ケ崎 旅の宿りの長いまち』プレイガイドジャーナル社1978, ドキュメント『私の大阪地図』たいまつ社1977, 詩集『状況と感傷』VAN書房1978, 『小野十三郎ノート 断崖のある風景』プレイガイドジャーナル社1980, 詩集『あとでみる地図』VAN書房1982, 『わが詩人考 アナキズムのうちそとで』編集工房ノア1983, 『西山勇太郎ノート』虚無思想研究編集委員会1984, 『遠景と近状』浮遊社1985, 詩集『断景』同1985, 石野覚編・刊『寺島珠雄詩集』1985, 詩集『酒食年表』浮遊社1987, 詩集『神戸備忘録』同1988, 『単騎の人 矢橋丈吉ノート』『論争』1-3号1989・90, 詩集『酒食年表第二』遅刻の会1990, 詩集『片信録』エンプティ1995, 『小野十三郎ノート別冊』松本工房1997, 詩集『酒食年表第三』エンプティ1998, 『南天堂』皓星社1999, 現代詩神戸研究会編・刊『寺島珠雄 詩・エッセイ集』1999〔文献〕石野覚編『寺島珠雄詩集』巻末年譜1985, 「追悼寺島珠雄」『虚無思想研究』16号2000.7, 『ぶらつく通信』0号寺島珠雄事務所2000.7, 『寺島珠雄著作・編集・年譜』エンプティ2000, 黒川洋編『寺島珠雄略年譜』のら猫亭2001

寺島 歳尾 てらしま・としお ?-? 別名・歳雄 やまと新聞社に勤め東京の新聞社員で組織された革進会に加わり1919(大8)年8月の同盟ストに参加するが敗北。のち正進会に加盟。20年機関誌『正進』発行のために50銭寄付。また24年夏, 木挽町(現・中央区銀座)正進会本部設立のためにも50銭寄付する。(冨板敦)〔文献〕『革進会々報』1巻1号1919.8, 『正進』1巻1号1920.4, 正進会『同工諸君!! 寄附金芳名ビラ』1924.8

寺田 格一郎 てらだ・かくいちろう 1901(明34)-? 別名・路郎 兵庫県赤穂郡塩屋村塩屋(現・赤穂市)の酒造家に生まれる。豊岡中学を3年で中退し, 19年地元の役場の書記となる。21年姫路活動写真館事務員見習いとなり大歳辰夫らと交流する。22年12月『麵麹の略取』秘密出版が発覚し大歳, 高橋辰三郎らとともに検挙罰金。のち北海道に赴き24年8月旭川で大鐘参夫, 石井竜太郎, 山田正信と娼妓自由廃業を目的とする鎖断社を組織。同年9月15日元憲兵隊司令官小泉六一少将の暗殺を計画したとして大鐘, 石井, 前島市蔵らと検挙される。その後小樽市富岡町に移り小樽鎖断社を組織, 娼妓自由廃業運動を続ける。同年9月小樽中央座で演説会を開き警官と大乱闘のすえ中止解散, 7人が検束された。東京から来道し監獄部屋打破同盟をつくり道内各地の土工部屋で闘った大沼渉, 歌川伸, 斎藤一平, 稲田市郎, 伊賀道清一郎らと活動する。26年5月北海道初のメーデー(小樽, 函館)に小樽で参加, 黒地の中にドクロを染め抜いた旗が人目をひく。26年9月29日小樽市手宮錦輝館で北海黒連を結成, 岩佐作太郎, 旭川黒衛社山下昇二, 関東黒連高田格, 後藤学三らが参加, 司会をつとめる。27年帰郷, 小樽鎖断社は解散。のち姫路に転住して新聞を発行する。29年9月姫山公園での大杉栄追悼会で小松原繁雄らと検束。31年満州事変勃発に影響を受け国家社会主義に転向, 32年大日本国家社会党播州支部を組織し支部長となる。35年末頃無共党事件で検挙されるが不起訴。(冨板敦)〔文献〕『身上調書』, 『思想輯覧1』, 小松隆二『大正自由人物語』岩波書店1988, 向井孝『『無名』の人々4・10』『編集委ニュース』5・10号1999.5・11, 『黒色青年』6・12号1926.12・27.9

寺田 鼎 てらだ・かなえ 1901(明34)-1936(昭11) 18年頃東京市京橋区(現・中央区)のジャパン・アドヴァタイザー新聞社の米国人記者ローデリック・マゼソンの給仕兼通訳をつとめる。同社で水沼辰夫と出会い大杉栄への紹介を依頼する。新聞社に送られてくる『フリーダム』など諸外国のアナ系の新聞や雑誌を大杉に提供した。労働運動社に出入りし21年1月第2次『労働運動』同人となる。同年10月暁民共産党事件に連座して出版法違反で検挙, 罰金30円とされる。出獄後, 労働運動社に住み込む。のち文学書の翻訳に携わる。水沼によれば「卵に目鼻という言葉がぴったりするような美少年」だった。(冨板敦)〔著作〕ホープ『ゼンダ城の虜』(訳)改造社1929, フロイド・デル『世間知らず』(訳)新潮社1930, マイケル・ゴールド『金のない猶太人』(訳)同1930, ローマー『愛国侠盗伝・悪魔博士』(訳)改造社1931〔文献〕『労働運動』2次1号1921.1.29, 3次1・3・5・7号1921.12・22.3・6・9, 水沼辰夫『明治・大正期自立的労働運動の足跡』JCA出版1979

寺田 義一 てらだ・ぎいち 1905(明38)-? 印刷工として働き27年2月石川豊吉, 川又常夫, 倉田稔らと常磐一般労働者組合を組織する。同年6月茨城で川又と『平民評論』を創刊, 発禁となる。これを配布したとし

て新聞紙法違反で罰金30円。（冨板敦）〔文献〕『思想彙覧2』、『昭和7年自1月至6月社会運動情勢東京控訴院管内・下』東洋文化社1979、小田切秀雄・福岡井吉『増補版昭和書籍新聞雑誌発禁年表・上』明治文献資料刊行会1981

寺田 工 てらだ・たくみ 1906（明39）-？ 秋田県仙北郡清水村賢木（現・大仙市）生まれ。農学校を3年で中退後、農民運動に従事する。28年1月日農組合清水支部が創立されると安原謙市らと活動した。29年新潟県中蒲原郡の行順寺の住職武田雷雄に師事して仏道に入るが31年帰郷。俳句や詩をつくるなど文学を好み今村英雄、堀川清弘らと交流した。35年末頃無共党事件で検挙されるが不起訴。（冨板敦）〔文献〕『身上調書』

寺田 貢 てらだ・みつぐ 1908（明41）3.19-？ 熊本県に生まれる。25年八代中学を卒業後、小学校代用教員となる。その後上京し27年6月江東自由労働者組合（のち東京自由労働者組合）深川支部に加盟する。同年11月10日江東自由芝浦支部提唱の失業抗議闘争に参加し東京市長室で市長に面会を求めた際、日比谷署の警官と乱闘になり同志とともに検束（計23人）、29日拘留される。28年1月共済会宿泊所に居住していたところ退去問題がおこり退去費を出させて解決する。同年6月帰郷し八代で木材労働組合を組織しボル派に傾く。29年再び上京し歌川伸らの東京自由（全協加盟）に加わる。戦後は共産党中央委員をつとめた。（冨板敦）〔文献〕『自連』19・21号1927.12・28.2

寺西 慶太 てらにし・けいた ？-？ 1919（大8）年東京京橋区（現・中央区）の細川活版所製本科に勤め活版印刷工組合信友会に加盟する。（冨板敦）〔文献〕『信友』1919年8・10月号

寺本 清次郎 てらもと・せいじろう ？-？ 別名・清二郎 文選工として毎夕新聞社に勤め東京各新聞社の整版部従業員有志で組織された労働組合革進会に加わり1919（大8）年8月の同盟ストに参加するが敗北。日本印刷工組合信友会に加わり23年4月28日の信友会大会で新常務委員（庶務担当）に選出される。（冨板敦）〔文献〕『革進会々報』1巻1号1919.8、『印刷工連合』1号1923.6、水沼辰夫『明治・大正期自立的労働運動の足跡』JCA出版1979

寺山 修司 てらやま・しゅうじ 1935（昭10）12.10-1983（昭58）5.4 青森県弘前市に生まれる。戦病死した父に代わり働きに出た母と別れて過すことの多い少年期に詩、短歌、俳句などを新聞、雑誌に投稿したり、同人誌を作ったりしていた。青森高校を経て1954年早稲田大学教育学部に入学。この秋『短歌研究』の第二回新人賞を受賞するが冬にはネフローゼを発病し58年まで入退院を繰り返して大学は中退する。この間57年に第一作品集『われに五月を』を出版、演劇にも関わりはじめる。60年には反安保闘争に同調する若手文化人の「若い日本の会」に参加、同年のラジオドラマ「大人狩り」（RKB毎日）が革命と暴力を煽動するとして放送局の地元の福岡県議会で問題となる。63年松竹の女優九條映子と結婚（70年離婚）。同年三一新書『現代の青春論』（72年の角川文庫化で『家出のすすめ』と改題）を出し青春煽動業を自称。66年テレビドキュメンタリー「日の丸」を作るが内容が偏向的であるとしてテレビ各社は寺山をドキュメンタリー作家としては忌避するようになる。同年『みんなを怒らせろ』、翌67年『書を捨てよ町へ出よう』などの挑発的な書名の本を出して若者たちへの煽動を続ける。67年に九條らと演劇実験室「天井桟敷」創設、69年には渋谷区並木橋に天井桟敷館を作る。この頃この劇場は同区南平台のアップルハウス（ビートルズシネクラブの本拠地で寺山・九條の支援を受けていた）と共に各地からの家出人の受け皿としても機能していた。69年には演劇理論誌『地下演劇』を創刊しているが、唐十郎らの状況劇場と天井桟敷との乱闘で寺山などが逮捕されたのもこの年である。70年には人気マンガ「あしたのジョー」の副主人公力石徹が作中で死んだのを追悼し喪主となって葬儀を主催、会場の講談社講堂を参列者で満員にしている。60年代からは映画など映像作品も手がけたが実験的手法の作品が多いのは演劇と同様で、75年には市街劇「ノック」上演中にまきこまれた市民の抗議で警察が介入する事態となったり、80年に映像作品のための取材中に住居侵入や覗きなどの容疑で逮捕されたりしている。既成の権威や権力、良識や倫理観に囚われない芸術表現を追求した寺山は趣味の競馬でも良血馬を嫌い、ボクシングでも変則ファイターを支持したが、持病の肝硬変の悪化で47歳で

死去した。多方面で活躍し多作でもあったので生前の著作だけでも160点を越す。また影響力の強さからその検証のための寺山論も枚挙に暇がないほど増加中である。(川口秀彦)〔著作〕省略〔文献〕『寺山修司ワンダーランド』1984, 川口秀彦「寺山修司の周辺で」『トスキナア』7号2008ほか

照井 荘五郎　てるい・そうごろう　⇨鈴木友一　すずき・ゆういち

照山 正巳　てるやま・まさみ　1898(明31)11.30-1924(大13)5.21　広島市福島町中通の妙蓮寺に生まれる。観音小学校の同級生に中野繁一がいた。京都仏教中学を経て仏教大学に入学するが身体が弱く21年中退。前田三遊に師事し高津正道と交流し, 地元で日曜学校や社会科学の学習会, 弁論大会を開いた。22年全国水平社創立大会を知った高橋貞雄らから水平運動への所見を求められ全水本部を訪ねる。同年末広島県水平社の前身となる町内の自主青年団躍進青年団を組織。23年2月自宅に広島県水平社設立事務所を設け3月全水第2回大会に高橋, 高原秀行と参加する。会場で融和運動者の有馬頼寧の退席を求めた。23年7月30日市内広島劇場で広島県水平社を結成。病のため初代委員長を桝井寛一に譲る。中野, 高橋, 高原, 桝井のほか, 吉永政一, 丸林隆, 菊畠新一, 新長力松, 天本清一, 丸林力, 山口新一らがいた。(冨板敦)中野繁一『広島県水平運動史』広島県水平社連合会1930, 山本茂『広島県社会運動史』・『広島県解放のいしずえ』たくみ出版1973, 広島県部落解放運動史刊行会編『広島県水平運動の人びと』部落問題研究所1973, 宮崎晃『差別とアナキズム』黒色戦線社1975

天川 敦三　てんかわ・あつぞう　?-?　1919(大8)年東京京橋区(現・中央区)の築地活版所見本科に勤め日本印刷工組合信友会に加盟する。(冨板敦)〔文献〕『信友』1919年10月号

天明 茂　てんみょう・しげる　?-1926(大15)1.14　函館印刷工組合親工会のメンバー。「搾取の犠牲となつて, 煤煙と塵埃とに呼吸器を患され, 約9カ月を病褥に呻吟しつつあつたが1月14日ついに永眠された」と『印刷工連合』が報じる。(冨板敦)〔文献〕『印刷工連合』33号1926.2

と

戸井 十月　とい・じゅうがつ　1948(昭23)10.12-2013(平25)7.28　東京都新宿区生まれ。1960(昭35)年父親の肩越しに国会中庭の警官隊のヘルメットの数を数える。68年武蔵野美術大学商業デザイン科入学, 全共闘運動に参加。69年反戦市民運動, 街頭投石合戦に参加。大学を除籍退学処分。74年初めての外国, アメリカ, メキシコへ。ブルース・リー, 少林寺拳法に出会う。75年フリーライター集団「プレス75」結成。77年文化放送『セイヤング』のDJも担当。78年暴走族の少年少女を取材, バイクと出会う。32歳で免許取得。85年映画『爆裂都市』(石井聰亙監督)の企画・主演。90年映画『風の国』(三浦友和主演)脚本・監督。バイクで97年北米大陸一周を皮切りに09年ユーラシア大陸横断まで「五大陸走破行」を完走。生涯で50カ国以上, 総距離25万キロ超を走破した。(鈴木義昭)〔著作〕『冒険スポーツ入門』ベストセラーズ1977, 『明日は騒乱罪 学校にない教科書』(糸井重里, 岡留安則, 生江有二ほか共著)第三書館1980, 『セイリング 戸井十月対論集』八曜社1981, 『植木等伝 わかっちゃいるけど, やめられない!』小学館文庫2010, 『道, 果てるまで』新潮社2011, 『ゲバラ最期の時』集英社文庫2012

土井 要　どい・かなめ　1907(明40)-?　本名・喜八　兵庫県三原郡八木村大久保(現・南あわじ市)生まれ。尋常小学校を卒業後, 家事の手伝いをする。24年頃神戸に出て神戸駅構内のミカド食堂の料理見習いとなる。のち料理人として東京, 大阪などを転々とした。26年頃神戸市のカフェー・ロンダに料理人として勤務中, 笠原勉と知り合いアナキズムに触れる。長沢清, 山路登志雄らと交流した。大阪では南区日本橋通の古本屋に事務所があった同人協会の協議会に参加するほか, 大阪と神戸の同志間の連絡役を担う。32年12月再び神戸に来て料理人となり笠原の主宰する『布引詩歌』に加わり投稿した。35年末頃カフェー一番に勤めている

ところ無共党事件で検挙されるが不起訴。
(冨板敦)〔文献〕『身上調書』

土居 岩一 どい・がんいち 1909(明42)-?
大阪府泉南郡八木村大町(現・岸和田市)生まれ。尋常小学校を卒業後，家業の青物商の手伝いをする。25年頃大阪市内で商店の店員として勤め，翌年小豆島に行き土工となるがまもなく帰郷した。岸和田のアナキスト三瀬重次と同居して岸和田市役所の救済事業の土工員となった。35年末頃無共党事件で検挙されるが不起訴。(冨板敦)〔文献〕『身上調書』

土井 郷成 どい・くになり 1906(明39)-1989(平1)9.13 神奈川県出身。28年アナ系詩誌『断崖』を主宰していた横須賀市在住の片岡茂との交友を通じてアナキズムに関心を深めた。31年2月鈴木靖之，小野長五郎が『農村青年』創刊号を携えて神奈川県下の草薙市治らを訪れ農村青年運動への参加を要請。その趣旨と方針に深く共鳴し県下高座郡の草薙らと連絡をとり神奈川県グループを形成，活動に取り組んだ。32年『断崖』の元同人であった農青社の小野と協議し地域の同志を糾合して運動の一層の推進に尽力した。36年5月農青社事件の全国一斉検挙で横須賀署に逮捕されたが起訴猶予となり諭告釈放された。戦時中，横浜市笹下の拘置所・刑務所に臨時雇いの看守として勤務。収容されていた細川嘉六や治安維持法違反者，とくに横浜事件関係者に種々便宜を図った。(奥沢邦成)〔文献〕『資料農青社運動史』，『農青社事件資料集Ⅰ・Ⅱ』

土井 昇 どい・のぼる 1879(明12)2.12-1959(昭34)5.18 広島県賀茂郡豊栄町清武に生まれる。1900年広島県師範学校在学中に社会主義研究を志して『万朝報』を購読。01年卒業後小学校教師となる。03年12月『平民新聞』に「余は如何にして社会主義者となりし乎」を投稿，同紙と『光』にカンパした。(奥沢邦成)〔文献〕『解放のいしずえ』新版，山木茂『広島県解放のいしずえ』たくみ出版1973

土井 文一 どい・ぶんいち ?-? 1919(大8)年東京神田区(現・千代田区)の三秀舎欧文科に勤め活版印刷工組合信友会に加盟する。
(冨板敦)〔文献〕『信友』1919年8・10月号

樋田 道賢 といだ・みちたか 1908(明41)1.12-1994(平6)4.18 16-30年養家の姓伊藤を名乗る。筆名・鎌田悲吉・中山房助，仲間同士のニックネーム，西郷さん。前橋市本町生まれ。前橋中学卒業後，早稲田第一高等学院に入学。在学中『黒旋風』(1926.5-)などを購読しアナキズムに共鳴。27(昭2)年AC学生連盟に加わり鈴木靖之，星野準二，相沢尚夫，榎本桃太郎，藤島好夫，平松義輝らと交流。『黒色戦線』分裂後の純正アナ系全国啓蒙誌『黒旗』(1930-)の同人となり「民衆の解放」(2巻2号1930.2)，「組合運動と革命運動」(2巻7号1930.7)などの政治論文を発表。また榎本桃太郎らとクロポトキンの『パンの略取』(黒色戦線社1930，無署名で「訳序」を書く)を訳出するも即刻発禁。早大政経学部経済学科を中退し30年帰郷。31年実兄とともに古本屋・大成堂書店を開業。35年末頃無共党事件で検挙されるが不起訴。その後36年5月農青社事件への係わりを疑われて千葉県八幡の法華経道場にいるところを検挙されて40日留置，起訴猶予となる。戦後共産党に入党し51年前橋市議選で当選，以後連続7期を務め76年市議会議長に就く。県庁所在地での共産党議長の誕生は世の注目をあびた。子息兄弟が古本屋を継ぎ，大成堂書店と大閑堂書店を営む。
(佐々木靖章・冨板敦・大澤正道)〔文献〕『農村青年事件資料集』，『身上調書』，伊藤信吉『回想の上州』あさを社1977

鄧 夢仙 とう・むせん トン・モンシエン ?-? 中国四川省忠州(現・忠県)生まれ。1912(大1)年日本に留学し千葉医科専門学校に学び帰国後上海で華光医院を開業。同医院は各地のアナキストの連絡場所となる。鄧もアナキスト連盟(AF)の成員として大杉栄，山鹿泰治，岩佐作太郎ら多くの日本人アナキストと交流。23年『互助』を出版，マルクス主義批判を行う。上海事変ののち捕らえられて獄死したといわれる。(嵯峨隆)〔文献〕玉川信明『中国の黒い旗』晶文社1981，向井孝『山鹿泰治』自由思想社1984，蔣俊・李興芝『中国近代的無政府主義思潮』山東人民出版社1990

東井 信福 とうい・しんぷく 1906(明39)-? 富山県中新川郡山加積村東福寺野(現・滑川市)に生まれる。東京で黒色自由労働者連盟に加わり1929(昭4)年7月椋本運雄出獄歓迎会に出席。30年5月下旬神戸に行き，神戸自由労働者組合(のち神戸黒色自由労働者

連盟)で活動。同年8月に東京に戻る。33年9月16日倉敷市の杉田宏宅で開かれた大杉栄追悼10周年忌茶話会に参加。(冨板敦)〔文献〕『特高月報』1933.9,『社会運動の状況1・5』,兵庫県特別高等課『特別要視察人ニ関スル状勢調ベ』(復刻版)兵庫県部落問題研究所1976

道元 どうげん 1200.1.19(正治2.1.1)-53.9.22(建長5.8.28) 3歳で父を8歳で母を失い12年13歳で叡山に入り翌年天台座主公圓について得度,仏法房道元を名乗る。15年圓城寺長吏公胤の元で天台教学を修め翌年公胤のすすめに従い建仁寺に転錫,佛樹房明全に黄龍派の禅と戒律を学ぶ。23年明全に伴われ渡宋。天童山の無際了派,径山の浙翁如琰など大慧派の宗匠に歴参の後,天童山の長翁如淨に参じ25年その印可を得る。27年帰国,建仁寺に帰錫。29年京都深草の安養院に住し33年山城に觀音導利院興聖寶林寺を開く。43年波多野義重の招きに応じ越前志比荘に向い,44年大佛寺を傘松に興し開堂,46年大佛寺を永平寺と改める。47年執権北条時頼の再三の請を受け鎌倉に下向したが滞在半年で永平寺に帰る。53年5月後事を孤雲懐奘に托し永平寺退院,同年8月28日京都にて示寂。道元の仏法は,修証一如:只管打坐〔修行のなかに証がある,ひたすら坐禅せよ〕と要約される。『正法眼蔵随聞記』によれば「今は云く,この言ふことは,全く非なり。佛法に正像末を立つ事,しばらく一途の方便なり。眞實の教道はしかあらず。依行せん,皆べきなり。在世の比丘必ずしも皆勝れたるにあらず。不可思議に希有に淺間しき心根,下根なるもあり。佛,種々の戒法等をわけ給ふ事,皆わるき衆生,下根のためなり。人々皆仏法の器なり。非器なりと思ふ事なかれ,依行せば必ず得べきなり」と,鎌倉仏教の多くが依つた末法思想を否定し,一切衆生悉有佛性とする仏法であり,また世俗権力との接近交渉を深く戒めるものであつた。『建撕記』によれば,帰国に際して師如淨は,(1)歸朝あらば國王大臣に近づくこと莫れ(2)聚落・城邑に居らず,須く深山幽谷に住すべし(3)雲集閑人を要ゐざれ,多虛は少實に如かず(4)眞箇の道人を撰取して,以て伴となせ(5)若し一箇半箇を接得すること有らば,佛祖惠命を副續して,右佛の家風を起すものなり云々と道元を戒めた。道元は「この五箇條の示により,先祖王位の富貴をも詔はず,京城を離れ,越山に住み,僧衆をも多く集めず,會裡の衆は二十有人に滿たず,飢寒を忍び堪え,眞實道心人を伴となし,佛法修行しますものなり」。寶治元年鎌倉下向についても『建撕記』に次の記事がある。「寶治元年八月三日,鎌倉鄉へ御下向のこと。西明寺殿法名道宗〔北条時頼〕,堅く請じ申さるゝ間,御下向あり,すなはち菩薩戒を授け給ふ。そのほか道俗男女受戒の衆,敷知れず云々。堅く師を留めまさんとて,寺院を建立し,開山祖師に仰ぎまをすべく,再三言上あれども,越州に小院旦那有りとて堅辭し去つて,鎌倉を出で給ふて,越州志比莊永平寺に歸山あり。またその時建立あり,師を請じ申さるゝ寺は則ち今の建長寺なり。開山蘭溪道隆を請じ申さるゝなり。師歸越の後,西明寺,願心を遂げんがために越前國六條堡を,永平領に寄進ありけれども,師遂に受けず。玄明首座とまをす僧,この寄進狀の御使ひをせられし間,彼の堡御寄進を歡喜し,衆中を觸れ步き給ふ。師聞き給ひてこの悦喜の心中汚しとて,すなはち寺を擯出し給ひて,玄明の坐禪せられし僧堂の床緣を切取り,地を七尺掘捨て給ふとなり。前代未聞の事なり。かの玄明は生羅漢と申シ傳ふる仁なり。師の入滅已后,百三十年ばかりして,伊豆州箱根山にて,行脚の僧に行き逢ふて云はく,我れは是れ越前永平寺玄明首座といふ者なりとて,師の在世の物語し,竹杖に縋り立ち給ふと。その行脚の僧,永平寺にて語ると申し傳へ候」。1910(明43)年,内山愚童を擯斥処分した曹洞宗は,同時にこの玄明首座の擯析を赦免し,その位牌を祖師堂に安置した。(白仁成昭)〔著作〕『正法眼藏』『普勧坐禪儀』『學道用心集』『永平清規』『永平廣錄』『永平元禪師語錄』『傘松道詠集』,孤雲懐奘編『正法眼藏隨聞記』〔伝記資料〕『建撕記』『日域曹洞列祖傳』など〔文献〕鏡島元隆・玉城康四郎編『講座道元』春秋社1979-81,武田鏡村『道元入門』ぱる出版1989,菅沼晃編『道元辞典』東京堂出版1999,大谷哲夫編『道元読み解き事典』柏書房2013

東條 よし とうじょう・よし ?-? 1919(大8)年東京京橋区(現・中央区)の築地活版所〔和文〕解版科に勤め日本印刷工組合信友会

に加盟する。(冨板敦)〔文献〕『信友』1919年10月号

東野　彦　とうの・ひこ　?-?　大日本労働総同盟大阪連合会豊崎支部に所属。1922(大11)年8月1日大阪市北区の大阪合同紡績天満支店争議を同支部の金井鉄之助，重岡勢らと闘い，ビラをまき治警法違反で検挙される。同年9月22日金井らと大阪紡績労働組合を創立。23年3月府下豊能郡豊津村(現・吹田市)の三国紡績争議の敗北を機に同月22日に豊崎支部は総同盟を脱退，中尾正義，田淵義輝，重岡，倉地啓司，下野勇吉，林隆人らと13名で関西紡織を名乗り活動を始める。24年1月アナ派に改組された北大阪純労働会に関西紡織の同志6名とともに加わる。その後上京し新聞労働連盟に加盟。26年3月27日東京京橋区木挽町(現・中央区銀座)の全印連本部で開かれた関東労働組合自由連合会結成に向けての第1回準備会に，同連盟の笠，山口，宮崎と参加する。同年4月創刊の同連盟機関紙『新聞労働』の発行人となる。当時同連盟は牛込区横寺町(現・新宿区)の芸術倶楽部内に事務所を置いていた。(冨板敦)〔文献〕『新聞労働』1号1926.4,『大阪社会労働運動史・上』

東宮　七男　とうみや・かずお　1897(明30)6.4-1988(昭63)5.13　群馬県勢多郡宮城村に生まれる。萩原恭次郎の遠縁にあたる。13年勢多郡の小学校教員養成所で梅津錦一と出会う。「このときから三人(萩原，梅津，東宮)は終生変ることなく無二の親友となった」。群馬師範学校を卒業。桐生市に住み，18年萩原らが創刊した『新生』の誌友となる。23年5月前橋市での『赤と黒』講演会の講師をつとめる。25年3月梅津とペタン社を結成し，雑誌『PETAN・PETAN』を創刊する。同人にはほかに神山康二，田中愁二，樋口金一郎がいた。同年『マヴォ』に寄稿。26年4月上州芸術綜合協会発表会を梅津，萩原恭次郎，横地正次郎らと開催。27年『バリケード』に寄稿。28年静岡で杉山市五郎，柴山群平らが創刊した戦闘的アナキズム詩誌『手旗』に参加する。29年『第二』に寄稿。38年9月『東宮鉄男伝』編集のため満州に渡る。敗戦後に帰国。群馬ペンクラブの創設に尽力する。(冨板敦)〔著作〕『農村小学校の職業指導』大同館書店1934,『魚鷹』丸善印刷1954,『遍羅』煥乎堂1972,『空の花』同1987〔文献〕伊藤信吉『回想の上州』あさを社1977,伊藤信吉・川浦三四郎編著『萩原恭次郎の世界』煥乎堂1987,『郷土前橋の詩歌』前橋文学館1992,『詩人杉山市五郎作品集』武蔵野書房1995,関俊治「東宮七男の生涯」『群馬の昭和の詩人』みやま文庫1996,寺島珠雄『南天堂』皓星社1999,木下信三『名古屋抵抗詩史ノート』私家版2009

堂本　安松　どうもと・やすまつ　1872.4.10(明5.3.3)-?　和歌山県那賀郡田村(現・紀美野町)に生まれる。尋常小学校を卒業後農業に従事していたが，05年渡米しカリフォルニア州のフレスノ周辺で農業に携わった。08年8月に竹内鉄五郎が設立したフレスノ労働同盟会に参加し会計主任となった。10年1月サンフランシスコ領事館の調査報告に基づき要視察人名簿(無政府主義)に登録された。(西山拓)〔文献〕在米日本人会事蹟保存部編『在米日本人史』同会1940,『主義者人物史料1』

遠矢　徹彦　とうや・てつひこ　1937(昭12)10.30-2016(平28)9.6　本名・政行，別名・犀川麟，神園麟　金沢市出身。美学校を経て日本社会事業大学専修科に学び清瀬市の福祉施設で働く。70年代の後半には三多摩地区労働者評議会で活動するようになる。この時期，法政大学文学部中退，日本文学学校修了ののち井上光晴の文学伝習所に参加する。80年頃に西田秀夫らのスペイン現代史研究会に参加，80年代半ばには西田らのカストリアディス研究会にも積極的に関わり，西田没(95年)後の2008年頃からの第2期のカストリアディス研究会にも加わる。文学同人誌『アンタレス』『リアン』『風の森』などに参加，『新日本文学』にも作品を発表し「ボルバの行方」で1998年に新日本文学賞受賞，同作品を収録した第1作品集『波うちよせる家』(新日本文学会2000)で翌年の泉鏡花記念金沢市民文学賞を受賞する。(川口秀彦)〔著作〕『波うちよせる家』新日本文学会2000,『ぺちゃんこにプレスされた男の肖像』審美社2004〔文献〕『風の森』20号2016

頭山　満　とうやま・みつる　1855(安政2.4.12)5.27-1944(昭19)10.5　早良郡(現・福岡市早良区)生まれ。玄洋社創立メンバーで玄洋社三傑のひとり。アジア主義者。幼名乙次郎，のち太宰府天満宮にちなんで満と改名した。福岡藩士筒井亀策の3男で頭山家を

継ぐ。初め滝田紫城（洋学者），亀井玄谷（漢学者）に学び次いで女傑高場乱の人参畑塾に入った。1875年民権政社・矯志社結成に加わり翌年萩の乱に連座して投獄された。出獄後は板垣退助と交わり愛国社再興に参加，九州や東北・北陸各地を遊説した。箱田六輔，平岡浩太郎らと向陽社・玄洋社を組織。87年玄洋社系の『福陵新報』（現・西日本新聞の前身）を創刊し社長となった。大隈重信の条約改正案に強硬な反対を貫き89年玄洋社員来島恒喜による大隈外相爆弾事件を引き起こした。92年玄洋社による選挙干渉を指導したが政府の背信行為に幻滅し国民協会への協力を拒否。94年日清戦争時の天佑俠，1904年日露戦争時の満州義軍結成を支援。08年浪人会を結成し大正デモクラシーの風潮と対決。25年純正普選運動（選挙権を一家の戸主に限る）を展開した。また朝鮮の金玉均，中国の孫文，インドのラス・ビハリ・ボースら亡命政客を保護した。中江兆民と親交があり兆民は頭山を最後の古武士と評した。右翼界の長老として晩年は半ば神格化されその言動は世間の注目を浴びた。戦後は政界の黒幕，大陸への侵略を鼓吹した超国家主義者としてのイメージが定着したが，昭和戦前・戦中期に日中不戦の立場から和平工作に携わったことなどようやく明らかになりつつある。伊藤野枝の伯父代準介と頭山の生家筒井家は同族で，代が頭山を信奉したことから頭山は野枝・大杉栄ともかかわりがあった。大杉の遺児魔子（後に真子）の結婚の際，頭山は扁額を送って祝福した。頭山の墓所はいくつかあるがそのひとつは福岡市博多区崇福寺内玄洋社墓地にある。〔石瀧豊美〕〔著作〕頭山満『幕末三舟傳』大日本雄辯会講談社1930〔文献〕頭山満翁正伝編纂委員会『未定稿 頭山満翁正伝』葦書房1981，読売新聞西部本社『大アジア燃ゆるまなざし 頭山満と玄洋社』海鳥社2001，石瀧豊美『玄洋社・封印された実像』海鳥社2010，『頭山満思想集成』書肆心水2011

ドゥルティ Durruti, Buenaventura 1896-1936.11.20 生粋の労働者たるドゥルティの闘争歴は17年のゼネスト，つまり彼の20歳のときに始まる。この頃は社会労働党系の労働組合UGT（労働組合同盟）に加入していたが，そこから過激分子として除名され，スペイン北部のアストゥリアスの炭坑地帯に赴きそこでアナキスト活動家として頭角を現し，公安当局のブラックリストに載ったために余儀なくフランスへ亡命する。その後まもなくひそかにスペインに入国し，生涯の同志となるフランシスコ・アスカソやガルシア・オリベルたちと出会う。19年白色テロに対抗するために連帯者団を結成し，アナ系の労働組合CNT（全国労働連合）の活動家セキ暗殺の報復として23年にサラゴサのソルデビラ大司教を暗殺。ビルバオの前知事の暗殺後，マドリードへ向かう列車中で逮捕されるが脱獄しパリへ逃亡する。同じ頃パリに逃亡中のアスカソと合流する。やがて二人はフランス当局から強制退去処分を受け，新天地を求めてラテンアメリカに向かうが，結局26年フランスに舞い戻り入国したとたん身柄を拘束される。31年4月1日スペインで共和国の宣言が行われるとドゥルティとアスカソは真っ先に帰国しモンセニ，ガルシア・オリベルらとアナキストとして現状への対策を討議したが意見の一致はみられなかった。現状打破派（ドゥルティとアスカソ）と現状改革派（モンセーニとガルシア・オリベル）に分かれてしまった。双方にとって予想されていたとはいえ避けがたい前兆だった。スペイン第2共和国の誕生から34年のアストゥリアスの10月革命を経て，スペイン革命の勃発までのアナキスト運動は決して平坦ではなかった。カタルーニャ地方での戦闘が一段落した36年11月，約3000人のアナキスト義勇兵からなるドゥルティ軍団はマドリード防衛戦につく。11月19日午後1時頃ドゥルティ軍団派遣本部から乗用車で前線に向かう途中で日向ぼっこをしている数人の民兵をみつけたドゥルティは車から降り，二言三言大声でどなり自分の車に乗り込もうとした瞬間，1発の弾丸が彼の腹部を貫いた。即座に病院にかつぎ込まれるが手術はもはや不可能な状態であった。彼の最後の言葉は「委員会が多すぎる」だったという。ドゥルティの葬儀は彼の第2の故郷であるバルセロナで23日午前10時3分と決まった。赤と黒のアナキストの旗に包まれかつての同志たちに担がれた彼の棺はCNTの本部から出ると，やがて20万人もの市民が別れの挨拶として握り拳を挙げアナ

キストの歌「民衆の息子たち」を歌った。曇空がたちまち豪雨となり、埋葬は翌日に延期された。(川成洋)〔文献〕H.リュディガー「ドゥルティの生涯」(大沢正道要約)『クロハタ』73号1962.1, H.M.エンツェンスベルガー『スペインの短い夏』(野村修訳)晶文社1973, S.M.ロレンソ『スペイン革命におけるアナキストと権力』(今村五月訳)JCA出版1982, O.M.プリエト『スペイン革命・アナキズム革命の墓标』(今村五月訳)JCA出版1990, A.パス『スペイン革命のなかのドゥルティ』(渡辺雅哉訳)れんが書房新社2001, Paz, Abel. *Durruti: El Proletariado en Armas*, Editorial Bruguera, 1978. Llarch, Joan. *La muerte de Durruti*, Editorial Aura, 1973. Newell, Peter. *The Forgotlen Heroes: Machno and Durruti*, Freedom Press, 1969. Sanz, Ricardo. *Figuras de la revolución española*. Buenaventura Durruti, Edition El Frente, 1945

堂脇 次郎 どうわき・じろう 1905(明38)-? 本名・次郎吉 無差別社、黒連のメンバー。26年6月21日浦和公会堂での社会問題講演会(無差別社ほか主催)に参加、警官と大乱闘。翌22日三上由三、池田武雄、高橋五一と前日検挙された同志の救援カンパを大宮の病院や飲食店に求める。これが暴力行為にあたるとして検挙され懲役4カ月となる。機関紙『無差別』2号の発行人望月辰太郎が検挙されたため27年1月『無差別』3号の発行人となる。(冨板敦)〔文献〕『黒色青年』4・5号1926.7・9,『黒闘』3号1926.7,『無差別』3号1927.1,『思想輯覧I』

遠田 武雄 とおだ・たけお ?-? 日本印刷工組合信友会に加盟し1921(大10)年末頃、成章堂文選課に勤めていた。(冨板敦)〔文献〕『信友』1922年1月号

遠矢 五郎 とおや・ごろう 1897(明30)2.20-1941(昭16)12.13 本名・郷太郎、通称・ゴロー 鹿児島県指宿郡山川町成川に生まれる。祖父畩五郎は元藩兵法学者。20歳前後に横浜に伝手を求めて家出し神奈川県下に居を構える。草薙市治らとの交友によってアナキズムに関わるようになった。1931(昭6)年2月鈴木靖之、小野長五郎が『農村青年』創刊号を携えて神奈川県下の草薙らを訪れ、農村青年運動への参加を要請。これにこたえて神奈川県グループの一員として活動を開始。機関誌『農村青年』やパンフの配布、農青イズムの啓蒙宣伝に尽力した。36年5月農青社事件の全国一斉検挙で逮捕されたが、起訴猶予で諭告釈放となった。その後山下汽船に入り海員組合で活動中、官憲と衝突し入獄、病を得て出獄後まもなく没した。「素朴な薩摩っぽで、一途な田舎の正義漢」(子息の評)だったという。(大澤正道)〔文献〕『資料農青社運動史』、『農青社事件資料集Ⅰ・Ⅱ』

遠山 謙三 とおやま・けんぞう ?-? 東京市深川区(現・江東区)福住町に居住し神田神保町の山縣製本印刷整版部に勤める。1935(昭10)年1月13日整版部の工場閉鎖、全部員40名の解雇通告に伴い争議勃発。工場を占拠して闘い同月15日解雇手当4カ月、争議費用百円で解決する。山縣製本印刷は当時東京大学文学部の出入り業者であり、東印は34年5月以降、東印山縣分会を組織していた。(冨板敦)〔文献〕『山縣製本印刷株式会社争議解決報告書』東京印刷工組合1935,『自連新聞』97号1935.1, 中島健蔵『回想の文学』平凡社1977

富樫 粂雄 とがし・くめお ?-? 芝浦製作所に勤め芝浦労働組合に加盟し家庭用具分区に所属。1924(大13)年9月27日、同労組の中央委員会で同分区の中央委員に菅井熊次郎、大野伊三郎、村松英雄とともに選ばれる。また10月11日の臨時中央委員会の補欠選挙で本部の中央委員に選出される。(冨板敦)〔文献〕『芝浦労働』2次2・3・4号1924.1・12・25.1

富樫 定雄 とがし・さだお 1909(明42)3.20-1971(昭46)4.10 別名・酋壱郎、川淵 北海道石狩郡石狩町八幡町(現・石狩市)に生まれる。23年北海中学に入学したが中退し札幌商工学校電気科に学ぶ。札幌水力電気に入社。30年『かがり火』を創刊(31年『北斗文芸』と改題)。竹内てるよ、草野心平と交流。全農北連の喜多幸章の影響を受け空知地方の農民運動に参加。32年『詩宗族』を創刊。実質上のアナキズム文学誌であった。植村諦、岡本潤と交流。35年6月藤川静子と結婚。11月29日無共党事件に関連して検挙され1カ月留置される。文筆活動を禁止され特別要視察人乙号(無政府主義)に編入される。36年夏天皇来道に際して検束される。10月15日無共党で起訴猶予。本業の電気技術者として生活。46年更科源蔵、渡辺茂らの『野性』に参加。浅井十三郎と交流。59年『核』に加わる。晩年まで反権力を貫き、豊平河畔の志村鉄一碑移転問題では札

幌市役所を攻撃した。(堅田精司)〔著作〕『オホーツクの意思』楡書房1955,『富樫酋壱郎詩集』北書房1972〔文献〕『身上調書』,『特высi関係要警戒人物一覧簿』北海道庁警察部特別高等課1936,『思想月報』1937.1・6,『北海タイムス』1935.11.30,『小樽新聞』1935.11.30

富樫 庄平 とがし・しょうへい ?-? 印刷工として1919(大8)年日本印刷工組合信友会に加盟し活動する。(冨板敦)〔文献〕『信友』1919年10月号

戸川 幽子 とがわ・ゆうこ 1891(明24)10.24-1940(昭15)7.4 本名・イフ, 通称勇子。次女として岩手県に生まれる。父は青年時代には自由党壮士として加波山事件に連座, 日露戦争時代に特務班として東清鉄道爆破実行前に逮捕され, 幽子が13歳の時, 40歳で銃殺処刑された人物。両親はともにクリスチャン。父が東京朝日新聞の記者となったため生まれてすぐに岩手から東京に転居。母も7歳の時に肺結核で死去したために修道女の生活に入る。修道院を出て結婚し戸川姓になった。2人の子供があり1934(昭9)年6月の川柳女性の会主催の講師に長谷川時雨を招いた句会には娘を連れて参加している。姉とともに短歌を始めたが結婚後に川柳に転身, 33年に入って『川柳人』同人となり井上信子に師事。『女人芸術』新興川柳欄を活躍の場とした。女性としての感性で内に燃える激しい気持ちを川柳に吐露させている。『女人芸術』の後継誌『輝ク』には病床から〈獣心になつた時丈甘い声〉などの男性追従の女性の姿を批判する句を載せている。〈母性愛つかひ切れないまゝで死ぬ〉が辞世。(一色哲八)〔著作〕『新興川柳集ひらめき』柳樽寺川柳会1940〔文献〕利岡中和『真人横川省三伝』大空社1996, 幕内満雄『獅子の夢』叢文社2001, 井之川巨『君は反戦詩を知ってるか』皓星社1999, 谷口絹枝『蒼空の人井上信子』葉文館出版1998, 『川柳人』1933-1938, 『輝ク』1934-1936

土岐 哀果 とき・あいか 1885(明18)6.8-1980(昭55)4.15 本名・善麿, 別名・湖友 東京市浅草区松清町(現・台東区西浅草)に生まれる。父善静は浅草の等光寺住職。04年早稲田大学英文科に入学。同級に若山牧水, 北原白秋, 服部嘉香, 安成貞雄らがいた。05年若山, 安成, 佐藤緑葉らと回覧雑誌『北斗』をつくり作歌に精進する。作風は次第に自然主義的傾向となる。08年卒業後, 読売新聞社に入社。同年金田一京助からローマ字文を教えられ10年第一歌集『Nakiwarai』(ローマ字ひろめ会)を刊行。ローマ字による三行書き歌は石川啄木に大きな影響を与えた。同年杉村楚人冠を通して堺利彦を知り, 堺を介して大杉栄, 荒畑寒村とも親しくなる。11年啄木と社会思想雑誌『樹木と果実』を計画したが啄木の発病で中止。同年昔話を児童向けにローマ字表現した『Mukasibanasi』(日本のろーま字社)を刊行。12年の第二歌集『黄昏に』(東雲堂書店)には自然主義歌人としての存在と社会主義思想の反映がみられる。啄木の死後も『啄木遺稿』(同)を編集発行するなど啄木の認知に尽力する。啄木の墓は実家の等光寺にある。大杉らの『近代思想』にも寄稿し, 13年東雲堂書店から創刊した思想・文芸誌『生活と芸術』(月刊, 1916.6廃刊)は『近代思想』の文芸版ともいわれた。大杉が『生活と芸術』(1914.5)に書いた「藤椅子の上にて」は, 『近代思想』(1914.3)に土岐が寄稿した「寝台の上にて」の反論だが両者の立場の違いがよく出ている。大杉は土岐の批判にも刺激され「実行の芸術」である労働運動, 革命運動に向かって突進し短い生涯を終える。一方土岐はあくまでも「生活と芸術」との両立をめざし, 18年読売新聞社を辞して朝日新聞社に入り40年に退社するまで要職をこなしながら, 自由律短歌やエスペラントの普及などにつとめ, 歌壇で結社をつくらず戦後も叙勲や宮中歌会始の選者を固辞して長寿を全うした。(北村信隆・大澤正道)〔著作〕『土岐善麿歌集』光風社1971, 『土岐善麿歌集第二・寿塔』竹頭社1979(歌集32冊を上記2冊に所収), 『土岐善麿歌論歌話・上下』木耳社1975〔文献〕冷水茂太『評伝土岐善麿』橘短歌会1964, 藤原全『啄木・哀果とその時代』桜楓社1983, 小倉三郎『私の短歌履歴書』ながらみ書房1995, 『エス運動人名事典』

土岐 新一 とき・しんいち ?-? 1919(大8)年東京神田区(現・千代田区)の三秀舎和文科に勤め活版印刷工組合信友会に加盟する。(冨板敦)〔文献〕『信友』1919年8・10月号

土岐 太郎 とき・たろう ?-? 1919(大8)年東京神田区(現・千代田区)の三秀舎校正科に勤め活版印刷工組合信友会に加盟する。

(冨板敦)〔文献〕『信友』1919年8・10月号

土岐 彦次郎 とき・ひこじろう ?-? 1919(大8)年東京京橋区(現・中央区)の築地活版所漢字仕上科に勤め日本印刷工組合信友会に加盟する。(冨板敦)〔文献〕『信友』1919年10月号

鴇田 英太郎 ときた・えいたろう 1899(明32)1.19-1929(昭4)7.9 宮城県石巻に生れる。早稲田大学商科,慶応義塾大学文科を中退。20年4月創設の大正活映の俳優募集に応募し文芸顧問の谷崎潤一郎の世話で入社。同輩に岡田時彦,竹村信夫らがいた。21年3月16日封切『神の摂理』(監督・栗原喜一郎/大活)に主演する。容貌は米国で活躍していた同県人の上山草人に似ていた。24年1月創刊『演劇新潮』のシナリオ応募入選し小山内薫に師事する。同年9月『本牧夜話』(原作谷崎,監督鈴木謙作)の脚本を担当。他4作の脚本・原作を発表。28年10月『悪い仲間』創刊(新聲社書店・和田信義,畠山清身編集)に参加。室伏高信,辻潤らと親交を持つ。悪い仲間の一員として『文芸ビルデング』終刊まで詩,戯曲,コラム記事を執筆。妻と二人の娘を残し胃癌の術後没。(黒川洋)〔著作〕戯曲集『現代生活考』ロゴス書院1929.10〔文献〕畠山清身「鴇田英太郎・深見茂一両君の死」『文芸ビルデング』新聲社書店1929.10

時永 良一 ときなが・りょういち ?-1929(昭4) 別名・一郎,猛虎 22年北海道に渡る。さらに樺太,カムチャツカで労働者生活。旭川で工場労働者となる。23年6月15日旭川市の錦座で上演された旭川文化協会の「ベニスの商人」に出演。絵が得意であった。重井鹿治(日農北連主事)・しげ子(日農北連婦人部長)夫妻と親交。26年9月14日旭川合同労働組合に参加。指導者木下源吾が右傾化し組合を評議会から脱退させ単独労働組合としたことに反対し,合同労組改造同盟を組織。11月9日労農党旭川支部に参加し委員となる。11月下旬上京。旧知の大沼渉や斎藤一平のいる江東自由労働者組合に参加。アナキストとして活動。12月5日原庭署に検束。27年2月自連協議会に出席。3月6日演説会で検束され拘留7日。4月10日関東自連大会に出席し失業反対運動について意見を述べる。7月江東自由の会計となる。10月関東自連の会議で旭川不敬事件調査委員に選ばれる。旭川に赴き調査。29日調査報告。28年1月玉姫紹介所への抗議経過について報告。江東自由を東京自由に改組。東京合同労働組合に参加,共産党の活動に加わる。山本忠平(陀田勘助),大沼,歌川伸らをボルに転換させる。3月18日東京自由が全国自連を脱退。7月15日全国労働組合会議第1回組織準備委員会に東京自由を代表して参加。10月27日東京地方自由労働者組合協議会を組織。12月全協に参加。29年1月紺野与次郎と亀戸の工場街に入り活動。全協関東地方協議会の常任として地下活動を続けていたが秋に検挙され,拷問を受け中耳炎にかかり死没。松田解子が追悼の文を『女人芸術』12月号に発表。(堅田精司)〔文献〕『自連』8・21号1927.1・28.2,『北海道無産政党一覧表』北海道庁警察部1927,相沢尚夫『日本無政府共産党』海燕書房1974,『社会運動の状況4』,『陀田勘助詩集』国文社1963,『江西一三百伝』同刊行会1976,竹田英子『秋色清香 追想重井鹿治しげ子』私家版1998

常盤 歌次郎 ときわ・うたじろう 1891(明24)-1930(昭5)4.30 別名・歌治郎 山梨県南都留郡に生まれる。中央新聞社に勤め東京の新聞社員で組織された革進会に加わり1919(大8)年8月の同盟ストに参加するが敗北。のち正進会に加盟。24年夏,木挽町(現・中央区銀座)本部設立のために1円カンパする。東京印刷工組合に所属。30年『自連新聞』48号は「昭和3年12月横浜市久保山の市療養所に(肺尖カタルで)入院加療中であったが去る4月30日午後5時半,遂に病に倒れた」と常盤の訃報を伝えた。(冨板敦)〔文献〕『革進会々報』1巻1号1919.8,正進会『同工諸君!!寄附金芳名ビラ』1924.8,『自連新聞』28・48号1928.10・30.6

徳 池隆 とく・いけたか 1902(明35)-? 鹿児島県大島郡亀津村(現・徳之島町)に生まれ奄美大島古仁屋町(現・瀬戸内町)に移住。大正初期東京でアナキズムを学び軍港古仁屋でアナキストグループとして活躍,軍港に追放された。古仁屋には19年奄美要塞築城本部が設置され,島民に港周辺への立ち入り写真撮影の禁止などを軍が命令,海軍の艦隊もたびたび入港,艦隊司令が時局講演などを行ったが,徳は講演会場で将校を野次り要塞建設反対を訴えたという記録が

残されている。23年(大12)農村運動連盟の鹿児島支部を自宅に置く。戦後町民の大歓迎を受け帰郷、奄美人民解放連盟を46年1月に結成、「アメ公帰れ」「戦犯を追放せよ」などの市民運動を展開して旧奄美守備隊の陸軍将校を逮捕、人民裁判を開けと米軍政府に要求したが逮捕され2年の重労働の刑を受けた。徳の旧姓は「篤」であり、徳之島郷士の一族でもある。1980年代に沖縄県で死没。(松田清)〔文献〕『小作人』2次4-7号1923.5-9,松田清『奄美社会運動史』JCA出版1979

徳沢 邦三郎 とくざわ・くにさぶろう ?-? 1919(大8)年東京神田区(現・千代田区)の神田印刷所印刷科に勤め日本印刷工組合信友会に加盟する。(冨板敦)〔文献〕『信友』1919年10月号

徳田 藤吉 とくだ・とうきち ?-? 芝浦製作所に勤め芝浦労働組合に加盟し工具分区に所属。1924(大13)年9月27日、同労組の中央委員会で同分区の中央委員に金子英章とともに選出される。(冨板敦)〔文献〕『芝浦労働』2次2号1924.11

渡久地 政憑 とぐち・せいひょう 1898(明31)-1947(昭22) 沖縄県那覇区西(現・那覇市)の「西の渡久地」といわれる旧家に生まれる。商業学校在学中に沖縄朝日新聞社主催の中学生選抜沖縄本島一周旅行記の筆者となる。沖縄日日新聞社に記者として勤めた。この頃主筆山田有幹宅の社会問題研究会に常連として出席した。21年1月15日沖縄初の社会主義団体庶民会の創立委員会を開く。泉正重、宮城繁徳らと趣意書と会則の起草委員となる。庶民会が解散させられたのちに上京、城田徳明とビスケット工場などで働き帰郷した。同年5月1日アナキスト糸満グループの城田徳隆・徳明、座安盛徳らが主導して開催した沖縄第1回メーデーに参加、集会で演説。この年道路修繕の青年団が演説会を始め首里、那覇で、城田徳隆、上与那原朝敏、辺野喜英長らと「演説もらい」に行く。その後共産主義に傾斜し26年沖縄青年同盟を結成した。『沖縄日日新聞』編集長、のち『沖縄日報』『沖縄新報』の編集局長を歴任。44年宮崎に疎開し敗戦後その地で死没。(冨板敦)〔文献〕安仁屋政昭『沖縄の無産運動』ひるぎ社1983、浦崎康華『逆流の中で 近代沖縄社会運動史』沖縄タイムス社1977、新崎盛暉編『沖縄現代史への証言・上』同1982、『労働運動』2次8号1921.4・3次2号1922.2

徳富 蘆花 とくとみ・ろか 1868.12.8(明1.10.25)-1927(昭2)9.18 本名・健次郎、別名・AB子、賽香生、雁金之友、驚倒生、驚濤生、敬亭生、健二郎、高眼低手生、秋山生、秋水生、白水生、楓葉、蘆花逸生 肥後国葦北郡水俣内浜村(現・熊本県水俣市浜町)生まれ。代々惣庄屋、代官をつとめる徳富家の父一敬、母久子(竹崎順子の妹、矢島楫子の姉)の二男。父とともに幼くして大江村(現・熊本市大江町)に移る。79年同志社に入学その後いったん帰郷。86年キリスト教受洗。翌年同志社に再入学、新島襄の姪山本久栄との恋愛事件で88年出奔。熊本英学校の教壇に立ったりしたのち90年上京し兄徳富蘇峰の民友社に入り、『国民之友』の記者となる。幼時から秀才の兄への劣等感に悩み挫折、屈従の青年期を送る。翌年創刊した蘇峰の『国民新聞』に湯浅治郎らとともに社員として参画。1898年小説『不如帰』(刊行は1900年)によって文壇デビュー、作家の地位を確立、00年『自然と人生』と翌年にかけて発表した『思出の記』は清新な自然描写と理想主義によって多くの好評を呼び生活的にも自立した。03年『黒潮』(自費出版)で社会小説の新分野に挑戦したが未完成に終わった。兄蘇峰の突然の国家主義への転換に『黒潮』の巻頭で兄への決別を宣言。06年月刊パンフレット『黒潮』以後、社会主義への親近感と強烈な自我の発現に伴ってトルストイに傾倒、06年パレスチナからロシアへ赴きトルストイを訪問する。帰国後07年武蔵野(東京府北多摩郡千歳村粕谷、現・世田谷区)で「美的百姓」の生活に入る。10年頃前田河広一郎を石川三四郎の新紀元社に紹介、11年河上丈太郎らの一高弁論部での講演「謀叛論」で大逆事件の判決に抗議した。13年『みゝずのたはこと』(警醒社)を発表。18年『新春』(福永書店)は彼独自のキリスト教信仰を告白したもの。21年『日本から日本へ』(金尾文淵堂)、24年『太平洋を中にして』(文化生活研究会)で軍備全廃や非戦平和を提言した。死の直前14年ぶりに兄と再会し和解した。没後、千歳村の旧宅は蘆花恒春園として保存され後閑林平らが管理にあたった。(北村信隆)〔著作〕『冨士』(徳富愛と共

著)全4巻福永書店1925-28,『蘆花日記』全7巻筑摩書房1985・86,『蘆花全集』全20巻同刊行会1928-30〔文献〕蘆花会編『徳冨蘆花検討と追想』岩波書店1936,前田河広一郎『蘆花伝』同1938,『蘆花の芸術』興風館1943,『追われる魂復活の蘆花』月曜書房1948,中野好夫『蘆花徳冨健次郎』全3巻筑摩書房1972-74,『エス運動人名事典』

徳永　亮　とくなが・あきら　?-?　鹿児島県大島郡(奄美大島)古仁屋町(現・瀬戸内町)出身。武田信良や徳池隆らアナキストグループにより大正時代奄美で激しい社会運動が展開されたが，徳永もその一員として活動した。古仁屋は奄美の軍都といわれ要塞築城本部(のち司令部)があり連合艦隊もたびたび古仁屋を訪問した。1927年(昭2)8月6日昭和天皇が奄美に行幸し古仁屋を訪問することになった。徳永は古仁屋署により危険思想家として逮捕され2日間留置された。全国で例をみない弾圧で署長は行き過ぎを批判され更迭されたという。(松田清)〔文献〕『奄美大島』1927.9縮刷版・奄美社,『道之島通信』133号1995.6

徳永　清　とくなが・きよし　1908(明41)-?　別名・山田義雄　愛媛県越智郡今治村甲(現・今治市)生まれ。高等小学校を中退後,大阪で医院に勤務。26年名古屋に行き自由労働者になり黒潜社に寄宿する。27年2月黒連中部地方連続演説会，5月黒連九州宣伝隊に伊串英治と参加。11月黒潜社が一斉捜索にあい(7人検挙)高村藤一，篠田清とともに同志の面会に行って検挙される。28年1月路線の違いから伊串を殴打して検挙される。35年末頃無共党事件で検挙されるが不起訴。(冨板敦)〔文献〕『黒色青年』10・15号1927.7・12,『解放新聞』5号1927.7,『黒潜』3号1928.2,『身上調書』

徳永　参二　とくなが・さんじ　1883(明16)4.10-1935(昭10)9.28　兵庫県揖東郡神岡村生まれ。父徳永文四郎は裕福な地主で参二は大阪医専に進学し堺利彦や幸徳秋水の著作を読む。愛媛県松山出身で大阪の女学校に学んでいた鈴木コリウと学生結婚したが，1896年から99年までの4年間で計3度発生した兵庫県大水害で生家が没落。徳永一家は参二の妻の実家のある松山市に移住。参二も大阪医専を中退して松山に居を移し妻の実家のラムネ製造業を手伝った。やがて西日本全域を行商する香具師となり岡山県警察部指定特別要視察人の香具師柳本為市とも親交を持った。1922年日本社会主義同盟に鳥取県米子町郵便局止めの連絡先で加盟する。鳥取は徳永の行商拠点の一つであった。同年5月から8月にかけ堺利彦の無産社リーフレットなどを増し刷りし行商先の山陰，北陸，和歌山，四国各地で撒布した。その無産社リーフレットの一つは水平社創立に先立って制作された「特殊民の解放」(22年2月発行)。23年4月愛媛県水平社を創立し松波彦四郎とともに中心人物となる。24年四国水平社初代委員長となり水平社未組織地域へのオルグを行う。同年12月の徳島県加茂名水平社創立には栗須七郎とともに支援した。25年全国水平社中央委員となり28年4月朝鮮で開催された衡平社第6回大会に水平社を代表して参加した。31年全国水平社第10回大会で水平社解消論が唱えられた頃から水平社中央本部とは一線を画し運動の第一線を退いた。35年9月28日宇和島での水平社関係者の会合の際，同地で急死した。(廣畑研二)〔文献〕内務省警保局1923年1月調『最近ニ於ケル特別要視察人ノ状況』廣畑研二編『1920年代社会運動関係警察資料』リール3不二出版2003,『水平社幹部調』部落問題研究所三好文庫G-1,『資料愛媛労働運動史』第4巻〜第7巻1961〜64,廣畑研二『水平の行者　栗須七郎』新幹社2006,『徳永参二評伝集　たつの出身の全四国水平社執行委員長』西播流域史研究会2013

徳永　政太郎　とくなが・まさたろう　?-?　下関市出身。1914(大3)年頃売文社に出入りして松本文雄，百瀬晋，橋浦時雄と交わる。15年7月松本と雑誌『文芸運動』を下関で創刊するが16年2月発禁となり6号で終わる。続いて松本，菊地隆義，浅枝次朗，柳瀬正夢らと小倉に分離派洋画協会，下関に関西美術協会研究所を設立。松本を理論的リーダーとする芸術革新運動を17年初頭まで北九州で展開，たびたび講演する。また17年1月『女の雑誌』を創刊するが経済的困難で1号で挫折。4月上京，百瀬に会い次いで大阪で橋浦，岩出金次郎らに会う。19年5月浅草観音劇場の常磐楽劇団旗上げ公演の文士劇「谿間の影」に佐藤惣之助，辻潤，小生夢坊らとともに出演。またアナキズムオペラとして知られる「トスキナ」にも出演

する。その前後の事情は不明だが百瀬と南天堂に出入し宮嶋資夫，牧野四子吉らとの交流があったことを寺島珠雄『南天堂』(皓星社1999)は伝えている。(堀切利高)〔文献〕松本克平『日本社会主義演劇史 明治大正篇』筑摩書房1975，山本博雄・佐藤清賢『橋浦時雄日記1』雁思社1983，『社会主義沿革1』，井出孫六『ねじ釘の如く画家柳瀬正夢の軌跡』岩波書店1996

徳永 保之助 とくなが・やすのすけ 1889(明22)8.10-1925(大14)12.13 別名・狂風，飄風 東京市深川区深川一色町(現・江東区福住)に材木商小島吉五郎の四男として生まれる。母が離婚復籍したため兄国太郎とともに徳永姓となる。05年3月平民社に給仕として入社。平民社解散後は国光社に入り校正係となる。07年1月日刊『平民新聞』創刊に際し校正係として参加。また同紙および『世界婦人』『家庭雑誌』などに短歌，小説などを発表。同紙廃刊後は平民書房，やまと新聞社に勤める。08年6月赤旗事件で検挙起訴されるが執行猶予がつき8月出所。しばらくしてやまと新聞社に再就職。12年10月『近代思想』に参加し同誌に相次いで詩を発表，その代表作が創刊号の巻頭詩「愚かなるものよ」である。やまと新聞社では校正長，外国電報係，政治部記者となるが，肺結核が再発し茅ケ崎の加藤時次郎別邸で死没。その死の前年，加藤主宰の雑誌『平民』に19年の東京15新聞社ストを素材にしたと思われる小説「鉛毒」，翻訳「スチルネル研究序説」などを発表している。(堀切利高)〔文献〕岡野辰之介「狂風を思ふ」『熊本評論』1908.8，岡野辰之介「社会主義運動思出話・其13」『進め』1929.12，西田勝「徳永保之助其の後」『大正労働文学研究』5号1981.3，成田竜一「雑誌『平民』と徳永保之助」『大正労働文学研究』6号1982.4

徳升 はつえ とくます・はつえ ?-? 読売新聞社に勤め新聞工組合正進会に加盟。1920(大9)年機関誌『正進』発行のために50銭寄付する。(冨板敦)〔文献〕『正進』1巻1号1920.4

徳美 松太郎 とくみ・まつたろう 1875(明8)4.1-1944(昭19)10.13 別名・夜月 京都市醍ケ井通下に生まれる。安寧小学校卒業後，絵画を学び一時小学校教員をつとめていた。00年頃新宮に移り『熊野実業新聞』記者となり07年まで滞在した。この間安部磯雄の『社会問題解釈法』を読んで社会主義に興味をもち週刊『平民新聞』や幸徳秋水『社会主義神髄』などを読んだ。また大石誠之助を助けて新聞縦覧所を設けている。その後彦根の『明鏡新聞』『近江実業新聞』，また『京都日出新聞』につとめた。『京都日出新聞』時代に大石の「家庭破壊論」を掲載し編集発行人の浜崎直一郎が罰金刑を受けている。大逆事件の取り調べでは，08年11月大石が東京で幸徳とかわした雑談の内容を京都において「みやげ話」として仲間に話した点をめぐって尋問を受けた。徳美は「家庭破壊論」掲載をめぐる問題以降主義を捨てた点，暴力革命に賛同していない点を主張した。結局事件への関与は否定された。その後『京都日出新聞』に移っている。(西山拓)〔文献〕森長英三郎『禄亭大石誠之助』岩波書店1977

戸倉 米吉 とくら・よねきち ?-? 1919(大8)年東京小石川区(現・文京区)の日本文具新聞社に勤め活版印刷工組合信友会に加盟する。(冨板敦)〔文献〕『信友』1919年8・10月号

戸沢 清五郎 とざわ・せいごろう ?-? 1919(大8)年東京芝区(現・港区)の大高印刷所に勤め活版印刷工組合信友会に加盟する。(冨板敦)〔文献〕『信友』1919年8・10月号，1920年2月号

戸沢 仁三郎 とざわ・にさぶろう 1889(明22)2.13-1974(昭49)4.5 本名・二三郎 東京市本所区番場町(現・墨田区厩橋)生まれ。03年明徳小学校を卒業後，鋳物工場に勤務しながら東京府立職工学校を修了，芝浦製作所に入る。09年自立して工場主になることを志し名古屋，大阪，佐賀，福岡の工場を渡り歩いて鋳物工としての腕をみがいた。14年川崎造船所に勤務中，労働条件の改善要求に携わったことから労働運動に参加するようになった。友愛会に属し19年城東連合会会長の平沢計七に認められ書記に採用された。20年8月第1回友愛会関東大会で平沢らとともに友愛会を脱会，同10月純労働者組合を結成して理事長となる。この頃大杉栄の研究会に出席するなどサンジカリズムの傾向を強くし22年6月機械労働組合連合会を組織し，同9月の総連合結成大会では俵次雄らとともに自由連合派として活躍した。これより先21年10月に純労働者組合は消費組合共働社をつくり消費組合運動も

指導していたが，のちには消費組合運動に専念するようになった。31年共産党に入党，45年11月日本生活協同組合同盟を創立し以後生協運動に携わった。(奥沢邦成)〔著作〕『日本生活協同組合小史』全東京都生活協同組合連合会1948〔文献〕『共働社15年史』共働社1935，奥谷松治「労働者消費組合運動史の一齣　戸沢仁三郎が歩いた道」『社会労働研究』12号1960，『戸沢仁三郎』生活協同組合久友会1974

利田 正男　としだ・まさお　1910(明43)-?　千葉県安房郡館野村国分(現・館山市)生まれ。29年県立安房中学を卒業後，館山北条町の裁判所に勤め登記事務に従事。31年退職。この頃那古町などで尾山始らと交流してアナキズムに共鳴する。尾山とガリ版誌『蟻の巣』を無届け発行して検挙され以後父のもとで青物行商に。34年5月頃から尾村幸三郎，田所茂雄らとつきあうようになり，尾村のすすめで無共党のパンフレット刊行会に入会する。また『自連新聞』の読者獲得にもつとめた。35年末頃無共党事件で検挙されるが不起訴。(冨板敦)〔著作〕「館山市文学散歩」BOOKS松田屋1971〔文献〕『身上調書』

戸田 広介　とだ・こうすけ　1938(昭13)9.2-2000(平12)6.8　別名・海田真生，深尾道介　神戸市兵庫区に生まれる。54年兵庫工業高校に入学するが肺浸潤で休学，2年間療養生活を送る。60年上京，日本文学学校専攻科へ通う。63年印刷工をしながら小説を書き始める。73年3月前田幸長らが創刊した「アナキズム/文学と思想」誌『イオム』(イオムの会，13号1976.5終刊)に評論，小説を発表。74年イオムの会の仲間と摩耶プリントを設立，『イオム』『リベーロ』など仲間のミニコミ誌を制作。「イオム7号はぼくたち仲間内での自給自足の作品です」と編者は記す。75年前田，平山忠敬らと神戸共同文庫を設立，アナキズム関係の資料を収集し提供する。76年『CHAOS』を創刊，「夏と呪咀」を発表。この雑誌で「読者との協力・連合関係」を模索するが1冊で終わる。79年神戸の生活を清算，山形を経て東京に転居。『AMAZON』などに小説を発表する。遺稿集に「断食日記」があり8日間の断食がつぶさに記録されている。(大月健)〔著作〕遺稿集『ある夏の物語』私家版2001，「金子文子の二つの死」『イオム』2号1973，「都市」『イオム』4号1974，

「夏と呪咀」『CHAOS』1976，「杜の影」『AMAZON』198号1979，「肴町の事件」『幻野』3号1980〔文献〕『唯一者』9号2004.6

戸田 清吉　とだ・せいきち　?-?　1919(大8)年東京神田区(現・千代田区)の三秀舎印刷科に勤め活版印刷工組合信友会に加盟する。(冨板敦)〔文献〕『信友』1919年8・10月号

戸田 達雄　とだ・たつお　1904(明37)-1988(昭63)　前橋市に生まれ，萩原恭次郎と付き合いがあった。17年小林富次郎商店に勤め意匠部に所属，同社が丸ビルにつくったショーウィンドーのデザインを担当する。未来派美術協会の習作展が丸ビルの同社の画廊で開かれたことを契機に尾形亀之助，柳瀬正夢らを知る。24年5月の「意識的構成主義的連続展」からマヴォ同人となり7月雑誌『マヴォ』の創刊に参加。同年マヴォ同人の片柳忠男と広告代理店オリオン社を設立する。25年萩原著『死刑宣告』にリノリウムカットを寄せる。オリオン社にはマヴォ以来の友人矢橋丈吉や辻まこと，竹久不二彦，島崎蕃助ら二世も職を得て戦時下を凌いだ。「彼は稀にみる人生の達人だった」と島崎は評している。(冨板敦)〔著作〕「わが点鬼簿1・2」『個』13・14号1968.9・1969.2，『私の過去帖』私家版1972〔文献〕矢橋丈吉『自伝叙事詩黒旗のもとに』組合書店1964，五十殿利治『大正期新興美術運動の研究』スカイドア1998，寺島珠雄『南天堂』皓星社1999，内堀弘『石神井書林日録』晶文社2001，島崎蕃助『島崎蕃助自伝』平凡社2002，五十殿利治・菊屋吉生・滝沢恭司・長門佐季・野崎たみ子・水沢勉『大正期新興美術資料集成』国書刊行会2006

戸田 三三冬　とだ・みさと　1933(昭8)11.25-2018(平30)1.11　歴史家，マラテスタ研究者。文教大学教授。東京に大森鉱太郎・戸田英の長女として生れる。鉱太郎の兄はアナキストの大森鉦八。日本女子大学をへて，1961年東大大学院入学。博士課程進学後フルブライト奨学生として米国ボストン大学大学院に留学(66-69年)。ポーランドのナショナリズムについて研究。帰国前にヨーロッパ各地を3ヶ月間旅行し，イタリアに魅了される。71年4月日比谷公園での大集会で，背叛社事件の被告だった信太裕と出会い，翌日高田馬場での集会で大島英三郎からマラテスタのパンフレット『農民の中へ』を譲られた。「父の兄弟がアナキストだ

ったと幼少よりきかされていたことを思い出し」、日本アナキストクラブの例会に参加するようになる。当時クラブは月1回程の例会をメンバー宅にて持ち回り制で開催。布留川信、女屋勘左衛門、上野延代、安達幸吉、水沼浩らが参加。戸田はクラブで「毎月日曜の昼下がり家族のように語らいあう時間をすごした」と回想。とくに布留川信との親交は深かった。72-73年頃「東京救援グループ」の一員として大沢真一郎らとともに活動。『農民に伍して』にあるマラテスタの「身体を貫くような」言葉に魅せられイタリア語の習得に努め、73年に結婚した三宅立の在外研究(76年2月-77年4月)にともないドイツ・イタリアに留学(-77年6月)。以来イタリア人同志との出会いを通じて、マラテスタが決して過去の人ではないことを知る。帰国後、日本女子大学、立教大学などで非常勤講師。82-84年、イタリア外務省の文化交流基金による助成を得てナポリ大学で在外研究。その成果がイタリア語の主著となる『エッリーコ・マラテスタ マッツィーニからバクーニンまで』。マラテスタの前半生に関する基本文献として今日まで参照され続けている。82年以降イタリアの『リヴィスタ・アナルキカ』誌にマラテスタに関わる記事や手紙などを寄稿。90年文教大学国際学部教授。97年スペインを訪問したのちマラテスタの盟友で彼を父のように慕っていたルイージ・ファッブリの娘ルーチェ・ファッブリ(当時90歳)をウルグアイに訪ね、同地で共同体を運営する若き同志たちと交流。2004年文教大学退職、引き続きマラテスタ研究に取り組むが05年脳梗塞で倒れ、08年再発しリハビリに努めていたが18年1月11日死去。享年84歳。「マラテスタの娘」を自称していたと言われている。(櫻田和也・田中ひかる)〔著作〕「南欧からの手紙 エッリコ・マラテスタをめぐることども」『史艸』17号1976年11月、「1871年ナポリ青年群像 エッリコ・マラテスタ序章」『日伊文化研究』20号1982年3月、"Anarchismo da punto di vista di Zen Buddhismo"(禅から見たアナキズム) Napoli, 24 giugno 1983(タイプ)、Errico Malatesta da Mazzini a Bakunin(エッリーコ・マラテスタ マッツィーニからバクーニンまで) la sua formazione giovanile nell' ambiente napoletano (1868-1873) Guida Editori: Napoli, 1988、「反ファシズム青年群像素描」フォーラム90's編『グラムシの思想空間』社会評論社

1992、アーダ・ゴベッティ著(戸田三三冬監修・解説、堤康徳訳)『パルチザン日記1943-1945 イタリア反ファシズムを生きた女性』平凡社1995年、"Kropotkin and Malatesta: Russians, Italians and Japanese in the Revolutionary Movements in the World" 『文教大学国際学部紀要』6号1996年、「平和の方法としてのアナキズム」『国家を超える視角 次世代の平和』法律文化社1997、「ユートピアの実験 モンテビデオにおける共同体」『政経研究』70号1998年3月、「アナーキーな幸せ」コリーヌ・プレ編著『人間アナーキー』モジカンパニー2002、「"平和学"をめざして」『湘南フォーラム』第7号2003.3

戸塚 廉 とつか・れん 1907(明40)7.12-? 別名・上野保夫、島田博夫、吉方出穂、草村哲 静岡県小笠郡雨桜村(現・掛川市)生まれ。生家は地主。26年静岡師範学校2部卒業後、小学校教員となる。倉田百三に親しむ人道主義から同僚の牧沢伊平を通してアナキズムの影響を受けた。30年1月牧沢らとともに教育革新をめざした『耕作者』を発行、また大衆的教育研究サークルを組織した。この頃マルクス主義にも共鳴を示す。32年新興宗教同盟準備会に関わり33年3月に治安維持法違反で検挙、起訴留保となったが教員免許を失う。35年1月生活綴方を提唱した野村芳兵衛らと『生活学校』を創刊、36年8月以降38年7月までは独力で同誌を支え、教育運動を展開した。その後、読者を教育科学研究会参加へと呼びかけ、同会の戦時下における活動へと継承させたが40年12月に検挙。42年7月保釈、上海での軍務を経て46年帰国。戦後は郷里静岡で教育や文化の民主化運動で活動、『おやこ新聞』を主宰した。(奥沢邦成)〔著作〕『いたずら教室』講学館1959、『『生活学校』教育運動』菅忠道ほか編『日本教育運動史』三一書房1960、『野に立つ教師五十年』双柿舎1978、『民間教育運動の底流』エムティ出版1991〔文献〕海老原治善『昭和教育史への証言』三省堂1971、小嶋雄二「戸塚廉の教育思想と実践」『教育運動史研究』13号1971、復刻版『生活学校』日本読書刊行会1983

戸塚 清男 とづか・きよお ?-? 1919(大8)年東京京橋区(現・中央区)の中屋印刷所印刷科に勤め日本印刷工組合信友会に加盟する。(冨板敦)〔文献〕『信友』1919年10月号

鳥取 春陽 とっとり・しゅんよう 1900(明33)12.16-1932(昭7)1.16 本名・鳥取貫一 岩手県下閉伊郡刈屋村(現・宮古市)大字北

山に長男として生まれる。家業は養蚕で生計をたてた。祖父は46歳の若さで隠居していた。01年9月母は病没。父が弘前師団に入営のため長姉夫妻に預けられる。06年シベリア出兵から帰還した父の顔を初めて見る。07年刈屋小学校尋常科に入学。開設以来の秀才といわれ、草笛を得意とした。村の勢力を二分する小山田の主からハーモニカを贈られ楽器を初めて手にする。卒業間際、視学官の授業参観に一泡ふかせるためクラスを扇動し授業をボイコットする。13年高等科に進学。父が紡績工場経営に失敗し没落する。14年学業半ばに東京へ出奔。新聞売り、書生などの職を転々とし、神田の正則英語学院に通う。同学院で添田知道(後・さつき)を知る。上野博覧会の会場で演歌師園田秀声と遭遇。ウタ本売りを手伝ったことで園田の居候となり通学の傍らバイオリンを習得し街頭演歌師となる。17年さつきの勧めで堺利彦経営の「売文社」の給仕となり、内務省検閲係への原稿運びを任せられる。この時期に大杉栄、辻潤、伊藤野枝、武林無想庵らを知り、黒瀬春吉経営の「パンタライ」に出入りした。同年、知道が堺と賃金のことで揉め売文社を退社。貫一も同道し、添田啞蟬坊の居たいろは長屋(江東区冨川町の木賃宿)に二人で住む。さつき作詩の「みどり節」を初めて作曲。啞蟬坊の下で強く影響を受ける。啞蟬坊から春陽という名前をもらう。18年啞蟬坊・知道らの演歌組合(青年親交会)の結成に参加。19年機関紙『演歌』(後・『民衆娯楽』知道編集)が創刊された。この頃「籠の鳥」の作詞者千野かおると知り合う。21年5月徴兵検査のため帰郷。この時、東京から要視察人扱いの尾行がついてきたとも言われている。肺尖カタルの疑いで第二乙種となる。21年頃「ピエロの唄」(作詞・松崎ただし)で演歌師として認められる。22年頃「籠の鳥」(作曲・春陽)がレコード化されて大ヒットとなる。22年6月18日『労働運動』愛読者の夕べ(神田駿河台倶楽部)のアトラクションに大杉栄夫妻に招かれ演歌を披露する。関東大震災後大阪へ転出。24年8月封切の小唄映画『籠の鳥』は時代の閉塞感を反映して空前の大ヒットとなる。以後、東京、大阪のレコード会社で知道や野口雨情、村松又一、正岡容らと多数作曲する。演歌から洋楽(ジャズ)への時代を駆け抜けた。肺結核のため没。生家の見える丘の「音に生き抜いた春陽・鳥取貫一この地に生まる」(知道)の碑が建てられている。(黒川洋)〔著作〕『街角の歌 演歌のルーツ、鳥取春陽コレクション』他。レコード多数。〔文献〕長尾宇迦『籠の鳥 小説・鳥取春陽』文藝春秋1993、菊池清麿『さすらいのメロディー 鳥取春陽伝』郁朋社1998、山田貞子『鳥取春陽のすべて』親里村民俗資料館所収

戸恒 保三 とつね・やすぞう ?-? 栃木県安蘇郡犬伏町(現・佐野市)の小学校を卒業。佐野町高砂の下駄を扱う近藤商店に徒弟として奉公する。佐野は足尾鉱毒問題で農民運動が盛んであり田中正造の活動拠点でもあった。奉公先の近藤商店の二男近藤政平は川俣事件の中心人物水島与八が牧師をつとめる佐野教会に熱心に出入りし、下野同胞会の中心的人物だった。戸恒は近藤から書物を借り、同行して直接行動派の闘士となる。歌がうまかったという。1905(明38)年9月近藤が初めて佐野町で群馬県の築比地仲助の協力により社会主義政談演説会を開き、戸恒は宣伝活動で活躍。講師は高畠素之、木下尚江、田中。戸恒も短く感想を述べ本格的に社会主義運動に参加する契機となった。商品を東京の下駄屋に卸す仕事のかたわら両毛の社会主義運動の連絡役となる。しばらくして東京神田の下駄屋に勤める。07年から08年にかけて社会主義金曜講演会に参加。07年10月頃山川均の回想によると戸恒は森岡永治、守田有秋とともに謄写版印刷で運動の宣伝チラシをつくっている。07年末森岡は幸徳秋水訳のローレル『総同盟罷工論』の秘密出版に着手する。『経済組織の未来』とタイトルを変え戸恒も印刷を手伝う。山川の家で半分を刷り神川松子の家で残りを刷る。08年3月11日市ケ谷の東京監獄に屋上演説事件の同志を迎えに行く。13日同志出獄歓迎会を兼ねて第21回金曜講演会が芝の玉翁亭で開かれ、戸恒は会主として開会挨拶を行うが臨監の警官により弁士中止、解散、金曜講演会も以降は開かれなかった。08年2月9日群馬県邑楽郡高島村(現・邑楽町)で第1回両毛同志会が開かれ守田とともに参加。08年4月3日佐野の大雲寺で第2回両毛社会党大会が開かれ、

東京から大杉栄，山川らが参加し，地元からも35人の参加がある。08年8月15日幸徳が東京府豊多摩郡淀橋町柏木（現・新宿区）に平民社をおこすと戸恒は初日から掃除などの手伝いをする。08年9月平民社は巣鴨に移る。幸徳はかねてから翻訳を進めていたクロポトキンの『麵麭の略取』の秘密出版に着手，平民社訳とし戸恒も坂本清馬らとともに関わり印刷人を引き受ける。08年12月20日までには印刷製本を終え，翌09年1月半ばには戸恒の活躍もあり予約人への配布をあらかた終えていたが，坂本が幸徳の指示で1月29日警視庁に刊行の届けを行う。ただちに発禁となり戸恒も坂本とともに調べを受ける。09年1月22日平民社で開催された大石誠之助の歓迎会に出席。この頃竹内善朔を中心とした山手平民倶楽部に参加。09年5月創刊の『自由思想』の刊行にも協力し紙型を佐野町の同志増田惣八宅に預け，警察の監視を破りポストから発送した。09年6月22日幸徳は赤旗事件1周年の集いを平民社で開催したが数人しか集まらなかった。参加者のなかに戸恒の姿もあった。しかし戸恒は7月30日付竹内善朔宛葉書で「感ずる処あつて平民社と関係を絶ちます」と記し，幸徳と管野すがの恋愛に感情的に反発しこの日以降幸徳と社会主義運動から離れる。（亀田博）〔文献〕『麵麭の略取』平民社1908，神崎清『大逆事件1・2』あゆみ出版1977，向井孝「墓標のないアナキスト群像3」『現代の眼』1973.5（向井孝『直接行動派の時代』「黒」発行所2001）

等々力 広吉 とどろき・こうきち ?-? 東京朝日新聞社に勤め東京の新聞社員で組織された革進会に加わり1919（大8）年8月の同盟ストに参加するが敗北。のち正進会に加盟。20年機関誌『正進』発行のために50銭寄付する。（冨板敦）〔文献〕『革進会々報』1巻1号1919.8，『正進』1巻1号1920.4

殿水 藤之助 とのみず・ふじのすけ 1902（明35）2.17-? 和歌山県出身。大阪の黒旗会で奥田梅太郎，新谷与一郎らと活動後，1921（大11）年頃に上京。高尾平兵衛と吉田一のロシア行き後，事務所を京橋区新佃西町（現・中央区）の布留川桂方に移し，吉田順司と『労働者』の発行署名人となり9・10号（1922.4・5）を発行。『労働者』の編集はおもに宮嶋資夫，発行署名人は1-4号が吉田，5-7号が和田軌一郎，8号が高尾と変わったが発行所は1-8号が高尾宅。また『労働者』の交流や呼応から21年9月大阪で『関西労働者』が発行され，1号発行署名人岸井清のあと2号の発行署名人となる。3号新谷，4号田中郁俊と発行署名人の順番を入獄覚悟であらかじめ決めたが3号は未発行。『関西労働者』は多くの労働者を結集する役割を果たしその後の運動の中心的人脈をつくった。自らも創刊号に「豊彦と無抵抗主義」を寄稿。24年10月頃書店外交員をしていたという。30年1月岐阜での社会問題演説会には黒色青年自由連合の応援遠征メンバーとして逸見吉三，久保譲，熊鳥国三郎，松谷功らと参加。花田清，山岡喜一郎，大串孝之助らとアナルキスト青年連盟（同年5月黒色青年自由連合を改称）で活躍，同年3月の連盟暴圧事件での獄中同志慰問や差し入れに奔走。4月下旬自らも拘引，起訴され懲役8カ月の実刑で堺刑務所に下獄。翌31年1月20日出獄した。（北村信隆）〔文献〕『大阪社会労働運動史・上』，逸見吉三「戦前大阪における社会主義運動の思い出」『大阪地方労働運動史研究』2号1959.4，小山弘健「『関西労働者』・その他について」『大阪地方労働運動史研究』3号1959.12，逸見吉三『墓標なきアナキスト像』三一書房1976，三原容子「水平社運動における『アナ派』について・正続」『世界人権問題研究センター研究紀要』2・3号1997・98，後藤彰信「『労働社』論」『初期社会主義研究』2号1988，宮本三郎『水崎町の宿・PARTⅡ』私家版1987，『社会主義沿革2』，『自由連合主義』3号1930.7

殿山 泰司 とのやま・たいじ 1915（大4）10.17-1989（平1）4.30 本名・泰爾，別名・泰二，夏目銅一 神戸市生まれ。幼くして両親が別居，東京に父とともに転居。養母太田コウが創業した銀座のおでん屋お多幸の長男となる。泰明小学校から府立第三商業学校に進むが4年で退学。浅草通いをしながら四谷音楽院（のち音楽舞踊研究所）で発声訓練に励み，36年新築地劇団研究生となる。翌年劇団主宰者の薄田研二から夏目銅一の芸名をもらう（のち殿山泰二を経て泰司）。40年8月劇団が弾圧解散後，映画一筋に進む。42年松竹入社，太秦撮影所で新藤兼人を知る。同年2度目の召集で中国大陸へ。46年8月復員後の翌年，松竹大船撮影所で役者に復帰。吉村公三郎監督，新藤脚本・作品などに出演。50年3月新藤らの独立プ

ロ近代映画協会の創立に参加。以後フリーの脇役「三文役者」を自称。新藤の62年作品「人間」で毎日映画コンクール最優秀主演男優賞を受賞。多数の監督の日本映画年間代表作品には欠かせない助演，脇役の個性派俳優となる。出演作は代表作の「裸の島」など200本余。ジャズとミステリー，そして酒と女を愛好したリバタリアンでありエッセイストでもあった。（北村信隆）〔著作〕『三文役者あなあきい伝』講談社1974・講談社文庫1980・ちくま文庫1995，『殿山泰司のミステリ＆ジャズ日記』講談社1981〔文献〕新藤兼人『三文役者の死』岩波書店1991・岩波現代文庫2000，木村聖哉「故人追想4」『雲遊天下』2001.2

鳥羽 修 とば・おさむ ?-? 1919（大8）年大連満州日日新聞社に勤める。横浜欧文技術工組合，また活版印刷工組合信友会に加盟して活動する。（冨板敦）〔文献〕『信友』1919年8・10月号

戸原 謙 とはら・けん 1907（明40）12.12-1947（昭22）3.10 本名・西尾正 別名・三田正 亀の子束子の西尾商会創業者（西尾正左衛門）の一族として滝野川に生まれる。慶応大学経済学部在学中に演劇に熱中し舞台に立ったり演出をした。飯田豊二主宰の「解放劇場」に秋山清，八木秋子，寺島信らと戸原謙名で参加。31年2月7-8日築地小劇場の第1回公演「ボストン」で弁護士他を演じる。同時期に小説を書き始め探偵小説誌『ぷろふいる』の読者欄に三田正名で評論を投稿。34年7月同誌に西尾正名で「陳情書」を掲載するが内務省の検閲で発禁となる。『新青年』にも作品を発表。36年12月『探偵春秋』掲載の「放浪作家の冒険」の主人公には辻潤の投影が色濃い。この頃肺病になり鎌倉で療養。戦争中は保険会社に一時勤務したが戦後，療養のかたわら探偵雑誌に数編発表。生涯を通して怪奇小説を主に30篇の作品を残した。（黒川洋）〔共著〕『陳情書』『ぷろふいる傑作選』ミステリー文学資料館編・光文社文庫2000，「放浪作家の冒険」『探偵春秋傑作選』ミステリー文学資料館編・光文社文庫2001〔文献〕秋山清『昼夜なく』筑摩書房1986，「解放劇場パンフレット」1号同事務所1931

戸張 峯蔵 とばり・みねぞう ?-? 1919（大8）年東京深川区（現・江東区）の東京印刷深川分社欧文科に勤め活版印刷工組合信友会に加盟する。（冨板敦）〔文献〕『信友』1919年8・10月号

土肥 正吉 どひ・まさきち ?-? 1919（大8）年東京神田区（現・千代田区）の精芸出版合資会社印刷科に勤め活版印刷工組合信友会に加盟する。（冨板敦）〔文献〕『信友』1919年8月号

飛田 杉松 とびた・すぎまつ ?-? 別名・飛岡 1919（大8）年東京神田区（現・千代田区）の神田共栄舎和文科に勤め日本印刷工組合信友会に加盟する。（冨板敦）〔文献〕『信友』1919年10月号

飛地 義郎 とびち・よしろう ⇨岡本唐貴 おかもと・とうき

飛松 与次郎 とびまつ・よじろう 1889（明22）2.26-1953（昭28）9.10 別名・独星 熊本県鹿本郡広見村（現・山鹿市）に生まれる。実の父母には育てられなかった。04年高等小学校卒業後家業を手伝っていたが，鹿本郡役所の准訓導心得に採用され小学校に勤務した。小学校卒業時に友人の吉永一次が貸してくれた幸徳秋水の『社会主義神髄』を読んで感銘を受けた。学校勤務期には同じく吉永のすすめで『熊本評論』を購読した。松尾卯一太とも交流し，09年学校を辞め松尾が創刊した『平民評論』に発行兼編集人として参加し，創刊号に「同志諸君へ」を寄稿する。官憲の弾圧で新聞紙条例違反で起訴されると自らは社会主義者ではないと弁明したため松尾や新美卯一郎からその変節を非難された。10年罰金刑の換刑で労役に服役中大逆事件の取り調べが始まり，11年死刑判決を受けた。翌日無期懲役に減刑され25年仮出獄，郷里の村役場に勤務し文筆活動を継続した。再審請求の企図もあったが極貧のなかで死没。（西山拓）〔著作〕「大逆犯人は甦る 飛松与次郎自伝」『祖国』1929〔文献〕労働運動史研究会編著『熊本評論』明治文献資料刊行会1962，坂本清馬『坂本清馬自伝』新人物往来社1976，神崎清『大逆事件』全4巻あゆみ出版1976・77，上田穰一「『熊本評論』関係資料」『近代熊本』20・21号1979・81，上田穰一・岡本宏編著『大逆事件と『熊本評論』』三一書房1986

富秋 勇次 とみあき・ゆうじ ?-? 1919（大8）年東京牛込区（現・新宿区）の福山印刷所文選科に勤め日本印刷工組合信友会に加盟する。（冨板敦）〔文献〕『信友』1919年10月号

富岡 小夜子 とみおか・さよこ ?-? 福島

県に生まれる。上京し、赤坂区(現・港区)伝馬町で暮し欧文タイピストとして生計をたてる。職場の同僚に松本正枝がいた。農民自治会全国連合に加わり全国連合委員に選出される。1926(大15)年11月7日の農自委員会に出席し婦人部を結成。同月15日東京基督教青年会館で開かれた農自第3回公開研究会に参加。27年1月4-7日に長野県北佐久郡北御牧村(現・東御市)島川原公会堂で開かれた第1回農自講習会に泊まり込みで松本らと参加。同年8月14日長野県上水内郡安茂里村(現・長野市)で開かれる農自新北信連合発会式応援のために東京から小山勝清、竹内囮衛、松本と駆けつけた。新北信連合発会後、竹内、渋谷定輔、松本、小山三四、井出好男、小林袈裟松、井出俊一と佐久鉄道(現・小海線)沿線の長野県南佐久郡海瀬村を経て羽黒下(どちらも現・佐久穂町)に向かい農自初の郡連合結成協議会を20余名で開く。(冨板敦)〔文献〕『農民自治』7・8・臨時・13号1927.1・3・10・11、『農民自治会内報』2号1927、大井隆男『農民自治運動史』銀河書房1980

富澤 赤黄男 とみざわ・かきお 1902(明35)7.14-1962(昭37)3.7 本名・富澤正三 愛媛県に生まれる。1926(大15)年早稲田大学政治経済学部経済科卒業。35(昭10)年1月日野草城の『旗艦』創刊に同人として参加。37年応召。40年まで工兵将校として中支を転戦。マラリアにて帰還。翌年8月処女句集『天の狼』(旗艦発行所)刊行。46年4月『太陽系』を創刊するが通巻23号をもって48年に終刊。代って同年12月に『火山系』を創刊するが50年に第17号をもって終刊。52年12月50歳で第2句集『蛇の笛』(三元社)を刊行。同年高柳重信らと『薔薇』を創刊。この年に大和化成の社長に就任。58年3月高柳重信の編集・発行によって創刊された『俳句評論』に所属、後進の指導に当たる。61年第3句集『黙示』(俳句評論社)を刊行。翌年3月、肺癌により死去。享年60歳。代表句に「蝶墜ちて大音響の結氷期」「切株はじぃんじぃんと ひびくなり」「草二本だけ生えてゐる 時間」などがある。赤黄男は『薔薇』に連載した詩論「クロノスの舌抄」の中で「現代俳句と現代川柳の混淆」を「重大なこと」と記し、俳句の「真の秩序」がどのようなものであるべきかをアナキズムの視点から実践し、「現代詩の一分野」としての現代俳句を探求した。(平辰彦)〔文献〕齋藤愼爾・坪内稔典・夏石番矢・復本一郎編『現代俳句ハンドブック』雄山閣1995

富田 格之助 とみた・かくのすけ ?-? 芝浦製作所につとめ、芝浦技友会に所属。1921(大10)年11月芝浦労働組合に加盟し天松太郎、富田繁蔵、渡辺政吉、佐藤陽一らとともに同労組内の自由連合派として活動する。(冨板敦)〔文献〕『芝浦労働』1次1・2号1922.11・12、小松隆二『企業別組合の生成』御茶の水書房1971

富田 兼吉 とみた・かねきち ⇒梶田徳次郎 かじた・とくじろう

富田 経吉 とみた・けいきち 1881(明14)7.15-? 高岡市御旅屋町に生まれる。4歳時に父が死没、母一人に育てられる。14歳の時生計を立てようと試みるが苦労が絶えず、キリスト教徒になり「不知不識」のうちに現在の社会制度を批判するようになったという。大阪商業学校予科、東京のキリスト教学校を卒業し1903年9月渡米、サンフランシスコ長老教会の信者として青年会館に止宿した。この間に岩佐作太郎らと交際したらしい。11年1月25日朝日印刷所で開かれた大逆事件の刑死者追悼集会に参加。同年5月5日無政府主義を信奉する甲号として要視察人名簿に登録された。その後シカゴに移住し牧師あるいは新聞記者になったといわれるが、詳細は不明。(西山拓)〔文献〕『主義者人物史料1』、『在米主義者沿革』

富田 砕花 とみた・さいか 1890(明23)11.15-1984(昭59)10.17 本名・戒治郎 盛岡市仁王小路(現・中央通3丁目)に生まれ、城南小学校に通う。のち母と上京。日本大学殖民科に学ぶ。15年第1詩集『末日頌』(大鐙閣)、16年カーペンターの訳詩集『民主主義の方へ』(天弦堂書房)を刊行、民衆詩派に列し19年詩集『地の子』(大鐙閣)、ホイットマン訳詩集『草の葉』(同)を出版した。同年3月加藤一夫を中心に発行された雑誌『労働文学』に同人として参加。芦屋市在住中、関東大震災後東京を退去させられた加藤、筆禍事件で東京大学を追われた森戸辰男、平林たい子らが訪れている。加藤や森戸の芦屋移住は砕花の援助によっている。(和田英子)〔著作〕『富田砕花全詩集』同刊行会1988、芦屋市教育委員会編・刊『富田砕花資料目録1-4』1990-97

富田 繁蔵 とみた・しげぞう 1900(明33)3-1946(昭21)12.27 山形市旅籠町生まれ。20年東京工学校電気科卒業後、東京芝浦製作所に就職、友愛会芝浦支部に入会し労働組合運動に関わる。21年11月芝浦労働組合創立に創立委員として参加する。22年11月土井直作らと社会主義団体ヴァガボンド社を結成、23年1月同社を解散して加藤一夫、小竹久雄、浅野護らと自由人社を結成、『自由人』の編集に携わる。同年9月の関東大震災で失職、人夫として働きながら組織再建につとめた。24年2月電機労働組合を結成、同年5月関東労働組合連合会を結成して組合活動に従事。25年の東京メーデーに参加、関東連合の代表として演説する。争議の指導を経て27年から総同盟本部の常任となる一方、社会大衆党など無産政党運動に関わった。(奥沢邦成)〔文献〕『印刷工連合』25号1925.6、『自由人』復刻版緑蔭書房1994

富田 庄吉 とみた・しょうきち 1875(明8)-? 別名・弘吉 1925(大14)年9月3日18時半、小樽中央座で開かれた労働問題演説会(小樽自由労働者有志主催)に参加、検束される。(冨板敦)〔文献〕堅田精司編『北海道社会運動家名簿仮目録』私家版1973、堅田精司『北海道社会文庫通信』134・303・842・1287号1996.9.24・1997.10.7・1999.9.19・2000.12.7

富田 常雄 とみた・つねお 1904(明37)1.1-1967(昭42)10.16 別名・伊皿木恒雄 東京市小石川区富坂(現・文京区)に生まれる。父は講道館四天王と呼ばれた柔道家の富田常次郎。常雄自身も柔道5段の腕前だった。21年明治大学商学部経済学部予科に入学。23年1月詩誌『感覚革命』を創刊。同人に伊福部隆彦、松本淳三、川崎秀夫らがいた。24年7月陀田勘助らの『鎖』、小笠原雄二郎、三輪猛雄らの『悍馬』と合同して『無産詩人』を創刊、伊福部、陀田と編集にあたる。25年ドン・ザッキーが創刊した『世界詩人』の同人となる。26年7月『マヴォ』6号に寄稿。12月伊福部、松本、芳賀融が創刊した『詩文学』に村松正俊、橋爪健らと会員になる。27年同大学卒業。28年村山知義らの劇団心座文芸部に参加。30年頃から少年雑誌に読み物小説を書く。のち大衆小説に転じ42年『姿三四郎』(錦城出版社)を発表。49年「面」「刺青」で戦後初の直木賞を受賞する。(冨板敦)〔著作〕『富田常雄選集』全15巻東京文芸社1958・59〔文献〕『陀田勘助詩集』国文社1963、寺島珠雄『南天堂』皓星社1999

富永 修一 とみなが・しゅういち ?-? 1919(大8)年東京麹町区(現・千代田区)の外務省活版部和文科に勤め日本印刷工組合信友会に加盟する。(冨板敦)〔文献〕『信友』1919年10月号

富永 義熈 とみなが・よしき ?-? 別名・義燕 1919(大8)年東京麹町区(現・千代田区)の報文社に勤め活版印刷工組合信友会に加盟。のち芝区(現・港区)の東洋印刷会社欧文科に移る。(冨板敦)〔文献〕『信友』1919年8・10月号、1921年1月号

富山 喜蔵 とみやま・きぞう 1904(明37)-1992(平4) 鹿児島県大島郡(徳之島)阿権村(現・伊仙町阿権)生まれ。父篤忠は大工だったので19年10月奄美大島古仁屋町(現・瀬戸内町)の要塞建設に徴用され一家は古仁屋に移住した。古仁屋でアナキストグループ(武田信良や徳池隆ら)による要塞建設反対、税金不払運動などの行動に感激、小学校卒業後東京で印刷工となり東京印刷工組合に加入し組合運動に参加した。(松田清)〔文献〕松田清『奄美社会運動史』JCA出版1979

富山 きよ子 とみやま・きよこ ?-? 1927(昭2)年2月20日京橋読売講堂で開かれた東京印刷工組合第4回大会で農民自治会を代表して祝辞を述べる。(冨板敦)〔文献〕『自連』9.10号1927.3

富山 欣次 とみやま・きんじ ?-? 東京博文館に印刷工として勤め争議で解雇され沼津に移る。沼津日日新聞社に印刷熟練工として入社、1925(大14)年4月同社の工場従業員を主体としたアナ系の沼津印刷工組合(20人余)を組織し執行委員長となる。5月沼津市内で東静地方の第3回メーデーをボル系グループと共同で開催し3回目にして初めて街頭デモを行う。27年2月20日京橋読売新聞社講堂で開催された第4回東京印刷工組合大会に沼津印刷を代表して祝辞を述べる。28年3月入江汎らと解剖台社を組織し機関紙『解剖台』を発行(1号のみ。金井新作が詩を寄せる)。当時沼津印刷には指導者の一人として川辺常三がおり、また沼津日日新聞社との雇用関係はなかったが大原卓四が文選の仕事を手伝っていた。大原は入江

と同郷(沼津市下香貫)で，ともに26年10月7日の久原房之助邸焼打事件に関わったが逮捕を免れ郷里に身を隠していた。ほかに新聞社には編集長松本一三，記者岩崎光好がいた。富山はその後，待遇改善の闘争で解雇され東京に戻ったという。(冨板敦)〔文献〕『自連』9.10号1927.3，岩崎光好『東静無産運動史』同刊行会1974，『静岡県労働運動史資料・上』

富山 金太郎 とみやま・きんたろう ?-? 1919(大8)年東京深川区(現・江東区)の東京印刷深川分社第二部印刷科に勤め活版印刷工組合信友会に加盟する。(冨板敦)〔文献〕『信友』1919年8月号

富山 信吉 とみやま・しんきち ?-? 東京日日新聞社に勤め，東京の新聞社員で組織された革進会に加わり1919(大8)年8月の同盟ストを同社の幹事として闘うが敗北。のち正進会に加盟。24年夏，木挽町(現・中央区銀座)正進会本部設立のために1円寄付する。(冨板敦)〔文献〕『革進会々報』1巻1号1919.8，正進会『同工諸君!! 寄附金芳名ビラ』1924.8

友野 とくじ とものとくじ ?-? 別名・伴野篤子 1926(大15)年長野県南佐久郡海瀬村(現・佐久穂町)で暮し農民自治会全国連合に参加。地元の農民自治会を組織しようとしていた。同年12月中旬，信州の同志間を行脚していた竹内凾衛が来訪。27年7月1日夕方，長野県下で数万枚のビラが一斉に配られた「農村モラトリアム期成同盟」の活動に木内らと参加。同年『農民自治』(8号)に「喜びと感謝で一杯」を寄稿する。(冨板敦)〔文献〕『農民自治』7・8・15号1927.1・3・28.2，『農民自治会内報』2号1927，大井隆男『農民自治運動史』銀河書房1980

友野 義太郎 ともの・よしたろう 1912(明45)2.1-1973(昭48)1.8 長野県南佐久郡田口村(現・佐久市)に生まれる。田口農民自治会員。28年6月「お，無自覚なる農民よ／お前達のひからびた赭土は／吸血鬼のすひからした緑野の残骸」(『農民自治』17号)という詩を書き農自運動から階級的農民運動への転換を象徴的に表現した。28年10月竹内新らと羽毛田正直宅に集まり，竹内凾衛のつくった電気消費者組合運動の方針を検討しその決行を決め，翌年からの佐久電気消費組合運動に奔走した。29年3月25日御代田劇場の報告演説会で検挙された。その後一時新労農党に参加するが30年9月には全農佐久地区の結成に参加した。のち上京。戦後は田口農民組合で活動，田口区会議員をつとめた。(安田常雄)〔文献〕大井隆男『農民自治運動史』銀河書房1980，『南佐久農民運動史・戦前編』同刊行会1983

友森 星村 とももり・せいそん ?-? 1926(大15)年岡山県赤磐郡五城村(現・岡山市北区)で暮し農民自治会全国連合に参加。地元の農民自治会を組織しようとしていた。(冨板敦)〔文献〕『農民自治会内報』2号1927

友谷 静栄 ともや・しずえ 1898(明31)1.2-1991(平3)1.21 別名・上田静栄 大阪に生まれる。1915年朝鮮京城の女学校を卒業後，上京，田村俊子の内弟子となる。南天堂に出入りし岡本潤，壺井繁治，小野十三郎らと交流。24年7月林芙美子と詩誌『二人』を創刊，神戸雄一が協力した。この年小野と共同生活を始める。25年8月ドン・ザッキーが創刊した『世界詩人』(極東詩院の事業として世界詩人社から発行)に極東詩院委員として寄稿。26年5月渡辺渡が創刊した『太平洋詩人』に参加，同時に渡辺が発行した『女性詩人』(いずれも太平洋詩人協会刊)の編集責任者となる。同年11月3・4日読売講堂で『太平洋詩人』『女性詩人』共催の詩・舞踏・演劇の会を開き自作を朗読。27年1月文芸解放社の文芸講演会でも詩を朗読した。34年シュルリアリズム詩人の上田保と結婚する。43年『辻詩集』に寄稿。(冨板敦)〔著作〕『海に投げた花』三和書房1940，『暁天』日本未来派発行所1952，『青い翼』国文社1957，『上田静栄詩集』宝文館出版1979，『こころの押花』国文社1981〔文献〕矢橋丈吉『自伝叙事詩黒旗のもとに』組合書店1964，三木澄子『小説菊田一夫』山幸書房1974，寺島珠雄『断崖のある風景』プレイガイドジャーナル社1980，『南天堂』皓星社1999，宇治土公三津子「走馬燈，廻れ廻れ 友谷静栄と林芙美子」『駱駝』47号2005.7

土門 彦四郎 どもん・ひこしろう ?-? 1919(大8)年東京京橋区(現・中央区)の築地活版所和文科に勤め日本印刷工組合信友会に加盟する。(冨板敦)〔文献〕『信友』1919年10月号

鳥谷部 陽太郎 とやべ・ようたろう 1894(明27)2.5-1957(昭32)4.29 別名・孤嶺，山田甲八，向山繁 青森県三戸郡五戸町生まれ。父悦人は小学校校長。鳥谷部春汀は同郷人。青森県師範学校在学中から各紙に文

章を投稿するが，校長批判の一文によって11年11月退学処分に。母方の従兄江渡狄嶺を頼って上京，渡辺政太郎らを知る。12年下渋谷へ移り明治学院に通う。住居三土社は狄嶺の命名での出版社名とする。ローマ字ひろめ会専務理事向軍治に知られて機関誌『ROMAJI』編集に当たり，同時に高田集蔵，中里介山らと交わる。20年11月月刊『兄弟通信』発刊に続き兄弟組合を組織，兄弟愛の精神に基づく相互扶助を唱えエスペラントやアナキズムも学んだ。久板卯之助，吉場強らも関与した。鳥谷部は出版部を担当，第1回事業は22年5月三谷敬六歌集『どん底より来る』。24年9月『兄弟通信』を総合誌『新時代』に改め28年12月まで続く。この間谷口雅春が参加。また24-26年中村古峡主幹『変態心理』に会友として寄稿。25年12月『大正畸人伝』(三土社)を刊行，後代もっぱらこの著により知られる。横書きの形式からはローマ字運動家らしさが，内容からは大正思想特有の宗教的傾向がうかがえるが，倉田百三批判を再三『日本及日本人』に載せるなど，宗教に埋没はしなかった。『新時代』廃刊後は中島清一の『炉辺者』に執筆していた。28年から練馬区武蔵高校前で古書店三土社書店を営む。〔森洋介〕〔著作〕散文詩集『愛を歌ふ』三土社1926，『国語国字の将来』(編者)同1926，『本朝奇聞』(編者)同1928〔文献〕唐沢隆三『ある本屋さん』『柳』1968.8，鳥谷部隆之助『春汀・狄嶺をめぐる人々』津軽書房1969・『続・春汀・狄嶺をめぐる人々』北の街社1977・『畸人 大正期の求道者たち』彩流社1989

外山　照　とやま・てる　?-?　1922(大11)年9月25日名古屋市西区菊井町五丁目の伊串菓子問屋商店二階で開かれた高津正道を招いての労働組合・アナ系団体の交歓集会に出席。アナ派の出席者は，小川露夫，伊串英治，横嶋淙次郎，矢木鍵次郎，髙嶋三治，渡辺年之助，平林敬保，祖父江，小島，服部，山田ら。組合派は，葉山民平〔嘉樹〕，小沢健二，山崎常吉，篠田清，飯田正行，南部岩造，伊藤長光。同年10月横田淙次郎の家で開かれた総連合決裂についての中浜鉄の報告会に伊串，渡辺らと参加する。〔冨板敦〕〔文献〕伊串英治「名古屋に於ける社会運動史」『黒馬車』2巻12号1934.12

豊川　善吉　とよかわ・ぜんきち　?-?　1919(大8)年東京芝区(現・港区)の東洋印刷会社和文科に勤め活版印刷工組合信友会に加盟する。〔冨板敦〕〔文献〕『信友』1919年8月号

豊川　善曄　とよかわ・ぜんよう　1888(明21)5.22-1941(昭16)8.17　沖縄県八重山郡石垣町登野城(現・石垣市)に生まれる。1909(明42)年上京。13(大2)年東京高等師範学校を卒業し大成中学校教諭となる。その後，北海道，新潟，青島などで教壇に立つ。23年，日本エスペラント学会の委員となり自ら新極東社を興してエスペラント書の出版販売を行う。山梨県赴任中に農民自治会全国連合に参加する。26年吉田農民政治研究所を主宰し農民政治講座を日曜祭日以外毎晩(19時-21時半)開いた。同年8月，山梨県南都留郡福地村上吉田町(現・富士吉田市)の自宅を農民之日本社として自らの講義録(『農民之日本史』)を出版する。同年末頃，農自山梨県連合の事務所も自宅に置いていた。41年京城で亡くなる。〔冨板敦〕〔著作〕ザメンホフ，ブリヴァー『エスペラントの本質とエスペラント文学』(川原次吉郎と共訳)日本エスペラント社1922，『農民之日本史』，『農民之日本社1926，『豊川善曄選集』法政大学沖縄文化研究所2001〔文献〕『農民自治』4号1926.8，『農民自治会内報』2号1927，竹内愛国「農民自治会」『昭和2年版解放運動解放団体現勢年鑑』解放社1927，『日外』，『エス運動人名事典』

豊田　文吉　とよた・ぶんきち　?-?　1919(大8)年東京京橋区(現・中央区)の築地活版所欧文科に勤め活版印刷工組合信友会に加盟する。〔冨板敦〕〔文献〕『信友』1919年8・10月号

豊田　孤寒　とよだ・こかん　1879(明12)5.8-1969(昭44)12.11　本名・神尚，別名・松岩　富山県下新川郡三日町(現・黒部市)の真宗光輪寺に三男として生まれる。上京し哲学館に学ぶ。高島米峯らの新仏教徒同志会に関係しその会誌『新仏教』の編集に携わる。04年5月和歌山県田辺の牟婁新報社に入社。『牟婁新報』は社会主義の論調をとり孤寒も大いに自己の主張を書き演説会においても語った。翌05年10月同社を辞職。同社には孤寒より先に小田頼造が入社しており，小田が去り孤寒が去るのと前後して荒畑寒村が入社しさらに管野すがが入社することになる。寒村は自伝のなかで「同志・豊田孤寒」と書き二人で写した記念の写真を載せている。その後，孤寒は学校教育の道をめざ

し文部省派遣教授として中国に渡る。山東省曹州府普通師範学堂教師などを経て済南市に東魯中学校を創設する。中国に渡ってのちは松岩と号した。戦後は魚津市に居住。〔松藤豊〕〔文献〕関山直太郎編『社会主義資料牟妻新報抄録』吉川弘文館1959, 関山直太郎『和歌山県における初期社会主義運動1-5』和歌山大紀州経済史文化史研究所1960,『寒村自伝』筑摩書房1965,「宮崎民蔵巡行日誌1』『社会主義者沿革1』, 上村希美雄『宮崎兄弟伝』全5巻葦書房1984-99, 復刻版『牟妻新報』不二出版2001

豊田 道之助 とよだ・みちのすけ　1884(明17)-1931(昭6)　別名・剣陵　千葉県印旛郡佐倉町(現・佐倉市)で生まれる。父は旧佐倉藩士で漢学者, 小学校の校長をつとめていた。97年小学校修了。中学に進みさらに法律学校に学ぶ。『社会主義神髄』を愛読。04年千葉県宗像小学校の教員となる。06年3月12日上京し深尾韶と平民農場について協議。3月16日狩太駅から7里の雪中を10時間かかって北海道虻田郡留寿都村の平民農場に到着。シベリアに追放されているナロードニキを迎え入れて平民農場を東亜社会党本部にしようと歓迎会で語る。3月下旬鈴木志郎とともに食料獲得のため積丹に出稼ぎ。大滝由太郎から米の支援を受ける。農場の運営について東京の同志と相談。農場乗っ取り計画と誤解した佐野安吉と決闘。6月農場拡大のため室蘭に出て運動したが失敗。7月函館平民倶楽部の桐野興蔵の世話で税関に勤める。ロシア語を学習。07年8月の函館大火で焼け出され札幌の社会主義者団の土岐孝太郎の世話で『北海タイムス』の記者となる。12月帰郷。私立中学の教師となったが, 09年夏上京し通信社勤務を経て中央新聞社に入社。上司に平民農場支援者の碧川企救男がいた。19年田中智学の発行する『毒鼓』の編集に参加。26年『運命』を刊行し平民農場時代を回想した。〔堅田精司〕〔著作〕『仏教と社会主義』重川書店1924,『仏教改革論』昭文社1925,『運命』良書刊行会1926〔文献〕小池喜孝『平民社農場の人びと』現代史出版会1980

豊積 金太郎 とよづみ・きんたろう　?-?　日本印刷工組合信友会に加盟し1921(大10)年末頃は麹町区(現・千代田区)のジャパンタイムス＆メール社印刷科で働いていた。〔冨板敦〕〔文献〕『信友』1922年1月号

鳥居 雅夫 とりい・まさお　?-?　京都印刷工組合のメンバー。1924(大13)年11月7日京都北野桜井家での京印協議総会で本部新設会計委員に選出される。〔冨板敦〕〔文献〕『印刷工連合』19号1924.12

鳥山 甚五郎 とりやま・じんごろう　?-?　1919(大8)年東京神田区(現・千代田区)の宮本印刷印刷科に勤め日本印刷工組合信友会に加盟する。〔冨板敦〕〔文献〕『信友』1919年10月号

トルストイ Tolstoi, Lev Nikolaevich 1828.9.9-1910.11.19　ロシアのトゥーラ県ヤースナヤ・ポリャーナ村に生まれる。伯爵家の四男。早く両親を失い43年『ルソー全集』に目を通す。翌年カザン大学に入学したが47年退学。乱脈な3年間を過ごしたのち創作を始め, 52年『幼年時代』を発表。同年軍務につきクリミヤ戦争に参加。55年新進作家の地位を確立する。57年初めて西欧へ旅行, 西欧文明に批判的となる。プルードン『財産とはなにか』を読み影響を受け「すべての政府は同じくらいに善であり, 悪である。最上の理想はアナーキーだ」と『日記』に記す。59年10月ヤースナヤ・ポリャーナで農民の子供たちを相手に学校を始める。その教育法は「純粋にアナキズムに立脚」(クロポトキン)したものだった。61年2度目の西欧旅行。ゲルツェンの紹介でブリュッセルに亡命中のプルードンに会い教育問題について話し合う。帰国後, 教育雑誌『ヤースナヤ・ポリャーナ』を刊行。62年ヤースヤナ・ポリャーナ校は当局の家宅捜査を受け雑誌は63年休刊となる。62年8月文学少女のソフィヤ・ペレスと結婚し翌年から『戦争と平和』の執筆にかかる。この大作の表題はプルードンの同名の著作に由来する。結婚生活は順調だったがこの頃から徐々に精神生活上の転機が始まり, 70年代末から反教会, 反国家の著作を次々に執筆する。そのうちアナキズム思想を直接に展開した書物として『懺悔』(1882),『わが信仰はいずれにありや』(1884),『さらばわれら何をなすべきか』(1886),『神の王国は汝らのうちにあり』(1893),『キリスト教義』(1902)などをクロポトキンは挙げている。精神的危機に直面しキリスト教に救いを求めたトルストイはキリスト教の神秘的な, 形而上的な側面を切り捨て, もっぱら道徳的な側面をクローズア

ップしその上に独特なアナキズム理論を構築する。それは以下の5原則に立脚している。①悪に抗するに暴力を用いてはならない(非暴力,無抵抗),②怒ってはいけない,③情欲を刺激するものは避けよ,④誓ってはいけない,⑤汝の敵を愛せ。この5原則をできるだけ広く解釈し,そこから私的所有の否定,資本主義文明の否定(共産主義,帰農主義),政府・国家・戦争の否定(アナキズム,平和主義),非暴力・無抵抗による抵抗(無抵抗主義,市民的不服従)の3本柱を導き出す。その言動は作家としての名声を背景に国内外に大きな影響を及ぼし,06年南アフリカでガンジーは無抵抗主義闘争を組織,市民的抵抗者の訓練所をトルストイ農場と名づける。一方それだけに反対,攻撃も激しく,01年ロシア正教会から破門となる。家庭での不和も重なり家出,自死の願望に悩まされ,10年家出を決行,アスターポヴォ村の寒駅で栄光と苦闘の生涯を閉じる。トルストイが筆にした人生を体で生きたのはクロポトキンだった,とはロマン・ロランの名言である。日本のアナキズム運動に一番強く影響を及ぼしたのはクロポトキンだろうが,運動の周辺の漠然としたいくらかムード的な部分では抜きん出てトルストイの影響が見受けられる。裾野の広がりではクロポトキン以上かもしれない。その流れは平和主義と帰農主義の二つに大きく分けられる。04年(明37)日露戦争に反対して書かれた「汝悔い改めよ」は「トルストイ翁の日露戦争論」と題して幸徳秋水,堺利彦により週刊『平民新聞』(39号1904.8.7)に全文6ページにわたって英文から訳載され,文芸・思想・宗教・言論界はもとより政界にまで衝撃的な反響を呼んだ。平民社はマルクス,エンゲルス,ベーベル,クロポトキンとともにトルストイの肖像写真を一組の絵葉書にして売り出した。与謝野晶子の歌「君死に給ふことなかれ」(『明星』1904.9)はその最も純な反応といわれ,石川啄木はのちに病床で9日かかってこの論文を筆写した。日露戦争開戦前は主戦論者だった武者小路実篤はこの論文を読んで非戦論者に変わった。大なり小なりトルストイの影響がみられる白樺派のなかで武者小路はもっとも熱心なトルストイアンで,大逆事件,第1次大戦で「桃色の室」(『白樺』1911.2),「その妹」(同1915.3)など政府や戦争に反対する作品を書いた。兵役拒否はトルストイの平和主義の核の一つだが,北御門二郎はそのもっとも徹底した実践者として知られている。北御門は89年から磯谷武郎らの協力を得て「トルストイ文庫」(2003まで全213冊,別33冊)を訳出,今なおその思想の普及と研鑽につとめている。一方,帰農主義の流れは早くからトルストイに私淑していた徳冨蘆花に始まる。蘆花は『国民之友』(1890.9·10)に「露国文学の泰斗トルストイ伯・上中下」を訳載,97年にはわが国最初の伝記『トルストイ』(民友社)を刊行しただけでなく,06年にはヤースナヤ・ポリャーナへトルストイを訪ねており帰国後「美的百姓」と称して東京郊外千歳村粕谷(現・世田谷区)に居を構えた。以来千歳村周辺は知識人帰農者のメッカとなった。江渡狄嶺の百姓愛道場,石川三四郎の共学社,大西伍一の森の家をはじめ中西悟堂,鑓田研一,尾崎喜八,加藤武雄,富本憲一などが移り住んでいる。後閑林平は蘆花亡きあとの恒春園を守った人である。また武者小路は宮崎県児湯郡木城村(現・木城町)に新しい村を,中里介山は郷里の神奈川県西多摩郡羽村(現・東京都羽村市)に西隣村塾を,木村荘太は千葉県山武郡遠山村(現・横芝町)に,加藤一夫は神奈川県都筑郡新治村(現・横浜市)に,犬田卯は郷里の茨城県稲敷郡牛久村(現・牛久市)にそれぞれ運動や生活の場を移している。これらはいわば氷山の一角で,大正から昭和初年にかけて多くの地方青年が帰農生活に共感し,実行した者もいたことは月刊誌『トルストイ研究』(1916-19新潮社)の「読者論壇」などからもうかがえる。この流れの多くは昭和に入って農本主義へと収斂されている。(大澤正道)〔著作〕中村白葉・融訳『トルストイ全集』全19巻別1河出書房新社1972,北御門二郎訳『トルストイ文庫』全213冊・別33冊1989-2003〔文献〕ビリューコフ『大トルストイ伝』(原久一郎訳)勁草書房1968,シクロフスキイ『トルストイ伝』(川崎浹訳)河出書房新社1978,クロポトキン『ロシア文学の理想と現実・上下』(高杉一郎訳)岩波文庫1984·85,鑓田研一『トルストイの新研究』啓明会1927,麻生義『社会思想家としてのトルストイ』春秋社1929,本多秋五「「戦争と平和」論」鎌倉文庫1947,市橋善之助『トルストイ入門』星光書院1949,大津山国夫『武者小路実篤論』東大出版会

1974,岩崎正弥『農本思想の社会史』京大学術出版会1997

土呂 基 とろ・もとい ?-? 別名・トロキ 1925(大14)年9月大阪府中河内郡布施町荒川(現・東大阪市)で惑星社を組織し虚無的「愚人礼讃!」誌『惑星』を創刊する。直接つきあいのあった高光大船、また荒川畔村、飯森正芳、大崎和三郎らが寄稿している。(冨板敦)〔文献〕『惑星』2・3号1925.11

ドン・ザッキー 1901(明34)7.11-1991(平3)7.8 本名・都崎友雄 筆名はトザキをもじったという。台湾営林署の高等官を父として台北市に生まれる。台北中学卒業。早稲田大学文学部中退。25年5月唯一の詩集『白痴の夢』刊行、タダの詩人として脚光を浴びる。同年8月綜合詩誌『世界詩人』を創刊。11月第2号刊行、築地小劇場で詩朗読会を主催。ついで世界との連係を視野に『世界詩人』を機関誌とする極東詩人連盟結成の構想を第3号(1926.1)に発表するが突然詩壇から消えた。詩との決別は父の死が契機ともいわれる。短期間の活動ながら大正末期の芸術革命の潮流のなかでコスモポリタニズムを標榜してダダイストとしての痕跡を残したといえる。のち教育映画製作に従事、ついで古書業界に転じた。戦後は『古書月報』編集長、貸本組合の理論的指導者、古書店高松堂主人として知られる。(堀切利高)〔著作〕『白痴の夢』ドン社1925・新晃企画1991、『新貸本開業の手引』日本文化振興1954〔文献〕青木正美『ある「詩人古本屋」伝』『古本探偵追跡簿』マルジュ社1995、佐々木靖章「『世界詩人』総目次」『日本古書通信』1990.1

な

内藤 国雄 ないとう・くにお 1897(明30)-? 長野県南佐久郡田口村(現・佐久市)に生まれる。人生問題に悩んでいた時、たまたま伝道に来た日本キリスト教会木村牧師の影響でキリスト教にひかれ田口村で30人ほどの青年とバイブルを読む会をつくった。大井隆男によれば「キリスト教人道主義に吉野作造の民本主義を容れ、さらに農村問題へと視野を広げていった」と表現されている。ここに竹内新、羽毛田正直らが合流。また折から田口村に来ていた瀬川知一良の影響を受けた。内藤は瀬川の個人誌『高原の鐘』を愛読、羽毛田は同級生の兄内藤に誘われ第1回農民自治講習会に出席して感銘を受け、これらを契機に田口農民自治会が結成された。内藤は農村モラトリアム、佐久電気消費組合運動などで活動した。もはや県内の社会運動が姿を消した34年に中込町の組合製糸愛興社で不正告訴事件が発生、羽毛田、高橋市次郎らと闘うが成功に導くことはできなかった。(安田常雄)〔文献〕大井隆男『農民自治運動史』銀河書房1980

内藤 健治 ないとう・けんじ 1941(昭16)7.6-2015(平27)6.29 栃木県足利市に父は燃料商経営の水吉、母フミの次男として生まれる。60(昭35)年早大商学部に入学。同級生浜野壱の紹介で初期プロレタリア詩人で鍼灸師であった新島栄治に出会い私淑する。64年早大卒後松坂屋に勤務(2001年定年退職)。66年詩誌『詩帖』(安部宙之助主宰/木犀書房)の編集同人となる。この頃、手書きの古書通販目録『東西南北』(騎士亭文庫)を不定期で発行。板橋詩人会の事務局幹事となる。70年新島の未刊詩集であった『三匹の狼』(木犀書房)を安部、川浦三四郎、浜野さくと出版の労をとる。『三匹の狼』の出版記念会には戦前からのアナ・ボル系の仲間が集まり盛大であった。この会で黒川洋と初めて逢う。2000年詩誌『騒』(騒の会/14年12月100号終刊)同人参加。西杉夫、坂上清、暮尾淳、内田麟太郎らがいた。日本詩人クラブ会員。晩年は心臓疾患のため東大病院で闘病中に没。(黒川洋)〔著作〕短句集『銀座遊行』私家版1976、共著『全国詩人特選詩集』7巻近文社1983、日本詩人叢書『内藤健治詩集』第61巻近文社1988、豆本『私の諸国放浪日記』蝶胡堂、『新島栄治のこと』191巻緑の笛豆本の会1984、編著『新島栄治詩集抄』192巻同前1984〔文献〕内藤健治「解説」『三匹の狼 新島栄治第三詩集』木犀書房1970

内藤 三郎 ないとう・さぶろう ?-? 別名・又三郎 1919(大8)年東京京橋区(現・中央区)の製本合資会社欧文科に勤め活版印刷

内藤 信吉 ないとう・しんきち 1906(明39)-1954(昭29)1.31 別名・榊原矧 岡崎市に生まれる。岡崎工業学校卒業前後から文芸を始める。陸軍造兵廠千種機器製造所の技術課員となり敗戦まで勤める。30年落合茂の『社会詩人』に，47年平野信太郎の『名古屋文学』に参加する。自死。(黒川洋)〔文献〕杉浦盛雄『名古屋地方詩史』同刊行会1968，浅野紀美夫「新尾頭町143番地」『風信』1968・70，志賀英夫『戦前の詩誌・半世紀の年譜』詩画工房2002，木下信三『名古屋抵抗詩史ノート』私家版2009

内藤 総一郎 ないとう・そういちろう ?-? 1919(大8)年東京京橋区(現・中央区)の電新堂印刷所欧文科に勤め活版印刷工組合信友会に加盟する。20年夏頃は病気静養中だった。(冨板敦)〔文献〕『信友』1919年8・10月号，1920年8月号

内藤 辰雄 ないとう・たつお 1893(明26)2.11-1966(昭41)10.26 本名・恵吉 岡山県浅口郡河内村西阿知(現・倉敷市)生まれる。岡山県立商業学校を中退。上京後人夫や土工として働く。19年小川未明らの『黒煙』の同人になり藤井真澄の紹介で処女作「馬を洗ふ」を『我等』に発表。この作品は階級差別に対する反抗心と性の苦悶を労働馬への愛情に転化するやりきれなさを表現している。21年自伝的長編『空に指して語る』を刊行して労働文学の担い手となる。25年『祖国』を創刊。辻潤らの『虚無思想研究』に「辰ちゃんの頁」を連載，『文芸春秋』の菊池寛を批判する。28年『悪い仲間』『文芸ビルデング』に書く。30年『新興文学全集』の「内藤辰雄集」にあぶれた人夫と巡査の確執を描いた「人夫市場」ほか3編が収録される。ボードビリアン内藤陳は息子。(大月健)〔著作〕『空に指して語る』天佑社1921，「内藤辰雄集」『新興文学全集6・日本篇』平凡社1930

内藤 長太郎 ないとう・ちょうたろう ?-? 1919(大8)年東京本所区(現・墨田区)の凸版印刷会社和文科に勤め活版印刷工組合信友会に加盟する。(冨板敦)〔文献〕『信友』1919年8・10月号

内藤 伝三郎 ないとう・でんざぶろう ?-? 東京毎日新聞社に勤め東京の新聞社員で組織された革進会に加わり1919(大8)年8月の同盟ストに参加するが敗北。のち正進会に加盟。20年機関誌『正進』発行のために寄付をする。(冨板敦)〔文献〕『革進会々報』1巻1号1919.8，『正進』1巻1号1920.4

内藤 久治 ないとう・ひさじ ?-? 1919(大8)年東京麹町区(現・千代田区)の外務省活版部和文科に勤め日本印刷工組合信友会に加盟する。(冨板敦)〔文献〕『信友』1919年10月号

内藤 好雄 ないとう・よしお 1910(明43)-? 神戸市葺合区東雲通(現・中央区)生まれ。尋常小学校を卒業後，実兄の営む自転車販売修理業に従事しこれを継いだ。26年頃からアナキズム雑誌を購読する。28年頃多田英次郎と知り合いアナキズムに共鳴。芝原淳三，笠原勉，井上信一，小林一信，三木滋らと交流する。29年9月多田が検挙されると神戸自由労働者組合事務所の責任者となり活発に運動を進める。30年6月多田が出獄するや同月23日『神戸自労ニュース』を発行人として創刊。同月30日2号を発行するが発禁。7月4日神戸自由労働者組合を神戸黒色労働者連盟と改称。同月9日『神戸黒労ニュース』を創刊(発禁)。7月30日には『自由コンミュン』を出すも発禁。池田賢との交流もあった。34年神戸又新日報社の記者となった。35年末頃無共党事件で検挙されるが不起訴。(冨板敦)〔文献〕『身上調書』，兵庫県特別高等課『特別要視察人ニ関スル状勢調べ』(復刻版)兵庫県部落問題研究所1976

仲 喜一 なか・きいち 1901(明34)4.28-1975(昭50) 兵庫県有馬郡三田本町(現・三田市)生まれ。尋常小学校卒業。大阪船場の傘問屋で働き近所の洋服問屋で働いていた茂野栄吉と知り合い，その兄栄吉の影響でアナキズムに近づく。のち大阪合同紡績に勤め総同盟大阪連合会豊崎支部に加盟。同支部の金井鉄之介，倉地啓司，中尾正義，田淵義輝，東野彦，重岡勢らを知る。22年7月同社天満支店争議を闘い解雇。その後倉地を頼って上京，神田区三河町(現・千代田区)で自由労働者となる。8月末中浜哲らがつくった自由労働者同盟に加わり，豊多摩郡戸塚町(現・新宿区西早稲田)のアジトに起居。同宿者に小西次郎，南芳雄，山田緑郎，平岡誠，平岡がつれてきた河合康左らがおりギロチン社，黒手組，分黒党

などを名のる。23年3月中浜の不在中、アジトが襲われ全員検束、拘留29日。北千住、横浜市東神奈川などで「リャク」(掠)をしながら同志とともに転々とし8月関西に活路を求めて移る。この時西下したメンバーがギロチン社の主力を形成する。「リャク」にピストルを使うことを実行し9月11日大阪合同紡績社長飯尾一二を「リャク」に訪れるが失敗。翌12日再び待ち伏せるが現れず、出会った東洋紡績常務庄司乙吉と口論となり左腕に軽傷を負わせてしまう。その場は逃走するが11月に逮捕。この間10月16日ギロチン社は古田大次郎、小西、内田源太郎、小川義雄らが小坂事件をおこし約1年後の倉地を最後としてメンバー全員が検挙される。裁判は東京、大阪に分かれて行われ仲は茂野、内田、小川らと懲役15年となる。34年2月25日三重刑務所から出獄。出所後は大阪市浪速区で古書店を営む。35年末頃無共党事件で検挙されるが不起訴。戦後は左まき書房を経営、大阪のアナキズム運動にシンパとして助力する。69年小松亀代吉を助けて中浜哲遺稿『黒パン』復刻を実現させた。(冨板敦)〔文献〕『自連新聞』89-91号1934.2·5·6、『民衆の解放』10号1934.4、『身上調書』、逸見吉三『墓標なきアナキスト像』三一書房1976、『思想輯覧1』、小松隆二『テロリスト詩人·中浜哲の思想と生涯』『中浜哲詩文集』黒色戦線社1992

中井 金次郎 なかい·きんじろう ?-? 1919(大8)年東京牛込区(現·新宿区)の秀英舎(市ヶ谷)第二和文科に勤め活版印刷工組合信友会に加盟する。(冨板敦)〔文献〕『信友』1919年8月号

中井 留吉 なかい·とめきち ?-? 1919(大8)年横浜の港栄舎に勤め横浜印刷技工組合に加盟、同組合の評議員を担う。(冨板敦)〔文献〕『信友』1920年1月号

中井 嘉美 なかい·よしみ 1913(大2)-? 兵庫県多紀郡今田村立杭(現·篠山市)生まれ。尋常小学校を卒業後、大阪で貿易商を営んでいた父のもとで手伝いをする。父の事業の失敗後、八百屋の行商、工員、店員などをした。34年8月頃から神戸の瓜谷弁護士の書生をしながら夜間中学校に通う。同年9月頃から夜間中学同級生の中山に紹介されて『布引詩歌』に投稿するようになり布引詩歌社の会合にも参加する。笠原勉、井上信一、小松原繁雄、小林一信らと交流した。35年末頃無共党事件で検挙されるが不起訴。(冨板敦)〔文献〕『身上調書』

永井 永吉 ながい·えいきち ?-? 新聞工組合正進会に加盟し1924(大13)年夏、木挽町(現·中央区銀座)本部設立のために50銭寄付する。(冨板敦)〔文献〕正進会『同工諸君‼寄附金芳名ビラ』1924.8

永井 億弥 ながい·おくや 1878(明11)-? 1907年8月東京のユニバーリスト教会で開催された社会主義夏期講習会に参加、幸徳秋水らに面会。10年9月大逆事件の証人として東京地裁に召還された。当時永井は福島県石城郡玉川村(現·いわき市)に住み農業を営んでいた。大逆事件の被告中、幸徳、新村忠雄、森近運平、坂本清馬と面識があったようだが喚問では坂本との関係を聴取された。そのなかで坂本が幸徳と管野すがの問題をめぐって10年5月に東京を離れ、栃木、群馬で久保田種太郎、築比地仲助らの同志と交流し同月下旬に永井宅に着いたのち20数日間滞在した点を認めている。しかし坂本が暴力革命を実行するために伝道中であるとか幸徳が決死の士を募っているというような話はなかったと主張した。そのため判決理由書に永井の証言は採用されなかった。(西山拓)〔文献〕大逆事件の真実をあきらかにする会編『大逆事件訴訟記録·証拠物写4』近代日本史料研究会1960、坂本清馬『大逆事件を生きる』新人物往来社1976

永井 潔 ながい·きよし ?-? 1919(大8)年東京京橋区(現·中央区)の細川活版所印刷科に勤め日本印刷工組合信友会に加盟する。(冨板敦)〔文献〕『信友』1919年10月号

永井 金次郎 ながい·きんじろう ?-? 新聞工組合正進会に加盟し1924(大13)年夏、木挽町(現·中央区銀座)本部設立のために50銭寄付する。(冨板敦)〔文献〕正進会『同工諸君‼寄附金芳名ビラ』1924.8

永井 銈造 ながい·けいぞう ?-? 小学校卒業後印刷工場で働く。1916(大5)年11月11日に開かれた欧文植字工組合信友会の第1回幹事会で会の事務所を神田区猿楽町の永井宅に置くことが決定される。17年2月11日、信友会の会計係に選出。19年頃、東京京橋区(現·中央区)の黒沢商店に勤め活版印刷工組合信友会の会計係を里見幸吉、川島

元治と担う。その後，有楽町駅前に釣具店・魚藍堂を経営。敗戦前に空襲で店を焼失し疎開先で妻を亡くす。鎌倉に住んでいた末弟の作家・永井龍男宅に寄宿。のち横須賀の国立病院に入院。（冨板敦）〔文献〕『信友』1919年8・10月号，1920年1月号，1922年1月号，永井龍男『雑談 衣食住』講談社1973，同『花十日』講談社1977，水沼辰夫『明治・大正期自立的労働運動の足跡』JCA出版1979，永井龍男『東京の横丁』講談社1991，警視庁労働係編『日本印刷工組合信友会沿革 印刷工連合設立迄』廣畑研二編・解説『1920年代社会運動関係警察資料』不二出版2003）

永井 孝吉 ながい・こうきち ?-? 東京毎日新聞社に勤め東京の新聞社員で組織された革進会に加わり1919（大8）年8月の同盟ストに参加するが敗北。のち正進会に加盟。20年機関誌『正進』発行のために寄付をする。（冨板敦）〔文献〕『革進会々報』1巻1号1919.8, 『正進』1巻1号1920.4

永井 清之助 ながい・せいのすけ ?-? 長野県埴科郡戸倉村磯部（現・千曲市）で暮し農民自治会全国連合に加わる。1927（昭2）年1月12日，降旗倉太郎，滝沢村之助らと磯部農民自治会を設立。28年『農民自治リーフレット』に「組合側勝つ一信州戸倉村の小作争議」を寄せる。（冨板敦）〔文献〕『農民自治リーフレット』1号1929.2，大井隆男『農民自治運動史』銀河書房1980

永井 政吉 ながい・まさきち 1905（明38）5.23-? 群馬県勢多郡南橘村（現・前橋市）に生まれる。1921（大10）年根岸正吉と手紙のやりとりをしたことで警視庁の思想要注意人とされる。東京府足立郡千住町（現・足立区）に住み浅草郵便局で事務員をしていた。（冨板敦）〔文献〕『警視庁思想要注意人名簿（大正10年度）』

永井 政太郎 ながい・まさたろう ?-? 1919（大8）年東京京橋区（現・中央区）の築地活版所文選科に勤め活版印刷工組合信友会に加盟する。（冨板敦）〔文献〕『信友』1919年8・10月号

永井 慶重 ながい・よししげ ?-? 1919（大8）年東京神田区（現・千代田区）の三省堂印刷部文選科に勤め日本印刷工組合信友会に加盟する。（冨板敦）〔文献〕『信友』1919年10月号

永井 柳太郎 ながい・りゅうたろう 1881（明14）4.16-1944（昭19）12.4 石川県出身。同志社中学，関西学院を経て早稲田大学卒業。在学中から大隈重信の知遇を得，オクスフォード大学留学後，早大の教授となりかたわら大隈主宰の『新日本』主筆をつとめる。大学では社会政策，殖民政策を担任。その講義は「まず社会主義，サンジカリズムについて詳しく説明し，『しかしそれではいけない，社会政策でなければ…』との結論なんだが，その間にうるところが多かった」（近藤憲二）というもので，自身の意図に反し近藤をはじめ暁民会，建設者同盟の若い活動家たちの社会主義，サンジカリズムへの関心を呼びおこした。20年憲政会から衆議院議員に立候補，当選（連続8期）。初当選の議会で「なほ階級専制を主張するもの西にレーニンあり東に原（敬）総理あり」と演説，階級専制の打破を強く主張した。ロシア飢饉同情労働会（岩佐作太郎ら発議，日本鉱夫総同盟，コスモ倶楽部など34団体参加）や暁民会，建設者同盟の活動を支援したが，その後立憲民政党に移り，近衛文麿の新党運動に投じるなど国家社会主義的志向を強め熱心な大東亜新秩序論者に変貌する。（白仁成昭）〔著作〕大日本雄弁会編『永井柳太郎氏大演説集』講談社1924〔文献〕伝記編纂会『永井柳太郎』勁草書房1959，近藤憲二『一無政府主義者の回想』平凡社1965，『早稲田大学建設者同盟の歴史』日本社会党中央本部機関紙局1979

中家 金一 なかいえ・きんいち 1908（明41）10.21-1954（昭29）12.13 別名・金太郎，ひとみ，習志野軍七 北海道上川郡旭川町（現・旭川市）に鳶職人の子として生まれる。旭川商業卒業後，早稲田高等学院に進学したが中退。旭川に戻る。29年『裸』に参加。今野大力や小鮒嵬も同人に加わる。旭川の新聞社に勤務。詩作から小説に転じる。民衆のしたたかさを描いた。旭川のアナキストと交際。35年北海道詩人協会に参加。無共党事件に関連して取り調べられた更科源蔵が会長になったため特高が圧力をかける。更科は辞任に追い込まれたが，特高は中家が参加しているということで北海道詩人協会を要視察団体に編入した。37年北海タイムス社に入社し本社校正係となる。39年岸本てると結婚。41年12月旭川支社勤務となる。（堅田精司）〔著作〕『銭』国詩評林社1934，『情緒』18号1960.4，『我が墓碑銘』現代書房1967，『中家金太郎集』旭川市1973

中江 兆民 なかえ・ちょうみん　1847.12.8 (弘化4.11.1)-1901(明34)12.13　幼名・竹馬、長じて篤助、のちに篤介を通称とする。高知城下山田町に足軽の長男として生まれる。明治時代の思想家兆民の特徴は、『民約訳解』の翻訳などにより東洋のルソーとよばれ、生涯「民権是れ至理なり、自由平等之大義也」の民権思想を貫いていることである。同時に新平民の立場から発言する民権家であった。新平民推薦の候補者としてなら立候補してもよいとの考えから、新平民の資金援助を得て衆議院議員に立候補し当選した。兆民の書生として師事した幸徳秋水は兆民の没後、平民新聞に兆民の新平民論を掲げている。『三酔人経綸問答』では民主、豪傑、南海先生の三つの立場を取り上げているが、その三つの立場に貫かれているのは内政優位の思想であった。そして特筆すべきは、下から進取する「恢復的民権」の論理を説いたことである。この論理は幸徳秋水、そして大杉栄へと継承されているといえる。ちなみに幸徳秋水が「先生」の尊称を以て呼んだのは「クロポトキン先生」と「兆民先生」であったという。兆民が関係したルソー生誕記念日は堺利彦等によって引き継がれた。その行事の参加者の一人が大杉栄であった。（米満晋八郎）〔著作〕『三酔人経綸問答』集成社1887・岩波文庫1965、『一年有半』『続一年有半』博文館1901・岩波文庫1995、『中江兆民全集』全17巻別巻1岩波書店1984〔文献〕桑原武夫編『中江兆民の研究』岩波書店1966、木下順二・江藤文夫編『中江兆民の世界「三酔人経綸問答」を読む』筑摩書房1977

長江 栄吉 ながえ・えいきち　?-?　1919(大8)年東京牛込区(現・新宿区)の日清印刷会社石版科に勤め活版印刷工組合信友会に加盟する。（冨板敦）〔文献〕『信友』1919年8月号

永江 精次郎 ながえ・せいじろう　?-?　別名・清二郎　中央新聞社に勤め東京の新聞社員で組織された革進会に加わり1919(大8)年8月の同盟ストに参加するが敗北。のち正進会に加盟。24年夏、木挽町(現・中央区銀座)正進会本部設立のために2円寄付する。（冨板敦）〔文献〕『革進会々報』1巻1号1919.8、正進会『同工諸君‼ 寄附金芳名ビラ』1924.8

中尾 吉之助 なかお・きちのすけ　1896(明29)頃?-?　神戸生まれか。安谷寛一とは神戸高等小学校時の親友。1920(大9)年頃元町を根城にする雑誌『赤い街』を出していた不良少年グループの大将格で、その後神戸ロンダ組にも出入りして饗庭寅蔵、近藤茂雄らと行動をしばしば共にしていたという。26年2月創刊の『ラ・ミノリテ』に安谷、和田信義、牧寿雄らと参加。関東に移り「関西アナ」と呼ばれ岡本潤、小野十三郎、近藤、宮嶋資夫、牧野四子吉らと南天堂一派の一員をなした。何故か、牧から『マヴォ』6号誌上で「テロリストの中尾」と呼ばれた。若い頃の笹井末三郎とも知り合い、後年水平社運動の活動家でもあったという。（北村信隆）〔文献〕「関西のアナキズム運動」『ヒロバ・6』1957.7、向井孝『勉さんの人名録』『アナキストたち〈無名〉の人びと』『黒』刊行同人2005、寺島珠雄『南天堂』皓星社1999、柏木隆法『千本組始末記』平凡社2013

中尾 新三郎 なかお・しんざぶろう　?-?　1921(大10)年2月野口一雄らと共存倶楽部(のちプロレタリア社と改称)を組織する。同年5月南葛飾郡亀戸町(現・江東区亀戸)の庄司富太郎宅で開かれた黒色労働会(友愛会城東・亀戸支部が合併し、友愛会から独立した組合)の発会式に野口と参加。共存倶楽部を黒色労働会に団体加盟させる。22年6月4日東京本所区(現・墨田区)本所錦糸町の雄弁大学で開かれた機械労働組合会発会式に日本印刷工組合信友会を代表して登壇するが中止させられる。（冨板敦）〔文献〕『労働運動』2次13号1921.6、『信友』1922年1・6月号

中尾 正義 なかお・まさよし　1898(明31)-1943(昭18)2　別名・正吉、吉公　鹿児島県生まれか。大阪天六水道筋の友愛会の活動家で総同盟に加入していた。19年5月田淵好照(義輝)らと大阪天満紡績労働組合豊崎支部を組織。21年倉地啓司や田淵らと関西紡績労働組合を結成。22年9月倉地らとサンジカリズム系の紡績労働組合同盟を結成。23年解雇組合員の交渉で検挙、4カ月求刑される。同年6月頃中浜哲の呼びかけでギロチン社に参加、のち逸見吉三らと中途脱退。24年中浜逮捕のあと「リャク」(掠)屋一斉検挙で高川幸二郎、関谷栄、植田増吉、山田三造ら約20人とともに検挙される。25年闘斗社を結成。26年4月関西黒旗連盟創設に参加。同年6月創立大会兼社会問題演説会(天王寺公会堂)で検挙。同月京都黒

連主催演説会後のデモでも名古屋の成田政市ほか2人と検束。27年にはサッコとヴァンゼッティの死刑反対の抗議活動や山東出兵反対運動を展開。同年6月江西一三、山本忠平(陀田勘助)らの『反政党運動』の関西支局を開設。同月福山の鞆鋲釘争議に竹内春三らと応援活動を展開。同年10月から翌年3月まで平井貞二らと月刊『関西自由新聞』を創刊。27年7月大串孝之助、山岡喜一郎、本庄哲人らと広島県水平社解放連盟創立大会に参加。同年10月末労農党演説会を15分間ぶち壊し、数人とともに負傷後検束。同年河本乾次、逸見、大串らと黒連から除名。28年4月山岡らの『民衆の中へ』に参加、同年5月末下獄。同年6月黒旗連盟は黒連を脱退(関西自由連も全国自連と絶縁状態)。29年1月関西自協を設立、全国自連、黒連との連携に立ち関西自由連合団体協議会を組織(同年3月関西自連完全分裂)。29年末黒旗連盟をはじめ闘ひ社、黒嵐社、文明評論社を担う。31年2月熊鳥国三郎らの『自由連合運動』に参加。同年日本自協(改称)を結成。33年3月逸見との関西自由思想研究会で『黒馬車』を創刊。植田とアナ分裂の間入獄。33年2月両人の出獄歓迎会以後、関西アナキスト総連盟を組織して合同に尽力。同年6月日本自協側(大阪)逸見、久保ら5人、関東、神戸、京都の8人と、全国自連側(大阪)中尾、上野克己ら11人、関東の2人が集まり、準備機関として自由連合主義闘争協議会を設け、両派融合への努力、関西共同機関紙として『関西黒旗』の発行などを決定。同年9月大杉栄10周年忌を此花区の喫茶トシヤで開催。同年12月全国自連と全国自協が合同準備会を開き翌34年3月の合同を決定。日本自協は1月解消、関西地方労働組合自由連合会として全国自連加盟を決定。同年無政府主義文化団体の出版活動協議会(牛込区城西仏教会館)にクロバ社主として参加。同年春独自の協議会メーデー闘争を強行。同年10月関西風水害被害同士救済を全国に訴える活動などで活躍。(北村信隆)
〔文献〕『大阪社会労働運動史・上下』、『ヒロパ』6号1957、山辺健太郎『社会主義運動半生記』岩波新書1976、山口一枝編『篝火草』私家版1977、『社会運動の状況1-6』、『思想輯覧・下』、『社会主義沿革2』、『特高月報』、『関西自由新聞』1-3号1927.10・12、『自連』2・19・23・79・88・91・95号1926.7・27.12・28.4・33.4・34.1・6・10、『黒』1次1号1923.7、『黒』2次1号1925.5、『黒色青年』10・17号1927.7・28.4、『黒色運動』1・2号1928.8・10

長尾 一泰 ながお・かずやす ?-? 1919(大8)年大阪の大阪活版所に勤め活版印刷工組合信友会(大阪支部)に加盟する。(冨板教)
〔文献〕『信友』1919年8・10月号

永岡 鶴蔵 ながおか・つるぞう 1863(文久3)12.9-1914(大3)2.10 大和国吉野郡大日川村(現・奈良県吉野郡西吉野村大日川)に生まれる。明治維新前後の混乱の中で漢方医の生家が天誅組の陣屋となり紀州軍によって焼失、家運傾き父も死亡、奉公に出され15歳の時に和歌山県の永岡勘七の養子となる。これは徴兵逃れのためらしい。商家の小僧を17歳で辞め、生家近くの鉱山で坑夫見習にあたる「手子」になり以後、和歌山、愛媛、兵庫の鉱山を転々とする。坑夫社会は過酷な労働とばくち、喧嘩のすさんだ生活がある一方で、義理人情に厚い世界でもあることを知り19歳のとき本格的に坑夫になる決意をした。1884年古河市兵衛に雇われ多数の坑夫とともに新潟県草倉銅山に入りそこで流行していた脚気の対策を仲間と山主に請願し、ここから労働運動を開始する契機をつかむ。キリスト教を知りすさんだ生活を清算し以後の人生を正義人道のためにささげる決意もし、秋田県荒川鉱山ではキリスト教布教の傍ら「労働余暇会」を組織、院内鉱山では鉱山条例遵守を要求、3日間のストライキを貫き要求をほぼ勝ちとった。1902年夕張炭鉱で南助松と知り合い大日本労働至誠会を結成し片山潜とも交流した。03年全国的な鉱山労働者の組織の必要を感じ妻子を夕張に残し足尾銅山に入りオルグ活動を行いながら06年大日本労働至誠会足尾支部、日本鉱山労働会などを結成した。07年2月足尾の通洞坑内で暴動が自然発生し拡大、永岡らはその沈静に努めたが暴動の首魁と見られて逮捕されたが裁判では無罪を得た。しかしこれによって足尾を追われ、以後東京浅草で玩具製造・問屋を営み露天商の間で人望を得た。12年貨幣偽造行使罪に問われ服役、急性喘息により千葉監獄で死亡した。死後だが、大杉栄らの月刊『平民新聞』寄付者名簿に名を連ねて

いる。(大和田茂)〔著作〕「坑夫の生涯」週刊『社会新聞』1908.3.8-1909.1.15〔文献〕村上安正「永岡鶴蔵論」『思想の科学』1960.2, 中富兵衛『永岡鶴蔵伝』御茶の水書房1977

長岡　博明　ながおか・ひろあき　?-?　1921(大10)年春に対馬忠行, 岡田有対らと結成した自由人連盟同志社支部の中心メンバー。早稲田大学の和田巌, 浅沼稲次郎らの建設者同盟, 山崎今朝弥, 山川均などの平民大学とも連絡を取り合って活動した。支部結成後まもなく小柳津恒, 岡田, 対馬, 西川金三郎らと四条通を革命歌を歌い闊歩して検束(京都での学生検束事件の最初), 翌日このグループの同志社東寮が捜索を受けた。同じ頃交流のあった平民大学は10年12月にボルシェヴィズムの理論的研究を標榜した月刊雑誌『社会主義研究』を創刊。長岡は翌11年春自由人連盟同志社支部を発展結成した十月会にも参加。同志社チャペルでの演説会ではロシア革命を賛美し, 諧謔的に国旗日の丸の白地に赤の次第に拡大することを望んだいわゆる「日の丸演説」を行った。23年経済学科卒業後, 教員。十月会はアナキズムと別れてから24年5月改組創設された同志社大学学生社会科学研究会の直接の母胎となった。(北村信隆)〔文献〕『京都地方労働運動史』,『京都帝国大学学生運動史』同刊行会編昭和堂1984,『同志社百年史・通史編1』1979,『同志社交友会便覧』1925

中川　卯之助　なかがわ・うのすけ　?-?　万朝報社に勤め東京の新聞社員で組織された革進会に加わり1919(大8)年8月の同盟ストに参加するが敗北。のち正進会に加盟。20年機関誌『正進』発行のために1円寄付。また24年夏, 木挽町(現・中央区銀座)正進会本部設立のためにも1円寄付する。(冨板敦)〔文献〕『革進会々報』1巻1号1919.8,『正進』1巻1号1920.4, 正進会『同工諸君!! 寄附金芳名ビラ』1924.8

中川　栄太郎　なかがわ・えいたろう　1870(明3)-1942(昭17)　静岡県周智郡三倉村(現・森町)生まれ。同地で農業を営み農民団体「至誠会」の中心人物となる。同郷の森下藤一郎とともに片山潜, 西川光二郎, 幸徳秋水らの書物に親しみ堺利彦編『社会主義研究』,『平民新聞』,『社会新聞』などを購読し, 1908年1月「至誠会」総会に片山潜と鈴木楯夫を講師に招いた。片山は渡米後もアメリカで発行した雑誌『平民』を中川に郵送した。20年の日本社会主義同盟にも加盟し同盟からの通信物が保管されている他, 片山潜, 幸徳秋水, 堺利彦, 鈴木楯夫, 大杉栄の妹柴田菊からの書簡も現存する。中川は大杉らの虐殺の報に際し村誌『三倉時報』に甘粕糺弾の投稿をした。清水市内の在郷軍人会と寺院が大杉の遺骨埋葬を拒否するとの報に接し, 中川は大杉遺族に対し墓地の提供を申出もした。大杉らの墓所は大杉遺族により沓谷に建立されたが柴田菊の中川宛書簡はその申出に対する謝辞である。この間, 三倉村の一級村会議員も勤め議会主義の立場をとったが中川家には長く「平民館」の看板が掲げられていたという。(廣畑研二)〔文献〕杉山金夫「続隠れた民衆史第84回・第86回」『中日新聞夕刊静岡』1978.11.14-11.16,『森町史資料編4近現代』1995,『森町史 通史編下巻』1998, 杉山金夫著・田村貞雄編『静岡県社会運動史研究』2004

中川　栄　なかがわ・さかえ　?-?　芝浦製作所に勤め芝浦労働組合に加盟。1926(大15)年3月14日, 同労組の鶴見支部大会に出席し司会を務める。この大会はボル派が主導し労働農民党への加盟を決めた。同年9月19日, 同労組の緊急中央委員会で「共産党の走狗」であるとして渡辺精一, 高橋知徳, 春日正一, 伐晃, 菅野義清, 小川武, 青木健太郎, 長谷川光一郎とともに組合から除名される。(冨板敦)〔文献〕『芝浦労働』3次3・10号1926.6・11, 小松隆二『企業別組合の生成』お茶の水書房1971

中川　重郎　なかがわ・しげお　?-?　1919(大8)年東京神田区(現・千代田区)の三秀舎和文科に勤め日本印刷工組合信友会に加盟する。(冨板敦)〔文献〕『信友』1919年10月号

中川　彰平　なかがわ・しょうへい　?-?　1926(大15)年頃, 山梨県で農業を営み農民自治会全国連合に参加。『農民自治』(5号)に「野の言葉(1)」を寄稿する。(冨板敦)〔文献〕『農民自治』5号1926.9

中川　政二　なかがわ・せいじ　?-?　1919(大8)年東京神田区(現・千代田区)の三省堂印刷部欧文科に勤め活版印刷工組合信友会に加盟。のち京橋区(現・中央区)の三協印刷株式会社に移る。(冨板敦)〔文献〕『信友』1919年8・10月号, 1922年1月号

中川 善一 なかがわ・ぜんいち ?-? 日立従業員組合のメンバー。1927(昭2)年3月19日の組合協議会で全国自連連絡委員に選出される。(冨板敦)〔文献〕『自連』11号1927.4

中川 退司 なかがわ・たいじ ?-? 1919(大8)年東京神田区(現・千代田区)の丸利印刷所に勤め日本印刷工組合信友会に加盟する。(冨板敦)〔文献〕『信友』1919年10月号

中川 哲郎 なかがわ・てつろう ?-? 1919(大8)年九州の三池毎日新聞社に勤め活版印刷工組合信友会に加盟する。(冨板敦)〔文献〕『信友』1919年8・10月号

中川 徳太郎 なかがわ・とくたろう ?-? 日本印刷工組合信友会に加盟し1921(大10)年末頃、東京小石川区(現・文京区)の博文館印刷所に勤めていた。(冨板敦)〔文献〕『信友』1922年1月号

中河 一 なかがわ・はじめ ⇨岩野猛 いわの・たけし

中川 文次郎 なかがわ・ぶんじろう ?-? 1919(大8)年東京京橋区(現・中央区)の国文社和文科に勤め日本印刷工組合信友会に加盟する。(冨板敦)〔文献〕『信友』1919年10月号

中川 正雄 なかがわ・まさお ?-? 京都印刷工組合のメンバー。1923(大12)年11月11日京都岡崎六盛倶楽部での京印総会で開会の辞を述べる。24年3月16日京都三条青年会館で開かれた京印主催の国際労働会議否認演説会で登壇(司会者は福島佐太郎、京印の登壇者は他に鈴木信、鈴木栄)。4月20日東京芝の協調会館で開かれた全印連第1回全国大会で京印が提出した議会運動否認の件の議案説明をする(可決)。6月21日京都の植苗正文社で争議が勃発、京印の福島、鈴木栄らと交渉にあたる。11月2日神田松本亭での東京印刷工組合創立大会で京印を代表して祝辞を述べる。(冨板敦)〔文献〕『印刷工連合』5.6.7・8・11・15・17・19号1923.12・24.1・4・8・10・12

中川 六平 なかがわ・ろっぺい 1950(昭25)-2013(平25)9.5 新潟県新潟市生まれ。同志社大学卒業。大学時代に「同志社ベ平連」に参加。全国の在日米軍基地周辺でのベトナム反戦運動に多数参加。脱走兵ノーム・ユーイングの裁判を傍聴し哲学者鶴見俊輔と出会う。ベトナムに対する米国の侵略と日本の加担をやめさせる為、1972(昭47)年2月25日山口県岩国市で米軍基地近くに反戦喫茶「ほびっと」を開店、初代マスターとなる。同志社大学卒業後、75年東京タイムズ入社。社会部、文化部を経て85年退社。在社中、朝倉喬司、中上健次らと出会う。85年朝倉喬司らと「サンカ研究会」の発足に参画。その後、晶文社ほかの編集者、フリーライターとして活躍。『アエラ』『思想の科学』などに執筆。晶文社の編集者として、坪内祐三『ストリートワイズ』、石田千『月と菓子パン』、赤瀬川原平『全面自供』、高橋徹『古本屋 月の輪書林』、『小沢昭一随筆随談選集』全6巻、小沢信男『捨て身なひと』などを担当。雑誌『マージナル』現代書館1988.5-1994.11の編集委員も務めた。(鈴木義昭)〔著作〕『歩く学問』の達人』晶文社2000、鶴見俊輔と共同編集『天皇百話(上下)』ちくま文庫1989、編著『外国体験のパッチワーク』現代書館1991、『ほびっと 戦争をとめた喫茶店 ベ平連1970-1975inイワクニ』講談社2009〔文献〕「特集嗚呼日本万国博覧会」『週刊アンポ』京都アンポ社1970.4.6、清水知久・古山洋三・和田春樹編著『米国軍隊は解体する 米国反戦・反軍運動の展開』三一書房1970、小田実・鶴見俊輔・吉川勇一編『市民の暦』朝日新聞社1973

永川 玲二 ながかわ・れいじ 1928(昭3)-2000(平12)4.22 鳥取県米子市に生まれる。広島の陸軍幼年学校在学中、近い将来ソ連が敵国となるだろうからとロシア語を身に付けようと情報将校養成ロシア語特科で錬成する。1953(昭28)年東大文学部英文科を卒業したものの就職先がなく、スペインの詩人フェデリコ・ガルシア・ロルカのロシア語の『ロルカ詩集』を創元社から出版。東大助手、助教授を経て東京都立大助教授に転任。専門はシェイクスピア研究であり英文学の金字塔のごとき業績を残したが、アメリカ文学は一切無視。翻訳不可能といわれたジェイムズ・ジョイスの『ユリシーズ』を丸谷才一、高松雄一と翻訳する(全3巻・集英社1996)。その間、68年に発足した「ジャテック」に加わり自宅に一定期間脱走米兵を匿う。「ジャテック」はその1年間だけで17人のベトナム派兵米兵を釧路港から密出国させ、ソ連経由でスウェーデンに向かわせた。都立大学の大学紛争で、大学当局の機動隊突入に際して数名の同僚とピケを張るが排除され、大学に抗議して辞職。第2の生活の拠点をスペインのセビリャに求めた。セビリャ大学日本語教授となり多くの弟子を育

てた。定年後隠れキリシタン研究のために北九州大学客員教授として九州に滞在し，セビリャに帰る途中東京で亡くなる。(川成洋)〔著作〕『ことばの政治学』筑摩書房1979・岩波同時代ライブラリー1995，『アンダルシア 風土記』岩波書店1999，ミュリエル・スパーク『詩を忘れるな』(訳)白水社1964，ウェイランド・ヤング『プロヒューモ事件』(訳)筑摩書房1964，アーノルド・トインビー『ナイルとニジェールのあいだに』(訳)新潮選書1967，アラン・シリトー『土曜の夜と日曜の朝』(訳)河出書房新社1968・新潮文庫1979，エミリー・ブロンテ『嵐が丘』(訳)集英社1969，アンガス・ウィルソン『アングロ・サクソンの姿勢』(訳)集英社1977，シェイクスピア『ハムレット』(訳)集英社1969，『マクベス』(訳)集英社1977，ジョイス『若い芸術家の肖像』(訳)中央公論社1972，V.S.ナイポール『神秘な指圧師』(大工原弥太郎と共訳)草思社2002〔文献〕高橋武智『私たちは，脱走したアメリカ兵を越境させた』作品社2007，川成洋・坂東省次編『南スペイン・アンダルシアの風景』丸善出版2005，川成洋・坂東省次編『スペインと日本人』丸善出版2006

仲木 貞一 なかぎ・ていいち 1886(明19)9.11-1954(昭29)4.28 金沢市に生まれる。早稲田大学英文科を卒業後，読売新聞社記者になったが上山草人らの近代劇協会に参加，演出や脚本を手がける。仲間の伊庭孝に誘われ日本橋区蠣殻町(現・中央区)の洋食店メーゾン鴻巣で開かれていた近代思想社小集に出席し，『近代思想』9号にインド人兵士を描いたキップリングの詩『ガンガ・ディン』を訳載した。ロシアのニヒリストをテーマにした戯曲「空中の悲劇」「脱獄の朝」があるが荒畑寒村は『近代思想』10号誌上で「二度観に往って，実は二度ながら失望した」と酷評している。(大澤正道)〔著作〕『須磨子の一生』(秋田雨雀と共著)日本評論社1919，『蝕める恋』雄文閣1932

長倉 宇吉 ながくら・うきち ?-? 関東車輛工組合のメンバー。1923(大12)年12月16日の大杉栄・伊藤野枝葬儀に水上国彦とともに関東車輛工組合の有志を代表して葬儀準備委員となる。(冨板敦)〔文献〕『労働運動』4次2号1924.3

中越 金二 なかごし・きんじ ?-? 新聞工組合正進会に加盟し1924(大13)年夏，木挽町(現・中央区銀座)本部設立のために2円寄付する。(冨板敦)〔文献〕正進会『同工諸君!! 寄附金芳名ビラ』1924.8

長坂 善蔵 ながさか・ぜんぞう ?-? やまと新聞社に勤め1919(大8)年東京の新聞社員で組織された革進会の活動に賛助員として5円寄付する。のち正進会に加盟。また20年機関誌『正進』発行のためにも5円寄付する。(冨板敦)〔文献〕『革進会々報』1巻1号1919.8，『正進』1巻1号1920.4

長坂 保衛 ながさか・やすえ ?-? 1919(大8)年東京芝区(現・港区)の自由活版所に勤め活版印刷工組合信友会に加盟する。(冨板敦)〔文献〕『信友』1919年8・10月号

長崎 謙二郎 ながさき・けんじろう 1903(明36)11.19-1968(昭43)6.14 本名・謙二，別名・川路健，草薙一雄 京都府加佐郡舞鶴町(現・舞鶴市)の庄屋をつとめる旧家に生まれたが，親戚に家督を横領され11年小学校2年で中退し翌年一家を挙げて大阪に出る。ガラス工場の徒弟，給仕，製帽仕上工などを転々とする。18年短歌結社人形の群結成。春日庄次郎，鍋山貞親，多田文三，遠地輝武を知る。20年活動弁士見習となり川路健を名のる。21年1-6月師と満州へ渡る。帰国後松竹直営館朝日座(大阪)の弁士となり23年戎橋松竹座に移籍。その弁士ぶりは「エーゾ，エーゾ」の川路として道頓堀の寵児となる。この時期結婚。邦枝完二，百田宗治を知る。24年上京し神田南明座へ移籍。月給300円を取る。この時期に白山上の南天堂に出入りする。小野十三郎らを知る。25年一時帰阪後広島市に移籍。文芸誌『黒点』(川路健名)の発行人となる。31年100円を投じて文芸誌『新文学派』を刊行，同人に三原達夫，若杉慧，中井正文，外部執筆者に石川達三らがいた。32年再上京するがトーキーに追われ弁士生活はままにならず34年生活のためおでん屋を開業。38年邦枝の代作生活のかたわら40年『サンデー毎日』大衆文芸賞に「足柄峠」(草薙一雄名)が入選。同賞の選外佳作の田村さえを知る。42年「為政者」(『政界往来』掲載)が第14回直木賞候補作となる。妻と別居し田村と同棲。43年長野県小県郡青木村に疎開。44年名古屋の三菱重工へ徴用となる。戦後村の文化推進にあたる。50年上京後から大衆時代小説(貸本屋向け)を多作する。55年文芸誌『文芸復興』の復刊に上野壮夫，多田，落合茂らと尽力し「文壇野史」を連載した。56年松尾邦之助の個の会に参加。57年「花吹

雪鉄火纏」(東映京都)，59年「千代田城炎上」(大映京都)が映画化された。62年5月文芸誌『碑(いしぶみ)』を主宰し最後の砦とした。多田，橋爪健，鍵山博史，間宮茂輔，細野孝二郎らが同人。新座市で死没。(黒川洋)〔著作〕『元治元年』二見書房1942，『もののふの歌』隆文堂1943，『初恋』民風社1948，『喧嘩大名』同光社1954，『平手造酒』同光社1955，『道鏡艶記』妙義出版1956，『不能者』朱雀社1958，『日本の開拓者たち』萩城太平記』刀江書房1959〔文献〕多田文三「南天堂書店」『文芸復興』10集1958，「長崎謙二郎追悼」「年譜」『碑』18号1968

長崎 浩 ながさき・ひろし 1908(明41)11.10-1991(平3)7.29 別名・皎生 新潟県中蒲原郡村松町に生まれる。同地で小学校教師を経て山形県立図書館に勤める。山形市旅籠町の清水屋旅館に住み29年2月『至聖林』を，5月鈴木健太郎らと『大樹の花』を，12月詩誌『犀』を創刊。『犀』は3号から真壁仁が編集を手伝うようになり，31年にはアナ派詩誌『北緯五十度』がしばらく休刊したこともあり更科源蔵，猪狩満直ら同誌のメンバーが流れ込んでくる。『犀』と『北緯五十度』は姉妹誌と呼ばれた。33年長野県立図書館司書に転任することになり，同年10月『犀』は19号で終刊。(冨板敦)〔著作〕『裏街』犀発行所1932，『南島旅情』私家版1975，『流離の暦』同1976〔文献〕松永伍一『日本農民詩史・中2』法大出版局1969，『土とふるさとの文学全集14』家の光協会1977，『現代詩誌総覧2 革命意識の系譜』日外アソシエーツ1997，志賀英夫『戦前の詩誌・半世紀の年譜』詩画工房2002

中里 初太郎 なかさと・はつたろう ?-? 1921(大10)・22年頃埼玉県北埼玉郡大桑村(現・加須市)で小作人労働会の組織化を計画する。(冨板敦)〔文献〕『小作人』1次1号1922.2

中里 介山 なかざと・かいざん 1885(明18)4.4-1944(昭19)4.28 本名・弥之助，別名・羽村子 神奈川県西多摩郡羽村(現・東京都羽村市)に生まれ小学校卒業後，尋常小学校の教員助手となった。幼少のころから天才であることを自覚し，高等教育を受けられないことがかえって拍車となって才能を励ました。『平民新聞』に投稿。内村鑑三，木下尚江，山口義三，白柳秀湖の知遇を得て社会主義思想を内に育てた。06年『都新聞』主筆田川大吉郎に社会部長に起用され，同紙に「氷の花」(1909)その他の小説を連載しやがて「大菩薩峠」の連載を開始する。19年都新聞社を退社。22年郷里に帰農，『独身』『手紙の代り』『孤立者の通信』などの個人紙を発行する。27年羽村に西隣村塾を開き農本主義的な青年教育を試みる。38年から40年にかけて刊行された『百姓弥之助の話』全7巻(隣人之友社)は自らを百姓弥之助と名のる介山の自由奔放な「総合小説」である。その間も「大菩薩峠」は断続的に書き継がれ未完に終わるが，この大作は芥川竜之介，宮沢賢治の心をとらえた。中谷博はこの作品を平民社系社会主義からの転向小説としたが，この区分を超える性格を備えることは桑原武夫が『パーゴラ』に書いた短い批評を糸口として55年からの高度成長による近代化のなかで明らかになっていく。桑原によると，明治以後の日本の小説は西洋近代化に沿ってつくられたが，「大菩薩峠」は江戸時代の自前の近代，支配層の官僚文化を担う儒教，中世以来の仏教的無常観，古代以前のどろどろした宿命信仰を併せもっている無類の小説である。42年6月第2次大戦下に翼賛体制の一部として日本文学報国会が設立され中里は入会を誘われたが断る。軍国主義の統制が強化されるなか介山は青年時代に接触したルソーの気概を保って日本脱出の夢を「大菩薩峠」に書いていた。(鶴見俊輔)〔著作〕『中里介山全集』全20巻筑摩書房1970-72〔文献〕尾崎秀樹『峠の人中里介山』新潮社1980，中村文雄『中里介山と大逆事件』三一書房1983，小松隆二『大正自由人物語』岩波書店1988，成田龍一『大菩薩峠論』青土社2006，伊東祐史『「大菩薩峠」を都新聞で読む』論創社2013

中里 重松 なかざと・しげまつ ?-? 別名・繁松 時事新報社に勤め東京の新聞社員で組織された革進会に加わり1919(大8)年8月の同盟ストに参加するが敗北。のち正進会に加盟。20年機関誌『正進』発行のために1円寄付する。(冨板敦)〔文献〕『革進会々報』1巻1号1919.8，『正進』1巻1号1920.4

中里 重吉 なかざと・じゅうきち ?-? 新聞工組合正進会に加盟し1924(大13)年夏，木挽町(現・中央区銀座)本部設立のために1円寄付する。(冨板敦)〔文献〕正進会『同工諸君‼寄附金芳名ビラ』1924.8

中沢 猪久三 なかざわ・いくぞう ?-? 別

名・坪川　1919（大8）年東京京橋区（現・中央区）の秀英本舎和文科に勤め活版印刷工組合信友会に加盟。同年10月頃から同舎同科の組合幹事を金子欣喜、内田徳次郎、賀川才次と担う。〔冨板敦〕〔文献〕『信友』1919年8・10月号

中沢　右馬之亟　なかざわ・うまのじょう　?-?　別名・馬之亟　時事新報社に勤め、東京の新聞社員で組織された革進会に加わり1919（大8）年8月の同盟ストに参加するが敗北。のち正進会に加盟。20年機関誌『正進』発行のために1円寄付。また24年夏、木挽町（現・中央区銀座）正進会本部設立のためにも50銭寄付する。〔冨板敦〕〔文献〕『革進会々報』1巻1号1919.8、『正進』1巻1号1920.4、正進会『同工諸君!!寄附金芳名ビラ』1924.8

中沢　次郎　なかざわ・じろう　?-?　渡米しサンフランシスコで岩佐作太郎、倉持善三郎らと交わる。『光』第5号（1906.1.20）に幸徳秋水が「桑港の埠頭にも岩佐、市川、中沢、倉持、其他十余名の同志諸君が出迎えてくれた」と報告している。帰国後の30年代に深川木場と月島とを併せた筏整理組合の理事として働いた。37-39年に倉持善三郎の木材業界紙に籍を置いた秋山清が幸徳、岩佐作太郎らとの在米時代の回想を聞いている。戦争中に没した。〔奥沢邦成〕〔文献〕秋山清「幸徳秋水論」『思想の科学』1969年5-6月号の『秋山清著作集　第2巻』ぱる出版2006

中沢　僊吉　なかざわ・せんきち　?-?　1919（大8）年東京京橋区（現・中央区）の秀英本舎校正科に勤め活版印刷工組合信友会に加盟する。〔冨板敦〕〔文献〕『信友』1919年8・10月号

中沢　鉄五郎　なかざわ・てつごろう　?-?　1919（大8）年東京京橋区（現・中央区）の中屋印刷所印刷科に勤め日本印刷工組合信友会に加盟する。〔冨板敦〕〔文献〕『信友』1919年10月号

中沢　輝夫　なかざわ・てるお　1905（明38）2-1978（昭53）12.25　長野県生まれ。18年頃父母と死別し上京する。23年頃総同盟日本鉄工組合に加わり総同盟前線同志会で活動。総同盟分裂後は関東地方労働組合評議会に移る。各地を放浪したのち26年東京に戻る。新聞配達をしながら新聞労働連盟、黒連に加わり27年にブラクン社を設立（のち乱調社と改称）。28年全国自連第2回続行大会に社会評論社を代表して祝辞を述べる。29年頃社会評論社の事務所を自宅に置く。戦後アナ連に参加。のち二見敏雄、入江汎、山口安二、満田友之助、三井利員らと日本自治同盟を結成し書記長となる。〔冨板敦〕〔著作〕「私はなぜアナキストになったか」『平民新聞』60号1948.2〔文献〕『黒色青年』7・11・22号1927.3・8・29.12、『自連』23号1928.4

中沢　天蓋　なかざわ・てんがい　?-?　1922（大11）年7月岡山連隊に反軍ビラがまかれた過激思想軍隊宣伝事件に連座して飯田徳太郎、伊串英治と検挙される（警察拘留で釈放）。〔冨板敦〕〔文献〕『労働運動』3次7号1922.9

長沢　確三郎　ながさわ・かくさぶろう　1894（明27）4.12-?　別名・青衣、角三郎　京都市新町御池下ル（現・中京区）生まれ。19年2月山鹿泰治、真言宗東寺派の機関誌『六大新報』社員深尾巳之助、横井仙之助、薬店店主上田蟻善、岡本重四郎、深草みどり、深見きん、水車業小野清正らとともに一斉検挙され、6月罰金120円の判決を受ける。容疑は山鹿の秘密出版に関わるもので、『麺麭の略取梗概』『サンジカリズム』『平民の鐘』などを配布したというものである。上記の人々のほか先斗町の芸者も含めて50-60人が取り調べられたという。6月第1審の判決は山鹿が禁錮2年、上田が禁錮4カ月、深尾が禁錮2カ月、のち検挙された上原友定が罰金120円、後藤仙吉が罰金80円であった。同年9月5日望月桂宅で開かれた革命芸術の茶話会に久板卯之助、中里介山、宮地嘉六らと出席。20年1月新橋平民クラブ、次いで横浜金港亭での社会主義者の新年会で上演された革命芸術同志劇で望月とともに舞台装置を受け持つ。同年4月黒燿会第1回作品展覧会に出品し機関誌『黒燿』（1号のみ）の編集発行人となる。弾圧を受けた11月の第2回展にも出品、撤回や画題変更を命じられる。23年頃星製薬の図案部長に在職。〔北村信隆・奥沢邦成〕〔文献〕『京都地方労働運動史』、『社会主義沿革1』、小松隆二『大正自由人物語』岩波書店1988

長沢　清　ながさわ・きよし　1905（明38）-?　兵庫県揖保郡網干町中浜（現・姫路市）生まれ。尋常小学校を卒業後、21年から神戸の影平鉄工所などを転々とし27年9月から無職となる。同年3月笠原勉、宇治木一郎、

岡崎竜夫らと黒闘社(神戸，第2次)を結成し雑誌『黒闘』を発行。この頃川辺早雄，中西愛一，中西勝治らとも交流する。28年笠原，岡崎らと神戸純労働者組合を結成した。30年5月氾濫社の『ナボドネニー』に書いた佐竹良雄の記事が同志を痛罵するものだとして笠原とともに佐竹に抗議し，全治2週間の傷害を負わせたとして検束され傷害罪で罰金30円の処分を受けた。同年8月7日神戸市上中島町の黒手社事務所で「不穏」文書を取り押さえられ検束。32年9月笠原らと月刊『近代思想』を発行。33年エスペロ図案社を設立し印刷図案，商店の装飾業を始めた。35年末頃無共党事件で検挙されるが不起訴。(冨板敦)〔文献〕『身上調書』，兵庫県特別高等課『特別要視察人ニ関スル状勢調ベ』(復刻版)兵庫県部落問題研究所1976

長沢 九一郎 ながさわ・くいちろう 1896(明29)3.15-? 別名・十 東京市日本橋区蠣殻町(現・中央区)に生まれる。尋常小学校卒業後家業についたが大阪，名古屋，神戸の各地を放浪中アナキズムを奉ずるようになる。19年東京に戻り6月加藤昇と自由労働者組合を結成，同組合の宣言書は発禁となる。その後岩佐作太郎を知り自由労働決死団をつくり，20年2月のスパイ事件につき黒瀬春吉と行動をともにすると声明。21年特別要視察人乙号(無政府主義漸進派)に編入。22年異端社を結成，ビラの配布で検束される。やがて右翼に転じ27年遠藤友四郎の錦旗会を皮切りに津久井竜雄の急進愛国労働者連盟に福島佐太郎らと名を連ねる。二・二六事件で検挙される。(大澤正道)〔文献〕堅田精円『北海道社会文庫通信』1691号2001.1

長沢 はる ながさわ・はる ?-? 1919(大8)年東京京橋区(現・中央区)の築地活版所〔和文〕解版科に勤め日本印刷工組合信友会に加盟する。(冨板敦)〔文献〕『信友』1919年10月号

長沢 弥六 ながさわ・やろく 1892(明25)-1965(昭40)12.4 別名・罪深生 岐阜県養老郡日吉村(現・養老町)の農家に生まれる。子供の頃から農民の上前をはねる米屋の商売に反感を覚える。若い頃大病に苦しみ仏教に帰依，思索を重ね罪悪生死の相対の世界からの脱却を説く独自のアナキズム論に到達する。(大澤正道)〔著作〕『共産主義と無政府主義』『無政府主義会議』4号1948.5

中島 市之介 なかじま・いちのすけ ?-? 新聞労働連盟のメンバー。1926(大15)年10月7日の久原房之助邸焼き討ち事件に連座して拘留20日とされるが同月29日釈放。27年2月10日久原邸事件で保釈される斎藤辰夫らを革命歌で出迎えようとして安仲，林田とともに早稲田署に検束。同年4月10日第2回関東労働組合自由連合会で新聞労働連盟を代表して国際部設置の件を提案(可決)。(冨板敦)〔文献〕『自連』7・9-10・12号1926.12・27.3・5，『司法研究報告集 8集6』司法省調査課1928

中島 亀之助 なかじま・かめのすけ ?-? 1919(大8)年東京神田区(現・千代田区)の精芸出版合資会社印刷科に勤め活版印刷工組合信友会に加盟する。(冨板敦)〔文献〕『信友』1919年8月号

中島 儀助 なかじま・ぎすけ ?-? 1919(大8)年東京本所区(現・墨田区)の凸版印刷会社和文科に勤め活版印刷工組合信友会に加盟。のち浅草区(現・台東区)朝日印刷会社に移る。(冨板敦)〔文献〕『信友』1919年8・10月号

中島 吉太郎 なかじま・きちたろう ?-? 1919(大8)年東京麹町区(現・千代田区)の一色活版所欧文科に勤め活版印刷工組合信友会に加盟する。(冨板敦)〔文献〕『信友』1919年8・10月号

中島 及 なかじま・きゅう 1886(明19)4.3-1980(昭55)4.9 旧名・寿馬，別名・三村，烏賊梍人，伊太，喜雨庵 高知県長岡郡十市村(現・南国市十市)に生れ，生後間もなく同郡種崎村(現・高知市種崎)に移る。1900年高知県立尋常中学海南学校(現・県立小津高校)入学。同級に坂本清馬と中島成功がいた。04年12月「土佐平民倶楽部」を松岡戌雄，西内信意，島田栄ら10数名と結成。翌年2月高知市内に常設のクラブを設けるが，警察の干渉により同年5月解散。05年早稲田大学文学部英文科入学。08年晩秋から翌年初め頃，巣鴨平民社に幸徳秋水を訪ね，秋水訳『麺麭の略取』の事前頒布や大英図書館への郵送に奔走。また『自由思想』創刊の資金作り等に協力する。10年早大中退，土陽新聞入社。13年6月『へちまの花』読者仲間とへちま倶楽部を結成。同月『土陽新聞』に掲載した「秘セラレタル明治陰謀史ノ一節」が新聞紙法違反とされ禁錮6ヶ月罰金30円。15年5月29日出獄，上京し8月『実業之世界』

記者となる。17年7月高知に帰る。21年土陽新聞にもどりコラム「一壺天」を執筆，30年高知新聞に移り10数年にわたりコラム「小社会」を執筆。遅くとも15年までに通名及を用いはじめ，28年6月戸籍の上でも改名。46年『月刊高知』編集長。47年10月公職追放。50年追放解除，高知新聞復職取締役編集顧問。53年取締役退任，常任顧問。56年高知県文化賞受賞。（西山拓・白仁成昭）〔著作〕『暗殺の記録』高知市民図書館1965，『幸徳秋水漢詩評釈』同1978，〔編著〕幸徳秋水『東京の木賃宿』弘文堂1949。（『東京の木賃宿』「世田ヶ谷の鑑縷市」，坂本清馬・岡林寅松・幸徳富治鼎談「大逆事件の真相」）〔文献〕『主義者人物史料1』，『海南新誌・土陽雑誌・土陽新聞』弘隆社1983，正延哲士「中島及と『土陽週報』の「秘セラレタル明治陰謀史ノ一節」」『土佐史談』202号1996.8，鍋島高明『反骨のジャーナリスト 中島及と幸徳秋水』高知新聞社2010

中島　国夫　なかじま・くにお　1899（明32）10.15-1970（昭45）12.5　別名・壺児，烏三平，石狩帆吉　富山県上新川郡大沢野町生まれ。富山県立師範学校附属小学校高等科卒業後，尋常小学校准教員検定試験に合格。16（大5）年大沢野小学校准教員となる。19年金沢工兵9大隊入隊。22年5月シベリア出兵に参加。10月内地帰還。24年陸軍技術本部付の下士官となり45年まで軍籍があった。26年中島壺児の筆名で新短歌運動に入る。27年井上剣花坊の柳樽寺川柳会に入り川柳誌『川柳人』の編集を担当する。新興川柳運動のなかにあって社会主義リアリズムの森田一二，鶴彬と親交をもち，また自由律を提唱してその旗手となる。34年2月の『川柳人』(256号)に評論「思想詩としての川柳の確立へ」を発表し「自由律川柳」の発展動向を示す。この頃，中野の喫茶店「セミヤ」で中島国夫は句話会を始めた。その会にはマルキストの川柳作家である鶴彬やアナキスト詩人の秋山清などの面々が集まった。35年『川柳と自由』創刊。36年1月中島宅で開かれた新年会が機縁で秋山清が勤務する木材通信社へ鶴が就職。同年4月に評論「風呂敷の形態論」を発表。「自由律川柳」におけるユニークな形式論で伝統的な川柳の定型が「五七五」の固定した「箱」だとすれば，「自由律川柳」の形式は風呂敷の形態のように内容によってさまざまに変容するものであると説く。37年11月『川柳人』が短詩文学としては初めて「安寧秩序ヲ紊スモノ」の罪によって発禁処分を受ける。当局が「反戦的筆致を弄せる川柳」とするものに，烏三平の句「無事で返れと云はせぬ様に旗の波」などがあった。38年井上信子創刊の『巻雲』の編集を担う。45年敗戦のため陸軍技術研究所解散退職。51年1月復刊後の『川柳人』編集を富山で担当する（57年7月まで）。短歌でも中島壺児の号で新短歌運動を推進した。54年NHK富山放送局のラジオ文芸川柳選者となる。58年9月『芸術と自由』再刊準備会を開く。発起人は小倉三郎（尾村幸三郎），穂曾谷秀雄，木原実，中島。64年3月には『芸術と自由』の復刊第1号が発行されるがその同人にはアナキスト詩人の秋山清と共に川柳作家の中島国夫の名も記されている。68年8月東京銀座ヤマト画廊で個展「中島国夫 魔の川柳展」を開催。句に「進軍喇叭の眩しい錯覚」がある。（井之川巨・平辰彦）〔著作〕「川柳といふピストル」『詩作』創刊号1936〔文献〕一叩人編『新興川柳選集』たいまつ社1978，尾藤三郎監修／堺利彦・尾藤一泉編『川柳総合大事典』雄山閣2007，小倉三郎『私の短歌履歴書 魚仲卸売人の自由律運動史』ながらみ書房1995

中島　敬三郎　なかじま・けいざぶろう　1901（明34）-?　別名・啓三郎　兵庫県朝来郡与布土村（現・朝来市）生まれ。小学校を卒業後，20年から姫路や大阪に出て働く。水平運動に興味をもち栗須七郎の『水平運動の精神』などの書籍を読む。25年帰郷。以後日雇いの石工として生計を立てる。25年12月菩提寺で住職の妻に対して「天皇というものはまったく無用のものである。この社会は1日も早くロシアの現状のようになることを希望している」と話し不敬罪で検挙された。26年1月起訴猶予。35年末頃無共党事件で検挙されるが不起訴。（冨板敦）〔文献〕『不敬事件1』，『身上調書』

中島　茂八　なかじま・しげはち　?-?　東京機械工組合のメンバー。1927（昭2）年10月2日深川区猿江裏町（現・江東区）の広得亭で開かれた同労組の深川支部発会式並びに記念講演会に出席。演説するが中止とされる。（冨板敦）〔文献〕『反政党運動』4号1927.10

中島　重吉　なかじま・じゅうきち　?-?　1919（大8）年東京京橋区（現・中央区）の築地活版所欧文鋳造科に勤め活版印刷工組合信友会

に加盟する。(冨板敦)〔文献〕『信友』1919年8・10月号

中島　秋声　なかじま・しゅうせい　?-?　1919(大8)年東京京橋区(現・中央区)の築地活版所印刷科に勤め日本印刷工組合信友会に加盟する。(冨板敦)〔文献〕『信友』1919年10月号

中島　すず　なかじま・すず　?-?　1919(大8)年東京神田区(現・千代田区)の三秀舎に勤め日本印刷工組合信友会に加盟する。(冨板敦)〔文献〕『信友』1919年10月号

中島　清太郎　なかじま・せいたろう　?-?　1919(大8)年東京神田区(現・千代田区)の神田共栄舎印刷科に勤め日本印刷工組合信友会に加盟する。(冨板敦)〔文献〕『信友』1919年10月号

中島　直吉　なかじま・なおきち　?-?　1919(大8)年東京京橋区(現・中央区)の三協印刷株式会社欧文科に勤め活版印刷工組合信友会に加盟する。(冨板敦)〔文献〕『信友』1919年8・10月号

中島　はなゑ　なかじま・はなえ　1909(明42)12.20-1939(昭14)4.20　別名・中島葉那子,南条美鈴　北海道夕張郡角田村(現・栗山町)に生まれる。少女期から短歌を投稿。竹内てるよの影響を受ける。喜多幸章の農民運動に参加。アナキストの小柄皎と知り合い『黒潮時代』に参加し特高の捜索を受ける。31年2月『くさみち』にかぼちゃの種子を食べつくした幼女時代を回想した詩を発表。更科源蔵の『種薯』に感激し4月更科と結婚。弟子屈で農業経営に従事。更科は「自分が特高に視察されるのははなゑと結婚したため」と人に語った。乗馬の経験がなかったためしばしば落馬することや仕事の段取りで短気な更科と夫婦喧嘩をやり,居候をしていた猪狩満直の仲裁でおさまった。ベレー帽が近隣の話題となる。思うようにならぬ開墾生活に詩歌はますます戦闘的となった。『北緯五十度』に貧農生活を描いた詩「馬鈴薯階級の詩」を発表。妊娠中に健康を害し早逝した。(堅田精司)〔著作〕『北緯五十度詩集』北緯五十度詩社1931,〔文献〕更科源蔵『熊牛原野』広報1965,『猪狩満直全集』同刊行委員会1986

中島　久吉　なかじま・ひさきち　?-?　万朝報社に勤め東京の新聞社員で組織された革進会に加わり1919(大8)年8月の同盟ストに参加するが敗北。のち正進会に加盟。20年機関誌『正進』発行のために1円寄付。また24年夏,木挽町(現・中央区銀座)正進会本部設立のためにも1円寄付する。(冨板敦)〔文献〕『革進会々報』1巻1号1919.8,『正進』1巻1号1920.4,正進会『同工諸君!! 寄附金芳名ビラ』1924.8

中島　房太郎　なかじま・ふさたろう　?-?　1919(大8)年横浜の福音印刷合資会社に勤め横浜欧文技術工組合に加盟して活動。同組合設立基本金として2円寄付する。(冨板敦)〔文献〕『信友』1919年8・10月号

中島　光雄　なかじま・みつお　?-?　1919(大8)年東京芝区(現・港区)の東洋印刷会社欧文科に勤め活版印刷工組合信友会に加盟。のち京橋区(現・中央区)の福音印刷会社欧文科を経て小石川区(現・文京区)の博文館印刷所に移る。(冨板敦)〔文献〕『信友』1919年8・10月号,1922年1月号

中島　安太郎　なかじま・やすたろう　?-?　富山県東礪波郡南塩尻村(現・南砺市)に住み1920(大9)年日本社会主義同盟に加盟。21年4月吉田一らが創刊した『労働者』の地方同人となる。6月萩原正清,河合大示,河合宅蔵と東西礪波米穀生産者同盟を組織し執行委員を担う。9月岸井清らの『関西労働者』の同人にもなる。同年,生産者同盟の発禁雑誌を郵送したことなどから検挙され富山監獄に下獄(懲役1年)。23年農村運動連盟に加盟,自宅を富山支部とした。同年6月頃からは富山支部の事務所を同県下新川郡下立村(現・黒部市)の瀬川久次郎宅に置いた。(冨板敦)〔文献〕『労働者』1-3・5・7・9号1921.4-6・9・12・22.4,『関西労働者』1号1921.9,『労働運動』3次1号1921.12,『小作人』2次4・5号1923.5・6

中島　義貞　なかじま・よしさだ　1903(明36)11.16-?　別名・雅夫　岐阜県恵那郡中津川町(現・中津川市)に生まれる。各地を転々としていたうちアナキストとなる。札幌鉄道局釧路工場に技術雇として採用される。同僚中最高給であった。人力車夫の山口繁治とアナキストの組織化を計画したため26年思想要注意人に編入される。27年釧路工場を解雇される。30年思想要注意人名簿から削除された。(堅田精司)〔文献〕『思想要注意人調』北海道庁警察部1927,『特別要視察人・思想要注意人一覧表』同1928,『札幌控訴院管内社会運動概況』第2輯1930,『札幌鉄道局職員録』1927

中島　与之助　なかじま・よのすけ　?-?　1919(大8)年東京京橋区(現・中央区)の築地活版

所欧文鋳造科に勤め活版印刷工組合信友会に加盟する。(冨板敦)〔文献〕『信友』1919年8・10月号

永島 光十郎 ながしま・こうじゅうろう ?-? 1926(大15)年頃,東京北豊島郡三河島町(現・荒川区)花ノ木で暮し農民自治会全国連合に参加。中西伊之助,下中弥三郎,石川三四郎,橋本義人,伊福部隆輝とともに東京代表の農自全国連合委員を務める。同年7月16日に開かれた農自委員会で編集・庶務・会計担当委員に選出される。(冨板敦)〔文献〕『農民自治』2・4・5・7号1926.5・8・9・27.1, 『農民自治会内報』2号1927,竹内愛国『農民自治会』『昭和2年版解放運動解放団体現勢年鑑』解放社1927,大井隆男『農民自治運動史』銀河書房1980

長島 権平 ながしま・ごんべい 1903(明36)-? 早稲田大学専門部を中退,千葉県の水産検査員となる。30年安川三郎の主宰するアナ派短歌誌『根拠地』に参加。31年4月22日頃農青社の鈴木靖之,星野準二の訪問を受ける。36年5月農青社事件で検挙されるが起訴猶予。(冨板敦)〔文献〕『根拠地』1巻2号1930.2, 『農青社事件資料集Ⅰ』,堅田精司『北海道社会文庫通信』1665号2001.12, 『特高外事月報』1936.5, 『社会運動の状況8』

長島 新 ながしま・しん ?-? 別名・伸 埼玉県大里郡太田村(現・大里町)生まれ。早稲田大学在学中に建設者同盟に参加,1920(大9)年日本社会主義同盟創立大会に出席して検挙される。帰郷するまで池袋周辺で八百屋などをしながら俸給生活者組合で活動,ここで古田大次郎を知る。21年2月3日太田村で上江袋小作人組合を組織する。同年5月26日同郡熊谷町(現・熊谷市)で石川三四郎,岩佐作太郎らを招いて野外講演会を開き,当日塚本恒次郎方で朔風会を結成する。その後6月末から8月には川崎三菱神戸造船所の争議応援のため神戸に行く。同年8月28日太田村で茂野藤吉,後藤謙太郎,中名生幸力,岩佐らを招いて座談会を開いた。22年2月渡辺善寿,塚本,古田らとともに朔風会を発展的に解消し小作人社を組織,機関紙『小作人』(1号のみ)を創刊する。朔風会と小作人社の運動はおよそ1年で終わりをつげたが同県における社会主義的農民運動の先駆けとなった。(奥沢邦成・冨板敦)〔文献〕『労働運動』2次5号1921.3.7, 3次1・3号1921.12・22.3, 『小作人』1次1号1922.2, 森田和志「アナキストと県下の小作人運動」『埼玉県労働運動史研究』1977.3

永島 仁三郎 ながしま・じんざぶろう ?-? 1919(大8)年東京京橋区(現・中央区)の文祥堂印刷所文選科に勤め日本印刷工組合信友会に加盟する。(冨板敦)〔文献〕『信友』1919年10月号

中筋 宇八 なかすじ・うはち 1899(明32)-1923(大12)9.4 友愛会に所属する活動家として出発。サンジカリズムの影響を受け,20年8月友愛会第1回関東大会で平沢計七,戸沢仁三郎らとともに脱会し同年10月に純労働者組合に加入した。同組合は消費組合の共働社(のち関東消費組合),文化義塾と称した労働学校,信用組合労働金庫を設立するなど労働者の自立の運動を展開した。同組合が指導した21年日本鋳鋼所争議,22年大島製鋼所争議,本所汽車会社車両労組争議は非妥協的な姿勢を貫き亀戸警察署と鋭く対立,こうした経緯が23年9月の関東大震災の混乱に乗じた官憲の弾圧亀戸事件の引き金となった。社会主義者が朝鮮人を煽動したとして平沢をはじめ川合義虎,加藤高寿,北島吉蔵,近藤広造,佐藤欽治,鈴木直一,山岸実司,吉村光治らとともに亀戸警察と陸軍習志野騎兵隊の手で虐殺された。(奥沢邦成)〔文献〕二村一夫「亀戸事件小論」『労働運動史研究』1963.7, 戸沢仁三郎「純労働者組合と大震災」『歴史評論』1973.10

中田 健助 なかた・けんすけ ?-? 1926(大15)年末頃,皮革職従業者組合に加わり自由労働者同盟の中央委員を務める。皮革職従業者組合(1924年6月20日創立)は組合員数218名で中田のほか石垣高次郎,町山初太郎,岡島勝治,池田久吉,楠安五郎らが幹部を担っていた。(冨板敦)〔文献〕加藤昇「自由労働者同盟」『昭和2年版解放運動解放団体現勢年鑑』解放社1927

中田 二郎 なかた・じろう ?-? 1932(昭7)年頃石川県能美郡久常村(現・能美市)に住み東京,京阪地方からアナ系機関紙類を受け取り,アナキストとして視察の対象となっていた。(冨板敦)〔文献〕『昭和7年自1月至6月社会運動情勢 名古屋・広島控訴院管内』東洋文化社1979

中田 とめ なかた・とめ ?-? 1919(大8)年

683

東京京橋区(現・中央区)の築地活版所仕上科に勤め日本印刷工組合信友会に加盟する。(冨板敦)〔文献〕『信友』1919年10月号

中田 長衛 なかた・ながえ ?-? 1919(大8)年東京牛込区(現・新宿区)の秀英舎(市ヶ谷)第一和文科に勤め活版印刷工組合信友会に加盟する。(冨板敦)〔文献〕『信友』1919年8月号

中田 実 なかた・みのる ?-? 1926(大15)年3月5日鳥取印刷工組合の創立大会が開かれたことを『印刷工連合』(35号)に寄稿する。(冨板敦)〔文献〕『印刷工連合』35号1926.4

中田 米吉 なかた・よねきち 1903(明36)-? 別名・薄学 石川県能美郡根上村中ノ沢(現・能美市)に生まれる。25年北海道に渡りガラス切りを販売する香具師となる。小樽市稲穂町で瀬尾九郎と同居。娼妓自廃運動や労働運動を行う。26年9月北海黒連に参加。28年特別要視察人甲号(無政府主義)に編入される。中出荘七の組織したアナ系小樽一般労働組合に参加。『社会芸術』同人となる。30年7月瀬尾と北海道水力電気に対しての電灯料値下げ運動を展開。小樽市電灯料値下期成同盟を組織。思想要注意人に編入替えとなる。その後札幌に転居、薄野で生活。32年国家社会主義に転じ右翼香具師の瀬尾幸久(九郎の兄)と同調。電気会社を恐喝したとして33年2月公判に付され、3月1日懲役1年の判決を受けた。(堅田精司)〔文献〕『香具師名簿』北海道庁警察部1927,『特別要視察人・思想要注意人一覧表』同1928,『北海タイムス』1933.1.11,『小樽新聞』1933.2.2・3.2

中田 忠太郎 なかだ・ちゅうたろう 1907(明40)6-1970(昭45)10 石川県河北郡津幡町清水に生まれる。慶応大学文学部予科を中退。25・26年頃伊藤信吉が手紙を出したことから交流が始まる。28年黒田秀雄、伊藤らと詩誌『城』を創刊。29年4月アナ派詩誌『学校』4号に詩を寄稿。敗戦後は石川県詩人協会を結成し会長となる。(冨板敦)〔著作〕『かひつぶりの卵』私家版1925〔文献〕伊藤信吉『回想の上州』あさを社1977・『逆流の中の歌』泰流社1977・『金沢の詩人たち』白楽1988

中田 美穂 なかだ・みほ ?-? 別名・落穂 長野県下伊那郡竜丘村(現・飯田市)に生まれる。農民自治会南信連合の責任者。全国委員。下伊那の社会主義運動の母体であった短歌雑誌『夕樺』の同人であったが、のちに政治や社会科学に関心をもって政治運動に転換していった羽生三七(LYLと呼ばれる下伊那自由青年連盟へ参加)らの政治青年とは別行動をとり、「一自作農として農村文化の発達に微力を尽」(『農民自治』4号)くすべく、南信文化協会、農進社などで活動した。こうしたなかで農自の思想に共鳴して入会した。27年5月には江渡狄嶺ら一行が農自南信支部を訪れ、飯田市で講演をしたという。また農村モラトリアム運動の時には、南信地方は被害が軽微であったが力をつくして応援したという。(安田常雄)〔文献〕大井隆男『農民自治運動史』銀河書房1980

中田 義秋 なかだ・よしあき 1907(明40)-? 呉市川原石町生まれ。尋常小学校を卒業後、呉海軍工廠の工員となる。のち各地を転々とし26年に帰郷して新聞記者などをする。この頃弘中柳三らと交流しアナキズムに共鳴した。同年3月以降詐欺、横領などで8回処罰される。31年頃大阪に出て逸見吉三と知り合い全国自連関西地協に加盟して活動する。32年に帰郷し全国自連中国地方協議会準備会の加盟組合として中国一般労働者組合を結成した(1934.1解消)。34年3月逸見を頼って再び大阪に出るが職を見つけられず、呉に帰り実弟と看板業を営む。35年末頃無共党事件で検挙されるが不起訴。(冨板敦)〔文献〕『身上調書』

中田 驟郎 なかだ・ろくろう 1882(明15)4.8-1957(昭32)8.12 静岡県榛原郡勝間田村(現・牧之原市)生まれ。東京法学院を卒業,01年弁護士登録。06年社会事業を志し兼子弥総と出会い、07年社団法人救護会を設立、本部を静岡市に置く。静岡に託児所、東京、大阪、神戸などにも授産所自助館、母子ホームなど設立。救護会には25年から牧野修二、31年以後大塚昇らアナキストが勤務した。これは中田がアナキズム的思想を有して彼らを援助したのではなく、社会事業に賭ける中田と厳しい時代を生き抜くアナキストの響き合いがさせたことだった。35年大塚が無共党事件で検挙、手ひどい拷問を受けたが中田は大塚の釈放のため奔走した。のち後藤章、石川熊雄(滝川創)も勤務、救援会を隠れ蓑として戦時をしのいだ。(市原正恵)〔文献〕清水実「法華経を通して社会事業にいきた中田驟郎」『静岡の文化』31号1992,

大塚昇遺稿「静岡でのアナキズム運動」『沓谷だより』17号2000.8, 向井孝「追悼・大塚昇さん」同

永田 耕衣 ながた・こうい 1900(明33)2.21-1997(平9)8.25 本名・軍二。兵庫県加古郡尾上村今福(現・加古川市尾上町今福)に次男として生まれる。1914(大3)年兵庫県立工業学校(現・兵庫県立工業高校)機械科に入学。俳句に関心を持ち級友と文芸・回覧誌を発行する。また新派悲劇や映画に親しんだ。17年同校卒業後、三菱製紙高砂工場に技手補として就職。20年結婚、毎日新聞兵庫版(岩木躑躅選)に投句を始める。22年俳誌『山茶花』(野村泊月選)創刊号で巻頭を占めあわせて岩木躑躅主宰の『いひほ』に投句。27(昭2)年相生垣秋津、宮富岳坊らと『桃源』創刊(岩木躑躅選)するも6号で休刊。28年武者小路実篤に心酔、「新しき村」の村外会員となる。機関誌『新しき村』に短編小説、自由詩、狂言などを発表する。29年『山茶花』に飽きて原石鼎の『鹿火屋』、小野蕪子の『鶏頭陣』、大久保鵬鳴の『たかむら』などに盛んに投句。35年社内俳誌『蓑虫』創刊、同好者40余名を指導・育成にあたり『鶏頭陣』に優秀な作者を送り込むが16号で休刊した。37年文化趣味の会「白泥会」を結成。38年俳誌『串柿』内の「阿吽抄」欄の選者となる。40年新興川柳誌『龍』に今福田吉の筆名で1年間投句、また石田波郷主宰の『鶴』に投句。4月俳句総合誌『天香』創刊。耕衣も本名軍二で投句した。『鶏頭陣』主宰の小野蕪子に「君を庇護すべきや否や」と半ば脅迫されて俳句を中断する。47年西東三鬼、平畑静塔、波止影夫らの発案で「近畿俳話会」が結成され加入する。48年『天狼』同人となりまた『鶴』『風』の同人を辞す。49年社内にプリント俳誌『琴座』を発刊し指導にあたった。51年『驢鳴集』刊行。53年『天狼』脱退、『鶴』同人に復帰する。毎日新聞神戸版・神戸新聞俳句の選者などを務めた。97年8月25日永眠。97歳。俳句のみならず諸芸に通じ書画において個性的な才能を示した。(一色哲八・宮澤公明)〔著作〕句集『加古鶏頭陣社1934、『傲霜』私家版1938、『驢鳴集』播磨俳話会1953、『吹毛集』近藤書店1955、『與奪鈔』琴座俳句会1960、『悪霊』俳句評論社1964、『闌位』俳句評論社1970、『冷位』コーベブックス1975、『殺佛』コーベブックス1978、『殺祖』南柯書房1981、『物質』湯川書房1984、『葱室』沖積舎1987、『人生』沖積舎1988、『泥ん』沖積舎1990、『狂機』沖積舎1992、『自人』湯川書房1995、『永田耕衣俳句集成而今・只今』沖積舎2013、評論・自伝など『鬼貫のすすき』コーベブックス1976、『一休存在のエロチシズム』コーベブックス1976、『田窩軒皮袋』湯川書房1987、『耕衣自伝』沖積舎1992〔文献〕『現代俳句の世界 永田耕衣/秋元不死男/平畑静塔』朝日文庫1985、川名大『昭和俳句 新詩精神の水脈』有精堂出版1995、城山三郎『部長の大晩年』朝日新聞社1998、田島和生『新興俳人の群像』思文閣出版2005、大岡信ほか監修『現代俳句大事典』三省堂2005、川名大『挑発する俳句 癒す俳句』筑摩書房2010

永田 省三 ながた・しょうぞう ?-? 渡米中の幸徳秋水が1906(明39)年6月オークランドで結成した社会革命党のメンバー。(西山拓)〔文献〕『社会主義沿革1』

永田 徳太郎 ながた・とくたろう ?-? 新聞工組合正進会に加盟し1924(大13)年夏、木挽町(現・中央区銀座)本部設立のために1円寄付する。(冨板敦)〔文献〕正進会『同工諸君!!寄附金芳名ビラ』1924.8

長田 豊作 ながた・ほうさく 1885(明18)-? 長野県上水内郡古牧村(現・長野市)生まれ。18年8月長野市の米騒動で活躍。長田は長野市で『大正新聞』を発行し同時に『北信毎日』『信濃目醒新聞』の通信員をしていたが、一連の米騒動の報道に接し「自分が先頭に立てば各新聞記者等も同様の行動をおこす」と決意。16日知人の記者(小林哲治)と集会の開催を協議して貼紙の文言を書く。17日城山公園に集まった群衆を前に酒で勢いをつけ米穀商が暴利を貪るから長野の米価が日本一高いと演説。しかし群衆が次第に熱狂化していくのを見て恐しくなり会場を離れた。その後、群衆は数隊に分かれて警察署に押し寄せ投石、さらに米屋に押しかけ「1升25銭で売る」旨の貼紙を出させた。(西村修)〔文献〕井上清・渡部徹『米騒動の研究3』有斐閣1961

永田 雅一 ながた・まさいち 1906(明39)1.8-1985(昭60)10.24 京都市油小路(現・中京区)生まれ。通称「(二条城)城下」と呼ばれる染料と友禅の職人町で育つ。14歳で父を亡くした。22年東京の大倉高等商業学校中退。この間京都新京極近くの芝田金三郎の京都解放連盟に出入りする。23年笹井末三郎を団長とする血桜団の末席に名を連ねる

「マー公」と呼ばれる若衆で，笹井の命で喧嘩の偵察役や撮影所へのゆすりに対する用心棒をする。笹井の荒陶社のメンバーでもあった。この頃までにマキノ雅広と一緒に大杉栄を京都案内したという。また近藤茂雄らと知りあう。24年3月頃「リャク」（掠）屋の網打ち逮捕があり，芝金グループの一斉検挙のなかに永田の名があった。25年2月日本活動写真（日活）京都撮影所に臨時の庶務係見習いとして入所。以来映画畑を歩み，47年菊池寛のあとを継いで大映社長となる。政界黒幕としてまたプロ野球界，競馬界にも名を馳せ，そのワンマンさと長口舌ゆえ「永田ラッパ」と仇名された。（北村信隆）〔著作〕『映画道まっしぐら』駿河台書房1953，『映画自我経』平凡出版1957〔文献〕山下重定『大いなる終焉』日芸出版1972，鈴木晰也著『ラッパと呼ばれた男』キネマ旬報社1990，柏木隆法『千本組始末記』海燕書房1992

中台 準三郎 なかだい・じゅんざぶろう ?-? 1919（大8）年東京京橋区（現・中央区）の三協印刷株式会社欧文科に勤め活版印刷工組合信友会に加盟。同年10月頃から同社同科の組合幹事を担う。（冨板敦）〔文献〕『信友』1919年8・10月号

仲谷 謙二 なかたに・けんじ 1903（明36）-1928（昭3）9.22 別名・うしほ 北海道上川郡旭川町（現・旭川市）に生まれる。上京し印刷工となり東京印刷工組合に参加。薬学生平田千代吉と交際。26年2月東印の大会で書記をつとめる。4月平田が郷里で『自然児』を創刊，仲谷うしほのペンネームで詩「ふくろの歌」を寄稿。5月20日東印の臨時大会で進行係をつとめる。24日全国自連の結成大会で書記をつとめる。10月東印の例会で農芸印刷争議について報告。27年3月全印連大会で東印の情勢報告を行い政治運動排撃を提案説明。28年2月東印の大会で情勢報告。3月17日全国自連大会で東印の情勢報告。5月療養生活に入り肺結核のため死没。（堅田精以）〔文献〕『印刷工連合』30・31号1925.11・12，『自連』1・2・4・6・13・15・21・22・25号1926.6・7・10・11.27.5・6・8.28.2・3・6，『自連新聞』28号1928.10，『特別要視察人平田千代吉略式名簿』北海道庁警察部1926，『自然児』1号1926.4

永谷 赤助 ながたに・あかすけ ?-? 東京朝日新聞社に勤め東京の新聞社員で組織された革進会に加わり1919（大8）年8月の同盟ストに参加するが敗北。のち正進会に加盟。20年機関誌『正進』発行のために1円寄付する。（冨板敦）〔文献〕『革進会々報』1巻1号1919.8，『正進』1巻1号1920.4

長谷 清七 ながたに・せいしち ?-? 新聞工組合正進会に加盟し1924（大13）年夏，木挽町（現・中央区銀座）本部設立のために1円寄付する。（冨板敦）〔文献〕正進会『同工諸君!!寄附金芳名ビラ』1924.8

中津 弥太郎 なかつ・やたろう ?-? 1919（大8）年東京四谷区（現・新宿区）の万月堂印刷所に勤め活版印刷工組合信友会に加盟する。（冨板敦）〔文献〕『信友』1919年8・10月号

中塚 一碧楼 なかつか・いっぺきろう 1887（明20）9.24-1946（昭21）12.31 本名・直三，旧号は一碧 岡山県浅口郡玉島町（現倉敷市玉島勇崎）に旧家で製塩業を営む実業家の4男として生まれる。1901（明34）年兄均雄と同じ岡山中学に入学，兄の影響で『ホトトギス』を見て俳句を作るようになる。均雄が購読していた週刊『平民新聞』を読み，岡山いろは倶楽部創設当初から会員となり積極的に参加して当局の目にとまる。岡山いろは倶楽部創設者の1人，増原長治の影響を受けたとみられ，中学卒業時に岡山教会で受洗。医者を希望して岡山六高の医科を受験するが失敗。兄均雄を頼って上京，07年3月早稲田大学高等予科商科に入学した。俳号太々夫の兄と同じ下宿生活の中で飯田蛇笏率いる早稲田吟社に参加して本格的に句作を始めた。大学当局と悶着があったらしく太々夫とともに一年経たぬうちに中退して帰郷。田岡嶺雲の『中国民報』俳壇に欠かさず投句を続けたが09年に入り河東碧梧桐の『日本俳句』に集中し，碧梧桐は一碧楼の句を「天才の煥発」と激賞し『日本俳句』の巻頭を独占したことから一碧楼の名は全国に注目された。10年11月兄太々夫，義弟の響也，甥の水仙籠ら中塚一門を中心として選者制を否定する『自選俳句』を創刊して俳壇の封建制に挑み，碧梧桐に反旗を翻すことになる。『自選俳句』は2号の短命に終わったが「創作は個性のかがやき」とし「自信ある作の前に於て選者の存在は全然無意義なり。俳句選の制度を廃す。既成大家を呪う」と俳句の革新・芸術至上を宣言した。11

年春上京，6月に独自の『試作』を創刊し，文語表現を廃した口語の導入は必然的に破調・自由律となり，一碧楼は事実上の自由律俳句創始者となった。郷里に戻った一碧楼は新たな同人を中塚一門に加えて12(大1)年11月『第一作』に改題創刊してその意志をさらに積極的なものとした。15年9月碧梧桐主宰で塩谷鵜平も創刊同人になり『海紅』を創刊した。折芝(瀧井孝作)との共同編集で俳句のみにこだわらず，宮林菫哉などの小説や随筆も積極的採用して総合誌として若手や中堅作家に活躍場所を提供。23年9月関東大震災に海紅社が被災して郷里玉島に帰郷。26年9月再度上京。俳句三昧の旅を全国各地に繰り広げる。44(昭19)年戦時体制の強化で自由律俳句誌『層雲』『陸』と統合され『俳句日本』となり発行人を務めた。『海紅』復刊を目指し編集を終えていたが12月に胃潰瘍で大量吐血し，復刊号を見ることなく大晦日に死去した。〈病めば蒲団のそと冬海の青きを覚え〉を郷愁の絶句とした。(一色哲八)〔著作〕句集に『はかぐら』『一碧楼第二句集』『朝』『多摩川』『芝生』『一碧楼一千句集』等，合評集『我等の句境』，選句集『海紅句集』『海紅第七句集』

中津川 儀作 なかつがわ・ぎさく ?-? 1919(大8)年東京深川区(現・江東区)の東京印刷深川分社第二部印刷科に勤め活版印刷工組合信友会に加盟する。(冨板敦)〔文献〕『信友』1919年8月号

中津川 一 なかつがわ・はじめ 1910(明43)-? 別名・甫 栃木県那須郡大田原町(現・大田原市)生まれ。大田原中学に入学したが家庭の事情で2年で中退し，東京に出て万朝報社の給仕となる。のち東京市内で印刷工として各工場を転々とし東京印刷工組合に加入。同事務所に出入りするうちアナキズム文献に触れ，また相沢尚夫らと知り合いアナキズムに傾倒した。32年夏失業して大阪に出る。上野克己，河本乾次らと雑誌『民衆の解放』などを発行した。35年恐喝容疑で起訴猶予となる。同年末頃無共党事件で検挙されるが不起訴。(冨板敦)〔文献〕『身上調書』

中辻 修吉 なかつじ・しゅうきち ⇨桜井駒吉 さくらい・こまきち

中出 荘七 なかで・そうしち 1899(明32)-? 別名・溯 25年小樽市で『魁新聞』(隔日刊)の記者となる。アナキズムの影響を受ける。27年12月中旬アナ系の小樽一般労働組合を組織。28年1月森川漁網解雇反対争議を指導。同月21日出版法違反で送検される。2月アナキズム雑誌『社会芸術』を創刊。樺太に巡回講演を試み新社会の恋愛実践について論じた。4月『社会芸術』に「組合運動と自由連合主義」を発表。特別要視察人甲号(無政府主義)に編入される。その後札幌に転じ『札幌日報』を発行。30年思想要注意人に編入替えとなる。11月市政パンフレット『所謂水利権問題に就いて』を発行。31年1月『再度発電所問題を論じ橋本市長案の欠点を駁す』を発行。妻スエ子は松竹座隣で中出茶舗を経営した。(堅田精司)〔文献〕『特別要視察人・思想要注意人一覧表』北海道庁警察部1928，『札幌控訴院管内社会運動概況』1930.11，和田藤吉『北海道の新聞と新聞人』北海春秋社1935，『小樽新聞』1928.1.22

長友 厳 ながとも・いわお ?-? 1928(昭3)年1月村上義博，武良二らと黒連を脱退しAC労働者連盟を結成する。同年秋昭和天皇即位の際AC労連の仲間と予防検束される。29年7月椋本運雄出獄歓迎会に参加。12月8日黒色自由労働者組合の同志今西万太郎とともに無銭飲食をし警官を殴打したとして拘留29日のうえ起訴される。(冨板敦)〔文献〕『労働者の叫び』2号1929.2，『特高資料』，『社会運動の状況1』

長縄 文夫 ながなわ・ふみお 別名・林哲人 ?-? 1925(大14)年末頃，名古屋で浅野正男らの自由労働社に出入りしていた。26年4月名古屋で伊藤長光とどん底社をつくり雑誌『どん底』を創刊する。27年12月17日未明，黒潜社の成田政市らと一斉検挙にあう(7人)。30年3月頃喫茶店を始める。(冨板敦)〔文献〕『自由労働』2号1926.1，『どん底』1号1926.4，『黒潜』3号1928.2，上野克己「戦線に立ちて」『自由連合主義』3号1930.7

中西 愛一 なかにし・あいいち 1902(明35)-? 神戸市林田区長田町(現・長田区)生まれ。兵庫実業補習学校を卒業後，神戸市役所，ゴム工場，九州の炭鉱などで働く。安谷寛一，和田信義，芝原淳三，笠原勉，長沢清，柳川正一らと交流しアナキズムに共鳴した。28年頃から新聞『事業と神戸』を

発行しまた日用品の行商で生計を立てる。29年10月『昭和公論』創刊（月2回）。31年新聞紙法違反で罰金20円。35年末頃無共党事件で検挙されるが不起訴。中西勝治は実弟。〔冨板敦〕〔著作〕〔文献〕『身上調書』，兵庫県特別高等課『特別要視察人ニ関スル状勢調ベ』（復刻版）兵庫県部落問題研究所1976

中西 市左衛門　なかにし・いちざえもん　?-?　1919（大8）年東京京橋区（現・中央区）の築地活版所欧文鋳造科に勤め活版印刷工組合信友会に加盟する。〔冨板敦〕〔文献〕『信友』1919年8・10月号

中西 伊之助　なかにし・いのすけ　1887（明20）2.8-1958（昭33）9.1　京都府宇治郡宇治村（現・宇治市）に生まれる。幼少時から私生児として小作農の祖父母の手で育てられた。都市化の波を受けて祖父がわずかの自作農地も取られた結果，14歳の時から機関車掃除夫などをしながら向学の志やまず，学資をためて05年上京，海軍兵学校入学を希望するが果たせず，以前から傾倒していたキリスト教に入信。やがて日比谷焼き打ち事件に参加したり救世軍の活動に打ち込んでいくが，一方ではキリスト教社会主義への共鳴を経て07年日刊『平民新聞』へ投稿を重ね日本社会党第2回大会に参加した。11年頃母を頼って朝鮮平壌へ渡り新聞記者になって寺内総督攻撃や労働者虐待の暴露記事を書き，信用毀損の罪で4カ月入獄。13年東京へ戻り早稲田大学，中央大学，国民英学会に通学，『やまと新聞』などの記者をして堺利彦の売文社に出入りし社会主義理論を学び，運動家と作家の二筋道を模索した。やがて未組織の交通労働者に注目し19年9月日本交通労働組合を創立，理事長に選出された。同組合は翌々月から従業員の人格尊重，8時間勤務制などの諸要求を掲げて約6カ月にわたって争議を続け2度に及ぶストを決行，大量の検挙者と解雇者を出し中西自身も2回収監された。中西の行動には大杉栄らから酷評があったが，当の組合員たちからは何より東京交通労働組合の基礎をつくったと評価された。多忙ななかで小説を書き始め，初めて日本統治下の朝鮮の姿を描いた長編小説『赭土に芽ぐむもの』を22年に出版，以後社会問題を題材にした長編小説を多く発表しプロレタリア作家としての地位を築いた。23年6月『種蒔く人』同人となるが，その前に同誌のマルクス主義の理論家平林初之輔を相手に「ごろつき」（ルンプロやアナキスト）擁護の論戦を挑んだ。24年6月『文芸戦線』同人となるが26年11月同誌を脱退，アナ系の日本無産派文芸連盟を結成，朝鮮プロレタリア文学同盟（カップ）とも交流する。東京市電争議後は22年大阪市電従業員組合を結成し争議を指導，24年フェビアン協会参加，25年11月下中弥三郎，石川三四郎，渋谷定輔らと農民の自治自主主義をめざした農民自治会を結成，全国連合委員に選ばれ『自治農民』を創刊した。28年9月無産大衆党に参加，労農党などとの合同に伴い大衆党に参加し中央委員となったが，29年福田狂二の出した『清党』問題で紛糾，堺ら旧無産大衆党のメンバーとともに除名され東京無産党，全国無産党に参加した。立場をマルクス主義へ移行。37年日本無産党の常任委員になり労農派の第1次人民戦線事件で検挙された。戦後は自ら人民文化同盟を組織し，共産党に入り衆議院議員を2期つとめた。〔大和田茂〕〔著作〕『赭土に芽ぐむもの』改造社1922,『汝等の背後より』同1923,『武左衛門一揆』解放社1927,『日本プロレタリア文学集6』新日本出版社1985〔文献〕森山重雄「流亡と下向の文学　中西伊之助論」『序説転換期の文学』三一書房1974，中西伊之助追悼実行委員会編『中西伊之助　その人と作品』治安維持法犠牲者国家賠償同盟神奈川県本部1991，大和田茂『社会文学1920年前後』不二出版1992，権寧岷「中西伊之助と1920年代の韓国階級文壇」『社会文学』8号1993

中西 勝治　なかにし・かつじ　1907（明40）-?　別名・愛一，弘志　神戸市林田区長田町（現・長田区）生まれ。工業学校を3年で中退。実兄の中西愛一の影響でアナキズムに共鳴し行動をともにした。25年窃盗罪で懲役1年6カ月とされる。28年1月篠山歩兵第70連隊に入営したが同年4月逃亡，軍用物毀棄，詐欺罪により陸軍軍法会議で懲役5カ月。除隊後は神戸で新聞『関西実業』を発行する。35年末頃無共党事件で検挙されるが不起訴。〔冨板敦〕〔文献〕『身上調書』

中西 兼松　なかにし・かねまつ　1905（明38）-?　神戸市兵庫区水木通生まれ。関西大学専門部を中退後，印刷工となり22年頃神戸印刷労働組合に加盟する。28年頃から『歓楽新聞』『青果新聞』『神港社会評論』など

を発行。29年神戸の新開地で『自連新聞』を購入したことから井上信一と知り合いになり三木滋二，笠原勉，小林一信，柳川正一，芝原淳三らと交流した。31年頃病気で静養する。35年末頃無共党事件で検挙されるが不起訴。（冨板敦）〔文献〕『身上調書』

中西 悟堂 なかにし・ごどう　1895（明28）11.16-1984（昭59）12.11　本名・富嗣，別名・赤吉，赤日庵　金沢市長町に生まれる。父母の死により父の長兄に育てられる。この養父元治郎（悟玄）は中国の革命家黄興などと交流をもつ。05年秩父山中の寺に預けられ鳥に親しむ。11年養父は将来を考え僧籍に入れ法名悟堂となる。翌年東京駒込の天台宗学林で学び13年愛媛県新居浜の瑞応寺で禅生活。翌年御殿場で1878年大久保利通刺殺事件に連判し国事犯として追跡されていた祖父の弟中西勝男に会う。その後一時失明。15年第一歌集『唱名』（抒情詩社）出版。この頃画家木村荘八，岸田劉生，歌人若山牧水夫妻を知る。18年『短歌雑誌』（東雲堂書店）の編集を引き受ける。翌年雑誌『詩の本』創刊。義妹の自殺，祖母の死でショックを受け放浪。20年島根県安来の長楽寺，次いで松江市の普門院の住職となる。この間佐藤惣之助と一日一信の葉書交換を6カ月続ける。辻潤が普門院を訪れ1カ月余り滞在する。21年詩誌『極光』創刊，萩原朔太郎，野口米次郎，辻が寄稿。翌年処女詩集『東京市』（抒情詩社）刊行。23年埼玉県飯能の宝蔵寺に住み千家元麿，金子光晴，大鹿卓と交流。この頃から岡本潤との交流が始まる。社会主義，アナキズム，プロレタリア運動を凝視し物質一辺倒への懐疑を深める。26年自己凝視をさらに徹底するため東京府北多摩郡千歳村（現・世田谷区）の一軒家で木食生活に入る。周囲にいた尾崎喜八，江渡狄嶺，石川三四郎，徳冨蘆花，加藤武雄，鑓田研一と交わる。近くの共学社へ裸で訪れることもあり石川からカーペンターのTowards Democracyを翻訳するため借りる。この時期，地理学者でもあったクロポトキンに強い関心をもちソロー『森の生活』を耽読し，ホイットマンの翻訳に従事する。蜂や鳥類の観察に没頭し始める。またタゴール，ガンジーに強くひかれ，29年3度目の来日のタゴールに会う。この年3年半に及ぶ千歳村の生活を引き払って，東多摩郡井荻町善福寺風致地区（現・杉並区）に移る。以後数百の日本の山を踏破する。34年日本野鳥の会創設。竹友藻風のすすめもあって機関紙『野鳥』創刊。野鳥の愛護と自然環境の保全に身を挺する。戦後も54年空気銃，56年猟友会，57年霞網猟に対し国会闘争を続け63年鳥獣保護法の成立にこぎ着ける。さらに67年霧ケ峰ビーナスラインの新設，大台ケ原の原生林伐採に反対し，71年琵琶湖の全面禁猟，除草剤使用禁止などの運動に関わる。中西の東洋的な自然への接し方は少年期の仏教体験，青年期の画家・歌人・詩人・アナキストとの交流を経て借り物でない自らの生に根ざす思想と実践を生み出した。（山口晃）〔著作〕『かはたれの花』紅玉堂1925，『評伝・啄木の詩歌と其一生』交蘭社1928，『藁家と花』詩集社1928，ホイットマン『草の葉』（訳）闊葉樹社1928，『虫・鳥と生活する』アルス1932，『野鳥と共に』巣林書房1935，『野鳥ガイド』野鳥の会1938，『定本野鳥記』全16巻春秋社1978-86，『愛鳥自伝・上下』平凡社1993

中西 完孝 なかにし・さだたか　?-?　東京毎日新聞社に勤め東京の新聞社員で組織された革進会に加わり1919（大8）年8月の同盟ストに参加するが敗北。のち正進会に加盟。20年機関誌『正進』発行のために寄付。また24年夏，木挽町（現・中央区銀座）正進会本部設立のためにも1円の寄付をする。（冨板敦）〔文献〕『革進会々報』1巻1号1919.8，『正進』1巻1号1920.4，正進会『同工諸君!! 寄附金芳名ビラ』1924.8

中西 辰一 なかにし・たついち　?-?　1922（大11）年3月大阪市電鶴町車庫従業員として大阪電車員組合の闘争を支援，中村義明，川端清とともに業務執行妨害として検束された。同年7月阪神電鉄談笑倶楽部の争議でも支援，検束された。23年末西部交通労働同盟の再建運動を中川知味，島村竹馬らとともに「仮内閣」で開始，24年3月同盟の代議員会で中央委員長に決定。同年5月の南海電鉄阪堺線争議を河本乾次らとカンパをはじめ交渉折衝などで応援。7月の大阪市電高野山争議で本部を早朝突然襲われ幹部ら26人と家宅侵入罪で検束（中川のみ検束を逃れる）。同年10月1日反総同盟派の遠藤喜一，松田長左衛門，大西健次，糸山政

六らを幹事にして大阪交通労働組合を結成（日本初のアナ系交通労組）。26年3月大阪市電従業員自助会第1回大会では中西の交通総連書記の任命不承認をめぐって紛糾。大阪交通の一部幹部（遠藤，野口元治郎ら）は4月自由思想研究会（翌年には大阪交通産業労働組合）を一時結成する動きがあったが，同年5月大阪交通解体。6月都市交通従業員労働組合の全国的組織として交通総連合の確立がなしとげられた。同年7月解雇辞令，8月沢井忠四郎らとともに大交倶楽部から絶交通知される。これを境にして活動の一線から去った。（北村信隆）〔文献〕『大阪社会労働運動史・上』，武知京三『近代日本交通史研究』日本経済評論社1992，河本乾次「遠藤喜一と大阪交通産業労組」『自由連合』86号1963.8，『大交史』，大阪交通労働組合編・刊『大交五十年史』1995，『交通労働新聞』1号1924.6

中西　鋭夫　なかにし・としお　?-?　1919（大8）年東京日本橋区（現・中央区）の共盛堂印刷所に勤め日本印刷工組合信友会に加盟する。（冨板敦）〔文献〕『信友』1919年10月号

中西　政一　なかにし・まさいち　?-?　報知新聞社に勤め新聞工組合正進会に加盟。1920（大9）年機関誌『正進』発行のために1円寄付する。（冨板敦）〔文献〕『正進』1巻1号1920.4

中西　良雄　なかにし・よしお　?-?　芝浦製作所に勤め芝浦労働組合に加盟。1928（昭3）年4月25日，同労組の理事会で吉田潔とともにメーデー代表演説候補者に選ばれる。同年5月のメーデーでビラを配り小川一郎とともに検束。29年11月16日芝浦会館で開かれた芝浦労働組合昭和4年度大会に参加し書記を務める。当時ラジオ工場で働いていた。（冨板敦）〔文献〕『芝浦労働』3次19・21・33号1928.6・10・29.12

永沼　喜一郎　ながぬま・きいちろう　?-?　新聞工組合正進会に加盟し，1924（大13）年夏，木挽町（現・中央区銀座）本部設立のために1円寄付する。（冨板敦）〔文献〕正進会『同工諸君!! 寄附金芳名ビラ』1924.8

長沼　笹次郎　ながぬま・ささじろう　?-?　1926（大15）年12月3日川島松五郎，森利一，朝倉重吉らの支援を受けて長野県北佐久郡小沼村（現・御代田町）で小沼水平社を創立する。小沼村消防組，青年会，処女会が被差別部落の人たちを排除してきた差別に対する抗議行動をおこし解決する。（冨板敦）〔文献〕『全国水平新聞』1号1927.7

長沼　末吉　ながぬま・すえきち　?-?　1919（大8）年東京神田区（現・千代田区）の精芸出版合資会社印刷科に勤め活版印刷工組合信友会に加盟する。（冨板敦）〔文献〕『信友』1919年8月号

長沼　善吉　ながぬま・ぜんきち　?-?　1924（大13）年11月16日前橋市東家での上毛印刷工組合三山会発会式で開会を宣する。25年3月29日全印連第2回大会で書記に選出され，正午の休憩時間を全国的に1時間とする件の議案提案理由説明をする。27年9月上毛印刷第4回大会で理事に選出される。（冨板敦）〔文献〕『印刷工連合』19-22・24号1924.12-25.3・5，『自連』12・17号1927.5・10，水沼辰夫『明治・大正期自立的労働運動の足跡』JCA出版1979

長沼　富　ながぬま・とみ　1902（明35）-1925（大14）10.30　長野県生まれ。新聞印刷工組合正進会の活動家。初め長野で印刷工をしていたが，20年9月末から10月中旬にかけての正進会争議で解雇された新聞印刷工の一部が長野へ流れ，こうした人々の影響を受けて社会問題に目を開かれる。上京し都新聞社に入社。22年春頃正進会の活動家綿引邦農夫と知り合い正進会の活動に加わり，また11月黒労社の雑誌『労働者』刊行に参加。その後黒労社に起居し宮越信一郎のあとをうけて『労働者』の編集発行兼印刷人となり都新聞社を退社。その後大阪に移り関東大震災後帰京。『労働者』，農村運動同盟機関紙『小作人』の復刊に尽力。24年6月末出版法違反などで8カ月浦和刑務所に下獄。入獄中に結核に罹患し出獄後死没。（後藤彰信）〔文献〕『印刷工連合』21・24・27号1925.2・5・8，綿引邦農夫「長沼君の死を憶ふ」『印刷工連合』31号1925.12

中根　栄之助　なかね・えいのすけ　?-?　1919（大8）年東京牛込区（現・新宿区）の秀英舎（市ヶ谷）第二和文科に勤め活版印刷工組合信友会に加盟する。（冨板敦）〔文献〕『信友』1919年8月号

中根　喜作　なかね・きさく　?-?　やまと新聞に勤め1923（大12）年2月の争議を闘い馘首される。新聞工組合正進会に加盟しのちの東印では和文部で活動。26年1月10日入営することになり全印連の同志達に黒旗で

見送られる。(冨板敦)〔文献〕『印刷工連合』3・33号1923.8・26.2

中根 梧郎 なかね・ごろう ?-? 1919(大8)年東京小石川区(現・文京区)の江戸川活版所文選科に勤め活版印刷工組合信友会に加盟する。(冨板敦)〔文献〕『信友』1919年8月号

中根 司郎 なかね・しろう ?-? 1919(大8)年東京牛込区(現・新宿区)の秀英舎(市ヶ谷)第一和文科に勤め活版印刷工組合信友会に加盟する。(冨板敦)〔文献〕『信友』1919年8月号

中根 広義 なかね・ひろよし 1911(明44)-? 名古屋市中区広路町塩付生まれ。26年3月高等小学校を卒業後、日本車両の工具となる。浅野紀美夫、松浦康平らと交流し『黒色戦線』を購読した。35年11月無共党事件で検挙されるが即日釈放。(冨板敦)〔文献〕『身上調書』

中野 岩吉 なかの・いわきち ?-? 1925(大14)年9月に創立され全国印刷工連合会に加盟した札幌印刷工組合の連絡先を札幌市南二条東5の自宅に置いた。(冨板敦)〔文献〕『印刷工連合』28・30号1925.9・11

中野 貞蔵 なかの・さだぞう ?-? 1919(大8)年東京京橋区(現・中央区)の築地活版所漢字鋳造科に勤め活版印刷工組合信友会に加盟する。(冨板敦)〔文献〕『信友』1919年8・10月号

中野 重治 なかの・しげはる 1902(明35)1.25-1979(昭54)8.24 福井県丸岡町一本田の自作農兼小地主の家に生まれる。農村での成育歴がのちの中野の美意識や言語感覚をかたちづくった。第四高等学校を経て東大独文卒。在学中に室生犀星のもとに集まった堀辰雄や窪川鶴次郎らと雑誌『驢馬』を創刊し詩や評論を書く一方、東大新人会にも参加した。『プロレタリア芸術』『戦旗』を中心に活躍、プロレタリア文学の代表的作家のひとりとなる。1931(昭6)年夏、日本共産党に入党。翌年4月に治安維持法違反容疑で逮捕され豊多摩刑務所に2年間収容された。1934年5月「転向」出所。転向したとはいえ思想的にはマルクス主義に立脚した立場を貫き、以後、戦時協力体制に組み込まれることなく『村の家』『空想家とシナリオ』『汽車の罐焚き』『歌のわかれ』『斎藤茂吉ノート』などの優れた作品を書いた。敗戦後、新日本文学会を牽引する役割を果たし戦後民主主義文学の代表的作家となる。日本共産党には1945年11月に再入党したが、1950年の「五〇年問題」、1955年の六全協ののち国際共産主義運動や部分的核実験停止条約の問題をめぐって党指導部との対立が表面化し1964年に除名された。政治活動と文学運動を生涯にわたって推進した文学者。岡本潤、小野十三郎、秋山清らアナキズム詩人との交流が深く、本質的に中野重治は詩人であった。(竹内栄美子)〔著作〕『五勺の酒』『むらぎも』『梨の花』『鷗外その側面』『甲乙丙丁』など。『中野重治全集』全28巻別巻1筑摩書房1998、『敗戦前日記』中央公論社1994、『中野重治書簡集』平凡社2012〔文献〕松下裕『増訂評伝中野重治』平凡社ライブラリー2011

中野 妙子 なかの・たえこ ?-? 農民自治会全国連合に加わり1928(昭3)年5月農自の組織再編の際に庶務・会計・編集部の常任委員に選出される。庶務・会計・編集部の他の委員は牧輝夫、小山啓、瀬川知一良、延原政行、延原三郎、松本正枝、竹内政代、川口善一、権正博、桑島政寿、斉藤三四三、中西伊之助。(冨板敦)〔文献〕『農民自治』17号1928.6、大井隆男『農民自治運動史』銀河書房1980

中野 時雄 なかの・ときお ?-? 茨城県の生まれ。1930(昭5)年第2次『農民』2巻2号に創作「偉大な葬式」を発表以来、「黒火」(同2巻5号)、「未来の闘士」(同2巻7号)、「麦秋の頃」(同2巻11号)、「蒂」(同3巻4号)、「失業救済低利資金」(同3巻9号)、32年「正月」(『農本社会』1巻3号)、「新しき視野」(同1巻6号)、「ランプ組合」(同1巻9号)などを発表。農民自治文化連盟からは創作集『飢餓線の彼方』を犬田卯の序文をつけて32年に刊行している。(川口秀彦)〔文献〕『ディナミック』34号1932.8

中野 徳蔵 なかの・とくぞう ?-? 別名・徳郎 1919(大8)年東京神田区(現・千代田区)の精芸出版合資会社印刷科に勤め活版印刷工組合信友会に加盟。のち神田印刷所鉛版科に移る。(冨板敦)〔文献〕『信友』1919年8・10月号

中野 敏雄 なかの・としお ?-? 1931(昭6)年3月平井貞二、河本乾次とアナルキズム研究社を結成し『アナルキズム研究』を創刊する。(冨板敦)〔文献〕『アナルキズム研究』1号1931.3

中野 秀人 なかの・ひでと 1898(明31)5.17-1966(昭41)5.13 福岡市に生まれる。

東方会の中野正剛は12歳上の兄。12歳の時に一家で上京し慶応予科，早稲田大学に学ぶ。早大在学中の1920年発表した「第四階級の文学」(『文章世界』懸賞当選論文)は日本でのプロレタリア文学理論の先駆とされている。大学を中退し国民新聞社を経て22年東京朝日新聞社に入社。24年小野十三郎，萩原恭次郎らの『ダムダム』同人となり，25年朝日を退社，劇団戸をたたく座を創立するが26年解散。27年から31年まで滞欧し画家としても活躍を始め，帰国後も34年までは各地での個展開催など画業がめだつが35年藪田義雄，大木敦夫，村松正俊らと同人誌『エクリバン』(1937終刊)を創刊し執筆活動も旺盛となる。40年花田清輝らと文化再出発の会を発足させ『文化組織』を創刊，43年通巻42号で終刊するまで中野自身も評論，小説，戯曲，翻訳など多くの作品を発表しながら戦時下の芸術的抵抗の拠点としての活動を続けた。戦後は兄正剛(1943割腹自殺)の遺児らと『我観』の改題誌『真善美』を発行。47年総合文化協会の発足に伴いこれを『総合文化』と改題するが48年には協会を脱会，以後死没するまで『新日本文学』を主要な発表の場とする。49年共産党に入党し50年徳田球一の潜行を助けたりするが61年離党。以後も文筆家，画家として活動を続けた。〔川口秀彦〕〔著作〕『中野秀人散文自選集』文化再出発の会1941，『中野秀人全詩集』思潮社1968

中野 ふみ なかの・ふみ ?-? 読売新聞社に勤め新聞工組合正進会に加盟。1920(大9)年機関誌『正進』発行のために1円寄付する。〔冨板敦〕〔文献〕『正進』1巻1号1920.4.

中野 文吉 なかの・ぶんきち ?-? 万朝報社に勤め東京の新聞社員で組織された革進会に加わり1919(大8)年8月の同盟ストに参加するが敗北。のち正進会に加盟。20年機関誌『正進』発行のために1円寄付。また24年夏，木挽町(現・中央区銀座)正進会本部設立のためにも1円寄付する。〔冨板敦〕〔文献〕『革進会々報』1巻1号1919.8，『正進』1巻1号1920.4，正進会『同工諸君!! 寄附金芳名ビラ』1924.8.

長野 儀平 ながの・ぎへい ?-? 1919(大8)年東京神田区(現・千代田区)の宮本印刷印刷科に勤め日本印刷工組合信友会に加盟する。〔冨板敦〕〔文献〕『信友』1919年10月号

長野 秀文 ながの・ひでふみ ?-? 新聞工組合正進会に加盟し1924(大13)年夏，木挽町(現・中央区銀座)本部設立のために2円寄付する。〔冨板敦〕〔文献〕正進会『同工諸君!! 寄附金芳名ビラ』1924.8

中名生 いね なかのみょう・いね 1901(明34)8.22-1982(昭57)11.15 宮城県柴田郡船岡町(現・柴田町)に生まれる。仙台の東華高等女学校を卒業後，兄幸力を頼って上京。兄がオーロラ協会や労働運動社などに参加していたためいねも社会主義運動に関わっていった。21年4月兄の妻秋月静枝や堺利彦の娘真柄らが結成した赤瀾会に加わった。同会は同年5月の第2回メーデーを前に女性の参加を呼びかけたが，その過程でいねは専売局前でビラを配り秋月とともに新宿淀橋署に検束されたためメーデーに参加できなかった。その後兄の関係から機械工系の労働組合運動指導者田中貞吉と結婚したがまもなく離婚。のち小田原の社会運動家と結婚するがこれも長く続かなかった。郷里に戻り戦後宮城県亘理郡山元町の人と結婚し，この地で15年ほど過ごしたがこれも離婚。郷里に戻って死没。〔西山拓〕〔文献〕平林たい子「婦人闘士物語」『婦人公論』1930.8，田島ひで「ひとすじの道 婦人解放のたたかい五十年」青木書店1968，鈴木裕子「女性として初めてメーデーに参加した赤瀾会の人々」『月刊経済評』1979.5，江刺昭子『覚めよ女たち 赤瀾会の人々』大月書店1980，小松隆二『大正自由人物語』岩波書店1988

中名生 幸力 なかのみょう・こうりき 1899(明32)5.1-1930(昭5)5.10 宮城県柴田郡船岡町(現・柴田町)を郷里とするが，鉄道員の父の勤務の関係で東京市下谷区(現・台東区)に生まれる。赤瀾会で活動した中名生いねは妹。18年仙台一中から早稲田大学高等予科に進んだ。まもなく民人同盟会に参加。高津正道，古田大次郎らと交遊。同会が建設者同盟と暁民会に分裂すると後者に所属。また日本社会主義同盟に参加した。21年春頃には思想研究団体オーロラ協会の幹部となり同会を大杉栄に結びつけた。このため幹部間に内訌が生じ同会は衰退した。これを吸収するかたちで岩佐作太郎，渡辺善寿らとアナキスト団体五月会を結成。この年活発に活動しその結果5月10日付けで特別要視察人甲号に新編入された。11月には宮城在住の同志とはかり暁民会の軍隊宣

伝ビラ事件に呼応した演説会を大杉，加藤一夫，岩佐，山川均らを招いて仙台で行うなど宮城の運動の急進化に大きな役割を果たした。翌22年8月頃小作人社が発展した農村運動同盟に参加。その機関紙『小作人』の発行編集兼印刷人となり自宅を事務所とする。また9月頃から妻の秋月静枝と子の芋作を連れ，第3次『労働運動』の編集のため労働運動社に通う。この間自由労働者同盟の結成にも参加。一方3月頃農村運動同盟内の過激社会運動取締法案への対応，中名生が独断で組織の過激法案反対無産者同盟への参加を決定したことをめぐる内紛が生じ，農村運動同盟を除名される。その後ボル派の異端的な存在であった高尾平兵衛のグループとの協同行動をとるようになる。その現れが戦線同盟の創立発起人となったことであった。高尾は自らを「ボルの外様」と呼び，中名生を「アナの外様」と評した。高尾の死後，戦線同盟は解体し中名生の名も運動の表舞台から消える。その名が再び運動史上に現れるのは，政治研究会第2回全国大会(1925.4.19)の東京選出の代議員席である。晩年は無産政党運動に関わりいくつかの争議にも関与したようである。結核のため東京戸山の済生会病院で死没。(後藤彰信)〔文献〕小松隆二「ある忘れられた社会運動家のこと」『三田学会雑誌』80巻2号1987.6, 後藤彰信「暁民共産党事件と仙台」『初期社会主義研究』3号1989

中橋　庄平　なかはし・しょうへい　?-?　1919(大8)年東京神田区(現・千代田区)の丸利印刷所印刷科に勤め日本印刷工組合信友会に加盟する。(富板敦)〔文献〕『信友』1919年10月号

永畑　道子　ながはた・みちこ　1930(昭5)9.27-2012(平24)6.24　熊本市に歌人・安永信一郎の二女に生まれる。姉は歌人・安永蕗子。旧制第五高等学校を経て熊本大学法文学部東洋史学科卒業。女性記者の第1号として熊本日日新聞入社。2年後退社し福音館書店『母の友』編集部を経て全国PTA問題研究会や日本婦人有権者同盟の機関誌の編集者，またフリーのジャーナリストとして活躍。『朝日ジャーナル』等で教育問題を中心に評論活動をし『PTA歳時記　わたしの教育論』などの著作にまとめた。同時に埋もれていた膨大な新聞・雑誌の資料を発掘し読み込み，1980年から81年『野の女　明治女性生活史』『炎の女　大正女性生活史』で底辺を生きる庶民の女性生活史の分野をあらたに切り拓いた。さらに大正期の恋愛事件に新たなスポットをあて『夢のかけ橋　晶子と武郎有情』(1985)，『華の乱』(1987)は映画化・テレビドラマ化され評判となった。女子美術大学教授を経て95年熊本近代文学館館長となる。『おんな撩乱　恋と革命の歴史』を93年に出版したがこれはのちに『恋と革命の歴史』(97年)に改題。幕末から戦後に至るまでの激しく生きた女性たちを描いた。資料と踏査によって近代の反逆する女性たちを歴史の中に鮮やかに浮かびあげ，永畑道子の女性史「時の風をまともに受けてきっぱりと権力にま向かったいのち。女と男の性の烈しさ」を，多くの作品に刻み込んだ。闘病生活ののち肺炎で死去。(岡田孝子)〔著作〕『お母さんと女教師』文化出版局1977,『恋の華　白蓮事件』新評論1982,『炎の女　大正女性生活史』新評論1982,『乱の女　昭和の女はどう生きたか』文藝春秋1992,『凛　近代日本の女魁・高場乱』藤原書店1997〔文献〕『恋と革命の歴史』藤原書店1997, 尾形明子「『恋の華』解説」『機』藤原書店2008,「追悼　永畑道子」『環』51号藤原書店2012

中浜　哲　なかはま・てつ　1897(明30)1.1-1926(大15)4.15　本名・冨岡誓，別名・冨岡誠，鉄，浜鉄　福岡県企救郡東郷村(現・北九州市門司区)生まれ。生家は漁村において郵便局を営む。中学中退が経済的事情であったこと，3年間の兵役中重営倉入りなどの理不尽な経験で社会の不平等を自覚し，反国家の心情を醸成，社会主義運動に関心を向かわせた(『獄中記』)。20年末加藤一夫の自由人連盟に参加。機関紙『自由人』には宣伝部として冨岡誓の名が記されている。22年2月埼玉県綾瀬村上蓮田(現・蓮田市)の小作人社に立ち寄り古田大次郎と意気投合,同志的交流が深まる。4月社会変革のため死を賭した行動の盟約を古田と結び中浜は来訪中の英国皇太子を狙うが断念。8月自由労働者同盟を結成。この頃朴烈とも出会う。信越電力の工事現場(現・新潟県津南町)で朝鮮人労働者の虐殺死体が中津川で発見される事件の現地調査に赴く。第3次『労働運動』誌に自由労働者同盟として現地報告記事を掲載。江口渙の借家争議にからみ神奈川県鵠沼の家で古田とともに過ごす。そ

の後江口からは資金援助などで支援が続く。10月戸塚町源兵衛（現・新宿区西早稲田）に大きな2階家を借り翌23年初めにかけ倉地啓司，河合康左右らが同居や出入り，ギロチン社と名づけられた集団が立ち上がる。夏頃には関西に拠点を移し分黒党とも名のる。中浜，河合がこの名称を好んで使った。この時期の「リャク」（掠）行為が事件として扱われる（中浜は高島屋呉服店，天満織物，実業同志会の件）。9月ギロチン社は関東大震災での大杉栄らの虐殺に直面し権力者や資本家を直接攻撃する行動に向かうが，中浜自身は実行に参加せず同志たちから不信が生じる。のちに田中勇之進の甘粕五郎（甘粕正彦の弟）襲撃の教唆（殺人未遂）が争点になる。その状況を打破しより大きな資金を得ようとした古田は10月に小阪（現・東大阪市）で誤って銀行員刺殺事件をおこし潜伏する。この件でも計画に関与したとして教唆（強盗殺人）で立件される。同月中浜はのちに広く知られる「杉よ！ 眼の男よ！」という大杉への追悼詩を執筆。中浜らは大杉虐殺の復讐を計画していた労働運動社の村木源次郎や和田久太郎と共同した活動も始め，ピストルや爆弾を獲得するため朝鮮に赴き義烈団と接触（のちに女性活動家の金善姫，金鼎花が清津地方法院検事局に送られ刑務所に収容）。入手資金確保のため大阪に戻った中浜は24年3月30日リャクを行い実業同志会事務所から出たところを恐喝犯として伊藤孝一とともに逮捕される。倉地，逸見吉三も同行していた。古田らの逮捕まで予審は進まず，公判は25年4月27日に始まり開廷10分で同志や一般傍聴者を排除し当局関連の傍聴者だけで調べを進めた。5月28日無期懲役の判決。中浜は裁判制度を否定し法廷では黙秘。検事控訴により大阪控訴院で26年3月6日死刑判決となる。かつて中浜本人が指示した脱獄計画もあったことから，警戒した警察は判決後しばらくして面会をした仲間を検束。中浜は4月6日付の山崎今朝弥弁護士宛の手紙で面会がないことを明らかにしている。この弾圧下，中浜は上告せず4月15日午前10時に絞首された。「遺言により布施辰治弁護士は16日夜半遺体引き取りに赴いた」と17日の大阪朝日新聞は報道。中浜の親戚でもあった秋山清の調査に

よると遺骨は兄弟と従兄弟が引き取る。中浜は大阪刑務所北区支所の独房で詩や回想記の執筆を進め，著作集が冊子として文明批評社から25年12月に刊行。また『原始』『文芸戦線』『解放』誌やアナキズム運動各誌紙に詩や評論が掲載される。秋山は60年代から70年代にかけて詩人としての中浜評価を定着させる。中浜は判決直後の3月中には死刑を執行されると覚悟，山崎弁護士に辞世の歌を記した葉書を送る。「弥生空 魏櫓枕高く 霞往く 黒蝶ぞ我 散る花に 舞ふ」（亀田博）〔著作〕『中浜哲詩文集』黒色戦線社1992.6〔文献〕『分黒党小阪事件調書』（中浜哲『獄中記』を含む），古田大次郎『死の懺悔』春秋社1926・復刻増補版黒色戦線社1988，古田大次郎『死刑囚の思ひ出』大森書房1930・復刻版黒色戦線社1971，『原始』各号，逸見吉三「大正期のテロルを語る」『大阪あなきずむ』4号1968.11，『新過去帖覚書』大阪社会運動物故者をしのぶ会1969，秋山清『ニヒルとテロル』川島書店1968・『発禁詩集』潮文社1976・『やさしき人々』大和書房1972，森長英三郎『山崎今朝弥』紀伊国屋書店1970，小松隆二『大正自由人物語』岩波書店1988，『自由人』復刻版・緑蔭書房1994，『文芸戦線』復刻版・日本近代文学館1968，亀田博・廣畑研二編『中濱鐵 隠された大逆罪』トスキナアの会2007

長浜 福松 ながはま・ふくまつ ?-? 新聞工組合正進会に加盟し1924(大13)年夏，木挽町（現・中央区銀座）本部設立のために4円寄付する。（冨板敦）〔文献〕正進会『同工諸君!!寄附金芳名ビラ』1924.8

中原 喜一郎 なかはら・きいちろう ?-? 岡山県川上郡松原村（現・高梁市）で暮し農民自治会岡山県連合会に参加。1927(昭2)年2月3日，中西伊之助を招いて自宅で農自講演会を開く。（冨板敦）〔文献〕『農民自治』8号1927.3

中原 春一 なかはら・しゅんいち 1915(大4)-? 呉市宮原通生まれ。高等小学校を卒業後，家業の手伝いをする。32年頃中国日報社に在職中『自連新聞』を読んでアナキズムに共鳴する。35年末頃無共党事件で検挙されるが不起訴。（冨板敦）〔文献〕『身上調書』

中原 正三郎 なかはら・しょうざぶろう ?-? 1919(大8)年東京京橋区（現・中央区）の築地活版所印刷科に勤め活版印刷工組合信友会に加盟する。（冨板敦）〔文献〕『信友』1919年8・10月号

仲原 善賢 なかはら・ぜんけん 1886(明

19)12.19-?　沖縄県島尻郡仲里間切(現・久米島町)に生まれる。おもろ研究家仲原善忠の兄。04年沖縄師範学校に入学する。師範学校では比嘉春潮と親しくつきあった。卒業後，小禄小学校，沖縄師範附属小学校の訓導をつとめた。弁護士を志し16年5月頃上京，中央大学に入学する。卒業試験が終わり司法官試験準備中の19年4月中旬，沖縄師範の生徒70余人が二人の教師に引率されて見学のため上京した。小石川区水道端町(現・文京区)にあった沖縄県明正塾に居住中の仲原は同月15,16日頃生徒の歓迎会に参加してアナキズムの演説をする。その後胸を病み帰郷。砂糖商の番頭をしたり比嘉宅で休養したりしたが大正期に故郷の久米島で死没。(冨板敦)〔文献〕比嘉春潮『沖縄の歳月 自伝的回想から』中公新書1969,『社会主義沿革1』

中原 平八　なかはら・へいはち　?-?　1919(大8)年東京京橋区(現・中央区)の築地活版所印刷科に勤め活版印刷工組合信友会に加盟。同年10月頃から同所同科の組合幹事を葛西銀造，佐久間仙太郎，飯島万吉と担う。(冨板敦)〔文献〕『信友』1919年8・10月号

中原 実　なかはら・みのる　1893(明26)-1990(平2)　東京に生まれる。東京歯科医学専門学校卒業後，ハーヴァード大学で歯科学を学び，欧州を経て23年5月帰国。24年4月新興美術運動団体アクションに第2回展から参加。10月アクションは解散するが11月画廊九段を開き新興美術運動を担った。また岡田竜夫や平林たい子らアナキスト作家が集う場所でもあった。同年5月劇場の三科では幕外で挨拶に立つ。26年5月単位三科を結成。27年6月単位三科による劇場の三科を開催。敗戦後は日本歯科医師会会長をつとめる。(冨板敦)〔著作〕『中原実画集』同刊行会1962,『医療問題』医書薬出版1963,『絵画』美術出版社1966,『中原実学長告辞集』日本歯科大1968〔文献〕『大正期新興美術運動の研究』スカイドア1998, 五十殿利治・菊屋吉生・滝沢恭司・長門佐季・野崎たみ子・水沢勉『大正期新興美術資料集成』国書刊行会2006

永原 清　ながはら・きよし　?-?　読売新聞社に勤め新聞工組合正進会に加盟。1920(大9)年機関誌『正進』発行のために1円寄付する。(冨板敦)〔文献〕『正進』1巻1号1920.4

仲平 鐐太郎　なかひら・りょうたろう　?-?　1919(大8)年東京京橋区(現・中央区)の築地活版所欧文科に勤め活版印刷工組合信友会に加盟する。(冨板敦)〔文献〕『信友』1919年8・10月号

長藤 実　ながふじ・みのる　1910(明43)-?　広島市南竹屋町生まれ。27年10月夜間中学を3年で中退し新聞配達人となる。30年頃，何らかの理想をつかみたいと願っていたところ『自連新聞』の存在を広告で知り購読するようになった。35年末頃自宅で文官試験の受験準備中に無共党事件で検挙されるが不起訴。(冨板敦)〔文献〕『身上調書』

永洞 友吉　ながほら・ともきち　?-?　1919(大8)年東京神田区(現・千代田区)の三秀舎欧文科に勤め日本印刷工組合信友会に加盟する。(冨板敦)〔文献〕『信友』1919年10月号

中俣 新栄　なかまた・しんえい　?-?　やまと新聞社に勤め新聞工組合正進会に加盟。1920(大9)年機関誌『正進』発行のために1円50銭寄付する。(冨板敦)〔文献〕『正進』1巻1号1920.4

中町 彦蔵　なかまち・ひこぞう　?-?　鹿児島県種子島に住み1927(昭2)年3月『小作人』に種子島の現状を寄稿する。(冨板敦)〔文献〕『小作人』3次5・7・8号1927.3・8・9

中村 幾之助　なかむら・いくのすけ　?-?　1919(大8)年東京牛込区(現・新宿区)の秀英舎(市ヶ谷)鉛版輪転科に勤め活版印刷工組合信友会に加盟する。(冨板敦)〔文献〕『信友』1919年8・10月号

中村 勇　なかむら・いさむ　?-?　印刷工として日本印刷工組合信友会に加盟。1919(大8)年12月1日盛岡騎兵第四連隊第一中隊第三班に入営する。(冨板敦)〔文献〕『信友』1920年1月号

中村 一次　なかむら・いちじ　1905(明38)-?　別名・土居唯蔵，一並遠　神戸市湊区湊川町(現・兵庫区)生まれ。高等小学校を中退後，神戸の日英自転車に勤め職場にいた宇治木一郎と知り合いアナキズムを知る。ボル系の青柳善一郎の労働評議会に入るが青柳と思想的に相入れず脱会しその後はアナキズムに傾倒。25年9月16日神戸で宇治木主催の大杉栄3周年追悼会に参加しようとするが集合場所の自宅が事前に警察に察知され検束される。同日宇治木，竹内一美，岡崎竜夫，笠原勉，立風信吾ら7人も

検束された。同月神戸で黒闘社を組織しガリ版刷り機関紙『黒闘』を発行。27年3月宇治木，岡崎らと再び黒闘社を結成する。芝原淳三，矢野万次郎との交流もあった。35年末頃無共党事件で検挙されるが不起訴。
(冨板敦)〔文献〕『身上調書』,『資料大正社会運動史』

中村 一郎 なかむら・いちろう ?-? 渡米中の幸徳秋水が1906(明39)年6月オークランドで結成した社会革命党のメンバー。(西山拓)〔文献〕『社会主義沿革』

中村 快一 なかむら・かいいち ?-? 1919(大8)年東京牛込区(現・新宿区)の日清印刷会社石版科に勤め活版印刷工組合信友会に加盟する。(冨板敦)〔文献〕『信友』1919年8月号

中村 勝次 なかむら・かつじ ?-? 京都印刷工組合のメンバー。1925(大14)年8月10日高畑宅で開かれた京印例会での役員改選で会計監査役補助担当に選出される。同年11月25日福島佐太郎宅で開かれた京印理事会で「(運動に資するために)京都市の全印刷工場の所在地と工場員数の調査について，中村を調査主任とする件」が議題とされる。
(冨板敦)〔文献〕『印刷工連合』28・31号1925.9・12,『京都地方労働運動史』

中村 勝次郎 なかむら・かつじろう ?-? 1919(大8)年東京牛込区(現・新宿区)の秀英舎(市ヶ谷)第二和文科に勤め活版印刷工組合信友会に加盟する。(冨板敦)〔文献〕『信友』1919年8月号

中村 嘉与造 なかむら・かよぞう ?-? 1919(大8)年東京京橋区(現・中央区)の築地活版所漢字鋳造科に勤め活版印刷工組合信友会に加盟する。(冨板敦)〔文献〕『信友』1919年8・10月号

中村 還一 なかむら・かんいち 1898(明31)4.7-1976(昭51)4.20 足利市に元藩士で官吏の父・文助の長男に生れる。小学校卒業後，上京。大正初期から新聞・雑誌に俳句やエッセーを投稿。1916年服部時計店の関連会社に就職，時計工となる。久板卯之助，望月桂らが発行した『労働青年』に共感，参加し，久板らを知るようになる。渡辺政太郎の主催する労働運動の闘士養成所と言われた北風会に参加，そこで俳人であった和田久太郎とは特に親しくなった。19年時計工組合を結成。最低賃金制などを要求して争議を指導，惨敗に終る。同年7月京橋区(現・中央区)南8丁目の貸席川崎屋で開催された労働問題演説会で大杉栄，荒畑寒村ら10数名と共に検挙された。21年第二次『労働運動』同人となり軽妙な時評などを次々と執筆する。アナ・ボル対立が深まるなかで23年高尾平兵衛，中名生幸力らと戦線同盟を結成。機関誌『革命評論』の後継紙『民衆新聞』の発行編集人となる。同年6月戦線同盟員は赤化防止団団長米村嘉一郎を襲うが逆に高尾が銃弾を受け死歿する事件に発展。関東大震災後，第4・5次『労働運動』に名を連ねるがその頃から思想に懐疑的になり労働運動・思想運動から身を引くようになる。一時的に大阪に転居するがそこに和田が訪ねてきて一泊。和田はその直後，大杉の復讐のため福田雅太郎大将を狙撃するも失敗に終る。その後『虚無思想研究』『文芸時代』などに寄稿。41年愛媛県の中津鉱業所の経営に参加。戦中・戦後と生活拠点を北海道に移し宗谷炭坑などの経営にあたる。その傍ら地元紙に論説・エッセーなどを寄稿。句誌には俳句の発表も続けた。細谷源二の『氷原帯』にも参加。後に『北海タイムス』の俳句の選者，論説委員等に就任。戦後添田知道らと交流，また60年後閑林平と知り合い後閑所蔵の自らの思想・運動の原点となった『労働青年』に再会した。
(小松隆二)〔著作〕『転向者の言葉』1933,『俳句と人生』1965,『異端の舌』1966〔文献〕北海道文学会編『北海道文学大事典』北海道新聞社1985

中村 儀太郎 なかむら・ぎたろう 1867(慶応3)12.24-? 長くアメリカに暮らし，1921(大10)年無政府主義思想を抱持しているかのように「常に不穏の言を弄する」として警視庁の思想要注意人とされる。東京市本所区林町(現・墨田区立川)で飲食店を経営していた。(冨板敦)〔文献〕『警視庁思想要注意人名簿(大正10年度)』

中村 吉次郎 なかむら・きちじろう 1911(明44)1.1-? 別名・加村喜一，松本為助 佐賀県佐賀郡諸富村(現・佐賀市)に生まれる。佐賀農学校を卒業後，拓殖大学に入る。鑓田研一を知り農民自治会や犬田卯らの農民文芸会の会合に出る。30年文芸雑誌『蜜蜂』を発行，郷里の友人と農民文学グループをつくる。同年春帰郷の途中，岡山の

農自の同志延原大川らと交流する。7月文学グループの3人の仲間とともに検挙され武雄署に2カ月留置。その後再び上京し岡本利吉が経営する労働者相手の大衆食堂で働き，待遇改善のストをやり解雇。その時応援に来た日本自協の山口健助らと親しくなり自協系の北部消費組合で奥谷松治らと活動する一方，『冬の土』『創世時代』などに童話文学論などを寄稿。32年9月浅草山谷の北部消費組合の事務所を借りて創刊された自協系の理論誌『黒旗の下に』(12号まで)に協力し，5号の発行編集兼印刷人となり「産業組合運動の諸動向」(12号)を執筆する。以後産業組合(農協の前身)に移りその中央会で活躍する。(大澤正道)〔文献〕山口一枝『篝火草』私家版1977，山口健助『青春無頼』私家版1982，同編集委員会編『佐賀の文学』新郷土刊行協会1987

中村 金次郎 なかむら・きんじろう　?-?　1919(大8)年東京京橋区(現・中央区)の築地活版所印刷科に勤め活版印刷工組合信友会に加盟。のち神田区(現・千代田区)の三秀舎文選科に移る。(冨板敦)〔文献〕『信友』1919年8・10月号

中村 鍬太 なかむら・くわた　?-?　1919(大8)年東京神田区(現・千代田区)の神田印刷所鉛版科に勤め日本印刷工組合信友会に加盟する。(冨板敦)〔文献〕『信友』1919年10月号

中村 敬一 なかむら・けいいち　?-?　1931(昭6)年6月河野康，西村節三，松原一夫，山川時らとともに農本社会建設協同会の結成に参加し機関誌『農本社会』を発行。翌32年2月結成された農本連盟の機関誌『農本社会』1巻3号(1932.4)に「共働農本塾の生声として」を発表。(川口秀彦)〔文献〕犬田卯『日本農民文学史』農山漁村文化協会1958

中村 孝助 なかむら・こうすけ　1901(明34).11.11-1974(昭49).4.1　千葉県千葉郡誉田村(現・千葉市緑区誉田町)の農家に生まれる。小学校高等科を卒業後家業を継ぐ。25年歌稿を携えて西村陽吉を訪ね，口語短歌雑誌『芸術と自由』に掲載される。26年第一歌集『土の歌』を上梓。28年西村がアナキズム短歌を提唱すると共鳴し『地上楽園』，第1次『農民』に拠る。一時上京し自由労働者となる。29年『野良に戦ふ』を上梓するが発禁。敗戦後は千葉市亥鼻町で若草書店を経営する。(冨板敦)〔著作〕『土の歌』芸術と自由社1926・房総文学会1946・尚学社1948，『農民小唄』泰文館書店1927，『野良に戦ふ』紅玉堂書店1929，『日本は歌ふ』私家版1936〔文献〕『農民自治』10号1927.6，松永伍一『日本農民詩史・中1』法大出版局1968，大井隆男『農民自治運動史』銀河書房1980，斉藤英子『啄木と西村陽吉』短歌新聞社1993

中村 孝太郎 なかむら・こうたろう　?-?　1919(大8)年東京芝区(現・港区)の東洋印刷会社和文科に勤め活版印刷工組合信友会に加盟する。(冨板敦)〔文献〕『信友』1919年8月号

中村 公平 なかむら・こうへい　?-?　1924(大13)年和歌山市最初のメーデーに木場穂積，宮脇久らと参加，警官と乱闘になり検挙一晩留置される。25年和歌山市で村松栄一が設立した婦人解放運動社に田口俊二と参加，廃娼運動を闘う。その後『南海民衆新聞』を創刊する。(冨板敦)〔文献〕高丸九「黒い流れ1」『ムーヴ』1号1961.5

中村 公平 なかむら・こうへい　⇨宮脇久みやわき・ひさし

中村 駒之助 なかむら・こまのすけ　?-?　1919(大8)年東京京橋区(現・中央区)の大倉印刷所和文科に勤め活版印刷工組合信友会に加盟する。(冨板敦)〔文献〕『信友』1919年8・10月号

中村 佐市 なかむら・さいち　?-?　東京市小石川区(現・文京区)戸崎町に居住し神田神保町の山縣製本印刷整版部に勤める。1935(昭10)年1月13日整版部の工場閉鎖，全部員40名の解雇通告に伴い争議勃発。工場を占拠して闘い同月15日解雇手当4カ月，争議費用百円で解決する。山縣製本印刷は当時東京大学文学部の出入り業者であり，東印は34年5月以降，東印山縣分会を組織していた。(冨板敦)〔文献〕『山縣製本印刷株式会社争議解決報告書』東京印刷工組合1935，『自連新聞』97号1935.1，中島健蔵『回想の文学』平凡社1977

中村 鹿二 なかむら・しかじ　?-?　別名・鹿三，鹿之助　京都印刷工組合のメンバー。1926(大15)年7月結成の京都一般労働者組合創立大会の書記をつとめた。京印では，小垂康次郎が書記，早川晋太郎らと会計などを担当して活動。同年9月京印一般連合で黒色解放社同人の出席を得て震災記念会を開く。翌10月関西自連の大会では京印の情勢報告をするなど関西自連の連絡委員や京印代表の代議員となって活躍。同年

11月岩佐作太郎を招いて黒色解放社や京都一般との共催による労農党評議会撲滅大演説会を京都寺町丸太町山口仏教会館で開く。27年1月から6月頃まで京印と京都一般の組合連絡事務所が堀川今出川上ルの中村方に置かれた。同年9月常任理事に飯村,会計に西尾,中村は早川とともに京印理事となる。この頃小垂は除名。同年11月京印書記に金田茂と選任され,第2回全国自連大会では関西自連の情勢報告をする。同年12月6日丹後檜山からの帰途京都に立ち寄った石川三四郎と大西伍一の両人を囲み,石川のサンジカリズムと大西の農民自治会の話を聞く臨時茶話会を京印一般連合本部で開いた。同月20日久保譲の仏国社会運動史の談話茶話会を京印一般連合本部で開く。28年3月早川松太郎(一般)と自連大会の協議会に出席,第2回続行全国大会代議員となり大会書記をするなど活躍。(北村信隆)〔文献〕『印刷工連合』27号1925.8,『自連』3・4.5・7・8・14-17・19・20・22-24号1926.8・10・12・27.1・7-10・12・28.1・3-5, 大江音人「京都印刷工組合の人々1」『虚無思想研究』17号2001

中村　志げ　なかむら・しげ　1901(明34)10.30-1984(昭59)6.2　小諸市生まれ。望月ふくの妹。19年上田高等女学校卒業後,姉を頼って上京,アナキスト画家望月桂の家に寄宿する。同家はアナキストをはじめさまざまな活動家のたまり場となっていて居候も多かった。その家事を手伝ううちに出入りする活動家とも交わり研究会や集会などに顔を出すようになる。また同家では児玉はる,松田解子ら女性だけの会合が開かれた。21年4月の赤瀾会結成に参加,同年第2回メーデーでは検束され留置場に一泊させられている。家事を手伝うかたわら印刷工場に勤め解版の仕事をし日刊ラジオ新聞社の記者などを手がけた。関東大震災時の大杉栄虐殺に対する報復テロで逮捕された古田大次郎や和田久太郎らの救援活動に献身した。特に25年和田が秋田刑務所に送られてからは内縁の妻の口実で同志たちとの連絡に一役かった。(奥沢邦成)〔文献〕小松隆二『大正自由人物語』岩波書店1988,江刺昭子『覚めよ女たち』大月書店1980

中村　茂　なかむら・しげる　?-?　関東出版産業労働組合のメンバー。1936(昭11)年8月山口健助,加藤栄太郎,柴田知之,堀江磯吉,芹沢喜倉,京井弥一,秋本義一,村井竜太郎,山本徳市,広瀬長太郎,田村徳次郎,坂村義雄らと東京印刷工組合の再建に尽力。(冨板敦)〔文献〕山口健助『風雪を越えて』印友会本部1970・『青春無頼』私家版1982

中村　重次郎　なかむら・じゅうじろう　1902(明35)-?　埼玉県足立郡原市町(現・上尾市)の原市水平社のメンバー。27年4月入間郡水平社創立大会で演説する。6月北足立郡日進村と木崎村(現・さいたま市)での糾弾闘争が恐喝にあたるとして懲役8カ月執行猶予4年となる。(冨板敦)〔文献〕『全国水平新聞』2号1927.8,『思想犯罪輯覧2』

中村　錠造　なかむら・じょうぞう　?-?　新聞工組合正進会に加盟し1924(大13)年夏,木挽町(現・中央区銀座)本部設立のために2円寄付する。(冨板敦)〔文献〕正進会『同工諸君‼寄附金芳名ビラ』1924.8

中村　庄太郎　なかむら・しょうたろう　?-?　1919(大8)年横浜のジャパン・ガゼット社に勤め横浜欧文技術工組合に加盟し組合長として活動。同組合設立基金として3円寄付する。同年11月2日横浜市長者町(現・中区長者町)の,せかゐで開かれた横浜印刷技工組合(横浜欧文技術工組合を改称)臨時大会発会式で登壇する。(冨板敦)〔文献〕『信友』1919年8・10・12月号,1920年1月号

中村　次郎　なかむら・じろう　1890(明23)3.1-1940(昭15)11.8　秋田県鹿角郡小坂町元山に生まれる。秋田師範学校に入学するが1909(明42)年中退し北海道で農牧業を学ぶ。のち上京,19年大正日日新聞社に入社,賀川豊彦の下で働く。22年帰郷。23年頃,堀井梁歩の農民ホールに出入りする。24年鈴木真洲雄,九島与治郎らと汎農民同盟を組織,26年その実践団体として貧乏人会を結成する。この頃,農民自治会全国連合に参加。同年5月17日東京基督教青年会館で開かれた農自の委員会に出席し秋田の情勢報告をする(他の出席者は石川三四郎,池田種生,橋本義夫,大西伍一,奥谷松治,小谷田隼人,門脇定吉,川口善一,高橋友次郎,竹内圀衛,中西伊之助,性山与里,渋谷定輔,下中弥三郎)。鷹谷信幸とともに秋田県代表の農自全国連合委員を務める。28年5月農自の組織再編の際に委員に選出され

る。鈴木らとは秋田消費組合を創立、その後鹿角医療組合も設立。37年『アルプス十和田タイムス』を発行、同年小坂町議となる。この頃は佐藤慶次郎らの皇道自治会に所属していた。（冨板敦）〔文献〕『農民自治』3・7号1926.6・27・1、『農民自治会内報』2号1927、竹内愛国『農民自治会』『昭和2年版解放運動解放団体現勢年鑑』解放社1927、小沢三千雄編『秋田県社会運動の百年』私家版1978、渋谷定輔『農民哀史』勁草書房1970、大井隆男『農民自治運動史』銀河書房1980

中村　誠一　なかむら・せいいち　?-?　1921（大10）年12月千葉県長生郡で渡辺精一とともに革命歌を印刷頒布して検挙される。22年2月6日予審が終了し出版法違反として有罪となる。（冨板敦）〔文献〕『労働運動』3次3号1922.3

中村　清吉　なかむら・せいきち　?-?　1919（大8）年東京四谷区（現・新宿区）の日本紙器株式会社電気銅版科に勤め日本印刷工組合信友会に加盟する。（冨板敦）〔文献〕『信友』1919年10月号

中村　星湖　なかむら・せいこ　1884（明17）2.11-1974（昭49）4.13　本名・中村将為、別名・銀漢子　山梨県南都留郡河口村（現・河口湖町）の生まれ。早稲田大学英文科卒。感傷を排した手法で庶民の生活を巧みに描く自然主義の作家として出発したが、10年代後半からヒューマニズムを帯びた作風に変化し反軍的小説、農民小説を多く書いた。22年12月結成された農民文芸会（のち農民文芸研究会）の中心的存在の一人になる。また25年前田晃、望月百合子、川合仁らと山梨県人の同好会山人会をつくり農民劇などの普及につとめ、37年には農相有馬頼寧を顧問とした農民文学懇話会の相談役にもなる。（大和田茂）〔著作〕『農民劇場入門』春陽堂1927〔文献〕『明治文学全集72』筑摩書房1969

中村　為三郎　なかむら・ためさぶろう　?-?　1919（大8）年東京神田区（現・千代田区）の三秀舎和文科に勤め活版印刷工組合信友会に加盟。のち京橋区（現・中央区）の新栄舎和文科に移る。（冨板敦）〔文献〕『信友』1919年8・10月号

中村　多緑　なかむら・たろく　?-?　やまと新聞社に勤め、東京の新聞社員で組織された革進会に加わり1919（大8）年8月の同盟ストに参加するが敗北。のち正進会に加盟。

20年機関誌『正進』発行のために1円寄付する。（冨板敦）〔文献〕『革進会々報』1巻1号1919.8、『正進』1巻1号1920.4

中村　千満与　なかむら・ちまよ　1901（明34）-?　呉市内の吉浦遊廓から弘中柳三の手引きで足抜けし弘中の妻となる。26年から『中国評論』の発行責任者となり、27年9回の新聞紙法違反で検挙起訴され、各罰金40円とされる。警察権力の弾圧下、死没したという。（冨板敦）〔文献〕門奈直樹『民衆ジャーナリズムの歴史』講談社学術文庫2001、『思想輯覧2』、『昭和7年自1月至6月社会運動情勢　名古屋・広島控訴院管内』東洋文化社1979

中村　司　なかむら・つかさ　⇨恩地秀一　おんち・しゅういち

中村　次伴　なかむら・つぐとも　?-?　1931（昭6）年4月に終刊した西村陽吉のアナ派短歌誌第3次『芸術と自由』に参加していた。33年10月尾村幸三郎編集のアナ派短歌誌『主情派』を創刊、発行人となる。「幡ケ谷の小学校の教頭から校長で、体軀がっちり、謹厳のシンボルのような人。骨の太さは私たちを畏敬させた」（尾村）。（冨板敦）〔文献〕木原実「アナキズム短歌の流れ」『本の手帖』1968.8・9、中野嘉一『新短歌の歴史』昭森社1967、小倉三郎『私の短歌履歴書』ながらみ書房1995

中村　徹雄　なかむら・てつお　?-?　浜松市砂山町に居住。1935（昭10）年5月上野克己が出していた月刊『情報』（情報社）の東海支局を佐藤伊太郎に代わって担う。（冨板敦）〔文献〕『情報』4巻5号1935.5

中村　とう　なかむら・とう　?-?　1919（大8）年東京京橋区（現・中央区）の築地活版所仕上科に勤め日本印刷工組合信友会に加盟する。（冨板敦）〔文献〕『信友』1919年10月号

中村　登　なかむら・のぼる　?-?　長野県上高井郡日滝村本郷（現・須坂市）に生まれる。生家は桑園5町歩をもち蚕種製造業を営む。1923（大12）年東京西ケ原の高等蚕糸学校に入るため上京。この下宿で「組織」の青年や労働者と知り合い社会的矛盾を痛感したという。当時アナキズムにひかれクロポトキンや大杉栄を愛読する。しかし26年暮病を得て帰郷した。27年農民自治会に参加し風見章、林広吉らと北信一帯を講演して回り日農県連にも参加する。また郷里日滝村でも青年団や小学校の教員を集めて社会主

思想の研究を進め，自ら上高井郡の青年団自主化同盟の委員長となった。その後全農県連全国会議派として活動，特に自村の日滝村土地取上争議に奔走するが検挙，33年2月4日二・四事件(長野県教員赤化事件)で再び検挙された。戦中は40年宇垣一成の特務機関紫会に応募し満州合作社や憲兵の監視役というふれこみでハルビンから南京までを歩いたという。しかし中国で病気になり帰国，戦中は炭屋で暮らした。(安田常雄)〔文献〕安田常雄『日本ファシズムと民衆運動』れんが書房新社1979

中村　秀雄　なかむら・ひでお　?-?　別名・秀夫　兵庫県気多郡八代村(現・豊岡市)で暮し1925(大14)年大西伍一，池田種生，難波忠雄らの『あをぞら』の同人となる。26年農民自治会全国連合に参加。地元の農民自治会を組織しようとしていた。(冨板敦)〔文献〕『あをぞら』2号1925.11，『農民自治会内報』2号1927

中村　福太郎　なかむら・ふくたろう　?-?　芝浦製作所に勤め芝浦労働組合に加盟。1928(昭3)年5月9日，同労組の拡大委員会で会計監査委員に選出される。(冨板敦)〔文献〕『芝浦労働』3次19号1928.6

中村　房一　なかむら・ふさいち　?-?　神戸自由活版工懇話会で活動，総同盟のオルグなども担当。1926(大15)年5月浜松の日本楽器争議団幹部の一人として出版法違反で起訴され有罪のち釈放。南大阪の西浜近辺を本拠として皮革・靴工職人などを組織し，同年秋頃佐野英造，山中政之助らとともに大阪合成労働組合を結成。27年5月関西自連に加盟。同年10月第3回関西自連大会に京都印刷工組合の金田茂，大阪印刷工組合の芝原貫一とともに書記に選任。同年10月水平社解放連盟への暴言問題がおきた。同年11月第2回全国自連大会で大阪合成結成前後の関西自連の情勢を報告。同年12月佐野，白井新平，芝原，山中政之助，押本和らとともに関西自連から除名され同月大阪大衆労働組合を結成，大阪労働組合会議に加盟。28年6月別府での療養後帰阪の山辺健太郎らと大阪労働者組合を結成，大阪統一労働者組合と合同して執行委員長となった。新労農党には大橋治房，太田博らとともに反対の立場を取った。30年3月盛文館書店争議をきっかけにボス，ダラ幹といわれ攻撃されたという。(北村信隆)〔文献〕『大阪社会労働運動史・上』，後藤彰信『日本サンジカリズム運動史』啓衆新社1984，宮本三郎『水崎町の宿・PARTⅡ』私家版1987，白井新平「反逆の原点，エビス町界隈」『現代の眼』1981.6月号，『関西自由新聞』2号1927.11，『自連』7・14・19号1926.12・27.7・12，『黒色運動』1号1928.8

中村　政之　なかむら・まさゆき　?-?　1919(大8)年函館の函館毎日新聞社分工場に勤め日本印刷工組合信友会に加盟する。(冨板敦)〔文献〕『信友』1919年10月号

中村　又作　なかむら・またさく　?-?　1919(大8)年東京牛込区(現・新宿区)の秀英舎(市ヶ谷)第一和文科に勤め活版印刷工組合信友会に加盟する。(冨板敦)〔文献〕『信友』1919年8月号

中村　磨美　なかむら・まみ　?-?　渡米中の幸徳秋水が1906(明39)年6月オークランドで結成した社会革命党のメンバー。(西山拓)〔文献〕『社会主義沿革1』

中村　みき　なかむら・みき　?-?　旧姓・新村　長野県埴科郡屋代町(現・更埴市)に生れる。大逆事件に連座した新村善兵衛・忠雄兄弟の妹。1920(大9)年頃時計工組合で指導的役割を果たし以後労働運動，社会運動で活躍した中村還一の妻。赤瀾会の会員であり第2回メーデーのデモに参加している。(西山拓)〔文献〕鈴木裕子「女性として初めてメーデーに参加した赤瀾会の人々」『月刊総評』1979.5，江刺昭子『覚めよ女たち 赤瀾会の人々』大月書店1980

中村　峰松　なかむら・みねまつ　?-?　1919(大8)年東京牛込区(現・新宿区)の秀英舎(市ヶ谷)文選科に勤め活版印刷工組合信友会に加盟する。(冨板敦)〔文献〕『信友』1919年8月号

中村　八十八　なかむら・やそはち　?-?　1919(大8)年東京神田区(現・千代田区)の丸利印刷所印刷科に勤め日本印刷工組合信友会に加盟する。(冨板敦)〔文献〕『信友』1919年10月号

中村　雄四郎　なかむら・ゆうしろう　?-?　新聞工組合正進会に加盟し1924(大13)年夏，木挽町(現・中央区銀座)本部設立のために1円寄付する。(冨板敦)〔文献〕正進会『同工諸君!!寄附金芳名ビラ』1924.8

中村　勇次郎　なかむら・ゆうじろう　?-?　1913(大2)年サンジカリズム研究会に出席して以来大杉栄に傾倒し横浜で活動する。14

年12月板谷治平と発禁になった月刊『平民新聞』3号約100部の配布を引き受ける。15年4月月刊『平民新聞』の後継紙をめざして月刊『解放』を創刊(3号で終刊)，神奈川県橘樹郡旭村西寺尾(現・横浜市鶴見区)の自宅を発行所とする。5月神奈川県警察部に出頭を命ぜられ厳重注意を受ける。9月頃横浜毎朝新報社に入社。17年5月『無政府主義(急進派)』として特別要視察人に編入される。10月『解放』後継誌『先駆者』を創刊。発行所は横浜市住吉町中央新聞社支局内血笑社。18年1月『ゴシップ』と改題して廃刊。19年8月に結成された横浜赤旗会に参加。その頃自宅には幸徳秋水と石川啄木の詩が飾られていた。21年12月時事新報社記者となり大阪へ移る。(大澤正道)〔著作〕「本年の回想及来年の希望」『労働及産業』1915.1，「横浜通信」『近代思想』3巻4号1916.1〔文献〕『特別要視察人情勢一斑』

中村 有楽 なかむら・ゆうらく　1873.1.24(明5.12.26)–1944(昭19)12.26　本名・弥二郎　京都新町竹屋町下ル(現・中京区)生まれ。父は中村弥左衛門(錫細工師)。1895年内村鑑三を京都の自宅離れに居候させ面倒をみる。1903年東京市麴町区有楽町(現・千代田区)で出版社有楽社を創立，有楽という雅号を用いる。05年4月月刊の政治風刺漫画雑誌『東京パック』を創刊。09年1月旬刊報道写真雑誌『グラヒック』を発刊。多彩な雑誌のほか堺利彦訳や大杉栄訳を含む『平民科学』全6冊など多数の単行本を発行。06年有楽社内にエスペラント協会の事務所を提供し社屋にJEAの看板を掲げた。同所にエスペラント領事館が開設され副領事には大杉が当たった。月刊雑誌『ヤパーナ・エスペランチスト』を発刊し日本最初の『エス日辞典』なども刊行した。07年15歳で上京し店員として住み込んだ山鹿泰治はそこでエスペラントを学び手伝った。その事務所には大杉，堺，飯森正芳らも出入りした。26年牛込区富久町(現・新宿区)にあった普久社の中村宅を飯盛と辻潤はよく訪れた。友好親善精神が旺盛で国籍を問わず幅広い文化人と交際，書籍出版事業への志と熱情を晩年までもち続けた。41年頃箱根大観山(現・湯河原町)の有楽山小屋と称する山荘に移住その山荘で死没。(北村信隆)〔文献〕野口存弥『野口雨情』未来社1986, 大江音人「出版界に異彩を放った男　中村有楽略伝」『唯一者』6号2000，中村伯三『無遠慮のすすめ』北郊文化1984, 中村パク三『対酒』私家版1999, 中村日出男「わが父中村有楽の断面」『La Movado』1970.6, 同「Mondon sen Ordonoj 1-4」『La Mondon sen Armeoj』25-27号1998.8-2001.6, 向井孝『山鹿泰治』自由思想社1984, 呉念聖「呉朗西と中村有楽・伯三父子　昭和初期の一中国人留学生と日本人との交流に関する調査」『人文論集』46早稲田大学法学会2008.02, 『エス運動人名事典』

中村 喜造 なかむら・よしぞう　?-?　日本印刷工組合信友会に加盟し1921(大10)年末頃には東京神田区(現・千代田区)の三省堂印刷部欧文科に勤めていた。(冨板敦)〔文献〕『信友』1922年1月号

中村 李一 なかむら・りいち　?-?　1919(大8)年朝鮮の釜山日報社文選科に勤め日本印刷工組合信友会(朝鮮支部)に加盟する。(冨板敦)〔文献〕『信友』1919年10月号

中村 若次 なかむら・わかじ　?-?　石版工。1923(大12)年6月日本印刷工組合信友会に石版工仲間と加盟し山田義雄らと計19名で小柴支部を組織する。(冨板敦)〔文献〕『印刷工連合』3号1923.8

中室 員重 なかむろ・かずしげ　1908(明41)4.15-1954(昭29)1.25　山梨県東山梨郡岡部村鎮目(現・山梨市)に生まれる。20年山梨師範学校附属小学校高等科に入学。22年甲府商業学校に入学。25年5月同村の県内中学在学者と内田義広主宰の『蘭の誉』(2号から『赤白青』と改題)に参加し短歌，童謡などを発表。29年1年志願兵となり近衛第2連隊に入営。30年除隊。富国強兵保険会社に入社。同僚の大島庸夫から生田春月を紹介され門下となるが5月19日春月は自殺。春月1周忌を期して門下生で詩誌『海図』(編集発行人佐藤信重)が創刊され，山梨から杉浦邦太郎，山口啓一，上野頼三郎らと参加する。8月兵役経験をまとめた詩集『兵隊詩集』を石川三四郎，望月百合子，『海図』同人に祝福されて上梓。32年5月『ディナミック』に春月をしのぶ詩を発表。35年大阪の三金研究所に転職。この時期エスペラントを習う。春月の「海の碑」建立に奔走。小野十三郎を通して池田克己，佐川英三，上林武夫，宮崎譲らの詩誌『豚』の同人となる。36年6月春月会に参加。甲府の杉原邦太郎主宰の詩誌『裾野』の同人となる。38年横浜に転居。

6月応召，43年5月除隊。岡部村へ帰郷。8月徴用でスマトラへ出向。45年2月同地で再度召集され8月敗戦により現地除隊。シンガポールに抑留され『抑留者新聞』に詩，雑記を執筆。戦後池田，植村諦らの『日本未来派』の同人となる。49年10月内田，杉原らとはかり地元の青年詩人を糾合し詩誌『中央山脈』を創刊。（黒川洋）〔著作〕『兵隊詩集』海図社出版部1931，共著『新興詩隨筆選集』詩と人生社1932〔文献〕『中央山脈』24号1954.8，『山梨の作家2』山梨ふるさと文庫1995，『エス運動人名事典』

仲元 愛高 なかもと・あいこう ?-? 別名・十四喜 広島県出身。1922（大11）年2月木本凡人の青十字社が大阪で開催した部落問題演説会に大串孝之助，岩本秀司，山岡喜一郎・栄二兄弟，松谷功，藤本虎吉らと参加。24年頃広島市鉄砲町の広島組合教会牧師八太舟三の思想的影響を受けた和佐田芳雄をはじめ加藤実，河上豪らを知る。のち大阪に出て28年頃松虫花壇園芸場近くに無首領社の看板を揚げて活動。広島時代から一緒に活動していた和佐田を誘い同居。29年河本乾次，中尾正義，逸見吉三，大串らの黒連からの離脱表明があったのち大串，李ネストル（允熙），山岡，上野克己，和佐田，松谷らが結成した黒色青年自由連合（のちアナルキスト青年連盟と改称）に参加。41年2月頃元愛国労働農民同志会のメンバーとして寺嶋宗一郎，小西繁三らと農地国家管理法案制定実現のため関西地方協議会を提唱し，協議会を開いて会の拡大をはかることを決定した。（北村信隆）〔文献〕「農村青年社を語る」『農村青年社』広島無政府主義研究会1988.1，『農青社事件資料集Ⅲ』，『大阪社会労働運動史・下』，原容子「水平社運動における「アナ派」について・正続」『世界人権問題研究センター研究紀要』2・3号1997・98，向井孝「木本凡人の「立場」」『黒』7号2001.8

中元 藤太 なかもと・とうた 1893（明26）-? 岡山県上道郡財田村（現・岡山市）で農業を営む。1923（大12）年6月28日地主に土地を占領され同村の小作人とともに抗議したところを検挙，西大寺署に留置される。同村の吉岡嘉三，藤栄三郎，藤源三郎，川合倉吉，中村伊三郎，川井猛が署に駆けつけると同じく検挙された。村民は神下公会堂で緊急会議を開き家野猛之らを代表として県知事に陳情するが面会できなかった。「地主の横暴に端を発したこの小作争議も，かくして地主どもの犬である警官のために惨敗し，7人は業務妨害罪で岡山監獄の未決につながれている」と『小作人』は報じる。のち7月7日藤栄三郎，川井猛とともに起訴され8月17日岡山区裁判所で罰金40円とされる（藤，川井は無罪）。（冨板敦）〔文献〕『山陽新報』1923.6.30，7.1・5・8・20・28/8.15・18，『小作人』2次6号1923.7

中本 弥三郎 なかもと・やさぶろう 1901（明34）4-? 大阪市に生まれる。幼少時から小川未明を愛読，17歳で入門した。大阪外語学校を卒業。24年頃『改造』『東京日日新聞』の懸賞小説に当選。かたわら『文芸戦線』に岡下一郎，里村欣三と参加し，東京九段下の人力車押し「たちんぼ」を業とした。25年『興隆期』，28年『関西文芸』，30年文芸誌『貨物列車』を岡田赤城夫，溝畠森太郎，浅田種郎，岡田刀水士，三浦徹，柳瀬正夢らと発行。30年『解放戦線』『黒色戦線』に拠る。同年秋大阪毎日新聞に招かれて帰郷。33年『順風』の編集発行責任者となる。主として短編小説，戯曲を発表した。戦後は新日本文学会に拠った。（黒川洋）〔著作〕短編集『ルンペン時代』プロレタリア新浪漫派社1932，『中本弥三郎選集1』私家版1957〔文献〕寺島珠雄「ガリ版の中本弥三郎選集」『日本古書通信』800号1996

中山 章 なかやま・あきら ⇒宮脇久 みやわき・ひさし

中山 あさ なかやま・あさ ?-? 1919（大8）年東京神田区（現・千代田区）の三秀舎に勤め日本印刷工組合信友会に加盟する。（冨板敦）〔文献〕『信友』1919年10月号

中山 栄蔵 なかやま・えいぞう ?-? 別名・栄造 読売新聞社に勤め東京の新聞社員で組織された革進会に加わり，1919（大8）年8月の同盟ストに参加するが敗北。時事新報社に移り正進会に加盟。20年機関誌『正進』発行のために1円寄付。また24年夏，木挽町（現・中央区銀座）正進会本部設立のためにも1円寄付する。（冨板敦）〔文献〕『革進会々報』1巻1号1919.8，『正進』1巻1号1920.4，正進会『同工諸君!! 寄附金芳名ビラ』1924.8

中山 英之助 なかやま・えいのすけ ?-? 万朝報社に勤め新聞工組合正進会に加盟。1920（大9）年機関誌『正進』発行のために1円

中山　清助　なかやま・きよすけ　?-?　1919(大8)年東京京橋区(現・中央区)の三協印刷株式会社和文科に勤め日本印刷工組合信友会に加盟する。(冨板敦)〔文献〕『信友』1919年10月号

中山　金次郎　なかやま・きんじろう　?-?　1919(大8)年東京京橋区(現・中央区)の三協印刷株式会社文選科に勤め活版印刷工組合信友会に加盟する。(冨板敦)〔文献〕『信友』1919年8月号

中山　庄二郎　なかやま・しょうじろう　1901(明34)-1961(昭36)　文京区生まれ。国学院大卒後、尾崎行雄に私淑。また我執を捨てることを説く一燈園で修行。戦後、品川区で貸本屋を営むかたわら資本組合副理事として「全国の貸本屋団結せよ！」と組織拡大を指導。業界仲間の戦前のアナキスト都崎友雄(ドン・ザッキー)と決別し「奉仕の精神」を説きつつ戦後経済成長下での貸本屋の意識向上を目指す。60年反安保闘争を機関紙『全国貸本新聞』でアジテーション。業界仲間から「商人道に徹したアナキスト」「理想主義的なサンジカリスト」と評された。(高野慎三)〔文献〕『全国貸本新聞・復刻版』不二出版2010

中山　次郎吉　なかやま・じろきち　?-?　別名・治郎吉　東京毎日新聞社に勤め東京の新聞社員で組織された革進会に加わり1919(大8)年8月の同盟ストに参加するが敗北。読売新聞社に移り正進会に加盟。20年機関誌『正進』発行のために50銭寄付する。(冨板敦)〔文献〕『革進会々報』1巻1号1919.8、『正進』1巻1号1920.4

中山　寅之助　なかやま・とらのすけ　?-?　1919(大8)年横浜のジャパン・ガゼット社に勤め横浜欧文技術工組合に加盟して活動。同組合設立基本金として1円寄付する。のち横浜欧文技術工組合を改称した横浜印刷技工組合の庶務係を担う。(冨板敦)〔文献〕『信友』1919年8・12月号、1920年1月号

中山　昇　なかやま・のぼる　?-?　1919(大8)年東京麹町区(現・千代田区)の一色活版所文選科に勤め日本印刷工組合信友会に加盟する。(冨板敦)〔文献〕『信友』1919年10月号

中山　豊　なかやま・ゆたか　1911(明44)-?　長野県諏訪郡富士見村(現・富士見町)に生まれる。魚屋を営んでいた。1935(昭10)年末か36年初め頃、農青社運動に関わったとして検挙されるが不起訴となる。(冨板敦)〔文献〕青木恵一郎『改訂増補 長野県社会運動史』巖南堂書店1964、『農村青年社事件資料集Ⅰ・Ⅲ』

永山　健二　ながやま・けんじ　?-?　関東出版産業労働者組合に所属し1935(昭10)年共党事件で検挙されるが不起訴。36年8月山口健助、加藤栄太郎、柴田知之、堀江磯吉、芹沢喜倉、京井弥一、山本徳市、広瀬長太郎、秋本義一、中村茂、村井竜太郎、坂村義雄らと東京印刷工組合の再建に尽力、書記局員となる。(冨板敦)〔文献〕山口健助『風雪を越えて』印友会本部1970、『青春無頼』私家版1982、『思想彙報Ⅱ』(『十五年戦争極秘資料集・補巻3』)不二出版1997

長山　直厚　ながやま・なおあつ　1887(明20)-1928(昭3)10.19　山口県阿武郡萩町(現・萩市)生まれ。萩の乱に参加した士族で県庁官吏の二男。陸軍士官学校に進み卒業後第5師団のシベリア出兵に陸軍砲兵中尉として従軍しロシア革命を目撃。帰国後軍を辞し大杉栄らと交わる。21年4月高尾平兵衛らの労働社に参加。翌年4月革命ロシアを実見するため高尾、正進会と信友会の印刷工とともに、堺利彦、山川均の信任状を得てロシアに渡航。6月チタで片山潜、高瀬清、野中誠之、ヴォイチンスキーを交えた日本人会議が行われ、何らかの目的で佐藤三千夫とともにウラジオストクに派遣されるがこの計画は失敗。9月以降チタで反戦宣伝活動を行ったのちモスクワに移る。この間コミンテルン第4回大会にも参加。大会終了後、日本共産党で働くことを約し帰国した。しかし帰国後は高尾と行動をともにし戦線同盟に参加。ボル派に距離を置きつつアナ・ボル協同の途を模索する活動を展開した。高尾の赤化防止団長米村嘉一郎襲撃事件では住居侵入罪に問われ下獄。出獄後は合法左翼運動に転じ堺、山川に接近、政治研究会に入会し東京北部支部の運営を担当する。26年5月政治研究会解散を唱え豊島合同労働組合を結成。統一運動全国同盟に一時参加するが26年5月猪俣津南雄を介して『労農』準同人となった。さらに労農派による28年7月の無産大衆党結党に際し執行委員となる。同年大日本人造肥料に対

する毒ガス防止同盟の闘争を指導中，交通事故死。(後藤彰信)〔文献〕西野辰吉「星とランプ」『社会新報』1972.11.19-12.24, 小松隆二「戦線同盟覚書」『初期社会主義研究』10号1997.9

長川 一雄 ながわ・いちゆう 1909(明42)-1985(昭60)12 福岡県田川郡方城村伊方(現・福智町)生まれ。田川中学卒業後，大谷大学仏教科に入学。1年修了後に上京し日本大学宗教科に入学するが32年中退。中学時代からの友人前田俊彦の影響で社会主義やクロポトキンの著作に接していた。同年12月妹尾義郎の新興仏教青年同盟に加盟, 35年同盟の中央委員となる。この間郷里で住職として同盟の活動を展開するが37年妹尾らと治安維持法違反で検挙投獄。これに前後して清沢満之，高光大船らの真宗近代仏教学派に関心をもち高光の仏教研究会に参加するようになった。特に同学派の曾我量深に傾倒し大谷大学で聴講，仏教的アナキズムへと傾斜した。以後大谷派の同朋会運動に同調しつつ自坊での仏教学習会活動を続け70年代には行徳会のサークル活動を形成した。同会は社会的・政治的関わりには消極的で宗教という枠組みの内にとどまるものであった。(奥沢邦成)〔文献〕緒方浩『仏教と社会運動』東洋文化社1972, 大住誠「『行徳会』物語 同朋会運動と長川一雄氏」『思想の科学』7次104号1988.6

南雲 錠太郎 なぐも・じょうたろう ?-1924(大13) 1919(大8)年東京神田区(現・千代田区)の三省堂印刷部欧文科に勤め活版印刷工組合信友会に加盟。三省堂印刷部欧文科の組合幹事を柴田宜要と担うが同年10月頃には麹町区(現・千代田区)の一色活版所欧文科に移っていた。21年3月6日の信友会定期大会で会計理事に石川三雄とともに選出される。24年「永々病気の所永眠せられた」と『印刷工連合』11号が報じる。(冨板敦)〔文献〕『信友』1919年8・10月号・21年1・4月号・22年1月号，『印刷工連合』11号1924.4

名倉 修 なぐら・おさむ ?-? 1926(大15)年京都府南桑田郡千歳村(現・亀岡市)で暮し農民自治会全国連合に参加。地元の農民自治会を組織しようとしていた。(冨板敦)〔文献〕『農民自治会内報』2号1927

那須 与一 なす・よいち ?-? 1919(大8)年東京京橋区(現・中央区)の三協印刷株式会社和文科に勤め活版印刷工組合信友会に加盟する。(冨板敦)〔文献〕『信友』1919年8・10月号

なだ いなだ なだ・いなだ 1929(昭4)6.8-2013(平25)6.6 本名・堀内秀(ほりうち・しげる) 東京生まれ。麻布中学在学中の1945年，仙台の陸軍幼年学校へ進むが敗戦により麻布中学に復学。同校の同期には同年に佐世保の海軍兵学校へ進学して敗戦で戻った小沢昭一(俳優)などがいる。53年に慶応大学医学部を卒業後，井の頭病院や久里浜療養所に勤務，精神科医でアルコール中毒の専門医としても知られる。50年代半ばに『文芸首都』に参加，同じ精神科医の北杜夫などと交わる。芥川賞候補6回，ペンネームは「なにもない・と・なにもない」という意味のスペイン語で，敬愛するガルシア・ロルカの母国語だという。『権威と権力』(岩波新書74年)や『人間この非人間的なもの』(筑摩書房72年)などで自立した自由な人間像を追求。2001年の9.11の頃から日本の政権について異議を申し立てる老人党をネット上に起ちあげ，亡くなる直前まで反体制的な評論活動を旺盛に続けた。(川口秀彦)〔著作〕『なだ・いなだ全集』全12巻筑摩書房1982-83, 『老人党宣言』筑摩書房2003, ほか多数

名取 操 なとり・みさお ?-? 1919(大8)年東京神田区(現・千代田区)の三秀舎欧文科に勤め活版印刷工組合信友会に加盟する。(冨板敦)〔文献〕『信友』1919年8月号

鍋川 市郎 なべかわ・いちろう ?-? 別名・一郎 東京日日新聞社に勤め東京の新聞社員で組織された革進会に加わり，1919(大8)年8月の同盟ストに参加するが敗北。のち正進会に加盟。20年6月13日大進会(博文館従業員組合)の総会に正進会を代表して布留川桂と参加する。同年，東京市京橋区新佃島西町(現・中央区佃)の布留川宅に住み日本社会主義同盟に加盟。24年夏，木挽町(現・東京都中央区銀座)本部設立のために3円カンパする。(冨板敦)〔文献〕『革進会々報』1巻1号1919.8, 『正進』1巻4号1920.7, 正進会『同工諸君!!寄附金芳名ビラ』1924.8

鍋山 貞親 なべやま・さだちか 1901(明34)9.1-1979(昭54)8.18 別名・河路青蘚 大阪市東成区鯰江町新喜多町(現・城東区)生まれ。15年頃友愛会に入会，機関誌『労働及産業』を購読，『生活と芸術』などを通じて

荒畑寒村の名を知る。18年日本労働新聞社に寒村を訪ね同社の労働組合講座で学び同年7月結成のLL会に参加。20年11月京都赤旗事件で懲役2カ月。21年9月野田律太らの野武士組に参加。同年『関西労働者』同人となり9月創刊号に「前科者」を寄稿。同年東京に移り共産党に入党し、高尾平兵衛と同居し活動。同年11月暁民共産党事件で検束。22年大阪電業員組合(のちの大阪電気労働組合)再建に努力、同組合幹事となった。同年2月旅館春乃家の大杉栄を囲む懇談会に参加。24年3月第3回全国水平社大会を堺利彦、逸見直造らと傍聴。26年4月浜松の日本楽器争議を三田村四郎らと指導。28年三・一五では渡辺政之輔とともに上海に逃れ、渡辺は台湾で自殺、鍋山は帰国後党再建へ。29年四・一六事件で検挙、32年10月無期懲役判決。33年6月獄中で佐野学とともに連名の転向声明書「共同被告同志に告ぐる書」を発し共産党から除名。懲役15年に減刑40年出獄。45年2月転居地北京で敗戦を迎え戦後46年8月帰国後、世界民主研究所を設立、反共理論家として活動。(北村信隆)〔著作〕鍋山歌子責任編集『鍋山貞親著作集・上下』古川書房1989〔文献〕『大阪社会労働運動史・上』、『現代史資料17・19』みすず書房1966・67、野口義明『無産運動総闘士伝』復刻版日本図書センター1990

奈街 三郎 なまち・さぶろう 1907(明40)1.2-78(昭53)12.23 本姓・山田 宮城県仙台市生れの東京育ち。父は小学校教師。26年東京商業学校卒。大正末期から『童話』に投稿、小川未明に師事。25年12月新興童話連盟結成の中心的メンバーとなり機関誌『新興童話』(26年8月3号終)を発行。29年6月宮原無花樹主宰の同人誌『童話新潮』(呉)に土屋里木、船木枳郎らと参加。30年フレーベル館に入社、『キンダーブック』編集部に勤務。31年『コドモノクニ』の編集長となる。34年宮原無花樹主宰の同人誌『童話草紙』に小林純一、関英雄らと参加。40年1月東京童話作家クラブの機関誌『童話精神』(理想社)に与田準一、関、宮原、戸塚博士、本多鉄麿らと参加。その著作は幼年童話が殆どである。46年3月関、小林らと児童文学者協会を創立、60年代初めまで同協会の役員の一人であった。54年『まいごのドーナツ』他で第一回小学館児童文化賞受賞。晩年は児童文学の執筆、その仲間とも離れ創価学会に入会し同学会の文化活動に従事した。(黒川洋)〔著作〕『海へ行った靴』子供研究社1937,『かたつむりの旅』紀元社1942,『つばめと日の丸』精華堂出版1943,『とけいの三時くん』教養社1947,『ハサミとようふくや』大日本雄弁会講談社1948,『さるまねベンちゃん』国民図書刊行会1948,『きつねのトロットくん』山川書店1949,『かねがなります』実業之日本社1951,『ねずみのハイキング』泰光堂1954, 他翻案訳多数,『小説 時習館』潮出版社1973〔文献〕大阪国際児童文学館編『日本児童文学事典』1-3巻大日本書籍

浪岡 民治 なみおか・たみじ ?-? 石版工。1923(大12)年6月日本印刷工組合信友会に石版工仲間と加盟し山田義雄らと計19名で小柴支部を組織する。(冨板敦)〔文献〕『印刷工連合』3号1923.8

並河 乳蛇 なみかわ・にゅうだ 1882(明15)11.24-1929(昭4)12.9 北海道江別に生れる。1903年札幌中学卒業後渡米、カリフォルニア州の大学予科に入学した。06年6月渡米中の幸徳秋水がオークランドで結成した社会革命党の本部委員に登録されたが活動記録はない。07年2月結核の療養のため帰国。北海道の実父のもとに滞在した。ここでも運動の記録はないが無政府主義を信奉する甲号として要視察人名簿に登録された。07年11月におきた天皇暗殺檄文配布事件を受けて強化された在米社会主義者、アナキストに対する取り締まりの巻き添えを食ったものと推測される。(西山拓)〔文献〕『主義者人物史料1』、『在米主義者沿革』、『社会主義沿革1』

並川 勇馬 なみかわ・ゆうま 1884(明17)1.1-? 高知県長岡郡田村(現・南国市)に生まれる。尋常小学校2年で中退。日本社会主義同盟に加入するが加入の経緯は不明。なお、高知県人15人が並川の紹介で同盟に加入。堺利彦と親交があり第一次共産党事件で入獄中の堺に見舞状を送っている。堺以外の県外の社会主義者とのかかわりについては不明。高知県の社会運動は1923年以降活発となるが並川は運動には全く関与していない。入交好保や小松頼正などの社会運動家の知遇を得ていたが、かれらの運動にも加わっていない。28年高知市中島町に住所を移しロシア皇帝から「タラス・ペトロウィッチ・カロレンコ・ユーマナミカワ・クー

ニンナビ・タアマハル」という名をもらい，予言者タアマハルとして開業。その後については不明。(吉田文茂)〔著作〕『神人機密』1928〔文献〕入交好保『ふるさと昭和の証言』高知新聞社1987，小正路淑泰「堺利彦の第一次共産党事件獄中書簡(1)-市ヶ谷刑務所未決期」『キリスト教社会問題研究』58号同志社大学人文科学研究所2010，吉田文茂〈研究ノート〉日本社会主義同盟名簿のなかの高知県人」『土佐史談』251号2012.12

行木 勇 なみき・いさむ 1894(明27)-? 千葉県九十九里浜の農家に生まれる。16歳で一家離散し横浜へ出て印刷工になる。18年米騒動に加わり拘留される。その後大杉栄に共鳴，21年吉田只次，斎藤光太郎らと横浜市内にシベリア出兵反対のポスターを貼り歩き検挙されたが不起訴。23年横浜のメーデーで「印刷職工団」と書かれた槍付きの旗を持ち込み，治安警察法により禁錮2カ月，根岸刑務所に投じられる。村木源次郎が差し入れた書物をむさぼるように読み出獄後は「おしもおされぬ? アナーキストになったつもりでいたものだ」と後年書いている。24年に結成された横浜印刷工組合の活動家として労働運動に専念し26年横浜で開催された全印連第3回大会では議長をつとめる。28年浜松孝太郎ら純正アナ系により横印，横浜黒色一般労働組合など産業別労組は解体され，横浜地方労働者連盟となり行木も参加するが，翌年「無定見主義者」として排除される。「こんどの戦争で腰を抜かし」たが，戦後「正気をとりもどし」アナ連に参加，全国委員となる。48年横浜の日本ビクターの争議では労働者の自主と連帯を掲げて気を吐いた。「丸太ん棒を懸命に打ち込む」生涯だった。(大澤正道)〔著作〕「私はなぜアナキストになったか」『平民新聞』59号1948.2・6，大澤正道『忘れられぬ人びと』論創社2007

名本 栄一 なもと・えいいち 1909(明42)-1990(平2) 別名・小林潤三 愛媛県温泉郡五明村(現・松山市)の農家の二男に生まれる。小学校5年時に一家をあげて松山市内に移住。中学卒業後，毎日新聞社の記者を戦前，戦後25年間つとめた。27年詩誌『黒林』を木原茂，木原良一と発刊。宮本武吉と初めて出会う。29年8月新創人社を宮本らと創設する。同時に『先駆詩人』の同人となる。30年1月宮本らの『文学地帯』と合併し『第一芸術』の同人となる。藤田唯志，神谷暢，遠地輝武，伊福部隆彦，竹内てるよ，浅野紀美夫，関沢源治，伊藤耕人，良一，宮本，茂らが拠った。30年5月『農民』に加盟する。同年末，名本の詩集が発禁となり各同人宅の家宅捜索にあい『黒林』は廃刊となる。31年3月『文学時代』に小説「飢餓戦の村」が入選。36年1月『表現』を宮本らと創刊。同年『記録』(光田稔発行)に小林潤三名で詩を発表。戦中は友人を頼って満州に渡る。敗戦後は放送作家となりNHK松山放送局，南海放送などで活躍した。74年2月文芸誌『文脈』86号に若き日の自伝「不謹慎な苦笑」を発表する。(黒川洋)〔著作〕詩集『飢えている大地』第一芸術社1930，『新興農民詩集1931年版』全国農民芸術連盟1930〔文献〕松永伍一『日本農民詩史・中1』法大出版局1975，木原実『冬晴れの下で』オリジン出版センター1975，志賀英夫『戦前の詩誌・半世紀の年譜』詩画工房2002

奈良 重穂 なら・しげほ 1910(明43)1.9-1974(昭49)8.21 本名・奈良茂雄 青森県南津軽郡黒石町(現・青森市)に生まれる。13年母が病没し祖父母のもとで育てられる。16年青森師範学校附属小学校入学。22年青森商業学校に入学するが9月仙台商業学校に転校。27年東北学院高等商科に入学。在学時に『東北文学』108-110号に詩を発表。仙台詩人連盟の看板を掲げ文芸誌『地平線』を編集発行(5号1928.5まで)。30年後継誌として『芸術解放』を創刊する。石川善助らと交流をもった。29年豊橋在の叔父の庇護にあったことから岩瀬正雄を訪ね，その親交は晩年まで続く。同年5月『黒色戦線』に作品を発表。この頃詩誌『氷河』を創刊した(3号まで)。31年東北学院卒業後，5月に上京し麻布区(現・港区)に下宿，配管工手伝いのかたわら詩作に励む。33年復活『弾道』4-5号に作品を寄せる。32-33年末兵役につく。34年鹿島組に入社，36年同社の満州出張所の各地を転属する。44年夏現地召集で各地を転戦。敗戦後の51年12月仙台で復刊『氷河』発行(4-10号)。54年2月横浜市鶴見区に転居後『氷河』を継続発行(14号1957.12まで)。オールド・アナキズム詩人たちの結集をはかった。没後，遺稿集が上梓された。(黒川洋)〔著作〕詩集『陸橋の風』詩芸術社1929，奈良史樹作曲『賛美歌零番』ヤマハ1971，『奈良重穂遺稿集

私家版1975〔文献〕岩瀬正雄『僕の文学史一匹の黄金虫』豊橋文化協会1972

奈良 民治 なら・たみじ ?-? 1919(大8)年東京深川区(現・江東区)の東京印刷深川分社第二部印刷科に勤め活版印刷工組合信友会に加盟する。(冨板敦)〔文献〕『信友』1919年8月号

奈良井 卯三郎 ならい・うさぶろう ?-? 1919(大8)年東京京橋区(現・中央区)の築地活版所漢字仕上科に勤め日本印刷工組合信友会に加盟する。(冨板敦)〔文献〕『信友』1919年10月号

奈良梅 庄太郎 ならうめ・しょうたろう ?-? 1919(大8)年東京荏原郡大崎町(現・品川区)の帝国印刷会社文選科に勤め日本印刷工組合信友会に加盟する。(冨板敦)〔文献〕『信友』1919年10月号

成田 政市 なりた・まさいち 1909(明42)-1934(昭9)7.4 別名・政一 名古屋市熱田区新尾頭町金山に生まれる。24年名古屋鉄工場労働者組合,名古屋機械技工組合に加盟。24年5月1日名古屋第2回メーデー解散時に労働歌を歌って検束。25年門前署の巡査と格闘になり前田辰之助,篠田清と逮捕,懲役8ヵ月となる。26年3月篠田の街頭人社の同人となり『街頭人』を発行。黒潜社の同人にもなり中部黒連,黒連に加盟。同年6月京都黒連主催の演説会閉会後のデモで検束。27年12月17日未明,黒潜社同人の一斉検挙にあう(上野克己,前田辰之助,高嶋三治,山本勝利,長縄文夫,富里,成田の7人)。29年末,大西正次郎の勤める丸八ポンプ鉄工所の争議支援を後藤広数,横井憲蔵,太田順一らと闘いこれを契機として中部黒色一般労働組合を結成。33年5月名古屋メーデーで中部黒色一般の同志十数人とともに検束される。(冨板敦)〔文献〕『名古屋労働者』12号1925.12,『街頭人』1号1926.3,『自連』2号1926.7,『黒潜』3号1928.2,『自由新聞』33・34号1931.1・2,『自連新聞』80・94号1933.5・34.9,『民衆の解放』12号1934.8,浅野紀美夫「新尾頭143番地」『風信』2号1968,『解放のいしずえ』旧版,『名古屋地方労働運動史』

成田 元雄 なりた・もとお ?-? 1926(大15)年頃,愛知県知多郡東浦村(現・東浦町)で暮し農民自治会全国連合に参加。同年末には農自愛知県連合の事務所を自宅に置いていた。(冨板敦)〔文献〕『農民自治』4・5号1926.8・9,竹内愛国「農民自治会」『昭和2年版解放運動解放団体現勢年鑑』解放社1927

成井 賢一郎 なるい・けんいちろう ?-? 新聞工組合正進会に加盟し1924(大13)年夏,木挽町(現・中央区銀座)本部設立のために70銭寄付する。(冨板敦)〔文献〕正進会『同工諸君!!寄附金芳名ビラ』1924.8

成石 勘三郎 なるいし・かんざぶろう 1880(明13)2.5-1931(昭6)1.3 別名・空庵,梅峰 和歌山県東牟婁郡請川村(現・田辺市)に生まれる。請川小学校,同補習科を経て同村で薬種,雑貨商を営んでいた。温厚篤実で村人の信頼があつく区長や村会議員などにも推されたという。10年7月10日大逆罪被告として起訴され11年1月18日死刑判決を受けた。翌日恩赦により無期懲役に減刑され長崎の諫早監獄に服役した。勘三郎が大逆罪の被告とされた理由は弟平四郎の依頼により爆裂弾の投擲実験を行ったことと大石誠之助,新村忠雄を招いた宴会において革命談にあわせて「やるべし,やるべし」と放言したことであった。投擲実験は09年4月と8月に行われ薬品を紙やゴムマリに詰めたりワセリンを混入したりするなど試行錯誤を繰り返したが,いずれも失敗した。また宴会は同年7月に弟が世話になるという気持ちから新宮養老館に大石,新村を招いたというものであり共同謀議をはかったわけではなかった。平四郎は兄と同じ日に死刑判決を受けたのち11年1月24日刑死した。21日諫早監獄へ下獄する兄と涙の別れをしたという。判決書では勘三郎は平四郎の蔵書の借覧を通じて無政府共産主義者になったということになっている。しかし勘三郎が実際に社会主義者であったか否かは不明であり大逆事件の被告中で最も気の毒な人物とされている。29年4月29日18年間の獄中生活を経て仮出獄したものの1年余りで病死。(西山拓)〔文献〕関山直太郎「成石勘三郎の獄中『感想録』」『経済理論』60号1961,池田千尋編「成石勘三郎獄中記『写経因縁誌』」『運動史研究9』三一書房1982,辻本雄一「『大逆事件』と紀州新宮」『社会文学』5号1991.7

成石 平四郎 なるいし・へいしろう 1882(明15)8.12-1911(明44)1.24 別名・蛙聖 和歌山県東牟婁郡請川村(現・田辺市)に生まれる。小学校を卒業後,山林労働に従事して

いたが，02年上京し，東京法学院（現・中央大学）に入学。この頃から毛利柴庵主宰の『牟婁新報』に投稿を始める。06年初夏新宮で大石誠之助に初めて面会。07年7月東京法学院法律学専門科を卒業，8月毛利を新宮に案内し大石を紹介する。9月新宮に来た森近運平らと演説会を開く。10月熊野川の船頭となり組合を組織。08年3月『牟婁新報』新宮支局の出張社員となる。7月幸徳秋水が大石宅に逗留した際に影響を受ける。09年1月下旬大石が上京した際に聞いてきたという幸徳の革命談を披露する会に高木顕明，峯尾節堂，崎久保誓一らとともに出席（この会はのちに共同謀議とみなされた）。この頃，兄勘三郎に爆裂弾の研究を依頼する。2月末上京し幸徳を訪ね，新村忠雄を知る。4月新村が大石方の薬局見習となった。7月勘三郎は弟が世話になるという理由から新宮養老館に大石，新村を招いて宴会を開く（これものちに共同謀議とみなされた）。勘三郎は4月と8月に爆裂弾の投擲実験を行ったがいずれも失敗した。新村は8月帰京。年末平四郎は大石と借金のことなどで対立し翌10年1月の演説会で社会主義を捨てた旨を告白した。同年6月3日第1次家宅捜索を受け新宮署に連行されるが7日一時釈放される。自宅からダイナマイトが発見されたため28日爆発物取締違反として拘引され，翌日第2次家宅捜索を受ける。7月勘三郎も大逆罪被告として起訴。12月10日大審院特別法廷で公判が始まり11年1月18日に兄弟ともに死刑判決を受ける。兄は翌日恩赦により無期懲役に減刑されたが平四郎は同月24日に刑死。本宮町の成石兄弟の墓所には荒畑寒村撰文の「蛙聖成石平四郎兄弟の碑」が建立されているが2003年兄弟の名誉回復と顕彰をめざす「『大逆事件』犠牲者の名誉回復を実現する会」が発足した。（西山拓）〔文献〕塩田庄兵衛・渡辺順三編『秘録大逆事件・上』春秋社1959，神崎清編『新編獄中手記』世界文庫1964，幸徳秋水全集編集委員会編『大逆事件アルバム 幸徳秋水とその周辺』明治文献1972，杉中浩一郎「成石平四郎の生涯」『紀南雑考』私家版1981，辻本雄一「『大逆事件』と紀州新宮」『社会文学』5号1991.7，岡功「蛙聖・成石平四郎と一子・意知子のことなど」『初期社会主義研究』9号1996.9，『牟婁新報』復刻版・不二出版2001

成岡 秀五郎 なるおか・ひでごろう ?-? 別名・秀五朗 1919（大8）年横浜のジャパン・ガゼット社新聞課に勤め同年6月15日横浜欧文技術工組合を発起人として創立，庶務兼書記となる。同組合設立基本金として3円寄付。同年11月2日横浜市長者町（現・中区長者町）の，せかゐで開かれた横浜印刷技工組合（横浜欧文技術工組合を改称）臨時大会発会式で信友会からの祝辞を朗読する。同組合の編集兼書記を担う。（冨板敦）〔文献〕『信友』1919年8・10・12月号，1920年1月号

成沢 富太郎 なるさわ・とみたろう ?-? 1927（昭2）年1月22日長野県小県郡丸子町の丸子劇場で小県水平社創立大会を開き司会をつとめる。大会では「共産党一派を徹底的に排撃する」を決議，アナ派の全国水平社解放連盟支持を決めた。なおこの会では座長を深井清，議長を竹内俊次がつとめ執行委員長に深井喜重，委員兼通信員に深井清が選出された。（冨板敦）〔文献〕『農民自治』8号1927.3，『全国水平新聞』1号1927.7

鳴沢 槙太郎 なるさわ・まきたろう ?-? 1927（昭2）年1月26日創立された長野県北佐久郡北御牧村水平社の事務所を北御牧村八重原の自宅に置いた。創立大会は同村の鳴沢勇次郎宅で開かれ東京府水平社から深川武，西勝歌三，県水平社本部から朝倉重吉が出席し祝辞を述べる。（冨板敦）〔文献〕『全国水平新聞』1号1927.7，宮崎晃『差別とアナキズム』黒色戦線社1975

成沢 量一 なるさわ・りょういち ?-? 長野県上水内郡三輪村（現・長野市）に生まれる。1926（大15）年全国水平社解放連盟に参加し地元でも長野県水解を結成して活動した。この頃農民自治会にも参加。27年4月30日には埼玉県入間郡水平社連合創立大会で演説している。31年2月南佐久郡岸野村杏沢区（現・佐久市）で杏沢闘争が開始された。これは長い年月，区民でありながら区有林の権利から除外されてきた水平社員たちがその差別を解消する要望を区に提出することで始まった。区が拒否したため怒った社員と乱闘，警察が介入し当時全農三都和支部準責任者であった成沢を含む9人が検挙された。以後公判闘争が続くが結局高橋市次郎実刑2年，竹内万之助8カ月，残りの7人は5カ月の判決が出された。この背後には水平社第一主義に立つアナ系と労農運動との

連携を主張するボル系との対立があり、指導者であった高橋は「沓沢闘争にはアナは手を引きボルだけで闘われた」と回想している。〔安田常雄〕〔文献〕柴田道子『被差別部落の伝承と生活』三一書房1971、宮崎晃『差別とアナキズム』黒色戦線社1975、安田常雄『日本ファシズムと民衆運動』れんが書房新社1979、『南佐久農民運動史・戦前編』同刊行会1983

成瀬 徳明 なるせ・とくあき ?-? 新聞工組合正進会に加盟し1921(大10)年の春季総会のために1円寄付する。〔冨板敦〕〔文献〕『正進』2巻5号1921.5

成瀬 徳明 なるせ・とくあき ⇒安芸盛 あき・さかん

鳴海 黒流 なるみ・こくりゅう ?-? 黒連、無差別社のメンバー。暴力行為で浦和刑務所に収監されていたが、1926(大15)年7月18日井上新吉とともに出獄(詳細不詳)。27年望月辰太郎、滝沢深、長谷川清、高橋五一、堂脇次郎、鳴海の6人が無差別社の同人だった。26年12月埼玉で「リャク」(掠)をしたとして「著述業・鳴海一枝(1906年生まれ)」が検挙され暴力行為で懲役10カ月と官憲資料にあるが黒流と同一人物かどうかは不詳。〔冨板敦〕〔文献〕『黒色青年』5号1926.9、『無差別』3号1927.1、『思想輯覧1』

鳴海 なつ なるみ・なつ ?-? 1920(大9)年印刷工として日本印刷工組合信友会に加盟し活動する。〔冨板敦〕〔文献〕『信友』1920年2月号

鳴海 要吉 なるみ・ようきち 1883(明16)7.9-1959(昭34)12.17 青森県南津軽郡黒石町(現・黒石市)に生まれる。尋常小学校同級の秋田雨雀と親交し若くして文学を学ぶ。青森師範学校在学時にエスペラントに触れる。エスペラントを通して次第に社会問題への関心を高め、社会主義詩人大塚甲山と交友。09年北海道へ代用教員として赴任。子供たちにローマ字を教え青年にエスペラントを説く。このため警察の監視下に置かれる。大逆事件後の11年3月突然家宅捜索を受け幸徳秋水『基督抹殺論』などを押収される。同年12月苫前村尋常小学校で御真影への不敬があったとして教職を追われる。アナキスト摘発の一環であった。その後上京しローマ字普及に尽力。併せて口語歌誌『新緑』を主宰するなど主に短詩型文学で戦後も活躍。なお田山花袋の「トコヨゴヨミ」は鳴海をモデルにした作品。〔北村巌〕〔文献〕高橋明雄『うらぶる人』津軽書房1993、『エス運動人名事典』

縄野 喜助 なわの・きすけ ?-? 農村運動連盟に加わり機関紙『小作人』3号から岩佐作太郎、望月桂、和田栄太郎、綿引邦農夫、山鹿泰治、和田久太郎、近藤憲二とともに同人となる。〔冨板敦〕〔文献〕『小作人』2次3号1923.4

難波 大助 なんば・だいすけ 1899(明32)11.7-1924(大13)11.15 山口県熊毛郡周防村立野(現・光市立野)に生まれる。父難波作之進、母ロクの四男。父親は謹厳、教育費は節約という態度であったが家格に固執し県会議員、衆議院議員選に立候補し資産を使いその態度に反発する。公立、私立中学に通うがたびたび家を出て東京に向かう。19年11月東京市四谷区谷町(現・新宿区)に居住、鮫ヶ橋の貧民の状況を知り社会主義思想がめばえる。20年2月11日普通選挙期成大演説会に加わる。21年1月『改造』掲載の論文を読み社会主義に傾倒。ロシアの反ツアー活動を記述した河上肇『断片』に共鳴。4月上野図書館で大逆事件の判決を伝える新聞を読み「死刑判決は国権の暴虐」「その時初めてテロリストとなる事を決心」とのちに虎ノ門事件の予審で供述。5月9日第2回社会主義同盟講演会に出席。22年早稲田高等学院に入学、サンジカリズムに関する書物を読みソレルに影響される。11月同学年の歌川克己と親しくなり『断片』を貸すなど交流をもつ。歌川と28通の書簡を交わす。23年初めクロポトキン『革命家の思ひ出』ほかの著作を読む。歌川から借りた麻生久『濁流に泳ぐ』の内容に衝動を受ける。同年2月15日深川区富川町(現・江東区)の木賃宿第二煙草屋を住まいとしプロレタリアの前衛なることを決意。この頃アナキズムを意識する。築地海軍造兵廠、東京瓦斯会社の作業員となる。5月1日第4回メーデーに歌川とともに参加。同志を検束しようとする警官と乱闘となる。病にかかり5月11日故郷に戻るが父や兄と論争。上京して9月1日東京駅で関東大震災に遭遇。この頃『共産党宣言』を読み共産主義に対する信念が強くなる。10月2日帰郷。その間「大杉栄氏等の虐殺事件、亀戸に於ける組合労働者…鮮人

虐殺事件と云ふ様な記事を見て種々考へる所がありました」と予審で供述。11月1日父所有のステッキ銃を入手。12月23日京都の友人岡の下宿を訪ね思想問題について論争。同日頃大阪市南区水崎町(現・浪速区戎本町)の借家人組合を訪ね20円を差し入れたという。12月25日朝刊で27日に皇太子が貴族院へ寄ることを知り暗殺を企てる。京都府立図書館で決行宣言の書簡と趣意書を書く。「…天皇一族の存在は日本社会革命を遂行するに当りての最大妨害物である。吾人青年共産主義者は死を決して天皇一族鏖殺の為めに力を尽すべき事を宣言す」。12月27日午前8時20分東京駅に着き友人への葉書を投函。9時50分東京駅構内便所でステッキ銃を準備。虎ノ門で午前10時42分皇太子の車が北公園前を通過中顔がガラス越しにみえた瞬間、車窓から10cmの位置でステッキ銃の引き金を引く。窓ガラスに亀裂が入るのを見届け「革命万歳」を連呼しながら車を追う。巡査らに抑えられる。弾丸は皇太子のすぐ後ろ、左天井隅に当った。割れた窓ガラス片によって皇太子の隣の東宮侍従長が顔面に軽傷。午後5時20分山本権兵衛内閣総辞職決定。夕刻、号外発行。予審訊問は沼義雄判事により直後の12月27日東京地方裁判所で、第2回は24年1月2日、以降は1月4日、1月17日、2月14日、2月16日と市谷刑務所、2月19日は東京地方裁判所で行われた。刑法73条(大逆罪)で起訴。同年10月1・2日と大審院の公判が開かれるが傍聴人は冒頭に退廷を命じられ非公開とされた。11月13日大審院により死刑判決。11月15日絞首刑に処される。遺体を自然児連盟の山田作松らが引き取りに行くが警視庁により検束される。(亀田博)〔文献〕『続・現代史資料3 アナーキズム』みすず書房1988、『難波大助大逆事件』増補版・黒色戦線社1979、『虎ノ門事件裁判記録』同1992、中原静子『難波大助・虎ノ門事件』影書房2002

難波 留吉 なんば・とめきち ?-? 新聞工組合正進会に加盟し1924(大13)年夏、木挽町(現・中央区銀座)本部設立のために1円寄付する。(冨板敦)〔文献〕正進会『同工諸君!! 寄附金芳名ビラ』1924.8

南波 昇 なんば・のぼる ?-? 1919(大8)年東京京橋区(現・中央区)の中屋印刷所印刷科に勤め活版印刷工組合信友会に加盟する。(冨板敦)〔文献〕『信友』1919年8・10月号

難波 正雄 なんば・まさお ?-? 関東労働組合連合会に属し黒色青年連盟に加盟。1926(大15)年4月京成電車争議の支援に押しかけ江東自由労働者組合の大沼渉、高田格、自我人社の松永鹿一らと逮捕され拘留25日。同年8月黒連本部移転の際の弾圧で逮捕拘留20日。27年4月東海黒連主催の静岡での講演会、5月の大宮での講演会に応援に赴く。同年6月江西一三、陀田勘助、横山楳太郎らと運動の大衆化をめざす新聞『反政党運動』を創刊、「無産階級の解放は、この反政党的結束になる直接的経済行動によつてのみ達成される」と宣言する。『黒色青年』(9号1927.6)にも創刊の広告が大きく掲載されている。ところが同年6月の汎太平洋労働組合会議への参加問題をきっかけにして爆発したサンジカリズム派対純正アナキズム派の抗争の結果、『反政党運動』の一派は一転して「改良的日和見的サンヂカリスト」として黒連から除名され(12号1927.9)陀田、横山らは思想の純化を主張する純正アナ派から暴力的制裁を受けボルへと移っていく。難波のその後の消息は不詳だがアナからは去っていったと思われる。(大澤正道)〔文献〕『黒色青年』2・5号1926.5・8、『自連』13号1927.6

難波 明治郎 なんば・めいじろう ?-? 1919(大8)年東京京橋区(現・中央区)の三協印刷株式会社鋳造科に勤め日本印刷工組合信友会に加盟。同社同科の組合幹事を担う。(冨板敦)〔文献〕『信友』1919年10月号

南部 卯吉 なんぶ・うきち ?-? 1919(大8)年東京京橋区(現・中央区)の三協印刷株式会社和文科に勤め活版印刷工組合信友会に加盟。のち神田区(現・千代田区)の三秀舎ポイント科に移る。(冨板敦)〔文献〕『信友』1919年8・10月号

南部 僑一郎 なんぶ・きょういちろう 1904(明37)4.3-1975(昭50)2.16 本名・杉田実 小倉市(現・北九州市小倉北区)に生まれる。小倉師範学校附属小学校に入学。19年小倉中学を経て五高に入学。20年頃八幡製鉄の争議に関心をもち浅原健三、藤岡文六に会いに行きアナルコ・サンジンカリズムを知る。22年文芸誌『揺籃』に玉井勝利(火野葦平)ら

と参加する。23年東京大学文学部インド哲学科に入学。同年関東大震災で帰省中，中小の炭鉱争議の応援に行くが暴行を受け左眼を失明して帰京。同年末東京オペラ座(小生夢坊)の文芸部に籍を置く。永島富士雄と朝鮮に渡り万引き(本と拳銃)が発覚，永東浦の刑務所に1年2カ月を過ごす。出獄後その体験を25年9月『婦人公論』臨時特別号に「牢屋解散始末」として投稿，入選が縁で文筆業に入る。『松竹映画』(奮闘社)への掲載文が治安維持法違反で懲役8カ月を科せられ市ケ谷刑務所に入る。この間に大学は除籍となる。27年京都の実姉を頼り西下『映画時代』『映画と演芸』に執筆。この時期に阪東妻三郎，林長二郎，月形竜之介ら映画スターと知己となる。29年プロキノの京都支部結成の中心メンバーとなる。戦前の映画評記事のほとんどは無署名で執筆された。66年10月日本最初の東映俳優労働組合の闘争に竹中労を誘い支援。中村錦之助，伊藤雄之助らが共闘した。その生涯はフリーの映画ジャーナリストとして貫かれた。

(黒川洋)〔著作〕『印度の巨象 ガンジーとネール』新興亞社1942，『艶笑珍友伝』あまとりあ社1951，『おとこ放談』同1955，『あまとりあ代表傑作選集3』同1956〔文献〕映画評論誌『壁に描く』2輯1927.11，『ユニオン 俳優のための通信』1-2号1967，『嵐の中の航海』映演総連・全東映・東映俳優労働組合1967，「南部僑一郎，竹中労対談」竹中労事務所1973.5-6，黒田達也『現代九州詩史増補版』葦書房1974，永島富士雄「詩人達との交遊」『古本屋』4号1987

南部 繁治 なんぶ・しげはる ?-? 1919(大8)年東京深川区(現・江東区)の東京印刷深川分社鋳造科に勤め活版印刷工組合信友会に加盟する。(冨板敦)〔文献〕『信友』1919年8月号

南部 つなぎ なんぶ・つなぎ ?-? 高知県高岡郡大野見村(現・中土佐町)で暮し1926(大15)年竹内囧衛，小山敬吾らの「土を慕ふものの会」に加わる。同会が農民自治会に合流，発展的に解消すると農自全国連合に参加。地元の農民自治会を組織しようとしていた。(冨板敦)〔文献〕『土を慕ふものの会々報』3号1926.3，『農民自治会内報』2号1927，大井隆男『農民自治運動史』銀河書房1980

に

新居 格 にい・いたる 1888(明21)3.9-1951(昭26)11.15 徳島県板野郡大幸村(現・鳴門市)に医師の父護，母キヨの二男として生まれる。徳島中学，七高を経て東京大学法学部政治学科に入学。この間05年郷里に近い撫養町の江富トクと結婚。15年大学卒業後新聞記者になり読売，大阪毎日，東京朝日の各新聞社で活躍。この間『新潮』『改造』『早稲田文学』『新公論』『解放』『社会評論』『人と芸術』『大東公論』などにも執筆。21年処女評論集『左傾思想』(文školu堂書店)を世に送った。虎ノ門事件に際して当局に事情聴取を受けた。また大震災による被災後の人員整理で東京朝日新聞社を退社，社会的活動や創作・評論活動に入る。その直後に日本フェビアン協会と政治研究会に参加。『新潮』『新興』『文章倶楽部』『民衆公論』『文芸市場』『王冠』『春秋』『文学時代』『スバル』『文芸通信』など多くの雑誌に執筆，作家，評論家として確固たる地位を築いた。創作集『月夜の喫煙』(解放社1926)をはじめ『季節の登場者』(人文会出版部1927)，『近代明色』(中央公論社1929)，『街の抛物線』(尖端社1931)，『生活の錆』(岡倉書房1933)など多くの著作を相次いで刊行。『社会問題講座』(新潮社1927)，『社会思想全集』(平凡社1928)，『新興文学全集』(同1929)などにも執筆した。併せて左傾，モボ・モガなど時代の流行をうまくとらえた造語，また街角のありふれた光景や出来事などに観察・考察の目を向ける万人哲学者といった哲学の大衆化・日常化，あるいは女性の自立，教育，役割の評価にも貢献した。同じ大正末頃から協同組合運動にも参加。西郊共働社組合長(のちにその発展である城西消費組合組合長にも就任)として協同組合運動社に参加，機関誌『協同組合運動』創刊(1928)に協力した。同時に文芸・芸術領域でアナ・ボル論争が拡大するとアナ陣営に立って論陣を張った。アナ系の『北極星』『文芸批評』『リベルテール』『悪い仲間』『文芸ビルデング』『矛盾』『黒色戦線』などに執筆，また川合仁，

遠藤斌らの『バクーニン全集』(近代評論社1930-32)の刊行にも協力した。時代がさらに悪化するなかで『改造』『社会評論』『週刊朝日』『新潮』『新潮評論』『書物新潮』『経済往来』『衣服研究』『エコー』などへの執筆、『新しき倫理』(金鈴社1942)、『心の日曜日』(大京堂書店1943)、『新女大学』(全国書房1943)などの著作、パール・バックの『大地』(第一書房1935)などの翻訳、慶応義塾の『予科会雑誌』の随筆選者など幅広い場で活躍を続ける一方、「新居格編輯」と銘打たれた『自由を我等に』などに参加、弾圧や厳しさの増す時代にも言論・思想運動の前線に立った。第2次大戦後すぐに協同組合運動に参加、東京西部協同組合連合会の会長に就任。日本ペン・クラブの創設にも参加し47年の再建大会では中心的役割を演じた。同年4月日本一の文化村をめざして杉並区長に立候補し当選。しかし健康がすぐれずまた区議会や行政に失望して翌48年辞任。この間、文筆活動にも活躍。『太平』『東西』『新樹』『女性公論』『自由文化』『人物評論』など多くの雑誌の創刊に協力、『新女性教養読本』(共著、協和出版社1946)、『市井人の哲学』(清流社1947)などの著作も公にした。その他聖ガンジー協会理事長など多くの役職にもついた。賀川豊彦は従兄弟。(小松隆二)〔著作〕クロポトキン『ロシヤ文学・その理想と現実』(訳)春陽堂1928・復刻版黒色戦線社1988、『アナキズム芸術論』(共著)天人社1930・復刻版黒色戦線社1988、『区長日記』学芸通信社1955、『遺稿新居格杉並区長日記』波書房1975〔文献〕秋山清『壺中の歌』仮面社1974、生活研究同人会編『近代日本の生活研究』光生館1982、和巻耿介『新居格』文治堂1991、小松隆二『大正・大震災・自由人』橘宗一少年の墓碑保存会1990

新島　栄治　にいじま・えいじ　1889(明22)4.1-1979(昭54)1.11　群馬県山田郡韮川村植木野(現・太田市)生まれ。出生時母は姑と衝突し父と離縁。人間関係で誰一人自分を受け取る者がいなかったという出生認識は生きるうえでの原点となる。小学校も中途の10歳で子守奉公、小作雇人などに従事、19歳で上京、日雇、行商、職人、土工など転々、いくどか郷里に戻るが15年から東京定住。20年頃から盛んに詩作する。22年詩誌『シムーン』(のち『熱風』)に参加。『新興文学』『文芸戦線』『種蒔く人』などに発表。詩は貧乏生活の労働のなかプロレタリア精神の横溢したもので、怒りと反抗を語り肉体から湧き出るような詩を書いた。23年処女詩集『湿地の火』(紅玉堂)、24年第2詩集『隣人』(同)を刊行。吉野作造の家庭購買組合に勤務。27年結婚、28年目白に古本屋を営む。29年平凡社『新興文学全集10(新興詩人集)』に詩65編収載。詩作はこの頃途絶。北原白秋のすすめもあり「矯正術」(マッサージ)を正業とする。矯正活動をしながら旧知のアナキスト、プロレタリア文学の人々を訪ね交友を戦後までもった。70年第3詩集『三匹の狼』(木犀書房)を出版。戦後詩作はほとんどしなかったが独特の言説で影響を受けた人は多い。(内藤健治)〔文献〕山宮允編『明治大正詩書綜覧』啓成社1934、『現代詩大系8』河出書房1951、内藤健治『初期プロレタリア詩人新島栄治のこと』緑の笛豆本1984

新津　米房　にいつ・よねふさ　1899(明32)-1972(昭47)10.3　別名・雅久　長野県南佐久郡小海村土村(現・小海町)生まれ。00年3月両親に伴われて北海道中川郡本別村(現・美深町)に移住し、のち網走郡女満別村(現・網走市)に転じた。父母は未開地の開墾に携わる。本別村尋常小学校を卒業後、21年苦学の目的で上京した。新聞配達、書生などをしながら東洋大学専門部社会事業科の聴講生となる。関東大震災にあいいったん帰郷し24年再び上京。神田区三崎町(現・千代田区)の宇野出版社に勤務。28年退職し文学の道を歩もうとする。13歳の頃から父母とともに開墾に精を出しながらも、とうもろこしや黍を常食とせざるをえない生活苦を体験してきた。これを打開し自由の社会に立つことを望んできたが、この頃『トルストイ全集』や『相互扶助論』を読んでアナキズムに興味を抱く。さらに『自連新聞』『黒色戦線』『自連新聞ニュース』『ディナミック』などを購読。しかし文学で身を立てる夢はかなわず30年9月再び帰郷し農業につく。32年10月三たび上京。野球場の整理、職業紹介所、宇野出版社に勤めるが1年たらずで帰郷。34年1月四たび上京し渓文社の外交員となるが、同年5月帰郷し以後農業のかたわら蜂蜜行商をして生計を立てた。32年1月以降、自由連合新聞社、労働者新聞社などへしばしばカンパした。35年末頃、女満

別村に居住中無共党事件で検挙されるが不起訴。戦後，石川三四郎の死を悼んで短文を『アフランシ』34号(1957.3)に寄せている。(冨板敦)〔文献〕『身上調書』

新妻 康愛 にいづま・こうあい ?-? 1922(大11)年農村運動同盟に加盟し機関紙『小作人』の東北地方同人として名前を連ねる。(冨板敦)〔文献〕『小作人』2次1号1922.10

新沼 栄蔵 にいぬま・えいぞう 1883(明16)6.1-1971(昭46)6.18 岩手県気仙郡盛町(現・大船渡市)に生まれる。01年上京，警視庁の書記となり働きながら正則英語学校で学ぶ。同郷の鈴木文助とともに週刊『平民新聞』を購読して社会主義に興味をもつようになりその後『社会新聞』や『熊本評論』なども購読。08年頃同郷の医師で社会主義者大条虎介を知る。10年9月大逆事件の拡大捜査の過程で盛岡警察署で取り調べを受け大条，坂本清馬との関係を聴取された。前年から従事している材木商が多忙のため，社会主義を捨てたも同然の状態にあると述べた。しかし「矢張り直接行動説が良いと思ひます」と主張している。(西山拓)〔文献〕大逆事件の真実をあきらかにする会編『大逆事件訴訟記録・証拠物写4』近代日本史料研究会1960，菅原芝郎『辺地の赤ひげ先生大条虎介』洋々社1976

新原 四郎 にいはら・しろう ?-1926(大15)7.18 久留米市生まれ。江東自由労働者組合のメンバー。26年7月4日千住自由労働者組合の移転祝いに参加。同月18日荒川放水路で遊泳中に死没。『自連』3号に追悼式などの詳報がある。(冨板敦)〔文献〕『自連』3・4・5号1926.8・10，『黒色青年』5号1926.9

新原 兵太郎 にいはら・へいたろう 1912(明45・大1?)-? 長野県小県郡大門村字入大門(現・長和町)に生まれる。丸子町(現・上田市)の製糸工場で働く。大門村在住の鷹野原長義の農青社運動に協働し，1936(昭11)年2月22日に検挙。3月7日に釈放される(不起訴)。(冨板敦)〔文献〕『無政府共産党(革命結社「農村青年社」)検挙状況ノ件(昭和11年5月19日)』，青木恵一郎『改訂増補 長野県社会運動史』巌南堂書店1964，『農村青年社事件資料集Ⅰ・Ⅲ』

新美 卯一郎 にいみ・ういちろう 1879(明12)1.12-1911(明44)1.24 別名・江㴞 熊本県託麻郡大江村(現・熊本市)に生まれる。熊本高等小学校卒業後，済々黌，緯武黌，九州学院武科海軍部などに学び再び済々黌に戻るが中退。船員を志すが東京専門学校に転じた。00年生家の経済状況の悪化により中退して帰郷，『日東新聞』続いて『鎮西新聞』記者となる。在京中済々黌と東京専門学校の同窓松尾卯一太と親交。04年政友会機関紙『熊本毎日新聞』に転じ次席記者となる。日露戦争に応召，対馬から記事を送った。『熊本毎日新聞』が経営危機に陥っていた06年1月松尾を訪ね，二人で評論的新聞の発刊を企画し，07年6月『熊本評論』を創刊。企画の段階で松尾の親類宮崎民蔵に会い農民問題で意気投合して土地復権同志会に入会。『熊本評論』は自由民権運動の流れを汲み反権力的な自由を全面的に標榜した。熊本評論社にはこの自由を思想的接点とし新美の人柄や人脈も手伝って『熊本毎日新聞』記者松岡悌三，田村次夫，首藤猛熊らが同人となり，さらに弁護士広瀬莞爾，林立夫，一木斉太郎らが参画し宮崎ら土地復権同志会会員に執筆の場を与え多数の地元読者や支持者を得た。社会主義運動が直接行動派と議会政策派に分裂すると松尾は前者の立場をとり，『熊本評論』はアナキズムの色を濃くしていった。08年9月『熊本評論』廃刊後，11月松尾は上京して幸徳秋水に会い，09年3月アナキズムを公然と掲げる『平民評論』を発刊したが新美は松尾と個人的交流は保ちつつも主義の違いから参加しなかった。しかし松尾の幸徳との相談が「大逆の謀議」とみなされ，松尾からその話を聞いた新美も大逆に同意したという理由で10年8月大逆罪で起訴，11年1月18日大審院で幸徳，松尾らとともに死刑判決を受け同月東京監獄で処刑された。「消ゆる身を弥陀にまかせて雪見かな」と辞世を詠んだ。(西山拓)〔文献〕『熊本評論』復刻版明治文献資料刊行会1962，糸屋寿雄『増補改訂「大逆事件」』三一書房1970，上田穣一「新美卯一郎「社会の帰趨と経済界の趨勢」『熊本近代史研究会会報』111号1978.10，同「『熊本評論』関係資料」『近代熊本』20・21号1979.11・81.12，同「新美卯一郎「愛国の説」」『熊本近代史研究会会報』124号1979.12，上田穣一・岡本宏編著『大逆事件と『熊本評論』』三一書房1986，上田穣一「熊本における研究動向」『初期社会主義研究』3号1989.12，吉田隆喜『無残な敗北 戦前の社会主義運動を探る』三章文庫2001

新村 善兵衛 にいむら・ぜんべえ 1881(明

14) 3.16-1920(大9)4.2　旧名・善雄　長野県埴科郡屋代町(現・千曲市)に生まれる。大逆事件で処刑された忠雄の兄。97年頃家業の蚕種業を継いだ。日露戦争に従軍後蚕種業を廃業し町役場の収入役をつとめたりした。大逆事件では忠雄の依頼により爆弾製造に加担したとして爆発物取締罰則違反に問われ11年1月18日懲役8年の刑を受けた。弟が信奉する社会主義やアナキズムがどのようなものであるのかという関心から関係書籍を読んだにとどまり、社会主義者ではなかったとされる。14年5月減刑され15年7月24日仮出獄。出獄後は獄中で習得した藤蔓細工の下駄表製造で生計を立てた。　(西山拓)
〔文献〕神崎清『大逆事件』全4巻あゆみ出版1976・77, 神崎清編『大逆事件記録1 新編獄中手記』世界文庫1964, 『主義者人物史料1』

新村　忠雄　にいむら・ただお　1887(明20)4.26-1911(明44)1.24　別名・秋峰　長野県埴科郡屋代町(現・千曲市)に生まれる。高等小学校卒業後、補習科1年を修業。03年日露開戦の気運が高まるなか幸徳秋水、堺利彦が非戦論を掲げて創刊した週刊『平民新聞』の購読者となる。兄善兵衛の召集や郷里の小作人たちの生活苦をみてその救済が社会主義によるしかないと考えるようになったという。07年2月日本社会党第2回大会で直接行動派と議会政策派が対立した際、幸徳が主張する前者の立場を支持し思想的にもクロポトキンの無政府共産主義に傾いていく。同年春幸徳宅を訪問し8月分裂状態にあった社会主義運動を統一しようとして開かれた社会主義夏期講習会に参加。しかし同会は隔たりを大きくする結果に終わっている。08年7月長野市で発刊された『高原文学』の編集発行人を、8月高畠素之らが高崎で創刊した『東北評論』の印刷人となる。『東北評論』では高畠、遠藤友四郎とともに禁錮刑を受けた。09年2月出獄後、巣鴨平民社に書生として住み込む。同年4-8月和歌山県新宮の医師大石誠之助のもとで薬局の手伝いをして成石平四郎らと交流。また宮下太吉から依頼され爆弾の原料を送る。帰京後平民社で管野すが、古河力作と革命談をし宮下と連絡をとる。大逆事件では宮下が幸徳に話した爆弾による天皇暗殺計画を幸徳から聞いて参加を誓ったこと、大石方から爆弾の原料を送ったこと、宮下から試爆の成功を知らされたこと、幸徳宅で投擲のまねごとを行ったことなどが大逆罪に問われ11年1月18日死刑判決を受け1月24日刑死した。墓は千曲市生蓮寺にあり「礼誉救民忠雄居士」の戒名が付されている。　(西山拓)〔文献〕茂木一次『大逆事件のリーダー新村と幸徳と私』金園社1956, 神崎清『大逆事件』全4巻あゆみ出版1976・77, 神崎清編『大逆事件記録1 新編獄中手記』世界文庫1964, 幸徳秋水全集編集委員会編『大逆事件アルバム　幸徳秋水とその周辺』明治文献1972, 石山幸弘「大逆事件の飛沫1 阿部米太郎旧蔵資料『新村忠雄阿部米太郎宛書簡翻刻』」『風文学紀要』6号2002

新山　初代　にいやま・はつよ　1902(明35)頃-1923(大12)11.28　東京市小石川区富坂町(現・文京区小石川)に生まれる。東京府立第一高等女学校2年で父親が死没。肺病になり新潟で半年間静養、生死の問題に悩んで仏教を研究。20年3月女学校を優等で卒業後、正則英語学校夜学に通学、金子文子と知り合う。金子は「初代さんは恐らく私の一生を通じて私が見出し得た、ただ一人の女性であつたらう」と語っている。新山は金子にアルツィバーシェフ『労働者セイリョフ』を貸しベルグソン、スペンサー、ヘーゲルや、シュティルナー、ニーチェというニヒリズム傾向の思想も伝える。22年11月肺病のため母、妹二人と別生活を余儀なくされ本郷区駒込蓬莱町(現・文京区向丘)に一戸を構え、雑貨菓子商、タイピストとして自立、家族の生活も援助する。学校を出てから婦人問題、政治問題に関心が強く個人主義の思想をもつようになる。気分としては「ダダイズム」、「また対象物なき叛逆の気分は学校に居る時分から只今まで自分につき纏っております」と逮捕後の予審で述べる。23年5月金子との交流再開後、朴烈、金子らの不逞社に加入。7月末には大杉栄を訪ね8月6日の黒友会での講演を依頼する。当日大杉は現れず仲間たちと会の運営の話になる。仲間の朝鮮からの留学生金重漢と恋愛関係になる。朴から金への爆弾入手依頼での行き違いから朴と金の仲は険悪になり8月中旬、新山も金子、朴烈と決別、新山は雑誌『自擅』を金とともに発行。8月18日自由人社での大杉のフランスでの活動報告を聴講

に行き，20日根津での大杉呼びかけによるアナキスト同盟をもくろんだ集まりにも参加。関東大震災直後，9月3日朴烈，金子への保護検束を名目とした連行をはじめとし不逞社の仲間への取り調べ逮捕が続く。新山も9月24日警視庁特高刑事に連行され，関連して治安警察法違反の容疑で逮捕取り調べで病気が悪化，危篤状態で釈放。芝の協調会病院で死没。12月2日母親，妹たちと女学校の同級生1人だけの寂しい葬儀が行われたと新聞は伝える。(亀田博)〔文献〕小松隆二編・解説『朴烈・文子事件主要調書』続・現代史資料3 アナーキズム』みすず書房1988，『朴烈・金子文子裁判記録』黒色戦線社1991，金子ふみ子『何が私をかうさせたか』春秋社1931・復刻増補版黒色戦線社1975

二木 寛 にき・ひろし 1900(明33)-? 別名・仁木 岡山県苫田郡東苫田村糘穂(現・鏡野町)生まれ。高等小学校を卒業後，24年に大阪に出てアナキストとつきあうようになる。27年10月高川幸二郎，久保譲，平井貞二，逸見吉三，大串孝之助，河本乾次，杉村直太郎，中尾正義と『関西自由新聞』を創刊した。31年恐喝で懲役8カ月とされる。大阪で土工として生計を立てていたところ，35年末頃無共党事件で検挙されるが不起訴。(冨板敦)〔文献〕『身上調書』，『黒色青年』14号1927.11，『関西自由新聞』1-3号1927.10-12，高丸久「黒い流れ4」『ムーヴ』4号1961.8

西 八郎 にし・はちろう ?-? 1919(大8)年東京京橋区(現・中央区)の細川活版所印刷科に勤め活版印刷工組合信友会に加盟する。(冨板敦)〔文献〕『信友』1919年8・10月号

西井 福松 にしい・ふくまつ ?-? 1919(大8)年東京京橋区(現・中央区)の福音印刷会社文選科に勤め活版印刷工組合信友会に加盟。のち新聞工組合正進会に加わり24年夏，木挽町(現・中央区銀座)正進会本部設立のために1円寄付する。(冨板敦)〔文献〕『信友』1919年8月号，正進会『同工諸君!! 寄附金芳名ビラ』1924.8

西家 喜楽 にしいえ・きらく ?-? 1919(大8)年横浜のジャパン・ガゼット社に勤め同年6月15日横浜欧文技術工組合を発起人として創立，評議員となる。同組合設立基本金として3円寄付する。(冨板敦)〔文献〕『信友』1919年8・10月号，1920年1月号

西海 喜多次 にしうみ・きたじ ?-? 東京朝日新聞社に勤め新聞工組合正進会に加盟。1920(大9)年機関誌『正進』発行のために50銭寄付する。(冨板敦)〔文献〕『正進』1巻1号1920.4

西浦 貞雄 にしうら・さだお 1906(明39)-? 別名・正起，清起，正記 兵庫県飾磨郡四郷村見野(現・姫路市四郷町)生まれ。尋常小学校を卒業後，一定の職につかずアナキストとして各地を転々とする。24年から姫路市に住みアナキズム運動のかたわら香具師として生計を立てた。26年に神戸で恐喝未遂で懲役1年。28年頃関西黒旗連盟の応援のもと姫路地方の黒色運動新団体結成を企図する。29年には姫路で傷害罪で懲役6カ月となる。31年から新聞を発行。32年姫路で傷害罪で罰金50円，33年大阪で詐欺罪で懲役4カ月。34年国家主義に転向し兵庫県愛国社同盟の幹事などになった。35年末頃無共党事件で検挙されるが不起訴。(冨板敦)〔文献〕『黒色運動』1号1928.8，『身上調書』

西尾 銀次郎 にしお・ぎんじろう ?-? 万朝報社に勤め新聞工組合正進会に加盟。1920(大9)年機関誌『正進』発行のために1円50銭寄付する。(冨板敦)〔文献〕『正進』1巻1号1920.4

西尾 貞次郎 にしお・さだじろう 1893(明26).12.20-? 石川県珠洲郡小木町(現・能登町)に生まれる。1894年3月北海道岩内郡岩内町に移住。小樽中学に進学。卒業後早稲田大学に入学したが2年で中退し帰郷。アナキズムの研究に没頭。24年7月「青年団員に檄す」と題する檄文を印刷。25年1月思想要注意人(無政府主義)に編入されたが活動活発と認められ26年2月特別要視察人乙号に編入替えとなる。その後運動に消極的になったとみなされ30年思想要注意人に編入替えとなる。岩内郡前田村に移り酒造業や牧場を経営。晩年は札幌で生活した。(堅田精司)〔文献〕『特別要視察人略式名簿』北海道庁警察部，『特別要視察人・思想要注意人一覧表』同1928.11，『札幌控訴院管内社会運動概況』2輯1930.11

西岡 久夫 にしおか・ひさお ?-? 別名・西山，西田 1926(大15)年静岡県浜名郡富塚村(現・浜松市)で暮し農民自治会全国連合に参加。静岡県代表の農自全国連合委員を務め同年末には農自静岡県連合の事務所を自

宅に置いていた。(冨板敦)〔文献〕『自治農民』1・2・5号1926.4・5・9,『農民自治会内報』2号1927,竹内愛国「農民自治会」『昭和2年版解放運動解放団体現勢年鑑』解放社1927

西岡 政吉 にしおか・まさきち ?-1922(大11)10.3 別名・政雄 芝浦製作所に勤め芝浦労働組合に加盟し,配電器具分区に所属。1922(大11)年『芝浦労働』(1次1号)の「組合報告」に訃報が掲載される。(冨板敦)〔文献〕『芝浦労働』1次1号1922.11

西岡 政義 にしおか・まさよし ⇨岩野猛 いわの・たけし

西方 哲四郎 にしかた・てつしろう 1890(明23)頃-? 宮城県宮城郡七郷村南小泉(現・仙台市南小泉)生まれ。18年8月の仙台米騒動で活躍。西方は「当時評判の若い親分,いつでも暴れられ,その力を持っていた人」と評されていた。15日夜西公園で米価値下げの演説会を行うむねの貼紙をつくって市民に呼びかけ,「黙つて俺のあとについて来い」と叫んで米屋や大商店に押しかけ群衆の先頭に立つ。さらに「市民10万のために起つて米価値下げ,救助金の募集に努むべし,この目的を貫徹せば足る,放火は注意すべし」と群衆に自制を促した。友人白石清や他のリーダーたちの働きかけもあり仙台米騒動は比較的秩序立った集団行動になった。米騒動の被告は生活困窮者が多く全国的に第1審のみの服役がめだったが,仙台では懲役刑の49人が控訴上告。強盗罪などの不当な判決には屈服しない姿勢を示した。(西村修)〔文献〕渡辺信夫『宮城の研究6』清文堂1984,井上清・渡部徹『米騒動の研究4』有斐閣1962

西勝 歌三 にしかつ・うたぞう ?-1927(昭2)年1月26日長野県北佐久郡北御牧村水平社の創立大会に深川武,朝倉重吉と参加し祝辞を述べる。同年4月全国水平社解放連盟支持を決めた長野県水平社第4回大会に東京府水平社から深川,川島,桜井らと参加,演説する。30年全国大衆党に加わる。(冨板敦)〔文献〕『全国水平新聞』1号1927.7,『東京水平社関係史料集』『東京部落解放研究』8.9合併号1977)

西川 計夫 にしかわ・かずお ?-? 工業学校の建築科を卒業し東京鉄道局第2改良事務所に勤める。職場の同僚に斎藤峻がい

た。1924(大13)年11月斎藤,秋山清らが創刊した『詩戦行』に加わる。「多彩な芸術的才能をもって,労働者の青服小劇場の建設などに情熱をもやしているような男だった」(斎藤)。その後結核に倒れたという。(冨板敦)〔文献〕斎藤峻『集団『詩戦行』』『本の手帖』1968.8・9

西川 金次郎 にしかわ・きんじろう ?-? 1918(大7)年京都の印刷工森田盛次のグループに参加,翌年印友会設立にも参加し幹事となる。21年秋対馬忠行らと自由人連盟京都支部結成に参加,四条通革命歌闊歩で岡田有対ら数人と検束。22年4月小田知一,厚見好男らとともに総同盟の辻井民之助らと運動路線で激論決別し,5月藤本巌,野村伴,福島佐太郎らと京都印刷工組合を結成。29年上田蟻善の尽力を得て城増次郎や中島作次らと印刷工工友会を結成,総同盟に属す。同年総同盟と離反,全国同盟京都労働組合の創立総会準備を呼びかける。同年工友会を発展的解消し京都印刷労働組合結成,委員長になる。30年全国民衆党支部を結成。同年失業対策の徹底を要求し市庁舎占拠に至るデモの指揮をとるなど全国的労働組合の合同運動のなかで活動し,31年京都出版産業労働組合委員長となる。のち39年2月結成された愛国労働団体連盟の常任幹事をした。(北村隆穆)〔文献〕『京都地方労働運動史』,大江音人「京都印刷工組合の人々1」『虚無思想研究』17号2001

西川 金太郎 にしかわ・きんたろう ?-? 読売新聞社に勤め新聞工組合正進会に加盟。1920(大9)年機関誌『正進』発行のために1円寄付する。(冨板敦)〔文献〕『正進』1巻1号1920.4

西川 孝一 にしかわ・こういち ?-? 報知新聞社に勤め東京の新聞社員で組織された革進会に加わり,1919(大8)年8月の同盟ストに参加するが敗北。のち正進会に加盟。20年機関誌『正進』発行のために1円寄付する。(冨板敦)〔文献〕『革進会々報』1巻1号1919.8,『正進』1巻1号1920.4

西川 さきえ にしかわ・さきえ ?-? 1919(大8)年東京京橋区(現・中央区)の築地活版所仕上科に勤め日本印刷工組合信友会に加盟する。(冨板敦)〔文献〕『信友』1919年10月号

西川 勉 にしかわ・つとむ 1894(明27)6.30-1934(昭9)8.1 別名・黒法師 愛媛県

宇摩郡金田村(現・四国中央市)に生まれる。10歳頃,家を飛びだし大阪の博徒の親分の厄介になりその博才を誉められたという。17,8歳頃上京し早稲田大学英文科を卒業,読売新聞の記者となるが退社。22年3月『白孔雀』(西条八十編)に参加。24年頃,本郷団子坂に居住し萩原恭次郎や岡本潤らと親交を持ち,大塚宮仲に居住時,サトウハチロー,大草実らと交わり,詩や童謡,評論を書いた。一方,翻訳も手がける。25年に結成された童謡詩人会に小川未明,安成二郎らと参加。田戸正春の上野三宜亭の常連で花札は特技であった。アナ系の雑誌では『文芸市場』『単騎』『矛盾』に寄稿。『矛盾』創刊号(28年7月)に載った「ミノリテの精神」は西川の気分を良く伝えている。翻訳にはソレル『暴力論』(中央公論社29年,下訳は宮山栄之助)がある。妻子と離別した晩年は読売新聞の囲碁評欄を黒法師名で掲載し評判になったという。妻子は能智修弥が引き取ったといわれている。(大澤正道・黒川洋)〔著作〕『メエテルリンク童話集』(訳)真珠書房1922,アミーチス『母を尋ねて三千里』(訳)金塔社1925,西条八十共編『日本童謡集』稲門書房1921,共著『海外新興芸術論』6巻ゆまに書房2003〔文献〕大野勇二「西川勉氏の思い出」『詩人時代』5巻2号1935.2現代書房,渋沢青花『大正の「日本少年」と「少女の友」』千人社1982

西川 文子 にしかわ・ふみこ 1882(明15)4.2-1960(昭35)1.23 旧姓・志知,松岡 岐阜県安八郡南杭瀬村外野(現・大垣市外野)に生れる。生家は富農。京都に遊学,同志社在学中の松岡荒村と洛陽教会における鉱毒問題演説会で出会った。ともに関わった濃飛育児院五十嵐喜広の媒酌で結婚。荒村の早稲田大学入学に伴って上京,社会主義に触れたのは荒村を通じてだった。早稲田社会学会を創立し活動した荒村は04年病没。05年白柳秀湖,山口義三らによって『荒村遺稿』が編まれる。同世話人で平民社員だった西川光二郎とは「自由恋愛」の非難を乗り越えて結ばれ治安警察法改正など女性解放運動に取り組んだ。10年夫光二郎は兇徒聚集事件による2年の刑を終えて出獄,すぐに『心懐語』の筆をとり大逆事件下にある社会主義運動からの離脱を宣言。文子は「思想がそう鵜呑みに一朝一夕変わるわけには行かない」と模索を続け13年に新真婦人会をおこした。世人には前年結成の青鞜社の対抗組織と映った。雑誌編集に「少しも男子の助力を仰がぬ」とは『新真婦人』創刊号巻頭の宣言。先に歩み始めた「新しい女」を全肯定するなら「真」をつけ加えないだろう。文子を平塚らいてうは「何処までも常識的」,山川菊栄は「言ふことも古ぼけてゐれば見た目はなほのこと」と冷評。これには飢饉救済,婦選,禁酒運動など地道な活動でこたえた。『新真婦人』は23年の関東大震災まで刊行。その後光二郎の『自働道話』に不本意ながら間借り。すでに1万部に達した修養雑誌にならうかのように文子も25年『子供の道話』を創刊,長男満が助けた。40年の夫の死により『自働道話』と合併し『道話』『通信道話』を刊行するが戦時下の雑誌統制により廃刊。光二郎の遺著2巻は子供の道話社刊。戦後57年婦人参政権10周年記念祝賀会において堺為子らとともに婦選の杖を贈られ,58年には労働運動史研究会に招かれ「明治社会主義運動の想い出」を語った。愛情による結婚を認め女性が社会に出るのをすすめ,男性の協力と理解を求める「常識的」な生涯を送った。(田中英夫)〔著作〕『新らしき女の行く可き道』(共著)洛陽堂1913・復刻版不二出版1986,『婦人解放論』中央書院1914・復刻版同1986,『少年少女の修養書ハイハイ帳』子供の道話社1932,『ハイハイ学校提唱講話』同1934,『結婚前後の修養』宮越太陽堂書房1940,『西川文子遺歌集』私家版1960〔文献〕天野茂編『平民社の女 西川文子自伝』青山館1984,桜沢一昭「ある婦人運動家 西川文子覚書」『隣人』5号1988,ウルリケ・ヴェール「大正期婦人運動の宗教とのかかわり」『初期社会主義研究』5号1991,「西川文子と社会主義」同9号1996,金子幸子「西川文子と『新真婦人』『新しい女』比較研究に向けて」『名古屋女子短期大学研究紀要』40・41・43号2002-05,田中真人・山泉進・志村正昭「岩崎革也宛書簡(一)」『キリスト教社会問題研究』54号2005,森まゆみ『断髪のモダンガール 42人大正快女伝』文藝春秋2008

西川 正人 にしかわ・まさと ?-? 1924(大13)年9月8日米田剛三,山本武重,荻野他人男らと発起人となり広島市の組合教会で広島印刷工組合を結成する。幹部委員に選出され,組合事務所を市内小町の自宅に置く。(伊板敦)〔文献〕山木茂『広島県社会運動史』

西川 光二郎 にしかわ・みつじろう 1876(明9)4.29-1940(昭15)10.22 本名・光次郎,別名・方外,オノコロ,鳴門,白熊,泣虫

みつ　名東県津名郡佐野村(現・兵庫県淡路市)に生まれる。大和郡山の中学時代に受洗、屯田兵を志して渡道。札幌農学校予科で新渡戸稲造の影響を受け社会主義を知り本科に進まず東京専門学校(現・早稲田大学)に学んだ。卒業後救世軍入隊を考えるが信仰心に不足を感じて断念、毎日新聞社に入社し労働彙報欄を担当。横山源之助を知る。片山潜と『日本の労働運動』を著す素地はここにあった。社会主義協会で活動、01年社会民主党創立に最年少で参加。普選を通じた穏健な社会主義の実現をめざした。06年幸徳秋水が「世界革命運動の潮流」によって直接行動論を展開した際これを批判、「民衆を置き去りにして自分ばかりが先へ先へと進み、多数がそれに附いて来ないのをヂレて見ても始まらぬ(中略)国情を無視した運動は苦労損だ」(吉川守圀『荊逆星霜史』)。指導者に人格を求め「犠牲を出すのを奨励する運動家と、自ら犠牲にならうとする運動家とドチラが労働者に忠実か」と論じた『改革者の心情』(1906)の思考は幸徳秋水、堺利彦、片山ら同志離間の種となった。東京市電車価上反対凶徒聚集事件の入獄中に離脱を決意、10年出獄直後執筆した『心懐語』は大逆事件下に苦しむ同志を大いに失望させた。社会主義者であった10年間の評論や記事は見聞した事柄を平易にまとめたものそれに西欧の運動家の略伝を中心とする。クロポトキン自伝を最初に読んだのは一指導者の生涯への関心からだった(荒畑寒村『うめ草すて石』)。離脱後妻文子が新真婦人社をおこして女性解放運動を始めると自らも『婦人運動』を著すなど援護、大杉栄は「悔悟の悔悟中」と期待したが14年に『自働道話』を創刊、やがて積極的な講演活動を展開し修養を説いた。同誌に「実際」に触れた経験のなさを嘆じたのは「労働者のチャンピオン」と称されながら文筆にしか生きられなかった忸怩たる思いからだろう。同年の石川三四郎は西川の死を悼んで「天成の人道主義者」と評した。(田中真人)〔著作〕『日本の労働運動』(片山潜と共著)労働新聞社1901、『カール・マルクス』中甚堂書店1902、『英国労働界の偉人ジョン・バァンス』労働新聞社1902、『富の圧政』社会主義図書出版1903、『土地国有論』平民社1904、『普通選挙の話』凡人社1906、『改革者の心情』同1906、『富豪伝研究』平民書房1907、『ケヤ・ハーデーの演説』共同出版協会1907、『借家人同盟』1908、『家主の放火』1908、『心懐語』警醒社書店1910、『地方青年の自覚』洛陽堂1911、『人の道案内記』道の会1912、『婦人運動』内外出版協会1913、『神道綱要』日月社1914、和田甚衛編『西川光二郎先生語録』子供の道話社1943〔文献〕唐沢隆三「紙魚の旅」『柳』11巻2-6号1964.2-65.4、しまね・きよし『明治社会主義者の転向』東洋経済新報社1976、中村勝範「西川二郎論」『明治政治史法制史の諸問題』慶応通信1977、田中英夫『ある離脱　明治社会主義者西川二郎』風媒社1980、天野茂編『平民社の女・西川文子自伝』青山館1984、山崎時彦「西川光二郎」『近代日本のジャーナリスト』お茶の水書房1987、田中英夫『西川光二郎小伝』みすず書房1990、田中真人・山泉進・志村正昭「岩崎革也宛書簡(一)」『キリスト教社会問題研究』54号2005

錦 米次郎　にしき・よねじろう　1914(大3)6.28-2000(平12)2.12　三重県飯南郡伊勢寺村野村(現・松阪市野村町)に自小作農の二男に生まれる。高等小学校卒業後、2年間京都の西陣帯地問屋の店員となり石川啄木の『呼子と口笛』を知る。兄の急死で帰郷し小学校の旧友長谷雄京二と会い小熊秀雄、田木繁、犬田卯、渋谷定輔、渡部信義らの本を読む。佐藤一英の『連』で韻律詩を学ぶ。34、37、41年従軍。戦場で野口平民と会い、46年ベトナムから復員、創刊した『コスモス』(秋山清編集)を知り「新編浦島譚」「眼の歴史」などを発表。50年中野嘉一、能登秀夫と『三重詩人』創刊、8号で休刊。51年第2次『三重詩人』9号を浜口長生、能登秀夫と復刊、以来『三重詩人』を詩の運動体として天皇、神宮、公害、河口堰、原発などに関わる詩を多く書いた。米作と酪農と日雇いで生涯を終えた。(山野治)〔著作〕『百姓の死』榛の木詩社1962・風媒社1977、『錦米次郎全詩集』鳥語社1998

西口 弥一　にしぐち・やいち　?-?　1918(大7)の米騒動の前、森田盛次らが自宅で自立的組合作りを目指すグループを形成、西口は翌19年8月設立決議した「京都印友会」に結成時から参加、同年11月正式発足させた。印友会は友愛会に組織的加盟せず友愛会の一般産業労働組合で加入活動した時期もあった。また22年5月「印友会」はアナ系に傾斜した東京・信友会との関係や総連合運動との絡みで、藤本巌らが中心になった「京印」とに組織が分かれた。「京印」は29年頃、

「印友会」は40年頃消滅したがその間の活動母体は不明。(北村信隆)〔文献〕『京都地方労働運動史』, 大江音人「京都印刷工組合の人々」『虚無思想研究』17号2001

西久保 義隆 にしくぼ・よしたか ?-? 1919(大8)年東京京橋区(現・中央区)の中屋印刷所罫線科に勤め活版印刷工組合信友会に加盟する。(冨板敦)〔文献〕『信友』1919年8月号

西黒 勇次郎 にしぐろ・ゆうじろう ?-? 1919(大8)年東京京橋区(現・中央区)の国文社印刷科に勤め日本印刷工組合信友会に加盟する。(冨板敦)〔文献〕『信友』1919年10月号

錦織 正純 にしこおり・まさずみ ?-? 1927(昭2)年6月大阪機械技工組合の本支部世話人に岡本伸一, 逸見吉三(書記)らとともに改選され会計を担当をした。同年11月大阪合成労働組合(中村房一, 佐野英造, 白井新平, 芝原貫一, 山中政之助, 押本和ら)除名や大阪機械技工の杉浦市太郎, 楠利夫離脱後の役員改選で, 大阪機械技工からの関西自連委員を担当した。(北村信隆)〔文献〕『自連』14・19号1927.7・12

西島 三郎 にしじま・さぶろう ?-? 1933(昭8)年6月京都市の熊鳥国三郎宅で開かれた日本自協と全国自連合同のための日本自協第2回全国代表者会議に新潟代表として出席。(冨板敦)〔文献〕『社会運動の状況5』

西田 伝吉 にしだ・でんきち ?-? 別名・伝治 時事新報社に勤め新聞工組合正進会に加盟した。1920(大9)年機関誌『正進』発行のために1円寄付。また24年夏, 木挽町(現・中央区銀座)正進会本部設立のためにも1円寄付する。(冨板敦)〔文献〕『正進』1巻1号1920.4, 正進会『同工諸君‼ 寄附金芳名ビラ』1924.8

西田 天香 にしだ・てんこう 1872(明5)3.18-1968(昭43)2.29 本名・市太郎 滋賀県坂田郡長浜町片付(現・長浜市片町)生まれ。家業は紙問屋。開智小学校卒業。二宮尊徳の報徳思想を信奉し91年兵役を免れるため農家100戸を率い北海道の開拓事業の監督に単身あたったが, 仕事上の悩みから3年余で辞職して懐疑と求道の放浪を続けた。03年トルストイの『我が宗教』に啓発され無一物の禁欲, 奉仕, 内省の信仰生活に入り, 05年長浜の愛染明王堂での断食中に乳児の泣き声を聞いて人生の理想は無心と悟り同年京都市左京区鹿ケ谷に一灯園を設立, 托鉢, 奉仕, 懺悔の生活に入った。北原泰作もひかれ, 山口庄之助も共感, 塩尻公明は私淑した。国木田独歩, 魚住折蘆, 倉田百三, 逸見斧吉らと親交, 小田頼造や江渡狄嶺らとも交わり江渡からは山師と殴られた。岡崎精郎, 倉田, 井出好男, 伊藤祐之らも入園した。倉田の『出家とその弟子』は一灯園の生活が素材となっている。内面の救済を求めて一灯園の共同生活に投ずる信者が増え21年刊行の『懺悔の生活』(春秋社)はベストセラーとなりさらに信者が多く来集した。その教線は中国, 米国にも伸びファシズム下で光明祈願による新生活を提唱した。30年西田の『不壊の愛』を演劇化し指導した倉橋仙太郎と翌31年すわらじ劇園を設立。33年一灯園小学校を開く。戦後は国民総懺悔を提唱して47年参議院議員となり緑風会の結成に参加。51年学校法人灯影学園を開園。近代日本が生んだ個性的な求道者として死後も信奉者が少なくない。(北村信隆)〔著作〕『思ひ出』同光社1921, 説話集『懺悔の生活』春秋社1922, 『地湧の生活』一灯園出版部1954, 『西田天香選集』全5巻春秋社1966-71, 『九十年の回顧』一灯園出版部〔文献〕福井昌雄『一灯園と西田天香の生活』モナス1937, 三浦隆夫『一灯園 西田天香の生涯』春秋社1999, 宮田昌明『西田天香 この心この身このくらし』ミネルヴァ書房2008, 『エス運動人名事典』

西田 秀夫 にしだ・ひでお 1924(大13)3.28-1995(平7)12.8 神奈川県鎌倉郡鎌倉町大町(現・鎌倉市)に生まれる。早稲田大学第二高等学院在学中に結核で退学。東京大空襲にあう。45年羽田進駐軍従業員組合書記となるが, その後浅草を振り出しに放浪生活, 坂口安吾ら無頼派文学の影響を受け演劇と遊興に熱中。49年ニコヨン時代に共産党に入党, 全日自労の役員となる。52年メーデー事件で逮捕状を出され逃亡生活, 共産党系印刷会社のガリ切りで生計を立てる。53年多喜二・百合子研究会入会, 新日本文学会主催日本文学学校や中央労働学院で学ぶ。57年オリジン電気労働組合書記となる。58年西ノ内多恵と結婚。61年安保闘争敗北後, 共産党を離党。自立学校で詩人秋山清に出会い終生にわたる親交を深める。失業と闘病生活を経て全国教育図書の社員となり組合結成, 偽装倒産をめぐる職

場占拠闘争に組合書記として闘う。麦社，海燕書房，AITに連帯する会の活動など若い活動家と連携，同人誌『ナルド』『アンタレス』『リアン』，またスペイン現代史研究会，カストリアディス研究会，レオ・フェレ友の会を主宰。その博識と真摯な人柄によって多くの若い活動家に慕われた。とくに69年に早稲田大学アナキズム研究会のメンバーを中心として結成された自由社会主義評議会準備会（CSL）の年長参加者だった西田秀夫は，その後同じく年長メンバーだった江口の紹介するカストリアディスに強い関心を持ち，80年頃にはカストリアディス研究会を起ちあげ，江口もこれに加わり，カストリアディスの思想と文献の翻訳，普及に尽力。95年に西田が没した後も，数名の後輩が江口と共に研究会を続けた。（遠矢徹司）〔文献〕『じゃ，また! 回想の中の西田秀夫』私家版1997

西田 文夫 にしだ・ふみお ?-? 別名・文治 京都印刷工組合，京都一般労働者組合建築工部員。1926（大15）年8月20日京都一般労働者組合の関西自連連絡委員となる。10月21日の関西自連第3回大会に向けて10月7日京都一般，京都印刷合同の準備会が開かれ京印常任委員として一般情勢報告を行う。（冨板敦）〔文献〕『自連』6・7号1926.11・12

西谷 勢之介 にしたに・せいのすけ 1894（明27）10.15-1932（昭7） 別名・更然洞，碧落居 奈良県生駒郡法隆寺村（現・斑鳩町）に生まれる。大阪高等商業学校に入学したが中退。大阪時事新報社に入社。その後大阪の毎日新聞社に転じ21年10月福岡日日新聞社に移る。文学，特に俳句を愛好。虚無主義を唱える。23年大阪で『風貌』を主宰。25年5月札幌のアナキストが創刊した『無産人』に詩を寄せる。26年1月『虚無思想研究』に「帰る荷馬車」を発表。『文芸戦線』にいくつもの作品を発表。28年『虚無を行く』（啓明社）を刊行し野口米次郎に認められる。30年2月辻潤の『ニヒル』創刊号に随想を寄稿。その後も詩や俳句論を発表し続けた。（堅田精司）〔著作〕『或る夢の貌』新作社1924，『天明俳人論』交蘭社1929，『夜明を待つ』碧落社1931，『俳人漱石論』厚生閣1931，『赤い壺』新生堂1932，『俳人芥川竜之介論』立命館出版部1932〔文献〕秋山清『ニヒルとテロル』泰流社1977

西出 二郎 にしで・じろう ?-? 1919（大8）年東京神田区（現・千代田区）の三秀舎印刷科に勤め日本印刷工組合信友会に加盟する。（冨板敦）〔文献〕『信友』1919年10月号

西野 勝信 にしの・かつのぶ ?-? 旭川の鎖断社に加盟。1924（大13）年9月15日元憲兵司令官小泉六一の暗殺を計画したとして大石太郎，寺田格一郎，前島市蔵，大鐘参夫，鈴木虎夫，石井竜太郎とともに検束される。この事件では他に同月16日に服部ミサ，24日に岡部和義また山田正信も検束されている。（冨板敦）〔文献〕堅田精司編『北海道社会運動家名簿仮目録』私家版1973，堅田精司『北海道社会文庫通信』853・1316号1999.9.30・2001.1.5

西野 幸三郎 にしの・こうざぶろう 1910（明43）9-? 別名・露草 北海道苫前郡初山別村モチクベツの開拓小屋に生まれる。両親は富山県からの入植であった。15年弟辰吉（のち作家西野辰吉）が生まれる。22年深川市稲田に移住し水耕田の小作に転じる。23年高等小学校卒業。29年頃口語短歌を始める。30年『北海詩戦』同人となる。一方で面潮らと口語短歌誌『黒い太陽』を6号まで出すが警察の干渉で発行不能となる。31年『農民』『北緯五十度』などに刺激され面，藤沢定夫らと『泥炭地帯』を創刊（4号で発禁），詩と評論誌『農民軍』を清水貞雄，面らと創刊（発禁）。32年12月生活難のため叔父や弟の働いている足尾銅山に出稼ぎに行き坑内車夫となる。この間解放文化連盟傘下の文芸誌『冬の土』『文学通信』『豊橋文学』『群声』などに詩を発表する。35年11月24日徹夜作業で出坑後帰宅したところを無共党事件で検束されたが同日釈放となる。その留守中に詩作ノート，資料，書籍などを押収される。銅山を追放となり帰郷。以後詩筆を断ち39年自作農創設資金によって自作農となる。43年7月補充兵として召集。敗戦後は稲田農協組合長などをつとめた。俳句結社『寒雷』『アカシア』に所属。（黒川洋）〔文献〕松永伍一『日本農民詩史・中』法大出版局1969，西野辰吉『昭和民衆史の私』『北方文芸』13巻9号1971，松永伍一『農民詩紀行』NHKブックス1974，『身上調書』

西端 さかゑ にしはた・さかえ 1896（明29）3.5-? 別名・西原栄 和歌山県海草郡日方町（現・海南市）に生まれる。上京して青鞜社に加わりその後新婦人協会の会員となる。1921（大10）年伊藤野枝とつきあいのあった

ことから警視庁の思想要注意人とされる。本郷区駒込東片町(現・文京区)に住んでいた。(冨板敦)〔文献〕『警視庁思想要注意人名簿(大正10年度)』，らいてう研究会編『「青鞜」人物事典』大修館書店2001

西堀 進午 にしぼり・しんご 1906(明39)頃-? 信友会(のち東京印刷工組合)和文部のメンバー。24年7月信友会臨時大会で和文部理事に選出される。11月2日正進会と信友会が合同してできた東印創立大会で経過報告を行う。同月上毛印刷工組合三山会の発会式に応援として参加。26年3月全印連第3回大会で検束される。11月東印演説会では開会を宣言し，同月関西自連大会に東印を代表して出席する。27年千葉騎砲兵隊に同志十数名の押し立てた黒旗に見送られて入営。29年5月東印を脱退し東京印刷工連合会を組織する。のち山口健助らと激しく対立し古堅弘毅，山本平重，神田栄太郎，安達幸吉らと東印連を脱退する。(冨板敦)〔文献〕『印刷工連合』14・15・19・22・24・27-31号1924.7・8・12/25.3・5・8-12，『黒色青年』1・7号1926.4・27.3，『自連』7-10号1926.12-27.3，『自連新聞』36号1929.6，山口健助『風雪を越えて』印友会本部1970，水沼辰夫『明治・大正期自立的労働運動の足跡』JCA出版1979，山口健助『青春無頼』私家版1982

西見 徹 にしみ・とおる 1886(明19)3.15-? 別名・弦月 和歌山県東牟婁郡田原村(現・古座川町)に生まれる。小学校卒業後，村役場雇員，定期汽船水夫などに従事し04年頃横浜から密航で渡米。働きながら中学校程度の学校に通ったという。コロラド州デンバーに居住したりロサンゼルスで日本人3人と洋食店を共同経営したりしている。幸徳秋水らの逮捕に抗議した岩佐作太郎の「日本天皇及ビ属僚諸卿」という呼びかけの公開状を10年12月に松阪市在住の銀行員に送付したとして，11年2月22日無政府主義を信奉する甲号として要視察人名簿に登録された。(西山拓)〔文献〕『主義者人物史料1』，『在米主義者沿革』

西村 伊作 にしむら・いさく 1884(明17)9.6-1963(昭38)2.11 別名・大石伊作 和歌山県新宮町仲之町(現・新宮市)生まれ。父は84年新宮キリスト教会を組織した大石余平。兄弟に大石真子，大石七分がいる。89年熱田に移り91年7歳の時濃尾地震で両親を失う。92年奈良県吉野郡北山村の山林地主西村家に引き取られ母方の祖母もんに養育される。96年新宮舟町で開業した叔父の医師大石誠之助宅に同居，その影響を受ける。中学生の頃から欧米の建築文化に深い興味をもつ。03年広島市993道中学卒業後新宮で山林業を営んでいた時，訪れる文化人と親しく交際。04年平民文庫の行商や社会主義のビラ配布活動をし「平民新聞のみなさんへ」と題する画報を掲載。大石を助けてレストラン太平洋食堂を，のち08年中央洋食堂を設立，西洋料理の啓蒙普及にあたった。05年召集令状に対し病気のためと不応届を出しシンガポールに旅する。10年大石の大逆事件連座に上京，1カ月の拘留となり西村家も家宅捜索を受ける。翌年大石は処刑。12年沖野岩三郎と新宮教会に幼稚園を始める。15年加藤一夫の雑誌『科学と文芸』の創刊を後援した。キリスト教や社会主義からも自由な思想を育み，少年期からの憧れであった西洋の生活文化を取り入れた生活改善や芸術運動を推進。陶芸家富本憲吉の紹介でバーナード・リーチと親交，陶器窯制作に熱中する。またウィリアム・モリスの影響を受け家具設計や創作に取り組むかたわら18年西村陽吉らの創刊した『民衆の芸術』に投稿。21年長女アヤが高等女学校へ進学する時，わが子のために自由で芸術的な雰囲気にみちた理想の学校をつくることを決意，与謝野寛・晶子夫妻，石井柏亭らの協力によって東京駿河台に文化学院を創設した。学院には河崎なつ，佐藤春夫ら当時の一流の学者と芸術家を教師として招きカリキュラム構想も斬新で，卒業生には三宅艶子，入江たか子，青地晨，安田武，上笙一郎ら多数の文化人を輩出した。30年代には並河亮や新居格らを講師に招いている。各学校を放逐された左傾学生が学院に流入することもあった。賀川豊彦や堺利彦らとも交流，非画一で非政治的なアナキズム気質をもち戦時下の43年不敬罪で投獄，学院も閉鎖。恋愛の自由を唱えたことで閉鎖されたのは日本に数ある学校のうち文化学院のみである。戦後再興。松尾邦之助の自由クラブの応援団でもあった。自由主義教育者として一生を貫ぬいたその教育事業は長男の久二，長女アヤらによってひき

つがれた。(北村信隆)〔著作〕『我に益あり』紀元社1960, J. クラウン訳『Free THINKER』ホワイト・タイガー・プレス2010,『我子の教育』文化生活研究会1923,『楽しき住家』警醒社1919(改訂増補『現代人の新住家』文化生活研究会1924),『装飾の遠慮』文化生活研究会1922,『生活を芸術として』同1922,『我子の学校』同1927, 語録『われ思う』七曜社1963〔文献〕文化学院編纂室『愛と反逆 文化学院50年』文化学院出版部1981, 加藤百合『大正の夢の設計家 西村伊作と文化学院』朝日新聞社1990, 上坂冬子『伊作とその娘たち』鎌倉書房1979・改訂版『愛と反逆の娘たち』中公文庫1983,「自由人の処世観」『アフランシ』4号1951.7・同34号1957.3,「社会主義沿革1」, 黒川創『きれいな風貌 西村伊作伝』新潮社2011

西村　庚　にしむら・かのえ　?-?　新聞工組合正進会に加盟し1924(大13)年夏, 木挽町(現・中央区銀座)本部設立のために3円寄付する。(冨板敦)〔文献〕『正進』3巻3号1922.3, 正進会『同工諸君!! 寄附金芳名ビラ』1924.8

西村　幸三郎　にしむら・こうざぶろう　?-1928(昭3)11.3　京都府水平社解放連盟のメンバー。28年10月27日昭和天皇即位警備の予防検束で七条署に拘束される。11月3日釈放されて自宅に戻りその夜心臓麻痺で死没。(冨板敦)〔文献〕『民衆の中へ』2号1929.2

西村　五郎　にしむら・ごろう　?-?　1931(昭6)年10月高知県高岡郡尾川村(現・佐川町)でおきた小作争議の際に結成した尾川村小作人組合に関わる。(冨板敦)〔文献〕『特高外事月報』1936.5,「社会運動の状況8」,『農青社運動資料集II・III』

西村　才次郎　にしむら・さいじろう　?-?　東京水平社のメンバー。1927(昭2)年8月14日上野公園近くの派出所の巡査に「貴様は士族か新平民か」と問われたため反対に巡査の氏名を尋ねるといきなり拘束される。解放されてのち東京府水平社の深川武, 西勝歌三とともに糾弾。巡査高橋新次郎に謝罪させた。(冨板敦)〔文献〕『全国水平新聞』2号1927.8

西村　準一　にしむら・じゅんいち　?-?　1916(大5)年10月創刊の雑誌『塵労』の編集発行人。大杉栄に傾倒した。(神谷昌史)〔文献〕小松隆二『大正自由人物語』岩波書店1988

西村　正太郎　にしむら・しょうたろう　?-?　1932(昭7)年1月に勃発し東京印刷工組合の応援で闘った杉田屋印刷所争議に2円の寄附をする。他に個人で寄附をした人は以下のとおり(カッコ内は金額)。鈴木吉五郎(1円), 貝原きく(2円), 元井久次郎(65銭), 水野金三郎(1円), 大沢白露(50銭), 津島英次(50銭), 城しづか(60銭)。(冨板敦)〔文献〕『自連新聞(号外・東京印刷工組合版)』5号(『自連新聞』77号外1933.2)

西村　節三　にしむら・せつぞう　?-?　河野康, 中村敬一, 松原一夫, 山川時郎らとともに農村社会建設協同会を結成し農本連盟発行『農本社会』の発行に関わる。1932(昭7)年4月同誌1巻3号に「象徴文化への黎明」を発表。(川口秀彦)〔文献〕犬田卯『日本農民文学史』農山漁村文化協会1958

西村　友次郎　にしむら・ゆうじろう　?-?　別名・友二郎　東京毎日新聞社に勤め東京の新聞社員で組織された革進会に加わり1919(大8)年8月の同盟ストに参加するが敗北。のち正進会に加盟。20年機関誌『正進』発行のために寄付をする。(冨板敦)〔文献〕『革進会々報』1巻1号1919.8,『正進』1巻1号1920.4

西村　陽吉　にしむら・ようきち　1892(明25)4.9-1959(昭34)3.22　旧名・江原辰五郎　東京市本所区相生町(現・墨田区両国)生まれ。04年錦華高等小学校卒業後, 日本橋の東雲堂書店に入る。08年店主西村寅次郎の養子となり11年通称名を陽吉と改める。東雲堂書店は学習図書の出版社だったが西村は文芸書, 学芸書の出版にも力を入れ, アナ系では石川三四郎『哲人カアペンター』, ゴールドマン(伊藤野枝訳)『婦人解放の悲劇』, 大杉栄『労働運動の哲学』(発禁)など, 文芸書では石川啄木『悲しき玩具』『啄木遺稿』, 土岐哀果『黄昏に』, 若山牧水『別離』, 斎藤茂吉『赤光』, 北原白秋『思ひ出』などの詩歌集や阿部次郎『三太郎の日記』など多くの名著を世に送る。また『生活と芸術』『創作』『朱欒』『青鞜』『黒耀』『番紅花』『短歌雑誌』などの版元となり『近代思想』『へちまの花』『平民新聞』などにも広告を出す。「料金は格安だが, よく広告をくれるのに感心している」とは『青テーブル』(2巻1号1915.3)に載った荒畑寒村の短評である。このように出版人として活躍する一方, 啄木や哀果の影響を受けて生活派歌人として口語短歌運動に尽力しアナキズムへ接近する。14年3月堺利彦の『へちまの花』にヒントを得て短歌投稿の月刊誌『青テーブル』を創刊(1916.5終刊), 次

第に社会主義へと傾斜しその後継誌『庶民詩歌』(1918創刊)は大石七分の『民衆の芸術』に合流する。関東大震災後に刊行された第三歌集『第一の街』(紅玉堂書店1924)は「大杉栄鎮魂歌集」(斉藤英子)ともいわれるが、「自分の生活を生活するもの」と生活派歌人の主張を要約している。翌25年5月『芸術と自由』を創刊、口語自由律短歌に重ねて「A短歌」(アナキズム短歌の略)を掲げ、ボル系のプロレタリア短歌を「政治に役立つ芸術」として退ける。だが自称アナの強請にいやけがさし31年4月通巻63号を出して廃刊、以後運動から遠ざかり社業に専念、35年には生長の家に入信する。『芸術と自由』で作歌に開眼し64年有志とともに『芸術と自由』を再刊した尾村幸三郎は西村を「控え目なアナキスト」と評している。(北村信隆・大澤正道)〔著作〕歌集『都市居住者』東雲堂書店1916,『街路樹』同1919,『晴れた日』紅玉堂書店1927,『舗道の歌』素人社書屋1932,『緑の歌』作駅社1939,『新社会への芸術』東雲堂書店1922,「随想」1-8『平民新聞』69-76号1948.4.23-6.14〔文献〕斉藤英子『啄木と西村陽吉』短歌新聞社1993・『西村陽吉』同1996, 小倉三郎『私の短歌履歴書』ながらみ書房1995

西村 義太郎 にしむら・よしたろう ?-? 1919(大8)年東京京橋区(現・中央区)の築地活版所印刷科に勤め活版印刷工組合信友会に加盟する。(冨板敦)〔文献〕『信友』1919年8・10月号

西山 金蔵 にしやま・きんぞう ?-? 中央新聞社に勤め東京の新聞社員で組織された革進会に加わり1919(大8)年8月の同盟ストに参加するが敗北。のち正進会に加盟。24年夏, 木挽町(現・中央区銀座)正進会本部設立のために1円寄付する。(冨板敦)〔文献〕『革進会々報』1巻1号1919.8, 正進会『同工諸君!! 寄附金芳名ビラ』1924.8

西山 英夫 にしやま・ひでお ?-? 1926(大15)年南多摩郡堺村(現・町田市)で暮し農民自治会全国連合に参加。地元の農民自治会を組織しようとしていた。(冨板敦)〔文献〕『農民自治会内報』2号1927

西山 又二 にしやま・またじ 1908(明41)頃-? 佐賀県西松浦郡伊万里町(現・伊万里市)に生まれる。小学校卒業後佐世保商業に入学。29年武者小路実篤の新しき村に入村するが満足できず宮崎譲, 伊地知直矢ら10数名と離村し近くの宮崎県児湯郡川南村十文字原(現・川南町)に共同生活体日向緑色群組合を設立する。30年岡本利吉の葛山共働学園に入り岡本の指導を受ける。49年『長崎日日新聞』論説部長となり松尾邦之助を知る。51年上京し62年頃松尾らの個の会に入り会誌『個』の編集にあたり歌や評論を発表。65年頃から西多摩郡日の出町に居を定め三浦精一らの『リベルテール』にも寄稿する。(大澤正道)〔著作〕歌集『エコロジストの目』無何有亭出版部1979, 詩画集『エコロジストの天国』同1980〔文献〕『個』復刻版黒色戦線社1984

西山 勇太郎 にしやま・ゆうたろう 1907(明40)-1965(昭40)3.1 本名・雄太郎 東京生まれ。小学校卒業後淀橋区(現・新宿区)の木村鉄工所に見習工として入り1年後に結核性の胸膜炎を患う。回復後は事務員として住み込みで働く。結婚する53歳までここに居住し雑誌『無風帯』などを刊行し放浪する辻潤の滞在先として便宜をはかる。24年辻訳の『自我経』を読みシュティルナーの唯一者の思想に触れる。31年『叛く』によって詩人竹内てるよを知り渓文社の神谷暢と出会う。以後渓文社に協力し, 中浜哲の『黒パン党宣言』をガリ版印刷するが発禁になる。34年『無風帯』を創刊。この誌名はギロチン社事件の古田大次郎がイメージしたもの。執筆者は辻, 竹内, 岩佐作太郎, 植村諦, 岡本潤ら。エスペラント研究も連載。35年無党派事件, 農青社事件の関連で検挙。38年庄司(金子)きみの歌集『草』を無風帯社から刊行。39年『低人雑記』を刊行, 庄司に対する思いが濃く表現され寺島珠雄は「まことに特異な恋愛文学とも捉えられる」と書いている。40年ガリ版雑誌『色即是空(すべてはながる)』を創刊。5号から『三千年』と改題するが雑誌統制で10号で廃刊を余儀なくされる。「かくの如きものであつてさへも, 『存在』するをゆるされないのである」と西山は記す。46年『無風帯ニュース』をガリ版で創刊。「ダダイスト辻潤は栄養失調で死んだ」と表紙に記し「辻潤追悼」を企画, 高村光太郎, 石川三四郎, 平塚らいてうなど約50人に執筆を呼びかける。49年辻の墓碑銘「陀仙辻潤の墓」を自由クラブの依頼により揮毫。西山はアナキズム運動の渦中にはいない。しかし「紙上のデモ」として戦時下もガリを切り続ける。唯一者の体制に対

するあくなき抵抗をそこにみることができる．（大月健）〔著作〕『低人雑記』無風帯社1939〔文献〕『無風帯』1-7号1934-37,『色即是空』(『三千年』)1-10号1940・41,『無風帯ニュース』1・2号1946, 寺島珠雄「西山勇太郎ノート」虚無思想研究編集委員会1984・「西山勇太郎の辻潤追悼」『虚無思想研究』5号1984・「訂正・補充など『西山勇太郎ノート』について」同7号1986, 佐々木靖章「雑誌『論戦』『無風帯』のこと」『ふるほんや』4号1986.3

西山 六郎 にしやま・ろくろう 1896(明29)-? 長崎県北高来郡諫早村(現・諫早市)に生まれる．県立農学校を卒業し明治大学予科に進学．中退して東京，神奈川方面で会社員や工場労働者として生活．22年北海道農事試験場に勤務．クロポトキンに心酔しアナキズム運動に参加．26年7月寺沢迪雄と札幌の豊平で札幌労働組合を組織．8月1日札幌電気軌道争議を支援して検束される．9月29日北海黒連に参加．27年旭川一般労働組合に転じ日雇をして生活．8月20日サッコ・ヴァンゼッティ死刑に対する抗議書を米国大使館に送付．27日旭川で「皇后は天皇の性的奴隷にすぎない」と発言したという不敬事件を捏造され山下昇二，西条弥市とともに検挙される．10月14日旭川地裁で懲役2年の判決を受ける．控訴したが11月29日懲役2年で刑確定．特別要視察人甲号(無政府主義)に編入される．32年頃から右翼運動に転じ34年皇道会旭川支部の政務部長となる．38年11月松岡二十世の組織した奉魂新営隊に参加．39年1月小野寺秀隆を会長とする愛国労働団体旭川労和会の書記長となる．（堅田精司）〔文献〕『黒色青年』12号1927.9.5,「特別要視察人・思想要注意人一覧表」北海道庁警察部1928,『不敬事件1』,『思想月報』1929.5・9

仁智 栄坊 にち・えいぼう 1910(明43)7.8-1993(平5)3.31 本名・北尾一水(かつみ)．高知県生まれ．大阪外語専門学校でロシア語を学び，俳号はロシア語の「ニチェーヴォー」(気にするな，何でもないさ)をもじってつけた．卒業後大阪堂島の大阪通信局に就職し戦中はモスクワ短波放送を傍受してその内容を情報局に報告するのが仕事であった．1935(昭10)年頃『京大俳句』に加入し,〈戦闘機ばらのある野に逆立ちぬ〉〈射撃手のふとうなだれて戦闘機〉など鋭い風刺を込めた戦争俳句を多く発表した．40年2月14日早朝，京大俳句事件第一次検挙で平畑静塔，波止影夫とともに起訴され，判決は他の2人と同じ懲役2年・執行猶予3年で大阪通信局は懲戒免職となった．仁智栄坊が起訴され処分が一番遅くなったのは彼の句が戦争に対して最も風刺が強烈だったことと，ロシア語に堪能なうえ仕事上ソ連の情報を熟知していたため，その思想的背景を疑われて追及に時間を要したためであろう．栄坊は釈放後に渡満．新京の満州電電(株)放送部に就職し満州国居住のロシア人向けの露語放送を担当した．その後ハルピン放送局へ転属し敗戦を迎える．敗戦とともにソ連軍が満州に侵攻し，ここでもロシア語に堪能ということが災いしスパイ容疑者としてシベリアで約5年間抑留された．49年末帰国．石川島播磨造船所にロシア語通訳として就職したが，今度はソ連のスパイとしてCIAにマークされる．執拗な訊問と監視に耐えかねて造船所を退職し露天商などを営むが，容疑は52年頃まで晴れなかったという．55年句作を再開．かつての仲間平畑静塔・西東三鬼らの俳誌『天狼』には参加せず『芭蕉』『三角点』の同人となった．句集はなく，エッセイ集『七枚の肖像画』などがある．（宮澤公明）〔著作〕『七枚の肖像画』文琳社1983,『ロシヤ難民物語』文琳社1983〔文献〕小堺昭三『密告』ダイヤモンド社1979, 小田保『続シベリヤ俘虜記』双弓舎1989, 阿部誠文『ソ連抑留俳句』花書院2001, 田島和生『新興俳人の群像』思文閣出版2005, 大岡信也『現代俳句大辞典』三省堂2005

ニーチェ，フリードリヒ Nietzsche, Friedrich Wilhelm 1844(天保15)10.15-1900(明33)8.25 ドイツの哲学者．実存哲学の先駆者．1889年に精神錯乱を起こす．思想としては，キリスト教的な形而上学的世界観及び価値観からの脱却と価値転換をめざし，それまでの西欧世界の価値基準であった神についてその死を説く．永劫回帰の世界を超えてゆくためにニヒリズムを徹底し，超人を生むための善悪の彼岸に立った力強い現実肯定を促す．しかし民衆は超人を生むための手段とみなされるためファシズムに悪用された．日本ではケーベルと井上哲次郎の口から紹介され，その後99年に長谷川天渓がニーチェ批判を行い(「ニーツェの哲学」『早稲田学報』)，文学上の問題として取り

上げられる。00年5月から7月にかけて登張竹風の訳による「独逸の輓近哲学を論ず」が『帝国文学』に連載され，ニーチェが没した直後から日本における第一期ニーチェ・ブームが起こる。01年から03年にかけて高山樗牛「美的生活を論ず」(8月『太陽』)を発端とし，ニーチェの思想をめぐって長谷川天渓や登張竹風らを中心に美的生活論争が展開される。11年には生田長江訳による『ツアラトウストラ』(新潮社)が刊行され，大正期のニーチェ・ブームの火付け役となる。また，大杉栄，萩原朔太郎，芥川龍之介などにも影響を与えた。(山中千春)〔文献〕Karl Löwith, *Nietzsches Philosophie der ewigen Wiederkehr des Gleichen*, neue Ausgabe, Kohlhammer Stuttgart 1956, Gilles Deleuze, *Nietzsche et la philosophie*, PUF, 1962, Martin Heidegger, *Nietzsche*, 2Bde., Neske 1961, Friedrich Nietzsche, *Werke, Kritische Studienausgabe*, hrsg. von G. Colli, M. Montinari, Walter de Gruyter, 1967-77, 高松敏男・西尾幹二『日本人のニーチェ研究譜』白水社1982, 西尾幹二『ニーチェ』ちくま文芸文庫2001,『登張竹風／生田長江』新学社近代浪漫派文庫2006

新田 栄 にった・さかえ ?-? 1931(昭6)年農民自治協会全国連合発行の第4次『農民』(10月号と32年1月号の2号のみで終わる)の刊行に鑓田研一，石川三四郎，中村吉次郎，和田伝などとともに関わる。(川口秀彦)〔文献〕犬田卯『日本農民文学史』農山漁村文化協会1958

新田 保太郎 にった・やすたろう ?-? 報知新聞社に勤め新聞工組合正進会に加盟。1920(大9)年機関誌『正進』発行のために1円寄付する。(冨板敦)〔文献〕『正進』1巻1号1920.4

新田 融 にった・ゆう 1880(明13)3.12-1937(昭12)3.20 宮城郡仙台町堤通(現・仙台市青葉区)に生まれる。まもなく上京し牛込区(現・新宿区)の愛日小学校に入学。小樽，秋田，青森と移り09年3月長野県の明科製材所に機械工として就職。同年6月宮下太吉が職工長としてやってきて新田に無政府共産主義を説く。10年5月20日人員整理により会社をやめ妻の実家のある秋田に移っていたが，直後に大逆事件に関与したとして逮捕，同月31日起訴され，翌月松本警察署で取り調べを受けた。容疑は宮下が爆弾製造のために使用した薬研を預かった点，また宮下の依頼により小鑵を製造した点の2点であった。宮下が大逆を犯す意志があることを知らなかったとして11年1月18日の判決では爆発物取締罰則違反で懲役11年となった。千葉監獄に服役し16年10月出獄。(西山拓)〔文献〕幸徳秋水全集編集委員会編『大逆事件アルバム』明治文献1972, 荒木伝『なにわ明治社会運動碑・下』柘植書房1983, 堅田精司『北海道社会文庫通信』965号2000.1

二宮 好治 にのみや・こうじ ?-? 1926(大15)年頃，愛媛県北宇和郡旭村(現・鬼北町)で暮し農民自治会全国連合に参加。同年末には農自愛媛県連合の事務所を自宅に置いていた。(冨板敦)〔文献〕『農民自治』3号1926.6,『農民自治会内報』2号1927, 竹内愛国「農民自治会」『昭和2年版解放運動解放団体現勢年鑑』解放社1927

二宮 碩 にのみや・せき ?-? 1927(昭2)年『小作人』「地方通信」欄に愛媛の現状を寄稿する。(冨板敦)〔文献〕『小作人』3次7・8号1927.8・9

丹羽 清 にわ・きよし ?-? 都新聞社に勤め東京の新聞社員で組織された革進会に加わり1919(大8)年8月の同盟ストに参加するが敗北。のち正進会に加盟。24年夏，木挽町(現・中央区銀座)正進会本部設立のために50銭寄付する。(冨板敦)〔文献〕『革進会々報』1巻1号1919.8, 正進会『同工諸君!! 寄附金芳名ビラ』1924.8

丹羽 三郎 にわ・さぶろう ?-? 新聞工組合正進会に加盟し1924(大13)年夏，木挽町(現・中央区銀座)本部設立のために1円寄付する。(冨板敦)〔文献〕正進会『同工諸君!! 寄附金芳名ビラ』1924.8

丹羽 万平 にわ・まんぺい ?-? 1919(大8)年東京京橋区(現・中央区)の築地活版所欧文鋳造科に勤め活版印刷工組合信友会に加盟する。(冨板敦)〔文献〕『信友』1919年8・10月号

任 学宰 にん・がくさい イム・ハクチェ ?-? 1931(昭6)年5月東京で設立された東興労働同盟北部の幹部で32年責任者金学淳と対立する。(堀内稔)〔文献〕『社会運動の状況4』

ぬ

温井 藤衛 ぬくい・ふじえ ?-? 群馬県群馬郡元総社村上石倉(現・前橋市)に住み、萩原恭次郎らと交流する。近所の温井義信・武治兄弟と『田園詩歌』を刊行。1927(昭2)年6月に創刊された萩原の『クロポトキンを中心とした芸術の研究』発行に関わる。同年創刊された『バリケード』に詩を寄せるが掲載されなかった。30年『弾道』に参加する。(冨板敦)〔文献〕秋山清『あるアナキズムの系譜』冬樹社1973・『アナキズム文学史』筑摩書房1975、伊藤信吉『回想の上州』あさを社1997

布川 信五郎 ぬのかわ・しんごろう ?-? 1919(大8)年東京神田区(現・千代田区)の三秀舎印刷科に勤め活版印刷工組合信友会に加盟する。(冨板敦)〔文献〕『信友』1919年8月号

沼尾 善一郎 ぬまお・ぜんいちろう 1893(明26)-1965(昭40)1.5 尾道市生まれ。14年舞鶴海軍工廠に工具として勤務。15年友愛会に参加し同工廠で工友会を組織した。その後岡山の三井造船所、神戸製鋼所などを経て19年に上京、日本光学豊岡工場に就職、この間普選運動に参加した。23年サンジカリズム系で大杉栄らの影響下にあった光学工技会に参加。24年関東金属労働組合に参加、翌25年関東金属豊岡支部長となった。(奥沢邦成)〔文献〕『解放のいしずえ』新版

沼田 流人 ぬまた・るじん 1898(明31)6.20-1964(昭39)1.19 本名・沼田一郎 岩手県渋民村に出生(北海道岩内郡老古美〈現・共和町〉に出生との説もある)。幼年期に両親と生き別れ倶知安村(現・倶知安町)に住む祖父に育てられる。15歳の時に製材所の機械に挟まれ左腕を切断。障害者となり流人は少年期からさまざまな差別を受けていく。また青年期に東倶知安鉄道(京極線)建設のタコ部屋労働者の悲惨な惨状を体験する。この2つの苦しい体験が流人の人生と文学を決定していく。地方新聞への投稿がきっかけで吉田絃二郎に接しさらに馬場孤蝶や有島武郎との知遇をえる。こうして『種蒔く人』(東京版)の創刊号(1921年)に流人の「三人の乞食」が掲載される。また作品「血の呻き」により特高に狙われることとなる。26年「地獄」(『改造』所収)を発表、さらに『監獄部屋』(金星堂1929年)など刊行。沼田流人の作品には少年期からの不遇な差別体験と底辺労働者への非人間的な虐待などへの怒りが込められているが他方、社会的弱者へのまなざしはあくまで暖かい。幼少期から倶知安を離れずに当地にて一生を終える。(北村巌)〔文献〕北村巌『有島武郎論』柏艪舎2007、武井静雄『沼田流人伝』倶知安郷土研究会1992、札幌民衆史シリーズ11『小説「血の呻き」とタコ部屋』札幌郷土を掘る会2010

ね

根岸 角三 ねぎし・かくぞう 1902(明35)-? 1925(大14)年9月3日18時半、小樽中央座で開かれた労働問題演説会(小樽自由労働者有志主催)に参加、検束される。(冨板敦)〔文献〕堅田精司編『北海道社会運動家名簿仮目録』私家版1973、堅田精司『北海道社会文庫通信』134・303・854・1287号1996.9.24・1997.10.7・1999.10.1・2000.12.7

根岸 棺 ねぎし・かん ?-? 1927(昭2)年東京府北豊島郡滝野川町下田端(現・北区)に米山謙治らと黒き群社を設立して雑誌『黒き群』を創刊(印刷人・巳野善一)。同年10月30日から11月4日にかけて開かれた東北黒色青年連盟の創立記念演説会と東北地方演説会に黒き群社を代表して応援に駆けつける。(冨板敦)〔文献〕『黒色青年』8・14号1927.4・11、『黒き群』1927.7

根岸 正吉 ねぎし・しょうきち 1892(明25)9.9-1922(大11)11.13 別名・N正、N・正吉 群馬県那波郡官郷村(現・伊勢崎市)に生まれる。07年官郷尋常高等小学校を優秀な成績で卒業。10年群馬県立工業学校に入学、染色を学ぶ。同校の教師から社会主義について学ぶ。同校卒業後、地元の染色会社に勤める。14年『第三帝国』に投稿、16年『新社

会』6月号から約2年間一連の「労働者の詩」を発表する。17年弟文治と大阪の長瀬商店で働くが弟の死後、19年横浜の吉田只次宅に移り、新聞ストを報じた『東京新聞』号外を吉田らと伊勢佐木町で呼び売りし検束されるなど運動に加わる。20年『労働運動』に詩を寄せ妹柳らと横浜での第1回メーデーに参加。柳はのちに古河三樹松と結婚する。同年5月日本最初の労働者詩集とみられる『どん底で歌ふ』を伊藤公敬と共著で日本評論社出版部から刊行、再版は発禁となる。12月鎌倉の大杉栄宅で開かれた日本社会主義同盟創立大会のために上京した地方同志歓迎会に出席、気炎をあげて検束される。21年『労働者』3号からマラテスタの「労働者の対話」を訳出し始めたが肺疾の病状が進み中止のやむなきに。大杉は軽挙盲動しない若い同志として根岸や延島英一をあげ高尾平兵衛に「老ひたり矣、大杉栄君」(『労働者』1号1921.4)とかみつかれる。同年11月横浜久保山市立療養院に入院、翌年死去。「青白い、四角ばった顔をした、ムッツリした男で、肩はばがばかにひろく、背のひくい、ツイタテみたいな体に、和服をきちんときて、角帯をしめていたので、労働者にも、詩人にも、みえなかった」(江森盛弥『詩人の生と死について』新読書社1959)という。(黒川洋)〔著作〕『どん底で歌ふ』横浜復刻版1967・上州復刻版1992(いずれも私家版)、『萩原恭次郎・根岸正吉』(『群馬文学全集10』)群馬県立土屋文明記念文学館1999〔文献〕秋山清『発禁詩集』潮文社1976・『どん底で歌ふ・解題』上州復刻版1992

根岸 節 ねぎし・たかし ?-? 1919(大8)年東京京橋区(現・中央区)の築地活版所欧文仕上科に勤め日本印刷工組合信友会に加盟する。(冨板敦)〔文献〕『信友』1919年10月号

根岸 時雅 ねぎし・ときふさ ?-? 前橋市に住み、群馬銀行に勤める。萩原朔太郎が主宰していたマンドリンオーケストラに参加。1931(昭6)年1月に弾道社から刊行された『アメリカプロレタリヤ詩集』(萩原恭次郎、草野心平、小野十三郎共訳)の翻訳を手伝う。36年俳句雑誌『百黄土』を創刊し自宅に事務所を置いた。(冨板敦)〔文献〕伊藤信吉『回想の上州』あさを社1977・『逆流の中の歌』泰流社1977

根岸 留吉 ねぎし・とめきち ?-? 1919(大8)年東京京橋区(現・中央区)の国文社和文科に勤め日本印刷工組合信友会に加盟する。(冨板敦)〔文献〕『信友』1919年10月号

ネチャーエフ Nechaev, Sergei Gennadievich 1847.9.20-1882.11.21 ロシアの非常に貧しい家庭に育ちながらも独学で教師の資格を取得、ペテルブルグ大学の聴講生となった時期に大学紛争に直面、学生運動のラディカルな少数派に加わりトゥカチョフと『革命行動の綱領』を書き上げた。69年春にスイスへ脱出、バクーニンと接触し一時緊密な協力関係をもって「革命家の教理問答書」などを書いた。ふたたびロシアに潜入し69年暮れにイヴァノフ事件という組織内テロを実行、自らは国外に逃れたものの大量の逮捕者を出し集団裁判となった。スイスではネチャーエフとバクーニンの協力関係が再開されたと思われたが、貴族階級や知識人層に深い不信感をもつネチャーエフは革命組織内部でも権謀術数を用い、同志から孤立してバクーニンともついに決裂した。そのさなかロシアの秘密警察の探索によって逮捕され身柄をロシアに移され、20年に及ぶ懲役刑で政治監獄に投獄された。獄内でも活発に暗躍し外部の革命組織人民の意志派とも連絡したが、結局獄死して終わった。戦前の日本におけるアナキズム運動では、29-32年に『バクーニン全集』が社会理想研究会によって企画された時、ネチャーエフとの共同執筆といわれた「革命家の教理問答書」も訳されたらしいが結局活字にならずじまいとなった。のちに無政府共産党を結党した二見敏雄がたまたまその原稿を読んで共鳴したとも伝えられ、二見はやがてイヴァノフ事件さながらの同志射殺事件をおこした。「革命家は死すべく運命づけられた人間である…」で始まるこの「教理問答書」は徹底したリゴリズムで一貫し、個人の感情を斥け肉親、友人、恋愛を排除する姿勢はむしろ孤独なテロリストのそれで、大衆運動にはほど遠かった。(左近毅)〔著作〕藤山順訳「革命家の教理問答書」『社会革命の綱領』麦社1969、松田道雄編『ロシア革命』平凡社1972、外川継男・左近毅編『バクーニン著作集5』白水社1974〔文献〕ルネ・カナック『ネチャーエフ』(佐々木孝次訳)現代思潮社1964、バクーニン「ネチャーエフへ1・2」『展望』1973.9・10、左近毅「ネチャーエフとブルガリアの革命運動」『情況』1975.12・「ネチャーエフ伝断章」『えうね』7号1975.11・「ネチャーエフの恋」『窓』15号

1975.12・「革命する超人の弁明」江川卓・亀山郁夫共編『ドストエフスキーの現在』JCA出版1985

根津 龍雄 ねづ・たつお ?-? 別名・辰雄 報知新聞社に勤め東京各新聞社の整版部従業員有志で組織された労働組合革進会に加わり1919（大8）年8月の同盟ストに参加するが敗北。その後，新聞工組合正進会に参加，21年12月の万朝報社争議を闘い解雇される（全18名，すべて正進会員）。（冨板敦）〔文献〕『革進会々報』1巻1号1919.8，『正進』1巻1号1920.4，『労働運動』3次1号1921.12，正進会『同工諸君!! 寄付金芳名ビラ』1924.8

ネットラウ Nettlau, Max 1865.4.30-1944.7.23 オーストリアのウィーン郊外で生まれる。ベルリンで言語学を学びウェールズ語研究で博士号を取得。言語学の研究のため85年にロンドンに渡る。1913年まで滞在する間にアナキズム史研究に向かう。90年以降バクーニン研究と史料の収集を開始，その後手書きによるバクーニン伝を発表。その間にはエリゼ・ルクリュとの交流をきっかけにアナキズム文献目録を刊行。また多くの歴史論文や時事論説などを各国の雑誌に発表。第一次大戦後のインフレにより生活に困窮するがマラテスタとルクリュの伝記，そしてアナキズム史の最初の3巻をベルリンで刊行。その第2巻は27年に邦訳される。35年自身のコレクションをアムステルダム国際社会史研究所に売却。ナチスによるオーストリア併合後，アムステルダムに亡命して同地で死没。主著であるにもかかわらず生前に出版された3巻のアナキズム史で用いられている文体は，長々として読みづらく，また厳密さを追求するあまり事実や文献の羅列に終始している感もある。だが彼の著書，収集した文献や史料そして遺稿は今日でも研究に不可欠である。死後刊行された第5巻の末尾に日本の運動史に関する叙述があり，13年に石川三四郎と思われる人物にロンドンで会った際，彼から一部の情報を得たと記されている。（田中ひかる）〔著作〕新居格訳『無政府主義思想史』春秋社1927，上杉聰彦訳『ネットラウ』三一書房1970, Geschichte der Anarchie, Bd. 4-5, Vaduz, 1981-84. 〔文献〕Rocker, R. Max Nettlau, Berlin, 1978. Burazerovic, M. Nettlau M. in Lexikon der Anarchie, ed. H. J. Degen, Börsdorf, 1993-1998. Becker, H. Introduction, Max Nettlau 1865-1944. in The Short History of Anarchism, London, 1998. Archiv Max Nettlau. in Guide to the International Archives and Collections at the IISH, Amsterdam, 1999.

根本 金太郎 ねもと・きんたろう ?-? 1919（大8）年東京麹町区（現・千代田区）の外務省活版部文選科に勤め日本印刷工組合信友会に加盟する。（冨板敦）〔文献〕『信友』1919年10月号

の

濃田 実 のうだ・みのる 1901（明34）-? 呉市岩方通生まれ。立命館大学を卒業後，家業の代書業の手伝いをする。30年から31年にかけて京都で裁判所に勤め，のち帰郷して再び代書業に従事。京都に在住中アナキズムに共鳴し帰郷後も全国自連と連絡を取り『自連新聞』『自連新聞ニュース』などを購読。35年末頃無共党事件で検挙されるが不起訴。（冨板敦）〔文献〕『身上調書』

野上 秀三郎 のがみ・ひでさぶろう ?-? 1919（大8）年東京京橋区（現・中央区）の新栄舎和文科に勤め活版印刷工組合信友会に加盟する。（冨板敦）〔文献〕『信友』1919年8・10月号

野川 隆 のがわ・たかし 1901（明34）4.23-1944（昭19）12.19 表現派の絵を描く画家。24年6月兄野川孟，玉村方久斗（善之助）らと『GE・GJMGJGAM・PRRR・GJMGEM』を創刊。アナキズムの傾向が強くなった『銅鑼』に11号以降しばしば執筆。「意識と思想と生活が作品の上に生かされた詩人」であり，「『銅鑼』の主流ではなく，しかし『銅鑼』を新鮮な詩人の集団らしくしたことは，この尾形（亀之助）や高橋（新吉）や野川隆のような人々の存在が役立っていた」（秋山清）。のちボル派に傾く。「ナップ」詩人として活動中に逮捕され釈放後の35年頃から壺井繁治，江森盛弥らと詩人・漫画家グループのサンチョ・クラブに拠る。37年満州国に渡る。41年11月北満合作社事件に関わり治安維持法違反で検挙。44年秋奉天刑務所内で病にかか

り重態となり獄外で死没。〔冨板敦〕〔著作〕『九篇詩集』私家版1938、『夢見る女』〔文献〕遠地輝武「プロレタリア詩誌点描」『本の手帖』1961.5、中野嘉一「『ゲエ・ギムギガム・プルルル・ギムゲム』の世界」同1969.2・3、壺井繁治・遠地輝武編『日本解放詩集』飯塚書店1950、菊地康雄『青い階段をのぼる詩人たち』青銅社1965、秋山清『あるアナキズムの系譜』冬樹社1973、中野嘉一『前衛詩運動史の研究』大原新生社1975、冨田てる『命のかぎり』静岡新聞社1985、黒川創編『満州・内蒙古／樺太』新宿書房1996、内堀弘『石神井書林日録』晶文社2001

野口 市郎 のぐち・いちろう 1896(明29)-1943(昭18) 別名・一郎 滋賀県坂田郡の裕福な家に生まれる。八幡商業学校、早稲田大学英文科を卒業して受洗。近江兄弟社により米国に2年間の留学ののち台湾伝道、全国遍歴をする。のち弁護士事務所や労働新聞社に勤める。18年10月陸軍召集施行細則違反で科料5円の判決を受ける。22年11月母が被差別部落出身だったことから木本凡人の青十字社に出入りする。23年3月第2回水平社大会に滋賀県代表として参加、ABC倶楽部の祝辞を代読。この大会で検挙され留置場でアナキストと知り合う。24年2月奥矢学宅で作成したビラを広海貫一を通じて印刷しようとしたところを不敬罪で逮捕、懲役2年。11月大阪刑務所から出した葉書が不敬とされ再度不敬罪となる(懲役1年)。28年頼ってきた安田理貴と郡山市で同棲。同棲してまもなく和歌山紡績恐喝で拘留15日となる。11月の天皇即位礼前後は一斉保護検束を受ける。当時野口の家に出入りしていたのは米田富、阪本清一郎、駒井喜作、伊勢幸太郎、松本恒、大串孝之助、西光万吉、山岡喜一郎兄弟、林隆人ら数多い。29年9月14-16日郡山で大杉栄追悼集会を実行するが集会無届けで連行され懲役1年となる。当時郡山には岡町と洞泉寺の2遊郭があり野口は娼婦の足抜きの相談にのりビラをまき、また暴力団に追われる娼婦を匿った。30年安田と別れる。33年吉川英治作、伊東大輔監督、大河内伝次郎主演の映画「女人曼荼羅」が差別映画だとして日活を糾弾。小林一信とともに上映を中止させそれが恐喝とされ1年余の刑を受ける。40-41年頃近鉄沿線でエスペラント教授の看板を出して暮らした。この時の言動がもとで拘留され獄中で肺結核が亢進。出獄

後、林と安田の援助でアパートを借りるが数カ月後に死没。「私の生涯で出会った最上最高の先生だった」と安田は語っている。〔冨板敦〕〔文献〕『不敬事件1』、水田ふう・向井孝「女リャク屋リキさん伝1-14」『風』14-28号1996-98・「同15」『黒』2次2号2003、三原容子「水平社運動における『アナ派』について・続」『世界人権問題研究センター紀要』3号1998・「あるアナキスト活動家」『続・部落史の再発見』解放出版社1999

野口 雨情 のぐち・うじょう 1882(明15)5.29-1945(昭20)1.27 別名・野口北洞、野口烏城、草中木治 茨城県多賀郡北中郷村磯原(現・北茨城市)の生まれ。本名・英吉。東京専門学校高等予科在学中に小川未明や小川芋銭を知り、原霞外を通して詩壇に登場した。また原を介して児玉花外の知遇を得る。1902年雑誌『労働世界』に「村の平和」「茄子の花」、翌03年『社会主義』(『労働世界』より改題)に「自由の使命者」「惰民を呪ふ」「惰眠の国の貧民よ」(筆名「野口北洞」)「神のめぐみ」などの社会主義詩を発表。04年以後、社会主義詩を発表することはなくなるが社会主義的な思想は漠然とした民衆意識に形を変え、後に発表する童謡や民謡の中へ流れ込んだと考えられる。石川啄木や林倭衛、大杉栄との交遊を通じてアナキズムに親炙していたと考えられ、アナキズム色の強い雑誌『太平洋詩人』(1926-27)の「委員」に名を連ねてもいる。〔千葉幸一郎〕〔著作〕『定本野口雨情』全8巻未来社1985〔文献〕野口存彌『野口雨情 詩と人と時代』未来社1986、奈良達雄『野口雨情こころの変遷』あゆみ出版1997

野口 一雄 のぐち・かずお 1894(明27)9.15-? 岡山県勝田郡河辺村(現・津山市)に生まれる。上京し荷物運搬の自由労働をしていた。1919(大8)年7月吉川芳郎、竹内良、片桐福次郎らと本所・深川周辺の自由労働者組合を組織。21年2月中尾新三郎らと共存倶楽部(のちプロレタリア社と改称)を設立し、同年5月庄司富太郎らが組織した黒色労働会(友愛会の城東・亀戸両支部が合同した独立組合)に団体加盟する。第3次『労働運動』2号は団体消息欄でプロレタリア社演説会が「(21年)12月22日、深川数矢町勝美倶楽部に開催される筈であったが、其の前夜、同社の野口一雄君等が検束され、演説会は禁止された」と報じており、野口と労働

運動社メンバーとの関係がうかがえる。(冨板敦)〔文献〕『労働運動』1次1号1919.10, 2次13号1921.6, 3次2号1922.2, 『社会主義沿革2』

野口 亀吉 のぐち・かめきち ?-? 1919(大8)年東京京橋区(現・中央区)の築地活版所文選科に勤め活版印刷工組合信友会に加盟。のち中屋印刷所に移る。(冨板敦)〔文献〕『信友』1919年8・10月号, 1922年1月号

野口 菊之助 のぐち・きくのすけ ?-? 日本印刷工組合信友会に加盟し1921(大10)年末頃, 研究社に勤めていた。(冨板敦)〔文献〕『信友』1922年1月号

野口 金太郎 のぐち・きんたろう ?-? 1919(大8)年東京京橋区(現・中央区)の帝国興信所印刷部に勤め活版印刷工組合信友会に加盟する。(冨板敦)〔文献〕『信友』1919年8月号

野口 謙吉 のぐち・けんきち ?-? 1919(大8)年東京神田区(現・千代田区)の三省堂印刷部和文科に勤め活版印刷工組合信友会に加盟する。(冨板敦)〔文献〕『信友』1919年8・10月号

野口 弘一 のぐち・こういち ?-? 岡山県英田郡豊田村(現・美作市)に生まれる。1920年代後半から30年代にかけて展開された岡山県下の農民自治会運動の担い手の一人で豊田村農民自治会所属。『農民自治』26年9月号では「県下の各地に種を植えて各所から火の手を上げて行きたい」と語っている。岡山県連合青年団誌『岡山青年』にも積極的に寄稿していた。27(昭2)年2月2-7日農自全国連合の中西伊之助が岡山県各地を回ったが野口は5日に苫田郡の津山キリスト教図書館ホールで中西伊之助を迎えて開かれた農民自治会の備前・備中・美作の三国の代表委員協議会に出席する。川上, 吉備, 御津, 英田, 勝田の諸郡から同志数十名が参加した。(小林千枝子・冨板敦)〔著作〕「幸福な俺」『岡山青年』35号1926.3, 「個性を生かせ」同37号1926.5, 「習慣を破れ」同47号1927.1, 「一歩でも一寸でも」『農民自治』2年13号1927.11〔文献〕小林千枝子『教育と自治の心性史』藤原書店1997

野口 品二 のぐち・しなじ 1899(明32)5.8-1973(昭48)7.11 愛知県渥美郡豊橋町神明(現・豊橋市神明町)の野口神明社神主の家に生まれる。新川尋常小学校で河合陸郎と知り合う。豊橋市立商業学校から京都の中学へ転じ成章中学校を卒業。21年東洋大学文化学科に入学。上京早々神田青年会館で開かれた石川啄木追悼文芸講演会で啄木短歌の朗詠を聞き感動, アナキズムに傾倒する。22年4月13日(啄木の命日)河合, 福沢卯介, 浅井秀雄らと豊橋市内の料理屋鶴舞で啄木の歌を歌い革命歌を高唱。のちに河合, 福沢, 浅井らと黒墓土(クロボト)社を結成。「豊橋における近代の最初の思想団体の発祥である」(岩瀬正雄)。同年豊橋市議会騒擾事件で逮捕され禁錮6カ月執行猶予3年。23年5月頃秋田雨雀らの講演会後にアナ・ボルが激突した事件と東洋大長期スト事件に関わり市ケ谷刑務所に1カ月留置。出所後豊橋市新川の公徳館で東洋大スト事件救援金募集文芸講演会が開かれる(犠牲者救援団体と黒墓土社の共催)。同年不逞鮮人社に加わり6月『現社会』(『フテイ鮮人』改題)4号に「否定戦線に立つ前」を執筆。9月金子文子・朴烈事件で検挙起訴される(無罪)。25年夏豊橋市上伝馬の朝日軒に友人の勝承夫を招いて歓迎詩話会(豊橋詩人協会主催)を開き岩瀬, 山本一夫らが参加した。34年2月河合, 浅井, 岩瀬らとともに豊橋文化協会を結成し理事となる。戦後は子供会育成に力を注いだ。東海日日新聞社客員。尾原与吉によれば「激情家肌」だったという。(冨板敦)〔文献〕尾原与吉『東三河豊橋地方社会運動前史』私家版1966, 岩瀬正雄『一匹の黄金虫』豊橋文化協会1972, 宮腰良一『豊橋言論史』東海日日新聞社1973, 再審準備会編『金子文子・朴烈裁判記録』黒色戦線社1977, 『河合陸郎伝』同編纂委員会(社団法人豊橋文化協会内)1982, 『郷土豊橋を築いた先覚者たち』豊橋市教育委員会1986

野口 丈夫 のぐち・たけお ?-? 富士身延電鉄に勤め, 1926(大15)年6月50余人の仲間とともに解雇通告を受ける。無産者自治連盟, 自連静岡支局員らに応援を求め, 彼らと富士身延電鉄従業員馘首絶対反対同盟を組織し解雇反対闘争を展開。同盟最後の一人となるまで闘った。(冨板敦)〔文献〕『自連』37号1929.7

野口 伝平衛 のぐち・でんべえ 1897(明30)3.5-1945(昭20)1.6 新潟県中蒲原郡川東村笹堀(現・五泉市)に開拓地主の長男として生まれる。16年新潟師範学校を卒業。五泉, 川東小学校を経て新潟市内鏡淵小学校に勤務。ここで23年2月教師の教育権と身分の確立などを目的に同僚の田中惣五郎ら

と無明会を結成した。県下60余人の教師が参加しその思想的傾向は社会主義，アナキズム，自由主義などが混在していた。会では大山郁夫らの講演会などを行ったが，野口の行った無明会結成の趣旨説明が警察にもれ会員名簿も特高の入手するところとなり，機関誌『無明』は発禁，野口は左遷，田中らは退職に追い込まれた。野口は25年上京，印刷工，教員などのかたわら農民自治会に参加した（全国委員）。26年新潟県木崎村争議が小作人子弟の学校設立に展開すると木崎に移り，無産農民学校協会の理事の一人として奔走した。27年学校解散後は日農新潟県連書記，書記長として農民運動に専念した。（安田常雄）〔文献〕合田新介『木崎農民学校の人々』思想の科学社1979

野口 満喜　のぐち・みつよし　?-?　1919（大8）年東京京橋区（現・中央区）の三協印刷株式会社和文科に勤め活版印刷工組合信友会に加盟する。（冨板敦）〔文献〕『信友』1919年8・10月号

野口 米次郎　のぐち・よねじろう　1874（明7）12.8-1947（昭22）7.13　英語名Yone Noguchi　現在の愛知県津島市に生まれる。慶應義塾に入学するが1893（明26）年に退学し渡米。18歳であった。彼は自分自身以外に如何なる権威も認めず自我を主張し己の能力を外国人と比肩することを自らに命じた。渡米して2年後の95年「アメリカのバイロン」と謳われた老詩人ウォーキン・ミラーの山荘に寄寓した野口は，ミラーの原稿整理をしたり老詩人の元に蝟集するボヘミヤン的な詩人たちと邂逅し，詩人として生きようと決心する。「ミラー山荘における3年間の『蝋燭生活』は，私にとっては詩の大学院であった」（『米次郎随筆』第一書房）。96年英文第一詩集『シーン・アンド・アンシーン』，97年英文第二詩集『ザ・ヴォイス・オブ・ザ・ヴィレイ』を刊行。02年ロンドンに渡る。03年1月わずか16ページの英文第三詩集『フロム・ザ・イースタン・シー』を自費出版。それが予想外の高評を呼びアーサー・シモンズ，ウィリアム・ロゼッティ，バーナード・ショウなど文壇の重鎮の知遇を得る。同年5月ボストンに帰る。04年日露戦争勃発に際してグローブ社の日本通信員として帰国。06年慶應義塾大学文学部英文科が創設され主任教授として招請。時に野口は32歳。これ以降詩人と英文学研究者の二足の草鞋を履く。06年散文詩集『夏雲』，詩集『巡礼』を書き上げ，いずれもロンドンで出版されたが詩集の評判は圧倒的で英詩人ヨネ・ノグチの文名を決定的なものにした。彫刻家のイサム・ノグチは，レオニ・ギルモアとの間の長男である。（川成洋）〔著作〕『野口米次郎ブックレット』全32巻第一書房1925-27，『芸術殿』『詩歌伝』『文芸伝』春陽堂1943，『野口米次郎定本詩集』全3巻友文社1947〔文献〕金子光晴ほか編『日本詩人全集13 野口米次郎・川路柳虹・千家元麿・佐藤惣之助』新潮社1979，鏡味國彦ほか編『Yone Noguchiの研究』文化書房博文社2001，ウォーキン・ミラー『詩人の幌馬車西部横断記 ウォーキン・ミラー自伝』中部日本教育文化会2010，アーサー・ランサム『アーサー・ランサム自伝』白水社1984

野崎 一友　のざき・かずとも　?-?　1919（大8）年東京京橋区（現・中央区）の築地活版所和文科に勤め日本印刷工組合信友会に加盟する。（冨板敦）〔文献〕『信友』1919年10月号

野崎 幸次郎　のざき・こうじろう　?-?　東京一般労働者組合江東支部のメンバー。1927（昭2）年7月7日東京一般江東支部定期例会で会計責任者となる。（冨板敦）〔文献〕『自連』15号27.8

野崎 利夫　のざき・としお　1908（明41）-?　別名・藤村俊　豊橋市東田町三反畑生まれ。29年東京大学文科に入学する。八高在学中から左翼文献を読むようになり東大に入ってからはアナキズムに傾倒する。32年3月東大卒業後，東京府下で武蔵野農園を開いていた小川正夫の手伝いをするが同年10月帰郷。33年7月旧知の河合陸郎の紹介で新朝報社記者の佐藤長吉に会い，佐藤の主宰する耕文社の同人山本一夫らと付き合い始め機関誌『豊橋文学』に投稿する。また『自連新聞』『文学通信』を購読。植村諦の依頼でアナキズム文献の翻訳などもする。35年10月頃植村から無共党への入党をすすめられた。同年末頃無共党事件で検挙されるが不起訴。（冨板敦）〔文献〕『身上調書』

野崎 智郎　のざき・ともろう　1891（明24）4.18-?　静岡県榛原郡金谷町（現・島田市）に生まれる。1920（大9）年日本社会主義同盟に加盟。また大杉栄と手紙のやり取りをしたことで21年警視庁の思想要注意人とされる。芝区三田四国町（現・港区芝）に住み光学

工業株式会社で職工として働いていた。(冨板敦)〔文献〕『警視庁思想要注意人名簿(大正10年度)』

野沢 蔵之助 のざわ・くらのすけ ?-? 1919(大8)年東京神田区(現・千代田区)の三秀舎印刷科に勤め日本印刷工組合信友会に加盟する。(冨板敦)〔文献〕『信友』1919年10月号

野沢 定吉 のざわ・さだきち ?-1922(大11)芝浦製作所に勤め芝浦労働組合に加盟し巻線分区に所属。1922(大11)年に亡くなる。(冨板敦)〔文献〕『芝浦労働』1次1号1922.11

野沢 三九郎 のざわ・さんくろう ?-? 1919(大8)年東京麹町区(現・千代田区)の外務省活版部印刷科に勤め日本印刷工組合信友会に加盟する。(冨板敦)〔文献〕『信友』1919年10月号

野沢 重吉 のざわ・じゅうきち 1855(安政2)-1915(大4)9.25 栃木と群馬の県境の農家出身という。人力車夫を業とし銀座尾張町の角に出るいわゆる尾角組の年寄で、住所から築地の親爺と呼ばれた。04年4月3日社会主義協会有志による上野公園での労働者観桜会で石川三四郎とともに検束されるなど早くから平民社の運動に参加する。06年日本社会党に加盟、07年同党第2回大会で評議員に推される。日刊『平民新聞』廃刊後の硬軟両派の抗争時は社会主義同志会に属したが、一派に偏することなく08年6月の両派合同山口義三出獄歓迎会の発起人になるなど両派融合につとめた。また07年警視庁の老車夫営業禁止令の反対運動では庁令撤回に成功した例をはじめ、露天商禁止反対陳情運動など身近な問題に働く者の立場に立って親身に努力した。冬の時代も絶えることなく各会合に参加している。60歳を期に車夫業を廃業し甘酒売に転じたがまもなく死没した。15年9月『へちまの花』から『新社会』への旗揚げに際して寄せた得意の狂画に添えての「へちまにもうりをならせる新社会」が絶筆となった。大杉栄は『労働運動の哲学』の巻頭に「僕をして此の諸論文を書かしむべく、最も大なる力を与へてくれた、車夫故野沢重吉君に本書を献じる」と献辞を記した。同書に収録された大杉、堺利彦、石川の追悼文はその面影を伝える。(堀切利高)〔文献〕堺利彦『野沢重吉君の死』『新社会』1915.11、『労働運動の哲学』東雲堂書店1916、『社会主義沿革1』

野沢 琢磨 のざわ・たくま ?-? 東京機械工組合のメンバー。1927(昭2)年10月2日深川区猿江裏町(現・江東区)の広得亭で開かれた同労組の深川支部発会式並びに記念講演会で開会の辞を述べる。閉会時に万歳を唱えようとして綱谷とともに扇橋署に検束される。(冨板敦)〔文献〕『反動党運動』4号1927.10

野沢 達三 のざわ・たつぞう ?-? 1919(大8)年東京深川区(現・江東区)の東京印刷深川分社製本科に勤め日本印刷工組合信友会に加盟する。(冨板敦)〔文献〕『信友』1919年10月号

野沢 秀吉 のざわ・ひでよし ?-? 1919(大8)年東京京橋区(現・中央区)の築地活版所欧文科に勤め活版印刷工組合信友会に加盟する。(冨板敦)〔文献〕『信友』1919年8・10月号

能島 於菟吉 のじま・おときち ?-? 1919(大8)年東京京橋区(現・中央区)の国文社に勤め活版印刷工組合信友会に加盟する。(冨板敦)〔文献〕『信友』1919年8・10月号

野島 藤次郎 のじま・とうじろう ?-? 野島書店を経営するかたわら森近運平主宰の大阪平民社を支援した。『大阪平民新聞』に広告を提供したほか大正期に大杉栄、荒畑寒村らの『近代思想』の取次を行った。大逆事件の刑死者を弔う追悼法要を細川早次とともに大阪福島の五百羅漢寺で行うなどして要視察人の対象になる。(西山拓)〔文献〕荒木伝『なにわ明治社会運動碑・下』柘植書房1983

野島 秀雄 のじま・ひでお ?-? 東京市神田区(現・千代田区)錦町に居住し神田神保町の山縣製本印刷整版部に勤める。1935(昭10)年1月13日整版部の工場閉鎖、全部員40名の解雇通告に伴い争議勃発。工場を占拠して闘い同月15日解雇手当4カ月、争議費用百円で解決する。山縣製本印刷は当時東京大学文学部の出入り業者であり、東印34年5月以降、東印山縣分会を組織していた。(冨板敦)〔文献〕『山縣製本印刷株式会社争議解決報告書』東京印刷工組合1935、『自連新聞』97号1935.1、中島健蔵『回想の文学』平凡社1977

野島 八十吉 のじま・やそきち ?-? 1919(大8)年東京京橋区(現・中央区)の国文社和文科に勤め活版印刷工組合信友会に加盟する。(冨板敦)〔文献〕『信友』1919年8・10月号

野尻 吉之助 のじり・きちのすけ ?-? 1919(大8)年東京京橋区(現・中央区)の築地活版

所和文科に勤め活版印刷工組合信友会に加盟する。(冨板敦)〔文献〕『信友』1919年8・10月号

野末 久三郎 のずえ・きゅうざぶろう 1896(明29)3.29-1948(昭23)9.7 富山県中新川郡滑川町(現・滑川市)の生まれ。上京後，純労働者組合に入り26年東京一般労働者組合に参加，27年南葛飾郡大島町(現・江東区)で『反政党運動』大島支局を担う。戦後京成電車鋳物工場で事故のため死没。(冨板敦)〔文献〕『反政党運動』2号1927.7

能勢 作次郎 のせ・さくじろう 1904(明37)1.20-? 東京市神田区錦町(現・千代田区)に生まれる。甲野時計工場に時計工として勤め，1921(大10)年東京北郊自主会に出入りしたことで警視庁の思想要注意人とされる。北豊島郡西巣鴨町池袋(現・豊島区池袋)に住んでいた。(冨板敦)〔文献〕『警視庁思想要注意人名簿(大正10年度)』

野田 鬼雄 のだ・おにお 1909(明42)-? 兵庫県武庫郡住吉村新兵衛新田(現・神戸市東灘区)生まれ。21年7月住吉村高等小学校を1年で中退。神戸や大阪の貿易会社で働くうちに塩山利一，辻山義雄らを知る。帰郷後は蓄音機商を営み，35年末頃無共党事件で検挙されるが不起訴。(冨板敦)〔文献〕『身上調書』

野田 欣三 のだ・きんぞう 1909(明42)-1972(昭47)9.18 本名・金三 筆名・野田念昌，沖啓輔，沖本英晴，翁石介 長崎県佐世保市島瀬町に生まれる。父は金物商で母は広島生まれの豪農の娘であった。早熟で12，3歳頃から詩作を始め県立佐世保商業高校卒。人並み外れた巨漢で在学中にクロポトキンやプルードンに傾倒した。島地町に移転後，夜店を徘徊し柔道二段の腕っ節で喧嘩もした。同級生の西山又二と詩誌『詩帖』を創刊，1927年詩誌『黒流』創刊主宰(発行・野田一市，28年7号終)。同級生の福野穣，千久岩四郎，槙英輔(貞包義人)と伊知地直矢らが参加。伊知地は宮崎緑雨(譲)を中心とした「新しき村」脱村組の緑色群組合に参加した一人でもある。他に『聖樹詩人』(吉沢独鳴主宰)で知り合った伊藤和が寄稿。30年福野，中島光夫らの創刊の『詩教徒』に拠る。32年頃『南方詩展』『詩と詩』を創刊。この頃，謄写印刷の技術を習得。32年『詩教徒』第2次創刊。41年長江の戦線へ召集され

ジャワへ転戦。41年文芸誌統合後は『日本詩壇』『詩文学研究』『文芸汎論』に寄稿(41-43年)するが，この時期によほどのいやなことがあったと本人は回顧しており44年以降筆を断つ。復員後は生地で野田謄写堂を開業する。54年3月『人間』(人間詩房)を主宰。民主主義文学運動に参加し『建設詩人』『佐世保文学』等に執筆。55年3月詩誌『地人』(長崎文芸懇話会・やまだかん編)に参加，この時期古川賢一郎を紹介され親交を持つ。64年松尾邦之助の個人誌『個』に参加，64年春上京し杉並区で野田印刷を開業。同年12月宮崎謙追悼会(浅草通覚寺)に西山，高木護らと列席。70年『リベルテール』(三浦精一編集)に作品を発表。同年第3次『人間』を再刊(72年15号終)，14号までは病躯のなかで編集した。没後，槙の主宰する『地の雲』(同時社)から遺稿詩集が出された。(黒川洋)〔著作〕詩集『国境』詩文学研究社1942，詩集『地図』，詩集『銃眼』私家版，槙英輔編『遺稿詩集古川賢一郎・野田欣三』地の雲詩社1979〔文献〕高木護編西山又二他「野田欣三追悼号」第3次『人間』15号1972

野田 せつ のだ・せつ ?-? 1919(大8)年東京神田区(現・千代田区)の三秀舎に勤め日本印刷工組合信友会に加盟する。(冨板敦)〔文献〕『信友』1919年10月号

野田 親武 のだ・ちかたけ ?-? 1919(大8)年東京京橋区(現・中央区)の福音印刷会社和文科に勤め日本印刷工組合信友会に加盟する。(冨板敦)〔文献〕『信友』1919年10月号

野田 由平 のだ・よしへい 1855(安政2)12.14-? 武蔵国下谷町谷中清水町(現・東京都台東区池之端)に生まれる。1909(明42)年頃から社会主義思想を持つようになる。子爵大河内正敏の家従として勤め21年6月から吉田一らの『労働者』を購読。野田が宣伝したために大河内の息子信威が無政府主義思想を持つようになったとして，警視庁の思想要注意人とされる。(冨板敦)〔文献〕『警視庁思想要注意人名簿(大正10年度)』

能智 修弥 のち・しゅうや 1900(明33)-? 香川県生まれか。上京し大学在学中にアナキズムに共鳴，学生アナのはしりらしい。25年5月古川時雄，川口慶助らと『論戦』(3号まで)を創刊する。同年8月に創刊された松永鹿一らの『自我人』(3号まで)や山田作松らの自然児連盟と提携し桐生，高崎で講演

733

会を開く。同年末善通寺山砲兵連隊に1年志願兵で入営。翌年1月『解放』に「無政府系の人々」を書き当時の主要なアナキストの面々を紹介している。除隊後27年から第5次『労働運動』『自連新聞』『黒色戦線』などに翻訳や評論を精力的に寄稿する。また『クロポトキン全集』第4巻『田園・工場・仕事場』(春陽堂1928)やベルクマン『ロシア革命の展望と批判』(自由書房1929)などを訳出。「自主的行動論」(『黒色戦線』6号1929・10)がアナキズムを歪曲するものと純正アナ派から批判され、それ以後運動から遠ざかりマルクス主義に転じる。33年松村一人、岩村三千夫らとプロレタリア科学同盟中央委員になり『唯物論研究』に寄稿している。戦後は地域活動に従事、日中友好協会常任理事。また「ひばりケ丘民主主義を守る会」運営委員、同団地自治会副会長を務め、61年には西武鉄道運賃値上げ反対運動に関わる。(大澤正道)〔文献〕佐々木靖章「雑誌『論戦』『無風帯』のこと」『ふるほんや』4号1986.3、原武史『レッドアローとスターハウス』新潮社2012

野津 元治郎 のづ・げんじろう ?-? 1919(大8)年東京牛込区(現・新宿区)の日清印刷会社欧文科に勤め活版印刷工組合信友会に加盟する。(冨板敦)〔文献〕『信友』1919年8・10月号

能登 整三 のと・せいぞう ?-? 金属労働者として働き、1927(昭2)年9月新潟一般労働者組合の結成に関わる。新潟一般のなかでは小笠原勘一らとともに「スチルネル流の個人主義的アナーキズムに傾いていた」(山口健助)。同年11月新潟一般を代表して須藤蔀、小海隆三郎とともに全国自連第2回大会に参加する。28年3月17日全国自連第2回続行大会で新潟一般の情勢報告を行う。続いて新潟一般は突如上京し東京印刷工組合に移った須藤を除名したと報告したことから、くすぶっていた純正アナ派とサンジカリズム派の対立が表面化し議場は騒然となり、これを端緒に翌18日サンジカリズム派は退場、全国自連は分裂する。この大会の直後、小笠原、丸山直臣、森田小一郎、村井竜太郎とともに新潟一般を離れる。(冨板敦)〔文献〕『自連』20・23号1928.1・4、山口健助『風雪を越えて』印友会本部1970・『青春無頼』私家版1982

野中 俊鱗 のなか・しゅんりん 1900(明33)10.24-? 本名・野中俊治 1922(大11)年7月岡山連隊に反軍ビラがまかれた過激思想軍隊宣伝事件、両国川開きと浅草でのビラ事件に連座してプロレタリア社同人の坂野八郎、坂野良三、椿大次郎、堀川清と検挙され、拘留20日となる。(冨板敦)〔文献〕『労働運動』3次7号1922.9

野中 善次 のなか・ぜんじ ⇨野中由次 のなか・よしじ

野中 由次 のなか・よしじ ?-? 1921年12月6日頃埼玉県北埼玉郡大越村(現・加須市)で争議をおこすべく大越村労農会を結成し会長となる(副会長には黒川安広、野中善次、石川定吉が就任し、会員は600人)。(冨板敦)〔文献〕『小作人』1次1号1922.2

野中 義人 のなか・よしと ?-? 黒連のメンバー。1927(昭2)年『黒色青年』7号の消息欄に「野中義人君恐喝未遂で6カ月の判決を受け上告中のところこのほど下獄した」とある。事件の詳細は不明。(冨板敦)〔文献〕『黒色青年』7号1927.3

野長瀬 正夫 のながせ・まさお 1906(明39)2.8-1984(昭59)4.22 別名・黙三 奈良県吉野郡十津川村小原に生まれる。十津川中学文武館在学中に詩を書き始めた。23年卒業後、国樔村(現・吉野町)、下北山村、秋野村(現・下市町)で小学校教員をつとめる。地元の教員仲間としてまた詩誌『大和山脈』の同人として植村諦を知った。26年個人詩誌『砂丘』を創刊。27年『砂丘』5号を『騎馬隊』と改題し同人誌として刊行。同人に杉原邦太郎、石原政明、和田吾朗がいた。29年詩作に専念するため上京、同郷の松村又一宅に1カ月滞在する。山本和夫、木山捷平を知りその後移ったアパートの住人に伊藤整がいた。この年『矛盾』に詩を寄せる。また第2詩集『悲しきパン』を上梓。岡本潤が跋詩を寄せ出版印刷に関して田村栄が協力した。30年『弾道』に詩を寄稿。35年無共党事件で植村、岡本と知り合いであったことから杉並署に1カ月留置され取り調べを受ける。戦中は日本文学報国会詩部会幹事をつとめ「幸か不幸か南朝の故地に生をうけたことによって、太平洋戦争下の国体讃美の詩人になった」(松永伍一)。54年金の星社に入社、のち編集長となる。70年『あの日の

空は青かった』(金の星社)でサンケイ児童出版文化賞，76年『小さなぼくの家』(講談社)で野間児童文芸賞，赤い鳥文学賞，79年『小さな愛のうた』(金の星社)で日本児童文芸家協会賞を受賞。(冨板敦)〔著作〕『刑務所の広場にも花が咲いた』わが人生社1928,『悲しきパン』民謡月刊社1929,『アカシヤの家』民謡レビュー社1931,『若き女教師たち』文化書房1933,『殉情詩集』新泉社1940,『女学生たち』富士書店1941,『故園の詩』洛陽書院1941,『青春詩集』淡海堂1942,『大和吉野』洛陽書院1943,『熊野浜歌』みたみ出版1944,『野長瀬正夫詩集』踏青社1989〔文献〕松永伍一『日本農民詩史・中2』法大出版局1969,浅野紀美夫『新尾768番地 正・続』『風信』2・3号1968·70, 木下信三『名古屋抵抗詩史ノート』私家版2009

延島英一 のぶしま・えいいち 1902(明35)6.30-1969(昭44)7.6 別名・形町生,高倉共平,英平 東京市本郷区金助町(現・文京区本郷)に生まれる。小学校卒業後，和文文選工となる。信友会に入り北風会のメンバーとなり19年6月吉田一と尾行巡査に暴行，懲役3カ月。9月下旬出獄後,大杉栄に見込まれ，労働運動社の最年少社員になる。20年日本社会主義同盟の発起人に名を連ねる。23年4月信友会年次大会で常務委員に選出され信友会と正進会の合同を推進，24年11月東京印刷工組合の創立にこぎつけ和文部理事となる。その間英・仏・独語を修得し『組合運動』，第4次『労働運動』などに欧米のアナキズム，サンジカリズム運動の消息を盛んに紹介する。25年チェルケゾフ『共産党宣言の種本』を訳出，石川三四郎の紹介で日本フェビアン協会の機関誌『社会主義研究』に掲載予定で組版までいったがボル系の反対で没となり，労働運動社からパンフレットとして刊行(のち28年金星堂から出版)。同年10月京屋印刷争議で乱闘となり渡辺幸平とともに懲役1年6カ月に処され豊多摩刑務所に服役。服役中に差別待遇，暴行を受け獄中から告発，ハンストを決行する。27年3月出獄後，松本正枝と結婚。同年形町生の筆名で岩佐作太郎『無政府主義者は斯く答ふ』を批判(『自連』15号1927.8)。水沼辰夫が反論し28年9月「改良的サンジカリスト」として東印から追放される。その後『解放戦線』『黒旗の下に』などに関わるが次第に運動から遠ざかる。31年頃高群逸枝と恋愛事件をおこしたという。また母ゆきは労働運動社で村木源次郎の面倒をみ，妹せつは岡本文弥の弟子だった。戦後は世界連邦運動に傾倒したがアナキズムへの郷愁は失わなかった。(大澤正道)〔著作〕「囚人虐待」『自連』6号1926.11,「一切日常闘争也」『同』20号1928.1,ベルクマン「クロンスタットの叛逆1-5」(訳)『黒色青年』9-13号1927.6-10(『組合運動』から転載),『伊太利・西班牙・葡萄牙社会運動史』解放社1929,『インタアナショナル史』解放社1931,「クロポトキン主義の台頭」『無政府主義運動』26号1959.6〔文献〕『労働運動』1次1号1919.10,『印刷工連合』25号1925.6, 石川三四郎『自叙伝・下』理論社1956, 松本正枝ほか『埋もれた女性アナキスト高群逸枝と「婦人戦線」の人々』私家版1976, 山口健助『青春無頼』私家版1982,『エス運動人名事典』

延原義憲 のぶはら・ぎけん 1904(明37)-1990(平2)7.9 岡山県勝田郡豊並村馬桑(現・奈義町)に生まれる。分家のため耕す土地もなく尋常小学校卒業後奉公などして働き，そのかたわら中学講義録などを取り寄せて勉強を続ける。従兄弟の延原政行らとともに馬桑で文芸同人誌『山麓』全11号に続いて『郷土』全6号を発行。『郷土』誌発行には和田伝や加藤武雄ら農民文学者の援助があったといわれる。編集を政行が，印刷兼発行を義憲が担当した。26年頃農民自治会に加入。『郷土』8号(1927.3)には農自の「綱領」が転載されている。27年2月2-7日に農自全国連合の中西伊之助が岡山県各地を回っており，6日豊並村ほか数村の農自合同発会式が開かれたが義憲はその中心的役割を果たした。なお勝田郡の農自運動参加者には政行と義憲のほかに守安宗，水島善四郎，延原亀一，定森於和歌，柴田みさほ，延原大川，延原二三五郎らがいた。その後一時期上京して平凡社の嘱託になり農自全国連合の事務所に出入りしたりもしており，28年3月1-4日長野県北佐久郡で開かれた第2回農民自治講習会に岡山県からただ一人参加。農自文芸部発行の第2次『農民』の豊並支局を自分の家に置く。居住する村に自治社会をつくることを考えていた義憲は，その基盤になるものとして青年団を位置づけたのか28年に豊並村青年団理事になる。農自運動終結後は思想的にはマルクス主義に傾き，水平社運動にも関わる。33年村会議員に当選。以後10数年議員をつとめたが，戦後公職追放となった。(小林千枝子)〔著

作)「私はすつぱだかで立つ」『農民自治』2年10号1927.6,「先この村を足許を」同2年13号1927.11,「私は何故農自に参加したか」同3年15号1928.2,「兵隊」『農民』2次1巻2号1928.9〔文献〕小林千枝子『教育と自治の心性史』藤原書店1997

延原 三郎 のぶはら・さぶろう ?-? 農民自治会全国連合に加わり1928(昭3)年5月農自の組織再編の際に庶務・会計・編集部の常任委員に選出される。庶務・会計・編集部の他の常任委員は牧輝夫, 中野妙子, 延原政行, 竹内政代, 権正博, 桑島政寿, 斉藤三四三。(冨板敦)〔文献〕『農民自治』17号1928.6, 大井隆男『農民自治運動史』銀河書房1980

延原 大川 のぶはら・だいせん 1910(明43)-1987(昭62)5.31 本名・延原重太郎 岡山県勝田郡豊並村(現・奈義町)の材木商を営む半商半農の家の4男として生まれる。小学校卒業後, 援助者を得て津山中学校に2年間通う。15, 16歳の頃神戸に出て弁護士宅の書生をしながら文学の勉強をする。帰郷してからは鉱山勤めの兄が事故で死没したあとの両親と弟の暮らしを支えるために材木運搬などの日雇い労働の生活をする。この頃から延原大川の筆名で旺盛な執筆活動を展開。豊並村では青年たちによる文芸同人誌が数種発行されており, 大川は『郷土』(延原政行編集, 延原義憲印刷兼発行), 『新星』(皆木金七編集), 『土』(高井信幸編集)などに短歌やエッセイを数多く寄稿。その他御津郡新山村の『青空』(入沢正士編集), 英田郡巨勢村の『若水』(清水英雄編集)にも寄稿していた。28年頃農民自治会に参加し同会の「機関充実基金一千円醵集」に同村の延原義憲, 延原亀一とともに応じている。続いて全国農民芸術連盟にも参加。30年頃灯料軽減運動や弟二三五郎らによる少年団活動の指導をする。その一方で同連盟の機関誌『農民』や岡山の地方新聞『中国民報』などにも詩や論考を多数発表し, 重農主義的アナキズムの論客として頭角を現していった。しかし同時に危険思想の持ち主として捕縛の危機にさらされるようにもなる。30年同連盟の鑓田研一を訪ねて上京, 小川未明, 石川三四郎, 高群逸枝らを訪問する。帰途静岡の石川和民, 鈴木武らと交流。帰郷後, 佐賀の中村吉次郎が訪ねてくる。この頃の大川は重農主義を体現するべく土地

を借りて農業を営み同時に徹底した理論追求も試みる。31年2月に謄写版刷りの詩集『山脈の情熱』を発行する。32年大川を中心に50人ほどの村人が失業対策のため村役場に陳情に出かけその翌日逮捕される。36年農青社の一斉検挙に際してその中心にいた八木秋子と文通していたことから再び逮捕される。その後大川は32年頃から関心を寄せていた黒住教の熱心な信徒かつ理論家になり黒住教の機関誌編集に携わるようになる。戦時中から黒住教関係の著作活動をしており戦後もその布教に力を注いだ。晩年には岡山県真庭郡八束村に事務所を置く宗教法人大父母苑の会長。(小林千枝子)〔著作〕「蚊」『農民』3次1巻6号1929.9,「大地に立つ生活」『中国民報』1930.3.19-20,「『農民』の作品三つ」『農民』3次2巻5号1930.5,「村の近景」『解放戦線』1巻1号1930.10,「戦道を行く」『農民』3次2巻11号1930.11,「マフノー揆」『同』3次2巻12号1930.12,「東京を行く」『同』3次3巻1号1931.1,「蘭春雑筆・上下」『中国民報』1930.5.1・2〔文献〕松永伍一『日本農民詩史・中1』法大出版局1968, 小林千枝子『教育と自治の心性史』藤原書店1997

延原 二三五郎 のぶはら・ふさごろう ?-? 岡山県勝田郡豊並村(現・奈義町)生まれ。高等小学校在学中の1920年代末から30年代にかけての頃, 兄延原大川の影響を受けて農民自治会運動に参加し少年団活動を展開した。大川の指導下で全国農民芸術連盟発行の第3次『農民』の学習会に参加した少年たちには二三五郎のほかに延原徹, 延原辰巳, 延原麓郎, 延原寅夫, 延原孝, 鈴木堵賀らがいた。(小林千枝子)〔著作〕「僕の手記」『農民』3次1巻6号1929.9〔文献〕小林千枝子『教育と自治の心性史』藤原書店1997

延原 政行 のぶはら・まさゆき 1904(明37)10.18-1975(昭50)9.29 岡山県勝田郡豊並村馬桑(現・奈義町)に農家の長男として生まれる。高等小学校卒業後, 私塾に通いさらに中学講義録を取り寄せるなどして勉強を続ける。従兄弟延原義憲らとともに馬桑で文芸同人誌『山麓』に続いて『郷土』を発行。26年頃農民自治会に加入。『郷土』第5号(1926.9)に寄せた論考「農村に於ける婦人の力」で, 女性による家庭生活の近代化や農村経営での工場建設などを説く。また公有林を青年たちが植林することによって村を経済的にも精神的にも自立した自治社会

にすることも考える。27年2月2-7日に農民自治会全国連合の中西伊之助が岡山県各地を回っており、政行は4日から7日朝まで中西に同行し5日には中西や仲間たちが政行の家に泊まった。同年春に上京。上京後日本大学の通信教育を受けるなどして苦学する。農自全国連合委員であった政行は全国連合と岡山の仲間たちとの連絡役をつとめ、27年8月に中西と農民文芸会の犬田卯、中村星湖による農民文芸講演会が岡山で開催された際に講師3人に同行し続けた。農自終結後、思想的にはマルクス主義に傾き『無産者新聞』の配布などをしていたといわれる。職業面では出版社大明堂に就職して受験雑誌『受験生』の編集に携わった。40年代初頭には教科別のポケット雑誌『受験時代』を全国に通信販売する出版社錦橋塾を自らおこし繁盛した。しかし60年前後に倒産。以後著述業で生活する。(小林千枝子)〔著作〕「山村甦生と大地の芸術」『岡山青年』45号1927.1、「時事展望」『農民』2次1巻2号1928.9〔文献〕小林千枝子『教育と自治の心性史』藤原書店1997

野間 克己 のま・かつみ ?-? 1919(大8)年東京牛込区(現・新宿区)の福山印刷所文選科に勤め日本印刷工組合信友会に加盟する。(冨板敦)〔文献〕『信友』1919年10月号

野間田 金蔵 のまだ・きんぞう 1903(明36)4.24-? 鳥取県東伯郡に生まれる。1926(大15)年6月山本京平、久保由市とともに倉敷市寿町に黒魂社を組織し27年9月『黒魂』を創刊。28年頃は倉敷市に住み同年4月広島県深安郡の資産家に「リャク」(掠)をしたとして杉田宏、小林辰夫とともに恐喝罪で懲役10カ月となる。この年7月15日に結成された山陽黒旗連盟に加盟。31・32年頃、岡山県下で県・市議会議員選挙の度に小松正道、重実逸次郎、竹内春三、太田光衛らと反選挙の運動をする。福山市在住の山口勝清が経営する印刷所に思想宣伝文書の印刷を依頼していた。32年『パンと自由』を発行。36年5月農青社事件で検挙されるが起訴猶予。(冨板敦)〔文献〕『関西自由新聞』4号1928.3、『特高外事月報』1936.5、『社会運動の状況8』、『思想輯覧2』、『昭和7年自1月至6月社会運動情勢 名古・広島控訴院管内』東洋文化社1979、山木茂『広島県社会運動史』、『岡山県労働運動史資料・上』、堅田精司『北海道社会文庫通信』1665号2001.12、岡山県特別高等課『(昭和3年8月)特別高等警察資料第一輯』(廣畑研二編『岡山県特高警察資料(戦前期警察関係資料集)第5巻』(復刻版)不二出版2012)、岡山県特別高等課『(昭和3年11月)特別高等警察資料第四輯 特別要視察人等情勢調』(廣畑研二編『岡山県特高警察資料(戦前期警察関係資料集)第5巻』(復刻版)不二出版2012)、岡山県警察部『大正15年特別要視察人水平社等ノ状勢調』(廣畑研二編『岡山県特高警察資料(戦前期警察関係資料集)第7巻』(復刻版)不二出版2012)

野溝 七生子 のみぞ・なおこ 1897(明30)1.2-1987(昭62)2.12 本名・野溝ナオ 姫路市生まれ。連隊長の父の任地を転々として少女期を送り大分高等女学校から同志社女学校英文科に入学。体調すぐれず比叡山に療養。おりしも伊藤野枝と別れた辻潤が武林無想庵を追って比叡山に籠もっており、野草の花を髪に飾って山道を行く野溝と出会い一目で恋に落ちる。宮嶋資夫は「辻が命がけで惚れた永遠の女性」という。21年上京、東洋大学専門部文化学科(西洋哲学)に入学、在学中に新聞の懸賞小説に「山梔」が特選、作家生活に入る。以後『女獣心理』(八雲書林1940、角川文庫1951)、『南天屋敷』(角川書店1946)などを刊行。白玉書房主鎌田敬止と別居も挟みながら半生をともにする。51年からは東洋大学で教鞭をとり59歳で教授。「森鷗外とゲーテ」ほか鷗外に関する論考も多い。『野溝七生子作品集』(立風書房1983)がある。(市原正恵)〔著作〕『アルスのノート』展望社2000〔文献〕矢川澄子『野溝七生子という人』晶文社1990

野見山 留吉 のみやま・とめきち ?-? 1919(大8)年東京神田区(現・千代田区)の神田印刷所欧文科に勤め日本印刷工組合信友会に加盟。同会に50銭寄付する。(冨板敦)〔文献〕『信友』1919年10月号

野村 卯之助 のむら・うのすけ 1896(明29)頃-? 1919(大8)年11月印友会を森ане盛次、上原友定、西口弥一、岡本民造らと発足させ上原、岡本、西川金次郎、城増次郎、山下寒芽らと幹事をした。翌20年5月川端の教育会館で役員改選、印友会幹事長に万朝報社新聞記者の平田嘉一を選び、6月立命館大学学生小田美奇穂が常任幹事となり会務の面倒をみた。印友会は資本家協調で労働条件改善をめざし直接行動を嫌って普選への活動を行っていたが、のち徐々

に直接行動に傾き普選の熱狂的運動の幕引きに合わせてその傾向は強まった。友愛会には未加入で信友会と提携したが友愛会とはきわめて友好な関係を持った。同年11月印友会創立1周年記念講演会で司会をつとめる。(北村信隆)〔文献〕『京都地方労働運動史』,『労働運動』1次3・6号1920.1・6,『日本労働新聞』42号1920.12,大江音人「京都印刷工組合の人々」『虚無思想研究』17号2001

野村 栄松 のむら・えいしょう ?-? 1919(大8)年東京京橋区(現・中央区)の築地活版所欧文科に勤め活版印刷工組合信友会に加盟する。(冨板敦)〔文献〕『信友』1919年8・10月号

野村 喜一郎 のむら・きいちろう ?-? 1919(大8)年横浜の正金印刷部に勤め横浜欧文技術工組合に加盟して活動。のちボックス社を経てジャパン・ガゼット社に移る。(冨板敦)〔文献〕『信友』1919年8・10月号,1920年1月号

野村 吉哉 のむら・きちや 1901(明34)11.15-1940(昭15)8.30 別名・吉司 京都市に生まれ,悪太と命名される(1914年吉哉と改名)。03年養子に出され叔父夫婦と滋賀,満州を転住。小学校卒業後生家に戻されるが家出して18年上京。「上京後は玩具店,駅売店,株式店,印刷屋等で小僧をやり,大きくなるのに従って各種の工場をうろついて職工生活に入った」(「略伝」)。24年10月萩原恭次郎,岡本潤,高橋新吉,林政雄らと『ダムダム』を創刊する。同年第1詩集『星の音楽』を上梓。『抒情詩』『世界詩人』などに寄稿。25年玉川で林芙美子と同棲,のち太子堂に移る。隣家に壺井繁治・栄夫妻が,近所に平林たい子が飯田徳太郎と同棲していた。翌年林と別れる。27年『文芸解放』の同人となる。同年3月神戸雄一と同人誌『作品』(1号のみ),28年12月神戸,太田千鶴夫,松田重造と『先駆文芸』を創刊する。34年には神戸,丹沢明,塩長五郎,古谷綱武,坪田譲治らの同人誌『文陣』に関わる。33年から死没するまで個人雑誌『童話時代』を刊行。多数の少年少女向け雑誌に100編にものぼる童話を書いた。(奥沢邦成・冨板敦)〔著作〕アンデルセン『月の物語』(訳)丁未出版社1923,『哲学講話』丁未出版社1924,『星の音楽』さめらう書房1924,『三角形の太陽』ミスマル社1926,『柿の木のある家』文昭社1941,『ふるさとの山』不二出版社1942,『童話文学の問題』平路社1944,岩田宏編『魂の配達 野村吉哉作品集』草思社1983〔文献〕「略伝」『新興文学全集10 日本篇10』平凡社1929,『童話時代』第60号1940.10.30,『野村吉哉三周忌追悼輯』1942.11.23,寺島珠雄『南天堂』皓星社1999

野村 孝司 のむら・こうじ 1904(明37)-? 東京市豊島区雑司ケ谷生まれ。22年9月早稲田中学を4年で中退する。27年頃から少年時代からの友人である二見敏雄,谷本弘文らの影響を受けアナキズムに傾倒し,30年『バクーニン全集』の発行に携わった。二見,谷本のほか,松原五千郎,寺尾実,浅倉トクノらとの交流があり,34年9月神田小川町天下堂ビル内の事務所を無共党の連絡場所に提供し,また35年4月相沢尚夫や井上信一を兄の経営する経済縦横社の社員とし井上を同居させるなど運動を援助した。井上と無共党の資金局技術部をつくり,有価証券の偽造を計画中に無共党事件で検挙されるが不起訴。(冨板敦)〔文献〕『身上調書』,相沢尚夫『日本無政府共産党』海燕書房1974

野村 孝太郎 のむら・こうたろう ?-? 1916(大5)年2月欧文植字工組合信友会を組織し,庶務担当役員となる。19年神田区(現・千代田区)の三省堂印刷部欧文科に勤め活版印刷工組合信友会に加盟。同年5月1日信友会の編集係に入沢吉次郎,松尾要四郎とともに選出される。9月11日東京深川文楽亭での自由労働者組合発会式に信友会を代表して演説。20年3月15日第1回メーデー懇談会に信友会を代表して立田泰と参加。同月信友会の事務所を東京府豊多摩郡西大久保町(現・新宿区)の自宅に置く。同年5月に組織された労働組合同盟会第1回代議員会に信友会を代表して出席,同盟会の常任理事となる。22年大阪に転住し労働週報社支局員となり,同年4月大串孝之助,石田正治,武田伝次郎らと関西自由労働組合を組織。また大阪で労働組合同盟会(日本機械工組合,大日本美術友禅工組合,関西自由労働組合,大阪鉄工組合,立憲労働党造船労働組合,大阪皮革工組合,京都印刷工組合)を組織し,4月29日発会式を行い常任理事となる。23年4月『組合運動』に「メーデーの思出」を執筆。同年下中弥三郎にすすめられて平凡社の仕事をするために東京市外野方村(現・中野区)で印刷所を経営。関東大震災でつぶれるが再興し,水沼辰夫はそこで一時手伝

う。やがて労働運動から退いた。(冨板敦)〔文献〕『信友』1919年8・10月号・20年3月号・22年1・2月号,『労働運動』1次1・2・5号1919.10・11・20.4/3次11号1923.2,『組合運動』3号1923.4,『印刷工連合』1923.6,『大阪社会労働運動史・上』,水沼辰夫『明治・大正期自立的労働運動の足跡』JCA出版1979,横山和雄『日本の出版印刷労働運動・上』出版ニュース社1998

野村 貞吉 のむら・さだきち ?-? 1919(大8)年東京神田区(現・千代田区)の三秀舎印刷科に勤め活版印刷工組合信友会に加盟する。(冨板敦)〔文献〕『信友』1919年8・10月号

野村 三郎 のむら・さぶろう ?-? 1920(大9)年頃早川銀次郎ら愛知県愛知郡鳴海町(現・名古屋市緑区)と笠寺村鳴尾(現・同市南区)の小作人とともに争議を闘う。23年『小作人』は同年3月に和解したことを報じている。(冨板敦)〔文献〕『小作人』2次3号1923.4

野村 泰造 のむら・たいぞう 1884(明17)-1925(大14)7.12 1924(大13)年6月横浜印刷工組合に創立当初から加盟。栄進堂印刷に勤務していたが25年7月12日午前5時,自宅で急死する。(冨板敦)〔文献〕『印刷工連合』27号1925.8

野村 考子 のむら・ちかこ 1911(明44)-? 別名・野村ユキ 千葉県安房郡天津町(現・鴨川市)で生まれる。学校の教員であった。26年3月『詩之家』(佐藤惣之助主宰)8号から同人となる。この頃静岡市貝島最勝閣に住む。27年2月『生誕』(小田原),27年8月『詩魔』(岐阜)などに寄稿する。その後東京府下杉並町高円寺(現・杉並区)の星野準二方に同居。27年12月『行動者』創刊号(編集発行責任者星野)に入江一郎,高下鉄次,高橋李三,正木久雄,矢橋丈吉らと参加する。共同生活をしながらの発行であった。28年6月『北極星』を星野らと創刊。29年2月『黒色戦線』に参加。30年1月26日無産婦人芸術連盟の結成に参加。碧静江,八木秋子らと『婦人戦線』の同人となる。同年8月『弾道』に拠る。30年10月中野駅の近くで夫の詩人江口隼人と喫茶店リラを経営。この時期『解放戦線』にも拠る。33年12月頃は千葉県天津町城戸に居住。戦後江口は『詩精神』(鈴木勝,土屋公平,寺島珠雄ら)に参加する。(黒川洋)〔著作〕詩集『発生』杉山書店1931〔文献〕秋山清『アナキズム文学史』筑摩書房1975

野村 藤太郎 のむら・とうたろう ?-? 1919(大8)年東京京橋区(現・中央区)の国文社石版科に勤め日本印刷工組合信友会に加盟する。(冨板敦)〔文献〕『信友』1919年10月号

野村 俊雄 のむら・としお ?-? 時事新報社に勤め新聞工組合正進会に加盟。1920(大9)年機関誌『正進』発行のために1円寄付。また24年夏,木挽町(現・中央区銀座)正進会本部設立のためにも1円寄付する。(冨板敦)〔文献〕『正進』1巻1号1920.4,正進会『同工諸君!! 寄附金芳名ビラ』1924.8

野村 友吉 のむら・ともきち ?-? 1919(大8)年東京京橋区(現・中央区)の大倉印刷所欧文科に勤め活版印刷工組合信友会に加盟する。(冨板敦)〔文献〕『信友』1919年8・10月号

野村 初太郎 のむら・はつたろう ?-? 1919(大8)年東京京橋区(現・中央区)の日進舎に勤め日本印刷工組合信友会に加盟する。(冨板敦)〔文献〕『信友』1919年10月号

野村 伴 のむら・ばん ?-? 1921(大10)年5月西川金次郎,藤本巌らによって結成された京都印刷工組合に加盟し中心メンバーとして活動する。(冨板敦)〔文献〕『京都地方労働運動史』

野村 まつ のむら・まつ ?-? 1919(大8)年東京神田区(現・千代田区)の三秀舎に勤め日本印刷工組合信友会に加盟する。(冨板敦)〔文献〕『信友』1919年10月号

野村 索 のむら・もと ?-? 1928(昭3)年服部豊,滝川創,鈴木重賓,山崎佐市らと静岡で大衆評論社を再建し機関紙『大衆評論』を復刊した。(冨板敦)〔文献〕『アナーキスト団体調査(昭和3年7月調査)』大原社会問題研究所資料室

野村 芳兵衛 のむら・よしべえ 1896(明29)3.26-1986(昭61)11.14 岐阜県武儀郡洞戸村に生まれる。18年岐阜師範学校卒業後,県下の小学校で教鞭をとっていたが,24年に東京池袋に創立された児童の村小学校の教師募集に応じ36年の解散まで中心となって同校を運営する。この学校は下中弥三郎,野口援太郎,為藤五郎,志垣寛を同人とする教育の世紀社の実験校として創設されたもので大正期の自由教育運動のなかでも最もラジカルな学校といわれる。鶴見俊輔は「ギュイヨーの『義務と制裁なき道徳』を地で行ったような」学校と評している。も

っとも野村自身は梅原真隆の影響を受け浄土信仰を奉じており，創設期のアナーキーな雰囲気には戸惑いがあったという。教師も児童もともに親鸞のいう「同行者」という立場に立ってより現実的な「新教育」を追求し生活綴方運動にも関わっている。伊福部隆彦の息子舜児はこの学校の卒業生。野村は同校廃校後も生涯教育者の道を歩んだ。（大澤正道）〔著作〕『野村芳兵衛著作集』全8巻黎明書房1974〔文献〕『下中弥三郎事典』平凡社1965，岩本憲・岸武雄『ある教師の生活探究』黎明書房1970

野村 良造 のむら・りょうぞう ?-? 和歌山県西牟婁郡上秋津村（現・田辺市）に生まれる。『牟婁新報』主幹毛利柴庵方で同新聞社社員管野すがとともに社会主義を研究し，大石誠之助と懇意になり同人から書籍などを借りて社会主義に関する研究を行ったとして由良重砲兵大隊入営中，1910（明43）年大逆事件に関係する家宅捜索を受ける。（西山拓）〔文献〕和歌山県編『社会主義者陰謀事件検挙の顛末報告』塩田庄兵衛・渡辺順三編『秘録大逆事件・下』春秋社1961

野村 隈畔 のむら・わいはん 1884（明17）8.5-1921（大10）11.5 本名・野村善兵衛 福島県伊達郡生れ。小学校卒業後，農業の傍ら哲学研究に傾倒し岸本能武太を頼り上京し独学で英独語を学ぶ。統一教会に通いアナキスト加藤一夫と親交し，ニーチェ，ベルグソン，オイケンなどの影響による論文を『六合雑誌』『第三帝国』などに発表し自我の解放と絶対的自由主義を唱えた。『ベルグソンと現代思潮』ほか10冊ほどの著作を世に出して大正デモクラシーの思潮に一石を投じた。日本社会主義同盟に加盟。哲学講習会で恋愛哲学を講じ受講生の女性と恋愛し，自己が唱える「永劫無限の世界」に殉じるため心中した。（大和田茂）〔著作〕『ベルグソンと現代思潮』大同館書店1914，『自我の研究』警醒社1915〔文献〕船山信一「街と野との哲学者野村隈畔（および中沢臨川）におけるベルクソンの理解」『船山信一著作集』第7巻こぶし書房1999，福田久賀男『探書五十年』不二出版1999，水谷悟『雑誌『第三帝国』の思想運動』ぺりかん社2015

野本 錦子 のもと・きんこ ?-? 日本印刷工組合信友会に加盟し1921（大10）年末頃，東京京橋区（現・中央区）の国文社欧文科に勤めていた。（冨板敦）〔文献〕『信友』1922年1月号

野本 武一 のもと・たけいち ⇨森利一 もり・りいち

野本 政一 のもと・まさいち ?-? 埼玉県北葛飾郡杉戸町に住み，1922（大11）年農村運動同盟に加盟し同同盟の埼玉県支部を担う。（冨板敦）〔文献〕『小作人』2次1号1922.10

野与 二三 のよ・にぞう ⇨小倉敬介 おぐら・けいすけ

野依 秀市 のより・ひでいち 1885（明18）7.19-1968（昭43）3.31 別名・秀一，橘香 中津市に生まれる。小学校卒業後上京し慶応義塾の夜間商業学校に学ぶ。在学中，友人石山賢吉（のちダイヤモンド社創立）の協力で『三田商業界』を創刊，三宅雪嶺，渋沢栄一らの後援を受け『実業之世界』と改題し，かたわら「反権勢」を売り物に『無学の声』『青年の敵』（いずれも実業之世界社1912）などを次々に刊行，異色の出版人となる。『青年の敵』は『実業之日本』に連載された一高校長新渡戸稲造の青年訓を『実業之世界』誌上で毎号「論難攻撃」した文章の集大成で500ページ余の大冊である。「『青年の敵』とは白昼の強盗野依秀市が，天下の模範紳士新渡戸稲造に食つて掛かれる罵倒録也」と堺利彦は跋文で記している。『近代思想』1巻3号（1912.12）で大杉栄が「実に痛快極まる」と紹介しているのはあながち『近代思想』の有力広告主への追従ではないだろう。『近代思想』創刊号に野依は「三頁の広告を前金」で出しその後もほとんど毎号出広している。大杉訳のG.ル・ボン『物質不滅論』（1914），安成二郎の口語歌集『貧乏と恋と』（1916）も実業之世界社からの出版で「奮闘努力！／野依秀市氏の使用人となりしより，／之を標語とし，自ら嘲る」という歌が『貧乏と恋と』に収められている。安成は15年同社発行の『女の世界』の編集部に入っていた。実業之世界社はこのほか『世の中』『探偵雑誌』などの新雑誌を刊行しており，この時期が野依のジャーナリストとしての才能の最も発揮された時だった。東京電力会社電灯料3割値上げに反対し東電社長などに「これほど言つて分からぬ奴はこれで自決せよ」と出刃包丁を送りつけ恐喝罪で逮捕。保釈中の言動と合わせて4年の刑を受け20年5月出獄したが，獄中で浄土真宗に帰依，21年『真宗の世界』を創刊する。32年大分1区か

ら衆議院議員に当選し政治活動に入る。同年『帝都日日新聞』を創刊。『帝日』には草野心平，島崎蓊助らが働き鈴木東民が連載小説を書いていた。44年東条内閣への攻撃で45回発禁となり廃刊に追い込まれた。戦後は日本民主党に属し保守合同に向けて動き，58年『帝日』を復刊，深沢七郎の「風流夢譚」事件では激しく中央公論社を攻撃した。（大澤正道）〔著作〕『石山賢吉と野依秀市』実業之世界社1966，『野依秀市全集』全5巻実業之世界社1967〔文献〕『言論ギャング 野依秀市の正体』夕刊帝國新聞社1933，『野依秀市』実業之日本社1969，梅原正紀『野依秀市』『ドキュメント日本人9』学芸書林1966，佐藤卓己『天下無敵のメディア人間』新潮社2012

則武　春吉　のりたけ・はるきち　?-?　1919

（大8）年東京京橋区（現・中央区）の国光社和文科に勤め日本印刷工組合信友会に加盟する。（冨板敦）〔文献〕『信友』1919年10月号

野呂　衛　のろ・まもる　1895（明28）9.25-?　青森県中郡和徳村（現・弘前市）の地主の家に生まれる。法政大学卒業。大杉栄の影響を受けた。帰郷し22年大沢久明らとアナ・ボル混交の北部無産社を結成。同年12月弘前歩兵第52連隊に入営することになり，北部無産社の同志10数人が見送りデモを行う。黒旗と赤旗を掲げて革命歌を歌いながら営門を突破，営内で大沢は演説をし野呂を兵舎まで送った。青森県社会運動におけるデモ行進の先駆といわれる。（冨板敦）〔文献〕『青森県労働運動史1』青森県民生労働部労政課1969

は

馬　鐘太　ば・しょうた　マ・ジョンテ　?-?　東京の朝鮮自由労働者組合のメンバーで，1929（昭4）年12月組合事務所で創立された極東労働組合に参加，33年3月の組合再編成で会計部員となる。（堀内稔）〔文献〕『特高月報』1933.8

馬　宗融　ば・そうゆう　マア・ツゥンルン　1892-1949　中国四川省出身のウイグル族。14（大3）年同窓生である羅世安とともに上海に行き，さらに日本に留学する。19年勤工倹学のため羅世安とフランスに留学。フランスの短編小説などを翻訳する。25年毛一波と29年上海で巴金と知り合う。同年成都第一女子師範学校を卒業した羅世安の妹羅淑と結婚，ともにフランスに行く。33年帰国，上海復旦大学教授となる。馬宗融・羅淑夫婦の住居は巴金らがしばしば訪れる場所になる。35年馬夫婦は『革命週報』が原因で不和になっていた畢修勺と巴金の仲を取り持つ。抗日戦争後は復旦大学とともに上海に戻る。48年台湾大学に転任。48年病気治療のため再び上海の復旦大学に戻る。馬の死没後，巴金は2人の子供を引き取る。訳書にツルゲーネフの『春潮』，散文集『拾荒』などがある。（手塚登士雄）〔文献〕毛一波「アナキズム回想」玉川信明『中国の黒い旗』晶文社1981，巴金「馬宗融兄を偲ぶ」『懐念集』寧夏人民出版社1994

馬　宗瑓　ば・そうよ　1885-?　成都出身。清末の留学生として日本に渡る。張継，劉師培，景梅九らアナキストと行動を共にし1907年8月に開かれた日本社会主義講習会にも参加。坂本清馬と親しく交際する。08年3月大杉栄が中国人革命家のために開いたエスペラント講習会に参加したと考えられる。赤旗事件で大杉等が入獄すると谷斯盛，栄福らと柏木に一軒の家を借り堀保子と管野須賀子を賄いとし生活を助けた。帰国後北京で裁判所判事を務める。（手塚登士雄）〔文献〕竹内善作「明治末期における駐日革命運動の交流」『中国研究』（5号）日本評論社1948・9・1，坂本清馬「我観中国 その二」『中国』1968・3月号

芳賀　融　はが・とおる　?-1934（昭9）6月頃　宮城県に生まれ，27年頃東京阿佐ヶ谷に居住。1931（昭6）年11月東京で国井淳一らと全日本農民詩人連盟を組織しアナキズムに立脚した農民詩創造の運動を展開するために『農民詩人』を創刊する（1933.5まで）。自ら編集発行人となり，高円寺の自宅に連盟事務所を置いた。泉芳朗，伊福部隆彦，延島英一，竹内てるよ，定村比呂志，大沢重夫，野村考子，橋本貞治，大杉幸吉，腰山茂忠，胡麻政和，上野頼三郎，中西悟堂，松尾啓吉，大島養平（友次郎），秋田芝夫，土屋公平，英美子，寺神戸誠一，山田弥三

平，木村信吉，伊波南哲，上政治，福田正夫，太田明らが寄稿し，「現象としては一応農民詩人の全国的結集の観を呈してはいた」（松永伍一）。（冨板敦）〔文献〕松永伍一『日本農民詩史・中1』法大出版局1968

袴田　里見　はかまだ・さとみ　1904（明37）8.11-1990（平2）5.10　青森県上北郡下田村（現・おいらせ町）生まれ。東京の攻玉社中学を中退後，21年頃から東京，北海道で働く。労働運動に参加しアナキスト仲間の武内清，島田健二郎と第1次函館無産青年同盟に参加するが，その後マルクス主義に転じ24年共産主義グループ第2次函館無産青年同盟を結成，同年末に再度上京すると東京合同労働組合に加入した。渡辺政之輔の指導のもとに25年政治研究会の常任理事となり市川正一らと無産政党の綱領や規約の起草に関わる。同年共産党からモスクワに派遣されてクートベに入学し27年卒業。28年帰国以降は党再建および党組織の指導にあたった。（奥沢邦成）〔著作〕『党とともに歩んで』新日本出版社1968，『獄中日記1945年』同1975

羽川　得一　はがわ・とくいち　1915（大4）-?　秋田県仙北郡田沢村田沢（現・仙北市）生まれ。尋常小学校を卒業後，30年から同郡角館町で鍛冶職の弟子となる。文学を趣味とし詩作を好んだ。35年堀川清弘の雑誌『生活』に「秋の夜を唄ふ」を投稿する。同年末頃無共党事件で検挙されるが不起訴。（冨板敦）〔文献〕『身上調書』

萩　四郎　はぎ・しろう　?-?　1919（大8）年東京京橋区（現・中央区）の新栄舎和文科に勤め活版印刷工組合信友会に加盟する。（冨板敦）〔文献〕『信友』1919年8・10月号

葉桐　りん　はぎり・りん　?-?　1919（大8）年東京神田区（現・千代田区）の三秀舎に勤め日本印刷工組合信友会に加盟する。（冨板敦）〔文献〕『信友』1919年10月号

萩原　卯之助　はぎわら・うのすけ　?-?　1919（大8）年東京牛込区（現・新宿区）の日清印刷会社欧文科に勤め活版印刷工組合信友会に加盟。21年末頃は麹町区（現・千代田区）のジャパンタイムス＆メール社欧文科で働いていた。（冨板敦）〔文献〕『信友』1919年8・10月号，1922年1月号

萩原　恭次郎　はぎわら・きょうじろう　1899（明32）5.23-1938（昭13）11.22　本名・金井恭次郎，別名・狂児郎，狂次郎，杉山扶助，中島武二，藤村行男，若林次郎　群馬県勢多郡南橘村日輪寺（現・前橋市）生まれ。中流農家萩原家の二男に生まれたが09年10歳で同郡元総社村石倉（現・前橋市）の雑貨店主で大叔母の金井ソウの養子となり入籍，この時から本名金井恭次郎となった。筆名を旧姓による萩原恭次郎に定めたのは中学卒業の年で以後は臨時筆名を除けば終生萩原恭次郎の筆名で一貫した。中学卒業後，郷里での就職を経て上京し23年岡本潤，壺井繁治，川崎長太郎と既成詩壇に反逆する『赤と黒』を創刊，25年に詩集『死刑宣告』を刊行して芸術革命の先端に立った。この詩集には意識的構成主義を唱える村山知義など『マヴォ』集団の協力があり，萩原自身も『マヴォ』同人として雑誌編集，創作舞踊発表などを行った。しかし『赤と黒』の拡大後継誌『ダムダム』から27年『文芸解放』創刊までの間に文学に限定されないアナキズム運動への強い傾斜が生じていた。岡本，壺井，小野十三郎なども同じで『文芸解放』は27年1月の創刊から壺井，江森盛弥らのマルクス主義転換で最終号となる11号（1927.12）の間，東京江東地区労働者街での研究会開催，米国の冤罪死刑囚サッコとヴァンゼッティ釈放要求運動，劇団解放座の公演参加など多様な活動をしている。また28年2月東京印刷工組合第5回大会で挨拶するなど労働者との接触を広げる半面では「無政府主義芸術雑誌」と明記する『黒旗は進む』を松村元，麻生義らと28年6月に創刊した（1号のみ）。しかし妻と2児を抱えた生活苦と郷里の養母の老齢化で28年10月妻子を伴って帰郷，農村の「よろず屋」金井雑貨店の当主となったがその位置から新たな運動展開もはかった。土着の産業組合製糸工場へのアナキズム宣伝，県下青年男女を結集した雑誌『全線』の創刊（1号のみ），雑貨店顧客である近隣農民への活動などがその事例で萩原の外出を特高刑事が尾行したという証言もある。またアメリカのIWW（世界産業労働者）の労働歌集からの翻訳を行い，それは小野，草野心平との『アメリカプロレタリヤ詩集』（弾道社1931）に収められた。個人詩集では同年渓文社刊の『断片』が運動退潮期の心情を吐露した。また32年6月にはガリ版雑誌

『クロポトキンを中心にした芸術の研究』を創刊，同年12月4号まで少部数だが全国配布した。千葉地方裁判所で開かれた伊藤和の『馬』事件公判(1931.6)に証人で出廷したこともある。35年11月の無共党事件では萩原ほか17人が群馬県で検挙され全員短期留置で釈放された。だがこの検挙で記録された「金井恭次郎」の身上調査書に動産不動産合わせて「約二万円位ヲ有シ，生活豊ナリ」という現実は萩原の思想転回のポイントとなった。その証明には38年5月号『新潮』に発表の詩「私の麦笛 妹に」のなかの「家系とか財産とかの掟が繁つてゐた」を読めば足りる。無共党事件以前から在野の学者権藤成卿の著書に接していたが，権藤の農本主義的「社稷論」を個人に適用すれば家系や資産の護持となり広げれば日本神国論に至る。38年『セルパン』12月号に神国論の影響下の詩「亜細亜に巨人あり」を発表し喀血性貧血症によって死没。〔寺島珠雄〕〔著作〕『萩原恭次郎全集』全3巻静地社1982〔文献〕秋山清「アナキスト 萩原恭次郎」岩佐作太郎『転向・中』平凡社1960，伊藤信吉「萩原恭次郎3篇」『烈風の中に立ちて』静地社1981，大島養平「黒の詩人」『青春の回廊』あさを社1978年，『身上調書』

萩原 朔太郎 はぎわら・さくたろう 1886(明19)11.1-1942(昭17)5.11 群馬県東群馬郡前橋北曲輪町(現・前橋市千代田町)生まれ。前橋中学を経て10年六高を中退，一時慶応大学に在学するが退学，以後10年余り音楽に取り組む。文学への関心は中学2年頃で級友との回覧雑誌，校友会誌に作品を発表，また『新声』『明星』などに短歌を投稿する。27年頃から詩作を始め室生犀星との交友が始まる。16年室生と『感情』を創刊。翌17年処女詩集『月に吠える』(感情詩社)は高く評価され詩人としての独自の立場を築いた。23年第2詩集『青猫』(新潮社)を出版。28年詩論『詩の原理』(第一書房)，29年アフォリズム集『虚妄の正義』(同)を出版。30年辻潤と共同編集で『ニヒル』(3号まで)を創刊したがこれは家庭内の不和と父の死が虚無的心性を増幅させたためとも評された。自らの思想的立場を「私が『同志』と呼び，親しき友情を感じ得るものは，今の文壇でただ無産階級派の作家あるのみだ。…社会主義そのものは，精神的に私と気が合わない。彼等は私の敵であつて仲間ではない。私の言ふのはアナーキストの一派であり，或はニヒリストであり，或はダダイストのことである。思ふにすべて此等の思想は，私の第一詩集『月に吠える』の中にその『情操の起源』を有してゐる」(「烈風の中に立ちて」『日本詩人』1926.4)と記した。当時は『四季』同人として三好達治，保田与重郎らと交流，郷里関係の詩人では萩原恭次郎，伊藤信吉と親しかった。〔奥沢邦成〕〔著作〕『萩原朔太郎全集』全15巻筑摩書房1975-78〔文献〕伊藤信吉編『萩原朔太郎研究』思潮社1966，萩原葉子『父 萩原朔太郎』筑摩書房1976，伊藤信吉『萩原朔太郎と萩原恭次郎』静地社1981

萩原 四郎 はぎわら・しろう 1901(明34)12-? 長野県北佐久郡三岡村(現・小諸市)に生まれる。上京し日本大学に入学。1921(大10)年加藤一夫に「不穏なる通信を為したる」として警視庁の思想要注意人とされる。麹町区飯田町(現・千代田区)に住んでいた。〔冨板敦〕〔文献〕『警視庁思想要注意人名簿(大正10年度)』

萩原 晋太郎 はぎわら・しんたろう 1925(大14)-2008(平20)3.5 東京に生まれる。1947年日本アナキスト連盟に加盟。50年電産(日本電気産業労働組合協議会)争議では練馬変電所分会書記長となり，所長制度廃止など生産管理を要求して奮闘する。同年5月アナ連全国大会で山口健二とともに岩佐作太郎らの「労働組合山賊論」を攻撃，アナ連は分裂。8月レッドパージされる。51年第二次アナ連結成の推進力となったが病を得てしばらく運動から離れる。連盟復帰後も労働組合関連の運動に専念した。68年11月の連盟解散後，翌年5月秋山清，大澤正道，三浦精一らと麦社を設立。同年12月三浦とともにリベルテールの会を結成，『リベルテール』の発行に協力する。また同年『日本アナキズム労働運動史』(現代思潮社)を刊行，以後『アナキズム運動年表』(リベルテールの会1970)，『高尾平兵衛』(リベルテールの会1972)，『アナキスト小辞典』(1975自家版・限定100部)など運動関連の著書を刊行する。93年三浦のあとを継いで『リベルテール』を『Le Libertaire』と改題して復刊し通算200号を越えた。97年に刊行された『近代日本社会運動史人物大事典』全5巻(日外アソシエ

ーツ)の編集委員となりアナキズム部門を担当したが，勇み足で向井孝らに縁切り状を送られ本事典刊行のきっかけとなる。2000年アナキズム関連蔵書を大原社会問題研究所に寄贈する。孤軍奮闘，勇往邁進の人であった。(大澤正道)〔著作〕上記のほか『遠い茨の道』1976，『変革の軌跡』黒色戦線社1979，『町工場から職工の語るその歴史』マルジュ社1982，『さらば仙崎引揚港』マルジュ社1985，『爆弾事件の系譜』新泉社1988，『日本工業技術史』新泉社1984(技術関連書はこのほか多数ある)〔文献〕大澤正道「倒叙 まさじい自伝の下書き3」『トスキナア』12号2010.10

萩原 仙太郎 はぎわら・せんたろう ?-? 1919(大8)年東京麴町区(現・千代田区)の外務省活版部文選科に勤め日本印刷工組合信友会に加盟する。(冨板敦)〔文献〕『信友』1919年10月号

萩原 貞一 はぎわら・ていいち 1903(明36)-? 富山県に生まれる。高岡中学を中退，中島安太郎の紹介で上阪。22年6月に開校された大阪労働学校の第1期生となり在学中にアナキズムに傾斜する。市内の岡島新聞店に住み込みで働いた。22年7月岡山連隊に反軍ビラがまかれた過激思想軍隊宣伝事件に連座して検挙。のちギロチン社にも関わる。その後帰郷してボルシェヴィキに転じるが，31年以降国家社会主義に傾き右翼農民運動を推進する。(冨板敦)〔文献〕『労働運動』3次7号1922.9，逸見吉三『墓標なきアナキスト像』三一書房1976，『岡山県社会運動史4』，『岡山県労働運動史資料・上』，内山弘正『富山県戦前社会運動史』同刊行会1983

萩原 時雄 はぎわら・ときお ?-? 長野県北佐久郡本牧村(現・佐久市)に居住。1934(昭9)年3月南沢裟裟松，鷹野原長義らが旧農村青年社の方向に基づいて結成した信州アナ連盟に加わる。同年11月群馬県下の特別大演習に際しての予防検束で南沢，高橋岩之助，金子善一郎，林定直，三井剛らと拘禁される。(冨板敦)〔文献〕大井隆男『農民自治運動史』銀河書房1980

萩原 房吉 はぎわら・ふさきち ?-? 1919(大8)年東京神田区(現・千代田区)の三秀舎印刷科に勤め日本印刷工組合信友会に加盟する。(冨板敦)〔文献〕『信友』1919年10月号

萩原 文吉 はぎわら・ぶんきち ?-? 1919(大8)年東京神田区(現・千代田区)の三秀舎文選科に勤め活版印刷工組合信友会に加盟。のち成章堂文選課に移る。(冨板敦)〔文献〕『信友』1919年8・10月号，1922年1月号

巴 金 はきん パーチン 1904.11.25-2005.10.17 本名・李堯棠，別名・芾甘 中国四川省成都生まれ。筆名の巴金はクロポトキンの中国語呼称「克魯泡特金」から一字取る。官僚・地主の裕福な家に育つが五・四運動時期にアナキズムにめざめ，19歳で上海に出てからアナキズムの啓蒙運動に従事。1927-28年フランス留学。サッコ・ヴァンゼッティ事件の死刑囚ヴァンゼッティと処刑前に書簡を交わし，彼の死の衝撃から最初の小説『滅亡』の一部を執筆。フランス滞在中にヴァンゼッティ以外にもゴールドマン，ベルクマン，ネットラウらと文通。帰国後，作家として活動。30-40年代に多数の長短編小説を発表して若い世代の圧倒的な支持を獲得。抗日戦争中は各地を転々としながら代表作『寒い夜』などの作品を書き続ける。文化大革命中に迫害を受けるが，文革後にエッセイ集『随想録』で復活を果たした。作家として活動中もアナキズムの啓蒙を忘れず『克魯泡特金(クロポトキン)全集』の翻訳・編集，ロッカーの著作の翻訳，スペイン革命時のアナキストの戦いの紹介など，中国における海外アナキズムの紹介の第一人者として活躍した。日本のアナキストの紹介も多く，20年代に大杉栄の追悼文や年譜を発表するほか，小説『滅亡』のテロリストの形象に古田大次郎を投影したともいわれる。34-35年には偽名で日本に滞在して，帰国前に以前北京で会った石川三四郎を東京府北多摩郡千歳村(現・世田谷区)に訪ねている。また30年代に巴金がたびたび足を運んだ福建省泉州は彼の友人のアナキストたちが教育運動を行っており，岩佐作太郎，赤川啓来も軍事訓練協力のために同地を訪れている。なお巴金はエスペランチストとしても有名でエロシェンコの童話の中国語訳の編集も行っている。(山口守)〔著作〕『家』岩波文庫1956，『憩園』『現代中国文学4』河出書房新社1970，『寒い夜』『世界文学全集72』集英社1978，『随想録』筑摩書房1982，『リラの花散る頃』ICC 1991〔文献〕李存光編『巴金研究資料』全3巻海峡文芸出版社1985，陳思和・李輝『巴金論稿』人民文学出版社1986，唐金海・張暁雲編『巴金年譜・上下』四川文芸

出版社1989,山口守・坂井洋史『巴金的世界』東方出版社1996,『無政府主義思想資料選・上下』北京大学出版社1984,芹沢光治良『愛と知と悲しみと』新潮文庫1972,『巴金先生紀念集』香港文匯出版社2008,山口守『黒暗之光』復旦大学出版社2017,『エス運動人名事典』

白　貞基　はく・ていき　ペク・チョンギ　1896-1934.6.5　別名・鷗波　朝鮮全羅北道井邑永元面隠仙里生まれ。幼い時父を亡くし母親のもとで家業を助け昼耕夜読で成長。19年三・一独立運動に刺激され同年8月同志を糾合して日本軍の機関破壊を企てたが事前に探知され中国奉天に脱出、20年冬再びソウルに潜入して軍資金調達に奔走中、21年春に中部警察署に逮捕されたが機転をきかして放免される。その後朝鮮各地を転々として22年北京に脱出。23年夏朝鮮を経由して東京に渡り早川水力工事場に労働者に偽装して潜行、破壊計画を企てたが関東大震災で同志を失いやむをえず24年4月北京に帰った。北京では李乙奎・丁奎兄弟、李会栄と同居して活動し同年4月在中国朝鮮無政府主義者連盟を組織し機関紙『正義広報』を発行したが、資金難と生活難のため同年8月李兄弟とともに上海に移り、英国人が経営する鋳物工場に入って労働運動に参加した。28年9月南京で開催の東方無政府主義者連盟大会に参加、30年秋には満州で組織された韓族総連合会（アナキストと民族主義団体の連合体）の活動を支援するため満州に赴いて活動を展開するが31年春には結核療養のため上海に戻る。上海では南華韓人青年連盟を組織して活動、特にその破壊工作、テロ活動は世称黒色恐怖団として恐れられた。33年3月17日上海虹口の六三亭での日本公使有吉明ら要人の会議襲撃を李康勲、元心昌らと企て事前に逮捕されて長崎裁判所に押送され、33年11月24日無期懲役の判決を受ける。獄死。（堀内稔）〔文献〕『韓国アナキズム運動史』、国民文化研究所編著・草場里見訳『鷗波白貞基 あるアナーキストの生涯』明石書店2014

白　武　はく・ぶ　ペク・ム　1901-?　朝鮮慶尚北道大邱の出身。日本に渡り朴烈らとともに20(大9)年11月朝鮮苦学生同友会、21年11月黒濤会を結成する。のち共産主義へ向かった。（奥沢邦成）

莫　紀彭　ばく・きほう　モー・チーポン　1886-1972　中国広東省東莞出身。幼い頃から顧炎武らの書を読み民族精神を抱く。03年頃師範学校に入学、新しい思想に接して革命の志を抱き『東莞旬刊』を出版。09年頃中国同盟会に加入し胡漢民らと南方支部を設立する。資金を集めて蜂起計画を立て10年新軍に働きかけるが計画が事前に漏れ失敗する。11年4月黄花崗蜂起では第3選鋒隊隊長となり、同年10月武昌蜂起が勃発すると香山県前山鎮で蜂起に加わり広州の光復に貢献する。中華民国成立後は官位につくことも叙勲にあずかることもなく12年7月師復、鄭彼岸らと心社を設立しアナキズム運動に従事する。37年抗日戦争が始まると中国国民党史史料編纂委員会纂修となる。戦争勝利後は青年教育に携わり広州に粤東女子実業学校と靄文中学を設立。49年台湾に渡る。(手塚登士雄)〔文献〕嵯峨隆「莫紀彭」『近代中国人名辞典』霞山会1995,「莫紀彭先生事略」玉川信明『中国の黒い旗』晶文社1981

バクーニン　Bakunin, Mikhail Aleksandrovich　1814.5.30-1876.7.1　ロシア、トゥヴェリ県の名門貴族に生まれる。元外交官の父から軍人となるよう訓育されペテルブルグ砲兵士官学校へ入学したが、学校長と衝突し放校処分となってミンスク砲兵旅団勤務を命じられた。哲学や学問一般に傾倒していたため35年軍隊を依願退職して36年モスクワに移り哲学研究とりわけドイツ哲学に専念した。やがてその関心はヘーゲルに移り特に歴史哲学への共感が深まり、40年ゲルツェンの援助でベルリン留学を果たした。ドイツで現実の政治およびフランス社会主義の理論に接しにわかに政治的色彩を濃くして『ドイツにおける反動』(1842)を変名で公表しヨーロッパ民主陣営の間に知られるようになった。理念から現実の実践世界への旅立ちはバクーニンの革命的転換の指標であり「破壊への情熱は創造への情熱」がスローガンとなった。のち社会主義、共産主義への傾斜は加速化しロシア官憲の追跡するところとなってついに政治亡命を決意、ドイツを離れてパリに移り住み44年マルクスやプルードンらを知った。ヘーゲル弁証法とプルードン哲学がバクーニンの思想的完成を培養し、48年のヨーロッパ全土に及

んだ革命蜂起の渦中でさらにポーランド解放などスラブ革命に目標を定めて汎スラブ主義に傾斜した。翌年ドレスデン蜂起のさなか逮捕されオーストリア警察を経て身柄をロシア官憲に引き渡されペテルブルグの政治監獄に幽閉された。6年後母親の奔走でシベリア流刑へ変更となり流刑地トムスクで結婚，やがてイルクーツクへ移されるに及んで脱走を決意，61年に日本，米国経由でロンドンに到着，劇的な脱出計画に成功した。以後ロンドンに亡命していたゲルツェンと提携して活発に革命宣伝を展開したものの，バクーニンのポーランド蜂起への画策に加え多年の投獄による政治的ブランクも禍いして二人の溝はしだいに表面化していった。バクーニンはやがてイタリアへ身を移し国際同胞団を結成，一方ゆるい大同団結をめざすヨーロッパ各国民主派の平和自由連盟に異論を唱えマルクスの批判を受けた。さらに国際社会民主同盟を結成しインターナショナルの組織に加入を試みたもののマルクス派の反対に出会い，これを解散した。バーゼルにおける69年のインターナショナル大会で両派の思想的対立は決定的となり，結局国際労働運動が大きく分裂する契機となった。その間ネチャーエフとの提携を試み，かくて革命のマキャヴェリズムと評された『革命家の教理問答書』の完成となった。71年のパリ・コミューンを国家組織に対決するものとして高く評価し，また汎ゲルマン主義と政治神学を弾劾して『鞭のゲルマン帝国と社会革命』『神と国家』を著した。思想的決算を期して70年から『国家制度とアナーキー』の執筆に取りかかっていたが結局果たせず第1部のみの未完に終わった。バクーニンが強権的なマルクス派の組織論に対し展開した批判，ボルシェヴィキ革命がたどった権威的社会主義の道とその崩壊は事実上バクーニンの批判の正当性を裏づける結果となった。日本でバクーニンの著作に最も早く触れた一人に大杉栄がいる。大杉は米国から幸徳秋水が送ったフランス語版の『バクーニン全集』を20歳代に獄中で読んでいる。その当時，バクーニンの思想が大杉の内部でどの程度血肉化されたかは確かではないが，ロシア革命後にわかに活発となった大杉によるボルシェヴィキ批判のプロセスでバクーニンが大きな立脚点となったことは疑いない。そのバクーニンへの関心は個人的伝記の完成に向けて結実した。またバクーニンのリヨン蜂起に大杉が特に関心を集中した背景には，ボルシェヴィキ革命とは異なるアナキスト革命の原型を模索したことが反映されている。本荘可宗は反宗教，無神論の立場からバクーニンの『神と国家』を取り上げて1926年にこれを翻訳した。29年から学生アナキストの榎本桃太郎らが『バクーニン全集』の刊行に着手。この画期的な全集企画は全巻完結をみずに終わったが，そもそもはバクーニン没後50年が契機となっておりそれを記念する集会は26年7月1日に東京本所で開催され，江東自由労働者組合などのアナキスト団体が集結し多数の検束者を出す社会的事件となった。〈左近毅〉〔著作〕本荘可宗訳『神と国家』アテネ書院1928・改造文庫1929，社会理想研究会編訳『バクーニン全集』近代評論社1929-32(全7巻の企画のうち第3巻『パリコンミュンと国家概念』，第5巻『インターナショナルは何処へ行く』，第6巻『マルクスとの私的交渉』のみ刊行)，猪木正道・勝田吉太郎編『プルードン・バクーニン・クロポトキン』中央公論社1967，藤山順訳『社会革命の綱領』麦社1969，石堂清倫ほか訳『バクーニン』全2巻三一書房1970，ダニエル・ゲラン編『神もなく主人もなくI』(長谷川進訳)河出書房新社1973，藤川健郎・蓮台寺晋訳「未公開書簡ネチャーエフへ」『展望』1973.9・10，外川継男・左近毅編訳『バクーニン著作集』全6巻白水社1973・1974〔文献〕大杉栄「無政府主義の父」『東京毎日新聞』1922.1-4，大杉栄・伊藤野枝『二人の革命家』アルス1928，大杉栄「バクーニンの生涯」『自由の先駆』同1928，海明夫『我等の父バクーニン1』『自由連合新聞』62号1931.9，E.H.カー『浪漫的亡命者たち』(酒井只男訳)筑摩書房1953，大澤正道『バクーニンの生涯』論争社1961，勝田吉太郎「バクーニンとその無政府主義」『近代ロシヤ政治思想史』創文社1961，E.H.カー『バクーニン・上下』(大澤正道訳)現代思潮社1965，逸見吉三「日本に来たバクーニン」『現代の眼』1971.7，ピルーモヴァ『バクーニン伝・上下』(佐野努訳)三一書房1973

バークマン　　▷ベルクマン

羽毛田 正直　はけた・まさなお　1907(明40)2.11-?　長野県南佐久郡田口村(現・佐久市)の小作農の家に生まれる。「孝心篤い」「模範青年」(大井隆男)と評される。21年高等小学校卒業後父を亡くし農業に従事するが，人生や社会の矛盾に悩みキリスト教に接近，内藤国雄を中心とするバイブルを読

む会に入る。「地球は誰のものでもない，万物はそれぞれが生きる権利をもつ」という視点に立って農村社会の不平等等を認識しキリスト教ではこの問題を解決できないとして社会運動に参加したという。27年内藤に誘われ農民自治会に参加（全国連合委員），内藤や竹内新らと農自南佐久連合を結成した。水平運動とも連携し佐久電気消費組合の電灯料値下げ運動などの特色ある運動を展開した。28年の分裂後は全農左派（全国会議）に属して運動するが32年11月全農佐久事件で検挙された。戦後は共産党に入党，農地改革や民主化闘争を推進。また日農中央常任委員，日農長野県連委員長などをつとめた。（安田常雄）〔文献〕渋谷定輔『農民哀史』勁草書房1970，大井隆男『農民自治運動史』銀河書房1980，『南佐久農民運動史・戦前編』同刊行会1983，安田常雄『日本ファシズムと民衆運動』れんが書房新社1979

波止 影夫 はし・かげお 1910（明43）2.15-1985（昭60）1.24 本名・福永和夫。愛媛県出身。京都帝大医学部を卒業し京大付属病院精神科勤務の後，平畑静塔とともに兵庫県立精神病院に移り静塔は副院長に影夫は医長となった。学生時代から『京大俳句』に加わった。日中戦争以降は盛んに無季戦争俳句を作る。1940（昭15）年2月14日，京大俳句事件第一次検挙者8人のうちの1人となる。40年9月10日，半年以上にわたる未決勾留の後治安維持法違反で起訴され，保釈出所した。41年2月に懲役2年執行猶予3年の判決を受けた。影夫の句柄は比較的穏やかでヒューマニズムを基調とする作品がほとんどであったにもかかわらず起訴されたのは，学生時代に「滝川事件」反対運動に加わった経歴が重視されたためであると思われる。戦後『天狼』同人となり自由律俳句を続けた。戦時ファシズムの痛苦を回顧した句に〈この海に死ねと海流とどまらず〉がある。太秦署に留置されていた時，同じく治安維持法違反の疑いで勾留されていた俳優の志村喬と話す機会が多かった。39年の映画法施行以来，映画関係者への目も厳しくなり41年創立の日本映画俳優協会関西支部が注意文化団体とされた。その中心人物として志村は月形龍之介らとマークされ「プロレタリア演劇を研究している」という理由で検挙されたが約20日後，夫人と月形龍之介が身元引受人となり釈放となった。（宮澤公明）〔著作〕『波止影夫全句集』文琳社1984〔文献〕澤地久枝『男ありて 志村喬の世界』文藝春秋1994，大岡信也『現代俳句大辞典』三省堂2005，田島和生『新興俳人の群像』思文閣出版2005

橋浦 季雄 はしうら・すえお 1894（明27）3.17-? 4男橋浦泰雄，5男橋浦時雄に続く6男で社会主義に進んだ橋浦3兄弟の末弟。頭脳明晰で09（明42）年実家を離れて入学した鳥取県農学校（現・県立倉吉農業学校）では特待生を通し，13（大2）年東北帝大農科大学（現・北大，旧・札幌農学校）に入学，同大学教授で学内に社会主義研究会を開いていた有島武郎の知遇を得て愛弟子的存在となりクリスチャンになった。同大卒業の足助素一を知るとともに16年4月に有島宅を泰雄と2人で訪問して紹介，これが時雄と2人の親交にもつながった。15年11月に大杉栄宅で開かれた平民講演会に時雄と参加，売文社にも顔を出し，時雄の代理を務めたり独自に社業を手伝うことがあった。18年12月泰雄，時雄，足助や野村愛正，涌島義博らに見送られて横浜港からシアトルに向けて商船アフリカ丸で出港。14日の東京駅では有島も見送っており，これが最後の姿となった。後にカリフォルニアで牧場経営を始めるが太平洋戦争中に消息を絶った。排日運動の高まりの中でのことと思われる。（一色哲八）〔文献〕山本博雄・佐藤清賢編『橋浦時雄日記第一巻冬の時代から』雁思社1983，鶴見太郎『橋浦泰雄伝』晶文社2000，橋浦泰雄『五塵録』創樹社1982，『ふるさと人物誌』岩美町教育委員会1989

橋浦 時雄 はしうら・ときお 1891（明24）6.21-1969（昭44）2.10 筆名・溟郎生 鳥取県岩美郡大岩村（現・岩美町）生れ。泰雄は兄，はるは妹，りくは妻。04年県立鳥取一中に入学，兄弟や友人の影響で週刊『平民新聞』などを購読，社会主義に傾倒していく。09年早稲田大学文学部高等予科入学，同級生には山本一蔵（飼山），白鳥省吾，広津和郎らがいた。またこの頃平民社に出入りし幸徳秋水，管野すが，新村忠雄らと交わった。10年11月大逆事件に際して官憲の弾圧に抗議して郷里の新聞『因伯時報』に投稿した（「巷頭微語 革命と暗流」11月8日）が新聞紙法違反禁錮4ヶ月，さらに押収された日記

中に明治天皇の顔を「竜顔」と記した部分によって不敬罪に問われ平出修が弁護したが懲役5年の刑を受けた。しかしその明治天皇死去の大赦令で12年9月千葉監獄を出獄した。13年売文社入社を勧める堺利彦の誘いを受け再上京し大杉栄，荒畑寒村らの『近代思想』にも参加，センジカリズム研究会にも出席した。19年高津正道らの暁民会に参加，また同年渡辺満三，原沢虎之助，竹内一郎，和田軌一郎らと東京北郊自主会を結成，時雄宅に事務所を置いた。翌年結成された日本社会主義同盟には会として参加，橋浦自身は発起人に名を連ね機関誌『社会主義』の編集実務を担った。一方15年結婚した落合りくを伴い16年大阪の社会主義者の時計商岩出金次郎に招かれ業界誌『時計と貴金属』（のち『日本宝飾時報』に改題）創刊・編集にあたり東京に戻っても40年まで同誌に関わりこの収入が生活基盤となった。19年これも岩出が支援する『日本労働新聞』の創刊に尽力，22年第1次共産党創立に際し執行委員，同党の方針に従って出版従業員組合創立に関わった。23年第1次共産党事件で検挙禁錮10ヶ月に処せられた。入獄中に妻りくを亡くす。25年には堺，山川均らとともに共産党を離れ28年労農派に加入，機関誌紙の刊行などに携わった。37年人民戦線事件で検挙され懲役2年（執行猶予付）の判決を受けた。無産政党運動にかかわる一方27年消費組合西郊共働社（のち城西消費組合）創立に参加，以後一貫して地域および中央の消費組合，生活協同組合運動を続けた。なお64年劇団民芸で上演された木下順二作「冬の時代」（2015年再演）の主要登場人物の一人「不敬漢」は時雄がモデルであり，時雄自身も招かれ観劇した。若いころは文士志望だったがそれを断念，多くの運動を支えて著作をまとめなかった。しかし膨大な日記が残されていてその一部が刊行された。菩提寺である乗運寺（豊橋市）の墓碑には「この年も赤々と咲け寒椿」の句が刻まれている。（大和田茂）〔著作〕山本博雄・佐藤清賢編『橋浦時雄日記　第1巻《冬の時代から1908-1918》』雁思社1983〔文献〕牧瀬菊枝編『聞書ひたむきの女たち』朝日選書1976，橋浦泰雄『五塵録』創樹社1982，鈴木正『戦後思想史の探求』平凡社2013

橋浦　はる　はしうら・はる　1899（明32）1.4-1975（昭50）2.25　鳥取県岩美郡大岩村（現・岩美町）生まれ。10人兄弟中の4男泰雄，5男時雄の妹。兄たちを頼って上京，女学校に通いながら時雄とともに東京北郊自主会に参加し社会主義運動との関わりをもつようになった。21年堺真柄らとともに赤瀾会結成に世話人として参加し同年の第2回メーデーに女性として初めて参加する。義姉りくらとともに検束されるがその時の写真が読売新聞紙上に掲載され話題となった。以後，研究会などには参加していたがしだいに運動から離れる。（奥沢邦成）〔文献〕牧瀬菊枝『聞書ひたむきの女たち』朝日選書1976，江刺昭子『覚めよ女たち　赤瀾会の人々』大月書店1980，橋浦泰雄『五塵録』創樹社1982

橋浦　泰雄　はしうら・やすお　1888（明21）11.30-1979（昭54）11.21　別名・夜素鳥，長髪子，無門　鳥取県岩美郡大岩村（現・岩美町）の生まれ。生家は雑貨商で村内で6番目の地主。10人兄弟の6番目で時雄は実弟，はるは実妹。高等小学校卒業後，家業を手伝うかたわら同郷の友人たち（野村愛正，白井喬二ら）と同人誌に小説，戯曲を発表。時雄の影響でクロポトキン『相互扶助論』を読み原始共産主義への興味を抱いた。12年作家を志して上京。大学講義録の発行，化粧品会社勤務のほか独学で日本画の研鑽を積む。16年足助素一と知り合い叢文閣の編集業務を手伝った。また足助を介して有島武郎を知り『惜しみなく愛は奪ふ』の成立に決定的な示唆を与えた。20年代以降社会主義運動に積極的に関わり第2・3回メーデーで検挙。出版従業員組合を経て，26年には日本プロレタリア芸術連盟中央委員，28年三・一五事件直後における全日本無産者芸術連盟創立に際しては中央委員長をつとめた。この間原始共産制の発掘を志して25年柳田国男の門を叩き以後終生師事して日本民俗学の組織化に心を砕いた。35年8月民間伝承の会結成の時は中心人物として日本各地にある既存の郷土研究会の自発性を尊重し中央からの強い組織統制を採用しなかった。戦時下は自宅を『民間伝承』の発行所とし編集・発送作業をほとんど一人で行い柳田を助けた。45年10月共産党に入党するとともに民間伝承の会の復興に努力。50年には柳田，折口信夫とともに日本民俗学会名誉会

員に推される。このほか27年に時雄と消費組合西郊共働社(のち城西消費組合)を創立するなど消費組合運動にも積極的に関わり、46・47年東京都生活協同組合連合会理事長をつとめた。(鶴見太郎)〔著作〕『五塵録』創樹社1982、『協同組合の育て方』毎日新聞社1947〔文献〕鶴見太郎『橋浦泰雄伝』晶文社2000

橋浦 りく　はしうら・りく　1895(明28)1.5-1923(大12)8.31　茨城県生まれ、3歳のとき東京府南葛飾郡(現・江東区大島町)に移転、その地で育った。旧姓は落合。生家は貧しく小学校卒業と同時に館山の機械工場の女工となるが、仕事がきつくのちに浅草のカフェで働く。1914年浅草・千束の銘酒茶屋「滝の屋」で市太郎と名乗っていたりくが橋浦時雄に会い15年結婚する。16年生活の資を求めて時雄とともに大阪へ行くが、同年末には単身大島町の実家にもどり「かみゆい」の看板を掲げた。翌17年5月には時雄も帰京して同居。21年には時雄の妹はるとともに赤瀾会に参加、第2回メーデーで検束されたが留置場でウイスキーを飲んで大騒ぎをしたというエピソードをもつ。髪結いの仕事で家計を支えたが、23年時雄が第1次共産党事件で入獄中に腹膜炎で急逝した。時雄は第1次共産党との関わりを、りくはもちろん兄泰雄にも一切漏らしていなかったため、泰雄・妹はるに不信感を募らせ孤独感にさいなまれるなかで死去した。時雄は終生慕った姉小林ふさの娘井戸垣百合子と二人でみぞれ降る中りくの骨を故郷岩美の橋浦家墓地に葬った。(奥沢邦成・一色哲八)〔文献〕牧瀬菊枝編『九津見房子の暦』思想の科学社1975、牧瀬菊枝『聞書ひたむきの女たち』朝日選書1976、江刺昭子『覚めよ女たち　赤瀾会の人々』大月書店1980、橋浦泰雄『五塵録』創樹社1982、橋浦時雄日記第1巻『冬の時代から1908-1918』雁思社1983

ハシェク　Hašek, Jaroslav　1883.4.30-1923.1.3　チェコが生んだ国民的作家はプラハに生まれた。成績良好で8年制のギムナジウムに入学したが父の死で貧窮。15歳で中退、薬局に丁稚奉公後、商業高校で学び直す。在学中文学に目覚め創作開始。卒業後銀行に勤めるも半年で無銭旅行に出る。ハンガリー、スロベニア、ポーランド等周辺国を放浪、短篇を書くが作品は売れず。当時オーストリアのチェコ支配に反抗、貧乏生活の中で社会主義に関心を寄せる。1907年アナキズム新聞『新青年』の編集者になる。この頃メーデーで逮捕・投獄される(警官への暴行容疑)。09年には雑誌『動物世界』を編集、犬科研究所を設立。64の短編を発表。11年「法の枠内における平和的進歩党」をつくり選挙に出る。その記録を長編に仕上げ代表作の1つになるがボヘミアンの生活は続く。14年第1次大戦にかり出される。仮病で除隊を試みるも西部の前線部隊に編入される。ロシア軍の攻撃で退却命令を受けるが無視して捕虜となる。オーストリア政府は反逆者として逮捕状を出す。ハシェクはロシア革命に共鳴、赤軍宣伝班に加わる。20年オーストリア・ハンガリー帝国の崩壊後のチェコに帰国、長編『兵士シュベイクの冒険』を執筆。反戦を貫き軍と権力をとことん風刺した。ハシェクの人生そのものが正に「シュベイク」である。(平山忠敬)〔著作〕栗栖継訳『兵士シュベイクの冒険(上・下)』筑摩書房1968、辻恒彦訳『二等兵シュベイク』三一書房1968、"Švejk"-Aventuroj de la brava soldato Švejk dum la mondmilito-KAVA-PECH2004〔文献〕"Jaroslav Hašek-Ne nur soldato Švejk" KAVA-PECH (Praha)1994、他にSAT-Broŝuservo/Laŭteの版あり(いずれもエスペラント版)

橋口 愬也　はしぐち・さくや　?-1947(昭22)奄美諸島鹿児島県大島郡(喜界島)の生まれ。1931年頃農村青年を対象に発行されていた東京の詩集に奄美の農民の声をしきりに投稿し大変好評であった。33年頃上京して黎明社印刷部に入りアナキスト詩人として活躍、泉芳朗発行の『モラル』や『詩生活』などの同人となる。38年頃健康を害して帰省。戦時中は国民学校の教員をしながら詩作を続けた。40年代に『回覧詩集・白雲は空に流れてゐる』を喜界島で発行、作品を回覧して批評を求めるという文学活動を続けた。東京での同人泉芳朗は47年『南海日日新聞』に追悼文を掲載して詩友の活動を紹介した。(松田清)

橋田 倉之助　はしだ・くらのすけ　?-?　1927(昭2)年11月大阪市西淀川区浦江町(現・福島区)の自宅に関西黒色芸術連盟の仮事務所を置く。同連盟は同年10月15日関西の黒色芸術団体の代表者の協議を経て同月30日にコムレード社、プロ芸協会、文明批評社の

有志，さらに(全国的な黒色芸術連盟の結成を前提として)中国黒色芸術連盟の参加も得て結成された。11月『関西自由新聞』(2号)は「12月初旬，同盟機関紙として『黒色芸術運動』を発刊する由」と報じる。(冨板敦)〔文献〕『関西自由新聞』2号1927.11

橋詰 銀次郎 はしづめ・ぎんじろう ?-? 新聞工組合正進会に加盟し1924(大13)年夏，木挽町(現・中央区銀座)本部設立のために1円寄付する。(冨板敦)〔文献〕正進会『同工諸君!!寄附金芳名ビラ』1924.8

橋爪 健 はしづめ・けん 1900(明33)2.20-1964(昭39)8.20 松本市に生まれる。沼津中学，一高，東京大学法科を経て同大学文科を中退する。一高時代に詩作を始め村山知義を同校文芸部に誘う。アナキズム，ダダイズムの影響を受けて24年10月『ダムダム』の創刊同人となる。ダムダムパンフレット第1編として詩集『われら凱旋の日』を上梓。27年『文芸公論』を創刊，1年半ほど続けた。敗戦後実録小説集『多喜二虐殺』で『ダムダム』時代の南天堂書店を描く。(冨板敦)〔著作〕『詩集第一集』1921，『合掌の春』教文書院1922，『午前の愛撫』九十九書房1922，『われら凱旋の日』南天堂書房・ダムダム会1924，『貝殻幻想』宝文館1925，『陣痛期の文芸』文芸公論社1927，『戦へる姉』金鈴社1943，『美し魚』紙硯社1944，『多喜二虐殺』新潮社1962，『文壇残酷物語』講談社1964〔文献〕寺島珠雄『南天堂』皓星社1999

橋爪 捨三郎 はしづめ・すてさぶろう ?-? 1929(昭4)年に農民自治会全国連合に加わっていた。農自が分裂したあと瀬川知一良が呼びかけた「運動充実資金寄付金(1口10銭)」募集に応じ10口寄付をする。この第1次募集(同年3月10日まで)に応じたのは他に河本乾次(10口)，安藤光房(5口)，高橋亀代(2口)，多田英二郎(3口)，鑓田研一(20口)，松本正枝(65口)。なお，第2次募集(4月18日まで)に応じたのは今村(2口)，永露曠(3口)，松原一夫(15口)，鑓田研一(20口)，松本正枝(20口)，岡本(1口)，横居憲蔵(2口)，高群逸枝(20口)，加藤一夫(20口)，小林(3口)。(冨板敦)〔文献〕『農民自治会リーフレット』2・3号1929.3・5

橋爪 義孝 はしづめ・よしたか ?-? 山梨県東山梨郡松里村(現・塩山市)に生まれる。家業の農業に従事していたが1925(大14)年頃から同郷の小島勇らと開拓者連盟をおこし自宅に事務所を置く。帰郷中の上田光慶も加わり25年7月農村運動同盟の支援を受けて塩山町で農村問題講演会を開く。その後開拓社と改称，講演会以来「わが開拓社の黒色運動に馳せ参ずる者多きため，日本農民組合の如きは分裂! 自然消滅の形である」と報告を『黒色青年』11号(1927.8)に寄せている。(大澤正道)

橋本 いね はしもと・いね ?-? 1919(大8)年印刷工として日本印刷工組合信友会に加盟し活動する。(冨板敦)〔文献〕『信友』1919年10月号

橋本 卯三郎 はしもと・うさぶろう ?-? 1919(大8)年東京牛込区(現・新宿区)の秀英舎(市ヶ谷)文選科に勤め活版印刷工組合信友会に加盟する。(冨板敦)〔文献〕『信友』1919年8月号

橋本 一明 はしもと・かずあき ?-? 毎夕新聞社に勤め東京の新聞社員で組織された革進会に加わり1919(大8)年8月の同盟ストに参加するが敗北。のち正進会に加盟。24年夏，木挽町(現・中央区銀座)正進会本部設立のために1円寄付する。(冨板敦)〔文献〕『革進会々報』1巻1号1919.8, 正進会『同工諸君!! 寄附金芳名ビラ』1924.8

橋本 菊次郎 はしもと・きくじろう ?-? やまと新聞社に勤め，新聞工組合正進会に加盟。1920(大9)年機関誌『正進』発行のために勝田八次郎，黒田亀次郎，波多保雄，三瀬新吉と計1円50銭の寄付をする。(冨板敦)〔文献〕『正進』1巻1号1920.4

橋本 健吉 はしもと・けんきち ▷北園克衛 きたぞの・かつえ

橋本 権兵衛 はしもと・ごんべえ ?-? 1919(大8)年東京牛込区(現・新宿区)の秀英舎(市ヶ谷)第二和文科に勤め活版印刷工組合信友会に加盟する。(冨板敦)〔文献〕『信友』1919年8月号

橋本 三郎 はしもと・さぶろう ?-? 東印石版部のメンバー。1926(大15)年1月10日入営することになり全印連の同志達に黒旗で見送られる。(冨板敦)〔文献〕『印刷工連合』33号1926.2

橋本 重太郎 はしもと・じゅうたろう ?-1920(大9)2.23 1919(大8)年東京橋区(現・中央区)の長島印刷所に勤め同年末頃，日本印

刷工組合信友会に加盟。20年2月23日「心臓脳膜炎」で亡くなる。(冨板敦)〔文献〕『信友』1920年3月号

橋本 庄太郎　はしもと・しょうたろう　?-?　1919(大8)年東京神田区(現・千代田区)の文明社印刷科に勤め活版印刷工組合信友会に加盟する。(冨板敦)〔文献〕『信友』1919年8月号

橋本 長太郎　はしもと・ちょうたろう　1902(明35)6.29-?　新潟県佐渡郡松ヶ崎村(現・佐渡市)に生まれる。上京し1921(大10)年加藤一夫の自由人連盟に出入りしたことから警視庁の思想要注意人とされる。神田区美土代町(現・千代田区神田美土代町)に住んでいた。(冨板敦)〔文献〕『警視庁思想要注意人名簿(大正10年度)』

橋本 貞治　はしもと・ていじ　1908(明41)2-1949(昭24)5.25　別名・貞吉　埼玉県大里郡御正村(現・寄居町)に生まれる。24年小学校高等科卒業。秩父鉄道に入り秩父駅に勤める。29年頃秩父文芸社をおこし詩誌『山娘』を創刊する。31年アナ派の全日本農民詩人連盟に加盟し『農民詩人』に寄稿。32年連盟最初で唯一の個人詩集『跛の乞食』を上梓する。戦中に詩を書くことをやめ49年病没。(冨板敦)〔著作〕『涙の日記』秩父文芸社1931、『跛の乞食』全日本農民詩人連盟1932〔文献〕『ディナミック』33号1932.7、松永伍一『日本農民詩史・中2』法大出版局1969

橋本 朝一郎　はしもと・ともいちろう　1897(明30)2.12-1951(昭26)2.21　津山市に生まれ、岡山市内の歯科医院で技工師となる。19年頃余公芳太郎の主催する岡山思想問題研究会に加入し22年1月山川均による『共産党宣言』講義の会を市内下西川の自宅で開く。同年5月岡山第1回メーデー集会に参加。7月9日岡山連隊に反軍ビラをまいた茂野藤吉、飯田徳太郎、後藤謙太郎の訪問を10日に受け後藤を自宅に泊める。これが犯人隠匿罪とされて懲役3カ月。23年1月総同盟岡山県支部を結成する。敗戦後共産党に入党。「とにかく謹厳な紳士で、冗談一ついわない男だった」(藤野俊徳)。(冨板敦)〔文献〕『解放のいしずえ』旧版、『思想輯覧』1、『岡山県社会運動史3-9』

橋本 文明　はしもと・ふみあき　?-?　横浜印刷工組合のメンバー。1926(大15)年「1月10日までに第三師団野戦重砲兵第二連隊に入隊しなければならない」と『印刷工連合』が報じる。(冨板敦)〔文献〕『印刷工連合』32号1926.1

橋本 万吉　はしもと・まんきち　?-?　1919(大8)年東京神田区(現・千代田区)の丸利印刷所印刷科に勤め日本印刷工組合信友会に加盟する。同所同科の組合幹事を神林与作と担う。(冨板敦)〔文献〕『信友』1919年10月号

橋本 有光　はしもと・ゆうこう　?-?　1919(大8)年東京牛込区(現・新宿区)の福山印刷所内文科に勤め日本印刷工組合信友会に加盟する。(冨板敦)〔文献〕『信友』1919年10月号

橋本 義夫　はしもと・よしお　1902(明35)3.13-1985(昭60)8.4　東京府南多摩郡川口村楢原(現・八王子市)に生まれる。農民自治会全国連合に加わり1926(大15)年5月6日豊多摩郡高井戸村(現・杉並区)の「森の家」(大西伍一・池田種生宅)、また同月17日東京基督教青年会館で開かれた農自の委員会に出席。全国連合委員(宣伝・組織・連絡係)となり東京府連合の事務所を自宅に置いた。28年書店「揺籃社」を開業。44年に治安維持法違反で検挙。戦後は68年機関紙『ふだん記』を八王子の主婦たちと創刊し文を綴ることを万人の手にとりもどす「ふだん記」運動を起こした。(冨板敦)〔著書〕『沙漠に樹を―橋本義夫初期著作集』揺籃社1985、『だれもが書ける文章―「自分史」のすすめ』講談社現代新書1978〔文献〕『農民自治会』3・4・5号1926.6・8・9、竹内愛国『農民自治会』『昭和2年版解放運動解放団体現勢年鑑』解放社1927、渋谷定輔『農民哀史』勁草書房1970、大井隆男『農民自治運動史』銀河書房1980、小倉英敬『八王子デモクラシーの精神史-橋本義夫の半生』日本経済評論社2002

橋本 義春　はしもと・よしはる　1930(昭5)4.15-1985(昭60)1.17　別名・はしもと・よしはる　大牟田市に生まれる。50年3月高松商業高校卒業。同年4月明治学院大学英文科入学、53年同大中退、以後各種職業に従う。60年代軽印刷と出版を行うバルカン社を新宿に設立。67年アナキズムの研究と啓蒙をめざす雑誌『アナーキ』を創刊する。これをアナ連に送ったことから三浦精一らと知り合う。同誌は不定期に刊行され72年10月発行の11号「特集・私のアナキズム」には「私のアナキズム それは闘うヒューマニズムだ!」を掲載する。また『リバタリアン双書』として、69年ワイルド『社会主義の下で

の人間の魂』，ゴドウィン『政治の正義 財産編』，70年ウォルター『今日のアナーキズム』，71年『「大地」に発表された幸徳事件』，マルキ・ド・サド『フランス人よ，共和主義者になりたければ，更に努力を!』，73年エマ・ゴールドマン『個人・社会・国家』『女性解放の悲劇』（のち『アナキズムと女性解放』JCA出版1978）などを翻訳発行する。69年三浦が設立したリベルテールの会に協力し『リベルテール』の印刷を引き受ける。『リベルテール』の特集号を企画し「アナルコ・フェミニズム」(1975.6・7)，「望月桂追悼号」(1976.7)，「われらのバクーニン」(1976.10)，「トルストイ特集」(1978.12)などを編集する。79年6月，自ら企画，翻訳，編集した『日本アナキズム運動小史』英文版を出版。中国のアナキズム運動の研究も行い「中国無政府主義試論」(『リベルテール』1977.4-79.3)などを執筆する。大宮市の自宅で死没。（手塚登士雄）〔文献〕三浦精一「橋本義春君を悼む」・江藤敏和「はしもとさんのこと」・「はしもと・よしはる氏の仕事」『リベルテール』172号1985.1

蓮沼 兼吉 はすぬま・かねきち ?-? 1919(大8)年東京小石川区（現・文京区）の博文館印刷所に勤め活版印刷工組合信友会に加盟する。（冨板敦）〔文献〕『信友』1919年8・10月号

蓮沼 清吉 はすぬま・せいきち ?-1923(大12)9 1919(大8)年東京本所区（現・墨田区）の凸版印刷会社欧文科に勤め活版印刷工組合信友会に加盟。のち神田区（現・千代田区）の三省堂印刷部欧文科に移る。23年9月1日の関東大震災に遭い東京本所の陸軍被服廠で被災，妻とともに亡くなる。（冨板敦）〔文献〕『信友』1919年8・10月号・22年1月号，『印刷工連合』5.6.7号1923.12

蓮実 庄三郎 はすみ・しょうざぶろう ?-? 別名・正太郎 読売新聞社に勤め新聞工組合正進会に加盟。1920(大9)年機関誌『正進』発行のために1円寄付。また24年夏，木挽町（現・中央区銀座）正進会本部設立のためにも1円寄付する。（冨板敦）〔文献〕『正進』1巻1号1920.4，正進会『同工諸君!! 寄附金芳名ビラ』1924.8

蓮見 米 はすみ・よね ?-? 別名・末 愛知県海部郡立田村（現・愛西市）で暮し1928(昭3)年頃，農民自治会全国連合に参加。同年『農民自治』(18号)に農自愛知県連合を代表して「愛知県下の水害の惨状」をレポートする。当時同村の横居憲蔵宅が県連の事務所となっていた。（冨板敦）〔文献〕『農民自治』18号1928.8

長谷川 功 はせがわ・いさお 1909(明42)-? 茨城県新治郡石岡町石岡（現・石岡市）生まれ。石岡町高等小学校，石岡実業専修学校を経て上京した。30年3月東京教員専修学校を卒業後，帰郷する。31年春頃から『自連新聞』『解放文化』などのアナキズム紙誌を読んでアナキズムに共鳴した。32年5月から岡崎一男らと文芸研究会を開き機関紙『創造の旗』『風』『茨城文学』などを創刊する。34年2月初旬無共党に入党し岡崎を勧誘，入党させる。『自連新聞』『自連新聞ニュース』『文学通信』などを配布し運動資金をカンパする。水戸で治安維持法違反で検挙されたが34年7月18日不起訴となる。また土浦で横領容疑で検挙されたが同年9月5日起訴猶予。35年5月いばらき新聞社の通信員となり稲敷郡竜ケ崎町（現・竜ケ崎市）に居住する。同年末頃無共党事件で検挙されるが不起訴。（冨板敦）〔文献〕『身上調書』

長谷川 市松 はせがわ・いちまつ 1883(明16)2.13-1917(大6)5.28 別名・世民 長崎県北高来郡田結村（現・諫早市）に生まれる。小学校卒業後仏門に入り熊本真宗宗教学校に入学するが，在籍中同窓生を殴打して退学。還俗したのち上京し新聞記者を志すが達成できなかった。04年渡米，農業に従事するとともにキリスト教徒となり逸見直造，植山治太郎ら在米社会主義者，アナキストと交際する。06年渡米中の幸徳秋水が結成した社会革命党の本部会員となり路傍演説会に参加。07年11月天皇暗殺檄文配布事件にも関わる。08年3月帰国し長崎で行商を始めるが失敗。10年8月大阪で大逆事件に関して取り調べを受けるが釈放され千日前の活動写真館第一世界館の弁士となる。帰国後は社会主義運動に関係しなかったが逸見と再会，小河牧夫，森近運平らと通信した。要視察人名簿には無政府主義を信奉する甲号として登録されている。（西山拓）〔文献〕『主義者人物史料1』，『在米主義者沿革』，『社会主義沿革1』，吉田隆喜『無残な敗北 戦前の社会主義運動を探る』三章文庫2001

長谷川 勘太郎 はせがわ・かんたろう ?-?

石版工。1923(大12)年6月日本印刷工組合信友会に石版工仲間と加盟し山田義雄らと計19名で小柴支部を組織する。(冨板敦)〔文献〕『印刷工連合』3号1923.8

長谷川　清　はせがわ・きよし　?-1927(昭2)6.25　新潟県三島郡富曽亀村(現・長岡市)の旧家に生まれる。17歳頃苦学の目的で上京，土木請負業者の家に寄寓する。バイオリン片手に各地を放浪するうち埼玉県北足立郡大宮町(現・さいたま市)の露店商人の親分宅に住み込むようになる。25年9月8日大宮町での無差別社主催の演説会をぶち壊そうと先頭に立って暴れ込んだ。これが縁で望月辰太郎ら無差別社のメンバーと付き合うようになり26年1月無差別社同人となる。27年6月25日病に倒れ死没。7月5日大宮町で追悼会が開かれた。(冨板敦)〔著作〕「経済的闘争へ」『ブラックリスト』1集1926.6，「俺達の信念」『無差別』3年新年号1927.1〔文献〕「亡き同志を憶ふ」無差別社1927，『黒色青年』4・10号1926.7・27.5

長谷川　源次郎　はせがわ・げんじろう　?-?　時事新報社に勤め新聞工組合正進会に加盟。1920(大9)年機関誌『正進』発行のために1円寄付。また24年夏，木挽町(現・中央区銀座)正進会本部設立のためにも1円寄付する。(冨板敦)〔文献〕『正進』1巻1・2号1920.4・5，正進会『同工諸君!! 寄附金芳名ビラ』1924.8

長谷川　光一郎　はせがわ・こういちろう　?-?　芝浦製作所に勤め芝浦労働組合に加盟。1926(大15)年3月14日，同労組の鶴見支部大会に出席。この大会はボル派が主導し労働農民党への加盟を決めた。同年9月19日同労組の緊急中央委員会で「共産党の走狗」であるとして渡辺精一，高橋知徳，春日正一，伐晃，菅野義清，小川武，中川栄，青木健太郎とともに組合から除名される。(冨板敦)〔文献〕『芝浦労働』3次3・10号1926.6・11，小松隆二『企業別組合の生成』お茶の水書房1971

長谷川　時雨　はせがわ・しぐれ　1879(明12)10.1-1941(昭16)8.22　東京市日本橋区(現・中央区)生まれ。父は最初の免許代言人の一人。下町娘の伝統芸能を身につけ歌舞伎小屋に出入りして育つ。97年近くの鉄屋金水橋信蔵と結婚，しかし夫の放蕩がやまず空隙を埋めるため小説，戯曲を書いて投稿し作家デビュー。04年離婚して坪内逍遥に師事，08年最初の女性歌舞伎作者となる。17年38歳の時一回り年下の新進作家三上於菟吉と結婚，三上を世に出すのに力を注ぎつつ自身は「美人伝」を次々執筆。28年7月円本ブームで裕福となった夫の出資で『女人芸術』を復刊(23年岡田八千代と創刊したが2号で休刊)。32年6月5巻6号まで出し続けた(全48冊)。その間アナ・ボル論争に続くプロレタリア運動の波にさらされながら，林芙美子，円地文子らを世に送り出し，佐多稲子，宮本百合子，岡本かの子，平林たい子らを総動員し女性の進歩をめざして奮闘した。15年戦争が始まると輝ク会を主宰，「兵隊ばあさん」と呼ばれるほどに活動，その疲労のため41年死没。(市原正恵)〔文献〕尾形明子『女人芸術の世界 長谷川時雨とその周辺』ドメス出版1980，長谷川仁・紅野敏郎『長谷川時雨』同1982，岩橋邦枝『評伝長谷川時雨』筑摩書房1993

長谷川　七郎　はせがわ・しちろう　1913(大2)6.4-2005(平17)2.20　新潟市入船町に生まれる。20年入船尋常小学校入学。26年県立新潟中学入学。31年4月日本美術学校図案科に入学。同級生に菅原克己がいた。菅原らと社会科学研究会を結成。1学期で退学し以後心情的シンパを通す。34年帝国美術学校図案科入学。下宿先の高円寺の喫茶店ザボンは植村諦夫人経営で菅原，清水清らとのたまり場となった。35年3月『詩行動』創刊に伴い同人となる。『詩行動』の装丁，カットも手がける。11月無共党事件の一斉検挙の余波を受けて植村，岡本潤と杉並署に逮捕され7日間拘留，起訴保留となり釈放。この頃ボル系の袴田里見，長沢祐らをかくまったこともある。36年3月『詩作』創刊に参加。印刷屋の世話や編集に奔走するが単独のアナ系詩誌としては戦前最後となる。4月学内紛争により学舎が分裂。創設の多摩帝国美術学校の建築研究室へ転入。39年3月本科図案科卒業。技術図書出版マシナリーに入社。43年植村，伊藤悦太郎らアナキストや共産党前歴者の入社を斡旋したことで内務省情報局の警告を受ける。44年12月15日海軍に徴兵，硫黄島行特攻隊員として訓練を受けるが敗戦により復員。戦後は金子光晴，岡本，小野，秋山の詩誌『コスモス』に創刊号から12号まで寄稿する。73年植村を偲ぶ会出席を機に第4次『コスモス』に復帰。のち『騒』『稜線』同人。(黒川洋)〔著作〕『ロ

シアの民芸』光村推古書院1964, 詩集『通過儀礼』梨花書房1979・『暑い日の下で』同1981・『季節風』青娥書房1984・『演歌』同1987・『もうおしまい』同1995, 『長谷川七郎詩集』皓星社1997〔文献〕「自筆年譜」『長谷川七郎詩集』

長谷川 重太郎 はせがわ・じゅうたろう ?-? 1919(大8)年東京牛込区(現・新宿区)の日清印刷会社欧文科に勤め活版印刷工組合信友会に加盟。のち京橋区(現・中央区)の国文社欧文科に移る。(冨板敦)〔文献〕『信友』1919年8・10月号, 1922年1月号

長谷川 仁策 はせがわ・じんさく ?-? 別名・甚作 1924(大13)年9月2日名古屋市鶴前公園前の文化茶屋での無産青年デーを記念した座談会で梶田徳次郎, 伊串英治, 加藤昇ら在名アナキスト, 左翼活動家らと検挙される(全12人)。25年7月後藤学三らと解放戦線社を組織し『解放戦線』を発行するがのち半沢公吉とともに離脱する。(冨板敦)〔文献〕『解放新聞』4号1927.3, 『名古屋地方労働運動史』

長谷川 進 はせがわ・すすむ 1902(明35)1.10-1976(昭51)10.17 別名・冬川啓夫, 此木圭二, 葉瀬川進 山梨県南巨摩郡身延町生まれ。塩ノ沢高等小学校卒業後上京, 22年府立四中で専門学校入学者試験検定資格を得て24年法政大学予科入学, 29年同大学部哲学科(社会学専攻)を卒業。翌30年から内閣統計局に勤務。この間, 石川三四郎, 竹久不二彦, 前田淳一, 菊岡久利, 遠藤斌らと交わり, 32年には相沢尚夫らとともにクロポトキン研究会を結成し『アナキズム研究』を発行する。また『自由を我等に』『国際社会情報』などにも数多く執筆, 特に36年のスペイン革命の紹介には力を発揮しスペインから送られてくる新聞・雑誌を訳出するためにスペイン語を学び一手に引き受けた。38年9月から法大の恩師藤田喜作が創設した自由ケ丘学園中学の教諭となり英語と数学を教える。戦後はアナ連に参加し機関紙誌に多数執筆。プルードンからブーバー, ランダウァーに至る思想的系譜の研究と紹介に努め, 特にプルードンの理解と全体的把握での業績は先駆的であった。48年から法大教授(社会学), 翌49年から同大附属三高, 三中教諭を兼任し茨城県新治郡石岡町(現・石岡市)の大学宿舎に移り住む。

54年同校の廃止によって東京に転居, 法大二部教養学部に籍を置き69年に退職。76年胃潰瘍の手術後に合併症をおこし74歳で死没。(奥沢邦成)〔著作〕「ギュイヨー哲学の社会学」『政治経済研究』4号1934, 「指導の諸問題」「政治社会学の諸問題」『法政社会学会論文集』1935・41, 「権力の本質とその諸問題」「権力の基礎と社会構造」『自由思想』5-6号1961-62, 『教養の社会学』(共著)時潮社1966, 「プルードンと現代」『黒の手帖』8-12号1969-71(『甦るプルードン』論創社1977), 「ランダウァー・生涯と思想」『黒の手帖』1973-74〔訳書〕ギュイヨー『生の倫理』洛陽書院1940・『義務も制裁もなき道徳』岩波文庫1954, ブーバー『もう一つの社会主義』理想社1959(改題『ユートピアの途』同1972), プルードン『所有とは何か』三一書房1971, ゲラン『神もなく主人もなくⅠ』河出書房新社1973

長谷川 武 はせがわ・たけし 1904(明37)12.30-? 別名・高橋一郎, 無仙 東京市本郷区千駄木町(現・文京区)に生まれる。千駄木高等小学校を卒業後, 京橋貯金局原簿課に勤務する。『改造』『種蒔く人』などを読むかたわらペンテコステ教会に通う。21年労働運動社を数回訪ね村木源次郎を知る。22年2月貯金局を退職。新聞配達のかたわら正則英語学校夜間部に通う。5月1日芝公園メーデーに一人で参加し1週間拘留, 同房の加藤昇, 木島一揆, 吉田清と自由労働者同盟に加わる。23年村上義博, 鈴木嵩一郎らと「王政批判」のビラを作成してまいたが発覚を懸念して横浜, 静岡, 大阪, 神戸を転々とし中国青島に渡る。三津和商会に寄宿し中国人の屠殺人たちの処遇改善を援助。24年3月素性が発覚しかけたため帰国。5月埼玉県の農家に援農に出向き関東水平社解放連盟の水野利悦らと部落解放, 農民運動に尽力。25年1月羅南歩兵73連隊に入営。27年12月除隊, 埼玉県熊谷に住む。28年3月全国自連第2回続行大会に参加し小川三男, 上田光慶, 白井新平を知る。同年4月『パンと自由』(編集人片岡捨三)を発行(2号1928.5終刊)。同月伊勢崎での解放連盟座談会の帰途検束され懲役6カ月, 高崎刑務所に入獄。11月出獄, アジトにしていた知人の農家があまねく特高の手でつぶされていた。「手握り, したしみ合き友までが, 背ろ指さす凋落の秋」。農青社の会合にも参加, 鈴木清士らを知る。31年芝浦製作所争議を支援し, 千葉県鵜原の避暑地で発見したダ

イナマイトの使い道を二見敏雄，小野長五郎らと協議する。36年無共党事件で発覚，農青社事件とのからみで入獄。39年仮釈放の監視つきで出獄。41年7月応召。敗戦後は横浜で進駐軍の荷揚げ人夫頭となり組合結成に奔走し，46年5月アナ連結成大会に参加。49年8月『平民新聞』廃刊後は横浜版『平民新聞』を片岡と発行した。晩年は若杉浪雄，行木勇らと親交をもち，ベ平連運動に加わり長谷川修二，野口清子らと親交を結ぶかたわら古代遺跡の保存にも尽力した。ミニコミ誌『長征』に自伝を連載。(黒川洋)〔著作〕『人類史観概要 アナキズムの原理とその史観』私家版1970，『論考と詩 反戦反権力の譜』同1973，『アナーキズム運動とその理念』同1975，『アナーキズム運動五十余年』同1977，『天皇制明治百年その社会的犯罪性』同1979，「私はなぜアナキストになったか」『平民新聞』67号1948.4〔文献〕『農青社事件資料集Ⅰ・Ⅱ』

長谷川 長四郎 はせがわ・ちょうしろう ?-? 1919(大8)年東京京橋区(現・中央区)の帝国興信所活版部に勤め日本印刷工組合信友会に加盟。『信友』(1919年12月号)に「罷工職工家庭慰問隊に参加して」を執筆する。のち読売新聞社に移り新聞工組合正進会に加わる。20年機関誌『正進』発行のために50銭寄付。また24年夏，木挽町(現・中央区銀座)正進会本部設立のためにも1円寄付する。(冨板敦)〔文献〕『信友』1919年10・12月号，『正進』1巻1号1920.4，正進会『同工諸君!! 寄附金芳名ビラ』1924.8

長谷川 鐺三 はせがわ・とうぞう ?-? 1919(大8)年東京京橋区(現・中央区)の築地活版所鉛版科に勤め日本印刷工組合信友会に加盟する。(冨板敦)〔文献〕『信友』1919年10月号

長谷川 徳次郎 はせがわ・とくじろう ?-? 1919(大8)年東京京橋区(現・中央区)の帝国興信所に勤め活版印刷工組合信友会に加盟する。(冨板敦)〔文献〕『信友』1919年8・10月号

長谷川 如是閑 はせがわ・にょぜかん 1875(明8)11.30-1969(昭44)11.11 旧姓・山本，本名・万次郎，別名・胡恋，胡蓮，如是閑叟 東京府第六大区第二小区扇町(現・江東区深川)生まれ。9歳の時曾祖母の養子となり長谷川姓を名のる。98年東京法学院を卒業。03年新聞『日本』に入社，07年三宅雪嶺の政教社に移り，翌年大阪朝日新聞社に転じ小説，論説，「天声人語」を執筆。18年白虹事件で鳥居素川，大山郁夫，丸山幹治らと退社。19年大山らと『我等』を創刊，以後著作生活に入り21年評論集『現代国家批判』(弘文堂書房)，24年随筆集『犬・猫・人間』(改造社)，35年『老子』(大東出版社)など多くの著述を発表。戦後，48年文化勲章を受章，自由主義の重鎮であった。生涯独身。71年『国家行動論』(栗田出版会)が遺稿となった。(北村信隆)〔著作〕『長谷川如是閑選集』全8巻岩波書店1991，『如是閑文芸選集』全4巻同1991〔文献〕山領健二『ある自由主義ジャーナリスト・長谷川如是閑』『共同研究・転向』平凡社1959，嘉治隆一『明治以後の五大記者』朝日新聞社1973，中大人文科学研究所編・刊『長谷川如是閑 人・時代・思想と著作目録』1985，田中浩『長谷川如是閑研究序説』未来社1989，板垣哲夫『長谷川如是閑の思想』吉川弘文館2002，『エス運動人名事典』

長谷川 ハナ はせがわ・はな ?-? 横浜毎朝新報社に勤め横浜印刷技工組合に加盟。1921(大10)年3月12日同社の減給拒絶闘争を26名で闘い勝利する。(冨板敦)〔文献〕『信友』1921年4月号

長谷川 春吉 はせがわ・はるきち ?-? 1919(大8)年東京京橋区(現・中央区)の築地活版所鉛版科に勤め日本印刷工組合信友会に加盟する。(冨板敦)〔文献〕『信友』1919年10月号

長谷川 治芳 はせがわ・はるよし ?-? 東京印刷工組合和文部のメンバー。1926(大15)年同部のリーフレット委員，27年東印理事に選出される。28年東印第5回大会で出版部充実の件について提案理由説明をする(可決)。(冨板敦)〔文献〕『自連』2・12・22号1926.7・27.5・28.3

長谷川 秀清 はせがわ・ひできよ ?-? 新聞工組合正進会に加盟し1924(大13)年夏，木挽町(現・中央区銀座)本部設立のために50銭寄付する。(冨板敦)〔文献〕正進会『同工諸君!! 寄附金芳名ビラ』1924.8

長谷川 央 はせがわ・ひろし 1899(明32)-1995(平7)4.5 川越市に生まれ，教員をしていた。29年1月西村陽吉が創刊したアナ派短歌誌第3次『芸術と自由』に加わる。33年10月創刊された尾村幸三郎編集のアナ派短歌誌『主情派』に参加。敗戦後は板橋区で教員となる。(冨板敦)〔著作〕『野鴨』素人社書屋1932，『風と共に』芸術と自由社1971，『帽子とステッキ』同1985，『漫歩日々』同1987，『峠路』同1988

〔文献〕木原実「アナキズム短歌の流れ」『本の手帖』1968.8·9，中野嘉一『新短歌の歴史 自由律運動半世紀の歩みと展望』昭森社1967，小倉三郎『私の短歌履歴書』ながらみ書房1995

長谷川　之　はせがわ・ゆき　?-?　1919(大8)年東京牛込区(現·新宿区)の秀英舎(市ヶ谷)第二和文科に勤め活版印刷工組合信友会に加盟する。(冨板敦)〔文献〕『信友』1919年8月号

長谷川　与吉　はせがわ・よきち　?-?　新聞工組合正進会に加盟し1924(大13)年夏，木挽町(現·中央区銀座)本部設立のために1円寄付する。(冨板敦)〔文献〕正進会『同工諸君!! 寄附金芳名ビラ』1924.8

長谷川　玲児　はせがわ・れいじ　?-?　1925(大14)年名古屋市で，浅野正男，工藤葉魔，横井秋之介とともに自由労働社を組織し10月機関紙『自由労働』を創刊する。自由労働社では雑役係を横井と担っていた。(冨板敦)〔文献〕『自由労働』1号1925.10

長谷部　一　はせべ・はじめ　?-?　新聞工組合正進会に加盟し1924(大13)年夏，木挽町(現·中央区銀座)本部設立のために1円寄付する。(冨板敦)〔文献〕正進会『同工諸君!! 寄附金芳名ビラ』1924.8

畠　保　はた・たもつ　1907(明40)12.2-?　別名·葉多侶之，葉田侶之　岡山市小橋町生まれ。22年吉備商業学校を中退。24年岡山市のゴム会社で働いた頃アナキズムに共鳴し中国自連に加わる。26年東京での黒色青年連盟発会式に出席，5月全国自連創立大会に岡山純労働者組合を代表して参加。6月岡山県無産団体協議会に中国自連の代議員として参加，協議会の常任委員に選出される。9月岡山黒血社のメンバーとして京都解放社で警察の横暴に抗議し公務執行妨害，傷害罪で懲役3カ月執行猶予5年とされた。広島市の広島中国新聞社の記者を経て雑誌『夜の広島』を発行。次いで岡山市で同誌岡山支局を設置し責任者となり岡山版を発行する。33年兵庫県揖保郡小宅村(現·たつの市)に移住し洗濯業を営む。35年末頃無共党事件で検挙されるが不起訴。(冨板敦)〔文献〕『自連』1·3号1926.6·8，『黒色青年』6号1926.12，『岡山県社会運動史4』，『身上調書』

羽田　孟　はだ・たけし　?-?　別名·羽山　長野県北佐久郡芦田村(現·立科町)に生まれる。1926(大15)年1月「土に親しむ者の会」に同村の金子善一郎と加わる。同会が農民自治会に合流，発展的に解消すると農自全国連合に参加。地元の農自を組織しようとしていた。同年10月3日北佐久郡北御牧村(現·東御市)の北御牧小学校で開かれた農自北信連合発会式に金子と出席(北信連合はのちに東信連合と改称)。27年7月1日夕方，長野県下で数万枚のビラが一斉に配られた「農村モラトリアム期成同盟」の活動に成沢量一らと参加する。同年『小作人』「地方通信」欄に長野の農民の窮状を寄稿。(冨板敦)〔文献〕『農民自治』6号1926.11，『農民自治会内報』2号1927，『小作人』3次8·11号1927.9·12，大井隆男『農民自治運動史』銀河書房1980

波多　保雄　はだ・やすお　?-?　やまと新聞社に勤め新聞工組合正進会に加盟。1920(大9)年機関誌『正進』発行のために同社の勝田八次郎，黒田亀次郎，橋本菊次郎，三瀬新吉と計1円50銭の寄付をする。(冨板敦)〔文献〕『正進』1巻1号1920.4

畠山　清身　はたけやま・きよみ　1899(明32)-1968(昭43)9.27　別名·清美，畑山　北海道石狩郡石狩町(現·石狩市)に生まれる。清行は弟。13年札幌市立一中に入学。体育会系の豪傑であったが文学にも興味をもち学友会雑誌や演説部会で活躍。留年続きで20年卒業。この時期にアイヌ語に関心をもつ。21年上京し大倉書店『言泉』の編集部に入る。23年『赤と黒』最終号の同人となる。24年5月メーデーに陀田勘助と関東鉄工のグループに紛れて参加する。24年名古屋の母を訪ねた足で東海農民組合(赤尾敏宅)に寄宿し，山田作松，宮村江東，亀田了介，金汝春，篠田清らと演説会やビラまきを手伝う。8月北海道小樽に渡りアナキズム文芸誌『文芸陣』の東口安利らと旧交を温める。翌年にかけて『北海タイムス』『小樽新聞』に少女小説などを発表。25年9月3日監獄部屋打破期成同盟会が開催した労働問題演説会に小樽の東口らと参加し検束される。拘留25日の処分を受けるが正式裁判を要求し11月27日無罪となる。この頃日本虚無党を名のる。10月『小樽新聞』に「細井和喜蔵氏の死を悼む」を連載。26年夏札幌労働組合に参加。9月29日小樽の北海黒連の発会式で宣言を朗読。北海黒連の遊撃隊に加わる。27年『吾々は空想する』を工藤信と創刊(2号

まで)。9月雑誌『悪い仲間』を弟清行と創刊し和田久太郎や大杉栄の追悼詩を発表。札幌のアナキスト洋画家の佐藤八郎が表紙絵を担当。同年11月6日関東社会主義芸術家連盟(SAF)の発会式(牛込倶楽部)で司会をつとめる。雑誌『自由』11月号に発表した「無政府主義運動戦線に於ける組合運動と非組合運動に関する回答」をめぐって安谷寛らと論争する。28年1月20日の総会でSAFは解散となる。同年6月『単騎』創刊に参加。同年10月雑誌『文芸ビルデング』(『悪い仲間』の改題)の編集発行人、実質上の経営者となり多様な執筆陣を迎えアナ系文化人のゴシップ的な要素をもたせながらもアナキズム文学史上の一存在とさせた。33年5月右翼結社五月党結成、35年1月の本社創立など右傾化が早かった。36年7月高円寺ペンクラブを結成する。42年頃『愛国少年』の編集をする。敗戦後は清行と『実話雑誌』を発行。62年頃横浜市菊名町に居住。『礎』を編集する。妻シゲ子の癌闘病看護記録を執筆し出版した。(寺島珠雄・黒川洋)〔著作〕鈴木柳介編『アナキスト詩集』同出版部1929・復刻版戦旗復刻版刊行会1983、『無量寿草 癌と闘う三百八日』同発行所1963〔文献〕堅田精司『北海道社会文庫通信』1470号2000.6

畠山 清行 はたけやま・せいこう 1905(明38)11-1991(平3)3.10 北海道石狩郡石狩町(現・石狩市)に生まれる。清身は兄。22年頃上京し魚河岸の若衆となる。本所区亀沢町(現・墨田区)の労働問題大演説会で数人の警官に取り押さえられる中浜哲の姿を通行人として偶然目撃する。その数ヵ月後中浜や和田久太郎、古田大次郎、難波大助を知る。進め社の北原竜雄の紹介で新聞配達店に寄宿するが検束続きで解雇され、知人の家を転々とするなか23年9月1日の関東大震災に遭遇。三田の同志を訪ねたところを警官に逮捕され東京退去の追放令により山梨県を経て9月20日関西に逃れる。以後、飴屋、八百屋、歌劇の役者、スリの弟子、松竹キネマなどを転々とする。25年11月『黒手』(2号まで)を松崎貞次郎、大竹てる、難波正雄らと発行する。27年9月『悪い仲間』を清身と創刊、責任編集者となる。28年5月『ラ・ミノリテ』を荒木秀雄らと創刊。6月『単騎』創刊に参加。10月『文芸ビルデング』(『悪い仲間』の改題)では一貫して執筆者となり小説、詩、戯曲を発表。アナキズム運動終息後は千島産金、上鴻金鉱などの経営に参画。戦時中は情報局の宣伝関係に従事する。戦後は埋蔵金の研究家として『歴史読本』などに多く執筆するほか戦史研究の著書、推理小説などが多数ある。(寺島珠雄・黒川洋)〔著作〕『世界ユーモア全集4 英米篇』(訳編)改造社1933、『東京兵団』光風社1963、『陸軍中野学校』『続陸軍中野学校』サンケイ新聞出版局1966・68、『キャノン機関』徳間書店1971、『陸軍中野学校秘史戦史』番町書房1971

畠山 天涯 はたけやま・てんがい ?-? 1919(大8)年東京京橋区(現・中央区)の築地活版所文選科に勤め活版印刷工組合信友会に加盟。同年10月頃から同所同科の組合幹事を鈴木福好、菅原喜平治と担う。20年7月17日及び19日に開かれた紡織労働組合罷工演説会に信友会を代表して出席する。(冨板敦)〔文献〕『信友』1919年8・10月号、1920年8月号

畠山 八郎 はたけやま・はちろう ?-? 1919(大8)年東京小石川区(現・文京区)の博文館印刷所に勤め活版印刷工組合信友会に加盟する。(冨板敦)〔文献〕『信友』1919年8・10月号、1922年1月号

畠山 松太郎 はたけやま・まつたろう ?-? 1919(大8)年東京小石川区(現・文京区)の博文館印刷所に勤め活版印刷工組合信友会に加盟する。(冨板敦)〔文献〕『信友』1919年8・10月号、1922年1月号

畠山 義郎 はたけやま・よしお ?-? 東京日日新聞社に勤め東京の新聞社員で組織された革進会に加わり1919(大8)年8月の同盟ストを同社の幹事として闘うが敗北。大勢新聞社に移り正進会に加盟。20年機関誌『正進』発行のために同社の小早川鉄太郎、小野田末太郎と計3円の寄付をする。(冨板敦)〔文献〕『革進会々報』1巻1号1919.8、『正進』1巻1号1920.4

波多野 勝之 はたの・かつゆき ?-? 1919(大8)年東京神田区(現・千代田区)の宮本印刷印刷所に勤め日本印刷工組合信友会に加盟する。(冨板敦)〔文献〕『信友』1919年10月号

波多野 狂 はたの・きょう ?-? 黒連のメンバー。『黒色青年』5号の消息欄に「暴力行為取締りでやられた井上新吉、鳴海黒流君は(26年)7月18日、波多野狂君は同25日浦

和刑務所を出獄」とある。事件の詳細は不明。（冨板敦）〔文献〕『黒色青年』5号1926.9

波太野 都通 はたの・とみち ?-? 万朝報社に勤め東京の新聞社員で組織された革進会に加わり1919（大8）年8月の同盟ストに参加するが敗北。のち正進会に加盟。20年機関誌『正進』発行のために1円寄付する。（冨板敦）〔文献〕『革進会々報』1巻1号1919.8、『正進』1巻1号1920.4

波多野 義次 はたの・よしつぐ ?-? 1919（大8）年東京京橋区（現・中央区）の大倉印刷所欧文科に勤め活版印刷工組合信友会に加盟する。同所同科の組合幹事を担う。（冨板敦）〔文献〕『信友』1919年8・10月号

鉢嶺 喜次 はちみね・きじ 1890（明23）7.28-1971（昭46）9.7 沖縄県首里区（現・那覇市）の生まれ。沖縄近代演劇史上重要な役割を果たした芝居小屋仲毛芝居で7歳の時初舞台を踏む。のち好劇会（1901）、球陽座（1905）の子役を経て明治座（1910）、第2次球陽座（1914）、伊渡嶺団（1916）、第3次球陽座（1919）などで女形として活躍した。沖縄三大歌劇の一つ「泊阿嘉」のヒロイン思鶴（ウミチル）、渡嘉敷守良の歌劇「桃売乙女」の娘など純真な娘役を得意とする。21年5月1日アナキスト糸満グループの城田徳隆・徳明兄弟、座安盛徳らが主導した沖縄の第1回メーデーに俳優仲間とともに参加する。その後は若葉団（1922）、珊瑚座（1931）に加わる。なお沖縄芝居とアナキズム運動の関わりでは昭和初期のアナキズム運動退潮後に城田兄弟が芝居小屋民衆座を経営し糸満を中心に興行していたことがあげられる。（冨板敦）〔文献〕安仁屋政昭『沖縄の無産運動』ひるぎ社1983、新里金福・大城立裕『沖縄の百年3』太平出版社1969

蜂谷 泰 はちや・やすし ?-? 1924（大13）年東京市芝区（現・東京都港区）金杉浜町38の芝浦労働組合本部事務所に家族で暮らしていた。同年末頃、妻と子を亡くし芝浦労働組合有志から9円の見舞金がおくられる。（冨板敦）〔文献〕『芝浦労働』2次4号1925.1

伐 晃 ばつ・あきら ?-? 芝浦製作所に勤め芝浦労働組合に加盟。1926（大15）年9月19日、同労組の緊急中央委員会で「共産党の走狗」であるとして渡辺精一、高橋知徳、春日正一、菅野義清、小川武、中川栄、青木健太郎、長谷川光一郎とともに組合から除名される。（冨板敦）〔文献〕『芝浦労働』3次10号1926.11、小松隆二『企業別組合の生成』お茶の水書房1971

八太 舟三 はった・しゅうぞう 1886（明19）12.11-1934（昭9）1.30 津市に生まれる。神戸商業学校中退。下級船員として台湾に渡り郵便局勤務。プロテスタントのキリスト教徒となる。05年明治学院普通部5年に編入、翌年高等部、08年神学部に進む。加藤一夫、賀川豊彦と同じ寄宿舎で過ごす。10年退学。12年長老教会が設立した神戸神学校卒業。長老教会の牧師として岐阜、愛知を始めとして各県を回る。この時期に結婚。最後の赴任地となる広島に20年から勤め始め賀川らを呼び労働講座を開講、広島自由労働組合の結成を伝えたりして教会の古くからの信者と軋轢をおこす。現実の社会変革にアナキズム思想が必要だと考えるようになった。八太のアナキズム寄りの立場に対して地元新聞は人格的に中傷を始め信者も減少していった。宗教ではなくアナキズムの宣伝を教会で行い大杉栄の追悼会を開くことにより町会や信者の幹部から広島退去を通告される。「アナキズムの宣伝者として生涯を終る」として妻とも離別し24年9月東京に向かう。当初は賀川の運営するセツルメントに滞在。やがて賀川の自宅と教会の近くに居住する。クロポトキンを受け継いで社会生理学を提唱、社会生理研究会を設立し東京印刷工組合などの自由連合派労働組合に影響を及ぼし岩佐作太郎と並んで純正アナキズムの理論的主柱となる。「社会生理学の片影」（『労働運動』5次6-9号1927.6-9）で八太は「個人の要求の満足から出発しなければ真の共産制度には到達しない」として社会生理学に立脚し農村における農民の連帯性の存在に着目、「病的社会でさへ人間連帯の生理が日常生活にみられるのならそれこそが生物学的に連帯性が人間の基本的本能の証」と主張した。また全国自連から刊行された小冊子『農村社会問題講座』（1928）、『階級闘争説の誤謬』（1929）などで階級闘争論への対案として「無産大衆」による「革命行動」を提示、農村共同体に無政府共産主義建設の可能性をみ、純正アナキズム論を深化させた。32年1月「現下の問題」という小論が運動誌への最後の執筆。晩年

はアナキスト広瀬庫太郎の妹広瀬わかと同居、2子をもうける。病死の少し前には礼拝に出席するなど教会に戻っていたという。松沢教会での葬儀の進行は賀川が行う。集会や同志との会合で「情熱を伝える達人」「無政府共産主義最大の理論家」と同志から評された。〔亀山博〕〔著作〕『自然科学と無政府主義』黒闘社1927、『サンヂカリズムの検討』社会生理研究所1927、クロポトキン『近代科学と無政府主義』(訳)『世界大思想全集34』春秋社1928、『倫理学・その起源と発達』(訳)『クロポトキン全集12』春陽堂1928、『八太舟三全集』黒色戦線社1983〔文献〕ジョン・クランプ『八太舟三と日本のアナキズム』(碧川多衣子訳)青木書店1996

服部 郁太郎 はっとり・いくたろう ?-? 読売新聞社に勤め新聞工組合正進会に加盟。1920(大9)年機関誌『正進』発行のために50銭寄付。また24年夏、木挽町(現・中央区銀座)正進会本部設立のためにも1円寄付する。〔冨板敦〕〔文献〕『正進』1巻1号1920.4、正進会『同工諸君!! 寄附金芳名ビラ』1924.8

服部 銀次郎 はっとり・ぎんじろう ?-? 報知新聞社に勤め東京各新聞社の整版部従業員有志で組織された労働組合革進会に加わり1919(大8)年8月の同盟ストに参加するが敗北。その後新聞工組合正進会に参加。病休中であった20年9月報知新聞社争議で交渉委員の布留川桂、北浦千太郎、生島繁、伏下六郎らが活字ケース転覆事件を起こす。争議に駆けつけ第4の交渉委員として会社側と交渉にあたるが解雇(第2の交渉委員は稲生益太郎と丸山勇作。第3の交渉委員は久徳正憲)。同年日本社会主義同盟に加盟。のち、やまと新聞に移るが21年1月再び解雇される。〔冨板敦〕〔文献〕『革進会々報』1巻1号1919.8、『正進』1巻1・7号1920.4・11、2巻2号1921.2

服部 光次 はっとり・こうじ ?-? 1919(大8)年東京京橋区(現・中央区)の築地活版所漢字鋳造科に勤め活版印刷工組合信友会に加盟する。〔冨板敦〕〔文献〕『信友』1919年8・10月号

服部 節次 はっとり・せつじ 1901(明34)4.3-? 静岡県小笠郡掛川町大池(現・掛川市)に生まれる。高等小学校卒業後、父と雑貨商を営む。26年1月大池西水平社(1925.3創立)の代表となる。事務所と『自由新聞』大池西水平社は同字の服部一郎宅にあった。〔冨板敦〕〔文献〕『自由新聞』4号1925.9、秋定嘉和・西田秀秋編『水平社運動1920年代』神戸部落史研究会1970

服部 相吉 はっとり・そうきち ?-? 毎夕新聞社に勤め東京の新聞社員で組織された革進会に加わり1919(大8)年8月の同盟ストに参加するが敗北。のち正進会に加盟。24年夏、木挽町(現・中央区銀座)正進会本部設立のために1円寄付する。〔冨板敦〕〔文献〕『革進会々報』1巻1号1919.8、正進会『同工諸君!! 寄附金芳名ビラ』1924.8

服部 太喜弥 はっとり・たきや ?-? 1919(大8)年東京京橋区(現・中央区)の三協印刷株式会社和文科に勤め活版印刷工組合信友会に加盟する。〔冨板敦〕〔文献〕『信友』1919年8・10月号

服部 貞三郎 はっとり・ていざぶろう ?-? 1919(大8)年東京京橋区(現・中央区)の三協印刷株式会社文選科に勤め活版印刷工組合信友会に加盟する。〔冨板敦〕〔文献〕『信友』1919年8月号

服部 浜次 はっとり・はまじ 1887(明20)2.28-1945(昭20)6.8 千葉県夷隅郡大多喜村(現・大多喜町)に生まれる。94年8月に田村直臣から受洗。99年洋服裁縫職に従事。02年4月横浜に移り海岸教会の執事となる。04年7月同教会会員鈴木秀男、荒畑寒村らとともに横浜平民結社を組織。05年11月東京有楽町に洋服店を開きその後も反戦運動、社会主義運動に関係した。18年頃から大杉栄と親交を深め講演会や研究会を積極的に支援し20年日本社会主義同盟の設立発起人の一人となった。37年12月合法左翼に対する治安維持法の大規模な適用である人民戦線事件において関係者として検挙された。交通事故で死没。〔西山拓〕〔文献〕堅山利忠編『神奈川県労働運動史 戦前編』神奈川県労働部労政課1966、荒畑寒村『寒村自伝・上下』岩波文庫1975

服部 ミサ はっとり・みさ 1895年(明28)-? 大石太郎と結婚。1924(大13)年9月16日、北海道旭川の鎖断社弾圧事件に連座して、検束される。〔冨板敦〕〔文献〕堅田精司『北海道社会文庫通信』1316・1320号2001.1.5・9

服部 豊 はっとり・ゆたか 1903(明36)12.1-? 静岡県安倍郡久能村(現・静岡市)に生まれる。25年牧野修二、後藤章らと静岡社会思想研究会を設立、6月岩佐作太郎、

石川三四郎，江口渙，大宅和子らを呼んで設立記念講演会を行う。同会は26年の黒連結成に伴い東海黒連となり服部も県内での宣伝活動に参加した。27年12月の弾圧（16人検挙）後の『大衆評論』再刊に向けて疋田治作，沢田武雄，鈴木重賓，山崎佐市らと尽力し再刊1-6号の発行人となった。『大衆評論』誌に「アナキストは組合運動を如何に見るか」（2-4号）などを執筆した。28年クロポトキン『近代科学とアナーキズム』（金星堂）を訳出。のち東京に行き31年日本生産大衆党準備会に参加し愛国青年連盟城北支部員として活動するなど右翼活動を担う。
（竹内康人）〔文献〕柴山群平「静岡文芸運動の思い出」『文芸静岡』11号1966，堅田精司『北海道社会文庫通信』1668号2001

ハートマン，サダキチ Hartmann, Sadakichi 1867.11.8（慶応3.10.13）-1944（昭19）12.26 別名・Sydney Allan 長崎の出島に生まれる。父はドイツ人，母は日本人。生後まもなく母を失い父の故郷ハンブルクへ移る。82年米国へ渡り無頼放浪の芸術家として知られるようになる。ニューヨークの前衛芸術家や亡命革命家のサロン「亡命者のメッカ」でゴールドマンと出会う。このサロンの常連に『悪魔の辞典』のビアス，評論「マックス・シュティルナー」を書いたヒュネカーらがいる。97年渡米したクロポトキンに会いゴールドマンらのアナキズム誌『マザー・アース』に短編小説などを寄稿する。10年大逆事件に対するゴールドマンらの抗議行動に積極的に関わり自ら「幸徳伝次郎は死すべきでない」と日本政府に抗議文を送る。24年チャップリンの口ききでハリウッド映画『バグダッドの盗賊』に出演するが途中降板，あとを継いだのがかつて近代思想社小集の常連だった上山草人である。この型破りなサダキチを越智道雄は「渾身アナキスト」と呼んでいる。（大澤正道）〔著作〕"Schopenhauer in the Air : Seven Stories" 1899, "Shakespeare in Art" 1900, "A History of American Art" 1901, "Japanese Art" 1903, "Drifting Flowers of the Sea and Other Poems" 1904, "Landscape and Figure Composition" 1910, "The Whistle Book" 1910, "My Rubaiyat" 1913, "Permanent Peace : Is The Dream?" 1915, "Tanka and Haikai" 1916, "The Last Thirty Days of Christ" 1920〔文献〕太田三郎『叛逆の芸術家』東京美術1972, Weaver, Jane Calhoun Ed. : "Sadakichi Hartmann : Critical Modernist" University of California Press, 1991, 越智道雄「サダキチ・ハートマン伝（未完）」『三省堂ぶっくれっと』132-153号1998-2002

羽鳥 猛男 はとり・たけお ?-? 1919（大8）年東京神田区（現・千代田区）の三秀舎鉛鋳科に勤め日本印刷工組合信友会に加盟する。
（冨板敦）〔文献〕『信友』1919年10月号

花井 勝平 はない・かつへい ?-? 1919（大8）年東京京橋区（現・中央区）の築地活版所印刷科に勤め活版印刷工組合信友会に加盟する。（冨板敦）〔文献〕『信友』1919年8・10月号，1920年1月号

花井 卓蔵 はない・たくぞう 1868.7.31（慶応4.6.12）-1931（昭6）12.3 旧名・熊次郎 広島県御調郡三原町（現・三原市）に生まれる。1882年上京，英吉利法律学校（現・中央大学）に入学。88年卒業，母校で書籍編集に携わったのち90年代言人試験合格。97年日本弁護士協会創立委員。98年衆議院議員（広島）当選。法律改正や弁護士の地位向上につとめる。1900年川俣事件，05年日比谷焼打事件などへの関与から社会運動に関心をもつ。01年理想団に加入，幸徳秋水，堺利彦，加藤時次郎らを知る。石川三四郎とはすでに交流があり石川を万朝報社に入社させている。以後堺や西川光二郎の筆禍事件，赤旗事件の弁護を担当。大逆事件では今村力三郎，磯部四郎らとともに11人の弁護士で臨む。花井は幸徳，管野すが，森近運平，内山愚童ら17人を担当。生涯に関与した事件は1万件にのぼる。また人権擁護の立場から死刑廃止論，予備審での弁護士との接見，陪審制度などを提唱。訴訟記録集，法学論考など著書多数。（西山拓）〔著作〕『争鹿記』1903,『訟庭論草』1-6無軒書屋ほか1930-1931〔文献〕今村力三郎「嗚呼花井卓蔵博士逝矣」『改造』14巻1号1932,『花井卓蔵博士追悼録』『法学新報』42巻2号1932, 大木源二編著『花井卓蔵全伝・上下』花井卓蔵全伝編纂所1935, 津田騰三『花井先生』『自由と正義』3巻12号1952, 花井忠『花井卓蔵』『法曹百年史』1969, 小田中聰樹「花井卓蔵」『日本の弁護士』日本評論社1972, 森長英三郎『日本弁護士列伝』社会思想社1984,『花井卓蔵文書 慶應義塾図書館蔵』雄松堂書店1999

花岡 潔 はなおか・きよし ?-? 香川県綾歌郡坂出町（現・坂出市）に生まれる。大阪市役所職員となり解雇されたのち1919（大8）年岩出金次郎が創刊した『日本労働新聞』に協

力し,同時に岩出の『宝飾時報』の編集長をつとめる。20年同新聞の記者として迎えられた荒畑寒村が大阪で結成したLL(Labor and Liberty)会(労働と自由の会)に加わる。同会の労働問題講演会で賀川豊彦,鍋山貞親,西尾末広らとともに講演。21年頃鍋山とともにアナ系の『関西労働者』の編集同人となる。22年鍋山,中村義明,小岩井浄らと共産党大阪支部,総同盟レフトの結成に加わり翌年中央委員に選出される。総同盟前衛隊のボルシェヴィズム学習会火曜会にも官業労働総同盟の活動家を率いて参加。23年官業労働関西同盟会相談役,副会長をつとめる。25年官業労働総同盟政治部発足委員に選ばれ,無産政党組織準備委員会に参加。(西山拓)〔文献〕岩村登志夫『日本人民戦線序説』校倉書房1971,『大阪社会労働運動史・上』

花沢 甚吉 はなざわ・じんきち ?-? 1919(大8)年東京京橋区(現・中央区)の三協印刷株式会社文選科に勤め活版印刷工組合信友会に加盟する。(冨板教)〔文献〕『信友』1919年8月号

花沢 雄一郎 はなざわ・ゆういちろう ?-? 1919(大8)年東京京橋区(現・中央区)の築地活版所欧文科に勤め活版印刷工組合信友会に加盟する。同所同科の組合幹事を伊藤鉄次郎,星野慶次郎と担う。20年2月25日の信友会役員改選で会計係に選出される。同年6月20日には同区飯田町の自宅で有志茶話会を開いた。「来会者十数名頗る盛会を極む」(『信友』7月号)。この後,築地活版所を馘首され,同年夏頃解雇反対闘争を闘う。(冨板教)〔文献〕『信友』1919年8・10月号,1920年3・7・8月号,1921年1・2月号

花田 清 はなだ・きよし ?-? 1930(昭5)年3月大阪で黒色青年自由連合(のちアナキスト青年連盟と改称)設立の発起人の一人となり村上義雄(和佐田芳雄),小山紋太郎,大串孝之助,上野克己,森分忠孝,山口勝清,片岡捨三,松谷功,日高藤,李ネストル(允熙),山岡喜一郎,原田凡と雑誌『自由連合主義』を創刊する(3号から小林辰夫,山田五郎,黒川哲夫が同人に加わる)。同年5月末京都太秦署から拘引状が出され出頭,懲役1年6カ月となり(詳細不明)京都刑務所に入獄。31年12月26日出獄。この年の末頃アナキスト青年連盟は解体。(冨板教)〔文献〕『自由連合主義』1・3号1930.3・7,『黒色青年』24号1931.2,『黒旗』1号1932.1

花田 清輝 はなだ・きよてる 1909(明42)3.29-1974(昭49)9.23 福岡市生まれ。福岡中学から七高,九州大学哲学科聴講生を経て29年京都大学英文科選科に入学。31年授業料未納で除籍となるが,この間向坂逸郎,西田幾多郎,田辺元などの講義を聞き文学,哲学に熱中する。在学中に「七」でサンデー毎日大衆文芸賞を受け,除籍後は語学教師,翻訳,論文代筆などで生計を立てる。35年中野正剛系の『我観』に寄稿を始め39年6月号から同誌の改題誌『東大陸』の編集長となる。39年9月中野秀人,野口米次郎らと文化再出発の会を結成,翌年1月その機関誌『文化組織』を中野,岡本潤,吉田一穂,中谷博,村松正俊,千葉正平らと創刊し,戦時体制に追随する文壇とは一線を画した文化運動を追求した。同誌は43年10月雑誌の整理統合で終刊するまでに42冊を刊行,うち33冊に花田は執筆している。執筆者としては前述のほか,小野十三郎,北川冬彦,田木繁,秋山清,金子光晴,関根弘,永瀬清子,池田克己,倉橋顕吉,松田解子,柴田錬三郎,柳瀬正夢などがいる。花田は40年10月秋山の紹介で東大陸社から林業新聞社へ転職するが42年サラリーマン社,44年軍事工業新聞社へと職場を変え45年7月同社も退社している。戦後は46年から『真善美』(『我観』の改題)の編集にあたり『新日本文学』『近代文学』『夜の会』などに積極的に参加し,49年共産党に入党。同年岡本太郎とアヴァンギャルド美術研究会を結成,前衛的芸術活動の論客として盛んな執筆活動を行う。54年宮本顕治・大西巨人論争の余波で『新日本文学』編集長を罷免され,59年には転向と戦争責任をめぐる花田・吉本隆明論争がおこり61年共産党を除名されるが,その後も74年65歳で死没するまで大衆文化を基底とした前衛芸術論の立場からの旺盛な執筆活動を続けた。(川口秀彦)〔著作〕『自明の理』文化再出発の会1941(のち『錯乱の論理』と改題),『復興期の精神』真善美社1946,『鳥獣戯話』講談社1962,『花田清輝全集』全15巻別巻2講談社1977-80〔文献〕小川徹『花田清輝の生涯』思想の科学社1978

英 美子 はなぶさ・よしこ 1892(明25)7.1-

1983(昭58)3.15　本名・中林文　静岡市に移住。旧幕臣の娘として生まれる。父は幕府では勘定格徒目付。県立静岡高等女学校卒業。1922年から吉江喬松，西条八十に師事して詩を書き女性詩人としては米沢順子に次ぐ2番目の登場であった。25年第一詩集『白橋の上に』(真砂社出版部)を刊行。この頃同郷の作家井東憲と出会い恋愛。妻のあった井東は「清算のため」上海渡航。この時英は妊娠4カ月で井東の留守に出産。再び井東と相まみえることはなかった。英は「男を恋ひて/敗れたる女なり/世に春にそむきて/ひとり飯食ふ」(『美子恋愛詩集』素人社書屋1932)と昂然とうたい，子を自らの籍に入れ非婚の母として育てた。子は後年国際的ギタリスト中林淳真となる。戦後も随筆『はるぶな日記』(白灯社1953)，詩集『アンドロメダの牧場』(昭森社1970)，『授乳考』(思潮社1974)などを刊行。88歳の5月渡欧，マドリードで詩の朗読会を開いて盛況だったと伝えられる。(市原正恵)〔文献〕市原正恵『静岡おんな百年・上』ドメス出版1982，静岡県近代史研究会編『近代静岡の先駆者たち』静岡新聞社1999

花村　一平　はなむら・いっぺい　?-?　1919(大8)年東京四谷区(現・新宿区)の万月堂印刷所に勤め活版印刷工組合信友会に加盟する。(冨板敦)〔文献〕『信友』1919年8・10月号，1920年1・2月号

花山　幾治　はなやま・いくじ　⇨佐野甚造さの・じんぞう

花輪　いく　はなわ・いく　?-?　1919(大8)年東京神田区(現・千代田区)の三秀舎に勤め日本印刷工組合信友会に加入する。(冨板敦)〔文献〕『信友』1919年10月号

埴谷　雄高　はにや・ゆたか　1909(明42)12.19-1997(平9)2.19　本名・般若豊，別名・長谷川豊，篠原豊，宇田川嘉彦　台湾新竹に生まれる。父は台湾製糖会社の社員。「奇妙な考えをもつこども」で5歳の頃，大きくなったら「貧乏なものが誰でもただで食べられるところをつくる」が口癖だったという(『影絵の世界』平凡社1966)。22年三嵌店小学校を卒業，台南第一中学に入学する。23年東京に移り目白中学2年に編入。結核を病みゴンチャロフ，レールモントフ，ドストエフスキー，ロープシン，アンドレーエフ，アルツィバーシェフからマラルメ，プルーストなどを読みあさる。後年あげた当時の愛読書のなかには大杉栄『日本脱出記』も入っているが，最も刺激を受けたのはシュティルナー『唯一者とその所有』(辻潤訳)で「深く酔いどれたふうにのめりこんで」いき自らスティルネリアンと称する。この「ニヒリズムの時代」の口癖は「どうでもいいよ」だった。28年日本大学予科入学。学内の演劇活動に参加し「ソヴィエト＝コンミュン」なる三部作の戯曲を構想，その資料を手に入れるために石川三四郎宅を2度訪れベルクマン『クロンシュタットの叛逆』や石川の『マフノの農民運動』など数冊のパンフレットを借りる。この三部作は未完。この時代をのちに「デカダンスの時代」と呼ぶ。ブハーリン，プレハーノフ，レーニンなどマルクス主義文献やバクーニン，クロポトキンなどアナキズム文献を読みあさり，レーニン『国家と革命』のアンチテーゼとして『革命と国家』を書き出し過渡期国家論の構築に頭をしぼる。しかし結果は「レーニンに爽快にうちかまされた」。その切り札になったのは17年にレーニンが布告した「一切の軍人の位階の平等について」にみられるような「国家の死滅」の約束であった。「ブルジョア社会の残滓物の反抗を抑圧するために国家という強力な暴力装置が一定期間必要であるとただちに認容したばかりでなく，抑圧のなかからのいわば奇蹟的な創造，各人による各人の支配の原型ともいうべき具体的なかたちをそこに眺めたからであった」。30年1月出席不良のため日大予科3年で除籍となり，同年夏全農全国会議系の農民闘争社に入社，伊達信，伊東三郎，守屋典郎，糸屋寿雄，渋谷定輔らを知る。31年共産党に入党。32年3月共産党の一斉検挙で逮捕され不敬罪，治安維持法により起訴，1年半未決囚として豊多摩刑務所に拘束される。結核が再発。33年11月転向が認められ懲役2年執行猶予4年の判決により出所する。非合法活動時代「大海のなかで船を航行させるに必要な一定の権威と一定の服従の限界を越えた強烈な圧服と支配の体系」を共産党に見出す。「党は選民であり，党外は賎民であるという固定意識の存在」(「永久革命者の悲哀」『群像』1956.5)にぶつかり，レーニンの「国家の死滅」の約束はおぼつかなく思われ始める。入

獄中ドイツ語の辞書を片手にカント『純粋理性批判』を読み「自同律の不快」にとりつかれる。出所後の「ルンペン時代」にドストエフスキーを再読、ラテン語を学びながら悪魔学にのめり込み39年荒正人、佐々木基一、平野謙らと同人誌『構想』を創刊し、「不合理ゆえに吾信ず」(1-7号1939-41)を連載する。45年12月荒、佐々木、平野、本多秋五、山室静、小田切秀雄とともに『近代文学』を創刊し「無能なものが権威あるごとくふるまって巨大な岩のごとく破りがたいときには、これらのものを一掃する徹底的で激烈で強大ななにかを発見するため、それから離れて敢えて蜘蛛の巣のかかった部屋のなかに閉じこもっていなければならないのだ」(「闇の中の自己革命」)として深夜「小さな玩具のような卓上ランプ」を頼りに書いた「死霊」第1章を発表する。以後、死に至るまで「死霊」はライフワークとして書き継がれる。極言すれば「死霊」完成への執念はレーニンに裏切られた「国家の死滅」への執念そのものであり、そのはるか完成のかなたに埴谷独自のアナキズムの完成が予見されたのであろう。56年スターリン批判後、水を得た魚のように政治論文を書き始める。「マルクス主義的アナーキスト」と自らを呼んだ米国の作家ノーマン・メーラーの発言に同調し「このような用語の現在の矛盾も未来から見れば矛盾ではないという場所に、恐らくは、私達はすでに世界的に立ち至っているという漠たる予感が私にもある」と述べ、1876年第1インターナショナル大会での永久革命こそアナキズムの本質だというマラテスタの主張を引用し「アナキズムの本質にとってこの用語こそが適わしい」(「永久革命」『アナキズム』18号1961.4)と書く。61年渋澤龍彦らのサド裁判で特別弁護人を引き受け、60年安保の6月行動委員会、67年ベトナム反戦直接行動委員会などに支持のメッセージを送るなど活発な政治活動もみられたが、65年4月「死霊」の執筆に専念すると宣言して以来、再び「蜘蛛の巣のかかった部屋のなかに閉じこも」る。60年以降、埴谷はそれまで愛用していた「前衛-認識者」より一歩踏み込んで「自立者」という用語を使い始め、それに合わせてただの政治革命ではなく「存在の革命」をしばしば口にしている。「死霊」への全力投球宣言は「存在の革命」に本気で取り組む意欲の現れであったとみたい。すべての革命がそうであったように「存在の革命」も未完に終わったが、自立の表現者にふさわしい生き方であった。死没後、本籍地の福島県相馬郡小高町に埴谷島尾記念文学資料館がつくられた。(大澤正道)〔著作〕『鞭と独楽』未来社1957,『幻視のなかの政治』中央公論社1960,『罠と拍車』未来社1962,『弥撒と鷹』同1966,『渦動と天秤』同1968,『鐘と遊星』同1975, 石井恭二編『埴谷雄高エッセンス』河出書房新社1997,『埴谷雄高全集』全19巻別巻2講談社1998-2001〔文献〕木村俊介『奇抜の人』平凡社1999,鶴見俊輔『夢野久作と埴谷雄高』深夜叢書社2001,大澤正道「埴谷雄高のアナキズム」『国文学』1972.1,同「さようなら埴谷雄高」『情況』1997.6,大澤正道『忘れられぬ人々』論創社2007

馬場 孤蝶　ばば・こちょう　1869.12.20(明2.11.8)-1940(昭15)6・22　本名・勝弥　高知市中島町西詰(通称・金子橋)に生まれる。自由民権運動家辰猪の弟。78年一家で上京。家産を失い家は貧しかった。89年明治学院普通部2年に入学。同級に島崎藤村らがいる。93年藤村に誘われて『文学界』の同人となり作家活動に入るが、一方日本銀行に長く勤めるなど実業との関わりを大事にした。06年9月弟子の生田長江らと『芸苑』を創刊、同月日本銀行を辞めて慶応大学教授に就任、英文学を教えモーパッサン、チェーホフなど広く西欧の新文学の紹介・翻訳につとめる。学閥などにとらわれなかったので青年たちが多く周辺に集まった。13年1月第1回近代思想社小集に生田とともに正客として招かれ以来大杉栄らと昵懇になる。「新しき世の精神を了解し、且それに同情し、而して静に追従して行く」と自伝小説「こし方」(『三田文学』1911.1)で若くして逝った兄辰猪を偲びつつ書いているが、これが孤蝶の生涯を貫く生き方だった。日本著作家協会やそのあとを継ぐ著作家組合の結成に尽力し、社会運動の後方支援者として関連する集会や講演会によく名や顔を出すばかりでなく山川均と青山菊栄の結婚の媒酌人になったり、大杉と堀保子の別居の相談にのったり親身な先輩でもあった。晩年は随筆や書画の揮毫を楽しんだという。(大澤正道)〔著作〕『葉巻のけむり』広文堂1914,『近代文芸の解剖』同1914,『社会的近代文芸』東雲堂書店1915,『孤蝶随

筆』新作社1924,『野客漫言』書物展望社1943,『明治文壇の人々』三田文学出版部1942

馬場　善吉　ばば・ぜんきち　?-?　1919(大8)年東京京橋区(現・中央区)の築地活版所印刷科に勤め活版印刷工組合信友会に加盟する。(冨板敦)〔文献〕『信友』1919年8・10月号

馬場　常三郎　ばば・つねさぶろう　?-?　1919(大8)年東京麹町区(現・千代田区)のジャパンタイムス＆メール社欧文科に勤め活版印刷工組合信友会に加盟する。(冨板敦)〔文献〕『信友』1919年8・10月号，1922年1月号

馬場　行雄　ばば・ゆきお　?-?　別名・幸雄　1919(大8)年東京神田区(現・千代田区)の三省堂印刷部欧文科に勤め活版印刷工組合信友会に加盟する。(冨板敦)〔文献〕『信友』1919年8・10月号，1922年1月号

浜　嘉蔵　はま・よしぞう　1897(明30)-?　福岡県筑紫郡千代町(現・福岡市博多区)に生まれる。松本治一郎が徳川家達に対する辞爵勧告運動を提案したことで徳川暗殺未遂をでっちあげられ検挙されたことに反発し25年9月20日東京千駄ケ谷の徳川邸に放火，全焼させた。27年9月第1審懲役15年となる。『全国水平新聞』は「浜君の言葉」と題し「私(普通民)の祖父が水平社の人々に対して，今日までとって来た罪の償いになるならば，私は15年が無期になろうとも，また死刑になろうとも私は甘んじる」と報じている。(冨板敦)〔文献〕『水平月報』26号1927.3,『全国水平新聞』3号1927.9,『思想輯覧1』

浜井　勝治　はまい・かつじ　?-?　芝浦製作所に勤め芝浦労働組合に加盟し第二回転機分区に所属。1924(大13)年9月27日，同労組の中央委員会で同分区の中央委員に岡田亀吉とともに選出される。(冨板敦)〔文献〕『芝浦労働』2次2号1924.11

濱川　博　はまかわ・ひろし　1923(大12)7.8-2008(平20)12.15　長崎県に生まれる。国学院大学を卒業。朝日新聞松山，宮崎，鹿児島，福井，前橋などの支局に勤務し各地の文化活動に関わった。本社学芸部に移ってからも俳壇欄などを担当するかたわら『現代のアウトサイダー』(文京書房1975),『和紙に生きる　安部栄四郎』(五月書房1978),『風狂の詩人　小泉八雲』(恒文社1980),『文人追懐　文芸記者の取材ノート』(蝸牛社1988)など多くの著書を刊行した。早くから松尾邦之助らの自由クラブ，個の会に関わり朝日新聞の異色の記者だった。1975年に始まる文芸関係の酒友の集いは会を重ねるごとに広がりやがて仮面の会となり，98年には延べ参加者13000人に達したという。(大澤正道)〔著作〕上記のほか『山陰文学の旅』今井書店1959,『風景と人間』煥乎堂1969,『旅とこころ』木耳社1972,『人間　その面影と風景』木耳社1975,『素顔の文人たち』月刊ペン社1978,『荒魂の人びと　学芸記者の手帖』永田書房1983,『精神の風懐』永田書房1988,『反俗の文人たち』新典社文庫

浜崎　義典　はまざき・よしのり　?-?　江東自由労働者組合芝浦支部のメンバー。1927(昭2)年11月10日江東自由芝浦支部提唱の失業抗議闘争に参加し，東京市長室で市長に面会を求めた際に日比谷署の警官と乱闘になり同志とともに検束(計23人)，29日間拘留される。12月14日三田警察署の警官約20人が支部にやってきて斎藤，鹿野，山田とともに検束される(理由は不詳)。15日作業中に負傷した件で雇い主側に治療代と日当を出させて解決する。(冨板敦)〔文献〕『自連』19・20号1927.12・28.1

浜島　幸太郎　はましま・こうたろう　?-?　1919(大8)年東京京橋区(現・中央区)の帝国興信所活版部に勤め日本印刷工組合信友会に加盟する。(冨板敦)〔文献〕『信友』1919年10月号

浜田　国夫　はまだ・くにお　?-?　大阪印刷工組合のメンバー。1927(昭2)年7月頃三ツ山印刷所を解雇され交渉2日間の末，解雇手当金95円で解決する。(冨板敦)〔文献〕『自連』15号1927.8

浜田　秀　はまだ・ひで　?-?　鹿児島県大島郡(奄美大島)古仁屋町(現・瀬戸内町)に生まれる。大正中期から末期まで古仁屋町でアナキストグループが展開した反要塞運動，反税運動，皇民化教育反対運動などに参加，警察から要注意危険思想家として監視されていた。1927(昭2)年8月6日昭和天皇が古仁屋を訪問することになり危険人物として古仁屋署に2日間留置された。(松田清)〔文献〕『奄美大島』1927.9,『道之島通信』133号1995.6

浜田　松太郎　はまだ・まつたろう　?-1920(大9)9.7　1919(大8)年東京京橋区(現・中央区)のアドヴァタイザー社に勤め活版印刷

工組合信友会に加盟する。20年9月7日に亡くなる。(冨板敦)〔文献〕『信友』1919年8・10月号, 1920年10月号

浜田 要助 はまだ・ようすけ ?-? 1919(大8)年東京芝区(現・港区)の東洋印刷会社和文科に勤め活版印刷工組合信友会に加盟する。(冨板敦)〔文献〕『信友』1919年8月号

浜野 信治 はまの・しんじ 1906(明39)11.1-1988(昭63)6.27 別姓・大西 別名・信次 埼玉県大里郡深谷町(現・深谷市)の小作農家の長男として生まれる。小学校卒業後すぐに一家を支えるために働き出す。そのかたわら実業補習学校や算盤塾に通って勉強を続け深谷町の商家の青年たちが発行していた文芸誌の集まりに参加しさらに大里青年雄弁連盟にも参加。26年渋谷定輔との出会いを機に農民自治会運動に参加。埼玉県代表の全国連合委員をしていた(他の埼玉県代表の全国連合委員は渋谷定輔)『農民哀史』によれば渋谷, 桑島政寿, 宮原清重郎, 永島蔵之輔, 岡正吉, 山口律雄, 関口清一, 天田勝正, 金子隆治, 川島甚一, 田口智, 笠原利一, 牛山平八郎, 山本晴士, 須田政之輔, 柳下麟太郎)。27年3月1-4日長野県北佐久郡北大井村(現・小諸市)荒堀公会堂で開かれた第2回農自講習会に埼玉県から山本, 山口, 岡, 岩田義信, 川島と参加。講演者は大槻憲二, 鑓田研一, 渋谷定輔, 中西伊之助, 犬田卯, 木内四郎, 林広吉の7名。長野県外の参加者は2名(岡山から延原義憲, 東京から権正博)だった。同月7日大里郡太田村(現・熊谷市)農自事務所で開かれた大里郡農自連第1回委員会に出席。他の出席者は川島, 山口, 関根武二, 天田, 掛川甚一郎, 金子, 掛川孝司, 笠原, 岡。同年『農民自治』(17号)に「露骨に政争の具に供された」を寄稿する。しかし「社会主義者かぶれ」のいる家に土地は貸せないと地主から土地取り上げを迫られた父親から勘当され28年春に上京。渋谷の紹介で関東消費組合連盟の専従職員になり消費組合運動やセツルメント活動に携わる。戦時中は中国に渡って満州国政府の産業開発計画の実践機関として設立された農村合作社を「中国社会文化の伝統を生かした自然発生部落の屯を単位に」再組織することを試みる農村合作社運動を展開した。(小林千枝子・冨板敦)〔著作〕大西信治

『生協運動五〇年』神奈川県生活協同組合連合会1978, 『中国農村合作社運動の記録』竜渓書舎1980〔文献〕『農民自治』16・17号1928.4・6, 渋谷定輔『農民哀史』1970, 大井隆男『農民自治運動史』銀河書房1980, 小林千枝子『教育と自治の心性史』藤原書店1997

浜野 増太郎 はまの・ますたろう ?-? 1919(大8)年東京神田区(現・千代田区)の三省堂印刷部文選科に勤め活版印刷工組合信友会に加盟する。(冨板敦)〔文献〕『信友』1919年8月号

浜畑 秀麿 はまはた・ひでまろ ?-? 鹿児島県大島郡(奄美大島)古仁屋町(現・瀬戸内町)生まれ。1946(昭21)年米軍軍政下の古仁屋町でアナキスト徳池隆らと奄美人民解放連盟を結成, 元軍人を戦犯として人民裁判を要求し逮捕される。アナキストグループに参加した泰重弘, 安茂, 今田真光らとともに共産党に入党。浜畑の父義秀やその一族も戦前アナキストグループで活躍したと記録されている。(松田清)〔文献〕泰重弘『奄美回想』私家版1964, 松田清『奄美社会運動史』JCA出版1979

浜畑 義秀 はまはた・よしひで ?-? 通称・秀 鹿児島県大島郡(奄美大島)古仁屋町(現・瀬戸内町)生まれ。1920年代初頭から武田信良, 徳池隆らのアナキストグループに参加し1925(大14)年から始まった古仁屋要塞の築城反対運動を展開した。警察, 消防団, 青年団の一部と軍部は社会主義者撲滅運動を行いアナキストグループの家を破壊したりしたが, 屈することなくプラカードを掲げ「税金を払うな」と叫んで警察署前で示威運動をしたり, 秩父宮が植えた木を拝むようにとの当局の強制を拒否するよう呼びかけた。築城のために全島から徴用されてきた農民や生活苦の島民から圧倒的支持を受けていたとの証言が残されている。浜畑秀麿は義秀の息子。(松田清)〔文献〕松田清『奄美社会運動史』JCA出版1979

浜松 孝太郎 はままつ・こうたろう 1891(明24)-1947(昭22)10.30 横浜市中区宮川町生まれ。07年高等小学校を卒業し印刷工となる。近藤憲二, 大杉栄らの講演を聞きアナキズムに共鳴する。19年山縣印刷に勤め横浜印刷技工組合に加盟, 評議員となる。24年6月8日横浜印刷工組合を組織し発会式を行い印刷工連合会に加盟。春日実,

佐野甚造，若杉浪雄らと同組合で交流。同年11月東印創立大会で祝辞を述べる。26年4月3日福島市仲町の長島蕎麦屋で開かれた福島印刷工組合印友会第4回大会に全印連を代表して出席。27年4月関東自連第2回大会で司会，7月横浜黒色一般の組合研究会で講師をつとめる。28年2月東京印刷工組合第5回大会に横印代表として祝辞を，3月全国自連第2回続行大会では横印の情勢を述べる。5月横印と横浜黒色一般を解体統合し横浜地方労働者連盟を結成。29年『自連新聞』38号に「叛逆者伝 斎藤光太郎」を執筆する。33年横浜で印刷業を開き同連盟事務所を自宅に置く。35年末頃無共党事件で検挙されるが不起訴。山梨県北巨摩郡日野春村(現・北杜市)の疎開先で死没。(冨板敦)〔文献〕『信友』1920年1月号・21年4月号，『印刷工連合』14・24・19・29・34-36号1924.7・12・25.5・10・26.3-5，『自連』12・15・23・24号1927.5・8・28.4・5，『自連新聞』38・77号1929.8・33.2『黒色青年』9号1927.6，水沼辰夫『明治・大正期自立的労働運動の足跡』JCA出版1979，『身上調書』

浜村 末吉　はまむら・すえきち　1901(明34)-?　福井県敦賀郡東浦村横浜(現・敦賀市)生まれ。23年牧師を志し神戸神学校に入学。27年神学校を卒業後，上京する。神学校在学中からキリスト教徒の内面的矛盾を抱き，米国の経済事情が宗教を左右することにも疑問を感じ八太舟三のアナキズム論を読んでアナキズムに共鳴した。29年頃八太の紹介で3年ほど『自連新聞』に投稿するようになり二見敏雄，相沢尚夫，松原五千郎，前田淳一，坪田吟一郎らと交流する。33年日本橋区兜町(現・中央区)のかぶと新聞社の経済記者となる。34年から二見を通じてアナキズム運動に対するカンパをした。35年末頃無共党事件で検挙されるが不起訴。(冨板敦)〔文献〕『身上調書』

早川 銀次郎　はやかわ・ぎんじろう　⇨野村三郎　のむら・さぶろう

早川 歳吉　はやかわ・さいきち　?-?　別名・才吉　1919(大8)年横浜のジャパン・ガゼット社新聞課に勤め同年6月15日横浜欧文技術工組合を発起人として設立。同組合設立基金として3円寄付する。同年8月7日横浜欧文技術工組合を代表して高山久太郎と上京。杉崎国太郎宅で東京の印刷工組合である信友会と協議し機関誌を共通の『信友』とすることに決める。11月2日横浜市長者町(現・中区長者町)の，せかゐで開かれた横浜印刷技工組合(横浜欧文技術工組合を改称)臨時大会発会式で開会の辞を述べる。同組合の編集係を担う。(冨板敦)〔文献〕『信友』1919年8・10・12月号，1920年1月号

早川 竹次郎　はやかわ・たけじろう　?-?　1919(大8)年東京京橋区(現・中央区)の築地活版所文選科に勤め日本印刷工組合信友会に加盟する。(冨板敦)〔文献〕『信友』1919年10月号

早川 福松　はやかわ・ふくまつ　?-?　1919(大8)年東京京橋区(現・中央区)の築地活版所鉛版科に勤め日本印刷工組合信友会に加盟する。(冨板敦)〔文献〕『信友』1919年10月号

早川 松太郎　はやかわ・まつたろう　1903(明36)-?　京都印刷工組合，京都一般労働者組合のメンバー。26年京印の会計となる(1927理事)。27年夏頃京都一般本部を下京区八条内田町の自宅に置く。同年9月17日芝田金三郎宅で開かれた大杉栄追悼会で太秦署に検束される(計9人)。10月には農自京都宣伝部を自宅に置いていた。11月関西自連の協議会に京印を代表して参加。28年3月2日関西自連全国大会第2回続行大会の協議会が開かれると京都一般の代表として参加，続行大会にも京都一般代表として出席する。(冨板敦)〔文献〕『自連』3・17・19・23・24号1926.8・27.10・12・28.4・5，『農民自治』臨時号1927.10，『京都地方労働運動史』

林 一郎　はやし・いちろう　1904(明37)-?　大阪に生まれる。高知高校に学ぶも中退しこのころから幸徳秋水に親近感をいだき上京後は宮嶋資夫，岡本潤らアナキストと深く交わる。1926年『原始経 詩及びアフォリズム』を自家版で刊行，発禁となるがその異色な叛逆的思考が注目された。戦後すぐに「『原始経』への郷愁」を発表。長く大阪の国税局文書課に勤務した。(手塚登士雄)〔著作〕『原始経』上田屋書店1926〔文献〕秋山清編『青春の記録3自由の狩人たち』三一書房1967

林 岩夫　はやし・いわお　?-?　新聞工組合正進会に加盟し1924(大13)年夏，木挽町(現・中央区銀座)本部設立のために50銭寄付する。(冨板敦)〔文献〕正進会『同工諸君!! 寄附金芳名ビラ』1924.8

林 宇喜造　はやし・うきぞう　?-?　1919(大

8)年東京京橋区(現・中央区)の中屋印刷所罫線科に勤め活版印刷工組合信友会に加盟する。(冨板敦)〔文献〕『信友』1919年8月号

林　獲三　はやし・かくぞう　?-?　新聞工組合正進会に加盟し1924(大13)年夏，木挽町(現・中央区銀座)本部設立のために1円寄付する。(冨板敦)〔文献〕正進会『同工諸君!!寄附金芳名ビラ』1924.8

林　要　はやし・かなめ　?-?　1919(大8)年東京牛込区(現・新宿区)の日清印刷会社石版科に勤め活版印刷工組合信友会に加盟する。同社同科の組合幹事を川名寿と担う。(冨板敦)〔文献〕『信友』1919年8月号

林　亀太郎　はやし・かめたろう　?-?　新聞工組合正進会に加盟し1924(大13)年夏，木挽町(現・中央区銀座)本部設立のために1円寄付する。(冨板敦)〔文献〕正進会『同工諸君!!寄附金芳名ビラ』1924.8

林　定直　はやし・さだなお　1908(明41)-?　長野県北佐久郡南大井村(現・小諸市)に居住。自転車販売業を営む。1931(昭6)年2月全農組織内に竹内図衛がつくった農民闘争社佐久支局の浅籠小地区責任者となる。南沢袈裟松らと農青社に加わり同年10月岩佐作太郎，八木秋子を南大井村十念寺に招いて佐久地方講演会を開催する。32年11月佐久全農事件で竹内，南沢らと検挙(不起訴)。34年3月南沢，鷹野原長義らが旧農青社の方向に基づいて結成した信州アナ連盟に加わる。同年11月群馬県下の特別大演習に際しての予防検束で南沢，高橋岩之助，金子善一郎，三井剛，萩原時雄らと拘禁される。南沢と南大井村平原小作組合振農会を結成し「激しい小作争議を指導/強固な団結で闘ってきた」(大井隆男)が35年解散する。同年11月27日に無共党事件で検挙されるが即日釈放，不起訴。(冨板敦)〔文献〕『無政府共産党(革命結社『農村青年社』)検挙ノ件(昭和11年5月19日)』，大井隆男『農民自治運動史』銀河書房1980,『農青社資料集Ⅰ・Ⅲ』

林　重雄　はやし・しげお　?-?　和歌山に住んでいたが大串孝之助に誘われて大阪に出る。1927(昭2)年9月南河内郡新堂村新堂(現・富田林市)で大串と文明批評社を再興し『祖国と自由』を再刊させる。(冨板敦)〔文献〕『祖国と自由』3巻1号1927.9

林　倭衛　はやし・しずえ　1895(明28)6.1-1945(昭20)1.26　長野県小県郡上田町(現・上田市常磐城)生まれ。大逆事件直後の11年，16歳で東京の日清印刷会社に給仕として入社，絵画好きの上司の紹介で印刷所近くの日本水彩画研究所に入る。同期の友人に東京大学在学中の矢代幸雄や慶応義塾普通部在学中の硲伊之助がいた。また自宅近くの千家元麿の指導で米国詩人ホイットマンの詩に親しみ詩作を始める。印刷所の客を通して大杉栄と知り合い次第に大杉に傾倒，13年印刷会社をやめ道路人夫となり画業も中断してサンヂカリズム研究会に参加，翌年10月創刊の『平民新聞』の配布を手伝い大杉編集の『文明批評』では詩人として活躍。この間，平民倶楽部の会合に参加，近藤憲二，宮嶋資夫，画家浅枝次朗ら終生の友人をつくっている。16年新人画家として頭角を現しはじめた硲の誘いで画業を再開，その年の二科展にバクーニンを描いた「サンヂカリスト」を出品し入選。17年「小笠原風景」で樗牛賞受賞，千家の友人有島生馬に「詩は感心しないが絵はなかなかだ」と評され画業に専心する決意がつく。この年男爵藤大路親春ら86人を集めた後援会が発足。18年久板卯之助を描いた「H氏像」ほかの作品で二科賞を受賞，同年末には小林省一郎編・刊の『林倭衛画集及批評』が刊行される。19年二科展に大杉を描いた「出獄日のO氏」ほかを出品，警視庁の「O氏」撤回命令事件がおきる。この年望月桂の呼びかけに応えて黒耀会展覧会の運営に参加し自身も出品している。21年坂本繁二郎，小出楢重，硲と同船して渡欧，翌年1月までベルリンに滞在，26年帰国までフランスに滞在。この間フランス人イヴォンヌと同棲して男児をもうけ，23年渡仏の大杉の世話をする。この時の事情は林「仏蘭西監獄及び法廷の大杉」(『改造』1924.3，改題「フランスに於ける大杉の生活」安谷寛一編『未刊大杉栄遺稿』金星社1928所収)に詳しい。帰国後春陽会入会。27年秋田富子と結婚，翌年長女聖子を授かる。35年帝展改組後無鑑査指定，36年帝展第二部新人展審査員となる。この頃の林の様子を岡本潤は「『反対』の発行所になっていた西銀座のバー山の小舎では，大酒のみで有名な画家倭衛によく出会った。猫のような体軀で，飲んでいるあいだはほとんど固形

食物を口にせず，アルコール飲料ばかり底なしに飲んでいた。それに林は，いつも可愛らしい六つぐらいの女の子をつれていた(『罰当りは生きている』未来社1965)と記している。42年新文展審査員。東京銀座日動画廊に預けられた晩年の画業約50点は4月13日の東京空襲で焼失したが，林の画業の賛嘆者たちによって57年ブリヂストン美術館，67年信濃美術館，同年山本鼎記念館，68年サエグサ画廊，88年ギャラリー82，96年不忍画廊などで大型の回顧展が開かれた。(白仁成昭)〔文献〕小崎軍司『林倭衛』三彩社1971,『没後50年林倭衛展図録』不忍画廊1996

林 重平 はやし・じゅうへい 1890(明23)-? 大阪市浪速区稲荷町生まれ。高等小学校卒業後，市内で鋳造見習い工になる。10年歩兵第8連隊に入営中，大逆事件に心を動かされアナキズムに傾斜する。18年頃から香具師となり各地方を回る。「(21, 22年の)不穏ビラ・軍隊宣伝ビラ事件等々は香具師と称せられた者たちの強権に対する反抗の第一歩」と『香具師奥義書』(和田信義)にある。24年1月和田とともに行商人先駆者同盟を組織，自宅を仮事務所とする。全国の同業者に呼びかけた機関誌『商人と行商人』には「営利本位の社会組織の根本的改革」がうたわれている。35年末頃無共党事件で検挙されるが不起訴。(西村修)〔文献〕和田信義『香具師奥義書』文芸展望社1929,『身上調書』

林 信 はやし・しん ?-? 1919(大8)年東京京橋区(現・中央区)の築地活版所校正科に勤め活版印刷工組合信友会に加盟する。(冨板敦)〔文献〕『信友』1919年8・10月号

林 新蔵 はやし・しんぞう ?-? 1919(大8)年東京神田区(現・千代田区)の博信堂に勤め日本印刷工組合信友会に加盟し活動する。(冨板敦)〔文献〕『信友』1920年2月号

林 常三郎 はやし・つねさぶろう ?-? 1919(大8)年東京神田区(現・千代田区)の三秀舎印刷科に勤め日本印刷工組合信友会に加盟する。(冨板敦)〔文献〕『信友』1919年10月号

林 ツル はやし・つる ?-? 印刷工として日本印刷工組合信友会に加盟。1920(大9)年末には東京麹町区(現・千代田区)のジャパンタイムス＆メール社に勤めていた。(冨板敦)〔文献〕『信友』1921年1月号

林 富弥 はやし・とみや ?-? 1919(大8)年東京神田区(現・千代田区)の博信堂に勤め日本印刷工組合信友会に加盟し活動する。(冨板敦)〔文献〕『信友』1920年2・4月号

林 豊三郎 はやし・とよさぶろう 1907(明40)-? 桐生市本町生まれ。2歳で父と死別し祖父と母に育てられる。桐生高等工業学校附属工業補修学校機械科に入学するが1年で中退，以後祖父や兄と金筬製造業に従事。前原恵太郎，簗田保代らとともに上毛印刷工組合三山会桐生支部を組織し，28年5月6日桐生市丸山公園記念館で発会式を行いこの間の経過報告をする。9月16日前橋市の上毛印刷第5回大会で桐生支部の報告を行う。またアナキズム研究会を開き弓納持茂，大沢進次らと交流した。35年末頃無共党事件で検挙されるが不起訴。(冨板敦)〔文献〕『自連』24号1928.5,『自連新聞』28号1928.10,『身上調書』

林 広吉 はやし・ひろきち 1898(明31)-1971(昭46)12.14 長野市に生まれる。明治大学法学部を卒業。帰郷して『信濃毎日新聞』記者となる。主筆風見章のもとで初期の長野県社会運動を援護しその発展に力を尽くした。特に農民自治会運動との関係では風見，中村登らとともに県内の講演会を回り，28年3月の第2回農民自治講習会では自ら「当面の農村問題」を講演した。須田禎一によれば当時県内では最もラディカルな一人であった。党員ではなかったらしく，県特高課も検挙したくともできないでいたという。こうした林らの左翼運動支援の論調は「信毎赤化」として問題化され28年1月に風見は『信毎』を去り，主筆として桐生悠々が復帰した。30年代前半，林は『信毎』紙上において桐生の自由主義に対してマルクス主義の論陣を張った。その後『信毎』を退社，上京して朝日新聞社に入社。30年代後半には羽生三七らと国民運動研究会を組織，また風見らと昭和研究会に属し近衛新体制運動に関わった。(安田常雄)〔著作〕『普選物語』『信濃毎日新聞』1925.3.13-4.21,「木下尚江」樋口実編『信州人物記作家伝』信濃毎日新聞社1949〔文献〕小林勝太郎『社会運動回想記』同刊行会1972, 須田禎一『風見章とその時代』みすず書房1965,『百年のあゆみ』信濃毎日新聞1973, 安田常雄『日本ファシズムと民衆運動』れんが書房1979, 大井隆男『農民

自治運動史』銀河書房1980, 伊藤隆「旧左翼人の『新体制』運動」『近代日本研究』5号1983

林　博　はやし・ひろし　1906(明39)-?　熊本県生まれ。26年頃猪古勝, 工藤日露時, 山田尚種と熊本市に黒潮社を組織し黒連に加盟, 同年2月『黒潮』を創刊する(発禁)。『黒潮』の広告料を熊本電気会社に熊本水平社の末永時行らに求めたこと, 発禁新聞を頒布したことなどが恐喝, 新聞紙法違反とされて同志とともに検挙, 26年11月懲役10カ月罰金40円となる。(冨板敦)〔文献〕『黒色青年』1・6号1926.4・12, 『思想輯覧』1

林　芙美子　はやし・ふみこ　1903(明36)12.31-1951(昭26)6.28　本名は林フミコ。父は愛媛県出身の宮田麻太郎, 母は鹿児島出身の林キク。宮田の実家がキクの入籍と子の認知を許さなかったため, 婚外子としての出生届は母の故郷鹿児島に半年以上遅れて出された。実際の生まれ月は1903年5月, 出生地は福岡県門司説が有力だが, 幼少期を山口県下関で暮らしたことも事実であり, 生誕地文学碑は下関と門司の双方に建立されている。1910年実父と別れ義父沢井喜三郎と母の3人で長崎に転居。14年義父の古着屋が失敗し鹿児島の祖母のもとに預けられた際, 桜島は大正大噴火の渦中にあった。その後一家は九州, 四国各地を行商し16年に広島県尾道に定住。芙美子はここで小学校を卒業し18年尾道高等女学校に入学。内外の文学書に親しみ詩を雑誌や新聞に投稿した。22年3月高女を卒業し4月単身上京する。ほどなく両親も上京し一家で露店や行商を営む。23年9月関東大震災に遭遇。震災当時の芙美子の住所は淀橋町柏木104。大杉栄は同年8月5日淀橋町柏木371に転居。芙美子はのちに『新興藝術研究 第2輯』(1931年6月)において大杉を訪問したことがあると述べている。24年春, 詩人で俳優の田辺若男と知り合い同居する。田辺を通じて南天堂に集う詩人, 辻潤, 萩原恭次郎, 岡本潤, 野村吉哉, 壺井繁治, 神戸雄一, 友谷静栄, 渡辺渡らとの交流が始まる。田辺と別れた後, 同年7月友谷と詩の冊子「二人」を発行。同年9月和田久太郎が福田雅太郎を襲撃した後, 芙美子も久太郎と知己であったため警視庁瀧野川署の取調を受けたとの随筆を『婦人運動』(1929年3月)で発表した。24年末, 野村吉哉と同居し2人で詩作と童話の執筆に励む。26年野村と別れカフェの女給をしながら作品を執筆し続けた。同年末頃, 画学生手塚緑敏と知り合い同居。26年12月のちの放浪記の原型作品「秋の日記」を渡辺渡主宰『太平洋詩人』に発表した。28年10月『女人藝術』に「秋の日記」を改題・改稿して発表。以後30年11月まで断続的に計20回連載した。この間29年6月, 涌島義博の南宋書院から第1詩集『蒼馬を見たり』を刊行。同詩集には石川三四郎と辻潤の序文が付された。30年1月台湾における婦人毎日新聞主催の婦人文化講演会に松崎天民, 北村兼子, 望月百合子らと参加。同年7月の単行本『放浪記』(改造社)がベストセラーとなり, 同年9月新居格と内山完造を介し上海で魯迅との面識を得る。同年11月に『続放浪記』(改造社)を刊行。31年暮れ満州事変の際に渡仏を決行し帰国後の33年8月, 第2詩集『面影』を完成させるが9月治安維持法違犯容疑で中野警察署に8日間拘留され検閲を通過したのは11月30日であった。38年9月内閣情報部のペン部隊に召集され42年10月にも陸軍報道部の徴用で南方に派遣された。帰国後の44年内縁の夫緑敏と養子を入籍し長野県に疎開。敗戦後の46年, 検閲による伏せ字の半分を復元した『放浪記』『続放浪記』(改造社)を復刊し, 47年5月憲法施行と同時に放浪記第3部の連載を開始した。しかし東京裁判の終結と同時に連載を中断し放浪記第4部は未完のまま敗戦文学『浮雲』の執筆に全力を傾注し完成直後に亡くなった。(廣畑研二)〔著作〕詩集『蒼馬を見たり』南宋書院1929, 『放浪記』『続放浪記』改造社1930, 詩集『面影』文学クオタリィ社1933, 『林芙美子選集』全7巻改造社1937, 『放浪記第三部』留女書店1949, 『林芙美子文庫』全10巻新潮社1948-50, 『浮雲』六興出版社1951〔文献〕『林芙美子全集第16巻』文泉堂出版1977, 井上隆晴『林芙美子とその周辺』武蔵野書房1990, 『近代文学研究叢書第69巻』昭和女子大学1995, 佐藤公平『林芙美子　実父への手紙』KTC中央出版2001, 廣畑研二『林芙美子　放浪記 復元版』論創社2012, 廣畑研二『甦る放浪記 復元版覚え帖』論創社2013, 廣畑研二「さまよへる放浪記」『日本古書通信』2015.10-12

林　冬雄　はやし・ふゆお　?-?　農民自治会全国連合に加わり1928(昭3)年5月農自の組織再編の際に委員に選出される。(冨板

林　真市　はやし・まさいち　?-?　1919（大8）年東京京橋区（現・中央区）の築地活版所製本科に勤め日本印刷工組合信友会に加盟する。（冨板敦）〔文献〕『信友』1919年10月号

林　政雄　はやし・まさお　1901（明34）-?　別名・正男　東京市本所区（現・墨田区）に生まれる。雑誌『壊人』の同人、評論「芸術の本質と階級芸術」を執筆。23年5月『赤と黒』4輯から同人となる。浅草に住んでいた。24年10月南天堂書房から発売された『ダムダム』の編集人となり巻頭言で「新しき時代と新しき芸術の先頭に立つ」と宣言したがその後行方不明となり第2号は発行されなかった。敗戦後は福岡市に住み「流れの林さん」と同志の間で呼ばれていた。（冨板敦）〔文献〕岡本潤『詩人の運命』立風書房1974、寺島珠雄『南天堂』皓星社1999、『遊撃』344号2006.11

林　柾木　はやし・まさき　1900（明33）1.2-1948（昭23）4.29　群馬県佐波郡上陽村（現・玉村町）に生まれる。上京し早稲田大学に入学。北豊島郡田端（現・北区）の猪苗代水力電気株式会社の変電所に勤める。職場に西村祭喜がいた。1920（大9）年日本社会主義同盟に加盟。21年北風会に出入りしたことから警視庁の思想要注意人とされる。同郡尾久村（現・荒川区）の同社に給仕として勤めていた。早大仏文科を卒業後、博文館の雑誌『太陽』の編集に携わる。のち『早稲田文学』同人。44年「昔の人」（『早稲田文学』1944.5)が第19回芥川賞候補となる。（冨板敦）〔著作〕ジュウル・ミシユーレー『詩の昆虫』（訳）大日本文明協会事務所1925、農民コミンテルン編『ロシヤ革命に於ける労働者と農民の結合』（訳）マルクス書房1929、「平林初之輔氏の思出」『早稲田文学』1946.10〔文献〕『警視庁思想要注意人名簿（大正10年度）』

林　勇三郎　はやし・ゆうさぶろう　?-?　別名・勇治郎・勇次郎・勇太郎　植字工として1918（大7）年活版印刷工組合信友会に加わり19年には東京神田区（現・千代田区）の文明社和文科に勤めていた。のち三協印刷に勤めるがその後退社し、訴訟を起こす。訴訟当時、京橋区（現・中央区）の新栄舎和文科を経て再び文明社和文科に勤めていた。20年2月25日の信友会役員改選で編集担当に選出される。同年日本社会主義同盟に加盟。23年4月28日の信友会大会で5月のメーデーの信友会代表演説者（水沼辰夫と野村孝太郎）が妨害・禁止された時の予備演説者として高崎岩吉とともに選ばれる。厚田正二、志賀主калыs，岩谷新三郎らとともに信友会の中では普選運動家として知られていた。（冨板敦）〔文献〕『信友』1919年8・10・12月号・20年1・3・4・8月号・21年7月号・22年1月号、『印刷工連合』1号1923.6、水沼辰夫『明治・大正期自立的労働運動の足跡』JCA出版1979

林　隆人　はやし・りゅうじん　1904（明37）-1975（昭50）　広島県に生まれる。広島でメリヤス工場を経営していたが不振になり上阪、大阪メリヤス組合で組合運動に専念する。「広島弁丸出しで、田舎もののようだが向う意気の強い精悍さは、常にファイトを燃やしていた。メリヤス小工場に潜り込んだ。田舎ものという安心感からどこの小工場主も歓迎して直ぐ採用した。採用されてはクビ、採用されてはクビという経路を辿っていた」（高丸久）。牧本武想とともに組合員の解雇手当の交渉などで活躍する。24年1月植田増吉、藤沢猛らによってアナ系に改組された北大阪純労働会に加盟、ここで北大阪天六アナのメンバーと出会う。梅田駅裏にあった阿部均の貧乏人社をしばしば訪ね関谷栄と交流を深める。26年浜松の日本楽器争議で警察の労働者への弾圧をみかねて静岡県知事官舎焼き打ちを植田、関谷と計画。6月2日植田が実行し3人とも逮捕される。布施辰治弁護士の尽力で関谷とともに27年1月19日静岡地裁で無罪。この夜静岡市七間町の狩野カフェーで出獄歓迎会を開催（牧野修二、山崎佐市、山口勝清、小坂千里、大野隆、大阪から中尾正義、安楽吉雄ら20余人参加）。出獄後中尾正義の家に身を寄せる。29年3月和歌山の小倉敬介、蔵本光次郎と解放戦線同盟を組織し『自由の先駆』を発行。関西黒旗連盟に所属し連盟事務所とともに服部、箕面を転々とし35年頃解散するまで事務所を守った一人だった。敗戦後は小料理屋を営む。61年宮脇久と『ムーヴ』を創刊、発行人となる。アナ連関西地協に会場を提供したりカンパするなど盟友小松亀代吉を通じて陰の運動貢献者として最後までその立場を離れなかった。（冨板敦）〔文献〕『自連』3号1926.8、『静岡新報』

1927.1.19、『黒色青年』7号1927.3、『自由の先駆』1929.3、高丸九「黒い流れ」『ムーヴ』1・2・4・5.6・8号1961.5・6・8・10・12、宮崎晃『差別とアナキズム』黒色戦線社1975

林 良助 はやし・りょうすけ ?-? 新聞工組合正進会に加盟し1924(大13)年夏、木挽町(現・中央区銀座)本部設立のために1円寄付する。(冨板敦)〔文献〕正進会『同工諸君‼ 寄附金芳名ビラ』1924.8

林田 兼吉 はやしだ・かねきち ?-? 1919(大8)年東京京橋区(現・中央区)の帝国興信所に勤め日本印刷工組合信友会に加盟する。(冨板敦)〔文献〕『信友』1919年10月号

林田 紀音夫 はやしだ・きねお 1924(大13)-1998(平10) 本名・甲子男(きねお) 京城府に生まれる。1937(昭12)年12歳の頃より俳句を始め、39年に学校の俳句同好部に入る。旧制府立今宮職工学校(現・府立今宮工科高校)卒業。47年『金剛』に参加し下村槐太に師事。48年肺結核で入院。50年日野草城の『青玄』に投句。53年金子明彦と堀葦男らと同人誌『十七音詩』を創刊。57(昭32)年三和動熱工業機械設計技術者としての職を得る。この時「舌いちまいを大切に群衆のひとり」が作られた。戦前はマルキシズムやアナキズムを口にしただけで罰せられたが、紀音夫は戦後「舌いちまいを大切に」してようやく職を得てラッシュアワーの「群衆のひとり」となったのである。61(昭36)年第1句集『風蝕』(十七音詩の会)、62年第1回現代俳句協会賞を受賞。金子兜太主宰『海程』の創立同人。75年第2句集『幻燈』(牧羊社)を刊行。98年死去。享年74歳。2006年『林田紀音夫全句集』(富士見書房)が刊行される。代表句に「鉛筆の遺書ならば忘れ易からむ」「まつすぐに火種の少女雨をくる」などがある。紀音夫の巧みな比喩表現を用いた無季の現代俳句は現代川柳のひとつの到達点を示している。(平辰彦)〔文献〕福田基編『林田紀音夫全句集』富士見書房2006

林田 哲雄 はやしだ・てつお 1899(明32)10.6-1958(昭33)2.14 愛媛県周桑郡小松町の真宗大谷派寺院明勝寺に生まれる。10歳のとき、住職の父を亡くし、1918(大7)年京都の大谷大学に進む。加藤一夫の自由人連盟に接触し、20年日本社会主義同盟に加盟する。21年大谷派東本願寺に竹内了温を主事とする社会課が設置され、林田も部落差別に向き合うようになる。22年京都で開かれた水平社創立大会に参加、大学を中退して帰郷。23年から小作農の部落民を農民運動に組織するために奔走。26年4月日農愛媛県連を発足させ会長につき、自宅明勝寺を県連本部とした。林田は住友の別子銅山労働者の争議支援、組織化にも奔走した。愛媛の水平運動、農民運動、労働運動、無産政党運動の殆どに関与し、治安維持法で検挙拘束されること70回に及ぶ。獄中生活通算5年2ヶ月。28年10月には新労農党準備会愛媛県連合会を検束中の松山警察署留置場内で開き、自ら執行委員長となる。獄中で戯曲「鳩那羅王子の出家」を執筆。45年10月社会党の結党に参加、46年の総選挙に立候補して当選、代議士1期。没後、井谷正吉による顕彰文が刻まれた頌徳碑が小松町に建立された。(廣畑研二)〔文献〕野口義明『無産運動総闘志伝』社会思想研究所1931、『資料愛媛労働運動史』第7巻1964、近代史文庫編『郷土に生きた人びと─愛媛県─』靜山社1983

林田 松之助 はやしだ・まつのすけ ?-? 1919(大8)年東京京橋区(現・中央区)の築地活版所和文科に勤め日本印刷工組合信友会に加盟する。23年4月28日の信友会大会で新常務委員(庶務担当)に選出される。(冨板敦)〔文献〕『信友』1919年10月号、『印刷工連合』1号1923.6、水沼辰夫『明治・大正期自立的労働運動の足跡』JCA出版1979

林丸 嘉吉 はやしまる・かきち ?-? 1919(大8)年東京京橋区(現・中央区)の築地活版所印刷科に勤め日本印刷工組合信友会に加盟する。(冨板敦)〔文献〕『信友』1919年10月号

葉山 嘉樹 はやま・よしき 1894(明27)3.12-1945(昭20)10.18 本名・嘉重、別名・民平 福岡県京都郡豊津村豊津(現・みやこ町)に生まれる。13年早稲田大学高等予科を学費未納で除籍。以後下級船員など職を転々とし20年名古屋セメント会社に勤め、組合をつくろうとして解雇。21年6月『名古屋新聞』記者となる。名古屋労働者協会に加盟し同僚の亀田了介とヘゲモニーを握り労資協調の綱領をもつ協会を左傾戦闘化させる。そのアナルコ・サンジカリズム的な運動は篠田清ら名古屋の青年労働者たちに大きな影響を与えた。21年10月愛知時計争議

を指導，同月5日無届けデモおよび扇動の容疑で亀田，篠田らと門前町署に検束され争議は惨敗する。22年1月中部労働組合連合会の創立に参加，同年4月の講演会で「名古屋地方の労働運動を論ず」を演説。22年5月1日名古屋初のメーデーを計画するが屋外集会が禁止され当日，亀田，山崎常吉，梅田定広らと家族連れで中村公園に集まる。この頃からボルの立場を明らかにし始め同年暮れ共産党レフトに加盟。23年6月27日名古屋共産党事件で篠田らとともに検挙，起訴され懲役7月となる。獄中で「海に生くる人々」「淫売婦」を執筆。25年「淫売婦」が『文芸戦線』に発表されプロレタリア文学の旗手となる。43年満州に渡り，敗戦後の引き揚げの途次，現地で亡くなる。(冨板敦)〔著作〕『葉山嘉樹全集』全6巻筑摩書房1975・76,『葉山嘉樹日記』同1971〔文献〕『名古屋地方労働運動史』，森山重雄『葉山嘉樹「誰が殺したか」』土佐出版社1988

羽山 義治 はやま・よしはる ?-? 1919(大8)年東京京橋区(現・中央区)の折年五色堂に勤め日本印刷工組合信友会に加盟する。(冨板敦)〔文献〕『信友』1919年10月号

早味 貞雄 はやみ・さだお ?-? 1919(大8)年東京神田区(現・千代田区)の三秀舎印刷科に勤め日本印刷工組合信友会に加盟する。(冨板敦)〔文献〕『信友』1919年10月号

速見 俊夫 はやみ・としお ?-? 浜松市で工場労働者となる。1934(昭9)年8月大阪の上野克已主宰『民衆の解放』の浜松支局を担う。同紙12号に「農民諸君に呼びかける」を執筆。(冨板敦)〔文献〕『自由民報』32・33号1930.12/31.1,『民衆の解放』12号1934.8

原 一郎 はら・いちろう ?-? 新聞工組合正進会に加盟し1924(大13)年夏，木挽町(現・中央区銀座)本部設立のために50銭寄付する。(冨板敦)〔文献〕正進会『同工諸君‼ 寄附金芳名ビラ』1924.8

原 紅果 はら・こうか ?-? 1926(大15)年頃，長野県下伊那郡山吹村で農業を営み農民自治会全国連合に参加。地元の農民自治会を組織しようとしていた。『農民自治』(6号：長野県号)に「光は上から来ない」を寄稿する。(冨板敦)〔文献〕『農民自治』6号1926.11,『農民自治会内報』2号1927

原 静子 はら・しずこ 1909(明42)-? 神奈川県足柄下郡小田原町板橋(現・小田原市)生まれ。高等小学校を卒業後，35年4月東京市中野区の喫茶店アラタネで住み込み女給として働いているところ相沢尚夫と知り合い，同年11月上海へ逃避する相沢に同行し神戸で検挙されるが不起訴。(冨板敦)〔文献〕『身上調書』

原 徳太郎 はら・とくたろう 1904(明37)-? 大阪府泉南郡南掃守村春木(現・岸和田市)生まれ。高等小学校を卒業後，原家の養子となり『南海新聞』発行の手伝いをするかたわら印刷業に従事する。25年頃から逸見吉三らと付き合うようになりアナキズムに共鳴。逸見の借家人同盟に加わって借家争議に関わる。28年大阪で「リャク」(掠)をしたとして恐喝容疑で田中勘三郎，本庄恒造と検挙され懲役1年。この事件には杉田宏も関わっていた。31年頃バクニン書房に関わる。32年頃民友社を名のり『民友新聞』を発行。35年末頃岸和田市に居住中，無共党事件で検挙されるが不起訴。(冨板敦)〔文献〕『身上調書』,『思想輯覧2』,『社会運動の状況1-4』

原 とめ はら・とめ ?-1924(大13)? 文選工，日本印刷工組合信友会のメンバー。1924(大13)年「永々病気の所永眠せられた」と『印刷工連合』11号が報じる。(冨板敦)〔文献〕『印刷工連合』11号1924.4

原 信子 はら・のぶこ 1893(明26)9.10-1979(昭54)2.15 青森県八戸生まれ。ソプラノ歌手。東京音楽学校中退。同校で三浦環，A・サルコリに師事。1911(明44)年に始まる帝劇オペラに翌年参加，プリマドンナとなるが18(大7)年原信子歌劇団を結成，浅草で大衆的なオペレッタを上演し，さらに「サロメ」「リゴレット」などで浅草オペラの全盛期をつくった。しかしすぐに引退しアメリカやミラノの舞台で活躍した。14年3月創刊の女性雑誌『番紅花』同人として西洋音楽紹介や演劇論などを発表。52(昭27)年「夕鶴」初演でつうを演じた。姉たまは，片山潜の二度目の妻である。(大和田茂)〔文献〕『番紅花』復刻版不二出版1984，畑中良輔『オペラ歌手奮闘物語』最終巻音楽之友社2009

原 正夫 はら・まさお ?-? 別名・一夫 1924(大13)年4月失業中の紡績用製錘工として河上豪，吉田昌晴らと広島自由労働組

合結成に参加。同年広島市内メーデーの総指揮者として挨拶，デモで組合教会牧師の八太舟三は「双手をあげて労働者万歳」を高唱した。24年9月16日関東大震災無産無縁惨死者追悼会の名称で呼びかけられた大杉栄らの虐殺1周忌追悼会で開会挨拶をし集会は暴力団の演壇占拠攻撃を受けた。同月斎藤健次らと不穏文書持参で検挙。同月米田剛三，荻野他人男，杉野勝，山本武，西川正人らと結成した広島印刷工組合の幹部委員となる。のち同組合の事務所を自宅に置く(広島自由の事務所も置く)。24年11月弘中柳三らと『呉評論』(のち『中国評論』と改題)を発刊。25年5月丹悦太らの呉自由労働組合に加入。同日呉で開催予定の呉自由労働組合発会式を兼ねた大演説会中止騒ぎで弘中が官憲に暴行を受け丹らと抗議文を県警察部長に手渡した。ところが逆に弘中は6月誣告罪で呉刑務所に収容，起訴予審に付され原は偽証罪に問われ懲役2カ月のデッチ上げ実刑を受けた。25年7月の広島ゴムの首切り反対スト支援演説会で大前キクノと検束される。同月広瀬町の自宅に産児制限研究所が設置された。〔北村信隆〕〔文献〕『印刷工連合』17号1924.10，山木茂『広島県社会運動史』，『広島県史 近代現代資料編Ⅲ』1976，『広島県労働運動史』1980，『広島県労働運動史』1981

原井 男三 はらい・だんぞう ?-? 1925(大14)年5月1日結成された呉自由労働組合のメンバー。当日の広島市メーデーに参加する。〔冨板敦〕〔文献〕山木茂『広島県社会運動史』

原子 基 はらこ・もとい 1880(明13)3.9-1933(昭8)8.22 別名・草水，石水 青森県中津軽郡(現・弘前市)に生まれる。01年弘前教会で受洗。02年頃救世軍の伝道のため上京，渡辺政太郎と知り合う。03年渡辺とともに静岡県富士郡吉原町(現・富士市)の富士育児院で働く。04年社会主義伝道行商で訪れた平民社の小田頼造，山口義三と演説会を開く。これが契機となり渡辺，深尾韶と静岡三人組を結成。05年3月深尾と上京，4月甲信越社会主義伝道行商を始めるが官憲に弾圧された。深尾とともに北海道に渡り6月虻田郡真狩村留寿都(現・留寿都村)に平民農場を設立し開拓事業に取り組む。この農場は3年足らずで失敗したが，石川三四郎は主農的共働村の運動としてよい経験となったとしている。その後，谷中村救済運動，岩手平民社の結成，青森県での社会主義伝道活動などに携わる。のち再び上京し片山潜，西川光二郎らの運動に協力した。〔西山拓〕〔文献〕石川三四郎「共働事業の思ひ出」『消費組合』1巻1号1932.5，『特別要視察人情勢一班』，加藤善夫「静岡三人組」『思想の科学』1978.8-10，柏木隆法ほか『大逆事件の周辺』論創社1980，小池喜孝『平民社農場の人びと』現代史出版会1980，太田雅夫『初期社会主義史の研究』新泉社1991，郡司美枝『理想の村を求めて』同成社2002

原沢 小太郎 はらさわ・こたろう ?-? 1919(大8)年東京牛込区(現・新宿区)の秀英舎(市ヶ谷)文選科に勤め活版印刷工組合信友会に加盟する。〔冨板敦〕〔文献〕『信友』1919年8・10月号

原沢 四郎 はらさわ・しろう ?-? 1919(大8)年東京神田区(現・千代田区)の丸利印刷所印刷科に勤め日本印刷工組合信友会に加盟する。〔冨板敦〕〔文献〕『信友』1919年10月号

原沢 武之助 はらさわ・たけのすけ 1899(明32)-1962(昭37)3.15 別名・水上好 群馬県生まれ。救世軍士官から社会運動に入る。暁民会に加わり次いで東京北郊自主会や黒旗社に所属。知識人排撃を標榜する労働社が結成されるとこれに参加し，足尾銅山争議応援で検挙され下獄するなど活発な運動を展開する。22年4月労働社が中心人物高尾平兵衛，吉田一らの入露，ボルシェヴィキ化によって衰退するとアナキズム陣営を離れた。24年6月から日本フェビアン協会の労働者講習会を積極的に展開。次いで東京家具工組合に加入，共産党ビューロー組合部の指令に基づき同組合の左翼化，産業別組合化につとめる。また同組合の代表として無産政党組織準備委員会関東地方協議会の活動にも参加。一方同組合を関東木材労働組合に再編，委員長に就任した。26年8月関東木材労働組合は独立組合が多い中間派左翼を日本労働組合評議会側へ牽引するため統一同盟関東地方同盟を結成。関西へもその働きかけを行った。28年共産党に入党。三・一五事件で検挙。以後印刷業界紙の主幹をつとめ無産政党運動を支援。〔後藤彰信〕〔文献〕「杉浦啓一予審尋問調書」『社会主義運動6』みすず書房1967

原田 新太郎 はらだ・しんたろう 1889(明

22)-1921(大10)11.27　08年頃西川光二郎派の社会主義青年団に加入。東京市本郷区金助町(現・文京区)の旧東京社会新聞社跡に渡辺政太郎や松崎源吉夫妻らと居住、09年春同所を出る。同年5月内山愚童が天皇制を批判した『入獄紀念・無政府共産』パンフレットの秘密出版で横浜で捕らえられ、その追及捜査から「道徳否認論」「真に人類を益する者は何乎」というチラシの無届け出版が発覚、その発行者として谷田徳三とともに24日東京区裁判所から罰金2円の判決を受けた。その後堺利彦に接近、同年6月千駄ケ谷の平民社の管野すが、幸徳秋水らの小集会に参加するなど平民社出入りの最後のメンバーだった。11年2月山鹿泰治と同じ職場に熟練工として入り山鹿に幸徳訳の『麺麭の略取』を極秘で貸し大杉栄を紹介、翌年4月山鹿を大杉と三越待合室で出会わせた。11年5月山鹿を石川三四郎宅にも連れて行き渡辺を紹介。この頃一時期京都日出新聞社にもいたことがある。15年渡辺が小石川の自宅でアナキズム研究会を開いて労働者を集めたがその熱心な常連であった。水沼辰夫らと交友、16年10月欧友会を改組した信友会創立に尽力した。19年5月秀英舎印刷工賃上げ要求闘争を企て、同月八千代倶楽部での演説会に「秀英舎の暴状を暴露す」と題して講演、貸席弥生倶楽部でも労働問題演説会を開催した。(北村信隆)〔文献〕山鹿泰治「追憶」『労働運動』4次2号1924.2, 水沼辰夫『明治・大正期自立的労働運動の足跡』JCA出版1979, 向井孝『山鹿泰治』自由思想社1984,「印刷工原田新太郎」『編集委ニュース』8号1999.9, 多田茂治『大正アナキストの夢』土筆社1922,『社会主義沿革1』

原田　武次郎　はらだ・たけじろう　?-?　横浜印刷工組合のメンバー。1924(大13)年11月上毛印刷工組合三山会の発会式に応援として参加。25年3月横印第1回大会で会務報告をし同月全印連第2回大会で書記をつとめる。9月東京蒲田のデンペイ(田平)印刷所争議を闘う。26年2月横印第2回大会では悪法案反対の件の提案理由説明をし(可決)、3月全印連第3回大会で情勢報告をする。27年4月関東自連第2回大会で横印提案の軍事教育反対の件について提案理由説明をする(可決)。6月職工手帳反対印刷工大会で横印の浜松孝太郎とともに演説。28年5月13日横印と横浜黒色一般労働者組合とが解体統合し、横浜市従業員一般労働者組合期成同盟会の有志が加わって設立された横浜地方労働者連盟結成大会(横浜市坂本館)で開会の挨拶と進行係をつとめる。(冨板敦)〔文献〕『印刷工連合』19・23・24・29・34-36号1924.12/25.4・5・10/26.3-5,『自連』12・14・24号1927.5・7.28.5, 水沼辰夫『明治・大正期自立的労働運動の足跡』JCA出版1979

原田　寅助　はらだ・とらすけ　?-?　1927(昭2)年北豊島郡三河島町(現・荒川区)で鶴岡直和とともに『反政党運動』三河島支局を担った。(冨板敦)〔文献〕『反政党運動』2号1927.7

原田　正純　はらだ・まさずみ　1934(昭9)9.14-2012(平24)6.11　鹿児島県薩摩郡宮之城町(現・さつま町)に生まれる。59年熊本大学医学部卒業、64年同大学院神経精神医学修了、同学科助手に就任。その間水俣病を研究し「先天性水俣病」で熊本大学から医学博士号を取得。「公害の原点」といわれる水俣病の患者を目の前にして「治らない病気を前にしたとき、医者は何をすべきか」という重苦しい自問に応えるべく、水俣病を被害者の立場から診断・研究。水俣病に対する政府の杜撰さ、無責任なチッソ会社の横暴さと冷淡さへの告発、故なき辱しめを受けている被害者たちの裁判闘争への支援などへと突き進み、さらに三池炭塵爆発CO中毒、カネミ油症中毒、土呂久砒素公害との格闘を続け文字通り生涯をささげた。「公害が起こると差別が起るのではなくて、"もともと差別があるところに公害問題は押し付けられるんだ"ということを実感した」ために水俣病を総合的に捉える「水俣学」を提言。そして99年定年退職時は助教授のままであった。つまり27年間も助教授だった。名著『水俣病』(岩波新書1972)を嚆矢として単著だけで20数冊を上梓、研究業績が足りないことはない。これこそ学問とは無縁の硬直した「大学ムラ」社会の実態である。熊本大学退職後の99年熊本学園大学社会福祉学部教授に就任。「水俣学」を開設しその3年後に同大学の「水俣病研究センター」の創設に加わり顧問に就任。穏やかで謙虚な医師であった。(川成洋)〔著作〕『水俣病は終わっていない』岩波新書1985,『水俣が映す鏡』日本評論社

1989、『水俣・もう一つのカルテ』新曜社1989、『裁かれるのは誰か』世織書房1996、『胎児からのメッセージ-水俣・ヒロシマ・ベトナムから』実教出版1996、『豊かさと棄民たち 水俣学事始め』岩波書店2007、『水俣への回帰』日本評論社2007、『宝子たち 胎児性水俣病に学んだ50年』弦書房2009、『油症は病気のデパート カネミ油症患者の救済を求めて』アットワークス2010、朝日新聞西部本社編『原田正純の遺言 対話集』岩波書店2013

原田　実　はらだ・みのる　?-?　1921(大10)年加藤一夫の自由人連盟に出入りしたことから警視庁の思想要注意人とされる。(冨板敦)〔文献〕『警視庁思想要注意人名簿(大正10年度)』

原田　吉雄　はらだ・よしお　?-?　1919(大8)年東京麹町区(現・千代田区)の外務省活版部印刷科に勤め日本印刷工組合信友会に加盟する。(冨板敦)〔文献〕『信友』1919年10月号

原田　理一　はらだ・りいち　?-1959(昭34)1.20　水沼浩によれば「原田兄弟は3人ともアナキスト」。長兄は品川の小学校の教師で教え子の鶴岡直和に影響を与え、二兄は虎助。25年築地小劇場内での待遇改善闘争を中心となって闘う。小劇場をボル派によって追われたのち鶴岡を頼り東京一般労働者組合に加盟、北部支部で活動する。28年4月東京一般リーフレット編集委員となる。11月昭和天皇即位の予防検束で水沼熊、小川猛、金沢末松と日本堤署に拘留29日。29年3月東京一般第2回大会で司会者水沼が中止命令を受けたため代わって開会を宣する。11月芝浦労働組合大会に東京一般を代表して祝辞を述べるが中止命令を受け検束される。金沢ら城南支部と袂を分かち30年4月鶴岡、小川らとともに東京一般北部支部を全国自連から分離独立させる。その後は関東自協、日本自協、自協派理論誌『黒旗の下に』に関わる。33年初め頃エマ・ゴールドマン『アナーキズム』(山下一夫訳)を自治連盟出版部の名前で出版。敗戦後は日向市に住み47年副島辰巳、井原末九郎、町田緊、吉田士郎、村田祐らと福岡を中心とした西日本平民戦線を結成。51年アナキストクラブに加わる。(冨板敦)〔文献〕『自連』24号1928.5、『自連新聞(号外・東京一般労働組合版)』1-3号1928.11-29.4、『自連新聞』30・34・42号1928.12・29.4・12、『黒旗の下に』5号1933.3、『クロハタ』39号1959.3、水沼浩「原田理一君の半面」『無政府主義運動』28号1959.6、横倉辰次「銅鑼は鳴る 築地小劇場の思い出』未来社1976

原戸　鹿蔵　はらと・しかぞう　1911(明44)-?　神戸市兵庫区上沢通生まれ。商業学校を卒業後、職業を転々としたのち家業の豆腐製造業に従事した。商業学校時代の同窓生と詩歌雑誌『高架』『映像』などを発行し布引詩歌社と関係があった。35年末頃無共党事件で検挙されるが不起訴。(冨板敦)〔文献〕『身上調書』

原藤　治　はらふじ・おさむ　?-?　読売新聞社に勤め東京の新聞社員で組織された革進会に加わり1919(大8)年8月の同盟ストに参加するが敗北。のち正進会に加盟。20年機関誌『正進』発行のために1円寄付する。(冨板敦)〔文献〕『革進会々報』1巻1号1919.8、『正進』1巻1号1920.4

パラント，ジョルジュ　Palante, George　1862-1925.8.6　フランスのダ・ド・カレー県ブランジー・レ・ザラに生まれる。小さな町サン・ブリュのリセで哲学教授をしながら『メルキュール・ド・フランス』誌の常連寄稿家となる。教え子として作家ギーユーや哲学者グルニエがいる。パラントは『ペシミズムと個人主義』のなかでシュティルナーの「唯一者」の思想を不徹底といい，個人主義的無政府主義はありえないと論証する。日本に初めてパラントを紹介した大杉栄が『社会的個人主義』という著書を刊行している。社会的個人主義はパラントの言葉で彼は否定的に扱っている。しかし革命運動を志向する大杉は社会的個人主義を運動論の中核にすえる。パラントは社会と個人の調和はありえないと考えている。辻潤的ニヒリズムの世界である。大杉は社会と個人を止揚するものとして社会的個人主義を積極的に提唱する。自らにこもる個人主義的知識人を揶揄して大杉は「囚人哲学」といい社会の抑圧を甘んじて受ける彼らを認めない。パラントはゴーチェとのボヴァリスム論争のなかで拳銃で自殺する。評価し信頼するゴーチェの変節がその原因である。(大月健)〔著作〕大杉栄抄訳「叛逆者の心理」『近代思想』2巻6号1914.3、武田元敏ほか訳『パラント著作集』全3巻別巻1パラント著作刊行会1971-86〔文献〕『武田元敏集』私家版1999、百瀬二郎「ジョルジュ・パラントの死」『虚無思想研究』1巻5号1925

針尾　清　はりお・きよし　?-?　広島県佐伯

郡三篠町(現・広島市)の広島ゴムに勤める。1925(大14)年7月30日突如解雇通告を受け解雇された男性労働者全50人とともに広島純労働者組合に加入し，純労初のスト闘争を闘い円満解決した。31日広島横川真宗説教場で開かれた広島ゴム争議の演説会で右手指3本を根本から切断した話をして，聴衆の涙を誘った。8月2日広島市内寿座の演説会でも公傷者についての演説をする。(冨板敦)〔文献〕山木茂『広島県社会運動史』

春田 捨吉 はるた・すてきち ?-? 別名・捨次郎 1919(大8)年東京麹町区(現・千代田区)のジャパンタイムス＆メール社欧文科に勤め活版印刷工組合信友会に加盟する。(冨板敦)〔文献〕『信友』1919年8・10月号，1921年1月号，1922年1月号

春田 武夫 はるた・たけお ?-? 1927(昭2)年3月神戸で岡崎竜夫，笠原勉，増田信三，中村一次，宇治木一郎，長沢清と黒闘社を結成し『黒闘』を発行する。矢野万次郎とも交流があった。(冨板敦)〔文献〕向井隆「勉さんの人名録」『編集委ニュース』10号・1999，「矢野万次郎」『身上調書』

春海 浩平 はるみ・こうへい ?-? 兵庫県津名郡群家村(現・宍粟市)に生まれる。早稲田大学文科に入学し小野吉勝と知り合う。1904(明37)年8月25日トルストイの思想に共鳴し人類罪悪の根底をつきとめたと感じる。病床の綱島梁川を見舞い影響を受ける。11月小野とトルストイ研究会を結成し研究会で「吾等は如何にして遁るべき乎」「男女両性干係論」を発表。05年5月火鞭会に参加。9月火鞭会の友人で病気のため函館に戻った渡辺佐吉(若草)が函館平民倶楽部の機関誌『新福音』を創刊したので小野とともに寄稿。06年2月『火鞭』1巻6号に「トルストイの聖書句解」を発表。7月早稲田大学を卒業。郷里に戻り思索の日を過ごす。その後洲本に移りさらに大阪市住吉区に移転。(堅田精司)〔文献〕『火鞭』1905・06，尾崎秀樹「社会主義詩人介山」『文学』1970.5

范 本梁 はん・ほんりょう フアン・プンニウ 1897-1945 本名・鉄牛 台湾嘉義出身。19年東京の青山学院，茨城県土浦中学，20年上智大学に学ぶ。アナキズム運動の影響を受け21年6月24日コスモ倶楽部が開いた「人類愛的結合講演会」で講演する。22年8月頃北京に赴き北京大学哲学科の聴講生となり同地のアナキストや北京在留台湾人と往来。同年1月に結成された北京台湾青年会に参加。また北京安社に加わり24年新台湾安社を組織。4月雑誌『新台湾』を創刊「台湾民族の生存を維持せんと欲せば，日本の強盗を駆逐せざるべからず。日本の強盗を駆逐せんと欲せば，暴力的革命以外に方法なし」と主張した(2号)。同年上海に赴き当地の台湾人に遊説する。張深切を知り『新台湾』を台湾に持ち帰るよう依頼。25年頃北京に戻る。26年奉天軍が北京を占領，弾圧を免れて同年7月ひそかに台湾に戻るが治安維持法違反で逮捕され28年2月27日懲役5年の判決を受ける。45年日本敗戦の4カ月前に再び投獄され獄中でやせ衰えて死没。日本人の妻と一人の娘がある。(手塚登士雄)〔文献〕『台湾総督府警察沿革誌3』，楊碧川『無政府主義者 范本梁』張炎憲・李筱峯・荘永明編『台湾近代名人誌3』自立晩報社1987，張深切『記范本梁烈士』『我与我的思想』1948『里程碑 別名黒色的太陽』1961『張深切全集』全12巻文経社1988)

伴 一郎 ばん・いちろう ?-? 1919(大8)年東京芝区(現・港区)の自由活版所に勤め活版印刷工組合信友会に加盟する。(冨板敦)〔文献〕『信友』1919年8・10月号

伴 仙太郎 ばん・せんたろう ?-? 報知新聞社に勤め新聞工組合正進会に加盟。1920(大9)年機関誌『正進』発行のために1円寄付する。(冨板敦)〔文献〕『正進』1巻1号1920.4

伴 正夫 ばん・まさお ?-? 東京朝日新聞社に勤め新聞工組合正進会に加盟。1920(大9)年機関誌『正進』発行のために50銭寄付する。(冨板敦)〔文献〕『正進』1巻1号1920.4

半沢 公吉 はんざわ・こうきち ⇒後藤学三 ごとう・がくぞう

半田 幸助 はんだ・こうすけ ?-1912(大1)12 和歌山県に生まれる。東京法学院を出て02年東京弁護士会に入会。大逆事件で成石平四郎，成石勘三郎兄弟の弁護を担当。盲腸炎の手術から30幾歳の若さで死去した。(手塚登士雄)〔文献〕森長英三郎『日本弁護士列伝』社会思想社1984

半田 利助 はんだ・りすけ ?-1923(大12)10月 芝浦製作所に入所し芝浦労働組合に加盟，1923(大12)年5月の第4回メーデーで司会者をつとめた。(冨板敦)〔文献〕『芝浦労働』

1次1号1922.11・2次1号1924.3,『組合運動』3・4号1923.4・5,『印刷工連合』1号1923.6,小松隆二『企業別組合の生成』御茶の水書房1971

坂野 一郎 ばんの・いちろう ?-? 別名・阪野 芝浦製作所に勤め芝浦労働組合に加盟し角力分区に所属。1924(大13)年9月27日,同労組の中央委員会で同分区の中央委員に杉野矢揵吉とともに選出される。25年11月28日の中央委員会で設置された出版部の責任者となる。29年には制御器係(分区)に移るが同年退社する。(冨板敦)〔文献〕『芝浦労働』2次2号1924.11, 3次2・19・22・26・33号1926.2・28.6・11・29.4・12

坂野 英治 ばんの・えいじ ?-? 別名・栄治 名古屋市新尾頭町(金山細民街)に生まれる。1923(大12)年10月佐藤栄治,西尾虹二と『野葡萄』(石原政明編)の同人となる。柔和なトルストイアンであったがこれ以後詩筆を絶つ。戦後は日本車両労働組合の文化部長をつとめたがレッドパージ(非共産党員)により追放となった。(黒川洋)〔文献〕浅野紀美夫「新尾頭町143番地」『風信』1968・70, 木下信三『名古屋抵抗詩史ノート』私家版2009

半谷 悌三郎 はんや・ていさぶろう 1902(明35)9.27-1944(昭19)3.24 別名・三郎 東京府荏原郡目黒村祐天寺(現・目黒区)に生まれる。24年早稲田大学高等師範部を卒業後,実家に寄食。詩ばかりを読んでいたという。26年茨城県の商業学校に勤め英語と美術を教える。『日本詩人』,百田宗治の『椎の木』に拠る。28年詩集『発足』を上梓。29年『学校』に詩「空中からする兀鷲の対話」(3号),詩「朔風を知る」(4号)を寄稿。30年詩誌『ナプキン』を創刊。34年『現実主義詩論』を上梓。35年4月『詩行動』2号に評論「詩と認識と言葉」を寄せる。同年末頃無共党事件で検挙されるが不起訴。(奥沢邦成・冨板敦)〔著作〕『発足』椎の木社1928,『現実主義詩論』蒲田書房1934〔文献〕秋山清『あるアナキズムの系譜』冬樹社1973,『身上調書』伊藤信吉『逆流の中の歌』泰流社1977,小堀文一『ある詩人の肖像 評伝・半谷悌三郎』三一書房2000

ひ

比嘉 栄 ひが・さかえ 1901(明34)-1953(昭28) 沖縄県島尻郡兼城間切(現・糸満市)に生まれる。沖縄アナキスト糸満グループのメンバー。19年頃泊の宮城繁徳の家などで泉正重,浦崎康華,城田徳隆・徳明兄弟,城間康昌,座安盛庶,辺見喜英長らとアナキズム文献を使って研究会を行う。21年1月沖縄初の社会主義団体庶民会の創立に向けて岩佐作太郎が来沖。警察の監視が厳しく講演会が開けないことから泉,城田徳明と一計をめぐらす。奥武山公園で屋外の大講演会を開くと吹聴し当日は公園に出向かず沖縄芝居を観劇していたのだ。この岩佐講演会の張り紙がもとで泉,城田徳明とともに検束され拘留7日,科料2円とされる。これを不服として正式裁判に持ち込むが罰金刑となる。この年道路修繕屋の青年団が演説会を始め糸満で座安,城田徳明と「演説もらい」に行く。28年7月6日糸満で不逞琉人社を結成し機関紙『正義と自由』を創刊するがただちに発禁となる。この頃から『琉球新報』の糸満通信員となる。沖縄戦直後の45年7月25日米軍によって創刊された『ウルマ新報』(1946『うるま新報』と改称)の糸満,久志支局長を歴任。47年沖縄人民党結党時に中央執行委員となり1期つとめた。(冨板敦)〔文献〕浦崎康華『逆流の中 近代沖縄社会運動史』沖縄タイムス社1977,『労働運動』2次3・8号1921.2・4, 3次2号1922.2

比嘉 良児 ひが・りょうじ 1900(明33)5.9-1951(昭26)4.26 別名・きぐれ 沖縄県那覇区若狭町(現・那覇市)に生まれる。県立一中を卒業。きぐれのペンネームで詩歌をつくり,また山田有幹らの社会問題研究会に出入りした。19年『沖縄日日新聞』創刊時に入社し記者となる。20年の日本社会主義同盟に加盟。同じく加盟した渡久地政憑,玻名城政博(本名・親泊政博)らと当時,那覇区辻町3丁目(現・那覇市辻)に炬火社を組織していた(書店か)。21年同紙廃刊後,大阪毎日新聞社那覇通信部の嘱託通信員となる。やがて通信部が支局に昇格,正社員になると警察の目が届かなくなったため自宅を社会問題研究会の会場として使用するように

なった。沖縄新劇運動にも参加する。第2次『労働運動』1号に寄稿，日本社会主義同盟創立の動きに呼応した沖縄の活動報告をしている。21年沖縄初の社会主義団体庶民会の創立メンバー。39年沖縄県知事淵上房太郎に会い標準語励行などの行き過ぎを抗議，喧嘩になる。それが原因で鹿児島支局に転勤。のち九州各支局を転々とした。51年福岡の支局に在任中に死没。歌人としても知られる。(冨板敦)〔文献〕浦崎康華『逆流の中で 近代沖縄社会運動史』沖縄タイムス社1977，新里金福・大城立裕著『沖縄の百年3』太平出版社1969，『労働運動』2次1号1921.1

桧垣 新八 ひがき・しんぱち ?-? 1919(大8)年東京芝区(現・港区)の東洋印刷会社和文科に勤め活版印刷工組合信友会に加盟する。(冨板敦)〔文献〕『信友』1919年8月号

日笠 与八 ひがさ・よはち 1868(明1)-1920(大9) 岡山に生れる。1906年1月日本社会党に入党。森近運平が岡山に結成したいろは倶楽部を山川均と再興する。07年北海道羊蹄山山麓の平民社農場に入植する。11月農場が廃止になると川沿いの土地を購入し妻子を呼び寄せて耕作を続けた。17年岡山県人の留岡幸助が田園生活の中で少年感化事業を行おうと遠軽町サナブチ(社名渕)に開いた「家庭学校」付属の農場に入る。20年4月スペイン風邪ため亡くなる。(手塚登士雄)〔文献〕小池喜孝『平民社農場の人びと』徳間書店1980

東 玲二 ひがし・れいじ ⇨山内恭三 やまうち・きょうぞう

東方 勧之 ひがしかた・かんし ?-? 1919(大8)年東京京橋区(現・中央区)の築地活版所欧文鋳造科に勤め活版印刷工組合信友会に加盟する。(冨板敦)〔文献〕『信友』1919年8・10月号

東島 百合子 ひがししま・ゆりこ ?-? 1926(大15)年7月18日から1週間，京橋区木挽町(現・中央区)の印刷工連合会で開かれた関東自由連合会主催の夏期講習会で講師をつとめた。変名と思われる。(冨板敦)〔文献〕『自由連合』2号1926.7

東山 薫 ひがしやま・かおる 1949(昭24)年6.7-1977(昭52)5.10 大阪府貝塚市生まれ。府立高津高校在学中，エンタープライズ佐世保港阻止闘争に参加。東京都立大全共闘・個別闘争を担った。その後都立大を中退し『コミュニカブル』という雑誌を仲間と発行，共同体を志向する。その後タクシーの運転手のアルバイトをしながら「三里塚闘争」に身を寄せ「坂志岡団結小屋」に在住。77年5月「反対派・岩山鉄塔」倒壊後の8日，抗議「反対派救急対策本部テント」「野戦病院」前で赤十字のゼッケンを付けて死守のスクラムに加わった時，至近距離で機動隊の水平撃ちガス弾を頭部に受けて頭蓋骨陥没にて倒れ2日後逝去した。同年5月14日に坂志岡・承天寺で「反対同盟葬」が執り行われ哀悼の辞を述べた戸村一作はじめ多くの人々に見送られた。「カオルの詩・薫風の中で」という歌が五月の薫風の季節に逝去した息子を想って作詞された両親(博・恵津さん)の詩を，高橋愁治(ピアニスト)が作編曲してつくられ加藤登紀子も歌っている。両親は警視庁長官や県警本部長ら5名を「殺人」で告訴したがのち不起訴処分にされた。また「頭部直撃」が認められ千葉県に賠償命令判決(1996)などが確定するまで長い裁判闘争を費やした。(北村信隆)〔文献〕向井孝「東山君の死と三里塚」武蔵野三鷹解放闘争救援会「東山薫さん虐殺の目撃記」・小特集「東山薫君の死と三里塚闘争」『新日本文学』32巻7号・新日本文学会編1977.7，郡山吉江『三里塚野戦病院日記』拓殖書房1980，小嵐九八郎『蜂起には至らず・新左翼死人列伝』講談社2003・講談社文庫2007

疋田 治作 ひきた・じさく 1904(明37)12.1-1965(昭40)11.5 別名・次作 静岡市車町生まれ。駿府商業学校を卒業後，家業の材木商の手伝いをするうちにアナキズムに共鳴。25年春上京し，自由労働に身を投じ黒連に加盟する。26年銀座事件で検挙され懲役8カ月。帰静し東海黒連(のちの無産者自治連盟)に加わる。28年2月沢田武雄らと『大衆評論』を復刊。同年秋天皇即位の弾圧で何度も検束される。のち山崎佐市と中国へ渡る。29年帰国後『貧乏人新聞』を刊行，発行人となるが大塚昇とともに新聞紙法違反で罰金20円禁錮3カ月。出獄後大塚，桑名哲夫(鈴木重賓)らと『無産者自治新聞』を発行。35年末頃無党事件で検挙される(不起訴)。のち朝鮮に渡り製紙事業に従事。戦後共産党に入党，静岡県委員になったのち党籍を離れ党外から援助。ヒキタ製紙工場を設立

し63年静岡生協理事長。(冨板敦)〔文献〕『黒色青年』1・9号1926.4・27.6,『自連』2号1926.7,『関西自由新聞』4号1928.3,『自連新聞』31・37-39・41号1929・1・7-9・11,『貧乏人新聞』4号1929.7,竹内康人「静岡のアナキズム」『沓谷だより』3号1990,大塚昇「静岡でのアナキズム運動」同17号2000,向井孝「大塚昇らを辿って」『黒』8号2002,『静岡県労働運動史資料・上』,『思想輯覧1』,『解放のいしずえ』新版,『身上調書』

疋田 親蔵 ひきた・しんぞう ?-? 1919(大8)年東京京橋区(現・中央区)の国文社印刷科に勤め日本印刷工組合信友会に加盟する。(冨板敦)〔文献〕『信友』1919年10月号

樋口 金平 ひぐち・かねへい ?-? 1919(大8)年東京麹町区(現・千代田区)の外務省活版部印刷科に勤め日本印刷工組合信友会に加盟する。(冨板敦)〔文献〕『信友』1919年10月号

樋口 元一 ひぐち・げんいち ?-? 読売新聞社に勤め東京の新聞社員で組織された革進会に加わり1919(大8)年8月の同盟ストに参加するが敗北。のち正進会に加盟。20年機関誌『正進』発行のために1円寄付。また24年夏,木挽町(現・中央区銀座)正進会本部設立のためにも1円寄付する。(冨板敦)〔文献〕『革進会々報』1巻1号1919.8,『正進』1巻1号1920.4,正進会『同工諸君!! 寄附金芳名ビラ』1924.8

樋口 信吉 ひぐち・しんきち ?-? 中央新聞社に勤め新聞工組合正進会に加盟して活動。1920(大9)年「令閨逝去,弔意を表す」と『正進』が報じる。(冨板敦)〔文献〕『正進』1巻2号1920.5

樋口 新三 ひぐち・しんぞう ?-? 渡米中の幸徳秋水が1906(明39)年6月オークランドで結成した社会革命党のメンバー。(西山拓)〔文献〕『社会主義沿革1』

樋口 政六 ひぐち・せいろく ?-? やまと新聞社に勤め東京各新聞社の整版部従業員有志で組織された労働組合革進会に加わり1919(大8)年8月の同盟ストに参加するが敗北。同年12月新聞工組合正進会を組織し常務理事を務め20年2月未加入者勧誘委員となる。3月日本印刷工組合信友会との連携を図るため正進会を代表して信友会幹事会に参加する。6月東京京橋区(現・中央区)桜橋際の川崎屋で開かれた正進会臨時大会で開会の辞を述べる。(冨板敦)〔文献〕『革進会々報』1巻1号1919.8,『正進』1巻1・4号1920.4・7,正進会『同工諸君!! 寄附金芳名ビラ』1924.8

樋口 伝 ひぐち・でん 1870.2.5(明3.1.5)-? 大和国添上郡郡山(現・大和郡山市)の郡山藩家老の家に生まれる。郡山中学を経て88年同志社に入学,翌年中退。在学中に受洗。89年上京,青年雑誌を発刊するが2カ月で廃刊。93年帰郷。98年再び上京し千駄木で古物商を営むが01年頃休業,書画周旋や著述活動を行い雑誌記者もつとめる。04年頃から社会主義を唱え始め05年4月上野公園の労働者観桜会で「社会主義の檄」を配布し警察に留置される。06年1月西川光二郎と日本平民党を結社。2月堺利彦らと日本社会党を結成し評議員となる。3月東京市電値上反対市民大会で兇徒聚衆罪に問われ逮捕される。加藤時次郎が出した保釈金で5月に仮出獄,生活上,思想上の問題で運動から遠ざかる。同年秋に書画骨董雑誌社を設立。08年7月刑が確定,重禁錮1年6カ月に処された。10年1月出獄。雑誌社の経営や生活は安定したが社会主義運動の表面に出ることはなかった。(西山拓)〔著作〕『茶道の名人』書画骨董雑誌社1912〔文献〕吉川守圀『荊逆星霜史』不二屋書房1936・復刻版不二出版1985,『主義者人物史料1』

樋口 福治 ひぐち・ふくじ ?-? 1919(大8)年東京麹町区(現・千代田区)の外務省活版部印刷科に勤め日本印刷工組合信友会に加盟。同年入営する。(冨板敦)〔文献〕『信友』1919年10・12月号

日暮 市太郎 ひぐれ・いちたろう ?-? 1919(大8)年東京深川区(現・江東区)の東京印刷深川分社文選科に勤め活版印刷工組合信友会に加盟する。(冨板敦)〔文献〕『信友』1919年8月号

彦田 与一郎 ひこた・よいちろう ?-? 別名・与四郎 1919(大8)年東京京橋区(現・中央区)の中庭印刷所文選科に勤め活版印刷工組合信友会に加盟する。(冨板敦)〔文献〕『信友』1919年8・10月号

久板 卯之助 ひさいた・うのすけ 1878(明11)4.16-1922(大11)1.21 京都市下京区西石垣通四条下ル斎藤町(通称・さいせき地区)に生まれる。家業は木戸孝允,西郷隆盛らが隠れ家にした老舗旅館だったが父の代に手放し暮らしは楽でなかった。日露戦争の頃トルストイや内村鑑三にひかれ06年3月11日

烏丸通三条の平安教会で受洗。翌07年10月聖職者をめざして同志社神学校別科に入学したがわずか4カ月で中退し丹波の牧場などで労働生活を送る。大逆事件後上京。13年7月12日麹町区隼町(現・千代田区)の洋食店メーゾン鴻の巣で開かれた第6回近代思想社小集に江渡狄嶺とともに出席, 同志社の先輩高畠素之, 伊庭孝に会いその後売文社に出入りし, 翌年5月『へちまの花』の「社友及特約執筆家」に加えられ要視察人に編入される。宮崎安右衛門の紹介で望月桂の経営する一膳飯屋へちまの常連となり望月と意気投合, 終生の同志となる。望月を社会主義運動に引き入れたのは久板だった。16年10月望月や渡辺政太郎の協力を得て『労働青年』を創刊する(7号1917.11終刊)。菊判各8ページの小雑誌だがその誌名にみられる通り青年の気概にあふれていた。社会主義運動のなかで「青年」を表題に掲げた機関紙誌はこれが最初。久板は自ら工場街や労働者街に足を運んで取材し広告を取り読者を獲得していった。このような手法での労働者向け啓蒙宣伝誌も同誌が最初でのちに盟友となる和田久太郎や中村還一らは『労働青年』の読者だった。また望月が参加したことで『労働青年』は平民美術, 民衆美術を訴える最初の機関誌となりここでの主張は黒耀会へと発展していく。資金難で『労働青年』は潰れたが同じ志を抱く和田と日暮里(現・荒川区)の労働者街に住み, やはり労働者街に住みたいとの念願を実行に移し南葛飾郡亀戸町(現・江東区)に住む大杉栄宅に18年2月から同居, 5月『労働新聞』を創刊する(4号1918.8終刊)。大杉が久板の超簡易生活に舌を巻いたのはこの時のこと。各号B4判8ページの小新聞だが題字の下に「労働者の解放は労働者自らの仕事でなければならない」という標語が掲げられそのめざすところを鮮明にしている。しかし2-4号と続いて発禁となり刀折れ矢尽きて廃刊。そのうえ新聞紙法違反で起訴され発行人の久板は5カ月, 編集兼印刷人の和田は10カ月の禁錮となり10月東京監獄に入獄する。19年12月望月が音頭を取って結成した黒耀会に参加し黒耀会展に毎回出品する。20年1月大杉入獄後の助っ人として第1次『労働運動』を応援。第2次『労働運動』には同人に名を出す

がアナ・ボル協同戦線に反対し知識階級排撃を正面に掲げた『労働者』の同人にも黒耀会の一員として名を連ねている。その頃は労働運動の第一線を離れ絵画や旅行にひかれていたらしい。22年1月21日伊豆半島へ写生に出かけ, 下田方面から天城山中猫越峠を越えて湯が島方面へ向かう途中道に迷い凍死した。この写生旅行は『労働者』への資金提供が目的だったともいう。凍死した時にシュティルナーの『自我経』(辻潤訳)を身につけていたと和田は追憶のなかで記している。また「日本人で僕の好きなのは, 日蓮と, 内村鑑三と, 大杉栄だ」と語っていたとも和田は述べている。遭難場所に猫越部落の人たちの厚意で石碑が建てられ望月が碑文を刻んだ。それから46年たった68年, 望月の長男明美が同地に赴き雑草と土に埋もれた石碑を掘り返し, 02年向井孝, 龍武一郎らの手で整備され03年9月81年ぶりに墓前祭が行われ, 村木源次郎の詩を刻んだ石碑が建てられた。(小松隆二・大澤正道)〔文献〕村木源次郎・大杉栄・オオスギ・マコ・中村還一・望月桂・村井林次郎・和田久太・伊藤野枝・堺利彦ほか「久板君の追悼」『労働運動』3次3-5号1922.3-6, 山本鶴吉「運動者としての久板君」『労働者』10号1922.5, 「高尾平兵衛・久板卯之助追憶全集」『民衆運動』2巻2号1925.2, 近藤憲二「一無政府主義者の回想」平凡社1968, 小松隆二『大正自由人物語』岩波書店1988, 『労働青年』復刻版緑蔭書房1990, 宮沢公一「久板卯之助の石碑『君, 僕は, まだここにいるぜ』」『編集委ニュース』24号2002.5, 『中日新聞』(静岡版)2003.9.18

久木 哲 ひさき・さとる 1908(明41)1.1-1995(平7)3.12 本名・武田元敏 東京市京橋区八官町(現・中央区銀座)生まれ。八官神社宮司武田楢蔵の4男。東京高等工業学校在学中に辻潤訳の『自我経』を読んでシュティルナーの「唯一者」の思想に触発され, 『虚無思想研究』1巻5号に掲載された百瀬二郎の「ジョルジュ・パラントの死」という文章に出会う。シュティルナーの個人主義もまだ不徹底であるというパラントの思想に傾倒する。28年特許局に就職。『都新聞』連載の「農村だより」を読んで千葉県印旛郡遠山村(現・成田市)で暮らす木村荘太を訪ね師事する。31年石川三四郎のルクリュの会に出席, 「こんな会にお役人が出てきていいのですか」といわれる。45年父の死没に伴い八

官神社の宮司になる。59年特許庁を退官、弁理士を開業する。71-86年『パラント著作集』1-3巻と別巻を独力で刊行するとともに『人間連邦』などで「忘れられた思想家」パラントを紹介している。（大月健）〔著作〕『パラント著作集』（訳）全3巻別巻1パラント著作刊行会1971-86,『武田元敏集』私家版1999

久下 長三 ひさした・ちょうぞう ?-? 1919（大8）年東京京橋区（現・中央区）の築地活版所欧文科に勤め活版印刷工組合信友会に加盟する。（冨板敦）〔文献〕『信友』1919年8・10月号

久永 豊彦 ひさなが・とよひこ ?-? 新聞工組合正進会に加盟し1924（大13）年夏、木挽町（現・中央区銀座）本部設立のために1円寄付する。（冨板敦）〔文献〕正進会『同工諸君!!寄附金芳名ビラ』1924.8

久野 鍾七 ひさの・しょうしち ?-? 時事新報社に勤め東京の新聞社員で組織された革進会に加わり、1919（大8）年8月の同盟ストに参加するが敗北。のち正進会に加盟。24年夏、木挽町（現・中央区銀座）正進会本部設立のために1円寄付する。（冨板敦）〔文献〕『革進会々報』1巻1号1919.8,正進会『同工諸君!!寄附金芳名ビラ』1924.8

久山 勝三郎 ひさやま・かつさぶろう ?-? 1919（大8）年東京芝区（現・港区）の近藤商店印刷所印刷科に勤め日本印刷工組合信友会に加盟する。（冨板敦）〔文献〕『信友』1919年10月号

土方 定一 ひじかた・ていいち 1904（明37）12.25-1980（昭55）12.23 別名・寺田郎 大垣市に生まれる。水戸高校在学中、舟橋聖一らと同人誌『彼等自身』『歩行者』などを出し詩を寄せる。また草野心平の『銅鑼』同人となりアナキズムに近づく。27年東京大学文学部美術史学科に入学、浅野孟府らと日本最初のギニョール劇団テアトル・クララを設立、「石川五右衛門と香炉」などの脚本を書く。在学中三枝博音主宰のヘーゲル及び弁証法研究会に参加する一方、27年オーストリアのアナキストP.ラムス『マルキシズムの謬論』を金星堂から抄訳出版し、『単騎』（のち『矛盾』と合併）や松村元の『黒旗は進む』（1号のみ）に寄稿する。30年卒業後アナキズムを離れ35年『歴程』同人となり、以後美術評論に専念。（北村信隆）〔著作〕『土方定一著作集』全12巻平凡社1976-78〔文献〕『土方定一追想』同刊行会1981

菱田 豊彦 ひしだ・とよひこ ?-? 1919（大8）年東京京橋区（現・中央区）の大倉印刷所欧文科に勤め活版印刷工組合信友会に加盟。信友会の庶務係を浅野広、市川彦太郎と担う。（冨板敦）〔文献〕『信友』1919年8・10月号

菱野 貞次 ひしの・ていじ 1898（明31）6.13-1940（昭15）4.17 京都市下京区東七条小稲荷町の商家に生まれる。04年父と死別。崇仁小学校卒業後、13年春に家出し、大相撲鳳部屋に入門するがしばらくして脱出。各地を転々、18年大阪の米騒動で暴れ回り、のち京都日出新聞の印刷工をつとめる。22年5月アナ派の京都印刷工組合に加盟、11月同社の争議で馘首され、京都魚市場の仲仕となる。全国水平社創立大会に参加し、25年全水第4回大会で常任理事に選出された（31年第10回大会まで活躍）。ボル派の全水無産者同盟結成に対抗して、25年10月反ボル派の全水青年連盟に加わる。ところが政治運動積極派・ボル派に傾いた菱野は、同連盟が政治運動・政党排撃のアナ派色を強めたため、下阪正英らとともに連盟を離れ、26年に改組された全水解放連盟には加わらなかった。同年の浜松日本楽器争議では京都府水平社の若者を率いて争議団遊撃隊を組織し、暴力団と対決したという。その後労働農民党を経て国家社会主義に転じる。（冨板敦）〔文献〕野口義明『無産運動総闘士伝』社会思想研究所1931

備前 又二郎 びぜん・またじろう ?-1929（昭4）1.20 別名・又次郎 関西紡織労働組合のメンバー。21年9月1日創刊された『関西労働者』の編集同人となる（1・2号が発禁となり解散）。その後『関西労働者』の有志に久保譲、逸見吉三、中尾正義、坂谷寛一が加わり黒社を組織し、23年7月15日第1次『黒』を創刊する。関東大震災後『黒』に関連して検挙され、各署をたらいまわしされたあげく和歌山刑務所に送られ計1年半拘禁される。大阪同志の弾圧、獄中での消息について、『闘ひ』1・2号に詳しい報告「別荘の風、娑婆の風」を連載している。藤岡房一、逸見、坂谷らと25年5月10日第2次『黒』を創刊する。黒連に加盟、関西黒旗連盟にも加わるが27年11月大阪合成労働組合除名の際に同連盟を脱退。29年東京府荏原郡荏原町

(現・品川区)の近代思潮社で死没。(冨板敦)〔文献〕『関西労働者』1号1921.9、『黒』1次1号1923.7、『鬪ひ』1・2号1925.2・3、『黒』2次1号1925.5、『労働運動』4次11号1925.7、『関西自由新聞』2号1927.11、『自連新聞』32号1929.2、『黒色青年』19号1929.3

肥田 伊佐雄 ひだ・いさお　1913(大2)-？　名古屋市西区替地町生まれ。小学校を卒業後、愛知県立一中に入学するが病気のため29年4月に中退。名古屋市在住の落合茂が発行する『社会詩人』への投稿がきっかけとなり有田永一、浅野紀美夫らと知り合いアナキズムに共鳴する。『自由評論』『自連新聞』『文学通信』などを購読。32年12月から叔父の経営する呉服商店でレーヨン加工職に従事、35年末頃無共党事件で検挙されるが不起訴。(黒川洋)〔文献〕志賀英夫『戦前の詩誌・半世紀の年譜』詩画工房2002、『身上調書』

肥田 孝一 ひだ・こういち　?-?　1919(大8)年東京深川区(現・江東区)の東京印刷深川分社第二部印刷科に勤め活版印刷工組合信友会に加盟する。(冨板敦)〔文献〕『信友』1919年8月号

日高 金三郎 ひだか・きんざぶろう　?-?　1919(大8)年東京麹町区(現・千代田区)の外務省活版部文選科に勤め日本印刷工組合信友会に加盟する。(冨板敦)〔文献〕『信友』1919年10月号

畢 修勺 ひつ・しゅうしゃく　ピー・シューシャオ　1902-1992　別名・碧波、鄭鉄　中国浙江省臨海出身。20年勤工倹学生としてフランスに渡り陳延年、李卓らと交友を結びアナキストとなる。21年陳延年らによって創刊された『工余』の編集に携わる。23年春大杉栄がパリにやってくると仲間と集まり大杉の話を聞く。25年末に帰国、26年上海に出てこの頃から呉稚暉、李石曾らと密接な関係をもつ。27年4月呉稚暉、李石曾らと国立労働大学の開設、『革命週報』の出版につき相談し5月『革命週報』が創刊され5号までは沈仲九が主編を担当し、6号以降29年発禁終刊まで主編をつとめる。9月に開校された国立労働大学ではフランス語を教える。30年李石曾のすすめでフランスに渡りエリゼ・ルクリュ『地人論』の翻訳を行う。5年の時間をかけポール・ルクリュの指導のもと翻訳を基本的に完了し34年帰国する。『地人論』は『綜合地理叢書』と名前を改め24分冊として37年出版するが日中戦争が勃発し中断される。同年陳誠から招かれて武漢に行き政治部発行の『掃蕩報』を主宰する(1938.10終刊)。抗日戦争後は上海に出てゾラの翻訳に専念、中華人民共和国成立後も大陸にとどまりゾラの小説の翻訳を続けた。その後反右派闘争では7年の刑を受け、文化大革命の時期には歴史的反革命分子とされて迫害を受ける。(手塚登士雄)〔著作〕『無政府主義者になった頃のこと』『中国アナキズム運動の回想』総和社1992、呉念聖『畢修勺と巴金』『プロジェクト研究』7号早稲田大学総合研究機構2012

秀島 広二 ひでしま・こうじ　1898(明31)頃-？　別名・広治、弘二　佐賀県佐賀郡新北村森井に生まれる。生年について1892(明25)年説あり。万朝報社に勤め正進会(のち東京印刷工組合)に加盟する。1921(大10)年末の万朝報社の争議を闘い解雇(全18人)。22年高尾平兵衛、長山直厚、白銀東太郎、渡辺幸平、水沼熊、北浦千太郎とソ連に密入国する。チタで4カ月間シベリアの日本兵士向け反戦新聞『農民、兵士、労働者に訴ふ』の組版、印刷に従事し、のちモスクワの東洋勤労者共産主義大学(クートベ)の第1期生として入学する。24年1月5日金祉燮がおこした二重橋爆弾事件で金を上海から日本へ密航させる手引きをしたとして爆発物取締罰則、船舶侵入幇助で懲役5年となる。25年11月17日綿引邦農夫宅でSS会(正進会員、信友会員で組織された団体)主催の入獄送別会が開かれ豊多摩刑務所に下獄。29年2月4日出獄。水沼辰夫によれば「豪放磊落、小事にこだわらぬ楽観的な性格」だった。(冨板敦)〔文献〕『労働運動』3次1号1921.12・4次6号1924.12、『印刷工連合』31号1925.12、『黒色青年』6号1926.12、『自連新聞』31号1929.1、『在京朝鮮人状況』、水沼辰夫『明治・大正期自立的労働運動の足跡』JCA出版1979、横山和雄『日本の出版印刷労働運動・上』出版ニュース社1998、『思想輯覧1』

日野 善太郎 ひの・ぜんたろう　1929(昭4年)1・11-2009(平21)3・27　本名・谷口利己(たにぐち・としみ)別名・川崎鋼　神奈川県川崎市渡田1316番地に生まれる。1947(昭22)年長崎県佐世保市に移住し占領軍の警備員や日野炭鉱で坑夫等をした。日野善太郎の筆名はこの地に由来する。48年10月に日本共産党に入党するが50年に脱党する。佐世

保自由労組に加入。53年5月生活扶助を求めて佐世保市役所に団体交渉に行き建造物侵入罪で逮捕される。58年に家を出て岡山県に行き，土工，採石坑夫等をした後，59年に兵庫県尼崎市に移住し，本格的に執筆活動を『変革者』『AMAZON』『労務者渡世』等で展開した。この頃高島洋を介して寺島珠雄を知り付き合いは寺島が没するまで続いた。53年から『AMAZON』で知り合った田近愛子の援助を受け晩年は同じアパートで別の部屋に住むという形で田近が亡くなるまで続いた。08年10月大阪の新今宮の大和中央病院で胃がんで亡くなった。(久保田一)〔著作〕『限りなく六月』『AMAZON』1970-1977,「四月のレポート」『変革者』1966,「小説・六月の乱数表」『変革者』21-23号,「飯場と風呂」『労務者渡世』4号1975,「寺島珠雄号と清風荘」『虚無思想研究』16号2000,「東金に行ってきました」『虚無思想研究』17号2001,「続・東金に行ってきました」『虚無思想研究』18号2004,「勧酒サヨナラダケガ人生ダ」『ゆう』創刊号2004,「ブラックと雷と洋さん」『ゆう』6号2006〔文献〕『ゆう』追悼・日野善太郎14号2009,『ゆう』15号2010

日野 忠夫 ひの・ただお ?-? 松山市に生まれる。1929(昭4)年8月温泉郡に新創人社を宮本武吉，木原良一，木原茂らと創設し，32年11月『南海黒色詩集』を起村鶴充，白井冬雄，井上弥寿三郎，木原実らと出版した。(黒川洋)〔文献〕『ディナミック』40号1933.2,秋山清「南海黒色詩集と愛媛の詩人たち」『自由連合』92号1963,木原実『冬晴れの下で』オリジン出版センター1975

日野 登 ひの・のぼる 1901(明34)4.13-? 広島県沼隈郡草戸村(現・福山市)に生まれる。1919(大8)年10月に上京。その後無政府主義者とつきあったことから21年警視庁の思想要注意人とされる。(冨板敦)〔文献〕『警視庁思想要注意人名簿(大正10年度)』

日野 柏朗 ひの・はくろう 1903(明36)-1958(昭33)2.11 熊本県出身。16年頃在学中に学内運動に取り組みのち大杉栄らと連絡をとって啓蒙運動を展開した。戦後は共産党に入党。(奥沢邦成)〔文献〕『解放のいしずえ』新版

日野 正義 ひの・まさよし 1902(明35)-? 本名・弥平 徳島市津田町山地生まれる。13年小学校を卒業，大阪に出る。鉄工員となり各工場を転々とした。24年頃逸見吉三らと交流しアナキズムに共鳴。同年製鋲労働組合を結成，関西自連発会式に参加，同労組の加納喜一とともに役員に選出される。のち製鋲労組と関西技工組合が合同し大阪機械技工組合になり，26年頃自宅を同組合事務所とする(関西自連の事務所も同所)。27年6月鞆鋲釘争議の応援に行き竹竿で警官を刺したとして山口勝清，小松亀代吉，沢田武雄，沖浦静夫らとともに検挙される。公務執行妨害，傷害，暴力行為で懲役4年。35年末頃無共党事件で検挙されるが不起訴。(冨板敦)〔文献〕『関西自由新聞』2・4号1927.11・28.3,『黒色青年』13号1927.10,『自連』1・14号1926.6・27.7,宮本三郎『水崎町の宿・PART II』私家版1982,『大阪社会労働運動史・上』,山本茂『広島県社会運動史』,『思想輯覧2』,『身上調書』

日吉 春雄 ひよし・はるお ?-? 別名・春夫 1919(大8)年東京芝区(現・港区)の近藤商店印刷所欧文科に勤め活版印刷工組合信友会に加盟。20年2月25日の信友会役員改選で編集担当に選出され『信友』8月号が編集者デビュー作となる。同年7月18日紡織労働組合のデモと演説会に桑原錬太郎ら信友会のメンバーと参加。赤坂区(現・港区)赤坂台町に住んでいた。のち日本印刷興業株式会社に移る。(冨板敦)〔文献〕『信友』1919年8・10月号，1920年3・4・8・12月号，1921年1・2・3月号

平井 昶 ひらい・いたる 1896(明治29)-? 別名・今成昶，波城 埼玉県北埼玉郡原道村(現・加須市)に生まれる。父は小学校教員。1917年埼玉師範学校卒業後，北埼玉郡東尋常小学校に勤める。師範時代から下中弥三郎に傾倒し啓明会の結成に向けて奔走，19年8月神田青年会館での発会式で講演する。啓明会は当初，教員の教化運動をめざしたが平井はその中心的な活動家で教師の運動は「先ず人間としての完全な人格を獲得創造」することにあるとした(「涸渇者の喜び」『啓明』創刊号1919)。組合運動化をめざす高田政孝とは距離があったらしい。22年の大会で啓明会はふたたび教化運動路線へ戻るがそれ以降積極的に活動はしていない。(大澤正道)〔文献〕下中弥三郎「誇つてよいと私は思ふ」『文化運動』1924.9『万人労働の教育』平凡社1974・『下中弥三郎労働運動論集』同1995),『下中弥三郎事典』平凡社1965

平井 貞吉 ひらい・さだきち ?-? 1919(大

8)年東京神田区(現・千代田区)の三秀舎和文科に勤め活版印刷工組合信友会に加盟する。(冨板敦)〔文献〕『信友』1919年8月号

平井 貞則 ひらい・さだのり ?-? 1919(大8)年東京神田区(現・千代田区)の三省堂印刷部欧文科に勤め活版印刷工組合信友会に加盟する。(冨板敦)〔文献〕『信友』1919年8月号

平井 清之助 ひらい・せいのすけ ?-? 1919(大8)年東京京橋区(現・中央区)の築地活版所文選科に勤め活版印刷工組合信友会に加盟する。(冨板敦)〔文献〕『信友』1919年8・10月号

平井 仙作 ひらい・せんさく ?-? 中央新聞社に勤め東京の新聞社員で組織された革進会に加わり1919(大8)年8月の同盟ストに参加するが敗北。のち正進会に加盟。24年夏,木挽町(現・中央区銀座)正進会本部設立のために3円寄付する。(冨板敦)〔文献〕『革進会々報』1巻1号1919.8,正進会『同工諸君!! 寄附金芳名ビラ』1924.8

平井 太吉郎 ひらい・たきちろう 1879(明12)4-1951(昭26)3 米騒動発祥の地の一つ富山県滑川町(現・滑川市)に生れる。網元,醤油醸造・販売を営む資産家の家に生れ家業を継いだ。東京専門学校に入るが学校騒動で警察に留置され堺利彦から差し入れを受けたことが社会主義運動接近の始まりだったという。同校中退後,郷里で永代借地を地上権設定に変更するための地上権獲得同盟会や滑川立憲青年会などの組織に参加した。平民社に維持金を寄付し社会党党員名簿に名を連ね「要視察人」として長く監視されたが堺利彦,大杉栄と交流を絶やさず大杉らの『近代思想』や月刊『平民新聞』の維持に協力し寄付金を送った。1918年の米騒動の際,県下初の米価引き下げを主導し事態を収拾させた。そして米騒動を無言の普通選挙要求ととらえただちに滑川普通選挙期成同盟を組織した。日本社会主義同盟に加盟した。また21年万整社を結成し町民の代書,訴訟などの無料斡旋を行うなど地域民衆の権利獲得に身を挺した。中新川郡の郡会議員も務めた。(大和田茂)〔文献〕斉藤弥一郎『富山県社会運動史』同刊行会1961,『富山県史通史編Ⅵ』富山県1984,『社会主義沿革1』みすず書房1984

平井 武次郎 ひらい・たけじろう ?-? 1919(大8)年東京神田区(現・千代田区)の武木印刷所印刷科に勤め活版印刷工組合信友会に加盟する。(冨板敦)〔文献〕『信友』1919年8・10月号

平井 武平 ひらい・たけひら 1883(明16)2.15-? 別名・桜川武平,辰之助 茨城県真壁郡真壁町に生まれる。高等小学校3年を修了,97年酒造業の奉公人となる。02年中沢寅吉を頼って渡米し料理職人,新聞・雑誌記者,脚本翻訳業などをつとめた。16年6月2日サンフランシスコ領事館の調査報告に基づき無政府主義を信奉する甲号として要視察人名簿に登録された。登録の理由は13年パラ・アルトで洋食店を経営し千葉利右衛門,阿部四郎らを雇用したこと,サンフランシスコで竹内鉄五郎が経営していた社会主幹旋所を譲り受けそこに社会主義者が出入りしていたこと,月刊『平民新聞』や『近代思想』などの米国での購買取次を行ったことなどであった。(西山拓)〔文献〕『主義者人物史料1』,『在米主義者沿革』

平井 貞二 ひらい・ていじ 1905(明38)12.24-1981(昭56)11.20 別名・青柳史郎,高石新 大阪市生まれ。東洋大学哲学科を中退,21年大阪の第1回メーデーで検束,23年関東大震災前後から思想運動に深く関わるようになった。24年の大阪メーデーで検束後,東京の機械技工組合に身を寄せ多くの争議に関与した。26年以降活動の本拠を大阪に移し関西自連や関西黒旗連盟で活動した。全国自連第2回大会ではのちに純正アナキズム系といわれる立場で活動,自協系の運動が盛り上がった29年には東京の早川リーム争議の支援,梁瀬自動車商会襲撃事件などに関係した。同年大串孝之助,河本乾次,久保譲,中尾正義,逸見吉三らと連名で東京における分裂抗争と黒連内の内ゲバを批判して黒連からの離脱を『関西自由新聞』で表明した。同時に大串,山岡喜一郎,山岡栄二,李ネストル(允熙),和佐田芳雄らとアナキスト青年連盟を発足させた。31年2月『黒旗』掲載の「農民に訴ふ」,農青社機関誌『農村青年』の主張した農青イズムが引きおこしたアナ青連内での議論は同連盟の解散決議となり,自主分散活動の連携へと向かい同年12月には八木秋子を迎えて協議した。翌年1月大串,山岡,李,遠藤喜一,大日方盛平,田原保雄らと

ともに『大阪黒旗』を刊行しその2号に「この現状を打開するにはどうすればよいのか」,同6号に「無政府コンミュン」などを執筆した。36年5月農青社事件で検挙されたが起訴猶予となった。以後は弾圧のため活動が不可能となり44年産経新聞大阪本社に入社,運動からは身を引いた。敗戦後は関西にあってアナ系の活動にも関与,72年農青社運動史刊行会に参加。(奥沢邦成)〔文献〕大久保貞夫『長野県社会運動秘録』全6巻私家版1948,『資料農青社運動史』,『長野県史』1984,『農青社事件資料集』

平井 留吉 ひらい・とめきち ?-? 時事新報社に勤め東京各新聞社の整版部従業員有志で組織された労働組合革進会に加わり1919(大8)年8月の同盟ストに参加するが敗北。その後新聞工組合正進会に参加。20年2月正進会の未加入者勧誘委員となる。21年万朝報社に勤め機関誌『正進』の原稿送り先を担う。(冨板敦)〔文献〕『革進会々報』1巻1号1919.8,『正進』1巻1号1920.4,2巻5号1921.5,『印刷工連合』1号1923.6,正進会『同工諸君!!』寄附金芳名ビラ』1924.8

平井 友信 ひらい・とものぶ ?-? 中外商業社に勤め東京の新聞社員で組織された革進会に加わり1919(大8)年8月の同盟ストに参加するが敗北。のち正進会に加盟。24年夏,木挽町(現・中央区銀座)正進会本部設立のために1円寄付する。(冨板敦)〔文献〕『革進会々報』1巻1号1919.8,正進会『同工諸君!!』寄附金芳名ビラ』1924.8

平井 正武 ひらい・まさたけ 1900(明33)1.25-? 東京市小石川区大塚町(現・文京区大塚)に生まれる。東京高等師範学校に入学し1921(大10)年東京北郊自主会に出入りしたことから警視庁の思想要注意人とされる。(冨板敦)〔文献〕『警視庁思想要注意人名簿(大正10年度)』

平井 征夫 ひらい・ゆきお 1944(昭19)5.7-2002(平14)9.30 中国・旧満州奉天市生まれ。1946年5月日本に引き揚げる。大阪市立小中学校,大阪府立旭高等学校卒業。62年大阪外国語大学イスパニア語科入学。持ち前の正義感から学生運動に関わる。当時大阪外大を牛耳っていた民青系の影響をうけるが63年の4・17共産党声明に失望する。外大でスペイン語を学ぶ意味を問い悩む中スペイン市民戦争とその歴史的意義を知りスペイン革命の研究に浸るも68年中退。74年エスペラント学習を開始。79年スペイン・バルセロナ大学に留学。エスペランチストでアナキストの友人を介しスペイン革命やカタルーニャ分離独立,カタラン語復権運動に関心を寄せ関係者と交流。CNTやUGTの活動,革命とエスペラント運動を研究する(関係資料はアナキズム文献センターに寄贈され閲覧できる)。80年「バルセロナ日記」を『エスペラントの世界』誌に連載。81年スペイン語通訳国家試験に合格。JTBのスペイン・ポルトガル語通訳の傍ら翻訳,語学講師を務める。91年関西エスペラント連盟機関紙La Movadoの編集に携わり「スペイン戦争とエスペラント」など数多くの記事を書き,エスペラント運動に精力的に取り組んだ。海外視察団やサッカートヨタカップの通訳や添乗など多忙な仕事に従事する。97年喉頭癌を発症,2002年58歳の若さで永眠。(平山忠敬)〔著作〕『バルセロナ日記 カタルーニャとエスペラント』リベーロイ社2003,*Hispana, Kataluna, Mangada..verkoj de Dil Avia* Riveroj社2003,『歌っておくれ,ビオレッタ』共訳・新泉社1998〔文献〕『La Movado』関西エスペラント連盟機関紙,『La Revuo Orienta』日本エスペラント学会機関誌,『La Voĉo』大阪エスペラント会機関誌など

平出 修 ひらいで・しゅう 1878(明11)4.3-1914(大3)3.17 旧名・児玉,別名・露花,黒瞳子 新潟県蒲原郡石山村猿ケ馬場(現・新潟市)に生まれる。郷里で小学校教師をつとめたのち上京,01年明治法律学校に入学。在学中に男女同権を唱える口語文の法律書を刊行する。04年弁護士となり新聞紙条例違反や不敬罪に関する裁判を担当。大逆事件では崎久保誓一,高木顕明を担当,卓抜した弁論で被告人から感謝されたという。また弁護人たちのなかで最も多くの記録を残している。「大逆事件意見書」では,検察側のアナキズムに対する無理解や,新しい思想は在来思想からみると常に危険なものであるが思想自体は危険ではない点を指摘している。また宮下太吉,管野すが,新村忠雄以外の被告はアナキズムに関する意見,知識がなく,計画の発覚まで何も知らなかったにもかかわらず24人ことごとく死刑とは司法権の威厳は地に落ちたと強く批

判した。これらの意見は平出がアナキズムの弁護ではなく被告人の利益のためという点から出されたものである。なお平出が伝えた大逆事件の真相に石川啄木は衝撃を受け思想を深化させている。平出は学生時代から文学者としての才能も開花させていた。01年『新派和歌評論』(鳴皐書院)を刊行，また与謝野鉄幹に師事し『明星』その他に歌論，文芸評論を載せている。また森鷗外宅での観潮楼歌会に出席，多くの歌人と交流。『明星』廃刊後は『スバル』に出資経営する。大正期には「計画」「逆徒」など大逆事件を素材とした社会小説を発表。結核のため死没。(西山拓)〔著作〕『定本平出修集』全3巻春秋社1965・69・81〔文献〕『平出修研究』全6巻同刊行会1968-74，平出修研究会編『平出修とその時代』教育出版センター1985，平出彬『平出修伝』春秋社1988，吉田悦志『平出修と幸徳秋水』『明治大学教養論集』184号1985，中村文雄「平出修・大逆事件弁護とその根幹」『国史学』125号1985.3，篠原義彦「森鷗外と平出修と幸徳秋水」『高知大学学術研究報告人文科学』37号1988，平出修研究会編『大逆事件に挑んだロマンチスト』同時代社1995，山泉進「平出修」『明治』4号1999.10

平岩　巌　ひらいわ・いわお　1899(明32)3.2-1976(昭51)2.25　東京市生まれ。麻布中学を中退。高畠素之門下で，21年頃石黒鋭一郎，平岡誠らと抹殺社を結成，同年2月皇太子裕仁の訪欧阻止のために同志とともに麻布の西園寺八郎邸に乱入。11月「軍人は資本家の手先になるな」という反軍ビラを全国の連隊や軍艦に送付した事件で懲役6カ月の判決を受ける。その後加藤一夫の自由人連盟に所属した。22年9月日本労働組合総連合創立大会に参加するため大阪天王寺公会堂へ向かうが，尾行と乱闘事件をおこし逮捕。23年5月吉田一，高尾平兵衛らと戦線同盟を結成，6月スト破りをした南葛労働協会を同志とともに急襲し居合わせた川合義虎らを殴打，詫び状を書かせる。同月26日高尾，吉田，長山直厚とともに赤化防止団本部に米村嘉一郎を襲ったが米村の発砲で高尾を失い逮捕された。8月大杉栄らが呼びかけたアナキスト同盟の準備会に石黒と出席したが，席を蹴って退場したという。9月関東大震災後に挙行されたアナ系諸団体による大杉栄らの合同葬では自由人連盟を代表して葬儀準備委員に名を連ねている。24年4月『未来と青年』を刊行(11月まで3号)，また高尾の追悼集『高尾平兵衛と其の遺稿』(戦線同盟1924)を編集・発行する。戦後世田谷区で厳嘯洞を経営，戦前のアナキズム運動の顕彰につとめた。(奥沢邦成)〔著作〕『社会革命と政治運動』未来と青年社1924〔文献〕『労働運動』4次2号・(大杉栄・伊藤野枝追悼号)1924.3，萩原晋太郎『高尾平兵衛』リベルテールの会1972，松尾尊兌『大正時代の先行者たち』岩波書店1993

平岩　道男　ひらいわ・みちお　1910(明43)-?　長野県上伊那郡富県村北福地(現・伊那市)生まれ。高等小学校を卒業後，農業に従事。伊沢八十吉に影響されてアナキズムに共鳴するようになった。31年5月『富県時報』に「村を吹く思想の嵐と私達」と題したアナキズムに関する記事を投稿する。また『自連新聞』『文学通信』などに親しんだ。35年末頃無共党事件で検挙されるが不起訴。(冨板敦)〔文献〕『身上調書』，『農青社事件資料集Ⅰ・Ⅲ』

平岩　良知　ひらいわ・よしとも　?-?　東京毎日新聞社に勤め新聞工組合正進会に加盟。1920(大9)年機関誌『正進』発行のために寄付をする。(冨板敦)〔文献〕『正進』1巻1号1920.4

平岡　栄太郎　ひらおか・えいたろう　?-?　新潟県佐渡島に生まれる。1908(明41)年2月佐渡鉱山の鉱夫ストライキを組織し，14年8月同志数人とともに相川町で新思潮学舎を結成しアナキズムの啓蒙，宣伝活動を展開した。この間『佐渡日報』を経営。15年6月上京し渡辺政太郎を訪ねるとともに堺利彦，大杉栄，荒畑寒村，吉川守圀など在京の同志を訪問，さらに埼玉県の臼倉甲子造を訪ね帰郷した。(奥沢邦成)〔文献〕『特別要視察人情勢一斑』

平岡　誠　ひらおか・まこと　1899(明32)6.5-1979(昭54)4.9　東京市牛込区矢来町(現・新宿区)生まれ。20年横浜沖仲仕同盟会の結成に参加，のちに平岩巌，石黒鋭一郎らとともに抹殺社を結成する。21年2月平岩，石黒ら6人で皇太子裕仁の訪欧阻止をめざして麻布の西園寺八郎邸に乱入した。22年中浜哲，倉地啓司，南芳雄らとギロチン社を結成し豊多摩郡戸塚町源兵衛(現・新宿区西早稲田)にアジトを構えた。古田大次郎，渡辺善寿，五月会の中名生幸力らが出入り

し近くには堺真柄らの赤瀾会もあって活況を呈した。同年9月全国労働組合総連合の創立大会には中浜とともに下阪。23年2月立憲労働党の山口正憲グループと対立，中浜，河合康左右らとともに乱闘し戸塚署に検束。同年9月の関東大震災では平岩，石黒，南らとともに保護検束され拷問を受けた。のちに大阪や神戸に一時移るがやがて東京に戻る。逮捕後の中浜をたびたび見舞い，救出を企てたが果たせなかった。戦後アナ連のちアナキストクラブに加わり旧友の支援につくした。(奥沢邦成)

平岡　正明　ひらおか・まさあき　1941(昭16)1.31-2009(平21)7.9　東京・本郷生まれ。早大露文科中退。1960(昭35)年共産主義者同盟(ブント)加盟，早大ブントで安保闘争。61年宮原安春らと政治結社「犯罪者同盟」を結成。62年衆院選挙日「寝ころびデモ」。早稲田観音寺自立学校に運営参加。63年『赤い風船あるいは牝狼の夜』刊行，猥褻図画容疑で逮捕，起訴猶予。67年『ジャズ批評』創刊号巻頭で「ジャズ宣言」執筆，以後ジャズ評論家を名乗る。68年「テック闘争」初代労組委員長，69年「映画評論」『日本読書新聞』『現代の眼』ほか執筆活動多数。71年頃「窮民革命論」を軸に竹中労，太田竜と「三馬鹿ゲバリスタ」を結成。72年「ポナペ決死隊」遺族補償を求める「ダニエル・ロペス支援闘争」参加。75年東アジア反日武装戦線一斉逮捕の日家宅捜索を受ける。70年代後半より山口百恵，筒井康隆を論じて時代の寵児に。89年横浜野毛大道芸実行委に参加。91年水滸伝研究会発足。93年『浪曲的』で斎藤緑雨賞受賞。94年NHK「わが心の旅」で中国山東省へ，「水滸伝・任侠の夢」を制作。晩年まで音楽を中心に映画，文学，犯罪，大道芸，漫画，落語…あらゆる領域を革命的に論じた。(鈴木義昭)〔著作〕『韃靼人宣言』現代思潮社1964，『犯罪あるいは革命に関する諸章』現代思潮社1967，『ジャズ宣言』イザラ書房1969・アディン書房1979，『ジャズより他に神はなし』三一書房1971，『あらゆる犯罪は革命的である』現代評論社1972，『日本人は中国で何をしたか』潮出版社1972・潮文庫1985，『中国人は日本で何をされたか』潮出版社1973，『水滸伝窮民革命のための序説』(竹中労と共著)三一書房1973，『山口百恵は菩薩である』講談社1979・講談社文庫1983，『筒井康隆はこう読め』CBSソニー出版1981，『遠くちらちら灯りがゆれる』(三波春夫，岡庭昇，朝倉喬司と共著)らむぷ舎1985，『大歌謡論』筑摩書房1989，『中国水滸伝・任侠の夢』(黄波と共著)日本放送出版協会1996，『黒い神』毎日新聞社1999，『日本ジャズ者伝説』平凡社2006，『昭和漫画家伝説』平凡社2009，『立川談志と落語の想像力』七つ森書館2010，『人の初・平岡正明自伝』彩流社2012〔文献〕『同時代批評17総特集：平岡正明という思想』岡庭昇事務所2011，『平岡正明追悼論集・永久男根平岡正明』彩流社2010

平賀　寅松　ひらが・とらまつ　1878(明11)1.26-1946(昭21)5.27　千葉県長生郡土睦村(現・睦沢町)生まれ。18歳で横須賀海兵団に入り社会の矛盾を体験，クロポトキンなどを読む。07年平民社に幸徳秋水を訪ね語り明かす。09年幸徳の影響を受けて12年間に及ぶ海軍生活を退き浦賀船渠の工員となる。20年浦賀船渠革新会の創立に参加して執行委員。22年馘首されて帰郷。23年利根川河畔一帯の小作争議を指導し南総小作組合を組織。24年日農千葉県連を創立した。(奥沢邦成)〔文献〕『解放のいしずえ』旧版，小松七郎「平賀寅松と軍神杉野兵曹長」『大湖』2号1977.9

平川　啓次　ひらかわ・けいじ　?-?　1922(大11)年農村運動同盟に加盟し機関紙『小作人』の関東地方同人として名前を連ねる。(冨板敦)〔文献〕『小作人』2次1号1922.10

平川　豊輝　ひらかわ・とよき　?-?　1919(大8)年東京京橋区(現・中央区)の築地活版所校正科に勤め活版印刷工組合信友会に加盟する。(冨板敦)〔文献〕『信友』1919年8・10月号

平澤　猪之助　ひらさわ・いのすけ　?-?　別名・平野猪之助　読売新聞社に勤め新聞工組合正進会に参加。1920(大9)年上司を殴ったとして退社(解決金20円)，北海道に帰郷する。(冨板敦)〔文献〕『正進』1巻1・2号1920.4・5，正進会『同工諸君!! 寄附金芳名ビラ』1924.8

平沢　計七　ひらさわ・けいしち　1889(明22)7.14-1923(大12)9.3　別名・紫魂，潮態，浮世山人，原田忠一　新潟県北魚沼郡小千谷町(現・小千谷市)の生まれ。父方の家が代々鍛冶屋であった関係で14歳で父の働く日本鉄道(のち鉄道院)大宮工場の職工見習生となり以後鉄道院新橋工場，同浜松工場の鍛冶工として働き，かたわら小山内薫に私淑して戯曲を書き始める。浜松工場で消費組合友愛会の組織に参加，14年労働運動に身を挺することを決意して鉄道院を退職上京，南葛飾郡大島町(現・江東区大島)で工

員生活を送りながら友愛会に入り大島分会，同支部などを組織する。手腕を会長鈴木文治らに認められ16年7月友愛会本部書記に抜擢，機関誌『労働及産業』『友愛婦人』の編集に携わり自らも労働者向けの啓蒙的な小説，戯曲，ルポなどを多く発表する。労働者出身の数少ない幹部であった。18年10月英国留学する野坂参三のあとを受け友愛会出版部長になり城東連合会の初代会長も兼務する。この間多くの労働争議を指導し妥結に導く。19年6月作品集『創作・労働問題』を出版。同年9月友愛会は大日本労働総同盟友愛会に改称し棚橋小虎，麻生久らの若い知識人指導者がはっきりとした階級闘争を軸にすえた社会主義路線を打ち出しこれまでの労使協調的な労働現場からの闘いを主張する平沢と対立，結局平沢は友愛会を脱会しその際行動をともにした城東連合の同志320人と純労働者組合を結成した。以後，大島，亀戸地区で一時『東京毎日新聞』記者をしながら同地で立憲企業協会をつくっていた岡本利吉と消費組合，労働金庫，労働劇団など幅広い文化運動をしながら労働運動を指導した。アナ・ボル論争が始まっていた時期で純労働者組合の組合員にはアナキストが多く，同組合も反総同盟系に属し平沢自身も反総同盟系の職業別組合である機械労働組合連合会結成に奔走した。しかし平沢自身の思想はマルクス主義でもないがはっきりとしたアナキズム的，サンジカリズム的言説も少ない。ただ外国の翻訳思想によって日本の労働運動が動かされてはならないとしてあくまでも労働者と知識人の統一戦線を重視した。現に22年アナ・ボル提携の総連合結成への動きがあるとそれを目的とした下中弥三郎ら労働組合同盟会の機関誌『労働週報』の編集に専念した。総連合結成の夢破れたあと亀戸に戻り各種の争議を指導したり創作に打ち込むが，23年9月3日の関東大震災下，亀戸署に連行され同日夜か翌日未明に習志野騎兵13連隊により刺殺された。遺体は多くの朝鮮人，中国人犠牲者らとともに荒川放水路の河原で焼かれたという。(大和田茂)〔著作〕『創作・労働問題』海外植民学校出版社1919，『一の先駆』玄文社1924，大和田茂・藤田富士男編『平沢計七作品集』論創社2003〔文献〕松本克平『日本社会主義演劇史 明治大正編』筑摩書房1975，藤田富士男・大和田茂『評伝・平沢計七』恒文社1996，大和田茂「岡本利吉と平沢計七」『初期社会主義研究』15号2002

平沢 貞太郎 ひらさわ・ていたろう 1908(明41)-1976(昭51)1.30 26年末頃新潟市田中町の森田小一郎宅で開かれていたアナキズム研究会に参加。27年9月新潟一般労働者組合の結成に関わる。28年3月純正アナ派とサンジカリズム派が分裂すると新潟一般も分裂いったん機能を失うが，29年7月山口健助，市川和平らと新潟一般を立て直し全国自協に加わる。のち三島一郎と新潟全産業労働組合を組織し日本自協に加盟する。戦後アナ連に加盟し新潟地協で活動，66年高島洋と労働運動紙『労働と解放』を発行する。(冨板敦)〔文献〕『労働と解放』1-7号1966.5-68.9・復刻版緑蔭書房1990，山口健助『風雪を越えて』印友会本部1970，江西一三『わが自協史』黒旗の下に発行所1974，山口一枝編『篝火草』私家版1977，山口健助『青春無頼』私家版1982

平瀬 権次 ひらせ・ごんじ 1903(明36)-? 鹿児島県大島郡(奄美大島)笠利村(現・奄美市)生まれ。大正初期の活動家だが活動内容は不明。奄美における社会運動は人口の30%を占めていたヤンチュ(農奴)の解放運動から始まり大正時代はアナキズムの活動がおこり徳之島天城町松原銅山で13年に150人がストライキ，18年には米騒動で80人が米店襲撃，20年古仁屋町(現・瀬戸内町)に陸軍の要塞が建設されることになり築城本部ができて反対運動が激化した。いずれもアナキストの指導によるものであった。本土に渡った平瀬は奄美に労働歌を伝えた人とも伝えられている。(松田清)

平田 光治 ひらた・こうじ ?-? 東印和文部のメンバー。1926(大15)年1月10日入営することになり全印連の同志達に黒旗で見送られる。(冨板敦)〔文献〕『印刷工連合』33号1926.2

平田 貞之助 ひらた・さだのすけ ?-? 1919(大8)年東京京橋区(現・中央区)の帝国興信所印刷部に勤め活版印刷工組合信友会に加盟する。(冨板敦)〔文献〕『信友』1919年8月号

平田 繁造 ひらた・しげぞう ?-? 報知新聞社に勤め東京の新聞社員で組織された革進会に加わり1919(大8)年8月の同盟ストに参加するが敗北。のち正進会に加盟。20年機関誌『正進』発行のために1円寄付する。

(冨板敦)〔文献〕『革進会々報』1巻1号1919.8,『正進』1巻1号・2巻2・5号1920.4・21.2・5

平田 茂 ひらた・しげる 1903(明36)-1956(昭31) 静岡県安倍郡美和村内牧(現・静岡市)に生まれる。農学校を出て農業に従事するなかで資本主義の矛盾につき当たり模索を続ける。静岡の大衆評論社にも関わったが「都会人の運動は一騒ぎ何かやつたりするのが得意気な風の仕事」に思え飽き足らず農民自治会に入り,アナキズムに「最現実的なわれわれの生き方」を見出す。戦後アナ連に参加,53年『一農民の見た新しい農業問題』(犬田卯序,アフランシ社)を刊行,「本ものの白米の味」と絶賛された(『アナキズム』5号1953.5)。(大澤正道)〔著作〕「私はなぜアナキストになったか」『平民新聞』72号1948.5.14

平田 周司 ひらた・しゅうじ ?-? 1919(大8)年東京麹町区(現・千代田区)の外務省活版部文選科に勤め日本印刷工組合信友会に加盟する。(冨板敦)〔文献〕『信友』1919年10月号

平田 千代吉 ひらた・ちよきち 1890(明23)10.2-? 旧姓・田中,別名・夜雨,黒仏 北海道古平郡沢井村(現・古平町)に生まれる。上京し監獄看守となる。堺利彦の主催する社会主義座談会の常連となる。『新社会』に寄稿し始め17年8月30日特別要視察人甲号に編入される。18年5月『新社会』に「宗教家の矛盾」を発表。アナキズムに傾斜し12月大杉栄らの研究会に出席,村木源次郎に同調。21年12月当時,官憲により無政府主義漸進派と判定されていた。帰郷し23年9月薬局を経営する古平浜町の平田家の婿養子となる。日本薬学校に入学したが中退し25年3月帰郷。アナキスト仲谷謙二と親交。8月『原始』に詩を発表。11月『虚無思想研究』に「無有の実在」を発表。同月20日『小樽新聞』に「マルクス学の根底」を発表し小樽高等商業学校の南教授のマルクス理論を批判。26年2月2日特別要視察人乙号に編入される。4月『自然児』創刊号を発行。8月『原始』8月号に「自由の飛躍 自由連合の闘士へ」を発表。自宅は来道するアナキストの溜り場となった。30年思想要注意人に編入替えとなる。運動から離脱したが石川三四郎とは同志として交際を続けていた。40年5月古平町会議員となったが文学からは離れなかった。(堅田精司)〔文献〕『新社会』1916.6,『虚無思想研究』1925.11,『原始』1925.8,『ディナミック』11号1930.9,『特別要視察人略式名簿』北海道警察部,『札幌控訴院管内社会運動概況』2輯1930.11,『小樽新聞』1925.3.12・13

平田 鉄雄 ひらた・てつお ?-? 1919(大8)年東京神田区(現・千代田区)の三省堂印刷部欧文科に勤め日本印刷工組合信友会に加盟する。(冨板敦)〔文献〕『信友』1919年10月号

平田 利興 ひらた・としおき ?-? 日立従業員組合のメンバー。日立製作所の鋳物工場に勤める。1926(大15)年6月6日東京の亀戸クラブで開かれた日立従業員組合創立大会で開会の辞を述べる。7月3日従組協議会で外務委員となり31日の同協議会で高橋光吉に代わって会計書記に選出される。(冨板敦)〔文献〕『自連』2・3・4.5号1926.7・8・10

平田 留次郎 ひらた・とめじろう ?-? 1919(大8)年東京京橋区(現・中央区)の築地活版所印刷科に勤め活版印刷工組合信友会に加盟する。(冨板敦)〔文献〕『信友』1919年8・10月号

平田 延次郎 ひらた・のぶじろう ?-? 報知新聞社に勤め新聞工組合正進会に加盟。1920(大9)年機関誌『正進』発行のために50銭寄付する。(冨板敦)〔文献〕『正進』1巻1号・2巻2・5号1920.4・21.2・5

平田 均 ひらた・ひとし ?-? 1919(大8)年東京京橋区(現・中央区)の京浜印刷会社和文科に勤め活版印刷工組合信友会に加盟する。同社同科の組合幹事を担う。(冨板敦)〔文献〕『信友』1919年8・10月号

平田 喜之輔 ひらた・よしのすけ ?-? 1919(大8)年東京深川区(現・江東区)の東京印刷深川分社文選科に勤め活版印刷工組合信友会に加盟する。(冨板敦)〔文献〕『信友』1919年8月号

平塚 勝太郎 ひらつか・かつたろう ?-? 渡米中の幸徳秋水が1906(明39)年6月オークランドで結成した社会革命党のメンバー。(西山拍)〔文献〕『社会主義沿革1』

平塚 義平 ひらつか・ぎへい ?-? 1919(大8)年東京京橋区(現・中央区)の秀英本舎和文科に勤め活版印刷工組合信友会に加盟する。(冨板敦)〔文献〕『信友』1919年8月号

平塚 らいてう ひらつか・らいちょう 1886(明19)2.10-1971(昭46)5.24 本名・明(はる) 00女子高等師範学校在学中,良妻賢母主義教育に反発して級友と海賊組を結成。06

年日本女子大学を卒業。在学中から人生観の探究に迷い哲学や宗教に関心をもち禅の修行を体験する一方，自活の道を求めて速記術を習得した。与謝野晶子，馬場孤蝶，森田草平，生田長江らの教えを受けた。生田のすすめにより11年青鞜社を結成して婦人文芸雑誌『青鞜』を発刊，「元始女性は太陽であつた」と宣言，文芸運動にとどまらずに女性解放運動の原点となった。14年画家奥村博史と同棲。15年1月『青鞜』の発行権を伊藤野枝に譲る(同誌は6巻2号1916以降無期休刊)。20年女性の政治的自由と権利を要求して新婦人協会を結成。23年婦人参政権同盟の結成に参加，一方30年高群逸枝らの無産婦人芸術連盟に参加するとともにアナ系雑誌『婦人戦線』の同人となりアナ・ボル論争ではアナ側に位置している。50年朝鮮戦争開始を機に野上弥生子らと日本の非武装と平和に関する声明を公表し平和運動立ち上がりの契機とした。以後婦人運動と平和運動に関わり続けた。(奥沢邦成)〔著作〕『円窓より』東雲堂書店1913,『現代と婦人の生活』日月社1914,エレン・ケイ『母性の復興』(訳)新潮社1919,『女性の言葉』広文社1926,『雲・草・人』小山書店1933,『わたくしの歩いた道』新評論社1955, 自伝『元始，女性は太陽であった』全4巻大月書店1971-73,『平塚らいてう著作集』全7巻別巻1同1983-84,『平塚らいてう評論集』岩波文庫1987〔文献〕『「青鞜」女性解放論集』岩波文庫1991,『エス運動人名事典』

平戸 廉吉 ひらと・れんきち 1893(明26)-1922(大11)7.20 大阪府生まれ。上智大学中退。仏語，伊語を学び『報知新聞』を経て『中央美術』記者となる。21年10月川路柳虹らとの同人誌『炬火』にA.ブロックの詩を訳載し，同月創刊の『日本詩人』に未来主義による日本最初の詩作品「K病院の印象」を発表。同年12月には『日本未来派宣言運動』というリーフレットを東京日比谷の街頭で散布した。翌年1月『日本詩人』に「私の未来主義と実行」を発表。未来主義と社会変革思想の関連を強調しロシア革命とロシア未来派への関心を表明，高橋新吉，萩原恭次郎，壺井繁治ら新しい詩を志向する大正後期の前衛詩人たちに強い影響を与えた。同年「合奏」「無日」「同一表現主義に就て」などを次々と発表するが生前1冊の詩集もないまま病死した。(川口秀彦)〔著作〕川路柳虹・萩原恭次郎・神原泰・山崎泰雄編『平戸廉吉詩集』同刊行会1931

平中 喜佐久 ひらなか・きさく ?-? 1919(大8)年東京京橋区(現・中央区)の京浜印刷会社印刷科に勤め日本印刷工組合信友会に加盟する。(冨板敦)〔文献〕『信友』1919年10月号

平野 市十郎 ひらの・いちじゅうろう ?-? 時事新報社に勤め東京の新聞社員で組織された革進会に加わり1919(大8)年8月の同盟ストに参加するが敗北。のち正進会に加盟。24年夏，木挽町(現・中央区銀座)正進会本部設立のために1円寄付する。(冨板敦)〔文献〕『革進会々報』1巻1号1919.8, 正進会『同工諸君!!寄附金芳名ビラ』1924.8

平野 威馬雄 ひらの・いまお 1900(明33)5.5-1986(昭61)11.11 別名・松戸淳 詩人・評論家・翻訳家。フランス系アメリカ人の父と日本人の母との間に生まれ幼児より混血児としての差別を受け反骨の自由人(枠外の人)としての個性が育まれた。暁星学園，逗子開成中学を経て上智大学でドイツ哲学を修め1928年に卒業。それ以前の20年に『モーパッサン短篇集』(新潮社)を訳出し「早熟の天才少年」と賞讃され以後は英独仏の文学および科学書の翻訳と著作活動に従事した。とくにファーブルには父が交際していたことから親しみをもち傾倒した。大杉栄の『昆虫記』の翻訳を手伝いまた大杉と安谷寛一，安成四郎らが中心となった『ファーブル科学知識全集』の翻訳にも関わった。その後の一時期に薬物中毒を経験したが41年ルグロ著『ファーブルの生涯』(主婦の友社)の翻訳によって著述を再開，同時に詩人集団「青宋の会」を主宰し『青宋』を発行する。少年文学，フランス文学，科学書，超常現象など著訳書は350冊におよぶ。著作の他では53年レミの会を組織して敗戦による混血児救済に尽力，『レミは生きている』(東都出版1959)などを出版し，多くの混血児の面倒をみた。その他競輪反対のための全国行脚，麻薬追放運動をするなど多彩な活動を展開した。(奥沢邦成)〔著作〕『名和昆虫翁』学習社1943,『くまくす外伝』濤書房1972・筑摩書房1991, 詩集『青火事』濤書房1972,『アウトロウ半歴史』詩の特集1978,『平賀源内の生涯』サンポウジャーナル1978・筑摩書房1989,『フランス象徴詩の研究』思潮社1979, 訳書多数

平野 英一郎 ひらの・えいいちろう ?-? 1926

(大15)年頃, 農民自治会全国連合に参加。同年6月27日大西伍一宅で開かれた農自委員会に参加する(他の参加者は池田種生, 大西, 田辺清春, 竹内圀衞, 中西伊之助, 性山与里, 山本, 森田虎雄, 清水, 石川三四郎, 下中弥三郎, 東島)。28年5月頃, 本郷のやぶそばで開かれた竹内圀衞の送別会(地方事情調査と連絡のために, 農自調査部を代表して全国を無銭行脚する)に出席する(他の参加者は大西, 佐々井一晃, 池田, 小田内通敏, 石原憲治, 深川武, 吉場強, 佐伯郁郎, 村山文子, 奥むめお, 桑島政寿, 小山啓, 加藤一夫, 松本正枝, 竹内政代, 大槻憲二, 内藤嘉明, 犬田卯, 牧輝夫, 瀬川知一良, 菊地源吾, 川口善一)。(冨板敦)〔文献〕『農民自治』4号1926.8

平野 光一 ひらの・こういち 1906(明39)-?
大阪市北区高垣町生まれ。大阪の浪速商業学校を卒業後,『社会運動通信』などの記者として東京, 大阪各市を転々とした。34年頃からは地元で『シネレビウ』『生活研究』などの雑誌を発行する。文芸雑誌を発行していた関係からアナキストとの付き合いがあった。左翼文献を読み, 共産主義に傾倒し日本共産青年同盟にカンパした。34年治安維持法違反で起訴猶予とされる。35年末頃無共党事件で検挙されるが不起訴。(冨板敦)〔文献〕『身上調書』

平野 三郎 ひらの・さぶろう ?-? 1919(大8)年東京京橋区(現・中央区)の三間印刷所欧文科に勤め活版印刷工組合信友会に加盟する。(冨板敦)〔文献〕『信友』1919年8・10月号

平野 小剣 ひらの・しょうけん 1891(明24)9.13-1940(昭15)10.25 本名・栃木重吉 福島県信夫郡浜辺村腰浜(現・福島市上浜町)生まれ。尋常小学校から部落差別を受け1902(明35)年に高等小学校に入学するも部落差別によって退学した。04年に上京して印刷工となるが部落民であることを暴かれたため印刷所を転々とし, 13年には結婚差別を受けて自暴自棄な生活を送るようになった。15年4月に死に際に発した母の「呪はれるものは呪い返せ」との遺言に刺激され部落差別撤廃のため社会運動に参加することを決意した。17年4月に栃木家と姻戚関係にあった平野家の婿養子となり, 6月に山口正憲が中心の立憲労働党結成に参加し, 18年には水沼辰夫らとともに印刷工労働組合である信友会の中心的活動家となった。社会主義や無政府主義, 国家主義, サンディカリズムなど多様な思想の影響を受けて労働者の団結と普通選挙の実施を主張しつつ, 19年10月に信友会が総力を挙げた労働時間短縮のストライキ闘争を指導し, 11月の純労会結成をはじめ20年9・10月に開かれた老社会の会合, 12月の日本社会主義同盟結成, 21年1月に石黒鋭一郎らが結成したテロ集団の抹殺社などにも参加した。この頃から運動現場や執筆では基本的に平野小剣を名乗るようになり, 社会主義者の堺利彦や無政府主義者の大杉栄, 国家主義者の北一輝らとも交友をもった。21年2月に帝国公道会の第2回同情融和大会で民族自決団を名乗る檄文を撒き, 8月の『信友』第15年第8号に載せた「暴力から暴ял へ △△民族の反抗心」で部落民に対して部落解放への決起を訴えた。22年2月に来阪して青十字社の木本凡人から奈良の西光万吉や阪本清一郎らを中心とする全国水平社創立の動きを聞き, 全国水平社創立大会に際しては宣言や綱領などの作成に関わり中央執行委員となった。同月に深川武らと東京水平社, 翌年3月に関東水平社を創立させ関東全域における水平運動に大きな役割を果たした。普通選挙の否定と自由連合的な組織論を基本とする無政府主義に親近感をもちつつ, 水平運動の階級闘争化を主張する共産主義勢力の全国水平社青年同盟とは距離をおいた。植民地朝鮮でも差別を受けていた旧「白丁」身分らによって23年4月に創立された衡平社との連帯にも力を注いだ。24年10月の遠島哲男スパイ事件を契機に共産主義勢力の策略によって全国水平社から除名処分を受けつつも, 社会を震撼させた25年1月の群馬での世良田村事件の解決に尽力した。25年4月に関東水平社の革新派を糾合して全関東水平社青年連盟を結成し, 10月には小山紋太郎や北原泰作らと全国水平社青年連盟結成にも参加し共産主義勢力の全国水平社無産者同盟に対抗する無政府主義系の活動家として奮闘した。全国水平社内でアナ・ボル対立が激しくなると共産主義勢力に敵意を示しつつ水平運動の統一と団結を主張し, 27年1月に南梅吉を中心に結成された保守系の日本水平社と関係をもったが,

7月に山岡喜一郎や大串孝ら無政府主義者を結集して結成された全国水平社解放連盟には参加せず，次第に水平運動から遠ざかった。かたや25年9月に国家主義団体と親交を深めるようになった。28年8月に内外更始倶楽部結成の中心となり本格的に日本主義的かつアジア主義的な国家主義運動へと転身した。40年10月に急性肺炎を患って病床に伏し死去した。（朝治武）〔著作〕「全国の活版技術者諸君に檄す」『デモクラシー』第1巻第4号1919.6，『よき日の為めに 鋼領解説』関東水平社出版部1922，「水平運動に走るまで」『同愛』第35号1926.6，『この差別を見よ』（吉井浩存と共編著）讃友社1925，『朝鮮衡平運動』全関東水平社青年連盟1927，『支那の排日教育 虚構・捏造・逆宣伝』（芳川哲と共編）大衆統一協会1931〔文献〕宮崎晃『差別とアナキズム 水平社運動とアナ・ボル抗争史』黒色戦線社1975，木下浩「平野重吉（小剣）略年譜」『新潟県部落史研究』第3号1980.5，三原容子「水平社運動における「アナ派」について」『世界人権問題研究センター研究紀要』第2号1997.3，森田康夫「水平運動の思想と情念 平野小剣の場合」『賤視の歴史的形成』部落解放研究所1998，本田豊「平野小剣」『部落問題・人権事典』解放出版社2001，宮崎芳彦「平野小剣 民族と階級の対立」『全国水平社を支えた人びと』解放出版社2002，宮崎学『近代の奈落』解放出版社2002，菅野守「関東水平社福島支部主幹者「栃木勇吾」とは誰か」『解放研究』第19号2006年3月，福家崇洋「老社会の「共同」」『戦間期日本の社会思想「超国家」へのフロンティア』人文書院2010，朝治武『差別と反逆 平野小剣の生涯』筑摩書房2013

平野 武治 ひらの・たけはる 1903（明36）3.3-? 長野県下伊那郡伍和村（現・阿智村）に生まれる。上京し1921（大10）年頃から『労働運動』の送付を受けたことで警視庁の思想要注意人とされる。日本橋区箔屋町（現・中央区日本橋）の玉川呉服店に店員として勤めていた。（冨板敦）〔文献〕『警視庁思想要注意人名簿（大正10年度）』

平野 藤太郎 ひらの・とうたろう ?-? 1919（大8）年東京京橋区（現・中央区）の築地活版所漢字仕上科に勤め日本印刷工組合信友会に加盟する。（冨板敦）〔文献〕『信友』1919年10月号

平野 留蔵 ひらの・とめぞう ?-? 別名・平松 岡山県川上郡松原村（現・高梁市）で暮し農民自治会岡山県連合会に参加。1927（昭2）年2月2日，同郡高倉村（現・高梁市）高倉小学校で中西伊之助を迎えて開かれた農自研究会に出席する。同年10月頃は農自県連合事務所を自宅に置いていた。（冨板敦）〔文献〕『農民自治』8・臨時号1927.3・10

平野 平作 ひらの・へいさく 1903（明36）-? 栃木県上都賀郡今市町瀬尾（現・日光市）生まれ。今市町高等小学校卒業後，農業に従事。30年5月無産政党に入党して活動中に『自連新聞』『黒色青年』，アナキズム文学関係書を購読するようになりアナキズムの研究を進めた。学友の斎藤茂吉と交流があった。32年2月から同町の製材工場の工員として勤める。35年末頃無黒党事件で検挙されるが不起訴。（冨板敦）〔文献〕『身上調書』

平野 政雄 ひらの・まさお 1909（明42）4.27-? 北海道岩内郡岩内町に生まれる。新聞配達で生活。アナキストとなる。26年旭川に移り北海黒連に参加。27年7月岩内で梅田三八士とともに器物破損で検挙され20日間拘留される。上京して黒連に参加。28年梅田，北浦馨とともに農奴解放社を組織。思想要注意人（無政府主義）に編入される。30年旭川の歩兵第26連隊の機関銃隊に入営したが視察を受けた。（堅田精司）〔文献〕『司法研究』8輯報集6号1928.12，『札幌控訴院管内社会運動概況』2輯1930.11，『小樽新聞』1927.7.12

平野 正義 ひらの・まさよし ?-? 読売新聞社に勤め東京の新聞社員で組織された革進会に加わり1919（大8）年8月の同盟ストに参加するが敗北。時事新報社に移り正進会に加盟。20年機関誌『正進』発行のために1円寄付。また24年夏，木挽町（現・中央区銀座）正進会本部設立のためにも1円寄付する。（冨板敦）〔文献〕『革進会々報』1巻1号1919.8，『正進』1巻1号1920.4，正進会『同工諸君‼ 寄附金芳名ビラ』1924.8

平野 力三 ひらの・りきぞう 1898（明31）11.5-1981（昭56）12.17 原籍は岐阜県郡上郡山田村（現・郡上市）。同県揖斐郡大和村（現・揖斐川町）に生まれる。岐阜中学を卒業後上京。1920（大9）年拓殖大学支那語科を卒業し早稲田大学に入学。21年北豊島郡西巣鴨町池袋（現・豊島区池袋）にあった建設者同盟本部を拠点として，東京北郊自主会に出入りしたことで警視庁の思想要注意人とされる。日本社会主義同盟に加盟。23年早稲田大学政経学科を卒業，農民運動の指導者となる。戦中は皇道会から衆議院議員に

当選。敗戦後は日本社会党結党に参加。47年片山哲内閣で農林大臣として入閣するが皇道会に関与していたことから罷免。のちに日刊農業新聞社社長を務めた。(冨板敦)〔著作〕『社会思潮十講 建設者同盟講演集』(編著)同人社書店1922〔文献〕『警視庁思想要注意人名簿(大正10年度)』

平野 良一 ひらの・りょういち 1908(明41)-? 長野県東筑摩郡生坂村下生野生まれ。高等小学校を卒業後、家業の農業に従事する。27年同村の吉沢道秋と知り合う。吉沢の兄柳沢善衛の発行する雑誌『自由』でアナキズムを知り『自由』『自連新聞』を読むようになる。28年吉沢から鈴木靖之を紹介され交流する。31年『農村青年』や農青社関係の文書などを読み青年会の研究会や講習会などで地元の青年層に向けてアナキズムの宣伝をした。35年末頃無共党事件で検挙されるが不起訴。(冨板敦)〔文献〕『身上調書』、『農青社事件資料集Ⅰ・Ⅲ』

平畑 静塔 ひらはた・せいとう 1905(明38)7.5-1997(平9)9.11 本名・富次郎。和歌山県和歌浦町(現・和歌山市)に三男として生まれる。京都三高から京都帝国大学医学部を1931(昭6)年に卒業。精神医学を専攻した。26年『京鹿子』を中心に『馬酔木』、継いで『ホトトギス』に投句。33年1月『京大俳句』を創刊。編集人兼発行人となる。主宰を頂点とする結社制をとらず、同人が交代で企画編集するという画期的な運営をはかり、俳壇自由主義を掲げ京大関係者にとどまらず広く門戸を開放した。33年5月の京大滝川事件以降、社会批評を込めた句が増え無季俳句容認から季語不要・リアリズム俳句への傾向を強め新興俳句運動の中核誌となってゆく。また同誌の会員投句欄「誌友俳句」は36年8月から「三角点」と名を改め選者に仁智栄坊、波止影夫、おくれて同人となった西東三鬼、渡邊白泉らを加え人気を集めた。37年日中戦争勃発と共に新興俳句運動では「戦争」が重要かつ中心的なテーマとなり、39年に入り戦争俳句は最高潮を迎え自らも〈戦利砲寡婦とぽつんと市府の暮〉などの句を詠んだが同年秋には自粛論を示した。その後、誌上に戦争を詠んだ句はほとんどなくなったが、40年2月14日『京大俳句』関係者のうち関西在住の静塔ら8人が京都府警察部の特高により治安維持法違反の容疑で一斉検挙される(第1次検挙)。『京大俳句』2月号は発禁・押収され廃刊に追い込まれた。41年2月の公判で影夫・栄拓らと懲役2年、執行猶予3年の有罪判決を受けた。40年2月『京大俳句』を退会した西東三鬼、渡邊白泉らが企画、編集にあたる超結社的かつ総合文芸誌『天香』が創刊。新興俳句系の俳人たちが作品を寄せた。同年5月3日『京大俳句』『天香』関係者が逮捕され(第2次検挙。全員起訴猶予となり執筆禁止)、『天香』は3号をもって廃刊となった。「京大俳句事件」は同年8月30日、西東三鬼の逮捕で幕を閉じるが、弾圧は新興俳句系の俳人・俳誌全般に及び全国に飛び火して新興俳句は壊滅した。静塔は釈放後、沈黙。京大精神科に復帰。私立川越病院勤務を経て44年9月軍医予備員として応召。46年3月帰還、川越病院に復職する。48年1月鈴木六林男らの同人誌『青天』を譲りうけて解題した『天狼』を創刊、編集にあたる。55年第1句集『月下の俘虜』刊行。その後『旅鶴』(67年)、『栃木集』などの句集を刊行し、俳論においても『俳人格』『優季論』などを発表して多くの実績を遺した。97年9月11日死去。享年92歳。(一色哲八・宮澤公明)〔著作〕句集『月下の俘虜』酩酊社1955、『旅鶴』遠星館館1967、『栃木集』角川書店1971、『壺国』角川書店1976、『漁歌』角川書店1981、『矢素』角川書店1985、『竹柏』永田書房1995、『平畑静塔全句集』沖積舎1998、評論集『俳句とは何か 俳句の作り方と味い方』(山本健吉と共著)至文堂1953、『俳句シリーズ・人と作品 第九巻山口誓子』桜楓社1964、『俳人格 俳句への軌跡』角川書店1983、『平畑静塔俳論集 慶老楽事』永田書房1990〔文献〕永田耕衣『俳句研究 人間小野蕪子』俳句研究社1961、橋本夢道『俳句研究 プロ俳句に対する弾圧』俳句研究社1966、内務省警保局編『社会運動の状況 復刻版』三一書房1971、『俳句研究 特集平畑静塔研究』俳句研究会1978、『京都府警察史第3巻』京都府警察本部1980、『現代俳句の世界 永田耕衣・秋元不死男・平畑静塔』朝日文庫1985、『京大俳句復刻版』臨川書店1991、大岡信他『現代俳句大辞典』三省堂2005、田島和生『新興俳人の群像』思文閣出版2005

平林 清 ひらばやし・きよし ?-? 新聞工組合正進会に加盟し1924(大13)年夏、木挽町(現・中央区銀座)本部設立のために3円寄付する。(冨板敦)〔文献〕正進会『同工諸君!! 寄附金芳名ビラ』1924.8

平林 清太郎 ひらばやし・せいたろう ?-? 別名・精太郎 1919(大8)年東京神田区(現・千代田区)の三秀舎和文科に勤め活版印刷工組合信友会に加盟。同年10月頃には同舎のポイント科に移っていた。(冨板敦)〔文献〕『信友』1919年8・10月号

平林 たい子 ひらばやし・たいこ 1905(明38)10.3-1972(昭47)2.17 本名・タイ 長野県諏訪郡中洲村(現・諏訪市)生まれ。諏訪高等女学校に在学中から社会主義に関心をもち,22年卒業直後に東京に出て岩佐作太郎らと交わる。東京中央電話局の交換手となるが,堺利彦との通話が発覚して解雇される。23年山本虎三と同棲,ビラまきや演説,パンフレット販売などアナキズム運動に深く関わる。同年京城に渡るが帰国直後関東大震災に遭い予防検束を受ける。24年大連に渡るが山本の入獄によって単身東京に戻る。帰京後は飯田徳太郎と同棲,林芙美子,壺井繁治らと交流する。以後探偵小説,童話などを執筆し26年末プロレタリア芸術連盟に参加。27年1月小堀甚二と結婚,同6月プロ芸分裂では労農芸術家連盟に参加,同11月の労芸分裂に際しては残留した。労芸機関誌『文芸戦線』に「施療室にて」を発表し作家としての地位を確立する。28年無産婦人連盟に参加,30年労芸脱退ののちは団体に属さず孤立を守る。37年人民戦線事件により検挙。出獄後は療養生活を送り敗戦までの期間は作品を発表していない。46年「かういふ女」などを発表して創作活動を再開,47年山川菊栄,神近市子らと民主婦人協会(のち民主婦人連盟)を創立して労働,教育,生活の分野での女性解放に尽力した。50年以降は反共的立場に立った発言者となる。(奥沢邦成)〔著作〕『自伝的交友録・実感的作家論』文芸春秋新社1960,『平林たい子全集』全12巻潮出版1976-79〔文献〕『平林たい子追悼文集』平林たい子記念文学会1973,阿部浪子『平林たい子』武蔵野書房1986,中山和子『平林たい子』新典社1999,岡野幸江『平林たい子』菁柿堂2016

平林 敬保 ひらばやし・たかやす ?-? 1922(大11)年9月25日名古屋市西区菊井町五丁目の伊串菓子問屋商店二階で開かれた高津正道を招いての労働組合・アナ系団体の交歓集会に出席。23年7月10日に創刊された『ナゴヤ労働者』の同人となる。創刊号300部を呉服町の秀文社から運び出そうとしたところ,山内とともに新栄署員に引致される。(冨板敦)〔文献〕伊串英治「名古屋に於ける社会運動史」『黒馬車』2巻12号1934.12

平林 竜男 ひらばやし・たつお 1908(明41)-? 別名・土人 長野県南佐久郡切原村湯原(現・佐久市)の耕作地主の長男に生まれる。臼田農蚕学校卒業の前後から小林裟婆松の主宰する「赤土会」(あかのつべかい,通称・土の会)に参加。25年臼田教会で受洗。農民自治会北信連合の発会式に参加して共鳴し同級の瀬下貞夫,瀬川久雄らと南佐久郡で最初の切原農自を結成。南佐久地域の特徴は水平社と農民運動との連携にあった。農自分裂後は佐久電気消費組合に参加,青年団の電灯料値下げ運動に奔走し,また29年には長野農民福音学校への参加を機に「光の集い」を自村につくりキリスト教社会主義による農民の生活改善を実践した。だが失意のうちにいっさいの社会活動から手を引いたという。33年に結婚。戦時下は北牧青年学校教員として青年団教育の花形といわれた。戦後は南佐久教員組合を設立,また「模範的」な切原村農地改革を実施した。(安田常雄)〔文献〕大井隆男『農民自治運動史』銀河書房1980

平林 初之輔 ひらばやし・はつのすけ 1892(明25)11.8-1931(昭6)6.15 丹後半島,京都府竹野郡深田村に生れる。勉学の志やみがたく京都師範から早稲田大学英文科に入学,卒業。新進文芸評論家として文壇デビューするが勃興しつつあった民衆芸術,労働文学の潮流に注目,堺利彦を知りマルクス主義の学習を通して日本におけるプロレタリア文学の最初の理論家となった。雑誌『種蒔く人』『文芸戦線』同人。1922年の露西亜飢饉救済運動やアナ・ボル連携の「三悪法」反対運動に積極的に参加した。関東大震災以後,マルクス主義主導のもとで政治主義化していくプロレタリア文学運動に疑問を呈し論争を巻き起こした。一貫してマルクス主義の立場を貫いたがジョルジュ・ソレルやアナトール・フランスを高く評価した。(大和田茂)〔著作〕『無産階級の文化』早稲田泰文堂1923,『文学理論の諸問題』千倉書房1929,『平林初之輔文芸評論全集』全3巻文泉堂書店1975〔文献〕大和田茂『社会文学・1920年前後 平林初之輔と同時代

文学』不二出版1992，菅本康之『モダン・マルクス主義のシンクロニシティ 平林初之輔とヴァルター・ベンヤミン』彩流社2007

平林 広善 ひらばやし・ひろよし ?-? 新聞工組合正進会に加盟し1924(大13)年夏，木挽町(現・中央区銀座)本部設立のために1円寄付する。(冨板敦)〔文献〕正進会『同工諸君!!寄附金芳名ビラ』1924.8

平林 松平 ひらばやし・まつへい ?-? 1919(大8)年東京牛込区(現・新宿区)の日清印刷会社石版科に勤め活版印刷工組合信友会に加盟する。(冨板敦)〔文献〕『信友』1919年8月号

平福 百穂 ひらふく・ひゃくすい 1877(明10)12.28-1933(昭8)10.30 本名・貞蔵 秋田県仙北郡角館町横町に生まれる。父は画家の平福穂庵。上京して川端玉章に入門し結城素明を知る。東京美術学校日本画科選科を経て02年同校西洋画科選科に入学。この頃結城と向島周辺の水上生活者，労働者，街頭風景を写生する。また結城の紹介で伊藤左千夫を知る。03年11月幸徳秋水から依頼されて週刊『平民新聞』に創刊号から挿絵などを描く。しばらく警察の尾行がついた。「このころから私の思想は大分変化して来て，絹の画を描くことを恥じるような気持になっていた…それで専ら草画を描いた。題材といえば労働者だとか，雑踏の巷を好んで，よく浅草公園などへ出掛けて行っては，スケッチした…温泉場だとか，貧民窟だとか，複雑した場所を選んで描いた」と百穂は自ら回想する。12月電報新聞社に画報部記者として入社するが，『平民新聞』への挿絵描きは続けた。04年同じく『平民新聞』に絵を描くようになった小川芋銭を知る。32年東京美術学校教授となるが翌年病没。(冨板敦)〔著作〕『百穂画集』光琳社1918，『寒竹』古今書院1927，『日本洋画曙光』岩波書店1930，『平福百穂画集』同1934，『竹逕小話』古今書院1935，『百穂手翰』言霊書房1945，『平福百穂・婦人之友表紙画集』婦人之友社1978，『平福百穂素描集』秋田魁新報社2000〔文献〕田中惣五郎『幸徳秋水』三一書房1971，林尚男『平民社の人びと 秋水・枯川・尚江・栄』朝日新聞社1990，加藤昭作『評伝平福百穂』短歌新聞社2002

平間 庫吉 ひらま・くらきち ?-? 1919(大8)年東京京橋区(現・中央区)の三協印刷株式会社文選科に勤め活版印刷工組合信友会に加盟。同社同科の組合幹事を担う。(冨板敦)〔文献〕『信友』1919年8・10月号

平間 つね ひらま・つね ?-? 1919(大8)年東京京橋区(現・中央区)の築地活版所〔和文〕解版科に勤め日本印刷工組合信友会に加盟する。(冨板敦)〔文献〕『信友』1919年10月号

平松 久雄 ひらまつ・ひさお 1904(明37)-? 岡山県川上郡松原村神原(現・高梁市松原町)の比較的大きな農家の長男として生まれる。父親の世話好きが原因で家業が傾いたことから高等小学校卒業後，高松農学校への進学をあきらめて家業に従事。文芸への志向をもち同人誌『まつかさ』を発行。1920年代後半から30年代にかけて展開された岡山県下の農民自治会運動の中心的な担い手の一人で川上郡農自に続いて県連合を結成。熱心な組織者で御津郡新山村(現・吉備中央町)で発行されていた同人誌『青空』26年6月号に「日本農民自治会創立」を報じた。岡山県連合青年団誌『岡山青年』誌上でも「農民自治」について論じようとしていた。27年2月2-7日，農自全国連合の中西伊之助が岡山県各地を回った際には中西に同行し続けた。なお川上郡周辺の農自運動参加者には平松のほかに杉元しげる，平野留三，鈴木教市，中原喜一郎，松本経夫，松本四南一らがいた。農自運動終結後は短歌会などをもち続け75年自伝的歌集『列外』を自費出版。一時新聞記者となり60歳の時に帰農。(小林千枝子)「著作〕「断片語」『岡山青年』37号1926.5，「素朴に堂々と」『農民自治』4号1926.8，「岐路に迷ふ農村青年に」同2年10号1927.6，「妹に」『農民』2次1巻1号1928.8〔文献〕小林千枝子『教育と自治の心性史』藤原書店1997

平松 秀雄 ひらまつ・ひでお 1909(明42)9.18-1945(昭20)2.1 別名・捨 岡山県吉備郡総社町(現・総社市)生まれ。25年高等小学校卒業後，神戸，大阪で職を転々とするうちにプロレタリア文学に関心を深めた。29年勤めていた石川百貨店の従業員組合結成に参加，自連系労働組合と連携するうちにアナキズムに傾倒。30年アナルキスト青年連盟に加盟，上野克己，平井貞二，和佐田芳雄，李ネストル(允煕)らと交流した。31年6月同百貨店の争議の際に知った農青社の田代儀三郎を頼って上京，同郷の宮崎晃のすすめもあって農青社の非合法グループ

の一員として運動に参加。32年1月運動資金強奪事件で世田谷署に逮捕され懲役8カ月の判決で服役。33年1月出獄後は帰郷。36年5月の農青社事件の一斉検挙では逮捕を免れ予審取り調べに喚問されたが不拘束。39年秋出獄した宮崎の事業に参加したが44年3月召集を受けて中国北部に派遣され戦病死。(奥沢邦成)〔文献〕『資料農青社運動史』『農青社事件資料集Ⅰ・Ⅱ』

平松 義輝 ひらまつ・よしてる ?-1945(昭20)頃 別名・辻久夫,相良武夫 東京に生まれ早稲田高等学院在学中に村上信彦らとアナキズムに傾き,石川三四郎を訪ねた。その後早稲田大学へ進みAC学連に加わり『黒旗』同人となる。辻久夫,相良武夫の筆名で「ロシヤの同志より」(2巻7号),「労働組合法案を廻りて」(3巻1号)などの論文を書く。山鹿泰治,島津末二郎,安井義雄らが29年11月創刊したエスペラント誌『LA ANARKISTO』(8号1931.1まで)に古田大次郎の遺稿を訳出。召集されてフィリピン戦線へ行き,病気となって置き去りにされ,手榴弾で自爆したと伝えられる。(大澤正道)〔文献〕村上信彦「石川三四郎の思い出」『柳』24巻9号1978.9,『平民新聞』2号1946.7.3,『エス運動人名事典』

平見 思朗 ひらみ・しろう ?-? 別名・勇吉,思郎 1928(昭3)年5月東京市麻布区新広尾町(現・港区)に藤島国敏と恐怖時代社を組織し『恐怖時代』を創刊,発行責任者となる。同年東北地方宣伝旅行中に茨城県多賀郡助川町(現・日立市)でAC農夫連盟の笹,AC労働者連盟の秋本義一らと検挙され29日間拘留される。秋の昭和天皇即位に際してAC労連の仲間と予防検束される。(冨板敦)〔文献〕『恐怖時代』1号1928.5,『黒色青年』18号1928.9,『労働者の叫び』2号1929.2

平山 一 ひらやま・はじめ 1906(明39)-? 静岡県磐田郡山香村(現・浜松市)生まれ。浅野総合中学を4年で中退し小学校の代用教員,久根銅山の工具などをし31年から家業の割箸製造販売業を手伝った。34年頃『自連新聞』を購読していた。35年末頃無共党事件で検挙されるが不起訴。(冨板敦)〔文献〕『身上調書』

広井 音二 ひろい・おとじ ⇨安芸盛 あき・さかん

広尾 芳衛 ひろお・よしえ 1906(明39)-? 本名・平尾義高 丸亀市宗古町生まれ。尋常小学校を卒業後,大阪に出て大阪,神戸の商店を転々とする。塩山利一や笠原勉と知り合う。余島嘉一と付き合いアナキズムの歌「月夜の歌」を合唱したりする。布引詩歌社の同人となり『布引詩歌』に投稿し編集会議,合評会にも参加する。35年末頃無共党事件で検挙されるが不起訴。(冨板敦)〔文献〕『身上調書』

広岡 智教 ひろおか・ちきょう 1888(明21)2.10-1949(昭24)5.28 別名・順誓院智教 奈良県五条町(現・五条市)に生まれる。哲学館(現・東洋大学)卒業後,07年父の跡を継いで浄土真宗本願寺派明西寺住職となる。17年部落改善と法義相続のため大島御ее会を創設する。18年奈良県庁における部落改善に関する僧侶の協議会に参加。19年仏教護国団に加盟する。次第に「信仰を有する者の間には何等の階級も差別も存在しないのです。然るに現在の全ての宗教は余りに一部特権階級に壟断されてゐる。民衆に即した宗教,これが今日最も必要なもの」(『大阪時事新報』1922.2.2)という意識を強め,明西寺の門信徒を説得し22年秋上座2等特別衣体の僧階を本山に返上,本山認可の色衣と金襴の袈裟を断乎廃して黒衣着用に踏み切るとともに西光万吉,米田富と語らい同年春創設の全国水平社に呼応して僧侶の水平運動である黒衣同盟を創設した。同盟員として三浦参玄洞,荒木素風,尾山純秀,名越直,堀善明,北葛明正がいる。23年春真宗各派共催の立教開宗700年紀念法要に際してはさらに西本願寺有志革新団を結成,自坊にその事務所を置いた。広岡らの主張は「金襴五色の袈裟衣に身を包むは,宗祖の精神に反する。黒衣一枚に帰らうと云ふ一切宗規の段階組織を廃して,半俗半僧の愚禿親鸞に帰らうと云ふので,築き上げた本願寺の教会組織を根本から否定する主張である。而して,それが『紙衣の九十年』といふ信徒の有難い信仰になつて居る宗祖の生涯に実例を採るだけ論拠が確実である。本願寺の学者も『異安心』を決定するに,一寸困るであらうし,水平社運動と結合すれば有力な実際運動になるし,親鸞七百五十回降誕会を前に控て,頭痛の種であらう

(『大阪毎日新聞』1922.11.23)と世間に受けとめられ，市川白弦をはじめとする他宗の青年僧侶や一般知識人にも大きな影響を及ぼした。のちに広岡は戦闘色をやや薄め本山肝煎りの同和団体一如会(1924年10月設立)の地方委員，評議員を歴任，28年融和団体昭和会常務理事となる。(白仁成昭)〔文献〕浄土真宗本願寺派同朋運動変遷史編纂委員会編『同朋運動史資料1』浄土真宗本願寺派出版部1983，林久良『水平本願寺と黒衣同盟』『部落解放史ふくおか』8号1977，小武正教『袈裟と僧階制度』『真宗研究紀要』32，信楽峻麿『本願寺教団改革運動史素描』『真宗教団論』，松根鷹『僧侶の水平運動 黒衣同盟』『解放真宗研究会通信』10，白仁成昭『黒衣同盟と市川白弦』『編集委ニュース』23号2002.1

広川 末吉 ひろかわ・すえきち ?-? 読売新聞社に勤め東京の新聞社員で組織された革進会に加わり1919(大8)年8月の同盟ストに参加するが敗北。のち正進会に加盟。24年夏，木挽町(現・中央区銀座)正進会本部設立のために1円寄付する。(冨板敦)〔文献〕『革進会々報』1巻1号1919.8，正進会『同工諸君‼ 寄附金芳名ビラ』1924.8

広沢 一雄 ひろさわ・かずお 1906(明39)-? 北海道札幌区(現・札幌市)で育ち庁立札幌一中に進学。田所篤三郎ら創建社グループの影響を受けアナキストとなる。同期のボル派と対立して論争を繰り返す。詩作に興味をもち虚無詩人佐藤彦治と親交を重ねる。24年卒業し法政大学に進学。壺井繁治，小野十三郎らと交際。27年9月『バリケード』創刊号に作品を発表。羅針盤社を創立していた佐藤から激賞される。32年春，日本プロレタリア文化連盟(コップ)に加盟し組織部員となる。コップ解体後ジャーリストとなり敗戦後はスタイル社で編集にあたった。晩年は関西で会社経営。(堅田精司)〔文献〕『昭和7年1月至6月社会運動情勢 東京控訴院管内』1933，寺島珠雄『南天堂』皓星社1999，『小樽新聞』1927.10.30

広沢 惣吉 ひろさわ・そうきち 1872.5.11(明5.4.5)-1934(昭9)12.8 宮城県本吉郡気仙沼村(現・気仙沼市)の生まれ。両親とともに北海道に移住，小樽を経て稚内へ。九男のため鈴木わかの養子となるがのち広沢姓に戻り雑貨商を営み産をなした。『万朝報』『平民新聞』などを購読，04年『平民新聞』42号「平民社維持金寄付広告」に2円を寄付した広沢の名が見える。大逆事件に際しては拘留され取り調べを受けた。また内村鑑三の知遇を得，キリスト教(無教会派)に入信した。(白仁成昭)〔文献〕広沢正為「さいはての地の大逆事件」『大逆事件の真実をあきらかにする会ニュース』28号1989，堅田精司『北海道社会文庫通信』1023号2000.3.18

広島 雄治 ひろしま・ゆうじ ?-? 芝浦製作所に勤め芝浦労働組合に加盟し丸八分区に所属。1924(大13)年9月27日，同労組の中央委員会で同分区の中央委員に山崎輝義とともに選出される。(冨板敦)〔文献〕『芝浦労働』2次2号1924.11

広瀬 儀蔵 ひろせ・ぎぞう ⇨伊藤房一 いとう・ふさいち

広瀬 庫太郎 ひろせ・くらたろう ?-? 八太舟三と同時期に活動。妹わかは八太と同居，2子をもうける。(亀田博)〔文献〕ジョン・クランプ『八太舟三と日本のアナキズム』(碧川多衣子訳)青木書店1996

広瀬 長太郎 ひろせ・ちょうたろう 1911(明44)6.1-1998(平10)8.21 1920年代後半から東京印刷工連合会(1931関東出版産業労働組合に改称)の中心的活動家としてアナルコ・サンジカリズム系の労働運動を支え29年日本自協に参加した。(龍武一郎)〔文献〕山口健助『風雪を越えて』印友会本部1970．『青春無頼』私家版1982

広瀬 文四郎 ひろせ・ぶんしろう ?-? 1919(大8)年東京京橋区(現・中央区)の築地活版所漢字鋳造科に勤め活版印刷工組合信友会に加盟する。(冨板敦)〔文献〕『信友』1919年8月号

弘瀬 真澄 ひろせ・ますみ ?-? 新聞工組合正進会に加盟し1924(大13)年夏，木挽町(現・東京中央区銀座)本部設立のために1円寄付する。(冨板敦)〔文献〕正進会『同工諸君‼ 寄附金芳名ビラ』1924.8

広瀬 保太郎 ひろせ・やすたろう ?-? 1919(大8)年東京芝区(現・港区)の東洋印刷会社欧文科に勤め活版印刷工組合信友会に加盟する。(冨板敦)〔文献〕『信友』1919年8・10月号

広瀬 わか ひろせ・わか ?-? 広瀬庫太郎の妹。八太舟三と同居，2子をもうける。貧困のなか八太との生活を続け八太の死後世田谷区役所で清掃の仕事に就く。(亀田博)〔文献〕ジョン・クランプ『八太舟三と日本のアナキ

ズム』(碧川多衣子訳)青木書店1996

広田 喜平　ひろた・きへい　?-?　別名・嘉平　豊橋市石田町生まれ。水平社運動で活躍。1927(昭2)年東海黒連豊橋連合に参加。28年地元の新聞記者を中心とする東三自治研究会を組織し委員長となる。常任幹事に河合陸郎、浅井秀雄らがいた。この年市議選に出馬(落選)。30年4月豊橋18連隊でおきた差別事件に浜松水平社の小林次太郎、高倉寿美蔵、愛知県水平社の鈴木信、生駒長一らと糾弾闘争を闘う。この事件を契機として全国水平社豊橋支部を結成した。同年9月豊橋電価争議に爆撃電灯争議団を組織し東雲座で演説会を開く。「若い頃より果敢な激情家で議論好きで、心臓の強い男であった」(尾原与吉)。(冨板敦)〔文献〕『黒色青年』7・12号1927.3・9,尾原与吉『東三河豊橋地方社会運動史』私家版1966,宮脇良一『豊橋言論史』東海日日新聞社1973,『愛知県部落解放運動史 戦前編』愛知県部落解放運動連合会1983,『名古屋地方労働運動史』

広田 万寿夫　ひろた・ますお　?-?　1929(昭4)年4月山内恭三、斉角夫、南条蘆夫らと『黒戦行』(原始人社)を創刊する。同年10月伊藤信吉らの『学校』7号に詩「通信」を寄せる。また12月アナ派アンソロジー『学校詩集(1929年版)』に詩「良公、しっかりしてろよ」を寄稿する。(冨板敦)〔著作〕『異邦児』花畑社1929〔文献〕『新訂学校詩集(1929年版)』麦書房1981,志賀英夫『戦前の詩誌・半世紀の年譜』詩画工房2002

広津 和郎　ひろつ・かずお　1891(明24)12.5-1968(昭43)9.21　東京市牛込区矢来町(現・新宿区矢来町)生まれ。広津柳浪の次男。1909(明42)年麻布中学、13年早稲田大学英文科卒業。早大在学中に同人誌『奇蹟』を発行しチェーホフやアルツィバーシェフ等に親炙した。卒業の年に自殺した級友である山本飼山の葬儀で大杉栄を知る。16年の「チェーホフ小論」(『新公論』3月)では思考に「範疇」を作ることを嫌う。17年広津の思想的な原点である「自由と責任についての考察」(『新潮』7月)と「性格破産者」を描出した「神経病時代」(『中央公論』10月)を発表。「性格破産者」の強い社会批判性は終生のテーマとなる。アナ・ボル論争が喧しい21(大10)年頃には22年の有島武郎との「宣言一つ論争」を挟み、アナ派の大杉や林倭衛ら、ボル派の青野季吉らとも幅広く交友。23年大杉が虐殺されると「甘粕は複数か」(『婦人公論』11・12月合併号)で軍隊の無法な暴力を非難した。その後29(昭4)年「わが心を語る」(『改造』1月)などにみられるようにマルクス主義が台頭すると強く牽引されたが「同伴者作家」の位置に踏みとどまる。一五年戦争下には、36年「散文精神について」(『東京日日新聞』10月27-29日)、37年「心臓の問題」(『文芸春秋』1月)、「『弱さ』と『強さ』」(『新潮』4月)、44年「徳田秋聲論」(『八雲』7月)などを発表して時局に抵抗した。敗戦後に特筆すべきは53年-63年に及ぶ「松川裁判批判」であり、49年に起きた松川事件の被告全員の冤罪をはらしたその反響は測り知れない。この時広津が示した政治的・思想的な党派性を排し社会の良識に訴える反権力の姿勢は生涯一貫していた。(柳井宏夫)〔著作〕『廣津和郎全集』全13巻中央公論社1973-1974〔文献〕坂本育雄『廣津和郎研究』翰林書房2005,橋本迪夫『広津和郎再考』西田書店1991,間宮茂輔『広津和郎 この人との五十年』理論社1969,小松隆二『日本アナキズム運動史』青木書店1972

広中 義人　ひろなか・よしと　?-?　関西黒旗連盟のメンバー。1927(昭2)年『黒色青年』10号の消息欄に「6月5日広中義人君の出獄を、堺刑務所前に真夜中からデモンストレーションを捲き起こし待つ。同月8日その歓迎会を盛大に開く。なお今後の運動方針について議を交えた」とある。(冨板敦)〔文献〕『黒色青年』10号1927.7,『自連』14号1927.7

弘中 柳三　ひろなか・りゅうぞう　1901(明34)8.30-1965(昭40)8.4　別名・隆三　島根県鹿足郡津和野町に生まれる。19年広島の修道中学を卒業後、中国日報社の記者となる。24年6月柳行李をかついだ後藤謙太郎が九州地方の農村宣伝の帰途、呉市外天応町の弘中宅に寄宿する。この頃すでにアナキストとして活動していた。同年11月半月刊新聞『呉評論』を原正夫、高橋彰三、野間崎高らと発刊。同紙は翌年2月6号から『中国評論』と改題、弘中は26年11月(51号)まで主幹をつとめた。25年5月メーデー当日、呉自由労働者組合発会式を兼ねた大演説会中止の騒ぎに巻き込まれ警官に暴行を受ける。傷害で呉警察署長を告訴したが翌月逆に誣告罪で逮捕される。自由法曹団の応援

を得て裁判闘争を展開したが27年2月懲役5カ月の実刑が確定，未決拘留通算で5月に出獄する。25年文芸誌『獏』に参加。『中国評論』は52号以降妻中村千満与が発行人としてアナキズムの論陣を張り再三新聞紙法違反を問われた。28年日刊紙『中国日報』（のち『呉日報』）と改題，全国に先がけて「投書欄」を設けた（1930.6終刊）。この頃弘中宅には多くの同志が出入りしていた。41年1県1紙の地方日刊紙統廃合に反対し中国新聞社への出社を拒否，以後市民サイドに立つ『大呉市民史』の著述に専念する。（北村信隆・黒川洋）〔著作〕『大呉市民史』全5巻中国日報社1943-76，「革命詩人の獄死を憂ふ」『呉評論』5号1925.2，「天野武士君の死を悼む」『中国評論』129号1928.4〔文献〕『大呉市民史明治篇の復刻に寄せて』同刊行委員会1977，山木茂『広島県社会運動史』，『広島県労働運動史』1980，『広島県労働運動史』1981，『呉市史4・7』1976・93，『思想輯覧』，『労働運動』3次2号1922.2，4次11号1925.7，『中国連合』3輯1926.3

広野 八郎　ひろの・はちろう　1907（明40）2.25-?　長崎県東彼杵郡萱瀬村（現・大村市）生まれ。高等小学校卒業後，小作と炭焼きの家業を手伝う。25年頃から長崎や大阪で電車車掌や新聞記者などの職を転々とし，この間にクロポトキンに親しむ。28年大阪普通海員養成所を卒業して海外航路の石炭夫として働くが乗船時に読んだ葉山嘉樹の作品に感動，『文芸戦線』に投稿するようになった。葉山との文通も始まり29年葉山を訪問。31年退職，10月上京して葉山宅に寄食，労農芸術家連盟に加盟するとともに『文芸戦線』の同人となる。労農政治学校に通い荒畑寒村，大森義太郎らを知る。32年『文芸戦線』の分裂後は葉山，前田河広一郎らとともにプロレタリア作家クラブを結成し『労農文学』を刊行。同時に社会大衆党に関わり橋浦時雄，小堀甚二らと交わる。この間労働者や借家人組合の争議支援に活躍したがつねに指導者，インテリへの批判を抱き続けた。36年帰郷し坑夫，土方，印刷工などの仕事に従事。（奥沢邦武）〔著作〕『華氏140度の船底から　外国航路の下級船員日記・上下』太平出版社1978，『葉山嘉樹・私史』たいまつ社1980，『地むしの唄』青磁社1993

広原 喜三郎　ひろはら・きさぶろう　?-?　新聞工組合正進会に加盟し1924（大13）年夏，木挽町（現・中央区銀座）本部設立のために50銭寄付する。（冨板敦）〔文献〕正進会『同工諸君!!寄附金芳名ビラ』1924.8

広海 貫一　ひろみ・かんいち　1899（明32）4.1-1976（昭51）10.4　旧名・石井定治　のち「広い海を貫く」の意で広海と改名。岡山市花畑町に生まれる。岡山県兄弓小学校高等科を卒業後，1920年徴兵検査で騎兵を志願するが不合格となる。その後家出して中国航路貨物船のコック見習い，鉄道連結手などを転々とする間に自然への憧憬，緑色への親近感を育む。23年大阪天王寺公会堂演説会で逸見吉三と知り合い「お前のいう緑の自然児主義はアナキズムだ」といわれる。木本凡人主催の嵐山花見会で仲間60人と逮捕される。それがもとで要視察人となり下宿を追い出され同志の家を転々とする。23年緑社を名のり『緑』を発行。野口市郎執筆の不敬ビラの印刷を引き受け官憲に追われ数カ月後母との別れに帰郷したところを逮捕される（大阪20数署をたらい回しのあげく釈放）。25年パンフレット『無政府主義入門』を出し出版法違反で罰金刑。上京した際，『無政府主義入門』所持を理由に拘留29日。市ケ谷刑務所の不衛生な食事を暴露して新聞を賑わした。この頃南千住に居候しており黒連や野蛮人社のメンバーらと広く交流する。27年頃野口と『緑』を再刊。その後柳沢善衛，山本敏雄らと『社会経済新聞』を発刊，関西，東京，東北を尾行つきで「リャク」（掠）をして歩く。32年業界紙『美容と健康』を発行。それを廃刊し『デパート通信』を創刊。他方で熱帯魚飼育を始め大森に移る。本格的な飼育に取り組み40年エンゼルフィッシュの孵化に成功する。東京三越本店で熱帯魚展覧会や全国グッピー・コンテストを開催する。敗戦後の46年『デパート通信』復刊。熱帯魚飼育・販売の緑鱗窓社社長として事業を発展させる。『デパート通信』の発刊で三越，高島屋，小田急，西武，大丸など各百貨店役員をはじめ財界人や流行作家の尾崎士郎らなどとも幅広く交流した。『広海放談・第1・2集』は全国のデパートに二人三脚で駆け廻った連れ合いの編集にも依った。アナ連の機関紙『クロハタ』（のち『自由連合』）の発行を支援した。なお野口と再刊した27年頃の『緑』の編集発行人は石井定治

(東京市外高円寺)，発行所としてミドリ社出版部(同)，ミドリ大阪出版所(大阪市西成区梅南通)が併記されている。のち国政・参議院議員選挙に新党を立ち上げて出馬もしている(結果は落選)。最期は田園調布の病院で逝去し3日後カトリックの教会で社葬が行われ埋葬は故郷の墓地である。(北村信隆・冨板敦)〔著作〕『広海放談・第1・2集』デパート通信社1961・67，『熱帯魚の飼い方』東都書房1968，「横浜西口を堅めて」『デパート通信・横浜高島屋開店特集号』(新聞扱い)1973.10〔文献〕『緑』5年7月号1927.7，『望月辰太郎追憶集』望月兄弟会1972

広村 有明　ひろむら・ありあけ　?-?　1926(大15)年愛知県碧海郡安城町二区(現・安城市)で暮し農民自治会全国連合に参加。地元の農民自治会を組織しようとしていた。
(冨板敦)〔文献〕『農民自治会内報』2号1927

広安 栄一　ひろやす・えいいち　1889(明22)-?　福岡県八幡製鉄所の第一据付工場に勤務。日本労友会幹事として20年2月5日から3月1日の八幡製鉄ストを指導。22年2月5日大杉栄，岩佐作太郎，和田久太郎，近藤憲二を招いて八幡市(現・北九州市)有楽館で開いた八幡製鉄スト2周年記念の講演会で大杉を紹介，また閉会の辞を述べる。24年6月には三井三池大争議支援のため大牟田に潜入。のち室蘭に渡りアナキストオルグとして活動する。(冨板敦)〔文献〕『労働運動』3次3号1922.3，大滝一『福岡における労農運動の軌跡』海鳥社2002

関 興圭　びん・こうけい　ミン・フンギュ　?-?　1926(大15)年東京で結成されたアナ系の団体朝鮮東興労働同盟で活動。31年10月黒友連盟の機関紙『黒色新聞』発行責任者になるが発禁処分にされる。32年には同盟事務所の責任者となっていたが家賃滞納を理由として明け渡しの強制執行を受け，8月11日これに関連して家宅侵入，公務執行妨害などの罪名で検挙起訴され11月懲役6カ月執行猶予2年の判決を受けた。翌33年6月呉宇泳らによって在京アナ系朝鮮人団体統一のため自由労働者協議会が提唱されるが反対を表明。同月反ナチス・ファッショ民衆大会(7月1日開催)の事前検束を受ける。同年7月には南朝鮮での水害被害者を救援するための寄付金募集の活動を企図したがその後寄付金募集願いが許可の見込みのないことなどから中止。(堀内稔)〔文献〕『社会運動の状況3-5』，『自連』76・82号1933・1・7

関 魯鳳　びん・ろほう　ミン・ノボン　?-?　東京における朝鮮東興労働同盟の活動家。1931(昭6)年4月『黒色新聞』発行組織の改編では編集委員の一人に選ばれ同年7月万宝山事件批判演説会で檄文を撒布して検挙される。32年11月神田の同盟事務所明け渡しをめぐって警官隊と乱闘となり検挙，懲役6カ月執行猶予2年の判決を受ける。(堀内稔)〔文献〕『自連新聞』61・75・76号1931.8・32.11・33.1

ふ

馮 省三　ふう・しょうさん　フォン・ションサン　?-1924　中国山東省平原出身。20年10月北京大学予科フランス語クラスに入学。21年世界語(エスペラント)クラスを選択。エロシェンコが22年3月世界語講師に着任するとそのクラスに入る。呉克剛，王魯彦とともにエロシェンコが育てた3人の熱心なエスペランティストの一人といわれる。22年4月北京世界語学会を組織(会長周作人)，同会の活動として北京世界語専門学校(世専)の設立計画を進める。「北京世界語専門学校計画書」によると蔡元培，魯迅，エロシェンコなど11人が理事会を構成し学生数は200人5班に分けることになっていた。同年10月18日北京大学で講義プリント代徴収反対運動がおこるとこれに加わる。学校側は講義プリント代を廃止する一方，馮省三一人を退学処分にする。この処分に対し魯迅や周作人は疑問を呈している。この事件の結末は北京大学でアナキストを排斥し勢力拡大をはかっていたマルキスト派の策謀によるものであったことが近年明らかにされている(『エロシェンコの都市物語』)。23年1月20日周作人とエロシェンコが催した日本人歓迎会に魯迅とともに招かれる。(手塚登士雄)〔文献〕周作人「世界語読本序」『自己的園地』1923，盧剣波『大きな子供』を追憶する」『有刺的薔薇』1936(『原典中国アナキズム史料集成』復刻版緑蔭

書房1994)、藤井省三『エロシェンコの都市物語』みすず書房1989、『魯迅全集』学習研究社1984

フェレル Ferrer, Francisco 1859.1.10-1909.10.13　スペイン、バルセロナ郊外のアレリャ村で生まれる。生家は比較的豊かな自作農で11人兄弟の7番目であった。幼時に父を失い、13歳で生家のブドウ畑、ついでバルセロナで繊維工場などで働くが、そこの雇用主にすすめられてフリーメーソンに加わる。79年21歳になり鉄道会社に就職する。86年共和派の活動をしたために危険分子として追放されパリへ行く。これ以降15年間フランスに滞在することになる。92年マドリードの国際自由主義思想家会議に出席、そこで書いた「暴君抹殺の回状」がのちの09年の軍法会議で彼にとってもっとも不利な証拠となる。90年頃から今まで親交のあったスペインの共和主義者や社会主義者と決別しフランスのアナキストたちと交渉をもつようになる。それももっぱら教育に関連してのことだった。01年10月8日バルセロナのバレイン街の古い修道院を借用して「近代学校」を開設した。開設時の生徒数は30人(女子12人、男子18人)であった。近代学校は名称だけにこだわれば古色蒼然としているようだが、学習要項に「科学的な合理主義を基盤において、事実によって受け入れられる理論、証拠によって認められる事実、それこそわれわれの教育を構成する」とうたい、具体的な教育方針として当時としては夢想だにできなかった「男女共学」「社会諸階級の合併教育」「賞もなく罰もない学校」などを実践しようとした。こうした方針が当時のスペインの初等教育機関を牛耳っていたカトリック教会からすさまじい攻撃を受けたのだった。だが創設4年後の05年にはバルセロナを中心に147校の分校が設置され、その後3年以内にはほぼスペイン全土、さらにポルトガル、ブラジルのサンパウロ、オランダのアムステルダムなどに矢継ぎ早に設置された。ところが06年5月1日マドリードで、結婚式に向うアルフォンソ13世とバッテンベルグ女王の乗っている馬車に爆弾が投げられ国王らは難を逃れたものの死者15人、負傷者70人余りを出すという事件がおこった。3日後逮捕されたマテオ・モラールは取り調べの警察官を殺して自殺してしまった。実はモラールは一時期、近代学校の図書室係だったがフェレルと意見が対立し退職していた。フェレルはモラールを教唆したというかどで逮捕され近代学校の本部校にも閉鎖命令が出された。だが翌年6月13日相つぐ釈放運動と抗議運動のおかげで釈放された。これ以降フェレルは外国に居を移したもののスペインは取り返しのつかない激動へと突き進んでいった。09年7月26日から8月1日にかけてバルセロナでモロッコ戦争への徴兵に反対する運動に対して政府が軍隊によって弾圧した「悲劇の1週間(セマナ・トラヒカ)」といわれる事件がおこった。ちょうどこの時期、フェレルは滞在先のロンドンで研究と執筆に専念していた。ところが親戚に3人も腸チフス患者が出たという知らせを受け7月28日バルセロナに戻った。8月25日当局は出頭を命じた。それを無視したフェレルは9月1日未明バルセロナ市内で逮捕された。こうした不当逮捕と冤罪裁判が友人たちに知らされたのは10月1日だった。すでに裁判自体も実質的に終了していたのだった。フェレルはあくまでも無罪を主張した。国内はもとよりヨーロッパ諸国においてもスペイン政府に対する厳しい抗議運動がおこった。それにもかかわらずフェレルに死刑の判決が下った。バルセロナの悲劇の1週間の首魁というのが死刑判決の理由だった。10月13日の朝フェレルは12人の銃殺刑特務班の銃口の前で「近代学校、万歳!」と叫んで倒れたのである。50歳であった。フェレルの処刑は国際的な憤慨を招きフランス政府の公式な抗議声明文をはじめ、ローマ、ミラノ、ウィーンなどでスペイン政府に対する抗議デモがおこり12年スペイン政府はフェレルの無実を公式に宣言せざるをえなくなったのである。日本ではフェレルの刑死を知った石川三四郎が幸徳秋水と追悼集会の開催を相談したが赤旗事件以後の厳しい状況下で断念した。のち大逆事件の取り調べで幸徳は「フェレルノ死ハ誠ニ立派」(「大逆事件調書」1910.10.17)と述べている。以来フェレルの刑死は大逆事件と並ぶ東西二大冤罪事件としてアナキズム運動のなかで語り継がれた。　(川成洋・大澤正道)〔著作〕遠藤斌訳『近代学校 その起源と理想』渓文社1932・復刻版創樹社1980〔文献〕辻潤「フランシス

コ・フエエラと近代学校」『世界人』2巻3号1916.2（『大正労働文学研究』5号1981.3），黒木実「フランシスコ・フェレル」『自連新聞』34号1929.4，遠藤斌「近代学校の創立者フランシスコ・フェレルのこと」』『クロハタ』58号1960.10, Kern, Robert W. *Red Years Black Years: A Political History of Spanish Anarchism, 1911-1937*, Institute for the Study of Human Issues, 1978. Ullman, Joan Connelly, *The Tragic Week: A Study of Anti-Clericalism in Spain*, Harverd UP, 1967.

深井 清 ふかい・きよし　⇨成沢富太郎　なるさわ・とみたろう

深井 剛之助 ふかい・ごうのすけ　?-?　1919（大8）年東京日本橋区（現・中央区）の興文社に勤め活版印刷工組合信友会に加盟する。〔冨板敦〕〔文献〕『信友』1919年8・10月号

深井 喜重 ふかい・よししげ　⇨成沢富太郎　なるさわ・とみたろう

深尾 韶 ふかお・しょう　1880（明13）11.12-1963（昭38）11.8　別名・不可汚生，少翁　静岡移住旧幕臣の長男として駿府城内（現・静岡市）に生まれる。父は小学校校長。師範学校の10年という勤務義務年限が気に入らず進学を拒否。小学校卒業後は監獄署給仕や裁判所雇となるが結局代用教員になる。02年理想団静岡支部結成の中心となる。いったん北海道で教員をしたが2年ほどで帰郷，その途次東京の平民社に立ち寄り堺利彦と会う。05年富士川尋常小学校准訓導の時，渡辺政太郎，原子基と静岡三人組を結成，社会主義伝道に乗り出す。原子とパンフレットや幻灯を乗せた箱車をひいて甲信地方に出発するが弾圧にあい失敗。二人は続いて5月北海道虻田郡真狩村留寿都（現・留寿都村）に平民農場を創設するため入植。しかし深尾はわずか3カ月で帰京，堺利彦の由分社に入社，『家庭雑誌』の編集にあたる。『光』『新紀元』『社会新聞』などにも文章を寄せ『社会主義の話』（由分社1905）も出版した。06年1月堺と連名で日本社会党結党届を提出し3月社会党最初の実力行動東京市電運賃値上げ反対市民大会で大杉栄，山口義三，西川光二郎らとともに逮捕，6月21日保釈となった。『社会主義研究』記載の保釈挨拶は大杉との連名である。深尾と大杉は由分社（堺家）に戻り，そこが「恋のさやあて」の舞台となった。堺の亡妻みちの妹堀保子は06年夏休みに深尾の婚約者として静岡へ来て深尾と富士登山もした。しかし8月大杉は自分の着ている浴衣の裾に火をつけて口説き保子を妻としてしまったのである。07年2月の社会党第2回大会では深尾は評議員としてただ一人議会政策派の田添鉄二を支持。この頃肺結核となり運動から離れていく。9月には郷里に帰り静岡女子師範学校第1回卒業生の妹けんの任地興津の下宿に療養の身を横たえた。けんとともに『女教師』を編集したり英国のボーイスカウト運動を移入したり帰郷以後の後半生は運動とは関わらなった。53年ボーイスカウト日本連盟から「先達」の称号を受けた。〔市原正恵〕〔文献〕市原正恵「深尾韶の生涯」『思想の科学』1977.5, 加藤善夫「静岡三人組」『思想の科学』1978.8-10, 荒畑寒村『寒村茶話』朝日新聞社1976

深川 武 ふかがわ・たけし　1900（明33）6.10-1962（昭37）1.5　熊本県飽託郡春竹村（現・熊本市）に生まれる。小学校卒業後上京，文選工として万朝報社を経て時事新報社に勤め正進会に加盟する。21年8月『信友』に発表された平野小剣の記事が発禁になったことを契機に平野を訪ね交流を深め，23年東京水平社の中心メンバーとして活動を開始。26年7月全国水平社関東連合会委員会で全水中央委員に選出。26年9月1日全水解放連盟を組織，機関紙『全国水平新聞』の編集実務を担う。27年3月農民自治会第1回全国委員会で全国委員に選出。7月関東連合会本部を熊谷から浅草の自宅に移す。28年7月15日奈良県北葛城郡高田町（現・大和高田市）山内水平社で全水府県代表会議が開かれ階級闘争第一主義を批判した新運動方針が発表される。深川，朝倉重吉は新運動方針を受け入れ関西解放連盟らアナ派は席を立つ。以降，深川はアナ派から離れ社会民主主義に傾いていく。新井松太郎らと全国自連参加の時事新報社労働組合分会を組織していたが，30年春百数十人で東京印刷工組合から脱退，8月時事従業員組合の発会式を開く。同年3月浅草区議会議員選挙に立候補（落選）。31年10月の時事新報社争議では関東自協，関東出版産業労働組合の山口健助，江西一三らの共同闘争申し込みを断る。戦後は社会党に入党。〔冨板敦〕〔文献〕『正進』2巻8号1921.8, 正進会『同工諸君!!寄附金芳名ビラ』1924.8, 『水平月報』6・11号1924.12・

25.7,『水平新聞』2次9・25号1926.7・28.8,『自連新聞』51号1930.9,『東京水平社関係史料集』(『東京部落解放研究』8.9号)1977, 三原容子「水平社運動における『アナ派』について・正続」『世界人権問題研究センター研究紀要』2・3号1997・98, 杉浦利貞「深川武」水平社博物館編『全国水平社を支えた人びと』解放出版社2002, 宮崎晃『差別とアナキズム』黒色線社1975, 古賀誠三郎『いばらと鎖からの解放』明石書店1978, 山口健助『青春無頼』私家版1982

深沢 利重 ふかざわ・とししげ 1856.4.27(安政3.3.23)-1934(昭9)10.7 旧姓・大慈弥 豊前国宇佐郡天津村宮熊(現・大分県宇佐市)に生まれる。少年時代長崎で養蚕術を学び関東に遊学。前橋で製糸業の先駆者深沢雄象と出会いハリストス正教会に帰依、娘孝子と結婚し養子となった。その後海老名弾正を知り一時組合教会に入り(のち正教会に戻る)住谷天来、湯浅治郎、柏木義円など組合教会の人々と親交を結び88年中心となって前橋英和女学校(翌年共愛女学校と改名)を開設。02年第7回総選挙には深沢ら前橋のキリスト教徒の懇請により木下尚江が立候補したが得票29で落選。しかし以後木下の思想から大きな影響を受けることになった。日露戦争に際しては「日露時局論」を執筆、国益にとって不利という立場からではあったが非戦論を展開し『平民新聞』の読者拡大にも尽力した。なお木下とは生涯深い親交で結ばれ木下の社会運動からの退隠後も多くの書簡を交換している。(岡野幸江)〔著作〕『日本蚕業論』経済雑誌社1898〔文献〕深沢信三編『紀念深沢利重』私家版1934, 稲田雅洋『悲壮は即ち君の生涯なりき』現代企画室1987, 稲田雅洋『悲壮は即ち君の生涯なりき 深沢利重と木下尚江』現代企画室2003

深沢 勇 ふかざわ・いさむ ?-? 1919(大8)年東京牛込区(現・新宿区)の秀英舎(市ヶ谷)第二和文科に勤め活版印刷工組合信友会に加盟する。(冨板敦)〔文献〕『信友』1919年8月号

深沢 照治 ふかざわ・てるじ ?-? 1919(大8)年東京牛込区(現・新宿区)の秀英舎(市ヶ谷)欧文科に勤め活版印刷工組合信友会に加盟する。(冨板敦)〔文献〕『信友』1919年8・10月号

深沢 白人 ふかざわ・はくじん ?-1948(昭23) 本名・岩十、別名・成瀬関次 長野県出身。13年に自殺した山本飼山と同郷の親しい友人の一人で遺稿集『飼山遺稿』の実質的編集者となり同書に「発起人諸氏の多忙なるままに一切私一個人の独断で編集した次第」と記した。同書刊行の推進者であったことから小学校教員の職を追われ一時は売文社に関わる。後年日本刀研究家となる。(奥原邦成)〔文献〕山本一蔵編『飼山遺稿』泰平館書店1914・復刻版湖北1980, 西田勝・上条宏之・荻野富士夫編『定本飼山遺稿』銀河書房1987

深沢 宏 ふかざわ・ひろし ⇨須崎実 すざき・みのる

深瀬 清親 ふかせ・きよちか ?-? 1919(大8)年東京本所区(現・墨田区)の凸版印刷会社差換科に勤め活版印刷工組合信友会に加盟する。(冨板敦)〔文献〕『信友』1919年8・10月号

深瀬 長五郎 ふかせ・ちょうごろう ?-? 1919(大8)年東京京橋区(現・中央区)のアドヴァータイザー社リノタイプ科に勤め日本印刷工組合信友会に加盟する。(冨板敦)〔文献〕『信友』1919年10月号

深瀬 八三郎 ふかせ・やさぶろう ?-? 東京毎日新聞社に勤め東京の新聞社員で組織された革進会に加わり1919(大8)年8月の同盟ストに参加するが敗北。のち正進会に加盟。20年機関誌『正進』発行のために寄付をする。同年、日本社会主義同盟に加盟。24年夏には木挽町(現・中央区銀座)正進会本部設立のためにも2円寄付する。(冨板敦)〔文献〕『革進会々報』1巻1号1919.8,『正進』1巻1号1920.4, 正進会『同工諸君!! 寄附金芳名ビラ』1924.8

深田 徳栄 ふかだ・とくえい ?-? 1926(大15)年新潟県刈羽郡枇杷島村(現・柏崎市)で暮し農民自治会全国連合に参加。地元の農民自治会を組織しようとしていた。27(昭2)年2月1日川口粂吉と枇杷島村で会合を開く(参会者約30名)がその後官憲から激しい弾圧を受ける。竹内圀衛は「柏崎市外枇杷島の川口〔粂吉〕深田〔徳栄〕君等は最も熱心なる同志」(「新潟の大勢」『農民自治』8号)と呼んだ。(冨板敦)〔文献〕『農民自治』8号1927.3,『農民自治会内報』2号1927

深沼 火魯胤 ふかぬま・ひろたね 1894(明27)-? 本名・弘胤 別名・アゴーニ 深沼火魯胤の名は1923年2月『赤と黒』2号に詩「無題」の作者として出現。同年および翌年『上毛新聞』発表の詩10篇が続く。すべて反逆的内容である。23年6月前橋市内に社会

主義宣伝物配付所の設立を図るが頓挫している。この頃の深沼は『上毛新聞』記者もしくは東京の新聞の前橋支局員だった。長髪にフロックコートを日常の装いとして人目をひきカロインとも呼ばれた。25年5月宮内大臣一木喜徳郎, 陸軍大将福田雅太郎らへの脅迫文発送容疑で検挙された。26年1月の黒連演説会を報じた機関紙『黒色青年』1号(1926.4)に深沼弘胤として登場する。同時期, 自然児連盟解体後の前田淳一, 椋本運雄, 麻生義とともに黒化社を結成する。26年6月『激風』(臼井源一編集発行)創刊に上田光慶, 後藤学三, 藤尾清三郎らとアゴーニ名で「避難漫言」を掲載。豊多摩刑務所入獄記(1925.7-10)を発表している。27, 28年には再び『上毛新聞』へ詩を発表するが署名は弘胤名である。のち不敬罪で前橋刑務所に服役と伝えられるが経緯およびその晩年は未詳。(寺島珠雄・黒川洋)〔文献〕『黒色青年』1・2号1926.4・5, 伊藤信吉「深沼火魯胤・断片」「深沼火魯胤の来し方」季刊『風雷』1990, 同『監獄裏の詩人たち』新潮社1996, 寺島珠雄『南天堂』皓星社1999

深野 千代松 ふかの・ちよまつ ?-? 横浜毎朝新報社に勤め横浜印刷技工組合に加盟。1921(大10)年3月12日同社の減給拒絶闘争を26名で闘い勝利する。(冨板敦)〔文献〕『信友』1921年4月号

深町 作次 ふかまち・さくじ 1894(明27)2.17-1968(昭43)9.4 別名・作次郎, 並木如親, 並木如秋 佐賀市長瀬町生まれ。佐賀市立商業学校中退後, 佐世保海軍工廠に勤務。社会主義に関心をもち『平民新聞』や茅原華山の『第三帝国』を購読, 大杉栄と文通し15年特別要視察人となる。16年5月長崎にいた呉塵の紹介で上海に渡航, 民声社の張剛, 章警秋, 中華報の呉稚暉の知遇を得た。上海での中国同志との交流は東京の大杉らに伝えられるとともに『新社会』などにも掲載され「民声社同人は常に日本の同志との連絡指導を希つて」いると報じた(1916.9)。分立状態にあった上海のアナキストグループの合同を企図していたと思われる。上海では上海日日新聞社の校正係となりのち『上海中華報』『上海経済時報』の記者, さらには経済時報社の経営にも従事した。19年山鹿泰治の『平民の鐘』秘密出版に関連して家宅捜索を受けアナキズム関係の出版物を押収された。20年6月頃には運動から離れた。(奥沢邦成)〔文献〕『主義者人物史料1』『社会主義沿革1・2』

深町 吉五郎 ふかまち・よしごろう ?-? 1919(大8)年東京京橋区(現・中央区)の国文社和文科に勤め日本印刷工組合信友会に加盟する。(冨板敦)〔文献〕『信友』1919年10月号

深谷 源次郎 ふかや・げんじろう ?-? 1919(大8)年東京麹町区(現・千代田区)の外務省活版部和文科に勤め日本印刷工組合信友会に加盟する。(冨板敦)〔文献〕『信友』1919年10月号

深谷 義勝 ふかや・よしかつ 1904(明37)12.2-? 別名・昭 札幌で印刷工となり岸本嘉市と交わりアナキストとなる。26年12月10日薄野で暴れたため検束される。14日岸本の発行した『叛逆』を印刷したため家宅捜索を受ける。思想要注意人(無政府主義)に編入される。その後苫小牧町に転居。主義的出版活動を行う。(堅田精司)〔文献〕『思想要注意人調』北海道庁警察部1927.6, 『特別要視察人・思想要注意人一覧表』同1929, 『北海タイムス』1926.12.12・12.15

福井 竹治郎 ふくい・たけじろう ?-? 1919(大8)年東京京橋区(現・中央区)の築地活版所和文科に勤め日本印刷工組合信友会に加盟する。(冨板敦)〔文献〕『信友』1919年10月号

福井 長四郎 ふくい・ちょうしろう ?-? 1919(大8)年東京芝区(現・港区)の東洋印刷会社和文科に勤め活版印刷工組合信友会に加盟する。(冨板敦)〔文献〕『信友』1919年8月号

福井 福三郎 ふくい・ふくさぶろう ?-? 時事新報社に勤め新聞工組合正進会に加盟。1920(大9)年機関誌『正進』発行のために1円寄付する。(冨板敦)〔文献〕『正進』1巻1号1920.4

福井 福太郎 ふくい・ふくたろう 1898(明31)4.24-? 別名・福三郎 東京市下谷区入谷町(現・台東区)に生まれる。時事新報社に活版工として勤め, 東京各新聞社の整版部従業員有志で組織された労働組合革進会に加わり1919(大8)年8月の同盟ストに参加するが敗北。その後, 新聞工組合正進会に参加。20年日本社会主義同盟に加盟する。(冨板敦)〔文献〕『革進会々報』1巻1号1919.8, 『正進』1巻1号1920.4, 『警視庁思想要注意人名簿(大正10年度)』

福井 芳春 ふくい・よしはる ?-? 1919(大

8)年東京京橋区(現・中央区)の築地活版所印刷科に勤め日本印刷工組合信友会に加盟する。(冨板敦)〔文献〕『信友』1919年10月号

福岡 巧 ふくおか・たくみ 1902(明35)-? 別名・福中巧 広島県呉市西二河通生まれ。中学を2年で中退したのち呉や大阪で働き23年頃からアナキストと交流する。24年名古屋で『未来と青年』に参加，26年その後継誌『復讐人』の発行人となる(厚井勇三，近藤三郎，轟大助らが参加)。27年出版法違反で罰金10円。28年中部黒連から伊藤長光とともに絶縁される。29年秋ONP同人として高村藤一と「若きバクーニンの言句を偲ばせる激越きわまる檄を数回全国に配布して」(上野克己)検挙される。30年恐喝罪で懲役5年。34年帰郷して旬刊新聞『芸南時報』を発行。35年高橋彰三の『東洋鬼』の同人に加わり下層民の群像などを執筆する。同年末頃無共党事件で検挙されるが不起訴。(冨板敦)〔文献〕『黒色青年』17号1928.4, 上野克己「戦線に立ちて」『自由連合主義』3号1930.7, 『呉市史5』1987, 『社会運動の状況1』, 『身上調書』

福岡 千代造 ふくおか・ちよぞう ?-? 1919(大8)年東京京橋区(現・中央区)の築地活版所印刷科に勤め活版印刷工組合信友会に加盟する。(冨板敦)〔文献〕『信友』1919年8・10月号

福岡 東三 ふくおか・とうぞう ?-? 1919(大8)年東京京橋区(現・中央区)の築地活版所印刷科に勤め活版印刷工組合信友会に加盟する。(冨板敦)〔文献〕『信友』1919年8・10月号

福沢 卯介 ふくざわ・うすけ 1889(明32)頃-? 豊橋市に生まれる。新川尋常小学校時代に野口品二と知り合い新設された挟間尋常小学校に転校。卒業後は叔父を頼って大連に渡る。満鉄経営の育成中学を経て明治大学に入学。22(大11)年卒業とともに帰郷，豊橋新報社に入社。同年4月13日, 石川啄木の命日に豊橋市内大手通りの料理屋舞鶴で野口, 河合陸郎, 浅井秀雄らと啄木の歌をうたい革命歌を高唱。のちに野口, 河合, 浅井らと黒墓社(クロポト)社を結成して活動する。26年末頃「満州」に渡り朝日新聞新京支局で敗戦となり, 同社豊橋支局長として定年を迎える。(冨板敦)〔文献〕尾原与吉『東三河豊橋地方社会運動前史』私家版1966, 『名古屋地方労働運動史』, 岩瀬正雄『一匹の黄金虫』豊橋文化協会1972, 宮脇良一『豊橋言論史』東海日

新聞社1973, 大森修『豊橋財界史』豊橋文化協会1973, 『河合陸郎伝』同編纂委員会(社団法人豊橋文化協会内)1982, 『郷土豊橋を築いた先覚者たち』豊橋市教育委員会1986

福島 和夫 ふくしま・かずお ?-? 1929(昭4)年頃から埼玉県で橋本貞治が発行してきた詩誌『山娘』(秩父文芸社)を引き継ぎ, 33年頃改題し詩誌『蟻の巣』(麓林堂)を発行していた。(冨板敦)〔文献〕松永伍一『日本農民詩史・中2』法大出版局1969, 『石川三四郎資料目録』埼玉県本庄図書館2000

福島 清 ふくしま・きよし 1903(明36)-? 高知市に生まれる。大阪で労働運動に参加したのち帰郷。小西寿保の影響でアナキズムに共鳴。28年頃高知県で隅田勇, 森下喜信らとアナ系労働運動家として活動。33年社会大衆党に入党しその後愛国運動に転じる。(冨板敦)〔文献〕横山光夫『解放のあけぼの 高知県左翼社会運動覚え書』同刊行委員会1968, 堅田精司『北海道社会文庫通信』1660号2001.12

福島 元吉 ふくしま・げんきち ?-? 中央新聞社に勤め東京の新聞社員で組織された革進会に加わり1919(大8)年8月の同盟ストに参加するが敗北。のち正進会に加盟。24年夏, 木挽町(現・中央区銀座)正進会本部設立のために1円寄付する。(冨板敦)〔文献〕『革進会々報』1巻1号1919.8, 正進会『同工諸君!! 寄附金芳名ビラ』1924.8

福島 源之 ふくしま・げんし ⇨魚田康 うおた・こう

福島 佐太郎 ふくしま・さたろう 1897(明30)-? 印友会結成当時からの活動家で文選工。のち京都印刷工組合結成に参加。1922年立憲民友会出版役員, 23年1月京都普選同盟会代表委員, 東上メンバーとなる。同年4月嵐山での赤旗演説事件で対馬忠行, 八木信三らと検束。同年5月不穏ビラ電柱貼付行為でも月岡国保ら4人と検束。23年月刊『社会運動』12月号に「労働ブローカーを葬れ」を寄稿。24年4月印刷工連合会第1回全国大会ではサンジカリズムを強調。同年11月関西自連創立大会をはじめ各大会や会合に京印代表として参加, 決議案提案など活躍した。25年3月印刷工連合会第2回大会に出席, 同年5月京都メーデーを京印中心に主催させるなどこの頃の京印の中核であった。26年も京印理事を山下寒芽, 山

ふくしま

本，金田らと担い同年10月の第3回関西自連大会に代議員参加，この間大阪市南区水崎町（現・中央区）の逸見直造宅にも出入りした。同年11月岩佐作太郎を招いた労農党評議会撲滅演説会で岩佐が検束，会場混乱解散に米田剛三と検束。同年末の『自由連合』に「共産党の欺瞞」を寄稿。その後国粋会の日暮正路に接近，立憲国粋党に参加。27年1月京印から「無関係人物」と『自連』に「公示」され除名，関西自連からも排撃された。その後急進愛国党の中央委員や柴田金三郎會長の神州報國會に参加，中華民国新民會首都指導部に勤務した。（北村信隆）〔文献〕『京都地方労働運動史』，勝山英輔「京都印刷出版労働組合運動小史」『あけぼの』全京都印刷出版労働組合連合会1958，『労働運動』4次4・7・8号1924.6・25.1・2，宮本三郎『水崎町の宿・PARTⅡ』私家改訂版1987，『印刷工連合』25号1925.6，『自連』3・6-8・19号1926.8・11・12・27.1・12，『農民自治会内報』2号1927，大江音人「京都印刷工組合の人々1」『虚無思想研究』17号2001

福島 詩毛留 ふくしま・しげる ?-? 埼玉県北埼玉郡下忍村（現・行田市）に居住。1930（昭5）年『農民文学』を創刊，福島清信，松村茂正，田口千代子，幡谷善秀，三枝正雄，飯塚古葉，佐々木義夫（砂丘浪三）らが詩を寄せる。34年頃まで隔月刊誌として刊行を続ける。「この雑誌の書き手たちはおおむねアナキズムないしは重農主義の立場にあった」（松永伍一）。33年に結成された解放文化連盟に加わり機関誌『文学通信』（12号）に短歌を寄せる。（冨板敦）〔著作〕『正川よね』農民文学研究会出版部1933〔文献〕松永伍一『日本農民詩史・中2』法大出版局1969，小倉三郎『私の短歌履歴書』ながらみ書房1995

福島 庄太郎 ふくしま・しょうたろう ?-? 印刷工として1919（大8）年活版印刷工組合信友会に加盟。のち東京京橋区（現・中央区）の国光社文選科に勤める。（冨板敦）〔文献〕『信友』1919年8・10月号

福島 亮長 ふくしま・すけなが ?-? 1919（大8）年東京神田区（現・千代田区）の宮本印刷印刷科に勤め日本印刷工組合信友会に加盟する。（冨板敦）〔文献〕『信友』1919年10月号

福島 徳三郎 ふくしま・とくさぶろう ?-? 1921（大10）年埼玉県北埼玉郡樋遣川村（現・加須市）の畑小作争議を契機として樋遣川労働組合を結成し同年11月18日発会式を開き組合長となる。幹事長には小林栄之助が就任した。（冨板敦）〔文献〕『小作人』1次1・2次1号1922.2・10

福島 彦松 ふくしま・ひこまつ ?-? 1919（大8）年東京牛込区（現・新宿区）の日清印刷会社欧文科に勤め活版印刷工組合信友会に加盟する。（冨板敦）〔文献〕『信友』1919年8・10月号

福島 ます ふくしま・ます ?-? 別名・マス 1919（大8）年東京本所区（現・墨田区）の凸版印刷会社解版科に勤め活版印刷工組合信友会に加盟。のち京橋区（現・中央区）の福音印刷会社を経て麹町区（現・千代田区）のジャパンタイムス＆メール社解版科に移る。（冨板敦）〔文献〕『信友』1919年8・10月号，1921年1月号，1922年1月号

福島 万蔵 ふくしま・まんぞう ?-? 1919（大8）年横浜のボックス社に勤め横浜欧文技術工組合に加盟して活動。同組合設立基本金として1円寄付する。（冨板敦）〔文献〕『信友』1919年8・10月号

福田 国太郎 ふくた・くにたろう 1886（明19）-1940（昭15）3.3 鳥取県生まれ。03年17歳の時に英文入門書でエスペラントを独習する。06年6月12日日本エスペラント協会の創立とともに入会。オランダの社会主義的エスペラント雑誌『国際社会評論』にも多く寄稿する。11年「各国のアナキストと文通したし」と外国のエスペラント雑誌に広告を載せた山鹿泰治に国内から唯一の手紙を出したのが当時鹿児島の専売局に勤めていた福田だった。この文通がもとで警察に目をつけられ12年専売局を辞めて鳥取に帰る。実家で突然逮捕され所蔵の本などを調べられ1カ月ほど拘留された。13年つてを頼って東京に出て共同火災保険会社に勤務。15年7月1日平民講演会でのエロシェンコの講演の通訳をした。山鹿，相坂佶と親交を深めたが大阪へ転勤。大阪では日本のエスペラント運動が政治，社会問題から目をそらしていくなかでエスペラントを労働者の団結と国際連帯の武器として使う方向をめざす。20年7月相坂，岩橋武夫，平野長克，森内英太郎と全文エスペラントの文芸誌『Verda Utopio』（緑のユートピア）を発行（12号まで）。また22年2月千布利雄編の『エスペラント読

本及文範』を出版する。牧師百島操の援助で大阪東教会を根城にして開いた講習会などでは三田村四郎、田井為七、西光万吉、阪本清一郎、駒井喜作らが学んだ。国際的な活動としては、21年8月E.ランティが呼びかけた労働者エスペラント運動の国際組織SAT(全世界無民族性協会)がプラハにできるとすぐさま呼応して国内で最初の会員となった。また25年パリにできたアナキスト・エスペラントグループTLES(全世界無国家主義者エスペラント連盟)にも加わった。福田は千布、小坂狷二と並ぶ日本エスペラント界のベテランと称され関西エスペラント運動の土台は福田と相坂の先駆的な活動に大きく負っている。福田の生涯は自分の活動分野をアナキストとしてのエスペラント運動に限定し、アナキズムとエスペラントを自らのなかで一つのものとして具現する道をひたすら歩み続けたのである。(冨板敦)〔文献〕藤間常太郎「福田国太郎先生を悼む」『La Revuo Orienta』1940.5、大島義夫・宮本正男『反体制エスペラント運動史』三省堂1974、武藤丸楠編『日本エスペラント学事始』鉄塔書院1932・復刻版伊藤三郎編・理想閣1977、向井孝『山鹿泰治』自由思想社1984、初芝武『日本エスペラント運動史』日本エスペラント学会1998、『エス運動人名事典』

福田　勲　ふくだ・いさお　1901(明34)-?　大阪市浪速区反物町生まれ。工業学校を中退。24年の頃からアナキストと付き合うようになり各地の労働争議に加わる。30年に『南海報知新聞』を発行しまた生命保険の外交員も兼業する。35年末頃無共党事件で検挙されるが不起訴。(冨板敦)〔文献〕『身上調書』

福田　英一　ふくだ・えいいち　?-?　江東自由労働者組合のメンバー。1927(昭2)年11月10日江東自由芝浦支部提唱の失業抗議闘争に参加し東京市長室で市長に面会を求めた際、日比谷署の警官と乱闘になり同志とともに検束(計23人)29日間拘留される。(冨板敦)〔文献〕『自連』19号1927.12

福田　狂二　ふくだ・きょうじ　1887(明20)6.14-1971(昭46)11.13　別名・素顕、本荘狂二　島根県簸川郡久多美村東福(現・出雲市)生まれ。早稲田大学政治経済学部を中退後、社会運動に参加。04年平民懇親会に出席。13年渡辺政太郎を誘い中国へ渡り日本人義勇兵として革命軍に参加する。14年1月普選同盟会の再建に関わり5月日本労働党を結成して幹事長となったが結社禁止となり、次いで結成した日本平民党も禁止となった。同年9月野沢重吉、幸内久太郎らと万国社会党大会に出席する片山潜の送別会を開催。16年11月『実力之社会』を創刊。17年10月半田一郎と日本労働協会を創設し桜井松太郎、岩崎善右衛門らを幹事とする。18年2月普選請願デモを企画して検束。同年4月大杉栄らのロシア革命記念会に赤坂の自宅を提供。堺利彦主宰の『新社会』の新聞紙法問題で不敬罪で起訴され同年7月懲役3年の判決を受け下獄。23年北原竜雄らと進め社を設立して機関誌『進め』を発刊。25年大庭柯公の死をめぐって共産党批判を展開する。のち労農党を経て大衆党に入党。29年1月パンフレット『清党』を配付し平野力三、麻生久が首相田中義一から1万円を受け取ったと指摘、二人の除名を要求する。同党の内紛となり福田は除名された。この間に日刊『社会運動通信』を発行。その後右翼に転じて神道の教師となり素顕と改名。35年『進め』を『皇道日報』と改題して発行、敗戦後は『防共新聞』を発行し反共運動を展開した。(奥沢邦成)〔著作〕『福田素顕憂国論集』1965〔文献〕増島宏ほか『無産政党の研究』法大出版局1964、松尾尊兌『大正デモクラシーの研究』青木書店1966、『特別要視察人状勢一斑』、樋口喜徳「『進め社』の時代」新泉社1993、『進め』復刻版・不二出版1989-90

福田　三郎　ふくだ・さぶろう　?-?　時事新報社に勤め新聞工組合正進会に加盟。1920(大9)年機関誌『正進』発行のために1円寄付する。(冨板敦)〔文献〕『革進会々報』1巻1号1919.8、『正進』1巻1号・2巻5号1920.4・21.5

福田　秀一　ふくだ・しゅういち　⇨高野松太郎　たかの・まつたろう

福田　たけ　ふくだ・たけ　?-?　1919(大8)年東京京橋区(現・中央区)の帝国興信所活版部に勤め日本印刷工組合信友会に加盟する。(冨板敦)〔文献〕『信友』1919年10月号

福田　武寿　ふくだ・たけひさ　1908(明41)9.5-1993(平5)7.20　東京府豊島郡王子町下十条(現・北区豊島)に生まれる。滝野川工業学校機械科を卒業して陸軍科学研究所に勤めたが、32年8月相沢尚夫、入江汎、遠藤斌らと東京地方使用人組合を結成し全国自

連に加盟。同月出版法違反で王子署に検挙された。戦後静岡県東部に移り三島製紙原田工場に入社，ほどなく全日化静岡支部三島製紙分会執行委員となった。48年5月14日から9月27日にかけての賃上げ要求に発する三島製紙争議では中心メンバーとして闘い，東宝争議に比せられるほどの弾圧で重軽傷者10数人，検束者26人を出すなかで公務執行妨害で起訴，懲役6カ月執行猶予3年に処された。54年9月4日富士地区一般産業合同労働組合を結成，組合長をつとめた。またアナ連山梨・静岡地協責任者でその機関紙誌に寄稿した。73年には静岡市において大杉栄虐殺50年，大杉栄墓前祭を主催，また76年には大杉栄らの墓誌建立委員会の中心となって墓誌建立を実現させた。(市原正恵)〔著作〕「オートメーションと日本の労働運動」『クロハタ』4号1956.5,「苦闘を強いられる中小企業労働者」『クロハタ』38号1959.2〔文献〕『平民新聞』83・84号1948.8.9・16,『静岡県労働運動史』,『大杉栄らの墓誌建立委員会ニュース』1-5号1976.6.25-77.4.16

福田　哲一　ふくだ・てついち　?-?　1920(大9)年頃木本凡人の青十字社に寄留した岡部よし子の借家人同盟演説会での弁説にひかれて青十字会員になる。関西紡績労働組合の活動家で関西自連の委員をつとめ，27年8月開催した社会問題大演説会の司会を担当。同年10月関西自連で大阪地方の最近の情勢報告や由本皮革工場争議の経過報告をした。大阪市電自助会解散協議会に応援参加する一方，黒旗連盟主催の舟遊大会などにも三瀬重次と参加，同年11月大阪合成労働組合除名後の役員改選で引き続き関西紡績からの関西自連委員をつとめ三瀬らと活躍した。本庄恒造とともに征露丸のセールスなどをしたのち泉州純労働者組合や泉州紡績労働組合結成に参画した。(北村信隆)〔文献〕宮本三郎『水崎町の宿・PARTⅡ』私家改訂版1987,『自由連合』17-19号1927.10-12, 向井孝「木本凡人の『立場』」『黒』7号2001.8

福田　哲夫　ふくだ・てつお　⇨杉村直太郎
すぎむら・なおたろう

福田　富五郎　ふくだ・とみごろう　?-?　鹿児島県大島郡(奄美大島)古仁屋町(現・瀬戸内町)の活動家。出身地，活動歴などは不詳。1927(昭2)年昭和天皇が8月6日にこの地区に行幸した。福田は危険思想家として古仁屋警察署に逮捕され2日間留置された。古仁屋の港には海軍が陸地には陸軍の要塞が築かれることになり全郡からの徴用農民が労働者として強制的に働かされた。アナキストグループは反要塞建設運動を組織し農民や漁民の支持を受け軍部と激しく闘った。徳之島の小作人組合結成などもアナキストグループの指導によった。(松田清)〔文献〕『奄美大島』1927.9・復刻版奄美社1983,『道之島通信』133号1995.6

福田　友作　ふくだ・ともさく　1865.9.21(慶応1.8.2)-1900(明33)4.21　栃木県下都賀郡間中村(現・小山市)の旧家に生まれる。自由民権運動に共鳴，83年同県河内郡中里村(現・宇都宮市)で開かれた植木枝盛演説会・懇親会に参加。84年サンフランシスコに渡る。86年海老名弥蔵らと九人会を組織し翌年在米日本人愛国同盟に合流する。のちミシガン州アナーバーへ移り90年ミシガン大学ロースクール卒業。埼玉出身の橋本義三(のち粕谷義三)，茂木虎次郎らが同窓でこの間新聞『大日本』を発行。この新聞には南方熊楠も関わっている。90年末帰国し91年中村正直の同人社講師兼幹事となり自由党に参加，92年景山英子と出会い93年家の反対を押し切って結婚する。この頃茂木の紹介で石川三四郎が書生となる。94年対外硬派演説会で「国力権衝論」を弁ずる。生活に窮し95年郷里に帰る。97年再度上京したが99年発病，翌年死没。(西山拓・大澤正道)〔文献〕村田静子『福田英子』岩波新書1959，石川三四郎『自叙伝・上』理論社1956，藤野雅己「福田友作ノート」『田中正造とその時代』14号1983.7，田村紀雄『アメリカの日本語新聞』新潮社1991，太田雅夫・岡崎一「福田友作「道徳の標準」」『桃山学院大学教育研究所研究紀要』2号1993.3

福田　英子　ふくだ・ひでこ　1865.11.22(慶応1.10.5)-1927(昭2)5.2　旧姓・景山，本名・英，別名・素鳳　備前国岡山城下野田屋町刑部屋敷(現・岡山市野田屋町)に生まれる。下級武士の家で父は維新後巡査になる。母楳子は漢学の素養が深く晩年田中正造に会って「敝れたる縕袍を衣て，狐貉を衣たる者と立ちて恥じざる者は，それ由也か」と『論語』の一句などを即座に引き田中を辟易させたというエピソードがある。由とは孔子の

弟子子路のこと，田中に会ってすぐに子路を思い出したというのだから大変な見識眼である。常に女子教育の大事さを強調した人で83年英子はこの母らとともに女子塾蒸紅学舎を開く。84年蒸紅学舎は進歩的な言動のため閉鎖を命じられ憤慨した英子は上京，築地のミッションスクール新栄女学校で英語を学ぶ。85年大阪事件に連座し長崎で逮捕，87年軽禁錮1年6カ月監視10カ月の判決で三重監獄に送られる。89年憲法発布の大赦で出獄，最初の女性政治犯として「東洋のジャンヌ・ダーク」などともてはやされる。同年5月頃大井憲太郎と結ばれ90年3月竜麿(憲邦)を生む。しかし同志だった清水豊子(紫琴)にも大井が子を生ませたことを知り91年4月断然離別。同年1月東京市神田区錦町(現・千代田区)に実業女学校を開校したが長くは続かなかった。92年米国帰りの自由党員福田友作を知り翌年福田家の反対を押し切って同棲，牛込区天神町(現・新宿区)に住む。石川三四郎が書生となり住み込む。貧乏生活が続き居所定まらず98年頃豊多摩郡淀橋町角筈(現・新宿区)に移る。00年友作は死没。01年9月3人の子供を抱え角筈女子工芸学校を開校。12月隣に引っ越してきた堺利彦とつきあいが始まる。03年平民社発足にあたり資金を提供した加藤時次郎を堺に紹介，以来平民社に出入りし「平民社のシウトメ」と呼ばれ社会主義に共鳴する。04年ベストセラーになった自叙伝『妾の半生涯』(発売元・東京堂・吉岡書店，のち岩波文庫1958)を出版，翌年小説『わらはの思ひ出』(発売元・平民書店・上田屋書店・中庸堂書店)を刊行。06年角筈に移り新紀元社をおこした石川に協力，同年4月22日新紀元社講演で大演説を行った田中と出会う。28日木下尚江，荒畑寒村，小野義勝，石川らと栃木県下都賀郡谷中村(現・栃木市)支援に赴き，谷中村の一坪地主となる。07年1月「世界主義を標榜して婦人解放を主眼とする」雑誌『世界婦人』(半月刊)を創刊。石川，小野，遠藤友四郎，横田兵馬，九津見房子らが協力する。4月入獄した石川に差し入れなど面倒をみ08年5月出獄後石川と同居する。『世界婦人』は谷中村支援，治安警察法改正請願などに積極的に取り組み，宮崎滔天には「革命婆様」と頼りにされ金子喜一に

はアナーキーの手先にならず「女性開発」に尽力をと注文を受けた。同年11月章炳麟，黄興らの『民報』筆禍事件で石川とともに支援活動に取り組む。当局の圧迫が日を追って厳しくなり10年1月『世界婦人』は発禁となる。11年1月堺，堺為子，石川，大杉栄，渡辺政太郎らと大逆事件で処刑された幸徳秋水，奥宮健之，大石誠之助，内山愚童の遺体を落合火葬場まで送る。8月末渡辺の助けを得て借金取りの包囲網を潜り抜け横浜市根岸の石川宅へ家族もろとも転がり込む。12年3月逸見斧吉宅での赤羽巌穴の通夜に列席。6月堺，高島米峯主催のルソー誕生200年記念晩餐会に出席。年末田中が来宅，3人で新年を祝う。13年石川は日本を脱出することとなり「せめてもの形見」ということで三男千秋(1921死没)を石川の養子とする。石川の出立後「若き人よ恋は御身等の専有ならじ五十ぢの恋の深さを知らずや」と心境を詠う。14年2月頃東京府下滝野川村(現・北区)に移り呉服の行商を始める。生活に追われながら田中亡き後も若い嶋田宗三を助け谷中村不当廉価買収訴訟を続け19年勝訴を勝ち取る。翌年10月藤岡町田中霊祠前で行われた奉告祭に列席，「尽誠待天命」(『妾の半生涯』の最終句)の揮毫を嶋田に送る。晩年不如意の暮らしを親身に支えたのは逸見斧吉・菊枝夫妻だった。27年市川房枝らの婦選獲得同盟機関誌『婦選』(1巻2-4号1927.2-4)に「自由民権時代の婦人政治運動」を連載中病に倒れ死没。5月4日南品川の品川寺での葬儀には石川，市川，粕谷義三，菊地茂，木下，葛生能久，堺夫妻，嶋田，頭山満(代理)，福田狂二，逸見斧吉ら200人近くが参列し福田の生涯の幅の広さが偲ばれた。〔大澤正道〕〔著作〕村田静子・大木基子編『福田英子集』不二出版1998，唐沢柳三編『福田英子書簡集』ソオル社1959〔文献〕村田静子『福田英子』岩波新書1959，石川三四郎『自叙伝・上』理論社1956，唐沢柳三『『世界婦人』のこと』『柳』1958.10-59.2，志村章子「福田英子と田中正造・上下」『田中正造とその時代』2・3号1982春・秋

福田 正夫 ふくだ・まさお 1893(明26)3.26-1952(昭27)6.26 旧姓・堀川，別名・愚明，相模太郎 神奈川県足柄下郡小田原町十字(現・小田原市南町)生まれ。医師堀川好才の五男。01年父の死没により一家離散し

親戚宅を転々として働く。06年小田原へ帰る。08年神奈川師範学校に入学し文学を志す。同級に新倉文郎，石野隆，内藤卯三郎，柳田謙十郎らがいた。10年福田家の養子となる。15年東京高等師範学校中退。富田砕花，百田宗治，白鳥省吾と順次出会い民衆的口語自由詩活動をする。ホイットマンとその弟子のコミュニスト詩人トラウベルに大きな影響を受ける。16年川崎の玉川小学校に赴任中，第1詩集『農民の言葉』を自費出版。17年小田原の石橋分教場に転勤，青年会を指導し「二宮尊徳夜話」を講義，組会，幼稚園，購買部を設置。加藤一夫の『科学と文芸』同人となり，詩と詩論を発表し，詩話会に入会，のち委員をつとめる。18年1月『民衆』を創刊，「民衆詩」の語が生まれた。北原白秋と親しむが後年詩論争。牧師の娘真山イシと結婚。21年弾圧を受け教職を去る。民衆詩の平明表現を早期に離脱，近代化がもたらす物質文明や田園の都市化による人間の魂の行方，精神のありようを追求して詩作した。特に長編叙事詩が人気を博し映画化もされた。関東大震災後東京世田谷区に移る。吉田一穂の生活を長年援助。また岡本潤，金井新作，植村諦，高橋新吉，秋山清らと交流し活動や生活を応援した。『主観』『焔』『詩性』などを主宰，『詩神』『武相の若草』『断層』などの発行を助力，新詩人育成につとめた。主宰誌に井上康文，川崎長太郎，竹内てるよ，井上靖，石垣りん，上野菊江らが参加した。国民歌謡「愛国の花」「娘ль草舟」を作詩。ガリ版句誌『どんぐり』を発行。没後福田正夫賞が設立された。（福田美鈴）〔著作〕詩集『世界の魂』一歩堂1921，『船出の歌』大鐙閣1922，『福田正夫詩集』全5冊耕文堂1927，訳詩『トラウベル詩集』新潮社1920，小説『未墾地・上下』聚英閣1920，『光の翼』耕文堂1928，編著『日本社会詩人詩集』『泰西社会詩人詩集』日本評論社1922，『福田正夫全詩集』教育出版センター1984〔文献〕『民衆合本』復刻版教育出版センター1983，金子秀夫・福田美鈴編『追想福田正夫』冬至書房新社1980

福田　道子　ふくだ・みちこ　1912（明45）-?　大阪市此花区上福島南生まれ。31年3月高等女学校を卒業後，家事手伝いをする。32年3月上京したが父に連れ戻される。その後大阪市内でカフェーに勤め，33年に神戸に移り市内でカフェーに勤めるなど転々とし34年近所の布引詩歌社を知る。35年1月原実と二人で同地を飛び出し中国，九州各地を転々とする。同年末無共党事件で検挙されるが不起訴。（冨板敦）〔文献〕『身上調書』

福田　勇次郎　ふくだ・ゆうじろう　?-?　1919（大8）年東京京橋区（現・中央区）の築地活版所文選科に勤め活版印刷工組合信友会に加盟する。（冨板敦）〔文献〕『信友』1919年8・10月号

福田　米三郎　ふくだ・よねさぶろう　?-?　1932（昭7）年1月清水信義が主催する短歌建設発行所から歌集『掌と知識』を刊行する。内容が軍隊の呪詛，軍務の忌避にあたるとして34年9月発禁となり出版法違反で清水とともに検挙される。（冨板敦）〔文献〕『特高月報』1934.9，小田切秀雄・福岡井吉編『増補版昭和書籍雑誌新聞発禁年表・中』明治文献資料刊行会1981

福田　理三郎　ふくだ・りさぶろう　1898（明31）5.3-1957（昭32）12.11　島根県八束郡生馬村浜佐陀（現・松江市）生まれ。生家は農家。松江農林学校卒業後，教員養成所を経て17年に小学校教員となる。19年同僚たちと童話会をつくったことが問題視され解雇。同年武者小路実篤の新しき村に参加，21年上京して自由労働組合を結成する一方，山川均，大杉栄，荒畑寒村，福田狂二らと交わった。23年関東震災後帰郷。島根を中心に農民運動に参加。24年メーデーで宣伝ビラを配布，10月木村亀蔵，山根積，安達巌らと政治研究会島根支部を結成した。26年同支部を労働農民党島根支部に改組して書記長，同山陰連合会を結成して幹事長となった。この間25年7月から『平民新聞』を発行，27年から雑誌『山陰改造』を刊行。また日農山陰連合会と接触を保ち農民運動にも力を注いだ。31年新労農党から松江市会議員に当選したが治安維持法違反で検挙され懲役3年の判決を受ける。敗戦後は社会党に入党。（奥沢邦成）〔文献〕『特高月報』1937，『島根県労働運動史1』

福徳　清吉　ふくとく・せいきち　1900（明33）2.20-?　三重県阿山郡城南村上野（現・伊賀市）生まれ。小学校を卒業後，古物商になる。34年松井久吉，井上英一，和田新太郎らに推されて全国水平社三重県連合会伊賀支部執行委員長となる。滋賀の朝野温知らと付き合いがあったことから35年末頃無

共党事件で検挙されるが不起訴。(冨板敦)〔文献〕松井久吉『被差別部落に生きる』三一書房1983、『身上調書』

福富 菁児 ふくとみ・せいじ 1898(明31)-? 本名・八郎 旧姓・加藤 1915(大4)年3月神奈川県葉山村の日蔭茶屋に保養中、大杉栄と初めて出会い親しく交流。福富の兄は大杉の新発田時代の友人だった。また大杉とは継母が同じという縁もあった。福富の継母、旧姓・宮城島かやは07年大杉の父・東と結婚。09年に東と死別後、10年福富の父・加藤丈と再婚していた。15年10月頃、大杉のフランス文学研究会に入会。職を探していた23年8月、新潮社・中村武羅夫宛の紹介状を大杉に書いてもらう。詩を書き始め24年短詩運動の提唱者として北川冬彦らと『面』を創刊。26年5月渡辺渡が創刊した『太平洋詩人』の編集に加わる。「のちに福富菁児が編集に参加してアナーキズムの色彩をつよめ」(菊地康雄)たという。同年11月4日『太平洋詩人』『女性詩人』共催の「詩・舞踏・演劇の会」で自作詩を朗読する。27年12月詩人協会設立の動きに対抗してサトウ・ハチロー、尾形亀之助らと新興詩人集団全詩人連合を結成。尾形宅に事務所を置く。草野心平、萩原恭次郎、神谷暢、三好十郎、岡本潤、小野十三郎、吉田一穂、サトウ、尾形とともに16人の世話人の一人となる。『白山詩人』の同人らとも交流した。(冨板敦)〔著作〕「優しかつた大杉栄」『文芸倶楽部』1928.11、『海の馬鹿』交蘭社1930〔文献〕菊地康雄『青い階段をのぼる詩人たち』青銅社1965、岩瀬正雄『新詩人会のこと』『風信』3号風信社(浅野紀美夫)1970、上田周二『詩人乾直素』潮流社1982、寺島珠雄『南天堂』皓星社1999、和田博文「短詩運動と福富菁児 一九二〇年代のアヴァンギャルド」『総合研究所所報』8奈良大学総合研究所2000.3、大杉豊『日録・大杉栄伝』社会評論社2009

福留 義雄 ふくとめ・よしお ?-? 1919(大8)年東京京橋区(現・中央区)の築地活版所印刷科に勤め活版印刷工組合信友会に加盟する。(冨板敦)〔文献〕『信友』1919年8・10月号

福永 剛 ふくなが・たけし 1910(明43)-1937(昭12)9.2 東京市赤坂区(現・港区)に生まれ3歳で父を失う。母の再婚により旅順(現・中国大連市)郊外田家山に転居。小学4年の時養父の郷里広島県豊田郡に移り養父方祖母の世話で高等小学校を終える。県立乙種本郷農学校を卒業後、満州に渡り養父経営の果樹園で働く。この時期に新聞、雑誌に投稿を始め詩、俳句、短歌、小説などに才能を発揮し満州文壇に知られる。31年8月上京。牛込区早稲田鶴巻町(現・新宿区)に居住。9月専門学校入学資格検定試験にパスするが病弱のため謄写印刷業を生業とする。35年文芸誌『全貌』を石原守明、日暮甲らと創刊。詩誌『詩行動』、『詩建設』などに詩作品を発表。この頃から健康状態がすぐれず36年初め療養を目的に千葉市に移住。7月『房総文学』を日暮、大牧武美、日暮学、朝野次郎、石原守明らと創刊。(黒川洋)〔著作〕『福永剛遺稿集』新樹社工房1938〔文献〕清水清「メモと解説」『福永剛遺稿集』、荒川法勝編「巻末年譜」『房総文学事典』東京学芸館1983、『ふるさと詩人』40号1989

福永 藤助 ふくなが・とうすけ ?-? 印刷工として1919(大8)年活版印刷工組合信友会の神戸支部に加盟し活動する。(冨板敦)〔文献〕『信友』1919年8月号

福本 猿三 ふくもと・えんぞう 1878(明11)2.15-1944(昭19)3.6 鳥取県に生まれる。幼時に父母に連れられ北海道釧路郡鳥取村(現・釧路市)に移住。98年北海道師範学校を卒業。霧多布小学校を経て小樽区稲穂小学校に勤務。小樽港埋め立て問題で財界主流に反対。体罰事件を問題にされる。休職させられたがのち復職し釧路日進小学校、紋別北湧小学校を経て野付牛小学校の校長となる。しかし社会主義者であることを理由に05年11月退職させられる。年末に上京。渡米を考えたが実現せず釧路に戻る。15年釧路運動倶楽部を組織。その後札幌区に移る。さらに根室に転じ18年『根室郷土誌』を刊行。釧路区役所の書記となり22年10月最初の釧路市会議員選挙に立候補し当選。23年11月札幌市で開かれた北海道青年普選連盟代表者大会で演説。25年4月5日釧路新政同盟を結成。同盟が推進力となって11月3日釧路労働組合を結成した。26年7月市会議員を辞任。鳥取村の収入役となったが普通要視察人第1種に編入されて言動に圧迫を加えられた。その後住民運動の顧問をするかたわら郷土史を研究。(堅田精司)〔著作〕『鳥取村五十年誌』鳥取村1934〔文献〕『北海道教育雑誌』95号1900.12、『光』4号1906.1、『普通要視察人

調』北海道庁警察部1927.6,『新釧路市史3』1972,『北海タイムス』1923.11.5・33.2.15

福山 文男 ふくやま・ふみお ?-? 東京市牛込区(現・新宿区)水道町に居住し神田神保町の山縣製本印刷整版部に勤める。1935(昭10)年1月13日整版部の工場閉鎖、全部員40名の解雇通告に伴い争議勃発。工場を占拠して闘い同月15日解雇手当4カ月、争議費用百円で解決する。山縣製本印刷は当時東京大学文学部の出入り業者であり、東印は34年5月以降、東印山縣分会を組織していた。(冨板敦)〔文献〕『山縣製本印刷株式会社争議解決報告書』東京印刷工組合1935,『自連新聞』97号1935.1, 中島健蔵『回想の文学』平凡社1977

福山 芳蔵 ふくやま・よしぞう ?-? 1919(大8)年東京神田区(現・千代田区)の三省堂印刷部鋳造科に勤め日本印刷工組合信友会に加盟する。(冨板敦)〔文献〕『信友』1919年10月号

福吉 静馬 ふくよし・せいま 1892(明25)-1926(大15)2.12 横浜印刷工組合のメンバー。横浜毎朝新報社新聞部に勤めていた。「鉛毒と過労に因つて、吾等印刷工の職業病たる肺を病ひ、久しく病床に在つたが2月12日午前8時、空しくも逝かれた」と『印刷工連合』が報じる。(冨板敦)〔文献〕『印刷工連合』34号1926.3

袋 一平 ふくろ・いっぺい 1897(明30)10.27-1971(昭46)7.2 東京市下谷区下谷町(現・台東区)に生まれる。東京外国語学校露語学科卒業。中国にいた時に大杉栄の弟・伸と知り合う。帰国後、栄としばしば手紙のやりとりをしたことで1921(大10)年警視庁の思想要注意人とされる。23年9月関東大震災で被災し一家で府下淀橋町柏木(現・新宿区北新宿)の大杉栄・伊藤野枝宅に避難する。30年映画研究のためにソビエトに行く。その後はソビエト映画と文学の紹介者となる。(冨板敦)〔著作〕『ソヴェート・ロシヤ映画の旅』往来社1931,『エイゼンシュタイン映画論』(訳)第一芸文社1940〔文献〕『警視庁思想要注意人名簿(大正10年度)』

藤井 巌 ふじい・いわお ?-? 1926(大15)年頃、滋賀県甲賀郡水口町(現・甲賀市)で暮し農民自治会全国連合に参加。同年末には、農自滋賀県連合の事務所を自宅に置いていた。(冨板敦)〔文献〕『農民自治』4号1926.8,『農民自治会内報』2号1927, 竹内愛国「農民自治会」『昭和2年版解放運動解放団体現勢年鑑』解放社1927

藤井 卯平 ふじい・うへい ?-? 1921(大10)・22年頃埼玉県大里郡別府村(現・熊谷市)で西別府小作人組合を組織し会長となる。会員は約120-130人だった。(冨板敦)〔文献〕『小作人』1次1号1922.2

藤井 蔵三郎 ふじい・くらさぶろう ?-? 1919(大8)年東京深川区(現・江東区)の東京印刷深川分社第二部印刷科に勤め活版印刷工組合信友会に加盟する。(冨板敦)〔文献〕『信友』1919年8月号

藤井 元一 ふじい・げんいち ⇨岩野猛いわの・たけし

藤井 健一郎 ふじい・けんいちろう 1950(昭25)6-2005(平17)8 福井県生まれ。早稲田大学社会科学部中退。1969年(昭44)以降早大アナキズム研究会や麦社の活動に参加。大学中退後いろいろな職種を転々。28歳の時に狂歌と出会う。1980年より県立越谷高校夜警職に就いて以来、警備室にて狂歌を詠み続ける。1996年現代狂歌社を結成し主宰。著書に357首の狂歌を掲載した『狂歌宣言 先千寿狂歌集』1999年刊がある。歌人名は黒部猿田彦。(田島和夫)

藤井 周造 ふじい・しゅうぞう ?-? 別名・周三 1919(大8)年東京京橋区(現・中央区)の秀英本舎和文科に勤め活版印刷工組合信友会に加盟。のち三協印刷株式会社和文部に移る。(冨板敦)〔文献〕『信友』1919年8・10月号

藤井 順次 ふじい・じゅんじ 1906(明39)-? 兵庫県飾磨郡英賀保村英賀甲(現・姫路市)生まれ。高等小学校を卒業後、23年上京、新聞配達をしながら正則英語学校に通う。店主の田中壮一、同僚の藤井武夫らとともに叛逆児連盟に関わり黒連に加盟する。26年5月メーデーの夜に暴行罪で検束されるなどしばしば拘留処分を受ける。正則英語学校を中退して帰郷し27年歩兵第39連隊に入隊する。除隊後は新聞を発行したりした。無共党事件で検挙されるが不起訴。(冨板敦)〔文献〕『身上調書』,『黒色青年』3号1926.6

藤井 次郎 ふじい・じろう ?-1929(昭4)2.19 東京築地の幸昇堂印刷従業員組合のメンバー。29年2月以降会社側がほのめかした減員を阻止するため組合の第一線で闘

うが同月19日心臓麻痺で死没。組合は22日会社側に対して解雇問題を取り消させ藤井の遺族に200円の慰謝料を支払わせた。(冨板敦)〔文献〕『自連新聞』33号1929.3

藤井 紳 ふじい・しん　?-?　1919(大8)年東京牛込区(現・新宿区)の秀英舎(市ヶ谷)欧文科に勤め活版印刷工組合信友会に加盟。同舎同科の組合幹事を高木錠太郎と担う。(冨板敦)〔文献〕『信友』1919年8・10月号

藤井 武夫 ふじい・たけお　?-?　長野県北佐久郡に生まれる。上京して神田末広町の田中新聞店に勤め配達人となる。店主の田中壮一, 同僚の藤井順次らと叛逆児連盟に関わる。また大塚貞三郎, 梅本英三, 宮崎晃, 八太舟三らと活動した。1924(大13)年5月日清印刷争議を闘ったのち胸を病み帰郷。その後小県郡長瀬村(現・上田市)に住み南沢袈裟松, 高橋岩之助, 古川時雄, 三上由三らと交流する。(冨板敦)〔文献〕宮崎晃『差別とアナキズム』黒色戦線社1975

藤井 日達 ふじい・にったつ　1885(明18)8.6-1985(昭60)1.9　幼名・芳雄　熊本県阿蘇郡坂梨村(現・阿蘇市)生まれ。臼杵農業学校在学中から日蓮に傾倒, 卒業後日蓮宗法音寺で得度。07年日蓮宗立大学卒業, 法隆寺勧学院や京都真言宗連合大学などで学ぶ。17年満州に渡り各地に日本山妙法寺を建立, 23年帰国し静岡県田子ノ浦, 那須, 熱海に妙法寺を建立した。さらに30年頃から東南アジア, インドに布教, インドではガンジーに非暴力, 不服従の思想を学ぶ。戦後は戦中の戦勝祈願への反省を深め核廃絶をめざす平和運動で非武装平和, 原水爆禁止, 軍事基地反対を訴え国内外各地に平和の象徴として仏舎利を建立。54年世界平和者会議, 57年コロンボ世界平和大会に参加, 62年日本宗教者平和会議の結成に尽力するなど急進的かつ行動的な平和運動を推進した。(奥沢邦成)〔著作〕『わが非暴力』春秋社1972

藤井 三千次郎 ふじい・みちじろう　?-?　1919(大8)年東京神田区(現・千代田区)の宮本印刷印刷所に勤め日本印刷工組合信友会に加盟する。(冨板敦)〔文献〕『信友』1919年10月号

藤江 誠一 ふじえ・せいいち　1900(明33)-1970(昭45)1　千葉県印旛郡安食町(現・栄町)に生まれる。農業に従事。同県市川野戦重砲七連隊に入営中, アナキズム思想を兵にはたらきかけたとして重営倉に処せられる。1931(昭6)年4月22日頃星野準二, 鈴木靖之の訪問を受ける。36年5月5日に農青社事件で検挙。鈴木, 星野と協議したことが理由で同年7月16日千葉県でただ一人起訴される。同年11月17日の千葉地裁における「予審第2回訊問調書」が残されているが量刑等不明。(冨板敦)〔文献〕『資料農青社運動史』,『農村青年社事件資料集Ⅰ・Ⅱ・Ⅲ』

藤尾 清三郎 ふじお・せいざぶろう　1906(明39)-?　26年6月『激風』(臼井源一編集)に上田光慶, 後藤学三, 深沼火魯胤らと参加。28年8月『黒旗』(認識と解放社)を北浦馨と創刊。35年7月『反対』2号に執筆。(黒川洋)〔著作〕「山崎真道追悼」『反対』2号1935.7

藤岡 亀吉 ふじおか・かめきち　1891(明24)3.29-1967(昭42)　埼玉県北足立郡原市町(現・上尾市)に生まれる。草履問屋を営む。22年4月埼玉県水平社の創立に参加。24年2月杉本金次郎らと原市町水平社を結成し委員長となる。森利一らとともに県水アナ派の中心メンバーとして活動。26年6月望月辰太郎らが浦和で主催した社会問題演説会に辻本晴一と参加し登壇。12月埼玉県各郡水平社の有志約20人と熊谷で労農党反対連盟の声明書を出す。27年4月川越市野田水平社での第6回全国水平社大会開催地変更運動全国協議会(全水解放連盟系)に杉本, 竹内照政(児玉郡水平社)らと参加する。26・27年の糾弾闘争が恐喝にあたるとして同年8月中村種次郎, 三角徳太郎(原市町水平社), 川田園吉, 辻本富蔵, 川田岩蔵, 辻本庄平(小室村水平社)らとともに検挙され懲役8ヵ月執行猶予4年となる。33年高松差別裁判糾弾闘争請願行進隊に森と参加。35年原市町助役となる。(冨板敦)〔文献〕『全国水平新聞』1・2号1927.7・8, 本田豊編『埼玉県水平社運動史年表』埼玉県同和教育協議会1978, 編纂委員会編『埼玉県部落解放運動史』部落解放同盟埼玉県連合会1984, 三原容子「水平社運動における『アナ派』について」『世界人権問題研究センター研究紀要』2号1997,『思想輯覧2』

藤岡 淳吉 ふじおか・じゅんきち　1902(明35)6.28-1975(昭50)5.7　高知県安芸郡安田村(現・安田町)に生まれる。高等小学校卒業後, 17年神戸の鈴木商店で働く。18年の米

騒動で鈴木商店が焼き打ちされたことから社会問題に関心をもつ。21年6月堺利彦の書生となり10月暁民共産党事件で検挙される（22年4月25日東京地裁で無罪）。第3次『労働運動』の消息欄は暁民共産党事件の公判を4度にわたって継続報道したほか5号では個人消息欄で「藤岡淳吉君（22年）4月22日尾行巡査を殴打し、薄又吉君と共に傷害罪として起訴、東京監獄に収監された」と伝えた。同年7月創立された共産党に入党。26年出版社の共生閣を設立、戦後は彰考書院をおこしクロポトキン『青年に訴ふ』（大杉栄訳）の広告を『平民新聞』に載せた。（冨板敦）〔文献〕『労働運動』3次1・2・3・5号1921.12・22.2・3・6、『社会主義沿革2』、大澤正道「山本勝之助と藤岡淳吉の友情」『トスキナア』2号2005.10、中川右介「ある左翼出版人の略伝」『共産党宣言 彰考書院版』アルファベータ2008

藤岡 房一 ふじおか・ふさいち ⇨久保譲
くぼ・ゆずる

藤岡 洋次郎 ふじおか・ようじろう ?-? 愛知県海部郡蟹江町に居住。1928（昭3）年4月鈴木惣之助、落合茂らが創刊したアナ派詩誌『都会詩人』（1930.5『社会詩人』と改題）の同人となる。31年11月警察練習所に入って警察官となり40年頃からは愛知県警特高課に所属、千種警察署特高課で左翼思想検閲関係をつとめた。敗戦後は職を転々とし51年特高の暴露小説『寂しき神様』を出版、その後実名長編小説『暗い塹壕』を上梓。56年からは『詩文学』（復刊『社会詩人』改題）に拠りまた『県政時事』も発行した。（冨板敦）〔著作〕『寂しき神様』作家社1951〔文献〕杉浦осаhu雄『名古屋地方詩史』同刊行会1968、木下信三『名古屋抵抗詩史ノート』私家版2009

藤方 貴世志 ふじかた・きよし ?-? 別名・貴世士 日本印刷工組合信友会に加盟し1921（大10）年末頃、東京京橋区（現・中央区）の中屋印刷所に文選工として勤めていた。23年4月28日の信友会大会で新常務委員（会計担当）に選出される。（冨板敦）〔文献〕『信友』1922年1月号、『印刷工連合』1号1923.6、水沼辰夫『明治・大正期自立的労働運動の足跡』JCA出版1979

藤川 市蔵 ふじかわ・いちぞう ?-? 中外商業社に印刷工として勤め1919（大8）年東京各新聞社の整版部従業員有志で組織された労働組合革進会に加わり、8月の同盟ストに参加するが敗北。万朝報社に移り新聞工組合正進会に加わる。24年3月9日と23日、東京市神田区表神保町（現・千代田区）の自宅で日本印刷工組合信友会と正進会を中心とする全印連第1回全国大会開催準備の打ち合わせ会を行う。同月10日には東京田端の和洋菓子新聞社争議の応援に駆けつけ渡辺幸平、和田栄太郎と検束される。横浜経済日報社に勤めていた同年8月正進会から除名される。（冨板敦）〔文献〕『革進会々報』1巻1号1919.8、『正進』1巻1号1920.4、『印刷工連合』11・16号1924.4・9、水沼辰夫『明治・大正期自立的労働運動の足跡』JCA出版1979

藤川 兼介 ふじかわ・けんすけ ⇨片岡捨三 かたおか・すてぞう

藤川 正月 ふじかわ・しょうげつ ?-? 関門水平社のメンバー。1925（大14）年頃下関市で山本利平とともに『関門水平新聞』記者をしていた。27年6月29日下関市稲荷座で開かれた山口県水平社解放連盟創立大会で開会の辞を述べ融和運動屋撲滅を演説する。当日の登壇者は西岡達衛、白砂健、梅谷新之助、守下日吉、花山清、生駒長一。閉会の辞は山本が述べる。同年7月25日大阪府南河内郡新堂村（現・富田林市）の円光寺で開かれた大阪府水平社解放連盟創立大会で演説しその場で検束される。（冨板敦）〔文献〕『全国水平新聞』2号1927.8、『思想輯覧1』

伏黒 周次郎 ふしぐろ・しゅうじろう ?-? 1919（大8）年東京江原郡大崎町（現・品川区）の帝国印刷会社に勤め日本印刷工組合信友会に加盟。のち新聞工組合正進会に加わり、24年夏、木挽町（現・中央区銀座）正進会本部設立のために1円寄付する。（冨板敦）〔文献〕『信友』1919年10月号、正進会『同工諸君!! 寄附金芳名ビラ』1924.8

伏黒 安平 ふしぐろ・やすへい ?-? 1919（大8）年東京京橋区（現・中央区）の帝国興信所に勤め活版印刷工組合信友会に加盟。のち読売新聞社に移り新聞工組合正進会に加盟。20年機関誌『正進』発行のために50銭寄付する。（冨板敦）〔文献〕『信友』1919年8・10月号、『正進』1巻1号1920.4

藤崎 武郎 ふじさき・たけお ?-? 別名・富士武夫 1919（大8）年東京神田区（現・千代田区）の丸利印刷所に勤め日本印刷工組合

信友会に加盟。のち新聞工組合正進会に加わり24年夏，木挽町(現・中央区銀座)正進会本部設立のために1円寄付する。(冨板敦)〔文献〕『信友』1919年10月号，正進会『同工諸君!! 寄附金芳名ビラ』1924.8

藤澤 真司 ふじさわ・しんじ 1917(大6)-? 長野市横澤町に生まれる。1935(昭10)年2月田代儀三郎らと短歌団体・埋火詩社を組織し『埋火』を発行。農青社支持者として同年12月24日に検挙。同月29日に釈放される(不起訴)。(冨板敦)〔文献〕『無政府共産党(革命結社「農村青年社」)検挙状況ノ件(昭和11年5月19日)』，青木恵一郎『改訂増補 長野県社会運動史』巌南堂書店1964，『農村青年社事件資料集Ⅰ・Ⅲ』

藤下 三作 ふじした・みさく ?-? 1926(大15)年静岡県清水市入江町(現・静岡市清水区)で暮し農民自治会全国連合に参加。地元の農民自治会を組織しようとしていた。(冨板敦)〔文献〕『農民自治会内報』2号1927

藤島 国敏 ふじしま・くにとし ?-? 別名・国利 江東自由労働者組合のメンバー。1927(昭2)年11月10日江東自由芝浦支部提唱の失業抗議闘争に参加し東京市長室で市長に面会を求めた際，日比谷署の警官と乱闘になり同志とともに検束(計23人)29日間拘留される。28年5月平見思朗と恐怖時代社をつくり『恐怖時代』を創刊。(冨板敦)〔文献〕『自連』19号1927.12，『恐怖時代』1号1928.5

藤島 てつ ふじしま・てつ ?-? 1919(大8)年東京神田区(現・千代田区)の三秀舎に勤め日本印刷工組合信友会に加盟する。(冨板敦)〔文献〕『信友』1919年10月号

藤島 勝 ふじしま・まさる ?-? 1930(昭5)年頃，黒色自由労働者組合で活動。組合内部の純正アナ派と対立し北浦馨とともに「不純分子」と決めつけられパージされる。純正アナ派は同労組を黒色労働者連盟と改称し同年4月20日機関紙『黒色労働者』(編集発行兼印刷人は小野長五郎)を発行することになる。(冨板敦)〔文献〕『黒色労働者』1号1930.4，『自連新聞』46号1930.4

藤城 繁太郎 ふじしろ・しげたろう ?-? 1919(大8)年東京京橋区(現・中央区)の中屋印刷所印刷科に勤め活版印刷工組合信友会に加盟する。(冨板敦)〔文献〕『信友』1919年8・10月号

藤隅 芳次郎 ふじすみ・よしじろう ?-? 新聞工組合正進会に加盟し1924(大13)年夏，木挽町(現・中央区銀座)本部設立のために1円寄付する。(冨板敦)〔文献〕『正進』2巻1号1921.1，正進会『同工諸君!! 寄附金芳名ビラ』1924.8

藤田 一郎 ふじた・いちろう ?-? 印刷工として日本印刷工組合信友会に加盟。1920(大9)年末頃から21年末にかけて東京麹町区(現・千代田区)のジャパンタイムス＆メール社欧文科に勤めていた。(冨板敦)〔文献〕『信友』1921年1月号，1922年1月号

藤田 幸三 ふじた・こうぞう 1899(明32)-? 1918年北海道庁立函館中学を卒業。岩内町で生活。22年白水会を組織。23年青年岩内野球倶楽部を結成。来道するアナキストと交際。反軍言動を続ける。27年北海黒連に参加。28年3月全国自連第2回大会で北海黒連を代表して祝辞を述べる。29年1月思想要注意人(無政府主義)に編入される。国富鉱山煙毒反対闘争に参加。その後特別要視察人乙号(無政府主義)に編入替えとなる。35年『岩内産業経済新報』創刊。岩内郷土研究会に参加。36年春広尾の漁場に雇われ漁民として生活。46年『岩内民報』を創刊。地方民衆派ジャーナリストの典型であった。(堅田精司)〔文献〕『自連』23号1928.4，『特別要視察人・思想要注意人一覧表』北海道庁警察部1929，『特高関係要警戒人物一覧簿』北海道庁警察部特別高等課1936

藤田 正一 ふじた・しょういち ?-? 1919(大8)年東京神田区(現・千代田区)の三秀舎印刷科に勤め日本印刷工組合信友会に加盟する。(冨板敦)〔文献〕『信友』1919年10月号

藤田 正太郎 ふじた・しょうたろう ?-? 1926(大15)年兵庫県多可郡野間谷村(現・多可町)で暮し農民自治会全国連合に参加。地元の農民自治会を組織しようとしていた。(冨板敦)〔文献〕『農民自治会内報』2号1927

藤田 史郎 ふじた・しろう ⇨大原淳之助 おおはら・じゅんのすけ

藤田 仙太郎 ふじた・せんたろう ?-? 印刷工として1919(大8)年活版印刷工組合信友会に加盟し活動する。(冨板敦)〔文献〕『信友』1919年8・10月号

藤田 勉 ふじた・つとむ 1909(明42)-? 横浜市西戸部に生まれる。中学4年を修了して27年印刷工となる。29年頃からアナキズムに関心をもつようになる。34年菊岡久利と知り合い前田淳一，入江汎，小野十三

815

郎，岡本潤，相沢尚夫，二見敏雄，芝原淳三らと交流する。35年菊岡，岡本とともに雑誌『反対』を発行する。同年大西昌から買った拳銃1挺と弾丸100発を相沢に渡した。同年末頃無共党事件で検挙されるが不起訴。〔冨板敦〕〔文献〕『身上調書』，『無共党事件判決』，相沢尚夫『日本無政府共産党』海燕書房1974

藤田 貞二 ふじた・ていじ 1885(明18)5.8-1929(昭4)10.17 別名・浪人 石川県石川郡山島村(現・白山市)生まれ。18年8月10日市民の反発を買っていた神戸の総合商社鈴木商店を訪ねて「週刊東京新聞記者，藤田浪人」を名のり「米高で皆が苦しんでいる。原因は鈴木商店の買い占めにある」と断じて「リャク」(掠)を試みる。元来，片山潜の影響下にあったが特別要視察人のリストから外された19年頃からアナキストとの交流をさらに深める。25年9月下獄を控えた和田久太郎は藤田の変わらぬ支援，温情に感謝し「未決中に受けた御親切，あつく御礼を言ふ一さらばだ。健康なれ! 奮闘あれ!」と手紙を残している。〔西村修〕〔著作〕共著『社会問題大観』共有出版協会1922，『反逆情史』問題社1925〔文献〕『印刷工連合』4号1923.9，『歴史と神戸』1962.8・63.8，武田芳一『黒い米』のじぎく文庫1963，和田久太郎『獄窓から』復刻版・黒色戦線社1988

藤田 富次郎 ふじた・とみじろう ?-? 1919(大8)年東京牛込区(現・新宿区)の秀英舎(市ヶ谷)文選科に勤め活版印刷工組合信友会に加盟する。〔冨板敦〕〔文献〕『信友』1919年8月号

藤田 登 ふじた・のぼる ⇨宮脇久 みやわき・ひさし

藤田 操 ふじた・みさお 1903(明36)-? 長野県小県郡大門村(現・長和町)に生まれる。農業に従事。1935(昭10)年末か36年初め頃，農青社運動に関わったとして検挙されるが起訴猶予となる。〔冨板敦〕〔文献〕青木恵一郎『改訂増補 長野県社会運動史』巌南堂書店1964，『農村青年社事件資料集Ⅰ・Ⅲ』

藤田 雄吉 ふじた・ゆうきち 1899(明32)2.23-? 福島県岩瀬郡須賀川町(現・須賀川市)に生まれる。上京し1921(大10)年東京北郊自主会に出入りしたことで警視庁の思想要注意人とされる。北豊島郡巣鴨町上駒込(現・豊島区駒込)に住み，洗鉄株式会社に職工として勤めていた。〔冨板敦〕〔文献〕『警視庁思想要注意人名簿(大正10年度)』

藤田 芳三郎 ふじた・よしざぶろう ?-? 万朝報社に勤め東京の新聞社員で組織された革進会に加わり1919(大8)年8月の同盟ストに参加するが敗北。のち正進会に加盟。20年機関誌『正進』発行のために1円寄付。また24年夏，木挽町(現・中央区銀座)正進会本部設立のためにも1円寄付する。〔冨板敦〕〔文献〕『革進会々報』1巻1号1919.8，『正進』1巻1号1920.4，正進会『同工諸君!! 寄附金芳名ビラ』1924.8

藤谷 繁雄 ふじたに・しげお ⇨水田茂行 みずた・しげゆき

藤縄 作太郎 ふじなわ・さくたろう 1892(明25)頃-? 仙台陸軍地方幼年学校を優秀な成績で卒業後，陸軍士官学校騎兵科に進む。首席を争う成績優等者であったが在学中に大杉栄を知り『近代思想』を愛読するに至って俄然思想的転換をなして非軍備主義者となり，ついに上官に反抗したために卒業目前にして退校させられた。表面的には軽度の肺疾患にかかっていたので病気故とされたが実際は軍がその思想を恐れたのである。陸軍士官学校を去った後はしばらく仙台にとどまったが，やがて上京して東京帝国大学哲学科に学んだ。しかし家庭内の圧力その他の事情から煩悶を重ね松島湾に身を投じた。〔奥沢邦成〕〔文献〕松下芳男『三代反戦運動史』くろしお出版1960・光人社1973

藤沼 長次郎 ふじぬま・ちょうじろう ?-? 1919(大8)年東京芝区(現・港区)の東洋印刷会社校正科に勤め活版印刷工組合信友会に加盟する。〔冨板敦〕〔文献〕『信友』1919年8・10月号

藤沼 政吉 ふじぬま・まさきち ?-? 1919(大8)年東京本所区(現・墨田区)の凸版印刷会社差換科に勤め活版印刷工組合信友会に加盟する。〔冨板敦〕〔文献〕『信友』1919年8・10月号

藤野 英二 ふじの・えいじ ?-? 1919(大8)年東京神田区(現・千代田区)の神田印刷所印刷科に勤め日本印刷工組合信友会に加盟する。〔冨板敦〕〔文献〕『信友』1919年10月号

藤野 時次郎 ふじの・ときじろう ?-? 東京朝日新聞社に勤め新聞工組合正進会に加盟。1920(大9)年機関誌『正進』発行のために50銭寄付する。〔冨板敦〕〔文献〕『正進』1巻1号1920.4

藤野井 行仁 ふじのい・ゆきひと ?-? 1926(大15)年頃，徳島県麻植郡川田村(現・吉野

川市)で暮し農民自治会全国連合に参加。同年末には農自徳島県連合の事務所を自宅に置いていた。(冨板敦)〔文献〕『農民自治』4号1926.8,『農民自治会内報』2号1927, 竹内愛国『農民自治会』『昭和2年版解放運動解放団体現勢年鑑』解放社1927

藤平 稲多 ふじひら・とうた ?-? 1919(大8)年東京神田区(現・千代田区)の文明社用紙科に勤め活版印刷工組合信友会に加盟する。(冨板敦)〔文献〕『信友』1919年8月号

藤巻 多一 ふじまき・たいち ?-? 万朝報社に勤め東京の新聞社員で組織された革進会に加わり1919(大8)年8月の同盟ストに参加するが敗北。のち正進会に加盟。20年機関誌『正進』発行のために1円寄付。また24年夏, 木挽町(現・中央区銀座)正進会本部設立のためにも1円寄付する。(冨板敦)〔文献〕『革進会々報』1巻1号1919.8,『正進』1巻1号1920.4, 正進会『同工諸君!! 寄附金芳名ビラ』1924.8

藤宮 きん ふじみや・きん ?-? 新聞工組合正進会に加盟し1924(大13)年夏, 木挽町(現・中央区銀座)本部設立のために1円寄付する。(冨板敦)〔文献〕正進会『同工諸君!! 寄附金芳名ビラ』1924.8

藤村 きよ ふじむら・きよ ?-? 1919(大8)年東京京橋区(現・中央区)の秀英本舎解版科に勤め日本印刷工組合信友会に加盟する。(冨板敦)〔文献〕『信友』1919年10月号

藤村 正一 ふじむら・しょういち 1910(明43)-1930(昭5)8.19 大阪自由総合労働組合のメンバー。大阪桃山病院で死没。『黒色労農新聞』は「いつも組合の先頭に起つて闘つていたため, 官憲の迫害と極度の窮乏が同君の死を早めた」と報じている。(冨板敦)〔文献〕『黒色労農新聞』3号1930.9

藤村 青明 ふじむら・せいめい 1889(明22)2.25-1915(大4)8.2 本名・藤村一 別号・覿面(てきめん)坊 高知県野市村に生まれる。高知商業卒。1905(明38)年覿面坊の号で神戸柳樽寺に参加。翌年6月, 小島六厘坊主宰の『葉柳』(大阪・西柳樽寺社発行)創刊と共に参加するも09年5月に六厘坊が21歳で死去。『葉柳』はしばらく活動を停止したが, 10年に青明が『葉柳』の代表となり川上日車, 木村半文銭, 浅井五葉, 岸本水府, 麻生路郎らが加わり復活。11年7月には青明が発行人となって『わだち』(大阪・短詩社)を発行するも資金面で行き詰まり, 同年8月発行の2号で廃刊。青明は七七句の十四字を含む新傾向の川柳詩を発表。その後青明は『わだち』のメンバーと共に森井荷十主宰の「詩としての川柳」を目ざす『矢車』に参加するが『矢車』も同年11月に終刊。青明は神戸に住み阪神川柳界に新風を吹き込み, 後に六大家のひとりに数えられ『神戸新聞』の柳壇を担当。次第に社会主義的傾向を帯びた作品を発表するようになる。15年8月須磨の浦で海水浴中に心臓麻痺で溺死。享年27歳。神戸市立春日野墓地に葬る。34(昭9)年3月には半文銭, 紋太編で『青明句集』が刊行された。代表句に「黙諾の君が真白き手の揺ぎ」「恋なればこそ人の行く秋」などがある。(平辰彦)〔文献〕河野春三『現代川柳への理解』天馬発行所1962

藤本 述 ふじもと・あきら ?-? 1919(大8)年東京神田区(現・千代田区)の文明社印刷科に勤め活版印刷工組合信友会に加盟する。(冨板敦)〔文献〕『信友』1919年8月号

藤本 逸巳 ふじもと・いつみ ?-? 全国農民芸術連盟に加盟し, 1930(昭5)・31年第3次『農民』に小説や評論を精力的に執筆する。自らのアナキズムと犬田卯の農民自治主義との間に相入れないものを感じ松原一夫とともに脱退。この事件を契機として31年10月連盟と農民自治会は解体し分裂した。30年農民詩最初のアンソロジー犬田卯編『新興農民詩集』(全国農民芸術連盟出版部1930, 発禁)に作品が収められる。同年延島英一, 山本晴士らが組織した解放芸術連盟機関紙『解放戦線』に寄稿する。(冨板敦)〔文献〕『解放戦線』1巻3号1930.12, 犬田卯『日本農民文学史』農山漁村文化協会1958, 松永伍一『日本農民詩史・中1』法大出版局1968

藤本 巌 ふじもと・いわお 1895(明28)10.15-1926(大15)2.10 別名・岩夫 山口県吉敷郡井関村(現・山口市阿知須町)生まれ。父と死別後, 母が厚見徳太郎と再婚しともに門司に移住。16年友愛会に参加, 小倉, 博多で活動したのち京都に移り19年結成の京都印友会で活動。22年5月京都印刷工組合が結成され当時京都日出新聞社植字工の藤本が会長になる。同年11月26日同新聞印刷工がストを敢行し新聞が3日間休刊となる。同組合はアナキストが主導権を握り,

その組合事務所にもなっていた下京区聚楽西廻り人見町の藤本の住まいはアナキズム運動の拠点となり福島佐太郎や野村伴ら組合幹部のほか芝田金三郎，笹井末三郎，永田雅一など多数が出入りした。上田蟻善も表面には出なかったがこの仲間の面倒をよくみていたという。同組合は23年5月結成の印刷工連合に6月加盟。23年8月初旬逸見吉三，生野益太郎，高木精一らと全国自由労働組合結成の下相談で上京。同月下旬大杉栄を中心に開かれたアナ系全国組織をめざす会合に京都から弟厚見好男とともに参加。24年11月9日関西自連第1回大会に組合加盟参加。同年11月京印本部で非政党デーの取り組みへの協議会を京印，京都一般労働者組合，京都黒色解放社，農民自治会京都地方宣伝部の出席で開催。（北村信隆）〔文献〕『京都地方労働運動史』，青木虹二編『日本労働運動史年表』新生社1968，小柳津恒編著『大正社会運動史年表』私家版1973，水沼辰夫『明治・大正期自立的労働運動の足跡』JCA出版1979，逸見吉三『墓標なきアナキスト像』三一書房1976，『労働新聞』関西版10号1923.1，月刊『社会運動』68号1923.1，『印刷工連合』3・35号1923.8・26.4，『解放のいしずえ』新版，大江音人「京都印刷工組合の人々1」『虚無思想研究』17号2001

藤本 角太郎 ふじもと・かくたろう ?-? 1919（大8）年東京神田区（現・千代田区）の文明社印刷科に勤め活版印刷工組合信友会に加盟する。（冨板敦）〔文献〕『信友』1919年8月号

藤本 貞助 ふじもと・さだすけ ?-? 1919（大8）年東京京橋区（現・中央区）のアドヴァータイザー社印刷科に勤め日本印刷工組合信友会に加盟する。（冨板敦）〔文献〕『信友』1919年10月号

藤本 茂 ふじもと・しげる 1905（明38）2.15-? 広島県深安郡に生まれる。1925（大14）年4月5日岡山市の大福座で開かれたアナ・ボル混交の労働及社会問題批判演説会（司会は高木精一）で演説，中止させられる。7月17日禁酒会館で開かれた農民組合，水平社，労働組合三団体連合茶話会に高木と参加。同月24日岡山劇場で開かれたアナ・ボル混交の香川県下伏石事件批判演説会（玉田徳三郎主催）に高木と出席。26年12月27日，広島野砲隊に入営することとなり岡山市の天瀬パリー食堂で入営送別会を開いてもらう。27年11月25日中国自連協議会では「藤本茂君退営歓迎会」について話し合われた。28年頃はゴム工として勤め同年12月21日中国自連事務所で開かれた和田久太郎追悼茶話会に参加，他の参加者に竹内春三，畠保，糸島孝太郎ら全6名。30年2月5日の中国自連の委員会で同会の財政部の責任者に選出される。各部の責任者は宣伝部：竹内，玉田徳三郎，財政部：糸島，藤本，組織部：重実逸次郎，入江秀夫，連絡通信部：竹内，小松正道。30年2月8日中国自連事務所で開かれたクロポトキン9周年追悼茶話会に出席，他の出席者に糸島，玉田，入江，小松，高原辰夫ら。4月21日中国自連事務所で開かれたメーデーの打ち合わせ会に参加，他の参加者に竹内，糸島，玉田，小松。7月10日岡山一般事務所で開かれたバクーニン54年忌追悼茶話会に参加，他の参加者に竹内，入江，重実，糸島，玉田，高原ら。30年9月1日岡山一般事務所で関東大震災追悼茶話会を計画するが参加者が竹内，重実と藤本のみで流会とする。この年岡山市大供の自宅で労働時報社を組織し同年9月『労働時報』を創刊。（冨板敦）〔文献〕『自連』3号1926.8，岡山県特別高等課『（昭和3年8月）特別高等警察資料第一輯』（廣畑研二編『岡山県特高警察資料（戦前期警察関係資料集）第5巻』（復刻版）不二出版2012），岡山県特別高等課『（昭和3年11月）特別高等警察資料第四輯 特別要視察人等情勢調』（廣畑研二編『岡山県特高警察資料（戦前期警察関係資料集）第5巻』（復刻版）不二出版2012），岡山県特別高等課『（昭和5年11月）特別要視察人等情勢調 昭和5年度』（廣畑研二編『岡山県特高警察資料（戦前期警察関係資料集）第6巻』（復刻版）不二出版2012），岡山県警察部『大正14年特別要視察人水平社等ノ状勢調』（廣畑研二編『岡山県特高警察資料（戦前期警察関係資料集）第7巻』（復刻版）不二出版2012），岡山県警察部『大正15年特別要視察人水平社等ノ状勢調』（廣畑研二編『岡山県特高警察資料（戦前期警察関係資料集）第7巻』（復刻版）不二出版2012）

藤本 信一 ふじもと・しんいち ?-? 1919（大8）年東京京橋区（現・中央区）の帝国興信所に勤め活版印刷工組合信友会に加盟する。（冨板敦）〔文献〕『信友』1919年8・10月号

藤本 八郎 ふじもと・はちろう ?-? 1919（大8）年東京麹町区（現・千代田区）のジャパンタイムス&メール社欧文科に勤め日本印刷工組合信友会に加盟する。（冨板敦）〔文献〕『信友』1919年10月号，1921年1月号

藤本　愈　ふじもと・まさる　?-?　1919(大8)年東京京橋区(現・中央区)の国文社に勤め活版印刷工組合信友会に加盟。のち牛込区(現・新宿区)の秀英舎(市ヶ谷)欧文科に移る。(冨板敦)〔文献〕『信友』1919年8・10月号

藤森　成吉　ふじもり・せいきち　1892(明25)8.28-1977(昭52)5.26　長野県生まれ。諏訪中学を経て10年一高独法科へ進学、16年東京大学独文科を卒業。高校時代からツルゲーネフ、トルストイ、徳冨蘆花などの文学に親しみ大学では『帝国文学』の編集委員となる。大学卒業後六高講師に任じられるが同学年の芥川竜之介らの文学的活躍に刺激されて半年で辞職、文壇を志向する。大杉栄の思想に影響され20年日本社会主義同盟に参加、関東大震災後の24年日本フェビアン協会の設立に参画、26年の戯曲「磔茂左衛門」などで社会主義作家としての地歩を確立する。29年全日本無産者芸術連盟(ナップ)の初代委員長。32年転向表明。戦後は新日本文学会の発起人、47年共産党入党、日本救援会会長など共産党系文化人として活躍する。(川口秀彦)〔著作〕『何が彼女をさうさせたか』改造社1927、『渡辺崋山』同1936・造型社1971〔文献〕中野重治「解説」『現代日本小説大系42』河出書房1949、木村毅「藤森成吉の人と作品」『現代日本文学全集77』筑摩書房1957

藤原　鎮夫　ふじわら・しずお　?-?　1927(昭2)・28年頃野口雨情、藤田健次らの『民謡詩人』に関わる。32年犬養智、鈴木勝らが組織した新興歌謡作家同盟に加盟し『新興歌謡』の同人となる。(冨板敦)〔文献〕松永伍一『日本農民詩史・中2』法大出版局1969、志賀英夫『戦前の詩誌・半世紀の年譜』詩画工房2002

藤原　準之助　ふじわら・じゅんのすけ　1905(明38)4.16-1935(昭10)6.7　福山市御門町に生まれる。30年総同盟福山労働組合から脱退して組合同盟福山労働組合を結成。他方アナキズム運動にも参加した(詳細不明)。活動中に病に倒れる。(冨板敦)〔文献〕山木茂『広島県解放のいしずえ』たくみ出版1973

藤原　孝憲　ふじわら・たかのり　1910(明43)6.10-1950(昭25)2.20　福山市新町に生まれる。28年総同盟福山労働組合の創立に参加。30年全国労働組合同盟に加盟。同年末の広島電鉄ストを応援して検挙される。31年出獄後アナキズム運動に参加。福山一般労働者組合を組織した山口勝清が経営する印刷所で持田太郎、高畑信一らと働く。32年自宅に労働者倶楽部を設けた。38年から福山市役所に勤める。(冨板敦)〔文献〕山木茂『広島県社会運動史』、同『広島県解放のいしずえ』たくみ出版1973、『昭和7年自1月至6月社会運動情勢名古屋・広島控訴院管内』東洋文化社1979

布施　辰治　ふせ・たつじ　1880(明13)11.13-1953(昭28)9.13　宮城県牡鹿郡蛇田村(現・石巻市)生まれ。02年明治法律学校を卒業し判検事登用試験に合格して司法官試補となったが03年弁護士となる。トルストイの影響を受けた人道主義の立場に立ち社会主義者、労働・小作・借家人争議の弁護に精力的に取り組んだ。10年大逆事件で管野すがの弁護を申し出たが筆頭弁護人に断られた。19年大杉栄、高尾平兵衛らの弁護にあたる。20年創刊した『法廷より社会へ』誌上に「自己革命の告白」を発表、人権派弁護士の立場を明らかにする。21年山崎今朝弥、上村進、片山哲、松谷与二郎らとともに自由法曹団を結成。23年亀戸事件、朴烈・金子文子の大逆事件、24年古田大次郎、和田久太郎、中浜哲らの事件などで熱弁を振るった。また27年台湾農民騒擾事件や朝鮮共産党事件では植民地に渡って被抑圧民族のために弁論を張り、28年解放運動犠牲者救援会結成では法律部長に就任した。この間22年から雑誌『生活運動』(のち『法律戦線』)を刊行、30年まで継続した。その弁護活動が人々の信頼を得たと同時に後進の養成でも力を発揮、大森詮夫、神道寛次、小林恭平、河合篤、中村高一といった弁護士はいずれも布施事務所の出身であった。敗戦後も三鷹事件、松川事件、メーデー事件その他を弁護し終生その立場を貫いた。朝鮮では「我らの弁護士ポシ・ジンチ」と呼ばれ、2000年にはソウルで記念学術大会が開催され顕彰運動が発足した。04年朝鮮独立運動に寄与したとして韓国政府より日本人で初めて建国勲章を授与された。(奥沢邦成)〔著作〕『生きんが為に』布施辰治法律事務所1919、『小作争議法廷戦術教科書』希望閣1930、『死刑四十一話』山東社1930、『運命の勝利者朴烈』(張祥重・鄭泰成と共著)亜紀書房1946・復刻版黒色戦線社1987、『天皇制の批判』新生活運動社1946〔文献〕布施柑治『ある弁護士の生涯』岩波書店1963・『布施辰治外伝』未

来社1974, 森長英三郎『日本弁護士列伝』社会思想社1984, 『布施先生記念国際学術大会の記録』私家版2001

伏下 六郎 ふせした・ろくろう ?-? 報知新聞社に勤め東京の新聞社員で組織された革進会に加わり、1919(大8)年8月の同盟ストに参加するが敗北。その後、正進会に加わり中心メンバーとして活動。20年9月8時間2部制と最低賃金80円を要求する報知新聞争議を組合側交渉委員として闘い、活字ケースを転覆させ布留川桂, 生島繁, 北浦千太郎らと検挙, 懲役4カ月となる。24年11月16日前橋市東家での上毛印刷工組合三山会発会式に参加する。25年3月全印連第2回大会で開会の辞を述べ、教育部設置の件の議案提案説明をする。同年5月24日函館市西川町(現・豊川町)の函館印刷工親工会事務所で開かれた同組合14年度大会に印連本部特派員として登壇。この頃、東印に加盟し、26年2月東京印刷工組合第3回大会で議長をつとめる。全印連機関紙『印刷工連合』27-36号の編集発行印刷人を担う。(冨板敦)〔文献〕『革進会々報』1巻1号1919.8, 『正進』1巻1号1920.4, 『労働運動』2次9号1921.4, 『印刷工連合』19・22・24-28・30・31・34号1924.12/25.3・5-9・11・12/26.3, 水沼辰夫『明治・大正期自立的労働運動の足跡』JCA出版1979, 横山和雄『日本の出版印刷労働運動・上』出版ニュース社1998

二俣 松太郎 ふたまた・まつたろう 1888(明21)7.8-? 富山県射水郡新湊町(現・新湊市)に生まれる。03年渡米しカリフォルニア州バークレーで季節労働者として農業に従事した。渡米中の幸徳秋水が結成した社会革命党に加わる。07年11月天皇暗殺檄文配布事件への関与の疑いから要視察人名簿(無政府主義)に登録された。佐々城佑の義弟。晩年は小樽で暮らす。(西山拓)〔文献〕在米日本人会事蹟保存部編『在米日本人史』同会1940,『主義者人物史料1』, 『社会主義沿革1』

二見 敏雄 ふたみ・としお 1906(明39)12-1967(昭42)9.15 別名・晋次 神奈川県足柄下郡湯河原町生まれ。父仙太郎は陸軍主計大佐, のち豆相時事新聞社を経営。陸軍幼年学校の受験に失敗後、非行に走り早稲田中学を4年で退学。23年頃松原五乎郎を通じアナキズムを知り以後おもにAC学連の学生アナキストたちと交流する。もともとテロリズム志向が強かったが『バクーニン全集』(近代評論社1930)に収録予定のネチャーエフ「革命家の教義問答」を生原稿で読み影響を受ける。挑戦社、『北極星』、『社会理想』、黒連などに関わった。当時の青年アナキストの多くと違い資金や武器の調達、使用に熱心で銃砲火薬類取締違反などで4回検束されている。31年黒色テロリスト同盟なる秘密結社を寺尾実, 牟田征記, 坪田吟一郎と結成, 33年にこれを日本革命的無政府主義者協会に改組, 寺尾が麻雀屋をやって運動資金を捻出しようとしたりする。労働運動では自連・自協合同の機運, 文化運動では解放文化連盟の結成など活動的なアナキストの間で時流に抗する模索の続く機をとらえ入江汎, 相沢尚夫, 植村諦を同志に加え, 同年12月日本無政府共産主義者連盟を結成, 翌年1月日本無政府共産党と改称する。差し迫る危機の打破には伝来の自由連合でなく中央集権の革命団体が必要という認識の表現としてあえて「党」を名のったのである。自ら財政局, 特務機関の責任者を買って出たが株取引など成果はあがらず非常手段に訴え始める。その過程で機密漏洩の嫌疑から同志芝原淳三の殺害, 高田農商銀行の襲撃がおこる。35年12月24日夜, 銀座街頭で逮捕され第1審で死刑, 第2審で無期懲役。当人は死刑を望んだが弁護人に説得され控訴したという。敗戦で釈放になりアナ連結成に参画。のち旧無共党のメンバーを中心に日本自治同盟を設立する。無共党については70年代にようやく再評価の動きがみられるようになるが、農青社と並んで戦前のアナキズム運動の一つの到達点と位置づけられよう。故郷湯河原町城願寺の二見家墓誌に「アナキスト党首二見敏雄・悦道敏紋居士」と刻まれている。(大澤正道)〔文献〕相沢尚夫『日本無政府共産党』海燕書房1974, 森永英三郎『新編史談裁判1-4』日本評論社1984, 『農青社事件資料集』, 『身上調書』

二見 元助 ふたみ・もとすけ ?-? 1919(大8)年東京京橋区(現・中央区)の大倉印刷所欧文科に勤め活版印刷工組合信友会に加盟する。(冨板敦)〔文献〕『信友』1919年8・10月号

筆谷 由次郎 ふでたに・よしじろう 1898(明31)5.25-? 新潟県新潟市学校町に生まれる。上京し報知新聞社に活版工として勤

め東京各新聞社の整版部従業員有志で組織された労働組合革進会に加わり1919(大8)年8月の同盟ストに参加するが敗北。その後新聞工組合正進会に加わり20年2月正進会の未加入者勧誘委員となる。8月平民大学夏期講習会に参加。9月の報知新聞社争議で布留川桂，北浦千太郎，生島繁，伏下六郎らが活字ケースを転覆した際，鈴木賢吉，沢之井，田中らと検挙される。京橋区新栄町(現・中央区)に暮らし日本社会主義同盟に加盟。のち本湊町(現・同区)に転居し中央新聞社に勤める。(冨板敦)〔文献〕『革進会々報』1巻1号1919.8，『正進』1巻1・7号1920.4・11，4巻2.3号1923.3，水沼辰夫『明治・大正期自立的労働運動の足跡』JCA出版1979

舟生 儀平 ふなお・ぎへい ?-? 1926(大15)年福島県石城郡勿来町(現・いわき市)で暮し農民自治会全国連合に参加。地元の農民自治会を組織しようとしていた。(冨板敦)〔文献〕『農民自治会内報』2号1927

舟川 勇三 ふなかわ・ゆうぞう 1905(明38)12.20-1991(平3)4.9 別名・勇造 栃木県上都賀郡足尾町生まれ。高等小学校卒業後，24年に上京，製本工場に勤めた。同職の牟田征紀と親交しともにアナ系の東京印刷工組合との交流，全国自連機関紙『自連』の購読を通じてアナキズムに傾倒，運動に関わるようになった。28年4月鈴木靖之，星野準二の『北極星』購読を機に『黒色戦線』『黒旗』の配布に取り組み啓蒙・宣伝活動を活発化させた。30年5月鈴木の提案を受けて自由人社設立に参加，牟田とともに資金拠出を担当し執筆もした。31年2月芝浦争議を小野長五郎，長谷川武，寺尾実，二見敏雄らとともに支援した。争議後は牟田とともに職域に復帰した。のちに労働者の知識社を結成し小冊子『マラテスタ論文集』(1932)を刊行。35年11月無共党事件，続いて農青社事件での一斉検挙で逮捕されたがいずれにも関係なく釈放された。戦時中は中島飛行機製作所に徴用され敗戦後は京王帝都電鉄に勤めるかたわら，上野延代らとともに同志の連携，結束に尽力した。(奥沢邦成)〔文献〕長谷川武『アナーキズム運動50余年』私家版1977，『資料農青社運動史』，『農青社事件資料集』

船木 杺郎 ふなき・しろう 1903(明36)6.20-7.3(昭48)12.26 本名・藤一 東京生まれ，明治薬学学校中退。雑誌『童話』の投稿家。大正末頃，小川未明に出会い師事する。25年12月奈街三郎らと新興童話連盟結成に参加。28年新興童話作家連盟の結成に加わるが，29年未明を擁するアナ系の童話運動の組織自由芸術家連盟に拠り30年3月同連盟の機関誌『童話の社会』に参加し時評を担当。以後，評論と研究者となる。戦後は日本童話会機関誌46年5月創刊『童話』の児童文学時評を担当した。(黒川洋)〔文献〕大阪国際児童文学館編『日本児童文学事典』1-3巻大日本書籍1993

舟木 貞一 ふなき・ていいち ?-? 新聞工組合正進会に加盟し1924(大13)年夏，木挽町(現・中央区銀座)本部設立のために50銭寄付する。(冨板敦)〔文献〕正進会『同工諸君!! 寄附金芳名ビラ』1924.8

舟木 鉄太郎 ふなき・てつたろう ?-? 1919(大8)年東京神田区(現・千代田区)の三秀舎和文科に勤め日本印刷工組合信友会に加盟する。(冨板敦)〔文献〕『信友』1919年10月号，1920年1月号

船木 上 ふなき・のぼる 1912(大1)12.2-? 別名・幾政，哲 鳥取県西伯郡県村河岡(現・米子市)生まれ。30年朝鮮釜山の公立中学卒業後，2カ月ほど朝鮮逓信局に勤務。31年4月二松学舎専門学校に入学，この頃から『相互扶助論』や『麺麭の略取』などを通じてアナキズムに関心をもち始め，『黒色戦線』を読んで鈴木靖之を訪ね出入りするようになった。32年『黒色戦線』の編集に参加，自宅でアナキズムの研究会を開いた。同年初め農青社の主力メンバー宮崎晃，星野準二，八木秋子が相次いで逮捕されたため鈴木を支えて4月から農青社の専従となり運動に深く関わるようになった。以後『信州自由連合』の創刊，『農村青年』『黒色戦線』の継続，さらに鈴木とともに各地の運動支援に尽力した。33年7月学友の池下稔，大場正史，近藤正美らと『文芸時調』を発刊，同誌には上司小剣，新居格，福田正夫らが寄稿した。同年9月の農青社解散声明後も自主分散下の活動を支援，12月鈴木，草村欽治と『黒旗』を創刊しその発行人となった。以後も各地同志との連絡，協議を重ねたが35年11月無共党事件の嫌疑で検挙，36年5月

農青社事件で再逮捕され38年懲役2年執行猶予3年の判決を受けた。出獄後は満州に渡り、長春の八木、永嶋暢子と往来したが、45年8月ソ連軍進攻の際に消息不明となり帰国しなかった。(奥沢邦成)〔文献〕秋山清『アナキズム文学史』筑摩書房1975、大久保貞夫『長野県社会運動秘録』全6巻私家版1948、『資料農青社運動史』、『農青社事件資料集』

舩越 基 ふなこし・はじめ 1896(明29)12.19-1974(昭49)10.25 別名・もとゐ 京都府船井郡丹波町(現・京丹波町)竹野村口八田生まれ。1897(明30)年製糸機織業工場建設に伴い園部町に移転する。父母の影響で幼児洗礼を受ける。同志社中学(岩倉)に入学して学生北寮に入る。1919年『田園と工場』(1928年木村英二郎が水戸市で創刊した『田園と工場』とは別)を発行。21(大10)年労働運動社の京都支局を小倉敬介、椿一朔らと開設、新聞配達のかたわら西陣織物労働組合発足に尽力。23年神戸市東須磨の黒刷社に寄宿し和田信義発行の『悪い仲間』創刊号に小山壊人、髙木晋、道本精一らと参加。笹井末三郎、酒井箴、宮嶋資夫、岡本潤、八木一艸、八木信三、厚見好男らと交遊を重ねた。人見少華に「墨書・絵画」を習い32年『少華墨蘭譜第一輯』を出版発行している。(北村信隆・黒川洋)〔著作〕『開拓者と使徒たち』日本基督教団丹波教会1970〔文献〕『労働運動』2次1号1921.10.1、『悪い仲間』1号1923.8、人見少華『少華墨蘭譜第一輯』舩越基1932、『現代船井郡人物史』三丹新報社1916、柏木隆法『千本組始末記』海燕書房1992・平凡社2013、山邊旅人「『兵ども』が夢の跡を歩く⑨」『トスキナア19号』2014.4

舟津 熊一郎 ふなつ・くまいちろう ?-? 新聞工組合正進会に加盟し1924(大13)年夏、木挽町(現・中央区銀座)本部設立のために1円寄付する。(冨板敦)〔文献〕正進会『同工諸君!!寄附金芳名ビラ』1924.8

舟津 熊次郎 ふなづ・くまじろう ?-? 1919(大8)年東京小石川区(現・文京区)の江戸川活版所文選科に勤め活版印刷工組合信友会に加盟した。(冨板敦)〔文献〕『信友』1919年8月号

舟橋 一寿 ふなばし・かずとし ?-? 1923(大12)年7月10日に創刊された『ナゴヤ労働者』の同人となる。他の同人に伊串英治、横田淙次郎、小川露夫、平林敬ީ、飯田新一らがいた。(冨板敦)〔文献〕伊串英治「名古屋における社会運動史」『黒馬車』2巻12号1934.12

船橋 清吉 ふなばし・せいきち 1908(明41)-? 別名・舟橋晴次 愛知県東春日井郡小牧町三ツ淵(現・小牧市)生まれ。22年商業学校を中退後、23年名古屋鉄道局教習所電信科を卒業、名古屋駅電信係となる。28年黒潜社に出入りし中部黒色一般労働者組合結成に関わる。30年大阪に出て解放戦線社に加盟、31年大阪メーデーで検束。32年上野克己、河本乾次、中津川一らと新聞『民衆の解放』を発行する。34年1月大阪で春秋パック社を結成し『春秋パック』を創刊。この年のメーデーで不穏印刷物撒布で検束される。35年末頃無共党事件で検挙されるが不起訴。37年吉川三慎を知り名古屋地方超現実主義芸術家グループ名古屋アバンガルドに加盟する。シュルレアリスムの絵画を用いてアナキズム宣伝をしたとして41年吉川とともに検挙される。(冨板敦)〔文献〕『身上調書』、『社会運動の状況6・13』、『特高月報』1942.6

舟見 忠道 ふなみ・ただみち ?-? 別名・船見 やまと新聞社に勤め東京の新聞社員で組織された革進会に加わり1919(大8)年8月の同盟ストに参加するが敗北。23年2月のやまと新聞社争議を闘い馘首される。のち正進会に加盟。24年夏、木挽町(現・中央区銀座)正進会本部設立のために1円寄付する。(冨板敦)〔文献〕『革進会々報』1巻1号1919.8、『印刷工連合』3号1923.8、正進会『同工諸君!!寄附金芳名ビラ』1924.8

船本 洲治 ふなもと・しゅうじ 1945(昭20)12.23-1975(昭50)6.25 満州国警察官の五男として満州に生まれる。父が八路軍に銃殺刑に処せられた後、広島県呉市広町に引揚げる。1964(昭39)年広島大学理学部物理学科に入学。関西方面へ出稼ぎし大学は除籍処分。68年広島学生会館に寄宿していた鈴木国男ら仲間三人と山谷へ。68年山谷自立合同組合結成。同組合、梶大介派と書記局派に分裂、書記局派として活動。69年全都統一合同労働組合山谷支部結成。72年広島から共に上京した鈴木国男措置入院。S闘争支援共闘会議結成。活動の拠点を釜ヶ崎に移す。暴力手配師追放釜ヶ崎共闘会議の結成に中心的役割を果たす。73年4月対関西建設闘争に関する証人威迫容疑指名手配。半潜行しながら闘争を継続、指導。

「愛隣センター爆破主犯」として全国指名手配され潜行生活に入り全国を歩く。75年6月25日潜行先の沖縄嘉手納基地ゲート前で「皇太子訪沖反対」を叫び焼身自殺。享年29。船本は詩人田村隆一の詩「立棺」が好きだった。「わたしの屍体は/文明のなかに吊るして/腐らせよ」(鈴木義昭)〔著書〕船本洲治遺稿集『黙って野たれ死ぬな』れんが書房新社1985〔文献〕竹中労『山谷 都市反乱の原点』全国自治研修会1969,竹中労『日本映画縦断81回「浪人街」ツアールポⅠ』冥府通信1977.6.15,布川徹郎「窮民革命 ひらかれた夢の断絶」『流動』1979.9,竹中労『黒旗水滸伝大正地獄篇上巻』皓星社2000

船山 保之助 ふなやま・やすのすけ ?-? 1919(大8)年東京神田区(現・千代田区)の三秀舎ポイント科に勤め日本印刷工組合信友会に加盟する。(冨板敦)〔文献〕『信友』1919年10月号

ブーバー Buber, Martin 1878.2.8-1965.6.13 オーストリアのウィーンに生まれる。20歳代にシオニズムに共鳴しユダヤ文化の復興に力をつくす。ウィーン大学、ベルリン大学に学び23年からフランクフルト大学で宗教哲学や宗教史を講じる。38年ナチスに追われてパレスチナへ移住。イスラエル共和国の樹立後、ヘブライ大学の社会哲学教授となりまた社会成人教育研究所を設立、ユダヤ人入植者の共同体キブツの指導者養成にあたる。49年に刊行した『ユートピアの途』(長谷川進訳『もう一つの社会主義』理想社1959,のち『ユートピアの途』と改題1972)でこのキブツ運動を「失敗しない実験」と位置づけ、マルクス型社会主義とは違う「社会の構造的更新」を提起する。この本の1章をドイツ系ユダヤ人のアナキスト、ランダウアーに当てていることからもうかがわれるようにランダウアーの影響は大きい。国家をわれわれ自身の「ある種の関係」「行動様式」ととらえるランダウアーはそれに対置されるもう一つの「関係」「行動様式」(ランダウアーはそれを「社会」と呼ぶ)をつくりだし国家に取って代わることをめざした。キブツはまさにそのような「社会」の一つである。だがランダウアーよりも醒めた目をもつブーバーはあるべき国家の役割は社会内の対立、紛争の調整にあり、この役割を逸脱した現実の国家を過剰国家と呼ぶ。過剰国家を本来のあるべき国家に戻し「社会」との共存を説くのである。パレスチナ問題でもブーバーはユダヤ人とアラブ人が共存する「二重国家」を提唱している。これらの主張を裏づけているのはブーバー哲学の基本である「我と汝」の関係の認識であろう。日本では60年代末共同体運動の高まりのなかで長谷川進らが紹介につとめた。マルクス型社会主義の破綻を受けて再評価の待たれるところである。(大澤正道)〔著作〕植田重雄訳『我と汝・対話』岩波文庫1979,原島正訳『社会と国家のあいだ』みすず書房1969,田口・佐藤ほか訳『ブーバー著作集』全10巻みすず書房1967-70〔文献〕長谷川進「マルティン・ブーバー」『20世紀を動かした人々7』講談社1964,同「『ユートピアの道』を読んで」『アフランシ』29号1955.11,大澤正道『国家と社会』第三文明社1981

ブブノワ、ワルワーラ Bubnova, Varvara 1886(明19)5.17-1983(昭58)3.28 サンクト・ペテルブルグ生まれ。ロシア・アヴァンギャルドの画家、版画家。軍人家庭出身の父と貴族出身の母の間に生まれ姉と妹がいる。98年頃から絵を学び05年第一革命に同調して学校改革を要求するも挫折。07年帝室美術院附属高等美術学校に入学。上級のマトヴェイと親しくなり13年に新美術集団「青年同盟」の会員となる。14年5月マトヴェイ急逝後に彼の仕事を整理してアフリカ美術の紹介に貢献する(19年刊『黒人芸術』ペトログラード)。卒業後は美術教師を経て博物館で研究員を勤めた。20年5月に芸術文化研究所(インフク)への加入が認められる。同年11月-翌年4月インフクでの討論会にて構成主義の理論的枠組みの形成に貢献。21年9月妹の小野アンナ(18年小野俊一と結婚し日本に渡っていた)を通じて二科会第8回展に出品した油彩が入選し22年母とともに日本へ渡る。同年9月二科会第9回展に奥宮健之の従妹・奥宮加寿の肖像を出品し入選。10月には「現代に於けるロシア絵画の帰趨に就て」(『思想』)において日本で初めて構成主義の理念を体系的に紹介。23年村山知義と知り合い7月には「マヴォ」創設の際にメンバーらと親交を結ぶ。24年4月早稲田大学文学部講師となりロシア語・ロシア文学の講義を担当し昭和期におけるロシア文学受容へ貢献。また同年5月頃から日本の新興美術運動とは距離を置くが10月の三科造形美術協

会創立の際に会員として名を連ね柳瀬正夢らと親交する。25年2月日露芸術協会の会員となり結婚して母とともに西大久保に住む。第二次大戦中は長野県軽井沢に強制疎開。戦後は日本版画協会，日本アンデパンダン展などに出品し個展も開催。58年1月には「ワルワーラ・ブブノワ画業五十年記念版画展」を開催。同年7月に公職を辞任してソ連に帰国し姉の住んでいたスフミ（グルジア共和国）に定住。82年7月勲四等宝冠章を贈られる。83年3月28日永眠。（山中千春）〔文献〕『ブブノワ夫人個人展覧会出品目録』1948，恩地孝四郎『日本の現代版画』創元社1953，『ロシア美術展目録』読売新聞社1956，小野忠重『近代日本の版画』三彩社1971，村山知義『演劇的自叙伝』第2部東邦出版社1971，五木寛之『地図のない旅』新潮社1972，ブルーノ・タウト『日本タウトの日記』岩波書店1975，『ブブノワ生誕100年記念特集』97号ソヴェート文学文学研究会1986，『ワルワーラ・ブブノワ作品展』秀友画廊1987，小野アンナ記念会編『回想の小野アンナ 日本のヴァイオリニストを育てて半世紀』音楽之友社1988，コジェーヴニコフ『日本に住んだロシア人画家 ブブノワさんというひと』群像社1988，五十殿利治・土肥美夫編『ロシア・アヴァンギャルド4 構成主義の展開』国書刊行会1991，『早稲田大学百年史第4巻』早稲田大学出版部1992，五十殿利治『大正期新興美術運動の研究』スカイドア1995，トマス・ライナー『ロシア文化と日本 明治・大正期の文化交流』彩流社1995，『ブブノワ1886-1983：革命ロシア発モダニズム日本，戦塵と復興の中で描きつづけた女性画家』町田市立国際版画美術館・宮城県美術館1995，森まゆみ「大正快女伝(19) ワルワーラ・ブブノワ 日本に来たロシア人画家」『本の話』文芸春秋2003，ワルワーラ・ブブノワ『ブブノワさんの手紙』未知谷2010，町田つかさ「久保田米子氏旧蔵のワルワーラ・ブブノワ作品について」早稲田大学會津八一記念博物館研究紀要2012，中村喜和・長縄光男・沢田和彦・ポダルコ・ピョートル編『異郷に生きる：来日ロシア人の足跡6』成文社2016

ブランキ，ルイ・オーギュスト Blanqui, Louis-Auguste 1805.2.1-1881.1.1 南仏ニースのピュジェ・テニエに生まれる。父ジャン・ドミニクは元ジロンド派で帝政下の郡知事。兄ジェローム・アドルフは経済学者。17歳でカルボナリの四軍曹の処刑を目撃して衝撃を受け，21年に結成された仏カルボナリ党に24年入党し革命結社での活動を始める。30年七月革命の蜂起に参加。七月王政下に組織された人民の友協会に加入。31年ソルボンヌの校内で起こったデモの責を問われ大学を除籍，逮捕される。同年中に人民の友協会の反国家陰謀予防の名目で再逮捕。このころ革命がブルジョワの王政に転化した理由を勝利の後に武装を放棄した故とみなす。出獄後月刊誌『解放者』を刊行しつつ入獄中に崩壊した人民の友協会のあと，バルベスとともに組織した家族協会の弾薬製造で逮捕される。特赦後監視を受けながら37年四季協会を組織する。39年5月バルベスらとともに四季協会の武装蜂起を指導して失敗，五ヶ月の逃亡の末逮捕され翌年死刑判決を受けたあと終身刑に減刑。48年二月革命のパリへ戻り中央共和協会を設立。5月議会へ乱入逮捕されブルジョワジーと労働者の亀裂を確定した六月蜂起に立ち会えなかった。十年の判決，59年満期で釈放されるが61年秘密結社取締法により逮捕される。65年には移送された病院から脱走しジュネーブに亡命，若い同志を多く得て結社の再建をはかりつつ六月蜂起の失敗から統一的な指導や相互連絡のないバリケードに拠るだけの消極的な蜂起戦術を過去のものとし，組織化された部隊による迅速な機動を重視する『武装蜂起教範』や社会・経済の諸問題について触れた『資本と労働』として知られる文章を執筆する。70年普仏戦争により混乱するパリに入りラ・ヴィレット街の兵営から武器を奪取し共和制を訴えようとするが失敗。この後すぐに敗戦から第二帝政が崩壊し事件の追及は止まる。臨時の国防政府による第三共和制下で『祖国は危機に瀕す』紙を刊行，プロイセン軍からの共和国とパリの防衛のために国民軍の再編を論じる。71年前年のパリ市庁舎占拠事件のかどで欠席裁判による死刑判決。逮捕された直後にパリ・コミューン起こる。コミューンはパリ大司教ら74人の人質とブランキ1人の釈放という交換を求めたが，ブランキは一軍団に匹敵すると行政長官ティエールに拒絶される。収監されたトーロー要塞で無限の宇宙と有限の元素という前提から思索を進め永劫回帰する宇宙論にいたる奇想の書『天体による永遠』を書く。79年6月に大統領令で大赦され，集会への参加やクラブでの演説を続けた。81年ボードレールが「ブランキの行為は，ボードレールの夢のいもうとだった」と述べた33年と7ヵ月に

及ぶ獄中生活をはさんだ人生を閉じ，葬儀では柩のあとを十万の市民の行列が追ったと言われる。日本における受容は『天体による永遠』を論じた小文「Blanquiの夢」を書いた芥川龍之介の突出を除き，61年に連載が始まる大佛次郎『パリ燃ゆ』の描写が転機となる。以後60年代に通俗的なブランキズムのレッテルへの批判とブランキの思想の復権が論じられ，80年代には『天体による永遠』の神秘主義が取り上げられた。(津田透)
〔著作〕加藤晴康編訳『革命論集』現代思潮社上巻1967/下巻1968・彩流社1991合本にて復刊，浜本正文訳『天体による永遠』雁思社1985・岩波書店2012〔文献〕ギュスターヴ・ジェフロワ，野沢協・加藤節子訳『幽閉者 ブランキ伝』現代思潮社1973，シルヴァン・モリニエ栗田勇・浜田泰三訳『コミューンの炬火 ブランキとプルードン』現代思潮社1963，ヴァルター・ベンヤミン野村修訳「ボードレールにおける第二帝政期のパリ」『ヴァルター・ベンヤミン著作集6 ボードレール』新編増補版/晶文社1975・『ボードレール他五篇』岩波書店1994所収，大佛次郎『パリ燃ゆ』朝日新聞社1964・2008復刊。他選書文庫等

ブランド，フランク Brand, Frank 1894.2.20-1984.12.7 個人主義的アナキスト。ミラノ近郊生まれ。本名エンリコ・アリオーニ Enrico Arriogni だったが，生涯，様々な偽名を使う。晩年まで使っていた「ブランド」は，イプセンの詩劇に登場する個人主義者の名前。14歳から様々な労働に従事するようになるなかで読書を通じてアナキストになる。第一次世界大戦中，参加していた反戦活動に対する弾圧を逃れてドイツに向かい同地で働く。この頃からブランドという名前を使い始める。1919年スパルタクス団の蜂起に呼応して行動を起こす。弾圧を逃れてロシアに赴きハンガリー，イタリア，ドイツ，スペインを経由してアルゼンチンに渡り，そこからアメリカに向かうが入国を拒否されて強制送還された後，24年キューバを経由してアメリカに非合法で入国。その後パリに4年滞在後，30年に再渡米。ニューヨークのアナキズム運動に加わりスペイン内戦時にはスペインで数ヶ月間を過ごし，バルセロナで投獄された際にはエマ・ゴールドマンの支援で出獄する。煉瓦積み工として働いた稼ぎを積み立てて世界一周旅行に向かい，59年2月5日に来日。2月8日，神田で大沢正道，山鹿泰治，龍武一郎，森島，猪野，吉岡と交流。20年代から30年代にかけて英語，スペイン語，イタリア語のアナキストによる定期刊行物に多数の記事を発表。70年代から80年代にかけて数冊の著作を刊行。84年にニューヨークで死去。(田中ひかる)〔文献〕Paul Avrich, 'Frank Brand', in : *Anarchist Voices*, AK Press, 2005, pp. 169-175,「社会革命のためにコン限りやろう！ 同志フランク・ブランド氏来日」『クロハタ』39号1959.3.18

フリッチ Fritz, Rose ?-? 幸徳秋水はサンフランシスコ到着時，「フリッチ夫人」とその娘，およびジョンソンから出迎えを受けている。滞在中(1905.12-06.4)同夫人の一室を借りて英語を習い書物を借覧した。この家はA.ジョンソンの家と背中合わせになっていた。幸徳は「フリッチ夫人大に普通選挙の無用を論ず」，「フリッチ夫人来って大に治者暗殺のことを論ず」と記している。また彼女は幸徳にジャン・グラーヴの著作などを薦め，周辺に住む移民やアナーキストを紹介した。岡繁樹は「当時40幾歳かのロシアから来た革命家のエンマゴールドマンの親戚の者」，「17歳ぐらいの娘を連れた産婆で，未亡人」と回想している。幸徳や岡が「フリッチ」と呼ぶ女性はフェレーロ(1885-1985)によれば，キエフで医師として勤務した後，1880年代にサンフランシスコに移住したローズ・フリッツである。岡の回想や彼女の名前から，フリッツは1860年代頃に生まれたユダヤ系ロシア人であろう。フェレーロによれば，第一次世界大戦前までもう一人の医師とともにカリフォルニア州ロスガトスに近い丘の上に療養所を所有して同地で勤務していた。この療養所は火災で焼失したが，ブドウ畑がある160エーカーの土地でフリッツが所有していた。また彼女はアメリカでは医師免許を持っていなかったため，何度か無免許を理由に逮捕された。新しい医療技術を発展させたが女性であったため医療の専門家たちからは受け入れられなかったという。サンフランシスコのアナーキストたちとともに活発に活動し，1890年代にアナーキストたちがワシントン州に建設したホームコロニー設立のためのグループ結成を支援した。幸徳渡米時に創刊されたエマ・ゴールドマン発行の『マザー・アース』のサンフランシスコにおける代理窓口に

なっていたことが確認できる。サンフランシスコ地震直後にフリッツに会ったラング（1884-1962）は，フリッツが産科医であり日系移民排斥に反対し，熱心なヴェジタリアンであり，フリッツの娘Nanが自分とほぼ同い年であり養女であったと述べている。NanがAnnaのあだ名であれば幸徳に英語を教えたMiss Anna Fritzと同一人物であろう。1906年9月25日付のクロポトキンから幸徳宛ての書簡より娘が幸徳の書簡をクロポトキンに転送していることがわかる。1930年代にサンフランシスコでフリッツに会ったサリット（1902-1990）は，まだ産科医として働く「小柄で年老いて弱々しい白髪の女性」として回想している。1940年代に高齢で死亡したと伝えられている。(山泉進・田中ひかる)〔文献〕幸徳秋水「渡米日記」塩田庄兵衛編『幸徳秋水の日記と書簡』増補決定版・未来社1990，岡繁樹『祖国を敵として』明治文献1965，神崎清『革命伝説1』芳賀書店1968，Paul Avrich,' Vincenzo Ferrero', ' Dominick Sallitto', in: *Anarchist Voices*, AK Press, 2005, Lucy Robins Lang, *Tomorrow is Beautiful*, Macmillan Company, 1948.

降旗 倉太郎 ふりはた・くらたろう ?-? 長野県埴科郡戸倉村磯部（現・千曲市）に生まれる。1927(昭2)年1月12日滝沢村之助，永井誠之助らとともに磯部農民自治会を設立する。同年3月第1回農民自治会全国委員会の頃には長野県代表の全国連合委員を務めていた（他の長野県代表の全国連合委員は渋谷定輔『農民哀史』によれば，竹内愛国，小山啓，朝倉重吉，小山四三，井出余塩，関和男，柳沢恰，唐沢憲一郎，羽毛田正直，瀬川知一良，荻原明象，佐藤光政，平林竜男，大沢実之助，高橋修一，中田美穂）。(冨板敦)〔文献〕大井隆男『農民自治運動史』銀河書房1980，渋谷定輔『農民哀史』勁草書房1970

古市 茂 ふるいち・しげる 1901(明34)9.2-? 鹿児島県大島郡（奄美大島）名瀬町（現・名瀬市）生まれ。エスペラント作家秋田雨雀らと交流，全盲のロシア詩人エロシェンコと14年頃日比谷公園で会い交流，エスペラントを通じてアナキスト運動に参加する。36年頃満州に渡り役人となり戦後共産党に入党したが，機関紙『アカハタ』の無料配達を拒否，脱党した。奄美大島の日本復帰後，56年9月名瀬市議第4回選挙に漁業組合から立候補し当選，のちに市役所に入り市助役をした。(松田清)〔文献〕『名瀬市・選挙35年史』名瀬市選挙管理委員会1981

古江 谷 ふるえ・たに ⇨渡義夫 わたり・よしお

古江 正敏 ふるえ・まさとし 1907(明40)-? 別名・正俊 自由労働に従事し江東自由労働者組合に加入する。26年10月7日夜日立製作所争議の解決を求めて久原房之助邸を襲撃。玄関から突入し宮崎晃，高橋光吉，斎藤辰夫，山一由喜夫，入江汎と検挙され懲役3カ月となる。27年3月6日東京メリヤス工争議応援演説会で大沼渉，時永良一，熊谷順二とともに自連メンバーであることを理由に検挙され7日間拘留。28年2月25日四国黒連主催の演説会に参加するため関西黒旗連盟に加わり同連盟のメンバー10数名とともに徳島に行くも検束される（26日の会は中止）。(冨板敦)〔文献〕『黒色青年』6・7・9・11号1926.12・27.3・6・8，『自連』3・9-12号1926.8・27.3-5，『関西自由新聞』2・4号1927.11・28.3，『思想彙覧1』

古堅 弘毅 ふるかた・ひろき 1902(明35)-? 別名・弘三 茨城県に生まれる。両親と妹二人を抱えながら労働運動に尽力した。東京印刷工組合和文部に所属，27年2月20日東印第4回大会に参加。緊急動議で出された「サイパン島における沖縄県人総罷業応援に関する件」が可決されこの争議の応援実行委員に選出される。28年2月19日東印第5回大会に参加。現綱領即時撤廃の動議に対して梅本英三とともに「保留説，綱領研究会設置説」という中間的な提案をする（動議可決）。29年4月東印を離れサンジカリスト派の東京印刷工連合会を結成した。東印連の拠点だった京橋区新富町（現・中央区）の幸昇堂印刷で組合キャップをつとめた。同志の世話もよく焼き東印連の実質的なリーダー役を果たした。純正アナキストとサンジカリストの分裂騒ぎに懲りて孤立主義に陥った他の古株と異なり，東印連の関東地方自由連合協議会（1930.5結成）への参加に理解を示した。のち東印連を脱退。(植本展弘・冨板敦)〔文献〕『自連』9.10・22号1927.3・28.3，山口健児『風雪を越えて』印友会本部1970，『青春無頼』私家版1980

古川 清幸 ふるかわ・きよゆき ?-? 東京印刷工組合に加盟していたが1929(昭4)年5

月脱退し西堀進午, 安達幸吉, 入沢三郎, 小門直吉, 高橋藤蔵らとサンジカリズム派の東京印刷工連合会を結成する。豊栄社に勤務し印連の分会キャップをつとめた。西堀, 古堅弘毅, 山本平重, 神田栄太郎らが東印連を脱退したのち山口健助らと東印連を関東出版産業労働組合として改組する。36年8月に再建された東京印刷工組合にも関わる。敗戦後印刷工場を経営する。(冨板敦)〔文献〕山口健助『風雪を越えて』印友会本部1970・『青春無頼』私家版1982

古川 金太郎 ふるかわ・きんたろう ?-? 新聞工組合正進会に加盟し1924(大13)年夏, 木挽町(現・中央区銀座)本部設立のために1円寄付する。(冨板敦)〔文献〕正進会『同工諸君!! 寄附金芳名ビラ』1924.8

布留川 桂 ふるかわ・けい 1895(明28)5.24-1958(昭33)8.9 千葉市の米屋に生まれる。信の兄。小学校卒業後, 千葉日日新聞社印刷工となる。上京して仕事のかたわら北風会に出席, 堺利彦, 大杉栄, 荒畑寒村らと交流。19年6月報知新聞社在職中, 綿引邦農夫, 諏訪与三郎ら有志とともに東京の新聞印刷労働者に呼びかけ新聞印刷工組合革進会を結成。7月8時間労働, 2部制など待遇改善を要求, 在京16新聞社同盟ストに参加。5日間の休刊後完敗, 革進会は解散。新聞工有志20余人とともに再挙をはかり12月新聞従業員組合正進会を発足, 常務理事となる。この間(10月頃)堺利彦宅から発禁のクロポトキン著・幸徳秋水訳『麺麭の略取』を入手, 小林進二郎に手書き複写を依頼, これを極秘のうちに各社有志に配りさらに複写, 回覧という契機をつくる。20年4月機関紙『正進』が発行され水沼辰夫らの信友会と歩調を揃える。京橋区新佃西町(現・中央区佃)の自宅2階を本部に開放, 寄贈図書や新聞を置き, 夜間は誰かがつめて会員相互の勉強や討論を奨励。両親も協力。すでにこの頃岩佐作太郎に親しみ終生の同志となる。20年5月第1回メーデーの準備委員。メーデーの成功を契機に結成された14組合の連合組織労働組合同盟会の代議員。7月革進会争議1周年を記念する正進会大会は新聞各社に対し前年争議の公約履行を掲げ, 布留川は交渉委員として報知新聞社に要求書を手交, 直後の全活字ケース転覆事件で検束, 起訴。伏下六郎, 北浦千太郎, 生島繁とともに下獄。未決も含めて約1年の獄中生活を送る。『正進』12月号「獄中より」に「岩佐さんに飢餓の研究者が本の飢餓に逢つて居ると伝へて下さい」とある。12月創立の日本社会主義同盟の発起人, 21年4月創刊の吉田一らの『労働者』同人, 23年6月創刊の信友会・正進会合同の機関紙『印刷工連合』発行人(26号1925.5まで)。9月関東大震災により正進会本部(自宅)焼失, 24年7月まで千葉などに移り千葉印刷工組合の組織化に努力。11月信友会・正進会合同の東京印刷工組合結成後も活動継続。戦時中は文選工として読売新聞社にあり, 綿引邦農夫や弟の信らと相互会を組織し相互扶助をはかり職場の職制ボス支配と闘い勝利。この実績を基盤に45年10月自由連合主義労働組合の早期結成を提案。45年末の第1次読売新聞争議では闘争委員として生産管理闘争を闘う。荒畑, 岩佐らも応援に駆けつける。46年戦後初めてのメーデーには読売新聞労働組合ほぼ全員とともに参加。6-10月の第2次争議では綿引や信らとともに5日間の工場ストを指導, 実現。日本アナキスト連盟員。48年読売新聞労組副委員長。55歳で定年退職。(戸田三三冬)〔文献〕綿引邦農夫「布留川桂君を悼む」『無政府主義運動』27号1958, 同「パンの略取と正進会1・2」同40・41号1962

古川 啓一郎 ふるかわ・けいいちろう ?-? 横浜の貿易商の事務員をしていたが社会主義に共鳴。同志の紹介で1906年(明39)春, 北海道虻田郡真狩村留寿都(現・留寿都村)の平民農場に入る。農耕体験がないので無理だと思われていたが意外にも開墾労働力として役に立った。しかし半年ほどで退場。東京に戻り工場で働く。15年3月大杉栄の主宰する平民講演会に参加。特別要視察人に編入される。8月1日平民講演会の席上で鈴木文治の友愛会を批判し新組織の必要を説く。9月平民講演会で鋳物工場での主義宣伝の体験を報告。11月26日『近代思想』の同人会に参加。12月11日『近代思想』の方針論議で荒畑寒村の説に同調, 秘密出版を主張。その後大杉の言動にあきたらず荒畑を訪問して大杉を非難する。次第に運動から離れ21年8月22日特別要視察人名簿から削除された。(堅田精司)〔文献〕『光』23号1906.10.5,

『近代思想』3巻4号1916.1，豊田剣陵『運命』良書刊行会1926，『主義者人物史料1』，『社会主義沿革2』

布留川 顕之助 ふるかわ・けんのすけ ?-? 横浜毎朝新報社に勤め横浜印刷技工組合に加盟。1921（大10）年3月12日同社の減給拒絶闘争を26名で闘い勝利する。同年，新聞工組合正進会の春季総会のために2円寄付する。（冨板敦）〔文献〕『信友』1921年4月号，『正進』2巻5号1921.5

布留川 茂一 ふるかわ・しげかず ?-? 千葉市の米屋に生まれる。桂，信の兄。新聞工組合正進会に加盟し1924（大13）年夏，木挽町（現・中央区銀座）正進会本部設立のために3円寄付する。45年末の第1次読売新聞争議では綿引邦農夫，桂，信らと争議団を結成し生産管理闘争を担った。（冨板敦）〔文献〕正進会『同工諸君!! 寄附金芳名ビラ』1924.8

布留川 信 ふるかわ・しん 1898（明31）2.5-1988（昭63）12.10 別名・赤岸，黒岸 千葉市の米屋に生まれる。桂の弟。小学校4年で東京に移る。京橋のミッションスクール啓蒙学校に転校，6年夏まで通う。13歳の時築地の国光印刷に職を得，以後腕を上げるため印刷所を転々とし文選工となる。19年東京日日新聞社に勤務の時新聞印刷工組合革進会に入り，7・8月東京全市の新聞印刷工によるストに参加，馘首される。新聞経営者も悪質な資本家と変わりないと思い労働運動の重要性を自覚。国民新聞社に入り馘首。12月新聞従業員組合正進会発足と同時に会員となる。自宅の2階が本部だったのでおのずから運動の渦中に入り20年4月『正進』創刊号に東京日日新聞社から15人を入会させた功績が記される。岩佐作太郎とも親交。5月第1回メーデーに参加。21年1月8時間2部制，最低賃金確立の公約実施を迫り時事新報社を馘首。11月芝浦労働組合発会式で正進会員3人とともに検束。24年11月信友会・正進会合併の東京印刷工組合結成に伴い入会。機関誌『印刷工連合』に赤岸の号で「労働者の知るべき途」（27号1925.8），「現代的飢饉」（28号），「失業問題再考」（30・32号）を寄稿。「組合法反対の精神」（31号）では労働者が「自主自治的精神を以て未来に猛進」することを，また「組合の解散と我等の戦闘方法」（34号）では政治運動も指導者も退け「労働者の解放は労働者自らが為さねばならぬ」という確信に立つことを訴える。27年6月に発足した全国自連の機関紙『自連』に黒岸の号で「自由連合主義と団体契約1-5」（16-20号1927.9-28.1）を書く。28年3月全国自連第2回大会の綱領審議において東印提案の「我等は自由連合主義を以つて労働者農民解放運動の基調とする」（綿引邦農夫朗読）を支持して発言。4月『自連』に「自由連合主義と階級闘争」（23・24号）を発表。「過去の歴史が階級闘争の歴史であるならば，我々の未来への運動は，相互扶助の歴史でなければならぬ」「自由連合主義の労働組合運動は，例え外面的には資本主義生産関係における闘争であつても，内面的には社会的生活を為す人間としての闘争である」「我々の現実における運動が正義と自由の為の運動でなくして，何うして未来に自由平等の社会を実現することが出来るであらうか」と，「階級闘争の上に立つた自由連合主義」を主張。29年6月『自連合新聞』号外（36号付録）巻頭論文「自由連合主義の労働組合とは何か」において，自由連合組織の範囲を労働組合運動にのみ限ることは，社会解放運動に参加するあらゆる人々の闘争の自由をそのまま認める「相互扶助的闘争」ではないとして，「必要に応じて闘争し，能力に応じて闘争する」という「自由連合主義の闘争原理」の確立を呼びかけた。35年読売新聞社に入社。戦時中は兄桂や綿引などの同志とひそかに相互会を結成，闘争歴のある仲間集団を維持し職場の職制ボス支配と闘い勝利。この実績を基盤に45年10月自由連合主義労働組合の早期結成をめざす。45年末の第1次読売新聞争議では工場の常任闘争委員として綿引を助け，長兄茂一，二兄桂などとともに争議団を結成，生産管理闘争を担う。最高闘争委員会が動揺した時「工場の連中はひとりだってごまかされはしない。俺たち労働者は，日本の進路をきめる民主主義革命の争議をしているのだ」と叫び，工場の闘争委員たちの万雷の拍手を浴びて闘争を勝利に導く契機をつくる。46年5月アナ連に加盟。46年6-10月の第2次読売新聞争議では組合破壊に抗議して同志とともに5日間の工場ストを実現。しかし19年以来27年ぶりの新聞労働者によるストは占領軍の圧力と会社側の暴力

に敗れる。47年5・6月『平民新聞』に「労働組合講座1-3」を執筆(27-29号)、戦後労働運動の中央集権化を批判、「我々の運動は現在の出発点が同時に、未来の到達点を決定するものである」と自由連合主義の日常闘争の重要性を訴える。次いで48年3月「組合民主化について」(64-65号)では、「民主化の目的は無視された人格の恢復」であり「民主化こそ労働戦線統一の前提」であると説く。4月産別民主化同盟のあり方について「政治の本質を見誤るな」(68号)と警告を発する。『平民新聞』掲載の労働組合論をまとめた小冊子『自主的労働組合の話』を組合書店から刊行。51年9月日本アナキストクラブを結成。79年機関紙『無政府主義運動』に「私の無政府主義」を執筆、無政府主義とは「自由, 平等, 友愛, 正義, 相互扶助, 寛容等によって結合された生活体としての社会と人間のこと」であり、「内に平和的相互扶助, 外に対する闘争団体として資本主義と闘争しながら一歩一歩, 現実を理想化し, 理想を現実化するのが自由連合主義運動」であり、「手段はそのまま目的」であると表明。岩佐作太郎, 水沼辰夫, 綿引邦農夫亡きあとのアナキストクラブを妻テツとともに支え, 若い人々に自由連合主義を伝えた。晩年の手稿でも「アナキズム運動は少なくとも自由な人間としての立場に立った人間解放運動である」と説いている。(戸田三三冬)〔著作〕「読売争議の意議」『平民新聞』7号1946.11.23〔文献〕『平民新聞』3号1946.8.7, 『戦後危機における労働争議 読売新聞争議』全2巻東大社会科学研究所1973・74, 増山太助『読売争議』亜紀書房1976, 新聞労連編『新聞労働運動の歴史』大月書店1980

古川 常次郎 ふるかわ・つねじろう ?-? 1919(大8)年東京麹町区(現・千代田区)の一色活版所欧文科に勤め活版印刷工組合信友会に加盟する。(冨板敦)〔文献〕『信友』1919年8・10月号

古川 時雄 ふるかわ・ときお 1903(明36)12.27-1994(平6)7 別名・時 佐世保市に生まれる。佐世保中学卒業後, 東洋大学に入学。卒業の年3月に学校紛争をおこす。25年松永鹿一, 栗原一男, 井上新吉らと自我人社を結成, 黒色青年連盟に参加する。26年4月京成電車争議の支援闘争で20人の黒連の仲間と逮捕され25日間拘留処分。26年頃望月桂の自宅に居候し同年10月創刊の第3次『小作人』の編集・発行を木下茂とともに担う。また27年1月創刊された第5次『労働運動』の編集・発行の実務にも近藤憲二とあたり巻頭言や時評を執筆する。29年には『黒色青年』(19-23号)の編集発行印刷人となる。30年6月共学社の望月百合子と結婚, 共学社前で養鶏所を始めるかたわら『ディナミック』や共学パンフレットなどの制作に従事する。37年秋満州新京(現・長春)へ移住, 望月も翌年新京へ赴く。敗戦を満州で迎え徴用されて保険業務にあたったが48年6月帰国後はもっぱら望月の活動を支える。(大澤正道)〔著作〕『『黒色青年』の歴史』『黒色青年』復刻版解説・黒色戦線社1975〔文献〕望月百合子「古川時雄追想」『初期社会主義研究』8号1995

古河 三樹松 ふるかわ・みきまつ 1901(明34)1.16-1995(平7)5.18 別名・三樹 福井県遠敷郡雲浜村(現・小浜市)に実家があり, 両親が一時期住んだ京都で生まれる。大逆事件に連座して処刑された古河力作の実弟で, 11年兄が処刑された時は満10歳。前年公判開始時に上京して面会が許されなかったが死刑判決のあとに監獄側の配慮で連行される姿を一瞬見ることができたと記している。のちに上京し堺利彦の売文社を手伝いアナキストとの交友を深めた。24年関東大震災時の大杉栄らの虐殺への報復のため池田寅三(のちに妹と結婚)とともに当時の戒厳司令官福田雅太郎に対する汚物送付の「くそくらえ事件」で6カ月の有罪判決で下獄, 出獄後は宮嶋資夫らの紹介で平凡社に入社する。また24年当時, 佐藤護郎, 池田, 田所茂雄, 村上長三郎, 江西一三らが共同生活を送りながら活動の拠点としていた大崎居木橋の東京機械技工労働組合の事務所によく出入りし活動家とともに自由連合派の組合活動やアナキズムの啓蒙・宣伝活動に取り組んだ。26年6月浦和で無差別社, 埼玉小作人組合共催の社会問題演説会を岩佐作太郎らとともに開催, 同10月には東京印刷工組合で山鹿泰治, 佐藤栄三らとともにエスペラント講習会を開いた。のち27年5月から30年3月まで池田や大串孝之助と雑誌『蠢動』を刊行した。敗戦後はアナ連に加盟, 大逆事件の真相解明につくし東京四谷で池田とともに古河書店を開いた。兄

力作に似た短軀で能弁，ストリップを愛し歴史風俗書を多く書いた。(奥沢邦成)〔著作〕「ペロフスカヤ」「自連新聞」32号1929.2,「兄との別れ」「大逆事件の真実をあきらかにする会ニュース」28号1988,「私の色地図・外篇」「素面」15-22号1965.2-67.4,「江戸時代の大相撲」国民体力協会1942,「図説庶民芸能 江戸の見世物」雄山閣出版1993〔文献〕「月の輪書林古書目録9」私家版1996,「彷書月刊」(特集・古河三樹松というひと)1996.6号

古河 力作 ふるかわ・りきさく 1884(明17)6.14-1911(明44)1.24 福井県遠敷郡雲浜村(現・小浜市)に生まれる。高等小学校を卒業後，1903年秋園芸見習いのために上京し滝野川にあった印東熊児経営の康楽園に勤める。07年頃労働者の貧困など社会の悲惨な状況をみてその救済を考え社会主義思想に関心を抱く。のち大逆事件に連座し11年1月18日大審院で死刑判決を受ける。09年10月初旬千駄ケ谷の平民社で宮下太吉，管野すが，新村忠雄から天皇暗殺計画を聞かされ即座に賛同の意を表したこと，10年1月2日平民社で空缶の投擲実験を行ったこと，同年5月管野の入獄の前日に実行の順番を決める籤引きを行ったこと，同月新村に練習のために空缶を送るように求めたことなどが天皇暗殺の予備行為とみなされた。古河は公判中に今村力三郎弁護士に宛てた書簡において植木屋には温和な者が多く犯罪者になる率がきわめて低いこと，社会主義の実践運動に関しては虚名を博そうとしたがゆえに面白半分で行っていたことを記している。また獄中手記には自分の背が低かったため弱者の立場に立つようになったこと，修身のような上から押しつけるような道徳や権威は嫌いであることなどが記されている。古河は理想社会の実現のためには革命家や志士など自らを犠牲とする人物も必要であるという考えから社会主義者に対する弾圧に抗議して桂首相の暗殺を考えたこともあった。しかし大逆事件に関しては計画に懐疑的であったようである。本人は死刑判決を聞いた時，あまりに滑稽であっけにとられたという。(西山拓)〔文献〕塩田庄兵衛・渡辺順三編「秘録大逆事件・下」春秋社1959，神崎清編「新編獄中手記」世界文庫1964，水上勉「古河力作の生涯」平凡社1973

古口 栄 ふるくち・さかえ ?-? 1919(大8)年東京牛込区(現・新宿区)の秀英舎(市ヶ谷)文選科に勤め活版印刷工組合信友会に加盟する。(冨板敦)〔文献〕「信友」1919年8・10月号

古庄 友祐 ふるしょう・ともすけ 1879(明12)3.29-1928(昭3)6.6 熊本県玉名郡高瀬町(現・玉名市)に生まれる。94年熊本玉名高等小学校卒業後，済々黌に入る。のちに「熊本評論」記者となる松尾卯一太，新美卯一郎，同社友の志賀連が同窓。済々黌2年の4月退学して中国に渡り北京の東文学社の教習となる。日露戦争時には特別任務班員として遊撃隊を指揮。07年帰国し熊本評論社を訪れ翌8年3月正社員となる。また松尾の親類の宮崎民蔵が主宰する土地復権同志会の会員として「熊本評論」と同会の連帯に尽力。08年9月「熊本評論」は終刊号を出し，同年12月古庄は徴兵により入営した。在営中も松尾らと交信を続けた。大逆事件に際しては留守宅が家宅捜索を受け熊本地裁で訊問を受けた。(西山拓)〔文献〕大島与吉「爆破行秘史」満州文化協会1875，堤克彦「熊本評論社の周辺人 古庄友祐と守田有秋」熊本近代史研究会「会報」189号1985.11，上田穣一・岡本宏編著「大逆事件と「熊本評論」」三一書房1986

古田 兼二郎 ふるた・かねじろう ?-? 1929(昭4)年2月AC労働者連盟機関紙「労働者の叫び」2号は「消息黒言」で「同志古田兼二郎君，浦和に入獄中」と報じる(入獄の理由は不詳)。(冨板敦)〔文献〕「労働者の叫び」2号1929.2

古田 大次郎 ふるた・だいじろう 1900(明33)1.1-1925(大14)10.15 別名・島貞尚 東京市麹町区隼町(現・千代田区)に生まれる。麻布中学5年生で修身の試験答案に「紡績女工の悲惨な状態を論じ」とのちに回想。17年早稲田大学高等予科法学科英法科に入学。この頃散歩中に貧民窟に偶然入り涙を流す。また学校の図書館で幸徳秋水の「社会主義神髄」を読み感動。「僕の行くべき道がある。僕を意義ある生へ導いてくれるものがある」と確信。19年大学部英法科に進み高津正道と交友，その関係で民人同盟会に加わり講演会の出演交渉で駒込曙町(現・文京区本駒込)の大杉栄を訪ね初めて会う。「当時の僕は自分では意識しなかったが，多分に無政府主義の色彩を帯びていた」。翌20年春建設者同盟に参加。しかし21年7

月関東連合大会の傍聴に行きアナキズムに親近感を覚える。同年暮れ早大を中退し渡辺善寿, 長島新と3人で農村運動の小作人社を埼玉県大里郡熊谷町（現・熊谷市）に結成。22年1月機関紙『小作人』を発行。南埼玉郡綾瀬村上蓮田（現・蓮田市）に移転した小作人社を2月初め中浜哲が訪問, 初めて言葉を交わし親しくなる。前年11月の母親の病死も契機となり「社会改造の事業に自分の一身を捧げやうと決心」。4月に「二人は手を握つてお互ひの心事を打ち明けた」と自分たちの生を賭しての社会変革の盟約を確認。6月4日小作人社は解散, 古田と中浜を軸に仲間が集まる。9月末江口渙から神奈川県鵠沼の借家の争議対策を依頼される。二人は江口も仲間に誘うが断られる。中浜は東京府豊多摩郡戸塚町源兵衛（現・新宿区西早稲田）に大きな家を借りギロチン社と名づける。北千住に移転後, 釈放された河合康左右, 倉地啓司, 仲喜一, 小川義夫らが再び集まり古田も参加。田中勇之進も転げ込み田中の友人の上野克己も参加, 仲間たちは会社回りを始める。「リャク」（掠）行為で資金を手にするが放蕩な生活で結束は緩む。古田らは大阪に行くが関東大震災と大杉虐殺を号外で知り「よし, 思ひ知らせてやる」と決意。古田はより大きな資金を確保するため小阪（現・東大阪市）の十五銀行の出張所を10月16日に襲うことを計画, 小川と内田に手伝いを頼む。古田は路上で銀行員を襲うが現金の奪取を失敗, 誤って刺殺, 潜伏する。11月名古屋の同志高嶋三治と朝鮮ソウルに行き仲間たちの報復と脱獄計画のため, 義烈団に爆弾10個, 拳銃5丁購入を申し込むが失敗。大杉虐殺の報復を企図していた和田久太郎や村木源次郎もともに行動するようになる。中浜もソウルを訪れたが資金確保のため大阪に戻り24年3月逮捕される。古田はソウルを引き上げ上京, 7月17日荏原郡平塚村上蛇窪（現・品川区平塚）のアジトへ移り倉地や新谷与一郎の協力で爆弾製造にとりかかり各所で試す。山田正一も中浜の脱獄の相談で訪れる。9月1日和田は本郷区菊坂町（現・文京区本郷）で陸軍大将福田雅太郎の狙撃に失敗, 逮捕。古田は見張り役で逮捕を免れ小包爆弾を福田宛に郵送, 6日福田邸で郵送小包が爆発するが家人にけがはなかった。10日未明村木とともに上蛇窪で警察に捕まる。翌25年1月村木は実質獄死。東京でのギロチン社グループとして同じ法廷で倉地, 新谷, 和田とともに公判が進む。25年9月10日多くの労働運動社同志が事前検束されるなか死刑判決が出される。弁護人山崎今朝弥は反対したが古田は死刑を受け入れ控訴せず10月15日午前8時半前後, 絞首される。古田の存在は監獄に入ってからさらに多くの仲間に知られた。布施辰治弁護士宅での通夜には同志がかけつけ大阪では刑死後しばらくして秘密追悼会が近藤憲二, 江口, 布施, 山崎が出席して30人余りで開かれたと宮本三郎は記している。加藤一夫は処刑3日前の面会と市ケ谷刑務所からの出棺を掌編小説「訣別」「棺闇をゆく」として表現。陀田勘助, 畠山清身, 小野十三郎も追悼詩を発表している。26年1月巴金は衛恵林と共訳で古田の「獄中絶筆」を『民鐘』（1巻14期）に掲載。また37年に刊行された伯峰訳『死之懺悔』（上海文化生活出版社）の「後記」に「私は『死之懺悔』を愛する。私はこの書物のために日本語を学びたいと誓いさえしたのだ」と書いている。26年6月古田の純真な思いと死刑を覚悟した心情が綴られた「感想録」32冊は, 古河三樹松筆写を原本とし春秋社から刊行される。加藤によりタイトルは『死の懺悔』とされベストセラーとなる。刊行前, このタイトルは同志には不評であり近藤らから相談を受けた布施も出版社に変更を提案するが内閲中であることを理由に当初のままで刊行された。30年4月には古田が逮捕後しばらくして獄中で書き上げた「自分の一代記」と逮捕までの行動記が田戸正春編集により『死刑囚の思ひ出』（大森書房・復刻版組合書店1948・黒色戦線社1971）として刊行, 発禁処分を受ける。林倭衛による古田の肖像画が表紙, カバーとして使われる。同書には小阪事件に関する記述, 逮捕前から書かれていた「追想録」も含まれている。（亀田博）
〔著作〕『死の懺悔』縮刷版・春秋社1928, 江口渙編（獄中書簡, 遺書収録）同1968, 完全版・黒色戦線社1988〔文献〕『原始』各号, 『解放』各号, 秋山清『ニヒルとテロル』川島書店1968, 同『やさしき人々』大和書房1980, 根岸隆『あるテロリストの記録』マルジュ社1987, 廣畑研二編『大正アナキスト覚え帖』アナキ

ズム文献センター2013

古田 徳次郎 ふるた・とくじろう 1904(明37)4-1976(昭51)6.27 小田原市生まれ。小田原中学では同級の川崎長太郎らと回覧文芸誌を発行する。23年頃川合仁を知る。25年7月文芸誌『潮流』創刊に川合，黒島伝治らと参加。27年大学入学のため上京。28年1月解放座公演「スペインの或る出来事」(上脇進「法の外に」レフ・ルンツ原作)を演出。同年6月に創刊された矢橋丈吉の『単騎』は古田の命名。土方定一，畠山清行，飯田豊二，川合，秋山清らと同人となる。29年2月新居格のアナキズム文献普及のための翻訳研究を中心とした社会理想研究会の会員となる。30年1月から刊行された『バクーニン全集』(近代評論社)の翻訳に協力した。戦後は新聞人として活躍し政治評論家でもあった。
(黒川洋)〔著作〕クロポトキン『国家論』(訳)金星堂1928,『潮流と単騎』『回想・川合仁』同刊行会1975〔文献〕川合仁『私の知っている人達』藤書房1970

プルードン Proudhon, Pierre Joseph 1809.1.15-1865.1.16 フランス東部，ブザンソン近郊の貧しい醸造職人の家に生まれる。8歳頃から働きながら勉学に励むが生活難のため学業を中断し印刷所の校正係となる。植字工としてフランス各地を回ったのちブザンソンのゴティエ印刷所の職長となり，語学の才を生かして神学関係書を校正するかたわら神学,言語学,ヘブライ語を独学。38年処女論文「一般文法論」によってブザンソン学士院の推薦でシュアール奨学金を得てパリに遊学，ソルボンヌ大学での受講と図書館での読書生活を送った。39年ブザンソン学士院の懸賞論文に「日曜礼拝論」が入選，同論文はプルードンの全思想を萌芽的に網羅していると評価されるが刊行と同時に反教会的著作として発禁となる。40年「財産とは盗みである」の有名な1節を含む『財産とは何か』を刊行し物議をかもし，41年『ブランキ氏への手紙』，42年『有産者への警告』，43年『人類社会における秩序の創造』などの著作を相次いで発表した。46年経済に関する主著『経済的諸矛盾の体系 貧困の哲学』を出版，翌年にはリヨンの海運会社を辞してパリに定住，48年2月革命が勃発すると『人民の代表』紙を発行，同6月補欠選挙で国民議会議員に選出され9月には『人民』紙の発刊と活発な言論活動を展開した。49年1月交換銀行を設立するが3月ルイ・ナポレオン批判のために禁錮3年の刑を言い渡されて挫折。ベルギーに亡命後ただちにパリに戻って『人民』に連日寄稿するが同年6月逮捕されて投獄。獄中では『一革命家の告白』を執筆，また『人民の声』の編集，発行に取り組んだ。51年『19世紀における革命の一般理念』を出版，52年3年にわたる獄中生活を終えて出獄，53年ベルギーで『進歩の哲学』を刊行しフランスに持ち込もうとするが没収される。58年『革命と教会における正義について』を出版するがこれも押収され再び禁錮刑の判決が出たため再度ベルギーへ亡命する。61年『戦争と平和』を刊行。この年3月ブリュッセルでトルストイに会う。すでにトルストイは57年にプルードンを読みそのアナキズムに共鳴しており，晩年の大作『戦争と平和』も同書に示唆されたという。62年特赦を利用してパリに戻り『連邦とイタリア統一』を刊行，63年『連邦主義的原理と革命党再建の必要について』を刊行，政治的民族主義に代わるべき連邦主義を唱えた。同年5月の総選挙に際しては棄権運動を推進した。64年労働者が主体となって起草した「60名宣言書」が発表されると反対の立場をとりつつもその重要性を認めて回答の書『労働者階級の政治的能力』の執筆にとりかかったが健康がすぐれず，その刊行は翌65年1月の死のあととなった。プルードンの思想は多岐にわたるが，社会批判から『経済的諸矛盾の体系』に結実した経済思想，『人類社会における秩序の創造』に発する社会全般にわたる諸考察からは革命・改革論，社会学や社会法の理論などに収斂した。それらの考察を通じてきたるべき社会像を自立した労働者と生産者による自由連合の集合体として構想したといえる。プルードンの死後，60年代以降にはフランス，ベルギーの労働者の間にプルードン派が形成され，第一インターナショナルの成立やパリコミューンでは指導的な役割を果たした。またフランスのサンジカリズム運動の形成と発展にもその思想は引き継がれ今日でもヨーロッパの労働運動には反インテリ的なプルードン主義の傾向が強い。思想面ではドイツのマッケイ，ランダウアーな

どに強く影響した。日本ではバクーニン，クロポトキンとともにアナキズムの始祖としてのプルードンの名前は早い時期から人の知るところであった。最初の訳書はプルードン『聖書注解』(1856)のごく一部を反キリスト教文献として刊行した『福音全書評註』(含章堂1882)と思われる。特に彼の名前と切り離すことのできない「財産とは盗みである」との1節が及ぼした影響にははかり知れないものがある。たとえば1920年8月に開催されたサンジカリズム講演会では，講師として登場した植田好太郎がプルードンの言葉を紹介した途端に中止解散を命じられ，また岸本嘉市は25年5月の『無産人』創刊号に「プルゥドンの生涯」を執筆している。しかしクロポトキンほどに広範な支持層と影響力をもつことはなかったし，バクーニンに比肩しうるほどの熱心な支持者を生むことはなかった。その理由の一端は，思想内容の難解さにあっただろう。著作の訳出は21年新明正道によって『財産とは何ぞや』(新人会叢書第3輯)が聚英閣から発行されたが発禁となった。30年代に入って『財産とは何か』『労働者階級の政治的能力』『19世紀における革命の一般思想』が刊行されたが，伏せ字が多い以上にやはり翻訳上の困難さがあったことはいなめない。クロポトキン，バクーニンが不十分ながらも全集という形での紹介が20年代に取り組まれたのに比すれば，プルードンの紹介と理解は後代にゆだねられたといえる。戦後の49年に『労働権と財産権・連合主義論』が出版されたものの，これ以後マルクス主義の全盛時代にはまったく黙殺された状態となる。そのなかにあって石川三四郎の研究，戦後では長谷川進の一貫した取り組みが注目され評価される。その後は60年代後半に高揚期を迎えた全共闘運動がアナキズム思想の再評価の気運を生み70年代以降に多くの翻訳と研究を結実させることになった。その代表的なものはアナキズム叢書中のプルードンⅠ-Ⅲであり，他は京大人文研の共同研究と佐藤茂行による2冊の『プルードン研究』，前者はアカデミズムによるプルードン思想の全体像の把握を意図し，後者は経済思想を軸にした初めてのアプローチという点で際立つ。「ともに…世界的にも非常に高い水準の研究」と長谷川進は評したが，プルードン理解でなお欠落しているのは経済と法律であることに言及した長谷川の指摘に今なお耳を傾けねばならない状況に変わりはない。なおプルードンの弟子を自称したシルビオ・ゲゼルが地域通貨への関心の高まりとともに注目を集め，社会法学でプルードンを継承したギュルヴィッチが日本でも一定の評価を受け続けていること，さらにはプルードンの連合・連邦主義の底流がEUをはじめとする地域連合という新課題に深く関わっていることなど，その豊饒な思想内容にはきわめるべき領域が多く残されていよう。(奥沢邦成)〔著作〕*Oeuvres completes de P.-J. Proudhon*, 26 vols, Lacoix, 1867-75, M. Riviere, 1923-59. 石川三四郎訳『労働者階級の政治的能力』春秋社1930・三浦精一訳三一書房1972，鎚田研一訳『財産とは何か』平凡社1931，延島英一訳『19世紀における革命の一般思想』平凡社1931，渡辺一訳『一般理念』中央公論社1967・陸井四郎・本田烈訳三一書房1971，小野重雄訳『労働権と財産権・連合主義論』社会思想研究会出版部1949，後藤修三訳『もし1815年の諸条約が存在しなくなれば』「イタリアにおける連邦と統一」『中京商学論叢』1964-67，長谷川進・江口幹訳『所有とは何か／連合の原理』三一書房1971，河野健二ほか訳『プルードン』平凡社1977，山本光久訳『革命家の告白』作品社2003〔文献〕手塚寿郎「プルードンを通して見たる交易に於ける社会主義的組織」『商業討究』1929.12，牧野英一「対立の変遷」『法律時報』1949.11(『人たちの言葉その折々』有斐閣1980)，ブーバー『もう一つの社会主義』(長谷川進訳)理想社1959(のち『ユートピアの途』と改題)，モリニエ，プーシュ『コンミューンの炬火 ブランキとプルードン』(浜野泰三訳)現代思潮社1963，ウドコック『アナキズムⅠ』(白井厚訳)紀伊國屋書店1968，長谷川進「プルードンと現代1-4」『黒の手帖』8-12号1969-71(『甦るプルードン』論創社1977)，サント・ブーブ『プルードン』(原幸雄訳)現代思潮社1970，河野健二編『プルードン研究』岩波書店1974，佐藤茂行『プルードン研究 相互主義と経済学』木鐸社1975，森川喜美雄『プルードンとマルクス』未来社1979，ピエール・アンサール『プルードンの社会学』(斎藤悦則訳)法大出版局1981，J.バンカール『プルードン 多元主義と自主管理Ⅰ・Ⅱ』(藤田勝次郎訳)未来社1982・84，河野健二『もう一つの社会主義』世界書院1987，藤田勝次郎『プルードンと現代』世界書院1993，住岡英毅『プルードンの教育思想』アカデミア出版会1995，ディラード「ケインズとプルードン」『自由経済研究』4号1996，森野栄一「プルードンの交換銀行論1-5」同11-21号1977-2002，奥沢邦成「プルードンの本邦初訳書について」『編集委ニュース』28号2003.2

古海 卓二 ふるみ・たくじ 1894(明27)3.3-1961(昭36)4.10 別名・清湖, 獏与太平 福岡県八幡市黒崎(現・北九州市八幡西区)生まれ。黒崎尋常高等小学校卒業後, 八幡製鉄に入社。15年関西日報(大阪)記者となり芸能界や演歌師の世界に近づく。オペラ脚本を手がけたのち上京。浅草オペラの石井漠, 伊庭孝らと交流。18年オペラ作家獏与太平として日本バンドマン一座を旗揚げ。19年アナキストを逆読みした喜歌劇「トスキナ」を上演。「犬猫刑事ノ類入ルベカラズ」の貼札がある楽屋は辻潤, 大杉栄, 近藤憲二らが出入りする自由の小天地になった。のち映画界に転身, しばしば経営陣と対立しながら多くの傾向映画をつくり監督としてメガフォンを握る。23年大杉の死に衝撃を受け葬儀に参列。29年山本宣治暗殺, 四・一六弾圧を契機にボルシェヴィキに転向。晩年は九州に帰り火野葦平らと出版社をおこすなど地方文化の振興につくす。25年ぶりに再会した浅草時代の旧友に「トスキナは三つ児の魂だよ」(高田保)と語ったという。(西村修)〔作品〕映画「邪魔魔道」阪妻プロ1927, 「日光の円蔵」右太プロ1929, 「旗本退屈男」同1930〔文献〕「映画に生きた古海卓二の追憶」同刊行会1962, 竹中労『日本映画縦断2』白川書院1975, 増井敬二『浅草オペラ物語』芸術現代社1990, 田中純一郎『日本映画発達史』中央公論社1957, 高田保『青春虚実』創元社1951, 三山喬「トスキナの唄」『波』2012.3-2013.3

古本 哲夫 ふるもと・てつお ?-? 1932年(昭7)犬養智, 鈴木勝らが組織した新興歌謡作家同盟に加盟し『新興歌謡』の同人となる。同年『アケボノ年刊詩集』(堀悌冶編, 曙詩社)に寄稿する。(冨板敦)〔文献〕松永伍一『日本農民詩史・中2』法大出版局1969

古谷 栄一 ふるや・えいいち ?-? 1914年(大3)『オイケン哲学の批難』を東京堂から刊行。西欧一辺倒の知識人には黙殺されるが『近代思想』(2巻10.11号1914.9)で大杉栄は「僕はまだ, 少なくとも日本人の書いたもので, これ程力強いそして底深い, メタフイジカル・スピリットの発現を見たことがない。…何人も此書を一読するの要がある」と評価。「日本のニーチェ」ともいわれた。25年『虚無思想研究』に「循環論証の新真理概要」などの文章を書く。辻潤は「この雑誌で古谷栄一君を紹介することを誇りとするものだ。日本にもかくの如くのすぐれたひとりの思想家があるといふことは実に気強い」と書いている。マルクス主義の台頭と付合するように古谷は日本主義を顕在化させる。27年「皇胤国家としての日本」を『日本及日本人』に発表。以後同誌に依拠して文章を書く。28年『唯物弁証法批判』を刊行。公理思想を不徹底とした「循環論証」と自我は宇宙のエネルギーが刹那的に収斂したものに過ぎないという「錯覚自我説」を駆使してマルクス主義を批判している。(大月健)〔著作〕『比喩的形象主義の世界文字論概要』私家版1925, 『循環論証の新世界観と錯覚自己説』第一書房1926, 『人間の自我は錯覚』春秋社1926, 「皇胤国家としての日本」『日本及日本人』1927.2, 『唯物弁証法批判』平凡社1928〔文献〕大月健「解説」『虚無思想研究』復刻版土佐出版社1986

ブレイク, ウイリアム Blake, William 1757(宝暦7)11.28-1827(文政10)8.12 イギリスの詩人, 彫刻家, 銅版画家, 挿絵画家。幼少期から絵の才能を示し彫刻や絵画を学び, 独学で詩作を学ぶ。1787年頃にレリーフ・エッチングの手法を発見し彩色印刷によって画とテクストを同じ版上で作った。以後, 『無垢の歌』(1789)などの数多くの詩集を出版し, 自ら挿絵を付して彫版と彩色を行う。1803年には兵隊と口論になり国家扇動行為を行ったとして裁判にかけられるも勝訴する。また特異な幻覚の持ち主であり「予言書」と称される作品群においては独特な象徴的神話体系を構築し, 神秘思想家ズヴェーデンボリの影響がみられるもおおむねキリスト教的な愛と赦しが謳われる。現実を超越した独自の神話的世界観をもち『フランス革命』(1791)などの作品では既成の宗教観, 結婚観, 政治体制にたいして痛烈な批判を行った。日本では, 1893年に山田美妙によって『万国人名辞書』(博文館)に「(六二)ぶれえく(William)」の項目が書かれ, 94年に大和田建樹によって初めてブレイクの詩「反響の野」(*The Ecchoing Green*)が訳される。大正期には柳宗悦が精力的に研究を行いブレイクの受容が活発に行われた。辻潤, 生田長江や生田春月なども翻訳を行っている。現代では大江健三郎が傾倒しイギリスのロックバンドなどに引用されてもおり, 今もな

お影響力を保っている。(山中千春)〔文献〕William Blake, *Blake : The Compete Poems*, ed. by W. H. Stevenson. 3rd edn, Harlow : Pearson/Longman, 2007, Peter Ackroyd, *Blake*, London : Sinclair-Stevenson, 1995, 松島正一『ブレイクの思想と近代日本 ブレイクを読む』北星堂2003, 佐藤光『柳宗悦とウィリアム・ブレイク 環流する「肯定の思想」』東京大学出版会2015

文　成勲　ぶん・せいくん　ムン・ソンフン　1898-?　別名・文原成勲　朝鮮平安宣川郡南三省洞生まれ。1929(昭4)年アナ系の極東労働組合の創立に参加、東京東興労働同盟でも活動し31年6月親日派との衝突で検挙される。32年朝鮮自由労働者組合の幹部となり江東橋紹介所登録労働者協力会を組織する。38年頃から官憲の弾圧により組織を解散させられていたが39年5月頃秘密に建進会を組織し、アナキストグループの組織化をはかったとして40年12月12人全員が検挙、文をはじめ李宗文、鄭甲辰、李宗植ら3人が治安維持法違反、爆発物取締罰則違反で起訴される。(堀内稔)〔文献〕『社会運動の状況4・5・13』、『特高月報』1943.11、『思想月報』107号1943

文　碩明　ぶん・せきめい　?-?　1919(大8)年朝鮮の釜山日報社文選科に勤め日本印刷工組合信友会(朝鮮支部)に加盟する。(冨板敦)〔文献〕『信友』1919年10月号

文　致満　ぶん・ちまん　ムン・チマン　1915(大4)-?　朝鮮全羅南道済洲島済洲邑健入里生まれ。普通学校を卒業する。33年2月職を求めて日本に渡り大阪で鋳物工となる。友人韓国東の誘いで全国自連関西金属産業労働組合に加入。35年末頃大阪府中河内郡高井田村(現・東大阪市)に居住中、無共党事件で検挙されるが不起訴。(冨板敦)〔文献〕『身上調書』

へ

碧　静江　へき・しずえ　1903(明36)1.15-1975(昭50)7.2　東京市麻布区(現・港区)に生まれる。高等女学校卒業。20歳頃から詩作を始める。26年6月『近代詩歌』に作品を発表。27年9月草野心平らの『銅鑼』12号から参加。28年7月宮嶋資夫、岡本潤らの『矛盾』創刊に参加。この頃保険勧誘員をする。29年4月伊藤信吉らの『学校』に寄稿。この頃旅館の仲居などで生計を立てる。30年1月26日無産婦人芸術連盟の結成に加わり、2月小野十三郎、秋山清らの『弾道』創刊に竹内てるよ、野村考子らと参加、3月『婦人戦線』創刊に参加し詩と職場ルポを発表、早稲田界隈の喫茶店のウエイトレス体験、新宿歌舞伎町にカフェー・モンマルトルの女給体験のルポがある。この頃小野と伊藤が陣中見舞いに店を訪ねている。『弾道』で知り合った金井新作と太平洋戦争前に結婚。新作の故郷沼津市に定住する。戦後66年頃から闘病生活に入り、75年夫新作にみとられて死没。生涯1冊の詩集ももたなかったが生前の静江自筆原稿を秋山が整理したものを下地に弟広の編集により詩集『青い地図』(私家版1990.6)が上梓された。(黒川洋)〔著作〕伊藤信吉編『学校詩集』同会刊1929、鈴木柳介編『アナキスト詩集』同出版部1929・復刻版戦旗復刻版刊行会1983〔文献〕秋山清『あるアナキズムの系譜』冬樹社1973・『アナキズム文学史』筑摩書房1975

別所　孝三　べっしょ・こうぞう　1909(明42)12.21-2004(平16)1.28　別名・苗村三郎、秋保孝　仙台市北3番丁生まれ。20年家業の倒産で台湾の台北市に移住。28年台北州立工業学校を中退して上京、通信講習所を終了後に日本橋郵便局の電信技手となった。プロレタリア文学に関心をもち新築地劇団や左翼劇場に通った。また労働運動でも同職場で組合結成に向け活動したが、組合結成はその動きを察知されて一斉検挙にあって主要メンバーとともに馘首された。その間『生活思想』の佐野甚造の協力で岩佐作太郎を招いて講演会を開催するなど座談会、研究会活動を展開した。その後秋保孝の名前で解放劇場に参加、日本染絨や東京ガスの争議支援の公演に出演、「クロンスタットの反逆」公演が警視庁の許可を得られずに劇団は自然解消となった。32年4月劇団仲間の草村欽治の求めで農青社の活動を援助、運動資金強奪事件で主要メンバー逮捕

後の鈴木靖之を支えて『農村青年』『黒色戦線』の編集発行、執筆に尽力した。32年叔母と共同で佐々木書林を始め36年5月農青社事件の全国一斉検挙で逮捕投獄された。38年3月保釈、7月召集されて南京に出征、40年兵役解除、43年満州に渡り牧場支配人、45年7月再召集されて瀋陽で入隊、敗戦後の11月班の全員とともに兵営を脱走した。46年6月引き揚げ後、脱走仲間たちと茨城県に土地（思想犯収容施設帝国更生会の跡地）を求め千勝開拓組合を設立し組合長となった。64年4月同県開拓者同盟書記長などを歴任。アナ連、麦社などに参加し72年農青社運動史刊行会同人となる。（奥沢邦成）〔著作〕詩「漁港」『平民新聞』54号1947.12.26,『敗戦前後』共働農場1984〔文献〕『資料農青社運動史』,『農青社事件資料集』,「無援の引揚帰農者」『平民新聞』7号1946.11.23

辺野喜 英長 べのき・えいちょう 1901（明34）-1946（昭21）6.13 別名・辺野木英蝶 沖縄県那覇区泉崎（現・那覇市壺屋）に生まれる。泉正重、伊是名朝義、上与那原朝敏、浦崎康華、城間康昌らとともに沖縄アナキスト壺屋グループと呼ばれたその中心メンバー。「壺屋グループは、（沖縄にもう一つあったアナキストグループ）糸満グループほど実践活動は活発ではなかった」（浦崎康華）。19年頃泊の宮城繁徳の家などで泉、浦崎、城田徳隆、城田徳明、城間、座安盛徳、比嘉栄らと『近代思想』『生の闘争』『労働運動の哲学』『民衆芸術論』『麵麭の略取』『相互扶助論』『革命家の思ひ出』などをテキストに研究会を行う。20年県立一中を卒業。中学時代には辺野木英蝶の筆名で新聞に短歌などを投稿する。21年沖縄初の社会主義団体庶民会に参加。また同年頃道路修繕屋の青年団が演説会を始め首里、那覇で、上与那原、城田徳隆、渡久地政憑らと「演説もらい」に行く。夫妻で上京し牛込区箪笥町（現・新宿区）に間借りしたこともある。37年那覇市真和志村助役に就任。戦時中は山原に疎開。45年11月10日米軍は陶器製造の先遣隊として壺屋に復帰を許した人々のための区役所を設置したがその戦後初代壺屋区長をつとめる。のち真和志村助役に就任。昼夜の激務に追われ病に倒れた。（冨板敦）〔文献〕浦崎康華『逆流の中で 近代沖縄社会運動史』沖縄タイムス社1977,『労働運動』3次2号1922.2

ヘミングウェイ、アーネスト Hemingway, Ernest 1899.7.21-1961.7.2 アメリカシカゴ市生まれ。第一次大戦で重傷を負い死の体験は人生観を変えた。「失われた世代」の生態と精神を活写した『日はまた昇る』(1926)で一躍有名になり『武器よさらば』(28)で作家の地位を確立した。簡潔な文体に独自の特徴がある。闘牛、釣り、猛獣狩り等を愛し『アフリカの緑の丘』(35)でアメリカ現代文学の起源は『ハックルベリー・フィンの冒険』にあると述べ世界中を旅した。反政治・反社会的姿勢を崩さず、いかなる政治も否定して個人的な関心を追求したがスペイン内乱では反ファシズムの立場をとる。『誰がために鐘は鳴る』(40)出版後、ハバナに転居。『老人と海』(52)でピュリッツァー賞、ノーベル文学賞受賞。4回結婚した。アフリカ旅行中に2度飛行機事故にあい、アイダホ州に移住するが神経衰弱に陥る。自殺未遂を繰り返したあげく愛用の猟銃で自死した。（大本泉）〔著作〕西崎憲編訳『ヘミングウェイ短篇集』ちくま文庫2010〔文献〕志賀勝代表『ヘミングウェイ研究』英宝社1954, 中島顕治『ヘミングウェイの考え方と生き方』弓書房1983

ベラルディ、フランコ （ビフォ） 1949- イタリアのボローニャで生まれる。1970年代にイタリアを中心として起こった学校・工場・街頭での自治権の確立を目指すアウトノミア運動でネグリなどともに活躍し、自由ラジオ局を開いた。ちなみにアウトノミア運動は労働者の自主管理制を主張するアナルコ・サンディカリズムを想起させるが、不安定な労働者（プレカリアート）の労働拒否という要素も含んでいる。その後ポスト構造主義の思想家ガタリやドゥルーズの影響の下で、今日の情報化社会と融合した資本主義を「記号資本主義」ととらえ、そこでの生産者を「コニタリアート」（認知能力と神経エネルギー以外に何も所有しない者）とした。したがって社会改革のための思索とともに精神病理学的分析が重視され、日本のひきこもりにも注目する。精神の自由を追求する姿勢が強く「noと言えることが、生きることへのyesの始まりだ」などという発言もみられる。（山田修）〔著作〕『NO FUTURE-イタリア・アウトノミア運動史』洛北出版2010,『プレカリアートの

詩-記号資本主義の精神病理学』河出書房新社2009

ベルクマン Berkman, Alexander 1870.11.21-1936.6.28 ロシアで裕福なユダヤ人の家庭に生まれる。父親がビジネス界での著名者であったために首都のペテルブルグに住むことを許される。しかし13歳の時父親が死没すると首都を追放，ほどなく母親も死没すると米国に渡る。87年シカゴでのヘイマーケット事件の首謀者たちの処刑後3カ月のことであった。この事件に刺激を受けてアナキストのヨハン・モストに近づき，やがて生涯の友となるエマ・ゴールドマンを知る。92年ピッツバーグ郊外のカーネギー製鉄所で争議中11人の労働者が殺害される事件が勃発，報復のため工場責任者ヘンリー・クレイ・フリックの殺害を試みたが失敗，92年から06年まで入獄。出獄後は社会正義を目的とする暴力を正当化する考えを放棄した。ゴールドマンの『マザー・アース』の刊行を助け，またスペインのアナキストのフェレルを追悼する近代学校の設立を援助した。11年*Prison Memoirs of an Anarchist*を刊行。16年カリフォルニアに向かい雑誌『ブラスト』を創刊する。第1次大戦が開始されるとゴールドマンらと徴兵制反対の運動を組織する。しかし米国の参戦により弾圧を受け逮捕され2年の刑を宣告された。出獄後の19年12月ゴールドマンらと革命ロシアへと希望を抱いて渡った。しかしすぐにボルシェヴィキ政権によるアナキストに対する弾圧に失望する。21年3月クロンシュタットの水兵たちへの弾圧によりロシアを出国する決意を固めストックホルム，ベルリンを経てフランスへと向かった。25年ロシアでの体験を踏まえて*The Bolshevik Myth*を執筆，ロシアでの革命が失敗であったことを説いて革命が暴力と独裁しかもたらしていないことを訴えた。スペイン革命の直前に病を得て自殺。日本との関係では06年出獄後に幸徳秋水との間に文通が交わされていて，そのことがマザー・アースグループの人たちによる大逆事件への抗議と支援活動につながっていったことが知られている。またベルクマンやゴールドマンたちの著述が大杉栄や伊藤野枝のロシア革命に対する批判のニュースソースになった。その一つでのちに翻訳されたものとして能智修弥訳『ロシア革命の批判』(自由書房1928)，小池英三訳『クロンシュタットの叛逆』(同1929)がある。(山泉進)〔著作〕安谷寛一訳『獄窓の花嫁』汎人社1930，『クロンシュタットの叛逆』麦社1969，岡田夫訳『ボリシェヴィキの神話』太平出版社1972，『アナキズムABC』改訂増補版・黒色戦線社1977，久田俊夫訳『アナキズムのABC1・2』杉山書店1981・82

ベルテロ Berthelot, Paul 1881.7.26-1910.11.2 別名・マルセロ・ヴェレマ Marcelo Verema フランス，ヨンヌ県オセール生まれ。父は有名な科学者，政治家のポール・ベール。庶子のため誕生時に同地のパン職人ポール・ベルテロが自分の嫡子にする。99年ランス高等学校在学中にエスペラントを徹底的に学びザメンホフからエスペランチストの名簿をもらいエスペラントの宣伝普及に熱心に取り組む。03年末カトリック信仰を捨ててフランス西国境に近い町セレでフランシスコ・フェレルの弟子となり，印刷屋で仕事をしながらエスペラント運動に取り組み，機関紙を自ら印刷したり，カタロニヤ民族主義に共鳴し支援したりする。彼の最初のエスペラント宣伝誌『カタロニアの希望』はカタロニア語を使っている。05年6月創刊の『エスペラント』は今日のUEA(世界エスペラント協会)の機関紙Esperantoとなる。06年第2回世界エスペラント大会準備のためスイスに赴き『社会評論』を編集発行。のちにエスペラントによる初の社会主義運動誌『国際社会評論』となる。大杉栄も寄稿したというこの雑誌の叢書第1号として『時の福音』が出されたのが12年，ベルテロの死の2年後で原著はフランス語。エスペラント訳はD.イワンスキー。13年早くも中国の師復がこれを『民声』に「平民之鐘」と題して中国語に翻訳連載。14(大3)年上海で師復の手伝いをしていた山鹿泰治も19年京都で日本語訳『平民の鐘』などを秘密出版し禁錮3年となる。29年地底社から公刊。『時の福音』の「時」は貧富総決算の時を意味しアナキズムのすぐれた入門書，宣伝書である。福音書の形式で「福音」は「ヤソくさい」ので師復と同じ書名にしたと山鹿は書いている。戦後の『平民新聞』に「時の福音」の題名でエスペラント和対訳が連載され『民衆の鐘』と改題して87年黒色戦線社から刊行。朝鮮では33年李允熙訳で『民衆の鐘』が出ている。

ベルテロは世界エスペラント大会後，ポルトガルを経てアルゼンチン，ウルグァイを旅し最後にブラジルの奥地でインディオと暮らしたが同地で死没。（平山忠敬）〔著作〕『仏エスペラント辞書』(共著)1903，『音韻論』1904〔文献〕*La Revuo*, 1911.7. *Esperanto*, 1975.6. *La Evangelio de la Horo*, Fonto Brazilo, 1990. 向井孝『山鹿泰治』自由思想社1984，玉川信明『中国の黒い旗』晶文社1981

ベルネリ，カミーロ Berneri, Camillo 1897.5.2-1937.5.5 イタリアのユダヤの家系に生まれる。初め社会党青年運動に入り士官学校在学中反戦平和を表明，追放。第一次大戦中16年頃からアナキストと自覚。戦後の活発なアナキズム再建過程に参加。ファシズムの進展する20年代にマラテスタ，ルイジ・ファブリに気鋭の若手として愛されつつロシア革命における国家と官僚制に直面した世代として，イタリアの先達やクロポトキンをも乗り越える現代的アナキズムを模索。自治体と労働組合を活動単位とする自治連合主義（コミュナリズム）を提唱（「コミュナリスト行動綱領のために」1926手稿）。他方フィレンツェ大学で歴史学を学び19年卒業。指導教授のサルヴェーミニを囲む知識人グループと反ファシズム地下運動を組織。26年高等学校哲学教授のベルネリはファシズムへの忠誠宣誓を拒否し妻ジョヴァンナと幼い二人の娘を連れフランスへ亡命。パリやブリュッセルで反ファシズム運動を展開。36年7月スペイン革命勃発直後にバルセロナに入りCNT(全国労働者連合)と接触，アラゴン戦線に向かうイタリア人義勇軍のためにアナキストをはじめとする諸派混成部隊を組織，CNTとFAI(イベリア・アナキスト連合)の義勇軍とともに戦闘に参加。政治と軍事の対立に苦しみつつ理論的思考を深め10月イタリア語で『階級闘争』を発刊(1937.11まで，全30号)。スペイン革命中に現れた最も洞察力ある新聞として，その明晰な批判は今日なお注目を集める。37年5月革命が軍事化・統制化に向かう嵐のなかでスターリニストにより暗殺された。（戸田三三冬）〔著作〕『スターリン・ロシアの労働者』(大沢正道訳)平民新聞社1952〔文献〕*Scritti scelti di Camillo Berneri: Pietrogrado 1917 Barcellona 1937, a cura di Pier Carlo Nasini e Alberto Sorti*, Sugar Editore, 1964.

Sartin, Max. *Berneri in Spagna, Cagliari*, Edizioni RL, rpt, 1938.

ベルネリ，マリー・ルイズ Berneri, Marie Louise 1918.3.1-1949.4.13 カミーロ・ベルネリの長女のマリー・ルイズ・ベルネリは激動的な国際反ファシズム運動のなかで成長しソルボンヌ大学で心理学を専攻，豊かな感性で父の志を受け継ぐ。37年9月ロンドンに渡り同志ヴァーノン・リチャーズ(1915-2001.12.10)と結婚，『スペインと世界』をともに編集刊行。スペインの孤児や亡命同志の救援に献身しスペイン革命の花と慕われる。この新聞は『レヴォルト』に引き継がれ，リチャーズらとともにイギリス・アナキズム運動の再建に向かう。第二次大戦中の39年11月新聞は反戦の『ウォー・コメンタリー』と名を変える。マリー・ルイズはイタリア語，フランス語，スペイン語，英語を駆使して海外の同志との連絡，演説，新聞の販売，集会の組織などグループの中心的存在として活躍。夫や同志の投獄後は戦争終了まで独力で新聞を支え45年『フリーダム』(1886-1932)再刊に引き継ぐ。心理学への関心も失わずライヒを紹介（「セクシュアリティと自由」ウッドコック編『ナウ』5号，江川允通訳『黒の手帖』9号）。48年末死産のあと49年4月ウイルス感染で急死。31歳の早すぎる喪失を惜しみマリー・ルイーズ・ベルネリ・メモリアル委員会が設立され『マリー・ルイズ・ベルネリ，1918-1949』(1949)，39-48年の論説集『東でも西でもなく』(1952)を刊行。50年刊行の『ユートピアの思想史』は，広汎な学識と語学力で権威主義的ユートピア思想を批判，アナキズム重要文献に数えられる（手塚宏一・広河隆一訳，太平出版社1972）。母ジョヴァンナは戦後イタリアのアナキズム再建に貢献。リチャーズの『マラテスタ 生涯と思想』(1965)はベルネリ夫妻とマリー・ルイズに捧げられている。（戸田三三冬）〔著作〕*Marie Luise Berneri 1918-1949*, Marie Louise Berneri Memorial Committee, 1949. 〔文献〕「ルイズ・ベルネリ逝く」『平民新聞』129号1949.8.22

ペロフスカヤ Perovskaya, Sofiya Livovna 1853.9.1-1881.4.3 貴族出身のロシアの革命家でペテルブルグ知事の娘。若くして出奔しナロードニキの革命運動に投じた。70年代初めに革命組織チャイコフスキー・グルー

プの結成に参加した。「人民のなかへ」の運動でサマラ，トゥヴェリなどの諸県を回って働きながら教師の資格を得た。74年に逮捕されたが裁判で無罪となるや獄中の革命家ムイシキンの奪回を試みた。さらに土地と自由結社に加わりまもなく再逮捕されて北のオロネツへ流刑される途次脱走した。79年秋にはテロ活動に傾きつつあった人民の意志派実行委員会メンバーとなり数次に及んでアレクサンドル2世暗殺の計画を準備し81年3月1日ついにその目的を達した。首謀者の一人ジェリャーボフの妻でありよき協力者であった。暗殺直後に身柄を拘束され女性としては史上初めて政治事件で絞首刑により処刑されるケースとなった。その勇気と責任感，強い意志力は裁判の席上で広く評判となり死後は後世の語りぐさとなった。日本でペロフスカヤの名が知られるようになったのは，ステプニアクの英語版を宮崎夢柳が訳した『虚無党実伝記・鬼啾啾』や1902年(明35)に出された煙山専太郎の『近世無政府主義』によってである。大逆事件の管野すがは「日本のペロフスカヤ」をもって任じていたし，刑死した古河力作の弟三樹松はペロフスカヤについて書いている。また同事件の中心的な人物たち，たとえば宮下太吉にしろ新村忠雄にしろアレクサンドル2世暗殺事件に多少なりとも影響を受けていた。その高潔な人格と献身的な自己犠牲とはステプニアクの名筆によっていささか悲劇の英雄とされた観がなくもないが，処刑前に母へあてた遺書とあいまってこの女性革命家が日本における社会運動にもたらした波紋は予想外に大きかった。（左近毅）〔文献〕古河三樹松『ペロフスカヤ』『自連新聞』32号1929.2，荒畑寒村『ロシア革命運動の曙』岩波書店1960，ステプニアク『地下ロシア』(佐野努訳)三一書房1970，ノーマッド『反逆の思想史』(磯谷武郎訳)太平出版社1972，和田あき子「ナロードニキ女性革命家」米川哲夫編『大地に生きる女たち』評論社1976，左近毅「皇帝暗殺者たちの遺骸」『えうゐ』8号1980.7

卞 栄宇　べん・えいう　ピョン・ヨンウ　1901-?　朝鮮慶尚南道陝川郡草渓面草渓里生まれ。朝鮮自由労働者組合や極東労働組合で呉宇泳らとともに活動する。29(昭4)年6月7日アナ系が共産党系学生団体の態度に反発しておこした学友会斬込事件に関係し，33年12月懲役3年執行猶予5年の判決を受ける。40年文成勲，李宗文らが秘密に結成した建達会の二重橋襲撃や日本銀行襲撃などの計画に加担したとして同年11月25日検挙される。（堀内稔）〔文献〕『社会運動の状況13』，『自連新聞』87号1933.12，『韓国アナキズム運動史』

辺見 伊左衛門　へんみ・いざえもん　?-?　日本印刷工組合信友会に加盟し1921(大10)年末頃，成章堂文選課に勤めていた。（冨板敦）〔文献〕『信友』1922年1月号

逸見 斧吉　へんみ・おのきち　1877(明10)12.18-1940(昭15)7.27　別名・斧丸　広島県賀茂郡四日市次郎丸村(現・東広島市)に生まれる。庄屋であった祖父は飢饉の際「その倉を開いて窮民をにぎわし，一族にも勧告してこれにならわしめた」という美談が残る。84年父勝誠は缶詰製造販売業逸見山陽堂を創業。斧吉は四日市小学校，広島英学校に学ぶ。86年両親姉弟とともに東京に移住。泰明小学校，府立一中を経て91年慶応義塾へ。20歳の頃異性との問題で心身に大打撃を受け00-02年渡米。03年受洗。同年塩谷菊枝と結婚。翌年父の死没により家業を相続する。堺利彦の『家庭雑誌』の読者であった斧吉はこの頃からしばしば平民社を訪れる。05年キリスト教社会主義を主旨とする木下尚江らの新紀元社創立に参加し会計を担当する。石川三四郎は「新紀元の事業を半ば同兄の助力によりて…継続し得た」と述べる。またこの時期から田中正造の人格と事業に深く傾倒する。栃木県下都賀郡谷中村(現・栃木市)の強制買収に反対する運動に加わり，谷中村救済会を組織し土地収用補償金不服を訴えた民事訴訟の原告の一人となる。この時知り合った嶋田宗三とはその後も深い交流が続く。07年一灯園西田天香を知り翌年には岡田虎二郎の静座に入門する。12年赤羽巌穴の獄死に際しては渡辺政太郎とともに遺体を引き取る。23年関東大震災においては救恤缶詰の配給などの仕事に従事。また以前より進めてきた東京缶詰同業組合が設立され副組合長に就任する。明治末から昭和初期にかけて『新紀元』『世界婦人』『ディナミック』などへの「金鵄ミルク」の広告掲載は運動を資金面でも支えた。求道的側面と社会運動の側面をもった実業家であり木下，田中，岡田らを尊敬し

ながらも理性的な見方を失わず「経済問題を閑却して一切は徒爾也」という現実感覚をもち続けた。山陽堂での社員教育、祭文に表れる社員への信義の深さ、戦時下の国民福祉への指導的配慮など、祖父以来の共同性から離れない姿勢は終生続いた。(山口晃)
〔著作〕『逸見斧吉遺稿 斧丸遺薫』私家版1941〔文献〕土肥昭夫「逸見斧吉のこと」『キリスト教社会問題研究』30号1982.1

逸見 菊枝 へんみ・きくえ 1885(明18)6.26-1942(昭17)2.19 旧姓・塩谷 東京市下谷区練塀町(現・台東区)に生まれる。生家の塩谷家は明治維新前は富山藩主前田家に仕えていたが維新後没落し、長女菊枝、二女婦美はともに東京で舞妓となる。逸見山陽堂の長男逸見斧吉は葭町の菊枝に出会い、00-02年渡米前に菊枝を晩香高等女学校の五島千代槌に預け行儀作法を習わせる。03年逸見家の反対にもかかわらず斧吉は菊枝と結婚、日本橋蠣殻町の逸見山陽堂の店の2階が新居であった。菊枝の妹婦美は山田耕筰の従兄大塚淳と結婚。斧吉・菊枝夫妻は堺利彦の『家庭雑誌』が仲立ちとなり木下尚江、安部磯雄、幸徳秋水、石川三四郎らを同人とする平民社をしばしば訪れよき理解者となる。菊枝は店員の寝具を自らつくり「虱の伯父さん」田中正造が上京した際には宿を提供し、使用人に任せず自らが田中の衣服を脱がせ洗濯などを引き受けた。08年まず菊枝が、そして夫婦で岡田虎二郎の静座に加わり自宅でも静座会を開く。40年斧吉死没。姪宮地橘子が編集の任にあたり石川が助け、菊枝は『斧丸遺薫』を41年に刊行する。翌年風邪をこじらせ死没。斧吉は書簡の末尾において「菊枝よりもよろしく申出候」と記すことが多かった。人々の間になごやかな雰囲気をつくりだす性質から、中村屋の相馬愛蔵は菊枝を「観音さま」と呼んだ。生前斧吉自身が菊枝についての思い出を記した日記は菊枝の死後棺に入れ埋葬された。菊枝は夫の後ろにいて決して前面に現れようとしなかったが逸見山陽堂のみならず、社会運動をも陰で静かに支えた女性であった。(山口晃)〔文献〕『逸見斧吉遺稿斧丸遺薫』私家版1941、石川三四郎「故逸見夫人の思い出」『山陽堂商報』39号1954.4、臼井吉見『安曇野』筑摩書房1973

逸見 吉三 へんみ・きちぞう 1903(明36)4.17-1981(昭56)3.6 別名・吉造 逸見直造の二男。宮本三郎は三男。直造が在米中に生まれたと推測される。大阪市南区水崎町(旧・大阪府西成郡今宮村、現・浪速区戎本町)に住み今宮村小学校に入る。一級下に小松亀代吉がいた。2年の頃恵美小学校に転校する。陰惨な事件の多発地帯だった旧今宮村が社会改革の目と心を早くから育てたと後年述懐している。14年10月創刊された『平民新聞』の大阪販売所を引き受けた父を手伝い新世界で立ち売り。15年武田伝次郎と父が開設した労働者無料法律相談所南支部が水崎町に置かれ、社会主義者や社会運動者の出入りが多く自然と「少年社会主義者」に成長する。18年8月大阪にいた大杉栄とともに父や岩出金次郎らと米騒動をみてまわる。21年5月借家人同盟の旗をもって大阪での第1回メーデーに参加。22年大串孝之助、石田正治らと関西自由労働組合を結成する。22年7月石田、大串、後藤謙太郎らの反軍ビラまき事件で戎署に検挙され半年近く拘留の末起訴猶予。23年1月和田久太郎を主任に労働運動社大阪支局が開設され大串、石田らと手伝う。2月支局は水崎町に移る。7月フランスから帰国した大杉を神戸で生島繁らと出迎え、8月上京して大杉が呼びかけたアナキスト同盟の集まりに列する。関東大震災に出会い帰阪。10月父が死没。12月生島、久保譲、坂谷寛一らとはかり大杉・伊藤野枝追悼会を開く。24年11月関西の自由連合派労組を結集した関西労働組合自由連合会結成大会で司会をつとめる。同月末福田雅太郎・正力松太郎暗殺未遂事件で坂谷と逮捕、京都刑務所に収監される。25年3月保釈。上告を重ね26年9月懲役1年となり豊多摩刑務所に入る。その間25年8月大串、石田らと文明批評社を設立、『祖国と自由』(4号まで)を創刊する。26年4月大阪刑務所北区支所の独房から死刑直前の中浜哲が送った序「門」を付して後藤謙太郎詩歌集『労働・放浪・監獄より』を刊行。5月には全国労働組合自由連合会結成大会に参加、関西自連大阪機械技工組合の代議員として経過報告を行い政治運動反対につき提案。大正天皇の死と昭和天皇の即位の大赦、特赦で27年3月出獄、4月関西自

連主催で押本和らとの合同出獄歓迎会が新世界で開かれる。6月大阪機械技工の書記に選出。南海電鉄争議支援，大阪アルミ争議交渉など忙しく飛び回りアルミ争議では押本とともに拘留2週間。10月大串，久保，中尾正義，平井貞二ら関西黒旗連盟有志と「水を割らない」アナキズムの新聞と銘打って『関西自由新聞』(4号まで)を創刊，江西一三らの『反政党運動』を厳しく批判する。発行所は水崎町。12月上京し全国自連第2回大会に出席，関西側大会報告起草委員(関東側は水沼熊)に選ばれる。28年3月続行された第2回大会にも出席，関西自連と加盟組合の報告を行ったが帰阪後大串らと純正アナ派への批判を強め6月関西黒旗連盟は黒連を脱退，関西自連も全国自連と絶縁する。8月『関西自由新聞』を『黒色運動』(2号まで)と改題，編集発行人となる。29年3月久保，白井新平らと「階級闘争を以て労働者階級解放の基調とす」などの綱領を掲げ大阪自由総合労働組合を結成し日本自協に参加する。30年8月自総大阪アルミ分会の争議を指導し37人の仲間とともに黒旗を押し立てて社長宅を占拠，全員検挙。建造物不法侵入に問われ31年9月懲役8カ月となる。この年3月バクニン書房をおこし『無政府主義運動』(5号まで)を発刊。32年出獄後，自連，自協の合同に向けて精力的に活動する。33年3月中尾とクロバ社をおこし思想文芸誌『黒馬車』を創刊，8月小野十三郎らと関西労働組合総連盟提唱の暴圧反対・反ファッショ同盟の常任委員になる。34年3月ようやく自連・自協の合同を決めた全国自連第4回大会で副議長に選ばれる。同年初め頃相沢尚夫から無産党への入党を勧誘され「意見が異なる」と拒否したが，11月検挙29日間拘留される。36年「大衆的に私たちの思想をうったえる余地もなくなった」と「運動から足をあらい，古本屋を開業」(「戦前大阪における社会運動の思い出」『大阪地方労働運動史研究』2号1959)。戦後，46年5月アナ連に参加し全国委員となり関西地協のまとめ役として活動する一方，産別会議にも総同盟にも所属しない労働組合の協議体である日本労働組合会議(英工舎，大阪製鎖，田辺製薬など)に食い込み全国自連の再生をめざす。48年日労会議第2回大会で三田村四郎の排除に成功，争議対策部長に就任する。書記長相沢，機関紙部長佐竹良雄で，福井陽三，江口渙ら若手も加わっていた。49年入江汎らが組織した東京無所属労働組合協議会(毎日新聞社，読売新聞社，三省堂，石川島造船など)と合同し全日労(全日本労働組合連盟)へと発展した。しかし自連再生の夢はかなわず50年総評に吸収されてしまう。同年5月アナ連第5回大会直後，久保，萩原晋太郎らとアナルコ・サンジカリスト・グループ(ASG)を結成し，機関紙『労働運動』を発行したが長くは続かなかった。69年大阪社会運動物故者をしのぶ会から『新過去帖覚書』を刊行するなど旧同志，旧友の発掘，顕彰につとめた。戦前，水崎町の家は大阪でのアナ系運動者の拠点となり逸見は「関西での自由連合系の中心でもあり象徴でもあった」(『大阪社会労働運動史』)ように戦後も関西アナ運動の中心的存在であった。(大澤正道)〔著作〕「旧今宮村の子供時代から」『小松亀代吉追悼叛逆頌』同刊行世話人会1972，『墓標なきアナキスト像』三一書房1976〔文献〕宮本三郎『水崎町の宿』3部作私家版1981-83，白井新平「関西アナーキストの源流」『大阪労働運動史研究』3・4号1981.8-12，『大阪社会労働運動史・上』

逸見 直造 へんみ・なおぞう 1877(明10)3.1-1923(大12)10.23 本名・直蔵 岡山県都窪郡早島村無津(現・早島町)に生まれる。大阪府西成郡今宮(現・大阪市浪速区)でランプの芯製造をしていた母美代のすすめで，99年単身渡米。カリフォルニア州でコック学校に入りパン職人となる。また農業労働者，安食堂の経営などをしながら太平洋沿岸を転々。IWW(世界産業労働者)などの社会運動を知るが，なかでも労働先駆者団の活動にひかれる。それは会員の誰かが解雇されたら抗議に押しかけ失業すれば助け合う，値段の高い肉屋には不買運動をおこすなど生活防衛のための自然発生的な労働運動だった。帰国後家業を引き継ぐ。09年家を処分し低家賃の長屋経営やアヒルの養殖をするが失敗。その後米国で知った長谷川市松と再会。12年頃大阪の日活恵美須館の宣伝企画担当であったことを利用し当館で社会主義者の演説会を始める。いつも赤い服を着ており「赤シャツのおっさん」として新世界では有名人だった。14年大杉栄らの

『平民新聞』の大阪販売所を請け負う。15年頃紙函屋を始め、武田伝次郎と労働者無料法律相談所を開設し南支部を大阪市南区水崎町(現・中央区)の自宅に置く。16年電灯料金返金運動をおこす。19年労働運動社に加わり自宅を労運社(大阪)南出張所とする。20年12月日本社会主義同盟に加盟。21年1月10日借家人同盟を結成(最盛期に会員数5000)。三田村四郎を発行人として『借家人新聞』を発行。2月14日中之島中央公会堂での借家人大会(参加者4000人)で暴漢に手鉤で襲われる。この事件で借家人同盟は名をあげ翌日天王寺公会堂の集会では裏山に1万人が集まり場内、場外各所で演説が行われる盛況だった。相談所開設後の水崎町の家には連日各地から運動者が訪ねてきて宿泊者、滞在者、寄食者がいつもいた。妻ならえと娘朝子(19年急逝)が1日に昼2升、夜2升の米を炊き、おかずをつくったという。これらの家計を支えたのは家業の紙函製造でもっぱら長男の真喜三、妻、娘と女工3人の働きによるものだった。22年5月10日『借家人同盟』を創刊、発行人となる。11月2日天王寺公会堂での関西失業者大会(参加者1000名)で司会をつとめる。この頃総同盟大阪連合会の野武士組野田律太らと提携していた(その後アナ・ボル対立で解消)。運動が盛んになるにつれ何度も検束されるが同年末横領・詐欺罪で初めて起訴され懲役6カ月となる(ともに起訴された小西武夫は懲役2カ月)。23年9月末出獄。10月23日裁判所からの帰途急逝。直造一家の「水崎町の宿」は直造死没後もアナキストの拠点として、27年廃業するまで多くの運動者の世話をし続けた。直造の生み出した生活者としての運動は現在の住民・市民運動の一つの源流といえる。逸見吉三は次男、宮本三郎は三男。(冨板敦)〔文献〕『労働運動』2次4・5号1921.2.20・3.7,3次14号1923.2、4次1号1923.12、『借家人新聞』4・5号1921.8・10、『借家人同盟』1号1922.5、同付録「借家人の戦術」、逸見吉三『墓標なきアナキスト像』三一書房1976、玉川しんめい・白井新平『住民運動の原像』JCA出版1978、宮本三郎『水崎町の宿』私家版1981・『水崎町の宿・PARTⅡ』同1982・『あいつは社会主義者や』同1983、『大阪社会労働運動史』、荒木伝『大阪社会運動の源流』東方出版1989

逸見 猶吉 へんみ・ゆうきち 1907(明40)9.9-1946(昭21)5.17 本名・大野四郎 栃木県下都賀郡谷中村下宮(現・栃木市)生まれ。足尾鉱毒問題で谷中村が廃村となり東京に移り住む。岩淵尋常高等小学校、暁星中学を経て31年早稲田大学卒業。中学時代から詩作に入り多くの回覧雑誌や同人雑誌をつくる。27年高橋新吉を訪問、以後佐藤春夫、草野心平、萩原恭次郎らと交流、翌28年「ウルトラマリン」を脱稿、逸見猶吉を名のり草野編集の詩誌『学校』に同連作を寄稿し注目を集める。以後『詩と詩論』『文学時代』『新詩論』『児童文学』『コスモス』などに詩、エッセイ、詩論、童話を発表。34年飯尾静と結婚し小石川に住む。35年5月草野、高橋、土方定一、尾形亀之助、岡崎清一郎、菱山修造、中原中也を同人として『歴程』を創刊し詩とエッセイを発表。37年日蘇通信社の新京(現・長春)駐在員として中国に渡り43年関東軍報道隊員として満州に派遣され、46年肺結核と栄養失調のため新京で死没。(奥沢邦成)〔著作〕『逸見猶吉詩集』十字屋書店1948、『定本逸見猶吉詩集』思潮社1966、『逸見猶吉の詩とエッセイと童話』落合書店1987〔文献〕菊地康雄『逸見猶吉ノォト』思潮社1967、尾崎寿一郎『逸見猶吉 ウルトラマリンの世界』私家版2004・『逸見猶吉 火檻褸篇』漉林書房2006

ほ

帆足 図南次 ほあし・となじ 1898(明31)2.16-1983(昭58)8.28 中津市に生まれる。1923(大12)年早稲田大学英文科を卒業後、27年10月から翌年6月まで加藤武雄、石川三四郎、犬田卯、白鳥省吾、黒島伝治、鑓田研一、中村星湖らが会員の農民文芸会に加わり『農民』の発行に協力した。『農民』は農村窮乏の現実に呼応して刊行され、農民の解放と自立、反ブルジョア、反都会文学を掲げた(1927.10-33.9)。戦後早大教授。(西山拓)〔著作〕『アイルランド文学の闘争過程』思想・教育研究所出版部1930、『イギリスの民主主義文学』淡路書房1956、『帆足万里』吉川弘文館1966〔文献〕犬田卯『日本農民文学史』農山漁村文化協会1958、『農

民』復刻版全5巻別冊1不二出版1990

ホイットマン Walt Whitman 1819.5.31-1892.3.26 ニューヨーク近郊の貧しい大工の息子として生まれる。小学校を11歳で中退し実社会に出る。これ以降さまざまな仕事に就くが同じ職場，同じ仕事は1年も続かなかった。31年ニューヨークに出て，新聞の植字見習い工となり，これ以降ほぼ20年間政治ジャーナリストの生活が続く。当時全米を沸した奴隷制問題をめぐって，民主党進歩派の立場から強烈に奴隷制反対の論陣を張る。55年7月「アメリカ詩の源流の1つ」といわれ，また「アメリカ最初の民主主義の詩」ともいわれた『草の葉』を刊行。初版は詩論と無題の12篇の詩が収録された95ページの詩集でそれには著者名が記されていない。また詩のテーマも従来の伝統的なものと異なり，人間の自由・独立・平等といったアメリカの民主主義の根幹を高らかに謳いあげたものだった。ところがこの『草の葉』は第2版(1856年)で増補，死の床で書いたといわれる第9版(1892年)へと続く。第9版は383篇の詩，438ページの大詩集である。こうして見ると詩人ホイットマンは，たった1冊の『草の葉』の増補改訂に生涯を捧げたことになる。その間アメリカ史上初の近代的な総力戦であり62万人の戦死者を出した南北戦争(1861-65)，リンカーン大統領の暗殺といった大事件と遭遇する。詩集の他には1871年南北戦争後のアメリカ社会に対する危機感に基づく政治評論『民主主義の展望』を刊行。民主主義の擁護のために政治的腐敗，金権主義，物質主義などをするどく批判・追及した。言葉の表現上の洗練さに専念する芸術至上主義を排除し，思想・精神を重視する「民衆詩人」ホイットマンは，はじめて詩人を日本に紹介した夏目漱石を筆頭に内村鑑三，野口米次郎，高村光太郎，有島武郎など，白樺派から民衆詩派にいたる多くの文学者や知識人たちに絶大な影響を与えた。(川成洋)〔著作〕酒本雅之訳『草の葉』全3巻岩波文庫1998，飯野友幸訳『俺にはアメリカの歌声が聴こえる 草の葉(抄)』光文社古典新訳文庫2007，木島始訳『ホイットマン詩集』岩波文庫1992〔文献〕亀井俊介『近代日本におけるホイットマンの運命』研究社1970，田中礼『ウォルト・ホイットマンの世界』南雲堂2005

方 漢相 ほう・かんそう パン・ハンサン 1900.8.23-1970.1.8 別名・晩翠，黒田義 朝鮮慶尚南道咸陽郡水東面花山里出身。23年(大12)5月早稲田大学を中退し帰国，家業の薬種商を手伝う一方大邱青年会の幹部として活動。24年ソウルに行き共産主義系思想団体北風会，火曜会などと接触し，朝鮮青年同盟や朝鮮労農総同盟などで活動した。25年7月全国民衆運動者大会禁止に伴う騒動で大邱の徐黒波，申哲洙らが検挙。一方大邱では人力車組合創立大会で禹海竜，朴一らが検束されたが，このとき方は共産主義系との共同闘争に疑問を感じ同年9月に徐東星らとアナキズム思想の研究団体として真友連盟を組織。同年11月同連盟の方針を受けて日本に渡り大阪，名古屋，東京で自我人社，黒友会，黒色青年連盟のメンバーと交流して連携を保つ一方，市ケ谷刑務所収監中の朴烈，金子文子に面会した。26年7月いわゆる真友連盟事件で関係者全員が検挙され同年8月25日13人が治安維持法違反で起訴された。方は27年7月5日大邱地方法院で懲役5年の判決を受け服役。(堀内稔)〔文献〕『韓国アナキズム運動史』

龐 人銓 ほう・じんせん パン・レンチュアン 1897.10.16-1922.1.17 別名・寿純(または受淳)，竜厂 中国湖南省湘潭県生まれ。13年長沙の甲種工業学校入学，17年同校を卒業して故郷に戻り織布工場に就職。一時兵士となり張敬尭追放運動に加わる。20年9月黄愛とともに甲工学友会を組織，同年11月これを基礎に湖南労工会を結成，労働者の啓蒙活動を行う。翌年3月労工会は湖南第一紗廠公有化闘争を開始。その後各種のストライキを指導。22年1月湖南第一紗廠で一時金要求のストライキが発生。会社側との交渉にあたったが黄愛とともに捕らえられ殺害される。労働運動に関わっていく過程で工読主義などさまざまな思想に触れなかでもアナキズムに強い関心を示した。しかしのちにはマルクス主義に傾き21年中国社会主義青年団に加入したといわれる。ただしこれには異論もあってアナキストとして生涯を終えたとする説もある。(嵯峨隆)〔文献〕『中共党史人物伝14』陝西人民出版社1984，『湖南労工会研究論文及資料』湖南人民出版社1986

傍嶋 豊三 ぼうしま・とよぞう ?-? 東京

市牛込区(現・新宿区)改代町に居住し神田神保町の山縣製本印刷整版部に勤める。1935(昭10)年1月13日整版部の工場閉鎖，全部員40名の解雇通告に伴い争議勃発。工場を占拠して闘い同月15日解雇手当4カ月，争議費用百円で解決する。山縣製本印刷は当時東京大学文学部の出入り業者であり，東印は34年5月以降，東印山縣分会を組織していた。(冨板敦)〔文献〕『山縣製本印刷株式会社争議解決報告書』東京印刷工組合1935,『自連新聞』97号1935.1，中島健蔵『回想の文学』平凡社1977

北條 成 ほうじょう・しげる ?-? 時事新報社に勤め東京の新聞社員で組織された革進会に加わり1919(大8)年8月の同盟ストに参加するが敗北。のち正進会に加盟。24年夏，木挽町(現・中央区銀座)正進会本部設立のために1円寄付する。(冨板敦)〔文献〕『革進会々報』1巻1号1919.8，正進会『同工諸君!! 寄附金芳名ビラ』1924.8

保谷 安之助 ほうや・やすのすけ ?-? 別名・保之助 1919(大8)年東京京橋区(現・中央区)の築地活版所漢字鋳造科に勤め活版印刷工組合信友会に加盟する。(冨板敦)〔文献〕『信友』1919年8・10月号

保苅 幸太郎 ほかり・こうたろう ?-? 1919(大8)年東京神田区(現・千代田区)の精芸出版合資会社に勤め活版印刷工組合信友会に加盟。のち小石川区(現・文京区)の江戸川活版所文選科に移る。(冨板敦)〔文献〕『信友』1919年8・10月号

朴 革命 ぼく・かくめい パク・ヒョンミョン ?-? 1929(昭4)年11月東京で開催された東興労働同盟芝部創立大会で書記をつとめる。(堀内稔)〔文献〕『自連新聞』42号1929.12

朴 基成 ぼく・きせい パク・ギソン 1907.6.1-? 別名・鷗陽軍，李守鉉 朝鮮忠清北道鎮川出身。24(大13)年東京に渡り鶏林荘に丁賛鎮，羅月煥，洪永祐らと同居しながら成城中学に通う。中学卒業後，洪永祐とともに自由青年連盟に加盟，アナキストとして活動する。30年帰国。31年7月青島から上海に亡命し，李何有らとともに南華韓人青年連盟の結成に加わる。32年有吉明公使暗殺未遂事件にも関わる。37年中国軍官学校を第11期生として卒業，39年10月重慶で羅月煥，李何有らと韓国青年戦地工作隊を組織し軍事長になる。工作隊は1年後には100人に成長し後方攪乱工作を行いまた青年訓練班を設置し幹部を養成する。41年9月光復軍が創立されると工作隊は光復軍第5支隊に改編されその分隊長になる。42年光復軍総司令部に転任し情報課長となる。(手塚登士雄)〔文献〕『韓国アナキズム運動史2前編・民族解放闘争』黒色救援会1978

朴 慶朝 ぼく・けいちょう パク・キョンジョ ?-? 1932(昭7)年頃愛知県で日本人を中心に結成された中部黒色一般労働者組合に参加して活動した。(堀内稔)〔文献〕『社会運動の状況4』

朴 春実 ぼく・しゅんじつ パク・チュンシル ?-? 東京における朝鮮東興労働同盟の中心的メンバー。1931(昭6)年7月の万宝山事件批判演説会では檄文を散布して検挙。32年8月同盟の神田事務所明け渡しをめぐり警官隊と乱闘を演じ同年11月懲役6カ月執行猶予2年の判決を受ける。33年頃には三河島を根拠とする同盟北部の幹部として活動する。(堀内稔)〔文献〕『自連新聞』61・75・76号1931.8・32.11・33.1，『社会運動の状況5』

朴 哲 ぼく・てつ パク・チョル ?-? 1933(昭8)年頃東京の東興労働同盟高田部の中心的メンバーとして活動。(堀内稔)〔文献〕『社会運動の状況5』

朴 東植 ぼく・とうしょく パク・ドンシク ?-? 東京の朝鮮自由労働者組合のメンバーで1929(昭4)年12月組合事務所で創立された極東労働組合に参加，33年3月の組合再編成で争議部員となる。(堀内稔)〔文献〕『特高月報』1933.8

朴 茫 ぼく・はん パク・プム 1900.11.13-? 朝鮮江原道襄陽郡西面長承里に生まれる。15年間島に逃れ延吉県竜井の明東中学で民族思想を学ぶ。19年江原道長箭で三・一運動の首謀者として懲役8カ月の判決を受けて服役。翌20年(大9)日本に渡って大阪の三一青年会に参加して独立啓蒙運動を展開中，警察署放火事件で拘留処分。軍資金確保を目的とした富豪からの財産強奪の嫌疑で青年会を追放される。25年京都で朝鮮労働同盟の常務に選任される。三重県虐殺事件の調査委員となり，在日朝鮮労働同盟の常務として東京に派遣される。親日団体の相愛会と数次にわたり流血の闘争を繰り広げた。27年東京で黒友会に加入し抗日反共

闘争を展開。(金明燮)

朴鳳甲 ぼく・ほうこう　パク・ボンカプ　?-?
1932(昭7)年頃東京の東興労働同盟高田部の中心的メンバーとして活動。(堀内稔)〔文献〕『社会運動の状況4』

朴鳳翔 ぼく・ほうしょう　パク・ボンサン　?-?
東京の朝鮮自由労働者組合のメンバー。1931(昭6)年4月麹町の職業紹介所をめぐる騒動で検挙される。(堀内稔)〔文献〕『自連新聞』57号1931.4

朴烈 ぼく・れつ　パク・ヨル　1902.2.3-1974.1.17　本名・朴準植　朝鮮慶尚北道聞慶郡麻城面梧泉里に生まれる。京城高等普通学校に入学後、18歳の時に三・一独立運動に参加、その経験から取り締まりの厳重な朝鮮では独立運動が効果的に行えないと判断し、19(大8)年学校を中退して渡日した。渡日後、新聞配達をはじめ種々の職業を転々とするなかでアナキズムに接し朝鮮苦学生同友会に参加、21年11月には金若水らと黒濤会を組織する一方、秘密結社の義拳団(のちに鉄拳団、血拳団)を組織して親日腐敗分子に対する直接行動を行った。22年4月金子文子と同棲、二人で人参行商などをしながら黒濤会の機関紙『黒濤』を発行するがアナ・ボル論争で黒濤会が解散してからは『太い(フテイ)鮮人』(のちに『現社会』と改題)を刊行、またアナキストの団体である黒友会を組織した。爆弾テロによる直接行動を第一義的に考え、裏面であらゆるつてを頼って爆弾を入手することに奔走する一方、23年4月には黒友会や蛍雪会(東京の朝鮮人苦学生会)のメンバーを中心にして不逞社を組織し活動した。23年9月関東大震災時、金子とともに保護検束され、東京地裁で治安警察法違反、爆発物取締罰則違反のかどで起訴、26年3月天皇暗殺をはかったとして大逆罪で死刑を宣告されるがすぐに「情状政策上」の恩赦で無期懲役となった。金子は同年7月栃木刑務所内で自殺。その後予審調室で二人が同席抱擁している写真が国家主義者らによって各方面に配布され野党立憲政友会、政友本党は当局の取り調べが手ぬるいとして若槻内閣の倒閣運動に利用した。38年3月獄中でアナキストから思想転向した玄永燮の『朝鮮人の進むべき道』を読まされ、所感として「朝鮮人の進むべき道は日本人になること」と書かされた。45年11月22年にわたる獄中生活を終え秋田刑務所を出所、46年1月新朝鮮建設同盟を結成し委員長、同年10月にこれを在日本朝鮮居留民団(民団)に改組し団長となる。49年民団6全大会で団長選挙に敗れて韓国に帰り李承晩政権の国務委員となる。50年朝鮮戦争時北朝鮮に連行されたのち南北平和統一委員会副委員長として活躍する。(堀内稔)〔文献〕『朴烈・金子文子裁判記録』黒色戦線社1977、布施辰治ほか『運命の勝利者朴烈』世紀書房1946・復刻版黒色戦線社1987、金一勉『朴烈』合同出版1973、『エス運動人名事典』

保坂弥之助 ほさか・やのすけ　?-?　1919(大8)年東京芝区(現・港区)の東洋印刷会社和文科に勤め日本印刷組合信友会に加盟する。(冨板敦)〔文献〕『信友』1919年8月号

星加正信 ほしか・まさのぶ　?-?　芝浦製作所に勤め芝浦労働組合に加盟し木工分区に所属。1925(大14)年11月28日、同労組の中央委員会で設置された婦人部の責任者となる。(冨板敦)〔文献〕『芝浦労働』3次2号1926.2

星野明男 ほしの・あきお　?-?　1919(大8)年東京牛込区(現・新宿区)の秀英舎(市ヶ谷)文選科に勤め活版印刷工組合信友会に加盟する。(冨板敦)〔文献〕『信友』1919年8月号

星野栄次郎 ほしの・えいじろう　?-?　別名・栄二郎　1919(大8)年大阪の欧文堂に勤め活版印刷工組合信友会(大阪支部)に加盟。のち大阪活版所に移る。(冨板敦)〔文献〕『信友』1919年8・10月号、1920年1月号

星野九一 ほしの・くいち　?-?　東京朝日新聞社に勤め東京の新聞社員で組織された革進会に加わり1919(大8)年8月の同盟ストに参加するが敗北。のち正進会に加盟。20年機関誌『正進』発行のために50銭寄付する。(冨板敦)〔文献〕『革進会々報』1巻1号1919.8、『正進』1巻1号1920.4

星野国太郎 ほしの・くにたろう　?-?　新聞工組合正進会に加盟し1924(大13)年夏、木挽町(現・中央区銀座)本部設立のために1円寄付する。(冨板敦)〔文献〕正進会『同工諸君!!寄附金芳名ビラ』1924.8

星野慶次郎 ほしの・けいじろう　?-?　1919(大8)年東京京橋区(現・中央区)の築地活版所欧文科に勤め活版印刷工組合信友会に加盟。同所同科の組合幹事を花沢雄一郎、伊

845

藤鉄次郎と担う。同年10月1日信友会の幹事会で機関紙『信友』に「婦人欄」を設けることを提案する（可決）。のち福音印刷社に移る。（冨板敦）〔文献〕『信友』1919年8・10月号，1921年1月号

星野　孝四郎　ほしの・こうしろう　?-?　新潟県に生まれる。足尾銅山鉱毒事件において渡良瀬川下流の栃木県下都賀郡谷中村（現・栃木市）の遊水池設置案が浮上した1905（明38）・06年頃，世論が冷めて少数になっていた抵抗者を支援するために菊地茂とともに谷中村に常駐した。07年6・7月に強制破壊が行われるまで青年修養会などを組織し国家の谷中村買収に抵抗した。また田中正造の活動を補佐し仮小屋で生活する残留民たちを支援した。星野の活動は菊地や嶋田宗三の著作に描かれている。また谷中村の問題を世間に知らせる目的で発行された荒畑寒村の処女作『谷中村滅亡史』（平民書房1907）には，運動家が次々と去っていくなかで星野が田中を支えて復旧のために尽力していることが記されている。（西山拓）〔文献〕嶋田宗三『田中正造翁余録・上』三一書房1972，菊地茂『谷中村問題と学生運動』早大出版部1977，『田中正造全集16-19』岩波書店1979・80，荒畑寒村『谷中村滅亡史』岩波文庫1999

星野　貞治　ほしの・さだじ　?-?　別名・貞次　国民新聞社に勤め東京の新聞社員で組織された革進会に加わり1919（大8）年8月の同盟ストに参加するが敗北。のち正進会に加盟。24年夏，木挽町（現・中央区銀座）正進会本部設立のために1円寄付する。（冨板敦）〔文献〕『革進会々報』1巻1号1919.8，正進会『同工諸君‼ 寄附金芳名ビラ』1924.8

星野　準二　ほしの・じゅんじ　1906（明39）10.28-1996（平8）5.3　別名・祐二　鹿児島県肝属郡垂水町（現・垂水市）生まれ。福山中学2年修了後，家出上京し薬局に勤めながら夜間開成中学に入学，中退する。24年大阪の内科薬局に勤め個人雑誌の発行を機縁に入江一郎，正木久雄，高橋和之らを知り，高橋の兄勝之から『文芸解放』『黒色青年』を教えられアナキズムに傾倒。27年再上京，12月入江らと『行動者』を発行。AC学連の鈴木靖之の来訪から学連の相沢尚夫，榎本桃太郎，藤島好夫，樋田道賢，平松義輝，二見敏雄らと交流する。28年4月『北極星』，10月『黒色文芸』を創刊。11月アナ系文学運動の新展開をはかり『二十世紀』『黒蜂』『黒色文芸』3誌の合同が成立，29年2月『黒色戦線』を創刊（純正アナ派とサンジカ派の対立で同年末7号で廃刊）。同月『無政府思想』も創刊する。30年1月相沢，遠藤斌らと純正アナの全国啓蒙誌『黒旗』を刊行。同年3月八木秋子の紹介で宮崎晃と会う。同年8月相沢，榎本らの新訳『パンの略取』を伏字なしで発行，即日発禁拘留29日。31年2月添田晋（宮崎晃）『農民に訴ふ』を発行，鈴木，宮崎，八木，望月治郎と農青社創設を決定，地理的自主分散自由連合組織の全村運動を始める。愛知県津島の真野志岐夫，横井憲蔵，大阪の田代儀三郎，李允熙，田原保雄，長野県富県村の伊庭八十吉，上諏訪の島津徳三郎，山田彰，松藤鉄三郎らと協議するなど各地に同志を訪ねた。同年8月15日東京中野野方町の宮崎のアジトで宮崎，田代，平松秀雄，金子広只と会う。この会合がのちに権力側から信州武装蜂起謀議（第2次農青社事件）とされる。32年4月運動資金事件（第1次農青社事件）で八木，望月，和佐田芳雄とともに逮捕，窃盗罪で入獄。34年1月出獄，名古屋に職を得る。35年8月植村諦から日本無共党のテーゼを送付され入党を勧誘されるが拒絶。同年11月11日同党の二見をかくまい長野市の田代のもとに逃亡させ同月23日無共党事件で検挙された。治安維持法違反，犯人蔵匿罪で起訴され37年4月第1審懲役3年6カ月，犯人蔵匿2カ月加重，未決通算200日，同年10月第2審懲役2年6カ月，蔵匿2カ月加重，未決通算240日の判決を受ける。72年『農青社運動史』刊行に参加，91年から『農青社事件資料集』の編集執筆にあたり，94年刊行を果たす。（冨板敦）〔文献〕『身上調書』，『農青社事件資料集』，『資料農村青年社運動史』，『黒色青年』19号1929.3

星野　昌司　ほしの・しょうじ　?-?　時事新報社に勤め東京の新聞社員で組織された革進会に加わり1919（大8）年8月の同盟ストに参加するが敗北。読売新聞社に移り正進会に加盟。20年機関誌『正進』発行のために1円寄付する。（冨板敦）〔文献〕『革進会々報』1巻1号1919.8，『正進』1巻1号1920.4

星野　善作　ほしの・ぜんさく　?-?　東京朝

日新聞社に勤め新聞工組合正進会に加わる。1920(大9)年機関誌『正進』発行のために50銭寄付。同年日本社会主義同盟に加盟する。(冨板敦)〔文献〕『正進』1巻1号・3巻8号1920.4・22.8

星野 知次郎 ほしの・ともじろう ?-? 1919(大8)年東京神田区(現・千代田区)の丸利印刷所に勤め日本印刷工組合信友会に加盟する。(冨板敦)〔文献〕『信友』1919年10月号

細井 角三郎 ほそい・かくさぶろう ?-? 別名・角二 芝浦製作所に勤め芝浦労働組合に加盟し板金分区に所属。1924(大13)年8月16日、日本電気争議団太子堂演説会に参加、同労組の金田吉政、村田喜三郎とともに応援弁士として登壇。同月26日、同労組の中央委員会で機関紙『芝浦労働』の定置編集員に大川平三とともに選ばれる。また9月27日には角八分区の中央委員に兼成藤吉とともに選出されさらに本部の中央委員に村田、沖田松三、黒川幸太郎、金田とともに選ばれる。25年5月1日第6回東京メーデーに参加、同労組を代表して演説。同月12日の中央委員会で出版部係となる。(冨板敦)〔文献〕『芝浦労働』2次1・2・7号1924.10・11・25・6、『印刷工連合』25号1925.6、小松隆二『企業別組合の生成』御茶の水書房1971

細井 肇 ほそい・はじめ 1896(明29)2.10-1934(昭9)10.19 別名・吼崖 福岡県京都郡行橋町に生れる。若いころ横須賀の郵便局で労働者として社会的に目覚めたようだが、生涯を新聞雑誌の記者として通した人物である。社会党に入党したり、朝鮮にわたり総督府雇や『朝鮮日日新聞』記者など転々として1911年9月に日本に帰った。大杉栄らの『近代思想』創刊号「消息」欄には、「久しく朝鮮に行つて居た細井吼崖は日本新聞に入つた」とある。『東京朝日新聞』の探訪記者のほか15年には大杉も何篇か寄稿している雑誌『政治及社会』の編集人、17年には編集・発行人として『労働と国家』を発行し8時間労働、労働組合組織化と普通選挙を主張している。1910年代大杉や堺利彦の周辺にいた人物であろう。その後、自由討究社を起こし各地を歩き朝鮮や中国研究の著書を多く残した。(大和田茂)〔著作〕『大亜遊記』成蹊堂1919〔文献〕『特別要視察人状勢一斑 第八』『続現代史資料1』みすず書房1984

細井 和喜蔵 ほそい・わきぞう 1897(明30)5.9-1925(大14)8.18 京都府与謝郡加悦町生まれ。小学5年で中退後、織物工場で働く。16年大阪に出て紡績工場で働きながら職工学校に通う。友愛会に入会して労働運動にも参加。20年上京し東京モスリン亀戸工場に就労、労働争議を経験する。22年から『種蒔く人』に小説「死と生と一緒」などを発表、23年6月陀田勘助、村松正俊、松本淳三らと詩誌『鎖』を創刊。女工として働く妻としをの収入に支えられながら『女工哀史』の執筆に打ち込む。関東大震災後は一時兵庫に逃れて執筆を続けた。翌24年上京、『改造』9-11月にその一部を発表し25年改造社から出版、好評を博する。しかし執筆による無理がたたって2カ月後に死没。東京青山墓地の解放運動無名戦士の碑の建設は、『女工哀史』の印税による。(奥沢邦成)〔著作〕『細井和喜蔵全集』全4巻・三一書房1955/56〔文献〕高井としを『わたしの「女工哀史」』草土文化1980、岡野幸江『自由人の軌跡』武蔵野書房1993、細井和喜蔵を顕彰する会『『女工哀史』から80年』あまのはしだて出版2007

細尾 繁 ほそお・しげる ⇨小倉敬介 おぐら・けいすけ

細川 喜久枝 ほそかわ・きくえ ?-? 1919(大8)年東京京橋区(現・中央区)の国文社に勤め日本印刷工組合信友会に加盟する。(冨板敦)〔文献〕『信友』1919年10月号

細川 清 ほそかわ・きよし ?-? 1919(大8)年東京神田区(現・千代田区)の丸利印刷所に勤め日本印刷工組合信友会に加盟。のち東京朝日新聞社に移り新聞工組合正進会に加わる。20年機関誌『正進』発行のために50銭寄付する。(冨板敦)〔文献〕『信友』1919年10月号、『正進』1巻1号1920.4

細川 基 ほそかわ・もとい 1907(明治40)10.16-? 長野県佐久郡平賀村(現・佐久市)に生まれる。24年赤穂農商学校を卒業後、八十二銀行に勤める。同年下伊那郡のニヒリスト詩人竹内浩と交流。25年青年連合会主催の弁論大会で「土地は誰のものか」を演説し、警察から戒告処分。26年加藤陸三、宮本直利らと黒貌社を結成、詩誌『黒い貌』(4号まで)を創刊し、自宅を事務所とする。29年詩集『悪童生誕』を上梓。30年8月詩誌『野良』(全35号1930.8-33.6)を創刊。31年農

民民謡に関わり竹内てるよ，鈴木勝らを知る。同年岡山の『鼇』にも寄稿する。32年移動式の農民学校「野良」の相談所を始める。33年長野県教育赤化事件に連座して留置され文学運動から離れる。同年民謡集『刺のある巣』を上梓するが発禁。65年八十二銀行を退職。87年詩誌『輪』創刊。（冨板敦，黒川洋）〔著作〕『悪童生誕』黒貌社1929，『刺のある巣』新興歌謡作家連盟1933，『寒卵』科野1949，『蟬』北書房1953，『落栗の道』紀元書房，『不潔祭』1984.6〔文献〕松永伍一『日本農民詩史・中2』法大出版局1969，古茂田信男ほか編『日本流行歌史・戦前編』社会思想社1981，村永美和子『詩人藤田文江』本多企画1996，詩誌『鼇』1-7号1932.2-6

細迫 郁三 ほそさこ・いくぞう ?-? 別名・田代武雄 佐賀県に住み1929（昭4）年中村吉次郎と『蜜蜂』を創刊する。31年創刊された定村比呂志の『鴉』（福岡県）に寄稿。32年中村，大分の斉藤英俊，佐々木義夫（砂丘浪三），福岡出身で在京の太谷秀水，山下一夫とともに定村宅を事務所として自由連合九州準備会を企てる。6月14日福岡市で中村，江木ルイ，森才一，佐藤一夫，青木朝夫，川村エマ子と会い機関紙の編集運営を決める。しかし細迫自身が佐賀消費組合の大衆動員の責任をとらされ2ヵ月間拘置されたのち病気になったことから準備会は不発に終わる。敗戦後佐賀県神崎郡神崎町で町長をつとめる。（冨板敦）〔文献〕松永伍一『日本農民詩史・中1』法大出版局1968

細田 民樹 ほそだ・たみき 1892（明25）1.27-1972（昭47）10.5 東京府南葛飾郡瑞穂村（現・江戸川区）生まれ。広島県立一中在学中から詩文の投稿に熱中。11年早稲田大学英文科に入学し『早稲田文学』13年7月号に掲載された「泥焔」が島村抱月，相馬御風らの好評を得る。トルストイの影響を強く受けた理想主義的人道主義に立ち以後中編作を発表して新人作家と目される。卒業と同時に15-18年の3年間広島騎兵第5連隊に入営し軍隊生活を経験する。この体験をもとに軍隊批判小説13編が構想され24年の『或兵卒の記録』に集約され大きな反響を呼んだ。27年『文芸戦線』に参加，また労農芸術家連盟に加わるが分裂後は日本プロレタリア作家同盟に参加。32年コップ弾圧で検挙。昭和期の作品では朴烈事件で逮捕された金子文子の手記に取材した「黒の死刑女囚」（『中央公論』1929.12）や「真理の春」（前編『東京朝日新聞』1930.1.27-31.2.1，後編『中央公論』1931.1-11）が代表作。戦後は注目すべき作品がない。（奥沢邦成）〔著作〕『或兵卒の記録』改造社1924〔文献〕北原武夫「『真理の春』を読む」『三田文学』1930.9

細田 東洋男 ほそだ・とよお 1895（明28）-? 別名・東小羊 1921（大10）年6月『現代詩歌』に東小羊名で同人となる。24年7月『途上に現はるもの』（百田宗治編）に秋山清，斎藤峻らと参加。24年11月谷昇（小林一郎），秋山，斎藤らと『詩戦行』を創刊，発行者となる。「未来派宣言」を著わした平戸廉吉と親交を持ち前衛的な作品を発表。『詩戦行』の25年4月号は細田の特集が秋山の手で編まれた。他に『炬火』『世界詩人』『詩文学』に寄稿した。詩作を断った後，34（昭9）年7月22日大本教昭和神聖会発足大会に姿を見せる。35年12月8日第二次大本教事件一斉検挙時に幹部遊説員として検束（35年12月9日『朝日新聞』朝刊）される。以後不詳。（黒川洋）〔著作〕詩集『紫閃光』（『詩戦行』）青赤黒社1925〔文献〕秋山清『昼夜なく』筑摩書房1986，『現代詩誌総覧2』日外アソシエーツ1997，『大本史料集成2』1982

細野 政次郎 ほその・まさじろう ?-? 新聞工組合正進会に加盟し1924（大13）年夏，木挽町（現・中央区銀座）本部設立のために1円寄付する。（冨板敦）〔文献〕正進会『同工諸君!!寄附金芳名ビラ』1924.8

細谷 吉四郎 ほそや・きちしろう ?-? 1919（大8）年東京神田区（現・千代田区）の丸利印刷所に勤め日本印刷工組合信友会に加盟。のち神田共栄舎和文科に移る。（冨板敦）〔文献〕『信友』1919年10・12月号

穂曾谷 秀雄 ほそや・ひでお 1908（明41）-2000（平12）1.30 別名・細谷 東京府荏原郡大井町（現・品川区）の時計屋に生まれる。29年1月西村陽吉がアナキズムの立場を明確にして創刊した第3次『芸術と自由』に加わる。31年4月『芸術と自由』が廃刊になるとそれを受け継いで33年10月尾村幸三郎，新井冨士重，長谷川央，中村次伴らと『主情派』を創刊する。主情派グループは銀座の喫茶店きゅうぺるの2階で集まりをもちそこで木原実と知り合う。「穂曾谷は，荷風ばりのほっそりした身柄で，その着流しにはい

かにも叙情詩人の風格があって田舎出の少年にはひどく大人のようにみえて近づけなかった」と木原は回想する。34年『主情派』廃刊後，同人たちと『動脈』を創刊。藤井福寿，西山勇太郎らの『詩歌文学』にも参加している。64年尾村と『芸術と自由』を再刊した。（冨板敦）〔著作〕『泣くな胸』謠文堂書店1935,『里ごころ』（藤木寿と共著）謠文堂1938,『寒い暦』詩歌文学懇話会1971,『短歌的自伝』短歌公論社1982,『穂曾谷秀雄私的短歌考』芸術と自由社1986,『たちばなし』工房エイト1991,『穂曾谷秀雄昭和新短歌』芸術と自由社1991,『穂曾谷秀雄青春挽歌』同1993〔文献〕木原実「アナキズム短歌の流れ」『本の手帖』1968.8・9，中野嘉一『新短歌の歴史』昭森社1967,斉藤英子『啄木と西村陽吉』短歌新聞社1993，小倉三郎『私の短歌履歴書』ながらみ書房1995

堀田　幸一　ほった・こういち　1905（明38）-？　岐阜県養老郡下多度村津屋（現・養老町）生まれ。中学を1年で中退し上京して各所で働く。23年の大杉栄虐殺事件で政府への反感をもつ。25年頃大杉の『自叙伝』『相互扶助論』などを購読してアナキズムに共鳴した。その頃から『朝日新聞』などの印刷工となり30年6月東京印刷工組合に加入。33年秋山清の依頼で岡本潤『罰当たりは生きてゐる』（解放文化連盟）を発禁・押収前に500部のうち100部を印刷所から移す。34年東印の協議委員となった。35年梅本英三から無共党への入党を誘われるが入党せずシンパとなることを承諾し同党の闘士養成研究会に何度か参加した。同年末頃無共党事件で検挙されるが不起訴。（冨板敦）〔文献〕『身上調書』，秋山清『発禁詩集』潮文社1970,『無共党事件判決』

堀田　正一　ほった・しょういち　1903（明36）3.24-？　別名・昇一　熊本県天草郡生れ。村上義博らの野蛮人社を経て28年1月結成のAC労働者連盟，次いで同年4月に結成された黒色自由労働者組合に参加した。堀田はそのなかで「日常闘争」「階級闘争」への志向をもちつつ活動した。文学青年でもありボルシェビキ陣営に移ってのちプロレタリア文学作家として活動した。36年武田麟太郎が主宰した人民文庫に加わり10月25日東京新宿で開かれた同文庫の徳田秋声研究会で逮捕。人民文庫廃刊後，雑誌『槐』（1938.6-39.11）の創刊同人となる。戦後は新日本文学会員。（植本展弘）〔著作〕『社会主義入門』紅玉堂1930,『奴隷市場』中外書房1932〔文献〕横倉辰次「黒色自由労働者組合とAC労働者連盟の思い出」『労働と解放』4号1967.9

堀田　正夫　ほった・まさお　？-？　1919（大8）年東京京橋区（現・中央区）の築地活版所校正科に勤め活版印刷工組合信友会に加盟。同所同科の組合幹事を担う。ただし同年10月頃は病休中だった。（冨板敦）〔文献〕『信友』1919年8・10月号

堀田　正躬　ほった・まさみ　？-？　1919（大8）年東京京橋区（現・中央区）の築地活版所文選科に勤め日本印刷工組合信友会に加盟する。（冨板敦）〔文献〕『信友』1919年10月号

堀　熊吉　ほり・くまきち　？-？　1919（大8）年横浜の福音印刷合資会社に勤め横浜欧文技術工組合に加盟して活動。同組合設立基本金として1円寄付する。のち横浜のジャパン・ガゼット社新聞課に移る。（冨板敦）〔文献〕『信友』1919年8・10月号，1920年1月号

保利　増己　ほり・ますみ　？-？　芝浦製作所に勤め芝浦労働組合に加盟し鋳物分区に所属。1925（大14）年7月25日，同労組の中央委員会で家庭用具分区の荒井とともに常置委員に推薦される。同年11月28日の中央委員会で設置された財政部の責任者となる。26年1月から刊行された第3次『芝浦労働』の発行兼編集人を担う。27年5月5日に開かれた芝浦労働組合昭和2年度定期大会では議長を務める。29年11月16日芝浦会館で開かれた芝浦労働組合昭和4年度大会に参加し鋳物分区の経過報告をする。（冨板敦）〔文献〕『芝浦労働』2次8号1925.9, 3次1・2・15・33号1926.1・2・27.6・29.12

堀　保子　ほり・やすこ　1883（明16）-1924（大13）3.17　旧名・大杉やす　茨城県下館町（現・筑西市）に生まれる。兄は新聞記者の堀紫山，姉は堺利彦の先妻美知子。05年頃から堺の由分社で『家庭雑誌』を手伝う。由分社に出入りしていた大杉栄の熱烈なプロポーズに負け06年8月結婚する。深尾韶との婚約を破棄したともいわれる。堺から『家庭雑誌』を譲り受け広告，営業にあたる（07年6月まで）が07年5月大杉が巣鴨監獄に入獄，以来10年11月千葉監獄を出獄するまで入・出獄を繰り返す大杉への差し入れや大杉の6人の弟妹の世話に明け暮れる。11年9月肺結核を病み鎌倉の恵風園医院に入院。12年10月発足した近代思想社の広告，営業を引

き受け13年7月から15年末まで大久保百人町などの自宅で開かれたサンジカリズム研究会や平民講演会の裏方をつとめる。16年大杉の恋愛事件に巻き込まれ3月大杉と別居，四谷南伊賀町に移る。12月山崎今朝弥弁護士の調停で2年間月20円の生活費を受けることで離婚に同意。17年1月『新社会』に「私事此度いよいよ大杉栄氏と従来の関係を絶ちましたので，是まで何かと御心配された方々に対し，取あえず，御報知申し上げます」と広告を出す。18年5月友人の応援を得て『あざみ』を発刊（4号まで）。23年大杉らの死後に発表した「小児のやうな男」（『改造』1923.11）で「よく『アナタが子供を生めば僕は家にゐて守をする』といつてゐたことまで思ひだされた」と書いている。翌年3月大杉のあとを追うように腎臓炎で死没。
（大澤正道）〔文献〕大澤正道『大杉栄研究』法大出版局1971，鎌田慧『大杉栄 自由への疾走』岩波書店1997，河原彩「堀保子小論」『総合女性史研究』17号2000.3，大澤正道「大杉栄研究拾遺」・「堀保子・伊藤野枝・神近市子資料」『初期社会主義研究』15号2002.12

堀　良次　ほり・りょうじ　1893（明26）1.11-?のち佐野姓。島根県松江市中原に生まれる。上京し荏原郡平塚村（現・品川区）役場に書記として勤め1920（大9）年日本社会主義同盟に加盟。また，自由人連盟に加盟したことから，21年警視庁の思想要注意人とされる。同郡平塚村戸越（現・品川区戸越）に住み同年佐野姓に変わる。（冨板敦）〔文献〕『警視庁思想要注意人名簿（大正10年度）』

堀井　幸次郎　ほりい・こうじろう　?-?　東京市荒川区町屋に居住し神田神保町の山縣製本印刷整版部に勤める。1935（昭10）年1月13日整版部の工場閉鎖，全部員40名の解雇通告に伴い争議勃発。工場を占拠して闘い同月15日解雇手当4カ月，争議費用百円で解決する。山縣製本印刷は当時東京大学文学部の出入り業者であり，東印は34年5月以降，東印山縣分会を組織していた。（冨板敦）〔文献〕『山縣製本印刷株式会社争議解決報告書』東京印刷工組合1935，『自連新聞』97号1935.1，中島健蔵『回想の文学』平凡社1977

堀井　梁歩　ほりい・りょうほ　1887（明20）10.15-1938（昭13）9.13　本名・金太郎，別名・金太，金，梁歩吟客，平歩散人，弧歩生　秋田県河辺郡仁井田村福島（現・秋田市仁井田区）生まれ。家は大百姓で姉妹のなかの一人息子としてわがままに育てられた。本名のとおり相撲が好きであったという。06年秋田中学から一高英法科へ（弁論部の緑会に入会，芦田均や鶴見祐輔らもいた）。秋田中学時代に青柳有美から英語や倫理を学んだ影響でカーライルを読みふけりドストエフスキーも読む。同級生に生涯の親友椎名其二がいる。一高時代に田中正造，木下尚江に傾倒，内村鑑三，徳冨蘆花を訪ねトルストイ，ツルゲーネフ，エマソン，ホイットマン，ソローらを読む。校長新渡戸稲造が去ったのち軍事教練を抜け出すなどし07年一高を退学。同年帰郷し農業や小学校の代用教員をした。08年1年志願兵として弘前52連隊に入営，仮病などを使うので医務室上等兵という称号をもらった。09年歩兵伍長で除隊。同年村役場の耕地整理組合関係事務の書記をする。10年静岡県稲取，翌年北海道陸別の関農場での見習実習後，12年門司から英国経由で13年渡米。この間旅行記「波の上より」を『秋田魁新報』に寄稿。ミズーリ州立大学農科に入学。15年帰国。渡辺ツネと結婚。文芸誌『筆と鍬』を創刊，自ら梁歩と雅号を定めた。一時東京青山に借家住まいをする。16年処女作『土の精』（第三帝国社のち大精社）を刊行。同年雄物川の河川敷に大野農園を開きのち埋立田圃造成に取り組んだが失敗（30年農場閉鎖）。20年単身渡米，父急死で帰国。農民の兄弟愛運動を提唱，21年には『農民文化』の主筆を務め，「農としての徹底境」（10号）や「勞働のなごみ」（11号）の論説を担当。2巻1号「農民文化に就いて」2巻3号「再び農民文化に就いて」を執筆。23年農民ホールを開設し実践運動へ。『農民館報』を発行し消費組合を説いた。汎農民同盟を設立。26年『農民新生への道』（平凡社），『大道無学』（同，巻頭にホイットマンの「大道」訳詩を掲げる）を刊行。農民新生運動の理念はのち秋田消費組合や秋田医療組合が具体化した。29年から月刊誌『大道』を発行，ホイットマンの『草の葉』の訳詩などを連載。同年月刊研究雑誌『ブレイクとホヰットマン』（同文館）刊行の趣意書を柳宗悦と寿岳文章の連名で発表し翌年から2年間発行，執筆陣に加わった。この間

28年上京し, 蘆花死後の『全集』刊行に第19巻「偶感偶想篇」を中心に協力する。後閑林平, 石川三四郎, 江渡狄嶺, 沖野岩三郎らと交友。上高井戸時代は鶏を飼い卵や納豆売りで生計をたてた(実労働は妻ツネ)。29年円地与志松の『社会及国家』の編集を手伝い「野人素郎伝」を連載。31年『草の葉』(春秋社, 春秋社松柏館1946)を出す。32年群馬出身で秋田の金曜会にいた加藤襄の招きで朝鮮京城郊外の新村へ一家ともども移住, 養鶏業を営んだ。朝鮮平沢の農村青年を指導, 柳沢七郎と知り合う。朝鮮で34年子供二人を続いて35年妻ツネを亡くした。仏書特に禅書を読みふける。同年帰国して上京, 妻子の遺骨を江渡方の可愛御堂に預けた。「野人素郎伝」を整理編集して『野人ソロー』(不二屋書房1935)を刊行, 宮崎安右衛門とも親交。武蔵野の森林に住みソローを敬愛しホイットマンに私淑する翻訳家として「自己の歌」を『草の葉』と題して翻訳。江渡宅で見つけたウマル・ハイヤームのルバイヤートを読みフィッツジェラルドの英訳本を翻訳, 36年『波其斤古詩・留盃邪土』を自費出版した。同年京城清和園で「ルバイヤートの夕」が催される。6月脳溢血で倒れる。9月京城総督府の図書館に嘱託勤務する。37年ロンドンのルバイヤート学者ポーターと数次文通。図書館を辞任。38年健康すぐれず, 日記風の雑録断片を残す(朝鮮における記録はほとんど現存しない)。同年『異本ルバイヤット』2冊を自費出版, 4月第2回「ルバイヤットの夕」(京城天香閣)がもたれる。同月江原道蘭谷機械農場へ旅行。6月から病重く7月胃癌の宣告を受ける。死の前にジョッキ1杯のビールを飲んで息を引き取りさすが梁歩だと皆が感心したという。現・大韓民国のソウル特別市にあたる京城で没し当日すぐ茶毘に付して翌14日曹渓寺で告別式が営まれ秋田帰郷。10月菩提寺秋田市万応寺で葬儀が行われ妻子の遺骨とともに秋田市金照寺山堀井家墓地に埋葬される。「自己を欺かず, その天真を傷はざる人間」(安部能成)といわれた高潔な心情と爽風のような純真な誠心の生涯であった。(北村信隆)〔著作〕「町と村との聯係(一)(二)」『秋田魁新報』1926.4.22・23, 『大道』1-13号1926.7-31.3, 〈詩〉「トルスタヤ女史を送る」『光へ』1931.7,「山の中で千圓拾った話」「龍田丸にて〈書信〉」トルスタヤ女史の書信・訳文「光へ」1931.9, 復刻版緑蔭書房1991, 『ルバイヤット』(訳)叢園社1972, 『異本ルバイヤット』(訳)同1978〔文献〕柳沢七郎編著『堀井梁歩の面影』いづみ苑1965, 相場信太郎編『追悼集梁歩の横顔』土筆社1940, 特輯号『梁歩の思い出』『社会及国家』1924, 「或る百姓の話」『関西自由新聞』1号1927.10, 松永伍一編『日本農民詩史・上巻』法政大学出版局1967, 蛭川譲『パリに死す』藤原書店1996

堀江 磯吉 ほりえ・いそきち 1904(明37)10.16-1978(昭53)10.28 茨城県猿島郡古河町(現・古河市)生まれ。小学校卒業後東京へ奉公に出る。植字工として関東出版産業労働組合に加わり豊隆社分会のキャップとして活動する。36年8月山口健助らと東京印刷工組合の再建に尽力。財政部を担い同志から「オヤジ」と慕われていた。(冨板敦)〔著作〕「山口君の思い出」山口一枝編『篝火草』私家版1977〔文献〕山口健助『風雪を越えて』印友会本部1970・『青春無頼』私家版1982

堀江 末男 ほりえ・すえお 1910(明43)-? 大阪府北河内郡寝屋川村(現・寝屋川市)生まれ。28年頃京阪電気鉄道に勤務。職場で『開墾者』を創刊。33年小野十三郎らの『順風』の同人となる。以後『無風地帯』『詩行動』『文学通信』などに拠る。戦後は『コスモス』に参加。戦前に詩集『苦悩』, 小説『日記』, 戦後に詩集『おかん』などがある。(黒川洋)〔文献〕『身上department』, 松永伍一『日本農民詩史』法大出版会1969

堀尾 寅吉 ほりお・とらきち 1897(明30)1.3-? 静岡県浜名郡浜松町福地町(現・浜松市)に生まれる。1922年磐田郡二俣町吾妻町(現・浜松市)に転住。草履製造業に従事する。24年5月二俣水平社を組織し25年2月吾妻町大正座で二俣水平社創立大会を開き代表となる。7月消防や祭典から被差別部落の者を排除してきた差別に対して糾弾, 加入を実現する。(冨板敦)〔文献〕『自由新聞』3号1925.8, 秋定嘉和・西田秀秋編『水平社運動1920年代』神戸部落史研究会1970

堀川 清 ほりかわ・きよし ?-? 別名・久 1922(大11)年7月岡山連隊に反軍ビラがまかれた過激思想軍隊宣伝事件に連座してプロレタリア社同人の坂野八郎・良三兄弟, 椿大次郎, 野中俊鱗と検挙され拘留20日となる。8月中浜哲, 坂野兄弟らと自由労働者同盟を結成する。(冨板敦)〔文献〕『労働運動』3

次7号1922.9

堀切 利高 ほりきり・としたか 1924(大13)10.19-2012(平24)12.16 東京・浅草区に生れる。早稲田大学理工学部卒後，法政大学文学部も卒業。東京都立高校教員の傍ら日本近代文学・初期社会主義を研究する。荒畑寒村研究の第一人者であり晩年の寒村をしばしば自宅に招き家族ぐるみで親交，寒村に関する文献は多数。また『伊藤野枝全集』(学藝書林2000)や『大杉栄全集』(ぱる出版2016)刊行にも尽力する。寒村会会員，『荒畑寒村著作集』(平凡社1977)編集委員，初期社会主義研究会・平民社資料センター代表，弘隆社代表，日本社会文学会設立発起人などを歴任した。(大和田茂)〔著作〕『夢を食う 素描荒畑寒村』不二出版1993,『浅草東仲町五番地』論創社2003〔文献〕『堀切利高追悼文集』ぱる出版2013

堀口 源松 ほりぐち・げんしょう ?-? 1919(大8)年東京芝区(現・港区)の東洋印刷会社欧文科に勤め活版印刷工組合信友会に加盟。のち京橋区(現・中央区)の文祥堂印刷所欧文科を経て研究社，またジャパンタイムス＆メール社に移る。(冨板敦)〔文献〕『信友』1919年8・10月号，1922年1月号

堀口 保国 ほりぐち・やすくに ?-? 芝浦製作所に勤め芝浦労働組合に加盟し工具分区に所属。1923(大12)年『芝浦労働』(1次6号)に「即時決行しやうではないか」を執筆する。(冨板敦)〔文献〕『芝浦労働』1次6号1923.7

堀越 佐一 ほりこし・さいち ?-? 1919(大8)年朝鮮の釜山日報社和文科に勤め日本印刷工組合信友会(朝鮮支部)に加盟。同年9月24日自宅で支部会を開き，支部長に梅若武一郎，幹事に青沼晃と今仲宗治を選出する。(冨板敦)〔文献〕『信友』1919年10月号

堀越 藤蔵 ほりこし・とうぞう ?-? 1919(大8)年東京京橋区(現・中央区)の築地活版所漢字鋳造科に勤め日本印刷工組合信友会に加盟する。(冨板敦)〔文献〕『信友』1919年10月号

ボールドウィン Baldwin, Roger Nash 1884.1.24-1981.8.26 革製品製造業者として数社を経営するフランク・フエノ・ボールドウィンとルーシー・カシング・ナッシュの息子として，米国マサチューセッツ州ウェルズリーに生まれる。母系・父系ともに清教徒移住者にさかのぼる。親たちはユニテリアン系キリスト者。ロジャーは子供の時からエマソンやソローなどの非順応の著述に親しむ。ハーヴァード大学で学士と修士の学位を得たのちセントルイスのワシントン大学で社会学を教えかたわらセツルメントで働く。少年法廷の保護監察官として信頼を得た。09年アナキストのエマ・ゴールドマンの講演に感銘を受け「強制からの自由」が信念となった。ワシントン大学で黒人のためのコースを開くのに失敗したのち「少数者の人権に関するかぎり多数者を信頼することはできない」という見解に達する。10年セントルイス人権協会書記となり人権問題についてたびたび市役所とかけあう。17年4月米国軍国主義反対同盟(AUAM)に加わり良心的兵役拒否者をつのって援助し自らも徴兵検査に出頭せず投獄された。獄中で囚人福祉連盟を結成。2年間の拘禁から放たれ19年平和主義者・婦権運動家マデライン・ドウティと結婚。妻の同意を得て無銭旅行に旅立ちIWW(世界産業労働者)と料理人・給仕組合に加盟してストに対し組合側に立つ通報者として働き理論的な知識ではないものをこの数カ月に得た。20年以後ニューヨークに戻り人権連盟局を米国人権連盟とするために努力しのち50年から国際人権連盟議長をつとめる。47年には日本と韓国の米軍顧問として訪日，訪朝。米軍による人権侵害の状況について聞き書き記録をつくる。これらは保存されている。48-50年にはドイツにおける人権問題顧問をつとめる。第2次大戦においてはナチスに反対するという意味で第1次大戦と同じ絶対的平和主義をとらず人権侵害に対する個別的な批判を続けた。米国政府による日系人の強制収容に対して強く反対を続けた。35年離婚し36年社会主義運動家イヴリン・プレストンと結婚。一児をもうけ二人を養子とした。ニュージャージーで死没。ガンジーを理想とし非暴力直接行動の立場をとった。大衆運動に関わるとともに一人一人の人とつきあうことを理想とした。人類の大きな状況のなかで一人の人生がいくらかの違いをもたらすことができると信じた。ボールドウィン文書はプリンストン大学図書館に，聞き書き自伝のテープはコロンビア大学に保管されている。59年にも来日，日本人権協会の設立の

親となった(鶴見俊輔)。27年ボールドウィンは『クロポトキン革命論集』(70年新「序論」付きで刊行)を編集したがその序論の抄訳が鈴木柳介訳で『黒色戦線』(1931.9)に載っている。また47年来日の際，東京新橋のアナ連の事務所に来訪，在京有志と懇談した。(大澤正道)〔文献〕『平民新聞』29・35号1947.6.11・7.30, 遠藤斌「千鶴のこと」『松木千鶴詩集』ぱる出版1998

本郷 強 ほんごう・つよし 1897(明30)-? 別名・弘 もと川崎造船の旋盤工で傷害事件のあと無頼生活。1918年8月11日夜，神戸米騒動で湊川公園から繰り出した群衆を黒眼鏡をかけた変装姿で先導。翌12日総合商社鈴木商店の焼き打ちを計画。下見のうえ数万の群衆で騒然とするなか社屋に放火，全焼させさらに神戸新聞社の放火にも主導的役割を果たした。13日出動した軍隊と群衆が湯浅商店前で激突，暴動の下げ潮を察していち早く神戸を去る。米騒動後8年の刑を受けた山本鶴松とは親戚関係にあり同じく8年の刑を受けた坂出敬信と「米騒動のころ」を『歴史と神戸』誌上で語っている。検事総長平沼騏一郎の指揮下，厳罰主義が貫かれた米騒動だがその網の目を破った希有な人物。(西村修)〔文献〕『歴史と神戸』1962.8・63.8, 武田芳一「黒い米」のじぎく文庫1963

本郷 基継 ほんごう・もとつぐ 1893(明26)-? 別名・紅狂生 京都府立師範学校卒業, 立命館大学専門部中退。教員となるが徴兵拒否をして失業。森下八三雄を知りアナキズムの影響を受ける。1918年大阪新報社京都支局に勤務, 7月同紙京都滋賀付録に紅狂生の名で記事を書く。翌月同紙に「生活と非常手段」と題する記事を書き不穏記事として同紙は発禁。その後『京都日出新聞』『大阪時事』を経て京都市上京区田中里内に居住。24年頃大阪朝日新聞社京都通信局練習生となる。28年頃大阪朝日京都支局で勤務した。(北村信隆)〔文献〕『社会主義沿革1』, 『日本新聞年鑑』北隆館書店1924

本荘 可宗 ほんじょう・かそう 1891(明24)11.8-1987(昭62)6.6 別名・藻岩豊平 東京生まれ。幼少の頃札幌で少年期を過ごす。東京大学文学部哲学科に学んだが中退。早くから宗教批判を展開。26年バクーニン『神と国家』を翻訳(アテネ書院, 改造文庫1929), 30年『プロレタリア宗教理論』(大鳳閣)を著した。31年5月日本反宗教同盟の高津正道や新興仏教青年同盟の妹尾義郎らと立会演説会を開き既成宗教の改革と批判を行った。32年『宗教の批判と理解』(大東出版社)を著す。『文芸戦線』などに寄稿。河野密や三輪寿壮らと親交。統制強化でこの運動から離れ, 転向後, 人生論などを執筆。戦前『都新聞』の匿名評論を戸坂潤, 岡邦雄, 向坂逸郎, 岡田宗司, 新居格, 大森義太郎, 河野密らと担当。同評論が「推進隊」と改称後メンバーは一新されたが新居, 河野らと引き続き担当した。(北村信隆)〔著作〕『痴愚和尚の遺言』秀文閣1923,『一高魂物語』(藻岩豊平)博文館1925・賢文社1981,『世界文化年表』大東出版社1933

本庄 恒造 ほんじょう・つねぞう 1898(明31)-? 別名・恒道, 哲人 長崎県南松浦郡福江町(現・五島市)生まれ。小学校を卒業後, 船員, 炭鉱夫, 外交員など各地で働き1922年業務上横領罪で懲役4カ月とされる。23年出獄後は大阪, 神戸, 東京を転々とした。大阪では福田哲一とともに木本凡人の青十字報社に加わり相互扶助社のセールスの仕事をする。26年東京で大沼渉らの黒旗社に加入した。27年再び大阪に帰り逸見吉三方に寄宿しながら自ら黒進社を組織する。以後再三恐喝罪で入獄。のち土工となり生計を立てた。35年末頃無共党事件で検挙されるが不起訴。召集で上海に行く。戦後は和歌山に住み路上で急死したと伝えられる。(冨板敦)〔文献〕『関西自由新聞』3・4号1927.12・28.3,『黒色青年』17号1928.4, 宮本三郎『水崎町の宿・PART II』私家版1982,『思想輯覧2』,『身上調書』,『社会運動の状況1』

本多 京三 ほんだ・きょうぞう ?-? 本名・新村杏三 1931(昭6)年9月創刊された第2次『黒色戦線』の装丁, カット, 表絵, 編集割付を担当する。「旧制中学校出たての美少年」(星野準二)。(冨板敦)〔文献〕星野準二「農青運動に一体化した第2次『黒色戦線』の思考と経過」『第二次黒色戦線』復刻版・黒色戦線社1988, 秋山清『昼夜なく』筑摩書房1986

本多 宏盛 ほんだ・こうせい 1909(明42)11.8-1988(昭63)8.15 旧姓・武田, 別名・西能 富山県西礪波郡福光町生まれ。京都市伏見の本多家の養子となる。21年大阪北野中学入学。同志社大学文学部英文科に進み

キーツ，シェリー，ワーズワースなど英詩に親しむが事情により中退。関西学院大学英文科に転学するが再度中退。神戸市中山手通で義母の飲食店を手伝いながら詩や短歌を書き始める。33-34年頃笠原勉と知り合い，アナキズムに関心を抱くようになった。その関連から35年無共党事件で取り調べを受けたこともあったようだが明らかでない。41年召集，シンガポールで敗戦，英軍の捕虜となる。46年復員，大阪の米軍キャンプで働く。詩歌を書きガリ版刷りの詩集を発行。またアナ連関西地協に参加して例会に熱心に出席した。あまり自己を語らず，温厚誠実で地味ながら神戸を中心に活動した。D.H.ロレンスやH.ミラーを研究，また老子やゴドウィン，ソローの思想に共鳴した。(平山忠敬)

本田 貞吉 ほんだ・さだきち ?-? 1919(大8)年東京京橋区(現・中央区)の三協印刷株式会社和文科に勤め活版印刷工組合信友会に加盟する。(冨板敦)〔文献〕『信友』1919年8・10月号

本田 治平 ほんだ・じへい ?-? 日本印刷工組合信友会に加盟し1921(大10)年末頃，東京小石川区(現・文京区)の博文館印刷所に勤めていた。(冨板敦)〔文献〕『信友』1922年1月号

本多 季麿 ほんだ・すえまろ 1899(明32)11.20-1982(昭57)4.28 姓・誉田，本田とも。別名・季満，季麿沛亭，沛亭外史。神戸生まれ。父は神戸市医師会初代会長・本多病院院長。神戸一中から早稲田大学へ，この頃著作『我が郷土の伝説』が『六合雑誌』に掲載，シベリア出兵反対の反戦ビラを撒く。1919(大8)年2月創立の民人同盟会やその後身暁民会で活動。同年12月高津正道，中名生幸力らと暁民共産党事件で退学処分を受け早大を追われ同志社大学に転入。22年春自由人連盟支部母胎の十月会結成に小柳津恒，岡田有対，長岡博明などと中心をなす。主活動は演説会，議論をふっかける教会あらしや寺あらしで洛陽教会の榎本牧師や一燈園の西田天香も論敵であったという。同年11月十月会10余人は住谷悦治の宇都宮連隊入営壮行では京都駅プラットホームで革命歌を歌って見送った。十月会旧派・新派の思想対立の中間的立場にいた本多は十月会の解散を提唱した。同年秋山本宣治に労働運動への関与を促した。23年元旦，三田村四郎と九津見房子を連れて宇治の山本宅を訪問し紹介する。蘆溝橋事件の37年フランスから帰国し神戸富士ホテル投宿の武林無想庵と娘イヴォンヌを日本座敷の本多邸に招いた。本多の知友は秋田雨雀，中里介山をはじめ国内外に及び本多邸への外人の出入りは頻繁で世界人民戦線の陰謀関係者容疑で相生橋警察署に15日留置。翌38年地元神戸で「アジア人晩餐会」を開いた。戦時期に勤めていた兵庫県食糧営団を45年終戦間もなくやめ出口王仁三郎を頼って綾部を訪ね逗留。その後各地を転々とするかたわら神戸で「パリ祭」をもよおす。晩年は八尾の今東光の所に身を寄せた。(北村信隆)〔著作〕「今井朝路」『歴史と神戸』通巻30号1967.6〔文献〕『京都帝国大学学生運動史』同刊行会1984，『京都地方労働運動史』，『同志社百年史・通史編』1979，伊藤隆『大正期「革新」派の成立』塙書房1978，直木太一郎「奇人・本多季麿」『歴史と神戸』通巻114号1982.10，高津正道『旗を守りて 大正期の社会主義運動』笠原書店1986

本間 次男 ほんま・つぐお ?-? 1919(大8)年東京京橋区(現・中央区)のアドヴァータイザー社印刷科に勤め日本印刷工組合信友会に加盟。同社同科の組合幹事を担う。(冨板敦)〔文献〕『信友』1919年10月号

本間 鉄之助 ほんま・てつのすけ ?-? 1919(大8)年東京本所区(現・墨田区)の岡本活版所和文科に勤め活版印刷工組合信友会に加盟する。(冨板敦)〔文献〕『信友』1919年8・10月号

本間 尚文 ほんま・なおぶみ ?-? 通称・オカッパ 小樽市で生活。哲学青年で1926年(大15)中に物茂郷や戸田茂睡に関する論考を『小樽新聞』に発表。その後アナキストとなり28年1月森川漁網，旭川山下鉛筆争議を指導。小樽一般労働組合に参加して行動隊長となる。2月北海自連結成を準備。3月中出荘七と『社会芸術』を創刊し編集を担当。創刊号の表紙を描き詩「移住民」，戯曲「凱歌」を発表。6日間の検束を受ける。12月工藤印刷所争議を指導し右翼団体と抗争。(堅田精司)〔文献〕『社会芸術』1・2号1928，『小樽新聞』1926.5.3・5.31・28.12.12

本間 久之助 ほんま・ひさのすけ ?-? 1919(大8)年東京芝区(現・港区)の近藤商店印刷所鋳造科に勤め活版印刷工組合信友会に加

盟する。(冨板敦)〔文献〕『信友』1919年8・10月号

本間 義夫 ほんま・よしお ?-? 新聞工組合正進会に加盟し1924(大13)年夏，木挽町(現・中央区銀座)本部設立のために1円寄付する。(冨板敦)〔文献〕正進会『同工諸君!! 寄附金芳名ビラ』1924.8

本間 和歌子 ほんま・わかこ ?-? 新潟時事新聞社で解版工をつとめる。1928(昭3)年同じ会社にいた山崎修子，また阿部清，浅井十三郎，亀井義雄らとアナ派詩誌『風が帆綱に侘しく歌ふよ』を創刊する。のちボル派に傾く。(冨板敦)〔文献〕山口健助『青春無頼』私家版1982

ま

前川 永三 まえかわ・えいぞう 1906(明39)-? 香川県仲多度郡豊原村道福寺(現・多度津町)生まれ。尋常小学校を卒業後大阪に出たが工場で作業中に右手指を切断。その後28年から映画弁士となり映画館を転々とする。大阪で逸見吉三とつきあいアナキズムを宣伝。35年末頃無共党事件で検挙されるが不起訴。(冨板敦)〔文献〕『身上調書』

前川 銀治郎 まえかわ・ぎんじろう ?-? 別名・銀次郎 1919(大8)年東京京橋区(現・中央区)の三協印刷株式会社和文科に勤め活版印刷工組合信友会に加盟。同年10月頃から同社同科の組合幹事を小林茂と担う。(冨板敦)〔文献〕『信友』1919年8・10月号

前川 國男 まえかわ・くにお 1905(明38)5.14-1986(昭61)6.26 新潟市学校町生まれ。内務省土木技師を父にその長男として生まれる。1909年東京に移転する。一高時代にアナキズムの洗礼を受ける。28年東京帝大工学部建築学科を卒業すると同時にパリに向かい，4月ル・コルビュジエのアトリエに入所。30年4月に帰国，すべてのコンペに応募する方針を立て明治製菓本郷店で初の1等当選，8月にレイモンド設計事務所に入る。この年帝室博物館のコンペに応募し落選，「負ければ賊軍」の一文で建築界の旧弊に対する挑戦を宣言した。35年前川國男建築設計事務所を設立する。64年「文明と建築」においてアナキズムへの関心を初めて表明，翌65年東京海上火災本社ビルの設計に際し美観論争が生じ，都および建設省との抗争は以後10年に及ぶ。68年に生じた大学闘争に深く関心を寄せ「孤立を恐れず，連帯を求める」に深く共感するとともに日大の自主講座に講師として参加した。日本における近代建築の確立と建築家の地位向上のために権力に屈することなく，また商業主義に流されることなくその思想と立場を貫いた。代表作に東京文化会館，紀伊国屋書店ビル，東京海上ビル，埼玉県立博物館などがある。(奥沢邦成)〔著作〕ル・コルビュジエ『今日の装飾芸術』構成社1930改訳SD選書1966，『前川國男建築設計事務所作品集』工学図書出版1947，『一建築家の信條』晶文社1981，『前川國男作品集』美術出版社会1990，『建築の前夜―前川國男文集』而立書房1996〔文献〕宮内嘉久『前川國男 賊軍の将』晶文社2005

前島 省三 まえしま・しょうぞう ?-? 1919(大8)年東京本所区(現・墨田区)の凸版印刷会社和文科に勤め活版印刷工組合信友会に加盟。のち浅草区(現・台東区)の朝日印刷会社に移る。(冨板敦)〔文献〕『信友』1919年8・10月号

前島 浩一 まえじま・こういち ?-? 1930(昭5)7月遠藤喜一，黒川猛らと『解放思潮』を創刊。同年11月28日大阪天王寺公会堂で開かれた市電自助会の大会に参加し岩本秀司，吉村明らとともに戒署に検束される。(冨板敦)〔文献〕『自由民報』33号1931.1

真栄城 守康 まえしろ・しゅこう ?-? 沖縄県に生まれる。弁護士となり沖縄での普選運動の中心人物として普選獲得演説会を開催する。1921(大10)年沖縄初の社会主義団体庶民会の創立に合わせて同年1月岩佐作太郎が来沖。岩佐講演会の張り紙をして泉正重，城田徳明，比嘉栄が検束され7日間の拘留・科料2円とされる。これを不服として真栄城の弁護で正式裁判に持ち込むが罰金刑となる。真栄城は3人分の罰金支払いを申し出た。城田，比嘉はその好意を受けるが泉は監獄生活を体験したいといって断り10日間の労役に服する。28年2月第1回

普通選挙に政友党から立候補するが落選。30年沖縄民衆新聞社の小田栄が台南製糖に対するサトウキビ農民の要求に火をつけたとして台南製糖から名誉毀損で告訴される。小田は検挙され6カ月間未決囚扱いの末、100円の罰金となる。この処分に真栄城が「わずか100円の罰金を求刑する程度の事件で、未決に身柄を6カ月も監禁したことは明らかに人権蹂躙だ」と抗議したことが原因となって検事に怨まれ、弁護士廃業に追い込まれた。(冨板敦)〔文献〕安仁屋政昭『沖縄の無産運動』ひるぎ社1983、浦崎康華『逆流の中で 近代沖縄社会運動史』沖縄タイムス社1977、小田天界『天界物語』全東京新聞社出版1961、『労働運動』2次3号1921.2

前田 音吉 まえだ・おときち ?-? 1919(大8)年東京神田区(現・千代田区)の丸利印刷所に勤め日本印刷工組合信友会に加盟する。(冨板敦)〔文献〕『信友』1919年10月号

前田 寛市 まえだ・かんいち ?-? 群馬に住み1928(昭3)年『小作人』「地方通信」欄に寄稿する。(冨板敦)〔文献〕『小作人』3次12号1928.1

前田 吾平 まえだ・ごへい ?-? 1919(大8)年東京神田区(現・千代田区)の三秀舎和文科に勤め日本印刷工組合信友会に加盟する。(冨板敦)〔文献〕『信友』1919年10月号

前田 貞宗 まえだ・さだむね ?-? 千葉県に住み萩原恭次郎と交流する。1932(昭7)年萩原の『クロポトキンを中心にした芸術の研究』に詩「靴音を鳴らす」を寄せる。(冨板敦)〔文献〕『クロポトキンを中心にした芸術の研究』2号1932.8、秋山清『反逆の信条』北冬書房1973

前田 貞義 まえだ・さだよし ?-? 1919(大8)年東京麹町区(現・千代田区)のジャパンタイムス＆メール社欧文科に勤め活版印刷工組合信友会に加盟。同社同科の組合幹事を担う。のち北京に渡りヘラルドに勤めた。(冨板敦)〔文献〕『信友』1919年8・10月号

前田 実松 まえだ・さねまつ ?-? 1919(大8)年東京神田区(現・千代田区)の三省堂印刷部欧文科に勤め活版印刷工組合信友会に加盟。同年10月頃から同社同科の組合幹事を志田操と担う。21年末頃は有明堂印刷部で働いていた。(冨板敦)〔文献〕『信友』1919年8・10月号、1922年1月号

前田 淳一 まえだ・じゅんいち 1902(明35)-? 山形市鉄砲町に生まれる。1919(大8)年頃上京、社会運動に加わる。23年関東大震災後、日比谷公園に東京市が建てた震災難民のための仮設住宅の一角を山田作松、横山棋太郎、椋本運雄ら自然児連盟の一党が占拠していたが、そのメンバーとして前田の名がある。24年10月刑死した難波大助の遺体を引き取りに自然児連盟員が市ケ谷監獄に押しかけ全員検束。おそらくそのなかに前田もいただろう。25年末に結成された黒色青年連盟に自然児連盟も加盟するが翌年3月頃解散、前田は同連盟の椋本、深沼火魯胤、それに文芸批評社の麻生義を加えて4月黒化社を結成、山田は自然人社をおこす。27年3月(7号)から『黒色青年』編集・発行・印刷人(18号1928.9まで)となる。黒色青年連盟は当初はアナキズム諸団体の連合体だったが次第に前田、菊岡久利、山崎真道、上田光慶、北浦馨ら思想の純化を唱える純正アナ派の思想団体化し、これに反対する勢力はしばしば実力で排除された。27年12月文芸解放社の壺井繁治の襲撃事件、28年1月AC労働者連盟の武良二夫妻の制裁事件など枚挙にいとまがない。28年3月全国自連第2回続行大会では黒連代表として祝辞を述べる。同年1月菊岡らとA思想協会を立ち上げ3月『無政府主義研究』(2号まで)を創刊、菊岡の処女作『哲学の反動と哲学抹殺』を刊行する。親分肌の運動家で面倒みがよく、木下茂の面倒をみたり相沢尚夫を自連新聞社に送り込んだりしている。一方二見敏雄の逮捕にからむ噂もあり謎も多い。黒連の動向とは何かとの問いに答えて「革命を信ぜず、しかも革命家を気取る」一連の観念的アナキストと青山大学は断じている。文章は書かず公表になったのは「山崎」(『反対』2号山崎真道追悼号1935.7)など僅か。戦後は東京銀座の顔役だったという。(大澤正道)〔文献〕『黒色青年』1・2・7・16・22号1926・4・5・27.3・28.1・12、『自連』23号1928.4、『自連新聞』67号1932.2、青山大学「若き同志へ」『無政府主義会議』1号1948.2

前田 正平 まえだ・しょうへい ?-? 日本印刷工組合信友会に加盟し、1921(大10)年末頃、東京京橋区(現・中央区)の中屋印刷所に勤めていた。24年7月信友会が正進会との合同を決めた神田松本亭での信友会臨時

大会で欧文部の理事に選出される。欧文部の仮事務所を芝区西久保巴町(現・港区)の自宅に置いた。25年3月7日松本亭での第2回東印大会で開会の辞を述べる。26年1月10日入営することになり当日全印連の同志たちに黒旗で見送られる。(冨板敦)〔文献〕『信友』1922年1月号,『印刷工連合』15・18・19・23・28・33号1924.8・11・12/25.4・9・26.2,水沼辰夫『明治・大正期自立的労働運動の足跡』JCA出版1979

前田　新助　まえだ・しんすけ　1904(明37)-?　鹿児島市恵比寿町に生まれる。高等小学校卒業後,21年頃上阪,大阪合同紡績の工具となり総同盟大阪合同豊崎支部に加盟する。労働争議が勃発し組合幹部となり馘首される。23年3月豊崎支部が総同盟から脱退しアナ系の関西紡織労働組合に転じるとそれと行動をともにする。25年3月秩父宮が鹿児島に来た際,2日間予防検束される。同年4月この件を大阪の中尾正義に知らせる葉書の文面が不敬にあたるとして検挙されるが5月起訴猶予となる。その後上京した。(冨板敦)〔文献〕『不敬事件1』

前田　そがい　まえだ・そがい　?-?　クリスチャンからアナキストになった自由労働者。村上義博らによって1928(昭3)年1月に結成されたAC労働者連盟,次いで同年4月に結成された黒色自由労働者組合に参加した。自分の過去はあまり語らなかったが同志の渡辺勝と同世代の年輩組であった。渡辺と同様にたこ部屋の経験があり就労券獲得などの組合の対蔵安闘争の前面に立った。(植本展弘)〔文献〕横倉庫次「黒色自由労働者組合とAC労働者連盟の思い出」『労働と解放』1-7号1966.5-68.9

前田　辰之助　まえだ・たつのすけ　?-?　中部黒連のメンバー。1925(大14)年名古屋市門前署の巡査と格闘となり成田政市,篠田清と逮捕され傷害,公務執行妨害で懲役1年4カ月。27年2月20日出獄。同年4月5日大同電気名古屋支店で国粋主義団体大動会と乱闘(中部黒連は真相を声明書で発表,同月13日公開状も配付)。検挙され千種刑務所に3カ月入獄し10月17日出獄。同年12月17日未明,黒潜社の一斉検挙(7人)にあい懲役3年6カ月となる。(冨板敦)〔文献〕『名古屋労働者』12号1925.12,『黒色青年』9・11・13・15号1927.6・8・10・12

前田　盗閑　まえだ・とうかん　1903(明36) 9.26-1959(昭34)4.23　本名・不明。俳号は秀翠。東京文京区に生まれ,駒込千駄木小学校から郁文館中学校に進むが半年に満たず家庭の都合で中退。1917(大6)年共同印刷に入社,19年医学書専門印刷の杏林舎に移り文選工として働く。22年19歳の頃から俳句を始めて舎内に文芸同人誌『麦笛』を創刊。これがきっかけで同僚工のアナキスト森田心太と親交を深くし,誘われて『川柳人』門下に入って川柳を始め,句会へも心太と連れ立って参加することが多かったという。同じ文選工の島田欣子は14歳頃からその指導を受け,それまでの短歌から俳句も始めた。30(昭5)年8月心太の死去後間もなく開かれた追悼句会に欣子を案内して川柳一筋の道を開かせた。43年杏林舎を退社して東京市ヶ谷の需品本廠出張所印刷に入るが敗戦後の解散で失職,46年12月に妻の実家である群馬県太田市に依り,伊勢崎市の吉田印刷所に入り55年に前橋市の群馬情報社に移り印刷を担当,終生印刷工を通し労働運動にも取り組む。群馬から『川柳人』に投句を欠かさず傍ら俳句からも離れず57年には倉沢翠山主宰の『ゆづりは』に参加,同人となった。心太とは好対照で無口,黙々として事に尽くし誠実の人とされる。晩年は胃潰瘍にかかるなど群馬移住後の生活は一貫して貧しかった。医者の誤診などもあり心臓疾に悩むなか死を予感しており〈妻の故郷に死ぬる運命か山の月〉を絶句とした。(一色哲八)〔著作〕句集『車窓』ゆずりは吟社1959〔文献〕『ゆづりは』第12巻太田市立中央図書館蔵,『大正川柳』,『川柳人』1922-1959

前田　藤作　まえだ・とうさく　?-?　1919(大8)年東京京橋区(現・中央区)の英文通信社印刷所欧文科に勤め活版印刷工組合信友会に加盟。のち神田区(現・千代田区)の三省堂印刷部欧文科に移る。(冨板敦)〔文献〕『信友』1919年8・10月号,1920年9・10月号,1922年1月号

前田　徳五郎　まえだ・とくごろう　1888(明21)-?　和歌山県西牟婁郡佐本村(現・すさみ町)に住む。1910(明43)年大逆事件の捜査において野村良造宅から押収された社会主義者の通信関係の書類,および大石誠之助の住所録に名が載っている。それによると06年同郡の小学校に勤務していた時に『革命評論』を予約購読していた。『革命評論』は

宮崎滔天主宰のもと06年9月から世界革命の精神を鼓吹する目的で発刊され宮崎民蔵(滔天の兄)を中心とする土地復権同志会の機関誌も兼ねていた。（西山拓）〔文献〕浜畑栄造『大石誠之助小伝』荒尾成文堂1972，上村希美雄「『革命評論』と初期社会主義者」『初期社会主義研究』4号1990.12

前田 俊彦 まえだ・としひこ 1909(明42)9.17-1993(平5)4.16 福岡県鞍手郡宮田町に生まれ京都郡延永村(現・行橋市)で育つ。26年豊津中学卒業。戦前は共産党員として活動し治安維持法違反で懲役7年の刑を受ける。戦後二・一ストで共産党に見切りをつけ郷里の延永村村長を5年つとめる。62年からヒューマニティをもじった『瓢鰻亭通信』の刊行を開始。ベ平連、三里塚闘争に関わり、酒税法にそむいてドブロクをつくるなど60年代以降の住民運動に先鞭をつけた。既存の教条や組織にこだわらず自由と平等を土着の民の目線でとらえていくユニークな活動家だった。日高六郎はその思想を「東洋的アナキズム」と評している。（大澤正道）〔著作〕『瓢鰻亭通信・正続』土筆社1965・75，『根拠地の思想から里の思想へ』太平出版社1971，『百姓は米をつくらず田をつくる』海鳥社2003〔文献〕『瓢鰻亭まんだら・追悼前田俊彦』農山漁村文化協会1994

前田 虎次 まえだ・とらじ ?-? 別名・虎治 1926(大15)年頃、鳥取県八頭郡村社(現・鳥取市)で暮し農民自治会全国連合に参加。同年末には農自鳥取県連合の事務所を自宅に置いていた。（冨板敦）〔文献〕『農民自治会内報』2号1927，竹内愛国「農民自治会」『昭和2年版解放運動解放団体現勢年鑑』解放社1927

前田 直一 まえだ・なおかず ?-? 1919(大8)年東京京橋区(現・中央区)の新栄舎文選科に勤め活版印刷工組合信友会に加盟する。（冨板敦）〔文献〕『信友』1919年8・10月号

前田 則三 まえだ・のりぞう 1892(明25)-? 三男として札幌区に生まれた。父はかつて自由民権運動に投じ酒屋会議を支援した。キリスト教に入信し、酒屋を廃業、札幌に移住しリンゴ園と洋品店を経営。竹内余所次郎と意気投合し社会主義研究会を組織した社会主義者であった。1906(明39)年則三は札幌中学に入学。札幌に戻ってきた竹内のアナキズムに傾く。08年2月中学のクラス会で革命論を展開、退学させられ北海中学に転校。遠軽の家庭学校の教師となる。32年父の自伝『幸福ノ生涯』を刊行(父が04年に竹内の序文をつけてまとめておいたもの)。33年『人道』に「サナプチにおける少年教化」を連載。東京市杉並区上高井戸の生長園に転任。戦時中は個人誌を発行。『近きより』を発行する正木ひろしと親交を持つ。（堅田精司）〔文献〕札幌南高等学校『六十年史』、品川義介「我羊独語」『北海タイムス』1908.3.1-16・1917.8.27

前田 福次 まえだ・ふくじ ?-? 1919(大8)年東京神田区(現・千代田区)の文明社文選科に勤め日本印刷工組合信友会に加盟する。（冨板敦）〔文献〕『信友』1919年10月号

前田 平一 まえだ・へいいち 1898(明31)6.20-1987(昭62)6.16 兵庫県津名郡生まれ。神戸市新川で沖仲仕、家畜商、屠畜業に携わり『平民新聞』に目を開かれる。一時期は博徒として2代目清水次郎長に博打の手ほどきを受けたこともある。1918年8月米騒動の際、神戸の鈴木商店焼き打ちの首謀実行者であったが検挙を逃れた。22年7月大阪西浜で栗須七郎の演説を聞き以来、終生栗須を師と仰ぎ行動を共にする。栗須を通じて堺利彦にも私淑した。同年11月28日神戸水平社を創立し兵庫県水平運動の中心人物となる。23年3月奈良で発生した水平社対国粋会の騒擾事件(水国争闘)に武器を持って応援。以後、25年の群馬世良田事件をはじめ全国的な差別糺弾闘争の殆どに関与し兵庫県内の糺弾闘争、労働争議の殆どにも関与した。運動スタイルは実力行使の自称テロリストで糺弾闘争、労働争議にはつねに銃器を携行したが威嚇使用にとどめたため検挙を逃れ一度も立件されることはなかった。39年兵庫県議会議員選挙に社会大衆党から立候補して当選。敗戦をはさんで8年間、県会議員をつとめた。（廣畑研二）〔文献〕兵庫県特別高等課『特別要視察人ニ関スル状勢調』1930年10月調(兵庫部落問題研究所復刻版1976)，『兵庫県労働運動史』兵庫県商工労働部1961，前田平一研究会編『前田平一が歩いた道』非売本1987，「前田平一の軌跡」『ひょうご部落解放』第31号1988，『兵庫県水平運動史料集成』部落解放同盟兵庫県連合会2002，廣畑研二『水平の行者 栗須七郎』新幹社2006

前田 平吉 まえだ・へいきち ?-? 1919(大

8)年東京京橋区(現・中央区)の築地活版所漢字鋳造科に勤め日本印刷工組合信友会に加盟する。(冨板敦)〔文献〕『信友』1919年10月号

前田 正勝 まえだ・まさかつ ?-? 新聞工組合正進会に加盟し1924(大13)年夏、木挽町(現・中央区銀座)本部設立のために1円寄付する。(冨板敦)〔文献〕正進会『同工諸君!! 寄附金芳名ビラ』1924.8

前田 元治 まえだ・もとはる ?-? 1919(大8)年東京神田区(現・千代田区)の三秀舎文選科に勤め日本印刷工組合信友会に加盟する。(冨板敦)〔文献〕『信友』1919年10月号

前田 夕暮 まえだ・ゆうぐれ 1883(明16)7.27-1951(昭26)4.20 本名洋造。神奈川県大住郡南矢名村(現・秦野市)生まれ。中学中退後、放浪の旅に上る。薬局の手伝い後、1904(明37)年尾上柴舟に師事。06年短歌結社白日社をおこし翌年『向日葵』発刊。10年処女歌集『収穫』を出版し若山牧水と共に自然主義歌人として活躍。「アララギ」の島木赤彦と対立した。19(大8)年亡父の事業を継ぎ奥秩父で山林稼行の人々と生活した。経験は『天然更新の歌』『水源地帯』に結実、「自己宣言」にて既存の歌壇に反旗を翻した。北原白秋と吟遊。29(昭4)年頃から口語自由律短歌を創作し32年『新興短歌概論』を発表。唯物弁証法やマルクス等を援用した詩歌理論で旧封建イデオロギーに拠る歌壇を革新しようとした。戦時中は奥秩父で開墾生活を送ったが持ち株が戦後紙屑同然となり全財産を失った。亡くなる直前まで『詩歌』を一人で編集、校正、発送し旅と作歌をこよなく愛した。(大本泉)〔著作〕『前田夕暮全集』全5巻角川書店1973〔文献〕久松潜一・前田夕暮全集刊行会『前田夕暮研究』角川書店1973、前田透『評伝前田夕暮』桜楓社1979

前田 幸長 まえだ・ゆきなが 1933(昭8)12.21-2016(平28)12.30 兵庫県神戸市葺合区(現・中央区)生まれ。神戸市立の東須磨小、神戸第一中、須磨高校から神戸外国語大英米語科へ進む。外大は知的刺激に乏しく肌にあわぬと2年の春退学、父を怒らせる。翌年同志社大学法学部入学。高校で地理歴史部に入部したが苦い戦争体験から社会問題にも関心を寄せる。共産党員の友人に入党を勧められるがスターリン独裁党を拒絶。この頃崎本正や小黒基司と交流、アナキズムを知る。龍武一郎と共にしばらく山鹿泰治宅に寄宿。後に山鹿の『老子直解』をガリ版で発刊。同志社ではエスペラント同好会を作り、詩集『SORTO』を10号まで発行。神戸で外国人エスペランチストやアナキストの訪問を受け入れた。50年代中頃から向井孝や高島洋、山口英らと共にアナキスト連盟関西地協の若手として活動、平山忠敬、小黒基司、村瀬博之と共に神戸4人組としてアナキズムと文学の雑誌『イオム』(73-76)の編集、現代アナキズムの会や無政府共同文庫(75)、PBKの会、『高島洋追悼録』(97)、自由誌『ゆう』(04-12)の中心メンバーとして活動。1970年代から印刷工として働き「版木の会」を組織した。73年夏には、平山夫婦と3人でフランスで開かれたアナキスト国際集会に参加、そのあとヨーロッパ各国のアナキストを訪ねる旅をした。かねてより前立腺がんを患っていたが2015年の秋、脳梗塞を併発、入退院をくり返していた。安らかな最期で自由誌『ゆう』の仲間全員で野辺の送りをした。(平山忠敬)

前田 豊 まえだ・ゆたか ?-? 農民自治会全国連合に加わり1928(昭3)年5月農自の組織再編の際に委員に選出される。(冨板敦)〔文献〕『農民自治』15・17号1928.2・6

前田河 広一郎 まえだこう・ひろいちろう 1888(明21)11.13-1957(昭32)12.4 仙台市川内大工町に生まれる。宮城県立一中を中退し上京。徳冨蘆花を訪ねその紹介で石川三四郎の新紀元社に入る。雑誌『新紀元』の編集雑務に携わる。07年単身渡米。11年大逆事件の処刑を知り英文の短編小説「ザ・ハングマン」をシカゴの社会主義雑誌『ザ・カミング・ネーション』に発表。これを機に在米の金子喜一を知る。労働者生活13年を経て20年帰国。21年短編小説「三等客船」(『中外』)がプロレタリア文学の先駆として注目をあびる。23年4月『種蒔く人』同人となる。24年『文芸戦線』同人となりサッコ・ヴァンゼッティ事件をテーマにしたアプトン・シンクレアの小説「ボストン」(5巻3号-10号1928.3-10)などを訳載する。25年日本プロレタリア文芸連盟に加盟。26年11月アナ派が飛び出した連盟に残留。27年連盟が分裂すると労農芸術家連盟に加わる。戦時期には蘆花の研究に力を注いだ。(冨板敦)〔著作〕アプトン・シンクレア

『ボストン』(長野兼一郎共訳)全2巻・改造社1929・30,『十年間』大衆公論社1930,『サッコ・ヴァンゼッティ事件』河出書房1937,『蘆花伝』岩波書店1938,『青春の自画像』理論社1958〔文献〕菊地康雄『青い階段をのぼる詩人たち』青銅社1965, 小牧近江『ある現代史「種蒔く人」前後』法大出版局1965, 『秋田雨雀日記1』未来社1965, 山田清三郎『プロレタリア文学史・上』理論社1973, 秋山清『アナキズム文学史』筑摩書房1975, 中田幸子『父祖たちの神々 ジャック・ロンドン, アプトン・シンクレアと日本人』図書刊行舎1991

前原 一郎 まえはら・いちろう ⇨杉田宏
すぎた・ひろし

前原 恵太郎 まえばら・けいたろう 1904(明37)-? 桐生市元宿町生まれ。小学校を卒業後, 印刷工になる。28年林豊三郎, 築田保代らと上毛印刷工組合桐生支部を組織。31年10月農青社の鈴木靖之の訪問を受ける。35年末頃無共党事件で検挙されるが不起訴。(冨板敦)〔文献〕『農青社事件資料集Ⅰ』,『身上調書』

真壁 重次郎 まかべ・しげじろう ?-? 別名・金太郎 1919(大8)年東京牛込区(現・新宿区)の福山印刷所和文科に勤め活版印刷工組合信友会に加盟。同年10月頃から同所同科の組合幹事を担う。(冨板敦)〔文献〕『信友』1919年8・10月号

真壁 仁 まかべ・じん 1907(明40)3.15-1984(昭59)1.11 本名・真壁仁兵衛, 別名・青山修平, 土田楢夫 山形市宮町の自小作農の長男に生まれる。高等小学校を卒業後農業に従事。25年8月『抒情詩』に尾崎喜八の選で「南」が2位入選(金井新作1位, 伊藤整3位, 更科源藏4位)。27年更科らの『港町』(1928『至上律』と改題), 29年中西悟堂の『潤葉樹』に参加。官製の青年団に加わらず同年仲間と宮町農民組合を結成する。12月遠藤友介, 渡辺熊吉らと短歌誌『藁屋根地方』を創刊。30年1月釧路市の更科, 猪狩満直らとアナ派詩誌『北緯五十度』を創刊する。28年12月に山形市内で長崎浩が創刊した『犀』を3号から手伝う。真壁が参加したことにより更科, 猪狩ら『北緯五十度』のメンバーが『犀』に流れ込む。35年『抒情』を創刊。31年アンソロジー『北緯五十度詩集』(北緯五十度社)の印刷を引き受ける。同年神保光太郎の『日本浪漫派』に寄稿。32年『街の百姓』を上梓。同年『北緯五十度』休刊中に創刊された和田兼次郎の『極地圏』に寄稿する。40年村山俊太郎らの生活綴方事件関係者として検挙される。終生山形市から離れず, 黒川能の発掘と紹介に尽力, 列島文化の中心としての東北地方復権を説いた。「野の思想家」と呼ばれ上山市に真壁仁記念館がある。(冨板敦)〔著作〕『街の百姓』北緯五十度社1932,『青猪の歌』青磁社1947,『日本の湿った風土について』昭森社1958,『新編真壁仁詩集』土曜美術社出版販売2002〔文献〕鳥居省三『釧路文学運動史・昭和編』釧路市1969, 松永伍一『日本農民詩史・中2』法大出版局1969

真木 応瑞 まき・おうずい 1907(明40)1.10-1997(平9)6.6 別名・雪心, 千如寺禅徹, 大神乾照 福岡市天神に, 真言宗竜華院住職の息子として生まれる。19年武生市の曹洞宗盛景寺に入山。武生中学入学。23年頃和歌山県高野山中学に転校。25年頃仏教の基本である卍とは4つのL (Life, Light, Liberty, Love = 生命, 光明, 自由, 聖愛)であるという解釈を得る。同じ頃に幸徳秋水の著作などを読み左翼理論に傾倒。娼家設置に反対してストを組織したため京都の東寺中学に転校させられる。同校では京都大学の社会科学研究会に参加。佐野学と知り合い, のち松本治一郎の助力で無産者新聞博多支局を設立して労働運動に関わり共産党にも入党。一方福岡県和白のガラス工場の争議を支援。浅原健三からアジテーションの技術を学ぶ。30年四国遍路を期にアナキズムに転じ大阪へ。のち再び京都に移り立命館大学に入学。しかし同時期に滝川事件があり弾圧が厳しく地下に潜伏。33年同郷の頭山満の指示で転向。上京し国粋団体東洋人会, 錦旗青年同盟の結成に参加する。36年結婚, 翌年長女をもうけるが手元に置けず北海道の知人に預ける。41年政治運動から手を引き帰郷, 僧籍に復帰する。43年恩師田中海応僧正が佐賀県鹿島誕生院の山主に就任するに際し随行, 執事として勤務するが官憲の監視の目が厳しく大神乾照という偽名を使う。45年敗戦と同時に誕生院内に民主主義研究会を設置する。47年には誕生院を下山しアナ連九州地協に加盟する一方, 翌48年に真言宗諸派連合卍教団を結成, 管長になる。教義は人間中心主義かつ現世中心主義で超自然的な神や偶像に祈る

ことを否定する。組織も中央集権制を廃した四宗派の連合体で各派の独立性が高い。教祖の地位が低いことも指摘されている。これら新宗教団体としては異例な自由な雰囲気を真木のアナキストとしての経歴に求める見解もある。（津田透）〔著作〕「合掌一路」「わが人生論 福岡編・上」文教図書出版1985,「天上天下唯我独尊」「現代福岡の百人・上」育英出版社1976〔文献〕竹沢尚一郎「卍教団五十年の歩み」高野山八葉閣卍教団連合教務所1993,「発禁鹿島誕生院史」真言宗諸派連合卍教団1986, 杉藤二郎「筑豊の黒旗」神戸共同文庫1976

牧 きよ まき・きよ ?-? 1919（大8）年東京牛込区（現・新宿区）の日清印刷会社解版科に勤め活版印刷工組合信友会に加盟する。（冨板敦）〔文献〕『信友』1919年8月号

牧 寿雄 まき・ひさお ?-? 関西出身。1925（大14）年2月神戸で個展を開く。「僕の個展をやることのそれに好意を持つてくれた連中にアナーキストの和田（信義），安谷（寛一），テロリストの中尾（吉之助）君が居る」と「マヴォ」6号に記した。26年2月神戸の近藤茂雄らが創刊した『ラ・ミノリテ』に参加する。5月矢橋丈吉が提唱したマヴォ大連盟再建趣意書の呼びかけ人の一人に名を連ね，9月19日岡田竜夫，田河水泡と京都青年会館でマヴォ創作舞踊発表会を開いた。（冨板敦）〔著作〕『新希臘派模様』内田美術書肆1927〔文献〕五十殿利治「大正期新興美術運動の研究」スカイドア1998, 寺島珠雄『南天堂』皓星社1999, 五十殿利治・菊屋吉生・滝沢恭司・長門佐季・野崎たみ子・水沢勉『大正期新興美術資料集成』国書刊行会2006

牧 義人 まき・よしと ?-? 1919（大8）年活版印刷工組合信友会に加盟。のち東京牛込区（現・新宿区）の福山印刷所の文選科に勤める。（冨板敦）〔文献〕『信友』1919年8・10月号

牧沢 伊平 まきざわ・いへい 1903（明36）-1943（昭18） 別名・岩佐良治，岸本辰三 静岡県引佐郡奥山村（現・浜松市）生まれ。静岡師範学校を卒業して小学校教師となる。当時すでに東京池袋の野村芳兵衛らの児童の村小学校を見学。27年掛川第一小学校で戸塚廉，村松元と出会う。のちに戸塚は『野に立つ教師五十年』（勁草書房1978）に「炎の人牧沢伊平の発見」という項を設けてその人物像を描いている。この頃『大杉栄全集』を読み獄中記などを周囲にすすめる。29年検挙，青島小学校に移る。転任先から村松に求婚したが実らなかった。戸塚らはプロレタリア教育運動に連なり新興教育同盟準備会静岡支部を結成するが，牧沢は支援はしても組織の外側に終始身を置きアナキズムの立場をとった。しかし33年春，同同盟員が教員赤化事件として検挙されると連座した。釈放後すぐ上京，児童の村小学校に勤めたが意見の相違により退職，その後は中野で私塾をした。中国の大衆詩人で教育運動家の陶行知の「小先生運動」の紹介もしている。（市原正恵）〔文献〕市原正恵『静岡おんな百年・下』ドメス出版1982,『民間教育史研究事典』評論社1975, 民間教育史料研究会編『教育の世紀社の総合的研究』一光社1984

牧田 磯次郎 まきた・いそじろう ?-? 石版工。1923（大12）年6月日本印刷工組合信友会に石版工仲間と加盟し巳野善一らと計9名で柴田支部を組織する。（冨板敦）〔文献〕『印刷工連合』3号1923.8

牧田 吉明 まきた・よしあき 1947（昭22）3.7-2010（平22）5.29 静岡市生まれ。牧田天皇と呼ばれた三菱重工業社長牧田與一郎の六人きょうだいの末の四男。成蹊中・高校を経て1965（昭40）年成蹊大学入学，新宿で中上健次らと交流するフーテン生活とベトナム反戦や自治会活動の学生運動，66年「ベトナム叛戦直接行動委員会」報告集会参加，67年無期停学処分撤回のハンスト闘争後退学処分。和田俊一らと「背叛社」を結成。68年爆弾製造過程での暴発による「背叛社事件」後，九州まで逃げ大正鉱業退職者同盟に匿われる。69年京都に拠点を移し滝田修，田辺繁治ら京大急進派と出会う。立命館大の共産党部隊と激突，捕虜となる「リンチ事件」。報復リンチ「民青狩り」ほか，関西の学園闘争の最前線で果敢に活動。「牧田グループ」により「ピース缶爆弾」を製造，「佐藤訪米阻止」に向け「赤軍派」など各派に頒布したが多くが不発に終わる。一方70年ライブハウス「ステーション70」経営，映画「煉獄エロイカ」出演など多彩な活躍も。74年ピース缶爆弾の証拠隠滅罪と大麻取締法違反で逮捕，保釈後信州で山小屋経営。公訴時効成立後の82年，69年の「ピース缶爆弾事件」の「真犯人」であることを証言，大きな反響。88年竹中労らとリビアを

訪問。晩年は大本教信徒。北海道での農場、居酒屋経営、ペンションの管理人などを経て10年岐阜市内のアパートで急死。(鈴木義昭)〔著作〕『我が闘争スニーカーミドルの爆裂弾』山猫書林1984、『時代に反逆する』(野村秋介、内ємы野国男との共著)河出書房新社1988〔文献〕「同志よ、卑怯だ」と告発するテロリスト牧田吉明の『生けるしるし』」『週刊新潮』1982.6.10、「『牧田吉明』爆弾証言までの軌跡－『御曹司』にして『テロリスト』の素顔」『フォーカス』1982.6.4、「牧田証言で崩れる!?連続爆弾事件『虚構』の原点」『週刊朝日』1982.6.11、牛嶋德太朗「指揮官先頭あるいは左翼の解体 放蕩息子たちのファシズム〈ピース缶爆弾〉と牧田吉明の場合」『大憲論叢』第40巻第1号西日本短期大学法学会刊2002.3、星野陽平「老いた『爆弾屋』ピース缶爆弾事件38年後の全真相」『実話GONナックルズ』ミリオン出版2007.5、鈴木義昭「ピース缶爆弾事件の『真犯人』牧田吉明、逝く」『実話GONナックルズ』ミリオン出版2010.9、田原総一朗「国を憂えていたアナーキスト」『映画芸術』2010秋号

牧野 栄一 まきの・えいいち ?-? 江東自由労働者組合のメンバー。1926(大15)年10月29日久原房之助邸焼き討ち事件に関連して警視庁で取り調べを受けていたが釈放。同年12月28日山口第42連隊に入営することになり小松川台風寮で送別会が開かれる。(冨板敦)〔文献〕『黒色青年』7号1927.3、『自連』8・9.10号1927.1・3

牧野 修二 まきの・しゅうじ 1905(明38)-1964(昭39)3.25 別名・秋二、まきの秋二、由井正一、異端小史 静岡市士太夫町に生まれる。静岡中学を卒業後、眼病の治療のため豊橋市東八町に下宿。23年9月岩瀬正雄らと近田勝久主宰の詩誌『自画像』にまきの秋二名で参加(創刊号のみ)。同年末河合陸郎らと東海黒連を結成。24年5月静岡に帰り市役所雇となる。柴山群平、山口淳、服部豊らと社会思想研究会を結成し機関紙『この人を見よ』を発刊。25年救護会の事務員となる。26年大塚昇、後藤章、山崎佐市らと大衆評論社を結成し第1次『大衆評論』を発行。岩佐作太郎、石川熊雄(滝川創)、伊串英治らと親交をもつ。27年春関東自連大会に東海黒連を代表して出席。同年12月東海黒連の一斉検挙にあったがすぐ釈放。28年2月服部、疋田治作らと第2次『大衆評論』を発行するが、8月活動方針の違いから大衆評論社と無産者自治連盟(東海黒連の後身)を除名される。29年頃大塚、後藤、柴山、石川らと四元社をおこし救護会と提携する。35年11月救護会神戸支社に勤務中、無共党事件で大塚とともに検挙され拷問を受け不起訴となるが眼病が悪化。37年大塚、後藤、石川らと武蔵野母子寮に勤務し晩年まで児童福祉に尽力した。(黒川洋)〔文献〕尾原与吉『東三河豊橋地方社会運動前史』私家版1966、柴山群平『風信』2号1968、岩瀬正雄『僕の文学史』豊橋文化協会1972、『身上調書、大塚昇「静岡でのアナーキズム運動」『沓谷だより』17号2000

牧野 進 まきの・すすむ ?-? 1932(昭7)年7月東京瓦斯で社外工に対する暴力的労働条件改善と請負単価引き上げを要求して争議が勃発。32年7月25日小石川区小日向町(現・文京区)の東京瓦斯岩崎社長邸デモに社外工争議団のメンバーら約100名とともに参加し検挙される。33年『労働者新聞』34号に「ガス社外工ストの憶出」を執筆。(冨板敦)〔文献〕『労働者新聞』34号1933.12

牧野 清一郎 まきの・せいいちろう ?-? 別名・精一郎 毎夕新聞社に勤め東京各新聞社の整版部従業員有志で組織された労働組合革進会に加わり1919(大8)年8月の同盟ストに参加するが敗北。読売新聞社に移り新聞工組合正進会に参加。20年3月20日明電舎のストライキに正進会を代表して小林進次郎と応援に駆け付ける。同年8月正進会の常任理事となる。その後万朝報社に転じ、21年12月同社の争議を闘い解雇。23年5月20日月島労働会館での正進会大会で開会の辞を述べる。正進会はこの大会で自由連合主義をはっきりと示し信友会との機関紙合同を決定する。同年9月の関東大震災後は布留川桂と千葉に赴き、秋元清一郎らの千葉印刷工組合千工会の組織化に尽力。24年7月末に東京に戻る。その後は東印新聞部の中心メンバーとして活動する。(冨板敦)〔文献〕『革進会々報』1巻1号1919.8、『正進』1巻1・2・6号1920.4・5・9、『労働運動』3次1号1921.12、『印刷工連合』1・15・22・24号1923.6・24.8・25.3・5、『自連』9.10・15・18号1927.3・8・11、水沼辰夫『明治・大正期自立的労働運動の足跡』JCA出版1979

牧野 秀麿 まきの・ひでまろ ⇨佐野甚造 さの・じんぞう

マキノ 雅広 まきの・まさひろ 1908(明41)2.29-1993(平5)10.29 本名・牧野正唯、別名・正博、雅裕 京都市上京区千本一条

上ル生まれ。「日本映画の父」と呼ばれた牧野省三の長男。4歳から子役として映画出演。同志社大学中退後、19歳で監督デビュー。この間京都新京極近くにあった芝田金三郎の京都解放社連盟にも出入りし永田雅一と大杉栄の京都案内をしたという。30年頃マキノキネマを設立、のち京都映音研究所でトーキー録音器を独力で開発し録音技師も兼ねる。同年永田が設立した第一映画社で録音を指導。同年11月マキノ映画再建（笹井末三郎は人事部の役職）。37年マキノトーキー解散、日活、東宝、松竹と渡り46年撮影所長兼松竹労働組合関西地区執行委員長となり前代未聞の造反劇で生産管理闘争を指導。47年フリーとなり東映の前身東横映画に移る。のち49年CACなどを主宰するがすぐ解散。50年東横映画に復帰、その後「次郎長三国志」9部作、やくざ映画の美学の原点となった「日本俠客伝」シリーズや「昭和残俠伝・血染の唐獅子」などを監督。71年藤純子引退記念映画「関東緋桜一家」を監督最後の作品とした。テレビでオール・ビデオ作品の監督をしたり自宅で演劇塾を開いて後進の指導にあたった。日本映画史とともに歩んだ映画人。沖縄アクターズスクールの校長マキノ正幸は長男。（北村信隆）〔著作〕『カツドウ屋一代』栄光出版1968、自伝『映画渡世・天の巻・地の巻』平凡社1977、森卓也と共著『マキノ雅広』風琳堂1992、『マキノ雅裕女優志・情』草風社1979〔文献〕『京都地方労運動史』柏木隆法『千本組始末記』海燕書房1992、北川鉄夫『マキノ光雄』大空社1998

牧野　正躬　まきの・まさみ　?-?　東京朝日新聞社に勤め東京の新聞社員で組織された革進会に加わり1919(大8)年8月の同盟ストに参加するが敗北。のち正進会に加盟。20年機関誌『正進』発行のために50銭寄付する。（垣板敦）〔文献〕『革進会々報』1巻1号1919.8、『正進』1巻1号1920.4

牧野　四子吉　まきの・よねきち　1900(明33)9.9-1987(昭62)3.21　別名・中村栄、馬笑亭四子公　北海道函館区音羽町（現・函館市）生まれ。上京して13年本郷の駒本小学校を卒業、14年郁文館中学を中退、15年川端絵画研究所に入る。牧野の名は『広辞苑』（岩波書店）の動植物挿図担当、『牧野四子吉生物画集』（講談社）などで残るが画業の内面を貫いた思想の確立は川端絵画研究所卒業の1920年頃に知った百瀬晋の影響だった。百瀬は08年の赤旗事件で禁錮1年とされ出獄後運動の実践面を離れたが同志間に重んじられていた。牧野はその百瀬にイタリア語を学ぶと同時に思想を吸収、白山上の南天堂書房の階上の喫茶・レストランを拠点に同志的交友を広げ店主松岡虎王麿の一家とも親密となった。24-29の牧野は住居も南天堂に近い駕籠町（現・文京区本駒込）だった。24年田辺若男主宰の劇団市民座の公演に舞台装置を担当。この公演の事務長はのちに『矛盾』の編集発行人となる五十里幸太郎。同年林芙美子が友谷静栄と創刊した詩誌『二人』の表紙を描く。25年岡本潤が開業した小料理屋「ゴロニヤ」の看板に黒猫の絵を描く。この店の料理人は五十里だった。28年榎本健一らによる浅草の喜劇劇団カジノフォーリーの舞台美術を担当。五十里はここでは文芸部で速水純と称した。元『ダムダム』同人の溝口稠も舞台美術の一員（のち支配人）。こうした期間、童話雑誌『金の船』や劇団童話劇場の仕事もしたが29年京都へ移り、京都大学理学部嘱託、または研修員として学術的生物画を描き中村栄の筆名は20年に及ぶ京都生活の前半に用いた。また出家して天竜寺にいた宮嶋資夫、新興キネマ京都撮影所に就職した岡本、その両人を庇護する笹井末三郎などとの交わりを絶やさなかった。牧野と妻文子が醸し出していた自由な雰囲気については京大関係者ら多くの証言がある。38年新築地劇団関西後援会の委嘱で劇団旗のデザインを担当、劇団は2年後に強制解散させられたが旗は早稲田大学演劇博物館に収蔵されている。東京帰住は49年、以後は生物画に広い業績を残すとともにアナキズムに対する関心を持続して貴重な資料や証言を提供し死に至るまで大杉栄の頭像（横江嘉純作）を座右に置いていた。（寺島珠雄）〔著作〕「百瀬晋について」『虚無思想研究』5号1984.8、『牧野四子吉生物画集』講談社1986〔文献〕『にど・だもれ　回想牧野四子吉・文子』回想文集編集委員会1988、川浦三四郎「恭次郎ノート」『萩原恭次郎の世界』萩原恭次郎全詩集編集委員会1968、寺島珠雄「雑魚寝スケッチとその周辺」『アナキズムのうちそとで』編集工房ノア1983、『南天堂』皓星社1999、日高敏隆「ある生物画家」『波』2003.6

牧本 喜平 まきもと・きへい ?-? 別名・喜美男，武想　大阪電気労組員として総同盟系の活動家だったがのち大阪莫大小組合に所属してアナ派に傾く。1924(大13)年1月アナ派に改組された北大阪純労働会に同組合の金井伊三郎と加わる。同年2月同組合を割って大阪メリヤス労働組合を創立，林隆人らと活動。大阪梅田駅裏にあった阿部均の貧乏人社をしばしば訪ねるほか北大阪天六アナと交流。32年頃和歌山県内に居住していた。(冨板敦)〔文献〕高丸九「黒い流れ1」『ムーヴ』1号1961.5，『大阪社会労働運動史・上』，『昭和7年自1月至6月社会運動情勢　大阪控訴院管内・下』東洋文化社1979

牧本 武想 まきもと・むそう　⇨林隆人　はやし・りゅうじん

マクドナルド　MacDonald, Ranald　1824.2.3-1894.8.5　北米北西部を流れるコロンビア川の河口フォート・ジョージ(現・オレゴン州アストリア)に生まれる。母は先住民・チヌーク族族長の娘，父はスコットランド人。1839年15歳の時セント・トーマス(現・カナダ，オンタリオ州)で銀行員となる。ほとんどが白人の社会の中で人種差別を経験していく。42年セント・トーマスを出奔し船乗りとしてイギリス，インドなど各地を転々。母方の祖先は大洋の向こうから来たという伝承と日本人漂流民の存在を知ったことから鎖国をしている日本国に興味を持つ。「生命を犠牲にしてでも」日本に行き，日本人が世界に開いていけるよう「彼らの教師」になりたいと熱望した。47年秋ハワイ・マウイ島で捕鯨船プリマス号に乗り組み日本近海へ向かう。48年6月27日自らの意志で捕鯨船を降り船長用小型ボートを譲り受けて北海道焼尻島(無人)に上陸。7月1日利尻島に向かいアイヌ民族に救われる。日本人に引き渡され宗谷，松前を経て同年10月11日長崎に送られる。座敷牢に入れられるが長崎奉行公認のもと，オランダ通詞の森山栄之助ら14名に毎日のように英語を教えた。日本最初の英語・英会話教師といわれる。49年4月26日アメリカの軍艦プレブル号で突如強制送還。53年北米に戻りのち鉱山業などに従事。ワシントン州のトロダで亡くなる時，「サヨウナラ，マイ・ディア，サヨウナラ」と言ったという。(冨板敦)〔文献〕吉村昭『海の祭礼』文藝春秋1986，鶴見俊輔「ラナルドの漂流」『鶴見俊輔集』8巻筑摩書房1991，吉村昭「マクドナルドの上陸地」「マクドナルドの顕彰碑」『史実を追う旅』文春文庫1991，吉村昭『日本最初の英語教師』『史実を歩く』文春新書1998，ウィリアム・ルイス　村上直次郎編・富田虎男訳訂『マクドナルド「日本回想記」インディアンの見た幕末の日本(補訂版)』刀水書房1993，今西佑子『ラナルド・マクドナルド　鎖国下の日本に密入国し，日本で最初の英語教師となったアメリカ人の物語』文芸社2013

正岡 芸陽 まさおか・げいよう　1881(明14)-1920(大9)3　本名・猶一　広島県生まれ。幼くして両親と死別，7歳で広島県庁の給仕となり自活生活に入る。13歳でキリスト教に入信，伊豆で宣教活動に入りまもなく全村数十戸をことごとく入信させキリスト教界の注目を集める。青山学院に学び20歳で人文社をおこし出版活動を始めると同時に『新聞社の裏面』などを立て続けに発表し文名を得る。02年『人道之戦士田中正造』を幸徳秋水の序文を得て刊行。03年雑誌『新声』主筆，そのもとに安成貞雄，白柳秀湖らがいた。05年ポーツマス会議に『やまと新聞』特派員として随行。07年『大阪日報』主筆，そのもとに荒畑寒村がいた。(白仁成昭)〔著作〕『新聞社の裏面』『婦人の側面』『時代思想の権化・星亨と社会』『嗚呼売淫国』いずれも新声社1901，『人道之戦士田中正造』鳴皐書院1902，『女流ハイカラー』南風社1902，『裸体の日本』東都出版1902，『偽善百方面』新声社1902，『新時代の道徳』文栄社1903，『それでも女か』新声社1903，『文豪ラスキン』『人道論』いずれも嵩山房1905，ジョン・ラボック『自然美論』(訳)金色社1905，『孤island秘密』大学館1907，『米国見物』昭文堂1910，『英雄主義』文教書院1910，〔文献〕荻野富士夫『初期社会主義思想論』不二出版1993

正木 しげの まさき・しげの　?-?　別名・野川　群馬県群馬郡室田町(現・高崎市)に生まれる。兄は医師正木辰雄。前橋女学校卒業後，前橋教会で保母手伝いとして働き遠藤友四郎と知り合い結婚。この頃遠藤は高畠素之とともに雑誌『東北評論』を刊行(1908.3創刊)。08年9月高畠が新聞紙条例違反で軽禁錮2カ月となり下獄，遠藤が『東北評論』発行兼編集人となるがそれに伴い正木も駆り出される。正木野川のペンネームで記事を執筆，高畠の妻初江と雑誌の郵送や配布にも従事した。13年長女京子を出産。(神谷昌史)〔文献〕田村紀雄『明治両毛の山鳴

り」百人社1981, 堀切利高「遠藤無水の行跡」『初期社会主義研究』11号1998

正木 久雄 まさき・ひさお ?-? 1924(大13)年頃に関西に在住し,星野準二,入江一郎,高橋和ぞらと交流してアナキズムに傾倒する。27(昭2)年12月星野準二,野村考子,入江一郎,高下鉄次,高橋李三,矢橋丈吉と『行動者』を創刊する。(冨板敦)〔著作〕「(小説)死刑にされた命令」『行動者』1巻1号1927.12

増井 保 ますい・たもつ ?-1923(大12)9時事新報社に文選工として勤め新聞工組合正進会に加わる。1923(大12)年9月1日の関東大震災に遭い東京本所の陸軍被服廠で被災して亡くなる。(冨板敦)〔文献〕『正進』1巻1号1920.4,『印刷工連合』5.6.7号1923.12

増尾 金十郎 ますお・きんじゅうろう ?-? 1919(大8)年東京四谷区(現・新宿区)の日本紙器株式会社印刷科に勤め日本印刷工組合信友会に加盟する。(冨板敦)〔文献〕『信友』1919年10月号

増岡 幸平 ますおか・こうへい ?-? 報知新聞社に勤め東京の新聞社員で組織された革進会に加わり1919(大8)年8月の同盟ストに参加するが敗北。のち正進会に加盟。20年機関誌『正進』発行のために50銭寄付する。(冨板敦)〔文献〕『革進会々報』1巻1号1919.8,『正進』1巻1号1920.4

増川 常吉 ますかわ・つねきち ?-? 1919(大8)年東京牛込区(現・新宿区)の秀英舎(市ヶ谷)第二和文科に勤め活版印刷工組合信友会に加盟する。(冨板敦)〔文献〕『信友』1919年8月号

桝崎 才一郎 ますざき・さいいちろう ?-? 1919(大8)年東京京橋区(現・中央区)の福音印刷会社和文科に勤め日本印刷工組合信友会に加盟する。(冨板敦)〔文献〕『信友』1919年10月号

増島 隆治 ますじま・りゅうじ ?-? 1919(大8)年東京牛込区(現・新宿区)の日清印刷会社石版科に勤め活版印刷工組合信友会に加盟する。(冨板敦)〔文献〕『信友』1919年8月号

増田 英一 ますだ・えいいち 1895(明28)頃-? 東京の正則中学在学中からアナキズム思想に傾倒する。26年5月杉浦万亀夫,緒方昇と黒旋風社を結成し黒連結成に参加,『黒旋風』を創刊する(配布禁止)。27年11月『黒旋風』最終号を増田一人で発行する。当時サラリーマン同盟の江川菊次郎と同居していた。同年7月『無政府主義者の見た労農ロシア』を「黒旋風社パンフレット1」として編集・刊行。純正アナ派を「小ブルジョア的センチメンタリズムに堕することにより,単なる個人的抵抗の連続を結果し,ブルジョア社会の中心を突くことなく」と批判し黒連を脱退。岡本潤,壺井繁治,江森盛弥らとも交流した。(奥沢邦成・冨板敦)〔文献〕『労働運動』4次17号1926.6,『自連』15号1927.8,『黒旋風』3号1927.10,『黒色青年』15号1927.12,山口健助『風雪を越えて』印友会本部1970,宮川寅雄「若き詩人たちの像」『直』15号1981.10「歳月の碑」中央公論美術出版1984),『石川三四郎資料目録』本庄市立図書館2000,『エス運動人名事典』

増田 教之助 ますだ・きょうのすけ ?-? 1919(大8)年東京神田区(現・千代田区)の三省堂印刷部欧文科に勤め活版印刷工組合信友会に加盟。のち有明堂印刷部に移る。(冨板敦)〔文献〕『信友』1919年8・10月号,1922年1月号

増田 貞治郎 ますだ・ていじろう 1908(明41)-1939(昭14) 長野市狐池生まれ。24年高等小学校卒業後,2年間新潟の信越電力に勤務。26年信濃毎日新聞社松本支局の印刷工となり同僚の寺川俊男からアナ系文献をすすめられ労働問題,アナキズムに関心を深める。27年長野新聞社に転じる。松藤鉄三郎,大日方盛平らと出会い青沼要作ら文選工の仲間とアナキズム研究グループをつくる。28年先に上京した松藤を頼って寄宿,アナ系の東京印刷工連合会に関わり,またあとを追って上京した大日方とともに文芸誌『奴隷の血』を刊行。長野地方の同志づくりをはかり長野と東京を行き来する。30年初めには松藤,大日方,田代儀三郎の4人で中野の借家で共同生活を始め運動に関わった。31年1月勤務先の東京製本印刷所の争議で解雇されて帰郷,松藤のいる信陽新聞社に勤務。同年3月松藤,島津徳三郎,山田彰らと長野における運動を協議,信州アナキスト連盟の結成を検討しているところに農青社設立の報告と参加要請のため星野準二,宮崎晃が訪れた。以後,自主分散による農村コミューン樹立をめざし県内同志間の連絡網の構築のために活動を展開し相互の交流を活発化させる。32年2月信濃民友新聞社争議では加藤陸三の要請で

島津とともに支援に赴き4月『信州自連』の発行を協議。33年6月失職して上諏訪から長野市に戻る。34年2月上京，豊国日報社の印刷工を振り出しに職を転々とし33年8月帰郷して運動から離れた。35年11月無共党事件で取り調べを受け次いで農青社事件では起訴され37年に懲役1年6カ月執行猶予4年の判決を受けた。長期にわたった取り調べで健康を損ない病没。（奥沢邦成）〔文献〕大久保貞夫『長野県社会運動秘録』全6巻私家版1948，『長野県社会運動史』，『資料農青社運動史』，『長野県史』同刊行会1984，『農青社事件資料集』，『身上調書』

増田 庭助 ますだ・にわすけ ?-? 1919（大8）年東京神田区（現・千代田区）の三秀舎鉛鋳科に勤め日本印刷工組合信友会に加盟する。（冨板敦）〔文献〕『信友』1919年10月号

増田 信三 ますだ・のぶぞう 1904（明37）-? 別名・新造 1925（大14）年9月大杉栄3周年追悼会を神戸で開き岡崎竜夫，宇治木一郎，竹内一美，中村一次，笠原勉らと検挙された。同月脇の浜の工場労働者だった増田は神戸で岡崎，笠原，中村，宇治木，長沢清，春田武夫らと黒闘社を結成，八太舟三『自然科学と無政府主義』を刊行，月刊『黒闘』を発行し発禁処分。福岡県八幡市から移ってきた山口安二は27年1月黒闘社に加わる。同年3月『黒闘』を再刊し笠原，宇治木，岡崎が参加（翌年2月『アナーキ』と改題）。同年神戸で黒旗連盟演説会の司会をする。極東平民社の大崎和三郎，小西武夫，小坂千里，多田英次郎，レヴォルテ社の黒部謙治，吹田，黒闘社の田代建，八木豊吉，山口，長沢，和田信義，黒旗本部の逸見（宮本）三郎，奥村，自連の飯村，中西，赫土社の三木滋二，京都黒色解放社の柴田，京都印刷工組合の後藤が演説中止，検束された。長沢や岡崎らと結成した神戸純労働者組合の活動家でもあり，同年4月関西自連に加盟しその通信連絡員をつとめた。5月宇治木とともに神戸純労と神戸自由労働組合共催による出獄歓迎会に出獄者として出席，検束され歓迎会は解散。7月神戸純労は全国自連に加盟したが近々解散の報告が27年8月関西自連の会合でなされた。8月頃黒闘社に居住したともされる。（北村信隆）〔文献〕『自連』12・13・16号1927.5・6・9

増田 八太郎 ますだ・はちたろう ?-? 1919（大8）年東京神田区（現・千代田区）の丸利印刷所印刷科に勤め日本印刷工組合信友会に加盟する。（冨板敦）〔文献〕『信友』1919年10月号

増田 文二 ますだ・ぶんじ ?-? 昭和の初め頃東京本所，深川，亀戸など労働者街の中心で盛んに活動していた無軌道社，黒旗社，江東自由労働者組合のメンバーら下町アナと交流する。やがて入営しいったんは脱走するが1年ほどのちに逮捕され満州派遣軍として出兵させられた。その後の消息は不明。「入隊中は，通称『一つ星の文二（昇格せずにいつまでも2等兵）』として勇名を馳せていた」（江西一三）。（冨板敦）〔文献〕『江西一三自伝』同刊行会1976

増田 安太郎 ますだ・やすたろう ?-? 1919（大8）年東京京橋区（現・中央区）の三功社和文科に勤め活版印刷工組合信友会に加盟する。（冨板敦）〔文献〕『信友』1919年8・10月号

増原 長治 ますはら・ちょうじ ?-? 岡山いろは倶楽部創設者の一人。岡山県病院の医師でクリスチャン。いろは倶楽部初会合の1人の医師は彼とみられる。その初会合である1904（明37）年9月23日の秋期大会では開会の辞を担当している。九津見房子とともに熱心な女性会員であった蒔田幸は県病院の看護婦であり，小川列三郎も同病院の薬剤師であるから増原の影響下にあったものと推測される。週刊『平民新聞』第44号（1904.9.11）の「予は如何にして社会主義者となりし乎」に投稿。「去る三十年の三月岡山基督教會の日曜講演にて安部先生の演説を聞きしが社會主義に接し始めにして，爾来六合雑誌萬朝報に於ける秋水氏の論文…略ぼ社會主義を了解するに至り，将来斯主義の為に大に尽す所あらん」とした。森近運平，鷲尾教導とともに04年12月末までには県病院を追われ東京の加藤時次郎経営の病院（後の平民病院）に移った。俳人中塚一碧楼として名をなし受洗して医師を志望していた岡山中学生の会員であった中塚直三に大きな影響を与えたと思われる。（一色哲八）〔文献〕『平民新聞』復刻版，『岡山県社会主義運動史2』労働教育センター1977, 吉見誠一『地方における「平民社」運動(1)』金沢経済大学

マスペロ Maspero, Henri 1883.12.15-1945.3.17 エジプト学者ガストン・マスペロ

の息子としてフランスのパリに生まれる。母方の祖先には自由主義の祖であり比較宗教学の創始者バンジャマン・コンスタン(1767-1830)がいた。エジプト学を志しのち中国学に転ずる。11年ハノイの極東学院教授、20年パリのコレージュ・ド・フランス教授を歴任。道教の歴史と文献を学問的に探ろうと企てた世界で最初の学者だった。そのために日本人の中国研究にも早くから注目し日本語も学ぶ。27年『古代中国』を刊行(生前唯一の公刊本)。28年9月日仏会館館長として来日(30年2月まで)、黒板勝美、内藤湖南らに歓待される。「内省的な物静かさに握手しても柔らかい手で婦人のように感じた。子息のレジスタンスに坐し従容としてナチスの獄につながれたほど芯の強さはあったのだろうが、外貌はまことにエレガントな紳士であった」(石田幹之助)。44年7月ナチス占領下のパリでレジスタンス活動をしていた息子に関してゲシュタポの尋問を受ける。息子を売らなかったために逮捕され8月パリ解放直前の列車でドイツに連行、翌年3月ブヘンワルトの収容所で病没。62歳だった。息子をかばったことで準備していた四半世紀にわたる道教研究の大作をまとめることはかなわなかったが、マスペロは「人間そのものが幻としてこの世の一部であって、生と死はこの幻の継起的な姿にしかすぎない」とする、自らの研究対象であった「道家」として運命を受け入れた。残された膨大な覚え書きや断片は50年に友人の手によってまとめられる(『中国の宗教と歴史に関する遺稿』全3巻、このうち第2巻が『道教』として邦訳されている)。(冨板敦)〔著作〕川勝義雄訳『道教』東海大学出版会1966・東洋文庫1978・平凡社ライブラリー2000、持田季未子訳『道教の養生術』せりか書房1983〔文献〕福井文雅『マスペロ』『東洋学の系譜 欧米篇』大修館書店1996、池田温『マスペロ』『20世紀の歴史家たち3』刀水書房1999

増山 信太郎 ますやま・しんたろう ?-? 毎夕新聞社に勤め東京の新聞社員で組織された革進会に加わり1919(大8)年8月の同盟ストに参加するが敗北。のち正進会に加盟。24年夏、木挽町(現・中央区銀座)正進会本部設立のために1円寄付する。(冨板敦)〔文献〕『革進会々報』1巻1号1919.8、正進会『同工諸君!! 寄附金芳名ビラ』1924.8

間瀬 孝次郎 ませ・こうじろう ?-? 1919(大8)年東京京橋区(現・中央区)の秀英本舎和文科に勤め活版印刷工組合信友会に加盟する。(冨板敦)〔文献〕『信友』1919年8月号

町井 猛 まちい・たけし 1908(明41)-? 本名・武夫、別名・瑠璃夫 名古屋第二商業学校に入学。24年『セキヨウ』を創刊するが発禁。同年6月第1詩集『轟』を私家版で出す。28年1月口語短歌誌『白日に嗤ふ』を創刊、石原政明、大西俊、山中英俊らが寄稿。続いて個人誌『白兵戦』を出すが弾圧を受けて廃刊。6月満州に渡る。しばらくして帰郷し同年鈴木惣之助、落合茂らが創刊したアナ派詩誌『都会詩人』(1930.5『社会詩人』と改題)の同人となる。29年『幽冥』に参加『詩人連盟』を創刊。同年11月『仮装舞踏会』を上梓。29・30年頃杉浦盛雄と名古屋詩人連盟を結成し名古屋市東新町の仏教会館で発会式を行う。「当時の町井は、総髪けい眼、精悍尖鋭な闘士として身心共に逞しい気魄と闘魂に満ちていた」(杉浦)という。敗戦後は『サロン・デ・ポエート』に拠り市内那古野町で会計事務所を構えた。(冨板敦)〔著作〕『仮装舞踏会』都会詩人社1931〔文献〕杉浦盛雄『名古屋地方詩史』同刊行会1968、木下信三『名古屋抵抗詩史ノート』私家版2009

町支 源四郎 まちし・げんしろう ⇨魚田 康・うおた・こう

町田 義一 まちだ・ぎいち ?-? 1919(大8)年東京京橋区(現・中央区)の築地活版所欧文鋳造科に勤め活版印刷工組合信友会に加盟する。(冨板敦)〔文献〕『信友』1919年8・10月号

町田 喜代三 まちだ・きよぞう ?-? 横浜黒色一般労働者組合(のち横浜地方労働者連盟)のメンバー。1927(昭2)年4月10日に開かれた関東労働組合自由連合会第2回大会で横浜黒色一般を代表して政治運動反対の議案を提出・説明する(可決)。28年11月初旬横浜社会館に宿泊して自由労働についていたところ11月10日昭和天皇即位前の弾圧で突如検束、29日間拘留となる。30年春頃松島喜代八らと横浜地方労働者連盟を脱退する。(冨板敦)〔文献〕『自連』12・30・46号1927.5・28.12・30.4、『労働者の叫び』2号1929.2

町田 四郎 まちだ・しろう 1905(明38)12.9-1997(平9)10.11 鹿児島県鍛冶屋町に生まれる。27年陸軍士官学校本科中退。同9月

『南方詩人』(町田四郎編発,『南方楽園』の後継)創刊に参加。28年8月金城亀千代の推薦で『詩の家』(佐藤惣之助主宰)の会員となる。同年同県枕崎町西鹿籠で同地中学校で教職につき,戦後は60年10月垂水市教育長を経て67-75年まで垂水市長を歴任した。(黒川洋・廣畑研二)〔文献〕高橋秀吉『鹿児島詩壇史』詩芸術社1976

町田 鶴吉 まちだ・つるきち ?-? 1919(大8)年東京京橋区(現・中央区)の築地活版所石版科に勤め日本印刷工組合信友会に加盟する。(冨板敦)〔文献〕『信友』1919年10月号

町田 徳次郎 まちだ・とくじろう ?-? 1919(大8)年東京神田区(現・千代田区)の宮本印刷印刷科に勤め日本印刷工組合信友会に加盟。同社同科の組合幹事を山口多郎,吉野次郎兵衛と担う。(冨板敦)〔文献〕『信友』1919年10月号

町田 ふぢ まちだ・ふぢ ?-? 1919(大8)年東京京橋区(現・中央区)の英文通信社印刷所文選科に勤め日本印刷工組合信友会に加盟する。(冨板敦)〔文献〕『信友』1919年10月号

町田 安之助 まちだ・やすのすけ ?-? 日本印刷工組合信友会に加盟し1921(大10)年末頃,東京京橋区(現・中央区)の中屋印刷所に勤めていた。(冨板敦)〔文献〕『信友』1922年1月号

万千野 松 まちの・しょう ?-? 1919(大8)年東京芝区(現・港区)の東洋印刷会社文選科に勤め活版印刷工組合信友会に加盟する。(冨板敦)〔文献〕『信友』1919年8月号

町野 為次郎 まちの・ためじろう ?-? 1919(大8)年横浜の中央舎に勤め横浜印刷技工組合に加盟,同組合の評議員を担う。(冨板敦)〔文献〕『信友』1920年1月号

松井 勇 まつい・いさむ ?-? 村上義博らによって1928(昭3)年1月に結成されたAC労働者連盟の機関誌『労働者の叫び』の発行・編集兼印刷人。『労働者の叫び』は『無政府』の後継誌と思われる。『労働者の叫び』は,28年9月に東中野に移転したAC労働者連盟の事務所から発行されたが新事務所に対する家宅捜索,検束に続き発禁処分を受け雑誌は当局にほとんど回収された。それでもなお翌29年2月には第2号が発行されている。(植本弘)〔文献〕『労働者の叫び』1号1928.10,『自連新聞』28・29号1928.10・11,『黒色青年』19号1929.3

松井 栄太郎 まつい・えいたろう ?-? 1919(大8)年東京本所区(現・墨田区)の凸版印刷会社印刷科に勤め活版印刷工組合信友会に加盟する。(冨板敦)〔文献〕『信友』1919年8月号

松井 勝弥 まつい・かつや ?-? 新聞工組合正進会に加盟し1924(大13)年夏,木挽町(現・中央区銀座)本部設立のために2円寄付する。(冨板敦)〔文献〕正進会『同工諸君!! 寄附金芳名ビラ』1924.8

松井 勘次郎 まつい・かんじろう ?-? 別名・勘二郎 読売新聞社に勤め東京の新聞社員で組織された革進会に加わり1919(大8)年8月の同盟ストに参加するが敗北。のち正進会に加盟。24年夏,木挽町(現・中央区銀座)正進会本部設立のために1円寄付する。(冨板敦)〔文献〕『革進会々報』1巻1号1919.8,『正進』2巻2号1921.2,正進会『同工諸君!! 寄附金芳名ビラ』1924.8

松井 金五郎 まつい・きんごろう ?-? 1919(大8)年東京京橋区(現・中央区)の秀英本舎和文科に勤め活版印刷工組合信友会に加盟する。(冨板敦)〔文献〕『信友』1919年8・10月号

松井 賢一 まつい・けんいち ?-1968(昭43)12.18 静岡県引佐郡三ケ日町に生まれる。小学校4年で豊橋の印刷工場の見習となる。その後浜松の日本楽器に入社し第1次日本楽器争議を闘う。のち浜松新聞社に入社し文選工として働きながら新聞学を学ぶ。実弟でアナキストの新聞記者松井正男の提唱で,28年春斎藤竹雄らとアナ系の遠江印刷同工会を組織する。同年日東新聞社を設立(のち遠州新聞社と改称。37年廃刊)。戦後は46年正男とともに『浜松民報』を発刊(50年に『遠州新聞』と改称),58年社長を退く。その後『遠州新聞』は廃刊となった。(冨板敦)〔文献〕「松井賢一をめぐる一族たち」『東海展望』1971.2,『自連』22号1928.3,『静岡県労働運動史』

松井 源次 まつい・げんじ ?-? 1919(大8)年東京神田区(現・千代田区)の三秀舎印刷科に勤め日本印刷工組合信友会に加盟する。(冨板敦)〔文献〕『信友』1919年10月号

松居 孝一郎 まつい・こういちろう ⇨三崎良一 みさき・りょういち

松井 重吉 まつい・じゅうきち ?-? 1919(大8)年東京牛込区(現・新宿区)の日清印刷

会社印刷科に勤め活版印刷工組合信友会に加盟する。(冨板敦)〔文献〕『信友』1919年8月号

松井 須磨子 まつい・すまこ　1886(明19)3.8-1919(大8)1.5　本名・小林正子　長野県に生まれる。1900(明33)年に上田尋常小学校を卒業。その後，上京して戸板裁縫学校(現・戸板女子短期大学)に入学。09年に文芸協会附属演劇研究所の第一期生となる。11年5月に帝国劇場で文芸協会の第1回公演『ハムレット』(坪内逍遥翻訳)が行われ須磨子はヒロインのオフェーリアを演じ，9月に文芸協会附属演劇研究所の試演場で上演されたイプセンの『人形の家』(抱月翻訳・演出)では主人公のノラを演じ新しい時代の新劇女優として注目される。12年(大1)5月に有楽座で上演されたズーダーマンの『故郷』(抱月訳・演出)の公演中に須磨子と抱月の不倫が表面化して須磨子は文芸協会の退会を命じられ，13年4月には抱月が文芸協会を辞し同年9月に須磨子と芸術座を結成。有楽座で第1回公演を行う。14年3月に帝国劇場で上演された第3回公演『復活』の劇中劇で須磨子が歌った「カチューシャの唄」(島村抱月作詞・中山晋平作曲)がレコードになり大ヒットした。この芸術座の公演は新劇の大衆化に貢献したが，抱月は大衆性と共に芸術性も追求し，牛込に芸術倶楽部を建て16年7月にはその舞台でトルストイの『闇の力』(林久男訳)を初演。これは芸術的に成功し，このように大衆性と芸術性の「二元の道」を進んでいったが，18年11月にスペイン風邪にかかり，抱月が急死。翌年1月に芸術座は須磨子を座主に第12回公演として有楽座で『カルメン』(川村花菱訳)を上演，同月抱月の後を追って自殺。芸術座は解散となる。(平辰彦)〔文献〕秋庭太郎『日本新劇史』理想社1956

松井 徳太郎 まつい・とくたろう　?-?　1919(大8)年横浜のジャパン・ガゼット社新聞課に勤め横浜欧文技術工組合に加盟して活動。同組合設立基本金として1円寄付する。(冨板敦)〔文献〕『信友』1919年8・10月号，1920年1月号

松井 寅吉 まつい・とらきち　?-?　1919(大8)年東京京橋区(現・中央区)の築地活版所機械修繕科に勤め日本印刷工組合信友会に加盟する。(冨板敦)〔文献〕『信友』1919年10月号

松井 直太郎 まつい・なおたろう　?-?　1919(大8)年東京神田区(現・千代田区)の神田共栄舎印刷科に勤め日本印刷工組合信友会に加盟する。(冨板敦)〔文献〕『信友』1919年10月号

松井 久吉 まつい・ひさきち　1913(大2)3.22-1992(平4)3.6　三重県阿山郡城南村久米(現・伊賀市)生まれ。城南小学校卒業後，家業の傘骨つくりに従事。30年井上英一らと「1升8銭で米を売れ」などのビラをまき検挙される。31年全国水平社三重県連合会伊賀支部常任書記となる。33年三重県下の活動家を襲った一斉検挙(治安維持法違反)にあう。34年全水12回大会で三重県代表として「北原泰作家族救援に関する件」を提案(可決)。滋賀の朝野温知らと付き合いがあったことから35年11月無共党事件で検挙される(二見敏雄が三重県に潜入したとの情報から全水支部を中心に一斉検挙があり30余人が取り調べを受けた)。この件で治安維持法違反として起訴され37年懲役2年執行猶予5年となる。戦後は46年部落解放全国委員会第1回大会で中央委員となり75-82年部落解放同盟中央執行委員長をつとめたのち常任顧問となる。(冨板敦)〔著作〕『被差別部落に生きる』三一書房1983，『部落史の精神』解放出版社1990〔文献〕『特高外事月報』1936.12，『社会運動の状況8』，『身上調書』，大山峻峰『三重県水平社労農運動史』三一書房1977

松井 不朽 まつい・ふきゅう　1894(明27)-1982(昭57)12.4　本名・広文　「同じ人間に生まれながら一方では天皇を神格化して尊崇を強いるなどなんという矛盾だろう」と年少時代から天皇制に疑問を持つ。11年家を飛び出し新聞記者となる。大正初め頃独立し名古屋市内で雑誌『愛知評論』を発行。14年熱田高蔵電停西に大公論社を設立，雑誌『大公論』(『愛知評論』を改題)を発行する。19年4月韓世復(光洙)を副社長に迎える。5月松坂屋北に事務所を移し『大公論』を日刊新聞とする。同新聞には丹潔，渡平民らも加わった。同年6月25日「資本家を叩き潰せ」(114号)，7月3日「活きる為に悶えて居る俺」(119号)の記事が発禁となり禁錮刑，また発行所移転届け遅延のため新聞紙法違反で罰金刑を受ける。8月にも不穏の記事があったとして刑事訴追される。11月1日名古屋のアナルコ・サンジカリスト，アナキスト，戦闘的労働者を糾合するために横田涔次

郎、片桐市蔵らが東海労働者大会を計画し、松井は主催を引き受ける。ところが当日朝事前検束、会場となった市内中区門前町の万松寺本堂は警官に取り囲まれ傍聴者の入場も許されず流会となる。その夜松井の大公論社2階に集まった仲間は懇親会を開く。そこには横田、韓、伊串英治ら、また大杉栄、和田久太郎もひそかに参加していた。その後天皇制を批判した筆禍事件で20年2月千葉刑務所へ。出獄後22年4月紙名を『金剛石』に改め勤倹貯蓄を旗印に活動を始める。鶴舞公園前に金剛石会館を構え23年には同会館でザメンホフ祭を開催する（由比忠之進も参加）。45年2月長野県湯田中に疎開。敗戦後は『金剛石』『ナゴヤ経済界』を発行（76年頃『人間改造』『民衆経済』とそれぞれ改題）。NHK受信料不払い運動、平沢貞通救援支援を行うほか知事三選阻止を訴え愛知県知事選挙に出馬、また衆議院選挙にも立候補。「反戦論者のしかも天皇制打倒論者」「どこまでも野人として行動し、ときの権力と戦うことを本懐として」きたと自ら語る反骨の言論人だった。（冨板敦）〔著作〕『田舎者丸出しのソ連旅行記』『小林一三』、「わが五十年の赤裸々人間像」『ナゴヤ経済界』101・106・107・123-125・128・146-148・156号1965.11.66.4・5・9-11・68.2・69.8-10・70.6〔文献〕伊串英治『私の生い立ち』私家版1964、『名古屋地方労働運動史』『社会主義沿革1』、マックス中川「松井不朽」『トスキナア』8号2008

松井 ふゆ子 まつい・ふゆこ ?-? 横浜毎朝新報社に勤め横浜印刷技工組合に加盟。1921（大10）年3月12日同社の減給拒絶闘争を26名で闘い勝利する。（冨板敦）〔文献〕『信友』1921年4月号

松井 正男 まつい・まさお ⇨松井賢一 まつい・けんいち

松井 安太郎 まつい・やすたろう ?-? 1919（大8）年東京京橋区（現・中央区）の秀英本舎校正科に勤め活版印刷工組合信友会に加盟する。（冨板敦）〔文献〕『信友』1919年8月号

松井 康長 まつい・やすなが ?-? 1919（大8）年東京芝区（現・港区）の東洋印刷会社和文科に勤め活版印刷工組合信友会に加盟する。（冨板敦）〔文献〕『信友』1919年8月号

松浦 梅吉 まつうら・うめきち ?-? 1919（大8）年東京神田区（現・千代田区）の文明社文選科に勤め日本印刷工組合信友会に加盟する。（冨板敦）〔文献〕『信友』1919年10月号

松浦 康平 まつうら・こうへい 1907（明40）-? 名古屋市中区広路町川名生まれ。商業学校を卒業後、父の養鶏業の手伝いをする。商業学校在学中から詩歌を愛好し『誌神』を購読、誌友となって自作品を投稿するうちアナキズムに関心を抱く。中根広義らと交流し『黒色戦線』『自連新聞』『自由人』を読むようになった。35年末頃無共党事件で検挙されるが不起訴。（冨板敦）〔文献〕『身上調書』

松浦 秀介 まつうら・しゅうすけ ?-? ステロ（鉛版）工、日本印刷工組合信友会のメンバー。1923（大12）年坂口喜一、溝井宗吉郎らと機関誌『ステロ』を創刊、同志の獲得に努める。同年4月28日の信友会大会で新常務委員（外務担当）に選出される。9月の関東大震災後神戸に移り神戸新報社に24年1月まで勤める。（冨板敦）〔文献〕『信友』1922年6月号、『正進』4巻2.3号1923.3、『印刷工連合』1・8・10号1923.6・24.1・3、水沼辰夫『明治・大正期自立的労働運動の足跡』JCA出版1979

松浦 捨三郎 まつうら・すてさぶろう ?-? 1919（大8）年東京京橋区（現・中央区）の築地活版所鉛版科に勤め日本印刷工組合信友会に加盟する。（冨板敦）〔文献〕『信友』1919年10月号

松浦 忠二郎 まつうら・ちゅうじろう ?-? 1919（大8）年東京深川区（現・江東区）の東京印刷深川分社第二部印刷科に勤め活版印刷工組合信友会に加盟する。（冨板敦）〔文献〕『信友』1919年8月号

松浦 良一 まつうら・りょういち 1905（明38）-? 解放戦線社のメンバー。26年1月31日銀座事件において旗竿で店舗のガラスを壊したとして逮捕される。同年末頃いったん市ケ谷刑務所から出る。28年6月25日控訴院で懲役8カ月未決通算120日となり中野刑務所に収監、29年1月27日出獄した。その間28年8月豊多摩郡代々幡町代々木上原（現・渋谷区）に解放戦線社を置き『無政府主義』を創刊、発行責任者となる。（冨板敦）〔文献〕『黒色青年』1・4・6・18・19号1926.4・7・12・28.9・3、『無政府主義』1号1928.8、『思想輯覧1』

松尾 卯一太 まつお・ういった 1879（明12）1.27-1911（明44）1.24 別名・ノ＼（ベツポツ） 熊本県玉名郡豊水村川島村（現・玉名

市)に生まれる。熊本市の中学済々黌を中退後, 上京して東京専門学校に入るが中退。その後新聞記者などをしていたが02年頃帰郷。在京中社会主義思想の影響を受けていたが帰郷後は洋式の養鶏業を始めた。その規模は九州屈指といわれ04年4月からは月刊『九州家禽雑誌』を編集・発行し養鶏指導者として知られるようになった。同年7月平民社の経営危機に際し寄付金募集に尽力している。05年小田頼造の社会主義九州伝道行商に積極的に協力。06年1月頃から済々黌の同窓で『熊本毎日新聞』次席記者新美卯一郎と新聞の発刊を計画し翌07年6月『熊本評論』を創刊。松岡悌三, 田村次夫が創刊に参加した。同紙は新美が筆禍で入獄した直後の07年10月の8号で, 社会主義運動における議会政策派と直接行動派の対立をめぐって後者の立場を表明した。松尾は同年11月に大阪で行われた幸徳秋水を囲む茶話会に参加し以後同紙には幸徳, 大石誠之助, 堺利彦, 森近運平, 大杉栄らの寄稿が増えた。15号からは新聞紙条例違反で入獄した松岡に代わって発行兼編集人となり, 坂本清馬を同人として迎えたため同紙は直接行動派とアナキズムの全国紙的役割を担うこととなった。08年9月赤旗事件に関する記事で軽禁錮・罰金, 発禁になったため同紙は31号で終刊となった。出獄後上京し, 09年3月『平民評論』を創刊したが1号で発禁, 禁錮1年となった。服役中の10年7月20日大逆事件の捜査により起訴され死刑判決を受け処刑された。(西山拓)〔文献〕労働運動史研究会編『熊本評論』明治文献資料刊行会1962, 宮本謙吾「大逆事件と肥後人」『日本談義』1-13号1954.11-55.12, 糸屋寿雄『増補改訂 大逆事件』三一書房1970, 塩田庄兵衛・渡辺順三編『秘録・大逆事件・上下』春秋社1961・62, 荒畑寒村『社会主義伝道行商日記』新泉社1971, 上田穣一・岡本宏編著『大逆事件と『熊本評論』』三一書房1986, 吉田隆喜『無残な敗北 戦前の社会主義運動を探る』三章文庫2001

松尾 久三 まつお・きゅうぞう ?-? やまと新聞社に勤め東京の新聞社員で組織された革進会に加わり1919(大8)年8月の同盟ストに参加するが敗北。23年2月のやまと新聞社争議を闘い馘首される。その後, 正進会に加盟。24年夏, 木挽町(現・中央区銀座)正進会本部設立のために50銭寄付する。(冨板敦)〔文献〕『革進会々報』1巻1号1919.8, 『印刷工連合』3号1923.8, 正進会『同工諸君!! 寄附金芳名ビラ』1924.8

松尾 邦之助 まつお・くにのすけ 1899(明32)11.15-1975(昭50)4.3 静岡県引佐郡引佐町金指に生まれる。生家は白木屋という呉服商で裕福な家で育った。浜松中学卒業後, 東京外語学校フランス語科に入学, 22年卒業。同年10月フランスへ留学し25年パリ大学高等社会学院卒業。29年日仏文化連絡協会を組織。翌30年読売新聞社パリ文芸特置員となる。前任者は辻潤で二人はパリで出会っている。31年読売新聞社に正式に入社, パリ支局長。『日仏評論』を発刊し倉田百三『出家とその弟子』, 友松圓諦『仏教概論』, 岡本綺堂『恋の悲劇』を仏訳し『其角の俳諧』『能の本』『日本文学史』『芭蕉及びその弟子』などを仏文で刊行した。「パリの文化人税関」と呼ばれ渡仏した人々の世話をしている。記者としてドイツ, トルコ, スペインを渡り歩きヨーロッパの戦況を送り続けた。46年帰国, 論説委員, 副主筆となる。57年読売新聞社を退社し毒舌評論家として活躍する。47年自宅でのちの自由クラブとなる「松尾サロン」を始める。49年西山勇太郎とはかって東京駒込西福寺に辻の墓碑を建立, その後も辻復活に尽力する。51年自由クラブの機関誌『アフランシ』を創刊。62年松尾, 添田知道, 村松正俊を中心とする個の会を発足。周りに集まる若者たちに近代個人主義を説いていた。多数の著作と翻訳書を残したが出色は『スティルナアの思想と生涯』と『ニヒリスト 辻潤の思想と生涯』を著し, またアン・リネルの『赤いスフィンクス』を訳し彼らを戦後いち早く再評価したことである。(久保田一)〔著作〕『フランス放浪記』鱒書房1947, 『ダイド会見記』岡倉書房1947, 『スティルナアの思想と生涯』星光書院1950, 『近代個人主義とは何か』東京書房1962・復刻版黒色戦線社1983, 『ニヒリスト』オリオン出版社1967, 『風来の記』読売新聞社1971, 『エロスの告発 わがエロトロジー・上下』インタナル出版1976, 『アン・リネルとクロポトキン1-3』『平民新聞』26-28号1947.5.7・21・28, ガクソット『フランス革命』(訳)読売新聞社出版局1950, キュルチス『夜の森』(訳)三笠書房1951, アン・リネル『赤いスフィンクス』(訳)長島書房1956, 新装版『巴里物語』社会評論社2010〔文献〕『虚無思想研究』1-4号1948-50, 『アフランシ』全36冊1951-57・復

刻版緑蔭書房1988,『個』1963-69・復刻版黒色戦線社1984,玉川信明『エコール・ド・パリの日本人野郎』朝日新聞社1989,『虚無思想研究』15号1999.7,『SUMUS』8号2000,大澤正道『忘れられぬ人々』論創社2007

松尾 啓吉 まつお・けいきち　1907(明40)-1987(昭62)　生田春月に師事し大島庸夫,『九州詩壇』の原田種夫らと交流する。32年詩集『混沌の児』を刊行。生田没後3回忌にあたる同年5月石川三四郎は『ディナミック』でこの本を紹介し「著者は故生田春月に師事した若き詩人で,これはその第1詩集である。始めから終りまで何んと立派に完成された珠玉の詩篇であらうか!」と激賞している。戦中は蒲田の軍需工場で少年工の勤労管理をする。敗戦後はハイデガー『存在と時間』の翻訳で知られる。(奥沢邦成・冨板敦)〔著作〕ハイデガー『存在と時間・上下』(訳)勁草書房1960・66,『混沌の児』私家版1932,中央公論事業出版1991,『変と願の形而上学』同1991〔文献〕『ディナミック』31号1932.5

松尾 重治 まつお・しげはる　?-?　1919(大8)年東京神田区(現・千代田区)の丸利印刷所印刷科に勤め日本印刷工組合信友会に加盟する。(冨板敦)〔文献〕『信友』1919年10月号

松尾 清吾 まつお・せいご　?-?　1938(昭13)年3月10日佐世保市瀬見町で月刊新聞『粋界戦線』を発行する。(冨板敦)〔文献〕『社会運動の状況10』

松尾 常次郎 まつお・つねじろう　?-?　1919(大8)年東京京橋区(現・中央区)の築地活版所欧文鋳造科に勤め活版印刷工組合信友会に加盟する。(冨板敦)〔文献〕『信友』1919年8・10月号

松尾 要四郎 まつお・ようしろう　1892(明25)10.27-?　長崎市飽津町に生まれる。1919(大8)年東京神田区(現・千代田区)の三省堂印刷部文選科に勤め,活版印刷工組合信友会に加盟。同年5月野村孝太郎,入沢吉次郎とともに信友会の機関誌編集幹部に選出される。同年かつて勤めていた東京本郷区(現・文京区)の日東印刷会社不当解雇訴訟を闘う。のち三省堂を馘首され20年信友会のメンバー十余名と解雇反対闘争を闘う。同年東京市小石川区中富坂町(現・文京区)の立田方に住み日本社会主義同盟に加盟。23年5月1日第4回メーデーに参加。『印刷工連合』1号に「メーデー所感」を執筆。「最後に記憶して貰いたい事は,(ジャパン・)タイムスの神保(貞一)君が其の不自由な足を引摺るやうにして最後迄行進された事である,俺は実に感激せずには居られなかつた」と記す。(冨板敦)〔文献〕『信友』1919年8・10・12月号・20年1・2・8月号・21年2・4月号,『労働運動』1次2号1919.11,『印刷工連合』1-4号1923.6-9,『警視庁思想要注意人名簿(大正10年度)』,水沼辰夫『明治・大正期自立的労働運動の足跡』JCA出版1979

松岡 勘七 まつおか・かんしち　?-?　1919(大8)年東京神田区(現・千代田区)の三省堂印刷部鋳造科に勤め活版印刷工組合信友会に加盟する。(冨板敦)〔文献〕『信友』1919年8・10月号

松岡 荒村 まつおか・こうそん　1879(明12)5.8-1904(明37)7.23　本名・悟　熊本県八代郡高田村(現・八代市平山新町)に生まれる。名望家の息子。同志社英学校に学ぶ。足尾鉱毒問題に関心を寄せ木下尚江らの関西遊説のおり登壇「天爵よりも人爵の尊ばれ,人権よりも金権の重ぜらるゝ明治の御代」を批判した。02年五十嵐喜広の濃飛育児院に赴任。03年同志社の恩師安部磯雄が講師をつとめる早稲田大学に進学,安部会長の社会主義協会に入会。同年労働者観桜会への弾圧をうたった「月にぶる上野の歌」や「山上憶良が貧窮問答之歌を読む」などを『社会主義』に寄せた。早稲田社会学会の創設を発起し執筆・演説活動を行ったが04年肺患にて死没。05年白柳秀湖らと同志が刊行した遺著はすぐに発禁。対ロシア戦に向けての忠君愛国強制を批判した「国歌としての『君が代』」で,「国家は必ずしもなかる可らざるものなるか」と切り出し「あまりに君主々義にして今一歩をあやまれば吾幾億の同胞をして永久尚且君は即ち国家なりてふ頑迷なる観念に迷惑せしむるの悲運に到らむかを恐る」と論じた。(田中英夫)〔著作〕『荒村遺稿』私家版1905・復刻版明治文献1963・不二出版1982〔文献〕西田勝『松岡荒村伝の試み』『近代文学の発掘』法大出版局1971,天野茂『増補版・埋もれた明治の青春 松岡荒村』不二出版1982,天野茂編『平民社の女 西川文子自伝』青山館1984,荻野富士夫「松岡荒村 文明呪詛から『君が代』批判へ」『初期社会主義思想論』不二出版1993,『新熊本市史』通史編第6巻(近代2)

2001

松岡 虎王麿 まつおか・とらおうまろ 1893(明26)11.30-1964(昭39)1.4 愛媛県松山出身の書籍商松岡寅男麿の長男。母はきん。父の経営する松岡書店は初め小石川区白山(現・文京区)の坂の途中(白山前町38)にあり、坂上の三角の角(駒込東片町82)へ移った。すでに坂の途中の頃から2階で渡辺政太郎・やよ夫妻が労働運動の研究会を開き、坂上の通称「三角2階」に移ってからはそこに住み久板卯之助や近藤憲二も一時同居した。五十里幸太郎、田戸正春、井上猛一(岡本文弥)ら近隣の青年がこの研究会に参加し松岡もこのグループに近づいた。18年父が隠居し家督相続、21年まき町通り中央の105番地に借地して間口3間、奥行5間の南天堂書房を建て2階に喫茶店をつくり3階を住まいとした。パリでは本屋の2階に喫茶店をつくるのが流行していると遊学中の内海正性に聞き、銀ブラが好きだった松岡が「銀座の気分を本郷で」をキャッチフレーズにカフェ兼レストランを開いた。外国汽船のコックを雇い本格的な洋食を提供した。ここに集まった人々は大杉栄、伊藤野枝、宮嶋資夫、高畠素之、辻潤、高橋新吉、百瀬晋、五十里幸太郎、田戸正春、牧野四子吉、宮山栄之助、岡本潤、壺井繁治、萩原恭次郎、林芙美子、友谷静栄、平林たい子、小野十三郎、近藤憲二、川口慶助、神永文三、村山知義、橋爪健、秋山清。時期とつきあいの濃さ薄さはあるがアナキズム、ダダイズム系の論客、詩人が集まり、ことに関東大震災後の24年には毎晩のように集まり歌い踊り酔っ払い喧嘩する「南天堂の狂燥」が繰り広げられた。また『赤と黒』グループの「詩の展覧会」会場、林、友谷の『二人』の普及場所、詩誌『ダムダム』の発行所、中西悟堂の詩集『東京市』の出版記念会会場としても機能した。アナキズム系のみならず川端康成、今東光、横光利一、勝承夫、岡村二一、内藤鋹策、西条八十、野口雨情、吉屋信子らも訪れた。しかし貧乏文士のつけがたまり支配人にだまされまもなく南天堂は滅亡(三角2階にあった支店は弟虎三郎によって30年まで存続)。松岡はのち神田で出版、印刷業に携わりまた横須賀で南天堂書房を開いた。アナキズムの思想家、実践家というより、その周囲にいて場を提供し普及を手伝った人物といえよう。〔森まゆみ〕〔文献〕寺島珠雄『南天堂』皓星社1999、森まゆみ「南天堂漂流」『ちくま』314-378号1997.5-2002.9

松岡 信之 まつおか・のぶゆき ?-? 1919(大8)年東京麹町区(現・千代田区)の同労舎和文科に勤め日本印刷工組合信友会に加盟する。〔冨板敦〕〔文献〕『信友』1919年10月号

松岡 正人 まつおか・まさと ?-? 高知県高岡郡(現・土佐市)宇佐町出身。東京一般労働者組合江東支部に加わり、1927(昭2)年5月27日臨時例会で同組合のテーゼ起草委員となる。32年9月16日高知市で大杉栄虐殺追悼座談会開催を計画するが前日に小西寿保とともに検束される。宇佐では漁師をしながら青年団を組織しようとしていた。〔冨板敦〕〔文献〕『自連』14・15号1927.7・8、『特高月報』1932.9、『農青社事件資料集II・III』、中井昭編著『高知県漁民運動史料集成』高知県漁業協同組合連合会1973

松岡 保之助 まつおか・やすのすけ ?-? 1919(大8)年東京神田区(現・千代田区)の中正舎に勤め活版印刷工組合信友会に加盟する。〔冨板敦〕〔文献〕『信友』1919年8月号

松木 千鶴 まつき・ちづる 1920(大9)10-1949(昭24)2.2 本名・遠藤千鶴、別名・松木ちづる 長野市西町生まれ。生後まもなく父母とともに上京して向島区隅田町(現・墨田区墨田)に住む。府立第七高女、アテネ・フランセに学ぶ。39年遠藤斌と暮らし始めた頃から詩作を始め詩誌『歴程』や『日本学芸新聞』にアナ系詩人の一人として作品を発表し伊藤信吉らに認められた。遠藤が46年11月から日本アナキスト連盟機関紙『平民新聞』の編集にあたるようになってから同紙発行のために献身的に働いた。アナキズム運動理論に関する理解も深かった。『平民新聞』には「夜あけの女たち」「奴隷の歌」などの10数編の詩や小文を発表、47年夏から病床にふす。病床でも詩を発表し続けまた『平民新聞』の継続発行のため尽力した。1年半の闘病生活ののち死没。石川三四郎は松木の死を悼んで「すべてに貧しいわれらにとって、彼女はまことに過ぎたる友、過ぎたる同志であった」と称えた。〔三原容子〕〔著作〕『松木千鶴詩集』ぱる出版1998〔文献〕植村諦「春に魁けて」『平民新聞』107号1949.2、石川三四郎

「千鶴さんを讚へる」同108号1949.2，向井孝「松木千鶴さんのこと」『ひろば』5号1957.3，大澤正道『忘れられぬ人々』論創社2007

松倉 亀次郎　まつくら・かめじろう　?-?　1919（大8）年東京深川区（現・江東区）の東京印刷深川分社第一部印刷科に勤め活版印刷工組合信友会に加盟する。（冨板敦）〔文献〕『信友』1919年8月号

松倉 小城　まつくら・こしろ　1908（明41）-?　長野県上水内郡古里村上駒沢（現・長野市）生まれ。茨城県の高等小学校を卒業後，東京に出る。28年茨城に戻り新治郡石岡郵便局員となり岡崎一男と出会う。29年頃からアナキズム運動に関心をもち岡崎と文芸サークルを結成。31年1月文芸誌『田園尖端』を発行。同年4月岡崎らとともに農青社の星野準二，鈴木靖之の訪問を受ける。同年5月『創造の旗』，32年5月『風』，33年7月『茨城文学』など岡崎と連携して文芸誌を相次いで刊行。34年アナキズム運動関連で取り調べを受けた。35年無共党事件で検挙され農青社事件に連座して懲役2年執行猶予4年となる。その後中国に渡り農事公社に勤務。敗戦で帰国，その後石岡市に住む。（冨板敦）〔文献〕『特高外事月報』1937.2，『社会運動の状況8』，『資料農青社運動史』，『農青社資料集Ⅰ-Ⅲ』，『身上調書』

マッケイ　Mackay, John Henry　1864.2.6-1933.5.16　英国スコットランド，グリーノックに生まれる。父はスコットランド人，母はドイツ人。早く父を失い母とドイツへ移る。マッケイは日本ではもっぱらシュティルナーの発掘者として知られているが，詩人であり作家でもあり「政治的色彩をもった個人主義者」としてレッシングを継ぐ者とされる。マッケイの詩「アナーキー」は戦前戦後を通じアナ系の新聞や雑誌に繰り返し訳載されている。訳者は土方定一，竹内てるよ，鈴木靖之，遠藤斌らで，「いつも罵られ，呪われ—かつて理解されたことのない」アナーキーだが「それはきっとこの地上にやって来る」とうたうあたりが多くのアナキストの心情に触れたのだろう。マッケイはドイツの代表的な個人主義的アナキストで，プルードンに傾倒し当時盛んに行われた「行為の伝道」（テロリズム）には断固として反対の立場をとっていた。それはシュタイナーとの往復書簡からもうかがわれる。（大澤正道）〔文献〕松尾邦之助『マックス・スティルナア』星光書院1949，大澤正道『個人主義』青土社1988

松崎 源吉　まつざき・げんきち　1874（明7）1-1944（昭19）4.10　鹿児島県川辺郡知覧村（現・南九州市）に生まれる。生家は廻船問屋。93年渡米し園丁，ボーイなどをしながら流浪。99年渡英し00年帰国。02年4月宮崎民蔵らと土地復権同志会を結成し評議員となったが，まもなく上京し片山潜主宰の渡米協会に加わり業務のかたわら『労働世界』の編集を手伝う。社会主義協会にも参加し翌年片山，西川光二郎らとともに四国，九州の社会主義地方遊説を行う。帰京後西川とともに『東洋経済新報』の記者となる。06年2月結成された日本社会党に入党し，翌07年の第2回党大会で評議員に選ばれたが同大会における直接行動派と議会政策派の対立に際し幸徳秋水の直接行動論に加わった。松崎は軽妙な弁舌で演説会には欠かせない弁士であったという。運動の分裂後は西川や赤羽巌穴らと片山の『社会新聞』に参加し社会主義同志会を設立。『社会新聞』は直接行動派の松崎，赤羽と議会政策派の片山との間に軋轢があり08年1月分派問題が表面化した。同年3月赤羽，西川らと『東京社会新聞』を創刊。同紙は15号まで続いたが松崎は1-13号の発行兼編集人。3号と13号が新聞紙条例違反に問われ東京監獄に3カ月，千葉監獄に4カ月入獄した。09年1月出獄後，同じく入獄していた同志が出獄後に再結合する場として自由倶楽部を創設。同年10月出獄した赤羽と運動方針を話し合ったが伝道を主張する赤羽に対し直接行動論を譲らず，結局同倶楽部は解散した。松崎はその後社会主義運動から離れた。（西山拓）〔文献〕労働運動史研究会編『明治社会主義史料集8』明治文献資料刊行会1962

松崎 三郎　まつざき・さぶろう　?-?　埼玉県大里郡桜沢村（現・寄居町）で暮し1925（大14）年竹内閖衛らの「土を慕ふものの会」に加わる。同会が農民自治会に合流，発展的に解消すると農自全国連合に参加。地元の農民自治会を組織しようとしていた。（冨板敦）〔文献〕『土を慕ふものの会々報』1号1926.1，『農民自治会内報』2号1927

松崎 春涛　まつざき・しゅんとう　?-?　1919

(大8)年東京神田区(現・千代田区)の大東印刷会社に勤め活版印刷工組合信友会に加盟。のち国際印刷株式会社を経て小石川区(現・文京区)の博文館印刷所に移る。(冨板敦)〔文献〕『信友』1919年8・10月号、1921年1月号、1922年1月号

松崎 貞次郎 まつざき・ていじろう ?-? 九州地方の生まれか。1925(大14)年11月創刊の『黒手』の編集・発行・印刷人。難波正雄、畠山清行、能智修弥、大竹てる(松崎の妻)が同人。誌名『黒手』はフランスの過激アナキストたちのグループ名から取った。(黒川洋)

松崎 義家 まつざき・よしいえ ?-? 1919(大8)年東京牛込区(現・新宿区)の秀英舎(市ヶ谷)第一和文科に勤め活版印刷工組合信友会に加盟する。(冨板敦)〔文献〕『信友』1919年8月号

松沢 嘉織 まつざわ・かおり ?-? 新聞工組合正進会に加盟し1921(大10)年の春季総会のために1円寄付。また24年夏、木挽町(現・中央区銀座)正進会本部設立のためにも2円寄付する。(冨板敦)〔文献〕『正進』2巻5号1921.5、正進会『同工諸君!! 寄附金芳名ビラ』1924.8

松沢 一雄 まつざわ・かずお ?-? 1929(昭4)年5月に結成されたサンジカリズム派の東京印刷工連合会(のちの関東出版産業労働組合)のメンバー。東亜印刷に勤務していたが争議で馘首され山口健助、石原蝶四郎の住む東印連本部に転がり込んだ。31年7月雨宮製作所争議デモで検挙された千葉浩、寺島伊久雄を移送中に奪還しようとするが失敗。この奪還計画には山口、芹沢喜倉、小宮山隆雄、宮崎静三、北村らが加わり深川平野署から送局される日、永代橋で奪還しようと日本刀や棍棒で武装した。松沢は平野署の見張りを担当する。(冨板敦)〔文献〕山口健助『青春無頼』私家版1982

松沢 孝次郎 まつざわ・こうじろう ?-? 別名・孝二郎・幸次郎 報知新聞社に勤め東京の新聞社員で組織された革進会に加わり1919(大8)年8月の同盟ストに参加するが敗北。のち正進会に加盟。20年機関誌『正進』発行のために2円寄付する。(冨板敦)〔文献〕『革進会々報』1巻1号1919.8、『正進』1巻1・8号1920.4・12

松沢 良三 まつざわ・りょうぞう ?-? 1919(大8)年東京神田区(現・千代田区)の三秀舎和文科に勤め日本印刷工組合信友会に加盟する。(冨板敦)〔文献〕『信友』1919年10月号

松下 昌平 まつした・しょうへい ?-? 1927(昭2)年4月4日愛知県海部郡津島町(現・津島市)の巴座で開かれた海部郡水平社第2回大会で議長をつとめる。この大会で海部郡水平社はアナ派の全国水平社解放連盟支持を決議した。(冨板敦)〔文献〕『全国水平新聞』2号1927.8、宮崎晃『差別とアナキズム』黒色戦線社1975、『愛知県部落解放運動史 戦前編』愛知県部落解放運動連合会1983

松下 善平 まつした・ぜんぺい 1886(明19)1.20-? 静岡県引佐郡都田村(現・浜松市)に生まれる。浜松中学を卒業後05年渡米、サンフランシスコで岩佐作太郎、竹内鉄五郎らと交際した。08年8月竹内らが結成したフレスノ労働同盟会に参加し基本金の募集に尽力した。同年11月同会を中傷していた『桑港新聞』の大塚則鳴を竹内とともに訪問し口論のもつれから「無政府主義者の刃傷事件」をおこした。軽罪裁判所において殴打創傷罪の宣告を受けその後半年間裁判は継続されたが、大塚の帰国を条件に訴訟は取り下げられた。10年1月15日要視察人名簿(無政府主義)に登録された。11年1月25日岩佐の運営する朝日印刷所で行われた大逆事件刑死者追悼集会に参加している。(西山拓)〔文献〕『主義者人物史料1』、大原慧『片山潜の思想と大逆事件』論創社1995

松下 初太郎 まつした・はつたろう ?-? 報知新聞社に勤め東京の新聞社員で組織された革進会に加わり1919(大8)年8月の同盟ストに参加するが敗北。のち正進会に加盟。20年機関誌『正進』発行のために1円50銭寄付する。(冨板敦)〔文献〕『革進会々報』1巻1号1919.8、『正進』1巻1号・2巻3・5号1920.4・21.3・5

松下 芳男 まつした・よしお 1892(明25)5.4-1983(昭58)4.9 新潟県北蒲原郡(現・新発田市)に生まれる。新発田中学を卒業後、陸軍士官学校に進む。20年弘前の歩兵第52連隊に陸軍中尉で在任中、『明治大正反戦運動史』の執筆が上司に知られ同年9月停職処分になる。造反将校の第1号として話題となり「軍国主義倒潰の前兆」と騒がれた。21年日本大学法文学部に入り24年卒業、軍制史を専攻する。新発田出身ということもあ

875

り大杉栄と親しく大杉らが殺される前日に訪問している。水野広徳とともに永久平和研究会を結成、日本フェビアン協会にも参加。念願の『明治大正反戦運動史』は戦後になってようやく日の目をみた。（大澤正道）〔著作〕「殺さるる前日の大杉君夫妻」『改造』1923.11、『資本主義と戦争』文化学会出版部1925・復刻版日本図書センター2002、『明治大正反戦運動史』草美社1949（増補改訂版『三代反戦運動史』くろしお出版1960・光人社1973）、『幼き日の新発田』私家版1984〔文献〕中島欣也『銀河の道 社会主義中尉松下芳男の生涯』恒文社1989

松下 竜一 まつした・りゅういち 1937（昭12）2.15-2004（平16）6.17 中津市塩町に生まれる。生後8カ月で急性肺炎を患い右目を失明、多発性肺嚢胞症を生涯負う。1956（昭31）年大分県立中津北高校を卒業後、家業の豆腐屋を継ぐ。68年『豆腐屋の四季』を自費出版。翌年緒形拳主演でテレビドラマ化される。70年豆腐屋を廃業し著述業に専心。「人は、他人の痛みをどこまで分け合うことができるのか？どこまで他人の立場に立つことができるのか？」（『歓びの四季』）という問いを抱え、冤罪である仁保事件救援活動を契機として社会運動に関わる。72年反公害運動の原点といわれる臼杵市のセメント工場誘致反対運動を描いた『風成の女たち』を発表。自らも個人を圧殺する開発には一切肯んじない「暗闇の思想」を提起、また「環境権」を主張して73年豊前火力発電所の建設差し止めを梶原得三郎らと7人で本人訴訟として戦う（85年最高裁で敗訴）。同年12月上京し電源開発調整審議会に突入、幹事会を流会させる。この年『草の根通信』を創刊（2004年7月380号で終刊）。80年伊藤ルイと出会い82年『ルイズ 父に貰いし名は』を発表。伊藤との出会いから和田久太郎を描いた『久さん伝 あるアナキストの生涯』（83年）、『記憶の闇 甲山事件1972-1984』（85年）、『狼煙を見よ 東アジア反日武装戦線狼部隊』（87年）などが生まれた。88年日本赤軍関連で家宅捜索を受ける。入退院を繰り返しながら反権力、反戦、反原発、反天皇制、死刑反対運動に身を置き、最期まで大分日出生台の米軍実弾砲撃訓練への抗議行動、死刑囚・大道寺将司、益永利明らと提起した獄中者の外部交通権を問うTシャツ訴訟など運動の最前線にいた。自分の弱さをはっきり自覚し、金にふりまわされない暮らし方を選んだ。"やむにやまれぬ想いから行動した人間への共感"が支えた強靭な意志は、文闘と行動のあざやかな同伴を遺した"個と連帯の自由人"松下竜一の一生を貫いている。（冨板敦）〔著作〕『松下竜一とその仕事（全30巻）』河出書房新社1998-2002、『松下竜一未刊行著作集（全5巻）』海鳥社2008-2009、『復刻「草の根通信」（全21冊）』すいれん舎2006-2008、『暗闇に耐える思想 松下竜一講演録』花乱社2012〔文献〕梶原得三郎「松下竜一が遺したもの」『西日本文化』409号西日本文化協会2005.3、パンフ「松下竜一さんを偲ぶ集い」草の根の会2004、『勁き草の根 松下竜一追悼文集』草の根の会2005、新木安利『松下竜一の青春』海鳥社2005

松島 義一 まつしま・ぎいち 1896（明29）-? 群馬県勢多郡東村沢入生まれ。尋常小学校を卒業後、家業の農業に従事。1920年『労働運動』を購読する。その後は『自連新聞』『自連新聞ニュース』を直接購読した。35年末頃無共党事件で検挙されるが不起訴。（冨板敦）〔文献〕『身上調書』、『農青社事件資料集Ⅱ・Ⅲ』

松島 喜代八 まつしま・きよはち ⇨町田喜代三 まちだ・きよぞう

松島 誠一 まつしま・せいいち ?-? 1926（大15）年頃、兵庫県城崎郡五荘村（現・豊岡市）で暮し農民自治会全国連合に参加。地元の農自をつくるべく奮闘する。（冨板敦）〔文献〕『農民自治』3号1926.6、『農自治会内報』2号1927

松島 亮蔵 まつしま・りょうぞう 1910（明43）-? 栃木県下都賀郡小山町稲葉郷（現・小山市）生まれ。高等小学校を卒業後、農業に従事。小山町青年団分団長もつとめる。32年5月から『自連新聞』を購読。35年11月無共党事件で検挙されるが不起訴。（冨板敦）〔文献〕『身上調書』

松田 喜一 まつだ・きいち 1899（明32）2.20-1965（昭40）2.8 別名・喜市 奈良県山辺郡二階堂村嘉幡（現・天理市）生まれ。小学校を貧困のため5年で中退。以後勤め先転々、のち合板皮革製造所など大阪西浜の皮革工場を渡り歩く。独学で社会主義思想を身につけ18年頃から皮革、靴職人らと社会主義研究グループをつくる。22年3月の全国水平社創立大会に参加。同年大阪府水平社結成

や西浜水平社設置に尽力。同年11月全水青年同盟（共産派の指導下組織）を組織，のち中央委員長となる。大阪全水総本部事務所に出入りした。しかし逸見直造と行動をともにし24年末から25年当時『水平線』の編集委員でもあり，この頃までは木本凡人宅に出入り大串孝之助らの文明批評社の社友ともなっていた。25年全水中央委員。この頃木村京太郎らと共産主義青年同盟に加入，27年共産党に入党。28年三・一五事件で松田も含め西光万吉ら水平社から多数が検挙され（松田は懲役4年），全水総本部は大打撃を受けた。34年全水大阪府連委員長。のち現状打開には右翼団体との提携が必要と判断し皇国農民同盟に加わり，西光らと連絡をとり37年大日本青年党に入党。39年大和会に参加する。同会は浪速地区経済更生に取り組む羽山善治に野間宏とともに助言を与えた組織（松田は野間の小説『青年の環』の登場人物のモデルの一人）。42年治安維持法違反で検挙。敗戦後すぐ部落解放運動の再建に乗り出す。60年部落解放同盟副委員長。61年部落解放同盟の第1回訪中団団長として中国訪問した。（北村信隆）〔著作〕「大阪水平大大会」『大阪水平新聞』8号1926.4〔文献〕『労働運動』4次17号1926.6，『特高外事月報』1937.2・4・42.9，大阪市同和問題研究室編・刊『大阪市同和事業史』1968，木村京太郎『水平社運動の思い出・下』解放出版社1973，同刊行会『広島県水平運動の人びと』部落問題研究所1973，『大阪社会労働運動史・上』1986，白石正明「初期水平運動とアナキズム」『京都部落史研究所紀要』9号1989.3，渡部徹編『大阪水平社運動史』解放出版社1993

松田　茂成　まつだ・しげなり　?-?　1919（大8）年東京京橋区（現・中央区）の築地活版所漢字鋳造科に勤め活版印刷工組合信友会に加盟する。（冨板敦）〔文献〕『信友』1919年8・10月号

松田　静夫　まつだ・しずお　?-?　東京朝日新聞社に勤め新聞工組合正進会に加盟。1920（大9）年機関誌『正進』発行のために50銭寄付する。（冨板敦）〔文献〕『正進』1巻1号1920.4

松田　純吉　まつだ・じゅんきち　?-?　1919（大8）年東京本所区（現・墨田区）の凸版印刷会社欧文科に勤め活版印刷工組合信友会に加盟する。（冨板敦）〔文献〕『信友』1919年8・10月号

松田　武臣　まつだ・たけおみ　?-?　芝浦製作所に勤め芝浦労働組合に加盟し配電器具分区に所属。1924（大13）年9月頃，同労組の労働学校に入学する。（冨板敦）〔文献〕『芝浦労働』2次2号1924.11

松田　解子　まつだ・ときこ　1905（明38）7.18-2004（平16）12.26　本名・ハナ　秋田県仙北郡荒川村荒川（現・大仙市協和荒川）の荒川鉱山に生まれる。20（大9）年3月小学校高等科卒業，鉱山事務所で給仕・タイピストとして働く。この頃に大杉栄の『日本脱出記』などを読む。23年秋田女子師範本科第2部入学。翌年3月卒業し4月に母校の小学校に赴任。2年で辞職し26年3月に上京，職を転々とする。この年にアナキストの団体「黒旗社」を知る。労働運動家の大沼渉と知り合い結婚。28（昭3）年6月に小説「産む」が『読売新聞』の女流新人短編募集に入選。同年10月に詩「坑内の娘」を『戦旗』に発表。29年2月に日本プロレタリア作家同盟に加盟。8月『女人芸術』に短編小説「乳を売る」を発表。10月に「全女性進出行進曲」を作詞し山田耕筰の作曲でコロンビアレコードから発売される。35年12月に処女詩集『辛抱づよい者へ』（同人社書店），42年9月に短編集『朝の霧』（古明地書店）を刊行。45年には新日本文学会に加入。46年2月に日本共産党に入党。66年1月から2月に『文化評論』に「おりん口伝」を連載，第8回田村俊子賞を受賞。翌年1月に『民衆文学』に「続おりん口伝」を連載。68年5月に東京芸術座にて『おりん口伝』（村山知義演出）が上演。69年2月に『おりん口伝』（正・続）で第1回多喜二・百合子賞を受賞。79年4月に自伝『回想の森』（新日本出版社）を刊行。85年8月に『松田解子全詩集』（未来社）を刊行。2000（平12）年に自伝『女人回想』（新日本出版社）を刊行。01年1月に協和町（現・大仙市）の郷土資料館・大盛館に松田解子文学記念室開設。04年12月に急性心不全のため死去。享年99歳。（平辰彦）〔文献〕平辰彦「松田解子の『おりん口伝』とそのドラマ化作品の比較研究　プロレタリア文学のドラマツルギーをめぐって」秋田経済法科大学総合研究センター教養・文化研究所『教養・文化論集』（創刊号）2006.3，平辰彦編『ふじたあさやの『おりん口伝』伝の上演資料集』秋田経済法科大学総合研究センター教養・文化研究所『教養・文化論集』（第2巻第2号）2007.3

松田　十九二　まつだ・とくじ　?-?　別名・天野英雄　日本印刷工組合信友会，機械技

工組合に所属。1922(大11)年11月黒労社の雑誌『労働者』刊行に参加し徹底した労働者主義の立場から反ボルシェヴィズムの論陣を張り、翌年2月水沼辰夫、佐藤陽一らと組合運動社を結成、機関紙『組合運動』にも執筆。24年9月サンジカリズム系組合の連合体関東労働組合連合会の結成に参加し、中心的な活動家として内外興業争議や芝浦製作所争議を支援、検束や収監を経験する。さらに26年1月黒色青年連盟の結成に中心的役割を果たした。関東労働組合連合会は同年5月創立の全国自連に組織的に加盟したが翌年1月全国自連から松田との組織的絶縁通告が発表された。サンジカリズムからボルシェヴィズム的立場に移行したものと思われる。27年5月にプロフィンテルンが中心となって開催された第1回太平洋労働組合会議に日本労働組合評議会側の傍聴者として参加している。(後藤彰信)〔文献〕『組合運動』1-6号1923.2-7,『印刷工連合』27号1925.8

松田　等　まつだ・ひとし　?-?　大阪自由総合労働組合のメンバー。1932(昭7)年7月大阪自由の逸見吉三、村川柳之助、青木喜好、斎藤久雄、中部黒色一般労働者組合の後藤広数、京都印刷工組合の早川松太郎、神戸合成労働組合の佐竹良雄、中国一般の中田義秋、西九州一般の田所茂雄らと日本自協関西地協を結成する。33年6月京都市の熊鳥国三郎宅で開かれた日本自協・全国自連合同のための日本自協第2回全国代表者会議に出席。34年頃志岐義晴、韓国東とともに関西金属産業労働組合の中心メンバーとして活躍した。(冨板敦)〔文献〕『社会運動の状況4・5』,『昭和7年自1月至6月社会運動情勢　大阪控訴院管内・上』東洋文化社1979

松田　政男　まつだ・まさお　1933(昭8)1.14-台湾台北市生まれ。1946年東京に引揚げる。1952年都立北園高校卒業。1950年日本共産党に入党、所感派、神山派に所属し職業革命家としてオルグ活動など。54年党活動停止処分。56年のハンガリー動乱以後、アナキズムにも接近。一方いくつかの職業を経て編集者として未来社、現代思潮社など出版社勤務。62年山口健二、川仁宏らと自立学校を企画、谷川雁、吉本隆明、埴谷雄高、黒田寛一らを講師とした。65年山口健二らと東京行動戦線、ベトナム義勇軍結成。66年無政府共産党、ベトナム叛戦直接行動委員会。67年太田竜、山口健二とレボルト社設立『世界革命運動情報』を発行。この頃より映画批評を中心に著述活動を展開、68年『鈴木清順問題共闘会議』を経て70年に編集長として『映画批評』(第二次)を創刊。73年『文筆を主とする生活を中絶』、アラブ・ヨーロッパへと出立。74年フランス国外追放により帰国。公安警察の監視下に置かれながら映画評論家に復帰。78年大島渚、竹村一を被告とした『愛のコリーダ』裁判に弁護側証人で出廷、「わいせつを取り戻す根源的な闘い」を主張。85年東アジア反日武装戦線大地の牙『斎藤和10周年記念追悼集会』にパネラーで参加。95年山口健二らとAAAの会に参加。映画、演劇評論家としての執筆活動だけでなく近年まで政治的発言も。(鈴木義昭)〔著作〕『テロルの回路』三一書房1969,『薔薇と無名者』芳賀書店1970,『風景の死滅』田畑書店1971・航思社2013,『白昼夢を撃て』田畑書店1972,『不可能性のメディア』田畑書店1973,『日付のある映画論』ブロンズ社1979〔文献〕『愛のコリーダ裁判・全記録(下)』社会評論社1981,『戦後革命無宿・聞き書き山口健二』私家版2000,『アナルコ・コミュニズムの歴史的検証』北冬書房2003,東アジア反日武装戦線への死刑・重刑攻撃とたたかう支援連絡会議編『でもわたしには戦が待っている』風塵社2004

松田　正人　まつだ・まさと　?-?　1927(昭2)年東京府南葛飾郡小松川町(現・江戸川区)で阿部英男とともに『反政党運動』小松川支局をつとめる。(冨板敦)〔文献〕『反政党運動』2号1927.7

松田　道雄　まつだ・みちお　1908(明41)10.26-1998(平10)6.1　茨城県結城郡水海道町(現・常総市)生まれ。代々医者の家柄で京都一中、三高を経て32年京都大学医学部卒業。結核予防行政に携わり43年軍医に召集される。敗戦後、小児科医院を開業、その豊富な経験に基づく育児書はベストセラーとなり幼児保育実践の教祖的存在となる。学生時代マルクス主義にひかれロシア語を学んだが、戦後スターリン獄に捕らわれた内村剛介らとの交流を通じてソ連共産主義体制に批判的となりスターリン批判後、アナキズムにも市民権を与えたいという意図でわが国最初のアナキズム・アンソロジー

『アナーキズム』(筑摩書房1963)を編集する。このアンソロジーについては秋山清が「市井学者の趣味的『アナキズム』」(『人間の科学』1964.2のち『反逆の信条』北冬書房1973に収録)できびしく批判している。70年『ロシア革命』(河出書房新社)を刊行，従来のボルシェヴィキ一辺倒のロシア革命史に一石を投じた。これらの著作活動は「昭和時代の日本に生きるひとりの実学者として市民の実生活上の必要から評価してゆく立場」(鶴見俊輔)の延長といえる。(大澤正道)〔著作〕『私は赤ちゃん』岩波新書1960,『京の町かどから』朝日新聞社1962・筑摩書房1968,『日本知識人の思想』筑摩叢書1965,『革命と市民的自由』筑摩書房1970,『在野の思想家』岩波書店1977〔文献〕橋本峰雄「松田道雄論」『思想の科学』1966.12, 鶴見俊輔「松田道雄」『現代人物事典』朝日新聞社1977

松谷 功 まつたに・いさお ?-? 大阪府南河内郡新堂村(現・富田林市)生まれ。1922(大11)年2月大阪平野の恵浄寺での青十字社主催部落問題演説会に参加。7月新堂で開催された河内水平社(のち新堂水平社)設立大会に参加(委員長北井正一)。26年8月石田正治，山岡喜一郎，大串孝之助らと抗議闘争を闘い投獄される。27年7月大阪府水平社解放連盟の結成創立大会を新堂に迎え，山岡が開会の辞を述べ松谷は議長をつとめた。29年11月解放連盟解散声明前後，黒色青年自由連合(のちアナルキスト青年連盟)の一員として山岡，大串らとともに活動。30年3月自宅を発行所に『自由連合主義』創刊号の発行編集印刷人となる。荊冠旗社の復活準備同人になり荊冠社を設立, 30年6月全国水平社の演説会に対してビラをまくなど全水本部批判活動を展開。33年山岡，大串らと差別発言和解条件による啓蒙機関啓明協会を設置しすでにあった会報を活版印刷の『啓明』に変更し編集発行を担った。(北村信隆)〔著作〕『岐阜市への遠征』『自由連合主義』1巻1号1928.2,「先づ自らの優越感を除けよ」『大阪水平新聞』3号1925.9,「木津学校に関する今回の投書事件は我等に何を教へるか」『大阪水平新聞』5号1925.12,「水平同人としてみた共産党事件」『大衆評論』2巻2号1928.5,「水平運動の自由コンミューンへの動向」『自由連合主義』1巻3号1930.7〔文献〕『大阪社会労働運動史1・2』1986・89, 部落問題研究所編『水平運動史3』同研究所出版部1972, 渡部徹『大阪水平社運動史』解放出版社1993, 宮崎晃『差別とアナキズム』黒色戦線社1975, 三原容子「水平社運動における『アナ派』について・正続」『世界人権問題研究センター研究紀要』2・3号1997・98,『最後のひとりの立場に』河内水平社創立60周年記念誌編集委員会1983,『自連』24号1928.5

松戸 なを まつど・なを ?-? 印刷工として1919(大9)年日本印刷工組合信友会に加盟。小向千代，若杉たけらと活動する。(冨板敦)〔文献〕『信友』1920年1月号

松永 愛次郎 まつなが・あいじろう ?-? 1919(大8)年東京神田区(現・千代田区)の三秀舎欧文科に勤め日本印刷工組合信友会に加盟する。(冨板敦)〔文献〕『信友』1919年10月号

松永 鹿一 まつなが・かいち ?-? 1925(大14)年井上新吉，古川時雄，栗原一男，小泉哲郎らと東京で自我人社を結成し8月編集兼発行印刷人として『自我人』1号を発行する。『自我人』2巻1号は発禁となり能智修弥の論戦社を吸収合併した。望月辰太郎の無差別社と提携して闘う。26年黒連に参加。4月8日京成電車争議の支援に50人の同志とともに駆けつけ300人の警官に囲まれ大乱闘になり井上，古川らと検束され拘留25日。7月31日自我人社で金子文子の告別式を行う。27年1月同社発行予定の金子の『獄窓に想ふ』が印刷中差し押さえられ発禁となる。2月頃事務所を荏原郡世田谷町代田(現・世田谷区)に移す(黒連事務所は同社内に置かれ黒化社の連絡先も同社となる。翌月麻布に再移転)。28年半ばに自我人社は解体。その後中国に渡る。上海で中国の同志と活動し爆弾製造事件を捏造され半年以上拘留(証拠不十分で釈放)，強制送還される。30年1月安川三郎主宰のアナ系短歌誌『根拠地』の同人となり同年安川とともに創生時代社を組織しアナキズム文芸雑誌『創生時代』を創刊する(石川三四郎らが寄稿)。戦時中は東京に住み泉自動車大宮工場で働き，のち大宮市(現・さいたま市)に疎開した。戦後は大宮で楽天店主をつとめる。(冨板敦)〔文献〕『自我人』1・3号1925.8・10,『黒色青年』1・2・7・8・18号1926.4・5・27.3・4・28.9,『自連新聞』4.5・32号1926.10・29.2,『ディナミック』24号1931.10,『望月辰太郎追憶集』望月兄弟会1972

松永 浩介 まつなが・こうすけ 1907(明40)9.7-1996(平8)1.21 本名・若井泉 別名・浅間徹, 松永好助, 泉浩一 新潟県生

まれ。小学校5年の時横浜へ転居。小学校卒業後ピアノ工、大工などをしながら労働運動と文学サークルに関わる。33年遠地輝武らの『詩精神』同人となる。38年共産党関係者として検挙される。40年野戦建築隊に召集され南方を転戦。46年ジャワから帰還して大工を業とし新日本文学会、共産党に加わる。50年頃横浜土建の書記長となるが50年党を除名される。64年新日本文学会を脱会、65年秋山清らの『コスモス』同人となる。(川口秀彦)〔著作〕『船底修理』鮎沢書店1954、『トッカンカユ』横浜詩人会1962、『望郷』私家版1976、『一兵士の戦中通信』オリジン出版センター1978、自伝『私のリアリズム』同刊行会1991〔文献〕『松永浩介還暦記念誌』私家版1968、東野伝吉『生涯原点からの発想 京浜詩人たちの足跡』同1970、西杉夫『抵抗と表現』海燕書房1992、黒川洋『B級詩人のつぶやき』皓星社1996

松永 友作 まつなが・ゆうさく ?-? 1919(大8)年東京京橋区(現・中央区)の細川活版所印刷科に勤め活版印刷工組合信友会に加盟する。(冨板敦)〔文献〕『信友』1919年8・10月号

松根 有二 まつね・ゆうじ 1911(明44)-1937(昭12)7.31 本名・勇二 新宮市伊佐田に靴職人の次男として生まれる。新宮尋常高等小学校卒後家業の靴ミシン職を身につけるため大阪で修業、帰郷後は新しい技術を新宮の靴業者に教えた。山本有三の『路傍の石』に感動し筆名を有二とした。作詞作曲に関心を持ち野口雨情と交遊を持ち村岡清春(半風)らと熊野詩人連盟を結成した。1932(昭7)年犬養智、鈴木勝らが組織した新興歌謡作家同盟に加盟し『新興歌謡』の同人となる。34年『新興歌謡選集(1933年版)』に作品を発表。36年和歌山県東牟婁郡新宮町(現・新宮町)のアイウエオ童謡社から童謡集『大きい鞠小さい鞠』を上梓。歌もうまく、巧みに楽器をこなした彼は童謡詩人としてビクターレコードの後援を受けて新宮日之出座で「新作郷土民謡発表会」を開催するが、ビクターからの招きをよそに1本の鉛筆と1冊のノートを持って飄然と旅に出る。新宮、古座、串本を経て夏には大阪に現れたが胃潰瘍のため吐血し没。(黒川洋・冨板敦)〔著作〕民謡集『水草渡世』熊野詩人連盟1993、童謡集『大きいまり 小さいまり』アイウエオ童謡社1936〔文献〕村岡清春『葛芋昇天』熊野詩人連盟1933、「熊野新聞」5789号

松野 勝美 まつの・かつみ ?-? 1925(大14)年東京印刷工組合が刊行するパンフレット(石川三四郎『サンヂカリスムの話』)発行基金に1円50銭寄付する。(冨板敦)〔文献〕『印刷工連合』26・28号1925.7・9

松野 猛 まつの・たけし 1947(昭22)3.22-1969(昭44)6.19 横浜市に生まれる。日本大学附属藤沢高校卒業。66年4月学費・学生会館闘争中の早稲田大学第一文学部に入学、すぐに語学クラス(露語)のクラス委員となり学内の運動に関わる。66年10月19日ベトナム反戦直接行動委員会の田無市日特金属工業への軍需生産抗議行動に3人の級友とともに参加し同日逮捕される。未成年のため家裁扱いにされ11月10日に帰宅。68年10月21日の国際反戦デー闘争で新宿で逮捕され起訴猶予。69年早大第2次学費・学館闘争に2月の反戦連合の結成から関わるが同年自殺した。(川口秀彦)〔文献〕『追悼笹本雅敬』笹本雅敬追悼集刊行会1989

松野 正七 まつの・まさしち ?-? 新聞工組合正進会に加盟し1924(大13)年夏、木挽町(現・中央区銀座)本部設立のために1円寄付する。(冨板敦)〔文献〕正進会『同工諸君!! 寄附金芳名ビラ』1924.8

松原 五千郎 まつばら・いちろう 1905(明38)-? 滋賀県蒲生郡金田村長田(現・近江八幡市)生まれ。生家は大地主。22年彦根中学を中退。25年春二見敏雄らと大津でK.K.K団を結成、二見が手に入れたダイナマイトの爆発が発覚し懲役3カ月執行猶予3年となる。勘当され各地を放浪、26年黒連の銀座事件に加わる。早稲田高等学院を経て27年弘前高校に入る。和服にインバネス、肩まで垂らした長髪の大男で妻帯者という松原は異色の高校生だった。太宰治も同窓だが嫌っていたという。松原の下宿には菊岡久利、阿保与市らが集まっていた。31年東京大学文学部社会学科に入学。AC学連に加わり『バクーニン全集』(近代評論社1930-32)の刊行に尽力する。34年農林省農政課に入る。同年二見に誘われて無共党の研究会に参加、相沢尚夫と下宿をともにしたりし支援を惜しまなかった。35年末無共党事件で検挙されるが不起訴。農林省を辞め八ケ岳の農民道場に入る。戦後、同じ弘前高

校出の田中清玄らと出獄した二見の面倒をみた。〈大澤正道〉〔文献〕相沢尚夫『日本無政府共産党』海燕書房1974,『身上調書』,石上玄一郎『太宰治と私』集英社1986

松原 一夫　まつばら・かずお　?-?　第4次『農民』,『解放戦線』『農本社会』に拠る。『冬の土』に寄稿者として評論を展開した。解放文化連盟に所属。〈黒川洋〉

松原 カメ子　まつばら・かめこ　1909(明42)3.16-1998(平10)10.6　広島市宇品町に生まれる。働きながら夜学に通学させてやるという甘言に誘われて東京に出,チョコレート工場に入ったが望みかなわず1年で帰郷。広島市段原の広島陸軍被服支廠の下請工場のミシン工となる。24年7月牧師八太舟三の労働問題講習会(翌年3月まで)に受講生として大前浅一,大前キクノ,佐竹新市らと参加。25年頃宇品へ自由労働にも来ていた佐竹と結婚。佐竹との住まいには黒色青年連盟と労農党支部準備会の二つの看板がかけられていたという。27年晩秋,佐竹と合意離別後,高津正道の誘いで再び上京し労農党傘下の関東婦人同盟や日本労働組合評議会に参加,山内みな,柳つる,小宮山富恵,清家(のち寺尾姓)を知る。関東婦人同盟解体後非合法活動に入り幾多の検束,検挙による拷問にも抵抗した。戦前に共産党中国地方オルグの滝川恵吉と結婚,滝川姓となる。戦後は静岡県の共産党組織再建や婦人部のキャップをする。〈北村信隆〉〔文献〕『広島県労働運動史』1980,鈴木裕子『広島県女性運動史』ドメス出版1985

松原 耕作　まつばら・こうさく　?-?　1919(大8)年東京神田区(現・千代田区)の丸利印刷所印刷科に勤め日本印刷工組合信友会に加盟する。〈冨板敦〉〔文献〕『信友』1919年10月号

松原 徳重　まつばら・とくしげ　?-?　愛知県知多郡亀崎町(現・半田市)に住み,半田葉住座の道具方をつとめていた。宮下太吉に打上花火の火薬の調合方法を教えたことがあったため1910(明43)年大逆事件の取り調べを受けた。その後道具方を解雇され牛馬引きとなった。〈西山拓〉〔文献〕柏木隆法「大逆事件と名古屋地方の同志」『リベルテール』1978.4

松原 正清　まつばら・まさきよ　?-?　東京新聞労働連盟のメンバー。1926(大15)年3月13日出版法違反で懲役2カ月とされ下獄。同年5月21日小田原刑務所を出獄する。同年5月24日の全国自連第1回全国大会で書記をつとめる。〈冨板敦〉〔文献〕『新聞労働』1号1926.4,『黒色青年』2号1926.5,『自連』1・2号1926.6・7

松藤 鉄三郎　まつふじ・てつさぶろう　1908(明41)-1943(昭18)頃　別名・鉄之助,小川哲晴,小川哲　富山県西礪波郡石動町(現・小矢部市)生まれる。小学校卒業後に上京,商店に勤めた。23年関東大震災で長野県に移り24年上諏訪の信濃新聞社の文選工見習いとなる。そこで北村栄以智からアナキズム思想を教えられた。25年諏訪印刷組合同工会を組織して書記になり,26年上諏訪の湖竜日報社賃下げ反対闘争を支援,27年松本のしなの新聞社に勤務し同地で増田貞治郎,寺川俊男らと交流した。28年上京,四谷の交友社印刷に勤め東京印刷工連合会に関わるかたわら,あとを追って上京した増田や大日方盛平と文芸誌『奴隷の血』を刊行。30年初めにはさらに田代儀三郎が加わって中野駅近くの借家で共同生活を始めアナキズム研究グループを形成した。同年10月上諏訪に戻り信陽新聞社に勤務,島津徳三郎,鷹野原長義,下諏訪の山田彰らと交流した。31年3月星野準二,宮崎晃の訪問を受け農青社運動に参加。32年2月信濃民友新聞社の争議では加藤陸三を支援,増田,島津とともに協力した。同年3月星野が訪れ『信州自連』発刊を決定。33年信陽新聞社争議で解雇されて上京し豊国日報社など印刷所を転々とした。35年10月無共党事件で取り調べを受け(不起訴),それに続く農青社事件では起訴,37年懲役1年6カ月執行猶予4年の判決を受けた。〈奥沢邦成〉〔文献〕大久保貞夫『長野県社会運動秘録』全6巻私家版1948,『長野県社会運動史』,『資料農青社運動史』,『長野県史』同刊行会1984,『農青社事件資料集』

松宮 寒骨　まつみや・かんこつ　1883(明16)1.3-1968(昭43)6.25　俳人。金沢市小立野鷹匠町生まれ。開成中学校から1908(明41)年早稲田大学商科卒業。早稲田吟社で飯田蛇笏や中塚一碧楼らと参座した。三越百貨店の広告部長となり,俳誌『層雲』のつながりで和田久太郎と交友した。三越への主義者のカンパ要求の窓口となり1人ですべて対処。久太郎の支援者とみられ脅迫するような無心者には久太郎を盾にしたという。〈海

女等真黒光りのあらはな乳房〉の句がある。(一色哲八)〔文献〕『瀧井孝作全集』第3巻「酔峰君」中央公論社1978

松村 伊三郎 まつむら・いさぶろう ?-? 1923(大12)年4月20日総同盟大阪連合会大阪合同労働組合の幹事となり、25日の大阪合同大会に参加。金井鉄之介らの同連合会豊崎支部除名を認める。のち自連に加盟、26年5月大阪技工組合の連絡委員となる。8月大阪港京九条尾崎鉄工所で組合員が不当解雇されるが日野正義と駆けつけ交渉の末復職させる。また本部争議係となり大阪ボールト争議などにも関わった。(冨板敦)〔文献〕『自連』2・4.5・6号1926.7・10・11、『大阪社会労働運動史』

松村 熊三 まつむら・くまぞう ?-? 関西黒旗連盟のメンバー。1927(昭2)年9月に再刊された大串孝之助、林重雄の『祖国と自由』は「松村熊三君は爆弾事件(?)の犯人として7月14日和歌山にて逮捕、予審に附されながら今日まで一回の取調べもなく同市の刑務所にいる」と報じる。(冨板敦)〔文献〕『祖国と自由』3巻1号1927.9、『関西自由新聞』1・2号1927.10・11

松村 幸太郎 まつむら・こうたろう ?-? 報知新聞社に勤め東京の新聞社員で組織された革進会に加わり1919(大8)年8月の同盟ストに参加するが敗北。のち正進会に加盟。20年機関誌『正進』発行のために1円寄付する。(冨板敦)〔文献〕『革進会々報』1巻1号1919.8、『正進』1巻1号1920.4

松村 坤六 まつむら・こんろく ?-? 別名・杉村 東京毎日新聞社に勤め東京の新聞社員で組織された革進会に加わり、1919(大8)年8月の同盟ストに参加するが敗北。のち正進会に加盟。20年機関誌『正進』発行のために寄付をする。(冨板敦)〔文献〕『革進会々報』1巻1号1919.8、『正進』1巻1号1920.4

松村 静数 まつむら・しずかず 1906(明39)11.5-? 高知県高岡郡(現・土佐市)上ノ加江に生まれ漁業に携わる。縁戚の江口茂とともに、1925(大14)年頃に興った上ノ加江地区革新的グループの中心メンバーだった。同年10月12日、機械底曳網漁に反対し同地区の漁民出来秀正、西井勝、江口、漁業組合理事長の堀部虎猪とともに同港に碇泊中の船舶4隻のうち3隻の錨綱を切断、漂流させる(うち2隻は海岸に座礁、破壊した)。15日には出来、西井、江口と日本刀と大包丁を持って須崎港に船でおしかけ、漁船6隻の漁網を破り繫留ブイの綱を切断し、うち2隻を座礁破壊、3隻を浸水させ検挙。26年11月12日出来、江口とともに懲役2年、執行猶予4年とされる。その後上ノ加江漁業組合青年部長となり、同郡宇佐町の僧侶山本直憲と機械底曳網漁全廃問題で手を結ぶ。29年11月18日県内各地から1万余の漁民が高知県庁に押しかけた機船底曳網漁業全廃運動を主導、演説して追手門で検束されるが即日釈放。翌19日も煽動演説をして逮捕され騒擾罪で起訴。30年12月16日高知地裁で懲役1年、31年大阪控訴院で懲役8月となる。全廃運動はその後も続けられ、戦後上ノ加江漁業組合長となった松村は60年頃まで中型底びき全廃期成同盟の会長をつとめた。69年11月8日高知市市民図書館で行われた座談会「土佐漁民騒動四十周年にあたって」に堀部、山本らと参加「江口・松村は昔の坂本竜馬みたいなもんですねエ。二人とも口が立つものだから」と堀部は回想している。(冨板敦)〔文献〕『自連』42・51号1929.12・30.9、中井昭編著『高知県漁民運動史料集成』高知県漁業協同組合連合会1973

松村 元 まつむら・はじめ 1906(明39)-1968(昭43)10.6 本名・潔 渋谷区大和田町生まれ。日本大学、東京外国語学校を経て早稲田大学を卒業。はじめ建設者同盟、進め社に出入りしていたが23年大杉栄らの虐殺を機にアナキズムに転じる。27年石川三四郎、木下茂、草野心平らの協力を得て『土民芸術』(1号のみ)を発行する。28年萩原恭次郎、麻生義、小野十三郎らの協力で『黒旗は進む』(1号のみ)を、29年榎本桃太郎らと『社会理想』(2号まで)を発行したが同年末内ゲバで胸を刺されて以後、次第に運動を離れる。35年末無共党事件で検挙されるが不起訴。戦後、67年1月の総選挙に向けて『無告通信』を発行し広く棄権を呼びかけ注目される。以後、ベ平連のデモなどに参加、68年6月反選挙集会で発言中に倒れた。(大澤正道)〔文献〕『自由連合』127・145号1967.2・68.10、『身上調書』

松本 一三 まつもと・かずみ 1907(明40)8.27-1988(昭63)6.16 静岡県駿東郡沼津町

(現・沼津市)に生まれる。沼津中学を卒業後,1924(大13)年天理外国語学校(現・天理大)ロシア語科に入学。父が亡くなり休学して沼津にもどる。沼津では金井新作と付き合いがあった。27年『沼津日日新聞』に迎えられ編集長に登用される。その後岩崎光好が記者として入社。また同社労組の富山欣次とも個人的に親しくしていた。28年3月には木村毅,新居格を東京から招いて思想講習会を沼津日日新聞主催として開く。新聞が廃刊になると復学。天理教批判の戯曲「天理教本部」が雑誌『改造』の懸賞に入選したことで31年卒業直前に退学処分、再び沼津にもどる。ボル派に傾き33年日本共産党に入党。戦後は党中央委員,『赤旗』編集局長などを務めた。(冨板敦)〔著作〕戯曲 天理教本部」『改造』1931年5月号(筆名・騎西一夫)、『すずろなる―松本一三獄中詩集』光陽出版社1989〔文献〕静岡地方裁判所検事局「静岡県下に於ける階級運動の概略」(司法警察官吏訓練教材 特号第1輯〈昭和14年3月〉)『静岡県労働運動史資料・上』,岩崎光好「東静無産運動史」同刊行会1974,『礎をきずいた人々の記録-静岡県における治安維持法下20年の闘い」治安維持法国賠要求同盟静岡県本部1997,『日外』

松本 清 まつもと・きよし 1907(明40)-? 兵庫県明石郡垂水町塩屋(現・神戸市)生まれ。高等小学校を卒業後、神戸市内の呉服店に勤め25年退職後は家で父とともに呉服商を営む。29年頃から『農本社会』を購読しまた権藤成卿の『自治民範』などを読む。35年末頃無共党事件で検挙されるが不起訴。(冨板敦)〔文献〕『身上調書』

松本 啓次 まつもと・けいじ ?-? 芝浦製作所に勤め芝浦労働組合に加盟し制御器分区に所属。1924(大13)年9月27日,同労組の中央委員会で同分区の中央委員に梅原愛義,川久保米蔵とともに選出される。(冨板敦)〔文献〕『芝浦労働』2次2号1924.11

松本 高介 まつもと・こうすけ ?-? 1919(大8)年東京牛込区(現・新宿区)の秀英舎(市ヶ谷)第一和文科に勤め活版印刷工組合信友会に加盟する。(冨板敦)〔文献〕『信友』1919年8月号

松本 幸太郎 まつもと・こうたろう ?-? 1919(大8)年東京牛込区(現・新宿区)の秀英舎(市ヶ谷)第一和文科に勤め活版印刷工組合信友会に加盟する。(冨板敦)〔文献〕『信友』1919年8月号

松本 淳三 まつもと・じゅんぞう 1894(明27)1.1-1950(昭25)10.9 本名・淳造 島根県美濃郡高城村神田(現・益田市)生まれ。14年浜田中学を卒業,16年慶応大学を中退。労働生活を続けながら詩作に励む。20年堺利彦の知遇を得て雑誌『中外』記者となり,21年1月21日自由人連盟の講演会で右翼に刺される。日本社会主義同盟に加盟し21年再刊『種蒔く人』に同人として参加。23年陀田勘助,村松正俊とともに詩誌『鎖』の創刊に携わり初期プロレタリア詩人として活躍。27年小川未明,江口渙らと日本無産派文芸連盟を結成,翌28年日本労農党に入党。以後は社会大衆党,東京府会議員となり詩作からは遠ざかり政治家の道を歩んだ。(奥沢邦成)〔著作〕『二足獣の歌へる』自然社1923〔文献〕『労働運動』2次2号1921.2,村松正俊『亡くなった革命詩人たち』『アフランシ』4号1951.7

松本 竹松 まつもと・たけまつ ?-? 1919(大8)年横浜のジャパン・ガゼット社に勤め横浜欧文技術工組合に加盟して活動。同組合設立基本金として1円寄付する。(冨板敦)〔文献〕『信友』1919年8・10月号,1920年1月号

松本 親敏 まつもと・ちかとし 1907(明40)-1964(昭39)2.4 別姓・松崎 24年9月関東労働組合連合会の結成に参加。同年10月内外興業の争議を支援,本社を襲い平井貞二,松田十九二らと検挙され3カ月市谷刑務所に服役する。26年1月黒色青年連盟に加盟、メーデーに参加し関東電機鉄工組合を代表して演説。銀座事件で検挙されたが不起訴。同年12月宇佐美五郎と検挙,愛宕署に29日間拘留されたが正式裁判では無罪を勝ち取る。27年5月東京一般労働者組合から関東自連の代表として江東自由労働者組合の歌川伸とともに漢口で開かれた汎太平洋労働組合会議に派遣される。この会議参加が問題となり全国自連の分裂に至るが、松本は全国自連に残り『自連新聞』に「社会運動の総括的展望」(30号1928.12),「叛逆者伝9 後藤謙太郎」(36号1929.6),「叛逆者伝21 山田作松君」(50号1930.8)など健筆を振るう。東京一般分裂後,労働者自治連盟を結成、31年7月東京ガス社外工争議支援の際,日本自協系の関東一般と衝突,金沢末松,秋本義一,上村実らと負傷す

る。その後右傾化し33年5月畠山清身・清行兄弟らと右翼結社五月党を結成する。（大澤正道）〔文献〕『印刷工連合』25号1925.6，『労働運動』4次6号1924.12，『黒色青年』8号1927.4，『自連新聞』60・61・85号1931.7・8・33.10

松本 鶴吉 まつもと・つるきち ?-? 1919（大8）年横浜のジャパン・ガゼット社に勤め横浜欧文技術工組合に加盟し，会計主任として活動。同組合設立基本金として3円寄付する。（冨板敦）〔文献〕『信友』1919年8・10月号，1920年1月号

松本 貞太郎 まつもと・ていたろう ?-? 1928（昭3）年文芸誌『未踏地』を創刊，編集発行人となる。江古田宣，横光惟人，北村信一，田口亥三郎らが参加した。（黒川洋）〔文献〕『未踏地』11号1930.11

松本 富太郎 まつもと・とみたろう ?-? 毎夕新聞社に勤め東京各新聞社の整版部従業員有志で組織された労働組合革進会に加わり1919（大8）年8月の同盟ストに参加するが敗北。東京朝日新聞社に移り新聞工組合正進会に加わる。20年深川区石島町（現・江東区）に暮らし日本社会主義同盟に加盟。その後，万朝報社に転じ21年12月同社の争議を闘い解雇される（全18名，すべて正進会員）。（冨板敦）〔文献〕『革進会々報』1巻1号1919.8，『正進』1巻1号1920.4，『労働運動』3次1号1921.12，正進会『同工諸君!! 寄附金芳名ビラ』1924.8

松本 寅彦 まつもと・とらひこ ?-? 新聞配達をする苦学生で，1925（大14）年8月9日に結成された東京新聞労働連盟に加盟。26年4月20日自治会本部で開かれた関東組合会議のメーデー打ち合わせ会に新聞労働連盟を代表して出席。同月24日メーデーの件で警視庁に出頭。同年10月末頃同連盟本部事務所を豊多摩郡上落合（現・新宿区）に移転したころは同連盟の代表だった。同年11月10・19日の木挽町（現・中央区銀座）東印本部で開かれた自由連合協議会に中島市之介とともに同連盟を代表して参加。27年1月21日関西に転居する。（冨板敦）〔文献〕『自連』1・6・7・9-10号1926.6・11・12・27.3

松本 寛 まつもと・ひろし ?-? 1926（大15）年福岡県遠賀郡島門村（現・遠賀町）で暮し農民自治会全国連合に参加。地元の農民自治会を組織しようとしていた。（冨板敦）〔文献〕『農民自治会内報』2号1927

松本 文雄 まつもと・ふみお 1892（明25）8.19-? 福岡県築上郡上城井村（現・築上町）に生まれる。11年豊津中学卒業。明治大学政治学科，慶応大学文科を中退，13年12月から5回にわたって『現代の洋画』に「立体派」を翻訳紹介するなど美術評論に活動する。14年1月売文社に入社，橋浦時雄，百瀬晋，徳永政太郎らを知る。4月退社。以後サンジカリズム研究会に参加するが7月帰省。15年1月小倉市近郊に移る。7月下関の徳永と『文芸運動』を創刊（1916.2まで）。8月柳瀬正夢と出会い以後，柳瀬に多大な影響を与える。16年7月菊地隆義，浅枝次朗，徳永，柳瀬らと美術評論雑誌『未来』を創刊，また分離派洋画協会を小倉に設置し理論的リーダーとして展覧会に講演会に日本ではいち早い「分離派」芸術運動を翌17年にかけて北九州で展開する。18年春，柳瀬の第4回個展カタログに「柳瀬君の芸術の序として」の一文を寄せ，7月門司で林倭衛と交歓。19年春，中国へ渡りその後の消息は不明。（堀切利高）〔文献〕『主義者人物史料1』，柳瀬正夢『自叙伝』『ユウモア』1927.2，井出孫六『ねじ釘の如く 画家・柳瀬正夢の軌跡』岩波書店1996

松本 正枝 まつもと・まさえ 1901（明34）3.12-? 本名・延島治子，別名・川井きわ，萩女 埼玉県比企郡今宿村（現・鳩山町）生まれ。小学校卒業後，上京して小間使として住み込み女子美術学校の裁縫専科高等科（夜間）へ通学し卒業。19年婦人参政権運動のために平塚らいてうらに会い「新しい女」の生き方を知る。経済力をつけるためタイピストになる。26年病気で帰郷中に農民自治会機関誌『農民自治』を読んだことから運動に加わり，会社の同僚富岡小夜子らとともにまもなく発足した農民自治会婦人部で活動。雑誌保証金を援助するなど経済的な力ともなった。27年『農民自治』に「野の娘よ来れ！農自へ」などを発表。8月北信連合発会式に出席。10月の南佐久郡連合発会大会では「農村に於ける婦人の立場」と題して演壇に立った。常任委員として高群逸枝とともに婦人部を担当し会計や編集にも関わった。27年石川三四郎と望月百合子を証人に延島英一と結婚。28年頃から『自由連合』『女人芸術』『婦人運動』などに精力的に詩や評論を発表する。30年1月無産婦人芸術連

盟結成に参加，経済的な支柱ともなった。機関誌『婦人戦線』にほぼ毎号執筆。40年長男出産，44年退職，45年二男出産。戦後夫が失明し，58年再び生命保険の外交員として働き始め72年退職し老人ホームに入居。〔三原容子〕〔著作〕『萩女句集』私家版1981〔文献〕望月百合子ほか『埋もれた女性アナキスト高群逸枝と「婦人戦線」の人々』私家版1976, 渋谷定輔『農民哀史』勁草書房1970

松本 弥三次 まつもと・やさじ ?-? 新聞工組合正進会に加盟し1924(大13)年夏，木挽町(現・中央区銀座)本部設立のために1円寄付する。〔冨板敦〕〔文献〕正進会『同工諸君!! 寄附金芳名ビラ』1924.8

松本 芳味 まつもと・よしみ 1926(大15)3.5-1975(昭50)3.6 本名・省弥(よしみ)。別名・牛尾絃二 東京本郷の根津生まれ。応召は半年余りで敗戦。貧窮にあえぐ生活を送る。富澤赤黄男の『太陽系』に魅かれ俳句を作ったが，20歳になったばかりの若者の精神を救ったのが社会詩としての川柳であった。高須唖三昧(あざみ)の手ほどきを受けて川柳を始め，その紹介で河野春三の『私』を知り1948(昭23)年同人となった。以来『人間派』『天馬』『馬』『川柳ジャーナル』と移行する春三と終始共にした。さまざまな仕事を転変，52年頃には東京港の荷役作業に従事して全港湾労組に加盟，後日船貨物の量数を検査する日本貨物検数協会に職を得て検数分会書記長となり，全港湾労組本体の執行委員を兼ねた。57年東都検数労組は全港湾に加盟し検数分会となり書記長に就任，以降死の直前まで専従としてではなくあくまで一労働者として労組運動の中核にいた。20年以上にわたり労働活動家と現代川柳を牽引する雑誌を抱える川柳家という二足のワラジを履き続けた。神経質な性格と激務の疲れを癒すため酒の深い生活を送り49歳という若さで妻と2人の子供を残して死去した。「川柳こそは，あらゆる権威に反抗する，反体制の詩，虐げられた民衆の詩…それゆえにこそ，より純粋でなければならない」としたが，『川柳ジャーナル』はその死によって75年2月通巻134号をもって終刊，現代川柳は分散の時代に入った。〔一色哲八〕〔著作〕句集『難破船』川柳ジャーナル社1973〔文献〕『川柳ジャーナル』1966.8-1975.2, 『縄』1978.11.1

季刊8号「松本芳味追悼号」

的井 徳三郎 まとい・とくさぶろう ?-? 1919(大8)年東京京橋区(現・中央区)の大倉印刷所印刷科に勤め活版印刷工組合信友会に加盟する。〔冨板敦〕〔文献〕『信友』1919年8月号

間藤 隆太郎 まとう・りゅうたろう ?-? 1919(大8)年東京京橋区(現・中央区)の大倉印刷所欧文科に勤め活版印刷工組合信友会に加盟する。〔冨板敦〕〔文献〕『信友』1919年8・10月号

的場 慶二 まとば・けいじ ?-? 1919(大8)年東京牛込区(現・新宿区)の秀英舎(市ヶ谷)文選科に勤め活版印刷工組合信友会に加盟する。〔冨板敦〕〔文献〕『信友』1919年8月号

真中 鶴吉 まなか・つるきち ?-? 1919(大8)年東京深川区(現・江東区)の東京印刷深川分社第二部印刷科に勤め活版印刷工組合信友会に加盟する。〔冨板敦〕〔文献〕『信友』1919年8月号

間庭 国義 まにわ・くによし ?-? 時事新報社に勤め新聞工組合正進会に加盟。1920(大9)年機関誌『正進』発行のために1円寄付。また24年夏，木挽町(現・中央区銀座)正進会本部設立のためにも50銭寄付する。〔冨板敦〕〔文献〕『正進』1巻1号1920.4, 正進会『同工諸君!! 寄附金芳名ビラ』1924.8

間根山 義三郎 まねやま・ぎさぶろう ?-? 新聞工組合正進会に加盟し1924(大13)年夏，木挽町(現・中央区銀座)本部設立のために1円寄付する。〔冨板敦〕〔文献〕正進会『同工諸君!! 寄附金芳名ビラ』1924.8

真野 志岐夫 まの・しきお 1906(明39)-1954(昭29)1.5 愛知県海部郡佐屋村(現・愛西市)に育つ。1929(昭4)年同地で処女地社を組織し同年2月『処女地』を創刊。30年秋，横井憲蔵，亀井高義，小島一吉，越田清治らと東海黒色青年連盟を結成し自宅事務所とする。同年末頃大阪のアナキスト青年連盟を訪ね星野準二らを知る。31年2月24日農青社の宮崎晃，星野の訪問を受け横井，小島，浅井茂雄とともに農青社運動に関わる。36年5月5日農青社事件で検挙されるが警察拘留で釈放。敗戦後，新聞『自由評論』を発行「農村青年社の信州革命と私」(1946.12-47.2, 全6回)などを著した。47年4月自由党から地方選に出馬。当時共産党員だった浅野紀美夫は進んで応援演説を買ってでたという。戦前真野は浅野の実家に2カ

月間かくまってもらったことがあった。(冨板敦)〔文献〕『処女地』1号1929.2,『自由民報』33号1931.1,『自由民報』34号1931.2,『資料農青社運動史』,『農青社事件資料集Ⅰ』, 鵜野梅子「東郷村白土」『名古屋近代文学史研究』106号1993.11

マフノ　Makhno, Nestor Ivanovich　1889.10.27-1934.7.27　ウクライナのドゥニエプロペトロフスク近郊に貧農の子として生まれ, 牧童を経て工場のペンキ工となり, 05年革命の時期を迎えて政治に関心を抱いた。グリャイ=ポーレでアナキストのグループに接触し, 富裕階層からの金品の強奪にも参加, 逮捕と投獄, 保釈を繰り返し10年3月にはついに裁判の末死刑判決の身となった。減刑されてモスクワの政治監獄に8年間収監され結核を病んだ。その間とりわけアルシーノフの協力で読書と学習に毎日を費し, 基礎的な知識を集積すると同時に確信的なアナキストへと変貌した。後日の革命行動のなかでマフノは真っ先に襲撃地域の監獄を開放し焼き払うのを忘れなかった。17年に至って臨時政府の恩赦で出獄し帰郷, 農民組合の結成に着手すると同時に他分野の労働者の糾合をも図り, 土地の農民への分与を真っ先に掲げた。18年独自のアナキスト武装組織を編成しドイツ占領部隊に抵抗して農民の強い信頼を得たが, しだいに外部からのあらゆる武力干渉をも排除するに至り白軍のみならず赤軍とも対峙する事態となった。そしてボルシェヴィキ側の組織的浸透で一般農民の支持が衰えるにつれマフノ軍の赤軍への激しい抵抗も根拠地を失う結果となった。21年夏マフノはルーマニアそしてポーランドを経てフランスに亡命, 同地で没した。日本でマフノの運動に最初に注目したのは大杉栄である。大杉はフランス滞在中にマフノ関係資料を集めることに意を払い, それがウクライナ農民の本能的な運動であり本当の意味で社会革命に導こうとしたとしてその意義を評価した。いわば上からの強権による指導を伴ったボルシェヴィキの方針とは異なる下からの内発的革命の萌芽をそこに読み取ったのである。秋山清は, 大杉がこのマフノの研究によって権力の徹底的否認に至ったと結論している。マフノの運動は都市革命としてのマルクス主義理論に欠落していた部分を, いわばスラヴの風土のなかで補完しようとする動きでもあった。ロシア革命の権力確立に性急な当時のボルシェヴィキ派は惜しむらくはその萌芽を育てる余裕を決定的に欠いていた。しかしながら他方でマフノ運動が仮に成功裏に展開したとしてもその将来の建設見取り図において重要な役割を同じように果たしえたと考えるのは早急であろう。(左近毅)〔著作〕「ウクライナにおけるロシア革命」『手記』(未訳)1929〔文献〕大杉栄「無政府主義将軍 ネストル・マフノ」「ロシアの無政府主義運動」『大杉栄全集7』現代思潮社1963, 石川三四郎「マフノの農民運動」「労働運動」5次2-5・8号1927.2-5・8, 同『マフノの農民運動』地底社1927(付録・岡本潤「マフノとその一党」, 恵林「マフノの消息」), 復刻版黒色戦線社1970, アルシーノフ『マフノ運動史』(群山堂前訳)社会評論社2003(解説 中井和夫「マフノフシチナー内戦期ウクライナにおける農民運動」), 和田春樹『農民革命の世界 エセーニンとマフノ』東大出版会1978, Palij, Michael, *The Anarchism of Nestor Makhno 1918-1921: An Aspect of the Ukrainian Revolution*, U of Washington P, 1976

間宮 直三郎　まみや・なおさぶろう　?-?　芝浦製作所に勤め芝浦労働組合に加盟。1924(大13)年10月9日, 同労組の常置委員会で機関紙『芝浦労働』の常任編集員に大川平三とともに選出される。(冨板敦)〔文献〕『芝浦労働』2次2号1924.11

真許 環　まもと・かん　?-?　日本印刷工組合信友会に加盟し1921(大10)年末頃, 東京小石川区(現・文京区)の博文館印刷所に勤めていた。(冨板敦)〔文献〕『信友』1922年1月号

真山 青果　まやま・せいか　1878(明11)9.1-1948(昭23)3.25　本名・彬　別名・亭々生　小説家・劇作家。仙台生まれ。1903(明36)年26歳のときに小説家を志して上京。05年短篇「零落」を『新潮』に発表してデビュー。しかし小説家としての活躍は11年の原稿二重売り事件で文壇から激しい非難をあびて以降3年間の雌伏を余儀なくされた。14年喜多村緑郎の勧誘を受けて新派の座付き作者として再出発, 新派劇のために「一本杉」「浅草寺境内」などを書く。24年の「玄朴と長英」が話題を集め, 以後は歴史劇分野で独自の論理的にドラマを組み立てていく作風を確立した。他面では社会運動にも深く関心をもち運動への資金援助もしていた。農村青年社運動の中心人物の一人であった

宮崎晃は取材に答えて「劇作家の真山青果もお金をくれました。私が訪ねて行くと奥さんは私の顔を見るなり、"真山はいませんよ"っていうんです。でも真山は玄関脇の部屋から顔をだして、おう宮崎、いるよ、あがれよって誘うわけです。…そうすると帰りがけに金をくれるわけです。まあリャクといえばリャクですけれど、こういう人が我々アナキスト―むろん全部ではありませんが―を助けてくれましたね」ただし「農村青年社運動のためにリャクをやったことはありませんよ」と述べている。〔奥沢邦成〕〔著作〕『西鶴語彙考証』中央公論社1948、『真山青果全集』全25巻講談社1975-78〔文献〕保阪正康『農村青年社事件』筑摩書房2011

マラテスタ　Malatesta, Errico　1853.12.4-1932.7.22　ブルボン王朝支配下のナポリ近郊サンタ・マリア・カプア・ヴェーテレに生まれる。60年旧国家の崩壊と新イタリア王国成立に遭遇。マッツィーニとガリバルディの共和主義運動に入り、70年ナポリ大学医学部在学中に兄とともに逮捕。71年パリ・コミューンの弾圧で共和主義政府に幻滅、バクーニン影響下の社会主義「インターナショナル・ナポリ・セクション」に入り、ただちに労働者の夜学校を開く。72年9月スイスのサンティミエにおける反権威インターナショナル設立大会(バクーニン派)に最年少者として参加、バクーニンの盟友となる。74年南伊カステル・デル・モンテで武装農民蜂起をおこして失敗、逮捕。76年ナポリで同志と議論、集産主義(能力に応じて働き、労働に応じて取る)ではなく、アナルコ・コミュニズム(能力に応じて働き、必要に応じて取る)が「所有を廃し連帯を創造する自由なコミュニズム」にふさわしいという共通の結論に到達。10月スイスの反権威インターナショナル大会に出席。バクーニンの集産主義を脱してアナルコ・コミュニズムに立つ永久革命を宣言。その方法は読み書きできない農民にもわかる「行為の宣伝」である。77年30数人の同志と南伊マテーゼに蜂起。二つの寒村で支持を得て社会共和国を宣言。軍と警察に囲まれて敗退、全員投獄。78年の裁判では民衆の歓呼のうちに全員無罪放免。同年エジプトへ亡命、シリア、ルーマニアからスイスに入り81年ロンドンに入る。82年対英アラブ反乱を助けるためエジプトに渡りここからイタリアに潜入。83-84年フィレンツェで彼の初めての新聞『社会問題』を発行。主要著作となる「アナーキー」の連載を開始。この新聞社から世界的な流布を誇ることになるパンフレット『社会主義宣伝　農民のなかで』(木下茂訳『農民に伍して』小作人社1929・復刻版黒色戦線社1990)の刊行に成功。85年同志とともに南米ブエノスアイレスへ亡命、『社会問題』紙を続刊。各国のアナキストと協力しつつヨーロッパ移民の初期労働運動を軌道に乗せる。日常生活は仲間の熟練職人から学んだ専門技術を活用し機械・電気技師として生計を立てる。89年ヨーロッパへ帰り、90・91年パンフレット『アナーキー』(『無政府主義論』自由書房・黒色戦線社1930)、『選挙戦に際して』(自由書房1929・復刻版黒色戦線社1990)、『社会主義運動における議会政治』を発行。同時に南米の運動に学んでイタリア全土のアナキストにセクトを超えた協力を呼びかけ反選挙・反議会主義の革命的アナキスト社会主義党を91年カポラーゴで設立。96年ロンドンで第2インターナショナル創立に助力するが大会が開催されるや合法社会主義者は全アナキストを追放。マラテスタは号外『アナーキー』を刊行しアナキズムの原則に照らして社会民主主義者を批判する一方、アナキストの反組織、反モラル、個人主義的傾向を戒め愛をもって人民とともに歩むアナキスト組織の重要性を説く。97年イタリアに潜入、アンコーナの同志と『煽動』紙を刊行。港湾労働者を中心に多くの支持を集める。98年パン暴動に連座して逮捕。ランペドゥーサ島に流刑中、99年脱走に成功。マルタ島、英国を経て米国ニュージャージー州パターソンに赴き『社会問題』紙の編集主幹となり数々の重要論文を発表。そのなかの「われらが綱領」(木下茂訳『協働と連帯』自由連合社1934)はのちイタリア・アナキスト同盟の綱領に採択される。00年同志ガエタノ・ブレッシのイタリア国王暗殺に際し号外『原因と結果』を発行して見解を示す。07年アムステルダムのアナキスト・インターナショナル大会ではサンジカリズムの重要性を認めつつも一階級ではなく全人類の経済的、政治的、道徳的解放をめざすアナキズムの代わりに

はならないとし，この目的でのアナキスト組織と革命の重要性を訴え大会議論をリードした。13年イタリアに潜入，アンコーナで『自由意志』紙を刊行。14年第一次大戦勃発後クロポトキンらの「十六人宣言」に反対を表明する。大戦後の19年亡命から帰国。長年の同志とともにミラノで日刊『新人類』を刊行。イタリア・アナキスト連盟創立に参画。『新人類』発行数は5万部に達し運動は飛躍的に拡大。他方ファシズムも競合的に進展する。20年10月突然不当逮捕。獄中のマラテスタはハンストを行って公判を勝ち取り，21年7月ボルギらと無罪釈放。22年10月のムッソリーニ政権成立後，『新人類』はファシズムの暴力で終刊。24年創刊の『思考と自由意志』も26年には刊行不能となる。マラテスタはローマの自宅に軟禁状態となるが内外の同志とひそかに連絡。32年7月22日憎悪からは革命は生まれないと説いた「愛の革命家」は肺炎のためローマで死没。現在までに数種類の著作集や伝記が刊行され，82年には50忌記念大会がミラノで挙行された。日本への紹介は，02年煙山専太郎の『近世無政府主義』が最初であろう。社会主義運動のなかでは06年8月幸徳秋水がマラテスタの名をあげ（『光』18号），07年2月直接行動の立論においてマラテスタの言葉を引用したのを初めとする。08年2月幸徳は「アナキズムとサンジカリズム」を『フリーダム』掲載の英文から翻訳し『日本平民新聞』に掲載（17・18号）。20年4月大杉栄は『労働運動』5号に「無政府主義の腕」という見出しで「世界の無政府主義者の理想的革命家と仰がれている」マラテスタの逮捕を報じ，クロポトキンの回想を「一革命家の思い出」から紹介。21年4月『労働者』創刊号は第1頁にパイプをくわえたマラテスタの写真を掲げ獄中の健康を祈る。さらに21年5月にかけて根岸正吉編集の「農民に伍して」の部分訳および19年のマラテスタのファッブリ宛書簡（自由のないロシア革命は兵営社会主義である）を掲載，いずれも日本初訳である。21年9・10月には『関西労働者』（創刊号，2号）が幸徳訳の「アナキズムとサンジカリズム」を再録。この訳はこの後くり返し諸アナキスト紙に掲載。26年12月『自連』（7号）はマラテスタ投獄とファシスト政府に対する世界的抗議を報道。『自連新聞』に長谷川進らがフランス，オーストリアなどのアナキズム紙からの論稿，回想を訳出している。またマラテスタの死後，多くの追悼記事を掲載した。石川三四郎も『ディナミック』紙上，おりにふれてマラテスタに言及，32年10月号は「マラテスタ逝く」と題し事実上の記念号となる。30年麻生訳「無政府論」（平凡社『社会思想全集28』）は29年地底社発行のマラテスタ『無政府主義組織論』と同文。『エンリコ・マラテスタ著作集 無支配への道』黒色戦線社1976年がある。〔戸田三三冬〕〔著作〕*Errico Malatesta, the anarchist revolution: polemical articles 1924-1931*, ed. by Vernon Richards, London, Freedom P, 1995.*Anarchy by Errico Malatesta*, tr. by Vernon Richards, London, Freedom P, 1995. 〔文献〕Nettlau, Max. *Errico Malatesta. Das Leben eines Anarchisten*, Berlin, Der Syndikalist, 1922. Fabbri, Luis. *Vida y pensamiento de Errico Malatesta*, Barcelona, Editorial Terra y Libertad, 1938. Richards, Vernon. *Malatesta: life & ideas*, London, Freedom P, 1965, rep. 1993. Toda Misato. *Errico Malatesta, da Mazzini a Bakunin: la sua formazione giovanile nell'ambiente napoletano (1868-1873)*, Napoli, Guida, 1988. 戸田三三冬「南欧からの手紙 エッリコ・マラテスタをめぐることども」『史艸』17号1976, 同「1871年ナポリ青年群像 エッリーコ・マラテスタ序章」『日伊文化研究』20号1982, 同「ナポリ『ラ・カムパーナ』考」『史艸』27・28号1986・87, 同「マテーゼ蜂起とアンナ・イングレーゼのこと」『歴史と地理』357号1985, 同「リビアとイタリアマラテスタのリビア戦争反対運動」『交感するリビア』藤原書店1990, 同「平和の方法としてのアナキズム」『国家を超える視角』法律文化社1997, 同「ユートピアの実験」『政経研究』70号1998, Toda Misato. Kropotkin and Malatesta, Russians, Italians and Japanese in the Revolutionary Movements in the World, 『文教大学国際学部紀要』6巻1996

丸木 位里 まるき・いり　1901(明34)6.20-1995(平7)10.19　広島県安佐郡飯室村(現・広島市安佐北区安佐町)の農家の長男として生まれる。田中頼璋，川端竜子らから日本画を学ぶ。青竜展，歴程展などに意欲的に作品を持ち込み独自の画風を打ち立てる。41年赤松俊子と結婚。東京椎名町のアトリエ村に入る。第2次大戦前後は戦争に批判的な美術文化協会，前衛美術会などで日本画の旗手として活躍。戦後は現代日本美術展，日本国際美術展などに雄大で繊細な水墨画の発表を続ける。45年8月6日広島への

「新型爆弾」投下を知り，俊とともに数日後広島に入り罹災者救援に携わる。50年アンデパンダン展に「原爆の図」第一部「幽霊」出品。53年五部作が完成。世界平和文化賞受賞。67年埼玉県東松山市唐子に原爆の図丸木美術館開館。その後「南京大虐殺の図」「アウシュビッツの図」「水俣の図」「沖縄戦の図」などの連作を次々と完成。「足尾鉱毒の図」制作過程で85年1月箱根林泉寺での愚童忌に参加。「天子，金持，大地主，政府，人の血を吸ふダニがおる。政府といふものは存在してゐることが諸悪の根源である」という内山愚童に共感。89年3月人人展に「大逆事件」を出品。この図は四曲一双の屏風絵で処刑された12人が描かれそれぞれ絶命した時刻まで描き込まれている。位里死没後の98年夏，企画展「大逆事件といのちの絵画展」が丸木美術館で開催される。位里は水墨画とアナキズムの黒，俊は油絵とコミュニズムの赤で貫き，水と油のように反発し合いながら二人はみごとに共同の芸術世界を構築した。(井之川巨)〔著作〕墨画集『臥龍』造形社1970，丸木俊と共作『鎮魂の道 原爆・水爆・沖縄』岩波書店1984，画文集『流々遍歴』同1988

丸木 俊 まるき・とし 1912(明45)2.11-2000(平11)1.13 旧姓・赤松，別名・俊子 北海道雨竜郡秩父別村(現・秩父別町)の寺の長女として生まれる。女子美術専門学校で洋画を学び二科展に出品。戦前はモスクワ，ミクロネシアに長期滞在しスケッチ多数を描く。41年に丸木位里と結婚。美術文化展，前衛美術展，女流画家協会展に精力的に出品を続ける。数多くの絵本を手がけ『日本の伝説』でゴールデンアップル賞受賞。『おしらさま』『つつじのむすめ』『ひろしまのピカ』など民話，創作，記録などの分野の絵本で数々の賞を受ける。(井之川巨)〔著作〕『生々流転』実業之日本社1958，『女絵かきの誕生』朝日選書1977

丸橋 慶太 まるはし・けいた ?-? 新聞工組合正進会に加盟し1924(大13)年夏，木挽町(現・中央区銀座)本部設立のために50銭寄付する。(冨板敦)〔文献〕正進会『同工諸君!! 寄附金芳名ビラ』1924.8

丸橋 健三 まるはし・けんぞう ?-? 読売新聞社に勤め新聞工組合正進会に加盟。1920(大9)年機関誌『正進』発行のために1円寄付する。(冨板敦)〔文献〕『正進』1巻1号1920.4

丸橋 倭一郎 まるはし・わいちろう ?-? 1926(大15)年群馬県佐波郡茂呂村(現・伊勢崎市)で暮し農民自治会全国連合に参加。地元の農民自治会を組織しようとしていた。(冨板敦)〔文献〕『農民自治会内報』2号1927

丸茂 幾造 まるも・いくぞう ?-? 毎夕新聞社に勤め東京の新聞社員で組織された革進会に加わり1919(大8)年8月の同盟ストに参加するが敗北。のち正進会に加盟。24年夏，木挽町(現・中央区銀座)正進会本部設立のために1円寄付する。(冨板敦)〔文献〕『革進会々報』1巻1号1919.8，正進会『同工諸君!! 寄附金芳名ビラ』1924.8

丸山 あつし まるやま・あつし 1938(昭13)5.2-2015(平27)10.10 本名・丸山厚(こう) 筆名・丸あつし 3男1女の次男として東京都千駄ヶ谷に生まれる。44年一家で満州撫順に移住。45年撫順市立東七条小学校に入学。同年6月父が現地召集され敗戦と同時にシベリアへ抑留される。一家は母方の青森県弘前に引揚げ46年弘前市立第二大成小を経て50年横浜市立潮田小に転入。52年同潮田中学校入学，美術クラブに参加。55年旭硝子に就職，川崎高校二部へ通学するも58年離職・中退。この時期に油野誠一に師事。その後会計事務所に勤めながら劇団「建設座」入団。三池争議支援，安保阻止第八次のデモ参加が事務所に知れ解雇となる。広告デザイン会社「M企画」を立上げ報知新聞社系の仕事を受ける。劇団アルファ，京浜協同劇団などを経て76年アトムの会結成に参加，ジャン・ジュネ作「女中達」他を演出，舞台美術を担当(横浜文化ホール公演)。77年石川町駅前運河に浮かぶはしけTARO丸にて帆走公演「森女考」「赤い靴」を脚本演出。この方法は後の横浜ボートシアターとなる。80年針生一郎らと芸術キャバレーを主宰。美術では自由美術，アジア青年美術連盟，読売アンデパンダン展，JAARA展等に参加。数々の個展(イベント含)を主宰。晩年はJAARAの会員となるがどこの組織団体にも属さず。作品は非戦，平和を貫き通した。05年エコール・ド・川崎展で協働した金子秀夫，福田美鈴，稲木秀臣らと親交を持つ。03年8月詩誌『新しい風』(川崎詩人会)同人，09年『トスキナ

ア』10-20号まで表紙絵を担当。その他鳥居哲男主宰文芸誌『裸木』『かち』同人。造形美術を主体とし詩，小説，エッセイとマルチな存在であった。晩年は茨城県鉾田市で「M企画」を再開，『大洋通信』を発行する。急性多臓器不全敗血症にて没。（黒川洋）〔著作〕『曼陀羅の宇宙』裸木叢書2004.6，長編合同詩集『音』川崎詩人会2010.4，『詩・画集大成』編纂M企画・大洋出版2015.1

丸山 邦男 まるやま・くにお　1920（大9）6.15-1994（平6）1.24　兵庫県出身。政治評論家丸山幹治の三男，芸能プロデューサー丸山鉄雄，政治学者の丸山真男は兄。慶応高等部卒業，早稲田大学文学部仏文科中退。全日本炭鉱労組書記，月刊誌『丸』編集部を経て1956（昭31）年以後フリーライター，社会評論家。57年大宅壮一ノンフィクションクラブに入り青地晨らと大宅グループ左派を形成して活躍。内灘闘争を取材して清水幾太郎を批判。1959年『中央公論』に「ジャーナリズム批判」「ジャーナリストと戦争責任」を書き注目される。天皇制批判，マスコミ評論，人物ルポを得意とした。『流動』『調査情報』『婦人公論』『暮らしの設計』『現代の眼』『噂の真相』などに執筆，硬派のフリーライターの先駆的存在であった。70年安保には若手ジャーナリストと「独立ジャーナリスト群団」を結成，街頭闘争にも参加した。日本ペンクラブ，日本ジャーナリスト連盟に加盟。日本エディタースクール，日本ジャーナリスト専門学校の講師も務めた。（鈴木義昭）〔著作〕藤島宇内・村上兵衛と共著『日本を創る表情　ルポルタージュヒロシマから沖縄まで』弘文社1959，安田武と共著『学生　きみ達はどうするか』日本文芸社1968，『豚か狼か』三笠書房1971，『天皇観の戦後史』白川書院1975，『遊撃的マスコミ論　オピニオンジャーナリズムの構造』創樹社1976，『フリーライターの戦後誌　コラムの世界』みき書房1981，〔文献〕『なにが粋かな　斎藤龍鳳の世界』創樹社1972，『ルポライター入門』みき書房1976，竹中労『自由への証言』エフプロ出版1977

丸山 熊次郎 まるやま・くまじろう　?-?　別名・熊治郎　1927（昭2）年長野県南安曇郡豊科町下鳥羽（現・安曇野市）で暮し農民自治会全国連合に参加。農自長野県中信連合の事務所を自宅に置く。この年，北信連合の事務所は佐藤光政宅，東信連合兼長野県連合の事務所は井出好男宅，南信連合の事務所は中田美穂宅に置かれていた。同年5月2日江渡狄嶺を自宅に迎えて講演会を開く（演題は「日本の真実なる建設者として農村青年に望む」）。参加者は農自会員の塩原幹重らおよそ30名だった。同年7月1日夕方，長野県下で数万枚のビラが一斉に配られた「農村モラトリアム期成同盟」の活動に朝倉重吉の応援の下，地元の塩原や青柳善一らと加わる。（冨板敦）〔文献〕『農民自治』臨時号1927.10，大井隆男『農民自治運動史』銀河書房1980

丸山 源蔵 まるやま・げんぞう　1915（大4）-?　青森県下北郡田名部町柳町（現・むつ市）生まれ。33年商業学校を卒業。34年上京し日本大学芸術学科の笠井耕作と知り合いとなり，アナキズムを研究する笠井から新居格の『アナキズム芸術論』（天人社1930・復刻版黒色戦線社1988）をすすめられた。胸膜炎のため帰郷し35年末頃無共党事件で検挙されるが不起訴。（冨板敦）〔文献〕『身上調査』

丸山 孝一 まるやま・こういち　?-?　1919（大8）年東京神田区（現・千代田区）の神田印刷所文選科に勤め活版印刷工組合信友会に加盟する。（冨板敦）〔文献〕『信友』1919年8・10月号

丸山 幸一郎 まるやま・こういちろう　1895（明28）7.8-?　別名・昏迷　長野県北安曇郡八坂村に生まれる。高等小学校3年を修了後，家業の農業に従事していたが10年書店に勤めるようになり大杉栄の文章に触れて感化される。15年6月頃雑誌『新文芸』の地方記者となり評論，短歌などを寄稿。16年書店を辞め同年12月から翌年4月まで中央大学英語科夜間部に籍を置く。16年2月から17年4月にかけて上京した際，堺利彦が編集した大逆事件被告の獄中書簡集『獄中消息』や幸徳秋水訳『革命奇談神愁鬼哭』などを購入したとして17年3月22日社会主義を信奉する乙号として要視察人名簿に登録された。20年日本社会主義同盟に北京の新支那社記者として加盟した。（西山拓）〔文献〕『主義者人物史料1』

丸山 五郎 まるやま・ごろう　?-?　新聞工組合正進会に加盟し1924（大13）年夏，木挽町（現・中央区銀座）本部設立のために50銭寄付する。（冨板敦）〔文献〕正進会『同工諸君!! 寄附金芳名ビラ』1924.8

丸山 仙口 まるやま・せんこう　?-?　1919

(大8)年東京京橋区(現・中央区)の新栄舎文選科に勤め日本印刷工組合信友会に加盟する。〔冨板敦〕〔文献〕『信友』1919年10月号

丸山 寅二 まるやま・とらじ 1892(明治25)2.21-? 新潟県新潟市学校町通(現・中央区)に生まれる。上京し1921(大10)年東京北郊自主会に出入りしたことで警視庁の思想要注意人とされる。北豊島郡西巣鴨町宮仲(豊島区巣鴨)に住んでいた。〔冨板敦〕〔文献〕『警視庁思想要注意人名簿(大正10年度)』

丸山 直臣 まるやま・なおおみ ?-? 1926(大15)年末頃新潟市田中町の森田小一郎宅で開かれていたアナキズム研究会に参加。27年9月新潟一般労働者組合の結成に関わる。28年森田とともにマルクス主義に傾き同年3月全国自連第2回続行大会を機に新潟一般を離れた。〔冨板敦〕〔著作〕「山健の思ひ出を偲ぶ」山口一枝編『篝火草』私家版1977〔文献〕山口健助『風雪を越えて』印友会本部1970・『青春無頼』私家版1982

丸山 峰吉 まるやま・みねきち 1904(明37)-? 1925(大14)年9月3日18時半、小樽中央座で開かれた労働問題演説会(小樽自由労働者有志主催)に参加。検束されて7日間拘留される。〔冨板敦〕〔文献〕堅田精司編『北海道社会運動家名簿仮目録』私家版1973、堅田精司『北海道社会文庫通信』134・303・889・1287号1996.9.24・1997.10.7・1999.11.5・2000.12.7

丸山 勇作 まるやま・ゆうさく ?-? 報知新聞社に勤め東京各新聞社の整版部従業員有志で組織された労働組合革進会に加わり1919(大8)年8月の同盟ストに参加するが敗北。同年12月新聞工組合正進会を組織し機関誌編集役員となる。20年9月報知新聞社争議で布留川桂、北浦千太郎、生島繁、伏下六郎らが起こした活字ケース転覆事件の後、第2の交渉委員として稲生益太郎と会社側と交渉にあたるが解雇される。同年豊多摩郡大久保町東大久保(現・新宿区)に暮らし日本社会主義同盟に加盟する。〔冨板敦〕〔文献〕『革進会々報』1巻1号1919.8、『労働運動』1次4号1920.2、『正進』1巻1・7号1920.4・11、正進会『同工諸君!! 寄附金芳名ビラ』1924.8

丸山 美樹 まるやま・よしき ?-? 1923(大12)年4月16日夜、名古屋市中区門前町の空地でアナキスト数十人とともに初の路傍演説を行う。その勢いを駆って栄町の伊藤呉服店の前で柏房次郎と伊串英治が警察攻撃・無政府主義演説をして新栄署に拘引される。渡辺年之助と新栄署に行くと巻き添えをくらい渡辺とともに検挙。交通妨害で20日の拘留とされるが正式裁判を要求。同年8月30日名古屋区裁判所第二法廷で第一回公判が開かれ、結果他3名とともに科料5円とされる。〔冨板敦〕〔文献〕伊串英治「名古屋に於ける社会運動史」『黒馬車』2巻12号1934.12

馬渡 正人 まわたり・まさと 1909(明42)-? 佐賀県三養基郡鳥栖町轟木(現・鳥栖市)生まれ。地元の尋常小学校を卒業後、上京する。28年錦城商業学校を卒業後、帰郷し農業に従事。文学で身を立てようとして自作を雑誌『若草』などに投稿するうち、大阪でアナキズム団体に属していた加藤進を知りアナキズムに共鳴し運動に関わった。32年頃同郷の吉田義明らが文芸雑誌を発刊しようとしていることを知り、雑誌『文芸叢人』の創刊準備をし座談会を開くなど同志獲得につとめた。35年末頃無共党事件で検挙されるが不起訴。〔冨板敦〕〔文献〕『身上調書』

政所 安次郎 まんどころ・やすじろう ?-? 1919(大8)年東京神田区(現・千代田区)の宮本印刷印刷科に勤め日本印刷工組合信友会に加盟する。〔冨板敦〕〔文献〕『信友』1919年10月号

み

三浦 正一 みうら・しょういち ?-? 別名・政一 1919(大8)年東京京橋区(現・中央区)の築地活版所欧文科に勤め活版印刷工組合信友会に加盟。のち芝区(現・港区)の日本印刷興業株式会社に移る。23年4月28日の信友会大会で新常務委員(会計担当)に選出される。〔冨板敦〕〔文献〕『信友』1919年8・10月号・21年1月号・22年1月号、『印刷工連合』1号1923.6、水沼辰夫『明治・大正期自立的労働運動の足跡』JCA出版1979

三浦 清一 みうら・せいいち 1895(明28)5.30-1962(昭37)7.10 熊本県上益城郡竜野

村生まれ。母ツテがアメリカに渡ったとき米国人との間で妊娠、日本帰国後に生まれた混血児。1909年済々黌に入学するが1年で中退。幸徳秋水の著作に親しむ。15年に受洗し同年12月兵役に就く。3年間の兵役をおえ19年に福岡の聖公会教役者養成所に入学。同養成所は翌20年、福岡神学校と改称。神学校在学中、日本社会主義同盟に加盟し聖公会婦人伝道師であった石川啄木の妹光子と知り合う。22年3月神学校を卒業し光子と結婚。九州各地で伝道。38年聖公会からイギリス留学を許可されるが渡航直前に敵性人物として警察に検束され留学は中止。41年12月3度目の台湾伝道から帰国直後、治安維持法違犯容疑で警察に逮捕され6ヶ月間拘留。不起訴処分釈放後、賀川豊彦の誘いで上京、松沢教会牧師などをつとめた後、44年11月免囚保護施設神戸愛隣館の館長に就く。45年11月社会党に入党。51年4月兵庫県議会議員選挙に社会党から立候補して当選。以後、63年まで牧師兼任の社会党左派議員として3期つとめる。清一亡き後、光子は亡くなる68年まで愛隣館館長をつとめた。〔廣畑研二〕〔著作〕『私的宗教生活の瞑想』日本聖徒アンデレ同胞会1938,『愛の村沖縄救癩秘史』鄰友社1943,『ただ一人立つ人間 三浦清一詩集』的場書房1956〔文献〕「県会風土記 三浦清一氏」『神港新聞』1953.1.22付(6),藤坂信子『羊の闘い 三浦清一牧師とその時代』熊日出版2005

三浦 精一 みうら・せいいち 1902(明35)12.20-1995(平7)6.1 クリスチャンネーム・Augustin 別名・津島厳 長崎県下県郡(対馬)厳原町に生まれる。慶応大学英文科卒業。敬虔なカトリック教徒だった。30年頃石川三四郎を訪れ石川から『黒戦』同人の原田理一を紹介され自らも同人となる。また31年3月に石川を中心に始まったルクリュ研究会にも参加。『黒戦』6号(1931.10)にマラテスタ「クロポトキンの回想と批判」の翻訳を載せる。35年神奈川県辻堂の自宅で石川を中心に原田理一、原田道治らと東洋文化史の研究会を毎月1回開く。39年10月から45年末まで中国山東省青島市の華北航業総公会調査科に勤める一方、古代史研究に興味をもつ。戦後アナ連に加わり山鹿泰治、久保譲が倒れたのち国際部責任者となる。63年10月から毎月1回アナキズム研究会を開き自らもプルードンやカーペンターらの思想を紹介する。66年12月からは研究会の場所を東京池袋の豊島振興会館に移しリベルテールの会と改称、68年11月アナ連解散後も研究会を続ける。69年5月秋山清、大澤正道、萩原晋太郎らと麦社を設立するが、69年12月麦社から離れ江川允通、橋本義春、萩原らの賛同を得てリベルテールの会を結成し『リベルテール』を発行する。毎月の研究会のほか他団体と共同して各種集会を開く。三一書房から刊行された『アナキズム叢書』(全8冊)ではクロポトキンの「叛逆者の言葉」(『クロポトキンⅠ』1970)とプルードンの「労働者階級の政治的能力」(『プルードンⅡ』1972)を翻訳。71年12月北海道庁赤レンガ庁舎爆破事件(1971.9)の主謀者とされた清水修一らが逮捕され、上京してきていた清水と交流があったことからリベルテール関係者十数名が家宅捜索を受ける。72年頃から毎週火曜日リベルテール・サロンという集まりをもち若い人々を育てようとする。この会合は88年まで続く。86年4月29日から5月7日までオーストラリアを訪問、メルボルンで開かれたオーストラリア・アナキズム100年祭に出席する。6月19日スペイン革命50周年記念講演会を開く。87年笹本雅敬らとアナ連の再建を呼びかけるが5月21日笹本は急死、翌88年にかけて再建の話し合いが続けられるが意見がまとまらなかった。90年2月脳梗塞で倒れ『リベルテール』は休刊、91年4月発行の195号で終刊。93年3月から萩原が編集を引き継ぎ誌名を『Le Libertaire』と変更、発行所をリベルテール舎として発行を続ける。アナ連解散後20年以上にわたりアナキズム運動を守り育てようと休むことなく続けた活動は貴重なものであり、『リベルテール』195冊は一つの歴史の記録となっている。〔手塚登士雄〕〔文献〕萩原晋太郎「私の体験した戦後アナキスト運動16」『リベルテール』146号1982.3・「とにかく200号まできた」『Le Libertaire』200号1993.7

三浦 恒四郎 みうら・つねしろう ?-? 時事新報社に勤め1919(大8)年東京の新聞社員で組織された革進会の活動に同社の井上敬一、藤森民三郎と計5円の寄付をする。のち正進会に加盟。また24年夏、木挽町(現・中央区銀座)正進会本部設立のためにも

5円の寄付をする。(冨板敦)〔文献〕『革進会々報』1巻1号1919.8, 正進会『同工諸君‼ 寄附金芳名ビラ』1924.8

三浦 哲人 みうら・てつひと ?-? 1926(大15)年長野県南佐久郡切原村(現・佐久市)で暮し農民自治会全国連合に参加。地元の農民自治会を組織しようとしていた。(冨板敦)〔文献〕『農民自治会内報』2号1927

三浦 東三 みうら・とうぞう ?-? 村山知義の従兄弟。24年10月雑誌『マヴォ』4号から同人となり, 詩などを発表する。(冨板敦)〔文献〕五十殿利治『大正期新興美術運動の研究』スカイドア1998, 五十殿利治・菊屋吉生・滝沢恭司・長門佐季・野崎たみ子・水沢勉『大正期新興美術資料集成』国書刊行会2006

三浦 俊雄 みうら・としお ?-? 1919(大8)年東京芝区(現・港区)の東洋印刷会社和文科に勤め活版印刷工組合信友会に加盟する。(冨板敦)〔文献〕『信友』1919年8月号

三浦 とめ みうら・とめ 1917(大6)-? 別名・茂子 神戸市灘区原田通生まれ。女子商業学校, 日本邦文タイプライター養成所を卒業後, 神戸で事務員として働く。ここで『布引詩歌』を知り投稿するようになった。35年末頃無共党事件で検挙されるが不起訴。(冨板敦)〔文献〕『身上調書』

三浦 逸雄 みうら・はやお 1899(明32)2.15-1991(平3)10.4 高知市に生まれる。東京外国語学校卒業。ダンテの『神曲』, パピーニの『二十四の脳髄』『行詰まれる男』などを訳出, イタリア文学者として活躍する一方, 『セルパン』の編集長などをつとめる。作家三浦朱門の父で自由恋愛に徹し, 朱門が小学校に上がるまで無戸籍だったという。33年国際連盟脱退の報道に興奮する朱門を「バカ, 世界に日本の友達がいなくなったのだぞ」と戒めた。心情アナの一人といえよう。(大澤正道)〔文献〕三浦朱門『こんな利己的な国でいいのか』『産経新聞』2001.9.22

三浦 益三 みうら・ますぞう ?-? 1919(大8)年東京芝区(現・港区)の近藤商店印刷所欧文科に勤め活版印刷工組合信友会に加盟。のち日本印刷興業株式会社を経て研究社に移る。(冨板敦)〔文献〕『信友』1919年8・10月号, 1921年1月号, 1922年1月号

三浦 安太郎 みうら・やすたろう 1888(明21)2.10-1916(大5)5.18 別名・面白雲内, 黒面郎 兵庫県武庫郡鳴尾村(現・西宮市)に生まれる。高等小学校を中退後, 両親とともに大阪に出て父と同じブリキ細工職人となる。山路愛山の『社会主義管見』を読んで社会主義に関心を抱き, 宮武外骨が大阪で発行していた『滑稽新聞』に「面白雲内」のペンネームで投書する。07年5月森近運平が大阪平民社を再興すると同社に出入りし荒畑寒村, 武田九平, 岡本穎一郎, 百瀬晋らとともに社会主義の伝道に携わる。三浦は大阪平民社の活動家でありながら弾圧を恐れて警察にしばしば内通することがあり, 虚勢を張って奇矯な行動をとることがあったため同志の一部から疑いの目でみられていた。08年4月大阪平民社が閉鎖されたのちの同年12月大阪の村上旅館で大石誠之助を囲んで同志たちで懇親会を開いたこと, 09年5月内山愚童を大阪に迎え武田とともに内山の放言を聞いたことを「謀議」と捏造され, 10年大逆事件で起訴された。11年1月18日大審院で幸徳秋水らとともに死刑判決を受けたが翌日特赦で無期懲役となる。武田, 岡本らと長崎監獄で服役中の16年5月自殺した。大逆事件で弁護にあたった今村力三郎のノートには三浦の虚勢を張る行動に関する指摘があり, この人物を入監させると誇大妄想狂になるという見解が記されている。(西山拓)〔文献〕森長英三郎「大逆事件と大阪・神戸組」『大阪地方労働運動史研究』10号1969.12, 幸徳秋水全集編集委員会編『大逆事件アルバム』明治文献1972, 荒木伝『明治なにわ社会運動碑・下』柘植書房1983

三笠 しづ子 みかさ・しづこ 1882(明15)-1932(昭7)10.13 本名・丸山貞子。1923(大12)年井上剣花坊主宰の『大正川柳』(柳新寺川柳会)に参加。24年島田雅楽王が主唱し設立した柳樽寺系の合評グループ枕鐘会に井上信子, 渡辺尺蠖らと共に同人として参加。合評会は毎月, 雅楽王の自宅で開催され毛筆書きの合評集を回覧。田中五呂八の新興川柳誌『氷原』にも川柳を発表し「女史の句の本質は, 悪魔的な批判と, 無常観的な自然詩と, 余りに人間的な恋愛詩から出来上っている」と五呂八に評された。美貌に恵まれ, 新興川柳の代表的な女性川柳作家としておよそ8年間に数千句の川柳を遺す。死後, 井上剣花坊編で『三笠しづ子川柳句

集』が32年柳樽寺川柳会から発行される。享年50歳。代表句に「神経のはしる通りな声が出る」「拭はるる涙をもつて逢ひに行く」「ふと上げたまつ毛言葉を待つてゐる」などがある。(平辰彦)〔文献〕平宗星編著『撩乱女性川柳』緑書房1997

味方 与太郎 みかた・よたろう ?-? 1919(大8)年東京神田区(現・千代田区)の三省堂印刷部文選科に勤め活版印刷工組合信友会に加盟する。(冨板敦)〔文献〕『信友』1919年8・10月号

見上 千代一 みかみ・ちよかず ?-? 兵庫県の北但馬地方で暮し農民自治会全国連合に加わる。1928(昭3)年5月農自の組織再編とともに「機関誌充実基金拠集参加者」(機関紙は『農民自治』を『農民』(2次)に合併・改題することとなった)の募集(第3次)があり、それに5口応じる。農自分裂後も瀬川知一良とともに全国連合に踏みとどまって同志獲得に奮闘する。(冨板敦)〔文献〕『農民自治会リーフレット』1号1929.2,『農民自治会リーフレット』2号1929.3

三上 由三 みかみ・よしぞう 1902(明35)11.19-1969(昭44)1.27 埼玉県入間郡所沢町所沢(現・所沢市)生まれ。生家が倒産後上京。小学校卒業後、職を転々として自由労働者となる。24年頃村上義博を知りアナキズムと出会う。以後、中央自由労働者組合、野蛮人社、AC労働者連盟、黒色自由労働者組合などに参加。26年黒連の結成に参画、同年6月浦和の社会問題演説会で登壇、公務執行妨害・傷害罪で4カ月の入獄を経験した。30年5月小作人社の木下茂を訪ね、小作人運動の宣伝のため長野県上田から静岡に至り当地で無産者自治連盟解散後の石川金太郎、小松亀代吉、近藤寅雄、沢田武雄らとともにアナキズム思想研究会を設立した。31年1月上京して鈴木靖之を訪ねて農村運動に関心を強め、さらに農青社の運動に共鳴してアナキズム思想研究会も協議、同調することになった。32年2月静岡を離れて大阪、広島を転々とし35年岐阜で農青社事件一斉検挙により逮捕された。37年4月懲役2年執行猶予4年の判決を受けた。45年以降は静岡に在住、51年全日自労静岡分会委員長となった。(奥沢邦成)〔文献〕『資料農青社運動史』,『農青社事件資料集Ⅰ・Ⅱ』

小松隆二編『続・現代史資料 アナーキズム』みすず書房1988

三木 幸次郎 みき・こうじろう ?-? 1919(大8)年岡山市の村本研精堂に勤め活版印刷工組合信友会に加盟する。(冨板敦)〔文献〕『信友』1919年8・10・12月号

三木 滋二 みき・しげじ 1896(明29)-? 神戸市林田区池田寺町(現・長田区)生まれ。尋常小学校を卒業後、工員、事務員などをして各地を転々とする。1925年頃クロポトキンに魅せられて著書を読むようになり井上信一、芝原淳ニらとアナキズム研究をする。26年頃から井上、芝原らと近代思想研究会を始める。32年芝原、笠原勉、井上らと『近代思想』を発刊する。34年頃布引詩歌社の同人となり『布引詩歌』に投稿する。35年末頃無共党事件で検挙されるが不起訴。(冨板敦)〔文献〕『身上調書』

御木本 隆三 みきもと・りゅうぞう 1893(明26)10.27-1971(昭46)6.6 「真珠王」御木本幸吉の長男として三重県に生まれる。第一高等学校卒、京都帝国大学経済学部を中退。英国19世紀の美術評論家・社会思想家であったジョン・ラスキンに関心を抱き、河上肇を師とした。1920年代に英国に学ぶ。日本におけるラスキン研究は御木本の存在なしには語れない。ラスキンの経済思想は原始キリスト教的思想の下で働く者、人間中心の経済学として当時の古典派経済学と一線を画し、当時台頭しつつあったマルクス経済学とも異なるユニークな経済学であった。現在の利益万能の社会風潮の中で精神的な満足を求める思想への見直しの機運が出ており再考されている。最近豪州の研究家ロブ・ノウルズ(Rob Knowles)の『下からの政治経済学』が発表され、現代におけるアナキズムの思想の延長線で労働者から見た経済学の見直しが提唱された。御木本隆三の師にあたるジョン・ラスキンがアナキズム史で取り上げられることは数少なく、それでもマックス・ネットラウ『アナキズム史』第3,5巻で数回ラスキンが指摘され、個別のアナキズム書、例えばクロポトキン『田園・工場・仕事場』でもマルクスと共に僅かながら論じられている。御木本が最も活動的であった当時、ラスキンのリベラルな思想のせいで御木本もリベラリストとして見られて

いた側面もあったようである。特に戦前はマルクス思想と対立するラスキン思想として政治的に利用されたこともあり，戦後のラスキン研究に悪影響を与えたともいわれている。御木本はラスキン研究のかたわら，ジョン・スチュアート・ミルやトルストイにも関心を寄せ，河上肇へ提出した論文に「ミルの自叙伝を読む」(関東大震災で焼失)もあるが，河上から資本家の息子だからラスキン研究を勧められた。1931年に「ラスキン協会」を設立，今なお他では読めない多くの論文が掲載された『ラスキン協会雑誌』を数年にわたって刊行し，34年には東京銀座に「ラスキン文庫」も開設して多彩なラスキン紹介に努めた。様態を変えた現在の「ラスキン文庫」はかつてと同様にラスキン研究のセンター的な存在である。御木本はラスキン研究に携わる一方で喫茶店「ラスキン文庫」なども経営し，自身がラケットを持つかたわら日本のテニス界のパトロン的存在にもなる。日本のアナキズム史上，御木本の名前が浮き上がるのは二見敏雄がラスキン文庫に出入りし，数名のアナキストが御木本に活動資金を要求し，御木本がそれを拒否し代わりに岡本潤をも編集同人とする雑誌『反対』に喫茶店「ラスキン文庫」の広告を出したときであろう。この『反対』は現存する。なお大正時代，東京労働教会を主宰し三菱川崎両造船所争議の頃に労働文化大学，労働文化協会に関与していた斉藤信吉は御木本隆三の叔父(父親幸吉の実弟)である。(佐藤詔司)〔著作〕『ラスキン研究 彼の美と徳と経済』厚生閣1924，『ラスキン著作の道徳的影響』東京ラスキン協会1931，「想い出の断片」『一高校友会雑誌』300号所収〔文献〕「破産した銀座のラスキン」『経済往来』1950.1，三吉明『キリストによる労働者』キリスト教新聞社1965，佐藤詔司編『この最後の者にも：出版150年記念論文集』ラスキン叢書出版2012，Rob Knowles : Political Economy from Below : Communitarian Anarchism as a Neglected Discourse in Histories of Economic Thought, *History of Economics Review*, No. 31 Winter 2000 (ロブ・ノウレズ『下からの政治経済学』乍果卅从訳・私家版2013) *Political Economy from Below : Economic Thought in Communitarian Anarchism, 1840-1914*, Routledge 2004

三崎 良一 みさき・りょういち ?-? 別名・良水 1919(大8)年7月丹悦太が結成した新人会広島支部に森本丹一らと参加する。21年頃九州に移住し新人会福岡支部を結成。同年河島真二，小野新七，松居孝一郎と爆発物取締規則違反，窃盗罪で検挙され懲役8カ月となる。22年5月23日丹と共催して広島市内で借家人，失業，労働問題の大演説会を開く(三崎は九州労働連盟を名のる)。24日か25日社会主義座談会を開き丹とともに主催者として検束。高津正道の影響でアナからボルに転じ，23年2月広島第1次不穏文書事件(過激社会運動取締法反対のビラがまかれた事件)に関わり，23年4月広島市でアナ・ボル混交の広島青年革進会を結成し会長となる。25年の東京メーデーに参加，東京家具工組合を代表して演説。30年国家社会主義に転じて正民義団を結成，33年5月1日メーデー反対の演説会を開く。(冨板敦)〔文献〕『労働運動』2次1号1921.1，『印刷工連合』25号1925.6，山木茂『広島県社会運動史』

三沢 金太郎 みさわ・きんたろう ?-? 日本印刷工組合信友会に加盟し1921(大10)年末頃，東京京橋区(現・中央区)の中屋印刷所に勤めていた。のち新聞工組合正進会に加わり24年夏，木挽町(現・中央区銀座)正進会本部設立のために1円寄付する。(冨板敦)〔文献〕『信友』1922年1月号，正進会『同工諸君!! 寄附金芳名ビラ』1924.8

三沢 健一 みさわ・けんいち ?-? 芝浦製作所に勤め芝浦労働組合に加盟し，配電器具分区に所属。1924(大13)年9月27日，同労組の中央委員会で同分区の中央委員に沖田松三，小田権次，郷田武哉，篠田庄八とともに選出される。(冨板敦)〔文献〕『芝浦労働』2次2号1924.11

三沢 定次郎 みさわ・さだじろう ?-? 別名・定二郎 毎夕新聞社に勤め東京の新聞社員で組織された革進会に加わり1919(大8)年8月の同盟ストに参加するが敗北。のち正進会に加盟。24年夏，木挽町(現・中央区銀座)正進会本部設立のために1円寄付する。(冨板敦)〔文献〕『革進会々報』1巻1号1919.8，正進会『同工諸君!! 寄附金芳名ビラ』1924.8

三島 一郎 みしま・いちろう ?-? 新潟県蒲原町沼垂(現・新潟市)に生まれる。沼垂製版所に勤務中，山口健助を知る。1928(昭3)年サンジカリズム派の新潟一般労働者組合に加わり活動。山口と印刷工の竹村豊治

とで近代文芸社を組織し『黒色戦線』(1次)の流れを汲むガリ版刷りの詩誌を刊行した。32年8月平沢貞太郎と新潟全産業労働者組合を組織し日本自協に加わる。山口によれば「沈着で、寡黙な青年だった」。(冨板敦)〔著作〕『山健の随想』山口一枝編『篝火草』私家版1977〔文献〕『特高月報』1932.8, 江西一三『わが自協史』黒旗の下に発行所1974, 山口健助『青春無頼』私家版1982

三島 芳男 みしま・よしお ?-? 読売新聞社に勤め新聞工組合正進会に加盟。1920(大9)年機関誌『正進』発行のために50銭寄付する。(冨板敦)〔文献〕『正進』1巻1号1920.4

三島 芳之助 みしま・よしのすけ ?-? 新聞工組合正進会に加盟し1924(大13)年夏、木挽町(現・中央区銀座)本部設立のために1円寄付する。(冨板敦)〔文献〕正進会『同工諸君!!寄附金芳名ビラ』1924.8

水上 のぶ みずかみ・のぶ ?-? 富山県中新川郡東水橋町(現・富山市水橋町)に生まれる。1918(大7)年8月富山の米騒動で活躍。女仲士の元締めで「水上のおばば」と呼ばれ騒動時は推定60歳。統率力のある「男まさりの侠客肌」だったと伝えられている。4日米価暴騰に苦しむ主婦たちの先頭に立って米商や地主に米の値下げを迫る。5日米を他県に運ぼうとする荷車を阻止した際、警官への暴行容疑で滑川署に拘引されるが、翌6日不当逮捕を訴え抗議にかけつけた200人の同調者の働きかけにより釈放された。台所を預かる主婦の決起によって始まった米騒動は全国に波及、都市部で反政府的暴動に発展したがその発祥地富山では窮民の訴えは非暴力直接行動で貫かれた。(西村修)〔文献〕田村昌夫『いまよみがえる米騒動』新興出版1988, 井上清・渡部徹『米騒動の研究1』有斐閣1959

水木 しげる みずき・しげる 1922(大11)3.8-2015(平27)11.30 本名・武良茂、別名・東真一郎、むらもてつ、関谷すすむ、武良しげる、米替富夫、戦記屋三平、なんでも屋三平、萩原治、堀田弘、猿飛佐一、武取いさむ、水木洋子 大阪府西成郡粉浜村(現・大阪市住吉区東粉浜)生まれ。二男。生後まもなく父の故郷である鳥取県西伯郡境町入船町(現・境港市)に連れて行かれ以後小学校卒業までそこで育ち、伝説や民間信仰が豊かなその町や水木家にお手伝いに来ていた神仏に仕えたこともある老婆の影響が、そののち水木の妖怪漫画を描く素地を形成したと水木自身もその幼少期を語っている。高等小学校卒業後、いくつかの画学校に入ったが規則に厳しい学校生活にはなじまず、武蔵野美術学校(のちの武蔵野美術大学)を最後に中退。その後アジア・太平洋戦争の戦火が拡大し兵員不足で乙種合格の水木も徴兵され、内地からパラオそしてラバウルと転戦しニューブリテン島守備隊に所属、九死に一生を得て部隊に帰restoration後の行軍中に風邪とマラリアを発症しジャングルを彷徨。その激戦のラバウルで左腕を失った。のち先住トライ族の住民と親しくなり、軍隊生活での自分の扱われ方との違いプラス近代文明以前の手ごたえの確かな生活を知ることになり、それは独特の戦記漫画にも反映され、夏目房之介が指摘している「世界に対する不合理と不可思議」が表わされている。46年復員帰国し、4年後の50(昭25)年頃鈴木勝丸、加太こうじと知り合い紙芝居作家となる。この頃経営していたアパート「水木荘」をペンネームにした。その後テレビ普及の影響で紙芝居は衰退し57年神戸の家を売って上京、貸本漫画家となる。58年の処女作『ロケットマン』や翌59年『墓場の鬼太郎』、62年『河童の三平』で固定読者を獲得し、64年青林堂の『ガロ』で雑誌デビューした。続く65年『別冊マガジン』に短編「テレビくん」を連載し講談社児童文化賞を漫画部門で受賞。66年長編『悪魔くん』で人気漫画家となる。前年65年から3年後の69年まで『週刊少年マガジン』に連載されていた『ゲゲゲの鬼太郎』を途中68年に『墓場の鬼太郎』と改名してテレビ放映される。妖怪漫画のほかヒトラーや近藤勇を描いた伝記漫画の高い評価も得た。作品の根底には明治以前からの日本の庶民の生活思想の伝統に根ざした虚無主義(いわば情緒的なニヒリズム)と世直し待望が流れている。また民俗学での専門用語だった「妖怪」を一般化した功績の一端も担ったとも言える。03(平15)年境港市に「水木しげる記念館」が開館され、世界妖怪協会会長や日本民俗学会会員、民族芸術学会評議委員などを歴任。この間10年頃自宅に「水木プロダクション」を設立。15

年11月中旬調布の自宅で転倒し緊急手術後入院治療。一時回復するも同月末の朝に多臓器不全のため三鷹の病院にて死去。（北村信隆）〔著作〕『ロケットマン』兎月書房1958,『河童の三平』兎月書房1962,『悪魔くん』東考社1966,『総員総玉砕せよ！』講談社1973,『のんのんばあとオレ』筑摩書房1979,『コミック昭和史』全8巻（第13回講談社漫画賞）講談社1988-1989『別冊マガジン』連載,『ボクの一生はゲゲゲの楽園だ』全6巻講談社2001・改題完全版『水木しげる伝』全3巻講談社漫画文庫2004,『水木しげるのんのん人生』大和書房2004,『水木しげるの泉鏡花伝』2015小学館, 京極夏彦共著『水木しげる漫画大全集』講談社2013.6月刊行開始（第1期A・B・Cセット2014, 第2期2015.12月刊行中, 刊行続行予定2016-）,〔文献〕足立倫行『妖怪と歩く 評伝・水木しげる』文藝春秋1994, 武良布枝『ゲゲゲの女房 人生は…終わりよければ,すべてよし!!』実業之日本社2008

水口 九之助 みずぐち・きゅうのすけ ?-? やまと新聞社に勤め新聞工組合正進会に加盟。1920（大9）年機関誌『正進』発行のために50銭寄付する。（冨板敦）〔文献〕『正進』1巻1号1920.4

水庫 一実 みずくら・かずみ ?-? やまと新聞社に勤め東京の新聞社員で組織された革進会に加わり1919（大8）年8月の同盟ストに参加するが敗北。のち正進会に加盟。20年機関誌『正進』発行のために50銭寄付する。（冨板敦）〔文献〕『革進会々報』1巻1号1919.8,『正進』1巻1号1920.4

水沢 幸子 みずさわ・さちこ ?-? 1920（大9）年印刷工として日本印刷工組合信友会に加盟し活動する。（冨板敦）〔文献〕『信友』1920年2月号

水島 仁三郎 みずしま・じんざぶろう ?-? 印刷工として1919（大8）年活版印刷工組合信友会に加盟し活動する。（冨板敦）〔文献〕『信友』1919年8月号

水島 文太郎 みずしま・ぶんたろう ?-? 東京印刷工組合のメンバー。1927（昭2）年『自連』15号に東印7月25日の例会で「伊坂印刷水島文太郎君」の争議報告があったと記されている（詳細は不明）。（冨板敦）〔文献〕『自連』15号1927.8

水田 茂行 みずた・しげゆき 1903（明36）-? 広島県生まれ。22年春頃から東京本郷の南天堂に店員として勤め大杉栄らの影響を受ける。23年関東大震災後帰郷し9月15日牛肉商の今井亀蔵, 文選工の藤谷繁雄と広島市内十数カ所に無産者同盟, 千田町二丁目無産者同盟支部, 革命党支部, 関西無産者同盟の名で「焼け! 資産家の邸宅, 警察署。民衆よ！／起て! 全広島の労働者諸君よ, 諸君の幸福は大革命の決行にあり／焼け焼け, 大広島の諸官街を」などと書いた「不穏」文書をまいたとして検挙される。水田は懲役10カ月, 今井は懲役5カ月, 藤谷は罰金50円とされた。（冨板敦）〔文献〕山木茂『広島県社会運動史』,『思想輯覧1』, 寺島珠雄『南天堂』皓星社1999

水谷 英式 みずたに・えいしき ?-? 1919（大8）年東京京橋区（現・中央区）の秀英本舎和文科に勤め活版印刷工組合信友会に加盟。のち三協印刷株式会社和文部に移る。（冨板敦）〔文献〕『信友』1919年8・10月号

水谷 武雄 みずたに・たけお 1899（明32）7.18-? 岐阜県海津郡高須町（現・海津市）に生まれる。加藤一夫の影響を受け地元の小作人組合と関わる。上京し早稲田大学に入学。1921（大10）年5月日本社会主義同盟第2回大会に参加し検束される。牛込区南榎町（現・新宿区）に住んでいた。（冨板敦）〔文献〕『労働運動』2次12号1921.6,『警視庁思想要注意人名簿（大正10年度）』

水谷 麻都男 みずたに・まつお 1907（明40）-? 長野県北安曇郡大町（現・大町市）に生まれる。19年大町中学に入学, 大杉栄の著作にひかれアナキズムに近づく。25年法政大学文学部英文予科に入学するが26年末母の死没により退学帰郷。27年4月南安曇郡南穂高村穂高尋常高等小学校の代用教員となる。授業内容が不敬にあたるとして28年10月検挙され懲役3年となる。（冨板敦）〔文献〕『不敬事件2』

水沼 熊 みずぬま・くま 1902（明35）4.10-1976（昭51）12.30 栃木県上都賀郡今市町（現・日光市）に生まれる。水沼11人兄弟の8人目。東京市牛込区納戸町（現・新宿区）で公衆浴場を営む叔父の養子となる。東京職工学校機械科を卒業後, 兄辰夫に連れられて北風会に加わる。21年4月創刊された高尾平兵衛らの『労働者』同人となり, 同年6月ナップルツ時計会社の争議支援に加わり和田久太郎らと逮捕され拘留10日。22年徴兵検査の通知に応じず高尾, 北浦千太

郎，渡辺幸平らとロシアへ密入国。モスクワで東洋勤労者共産主義大学(クートベ)に入学し2年後の24年10月北浦とともに帰国する。帰国後佐藤陽一らが組織した関東労働組合連合会に参加，25年末結成された黒色青年連盟に同連合会有志として加盟，機関紙『黒色青年』創刊号から5号まで(1926.4-9)編集発行兼印刷人となる。関東労連は26年5月関東自連に発展し同月結成された全国自連に加盟するなかで活発に活動する。27年1月産別化できない中小企業労組を糾合した東京一般労働者組合の創立に関わり東京一般は関東自連，全国自連に加盟する。熊は弟浩と北部支部の幹部となる。同年4月関東自連第2回大会では議長をつとめ，28年3月全国自連が分裂した第2回続行大会でも議長をつとめる。同年11月昭和天皇即位の予防検束で小川猛，原田理一，金沢末松と29日間日本橋堤署に拘留される。北部支部は分裂後も全国自連にとどまり29年3月東京一般第2回大会では司会をつとめ，浩が提案した農民運動，水平運動との提携強化の議案を支持，賛成演説を行っている。だが30年4月北部支部は全国自連を脱退しすでに脱退していた江東支部(江西一三，高橋光吉ら)，南葛支部(陀田勘助，歌川伸)などと関東一般労働組合を結成，日本自協へと向かうが，この頃浩と別れ第一線を離れたようである。その後吉田一の自転車工場を手伝ったり兄真澄の東京大学機械工学実験所に勤めたりしている。(大澤正道)〔文献〕『労働運動』2次12号1921.6，4次6号1924.12，『自連』1・12・23号1926.6・27.5・28.4

水沼 浩 みずぬま・こう 1907(明40)8.30-1999(平11)12.26 東京浅草区山谷涙橋付近(現・台東区)で父がやっていた木賃宿に生まれそこで育つ。水沼11人兄弟の末弟。19年2月兄辰夫が吉田一と南足立郡南千住町(現・荒川区)で始めた労働者相談所を手伝い大杉栄，荒畑寒村，久板卯之助，黒瀬春吉，五十里幸太郎，近藤憲二らに出会う。23年難波大助事件がきっかけとなり，辰夫所蔵の本を片端から読みまくり社会主義に開眼。27年兄熊のいる東京一般労働者組合北部支部に参加，鶴岡直和，小川猛，原田理一らと活動する。28年4月北部支部の会計を担当。同年山鹿泰治のエスペラント講習会に参加し，築地小劇場に学びに来ていた台湾の活動家張維賢を知る。29年3月東京一般第2回大会で農民運動，水平運動との提携強化を提案，可決。30年4月北部支部も全国自連を脱退し，すでに脱退していた江東支部，南葛支部などと関東一般労働組合を結成，日本自協に参加する。自協は結成以来多くの争議を闘ったがなかでも知られているのが31年千住の日本染絨争議(組合員170人)である。自協が総力をあげて取り組んだこの争議の中核となったのが地元の北部支部で，北部支部を支えたのが鶴岡，小川，そして浩だった。32年9月創刊された自協の理論機関紙『黒旗の下に』の発行所黒旗社は浅草区谷中(現・台東区)の浩宅に置かれている。34年台湾へ渡り張と再会する。40年台湾から引き揚げ兄熊が働く富士工業に勤める。戦後アナ連に参加。49年5月全国大会で東京地協内紛の調停役含みで事務局代表に選出されるが10月病に倒れる。地味で堅実な裏方タイプだが芯の強い人だった。(大澤正道)〔著作〕「私はなぜアナキストになったか」『平民新聞』53号1947.12.9，「原田理一君の半面」『無政府主義運動』28号1959.6〔文献〕『自連』19・24号1927.12・28.5，江西一三『江西一三自伝』同刊行会1976

水沼 辰夫 みずぬま・たつお 1892(明25)4.15-1965(昭40)8.25 本名・辰 栃木県上都賀郡今市町(現・日光市)に生まれる。94年上京，本郷区駒込千駄木町(現・文京区)で公衆浴場を経営していた叔父の世話になり98年本郷駒込高等小学校に入る。04年高等科3年で退学，印刷会社秀英舎に修業生として入社したが07年修業中の秀英舎を飛び出し，以来23年まで「渡り職人」として東京市内の印刷所を30数回渡り歩く。欧文植字工の腕前は飛び切りで普通の2倍のスピードで植字するので「両手の辰ちゃん」とあだ名された。08年結成された欧文植字工団体欧友会に入り，12年幹事に選ばれ機関誌『欧友』の編集にあたる。16年2月同じ博文館印刷所で働いていた立田泰らとはかって欧文植字工組合信友会を結成，編集担当役員となり機関誌『信友』を発刊する。8月信友会会員の竹村菊之助，高田公三にすすめられ渡辺政太郎の研究会に出席，以後常連となる。研究会のほか荒畑寒村らの労働組合研

究会，有吉三吉宅で開かれていた労働問題座談会などに3人で出席し，堺利彦，大杉栄，和田久太郎，近藤憲二らと知り合い社会主義へと開眼する。渡辺宅の書棚にはほかではみられない社会主義関係の書物が多数ありそこに集まる若い労働者たちはそれらの国禁の書をむさぼるように読んだと回想している。18年3月日本印刷工組合信友会と改称，全印刷工の組合をめざして活動を開始し2カ月余りで組合員は1000人を超え る。7月博文館印刷所で賃上げ争議をおこし立田らと解雇。同社社長大橋光吉は両名ら14人のブラックリストを市内各印刷所に回した。この時荒畑に書いてもらった労働者の団結を促すビラが米騒動で神経を尖らせていた官憲の手に入り，不穏文書配布の容疑で綿引邦農夫ら多くの組合員と検束される。8月末釈放された時組合員は激減，責任を取って副幹事長を辞任する。19年2月吉田一と北豊島郡南千住町（現・荒川区）の吉田宅で底辺の労働者の組織化をねらって労働者相談所を開く。この労働者相談所茶話会には大杉らが毎回出席していた。同年9月宿願だった8時間労働制（女子・幼年工6時間）実現をめざして闘争を開始したが資本家側の厚い壁に阻まれ敗退する。20年3月新聞従業員組合正進会とはかりメーデー開催を東京の各労働組合に呼びかけ，5月2日上野公園で日本最初の屋外メーデーを成功させる。堺が預かっていた幸徳秋水の遺著『基督抹殺論』の印税を服部浜次に依頼してメーデー費用の一部にあてたのは水沼だった。「死したる幸徳，メーデーに労働大衆を動かす」と近藤憲二は評している。同年8月信友会を代表して日本社会主義同盟の発起人に名を連ね布留川桂（正進会），近藤（東京労働運動同盟会）らと常任委員になる。22年9月30日大阪天王寺公会堂で開催された日本労働組合総連合創立大会に出席，自由連合派を代表して規約第2条の修正案を提出し総同盟側と激しい論議を交え，両者相譲らず官憲の中止解散命令で総連合は決裂する。23年2月佐藤陽一，佐藤護郎らと自連派の結集に向けて『組合運動』を創刊。同紙は『労働運動』と並んで自連派労働運動の推進に大きな役割を果たしたが9月関東大震災で潰滅。同年12月復刊した第4次『労働運動』の同人となる。24年4月印刷工連合会第1回全国大会で議長をつとめ懸案の信友会と正進会の合同に向け筋道をつける。この年3月浅草区山谷（現・台東区）に自営の国際印刷を下中弥三郎，渡辺幸平らの援助を得て開業，「渡り職人」暮らしに終止符を打つ。11月東京印刷工組合が創立され一組合員となる。26年5月全国の自連派労働組合を結集した全国労働組合自由連合会結成大会が開催され大会議長に推される。27年1月発刊の第5次『労働運動』の同人となる。この年『自由連合』紙上で階級闘争をめぐり延島英一と論争，翌年延島は東印から追放される。28年9月から『自連新聞』に「印刷工労働運動史」の連載を開始する（1929.7まで）。印刷工労働運動史の完成は生涯の仕事となる。41年国際印刷は廃業のやむなきに至りその後研究社印刷工場の職長となる。戦後アナ連に参加，共産主義者との共同闘争を唱える岡本潤に反論，共産主義者との共闘の結果は先輩大杉をみればわかるじゃないかと一蹴する。その後間もなく岡本は共産党に入党する。原理原則に立脚した論争は水沼のお家芸である。55年アナ連分裂後，日本アナキストクラブを結成。60年クラブ10周年記念研究会での講演「サンジカリズムとアナキズム」（『無政府主義運動』36-38号1961.12・62.1・3）は簡にして要を得た生涯の思想遍歴でもある。クラブの会合には欠かさず出席する一方，『印刷時報』に61年から3年余悲願の印刷工労働運動史を綿引の協力を得て書き継ぎそれが絶筆となった。綿引は辰夫を「理想主義的現実主義者」と呼んでいるがけだし適評であろう。（大澤正道）〔著作〕「『総連合』の決裂とその前後」『社会科学』4巻1号1928.2，『明治・大正期自立的労働運動の足跡』JCA出版1979，『欧文植字』印刷学会1949，『文選植字の技術』同1961，『メーデーとアナキズム』（嶋津一郎と共編）日本アナキストクラブ1964，「階級闘争について」『自連』16号1927.9，「渡辺政太郎」『自連新聞』29号1928.11，「道はおのずから異なる」『平民新聞』5号1946.9.18，「原理原則がわかっているか」『無政府主義会議』5号1948・7〔文献〕近藤憲二『私の見た日本アナキズム運動史』麦社1969，山鹿泰治「両手の辰さん今はなし」『自由連合』113号1965.10，綿引邦農夫「理想主義的現実主義者水沼辰夫を思う」，安達幸吉「典型的なアナキスト」『無政府主義運動』52号1965.10，布留川信「『原稿と思想』の横領」『無政府主

義運動』67号1980.3

水沼 真澄 みずぬま・ますみ 1887(明20)-1945(昭20) 栃木県上都賀郡今市町(現・日光市)に生まれる。水沼11人兄弟の長男。東京の早稲田工手学校を卒業後、牛込の印刷会社秀英舎の機械工となる。1907(明40)年入社した吉田一が労働条件の改善を目的として水沼を職長につかせようとしたが失敗し両者とも退職。水沼は小石川の陸軍砲兵工廠の旋盤工となる。19年小石川労働会の結成に参加。その後芝浦製作所に移り分散していた労働組合を合同した芝浦労組や日本労働組合総連合の結成運動に関わる。22(大11)年11月創刊の『芝浦労働』を3号(23年1月)まで渡辺政吉、佐藤陽一と常務委員として編集する。関東大震災後北海道に渡り、元芝浦労組組長の杉木弥助とともに上川郡神楽村(現・東神楽町)の宮内省所有地の小作争議に参加。争議の解決後、25年帰郷し、東京大学機械工学実験所に勤務。(西山拓・冨板敦)〔文献〕『芝浦労働』1次3号1923.3

水野 勝男 みずの・かつお ?-? 1919(大8)年東京京橋区(現・中央区)の福音印刷会社欧文科に勤め活版印刷工組合信友会に加盟する。(冨板敦)〔文献〕『信友』1919年8・10月号

水野 清治 みずの・きよはる 1898(明31)-? 福井市月見町生まれ。父は人力車夫。双生児の兄とともに18年8月の福井米騒動で活躍。13日夕刻、兄らと「米暴動」を計画、九十九河原に市民を集め寺の早鐘を打ち「米屋が火事!」と叫んで決起を促す。印刷工岩崎与三郎の「近時米価暴騰するは一に我が福井県知事の施政当を得ざる為」のアピールに応じ福井警察、知事官舎を襲撃。警察署に乱入して格闘の末留置場を破壊、留置中の「5,6人」を逃がし無人となった1階に放火。騒然となるなか2階に逃れた警官が赤インキを投げつけそれを浴びた浴衣のシミがのちに暴動参加の証拠とされた。米騒動で懲役刑に服す者には壮行会が催され「大正の佐倉惣五郎」として収監後も市民の釈放陳情が行われた。(西村修)〔文献〕福岡嘉雄『福井高社研紀要』1973、『福井県史 近現代』1994

水野 静枝 みずの・しずえ ?-? 東京市荒川区尾久町に居住し神田神保町の山縣製本印刷整版部に勤める。1935(昭10)年1月13日整版部の工場閉鎖、全部員40名の解雇通告に伴い争議勃発。工場を占拠して闘い同月15日解雇手当4カ月、争議費用百円で解決する。山縣製本印刷は当時東京大学文学部の出入り業者であり、東印は34年5月以降、東印山縣分会を組織していた。(冨板敦)〔文献〕『山縣製本印刷株式会社争議解決報告書』東京印刷工組合1935、『自連新聞』97号1935.1、中島健蔵『回想の文学』平凡社1977

水野 武男 みずの・たけお ?-? 1919(大8)年東京小石川区(現・文京区)の江戸川活版所文選科に勤め活版印刷工組合信友会に加盟する。(冨板敦)〔文献〕『信友』1919年8月号

水野 竹造 みずの・たけぞう ?-? 1926(大15)年1月アナ派の愛知県水平社役員改選で執行委員に選出され全国水平社解放連盟に参加。27年4月4日全水解支持を決めた海部郡水第2回大会で副議長をつとめ、同月17日長野県水第4回大会で演説。同月30日川越市での第6回全水大会開催地変更運動全国協議会に愛知県水を代表して参加。5月静岡市水主催の福岡連隊爆破陰謀事件真相発表大演説会で登壇。8月名古屋市西区平野町説教所での愛知県水主催、全水解応援の差別弾圧反対大演説会で司会をつとめる。28年名古屋市内の下駄歯入業者による下駄歯入業組合を組織し理事となる。31年名古屋市南部表編子組合を組織し鈴木信らと顧問になる。(冨板敦)〔文献〕『自由新聞』(静岡)3号1925.8、『自由新聞』(埼玉)2号1926.2、『全国水平新聞』1-3号1927.7-9、『関西自由新聞』3号1927.12、宮崎晃『差別とアナキズム』黒色戦線社1975、『愛知県部落解放運動史 戦前編』愛知県部落解放運動連合会1983

水野 利悦 みずの・としのぶ 1907(明40)-1982(昭57) 別名・光堂、松風 埼玉県大里郡御正村(現・熊谷市)に生まれる。1921(大10)年シベリア出兵兵士凱旋記念碑差別事件を闘う。22年4月埼玉県水平社の創立大会に参加、同年御正村水平社を結成する。24年3月北埼玉郡川俣村(現・羽生市)に水平社を組織。この年関東水平社連盟機関紙『自由』の御正村支局を水野綏茂と担う。26年12月1日埼玉県各郡水平社の有志約20人と労農党支持連盟反対の声明書を出し、6日労農党埼玉県支部連合会発会式で30余人で傍聴しやじったことから森利一、成沢

量一，松永克己，無差別社の堂脇次郎，鳴海黒流，乱調時代社の笹森登美夫，小野鉄太郎，工藤哲，李黒らと検挙される（全10人）。当日夜，望月辰太郎，木下茂が熊谷署に掛け合い水野ら8人が釈放される。この年全水青年連盟機関紙『自由新聞』（埼玉）の御正村支局を水野綏茂と担う。（冨板敦）〔文献〕『自由』1巻2号1924.9，『自由新聞』（埼玉）1号1926.1，『全国水平新聞』1号1927.7，渋谷定輔『農民哀史』勁草書房1970，『水平運動史の研究5』部落問題研究所出版部1972，本田豊編『埼玉県水平社運動史年表』埼玉県同和教育協議会1978，『埼玉県部落解放運動史』部落解放同盟埼玉県連合会1984

水野　始　みずの・はじめ　?-?　読売新聞社に勤め東京の新聞社員で組織された革進会に加わり1919（大8）年8月の同盟ストに参加するが敗北。のち正進会に加盟。20年機関誌『正進』発行のために1円寄付。また24年夏，木挽町（現・中央区銀座）正進会本部設立のためにも1円寄付する。（冨板敦）〔文献〕『革進会々報』1巻1号1919.8，『正進』1巻1号1920.4，正進会『同工諸君!! 寄附金芳名ビラ』1924.8

水野　綏茂　みずの・やすしげ　1907（明40）1.5-1987（昭62）9.25　別名・原晴峰，原の人　埼玉県大里郡御正村（現・熊谷市）に生まれる。22年4月埼玉県水平社の創立大会に水野利悦と参加。同年御正村水平社を結成する。御正村小作争議を闘い望月辰太郎の支援を受ける。24年関東水平社連盟機関紙『自由』の御正村支局を水野利悦と担う。25年10月熊谷の山一林組製紙会社の女子従業員スト（31人）支援の演説会に登壇。このストは黒連，笹森登美夫らの乱調時代社のメンバーの指導といわれる。26年12月1日埼玉県各郡水平社の有志約20人と労農党支持連盟反対の声明書を出す。同年全水青年連盟機関紙『自由新聞』（埼玉）の御正村支局を水野利悦と担う。29年12月関東の水平社の統一を果たした熊谷での全国水平社関東地方代表者会議で書記長をつとめる。30年頃日本水平社の中心メンバー。のち埼玉県競馬主催者協議会に勤務。（冨板敦）〔文献〕『自由』1巻2号・2巻6月号1924.9・25.6，『自由新聞』（静岡）6号1925.11，『聖戦』5号1925.11，『自由新聞』（埼玉）1号1926.1，『望月辰太郎追憶集』望月兄弟会1972，『水平運動史の研究5』部落問題研究所出版部1972，本田豊編『埼玉県水平社運動史年表』埼玉県同和教育協議会1978，『埼玉県部落解放運動史』部落解放同盟埼玉県連合会1984

水野　力蔵　みずの・りきぞう　?-?　1919（大8）年東京芝区（現・港区）の東洋印刷会社電気銅版科に勤め活版印刷工組合信友会に加盟する。（冨板敦）〔文献〕『信友』1919年8・10月号

三角　徳太郎　みすみ・とくたろう　⇒藤岡亀吉　ふじおか・かめきち

水村　勝之助　みずむら・かつのすけ　?-?　埼玉県入間郡水平社のメンバー。1927（昭2）年4月30日川越市舞鶴館での入間郡水平社創立大会で森利一と議事進行係をつとめる。同日川越市野田水平社での第6回全国水平社大会開催地変更運動全国協議会（全国水平社解放連盟系）で書記をつとめる。（冨板敦）〔文献〕『全国水平新聞』1・2号1927.7・8

水守　三郎　みずもり・さぶろう　1905（明38）1.18-1973（昭48）7.7　本名・水盛源一郎　広島県に生まれる。広島一中を経て早稲田大学英文科に入学。27年在学中に丹沢明らと学内のアナ派文芸誌『世紀文学』の同人となる。丹沢，水守のほかには渡辺竹二郎，上田吉郎（植田信夫），西沢揚太郎，岡田赤城夫，大島昌夫，沖大助，和田佐久，加藤豊男，永井正次，村田蒼生，黒岩末吉，藤村嗣，須可賛之助の15人が同人だった。「当時の東大にも学生アナーキストはいた。しかしながら，学生アナーキストだけで出しているという雑誌はなかった。同人雑誌はいろいろ出ていたものの，『世紀文学』のようなアナーキスト系の雑誌というのはなかった」（高見順）。29年大学を卒業。カジノ・フォーリー，ムーラン・ルージュ，帝劇ミュージカルなどに属し，脚本家として活躍する。（冨板敦）〔著作〕『湖畔舞台』赤塚書房1942〔文献〕高見順『昭和文学盛衰史』文芸春秋新社1958

三瀬　重次　みせ・しげつぐ　1898（明31）-?　別名・三世重次　愛媛県喜多郡大洲町若宮（現・大洲市）生まれ。小学校卒業後，大阪で工具，土工などをする。27年関西自連に加わり岸和田支部を自宅に置き岸和田支部内に南海紡織労働組合を組織する。のち岸和田支部と南海紡織を関西紡織労働組合として分離独立させる（関西自連には引き続き加盟）。同年大杉栄追悼会に参加し検束。福田哲一とともに関西紡織のメンバーとして大阪合成労働組合除名後の関西自連委員と

溝井　宗吉郎　みぞい・そうきちろう　?-?　信友会ステロ（鉛版）部のメンバー。正進会との機関紙合同を決議した1923（大12）年坂口喜一，松浦秀介らと雑誌『ステロ』を創刊し同志の獲得に努める。同年4月28日神田松本亭での信友会大会で庶務担当の常務委員に選出される。24年4月20日芝公園内協調会館での東京印刷工組合連合会第1回大会で会則についての修正案を提出する（可決）。なる。28年3月5日平井貞二，河本乾次らと大阪合成残留者，泉州純労働者組合，関西紡織を解体統合し大阪黒色一般労働組合を結成し同労組岸和田支部を担う。32年頃社会批判社を組織していた。35年末頃無共党事件で検挙されるが不起訴。（冨板敦）〔文献〕『自連』12・18・19・22・23号1927.5・11・12・28.3・4，『関西自由新聞』4号1928.3，『大阪社会労働運動史・下』，『身上調書』，『昭和7年自1月至6月社会運動情勢　大阪控訴院管内・上』東洋文化社1979

溝井　宗吉郎　みぞい・そうきちろう　?-?　信友会ステロ（鉛版）部のメンバー。正進会との機関紙合同を決議した1923（大12）年坂口喜一，松浦秀介らと雑誌『ステロ』を創刊し同志の獲得に努める。同年4月28日神田松本亭での信友会大会で庶務担当の常務委員に選出される。24年4月20日芝公園内協調会館での東京印刷工組合連合会第1回大会で会則についての修正案を提出する（可決）。（冨板敦）〔文献〕『信友』1922年6月号，『正進』4巻2.3合併号1923.3，『印刷工連合』1・8号1923.6・24.1，水沼辰夫『明治・大正期自立的労働運動の足跡』JCA出版1979

溝口　卯八郎　みぞぐち・うはちろう　?-?　1919（大8）年東京京橋区（現・中央区）の三協印刷株式会社和文科に勤め日本印刷工組合信友会に加盟する。（冨板敦）〔文献〕『信友』1919年10月号

溝口　穐　みぞぐち・しげる　?-?　『赤と黒』号外（1924.6）に詩を発表。以後『文芸解放』『ダムダム』同人となる。『ダムダム』（1号1924.10，1号のみ）には詩4編のほか「二科を見ての感想」という美術評を載せている。この頃から美術畑に移行したとみられる。萩原恭次郎が編集に参加した以降の『マヴォ』6号にも寄稿。1926（大15）年頃本郷区千駄木町（現・文京区）の画家で資産家の内海正性の貸家に住み一時萩原が同居する。29年10月内海兄弟の経営で榎本健一を中心に再建された第2次カジノ・フォーリーの支配人兼美術担当に就任。そこには五十里幸太郎，牧野四子吉らも参加していた。33年6月創刊された雑誌『自由を我等に』（編集・田戸正春，発行・大道寺三郎）の表紙を担当している。（大澤正道）〔文献〕寺島珠雄『南天堂』皓星社1999

溝口　玉吉　みぞぐち・たまきち　?-?　1919（大8）年東京京橋区（現・中央区）の三協印刷株式会社鋳造科に勤め日本印刷工組合信友会に加盟する。（冨板敦）〔文献〕『信友』1919年10月号

溝呂木　克　みぞろぎ・かつ　?-?　1919（大8）年東京京橋区（現・中央区）の築地活版所校正科に勤め活版印刷工組合信友会に加盟する。（冨板敦）〔文献〕『信友』1919年8・10月号

三田　修　みた・おさむ　?-?　村上義博らによって1928（昭3）年1月に結成されたAC労働者連盟，次いで同年4月に結成された黒色自由労働者組合に参加。四国の刑務所長と芸者の私生児ともいわれ容貌魁偉で酔うと疾走癖がありたびたび検束されるなどして仲間に敬遠されたが，横倉辰次には愛すべき青年だったと形容されている。（植本展弘）〔文献〕横倉辰次「黒色自由労働者組合とAC労働者連盟の思い出」『労働と解放』3号1967.3

三谷　幸吉　みたに・こうきち　1886（明19）3.9-1941（昭16）8.30　福井県出身。印刷工，印刷技術史研究者。1919（大8）年神戸市活版印刷職工組合を結成し翌年幹事長。21年3月大阪印刷工組合が産業自治を掲げて組合員及び家族のみを従業員とし工場長・支配人を組合員から互選，週休一日，八時間労働，月給制の印刷工場を設立した（『大阪毎日新聞』3月4日）ことを受け，同じく事業の自営（産業自治），同盟罷工に伴う失業の救済，労働条件の改善（八時間労働，週休一日，最低賃金，月給制）を目標に組合員自営の印刷会社設立の準備を始め，同年メーデー集会で紺の筒袖に白襷といふ扮装で壇上に立ちて既報の宣言「我等は産業社会の専政に代ふるに産業自治を主張し失業の憂目より脅迫せられる世界に換へて勞働権の確立する世界を要求する」と大きく朗読し「失業防止，最低賃金の確立，罷工権の獲得の三箇條を満場一致で決議した」（『大阪朝日』5月2日）。半年をかけて準備をすすめ9月より組合員より株式募集をはじめたが失業者を抱えたなかで応募かんばしからず，定款の一部を変更し組合の賛助員や友好関係の人々，今井嘉幸（弁護士），賀川豊彦，小寺謙吉（代議士），野田文一郎（代議士）らに議決権制限，転売禁止の株式を引き受けてもらい同年9月24日創立総会開催に漕ぎつけた。総会では26名の従業員を株主から互

選、また社長久留弘三，専務三谷幸吉，常務雑賀隆次郎，取締役松井梅蔵，森田安治，監査役内田保男，岡上田実を選出した。発足時の賃金75円-110円，8時間労働（発足当初9時間），日曜公休（『大阪時事新報』21年10月26日）。のち三谷は運動を離れ上京，印刷史と印刷業を研究し『本木昌造・平野富二詳伝』などを発表した。（白仁成昭）〔著作〕『本木昌造・平野富二詳伝』本木昌造・平野富二詳伝頒布刊行会1933〔文献〕片塩二朗『活字に憑かれた男たち(3) 神を創った先駆者・三谷幸吉』『季刊 本とコンピュータ』大日本印刷1998.1，矢野道也『印刷技術発達史』大坂出版社1927，合庭惇『明治初年活版印刷史断章』『日本研究』35国際日本文化研究センター2007

三谷 文太郎 みたに・ぶんたろう 1898（明31）7.1-1944（昭19）9.21 福山市生まれ。誠之館中学で同盟罷校を計画し放校処分。中央大学卒業後，23年福島紡績福山工場入社。28年2月結成の総同盟福山労働組合に同年8月秘密裡に加盟，9月同工場争議を陰で指導（父の市会議長芳松は争議調停役の一人）。翌年争議再発，現職で人事部長に解雇撤回要求団交を申し入れ拒否され即座に辞職し争議指導。総同盟や全国労働組合同盟に参加せず，先輩山口勝清の誘いに応じ30年2月アナ系の福山一般労働者組合連合結成に参加，組合長（組合員17人）になる。福島紡績自治会を結成。同年7月9人の解雇事件へのアナキストの対応に失望，福山一般を脱退。同年全国労働組合同盟に参加。32年福山市会議員に全国労農大衆党から立候補，5票差で次点。同年8月福山労働組合書記長兼会計となる。36年9月社会大衆党市議として活動。のち全労中央委員。召集されフィリピンのレイテ島で戦死。（北村信隆）〔文献〕山木茂『広島県社会運動史』，『福山市議会史』第1巻記述編・福山市議会史編纂委員会1975，『広島県労働運動史』1980，『大阪社会労働運動史・下』

三田村 平八郎 みたむら・へいはちろう ?-? 1919（大8）年東京京橋区（現・中央区）の帝国興信所に勤め活版印刷工組合信友会に加盟する。（冨板敦）〔文献〕『信友』1919年8・10月号

道口 庄蔵 みちぐち・しょうぞう ?-? 1919（大8）年東京京橋区（現・中央区）の三協印刷株式会社和文科に勤め活版印刷工組合信友会に加盟する。（冨板敦）〔文献〕『信友』1919年8月号

三井 市郎 みつい・いちろう ?-? 1919（大8）年東京京橋区（現・中央区）の福音印刷会社文選科に勤め日本印刷工組合信友会に加盟する。（冨板敦）〔文献〕『信友』1919年10月号

三井 栄三 みつい・えいぞう ?-? 1919（大8）年東京神田区（現・千代田区）の三省堂印刷部文選科に勤め日本印刷工組合信友会に加盟する。（冨板敦）〔文献〕『信友』1919年10月号

三井 剛 みつい・たけし 1913（大2）-? 長野県北佐久郡小諸町（現・小諸市）生まれ。31年商業学校を卒業後上京し銀座の松屋で働く。翌年実弟利員を通して寺尾実と知り合いアナキズムに傾倒。33年日本革命的無政府主義者協会（JRAP）に参加する。翌年満州に渡り35年二見敏雄から拳銃入手の依頼を受けるが失敗に終わる。その直後に帰国し二見と会い無共党に入党する。二見らと郵便局の襲撃計画を立てるが中止となり脱党。無共党事件で検挙される。懲役2年執行猶予5年の判決を受ける。（冨板敦）〔文献〕『身上調書』，『無共党事件判決』，相沢尚夫『日本無政府共産党』海燕書房1974

三井 利員 みつい・としかず 1914（大3）-? 長野県北佐久郡小諸町（現・小諸市）生まれ。剛の弟。商業学校を2年で中退する。32年上京しカメラ製作所の工員となる。寺尾実と知り合い寺尾の百姓運動社の準同人となり岩佐作太郎，二見敏雄，相沢尚夫，伊藤悦太郎，梅本英三，山口安二らと交流しアナキズムに傾倒する。33年全国自連の専従となり自連と日本自協の合併に際して書記局員になる。同じ頃相沢から無共党への入党をすすめられ入党。入江汎，相沢らのレポーターの役割を果たし東京印刷工組合内で党のフラクション活動を行う。35年無共党事件で検挙され懲役2年執行猶予3年の判決を受ける。敗戦後山口らと木材タイムス社をおこし46年秋二見らの日本自治同盟に加わった。（冨板敦）〔文献〕『身上調書』，『無共党事件判決』

三井 八郎 みつい・はちろう ?-? 全国自連のメンバー。1933（昭8）年4月末メーデーの予防検束で田中喜一郎とともに大塚署に5日間留置される。（冨板敦）〔文献〕『自連新聞』80号1933.5

三石 勝五郎　みついし・かつごろう　1888(明21)11.25-1976(昭51)8.19　長野県南佐久郡青沼村入沢(現・臼田町)に農家の長男として生まれる。1902(明35)年4月長野県野沢中学校に入学。06年8月保科五無斎の保科塾に学び文学を志す。07(明30)年3月19歳で処女詩集『歴史・地理 佐久唱歌』を自費出版。08年4月早稲田大学予科に入学。在学中にホイットマンの詩集『草の葉』に接し、そのローファー(放浪者)としての生き方と詩精神に深い感銘を受け、放浪生活の中で詩作に熱中する。15年朝鮮半島に渡り釜山日報の記者となるが、翌年春病気のため帰国。18年5月東京市牛込区の南北社出版部に入社。ホイットマンの民衆詩の影響のもと、53編にも及ぶ民衆詩を『早稲田文学』をはじめとする各文芸誌に寄稿する。19年井上剣花坊が川柳論集『川柳を作る人に』』の中でホイットマンの民衆詩「わが胸に薫る草」を引用し、ホイットマンの民衆芸術を川柳界ではじめて紹介。その後剣花坊はホイットマンを師表に川柳を民衆芸術に高めることを目指し川柳の近代化を遂行していく。勝五郎は剣花坊にホイットマンの民衆詩を紹介しその民衆芸術の思想を伝えた。21年私家版『スフィンクス』を刊行。23年放浪生活を通して生まれた民衆詩をまとめ詩集『散華楽』を新潮社から刊行。「序」を京都・一燈園の西田天香が記す。そこには「小さく/さびしくいきる道/ただ一つほりて/この岸に蟹住めり」という勝五郎の代表的な四行詩をはじめ138編が収められている。24年4月詩集『火山灰』を新潮社から出版。そこには「あこがれは/欲望の/赤きほほえみ」の短詩が収録。25年12月運命判断の易占業を始める。勝五郎は以後「詩易一如」を説き、ローファーの詩人として一生を貫いた。67(昭42)年11月『詩伝 保科五無斎』(高麗人参酒造社)を刊行。70年4月『信濃閼伽流山』(美術年鑑社)を刊行。享年88歳。(平辰彦)〔文献〕宮澤康造編著『三石勝五郎 人と作品』櫟(いちい)2004、平辰彦「民衆詩人・三石勝五郎とホイットマンの比較研究 『散華楽』と『火山灰』の短詩の世界をめぐって」秋田栄養短期大学『論叢』第76号2005

ミッシェル, ルイズ　Michel, Clémence Louise　1830.5.29-1905.1.10　フランス南部のブロンクールに生まれる。56年パリに出、私立小学校の教師となる。71年パリ・コミューンで活躍、敗れて南太平洋ニューカレドニア島に流刑される船中でいっさいの権力を否定するアナキズムに開眼したと述べている。81年帰国以来、労働者大衆の先頭に立って闘い続け再三投獄される。83年パリで失業者のデモ行進を率いてパン屋を襲い飢えた人間は盗んでもパンを食べる権利があると法廷で叫んだ話は有名である。粗衣粗食に甘んじすべてを革命運動に捧げる「赤い聖女」とフランスの労働者に慕われ、ユゴーは生涯、彼女を支援したという。日本でも望月百合子らによりその献身的な行動が伝えられた。(大澤正道)〔著作〕「私は何故無政府主義者であるか」『自連新聞』35号1925.5、「奴隷であることを欲する者共へ」『矛盾』1号1928.7、「パリー・コムミュンの想ひ出」『黒旗』3号1930.3、天羽均・西川長夫訳『パリ・コミューン 一女性革命家の手記・上下』人文書院1971・72〔文献〕望月百合子「ルイズ・ミッシェル」『自連新聞』28号1928.10、船橋栄「軍事法廷のルイズ・ミシェル」『平民新聞』6・9号1950.5.10・6.10

三瀬 新吉　みつせ・しんきち　?-?　やまと新聞社に勤め新聞工組合正進会に加盟。1920(大9)年機関誌『正進』発行のために同社の勝田八次郎、黒田亀次郎、橋本菊次郎、波多保雄と計1円50銭の寄付をする。(冨板敦)〔文献〕『正進』1巻1号1920.4

光田 嗣郎　みつだ・しろう　1908(明41)-1973(昭48)2.22　山口県小野田市に生まれる。法政大学中退後、労農党に入り、反戦思想で未決監入りをしたことがある。その後孤独と放浪の10数年を過ごし敗戦後郷里の小野田市で旬刊『輝世新聞』を発行。たまたま副島辰巳を知り、ネットラウ『無政府主義思想史』を読みアナキズムこそ年来自分が考え抜いてきた結論と同じであることを発見、アナ連に加盟し平民新聞社山口支局の責任者となる。『平民新聞』に「マルクス主義に決別」(50号)、「革命的条件の成熟」(55・56・59・60号)などの文章を寄せる一方、『平民新聞』の列車宣伝や小野田市の税金闘争に奔走し病に倒れる。(大澤正道)〔文献〕副島辰巳「光田嗣郎君の死」『平民新聞』65号1948.3.19、光田憲雄「アナキスト光田嗣郎」1-3『トスキナア』12-14号2010.10-11.10

満田 友之助　みつだ・とものすけ　1914(大3)9.5-?　別名・弘三　福島県河沼郡東松村

(現・会津坂下町)生まれ。26年尋常小学校を卒業後，上京し印刷工になる。32年山本平重の影響でアナキズムに共鳴し33年大正印刷所の労働争議に参加した際に山口健助の誘いを受け関東出版産業労働組合に加盟した。34年自連，自協の合同によってできた東京印刷工組合の組織部員となり東印青年部の責任者となる。35年梅本英三の勧誘で無共党に入党し東印フラクション責任者となった。同年末頃無共党事件で検挙されるが不起訴。(冨板敦)〔文献〕『身上調書』，『無共党事件判決』

満津多 秀夫 みづた・ひでお ?-? 1919(大8)年東京神田区(現・千代田区)の精芸出版合資会社に勤め活版印刷工組合信友会に加盟する。(冨板敦)〔文献〕『信友』1919年8月号

光成 信男 みつなり・のぶお ?-? 1926(大15)年11月日本プロレタリア文芸連盟が日本プロレタリア芸術連盟に改組された際，排除されたアナ系の人々が結成した日本無産派文芸連盟に所属する。一時この連盟の機関誌だった『解放』27年11月号にブラックユーモア風の反戦戯曲「一本足」を発表，これが分裂状態にあったプロレタリア文学諸団体を統合した日本左翼文芸家総連合の唯一の仕事である反戦創作集『戦争に対する戦争』(1928.5)に収められた。のちにナップに移ったようだが『解放』『戦旗』に科学記事を掲載していることからその方面にも明るい人物だったらしい。他誌にもいくらか作品を発表していたようだが生涯はまったくわからない。(大和田茂)〔著作〕『日本プロレタリア文学集5』新日本出版社1985

三橋 喜三郎 みつはし・きさぶろう ?-? 東京朝日新聞社に勤め東京の新聞社員で組織された革進会に加わり1919(大8)年8月の同盟ストを同社の幹事として闘うが敗北。読売新聞社に移り正進会に加盟。20年機関誌『正進』発行のために50銭寄付する。(冨板敦)〔文献〕『革進会々報』1巻1号1919.8，『正進』1巻1号1920.4

三橋 雅五郎 みつはし・まさごろう ?-? 国民新聞社に勤め東京の新聞社員で組織された革進会に加わり1919(大8)年8月の同盟ストに参加するが敗北。のち正進会に加盟。24年夏，木挽町(現・中央区銀座)正進会本部設立のために1円寄付する。(冨板敦)〔文献〕『革進会々報』1巻1号1919.8，正進会『同工諸君‼ 寄附金芳名ビラ』1924.8

緑川 藤次郎 みどりかわ・とうじろう ?-? 1926(大15)年福島県石城郡勿来町(現・いわき市)で暮し農民自治会全国連合に参加。地元の農民自治会を組織しようとしていた。(冨板敦)〔文献〕『農民自治会内報』2号1927

南方 熊楠 みなかた・くまぐす 1867.5.18(慶応3.4.15)-1941(昭16)12.29 現在の和歌山市に生まれる。1886(明19)年大学予備門に入学するも中退して米国に赴く。ランシング農科大学に入学するが中退。その後アメリカ大陸を放浪し92年渡英。93年論文「極東の星座」が自然科学誌『ネイチャー』に載り無名の東洋人が一躍有名になる。大英博物館に嘱託職員として勤め『日本書籍目録』『漢籍目録』などの編纂に貢献し正式館員に推薦されるが辞退。97年1月大英博物館付属大読書室でかねてから熊楠を冷笑していたダニエルズを殴りつける。「概して洋人より劣等視せらるるを遺憾に思い」(『履歴書』)と回想している。この暴行事件で熊楠は休職扱いとなり，年末に職場復帰を赦されるがその翌98年の年末，再びダニエルズを殴り解雇された。10数か国語を読破でき考古学誌『ノーツ・ナンド・キュエリーズ』にも度々寄稿していたこともあり，その学才を惜しむロンドン大学総長ディキンズは，オクスフォード大学やケンブリッジ大学で日本学を創設して熊楠を専任教員として迎えようとしたが実現しなかった。熊楠はロンドンで馬小屋に住むような極貧生活をしていたが，ダニエルズ事件のように日本人としての誇りを失うことなく自分の学問に関する劣等感は微塵もなかった。これは同時期の漱石のロンドン生活と比較すると鮮やかな対照だ。1900年帰国するが熊楠の破天荒な研究生活はさらに続く。日本や外国の大学を一切嫌い，西洋の学問体系を掌握し森羅万象の生命力を持つ不可思議な世界を捉えようとした熊楠は06年に発令された「神社合祀令」に反対する。わが国で初めて明確なエコロジーの立場，具体的には人間と自然との共生という立場から環境保全運動を展開した。(川成洋)〔著作〕『南方熊楠全集』全12巻平凡社1971-75，『源氏物語(抄)』(ディキンズと共訳)王立イギリス・アイルランド協会1905〔文献〕

笠井清『南方熊楠』吉川弘文堂1967，飯倉照平『南方熊楠の説話学』勉誠出版2013

水上 国彦 みなかみ・くにひこ ⇨長倉宇吉 ながくら・うきち

皆川 三郎 みながわ・さぶろう ?-? 1919(大8)年東京神田区(現・千代田区)の丸利印刷所に勤め日本印刷工組合信友会に加盟する。(冨板敦)〔文献〕『信友』1919年10月号

皆川 末吉 みながわ・すえきち ?-? 1919(大8)年東京神田区(現・千代田区)の三秀舎文選科に勤め活版印刷工組合信友会に加盟する。(冨板敦)〔文献〕『信友』1919年8・10月号

皆川 精一之助 みながわ・せいいち の すけ ⇨大原淳之助 おおはら・じゅんのすけ

皆川 たきせ みながわ・たきせ ?-? 1919(大8)年東京神田区(現・千代田区)の三秀舎に勤め日本印刷工組合信友会に加盟する。(冨板敦)〔文献〕『信友』1919年10月号

皆川 利明 みながわ・としあき 1906(明39)-? 福島県北会津郡町北村熊室(現・会津若松市)に生まれる。小学校高等科を経て25年3月福島県立会津中学校を卒業。のち中学英語専科の教員検定試験を2度受けるが合格せず、農業に従事しながら翻訳や創作で生計を立てる。瓜生伝らの『冬の土』を購読。35年11月24日無共党事件で検挙されるが同月28日不起訴。(冨板敦)〔文献〕『身上調書』

皆川 利吉 みながわ・りきち 1893(明26)7.3-1972(昭47)12.28 東京市麻布区市兵衛町(現・港区)生まれ。幼少時に呉市に移り宮原小学校卒業。07年呉海軍工廠に入り旋盤工となり上京して石川島造船所、芝浦製作所などで働き労働運動に関わる。高山久蔵との出会いによってアナキズムに傾倒、大杉栄に私淑した。23年以降自由連合派の活動家として活躍し各所で総同盟系と衝突して検挙を繰り返した。26年日本労働組合総連合の結成に参加。27年9月横浜造船、28年1月大森文化工業社に勤務するかたわら各争議の支援で活躍した。この間無産政党運動に参加、32年1月労農大衆党から日本国家社会党に転じ2-6月国際労働会議に出席。37年7月日本革新党の結成に参加し中央委員、40年7月大日本党に参加した。(奥沢邦成)〔著作〕『国際労働会議の話』日本労働組合総連合東京連合会出版部1933、『労働総同盟三重県連合会五ケ年史』同刊行会1951、『この道四十年』私家版1958

港 得一郎 みなと・とくいちろう ?-? 1919(大8)年東京京橋区(現・中央区)の築地活版所石版科に勤め日本印刷工組合信友会に加盟する。(冨板敦)〔文献〕『信友』1919年10月号

見波 午次郎 みなみ・うまじろう 1871(明4)-1946(昭21)4 新潟県出身。自由民権運動から初期社会主義の運動に参加、幸徳秋水と交わり斎藤源一郎らと活動をともにした。中頸城郡板倉村(現・板倉町)の無政府主義者と呼ばれていたが、本人は世直し主義者と自称。10年代から農民運動に関わり、労働農民党に所属して日農の上越支部を組織した。20年日本社会主義同盟にも加盟した。(奥沢邦成)〔文献〕『解放のいしずえ』新版

南 梅吉 みなみ・うめきち 1877(明10)5.10-1947(昭22)10.24 幼名・音吉 滋賀県蒲生郡桐原村中小森(現・近江八幡市)生まれ。小学校卒業後12歳で京都市五条の商家に丁稚奉公、のち1894年に蓮台野村(現・京都市北区)に移り千本部落の有力者増田家の娘と結婚し竹皮草履の仲買業などを営んだ。温厚で世話好きな人柄が村民の信頼を集め青年団長や村会議員にも選ばれた。1918年の米騒動で京都の各部落では多数の検挙者を出したが、この村では青年団の制止が功を奏して大事に至らずその功によって知事から表彰を受けたほか、部落改善功労者としてもたびたび表彰された。21年秋奈良の大和同志会松井庄五郎宅で水平社結成準備中の阪本清一郎と会い、「部落改善事業や同情融和運動では部落解放は達成出来ない、部落出身者が自らの力で勝ち取ることが必要」との主張に共鳴し、水平社創立に協力を約した。22年3月3日京都市・岡崎公会堂で結成された全国水平社創立大会に参加、初代委員長に選出され本部は彼の自宅に置かれた。ここでは西光万吉、米田富、平野小剣らが寝泊まりして雑誌『水平』の編集に当たった。これに要した諸経費は南が調達したもので、後にその返済を巡って裁判となり有罪判決を受けるが水平社同人から非難されることはなかった。彼が財産を抛って運動に参加していたことを誰もが知っていたからだとされる。しかし社会運動、労働運動が急進化して行くなかで部落差別の原因を資本主義制度の矛盾に求め社会主

義革命をめざすグループが台頭し、23年12月1日全国水平社青年同盟を結成した。南はこれを「創立当時の所期に反し、反ってその団体を弱め」と強く反発し部落第一主義を唱えた。24年3月京都岡崎公会堂で開かれた第3回全国水平社大会で、ボル派の進出を快く思っていなかった南は他団体との連携を図るとの提案を議長権限で保留にするなど左派との対立を深めた。同年10月警視庁のスパイ遠島が水平社の内情に精通していることが発覚し、南には「責任上勇退せしむる」との方針が決定、委員長を罷免された。これらの動きに対し京都、大阪ほか15県の有志に呼びかけて27年1月南は京都市の自宅で日本水平社を結成した。しかし結成直後から全水の激しい攻撃、妨害を受け組織人員は1000名程度に止まり全水に対抗し得る勢力とはなり得なかった。28年の「三・一五事件」直後の5月南は「共産党撲滅宣言」を発表して彼の立ち位置を鮮明にした。「満州事変」(1931年9月)後、戦時色が急速に強まり社会運動、労働運動はうち続く弾圧の中で後退や転進を余儀なくされた。南はこの時期、日本水平社同人とともに1934年「国際水平運動」を提起した。それは被差別部落の解放は全世界の被圧迫民族との親密な連携が必要との観点に立つもので、戦争遂行を是認しつつ組織の存続を図ろうとするものであった。しかし41年12月言論出版集会等臨時取締法が公布されたのを機に翌42年1月解散届を提出した。敗戦後いち早く45年12月に人種解放同盟を結成、中央執行委員長となった。部落解放全国委員会の『解放新聞』に先がけて46年9月機関紙『カイホー』を発刊した。(久保在久)〔文献〕『京都の部落史2 近現代』京都部落史研究所1991.4、木村京太郎『水平運動の思い出 下』部落問題研究所1973、『全国水平社を支えた人びと』水平社博物館2002.4、秋定嘉和『近代日本のアジア民族運動と融和運動』解放出版社2006.9、朝治武『アジア太平洋戦争と全国水平社』解放出版社2008.8、鈴木良『水平社創立の研究』部落問題研究所2005.11

南 敬介 みなみ・けいすけ 1907(明40)-? 別名・敬助 南梅吉の長男に生まれる。京都市鷹野に在住。23年3月京都で開かれた全水第2回大会での警官傷害事件を収拾するため自ら志願して偽りの犯人となり朝田善之助、松村喜平と自首するが未成年だったため釈放される。同年8月22日「水平運動を徹底的になお促進を期す」急進分子たちと京都府水平社内に水平社青年党を結成し代表となる(党員約70人)。青年党は関東大震災後の南、西光万吉らによる天皇を擁した国家社会主義革命のためのピストル入手に奔走する(革命計画は未遂)。青年党はまもなく解体するが主要メンバーは京都水平社の中核を担い新撰組と呼ばれた。近江八幡水平社結成の応援に行きピストル所持で罰金30円となる。25年5月全水第4回大会に参加、ボル派による水平運動の政治化提案(「政治教育普及の件」)に対して「我われ水平同人は政治行動を否定せよ」と反対する。のち日本水平社に関わる。(信坂敦)〔文献〕『京都地方労働運動史』、宮崎晃『差別とアナキズム』黒色戦線社1975、朝田善之助『新版差別と闘いつづけて』朝日新聞社1979

南 助松 みなみ・すけまつ 1873(明6)8.10-1964(昭39)10.15 別名・菊水 石川県鹿嶋郡端村(現・七尾市)に生まれる。義務教育修了後家業についていたが貧窮し22歳時に上京。日清戦争では台湾で軍夫長をつとめる。帰還後北海道に渡り弁護士の書生、店員、漁師などを経て96年夕張炭坑に入り坑夫になった。99年阪本直寛が首唱した日本坑夫同盟の創設大会に出席し02年阪本を会長として結成された大日本労働至誠会に加わり運動主任として活躍した。06年同志の永岡鶴蔵の要請により足尾銅山に移り10月至誠会足尾支部を結成。07年2月足尾銅山暴動の首魁として起訴されたが無罪。その後上京し雑誌『鉱業及鉱夫』を発行して至誠会の再建をはかったが成功しなかった。一方日本社会党に入党し堺利彦と交流。思想的には幸徳秋水に近い立場にあったようである。大正末以降も炭坑労働者の運動に携わろうとしたが具体的な活動には至らなかった。(西山拓)〔文献〕村上安正「南助松」『思想の科学』別冊増刊号1971.7、中富兵衛『永岡鶴蔵伝』御茶の水書房1977

南 芳雄 みなみ・よしお 1903(明36)1.28-? 鹿児島県川辺郡西加世田村(現・南九州市)に生まれる。1922(大11)年8月27日発足した自由労働者同盟で中浜哲、倉地啓司、中名生幸力、坂野良三・八郎兄弟、伊串英治らと

ともにその中心で活動した。同年9月30日大阪天王寺公会堂で開かれた日本労働組合総連合創立大会に関東の自由労働者同盟の一員として参加。中浜や唐沢理八らと三越呉服店の下足番をしていたが同年のメーデーに宣伝ビラをまいたため馘首。のち中浜が戸塚町源兵衛(現・新宿区西早稲田)に南名義で家を借り、翌23年ギロチン社を結成、南はギロチン社の主要メンバーでその後河合康左右、倉地、仲喜一が同居した。同年9月関東大震災の保護検束で平岡誠、平岩巌、石黒鋭一郎らと巣鴨署に拘束される。その後ギロチン社を離れたのか、23年12月大阪の心眼寺で開催された大杉栄・伊藤野枝追悼集会の発起人に生島繁、逸見吉三、久保譲らとともに名を連ねる。(北村信隆)〔文献〕近藤憲二『私の見た日本アナキズム運動史』麦社1969、宮本三郎『水崎町の宿』私家版1987、倉地啓司「ギロチン社」『新過去帖覚書』大阪社会運動資料故者をしのぶ会1969、向井孝「難波大助の時代・上」『黒』4.5号2001.1

南沢 袈裟松 みなみさわ・けさまつ 1905(明38)7.10-2009(平21)3.30 別名・藤代高雄 長野県北佐久郡南大井村(現・小諸市)生まれ。24年小諸商業学校卒業、25年東洋大学哲学科に入学するが学費が続かず中退し27年4月帰郷。在学中に社会科学に興味を向けクロポトキン、バクーニンなどの著書を通してアナキズムに強い関心をもった。その後兄のもとで農業に従事したがアナキズムの実践活動にも関わるようになった。農民自治会長野県連合会に参加、水平社運動、電灯料値下げ運動に関与した。30年3月東信無産者青年同盟の結成に参加、同盟のボル化に対しては農民自治会の羽毛田正直らとともにアナキズムの立場で活動を展開。5月竹内閭衛が設立した農民闘争社に参加し佐久支局で林定直らとともに活動を続けた。31年3月諏訪地方の島津徳三郎、増田貞治郎、松藤鉄三郎、山田彰らが農青社設立に呼応して県内同志の連絡網づくりに着手すると、これに参加して南・北佐久地区の責任者となった。同年10月小県での講演会のあとを受けて岩佐作太郎、八木秋子を講師に南大井村十念寺で佐久地方アナキズム講演会を開催した。32年9月『無政府主義研究』(2号まで)の編集人となり、増田、望月治郎、鷹野原長義らと『信州自由連合』の刊行を協議。34年各部落の組織づくりを鷹野原らと協議し信州アナキスト連盟の結成をはかる。7月には伊藤悦太郎のすすめで無共党につながる信州組織の北信責任者としての準備にもあたった。35年6月信濃毎日新聞社の記者となるが10月無共党事件、次いで農青社事件で検挙、起訴された。37年懲役2年執行猶予4年の判決を受けた。46年アナ連結成とともに加盟、72年農青社運動史刊行会の同人。(奥沢邦成)〔著作〕「『平家物語』の原作について」AC研究会1989、『西田幾多郎日本哲学界に君臨』私家版2002、『栗ひろい』私家版2008〔文献〕大久保貞夫『長野県社会運動秘録』全6巻私家版1948、『長野県社会運動史』、『資料農青社運動史』、『長野県史』1984、小松隆二編『続・現代史資料 アナーキズム』みすず書房1988、『農青社事件資料集』、真辺寂真「遠藤斌・南沢袈裟松さん訪問」『トスキナア』5号2007.4、菅沼清美「「土の人」南澤袈裟松さんを偲ぶ」『トスキナア』10号2009.4

南出 泰一 みなみで・やすかず ?-? 1919(大8)年東京京橋区(現・中央区)の築地活版所印刷科に勤め活版印刷工組合信友会に加盟する。(冨板敦)〔文献〕『信友』1919年8・10月号

峯尾 節堂 みねお・せつどう 1885(明18)4.1-1919(大8)3.6 旧名・正一、別名・草声 和歌山県東牟婁郡新宮町(現・新宮市新宮)に峯尾徳三郎の二男に生まれた。4歳で父と死別ののち松巌院の小僧となり高等小学校2年修了後、02年京都妙心寺僧堂で修行、眼病を患い翌年帰郷。真如寺、泉昌寺、西来寺、禅棟寺、大宝寺などの留守居僧として転々とする。05年頃伊藤証信の無我愛運動に共鳴、「煩悩しげき身の容易に其境に体達すること能はず、苦悶罷在候処、昨今稍得るところ有之」(『無我愛』9)と書き送るが僧侶としての前途に自信がもてず煩悶を繰り返し、俳句仲間の一人に「まんまると剃りえぬ頭霞けり」とその姿を詠まれている。07年俳句仲間の徳美松太郎に紹介された大石誠之助の紹介状を携え新聞記者を志して上京、平民社に幸徳秋水、堺利彦を訪問。『平民新聞』廃刊直後の訪問で峯尾の希望はかなえられなかった。帰郷後大石との交遊を通して社会主義文献に目を通し始め08年8月高木顕明の浄泉寺に幸徳を迎えた談話会を手伝うほか、翌09年1月の大石の新年会「めでたからざるの会」に出席するなどし

ばしば大石宅を訪問する。同年2月泉昌寺留守居職となりのぶ子と結婚する(拘置中に離別)。10年7月大石宅の大逆謀議に参画したとされ大逆罪共犯容疑で予審請求。11月臨済宗妙心寺派から擯斥処分を受ける。11年1月18日死刑判決。翌19日無期懲役に減刑され21日千葉監獄に収監される。未決拘置中に『親鸞聖人伝』を読みふけり判決直後「私は今親鸞聖人を通じて如来の子として頂きました。如来の膝下に帰るの信仰をもつてをります」と沖野岩三郎に書き送っている。14年獄中で「我懺悔の一節」を執筆。19年3月流行性感冒で獄死する。96年9月28日臨済宗妙心寺派は擯斥処分審理に手続き上の誤りがあったこと、峯尾の行動に教義に違背するところがなかったことを主たる理由に擯斥処分を取り消し復階復権を認めた。(白仁成昭)〔著作〕「我懺悔の一節」神崎清編『大逆事件記録1 獄中手記』実業之日本社1950〔文献〕吉田久一『日本近代仏教史研究』吉川弘文館1959, 渡辺順三・塩田庄兵衛編『秘録大逆事件』春秋社1959, 大澤正道『アナキズムと思想の土着』『思想史の方法と課題』東大出版会1973, 森長英三郎『禄亭大石誠之助』岩波書店1977, 戸次公正「歴史の闇に人を見つめて 大逆事件と仏教者たち」『同信』17号1998, 泉恵機「峯尾節堂の宗門内復権について」『大逆事件の真実をあきらかにするニュース』38号1999

三野 混沌 みの・こんとん 1894(明27)3.20-1970(昭45)4.10 本名・吉野義也 福島県磐城郡平窪村曲田(現・いわき市下平窪)生まれ。13年磐城中学卒業、詩を書き出す。キリスト教洗礼を受けたのち山村暮鳥を知る。まもなく信仰を離れ好間村上野の菊竹山で小作開拓、小屋に「若きカアペンタアの家」と暮鳥が大書、梨苗を植え陸稲をつくる。18年上京し早稲田大学英文科入学、片山哲を知る。19年早大中退、開墾生活に戻る。21年若松せい(のち作家吉野せい)と結婚。22年猪狩満直らの『播種者』に参加、詩の会を結成。24年草野心平を知る。『先駆』『銅鑼』『学校』同人。戦後は農民組合を結成し福島県農地委員会委員などをつとめ酪農もした。51年『歴程』に参加。詩語に方言をまじえ土着の農を貫いた情熱の詩人として日本のカーペンター、野の詩人といわれた。晩年、日野利春と詩誌『否』を発行。(福田美鈴)〔著作〕詩集『百姓』土社1927, 『ある品評会』私家版1931, 『ここの主人はだれなのか判らない』溪文社1932, 『阿武隈の雲』昭森社1954〔文献〕真壁仁『詩の中にめざめる日本』岩波書店1966, 吉野せい『暮鳥と混沌』歴程社1971・弥生書房1975, 『身上調書』

美濃 才 みの・さい ?-? 広島洋服工親会のメンバー。1926(大15)年頃、広島労働組合自由連合会加盟の広島洋服工親会(のち広島洋服工組合に改称)事務所を広島市鉄砲町の自宅に置いた。(冨板敦)〔文献〕『自連』4.5・6号1926.10・11, 山木茂『広島県社会運動史』

巳野 善一 みの・ぜんいち ?-? 石版工。1923(大12)年6月日本印刷工組合信友会に石版工仲間と加入し、9名で柴田支部を組織する(巳野以外のメンバーは山田茂、牧田磯次郎、沢田栄七、巳野多賀造、桜井六郎、桜井広昌、鈴木勇、鈴木一男)。24年5月秀英社で賃上げ要求をして解雇。同年7月19日信友会が正進会との合同を決めた神田松本亭での信友会臨時大会で石版部の理事に選出される。27(昭2)年根岸棺らが発行した『黒き群』の印刷人となる。(冨板敦)〔文献〕『印刷工連合』3・13・15・23号1923.8・24.6・8・25.4, 『黒き群』7号1927.7, 水沼辰夫『明治・大正期自立の労働運動の足跡』JCA出版1979

巳野 多賀造 みの・たがぞう ?-? 石版工。1923(大12)年6月日本印刷工組合信友会に石版工仲間と加盟し巳野善一らと計9名で柴田支部を組織する。(冨板敦)〔文献〕『印刷工連合』3号1923.8

美濃部 四郎 みのべ・しろう ?-? 別名・美野部 1919(大8)年横浜のジャパン・ガゼット社新聞課に勤め横浜欧文技術工組合に加盟して活動。同組合設立基本金として1円寄付する。(冨板敦)〔文献〕『信友』1919年8・10月号, 1920年1月号

美濃部 路加 みのべ・みちか ?-? 1919(大8)年東京京橋区(現・中央区)の明治印刷合資会社に勤め日本印刷工組合信友会に加盟する。(冨板敦)〔文献〕『信友』1919年10月号

箕輪 宇太郎 みのわ・うたろう ?-? 芝浦製作所に勤め芝浦労働組合に加盟。1924(大13)年9月27日、同労組の中央委員会で巻線分区の中央委員に村田喜三郎、渡辺義助とともに選出される。(冨板敦)〔文献〕『芝浦労働』2次2号1924.11

箕輪 正一 みのわ・しょういち ?-? 1919(大8)年東京神田区(現・千代田区)の三秀舎

和文科に勤め活版印刷工組合信友会に加盟。同舎同科の組合幹事を伊沢康民，佐藤徳松と担う。（冨板敦）〔文献〕『信友』1919年8・10月号

三橋 雄之助 みはし・ゆうのすけ ?-? 1919（大8）年東京本所区（現・墨田区）の凸版印刷会社印刷科に勤め活版印刷工組合信友会に加盟する。（冨板敦）〔文献〕『信友』1919年8・10月号

三間 二十次郎 みま・ふとじろう ?-? 新聞工組合正進会に加盟し1924（大13）年夏，木挽町（現・中央区銀座）本部設立のために1円寄付する。（冨板敦）〔文献〕正進会『同工諸君!! 寄附金芳名ビラ』1924.8

三村 叱咤郎 みむら・しったろう 1897（明30）.1.29-1990（平2）.1.9 本名・泰三郎。岡山県和気郡英保村（現・備前市吉永町）生まれ。1905（明38）年父は叱咤郎が8歳の時，日露戦争において野戦病院で戦傷死。母と残された5人の子供は窮乏生活に陥り中学進学もできなかった。15歳頃から短詩に興味を持ち始め，備前市三石の蝋石鉱山である大平鉱山に事務雑役したとみられ，18歳の時『山陽新報』の情（都々逸）壇に初めて三村玉堂の号で抜かれ，19歳で同紙の井上剣花坊選「山陽柳壇」（大5.3.9）に川柳1句が掲載された。剣花坊門下の亀山宝年坊が名付け親となり叱咤郎を号とする。直後に興された三石ポプラ吟社に参加，その運営に飽き足らず16（大5）年12月には自らが中心となり白石吟社を創立。以後白石の叱咤郎として剣花坊の後につくような形で川柳に励んだ。18（大7）年からは剣花坊主宰の『大正川柳』（昭和改元に『川柳人』と改題）に投句を始めた。時局に応じて峻烈な反戦句をプロ派の鶴彬らと並ぶ形で掲載，37（昭12）年10月11号が発禁，鶴彬及び発行人である亡き剣花坊の妻井上信子検挙という短詩文芸界最初の『川柳人』弾圧の原因の1つとなる。岡山県下の主流となる抒情的川柳に身を置かず終生，社会詩としての川柳を追い求めた。戦後創刊された『夕刊岡山』の川柳欄の選者として作家を育てる選を行った。晩年は13年に及ぶ病臥生活にも創作ノートを枕元に離さず最期まで川柳を作り続けた。（一色哲八）〔著作〕『私の川柳のあしあと』北川大成作成 没前没後の2冊（奥付無）〔文献〕『山陽新報』『中国民報』『合同新聞』『夕刊岡山』岡山県立記録資料館作成縮刷版全冊，井上剣花坊編『大正川柳句集』柳樽寺川柳会出版部白石朝太郎1927，郷土誌『三石城』三石公民館1975-，『川柳人』各冊

三村 久次郎 みむら・ひさじろう ?-? 1919（大8）年東京京橋区（現・中央区）の築地活版所欧文鋳造科に勤め活版印刷工組合信友会に加盟する。（冨板敦）〔文献〕『信友』1919年8・10月号

三村 陽 みむら・よう ?-? 東京印刷工組合石版3色版部のメンバー。1927（昭2）年7月5日東印緊急理事会で石版3色版部の理事となる。（冨板敦）〔文献〕『自連』15号1927.8.

宮内 四郎 みやうち・しろう ?-? 1919（大8）年東京神田区（現・千代田区）の三秀舎ポイント科に勤め日本印刷工組合信友会に加盟。のち大成社文選課に移る。（冨板敦）〔文献〕『信友』1919年10月号，1922年1月号

宮内 留吉 みやうち・とめきち ?-? 万朝報社に勤め東京の新聞社員で組織された革進会に加わり1919（大8）年8月の同盟ストに参加するが敗北。のち正進会に加盟。24年夏，木挽町（現・中央区銀座）正進会本部設立のために1円寄付する。（冨板敦）〔文献〕『革進会々報』1巻1号1919.8，正進会『同工諸君!! 寄附金芳名ビラ』1924.8

宮尾 芳男 みやお・よしお ?-? 別名・義雄 長野県上水内郡小田切村（現・長野市）で暮し農民自治会全国連合に参加。1927（昭2）年8月15日同郡安茂里村（現・長野市）相生クラブで開かれた農自新北信連合発会式で議長を務める。（冨板敦）〔文献〕『農民自治』12号1927.9，大井隆男『農民自治運動史』銀河書房1980

宮川 善三 みやかわ・ぜんぞう 1894（明27）-? 高崎市に生まれる。上京し当初普選論者だったが1919（大8）年の春，労働問題研究会で水沼辰夫と知り合い大激論の末，普選・直接行動併用論者となる。同年東京芝区（現・港区）の東洋印刷会社文選科に勤め活版印刷工組合信友会に加盟，幹事を務める。のち大博堂に移る。20年1月19日川崎屋で開かれた正進会大会に信友会を代表して出席。2月25日の信友会役員改選で文選科副幹事長兼信友会外務担当となる。その後，高崎に戻り関東印刷所に文選工として勤め同年群馬労働協友会を組織。24年厚田正二らと前橋で上毛印刷工組合三

山会を創立する。〔冨板敦〕〔文献〕『信友』1919年8・10月号・20年1・2・3月号・22年1月号、『労働運動』1次1・2・3号1919.10・11,1920.4、『正進』1巻7号1920.11,2巻1号1921.1、水沼辰夫『明治・大正期自立的労働運動の足跡』JCA出版1979

宮川 武七郎 みやかわ・たけしちろう ?-? 1919(大8)年東京京橋区(現・中央区)の築地活版所校正科に勤め活版印刷工組合信友会に加盟する。〔冨板敦〕〔文献〕『信友』1919年8・10月号

宮川 寒三郎 みやがわ・かんざぶろう ?-? 1919(大8)年東京京橋区(現・中央区)の三協印刷株式会社欧文科に勤め活版印刷工組合信友会に加盟する。〔冨板敦〕〔文献〕『信友』1919年8月号

宮川 貞四郎 みやがわ・さだしろう ?-? 1919(大8)年東京牛込区(現・新宿区)の秀英舎(市ヶ谷)第一和文科に勤め活版印刷工組合信友会に加盟する。〔冨板敦〕〔文献〕『信友』1919年8月号

宮川 武雄 みやがわ・たけお 1904(明37)-? 群馬県渋川町並木町(現・渋川市)生まれ。高等小学校を卒業後、しばらくして渋川産業銀行の用務員、のち倉庫係となる。同行で同僚だった石田小三郎らと付き合いアナキズムの研究をする。『自連新聞』を購読、35年末頃無共党事件で検挙されるが不起訴。〔冨板敦〕〔文献〕『身上調書』

宮城 繁徳 みやぎ・しげのり 1896(明29)-1921(大10)2 別名・不泣 沖縄県島尻郡兼城間切(現・糸満市)に生まれる。沖縄アナキスト糸満グループのメンバー。前衛詩歌にすぐれ座安盛徳とともに『沖縄朝日新聞』『沖縄時事新報』などに短歌や詩を投稿した。19年頃那覇泊小学校通りの東端にある旧家を借り受けて手広く織物業を営んでいた。その家で泉正重、浦崎康華、城田徳隆、城田徳明、城間康昌、座安、比嘉栄、辺野喜英長らとアナキズム文献をテキストに研究会を重ねる。沖縄の初期社会主義者たちはアナ・ボルともに伊波普猷が館長をしていた沖縄県立図書館によく出入りしていた。伊波の「沖縄人としての自覚、つまり民族的自覚から宗教的自覚へ」という啓蒙的な主張に対して、「民族的自覚から階級的自覚へ発展させるべき」と述べて当時沖縄で最も「反逆」的な主張をしたのが宮城、城田徳隆らの糸満グループだった。21年1月15日前年末の日本社会主義同盟の発足に呼応して沖縄初の社会主義団体庶民会の創立委員会を開く。泉らと趣意書と会則の起草委員となる。23日に岩佐作太郎来沖。その歓迎準備の相談をしている頃、通堂町で火事がありその消火活動中に石壁が倒壊して事故死した。「非常に義俠心の強い人」(浦崎)だった。〔冨板敦〕〔文献〕新崎盛暉編『沖縄現代史への証言・上』沖縄タイムス社1982、浦崎康華『逆流の中で 近代沖縄社会運動史』同1977、『労働運動』2次3・8号1921.2・4

三宅 功 みやけ・いさお 1913(大2)-? 倉敷市日の出町生まれ。高等小学校を2年で中退後、29年市内の黒魂社に出入りをする。31年大阪に出て土工、電気工などに従事。逸見吉三らと交流し32年大阪金属労働組合、35年全日本映画演劇従業員組合に関わる。また同年全国自連関西金属産業労働組合に加入した。同年末頃無共党事件で検挙されるが不起訴。〔冨板敦〕〔文献〕『身上調書』

三宅 政次 みやけ・せいじ ⇨後藤博 ごとう・ひろし

三宅 雪嶺 みやけ・せつれい 1860.7.7(万延1.5.19)-1945(昭20)11.26 本名・雄二郎、別名・石浦居士 加賀国金沢新堅町(現・金沢市)に生まれる。父は加賀藩家老の儒医。83年東京大学哲学科を卒業後、ジャーナリストとして活動する。88年志賀重昂、杉浦重剛らと政教社をおこし『日本人』を創刊、ナショナリズムを提唱する一方、社会問題にも関心を寄せ07年田中正造の案内で強制破壊された栃木県下都賀郡谷中村(現・栃木市)を視察、後年田中を「善意なる社会主義の勇士」と評した。また幸徳秋水の遺著『基督抹殺論』(1911)に序を寄せ堺利彦の『売文集』(1912)への寄稿でルソー誕生200年を記念する集会を提唱する。これを受けて12年6月堺と高島米峯主催の記念晩餐会が神田淡路町洋食店多賀羅亭で開かれる。この集会には大杉栄、荒畑寒村、西川光二郎、山口義三、高畠素之、福田英子らの新旧社会主義者が大勢出席し冬の時代に珍しい集まりとなった。この集会の成功をみて大杉らは『近代思想』の発刊に踏み切ったともみられる。堺、高島、大庭柯公、野依秀市など多くの進歩派からも敬愛され17年堺の衆議院

総選挙立候補時には応援弁士に名を連ねている。反骨のナショナリストであった。中野正剛は女婿。（大澤正道）〔著作〕『同時代史』全6巻岩波書店1949-54，本山幸彦編『三宅雪嶺集』筑摩書房1975〔文献〕柳田泉『哲人三宅雪嶺先生』実業之世界社1956，大澤正道『大杉栄研究』法大出版局1971

三宅 槌男 みやけ・つちお ⇨大原淳之助おおはら・じゅんのすけ

三宅 徳一 みやけ・とくいち ?-? 1925（大14）年広島市のメーデーで広島洋服工親会を代表して挨拶する。26年春から夏に広島純労働者組合の事務所を舟入町の自宅（三宅薬店）に置き同年8月広島自連の連絡委員となる。27年9月16日広島市で開かれた吉田昌晴の黒人社主催大杉栄追悼会で演説するが中止させられる。（冨板敦）〔文献〕『自連』1・4.5号1926.6・10，山木茂『広島県社会運動史』

宮越 栄一 みやこし・えいいち ?-? 1919（大8）年東京牛込区（現・新宿区）の福山印刷所文選科に勤め日本印刷工組合信友会に加盟する。（冨板敦）〔文献〕『信友』1919年10月号

宮越 信一郎 みやこし・しんいちろう 1902（明35）2.12-? 1919（大8）年東京神田区（現・千代田区）の二酉堂に勤め活版印刷工組合信友会に加盟する。20年12月10日東京神田基督教青年会館で開催された日本社会主義同盟創立講演会に参加しようとして検束され、警視庁の留置場で大串孝之助、渡辺善寿、杉浦啓一、川合義虎、田所輝明らと大暴れ、器物損壊罪で懲役3カ月豊多摩監獄に服役する。出獄後22年10月加藤高寿、中名生幸力、小作人社の渡辺、佐藤護郎らと農村運動同盟を結成、第2次『小作人』を創刊。また同年11月には長沼富、松田十九二、渡辺らと黒労社を結成『労働者』を発行、編集・発行人となる。23年4月信友会年次大会に参加し文選工の組合員獲得につき提案する。その後右寄りとなり32年川口慶助、佐藤栄三らと国民解放社を設立『国民解放』を発行、アナキストから愛国無産運動者への転向を声明した。39年頃宮越太陽堂書店をおこし竹森一則『新あまのじゃく』（1939）などを発行する一方、議会政治社を経営し雑誌『議会政治』『大日本農業』を刊行している。（冨板敦・大澤正道）〔文献〕『信友』1919年8月号・21年2・3月号・22年1月号，『労働運動』2次1号

1921.10，3次7号1922.9，『小作人』2次1号1922.10，『労働者』1巻2号・2巻1・3-5号1923.1・3-6，『印刷工連合』1号1923.6，『ディナミック』30号1932.4，近藤憲二『私の見た日本アナキズム運動史』麦社1969

宮坂 卓郎 みやさか・たくろう 1918（大7）5.5-1939（昭14）7.30 長野県諏訪郡生まれ。34年海軍少年航空兵を志願するが不合格。以後実家の農業に専念するが農村不況のため上京。中華料理店の見習いのかたわら読書に励む。農業に関する橘孝三郎の著作を読破したのち権藤成卿、井上日召、大川周明と読み継ぐ。36年頃から左傾化し賀川豊彦、猪俣津南雄、山川均ら労農派に触れたのちエンゲルス、ブハーリンの著作、室伏高信『無政府主義批評』、大杉栄『自叙伝』、スメドレー『女一人大地を行く』を読む。年に数回諏訪に戻り農村青年と会合をもつ。38年頃から日記をつけ『『人民文庫』の廃刊を知る。我等の希望は消えた」「ソビエト・ロシアのコミュニズムがスターリンの為に存在することは、この上なくロシア人にとって不幸である」と記した。肺結核で死没。墓石に「大地と農民よ共同へ」と記すように遺言。享年21。（高野慎三）〔著作〕『大地よ農民よ共同へ』北冬書房1974

宮崎 晃 みやざき・あきら 1900（明33）11.1-1977（昭52）4.12 別名・添田晋、武田俊市、高村英作、高久英作、松尾伍之助、森田すすむ 岡山県吉備郡庭瀬町（現・岡山市）に生まれるが筑豊炭田のボタ山で育った。小倉中学に学び4年の時、小倉市（現・北九州市）黒崎の旭硝子ソーダ工場に分析工として夜勤アルバイトをした。ちょうど米騒動、ロシア革命が勃発する時で職場には流言を含め社会不安を醸成する情報が乱れ飛んだ。落ち着かない不安な心理から東北、北海道を流転するが札幌でツルゲーネフ、ドストエフスキー、アルツィバーシェフらを耽読。北九州に戻って国鉄小倉工場に勤務。しばらくして組立工山西茂樹ら10数名と労働組合の結成を画策。ところがすぐに察知され阿蘇山中の小駅に配転となった。さらに1カ月後には山西とともに解雇された。それを機に上京。日本大学教授森本富士雄を訪ね下谷区竹町（現・台東区）の日大セツルメントを紹介された。同所に宿泊しセツルメントの研究生を名のって活動を始め

た。そこで多くの人と知り合い思想的・理論的学習も積んだ。大日本鉄道従業員組合の松延繁次，横川四郎と九州を宣伝に巡回。また同セツルメントで梅本英三，大塚貞三郎らとも知り合った。さらに大塚が広島から上京した八太舟三をつれてきたことから八太が講師格でアナキズムの学習が盛んになった。日大出身者はマルクス主義者が多く徳田球一らが講師として来所していたが，特に対立もなく呉越同舟となった。たまたまセツルメントの看板を見て山口勝清，松本寅彦，東野清彦らがやってきた。いずれも新聞配達などをして苦学をしておりさっそく東京新聞労働連盟を結成した。当初は配達員の賃金が引き上げられるなど成果が上がったがすぐに店主側が新聞社の支援を得て暴力団を雇うなど攻勢をかけてきて厳しくなった。新聞労働連盟は日大セツルメントから牛込の芸術座の陽も当たらない部屋を借りて移った。ほどなく結成される黒連と全国自連に加盟。ちょうどその頃争議が盛んになるが，26年10月黒連の闘士20人ほどとともに日立亀戸工場の争議支援として久原房之助邸に乗り込む。宮崎は単独で応接室でガソリンに火をつける行為を実行。翌日逮捕され地裁で5年，大審院で3年の刑を受けた。27年4月保釈となるがすぐに上海郊外の江湾労働大学を訪問。学長沈仲九の厚遇を受けた。フランスからエリゼ・ルクリュの甥ジャック・ルクリュなどもやってきた。そのうち生活に窮し帰国したがほどなく再度中国に渡り景梅九，呉養浩らと会う。中国におけるアナキズム運動の連合化などを画策するがうまくいかなかった。八木秋子が苦労して送金してくれていたがまたも生活に窮し帰国。大恐慌に突入する頃で都会にも農村にも言語に絶する貧困が蔓延した。特に農村の荒廃は惨憺たるもので農村における解放運動の急務を知らされた。同調者が集まると農村にアナキズムを旗印にした自由コミューン，新社会づくりの基盤を求めて農村青年社運動に乗り出した。31年鈴木靖之，星野準二，八木らと農青社を結成。添田晋のペンネームあるいは無署名で『農民に訴ふ』(黒色戦線社1931)など多くのパンフレット類を刊行。農村の青年たちに少なからぬ影響を与え長野県などの農村で拠点づくりに成功する地域もあった。35年に無共党事件ののち農青社事件で逮捕。地裁で4年，控訴審で3年の刑に処された。獄中でドイツ語を学び出獄後アスター『西洋哲学史』(洛陽書院1940)を訳出。戦後は秋田書店に一時勤務，学風社の創業を手がけるなどの後は，農青社を中心に自らの関わった運動の資料を収集，それを運動史にまとめる仕事に従事，生前最後のテーマとして取り組んだ革命論は膨大なノートのまま未完となった。(小松隆二)〔著作〕『最近運動の組織並に形態に就ての一提案』パンと自由社1931，『資料農青社運動史』，『差別とアナキズム』黒色戦線社1975〔文献〕大久保貞夫『長野県社会運動秘録』全6巻私家版1948，『農青社事件資料集』

宮崎 阿村 みやざき・あそん ⇨篠田清しのだ・きよし

宮崎 潔 みやざき・きよし 1891(明24)-? 本名・松吉小八 北海道小樽区(現・小樽市)で育つ。生家は小樽の豪商。上京してアナキストとして活動。25年8月監獄部屋打破期成同盟の一員として小樽に戻り積取船の人夫生活を体験。9月3日鎮断社と監獄部屋打破期成同盟の労働問題演説会に参加。監獄部屋打破を唱え拓殖計画に群がる資本家を糾弾する。混乱のうちに検索され偽名で宿泊したことを問題にされ拘留14日の処分を受ける。帰京して江東自由労働者組合で活動。26年6月街頭で「夫婦喧嘩は権力で解決できぬ」と叫び検束。7月平井に同志と合宿し颱風寮と名づける。8月監獄部屋調査のため北海道に旅行。10月末帰京。28年2月18日東京自由を除名される。錦糸町の木賃宿の女将と結婚。敗戦直前に自殺した。(堅田精司)〔文献〕『自連』2-6・12・21・22号1926.7-11・27.5・28.2・3，『北海タイムス』1925.9.5，『小樽新聞』1925.9.4・5，松田解子『回想の森』新日本出版社1979

宮崎 健次郎 みやざき・けんじろう 1908(明41)-? 大阪市東淀川区中津本通生まれ。工業学校を中退し，市内の鉄工所などを転々とする。27年から中尾正義，関谷栄らの雑誌に協力した。35年末頃無共党事件で検挙されるが不起訴。(冨板敦)〔文献〕『身上調書』，高丸久「黒い流れ9・30」『ムーヴ』10・30号1962.2・64.5

宮崎 策太郎 みやざき・さくたろう ?-? 万朝報社に勤め東京の新聞社員で組織され

た革進会に加わり1919(大8)年8月の同盟ストに参加するが敗北。のち正進会に加盟。20年機関誌『正進』発行のために1円寄付。また24年夏、木挽町(現・中央区銀座)正進会本部設立のためにも1円寄付する。(冨板敦)〔文献〕『革進会々報』1巻1号1919.8,『正進』1巻1号1920.4,正進会『同工諸君!! 寄附金芳名ビラ』1924.8

宮崎 正太郎 みやざき・しょうたろう ?-? 1919(大8)年東京芝区(現・港区)の東洋印刷会社和文科に勤め活版印刷工組合信友会に加盟する。(冨板敦)〔文献〕『信友』1919年8月号

宮崎 捨雄 みやざき・すてお ?-? 1919(大8)年東京芝区(現・港区)の東洋印刷会社欧文科に勤め活版印刷工組合信友会に加盟する。(冨板敦)〔文献〕『信友』1919年8・10月号,1921年1月号

宮崎 清作 みやざき・せいさく ?-? 芝浦製作所に勤め芝浦労働組合に加盟し修理分区に所属。1924(大13)年9月27日,同労組の中央委員会で同分区の中央委員に選出される。(冨板敦)〔文献〕『芝浦労働』2次2号1924.11

宮崎 静三 みやざき・せいぞう ?-? 富山県に生まれる。印刷工で1931(昭6)年5月サンジカリスト派の東京印刷工連合会を改組した関東出版産業労働組合に参加。32年7月東京ガス社外工の争議を応援し田所茂雄(関東一般労働組合)、坂本孝雄(関東金属労働組合)ら5人の同志とともに決死隊を結成,深川ガス工場タンクを占拠して世を驚かせた。この闘いのため宮崎らは起訴された。関東出版では常任として山口健助とともに本部に詰めて活動したが持病の肺患を悪化させ,恋人とも別れて富山に帰郷し死没した。(植本展弘)〔文献〕山口健助『風雪を越えて』印友会本部1970・『青春無頼』私家版1982,山口一枝編『篝火草』私家版1977

宮崎 惣治 みやざき・そうじ ?-? 1919(大8)年東京京橋区(現・中央区)の国文社和文科に勤め日本印刷工組合信友会に加盟する。(冨板敦)〔文献〕『信友』1919年10月号

宮崎 孝政 みやざき・たかまさ 1900(明33)10.11-1977(昭52)5.9 石川県鹿島郡徳田村江曽(現・七尾市)に生まれる。生家は料亭。14年七尾中学校に入学するが15年中退。19年能登島小学校の准訓導心得となる。21年『現代詩歌』に作品を発表して詩壇に登場。同年萩原恭次郎らと『炬火』に参加。26年教職を辞し上京。田中清一の『詩神』に参加。28年から『詩神』の編集を担当する。29年アナ派アンソロジー『学校詩集(1929年版)』に参加。31年京橋で占い業を始める。35年清水清らのアナ派詩誌『詩行動』に参加。同年帰郷する。人生派詩人といわれるがアナ派詩人とのつきあいがあった。(冨板敦)〔著作〕『風』森林社1926,『鯉』鯉社1929,『宮崎孝政詩集』天平書院1931,勝井隆則編『宮崎孝政全詩集』私家版1999〔文献〕菊地康雄『青い階段をのぼる詩人たち』青銅社1965,秋山清『あるアナキズムの系譜』冬樹社1973,伊藤信吉『逆流の中の歌』泰流社1977,志賀英夫『戦前の詩誌・半世紀の年譜』詩画工房2002

宮崎 武士 みやざき・たけし ?-? 新聞労働連盟のメンバー。1926(大15)年2月21日神田松本亭で開かれた東印第3回大会に出席,新聞労働連盟を代表して祝辞を述べようとして中止検束される。検束を制止しようとした議長の伏下六郎もまた検束される。(冨板敦)〔文献〕『印刷工連合』34号1926.3,水沼辰夫『明治・大正期自立的労働運動の足跡』JCA出版1979

宮崎 辰次郎 みやざき・たつじろう ?-? 報知新聞社に勤め新聞工組合正進会に加盟。1920(大9)年機関誌『正進』発行のために1円寄付する。(冨板敦)〔文献〕『正進』1巻1号1920.2

宮崎 民蔵 みやざき・たみぞう 1865.6.13(慶応1.5.20)-1928(昭3)8.15 別名・巡耕,行雲,中村幸作,野村耕介,菅耕甫 肥後国熊本県玉名郡荒尾村(現・荒尾市)に生まれる。父長蔵は失火によって部落の家々を焼失させた時,手持ちの山林を伐採して類焼した全家屋を新築させたといわれている。また西南戦争に際して兄八郎は協同隊を組織して西郷隆盛軍に参加し陣没。80年民蔵が家督を相続。85年頃上京し中江兆民の仏学塾に学ぶ。民蔵にとって数少ない「先生」の一人となる。88年弟弥蔵らとともに社会・哲学・宗教問題を討究する「藪の内連」といわれる一種の討論グループをつくり,そこではヘンリー・ジョージについて日本でもっとも早い時期の研究がなされた。民蔵は故郷での身近な小作人の生活の困窮に直接触れ土地に対する人間の享有権の復活を考え始める。96年「土地均享法草案」をまとめ翌年同志相良寅雄とともにこの問題を提示すべく米国に向かう。英仏にも渡りその間モ

スト，グラーヴらの各国のアナキスト，デ・レオン，ハインドマンらの社会主義者を訪ね意見を交換する。パリ万国博覧会において は「日本国農民代表」という署名を残す。00年帰国。荒尾村村長をつとめたのち上京し横浜大同学校教員，東京同文書院の幹事となる。02年土地復権同志会を結成。メンバーには新井奥邃，山口義三などがいた。03年頃から田中正造との交流も始まる。06年『土地均享・人類の大権』を刊行。同年から翌年にかけて同志獲得をめざし頭山満の援助を受け相良を伴い全国15府県を遊説。出発の日に小田頼造に会い，また『新紀元』は民蔵らの遊説を予告し協力を呼びかける。丹沢正作，小野吉勝，石上露子などもこの時に同志会に加入する。新井は『人類の大権』をもっと大部の著書に書き改めることをしきりにすすめる。こうした民蔵の活動に対して石川三四郎，福田英子，安部磯雄，幸徳秋水は思想を異にしながらもその志を深く尊敬し支援を惜しまなかった。12年辛亥革命支援のため中国へ渡る。13年には日本脱出途上の石川が上海の民蔵を訪ねており，また翌年には弟滔天が上海の民蔵に石川の『西洋社会運動史』の売りさばきを依頼している。新紀元社の晩餐会で民蔵に会った逸見斧吉が土地と人間の問題に深く心を動かされたように，「百姓の使者」を自任する民蔵の思想と行動は「森羅万象ハ真正ノ聖書」と考える，大地に立つ徹底した個人の自立社会をめざすものであった。(山口晃)
〔著作〕『土地均享・人類の大権』新進書局1906(『明治文化全集6』日本評論社1955，『明治農業論集』農山漁村文化協会1977)〔文献〕上村希美雄『宮崎兄弟伝』日本篇上下・アジア篇上中下・葦書房1984-99

宮崎 保 みやざき・たもつ ?-? 1919(大8)年東京神田区(現・千代田区)の神田印刷所印刷科に勤め日本印刷工組合信友会に加盟する。(冨板敦)〔文献〕『信友』1919年10月号

宮崎 滔天 みやざき・とうてん 1871.1.23(明3.12.3)-1922(大11)12.6 本名・虎蔵，通称・寅蔵，別名・白浪庵滔天，桃中軒牛右衛門など 熊本県玉名郡荒尾村(現・荒尾市)に生まれる。民蔵の弟。この家系は地方郷士の典型であり自由民権を善とし官と名のつくものを根本的に嫌う気風があった。徳富蘇峰の大江義塾に入るがその立身出世主義に不満を抱く。上京後東京専門学校(現・早稲田大学)英語科，中村正直の同人社で学ぶ。87年小崎弘道から受洗。88年正則熊本英語学会に入学。長崎ではアナキストの老外国人イサク・アブラハムから学ぶ。89年長崎製糞社に入社。91年兄弥蔵から古代に大同世界をもった中国民族の伝統を知らされ，革命的アジア主義に共感し自ら中国に潜入して英雄を探す決意をする。92年初めて中国の土を踏む。同年前田槌子と結婚。95年移民20人とともにタイへ。アジア民衆の姿を感じる。97年興中会首領孫文に会う。初対面の孫文に「自然の音楽」「革命の呂律」を聞き生涯の盟友となる。その後もフィリピン独立軍の支援などアジアとの連帯に専心するが00年恵州事件失敗，そして犬養毅宅で内田良平と口論し自らの志士失格を感じ「隠れ人」となる。01年浪花節語りになることを決意し桃中軒雲右衛門の弟子になる。頭山満のみがそれを支持。02年『二六新報』に「三十三年之夢」を連載。多くの中国青年はその漢訳を通して孫文の思想を知り鼓舞される。04年西川光二郎，堺利彦，石川三四郎が滔天の浪花節を聞きに行く。05年宋教仁に初めて会う。中国同盟会創設に参加，機関誌『民報』発行所の看板は滔天の自宅玄関にかけられる。「民報のおばさん」前田卓子は妻槌子の姉である。06年『平民新聞』に孫文の「革命潮」が載り平民社を訪れる。ポーランドの革命家ブロニスワフ・ピウスツキを知る。中国同盟会の別動隊である『革命評論』事務所を自宅に置く。革命評論社を訪れた人々は辻潤，大杉栄，魯迅，伊藤痴遊，赤羽巌穴，北一輝ら多様である。妻槌子は田中正造，福田英子の要請により谷中村の土地所有名義人となることを内諾。08年『民報』の発禁命令に対して滔天は石川とともに同盟会のための法廷闘争に尽力する。09年槌子は福田の斡旋でミシンを借りて縫製の内職をする。11年の辛亥革命，そして第2，第3革命のなかでも滔天は日本の国益中心の主張とは異なる支援を続ける。15年ラス・ビハリ・ボースとヘランボーラル・グプタを頭山宅から新宿中村屋相馬愛蔵宅へ匿うのに一役かう。晩年は大本教に関心を寄せる。維摩経中の一句「白浪滔天」からの号は「白浪」に「盗」の意があるこ

とを知っての採用である。孫文は滔天を「現代の侠客」と呼んだ。(山口晃)〔著作〕『宮崎滔天全集』全5巻平凡社1966-76,『三十三年の夢』岩波文庫1993〔文献〕渡辺京二『評伝宮崎滔天』大和書房1976,上村希美雄『宮崎兄弟伝』日本篇上下・アジア篇上中下・葦書房1984-99,加藤直樹『謀叛の児 宮崎滔天の世界革命』河出書房新社2017

宮崎 信義 みやざき・のぶよし 1912(明45)2.24-2009(平21)1.2 滋賀県坂田郡息長村村字箕浦(現・米原市)に生まれる。31(昭6)年横浜専門学校高等商業科へ入学。9月,前田夕暮主宰の口語自由律の歌誌『詩歌』に参加し,「みがき上げられた靴をはいて登校する私に眩しい太陽」などの短歌を投稿。アナキスト歌人西村陽吉の門下・小倉三郎も果無草の筆名で参加。のちに二人は口語自由律短歌の「新短歌」の道を歩む。34年横浜専門学校(現・神奈川大学)卒業。43年8月臨時召集を受け華中戦線へ向かう。46年6月復員,49年2月『新短歌』を創刊,編集・発行人となる。55年2月,処女歌集『流域』(新短歌社)を出版。以後生前は07年の第12歌集『右手左手』(短歌研究社)につづいた。2009年1月食道癌のため自宅で死去。10年には第13歌集『いのち』(短歌研究社)が未来山脈叢書の一冊として出版される。代表的な新短歌に「革命を食いものにする奴は誰だにわか雨にずぶぬれの者は誰だ」「ピカソの眼から水晶が流れだし細い女と枯木になる」などがある。(平辰彦)〔文献〕村田治男『宮崎信義 人と作品』短歌研究社1993,小倉三郎『私の短歌履歴書 魚仲卸売人の自由律運動史』ながらみ書房1995

宮崎 秀人 みやざき・ひでと 1905(明38)-67(昭42)1.20 別名・宮崎節 北海道に生まれる。1926(大15)年東京・赤坂溜池の黒竜会簡易宿泊所で自由労働相互会の小松亀代吉,秋山竜四郎らと知り合い同会に加わる。同年3月中旬白昼抜刀して暴れたとして同会の加藤利造,伊崎豊太郎,川又常夫とともに大崎署に29日間拘留され4月16日に釈放。同年5月1日のメーデーでまいた宣伝ビラに関して警視庁に20日間拘留される。6月6日関東自連の打ち合わせ会に相互会の代表として参加。28年頃黒色自由労働組合で活動する。戦後アナ連に入り,分裂後はアナキスト・クラブに属する。岩佐作太郎を敬愛した詩などをクラブの機関紙に寄せて

いる。一方地域では『赤旗』の配布に協力したという。(冨板敦・大澤正道)〔著作〕「自我」への自覚」『アナキスト・クラブ』2号1951.10,「永遠に拡がってゆく」『無政府新聞』19号1955.9〔文献〕『黒色青年』2・3号1926.5・6,『自連』1・2号1926.6・7,『小松亀代吉追悼 叛逆頌』同刊行世話人会1972,『解放のいしずえ』新版

宮崎 真夫 みやざき・まさお ?-? 1919(大8)年東京神田区(現・千代田区)の三省堂印刷部欧文科に勤め活版印刷工組合信友会に加盟。のち大阪の三誠社に移る。(冨板敦)〔文献〕『信友』1919年8・10月号,1920年1月号

宮崎 松太郎 みやざき・まつたろう ?-? 1919(大8)年大阪の欧文堂に勤め活版印刷工組合信友会(大阪支部)に加盟。同会に1円50銭寄付する。のち三誠社に移る。(冨板敦)〔文献〕『信友』1919年8・10月号,1920年1月号

宮崎 光男 みやざき・みつお 1895(明28)8.20-1958(昭33)9.25 佐賀県東松浦郡生まれ。京城の善隣商業学校卒業。日本電報通信社,福岡日日新聞,実業之世界社を経て1916(大5)年東京日日新聞入社。日蔭茶屋事件で面会謝絶中の大杉栄に取材する。同紙に松浦貧郎のペンネームで小説「沼の彼方」を発表(1919.6.6-7.27)。23年4月から2年間の休職処分中,新聞社から半給を支給され北原鐵雄のアルス社において近藤憲二,和田久太郎とともにアルバイトをした。23年11月号の『文藝春秋』に「反逆者の片影 大杉榮を偲ぶ」を発表。24年7月頃から関東大震災後に吉祥寺に建てた自宅アメチョコハウスに和田久太郎を匿う。宮崎は南天堂の常連客でもあった。その頃,東京日日の雇人であった五十里幸太郎が林芙美子と友谷静栄をともないアメチョコハウスを訪れた。宮崎は佐賀県に帰省の際,望月桂夫妻に留守番を依頼し和田久太郎は引き続き同所に潜伏。同年8月15日村木源次郎が安谷寛一から入手していた拳銃を久太郎に手渡したのもこの宮崎宅であった。9月1日の福田雅太郎襲撃事件当日は帰省していたため連座を免れた。25年休職処分満了後に東京日日を退社。建築請負業に転じて失敗。26年7月芥川龍之介の紹介で『京城日報』に小説「途上」を発表(26.7.28-10.1)。26年11月讀賣新聞入社。27(昭2)年7月同紙に「死直前の芥川君」を発表。30年新愛知新聞に転じた

が31年12月再び讀賣新聞に戻り社会部長、編集企画部長などを歴任。久米正雄の盗作騒動で知られる「安南の暁鐘」原作者、作家安藤盛とともに南洋歌謡曲「常夏の島」(中山晋平作曲、藤山一郎唄、ビクター1933)を作詞したこともある。松尾邦之助とともに36年のベルリンオリンピックを取材。41年8月には編集局長、42年9月取締役。44年ビルマ新聞社長。45年10月退社。その後、公職追放。各種の雑誌に随筆評論を発表し国鉄諮問委員、鎌倉市監査委員を勤め肺ガンで死去。自叙伝などのまとまった著作は見つかっていないが、1956年現在の近藤憲二住所録に宮崎光男の名がある。(廣畑研二)〔文献〕『大杉栄書簡集』(書簡番号157)1974、『新聞人名辞典』日本図書センター1988、寺島珠雄『南天堂』皓星社1999、松尾邦之助著・大澤正道編『無頼記者、戦後日本を撃つ』社会評論社2006、青木澄夫『放浪の作家安藤盛と「からゆきさん」』風媒社2009、厳基權「京城だより②「芥川龍之介全集」未収録資料紹介 宮崎光男との親交をめぐって」『九大日文17』2011、廣畑研二「和田久太郎と古田大次郎(4)」『トスキナア』第17号2013、廣畑研二『甦る放浪記 復元版覚え帖』論創社2013

宮崎 巳之吉 みやざき・みのきち ?-? 時事新報社に勤め東京の新聞社員で組織された革進会に加わり1919(大8)年8月の同盟ストに参加するが敗北。のち正進会に加盟。24年夏、木挽町(現・中央区銀座)正進会本部設立のために1円寄付する。(冨板敦)〔文献〕『革進会々報』1巻1号1919.8、正進会『同工諸君‼ 寄附金芳名ビラ』1924.8.

宮崎 夢柳 みやざき・むりゅう 1855(安政2)-1889(明22)7.23 本名・富要、別名・芙蓉、夢柳狂士 土佐藩士宮崎富成の息子。藩校致道館で詩文を学び坂崎紫瀾、結城凡鳥らと詩文を談じ藩主山内容堂に才能を愛でられた。80年『高知新聞』が創刊されると坂崎らとともに記者になった。同紙や『土陽新聞』『高知自由新聞』に数編の戯作小説を連載した。一方自由民権運動に関心を抱き高知新聞社全県遊説に参加した。82年上京し『自由新聞』『絵入自由新聞』『自由灯』にフランス革命やロシア虚無党を材にした翻案小説を掲載した。84年『自由灯』にステプニアクの『地下ロシア』の翻案「虚無党実伝記鬼啾啾」を掲載、翌85年単行本にしたところ出版条例違反となり入獄した。出獄後は『大阪日報』『東雲新聞』の記者をつとめたが政治小説の創作は継続した。(西山拓)〔著作〕「仏蘭西革命記自由乃凱歌」『自由新聞』1882.8.12-83.2.8、『虚無党実伝記鬼啾啾』旭橋活版所1885〔文献〕『自由新聞』復刻版三一書房1972、山本芳明「漢詩文と政治小説 宮崎夢柳の場合」『国語と国文学』59巻1号1982.1、「海南新誌・土陽雑誌・土陽新聞」弘隆社1983、『彷書月刊』3巻11号(特集・土佐の自由民権)1987.10、松尾章一編『自由灯の研究』日本経済評論社1991、西田谷洋『語り・寓意・イデオロギー』翰林書房2000

宮崎 安右衛門 みやざき・やすえもん 1888(明21)2.20-1963(昭38)1.16 別名・童安 福井県南条郡武生町(現・武生市)に生まれる。小学校2年で中退という不幸な少年時代を過ごし98年上京。植村正久の東京神学社に入り神田のキリスト教青年会館(YMCA)で働く。曹洞宗の桃水、良寛、アッシジのフランシスを心の先輩と仰ぎ、乞食の安右衛門と自称し17年最初の全国乞食行脚に出立する。一所不住の求道生活に望月桂、久板卯之助らも共感し望月とは終生親しくしている。小松隆二は「天性のアナキストといってよいほど超自由人」と評す。処女作『野聖乞食桃水』(成蹊堂書店1920)、『アシジの聖者聖フランシス』(杜翁全集刊行会1921)などが評判になるにつれ貧乏を売りものにする「宮崎盗水」などと禁欲的な求道者(たとえば新井奥邃)に皮肉られることもあったが当人は一向平気で自由気ままに生きていた。和田久太郎は獄中で『乞食桃水』を読み「陽炎や安右ェが拝む馬の尻」と望月にあてた手紙で1句詠んでいる。戦後も乞食行脚を続けたが1銭も持たずに出立し、帰りは財布がお布施でずっしり重くなっておりこれをワハハハと笑い飛ばしたという生涯宮崎にひかれていた西山又二の思い出をみても求道者には珍しいこの自由闊達ぶりは只者でない。(大澤正道)〔著作〕詩集『永遠の幼児』春秋社1921、『聖貧礼讃』磯部甲陽堂1921、『無の哲学』川津書店1947〔文献〕和田久太郎『獄窓から』黒色戦線社1988、西山又二「宮崎童安さんのこと」『個』2号1964.1、福与『童安さんの思い出と遺稿』私家版1978、小松隆二『大正自由人物語』岩波書店1988

宮崎 勇太郎 みやざき・ゆうたろう ?-? 1919(大8)年東京京橋区(現・中央区)の築地活版所文選科に勤め活版印刷工組合信友会に加盟する。(冨板敦)〔文献〕『信友』1919年8・10月号

宮崎　譲　みやざき・ゆずる　1909(明42)6.19-1967(昭42)12.31　別名・緑雨　佐賀県杵島郡に生まれ小学校卒業後佐世保の洋服屋に弟子入り講義録などで独学した。徴兵検査で一時帰郷したが以後自分から家と絶縁した。29年武者小路実篤の新しき村運動にひかれ宮崎県児湯郡の村に入村するが村民たちの放縦と利己的な生活に反発して伊地知直矢，西山又二ら同志10数人と離村。近くの川南村十文字原(現・川南町)に土地を求め共同生活体日向緑色群組合を設立。31年大阪に移って洋服仕立職人のかたわら緑色群組合の大阪拠点として漂白社の看板を出す。同年5月『緑色群』5月号を発行。この時期世界漫遊と称して大連等に渡る。32年詩集『雲れる都』を緑雨名で日向緑色群組合印刷部から発行。35年7月詩誌『魂』を上林猷夫と創刊。この時期に大江満雄と親交。36年11月詩誌『豚』(1941『現代詩精神』と改題)創刊に上林，中室員重らと参加。田木繁，小野十三郎，岡本潤らも寄稿した。39年上京。40年2月豚祭り(銀座明治製菓本店)で秋山清と初めて会う。41年2月詩集『竹槍隊』(赤塚書房)を上梓。戦時は新潟県村上の横河電機に徴用された。46年6月詩誌『花』を経て47年詩文誌『鱒』を主宰発行。同年詩誌『日本未来派』創刊に参加。50年1月詩誌『コスモス』第2次同人となる。62年頃松尾邦之助の個の会に西山と参加。64年金子光晴の音頭で発足した詩誌『あいなめ』創刊に参加。66年11月詩文誌『現代の朝』を主宰発行。(黒川洋)〔著作〕詩集『神』赤絵書房1948，詩集『やどかり』ミヤ工房1958，『宮崎譲詩集』同刊行会1971〔文献〕暮尾淳「回想・宮崎譲」『コスモス』4次44号1984.3，伊藤信吉『ユートピア紀行』講談社1973・同学芸文庫1997，宮地佐一郎・川崎覚太郎編『ちいさなちいさないのちたちの歌・宮崎譲』詩集刊行会1971

宮崎　芳太郎　みやざき・よしたろう　?-?　1919(大8)年東京京橋区(現・中央区)の築地活版所欧文科に勤め活版印刷工組合信友会に加盟する。(冨板敦)〔文献〕『信友』1919年8・10月号

宮崎　龍介　みやざき・りゅうすけ　1892(明25)11.2-1971(昭46)1.23　別名・竜介　熊本県玉名郡荒尾村(現・荒尾市)で宮崎滔天・槌子(前田案山子の娘)夫妻の長男として生れる。父滔天が孫文の同志として中国革命に打ち込み家庭をかえりみないため母の実家前田家で養育される。1905年母と弟と共に上京し東京市番衆町の滔天宅に同居。郁文館中学を経て16年東京帝国大学法科大学仏法科入学。18年京都帝国大学の赤松克麿らと新人会を結成，機関誌『デモクラシー』編集に参加する。20年吉野作造主宰の黎明会の機関誌『解放』(大鐙閣より刊行)の主筆となる。同年11月25日に開催された石川三四郎帰国歓迎会を切っ掛けにコスモ倶楽部を結成。同クラブの構成員には，主幹：堺利彦。世話人：弁護士宮崎龍介，支那人：権熙國。会員：木村久一，大杉榮，宮崎龍介，下中彌三郎，長谷川萬次郎，赤松克麿，大山郁夫，植田好太郎，岩佐作太郎，吉田順司，石川三四郎，堺タメ，高津正道，近藤憲二，竹内義幹，原澤武之助，加藤一夫，吉野作造　支那人：兪顕庭，呉我。鮮人：林春涛，渥美鐵三。露人：エロシェンコがいた。また，この年『解放』の執筆者であった柳原白蓮との交際がはじまる。20年法科大学卒業，弁護士開業。新人会は宮崎の白蓮との関係は裏切り行為であると断じ21年1月『解放』主筆を解任，2月除名した。26年安部磯雄と独立労働協会を結成，社会民衆党中央委員。27年松岡駒吉と蒋介石を訪ね国民党と社会民衆党の連携を工作。28年衆議院選挙に立候補するが結核再発に倒れる。29年社会民衆党分裂に際して全国民衆党を結成，無産政党大合同の流れにあって全国大衆党，全国農労大衆党，社会大衆党の中央委員，青年・選挙部長を歴任した。その後アジア主義の中野正剛と親交を深め，39年中野主宰の東方会に入会。37年近衛文麿首相の密命を帯び蒋介石との和平交渉のため神戸から中国に向おうとするが，憲兵に検束され果たせなかった。45年日本社会党結成に参加，中央委員となるが戦前戦中の行動を問題とされ公職追放処分を受ける。54年憲法擁護国民連合常任委員。『宮崎滔天全集』刊行準備中の71年心筋梗塞で倒れた。『滔天全集』刊行の仕事は娘蕗苳の手によって完成した。(白仁成昭)〔文献〕永畑道子『恋の華・白蓮事件』新評論1982・文藝春秋1990・藤原書店2008，宮崎蕗苳著『娘が語る白蓮』河出書房新社2014

宮崎　竜太郎　みやざき・りゅうたろう　?-?　1919(大8)年東京神田区(現・千代田区)の三

秀舎印刷科に勤め日本印刷工組合信友会に加盟する。(冨板敦)〔文献〕『信友』1919年10月号

宮崎 渉 みやざき・わたる ?-? 1927(昭2)年東京府南葛飾郡小松川町中平井(現・江戸川区)で『反政党運動』平井支局をつとめる。(冨板敦)〔文献〕『反政党運動』2号1927.7

宮沢 伊之助 みやざわ・いのすけ ?-? 1919(大8)年東京牛込区(現・新宿区)の秀英舎(市ヶ谷)欧文科に勤め活版印刷工組合信友会に加盟する。(冨板敦)〔文献〕『信友』1919年8・10月号

宮沢 賢治 みやざわ・けんじ 1896(明29)8.27-1933(昭8)9.21 岩手県稗貫郡花巻町大字里川口字川口町(現・花巻市豊沢町)に古着・質屋を営む家の長男として生まれる。花巻尋常高等小学校、県立盛岡中学を卒業し14年9月18歳で「漢和対照妙法蓮華経」を読み感動しその信仰は生涯変わることがなかった。20年盛岡高等農林学校地質学研究科修了、同校在学中から短歌や短編を書く。21年父母の真宗から日蓮宗への改宗を熱望したがいれられず、突然上京して高知尾智耀のいた日蓮宗信仰団体の国柱会に入会し街頭で布教活動をする。妹トシの病気のため帰郷、郡立稗貫農学校(のちの県立花巻農学校)教諭となりこの頃から詩や童話を創作。翌年11月トシ死没し衝撃を受けて詩「永訣の朝」「松の針」「無声慟哭」を書く。23年青森、北海道、樺太を旅行し、24年詩集『春と修羅』(関根書店)、童話集『注文の多い料理店』(東京光原社)を自費出版したが『春と修羅』については辻潤が「惰眠洞妄語」(『読売新聞』1924.7.23)で「もし私がこの夏アルプスへでも出かけるなら、私は『ツアラトゥストラ』を忘れても『春と修羅』を携えることを必ず忘れはしないだらう」と絶賛したほかほとんど反響はなかった。その縁でか『虚無思想研究』に詩〔冬(幻聴)〕(1巻6号1925.12)、「心象スケッチ朝餐」(2巻2号1926.2)を寄稿している。26年花巻農学校を依願退職するが、羅須地人協会を設立し同校勤務中と同じく青年たちに自然科学、農民芸術概論などを講義し音楽を聞かせ自らも開墾地を耕作し、農民に農村改造のための肥料、稲作などの指導をする。また花巻町とその近郊に無料肥料設計事務所を設けて相談を受け農村を回った。27年花巻温泉に南斜花壇を設計し造園した。28年頃から次第に身体が衰弱がちとなり31年東北砕石工場の技師になるが病床生活が多くなり、33年『国訳妙法蓮華経』を翻刻して知己に頒布するように遺言して37歳で死没。戦後の51年花巻町の浄土真宗安浄寺から同町の日蓮宗身照寺に改葬された。終生を独身の法華経信者として送り、その宇宙へと広がる独創的イメージと科学性に裏づけられた豊富な語彙によるリアリティをもつ作品は現在多くの読者を魅了しているが生前はほとんど知られることはなかった。草野心平はその早い理解者の一人。(暮尾淳)〔著作〕『校本宮沢賢治全集』全14巻筑摩書房1973-75・ちくま文庫1986〔文献〕草野心平『わが賢治』二玄社1970, 中村稔『宮沢賢治』筑摩書房1972, 伊藤信吉『ユートピア紀行』講談社1973・講談社文庫1977, 大月健「解説」『虚無思想研究』復刻版土佐出版社1986, 『エス運動人名事典』

宮沢 四郎 みやざわ・しろう ?-? 1919(大8)年東京深川区(現・江東区)の東京印刷深川分社欧文科に勤め活版印刷工組合信友会に加盟。のち神田区(現・千代田区)の三秀舎欧文科に移る。(冨板敦)〔文献〕『信友』1919年8・10月号

宮沢 富士雄 みやざわ・ふじお ?-? 日立製作所電気工場に勤める。日立従業員組合に加入。1926(大15)年7月3日日立従業員組合協議会で外務委員に選出される。同月12日始末書の提出を拒否し解雇事件に発展する。27年4月10日関東自連第2回大会に参加、日立従組を代表して失業反対の議案を提出説明する(可決)。(冨板敦)〔文献〕『自連』3・12号1926.8・27.5

宮下 嘉一 みやした・かいち ?-? 1919(大8)年東京京橋区(現・中央区)のアドヴァータイザー社印刷科に勤め日本印刷工組合信友会に加盟する。(冨板敦)〔文献〕『信友』1919年10月号

宮下 恵 みやした・けい 1908(明41)-? 別名・忍、宮本 鳥取県気高郡鹿野町鹿野生まれ。尋常小学校を6年で中退。25年実兄を頼って神戸に出て御影郵便局の集配手となる。29年夏頃から神戸自由労働者組合(のち神戸黒色労働者連盟)に出入りするようになり多田英次郎、高橋利夫らと交流する。御影郵便局を退職。34年阪急電鉄線路工夫となった。35年末頃無共党事件で検挙

されるが不起訴。(冨板敦)〔文献〕『身上調書』,兵庫県特別高等課『特別要視察人ニ関スル状勢調べ』(復刻版)兵庫県部落問題研究所1976

宮下 森太郎 みやした・しんたろう ?-? 1919(大8)年東京牛込区(現・新宿区)の福山印刷所和文科に勤め日本印刷工組合信友会に加盟する。(冨板敦)〔文献〕『信友』1919年10月号

宮下 太吉 みやした・たきち 1875(明8)9.30-1911(明44)1.24 甲府市若松町に生まれる。小学校を卒業後、鍛冶屋見習。熟練の機械工であった。社会主義文献に触れる前から労働者が置かれている環境に疑問をもち日刊『平民新聞』を入手し、さらに労働者の組織化にめざめ職場の愛知県知多郡亀崎町(現・半田市)の亀崎鉄工所に組合を結成し亀崎鉄工所友愛義団と名づけた。07年12月13日森近運平に会い、久米邦武の『日本古代史』をみせられ「皇室崇尊の思想は迷信である」と学ぶ。08年1月片山潜の講演会も地元で主催したが片山の議会主義には納得しなかった。2月再び森近を訪れ秘密出版されたローレルの『総同盟罷工論』をもらう。11月内山愚童から『入獄紀念・無政府共産』が送付される。宮下はその内容に大いに共感し11月10日天皇列車を見送る住民に天皇神話を崩そうと配布。宮下は森近らとの交流、内山の『無政府共産』から学び天皇の存在が労働者、小作人、戦争に駆り出される人々を苦しめている元凶だと認識。09年2月巣鴨の平民社を訪ね幸徳秋水に初めて会い天皇睦仁の暗殺を計画していることを話す。大逆事件で逮捕後、宮下は予審でこれらの交流、活動の一端を供述しそれは大審院の虚構の判決理由に組み込まれていく。宮下は命を賭けて革命のための礎になろうと決意。煙山専太郎の『近世無政府主義』を読みロシア皇帝アレクサンドル2世の暗殺場面を天皇へのそれと重ねた。同年2月薬品の性質や火薬の製法を調べ始める。4月13日平民社にクロポトキン著、幸徳秋水訳の『麵麭の略取』を注文。4月18日『法律と強権』とともに受け取る。5月25日幸徳あてに「研究によつて爆裂弾の調合が判つた…主義のために斃れる…」と手紙を書き6月6日には千駄ケ谷に移った平民社を訪ねる。「私は、幸徳、管野すが両人に対し、爆薬の調合も判つたから、いよいよ爆裂弾を造つて、天子を斃すと申したるに、幸徳も管野も之に同意しました。もつとも、幸徳は自分も一緒に、加わつてやると明言しませんでしたが」と供述している。この6月の平民社での話し合い以降、宮下の活動は爆裂弾の材料集めと製造に集中。同月長野県東筑摩郡中川手村明科(現・安曇野市)の明科製材所に勤務。11月3日明科の大足山中で爆裂弾を試験。10年1月1日宮下は前夜から平民社に滞在し幸徳、管野、新村忠雄と午後3時頃まで談論しブリキ容器を握り畳の上に投げつけるという爆裂弾の試投もどきを行う。1月23日古河力作が千駄ケ谷の平民社を訪れ天皇の馬車襲撃の方法が相談されるが時期は「本年の秋季」と漠然としていた。宮下は参加していない。以降宮下は新村と接触を続けるが、平民社はその間に解散。4月23日管野は「もう一度、爆裂弾の試験をして欲しい」と湯ヶ原から宮下へ手紙を出す。宮下は製材所の鍛冶工場で同僚新田融にブリキ缶の製作を依頼、24個を製作。5月14日新村の明科入りを駐在の巡査が察知して尾行。5月20日宮下を巡査と刑事が訪問。「爆発物を製造したるものなりと思料し」と下宿が任意家宅捜索されブリキ缶3個が発見される。宮下は同僚の清水太市郎を訪ね「天皇巡幸の時に投げつける。管野、新村と自分と3人でやる。天長節にやる予定だ」と語る。5月21日宮下は爆弾の材料を工場に移す。清水は製材所所長に宮下の件を密告しようとする。5月23日松本警察署長は宮下に関わる爆発物取締罰則違反容疑の報告書を受け取る。5月25日午前6時刑事、巡査が清水宅を急襲、清水は宮下の計画を話す。午前10時から11時まで明科製材所を承諾捜査。宮下は午後3時過ぎに逮捕される。新村たちも逮捕され5月31日検事総長に7人(宮下、新村兄弟、管野、新田、幸徳、古河)が「刑法73条(大逆罪)に該当する犯罪」として送致される。幸徳は6月1日拘引。宮下は取り調べで供述を始め爆弾製造と皇室が目標だと認める。12月10日大審院公判が始まる。1月18日死刑判決。19日大杉栄に「文明とは人命の下落の由に候」と葉書を送る。1月24日絞首、執行寸前「無政府党万歳」と叫んだと伝わる。72年9月遠藤斌らの宮下太吉建碑実行委員会により甲府市光沢寺にあ

る宮下の墓の側に石碑が建立され，それには石川啄木の「我にはいつにても起こつことを得る準備あり」の詩が刻まれている。(亀田博)〔文献〕塩田庄兵衛・渡辺順三編『秘録大逆事件・上下』春秋社1959，神崎清『革命伝説』全4巻芳賀書店1968・69，遠藤斌「宮下太吉と『大逆事件』」『中部文学』8号1973.10

宮下 利巧 みやした・りこう 1897(明30)12.6-? 静岡県小笠郡掛川町大池(現・掛川市)に生まれる。掛川中学2年修了。草履製造販売に従事。20年大池村消防組小頭となる。25年8月15日大池東水平社を創立し代表となる。翌日掛川町掛川座で開かれた大池東西水平社連合大会で座長をつとめる。当日夜，自宅で座談会を開く。『自由新聞』大池東支局を担う。(冨板敦)〔文献〕『自由新聞』(静岡)4号1925.9，秋定嘉和・西田秀秋編『水平社運動1920年代』神戸部落史研究会1970

宮島 ウメ みやじま・うめ ?-? 1919(大8)年東京神田区(現・千代田区)の三秀舎に勤め日本印刷工組合信友会に加盟する。(冨板敦)〔文献〕『信友』1919年10月号

宮嶋 麗子 みやじま・うらこ 1890(明23)7-1937(昭12)5.13 本名・うら，旧姓・八木 東京府生まれ。父方の祖父は犬山藩城代家老。父は海軍大学ドイツ語教員。成女高等女学校卒業後，万朝報社の雑誌『婦人評論』の記者となる。14年『番紅花』の同人となり神近市子らと親しくなった。成女校長宮田脩の研究会で知り合った宮嶋資夫と同年11月結婚。結婚前後の時期に大杉栄のサンジカリズム研究会に出席，14・15年『平民新聞』の発行を手伝い妊娠中に街頭配布にも参加した。15年第2次『近代思想』の発行所は自宅住所に置かれた。以後『婦人公論』などにいくつかの文章を発表している。30年夫は長い間逡巡していた仏門入門のため京都へ立った。30年7月発表の「夫を仏門に送りて」には夫の性格を愛情をもって鋭く描き出し，妻と子を残しての出家を決断させた思いが書かれている。6人の子をかかえて再就職。36年肺結核が悪化，一時愛知県知多半島で療養したこともあった。自分の意志で離婚。貧困のなか，東京で死没。(三原容子)〔文献〕宮嶋資夫『遍歴』慶友社1953，宮嶋秀「宮嶋麗子のこと」『ひろば』1957.3，秋山清「埋もれた婦人運動家宮嶋麗子」『婦人公論』1972.1，森山重雄『評伝宮嶋資夫』三一書房1984

宮島 次郎 みやじま・じろう 1875(明8)12.8-1932(昭7)7.31 新潟県南蒲原郡三条町(現・三条市)に生まれる。02年東京帝国大学を卒業，弁護士となる。大逆事件では安村竹松，吉田三市郎と共に坂本清馬を弁護する。黒竜会の思想に共鳴し韓国併合運動にかかわる一方，社会問題に関心を持つ弁護士の最初の団体である法治倶楽部に参加し21年自由法曹団の結成には布施辰治らと参加する。また学生時代より俳句に親しみ俳句結社筑波会に入り，五丈原の号で法曹界の俳人として知られた。(手塚登士雄)〔文献〕森長英三郎『日本弁護士列伝』社会思想社1984

宮嶋 資夫 みやじま・すけお 1886(明19)8.1-1951(昭26)2.16 本名・信泰，別名・蓬州 東京市四谷区伝馬町(現・新宿区四谷)に生まれる。農商務省の小役人であり厳しかった父が老年近く行政整理で解雇された関係で，息子の資夫には実業の道を進ませようとした。小学校高等科を中退して砂糖屋や三越呉服店の小僧になり以後19歳頃まで歯科医の書生，メリヤス職工，絵草紙屋の彩色係，砲兵工廠の人夫など家出を繰り返しながら職を転々とした。三越ではストを計画して首謀者とみなされた。この頃義兄の水彩画家大下藤次郎に親しみ彼の書架の文学書を耽読，16歳の時に小説家を志し幸田露伴を訪ねた。05年大下の紹介で東西社の雑誌『英学生』の編集手伝いをしていた時に社会批評家宮田脩の弟暢を知り，雑誌『火鞭』を通して社会主義に接近したが20代も職を転々として放浪，ときには心中未遂事件で相手の女性を死なせたり極端な退廃生活を送ったこともあった。14年春偶然露店で『近代思想』を買い大杉栄，荒畑寒村らが主催していたサンジカリズム研究会の存在を知り参加，以後大杉らのアナキズム思想に共鳴して彼らとの交流を深めていく。宮嶋は大杉に会ったときの感激を暗い時代の重圧を感じながら「人夫や土方をして，重苦しい空気の中をうめき廻つてゐたのであるが，大杉に接してから，にはかに光を浴びた気がしたのである。革命，何と魅力ある言葉であるか」(『遍歴』)と回想している。同年11月宮田脩の哲学の会に来ていた八木麗子(『婦人評論』記者)と結婚。15年2月大

杉、荒畑らと『平民新聞』街頭配布活動に参加し同月リーフレット『労働者』を創刊、編集人となった。6月11年に死没した大下の水彩画研究所を平民講演会の会場に提供、10月『近代思想』復活号が出てその発行人にもなった。翌年1月宮嶋が勤めていた飲料商報社の社長高木六太郎の資金援助を得て最初の小説『坑夫』を近代思想社から刊行するがたちまち発禁になり紙型まで押収される。この小説は足尾銅山暴動後の逼塞した社会状況を背景にかつて勇敢に闘った一労働者が破滅していく姿を描いた労働文学の傑作といってよい。2月平民講演会で大杉、青山菊栄らと検挙され同講演会も6月をもって終了、この頃から多角的恋愛を実行して省みない大杉の生き方に疑問を抱き翌年11月の葉山日蔭茶屋事件を契機に大杉グループから離反した。19年春頃から高畠素之に英訳本『資本論』の講義を受け、翌年1月東京を引き払い8月まで一家で比叡山にこもった。この時大阪で加藤一夫の自由人連盟の講演会で演説したり関西のアナキストたちと交流をもった。また文筆活動にも入り以後小説、評論などを多く執筆する。21年4月大杉らの労働運動社に対抗して高尾平兵衛、吉田一、和田軌一郎たちと労働社を結成、新聞『労働者』を出した。しかしまもなく吉田や和田のソ連行き(ボル化)によって労働社も解体し運動への情熱が次第に冷めていく。12月有島武郎、藤森成吉、秋田雨雀らと大阪で露国飢餓救済のための講演会で演説した。この頃から白山上の南天堂2階カフェーや上野三宜亭にアナキストたちと集まっていた。22年3月『第四階級の文学』(下出書店)を発刊、労働者の階級的精神による新たな文学創造を主張した。4月画家の工藤信太郎に誘われ千葉県に転居するが23年9月関東大震災で上京し保護検束を受けた。25年11月加藤一夫、新居格、辻潤らと『文芸批評』を創刊、また28年7月雑誌『矛盾』を小川未明、五十里幸太郎らと創刊するなどアナキズム文学者の結束をはかったが、アナキズム運動衰退の中で長続きせず宮嶋自身の創作力も衰えていった。震災後の大杉の虐殺やその後の連続するテロ事件をめぐってのすさまじい弾圧、アナ・ボル論争後のアナキズムの衰退、運動の分裂、そして自身の死への恐怖など宮嶋は苦悩し次第にすべてに自信を失った。30年10月京都のアナキスト笹井末三郎の誘いにより天竜寺で得度し家庭も文学も捨てて宮島蓬州として仏門に入った。以後禅僧としての著作に専念、戦後は浄土真宗に帰依した。(大和田茂)〔著作〕宮嶋資夫『遍歴』慶友社1953,『宮嶋資夫著作集』全7巻同1983〔文献〕森山重雄『評伝宮嶋資夫』三一書房1984, 寺島珠雄『南天堂』皓星社1999

宮島 隼人 みやじま・はやと ?-? 1919(大8)年東京神田区(現・千代田区)の三秀舎紙工科に勤め日本印刷工組合信友会に加盟する。同舎同科の組合幹事を担う。(冨板敦)〔文献〕『信友』1919年10月号

宮島 福彦 みやじま・ふくひこ ?-? 1919(大8)年東京牛込区(現・新宿区)の福山印刷所和文科に勤め日本印刷工組合信友会に加盟する。(冨板敦)〔文献〕『信友』1919年10月号

宮島 平内 みやじま・へいない ?-? 埼玉県比企郡八幡村(現・川島町)在住。24年関東水平社機関紙『自由』の八幡村支局を担う。26年12月1日埼玉県各郡水平社の有志約20人と熊谷で労農党反対連盟の声明書を出す。27年4月30日川越市野田水平社での第6回全国水平社大会開催地変更運動全国協議会(全水解放連盟系)に参加する。(冨板敦)〔文献〕『自由』1巻4号1924.11,『全国水平新聞』1号1927.7,『埼玉県部落解放運動史』部落解放同盟埼玉県連合会1984

宮島 義雄 みやじま・よしお 1912(明45・大1?)-? 長野県下伊那郡上飯田町(現・飯田市)に生まれる。印刷工。1935(昭10)年末か36年初め頃、農青社運動に関わったとして検挙されるが起訴猶予となる。(冨板敦)〔文献〕青木恵一郎『改訂増補 長野県社会運動史』巌南堂書店1964,『農村青年社事件資料集Ⅰ・Ⅲ』

宮島 義勇 みやじま・よしお 1910(明43)2.3-1998(平10)2.21 別名・北達夫 本籍は長野県上高井郡高山村。29年横浜高等工業学校応用化学科卒業。在学中から岡本潤や草野心平と交流する。28年に塩見五郎らの『黒蜂』に参加、30年2月戦闘的アナキスト詩誌『死の旗』(太田季吉編)創刊に海明久夫、峯松太一、左部千馬、横地正次郎らと同人となる。詩「追放された学生」や評論を発表。同年末松竹蒲田撮影所の現像技術研究生を経て31年PCLで写真乳剤、現像技術を

研究。33年撮影助手となり36年初めて「唄の世の中」の撮影を担当する。戦中は「燃ゆる大空」「あの旗を撃て」の国策映画で日本映画技術協会撮影技術賞を受ける。敗戦後の49年軍艦だけが来なかったといわれる東宝労働争議では中心的な一人となり活躍。敗北後は仲間と現場を追われる。以後はフリーとなり晩年まで独立プロ系の作業を通して反戦革新の立場を貫いた。(黒川洋)〔著作〕詩集『同志におくる歌』渓文社1931,山口猛編『天皇と呼ばれた男』愛育社2002〔文献〕『解氷期』9号(岡本潤追悼)1978.5

宮島　龍二　みやじま・りゅうじ　1899(明32)?-1927(昭2)5.7　旧号・与太六, 別号・柊果。金沢市生まれ。金沢商業卒業後, 北海道の富士製紙江別工場に就職, 同僚の金山呑天坊に誘われて江別川柳社同人となった。古屋夢村の『影像』に新興川柳・川柳革新思想を支える論客として投稿。とりわけ木村半文銭・川上日車の思想に魅かれて生命の根源を絶対自由に求め, 初期の鶴彬に影響を与えた。肺結核を得て1924(大13)年金沢に帰郷後, 病中代筆で送った『影像』37号の作品を絶筆として28歳で没した。すでにマルキストに変貌した鶴彬は死去少し前の病中衰弱の自宅を見舞い, ニイチェや啄木について議論を交わし,『氷原』(1928.2.10復刊号)に追悼文「宮島氏の思想に就いて」を寄せ,「宮島氏の思想の行衛はアナキズムに行くべきであった…宮島氏をして唯心的自由主義たらしめたのは,『病気』そのものであった」とした。(一色哲八)〔文献〕一叩人編『鶴彬全集』(有)久枝1998, 尾藤三柳編『川柳総合事典』雄山閣1984

宮田　栄蔵　みやた・えいぞう　?-?　1919(大8)年東京牛込区(現・新宿区)の秀英舎(市ヶ谷)欧文科に勤め活版印刷工組合信友会に加盟する。(冨板敦)〔文献〕『信友』1919年8・10月号

宮田　晃一　みやた・こういち　?-?　1929(昭4)年組織された社会理想研究会に参加し研究会事務を引き受ける。同年2月創刊されたアナキズム研究誌『社会理想』は大塚貞三郎が編集発行人となり自由書房から刊行された。創刊時の編集同人は安倍正, 越智鼎, 古田徳次郎, 伊東源二, 小松京介, 松村元, 松谷幹雄, 新居格, 杉村紀一郎, 九十九一, 安威三郎, 宮田の12人。(冨板敦)〔文献〕『社会理想』1.2号1929.2.6

宮田　弘平　みやた・こうへい　?-?　1919(大8)年東京京橋区(現・中央区)の国光社文選科に勤め日本印刷工組合信友会に加盟する。(冨板敦)〔文献〕『信友』1919年10月号

宮田　豊司　みやた・とよじ　?-?　1919(大8)年東京牛込区(現・新宿区)の秀英舎(市ヶ谷)第二和文科に勤め活版印刷工組合信友会に加盟する。(冨板敦)〔文献〕『信友』1919年8月号

宮田　寅吉　みやた・とらきち　?-?　1919(大8)年大阪の大阪活版所に勤め活版印刷工組合信友会(大阪支部)に加盟する。(冨板敦)〔文献〕『信友』1919年8・10月号

宮田　暢　みやた・のぶ　1885(明18)11.12-1929(昭4)10.21　別名・哲羊, 申易　東京市牛込区南山伏町(現・新宿区)に生まれる。兄は成女高等女学校第3代校長宮田脩。04年早稲田大学政治経済学科に入学し早稲田社会学会に入会。同年11月兄, 白柳秀湖, 小野吉勝, 島崎新太郎らとトルストイ会を結成する。05年9月トルストイ会会員が中心となり火鞭会を結成し雑誌『火鞭』を発行。06年2月日本社会党が結成されると入党。同年3月早大を除籍され5月『火鞭』が廃刊。6月安成貞雄と女性教養雑誌『少女』を発行11月号まで継続する。07年10月『満州日日新聞』記者として渡満, 08年7月同紙東京支部長として帰国。09年11月週刊誌『サンデー』の記者となる。大正期には文筆活動をやめ成女の経営に助力した。(西山拓)〔文献〕労働運動史研究会編『光』明治文献資料刊行会1960,『火鞭・ヒラメキ』復刻版不二出版1985, 白柳夏男『白柳秀湖伝』秀湖伝刊行会1992

宮田　丙午　みやた・ひょうご　1906(明39)6-?　愛知県東春日井郡庄内町(現・春日井市)生まれ。内藤鋲策編集『抒情詩』同人。東京大井町に居住。(黒川洋)〔著作〕詩集『譜面台にのつた秋』〔文献〕『詩人録』『日本詩集』巧人社1933

宮田　よし子　みやた・よしこ　?-?　1919(大8)年東京京橋区(現・中央区)の築地活版所〔和文〕解版科に勤め日本印刷工組合信友会に加盟する。(冨板敦)〔文献〕『信友』1919年10月号

宮武　外骨　みやたけ・がいこつ　1867.2.22(慶応3.1.18)-1955(昭30)7.28　幼名・亀四郎

(18歳で外骨と改名77歳で読みを「とほね」とする)，別名・半狂堂，竹下美哉，半米人　讚岐国阿野郡羽床村(現・香川県綾歌郡綾川町)に庄屋の四男として生まれる。12歳で高松の栄義塾に学び15歳で遊学のため上京，進文学舎橘香塾で漢学を学ぶ。いったん帰郷するが85年かねてからの夢であった文筆家となるべく上京。87年『頓智協会雑誌』創刊。帝国憲法発布の89年憲法を諷刺した「頓智研法」「骸骨(外骨)が頓智研法を下賜する図」を『頓智協会雑誌』に掲載，不敬罪に問われ3年間の入獄。00年大阪で『滑稽新聞』創刊。以後8年にわたりいく度となく筆禍にあいながら官吏，政治家など特権階級の不正や偽善を筆誅し続けた。11年『筆禍史』を雅俗文庫から出版。15年再び上京。19年吉野作造を知り吉野の民本主義に同調，普通選挙期成同盟会の演説会に参加。21年廃姓宣言，以後「廃姓外骨」を自称。24年吉野，尾佐竹猛，石井研堂らと明治文化研究会を創始。27年東京大学に創設された明治新聞雑誌文庫の事務主任となり以後資料収集のため各地を回り文庫の充実につとめた。46年『大逆事件顛末』を竜吟社から出版。これにより日本で初めて大逆事件の資料がまとまって公開された。死没するまで数多くの雑誌を発行し著述と出版活動を続けたがその間入獄4回，罰金刑15回，発禁処分14回の筆禍を被った。(近代ナリコ)〔著作〕『私刑類纂』半狂堂1922，『賭博史』同1923，『明治奇聞』同1925，『宮武外骨著作集』全8巻河出書新社1985-92，『雑誌集成宮武外骨此処にあり』全26巻めさい書房1993〔文献〕鳥谷部陽太郎『大正畸人伝』三土社1925，吉野孝雄『宮武外骨』河出書房新社1980・河出文庫1985，同『過激にして愛嬌あり「滑稽新聞」と宮武外骨』筑摩書房1983・ちくま文庫1992，同編『予は危険人物なり　宮武外骨自叙伝』筑摩書房1985，同『宮武外骨　民権へのこだわり』吉川弘文館2000

宮地　亀松　みやち・かめまつ　?-?　報知新聞社に勤め東京の新聞社員で組織された革進会に加わり1919(大8)年8月の同盟ストに参加するが敗北。のち正進会に加盟。20年機関誌『正進』発行のために2円寄付する。(冨板敦)〔文献〕『革進会々報』1巻1号1919.8，『正進』1巻1号1920.4

宮地　嘉六　みやち・かろく　1884(明17)6.11-1958(昭33)4.10　別名・弾丸，汗の人　佐賀市唐人町に生まれる。神野尋常小学校を中退し奉公に出る。佐世保海軍造船廠を経て00年呉海軍工廠に入る。06年及川鼎寿，相坂佶を知り社会主義，新文学について啓蒙される。12年3月呉海軍工廠同盟罷工に第九工場代表として参加，検挙拘置されるが9月大赦で出所し上京。相坂の紹介で売文社に堺利彦を訪ねその紹介で廿世紀社，次いで新公論社に入社。また及川の縁で舟木重信を知り『奇蹟』同人や宮嶋資夫らと交わり創作に励む。18年「煤煙の臭ひ」，19年「或る職工の手記」を発表し労働文学作家として脚光を浴びる。20年日本社会主義同盟に加盟。21年堺の世話で山崎今朝弥の義妹と結婚。同年の長編『群像』(太陽堂)は石川三四郎帰国歓迎会から同盟創立前後を描きながら，後半は自らの結婚問題が中心となるのが示すように22年離婚後は私小説作家の道を歩んだ。(堀切利高)〔著作〕「煤煙の臭ひ」天佑社1919，『或る職工の手記』新潮社1920，『放浪者富蔵』同1920，『累』学芸社1927，『職工物語』中央労働学園1949，『老残』中央公論社1955，『宮地嘉六著作集』全6巻慶友社1984・85〔文献〕『文芸復興』9集(特集宮地嘉六)1958.6，森山重雄「宮地嘉六論」『文学』1967.7，大和田茂・堀切利高・森本修監修「解説・年譜・著作目録」『宮地嘉六著作集6』慶友社1985

宮寺　林太郎　みやてら・りんたろう　?-?　1919(大8)年東京芝区(現・港区)の東洋印刷会社文選科に勤め活版印刷工組合信友会に加盟する。(冨板敦)〔文献〕『信友』1919年8月号

宮林　菫哉　みやばやし・きんさい　1887(明20)5.14-1921(大10)2.3　本名・弥作。長野県埴科郡寺尾村釜屋(現・長野市)に貧農の4男に生まれた。すぐ上で3歳年上の兄は俳人の宮林釜村であり，16歳の時兄とともに正岡子規の影響を受け新派俳句に入る。17歳の時『ホトトギス』に桃村の俳号で投句した〈山を北に尼寺冬の蠅多き〉が採句掲載され以後猛烈な作句意欲を示し，兄のすすめと命名により菫哉を俳号とした。1909(明42)年兄とともに河東碧梧桐の門下に入り，10年小学校卒業以来続いた実家の農業生活から離れ『上田日報』支社に就職し小諸に移る。創刊された週刊『平民新聞』を兄とともに購読し幸徳秋水の「社会主義神髄」に強い影響を受けることになる。11年寺尾村書記となり，翌年2月の徒歩による東京根岸の碧

梧桐庵訪問には要視察人として刑事の尾行がつけられた。13年斉藤家の婿養子となるが半年ももたず破綻，岐阜江崎の大地主大富豪であった俳人塩谷鵜平の梨園の作男となり5年間程を暮らし鵜平の発行する『土』の編集発行を手伝う。14(大3)年創刊の白秋の『地上巡礼』とその後継誌『ARS』に赤野陽一の名で短歌を投稿し，短詩以外に小説や随筆も多く書くようになった。16年新年号にダダイズム的小説「緑の輪」を掲載。この作品について国家主義俳人の臼田亜浪が「寒心すべき俳壇の危険思想」として官憲の介入を要望する文章を自らの『石楠』に掲載。これに対し黒田忠次郎は俳誌『射手』で「人間の心」と題して童哉を擁護。高取芳河主宰俳誌『骨』16年新年号に童哉自らを主人公に仮託し社会主義に目覚めた青年を描いた小説「本流へ」を発表するが連載4回目に発禁となった。童哉が無政府主義者であることを疑わない人間はいなくなった。17年2月鵜平の許を去り大阪の川柳家川上日車に身を寄せ，その経営する桜島の豆油工場の庶務係として働くことになる。中絶していた句集『冬の土』は葵書店を発行所に5月25日に上梓された。生活はままならず最後のつてとして兄釜村を頼って上京。第二句集『蓬』の編纂に着手したがマラリア熱が再発，一碧楼らに看取られて33年7ヵ月の命を終えた。俳論には田川弥吉，田川浦人を用い，大阪時代には来訪した井上剣花坊の歓迎句会への参加をきっかけに「やん八」の号で川柳を作るようになった。土俗的でヒューマニズムに貫かれた虚飾とは全く無縁の短詩活動を貫いた。(一色哲八)〔著作〕句集『冬の土』，第二句集『蓬』はおそらく未刊行〔文献〕唐沢隆三個人誌『柳』第2巻第3号1956-第3巻第4号1957ソウル社，上田都史『近代俳人列伝』第1巻永田書房1986，『現代俳句集成』

宮原　君子　みやはら・きみこ　?-?　長野県更級郡上山田村(現・千曲市)に生まれる。北佐久郡小諸町(現・小諸市)のメソジスト教会の牧師・岸本信義から竹内圀衞を紹介されて竹内政代とともに農民自治会全国連合に加わる。1926(大15)年11月7日，農自の委員会に松本正枝，富岡小夜子，竹内政代と出席し婦人部を結成。この頃，芝区(現・港区)三田四国町2の4穂ノ宿(竹内圀衞経営の素人下宿屋)で暮らしていた。同月15日東京基督教青年会館で開かれた農民自治会第3回公開研究会に参加。27年1月『農民自治』(7号)に「目覚め行く農村の姉妹よ」を執筆する。(冨板敦)〔文献〕『農民自治』7号1927.1,『農民自治会内報』2号1927，渋谷定輔『農民哀史』勁草書房1970，大井隆男『農民自治運動史』銀河書房1980

宮原　清重郎　みやはら・せいじゅうろう　?-?　1926(大15)年頃，埼玉県北足立郡志木町(現・志木市)で暮し農民自治会全国連合に参加。同年夏に呼びかけられた南畑農民自治会の応急扶助部で活動。渋谷定輔は『農民自治』(6号)に「若き将来ある我が闘士，志木の宮原君の活動を特に謝す」と記している。同年末頃には埼玉県連合の準備事務所を自宅に置いていた。27年3月20,21日東京神田区美土代町(現・千代田区神田美土代町)の東京基督教青年会館で開かれた第1回農自全国委員会に埼玉県を代表して渋谷定輔，桑島政寿とともに出席する。28年埼玉農自主導のもとで作られた埼玉非政党同盟の活動に参加。同年1月25日の初の普選による県会議員選挙に反対する「百姓は一人残らず非政党同盟へ！」のビラ計10万枚を同年1月1日-5日まで北足立郡を担当して桑島政寿，渋谷定輔，永島，小林，本橋左門と自転車で配布する。他の担当地区とメンバーは以下の通り。入間郡：渋谷，川島甚一，田中，池内，丸山，森，三上。秩父郡：森利一，水野，竹内，高田。大里郡：笠原，水野，岡正吉，金子。児玉郡：岩田，渡辺，竹内，小林。北埼玉郡：代，関口，内海，吉野。比企郡：川島，松本。南埼玉郡：田中，種家，昼間，石井，株竹。北葛飾郡：山本，松村，渋谷。(冨板敦)〔文献〕『農民自治』6・9・15号1926.11・27.4・28.2,『農民自治会内報』2号1927，渋谷定輔『農民哀史』勁草書房1970

宮原　無花樹　みやはら・むかじゅ　1907(明40)4.8-75(昭50)8.20　本名・多米吉　広島県呉市に生まれる。23年頃から実演(口演)童話に魅かれ話術や劇術から創作に転じる。法政大学国文科在学中に小川未明に師事。25(大14)年12月新興童話連盟結成に参加し機関誌『新興童話』(26年8月3号終)を奈街三郎，船木枳郎らと創刊。この頃東都児童親和協会の実際運動団体に拠る。29(昭4)年6

月同人誌『童話新潮』(呉)筆耕版を創刊し,編集印刷発行。奈街三郎,船木根郎らが参加。同年末明を擁するアナ系の童話運動の組織自由芸術家連盟に拠り30年3月同連盟の機関誌『童話の社会』に参加。30年1月上京し高円寺に居住。『童話新潮』(黄雲堂書店・活版)を4号より継続。関秀夫,千代田愛三,田口一示らが同人に加わる。30年5月臨時増刊号「追悼・冬木一,河崎潔,吉岡伊三郎」を発行。この頃東都児童親和協会が解散となり童話劇団『新童話劇場』に拠り童話劇の技術向上に努めた。32年3月『童話新潮』(14号)廃刊後,帰郷して銀行に勤める。34年同人誌『童話草紙』主宰発行。小林純一,茶木滋,関英雄らが同人となる。主に小学高学年向け短編童話を発表。37年『村の活動写真』(画・伊藤登/子供研究社)を上梓。40年1月『童話精神』(理想社)東京童話作家クラブの機関誌に与田準一,奈街,関,戸塚博士,本多鉄麿,小林らと参加。40年頃召集されるが,本名の多米吉で執筆。戦後は郷里に退き児童劇運動に従事した。(黒川洋)〔著作〕『牛づれ兵隊』画・深沢紅子 フタバ書院 1942,『春の来る町』画・八島進 昭和出版 新日本童話叢書大阪刊1947,『ワシントン』画・小松崎茂 池田勝之助 銀の鈴文庫 広島版1949,菅忠道編『日本児童文学大系』3,4巻三一書房1955〔文献〕大阪国際児童文学館編『日本児童文学事典』1-3巻 大日本書籍 1993

深山 良吉 みやま・りょうきち ?-? 1919(大8)年東京本郷区(現・文京区)の杏林舎文選科に勤め活版印刷工組合信友会に加盟する。(冨板敦)〔文献〕『信友』1919年8月号

宮村 宗十郎 みやむら・そうじゅうろう ?-? 江東自由労働者組合(のち東京自由)のメンバー。1927(昭2)年11月10日江東自由芝浦支部提唱の失業抗議闘争に参加し東京市長室で市長に面会を求めた際,日比谷署の警官と乱闘になり同志とともに検束(計23人)29日拘留される。江東自由を東京自由に改称した28年1月7日の定期例会などにも参加する。(冨板敦)〔文献〕『自連』19・21号1927.12・28.2

宮村 平治郎 みやむら・へいじろう ⇨梶田徳次郎 かじた・とくじろう

宮本 和男 みやもと・かずお ?-? 東京市本郷区菊坂町(現・文京区本郷)に居住し神田神保町の山縣製本印刷整版部に勤める。1935(昭10)年1月13日整版部の工場閉鎖,全部員40名の解雇通告に伴い争議勃発。工場を占拠して闘い同月15日解雇手当4カ月,争議費用百円で解決する。山縣製本印刷は当時東京大学文学部の出入り業者であり,東印は34年5月以降,東印山縣分会を組織していた。(冨板敦)〔文献〕『山縣製本印刷株式会社争議解決報告書』東京印刷工組合1935,『自連新聞』97号1935.1,中島健蔵『回想の文学』平凡社1977

宮本 幸四郎 みやもと・こうしろう 1903(明36)10.25-? 東京市深川区東元町(現・江東区高橋)に生まれる。1921(大10)年東京北郊自主会に出入りしたことで警視庁の思想要注意人とされる。東京府南葛飾郡小岩村(現・江戸川区小岩町)に住み古物商を営んでいた。(冨板敦)〔文献〕『警視庁思想要注意人名簿(大正10年度)』

宮本 才吉 みやもと・さいきち ?-? 1919(大8)年東京京橋区(現・中央区)の新栄舎和文科に勤め活版印刷工組合信友会に加盟する。(冨板敦)〔文献〕『信友』1919年8・10月号

宮本 三郎 みやもと・さぶろう 1907(明40)3.3-2007(平19)3.2 別名・サブロー 大阪市南区水崎町(現・浪速区戎本町)に生まれる。大阪市立恵美尋常高等小学校卒業。19年父逸見直造が自宅を労働運動社(大阪)南出張所とし労働者無料法律相談所(のち借家人同盟)を開いていたことから,運動者たちが連日訪ねて来て彼らから影響を受ける。21年第1回メーデーに小学校制帽姿で参加した借家人同盟の悪家主征伐デモには大きな幟を持って加わる。23年10月父急死ののちも関東大震災で西下する同志の来訪を迎え入れ,逸見一家の「水崎町の宿」は関西アナキズム運動の拠点となる。24年大阪市電争議高野山篭城の応援,またサッコ・ヴァンゼッティ処刑反対のデモなどでも逮捕される。その後家出をして数カ月上京。25年和田栄太郎宅に寄宿し東京印刷工組合の争議に関わる。帰阪してギロチン社事件の中浜哲,伊藤孝一への差し入れに3日にあげず通う。同年関西黒旗連盟,26年大阪合成労働組合に加盟。28年昭和天皇即位の予防検束にあう。兄逸見吉三と二人ともに逮捕されることの家族の負担の大きさを考え,以後運動の前面から退く。それからは製本工場で働いた。敗戦後は46年大阪書籍労働

組合執行委員，66年堀内鉄工所雑役として入職，労働組合を結成して書記長，在任5年で退職した。「『ぼくは何もやってまへんのや』といま往時をふりかえっていう三郎のその生涯は，母や兄姉と共に父直造や兄吉三そして水崎町の宿を訪れたあまたの運動家たちの裏方として不可分に運動と結びつくものだった」と向井孝は記す。宮本の回顧録「水崎町の宿」(三部作)は当時の水崎町と活動家群像を生き生きと伝えている。(冨板敦)〔著作〕『水崎町の宿 社会労働運動家の群像覚え帖』私家版1981，『大正・昭和初期の大阪における社会労働運動家たち 水崎町の宿・PARTⅡ』私家版1982，『あいつは社会主義者や 大正期の社会運動家たち』私家版1983，『アナーキスト群像回想記』(上記私家版より抜粋編集)あ・うん2007〔文献〕真辺致真「宮本三郎の献歌」『トスキナア』6号2007.10

宮本 利貞 みやもと・としさだ 1909(明42)-? 大阪市北区兎我野町生まれ。中学を卒業後，実父について絵画を習い画工となる。30年頃からアナキストと交流した。35年末頃無共党事件で検挙されるが不起訴。(冨板敦)〔文献〕『身上調書』

宮本 武吉 みやもと・ぶきち 1907(明40)頃-? 松山市に生まれる。詩作品に横浜の港のみえる高台で育ち，渡り大工の父の後を継ぐ徒弟とある。自立後，27年頃から東京，横浜，八幡を往来したが拠点を松山に置きアナ系の機関紙や詩誌を精力的に発行した。新居格，高橋新吉，名本栄一らと交流をもつ。27年10月『詩文学』に「批判的精神」を寄稿。28年4月尾形亀之助率いる『全詩人連合』創刊号に参加。同年10月『太洋文学』に短編小説を寄稿。29年松山で新創人社を名本，木原良一，木原茂と創設し『文学地帯』を創刊。30年『先駆詩人』(1929創刊の『松山詩人』改題)と『文学地帯』を合併し『第一芸術』を藤田唯志，木原良一，木原茂，名本らと発刊。30年6月『宣言』に「詩の社会的要素と革命性 マルクス主義者は如何破産するか」を発表。31年初め詩誌『防塞』を起村鶴充らと発行。同年11月『地底人』を井上弥寿三郎，起村らと発行。12月文芸誌『冬の土』への童話の寄稿が縁となり同誌終刊まで交流。32年7月『黒色戦線』に詩「兄弟と呼ぶな」ほかを発表。11月詞華集『南海黒色詩集』(新創人社)を起村編集で白井冬雄，日野忠夫，井上，木原健(実)らと出版した。33年6月『豊橋文学』4号に寄稿。36年1月名本の『表現』創刊に参加。(黒川洋)〔著作〕創作集『真理なき町』新創人社1930，詩集『雪の社会へ』同1930，童話集『石が物言う時』同1931，詩集『生命の祭壇』同1932〔文献〕『全国詩雑誌総覧』『詩文学』1930，『ディナミック』40号1933.2，秋山清「南海黒色詩集と愛媛の詩人たち」『自由連合』92号1963，松永伍一『日本農民詩史・中1』法大出版局1968，木原実『冬晴れの下で』オリジン出版センター1975，『南海黒色詩集』戦旗復刻版刊行会1983，『現代詩誌総覧2』日外アソシエーツ1997，志賀英夫『戦前の詩誌・半世紀の年譜』詩画工房2002

宮本 正男 みやもと・まさお 1913(大2)1.8-1989(平1)7.12 和歌山出身。1929年から和歌山と大阪で労働運動に携わり共産党の指導する全協(日本労働組合全国協議会)の下で活動。33年9月検挙され以後検挙と転向を繰り返す。44年召集され沖縄で従軍するが自ら米軍に投降。46年捕虜収容所で待遇改善を求めてストライキを組織。同年大阪に戻り共産党に復党するも50年離党，以後党派に属さず文化運動としてのエスペラント運動に専念。「自由社会主義者」を自称した。地域・職域のエスペラント・グループの連合体としてのKLEG(関西エスペラント連盟)を育て，詩や小説の創作を重ねて日本のエスペラント文学のレベルを高めた。エロシェンコや長谷川テルの作品集を刊行したほか辞書編纂，文学作品集の編集でも業績を残した。『きけわだつみのこえ』や『原爆の子』等の共同翻訳活動にも力を注ぎ，66年ベトナム平和エスペラントセンターを発足させ機関紙『Pacon en Vjetnamio(ベトナムに平和を)』を発行。同年12月小林司らとエスペラント運動史研究会を創立した。多くの著作の一部が『宮本正男作品集』全4巻(日本エスペラント図書刊行会1993-94年)にまとめられた。第1巻に「大杉栄研究の陥せいにふれて」(1983年7月)，「大杉栄，上海に行く」(1985年3月・6月)，第2巻に「朝鮮エスペラント運動の群像」(1985年3月-12月)，「中国エスペラント運動事始 第1章」(1986年5・6号)，「『新世紀』のエスペラント」(1987年7月-10月)を収録。『民聲(原本復刻版)』(狭間直樹編，朋友書店1992年)の編集にも協力した。(手塚登士雄)〔著作〕大島義夫と共著『反体制エスペラント運動史』三省堂1974・新版1887，『大杉栄とエスペラ

ト運動』黒色戦線社1988，『La Morta Suito（死の組曲）』ロムニブーソ社1984他。〔文献〕『日本エスペラント運動人名事典』，吉野亨『反聖畸人伝』青弓社1985

宮本 もと みやもと・もと ?-? 別名・もと子 1919(大8)年東京京橋区（現・中央区）の築地活版所〔和文〕解版科に勤め日本印刷工組合信友会に加盟。のち毎夕新聞社に移る。(冨板敦)〔文献〕『信友』1919年10月号，1922年1月号

宮本 亮一 みやもと・りょういち ⇨小倉敬介 おぐら・けいすけ

宮森 常之助 みやもり・つねのすけ ?-? 芝浦製作所に勤め芝浦労働組合に加盟し鉄板分区に所属。1924(大13)年9月27日，同労組の中央委員会で同分区の中央委員に岡野興三とともに選出される。(冨板敦)〔文献〕『芝浦労働』2次2号1924.11

宮山 栄之助 みややま・えいのすけ 1904(明37)-1994(平6)頃 別名・栄 東京市浅草区橋場町（現・台東区）に生まれる。早稲田大学仏文科卒業。学生時代から牧野四子吉と南天堂に出入りし宮嶋資夫，岡本潤らを知る。23年6月25日小川未明，中村吉蔵，秋田雨雀の「三人の会」(神田中央仏教会館)の講演を聴講。閉会宣言直後に平林初之輔が過激社会運動取締法案の衆議院審議に対し法案撤回署名運動の緊急動議を提案した。それをめぐって平林と安成貞雄の応酬に辻潤が加わり会場は大乱闘となる。そのなかで萩原恭次郎，壺井繁治，工藤信，飯田徳太郎を知る。9月関東大震災で橋場の家屋と工場を失い，白昼の残虐な蛮行を目撃して人間の愚かさを知る。同年末神戸の黒刷社（和田信義）の同人柳沢善衛を大阪に訪ね二人で佐賀県の小山茂を訪ねる。12月25日佐賀市公会堂での社会問題演説会に古賀勝定，柳沢，小山らと弁士として参加するがことごとく中止させられる。24年3月柳沢とともに黒刷社に寄宿後，帰京。7月末宮嶋の親子と高萩，赤城へ避暑にでかける。12月『文明批評』（黒刷社，『悪い仲間』改題）の創刊に和田，小山，柳沢，安谷寛一らと参加。栄名で「藪にらみ批評」を担当。25年岡本のおでん屋「ごろにや」にも出入りする。28年7月宮嶋を中心とした『矛盾』に参加。33年6月『自由を我等に』(田戸正春，大道寺三郎）の創刊号に訳詩を発表。この年家業を継ぎ文筆家を断念。敗戦後はゴム工場の管理を任され宮嶋，岡本，牧野との交流は続いた。執筆は栄之助名で発表。(黒川洋)〔著作〕エクトル・マロー『海の子ロマン』（訳）第一書房1941，「解説」宮嶋資夫『遍歴』慶友社1953，「切れぎれの回想」『にど・だもれ 回想牧野四子吉・ふみ子』同編集委員会1984〔文献〕柳沢善衛「小山茂君を憶う」『自由』1929.1，『萩原恭次郎の世界』燦乎亭1987，寺島珠雄『南天堂』皓星社1999

宮山 房子 みややま・ふさこ 1911(明44)-? 本名・大道寺房子，別名・宮田篤子 東京市京橋区築地（現・中央区）の米屋生まれ。女学校を出た年に高群逸枝を訪問したのがきっかけで高群らの無産婦人芸術連盟に最年少者として参加。機関誌『婦人戦線』の1930年6月号から詩や小説を発表する。5月の講演会では女性の労働条件について演説。31年飯田豊二らのアナ系解放劇場ミルボオの『悪指導者』に出演。『婦人戦線』廃刊後，32年2月神谷静子とともに『近代婦人』を創刊。神谷と一緒に住みいくつもの筆名を使用して執筆した。この間高群の信頼厚いアナキスト大道寺三郎と結婚。44年5月戦争中に埼玉県北足立郡吹上町に疎開。戦後は吹上町の町議（無所属）をつとめその後埼玉県地域婦人会連合会や地域の保育園などで働く。埼玉県地婦連編『あの空を忘れない わたしの戦争体験』（同時代社1984）には広報委員長として関わった。(三原容子)〔文献〕望月百合子ほか『埋もれた女性アナキスト高群逸枝と『婦人戦線』の人々』私家版1976，復刻版『婦人戦線』緑蔭書房1983

宮脇 久 みやわき・ひさし 1902(明35)-1981(昭56)7 別名・高丸久 神戸市須磨区西代通生まれ。高等小学校を卒業後，印刷工，土工などをして各所を転々とする。20年頃大阪の憲政擁護大会に出席する犬養毅を梅田駅構内で襲撃。植田増吉，関谷栄，中尾正義，高川幸二郎，林隆人，阿部均，藤田登ら北大阪・天六アナと交流し24年北大阪純労働会の創立とともに参加する。雑誌『前哨』を発行。奥矢学宅で和歌山アナと知り合い和歌山最初のメーデーに参加，その後田口俊二宅を拠点として活動，中村公平の『南海民衆新聞』の編集を引き受ける。26年植田らの静岡知事官舎焼き打ち闘争に

連座して検挙。この闘争で無罪になった関谷と同居し木場穂積、田淵義輝らが出入りした。28年木場、篠原国雄のホールドアップ事件後、天六アナのメンバーとともに潜行。その後も関西黒旗連盟で活動。蛍ヶ池で関谷、鶴田佐、宮崎健次郎らと住み野洲伝三郎、安田理貴、金鉄、小松一郎らが出入りする。近くに掛川幸太郎、中山章が住んでいた。35年末頃無共党事件で検挙されるが不起訴。戦後、61年から林隆人とともに新聞『ムーヴ』を発行し「黒い流れ」と題するアナキズム運動物語を連載した。(冨板敦)〔文献〕『ムーヴ』1-60号1961-71,『大阪社会労働運動史・上』,『身上調書』

ミューザム Mühsam, Erich 1878.4.6-1934.7.10 ドイツ、ベルリンの裕福なユダヤ人の家庭に生まれる。リューベックで薬剤師となりベルリンで文筆家として活動。消費協同組合に加入しランダウアーらと知り合いアナキストとなる。諸国を放浪したのち09年以降はミュンヘンで活動。第一次大戦直後に同地で評議会（レーテ）共和国に参加。政府軍により逮捕され懲役15年の判決を受ける。獄中で多数の著作を執筆。24年終わりに釈放されベルリンで活動。ナチスを当初から攻撃していたためナチスの政権獲得後すぐに逮捕され強制収容所を転々と移動させられたのちオラーニエンブルク強制収容所で死没。日本でも逮捕に関して『自連新聞』(82号1938.7)が報じた。公式発表は自殺だが実際には殺害されたと考えられる。詩や戯曲、そしてボヘミアンとしての生き方を通じて同時代のアナキストたちに影響を与えたが戦後は忘れ去られ70年代にドイツで「再発見」された。(田中ひかる)〔著作〕Die Befreiung der Gesellschaft vom Staat, Berlin, 1933.〔文献〕Hug, H. Mühsam, E., in Lexikon der Anarchie, ed. H. J. Degen, Börsdort, 1993-1998. Schriften der Erich-Mühsam-Gesellschaft, Heft 1-18, Lübeck, 1989-2000.

三代川 一夫 みよかわ・かずお 1898(明31)-1926(大15)11.20 別名・一男 静岡県沼津に生まれ横浜で印刷工となる。やまと新聞社を経て東京朝日新聞社に勤める。東京の新聞社員で組織された革進会に加わり1919(大8)年8月の同盟ストに参加するが敗北。その後、正進会に加盟、朝日新聞社を解雇される。日本社会主義同盟に加盟。大阪の大正日日新聞社を経て、再び上京、時事新報社に入り東京印刷工組合新聞部で活動する。26年『自連』7号に詐欺記事が掲載される。(冨板敦)〔文献〕『革進会々報』1巻1号1919.8,『正進』1巻1・7号1920.4・11,『印刷工連合』1・26号1923.6・25.7, 正進会『同工諸君‼ 寄附金芳名ビラ』1924.8,『自連』7号1926.12, 水沼辰夫『明治・大正期自立的労働運動の足跡』JCA出版1979

三好 伊平次 みよし・いへいじ 1873(明6)12.20-1969(昭44).1.8 別名・黙軒 岡山県和気郡藤野村(現・和気町)に生まれる。自由民権運動の影響を受けながらも小学校以来受け続けた差別をきっかけにして部落改善運動に関わる。95年修身社さらに02年備作同族廓清会を経て備作平民会を結成し大日本同胞融和会にも加わった。社会主義にも接近し04年森近運平らの岡山いろは倶楽部に参加、06年堺利彦、西川光二郎らの日本社会党に入党し堺らの活動に協力するが大逆事件を契機に社会主義運動から離れる。その後部落改善運動に専念し官民一体の融和運動を主張、米騒動後の20年岡山県庁に迎えられて岡山県協和会を創立、21年内務省に入り融和行政の推進を担った。戦後46年部落解放全国委員会が結成されると中央本部の顧問となるが実践活動からは退き著述に尽力した。(志村正昭)〔著作〕『同胞諧和の道』1923,『維新前後に於ける解放運動』中央融和事業協会1926,『融和事業概論』同1932,『同和問題の歴史的研究』同和奉公会1943〔文献〕木村京太郎『故三好伊平次先生を偲ぶ』『部落』21巻2号1969, 解放同盟岡山県連合会編・刊『岡山県水平運動史』1973, 明楽誠『三好伊平次研究ノート1-3』『部落問題・調査と研究』92・95・96・101号1991・92

三芳 左血夫 みよし・さちお ?-? 別名・三好 1925(大14)年5月札幌で棚田義明とともに無産人社を興し機関誌『無産人』を創刊。創刊号に「彼の自滅」「ヒロイズムを排す」「偶感四つ」「編集後記」を執筆。『無産人』編集発行印刷人の棚田は三芳について「実際イザと云ふ場合に最も沈勇振りを発揮するのは彼である」と「編集後記」で紹介する。(冨板敦)〔文献〕『無産人』1号1925.5, 堅田精司編『北海道社会運動家名簿仮目録』私家版1973, 堅田精司『北海道社会文庫通信』893・1287・1900号1999.11.9・2000.12.7・2002.8.12

三好 十郎 みよし・じゅうろう 1902(明35)4.21-1958(昭33)12.16

佐賀市八戸町に生まれる。06年三好家の養子となる。両親を知らされぬまま母方の祖母副島トシに育てられ祖母の死後は親戚その他を転々、木工として働くなどした。農民の精神と生活を実感、農民のなかにこそ日本人の原型を見出しのちの態度を養う。佐賀中学卒業後すぐに単身上京、早稲田大学英文科に入り前衛詩人として出発。25年アルバイトと親戚の援助で早大卒業。26年壺井繁治らと詩誌『アクション』を刊行。思想的にはニヒリズムからサンジカリズム、アナキズムを遍歴して27年マルクス主義に近づき28年壺井らとの『左翼芸術』創刊号に処女戯曲「首を切るのは誰だ」を発表。全日本無産者芸術連盟(ナップ)に入り同年『戦旗』に「疵だらけのお秋」を連載発表。一躍新進左翼劇作家として注目されるが前衛党派や共産主義の政治性に疑問をもち、一揆農民の真情と彼らを利用する武士との軋轢や政治のメカニズムとの落差を34年「斬られの仙太」で描き同年中央劇場で初演し、転向問題を提起する(同年転向)。戦争という外圧と転向という内圧に締めつけられながら病妻を看護し苦悩する誠実な画家の内的葛藤を描く傑作「浮標」を40年新築地劇団で初演。戦時中は人間愛の美しさを描く佳作「おりき」などを文化座に提供し戦時下の作家の良心を守った。戦後は戦中の自らの姿勢への自省を通じて戦争批判と混乱する社会を誠実に生きようとする人間の愛憎を描く作品を次々に発表した。この間51年荒畑寒村らの文化自由会議日本委員会に入会したが1カ月で退会。55年肺結核で倒れた。政治や社会の不正に対して激しい怒りを秘め妥協を嫌う性格だった。田中単之は「本質的アナキスト」と評している。(北村信隆)〔著作〕『恐怖の季節』作品社1950、『日本及び日本人』光文社1954、『三好十郎作品集』全4巻河出書房1952、『三好十郎の仕事』全3巻別巻1学芸書林1968、『三好十郎全詩集』永島書房1970〔文献〕三好まり『泣かぬ鬼 父三好十郎』東京白川書院1981、大武正人『私の三好十郎伝』永田書房1968、八田元夫『三好十郎覚之書』未来社1969、宍戸恭一『三好十郎との対話』深夜叢書社1983、西村博文『実在への旅立ち』而立書房1989、田中単之『三好十郎論』菁柿堂1995

三好 彦太 みよし・ひこた ?-?

読売新聞社に勤め1919(大8)年12月新聞工組合正進会を組織し機関誌編集役員となる。20年7月交通労働組合出獄者大歓迎会に正進会を代表して出席する。(冨板敦)〔文献〕『正進』1巻1・5号1920.4・8、正進会『同工諸君‼ 寄附金芳名ビラ』1924.8

三好 勇次 みよし・ゆうじ 1872(明5)12.22-?

佐賀県佐賀郡本庄村(現・佐賀市)に生まれる。佐賀県、台湾、警視庁で巡査として勤務したのち03年渡米。岩佐作太郎と交流し小池張造サンフランシスコ領事の追放運動に携わったなどとして11年6月23日の「要視察人」名簿(無政府主義)に登録された。(西山拓)〔文献〕『主義者人物史料1』

三輪 威 みわ・あきら ?-?

1919(大8)年東京京橋区(現・中央区)の京浜印刷会社和文科に勤め活版印刷工組合信友会に加盟する。(冨板敦)〔文献〕『信友』1919年8・10月号

三輪 甚 みわ・しげ ?-?

新聞工組合正進会に加盟し1924(大13)年夏、木挽町(現・東京中央区銀座)本部設立のために1円寄付する。(冨板敦)〔文献〕正進会『同工諸君‼ 寄附金芳名ビラ』1924.8

美輪 信次 みわ・しんじ ?-?

1919(大8)年東京深川区(現・江東区)の東京印刷深川分社製本科に勤め日本印刷工組合信友会に加盟する。(冨板敦)〔文献〕『信友』1919年10月号

三輪 猛雄 みわ・たけお ?-?

秋田県雄勝郡三輪村(現・羽後町)の神職の家に生まれる。1923(大12)年9月同郷の友人小笠原雄二郎や陀田勘助らとアナ派詩誌『悍馬』を創刊、編集発行人となる(発禁)。24年日本無産派詩人連盟の設立に動き『無産詩人』の同人となる。のち改造社に入社。晩年「小笠原雄二郎伝」を著すが未完となる。(冨板敦)〔著作〕「生きている陀田勘助と『悍馬』」『陀田勘助詩集』国文社1963〔文献〕菊地康雄『青い階段をのぼる詩人たち』青銅社1965、松永伍一『日本農民詩史・上』法大出版局1967

三輪 秀雄 みわ・ひでお ?-?

1919(大8)年東京京橋区(現・中央区)の京浜印刷会社和文科に勤め活版印刷工組合信友会に加盟する。(冨板敦)〔文献〕『信友』1919年8・10月号

三輪 政太郎 みわ・まさたろう ?-?

1921(大10)年東京神田区(現・千代田区)の三秀舎に勤め日本印刷工組合信友会に加盟して活動していた。(冨板敦)〔文献〕『信友』1922年1月号

三輪 芳太郎 みわ・よしたろう ?-? 大阪印刷工組合のメンバー。1926(大15)年3月21日横浜市内幸クラブでの全国印刷工連合会第3回大会で大印の情勢報告，労働者の組合加入妨害を排除する件の議案提案理由説明をする(可決)。(冨板敦)〔文献〕『印刷工連合』35・36号1926.4・5，水沼辰夫『明治・大正期自立的労働運動の足跡』JCA出版1979

む

向井 孝 むかい・こう 1920(大9).10.4-2003(平15).8.6 本名・安田長久 東京府豊島郡滝野川町(現・北区)に生まれる。犬山藩家老職の家系で父は上京して結婚，30年死没。母，弟とともに大阪へ移り33年阿倍野区の小学校を卒業，天王寺商業学校に入学。3年の頃に学内の俳句会に参加，そこで山口英に会い生涯の友となる。伝統俳句にあきたらず新興俳句運動に共鳴，山口とともに反戦リアリズムの俳句雑誌『鬼』(3号まで)を刊行する。38年同校を卒業，森永乳業に入社。この頃からエスペラントを学びアナキズムに近づく。40年頃東京へ転勤，しばらくして中央大学経済学部に入学。43年山口の友人大西君子と結婚する。その頃三島市の重砲兵連隊に入隊したがスプーン一杯の泥水を飲んで発病，除隊になる。大森区入新井(現・大田区)の住居が強制疎開で立ち退きを迫られ44年冬たまたま知り合った姫路市会議員振角源次を頼って姫路へ移り中屋工業に入る。半年後寺西鉄工所の工場長。2度の罹災で家財のすべてを失い敗戦を迎える。敗戦後姫路や神戸の文学サークルに参加する。46年夏山口と再会，山口を通じて翌年1月日本アナキスト連盟に加盟し姫路市亀山の自宅に『平民新聞』姫路支局を開設，列車での新聞販売など積極的に活動を開始する。同年3月山口，柳井秀と詩人集団イオム同盟を結成，編集安田(長久)名で『IOM』第1集を創刊する。IOMは「ちょっとだけ」を示すエスペラントの相関詞で語の響きのよさもあって採用したという。イオム同盟には以下の6つの盟約があった。①口語で書く，②身の回りの出来事を対象とする，③詩的な言い回しを避ける，④詩以前の思想，世界観などを共同で追求する，⑤同盟での活動を最優先とする，⑥存在期間を10年とする。『IOM』が他の同人誌と異なる独自性はこの盟約にあった。5月発行の第4集から向井孝の筆名を使い始め48年2月創刊のアナ連内部討論紙『無政府主義会議』の編集責任者名にも向井孝を使用，以後向井孝で通す。50年10月のアナ連分裂，51年6月の新アナ連結成に向けて東京地協の山口健二，萩原晋太郎と連携し山口英とともに主導的な役割を果たし関西地協の軸となる。50年同盟主催の反戦平和のための色紙・原稿展，51年反戦平和のための年賀状展，52年絵と詩による街頭原爆展などをいずれも姫路で開き詩人集団による反戦・反原爆行動として注目される。また51年1月イオム同盟詩集『戦争』，8月同詩集『平和』を刊行，52年には杉藤二郎の平民新聞社から『反戦詩集』を編集・刊行する。同年頃山鹿泰治が設立した非暴力を掲げる戦争抵抗者インターナショナル(WRI)日本部に参加，これが向井の信条となる非暴力直接行動の原点である。54年姫路でビキニの灰街頭展を開催。この年のアナ連第4回大会でWRIへの団体加盟が決定され(第10回大会で個人加盟に変更)，山鹿らとWRIの名で原水禁運動や58年8月の龍武一郎らの広島-東京平和行進などに積極的に関わる。57年盟約で定めた10年目を迎え2月『IOM』56集を出し10月『定本IOM同盟詩集』(コスモス社)を刊行する。59年姫路地区で鎖やナットを製造する約100社の町工場の結束工業組合を設立。63年第3次『コスモス』の同人となる。64年7月インドの青年メノン，クマールの反核世界平和行進を支援。65年2月個人紙『イオム通信』(336号1995.3まで。なお141-193号1972.12-76.8は『サルートン通信』と改題)を創刊。この年ベトナム反戦姫路行動を呼びかけ市民運動に乗り出す。同年7月東京で開催された世界エスペラント大会に山鹿らと参加，WRI部会を開く。向井は山鹿ほどエスペラントは堪能でなかったがエスペラントを愛用した。67年2月妻君子が死没。68年

「非暴力直接行動論」(『黒の手帖』5号1968.5)を亡き妻に捧げる。同年11月アナ連は解散し69年3月姫路で自由連合社を設立、月刊『自由連合』(40号1972.10終刊)を発刊する。この頃結束工業組合を退職、背水の陣を敷き74年頃までに活動の拠点を大阪市阿倍野区旭町へ移す。70年『現代暴力論ノート』(自由連合社)を刊行。同年12月山鹿が死没したためWRI日本部を引き継ぎ、71年沼津市内浦三津に山鹿文庫を設立、文献・資料の整理にあたる。この頃から無名の運動家の発掘と顕彰の仕事が始まる。底辺の無名の運動家こそアナキズム運動史の主役であるとする向井史観の展開は最晩年まで続くのだが70年代にまとめられた山鹿の評伝『山鹿泰治』(青蛾房1973、増補版・自由思想社1984)をはじめ、逸見吉三『墓標なきアナキスト像』(三一書房1976)、小川正夫『性とアナキズム』(同刊行会1974)、『小松亀代吉追悼 叛逆頌』(同刊行会1972)などいずれも向井が手がけた仕事である。74年水田ふうがパートナーとなり以後80年代を通じ水を得た魚のごとく反天皇、反原発、反死刑などのアクチュアルな課題に非暴力直接行動をもって立ち向かい、再三家宅捜索を受け尾行につきまとわれる。これらの闘いの記録は詩集『ビラについて』(水田ふう編、WRI-JAPAN, 1983)、水田との共著『エエジャナイカ、花のゲリラ戦記』(径書房1989)および74年8月に創刊された『非暴力直接行動』(192号1994.4.2終刊。なお11-100号1976.3-80.4は『WRI Japan News Letter』『WRI News Letter』と改題)に詳しい。89年犬山市鵜飼町に居を移す。92年頃から無名の運動家たちの発掘・顕彰を再開、この仕事は「ぼくの現在へとアナキズムを伝えてくれた先輩同志の『紙碑』であり、そこに誌される碑文は祈りである」(『非暴力直接行動』186号1992.8)と記す。96年『向井孝の詩』(ウリージャパン出版部)を刊行、97年10月大阪市西成区飛田で「向井孝の詩出版記念または向井孝生前葬」が行われる。00年7月水田、中島雅一と『黒La Nigreco』を創刊し02年12月新訂版『暴力論ノート 非暴力直接行動とは何か』(「黒」発行所)を刊行「刊行の辞 2002年の遺言」で21世紀の人民の闘いは「もう非暴力直接行動しかない」と述べている。結果を問わず一路邁進するひたむきな生涯だった。(大澤正道)〔著作〕「非暴力直接行動論ノート1.2」『黒の手帖』3・5号1967.9・68.5、『「イオム通信」の5年間』(内村剛介・大沢正道編)『われらの内なる反国家』太平出版社1970、豆本『向井孝小詩集』サルートン社1973、『日本反政治詩集』(寺島珠雄・猪野健治・長谷川修児と共編)立風書房1974、「戦後日本のアナキズム運動」『思想の科学』臨時増刊1977.10、『直接行動派の時代』「黒」発行所2001〔文献〕秋山清『アナキズム文学史』筑摩書房1975、伊藤信吉「秋の夜長に」『騒』44号2000.12、『向井孝の詩 百弐拾人聚 批評と感想』ウリージャパン出版部1997、『編集委ニュース31』2004.3、道場親信「運動論的運動者 向井孝小論」『現代思想』2004.5、『黒10』「黒」発行所2004.5、『ゆう1』自由誌「ゆう」の会2004.8、大澤正道『忘れられぬ人々』論創社2007、『エス運動人名事典』

向 武次郎　むかい・たけじろう　?-?　1919(大8)年東京芝区(現・港区)の大博堂に勤め日本印刷工組合信友会に加盟する。(冨板敦)〔文献〕『信友』1919年10月号

向井 勇造　むかい・ゆうぞう　?-?　静岡県榛原郡相良町の相良水平社執行委員長をつとめる。1925(大14)年8月法華寺で講演会を開き開会の辞を述べる。小山紋太郎、加藤天軒、平野小剣、南梅吉が演説する。相良町波津で『自由新聞』相良支局を担う。(冨板敦)〔文献〕『自由新聞』(静岡)4号1925.9

向山 琴紫　むかいやま・きんし　?-?　山梨に住み1927(昭2)年『小作人』「地方通信」欄に寄稿する。(冨板敦)〔文献〕『小作人』3次11号1927.12

椋本 運雄　むくもと・うんゆう　?-?　福岡県京都郡行橋明治町(現・行橋市)に生まれる。1923(大12)年関東大震災後、山田作松、前田淳一らと自然児連盟を結成。25年3月『自然児』の同人となる。同年のメーデーでは開会前に旗もろとも検束。同年6月深沼火魯胤、山田緑郎、臼井源一とともに公務執行妨害、傷害で逮捕され懲役3カ月となる。自然児連盟の解体後、26年4月前田、深沼、麻生義と黒化社を結成。同年7月栃木刑務所で自死した金子文子の遺骨を自宅に保管し金子の母や栗原一男とともに検束される。椋本と栗原は官憲の報復によって金正根ら朝鮮大邱のアナキスト団体真友連盟への弾圧に連座させられ大邱へ護送される。大邱地方予審で免訴となるが検察抗告で公判に付され懲役3年に処される。29年6

月栗原とともに出所。前田のA思想協会に落ち着きのち帰郷。(亀田博)〔文献〕『黒色青年』2・10・12号1926.5・27.7・9

向田 新三郎 むこうだ・しんざぶろう ?-? 1919(大8)年東京深川区(現・江東区)の東京印刷深川分社第二部印刷科に勤め活版印刷工組合信友会に加盟する。(冨板敦)〔文献〕『信友』1919年8月号

武蔵 繁太郎 むさし・しげたろう ?-? 1919(大8)年東京京橋区(現・中央区)の細川活版所植字科に勤め活版印刷工組合信友会に加盟する。(冨板敦)〔文献〕『信友』1919年8・10月号

武者小路 実篤 むしゃのこうじ・さねあつ 1885(明18)5.12-1976(昭51)4.9 別名・無車, 不倒翁 東京市麹町区元園町(現・千代田区一番町)に生まれる。母方の叔父の影響で思想家としてのトルストイに傾倒, 熱烈なトルストイアンになった。日露戦争では非戦論に共鳴し『平民新聞』の購読者であった。06年東京大学社会学専修に入り, この頃詩や小説を書き始め学習院時代の友人らと10年4月月刊誌『白樺』を創刊し自然主義全盛の文壇に新風を送った。社会主義には距離を置いていたが第一次大戦を背景にした反戦戯曲「或る青年の夢」(『白樺』1916.3-11)を発表, 18年5月から「新しき村」創設を提唱, 場所を宮崎県児湯郡木城村(現・木城町)に定め男女子供合わせて18人が村内生活に入った。「村」の理念とするところは自給自足を原則とする平等な相互扶助共同体をつくろうというのであり一種の空想的共産社会への志向であった。「運動」を否定する武者小路は「村」の活動は精神の燃える者たちの仕事であり,「真心」の感化から各地に「村」が自発的に生まれやがて世界が変革されると主張する。武者小路が宮崎の「村」にいたのは9年ほど, その間苦難の連続であったといわれるがその後は埼玉県入間郡毛呂山町に移り「村」は今日まで続いている。中国で魯迅や周作人らは新しき村運動に共鳴し, 魯迅は「或る青年の夢」を翻訳し『国民公報』(同紙発禁後は『新青年』)に連載した。(大和田茂)〔著作〕『武者小路実篤全集』全18巻小学館1991〔文献〕永見七郎編『新しき村五十年』新しき村1968, 大津山国夫『武者小路実篤研究 実篤と新しき村』明治書院1997, 伊藤信吉『ユートピア紀行』講談社1973・講談社文芸文庫1997, 関川夏央『白樺たちの大正』文藝春秋2003,『エス運動人名事典』

牟田 征紀 むた・せいき 1906(明39)頃-? 別名・征一, 勢 福岡県の筑豊炭鉱の鉱夫の家に生まれた。高等小学校卒業後, 23年関東大震災直後に上京して職を転々とする中で製本工場で舟川勇三と出会いアナキズムに傾倒した。28年4月鈴木靖之, 星野準二の『北極星』発行所を舟川とともに訪ねこれを機に同所に起居した。同年10月の『無政府思想』の創刊では星野と連名で発行人となった。30年5月鈴木提案の自由人社の設立に参加, 機関誌『自由人』の発行では資金面で尽力しまた執筆した。31年2月芝浦争議では舟川とともに支援行動に参加, 一方鈴木らが進めた農青社には加わらず争議後は舟川とともに職域での活動に戻った。35年11月の無共党事件の発覚に続く農青社事件で逮捕されたが不起訴。戦争の激化とともに弾圧によって運動は抑え込まれて身動きがとれないままに福岡に帰郷, 以後消息を絶った。(奥沢邦成)〔文献〕「無共党事件予審終結決定書」1937.11.30決定(40.2.8判決), 長谷川武『自伝アナーキズム運動50余年』私家版1977,『農青社事件資料集』

武藤 清 むとう・きよし ?-? 東京一般労働者組合城南支部のメンバー。1927(昭2)年5月のメーデーに参加し検束される。8月22日城南支部の臨時例会で理事に選出される。この年秋の東京一般第1回総会で城南支部を代表して組合員勧誘ビラ作成の件を提案する(可決)。12月15日組合の体面を汚したとして除名される。(冨板敦)〔文献〕『自連』13・16・18・20号1927.6・9・11・28.1

無藤 辰三 むとう・たつぞう ?-? 新聞工組合正進会に加盟し1924(大13)年夏, 木挽町(現・中央区銀座)本部設立のために1円寄付する。(冨板敦)〔文献〕正進会『同工諸君!! 寄附金芳名ビラ』1924.8

村井 吉太郎 むらい・きちたろう ?-? 芝浦製作所に勤め芝浦労働組合に加盟し木工分区に所属。1924(大13)年9月27日, 同労組の中央委員会で同分区の中央委員に選出される。(冨板敦)〔文献〕『芝浦労働』2次2号1924.11

村井 竜太郎 むらい・りゅうたろう ?-? 別名・井東融, 伊藤融 1936(昭11)年7月新出版労働組合創立準備会に参加し8月東京印刷工組合の再建に尽力する。10月東印の親

睦団体協力委員会を設立し書記となる。(冨板敦)〔文献〕山口健助『風雪を越えて』印友会本部1970・『青春無頼』私家版1982

村井 林三郎 むらい・りんざぶろう ?-? 新宮市に在住し、1921(大10)年東上の途中、大垣市でビラ事件(詳細不明)で検挙され15日間拘留となる。第3次『労働運動』2号の地方通信欄に「新宮から」として「(22年1月)5日、新宮労働組合といふのが生れた。発会式は三百余名の会員が集つた。みんな仲士だ。会長は植松孝松といふ信望の厚い純労働者で、堅実な組合だ。九州鉱夫協会の山本盛夫君が『労働組合の自主的精神』を力説した」との文を寄せる。同誌3号には久板卯之助の追悼文「真の革命家」を執筆する。(冨板敦)〔文献〕『労働運動』3次2・3号1922.2・3

村尾 敏一 むらお・としかず 1901(明34)2.5-? 別名・迎月 1920(大9)年11月明治大学学生の久保清次、長船義熊ら60人で東京市神田区駿河台北甲賀町(現・千代田区)駿台倶楽部内にオーロラ協会を組織する。同月また12月には石川三四郎らを招いて講演会を開いた。21年3月10日『オーロラ』創刊号を出し発行責任者となる(1号のみ)。オスカー・ワイルドの「監獄の歌」、クロポトキンをたたえて「青年に訴ふ」の抄訳などを掲載する。オーロラ協会には久保譲、渡辺善寿、中名生幸力らがおり協会は自然消滅するが同年5月にアナキズム団体五月会を生む。(冨板敦)〔文献〕『オーロラ』創刊号1921.3、『大正期視察人報告』、『社会主義沿革2』

村岡 清春 むらおか・きよはる ?-1945(昭20) 別名・半風 和歌山県東牟婁郡新宮町(現・新宮市)に生まれる。母は産後に没、安政生まれの父は70余歳で病苦と貧困の中で没。大阪、名古屋などで放浪する。コソ泥で半年ほどの服役が起因し給与生活者から香具師の露天業となる。1927(昭2)年2月『肉食時代』(先駆芸術社)創刊に拠る。大西俊夫、石原政明、市川光、吉川春雄らがいた。同年10月『名古屋詩人』(同社)同人となる。同時に『紀伊詩人』(同社岡崎竜雄編)に参加し。31年6月熊野詩人聯盟を故郷で興し『熊野詩集1930年』を発刊するが、直接行動を肯定するとして安寧秩序を妨害の口実で発禁となる。33年5月詩集『屑芋昇天』は父への鎮魂歌として編まれた。野長瀬正夫、胡麻、上政治、岸本加津一、柏木正夫、松根有二らが協力した。自ら半風と名乗り仲間もそう呼んだ。画家の杉本孤蛙の果樹園に居候した。この時期、解放文化聯盟『文学通信』に拠る。以後不詳。(冨板敦・黒川洋)〔著作〕詩集『屑芋昇天』熊野詩人聯盟1933、胡麻政和編『紀伊詩集』紀伊詩人協会1930〔文献〕『昭和7年至1月至6月社会運動情勢 大阪控訴院館内・下』東洋文化社1979、小田切秀雄・福岡井吉編『増補版昭和書籍新聞雑誌発禁年表』明治文献資料刊行会1981、杉浦庭雄『名古屋地方詩史』1968、志賀英夫『戦前の詩史・半世紀の年譜』詩画工房2002、木下信三『名古屋抵抗詩史ノート』樹下シリーズ13/2009

村岡 恒之助 むらおか・つねのすけ ?-? 北海道に住み1923(大12)年『小作人』「地方通信」欄に寄稿する。(冨板敦)〔文献〕『小作人』2次7号1923.9

村岡 妖之助 むらおか・ようのすけ ⇨小林一郎 こばやし・いちろう

村上 伊勢男 むらかみ・いせお 別名・伊勢夫 1905(明38)-? 岡山県御津郡金川町(現・岡山市)の農家の長男として生まれる。小学校卒業後家業につきそのかたわら夜学や図書館に通って勉強を続けた。岡山県連合青年団誌『岡山青年』の熱心な寄稿者の一人でもあった。哲学や文学への志向をもち同誌上にトルストイやガンジーへ思慕を語ったエッセイとともに詩や短歌も発表している。20年代後半から30年代にかけて展開された岡山県下の農民自治会運動の中心的な担い手の一人。1927(昭2)年2月2-7日同会全国連合の中西伊之助が岡山県各地を回って講演したが、金川町を訪れた4日の夜は中西を含む仲間たちが村上の家に泊まった。また32年に同志の一人延原大川が金川町の警察署に留置されたときには差し入れなどしたといわれる。(小林千枝子)〔著作〕「同志の心におくる」『岡山青年』48号1927.4、「人間の夜明け」同56号1927.12、「誌友便り」同63号1928.7、「矢を放たんとして」同58号1928.2〔文献〕小林千枝子『教育と自治の心性史』藤原書店1997

村上 一夫 むらかみ・かずお ?-? 1919(大8)年東京京橋区(現・中央区)の三間印刷所和文科に勤め日本印刷工組合信友会に加盟する。(冨板敦)〔文献〕『信友』1919年10月号

村上 智 むらかみ・かなり 1873(明6)5.28-? 熊本県玉名郡に生まれる。幼児期

から土地復権同志会の主宰宮崎民蔵の家に出入りする。96年熊本県で巡査になるが、98年辞職し渡米中の宮崎の招きによりカリフォルニアに移住。『熊本評論』にアナキズムに関する論説の翻訳を投稿する。オレンジ園を経営し軌道に乗せていたが火災で大部分を焼失。その後農業組合の幹事や魚市場の取締役をつとめ通訳に従事した。10年8月要視察人名簿に土地復権主義を信奉する乙号として登録された。〈西山拓〉〔文献〕『主義者人物史料1』、水野公寿『『熊本評論』周辺の青年たち』『近代熊本』21号1981.12、上田穣一・岡本宏編著『大逆事件と「熊本評論」』三一書房1986

村上　健吉　むらかみ・けんきち　?-?　別名・賢吉　広島純労働者組合のメンバー。八太舟三の発案で1924(大13)年9月20日から開かれた広島市での自由労働問題研究会に参加する。26年頃広島自連加盟の広島純労事務所を安芸郡牛田村(現・広島市)の自宅に置き広島自連の連絡委員となる。のちファシズムに走り、32年吉田昌晴らと国家社会主義同盟広島地方委員会を結成する。〈冨板敦〉〔文献〕『自連』4.5号1926.10、山木茂『広島県社会運動史』、『昭和7年1月至6月社会運動情勢　名古屋・広島控訴院管内』東洋文化社1979

村上　仁助　むらかみ・じんすけ　?-1930(昭5)1.6　関東一般労働者組合のメンバー。『自由連合運動』は「関一組合員村上仁助君永眠す」と報じている。〈冨板敦〉〔文献〕『自由連合運動』7号1930.2

村上　経雄　むらかみ・つねお　?-?　1919(大8)年東京深川区(現・江東区)の東京印刷深川分社第一部印刷科に勤め活版印刷工組合信友会に加盟する。〈冨板敦〉〔文献〕『信友』1919年8月号

村上　藤作　むらかみ・とうさく　?-?　新聞工組合正進会に加盟し1924(大13)年夏、木挽町(現・中央区銀座)本部設立のために50銭寄付する。〈冨板敦〉〔文献〕正進会『同工諸君!!寄附金芳名ビラ』1924.8

村上　信彦　むらかみ・のぶひこ　1909(明42)3.30-1983(昭58)10.31　別名・和見正夫　東京市下谷区下根岸(現・台東区根岸)生まれ。父は作家村上浪六。23年東京府立五中に入学、甘粕正彦らの所業は許せないとする教師の話がきっかけで級友平松義輝らと大杉栄や石川三四郎の著書を手に入れ研究会をつくる。労働運動社を訪ね魔子に会った帰り駒込署に拘引される。エスペラントを独習、小池英三を知り『クロポトキン全集』の翻訳に協力、小池名で出ているベルクマン『クロンスタットの叛逆』(自由書房1929、発禁)は実は村上訳だという。小説『音高く流れぬ』(全3巻興風館1940-42・全4巻三一書房1958・全2巻理論社1969)のモデルの一人は小池である。28年早稲田第一高等学院に入学、小池を介して石川を知る。29年同校を退学、その後マルクス主義に転じるが石川との交流は生涯続いた。戦後は生活史の方法による女性史、服装史を手がけ多くの問題作を著した。〈大澤正道〉〔著作〕『服装の歴史』全3巻理論社1956、『明治女性史』全3巻同1972、『高群逸枝と柳田国男』大和書房1977、『黒助の日記』全3巻偕成社1977、『大正・根岸の空』青蛙房1977・こぶし書房1997、「小池英三の思い出」『柳』1977.4、「石川三四郎の思い出」同1978.9、『エス運動人名事典』

村上　文太郎　むらかみ・ぶんたろう　1894(明27)5.10-?　静岡県磐田郡中泉町梅原村(現・磐田市)に生まれる。中泉高等小学校卒業後分家し草履製造業に従事。25年6月警察官による差別暴力事件を契機に中泉水平社(のち梅原水平社と改称)を結成する。事務所は同村の頼実喜作宅に置いた。8月南梅吉、平野小剣を招き寺院で講演会を開催しようとするが警官によって会場が占拠されたため同村の頼実万作宅の庭で開いた。40年小山紋太郎、大高連三らと松本治一郎ら全国水平社本部グループによって発足した大和報国運動に加わる。〈冨板敦〉〔文献〕『自由新聞』(静岡)3号1925.8、『平等新聞』8号1926.1、竹内康人「静岡県水平運動史」『静岡県近代史研究』13・14号1987・88、秋定嘉和・西田秀秋編『水平社運動1920年代』神戸部落史研究会1970

村上　誠　むらかみ・まこと　?-?　1919(大8)年東京京橋区(現・中央区)の新栄舎文選科に勤め活版印刷工組合信友会に加盟する。〈冨板敦〉〔文献〕『信友』1919年8・10月号

村上　峰夫　むらかみ・みねお　?-?　東印和文部のメンバー。東京日本橋の鈴木印刷所に勤めるが1925(大14)年突如解雇を言い渡される。同年2月14日手当20日で解決。3月7日東京神田松本亭での第2回東印大会で宣伝ポスター作製の件を説明。6月25日京印

の演説会に参加，中止をくらい茶話会に変更することになったが散会間際に京印の福島佐太郎らと検束される。(冨板敦)〔文献〕『印刷工連合』22・23・26号1925.3・4・7

村上 義博 むらかみ・よしひろ 1902(明35)-1953(昭28) 別名・沖田義博 24年夏頃東京の震災復興事業現場で自由労働者として働く。赤坂溜池の黒竜会簡易宿泊所で三上由三と知り合いアナキズムの手ほどきをする。25年10月頃三上，小松亀代吉，沢田武雄，生野進の5人で北千住に家を借り野蛮人社を名のり活動。26年黒連，千住自由労働者組合に加盟。1月31日の銀座事件で検挙される。2月の早朝野蛮人社は警察に襲われ全員逮捕。北千住署の留置場で抗議する小松を房から引き出そうとした柔道4段の看守を村上は大外刈りで投げ飛ばし乱闘となる(この武勇伝は「村上伝説」として同志間に広まった)。公務執行妨害，暴行傷害で警視庁に隔離され3カ月の懲役となる。26年5月17日出獄，関東自由労働者組合連合に加盟する。26年6月21日埼玉県浦和町の浦和公会堂で開催された小作人社，無差別社，埼玉小作人組合主催の社会問題演説会に参加。警官と大乱闘になり池田武雄，小松，小林辰夫と検束される。27年末から28年初め頃武良二らとAC労働者連盟を結成。28年秋の昭和天皇即位式でAC労連ほかアナキストが一斉予防検束される。村上はAC労連機関紙『労働者の叫び』に氏名が判別したAC労連の検束者を次のように記す。「長友厳，秋本義一，松井勇，三上由三，三田修，渡辺勝，南一郎，片岡捨三，小村真清，黒木笹夫，佐野甚造，平見思朗，横倉辰次，宮島憲，長沼力」。31年春頃から松沢病院に入院させられる。「この頃特高は村上を色んな名目をつけて拘引し，精神病院にほうり込むという手を使い，何度も入院させられていた」(向井孝)。病院を出てからは望月辰太郎宅に長く居候する。戦後はアナ連に参加。広海貫一の世話で野菜を売ったりした。京都の病院で死没したと伝えられている。(冨板敦)〔文献〕『自連』1・2号1926.6・7，『黒色青年』16号1928.2，『関西自由新聞』4号1928.3，『労働者の叫び』2号1929.2，『自連新聞』67号1932.2，横倉辰次「黒色自由労働者組合とAC労働者連盟の思い出」『労働と解放』2・5号1966.11・67.11，『小松亀代吉追悼 叛逆頌』同刊行世話人会1972，『望月辰太郎追憶集』望月兄弟会1972，向井孝「村上義博伝説」『黒』1号2001.7

村上 吉頼 むらかみ・よしより ?-? 新聞工組合正進会に加盟し1924(大13)年夏，木挽町(現・中央区銀座)本部設立のために1円寄付する。(冨板敦)〔文献〕正進会『同工諸君!!寄附金芳名ビラ』1924.8

村川 柳之助 むらかわ・りゅうのすけ 1907(明40)-? 大阪府北河内郡四条畷村岡山(現・四条畷市)生まれ。小学校を卒業後，中学，商業学校をいずれも中退する。中学在学中から文学に親しみその後大杉栄の著作の影響を受けて社会問題に関心をもつ。28年同郷の研究会の仲間から逸見吉三を紹介され以後逸見らと大阪自由総合労働組合で活躍。32年7月青木喜好らと日本自協関西地方協議会を結成する。9月16日住之江公園で逸見，久保らと大杉追悼座談会を開く。33年6月京都市の熊鳥国三郎宅で開かれた日本自協・全国自連合同のための日本自協第2回全国代表者会議に出席。34年2月13日関西地方の自連・自協の全国自連第4回再建大会協議会に出席する。35年末頃無共党事件で検挙されるが不起訴。(冨板敦)〔文献〕『身上調書』，『特高月報』1932.9・11・34.2，『社会運動の状況4・5』

村木 源次郎 むらき・げんじろう 1890(明23)-1925(大14)1.24 横浜の貿易商糠屋の社主喜太郎の長男として生まれるが戸籍上は祖父喜三郎の四男。幼少時に家が没落したため13歳から写真屋の小僧や牛乳配達夫として働く。父が熱心なクリスチャンだったことから山下町の横浜海岸教会に通う。04年同教会に所属する服部浜次，荒畑寒村らと初期社会主義団体横浜平民結社(警察の干渉により解散させられ曙会として再結成)を結成し06年の17歳頃から東京の平民社に出入りする。08年6月赤旗事件に連座し懲役1年。この入獄中にヘッケル『宇宙の謎』を読んだことが契機となりキリスト教社会主義からアナキズムに移行。出獄後は横浜に戻り曙会の残存メンバーとともに活動し堺利彦派，大杉栄・荒畑派両派と連絡を保つ。16年2月以降東京に移り，特に荒畑の活動に協力するなかで大杉との結びつきも強める。葉山日蔭茶屋事件以降，運動内部にお

いても孤立した状態にあった大杉を支えた。久板卯之助，和田久太郎らとともにこの頃渡辺政太郎宅で開催される研究会(のちの北風会)に参加し渡辺の無私の精神に大きな影響を受ける。『文明批評』『労働新聞』，第1次『労働運動』の発行を雑務をいとわず助力する。しかし第2次『労働運動』発刊に際して大杉がアナ・ボル提携を打ち出したことに反対，知識人排撃を唱えて発行された高尾平兵衛らの『労働者』を支援した。アナ・ボル提携が破れたあとの第3次『労働運動』には復帰。23年末頃から和田とともに大杉殺害に対する報復のためギロチン社の中浜哲，古田大次郎と協力する。9月和田が福田雅太郎の狙撃に失敗したことを端緒として村木らも逮捕される。予審中に肺病で倒れ仮出獄後死没。横浜市野毛山の共同墓地に葬られたがその後鎌倉市小町本覚寺の長谷家の墓に移された。(後藤彰信)〔文献〕和田久太郎『獄窓から』労働運動社1927・改造文庫1930・復刻真正版黒色戦線社1988，古田大次郎『死の懺悔』春秋社1926・復刻増補版黒色戦線社1988，行動者同人編『叛逆者の牢獄手記』1928，近藤憲二『一無政府主義者の回想』平凡社1965，秋山清・藤巻修一編『渡辺政太郎・村木源次郎資料1・2』私家版1971・72，安谷寛一「源ニィ村木の最後」『リベルテール』1975.10，秋山清『やさしき人々』大和書房1980，亀田博『追悼アナキストたち』『編集委ニュース』28号2003.2，廣畑研二「和田久太郎と古田大次郎(三)〜(六)」『トスキナア』第16号-第20号2012.10-2014.10

村木 憲久 むらき・のりひさ ?-? 報知新聞社に勤め東京の新聞社員で組織された革進会に加わり1919(大8)年8月の同盟ストに参加するが敗北。のち正進会に加盟。20年機関誌『正進』発行のために1円寄付する。(冨板敦)〔文献〕『革進会々報』1巻1号1919.8,『正進』1巻1号1920.4

村沢 儀三郎 むらさわ・ぎさぶろう ?-? 埼玉県北埼玉郡村君村(現・羽生市)で助役をつとめる。その後，1921(大10)・22年頃村君村小作人組合を組織し会長となる。「全村殆んど入会しない者はない」と『小作人』は報じている。(冨板敦)〔文献〕『小作人』1次1号1922.2

村瀬 信吉 むらせ・しんきち ?-? 1919(大8)年東京本所区(現・墨田区)の凸版印刷会社欧文科に勤め活版印刷工組合信友会に加盟する。(冨板敦)〔文献〕『信友』1919年8・10月号

村瀬 信義 むらせ・のぶよし ?-? 活版工組合信友会のメンバー。1924(大13)年7月19日信友会が新聞印刷工組合正進会との合同を決めた神田松本亭での信友会臨時大会で和文部の理事に選出される。(冨板敦)〔文献〕『印刷工連合』14・15号1924.7・8，水沼辰夫『明治・大正期自立的労働運動の足跡』JCA出版1979

村田 喜三郎 むらた・きさぶろう ?-? 1924(大13)年芝浦製作所に勤め芝浦労働組合に加盟。同年8月16日，日本電気争議団太子堂演説会に参加，同労組の金田吉政，細井角三郎とともに応援弁士として登壇。9月27日，同労組の中央委員会で巻線分区の中央委員に箕輪宇太郎，渡辺義助とともに選ばれる。さらに本部の中央委員に細井，沖田松三，黒川幸太郎，金田とともに選出される。25年に鶴見工場に転勤となり中央委員を辞する。その後退社し27年5月5日に開かれた芝浦労働組合昭和2年度定期大会に祝電を送る。(冨板敦)〔文献〕『芝浦労働』2次1・2・3・4・7号1924.10・11・12・25.1・6, 3次15号1927.6，小松隆二『企業別組合の生成』御茶の水書房1971

村田 兼吉 むらた・けんきち ?-? 読売新聞社に勤め東京の新聞社員で組織された革進会に加わり1919(大8)年8月の同盟ストに参加するが敗北。のち正進会に加盟。20年機関誌『正進』発行のために1円寄付する。(冨板敦)〔文献〕『革進会々報』1巻1号1919.8,『正進』1巻1号1920.4

村田 重三 むらた・しげぞう ?-? 1919(大8)年東京京橋区(現・中央区)の三協印刷株式会社和文科に勤め活版印刷工組合信友会に加盟する。(冨板敦)〔文献〕『信友』1919年8・10月号

村田 清之助 むらた・せいのすけ ?-? 1919(大8)年東京京橋区(現・中央区)の明治印刷合資会社に勤め日本印刷工組合信友会に加盟する。(冨板敦)〔文献〕『信友』1919年10月号

村田 善次郎 むらた・ぜんじろう ?-? 横浜毎朝新報社に勤め横浜印刷技工組合に加盟。1921(大10)年3月12日同社の減給拒絶闘争を26名で闘い勝利する。(冨板敦)〔文献〕『信友』1921年4月号

村田 常次郎 むらた・つねじろう 1905(明38)3.30-1956(昭31)8.15 東京市に鍛冶工の三男として生まれる。東京府立工芸学校夜間部で機械工の技術を学んだのち職を転々とし20年に結成された平沢計七の純労働者

組合，岡本利吉の共働社に所属して活動。23年関東大震災時に亀戸署に拘引され騎兵隊に銃剣で突かれ傷が治るまで留置された。29年全国自連分裂後，日本自協の結成に参加。31年戸沢仁三郎が関東消費組合連盟に移ったため34年1月まで共働社の組合長をつとめる。その後機械工に戻り千葉の日立精機に勤務。戦後退社し48年東京小松川で共栄社を経営した。（西山拓）〔文献〕『新組織』全30号1919.10-22.3，角石寿一『先駆者普意識岡本利吉の生涯』民生館1977，奥谷松治『思い出の人々』私家版1978，山本秋『日本生活協同組合運動史』日本評論社1982，労働史研究同人会『日本労働運動の先駆者たち』慶応通信1985

村田 稔 むらた・みのる 1877（明10）4.10-?　奈良県山辺郡に生まれる。1900年東京専門学校邦語政治科を卒業。02年頃渡米，勤労学生生活を経て04年頃サンフランシスコの日本人福音会会員となる。片山潜，幸徳秋水が渡米した際に面会し影響を受けた。06年幸徳が結成した社会革命党の本部委員となり機関誌『革命』の発刊に携わる。09年6月小成田恒が設立したものの資金難で閉鎖されていた朝日印刷所を岩佐作太郎とともに譲り受け名義上の代表者となりアナキズム的印刷物を印刷・発行する。11年2月12日ジェファーソン・スクエアで開かれた幸徳秋水らの追悼集会に参加し「日本の革命」と題する演説を行う。07年11月サンフランシスコにおける天皇暗殺檄文配布事件の頃から領事館にマークされており，10年9月13日無政府主義を信奉する甲号として要視察人名簿に登録された。（西山拓）〔文献〕『主義者人物史料1』，『在米主義者沿革』

村中 俊道 むらなか・しゅんどう ?-?　1927（昭2）年庄司美作，島津一郎と東京府荏原郡目黒町下目黒（現・目黒区）に近代思潮社を組織し『近代思潮』（4号1928.12で終刊）を創刊，発行責任者となる。35年頃『拓殖情報』を主宰，中尾正義の紹介で知った山口健助に同誌の編集をゆだねる。その後同誌を休刊し38年村中製作所を設立して軍需品の生産を行う。敗戦後は『資源と経済』の主幹をつとめる。（冨板敦）〔著作〕「山口健助君の思い出」山口一枝編『篝火草』私家版1977〔文献〕『近代思潮』2号1928.2，『司法研究報告書集・8輯6』司法省調査課1928

村野 正治 むらの・しょうじ ?-?　1919（大8）年横浜のジャパン・ガゼット社新聞課に勤め横浜欧文技術工組合に加盟して活動。同組合設立基本金として1円寄付する。（冨板敦）〔文献〕『信友』1919年8・10月号，1920年1月号

村松 栄一 むらまつ・えいいち ?-?　別名・英男　1925（大14）年和歌山に婦人解放運動社を設立し田口俊二，中村公平らと廃娼運動に尽力。26年5月3日新宮で廃娼宣伝のビラをまき街頭演説中暴力団に殴打され，当日夜の新宮公会堂での講演会でも新宮署から釈放された暴力団に襲撃され負傷する。28年逸見吉三らの『黒色運動』1号に婦人解放運動社の名前で「僕は僕の体験から法律の何たるかも知っているが，彼らの法律で彼ら自らを苦しませる方法もまた一つの面白い方法ではあるまいか。悪家主，不正官吏，ことに自由廃業には確かなる方法と手腕を持っている。諸君大いに利用してくれたまへ」という広告を掲載する。34年頃機関紙『民衆生活暁新聞』（旬刊），35年『我等の新聞』（年数回）を出していた。35年破邪顕正忠愛実践躬行団を組織し団長となる。（冨板敦）〔文献〕『関西自由新聞』1号1927.10，『黒色運動』1号1928.8，『解放運動』1号1930.12，高丸久「黒い流れ」『ムーヴ』1号1961.5，小川竜一『紀南地方社会運動史（戦前）』私家版1966，『社会運動の状況6・7』，『昭和7年自1月至6月社会運動情勢　大阪控訴院管内・下』東洋文化社1979

村松 武司 むらまつ・たけし 1924（大13）7.8-1993（平5）8.28　朝鮮植民者の3代目として京城（現・ソウル）に生まれる。43年京城中学卒。44年京城20師団に召集。甲種幹部候補生試験時に大江満雄の詩を読み候補生を断念。45年10月一家で引き揚げ。46年福田律郎宅に寄宿し『純粋詩』に参加。48年9月福田と『造形文学』を創刊。経営面で福田を支えた。49年共産党に入党（60年頃まで）。52年詩誌『列島』などを経て55年小山書店に入社。小山久二郎とチャタレイ裁判をともに闘う。56年11月義父の田川季彦（山本飼山の同級生）と石川三四郎の葬儀に参加。植村諦，秋山清，鶴見俊輔らを知る。のち『思想の科学』『コスモス』に参加。またダイヤモンド社では『数理科学』の編集長をつとめた。64年11月草津ハンセン病療養所栗生詩話会機関誌『高原』の詩欄指導を井出則雄の後任

として引き受け晩年まで続けた。詩と評論を多く発表，植民者3代目としての贖罪を追求し続けた。『明石海人全集』3巻（皓星社）は骨身を削るなかで完成した。（藤巻修一）〔著作〕詩集『怖ろしいニンフたち』同成社1957，詩集『朝鮮海峡』小山書店1960，詩集『朝鮮海峡 コロンの碑』同成社1965，『朝鮮植民者 ある明治人の生涯』三省堂1972，詩集『祖国を持つもの持たぬもの』同成社1977，『遥かなる故郷 ライと朝鮮の文学』皓星社1979，『海のタリョン』皓星社1994〔文献〕『騒』16号（追悼・村松武司）1933.12，黒川洋『B級詩人のつぶやき』皓星社1998

村松 英雄 むらまつ・ひでお ?-? 別名・英男 芝浦製作所に勤め，芝浦労働組合に加盟し家庭用具分区に所属。1924（大13）年9月27日，同労組の中央委員会で同分区の中央委員に菅井熊次郎，富樫粂雄，大野伊三郎とともに選出される。また25年11月28日の中央委員会で設置された調査部の責任者となる。26年9月23日「共産党の走狗」であるとして高橋権次郎，重久篤雄，矢崎保秀，小川広太郎らとともに組合から除名される。（冨板敦）〔文献〕『芝浦労働』2次2号1924.11，3次2・10号1926.2・11，小松隆二『企業別組合の生成』お茶の水書房1971

村松 正俊 むらまつ・まさとし 1895（明28）4.10-1981（昭56）9.20 東京生まれ。20年東京大学文学部美学科を卒業。在学時第5次『新思潮』の同人。21年世界主義を標榜する『種蒔く人』（東京版）を小牧近江らと創刊，宣言を起草する。無産階級芸術運動の基礎となった「労働運動と知識階級」を書く。23年陀田勘助らと詩誌『鎖』を創刊。24年『文芸戦線』の同人になるが，青野季吉の「自然成長と目的意識」が発表されて脱退。松本淳三らと反マルクス主義の論陣を張る。25年『虚無思想研究』の論客として「無価値の哲学」を提唱。国家などの上位概念の価値観を幻影であると批判し個を対置する。のち新居格，宮嶋資夫らの『文芸批判』に加わりアナキズムの文芸評論を発表。48年松尾邦之助主宰の自由クラブ異人になり『アフランシ』に多くの評論を発表。「自由人の一断想」の中で「自由人は不断に革命人でなければならない。存在しない自由を実現させるための革命だ。革命を実現させない自由人は既に自由人ではない」と記している。71年シュペングラー『西洋の没落』の完訳で翻訳出版文化賞を受賞する。評論家，詩人，翻訳家，教育者と多彩な相貌をもち終生自由人として生きた。そのアナキズムに関する諸論は再評価されてもよい。（大月健）〔著作〕デューラント『西洋哲学物語1・2』（訳）アルス1940・講談社学術文庫1986，ジョレス『仏蘭西大革命史1-8』（訳）平凡社1930-32，『無価値の哲学』星光書院1949，詩集『現在』東北書院1962，シュペングラー『西洋の没落1・2』（訳）五月書房1971，詩集『朝酒』同1972，『村松正俊全詩集』永田書房1982，『村松正俊著作選集1・2』ブレイク・アート社1985〔文献〕『虚無思想研究』全4巻星光書院1948-1951，『虚無思想研究』復刻版土佐出版社1986，『アフランシ』復刻版緑蔭書房1988，「村松正俊を偲ぶ」『連峰』第41号永田書房1981.11

村松 義治 むらまつ・よしはる ?-? 1919（大8）年東京神田区（現・千代田区）の丸利印刷所印刷科に勤め日本印刷工組合信友会に加盟する。（冨板敦）〔文献〕『信友』1919年10月号

村本 鎌太郎 むらもと・かまたろう ⇨岩野猛 いわの・たけし

村元 銀吾 むらもと・ぎんご ?-? 時事新報社に勤め東京の新聞社員で組織された革進会に加わり1919（大8）年8月の同盟ストに参加するが敗北。のち正進会に加盟。24年夏，木挽町（現・中央区銀座）正進会本部設立のために1円寄付する。（冨板敦）〔文献〕『革進会々報』1巻1号1919.8，正進会『同工諸君!! 寄附金芳名ビラ』1924.8

村本 信吉 むらもと・しんきち ?-? 1919（大8）年に上京，報知新聞社に勤め新聞工組合正進会に加わる。機関誌『正進』にしばしば執筆する。（冨板敦）〔文献〕『正進』1巻1・3号1920.4・6

村山 喜見次 むらやま・きみじ ?-1927（昭2）3.27 前橋印刷工組合，上毛印刷工組合三山会に所属する。27年『自連』12号に訃報記事が掲載される。（冨板敦）〔文献〕『自連』12号1927.5

村山 作一郎 むらやま・さくいちろう ?-? 1919（大8）年東京芝区（現・港区）の自由活版所に勤め活版印刷工組合信友会に加盟する。（冨板敦）〔文献〕『信友』1919年8・10月号

村山 知義 むらやま・ともよし 1901（明34）1.18-1977（昭52）3.22 東京市神田区末広町（現・千代田区外神田）生まれ。21年東京大学哲学科を中退して渡欧，ベルリンを中心

に表現派，構成派，未来派など当時ヨーロッパを席巻していた新しい思潮を学ぶ。23年1月帰国，前衛美術団体マヴォを結成，意識的構成主義を唱え7月末浅草伝法院本堂でマヴォ展を開く。柳瀬正夢，尾形亀之助らが参加。24年7月機関誌『マヴォ』(1925.8，7号で終刊)を発刊。創刊号にマヴォイストとして名を連ねたのは矢橋丈吉，岡田竜夫，戸田達雄，田河水泡ら。5号(1925.6)以降萩原恭次郎が編集・発行人に加わり多くのアナ系詩人，作家が寄稿する。26年前衛座旗揚げに参加，以降プロレタリア演劇運動へと進んだ。「太陽のない街」の演出によって検挙，32年転向して出獄，34年演劇界の進歩的勢力の結束を主唱して新協劇団を結成しその指導的人物として演出面で活躍。40年の新劇弾圧によって入獄，出獄後も戦争中はいっさいの活動を禁じられた。46年新協劇団を再建，59年から死没するまで東京芸術座の代表として演劇運動の先頭に立ち続けた。(奥沢邦成)〔著作〕『村山知義戯曲集』全2巻新日本出版社1979，『演劇的自伝』全4巻東邦出版1970-77，『村山知義の美術の仕事』未来社1985〔文献〕寺島珠雄『南天堂』皓星社1999

室伏 高信 むろぶせ・こうしん 1892(明25)5.10-1970(昭45)6.28 神奈川県に生まれる。明治大学法学科中退。『二六新報』『時事新報』『朝日新聞』などの政治記者を経て論壇に登場，急進的な論客として脚光を浴びる。ギルド社会主義，アナキズムなど欧米の新思想を次々紹介，批評を試みた。大杉栄は『文明批評』2号(1918.2)で吉野作造に次いで「大山郁夫，室伏高信などのデモクラシイをやっける筈」と予告している(実際には書かれなかったらしい)。23年前後から反西欧，反近代，反都会，反文明，反民主主義，反社会主義へ論調が移る。トロッキー『過激派と世界平和』(上田屋1918)からヒトラー『我が闘争』(第一書房1940)に至る翻訳をみれば明らかなように常に時流にのる才にたけた人だった。(大澤正道)〔著作〕『無政府主義批評』批評社1927，『文明の没落』青年書房1938〔文献〕山領健二「ジャーナリストの転向」『思想の科学』1962.7

室谷 善郎 むろや・よしお ?-? 時事新報社に勤め東京の新聞社員で組織された革進会に加わり1919(大8)年8月の同盟ストに参加するが敗北。読売新聞社に移り正進会に加盟。20年機関誌『正進』発行のために2円寄付。また24年夏，木挽町(現・中央区銀座)正進会本部設立のためにも1円寄付する。(冨板敦)〔文献〕『革進会々報』1巻1号1919.8，『正進』1巻1号1920.4，正進会『同工諸君!! 寄附金芳名ビラ』1924.8

め

恵 秀和 めぐみ・ひでかず ?-? 1919(大8)年東京京橋区(現・中央区)の築地活版所文選科に勤め日本印刷工組合信友会に加盟する。(冨板敦)〔文献〕『信友』1919年10月号

目黒 武之進 めぐろ・たけのしん ?-? 別名・武 時事新報社に勤め新聞工組合正進会に加盟。1920(大9)年機関誌『正進』発行のために1円寄付する。その後同社を退社し大阪へ出稼ぎに行く。(冨板敦)〔文献〕『正進』1巻1・2号1920.4・5

も

毛 一波 もう・いっぱ マオ・イーボ 1901.12.17-1996 本名・毛縑名 中国四川省富順出身。22年新文化運動の中心であった瀘県の川南連合県立師範学校に入学。張謙弟の影響でアナキズムに共鳴し北京の景梅九が発行していた『国風日報』副刊の『学匯』を通じて他のアナキストたちと交流する。張謙弟や盧剣波らと愛波社という文学サークルをつくり半月刊誌『零星』(星くず)を発行。24年上海大学社会科学院に入学，マルクス主義批判の文章を多く書きのちに『社会主義批判』(啓智書局1928)にまとめる。25年五・三〇事件に際しては中国共産党の上海総工会に対して王光輝らが組織した上海工団連

合会で対抗。衛恵林, 盧剣波らと上海総工会から25工会を脱会させ8月上海工団自治連合会を設立する。9月民衆社の設立発起人の一人となる。26年上海大学を卒業。27年2月武漢に赴き国民党軍人部に入り工人部に転入。5月武漢から上海に戻る。景梅九から週刊『星期評論』の編集を引き継ぎ, 9月に開校した国立労働大学で教える。28年ピークに達していた革命文学論争に関わる。週刊『文芸戦線』『民間文化』を主宰するほかマルクス主義派文芸に対抗するため『文化戦線』(週刊)と『現代文化』(月刊)を発行する。寄稿者には張謙弟, 盧剣波, 朝鮮の作家柳絮らがいた。29(昭4)年日本へ遊学。張景, 張易兄弟とともに住み中国, 台湾, 日本のアナキストと交流する。日本での思い出を書いた本『桜花時節』(新時代書局1931)がある。31年上海に戻り32年以降『巴蜀日報』『沙竜旬刊』『川中晨報』などに関わる。抗日戦争後, 47年10月台北に移り王詩琅, 張継賢ら台湾のアナキストと交流する。サンフランシスコで死没。〔手塚登士雄〕〔著作〕「武漢見聞記」『労働運動』5次7号1927.7,「アナキズム回想」玉川信明『中国の黒い旗』晶文社1981,「三十年代の四川作家『張謙弟』『中国アナキズム運動の回想』総和社1992,「難忘的回憶」陳思和編著『解読巴金』2002,「現代中国文学的新方向」『文化戦線』4号1928.5,「無産階級文芸運動的謬誤」関於現代的中国文学」「革命文学評論」『革命文学論争史料選編』人民文学出版社1981,『文史存稿』川康渝文物館1983〔文献〕「毛一波」『伝記文学』70巻3期伝記文学雑誌社1997.3

毛利 柴庵 もうり・さいあん 1871(明4)9.28-1938(昭13)12.10 本名・清雅 旧名・熊二郎 別名・成石熊二郎 筆名・[たなべの]マークス 新宮生れ。幼くして両親を喪い1881(明14)年新宮の遍照院の, 83年に田辺の高山寺の小僧となり翌年13歳で得度。高野山中学林(現・高野山高校)に学び89年上京, 東京日日新聞社入社。91年帰郷して高野山大学林(現・高野山大学)入学, 95年首席で卒業, 受業の高山寺住職となる。1900年田辺市で『牟婁新報』創刊, 主筆となる。01年東京遊学, 足尾銅山鉱毒被害地の視察, 木下尚江らと交流。02年東京法学院(現・中央大学)入学, 禁酒・禁煙・廃娼運動などを展開した新仏教同志会に加盟, 幸徳秋水・堺利彦ら社会主義者との交流を深める。03年帰郷。翌04年『牟婁新報』主筆に復帰。05年堺利彦の紹介で小田野声(頼三)・管野須賀子・荒畑寒村(勝三)が高島米峰の紹介で豊田孤寒(神尚)が入社, 毛利を中心に紀州に於る社会主義運動の一大牙城を作った。同年末「置娼公許県税賦課案」が和歌山県会を通過, 毛利の『牟婁新報』は置娼反対運動の中心的役割を果たした。08年3月新報社職長室井砮洲が論説「田辺に於ける同工諸君」を紙上に発表, これを切っ掛けに同年4月活版工組合が結成された。09年田辺町当局が大浜台場公園を石油貯蔵基地建設地として売却しようとし, 毛利は環境問題として『新報』で取り上げ売却反対運動を起こす。この問題に関心を示した南方熊楠の「意見書」を『新報』09.09.27号に掲載。南方は同意見書で明治政府が進める神社合祀政策も同種の環境破壊であるとし, 毛利はこの見解に同意し「神社合併を憂ふ」(『新報』10.03.21-24)等を執筆, 以降南方らとともに環境保護, 信仰と民俗の継承, 地域主義の運動に取り組む。10年田辺町会議員。翌11年和歌山県議当選。同年検挙の始まった大逆事件では成石・大石との関係から家宅捜索を受けたが証拠はあがらず逮捕を免れた。04年日露戦争に際しては幸徳・堺ら平民社の社会主義者や新仏教同志会の仲間の多くが非戦・厭戦の立場を取ったのに対し毛利は開戦を積極的に受け入れ, 地域の既成教団の僧侶らとともに軍人家族自助団を形成, 提灯行列の指導者にもなった。「社会主義は, 絶対に兵力を排斥し戦争を否認すると雖も, 之を実現すべき社会は遠き将来にあるとせざる可からず」(「言論」『新報』04.02.03)とし, 日露戦争はロシアの南下という侵略行為に対する日本の自衛であるからこれは正義の戦争であるとした。このため『新報』紙は主筆毛利の主戦論の論説と, 荒畑寒村・小田野声・管野須賀子・豊田孤寒らの執筆する反戦・厭戦の記事が紙面に同居する面白い紙面になっている。毛利の戦争に対する考え方は生涯一貫しており, アメリカで排日運動が起れば「対米開戦せよ」(「病間録」『新報』06.10.27)と主張。また日韓併合に際しては,「イト容易に平穏の手段を以て韓国自ら進んで此一大革新を決行するに至つたといふ事は, 『世界平和史』上に特筆大書すべき一大

事件と云はねばならぬ」(「予の見たる韓国併合」『新報』10.09.03)という立場を取った。(白仁成昭)〔著作〕「予の見たる火事と鉱毒」『新仏教』3-2号1902.4,『獄中の修養』丙午出版社1921,『紀伊田辺名勝旧蹟』牟婁新報社1924,『紀南白良浜温泉』牟婁新報社1925,『皇室と紀伊』毛利柴庵1935,共著『來世の有無』新仏教徒同志会編井冽堂1905.8〔文献〕吉田久一『日本近代仏教史研究』吉川弘文館1959,池田英俊『明治の新仏教運動』吉川弘文館1976,『新仏教論説集』永田文昌堂1978-82,佐藤任『毛利柴庵ある社会主義仏教者の半生』山喜房仏書林1978,武内善信「新仏教徒・毛利柴庵の思想と行動」『同志社法学』37号1986.01,堀口節子「日本に於ける信教自由の成立と「寛容」の問題 木下尚江と毛利柴庵の往復書簡をめぐつて」『日本思想史における国家と宗教 下』1999.02,門奈直樹「明治地域主義言論の担い手 毛利柴庵と『牟婁新報』」『総合ジャーナリズム研究』1983.07,堀口節子「毛利柴庵に於ける明治社会主義の受容 足尾鉱毒問題を契機として」『龍谷史壇』99・100号1992.11,池田千尋「資料紹介 堺枯川から毛利柴庵へ 明治三八年六月某日付の葉書から」『初期社会主義研究』12号1999.12,復刻版『牟婁新報』不二出版2001

毛利 津一 もうり・しんいち 1902(明35)-? 北海道札幌郡豊平町(現・札幌市)で育ち鉄工職人となる。26年夏札幌労働組合に加盟。8月1日札幌電気軌道争議を支援して検束される。9月北海道製綱(ロープ会社)の争議を支援。札幌合同労働組合と対立。29日北海黒連に加盟。白石遊廓の自由廃業運動に参加。土工夫として生活。27年3月7日除雪人夫を代表して賃金値上げを交渉。同年夏北海黒連を離脱。28年1月生活難から幌平橋で自殺をはかり暴漢に襲われたと言いふらし世間を騒がせる。29年社会民衆党札幌支部に参加し幹事となる。同年11月日本借家人組合札幌支部を結成。31年全国労農大衆党札幌支部に参加。同年8月12日失業反対闘争同盟を組織し専任書記となる。(堅田精一)〔文献〕『札幌控訴院管内社会運動概況』2輯1930.11,『小樽新聞』1927.3.8・28.1.28・4.22,『北海タイムス』1928.1.28・31.8.14

毛利 力之助 もうり・りきのすけ ?-? 1926(大15)年7月兵庫県から徳島県に転住する。32年頃県下唯一のアナキストとして警察の視察の対象となっていた。34年兵庫県で興民義塾を組織し日本国家社会党に加盟する。(冨板敦)〔文献〕『昭和7年自1月至6月社会運動情勢 大阪控訴院管内・下』東洋文化社1979

茂木 一次 もぎ・かずつぐ 1883(明16)7.1-1956(昭31)9.3 別名・朴人子 群馬県勢多郡大胡町に生まれる。前橋中学在学中に同級の高畠素之に勧められて『万朝報』を購読,非戦論,社会主義論の影響を受ける。04年岡山の六高に入学。移転途中平民社を訪問,幸徳秋水,堺利彦に面会。在学中森近運平主宰の岡山いろは倶楽部に参加。08年仙台の二高に転校。移転途中高畠,遠藤友四郎らの『東北評論』刊行に保証金を提供している。創刊号での書簡「仙台より」では幸徳の直接行動論への賛同を示している。『東北評論』は高畠,遠藤,新村忠雄の入獄で同年10月廃刊。その後茂木は東京大学に入学,妻と日暮里に住んでいたが新村との交流は続き要視察人として警察の監視下に置かれた。卒業後は加藤時次郎の病院に勤めたことがあるという。(西山拓)〔著作〕『大逆事件のリーダー 新村と幸徳と私』金鷄社1956〔文献〕『岡山県社会運動史』,田村紀雄『明治両毛の山鳴り』新宿書房1981

茂木 久平 もぎ・きゅうへい 1898(明31)6.14-1970(昭45)12.29 東京・本所区松井町生れ。運動の先輩格であった高畠素之は「実行力の多い男」と評した。開成中学を経て早稲田大学高等予科政治科に入学するが「騒動とか革命とかいえば満腔の血が沸く」性格だったようで,いわゆる早稲田騒動で尾崎士郎とともに中心的な役割を演じ中退した。尾崎もいた堺利彦らの売文社に入社,大須賀健治,添田知道らと交流,20歳前後の彼らは売文社「少年組」と呼ばれた。『新社会』に詩やエッセイを寄稿。また大杉栄,辻潤の家にも出入りし大杉らの労働運動研究会からの帰路に起きた「とんだ木賃宿」事件(1918.3.1)では一人検挙を逃れた。19年春の売文社分裂では北原竜雄や尾崎とともに高畠側につき堺から譲渡された売文社から出た雑誌『国家社会主義』の編集を担い毎号評論等も発表した。高畠の序文を付す尾崎との共著『西洋社会運動者評伝』(売文社出版部1919)を発刊。売文社解体後,尾崎,小山勝清らと自由協会という青年政治団体を結成,中央新聞,帝国新聞などの記者をしながら20年6月革命後のロシアに渡りコミンテルン要人と会って同東洋大会への旅費を受け取ったとの証言がある。労働ブ

ローカーのイメージがついてまわった。1924年創刊の雑誌『急進』編集人。1926年東京市議に当選し市議時代に知り合った甘粕正彦との関係で満州映画協会東京支社長に就いた。戦後は公職追放、その後社会福祉法人春陽会理事長として新宿区内で簡易宿泊施設を運営した。尾崎の小説『懐疑者の群』(改造社1922)の「栗山」、『人生劇場』(竹村書房1935)の「高見剛平」は茂木をモデルにしている。(大和田茂)〔文献〕大須賀健治『ある記録』『三河平野』東海タイムズ社1970、茂木久平「高畠の思い出」『新勢力』第100号1967.5、『現代史資料29』みすず書房1972、都築久義『若き日の尾崎士郎』笠間書院1980

茂木 秀好 もぎ・ひでよし ?-? 1926(大15)年長野県北佐久郡伍賀村で暮し農民自治会全国連合に参加。地元の農民自治会を組織しようとしていた。(冨板敦)〔文献〕『農民自治会内報』2号1927

茂木 政 もぎ・まさ ?-? 1920年に神戸一中に入学。同期生に白井新平がいた。2年生の時、再度山の遠足で白井が宮崎白蓮の恋愛を肯定する演説を行い、担任から「白井は無政府主義者だ」と説教されたのを目撃。一高に入学し高見順と親しくなり、一緒にクロポトキンや大杉栄の著作に「情熱を燃やす」。東大ではボルの新人会には参加しなかったが左翼活動家の友人をかくまったため検挙される。朝日新聞の青森通信部に採用されやがて本社勤務となる。リスボンに特派され話題となった「リスボン発」を次ぎ次ぎと送った。敗戦後はボン、ワシントンで勤務。白井との交際が復活。朝日新聞論説主幹を経て定年退職。鹿島出版会専務をつとめた。1982年1月、白井新平の自伝『競馬と革命と古代史を歩く』(現代評論社)に「序 この友を見よ」を寄せた。(堅田精司)

茂木 光夫 もぎ・みつお ?-? 1919(大8)年東京神田区(現・千代田区)の神田共栄舎印刷科に勤め日本印刷工組合信友会に加盟する。(冨板敦)〔文献〕『信友』1919年10月号

モスト Most, Johann 1846.2.6-1906.3.17 ドイツ、アウクスブルクで生まれ製本工として遍歴の途上、60年代のスイスでF.ラサールに関する演説を聞いて社会主義に開眼。70年代にはドイツの社会民主主義派においてジャーナリスト、演説家、帝国議会議員として活動。78年10月の社会主義者鎮圧法施行後にはロンドンに渡り同地のドイツ人との協力のもと79年1月社会民主主義派の機関紙『フライハイト』を創刊、編集者となる。やがて同紙はドイツ社会主義労働者党内の改良主義的傾向に反発し社会革命路線を経たのち82年10月にアナキズム路線採択へと至る。その後同紙とともにモストはニューヨークに拠点を移し、米国におけるアナキズム派の全国組織結成を主導した労働組合への影響の拡大を試みた。他方支配階級を絶滅する過程としての革命と諸グループの連合によって覆われる自由社会を構想。80年代には労働時間に応じて個人ごとに報酬が分配される集産主義を支持し、革命勃発が近いという予測のもと行動によるプロパガンダと労働者の武装を主張した。86年5月にシカゴでおきたヘイマーケット事件以降から発言は慎重になり、90年代になると米国ではテロの効果がないと宣言する一方、個人の欲求に応じた自由な消費に基づく共産主義を支持する。晩年は『フライハイト』を維持するために努力するが、演説旅行の途上シンシナティで死没。同紙は10年まで協力者が継続。すぐれたアジテーターであり彼の演説に魅了されて運動に加わった人々はエマ・ゴールドマンをはじめとして数多い。モストと『フライハイト』の影響は米国のドイツ系およびユダヤ系移民、さらにヨーロッパのドイツ語圏にみられる。(田中ひかる)〔著作〕*Der kommunistische Anarchismus*, New York, 1889.〔文献〕Rocker, R. *Johann Most*, Berlin, 1924; rpt., Glashutten im Taunus, 1973; Berlin/Köln, 1994. R.ロッカー「ヨハン・モストの生涯」(小池英三訳)『労働運動』5次4・5号1927.4・5、麻生義「ヨハン・モースト」『自連新聞』30号1928.12、田中ひかる『ドイツ・アナーキズムの成立』御茶の水書房2002

甕 弥治郎 もたい・やじろう 1904(明37)-? 長野県南安曇郡温村上長尾(現・安曇野市)生まれ。23年梓村(現・安曇野市)の農蚕学校を卒業。以後、農業に従事。30年温村の鶴見勉ら12人で農政研究会を組織した。『戦旗』『文芸戦線』『婦人戦線』『女人芸術』『プロ文学』『黒旗』などを使って読書会を開くが31年解散する。その後は『黒色戦線』『無政府主義研究』『農民の為に』『闘ふ農

民』『農村青年』『自連新聞』などを読みアナキズム理解を深めた。しかし右翼農本主義者和合恒男が発行する『百姓』の影響を受け右翼に転向し34年12月立憲養正会に入会する。35年末頃無共党事件で検挙されるが不起訴。（冨板敦）〔文献〕『身上調書』、『農青社事件資料集』

持地　千代治　もちじ・ちよじ　?-?　印刷工として日本印刷工組合信友会に加盟。1921（大10）年3月6日に東京神田区（現・千代田区）錦町の松本亭で開かれた信友会定期大会で庶務担当理事に高崎岩吉、浅野広とともに選出される。（冨板敦）〔文献〕『信友』1921年4月号

持田　清吉　もちだ・せいきち　?-?　1919（大8）年東京京橋区（現・中央区）の三協印刷株式会社欧文科に勤め活版印刷工組合信友会に加盟する。（冨板敦）〔文献〕『信友』1919年8・10月号

持田　清三　もちだ・せいぞう　?-?　1919（大8）年東京京橋区（現・中央区）の三協印刷株式会社和文科に勤め活版印刷工組合信友会に加盟する。（冨板敦）〔文献〕『信友』1919年8月号

持田　太郎　もちだ・たろう　1908（明41）-?　広島県芦品郡広谷村（現・府中市）生まれ。広谷中学を中退したのち28年8月福山市の山口勝清が始めた印刷所で藤原孝憲や高畑信一らと働く。倉敷の野間田金蔵らの主義宣伝文を請負印刷し32年1月には『解放を目指して』を自ら発行する。同年藤原方に労働者倶楽部が設けられた頃、そのつながりで活動した。30年頃森分忠孝、山口らとアナキズム研究に没頭したという。34年7月八幡市（現・北九州市八幡東区）に転居し呉服商店員になった。35年末頃無共党事件で検挙されるが不起訴。（北村信隆）〔文献〕『広島県社会運動史』、『身上調書』、山木茂『広島県解放のいしずえ』たくみ出版1973

望月　桂　もちづき・かつら　1887（明20）1.11-1975（昭50）12.13　別名・犀川凡太郎、へちま　長野県東筑摩郡中川手村（現・安曇野市）に生まれる。川手小学校、豊科高等小学校を経て松本中学に入学。川手小学校時代に運動会で転倒して右足に障害を負ったが絵画に対する興味は年とともに募り05年中学を中退、上京する。郷里の縁故をたどって美術の道をめざし同年東京美術学校西洋画科に入学。終生友人としてつきあう同期生に池部鈞、岡本一平、藤田嗣治、近藤浩一路、柴田三郎らがいた。10年同校を卒業。卒業制作として「こたつ辺」と「自画像」を残した。郷里の野沢中学の美術教師に就任。しかし1年で退職。しばし郷里で絵の修業を行い12年上京。美校卒業の経歴を隠して印刷・装丁の町工場に就職。かたわら俳句会に参加、句作を楽しんだ。15年小諸の中村ふくと結婚。一膳飯屋へちまを経営。そこに出入りする久板卯之助を知る。久板の『労働青年』に協力、また大正期アナキズム運動の源流の一つとなる北風会に顔を出すようになる。16年創刊の『地上』など清新な雑誌に表紙絵や随想を描く。第1次大戦勃発後の新しい空気を敏感に感じ取り翌17年民衆本位の民衆美術運動を提唱。民衆文学、労働文学を提唱した本間久雄、大杉栄、加藤一夫らとともに民衆本位の芸術運動の創唱者の一人となった。教育、政治、社会事業などとともに広範な領域で広がる民衆本位のあり方を追求することで大正デモクラシーを先導する役割を担った。理念だけでなく平民美術研究会、平民美術協会を結成。労働者、社会主義者の間にも絵画を広めつつ19年黒耀会を結成。翌20年第1回黒耀会美術展を開催、当局の弾圧にもめげず22年第4回まで継続し民衆美術、プロレタリア美術の実践でも先駆をなした。同展には久板のほか大杉、加藤、堺利彦、有島武郎、林倭衛、高村光太郎、馬場孤蝶、島崎藤村、生田春月、宮崎安右衛門ら多くの文人、アナキスト、社会主義者が出品した。この頃から望月はアナキズム運動の実践にも参加。『労働運動』などいくつかの機関紙誌に挿絵などで協力した。23年関東大震災で検束されるが釈放されると帰郷。11月再上京。大杉の遺児、さらに翌24年大杉たちの復讐に立ち上がって逮捕された和田久太郎、村木源次郎ら、また大逆事件に巻き込まれた朴烈、金子文子らの救援に家族ぐるみであたった。運動に関しては農村運動同盟の機関紙第2次『小作人』には23年以降編集・発行人を引き受けて協力。『黒色文芸』（1928）などにも漫画やカットを寄せた。28年読売新聞社に入社、犀川凡太郎の筆名で漫画の社会時評を担当。31年同社を退社。33年から1年ほど平凡社に

在社。以後『信濃毎日新聞』など地方紙に時評的漫画を寄稿。38年漫画雑誌『ジクショー』を創刊、編集にあたった。戦後は郷里で農民組合長、農業会理事に就任するなど農民運動に参加した。55年からほぼ10年松本の松南高校で教員として美術の指導にあたった。添田知道、古河三樹松らの『素面』には表紙絵や随想を寄せた。没後の93年関東大震災70周年に際して「大震災・大杉栄と仲間たち展」が開催され望月の多くの作品が展示され再評価された。なお中村志げは妻ふくの妹で姉妹ともに大正期の赤瀾会に参加した。(小松隆二)〔著作〕大杉栄・望月桂『漫文漫画』アルス1922・復刻版黒色戦線社1972〔文献〕近藤憲二『一無政府主義者の回想』平凡社1965,『美術グラフ』26巻5号1977,小松隆二『大正自由人物語』岩波書店1988

望月 兼吉 もちづき・かねきち ?-? 1919(大8)年東京京橋区(現・中央区)の製本合資会社欧文科に勤め活版印刷工組合信友会に加盟する。(冨板敦)〔文献〕『信友』1919年8月号

望月 欽策 もちづき・きんさく ?-? 1919(大8)年東京牛込区(現・新宿区)の福山印刷所和文科に勤め日本印刷工組合信友会に加盟する。(冨板敦)〔文献〕『信友』1919年10月号

望月 治郎 もちづき・じろう 1912(明45)頃-1937(昭12)11.4頃 別名・秋幸、ペ秋幸 静岡県庵原郡内房村(現・富士宮市)生まれ。25年父が営んだ電器商の倒産によって一家で上京、山谷の労働者街に移り住んだ。労働者の苛酷な生活状況をみて社会問題に関心をもち、東京一般労働者組合城北支部に出入り28年小村俊治に誘われて黒色自由労働者組合に参加した。柄沢理一、沢敬二郎、長谷川武、寺尾実らとともにアナ系オルグとして活躍、29年11月全国自連主催の強権主義批判撲滅演説会では警官隊との取っ組み合いで勇名を馳せた。30年10月鈴木靖之を訪ね理論を学ぶとともに小野長五郎、牟田征紀らと交わるようになった。31年2月芝浦争議を支援、同月に創立された農青社に5人目の社員として参加、4月には静岡へ赴き石川金太郎を通じてアナキズム思想研究会の小松亀代吉、近藤寅雄、沢田武雄、三上由三らと会合し同7月から2カ月余り関西から別府、臼杵までオルグ旅行を敢行した。32年4月運動資金強奪事件で逮捕され懲役1年6カ月の判決で服役、34年1月出所。36年5月農青社事件で逮捕、37年10月懲役1年6カ月の判決で服役直後に倒れて死没。脳梗塞といわれた。(奥沢邦成)〔文献〕大久保貞夫『長野県社会運動秘録』全6巻私家版1948,『資料農青社運動史』,『長野県史』1984,『農青社事件資料集』

望月 辰太郎 もちづき・しんたろう 1899(明32)7.8-1966(昭41)2.3 静岡県庵原郡富士川町岩淵に生まれる。父作太郎は資産家で東京へ進出し菓子舗風月堂を始める。06年富士川町小学校へ入学したがその年赤城小学校へ転校。12年父とともに横浜に移る。早稲田大学に入学したが17年早稲田騒動で退学。以後社会運動に没頭。18年米騒動、20年東京上野の第一回メーデー、本所富士瓦斯紡績争議、21年埼玉県南埼玉郡綾瀬村(現・蓮田市)の小作人社(古田大次郎ら)、22年全国水平社創立大会などに関わる。24年埼玉県北足立郡大宮町(現・さいたま市)に移り、大宮近辺の部落解放運動を進めるべく翌年無差別社をおこし雑誌『無差別』(3号1927まで)を創刊。同人に堂脇次郎、長谷川清、鳴海黒流らがいる。26年1月に結成された黒連に加盟、黒連の応援を得て地元の大宮、浦和その他で盛んに社会問題演説会を開催し、そのつど検束される。演説会の「ぶち壊し」に乗り込んできた大宮の組員長谷川清、聴衆の一人だった大宮駅改札係井上新吉らと演説会がきっかけで同志となる。のちに「大宮の大親分」といわれるようになる片鱗がすでに現れていたのだろう。世話好きで面倒見がよく大宮を通るアナキストは途中下車して望月宅に立ち寄るのが習いであったともいわれる。26年5月全国自連第1回大会では埼玉小作人組合を代表して参加し時間短縮の議案のおり「小作人には時間短縮の運動はない。したがってその運動は必然に現社会組織に対する反逆運動の形を取るに至る」と熱弁を振るった。どこまでも地元大宮での闘いに徹した望月は29年普通選挙第1回の大宮町議選に出馬、37年に当選を果たす。大宮の矢口組など任侠道と連帯したのも反逆の志の発露といえる。33年地方紙『夕刊さいたま』を創刊、同時に印刷所を設立する。同紙は硬軟取り混ぜての編集だったが、35年以降は検閲が厳しくな

り紙面の半分以上白紙ということもあり39年廃刊。戦後の46年布施辰治弁護士らとはかって国民大衆審判会をおこし昭和天皇と皇族を戦争裁判から擁護する運動を始める。「大衆とともに生き、大衆生活の楽土建設のために死ぬ」これが望月の生涯を通じての決意であった。(石田友三)〔文献〕『自連』1号1926.6,『黒色青年』1・4号1926.4・7,『望月辰太郎追憶集』望月兄弟会1972

望月 仁太郎 もちづき・じんたろう ?-? 1919(大8)年東京京橋区(現・中央区)の築地活版所機械修繕科に勤め日本印刷工組合信友会に加盟する。(冨板敦)〔文献〕『信友』1919年10月号

望月 誠一 もちづき・せいいち 1893(明26)12.14-? 別名・政吉 静岡県静岡市葵町(現・葵区)に生まれる。上京し1921(大10)年東京北郊自主会に出入りしたことで警視庁の思想要注意人とされる。東京府北豊島郡西巣鴨町(現・豊島区巣鴨)に住んでいた。(冨板敦)〔文献〕『警視庁思想要注意人名簿(大正10年度)』

望月 ふく もちづき・ふく 1896(明29)12.2-1971(昭46)3.4 小諸市生まれ。中村志げは妹。小諸商工学校に学ぶ。両親が長野市で営んでいた旅館に望月桂が立ちより見染められ15年4月に結婚。二人は東京で小さな印刷所を営み次いで一膳飯屋を始めたが店に出入りする人を通じて桂は労働運動や社会主義運動の活動家たちと知り合うようになった。やがて望月宅はそのたまり場となっていった。妹志げも上京して同居し家事を手伝うとともにやがて運動にも関わるようになる。21年結成された赤瀾会に妹志げとともに参加。同宅には望月の人柄もあってアナキストが多数出入りしその応接に追われた。23年9月関東大震災の時は検束され赤子を抱いて一晩留置場で過ごす。大杉栄虐殺に対する報復テロ事件で入獄した古田大次郎、村木源次郎、和田久太郎らの支援などで運動を支えた。(奥沢邦成)〔文献〕江刺昭子『覚めよ女たち』大月書店1980、近藤真柄『わたしの回想・下』ドメス出版1981、小松隆二『大正自由人物語』岩波書店1988

望月 百合子 もちづき・ゆりこ 1900(明33)9.5-2001(平13)6.9 本名・古川百合 山梨県南巨摩郡五開村長知沢(現・富士川町)に生まれる。望月好太郎、たかの二女として入籍。05年一家は甲府市桜町(現・中央4丁目)へ移り吉田屋という旅館を始める。山梨師範学校付属小学校を卒業後、東京・市ケ谷の成女高等女学校に入るが結核のため休学。この頃アグネス・アレクサンダーの影響を受け平和と平等を訴えるバハイズムに共鳴し雑司ケ谷の秋田雨雀邸での会に参加する。成女に復学、19年に卒業後、同校校長宮田脩の紹介で読売新聞社に入社、訪問記事を多く書く。取材上の便宜から和服に草履をやめ洋服と靴に変え大橋房とともに断髪、モダンガールの走りとなる。この頃ヨーロッパから帰国した石川三四郎と出会う。21年新聞社をやめ早稲田大学哲学科の第1回聴講生となり農商務省の派遣でフランス留学が認められ石川と同じ船で渡欧。石川の紹介でフランスのアナキストたちと知り合う。アナトール・フランスの『タイース』を翻訳し、24年新潮社から出版。25年3月帰国。26年石川とともに農民自治会に参加、婦人部に属する。婦人部には高群逸枝、鑓田貞子、松本正枝らがいた。27年1月『都新聞』紙上で蔵原惟人と論争、アナ・ボル論争の先駆けとなる。戦後蔵原は「望月百合子にはやられたね」と秋山清に語っている。同年5月千歳村(現・世田谷区船橋)に石川が計画したアナキズムの拠点であり土民生活の実践場である共学社にパートナーとして関わる。28年長谷川時雨主宰の『女人芸術』に参加、論文、翻訳を発表、各地で講演。29年11月石川に協力して月刊『ディナミック』を刊行(1934.10まで)、台湾の霧社事件を取り上げた「イチかバチか」(14号)、「リャク」(掠)をこととする自称革命家を痛罵した「私の頁」(54号)など数は少ないが注目された文章を書いている。30年マルクス主義に傾く『女人芸術』にあきたらず高群、松本、八木秋子らと『婦人戦線』を創刊。この年同志古川時雄と結婚ししばらく千歳村に同居。33年四谷区(現・新宿区)へ移り語学教授の仏英塾を開きまた共学社古書部フランス書房でおもにアナ系書籍の通信販売を始めるが経営はうまくいかなかった。38年夫のいる満州の新京(現・長春)へ渡り、『満州新聞』の記者となり大陸文化学園、丁香女塾を開いた。戦後も著述、翻訳、講演などを続け

る。最後まで「アナキズムは怖い思想じゃない。人を差別しない，困っていたら助け合うという一番やさしい思想なの。千年かかろうと，そういう人が少しでも増えれば」と語り続け環境破壊を憂えた。郷里の鰍沢町に記念館がある。（森まゆみ）〔著作〕『大陸に生きる』大和書房1941,『幻のくに』みちの会1964,岡田孝子編『限りない自由を生きる』ドメス出版1988〔文献〕三科恵美子『望月百合子』『朝日新聞』山梨版1976.5.11, 秋山清「文学のアナ・ボル論争2」『黒の手帖』10号1970.10, 写真集『二〇世紀を自由に生きて 望月百合子一〇〇歳の歩み』ドメス出版2000, 小林弘英「望月百合子の100年」『山梨新聞』2000.6.28-7.4

元井 久次郎 もとい・ひさじろう ?-? 新聞工組合正進会に加盟し1924(大13)年夏，木挽町(現・中央区銀座)本部設立のために1円寄付する。(冨板敦)〔文献〕正進会『同工諸君!! 寄附金芳名ビラ』1924.8

元井 宗治 もとい・むねはる ?-? 1919(大8)年東京神田区(現・千代田区)の神田共栄舎文選科に勤め日本印刷工組合信友会に加盟する。(冨板敦)〔文献〕『信友』1919年10・12月号

本木 勇 もとき・いさむ ?-? 飯田豊二主宰の「解放劇場」に秋山清，八木秋子らと参加。1931(昭6)年2月7-8日築地小劇場の第一回公演「ボストン」の美術装置監督を務める。「解放劇場パンフレット」1号およびポスター，チラシの装丁を手がける。その後，松竹映画に入社，44年「陸軍」(木下恵介監督)，46年「歌麿をめぐる五人の女」(溝口健二監督)他多数の美術を担当。(黒川洋)〔文献〕「解放劇場パンフレット」1号同事務所1931.2.7

本橋 福太郎 もとはし・ふくたろう ?-? 1919(大8)年東京神田区(現・千代田区)の三省堂印刷部欧文科に勤め活版印刷工組合信友会に加盟する。20年三省堂の組合幹事を務め信友会本部のゴム印を寄贈。のち小石川区(現・文京区)の博文館印刷所に移る。(冨板敦)〔文献〕『信友』1919年8・10月号，1920年4月号，1922年1月号

本山 茂貞 もとやま・しげさだ 1902(明35)11.27-1978(昭53)2.27 大阪市此花区生まれ。岡山の商業学校を卒業後，大阪に出て店員や工具など転々とする。この間にトルストイの思想に傾倒し，賀川豊彦に私淑するがやがてアナキストとして労働運動に関わるようになった。21年岡山に戻り『岡山労働新聞』を刊行するが筆禍事件に問われ懲役2年執行猶予5年となる。この頃山川均の話を聞いてボル派に傾いた。同年再び大阪に出て大阪メッキ工組合を組織し23年総同盟に加盟。以後大阪で労働運動に取り組み一時共産党に入党。47年片山哲内閣で労働大臣秘書官となった。(奥沢邦成)〔文献〕『大阪社会労働運動史・上下』

本山 信治 もとやま・しんじ ?-? 別名・信一 東京毎日新聞社に勤め東京の新聞社員で組織された革進会に加わり1919(大8)年8月の同盟ストに参加するが敗北。のち正進会に加盟。20年機関誌『正進』発行のために寄付をする。また24年夏，木挽町(現・中央区銀座)正進会本部設立のためにも50銭寄付する。(冨板敦)〔文献〕『革進会々報』1巻1号1919.8,『正進』1巻1号1920.4, 正進会『同工諸君!! 寄附金芳名ビラ』1924.8

モーパッサン Maupassant, Henri René Albert Guy de 1850.8.5-1893.7.6 フランスノルマンディー生まれ。パリ大学へ進んだ直後に普仏戦争が勃発し召集されるが敗走。以後厭戦思想を抱く。海軍省の定員外職員になった頃からフローベールとの交友・師弟関係が深まる。『脂肪の塊』(1880)で文壇の地位を確立するが，『壁』(同)等が風俗紊乱の追及を受けた。独身を貫き海と旅を愛した。梅毒や薬物濫用から身体が蝕まれ自殺未遂後，精神病院に入院し死去。作品は300を超え，鋭い観察による小市民的生活の活写，偽善的なブルジョア社会に対する風刺，厭世観等，自然主義をはじめとする日本の文壇に影響を与えた。辻潤が『頸飾り』(1908)を翻訳。戦前の日本では『女の一生』『ベラミ』『ロックの娘』等の翻訳が発禁になったが，清水孝純は「良妻賢母型女性を志向する社会」での「性の有するアナーキーな力」に検閲が神経をとがらせたことによると発言している。(大本泉)〔文献〕新庄嘉章訳者代表『モーパッサン全集』春陽堂書店1965-66, 清水孝純「フローベール・モーパッサン・ゾラ-大正初期の翻訳 そこで禁圧されたもの」『国文学』2002.7

百島 操 ももしま・みさお 1880(明13)-1965(昭40)3.28 別名・冷泉 佐賀県生まれ。早稲田大学在学中，キリスト教聖書研究グループに参加。植村正久牧師の影響を受ける。東京神学社を中退後，日本基督教

教団の安芸教会(高知)に赴任，10年大阪東教会に招かれる。大阪エスペラント協会の会場として教会を提供，福田国太郎や相坂信らと交遊する。その説教が貧しい者への同情から次第に社会主義に傾斜，トルストイとも文通しトルストイのエッセイを翻訳，礼拝の講壇でもルパシカをまとった。また平野町の夜店で種々の文書やパンフレットを特製の簡易移動式台で販売していた頃に逸見直造，吉三父子と知り合う。一時は共鳴する青年たちも少なくなかったが教会員の支持は次第に失われ25年に大阪東教会牧師を辞任後，大阪堺筋日本橋で社会科学書専門古書店同人協会を開店。ザメンホフ像とマルクス像を並べエスペラント書籍も販売した。同じ頃古本夜店を始めた白井新平に佐野英造を紹介。佐野の共産党入党によりそのシンパとなる。戦後東住吉で書店を経営し自らも共産党に入党。(北村信隆)〔著作〕「婚筵の礼服」『信仰の友』1911.3〔文献〕霜越四郎『大阪東教会五十年史』日本基督教団大阪東教会1931，小林恵一『大阪東教会百年史』同1982，白井新平「反逆の原点，エビス町界隈」『現代の眼』1981.6，『エス運動人名辞典』

百瀬 二郎 ももせ・じろう 1897(明30)2.23-1953(昭28)7.20 別名・エリゼ二郎 長野県東筑摩郡芳川村(現・松本市芳川平田)生まれ。15年松本中学を卒業後，早稲田大学予科に入学するがすぐに慶応大学予科に転じる。この間社会主義運動に投じ大学から退学処分とされる。百瀬が社会主義運動史上に残した最初の足跡は日本社会主義同盟の最年少執行委員・編集委員としてのものであり，同盟の機関誌『社会主義』に論文を発表するなど華々しい活動を展開する。しかし社会主義同盟以後の百瀬の活動は限定された舞台で展開される。特定の組織に属さず特異なサンジカリズム思想を展開したジョルジュ・ソレル，マックス・シュティルナーやジョルジュ・パラントなど徹底した個人主義思想家の翻訳などを『原始』『虚無思想』『虚無思想研究』『ニヒル』などアナ系，ニヒリズム系の雑誌に発表していく。それも昭和に入ると間遠になる。30年1月改造文庫からプレハーノフの『無政府主義と社会主義』の翻訳を出版するが，ニヒリスティックな生活への沈潜がさらに進み運動ともかかわりをもたなくなる。その後郷里へ帰り家督を継ぐがうまくいかず，まとまった養子縁組みも妻に先立たれて破綻し結局東京へ戻る。肝癌で死没。(後藤彰信)〔文献〕山川菊栄「百瀬二郎」『婦人公論』1974.3，椿八郎『鼠の王様』東峰書房1969・『「南方の火」のころ』同1977，小松隆二『大正自由人物語』岩波書店1988

百瀬 晋 ももせ・すすむ 1890(明23)7.5-1964(昭39)4.15 別名・寸々夢，苦果，桃頼 長野県東筑摩郡入山辺村(現・松本市入山辺)に生まれる。松本市の戊戌商業学校卒業。上京して正則英語学校高等受験科に学ぶ。『平民新聞』『直言』『光』などに接して社会主義に近づき07年平民新聞社に給仕として入社。日刊『平民新聞』廃刊後は大阪に赴き『大阪平民新聞』を手伝い荒畑寒村，岩出金次郎，岡本頴一郎，福田武三郎らを知る。08年5月同紙廃刊により上京，荒畑方に寄食。6月赤旗事件で検挙。懲役1年に処され09年8月出獄。千駄ヶ谷の平民社に身を寄せるが10月同社を出て福田と共同生活を始め中央新聞社校正係となる。10年大逆事件がおきると同社馘首，7月大阪の岡本宅に行く。8月検挙は旧大阪平民社にも及び取り調べを受けるが危うく起訴を免れた。のち売文社に入り意匠図案雑文の常任特約執筆家に。14年1月創刊の『へちまの花』の印刷人になる。売文社に依頼された『飲料商報』の編集を担当し発行者高木六太郎の信任を得てこの仕事は昭和以降も続けた。一方12月の近代思想社組織変更の際には編集に名をつらねるが次第に運動の表面には出なくなり，いわゆる南天堂グループの常連として五十里幸太郎，田戸正春，牧野四子吉らと交わり酒も飲めないのに宮嶋資夫に一目置かれた存在だったという。28年創刊のアナキズム文芸誌『矛盾』の表紙デザインもしているがそば近く位置しながらも積極的に加わるというより常に見守る立場にいたといえよう。関東大震災後は玉の井に住む妻に娼家を営ませ自らはイタリアオペラを愛好し，独学のイタリア語は習った牧野文子によればイタリア語文典に精通しイタリア大使館員も驚くほどだったという。戦後は藤沢市に移りそこで死没。(堀切利高)〔著作〕『趣味のコクテール』金星堂1927，『アルプスの少年案内者』精華房1942〔文献〕『社会主義沿革1』，

堀切利高『夢を食う 素描荒畑寒村』不二出版1993,寺島珠雄『南天堂』皓星社1999

桃田 伊三郎 ももた・いさぶろう ?-? 1919(大8)年東京京橋区(現・中央区)の福音印刷会社和文科に勤め日本印刷工組合信友会に加盟する。(冨板敦)〔文献〕『信友』1919年10月号

百田 宗治 ももた・そうじ 1883(明16)1.25-1955(昭30)12.12 本名・宗次、別名・楓花 大阪市西区生まれ。高等小学校卒業。個人教授でフランス語を学ぶ。14年抒情歌集『愛の鳥』出版。この頃詩を書き出す。富田砕花を介し福田正夫、白鳥省吾を知り民主的詩作に移る。15年個人誌『表現』発行(30号まで)。17年加藤一夫主宰誌『科学と文芸』および詩話会に入会。18年詩誌『民衆』に参加するがやがて離れる。19年上京、『解放』編集者となる。21年10月創刊の詩話会機関誌『日本詩人』編集など中央詩壇で活躍。20年『椎の木』創刊、伊藤整、丸山薫、三好達治、岡村須磨子、大関五郎ら同人多数。その後詩に携わりつつ児童の綴方運動に力を注ぐ。句作も多い。44年報道班員として中国へ、帰国後札幌に、戦後は千葉に転居。伊藤らが「百田宗治の会」を開く。(福田美鈴)〔著作〕詩集『最初の一人』短篆社1915,『一人と全体』表現発行所1916,『ぬかるみの街道』大鐙閣1918,『風車』新潮社1922,『静かなる時』同1925,『北風と薔薇』金星堂1926,『漢口風物詩』思明堂書楽房1945, 随筆・評論『新しい詩の味ひ方と作り方』精華堂1925,『詩の本』金星堂1927,『詩の鑑賞』厚生閣書店1928,『自由詩以後』版画荘1937,『路次ぐらし』厚生閣1934,『綴方の世界』新潮社1939

森 石松 もり・いしまつ ?-? 1919(大8)年東京京橋区(現・中央区)の製本合資会社和文科に勤め活版印刷工組合信友会に加盟する。(冨板敦)〔文献〕『信友』1919年8月号

森 鷗外 もり・おうがい 1862.2.17(文久2.1.19)-1922(大11)7.9 石見国(現・島根県)津和野生まれ。明治・大正期の小説家・戯曲家・評論家・翻訳家・軍医。鷗外と社会思想とのかかわりは、すでに衛生学研究のため1884(明17)年からのドイツ留学中にドイツ社会主義労働者党(ドイツ社会民主党の前身)の集会に出席したことがあり、同時にハルトマン哲学を愛読した。そしてハルトマンに影響を与えたヘーゲル左派に属するスチルネルを読み、無政府主義の意味を把握していた。鷗外の社会主義思想への知見は、矢野龍渓『新社会』(1903年)への批判を通じても理解できるが、10年の「大逆事件」の影響・関心は大きかった。彼はその事件の弁護士の一人である平出修に社会主義や無政府主義の概説を示教しており、事件の影響を受けて文学者の立場から『沈黙の塔』(10年11月)・『食堂』(10年12月)などの短編を著しているが、官僚の立場とは両義的であった。(林 彰)〔文献〕小泉信三『鷗外と社会思想』『森鷗外全集』別巻筑摩書房1971,『森鷗外全集』第一巻筑摩書房1971,『現代日本文学大系7 森鷗外集』(一)筑摩書房1969, 中村文雄『森鷗外と明治国家』三一書房1992

森 勝治 もり・かつじ ?-? 兵庫県三原郡(現・洲本市)に生まれる。1929(昭4)年小林一信が神戸の三菱電機製作所を解雇されたことに対して多田英次郎、芝原淳三、山口安二、井上信一、長沢清、笠原勉、佐竹良雄らとともに抗議。同年10月9日三菱電機の修養団反対ビラを無届けで配布したとして出版法違反で検挙される。同年末二審で罰金30円が確定。(冨板敦)〔文献〕兵庫県特別高等課『特別要視察人ニ関スル状勢調べ』(復刻版)兵庫県部落問題研究所1976

森 儀一 もり・ぎいち ?-? 別名・栄儀一・儀市 新聞工組合正進会に加盟して活動。1920(大9)年機関誌『正進』発行のために1円寄付する。(冨板敦)〔文献〕『正進』1巻1・3・5・6号・2巻4・8号1920.4・6・8・9・21.4・8

森 健一 もり・けんいち ?-? 日本印刷工組合信友会に加盟し1921(大10)年末頃、研究社に勤めていた。(冨板敦)〔文献〕『信友』1922年1月号

森 孝一郎 もり・こういちろう 1908(明41)-? 青森県南津軽郡尾上村追子野木(現・平川市)生まれ。高等小学校を経て仙台逓信講習所を卒業。黒石郵便局に勤める。32年頃『ディナミック』や『黒色戦線』などを購読した。35年末頃無共党事件で検挙されるが不起訴。(冨板敦)〔文献〕『身上調書』

森 佐一 もり・さいち 1907(明40)5.3-1999(平11)3.13 別名・森荘已池、森惣一、北小路幻、杜艸一 盛岡市新穀町に生まれる。25年盛岡中学4年の時に宮沢賢治を知る。同年岩手詩人協会を設立し機関紙『貌』を創刊。26年東京外国語学校露語科に入

学。同年『銅鑼』8号から同人となる。27年中退し帰郷、岩手日報社に勤務。同年11月『バリケード』3号に詩を寄稿。29年に『学校』7号に詩「山村食料記録」を寄せる。「農民詩史にとって忘れることのできない一編の型破りの詩」(松永伍一)。この作品はアナ派アンソロジー『学校詩集(1929年版)』にも収録された。44年「蛾と笹舟」「山畠」で第18回直木賞を受賞。敗戦後は宮沢賢治研究家としても知られ賢治関連の著書も多い。(冨板敦)〔著作〕『店頭』三芸書房1940,『宮沢賢治』小学館1943,『私残記』大和書店1943,『山師』新紀元社1946〔文献〕松永伍一『日本農民詩史・中2』法大出版局1969,秋山清『あるアナキズムの系譜』冬樹社1973, 伊藤信吉『逆流の中の歌』泰流社1977

森　茂樹　もり・しげき　?-?　印刷工として日本印刷工組合信友会に加盟。1920(大9)年末には国際印刷株式会社に勤めていた。(冨板敦)〔文献〕『信友』1921年1月号

森　新太郎　もり・しんたろう　?-?　1919(大8)年東京神田区(現・千代田区)の三秀舎文選科に勤め日本印刷工組合信友会に加盟する。(冨板敦)〔文献〕『信友』1919年10月号

森　詮太郎　もり・せんたろう　?-?　1919(大8)年東京京橋区(現・中央区)の築地活版所漢字鋳造科に勤め活版印刷工組合信友会に加盟。同年8月頃,同所同科の組合幹事を一森正吉, 寺沢館太郎と担う。(冨板敦)〔文献〕『信友』1919年8・10月号

森　竹夫　もり・たけお　1905(明38)8.17-1946(昭21)3.10　別名・富田武夫,雪割景一, 富田鷹夫　静岡県榛原郡萩間村黒子(現・牧之原市)に生まれる。18年静岡商業学校に入学。19年榛原中学に転校。24年卒業。萩間村小学校の代用教員となるが腸結核のため療養。27年11月『A CORNER SHOP』を創刊。28年持病が回復。29年4月東洋大学学生の詩誌『白山詩人』系の詩人と新詩人会を結成。本郷区弓町(現・文京区)の下宿を事務所とする。同会の発起人は安藤一郎, 福富菁児, 岩瀬正雄, 伊藤信吉, 草野心平, 北川冬彦, 大鹿卓, 小野十三郎, 岡本潤, 山本和夫ら。新詩人会は後年『労働派』(伊藤, 大江満雄ら)と『弾道』(小野, 岡本, 秋山清ら)に分化する。詩誌『学校』6号に「貧民窟に立ちて」,12月『学校詩集』に「保護職工」を寄せる。32年12月『作詞倶楽部』創刊に山本, 松村又一らと雪割景一名で参加。37年福富の招きで満州へ渡る。敗戦後新京日僑善後連絡処で北満難民救済事業に従事。三男三樹は詩人三木卓。(黒川洋)〔著作〕『保護職工』風媒社1964〔文献〕伊藤信吉『逆流の中の歌』泰流社1977, 岩瀬正雄『僕の文学史』豊橋文化協会1972, 富田てる『命のかぎり』静岡新聞社1985, 上田周二『詩人乾直恵』潮流社1982

森　辰之介　もり・たつのすけ　?-?　本名・荒川芳夫, 別名・辰之助, 荒川芳三　早稲田大学英文科に入学。1928(昭3)年級友の丹沢明, 植田信夫らと『二十世紀』(2号まで)を創刊, 翌年2月鈴木靖之, 星野準二らの『黒色文芸』(2号まで), 塩長五郎の『黒蜂』と合同し無政府主義文芸雑誌『黒色戦線』を始める。創刊号に書いた「農村に関する考察」で「少数の暴力的一揆に依る革命達成の可能性」を否定し「労働者農民大衆の総蜂起への準備」を提唱する。『黒色戦線』は「階級闘争」を認めるか否かをめぐって7号で分裂し森は丹沢, 塩らと新たに『黒戦』を30年2月に創刊する(6号まで)。『黒戦』ではおもに時事評論を書いているが最終号に発表した「無政府主義組織論」は未完だがアナの一部に根強くみられる組織否定論とボルの「鉄の規律」の双方を否定し自由連合主義組織の方法論をさぐる力編である。32年9月日本自協の理論誌をめざして創刊された『黒旗の下に』に参加, 7号に載った「アナキズム現在の諸問題」はこれまでの運動や理論を根源的に問い直そうとしている点で現在にも通じる問題意識が感じられる。アナキズムの新しい理論展開を求めて苦闘した一人だったといえる。(大澤正道)

森　哲博　もり・てつひろ　?-?　1930(昭5)年5月『社会詩人』(落合茂, 鈴木惣之助ら)の同人となる。同年『新興農民詩集』(全国農民芸術連盟)に詩が収載される。33年『足跡』(のち『鉄路』)を肥田伊佐雄, 内藤登志らと創刊した。(黒川洋)〔文献〕杉浦盛雄『名古屋地方詩史』同刊行会1968, 志賀英夫『戦前の詩誌・半世紀の年譜』詩画工房2002

森　徳次　もり・とくじ　?-?　1919(大8)年東京深川区(現・江東区)の東京印刷深川分社第二部印刷科に勤め活版印刷工組合信友会に加盟。のち神田区(現・千代田区)の三秀舎印刷科に移る。(冨板敦)〔文献〕『信友』1919年8・

10月号

森　登志次　もり・としじ　?-?　1919(大8)年東京京橋区(現・中央区)の国光社文選科に勤め活版印刷工組合信友会に加盟する。(冨板敦)〔文献〕『信友』1919年8・10月号

森　博　もり・ひろし　?-?　1919(大8)年東京牛込区(現・新宿区)の秀英舎(市ヶ谷)第二和文科に勤め活版印刷工組合信友会に加盟。同舎同科の組合幹事を担う。(冨板敦)〔文献〕『信友』1919年8月号

森　文雄　もり・ふみお　⇨森利一　もり・りいち

森　由太郎　もり・ゆうたろう　?-?　1919(大8)年東京京橋区(現・中央区)の福音印刷会社印刷科に勤め活版印刷工組合信友会に加盟する。(冨板敦)〔文献〕『信友』1919年8・10月号

森　吉明　もり・よしあき　?-?　1919(大8)年東京深川区(現・江東区)の東京印刷深川分社製本科に勤め日本印刷工組合信友会に加盟する。(冨板敦)〔文献〕『信友』1919年10月号

森　利一　もり・りいち　1903(明36)3.26-1972(昭47)10.2　埼玉県入間郡毛呂村長瀬(現・毛呂山町)に生まれる。小学校卒業後、自宅で農業兼草履製造業に従事。22年埼玉県水平社創立大会に参加。県水が労農党支持に傾くなかで全国水平社解放連盟に加わり県水アナ派の中心メンバーとして活動する。26年『自由新聞』の毛呂村支局を担う。同年12月1日地元の有志約20人と労農党支持連盟反対の声明書を出し6日労農党埼玉県支部連合会発会式では水野利悦、成沢量一、鳴海主計、松永克己ら30余人とやじり検挙される。27年「当時の最大のアナ系組織(約300人)」(宮崎晃)といわれる入間郡水平社を組織し4月30日川越市舞鶴館で創立大会を開き開会の辞を述べ議事進行をつとめる。この大会では議長に小林佐平(入間川水平社、以下「水平社」略)、副議長に大森浪太郎(高萩)、森文雄(長瀬)、議事進行に水村勝之助(入間川)、森(川越)、書記に若狭勝次(三芳野)、大沢信広(柏原)、荻原満三(川越)が就任、演説会では若狭太平(入間郡)、川島甚一(同)、森本武一(桶川少年代表)、高橋玉枝(長野県少女代表)らが演説した。同日夕方、川越市野田水平社での第6回全国水平社大会開催地変更運動全国協議会(全水解系)では開会の辞を述べ進行係を担う。また農民自治会埼玉県連合会にも加盟した。29年4月群馬県新田郡太田町(現・太田市)で平野小剣、沢口忠蔵らと関東水平甦生連盟を創立する。同年全水解が解散した全水第8回大会に参加。33年高松差別裁判糾弾闘争請願行進隊に藤岡亀吉と参加。のち社会大衆党公認で村会議員となる。(冨板敦)〔文献〕『自由新聞』(埼玉)2号1926.2、『全国水平新聞』1・2号1927.7・8、『農民自治』15号1928.2、秋定嘉和・西田秀秋編『水平社運動1920年代』神戸部落史研究会1970、部落問題研究所編『水平運動史の研究5』1972、宮崎晃『差別とアナキズム』黒色戦線社1975、本田豊編『埼玉県水平社運動史年表』埼玉県同和教育協議会1978、『埼玉県部落解放運動史』部落解放同盟埼玉県連合会1984、三原容子「水平社運動における」「アナ派」について」『世界人権問題研究センター紀要』2号1997

森岡　永治　もりおか・えいじ　1885(明18)7.14-1911(明44)1.6　姫路市出身。『寒村自伝』によれば「母一人子一人で人力車夫を業とし、かつて日刊『平民新聞』に『片山先生に告ぐ』の一文をのせ、片山氏の議会政策主義を論難して名を知られた」という。一労働者の名での発表のため(1907.3.7)筆者は誰かで物議をかもしたといわれる。のち竹内善朔、戸恒保三らと麦粒会を結成。分派抗争期には金曜会に属しローレルの『総同盟罷工論』秘密出版にも関与。08年1月金曜会演説事件で検挙、軽禁錮1カ月。6月赤旗事件で再検挙、重禁錮2年。9月千葉監獄に入獄。獄中精神に変調をきたし10年8月出獄後、大連の母のもとに行き入院加療中、井戸に投身自殺した。(堀切利高)〔文献〕『社会主義沿革1』、荒畑寒村「一挿話」『荒畑寒村著作集7』平凡社1976、伊藤英一「森岡永治と明治社会主義　大連に入水せし一社会主義者の詩を中心に」『東海近代史研究』10号1997.4

守岡　和善　もりおか・かずよし　?-?　1919(大8)年東京本所区(現・墨田区)の凸版印刷会社欧文科に勤め活版印刷工組合信友会に加盟する。(冨板敦)〔文献〕『信友』1919年8月号

森岡　秀嗣　もりおか・しゅうじ　?-?　島根県那賀郡石見村(現・浜田市)に住み、1931(昭6)年3月21日アナキストを自称し不敬文書を同郡浜田町に配布、貼付する。のち不敬罪で処罰された。(冨板敦)〔文献〕『昭和7年自1月至6月社会運動情勢　名古屋・広島控訴院管内』東

洋文化社1979

森岡　基純　もりおか・もとずみ　?-?　1919(大8)年東京牛込区(現・新宿区)の秀英舎(市ヶ谷)第一和文科に勤め活版印刷工組合信友会に加盟する。(冨板敦)〔文献〕『信友』1919年8・10月号

森岡　守三　もりおか・もりぞう　?-?　1919(大8)年東京深川区(現・江東区)の東京印刷深川分社製本科に勤め日本印刷工組合信友会に加盟する。(冨板敦)〔文献〕『信友』1919年10月号

森川　松寿　もりかわ・しょうじゅ　1888(明21)1.5-1932(昭7)12.25　別名・血風生　神奈川県津久井郡沢井村(現・相模原市)に生まれる。01年大日本普通学講習会に入会。東京生盛薬館横浜支部行商員となる。06年5月成績優秀で一等行商員に進級。いつ平民社の運動に近づいたのか不詳だが05年8月『直言』に「五日間の運動」を報告する。8月12日に平民社を訪れ近村を伝道に歩いた記録で、また「社会主義ニ関スル冊子取次販売」もしたという。08年5月徴兵検査、12月近衛野砲兵連隊に入営。「入営後に時々幸徳伝次郎等ト会見」していたが、09年6月20日「兵役ハ国民ノ義務ニ非ズ。兵役ハ吾ノ恥トスルトコロナリ。戦争ハ罪悪ナリ」の一文を残し脱営。25日釜山近傍で逮捕。懲役5カ月に処せられ7月姫路の陸軍懲治隊に送られる。10年5月除隊。13年7月大杉栄宅を訪れ荒畑寒村を交えて懇談。この時のことを描いたのが寒村の小説「或る男の影」(『近代思想』1913.9)である。7月中旬上海に赴き討袁世凱軍鳳山司令部に投じ戦争に参加するが、8月下旬帰国。15年結婚。以後北海道、樺太、沿海州と転じ各種職業に従事するが樺太の名好郡両柵丹で死没した。(堀切利高)〔文献〕『社会主義沿革1』、吉岡康『除籍謄本を読む　森川松寿の生涯』私家版1995、同『森川松寿の生涯　補遺』声1997

森川　武美　もりかわ・たけよし　1903(明36)-?　北海道雨竜郡深川町蓬莱町(現・深川市)で建具商として生活。岩佐作太郎の影響を受ける。旭川市に出て山下昇二の旭川一般労働組合に参加。北海黒連に加盟。小熊秀雄と交際。27年8月29日北海日日新聞社を訪問。「先日の西山六郎らの不敬事件は、貴社記者の密告が発端であると言われるから、その記者に面会したい」と要求。これが恐喝とされ11月14日旭川区裁で拘留10日の処分を受ける。28年特別要視察人乙号(無政府主義)に編入される。その後墨崎信とともにボルに転換。30年4月反帝同盟旭川支部を組織し『反帝ニュース』を発行。夏、戦旗旭川支局を設立。9月旭川出版労働組合を組織し常任書記となる。11月市内印刷所争議を指導。12月検挙され31年10月札幌地裁で懲役3年、32年2月札幌控訴院で懲役3年の判決を受けた。その後帯広で生活。敗戦後労働運動に復帰。(堅田精司)〔文献〕『特別要視察人・思想要注意人一覧表』北海道庁警察部1928、『思想輯覧2』、『本道ニ於ケル左翼労働組合運動沿革史』北海道庁1931、『特高月報』1942.12、『北海タイムス』1931.6.15号外

森熊　ふじ子　もりくま・ふじこ　1911(明44)2.3-1981(昭56)4.26　旧姓・伊藤、別名・伊藤朱美、村田昌子、伊藤まさ子　山梨県北巨摩郡清哲村折居(現・韮崎市清哲町)に生まれる。甲府第一高等女学校卒業後、29年上京し府下千歳村(現・世田谷区船橋)の石川三四郎宅に約9カ月寄寓する。石川と同居していた同郷の望月百合子を頼ってきたらしい。当時、石川宅にはほかに奥谷松治がいた。画家志望だった森熊は石川の没後に寄せた「先生の想い出」(『不尽一』共学社1957)で石川の優しさと寂しさを語っている。森熊はその後石川の世話で上野松坂屋美術部へ入るが、やがて共産党のシンパとなり31年から小林多喜二と同居する。多喜二の死後、34年日本プロレタリア美術家同盟の漫画家森熊猛と結婚。多喜二の『党生活者』に出てくる「笠原」あるいは「伊藤ヨシ」のモデルではないかといわれるが当人は多喜二については沈黙を通した。(大澤正道)〔文献〕沢地久枝『完本昭和史のおんな』文芸春秋2003

森崎　栄三郎　もりさき・えいざぶろう　?-?　1919(大8)年東京小石川区(現・文京区)の江戸川活版所文選科に勤め活版印刷工組合信友会に加盟する。(冨板敦)〔文献〕『信友』1919年8月号

森下　健　もりした・けん　?-?　1919(大8)年東京京橋区(現・中央区)の築地活版所文選科に勤め活版印刷工組合信友会に加盟する。(冨板敦)〔文献〕『信友』1919年8・10月号

森下　藤一郎　もりした・とういちろう　1879

(明12)2.14-?　静岡県周智郡三倉村大河内(現・森町)生まれ。1912年頃三倉村の小野才十郎家に養子縁組，以後小野藤一郎を名乗る。1897年から大河内尋常小学校雇員，1904年森町尋常小学校准訓導に就くも数年で退職。同郷の中川栄太郎とともに幸徳秋水，片山潜，石川三四郎らの書物に親しみ幸徳，片山らとの交友，文通があった。秋水，片山からの森下宛書簡が現存し，うち秋水からの1通は大逆事件の逮捕直前の1910年5月11日付，湯河原天野屋発。秋水の湯河原雑吟と題する5首の漢詩が認められている。森下も漢詩・和歌をたしなみ片山主宰の『社会新聞』に数種の漢詩を寄せた。秋水逮捕により森下も警察の取調を受けたが片山との文通は継続し，秋水刑死に際し「春夜想幸徳先生」，「追悼」の2首の漢詩を書いた。(廣畑研二)〔文献〕『森町史 資料編4近現代』1995，『森町史 通史編下巻』1998，杉山金夫著・田村貞雄編『静岡県社会運動史研究』2004

守下 日吉　もりした・ひよし　?-?　別名・森下日吉　福岡県浮羽郡に生まれる。上京し東京水平社(全国水平社解放連盟)，江東自由労働者組合に所属。江東自由の埼玉県出身の水平社同人とともに深川区富川町(現・江東区森下)を中心に活動する。全九州水平社在京同人会の中心メンバーだったと思われる。1926(大15)年5月メーデーで関東自由労働者組合連合，江東自由を代表して演説し住田六郎とともに言辞不穏で愛宕署に検挙され拘留29日となる。同年9月立川での水平社演説会に参加，11月京都府東七条解放連盟創立大会で検束される。27年2月東京印刷工組合第4回大会，4月長野県水平社第4回大会，入間郡水創立大会，6月下関市での山口県水解創立大会で登壇。同年9月『全国水平新聞』3号の消息欄に「守下日吉君と水平社解放連盟は何の関係もありません」と報じられるが詳細は不明。(冨板敦)〔文献〕『水平月報』14・18号1925.10・26.4，『黒色青年』3号1926.6，『自連』1・6・8・9.10号1926.6・11・27.1・3，『全国水平新聞』1-3号1927.7-9，古賀誠三郎『いばらと鎖からの解放』明石書店1978

森下 美之作　もりした・みのさく　?-?　1919(大8)年東京本所区(現・墨田区)の凸版印刷会社差換科に勤め活版印刷工組合信友会に加盟する。(冨板敦)〔文献〕『信友』1919年8月号

森下 八三雄　もりした・やさお　?-?　京都府出身。小学校教諭。1914(大3)年7月上田蟻善発行『へいみん』の発行や配布などを岩崎革也，吉見二郎らと手伝い，このグループに加わる(同誌は翌年6月第2巻第4号で休刊)。14年3月と7月の休暇中に大阪の横田涼次郎方に出入りしアナキズムを啓発されたといわれている。15年5月『煙』を発行。横田の紹介で長谷川市松を知り親交したが長谷川は愛媛へ転住し，15年9月頃横田は名古屋に転住するなどそれぞれ離散した。16年9月小学校を退職，同年12月大阪に転居した。その後の活動は不詳。教員から新聞記者になった本郷基継は森下からアナキズムの感化を受けたとされる。(北村信隆)〔文献〕『社会主義沿革1』

森下 喜信　もりした・よしのぶ　⇨福島清ふくしま・きよし

モリス　Morris, William　1834.3.24-1896.10.3　英国エセックス州の資産家の家に生まれる。少年時代から近くの中世建物や小教会などゴシック建築に興味をもち，53年オクスフォード大学に入ってからも常にノートを持ち建築の細部をスケッチしていた。大学で生涯の友バーン・ジョーンズと知り合う。54・55年に北フランスに2度旅行しアミアンなどゴシック建築の大聖堂を訪れる。また幼少期からの自然への熱心な観察は後年動植物の木版を彫り石を削り粘土をこねる仕事につながっていく。59年レッドハウスの建設，61年モリス・マーシャル・フォークナー商会，75年モリス商会の発足と集団的な協同作業に携わり続ける。53年ジョン・ラスキンの著作に出合い，以後終生師と仰ぐが，ラスキンが思い描く中世の装飾芸術の生きている社会の回復をモリスは具体的にステンドグラス，壁紙，更紗，印字法といった細部において実現していく。76年修復工事という名の古建築物破壊を防ぐための団体を組織し，また公開講演「装飾芸術」を皮切りに以後20年間に600回以上に及ぶ講演活動に従事する。それはデザイナー，文士の余技ではなくモリスの運動の思想そのものであった。その土台を支えているのが社会の根元は自然にあるというウィリアム・ゴドウィン，ラスキンにつながる発想である。モリスの仕事はアールヌーヴォーの

装飾的主題が植物，動物，鳥をモチーフとしていることと連動しながら，この自然の生は個に根ざしている意味でアナキズムと共振していた。モリスは社会民主連盟(1884創設)ではアナキズムと真っ向から対立するが94年アナキストの訴訟事件では証人として出廷し弁護を引き受けているし，クロポトキンとは親密な間柄であった。84・85年と北イングランドのミルソープにエドワード・カーペンターを訪れ「真の生活を楽しむ方法」に心動かされる。アイスランド旅行(1871・73)を含むアイスランド・サガへの深い理解，マルクス『資本論』の真剣な読書(1883)，ケルムスコット・プレスでの中世『チョーサー作品集』出版(1887)のようにモリスの多面性は一つにくくることが難しい。しかし制作する人にも使用する人にも幸せなものを意図したモリスのパターンデザインは自然の成長感に根ざしていた。日本では大正デモクラシーから昭和初期にかけて社会主義運動のなかで労働理論の観点から大熊信行の先駆的な仕事『社会思想家としてのラスキンとモリス』(新潮社1927)が生まれ，他方で柳宗悦に代表される民芸運動とモリスの思想は共鳴し合っていた。下手物(柳宗悦)，小芸術(モリス)は限界芸術(鶴見俊輔)への貴重な手がかりを与えてくれる。(山口晃)〔著作〕堺利彦訳『理想郷』平民社1904, 矢口達訳『地上楽園』国際文献刊行会1926, 布施延雄訳『無何有郷だより』平凡社1929, 本間久雄訳『新時代の曙』同1929, 中橋一夫訳『民衆の芸術』岩波文庫1953, 松村達雄訳『ユートピアだより』同1968, 内藤史郎訳『民衆のための芸術教育』明治図書出版1971, 生地竹郎訳『ジョン・ボールの夢』未来社1973, 小野二郎訳『世界のかなたの森』晶文社1979, 小野二郎ほか訳『ウィリアム・モリス・コレクション』全7巻晶文社2002・03〔文献〕本間久雄『生活の芸術化』東京堂1925, 『モリス書誌』東京キリアム・モリス研究会1934, モリス生誕百年記念協会編『モリス記念論集』川瀬書店1934, 大槻憲二『モリス』研究社1935, 森戸辰男『オウエン，モリス』岩波書店1938, ニコラス・ペヴズナー『モダン・デザインの展開 モリスからグロピウスまで』(白石博三訳)みすず書房1957, マルティン・ブーバー『もう一つの社会主義』(長谷川進訳)理想社1959, 小野二郎『ウィリアム・モリス研究』晶文社1986, フィリップ・ヘンダーソン『ウィリアム・モリス伝』(川端康雄ほか訳)同1990

森澄 猪介 もりずみ・いすけ ?-? 芝浦製作所に勤め芝浦労働組合に加盟。1924(大13)年9月，同労組の本部図書部に『工場委員制度』1冊を寄贈する。(冨板敦)〔文献〕『芝浦労働』2次2号1924.11

森田 綾雄 もりた・あやお 1900(明33)2.8-1979(昭54)8.31 岡山県久米北条郡打穴村(現・久米郡美咲町)生まれ。父の仕事の関係で大阪に出て，関西大学を卒業。米騒動を見て社会的に開眼。心臓を悪くして帰郷し岡山市に住む。加藤一夫，岩佐作太郎，近藤憲二らと接触，クロポトキンの『青年に訴ふ』に深い感銘を受け実践衝動にかられる。21年頃社会運動家やアナキストたちのたまり場になっていた岡山市上之町(現・表町)の靴屋天華洋行岡山支店に出入りする。翌22年加藤，佐野袈裟美，新居格らを招いた中国民報社後援の文芸講演会に参加しこれを機に岡山無名作家連盟を発足。上京後ロシア文学者尾瀬敬止の紹介で日露芸術協会の事務員として働く。吉行エイスケや辻潤と交わり布施辰治の法律事務所や築地小劇場に出入り。のち再び体を悪くして帰郷。農民運動や演劇サークルなど，さらに日本プロレタリア作家同盟岡山支部や文化団体協議会(岡山コップ)で活動。30年頃同人雑誌『鋲』の編集兼発行人となる(3号まで)。33年小林多喜二追悼会を地元で開きのち52年頃倉敷で鉄工所を経営。(北村信隆)〔文献〕『岡山県社会運動史』，『岡山県社会運動史研究会会報』20号1989.3

森田 一二 もりた・かつじ 1892(明25)10.9-1979(昭54)9.11 別号に森田森の家・山村浩 金沢市生まれで鉄道省に勤めた。同郷の徳田秋声に師事。井上剣花坊・川上日車・木村半文銭らと交わり，名古屋在勤中の1922(大11)年に『新生』を独力で創刊し伝統川柳の革新を宣言。これに刺激を受けて日車・半文銭の『小康』，田中五呂八の『氷原』が創刊され，五呂八は森田を川柳革新運動の先駆者とした。26年『氷原』誌上で「吾が同志への挑戦」を発表してマルキスト文学者としての立場を鮮明にして，五呂八らのアナキズム基調を批判，鶴彬が師事することになった。27(昭2)年白石維想楼の『川柳人』編集人辞任から井上信子の懇請を受けて同誌の編集に携わる。戦中はプロ派壊滅とともに沈黙，戦後も『川柳人』にわずかな作品を載せたにとどまる。〈ジッと見る

なかに一筋槍の先〉などの句がある。(一色哲八)〔文献〕谷口絹枝『蒼空の人井上信子』葉文館出版1998、坂本幸四郎『雪と炎のうた』たいまつ社1977、山本祐・坂本幸四郎『現代川柳の鑑賞』たいまつ社1981

森田 亀之助 もりた・かめのすけ ?-? 1919(大8)年横浜の福音印刷合資会社に勤め横浜欧文技術工組合に加盟して活動。同組合設立基本金として2円寄付し同社の組合理事を務める。(冨板敦)〔文献〕『信友』1919年8・10月号

森田 源蔵 もりた・げんぞう ?-? 横浜毎朝新報社に勤め横浜印刷技工組合に加盟。1921(大10)年3月12日同社の減給拒絶闘争を26名で闘い勝利する。(冨板敦)〔文献〕『信友』1921年4月号

森田 小一郎 もりた・こいちろう ?-? 別名・耕、耕一郎 新潟市田中町に生まれる。東京で文選工として腕を磨き帰郷。大正末頃新潟民報社で山口健助に出会う。1926(大15)年末頃自宅で須藤蔀、丸山直臣、平沢貞太郎、村井竜太郎、相馬三郎、森山啓、山口らとアナキズムの研究をしていた。「当時新潟におけるもっとも進歩的なアナーキズムの先覚者であった」(山口)。27年9月須藤、山口、平沢、村井、丸山、相馬らと新潟一般労働者組合を組織。28年丸山とともにマルクス主義に傾き3月全国自連第2回続行大会を機に新潟一般を離れた。(冨板敦)〔文献〕『自連』19号1927.12、山口健助『風雪を越えて』印友会本部1970、山口一枝編『篝火草』私家版1977、山口健助『青春無頼』私家版1982

森田 五郎 もりた・ごろう ?-? 1919(大8)年東京京橋区(現・中央区)の築地活版所印刷科に勤め活版印刷工組合信友会に加盟する。(冨板敦)〔文献〕『信友』1919年8・10月号

森田 重次郎 もりた・しげじろう ?-? 1932(昭7)年に農本連盟に加わり同連盟発行の『農本社会』1巻1号(1932.2)に「小作争議の一場面としての立入禁止問題について」、1巻3号に「小作調停法に就て」、1巻7号(最終号)に「ロシアに於ける土地法に就て」を発表している。(川口秀彦)〔文献〕犬田卯『日本農民文学史』農山漁村文化協会1958

森田 心太 もりた・しんた ?-1930(昭5)8.1 本名・新吉 東京月島の生まれ。1921(大10)年頃から医学書籍専門の印刷会社杏林舎の印刷工として働く。死ぬまでの15年間井上剣花坊の『大正川柳』と改題『川柳人』の同人を通し、その指導は白石維想楼(朝太郎)から受けた。句会では反論と議論を起こし剣花坊に叱られ涙することがあったという純真な心の持ち主で、柳樽寺川柳会の名物男とされた。アナキストとしての活動歴は不明だが、自分の組織として「不忍会」をもっており逮捕歴もあった。その時期と川柳歴からすれば、印刷工労働運動の先頭に立ちストを指導していた維想楼の近辺にいた可能性が高い。舎内で文芸同人誌を主宰する前田盗閑を『川柳人』同人に誘う。文章として見ることができるものに、維想楼が27(昭2)年7月に『川柳人』の編集を一旦離れた際に「白石維想楼へ」で、隔号でもよいから句を投じよ、としたものがある。とりわけ島田欣子に与えた影響は大きい。『川柳人』への投句が途切れた時、同誌の「消息欄」には決まって「心太氏は病臥中」とある。心太の追悼号となった234号(昭5.9)に剣花坊の妻信子は「心太さんの姿」で、「心太さんは思想的にも、アナ系の方では可成深刻に根を下して居た、好きなお酒も同士の集まりの日には一切禁酒であった」と悼んだ。(一色哲八)〔著作〕『新興川柳集ひらめき』柳樽寺川柳会1940〔文献〕利岡中和『真人横川省三伝』大空社1996、幕内満雄『獅子の夢』叢文社2001、井之川巨『君は反戦詩を知ってるか』皓星社1999、谷口絹枝『蒼空の人井上信子』葉文館出版1998、『川柳人』1933-1938、『輝ク』1934-1936

森田 辰太郎 もりた・しんたろう ?-? 1919(大8)年東京神田区(現・千代田区)の神田印刷所鉛版科に勤め日本印刷工組合信友会に加盟する。(冨板敦)〔文献〕『信友』1919年10月号

森田 盛次 もりた・せいじ 1892(明25)頃-1945(昭20) 1918(大7)年上原友定、西川金次郎、岡本民造らとともに自立的労働組合の結成をめざし自宅でグループを形成する。翌19年11月京都市松原大宮西入の蛭子倶楽部で印友会を正式発足させ幹事長に選ばれる。野村卯之助、西口弥一、城増次郎らも参加。事務所は京都市三ノ宮町通七条上ルの森田方に置かれた。20年2月アナ系の東京信友会と提携したが未加入の友愛会とも友好関係をもった。22年5月京都印刷工組合創立に参加し同組合の事務所を自宅

に置いたが,以後めだった活動はない。晩年,印刷機械のブローカーをして生活をしていたが敗戦直後自ら起こした火災事故にて焼死したという。(北村信隆)〔文献〕『印刷工連合』4号1923.9,勝山英輔『あけぼの 京都印刷出版労働組合運動小史』『全印総連』連載1959,『京都・解放のいしずえ』京都解放運動戦士の碑維持委員会1983,大江音人「京都印刷工組合の人々1」『虚無思想研究』17号2001

森田 成醇 もりた・せいじゅん ?-? 1919(大8)年東京京橋区(現・中央区)の福音印刷会社和文科に勤め日本印刷工組合信友会に加盟する。(冨板敦)〔文献〕『信友』1919年10月号

森田 善吉 もりた・ぜんきち ?-? 1919(大8)年東京京橋区(現・中央区)の中屋印刷所印刷科に勤め活版印刷工組合信友会に加盟する。(冨板敦)〔文献〕『信友』1919年8・10月号

森田 辰夫 もりた・たつお ?-? 1928(昭3)年3月21日岩手の同志5,6人で和田久太郎追悼会を開く。「生前お会ひしたこともなく,また久さんに就いてはよく存じませんが『獄窓から』による久さんの人となりなどを話しあひました」と『小作人』(3次15号)に寄稿する。(冨板敦)〔文献〕『小作人』3次7・10・15・17号1927.8・11,28.5・7

森田 虎雄 もりた・とらお ?-? 別名・守田虎尾 兵庫県多紀郡(現・篠山市)に暮し1924(大13)年啓明会に参加。25年に下中弥三郎の講演会を開く。同年,大西伍一,池田種生,難波忠雄らの『あをぞら』の同人となる。26年農民自治会全国連合に加わり兵庫県代表の農自全国連合委員を奥谷松治,大西,池田とともに務める。同年7月16日の農自小委員会で宣伝・組織・連絡担当兼,教育・研究・調査担当に選出。当時荏原郡世田ヶ谷町(現・世田谷区)若松に暮らしていた。(冨板敦)〔文献〕『あをぞら』2号1925.11,『自治農民』1・4・5・6号1926.4・8・9・11,『農民自治会内報』2号1927,竹内成国『農民自治会』『昭和2年版解放運動解放団体現勢年鑑』解放社1927,大井隆男『農民自治運動史』銀河書房1980,小林千枝子『教育と自治の心性史』藤原書店1997

守田 正義 もりた・まさよし 1904(明37)8.24-1992(平4)6.7 東京市芝区桜川町(現・港区)生まれ。小学校入学後弱視のため退学し個人教授で学習。12歳で東京盲学校に入学,エロシェンコと知り合い親交し,紹介を受けた秋田雨雀に影響を受けた。トルストイ,クロポトキンを読み伊藤証信にも出会う。やがて加藤一夫や大杉栄に学ぶ一方,16歳からピアノと音楽を学びピアニスト志望から作曲家としての道を進むようになった。21年暁民会の高津正道,三田村四郎らの影響でアナキズムから離れマルクス主義へ傾いた。盲学校卒業後しばらくは大阪で争議の支援,エスペラント活動など3年ほど取り組み27年前衛芸術家同盟,28年ナップに加盟。以後プロレタリア音楽運動で活躍した。(奥沢邦成)〔著作〕『音楽論』三笠書房1937,『近代音楽』みすず書房1950,『音楽のうけとり方』光の友社1955〔文献〕西尾治郎平・矢沢保編著『日本の革命歌』一声社1974,矢沢保『自由と革命の歌ごえ』新日本出版社1978,矢沢寛編『守田正義の世界』みすず書房1981,『エス運動人名事典』

守田 有秋 もりた・ゆうしゅう 1882(明15)3.5-1954(昭29)1.28 本名・文治 岡山県児島郡灘崎村(現・岡山市)に生まれる。両親の離婚後幼くして母のもとを離れ同郷の先輩秋山定輔家で育つ。97年錦城中学4年の時秋山を頼って上京した山川均と知り合う。00年3月山川らと『青年の福音』を創刊。5月3号の「人生の大惨劇」が山川の「苦笑録」とともに皇太子成婚を批判したため起訴され両人とも不敬罪で重禁錮3年6カ月,罰金120円,監視1年に処される。このため東京専門学校政治経済科を中退。04年出獄。翌年秋山の二六新報社に入る。06年12月日刊『平民新聞』編集員となった山川が上京,再び交流が密になり社会主義運動に参加していく。07年9月金曜講演始まり幸徳秋水筆の金曜社の表札が守田宅にかけられる。この年『世界婦人』『家庭雑誌』『日本平民新聞』に寄稿。08年1月守田講演の金曜講演はいわゆる屋上演説事件となるが検挙を免れ『日本平民新聞』に「金曜講演迫害記」を報じ次いで2・4月両毛同志大会に参加。6月赤旗事件がおこるとただちに幸徳に打電,『熊本評論』に「赤旗事件公判筆記」など詳細な報告を執筆し翌年の『家庭雑誌』復刊には堀保子を支えて編集にあたるなど堺利彦,山川,大杉栄らの入獄中よく後衛の任を果した。しかし幸徳とは幸徳の恋愛問題が原因で離れる。大逆事件では2度の家宅捜索を受けたが検挙を免れ以後運動から離れ

た。15年12月『世界新聞』(『二六新報』改題)特派員としてヨーロッパに赴く。21年帰国。6月赤瀾会講演会、7月同夏期講習会に講師として参加。24年二六新報社を退社、以後著述に従う。37年平凡社に入社。39年中国青島に渡るが病気のため42年帰国。(堀切利高)〔著作〕感想集『自然と人』博盛堂1910、創作集『木の葉のさゝやき』日吉堂本店1915、『瑞西より』同1918、『自由恋愛と社会主義』文化学会出版部1925、『燃ゆる伯林』平凡社1930、『戦争随筆』人文書院1938〔文献〕『山川均自伝』岩波書店1961、『主義者人物史料1』、石原通子「守田有秋の『九州の婦人よ』を読む」『熊本評論』の女」家族史研究会1989、堀切利高「守田有秋のこと」『初期社会主義研究』8号1995、『エス運動人名事典』

森田 理喜蔵 もりた・りきぞう 1902(明35)-? 大阪で育つ。大阪製鉄所、日本製鋼所室蘭工場を経て東京瓦斯電気工業に勤務。26年6月函館時事新聞社に入社。10月所蔵する加藤一夫の著書『救のない人生』の余白に「宮城の屋根に火が放いた…皇太子の心臓が刺したい」などと虚無的な文章を書きこむ。その後室蘭郵便局に勤務。27年労働農民党室蘭支部に参加。28年4月5日治安維持法違反容疑で検挙されるが共産党とは無関係と判定され27日釈放される。しかし昔の落書きが問題となり不敬罪容疑で取り調べを受ける。5月15日不敬罪事件は起訴猶予となる。特別要視察人乙号に編入され視察を受けたが30年思想要注意人に編入替えとなる。室蘭市役所の書記として生活。(堅田精司)〔文献〕『北海道ニオケル日本共産党事件顚末』北海道庁警察部特別高等課1928、『特別要視察人・思想要注意人一覧表』北海道庁警察部1929、『不敬事件1』、『札幌控訴院管内社会運動概況』2輯1930.11

森近 運平 もりちか・うんぺい 1880(明13)10.23-1911(明44)1.24 別名・覓牛、志逸散人、覓坊、無漏禅 岡山県後月郡高屋村(現・井原市)に生まれる。00年岡山県農学校を卒業後、大蔵省専売局、岡山県庁に勤務、農政を担当する。官僚機構の末端で小作人と地主との関係について考えていたが、幸徳秋水の『社会主義神髄』により土地の公有制を知り社会主義思想に近づく。04年4月週刊『平民新聞』の読者を集め岡山いろは倶楽部を結成。会員には増原長治、田岡嶺雲、茂原一次らがいた。同年12月県職員の地位を追われる。東京での平民社の運動に対する弾圧が強まるなか関西での活動を求める声が高まり、05年3月森近を中心に大阪平民社が設立された。しかし警察の弾圧により同年10月閉鎖し上京して平民舎ミルクホール経営、普選運動、市電値上げ反対運動、『光』の編集などに携わる。06年2月日本社会党評議員、幹事となる。07年1月日刊『平民新聞』売捌主任となる。同年2月社会党内の議会政策派と直接行動派の対立に際し堺利彦とともに折衷案をとる。日刊『平民新聞』廃刊後、5月大阪に戻り宮武外骨らの社会主義研究会の顧問に迎えられ『活殺』を編集発行するが内部対立で廃刊。6月宮武の援助で『大阪平民新聞』(11号1908.5から『日本平民新聞』と改題)を刊行し大阪平民社を再建する。08年7月新聞紙条例違反で2カ月の禁錮刑となる。出獄後上京し幸徳の周辺にいたが運動の急進化に対する疑問や生活難を理由に帰郷し園芸に従事する。10年6月大逆事件の取り調べを受けた。容疑は07年11月幸徳宅で大石誠之助、松尾卯一太らと「決死の士による暴力革命をおこす謀議」を行ったというものであった。取り調べでは談笑のなかで漠然とした思想が出されたにすぎないと述べたが天皇制は迷信だと宮下太吉に話した思想そのものが犯罪という理由から死刑判決を受け処刑された。(西山拓)〔著作〕『産業組合手引』吉田書房1904、『社会主義綱要』(堺利彦と共著)鶏声堂1907〔文献〕神崎清編『大逆事件記録1』実業之日本社1950、山川均『ある凡人の記録』朝日新聞社1953、吉岡金市『森近運平』日本文教出版1961、あまつかつ『父上は怒り給いぬ』関西書院1972、神崎清『大逆事件』全4巻あゆみ出版1976・77、『岡山県社会運動史』、『森近運平研究基本文献・上下』同朋社出版1983、荒木伝「なにわ明治社会運動碑・下」柏樹書房1983、福田計治「社会主義者森近運平の生涯」『高農百年史』岡山県立高松農業高等学校百周年記念事業実行委員会1999

森近 繁 もりちか・しげ 1881(明14)12.16-1914(大3)7.29 旧姓・弓削 岡山県浅口郡三和村(現・浅口市)に生まれる。大逆事件で処刑された森近運平の妻。運平とは生石高等小学校で同級生。02年岡山県庁に入り同僚の運平と結婚。運平は社会主義思想の影響を受け県庁を免職となり04年には週刊『平民新聞』読者を集めて岡山いろは倶

楽部を結成し自宅を提供している。その後も大阪や東京へ出かけ平民社の社会主義運動の中心人物となって活躍したが，繁はそれを支えた。09年春運平が運動から離れ岡山県後月郡高屋村(現・井原市)で園芸栽培に従事するとそれを手伝った。10年6月運平が大逆事件に連座したのちも温室栽培に従事していたが運平が処刑されたあと離縁された。11年6月21日要視察人の対象とされた。結核により死没。〔西山拓〕〔文献〕吉岡金市『森近運平』日本文教出版1961，『森近運平研究基本文献・上下』同朋舎出版1983

森近 栄子　もりちか・ひでこ　1897(明30)2.21-1975(昭50)12.1　岡山県後月郡高屋村(現・井原市)に生まれる。大逆事件で処刑された森近運平の妹。1961(昭36)年大逆事件に連座し25年間在獄した坂本清馬とともに再審請求をしたが65年棄却され，最高裁への特別抗告も棄却された。しかしこの請求は大逆事件の捏造を主張するものであり多くの人々に事件についての関心を向けさせた。〔西山拓〕〔文献〕吉岡金市『森近運平』日本文教出版1961，大逆事件の真実をあきらかにする会編『大逆事件を生きる』新人物往来社1976

森近 良平　もりちか・りょうへい　1885(明18)7.6-1922(大11)頃　岡山県後月郡高屋村(現・井原市)に生まれる。大逆事件で処刑された森近運平の実弟。事件後遺族慰問の旅に出かけた堺利彦が高屋村で良平に会った。堺は良平に関して意思が固く立派な同志であると認めている。20年眼の治療のために上京した際に堺宅に滞在。高屋で織物会社の重役をつとめていたが失明したために退職。その後高屋労働大学の看板を掲げ青年たちに被抑圧者が自らを解放する知識を得るための学問を講義したという。運平の獄中書簡をノートに書きとめ，後世に残した。〔西山拓〕〔文献〕『新社会評論』1920.5・7，吉岡金市『森近運平』日本文教出版1961，『社会主義沿革1』

森戸 辰男　もりと・たつお　1888(明21)12.23-1984(昭59)5.28　福山市生まれる。14年東京大学法科大学経済学科を卒業。16年東大経済学科助教授，19年新設の経済学部助教授。19年同学部の機関誌『経済学研究』創刊号に「クロポトキンの社会思想の研究」を寄稿。これが危険思想だとして文部省と大学が問題視し辞職を求められたが拒否。20年1月10日経済学部教授会が森戸の休職を決議。さらに司法省により告発され，同月14日起訴，新聞紙法違反で禁錮3カ月罰金70円を科され大学を追われた。雑誌の発行人である同学部助教授大内兵衛も有罪となり退官(22年復官)。ロシア革命直後のことであり大正デモクラシーの上げ潮のなかで社会主義思想の研究の自由があって当然だということが知識人の常識となっていたため森戸事件は同時代の同情を集めた。それはまた東大助教授は政府の高等官僚であり位階勲等をもつものだから，めったに警察官の手の及ばないところにあるという封建的遺風が残っていたために意外とされた面もある。そのために森戸事件は大正デモクラシーのなかで珍しい出来事として記憶された。やがて23年の関東大震災後の社会主義者，アナキストの裁判なしの虐殺を経て昭和に入ってからの政府の軍国主義化のなかでは，今や森戸事件がなぜこれほどの同情を集めたかは理解しにくくなった。森戸は自分自身の信条としてのアナキストではなく出獄後は大原社会問題研究所に入り，大政翼賛運動のなかでこれに共感を示す論文を総合雑誌に執筆した。敗戦後は社会党の結成に参加し衆議院議員に3度当選。47年片山内閣，48年芦田内閣の文部大臣をつとめた。49-63年広島大学学長。森戸事件で当局に頭を下げなかった態度が25年間有効だったことを示す。当時ものちも，アナキズムの研究が社会思想として必要であるという信念を曲げることはなかった。(鶴見俊輔)〔著作〕『クロポトキンの片影』同人社1921，「クロポトキンの死」『パンフレット』(大原社会問題研究所)2号1922，『クロポトキン』アテネ文庫1949，『思想の遍歴・上下』春秋社1972-75，『遍歴八十年』日本経済新聞社1976，『無政府主義』復刻版・黒色戦線社1988，『思想と闘争』復刻版・同1991〔文献〕森戸文書研究会編・刊『森戸辰男とその時代』2000

森長 英三郎　もりなが・えいざぶろう　1906(明39)1.10-1983(昭58)6.1　徳島県生まれ。夜間学校で勉学し弁護士資格を取得，布施辰治弁護士夫妻の世話になったという。36年から弁護士活動を開始，宮本顕治治安維持法事件，各種労働事件，有田八郎対三島由紀夫のプライバシー事件，大逆事件再審

請求事件などを担当した。とりわけ大逆事件の再審請求では主任弁護人としてまた支援組織である「あきらかにする会」の事務局長として事件の本質の解明，遺族たちへの慰労に尽力した。自慢や驕ることが嫌いで，いつも自分の目線を低く保ち，誠実に仕事に立ち向かった。それゆえ経歴を多く語ることはなかった。自身は「私は青年時代，放浪流転の末，百姓がいちばん自分の性にあった職業であることを知ったが，そのときすでにおそく，田畑なく，しかたなく弁護士に就職する道を選ぶという無鉄砲なことをあえてした。案の定，爾来，ただいたずらに馬齢を加えるのみで，なすところなく，いまやまさに陋巷に終らんとしつつある」と書き残している。(山泉進)〔著作〕『史談裁判』全4巻日本評論社1966-75，『風霜五十余年』私家版1967，『山崎今朝弥』紀伊国屋新書1972，『禄亭大石誠之助』岩波書店1977，『裁判自由民権時代』日本評論社1979，『足尾鉱毒事件』同1982，『内山愚童』論創社1984〔文献〕『追悼集』『大逆事件の真実をあきらかにする会ニュース』21号1984

守西 利造　もりにし・としぞう　?-?　東京自由労働者組合のメンバー。1928(昭3)年『自連』22号の消息欄に「小倉歩兵14連隊10中隊6班に入営しました」とある。(冨板敦)〔文献〕『自連』22号1928.3

森本 慶三　もりもと・けいぞう　1875(明8)3.21-1964(昭39)12.5　クリスチャン。岡山県津山城下伏見町に津山藩の札元を務めた豪商「錦屋」の三男に生まれたが2人の兄が夭折したため跡継ぎとなった。京都一中から東京帝大に進学する過程で内村鑑三の著書に感銘を受けその門下に入り生涯の師とした。05(明38)年大学を卒業後，香川・岡山両県の農業技師となるが父が病臥したため帰郷，家業を守ることになり父が創設した津山銀行の役員も務めた。26(大1)年，内村の教示を得ながら豊富な私財を投じて津山基督教図書館を創設，その開館式には内村も列席し記念講演を行った。図書館は無料閲覧，伝道者・志願修習者には長期滞在を与え，キリスト教文献を中心に和洋学術書3万冊を自費で蒐集，最終的には6万冊に及んだ。32(昭7)年には図書館に併設して鶴山中学校を創立，就学困難な朝鮮人も積極的に受け入れた。日韓併合にも反対の立場をとり鳥取で伝道する藤沢武義と連携，その『求道』に非戦をテーマにした文章を連載，都合4度の発禁を受け藤沢は検挙され同誌は廃刊された。森本は処分を受けておらず津山経済界の大物として当局も簡単に手出しできなかったものとみられる。43(昭18)年には政池仁発行の『聖書の日本』に「偶感」と題する〈国と民とをそむかすサタナの頭誰か砕くらん〉などの短歌を載せたため同誌は発禁，森本も断筆を強いられた。44(昭19)年8月にはキリスト教図書館が憲兵隊から閉鎖命令を受けた。戦後も内村の精神を誠実に実行し，蓄財よりも「天に宝を積む」ことに尽くし，津山基督教図書館高等学校や津山科学教育博物館を開設，平和講演会を開催し自らも演壇に立った。津山市文化功労者・名誉市民。(一色哲八)〔著作〕『宗教教本』上・下(教科書)1952.3，『宝を天に積む』津山基督教学園1965，『森本慶三選集』全5巻・津山基督教学園1966〜71〔文献〕竹中正夫『森本慶三の人と思想』『日本の近代化とキリスト教』新教出版社1973，『津山基督教五十年史』津山基督教図書館1976

森本 生三　もりもと・せいぞう　?-?　読売新聞社に勤め東京の新聞社員で組織された革進会に加わり1919(大8)年8月の同盟ストに参加するが敗北。のち正進会に加盟。20年機関誌『正進』発行のために1円寄付。また24年夏，木挽町(現・中央区銀座)正進会本部設立のためにも2円寄付する。(冨板敦)〔文献〕『革進会々報』1巻1号1919.8，『正進』1巻1号1920.4，正進会『同工諸君‼ 寄附金芳名ビラ』1924.8

森本 宗一　もりもと・むねかず　?-?　1927(昭2)年京都府何鹿郡佐賀村で暮し農民自治会全国連合に参加。京都府連合の事務所を自宅に置いていた。京都府代表の農自全国連合委員も務めた。(冨板敦)〔文献〕『農民自治』臨時号1927.10，渋谷定輔『農民哀史』勁草書房1970

森本 義之助　もりもと・よしのすけ　?-?　1919(大8)年東京京橋区(現・中央区)の大倉印刷所和文科に勤め活版印刷工組合信友会に加盟する。(冨板敦)〔文献〕『信友』1919年8・10月号

守屋 龍巳　もりや・たつみ　?-?　万朝報社に勤め東京の新聞社員で組織された革進会に加わり1919(大8)年8月の同盟ストを同社の幹事として闘うが敗北。のち正進会に加盟。20年機関誌『正進』発行のために1円寄

付する。(冨板敦)〔文献〕『革進会々報』1巻1号1919.8,『正進』1巻1号1920.4

森山 啓 もりやま・けい ⇨森田小一郎
もりた・こいちろう

森山 賢 もりやま・けん ?-? 1926(大15)年頃、福島県耶麻郡翁島村(現・猪苗代町)で暮し田園社を名のり農民自治会全国連合に参加。同年末には農自福島県連合の事務所を自宅に置いていた。(冨板敦)〔文献〕『農民自治』5号1926.9,『農民自治会内報』2号1927, 竹内愛国「農民自治会」『昭和2年版解放運動解放団体現勢年鑑』解放社1927

森山 重雄 もりやま・しげお 1914(大3)12.5-2000(平12)6.5 新潟県に生まれる。東京大学文学部国文科卒業。東京都立大学教授を経て名誉教授となる。本来は近世文学の研究者であったが、後年アナキズムやプロレタリア文学に関する著書を出し宮嶋資夫、平沢計七、大杉栄などを対象に先駆的なアナキズム系作家研究を残した。(大和田茂)〔著作〕『実行と芸術』塙書房1969,『評伝宮嶋資夫』三一書房1984,『文学アナキズムの潜流』土佐出版社1987

森山 泰一郎 もりやま・やすいちろう ?-? 1919(大8)年東京神田区(現・千代田区)の三省堂印刷部文選科に勤め活版印刷工組合信友会に加盟。同社同科の組合幹事を担う。(冨板敦)〔文献〕『信友』1919年8・10月号

森山 芳太郎 もりやま・よしたろう ?-? 1919(大8)年東京京橋区(現・中央区)の秀英本舎和文科に勤め日本印刷工組合信友会に加盟する。(冨板敦)〔文献〕『信友』1919年10月号

森山 米次郎 もりやま・よねじろう ?-? 別名・未次郎 1919(大8)年東京芝区(現・港区)の近藤商店印刷所欧文科に勤め活版印刷工組合信友会に加盟する。同年10月頃は病休中だった。のち東洋印刷会社欧文科に移る。21年末頃には麹町区(現・千代田区)のジャパンタイムス&メール社欧文科で働いていた。(冨板敦)〔文献〕『信友』1919年8・10月号,1921年1月号,1922年1月号

森分 忠孝 もりわき・ただたか 1907(明40)2.11-1984(昭59)1.13 別名・孝,洪水 広島県芦品郡府中町(現・府中市)生まれ。小学校高等科卒業後、家業のクリーニング店を手伝う。大杉栄にひかれ同郡阿字村の社会主義者坂本生恵を知り社会主義思想に近づく。27年7月高橋貞雄、白砂健、和佐田芳雄らと広島県全国水平社解放連盟結成。同年12月全国水平社第6回広島大会に参加、県水平社府中支部を結成。28年末出獄した山口勝清が沢田武雄、岡田光春、小林辰夫らと結成した黎民社に入り岡田の指導を受けて水平運動に参加。29年末大阪市住吉区田辺に本拠を置いた黒色青年自由連合(翌年5月アナルキスト青年連盟と改称)が創立され上野克巳、大串孝之助らとともに同年3月創刊の機関誌『自由連合主義』の編集同人となる。30年頃山口や持田太郎らとアナキズム研究に励む。33年岡田、山本利平、和佐田らと広島県東部で活動。34年全水広島県連合会再建大会後、岡田、白砂らと執行委員になる。34年第11回広島大会、翌35年福山大会では全水県連大会書記として活躍。同年末頃無共党事件で検挙されるが不起訴。戦後は広島県の部落解放委員会東部支部を47年に結成し闘い続けた。晩年までアナ・ボルの共同闘争や統一と団結を信条とした。(北村信隆)〔文献〕宮崎晃『差別とアナキズム』黒色戦線社1975, 中野繁一編『広島県水平運動史』広島県水平社連合会1930・復刻版部落解放同盟広島県連合会1971, 広島県部落解放運動史刊行会編『広島県水平運動の人びと』部落問題研究所出版部1973, 部落問題研究所編『部落の実態 広島県府中市』同1969, 三原容子「水平運動における『アナ派』について・正続」『世界人権問題研究センター研究紀要』2・3号1997・98,『身上調書』

茂呂 徳弥 もろ・とくや ?-? 印刷工として1919(大8)年活版印刷工組合信友会に加盟。のち東京神田区(現・千代田区)の大成社に勤める。(冨板敦)〔文献〕『信友』1919年8・10月号

毛呂 博明 もろ・ひろあき ⇨多田文三
ただ・ぶんぞう

師岡 千代子 もろおか・ちよこ 1875(明8)4.26-1960(昭35)2.26 東京に生まれる。旧宇和島藩士の国学者師岡正胤(合節斎)の末子。幸徳秋水の従姉妹岡崎てるによると千代子は「父の国学の薫陶をうけ和歌をよくし、英語、仏語もよくし日本画は画家として一家をなし稀に見る才媛であった」「学力もあり文章も巧く」と評価が高い。中江兆民の『一年有半』の出版時、中江の原稿を写す仕事をする。中江の門人を通じて幸徳との縁談が進み99年7月幸徳と結婚、麻布区佐

久間町(現・港区)の借家で生活を始める。その後本郷区菊坂町(現・文京区)に移る。幸徳が留守でも田中正造が訪ねて来るとよく話を聞く。03年か04年の秋、堀保子とともに早稲田大学学生の一行に加わり栃木県下都賀郡谷中村(現・栃木市)の見学に行く。千代子は谷中村の土地所有の名義人にもなる。03年秋頃豊多摩郡淀橋柏木(現・新宿区)に移る。堺利彦・為子夫妻と隣接になり交流が頻繁になる。06年8月幸徳とともに初めて高知県幡多郡中村町(現・四万十市)へ帰省し幸徳の療養もあり長期に滞在する。08年夏幸徳は一人で東京に向かい管野すがと結ばれ平民社の活動を進める。千代子は一度東京に出るが幸徳と別れ09年3月4日協議離婚となる。10年幸徳は大逆事件で逮捕、起訴ののち千代子に弁当差し入れなどの世話を依頼する。当時千代子は名古屋市東区東新道町に居住していたが東京神田に仮寓を求める。8月23日幸徳へ弁当を差し入れる。警察に尾行されるようになりいったんは幸徳の世話を断念するが堺利彦に説得され再び幸徳の世話をするようになる。千代子の幸徳との最後の面会は11年1月22日。幸徳の死刑後も東京にとどまるが、10年近く常に官憲の尾行がついたという。13年頃加藤時次郎夫妻や堺、小泉策太郎の庇護を受け、小泉の書生田中茂の世話を受けて同居生活を送っていたという。37年『文芸春秋』4月号に「夫・幸徳秋水の思ひ出」を掲載(東洋堂1946)。「斎藤緑雨氏の思ひ出」「田中正造翁のことども」「中江兆民先生」「堺利彦氏の面影」を増補した改訂版を47年隆文閣から刊行。〔亀田博〕〔著作〕『幸徳秋水全集・別巻1』(「夫・幸徳秋水の思ひ出」を「風々雨々」とタイトルを変えて収録)明治文献1972,〔文献〕岡崎てる「従兄秋水の思ひ出」『幸徳秋水全集・別巻1』明治文献1972, 神崎清『大逆事件4』あゆみ出版1977

モンセーニ Montseny, Federica 1905.2.12-1994.1.14 スペイン, マドリードに生まれる。父はアナキズムの雑誌『白色評論』を主宰する作家であり母も同様にアナキストの女性解放運動の草分け的存在であった。少女時代から天才的文才を発揮し27年『勝利』、次いで29年『クララの息子』という2冊の小説を出版した。28年父が危険分子として逮捕されたのちアナキズム運動に急接近しFAI(イベリア・アナキスト連盟)のメンバーとなる。文筆と演説の卓越した才によりまたたく間にFAIの重要な立場につく。31年に誕生したスペイン共和国といえども労働者のために何ら貢献していないと痛烈に批判した。36年7月革命が勃発するとただちにアナキスト義勇兵として最初に編成されたアナキスト民兵隊「大地と自由」の戦列で戦う。同年11月第2次ラルゴ・カバリエロ内閣に厚生大臣として他の3人のアナキストとともに入閣する(スペイン史で最初の女性大臣)。身体障害者の厚生施設、兵士のための休息所、疎開児童の施設、戦災孤児のための施設などを次々に設置し、さらに性病と売春撲滅のキャンペーンを行い売春婦の職業教育の機関も設置した。また世界で初めて妊娠中絶を合法化した。しかし任期は37年5月共産党の支持を得たフアン・ネグリン内閣誕生までであった。革命敗北寸前に多くの共和派の難民とともにフランスに逃れる。第2次大戦期の41年ヴィシー政権下のフランスで逮捕され妊娠中のまま収容所に入れられる。メキシコ領事がすぐれた弁護士を用意してくれたために自宅に幽閉という条件で釈放される。44年8月19日トゥルーズが解放され人生の伴侶ヘルミナルと再会できそれ以降トゥルーズに居を定めその地で没した。〔川成洋〕〔著作〕*El anarquismo militante y la realidad española*, Barcelona, CNT, 1937. *La commune de Paris y la revolución española*, Barcelona, Officina de Información, Propaganda y Presa del Comit National CNT/FAI, 1937.〔文献〕野々山真輝帆『スペイン内戦 老闘士たちとの対話』講談社現代新書1981, Slaughter, Jane and Kern, Robert. *European Women on the Left : Feminism, Socialism and the Problems Faced by Political Women*, Westport, 1981.

門奈 義男 もんな・よしお ⇨飯田豊二 いいだ・とよじ

門馬 德寿郎 もんま・とくじゅろう ?-? 芝浦製作所に勤め芝浦労働組合に加盟。1925(大14)年11月28日、同労組の中央委員会で設置された争議部の責任者となる。26年3月14日、同労組の鶴見支部大会に出席。この大会はボル派が主導し労働農民党への加盟を決める。この鶴見支部大会を報じた『芝浦労働』(3次3号)はボル派に編集権を奪われていた。〔冨板敦〕〔文献〕『芝浦労働』3次2・3

号1926.2・6

や

八重樫 檻太郎　やえがし・かんたろう　?-?　岩手県生まれ。1916(大5)年鹿児島県徳之島松原銅山で賃上げ要求のストを指導、逮捕された。徳之島松原銅山は当時奄美群島で民間最大の事業所であり地元の土地をもたない島民が坑夫として就労する一方、本土から来た流れ坑夫といわれる鉱山労働者が働いていた。13年6月には賃金不払いで150人、16年6月賃上げ要求で112人、同年11月監督排撃で30人、20年4月に46人が賃上げ要求などと延べ5回326人のストが『鹿児島県警察史』に記録されている。これらの争議はすべてアナキストが指導したものといわれているがリーダーなどの詳しい記録は何も残されていない。（松田清）〔文献〕松田清『奄美社会運動史』JCA出版1979、『鹿児島県警察史』鹿児島県警察本部1930

八重樫 哲三　やえがし・てつぞう　?-?　1919(大8)年東京京橋区(現・中央区)の築地活版所和文科に勤め日本印刷工組合信友会に加盟する。（冨板敦）〔文献〕『信友』1919年10月号

八重樫 春見　やえがし・はるみ　?-?　別名・春美　東京市神田区(現・千代田区)神保町に居住し同町の山縣製本印刷整版部に勤める。1935(昭10)年1月13日整版部の工場閉鎖、全部員40名の解雇通告に伴い争議勃発。工場を占拠して闘い同月15日解雇手当4カ月、争議費用百円で解決する。山縣製本印刷は当時東京大学文学部の出入り業者であり、東印は34年5月以降、東印山縣分会を組織していた。（冨板敦）〔文献〕『東印ニュース』3号1934.9、『山縣製本印刷株式会社争議解決報告書』東京印刷工組合1935、『自連新聞』97号1935.1、中島健蔵『回想の文学』平凡社1977

八木 秋子　やぎ・あきこ　1895(明28).9.6-1983(昭58).4.30　本名・あき、別名・佐上明子、佐伯明子、隅田りゅう子、中島コウ子　長野県西筑摩郡福島町(現・木曽郡木曽町)生まれ。父は13-15年福島町長。幼少期から姉たちとともにキリスト教の影響を受ける。12年松本女子職業学校本科卒業後家事に従う。18年結婚し東京に移り翌年男児を出産。小川未明をしばしば訪ね社会運動や文学を紹介される。20年子を置いて家出し女中などを経験した。父の死後家族扶養のため隣村の日義村小学校教員をつとめ24年母の死後八木家を整理して上京。25年投稿を機に東京日日新聞社学芸部記者として入社、労働講座の聴講や会合へ積極的に参加。この間マルクス主義の影響を受けるが福本イズムに揺れる状況に嫌気がさしてやめる。下谷の日本労働学院に学び八太舟三、宮崎晃、大塚貞三郎、梅本英ら と交わりアナキズムに共鳴する。日立争議の際放火罪で逮捕された宮崎の保釈金を援助しかくまったことから同棲生活を開始。28年から長谷川時雨主宰の『女人戦術』編集員となる。ほぼ毎号執筆や座談会などに活躍。29年7月号にプロレタリア作家藤森成吉への公開状を発表しアナ・ボル論争再開の発端となった。30年1月高群逸枝、平塚らいてう、望月百合子らとともにアナキズムの旗を掲げた女性団体無産婦人芸術連盟を結成、『婦人戦線』を発行。次第に実践活動への道を模索、たびたびの検束・留置も経験し『婦人戦線』から離れていった。また飯田豊二、秋山清らの解放劇場に参加し31年2月アプトン・シンクレア作「ボストン」の上演(築地小劇場)に際してはコルネリアを演じ好評を博した。同月12日宮崎晃、星野準二、鈴木靖之らと従来のアナキズムの啓蒙主義的運動への批判から農青社を創立。八木は結成早々に長野県上伊那郡富県村(現・伊那市)青年会(伊沢八十吉)で農青社の運動方針を講演、茨城県の農村同志(岡崎一男)を訪問するなど積極的に働いた。8月浅間温泉会議で長野県下革命的単位区画設立を鷹野原長義らに提唱し決定。全村運動推進のための機関誌『信州自由連合』創刊も提唱した。32年1月宮崎、平松秀雄が運動資金関係の事件で捕われ宮崎奪還をはかるが果たせず、4月同事件で星野らと逮捕。6月の判決は懲役6カ月執行猶予3年で釈放される。釈放後は獄中の宮崎とも精神的に乖離

を覚え新聞連合特信部に記事を送るなどしていた。35年11月大阪に移住するが無共党事件のあおりで農青社事件が惹起され，12月宮崎，鈴木らとともに長野県特高課に逮捕。懲役1年6カ月の判決を受けた。38年出獄後，満鉄の留守宅相談所相談員として勤務。敗戦後45年11月帰国。51-62年母子寮の寮母をつとめ，途中56年母子更生協会を設立(短期間で閉鎖)。(三原容子)〔著作〕『近代の負を背負う女』JCA出版1978，『夢の落葉を』同1978，『異境への往還から』同1981〔文献〕『資料農青社運動史』，『農青社事件資料集Ⅰ・Ⅱ』，個人通信『あるはなく』1977-83，『パシナ』1984-87

矢木 鍵次郎 やぎ・かぎじろう 1882(明15)3.15-1924(大13)7.4 15歳頃に名古屋郵便局の通信事務員となる。02年てえと結婚。03年『平民新聞』取次店誠信堂を自宅に開業し翌04年5月『平民新聞』購読協会を石巻良夫，中原指月らとともに設立，事務所を誠信堂内に置いた。以後名古屋における社会主義運動の拠点となる。大杉栄を迎えての茶話会や名古屋社会主義研究会の開催，西川光二郎，小田頼造，山口義三らを迎えての演説会など活動を続ける。鈴木楯夫や妻てえと3人で広小路で大道演説を行い「富の鎖」を合唱したという。05年4月郵便局を馘首され救世軍に投じて上京するが06年日本社会党に加盟して救世軍を追われ，再び名古屋に戻って社会運動に尽力し年末には夫妻で平民社に住み込み日刊『平民新聞』の発送集金係となる。大逆事件で取り調べを受け以後長期の困窮生活を送り肺結核を再発し死没。(志村正昭)〔文献〕柏木隆法編『大逆事件の周辺』論創社1980，『名古屋地方労働運動史』，『大逆事件訴訟記録十』

屋宜 盛則 やぎ・せいそく ?-? 沖縄県首里区(現・那覇市)の自作兼小作農の家に生まれる。1921(大10)年岩佐作太郎，和田久太郎来県の頃には共産主義の文献に親しんでいたがのち『小作人』などを読みアナキズムに心酔する。首里に黒焰会を組織して25年沖縄黒色琉人会とともに黒連に加盟。27年5月1日那覇の黒色琉人会，糸満の爆人会と連合して琉球黒旗連盟を結成する。28年連盟の事務所を糸満の城田徳隆・徳明兄弟宅から引き継ぎ自宅に置く。この頃農民自治会全国連合に参加していた。同年7月糸満不逞琉人社の比嘉栄刊行の『正義と自由』創刊号に「人間権の奪還」を執筆。また第3次『小作人』に自らの信条や沖縄の現状を報告している。(冨板敦)〔文献〕『黒色青年』6・9・16号1925.12・27.6・28.2，『小作人』3次7・14号1927.8・28.4，『自連』13号1927.6，『関西自由新聞』2号1927.11，『正義と自由』1号1928.7，『農民自治』18号1928.8

矢木 てえ やぎ・てえ ⇨矢木鍵次郎 やぎ・かぎじろう

八木 豊吉 やぎ・とよきち 1907(明40)-? 滋賀県大上郡高宮町(現・彦根市)生まれ。中学を中退して22年実父とともに神戸に出る。勤め先の日英自転車商会の同僚に誘われて機械造船労働組合に加盟。また25年9月16日黒闘社，神戸自由労働者組合共催の大杉栄3周年追悼会に参加した。35年末頃無共党事件で検挙されるが不起訴。(冨板敦)〔文献〕『身上調書』，『黒色青年』5号1926.9

八木 信三 やぎ・のぶぞう 1900(明33)2.22-1979(昭54)4.10 別名・一夢庵 京都市生まれ。明治大学予科では久保譲とオーロラ協会で活動。のち同志社大学に転学，22年十月会に入った。23年4月嵐山で赤旗を振りかざして演説，帰途の嵐山電車の中で革命歌を高唱して福島佐太郎，対馬忠行らと検束。24年新谷与一郎が倉地啓司から依頼された爆弾製造において坂谷寛一と外装用パイプの入手と運搬を手伝った(パイプは園部町の船越系の鉄工所で加工された)。同年9月古田大次郎，和田久太郎らの福田雅太郎暗殺計画のギロチン社関連者として逮捕，25年7月京都地裁で懲役2年執行猶予4年の判決を受ける。26年経済学科卒業後，大阪で半年間の新聞記者生活を経たのち結核発病，12・13年間自宅療養。病癒えてかかりつけの松尾病院に勤務，雑誌『療道』発行に関わる。のち京都厚生園(現・桂病院)の建設に尽力し同園の事務長となる。小笠原秀実や菊水治次らとも親交し48年頃『平民新聞』を購読。山本宣治墓前祭にも参加する。(北村信彦)〔文献〕『京都地方労働運動史』，『京都帝国大学学生運動史』同刊行会1984，『同志社百年史・通史編1』1979，逸見吉三『墓標なきアナキスト像』三一書房1976，森長英三郎『新編史談裁判3』日本評論社1972，小松隆二「ギロチン社とその人々(1)(2)」『三田学会雑誌』66巻4・5号1973.4・5，久保譲

「わが自伝的回想」『ヒロバ』6号1957,『労働運動』4次11号1925.7

八木 勝 やぎ・まさる 1912(明45)-? 静岡県志太郡焼津町焼津(現・焼津市)生まれ。28年3月静岡中学を卒業する。32年自宅を発行所(其の社)として安原勇,鈴木賢らと詩誌『火耕』(同人・斎藤錬一,大胡二郎,北川哲郎,平出干城,鈴木柳吉)を発行する。植村諦,竹内てるよらが寄稿した。33年頃から『文学通信』を読みまた仲間に配布した。35年末頃無共党事件で検挙されるが不起訴。(冨板敦)〔文献〕『身上調書』,『社会運動の状況8』,志賀英夫『戦前の詩誌・半世紀の年譜』詩画工房2002

八木 勇次 やぎ・ゆうじ ?-? 別名・勇次郎 東京毎日新聞社に勤め東京各新聞社の整版部従業員有志で組織された労働組合革進会に加わり1919(大8)年8月の同盟ストに参加するが敗北。のち新聞工組合正進会に入る。22年1月5日軍縮宣伝ビラ配布のため正進会を代表して和田栄太郎と参加。上野山下(現・台東区),須田町(現・千代田区)などで他の労組員とビラをまく。(冨板敦)〔文献〕『革進会々報』1巻1号1919.8,『正進』1巻1号1920.4,3巻2号1922.2,正進会『同工諸君!! 寄附金芳名ビラ』1924.8

八木 勇二 やぎ・ゆうじ 1900(明3)-1933(昭8)7.17 山縣製本印刷の製版部に勤め東京印刷工組合に加盟して各社のストライキに参加し活動する。1933(昭8)年春から腎臓病のために療養していたが7月に亡くなる。(冨板敦)〔文献〕『自連新聞(号外・東京印刷工組合版)』84号号外1933.9

八木 渡 やぎ・わたる 1911(明44)-? 別名・緒賀聖二,緒賀聖見,薬師寺弘 新潟県西頸城郡青海村田海(現・糸魚川市)生まれ。地元の小学校を卒業後,中学を中退する。その後上京と帰郷を繰り返し31年筆耕仲間の浅沼一夫に誘われて農青社に出入りするようになりアナキズムに共鳴する。第2次『黒色戦線』の編集を手伝い検束される。32年12月農村解放運動誌『農民軍』(農民軍社)を創刊,発行責任者となる。この年文学仲間10数人と文芸雑誌『黝い唄』を創刊するが発禁。34年実父の病気のため帰郷し兄の営む材木販売業を手伝い『自連新聞』『自連新聞ニュース』『労働者新聞』を購読する。全国自連の寺石らと通信のやりとりをし後援と組織づくりの要請をされ35年5・6月頃菅原章晴らと青海村の青海電化工業内に文学サークルを結成しようとした。35年末頃糸魚川町(現・糸魚川市)に居住中無共党事件で検挙,続いて農青社事件で再検挙,起訴され懲役2年執行猶予3年となる。(冨板敦)〔文献〕『農民軍』1巻1号1932.12,『特高外事月報』1936.5・12・37.2,『資料農青社運動史』,『社会運動の状況8』,『身上調書』

八木庄 平治 やぎしょう・へいじ 1900(明33)-? 石巻市後町生まれ。高等小学校を卒業後,17年上京し築地出版機械製作所に入社。22年名古屋市の愛知電気時計会社,25年神戸市の川西機械製作所に勤務。28年神戸市で喫茶店を始め井上信一と交流があった。35年末頃無共党事件で検挙されるが不起訴。(冨板敦)〔文献〕『身上調書』

八木橋 総一郎 やぎはし・そういちろう ?-? 1919(大8)年東京芝区(現・港区)の東洋印刷会社和文科に勤め活版印刷工組合信友会に加盟する。(冨板敦)〔文献〕『信友』1919年8月号

矢口 英一 やぐち・えいいち ?-? 広島の三篠自由労働組合で活動。1925(大14)年3月広島純労働組合結成に青山大学,吉田昌晴,白砂健らと加わる。他に参加者の中には佐竹新一ら八太舟三の組合教会で前年から開講し同月閉講した「思想問題研究会」(労働問題講習会)の受講者も多くいた。同年11月三条町の新世界館で開催された労働問題大演説会に参加。翌26(大15)年5月の第1回自連全国大会には広島代表で吉田を送り出す。青山らと当初から加入,その後も青山,吉田,白砂らと広島自連で活動。(北村信隆)〔文献〕山木茂『広島県社会運動史』労働旬報社1970,『広島県労働運動史・1』広島県労働組合会議1980,『自連』25号1928.6

矢合 米吉 やごう・よねきち ?-? 1919(大8)年東京芝区(現・港区)の東洋印刷会社文選科に勤め活版印刷工組合信友会に加盟。のち新聞工組合正進会に加わり24年夏,木挽町(現・中央区銀座)正進会本部設立のために2円寄付する。(冨板敦)〔文献〕『信友』1919年8月号,正進会『同工諸君!! 寄附金芳名ビラ』1924.8

八坂 美実 やさか・よしみ 1900(明33)7.23-? 栃木県那須郡下江川村(現・那須烏山市)に生まれる。東京毎夕新聞社に印刷

工として勤め，1921(大10)年東京北郊自主会に出入りして警視庁の思想要注意人とされる。北豊島郡巣鴨町(現・豊島区巣鴨)に住んでいた。(冨板敦)〔文献〕『警視庁思想要注意人名簿(大正10年度)』

矢崎 源之助 やざき・げんのすけ 1896(明29)9.19-1975(昭50)2.20 山梨県中巨摩郡三恵村(現・南アルプス市十日市場)生まれ。21年高田良幻，小沢景勝，片平茂雄らと思想団体革人会を結成，機関紙『革人』を発行。秋山敬二，中込純次らが寄稿した。この頃渡辺政太郎の妻若林やよが政太郎の死没後矢崎宅に身を寄せ甲府の若いアナキストたちの面倒をみていたという。22年甲府駐屯の歩兵49連隊内に配布するために「露西亜革命の歌」を印刷，このため高田，片平，小沢らとともに出版法違反に問われ服役。山梨における思想事件として最初のものといわれる。実業界に転じ26年山梨開発協会の設立に参加し取締役となり県下の各種の交通運輸事業に携わる。27年月刊『開発』の主幹となる。31年民政党所属の県議会議員となり35年再選される。36年から東京環状乗合自動車の経営に参画した。(飯野正仁)〔文献〕塩長五郎「わが回想」『イオム』7号1974.12

矢崎 繁次郎 やざき・しげじろう ?-? 芝浦製作所に勤め芝浦労働組合に加盟し変圧器分区に所属。1924(大13)年9月27日，同労組の中央委員会で同分区の中央委員に竹田宗七とともに選出される。(冨板敦)〔文献〕『芝浦労働』2次2号1924.11

矢崎 保秀 やざき・やすひで ?-? 芝浦製作所に勤め芝浦労働組合に加盟。1926(大15)年9月23日「共産党の走狗」であるとして高橋権次郎，重久篤雄，村松英雄，小川広太郎らとともに組合から除名される。(冨板敦)〔文献〕『芝浦労働』3次10号1926.11，小松隆二『企業別組合の生成』お茶の水書房1971

矢崎 義久 やざき・よしひさ 1905(明38)-? 長野県岡谷市四堀に生まれる。土木請負業を営む。1935(昭10)年末か36年初め頃，農青社運動に関わったとして検挙されるが不起訴となる。(冨板敦)〔文献〕青木恵一郎『改訂増補 長野県社会運動史』厳南堂書店1964，『農村青年社事件資料集Ⅰ・Ⅲ』

矢島 一郎 やじま・いちろう ?-? 1919(大8)年東京京橋区(現・中央区)の中屋印刷所和文科に勤め活版印刷工組合信友会に加盟する。(冨板敦)〔文献〕『信友』1919年8・10月号

矢嶋 歓一 やじま・かんいち 1898(明31)10・8-1970(昭45)3・23 本名・庄直兄(しょう・なおえ)別名・庄鈴葉 静岡県静岡市草深に生まれる。1917(大6)年静岡市で『現實』を発刊し，18年静岡市江尻町で『暮笛』を刊行する。この頃藤枝の小野庵保蔵を知り友人となる。19年上京して西村陽吉創刊の『尺土』を油川鐘太郎の後を受けて編集する。21年東雲堂書店に入社。22年『尺土』が素人社書屋の金児農夫雄が発行していた『葉』と合併した『我等の詩』の編集に加わり，論文や短歌も執筆した。同年より当時唯一の短歌綜合雑誌『短歌雑誌』を編集した。24年生田蝶介，楠田敏郎と歌誌『吾妹』を創刊。25年図書出版十二社を合併して創立された学習社に転じ後に取締役となる。学習社倒産後は福村書店や清水書店に勤務した。若い頃は小野庵保蔵や関根喜太郎，西村陽吉との付き合いの中でアナキズムに触れていたが，後年は短歌の世界で生きた。(久保田一)〔著作〕『現代作歌事典』金星堂1925，歌集『山帰来』生田蝶介・楠田敏郎・矢嶋歓一・合著1925，歌集『疾風』白日社1933〔文献〕『現實』6月号 現實詩社1917，『尺土』尺土社1920-1922，『短歌雑誌』東雲堂書店1921，『我等の詩』我等の詩社1号-第6号1922，『好日』矢嶋歓一追悼号好日社1970，『藤枝文学舎ニュース』51号-55号藤枝文学舎2005-2006，『藤枝文学舎ニュース』78号-83号藤枝文学舎2011-2013

野洲 伝三郎 やす・でんざぶろう 1904(明37)-? 別名・野洲白鯨 滋賀県野洲郡兵主村安治(現・野洲市)生まれ。尋常小学校を卒業後大阪の浪速商業学校に入学したが5年で中退。のち東京美術学校洋画専攻科に入学する。学資の都合がつかず3カ月で再び中退。その後は東京市内で雑誌販売の外交員となる。28年再度大阪に出て新聞『経済戦線』を発行。関谷栄，宮脇久ら北大阪天六アナと交流，箕面に移った関西黒旗連盟にも関わる。大阪で恐喝罪で検挙され35年起訴猶予となる。同年末頃無共党事件で検挙されるが不起訴。第2次大戦中に死没。自称ボヘミアン画家。(冨板敦)〔文献〕高丸九「黒い流れ9・18・30」『ムーヴ』10・18・30号1962.2・10・64.5，『新過去帳覚書』大阪社会運動物故者をしのぶ会1969，『身上調書』

安井　清　やすい・きよし　?-?　1919(大8)年東京京橋区(現・中央区)の築地活版所印刷科に勤め日本印刷工組合信友会に加盟する。(冨板敦)〔文献〕『信友』1919年10月号

安井　正　やすい・ただし　?-?　1919(大8)年東京神田区(現・千代田区)の三秀舎欧文科に勤め活版印刷工組合信友会に加盟。のちジャパンタイムス&メール社を経て研究社に移る。(冨板敦)〔文献〕『信友』1919年8・10月号，1921年1月号，1922年1月号

安井　義雄　やすい・よしお　1908(明41)7.21-1985(昭60)1.2　芝浦労働組合のメンバー。1926-27年山鹿泰治が全国自連事務所で開いた講習会でエスペラントを学ぶ。同講習会で最後までやり通したのは安井と読売新聞社文選工島津末二郎だけだったという。29年11月山鹿，島津，古河三樹松，平松義輝らとエスペラント誌『LA ANARKIISTO』を発行する(8号1931.1まで発行を確認)。第4号から同誌の編集発行兼印刷人となる。岩下順太郎らとエスペラントの直接教授法を日本に移入，掛図をつくり独自の講習会を開催する。31年日本大学学生洪享義は安井の講習会でエスペラントを学ぶ。謄写印刷を仕事とし謄写版による楽譜印刷を芸術的なレベルまで高める。ボーカリスト，編曲者，訳詞者としても活躍。37年所属する男声合唱団東京リーダーターフェルフェラインがエスペラントで吹き込んだレコードがコロンビアから販売される。65年東京で開催された第50回世界エスペラント大会の日本の夕べで上記合唱団による日本の歌の合唱が大きな感銘を与える。68年3月洪享義が韓国で急死するとエスペラントの追悼文を吹き込んだテープを送る。(手塚登士雄)〔文献〕福田正男『直接教授法の開拓者・ボーカリスト逝く』『REVUO ORIENTA』1985.3，『Samideano』146号1985.1.20，『エス運動人名事典』

安家　正明　やすいえ・まさあき　⇨多田文三　ただ・ぶんぞう

安川　三郎　やすかわ・さぶろう　?-?　1930(昭5)年アナ派短歌誌『根拠地』を主宰，発行する。松永鹿一，尾山始，長島権平らが参加した。同年松永とともに創生時代社を組織しアナキズム思想文芸雑誌『創生時代』を創刊，石川三四郎らが寄稿する。(冨板敦)〔文献〕『根拠地』1巻2号1930.2

安川　省三　やすかわ・しょうぞう　?-?　1926(大15)年広島県豊田郡上北方村(現・三原市)で暮し農民自治会全国連合に参加。同年末には農自広島県連合の事務所を自宅に置いていた。(冨板敦)〔文献〕『農民自治会内報』2号1927

保国　誠　やすくに・まこと　?-?　労働者自治連盟のメンバー。1931(昭6)年2月20日芝浦争議に関して碑文谷に住む裏切り者を殴打して目黒署に拘留15日。33年4月2日全自連第3回大会に出席，大会準備報告をして検束される。(冨板敦)〔文献〕『自連新聞』57・79号1931.4・33.4，『特高月報』1933.4

安田　愛之助　やすだ・あいのすけ　?-?　1919(大8)年東京神田区(現・千代田区)の三省堂印刷部鉛版科に勤め活版印刷工組合信友会に加盟する。(冨板敦)〔文献〕『信友』1919年8・10月号

安田　佐和　やすだ・さわ　1913(大2)-?　前橋市才川町生まれ。30年高等女学校を卒業し群馬県庁に勤務。この頃から文学を好み萩原恭次郎らと交流する。30年名古屋の肥田伊佐雄らの『異端者』に参加。35年6月『上毛文学』2号に詩「独居」を寄せる。同年末頃無共党事件で検挙されるが不起訴。(冨板敦)〔文献〕『身上調書』，寺島珠雄『アナキズムのうちそとで』編集工房ノア1983，志賀英夫『戦前の詩誌・半世紀の年譜』詩画工房2002

安田　穣　やすだ・じょう　?-?　1931(昭6)年3月8日大阪で創刊された謄写刷りの雑誌『無政府主義運動』(発行所バクニン書房，編集・印刷・発行人逸見吉三)の発刊の辞で「保守的，古典的なアナーキスト」を超えた「吾々自身の理論の確立」を呼びかけている。関西での自協系組合の理論誌をめざしたようだが5号で終刊。ほかに伊串英治(「政治運動批判」)，篠原律(「法の消滅」)，山崎次郎(「失業問題検討の提議」)などの論文が載っている。(大澤正道)

安田　次郎　やすだ・じろう　1908(明41)-?　別名・二郎　福島県伊達郡掛田町掛田(現・伊達市)生まれ。22年仙台通信講習所普通科を卒業。県内の各郵便局に勤めたが上司の処遇に憤慨して辞職する。その後福島電鉄に運転手として勤めるが28年業務上過失傷害で解雇される。福島合同労働組合に加入し労働運動に従事。29年上京し自由労働

者となる。関東一般労働組合に加入し労働争議に参加、ビラをまいて検束処分を受ける。のち帰郷、新聞通信員となる。31年10月農青社の鈴木靖之の訪問を受け32年頃渡辺又吉、武田勇、吉田多蔵らと地元の若者に農青社の宣伝をする。35年11月無共党事件で検挙されるが不起訴。翌年5月農青社事件で再び検挙され起訴保留。〔冨板敦〕〔文献〕『資料農青社運動史』、『農青社事件資料集Ⅰ』、『身上調書』

保田 清之助　やすだ・せいのすけ　?-?　新聞工組合正進会に加盟し1924(大13)年夏、木挽町(現・中央区銀座)本部設立のために1円寄付する。〔冨板敦〕〔文献〕正進会『同工諸君‼寄附金芳名ビラ』1924.8

安田 武彦　やすだ・たけひこ　?-?　1919(大8)年東京京橋区(現・中央区)の大倉印刷所和文科に勤め活版印刷工組合信友会に加盟する。〔冨板敦〕〔文献〕『信友』1919年8月号

安田 辰之助　やすだ・たつのすけ　?-?　万朝報社に勤め東京の新聞社員で組織された革進会に加わり1919(大8)年8月の同盟ストに参加するが敗北。のち正進会に加盟。20年機関誌『正進』発行のために1円寄付。また24年夏、木挽町(現・中央区銀座)正進会本部設立のためにも1円寄付する。〔冨板敦〕〔文献〕『革進会々報』1巻1号1919.8、『正進』1巻1号1920.4、正進会『同工諸君‼　寄附金芳名ビラ』1924.8

安田 忠四郎　やすだ・ちゅうしろう　?-?　1919(大8)年東京牛込区(現・新宿区)の日清印刷会社印刷科に勤め活版印刷工組合信友会に加盟する。〔冨板敦〕〔文献〕『信友』1919年8・10月号

安田 徳司　やすだ・とくじ　?-?　1919(大8)年東京京橋区(現・中央区)の築地活版所欧文仕上科に勤め日本印刷工組合信友会に加盟する。〔冨板敦〕〔文献〕『信友』1919年10月号

安田 豊吉　やすだ・とよきち　?-?　石版工。1923(大12)年6月日本印刷工組合信友会に石版工仲間と加盟し山田義雄らと計19名で小柴支部を組織する。〔冨板敦〕〔文献〕『印刷工連合』3号1923.8

安田 彦五郎　やすだ・ひこごろう　?-?　1919(大8)年東京京橋区(現・中央区)の大倉印刷所和文科に勤め日本印刷工組合信友会に加盟する。〔冨板敦〕〔文献〕『信友』1919年10月号

安田 福松　やすだ・ふくまつ　?-?　1919(大8)年横浜のジャパン・ガゼット社新聞課に勤め同年6月15日横浜欧文技術工組合を発起人として創立、理事となる。同組合設立基本金として3円寄付し同社の組合理事も務める。〔冨板敦〕〔文献〕『信友』1919年8・10月号, 1920年1月号

安田 政次郎　やすだ・まさじろう　1893(明26)7.23-1960(昭35)1.1　広島市天満町に生まれる。17年8月創立された広島活版新友会に参加、40年同会が弾圧のために解散させられるまで活動。戦後は社会党に入党。〔奥沢邦成〕〔文献〕『解放のいしずえ』新版、山木茂『広島県解放のいしずえ』たくみ出版1973

安田 理貴　やすだ・りき　1909(明42)1.21-1987(昭62)7.5　別名・理貴子　三重県宇治山田市(現・伊勢市)に生まれる。祖父は天理教布教師、父は伊勢神宮主馬寮の駅者。19年母をスペイン風邪で亡くし、奈良県丹波市町(現・天理市)へ移る。転校先で部落差別を知る。20年『死線を越えて』に感銘し神戸の賀川豊彦に会う(そこで野口市郎を知る)。のち家出を繰り返し大阪の婦人矯風会の林歌子、東京救世軍の山室軍平を訪ねる。21年皇太子の伊勢参宮にあたって拘束され矯正施設三重国児園に収容される。24年1月国児園を脱走して上京。同月26日野口からもらった「関東大震災後の困窮時に結婚に大金をかけるのはけしからん」というビラを皇太子の馬車の行き先にまいて逮捕、不敬罪で懲役6年となる。獄中で点呼と番号呼称拒否を貫く。28年3月恩赦で出獄。天理教施設の保母見習いとなるが天理教批判の運動に加担して放逐され、野口を頼る。やがて野口と結婚、29年男子を出産しヒロヒトと名づけて不敬罪で拘留。同年9月野口が大杉追悼会で逮捕されると、困窮のなかで「リャク」(掠)を始める。動物の売買をする三越百貨店の課長に「この子を買ってくれ」と子供を押しつけて20円を受け取り「女掠屋リキ」の名を轟かせる。天理、奈良、郡山、大阪を転々とし水平社運動、自由廃業・廃娼運動、関西黒旗連盟のスト応援などで活躍、各署留置場の常連としてそのきっぷのよさからヤクザや右翼にも一目置かれる。40年ヤクザとともに軍需物資倉庫を襲撃し懲役3年となる。敗戦後伊勢に戻りヤクザからねえさんと慕われる。54年全国

麻薬撲滅協会を結成。66年私費で非行児レクリエーション休養施設青雲荘を宮川上流に建てその管理人となり，死の日まで運営にあたる。(冨板敦)〔著作〕「奈良・服部のころ」『小松亀代吉追悼 叛逆児』同刊行世話人会1972，追憶記「女自由人(連載117回)」『きんかん』(天理教伊勢分教会機関紙)1980，自伝「悪女の墓標(連載55回)」『伊勢新聞』1982.3-6〔文献〕水田ふう・向井孝「女リャク屋リキさん伝1-14」『風』14-28号1996-98，同「同」『黒』2次2号2003，三原容子「水平社運動における『アナ派』について・続」『世界人権問題研究センター紀要』3号1998，同「あるアナキスト活動家」『続・部落史の再発見』解放出版社1999

安谷 寛一 やすたに・かんいち 1896(明29)9.27-1978(昭53)10.3 別名・谷寛城 兵庫県城崎郡中竹野村芦谷(現・豊岡市)生まれ。09年神戸高等小学校卒業後，フランス人経営の貿易商社に入りフランス領事館管理のフランス語学校に学ぶ。12年『近代思想』で大杉栄の名を知る。13年頃『青鞜』の伊藤野枝や尾竹紅吉らと文通，『平民新聞』を始めた大杉とも仏蘭西文学研究会関係で文通。同じ頃フランス語雑誌『リベリュウル・ルウジュ』を出す。20年4月原田国蔵らと労働芸術会を開き和田信義の計画した『労働芸術』を発刊。オッペネメール商会を辞め同年6月鎌倉小町の大杉家の食客となる。同年10月神戸に戻り変則仏学塾(東京の正則英語学校に対する命名，実態は社会思想研究会)を武田伝次郎，和田らと始めた。大歳辰夫，望月辰太郎，黒部謙治，木谷栄吉，近藤茂雄・正次兄弟ら20歳未満の若者が育てられたという。同年労働運動神戸支局を開設。21年2月頃変則に出入りのメンバーや笠原勉らとアナキスト自由連盟ロンダ組を名のる。メンバーは近藤兄弟をはじめ大歳，望月，黒部，木谷，西脇英史，笹井末三郎，饗庭寅蔵，藤尾祐らで，小学校の親友中尾吉之助や小西武夫・次郎兄弟，大西昌，三野啓造，村木源次郎，吉田一，佐々木孝丸，三田村四郎，武内利栄らも出入りした。同じ頃，上月岩太郎や青田つぎ姉妹(姉は和田，妹は芝原淳三と結婚)らを知る。同年若い同志と友愛会講演会へ殴り込みその機会に芝原らがロンダ組に出入りした。3月第1回借家人同盟会を湊川勧業館で開催。4月『労働者』の地方同人になる。6月『神戸労働新聞』を三野，大西，大野篤，大歳ら

と発刊。同月25日川崎造船所デモに行く途中で検束。8月三野，大西らと『関西労働新聞』を創刊。10月実学派連盟の名で第1回会合を開き「本会宣言書」を発表(発禁)。22年11月『第三労働新聞』を発刊，その後香具師になり主義宣伝活動をする。23年4月黒刷社同人として和田，大串孝之助らと『ダダ』を発刊。同年7月大杉帰国を伊藤と魔子らと出迎える。24年12月和田，小山茂，宮山栄之助らと『文明批評』(黒刷社，『悪い仲間』改題)を創刊。25年9月『祖国と自由』大杉栄追悼号刊行に尽力する。佐々木，高尾平兵衛，吉田，三田村，村木も来阪逗留した。和田久太郎の福田大将狙撃未遂事件で拘留。26年2月近藤茂雄が発刊した『ラ・ミノリテ』に参加。この頃中西愛一らとも交流。同月『黒き群れ』に，9月『悪い仲間』(新声社書店)に，同年『祖国と自由』に，28年4月の『北極星』に参加。同年7月『矛盾』の同人となる。27年『未刊大杉栄遺稿』を編集し金星堂から刊行。29年頃までに広海貫一の『緑』にも参加。この頃からシュティルナー流の無政府個人主義を称したという。(北村信隆)〔著作〕「源ニィ村木の最後」『リベルテール』1975.10，「大杉の憶ひ出」「野枝さんを憶ふ」『祖国と自由』大杉栄追悼号1925.9，「大杉栄と私」『自由思想研究』大杉栄特集号1960.7，「晩年のクロは何をしてゐたか?」『自連』30号1928.12，「『平民の鐘』の著者，ポオオル・ベルトロのことゞも」『自連』31号1929.1，「叛逆者伝・村木源次郎伝」『自連』42号1929.12，A.バークマン『獄窓の花婿』(訳)汎人社1930，「大電罷業の感想」『労働者』1921.6，「酒狂雑記」『矛盾』創刊号1928.7，「本当の賀川君」『労働運動』3次3号1920.1，「労働運動解説」東京堂書店1920，「真摯な運動」『労働運動』1次5号1920.4，「吶々の雄弁を憶う」『無政府主義運動』55号1967.4〔文献〕『社会主義沿革1』『社会主義沿革2』，「関西のアナキズム運動」『ヒロバ6』1957，逸見吉三「戦前大阪における社会主義運動の思い出」『大阪地方労働運動史研究2』1959，小山弘健「『関西労働者』その他について」『大阪地方労働運動史研究3』1959

安成 貞雄 やすなり・さだお 1885(明18)4.2-1924(大13)7.23 別名・蘆台，路大，魯大，清風草堂主人 秋田県北秋田郡阿仁村(現・北秋田市)生まれ。二郎は弟。大館中学に学び在学中から『俳星』同人として俳句に親しむ。04年早稲田大学英文科に入学，同期の若山牧水，土岐哀果らとともに回覧雑誌『北斗』を作成。また学内のトルストイ研

究会に参加，05年白柳秀湖らとともに社会主義の啓蒙雑誌『火鞭』を創刊（翌年5月まで9冊刊行），平民社にも出入りした。06年結成された日本社会党に参加，同年9月東京市電運賃値上げ反対運動の日比谷デモで先頭を行進，荒畑寒村とともに検束された。07年1月創刊された日刊『平民新聞』に参加。09年早大を卒業後，二六新報，万朝報，実業之世界，やまと新聞など各社の記者を転々としまた総合雑誌『中外』の創刊に参加。その間12年大杉栄，荒畑らの第1次『近代思想』，14-15年堺利彦の『へちまの花』『新社会』に参加するとともにその刊行を援助した。17年ロシア3月革命支援の決議文に「銃を逆さにして起て」の字句を加えよと，トマトのような顔を輝かせて主張したという。20年日本社会主義同盟の創立に参加，21年『種蒔く人』の創刊にも協力している。文壇のアナ・ボル論争ではアナの陣頭に立って論陣を張り活躍した。早大時代の師島村抱月の芸術座の名づけ親，アルセーヌ・ルパンの最初の紹介者としても知られる。論争や誤訳指摘などで文壇の話題の中心となったが酒とコカイン中毒，貧乏と放縦生活の末に39歳で脳溢血で倒れた。（奥沢邦成）〔著作〕『文壇与太話』東雲堂書店1916，安成二郎ほか編遺稿集『何か大きな物忘れせし心かな，おもへば己の死にたるなりけり』私家版1924〔文献〕荒畑寒村『寒村自伝』板垣書店1949・岩波文庫1975，秋田県広報協会『秋田人物時風土記』1973，伊多波英夫『評伝·安成貞雄ノート』SUN紀1-7号1960-80，近藤憲二『日本最初のロシア革命記念会』『クロハタ』24号1957.12，『安成貞雄文芸評論集』編集委員会編著『安成貞雄』不二出版2004，伊多波英夫『安成貞雄を祖先とす』無明舎出版2005

安成 四郎 やすなり・しろう 1900（明33）2.5-1965（昭40）4.3 秋田県北秋田郡阿仁村（現·北秋田市）生まれ。安成貞雄，二郎の弟。兄たちのあとを追って上京した。安成兄弟はいずれも文才に恵まれ四郎は大杉栄が企画した「ファーブル科学知識叢書」（アルス）の第1編『自然科学の話』(1923)を大杉と共訳している。共訳といってもほとんど四郎の訳だといわれる。この「ファーブル科学知識叢書」の第2編は大杉·伊藤野枝共訳『科学の不思議』(1923)で大杉らの死後も二郎，四郎，平野威馬雄，宮嶋資夫，安谷寛一らにより引き続き刊行された。啓蒙的な科学読物である。二郎の妹くら子も『女の世界』で編集に参加し小説を発表した才媛。（大澤正道）〔文献〕斉藤英子『安成二郎おぼえがき』新世代の会1998，大澤正道『大杉栄研究』法大出版局1971，伊多波英夫『安成貞雄を祖先とす』無明舎出版2005

安成 二郎 やすなり・じろう 1886（明19）9.19-1974（昭49）4.30 別名·鬼蔦，几雕，懐春郎 秋田県北秋田郡阿仁村（現·北秋田市）生まれ。貞雄は兄。大館中学校を中退するが，在学中から俳句に親しみ技量は兄を凌いだと評された。中学中退後05年上京，工具となり懐春郎の筆名で日刊『平民新聞』(10号1907.1.29)の「平民短歌」欄に投稿。12年創刊された『近代思想』には有名な「豊葦原瑞穂の国に生れ来て米が食へぬとは嘘のよなはなし」(1巻9号1913.6)をはじめ多くの短歌を寄せただけでなく，14年2月兄とともに編集にも参画，「大杉(栄)が社長，荒畑(寒村)が庶務兼会計課長，安成(貞雄)が主筆で，僕それ自身は編集長として行数計算掛の栄位を忝うする」(2巻6号1914.3)とおどけている。土岐哀果の『生活と芸術』(1913.9-17.6)，堺利彦の『へちまの花』(1914.1-15.8)，『新社会』(1915.9-20.1)などにも次々と口語短歌を発表し生活派歌人として知られるようになる。26年に設立された口語短歌の普及をめざす新短歌協会に加わり機関誌『芸術と自由』（西村陽吉編集）の投稿歌欄選者をつとめる。一方ジャーナリストしては08年週刊『サンデー』（太平洋通信社）を皮切りに15年『女の世界』（実業之世界社）などを経て19年読売新聞社に入社，婦人部長となる。部下に望月百合子がいた。23年フランスから帰国した大杉に東京府豊多摩郡淀橋町柏木（現·新宿区）の家を世話したのは安成で，73年大杉らとの交流を記した回想録『無政府地獄』（新泉社）を刊行している。また戦後の『平民新聞』『クロハタ』などに「新古典集（読人不知）」「贋啄木歌集（作者不詳）」を連載した。「B△△（GHQ検閲で伏字）の空より投げし火の如く革命の火よ空に燃え上れ」（『平民新聞』3号1946.8.7）となかなか激しい。（大澤正道）〔著作〕歌集『貧乏と恋と』実業之世界社1916，歌文集『恋の絵巻』同1919，短編小説集『子を打つ』アルス1925，歌集『夜知麻多』草木屋出版部1938，『花万朶』同社1972〔文献〕斉藤英子『安成二郎おぼえがき』新世代の会1998，秋山清『安成二郎

の短歌」『クロハタ』11号1956.8

安原　勇　やすはら・いさむ　1915(大4)-?　静岡県志太郡島田町大川端(現・島田市)生まれ。東京通信講習所を卒業後，県内の郵便局に勤める。32年八木勝らと詩誌『火耕』を発行する。33年から解放文化連盟の機関紙『文学通信』を植村諦から定期的に受け取り森数男らに配布した。35年末頃無共党事件で検挙されるが不起訴。(冨板敦)〔文献〕『身上調書』,『社会運動の状況10』,志賀英夫『戦前の詩誌・半世紀の年譜』詩画工房2002

安村　竹松　やすむら・たけまつ　1873(明6)10.16-1946(昭21)12.2　和歌山県日高郡南部町(現・みなべ町)に生まれる。大逆事件弁護士の一人。01年明治法律学校卒業。司法省に入省し司法官試補に任ぜられる。03年司法省を退職し東京で弁護士を開業。10年横浜市に移り12年衆議院議員に当選。25年横浜弁護士会会長となる。大逆事件では坂本清馬を弁護する。常に和服を着て正義派で豪放，反官僚的でけんか早く，坂本を救おうと彼は主義者ではない寄食の徒などと論じたという。(手塚登士雄)〔文献〕森長英三郎『日本弁護士列伝』社会思想社1984

保持　増巳　やすもち・ますみ　⇨渡辺政吉わたなべ・まさきち

谷田　新造　やだ・しんぞう　?-?　1919(大8)年東京京橋区(現・中央区)の東京印刷社文選科に勤め日本印刷工組合信友会に加盟する。(冨板敦)〔文献〕『信友』1919年10月号

谷田部　得一　やたべ・とくいち　⇨小倉泰造おぐら・たいぞう

谷田部　勇司　やたべ・ゆうじ　?-?　別名・呉世民，楊世民　製缶工で芝浦労働組合に所属。1926(大15)年に結成された全国自連の事務所で山鹿泰治が開いた夜間講習会でエスペラントを学ぶ。ストの時に暴れスパイと警察に狙われるようになったため中国に渡る。中国人と結婚。28年7月7民族のアナキストを糾合して南京で結成された東方無政府主義者連盟に赤川啓来，佐野一郎とともに加わる。朝鮮人アナキストの団体南華韓人青年連盟の別動隊とされた黒色恐怖団の一員となり33年3月の有吉明上海公使暗殺陰謀事件の主謀者と目される。その後福建省に移り呉世民と名のって泉州の平民中学でエスペラントを教える。「かれは器用な男で，福建省の田舎で錆びついていた製糖工場を一人で修繕して運転させ，農民に慕われていた」(山鹿泰治『たそがれ日記』)。その後妻の弟のいるジャワへ渡り，楊世民と名のって土着し戦後まで連絡が取れていたという。(手塚登士雄)〔文献〕向井孝『山鹿泰治』自由思想社1984，坂井洋史「巴金と福建泉州　黎明高級中学，平民中学のことなど」『猫頭鷹』5号1986.9

八橋　栄星　やつはし・えいせい　1904(明37)1.29-1976(昭51)　本名・八橋清一　北海道・小樽生まれ。3人兄弟の長男で3歳のときに母を,中学のときに父を失う。中学卒業と同時に大阪に出るがのち小樽にもどる。1925年21歳頃より小樽新聞・川柳欄に投稿を始め選者・田中五呂八にその才能を認められた。27年それまで投稿していた『氷原』の同人となる。アナキズム川柳論を展開。川柳作品としては「祭壇の棺丈が知る唯物論」「世の底にぎっしり詰る闘争史」が注目された。28年4月『社会芸術』に「戦闘的芸術への一考察　ボル派の独断的川柳観へ問ふ」を発表。7月『氷原』に「ボル派川柳論に就いて森田一二氏に答ふ」を発表。30年8月「新興川柳の欠陥について」論じた座談会に出席。アナキズムに傾倒していたため特高の監視下に置かれ天皇の来道，陸軍大演習のときには保護拘禁される身であった。田中五呂八主宰の『氷原』の編集に打ち込んだ。35年頃上砂川炭坑に移り住み履歴を隠して坑夫として働く。この地で敗戦を迎えるや炭坑労働組合を創設して初代書記長，町議会議員となった。(堅田精司)〔文献〕『氷原』各号,『文芸北見』13号1972.12，坂本幸四郎『雪と炎のうた』たいまつ社1977，札幌商科大学文学部『北海道の文学』同人1984

柳川　槐人　やながわ・かいと　?-?　1925(大15)年『マヴォ』に参加，27年『文芸解放』の同人となる。同年飯田豊二らによって組織された劇団解放座に参加し10月第1回公演『悪指導者』の装置を担当する。同年11月北原千鹿が主宰する新進金工家の美術工芸団体工人社に加わる。31年解放劇場結成のための集会に出るが「民衆庶民の中へ」という柳川の主張は受け入れられず解放劇場には参加しなかった。(冨板敦)〔文献〕秋山清『アナキズム文学史』筑摩書房1975，寺島珠雄『南天堂』皓星社1999

柳川 正一 やながわ・しょういち　1905(明38)-?　神戸市兵庫区須佐野通生まれ。商業学校を2年で中退し家業の呉服商に従事。文学を愛好し29年頃幼ない友だちの井上信一を通して『自連』『黒旗』を読みアナキズムに共鳴する。井上の紹介で芝原淳三，笠原勉，小林一信，中西愛一，中西兼松，三木滋二らと付き合うようになった。34年5月頃井上の勧めで布引詩歌倶楽部に入会し『布引詩歌』に投稿した。35年末頃無共党事件で検挙されるが不起訴。(冨板敦)〔文献〕『身上調書』

柳川 豊吉 やながわ・とよきち　?-?　1919(大8)年横浜の貿易新報に勤め横浜印刷技工組合に加盟。同組合の評議員を担う。(冨板敦)〔文献〕『信友』1920年1月号

柳 宗悦 やなぎ・むねよし　1889(明22)3.21-1961(昭36)5.3　東京市麻布区市兵衛町(現・港区六本木)生まれ。1910年学習院高等学科を卒業後，東京大学文科大学哲学科に進学し心理学を専攻。09年クロポトキンの『相互扶助論』『パンの略取』などを英語版で読んで相互扶助思想に共鳴し生涯にわたってそれを生かし続けようとした。10年『白樺』創刊に参加。武者小路実篤，志賀直哉，有島武郎らと親交し，ニーチェ，ベルグソン，メチニコフ，メーテルリンク，トルストイ，ホイットマンらの書物を読みながら思想を形成。11年には社会主義やトルストイ思想を歴史の流れるべき方向ととらえていた。大杉栄や石川三四郎と面識はなかったが彼らの思想的影響圏に位置していた。三・一独立運動以降の日本の朝鮮政策に対する柳の一連の批判行動も，大杉による「征服の事実」への「反抗」の呼びかけと，それに心動かされた白樺派同人の対応に刺激されたものとみることも可能である。14年W.ブレイクの研究を通じてゴシックの美に開眼し美を権力批判や社会批判と結びつける観点を獲得し始める。さらにブレイク思想の無律法的性格を的確に把握しここから生命や直観を重んじ，道徳律にとらわれない独自の政治権力批判の方法を切り開いていった。26年に開始された民芸運動は大正デモクラシー下の労働階級の台頭や民衆芸術論を生んだ潮流に位置づけられるものでもあり資本主義社会への批判を伴っていた。27年にはギルド社会主義思想を受容しながら運動のなかでギルド(協団)の組織化を試みた。これは武者小路の新しき村，有島の共生農場，江渡狄嶺の百性愛道場の試みに触発された側面をもっていた。柳の思想の根幹には世界の平和は世界が一色になることではないとする複合の美の平和思想があり，それが日本を盟主とみてアジアへの侵略を肯定していくダーウィニズム路線とは異なった観点で柳を立たせていた。(中見真理)〔著作〕寿岳文章編『柳宗悦妙好人論集』岩波文庫1991，『柳宗悦全集』全22巻25冊筑摩書房1980-92〔文献〕鶴見俊輔『柳宗悦』平凡社1976，水尾比呂志『評伝柳宗悦』筑摩書房1992，中見真理『柳宗悦 時代と思想』東大出版会2003・英語版同2011

柳沢 恰 やなぎさわ・あたか　1903(明36)-?　長野県小県郡滋野村赤岩(現・東御市)の耕作地主の家に生まれる。トルストイの影響を受け『文芸戦線』『早稲田文学』を通して同村の土屋勝太郎，田口一馬と交流，和村の竹内精司，有賀有喜，竹内友次，五十嵐友幸らと同人雑誌『せせらぎ』を刊行した。のちに彼らと滋野農民自治会を設立する。26年1月土に親しむものの会に参加。10月竹内閲衛，小山敬吾，小山四三，井出好男，関和男らと農民自治会長野県支会設立に動き農自北信連合を結成。滋野村の唐沢憲一，富岡正，山浦隆介，唐沢俊雄，田口俊一，柳沢清武，塚田義光が加わった同連合傘下滋野農民自治会の事務所を自宅に置く。その後農自東信連合の代表もつとめた。27年農自第1次全国委員会に小山四三と参加，また井出らと農村モラトリアム運動を進める。農自分裂後は「村内に於ける現実闘争こそ農自の真先に手をつけるべき所である」として29年柳沢禎三小作人会の事務所を自宅に置き竹内精司らと小作争議を闘う。戦後は長野山宣会に加わる。(冨板敦)〔文献〕『農民自治』6号1926.11，安田常雄『日本ファシズムと民衆運動』れんが書房新社1979，大井隆男『農民自治運動史』銀河書房1980，『南佐久農民運動史』同刊行会1983

柳沢 次郎 やなぎさわ・じろう　1908(明41)-?　長野市吉田町生まれ。尋常小学校を卒業後，印刷工となり長野県や東京の印刷所で働く。30年夏頃から先輩の金子広只，西沢頼信の影響で『自連新聞』『黒旗』

などを読みアナキズムに共鳴した。35年末頃無共党事件で検挙されるが不起訴。(冨板敦)〔文献〕『身上調書』,『農青社事件資料集Ⅰ・Ⅲ』

柳沢 すず やなぎさわ・すず ?-? 1919(大8)年東京京橋区(現・中央区)の築地活版所仕上科に勤め日本印刷工組合信友会に加盟する。(冨板敦)〔文献〕『信友』1919年10月号

柳沢 昇 やなぎさわ・のぼる 1911(明44)-? 長野県更級郡桑原村(現・千曲市)に生まれる。酒販店に勤めていた。1935(昭10)年末から36年初め頃、農青社運動に関わったとして検挙されるが不起訴となる。(冨板敦)〔文献〕青木恵一郎『改訂増補 長野県社会運動史』巖南堂書店1964,『農村青年社事件資料集Ⅰ・Ⅲ』

柳沢 祐一郎 やなぎさわ・ゆういちろう ?-? 別名・枡沢 1926(大15)年頃、新潟県南蒲原郡井栗村(現・三条市)で暮し農民自治会全国連合に参加。同年3月28日東京で開かれた農自委員会に出席する。地元の農民自治会を組織しようとしていた。(冨板敦)〔文献〕『自治農民』1号1926.4,『農民自治会内報』2号1927

柳沢 善衛 やなぎさわ・よしえ 1899(明32)4.15-1979(昭54)9.7 長野県東筑摩郡生坂村生まれ。同郡桔梗ケ原養蚕研究所卒業後、約1年養蚕教師を兼ねて各地を巡る。20年頃労働運動社に出入りするうちに要視察人としてマークされる。22年神戸の和田信義宅に寄宿していた時、小山茂、芝原淳三を知る。香櫨園の海水浴大会で笠原勉と三宮署に検挙される。23年大阪市八幡屋町に居住し8月和田信義の『悪い仲間』(黒刷社)の創刊に小山、道本精一、船越基らと参加。関東大震災後の余波でアナキスト狩りにあい12月の初めまで神戸市須磨署に小山らと拘留される。23年末大阪に訪ねてきた宮山栄之助と佐賀県の小山を訪ねる。12月25日佐賀市公会堂での社会問題演説会に古賀勝定、宮山、小山らと弁士として参加するがことごとく中止させられる。この時ビラ貼りを手伝っていた学生の荒木秀雄に強い印象を与える。24年3月宮山とともに黒刷社寄宿を経て帰京。12月『文明批評』(黒刷社,『悪い仲間』改題)を和田、小山、宮山、安谷寛一らと創刊。小品「不遜の仲間」を発表。26年上京してきた芝原の『自由公論』や和田の『上野浅草新聞』を手伝う。同年8月北海道小樽に渡り鎖断社の寺田格一郎らと遊廓征伐(北廓事件)の争議に加わる。28年11月大阪で『自由』を和田、広海貫一、備前又二郎、兼谷美英らと発刊し(1941まで)編集発行人となる。42年新居格を理事長とする消費者協同組合設立に参加し49年まで経営に携わる。74年3月白井新平個人誌『ながれ』6号に「芝ジュンの横死を悼む」を寄稿する。(黒川洋)〔著作〕芝原淳三と共著『近世無政府主義運動史』自由公論社1926,『我々の見た組合と政治』自由社1929,『闇に泣く女性に告ぐ』同1929,「小山茂君を憶ふ」『自由』1929.1,「神戸を離れなかった笠原君」『労働と解放』5号1967.11

柳下 麟太郎 やなぎした・りんたろう ?-? 1926(大15)年12月、埼玉県入間郡南畑村(現・富士見市)で農業を営み農民自治会全国連合に参加。その後入営、軍隊内で農自の活動をして26年9月初めに除隊。同月15日東京神田で開かれた農自委員会に出席する(16名参加)。この日、農自委員会に初参加したのは柳下の他には菅野勘之丞と朝倉重吉だった。(冨板敦)〔文献〕『自治農民』6号1926.11,『農民自治会内報』2号1927,渋谷定輔『農民哀史』勁草書房1970

柳田 弥二郎 やなぎだ・やじろう ?-? 別名・源二郎 やまと新聞社に勤め東京の新聞社員で組織された革進会に加わり1919(大8)年8月の同盟ストに参加するが敗北。のち正進会に加盟。20年機関誌『正進』発行のために50銭寄付する。(冨板敦)〔文献〕『革進会々報』1巻1号1919.8,『正進』1巻1号1920.4

柳本 為市 やなぎもと・ためいち 1896(明29)5.7-? 岡山県後月郡生まれ。1920年日本社会主義同盟に香具師石原猪之吉とともに加盟した。岡山県警察部指定の特別要視察人。同盟名簿の連絡先は2人とも姫路なのでこの時期から行商の拠点を姫路に移した。同盟加盟前後から行商先に簡易印刷機を携帯し大道商売のかたわら各種の宣伝文書を撒布した。21年12月全府県の知事に宛てた内務省警保局長通牒において、全国の香具師の中でも特に警戒すべき危険分子の香具師として名指しされた。愛媛県松山市を本拠とする香具師で水平社同人徳永参二とも親しい間柄であった。22年5月1日岡山市内カフェー・ブラジルで開催された岡山県初のメーデー集会に石原猪之吉、入江秀夫

らと参加した。(廣畑研二)〔文献〕「思想事務ニ関スル訓令通牒集」司法省刑事局『思想研究資料 特輯第21号』1935,「水平社幹部調」部落問題研究所三好文庫G-1,『岡山県労働運動史資料・上』,廣畑研二『水平の行者 栗須七郎』新幹社2006

柳瀬 福太郎 やなせ・ふくたろう ?-? 新聞工組合正進会に加盟し1924(大13)年夏,木挽町(現・中央区銀座)本部設立のために1円寄付する。(冨板敦)〔文献〕正進会『同工諸君!! 寄附金芳名ビラ』1924.8

柳瀬 正夢 やなせ・まさむ 1900(明33)1.12-1945(昭20)5.25 本名・正六,別名・穴明共三,夏川八朗 松山市大街道町生まれ。11年門司に移転,松本尋常高等小学校卒業。14年上京し日本水彩画会,日本美術院研究所で絵画を学ぶ。15年院展出品作が入選,また売文社の松本文雄との交際によって社会主義に触れる。同年門司に帰り北九州を中心に美術運動グループを結成して活動する。20年再度上京,長谷川如是閑,大庭柯公らの紹介で読売新聞社に入社し時事漫画を描く。21年『種蒔く人』の同人となり装丁を担当。23年村山知義らとマヴォを結成,7月末浅草伝法院本堂で開かれたマヴォ展に出品する。24年7月発刊された機関誌『マヴォ』に参加するが5号(1925.6)以降は離れボルへ向かう。31年共産党入党。軍事色の強まりとともに活動範囲は狭まり,36年頃から油彩画に取り組んだ。45年新宿駅で空襲に遭い死没。(奥ठ邦成)〔著作〕「自叙伝」『ユウモア』1927.2,グロッス『無産階級の画家ゲオルグ・グロッス』(訳)鉄塔書院1929,『柳瀬正夢画集』新日本出版社1964,『グラフィックの時代 村山知義と柳瀬正夢の世界』板橋区立美術館1990,『没後45年「ねじ釘の画家」柳瀬正夢展』武蔵野美大美術資料図書館1990,『生誕100年記念 柳瀬正夢展』愛媛県美術館2000〔文献〕まつやまふみお『柳瀬正夢』五味書店1956,石子順『日本漫画史・上』大月書店1979,井出孫六『ねじ釘の如く 画家・柳瀬正夢の軌跡』岩波書店1996,梶井純『執れ,膺懲の銃とペン』ワイズ出版1999

簗田 保代 やなだ・やすしろ 1902(明35)-? 栃木県上都賀郡西方村(現・栃木市)に生まれ父母とともに桐生市に移る。小学校高等科を卒業後印刷工となり27年上毛印刷工組合に加盟する。その後前原恵太郎,林豊三郎らと上毛印刷工組合桐生支部を組織した。またアナキズム研究会を開き弓納持茂,大沼進次らとも交流した。35年末頃無共党事件で検挙されるが不起訴。(冨板敦)〔文献〕『身上調書』,『自連』24号1928.5

梁取 三義 やなとり・みつぎ 1916(大5)6.25-? 本名・光義,別名・美津妓 福島県会津郡布澤村酒田(現・南会津郡只見町)に生まれる。上京したが31年胸膜炎のため一時帰郷。文芸誌『田園』を編集。農村詩人会を結成。法政大文学部卒業後,雑誌や新聞の記者のかたわら32年「村のあけぼの」(三義名)で作家デビュー。同年『詩人時代』などに投稿,33年アナ系文芸誌『冬の土』(会津若松市)に美津妓名で参加。戦後『二等兵物語』は伴淳三郎,花菱アチャコの主演で松竹映画でシリーズ化された。52年3月彩光新社(1978.5彩光社と改称)をおこし文芸と日本酒研究の月刊誌『彩光』を発行のかたわら出版業を営む。(黒川洋)〔著作〕詩歌集『桃の花』田園詩社1932,『二等兵物語』全10巻彩光社1953-56,『二等兵随筆』同1955,『小説石川啄木・上下』国書刊行会1975・光和堂1991,『活人剣一刀斎』叢文社1984,『小説中里介山』光和堂1987,『浮かれ蚤』同1988,『小説若山牧水』同1990,詩集『われ生ける証に』彩光社1992〔文献〕『現代日本詩集』詩人時代社1934

谷野 義一 やの・ぎいち ?-? 別名・矢野 日立従業員組合のメンバー。1926(大15)年6月6日東京府南葛飾郡亀戸町(現・江東区)の亀戸クラブで開かれた日立従業員組合創立大会で議長を務める。同年9月の日立製作所争議で竹田,井川とともに代表委員となる。27年初めに同労組の事務所を南葛飾郡小松川町(現・江戸川区)に移し代表者を務めていた。(冨板敦)〔文献〕『自連』2・6・8号1926.7・11・27.1

矢野 源次郎 やの・げんじろう ?-? 報知新聞社に勤め東京の新聞社員で組織された革進会に加わり1919(大8)年8月の同盟ストに参加するが敗北。読売新聞社に移り正進会に加盟。20年機関誌『正進』発行のために50銭寄付。また24年夏,木挽町(現・中央区銀座)正進会本部設立のためにも50銭寄付する。(冨板敦)〔文献〕『革進会々報』1巻1号1919.8,『正進』1巻1号1920.4,正進会『同工諸君!! 寄附金芳名ビラ』1924.8

矢野 準三郎 やの・じゅんざぶろう ?-? 1920(大9)年1月大阪印刷工組合を結成。24

年11月大川利治、重岡勢、逸見吉三らとともに関西自連を結成、大阪印刷工組合を代表して上田益吉、岩川末美、河合潤(洵)らと役員を担う。同年印刷工連合会の全国組織確立のため東京から布留川桂、宮越信一郎、伏下六郎らが江戸堀の矢野宅に滞在。25年3月全国印刷工連合会第2回大会に失業問題を提起(可決)。同年5月1日大阪中之島公園第6回メーデーで関西自連を代表して演説。26年5月大阪から大阪機械技工組合とともに全国自連結成に参加した。同年8月頃関西自連の連絡員には京印の中村鹿二、大阪機械技工の杉浦市太郎、松村伊三郎、大印の芝原貫一らがいた。10月第3回関西自連大会に代議員参加、健康保険法反対を提起する。ギロチン社関連で久保譲、関谷栄ら数十人とともに拘留された。(北村信隆)〔文献〕『印刷工連合』10・16・24・29号1924.3・5・9・25.10,『大阪社会労働運動史・上』、逸見吉三『墓標なきアナキスト像』三一書房1976,宮本三郎『水崎町の宿・PARTⅡ』私家改訂版1987,『自連』4-7号1926.10-12

矢野 春太郎 やの・しゅんたろう ?-? 1919(大8)年東京京橋区(現・中央区)の芳文社和文科に勤め活版印刷工組合信友会に加盟する。(冨板敦)〔文献〕『信友』1919年8・10月号

矢野 積善 やの・せきぜん ?-? 1919(大8)年東京神田区(現・千代田区)の神田共栄舎鉛版科に勤め日本印刷工組合信友会に加盟する。(冨板敦)〔文献〕『信友』1919年10月号

家野 猛之 やの・たけゆき ⇒中元藤太 なかもと・とうた

矢野 はるよ やの・はるよ ?-? 別名・はるえ 1919(大8)年東京京橋区(現・中央区)の築地活版所〔和文〕解版科に勤め日本印刷工組合信友会に加盟。のち読売新聞社に移り正進会に加わる。20年機関誌『正進』発行のために50銭寄付する。(冨板敦)〔文献〕『信友』1919年10月号,『正進』1巻1号1920.4

矢野 万次郎 やの・まんじろう 1909(明42)-? 神戸市葺合区神若通に生まれる。高等小学校を卒業後、家業の青物行商の手伝いをする。1927(昭2)年頃から中村一次、増田信三、春田武夫らと交流。30年篠山歩兵第七十連隊に入営することになり同年1月10日神戸駅で増田、中村、宇治木一郎、プロレタリア歌人同盟の藤田昌一に見送られ

る。31年除隊後は工員、外交員などになり、35年末頃無共党事件で検挙されるが不起訴。(冨板敦)〔文献〕『身上調書』、兵庫県特別高等課『特別要視察人ニ関スル状勢調べ』(復刻版)兵庫県部落問題研究所1976

矢野 竜渓 やの・りゅうけい 1851.1.2(嘉永3.12.1)-1931(昭6)6.18 本名・文雄 豊後国海部郡佐伯(現・大分県佐伯市)に佐伯藩士の子として生まれる。藩校で学んだのち上京して慶応義塾に学ぶ。郵便報知新聞社に入社し自由民権論を唱え大隈重信に認められ大蔵書記官、太政官大書記官に就任したが、81年の政変で大隈とともに下野、立憲改進党組織に参画、郵便報知新聞社に戻り社長となる。83年古代ギリシアを題材に民主・独立を鼓吹する政治小説『経国美談』を発表、文名を高めた。直後2年4カ月余り欧米視察旅行。90年冒険小説『浮城物語』を『報知新聞』に執筆。この年から宮内省に出仕、式部官、駐国公使を歴任。00年一切の官職を辞し02年社会主義小説『新社会』を公にし内山愚童ら青年たちに社会主義へ目を開かせた。同年近事画報社をおこす。のち大阪毎日新聞社の副社長をつとめた。幸徳秋水に書評「『新社会』を読む」(『万朝報』1902.7.7)、人物評「矢野竜渓君」(週刊『平民新聞』1903.12.6)がある。(白仁成昭)〔著作〕『経国美談・上下』岩波文庫1967,『明治文学全集15 矢野竜渓集』筑摩書房1970,『矢野竜渓資料集』全8巻大分県教育委員会1996-98

矢作 康治 やはぎ・こうじ ?-? 1928(昭3)年頃東京の北隆館書店に勤務、アナキズムに関心を深め同店の大和田英雄、山田彰らと交流、山田らはアナ系劇団泥門座を組織して活動した。(奥沢邦成)〔文献〕『資料農青社運動史』,『農青社事件資料集』

矢橋 丈吉 やはし・じょうきち 1904(明37)7.15-1964(昭39)5.28 別名・公麿 岐阜県に生まれたが間もなく一家は開拓農民として北海道雨竜郡雨竜村(現・雨竜町)へ移る。同地の小学校卒業後、家業の農業を手伝っていたが暮らしに行き詰まり20年12月兄利三郎とともに上京する。印刷工などをしながら小川未明などについて文学を、川端画学校で絵画を学ぶ一方、近衛文麿邸に押しかけ面会を強要する直接行動で拘束される。初期の筆名である公麿はこの事件の

残映。24年美術家集団マヴォ同人となり小野十三郎詩集『半分開いた窓』(1926)、岡本潤詩集『夜から朝へ』(1928)の装丁・挿画を手がける。「影のある激しい性格の男」と村山知義はのちに評している。マヴォ解散後、一人で『低気圧』(1号のみ)を創刊。27年アナキズムを標榜する『文芸解放』同人になり同年創刊された橋爪健の『文芸公論』、詩誌『バリケード』にも作品を寄せ装丁・挿画に当たる。この年出版社春陽堂に就職し『明治大正文学全集』の校正を担当。『文芸解放』の廃刊後、28年6月独力で「アナキズム思想文芸誌」『単騎』を始めたが3号で『矛盾』と合併、10月星野準二と『黒色文芸』(2号まで)を創刊し表紙をデザインする。この表紙とりわけ題字が評判になりそれ以後のアナ系雑誌の手本になる。星野とは前年ボルと乱闘事件をおこしともに29日拘留された仲だった。無口で喧嘩早いとマヴォ以来の友人戸田達雄の回想にある。29年関東出版労働組合の支援を受けて春陽堂争議を闘ったが3カ月の解雇手当で解雇される。30年自由労働者となり東京市知識階級失業救済土木事業(赤坂山王下-新宿間大下水管敷設工事)に従事。この工事には岡本、菊岡久利、小山内竜、上田光慶、北浦馨、工藤秀剣らアナ系が参加している。『自連新聞』にテロ志向の掌編小説を書いているのはこの頃である。33年戸田の経営する広告宣伝会社オリオン社に入り、権藤成卿の流れをくむ裁縫塾の塾長代理山室はな子と知り合い大森で世帯をもつ。オリオン社には辻まこと、竹久不二彦(夢二の二男)、島崎蓊助(藤村の三男)ら二世がおり、秋山清の木材通信社と並び戦時下アナ系の待避所の観がある。戦後アナ連に参加、松尾邦之助の自由クラブにも加わる。新居格の命名で生活協同組合的な出版を夢みて組合書店をおこし石川三四郎、古田大次郎、小川光生、布留川信、植村諦、小山内、松尾邦之助、山本勝之助など多くのアナ系の書籍を出版する。「あなたのおっしゃる『唯一者』それはアナキストなのだ/それはわたくしなのだ/この絶叫を書きなぐる/矢橋丈吉なのです」と最晩年の詩に書いている。(大澤正道)〔著作〕『矢橋丈吉自伝叙事詩 黒旗のもとに』組合書店1964〔文献〕戸田達雄「矢橋丈吉君のこと」『個』13号1968.9、寺島珠雄「単騎の人」『論争』1-3号1989.2-90.4

八幡 市蔵 やはた・いちぞう ?-? 1919(大8)年東京神田区(現・千代田区)の三秀舎ポイント科に勤め日本印刷工組合信友会に加盟する。(冨板敦)〔文献〕『信友』1919年10月号

八幡 博道 やはた・はくどう 1898(明31)11.18-1968(昭43)頃 本名・兼松、別名・博堂 高知県幡多郡宿毛町(現・宿毛市)に生まれる。日本大学在学中、19年暁民会に入り浦田武雄とともに退学処分。20年秋自由人連盟に加盟。21年4月創刊の『労働者』の同人に名を連ねる。翌月日本社会主義同盟第2回大会に参加、検束され特別要視察人甲号に編入。23年東京地裁で新聞紙法違反により20円の罰金刑。その後新聞記者として青島日日新聞社、信濃毎日新聞社などで働く。29年松本市で愛国無産政党信州国民党を結成、幹事長になり39年大日本生産党書記長などと右翼に転じる。(大澤正道)〔文献〕塩長五郎「中浜哲と改名した頃」『新過去帖覚書』私家版1971、堅田精司『北海道社会文庫通信』1642号2001.11.27

八幡 政太郎 やはた・まさたろう ?-? 新聞工組合正進会に加盟し1924(大13)年夏、木挽町(現・中央区銀座)本部設立のために1円寄付する。(冨板敦)〔文献〕正進会『同工諸君!!寄附金芳名ビラ』1924.8

藪田 寛 やぶた・ひろし 1906(明39)-? 神戸市兵庫区上沢通生まれ。21年商業学校を卒業後、貿易会社や保険会社で働き35年末頃無共党事件で検挙されるが不起訴。(冨板敦)〔文献〕『身上調書』

矢部 甚吾 やべ・じんご ?-? 東京府北多摩郡府中村(現・府中市)に在住。1921(大10)年10月府中村と多摩村(現・多摩市)の小作人とともに小作争議を総代として闘い、小作料4割減を要求し7升5合引きで解決。同年11月15日府中・多摩両村小作人組合の設立を決議し12月1日府中座で組合員580余人で発会式を開き組合長となる。発会式では正進会の和田栄太郎らが演説する。農村運動同盟に加わり多摩支部を担った。(冨板敦)〔文献〕『小作人』2次1・3号1922.10・23.4

山一 由喜夫 やまいち・ゆきお 1904(明37)9.21-1950(昭25)8.11 秋田県鹿角郡尾去沢村(現・鹿角市)に生まれる。上京し旋盤工として機械技工組合(のち東京一般労働者組

合に改組)に加盟して活動する。27年10月日立製作所争議で久原房之助邸を襲撃して宮崎晃、高橋光吉、古江正敏、斎藤辰夫、入江汎と検挙されるが病身のため11月に保釈される。懲役3カ月となり、27年6月控訴を取り下げ下獄。28年秋関東一般労働組合を設立し江西一三の常駐する事務所に小川一郎、高橋光吉らと泊まり込む。32年には日本赤色救援会江東地区委員会組織部長をつとめ46年に日本共産党に入党する。（冨板敦）〔文献〕『黒色青年』6・9号1926.12・27.6、『自連』3・6・14号1926.8・11・27.7、『江西一三自伝』同刊行会1976、小沢三千雄編『秋田県社会運動の百年』私家版1978、『思想輯覧』

山内 恭三 やまうち・きょうぞう 1912(明45)1.8-? 東京生まれ。6歳頃に母と死別。父と祖母に育てられる。父は小学校の用務員であった。三人兄弟の末っ子として育つ。24(大13)小学校卒業。商工会議所などの給仕として勤務。27(昭2)2月早稲田工手学校夜間部機械科卒。同年5月23日陸軍技術本部の雇員(図生)として就職。同雇員の先輩からクロポトキン著『青年に訴ふ』の写本を貸与されアナキズムに目覚める。27年9月井本尚、津田秀夫、東怜二らと文芸誌『颱風』(2号終)を発行。28年8月思想文芸誌『二十世紀』(2号10月終)を創刊、編集発行人となる。丹沢明、中本弥三郎、植田信夫、南条蘆夫、吉沢博弥、東、松田巌、飯田十三、太田広らが参加した。同年初夏に軍側が身元調査を実施した際に(9月17日憲兵隊の取調べ)雑誌発行の件が発覚する。馘首になる前に自ら退職。29年5月『黒戦行』(原始人社)創刊に広田万寿夫らと参加。同年10月15日京橋・読売講堂で開催された黒色戦線社主催の「プロレタリア文芸・思想大講演会」で詩を朗読した。第一次『黒色戦線』に詩とエッセイを発表する。以後未詳。（奥沢邦成・黒川洋）〔文献〕『無政府主義系文芸印刷物刊行に関する件』『密大日記』第2冊陸軍省1928

山内 三造 やまうち・さんぞう ?-? 別名・三三、山成三三 大阪で新聞配達をしながら組合活動に入る。1923(大12)年1月石田正治、大串孝之助、伊藤孝一と関西自由労働組合を脱退し関西抹殺社を結成する。のち大阪松坂屋呉服店食堂部に勤め大阪合成労働組合に所属した。（冨板敦）〔文献〕『労働運動』3次11号1923.2、『自連』15号1927.8、宮本三郎『水崎町の宿・PartⅡ』私家版1981

山内 真三 やまうち・しんぞう ?-? 別名・真五 1919(大8)年東京京橋区(現・中央区)の秀英本舎和文科に勤め活版印刷工組合信友会に加盟する。（冨板敦）〔文献〕『信友』1919年8・10月号

山内 房吉 やまうち・ふさきち 1898(明31)3.8-1952(昭27)7.29 岐阜県恵那郡に生まれる。同志社大学を卒業、21年著作家組合に勤務。加藤一夫の自由人連盟に関わり22年1月機関紙第2次『自由人』創刊号の内容について小田原署で加藤とともに取り調べを受ける。同年『シムーン』に参加。25年松本淳三の主宰する『黒嵐時代』(『詩を生む人』の後継誌)に上野壮夫、新居格、小川未明、ドン・ザッキー、壺井繁治、加藤、遠地輝武、井東憲、相川俊孝らと寄稿。同年山崎今朝弥の『解放』編集責任者として日本プロレタリア文芸連盟に加わる。27年『文芸戦線』の同人となり28年『ナップ』に参加。（冨板敦）〔著作〕『芸術の話』世界思潮研究会1924、『社会思想解説』解放社1927、ステップニャック『新らしき改宗』金星堂1927、『プロレタリア文学の理論と実際』紅玉堂書店1930、『国際労働運動史』同1930、レーニン『何をなすべきか』(訳)改造社1933、E.P.プレンティス『人類生活史』(新居格と共訳)東洋経済新報社1942〔文献〕『労働運動』3次2号1922.2、菊地康雄『青い階段をのぼる詩人たち』青銅社1965

山内 勇次郎 やまうち・ゆうじろう ?-? 1919(大8)年東京麹町区(現・千代田区)の外務省活版部に勤め活版印刷工組合信友会に加盟する。（冨板敦）〔文献〕『信友』1919年8・10月号

山浦 典男 やまうら・のりお 1908(明41)-? 長野県小県郡大門村字入大門(現・長和町)に生まれる。農業に従事。同村在住の鷹野原長義の農青社運動に協働し1936(昭11)年1月9日に検挙。同月19日に釈放される(不起訴)。（冨板敦）〔文献〕『無政府共産党(革命結社「農村青年社」)検挙状況ノ件(昭和11年5月19日)』、青木恵一郎『改訂増補 長野県社会運動史』巌南堂書店1964、『農村青年社事件資料集Ⅰ・Ⅲ』

山浦 隆介 やまうら・りゅうすけ ?-? 1926(大15)年頃、長野県小県郡滋野村赤岩(現・東御市)で農業を営み青年会長を務めていた。農民自治会全国連合に加わり同年10月3日北佐久郡北御牧村(現・東御市)の北御牧

小学校で発足した農自北信連合(のち東信連合に改称)に参加する。(冨板敦)〔文献〕『農民自治』6号1926.11、大井隆男『農民自治運動史』銀河書房1980

山尾 三省　やまお・さんせい　1938(昭13)10.11-2001(平13)8.28　東京市神田区(現・千代田区)に生まれる。早稲田大学文学部西洋哲学科に進むが共産主義者同盟の隊列で闘った安保闘争のあと60年に中退。詩を書きながら人生を模索し、60年代半ばには新宿フーテン族、和製ヒッピー、日本的ビートニクといった人たちとの交流のなかで新たな共同体への志向を明確にし68年共同体「部族」に参加。欲望のピラミッドである中央集権制と暴力を否定することで人間らしく生きようと志向する山尾の共同体への夢は70年前後の暴力的な党派闘争から離脱した人々を含めコミューン、ユートピアを目ざす青年たちに思想的な裏づけを与える先駆的なものとして受け取られた。73年家族と1年にわたるインド、ネパール巡礼を行い、75年有機無農薬野菜の店の設立に参加したあと77年家族とともに屋久島に移住、農業をしながら文筆活動をするようになった。死ぬまでカウンター・カルチュアの代表的、実践的な書き手であった。(川口秀彦)〔著作〕『聖人山』めるくまーる社・プラサード書房1981、『びろう葉帽子の下で』野草社1987、『山尾三省ライブラリー』全4巻新泉社2012

山岡 勇　やまおか・いさむ　?-?　新聞工組合正進会に加盟し1924(大13)年夏、木挽町(現・中央区銀座)本部設立のために1円寄付する。(冨板敦)〔文献〕正進会『同工諸君!! 寄附金芳名ビラ』1924.8

山岡 栄二　やまおか・えいじ　1910(明43)-?　別名・英二、栄治、栄三　大阪市西成区東四条生まれる。尋常小学校を卒業と同時に琺瑯工となり市内の各工場を転々とする。大串孝之助、岩本秀司、岡田勘二郎らとつきあう。29年2月今宮地区の琺瑯工場従業員を中心とする大阪一般琺瑯工組合を結成して代表となり関西自協に加わる。同年8月勤務先の堀琺瑯工場での争議に勝利。同年第1次『黒色戦線』、30年『黒戦』にたびたび執筆。32年1月大阪で『黒旗』を創刊、発行人となる。また6月『労働者の叫び』を創刊。34年独立して琺瑯職で生計を立てる。35年末頃無共党事件で検挙されるが不起訴。31年兄喜一郎とともに農青社運動に参加。(冨板敦)〔文献〕『自連新聞』39号1929.9、『黒旗』1号1932.1、『大阪社会労働運動史・下』、『身上調書』、『昭和7年自1月至6月社会運動情勢 大阪控訴院管内・上』東洋文化社1979

山岡 喜一郎　やまおか・きいちろう　1904(明37)頃-?　和歌山県出身か。26年頃から大阪府新堂を中心に水平運動で活動、同年8月大阪府水平社代表委員会理事。川上村在郷軍人会差別事件では解決目前に弾圧を受け北井正一、大串孝之助、石田正治とともに実刑判決を受けた。出所後の27年5月大阪府水平社解放連盟を創設し全国水平社解放連盟の中心的活動家として北原泰作の直訴事件、28年民衆社結成と『民衆の中へ』発行、29年『関西水平新聞』発行などに取り組む。29年秋のアナ派分裂後は黒色青年自由連合(のちのアナルキスト青年同盟)、荊冠旗社で活動。31年弟栄二とともに農青社運動に参加。33年富田林の啓蒙機関啓明協会の中心的活動家となる。第2次大戦中に死没。(三原容子)〔文献〕三原容子「水平社運動における『アナ派』について・正続」『世界人権問題研究センター研究紀要』2・3号1997・98

山岡 強一　やまおか・きょういち　1940(昭15)7.15-1986(昭61)1.13　北海道雨竜郡沼田町で生まれ同町昭和炭鉱の労働者の家庭に育つ。68年4月に上京し11月に山谷へ。71年船本洲治と出会い東京日雇労働組合に加入。72年に釜ケ崎での船本洲治らによる暴力手配師追放釜ケ崎共闘会議(釜共闘)の戦いと連動して、同年8月「悪質業者追放現場闘争委員会(現闘委)」を結成。その中心メンバーとして「やられたらやりかえせ」をスローガンに寄せ場の暴力支配と闘う。12月第1回山谷越冬闘争を行う。81年10月山谷争議団を結成。82年6月27日全国日雇労働組合協議会(日雇全協)結成に主導的役割を果たす。83年11月3日政治結社「皇誠会」=西戸組の登場をきっかけに暴動がおこる。以降、対皇誠会・西戸・互助組合・金町戦の最先頭で闘う。84年佐藤満夫、山谷で映画撮影を開始するが、同年12月西戸組・筒井栄一に刺殺されてからはこれを引き継ぐ映画製作に邁進。85年2月山岡らが中心となり「山谷」制作上映委員会を発足させる。85年12

月映画完成。八丁堀勤労福祉会館で初上映。翌86年1月13日午前6時5分，新宿区大久保一丁目路上で天皇主義右翼・日本国粋会金町一家金竜組組員・保科勉によって銃殺される。享年45歳。（軽部哲雄）

山鹿　泰治　やまが・たいじ　1892（明25）6.26-1970（昭45）12.6　京都市三条烏丸に京都で最初の印刷所点林堂を創業した父善兵衛（日本の印刷術の開祖本木昌造の直弟子）の12子として生まれる。京都市竜池尋常小学校，京都府立一中を卒業。07年上京，京都出身の中村有楽の出版社有楽社に住み込む。有楽社内に日本エスペラント協会の事務所がありそこで黒板勝美からエスペラントを学ぶ。08年救世軍銀座小隊に参加，受洗。10年4月日本エスペラント協会の無給書記となる。12月有楽社は倒産し築地活版所で欧文植字見習工となる。11年2月職場の先輩原田新太郎から借りた『麵麭の略取』でアナキズムを知る。4月原田から大杉栄を紹介され三越待合室で会いキリスト教を捨てアナキズム運動に飛び込む決意をする。6月大杉のすすめで京都へ戻り海外のアナキストとエスペラントで通信を始める。14年3月大杉からの手紙で上海に潜行，師復の民声社秘密印刷所で『民声』の発行に協力。9月半ば帰国し月刊『平民新聞』を手伝う。15年秘密出版を企て相坂佶，百瀬晋の協力で『青年に訴ふ』を刊行。この年12月黒板宅に住み込みエスペラント協会の事務に従事。16年近所に住む北一輝を訪ねエスペラントの活用で意気投合，北家に移り家事見習いの重原ミカと出会う。9月山鹿と北両者の尾行刑事の世話でミカと結婚。17年4月兄の死没で帰郷，点林堂の経営にあたる。19年小坂狷二と共編で『エスペラントの鍵』（点林堂）を刊行。再び秘密出版を計画し『幸徳秋水死刑前の3弁護人宛の手紙』を印刷するが家人に破棄される。続いて企画した『パンの略取梗概』（石川三四郎），『サンジカリズム』（米田庄太郎，河田嗣郎），『平民の鐘』（ポール・ベルテロ），『革命歌』（築比地仲助）の秘密出版が発覚，2月27日上田蟻善らとともに検挙される（懲役3年）。21年9月出獄。22年6月上京。7月入露の話に乗り上海へ。黄凌霜が組織したAF（アナキスト連盟）に日本人唯一の同志として入党，また黄興未亡人の秘密結社大同党にも加入する。10月帰国。11月大杉の渡欧旅券を調達するため3度中国へ。12月北京で景梅九に旅券入手を依頼，北京アナキスト連盟創立大会にも参加する。23年1月上海で大杉の渡仏を見送り帰国。9月大杉らの虐殺の詳報をエスペラント通信で世界各国に送る。12月第4次『労働運動』を近藤憲二らと発刊。24年9月福田雅太郎大将狙撃事件に関連して逮捕（拘留29日）。25年第6回メーデー副司会者をつとめる。8月TLES（全世界無国家主義者エスペラント連盟）の日本連絡責任者となる。9月早稲田大学留学中の恵林の協力で『日・エス・支・英会話と辞書』（岸上大道社）を刊行。27年発刊の第5次『労働運動』ではTLES会報『L.L.』（自由労働者）をはじめ海外の運動情報を訳出，またエスペラント講座を連載する。27年8月国立上海江湾労働大学に石川三四郎とともにエスペラント講師として招聘。12月帰国。29年11月島津末二郎らとエスペラント誌『LA ANARKISTO』を創刊。36年スペイン革命勃発，パリCNTの日本連絡責任者となる。39年3月『世界語老子』（私家版）100冊を印刷。6月スペイン支援活動で検挙。9月台湾高雄に移住。徴用を受け，42年フィリピンに入る。2月徴用解除されマニラ日日新聞社に配属。43年1月『日比小辞典』刊行。44年9月台北に戻り連温卿を頼り疎開。敗戦後46年4月京都へ引き揚げる。50年5月日本アナ連第5回大会を京都に誘致。この頃から60年インドに行くまでエスペラント版『平民新聞』を発行し続ける。52年5月アナ連の代表となる。54年市川市中山へ移転。戦争抵抗者インターWRIの日本登録所を受け持ち55年6月日本部機関紙『世界市民』を創刊。57年'Japanaj Martiroj de Anarkisma Movado'（日本語題名『幸徳と大杉』）をアナ連の名で刊行。60年12月インドで開催のWRI世界大会に大道寺三郎と参加，61年3月帰国。12月脳出血で倒れる。62年向井孝のすすめで回想記『たそがれ日記』を執筆開始（以降5年間に手記全8冊，91編）。没後，向井らにより沼津市内浦三津に山鹿文庫が設立された。（冨板敦）〔著作〕『たそがれ日記』1962.8-66.8富士宮アナキズム文献センター蔵，ポール・ベルテロー『平民の鐘』（訳）地底社1929，『時の福音（平民の鐘）』（エス和対訳，孔版）ア

山鹿 ミカ　やまが・みか　1896(明29)12.25-1996(平8)12.12　旧姓・重原　新潟県中頸城郡柿崎町上下浜新田に生まれる。父は代々の宮大工。妹は島津末二郎の妻。13年上京し北一輝宅で見習奉公。その頃北宅で居候中の山鹿泰治を知り16年山鹿の尾行刑事秋葉喜作の仲人で結婚し東大久保の西向天神近くに新居を構える。以来53年の間、運動一筋の山鹿を支える。山鹿自身「地の塩」と評されるような地味で息の長い運動家だったがその山鹿を山鹿たらしめたのがミカだった。山鹿没後、向井孝らの尽力で設立された山鹿文庫(沼津市内浦三津)を娘の瀬川アイノと一緒に守った。(大澤正道)〔文献〕向井孝『山鹿泰治』自由思想社1984

山県 繁樹　やまがた・しげき　1906(明39)-1969(昭44)12.13　広島県出身。25年日本大学入学、アナキストの影響を受けて学生運動に参加。30年治安維持法違反で検挙され入獄、34年頃に出獄。戦後は共産党に入党。51年食糧業界新聞社を設立、中小企業同友会の結成に参加した。(奥沢邦成)〔文献〕『解放のいしずえ』新版

山形 春吉　やまがた・はるきち　1875(明8)1.15-?　別名・莫越　福島県石城郡窪田村(現・いわき市)に生まれる。第2師団に入営中の98年貧民が残飯を買い受ける窮状をみて同情しその原因が社会組織の欠陥にあると考えたこと、またキリスト教徒であったことから社会主義者となる。福島県師範学校中退後、郷里や横浜で教員をつとめ01年郷里で青年夜間学校を開く。03年7月学術研究の目的で渡米。サンフランシスコのキリスト教青年会館に出入りし岩佐作太郎らと交際。09年岩佐の運営する朝日印刷所から月刊誌『四千哩外』を印刷発行しこれが当局から「無政府主義機関雑誌」とみなされた。

06年に渡米中の幸徳秋水が結成した社会革命党の本部委員であったことから10年1月無政府主義を信奉する甲号として要視察人名簿に登録された。(西山拓)〔文献〕『主義者人物史料1』、『在米主義者沿革』

山片 秀之　やまがた・ひでゆき　?-?　日本印刷工組合信友会に加盟し1921(大10)年末頃、成章堂文選課に勤めていた。(冨板敦)〔文献〕『信友』1922年1月号

山上 伊太郎　やまがみ・いたろう　1903(明36)8.26-1945(昭20)6.16　京都市下京区宮川筋に生まれる。小学校卒業後滋賀県庁に給仕として働く。23年12月創立した東亜キネマに脚本部研究生として入社。26年『帰って来た英雄』(仁科熊彦監督)が脚本家として初の映画化作品。同年スカウトされマキノ映画へ転じる。日本映画史最初の本格的女剣劇作品『女怪』(鈴木澄子主演、金森万象監督)などで注目され『鞍馬天狗余聞・角兵衛獅子』『悪魔の星の下に』(1927)、『蹴合鶏』『浪人街第1話・美しき獲物』『崇禅寺馬場』(1928)、『浪人街第2話・楽屋風呂』『首の座』『浪人街第3話・憑かれた人々』(1929)など映画史に一時期を画す名シナリオを続々と発表する。特にスターが次々にマキノを離れていくなかで無名俳優を使い「不良少年の映画」をと書き上げた『浪人街』(マキノ雅広監督)は、『キネマ旬報』ベストワン、マキノ映画黄金時代を象徴する作品となった。マキノ映画は同じ京都の千本組から大道具の材木を入れていた関係からその若親分のアナキスト笹井末三郎を中心にアナキストとの交流、アナキズムの影響が強くあったといわれる。プロキノ、傾向映画に先駆した一連の山上作品はプロレタリア的、アナキズム的といわれた。29年マキノ映画で争議がおきるとマキノ雅広とともに従業員側に立ち闘う。デカダンスな私生活で映画界流浪ののち陸軍軍属となりフィリピンで戦死。(鈴木義昭)〔著作〕『山上伊太郎のシナリオ』白川書院1976、〔文献〕竹中労『日本映画縦断3—山上伊太郎の世界』白川書院1976

山上 重蔵　やまがみ・しげぞう　?-?　1919(大8)年東京芝区(現・港区)の東洋印刷会社文選科に勤め活版印刷工組合信友会に加盟する。(冨板敦)〔文献〕『信友』1919年8月号

山上 房吉　やまがみ・ふさきち　?-?　横浜

で沖仲仕をしており，1920(大9)年4月山口正憲が組織した横浜仲仕同盟会に加わり21年5月第2回定期総会で理事に選出される。同年11月横浜市内で吉田只次，佐々木左門，斎藤光太郎らと過激宣伝ビラをまいたとして収監される。関東大震災で組合員が離散した横浜自由労働者組合を24年2月再建する。26年2月警察のスパイを暴行したとして佐藤酉夫とともに検挙され懲役1年となる。(冨板敦)〔著作〕「横浜仲仕同盟会の結成から休憩所の設立までの回顧」『郷土よこはま』22号1960.9〔文献〕『労働運動』3次1号1921.12，『自連』1・3・4.5号1926.6・8・10，堅山利忠編『神奈川県労働運動史』県労働部労政課1966

山川 菊栄 やまかわ・きくえ 1890(明23)11.3-1980(昭55)11.2 旧姓・森田，青山，別名・野坂竜子，山口いと，元田初子，吉田とよ子，山田とみ，秋山鶴子(鶴)，坂田まつん，伊藤はな子，小池ふさ，中村かね，石毛タキノ，吉住鯉子，村田まさ，安藤よし子，数本あい子，佐藤(佐東)まき子，番紅花　森田家の第3子として東京市麴町区(現・千代田区)に生まれる。母方の祖父で漢学者青山延寿死没後，青山家を継ぐ。番町小学校，府立第二高等女学校，国語伝習所を経て12年女子英学塾卒業。15年同窓の神近市子に誘われ平民講演会や仏蘭西文学研究会に参加，16年2月田戸正春の経営する上野観月亭で開かれた平民講演会で山川均と出会い，散会後検挙され保護室に入れられるまでの時間初めて二人で話し合う。山川のすすめで『新社会』7月号に「公私娼問題」を執筆。11月山川と結婚。山崎今朝弥に「均菊相和し」の造語があり以降しばしば『新社会』に均，菊栄の名が並んで現れる。18年『文明批評』2号にアナトール・フランスの翻訳を寄せる。21年堺(近藤)真柄らの赤瀾会に伊藤野枝とともに顧問として参加。この頃からマルクス主義の立場に立つ女性評論家としての地位を確立。28年には『婦人公論』誌上で恋愛観をめぐり高群逸枝と論争する。46年社会党入党，47年2月民主婦人協会(のち民主婦人連盟)の結成に参画。9月片山哲首相に請われ新設の労働省婦人少年局長に就任(1951.6退任)。53年『婦人のこえ』創刊(1961終刊)。62年田中寿美子らと婦人問題懇話会設立。75年『覚書幕末の水戸藩』(岩波書店1974)で第2回大仏次郎賞を受賞する。死没後の81年山川菊栄記念婦人問題研究奨励金が創設された。(白仁成昭)〔著作〕『女二代の記 わが半自叙伝』日本評論新社1956，「私の運動史 歩き始めの頃」外崎光広・岡部雅子編『山川菊栄の航跡』ドメス出版1979。『山川菊栄集』全10巻別巻1岩波書店1981.82，鈴木裕子編『山川菊栄女性解放論集』全3巻同1984，鈴木裕子編『山川菊栄評論集』岩波文庫1990〔文献〕堺利彦『婦人界の三思想家 与謝野晶子，平塚明子，山川菊栄』鈴木裕子編『堺利彦女性論集』三一書房1983，近藤真柄『わたしの回想』ドメス出版1981，秋山清『自由おんな論争』思想の科学社1973，生誕百年を記念する会編『現代フェミニズムと山川菊栄』大和書房1990

山川 太郎 やまかわ・たろう ?-? 芝浦製作所に勤め芝浦労働組合に加盟し鍛冶分区に所属。1925(大14)年『芝浦労働』(2次7号)に「面黒い話」を執筆する。(冨板敦)〔文献〕『芝浦労働』2次7号1925.6

山川 時郎 やまかわ・ときお ?-? 1929(昭4)年10月から32年2月まで加藤一夫の個人誌『大地に立つ』に参加。30年第3次『農民』に「戦ひの時は来た」(2巻2号)，「全戦線への動員」(2巻5号)，「方法理論の確立へ」(2巻12号)を発表。32年『農本社会』に「都会資本主義と農民」(1巻1号)，「農本主義運動の歴史的必然性と客観的真理」(1巻2号)，「都会的観念形態論」(1巻3号)，「農本主義の理論的基礎」(1巻4号)を発表する。(川口秀彦)〔文献〕犬田卯『日本農民文学史』農村漁村文化協会1958

山川 均 やまかわ・ひとし 1880(明13)12.20-1958(昭33)3.23 別名・麦，麦粒，無名子，輪井影一　岡山県窪屋郡倉敷村(現・倉敷市)生まれ。明倫小学校，高等精思小学校を経て，95年同志社補習科入学，97年中退。上京して秋山定輔宅に寄宿，98年東京政治学校で聴講。秋山宅で知り合った守田有秋と00年3月『青年の福音』を創刊したが5月3号掲載の短評が不敬罪に問われ重禁錮3年6カ月，罰金120円，監視1年に処され01年巣鴨監獄に入る。04年6月仮出獄。平民社に幸徳秋水を訪ねその後帰郷する。06年2月結成された日本社会党に入党，上京して日刊『平民新聞』の編集に参加する。直接行動派に属し08年1月金曜会屋上事件で堺利彦，大杉栄とともに治安警察法違反で軽禁錮1カ月。5月出獄後大須賀里子と結

婚。同年10月赤旗事件で懲役2年，10年9月末まで千葉監獄に入る。出獄後帰郷し薬局，写真店を開業。13年里子と死別。14年輪井影一名で月刊『平民新聞』に20円の寄附を約している。16年に再び上京，堺の『新社会』の編集に参加。平民講演会にも出席しそこで知り合った青山菊栄と結婚。大杉に頼まれ『相互扶助論』の下訳をしたという。18年創刊の『文明批評』にも執筆。同年荒畑寒村と労働組合研究会をつくり近藤憲二の手助けで『青服』を発行，筆禍事件で禁錮4カ月，19年2月出獄。4月堺，山崎今朝弥と『社会主義研究』創刊（20年2月号から山川個人経営）。同年10月創刊の第1次『労働運動』に荒畑とともに同人参加を要請されたが断る。ただし毎月20円の資金援助を約す。20年7月日本社会主義同盟の発起人に名を連ねる。この頃上海で開催予定のコミンテルン極東社会主義者会議に出席を求める使者が訪れるが堺とともに辞退する。その結果大杉が出席することとなる。のちに大杉は「かなりの冒険主義だから，それならおれが行ってやる」となったと『山川均自伝』（岩波書店1961）は書いている。その後近藤栄蔵に頼まれ堺らとともに大杉に知らせずコミンテルンとの連繋を工作する。その結果大杉のアナ・ボル協同戦線構想は破綻し明治以来の友情の糸も切れる。22年1月堺，荒畑の協力を得て個人誌『前衛』を創刊（『社会主義研究』『前衛』とも1923.3まで）。全国労働組合総連合大会へ向けて「無産階級運動の方向転換」（『前衛』1巻7号1922.8）を発表，ボルシェヴィズムの立場を鮮明にする。大杉は「労働運動の理想主義的現実主義」（『改造』1922.10）でこれに反論しアナ・ボル論争は本格化する。24年第1次共産党事件に連座，25年証拠不十分で無罪となる。その後労農派の結集に向かい労農派の理論的主柱となる。46年民主人民戦線を提唱，委員長となるが共産党との対立などで頓座，51年社会主義協会を結成，大内兵衛と共同代表となる。（白仁成昭・大澤正道）〔著作〕山川菊栄・振作編『山川均全集』全20巻勁草書房1966-2003〔文献〕堺利彦「大杉，荒畑，高畠，山川」『日本社会主義運動史話』，同「山川均君についての話」『堺利彦全集7』中央公論社1933，荒畑寒村「山川均論」『改造』1931.1，同「知られざる一面」『世界』1958.6「荒畑寒村著作集5」

平凡社1976)，大杉栄「なぜ進行中の革命を擁護しないのか」『労働運動』3次7号1922.9（『大杉栄全集7』現代思潮社1963），『エス運動人名事典』

山川 宗一 やまかわ・むねかず ?-? 1919（大8）年東京小石川区（現・文京区）の日本文具新聞社に勤め活版印刷工組合信友会に加盟する。（冨板敦）〔文献〕『信友』1919年8・10月号

山川 亮 やまかわ・りょう 1887（明20）3.2-1957（昭32）4.14 本名，亮蔵，別名，鳳逸平，堤清太郎，土岐庭久遠，レフ・ヤマカワ 福井県遠敷郡雲浜村（現・小浜市）に生まれる。金子洋文，今野賢三とは19年頃から親交しその関係で『種蒔く人』土崎版（第1次）から同人になる。同誌には小説，評論を発表する一方，一貫して経営面を担当，同人中では目立たない存在であったが自我主義的アナキズムの立場に立っていた。小浜尋常中学で同盟休校の首謀者とみられ退校となり上京。早稲田大学時代に作家を志望し小川未明を訪問，また宮地嘉六を知りプロレタリア文学を意識したがそれ以前に大逆事件で縁続きにあたる古河力作が刑死した時に大きな衝撃を受け社会主義にめざめた。13年4月『奇蹟』に発表した「かくれんぼ」（発禁）が第1作だが，その後雑誌新聞の記者をしながら小説を書き22年作家生活に入る一方で，印刷工を糾合して下層民社を結成，翌年出版従業員組合結成でも中心となって働いた。26年12月日本プロレタリア文芸連盟結成に際しては本部委員に選出された。27年農民文芸会の『農民』に参加，翌年大衆党に入党しこの頃から文学運動を離れた。戦後は共産党員として活動した。（大和田茂）〔著作〕作品集『決闘』四紅社1925，『世紀の仮面』改造社1929〔文献〕森山重雄「『種蒔く人』の作家」『序説・転換期の文学』三一書房1974，『ゆきのした』221号1977，『日本プロレタリア文学集5』新日本出版社1985

矢牧 一宏 やまき・かずひろ 1926（大15）1.18-1982（昭57）11.19 海軍軍人の子として東京市牛込区（現・新宿区）に生まれ幼時から豊多摩郡杉並町（現・杉並区）で育つ。府立一中でいいだ・もも，岩崎呉夫と同学年。43年成蹊高校入学。戦後の46年7月創刊された学生雑誌『世代』の同人（1948から編集長）として，いいだ，岩崎のほか小川徹，中村稔，浜田泰三，日高晋，吉行淳之介らと交

友。数社の編集者を経て61年七曜社を創立。岩崎の『炎の女 伊藤野枝伝』などを出版。64年同社倒産後芳賀書店に入社、『武者小路実篤著作集』『田中英光全集』などのほか小山弘健の著書や神崎清『革命伝説』を企画出版。67年神彰を社主に天声出版を設立、澁澤龍彦編集の雑誌『血と薔薇』や諏訪優『ゲバラの魂』などを出版。69年同社を退き都市出版社をおこしJ.ルービン『Do It』、A.ホフマン『この本を盗め』などを刊行、72年同社倒産後は一時薔薇十字社に移りD.バーガミニ『天皇の陰謀』などを出版。74年出帆社をおこし76年同社倒産。運動との直接的な関わりは少ないが文学を主軸とした出版活動のなかで一貫して反権力、反既成左翼の企画を出し続けヒッピー運動などについても目配りした異色の出版人だった。なお府立一中野球部員だった矢牧が70年代後半に持った草野球チームは「アナーキーズ」と称していた。（川口秀彦）〔文献〕『脱毛の秋 矢牧一宏遺稿追悼集』社会評論社1983

山岸 寛治 やまぎし・かんじ ?-? 1919（大8）年東京京橋区（現・中央区）の製本合資会社欧文科に勤め活版印刷工組合信友会に加盟。のち長島印刷所に移る。（冨板敦）〔文献〕『信友』1919年8・10月号

山岸 春雄 やまぎし・はるお ?-? 東京市向島区（現・墨田区）西吾嬬町に居住し神田神保町の山縣製本印刷整版部に勤める。1935（昭10）年1月13日整版部の工場閉鎖、全部員40名の解雇通告に伴い争議勃発。工場を占拠して闘い同月15日解雇手当4カ月、争議費用百円で解決する。山縣製本印刷は当時東京大学文学部の出入り業者であり、東印は34年5月以降、東印山縣分会を組織していた。（冨板敦）〔文献〕『山縣製本印刷株式会社争議解決報告書』東京印刷工組合1935、『自連新聞』97号1935.1、中島健蔵『回想の文学』平凡社1977

山岸 みよ やまぎし・みよ ?-? 新聞工組合正進会に加盟し1924（大13）年夏、木挽町（現・中央区銀座）本部設立のために1円寄付する。（冨板敦）〔文献〕正進会『同工諸君!! 寄附金芳名ビラ』1924.8

山岸 巳代蔵 やまぎし・みよぞう 1901（明34）8.12-1961（昭36）5.3 滋賀県蒲生郡安土町生まれ。老蘇高等小学校卒業。京都西陣の絹織物問屋大橋商店に住み込み奉公。元来多感で物事をつきつめて考える性格であったため社会のあり方に疑問を感じ19歳の時大橋商店を去り、その後4・5年間行方不明。この間左翼あるいはアナキズム運動に加わり東京葛飾区で特高に追われ逃げて種鶏場に飛び込んだという。この経験から鶏の社会組織のあり方を応用実験することを思い立つ。22年帰郷し養鶏に没入、自然と人為との一体を基調とした理想社会が鶏によって実験されることになった。この考え方は山岸思想の基底を流れるものである。最初山岸のかけ離れた方法、やり方に誰も学ぼうとはしなかった。31年京都伏見の向島に養鶏場を移した。50年9月のジェーン台風は宇治川を決壊させ住まいの宇治川畔の伏見向島一帯は泥の海となったが泥水が引いた時、一面の倒れた稲のなかで山岸の稲だけが頭をもたげていたところからその養鶏法を求めて人々が集まってくるようになった。その後寒冷育雛など省力を特徴とする養鶏法を考案し、53年「我欲を捨てて共に栄える」ことを目的に山岸会（世界急進Z革命団）を結成。56年から特別講習研鑽会を始める。59年三重県阿山郡伊賀町に全財産を投入した農民家族が集まって共同体としての春日農場を建設。同年7月会員の家族から保護願が提出され手入れを受けたこともある。各地で講習会が開かれ受講生が集まった。山岸が生み出した意識革命の理念と方法はヤマギシズムと呼ばれ、予断や主観にとらわれず農民の寄り合いと集団的な禅とをミックスさせたような山岸会特有の思想伝達方式でつねに研鑽しあい、自他一体の根本原理を体得し、「ひと」（人または日土の意）とともに繁栄しようというもの。自他一体は人間と人間の関係にとどまらず、人間と動植物（天地）の関係に及び、またこの原理を曇らせるものが所有であるとし人間社会の変革を最終目的としたものである。参画者の共同体感覚を呼び起こし無所有一体社会の建設をめざす運動となり、春日農場を中央「実顕」地として90年には津市、北海道別海町をはじめ全国のヤマギシズム生活実顕地で多数の参画者とヤマギシズム学園の生徒が無所有一体の生活を営み、生産・加工された農産物は活用者と呼ばれる数多くの消費者に供給されている。山岸の

思想は外来思想からの借り物ではなく土着思想と深く関わりその共同体形成推進の力となった。(北村信隆)〔著作〕『山岸巳代蔵全集』ヤマギシ出版社2004-11-(刊行中)〔文献〕玉川しんめい『真人・山岸巳代蔵』流動出版社1979, 柴地則之「山岸巳代蔵の生涯」『思想の科学』1964.10, 島田裕巳『フィールドとしての宗教体験』法蔵館1989

山口　在寛　やまぐち・ありひろ　?-?　1919(大8)年東京京橋区(現・中央区)の国光社和文科に勤め日本印刷工組合信友会に加盟する。(冨板敦)〔文献〕『信友』1919年10月号

山口　英　やまぐち・えい　1921(大10)3.20-2007(平19)12.21　本名・英雄。大阪市北区太融寺町に生まれる。10歳の頃父を亡くし東住吉区桑津町に転居。母は煙草店を営む。1933(昭8)年4月大阪市立天王寺商業学校に入学。36年俳句の会「濤」に入会。生涯の友向井孝と出会う。新興俳句とよばれた『句と評論』『京大俳句』等に山口水星子の筆名で投句。38年2月向井と共に句誌『鬼』を創刊。3号でその内容に危惧を抱いた印刷所に拒まれ発行断念。3月天王寺商業学校卒業。「15歳頃はすでに甚だませた文学少年であった。"今里におしろい虫がないている"という新興俳句?をつくって句会に出し教師ににらまれたものである。(IOM41号・IOMISMO)」と。41年4月徴兵, 中国戦線に送られる。敗戦後約1年間の捕虜生活の後46年9月頃復員。「46年夏中支から復員した山口はすぐ向井をたずねてきた。約4年ぶりの再会であった。再会第一の話題は俳句であった。しかも戦時を経験した二人は俳句がもつ機能に著しく幻滅していたと共に,「詩」について新しい視野を向けている点で, 偶然にも一致し符合していた。その後も山口がしばしば向井を訪ねるうちにイオム刊行の機運が成熟してきたのである。それは46年も暮れようとする12月であった」(定本IOM同盟詩集)と向井。47年1月アナキスト連盟に参加。3月詩誌『IOM』創刊。柳井秀が加わり「IOM同盟」発足。のち高島洋・生田均・崎本正らが加盟しアナ連における文学活動の中心的存在となる。50年12月IOM同盟詩集『戦争』, 51年6月『平和』を発行。53年12月『アナキズム』誌(東京)7号, そして54年3月『リベルテ』誌(広島)10号よりそれぞれ編集発行を担当。55年12月『ひろば』誌

(のち『無政府研究』と改称)創刊と, 向井と共に関西のみならずアナ連の支柱的存在であった。57年2月,「IOM同盟」は結成所期の申し合せ存続期間10年を終える。10月『定本IOM同盟詩集』を発行。59年2月第2次「イオム」が発足したが60年3月に解散。68年アナ連の解散前後, 大阪アナキズム研究会を主宰。73年3月『イオム(アナキズム/思想と文学)』誌発行に参加。79年2月, 奈良県北葛城郡河合町泉台に転居。07年12月21日悪性リンパ腫を患い永眠。86歳。(小黒基司)

山口　勝清　やまぐち・かつきよ　1905(明36)1.7-1945(昭20)8.6　別名・山田武夫, 丘黎児　広島県深安郡福山町神島町(現・福山市船町)生まれ。23年東京の豊山中学卒業。日本大学専門部文学科入学, 土工や新聞配達をしながら苦学, 24年1年で中退。この頃アナキズムにひかれ宮崎晃が住んでいた日大セツルメント内日本労働学院で週2回八太舟三の講義を受ける。受講生はほかに宮崎, 梅本英三, 大塚貞三郎, 松原一夫, 東野清彦ら10人ほど。宮崎と25年8月新聞配達苦学生を組織した東京新聞労働連盟の役員となる。26年1月銀座事件で黒連加盟団体役員として検束, 同年7月新聞労連を脱退, 小坂千里と清水市に移り島田市の地主で石川三四郎や八太と交流のある加藤弘造発行の『平等新聞』の記者になる。この頃加藤が資金を提供した静岡・愛知・岐阜3県縦断無政府主義大演説会に参加, 清水から出発する。その後サッコとヴァンゼッティ死刑反対演説会を清水と静岡市で開く。26年末病を得て福山に戻る。27年4月頃小松亀代吉, 沢田武雄とともに黎明社を結成し月刊『解放運動』を発行したが発禁。同年5月鞆町(現・福山市)にある鞆鋲釘争議支援に小松, 沢田らと本部に泊まりこむ。争議団は脱落者が続出し敗北, 解散式に乱入してきた鞆警察署長と衝突し検束される。日野正義4年, 小松10カ月, 山口と沢田8カ月, 沖浦静夫6カ月の懲役となる。28年末出獄し福山に戻る。沢田, 岡田光春, 小林辰夫らと黎民社を結成。29年広島市生まれの鳥羽郁乃と結婚。この頃山陽黒旗連盟西備連合会を結成。地方紙『備南新聞』を発行, 自ら記事を書き購読者に直接送った。30年『サンデー毎日』大衆文芸懸賞募集に自由労

働者を描いた小説「機械と喧嘩した野郎」が入選。32年1月『解放を目ざして』を発行したが発禁。新聞発行に行き詰まり『岡山新聞』『倉敷日報』の印刷業務に従事。35年6月布引倶楽部の山本幸雄と倉敷新興生活者同盟を結成。同年11月無共党事件で倉敷警察署に検束されたが半月後釈放。幼馴染みで年長の友人の三谷文太郎にもっと落ちついて創作に専念するべきだとすすめられ福山市内に書店文光堂を開く。40年10月毎日新聞社福山通信部に記者として勤務、43年7月三原通信部主任となりここで青山大学と交友。45年6月下旬広島支局へ転勤となり原爆により死没。（山口平明）〔著作〕『労働運動と自由連合主義』社会思想研究会1928〔文献〕秋山清『日本の反逆思想』現代思潮社1960、『小松亀代吉追悼 叛逆頌』同刊行世話人会1972、宮崎晃『差別とアナキズム』黒色戦線社1975、『続・現代史資料3 アナーキズム』みすず書房1988、『身上調書』

山口 要 やまぐち・かなめ ?-? 東京一般労働者組合江東支部のメンバー。1927(昭2)年7月7日の東京一般江東支部第5回定期例会で飯田自転車製作所の争議の報告をする。(冨板敦)〔文献〕『自連』15号1927.8

山口 きよ やまぐち・きよ ?-? 1919(大8)年東京神田区(現・千代田区)の三秀舎に勤め日本印刷工組合信友会に加盟する。(冨板敦)〔文献〕『信友』1919年10月号

山口 狂介 やまぐち・きょうすけ 1903(明36)-1935(昭10)2.4 岡山県邑久郡今城村(現・瀬戸内市)に生まれる。22年東京鉄道局勤務を経て24年村役場の書記となる。30年佐藤末治の『詩道場』(1933『星座』と改題)をはじめ『拳』『砂山の唄』などに関わる。32年犬養智、鈴木勝らが組織した新興歌謡作家同盟に加盟し『新興歌謡』の同人となる。松村又一の『民謡月刊』(のち『民謡レビュー』)にも関わる。33年朝鮮新義州木材産業組合書記として朝鮮に渡る。帰国後死没。(冨板敦)〔著作〕『納屋の隅っこ』民謡レビュー社1931、『山口狂介氏追悼集』新興歌謡作家同盟出版部1937〔文献〕松永伍一『日本農民詩史・中2』法大出版局1969

山口 景造 やまぐち・けいぞう ?-? 印刷工として日本印刷工組合信友会に加盟。1920(大9)年末には東京京橋区(現・中央区)の福音印刷会社に勤めていた。(冨板敦)〔文献〕『信友』1921年1月号

山口 健二 やまぐち・けんじ 1925(大14)8.15-1999(平11)6.12 別名・賢次、青江俊之介、青江俊、海原大介 横浜市生まれ。42年中学卒業後、東京美術学校洋画部入学、主任教授と対立して自主退学。43年一高文科に入学、在籍のまま翌44年旅順高校に入学。学生生活が関東軍傘下のため同級の朝鮮人学生3人と脱走、満州、朝鮮半島を南下し関釜連絡船で日本へ。日本海側の各地を転々とした。45年敗戦を長野県で知り一高に復学。47年京都大学哲学科に入学、2年後に中退し上京。敗戦直後から接触していたアナ連に加わり『平民新聞』の編集を担当。50年頃から水沼浩に代わりアナ連書記局責任者。51年アナ連分裂後の事務局責任者となり機関紙『自由共産新聞』、理論誌『アナキズム』の編集発行人となる。53年アナ連を離れたのち社会党と共産党に二重加盟。左派社会党青年部長、社会主義青年同盟委員長などを経て世界民主青年連盟日本代表としてヨーロッパ各地を歴訪。のち左派社会党、続いて共産党から除名。60年代には総評系の全日本青年婦人会議で活動、同時に大正炭鉱闘争を支援する後方の会の中心人物となる。反の会、自立学校、直接行動者委員会、ベトナム派遣日本人民義勇軍、東京行動戦線、無政府共産党、ベトナム反戦直接行動委員会など多彩な活動を展開し『紅旗通信』を発行。67年2月レボルト社設立に参画、『世界革命運動情報』を発刊。3月善隣学館闘争を契機にML派と接近、加盟後は政治局員。JATECの非公然活動に協力。69年東大闘争では安田講堂攻防戦を指揮したとされる。60年代末から70年代初めにかけて中国へ渡り林彪事件に連座して投獄される。70年代には沖縄で地域社設立、『分権独立運動情報』を発刊。83年5月爆発取締罰則違反で逮捕、犯人隠避容疑で2年の判決後、執行猶予。85年5月東アジア反日武装戦線「大地の牙」グループの斎藤和10周忌追悼集会へ参加。また山谷の反論争委員会などに関わる一方、在アラブ日本赤軍批判のパンフ『戦旅』を発行。『新地平』編集委員会、政治協商懇談会、AA作家会議などで活動する。88年10月アナ連を再建、のち加盟して機関紙『自由意志』を編集。90年から列島アナキスト会議に出席。

フランスへ行きポーランドでは91年4月から1年余アナキストの学生たちと共同生活，炭坑ストにも加わった。92年カムチャッカ，東欧，アラブへも旅行。北米横断自動車単独旅行でフロリダ半島の彼方にキューバを幻視。95年AAAの会発足。96年7月スペイン革命60周年記念集会パンフ『アナキズムから見たスペイン革命小史』執筆。97年4月アナ連から分岐して『叛』創刊，生前に6号まで刊行。98年6月パリ5月革命30周年記念集会に参加。(奥沢邦成)〔著作〕『アナルコ・コミュニズムの歴史的検証 山口健二遺稿集』北冬書房2003

山口 健助 やまぐち・けんすけ 1910(明43)3.31-1976(昭51)9.20 旧姓・山田，別名・小田優，梶川光雄，不破数夫 新潟県西蒲原郡沼垂町蒲原(現・新潟市)生まれ。高等小学校卒業後，和傘製造，むしろ編み，理髪店の丁稚奉公などの職を転々とする。23年新潟実業新聞社の文選の見習工になった。27年頃森田小一郎，須藤蔀，平沢貞太郎らと出会いアナ系の労働運動に参加，新潟一般労働者組合の結成に関わった。28年6月上京して東京印刷工組合に加入，争議支援と検挙に明け暮れる日々を送ったが東印内部の純正アナ対サンジカリストの抗争に希望を失い帰郷。三条市や柏崎市で印刷工として働きながら阿部清，亀井義雄，浅井十三郎，山崎延子らのアナキズム詩誌『風は帆綱に侘しく歌ふよ』に関わった。30年5月東印の分裂後再度上京，自協系の印刷工として同派の東京印刷工連合会とその後身関東出版産業労働組合の活動を支えた。31年左派系組合を結集した関東労働組合会議の実行委員として松竹レビュー，東京市電，トーキー反対日活弁士闘争などに関与，また反ナチス・ファッショ粉砕同盟の結成，活動に参加。32年『黒旗の下に』同人となり自協機関紙『労働者新聞』を編集，高橋光吉，江西一三，宇田川一郎，田所茂雄，逸見吉三，佐竹良雄，後藤広数らと戦線拡大に尽力。33-34年自連と自協の再合同を進めるなかで関東出版は東印に復帰することになるが35年11月無共党事件の余波で東印，自連は解散。36年7月東印の再建を実現したが日本出版工協会との合同提起によって37年7月除名された。その後は運動から身を引き，産業組合，農業協同組合の役員，機関紙編集責任者として農業問題に関わった。68年旧印刷工同志のクラブ印友会を結成した。(奥沢邦成)〔著作〕『西蒲原郡農業協同組合十年誌』同組合連絡協議会1958，『新潟県農業協同組合史』槇書房1959，『農政断想』同1960，『農政展望』同1962，『風雪を越えて』印友会本部1970，『新潟県農協共済史』1975，『青春無頼』私家版1982〔文献〕山口一枝編『篝火草』私家版1977

山口 孝吉 やまぐち・こうきち ?-? 1919(大8)年東京深川区(現・江東区)の東京印刷深川分社欧文科に勤め活版印刷工組合信友会に加盟する。(冨板敦)〔文献〕『信友』1919年8・10月号

山口 孤剣 やまぐち・こけん 1883(明16)4.19-1920(大9)9.2 旧姓・福田，本名・山口義三 別名・田中鼎一，山坂胡論太(ほかに吐寬郎，哭天，豹子頭など山口と推測される筆名が数多くある) 山口県赤間関区豊前田町(現・下関市)生まれ。幕末維新の活舞台で育った山口は高杉晋作や久坂玄瑞に憧れ軍国少年を志した。文学に開眼したのちは『文庫』『新声』などに投稿して頭角を現す。松原岩五郎の『最暗黒之東京』(民友社1893)を読んで上京，貧民窟に立った。東京政治学校に学び松本君平の普選運動に影響を受ける。不義非道を許さず罵倒する筆致は入信したキリスト教にも向けられ対露主戦を唱道した海老名弾正にはことのほか厳しかった。その一方で小田頼造との社会主義伝道行商，西川光二郎との凡人社設立など堅実な活動を続けた。兄事した幸徳秋水からは「自由思想」を学んだ。ただし秋水の物質主義は唱えぬとし「我は我のために活動す。我は道徳，習慣，恋愛，社会主義の奴隷にあらず」とは，畏友白柳秀湖宛書信の一節。電車事件による入獄が結果として大逆事件の網の目から免れさせた。出獄後いったんは韜晦。新聞雑誌記者として口を糊した。日本社会主義同盟への加入を約したのは死の直前。(田中英夫)〔著作〕『破帝国主義論』鉄鞭社1903，『社会主義と婦人』平民社1905，『革命家の面影』凡人社1906，『明治百傑伝・第一篇』洛陽堂1911，『英雄物語』良民社1911，『茶道の名人』樋口伝編著・書画骨董雑誌社1912，『東都新繁昌記』京華堂書店・文武堂書店1918・復刻版大空社1992・復刻版竜渓書舎1992，『階級闘争史論』大鐙閣1920〔文献〕碓田のぼる「山口孤剣論」『新日本歌人』1959.4，同「山口孤剣再論」同1976.1，同「短歌への招待」『山口民報』

1975.11.23・11.30・76.1.11・1.18，同「孤剣の妹を訪ねる」『山口民報』1981.5.3，中津徹夫「孤剣論」『文芸山口』107-109・111・117-119・161-162号1978.3-87.11，同「社会主義伝道行商と孤剣などのこと」『流域』15-18号1978.3-12，同「熱血余響・山口孤剣の生涯」『回転レストラン』短歌新聞社1986，佐藤林平「山口孤剣のこと」『英学史研究』1978.7，吉田悦志「日刊『平民新聞』における『中等階級』論 幸徳秋水と山口孤剣を中心として」明治大学文学部紀要『文芸研究』45号1981.3，白柳夏男「『実生活』の寄稿家たち 主として高畠素之と山口孤剣について」『白柳秀湖伝』同刊行会1992，碓田のぼる「石川啄木と山口孤剣 その同時代性と位相」『民主文学』462号2004，西田勝「百年前の非戦論 山口孤剣の『破帝国主義論』を読む」『軍縮問題資料』283号2004，田中英夫「山口孤剣小伝」花林書房2006，田中英夫編改訂「山口孤剣〔福田義三・山口義三〕年譜」『同年譜資料』『同著作目録』私家版2007

山口 正憲 やまぐち・せいけん 1889(明22)2-? 京都府立一中を中退後，1910年頃から雑誌発行，貿易商，物産会社などを手がけるが失敗。17年上京し5月信友会の厚田正二らと立憲労働党を創立，また土工総同盟を組織してタコ部屋改善を提唱した。19年9月自由労働者組合結成大会に参加，20年4月横浜港沖仲仕の争議後に横浜港労働組合を結成しさらに横浜仲仕同盟会を創立し機関紙『団結』を発行した。アナキスト山上房吉によれば「身長の大きな，しかもアゴ鬚なども生やした恰幅のよい，一言に形容すれば偉丈夫といつたような男であつた」。同年5月1日日本最初のメーデーを横浜公園で開催し以後しばらくの間同盟会が横浜のメーデーを主催した。この間政治運動にも関わり普選実行請願書の提出，参政権獲得民衆大会の開催など普選運動を展開したが仲仕仲間からは排斥された。23年9月関東大震災の救援活動に奔走したが煽動などの嫌疑を受けて逮捕され24年7月懲役2年執行猶予3年の判決を受けた。（奥沢邦成）〔文献〕『労働運動』1次1・4号1919.10・20.2，堅山利忠編『神奈川県労働運動史』県労働部労政課1966，木下半治『日本右翼の研究』現代評論社1977，大野達三『「昭和維新」と右翼テロ』新日本出版社1981

山口 武男 やまぐち・たけお ?-? 1919(大8)年東京神田区(現・千代田区)の神田印刷所文選科に勤め活版印刷工組合信友会に加盟する。（冨板敦）〔文献〕『信友』1919年8・10月号

山口 多郎 やまぐち・たろう ?-? 1919(大8)年東京神田区(現・千代田区)の宮本印刷印刷科に勤め日本印刷工組合信友会に加盟する。同社同科の組合幹事を町田徳次郎，吉野次郎兵衛と担う。（冨板敦）〔文献〕『信友』1919年10月号

山口 鼎明 やまぐち・ていめい ?-? 1919(大8)年東京本所区(現・墨田区)の凸版印刷会社和文科に勤め日本印刷工組合信友会に加盟する。（冨板敦）〔文献〕『信友』1919年10月号

山口 伝次郎 やまぐち・でんじろう ?-? 東京朝日新聞社に勤め東京各新聞社の整版部従業員有志で組織された労働組合革進会に加わり1919(大8)年8月の同盟ストに参加するが敗北。同年12月新聞工組合正進会を組織し会計役員となる。（冨板敦）〔文献〕『革進会々報』1巻1号1919.8，『正進』1巻1号1920.4

山口 藤吉 やまぐち・とうきち ?-? 1919(大8)年東京芝区(現・港区)の東洋印刷会社和文科に勤め活版印刷工組合信友会に加盟する。（冨板敦）〔文献〕『信友』1919年8月号

山口 富蔵 やまぐち・とみぞう ?-? 1919(大8)年横浜の貿易新報に勤め横浜印刷技工組合に加盟同組合の副理事長を高根伝四郎と担う。のち横浜毎朝新報社に移り21年3月12日同社の減給拒絶闘争を26名で闘い勝利する。（冨板敦）〔文献〕『信友』1920年1月号，1921年4月号

山口 広弥 やまぐち・ひろや ?-? 報知新聞社に勤め東京の新聞社員で組織された革進会に加わり1919(大8)年8月の同盟ストに参加するが敗北。のち正進会に加盟。20年機関誌『正進』発行のために1円寄付。また24年夏，木挽町(現・中央区銀座)正進会本部設立のためにも2円寄付する。（冨板敦）〔文献〕『革進会々報』1巻1号1919.8，『正進』1巻1号1920.4，正進会『同工諸君!! 寄附金芳名ビラ』1924.8

山口 副一 やまぐち・ふくいち ?-? 静岡市の印刷所で植字長をつとめる。印刷工組合に加盟し大塚昇らと活動する。（冨板敦）〔文献〕大塚昇「静岡でのアナキズム運動」『沓谷だより』17号2000

山口 光子 やまぐち・みつこ ?-? 日本印刷工組合信友会に加盟し1921(大10)年末頃には毎夕新聞社に勤めていた。（冨板敦）〔文献〕『信友』1922年1月号

山口 弥吉 やまぐち・やきち 1907(明40)-1983(昭58)2.19 長野県に生まれ，上京し

て通信省経理局に勤務。29年1月西村陽吉がアナキズムの立場を明確にして創刊した第3次『芸術と自由』に加わる。64年に再刊された『芸術と自由』に関わる。尾村幸三郎によれば「素っ裸，豪快，奔放，権力や威張るものは大嫌い，生来のアナキストだった」。〔冨板敦〕〔著作〕『暦心』芸術と自由社1978〔文献〕小倉三郎『私の短歌履歴書』ながらみ書房1995

山口　安二　やまぐち・やすじ　1908(明41)-?　八幡市尾倉(現・北九州市)生まれ。24年高等小学校を卒業と同時に八幡製鉄所に見習工として入る。同社の機械工組合分会の機関紙『西部戦線』によってアナルコ・サンジカリズムの洗礼を受ける。同社退社後は新聞配達人。26年神戸に移り27年2月宇治木一郎，竹内一美らの黒闘社に参加し本格的な活動に入る。同年7月全国自連に加盟，同8月以降は同社に居住して運動に専従した。11月東京浅草で開催された全国自連第2回大会に黒闘社同人として参加。29年7月神戸三菱電機製作所争議を指導するが検挙，起訴され懲役6カ月の判決。31年3月上京と同時に全国自連本部に所属，同10月全国的な通信連絡委員となって機関紙『自連』の発行を担当した(89号以降は編集人)。33年全国自連第3回大会が弾圧によって解散を命じられたのち機関紙『自連新聞』を独立させて発行責任者となり全国自連と日本自協の合同に尽力，34年4月東京芝浦会館において合同大会を実現した。この間28-29年八幡製鉄所臨時工，30年神戸で長沢清と図案製作・看板組立業を経営，31年東京で臨時人夫などの仕事に従事した。35年7月には上野で梅本英三，伊藤悦太郎，相沢尚夫と，さらに京橋で梅本，相沢，田所茂雄，尾村幸三郎と会合しアナキズム運動の戦略戦術などを議論，同8月に検挙された。無共党には加入していなかったが同事件発覚後は『自連新聞』が同党の準機関紙とみなされたためその編集人として連座させられた。敗戦後は三井利員，満田友之助，小向秀真らと東京深川で木材タイムス社を設立，46年秋にはほかに二見敏雄，入江汎，中沢輝夫らが参加して日本自治同盟を結成した。〔奥沢邦成〕〔文献〕『身上調書』，相沢尚夫『日本無政府共産党』海燕書房1974

山口　弥太郎　やまぐち・やたろう　1865.3.14(慶応1.2.17)-?　別名・ジョージ　福岡県宗像郡池野村(現・宗像市)に生まれる。87(明20)年渡米，カリフォルニア州サンディエゴで農業に従事。岩佐作太郎や竹内鉄五郎らと交際し10年無政府主義を信奉する甲号として要視察人名簿に登録された。07年11月におきた天皇暗殺檄文配布事件以降強化された在米社会主義者，アナキストに対する調査活動では少しでも社会主義者的，アナキズム的言動がある人物は要視察人に認定していたため山口は巻き添えとなった。19年名簿から削除され監視の対象から外された。〔西山拓〕〔文献〕『主義者人物史料1』，『在米主義者沿革』

山口　与曾八　やまぐち・よそはち　1898(明31).2.11-?　福岡県八女郡岡山村大字室岡(現・八女市)の農家に生まれる。小学校卒業後，19年上京。ドイツ語専修学校に1カ月修学。その後新聞社の印刷工など職を転々。トルストイにひかれアナキズムに近づく。いったん帰郷するが21年9月上旬再び上京。京橋区南鍋町(現・中央区)に住み東京朝日新聞社に植字工として勤め小田栄，国見輝雄らと無限社を組織する。労働運動社の近藤憲二とも交流した。22年3月下旬雑誌『無限者』2号に掲載するため原稿「小作人は人間なりや」を執筆，同志の坂本貞義，小田，国見らに閲覧する。内容が不敬罪にあたるとして検挙され同年12月懲役3年罰金30円となる。〔冨板敦〕〔文献〕『労働者』10号1922.5，『労働運動』3次5号1922.6，『不敬事件1』，『社会主義沿革2』

山口　律雄　やまぐち・りつお　?-?　別名・健雄　1928(昭3)年頃，埼玉県大里郡で暮し農民自治会全国連合に加わる。同年3月1-4日長野県北佐久郡北大井村(現・小諸市)荒堀公会堂で開かれた第2回農自講習会に埼玉県から山本晴士，浜野信治，岡正吉，岩田義信，川島甚一と参加。同月7日大里郡太田村(現・熊谷市)農自事務所で開かれた大里郡農自連合第1回委員会に出席する。他の出席者は川島，浜野，関根武二，天田勝正，掛川甚一郎，金子隆治，掛川孝司，笠原利一，岡。同年『農民自治』(16号)に「仲間よ，しっかり頼む」を寄稿する。〔冨板敦〕〔文献〕『農民自治』16号1928.4，大井隆男『農民自治運動史』銀河書房1980

山越 市太郎 やまごえ・いちたろう ?-? 1919(大8)年東京深川区(現・江東区)の東京印刷深川分社第二部印刷科に勤め活版印刷工組合信友会に加盟する。(冨板敦)〔文献〕『信友』1919年8月号

山崎 市之助 やまざき・いちのすけ ?-? 東京朝日新聞社に勤め新聞工組合正進会に加盟。1920(大9)年機関誌『正進』発行のために50銭寄付する。(冨板敦)〔文献〕『正進』1巻1号1920.4

山崎 亥治郎 やまざき・がいじろう ?-? 新聞工組合正進会に加盟し1921(大10)年の春季総会のために1円寄付する。(冨板敦)〔文献〕『正進』1巻8号・2巻1・5号1920.12・21.1・5

山崎 勘造 やまざき・かんぞう ?-? 1919(大8)年東京牛込区(現・新宿区)の秀英舎(市ヶ谷)欧文科に勤め活版印刷工組合信友会に加盟する。(冨板敦)〔文献〕『信友』1919年8・10月号

山崎 菊太郎 やまざき・きくたろう ?-? 横浜印刷工組合のメンバー。1926(大15)年「1月10日までに甲府第49連隊に入隊しなければならない」と『印刷工連合』が報じる。(冨板敦)〔文献〕『印刷工連合』32号1926.1

山崎 きみ やまざき・きみ ?-? 別名・キミ 1919(大8)年東京本所区(現・墨田区)の凸版印刷会社解版科に勤め活版印刷工組合信友会に加盟。のちジャパンタイムス&メール社に移る。(冨板敦)〔文献〕『信友』1919年8・10月号、1921年1月号

山崎 邦隆 やまざき・くにたか ?-? 東京日日新聞社に勤め東京の新聞社員で組織された革進会に加わる。1919(大8)年8月の革進会の同盟ストを同会の庶務係兼東京日日新聞社の幹事として闘うが敗北。読売新聞社に移り正進会に加盟。20年機関誌『正進』発行のために50銭寄付する。(冨板敦)〔文献〕『革進会々報』1巻1号1919.8、『正進』1巻1号1920.4

山崎 今朝弥 やまざき・けさや 1877(明10)9.15-1954(昭29)7.29 別名・米国伯爵 01年明治法律学校を卒業。司法官試補となるが3カ月余りで退職。03年渡米しサンフランシスコで幸徳秋水や岩佐作太郎と交際する。07年帰国し弁護士となる。「米国伯爵」と名のり「弁護士大安売」の広告を掲げたため弁護士会に物議をかもした。大逆事件では新村忠雄、宮下太吉らと交際があったため連座させられそうになる。「冬の時代」には堺利彦、大杉栄、荒畑寒村らと社会主義を守った。13年吉田三市郎らと日本で初の弁護士組合東京法律事務所を設立。17年平民大学を創設、19年同大学から堺、山川均らの『社会主義研究』を刊行(1-5号1919.4-22.7)。20年12月社会主義者、アナキスト、自由主義者の幅広い統一をめざして日本社会主義同盟を結成。21年神戸の造船争議における人権蹂躙調査が契機となり結成された自由法曹団の主要活動家となる。同年第1次共産党事件、朴烈・金子文子事件、古田大次郎らのアナキスト関係事件の弁護を担当する。24年安部磯雄、石川三四郎と日本フェビアン協会創立に、また無産政党創立準備会の政治研究会創立に参加する。その後社会民衆党、日本労農党、日本大衆党、全国労農大衆党などの無産政党に参加。戦後も自由法曹団の顧問となり三鷹事件や松川事件に関わる。生涯を通じて社会主義の弁護士として知られたが奇言・奇行家としても著名であった。借金取りを真裸で四つんばいになり犬の啼きまねをして追い返したなどの話がある。諧謔精神に富みあらゆる権力や権威の傲慢さ滑稽さを批評する能力をもちあわせていたようである。(西山拓)〔著作〕『弁護士大安売』聚英閣1921、森長英三郎編『地震・憲兵・火事・巡査』岩波文庫1987〔文献〕森長英三郎『山崎今朝弥』紀伊国屋書店1972、『社会主義沿革1』、山泉進「山崎今朝弥」『明治』2号1999.4

山崎 こう やまざき・こう ?-? 1919(大8)年東京神田区(現・千代田区)の三秀舎に勤め日本印刷工組合信友会に加盟する。(冨板敦)〔文献〕『信友』1919年10月号

山崎 佐市 やまざき・さいち 1904(明37)-? 別名・奥猛、佐一、山崎猛 静岡市鷹匠町生まれ。高等小学校を卒業後、静岡通信生養成所を経て東京中央電信局に入る。23年退職し家業の銭湯を手伝う。小学校当時の級友牧野修二の影響でアナキズムに興味をもち25年静岡社会思想研究会に加わる。26年東海黒連(のちの無産者自治連盟)に参加。27年3月牧野、大野良と街頭時報社を組織し『街頭時報』を創刊、発行責任者となる。28年疋田治作、沢田武雄、桑名哲夫(鈴木重賓)と『大衆評論』を復刊。同年末頃疋田とともに中国のアナキズム運動を勉強する

ために渡中。33年中田驟郎の救護会広島支部に勤務，のち愛知の救護会に移る。35年末頃無共党事件で検挙されるが不起訴。〔冨板敦〕〔文献〕『街頭時報』1号1927.3，竹内康人「静岡のアナキズム」『沓谷だより』3号1990，大塚昇「静岡でのアナキズム運動」同17号2000，向井孝「大塚昇らを辿って」『黒』8号2002，『身上調書』

山崎　栄　やまざき・さかえ　?-?　1919(大8)年東京神田区(現・千代田区)の三秀舎に勤め日本印刷工組合信友会に加盟する。〔冨板敦〕〔文献〕『信友』1919年10月号

山崎　貞吉　やまざき・さだきち　?-?　別名・貞次　1919(大8)年東京本所区(現・墨田区)の凸版印刷会社和文科に勤め活版印刷工組合信友会に加盟。同年10月頃には同社を退社していた。〔冨板敦〕〔文献〕『信友』1919年8・10月号

山崎　茂　やまざき・しげる　?-?　1919(大8)年印刷工として貨客船の天洋丸・春陽丸に勤め活版印刷工組合信友会に加盟する。〔冨板敦〕〔文献〕『信友』1919年8・10月号

山崎　修子　やまざき・しゅうこ　?-?　新潟時事新聞社で事務員をつとめる。1928(昭3)年同じ会社にいた本間和歌子，また阿部清，浅井十三郎，亀井義雄らとアナ派詩誌『風が帆綱に侘しく歌ふよ』を創刊する。のち阿部と結婚する。〔冨板敦〕〔文献〕山口健助『青春無頼』私家版1982

山崎　正二郎　やまざき・しょうじろう　1899(明32)-?　別名・山寄正治郎　大阪市南区日本橋筋に生まれ呉服商を営む。1922年7月岡山連隊に反軍ビラがまかれた過激思想軍隊宣伝事件に連座して検挙される。山崎の呉服屋の2階は当時アナ系同志のアジトだった。逸見吉三の従兄弟。〔冨板敦〕〔文献〕逸見吉三『墓標なきアナキスト像』三一書房1976，『岡山県社会運動史4』，『岡山県労働運動史資料・上』

山崎　次郎　やまざき・じろう　⇨安田穣　やすだ・じょう

山崎　真道　やまざき・しんどう　1909(明42)-1935(昭10)6.1　本名・光　08年の赤旗事件で名の残る小暮れい子の息子。小暮が重禁錮罰金刑執行猶予付きで出獄したのち保護監督のため政友会系の鉱山業を営む山崎某(頭山満の縁戚)に預けられ真道を出産。その後小暮は離別された。継母との折り合いが悪く10代で家を捨てる。25年頃芝浜松町の関東連合や深川富川町の木賃宿を転々とする。ピカの愛称で親しまれ，26年1月31日黒連の第1回演説会後のいわゆる銀座事件で逮捕され松浦良一，疋田治作，熊谷順二，北浦馨，荒木秀雄，秋山竜四郎らとともに起訴された。未成年であったので懲役1年8カ月以上1年未満と判決された。この当時を北浦は「長髪痩身，濃い緑のルパシカに真赤な帯紐のよく似合つた不敵な面構えで，ギョロッとした目玉をすえてカンシャク玉みたいな啖呵を切つてゐた。その頃のピカは颯爽としてゐた」(『反対』2号)と記述している。10月市ケ谷刑務所を出獄後は解放戦線社(高円寺)に寄寓。虚無的な反逆少年から青年アナキストへの出発であった。実際運動では27年長野県岡谷の製糸会社山一林組争議を現地応援した。肺結核などを病んでいたため前田淳一，菊岡久利ら仲間の友情によって生活と病を養った。34年5月岡山県倉敷を経て大阪の浦丁二宅に寄宿中に死没。葬儀には小野十三郎と関西の同志数人が参列した。遺骨は浦によって山崎家に届けられた。〔寺島珠雄・黒川洋〕〔文献〕『反対』2号山崎真道追悼号1935.7，菊地邦作「木暮れい子のこと」『労働運動史研究』22号1960.7，浦丁二「山崎真道を憶ふ」『新過去帖覚書』大阪社会運動物故者を偲ぶ会1969

山崎　千太郎　やまざき・せんたろう　?-?　別名・仙太郎　印刷工として日本印刷工組合信友会に加盟。1921(大10)年5月1日第2回メーデーに参加し新聞工組合正進会の和田栄太郎，友愛会の中島千八(家具工組合)とともに検束され上野署に留置。同月3日公務執行妨害で東京監獄に収監されるが7日証拠不十分で釈放。同年末頃は神田区(現・千代田区)の三省堂印刷部欧文科に勤めていた。〔冨板敦〕〔文献〕『信友』1921年6月号・22年1月号，『労働運動』1次12号1921.6

山崎　太郎吉　やまざき・たろうきち　?-?　1919(大8)年東京京橋区(現・中央区)の国光社文選科に勤め日本印刷工組合信友会に加盟する。〔冨板敦〕〔文献〕『信友』1919年10月号

山崎　常吉　やまざき・つねきち　1891(明24)1.15-1961(昭36)1.5　高知県香美郡夜須村(現・香南市)手結山に生まれる。6歳で両親を失い叔父に養われブリキ職人となる。兵役後，名古屋に流れ18年の米騒動に出会

う。8月10日夜鶴舞公園に集まった1万人を超える群衆に「買占め又は売惜をなすもの等に対しては相当制裁を加えなくてはならない。然し法律に触る、様な行動に出てはいけない」と演説。行動の先頭に立つ。「騒動の首領」として逮捕されるが判決は無罪。これを契機に労働運動に入る。22年名古屋自由労働組合を組織し委員長に。37年衆議院議員に当選。42年翼賛会非推薦で再選を果たす。戦後は社会党衆議院議員となるがGHQの公職追放令により職を追われる。風采の怪異,演説の闘士として名古屋の名物男と評された。(西村修)〔文献〕井上清・渡部徹『米騒動の研究1』有斐閣1959,『愛知百科辞典』中日新聞社1976

山崎 輝義 やまざき・てるよし ?-? 芝浦製作所に勤め芝浦労働組合に加盟し丸八分区に所属。1924(大13)年9月27日,同労組の中央委員会で同分区の中央委員に広島雄治とともに選出される。(冨板敦)〔文献〕『芝浦労働』2次2号1924.11

山崎 東三 やまざき・とうぞう ?-? 1919(大8)年東京京橋区(現・中央区)の三協印刷株式会社欧文科に勤め活版印刷工組合信友会に加盟する。(冨板敦)〔文献〕『信友』1919年8・10月号,1922年1月号

山崎 藤蔵 やまざき・とうぞう ?-? 報知新聞社に勤め東京の新聞社員で組織された革進会に加わり1919(大8)年8月の同盟ストに参加するが敗北。読売新聞社に移り正進会に加盟。20年機関誌『正進』発行のために1円寄付する。(冨板敦)〔文献〕『革進会々報』1巻1号1919.8,『正進』1巻1号1920.4

山崎 仁作 やまざき・にさく ?-? 1919(大8)年東京京橋区(現・中央区)の築地活版所欧文鋳造科に勤め活版印刷工組合信友会に加盟。同年10月頃から同所同科の組合幹事を垣上緑,石崎吉郎と担う。(冨板敦)〔文献〕『信友』1919年8・10月号

山崎 ハル やまざき・はる 1891(明24)-1971(昭46)8.13 愛知県出身。18年頃から夫山崎常吉の活動を支え名古屋における労働運動では若い活動家の面倒をみて運動に寄与した。61年夫の死後は社会運動家遺族会の幹事長をつとめた。(奥沢邦成)〔文献〕『解放のいしずえ』新版

山崎 半次 やまざき・はんじ ?-? 1919(大8)年東京神田区(現・千代田区)の三秀舎印刷科に勤め日本印刷工組合信友会に加盟する。(冨板敦)〔文献〕『信友』1919年10月号

山崎 英男 やまざき・ひでお ?-? 1919(大8)年東京深川区(現・江東区)の東京印刷深川分社和文科に勤め活版印刷工組合信友会に加盟する。(冨板敦)〔文献〕『信友』1919年8月号

山崎 祐茂 やまざき・ひろしげ 1882(明15)12.2-? 長野県更級郡上山田村に生まれる。大逆事件の捜査中に押収された物件のなかに名前が記載されていたために調査の対象となった。早稲田大学政治経済学科の学生時代から社会主義の書物を読み07年には自宅に新村忠雄や半田一郎らを招いて講演会を開いていた。10年10月要視察人名簿(無政府主義)に登録された。(西山拓)〔文献〕『主義者人物史料1』

山崎 矢三郎 やまざき・やさぶろう ?-? 新聞工組合正進会に加盟し1924(大13)年夏,木挽町(現・中央区銀座)本部設立のために1円寄付する。(冨板敦)〔文献〕正進会『同工諸君!! 寄附金芳名ビラ』1924.8

山里 栄吉 やまざと・えいきち 1902(明35)-1989(平1) 那覇市に生まれる。沖縄県立一中を経て,23年日本美術学校に編入する。24年5月上京,護国寺前の鈴蘭で開かれた「意識的構成主義的連続展」からマヴォの同人となり7月雑誌『マヴォ』の創刊号の表紙を飾ったオブジェ「立つてゐる男」を制作。その後帰郷。敗戦後は琉球博物館長,文化財保護委員などをつとめた。(冨板敦)〔文献〕五十殿利治『大正期新興美術運動の研究』スカイドア1998,五十殿利治・菊畑吉生・滝沢恭司・長門佐季・野崎たみ子・水沢勉『大正期新興美術資料集成』国書刊行会2006

山路 二郎 やまじ・じろう 1874(明7)-1952(昭27)2.22 別名・二楼 福島県伊達郡川俣村(現・川俣町)の小学校を卒業後,92年頃上京。97年歯科医の資格を得る。翌98年三重県尾鷲で開業,同年11月和歌山県新宮に移り大石誠之助と交際。大石がシンガポールに渡ると住宅を借りて開業する。04年京都に移るが新宮に時々出張する。07年家族で五条伝道教会で受洗。10年9月大逆事件の取り調べを受け08年11月東京から帰郷中の大石が京都に止宿した際旅館を訪ね「謀議」に参加した点,自宅に大石を呼んで

開いた談話会の内容，紀州グループ全体との関係などを問われた。大石は謀議に関わる話はしなかったこと，同席していた徳美松太郎は過激な思想をもっているが実行に加わるような人物ではないこと，また自らは社会主義に関心を抱いているが無政府共産主義者ではなく国家社会主義者であることを主張し，起訴を免れた。（西山拓）〔文献〕森長英三郎『禄亭大石誠之助』岩波書店1977

山路 信 やまじ・しん ?-? 1921（大10）年4月結成され労働社が機縁となり石渡山達，後藤謙太郎，中浜哲，伊藤公敬，根岸正吉，松本淳三ら労働者詩人たちが交流を深めるようになった。山路はこのグループに属し労働社の解散後，石渡が編集した『労働者詩人』に参加した。同誌は文学史上初の労働者自身を意識した詩人グループによる詩誌であり社会的矛盾を真正面からみてその根底からの変革と闘いをうたう詩を集めたという点で特筆に価する。（西山拓）〔文献〕逸見吉三『墓標なきアナキスト像』三一書房1976

山路 登志雄 やまじ・としお 1904（明37）-? 別名・岩切亮一 神戸市葺合区神若通生まれ。中学校を4年で中退。27年頃から笠原勉らとつきあうようになり井上信一，宇治木一郎らとともに黒闘社の同人として活動した。また黒闘社同人の大松多三郎と奴隷解放社を結成する。布引詩歌社同人として『布引詩歌』に投稿をした。35年末頃無共党事件で検挙されるが不起訴。（冨板敦）〔文献〕身上調書

山下 幾太郎 やました・いくたろう 1899（明32）-? 三重県に生まれる。名古屋に出て工具生活に入り，中部労連に加盟しサンジカリストとして活動。24年4月名古屋紡績の争議を指導し工場を破壊。検挙され懲役6ヶ月の判決をうける。29年5月31日母，妻子4人とともに，北海道川上郡熊牛村（現・標茶町）虹別原野に許可移民として入植。その日のいでたちは羽織はかま，下駄履き，天理教信徒のようだといわれた。30年北海道庁警察部により思想要注意人に編入される。32年8月29日打ち続く凶作のため虹別，別海，標津の罹災農民を糾合し村民大会を開催。鮭の自家用捕獲許可，食料供与，救済事業実施などを要求。ビート作付許可，土木工事実施などの成果をあげた。秋，釧路警察署は山下を監視するために巡査出張所を虹別に設置。33年5月村会議員選挙に立候補したが落選した。34年土地付与を受ける。（堅田精司）〔文献〕『思想彙覧』1，『札幌控訴院管内社会運動概況』2輯1930.11，堅田精司『標茶町史2』2002

山下 岩夫 やました・いわお ?-? 1919（大8）年東京神田区（現・千代田区）の三秀舎鉛鋳科に勤め日本印刷工組合信友会に加盟する。（冨板敦）〔文献〕『信友』1919年10月号

山下 英太郎 やました・えいたろう ?-? 1919（大8）年東京京橋区（現・中央区）の福音印刷会社欧文科に勤め活版印刷工組合信友会に加盟。のち麹町区（現・千代田区）のジャパンタイムス＆メール社欧文科に移る。23年4月28日の信友会大会で新常務委員（庶務担当）に選出される。（冨板敦）〔文献〕『信友』1919年8・10月号・21年1月号・22年1月号，『印刷工連合』1号1923.6，水沼辰夫『明治・大正期自立の労働運動の足跡』JCA出版1979

山下 一夫 やました・かずお ?-? エマ・ゴールドマンの小冊子『アナーキズム それが真に基礎するものは何か』を訳出し1932（昭7）年自治連盟から刊行する。農民文学者で解放文化連盟の機関紙『文学通信』に「農民文学雑感」（11号1934.8），「農民文学の二歩退却」（15号1935.2）などを発表，「英雄主義と我々の文学」では山形の菊地清吉と論争している（14号1934.12）。『黒旗の下に』にも書いており鑓田研一の仲間と思われる。（大澤正道）〔文献〕『ディナミック』40号1933.2

山下 儀平次 やました・ぎへいじ 1882（明15）4.30-1937（昭12）8.22 別名・儀平治 岡山県浅口郡六条院村生まれ。1908年4月7日大阪から岡山に帰郷した森近運平が邑久郡の岡村幸三方で行った講演会に堀愛，日山忠三郎，市川休太郎らと参加。同年，松尾卯一太，新美卯一郎らの『熊本評論』に2度に渡り身辺雑記を投稿した（同年6月5日付，8月5日付）。九津見房子とともにいろは倶楽部に出入りしていた堀愛が執筆した小冊子『貧乏人ノ福音』の制作・頒布に関与したことが出版法違犯に問われ，09年12月堀，日山，市川，山下の4人が罰金刑を受けた。1920年創立の日本社会主義同盟には同郷の山下宗恵とともに加盟し平民大学刊『社会主義』第3号に儀平治の名を以て小作人の立

場で投稿している。山下宗恵もまた大逆事件に際し『平民新聞』読者であったことから家宅捜索を受けている。儀平次は22年には農村運動同盟にも加盟して岡山支部を担い、23年には浅口支部と改称し一農民として37年に亡くなった。(冨板敦・廣畑研二)〔文献〕『社会主義』第3号1920.12,『小作人』2次1・2・6号1922・10・12・1923・7,『岡山県労働運動史資料上巻』1951, 牧瀬菊枝編『九津見房子の暦』1975,『岡山県社会運動史・2』労働教育センター1977, 廣畑研二編『戦前期警察関係資料集』第7巻2012

山下 こう やました・こう ?-? 1919(大8)年東京京橋区(現・中央区)の築地活版所仕上科に勤め日本印刷工組合信友会に加盟する。(冨板敦)〔文献〕『信友』1919年10月号

山下 孝太郎 やました・こうたろう ?-? 1919(大8)年東京小石川区(現・文京区)の博文館印刷所に勤め活版印刷工組合信友会に加盟。のち北京に渡りヘラルドに勤める。(冨板敦)〔文献〕『信友』1919年8・10月号

山下 茂 やました・しげる ?-? 読売新聞社に勤め新聞工組合正進会に加盟。1920(大9)年機関誌『正進』発行のために50銭寄付。また24年夏、木挽町(現・中央区銀座)正進会本部設立のためにも1円寄付する。(冨板敦)〔文献〕『正進』1巻1号1920.4, 正進会『同工諸君‼ 寄附金芳名ビラ』1924.8

山下 昇二 やました・しょうじ 1896(明29)-? 北海道上川郡旭川町(現・旭川市)で小学校を卒業。16年歩兵第28連隊に入営。17年満州に派遣される。19年3月除隊。シベリアのチタで日本人商店の店員となる。ロシア語を習得。ドストエフスキーの作品を耽読。日本軍野戦病院の通訳をつとめる。22年9月通訳辞任。朝鮮京城で会社員生活。26年旭川に戻る。日雇で生活。旭川黒色労働組合(のち旭川一般労働組合)を組織。9月29日北海黒連に参加し記念演説会で熱弁を振るう。27年7月西条弥市、西山六郎と旭川純労働者組合を組織。7月22日夜右翼団体攻撃のデモを敢行。8月20日サッコ・ヴァンゼッティ死刑に反対し抗議文を米国大使館に送付。27日皇后に対して不敬言動を行ったとして検挙され10月14日旭川地裁で懲役2年、11月29日札幌控訴院で懲役2年の判決を受けた。特別要視察甲号(無政府主義)に編入される。その後同志が四散。32年旭川消費組合準備会を組織したが病気により社会運動から離れた。(堅田精司)〔文献〕『黒色青年』6号1926.12,『不敬事件1』,『小樽新聞』1927.8.28・29,『北海タイムス』1927.6.25・10.1

山下 武 やました・たけし 1926(昭1)4.3-2009(平21)6.13 東京に生まれる。父は落語家柳家金語楼。復員後、法政大学に入る。1946(昭21)年結成された日本アナキスト連盟に真っ先に加盟、青年組織の解放青年同盟設立に参画したが政党運動の是非を巡って意見を異にして脱会。その後二見敏雄らの日本自治同盟に加盟したが間もなく離れる。この時期については『青春読書日記』(実業之日本社1981)に詳しい。以後、読書人として多くの著書を著す。(大澤正道)〔著作〕『古書礼賛』青弓社1986,『幻の作家たち』冬樹社1991,『風化させない戦争体験の記』大空社1999,『書斎の憂鬱』古書通信社2009ほか多数

山下 猛 やました・たけし 1911(明44)-? 少年期から北海道旭川でアナキストとして活動。27年夏サッコ・ヴァンゼッティ救援運動を展開。28年特別要視察人甲号(無政府主義)に編入される。その後岩見沢に移り看板店を経営。特別要視察人乙号に編入替えとなったが36年の陸軍特別大演習時まで北海道の有力なアナキストであった。その後右翼に転向し北海道愛国団体空知地方幹部として軍人擁護運動を展開した。(堅田精司)〔文献〕『特別要視察人・思想要注意人一覧表』北海道庁特別高等課1928.11,『特高関係要警戒人物一覧簿』北海道庁特別高等課1936.9,『特高月報』1937.9

山下 東平 やました・とうへい ?-? 静岡東海黒連山梨連合のメンバー。1927(昭2)年8月27日静岡県山梨町有楽座で東海黒連山梨連合主催の山梨連合結成記念演説会を開催する(聴衆300)。警察の暴力に内相、知事、所轄所長宛に抗議書を作成するも起草文の読み上げを中止させられ乱闘となる。検束者を奪還して解散。翌28日昨夜の暴圧を抗議する檄文「町民諸君に訴ふ」を印刷、撒布。その夜、山下は袋井町袋井座の演説会で司会をつとめる。山梨連合の事務所を山梨町の自宅に置いた。(冨板敦)〔文献〕『黒色青年』12・13号1927.9・10

山下 孟 やました・はじめ ?-? 和歌山県西牟婁郡田辺町(現・田辺市)で近代思潮社を組織し1932(昭7)年5月上野克己が発行する

『民衆の解放』の地方連絡先を担う。(冨板敦)〔文献〕『民衆の解放』2号1932.5,『昭和7年自1月至6月社会運動情勢 大阪控訴院管内・下』東洋文化社1979

山下 博康 やました・ひろやす 1944(昭19)5.19-1999(平11)11.11 別名・山下康博,下山康博 八幡浜市に生まれる。県立商船学校在学中からアナキズムに関心を深め卒業後に上京,68年に解散したアナ連の最後の加盟者。前衛革命家を批判する論稿などを『自由連合』に寄せた。連盟解散後に在京有志が設立した麦社に参加,研究会活動や富士宮市のアナキズム文献センターの建設に参加した。のち帰郷し家業の果樹栽培業を営む。服飾デザインに隠れた才をもっていた。(奥沢邦成)〔著作〕「アナキズム運動の基礎拡充」『自由連合』111号1965.8,「革命家と日本人民との前衛精神」「革命能力について」同137・38号1968.1・2

山下 泰 やました・やすし ?-? 別名・別木泰 佐世保市に住みのちに上京。1933(昭8)年10月に創刊された尾村幸三郎編集のアナ派短歌誌『主情派』の同人となる。「やさしい眼鏡の青年だった」(尾村)。(冨板敦)〔著作〕『季節はかげる』新緑歌人叢書第三篇1933(共著)〔文献〕小倉三郎『私の短歌履歴書』ながらみ書房1995

山城 繁 やましろ・しげる ?-? 1927(昭2)年関西自由新聞社に出入りしていた。同年10月『関西自由新聞』(1号)は「琉球人 山城繁,名護良英,魚住某/右の3名は本社会計60円を拐帯逃走せり/同志諸君! 見付け次第殴ってくれ!」と報じる。(冨板敦)〔文献〕『関西自由新聞』1号1927.10

山田 彰 やまだ・あきら 1906(明39)6.28-1991(平3)11.18 長野県諏訪郡長地村(現・岡谷市)生まれ。19年小学校卒業後,片倉製糸場で働くが27年病気で解雇された。28年作家を志望して上京,北隆館書店に勤務。同僚の大和田英雄を通じてアナキズムに傾倒,アナ系出版物を購読するかたわら同書店内で矢作康治らとアナ系の劇団泥門座を組織した。29年1月同書店の争議に参加して解雇されたのち大阪に移り大阪自動車商工時報社の記者となる。この地でかつて戯曲「ボイラー」を投稿した縁で『黒色戦線』の星野準二の訪問を受けた。『商工時報』の廃刊のため諏訪に帰郷,同年12月山岡製糸場に勤めた。30年2月南信日日新聞社の海野高衛を知り同地のアナキスト島津徳三郎,鷹野原長義,矢崎義久らとの交流が始まり農村恐慌下の信州での運動を話し合う。31年3月島津,増田貞治郎,松藤鉄三郎らと信州アナキスト連盟の結成を協議していた頃,星野,宮崎晃が訪れ農青社の主張,自主分散による農村コミューン樹立を聞いて賛同。県内同志の連絡網をつくるため8月八木秋子を迎えて浅間温泉で島津,鷹野原,伊沢八十吉と協議し諏訪地区の責任者となった。この直後に上京,同志であり文学仲間でもあった西山勇太郎の勤務先の木村鉄工所に寄宿して長年工夫してきた自動式紡糸機の試作に取り組んだ。32年4月の『信州自由連合』の創刊に際しては在京のまま参加,当時は岡谷の丸三製糸に関係していたので製糸場の女工救済の訴えを同紙に発表した。35年10月無共党事件の嫌疑で取り調べを受け同年12月には農青社事件で検挙されて起訴,37年4月懲役1年6カ月執行猶予4年の判決を受けた。72年農青社運動史,91年同事件資料集の刊行同人として参加。(奥沢邦成)〔文献〕大久保貞夫『長野県社会運動秘録』全6巻私家版1948,『資料農青社運動史』,『長野県史』1984,『農青社事件資料集』

山田 今次 やまだ・いまじ 1912(大1)10.20-1998(平10)10.3 別名・本庄勝,奥津兼一郎,戸部重吉 横浜市西戸部(現・西区)に生まれる。父は床屋と茶屋を生業とした。19年西前小学校入学。25年神奈川県立商工実習学校機械科に入学。この頃から『日本少年』などに投稿を始める。福田正夫に影響を受け詩誌『民衆派』を創刊。32年3月『文学突撃隊』(ナップ神奈川支部機関誌)創刊号目次に松永浩介と一緒に名前(奥津兼一郎)が並ぶが面識はなかった。34年10月『詩精神』に詩「荷役」を,この時期の「生産場面詩」論争へのアンチテーゼとして発表。35年『文学評論』新人号に詩「老いたる感慨」が入選。同年神奈川県鶴見の長谷川製作所に初めて就職。40年ヤマト工作所に転職。ボーリング機械の設計に携わり満州に出張。壺井繁治のつてで『詩原』に寄稿。以後敗戦後まで詩作発表を絶つ。41年内藤製作所に転職。常見花子と結婚。42年5月長男誕生の

矢先に人民戦線事件の一斉検挙にあい拷問を受ける。43年3月不起訴で釈放。戦後の46年新日本文学会に参加。京浜労働文化同盟を岩藤雪夫らと結成。6月『京浜詩集』を刊行。48年新日本文学会創作コンクールに詩「あめ」が入選。『勤労者文学』創刊に伴い編集委員となる。52年8月『祖国の砂』への作品収録が縁で秋山清，小野十三郎，金子光晴らを知る。人民詩精神の主張を掲げる詩誌『コスモス』(再刊)同人となる。53年1月横浜文化集団を結成，4月機関紙『横浜文学』を松永，船方一，浜田喬太郎らと創刊。郷静子，東野伝吉らは若き担い手であった。58年詩誌『歴程』に拠る。60年1月第1次『京浜文学』創刊。岩藤，熱田五郎，松永，木下勇らと京浜の文学運動に貢献した。78年横浜詩人会会長。88年第37回横浜市文化賞受賞。作品「あめ」「貨車」(『行く手』収録)はリアリズム詩のデッサンを下地にしたオノマトペの手法によるもので，教科書や数多くのアンソロジーに収録された。(黒川洋) 〔著作〕詩集『行く手』コスモス社1958　詩集『手帖』横浜詩人会1962，詩集『でっかい地図』昭森社1968，詩集『技師』ガリバー社1977，詩集『風景異風景』書肆ろい1989，『山田今次自選詩抄』横浜詩人会1992，詩集『塵』待望社1997，『山田今次全詩集』思潮社1999 〔文献〕東野伝吉『生産原点からの発想』私家版1970・『詩のなかのアジアと戦争』同1998，黒川洋「山田今次追悼」『騒』36号1998.12，中島堅二郎「山田今次追悼」『新日本文学』1999.5，『でっかい詩魂・山田今次メモリアル』同刊行会1999

山田 音之助　やまだ・おとのすけ　?-?　1919(大8)年東京神田区(現・千代田区)の三秀舎欧文科に勤め活版印刷工組合信友会に加盟する。(冨板敦) 〔文献〕『信友』1919年8・10月号

山田 塊也　やまだ・かいや　1937(昭12)1.2-2010(平22)4.26。岐阜県高山市生まれ。別名・ポン，山八喜村，芝原凡々　1948(昭23)年の小学4年の時から2年間，結核性脊椎カリエスを病み背が伸びず小さく背曲になる。地元の製陶所で茶碗絵を描いていたがのち京都で友禅のデザイン会社などに勤める。日本のヒッピーの先駆者の一人。1963年新宿でビートニックに会い，65年頃北から南へヒッチハイカーとなり奄美群島・与論島を訪ねる。67年に信州・富士見高原で「ヒッピーコミューン・部族」を結成，のち東京・国分寺に移る。ミニコミ『部族』を創刊，「ぼくらは宣言しよう。この国家社会という殻の内にぼくらは，いま一つの，国家とは全く異なった相を支えとした社会を形作りつつある，と。(略)『部族宣言』(原文は編集のナーガ)のビジョンのまま進んだ。ポンはヒッピー全盛期のカトマンズやゴアなど初のインド旅行に出かけ，73年トカラ列島や諏訪之瀬島滞住を経て大島郡宇険村久志集落に移住。「無我利道場」(「無我利」は当て字で，「偏屈者」を意味する奄美方言「ムガリ」に由来する)を拠点に「東燃ゼネラル石油」の村内焼内湾にある技手久島への石油備蓄基地建設計画反対運動を担う。この間ゲイリー・スナイダーや山尾三省らと交遊，68年ベ平連の「脱走米兵運動」にも協力加担。74-75年東京・国分寺を拠点に「諏訪瀬島を守れ！ヤマハボイコット運動」を展開。82年インド再訪，97年まで計四度インド遊行。同年から4年間『雲遊天下』にエッセイ連載。翌98年肺活量が常人の3分の1となり，酸素吸引器付きの身となる。2000年春の大麻取締法違反で懲役1年6ヶ月・執行猶予2年の判決を受けるまでの間ガサ入れ・摘発・任意同行・起訴猶予・逮捕・執行猶予を繰り返した。岐阜にて逝去，2日後「羽生市斎場」にて火葬。飛騨高山・舟山高原で一周忌，翌年も同場所で「ポン祭り」が開かれ13年4月の命日「ポン・三回忌」開催。(北村信隆) 〔著作〕私家版『詩集ポン』1971，『魚里人』創刊号1976・2号1978，『奄美独立革命論』三一書房1980，『アイ・アム・ヒッピー　日本のヒッピー・ムーヴメント'60-'90』第三書館1990，『スクナ』上・下新潮社1991，『マリファナⅩ』第三書館1995，『トワイライト・フリークス』ビレッジプレス2001，私家版『瘋里花詩集』2004 〔文献〕阿奈井文彦『瞑想する放浪者たち　諏訪之瀬島ノート』『思想の科学』1968.12月号，横田一「漂流者たちの楽園」朝日新聞社1991，関谷滋・坂元良江編『となりに脱走兵がいた時代』思想の科学社1998，『名前のない新聞』2008.9

山田 嘉吉　やまだ・かきち　1866(慶応2)1.26-1934(昭9)7.21　神奈川県大住郡(現・伊勢原市)に生まれる。幼いころ一家離散のため小学校も中退し働くが16歳頃渡米，欧米各地を放浪し3つの大学を卒業し博士号を取得。社会学者であるが英，仏，独，ラテン，ギリシャの5語に精通していた語学の天才だった。シアトル，サンフランシスコで語学塾を開設し料理本も出した。サンフランシス

コで娼婦救済施設キャメロンハウスにのがれ向学心に燃える14歳年下の浅葉わかと出会い，結婚して1906年帰国した。四ツ谷南伊賀町の自宅で外国語塾を開き大杉栄，伊藤野枝，平塚らいてう，市川房枝，吉屋信子らも学んだ。また大杉は自らの『家庭雑誌』に西洋料理などのレシピを嘉吉に書かせた。嘉吉はわかを厳しく指導し評論家として育て大杉を通して平塚らいてうの『青鞜』に参加させ論壇デビューを果たした。エレン・ケイ読書会も主宰し，らいてう，伊藤野枝らも出席した。14年堺利彦創刊の『へちまの花』の社友及特約執筆家，サンジカリズムやクロポトキンの研究もある。1916年大杉栄と別れた妻の堀保子が嘉吉夫妻を頼り隣家を借りて住んだ。(大和田茂)〔著作〕『社会学概論』上・下世界文庫刊行会1924〔文献〕山崎朋子『あめゆきさんの歌』文芸春秋1978

山田　喜一　やまだ・きいち　?-?　万朝報社に勤め東京の新聞社員で組織された革進会に加わり1919(大8)年8月の同盟ストに参加するが敗北。のち正進会に加盟。20年機関誌『正進』発行のために1円寄付する。(冨板敦)〔文献〕『革進会々報』1巻1号1919.8，『正進』1巻1号1920.4

山田　幸次　やまだ・こうじ　1894(明27)4.10-?　東京市小石川区大塚坂下町(現・文京区)に生まれる。幸雄の兄。時事新報社に勤め，1920(大9)年頃，新聞工組合正進会に加入する。同年8月平民大学夏期講習会に出席。芝区芝愛宕町(現・港区)に暮らし日本社会主義同盟に加盟。21年5月吉田一らの『労働者』同人になる。(冨板敦)〔文献〕『正進』1巻1号1920.4，『労働者』2号1921.5，正進会『同工諸君!!寄附金芳名ビラ』1924.8，『警視庁思想要注意人名簿(大正10年度)』

山田　高次郎　やまだ・こうじろう　?-?　1919(大8)年横浜のジャパン・ガゼット社新聞課に勤め同年6月15日横浜欧文技術工組合を発起人として創立。同組合設立基本金として3円寄付する。同年11月2日横浜市長者町(現・中区長者町)の，せかみで開かれた横浜印刷技工組合(横浜欧文技術工組合を改称)臨時大会発会式で議長を務める。同組合の評議員でもあった。(冨板敦)〔文献〕『信友』1919年8・10・12月号，1920年1月号

山田　幸太郎　やまだ・こうたろう　?-?　1921(大10)年東京神田区(現・千代田区)の三秀舎に勤め日本印刷工組合信友会に加盟して活動していた。(冨板敦)〔文献〕『信友』1922年1月号

山田　作松　やまだ・さくまつ　1895(明28)-1928(昭3)12.31　名古屋市呼続町生まれ。小学校卒業後，名古屋で車両工場や専売局で働いたのち上京。新聞配達など苦学しながら岩倉鉄道学校に学んだ。その後鉄工場などで働くようになってから鈴木文治らの雄弁大学に加わるなど社会的活動に参加。その後中国や満州を放浪し20年帰国して上京。後藤学三と知り合いアナキズム運動に参加した。22年東京市深川区富川町(現・江東区森下)で自由労働者となり多くのアナキストと知り合い23年春後藤，福田理三郎らと黒幽会を結成。同年関東大震災後に横山楳太郎，椋本運雄，山田緑郎，前田淳一，荒木秀雄らと自然児連盟を結成し，24年10月刑死した難波大助の遺体を自然児連盟員が市ケ谷監獄に引き取りに行ったが全員検束。25年3月『自然児』を発行，編集・発行人となる。同人は山田のほか横山，椋本，荒木，木下茂，畠山清行，臼井源一，原田利文，西田宮士。26年黒色青年連盟に加盟し各地を遊説する。同年自然児連盟を解散して自然人社とし個人誌『自然人』を刊行。27年2月名古屋市熱田の高砂座の演説で検束され同年9月畠山清身，荒木らの『吾々は空想する』の刊行に協力。その頃サッコ・ヴァンゼッティ事件に対する救援活動を始め，武良二，八太舟三らと各地を遊説するなど講演会，集会，デモなどに参加した。この頃上野克巳，高嶋三治らの黒潜社にも関係した。28年夏から病に倒れ聖路加病院で療養，同年本所区花町(現・墨田区)の自宅で死没。29年1月20日神田松本亭で追悼会が催され。30年8月『自連新聞』50号に松本親敏が「反逆者伝　山田作松君」を執筆する。(奥沢邦成)〔文献〕『自然児』1・2輯1925.3・7，『黒色青年』4・5・7・14・18・19号1926.7・9・27.3・11・28.9・29.3，『自連新聞』27・29・32・50号1928.9・11・29.2・30.8，秋山清『日本の反逆思想』著作集2ぱる出版2006

山田　茂　やまだ・しげる　?-?　石版工。1923(大12)年6月日本印刷工組合信友会に石版工仲間と加盟し巳野善一らと計9名で柴田支部を組織する。(冨板敦)〔文献〕『印刷工連合』3号1923.8

山田 正一 やまだ・しょういち 1898(明31)頃-1927(昭2)11.4 本籍地は和歌山県西牟婁郡日置村安宅(現・白浜町日置)。金属彫刻工で武田伝次郎の内弟子。18年4月大串孝之助らと関西労働者同盟を結成。19年大阪の思想団体白雨会に参加。21年1月小冊子『田園と工場』配布の疑いで武田らとともに取り調べを受ける。同年3月借家人同盟第2回大会(天王寺公会堂)の夜の部で中止命令した警察隊と乱闘、諏訪与三郎らと検束。黒旗会の殿水藤之助らと同年9月創刊の『関西労働者』の同人となる。同年11月社会主義者一斉手入れで高橋松南らと高津署に引致(暁民共産党事件)。22年岡山連隊への反軍ビラ配布(軍隊赤化事件)関連で大串と戎警察署に拘留。23年久保譲、小西武夫、備前又二郎、筬部治之助・義之助兄弟らと黒社を結成、月刊『黒』を発行。24年中浜哲救出のため大阪若松刑務所の爆破を小西らと企て9月以降小西、筬部らとともに捕らえられ懲役7年。服役中に大阪堺刑務所で病没。(北村信隆)〔著作〕「大電罷工と指導者」『労働者』3号1921.6〔文献〕「岡山県労働運動史資料」、「岡山県社会運動史」、「思想輯覧」、後藤彰信「労働社」論、「初期社会主義研究」2号1988、逸見「墓標なきアナキスト像」三一書房1976、宮本三郎「水崎町の宿・PARTⅡ」私家改訂版1987、『新過去帖覚書』大阪社会運動物故者を偲ぶ会1969、『労働運動』3次7・10号1922.9・23.1、4次11号1925.7、『自連』19号1927.12、『関西自由新聞』2号1927.11

山田 次郎 やまだ・じろう ?-? 東京朝日新聞社に勤め東京の新聞社員で組織された革進会に加わり1919(大8)年8月の同盟ストに参加するが敗北。のち正進会に加盟。20年機関誌『正進』発行のために50銭寄付する。(冨板敦)〔文献〕『革進会々報』1巻1号1919.8、『正進』1巻1号1920.4

山田 真一 やまだ・しんいち ?-? 1928(昭3)年秋昭和天皇即位式に際してAC労働者連盟のメンバーと予防検束される。29年8月5日東京府北多摩郡武蔵野町吉祥寺(現・武蔵野市)に解放新聞社の事務所を置き、同人瓜生五郎、斎藤修三、後藤学三と月刊『解放新聞』を創刊する。その編集兼印刷発行人となった。(冨板敦)〔文献〕『労働者の叫び』2号1929.2、『解放新聞』1号1929.8、『黒色青年』22号1929.12

山田 真一(熊本) やまだ・しんいち ⇨猪古勝 いこ・まさる

山田 仁三郎 やまだ・じんざぶろう ?-? 1919(大8)年東京京橋区(現・中央区)の築地活版所和文科に勤め活版印刷工組合信友会に加盟する。(冨板敦)〔文献〕『信友』1919年8・10月号

山田 新之助 やまだ・しんのすけ ?-? 1919(大8)年東京神田区(現・千代田区)の丸利印刷所鉛版科に勤め日本印刷工組合信友会に加盟する。(冨板敦)〔文献〕『信友』1919年10月号

山田 捨男 やまだ・すてお ?-? 1919(大8)年東京京橋区(現・中央区)の三協印刷株式会社文選科に勤め活版印刷工組合信友会に加盟する。(冨板敦)〔文献〕『信友』1919年8月号

山田 政治 やまだ・せいじ ?-? 1919(大8)年東京本所区(現・墨田区)の凸版印刷会社鋳造科に勤め活版印刷工組合信友会に加盟。同年10月頃には同社を退社していた。(冨板敦)〔文献〕『信友』1919年8・10月号

山田 静次 やまだ・せいじ ?-? 横浜自由労働者組合のメンバー。1926(大15)年3月21日横浜市羽衣町幸友クラブで開かれた全国印刷工連合大会に参加し検束される。同年5月24日全国自連第1回全国大会で「自由労働者の季節的失業対策」について説明。6月6日の関東自由労働者組合連合の打ち合わせ会に横浜自由を代表して参加する。(冨板敦)〔文献〕『黒色青年』1号1926.4、『自連』1・2号1926.6・7

山田 清太郎 やまだ・せいたろう ?-? 時事新報社に勤め新聞工組合正進会に加盟。1920(大9)年機関誌『正進』発行のために1円寄付する。(冨板敦)〔文献〕『正進』1巻1号・2巻5号1920.4・21.5

山田 静太郎 やまだ・せいたろう ?-? 1919(大8)年東京荏原郡大崎町(現・品川区)の帝国印刷会社文選科に勤め日本印刷工組合信友会に加盟する。(冨板敦)〔文献〕『信友』1919年10月号

山田 清之助 やまだ・せいのすけ 1895(明28)-? 製造業を営む。24年1月三重県水平社臨時大会に参加した逸見吉三が上田音市宅に残していった革命歌のチラシを同志に送付したとして郵便法違反で検挙される(罰金80円)。三重県水平社の機関紙『三重水平新聞』の廃刊後、日本農民組合三重県連合会との合同機関紙として同年3月1日『愛国

新聞』を創刊，初代編集人となる。24年9月21日号には「政治運動の正体」と題する近藤憲二の評論を掲載した。(冨板敦)〔文献〕大山峻峰『三重県水平社労農運動史』三一書房1977，『思想輯覧1』

山田 孝 やまだ・たかし ⇨魚田康 うおた・こう

山田 忠兵衛 やまだ・ちゅうべえ ?-? 1926(大15)年新潟県西蒲原郡味方村(現・新潟市)で暮し農民自治会全国連合に参加。同年末には農自新潟県連合の準備事務所を自宅に置いていた。(冨板敦)〔文献〕『農民自治会内報』2号1927

山田 藤二郎 やまだ・とうじろう ?-? 1919(大8)年東京京橋区(現・中央区)の築地活版所見本科に勤め，日本印刷工組合信友会に加盟する。(冨板敦)〔文献〕『信友』1919年10月号

山田 尚種 やまだ・なおたね 1906(明39)-? 熊本県寺原町に生まれる。26年頃猪古勝，工藤日露時，林博と熊本市に黒潮社を組織し黒連に加盟，26年2月『黒潮』を創刊する(発禁)。『黒潮』の発行援助金を猪古，林とともに熊本電気会社から受け取ったこと，発禁新聞を頒布したことなどが恐喝，新聞紙法違反とされて検挙，26年11月懲役4カ月罰金20円となる。27年2月2審で科刑は取り下げられた。肺結核で没。小田島良種は実兄である。(冨板敦)〔文献〕『黒色青年』1・6号1926.4・12，『思想輯覧1』，「戦前の社会運動を語る」『近代熊本』第18号熊本近代史研究会1976.12

山田 政 やまだ・まさ ?-? 報知新聞社に勤め新聞工組合正進会に加盟。1920(大9)年機関誌『正進』発行のために1円寄付する。(冨板敦)〔文献〕『正進』1巻1号1920.4

山田 政一 やまだ・まさいち ?-? 青森県三戸郡八戸町(現・八戸市)に住み，1922(大11)年農村運動同盟に加盟し青森県支部を担う。(冨板敦)〔文献〕『小作人』2次1号1922.10

山田 正信 やまだ・まさのぶ 1904(明37)-? 香具師となり各地で書籍販売。24年9月北海道旭川の鎖断社に身を寄せ廃娼運動展開中暴漢におそわれた石井竜太郎を病院に見舞い，看護婦に革命歌を教えアナキズムを宣伝。鎖断社弾圧に連座し起訴され25年1月法廷で椅子を破壊して抗議。2月旭川地裁で禁固6カ月の判決を受け控訴。4月札幌控訴院で無罪判決を受ける。5月上京。大沼渉らの監獄部屋打破期成同盟に参加。6月下旬から積取人夫となり，難波正雄らとともに人夫の労働条件を調査，3回も樺太への航海を重ねる。『北海タイムス』から立憲労働党員とデマを書かれ「僕等は純然たるアナキスト」と抗議。その後もアナキストとして活動した。(堅田精司)〔文献〕『思想輯覧1』，『函館日日新聞』1924.12.13，『小樽新聞』1925.1.20，『北海タイムス』1925.8.29

山田 政郎 やまだ・まさろう ⇨梶田徳次郎 かじた・とくじろう

山田 松雄 やまだ・まつお ?-? 1919(大8)年東京神田区(現・千代田区)の三秀舎文選科に勤め活版印刷工組合信友会に加盟する。(冨板敦)〔文献〕『信友』1919年8・10月号，1922年1月号

山田 万吉 やまだ・まんきち ?-? 東京朝日新聞社に勤め東京の新聞社員で組織された革進会に加わり1919(大8)年8月の同盟ストに参加するが敗北。のち正進会に加盟。20年機関誌『正進』発行のために50銭寄付する。(冨板敦)〔文献〕『革進会々報』1巻1号1919.8，『正進』1巻1号1920.4

山田 みき やまだ・みき ?-? 1919(大8)年東京京橋区(現・中央区)の秀英舎本郷解版科に勤め日本印刷工組合信友会に加盟する。(冨板敦)〔文献〕『信友』1919年10月号

山田 宗三郎 やまだ・むねさぶろう ?-? 1919(大8)年東京京橋区(現・中央区)の千代田印刷所和文科に勤め活版印刷工組合信友会に加盟する。(冨板敦)〔文献〕『信友』1919年8月号

山田 持定 やまだ・もちさだ ?-? 1919(大8)年東京神田区(現・千代田区)の武木印刷所印刷科に勤め活版印刷工組合信友会に加盟する。(冨板敦)〔文献〕『信友』1919年8・10月号

山田 弥三平 やまだ・やさへい 1912(大1)11-1945(昭20)8.6 石川県能美郡小松町(現・小松市)の篤農家に生まれる。31年アナ派の全日本農民詩人連盟に加盟し詩誌『農民詩人』に作品を寄せる。定村比呂志の『鴉』にも寄稿。吉野信夫の『詩人時代』の常連執筆者だった。34年『日本海詩人』，月刊『日本文芸新聞』を創刊する。劇場の楽師もしていたという。戦没。(冨板敦)〔著作〕『土』土詩人社1931，『第二土の詩集』同1931〔文献〕松永伍

一『日本農民詩史・中1』法大出版局1968,『土とふるさとの文学全集14』家の光協会1977,志賀英士『戦前の詩誌・半世紀の年譜』詩画工房2002

山田 安二 やまだ・やすじ ?-? 新聞工組合正進会に加盟し1924(大13)年夏,木挽町(現・中央区銀座)本部設立のために1円寄付する。(冨板敦)〔文献〕正進会『同工諸君!! 寄附金芳名ビラ』1924.8。

山田 幸雄 やまだ・ゆきお 1899(明32)2.14-? 東京市小石川区大塚坂下町(現・文京区)に生まれる。幸次の弟。読売新聞社に勤め東京各新聞社の整版部従業員有志で組織された労働組合革進会に加わり1919(大8)年8月の同盟ストに参加するが敗北。時事新報社に移り,新聞工組合正進会創立当初から加入。20年時事新報社を退社し大阪へ出稼ぎに行く。同年上京し再び読売新聞社に勤めるが,その後退社し名古屋へ赴く。同年末には芝区芝愛宕町(現・港区)に暮らし日本社会主義同盟に加盟。21年5月吉田一らの『労働者』同人になる。24年11月2日神田松本亭での東京印刷工組合創立大会で書記を務める。(冨板敦)〔文献〕『革進会々報』1巻1号1919.8,『正進』1巻1・2・7号1920.4・5・11,『労働者』2号1921.5,正進会『同工諸君!! 寄附金芳名ビラ』1924.8,『印刷工連合』19号1924.11,『警視庁思想要注意人名簿(大正10年度)』,水沼辰夫『明治・大正期自立的労働運動の足跡』JCA出版1979

山田 良明 やまだ・よしあき ?-? 1919(大8)年東京麹町区(現・千代田区)の洋州社欧文科に勤め日本印刷工組合信友会に加盟する。(冨板敦)〔文献〕『信友』1919年10・12月号

山田 義夫 やまだ・よしお ?-? 小樽で積取人夫をしていた。1925(大14)年9月3日18時半,小樽中央座で開かれた労働問題演説会(小樽自由労働者有志主催)で登壇。「積取人夫の悲惨な生活を聴いてくれ」と演説する。(冨板敦)〔文献〕堅田精司編『北海道社会運動家名簿仮目録』私家版1973,堅田精司『北海道社会文庫通信』134・910・1287・1340号 1996.9.24・1999.11.26・2000.12.7・2001.1.29

山田 義雄 やまだ・よしお ?-? 石版工。1923(大12)年6月日本印刷工組合信友会に石版工仲間と加入し19名で小柴支部を組織する(山田以外のメンバーは波岡民治,安田豊吉,唐亀弁吉,吉田弘,大沢善太郎,池田幸吉,石堂正太郎,須賀市太郎,鈴木季安,栗村実,大石善六,市川竹次郎,加藤幸次郎,長谷川勘太郎,青柳尹二,児玉亀太郎,中村若次,沢井栄一郎)。24年4月20日東京芝協調会館での全印連第1回全国大会で信友会提出の支那労働者入国禁止に反対の件の議案説明をする(可決)。同年7月19日信友会が正進会との合同を決めた神田松本亭での信友会臨時大会で,石版部の理事に選出される。(冨板敦)〔文献〕『印刷工連合』3・12・15・28号1923.8・24.5・8・25.9,水沼辰夫『明治・大正期自立的労働運動の足跡』JCA出版1979

山田 由太郎 やまだ・よしたろう ?-? 1919(大8)年東京京橋区(現・中央区)の三協印刷株式会社和文科に勤め活版印刷工組合信友会に加盟する。(冨板敦)〔文献〕『信友』1919年8月号

山田 吉之輔 やまだ・よしのすけ ?-? 1919(大8)年東京京橋区(現・中央区)の細川活版所罫線科に勤め活版印刷工組合信友会に加盟する。(冨板敦)〔文献〕『信友』1919年8・10月号

山田 利一 やまだ・りいち 1910(明43)-? 本名・野村利市 名古屋黒潜社の最年少メンバー。28年2月発行した『黒潜』3号の編集発行兼印刷人。27年末黒潜社同人一斉検挙のあおりで28年に逮捕され強盗傷害罪に問われ懲役7年となる。岐阜,名古屋,三重などの刑務所を転々とさせられ33年出獄。出獄する頃名古屋アナキズム運動は衰退していたが山田を救援し続けたのは中部黒色一般労働者組合の成田政市らだった。(冨板敦)〔文献〕『黒潜』3号1928.2,『自連新聞』85号1933.10,『思想輯覧2』

山田 簾次郎 やまだ・れんじろう ?-? 別名・山内 1919(大8)年東京芝区(現・港区)の東洋印刷会社和文科に勤め活版印刷工組合信友会に加盟する。(冨板敦)〔文献〕『信友』1919年8・10月号

山田 緑郎 やまだ・ろくろう 1904(明37)-? 1922(大11)年末頃中浜哲が東京府豊多摩郡戸塚町源兵衛(現・新宿区)に借りたアジトに出入りする。23年関東大震災後,山田作松らと自然児連盟を結成。25年3月『自然児』同人。6月同連盟員の椋本運雄,深沼火魯胤,臼井源一とともに公務執行妨害,傷害で逮捕,懲役3カ月となる。(冨板敦)〔文献〕『自然児』1・2輯1925.3・7,『労働運動』4次11号1925.7,『思想輯覧1』

山田 わか やまだ・わか 1879(明12)12.1-1957(昭32)9.6 旧姓・浅葉わか 神奈川県三浦郡に生まれる。生家は豪農であったが女に学問はいらないと17歳で結婚させられ、その後没落する生家を救い守銭奴の夫と離婚、労働を求めて渡米するが女衒に騙されシアトルで売春婦にさせられた。新聞記者立井信三郎とシアトルからサンフランシスコに脱出、再び立井に娼館に売られるところを娼婦救済施設キャメロンハウスに救われ、施設や教会の活動に従事しながら山田嘉吉の英学塾に学び、14歳年上の嘉吉と結婚し1906年帰国した。嘉吉はわかを厳しく指導し文筆家として育て平塚らいてうの『青鞜』に執筆させ、論壇デビューを果たした。わかはその後、文筆活動に加え母性保護運動、貧窮母子・売春婦の保護活動、朝日新聞の「女性相談」欄回答者として戦後まで活躍した。(大和田茂)〔著作〕『女,人,母』森江書店1919〔文献〕山崎朋子『あめゆきさんの歌』文芸春秋1978

山名 正実 やまな・まさみ 1903(明36)12.3-? 別名・憐羊 北海道虻田郡倶知安町に生まれる。小学校卒業後農業に従事していたが22年上京。同郷の稲村隆一の関係する農民運動社の編集員となったがアナキズムを信奉。2カ月で辞め大阪の進め社に入る。24年2月全日本鉱夫総連合会足尾本山支部のプロレタリア経済研究会に講師として招かれ農民との団結による資本主義制度破壊を呼びかける。郷里に戻り憐羊と号しアナキズム的文学作品を発表。同年思想要注意人(無政府主義)に編入される。年末入営。26年11月除隊。日本農民組合北海道連合会の書記として活動。28年1月共産党に入党。4月6日検挙され11月26日懲役5年の判決を受ける。34年1月出獄。新潟,北海道で農民運動を指導。38年東方会に参加。九津見房子を通じてゾルゲ機関に接触。41年12月検挙され懲役12年の判決を受ける。敗戦後共産党北海道地方委員会に参加したが除名処分を受ける。(堅田精司)〔文献〕『大正十三年労働運動概況』内務省1925,『思想要注意人調』北海道庁警察部1927,『北海道ニ於ケル日本共産党事件顚末』同特別高等課1928,『思想月報』82号1941.4,『現代史資料1』みすず書房1962

山中 鎌太郎 やまなか・かまたろう ?-? 1919(大8)年東京京橋区(現・中央区)の中屋印刷所印刷科に勤め活版印刷工組合信友会に加盟する。(冨板敦)〔文献〕『信友』1919年8・10月号

山中 光次郎 やまなか・こうじろう ?-? 1926(大15)年9月1日岡山市の禁酒会館で開かれたアナ・ボル混交の震災記念並びに大杉栄追悼会に玉田徳三郎,糸島孝太郎,杉田宏らと参加。同月16日中国自連本部で開かれた大杉栄追悼茶話会にも出席。この日の二次会は岡山市上之町のカフェーブラジルで行われた。茶話会の出席者は他に高木精一,竹内春三,重実逸次郎,杉田,糸島,玉田ら全17名。(冨板敦)〔文献〕岡山県警察部『大正15年特別要視察人水平社等ノ状勢調』(廣畑研二編『岡山県特高警察資料(戦前期警察関係資料集)第7巻』(復刻版)不二出版2012)

山中 武次郎 やまなか・たけじろう ?-? 1919(大8)年東京京橋区(現・中央区)の築地活版所欧文鋳造科に勤め活版印刷工組合信友会に加盟する。(冨板敦)〔文献〕『信友』1919年8月号

山中 英俊 やまなか・ひでとし 1911(明44)9-? 北海道に生まれ名古屋に転住。26年『夜霧』、短歌誌『黒点』を創刊、27年8月『異教徒』創刊(1928.2『獏』と改題)、石原政明、町井猛らが詩を寄せる。この年石原が創刊した詩誌『名古屋詩人』に関わる。28年1月町井が創刊した口語短歌誌『白日に嗤ふ』に石原、大西俊らと寄稿。28年4月鈴木惣之助、落合茂らが創刊したアナ派詩誌『都会詩人』(1930.5『社会詩人』と改題)の同人となる。30年7月30日自宅で生田春月を憶う会を催し鈴木、生田花世らが参会した。31年3月『太陽をめがけて蝙蝠が飛ぶ』を上梓。自序で「私はニヒルに生き、ニヒルに悩んできた。私は蒼白いインテリとして過渡期時代の中間存在的人種の真剣な苦悩をうたい上げた」と記す。32年5月『闘魚』創刊。33年3月『青髭』の同人となる。34年1月『文学の森』(候鳥社)創刊。この年『影』の同人となる。同年12月自宅を事務所として名古屋文芸懇話会を創立。町井らが参加した。敗戦後は『名古屋文学』『サロン・ド・ポエート』に拠り山善の社長をつとめる。(冨板敦)〔著作〕『太陽をめがけて蝙蝠が飛ぶ』社会詩人社1931〔文献〕杉浦盛雄『名古屋地方詩史』同刊行会1968, 志賀英夫『戦前の詩誌・半世紀の年譜』詩画工房2002, 木下信三『名古屋抵抗詩史ノート』私家版2009

山中 政之助 やまなか・まさのすけ ?-? 別名・正，政次郎 農民自治会に属した。1926(大15)年秋頃中村房一らと大阪合成労働組合を結成。27年2月芝原貫一のあとを受けて関西自連会計担当となる。同年11月全国自連第2回大会に出席，大阪合成脱退につき詳しく説明する。12月関西自連から除名され中村，佐野英造らと大阪大衆労働組合を結成する。(北村信隆)〔文献〕『大阪社会運動史・上』，『関西自由新聞』3号1927.12，『農民自治会内報』2号1927，『自連』15.19号1927.8・12

山成 秀夫 やまなり・ひでお ?-? 大阪合成労働組合のメンバーか。1933(昭8)年田原保雄や大日方盛平の主宰する氾濫社に，田原保雄，鈴木靖之，伝田響らと参加，啓蒙機関誌『氾濫』の発行に関わった。『氾濫』は鈴木の「無政府主義講座」を連載(5号，発禁)。翌年末の思想団体としては氾濫社の名は見出せない。(北村信隆)〔文献〕『社会運動の状況5』

山根 三郎 やまね・さぶろう ?-? 1919(大8)年東京牛込区(現・新宿区)の秀英舎(市ヶ谷)第一和文科に勤め活版印刷工組合信友会に加盟する。(冨板敦)〔文献〕『信友』1919年8月号

山根 藤次郎 やまね・とうじろう ?-1922(大11)12? 芝浦製作所に勤め，芝浦労働組合に加盟し板金分区に所属。1922(大11)年12月頃亡くなる。23年『芝浦労働』(1次3号)の「会報」に訃報が掲載される。(冨板敦)〔文献〕『芝浦労働』1次3号1923.3

山野 増太郎 やまの・ますたろう ?-? 新聞工組合正進会に加盟し1924(大13)年夏，木挽町(現・中央区銀座)本部設立のために1円寄付する。(冨板敦)〔文献〕正進会『同工諸君!!寄附金芳名ビラ』1924.8

山の井 愛太郎 やまのい・あいたろう 1897(明30)頃-1955(昭30)9.29 東京高等獣医学校卒業。15年日本エスペラント協会(JEA)東京支部に「エスペラントを機関銃のように早口でしゃべる」少年として登場。JEAの講演会などで活躍する。英・仏・独・伊・露・西・チェコ・ポーランド語にも通じていたという。第1次大戦の際シベリアで捕虜になったチェコ傷病兵が東京の聖路加病院に入院時に半年ほど通訳を行う。その間にチェコ語の辞書をつくりその仕事を認められて国賓としてチェコへ招かれる。横浜で『クロフネ』という文学誌を出していたことから黒色青年連盟に加わる。第2次大戦後精神障害のため毎年定期的に松沢病院に入院する。時々突然山鹿泰治の仕事場へ現れて，「ボロボロのきものを着てペラペラエス語でしゃべりちらして人を驚かした。松沢病院の有刺鉄線をぬけて来るのだった」という。新聞に「松沢の哲学者」と書かれた名物男だったが同病院で死没。(手塚登士雄)〔文献〕"松沢病院の哲人"に文化勲章『朝日新聞』1955.2.6，山室静『老ボヘミヤンの死』『東京新聞』1955.10.11，山鹿泰治『玉石同架 思い出の人々』『たそがれ日記』，『エス運動人名事典』

山内 画乱洞 やまのうち・がらんどう 1901(明34)-1975(昭50)9.13 本名・直孝 神奈川県足柄下郡小田原町(現・小田原市)生まれ。本町小学校では『赤と黒』同人の川崎長太郎と同学年で，牧野信一は少し先輩にあたる。二人との交友は終生続いた。画家を志すが転身して看板屋となり画乱洞工芸社をおこす。画乱洞の名前は大正の畸人坂本紅蓮洞から考えられた。24年友人の津田光造(辻潤の妹恒の夫)の紹介で辻と出会う。辻は画乱洞宅(酉水居)を「小田原の本陣」といいそこから放浪の旅に出ている。40年坂口安吾と出会う。坂口の小説『真珠』は「ガラン堂は正確に云えば，ガラン堂工芸社の主人で，看板屋の親父。牧野信一の幼友だちであり，熱海から辻堂にかけて東海道を股にかけて，看板を書きに立廻っている」と描写している。62年松尾邦之助らの「個」の会に参加。晩年は早川の河川敷にバラック(せせらぎ居)を建てて暮らす。画乱洞はほとんど文章を残していない。しかし酒好きで天衣無縫な性格は多くの人々に慕われ小田原の名物男となっていた。有島テルは山内を「定住漂泊者」といっている。(大月健)〔文献〕「小田原の畸人我乱洞の一生」『東京新聞』1975.10.2，有島テル『画乱洞仙人』浮游社1990，坂口安吾『真珠』大観堂出版1943，『坂口安吾全集3』ちくま文庫1990

山内 みな やまのうち・みな 1900(明33)11.8-1990(昭65)10.21 別名・港はま，浪内やま子 宮城県本吉郡歌津村樋口(現・南三陸町)に農家の四女として生まれる。13年小学校卒業後上京，12歳で東京モスリン吾嬬

工場の工具となる。14年友愛会に入会。19年1月友愛会日本橋支部発会式に婦人部代表として挨拶し注目される。同年8月友愛会7周年大会で富士瓦斯紡績の野村ツチノとともに初の女性理事となる。10月第1回ILO国際会議政府代表鎌田栄吉の婦人顧問田中孝子の随員に婦人部書記市川房枝の推薦で選ばれるが本部の反対で辞退。ついでに市川も婦人部書記を退く。11月会社も解雇。20年市川に誘われ新婦人協会を手伝うが21年同会を退き市川渡米後山川均宅に寄寓。22年労働週報社に入社。夏季用で大阪に赴いて滞留し総同盟大阪連合会婦人部副部長となり婦人労働者の争議の応援指導にあたる。23年岡部よし子、森井歌子らと醒光婦人会を結成。25年総同盟分裂後は評議会に参加、関西評議会婦人部副部長となる。26年逮捕を逃れて東京に移る。27年関東婦人同盟会結成に参画し執行委員となる。28年結婚。以後運動の第一線から離れる。戦後は杉並区で洋裁店を営みながら最晩年まで諸活動を続けた。〔堀切利高〕〔著作〕『山内みな自伝』新宿書房1975〔文献〕山内みなほか『座談会・労働運動のなかの先駆的女性たち』『運動史研究11』三一書房1983、『市川房枝自伝・戦前編』新宿書房1974、荒木伝『大阪社会運動の源流』東方出版1989

山之口 貘 やまのぐち・ばく 1903(明36)9.11-1963(昭38)7.19 本名・山口重三郎、別名・サムロ、三路 沖縄県那覇区東町(現・那覇市)生まれ。県立一中を中退。友人と詩の同人誌をつくり大杉栄の影響を受ける。その反骨精神は21年『琉球新報』に発表した詩「石炭」が階級を当然視した中学教師に対する反論であったことからも示される。22年上京したが翌23年関東大震災で帰郷。25年再度上京、職を転々とし放浪生活を続ける。26年佐藤春夫の知遇を得て『改造』に詩を発表。35年逸見猶吉、草野心平らの『歴程』に参加。38年処女詩集『思弁の苑』、40年『山之口貘詩集』を刊行する。沖縄に対する偏見と差別に強く抵抗し時代を批判、戦争詩を書かなかった。戦後は『日本未来派』などに詩を発表、小説も刊行。〔奥沢邦成〕〔著作〕『思弁の苑』むらさき出版部1938、『山之口貘詩集』山雅ށ1940、原書房1958、『鮪に鰯』原書房1964、『山之口貘全集』全4巻・思潮社1975・76、『沖縄随筆集』平凡社2004〔文献〕山之口泉『父―山之口貘』思潮社1985

山辺 健太郎 やまべ・けんたろう 1905(明38)5.20-1977(昭52)4.16 東京市本郷区台町(現・文京区本郷)生まれ。両親の離婚で別府に移る。別府北尋常小学校卒業後、丸善大阪支店の見習い店員となる。店で英語を学び漢文を独学、社会主義に関する文献も読み始めた。弁護士高木益郎を通して高木が顧問となっていたアナ系労働組合の運動に加わる。21年大阪の第1回メーデーに参加。23年頃から小岩井浄の自由法律相談所に勤めた。高橋貞樹の研究会に松田喜一、泉野利喜蔵らと参加し全国水平社青年同盟、全日本無産青年同盟などにも加わった。25年評議会の結成に参加、同年大阪一般労働組合が発足すると常任となり26年6月浜松の日本楽器争議には評議会から支援に派遣され三田村四郎のもとで南喜一、九津見房子とともに活躍した。29年4月16日の一斉検挙で3年の刑、34年全泉労働組合に加盟、労農無産協議会に携わり人民戦線運動にも参加。40年治安維持法違反で投獄、45年10月出獄、共産党に入党。58年以後研究・著述活動に専念した。松尾尊兊は71年自宅に泊まった山辺が「寝床の中でも持参したJ.ジョルの『アナキスト』の原書を読んでおられた」とその研究熱心ぶりを記している。〔奥沢邦成〕〔著作〕編著『現代史資料 社会主義運動』全7巻みすず書房1964-68、『日韓併合小史』岩波新書1966、『社会主義運動半生記』同1976〔文献〕小山弘健「日本的共産主義の一類型 山辺健太郎における人間の研究序説」『現代史研究』3号1960、遠山茂樹ほか『山辺健太郎 回想と遺文』みすず書房1980、松尾尊兊「山辺さんをしのぶ」『本倉』みすず書房1982

山辺 珉太郎 やまべ・みんたろう 1905(明38)-1947(昭22)12.8 本名・宮内健九郎 愛媛県温泉郡小野村北梅本(現・松山市)に生まれる。松山中学に入学、詩作を始める。謄写版刷り同人雑誌『青りんご』などを刊行。中学卒業後、満鉄京城管理局(のちの朝鮮総督府鉄道局)経理課に就職。27年4月京城市内の吉井信夫宅で『詩祭』同人の集まりに参加、岡田弘と初めて会う。5月岡田宅に合田佳辰、大世渡貢、加藤八十一が集まり同人誌『機関車』の発刊を決め6月1号を発刊。真っ黒な表紙にタイトルをリノリウムで刻み

込み赤色で浮き出させるというアナキスティックなデザインだった。28年2月『機関車』5号が発禁になり刊行を断念。「朝鮮人アナキストや『段階』を出していたシュミット毅その他のアナキストと連絡ができたためもあり」とのちに回想している。29年岡田，渋谷迷郎，白鳥鳩三と謄写版刷り詩誌『花冠』を刊行。33年9月城津鉄道事務所開設で経理課に転勤。35年5月鉄道局の『観光朝鮮』発刊にあたり編集者着任が発令され7月京城に移る。38年京城で山辺と白鳥の隣人生活が始まる。41年頃『観光朝鮮』が『文化朝鮮』と改題し朝鮮一豪華な装丁の雑誌となる。京城ホテルで島木健作と会談，朝鮮の詩人を紹介する。43年4月山辺，合田，岡田に同時に召集令状が届く。45年松山に帰郷し農業会に勤めるがのちに行商や農業に従事。〔亀田博〕〔著作〕『山辺珉太郎詩集』（『珉太郎の回想』収録）私家版1954

山村 嘉平 やまむら・かへい ?-? 1919（大8）年東京京橋区（現・中央区）の三功社和文科に勤め日本印刷工組合信友会に加盟する。〔冨板敦〕〔文献〕『信友』1919年10月号

山村 暮鳥 やまむら・ぼちょう 1884（明17）1.10-1924（大13）12.8 本名・小暮（のち土田）八九十，別名・木暮流星，木暮馬村 群馬県西群馬郡棟高村（現・高崎市）に生まれる。家の没落により国府村引間花園高等小学校中退。その頃の生活を「女を知り，物を盗み，一椀の食物を乞うたことすらある」と書いた。01年堤ケ岡小学校准訓導となり英会話を学び翌年受礼，東京で神学生となるが05年召集され補充兵として満州に渡る。08年築地の聖三一神学校卒業。日本聖公会の伝道師として横手，湯沢，仙台，水戸，太田，平などを転任，09年横手分監（監獄）開庁で国旗をかざし提灯行列をして祝う市民を嘆じ「噫，開獄の日」を『秋田魁新報』に書く。14年萩原朔太郎，室生犀星と人魚詩社をおこし翌年日本近代詩史上の突然変異と評される斬新な詩集『聖三稜玻璃』（にんぎょ詩社）を刊行。その後人道主義的な詩風に転じ晩年は東洋文人ふうな枯淡の境地に住んだ。20年平町の菊萱山に小さな家を建てるが水源地に結核患者が来たと麓の仏教徒住民に騒がれ追われるなど病と貧困のなかで生涯を終えた。詩集『雲』（イデア書院1925）などのほかに童謡や童話も数多い。〔暮尾淳〕〔著作〕『山村暮鳥全集』全4巻筑摩書房1989・90〔文献〕吉野せい『暮鳥と混沌』弥生書房1975，平輪光三『山村暮鳥』崙書房1976，和田義昭『山村暮鳥と萩原朔太郎』笠間書院1976，田中清光『山村暮鳥』筑摩書房1988，中村不二夫『山村暮鳥論』有精堂出版1995

山村 祐 やまむら・ゆう 1911（明44）6.7-2007（平19）9.2 本名・三浦祐 静岡市安倍川町に生まれる。県立静岡商業を経て36年明治大学文学部史学科卒業。青年時代，アナキズムを信奉し演劇や現代詩に向かう。思想的には大杉栄よりもイギリスの詩人・社会主義思想家エドワード・カーペンターと親交のあった石川三四郎に私淑し影響を受けたという。昭和初期，人形劇団「プーク」に入団。戦後，第一回公演より人形劇の脚本を執筆。国際人形劇連盟（UNIMA）の理事を経てフリー。日本現代詩人会会員。ダダイストの詩人・高橋新吉の「詩の次の一行へ重荷を負わせるな」の言葉に胸を打たれ，一行で完結する現代川柳に53（昭28）年，現代詩より転身。東京川柳会の主宰であった14世根岸川柳に師事し東京川柳会に所属。55年9月より現代川柳の啓蒙運動に取り組み58年11月まで42冊の『川柳新書』（川柳新書刊行会）を刊行。そこには代表的な川柳作家の現代川柳が収録されている。57年川柳鴉組の季刊誌『鴉』（19号）に同人として参加し，23号より山村祐の筆名で川柳評論「川柳は現代詩として堪え得るか」を連載。個人誌『海図』（1965年5月創刊）を発行し現代川柳評論家として革新的な川柳論を発表しオピニオンリーダーとなっていく。現代川柳作家連盟の機関誌『現代川柳』や『川柳ジャーナル』（1966年8月創刊）に参加。若い世代を中心に口語発想による一呼吸詩の一行詩を探究する一行詩誌『短詩』（1966年10月創刊）や俳句，川柳，一行詩の短詩形の交流をめざした森林の会報『森林』（1980年5月創刊）を主宰。主著に『現代ヨーロッパの人形劇』（昭森社1959），諷刺詩集『大礼服』（昭森社1960），『短詩私論』（森林書房1960），『続短詩私論』（森林書房1963），句と紀行『沖縄離島行』（森林書房1971），短詩型文学全書の一行詩篇第一集『山村祐集』（八幡船社1973），詩集・エッセイ集『一行の青春』（森林書房1978），楠本憲吉との共著『新・川柳への招待』（日貿出版

1980),坂本幸四郎との共著『現代川柳の鑑賞』(たいまつ社1981),編著に句集『森林』(森林書房1983),句集『山村祐集 肋骨の唄』(近代文芸社1998)などがある。山村祐はアナキズムの思想を底流に秘めた現代川柳論を展開し,現代川柳を「現代詩の一分野」と規定し,比喩表現を用いた口語発想による一呼吸の短詩を現代川柳と考えた。特に山村祐の「短詩ゴムマリ論」は現代川柳の定型の性格を明らかにした評論で現代川柳の作家たちの創作上の主柱となる論として高く評価された。享年96歳。(平辰彦)〔文献〕山村祐・楠本憲吉共著『新・川柳への招待』日貿出版1980

山本 勇 やまもと・いさむ ?-? 鳥取県生まれ。第一次大戦中,東京の工場で働きつつ友愛会に所属し大戦後大杉栄に近づきアナキストになる。1922(大11)年10月労働社の吉田順司編集『民衆の力』に後藤謙太郎らと参加。同年秋鳥取に帰郷した。同じ頃鳥取東部では湧島義博が村上吉蔵,間島惣兵衛,橋浦泰雄らを同人に水脈社を主宰し機関誌『水脈』を刊行していた。村上も帰郷組で翌23年鳥取に印刷所オーロラ社を開業,オーロラ社従業員にはアナキズム的文学雑誌『フラーモ』を主宰していた輪違定夫もいた。山本は鳥取西部米子グループの山陰日日新聞記者斉藤修と中心になり弓浜グループとともに暁人社を結成した。弓浜グループには渡り香具師職人の風間,印刷工加藤伝次郎,生田春月に師事したプロレタリア歌人小徳盈有次,小学教師大倉恒敏(筆名・並木敏夫),若杉葉子(筆名)らがいた。暁人社は23年1月文芸思想講演会を開催し斉藤は橋浦から送られたものらしい「共産党宣言」を開き「万国の労働者団結せよ」と絶叫したという。翌月機関誌『暁人』が発行され山本が発行人となった。(北村信隆)〔文献〕『鳥取県史4』1969,鶴見太郎『橋浦泰雄伝』晶文社2000

山本 巌 やまもと・いわお ?-? 1919(大8)年東京芝区(現・港区)の東洋印刷会社和文科に勤め活版印刷工組合信友会に加盟。のち報知新聞社に移り新聞工組合正進会に加わる。20年機関誌『正進』発行のために1円寄付する。(冨板敦)〔文献〕『信友』1919年8月号,『正進』1巻1号1920.4

山本 一夫 やまもと・かずお 1908(明41)-? 静岡県浜名郡新所村新所(現・湖西市)に生まれる。19年両親とともに豊橋市に転住。市内の尋常高等小学校を卒業後,家業の西洋料理店喜楽を手伝う。24年詩誌『欧亜誌巣』を同人たちと創刊。26年詩誌『自画像』の編集に携わる。自宅を豊橋詩人協会の事務所として26年2月21日・22日市内山幸呉服店で「詩の展覧会」を開催した。野口品こら黒墓土社のメンバーから影響を受け佐藤長吉,金子義太郎,大山英一らとしばしばアナ派の会合を開く。32年6月市内新銭町に転住して独立,酒場エーワンを開く。同年12月耕文社に拠って佐藤とともに岩瀬正雄詩集『悲劇』を刊行。33年2月11日豊橋市山幸呉服店の楼上で詩展を開催,大杉栄やクロポトキンの言葉を書いた色紙を飾り当日夜,植村諦の文芸座談会を開く。35年末頃無共党事件で検挙されるが不起訴。(冨板敦)〔文献〕豊橋詩人協会『詩の展覧会(パンフレット)』1926.2(豊橋市図書館蔵),『身上調書』,岩瀬正雄『一匹の黄金虫』豊橋文化協会1972

山本 和夫 やまもと・かずお 1907(明40)-1996(平8)5.25 福井県遠敷郡松永村(現・小浜市)に生まれる。小浜中学時代にトルストイにひかれた。26年東洋大学専門部倫理学東洋文学科に入学。旧知の白井一二と同学科で出会い詩誌発刊を計画。26年6月26日南天堂で『白山詩人』創刊祝賀会を開き7月1日『白山詩人』を創刊する。同じ大学の石井秀,乾直恵,白井,学外の白井の友人岩瀬正雄らが同人だった。先輩詩人として岡本潤,小野十三郎,学外から大江満雄,森竹夫らが詩を寄稿した。29年3月同大学を卒業。同月草野心平,伊藤信吉らの『学校』同人となる。坂本七郎の『第二』にも参加。4月新進詩人による新詩人会を結成,萩原恭次郎,芳賀融,岡本,小野,大江,森,尾形亀之助,神谷暢,草野,岩瀬らとともに20人の世話人の一人となる。同年『鮫』を創刊。32年第2次『弾道』に寄稿。43年『辻詩集』に寄稿。敗戦後は日本児童文学者協会理事長,若狭歴史民俗資料館館長などをつとめた。(冨板敦)〔著作〕『仙人と人間の間』鯨社1929,『花のある村』梯梧書房1936,『戦争』不確定性ペーパ刊行会1938,『山ゆかば 武漢攻略戦記』河出書房1939,『一茎の葦』同1940,『現代詩人研究』山雅房1941,『東洋の系図』同1941,『戦場の郷愁』

六芸社1941,『花咲く日』洛陽書院1943,『亜細亜の旗』みたま出版1944,『山本和夫全詩集』スタジオVIC 1979〔文献〕松永伍一『日本農民詩史・中1』法大出版局1968, 岩瀬正雄『一匹の黄金虫』豊橋文化協会1972, 伊藤信吉『逆流の中の歌』泰流社1977, 上田周二『詩人乾直惠』潮流社1982, 志賀英夫『戦前の詩誌・半世紀の年譜』詩画工房2002, 木下信三『名古屋抵抗詩史ノート』私家版2009

山本 勝夫 やまもと・かつお ⇨遠藤喜一 えんどう・きいち

山本 勝利 やまもと・かつとし ⇨成田政市 なりた・まさいち

山本 勝之助 やまもと・かつのすけ 1902(明35)8.27-1960(昭35) 別名・大杉勝夫 東京市銀座新富町(現・中央区新富)に生まれる。祖父は京都一条家の大夫。遷都で東京に移る。父は銀座で煙草商などを営む。16年小学校時代に喧嘩の仲裁に入り過って友人を殺害する。年少のため刑事罰は問われなかったがこれが生涯のトラウマとなったらしい。事件後豊山中学に入ったが中退。社会運動に近づき「少年社会主義者」と新聞ダネになる。20-21年大杉栄, 堺利彦, 賀川豊彦らを訪ねる。だが「感情的な反発」を覚えアナキズムを奉じながら一匹狼の道を進む。後年語ったところでは共感を覚えたのは朝鮮の革命家たち, なかでも朴烈と一緒に「不逞計画」を練ったという。29年頃から「急進国家主義」に転じるがどの団体にも属していない。橋川文三は山本の生き方の特質として「徹底した組織忌避」をあげている。37年浅原健三, 亀井貫一郎とはかり日中親善に岩佐作太郎をかつぐ画策を試みたが不調に終わる。岩佐の『国家論大綱』はそのおりの産物。この小冊子の序文で何十何百人のアナキスト, マルキスト, 朝鮮独立運動家を転向させたと揚言しているが仕掛人を自任する彼の夢だろう。二・二六事件以後石原莞爾に私淑するが東亜連盟には加盟していない。戦後, わが胸を圧するものは「われ誤れり」の感慨だと記している。(大澤正道)〔著作〕『日本を亡ぼしたもの』彰考書院1948・評論社1969(解説・橋川文三), 有田満穂と共著『日本共産主義運動史』世紀書房1950,『日共批判の基礎知識』組合書店1950〔文献〕『ばれらの人々』4号1969, 山口健助『青春無頼』私家版1982, 大澤正道「山本勝之助と藤岡淳吉の友情」(『トスキナア』2号2005.10)

山本 兼次郎 やまもと・かねじろう ?-? 新聞工組合正進会に加盟し1924(大13)年夏, 木挽町(現・中央区銀座)本部設立のために50銭寄付する。(冨板敦)〔文献〕正進会『同工諸君!!寄附金芳名ビラ』1924.8

山本 澗松 やまもと・かんしょう ?-? 1919(大8)年東京京橋区(現・中央区)の三協印刷株式会社和文科に勤め活版印刷工組合信友会に加盟する。(冨板敦)〔文献〕『信友』1919年8・10月号

山本 喜一 やまもと・きいち ?-? 1919(大8)年東京京橋区(現・中央区)の築地活版所欧文鋳造科に勤め日本印刷工組合信友会に加盟する。(冨板敦)〔文献〕『信友』1919年10月号

山本 義一 やまもと・ぎいち ?-? 1925(大14)年東京の大崎に住み竹内閏衛ﾗの「土を慕ふものの会」に関わる。新潟県高田市(現・上越市)の高田中学校教師となり26年3月18日東京三田四国町(現・港区芝)の事務所(竹内経営の素人下宿屋)で開かれた第6次例会で近況報告をする。同会が農民自治会に合流, 発展的に解消すると農自全国連合に参加。27年8月15日長野県上水内郡安茂里村(現・長野市)相生クラブで開かれた農自新北信連合発会式に新潟の川口粂吉, 須藤蔀と駆けつける。16日に3人で帰県し南蒲原郡三条町(現・三条市)で農自新潟県連合最初の協議会を開く(参加者20余名)。(冨板敦)〔文献〕『土を慕ふものの会々報』1・4号1926.1・4,『農民自治』12号1927.9, 竹内愛国『農民自治会』『昭和2年版解放運動解放団体現勢年鑑』解放社1927, 大井隆男『農民自治運動史』銀河書房1980

山本 きく やまもと・きく ?-? 1919(大8)年東京神田区(現・千代田区)の三省堂印刷部解版科に勤め活版印刷工組合信友会に加盟する。(冨板敦)〔文献〕『信友』1919年8・10月号

山本 京平 やまもと・きょうへい 1905(明38)10.15-? 岡山県都窪郡に生まれる。1926(大15)年6月野間田金蔵, 久保由市らとともに倉敷市寿町に黒魂社を組織し27年9月『黒魂』を創刊。この頃は倉敷市浜に住み農業を営んでいた。28年7月山陽黒旗連盟に加盟し岡山紡績の幹部を務める。(冨板敦)〔文献〕岡山県特別高等課『(昭和3年8月)特別高等警察資料第一輯』(廣畑研二編『岡山県特高警察資料(戦前期警察関係資料集)第5巻』(復刻版)不二出版2012), 岡山県特別高等課『(昭和3年11月)特別高等

警察資料第四輯 特別要視察人等情勢調』(廣畑研二編)『岡山県特高警察資料(戦前期警察関係資料集)第5巻』(復刻版)不二出版2012)

山本　潔　やまもと・きよし　?-?　1926(大15)年頃、新潟県刈羽郡柏崎町(現・柏崎市)に生まれる。農民自治会全国連合に参加。新潟県代表の農自全国連合委員を高橋友次郎、川口善一とともに務める(渋谷定輔『農民哀史』によれば27年3月の第1回農自全国委員会後に野口伝兵衛も新潟県代表の全国連合委員となる)。同年7月16日の農自小委員会では編集・庶務・会計担当に川合仁、永島光十郎、竹内圀衛、下中弥三郎、権正博、菅野勘之丞と選出される。同年末には麻布区新堀町(現・港区南麻布)に暮らしていた。30年8月柏崎日日新聞社ストを闘った山口健助を自宅にかくまう。(冨板敦)〔文献〕『農民自治』4号1926.8、『農自治会内報』2号1927、『農民』2次1巻2号1928.9、竹内愛国『農民自治会』『昭和2年版解放運動解放団体現勢年鑑』解放社1927、渋谷定輔『農民哀史』勁草書房1970、山口健助『青春無頼』私家版1982

山本　九重郎　やまもと・くじゅうろう　?-?　1919(大8)年東京神田区(現・千代田区)の三省堂印刷部鋳造科に勤め活版印刷工組合信友会に加盟する。(冨板敦)〔文献〕『信友』1919年8・10月号

山本　憲幸　やまもと・けんこう　?-?　1919(大8)年東京深川区(現・江東区)の東京印刷深川分社第一部印刷科に勤め活版印刷工組合信友会に加盟する。(冨板敦)〔文献〕『信友』1919年8月号

山本　貞次郎　やまもと・さだじろう　?-?　1919(大8)年東京京橋区(現・中央区)の築地活版所漢字鋳造科に勤め活版印刷工組合信友会に加盟する。(冨板敦)〔文献〕『信友』1919年8・10月号

山本　定次郎　やまもと・さだじろう　?-?　1919(大8)年東京神田区(現・千代田区)の三秀舎ポイント科に勤め日本印刷工組合信友会に加盟する。(冨板敦)〔文献〕『信友』1919年10月号

山本　飼山　やまもと・しざん　1890(明23)7.23-1913(大2)11.5　本名・一蔵、別名・水辺　東京市神田区和泉町(現・千代田区神田和泉町)に生まれる。91年父の事業のため大阪に移り97年父の没後、父の生家長野県東筑摩郡島内村(現・松本市)の豪農河野家で養育され叔父河野常吉・齢蔵らの感化を受ける。小学校時代はキリスト教に親しむが、04年松本中学に進み日露戦争で従兄の戦死を経験して非戦論、社会主義に傾倒してクロポトキンの著作や週刊『平民新聞』を購読した。09年社会主義を学ぶことを期して早稲田大学英文科に入学、松本中学の先輩木下尚江や石川三四郎、幸徳秋水、管野すがらと交流した。クロポトキンに関心を寄せて『相互扶助論』の訳出を試みている。大逆事件後はしばらく運動から距離を置くが12年5月堺利彦の文章に触れて再び立ち戻り渡辺政太郎の紹介で売文社の茶話会に出席、10月に創刊された大杉栄と荒畑寒村の『近代思想』に文学者の社会問題に対する無関心を指摘した「新しい劇作者」を寄稿した。また同誌の購読依頼状に堺、土岐哀果、佐藤緑葉・安成兄弟らと名前を連ねている。13年3月フランスへ亡命する石川を横浜港に見送った。しかしこの前後から身体的不調と精神的不安定さを経るなかでやがて老荘思想に興味をもつようになり13年11月戸山ケ原付近で鉄道自殺を遂げた。社会主義思想から老荘思想へと煩悶し運動への離反さらには警察の干渉によって進展しない就職問題などの葛藤を抱えていたとみられる。追悼会には堺、大杉らの社会主義者も列席した。自殺は同窓生に衝撃を与え友人たちの手で『飼山遺稿』が編まれ、『早稲田文学』は特集を出した。広津和郎は「手帳」(1950)で同窓生の一人として山本の一面を記している。(奥沢邦成)〔著作〕『飼山遺稿』泰平館書店1914・復刻版湖北社1980、西田勝・上条宏之・荻野富士夫編版『定本飼山遺稿』銀河書房1987〔文献〕石川三四郎『自叙伝・上』理論社1956、望月百合子「山本飼山のこと」『リベルテール』1973.10、広津和郎『新編・同時代の作家たち』岩波文庫1992

山本　捷太郎　やまもと・しょうたろう　?-?　東印新聞部のメンバー。1926(大15)年1月10日入営することになり全印連の同志達に黒旗で見送られる。34年には東印の役員を務めていた。(冨板敦)〔文献〕『印刷工連合』33号1926.2、『東印ニュース』3号1934.9

山本　正太郎　やまもと・しょうたろう　?-?　新聞工組合正進会に加盟し1924(大13)年夏、木挽町(現・中央区銀座)本部設立のために1円寄付する。(冨板敦)〔文献〕正進会『同工諸

山本 新平 やまもと・しんぺい ?-? 1919(大8)年東京京橋区(現・中央区)の秀英本舎和文科に勤め日本印刷工組合信友会に加盟する。(冨板敦)〔文献〕『信友』1919年10月号

山本 助三郎 やまもと・すけさぶろう ?-? 1919(大8)年東京京橋区(現・中央区)の築地活版所漢字鋳造科に勤め日本印刷工組合信友会に加盟する。(冨板敦)〔文献〕『信友』1919年10月号

山本 清治 やまもと・せいじ ?-? 大阪機械技工組合玉造支部のメンバー。1926(大15)年5月27日に開かれた大阪機械技工組合の理事会で連絡委員に選出される。9月19日職場を解雇され10月21日関西自連第3回大会に参加し自由労働者待遇改善の件について議案を提出、実例を引きながら説明する(可決)。(冨板敦)〔文献〕『自連』2・6・7号1926.7・11・12

山本 武重 やまもと・たけしげ ?-? 1924(大13)年9月8日米田剛三、西川正人、荻野他人男らと発起人となり広島市流川町の組合教会で広島印刷工組合を結成し幹部委員となる。同月18日広島市鉄砲町の組合教会で大杉栄追悼会(関東大震災無産無縁惨死者追悼会)を開き弔電、弔辞の朗読をする。この集会は暴力団員40人の襲撃を受け、壇上を占拠され散会した。(冨板敦)〔文献〕『印刷工連合』17号1924.10、山木茂『広島県社会運動史』

山本 佑 やまもと・たすく ?-? 1920(大9)年12月13日、名古屋歩兵第六連隊他に社会主義的文書が投げ込まれた事件で鈴木楯夫、伊串英治らとともに拘引され、名古屋市新栄署にながく検束される。伊串は「(山本は)この事件に巻ぞへ喰つた」と記す。(冨板敦)〔文献〕伊串英治『名古屋に於ける社会運動史』『黒馬車』2巻12号1934.12、斎藤勇『名古屋地方労働運動史(明治・大正篇)』風媒社1969

山本 竜之助 やまもと・たつのすけ ?-? 1919(大8)年印刷工として貨客船の春陽丸に勤め活版印刷工組合信友会に加盟。信友会の運動費として1円50銭寄付する。(冨板敦)〔文献〕『信友』1919年8・10月号

山本 種市 やまもと・たねいち ?-? 1919(大8)年東京京橋区(現・中央区)の築地活版所欧文科に勤め活版印刷工組合信友会に加盟。のち福音印刷会社欧文科に移る。(冨板敦)〔文献〕『信友』1919年8・10月号

山本 忠平 やまもと・ちゅうへい ▷陀田勘助 だだ・かんすけ

山本 長司 やまもと・ちょうじ ?-? 1919(大8)年東京京橋区(現・中央区)の文祥堂印刷所文選科に勤め日本印刷工組合信友会に加盟する。(冨板敦)〔文献〕『信友』1919年10月号

山本 求 やまもと・つとむ ?-? 時事新報社に勤め東京各新聞社の整版部従業員有志で組織された労働組合革進会に加わり1919(大8)年8月の同盟ストに参加するが敗北。同年12月新聞工組合正進会を組織し会計役員となり会の中心メンバーとして活動。23年6月、信友会との合同機関誌『印刷工連合』創刊号の持主を担う(編集兼印刷人は高田公三、発行人は布留川桂)。東京印刷工組合では新聞部に所属。27(昭2)年2月20日東印第4回大会で書記を務める。同年4月5日前橋市での全印連第4回全国大会に出席、健康保険法反対の演説をする。(冨板敦)〔文献〕『革進会々報』1巻1号1919.8、『正進』1巻1号1920.4、正進会『同工諸君!! 寄附金芳名ビラ』1924.8、『印刷工連合』24号1925.5、『印刷工連合』28号1925.9、『自連』9.10・11号1927.3・4

山本 鶴松 やまもと・つるまつ 1898(明31)-? 神戸市兵庫区水木通り生まれ。母子家庭に育ち鍛冶職をしながら遊び人を気取っていた山本は、18年8月11日湊川公園に繰り出した米騒動の群衆の先頭に立ち翌12日の鈴木商店焼き打ちでも奮闘。13日姫路師団歩兵39連隊が出動し暴動が鎮静化しつつあった時、山本は鉢巻き姿で日本刀を振りかざし人力車の上から群衆を先導するという派手なパフォーマンスを続けた。社会主義者たちが傍観した米騒動で群衆の先頭に立ったのはこのような無名の庶民であった。演説の方法もわからず皆に押し出されミカン箱の上に乗って「諸君! 諸君」と声をかけただけの沖仲仕坂出敬信も事件後はその「諸君」を問われ山本と同じ懲役8年に服した。(西村修)〔文献〕井上清・渡部徹『米騒動の研究5』有斐閣1961、『歴史と神戸』1962.8・63.8、武田芳一『黒い米』のじぎく文庫1963

山本 貞次 やまもと・ていじ ?-? 1919(大8)年東京京橋区(現・中央区)の福音印刷会社文選科に勤め活版印刷工組合信友会に加盟する。(冨板敦)〔文献〕『信友』1919年8・10月号

山本　徳市　やまもと・とくいち　?-1974(昭49)10　36年7月新出版労働組合創立第2回準備会に参加し，8月東京印刷工組合の再建に尽力，教育部執行委員となる。「寡黙で，理論らしいことも強調しないが重厚で義理堅く，どこの職場でも信望があった」(山口健助)。(冨板敦)〔文献〕山口健助『風雪を越えて』印友会本部1970，同『青春無頼』私家版1982

山本　智雄　やまもと・ともお　1898(明31)2.13-1934(昭9)8.6　秋田県平鹿郡川西村(現・大森町)に生まれる。1918(大7)年末に弘前第8師団に入営することが決まる。同年8月上京し大杉栄を訪ねる。北風会などに参加し「革命はまず軍隊の感化から」と考え若林やよの紹介で弘前在住の同志下山常太郎を訪問，12月1日入営する。軍隊では「入営後の所感」を書かされた際，軍隊の無意義さや圧制残虐に反抗せざるをえないと記し原始時代の自由生活を羨望し「そこには天皇などという偶像もないであろうし，それに対する土下座もないであろう，ああ」と締めくくった。同月12日近視のため兵役免除となる。再び上京，若林宅に寄宿し博文館印刷所の校正係となる。19年1月1日大杉らとの新年会の帰りに警官と乱闘となり検束，同年9月9日東京市小石川区戸崎町(現・文京区)の電柱に研究会の案内を貼ったところ安寧秩序を紊乱するものとして頒布禁止となる。(冨板敦)〔文献〕『社会主義沿革1』，小沢三千雄編『秋田県社会運動の百年』私家版1978

山本　寅吉　やまもと・とらきち　?-?　1919(大8)年横浜のジャパン・ガゼット社に勤め横浜欧文技術工組合に加盟して活動。同組合設立基金として1円寄付する。(冨板敦)〔文献〕『信友』1919年8・10月号，1920年1月号

山本　虎三　やまもと・とらぞう　1904(明37)2.1-1989(平1)9.6　50歳のとき敏雄と改名　萩市生まれ。12・13歳の頃からカトリック教会に出入りし15歳で受洗。萩中学に学ぶが学費が続かずに中退。20年上京して救世軍士官学校に入学したが在学中に軍隊や階級制度に疑問をもちやがて離れる。21年高尾平兵衛らの『労働者』を読んで社会主義思想に触れる社会主義者，アナキストとの交友が始まる。23年同棲していた平林たい子と結婚。この間大杉栄らの労働運動社，加藤一夫の自由人社，水平社，石井竜太郎の自由労働社などに出入りしともに活動に関わる。23年関東大震災後に検束され東京退去を条件に保釈。名古屋，下関を経て24年南満州鉄道社員の兄を頼って大連へ。その地で亀井高義と交友。5月31日摂政裕仁の成婚饗宴当日に亀井が計画したビラまきに連座，不敬罪で懲役2年の判決を受けて服役。26年出獄後は東京に戻り出版社，新聞社などを転々として再び大連に向かい新聞記者などをつとめるが居の定まらないうちに日本に戻る。以後アナキストやボル系人脈との交際を保ちつつ出版業界を転々とし，時には実業の世界にも足を踏み入れた。43年無線国家動員法違反事件で検挙され懲役2年，46年前橋刑務所から解放された。53年『日本産業新聞』(のち『日本産業』と改題)を創刊。(黒川洋)〔著作〕『生きてきた』南北社1964，『虚夢の足あと』残灯舎1975，『惜しみなく生きよ！』残灯舎1984

山本　直憲　やまもと・なおのり　1903(明36)2.27-?　高知県高岡郡(現・土佐市)に生まれる。1926(大15)年頃に台湾から帰り姉の住んでいた同郡宇佐町に僧侶として居住し私塾を開く。29年土佐漁民騒動を組織，指導する。当時貧窮にあえぐ土佐沿岸小釣り業漁民はしばしば漁区を侵す漁業資本家たちの機械底曳網漁船の取り締まりが生ぬるいとして県に対して陳情を続けていた。底曳網全廃を訴え実力行使に出た松村静数が逮捕される事件などがおきるなか，同年11月18日県内各地から1万余の漁民がムシロ旗を押し立てて高知公園内の県庁に押し寄せる。県庁正門前で警官隊と激突，松村，江口茂ら4人が検束されるが奪還。県当局の「取り締まりを厳重にする」声明に山本らは反発，議事堂の窓を破って演壇を占拠，知事公舎も占拠し革命的な様相を呈した。翌19日県庁，図書館などに鉄条網を張り巡らしたうえに大弾圧を加え，さらに20日には500人を検束し48名を起訴。山本は30年12月16日高知地裁で騒擾罪に問われ懲役1年6月とされるが31年6月20日大阪控訴院で無罪を勝ち取る。69年11月8日高知市民図書館で行われた座談会「土佐漁民騒動四十周年にあたって」に松村と参加している。なお高知では30年頃高知自由労働者組合が存在し同年2月神戸自由労働者組合，大阪印

刷工組合の応援を得て連日各所で演説会，研究会，座談会を開き，同月19日には平井貞二，河本乾次らが検束されている。（冨板敦）〔文献〕横山光夫『解放運動のあけぼの 高知県左翼社会運動覚え書』同刊行委員会1968，『自連新聞』42・45号1929.12・30.3，中井昭編著『高知県漁民運動史料集成』高知県漁業共同組合1973

山本　長継　やまもと・ながつぐ　1881（明14）1.10-?　のち笠田　熊本県葦北郡大野村（現・芦北町）に生まれる。葦北高等小学校卒業後，九州私学校，熊本済々黌をいずれも中退。九州私学校は民権派の流れに属しており在学中に思想的影響を受ける。また済々黌は新美卯一郎，松尾卯一太ら九州の社会主義者が学んだ学校である。01年頃上京し神田中学を卒業。土地復権同志会主宰宮崎民蔵と交流し社会主義思想の影響を受ける。03年帰郷し五高に入るが学業不振により放校になり，06年渡米しエール大学，スタンフォード大学などに学ぶ。内務省警保局作成の「特別要視察人状勢一斑第四」（1910.7-14.6），「第五」（1914.7-15.6）によると1906（明39）年6月渡米中の幸徳秋水がオークランドで結成した社会革命党のメンバーだったようである。要視察人名簿に無政府主義者として記録されている。（西山拓）〔文献〕『社会主義沿革』，『主義者人物資料1』，『近代熊本』21号1981.12

山本　長寿　やまもと・ながとし　?-?　1919（大8）年東京小石川区（現・文京区）の日本文具新聞社に勤め活版印刷工組合信友会に加盟する。（冨板敦）〔文献〕『信友』1919年8・10月号

山本　延二　やまもと・のぶじ　?-?　岡山県児島郡福田村古新田（現・岡山市）に在住。1923（大12）年同村の小野竹次らが土地賃貸料請求訴訟をおこされたことに対して地主宅に抗議し検挙される。7月20日法廷で「裁判官を睨みつけ，地主の横暴，頑冥なる事実をあげ，俺の取った行為は最も正しいのだと絶叫して小作人の意気を示した」と『小作人』は報じる。（冨板敦）〔文献〕『小作人』2次7号1923.9

山本　晴士　やまもと・はるし　?-?　1920年代後半に展開された埼玉県下の農民自治会運動の担い手の一人。農民自治会全国連合委員でもあり28（昭3）年3月1-4日に長野県北佐久郡で開かれた第2回農民自治講習会に岡正吉，浜野信治，山口律雄，岩田義信，川島甚一らとともに参加。農民文芸会会員でもあり解放戦線社にも関わった。（小林千枝子）〔著作〕「田は燃えてゐる（農村雑記）」『解放戦線』1巻2号1930.11〔文献〕渋谷定輔『農民哀史・上下』勁草書房1970，小林千枝子「教育運動としての農民自治会」『信州白樺』59・60合併号1984.9

山本　晴広　やまもと・はれひろ　?-?　東京朝日新聞社に勤め東京の新聞社員で組織された革進会に加わり1919（大8）年8月の同盟ストに参加するが敗北。時事新報社に移り正進会に加盟。20年機関誌『正進』発行のために1円寄付する。（冨板敦）〔文献〕『革進会々報』1巻1号1919.8，『正進』1巻1号1920.4

山本　半次　やまもと・はんじ　1890（明23）-1920（大9）1.28　1919（大8）年東京芝区（現・港区）の東洋印刷会社欧文科に勤め活版印刷工組合信友会に加盟する。同社同科の組合幹事を担う。20年『信友』2月号に訃報が掲載される。（冨板敦）〔文献〕『信友』1919年8・10月号，1920年2月号

山本　久吉　やまもと・ひさきち　?-?　横浜の南中舎に勤め1919（大8）年横浜欧文技術工組合に加盟して活動する。（冨板敦）〔文献〕『信友』1919年10月号

山本　平重　やまもと・ひらしげ　⇨大岩由太郎　おおいわ・ゆうたろう

山本　幸雄　やまもと・ゆきお　1912（明45）-?　別名・哲　兵庫県加東郡米田村大字下久米（現・加東市）生まれ。高等小学校を卒業後，神戸に出，多田英次郎らとつきあうようになりアナキズムに共鳴した。30年頃多田らの神戸自由労働者組合（のち神戸黒色労働者連盟）に加入する。34年笠原勉らとともに布引倶楽部を結成し『布引詩歌』を発行する。同年倉敷に出て山口勝清の『倉敷日報』の印刷工となり山口とともに倉敷新興生活者同盟を組織した。35年無共党事件で倉敷警察署に検束されるが不起訴。（冨板敦）〔文献〕『身上調書』，『社会運動の状況7・9・10』，兵庫県特別高等課『特別要視察人ニ関スル状勢調ベ』（復刻版）兵庫県部落問題研究所1976

山本　義昭　やまもと・よしあき　?-?　別名・義熊　黒連，全国自連のメンバーとして活動，たびたび検挙される。1928（昭3）年東京市麻布区霞町（現・港区）で革命思想研究会を組織し『革命研究』（2号から『社会評論』と改

題)を発行。30年頃上田彰と検挙され(容疑不詳),懲役6カ月執行猶予4年となる。32年大久保卯太郎から受け継いで『自連新聞』67号の発行責任者となるが執行猶予中のため以降の許可がおりず68号から木村英二郎に引き継ぐ。(冨板敦)〔文献〕『社会評論』2号1928.8,『自連新聞』28・51・52・67号1928.10・30.9・10・32.2,『黒色青年』24号1931.2

山本 義忠 やまもと・よしただ ?-? 新聞工組合正進会に加盟し1924(大13)年夏,木挽町(現・中央区銀座)本部設立のために3円寄付する。(冨板敦)〔文献〕正進会『同工諸君!!寄附金芳名ビラ』1924.8

山本 利平 やまもと・りへい 1903(明36)12.10-1986(昭61)8.19 別名・凡児 山口県美祢郡共和村(現・美祢市)生まれ。小学校で差別にあう。その後屑買行商や靴行商となり差別を経験。22年大阪玉造の靴屋店員。大杉栄の著書,クロポトキンの『青年に訴ふ』『パンの略取』を読み水平社の演説会などを傍聴。24年下関水平社を訪ね,水平運動に関わる。26年東京の労働運動社を訪ね岩佐作太郎や近藤憲二に会い,東京水平社の深川武を紹介され深川宅で小山紋太郎,生駒長一らと交流。26年差別糾弾闘争を指導し恐喝未遂で投獄。27年6月山口県水平社解放連盟を結成。大阪の全国水平社総本部に移ったあと同年11月西浜水平社付近でボル系の松田喜一ら労農党支持連盟から暴行を加えられる。同年全水第6回広島大会後,岡田光春とともに広島刑務所に入獄。翌28年10月釈放。その後全水解やアナ系から離れる。(北村信隆)〔文献〕『大阪社会労働運動史・上』,宮崎晃『差別とアナキズム』黒色戦線社1975,尾崎勇喜・杉尾敏明『気骨の人・山本利平』文理閣1979,「水平運動家の軌跡・アナからボルへ 山本利平に聞く」『部落問題研究』73号1982,『広島県水平運動の人びと』部落問題研究所出版部1973,『水平運動の無名戦士』同1973

山本 良治 やまもと・りょうじ ?-? 1919(大8)年大阪の大阪活版所に勤め活版印刷工組合信友会(大阪支部)に加盟。その後上京し京橋区(現・中央区)の共栄舎欧文科を経て東京小石川区(現・文京区)の博文館印刷所で働く。(冨板敦)〔文献〕『信友』1919年8・10月号,1922年1月号

山本 隣之助 やまもと・りんのすけ ?-? 1919(大8)年東京京橋区(現・中央区)の大倉印刷所印刷科に勤め活版印刷工組合信友会に加盟する。(冨板敦)〔文献〕『信友』1919年8月号

山本 林之助 やまもと・りんのすけ ?-? 静岡市白山町で凩幸次郎,鍋田喜一らと静岡水平社を担う。1925(大14)年5月静岡県島田駅前の加藤弘造宅で開かれた静岡県下の水平社執行委員会会議に静岡水平社を代表して凩,鍋田と参加する。同年8月白山町の凩宅で静岡水平社講演会を開く。新通の自宅で『自由新聞』静岡支局を担う。26年8月静岡県袋井で近藤水平問題研究所を主宰する近藤恭一郎と東海部落問題研究会を組織し河上正雄,滝川政次郎,松本君平,有馬頼寧らを招き静岡市若竹座で部落解放大講演会を開く。27年5月若竹座での福岡連隊爆破陰謀事件真相発表大演説会を高倉寿美蔵,石井小太郎,小林次太郎ら県水平社解放連盟の同志とともに開催,司会をつとめる。(冨板敦)〔文献〕『自由新聞』(静岡)1・4号1925.6・9,『全国水平新聞』2号1927.8,竹内康人「静岡県水平運動史」『静岡県近代史研究』13・14号1987・88

矢本 敏高 やもと・としたか 1914(大3)-? 北海道小樽区(現・小樽市)に生まれる。北海道庁雇となり殖民軌道根室線中標津停留所駐在となる。その後枝幸に転勤。同じ下宿の柿岡正雄の影響でアナキズムに関心をもつ。35年11月無共党事件に関連して取り調べを受けたが不起訴。(堅田精司)〔文献〕『身上調書』

屋良 猛 やら・たけし ?-? 1921(大10)年に設立された沖縄最初の社会主義団体庶民会のシンパとなる。のち東京に出,東京瓦斯工組合員となり27年5月1日那覇公会堂で開かれた琉球黒旗連盟発会式を兼ねたメーデー大演説会に呉自由労働者組合の丹悦太とともに応援に駆けつける。(冨板敦)〔文献〕『自連』13号1927.6

鑓田 研一 やりた・けんいち 1892(明25)8.16-1969(昭44)1.28 本名・徳塵研一,別名・芳花 山口県生まれる。20年神戸神学校を卒業,牧師となる。早くから『新潮』に短歌や評論を投稿しトルストイに傾倒,18年大阪トルストイ研究会から『トルストイの生活と芸術』を訳出。関東大震災後上京,25年11月結成された農民自治会に参加,全

国連合委員となる。28年「農民自治の理論と実践」(『農民自治』16・17号1928.4・6)を発表、重農主義的なアナキズムを唱え農自内のボル系分子の一掃を求める。同年8月『農民自治』は犬田卯らの農民文芸会機関誌第1次『農民』と合流し第2次『農民』(2号のみ)として刊行される。その後農民文芸会とボル系を排した農民自治会との合流が進み29年3月全国農民芸術連盟が結成され機関誌第3次『農民』(1931.8終刊、全30号)が創刊される。この間を主導したのが鑓田で第2次、第3次『農民』1930年10月号までの編集発行にあたった。それ以降は犬田が継いでいる。第3次『農民』の終刊後、31年10月第4次『農民』が鑓田により刊行されるが2号で終わる。その間鑓田は『弾道』『創生時代』『アナーキズム文学』などアナ系文芸誌の同人となり日本自協系理論誌『黒旗の下に』にもしばしば寄稿する。34年『賀川豊彦』(不二屋書房)を刊行、以後次々と伝記小説を書き38年農民文学懇談会の設立に関わり、戦時中は文学報国会農民文学部会委員、敗戦後は日本農民文学会の設立に参画する。(川口秀彦・大澤正道)〔著作〕『トルストイ新研究』啓明叢書1927、『無産農民の陣営より』全国農民芸術連盟出版部1929、『アナーキズム方法論』日本自協1933、『石川啄木』第一書房1936、『徳冨蘆花』同1937、『島崎藤村』新潮社1938、『生きてゐる土』同1939

鑓田 貞子 やりた・ていこ 1898(明31)6-1966(昭41)11.15 旧姓・稲垣、本名・徳座貞子 京都西陣の西陣織の道具を扱う商家に生まれるが女学校への進学は許されなかった。金子薫園の歌会で鑓田研一と出会い恋愛結婚をし京都、福井で暮らしたのち24年上京。26年夏農民自治会の林間講座に唯一の女性として出席、のちに農民自治会婦人部結成に参加。30年1月無産婦人芸術連盟が結成されると3月『婦人戦線』創刊に参加。一方、29年10月関東消費組合連盟を脱退した東京共働社が組織した大東京消費組合豪徳寺支部に属して活動していたが婦人部の中心の一人として30年のガス代値上げ、33年の中央卸売問題で勝目テルら関消連婦人部、市川房枝らと共闘した。高群逸枝を市川に紹介したりもした。敗戦後は松沢消費組合を設立、活動の中心となり婦人有権者同盟などの役員をつとめた。(川口秀彦)〔文献〕野村かつ子「神と共同社会のために 終戦までの私の歩み」『回想の江東消費組合』江東会1979、『婦人戦線』復刻版緑蔭書房1983

ゆ

湯浅 一之輔 ゆあさ・いちのすけ ?-? 1919(大8)年東京京橋区(現・中央区)の築地活版所欧文鋳造科に勤め活版印刷工組合信友会に加盟する。(冨板敦)〔文献〕『信友』1919年8・10月号

湯浅 昇 ゆあさ・のぼる ?-? 1919(大8)年東京本所区(現・墨田区)の金谷印刷所第二工場印刷科に勤め活版印刷工組合信友会に加盟する。(冨板敦)〔文献〕『信友』1919年8月号

湯浅 喜太郎 ゆあさ・よしたろう ?-? 1919(大8)年東京本所区(現・墨田区)の凸版印刷会社欧文科に勤め活版印刷工組合信友会に加盟する。(冨板敦)〔文献〕『信友』1919年8・10月号

由井 貞次郎 ゆい・さだじろう ?-? 1919(大8)年東京京橋区(現・中央区)の築地活版所和文科に勤め活版印刷工組合信友会に加盟する。(冨板敦)〔文献〕『信友』1919年8・10月号

由比 忠之進 ゆい・ちゅうのしん 1894(明27)10.11-1967(昭42)11.12 福岡県糸島郡前原村(現・糸島市)に生まれる。19年東京高等工業学校電気科卒業。21年エスペラントを学び始める。30年名古屋中央放送局勤務。32年名古屋エスペラント会創立。38年満州製糸入社。戦後戦争協力の償いのため2年半中国の技術者留用に参加。49年帰国。一灯園に入り2年間掃除や托鉢の生活をする。51年名古屋で電設工業会社に就職しエスペラント活動に参加。56年世界エスペラント運動の日本代表として中国訪問。エスペラント運動の普及とともにこの頃から反戦平和運動に積極的に加わる。59年原水爆禁止平和行進参加。65年ベトナム戦争反対運動に参加。66年横浜へ転居。本多勝一『戦場の村』をエスペラントに訳し世界のエスペランチストに送る。67年北ベトナムへの無差

別爆撃(北爆)に対しジョンソン米大統領にエスペラント語の抗議文を送る。同年日本政府の沖縄・小笠原返還への弱腰，ベトナム戦争北爆支持に抗議し佐藤栄作首相の訪米前日首相官邸前で焼身自殺をはかり翌11月12日死没。この死は日本のみならず世界の反戦運動に深い衝撃を与えた。死の直前までエスペラントに訳していた『原爆体験記』が遺志を継いだエスペランチストたちの手で刊行され，世界各地に配られた。(真辺致真)〔著作〕『Japanujo Hieraŭ kaj Hodiaŭ』1966，『ハーロン湾上の灯』1967，『由比忠之進遺言集』朝明書房1967，英訳『軍籍のない高射砲隊員』1967〔文献〕鶴見俊輔「大臣の民主主義と由比忠之進」『朝日ジャーナル』1967.11.26，「由比忠之進のジョンソン大統領への抗議文」『世界』1968.1，山鹿泰治「由比さんの焼身自殺の抗議」『自由連合』1967.12.1，向井孝『イオム通信』1967.12・68.1，宮本正男「由比忠之進は何を考えていたか？」『La Movado』1971.11，『由比忠之進焼身抗議に関する資料集』全4冊横浜エスペラント会1971-80，『エス運動人名事典』

由井 十三九 ゆい・とみく ?-? 万朝報社に勤め東京の新聞社員で組織された革進会に加わり1919(大8)年8月の同盟ストに参加するが敗北。のち正進会に加盟。20年機関誌『正進』発行のために1円寄付。また24年夏，木挽町(現・中央区銀座)正進会本部設立のためにも1円寄付する。(冨板敦)〔文献〕『革進会々報』1巻1号1919.8，『正進』1巻1号1920.4，正進会『同工諸君!! 寄附金芳名ビラ』1924.8

湯川 勘一郎 ゆかわ・かんいちろう 1888(明21)10.1-? 和歌山市に生まれる。大逆事件の捜査過程において大石誠之助と交流があったことが判明し調査の対象となった。新宮で『熊野実業新聞』の記者をつとめ『牟婁新報』に記事を掲載したことから大石宅に出入りし峯尾節堂，天野日出吉らと交際があった。10年10月要視察人名簿(社会主義)に登録された。(西山拓)〔文献〕『主義者人物史料1』，『牟婁新報』復刻版不二出版2001

油川 鐘太郎 ゆかわ・しょうたろう 1900(明33)3・31-1949(昭24)2・27 本名・油川直(あぶらかわ・なお)北海道函館市に生まれる。1913(大2)年13歳の時に啄木忌の集会に出席。この頃作歌に熱中する。19年函館毎日新聞社で歌壇選者となる。28(昭3)年旭川市に移住し旭川新聞社に入社。小熊秀雄が去った後の文化部長だった。西倉兄弟が仕度して「尚古堂」という古書店を開く。本は売れず万引きされるばかりだったが，居間には若者が集まってきて「疎林短歌会」などを催した。35年小樽に移住し小樽新聞社に入社。先輩に口語短歌の並木凡平(篠原三郎)がいた。翌年に文化部長，後に社会部長となる。42年の新聞統合令により北海道新聞社の校正部長，後に論説委員となり小樽-札幌間を通勤する。妻子と別居して愛人と暮らすうちに胸を病み，戦後，北海道新聞社を辞めた後，小樽新聞社の旧社屋で窮死した。(久保田一)〔著作〕『不歯居筆余』『疎林』3号1932，「詩のメカニズム・ゆめ」『不死鳥』30号1933，「高市黒人の旅の歌・詩野線と色」『投影』3号1934，「啄木襍記」『秘められし啄木遺稿』新星社1947〔文献〕『整頓派』9・10・11・13・14号1936-1937，『うしろ姿 父・油川鐘太郎』油川木の実編著/宝文館出版1993，『藤枝文学舎ニュース』80・82号藤枝文学舎2012・13

雪本 徳太郎 ゆきもと・とくたろう ?-? 別名・行本 関西黒旗連盟のメンバー。1927(昭2)年10月30日大阪天王寺公会堂で開かれた労農党1周年記念演説会に"演説もらい"に行き同連盟の中尾正義，高川幸二郎，久保譲，田中勘三郎，古江正敏とともに戎署に検挙される。28年2月中旬「関西自由新聞」発行のために「掠」をしたとして恐喝罪で本庄恒造，田中とともに検挙される。(冨板敦)〔文献〕『関西自由新聞』2・4号1927.11・28.3，『黒色青年』17号1928.4

湯口 三郎 ゆぐち・さぶろう 1923(大12)7.22-1955(昭30)7.18 京都府亀岡市に三男として出生。旧制京都市立第二商業学校卒。渡満して大連汽船に勤務。この頃『満州詩人』に寄稿。現地兵として召集を受けポツダム陸軍中尉として復員する。1946年8月第一詩集『わが故郷は城のある町』上梓。詩誌『霧笛』に参加，同人に小林明がいた。『霧笛』は11号より「首」に改題。47年上京，小出版社の編集，スクーターの販売などの職につく。この頃木原啓允，山本享介を知りまた田中英光と行動をともにする。『詩と詩人』(新潟・浅井十三郎発行)編集のため新潟に移り浅井方に寄宿。49年9月第二詩集『霍乱の鬼』上梓。その後亀岡に帰り後『山河』『列島』に参加する。51年より『山河』編集のため浜田知章，長谷川龍生の住む大阪府守

口市に居を定め，三者共同編集による『山河』前衛詩運動を展開する。この間，三重県に錦米次郎らの『三重詩人』グループを訪ね得意の水泳を開陳し清遊する。54年4月浜田の知人の紹介で松田知子と結婚，守口市のアパートで新生活を始める。55年7月18日浜寺海岸で遊泳中事故，午後11時57分死亡。（白仁成昭）〔著作〕長谷川龍生・浜田知章・白仁成昭他編『湯口三郎詩集』京都・白地社1983

遊佐 吉之丞 ゆさ・きちのじょう 1872（明5）1.11-？ 別名・手島誠之進 宮城県志田郡敷玉村（現・古川市）に生まれる。北海道師範学校卒業後小学校訓導となるが01年頃渡米。医学を修め帰国，開業試験に合格。軍医となるが07年再渡米，バークレーで開業する。09年頃在米社会主義者の拠点となっていた植山治太郎経営の大洋旅館（通称レッドハウス）に出入りし岩佐作太郎，竹内鉄五郎らと交際。10年9月3日無政府主義を信奉する甲号として要視察人名簿に登録された。07年11月天皇暗殺檄文配布事件以降強化された取り締まりでは少しでも社会主義者的・アナキズム的言動がある人物を要視察人に認定していたため，遊佐も対象になったものと推測される。（西山拓）〔文献〕『主義者人物史料1』，『在米社主義者沿革』

遊差 猛 ゆさ・たけし ?-? 1919（大8）年東京神田区（現・千代田区）の三秀舎和文科に勤め活版印刷工組合信友会に加盟する。（冨板敦）〔文献〕『信友』1919年8月号

譲原 昌子 ゆずりはら・まさこ 1911（明44）11.14-1949（昭24）1.12 本名・船橋きよの，別名・鷲津ゆき，原淳一郎 茨城県東茨城郡沢山村阿波山（現・城里町）で生まれたとされるが本人は北海道生まれと主張していた。29年3月樺太の豊原高等女学校補習科を終え落合町の小学校教師となる。同僚からはアナキスト，プロレタリア作家とみなされ恐怖の目でみられていたが，教え子からは「家庭のことを親身に相談できる先生」「スキーが上手で，尻餅をつくとでっかかった」と慕われモンパリと呼ばれていた。ドストエフスキーやツルゲーネフを愛読。初めは感傷的，虚無的な詩歌を発表していたが樺太の民衆派ジャーナリスト山野井洋のすすめで散文に転じ官僚の目の届かない移民の現実生活を描写する。「市井の塵埃の中から素材を求め，それに挑む」という姿勢を終生とりつづけた。組織を信用せず孤立していたため樺太文壇から攻撃される。41年上京して多くの職業を転々。敗戦後組織の必要を感じアナキズムから転じて共産党に入党。樺太の朝鮮人の闘いを作品化した。（堅田精司）〔著作〕『朔北の闘い』札幌童書房1946，『故郷の岸』同成社1985，『朔北の闘い』同1985，『闘い・女の宿』同1988〔文献〕荒沢勝太郎『樺太文学史4』岬人舎1987

湯之口 政文 ゆのぐち・まさふみ ?-? 新聞工組合正進会に加盟し1924（大13）年夏，木挽町（現・中央区銀座）本部設立のために1円寄付する。（冨板敦）〔文献〕正進会『同工諸君!!寄附金芳名ビラ』1924.8

弓納 持茂 ゆみな・もちしげ 1907（明40）-？ 桐生市本町生まれ。小学校を卒業後，一時横浜へ出たがまもなく帰郷し27年頃から絹撚会社の工員となる。28年頃前原恵太郎，林豊三郎，築田保代，大沢進次らと交流しアナキズムに共鳴した。35年末頃無共党事件で検挙されるが不起訴。（冨板敦）〔文献〕『身上調書』

夢野 久作 ゆめの・きゅうさく 1889（明22）1.4-1936（昭11）3.11 本名・杉山泰道 幼名・直樹 僧名・萠圓泰道 筆名・香倶土三鳥，海若藍平，杉山萠圓，かぐつち・みどり，土原耕作，萠圓山人，癡見鈍太郎，三鳥山人，萠圓，とだ・けん 1889（明22）年玄洋社幹部杉山茂丸と高橋ホトリの長男として福岡市小姓町に生る。父母離別，祖父三郎平のもとで養育され2歳の頃より祖父から四書五経の素読を受ける。92年喜多流能楽師範梅津只翁の許に入門。97年祖父母一家と共に東京麻布の父茂丸方に同居する。99年祖父母と共に福岡に帰る。1903年修猷館中学入学，在学中はテニス部の選手。08年中学卒業後上京し麻布聯隊隊区に籍を移し兵役志願，近衛歩兵第一聯隊に一年志願兵として配属。09年帰福。10年再上京し慶應義塾大学受験準備のため勉学，同年9-12月見習士官として将校教育を受ける。11年慶大文学部入学。12年12月陸軍少尉。13（大2）年慶大退学，福岡に帰り農業に従事するがうまくゆかず放浪生活に入る。15年東京本郷の喜福寺にて剃髪得度，法名泰道，法号萠圓。17年還俗，継母幾茂のすす

めで杉山家を嗣ぎ杉山農園に戻る。18年鎌田クラと結婚，能楽喜多流教授となる。20年九州日報記者となる。23年関東大震災，震災取材特派記者として多くのスケッチを残す。24年3月震災取材の疲労が抜けず休養のため九州日報退社。同年10月博文館の探偵小説募集に「侏儒」で応募，選外佳作となる。26年3月切り絵を使った童話「ルルとミミ」を九州日報夕刊に掲載。同年5月博文館懸賞小説に「あやかしの鼓」2等当選，この時初めて夢野久作のペンネームを用い作家生活に入る。35(昭10)年主著『ドグラマグラ』を松柏館書店より出版。36年3月11日脳溢血で急死。夢野の作品は，60年代に入って唐十郎，渋澤龍彦，鈴木清順，鶴見俊輔，中島河太郎，平岡正明，森秀人らによって再評価がすすめられた。(白仁成昭)〔著作〕中島河太郎・谷川健一編『夢野久作全集』三一書房1969-70，『夢野久作全集』ちくま文庫1999，西原和海編『夢野久作作品集』葦書房2004，『夢野久作の日記』葦書房1976，『東京人の堕落時代』葦書房1979，『夢野久作の能世界：批評・戯文・小説』書肆心水2009〔文献〕西原和海編『夢野久作の世界』平川出版1975，沖積舎1991，山本巖『夢野久作の場所』葦書房1986，平岡正明『平民芸術』三一書房1993，鶴見俊輔『夢野久作 迷宮の住人』双葉社2004

由利 剣三 ゆり・けんぞう ?-? 黒色運動が八王子市で芽生えて約半年後の1931(昭6)年1月6日，市内で開かれた『自連新聞』読書会で「マルクス主義およびサンジカリズムの誤謬について」を演説する。また『自連新聞』「婦人の解放」(クロポトキンの翻訳37・38号)，「自由連合主義とその組織」(43・45-48号)，「日本帝国主義の悲運」(64号)を執筆している。(冨板敦)〔文献〕『自連新聞』37・38・43・45-48・55・64号1929.7・8・30.1・3・6・31.1・11，『農民自由連合』1巻2号1930.8，大串夏身編『三多摩社会運動史料集』三一書房1981

由利 六郎 ゆり・ろくろう ?-? 浜松市千歳町の古田印刷所に工具として勤める。1930(昭5)年9月肋膜炎にかかり療養中，10月15日雇い主古田平五郎から解雇状と金10円が送られてくる。遠江印刷同工会とともに闘い15円の見舞金と金一封100円を出させたが解雇で決着する。(冨板敦)〔文献〕『自連新聞』53号1930.11

よ

楊 守仁 よう・しゅじん ヤン・ショウレン 1872頃-1911.8.6 旧名・毓麟，別名・叔壬，篤生，湖南之湖南人 中国湖南省長沙生まれ。1897年に挙人となる。初め変法を唱えたが戊戌政変後，革命へと傾く。02年日本に渡り弘文学院，早稲田大学に学ぶ。『游学訳編』の編集に携わり西洋の思想，文化の紹介につとめた。03年代表作『新湖南』を著す。同書にはナロードニキの思想的影響が濃厚に反映されている。03年拒俄義勇隊，軍国民教育会に参加。また爆弾を製造し西太后の暗殺をはかる。04年黄興らの長沙での蜂起計画に加わるが失敗し上海に逃れる。当地で愛国協会会長に就任。同年11月王之春暗殺未遂事件が発生，指名手配を受けて逃走。その後北上し保定で北方暗殺団を組織。06年6月中国同盟会に加入。翌年上海で于右仁と『神州日報』を創刊。08年イギリスに渡りアバディーン大学で学ぶと同時に『民立報』特派員となる。11年黄花崗蜂起失敗後，病気と革命の前途を悲観してリヴァプールで自殺。(嵯峨隆)〔文献〕『革命逸史2』台湾商務印書館1969，『革命人物誌6』中央文物供応社1971，『民国人物伝2』中華書局1980

葉 非英 よう・ひえい イエー・フェイイン 1906-1961 中国広東省東莞出身。広州八桂中学のちに東莞中学で学ぶ。23年北京世界語専門学校に入る。26年7月広州に戻り省政府出版の『革命之花』の編集をつとめアナキストとして活動を始める。30年黎明高級中学にやって来た巴金と初めて会いその後も交流を続ける。巴金は健康をかえりみず理想の学校の発展に献身する葉非英らの殉教者精神に感動する。34年黎明高中と平民中学が閉鎖されたのちも活動を続け平民中学が改められた民生農業中学で教える。49年泉州から香港に渡る。50年広州で中国民主同盟に参加。新民中学(のちの第14中学)で教える。58年反右派闘争で右派のレッテルを貼られて労働改造農場に送られ61年

そこで死没。83年名誉回復。(手塚登士雄)〔文献〕巴金「非英兄をしのぶ」石上韶訳『無題集』筑摩書房1988,「葉非英自伝」『中国アナキズム運動の回想』総和社1992,坂井洋史「巴金と福建泉州 黎明高級中学,平民中学のことなど」『猫頭鷹』5号1986.9

横井 秋之介 よこい・あきのすけ ?-? 1925(大14)年名古屋市で浅川正男,工藤葉魔,長谷川玲児とともに自由労働社を組織し10月機関紙『自由労働』を創刊する。自由労働社では雑役係を長谷川と担っていた。『自由労働』創刊号に「パンと母親 或日の断想」を執筆する。(冨板敦)〔文献〕『自由労働』1号1925.10

横井 憲蔵 よこい・けんぞう 1910(明43)9.22-1960(昭35)12.2 別名・横居憲三 愛知県海部郡立田村戸倉生まれ。農業を営む。尋常小学校を卒業後,農業を営む。「15歳の時『国家のサナダ虫』と題する小冊子を読破して以後社会主義研究に耽る。無政府主義者の爆弾事件にシゲキされ以後無政府主義思想把握に専心する」(「自己を語るの記」)。鎖断解放社をつくり,27年中部黒連応援のもと浅井茂雄らと海部郡津島町(現・津島市)の耕地整理反対闘争を闘う。いったん小作人側が勝利をおさめ耕整反対同盟会は解散するがのちに敗北。反政党新聞支局を名乗り農民自治会愛知県連合,耕作戦線社も創立した。29年末後藤広致,成田政市らと名古屋の丸八ポンプ鉄工所争議支援を闘いこれを契機に30年中部黒色一般労働者組合を結成。30年秋真野志岐夫,亀井高義,小島一吉,越田清治らと東海黒色解放連盟を結成。31年2月24日農青社の宮崎晃,星野準二の訪問を受け,真野,横井,浅井とともに農青運動に関わる。36年5月5日農青社事件で検挙されるが警察拘留で釈放。『黒色戦線』『小作人』などに愛知の農村状況をしばしば寄稿する。戦後は農地解放に力を注ぎ地元の農地改良実行組合の事業に取り組む。(冨板敦)〔著書〕「中部黒連解放闘士自己を語るの記」『自由民報』32号1930.12〔文献〕『農民自治』臨時号1927.10,『黒色青年』13号1927.10,『小作人』3次8・9・11・13号1927.9・10・12・28.2,『農青社事件資料集Ⅰ』

横井 弘三 よこい・こうぞう 1889(明22)5.20-1965(昭40)10.11 正式な名前の読みは「ひろぞう」。長野県下伊那郡飯田町(現・飯田市)の菓子屋に生まれる。幼少の頃東京に転居。1913(大2)年早稲田大学商科を中退して油絵を独学する。15(大4)年二科会の新人賞にあたる第1回樗牛賞を受賞。翌16年第3回二科賞を受賞。「日本のアンリ・ルソー」と呼ばれるが24年10月に木下秀一郎,浅野孟府,ブブノワ,神原泰,松岡正男,村山知義,中原実,岡本唐貴,大浦周蔵,渋谷修,玉村善之助,矢部友衛,柳瀬正夢,吉田謙吉と「三科」を創立。25年5月30日築地小劇場での「劇場の三科」開催に尽力,出演する。28年『農民自治』(15号,16号)の表紙用に新しく彫った木版画を提供。『農民自治』(15号)は表紙画について「絵は美術界切っての変り者(実はそれで当り前なんだ)横井弘三氏の刀」と記す。30年東京自治会館で第1回日本アンデパンダン(無選)展を開催。同年露店商を始める。(冨板敦)〔著書〕『大愚』春鳥会1925,『露店研究』出版タイムス社1931〔文献〕『農民自治』15・16号1928.2・4, 飯954匡『脱俗の画家-横井弘三の生涯』筑摩書房1976, 五十殿利治『大正期新興美術運動の研究(改訂版)』スカイドア1998, 五十嵐利治・菊屋吉生・滝沢恭司・長門佐季・野崎たみ子・水沢勉『大正期新興美術資料集成』国書刊行会2006,『(没後50年"日本のルソー")横井弘三の世界展』(図録)読売新聞社2015, 横井弘三とオモチャン会編『童心芸術家 横井弘三-市民が発掘・顕彰する』オフィスエム2015

横井 善平 よこい・ぜんぺい ?-? 報知新聞社に勤め新聞工組合正進会に加盟。1920(大9)年機関誌『正進』発行のために1円寄付する。(冨板敦)〔文献〕『正進』1巻1号1920.4

横江 嘉純 よこえ・よしすみ 1887(明20)5.3-1962(昭37)2.14 富山県婦負郡保内村石戸(現・富山市)生まれ。14年東京美術学校彫刻科卒業。経緯は不詳だが,大杉栄虐殺後に遺児たちの養育費用にあてるため大杉のブロンズ像を制作した。(奥沢邦成)

横川 作太郎 よこかわ・さくたろう ?-? 中央新聞社に勤め東京の新聞社員で組織された革進会に加わり1919(大8)年8月の同盟ストに参加するが敗北。のち正進会に加盟。24年夏,木挽町(現・中央区銀座)正進会本部設立のために1円寄付する。(冨板敦)〔文献〕『革進会々報』1巻1号1919.8, 正進会『同工諸君!!寄附金芳名ビラ』1924.8

横川 保嘉 よこかわ・やすよし ?-? 新聞工組合正進会に加盟し1924(大13)年夏, 木

挽町(現・中央区銀座)本部設立のために1円寄付する。(冨板敦)〔文献〕正進会『同工諸君‼ 寄附金芳名ビラ』1924.8

横倉 辰次 よこくら・たつじ 1904(明37)1.2-1983(昭58)4.19 東京市日本橋区(現・中央区)に生まれる。京華商業学校を2年で中退、家業の質屋を手伝うなかで資本主義国家の矛盾、不正を肌で感じる。賀川豊彦の講演を聞きクリスチャンとなり銀座教会に住み込むがやがて自費で荒野社という日曜学校を開く。24年9月設立まもない築地小劇場に入り小道具、効果(擬音)を担当する。25年末に同劇場を退団、以後いくつかの芝居小屋で働く。26年頃青木てう(武良二の妻)が路傍で売っていたパンフレットでアナキズムを知り多くの文献を読むなかでクロポトキンの思想に強い影響を受ける。27年頃若いアナキストたちを引き連れ北多摩郡千歳村(現・世田谷区船橋)に石川三四郎を訪れる。このとき菊岡久利と知り合う。28年1月武良二、村上義博が設立したAC労働者連盟に加わる。さらに黒色自由労働者組合に参加し芝浦地区の職安(寄場)を中心に働く自由労働者を組織するため石川、八太舟三、岩佐作太郎らを講師に招き講演会を開く。たび重なる検束、拘留でアナキズム運動から離れさまざまな職について放浪する。31年から新宿ムーランルージュの脚本を書き始めその後演出も担当する。風刺のきいたアナキスティックな芝居が石川らに評価される。39年に戯曲集『沼街』を上梓し出版記念会には石川、新居格らも参加。この会の幹事は長年の同志でありムーランルージュ文芸部の一員だった菊岡がつとめた。40年ムーランルージュを離れる。この間100本近い脚本を執筆しその半数以上を演出した。44年長谷川伸に師事し新聞連載小説をはじめ数々の小説を発表する。長谷川の没後は山手樹一郎に冴事する。戦後はAC労働者連盟以来の同志村上義博に誘われ再びアナキズム運動に加わる。アナ連結成とともに加入し東京地協を支える。68年アナ連解散後、東京地協の同志を中心に麦社を設立、麦社解散後は若いアナキストたちと交流を続ける。一方ベ平連のデモに参加したり公共料金の値上げに反対した「旧料金で電気代を払う会」「ガス料金支払いを見合わせる会」などの地域に密着した運動に積極的に関わる。81年に脳梗塞で倒れるまで運動を通じて若い世代にアナキズムを伝えることにつとめた。本人の遺志により順天堂病院に献体され、東京青山の無名戦士の墓に眠る。(宮坂英一)〔著作〕『黒色自由労働者組合とAC労働者連盟の思い出』『労働と解放』1-7号1966.5・11・67.3・9・11・68.3・9、『長谷川伸 小説戯曲作法』同成社1964、『与力・同心・目明しの生活』雄山閣1970、『銅鑼は鳴る 築地小劇場の思い出』未来社1976、『わが心のムーラン・ルージュ』三一書房1978、『集治監悲歌』光潮社1978

横田 錦城 よこた・きんじょう ?-? 1919(大8)年東京神田区(現・千代田区)の三秀舎文選科に勤め活版印刷工組合信友会に加盟する。(冨板敦)〔文献〕『信友』1919年8・10月号

横田 幸一 よこた・こういち ?-? 新聞工組合正進会に加盟し1924(大13)年夏、木挽町(現・中央区銀座)本部設立のために2円寄付する。(冨板敦)〔文献〕正進会『同工諸君‼ 寄附金芳名ビラ』1924.8

横田 淙次郎 よこた・そうじろう 1883(明16)10.24-1936(昭11)6.28 福岡市博多瓦町に生まれる。学生時代井知至に師事し、村井と横田の同郷の安部磯雄との紹介で社会主義協会員になったという。03年早稲田大学邦語行政科卒業。『報知新聞』記者となるが非戦運動参加により追われ九州に戻る。05年11月門司で九州倶楽部の吉野省一、松尾枯泉、有村幽泉らと民声社を結成、機関誌『民声』発刊を企てるが警察の干渉により挫折。長崎で新聞記者となり06年頃久津見蕨村主筆の『長崎新報』時代にはニコライ・ラッセルのヴォーリア社の人々と交わる。11年1月堺利彦に「将来ニ於ケル主義者ノ態度ヲ問合セ」る書簡を送り4月遺族慰問旅行の堺を福岡に訪ね懇談し大逆事件後の生き方を模索する。13年7月上京、大杉栄、荒畑寒村のサンジカリズム研究会に参加。14年3月『九州日報』を辞して大阪の『やまと新聞』記者となり長谷川市松、和田久太郎、川口慶助、福田狂二らと交わる。7月荒畑の秘密出版ヘイウッドの『労働階級ノ戦術』を送られ配布。8月夕刊『愛知新聞』編集長となり名古屋に移る。18年5月創刊の『労働新聞』の発禁4号の印刷にはひそかに和田に協力している。また思想研究会蛙鳴会を結

成。23年7月創刊の『名古屋労働者』の編集を担ったのを最後に運動から身を引いた。『愛知新聞』副社長を辞したあとは豊橋市郊外に住み桐生悠々、伊串英治らと交わっているが再び名古屋に戻り死没。(堀切利高)〔文献〕伊串英治『名古屋社会運動者略伝』私家版1957,『社会主義沿革1』,小松隆二『大正自由人物語』岩波書店1988

横田 敏雄 よこた・としお ?-? 1919(大8)年東京芝区(現・港区)の近藤商店印刷所欧文科に勤め活版印刷工組合信友会に加盟。のち日本印刷興業株式会社に移る。(冨板敦)〔文献〕『信友』1919年8・10月号,1921年1月号,1922年1月号

横田 兵馬 よこた・ひょうま 1888(明21)頃-1908(明41)頃 別名・不知火 仙台の出身といわれる。陸軍幼年学校在学中に平民社に出入りし中退後、05年一高に入学。同級に辰野隆がおり「一高で唯一のソシアリスト」と回想している。平民社解散後新紀元社に参加、07年4月入獄した石川三四郎に代わり『世界婦人』の編集にあたるが若くして腸結核で死没。『自叙伝』(理論社1956)で石川は「忘れることの出来ない」人物の一人にあげている。(大澤正道)〔文献〕辰野隆『旧友二人』『書斎閑談』白水社1938・『忘れ得ぬ人々』講談社文芸文庫1991,大澤正道『探索・横田兵馬』『初期社会主義研究』19号2006

横地 正次郎 よこち・しょうじろう 1908(明41)12-1980(昭55)1 別名・横地尚 前橋市神明町に生まれる。伊藤信吉,萩原恭次郎,草野心平,岡田刀水士,坂本七郎らとつきあう。27年10月『バリケード』に参加。一時坂本と静岡で共同生活をし28年6月杉山市五郎らのアナ派詩誌『手旗』の同人となる。12月草野と『学校』を創刊,自宅に学校社を置く。29年坂本の『第二』に参加。1月伊藤と二人で『片(ペンス)』を出すが1号で終刊。5月伊藤と上京,豊多摩郡渋谷町神南(現・渋谷区)で共同生活を始める。しばしば萩原が訪れた。小野十三郎,大江満雄らと交流。5月『アナキスト詩集』に詩「九時四十三分」を寄せる。夏に一人で帰郷。12月アナ派アンソロジー『学校詩集(1929年版)』に詩「秋」「行くもの」を寄稿。30年『弾道』に参加。井上日召の息子。(冨板敦)〔著作〕『昭和の原点 1人1殺に生きた井上日召』行政通信社出版部1971,「萩原恭次郎」『萩原恭次郎の世界』煥乎堂1987,〔文献〕草野心平「『銅鑼』と『学校』」『本の手帖』1961.5,菊地康雄『青い階段をのぼる詩人たち』青銅社1965,坂本七郎『『第二』のころ』『風信』1号風信社(浅野紀美夫)1968,坂本七郎「明日はわからない」・柴山群平「画・詩・狂友」『風信』2号同1968,秋山清『反逆の信条』北冬書房1973,伊藤信吉『回想の上州』あさを社1977・『逆流の中の歌』泰流社1977,『新訂学校詩集(1929年版)』麦書房1981,『詩人杉山市五郎作品集』武蔵野書房1995

横野 勇一郎 よこの・ゆういちろう ?-? 新聞工組合正進会に加盟し1924(大13)年夏,木挽町(現・中央区銀座)本部設立のために1円寄付する。(冨板敦)〔文献〕正進会『同工諸君!!寄附金芳名ビラ』1924.8

横山 卯太郎 よこやま・うたろう ?-? 万朝報社に勤め東京各新聞社の整版部従業員有志で組織された労働組合革進会に加わり1919(大8)年8月の同盟ストに参加するが敗北。その後新聞工組合正進会に加入。20年3月日本印刷工組合信友会との連携を図るため正進会を代表して信友会幹事会に参加する。(冨板敦)〔文献〕『革進会々報』1巻1号1919.8,『正進』1巻1号1920.4,正進会『同工諸君!! 寄附金芳名ビラ』1924.8

横山 楳太郎 よこやま・うめたろう 1902(明35)-? 山田作松らの自然児連盟に加盟して活動。1925(大14)年3月『自然児』同人となるが同連盟解体後は黒旗社,江東自由労働者組合に拠って黒連,全国自連で中心的に活躍。26年1月黒連第1回演説会で私服警官と争論して検束。3月黒連の無産政党批判演説会で司会をつとめる。27年6月江西一三,陀田勘助,難波正雄らと『反政党運動』を発行。のち黒連を脱退する。東京食糧労働組合にも関わった。(冨板敦)〔文献〕『自然児』1・2輯1925.3・7,『労働運動』4次18号1926.7,『黒色青年』1・4-6号1926.4・7・9・12,『自連』4.5・9.10・16・21号1926.10・27.3・9・28.2,『反政党運動』2号1927.7,『関西自由新聞』4号1928.3,『江西一三自伝』同刊行会1976

横山 嘉吉 よこやま・かきち ?-? 日本印刷工組合信友会に加盟し1921(大10)年末頃,東京京橋区(現・中央区)の中屋印刷所に勤めていた。(冨板敦)〔文献〕『信友』1922年1月号

横山 勝衛 よこやま・かつえ ?-? 1919(大8)年東京神田区(現・千代田区)の三秀舎ポイント科に勤め日本印刷工組合信友会に加盟

する。(冨板敦)〔文献〕『信友』1919年10月号

横山　達郎　よこやま・たつろう　?-?　1919(大8)年東京京橋区(現・中央区)の築地活版所和文科に勤め日本印刷工組合信友会に加盟する。(冨板敦)〔文献〕『信友』1919年10月号

横山　半次郎　よこやま・はんじろう　?-?　1919(大8)年東京京橋区(現・中央区)の築地活版所印刷科に勤め日本印刷工組合信友会に加盟する。(冨板敦)〔文献〕『信友』1919年10月号

横山　英雄　よこやま・ひでお　?-?　広島純労働者組合のメンバー。1925(大14)年広島市のメーデーに広島純労の佐竹新市、大前浅一らと参加し挨拶を行う。(冨板敦)〔文献〕山木茂『広島県社会運動史』

横山　政吉　よこやま・まさきち　?-?　1919(大8)年東京日本橋区(現・中央区)の回文堂に勤め日本印刷工組合信友会に加盟する。(冨板敦)〔文献〕『信友』1919年10月号，1920年1月号

横山　実　よこやま・みのる　?-?　別名・大葉鉄郎　1930(昭5)年頃秋山清、飯田豊二が主宰したアナキスト劇団解放劇場に参加し団員の八木秋子、別所孝三、新村杏三(本多京三)らとともに活動する。さらに鈴木靖之の自由人社に出入りして自由人講座などを通じて農村問題に関心を深めた。31年の農青社結成に参加、黒色戦線社の同人として東京下目黒の秘密編集所を拠点に活動した。(奥沢邦成)〔文献〕『資料農青社運動史』、『農青社事件資料集Ⅰ-Ⅱ』

吉井　勇　よしい・いさむ　1886(明19)10.8-1960(昭35)11.19　東京・芝区に生まれる。幼少期に鎌倉材木座の別荘で育ち、鎌倉師範学校付属小学校に通う。1900(明33)年歌人として出発する契機を与えるのが「川柳中興の祖」といわれる阪井久良岐であった。この久良岐は『海国少年』の短歌欄の選者。勇はこの欄に投稿して天位に選ばれ「歌人となるべき運命が定まった」という。05(明38)年新詩社の同人。機関誌『明星』に短歌を発表。この頃、勇はアナキストの坂本紅蓮洞と交流。08年に早稲田大学文学部に入学するも大学を中退。石川啄木と同年5月に森鷗外の自宅で催された観潮楼の歌会で初めて知り合う。『明星』の終刊後、09年1月に啄木らと共に森鷗外を中心に『スバル』を創刊する。同年3月に『スバル』に戯曲『午後三時』を発表し脚本家として坪内逍遥に認められる。10年9月処女歌集『酒ほがひ』(昴発行)を刊行。翌年7月には戯曲集『午後三時』を刊行し耽美派の歌人・劇作家としての地位を築いた。15年11月に歌集『祇園歌集』(新潮社)を刊行。装幀は竹下夢二。同年芸術座の公演で松井須磨子が歌った『ゴンドラの唄』(中山晋平作曲)の作詞を担当。この歌は大正時代に大流行した。48年8月、日本芸術院会員。60年11月肺癌のため京都で死去。(平辰彦)〔著作〕木俣修編『吉井勇全集』番町書房1963-1964

吉池　八十二　よしいけ・やそじ　?-?　1926(大15)年1月頃、長野県北佐久郡北御牧村(現・東御市)で暮し同村の荻原明象、今井喜雄、中山、武井芳雄、関和喜らと「土に親しむものの会」に加わる。同会が農民自治会に合流、発展的に解消すると農自全国連合に参加。同年10月3日北佐久郡北御牧村(現・東御市)の北御牧小学校で発足した農自北信連合(のち東信連合に改称)に仲間と共に参加する。(冨板敦)〔文献〕『農自自治』6号1926.11，大井隆男『農民自治運動史』銀河書房1980

吉浦　吉松　よしうら・よしまつ　?-?　1919(大8)年東京神田区(現・千代田区)の丸利印刷所に勤め日本印刷工組合信友会に加盟する。(冨板敦)〔文献〕『信友』1919年10月号

吉江　喬松　よしえ・たかまつ　1880(明13)9.5-1940(昭15)3.26　別名・孤雁　長野県東筑摩郡塩尻村(現・塩尻市)生まれ。早稲田大学英文科を卒業、第一次大戦下のフランスに留学し帰国後母校の仏文科主任教授となりフランス文学をはじめ幅広くヨーロッパ文学の紹介につとめた。一方『種蒔く人』創刊から執筆家として名を連ね『文芸戦線』にも寄稿、プロレタリア文学運動とも関係をもった。駐日大使として赴任した詩人ポール・クローデルを迎え小牧近江らと22年12月2日シャルル・ルイ・フィリップ13回忌記念講演会を開催。これを機に農民文芸会を組織し「農民の中にこそ、新しき日本の文明が、真の独創的な日本の表現がある」として農民文学の提唱を行った。(大和田茂)〔著作〕『吉江喬松全集』全8巻白水社1941-43〔文献〕『信州の人脈・上下』信濃毎日新聞社1967

吉岡　重甫　よしおか・しげほ　1908(明41)-1990(平2)　別名・重剛　山梨県中巨摩郡二川村西下条(現・甲府市)生まれ。高等小学校

卒業後、農業を営む。アナキズムに関心を深め木下茂、望月桂らの『小作人』、『自連新聞』『黒旗』などの熱心な購読者となった。31年2月『黒旗』に掲載された「農民に訴ふ」を読んで強い衝撃を受け6月に上京すると農青社を訪れ鈴木靖之に会い農村における解放運動について教示を受けた。帰郷すると二川村農民組合員の一員として全農全会派の農民運動に参加し有能な青年組合員の獲得に向け『農村青年』や『黒色戦線』を配布し啓蒙宣伝に尽力した。32年5月農青社の鈴木、船木上、同県内の上野頼三郎、桜井一、米倉正則、塩沢逸策の訪問を受けて『甲州青年』の発刊などを協議した。36年5月農青社事件全国一斉検挙に際して逮捕されたが起訴猶予。(奥沢邦成)〔文献〕『資料農青社運動史』、『農青社事件資料集Ⅰ・Ⅱ』

吉岡　春之介　よしおか・はるのすけ　1893(明26)3.11-1979(昭54)7.11　京都市下京区大和大路四条下ル(現・東山区)の建仁寺の近傍に生まれる。同志社中学3年の時、同志社教会で原田助から受洗。クロポトキンの『倫理学』における人道主義的アナキズムに共鳴、以来キリスト教的無政府主義者を自称。早稲田大学高等師範部第2部理化学科本科を卒業、桐生高等工業学校教授として生物物理学を専攻。蟻の生態研究から人間社会のあるべき状態を構想。高度の論理と相互の理解があれば強力な権力や組織は不必要であり、それは聖書の思想とも合致すると考えた。非戦主義と非暴力主義を堅持し第2次大戦中桐生高工で軍事教練に協力せず登山をもって教練とみなすように配属将校に要請。リベラリストの校長西田博太郎も吉岡を支持した。戦後、群馬大学工学部講師を経て共愛学園長をつとめ退職後は聖書の言語学研究を行う。(笠原芳光)〔著作〕『吉岡春之介著作集』同刊行会1983〔文献〕萩原俊彦「吉岡春之介と西田博太郎」『永世中立』1979.7、『エス運動人名事典』

吉岡　嘉三　よしおか・よしぞう　⇨中元藤太　なかもと・とうた

吉川　永三郎　よしかわ・えいざぶろう　1901(明34)3.25-?　青森県弘前市新寺町に生まれる。本籍は北海道函館市新川町。函館市の小学校を卒業後、札幌市の私立北海中学校に入学するが2年で中退。函館市、東京市、長野県内で通信事務員、自由労働者、新聞雑誌の編集補助などをする。松本市花咲町で新興信濃社を名のり1931(昭6)年6月に『新興信濃』第5号「黒表　中濱哲遺稿」を発行。この年皇道派に転向。33年7月に発覚した神兵隊事件(右翼によるクーデター未遂事件)に連座。同年10月裏切者の日本大学教授永井了吉を射殺しようと準備中、上諏訪署員に検挙。40年10月大審院で禁錮1年を求刑されるが41年3月「刑を免除す」とされる。判決当時は横浜市鶴見区鶴見町に住み雑誌発行業・兄弟会を営んでいた。(冨板敦)〔著作〕『獄窓に歌ふ』大衆日報社1936,『私有財産と私的企業』兄弟会1941〔文献〕『(昭和10年9月)天野辰夫他58名に対する殺人放火予備等被告事件予審終結決定(思想研究資料特輯第23号)』(社会問題資料叢書第1輯・復刻版)東洋文化社1976,『神兵隊事件被告訊問調書寫・豫審第1號室備付(昭和11年5月)』(『(今村力三郎訴訟記録第45巻)神兵隊事件 別巻4』(復刻版)専修大学出版局2016,『神兵隊意見書(昭和11年9月26日)』(『(今村訴訟記録第8巻)神兵隊事件(1)』(復刻版)専修大学今村法律研究室1984,司法省刑事局『(思想資料パンフレット特輯 昭和16年3月)神兵隊事件刑事論告案判決』(『昭和思想統制史資料第19巻右翼運動篇(3)』)(復刻版)生活社1980

吉川　英治　よしかわ・えいじ　1892(明25)8.11-1962(昭37)9.7　別号・雉子郎　神奈川県に生まれる。1910(明43)年12月に上京。新聞『日本』の「新題柳樽」欄(井上剣花坊選)に雉子郎の号で「桂庵に踏み倒さるる頬の痩け」を投句。剣花坊に認められる。雉子郎の雅号は「焼野(やけの)の雉子(きぎす)夜の鶴」という親が子を想う情の深いことを喩えた語に由来する。14(大3)年3月新聞『日本』が廃刊となると活躍の舞台を井上剣花坊主宰の『大正川柳』に移していく。『大正川柳』の編集幹事となり23年まで川柳作家として活躍するが、25年吉川英治の筆名で『キング』(創刊号)から小説「剣難女難」を連載し流行作家の道を歩む。23年前後の川柳作家時代に雉子郎は大杉栄の影響を受け、アナキストの川柳作家となった白石朝太郎(維想楼)らと親交を結ぶ。60年文化勲章受章。肺癌で死去。享年70歳。代表句に「柳原涙の痕や酒のしみ」「此の先を考へてゐる豆のつる」「貧しさもあまりのはては笑ひ合ひ」などがある。(平辰彦)〔文献〕城塚朋和『作家以前の吉川英治』未来工房1980

好川 貫一 よしかわ・かんいち 1902(明35)1.1-1997(平9)3.4 三重県上野市に生まれる。牧師の長男で明治学院中学を経て神戸神学校入学。講演会で高橋新吉が裸で「俺は俺の俺だ!」と絶叫するのに度肝を抜かれる。21年洗礼を受ける。この頃スチルネル著、辻潤訳の『自我経』を読んで自己を確立。22年大阪で開催された日本労働組合総連合大会を傍聴、大杉栄をそこで見る。23年夏休みを利用して上京。8月31日大杉に会いに労働運動社に行くが大杉は不在で村木源次郎と歓談。その後自由人社を訪ね加藤一夫と会う。翌日関東大震災が発生。その混乱のなかで大杉、伊藤野枝、橘宗一が扼殺される。結局大杉と会うことができなかった。扼殺の事実を知った時「私たちアナの仲間につらなる者は、国家権力への憤りと同時に、ふがいなくも全身から力がぬけ落ちてゆくような、やりきれない虚脱感につつまれた」とのちに述懐している。12月16日厳戒体制のなかの大阪心願寺の大杉栄・伊藤野枝両君追悼会に参加。この頃神戸神学校を放校され各地を転々とする。32年津市の家に放浪中の辻が来て酒杯を交わし「忘却来時道」などの書を残す。49年上野市で『関西派』を創刊し5号まで発行。執筆者には賀川豊彦、中島勅、高橋新吉、高坂正顕らがいた。61年頃ナチズムの反省から生まれた話し合い運動の日本クリスチャン・アカデミーハウス(大磯)を支援、『話し合いニュース』を編集する。94年静岡の大杉栄・伊藤野枝墓前祭に参加、座談会で大震災時のことを話す。(大月健)〔著編〕編著『伊賀の人々』伊山人士録刊行会1951、『戦前戦後1 ふるさとの夜明け』『伊賀百筆』3号1996、『ある日の辻潤』『虚無思想研究』11号1994、『忘却来時道』同12号1995〔文献〕『伊賀百筆4』同編集委員会1997、神田俊一「追悼好川貫一さん」『虚無思想研究』13号1997

吉川 澄 よしかわ・きよし ?-? 1926(大15)年9月16日松本市地蔵清水町に黒人社を興し機関紙『自由人』を創刊する(印刷所は、横浜市住吉町の行木印刷所)。内容は「大杉栄追悼号」で、和田久太郎(「無鉄砲、強情」)、大崎和三郎(「自由人」)、丹悦太(「呉だより」)、阿岐栄三(「暴力時代」)らが寄稿。同年10月26日甲府市の桜座で横印の行木勇らとともに関東黒連の演説会を開く(聴衆600名)。28年7月1日発行の松本黒人社リーフレット『自由人』の「巻頭言」と「編集後記」を執筆する(この『自由人』の編集・印刷・発行人は吉弘慎一。印刷所は市内小池町の吉沢印刷所)。(冨板敦)〔文献〕『自由人』1・2号1926.9・28.7,『黒色青年』5・6・18号1926.9・12・28.9、

吉川 正吉 よしかわ・しょうきち ?-? 1919(大8)年印刷工として日本印刷工組合信友会に加盟。21年末には東京小石川区(現・文京区)の博文館印刷所に勤めていた。(冨板敦)〔文献〕『信友』1920年2月号, 1922年1月号

吉川 春雄 よしかわ・はるお ?-1946(昭21) 名古屋市新尾頭町(金山細民街)に生まれる。27年4月『肉食時代』(石原政明主宰)に大西俊、佐藤栄治、村岡清春、吉崎吉ヱ門らと参加。27年10月頃盛り場大須の封切館港座の楽団員見習いとなり赤坂幸造に師事しコントラバスの吉川といわれるまでになる。28年4月『屠殺者』を吉崎らと創刊する。小島病院に雑誌の広告取り(「掠」)に行き恐喝罪で吉崎とともに29日間拘留される。28年10月『漂人』(国立文夫主宰)に石原、大西、宮田丙午らと参加する。29年上京し新宿武蔵野館の楽団員となるがトーキー映画移行時代であったことから馘首反対ストの先鋒を担い解雇となる。30年初め甲府市の甲府館に転職する。同年3月浅野紀美夫が来訪し甲府市穴切町に同居する。やがて石田開二、近藤正夫らも同居。31年再上京し神田の日活館に転職。この時期東京放浪時代の野長瀬正夫と同じ新宿のアパートに暮らした。以後日本交響楽団、松竹管弦楽団などを転々とするなかで結婚するが、生来の酒と博打好きが原因で旅回りの一座に寄宿する。腸捻転のため死没。(黒川洋)〔文献〕浅野紀美夫『新尾頭町143番地』『風信』1968-70、杉浦盛雄『名古屋地方詩史』同刊行会1968

吉川 房次郎 よしかわ・ふさじろう ?-? 1919(大8)年東京京橋区(現・中央区)の秀英本舎和文科に勤め日本印刷工組合信友会に加盟する。(冨板敦)〔文献〕『信友』1919年10月号

吉川 又市 よしかわ・またいち ?-? 神奈川県出身。1931(昭6)年3月『農村青年』創刊号を携えて神奈川県を訪れた鈴木靖之、小野長五郎に農青社運動への参加を要請され参加、神奈川県グループの一員として活動した。36年6月農青社事件の全国一斉検挙

で逮捕されたが，起訴猶予となり諭告釈放された。(奥沢邦成)〔文献〕『農青社事件資料集Ⅰ』

吉川 三慎 よしかわ・みつのり 1910(明43)-? 名古屋市中区岩井通生まれ。高等小学校卒業後理髪業に従事し35年独立する。36年福原武夫の影響で前衛芸術に興味をもち37年岡田徹とトルピ(シビレ魚)を結成，のち名古屋地方超現実主義芸術家グループ名古屋アバンガルトを組織する。37年舟橋晴次を知りアナキズムに共鳴。のち洋画家福沢一郎の美術文化協会に参加。シュルレアリズムの絵画を用いてアナキズム宣伝をしたとして41年舟橋とともに検挙された。(冨板敦)〔文献〕『社会運動の状況13』，『特高月報』1942.6

吉川 守圀 よしかわ・もりくに 1883(明16)2.18-1939(昭14)8.24 本名・守邦，別名・世民 東京府西多摩郡檜原村人里に生まれる。医学校済生学舎，東京政治学校に学び社会主義に開眼。04年平民社に出入りし幸徳秋水に私淑する。平民社解散後は『光』の刊行に協力，06年2月結成された日本社会党に参加，3月東京市電値上げ反対運動では先頭に立って活躍，過激なビラを床屋や風呂屋に貼って歩く。ビラ貼りは欧米の運動では盛んだが日本では君が最初だと大杉栄に励まされたという。兇徒聚衆罪で逮捕され，第1・2審とも無罪だったが大審院で1年6カ月と判決され08年7月千葉監獄に入獄する。その間日刊『平民新聞』に参画。直接行動派と議会政策派の分裂後は西川光二郎らと行動をともにする。その後広告取次世民社をおこし大杉の『近代思想』，堺利彦の『新社会』などを支援。15年11月再建をめざす近代思想社の広告責任者を引き受けている。20年日本社会主義同盟創立の発起人となり22年7月共産党の創立に参加，23年第1次共産党事件で検挙される。27年『労農』創立に関わり労農派を経済面でも支えた。37年人民戦線事件で検挙，仮出獄後まもなく死没。幸徳に学んだ無政府共産の理想を胸中に秘め社会主義運動を担い続けた「埋草捨石の生涯」(茅原健)であった。(大澤正道)〔著作〕『荊逆星霜史』不二屋出版1936・復刻版不二出版1985〔文献〕茅原健「吉川守邦」『東国民衆史』1号1978，「解題」復刻版『荊逆星霜史』

吉崎 兼吉 よしざき・かねきち ?-? 日立従業員組合のメンバー。日立製作所の鋳物工場に勤めていた。1926(大15)年6月6日亀戸の亀戸クラブで従業員組合創立大会が開かれ，創立に至るまでの経過報告をする。同年7月19日の従業員組合協議会で会計となる。なおこの時機械工場の磯貝重二郎が会計監査に選出された。(冨板敦)〔文献〕『自連』2・3号1926.7・8

吉崎 吉ヱ門 よしざき・きちえもん ?-? 別名・吉右衛門 名古屋市南区新尾頭町(現・熱田区)の川魚屋に生まれる。1927(昭2)年4月詩誌『肉食時代』に石原政明，吉川春雄，大西俊，市川光，佐藤栄治，村岡清春らと参加。同年市川高光，島村巴里，山中英俊が創刊した詩誌『異教徒』にも詩を寄せる。28年4月詩誌『屠殺者』を吉川と創刊。吉川とともに小島病院へ「リャク」(掠)に行き恐喝未遂で検挙され29日間拘留処分。(冨板敦)〔文献〕浅羽紀美夫「新尾頭143番地」『風信』2号1968，杉浦盛雄『名古屋地方詩史』同刊行会1968

吉沢 勘一郎 よしざわ・かんいちろう 1911(明44)-? 長野県東筑摩郡生坂村入山生まれ。高等小学校を卒業後，自宅で農業に従事する。同村に住む吉沢直秋の影響でアナキズムを知った。26年吉沢の実兄柳沢善衛を中心としたアナキズム研究サークル共尽社を同村の吉沢直高，池田実と結成，『自連新聞』『黒旗』『農村青年』などを購読し長野県下のアナキズム運動の重要な立場にいた。31年以降松本市の島津徳三郎，北佐久郡の南沢袈裟松らと連絡をとり長野県連合の結成を計画する。また共尽社を正歩社，虚無社，人道社などと名称を変えて活動を続け34年検挙された。35年末頃無共党事件で検挙されるが不起訴。(冨板敦)〔文献〕『身上調書』，『農青社事件資料集Ⅰ・Ⅲ』

吉沢 独陽 よしざわ・どくよう 1903(明36)3-1968(昭43)10.18 本名・桝男 長野県上伊那郡西春近村(現・伊那市)生まれ。21年明治薬学専門学校を卒業，ラジューム製薬に入社。翌年退職，郷里で薬種製造業を営む。24年兵庫県芦屋に移住，駅前で薬局を開業。同8月詩誌『聖樹』を創刊。執筆者は富田砕花，大橋真弓ら。26年白鳥省吾編集発行『地上楽園』に同人参加，28年1月『聖樹』を『聖樹詩人』に改題。29年木原良一発行の新興階級文芸誌『文学地帯』や『先駆詩

人』に寄稿，また翌年に宮本武吉発行の『第一芸術』創刊号に作品を寄せる。30年10月全関西詩人連盟を結成し『関西詩壇』を発行。33年4月吉川則比古編集発行『日本詩壇』の編集同人となる。35年無共党事件で検挙されるが不起訴。49年6月吉川桐子発行第2次『日本詩壇』復刊し編集を担当。56年第3次『日本詩壇』を復刊して編集発行する(165号で廃刊)。57年『聖樹』を復刊。翌年6月に通巻102号で終刊。60年『樹』創刊。終刊不詳。(志賀英夫)〔著作〕『地に潜る虫』大地舎1928，『雅なる風景』聖樹詩人協会1928，『悲しき座禅』大光館書店1931〔文献〕『身上調書』，志賀英夫『戦前の詩誌・半世紀の年譜』詩画工房2002

吉沢 道秋 よしざわ・みちあき　?-?　1927(昭2)年『小作人』「地方通信」欄に長野の農民の窮状を寄稿する。(冨板敦)〔文献〕『小作人』3次8号1927.9

吉住 敦 よしずみ・あつし　?-?　1919(大8)年東京麹町区(現・千代田区)のジャパンタイムス&メール社印刷科に勤め活版印刷工組合信友会に加盟する。(冨板敦)〔文献〕『信友』1919年8・10月号，1921年1月号，1922年1月号

吉田 幾太郎 よしだ・いくたろう　?-?　横浜毎朝新報社に勤め横浜印刷技工組合に加盟。1921(大10)年3月12日同社の減給拒絶闘争を26名で闘い勝利する。(冨板敦)〔文献〕『信友』1921年4月号

吉田 出 よしだ・いずる　⇨小林一郎　こばやし・いちろう

吉田 磯次郎 よしだ・いそじろう　?-?　新聞工組合正進会に加盟し1924(大13)年夏，木挽町(現・中央区銀座)本部設立のために1円寄付する。(冨板敦)〔文献〕正進会『同工諸君!!寄附金芳名ビラ』1924.8

吉田 一穂 よしだ・いっすい　1898(明31)8.15-1973(昭48)3.1　本名・由雄　北海道上磯郡釜谷村(現・木古内町)生まれ。生家の没落で早稲田大学英文科を中退，在学中に横光利一らと交友。26年第1詩集『海の聖母』(金星堂，復刻版・渡辺書店1973)を刊行しアナキズム的発想のもと「自己の王国の建設」に入る(「叙次」)。30年第2詩集『故園の書』(厚生閣書店)ではアナキズムと詩の主知的融合，個人主義的アナキズムを表現したと評された。31年宮本武吉と『地底人』を発行，32年福士幸次郎，佐藤一英，逸見猶吉らと『新詩論』を創刊して孤高の境地を詩に託した。40年花田清輝，岡本潤，村松正俊らと『文化組織』を創刊，評論やエッセイを寄せた。また童話にも手を染め48年刊行の絵本『うしかひむすめ』(堀内規次絵)はGHQにより発禁。戦後は『現代詩』『至上律』『反世界』などに詩と詩論を発表，純粋詩と呼ばれる独自の詩境を築いた。(奥沢邦成)〔著作〕『吉田一穂大系』全3巻別巻1仮面社1970，『定本吉田一穂全集』全3巻別巻1小沢書店1979〔文献〕井尻正二編『詩人吉田一穂の世界』築地書館1975

吉田 栄一 よしだ・えいいち　?-?　1919(大8)年東京神田区(現・千代田区)の精芸出版合資会社に勤め活版印刷工組合信友会に加盟する。(冨板敦)〔文献〕『信友』1919年8・10月号

吉田 栄吉 よしだ・えいきち　?-?　1919(大8)年東京深川区(現・江東区)の東京印刷深川分社欧文科に勤め活版印刷工組合信友会に加盟。のち京橋区(現・中央区)の福音印刷会社欧文科に移る。(冨板敦)〔文献〕『信友』1919年8・10月号

吉田 金重 よしだ・かねしげ　1890(明23)5.9-1966(昭41)4.21　岡山県御津郡馬屋下村芳賀(現・岡山市)生まれ。尋常小学校卒業後，大工の徒弟となるが弁護士書生の希望断ちがたく関西，東京を流浪。挫折，帰郷ののちモーパッサン，正宗白鳥らの小説に浸る。15年に再度上京，大杉栄の平民講演会に参加，また小川未明の青鳥会に出入りした。千住の日本織物工場の守衛の時，大杉や東京労働運動同盟会(北風会の改称)の支援のもとに争議を指導するが馘首。21年亀戸で新聞配達をしながら平沢計七らの労働演劇を支援，以後日本社会主義同盟や自由人連盟に参加する一方，小説を書き続けた。『黒煙』の同人として19年4月「人殺し」を発表。精神病院の看護人をつとめた経験から生まれた「癲狂院にて」「盲狂人の死」，朝鮮人仲間に対する差別を描いた「雨を衝いて」などを通じて社会的弱者への差別と抑圧を告発した。以後日雇労働で生活を糧を得ながら多くの作品を『解放』『新興文学』『文芸戦線』などに発表。(奥沢邦成)〔文献〕玉木金男「吉田金重論」『大正労働文学研究』3・5・6号1979-82

吉田 潔 よしだ・きよし　?-?　芝浦製作所に勤め芝浦労働組合に加盟。1927(昭2)年

『芝浦労働』の発行兼編集印刷人となる。同年5月5日に開かれた芝浦労働組合昭和2年度定期大会で司会を務める。31年2月芝浦工場の鶴見移転に伴い大量解雇計画が発表される。高橋吾助らとともに闘争委員会を結成し解雇撤回闘争を闘う。2月9日解雇反対などの嘆願書を提出するが12日拒否され1300人でストに突入した。21日のデモで高橋ほか自連派の支援者たちとともに三田署に検束される。22日吉田、高橋を含む7人の懲戒解雇、63人の普通解雇が発表され28日争議は惨敗。高橋と普通解雇扱いで馘首される。解雇者70人のうち芝浦労働組合に所属していたのは29人だった。(冨板敦)〔文献〕『芝浦労働』3次12・15・19号1927.1・6/28.6、『自連新聞』56・57号1931.2・4、『黒色労農新聞』9号1931.3

吉田　清　よしだ・きよし　?-?　名瀬市生まれ。鹿児島県立大島中学中退。1920年代初期東京で活躍した奄美の先駆者の一人でもある。1921(大10)年東京でメーデーに参加、逮捕される。留置場で一緒だった木島一揆、加藤昇、長谷川武らと深川区富川町(現・江東区)で中浜哲らが結成した自由労働者同盟に加わる。その後野蛮人社、借家人同盟などの団体と関わりアナキズム思想の普及宣伝に努力した。吉田の風評は数多くの後輩に影響を与えた。後年の共産党県会議員中村安太郎らは吉田崇拝者の一人でもあった。(松田清)

吉田　欣一　よしだ・きんいち　1915(大4)-?　岐阜県山県郡生まれ。小学校卒業後、塗装店などに勤めるかたわら詩作を続ける。32年創刊の『詩人』(日本詩人社)などに作品を発表。41年大阪の同人誌『作家街』に多数の詩を発表するがこれを機に小野十三郎の推薦で『大阪文学』同人になりリアリズムの詩を書いた。(奥沢邦成)〔著作〕『歩調』新日本文学会岐阜支部1951、『レールの歌　ぼくの松川詩集』私家版1959、『ベトナムに平和を!』岐阜べ平連1968、『わが射程』幻野工房1975、『わが別離』幻野の会1981、『日の断面』小川町企画出版部1990、『吉田欣一詩集』土曜美術社出版販売1993

吉田　謙吉　よしだ・けんきち　1897(明30)2.10-1982(昭57)5.1　東京に生まれる。東京美術学校図案科在学中に先輩の今和次郎と考現学を創始する。22年10月新興美術運動団体アクションに参加。23年4月アクション第1回展の作品目録をデザイン。関東大震災直後、今がいる尖塔社とアクション両グループの同人によるバラック装飾社に加わる。24年築地小劇場創設に参加、美術部宣伝部員として舞台美術家の道を歩み始める。同年秋、三科の結成に関わる。25年5月30日築地小劇場にて「大半が観客を挑発するダダ的傾向の強いもので、大正期新興美術運動のひとつの頂点を形成した動きといわれる」(五十殿利治)劇場の三科の開催に尽力する。8月『マヴォ』7号に寄稿。三科解散後の同年11月浅野孟府、岡本唐貴らと造形を結成する。(冨板敦)〔著作〕『舞台装置者の手帖』四六書院1930、『モデルノロヂオ　考現学』(今和次郎と共著)春陽堂1930、『考現学採集』(今和次郎と共編著)建設社1931、『南支風土記』大東出版社1940、『たのしい舞台装置』国土社1951、『絵本ヨーロッパ』美術出版社1954、『女性の風俗』河出書房1955、『築地小劇場の時代』八重岳書房1971、『考現学の誕生』筑摩書房1986〔文献〕五十殿利治『大正期新興美術運動の研究』スカイドア1998、寺島珠雄『南天堂』皓星社1999、五十殿利治『日本のアヴァンギャルド芸術「マヴォ」とその時代』青土社2001、五十殿利治・菊屋吉生・滝沢恭司・長門佐季・野崎たみ子・水沢勉『大正期新興美術資料集成』国書刊行会2006、『エス運動人名事典』

吉田　佐喜蔵　よしだ・さきぞう　?-?　1919(大8)年東京神田区(現・千代田区)の三秀舎印刷科に勤め日本印刷工組合信友会に加盟する。(冨板敦)〔文献〕『信友』1919年10月号

吉田　里吉　よしだ・さときち　?-?　1919(大8)年東京京橋区(現・中央区)の中屋印刷所印刷科に勤め活版印刷工組合信友会に加盟する。(冨板敦)〔文献〕『信友』1919年8・10月号

吉田　早苗　よしだ・さなえ　1899(明32)-?　新潟市古町通生まれ。1922(大11)年7月岡山連隊に反軍ビラがまかれた過激思想軍隊宣伝事件に連座して検挙される。(冨板敦)〔文献〕『労働運動』3次7・9号1922.9・11、『岡山県社会運動史4』、『岡山県労働運動史資料・上』

吉田　三市郎　よしだ・さんいちろう　1879(明12)2.2-1953(昭28)1.6　岐阜県本巣郡真桑村(現・本巣市)に生まれる。03年明治法律学校卒業。大逆事件で坂本清馬の弁護士を担当。また内山愚童の爆発物取締罰則違反事件の控訴審の弁護人となり赤羽巌穴の出版法違反事件の弁護も行った。1935年までに両眼を失明するが13年山崎今朝弥らと共に

組合組織の東京法律事務所を設立し徹底した自由主義者として第一線で弁護士活動を行った。著書『私の訴訟文』(1932)で口語体を主張し『罹災都市借地借家の法律』(1942)等を執筆。21年自由法曹団の創立に参加，戦後再建自由法曹団の顧問となり50年自由法曹団団長となる。かたわら明治大学顧問も務めた。作家吉田甲子太郎の兄。(手塚登士雄)〔文献〕森長英三郎「吉田三市郎」『司法の窓』58号1980〕『日本弁護士列伝』社会思想社1984

吉田 周一郎 よしだ・しゅういちろう ?-? 1919(大8)年東京神田区(現・千代田区)の三秀舎ポイント科に勤め日本印刷工組合信友会に加盟する。(冨板敦)〔文献〕『信友』1919年10月号

吉田 重吉 よしだ・じゅうきち ?-? 万朝報社の幹事に勤め東京の新聞社員で組織された革進会に加わり1919(大8)年8月の同盟ストに参加するが敗北。のち正進会に加盟。20年機関誌『正進』発行のために1円寄付。また24年夏，木挽町(現・中央区銀座)正進会本部設立のためにも1円寄付する。(冨板敦)〔文献〕『革進会々報』1巻1号1919.8,『正進』1巻1号1920.4,正進会『同工諸君!! 寄附金芳名ビラ』1924.8

吉田 修太郎 よしだ・しゅうたろう ?-? 1919(大8)年東京神田区(現・千代田区)の大東印刷会社に勤め活版印刷工組合信友会に加盟。のち国際印刷株式会社に移る。(冨板敦)〔文献〕『信友』1919年8・10月号, 1921年1月号

吉田 順司 よしだ・じゅんじ ?-? 別名・順次 1922(大11)年頃若林やよ宅で開かれていた黒瓢会に参加。黒瓢会の高尾平兵衛，宮嶋資夫，和田軌一郎らとともに同年4月創刊された『労働者』の同人となり「伊井敬(近藤栄蔵)さんにお伺い」(1号1921.4)を発表。伊井が「伊太利の社会運動」(『労働運動』2次5号1921.3.7)で述べたマラテスタ批判に対する反批判で伊井の批判については根岸正吉も『労働運動』(2次11号1921.5.13)で反論している。「悪口屋の吉田順司」と中村還一は書いている。同年5月日本社会主義同盟第2回大会で執行委員に選出。『労働者』の廃刊後，22年10月『民衆の力』(1号のみ)を殿水藤之助，高野松太郎と3人で創刊，発行編集印刷人となり言葉のうえの革命騒ぎを排し新社会の土台石の建設を「発刊の辞」で訴え

る。23年6月戦線同盟の創立に参加し機関紙『民衆新聞』の編集委員となり，また同紙の別働隊である大盟社を中村還一，鈴木厚らと組織し，『知識階級と労働者』などのパンフレットを刊行する。(冨板敦・大澤正道)〔文献〕『労働運動』2次4号1920.2,『民衆の力』1号1922.10,『組合運動』4号1923.5, 近藤憲二「一無政府主義者の回想」平凡社1965, 小松隆二「戦線同盟覚書」『初期社会主義研究』10号1997, 同『大正自由人物語』岩波書店1988

吉田 信 よしだ・しん ?-? 中外商業社に勤め東京各新聞社の整版部従業員有志で組織された労働組合革進会に加わり1919(大8)年8月の同盟ストに参加するが敗北。中外商業社を退社し新聞工組合正進会に加わる。のち万朝報社に移り21年12月同社の争議を闘い解雇される(全18名，すべて正進会員)。(冨板敦)〔文献〕『革進会々報』1巻1号1919.8,『正進』1巻1号1920.4,『労働運動』3次1号1921.12

吉田 甚一 よしだ・じんいち ?-? 1919(大8)年東京小石川区(現・文京区)の江戸川活版所文選科に勤め，活版印刷工組合信友会に加盟する。(冨板敦)〔文献〕『信友』1919年8月号

吉田 清一郎 よしだ・せいいちろう ?-? 中国大連市西公園に住み日本印刷工組合信友会に加盟。1923(大12)年1月末，勤めていた大連市立商工学校印刷科を辞職する。(冨板敦)〔文献〕『信友』1923年3月号

吉田 清三郎 よしだ・せいざぶろう ?-? 1919(大8)年東京本郷区(現・文京区)の杏林舎文選科に勤め活版印刷工組合信友会に加盟する。(冨板敦)〔文献〕『信友』1919年8月号

吉田 善助 よしだ・ぜんすけ ?-? 芝浦製作所に勤め芝浦労働組合に加盟。1922(大11)年11月17日に開かれた芝浦労働組合創立1周年大会で会計報告を行う。(冨板敦)〔文献〕『芝浦労働』1次2号1922.12

吉田 多蔵 よしだ・たぞう 1909(明42)3.15-? 福島県河沼郡河東町東長原生まれ。高等小学校卒業後，家業の農業に従事。農民の窮乏を目にして社会問題に関心を深めるうち『自連新聞』『黒色戦線』『黒旗』などの購読を通じてアナキズムを知る。地元ではその人柄が信望を集め部落内の青年団会長，区長に推され，また青年たちを集めて読書会を開いたりした。31年2月『黒

旗」掲載「農民に訴ふ」に農村解放の方途を見出して農青社運動に参加，以後同誌の配布と啓蒙・宣伝活動に取り組んだ。その後福島地方を拠点として刊行されていた『冬の土』同人の石川主計，瓜生伝，佐藤正男らと連絡をとりつつ福島地区の連絡責任者となり運動の浸透をはかることに尽力した。32年同社解散声明後も活動は中断することなく続けられた。36年5月農青社事件の一斉検挙で逮捕，県下の主謀者とみなされて37年3月懲役2年執行猶予3年の判決を受けた。戦後は村会議員，町会議員を歴任。72年農青社運動史刊行会の同人。（奥沢邦成）〔文献〕『資料農青社運動史』，『農青社事件資料集』

吉田 只次 よしだ・ただじ 1877(明10)12.4-1963(昭38)8.23 別名・豊年 熊本県葦北郡日奈久町(現・八代市)生まれ。20歳で教導団に入団，浦賀の砲兵学校に入ったが訓練中片眼を負傷して01年除隊。恩給生活。日本法律学校に入学したが中退し横浜で裁判所代書業につく。04年荒畑寒村，鈴木秀男，田中佐市らが創立した横浜平民結社(のち曙会)に参加，06年日本社会党に入党。徹底した無神論と普選併用論を唱えた。大逆事件で検挙されたが不起訴。12年出獄した田中を迎えて活動を再開，17年新曙会(第二土曜会)を再建する。もともとは堺利彦に師事していたがこの時期以降荒畑や大杉栄のサンジカリズムに傾倒し始め19年6月石井鉄治，糸川二一郎らと横浜労働組合期成同盟会を結成，戸部町の自宅を事務所として7月『横浜労働新聞』を創刊するがすぐ発禁となり発行人の吉田一は新聞紙法違反で罰金50円，只次は広告物取締規則違反で罰金30円の刑を受ける。8月末大杉出獄慰安会を自宅で開催，中村勇次郎，小池潔，根岸正吉らと赤旗会を結成するなど「八年児」(大正8年にめざめた青年たち)の指導者となる。20年5月横浜最初のメーデー開催に尽力。8月横浜赤旗会を代表して日本社会主義同盟の発起人となる。21年11月『貧乏人根絶論』(凡人社)を刊行，堺，大杉，岩佐作太郎，山川均が序文を寄せ22年までに11版を重ねた。「河上博士の『貧乏物語』以上也とは堺氏の感嘆」は『労働運動』(3次1号1921.12)の広告にある。23年関東大震災を機に運動の第一線を退く。敗戦後日本アナキスト連盟，日本アナキストクラブに入る。（大澤正道）〔著作〕吉田豊年『貧乏人根絶論』改訂増補版凡人社1954〔文献〕斎藤秀夫「吉田只次翁聞き書」『郷土よこはま』10号1958

吉田 瓏 よしだ・たまき 1883(明16)-1917(大6)4.16 別名・民鉄 千葉県香取郡吉田村(現・匝瑳市)に生まれる。早稲田大学に学ぶ。社会主義協会に入会。週刊『平民新聞』3号(1903.11.29)に「予は如何にして社会主義となりし乎」が掲載。1903年松岡荒村らと早稲田社会学会を結成。足尾鉱毒事件に奔走し04年11月12日宇都宮市清巌寺で開かれた社会主義演説会，また12月6日宇都宮市馬場町寿座での谷中村問題演説会で田中正造と共に弁士となり「鉱毒問題と藩閥政治の罪悪」と題して演説するが直ちに中止を命ぜられる。12月中旬谷中村で開かれた谷中村買収反対演説会でも弁士の一人をつとめる。この頃田中正造より「階級闘争」と「団結は力也」と揮毫された二幅の書を贈られる。05年1月25日故郷千葉県で北総平民クラブ第1回集会を開き『平民新聞』読書会を組織し，2月25日千葉町に社会主義研究会「羽衣会」を結成する。3月1日上州新報社に入社。前橋でも『直言』読者会を組織するなど精力的に活動する。4月26日恐喝の疑いで告発され東京監獄に入監。07年秋，北海タイムス旭川支社主任として北海道に渡る。08年1月6日西川光二郎を旭川に迎え8日の社会主義演説会で開会の辞を述べ9日には自ら弁士をつとめる。夕張，幾春別，幌内での社会主義演説会でも演説する。10年5月下層社会の生活を紹介した『北海道の隆運』を刊行，間もなく網走に移って小国善平(露堂)と『北拓新聞』を発行する。11月発行の第3号と12月発行の第4号が新聞紙法違反で処罰される。10年10月北拓社から『北海之新天地』を発行。この頃大逆事件で追及されたと見られるが足取りは不明。10年12月旭川で11年1月網走で「浮浪者」として拘留され同年2月千葉県に転住する。精神障害になったと言われるが11年11月北総北拓社より『房総史研究第一巻 千葉氏』を刊行，14年6月『千葉盛衰記(房総史研究資料第二巻)』を刊行した。（手塚登士雄）〔文献〕小池喜孝『谷中から来た人たち 足尾鉱毒移民と田中正造』新人物往来社1972，堅田精司『北海道社会運動家名簿

仮目録」1973、堅田精司「吉田民鉄の下層社会紹介」『北海道社会文庫通信』120号1996.7.26、林彰「吉田磯の受容過程」『初期社会主義研究』9号1996年、『社会主義沿革1』

吉田 つる よしだ・つる ?-? 1919(大8)年東京京橋区(現・中央区)の秀英本舎解版科に勤め日本印刷工組合信友会に加盟する。〔冨板敦〕〔文献〕『信友』1919年10月号

吉田 鶴太郎 よしだ・つるたろう ?-? 1919(大8)年東京京橋区(現・中央区)のアドヴァータイザー社リノタイプ科に勤め活版印刷工組合信友会に加盟する。〔冨板敦〕〔文献〕『信友』1919年8・10月号

吉田 定三 よしだ・ていぞう ?-? 1919(大8)年東京神田区(現・千代田区)の三秀舎欧文科に勤め活版印刷工組合信友会に加盟。同舎同科の組合幹事を鈴木重治と担う。〔冨板敦〕〔文献〕『信友』1919年8・10月号

吉田 鉄助 よしだ・てつすけ ?-? 新聞工組合正進会に加盟し1924(大13)年夏、木挽町(現・中央区銀座)本部設立のために1円寄付する。〔冨板敦〕〔文献〕正進会『同工諸君!! 寄附金芳名ビラ』1924.8

吉田 徳三郎 よしだ・とくさぶろう ?-? 1919(大8)年東京京橋区(現・中央区)の国光社欧文科に勤め日本印刷工組合信友会に加盟する。〔冨板敦〕〔文献〕『信友』1919年10月号

吉田 俊夫 よしだ・としお ⇨飯田豊二 いいだ・とよじ

吉田 とよ よしだ・とよ ?-? 東京市品川区東大崎に居住し神田神保町の山縣製本印刷整版部に勤める。1935(昭10)年1月13日整版部の工場閉鎖、全部員40名の解雇通告に伴い争議勃発。工場を占拠して闘い同月15日解雇手当4カ月、争議費用百円で解決する。山縣製本印刷は当時東京大学文学部の出入り業者であり、東印は34年5月以降、東印山縣分会を組織していた。〔冨板敦〕〔文献〕『山縣製本印刷株式会社争議解決報告書』東京印刷工組合1935、『自連新聞』97号1935.1、中島健蔵『回想の文学』平凡社1977

吉田 なつ よしだ・なつ ?-? 1919(大8)年東京神田区(現・千代田区)の三秀舎に勤め日本印刷工組合信友会に加盟する。〔冨板敦〕〔文献〕『信友』1919年10月号

吉田 一 よしだ・はじめ 1892(明25)8.8-1966(昭41)9.17 愛称・ピン 千葉県夷隅郡御宿町の農家に生まれる。鍛冶屋への丁稚奉公を手始めに職を転々とし07年頃上京。秀英舎に鍛冶工として入社、水沼真澄・辰夫の兄弟と出会い、労働運動、アナキズムに関わる契機を得た。労働条件の改善を画策するが失敗し水沼兄弟とともに会社を追われた。13年鍛冶屋として独立し同郷の山岸みつと結婚。18年奥村車両会社の鍛冶職となる。この頃渡辺政太郎の北風会に参加してアナキストとの交友を広げる一方、19年北豊島郡南千住町(現・荒川区)の長屋の一間で水沼辰夫と労働者相談所を開いた。さらに吉田只次発行の『横浜労働新聞』に発行名義人として名を連ね新聞紙法違反で罰金50円の処分を受けた。21年大杉栄らがアナ・ボル協同戦線に立って第2次『労働運動』を発行したことに反発、対抗して労働者の視点に立つ運動体として労働社を結成。高尾平兵衛、諏訪与三郎、高田和逸、水沼熊、望月桂、宮嶋資夫らが参加し鈴木厚、神近市子らの協力を得て『労働者』(1921.4-22.5)を発行した。21年10月コミンテルン主催の極東民族大会出席のため和田軌一郎、小林進二郎、北村栄以智、徳田球一、高瀬清らと出国、翌22年1月モスクワで片山潜、田口運蔵、レーニン、スターリンらと会見。帰国後アナ・ボル協同戦線の工作に奔走したがアナ系から一線を画される一方、共産党にも離反された。23年6月高尾、鈴木厚、俵次雄、吉田順司、平岩巌、長山直厚、石黒鋭一郎、中村還一らと戦線同盟を結成、『民衆新聞』を発行した。同6月高尾ら同盟員3人と赤化防止団長米村嘉一郎を襲撃したが米村の発砲で高尾は死亡、吉田は足に弾を受けて負傷。その後は運動から遠ざかったが個人的な支援は続けた。〔奥沢邦成〕〔著作〕「レーニン会見記」『改造』1922.12(ピー・アール社1924)、「第三インターナショナル極東大会参加記・前後編」『民衆運動』1巻8号・2巻3号1924.12・25.3〔文献〕萩原晋太郎『墓標なき革命家 大正の叛逆児高尾平兵衛』新泉社1974、同「鍛冶屋・主義者・豆腐屋、吉田一氏のガムシャラ人生」『イオム』10・11号1976、小松隆二「戦線同盟覚書」『初期社会主義研究』10号1997

吉田 秀雄 よしだ・ひでお ?-? 1919(大8)年東京芝区(現・港区)の東洋印刷会社欧文科に勤め活版印刷工組合信友会に加盟。同

年10月頃には兵役についていた。(冨板敦)〔文献〕『信友』1919年8・10月号

吉田 弘 よしだ・ひろし ?-? 石版工。1923(大12)年6月日本印刷工組合信友会に石版工仲間と加盟し山田義雄らと計19名で小柴支部を組織する。(冨板敦)〔文献〕『印刷工連合』3号1923.8

吉田 昌晴 よしだ・まさはる ?-? 別名・昌春 1924(大13)年4月原正夫、河上豪らと広島市鉄砲町の組合教会(牧師八太舟三)で広島自由労働組合を結成、岡山市に本部を置く中国自由労働組合連合会に加盟。同年9月16日大杉栄らの虐殺1周年追悼会を開くが暴力団員の野次、怒号に続く演壇占拠で妨害される。27年にも黒人社や中国黒連主催で大杉追悼会が広島市朝日倶楽部で開かれたが集会は解散を命じられ検束される。中国黒連は思想団体の中国評論社(広島)や黒血社(岡山)、労働団体の中国自由労働組合連合会や広島自連加盟の各組合で構成。同年10月月刊新聞『夜の都』を発行。これは広島婦人同人会(のちの女給同盟)結成をめざしたものでその後女給同盟は31年2月朝日倶楽部で創立大会を開き相談役の吉田は議長をつとめた。27年黒人社は労働問題大演説会(下山繁夫主催)や時局批判演説会をそれぞれ開いて活動。28年3月全国自連第2回大会で有安浩雄らと各地方連合会報告をする。29年大前浅一の閃光社や自らの黒人社などの加盟する山陽黒旗連盟の代表となる。その後右傾化し32年4月村上健吉らと国家社会主義同盟広島地方委員会を結成した。(北村信隆)〔著作〕「カフェーニュース」『中国評論』51号1926.12、「カフェー巡礼記」『中国評論』53号1927.1〔文献〕山木茂『広島県社会運動史』、『広島県史 近代現代資料編Ⅲ』1976・『広島県労働運動史』1980、『広島県労働運動史』81、鈴木裕子『広島県女性運動史』ドメス出版1985、三原容子「水平社運動における『アナ派』について・正続」『世界人権問題研究センター研究紀要』2・3号1997・98、『印刷工連合』17号1924.10、『中国連合』3輯1925.8、『自連』2・7・23号1926.7・12・28.4、『黒色青年』10号1927.7

吉田 保慶 よしだ・やすよし ?-? 1919(大8)年東京京橋区(現・中央区)の築地活版所和文科に勤め活版印刷工組合信友会に加盟する。同所同科の組合幹事を岡沢由川、相羽忠七郎と担う。(冨板敦)〔文献〕『信友』1919年8・10月号

吉田 義明 よしだ・よしあき 1908(明41)-? 佐賀県三養基郡鳥栖町轟木(現・鳥栖市)生まれ。尋常小学校を卒業後、国鉄鳥栖機関庫の庫内手となる。左翼文献を読むうちに共産主義に共鳴する。32年頃アナキスト馬渡正人と文芸サークルを組織し平田喜三、井手仙太郎らと文芸雑誌『文芸叢人』の創刊準備をし、座談会を開くなど同志獲得につとめた。35年末頃無共党事件で検挙されるが不起訴。(冨板敦)〔文献〕『身上調査』

吉田 吉平 よしだ・よしへい ?-? 時事新報社に勤め東京の新聞社員で組織された革進会に加わり1919(大8)年8月の同盟ストを同社の幹事として闘うが敗北。万朝報社に移り正進会に加盟。20年機関誌『正進』発行のために1円寄付。また24年夏、木挽町(現・中央区銀座)正進会本部設立のためにも1円寄付する。(冨板敦)〔文献〕『革進会々報』1巻1号1919.8、『正進』1巻1号1920.4、正進会『同工諸君!! 寄附金芳名ビラ』1924.8

吉永 長三郎 よしなが・ちょうざぶろう ?-? 1919(大8)年東京神田区(現・千代田区)の三省堂印刷部文選科に勤め活版印刷工組合信友会に加盟する。(冨板敦)〔文献〕『信友』1919年8・10月号

吉野 鼎 よしの・かなえ ?-? 印刷工組合信友会・東印のメンバー。1924(大13)年7月19日信友会が新聞印刷工組合正進会との合同を決めた東京神田松本亭での信友会臨時大会で石版部の理事に選出される。26年1月10日に入営することになり当日全印連の同志達に黒旗で見送られる。(冨板敦)〔文献〕『印刷工連合』15・33号1924.8・26.2、水沼辰夫『明治・大正期自立的労働運動の足跡』JCA出版1979

吉野 作造 よしの・さくぞう 1878(明治11)1.29-1933(昭和8)3.18 宮城県古川町(現・古川市)生まれ。政治学者・論説家。吉野作造は1913(大2)年7月、3年余りの欧米留学から帰国して以来、自らの思想的立場を鮮明にしている。それは民本主義と社会民主主義の調和をはかっていくことであり「選挙拡張論」などの論文で表明されており、社会民主主義の立場であった。吉野は社会主義の理想実現のために普通選挙をすることが民本主義と両立し、民本主義者は社会主義者であっても可とした。しかしプロレタリア独裁を主張する共産主義には反対した。のち

彼は社会民衆党の産婆役、社会大衆党の結成時の顧問に就任する。一方、吉野は森戸事件では特別弁護人として法廷にたちアナキズム研究の必要性を論じており森戸辰男を弁護した。吉野は将来の社会的理論としてのアナキズムの研究を支持しており、東洋のアナキズムをも論じている。(林 彰)〔文献〕松尾尊兊編『近代日本思想体系17 吉野作造集』筑摩書房1976年、松沢弘陽「吉野作造と政治改革」『吉野作造選集』2巻岩波書店1996、坂野潤治「天皇制と共産主義に抗して」『吉野作造選集』3巻岩波書店1995年、今井清一「社会運動の臨床診断」『吉野作造選集』10巻岩波書店1995

吉野 次郎兵衛 よしの・じろうべえ ?-? 1919(大8)年東京神田区(現・千代田区)の宮本印刷印刷科に勤め日本印刷工組合信友会に加盟する。同社同科の組合幹事を山口多郎、町田徳次郎と担う。(冨板敦)〔文献〕『信友』1919年10月号

吉野 せい よしの・せい 1899(明32)4.15-1977(昭52)11.4 福島県小名浜(現・いわき市小名浜)生まれ。旧姓・若松。高等小学校卒業後、1916(大5)年検定で教員資格を取得し17歳で窪田第二尋常小学校の代用教員となる。同時に文学を志し山村暮鳥らの雑誌『LE PRISME』に短歌を投稿、地元紙に短篇小説を発表するなど、その才能は暮鳥らに認められた。教員の仕事は2年ほどで退職し家事を手伝いながら文学・思想書に親しむ。20年頃には文学より社会主義思想に関心が移りとくにクロポトキンの『パンの略取』によって社会的な視野を得て、それまでの身辺雑記的な小説から離れ社会主義思想に傾いた。21年、前年に出会った小作開拓農民の詩人・三野混沌と結婚し阿武隈山系の菊竹山腹で開墾生活に入る。結婚後は生活を支えるために畑に立ちつづけ、46(昭21)年敗戦後の農地解放の運動に投じて家業を振り返ることのなかった混沌のもとで、6人の子供を育てるのに精一杯で文筆の時間をとることがなかった。70年夫の死後、その友人であり、せいの才能を知っていた草野心平の強い勧めもあって筆を執り、71年『暮と混沌』、開拓農民の妻として開墾にあけくれた歳月の記録を書き始め75年にまとめた『洟をたらした神』が第15回田村俊子賞と第6回大宅壮一ノンフィクション賞を受賞したのは76歳であった。だが執筆活動はわずか2年余と短かった。(奥沢邦成)〔著作〕『暮と混沌』歴程社1971・普及版・弥生書房1975、『洟をたらした神』弥生書房1974・中公文庫2012〔文献〕梯久美子「愛の顚末 吉野せい」日経新聞2015.1.4-2.1

吉野 文豊 よしの・ふみとよ ?-? 1919(大8)年東京京橋区(現・中央区)の築地活版所文選科に勤め活版印刷工組合信友会に加盟する。(冨板敦)〔文献〕『信友』1919年8・10月号

吉場 強 よしば・つよし ?-? 秋田県に生まれる。上京して雑誌記者となるが1922(大11)年夏仕事を辞め以後、下駄の歯入れ他、肉体労働に就き転々とする。26年頃は岡山市に暮していた。のち農民自治会全国連合に参加。28年、秋田県出身の農自全国連合委員の赤坂基が「農民自動車利用組合」の旗揚げを呼びかけると、それに応じて同年4月25日「推奨の辞」を『農民自治』(17号)に連名で掲載する。「秋田県人有志」として名を連ねたのが吉場の他、石田友治、畠山花城、小田内通敏、佐藤義亮。「先輩有志」で名を連ねたのは加藤武雄、中西伊之助、下中弥三郎。「友人総代」で名を連ねたのが竹内愛国、牧輝夫、小山啓。全11名だった。同じ頃、農自「機関誌充実基金拠集参加者」(機関紙『農民自治』を『農民』(2次)に合併・改題することとなった)の募集(第1次)がありそれに20口応じる。他に応じたのは松本正枝(200口)、瀬川知一良(100口)、権正博(20口)、小山啓(20口)、竹内政代(10口)、高群逸枝(30口)、山口律雄(10口)、鑓田研一(10口)、竹内愛国(25口)、延原逸郎(3口)、栗原藤七郎(10口)、中西伊之助(50口)、鶴巻盛一(10口)(なお第2次の応募者は「新井淳一」項、第3次の応募者は「鶴田三雄」項を参照)。(冨板敦)〔著書〕『無産運動の倫理的基礎(吉場強著作パンフレット第一輯)』社会思想研究所1926、『社会改革の基点』聖山閣1927〔文献〕『農民自治』17号1928.6、渋谷定輔『農民哀史』勁草書房1970

吉原 東一 よしはら・とういち ⇨小倉泰造 おぐら・たいぞう

吉弘 慎一 よしひろ・しんいち ?-? 1928(昭3)年松本市縣町で同年7月1日発行の松本黒人社リーフレット『自由人』の編集・印刷・発行人を担う。「いろんな事情で、永いこと休刊していました」とある。松本の黒人

社は1926(大15)年同市地蔵清水町の吉川澄宅に事務所を置いていた。当時，同市巾上町にあった黒連加盟の黒進社が解散すると黒人社に合流。黒人社も黒連に加盟しリーフレット『自由人』(創刊号・大杉栄追悼号)を発行する。(冨板敦)〔文献〕『黒色青年』5・6・18号1926.9・12・28.9,『自由人』2号1928.7

義間 倫一 よしま・みちかず ?-? 新聞工組合正進会に加盟し1924(大13)年夏，木挽町(現・中央区銀座)本部設立のために1円寄付する。(冨板敦)〔文献〕正進会『同工諸君!! 寄附金芳名ビラ』1924.8

余島 嘉一 よじま・かいち 1907(明40)-? 丸亀市中府町生まれ。尋常小学校を5年で中退し26年頃神戸に出て印刷工となる。30年頃から広尾芳衛，塩山利一らとつきあうようになりアナキズムを知る。平尾からアナキズムの歌「月夜の歌」を教えられた。35年末頃無共党事件で検挙されるが不起訴。
(冨板敦)〔文献〕『身上調書』

吉見 伸吉 よしみ・しんきち ?-? 1919(大8)年東京深川区(現・江東区)の東京印刷深川分社鋳造科に勤め活版印刷工組合信友会に加盟する。同社同科の組合幹事を担う。(冨板敦)〔文献〕『信友』1919年8月号

吉村 明 よしむら・あきら 1913(大2)-? 別名・昭 奈良県南葛城郡吐田郷村名柄(現・御所市)生まれ。高等小学校を卒業後，大阪に出る。27年から大阪市電の車掌補となる。29年遠藤喜一とつきあうようになり遠藤の発行する雑誌『底流』の発行を手伝う。この頃からアナキズムに共鳴し30年市電自助会に加盟，同年11月28日大阪天王寺公会堂で同かれた同会大会に参加し岩本秀司，前島浩一らとともに戎署に検束される。31年遠藤らと『解放思想』を発行する。34年12月日本交通労働総連盟の中央委員会に出席のため上京し入江汎らと知り合った。35年末頃無共党事件で検挙されるが不起訴。(冨板敦)〔文献〕『身上調書』,『大阪社会労働運動史・下』

吉村 鉉次郎 よしむら・げんじろう ?-? 1919(大8)年東京京橋区(現・中央区)の築地活版所文選科に勤め活版印刷工組合信友会に加盟する。(冨板敦)〔文献〕『信友』1919年8・10月号

吉村 勇太郎 よしむら・ゆうたろう ?-? 報知新聞社に勤め新聞工組合正進会に加盟。1920(大9)年機関誌『正進』発行のために1円寄付する。(冨板敦)〔文献〕『正進』1巻1号・2巻2号1920.4・21.2

吉本 孝一 よしもと・こういち 1914(大3)4.13-1945(昭20)3.29 高崎市に生まれる。早く父を失い母子家庭で育つ。中学卒業後，高崎郵便局に勤めるかたわら萩原恭次郎に師事する。32年萩原が始めた個人誌『クロポトキンを中心にした芸術の研究』(孔版)の印刷，製本に協力，創刊号に詩「十八の秋」を発表する。その後上京，萩原の紹介で神谷暢の渓文社で印刷を担当。渓文社の消滅後高崎に戻る。35年11月無共党事件で萩原らとともに検挙されたが「実際運動ナシ」で釈放。しかしそのために職を失いふたたび上京，日立製作所亀有工場に勤める。詩作を再開，『文芸首都』(菊岡久利選)，『作品倶楽部』(岡本潤選)に投稿，『若い人』(仲村久慈主宰)の同人となる。43年4月召集されビルマ戦線で戦死。出征前『若い人』(1943.4・5合併号)に残した作品「夜の歌」は思想経歴者の心理のねじれを描き文字通りの絶唱であった。戦後秋葉啓，寺島珠雄の協力で『吉本孝一詩集』(限定100部，同刊行会1991)が刊行された。(寺島珠雄)〔文献〕岡本潤ほか編『国民詩選』興亜書局1943，寺島珠雄『アナキズムのうちそとで』編集工房ノア1983，伊藤信吉『監獄裏の詩人たち』新潮社1996，『身上調書』，伊藤信吉編『群馬文学全集14』群馬県立土屋文明記念館2003

吉本 隆明 よしもと・たかあき 1924(大13)11.25-2012(平24)3.16 父は郷里の天草で造船所を経営していたが，不況のため倒産し夜逃げ同然で吉本が生まれた年の4月に東京・月島へ移住する。その時吉本は既に母親の胎内にあった。十歳の時から今氏乙治の私塾に通い，少年期の吉本は大きな影響を受けていく。府立化学工業学校卒業後，1942(昭17)年米沢高等工業学校応用化学科入学。44年初の詩集『草莽』(私家版)を刊行。45年東京工業大学電気化学科入学。卒業後職を転々としやがて東洋インキ製造・青砥工場に勤務。しかし組合運動によって職場を追われ，56年から特許事務所に就職し69年まで勤務。52年に『固有時との対話』，53年に『転位のための十篇』を私家版詩集として刊行，詩人としての本格的な出立をす

る。56年武井昭夫との共著『文学者の戦争責任』は様々な反響を巻き起こすことになる。同年に刊行された『文学の自己批判』のなかで，秋山清は吉本たちの発言に率直な共感を表明している。吉本は早くから秋山清の戦時下の詩を高く評価し，後に詩集『白い花』（吉本の解説を付して66年に刊行）に収められることになる詩篇を58年『批評運動』に再録の助力をしている。六〇年安保闘争は吉本にとって大きな転換点になった。以後，戦後体制の基層を徹底的に批判する方途を自らに課していったのだ。埴谷雄高は吉本が「唱えた『自立』こそアナキズムの流れの中心にある思想」であると語っている（『無政府主義研究』第2号1974.6）。61年に創刊した雑誌『試行』（97年74号で休刊）は「自立誌」といわれ，多くの直接定期購読者に支えられ様々な書き手を輩出した。68年に刊行された『共同幻想論』は国家や法・宗教を人間が作り出した観念領域だとし，全幻想（個人幻想・対幻想・共同幻想）領域を切開しようとした戦後思想史における画期的な著作となった。吉本はマルクスの思想とマルクス主義の思想はまったく別物であるという視点から激しくマルクス主義（スターリン主義）批判を展開していったため，赤坂憲雄は二十歳の頃に「『共同幻想論』をアナーキズムの理論書として読んでいた」（吉本隆明他『琉球弧の喚起力と南島論』河出書房新社1989）というが，ある意味，的確な捉え方だともいえる。八十年代に入り資本主義が高度消費社会に達したことを積極的に評価し，初期からの読者が離反していくことになる。96年西伊豆で水難事故に遭い，その後，身体の衰えが加速していくものの，口述筆記というかたちで精力的な著作活動をしていく。亡くなる最後の一年は，3.11以後の反原発運動に疑義を呈し，結果，原発擁護の立場と見做されながらその死を迎えた。（久保隆）〔著作〕『擬制の終焉』現代思潮社1962，『言語にとって美とはなにかⅠ，Ⅱ』勁草書房1965，『共同幻想論』河出書房新社1969，『最後の親鸞』春秋社1976，『マス・イメージ論』大和書房1984，『ハイ・イメージ論』全Ⅲ巻・福武書店1989-94，『母型論』学習研究社1994，『アフリカ的段階について』春秋社1998，『吉本隆明全集』全38巻別1晶文社2014-〔文献〕『鑑賞日本現代文学30埴谷雄高・吉本隆明』角川書店1982，吉本隆明・久保隆「秋山清と〈戦後〉という場所」『現代詩手帖』2007.10，石関善次郎『吉本隆明の帰郷』思潮社2012

吉本 豊治 よしもと・とよじ ?-? 1919（大8）年東京牛込区（現・新宿区）の秀英舎（市ヶ谷）欧文科に勤め活版印刷工組合信友会に加盟する。（冨板敦）〔文献〕『信友』1919年8・10月号

芳本 優子 よしもと・ゆうこ 1911（明44）-? 本名・好本綯，別名・芳本優，尾形優 『詩神』『悪い仲間』（のち『文芸ビルデング』と改題），『桐の花』に寄稿する。28年12月尾形亀之助と世田谷区上馬で同棲，のち結婚。同年詩集『酒場の扉』を上梓。29年2月草野心平，伊藤信吉らの『学校』2号に詩「世界」を寄せる。同じ号に尾形は詩「五百七十九番地」を寄せている。30年8月家財道具を処分し尾形，小森盛と長野県上諏訪に行く。湖畔の布半別館に1カ月ほど滞在，身を案じて草野，矢橋丈吉が訪れる。その後東京に戻る。31年から仙台の尾形の生家に移る。「尾形家のもろもろがいやになってしまった」（秋元潔）と芳本はしばしば家を出た。38年上京，草野宅に滞在，39年再び出奔，41年三度目の家出。42年亀之助死没。49年7月『爐』129号に「尾形亀之助七周忌記」を執筆する。（冨板敦）〔著作〕『酒場の扉』共成舎1928〔文献〕『尾形亀之助詩集』思潮社1975，伊藤信吉『逆流の中の歌』泰流社1977，秋元潔『評伝尾形亀之助』冬樹社1979，『尾形亀之助全集』思潮社1999

吉森 吾市 よしもり・ごいち 1903（明36）-? 別名・弧山 北海道で早く両親と死別，小樽など道内を転々と過ごすうちに家と社会への反逆に目覚め23年頃上京，福田狂二の進め社に出入りする。24年11月23日荏原郡（現・品川区）で銭湯に行く途中職務質問にあい警官を殴打したとして前田辰之助，前田淳一とともに検挙され公務執行妨害と傷害罪で懲役4カ月執行猶予3年となる。27年6月頃傷害事件で入獄，獄中で共産主義，アナキズムを離れ民族主義に転ずる。（冨板敦）〔著作〕『共産党罪悪史と吾等の懺悔』（根岸嶺石と共著）正統派民族主義同志会出版部1930〔文献〕『思想輯覧1』

吉行 エイスケ よしゆき・えいすけ 1906（明39）5.10-1940（昭15）7.8 本名・栄助 岡山県御津郡金川町（現・岡山市）生まれ。18年岡山一中に入学し4年で中退，一時東京の

目白中学に在籍する。22年辻潤，高橋新吉などの影響を受けて雑誌『ダダイズム』を創刊。奇抜な着想と刺激的な語彙と性がからみ合ったその詩を辻は「変態性欲的乱舞」といった。昭和初期のエロ・グロ・ナンセンスの先鞭となる。23年松本安久利(吉行アグリ)と結婚。24年清沢清志と『売恥醜文』を創刊。戯曲，小説などを書き始める。この年に長男淳之介が誕生。26年上京。辻らの『虚無思想研究』の後継誌として総合雑誌『虚無思想』を創刊。新居格，石川三四郎，小川未明，秋田雨雀などそうそうたるメンバーを揃えたが3号雑誌に終わる。28年「張作霖の死ぬ迄」(『創作時代』1928.11)を発表，以後精力的に文筆活動を続ける。30年新興芸術派に参加。中国，インドにたびたび渡航，彼の鮮烈なイメージは異国の革命と動乱と恋を扱った作品「地図に出て来る男女」(『三田文学』1929.5)，「パルタイ」(『近代生活』1930.4)などに結実する。吉行の先駆性は竜胆寺雄の「近代主義文学では吉行エイスケが花形になつて居るけれど，其先に行くことはない。行つたら分からなくなる」(「文壇の現状を論ず」『近代生活』1931.9)という発言でもわかる。軍国主義的な時代風潮と作品が乖離していく状況で筆を折る。38年日本橋区蠣殻町(現・中央区)に事務所を構え株屋に転身。40年狭心症で34歳の若さで死没。吉行淳之介，吉行和子の父。(大月健)〔著作〕『女百貨店』新潮社1930，『新種族ノラ』同1930，『新しき上海のプライヴェート』先進社1932，『吉行エイスケ作品集1・2』冬樹社1977，『吉行エイスケ作品集』文園社1997，『吉行エイスケ作品と世界』国書刊行会1997〔文献〕吉行淳之介『詩とダダと私と』作品社1979，神谷忠孝『日本のダダ』響文社1987，吉行和子・斎藤慎爾『吉行エイスケとその時代』東京四季出版1997

吉原 太郎 よしわら・たろう ?-? 本名・源太郎か 1909(明42)年米国のサンジカリスト組合IWW(世界産業労働者)に加入，会長ヘイウッドにかわいがられ身辺警護にあたったという。16年7月サンフランシスコで片山潜に会う。同年サンフランシスコでエマ・ゴールドマンらのトーマス・ムーニー擁護闘争に加わる。ムーニーは参戦促進の行進に爆弾を投じた容疑で逮捕，死刑の判決を受けた。その後片山の縁でロシアへ移り20年9月の東方諸民族大会にただ一人の日本人として出席，21年6月のコミンテルン第3回大会では田口運蔵とともに日本代表として参加，演説をしている。22年コミンテルンの指示を受けて日本に潜入，高尾平兵衛，水沼熊らの訪露に一役買っている。謎の多い人物で，国際スパイ視する向きもある。(大澤正道)〔文献〕『社会主義沿革1』，江口渙『わが文学半生記・続』春陽堂書店1958，松尾尊兊『大正時代の先行者たち』岩波書店1993

米倉 正則 よねくら・まさのり 1910(明43)-? 山梨県西山梨郡住吉村下小河原(現・甲府市)の農家に生まれる。高等小学校卒業後，農業を営み保険会社に勤務した。全農の全国会議派に所属していたが政党支配の農民運動のあり方に疑問を感じていたところ吉岡重甫と出会いアナキズムに傾倒した。近郷の青年たちに『小作人』『黒色戦線』『自連新聞』などを配布して啓蒙・宣伝活動を展開，読書・研究サークルを形成した。31年2月「黒旗」に発表された「農民に訴ふ」に衝撃を受け以後農青社の活動に打ち込み吉岡とともに全農全国会議派の切り崩し青年層の啓蒙活動を目標に取り組んだ。32年5月農青社の鈴木靖之，船木上が来県した機会に上野頼三郎，桜井一，塩沢逸策と連れ立って吉岡を訪れ『甲州青年』の発刊などを討議した。36年5月農青社事件による全国一斉検挙に際して逮捕されたが起訴猶予となり釈放された。(奥沢邦成)〔文献〕『資料農青社運動史』，『農青社事件資料集』

米沢 寅男 よねざわ・とらお 1902(明35)7.16-? 東京市小石川区久堅町(現・文京区小石川)に生まれる。甲野時計工場に時計工として勤め，1921(大10)年東京北郊自主会に出入りして警視庁の思想要注意人とされる。(冨板敦)〔文献〕『警視庁思想要注意人名簿(大正10年度)』

米田 葭郎 よねだ・あしお ?-? 新聞工組合正進会に加盟し1924(大13)年夏，木挽町(現・中央区銀座)本部設立のために1円寄付する。(冨板敦)〔文献〕正進会『同工諸君!! 寄附金芳名ビラ』1924.8

ヨネダ，カール Yoneda, Karl G. 1906.7.15-1999.5.9 日本名・米田剛三(よねだ・ごうそう) 米国カリフォルニア州グレンデール生まれの日系2世。広島県出身の父は20歳の

とき王制が倒れた直後のハワイ共和国に出稼ぎした移民1世。ハワイが米国に併合された後,米本土に転航。1913年ヨネダは日本の教育を受けるため渡日。広島県山県郡で少年期を過ごし広島市内の中学に進学。18年米騒動に遭遇し以後ルソーやクロポトキンの著作を読む。22年日本社会主義同盟の最年少の加盟者となる。エロシェンコに憧れ22年11月日本を追放されたエロシェンコに会う為,広島から北京まで無銭旅行に発つ。23年4月はじめ北京の周作人宅でエロシェンコとの対面を果たし2週間をともに過ごす。同地で王魯彦,呉克剛との面識も得た。エロシェンコはヨネダに自作の口述筆記を依頼しその礼に帰国旅費20ドルを与えた。ヨネダの記憶ではその作品名は「赤い花」だが,北京滞在中の清水安三による『讀賣』(23年4月22日付)への寄稿文では「人類のために」とされている。同年5月9日日本に帰国したヨネダは学業を放棄して詩作に励みながら労働運動に投じ東京と広島を往来した。24年9月8日山本武重,西川正人,萩野他人男らと広島印刷工組合を設立。25年坂井繁基らと同人誌『土』を刊行。丸木位里主宰の雑誌『耕人』にも寄稿した。この間,大阪府水平社を訪問した他,収監中の中浜哲と文通を交わし中濱は死刑判決を受けた26年3月6日ヨネダに辞世の句を認めた葉書を出した。日米二重国籍であったヨネダは中濱の死刑執行の後,日本軍の徴兵により翌27年1月の入営を命じられるが,これを忌避するため26年11月28日に横浜を発つ。12月14日サンフランシスコに到着した際,米政府の旅券を持っておらず移民収容島Angel Islandに2ヶ月間留め置かれた。帰米後,アメリカ共産党に入党するが,河合康左右の獄中書簡を収録した『英雄論』(1928)に小田栄とともに巻頭言を記した「米剛」は,ヨネダの別名である。小田栄はのちに代議士としてアメリカを訪問した際サンフランシスコでヨネダに再会する(1939年)。ヨネダはアメリカ共産党入党後はロスアンゼルスを中心に党の機関紙『労働新聞』の主筆もつとめ,34年にはアメリカ共産党の公然候補としてカリフォルニア州議会議員選挙に立候補した(落選)。35年デミトロフの反ファッショ人民統一戦線戦術に倣い『労働新聞』を統一戦線紙『同胞』に衣替え,サンフランシスコに転じてからは同紙の主要なライターとなった。この折デミトロフ演説をエスペラントに翻訳し日本のエスペランティスト藤井英男と宝木寛に伝えたのはヨネダであった。藤井はのちにヨネダの証言によりブルガリア政府からデミトロフ勲章を受ける(1985年)。この他アメリカから日本の『少年戦旗』にも寄稿した。この間31年にロシア系ユダヤ人でニューヨーク生まれのエレイン・ブラックと知り合うが,カリフォルニア州の異人種間通婚禁止法により結婚できず,シアトルでようやく結婚届が受理された。35年には日本国籍を放棄。41年12月米日開戦によりヨネダはただちにFBIに拘束され42年3月マンザナーの日系人収容所に収容された。妻エレインは収容対象者ではなかったが自らヨネダとともにマンザナーに入り1万人の収容者のうちただ1人の白人であった。同年11月ヨネダはジェームズ・オダとともに米軍情報部に志願し語学訓練を受ける。43年11月南方戦線への派遣が決まり,翌44年からインド,ビルマ,中国で情報戦に携わる。ビルマ戦線でのエピソードがのちに『ビルマの花』というドキュメンタリーとして刊行される。45年11月米国への帰還後,母カツが広島市内で被爆していたことを知らされる。マッカーシーによる赤狩りの下,養鶏業や沖仲仕として労働運動を続け,戦中の日系人強制収容に対する補償運動の先頭にも立ちUCLAなどで日系移民労働運動史の講師をつとめた。この間55年から75年まで在米日系人の同人誌『NY文芸』に随筆や詩を掲載し,その中に「幸徳秋水の在米時代」がある。61年9月トム・ムーニーの名を貫ったヨネダの息子トムは,ソ連の核実験に抗議するため反核学者アール・レイノルズ博士のヨット,フェニックス号に同乗し,広島を発ちソ連ナホトカ上陸を試みた。トムもまた米軍の兵役を忌避した。山崎豊子が多数の日系米兵に取材して執筆した「二つの祖国」の主人公のモデルは,伊丹明のほかヨネダやジェームズ・オダらの人物像を混成したものである。また,野坂参三のスパイ疑惑追跡の端緒となった特高警察資料をスタンフォード大学フーバー研究所から発掘したのもヨネダである。99年5月9日カリフォルニ

ア州メンドシノ郡フォート・ブラッグに於いて老衰で死去した。ヨネダ旧蔵資料は、UCLAが"Karl. G. Yoneda Papers"として保存公開している。(廣畑研二)〔著作〕『在米日本人労働者の歴史』新日本新書1967,『アメリカ・もうひとつの顔』新日本出版社1978, "GANBATTE Sixty-Year struggle of a Kibei Worker" UCLA1983, 邦訳『がんばって』大月書店1984,『マンザナー強制収容所日記』PMC出版1986,『アメリカ一情報兵士の日記』PMC出版1989〔文献〕河合康左右遺稿刊行会編『英雄論』1928, 北林榮『波濤を越えて』私家本1949, 小田天界『天界物語』全東京新聞社1961, 山木茂『広島県社会運動史』, ジェームズ小田『ある日系米兵の手記』あゆみ出版1973, 宝木武則・藤井英男『ブルガリア印象記』本音を語る会1986, 福田恵子『ビルマの花』みすず書房1988, "EXECTIVE ORDER9006" UCLA1992, ジェームズ小田『スパイ野坂参三追跡』彩流社1995, 復刻版『NY文芸』不二出版1998, 廣畑研二「20世紀の証人カール・ヨネダ」『トスキナア』第5号2007

米田　剛三　よねだ・ごうそう▷ヨネダ, カール

米田　庄太郎　よねだ・しょうたろう　1873(明6)2.1-1945(昭20)12.18　奈良県添上郡辰市村杏(現・奈良市)生まれ。86年大安寺小学校(被差別部落の児童だけが通学)を卒業, 郡山中学に入学, 1年後に奈良英和学校に転校。16歳で受洗。91年卒業と同時に米国人宣教師の助手として上京, その著作の邦訳を手伝った。95年渡米, 00年フランスに渡り社会学や統計学, 経済学を学んだ。01年帰国, 同志社大学, 京都大学で教壇に立ち20年教授となるが25年退官。この間, 日本社会学院の創立, 大原社会研究所設立などに尽力。また社会問題にも活発に発言し20年に刊行された『輓近社会思想の研究』(弘文堂書房)中巻では革命的サンジカリスムと米国IWWの研究に各1冊を当てている。大杉栄は「革命的センディカリスムの研究・新文学博士米田庄太郎氏を論ず」(『労働運動』1次5号1920.4)でこれを批判, 同誌6号(1920.6)に米田の反論と大杉の再批判が載っている。(奥沢邦成)〔文献〕住谷悦治『ある心の歴史』同志社1968, 中久郎編『米田庄太郎の社会学』いなほ書店1998, 中久郎『米田庄太郎』東信堂2002

米田　正雄　よねだ・まさお　1912(大1)-?　鹿児島県大島郡(徳之島)生まれ。32年同郷の先輩アナキスト詩人泉芳朗を訪ねて上京, 泉の紹介で石川三四郎に私淑, アナキズムについて学習する。44年徳之島の農民が軍部に徴用され飛行場建設のため強制労働で夜具もない小学校に寝かされ現場指揮の陸軍下士官に暴行されて農民が反撃, 下士官を袋叩きにした事件を指揮した。46年日本の行政から奄美は分離され米国の直接軍政下におかれた。徳之島で小作人組合を結成し農地改革を本土並みにするよう小作料の7対3を6対4にするよう要求する運動を展開した。52年東京の三鷹市自由労働組合委員長として血のメーデーを指揮, 逮捕された。共産党に入党したが脱党して民衆運動を続けた。(松田清)

米田　政吉　よねだ・まさきち　?-?　1919(大8)年東京神田区(現・千代田区)の三省堂印刷部文選科に勤め活版印刷工組合信友会に加盟。のち文明社文選科に移る。(冨板敦)〔文献〕『信友』1919年8・10月号

米田　政太郎　よねだ・まさたろう　?-?　日本印刷工組合信友会に加盟し1921(大10)年末頃, 東京神田区(現・千代田区)の大成社文選課に勤めていた。(冨板敦)〔文献〕『信友』1922年1月号

米村　市郎　よねむら・いちろう　⇨岩野猛　いわの・たけし

米村　嘉次郎　よねむら・かじろう　⇨岩野猛　いわの・たけし

米村　喜一郎　よねむら・きいちろう　⇨岩野猛　いわの・たけし

米村　哲蔵　よねむら・てつぞう　?-?　別名・鉄蔵　新聞工組合正進会に加盟し, 1924(大13)年夏, 木挽町(現・東京中央区銀座)本部設立のために3円カンパする。東京印刷工組合では新聞部で活動, 25年6月21日群馬県前橋市の上毛印刷工組合三山会事務所で開かれた同組合臨時大会で登壇。同年10月京屋印刷争議に交渉委員として関わり築地署に検束される。26年2月21日神田松本亭での東印第3回大会で8時間労働制徹底の件の議案提案理由説明をする(可決)。3月21日横浜市内幸クラブでの全国印刷工連合会第3回大会で教育部を宣伝, 出版の2部に分割する件の議案提案理由説明をする(可決)。(冨板敦)〔文献〕『印刷工連合』24・26-28・30・34・35号1925.5.7-9・11/26.3.4, 正進会『同工諸君!! 寄附金芳名ビラ』1924.8, 水沼辰夫『明治・大正期自立的労働運動の足跡』JCA出版1979

米谷 浜三郎 よねや・はまさぶろう ?-? 新聞工組合正進会に加盟し1924(大13)年夏，木挽町(現・中央区銀座)本部設立のために1円寄付する。(冨板敦)〔文献〕正進会『同工諸君!! 寄附金芳名ビラ』1924.8

米山 一雄 よねやま・かずお ?-? 1919(大8)年東京神田区(現・千代田区)の丸利印刷所印刷科に勤め日本印刷工組合信友会に加盟する。(冨板敦)〔文献〕『信友』1919年10月号

米山 謙治 よねやま・けんじ ?-? 別名・住次，謙蔵 1927(昭2)年東京で根岸棺と『黒き群』を刊行。28年1月理由なく検挙され2月神戸市大塚町で神戸黒闘社を組織し黒闘社機関紙『黒闘』を改題した『アナーキ』を創刊，編集発行責任者となる。28年7月当時の神戸黒闘社のメンバーは米山，岡崎竜夫，長沢清の3人。29年2月12日大衆評論社主催による静岡市明治座でのクロポトキン8周年記念演説会に黒連の松本親敏，八太舟三，大塚貞三郎，上田光慶とともに関東から応援に駆けつける。(冨板敦)〔文献〕『黒き群』7月号1927.7,『黒色青年』16・19号1928.2・29.3,『アナーキ』3巻3月号1928.2,『アナーキスト団体調査(昭和3年7月調査)』大原社会問題研究所資料室,『自連新聞』33号1929.3,『社会運動の状況1』

米山 駒吉 よねやま・こまきち ?-? 読売新聞社に勤め東京の新聞社員で組織された革進会に加わり1919(大8)年8月の同盟ストに参加するが敗北。のち正進会に加盟。24年夏，木挽町(現・中央区銀座)正進会本部設立のために1円寄付する。(冨板敦)〔文献〕『革進会々報』1巻1号1919.8, 正進会『同工諸君!! 寄附金芳名ビラ』1924.8

米山 俵蔵 よねやま・ひょうぞう ⇨児島東一郎　こじま・とういちろう

ら

羅 豁 ら・かつ ルオ・ホゥオ 1899-? 中国四川省に生まれる。1918(大7)年頃来日。日進英語学校に入りその後明治大学に入学する。20年謝晋青が中華留日基督教青年会館に開いた東方書報社の活動に協力する。張景ら中国人留学生が集まっていた東京の下宿に中国で出版されたばかりのアナキズムのパンフレットを持ち込んだことから読書サークルが生まれのちに光社と命名される。8月3日青年会館で開かれた留日学生総会主催の本国時局問題協議会で演説する。11月コスモ倶楽部が設立されるとその一員となる。当局は同じくコスモ倶楽部の一員であるエロシェンコがロシア人の過激思想の持ち主であるのに対し，在京中国人の危険人物中最も過激な人物として羅豁を監視する。12月9日日本社会主義者同盟の正加盟者顔合わせ懇談会に出席する(同懇談会が結成大会となる)。21年5月9日社会主義同盟第2回大会に青年会館幹事馬伯援らを誘って参加するが大会は開会と同時に解散を命じられる。6月7日青年会館で開かれた思想講演会で大杉栄とともに講演する。6月12日退去命令を予測して帰国する。『民国日報』が「新支那の実状」を知るためにも中国語学習のためにも有用であると同紙の購読を日本人にすすめる原稿を残す。10月頃上海の羅豁のもとにコスモ倶楽部の宣言書と規約が届く。24年3月上海在住の台湾人，朝鮮人と平社を組織，4月1日『平平旬刊』を発行し朝鮮，台湾に対する思想宣伝をはかる。台湾の連温卿もその論調に注目している。同誌は9号(1924.6.21)までが『原典中国アナキズム資料集成』に収録されている。(手塚登士雄)〔文献〕小野信爾『五四運動在日本』汲古書院2003, 坂井洋史・嵯峨隆編『原典中国アナキズム資料集成・別冊』緑蔭書房1994, 藤井省三『エロシェンコの都市物語』みすず書房1989

羅 景錫 ら・けいしゃく ナ・ギョンソク 1890.8.14-1959.12.31 別名・公民 朝鮮京畿道水原出身。1910(明43)年日本に渡り正則英語学校に入る。12年東京高等工業学校に入学，14年7月同校卒業。朝鮮総督府の身上調査書によると「この間大杉栄，逸見直造等と交を結び主義者となる」。官憲の資料(『特別要視察人情勢一班』)によると，14年7月中旬「排日朝鮮人」鄭泰信のために大阪の長谷川市松あての紹介状を書く。鄭泰信は大阪で横田涼次郎，逸見直造らとつきあい朝鮮人親睦会を組織。15年1月羅景錫があ

とを継いで面倒をみる。一方妹の羅蕙錫(晶月)を東京に留学させる。羅蕙錫は14年秋から東京女子美術専門学校に通いのちに朝鮮で最初の女性洋画家となる。19年の三・一運動では計画の段階から加わり2月28日独立宣言書1000枚を満州の吉林まで運ぶ。そこで銃器10丁を入手し3月2日搬入しようとするが税関検査でみつかり逮捕され、強盗殺人罪で3カ月の刑を受ける。その後『東亜日報』の客員記者としてウラジオストクに渡る。22年新潟県中津川で信越電力の発電所建設現場で働く朝鮮人の虐殺事件がおこると、8月ソウルで新潟県朝鮮人虐殺事件調査会が設立されその代表として日本に向かう。金若水らとともに現地調査を行い9月7日在京朝鮮人の調査会が主催した新潟県朝鮮人労働者虐殺問題演説会で朴烈らとともに調査報告を行う。これは東京で初めての朝鮮人主催の演説会であり、朝鮮基督教青年会館の会場内外に数千人の聴衆が集まった。またのちに朝鮮で組織された朝鮮人出稼ぎ労働者調査会の9人の選考委員に金翰らとともに選ばれる。その後社会主義の理想と現実のずれを意識するようになり、朝鮮の産業を育てていこうとする物産奨励運動に参加し23年1月創立された朝鮮物産奨励会の発起人の一人となる。同年9月関東大震災に際しての朝鮮人と大杉栄ら社会主義者の虐殺に衝撃を受け社会運動の第一線から身を引く。41年家族を連れてソウルに転居。解放後も積極的に政治運動に加わることはなかった。(手塚登士雄)〔文献〕羅英均『日帝時代、わが家は』(小川昌代訳)みすず書房2003、山田昭次『金子文子 自己・天皇制国家・朝鮮人』影書房1996

羅 月煥 ら・げつかん ナ・ウォルビョン 1912.10.14-1942.3.1 1924(大13)年3月朝鮮の仁川公立普通学校を卒業、日本に渡る。成城中学校卒業、青山学院に入学。朴烈に面会する。アナキストたちと交流しアナキズムを研究。31年9月上海に亡命、韓国革命党に加入。安載煥らとともに鉄血団を組織し独立活動のため軍事訓練に尽力。36年7月中国中央軍官学校8期生として卒業。同年9月から南京の中国憲兵学校、軍官学校で教授を歴任しつつ臨時政府の活動にも参加。37年11月南京で兄の羅日煥と一緒のところ日本領事館の警察官たちに逮捕される。兄は朝鮮に送られる。本人は押送の途中青島で脱出し重慶に帰る。38年臨時政府の方針に従って李何有、朴基成らとともに韓国青年戦地工作隊を組織し隊長に就任。西安を経て太行山で同志の募集と抗日前線情報収集、遊撃戦を展開。40年韓国光復軍に編入され41年第5支隊長に任命される。総司令部の護衛、隊員募集と訓練に力を注ぐ。42年3月河南、河北、満州などに隊員たちを派遣して活動中、朴東雲ら部下たちとの活動方針の違いにより暗殺された。(金明燮)〔文献〕『独立有功者勲録5』国家報勲処1990、『独立運動史6』同

羅 淑 ら・しゅく ルオ・シュー 1903-1938.2.27 本名・羅世弥 中国四川省成都出身。19年5月五・四運動がおこり新しい思想の影響を強く受け21年新式の女学堂に入学、23年成都第一女子師範学校に転校し29年卒業、兄羅世安の同窓生馬宗融と結婚しともにフランスに行きリヨン大学で教育学、心理学、社会学などを学ぶ。33年帰国。文学の翻訳を始め最初の作品はロシアのチェルヌィシェフスキーの長編小説「何をなすべきか」だった。その後月刊『訳文』『文学季刊』などに文学作品の翻訳を発表。羅淑は多くの友人をひき寄せる魅力をもっていて巴金も悩みがあると羅淑に助言を求めたという。巴金は日本の追及を受けている朝鮮人の友人から託された拳銃と弾薬を羅淑のところに預けたこともあった。36年9月初めての短編小説「生人妻」を羅淑の筆名で『文季月刊』に発表、新進作家として注目される。抗日戦争が激しさを増すなか38年2月9日男児を出産するが産褥熱のため死没。羅淑逝去後巴金は『生人妻』(1938)など3冊の短編小説集を編集し文化生活社から出版した。(手塚登士雄)〔文献〕毛一波「アナキズム回想」玉川信明『中国の黒い旗』晶文社1981、巴金『友人世弥を記念する』『懐念集』寧夏人民出版社1994、「羅淑」『伝記文学』50巻第5期1977(『民国人物小伝12』伝記文学出版社)

楽 無 らく・む ロー・ウー 1890.1.8-1947.3.17 本名・呂淦森、別名・太虚、泰義 中国浙江省海寧県生まれ。16歳で出家し青年時代は仏教救国を主張する。中華民国成立後、沙淦らと社会党を結成。『社会世界』『良心』を出版しアナキズムを主張した。1913年沙淦

が軍閥政権によって殺害されると運動を離れる。その後日本を視察に訪れ帰国後は覚社を組織，『海潮音』(月刊)を出版するなど仏教運動に尽力。46年蔣介石から宗教領袖勝利勲章を授与される。（嵯峨隆）〔文献〕中華文化復興運動推行委員会編『中国歴代思想家55』台湾商務印書館1978

ラスキン Ruskin, John 1819.2.8-1900.1.20 英国ロンドンに生まれる。幼い頃から父の葡萄酒商用巡回馬車旅行に同行し自然風土に触れる。学校に行かず家庭教育を受ける。37年オクスフォード大学入学。『建築雑誌』にKata Phusinのペンネームで投稿する。このペンネームはギリシア語「自然に従って」の意でありその後のラスキンの思想活動を暗示している。43年『近代画家論』第1巻出版（全5巻1843-60）。49年『建築の七灯』刊行。50年カーライルに心服し終生の師と仰ぐ。51年『ヴェニスの石』第1巻刊行（全3巻1851-53）。55年経済研究に従事し労働者教育に関心を示し活発な講演活動を行う。57年『芸術経済論』刊行。59年ゴシック様式を擁護しまた政府のデザイン教育政策を批判する。60年経済学批判論文『この最後の者にも』の連載が物議をかもし中止される。64年マンチェスターで『胡麻と百合』講演（1865刊行）。71年英国労働者宛書簡シリーズ『フォルス・クラヴィゲラ』創刊（1884まで），同年聖ジョージ組合建設のため7000ポンドの基金を拠出。86年自伝『プラエテリタ』第1巻刊行（全2巻1886・87）。ゴシック建築を純粋な信仰と家庭の美徳によるものとしルネサンス建築を国民の不信仰と家庭の崩壊とみなすラスキンは，近代の自由，平等と相いれない面がある。また「支配と協力は生の法則，無政府状態と競争は死の法則」というラスキンの考えはアナキズムと対立する。しかし手を使う仕事の大切さ自分のパンのための労働，快い労働としての美といった思想は，近代産業のあり方に疑問を抱く人々に深い示唆を与えている。インドではガンジーが『この最後の者にも』をグジャラート語に翻訳し『サルボダヤ』(万人の福祉)と題し自らの実践活動の支えとした。日本では民芸運動の柳宗悦，羅須地人協会の宮沢賢治，共学社の石川三四郎といった手を動かす仕事と思想を結びつける営みに深く関わる人々がラスキンの仕事に共振した。また御木本隆三は河上肇の「君ならマルクスよりラスキンを」という言葉に従い，一生をラスキン研究にあて現在のラスキン文庫につながる。横浜・野に咲くオリーブの会は89年以降定期的にラスキン研究書を刊行している。（山口晃）〔著作〕『この最後の者にも』(宮崎新三郎訳)春秋社1929，『建築の七灯』(高橋松川訳)岩波文庫1930，『ヴェニスの石』全2巻(賀川豊彦訳)春秋社1931・32，『近世画家論』全4巻(御木本隆三訳)同1932・33，『胡麻と百合』(石田憲次・照山正順訳)岩波文庫1955〔文献〕御木本隆三『ラスキン研究』厚生閣1923，浦口文治『ジョン・ラスキン』同文館1925，大熊信行『社会思想家としてのラスキンとモリス』新潮社1927，プルースト『ジョン・ラスキン』(鈴木道彦訳)筑摩書房1960

ラムス Ramus, Pierr 1882.4.15-1942.5.25 現地読み・ラミュー，本名・ルドルフ・グロースマン（Rudolf Großmann） 筆名は16世紀フランスの人文主義者ペトルス・ラムス(オーストリア，Petrus Ramus)からとっている。ウィーン郊外で生まれ，父はユダヤ人商人，母はモラヴィア出身のカトリック教徒。15歳の時に社会民主主義を宣伝したかどでギムナジウムを放校されて米国に移住。アナキストとなり，主としてクロポトキンとトルストイの思想から影響を受ける。その後ロンドン時代を経てウィーンで活動。論説などの執筆，講演および定期刊行物の編集，さらに労働運動などで活躍。日本ではチェルケゾフとともに『共産党宣言』は剽窃であると主張した人物として知られ，それ以外の場でもマルクス主義に対して批判を展開した。ナチスによるオーストリア併合後に逃亡するがモロッコからメキシコに向かう客船上で死没。思想家というよりはむしろ啓蒙家とみなしうる人物である。（田中ひかる）〔著作〕土方定一訳『マルキシズムの誤謬』金星堂1928〔文献〕Schepperle, I. *Pierre Ramus*, Müchen, 1988. Rasworschegg, A. Ramus, P., in Lexikon der Anarchie, ed. H. J. Degen, Bösdorf, 1993-98.

ランダウアー Landauer, Gustav 1870.4.7-1919.5.2 ドイツ，カールスルーエのユダヤ人中産階級の家庭に生まれ，各地の大学で学ぶ。90年代ベルリン滞在中に社会民主党から分裂した組織に加入しやがてアナキストを自認。『社会主義者』紙の編集者となり国際社会主義者会議の代議員に選出され

る。ベルリンで消費協同組合を設立し00年には農業共同体設立運動に参加，E.ミューザム，M.ブーバーと知り合う。英国滞在中にクロポトキンと交流，彼の著作を独訳。08年社会主義者同盟を結成。10年大逆事件に抗議。18年バイエルン政府首相K.アイスナーの要請でミュンヒェンに赴き，翌年4月上旬に樹立された評議会共和国において文化行政の担当者となるが共和国の瓦解後，兵士によって虐殺される。同時期のアナキストたちと異なり社会民主主義派に属した経験をもたず，当初からマルクス主義にきわめて批判的であり個人が果たす役割あるいは人間の精神の重要性を強調。その主張によれば，いかなる状況においても革命をおこそうとする個人が集まれば今ここで革命を開始することが可能である。ただしこの場合の革命とは暴力を伴わない永続的な運動，すなわち協同組合や農村共同体における共生である。これを開始し個々の自律的な共同体が緩やかに結びついた肉体労働と知的労働，農業，手工業，小規模な工業が融合した社会を実現し，資本主義に対抗しやがてはこれを掘り崩していくことがその目標である。同時代のアナキストだけでなくベンヤミンなどの知識人にも影響を与えたがその後忘れ去られ60年代以降になってから再評価された。日本でも戦後長谷川進らが紹介につとめた。（田中ひかる）〔著作〕松尾和彦訳『民族と土地』『黒の手帖』17・18号1974〔文献〕平松生『グスターフ・ランダウエル』『自連新聞』49号1930.7, M.ブーバー（長谷川進訳）『もう一つの社会主義』理想社1959，長谷川進『ランダウアーの生涯と思想』『黒の手帖』16・17号1973・74, Wolf, S. Landauer G., in Lexikon der Anarchie, Bösdorf, 1993-98. Wolf, S. Gustav Landauer zur Einführung, Hamburg, 1988. 三宅立『グスタフ・ランダウアー』『ドイツ社会主義研究』勁草書房1989, M. H. シュプロッテ『ドイツ帝国から見た明治時代の初期社会主義運動発達史』『初期社会主義研究』16号2003

ランティ Lanti, Eugeno 1879.7.19-1947.1.17 本名・アダム フランス，ノルマンディー地方の農村に生まれる。会議などで何にでも反対するのでL'anti（反対者，へそ曲がり）とあだ名されこれを自分の筆名とした。97年セバスチャン・フォールの雄弁にひかれアナキストの陣営に加わる。99年アン・リネルと知り合いその穏健な個人主義に共鳴する。03年からパリに住み09年家具設計の教師となる。第1次大戦勃発，クロポトキンらの戦争支持声明にアナキズムへの「信仰」を失う。当時フランスにいた石川三四郎と何度も激論を闘わす。看護兵として従軍しこの間にエスペラントを学ぶ。20年フランス共産党に入党する。大戦後の労働者エスペラント運動の再建に中心的な役割を果たし，21年中立的エスペラント運動とはっきり袂を分かつ組織として全世界無民族性協会（SAT，サート）を創立する。毎年各地で大会をもち30年には6000人を超える会員を擁するに至る。しかしソヴィエト寄りの機関誌の論調に不満を抱いたアナキストたちがSATを脱退し25年全世界無国家主義者エスペラント連盟（TLES）を結成する。30年共産主義者はプロレタリア・エスペラント同盟（PEU）を結成する。同年エスペラント運動全体にとっても価値のあるエス・エス辞典『プレーナ・ヴォルターロ』を刊行する。31年『無民族主義者宣言』刊行。28年フランス共産党を脱退，33年SATの指導的地位を退き積極的にスターリン主義批判を行う。また35年個人的な雑誌『異端者』を発行。36年年金が受給できるようになり世界放浪の旅に出発，同年（昭11）11月からほぼ1年日本に滞在，警察の目が厳しいなかで多くのエスペランティストと交流，興味深い日本の印象記が『ランティ書簡集』（1940）に収められている。10年来文通を続けていた山鹿泰治の手引きで石川三四郎や島津徳三郎にも会う。その後オーストラリア，ニュージーランド，南米各国を経て40年メキシコに到着。この間脳腫瘍による激しい頭痛に悩まされ47年1月自殺する。その独特の思想である無民族主義ばかりでなく，徹底した無神論と合理主義の思想は山鹿らに大きな影響を与えた。（手塚登士雄）〔著作〕山鹿泰治訳『死にのぞんで道理に従うか，伝統に従うか』『クロハタ』19号1956.12〔文献〕Borsboom, *Vivo de Lanti*, SAT, 1976. Historio de SAT, SAT, 1953. 山鹿泰治『老同志石川三四郎の死』『クロハタ』18号1956.12, 坪田幸紀『葉こそおしなべて緑なれ…』リベーロイ社1997, 野島会太郎『中原脩司とその時代』同2000, 『エス運動人名事典』

李　允熙　り・いんき　イ・ユンヒ　1906-1951　別名・ネストル，秋田実　22年頃朝鮮忠清南道大田で農民運動を展開，23年2月李康夏らとともにソウルで初めてアナキズム団体黒労会を結成。当地で朴烈の主宰する雑誌『現社会』の同人となり朴烈事件の金重漢らに大きな影響を与える。その後日本に渡り30(昭5)年頃大阪で教化運動社，黒色鮮人社を創立，20余人の同志を糾合して思想および労働運動を展開するがやがてこれらを解消してアナキスト青年連盟に参加。31年8月同連盟が内部論争の末自主的に解散したのち，32年1月平井貞二らと『黒旗』を発行，同年3月の同誌2号に秋田実名で「自主行動の強調」を発表した。また大阪の文明批評社から同年7月に出されたアナキズム研究パンフ『無政府コンミュン』にも参画した。その後妻子を連れて上京，農青社系列のパンと自由社に参加して啓蒙運動を展開，32年9月農青社解散に際しては声明文の草稿起案に参画した。東京では朝鮮東興労働同盟や朝鮮自由労働者組合など朝鮮人アナキズム労働団体を活動の舞台とし，32年7月日本人の団体と連合した芝浦労働者自由連合を組織するが中心メンバーの検挙で挫折。同年10月黒色戦線社機関紙の配布に関係して検挙される。なおアナキズム文芸・思想誌『黒色戦線』には李ネストル名で小説「二八五二番」(創刊号1931.9)やエスペラントからの翻訳(1932.1)などを寄稿した。33年3月沈滞した朝鮮自由労働者組合を立て直すために臨時大会を主唱，大会で変更された組織では文化部の構成員となり4月全国自連第3回大会では書記に選ばれる。同年6月呉宇泳らとともにアナキズム系各団体の統一をめざし自由労働者組合の名称を自由労働者協議会に改称することを提唱するが内部の反対で挫折。8月ベルテロ『民衆の鐘』を訳出，刊行する。同年9月従来の組織を解消し共産系団体とともに江東橋登録者協力会を組織するがうまくいかず，34年1月アナ系だけで朝鮮一般労働者組合を設立する。解放後は大田で独立労農党地区党員長として活動していたが，朝鮮戦争勃発後共産軍によって殺害される。(堀内稔)〔文献〕『社会運動の状況』各年度版，『農青社事件資料集Ⅰ』，『韓国アナキズム運動史』

李　乙奎　り・おつけい　イ・ウルギュ　1894-?　別名・晦観　李丁奎の兄。19年三・一運動後，上海で設立された臨時政府の国内との秘密連絡網構築のためソウルで活動する。23年3月李丁奎とともに北京の李会栄のもとに同居する。24年北京で在中国朝鮮無政府主義者連盟の創立に加わる。27(昭2)年5月頃上海に渡った岩佐作太郎の宿を李丁奎とともに訪ねる。その後岩佐らとともに福建省の民団武装編練処の活動に加わる。29年満州の自治組織の一つ新民府の金宗鎮からの依頼を受け満州に渡る。同年7月海林(黒竜江省)で金宗鎮とともに在満朝鮮無政府主義者連盟を結成。さらに金宗鎮，高自性とともに新民府・軍政派の指導者金佐鎮に対しアナキズムに基づく自治組織をつくるよう説得し7月21日韓族総連合会の創立を実現，幹部会において教育部委員長となる。30年1月20日金佐鎮が共産党員に暗殺され金宗鎮とともに韓族総連合会の活動を支えようとする。同年4月国内の銀行で巨額の資金を詐取してきた申鉉商らを迎えて北京で在中国朝鮮無政府主義者連盟代表者会議が開かれると，活動資金を得るため金宗鎮とともにこれに参加するが申鉉商らが官憲に逮捕されたため資金獲得の望みが消える。同年9月軍資金募集中，天津で日本領事館警察に逮捕され公州地方法院で懲役3年の判決を受ける。33年11月2日出獄。34年10月ソウルで李丁奎らとともに逮捕されるが不起訴処分(第1楼事件)。説得力をもつ理論家であり「朝鮮のクロポトキン」といわれた。著書に『是也金宗鎮先生伝』があり西京二訳で「ある朝鮮人アナキストの伝記」として日本アナキズム文献センター発行『アナキズム』(1974・75)に5回にわたり掲載された。(手塚登士雄)

李　華　り・か　イ・ファ　?-?　東京の朝鮮自由労働組合のメンバー。1927(昭2)年9月

虐殺された同志の追悼会で検束，拘留される。(堀内稔)〔文献〕『自連』17号1927.10

李　会栄　り・かいえい　イ・フェヨン　1863-1932.11.28　別名・友堂　朝鮮ソウルに生まれる。06年独立運動の同志たちと鴨緑江北部地域の西間島に根拠地を築き独立運動の闘士を養成することを計画。07年オランダのハーグで開かれた万国平和会議に高宗の密使として親族の李相卨を送る。10年会栄6兄弟は一族40余人を率いて満州に渡る。11年4月西間島に独立運動基地を築きその自治機関として耕学社，付属機関として新興講習所(のちに新興学校，三・一運動後は新興武官学校となる)を設置する。18年高宗の上海亡命をはかるが19年1月高宗が急逝したため失敗する。2月北京に移り多くの民族運動家と交わる。4月上海で臨時政府を組織する際に各派の協力機構としての連合体制を主張するが受け入れられなかった。23年李乙奎・丁奎兄弟，白貞基が同居するようになり柳子明も北京に来る。24年4月柳子明，李乙奎・丁奎，鄭華岩，白貞基らと在中国朝鮮無政府主義者連盟を組織し機関誌『正義公報』を発行。28年7月南京で朝鮮，中国，フィリピン，日本，台湾，ベトナムなどのアナキスト代表が集まり東方無政府主義者連盟を結成すると，この大会に「韓国の独立運動と無政府主義運動」と題するメッセージを送る。同年8月在中国朝鮮無政府主義者連盟は上海で『奪還』と改題した機関誌を発行，天津から創刊号に祝辞を送る。30年4月北京で招集された在中国朝鮮無政府主義者連盟代表者会議に出席。国内の銀行から詐取した巨額の資金をもとに満州に総力を集中することを話し合うが，参加者が警察に逮捕され資金も押収される。30年暮上海に移り31年頃結成された南華韓人青年連盟の若い同志たちと交わる。31年9月の満州事変後，中国人アナキスト王亜樵らの提案を受け佐野一郎ら日本人も加えて抗日救国連盟を結成する。32年11月満州に運動の拠点を再構築するために大連行きの汽船に乗るがスパイの密告により大連水上署に逮捕され拷問により殺害される。朝鮮アナキズム運動の代表的人物であり78年に刊行された『韓国アナキズム運動史』はその第1章で「在中国アナキスト元老」として取り上げている。(手塚登士雄)〔文献〕『韓国アナキズム運動史1　前編・民族解放闘争』黒色救援会1978

李　革　り・かく　イ・ヒュク　1907-?　朝鮮平安南道安州に生まれる。平壌の崇実中学中退後，22(大11)年日本に渡る。東京の豊山中学を卒業。日本大学政経学部に入学，無産学友会の中心メンバーとして学生運動に邁進。卒業後元心昌，陸洪均らとともに黒友会再建運動に力を注ぐ。東興労働同盟，自由労働者組合などの運動に参加する一方，八太舟三，近藤憲二ら日本のアナキストたちと交流し講演会を主催した。28年5月元心昌らとともに共産党系労働組合と流血の衝突事件をおこし警視庁から監視を受けるようになる。29年警察の監視下に帰郷しソウルに出る。堅志洞で二十世紀書房を運営。近代思想研究所(エスペラント講習)と『自連新聞』京城支局を開設，同志たちの連絡所の役割を担う。当時『新東方』誌を発刊，柳鉉台とともに京城黒色青年連盟の組織と機関誌『黒旋風』を準備。30年6月『朝鮮日報』がアナキズム運動に対して誤報を掲載すると昇黒竜とともに朝鮮日報社へ抗議行動を展開。誤報訂正要求を拒否されると活字ケースを引っ繰り返し抗議し拘束される。(金明燮)〔文献〕『韓国アナキズム運動史』，『毎日新報』1930.8.28

李　鶴儀　り・かくぎ　イ・ハグイ　1906.3.24-?　別名・一聲，赫儀，之活　朝鮮慶尚北道軍威郡山城面武岩里生まれ。幼年期，書堂で漢文を学んだが16歳で新しい学問を志しソウルと大邱を往来，26(大15)年頃渡日した。正則英語学校に通い元心昌，丁賛鎮，安栄根らと交遊しアナキズムに接した。27年3月東京下中野に金豪九とともに住み人力車業の自働社を開店して苦学した。翌28年3月下旬中野の明治大学運動場で丁賛鎮，金豪九，呉秉鉉，金養福，宋柱軾らと会合し地下組織の一声団を組織した。一声，一撃で決着をつけようという意味で日本帝国主義の象徴である天皇を暗殺し権力の重要機関破壊を目標とした。また同年10月頃から機関誌『黒戦』を発行，李と金豪九が原稿を担当した。29年5月金豪九，呉秉鉉が朝鮮に派遣され6月端午節開催の平安南道竜岡郡多美面での相撲大会で総督政治の悪政を暴露した「農民に告ぐ」と題するビラを配布し

たが、これが端緒となり同年6月以降、一声団、黒戦社の関係者が一斉検挙され李は金養福、宋柱軾とともに東京から平壌に移送、30年11月13日治安維持法違反、新聞紙法違反で平壌地方裁判所で懲役2年6カ月の判決を受け服役した。(堀内稔)〔文献〕『韓国アナキズム運動史』

李　何有　り・かゆう　イ・ハユ　1909-1950
別名・鐘鳳　朝鮮京畿道仁川出身。李里奎の二男で李乙奎・丁奎兄弟の甥にあたる。29年12月中央学校在学中、光州学生事件で1年間獄中生活を送る。32(昭7)年東京に渡り日本大学社会学科在学中に黒友連盟に加盟する。留学生芸術団事件で警察の手配を受け、36年南華韓人青年連盟の呉冕植らの誘いを受けて中国に渡る。柳子明の朝鮮革命者連盟(朝鮮無政府主義者連盟)にも加わり柳子明らと南華韓人青年連盟の機関紙『南華通訊』の発行に携わる。39年抗日戦争の第一線に進出すべく羅月煥らと韓国青年戦地工作隊を組織し政治組長として活動。42年部隊内の内紛で羅月煥が殺されると隊員20余人とともに逮捕され軍法会議に付されるが1年後に釈放される。戦後、47年3月鄭華岩とともに呉稚暉らの協力を得て朝鮮学典館と申采浩学舎を設立。その後帰国する。(手塚登士雄)〔文献〕李海平『李何有同志回想記』1976、『韓国アナキズム運動史2 前編・民族解放闘争』黒色救援会1978、堀内稔「南華韓人青年連盟と黒色恐怖団」『朝鮮民族運動史研究』8号1992

李　義鶴　り・ぎかく　リ・ウィハク　?-?　1932(昭7)年頃大阪の東方労働連盟の中心メンバーとして活動。(堀内稔)〔文献〕『社会運動の状況4』

李　亨秀　り・きょうしゅう　イ・ヒョンス　1904-1955.7.10　1946(昭21)年5月結成された日本アナキスト連盟に参加、宋世何とともに東京地協に属し全国大会準備委員をつとめる。研究会などにも積極的に参加し若者たちと論戦。51年アナ連分裂頃健康を損ね55年台東区浅草千束町の自宅で死没。(大澤正道)〔文献〕『平民新聞』21・68号1947.3.26・48.4.16、『無政府新聞』19号1955.9

李　圭旭　り・けいきょく　イ・ギュウク　1899-?
別名・平岡大治　朝鮮慶尚北道醴泉郡竜門面上金谷里生まれ。朝鮮自由労働者組合で活動。1931(昭6)年4月には本所区麹町(現・

墨田区)の職業紹介所をめぐる暴力事件で検挙、32年5月には江東橋職業紹介所でボル系の全協土建組員と乱闘騒ぎをおこして検束される。33年3月の組合組織の改編では会計部員を担当した。同年7月朝鮮自由と極東労働組合はボル系の共助会と共闘し単一団体の江東橋紹介所登録労働者協力会を組織したがやがて分裂し、アナ系朝鮮人は34年1月に朝鮮一般労働組合を創立、李は創立大会で司会をつとめた。38年8月組織解散後、文成勲らの秘密結社建達会に関与したとして40年12月検挙、送検された。(堀内稔)〔文献〕『自連新聞』57号1931.4、『特高月報』1932.5、『社会運動の状況6・13』

李　圭奭　り・けいせき　イ・ギュウク　1905(明38)-?　26年埼玉県大里郡熊谷町(現・熊谷市)で笹森登美夫と「リャク」(掠)をしたとして検挙され恐喝罪で懲役10カ月となる。(冨板敦)〔文献〕『思想輯覧1』

李　炫瑾　り・げんきん　イ・ヒェングン　1912.4.8-1940.2.2　朝鮮咸鏡南道北青出身。29年高校在学中に反日闘争を指導したため退学処分を受ける。30(昭5)年日本に留学。在大阪留学生雄弁大会に参加し日本の統治政策を批判。日本学生殴打の嫌疑で退学処分となる。31年中国に亡命し上海で南華韓人青年連盟に加入する。33年中国陸軍軍官学校第11期生として入校、第1総隊歩兵課を卒業し中国軍将校に任命される。その後上尉に進級し第6師第17旅第2営第6連隊長となる。39年7月本格化した対日戦争で漢口戦線などで参戦中に日本軍に逮捕される。日本の軍法会議で死刑の宣告を受け40年執行される。83年建国褒章を受章。(手塚登士雄)〔文献〕『独立有功勲録5』国家報勲処1988

李　康勲　り・こうくん　イ・ガンフン　1903.6.13-2003.11.12　別名・青雷　朝鮮江原道金化邑泉洞生まれ。幼少の頃私塾で漢文を勉強、1920年2月中国に渡り同年4月から約1年間大韓民国上海臨時政府国務総理室で活動。21年から3年間北間島道立師範学校で修学。25年北部満州の抗日独立軍大将金佐鎮の指導下にある新民府に参加し独立運動に参加。同年10月日本の官憲に買収された寧安県警に逮捕され1年間獄中生活。出獄後の26年9月から新民府傘下の各級学校教務となり29年2月密山地方で青年会運動を展開

する一方、アナキストの金宗鎮、李光海らとも交流した。32年冬満州を脱出して上海に行き南華韓人連盟に参加し白貞基、元心昌、鄭華岩ら同志とともに反日直接行動をとった。33年3月上海の共同租界にある日本人高級料亭六三亭で有吉明日本公使を含む要人らが集まることを察知し爆弾を準備して直接行動に移る直前、白貞基、元心昌とともに逮捕された。3人は長崎裁判所に送られ同年11月28日李は懲役刑15年、白と元は無期懲役の判決を受けた。李は長崎諫早刑務所、鹿児島刑務所、熊本刑務所を経て満期となったが、42年7月予防拘禁となり東京予防拘禁所に押送され45年10月10日東京府中刑務所から釈放された。解放後は日本で新朝鮮建設同盟、在日本朝鮮居留民団副団長、朝鮮統一民主同志会委員長などを、また韓国へ帰国後は独立運動史編纂委員会常任委員、編集室長などを歴任した。(堀内稔)〔著作〕『大韓民国臨時政府史』、『武装独立運動史』、『海外独立運動史』、倉橋葉子訳『わが抗日独立運動史』三一書房1987〔文献〕『社会運動の状況5』

李　宖根　り・こうこん　イ・ホングン　1907-?　別名・弘根　朝鮮平安南道中和郡竜山面海鴨里生まれ。平安南道鎮南浦商工学校在学時、同盟休校事件で退学処分を受ける。早くからアナキズムに関心をもち、24(大13)年日本に渡ってからは元心昌、張祥重らの黒友会に加入するなどして活動した。渡日後しばらく崔甲竜、韓源烈ら同郷の学生と同居、納豆売りなどをして働きながら正則英語学校に通学、崔甲竜、韓源烈らと読書会ももった。その後豊島区目白にある黒友会の建物に住居を移し黒友会の中心的メンバーとして活動、機関紙『黒友』(発禁後に『自由社会』と改題するがこれもすぐに発禁処分となる)の発行などにつとめた。26年2月には東京印刷工組合大会に出席、不穏言動のかどで検挙、同年5月のメーデーには予防検束され参加に失敗した。また27年張祥重らと朝鮮自由労働者組合を結成した。アナキズムの理論に精通し『自連新聞』(40号1929.10)に「解放運動と民族運動」と題する論文を寄稿した。27年平壌に帰り12月崔甲竜らと関西同友会(のちに関西黒友会と改称)を組織し自由連合主義による労働者、農民の解放を目標として活動。29年11月同志らと朝鮮共産無政府主義者連盟を結成、運動戦線を拡大し元山一般労働組合なども組織した。31年4月頃平安北道義州郡大寧面東古洞の鉱山で検挙、治安維持法違反で起訴され咸興地方法院で懲役6年の判決を受けて服役した。(堀内稔)〔文献〕『韓国アナキズム運動史』、朴垣「朝鮮共産無政府主義者連盟の結成 崔甲竜の事例を中心に」『国史館論叢』41輯1993

李　孝黙　り・こうもく　イ・ヒョモク　?-?　1927年12月平壌で朝鮮関西地方のアナキストの連合体として関西黒友会が創立されたが李はこの創立メンバーでありまた大衆組織として洋靴工の同僚とともに平壌洋靴工組合を組織した。31年関西黒友会員が検挙されてからは労働青年を糾合して自由青年連合会を組織しようとしたが弾圧が厳しくなり渡日、同(昭6)年6月神戸で朝鮮人洋靴工10数人を糾合して神戸朝鮮人同友会を組織、同年7月万宝山事件の真相を暴露する闘争で組織が表面化し弾圧を受けた。李は当局の執拗な監視と弾圧のもとに病にかかり30歳の若さで病死した。(堀内稔)〔文献〕『韓国アナキズム運動史』、『社会運動の状況3』

李　時雨　り・じう　イ・シウ　?-?　朝鮮大邱の真友連盟事件(1925)に衝撃を受け慶尚南道安義で河璣尚、禹漢竜らとともにアナキズムの研究会を組織、1927(昭2)年頃日本に渡り黒友連盟に妻李今順とともに参加する一方、29年1月朝鮮自由青年連盟で機関紙『自由青年』を発行する。同年6月ボル系の学友会に斬り込んだ学友会事件で検挙され32年5月懲役2年執行猶予4年の判決を受ける。(堀内稔)〔文献〕『韓国アナキズム運動史』、『社会運動の状況1』、『芝浦労働』15号1927.6、『自連新聞』39・70号1929.9・32.5

李　七用　り・しちよう　イ・チルヨン　?-?　東京の朝鮮自由労働者組合のメンバーで1929(昭4)年12月組合事務所で創立された極東労働組合に参加、33年3月の組合再編成で宣伝部員となる。(堀内稔)〔文献〕『特高月報』1933.8

李　昌夏　り・しょうか　イ・チャンハ　?-?　東京の朝鮮自由労働者組合のメンバー。1927(昭2)年9月虐殺された同志の追悼会で検束、拘留される。(堀内稔)〔文献〕『自連』17号1927.10

李　承植　り・しょうしょく　イ・スンシク　?-?　1933

(昭8)年頃韓何然とともに東京の自由青年連盟の中心メンバーとして活動。(堀内稔)〔文献〕『社会運動の状況5』

李　少陵　り・しょうりょう　リー・シャオリン　1898-1958　本名・傑、別名・三木、嘉本特　中国湖南省長沙出身。20年頃上海の中華職業学校で木工を学び陳独秀が開いた外国語文補習学校で英語を学ぶ。陳独秀の指示で上海機器工会の組織化を進めた。21年3月沈仲九、孫俍工らが設立した長沙青年同楽会に参加、工人読書会を主催しこの年のメーデー記念活動を発起。デモの参加者が歌った工人読書会歌を作詞作曲する。20年12月に黄愛、龐人銓らが発起人となって結成した湖南労工会の教育部長をつとめる。22年1月黄愛と龐人銓が趙恒惕省長によって惨殺されると虐殺の経過を暴露する。上海では王光輝、諶小岑らと湖南労工会旅滬弁事署を設立、『労工週刊』を復刊し主編となる。23年9月、前年4月に結成されたがまもなく解散状態になっていたAF(アナキスト連盟)のあとを受けて王祺らと広州真社を設立し『春雷』を創刊。24年ベトナム総督を広州まで追ってきて暗殺に失敗、命を落としたハノイの革命党人の伝記『范鴻泰伝』を著す。同年国民党に入党、黄埔軍官学校教員などをつとめる。32年春、中央軍校政治訓練班軍隊政工教員となる。31年末頃巴金とともにしばらく浙江省長興炭鉱に身を寄せる。(手塚登士雄)〔文献〕李少陵「一代の新聞人・景梅九」「私は陳独秀を知っている」「湖南労工会、大同合作社、青年同楽会について」「広東機器工会反共奮闘史」『中国アナキズム運動の回想』総和社1992、陳思和『人格的発展　巴金伝』業強出版社1991

李　聖勲　り・せいくん　イ・ソンフン　?-?　1933(昭8)年頃東京の黒旗労働者連盟の中心メンバーとして活動。(堀内稔)〔文献〕『社会運動の状況5』

李　政圭　り・せいけい　イ・ジョンギュ　?-?　東京の朝鮮東興労働同盟のメンバー。1929(昭4)年3月同盟の朝鮮語機関紙『解放運動』を発行、同年11月の芝部創立大会では議長をつとめる。(堀内稔)〔文献〕『社会運動の状況1』、『自連新聞』42号1929.12

李　石曾　り・せきそう　リ・シーツオン　1881.5.29-1973.9.30　本名・煜瀛、幼名・武官、別名・拡武、石僧、真、真民　中国北京生まれ。原籍は河北省高陽県。父は清朝高官の李鴻藻。02年張静江とともにフランスに渡る。渡仏後モンタルジ農業実用学校、パストゥール学院で自然科学を学ぶ。06年8月中国同盟会に加入するがクロポトキン流のアナキズムに接近。同年末呉稚暉らとパリで世界社を組織し翌年6月アナキズムの宣伝誌『新世紀』を創刊。その思想は科学を唯一の真理とみなし西洋文明を全面的に肯定し中国の封建主義、伝統主義を全面否定する点で特徴的であったが、孫文らの革命論を否定しなかった。11年夏に帰国し武昌蜂起ののち汪精衛らと京津同盟会を組織、翌年1月呉稚暉、蔡元培らと進徳会を組織する。同年4月留法倹学会を組織し学生のフランス派遣を開始、13年勤工倹学会、華法教育会を組織する。17年北京大学の教授に就任したのちも勤工倹学運動の推進につとめリヨン中法大学の創設などに関わる。24年1月国民党第1回全国代表大会で中央監察委員に選出され急速に政界に接近する。北伐開始後、蒋介石の反共行動を支持し27年四・一二クーデタを支持した。他方同年5月上海に国立労働大学を創設して講師に石川三四郎、岩佐作太郎ら日本人アナキストを招き『革命周報』を発刊してアナキストに執筆の場を与えた。北伐完了後、北平臨時政治分会主席、北平大学校長、国立北平研究院院長などを歴任。国民党内の反蒋運動に際しては反蒋各派の懐柔にあたる。抗日戦争中は欧米諸国を訪問し各国に汪精衛政権不承認を働きかけた。49年中国共産党の勝利の直前に中国を離れスイス、ウルグアイに滞在したのち54年以降は台湾に定住。台湾では主として世界各国との文化交流に尽力した。(嵯峨隆)〔著作〕『李石曾先生文集』中央文物供応社1980〔文献〕楊愷齢『民国李石曾煜瀛年譜』台湾商務印書館1980、玉川信明ほか『中国アナキズム運動の回想』総和社1992、嵯峨隆『近代中国アナキズムの研究』研文出版1994

李　相守　り・そうしゅ　イ・サンス　?-?　東京の朝鮮自由労働者組合の後継団体として1934(昭9)年1月に組織された朝鮮一般労働組合の中心メンバーで34年組合代表として第15回メーデー実行委員会に参加。当日「朝鮮労働者は黒旗の下に」と題したビラ配布などの行動を展開した。(堀内稔)〔文献〕『社

会運動の状況6』

李　宗植　り・そうしょく　イ・ジョンシク　1910-?
朝鮮咸鏡北道鏡城郡鏡城面一里洞出身。東京で朝鮮自由労働者組合に参加，31(昭6)年4月本所区麹町(現・墨田区)の職業紹介所の顔役連に暴行を加えた容疑で検挙されるなどの活動を行った。組織解消後，41年6月金錫永，李圭旭らと栃木県栗山村の鬼怒川水力発電所工事場に赴き，先に就労していた文成勲，李宗文らと建達会を組織するが無政府共産社会実現のため蜂起を計画したとして検挙され(建達会事件)，41年11月送検された。(堀内稔)〔文献〕『自連新聞』57号1931.4，『社会運動の状況13』

李　宗文　り・そうぶん　イ・ジョンムン　1913-?
朝鮮全羅道霊岩郡三湖面竜仰里生まれ。東京で朝鮮自由労働者組合に加入して活動，1931(昭6)年メーデーでデモ中に検挙，拘留された。朝鮮自由労働者組合の後継組織として34年1月創立された朝鮮一般労働組合では中心メンバーとして活動。34年日活映画従業員争議の応援のため派遣され35年3月両国警察署に検挙され2週間の拘留。朝鮮一般解散後の40年5月文成勲，鄭甲辰とともに栃木県塩谷郡栗山村の鬼怒川水力発電所工事場で人夫として就労，組織の再建を企図して建達会を組織するが蜂起を計画したとして40年11月以降李をはじめ12人が検挙(建達会事件)，全員が41年11月14日送検された。(堀内稔)〔文献〕『自連新聞』58号1931.5，『黒色新聞』1935.4，『社会運動の状況6・13』

李　達　り・たつ　イ・ダル　?-?　1910年代に日本に留学，東京で朝鮮総督政治を非難する論稿を新聞・雑誌に掲載し甲号要視察人とされる。17(大6)年5月頃東洋青年同志会を組織し機関紙『東亜時報』を発刊，18年4月警察処罰令違反で拘留25日に処される。同年10月『革新時報』を刊行するが発禁となる。19年2月留学生らによる独立宣言の集会弾圧後，12日日比谷公園での演説会で日比谷警察署に検束される。同年11月『新朝鮮』誌を新たに刊行。20年1月人参行商の青年らを朝鮮青年独立団に組織しようとして処罰される。同年1月14日朝鮮に帰り独立宣言書を各地に配布しようとするが官憲に探知される。いったん東京に戻るが政治犯罪処罰令違反で朝鮮に押送される。その後満州に渡り山市(黒竜江省)に滞在し新民府・軍政委員会の金佐鎮将軍のもとで活動する。27-28年金宗鎮らアナキストが新民府の改革に取り組むとこれに協力する。29年7月海林で金宗鎮，李乙奎らとともに在満朝鮮無政府主義者連盟を組織する。7月21日新民府を改編しアナキズムの原則に基づく農民の自治組織韓族総連合会が結成されると幹部会役員の一人となる。30年1月金佐鎮が暗殺され翌31年7月金宗鎮らも殺害されて韓族総連合会の運動は幕を閉じる。その後上海に移り31年南華韓人青年連盟の結成に加わり32年の有吉明公使暗殺未遂事件にも関わる。また朝鮮，中国，日本の3国のアナキストによって結成された抗日救国連盟(黒色恐怖団)の活動に加わる。(手塚登士雄)〔文献〕李乙奎「ある朝鮮人アナキストの伝記 是也金宗鎮伝1-5」(西京二訳)『アナキズム』3・4・6・8・9号1974.5-75.12，『韓国アナキズム運動史2 前編・民族解放闘争』黒色救援会1978，堀内稔「南華韓人青年連盟と黒色恐怖団」『朝鮮民族運動史研究』8号1992

李　丁奎　り・ていけい　イ・ジョンギュ　1897-?
別名・又観　李乙奎の弟。16(大5)年慶応義塾大学予科に入学。19年帰国し上海で設立された臨時政府の国内との秘密連絡網構築のためソウルで活動する。21年中国に亡命。22年北京大学に編入，エロシェンコとも交流しアナキストとして活動する。23年3月18日魯迅を訪問。24年北京で兄の李乙奎とともに在中国朝鮮無政府主義者連盟の創立に加わる。27年5月頃上海に渡った岩佐作太郎の宿を李乙奎とともに訪ねる。その後岩佐らとともに福建省の民団武装編練処の活動に加わる。29年国内に帰る途中長崎警察に逮捕され治安維持法違反で懲役4カ月の刑を受ける。34年10月ソウルで李乙奎らとともに逮捕され，蔡殷国とともに懲役2年の刑を受ける(第1楼事件)。解放後は韓国に帰り清州大学学長，成均館大学総長などを歴任。65年来日し赤川啓来とともに病床の岩作を訪ね朝鮮人参を贈った。(手塚登士雄)〔文献〕赤川啓来「懐旧の念ーしお」『無政府主義運動』55号1967.4

李　東淳　り・とうじゅん　イ・ドンスン　1909.7.2-?
別名・河中，哲　朝鮮江原道襄陽郡襄陽面車馬里生まれ。襄陽普通学校卒業後，代書

業の手伝いを経てソウル駅駅員となる。勤務中負傷し解雇され郷里で療養中，29年友人のアナキスト金漢の影響でアナキズムに共鳴する。31年4月治療を兼ねて渡日，上京。同月朝鮮自由労働者組合と全協土建の衝突事件に連座し本所洲崎署に検束される。同年8月黒友連盟に32年1月朝鮮東興労働同盟に加入する。33年6月末反ナチス・ファッショ民衆大会のビラ貼りで朝鮮東興の同志崔学柱が警官に暴行を受けたことに端を発して丁賛鎮，閔興圭，崔仲憲と麹町署に拘留される。34年2月梁一東，洪日らに頼まれて黒色新聞社の発行を担当，上海の同志と連携して有吉明公使暗殺未遂事件の元心昌らを賛美する記事などを掲載。また李鐘鳳を上海に派遣するなど海外の朝鮮人団体と連絡を密にする。たび重なる発禁，発行ごとの家宅捜索，拘留，罰金という激しい弾圧を受けた。35年9月下旬伊藤悦太郎に誘われて無共党に入党，関東地方委員会に所属し海外朝鮮人との連絡や日本人同志の獲得につとめた。同年11月6日無共党事件で検挙，治安維持法違反で起訴され39年5月8日第1審懲役2年執行猶予3年の判決を受け控訴せず刑が確定した。(堀内稔・冨板敦)〔文献〕『身上調書』，『無共党事件判決』，『自連新聞』82・91・94号1933.7・34.6～9

李　徳奇　り・とくき　イ・ドッキ　1904-?　別名・江本徳奇　朝鮮慶尚南道固城郡九万面華林里出身。東京の朝鮮東興労働同盟のメンバーで組織解消後は小石川で古物商を営む。金錫永らが建達会を組織し無政府共産社会実現のため暴力蜂起を企てたとする事件で，資金を提供したとして41(昭16)年6月検挙(建達会事件)，同年11月送検される。(堀内稔)〔文献〕『社会運動の状況13』

李　ネストル　り・ねすとる　▷李允煕　り・いんき

李　汶烈　り・ぶんれつ　イ・ムンニョル　?-?　東京の朝鮮東興労働同盟のメンバー。1930(昭5)年5月黒友連盟の機関紙発行責任者となり同年8月1日洪進祐とともに『黒色新聞』創刊号を発行するがすぐに発行禁止となり新聞紙法違反で検挙される。(堀内稔)〔文献〕『韓国アナキズム運動史』

李　炳燁　り・へいよう　イ・ビョンヨプ　?-?　東京の朝鮮東興労働同盟高田部の中心メンバー。1934(昭9)年呉宇泳ほか3人の同志とともに日活映画従業員争議へ応援派遣され活動したほか同年10月には関西風水害の救済金募集活動を行った。(堀内稔)〔文献〕『社会運動の状況6』

李　容俊　り・ようしゅん　イ・ヨンジュン　1905-?　別名・千里芳　朝鮮忠清北道堤川出身。25年高等普通学校を卒業。大杉栄ら訳の『クロポトキン全集』を愛読する。30年奉天(現・瀋陽)に亡命して以来中国各地を転々としながら活動を続ける。31年2月北京に潜入し元心昌らと交わる。5月上海に行き李会栄，柳子明，鄭華岩の勧誘で南華韓人青年連盟に加入，さらに白貞基の誘いに従い朝鮮人，中国人，日本人で組織された抗日救国連盟(黒色恐怖団)に加盟する。自身も32年李何有，安偶生らを同連盟に加盟させる。31年末華均実(中国人)，田華民(佐野一郎)らと対日柔弱外交を重ねる南京政府の外交部長汪精衛を上海北駅で襲撃するが失敗する。32年柳子明らと天津で爆弾を投げることを計画し，自身は天津日本領事館に爆弾を投げ壁の一部を破壊する。33年3月有吉明公使を殺害しようと準備を進める直前で白貞基，元心昌らが逮捕される。39年1月18日北京で捕えられ京城地方法院で懲役5年となる。(手塚登士雄)〔文献〕『韓国アナキズム運動史2 前編・民族解放闘争』黒色救援会1978

李　竜吉　り・りゅうきち　イ・ヨンギル　?-?　東京の朝鮮自由労働者組合のメンバーで，1929(昭4)年12月組合事務所で創立された極東労働組合に参加，33年3月の組合再編成で情報部員となる。(堀内稔)〔文献〕『特高月報』1933.8

李　竜大　り・りゅうだい　イ・ヨンテ　1909(明42)-?　朝鮮自由労働者組合のメンバー。28年5月30日ボル派の朝鮮労働総同盟北部支部(東京本所)を襲撃し元心昌，金賢哲，宋暎運と検挙され暴行罪で懲役2カ月となる。(冨板敦)〔文献〕『思想彙覧2』

李　良栄　り・りょうえい　リー・リアンルン　1908-1965　中国福建省同安出身。24年黄埔軍官学校に第1期生として入校。卒業後北伐に参加。27年国民革命軍第一師少校団付。同年秦望山らが組織した福建省の民団武装編練処に参加。28年秋編練処を訪れた岩佐作太郎は「さすが年少で少将まで昇っ

た男だけあって何処となしに勝れていた。寸時を盗んでも読書，勉学することと，温厚篤実なところは人のまねの出来ないところであった」とのちに書いている（『痴人の繰言』）。33年国民党政府軍陸軍第88師上校補充団長となり以後国民党政府軍の幹部を歴任。48年8月台湾到着後，金門防衛司令となる。65年シンガポールで交通事故のため死没。〔手塚登士雄〕〔文献〕岩佐作太郎『痴人の繰言』日本アナキストクラブ1983，『中国近現代人名大辞典』国国際広播出版社1989

陸　洪均　りく・こうきん　ユク・ホンギュン　1900.10.1-?　朝鮮慶尚北道善山郡玉城面注児洞生まれ。三・一独立運動時は京城の農林学校の学生として参加，卒業後農林研究所に勤め堺利彦訳のモリス『理想郷』（アルス1920）を読んで思想を固める。民族革命を志して渡日，東京の豊島中学4年に籍を置き雑司ケ谷に下宿して新聞配達をしながら勉強する一方，駿河台の労働運動社に出入りした。23年5月朴烈らの不逞社に参加，朴烈の家に同居して運動し朴烈が主宰する雑誌『現社会』（4号1923.6）に「所謂多数の正体」を書いた。しかし同年9月3日いわゆる朴烈事件で朴烈，金子文子ら16人全員が検挙され朴烈，金子，金重漢3人以外の陸ら13人は予審不起訴の免訴となり全員釈放となった。26年5月張祥重，鄭泰成，元心昌らとともに雑司ケ谷に黒色運動社の看板を掲げ運動の再建を試みた。同年11月元心昌らと黒友会を改めて黒色戦線青年連盟を結成，日本人の黒色青年連盟に加入した。しかしあくまでも朴烈の意志を継承するためとしてその名称を再び不逞社と改称し機関紙『黒友』を発刊したが，発禁処分を受けたので名称を黒風会と改称した。その後朝鮮に帰国し慶尚北道善山郡玉城面で表面上は農村疲弊救済を標榜する私生活社を組織し常務幹事となって活動した。〔堀内稔〕〔文献〕瀬戸内晴美『余白の春』中央公論社1972，『社会運動の状況1』，『韓国アナキズム運動史』

陸　式楷　りく・しきかい　ルー・シーカイ　?-?　別名・式卿，疾侵　1905年中国上海でロシア人からエスペラントを学ぶ。06年上海世界語学社を組織，エスペラントの普及を始める。09年盛国成らと上海で中国世界語会を設立。12年5月中国世界語会は中華民国世界語会に改組される。世界エスペラント協会の上海正代理人となる。『世界語初級』などを出版。20年3月胡愈之，ストパニ，巴金らと上海世界語学会を再建する。同学会は世界語函授（通信教育）学校，世界語図書館，世界語書店を設立，22年6月『緑光』(La Verda Lumo)を創刊。同誌は十数年間発行され20年代エスペラント運動に大きな貢献をする。〔手塚登士雄〕〔文献〕宮本正男『大杉栄とエスペラント運動』黒色戦線社1988，侯志平『世界語運動在中国』中国世界語出版社1985

陸　蠡　りく・れい　ルー・リー　1908-1942　本名・聖泉　中国浙江省天台出身。杭州恵蘭中学，之江大学で学ぶ。27年上海労働大学を卒業。30年以降，杭州中学，泉州平明中学で教えまた友人と泉州語文学社を創設する。32年と34年の2度上海文化生活社の編集をつとめる。38年総合雑誌『少年読物』を創刊。42年4月文化生活社が日本軍により押収された際虐殺される。抗日戦争終結後，巴金は日本軍に捕まったと伝え聞いたまま生死の不明な陸蠡について追想文を書いている。陸蠡の筆名で『海星』（文化生活出版社1936），『竹刀』（同1937），『囚緑記』（同1940）の3冊の散文集とツルゲーネフの『ルージン』など3冊の翻訳書がある。〔手塚登士雄〕〔文献〕『中国現代文学詞典』上海辞書出版社1990，巴金『陸聖泉を懐かしむ』『懐念集』寧夏人民出版社1994

リード　Read, Herbert　1893.12.4-1968.6.12　英国中部ヨークシャーの農家に生まれる。リーズ大学卒業後，第一次大戦に参加。19年「戦争の恐怖を体験の権威をもって語ることのできる平和主義者」となって軍隊をあとにする。詩人として出発，文学，美術の批評家として頭角を現す。ロシアに希望を託したがスターリン・ロシアの現実はこの希望を粉砕。37年のスペイン革命に触発され38年『詩とアナキズム』（中橋一夫・大澤正道訳，東京創元社1952）を刊行，社会における破壊の起爆者は詩人でありしたがって詩人は必然的にアナキストであると宣言する。45年アナキズム紙『フリーダム』の言論弾圧事件ではバートランド・ラッセル，ハロルド・ラスキらと自由防衛委員会を組織し自らその委員長となる。53年美術界などでの貢献によりナイトに受勲されるや「アナキストが女王

の前にひざまずくなどスキャンダルだ」と批判され、以後アナキズム団体とは疎遠になる。「アナキストの多くは無意識的な権威主義者である」と一矢いたのはその頃である。50年代の核保有反対闘争にも積極的に加わっているが、その立場は平和主義でありアナキズムではなかった。54年に刊行された『アナーキーと秩序』(大澤正道訳『アナキズムの哲学』法大出版局1968)には上記の『詩とアナキズム』のほかアナキズムを主題として書かれた論文がすべて収められている。W.モリスのように産業主義をすべて否定はしないが「わたしは本質的に農民である」といっているとおりリードの思想の原点はやはり「大地を耕すこと」につきるといっていい。35年に書かれた寓意小説『グリーン・チャイルド』(増野正衛訳、英宝社1968)にはその思想がうかがわれる。日本では美術や文学の分野での著書が多く訳出され紹介されているがアナキズムについては鶴見俊輔や大澤が目を向けたにとどまる。今後の課題であろう。(大澤正道)〔著作〕北条文緒訳『ハーバート・リード自伝』法大出版局1970、増野正衛・山内邦臣訳『非政治的人間の政治論』法大出版局1970、周郷博訳『平和のための教育』岩波書店1952、植村鷹千代・水沢孝策訳『芸術による教育』美術出版社1953〔文献〕鶴見俊輔「ハーバート・リードの思想と日本的風景」『アフランシ』9号1952.1、大澤正道「ハーバート・リードの死」『自由連合』142号1968.7

リネル，アン Ryner, Han 1861.12.7-1938.1.6 本名 Henri Ner 仏領アルジェリアのオラン県ヌムールに生まれる。エクス・アン・プロヴァンスで哲学士の試験に合格。各地の公立高校で哲学の教鞭をとり、21年パリのシャルルマーニュ校で退職する。89年処女作『征服された肉体』を発表、演劇評論家サルセイの推賞を受ける。05年小説『赤いスフィンクス』を刊行。徹底した個人主義者リビエスとその家族の葛藤が作品化されている。22年『様々な個人主義』を刊行。このなかで「個人主義者とは、ただ個人だけが『現実』のものであり、すべて個人的でなく、単数でない一切のものが『非現実』であるという感情を持った人間のことです」と書いている。この「非現実」はシュティルナーの唯一者の思想の「幽霊的存在」に対応する。読売新聞パリ支局長の松尾邦之助はアン・リネルと親交を結び、「パリの辻潤、アン・リネルと語る」などを書き日本に紹介する。フランス個人主義を代表するアン・リネルはもっと日本でも考察されるべき人物である。(大月健)〔著作〕松尾邦之助訳『赤いスフィンクス』長嶋書房1956〔文献〕『ディナミック』10号1930.8、「リネル・ロラン・ツワイクを結ぶ手紙」『アフランシ』10号1952・「アン・リネル『赤いスフィンクス』をめぐって」同34号1957、小川正夫「学校教育について アン・リネルの教育観」同35号1957、松尾邦之助『近代個人主義とは何か』東京書房1962・復刻版黒色戦線社1984

劉　師培　りゅう・しばい　リュー・シペイ 1884.6.24-1919.11.20　別名・申叔，左盦，光漢，少甫，無畏，韋裔　中国江蘇省儀徴県生まれ。清代考証学の揚州学派の流れをくむ家に生まれ18歳で挙人となる。03年頃から社会問題に関心を抱き上海で愛国学社の人々と交わり革命派に接近、排満民族主義の論客として頭角を現す。03年何班(のちに何震と改名)と結婚。ナロードニキの影響を受け自らも清朝高官の暗殺計画に加わる。04年冬、光復会の会員となる。07年2-3月章炳麟の招きで日本に渡り中国同盟会に加入し『民報』に論説を寄稿。しかし幸徳秋水らからの影響と同盟会の内訌を機に同年6月から7月にかけてアナキストに転換。同年8月以降大杉栄ら日本人アナキストを講師に招いて社会主義講習会を開催しアナキズムの宣伝につとめる。同年春頃アジアの被抑圧民族の解放を目標とした亜洲和親会を組織、『天義』『衡報』で展開されたアナキズムは中国伝統思想の再解釈の形をとった点できわめて特徴的である。同時に「亜洲現勢論」にみられる反帝国主義の姿勢は当時としてはきわ立った水準にあった。08年8月までは革命家として活動していたがその後の一時帰国を境として清朝官僚のスパイとなる。転向の要因としては妻の慫慂などがあげられているがなお不明な点も多い。中華民国成立後は閻錫山の顧問を経て袁世凱に接近し籌安会の一員として帝制復活支持の論陣を張る。袁の死後は一時流浪の生活を送ったのち17年蔡元培の招きで北京大学の教授となる。その後は一貫して守旧の立場を取り続けた。(嵯峨隆)〔著作〕『劉申叔先生遺書』影印版・華世出版社1975〔文献〕小野川秀美

『清末政治思想研究』みすず書房1969、丸山松幸『中国近代の革命思想』研文出版1982、嵯峨隆『近代中国の革命幻影』同1996、『エス運動人名事典』

劉　師復　りゅう・しふく　▷師復　し・ふく

柳　子明　りゅう・しめい　ユ・ジャシン　1894.1-1985.4　別名・友樺、興湜　朝鮮忠清北道出身。12年水原農林学校入学。16年卒業し忠州の農業学校と普通学校の教師となる。19年三・一運動に参加。同年6月上海に行き同年創立された大韓民国臨時政府の臨時議会委員となる。12月ソウルに戻り李乙奎、李丁奎らアナキストらと接触しアナキズムに傾倒する。22年4月北京に行き申采浩、李会栄らと親交。24年4月在中国朝鮮無政府主義者連盟の創立に参加。また金元鳳に会い義烈団に加盟、上海や広州で活動する。27年6月武漢に行き東方被圧迫民族連絡会議を結成。28年漢口で公安局に逮捕され6カ月間獄中生活を送る。29年秋、泉州の黎明中学で教え30年1月上海の立達学園高中部農村教育科に移る。その頃華光医院で巴金、毛一波、盧剣波らと知り合う。31年上海で南華韓人青年連盟の結成に加わる。33年フランスから帰国した馬宗融・羅淑夫妻と親しくなる。37年11月に結成された民族運動左派の統一組織である朝鮮民族戦線連盟に朝鮮無政府主義者連盟（朝鮮革命者連盟）の代表として参加し機関誌『朝鮮民族戦線』の編集に携わる。38年10月朝鮮民族戦線連盟が朝鮮義勇隊を組織すると指導委員となる。40年3月沈仲九が政府顧問をする福建省に行き福建省農業改進処で働く。44年9月重慶での朝鮮革命各党派の統一会議に参加。46年3月台北の台湾省農林処合作農場で働く。50年朝鮮に帰国しようとするが朝鮮戦争勃発のため帰れなくなる。その後長沙の湖南農学院教授となる。（手塚登士雄）〔文献〕堀内稔「民族運動史上の人物・柳子明」『朝鮮民族運動史研究』3号1986、鹿嶋節子「朝鮮民族戦線連盟について」同7号1991、嶋田恭子「巴金と朝鮮人」『相浦杲先生追悼中国文学論集』同刊行会1992

柳　絮　りゅう・じょ　ユ・ソ　1905-1980.11　本名・基石、別名・樹人　朝鮮黄海道出身。12年一家で中国吉林省延吉に亡命、16年中国国籍を取得。20年南京の金陵中学に入学。24年卒業後上海に行き民族主義革命団体興士団に入る。その後北京の朝陽大学に入り学生運動に携わる。延吉道立中学の同級だった沈茹秋と再会、24年北京民国大学で黒旗連盟を組織する。25年春魯迅を訪ね『狂人日記』翻訳の許可を得、ソウルで出版されていた雑誌『東光』（1927.8）に発表する。26年9月沈茹秋らとクロポトキン研究グループをつくる。12月「東亜無政府主義者大連盟を組織することを主張する」という訴えを発表（『民鐘』1926.12）、民鐘社、民衆社、朝鮮黒幟団の3団体が主宰して東亜大会を開くことを呼びかけた。27年1月吉林で東北各地の朝鮮人活動家が集まるが官憲に踏み込まれ出席者とともに逮捕され沈茹秋らの奔走でようやく釈放される。28年上海で毛一波らと革命文学論争に加わり「マルクス主義の階級芸術論の検討」（『民間文化週刊』1928.5）などを発表。その後福建省泉州の民団訓練所で活動。29年に泉州に設立された黎明高級中学で教える。37年抗日戦争勃発後、金九の要請を受け日本駐華大使谷正之刺殺の活動に参加。各地で抗日活動に従事する。45年一時帰国するがその後蘇州に戻り江蘇大学歴史学部教授となる。（手塚登士雄）〔文献〕嶋田恭子「巴金と朝鮮人」『相浦杲先生追悼中国文学論集』同刊行会1992、坂井洋史「巴金と福建泉州　黎明高級中学、平民中学のことなど」『猫頭鷹』5号1986.9、南雲智「魯迅・朝鮮人・『魯迅日記』」『季刊青丘』1990.2、堀内稔「民族運動史上の人物・柳基石」『朝鮮民族運動史研究』8号1992

劉　石心　りゅう・せきしん　リュー・シーシン　1895-?　中国広東省中山県出身。師復の実弟。12年広州の陸軍軍官速成学堂に入学するが師復の影響で退学し広東農業専門学校に入る。同年5月広州に晦鳴学舎を設立しアナキズムの宣伝を始めた師復を助ける。14年師復が上海で無政府共産主義同志社を結成すると梁冰弦、黄凌霜らと広州無政府共産主義同志社を組織し労働者への宣伝活動を行う。15年秋師復の葬儀後、シンガポールに渡り養正学校の教員となる。18年春梁冰弦とともに上海に大同書局を設立、月刊『労働』を創刊しその後スマトラで『スマトラ報』を編集するがオランダ植民地政府に逮捕され国外退去処分となる。19年福建省南部を支配していた陳炯明が社会主義者を招聘、梁冰弦とともに漳州に行き同年末『閩

星』を創刊する。20年秋広州に戻りコミンテルンの働きかけを受けて梁冰弦，区声白らとアナ系共産党を組織，同年10月創刊の『労働者』の編集を担当する。労働者への働きかけを活発に行い広州機器工会を結成する。22年フランスに留学，24年帰国。広州機器工会の合法化につとめ，27年国共分裂後，機器工会を中核に革命工人連合会を組織し，右派組合と闘争を繰り広げる。(手塚登士雄)〔文献〕劉石心『弟の語る師復』「劉石心の回想」「私と広東機器工会」『中国アナキズム運動の回想』総和社1992

笠　英明　りゅう・ひであき　?-?　別名・保東京新聞労働連盟，解放戦線社のメンバー。西神田署に拘留されていたが(理由は不明)，1926(大15)年4月16日釈放される。同年6月21日浦和公会堂での社会問題演説会の定刻前，古川時雄，岩佐作太郎，宇治木一郎と宣伝の辻説法を行う。7月12日高円寺の高松座での解放戦線社，朔風会，激風社，黒闘社主催の社会問題演説会で司会をつとめる。同年山崎真道，岡崎竜夫，宇田川一郎，後藤学三と『解放新聞』(解放戦線社)の編集を担う。解放戦線社は荏原郡目黒町駒場(現・目黒区)にあった(朔風会と同住所)。(冨板敦)〔文献〕『新聞労働』1輯1926.4，『自連』1号1926.6，『解放新聞』5号1927.7，『黒色青年』4・5号1926.7・9

劉　夢葦　りゅう・むい　リュー・モンウエイ　1900-1926　本名・国鈞　中国湖南省安郷出身。20年長沙第一師範学校に入学。この年沈仲九，孫倶学らと長沙で安社を設立，長沙における早期のアナキストの核心組織となる。また第一師範の学生の組織した明社に参加。大同合作社や長沙青年同楽会にも参加。23年『創造季刊』2巻1期に詩作「吻之三部曲」を発表し有名になる。24年1月上海で月刊『飛鳥』を創刊。中国の新詩壇において徐志摩，聞一多とともに盛名をはせ新詩形式運動の最も早期の提唱者とされる。26年秋夭折。詩集に『青春之花』『孤鴻』がある。(手塚登士雄)〔文献〕李立明『中国現代六百作家小伝』波文書局1977，嵯峨隆・坂井洋史・玉川信明編訳『中国アナキズム運動の回想』総和社1992

梁　一東　りょう・いっとう　ヤン・イルドン　1912.12.30-1980.4.1　別名・山本茂，梁一童　朝鮮全羅北道沃溝生まれ。29年ソウルの私立中東学校在学中，抗日光州学生運動に参加して退学処分を受けた。30年3月呉在徳らと北京に行き白貞基らと交流してアナキズムに共鳴するようになる。31(昭6)年秋東京に渡り朝鮮東興労働同盟と黒友連盟の機関紙『黒色新聞』の編集委員の一人として活動，32年8月神田の東興労働事務所明け渡しをめぐって警察官と乱闘になった事件で検挙され同年11月懲役6カ月執行猶予2年の判決を受ける。33年のメーデーには準備協議会に出席，また黒色新聞社を代表して朝鮮との情報連絡にあたり同年秋には有吉明公使暗殺未遂事件の被告の救援活動などを行った。35年3月『朝鮮東興労働ニュース』1号を発行。以後も引き続き発行し何度も発禁処分を受けたが同年9月発行責任者として出版法違反で検挙され11月罰金30円を課された。(堀内稔)〔文献〕『社会運動の状況5-7』，『韓国アナキズム運動史』，『自連新聞』75・76号1932.11・33.1

梁　源模　りょう・げんも　ヤン・ウォンモ　?-?　東京の朝鮮東興労働同盟のメンバー。1934(昭9)年5月のメーデーで検束される。(堀内稔)〔文献〕『黒色新聞』28号1934.5

梁　相基　りょう・そうき　ヤン・サンギ　?-?　東京の朝鮮東興労働同盟のメンバー。1929(昭4)年6月ボル系の学友会に斬り込んだ学友会事件で検挙され投獄，翌30年5月保釈されるが32年5月懲役2年執行猶予4年の判決を受ける。同年8月東興労働神田事務所明け渡しをめぐる警官隊との乱闘事件で懲役7カ月の判決を受け，先の学友会事件とこの乱闘事件で2年2カ月の刑となり34年10月刑期を終えて出獄する。(堀内稔)〔文献〕『自連新聞』39・70・74・95号1929.9・32.5・9・34.10

梁　冰弦　りょう・ひょうげん　リアン・ピンシエン　?-?　別名・両極　中国広東省南海県の人。清末に中国同盟会に加入し革命運動に加わる。中華民国成立後，師復の影響を受けてアナキストとなる。南洋地域で雑誌や小冊子の発行に携わり五・四運動期に帰国して『労働』『邦星』などの雑誌を出版，サンジカリズムの宣伝につとめた。1925年鄭佩剛と出版合作社を創設し『呉稚暉学術論著』などを出版。人民共和国成立直前に香港に移り60年前後に当地で病死した。(嵯峨隆)〔文献〕葛懋春・蒋俊・李興芝編『無政府主義思想

りょう

『資料選・上冊』北京大学出版社1984

龍 武一郎 りょう・ぶいちろう　1928(昭3)4.3-　京都市内の酒屋の長男として生れる。44年旧制中学卒業、志願して予科練入隊。敗戦直前には佐世保第2航空団に配属され練兵場でグラマンの機銃掃射にあい初めて「死にたくない」と思う経験をする。基地から長崎に投下された原爆のキノコ雲を目撃しまた復員の途次広島の状況も知る。これらが戦後の平和運動にかかわる原体験となる。敗戦直後、生田春月の詩を読んだことをきっかけに大杉栄の著作を読みアナキズムを知る。46年立命館大学専門部入学、京都市内の大学に豆腐を配達する家業を手伝いながら大学に通う。48年学制改革で新制の法学部に編入。大学ではエスペラントの運動にもかかわるがほぼ柔道に明け暮れる。日本アナキスト連盟機関紙『平民新聞』を知り岡崎に住むアナ連京都支局の山鹿泰治を訪れ以降機関紙の発送や販売、『平民新聞』のエスペラント版"La Heimin Ŝimbun"の国外発送などを手伝う。高橋良三や小笠原秀実ら知識人、石田三郎をはじめ京大・同志社・立命館・臨済専門学校(現・花園大学)等の学生ら若手とともに京都市内で会合を開きまた機関紙の街頭販売にも携わる。49年12月京都学生エスペラント連盟を結成、委員長に就任。京都エスペラント会と共催でザメンホフ生誕記念講習会を山鹿他5名の講師を迎えて開催する。50年5月に京都知恩院で開催された日本アナキスト連盟第5回全国大会の開催準備に尽力。54年頃妻と意見が合わず家を出て北海道で生活、木材の運搬や道路工事などに従事する。56年11月上京、日本アナキスト連盟第6回全国大会に出席。東京で活動を始め青年グループを結成。58年前田幸長、山鹿らとともに広島から東京までの1000キロ平和行進に参加、翌59年二年連続で行進に参加する。同年2月神奈川県川崎の柿生で開催されたアナ連第9回大会に出席。60年頃から静岡県富士市で同地区一般産業合同労組の組合長を務めていた福田武寿のもとで活動するようになり、またアナ連山梨・静岡地協では福田、遠藤斌とともに坂本清馬講演会を開催する。結婚後、63年富士宮にユースホステル「ふもとの家」を開業。70年代以降、様々な運動による「ワークキャンプ」の拠点の一つとなり、山口健二らJATEC(Japan Technical Committee to Aid Anti War GIs反戦脱走米兵援助日本技術委員会)の逃亡米兵支援、諸グループの合宿などに協力した。若者との交流での熱弁は「龍さん節」と称され若い世代を鼓舞し元気づけるものであった。70年10月「ふもとの家」に尾関弘、奥沢邦成とともにスイス・ローザンヌのCIRA (Centre International de Recherches sur l'Anarchisme)をモデルにアナキズム研究センターを設立。センターは数回の休止を経て今日のアナキズム文献センターとして維持され、その間「ふもとの家」には戦前から戦後に至る多数の文献・資料が集められている。76年遠藤、大塚昇、福田らと大杉栄墓誌建立委員会を設立。同委員会の活動は毎年恒例の静岡市沓谷霊園の墓前祭開催につながった。03年向井孝、望月明美らとともに1922年天城山で亡くなった久板卯之助の石碑建立と墓前祭開催のために尽力した。06年6月30日-7月2日に静岡県御殿場市国立中央青少年交流の家で開かれた第1回全国ワークキャンプフォーラムで、龍は「ふもとの家」設立当時を回顧して「昔は金がなかったから、いろいろ工夫した。みんな工夫して頑張れ!」と発言、参会者を勇気づけた。(田中ひかる)〔著作〕「私は何故平和行進に参加したか」『クロハタ』32号1958.8,「富士山麓に夢を描く(1)(2)」『自由連合』90・91号1963.8・9,「久板卯之助の墓碑探訪」『トスキナア』4号2006.10〔文献〕『平民新聞』55号1950.1,『連盟通信』10・15・25・29号1956.7・57.1・58.8/9,『クロハタ』31・32・号外1958.7・8・9,「第1回全国ワークキャンプフォーラム」『ふくおか森づくり日記』2006.7

梁　竜光 りょう・りゅうこう　リアン・ルンクワン　?-?　別名:披雲　1927-28年中国福建省でアナキズム運動の地盤を築こうとした泉州永春二属民団武装練練処の活動に参加。28年岩佐作太郎と赤川啓来を上海から厦門経由で民団編練処に案内する。梁の一族は厦門に商館興隆号を経営、上海、天津など重要な都市で広く営業していた(『痴人の繰言』)。29年蔡元培と馬叙倫の建議を受けて秦望山らが泉州に創立した黎明高級中学の初代校長となる。福建省外から教員を積極的に招く。32年黎明高中は閉鎖され多くの教員が去る。梁ら関係者の努力により

黎明学園として復活，34年職業専科大学黎明大学を発足させる。36年黎明学園理事長として澳門を中心に活躍。(手塚登士雄)〔文献〕坂井洋史「巴金と福建泉州 黎明高級中学，平民中学のことなど」『猫頭鷹』5号1986.9, 岩佐作太郎『痴人の繰言』日本アナキストクラブ1983

良寛 りょうかん 1758-1831(宝暦8-天保2.1.6)江戸後期の歌人。本名は山本栄蔵また文孝。出家して良寛，号・大愚 越後出雲崎(現・新潟県三島郡出雲崎町)の名主の長男として生まれる。1779年22歳のとき家業を嫌って出家。備中玉島(岡山県倉敷市)円通寺の国仙和尚に出会い随行，12年に及び曹洞禅の修行を積み国仙和尚が死去した後は全国行脚の生活に入る。95年に父が死去，翌年帰国。生涯にわたって寺を持たず子供と遊んだり民と酒を飲み交わしたり，和歌や書を楽しんだりと宗派や僧籍にこだわらず自由な生活を送った。1826年69歳の時には29歳の貞心尼と出会い親交を深めた。大正期には相馬御風が『大愚良寛』(春陽堂1918)など良寛に関する研究書を多数刊行，その人柄や作風を称揚し多くの人に広く受け入れられた。その背景に，社会秩序や道徳を超える「生命」を人間生存の根本として重視する当時の風潮，つまり「大正生命主義」の影響があったことも考えられる。(上野貴代子)〔文献〕『良寛全集別巻1良寛伝記，年譜，文献目録』野島出版1981,『良寛事典』新潟日報事業社1993, 鈴木健一『江戸詩歌史の構想』岩波書店2004

林 君復 りん・くんぷく リン・チュインフー 1879-1942 中国広東省香山県(現・中山市)生まれ。清末に日本に留学し革命運動に参加。辛亥革命に際しては香山県城の攻撃に加わる。中華民国成立後，師復の同志としてアナキズム運動に従事。師復死後は一時『民声』の編集を担当する。のち古典および仏典の研究に専念するようになる。41年末香港が日本に占領されると恵陽県の寺に入り僧侶となった。(嵯峨隆)〔文献〕盧権編『広東革命史辞典』広東人民出版社1993

林 済彩 りん・さいさい リム・ジェジェ 1909-? ロシアのシベリアに生まれ19年両親とともに上海に移る。29年復旦大学に入学。30年柳子明，安偶生らと交わりアナキズムに共鳴，南華韓人青年連盟に加わる。32年強盗罪で懲役5年の判決を受け36年8月出獄，再び上海に逃亡する。37年1月南華韓人青年連盟の資金獲得のために親日朝鮮人から金品を奪取することに協力する。38年頃逮捕され39年9月京城地方法院で治安維持法違反，強盗幇助罪などで懲役7年の判決を受ける。(手塚登士雄)〔文献〕『韓国アナキズム運動史2 前編・民族解放闘争』黒色救援会1978

林 斐芳 りん・ひほう リム・フイホン ?-? 1927年7月稲垣藤兵衛らが組織した孤魂連盟に加わる。同年1月に分裂し左派が主導権を握った台湾文化協会において王敏川派に対する連温卿派に属するが，29年11月台湾共産党の影響で連温卿が左翼社会民主主義者として除名されるとともに同協会を脱退する。30年6月張維賢らが結成した民烽演劇研究会の発会式に参加。同6月王万得(台湾共産党員)，周合源，黄白成枝ら5人が創刊した文芸雑誌『伍人報』の購買勧誘などにあたるがまもなく脱退し，同年8月黄天海と雑誌『明日』を創刊，編集発行人となる。6号刊行するが3号が発禁。31年8月台湾労働運動互助社の一斉検挙を受けるが嫌疑不十分で釈放される。(手塚登士雄)〔文献〕台湾総督府警務局編『台湾総督府警察沿革誌3』1939, 王詩琅「思想鼎立時期的雑誌」『王詩琅全集9』徳馨室出版社1979

る

ルイズ・ミッシェル ▷ミッシェル

ルクセンブルク，ローザ Luxemburg, Rosa 1871(1870?).3.5-1919.1.15 ポーランド立憲王国ザモシチで木材商夫妻の第五子として生れる。80年一家はワルシャワに転居。ワルシャワ第2女子ギムナジウムで学び86年プロレタリアート加入。87年アビトゥア合格。89年スイス・チュウリッヒに亡命。チュウリッヒ大学哲学科入学，アナトリーやレオ・ヨギヘスらとともに学ぶ。93年レオ・ヨギヘスやジュリアン・マルチェフスキーらとポーランド王国社会民主党(99年以後，ポーランド・

リトアニア王国社会民主党)を結成,『労働者の大義』紙を発刊。ポーランドの独立はドイツ・オーストリア・ロシアの革命を通してのみ可能であり,闘争はポーランド独立を目的とするものではなく資本主義に対するものでなくてはならぬと主張,レーニン流の社会主義の許での民族自決権を否定した。96年第2インターのロンドン大会に出席。97年「ポーランドにおける産業の発展」で法学博士号を授与される。98年ドイツ市民権を得て,ベルリンに転居,ドイツ社会民主党に加入。99年社民党主流派ベルンシュタインが発表した「社会主義のための諸前程と社会民主主義の任務」に対し「社会改良か革命か」を執筆し激しく反論,SPDを代表する理論家として国際運動のなかで広く知られるようになる。1900年以後,『ライプチッヒ人民新聞』や『赤旗』などによって時事問題に関する意見を表明,1905年のロシア第1革命の歴史的意議を評価,ゼネストの重要性を確信し党の戦術とするよう強く主張する。07年ロンドンで開催されたロシア社会民主労働党大会にポーランド代表として出席。同年第2インターシュトゥットガルト大会でレーニンと共同執筆の戦争反対決議案が採択された。06年社会民主党教育センター講師就任,マルクス主義と経済学を担当,この時の講義録が『経済学入門』に纏められる。10年戦争体制を阻止するためゼネストを組織するよう党の方向転換を促す論文を執筆するもカウツキーら党指導部はこれを受け入れなかった。12年2月党代表としてフランス社会党大会に出席,ジャン・ジョレスと戦争が起ったときにはゼネストで対抗することを約束した。14年フランクフルトなどで戦争反対のデモを組織,命令への不服従,兵役拒否を呼びかけ「法と秩序への不服従を煽動した」として逮捕され懲役1年の有罪判決を受ける。13年『資本蓄積論』を出版。14年7月第1次大戦勃発,社会民主党は開戦を支持,戦争中はストライキを控えると政権に約束,ローザは自死を考えるほど落胆するが8月カール・リープクネヒトらと国際派を結成,翌15年4月機関紙"Internationale"を刊行。ローザは「社会民主主義の危機」で社会主義インターの再建を訴えるが即日発禁処分を受ける。グループは16年1月1日リープクネヒト宅に集りローザが獄中で起草した行動指針を採択し『スパルタクス書簡』と題する冊子の刊行を決定,共有の筆名としてスパルタクスを用いることにしたのでスパルタクス団と呼ばれるようになる。同年のメーデーで反戦の煽動をしたとして7月再逮捕,リープクネヒトとともに禁固2年半の判決を受ける。獄中でユニウスの筆名でドイツの労働者へ武装蜂起を呼びかけ,ロシア10月革命についてレーニンを批判する論文を精力的に執筆,ヨギヘスらによって地下出版された。18年スパルタクス団は社会民主党を離脱,12月29日から翌年1月1日にかけて開かれた創設大会でドイツ共産党を樹立。機関誌『赤旗』の巻頭でローザは労働者にリベラルな新聞社の占拠を呼びかけるが,これに呼応するようにドイツ各地で主要施設を武装労働者が占拠,9日から15日にかけて政府軍と激しい衝突の結果敗退,ローザとリープクネヒトは15日ベルリンで逮捕され,数百人の同志と共に虐殺された。ローザはプロレタリア独裁とは階級の独裁であって党派の独裁ではないと主張,共産党による独裁を否定し労働者評議会の連合体による社会統合を主張した。この点ではサンヂカリストたちの主張に近い。また革命とは民意の発揚であって自然発生的でなければならないと考え,レーニンを指導者とするボルシェビキの十月革命を否定した。ローザのこのような考え方は,山口健二ら日本のアナキストたちにも影響を与えた。(白仁成昭)〔著作〕『ローザ・ルクセンブルグ選集』1-4現代思潮社1970,堺真柄編訳『ロザの手紙 ロザ・ルクセンブルクの獄中消息』(無産社パンフレット8)無産社1926.01,『評議会主義アナキズム』日本アナキスト連盟1954,秋元寿恵夫訳『獄中からの手紙』岩波文庫1982,大島かおり編訳『獄中からの手紙』みすず書房2011,小林勝他訳『ローザ・ルクセンブルク全集』全17巻お茶の水書房2011-2013,〔文献〕トニー・クリフ浜田泰三訳『ローザ・ルクセンブルグ』現代思潮社1968,東京・国際シンポジウム実行委員会編『ローザ・ルクセンブルクと現代世界 生誕120年記念東京・国際シンポジウム報告集』社会評論社1994,パウル・フレーリヒ伊藤成彦訳『ローザ・ルクセンブルク その思想と生涯』御茶の水書房1998・2009,伊藤成彦『歴史に生きるローザ・ルクセンブルク 東京・ベルリン・モスクワ・パリ 国際会議の記録』社会評論社2014

ルクリュ,エリゼ Reclus, Elisée 1830.3.

15-1905.7.4 フランス，ボルドーの東，ドルドーニュ川沿いの小さな村サント・フォア・ラ・グランドで生まれる。父は熱心なプロテスタントの牧師。兄弟姉妹11人に囲まれ兄エリー（宗教学），弟オネシム（地理学），弟ポール（医学）ものちにそれぞれ著名になる。エリゼは51年のルイ・ナポレオンのクーデターに反対したためフランスを追放されヨーロッパ，アメリカを旅し，地理学の研究にめざめる。57年帰国後，地理学の仕事に本格的に取りかかる。第一インターナショナルに参加し『人民の声』刊行に加わる。71年パリ・コミューンに加わったため10年間の追放。スイスに身を落ち着けクロポトキン主宰の『反逆者』編集に協力する。自らも『革命旗』(1882)を主宰しながら著書『世界地理学』(1875-94)の執筆刊行に従事する。これによって19世紀の卓越した地理学者の一人となる。その仕事が評価されブリュッセル自由大学教授となる。他方アナキズムについての著作『進化，革命，無政府主義の理想』(1898)を著す。ベルギーのトゥールーで死没。その年から『地人論』(1905-08)の刊行が始まる。エリゼの名は日本では内村鑑三『地理学考』（警醒社書店1894）に現れる（のちに『地人論』と書名変更）。本格的な紹介はエリゼの甥ポールに出会った石川三四郎によってなされる。石川はエリゼの『地人論』の翻訳刊行につとめエリゼ・ルクリュ研究会を開催する(1931)。戦後の『平民新聞』は「無政府とは秩序の最高の表現である」というエリゼの言葉を標語に掲げた。日本でのエリゼは，宮沢賢治の「羅須地人協会」のように地下水脈のなかに認められる。と同時にアナキズムと地理学のエリゼの仕事は日本人を国家，島国という明治以来の見方ではなくて個人，海洋からとらえ直す際の手がかりを含んでいる。（山口晃）〔著作〕石川三四郎訳『原始労働論』啓明会本部1926（『地人論』第1巻第3章と同じ），同『地人論1』春秋社1930・復刊『世界文化地史大系1』有光社1943，同『進化と革命』共学社1930・復刻版黒色戦線社1972，同『地人論3』『木学舎だより』4号-1999-，山口晃訳『エリゼ・ルクリュ書簡集』『木学舎だより』3-5号1998-2001〔文献〕石川三四郎『エリゼ・ルクリュ』国民科学社1948，小寺廉吉「エリゼ・ルクリュについて」『石川三四郎著作集2』（月報）青土社1977，G.S.ダンバー「自然の歴史家 エリゼ・ルクリュ」（山口晃訳）『木学舎だより』3号1998-

ルクリュ，ジャック Reclus, Jacques 1894-1984 ポール・ルクリュの息子。ピアニスト志願であったが第一次大戦で負傷し断念。27年中国人アナキストに招かれ中国に渡る。そのころから石川三四郎と本格的に交流し終生続く。フランスのアナキズム誌『プリュ・ロワン』にしばしば寄稿。上海労働大学，南京大学，北京大学などで教鞭をとる。上海労働大学でフランス語，社会主義，労働運動について講義し，山鹿泰治，岩佐作太郎，石川三四郎が同じ時期に招かれている。52年中国政府に追放されフランスに戻る。エドガー・スノー『中国の赤い星』の仏訳はジャックによる。（山口晃）〔文献〕石川三四郎『一自由人の放浪記』平凡社1929（『石川三四郎選集7』黒色戦線社1977），同『自叙伝』理論社1956（『石川三四郎著作集8』青土社1977），米原謙「フランス人アナキストの中国25年 ジャック・ルクリュ小伝」『阪大法学』188号1997.6

ルクリュ，ポール Reclus, Paul 1858-1941 エリゼ・ルクリュの兄エリーの息子。94年ヴァイヤンのテロ事件の被告となり英国に亡命。そこでクロポトキン，マラテスタ，チェルケゾフと交流。ブリュッセルで叔父エリゼの仕事を手伝い自らも教壇に立つ。中国人アナキスト褚民誼の紹介でヨーロッパに渡って間もない石川三四郎を知り石川を助ける。第一次大戦勃発でマルガリータ夫人とフランスに帰国。16年即時講和反対，戦争続行を呼びかけるクロポトキンらの「16人宣言」に石川とともに名を連ねる。戦後アナキズム誌『プリュ・ロワン』刊行に参加。日本に帰国した石川は石本恵吉の援助を得，ポールと連絡をとりブリュッセル自由大学エリゼ・ルクリュ地理学研究所の蔵書購入をはかったが関東大震災でせっかく運搬した膨大な図書が焼失。ポールは石川に「火山の賛美者であったエリゼの形見が震災で焼けたのはいかにもふさわしい成行きではないか」と返事する。（山口晃）〔文献〕石川三四郎『自叙伝・上下』理論社1956（『石川三四郎著作集8』青土社1977）

れ

麗　尼　れい・に　リー・ニー　1909-1968.8.3
本名・郭安仁　中国湖北省孝感出身。27年上海国立労働大学で学ぶ。28年革命文学論争でアナキストの論陣を張った『現代文化』に寄稿。『クロポトキン全集』を完成させるため畢修勺とともに自由書店の編集者となる。『ロシア文学の理想と現実』を翻訳するが国民党の弾圧で出版に至らなかった。31年重慶書店からクロポトキン原作の『ロシア文学史』を出版。のちに中国左翼作家連盟に参加。30年巴金と知り合う。35年巴金、靳以らと文化生活出版社を創立。ジイドの『田園交響曲』を翻訳、出版する。巴金の編集により処女散文集『黄昏の献呈』が出版される。抗日戦争期は四川で中学教師、国防部秘書、重慶相輝大学教授などを歴任。中華人民共和国建国後は武漢の中南人民出版社、中南人民文芸芸術出版社に勤務し作家協会に加入。65年に広州曁南大学中文系教授となる。文化大革命中に迫害を受け死没。78年9月14日名誉回復。(手塚登士雄)〔文献〕巴金「麗尼同志について」(石上韶訳)『随想録』筑摩書房1982, 坂井洋史「巴金と福建泉州　黎明高級中学、平民中学のことなど」『猫頭鷹』5号1986.9

レノン、ジョン　Lennon, John　1940.10-80.12　イギリスのリバプール生まれのロックバンド、ビートルズの中心メンバーだったが、ヨーコ・オノ(小野洋子、1933-)と再婚後、ビートルズから独立した。夫妻はベトナム反戦運動に共鳴し、その思想は彼の音楽活動にも影響を与えた。宗教、国家、所有欲などを否定し何ものにも支配されない自由を求めるアナキズム的な要素を持つ曲として、一時期は放送禁止にまでなった「イマジン」がよく取り上げられるが、このほか聖書もイエス・キリストもヒットラーもケネディも、そしてビートルズさえ信じない、自分とヨーコだけを信じるという「ゴッド」にも反権威主義的で夢想的なアナキストの一面がうかがわれる。また「パワー・トゥ・ザ・ピープル」は文字通り権力を万人に与えよという主張である。こうした一連の動きの中、1980年彼は熱狂的なファンに殺害された。この殺害については彼がCIA(アメリカ中央情報局)から監視されていたことから、CIAの陰謀説が流された時期もある。(山田修)

連　温卿　れん・おんきょう　レン・ウンキン　1895.4-1957.11　本名・嘴　台湾台北市出身。公学校卒業後独学で近代知識を得る。13年9月台北に移住したエスペランチスト児玉四郎が開催したエスペラント講習会に参加。同年12月結成された日本エスペラント協会(JEA)台湾支部に参加。15年児玉は台湾を去り活動は停止する。19年10月蘇壁輝とともに月刊誌『Verda Ombro(緑陰)』を発行する(1924まで)。21年10月台湾文化協会が結成され理事となる。22年10月台湾における政治結社の嚆矢とされる新台湾連盟を結成。23年7月社会問題研究会を組織する。この間エスペラント運動を通じて知り合った山口小静の紹介で山川均と往来しその影響を受ける。27年1月文化協会大会で委員長制を主張する連の案が採択され指導権を握る。連は農民運動とともに労働運動の組織化に力を入れ台湾機械工連合会の顧問となる。27年4月高雄機械工会結成をめぐる台湾鉄工所の争議では全島規模の同情ストを呼びかける。28年6月台湾民衆党の影響下にある台湾工友総連盟に対抗する全島組織をつくるため40の労働団体代表を集め総工会の結成を提案するが台湾共産党派の反対にあう。29年11月文化協会を除名され連の影響力の強かった台北支部も閉鎖される。その後は政治舞台から退く。39年台湾に渡った山鹿泰治は台北に住む連を何度も訪問。第2次大戦中は民俗学の研究に専念。54・55年『台北市志初稿　社会志』を執筆するが出版できず死没後の88年、戒厳令解除の翌年『台湾政治運動史』と題されて刊行される。これは台湾共産党以外の左翼の書いた記録として貴重である。(手塚登士雄)〔著作〕「台湾エスペラント運動の回顧」La Revuo Orienta, 1936.6, 「人類之家・台湾エスペラント学会」『台北文物季刊』3巻1期1954.5, 張炎憲・翁佳音編校『台湾政治運動史』稲郷出版社1988〔文献〕張炎憲「社会民主主義者　連温卿」『台湾近代名人誌4』自立晩報社1989,

『エス運動人名辞典』

ろ

盧　剣波　ろ・けんは　ルー・チェンボ　1904-1990　本名・延傑　中国四川省合江出身。貧しい知識人の家庭に生まれる。19年合江高等小学を卒業し合江中学に入学，20年北京大学を卒業し赴任してきた数学教師がもたらしたアナキズムのパンフレットを読む。21年重慶在住のアナキスト陳小我らを訪ねロシア行きの機会を待って重慶連合中学民衆学校の教員となる。日本製品排斥運動に参加，張謙弟と知り合う。その後ロシア行きを断念，合江に戻る。学園騒動に巻き込まれ合江中学生連合会の名義でストを指導，逮捕される。出獄後，濾県の川南師範学校に転入，『川南日報』に文章を発表，軍，警察，学生の運動会で散布しようと『無政府共産主義月刊』を編集するが事前に探知され再び逮捕，死刑判決を受ける。21年末，釈放後合江に戻る。22年春，当局の追求を逃れて南京に赴き江蘇省立一中に入学。23年4月アナキズムの宣伝を目的に雑誌『民鋒』(南京版)を発行。5月「いかに主義を宣伝するか」(『学匯』194号)を発表，労働者の「直接行動」を助けるべきことを訴える。反政府デモに参加，逮捕の手が伸びたため北京に逃れ北京世界語専門学校の活動にも参加する。『民鋒』は6・7号を出して発禁処分にあい23年10月『黒瀾』と改名して1号を刊行。建業大学の教師だった衛恵林も協力する。25年四川合江世界語学社を設立。五・三〇事件後上海に居を移し8月衛恵林らと上海工団自治連合会を結成，労働運動の実践にも関わる。9月巴金らと民衆社設立の発起人の一人となる。26年張謙弟らと『民鋒』(上海版)を創刊。米国のゴールドマン，フランスのグラーヴ，27年以降上海国立労働大学の教壇に立った山鹿泰治や岩佐作太郎らと連絡を取る。また工団主義(サンジカリズム)研究会を組織，アナキズムのパンフレットを出版する。重慶で李建中，朱権らと中華緑星社(La Verda Stelo-Asocio)を組織し，『川康時報』の「緑星」副刊を発行。さらに『緑星月刊』を出版。33年4月9日成都世界語学会が設立され主席となる。6月『緑幟』(Verda Flago)を創刊。34年成都で『語言』を創刊，漢字のラテン文字化とエスペラントを宣伝する。37年張謙弟らと雑誌『驚蟄』を刊行(1939まで)。同誌は現実の政治闘争にいかに関わるべきかという論争の一つの結論として刊行されたもので抗日戦争に対しても積極的な立場を取った。中華人民共和国成立後四川大学歴史系教授となる。49年国共内戦下の「中国アナキストの現状」を伝えるレポートが『平民新聞』106号(1949.2)に載りまた「四川省成都で健在」と『クロハタ』74号(1962.2)は報じている。山鹿との接触は続いていたのだろう。(手塚登士雄)〔著作〕『有刺的薔薇』1936(『原典中国アナキズム史料集成12』復刻版緑蔭書房1994)〔文献〕蔣俊「盧剣波のアナキズム活動」『中国アナキズム運動の回想』総和社1992，侯志平『世界語運動在中国』中国世界語出版社1985

魯　迅　ろ・じん　ルー・シュイン　1881.9.25-1936.10.19　本名・周樹人，別名・予才　中国浙江省紹興に生まれる。02(明35)年4月日本に留学，東京弘文学院で学ぶ。04年9月仙台医学専門学校に入学。06年3月仙台医専を退学，東京に戻り文学を志す。09年7月帰国。18年4月胡適，陳独秀らの文学革命論に呼応して「狂人日記」を書き『新青年』に掲載，創作に評論，翻訳と旺盛な文学活動を再開する。『新青年』は啓蒙主義からマルクス主義へと傾斜するが，魯迅や弟の周作人らはボルシェヴィズムの専制的体質に懐疑を抱きむしろ日本の白樺派文学者武者小路実篤の新しき村運動やアナキズムへの共感を示す。19年8月武者小路の反戦ドラマ『或る青年の夢』(1917)を翻訳し新聞『国民公報』に連載を始め，同紙発禁後は『新青年』に連載する。21年1月『新青年』に対抗して周作人らが発行した『小説月報』にアルツィバーシェフの小説「労働者セヴィリオフ」を翻訳し7月から12月まで連載。また「阿Q正伝」を12月から『晨報』に連載する。改革者の悲劇を描いた「労働者セヴィリオフ」か

1053

ら大きな影響を受けたびたびセヴィリオフの言葉を引用し人道主義，理想主義の安易な側面を指摘して無益な自己犠牲を戒めている。22年2月日本を追放されたエロシェンコを北京大学のエスペラント講師に迎えるよう周作人とともに尽力，自宅に住まわせその活動を援助する。日本語原作から『エロシェンコ童話集』(1922)，『桃色の雲』(1923)を翻訳刊行する。8月最初の小説集『吶喊』を刊行。この頃北京大学ではボルシェヴィキ派が積極的に党勢を拡大，魯迅，周作人の周りにはアナキスト青年たちが集まるようになる。アナ派はエスペラント運動を積極的に推進し23年9月北京世界語専門学校を開校するが，馮省三らの求めに応じ同校で「中国小説史略」の講義を行う(1925.3まで)。26年3月，段祺瑞政府がデモ隊に発砲し魯迅の教え子を含む数十人が殺される。自らにも逮捕の危険が迫り8月北京を離れる。10月上海で元教え子の許広平と同居生活を始める。上海での魯迅は二度と教職につくことなくいくつかの雑誌を編集し，28年革命文学を掲げる郭沫若らと革命文学論争を展開する。28年6月郁達夫と共同編集で月刊『奔流』を創刊する。28年12月から29年5月まで上海に滞在した金子光晴は魯迅や郁達夫らと交際し，魯迅は「先鋭な若い革命作家からは，ふるいアナーキストとおもわれていた」と回想している。36年6月「国防文学」のスローガンを掲げる周揚らの中国文芸家協会に反対して「民族革命戦争」のスローガンを提出し，7月1日「中国文芸工作者宣言」を発表，これには巴金も署名する。36年8月「徐懋庸に答え，あわせて抗日統一戦線の問題について」を発表し魯迅が巴金ら連合戦線を破壊するアナキストとつきあっているとの非難に対し，巴金を「情熱的な，進歩思想をもった作家で指折りの好作家の列に入る」と擁護し，徐らのやり方をセクト主義であると強く反論する。(手塚登士雄)〔著作〕『魯迅全集』全20巻学習研究社1984-86〔文献〕金子光晴『詩人』平凡社1957，武田泰淳『揚子江のほとり』芳賀書店1967，飯倉照平『魯迅』講談社1980，藤井省三『魯迅』平凡社1986，同『エロシェンコの都市物語』みすず書房1989，片山智行『魯迅』中公新書1996，藤井省三『魯迅事典』三省堂2002，中井政喜「魯迅と「労働者セヴォリョフ」との出会い(試論)」『野草』23・24号1979，野村邦近「魯迅とアルツィバーシェフ」『中国思想研究論集』雄山閣出版1986，中井政喜『魯迅探索』汲古書院2006，『エス運動人名事典』

ロッカー Rocker, Rudolf 1873.2.25-1958.9.19 ドイツ，マインツ生まれの製本工。当初は社会民主主義者だったが90年に社会民主党内の反指導部派である青年派に加わり同党から除名されやがてアナキストとなる。92年ロンドンに亡命してクロポトキンらと交流しユダヤ人による労働運動において活躍。第一次大戦後はドイツのサンジカリズム運動に参加しアナキズムと労働運動を結合することにつとめ，国際的なサンジカリズム運動でも重要な役割を担う。ヒトラー政権成立とともに米国に亡命。1930年代に刊行された『ナショナリズムと文化』において，文化は人間が自己を自由に展開できる状況で発展するが，統合された国家，とりわけ国民国家のもとで文化は衰退すると主張。同書はバルセロナで刊行されたのち6カ国で翻訳され，トーマス・マン，ラッセル，リード，マンフォードらアナキスト以外の人々の間でも注目を集める。第2次大戦中，連合国の支持を声明，若手のアナキストたちから批判を受ける。戦後もドイツに帰らず著作活動に従事しニューヨーク郊外で死没。日本ではクロポトキン，マラテスタに続くアナキスト，アナルコ・サンジカリストの論客として『労働運動』『自連新聞』などにしばしば登場している。(田中ひかる)〔著作〕山鹿泰治訳「インタナショナル六十周年」『労働運動』4次7号1925.1，小池英三訳「ヨハン・モストの生涯」『労働運動』5次4・5号1927.4・5，新井松太郎訳『パンのための闘争』金星堂1928，大澤正道訳(部分)「ナショナリズムと文化」『黒の手帖』18・19号1974・75〔文献〕Rübner, H. Rocker, R., in Lexikon der Anarchie, ed. H. J. Degen, Börsdorf, 1993-98. Wienand, P. Der "geborene Rebell", Berlin 1981. Becker, H. Die Autor und sein Werk, in R. Rocker, Nationalismus und Kultur, Münster, 1999. 大澤正道「ルドルフ・ロッカーを悼む」『クロハタ』36号1958.12

ローレル Roller, Arnold 1878.1.17-1956.12.12 現地読み・ロラー，本名・ジークフリート・ナハト(Siegfried Nacht)。幸徳秋水訳『社会的総同盟罷工論』の著者。ローレルは幸徳の表記。オーストリア，ウィーン生まれの電気工でアナキスト。18歳で社会主義者となりパリ在住時にアナキストになり革

命的サンジカリズムを支持するようになる。その後ロンドンなどヨーロッパ各地で活動中にバルセロナでのゼネストなどから影響を受け，02年と05年ゼネストに関するドイツ語の冊子を2冊刊行，多数の言語に翻訳されて版を重ねた。05年の書は同年にシカゴで英訳版が刊行されており幸徳は同版から訳したと思われる。07年に発表したパンフレット『直接行動』を大杉栄はサンジカリズム研究会で取りあげている。後半生は米国でジャーナリストとして活動。ニューヨークで死没。米国移住後にスティーヴン・ナフト（Stephen Naft）と名のる。弟は著述家マックス・ノーマッド（Max Nomad）。（田中ひかる）〔著作〕Nacht, S. *Der Generalstreik und die Soziale Revolution*, London, 1902. Roller, A. *Der soziale Generalstreik*, Berlin, 1905. Roller, A. *The Social General Strike*, Chicago, 1905. Naft, S. *100 Questions to the Communists*, New York, 1939.〔文献〕M. ノーマッド『反逆の思想史』（磯谷武郎訳）太平出版社1972, *Archiv Max Nacht and Siegfried, in Guide to the International Archives and Collections at the IISH*, Amsterdam, 1999. Porymann, Werner, *Die wilden Schafe, Max und Siegfried Nacht, Zwei radikale, jüdische Existenzen*, Münster, 2008. 田中ひかる「『社会的総同盟罷工論』成立前史」『初期社会主義研究』15号·2002.12

ロンドン，ジャック London, Jack 1876（明9）1.12-1916（大5）11.22 米国サンフランシスコに生まれる。少年期から最下層の中で働き海洋労働や鉱山事業にも関係した。1904年日露戦争の従軍記者として来日。その後多くの小説を発表するが社会主義作家の一面のほか原始自然的世界を描く冒険小説作家として知られた。日本の運動関係では第一に1906年前後カリフォルニア州在住の日本人社会主義者たちにロンドンの思想や作品が大きな影響を与えたという見方がある。第二には，1910·20年代，下層民衆を描いた作品や評論がゴーリキーと並んで当時の労働文学作家，プロレタリア文学作家に与えた影響である。堺利彦，和気律次郎，厨川白村，花園兼定，丹潔，前田河広一郎らが翻訳，紹介をしている。（大和田茂）〔文献〕『在米社会主義者·無政府主義者沿革』柏書房1964, 中田幸子『父祖たちの神々ジャック·ロンドン，アプトン·シンクレアと日本人』国書刊行会1991

わ

輪井 満津雄 わい·みつお ?-? 長崎に生まれる。上京して印刷工となり日本印刷工組合信友会に加盟。1922（大11）年初め大阪の野村孝太郎，林勇三郎を訪ねる。（冨板敦）〔文献〕『信友』1922年2·6月号，1923年3月号

ワイルド，オスカー Wild, Oscar 1854.10.16-1900.11.30 アイルランド·ダブリンに生まれる。74年にオックスフォード大学モードリン·カレッジに入学。ジョン·ラスキンとウォルター·ペイターに師事。78年にオックスフォード大学で文学士の学位取得。81年6月にディヴィッド·ボーグから『詩集（ポエムズ）』を出版。88年5月に童話集『幸福な王子とその他の物語』を出版。89年7月『ブラックウッズ·エディンバラ·マガジン』にシェイクスピアにまつわるミステリー小説風の同性愛論を展開した「W·H氏の肖像」を発表。91年2月隔週評論『フォートナイトリー·レビュー』に「社会主義下の人間の魂」を発表。この評論で「社会主義」は「個人主義へと通じればこそ価値がある」と述べられている。ワイルドは国家による統制を否定しアナーキスト的な態度を表明している。91年4月にワイルドは『ドリアン·グレイの肖像』を出版。92年に喜劇「ウィンダミア卿夫人の扇」がセント·ジェイムズ劇場で上演され大ヒットとなる。93年2月に『サロメ』をフランス語で出版。94年2月にダグラス英訳·ビアズリー挿絵の『サロメ』を出版。95年2月にセント·ジェイムズ劇場で喜劇「まじめが肝心」が初演され，同年4月に猥褻行為を犯した罪でワイルドは逮捕されホロウェイ監獄に収監される。同年11月にレディング監獄に移送される。97年5月に出獄。ワイルドはこの頃に赤裸な心の遍歴ともいえる『獄中記』を執筆し，出獄後は社会派の詩「レディング監獄の唄」を書いている。99年2月に『まじめが肝心』を出版。世紀末の1900年11月に死去。投獄から百年後の1995年にロンドンのウェストミンスター·アビーの「ポエッツ·コーナー」にそ

の名が刻まれ，出獄後から百年後の1997年に映画「オスカー・ワイルド」が封切られた。（平辰彦）〔文献〕富士川義之・玉井暲・河内恵子編『オスカー・ワイルドの世界』開文社出版2013

若狭　勝次　わかさ・かつじ　?-?　埼玉県入間郡三芳野村（現・坂戸市）に生まれる。三芳野水平社に参加し，1927年（昭2）4月30日川越市鉄砲町舞鶴館で開かれた入間郡水平社創立大会で書記をつとめ，演説会で登壇する。同年先祖が比企郡高坂村（現・東松山市）の岩殿山観音堂に寄贈した病気平癒祈念の天水釜が差別的扱いを受けているとして，寺側に対して同じく子孫の若狭太平と森利一とともに交渉，解決する。（冨板敦）〔文献〕『全国水平新聞』2・3号1927.8・9

若狭　太平　わかさ・たへい　?-?　埼玉県入間郡水平社のメンバー。1927年（昭2）4月30日川越市鉄砲町舞鶴館で開かれた入間郡水平社創立大会に参加し，演説する。同年先祖が比企郡高坂村（現・東松山市）の岩殿山観音堂に寄贈した病気平癒祈念の天水釜が差別的扱いを受けているとして，寺側に対して同じく子孫の若狭勝次と森利一とともに交渉，解決する。（冨板敦）〔文献〕『全国水平新聞』2・3号1927.8・9

若杉　サト　わかすぎ・さと　1873（明6）-1947（昭22）9.10　若杉浪雄の母。27年浪雄が横浜黒色一般労働者組合を中心的に担った時代から多くの同志の世話をして敬慕された。28年11月昭和天皇即位に際しての自宅に対する激しい予防弾圧の様子が『自連新聞』30号に描かれている。47年『平民新聞』44号に訃報の記事が掲載される。（冨板敦）〔文献〕『自連新聞』30号1928.12，『平民新聞』44号1947.10

若杉　たけ　わかすぎ・たけ　?-?　1919（大8）年東京神田区（現・千代田区）の三秀舎に勤め日本印刷工組合信友会に加盟して活動する。（冨板敦）〔文献〕『信友』1919年10月号，1920年1・3月号

若杉　浪雄　わかすぎ・なみお　1902（明35）2.19-?　長崎市魚町に生まれ，04年両親と横浜に出る。24年6月浜松孝太郎らと横浜印刷工組合を結成し，11月上毛印刷工組合三山会発会式に出席。25年9月東京蒲田の田平印刷所争議で警官と乱闘になり，奥原光三らと検挙され，控訴審で懲役6カ月とな

る。26年1月6日出獄。同月，佐藤枯葉と『飢渇人』を発行。同年5月全国自連第1回大会で，8時間労働制徹底の件について提案理由説明を行う。27年横浜黒色一般労働者組合を組織。28年2月東京印刷工組合第5回大会で横浜黒色一般を代表して祝辞を述べ3月全国自連第2回続行大会では横浜黒色一般の情勢報告をする。5月横印と横浜黒色一般を解体統合，横浜地方労働者連盟の結成に尽力。11月昭和天皇即位式の予防弾圧により10余日間拘留され職を失い九州ほか各地を転々。その後横浜地方労働者連盟から離れ29年『民衆経済新聞』を発行。32年横浜日本公論社を創設しクロポトキン著，八太舟三訳『アナキズムの道徳』を出版。33年東京に出て宮越信一郎の国民解放社に加わる。のち日本公論社をおこし月刊『政治経済情報』を発行する。戦後アナ連，アナキストクラブに加わる。（冨板敦）〔文献〕『印刷工連合』19・23・27・29-35号1924.12・25.4・8・10-26.4，『黒旗』2号1926.1，『自連』1・6・22号1926.6・11・28.3，『自連新聞』30・46号1928.12・30.4，『黒色青年』6号1926.12，堅山利忠編『神奈川県労働運動史・戦前編』県労働部労政課1966，『望月辰太郎追憶集』望月兄弟会1972，水沼辰夫『明治・大正期自立的労働運動の足跡』JCA出版1979

若竹　直　わかたけ・すなお　?-?　1919（大8）年東京麹町区（現・千代田区）の一色活版所欧文科に勤め活版印刷工組合信友会に加盟する。（冨板敦）〔文献〕『信友』1919年8・10月号

若竹　幸男　わかたけ・ゆきお　1904（明37）10.12-?　別名・中村健二　函館市で生活。運送店の事務員となりアナキストとして活動。26年小山内竜と北方黒潮会を組織。9月29日北海黒連に参加。10月北海黒連の函館演説会を主催。思想要注意人（無政府主義）に編入される。道内各地で活動していたが27年特別要視察人乙号に編入替えになる。28年3月『社会芸術』4月号に和田久太郎を悼む短歌を発表。30年思想要注意人に編入替えとなる。（堅田精司）〔文献〕『黒色青年』6号1926.12，『思想要注意人調』北海道庁警察部1927，『特別要視察人・思想要注意人一覧表』同1928，『札幌控訴院管内社会運動概況』2輯1930.11

若月　護　わかつき・まもる　?-?　山梨県に暮らし，1926（大15）年1月18日東京神田区淡路町の万生閣で開かれた農民自治会創立準

備委員会に出席する。参加者は「下中弥三郎、中西伊之助、石川三四郎、竹内愛国、川合仁、高橋友次郎、奥谷松治、堀井梁歩、小山四三、井出余塩、渋谷定輔、若月、大西、および2,3の学生諸氏」(大西伍一の報告による「農民自治会委員会の記」『あをぞら』4号/編集兼発行人・難波忠雄。なお25年10月から兵庫で出されていた『あをぞら』は5号から農自機関誌『農民自治』(2号)に吸収される。(冨板敦)〔文献〕『あをぞら』4号1926.2,『農民自治』2号1926.5

若林 亀太郎 わかばやし・かめたろう ?-? 1919(大8)年東京京橋区(現・中央区)の築地活版所欧文仕上科に勤め日本印刷工組合信友会に加盟する。(冨板敦)〔文献〕『信友』1919年10月号

若林 忠一 わかばやし・ちゅういち 1903(明36)4.1-1977(昭52)5.28 長野県埴科郡屋代町(現・千曲市)の名望家の5男に生まれる。法政大学に進学するがすでに大杉栄やクロポトキンを愛読ししだいにマルクス主義に傾斜、大学内に社会科学研究会を組織した。また堺利彦のML会にも所属した。24年夏、帰郷を契機に近在の農村青年を集め社会主義思想の研究を目的とする北信社会思想研究会を結成し、この組織は北信地方の政治・社会運動の母体となった。27年長野県小作人組合連合会を結成、労働農民党北信支部書記長となる。三・一五事件での検挙後、新労農党を経て31年4月の全農の分裂に際しては全国会議派を支持した。33年2月の長野県教員赤化事件以後は一時全会派の再建、総本部復帰を試みるが、同年満州に渡り満州日日新聞社に入った。戦後は林虎雄社会党県政のブレーンとして活動、63年から更埴市長を1期つとめた。(安田常雄)〔文献〕『長野県社会運動史』、小林ెу太郎『社会運動回想記』刊行発起人会1972、安田常雄『日本ファシズムと民衆運動』れんが書房新社1979、『若林忠一遺稿追悼誌』同刊行委員会1981

若林 やよ わかばやし・やよ 1873(明6)8.6-1929(昭4)5.1 山梨県南巨摩郡大河内村(現・身延町)生まれ。00年従兄弟渡辺政太郎と結婚、政太郎の運動を支え続けた。運動を志す若者たちの面倒をよくみて「渡辺のおばさん」と慕われた。政太郎の死後もその自宅を近藤憲二らの北風会に提供、運動を助けた。21年甲府に戻り矢崎源之助、小沢景勝ら当地の若いアナキストたちの面倒をみる。翌22年再度上京、やよ宅に高尾平兵衛、宮嶋資夫らの黒飆会が置かれた。29年メーデーにでかける支度中に脳出血により倒れる。渡辺政太郎・やよ夫妻の寡黙な生涯は日本の社会主義を最も深い所から支えるものであった。キリスト教の信仰を守ったやよの人柄を近藤憲二『一無政府主義者の回想』があたたかく伝えている。(飯野正仁)〔文献〕多田茂治『大正アナキストの夢 渡辺政太郎とその時代』土筆社1992、近藤憲二『一無政府主義者の回想』平凡社1965、飯野正仁編『渡辺政太郎遺文』私家版2002

若林 与市 わかばやし・よいち ?-? 1919(大8)年東京京橋区(現・中央区)の築地活版所印刷科に勤め活版印刷工組合信友会に加盟する。(冨板敦)〔文献〕『信友』1919年8・10月号

若林 芳三 わかばやし・よしぞう ?-? 1919(大8)年東京京橋区(現・中央区)の大倉印刷所和文科に勤め活版印刷工組合信友会に加盟する。(冨板敦)〔文献〕『信友』1919年8月号

若原 賢太郎 わかはら・けんたろう ?-? 1919(大8)年東京牛込区(現・新宿区)の秀英舎(市ヶ谷)欧文科に勤め活版印刷工組合信友会に加盟する。(冨板敦)〔文献〕『信友』1919年8・10月号

若松 孝二 わかまつ・こうじ 1936(昭11)4.1-2012(平24)10.17 宮城県遠田郡涌谷町生まれ。本名・伊藤孝 県立南郷農業高校二年生で家出し上京。菓子職人見習い、山谷のドヤ暮らしなどの後、新宿安田組系荒木組に入る。やくざ同士の喧嘩で逮捕、拘置所内で映画監督を志し出所後テレビ映画の制作進行、助監督。63(昭38)年『甘い罠』で監督デビュー。ピンク映画と呼ばれた低予算映画でヒット作を連発。65年若松プロダクション設立、団塊族の生活に60年安保の後遺症を見る「壁の中の秘事」がベルリン映画祭に正式出品、国辱スキャンダルに発展。以後「胎児が密漁する時」「犯された白衣」ほか前衛的作品が話題を呼びアナーキーなアングラ文化の旗手的存在に。71年中東にパレスチナゲリラを取材した『赤軍-PFLP世界戦争宣言』、72年爆弾闘争を描く『天使の恍惚』で過激派・新左翼との交流深まる。若松プロに出入りしていた若者から

「ロッド空港乱射事件」の岡本公三らが出て日本赤軍の黒幕と疑われ度々警察による家宅捜索。大手配給作品にも進出、90年全共闘世代のその後を描く「われに撃つ用意あり」を撮る。パレスチナ問題への関心から次第に社会派的作品が増え、晩年には08年「実録・連合赤軍 あさま山荘への道程」、12年「11・25自決の日 三島由紀夫と若者たち」で、闘争の季節を映画化、その歴史的検証と闘いの意味を問いかけた。作品が世界各国の映画祭で受賞、世界的名声も高まったが全共闘世代の作家中上健次原作「千年の愉楽」を完成させベネチア映画祭に参加した直後に、交通事故で急死。(鈴木義昭)〔著作〕『俺は手を汚す』ダゲレオ出版1982・河出書房新社2012、『時効なし』ワイズ出版2005、『若松孝二全発言』河出書房新社2010〔文献〕鈴木義昭『ピンク映画水滸伝・その二十年史』青心社1983、四方田犬彦・平沢剛『若松孝二 反権力の肖像』作品社2007/2013、鈴木義昭『若松孝二 性と暴力の革命』現代書館2010、追悼若松孝二『図書新聞』2012.11.30、『若松孝二 闘いつづけた鬼才』河出書房新社2013、『対談集 若松孝二の時代を撃て』游学社2013

若松 流二 わかまつ・りゅうじ 1915(大4)11.12-1998(平10)秋 辻潤と伊藤野枝の次男(長男は辻まこと)として生まれる。1916年6月生後7ヶ月の頃、千葉・大原町の魚網を繕う職人夫婦のもとに里子として預けられのち養子となる。その事情を自ら「私は生後3ヶ月ぐらいで、父を見限った跳っ返りの生母が、新しい恋人の懐に走る際に乳飲児の処置に困ったあげく、千葉の漁師町へ里子として出されている。そしてそのまま里流れになってしまったというわけである」と回顧する。長じて大原の高等小学校卒業後は横浜の貿易会社に就職、横浜修商業学校(現・横浜商業高校)の夜間部に学ぶ。その後、兄辻まことの作った会社Zスタジオで図案やコピーライターの仕事を手伝いあるいは日本郵船の貨物船に乗り組んでインドやオーストラリア航路を巡る。戦争中の44年には機関員として乗り組んでいた海軍輸送船が米潜水艦に撃沈されて九死に一生を得るなどの体験を経て、戦後は竹久不二彦と北海道日高に移住して開拓農業に励む。この地で結婚。68年に横浜に戻り印刷会社の社内報などの仕事に従事して68歳までサラリーマン生活を送った。晩年は油絵を描いたり仏像を彫ったりを趣味とした。(奥沢邦成)〔著作〕「兄と私」『アルプ』218号1976.4のち『辻まことセレクション2』平凡社1999、「兄をおもう」『歴程』211号1976.5〔文献〕安諸靖子「若松流二さんのこと」『定本 伊藤野枝全集』4巻月報学芸書林2000

若宮 卯之助 わかみや・うのすけ 1872(明5)9.23-1938(昭13)4.30 富山県西砺波郡埴生村(現・小矢部市)生れ。東京専門学校中退後、1898年渡米してレスター・ウォードに社会学を学んだ。米国では幸徳秋水と、1906年帰国後は堺利彦、大杉栄と親交した。慶応義塾大学講師のかたわら、『中央公論』『新小説』などで評論活動したり雑誌『日本』編集に関係したりしたが、その思想はやがて「日本主義」に傾いた。大杉は若宮の語学力と学識を評価し獄中から妻堀保子の英語教師に若宮を推薦し、若宮が主筆をしていた『土曜新聞』(1915.1創刊か)への好意的批評「本紙の批評」を書いている。(大和田茂)〔著作〕『若宮論集』実業之世界社1915〔文献〕岩野泡鳴、上司小剣ほか「文明批評家としての田中王堂と若宮卯之助」『中央公論』1917.12

若宮 福松 わかみや・ふくまつ ?-? 1919(大8)年東京京橋区(現・中央区)の福音印刷会社欧文科に勤め日本印刷工組合信友会に加盟する。(冨板敦)〔文献〕『信友』1919年10月号

若宮 正則 わかみや・まさのり 1945(昭20)9.5-1990(平2)11.14 宇和島市九島に生まれる。64年3月宇和島水産高校を卒業。東京で働きながら予備校に通うが大学進学をあきらめ横浜で港湾労働者として働く。68年秋ブントに加盟。沖縄返還、三里塚闘争、70年安保闘争に参加。69年7月ブント分裂後は赤軍派に参加。11月5日赤軍派が大菩薩峠の山荘にゲリラ訓練のため結集したところを警視庁により逮捕される。保釈後71年釜ケ崎で労働者のための食堂を始める。72年9月大阪市内の水崎町交番にジュース缶爆弾を仕掛け爆破させ12月逮捕され未決拘留が続く。74年大阪拘置所内から獄中者組合を呼びかける。80年自身の公判の最終弁論で赤軍派における活動を総括しアナキスト宣言を行う。未決から通算14年間の投獄を経て86年京都刑務所を出所。アナキズム思想の実践として労働者の相互扶助をめざし釜ケ崎に食堂と宿泊の家を運営する。1時間食堂で働けば食券を出すという地

域通貨の先取りを試みる。90年これからの運動を学ぶためかペルーに向かう。しかし山間部の民家で侵入者に殺される。現地調査に赴いた仲間によると「警察にセンデロ・ルミノソのメンバーとして逮捕され，若宮殺害の犯人とされた少年は自分はやってないと語る」。(亀田博)〔文献〕髙幣真公『釜ヶ崎赤軍兵士若宮正則物語』彩流社2001

若山 健二 わかやま・けんじ 1899(明32)4.14-1986(昭61)10.21 本名・黒田寿男 岡山県御津郡金川町(現・岡山市)に生まれる。東京大学法学部に在学中，新人会に参加し『ナロオド』の編集にあたる。21年5月「新人会叢書」の第4集としてエルツバッヘル『無政府主義論』を若山健二の筆名で翻訳，聚英閣から刊行する。同書はあらかじめ多くの部分を伏せ字にしておいたにもかかわらず発禁になった。戦後，90年伏せ字をおこし黒色戦線社から復刻されている。黒田は合法左翼の指導者として学生運動，農民運動，政治運動で活躍，長く国会議員をつとめた。若い頃から「弁護士的社会主義者」といわれたという。(大澤正道)

若山 ひで わかやま・ひで ?-? 新聞工組合正進会に加盟し1924(大13)年夏，木挽町(現・中央区銀座)本部設立のために1円寄付する。(冨板敦)〔文献〕正進会『同工諸君!! 寄附金芳名ビラ』1924.8

若山 牧水 わかやま・ぼくすい 1885(明18)8.24-1928(昭3)9.17 本名・繁 宮崎県東臼杵郡東郷村(現・日向市)に医業を営む家の長男として生まれる。延岡中学時代から短歌に熱中し早稲田大学文科予科に入学，北原白秋を知る。早大英文科在学中に尾上柴舟，前田夕暮，有本芳水らと車前草社をおこし安成貞雄，佐藤緑葉らと親交，土岐哀果とは無二の親友となる。卒業後に第一歌集『海の声』(生命社1908)を刊行，第三歌集『別離』(東雲堂書店1910)が称賛を浴び，前田夕暮とともにいわゆる牧水・夕暮時代をつくり出した。12年太田喜志(若山喜志子)と結婚。喜志子は牧水没後もあとを継いで長く『創作』を主宰した。13年土岐，佐藤の縁で『近代思想』(1巻4号1913.1)に11首の口語短歌を寄せている。牧水は全国各地に旅して短歌をつくり紀行文を書いて生活の資にした。20年沼津に移り住んだが旅と酒をこよなく愛する生活は変わらず自然とともに生きた生涯だった。全作品6896首を数えるというなかに大逆事件をうたった「虚無党の一死刑囚死にきはにわれの『別離』を読みゐしときく」がある。(暮尾淳)〔著作〕『若山牧水全集』全13巻増進会出版社1993〔文献〕佐藤緑葉『若山牧水』興風館1947, 石井みさき『父・若山牧水』五月書房1974, 藤岡武雄『若山牧水』桜楓社1981

脇 貞邦 わき・さだくに 1900(明33)5.25-? 愛媛県松山市萱町に生まれる。上京し1921(大10)年東京北郊自主会に出入りしたとして警視庁の思想要注意人とされる。小石川区大塚坂下町(現・文京区)に住んでいた。(冨板敦)〔文献〕『警視庁思想要注意人名簿(大正10年)』

脇 清吉 わき・せいきち 1902(明35)8.23-1966(昭41)4.15 北海道増毛郡増毛町生まれ。20年東京，神戸などで働く。21年武者小路実篤の生活と芸術を一体化させる運動に心酔し宮崎県の新しき村に入る。22年旭川第7師団に入営。軍旗の敬礼を拒む。28年徳冨蘆花没後の未亡人宅に下働きとして住み込む。この時大逆事件の幸徳秋水，森近運平らの「獄中消息」を筆写する。31年京都の河原町四条に古本の夜店を出す。34年京都高等工芸専門学校正門前に美術，デザイン関係の古書を中心にしたワキヤ書店を開業。工芸学校の教授たちと接触。この頃比叡山から下りてきた武林無想庵，辻潤の面倒をみる。37年『プレスアルト』(印刷美術のエスペラント訳)を創刊。デパートなどの広告，宣伝ポスターを集めそれを1冊の雑誌にまとめて会員に配布するというユニークな形態を採用する。第2次大戦末期に余儀なく休刊したが46年に復刊する。64年『38年目の告白』を100部刊行。「獄中消息」のなかから幸徳らではなく森近運平の書簡11編を収録したのは社会主義運動を断念し農に生きる森近を襲った不合理な死刑宣告と希望に満ちた新しき村から入営を強制された自分とを重ね合わせていたからかもしれない。(大月健)〔著作〕「陸軍軍旗幌考」『土曜日』1960.7-9, 『38年目の告白』私家版1964〔文献〕脇清吉の碑をつくる会編『碑』1977, 沢田トヨ『ある・いしぶみの声』皆美社1977, 脇とよ『孤影の人』同1985, 『エス運動人名事典』

和久井 はな わくい・はな ?-? 東京市小

石川区(現・文京区)戸崎町に居住し神田神保町の山縣製本印刷整版部に勤める。1935(昭10)年1月13日整版部の工場閉鎖,全部員40名の解雇通告に伴い争議勃発。工場を占拠して闘い同月15日解雇手当4カ月,争議費用百円で解決する。山縣製本印刷は当時東京大学文学部の出入り業者であり,東印は34年5月以降,東印山縣分会を組織していた。(冨板敦)〔文献〕『山縣製本印刷株式会社争議解決報告書』東京印刷工組合1935,『自連新聞』97号1935.1,中島健蔵『回想の文学』平凡社1977

涌井 元久 わくい・もとひさ ?-? 1919(大8)年東京牛込区(現・新宿区)の秀英舎(市ヶ谷)文選科に勤め活版印刷工組合信友会に加盟する。(冨板敦)〔文献〕『信友』1919年8・10月号

涌島 義博 わくしま・よしひろ 1898(明31)11.24-1960(昭35)10.28 鳥取県鳥取市二階町に生まれる。涌島洋品店の息子。鳥取商業卒業後,1917(大6)年上海の東亞同文書院を中退。上京し東京外語学校夜間部でロシア語を学ぶ。長与善郎の書生となり『白樺』の編集に関わり翻訳や評論を発表。20年足助素一の叢文閣に入社。橋浦時雄らの東京北郊自主会に出入りし日本社会主義同盟に加盟。21年5月1日第2回メーデーで橋浦泰雄,小沢景勝,和田軌一郎,中島斗八と公務執行妨害罪で検挙され市ヶ谷監獄に47日間程収監。その様子は橋浦泰雄の『五塵録』に詳しい。同年10月橋浦泰雄,角田健太郎,村上吉蔵,藤岡良三,間島惣兵衛,市谷信義,林政雄と壊人社を名乗り『壊人』を創刊。22年1月23日昨年の事件の判決が出され(禁固2カ月)入獄。出獄後帰郷。同年11月鳥取で『水脈』を創刊。同人には村上,間島,田中古代子,尾崎翠,西尾多恵子,安田光夫,吉村秀治(撫骨),橋浦泰雄,美術に川上貞夫,浜田重雄らがいた。水脈社は鳥取,米子,松江で芸術デーを催したが,松江では涌島と村上がエスペラント講演会に登壇する。23年鳥取新報社に勤め橋浦泰雄の影響で出版従業員組合支部準備会を開く。関東大震災後の同年12月頃,田中と上京。26年1月橋浦泰雄,時雄と3人で代表になり鳥取無産県人会を組織。白井喬二,生田春月,生田長江,伊福部隆彦,松岡駒吉,尾崎ら33名の鳥取県出身者

が発起人となった。この年麹町区(現・千代田区)に南宋書院を設立。27年田中と結婚。29年林芙美子の処女詩集『蒼馬を見たり』を刊行した。戦後は『日本海新聞』編集局長を務める。(冨板敦)〔著作〕『鳥取市民百年史』日本海文化協会1953〔文献〕『労働運動』2次12号1921.6,『警視庁思想要注意人名簿(大正10年度)』,『鳥取無産県人会会報』1号1926.2,橋浦泰雄『五塵録』創樹社1982,内田照子『田中古代子』/尾崎翠・田中古代子・岡田美子選集』富士書店1998,鶴見太郎『橋浦泰雄伝』晶文社2000

和倉 一郎 わくら・いちろう ?-? 1926(大15)年3月21日横浜市内幸クラブで開かれた全印連第3回大会に札幌印刷工組合を代表して参加し組合の情勢報告を行う。札幌印刷は本大会から全印連に加盟。札幌市の自宅に札幌印刷の事務所を置き全国自連に加盟する。(冨板敦)〔文献〕『印刷工連合』35号1926.4,『自連』1号1926.6,水沼辰夫『明治・大正期自立的労働運動の足跡』JCA出版局1979

和気 律次郎 わけ・りつじろう 1888(明21)1.29-1975(昭50)5.22 別名・和気律,水上規矩夫 松山市に生まれる。09年慶応大学予科を中退。荒畑寒村や安成貞雄の友人の縁で『近代思想』に早くから寄稿する。寄稿はおもに翻訳でアンドレ・ジイド『オスカア・ワイルド』に挿入されているワイルドの「寓話」(2-3号),ジャック・ロンドンの「人間の漂流」(21-22号)などがある。7号付録の「近代思想の購読を懇請するの書」に土岐哀果,佐藤緑葉,上司小剣,堺利彦,安成貞雄,寺内純一,安成二郎,山本飼山と名を連ね近代思想社小集の常連でもあった。また『平民新聞』発行に必要な保証金の寄付に大枚10円を投じている。16年『やまと新聞』から『大阪毎日新聞』に移り40年に退職する。翻訳や推理小説を多く著した。(大澤正道)〔著作〕アンドレ・ジイド『オスカア・ワイルド』(訳)春陽堂1913

分島 貞治 わけしま・ていじ ?-? 1927(昭2)年頃岡山純労働者組合の幹部をしていた。(冨板敦)〔文献〕『岡山県労働運動史資料・上』

和佐田 芳雄 わさだ・よしお 1911(明44)1.2-1989(平1)8.10 別名・村上義雄,芳雄 広島市尾長町生まれ。尋常小学校を卒業後,家業の靴職人となり24年8月尾長水平

社の創立に参加。その頃広島組合教会に八太舟三がいて社会の矛盾や不合理を説き、その思想的影響を受けるとともに市内在住のアナキスト加藤実、河上豪、仲元愛高と交わった。26年高等小学校卒業後、製靴見習工となる。27年7月広島県水平社解放連盟の創立大会に参加、多数のアナキストの支援を得て以後水平社内でアナキストとして活動。28年3月頃から吉田昌晴らが結成した黒人社に出入りその後、大阪にいた仲元の誘いで和歌山の蔵本光次郎と大阪に出、無首領社の看板を掲げた仲元宅に同居。この地で遠藤喜一、大串孝之助、山岡喜一郎らと交流し黒色青年自由連合に参加。肺結核のため1年余の療養所生活を送ったが29年に退所、大阪のアナキスト青年連盟(黒色青年自由連合の改称)に起居し上野克己、田原保雄、平井貞二、山岡栄二、李ネストル(允煕)らとともに機関紙発行、エスペラント講座や学習会、労働争議、水解連派の支援などに取り組んだ。31年1月東海黒連の真野志岐夫、黒色戦線社の星野準二らが寄宿。2月『黒旗』13号の添田晋(宮崎晃)「農民に訴ふ」はアナ青連内に議論を巻き起こし賛否が分かれた結果、発展的自主解散を決議した。上野が国際評論社を設立して『民衆の解放』を刊行、和佐田ら残る全メンバーは農青社運動の方向へと始動。8月上京、全国自連、黒連などの状況を把握したうえで9月末に農青社の鈴木靖之を訪ねその農村解放論に深く共鳴した。農青社に起居し小野長五郎、田代儀三郎、平松秀雄、本多京三、望月治郎、横山実らと運動に従事、のちには非合法グループに参加した。32年4月運動資金強奪事件で平松、宮崎晃の逮捕後、同グループは東京を離れて関西での展開を決定したが直前に星野、望月、八木秋子らとともに逮捕され住居侵入、窃盗罪に問われ懲役1年6カ月を受ける。34年1月に出所、11月に帰郷して家業の製靴業を継ぎ、水平運動に関わった。35年末頃無共党事件で検挙されるが不起訴。36年5月農青社事件で逮捕、37年10月懲役1年で服役。38年6月出獄、43年まで日本郵船に徴用され45年8月被爆し闘病生活を送る。また全日本自由労働組合広島分会に参加。被爆者団体協議会常任理事、72年農青社運動史刊行会同人。(奥沢邦成)〔文献〕『身上調書』、大久保貞夫『長野県社会運動秘録』全6巻私家版1948、『長野県社会運動史』、『資料農青社運動史』、『農青社事件資料集』、三原容子「水平社運動における『アナ派』について・正続」『世界人権問題研究センター研究紀要』2・3号1997・98、『エス運動人名事典』

和沢 重雄 わさわ・しげお ?-? 1919(大8)年印刷工として活版印刷工組合信友会に加盟し活動する。(冨板敦)〔文献〕『信友』1919年8月号

和志 喜一郎 わし・きいちろう ?-? 1919(大8)年印刷工として活版印刷工組合信友会に加盟し活動する。(冨板敦)〔文献〕『信友』1919年8月号

鷲尾 教導 わしお・きょうどう 1874(明7)8.25-1928(昭3)4.11 新潟県南蒲原郡柳橋新田村(現・見附市)の安城寺に生まれる。同郡葛村生との説もある。1893(明26)年興仁教校高等普通全科を卒業。布教師(教導職)として岡山に至り1900年2月25歳で岡山監獄の教誨師となる。新仏教運動と社会主義に影響を受けていた教導は、教誨師の生活を通して犯罪の増加を社会体制の必然的副産物としてとらえるようになり、社会組織の変革を不可避のものとし死刑廃止論を唱えるに至った。週刊『平民新聞』第11号(1904.1.24)に岡山の読者に読者会開催を提案し、岡山県職員の森近運平が直ちにこれに応じた。同紙25号(1904.3.27)で4月3日における県庁前の常磐井旅館における「岡山社会主義者茶話会」開催を告知して岡山いろは倶楽部が結成される。また同紙15号(2.1)の「予は如何にして社会主義者となりし乎」欄に投稿して自らの思想的立場を鮮明にした。04年11月『平民新聞』1周年記念号(53号)の発禁、社会主義協会の解散命令という中央での弾圧は岡山に及び、職を追われた森近と同じ頃に5年近く勤めた岡山監獄教誨師を解職された。翌年正月4日には東京の平民社を訪ねているが、去るにあたって森近に挨拶した形跡はなく、12月27日に森近宅に到着した山口義三と小田頼三の伝導行商隊との接触もない。これは森近との断絶の強要があったと推測される。著述に専念するとして郷里の安城寺に戻り、新潟与板別院に勤務しながら真宗史の研究に入る。『直言』第2巻第2号(1905.2.12)の「平民

社より」欄に堺利彦は「鷲尾教導君は目下越後の郷里に歸つて, 讀書瞑想に耽つて居るよし」と書いている。10年京都の文学寮で学び, 翌11年本願寺史編纂事業が開始されると文学寮後身の仏教大(現・龍谷大)の書記となる。20(大9)年新潟県の互尊文庫書記となり翌年西本願寺の書庫に親鸞の妻恵信尼が娘の覚信尼に送った10通の書状と経文(国重文に指定)を発見して『恵信尼文書の研究』などを著すなど, 親鸞と恵信尼の研究に大きな足跡を残した。(一色哲八)〔文献〕岡山県立記録資料館所蔵『松野資料』B18-1『岡山縣下ニ於ケル思想運動略史(一)』, 吉見誠一『地方における「平民社」運動(1)』金沢経済大学, 『本願寺史』第三巻, 『浄土真宗人名辞典』, 『平民新聞』・『直言』復刻版, 『岡山県史 近代 I』岡山県(山陽新聞社)1985

和田 愛次郎 わだ・あいじろう ?-? 1919(大8)年東京京橋区(現・中央区)の築地活版所石版科に勤め日本印刷工組合信友会に加盟する。(冨板敦)〔文献〕『信友』1919年10月号

和田 乾 わだ・いぬい ?-? 二六新報社に勤め, 東京の新聞社員で組織された革進会に加わり1919(大8)年8月の同盟ストに参加するが敗北。のち正進会に加盟。24年夏, 木挽町(現・中央区銀座)正進会本部設立のために1円寄付する。(冨板敦)〔文献〕『革進会々報』1巻1号1919.8, 正進会『同工諸君!! 寄附金芳名ビラ』1924.8

和田 巌 わだ・いわお 1898(明31)7.9-1923(大12)2.10 青森県上北郡三本木町(現・十和田市)に生まれる。早稲田大学を卒業。19年高津正道らと民人同盟会, 浅沼稲次郎らと建設者同盟を組織し20年日本社会主義同盟に加わる。第3次『労働運動』12号は個人消息欄で和田の死没を「建設者同盟の中堅であり, また最近は日本農民組合関東同盟の闘士として専ら農村運動に奔走中であつた同君は, 去る岡山県藤田農場の争議に参加して帰京後, 腸チフスのため, 遂に2月10日死去した。2月13日, 建設者同盟本部に告別式を挙行し, 同日夜, 遺骨は父君友人同志諸君に護られて郷里青森に向った」と報じた。労働運動社のメンバーらとの交流がうかがえる。(冨板敦)〔文献〕『労働運動』3次12号1923.3

和田 栄太郎 わだ・えいたろう 1894(明27)2.7-1984(昭59)3.22 本名・栄吉 長野市に生まれる。東京の京北中学3年の時に退学処分を受け印刷工に転じた。16年東京日日新聞社に入社, 以後新聞工として労働運動に参加。18年大杉栄と知る。19年革進会, 20年正進会のいずれも8時間制などを要求する新聞工の争議に参加する。22年下中弥三郎らの『労働週報』に協力。同年9月大阪で開かれた全国総連合大会に出席するが大会は決裂した。23年関東大震災直前にアナ系労働者の連合紙『組合運動』に, 次いで大杉虐殺後の第4・5次『労働運動』に参加。23年過激社会運動取締法案, 労働組合法案, 小作争議調停法案に反対する運動の世話人になり積極的に動いた。24年大震災後最初の第5回メーデーの司会者になった。新聞工の正進会と印刷工の信友会を合同し東京印刷工組合に発展させた。26年全国自連の結成に参加。その後労働運動が弱体化するなかで運動を離れ下中に協力, 印刷業の経営に身を投じる。下中の意向を受け上海, 北京で印刷会社の経営にあたる。戦後下中とともに東京印書館を設立, 副社長にまで進んだ。フォト・タイプ社を創業。晩年は下中の労働運動論集の刊行に情熱を捧げた。(小松隆二)〔著作〕『回想の下中弥三郎』『下中弥三郎労働運動論集』『解説』平凡社1995〔文献〕『朝日新聞』1924.4.24

和田 兼次郎 わだ・かねじろう 1911(明44)-? 北海道上磯郡谷好村(現・北斗市)に生まれる。釧路に移り下駄職人となる。30年竹内てるよの『叛く』を愛読。アナキズムに傾き32年6月『極地圏』を創刊。アナキズムの傾向の濃い作品を掲載した。竹内, 更科源蔵が寄稿。33年1月『極地圏』4号を発行, 終刊号となる。35年11月無共党事件に関連して検挙されたが不起訴。(堅田精司)〔文献〕『身上調書』, 『新釧路市史3』1972

和田 軌一郎 わだ・きいちろう 1896(明29)7.3-1940(昭15)3.10 長野県下高井郡中野町(現・中野市)近在に生まれる。父とともに北海道札幌区(現・札幌市)に移り夕張炭鉱で坑夫となり全国坑夫組合夕張連合に加入, 活動する。21年2月争議に敗れ夕張を追われて上京。3月北風会の後黒瓢会に参加する。黒瓢会の高尾平兵衛, 宮嶋資夫らとともに大杉栄らの労働運動社に対抗して労働者主義を掲げて労働社を結成, 同年

4月機関誌『労働者』の創刊に関わり吉田一に代わり5号から7号まで(1921.9-11)発行編集印刷人となる。同年第2回メーデーでは警察の厳重な警戒の裏をかいて東京芝浦の会場に駆けつけ黒地に「労働社」と赤く染めぬいた旗を掲げ一場の演説を試みたという。21年12月労働社の吉田、正進会の小林進二郎、北村栄に智とともに入露し翌年1月モスクワで開催された極東民族大会に参加する。その後モスクワ東洋勤労者共産主義大学(クートべ)に入学、そのかたわら大庭柯公のあとを受けてモスクワの東洋語学校で日本語を教えていたが獄中からの大庭の手紙を受け取る。22年7月あとから来た高尾と相談、釈放に動いたが不調に終わる。身に不安を覚え帰国の機会をうかがっていたところ23年6月荒畑寒村に随行することとなる。帰国は同年11月頃か。その後ふたたび入露し27年に帰国、28年『ロシア放浪記』(南宋書院)を刊行する。(大澤正道)〔文献〕高尾平兵衛「大庭柯公君投獄事件の真相」『革命評論』1号1923.5、荒畑寒村『寒村自伝・上下』岩波文庫1975、萩原晋太郎『墓標なき革命家』新泉社1974、水沼辰夫『明治・大正期自立的労働運動の足跡』JCA出版1979

和田 喜太郎 わだ・きたろう 1930(昭5)9.29-2012(平24)11.14 兵庫県八鹿町で和田家、四男三女の内次男として生まれる。家は牛を飼い牛乳を販売して生計を立てる。軍国少年として育ち国民高等学科2年を卒業して、地元木工工場に就職。姉を学徒動員で失う中、敗戦を迎える。1953(昭28)年日本共産党に入党。コッペパンをかじりながら山村工作隊として活動。しかし査問事件に連座して不法監禁で逮捕。六全協にて武装方針を放棄する中、共産党を離党。一方、定時制高校に入学して「わだつみ会」などに関わり、「一雑兵」として行動を開始する。62年に上京。車両内装工などをしながら「中央労働学院」や松田政男らの創設した「自立学校」に通う。65年、北爆に抗議して結成された「べ平連」に参加。中野ベ平連を立ち上げる。笹本雅敬などから「ベトナム人民義勇軍」参加への呼びかけを受け、さらに「アメリカ大使館攻撃計画(未遂)」を経て、6月デモにて用意した米国旗を焼き逮捕。続く同等の行動の先鞭をつける。68年の「米タン闘争」において再びステ貼りで逮捕。父の交通事故死により69年に帰阪。木工職人として東大阪市に居を構え東大阪べ平連を結成する。小西反軍裁判の支援を始め、ミニコミにて戦前・戦後の自衛隊の動向に仔細なコメントを開始する。べ平連の解散を受け、73年に反戦市民懇談会を結成。アナキスト向井孝らと天王寺公園で月一のペースで反戦露天市を開催する。76年、天皇在位50年式典反対のステッカーをめぐり氏名不詳で家宅捜索を受ける。準抗告で抵抗するも棄却。78年良心的軍事費拒否の会・関西グループの発足と同時に反民懇を解散して反戦市民社を名乗り、80年の軍事費不払い確認訴訟に原告として参加。最高裁まで闘うが敗訴。91年に湾岸戦争がはじまり、全国に市民平和訴訟団が結成されると勢力的に全国の裁判を傍聴。膨大な訴訟資料を印刷・製本して配布・支援する。その活動は03年のイラク戦争を経てなお関連する裁判を提起し市民訴訟を牽引した。晩年は反戦市民団体の「関西共同行動」の共同代表として亡くなる直前まで任を全うした。(古橋雅夫)〔文献〕渡辺一衛・向井孝編・共著『まず、ぼくたち自身を問題にしよう』太平出版社1974、『追悼 和田喜太郎さん』編集委員会2013

和田 久太郎 わだ・きゅうたろう 1893(明26)2.6-1928(昭3)2.20 別名・酔蜂 兵庫県明石郡明石町大明石村(現・明石市大明石町)に生まれる。明石高等小学校を肋膜炎で中退、12歳で大阪に出て有価証券売買や株式仲買の店で丁稚奉公するかたわら愛日実業補習学校3年修了、株式仲買人となる。この間俳句に親しみ河東碧梧桐の句誌に作品を発表、20歳の頃仲間と句誌『紙衣』を発刊するが、この頃から仕事に疑問をもち始め四国や京都を放浪、自分の生きる道はまじめな労働生活で浮薄な株屋の世界ではないことに確信をもつに至る。古本の露天商、新聞配達などを転々とし堺利彦の『へちまの花』(のち『新社会』)を購読、社会主義にめざめる。15年同誌上の安成二郎選「生活の歌」に4首選ばれ、運動に身を投じようと上京を志し当座の生活資金を得るため横田涼次郎を頼りに愛知新聞社の配達主任となる。15年8月上京、新聞配達、牛乳配達をしながら堺の売文社の学習会に出席しそこで知り合った中村還一の紹介で渡辺政太郎の研究

会に参加, 生涯の同志となる久板卯之助, 村木源次郎らと知り合う. 同年末労働運動の現場を求めて足尾銅山に潜入するが宣伝の理想を打ち砕かれ脱走, 翌16年1月帰京. 久板方に同居し人夫仕事をしながら久板の『労働青年』を渡辺の研究会 (のちの北風会) の仲間とともに手伝う. この頃近藤憲二, 望月桂と知り合う. 17年1月堺の衆議院議員選挙運動を手伝い認められて売文社に入社. 堺, 山川均, 荒畑寒村, 高畠素之らに啓発されることも多かったが渡辺やその研究会のメンバーの献身的な姿に打たれ, 売文社で文学にのみふけることを恥じ『労働青年』を休刊した久板とはかり同年末労働現場での運動に専念するため日暮里の労働者街に移り住む. 18年1月大杉栄の誘いで亀戸の大杉方に久板とともに同居, 大杉とともに労働問題座談会の世話役をつとめ久板とともに「平易なる労働者のみの新聞」を企画, 同年4月から『労働新聞』を刊行するが相次ぐ発禁処分を受け, 終刊の4号で新聞紙法違反に問われ10カ月の禁錮刑に服す. 19年8月出獄. 大杉・伊藤野枝夫妻, 近藤, 中村, 延島英一, 久板らと労働運動社をおこし同年10月『労働運動』を創刊. 労運社における和田は記者活動に加えて沖縄, 九州, 四国, 中国, 関西などの広い地域で有能な組織者として活躍し武田伝次郎, 逸見直造らと大阪に黒旗会を設立した. 20年12月日本社会主義同盟中央委員. 21年8月18日上海で台湾独立運動家彭華英らと会談. 22年9月大阪で開催された全国労働組合総連合創立大会に出席, 逸見吉三らと労運社関西支局を設けてそのまま大阪にとどまる. この頃から野枝と衝突が重なりしばらく労運社から遠ざかる. 同年望月編集の第2次『小作人』に近藤らとともに宮越信一郎編集の『労働者』(黒旗社) に布留川桂, 綿引邦農夫, 山鹿泰治らとともに編集同人として加わる. 23年8月アナキスト同盟結成に向けて関西方面を行脚. 9月末大杉夫妻と甥宗一虐殺の事実が明らかになる. 病気のため関東大震災時の予防拘禁を1日で釈放されていた和田は, 警視庁とかけあい予防拘禁中の近藤を釈放させ,『労働運動』の再起をはかり同年12月第4次『労働運動』を立ち上げ同月16日大杉夫妻の葬儀をアナ系諸団体の合同葬として挙行する. この頃から古田大次郎の呼びかけにこたえ労運社同人にも内密に大杉の復讐計画に参画, 24年9月1日東京本郷で震災直後の戒厳司令官福田雅太郎をピストルで狙撃したが軽傷を負わせただけで失敗, 捕らえられる. 村木, 古田らとともに裁判にかけられ25年9月無期懲役の判決に服し秋田刑務所に服役. 28年2月「もろもろの悩みも消ゆる雪の風」の辞世を残して縊死する. 秋田では再び俳句の筆をとり, また『碧巌録』などの禅籍を読み同僚や後輩へよく手紙を書いた. 和田栄太郎に宛てた次の書簡にその思想がよく現れている.「他から取り入れて行く思想は, 一々経験に照らし, 実地に試めして行つて, 自分の血肉の中へ巡ぐらさねばダメだ. 頭をゴミ溜めにしちやいけない. カフエー革命家や, 乞食革命家などが, 時に, 拝借して来て振り廻す議論の中に, 真面目なアナキストの一派の人の『労働組合無能論』がある. これは, 真剣な議論である. ヨタ者の出鱈目ぢやない. しかし, 僕はこの議論には大反対である. 大不服である. 僕は労働組合こそ, 階級闘争の機関として, 労働者教育機関として, 新らしき社会への建設的土台として, 最も有意義, 有力なものであると信じてゐる」(白仁成昭)〔著作〕『獄窓から』労働運動社1927, 増補版・改造文庫1930, 復刻版・黒色戦線社1988〔文献〕和田久太郎「略歴」(『獄窓から』付録), 近藤憲二『一無政府主義者の回想』平凡社1965, 逸見吉三『墓標なきアナキスト像』三一書房1976, 松下竜一『久さん伝』講談社1983, 瓜生敏一『思い出す人びと』泰斗1987, 小松隆二『大正自由人物語』岩波書店1988, 寺島珠雄『南天堂』皓星社1999, 廣畑研二「和田久太郎と古田太次郎」『トスキナア』第15号2012.4

和田 三郎 わだ・さぶろう 1871.8.8 (明4.6.22)-1926 (大15) 11.1 別名・懐仁, 螺川 高知県土佐郡土佐山村に生まれる. 87年高知教会で受洗. 自由民権運動にも情熱を燃やしたが明治学院の神学部を卒業する頃には文筆業を志すようになった. 記者, 編集者として97年大阪の『関西青年』『大阪新聞』, 98年高知の『土陽新聞』, 01年東京の『中央新聞』に勤め, また京都の『近畿評論』, 長野の『佐久新報』に論文を寄稿. この間世界の社会主義, アナキズムの現状を伝え自らもアナキズム的な主張を行ってい

る。06年8月萱野長知の紹介により『革命評論』に参加しロシア，中国の革命運動に新共和主義の理想を認め支持した。07年3月中国同盟会の分裂に際し北一輝とともに張継らのアナキスト・グループに接近した。10年，宇田友猪とともに板垣退助監修の『自由党史』を編修・刊行。10年以降は板垣退助の私設秘書をつとめていたが辛亥革命がおこると内政不干渉を主張した。13年萱野が発行した『民報』に協力。25年中国旅行中に発病し翌年死没。（西山拓）〔著作〕「日本の満州朝廷」『社会政策』12号1912.2〔文献〕工藤英一「和田三郎の社会思想」『経済論集』26号1977.3，『海南新誌・土陽雑誌・土陽新聞』弘峰社1983，藤原雄雄「和田三郎」山本大編『土佐の自由民権家列伝』土佐出版社1987，上村希美雄「『革命評論』研究試論」『近代における熊本・日本・アジア』熊本近代史研究会1991

和田 三居 わだ・さんきょ ?-? 報知新聞社に勤め東京の新聞社員で組織された革進会に加わり1919（大8）年8月の同盟ストに参加するが敗北。のち正進会に加盟。20年機関誌『正進』発行のために1円寄付する。（冨板敦）〔文献〕『革進会々報』1巻1号1919.8，『正進』1巻1号1920.4

和田 俊一 わだ・しゅんいち 1945（昭20）9.3- 1966（昭41）年10月19日，東京理科大学在学中にベトナム反戦直接行動委員会による兵器工場・日本特殊金属（日特金）襲撃行動に参加。同年11月15日，逮捕を免れた他の5名と共に名古屋・豊和工業へ兵器生産に抗議するビラまき・申し入れ行動を行い逮捕される。ベ反委は逮捕後に救援会を設立すると共に目黒区に黒ième社を設立，被告への救援・公判対策にあたる。以降，和田は救援方針・闘争方針をめぐって公判と共に他メンバーと分離し，武装闘争への色彩を強めてゆき67年暮に背叛社を設立。68年5月1日，代々木公園で日本共産党系の労働組合員や学生に暴力をふるい，同年6月29日には東京都渋谷区の日本共産党本部に2発の火炎瓶攻撃を行った。このころから新宿区上落合のアパートで爆弾の試作を行っていたが，10月6日製造中に爆発事故が発生し構成員3名が負傷し警察の家宅捜索によって関係者6名が逮捕される。いわゆる背叛社事件である。この後の公判において和田は警視庁公安一課の間々田警部補他から現金を渡されて背叛社の内部情報を提供していたことを自ら暴露する。この件は国会でも問題になる。背叛社事件の判決は，和田俊一・懲役3年，信太裕・懲役2年6ヶ月ほかであった。この事件の後，被告であった信太裕を中心として和田を除いたメンバーによって1969年8月に結社タナトス社が設立される。釈放後の和田は結核療養のため仙台市に居住し，反ユダヤ＝ヘブライ主義に傾く。（松本勲）〔著作〕『無政府叛乱』『無政府一直線』1969〔文献〕牧田吉明『我が闘争 スニーカーミドルの爆裂弾』山猫書林1984

和田 政一郎 わだ・せいいちろう ?-? 1919（大8）年東京牛込区（現・新宿区）の秀英舎（市ヶ谷）欧文科に勤め活版印刷工組合信友会に加盟する。（冨板敦）〔文献〕『信友』1919年8・10月号

和田 伝 わだ・でん 1900（明33）.1.17-1985（昭60）.10.12 神奈川県愛甲郡南毛利村恩名（現・厚木市恩名）で水田10町歩，畑地10町歩をもつ大地主の長子として生まれる。厚木中学を経て18年早稲田大学文科予科に進む。20年吉江喬松がフランスから帰国して早大に仏文科を創設，その1期生となる。ヨーロッパ農民文学の紹介につとめる吉江を終生の師とした和田は24年吉江，石川三四郎らの農民文学研究会に参加。これに犬田卯，加藤武雄らが加わった農民文芸会の月刊機関誌『農民』（26年創刊，28年農民自治会の機関誌と合併，29年和田も参加した全国農民芸術連盟の機関誌となる）を発表の場として農村を題材とする創作を続ける。この頃石川や下中弥三郎らの提唱した農民自治会にも加わり全国委員にもなっている。38年「沃土」で第1回新潮文芸賞，満州開拓移民の分村を描いた「大日向村」（1939）はベストセラーとなり映画化されたり前進座で舞台化されたりして和田を流行作家とするが，このことは国策に利用されたとして戦後の和田には不本意だったようだ。戦後は54年結成された日本農民文学会の初代会長となり長編「門と倉」などの作品を発表している。（川口秀彦）〔著作〕『和田伝全集』全10巻家の光協会1978・79〔文献〕『和田伝 生涯と文学』厚木市立図書館叢書1988，和田梓『沙羅の庭』有隣堂1996

和田 登志男 わだ・としお ?-? 1919（大8）年東京四谷区（現・新宿区）の日本紙器株式会

社印刷科に勤め日本印刷工組合信友会に加盟する。(冨板敦)〔文献〕『信友』1919年10月号

和田 仁助 わだ・にすけ ?-? 読売新聞社に勤め新聞工組合正進会に加盟。1920(大9)年機関誌『正進』発行のために50銭寄付する。(冨板敦)〔文献〕『正進』1巻1号1920.4

和田 信義 わだ・のぶよし 1892(明25)9.24-1943(昭18)6.8 大垣市に生まれる。佐久間象山は大叔父にあたる。18年初め郵便局に勤めていた頃、東京亀戸在住の大杉栄、伊藤野枝を訪ね久板卯之助、和田久太郎を知る。6月『労働新聞』に短編小説「野良犬」を寄稿。同年夏に米騒動に加わり荒畑寒村、尾崎士郎らと内藤新宿警察署に初めて検束され7日間拘留となる。石橋湛山が身元引受人となる。以後、社会主義者として尾行つきとなる。1カ月後、評論誌『不平』の記者となり「社会主義神髄」を発表して発禁となる。19年8月堺利彦の推薦で大阪の『日本労働新聞』の編集長となる。労働運動座談会を頻繁に開いた。京都大学学生水谷長三郎も出席、執筆した。20年兵庫県の防疫官吏となり神戸市須磨に居住。23年フランスから帰国した大杉を迎えに伊藤が長女魔子を伴って寄宿、翌日連れだって出迎える。須磨の家には小山茂、柳沢善衛、安谷寛らがたびたび寄宿する。23年8月黒刷社を設立し『悪い仲間』を柳沢、小山茂、道本精一、船越基と発行。雑誌の命名は安成二郎で、後年アナキストの仲間内の通称(外からは揶揄蔑称)として「悪い仲間」と呼び合うまでの流行語となる。うきよ相談所や売文部なども開設した。関東大震災後のアナキスト狩りで同人のほとんどが検束され黒刷社は休業。24年1月26日大阪で全国行商人先駆者同盟の結成に関与。2-8月リーフレット「商人と行商人」「現代社会と行商人」「正義・自由・行商人」を発行。24年12月『文明批評』(黒刷社、『悪い仲間』改題)を柳沢、小山、宮山栄之助、安谷らと創刊(25年6月号まで)。25年9月『祖国と自由』大杉栄追悼号に「初めて知った頃のこと」を発表。26年2月頃妻子との上京時に際し金に困って刀や堺からもらった幸徳秋水筆の「平民新聞園遊会」の大幟を大原社会問題研究所に売却した。『上野浅草新聞』の編集長となり芝原淳三の『自由公論』を手伝う。27年9月『悪い仲間』を畠山清身・清行兄弟と語らい辻潤を寄稿者にして再刊。3号まで発行編集者となり詩や小説を同誌が発表、以後は清身に移譲。同年10月同誌に『文芸ビルデング』に改題後も執筆は続ける。同年11月『自由』に広海貫一、備前又二郎、兼谷美英らと寄稿。28・29年生活に困窮し山谷の香具師仲間と全国を行商。尾行の警官に地元の警察に話をつけてもらいながらのバイ(売)であった。その体験を『文芸市場』『サンデー毎日』に連載、ドヤ街居住体験などを『祖国』に寄稿する。43年初親戚から贈られたウイスキーに不純物が混入していたため肝臓障害になり闘病半年後に死没。(黒川洋)〔著作〕詩集『蹴らない馬』右文館藤井書店1921、柳沢善衛と共著『近世無政府主義運動』自由公論社1926、『香具師奥義書』文芸市場社1929〔文献〕柳沢善衛「小山茂君を憶ふ」『自由』1929.1、畠山清身「『文芸ビル』新築落成由来」『文芸ビルデング』1928.10、柳沢善衛「芝ジュンの横死を悼む」『ながれ』6号1974.3

和田 光 わだ・ひかる 1905(明38)12.15-? 千葉県印旛郡八街町(現・八街市)に生まれる。上京し豊多摩郡落合村(現・新宿区)の目白中学校に入学。在学中の1921(大10)年4、5月頃から自由人連盟のメンバーや大杉栄と文通したとして警視庁の思想要注意人とされる。(冨板敦)〔文献〕『警視庁思想要注意人名簿(大正10年度)』

和田 福太郎 わだ・ふくたろう ?-? 1919(大8)年東京神田区(現・千代田区)の三秀舎印刷科に勤め日本印刷工組合信友会に加盟する。(冨板敦)〔文献〕『信友』1919年10月号

和田 北侭 わだ・ほくじん ?-? 1919(大8)年東京京橋区(現・中央区)の築地活版所文選科に勤め活版印刷工組合信友会に加盟する。同所同科の組合幹事を鈴木福好、菅note喜平治、熊谷鼎児と担う。(冨板敦)〔文献〕『信友』1919年8月号

和田 実 わだ・みのる ?-? 1932(昭7)年1月大阪で山岡栄二、平井貞二、木下茂、北山大助らと黒旗社を結成、アナキズム文芸思想誌『黒旗』を創刊。2号は同年12月船木上、山岡らと自由連合社に拠って刊行。(奥沢邦成)

渡部 栄三郎 わたなべ・えいざぶろう ?-? 1919(大8)年東京京橋区(現・中央区)の築地活版所和文科に勤め活版印刷工組合信友会

に加盟する。〔冨板敦〕〔文献〕『信友』1919年8・10月号

渡辺 栄次 わたなべ・えいじ ?-? 1919(大8)年東京神田区(現・千代田区)の三秀舎ポイント科に勤め日本印刷工組合信友会に加盟する。〔冨板敦〕〔文献〕『信友』1919年10月号

渡辺 嘉一郎 わたなべ・かいちろう ?-? 1919(大8)年東京神田区(現・千代田区)の三秀舎文選科に勤め日本印刷工組合信友会に加盟する。〔冨板敦〕〔文献〕『信友』1919年10月号

渡辺 寛作 わたなべ・かんさく ?-? 1926(大15)年埼玉県児玉郡旭村(現・本庄市)で暮し農民自治会全国連合に参加。地元の農民自治会を組織しようとしていた。〔冨板敦〕〔文献〕『農民自治会内報』2号1927

渡辺 義助 わたなべ・ぎすけ ?-? 芝浦製作所に勤め芝浦労働組合に加盟。1924(大13)年9月27日、同労組の中央委員会で巻線分区の中央委員に村田喜三郎、箕輪宇太郎とともに選出される。〔冨板敦〕〔文献〕『芝浦労働』2次2号1924.11

渡辺 吉三郎 わたなべ・きちさぶろう ⇨渡辺才三 わたなべ・さいぞう

渡辺 清嗣 わたなべ・きよつぐ ?-? 1919(大8)年東京京橋区(現・中央区)の細川活版所罫線科に勤め活版印刷工組合信友会に加盟する。〔冨板敦〕〔文献〕『信友』1919年8・10月号

渡辺 欣之助 わたなべ・きんのすけ ?-? 1919(大8)年東京芝区(現・港区)の東洋印刷会社和文科に勤め活版印刷工組合信友会に加盟する。〔冨板敦〕〔文献〕『信友』1919年8月号

渡辺 健市 わたなべ・けんいち ?-? 1919(大8)年東京京橋区(現・中央区)の秀英本舎和文科に勤め活版印刷工組合信友会に加盟する。〔冨板敦〕〔文献〕『信友』1919年8月号

渡辺 幸 わたなべ・こう 1894(明27)1.26-? 満三は夫。茨城県那珂郡湊町(現・ひたちなか市)に生まれる。夫・満三の影響を受け、1921(大10)年赤瀾会や東京北郊自主会に出入りしたとして警視庁の思想要注意人とされる。同年日本社会主義同盟に加盟。小石川区大塚坂下町(現・文京区)に夫と暮らしていた。〔冨板敦〕〔文献〕『警視庁思想要注意人名簿(大正10年度)』

渡辺 広吉 わたなべ・こうきち ?-? 東京朝日新聞社に勤め東京各新聞社の整版部従業員有志で組織された労働組合革進会に加わり1919(大8)年8月の同盟ストに参加するが敗北。同年12月新聞工組合正進会を組織し庶務役員となる。〔冨板敦〕〔文献〕『革進会々報』1巻1号1919.8、『正進』1巻1号1920.4

渡辺 光三郎 わたなべ・こうざぶろう ?-? 横浜毎朝新報社に勤め横浜印刷技工組合に加盟。1921(大10)年3月12日同社の減給拒絶闘争を26名で闘い勝利する。〔冨板敦〕〔文献〕『信友』1921年4月号

渡辺 幸次郎 わたなべ・こうじろう ?-? 1919(大8)年東京神田区(現・千代田区)の三省堂印刷部電気銅版科に勤め活版印刷工組合信友会に加盟する。〔冨板敦〕〔文献〕『信友』1919年8・10月号

渡辺 幸平 わたなべ・こうへい 1896(明29)-1956(昭31)9.21 別名・公平、綱宗英蔵 18年革進会のスト敗北後、北風会に参加していた布留川桂、綿引邦農夫(報知新聞社)、北村栄以智、小林進二郎(読売新聞社)、和田栄太郎(万朝報社)、諏訪与三郎(時事新報社)ら有志とともに19年12月新聞従業員組合正進会を結成、機関誌『正進』に綱宗英蔵の筆名で毎号のように執筆した。時事新報社に勤めていた。その性格通り「固い」文章だったと水沼辰夫は回想している。22年水沼に頼み込み高尾平兵衛、長山直厚、秀島広二、白銀東太郎、水沼熊、北浦千太郎らの訪露団の一行に加わり密入国する。チタで足止めされその間シベリアの日本兵士向けの反戦新聞『農民、兵士、労働者に訴ふ』の組版、印刷にあたる。モスクワでは和田軌一郎らと東洋勤労者共産主義大学(クートべ)に入学、同年末山本懸蔵らと帰国したが新聞社には再就職できず町工場で文選工として働く。23年12月16日の大杉らの葬儀にはSS会(正進会・信友会有志の会)を代表して準備委員をつとめる。関東大震災で瓦壊した印刷工組合の再建に尽力、正進会と信友会の合同を推進し24年11月東京印刷工組合を結成、延島英一とともに和文部理事に選出される。25年メーデーでは東印を代表して演説する。同年10月京橋区木挽町(現・中央区銀座)の京屋印刷争議で交渉委員となり交渉中暴力攻撃を受け活字ケースを転覆、おなじ交渉委員の延島らと検束、懲役1年6カ月に処される。27年3月出獄後、30年共働運動研究会をおこし共働運動叢書を刊

行，消費組合運動に取り組んだ。同叢書には自著のほか新居格『消費組合と無政府主義』，石川三四郎『無政府主義講座』などがある。戦後人知れずに死ぬと言い残して家を出，福島県勿来市（現・いわき市）で入水した。（冨板敦・大澤正道）〔著作〕『消費組合と無政府主義』共働運動研究会1930，『社会変革に於ける共働組合の任務』同1931〔文献〕『正進』1巻1号1920.4，『印刷工連合』19・24・25・27-30・34号1924.12・25.5・6・8-11・26.3，正進会『同工諸君！ 寄附金芳名ビラ』1924.8，水沼辰夫『明治・大正期自立的労働運動の足跡』JCA出版1979，同「渡辺幸平君を思う」『無政府主義運動』25-27号1956.2・6・10，横山和雄『日本の出版印刷労働運動・上』出版ニュース社1998，『思想輯覧1』

渡辺 駒一 わたなべ・こまいち ?-? 1919（大8）年東京京橋区（現・中央区）の西脇印刷所に勤め活版印刷工組合信友会に加盟する。同年10月頃には同社を退社していた。（冨板敦）〔文献〕『信友』1919年8・10月号

渡辺 才三 わたなべ・さいぞう ?-? 1921（大10）・22年頃埼玉県北埼玉郡種足村（現・加須市）で種足村小作人組合を組織する。渡辺吉三郎とともに中心メンバーとして活動，会員は約300人だった。（冨板敦）〔文献〕『小作人』1次1号1922.2

渡辺 定雄 わたなべ・さだお ?-? 1919（大8）年東京京橋区（現・中央区）の英文通信社印刷所欧文科に勤め日本印刷工組合信友会に加盟する。のち芝区（現・港区）の東洋印刷会社欧文科に移る。23年4月28日の信友会大会で新常務委員（外務担当）に選出される。（冨板敦）〔文献〕『信友』1919年10月号・21年1月号，『印刷工連合』1号1923.6，水沼辰夫『明治・大正期自立的労働運動の足跡』JCA出版1979

渡辺 茂 わたなべ・しげる 1907（明40）2.10-1982（昭57）3.10 宮城県黒川郡富谷村（現・富谷市）に生まれる。東京の高輪中学に進学したが関東大震災が機縁となり中退。釧路に渡り伯父の旅館を受け継ぐ。詩に興味をもち25年9月葛西暢吉と『銅鑼』を創刊。『潮霧』に参加。27年更科源蔵と『港街』を創刊。アナキズムに傾斜する。28年春『社会芸術』に反権力の意思を示す強烈な詩を発表。金井新作，小野十三郎，岡本潤と交遊。酔うと革命歌を歌うので釧路の詩人仲間には敬遠する者もいた。7月29日釧路公会堂で更科源蔵，猪狩満直らアナキスト仲間と文芸講演会を開催。要注意人物となる。その後『至上律』『北緯五十度』に参加したが何度もアナキストの行動に関連して取り調べられ次第に発表困難となる。40年札幌に移る。道会事務局に勤務。敗戦後46年2月更科と『野性』を創刊。55年10月詩集『泥炭地層』を楡書房から刊行。アイヌへの愛情を基底においた詩集であった。その後市町村史の編纂に従事。（堅田精司）〔文献〕『北緯五十度詩集』北緯五十度詩社1931，『札幌の詩』札幌市教育委員会1978，更科源蔵『わが師わが友』北海道新聞社1985

渡辺 尺蠖 わたなべ・しゃっかく 1892（明25）7.16-1980（昭55）2.7 本名・渡辺一郎 新潟県に生まれる。1912（大1）年に上京。技師として55年間，勤務。井上剣花坊主宰の柳樽寺川柳会の同人となり評論や創作に活躍。川柳歴は60余年に及ぶ。24年柳樽寺系の合評グループ枕鐘会の創立と共に会員となり島田雅楽王，井上信子，三笠しづ子らと共に新川柳の研究を行う。代表的な評論に26年2月から6月にかけて『大正川柳』（161号-165号）に連載された「我等何を詠ふべき乎」がある。昭和に入り『大正川柳』は『川柳人』と改題されるが，尺蠖はこの『川柳人』の「垂天集」の選評者として79（昭54）年1月病に伏すまで後進を指導した。著書には71年柳樽寺川柳会から井上剣花坊生誕百年を記念して刊行された『井上剣花坊伝』がある。他に78年たいまつ社から刊行された一叩人編『新興川柳選集』の監修も務める。37年3月から10月にかけて『川柳人』に「新興川柳運動」についての評論を掲載した。享年88歳。代表句に「一匹の蟻の行方に眼が疲れ」「蛞蝓の否定の歩み夜の底」「澄み切ったいのちぬけたり針の穴」などがある。（平辰彦）〔文献〕一叩人編『新興川柳選集』たいまつ社1978

渡辺 順三 わたなべ・じゅんぞう 1894（明27）9.10-1972（昭47）2.26 富山市千石町の生まれ。富山中学を1学期で中退し07年夏上京して神田の家具製造卸商の住み込み店員となり23年まで勤続する。12年頃から投稿を始め短歌の選を受けて師事した窪田空穂の『国民文学』創刊（1914）の同人となる。この年大倉書店から出た『啄木歌集』に多大の影響を受けこの頃から『近代思想』『新社会』『生活と芸術』などの読者となり大杉栄，山

川均らに関心を寄せる。同年夏体調を崩して転地した小田原で福田正夫，井上康文らを知り，18年福田，井上，佐藤惣之助らの創刊した『民衆』の同人となる。20年西村陽吉の『尺土』の同人となり21年から22年にかけて『種蒔く人』や加藤一夫らの『シムーン』（すぐに『熱風』と改題）に作品を発表。25年西村らと口語短歌誌『芸術と自由』を創刊。選者をつとめ編集に関わる。26年『短歌革命』を主宰，同年4月創立の新短歌協会に参加する。28年新興歌人連盟に加盟。この頃からマルクス主義へと傾き28年末『芸術と自由』の編集を辞し翌年プロレタリア歌人同盟を結成する。第2次大戦中は41年12月治安維持法違反で検挙され43年2月まで拘束される。戦後の46年新日本歌人協会を結成し『人民短歌』を創刊，いわゆる民主主義文学運動の指導者の一人となる。（川口秀彦）〔著作〕『貧乏の歌』私家版1924，『生活を歌ふ』同1930，『石川啄木』飯塚書店1950，『秘録大逆事件』春秋社1959，『定本近代短歌史・上下』同1963・64，『烈風の中を』東邦出版社1971，『渡辺順三全歌集』短歌新聞社1996〔文献〕「渡辺順三追悼特集」『新日本歌人』1973.2，斉藤英子『西村陽吉』短歌新聞社1996

渡部　昭吉　わたなべ・しょうきち　?-?　1919（大8）年東京芝区（現・港区）の東洋印刷会社印刷科に勤め活版印刷工組合信友会に加盟する。（冨板敦）〔文献〕『信友』1919年8月号

渡辺　新吉　わたなべ・しんきち　?-?　1919（大8）年東京神田区（現・千代田区）の三秀舎印刷科に勤め日本印刷工組合信友会に加盟する。（冨板敦）〔文献〕『信友』1919年10月号

渡辺　精一　わたなべ・せいいち　?-?　芝浦製作所に勤め芝浦労働組合に加盟。1926（大15）年9月19日，同労組の緊急中央委員会で「共産党の走狗」であるとして高橋知徳，春日正一，伐晃，菅野義清，小川武，中川栄，青木健太郎，長谷川光一郎とともに組合から除名される。（冨板敦）〔文献〕『芝浦労働』3次10号1926.11，小松隆二『企業別組合の生成』お茶の水書房1971

渡辺　精一　わたなべ・せいいち　1903（明36)-?　房総青年社のメンバー。中学を中退する。23年4月8日千葉県君津郡真舟村請西の小作争議で煽動演説をして検挙され同年11月29日東京控訴院で罰金30円となる。26年7月28日千葉市吾妻町公会堂で開かれた関東黒色青年連盟，房総青年社主催の思想問題大演説会で司会をつとめた。40余人の弁士がことごとく中止，多数が検束された。28年農村運動同盟に参加する。31年4月農青社の星野準二，鈴木靖之の訪問を受け農青社運動に共鳴。36年5月農青社事件で検挙されるが7月不起訴となる。（冨板敦）〔著作〕「小作人に訴ふ」農林運動同盟1925〔文献〕『労働運動』3次15号1923.7，『労働運動』4次1号1923.12，『極東平民』4・5号1925.9・12，『黒色青年』5号1926.9，『思想輯覧1』，和田久太郎『獄窓から』復刻版黒色戦線社1988，『農青社事件資料集Ⅰ』

渡辺　善三郎　わたなべ・ぜんさぶろう　?-?　芝浦製作所に勤め芝浦労働組合に加盟。1924（大13）年9月27日，同労組の中央委員会で第一回転機分区の中央委員に金田吉政，岡崎梅次郎，黒川幸太郎とともに選出される。（冨板敦）〔文献〕『芝浦労働』2次2号1924.11

渡辺　善寿　わたなべ・ぜんじゅ　1902（明35).1.1-1958（昭33).10.16　宮城県桃生郡須江村内ノ目（現・石巻市）に生まれる。19年東京の錦城中学卒業後，王子の陸軍砲兵工廠に入り旋盤工見習いとなる。同年8月のストに加わり大日本工友会の青年隊長となる。20年馘首され12月10日東京神田基督教青年会館で開催された日本社会主義同盟創立講演会に参加しようとして検束，警視庁の留置場で大串孝之助，宮越信一郎，杉浦啓一，川合義虎，田所輝明らと大暴れ器物損壊罪で懲役4カ月，豊多摩監獄に服役する。この間社会主義同盟執行委員に選出されたが出獄後，21年中名生幸力，岩佐作太郎とアナキスト団体五月会を結成，活動の舞台を埼玉県下の農村に求め22年2月長島新，古田大次郎らと小作人社をおこし機関紙『小作人』（1号のみ）を創刊する。同年9月加藤高寿，中名生，宮越らと合流し農民運動同盟を結成，10月第2次『小作人』（1924.4終刊）の創刊に参画したが11月には宮越らとともに東京で黒労社を設立，『労働者』を発行，23年2月水沼辰夫，佐藤陽一らが『組合運動』を創刊するとこれにも参加する。24年3月農村運動同盟を離れ労働運動に復帰，25年千住製絨所を拠点にして東京官業労働組合を組織して組合長となり同年第6回東京メーデーに参加，演説する。以来官業労働総同盟の幹部として活躍する一方，社会民衆

党、社会大衆党の役員をつとめる。33年以降は社会運動から離脱する。(大澤正道)〔著作〕「官業労働者に檄す」『組合運動』3号1923.4〔文献〕『労働運動』2次1号1921.1, 3次3・11号1922.3・23.2, 『印刷工連合』25号1925.6

渡辺 竹二郎 わたなべ・たけじろう ?-? 1927(昭2)年上田吉郎(植田信夫)、丹沢明らと『世紀文学』を発行する。(奥沢邦彦)

渡辺 正 わたなべ・ただし ?-? 1920(大9)年に平沢計七らによって組織された純労働者組合に加わり戸沢仁三郎とともに内務を担う。(冨板敦)〔文献〕『労働運動』3次1号1921.12

渡部 達三 わたなべ・たつぞう ?-? 1919(大8)年東京京橋区(現・中央区)の秀英本舎和文科に勤め日本印刷工組合信友会に加盟する。(冨板敦)〔文献〕『信友』1919年10月号

渡辺 太郎 わたなべ・たろう 1903(明36)4.13-1995(平7) 静岡県駿東郡須走村の山林地主渡辺鉄蔵の長男として生まれる。1919(大8)年沼津中学を3年で中退、上京。雑誌社の記者になったが病気で帰郷。療養中に大杉栄の著作や『労働運動』の読者となり20年日本社会主義同盟に加盟。『労働運動』の沼津支局を担い、21年5月9日上京し同盟の第2回大会と翌日の本部事務所での懇談会に参加。22年4月3日狩野川水組合結成大会に単身乗り込み小作人を守れという趣旨のビラを撒いた。またこの頃、田方郡の野戦重砲兵第2連隊の兵卒が休日に外出する際、水曜会のパンフレット『反軍国主義』の路上販売を行った。22年7月には福島義一らとロシア飢饉救済運動に取り組み『農民運動』静岡支部を設立。23年稲村隆一を招き学術講演会に偽装した静岡初のメーデー集会を主催した。同年日本絹糸紡績争議を支援し勝利するも9月に創立した富士合同労働組合のストライキは刑事弾圧を受け敗北。26年12月労働農民党駿東支部結成に参加。28年3・15事件で検挙、3ヶ月の拘留の後、不起訴処分釈放。30年出版業古典社を設立。3月から『図書週報』を刊行、これは42年の企業整備令によって出版業を休業させられるまで通巻210号にわたり刊行された。『図書週報』は34年創刊『日本古典通信』の先駆的存在でもありライバル誌でもあった。この間33年には『古本年鑑』を刊行。39年大庭柯公のエッセイを編集した『古本屋太平記』を刊行。42年出版社休業ののち古書店富士山を開業。46年6月古典社を再開し『古本月報』を再刊。晩年まで古書店を営み55年、裾野市の病院で死去。(廣畑研二)〔著作〕『図書週報』創刊1930年3月-42年7月(通巻210号)、『古本年鑑』1933-1937, 『古本売買の実際知識』古典社1931, 『世界革命実話全集』第1輯古典社1931(発禁)〔文献〕岩崎光好『東静無産運動史』1974, 渡辺悦次「書架紀行/古典社」『図書新聞』1977.9.10, 杉山金夫「渡辺太郎と社会主義同盟県支部」『中日新聞・夕刊静岡』1978.12.6-12.28, 田中延雄著『旗と花と歌ごえと/福島義一とその周辺』岳南民衆史刊行会1980, 『礎をきずいた人々の記録』治安維持法国賠要求同盟静岡県本部1997, 『文献継承』第14号金沢文圃閣2009, 小田光雄『古本探求Ⅱ』論創社2009

渡辺 忠蔵 わたなべ・ちゅうぞう ?-? 1919(大8)年横浜のジャパン・ガゼット社に勤め横浜欧文技術工組合に加盟して活動。同組合設立基本金として1円寄付する。のち福音印刷合資会社に移る。(冨板敦)〔文献〕『信友』1919年8・10月号

渡辺 ちよ わたなべ・ちよ ?-? 1919(大8)年東京神田区(現・千代田区)の三省堂印刷部解版科に勤め活版印刷工組合信友会に加盟する。(冨板敦)〔文献〕『信友』1919年8・10月号

渡辺 長吉 わたなべ・ちょうきち ?-? 1919(大8)年横浜のボックス社に勤め横浜欧文技術工組合に加盟して活動。同組合設立基本金として1円寄付する。(冨板敦)〔文献〕『信友』1919年8・10月号

渡辺 綱三 わたなべ・つなぞう ?-? 1919(大8)年東京芝区(現・港区)の東洋印刷会社文選科に勤め活版印刷工組合信友会に加盟する。(冨板敦)〔文献〕『信友』1919年8月号

渡部 常男 わたなべ・つねお ?-? 別名・常雄 日本印刷工組合信友会のメンバー。1924(大13)年7月19日信友会が新聞印刷工組合正進会との合同を決めた東京神田松本亭での信友会臨時大会で和文部の理事に選出される。25年6月8日埼玉新聞社の給料不払いに活字ケースを転覆させて抗議。検挙され、同月11日浦和裁判所で懲役3カ月執行猶予3年となる。(冨板敦)〔文献〕『印刷工連合』15・19・23・26・31号1924.8・12/25.4・7・12, 水沼辰夫『明治・大正期自立的労働運動の足跡』JCA出版1979

渡辺 鉄治 わたなべ・てつじ ?-? 1926(大15)年末頃、大工職組合革匠会に加わり自

由労働者同盟の中央委員として会計係を務める。革匠会(1923年8月13日創立)の事務所は東京府南葛飾郡吾嬬町小村井(現・墨田区)にあり組合員数は643名で渡辺のほか新沢忠平、佐藤福太郎、大橋清治、渡辺亀吉、上野富用が幹部を担っていた。(冨板敦)〔文献〕加藤昇『自由労働者同盟』『昭和2年版解放運動解放団体現勢年鑑』解放社1927

渡辺 照吉 わたなべ・てるきち ?-? 日本印刷工組合信友会に加盟し1921(大10)年末頃は麹町区(現・千代田区)のジャパンタイムス&メール社印刷科で働いていた。(冨板敦)〔文献〕『信友』1922年1月号

渡辺 外喜夫 わたなべ・ときお ?-? 新聞工組合正進会のメンバーだったが、1924(大13)年『印刷工連合』18号に正進会名で「会則第36条により除名す」との「除名公告」が掲載される〔会則第38条(会費滞納3カ月以上は除名)の誤りか〕。(冨板敦)〔文献〕『印刷工連合』18号1924.11

渡辺 得一郎 わたなべ・とくいちろう ?-? 1919(大8)年東京京橋区(現・中央区)の中屋印刷所和文科に勤め日本印刷工組合信友会に加盟する。(冨板敦)〔文献〕『信友』1919年10月号

渡辺 年之助 わたなべ・としのすけ 1902(明35)9.20-? 新潟県西頸城郡青梅町の漁師の家に生まれる。高等小学校を卒業後、名古屋に出て電気学校に入り苦学する。米騒動後に上京、東京毎日新聞社の校正係となり渡辺善寿らを知る。名古屋に戻り22年10月農村運動同盟の同人となり伊串英治宅を事務所として愛知支部を結成(23年4月頃中区御器所町の加藤権市宅に事務所移転)。中部黒連にも加盟。26年6月5日岐阜市柳瀬電気館で開かれた中部黒連結成式にあたる同連盟主催の社会問題大演説会の司会をつとめる。同年11月25日労農党名古屋支部発会式にあわせて中部黒連主催の無産政党撲滅演説会を熱田高砂座で開き伊藤長光、小坂千里らと演説。その後渡辺のすすめで官業労働運動に参加、27年社会民衆党に入党。敗戦後は社会党の結成に関わる。(冨板敦)〔文献〕『小作人』2次1・3・5号1922.10・23.4・6、『黒色青年』4号1926.7、『名古屋地方労働運動史』

渡辺 留吉 わたなべ・とめきち ?-? 中央新聞社に勤め東京の新聞社員で組織された革進会に加わり1919(大8)年8月の同盟ストに参加するが敗北。のち正進会に加盟。24年夏、木挽町(現・中央区銀座)正進会本部設立のために1円寄付する。(冨板敦)〔文献〕『革進会々報』1巻1号1919.8、正進会『同工諸君!! 寄附金芳名ビラ』1924.8

渡辺 虎吉 わたなべ・とらきち ?-? 別名・寅吉 1919(大8)年横浜のボックス社に勤め横浜欧文技術工組合に加盟して活動。同組合設立基本金として1円寄付する。(冨板敦)〔文献〕『信友』1919年8・10月号

渡部 信義 わたなべ・のぶよし 1899(明32)9.5-? 福島県大沼郡会津高田町の農家に生まれる。20年上京し通信省に勤務。「レーニンの偉大さを認めつつも、クロポトキンの思想に魅せられた時期があった」という。22年病気退職し左翼運動に入る。23年芝田村町の職業補導所に入り労働組合結成を企てるが馘首。1日1編の詩作に入った。松本淳三のすすめで詩集刊行を準備するが関東大震災で中止。25年第1詩集『灰色の藁に下がる』を上梓。この詩集について松永伍一は「収録作品四十五編のほとんどが農民詩で、その基調が『黒』であり『闇』であることから、当時のかれの思想的傾向がアナキズムに近いものであったことを知ることができる」と記す。27年農民文芸会に加わり第1次『農民』に詩や戯曲を寄せる。共産党シンパでもあったが党員ではなかったため23・28・29年の弾圧の際も検挙を免れた。敗戦後は日本生活協会に勤める。(冨板敦)〔著作〕『灰色の藁に下がる』文化学会出版部1925,『土の言葉』大和書舎1940,『日本田園』文化堂出版部1964,『反逆光・残照』聾人社1974,『馬の耳』同1975〔文献〕松永伍一『日本農民詩史・上』法大出版局1967

渡邊 白泉 わたなべ・はくせん 1913(大2)3.24-1969(昭44)1.30 本名・威徳(たけのり)東京市赤坂区南青山に長男として生まれる。地元の尋常小学校卒業後、慶応義塾普通部へ入学。この頃『子規俳話』を読み俳句に興味を持つ。水原秋桜子の『俳句の本質』に啓発され、『馬酔木』に投句を始め、33(昭8)年同誌2月号に秋桜子選で1句初当選。平行して『句と評論』へ投句を始め4月号での2句初入選後頭角をあらわし12月号で同人に推挙される。その後も同誌への自選作品の発表と投句を続けるとともに評論を展

開しはじめた。36年慶応大学を卒業後，株式会社三省堂に入社。この頃から西東三鬼と頻繁に交際する。37年同人誌『風』を創刊，38年『風』は『句と評論』改題の『広場』に合流，この頃から戦争批判の句を次々に作り〈銃後といふ不思議な町を丘でみた〉〈風かけり兵の墓標が軋り合ふ〉など戦争の非人間性を批判した。39年2月西東三鬼の斡旋で『京大俳句』会員となると同時に〈戦争が廊下の奥に立つてゐた〉で戦慄的なイメージによって戦争に対する恐怖を鷲掴みにした傑作を詠んだ。翌40年新興俳句総合誌『天香』の創刊に参画するも，同誌発行直前の2月に京大俳句関係者の第一次検挙に続く5月の第二次検挙者三谷昭ら6人のうちの1人となった。同年9月起訴猶予。執筆禁止を言い渡されて釈放される。釈放後は俳諧の研究に没頭した。44年6月応召。横須賀海兵団に水兵として入団。軍隊にあっても〈夏の海水兵ひとり紛失す〉〈血の甲板に青き冷たき夕暮れ来〉など戦争と軍隊の残虐性，暴力構造や矛盾を抉りだした。45年9月復員。48年1月阿部青蛙の招きに応じて岡山県英田郡（現・美作市）に妻子とともに移住し，岡山県立林野高等学校社会科教師となる。52年沼津市立沼津高等学校に転勤。57年4月筑摩書房『現代日本文学全集91 現代俳句集』中に『渡邊白泉集』が収載される。66年八幡船社『私版・短詩型文学全集⑤渡邊白泉集』刊行。69年1月帰宅途中，沼津市内で脳溢血の発作に襲われ昏倒。意識不明のまま翌30日死去。55歳。戦後は〈あぢさゐも柳も淡き雨のなか〉〈谷底の空なき水の秋の暮れ〉など古俳諧の骨法を生かした句や〈マリが住む地球に原爆などあるな〉など地方都市の庶民として生活しながらも時代と向き合い戦前からの批判精神を継続させた作品を詠んだ。（宮澤公明）〔著作〕『白泉句集』書肆林檎屋1978，『渡邊白泉全句集』沖積舎2005〔文献〕川名大『昭和俳句　新詩聖心の水脈』有精堂出版1995，田島和生『新興俳人の群像』思文閣出版2005，大岡信『現代俳句大辞典』三省堂2005，倉阪鬼一郎『怖い俳句』幻冬舎新書2012，中村裕『疾走する俳句　白泉句集を読む』春陽堂2012

渡辺 半造　わたなべ・はんぞう　?-?　別名・半三，半蔵　1919（大8）年東京芝区（現・港区）の東洋印刷会社和文科に勤め活版印刷工組合信友会に加盟する。同社同科の組合幹事を石渡綱太郎と担う。（冨板敦）〔文献〕『信友』1919年8月号

渡辺 博　わたなべ・ひろし　?-?　東京市神田区（現・千代田区）神保町に居住し同町の山縣製本印刷整版部に勤める。1935（昭10）年1月13日整版部の工場閉鎖，全部員40名の解雇通告に伴い争議勃発。工場を占拠して闘い同月15日解雇手当4カ月，争議費用百円で解決する。山縣製本印刷は当時東京大学文学部の出入り業者であり，東印は34年5月以降，東印山縣分会を組織していた。（冨板敦）〔文献〕『山縣製本印刷株式会社争議解決報告書』東京印刷工組合1935，『自連新聞』97号1935.1，中島健蔵『回想の文学』平凡社1977

渡辺 丙午　わたなべ・へいご　?-?　1930（昭5）年頃詩人の会蛇鳥社の同人と長谷川武らを中心として結成したNAC（ナック，ニヒリスティック・アナルコ・コミュニズム）に参加。農青社に出入りし，農青社運動に共鳴した。（冨板敦）〔文献〕『特高外事月報』1936.5，『社会運動の状況8』

渡辺 正章　わたなべ・まさあき　1894（明27）2.10-?　愛媛県温泉郡川上村（現・東温市）に生まれる。幸徳秋水を崇拝し，1919（大8）年2月民人同盟会（東京帝国大学新人会に刺激されて，早稲田大学生が中心となって創立した学生運動団体）を組織したことで警視庁の思想要注意人とされる。（冨板敦）〔文献〕『警視庁思想要注意人名簿（大正10年度）』

渡辺 政吉　わたなべ・まさきち　?-?　芝浦労働組合に所属。1922（大11）年11月創刊された機関紙『芝浦労働』の発行兼編集人を24年4月まで計8号つとめる（30年まで続いた『芝浦労働』のその後の発行兼印刷人は金田吉政，保持増巳，吉田潔，谷田部勇司，高橋吾助）。震災で焼失した組合事務所を東京芝区新堀町（現・港区）の自宅に置く。その後芝浦製作所を離れ佐藤陽一，富田繁蔵，天土松太郎，嶋津一郎ら（渡辺も含めて芝浦浪人組と呼ばれた）と24年5月芝浦労組の姉妹団体として関東電気鉄工労働組合を組織する。同年9月には関東労働組合連合会を結成し，同連合会のリーフレットの編集発行兼印刷人をつとめるが，しばらくして佐藤護郎，富田と同連合会から脱退した。（冨板敦）〔文献〕『芝浦労働』1次1-8号1922.11-24.4，『労働運動』4

次1・14号1923.12・26.1、『メーデー(関東連合)リーフレット』関東労働組合連合会本部1925.4、「渡辺政吉、富田繁蔵を放逐す」(ビラ)関東労働組合連合会・電気鉄工組合1925.11.30、小松隆二『企業別組合の生成』御茶の水書房1971

渡辺 政太郎 わたなべ・まさたろう ?-?
1919(大8)年東京京橋区(現・中央区)の築地活版所文選科に勤め日本印刷工組合信友会に加盟する。(冨板敦)〔文献〕『信友』1919年10月号

渡辺 政太郎 わたなべ・まさたろう 1873(明6)10.17-1918(大7)5.17 別名・北風 山梨県中巨摩郡松島村(現・甲斐市)生まれ。半農半商の貧しい家に生まれ小学校を終えて横須賀の洗濯屋の徒弟となる。帰郷し紡績会社に勤めるが結核のため退職。理髪を習い村で床屋を開くが失敗。93年父を失う。母や弟妹をのちに妻となる若林やよの実家に預け上京。『二六新報』の配達をしながら予備学校に通う。いかに生きるべきかに悩みキリスト教信者となる。97年岐阜の濃飛育児院で働く。99年育児院をやめ東京に戻り東京孤児院の仕事を手伝う。同年神田の基督教青年会館で開かれた活版工懇話会主催演説会で片山潜の演説に感動、社会主義を志す。00年やよが上京し渡辺とともに東京孤児院で働く。03年静岡県富士郡吉原町(現・富士市)に創立された富士育児院の共同経営者としてやよとともに吉原町に移る。04年春育児院をやめ静岡県大宮町(現・富士宮市)で農業を始める。同年6月自宅で社会主義日曜講話会を原子基の助力を得て始める。8月東海道遊説中の西川光二郎と吉原町で出会う。9月台風の被害を受け農業を断念、鷹岡村天間(現・富士市)に移り床屋平民床を開く。05年渡辺、原子、深尾韶の3人で社会主義伝道行商を企図するが渡辺は母の病気などのため断念する。06年東京に戻り東京孤児院の仕事を手伝う。この年堺利彦、西川、赤羽巌穴との交流を深める。この後、原子、深尾が北海道に設立した平民農場に参加するが短い期間で引き上げた。07年8月片山らの社会主義同志会に参加。08年2月西川、赤羽ら社会主義同志会会員25人が片山を除名、渡辺もこの除名決議に加わる。08年3月西川らが『東京社会新聞』を創刊し議会政策・直接行動併用論を展開、政太郎・やよは同新聞発行所である西川宅に寝泊まりし同紙発行に尽力する。08年9月西川、赤羽らの入獄により『東京社会新聞』は廃刊。09年麻布区霞町(現・港区西麻布)の貧民街に移る。10年5月赤羽の『農民の福音』を渡辺宅を発行所として秘密出版する。11年1月大逆事件で処刑された幸徳秋水、大石誠之助、奥宮健之、内山愚童の遺体を火葬場まで送り最後までつきそう。11年2月石川三四郎の応援を得て日曜日に自宅で子供たちを集め日曜学校を始める。12年江渡狄嶺を知る。13年5月福田狂二とともに中国に渡り湖南省で内戦に参加する。この年村木源次郎を知る。14年大杉栄、荒畑寒村のサンジカリズム研究会に参加。14年10月埼玉在住の臼倉甲子造・静兄弟とともに月刊『微光』を創刊(9号1915.6まで)。15年大杉、荒畑らの平民講演会に参加。同年小石川区白山前町(現・文京区白山)の古本屋有明堂(のちの南天堂)の2階に移る。ここに近藤憲二、久板卯之助、岡本文弥らが集まり研究会が開かれた。15年末本郷区東片町(現・文京区本駒込)の南天堂書店の2階、通称「三角2階」に移る。ここで久板、和田久太郎、添田啞蟬坊とともに研究会を開き、17年9月小石川区指ケ谷町(現・文京区白山)に移ってからも研究会は続けられ近藤、北原竜雄、荒川義英、中村還一、水沼辰夫、林倭衛らが参加、渡辺の「慈父の如き温情と悲壮なる奮闘」(和田)によって若い活動家が育っていった。18年初めから体調を崩し、5月17日乾酪性肺炎のため死没。葬儀には在京の同志のほとんどが参会し、和田が物干しざおにくくりつけた赤旗を先頭に革命歌「ああ革命は近づけり」を歌いながら火葬場までデモ行進した。渡辺宅での研究会は近藤、村木、石井鉄治が主催者となり、渡辺の雅号にちなんで北風会と改称、継続された。19年1月北風会は大杉、和田らの労働問題座談会と合同、さらに9月東京労働運動同盟会と改称、日本のアナキズム労働運動に多くの活動家を送り出した。渡辺は「善く働いた社会主義者」(堺)として、また「労働者との連鎖の最も大切な一環」(山川均)としての一生を寡黙な献身のうちに生きた。(飯野正仁)〔文献〕秋山清・藤巻修一『渡辺政太郎・村木源次郎資料1・2』私家版1971・72、多田茂

治『大正アナキストの夢 渡辺政太郎とその時代』土筆社1992，近藤憲二『一無政府主義者の回想』平凡社1965，寺島珠雄『南天堂』皓星社1999，飯野正仁編『渡辺政太郎遺文』私家版2002

渡辺 勝 わたなべ・まさる ?-? 東京生まれ。芝の不良少年で「神明の勝」という名で通っていたが一転してキリスト教徒となった。土方人渡世を送るうちにさらにアナキストに転じ江東自由労働者組合に入る。1927(昭2)年11月10日江東自由芝浦支部提唱の失業抗議闘争に参加，乱闘になり検束29日拘留される。その後村上義博らによって28年1月に結成されたAC労働者連盟，次いで同年4月に結成された黒色自由労働者組合に参加した。年長組で北海道のたこ部屋経験者でもあった渡辺は同様の経験をもつ前田そがいとともに組合の対職安交渉係として活躍した。(植本展弘)〔文献〕『自連』19号1927.12，横倉辰次「黒色自由労働者組合とAC労働者連盟の思い出」『労働と解放』3号1967.3

渡辺 又吉 わたなべ・またきち ⇨安田次郎 やすだ・じろう

渡辺 満三 わたなべ・まんぞう 1892(明25.1.7)-1925(大14)5.11 別・満蔵 愛媛県温泉郡湯山村(現・松山市)生まれ。小学校卒業後，農業に従事。16年上京，18年ナブポルツ商会時計工場に入り時計工となる。20年3月同工場で時計工連合(のち時計工組合)を結成した。活動家の集まり土曜会をつくるがそこに小池宗四郎が参加し中村還一や黒瀬春吉の労働同盟会などとの接触が生まれた。やがて大杉栄，近藤憲二，和田久太郎らの北風会，山川均，荒畑寒村らの労働運動研究会に参加するようになった。20年日本社会主義同盟結成の発起人。21年3月渡辺ら時計工組合幹部14人の解雇反対闘争を指導しサンジカリズムにもとづく労働者自治による工場管理戦術を試みて勝利を収め，労働運動家として名を知られた。22年7月共産党創立に参加，23年第1次共産党事件で検挙され，同年末に保釈。24年3月時計工連合会を左派4組合とともに総同盟に加盟させ，25年2月治安維持法案の議会上程阻止行動を指揮中に検束。警官の暴行によって結核を悪化させて急逝した。(奥沢邦成)〔文献〕『信友』1921年11月号，『正進』2巻11号1921.11，「大正10年度警視庁思想要注意人名簿」，

萩原晋太郎『町工場から 職工の語るその歴史』マルジュ社1982，犬丸義一『日本共産党の創立』青木書店1982

渡辺 茂三郎 わたなべ・もさぶろう ?-? 1919(大8)年東京神田区(現・千代田区)の三秀舎和文科に勤め活版印刷工組合信友会に加盟する。(冨板敦)〔文献〕『信友』1919年8・10月号

渡辺 元次郎 わたなべ・もとじろう 1911(明44)-1976(昭51)4.8 別名・元治郎 静岡県駿東郡大岡村中石田(現・沼津市)に生まれる。沼津印刷工組合の富山欣次に感化され1927(昭2)年黒色青年連盟沼津支部に加盟して活動。沼津日日新聞社で給仕をしていた。のちボル派に移る。戦後は日本社会党に入党。(冨板敦)〔文献〕岩崎光好『東静無産運動史』同刊行会1974，『礎をきずいた人々の記録-静岡県における治安維持法下20年の闘い』治安維持法国賠要求同盟静岡県本部1997，『日外』

渡辺 祐次郎 わたなべ・ゆうじろう ?-? 1919(大8)年東京本所区(現・墨田区)の凸版印刷会社差換科に勤め活版印刷工組合信友会に加盟。同年10月頃から同社同科の組合幹事を担う。(冨板敦)〔文献〕『信友』1919年8・10月号

渡辺 与三郎 わたなべ・よさぶろう ?-? 1919(大8)年東京日本橋区(現・中央区)の共盛堂印刷所に勤め日本印刷工組合信友会に加盟する。(冨板敦)〔文献〕『信友』1919年10月号

渡辺 渡 わたなべ・わたる 1899(明32)-1946(昭21)別名・芝崎町男・街二 愛媛県周桑郡壬生村(現・西条市)に警察署長の息子として生まれ幼少時に北九州へ移る。16(大5)年6月頃，詩誌『びいどう』を創刊。福岡県の明治専門学校を経て八幡製鉄の技師となるが，労働争議で馘首されて上京。20年頃，房州南端の海岸にあって半ば行者のような生活をしながら「海洋の精神とでも称すべき類の思惟大系を全国に説いて歩くことによって一生を終えようと覚悟していた」と述べ，海洋詩派を提唱した。22年内藤鋠策の経営する出版印刷会社抒情詩社に勤める。25年退社し，陶山篤太郎と『近代詩歌』を創刊。26年5月太平洋詩人協会を設立し『太平洋詩人』を創刊主宰(7冊。27年(昭2)4月終)，印刷部は菊田一夫が受け持ち，同時に友谷静枝編集で『女性詩人』も発行。

『太平洋詩人』を在京アナキスト詩人の拠点とする計画を立て『黒い砂地』の遠地輝武，『文芸解放』の壺井繁治，『詩戦行』の秋山清らが何度か会議を持つが実現に至らなかった。『太平洋詩人』26年12月号に縁戚でもあった林芙美子の「放浪記」原型作「秋の日記」を掲載した。27年春以降，事業をたたみ再度の放浪から八丈島を経て，28年頃，静岡の杉山市五郎宅に寄寓。6月杉山，横地正次郎，坂本七郎，柴山群平，東宮七男，梅津錦一，中島松夫らと『手旗』を創刊する。29年7月第1次『黒色戦線』に詩「寒風の街」を寄せる。35年9月『新喜劇』(同社，40年10月終)創刊にカジノフォーリーの文芸部長島村龍三(別名・黒田哲也『太平洋詩人』)と参加，編集発行人となる。同人には菊田，酒井俊らがいた。戦争末期に民間徴用され各地を転々とした(黒川洋・冨板敦・廣畑研二)〔著作〕詩集『海の使者』中央文化社1922，同『天上の砂』叙情詩集1923，『八丈島仙郷誌』(共著)黒潮会1928，『林芙美子・北林透馬』『文芸通信』文芸春秋社1935.5，『海の雄叫び』六合書院1942，『西部濠州の朝』文英堂(大阪)1942，詩集『東京』図書研究社1943，『国境の人形芝居　満ソ国境巡演記』育英書院1943，『現地報告 北の守備線』大日本出版1944，『日本詩人全集第五巻』創元社1953〔文献〕『黒色戦線』1次1巻4号1929.7，松永伍一『日本農民詩史・中2』法大出版局1969，浅野紀美雄編『風信』3号同社1970，秋山清『あるアナキズムの系譜』冬樹社1973，『愛媛県史文学』愛媛県1984，杉山市五郎『詩人杉山市五郎作品集』武蔵野書房1995，寺島珠雄『南天堂』皓星社1999，竹内栄美子編『コレクション・都市モダニズム詩誌2アナーキズム』ゆまに書房2009

綿引 邦農夫　わたびき・くにのぶ　1895(明28)3.25-1975(昭50)12.3　別名・雀毛生，ジャック　茨城県那珂郡国内村下国井(現・水戸市)に生まれる。08年父を失い10年高等小学校を卒業後，働きに出る。大逆事件を新聞で知り先輩の印刷工にアナキズムのことを聞く。酒，たばこをやらずに貯金し12年7月上京，市内の印刷所を渡り歩く。18年3月水沼辰夫らが結成した日本印刷工組合信友会に加入する。8月博文舘争議と米騒動に事寄せ信友会潰しをねらう一斉検挙で外神田署に留置されたが，逆に労働運動に挺身する決意が固まり北風会，荒畑寒村の労働組合研究会，山崎今朝弥の社会講演会などに出入りする。19年6月報知新聞に在職中，布留川桂らと新聞印刷工組合革進会結成に加わり8月在京16新聞社のストに参加するが争議は惨敗に終わり革進会は解散。その後20人余の有志による組合再建がはかられ12月新聞従業員組合正進会が発足，綿引は報知新聞社の会員として布留川らを支えて活躍する。東京毎日新聞社などに移り正進会の活動家として頭角を現す。21年4月布留川，諏訪与三郎らと労働社の同人に名を連ねる。24年11月結成された東京印刷工組合では新聞部に属す。26年5月全国の自由連合派労働組合を結集した全国労働組合自由連合会結成大会で冒頭，経過報告を行う。28年3月全国自連第2回続行大会で「我等は自由連合主義を以て労働者農民解放運動の基調とする」という東印の綱領改正案を提案し，階級闘争を基調とするなどの東京自由労働者組合の提案と対立，紛争の揚げ句，東京自由らサンジカリズム派は退場，分裂となる。同大会ではまた関東自連が提出した「1日8時間，1週44時間労働獲得」の議案につき「我々は現在の労働がたとい6時間，4時間に短縮されたとしても決して満足するものではなく，命令・支配なき労働なれば延長するも更に苦痛とするものではない」と主張，この提案を撤回させる。以後純正アナキズムの論客として延島英一，麻生義と『自連』紙上で論争を重ねる。『自連新聞』30号(1928.12)に載った「労働運動概観」でサンジカリズムの綱領とされるアミアン綱領では組合内への政党政派の意見の持ち込みを禁じているが，それでは組合は「無思想の団体」となってしまうとして自由連合主義の組合への浸透を主張する。29年読売新聞社の臨時雇，翌年本雇となり，戦時中は同社で布留川桂・信兄弟らと相互会(共済組織)をつくる。45年10月読売新聞従業員組合結成大会の席上で「自由連合は生きていた」と演説し，社内機構の徹底民主化，従業員の人格尊重と待遇改善，自主的消費組合と共済組合の結成などを中心に争議に入り(第1次読売争議)，工務局選出の闘争委員として布留川兄弟らと闘争する。正力松太郎社長の退陣要求は占領軍の公職追放令で事実上実現し争議は組合の勝利となる。編集，工場，発送，配達の現場から委員を選出，新聞生産委員会による生産管理が試みられ，

大井，大森，蒲田の南部地区での組合づくりに乗り出し，これがのちに工場代表者会議となり産別会議の基礎になったという。翌46年5月結成されたアナ連に参加。6月勃発した第2次読売争議でも中心となって闘う。争議団のメンバー555人のうち編集系統は70-80人，他は工場系統だった。争議の発端は編集権問題だったが実際は編集権に名を借りた組合破壊でそれゆえに工場の印刷労働者が中心になり，その中核が綿引であり布留川兄弟らであった。9月16日アナ連最初の大杉栄追悼無政府主義講演会で「労働運動の精神」と題して講演，烈々として読売争議への支持を訴えた。第2次争議は占領軍と共産党の介入で長期化し10月敗北，馘首される。アナ連東京地協で大会準備委員になるなど活動を続けたが55年分裂後はアナキストクラブ(のち日本アナキストクラブと改称)を結成，機関紙『アナキストクラブ』(のち『無政府新聞』『無政府主義運動』と改称)の編集を引き受け70年8月62号までほとんど一人で守り続ける。また岩佐作太郎『革命断想』(日本アナキストクラブ1958)，クロポトキン著・岩佐訳『パンの獲得』(同1960)などの刊行につくした。職場での休憩時間中他の連中が将棋などに興じているなか，一人「綿さんは腕を組んで沈思黙考という形，見ようによっては孤影悄然といったようにもとれた。だが実は綿さんはそんな寸暇も惜しんで人類の幸福や未来社会の姿などについて深い瞑想にふけっているのだった」(「孤独にも似た仕事場の綿さん」『無政府主義運動』64号1976.5)と安達幸吉は最晩年の姿を偲んでいる。頑固一徹，非妥協の生涯だった。〔大澤正道〕〔著作〕「クロの『社会革命と経済組織』に就て」「良書紹介『無政府主義者は斯く答ふ』」『自連』23・29号1928.4・11，「私はなぜアナキストになったか」『平民新聞』62号1948.2.27〔文献〕『印刷工連合』25号1925.6，『自連』1・23号1926.6・28.4，『平民新聞』3号1946.8.7，布留川信「読売争議の意義」『平民新聞』7号1946.11.23，星金次「ありし日の綿引さんの話」『無政府主義運動』65号1977.5

渡部 大三郎 わたべ・だいざぶろう ?-1925 (大14) 福島県耶麻郡慶徳村(現・喜多方市)に生まれる。幸徳秋水在米時に岩佐作太郎，山崎今朝弥らと運動に従った。帰国後はすでに大逆事件のため身動きできず，晩年は官憲の厳重な監視のもとに置かれ晴耕雨読を余儀なくされた。積極的・意識的な気負いはなく人格そのものがアナキスティックであった。23年関東大震災直前，山崎宅で偶然岩佐に再会する。老人といわれた岩佐よりも老けてみえたという。この再会から2年後に孤独のうちに死没。地元の青年石田兼男，佐藤義友らに影響を与えた。23年秋，雑誌『自由人』が石田らによって刊行された。〔黒川洋〕〔文献〕鳥見山捨磨「会津社会運動側面史」『冬の土』24・25号1933

渡 すぎ子 わたり・すぎこ ⇨渡義夫 わたり・よしお

渡 平民 わたり・へいみん 1898(明31)7.7-1935(昭10)8.12 本名・渡保次郎 東京市下谷区金杉下町(現・台東区竜泉)に生まれる。民衆劇の創作者であり坪内逍遙に次ぐわが国小劇場運動の先駆的紹介者であった。早稲田大学在学中に芸術派の同人雑誌『LIFE』を刊行，作家丹潔の影響から社会主義思想に近づいたらしい。丹が中心的役割を果たす労働文学の拠点『黒煙』などに社会の底辺に生きる人々の悲劇を発表。一時名古屋のアナキスト松井不朽の『日刊大公論』編集主事になったこともあるが，関東大震災後は劇団を中心にした演劇運動と翻訳の仕事に力を注いだ。〔大和田茂〕〔著作〕戯曲集『監獄部屋』惜春堂1926〔文献〕大和田茂『社会文学・1920年前後』不二出版1992

渡 義夫 わたり・よしお ?-? 泉州純労働者組合，大阪黒色一般労働者組合のメンバー。1928(昭3)年2月7日泉州純労は関西紡織労働組合と合同し大阪黒色一般労働組合と改称することを決定する。12日改称に伴い事務所を関西自連本部に移転しようと準備中に河本乾次，渡すぎ子，古江谷らとともに検挙され(計7人)拘留15日となる。〔冨板敦〕〔文献〕『自連』22号1928.3

輪違 清次 わちがい・きよじ 1905(明38)-1971(昭46)6.21 兵庫県生まれか。24年7月大阪市電ストに青年部組合員として参加，高野山に籠る。26年7月日本交通労働総連盟確立大会が終わって1週間後に開かれた市電争議2周年記念演説会で，同じ大阪市電自助会春日支部の阿部賢蔵，築港支部の沖本信吉，布川助七，鶴町支部の高木三郎，田中正義らとともに演説した。当日大

杉栄に私淑する輪違は議会制度否認を唱え演説中止，検束された。36年大阪市土木局に転職。45年大阪市従業員労働組合の結成に参画して執行委員となり，副執行委員長，書記長，執行委員長を歴任。のち大阪総評副議長，大阪府地方労働委員をつとめた。(北村信隆)〔文献〕『大交史』，公営交通研究所編纂『大交五十年史』大阪交通労働組合1995，『解放のいしずえ』新版

輪違　光治　わちがい・こうじ　?-?　1926(大15)年兵庫県美方郡村岡町(現・香美町)で暮し農民自治会全国連合に参加。地元の農民自治会を組織しようとしていた。(冨板敦)〔文献〕『農民自治会内報』2号1927

附　　錄

アナキズム運動史関連　機関紙誌リスト一覧

1912年-1940年　*1083*

1945年-1968年　*1155*

機関紙誌索引　*1175*

日本社会主義同盟加盟者名簿　*1183*

アナキズム運動史関連 機関紙誌リスト一覧
(1912-1940)

※このリスト一覧は，アナキスト機関紙誌ではなく，アナキズム運動史に関連した機関紙誌を幅広く収録したリストである。まだ記載もれがあると思われるが，後日の調査・研究に期したい。

＊アナキストを中心としたアンソロジー詩集は収録した。また1941年以降の文芸関係は翼賛体制下となるため除外した。

＊記載事項は，以下の通り。

紙・誌名称	結社名(地名)	創・終刊月日	発行・編集・印刷人名/参加者名	備　　考

＊創・終刊月日は，各々を⇩で結び期間を表示した。
　途中号のみで創・終刊月日が確認されない場合は｜で表示した。また，ある号数しか確認できない場合は月日の後に号数を(　)内に示した。
＊発行人→発，編集人→編，印刷人→印，と略し，／以下は参加，執筆者などを列記した。
＊備考欄には，最終号，改題その他の特記事項，復刻版，その他を記載した。
＊朝鮮・中国・台湾の地名については，現在の地名にて表記した。

1912以前，『万朝報』(1892.11.1-1940.10.1)，旬刊『平民之友』(1896.2.18-1897.10.8,46号・欠号あり)，『労働世界』(1897.12-1903.2)，『牟婁新報』(1900.4.12-1926.4.20)，『社会主義』『労働世界』後継紙，1903.3.3-1904.12.3)，『家庭雑誌』(1903.4-1907.8,54号)，週刊『平民新聞』(1903.11.15-1905.1.29,64号廃刊)，『直言』(1904.1.5創刊，第2巻第1号の1905.2.5-9.10までが，週刊『平民新聞』発禁後の後継紙)，『火鞭』(1905.9.10-1906.5.10,9号)，『民報』(中国同盟会，東京で創刊。1905.11.26)，『新紀元』(1905.11.10-1906.11.10,13号)，『光』(1905.11.20-1906.12.25,31号)，『社会主義研究』(1906.3.15-8.1,5号)，『熊本評論』(1907.6.20-1908.9.20,31号)，『平民評論』(1909.3.10,1号)，『世界婦人』(1907.1.1-1909.7.5,38号)，日刊『平民新聞』(1907.1.15-4.14,75号廃刊)，『日本平民新聞』(1907.6.1-1908.5.5,23号。『大阪平民新聞』1-10号・号外含む)，『社会新聞』(1907.6.2-1911.8.3,44号)，『天義』(中国。劉師培，何震ら。実際の印刷は，通信所の東京・牛込。1907.6.10-1908春,19号)，『新世紀』(中国。李石曾，呉稚暉ら，パリで刊行。1907.6.20-1910.5)，『欧友』(1907.9-1908.6,10号。改題し『欧友の友』1908.7-)，『東京社会新聞』(1908.3.15-9.15,15号)，『衡報』(中国。劉師培ら。1908.4.28-10月,11号，日本で発刊)，『自由思想』(1909.5.25-6.10,2号)，『東北評論』，(1908.8.1-10.1,3号)『革命評論』(1906.9.5-1907.3.25,10号)，『青鞜』(1911.9-1916.2,52号)，『極東』(6-24号，1912)などがみられる。

1912(大正元)年

紙・誌名称	結社名(地名)	創・終刊月日	発行・編集・印刷人名/参加者名	備　考
水　脈	水脈社	2月	湧島義博/〈同人〉村上吉蔵，間島惣兵衛，橋浦泰雄，山本勇	『回覧』を改題
婦人評論	朝報社のち婦人評論社（東京）	9月15日 ⇩ 1914年11月	黒岩涙香，田村俊子，野上弥生子ら	半月刊，3巻22号
近代思想 1次	近代思想社（東京・大久保）	10月1日 ⇩ 1914年9月1日	編・発・大杉栄，印・荒畑勝三	23冊(2巻11・12号) 終刊号は23・24合併号 〈復刻〉黒色戦線社1982, 不二出版1982
友愛新報	友愛会（東京）	11月 ⇩ 1914年10月		38号。終刊後11月『労働及産業』に改題 〈復刻〉柏書房1964
創　世		12月	小田頼造，高田集蔵ら	

1913(大正2)年

うきよ	楽下社	6月(4号) ｜ 1928年4月		195号
民　声 1期	晦鳴学舎（中国・広州，マカオ，のち上海）	8月20日 ⇩ 1914年8月9日(22号)	師復，鄭彼岸，鄭佩剛，林君復ら	「晦鳴録」と題して創刊，3号(12月20日)から『民声』と改題 エス語表題 "La Voĉo de La Popolo" 〈復刻〉朋友書店1992
生活と芸術	東雲堂書店（東京）	9月 ⇩ 1916年6月(3巻10号)	発・西村陽吉/編・主宰・土岐哀果(善麿)	34号 月刊 〈復刻〉明治文献資料刊行会1965-67
第三帝国	第三帝国社（東京）	10月10日 ⇩ 1915年11月	発・編・石田友治，茅原華山ら〈途中，半月刊に変更。1914年10月から旬刊〉	99号 のち『新理想主義』，再度『第三帝国』と改題。1918年9月まで 〈復刻〉不二出版1983
黎　明	黎明社（京都）	この年		

1914(大正3)年

へちまの花	売文社 (東京)	1月27日 ⇩ 1915年8月まで	発・編・貝塚渋六(堺利彦)/大杉栄, 安成貞雄, 荒川義英, 白柳秀湖, 安成貞雄, 高畠素之ら	19号。1915年9月1日『新社会』と改題 〈復刻〉近代文学資料保存会(のち研究所)1962, 不二出版1984
青テーブル	青テーブル社 (東雲堂書店)	3月 ⇩ 1916年5月	発・黒田光太郎/西村陽吉ほか	3巻2号か3号
正 声	(ラングーン)	5月?	発・梁冰絃	6号
へいみん	ウエダ薬局 (京都)	7月5日 ⇩ 1915年6月	発・主筆・編・上田蟻善(矢張園人)/岩崎革也, 吉見二郎, 森下八三雄	2巻4号で休刊
まめの花	曙光社(山口)	7月		2号確認
平民新聞	平民社 (東京・大久保百人町)	10月15日 ⇩ 1915年3月15日	発・荒畑勝三, 編・印・大杉栄	6号。5号は印刷中に没収, 活字は解版。月刊 〈復刻〉黒色戦線社1982
微 光	微光社 (東京・小石川)	10月19日 ⇩ 1915年6月20日	発・臼倉甲子造, 印・渡辺政太郎/石川旭山, 幸内秀夫, 臼倉静造	9号 〈復刻〉日本社会運動史研究会1966
労働及産業	友愛会 (東京)	11月1日 ⇩ 1919年12月	編・坂本正雄/のち平沢計七らが加わる	62号。『友愛新報』の改題後継紙(39-100号)。1920年1月号より『労働』と改題 〈復刻〉法政大学出版局1969-78
人生と芸術	人生と芸術社 (名古屋)	この年	小笠原久雄ら	
へいみん	(埼玉)	この年か?	臼倉甲子造ら	

1915(大正4)年

卓上噴水	人魚詩社 (金沢)	3月	室生犀星, 萩原朔太郎, 山村暮鳥ら	5月(3号) 〈復刻〉冬至書房1959
解 放	解放社 (横浜)	4月 ⇩ 6月	発・中村勇次郎/板谷治平(漂葉), 伊藤公敬ら	3号
ARS	阿蘭陀書房 (東京)	4月 ⇩ 10月		7号。月刊 〈復刻〉日本近代文学館1970
煙	煙倶楽部 (大阪)	5月	横田淙治郎/若松藤蔵, 河野通夫, 森下八三雄	1号のみ

(1915年)

薄い髭		5月 ⇩ 7月	小池透	3号で発禁
民　声 2期	（上海）	5月5日(23号) ⇩ 1916年11月 28日(29号)	鄭佩剛ら	師復逝去，7号 〈復刻〉朋友書店1992
足　跡	足跡社 （函館）	6月 ⇩ 1916年2月	発・久保田重尾(鬼平)	6号
労働新聞	友愛会 （東京）	8月		友愛会機関紙『労働及産業』付録
新社会	平民大学のち由分社・世文社を経て1919年5月号より新社会社(東京)	9月1日 (2巻1号) ⇩ 1920年1月	高畠素之〈主幹〉／堺利彦〈主筆・主幹〉，野沢重吉，石川三四郎ら	50号，『へちまの花』改題。1920年2月以降『新社会評論』と改題。〈復刻〉不二出版1982
青年雑誌	（中国・上海）	9月15日 ⇩ 1926年7月	陳独秀ら	翌年，『新青年』と改題
科学と文芸	交響社 （東京）	9月 ⇩ 1918年8月	加藤一夫／西村伊作ら	33号。1915年11・12月に『近代思潮』と改題〈復刻〉不二出版1987
近代思想 2次	近代思想社 (東京・調布 のち神奈川・ 逗子)	10月7日 ⇩ 1916年1月1日	発・宮嶋信泰(資夫)，編・大杉栄，印・荒畑勝三(1-3号)，発・大杉栄，編・荒畑勝三，印・百瀬晋(4号)	4号 〈復刻〉黒色戦線社1982
婦人週報	婦人週報社 （東京）	11月5日 ⇩ 1919年7月 11日 (5巻27号)	発・小橋三図子	188号(1-8号は新聞版，その後は雑誌版) 〈復刻〉大空社1994-95
緑幟	緑幟社 （中国・常熟）	この年	発・胡之	

1916(大正5)年

貧しき者	貧しき者社のち同発行所（東京）	1月 ⇩ 1920年8月	岸田劉生，木村荘八，中川一政，柏木俊一，のち武者小路実篤らが協力	11号?〈草土社〉機関誌『ヒュウザン』『生活〈LAVIE〉』などの後継誌的位置
平　明	平明社	1月	編・五十里幸太郎，発・印・田戸正春	1号

(1916年)

世界人コスモポリタン	平明社	2月 ⇩ 5月	編・発・五十里幸太郎/荒川義英、大杉栄、山川均、堺利彦、五十里馬太郎、相馬御風、辻潤、安成二郎、小原慎三、青山菊栄ら	4号 『平明』を改題
地　上	地上社（東京）	2月	西原和治/のち宮崎安右衛門が1917年2月(2巻2号)に参加	1920年11月『兄弟通信』に後継、望月桂・表紙絵
感　情	感情詩社（東京）	6月 ⇩ 1920年2月	室生犀星、萩原朔太郎ら	同人誌 〈復刻〉冬至書房新社1979
友愛婦人	友愛会・婦人部	8月 ⇩ 1918年6月		機関紙。3巻6号 〈復刻〉法政大学出版局1978-80
トルストイ研究	新潮社（東京）	9月12日 ⇩ 1919年1月	編・佐藤義亮/加藤武雄、石田三治、本間久雄、阿部次郎、昇曙夢、加藤一夫、加藤朝鳥、江渡狄嶺ら	29号。月刊
平民医学	生活社（東京）	9月	発・編・加藤時次郎	『生活の力』付録
工場生活	職工組合期成同志会（大阪）	9月 ⇩ 1917年6月	堂前孫三郎、坂本幸三郎、佐野頑蔵ら	2巻4号
労働青年	労働青年社（東京・小石川のち本郷区・下谷区）	10月25日 ⇩ 1917年11月15日	発・久板卯之助/渡辺政太郎、中村還一、五十里幸太郎、望月桂、岡野辰之助、和田久太郎、山川均、江渡狄嶺、小原慎三、宮崎安右衛門	7号(2巻6号) 〈復刻〉緑蔭書房1990
塵　労	塵労社（東京）	10月	発・編・西村準一	
労働組合		この年	荒畑寒村、山川均、望月桂ら	『新社会』臨時増刊

1917(大正6)年

漫　画	漫画社（東京）	1月 ⇩ 10月	発・編・本間国雄/岡本一平、近藤浩一路ら	10号。月刊
民声社紀事録	（中国・上海）	4月1日	鄭佩剛	『民声』中断中に発行, 1巻1号 〈復刻〉朋友書店1992
社会改良	社会改良社（東京）	5月 ⇩ 1918年6月	鈴木文治、野坂鉄、河田嗣郎	2巻6号 〈復刻〉法政大学出版局1977
実社自由録	実社（北京）	7月 ⇩ 1918年5月	趙太侔、袁振英、黄凌霜、区声白、華林ら	2号

(1917年)

新進詩人	新進詩人社（東京）	8月(6号) ｜ 1930年5月	発・正富汪洋/編・井上猛一（のちの岡本文弥）	13巻8号
褐　衣		9月 ⇩ 10月	宮崎安右衛門	個人紙，活版
先駆者	血笑社（横浜）	10月 ⇩ 1918年10月	発・中村勇次郎/伊藤公敬，板谷治平，小池潔ら	3号 3号は『ゴシップ』と改題
MAZUSHIKI HIKARI（貧しき光）	（沖縄）	12月 ⇩ 1918年2月	宮城繁徳，城田徳明，座安盛徳	3号 謄写版
美なみ新聞	（大阪）	この年	発・岩出金次郎	地域紙のち『日本労働新聞』と改題
人　群	群社（中国・南京）	この年	発・楊志道	

1918（大正7）年

文明批評	文明批評社（東京・巣鴨）	1月1日 ⇩ 4月	編・発・大杉栄，印・伊藤野枝	3号 〈復刻〉大正労働文学研究会1980，不二出版1986
民　衆	民衆社（小田原）	1月 ⇩ 1921年1月	発・編・(4号まで)福田正夫(5号から)井上康文/加藤一夫ら	16号 〈復刻〉明治文献1968
新　生		1月	萩原恭次郎，角田蒼穂ら	3号 同人誌
現代詩歌 1次	曙光詩社（東京）	2月 ⇩ 1921年2月 (4巻1号)	発・編・川路誠（柳虹），印・神山雄吉	
労　働	（中国・上海）	3月20日	発・梁冰絃，劉石心	5号。以後発禁
青　服	（東京）	3月 ⇩ 7月	荒畑寒村，山川均〈以上主幹〉/近藤憲二ら	4号
信　友	印刷工組合信友会のち印刷工連合	3月 ⇩ 1923年3月		76号 1923年6月『正進』と合同
労働新聞	労働新聞社（東京・亀戸）	5月1日 ⇩ 8月1日	編・印・和田久太郎，発・久板卯之助/大杉栄，野上行雄，土岐哀果，有島武郎，荒畑寒村，山路信	4号

(1918年)

あざみ	あざみ社	5月 ⇩ 9月	発・堀保子/小口みち, 山田わか, 堺利彦, 久津見蕨村ら	4号
暮笛	(静岡)	6月 ⇩ 1919年末?	主宰・庄直兄(矢島歓一)/南舟三(小浜邦路), 小野庵保蔵(5・6号から参加)ら	
民衆の芸術	東雲堂書店 (東京)	7月	西村陽吉/大杉栄, 生田春月, 大石七分, 西村伊作	1号 『庶民詩歌』を改題
新神戸	友愛会鉄工部 神戸連合会	8月	久留弘三〈主幹〉	
平民	(シカゴ)	この年	片山潜〈主幹〉	
太平	平社 (中国・山西・太原)	この年	発・尉克水	
人形の群	(大阪)	この年頃	多田文三, 山崎謙二郎	短歌誌

1919(大正8)年

進化	進化社 (中国・北京)	1月20日 ⇩ 3月	黄凌霜, 楊志道, 尉克水, 華林, 区声白ら	3号は「師復記念号」
社会問題研究	弘文堂書房 (京都ほか)	1月1日 ⇩ 1930年10月		106号。月刊 河上肇個人雑誌 〈復刻〉社会思想社1974-75
我等	我等社 (東京)	2月 ⇩ 1930年3月	長谷川如是閑/大山郁夫〈主幹〉	128号。月刊 〈復刻〉法政大学出版局 1983-84
日本労働新聞	日本労働新聞社 (大阪)	3月1日 ⇩ 1921年6月	出資・発・主幹・岩出金次郎/発・荒畑寒村〈主幹〉/鍋山貞親, 花岡潔, 大西昌, 三野啓逸, 筬部義之助, 橋浦時雄, 堺利彦, 山川均, 辻井民之助, 近藤栄蔵ら	月刊 地域紙『美なみ新聞』を20号から改題・後継紙 〈復刻〉不二出版1983
黒煙	黒煙社(東京)	3月1日 ⇩ 1920年2月 (2巻2号)	編・藤井真澄/坪田譲治, 小川未明ら	〈復刻〉近代文学資料保存会1963, 不二出版1992
労働者新聞	労働者新聞社 (大阪)	3月15日 ⇩ 1925年12月	賀川豊彦	142号。『新神戸』の改題 〈復刻〉日新書房1969
資本と労働		3月 ⇩ 4月	発・編・印・黒瀬春吉	2号 月刊

(1919年)

労働文学	東半球社のち交響社（東京）	3月 ⇩ 7月	発・加藤一夫/福田正夫，新居格ら	5号。個人誌〈復刻〉不二出版1989
デモクラシイ	新人会デモクラシイ発行所（東京）	3月 ⇩ 12月	赤松克麿，宮崎竜介	8号。1920年2月『先駆』と改題（第1巻第43号）。同10月『同胞』，さらに1921年7月『ナロウド』（-1922年4月）と改題〈復刻〉法政大学出版局1969
社会主義研究	平民大学のち社会主義研究会（東京）	4月 ⇩ 1923年3月	堺利彦，山川均〈主幹〉	48号 月刊
国家社会主義	売文社出版部（東京）	4月 ⇩ 8月	高畠素之〈主幹〉	4号〈復刻〉不二出版1984
大阪鉄工組合・機関紙		6月		
解 放 1次	大鐙社のち解放社（東京）	6月1日 ⇩ 1923年9月		月刊。『社会義研究』へ継承〈マイクロ版〉八木書店1982
革 進	新聞工組合革進会	7月		1号
横浜労働新聞	横浜労働新聞社（横浜）	7月 ⇩ 12月	主幹・吉田只次（2号発行人）/住谷燦次郎/大杉栄，荒畑寒村，山川均	2号。横浜労働運動同盟会機関誌 月刊
民 風	（中国・広州）	8月初頃	梁冰弦，区声白ら	週刊。日刊『民風』を引き継ぐ
労働社会		8月	福田秀一〈主幹〉	
技 工	大日本機械技工組合	9月25日 ⇩ 1920年12月20日（2巻1号）		
労働運動 1次	労働運動社（東京・小石川）	10月6日 ⇩ 1920年6月1日	発・編・印・近藤憲二，主幹・大杉栄/伊藤野枝，和田久太郎，中村還一，延島英一	6号 月刊〈復刻〉黒色戦線社1973（1次-4次完全復刻）
Verda Ombro（緑陰）	（台湾）	10月 ⇩ 1924年まで	発・蘇壁輝/連温卿ら	月刊

(1919年)

週刊労働新聞	週刊労働新聞社(東京)	10月か11月 ⇩ 11月	小栗慶太郎/北原竜雄	2号
労働運動	皇国労働会	10月		2号から『皇国労働新聞』に改題
工学	工学会(中国・北京)	11月	孫俍工ら	
閩星	(中国・福建漳州)	12月1日	梁冰弦ら	半週刊
労働新聞	労働新聞社(大阪・堺)	12月	発・編・奥野貫	

1920(大正9)年

進徳会	中国	1月	呉稚暉,李石曽,張継,汪精衛ら	
奮闘	奮闘社(中国・北京)	1月4日	易家鉞(易君左),郭夢良,朱謙之ら	旬刊 北京大学の学生組織
無我の愛 3次	無我苑(東京)	1月 ⇩ 1922年12月	発・伊藤証信	1次は1905年6月-1906年2月,2次は1910年4月-1912年5月。のち『愛聖』と改題。1次の頃『精神運動』も発行
北京大学学生周刊	(中国・北京)	1月	〈編集部〉黄凌霜,陳友琴,黄天俊らが加わる	2月。再び学生運動の盛り上がり,アナへ傾斜する
演歌	演歌社(東京)	1月 ⇩ 1922年4月(25号)	発・編・印・添田平吉	1922年『民衆娯楽』と改題
一隅より	交響社(東京)	1月 ⇩ 7月23日	加藤一夫/谷口熊之助	別冊とも7号 個人誌 〈復刻〉緑蔭書房1994
共済	(朝鮮)	この年初め		8号。労働運動
新生活	(朝鮮)	この年初め		9号
先駆	新人会(東京)	2月1日 ⇩ 8月		7号 〈復刻〉法政大学出版局1969
新社会評論	平民大学(東京)	2月 ⇩ 8月	主筆・堺利彦	5号 『新社会』を改題,のち『社会主義』へ改題 〈復刻〉不二出版1982
自由労働者	自由労働者労働組合本部(東京)	3月 ⇩ 7月	小笠原一郎/生田長江,平野小剣ら	5号

1091

(1920年)

正　進	新聞工組合正進会	4月5日 ⇩ 1923年4月5日	諏訪与三郎，和田栄太郎ら	(4巻4号)34号?
労働芸術		4月	和田信義，安谷寛一	
自由人 1次	自由人社 (東京)	5月28日 ⇩ 1921年2月	加藤一夫/浅野護，小川未明，小生夢坊，丹潔，中浜哲ら	3冊、2巻2号まで。のち1922年1月加藤一夫個人誌となる 〈復刻〉緑蔭書房1994
黒　耀	黒耀会 (東京)	6月	発・編・長沢清衣(碓三郎)/望月桂，宮崎安右衛門，高尾平兵衛，添田啞禅坊，日吉春雄，丹潔，岡本八技太，藤沢竜雄，石井鉄治ら	1号
Verda Utopio	(大阪)	7月	福田国太郎，相坂佶，平野長克，森内英太郎	12号（他に京大吉田南総合図書館に複数所蔵されている） 全文エスペラント文芸誌・活版
警　鐘	三協社(奈良)	9月 ⇩ 1922年8月		〈復刻〉不二出版1988
社会主義	社会主義発行所(東京)	9月 ⇩ 1921年9月	編・岩佐作太郎/百瀬二郎，山崎今朝弥ら	9号。月刊 『新社会評論』の後継紙 〈復刻〉不二出版1982
労働者	(中国・広州)	10月3日 ⇩ 1921年1月	区声白，梁冰絃，鄭佩剛	8号 週刊
批　評	(中国・北京)	10月	北京大学・学生ら	
女性同盟	新婦人協会(東京)	10月 ⇩ 1922年12月		3巻12号まで 〈復刻〉ドメス出版1985
労働音	(中国・北京)	11月7日	黄凌霜と陳徳栄が編集責任	
兄弟通信	三土社 (東京)	11月 ⇩ 1921年6月 (7輯)	発・編・印・鳥谷部陽太郎/西原和治，後関林平，宮崎安右衛門，高田集蔵，江渡狄嶺，三谷敬六ら	『地上』を引き継ぐ
青十字報	青十字報社	12月19日	木本凡人	
半　月	(中国・成都)	この年	袁詩堯，呉先憂ら	

1921(大正10)年

労働運動 2次	労働運動社 (東京・神田)	1月29日 ⇩ 1921年6月25日	発・編・印・近藤憲二/大杉栄, 中村還一, 和田久太郎, 高津正道, 伊井敬, 竹内一郎, 寺田鼎, 岩佐作太郎, 久板卯之助	13号。週刊 「アナ・ボル協同」を意図して刊行, 協同戦線の試み〈復刻〉黒色戦線社1973
農民文化	三不社のち農民文化社 (青森・五戸)	1月? ⇩ 1922年4月 (2巻1号)	堀井金太郎(梁歩), 水野葉舟, 菊池源吾, 佐々木喜善, 石川三四郎, 安崎安貞ほか	
小説月報	文学研究会 (北京)	1月	『新青年』に対抗, 機関紙	
尺 土	尺土社 東雲堂書店 (東京)	1月 ⇩ 11月	発・荒川畔村(関根喜太郎), 編・矢嶋歓一ら	11号
種蒔く人 1次	種蒔き社 (秋田)	2月1日 ⇩ 4月	編・小牧近江〈主幹〉/金子洋文, 今野賢三, 秋田雨雀, 青十字(木本)凡人, 山川亮, 畠山松治郎, 近江谷友治ら	3号 〈復刻〉日本近代文学研究所1961
京城電報	(中国)	2月		烈風飄々「文昌範の不逞軍」等
オーロラ	オーロラ協会 (東京・神田)	3月10日	発・編・印・村尾繁一	1号のみ
民 声 3期	(中国・広州)	3月15日 (30号) ⇩ 8月15日 (34号)	鄭佩剛, 梁冰絃, 劉石心, 黄尊生, 区声白ら	5号。月刊 陳独秀とアナ・ボル論争を行う 〈復刻〉朋友書店1992
労働者	労働社 (東京・巣鴨のち京橋区)	4月15日 ⇩ 1922年5月	発・編・印・吉田一(1-4号), 和田軌一郎(5-7号), 高尾平兵衛(8号), 殿水藤之助(10号)/宮嶋資夫, 江口渙, 神近市子, 望月桂, 布留川桂, 岩佐作太郎ら	10号 『民衆の力』に継承
新詩人	文展堂(東京)	5月 ⇩ 1922年5月 (11号)	井上康文, 萩原恭次郎ら	
大衆運動	大衆社 (東京・本郷)	5月頃?	発・神永文三	週刊
団 結	横浜仲仕同盟会	6月10日 (7月号)	吉田只次, 山上房吉ら	この号のみ確認
民権新聞	(呉)	7月25日 ⇩ 10月	小川孫六/丹悦太	3号 月刊
跫 音	跫音社	この頃	備前又二郎	月刊

1093

(1921年)

関西労働新聞	関西労働新聞社（神戸）	8月9日	安谷寛一，大西昌，三野啓逸	神戸ロンダ組機関紙
借家人新聞	借家人新聞編集所（大阪・南区）	8月22日 ｜ 10月10日	発・編・印・三田村四朗	創刊日不詳。4号(8月22日)，5号(10月10日)
関西労働者	関西労働社（大阪・南区）	9月1日 ⇩ 10月	発・編・岸井清，印・新谷与一郎／山田正一，奥田梅太郎，大串孝，対馬忠行，赤松民平，田中郁俊，笹井末三郎，小西武夫，花岡潔，鍋山貞親，箴部治之助，備前又二郎，高橋松南，殿水藤之助，小田知一，伊串英治，中島安太郎，鴨川潔，木谷栄吉，近藤茂雄，西脇英，岡部一太，近藤正次，上谷鉄失，吉田一	2号。2号の発行人は殿水藤之助。9月号に特別号付録として「神戸労働争議号」あり
炬火	曙光詩社（東京）	9月1日 ⇩ 1928年5月	編・発・川路誠(柳虹)／平戸廉吉，萩原恭次郎	39号。『現代詩歌』第2次にあたる
無限	無限社（東京）	9月	山口与曾八，小田栄，国見輝雄，坂本貞義ら	
壊人	壊人社（東京）	10月 ⇩ 1922年1月	橋浦泰雄，村上吉蔵，湧島義博，角田健太郎，藤岡良三，間島惣兵衛，市谷信義，楠本寛，林政雄	4号。新潟県出身の林以外は，鳥取県出身
種蒔く人 2次	種蒔き社（東京）	10月 ⇩ 1923年9月	編・小牧近江／金子洋文，今野賢三，秋田雨雀，青野季吉，平林初之輔，佐々木孝丸，村松正俊，神近市子，宮嶋資夫ら。〈援助〉有島武郎，相馬黒光，足助素一	20号 5号外2号 〈復刻〉日本近代文学研究所1961
詩聖	玄文社（東京）	10月 ⇩ 1923年9月	草野心平，黄瀛ら	24号
本会宣言書	実学派連盟	10月	安谷寛一	
革人	甲府革人会（甲府）	10月 ⇩ 1922年3月	矢崎源之助／青柳正義，興石太郎，小沢景勝，中山芳輔，郷佐七，片平茂雄，興石有，小池秋太郎，矢島辰太郎，秋山敬二，今井新造，高野毅，本田秀彦，野々垣邦富，志村俊治，中込純次，功刀文治，野尻薫，高田良幻ら	5号

(1921年)

明星再刊 2次	明星発行所 (東京)	11月1日 ⇩ 1927年4月		通刊48号 第1次 1900年4月-1908年11月 第3次 1947年3月- (明星会) 〈復刻〉臨川書店1964
労働運動 3次	労働運動社 (東京・本郷)	12月26日 ⇩ 1923年7月1日	発・編・印・近藤憲二/伊藤野枝, 和田久太郎, 大杉栄	15号 月刊 〈復刻〉黒色戦線社1973
潜　在	潜在社	12月 ⇩ 1922年11月		4号
大衆の哄笑		この年	杉浦敏夫, 小野十三郎ら	2号

1922(大正11)年

工　余	(フランスで創刊)	1月15日	編・(当初)陳延年, のち編・李卓/畢修勺ら	
土地と自由	日本農民組合のち土地と自由社, 日本農民組合総本部(東京)	1月27日 ⇩ 1928年5月	編・賀川豊彦	75号 〈復刻〉法政大学出版局 1972-75
耕　人	耕人社 (朝鮮)	1月？ ⇩ 1925年12月	伊藤和	45号 月刊
自由人 2次	自由人社 (神奈川)	1月 ⇩ 1923年7月	加藤一夫	14冊付録1 〈復刻〉緑蔭書房1994
労働週報	労働週報社 (東京)	2月4日 ⇩ 1923年4月19日	〈主幹〉山崎今朝弥	40号 〈復刻〉不二出版1998
小作人 1次	小作人社 (埼玉)	2月6日	発・編・印・古田大次郎/渡辺善寿, 長島新, 塚本恒次郎	1号のみ 〈復刻〉黒色戦線社1989
黒　猫	(東京)	2月 ⇩ 1924年4月	〈同人〉編・田中健三, 小野十三郎, 崎山猶逸, 大滝竜太郎ら	6号
帆　船	帆船詩社 (東京)	3月	多田不二, 竹村俊郎, 田辺芳男, のち友谷静栄ら	詩誌
社会思想	社会思想社 (東京)	4月1日 ⇩ 1930年1月		月刊 〈復刻〉法政大学出版局 1981-82

(1922年)

平民之声	(中国・成都)	春	巴金, 呉先憂ら	
行商人連盟	行商人連盟 (東京)	4月	発・編・印・山川亮	
シムーン	シムーン社 (東京)	4月1日	発・岡本潤/佐野袈裟美/加藤一夫, 石川録鳥, 津田光造, 川崎春二, 本田亮三, 石渡山達, 片岡厚, 吉田金重, 角岡春之助, 神近市子, 中田貘人, 高橋新吉, 山内房吉, 古谷悉平, 川崎長太郎ら	1号 のち『熱風』と改題。さらに『大衆』と改題
借家人同盟	借家人同盟 (大阪・南区)	5月10日	発・編・印・逸見直造	付録としてパンフ「借家人の戦術―借家法と借地法」がある
熱　風	熱風社 (東京)	5月 ⇩ 8月	佐野袈裟美/松本淳三, 井東憲, 新島栄治, 内藤辰雄, 柴田武福, 秋田義一	5号 のち『大衆』に改題
我等の詩	新詩歌社, 東雲堂書店 (東京)	6月 ⇩ 11月	発・関根喜太郎/編・西村陽吉/金児農夫雄, 渡辺順三, 小野庵保蔵ら	6号 『尺土』と『蘖(ひこばえ)』合併創刊
民　鐘	広東省新会 (中国)	7月1日 ⇩ 1927年7月	主編・黎健民(最後の4期は上海に移り, 畢修勺)	23号
水　平	水平出版部 (京都)	7月13日 ⇩ 11月28日	編・発・印・米田富一郎	2号 〈復刻〉世界文庫1969
黒　濤	黒濤発行所 (東京)	7月 ⇩ 8月	朴烈/李康夏, 加藤末吉, 申焔波, 金子文子ら	2号 〈復刻〉『金子文子・朴烈裁判記録』黒色戦線社1991に収録
民衆娯楽	民衆娯楽社 (東京)	7月(27号) ⇩ 1923年11月 (5巻10号)	添田啞蟬坊, 添田知道ら	『演歌』の後継誌
新社会	社会通信社 (名古屋)	8月 ⇩ 1925年8月	鈴木楯夫/横井朱平, 新居格, 堺利彦ら	198号
無所謂宗教	(フランスで発行)	8月	区声白, 劉抱蜀, 劉無為ら	冊子
緑　波	(中国・北京)	8月	馮省三	『時言報』副刊
出　発	アダム詩社 (東京)	9月 ⇩ 11月	壺井繁治	2号(10月), 3号 個人誌
極　東	極東平民社 (神戸)	9月	大崎和三郎/日笠明, 網本種吉	

(1922年)

農民運動	農民運動社 （東京）	9月 ⇩ 1924年4月		16号
文化運動	啓明会 （東京）	10月 ｜ 1925年4月	下中弥三郎/竹内図衛，川合仁	『第三帝国』『啓明』の後継誌，129号より啓明会機関誌『啓明』。通巻156号
小作人 2次	小作人発行所 のち農村運動 同盟 （東京）	10月25日 ⇩ 1924年4月 15日	発・編・印・中名生幸力，望月桂，木下茂	9号 〈復刻〉黒色戦線社1989
局　外	大衆社のち而立社 （東京）	10月 ⇩ 1923年8月	発・編・印・神永文三/尾崎士郎，高畠素之	8号 月刊
民衆の力	労働社 （東京）	10月10日	編・吉田順司，殿水藤之助，高野松太郎	1号のみ。月刊 『労働者』後継誌
女性改造	改造社 （東京）	10月1日 ⇩ 1924年11月	編・平田貫一郎，のち上村清敏，丸山たかの/平塚らいてう，山川菊栄，山本宣治，中里介山，神近市子，有島武郎，加藤一夫ら	25号 伊藤野枝追悼号がある（戦後，1946年に復刊された） 〈マイクロ版〉雄松堂出版2002
泉	叢文閣 （東京）	10月1日 ⇩ 1923年8月	編・発・足助素一/有島武郎	10号(2巻7号) 有島武郎個人雑誌，月刊
民衆の意思		10月	相馬秀正〈主幹〉	
建設者	建設者同盟 （東京）	10月1日 ⇩ 1923年12月	浅沼稲次郎〈主幹〉	のち1924年1月『青年運動』に改題 〈復刻〉法政大学出版局1972
学　滙	（中国・北京）	10月10日 ⇩ 1923年6月 30日	発・景梅九，編・周索非，北京『国風日報』の副刊	237号 日刊
平民世界	平民世界社 （京都）	この頃	柏正輝	
燃え挙る心	梅戸水平社 （奈良）	11月5日 ⇩ 1923年1月 15日	編・発・印・山本伊太郎	2号 〈復刻〉『初期水平運動資料集』不二出版1989
第三労働新聞	第三労働新聞社	11月	安谷寛一	
芝浦労働	芝浦労働組合 （芝浦製作所）	11月6日 ⇩ 1930年2月		全57号

(1922年)

革命研究	革命思想研究会（東京）	11月 ⇩ 1923年4月	発・編・野口一雄，印・小笠原一郎	3号
生活運動	借家人同盟本部(東京)	11月 ⇩ 1926年2月	布施辰治〈主幹〉/加藤誠之助，岩井勇蔵，中村新四郎，中西伊之助	5巻2号
労働者	同人図案社内黒労社（東京・神田）	11月 ⇩ 1923年8月10日	発・編・宮越信一郎，長沼富，望月桂，後藤謙太郎	8号
太い鮮人	（東京・富ヶ谷）	11月? ⇩ 12月30日	朴烈，金子文子	2号。のち『現社会』に改題 〈復刻〉『金子文子・朴烈裁判記録』黒色戦線社1991に収録
解放運動	解放運動社（大阪）	12月	和田神力男/波多野鼎，恒藤恭，住谷悦治，丸岡重堯	1号?
ELEU-THERIA		この年	村松正俊，陀田勘助	二人雑誌
のき行燈	（神戸）	この年?	芝原淳三	
資本と労働	労働同盟会	この年頃	発・黒瀬春吉	再刊?
無産者新聞	横浜自由労組	この年	〈同人〉吉田只次，奥原光三，若杉浪雄，山田静次，山上房吉，佐藤酉吉ら	3号。その後『肉弾』を出したが休刊

※芝浦労働　1次(全8号)1922年11月〜24年4月/発・編・印・渡辺政吉
2次(全9号＋号外1)1924年10月〜25年12月，号外は25年6月25日/発・編・金田吉政
3次(全34号＋号外5)1号(1926年1月)〜10号(26年11月)/発・編・保利増己，12号(27年1月)〜15号(27年6月)/吉田潔，16号(27年9月)〜32号(29年11月)/発・編・印・谷田部勇司，33号(29年12月)〜34号(30年2月)，号外5号(30年1月)/発・編・印・高橋吾助
(備考)3次3号の編集権はボル派に奪われる。3次4〜9，11，13，14，18，20，29，30号，号外1〜4号は未見。(全57号〔51号＋号外6〕と思われる。)

1923(大正12)年

労働新聞	（関西版）	1月1日 (10号)	藤本巌，山田正一	10号のみ確認
赤と黒	赤と黒社（東京）	1月1日 ⇩ 1923年5月 (号外が， 1924年6月 15日)	発・編・壺井繁治/萩原恭次郎(2号の発・編)，岡本潤，川崎長太郎。林政雄(4号参加)，小野十三郎(号外参加)ら〈寄稿〉畠山清美，本地正輝，深沼火魯胤，斎藤大，興野勝己，梅津錦一，溝口稠	4号 号外(終刊) 〈復刻〉戦旗復刻版刊行会1978，冬至書房1963
社会運動	純労働新聞社（大阪鉄工組合）	1月1日 ｜ 12月	発・編・印・阪本孝三郎/大川利治，藤本巌	68号(1月1日) 月刊

(1923年)

誌名	発行元	時期	関係者	備考
感覚革命	感覚革命社（東京）	1月｜1925年？	伊福部隆輝(隆彦)，富田常雄，川崎秀夫，松本淳三ら	
駄々	（福岡）	1月	発・古賀光二	
社会運動	（中国・北京）	1月(5号)	陳空三，陳徳栄，王伯時，呂伝周，劉果航，陳声樹ら	再刊。創刊は1920年
文筆労働	文筆労働組合（東京）	1月(2巻1号)	津田光造，遠藤友四郎，藤井真澄，渡辺順三	2巻1号のみ確認
社会運動	関西組合同盟会	1月	大串孝之助ら	
組合運動	組合運動社（東京・芝区）	2月25日⇩9月	発・編・印・佐藤陽一／水沼辰夫，佐藤護郎，和田栄太郎	7号
暁人	暁人社（鳥取）	2月	発・山本勇／斉藤修，加藤伝次郎，小徳喜有次，大倉恒敏(並木敏夫)，若杉葉子	
進め	進め社（東京・本郷のち大阪）	2月⇩1930年4月(3号)？	発・主宰・福田狂二／神庭伸之介，北原竜雄ら	8巻4号 月刊〈復刻〉不二出版1989-90
第三労働新聞	（神戸）	2月頃	発・安谷寛一	
互助		3月15日	「石心，警秋，抱蜀，無為，天放，声白らリオンに留学」記事	3号？ 月刊
新大陸	（米国にて）	この頃までに	黄凌霜，鄭佩剛，太俸	雑誌
現社会	不逞鮮人社（東京・池尻のち富ヶ谷）	3月(3号)⇩6月(4号)	金子文子，朴烈ら	2号のみ。『太い鮮人』改題〈復刻〉『金子文子・朴烈裁判記録』黒色戦線社1991に収録
民衆運動	民衆運動社（東京・池袋）	1923年3月頃	申焔波，金重漢，徐相一，洪鎮裕	朝鮮文，1号
MANIA	MANIA（東京・駒込）	春先	小野十三郎	個人誌
民鋒	（中国・南京）	4月	蘆剣波ら	
銀の壺	銀の壺詩社（静岡）	4月｜1925年7月	発・前田詠次郎(森〈杜〉川ひろし)，南舟三，小野庵保蔵ら	10号
ロシヤ研究	春陽堂（東京）	4月⇩7月	片上伸	4号 月刊

1099

(1923年)

三重水平新聞	三重水平新聞社(三重)	5月20日 ⇩ 6月1日	発・北村庄太郎, 編・印・山田清之助	2号 3号より『愛国新聞』と改題 〈復刻〉労農運動史刊行委員会1975, 不二出版1990
革命評論	革命評論社(東京)	5月	編・高尾平兵衛	1号のみ 『民衆新聞』へ継承
時局研究会	時局研究会(東京)	5月	発・編・印・岩沢厳	
詩と人生	詩と人生社(東京)	5月 ⇩ 1924年10月	主宰・生田春月(6号より編集人)ら ※別掲のとおり	35号 前身は『文芸通報』1921年3月-23年3月
鎖	鎖人社(東京)	6月1日 ⇩ 1924年3月	発・編・山根政義(2号から)山本忠平(陀田勘助)/大川蕃, 三輪猛雄, 村松正俊, 伊土競, 松本淳三, 重広虎雄, 鶴巻盛一, のち細井和喜蔵ら。会員として渋谷定輔も参加	6号
愛聖	無我苑(東京)	6月 ⇩ 1925年1月(3巻1号)	発・編・印・伊藤あさ(朝子)/伊藤証信	
印刷工連合	印刷工連合会	6月15日 ⇩ 1926年5月5日		36号 『信友』『正進』の合同による
我等の運動	自由人社(神奈川)	6月17日	編・発・印・富田繁蔵/加藤一夫, 石黒鋭一郎, 杉野三郎, 児島東一郎, 佐藤陽一, 米山俵三, 小竹久雄, 対馬忠行, 鶴橋泰四郎, 卜部哲次郎, 三浦勇, 木村信次, 小高吉男	1号のみ
民衆新聞	民衆新聞社(東京)	6月	発・編・印・中村還一/中名生幸力, 長山直厚, 長谷川辰次, 栗林四郎一, 清水三郎, 吉田順司, 八木一郎, 高橋白日, 高尾平兵衛, 平岩厳, 石黒鋭一郎, 吉田一, 鈴木厚, 京谷周一, 俵次雄, 中西重雄ら	1号? 『革命評論』の後継紙, 戦線同盟機関紙
職業婦人	職業婦人社(東京)	6月 ⇩ 8月	奥むめお	3号。のち『婦人と労働』『婦人運動』と改題(1941年廃刊) 〈復刻〉不二出版1990
黒 1次	黒社(大阪・北河内郡)	7月15日	発・編・印・小西武夫/久保譲, 中尾正義	月刊

(1923年)

関東水平運動	東京水平社本部（東京・牛込区）	7月15日 ⇩ 8月15日	発・編・印・平野重吉	2号 〈復刻〉『初期水平運動資料集』不二出版1989
背人	背人社（大阪）	7月 ⇩ 10月	発・安藤芳信/中尾正義，重岡勢，高川幸二郎	4号
女人芸術 1次	女人芸術社（東京）	7月 ⇩ 8月	長谷川時雨ら	2号
ナゴヤ労働者	（名古屋）	7月10日	伊串英治，横田淙治郎	1号のみ
自擅		8月?	発・新山初代/金重漢ら	
悪い仲間	黒刷社（神戸）	8月20日	発・編・和田信義〈主幹〉/編・柳沢善衛/小田知一，小山茂，船越基，高木晋，道本精一，笹井末三郎，宮本亮，串本繁蔵ら	1号 1924年12月『文明批評』と改題
悍馬	悍馬社	9月 ⇩ 1924年3月	発・編・三輪猛雄/小笠原二郎，松本淳三，重広虎雄，陀田勘助，鶴巻盛一ら	6号
自由労働	自由労働社	この年9月まで	石井竜太郎，山本敏雄，平林たい子ら	2号
春雷	広州真社（中国）	10月10日 ⇩ 1924年5月	李少陵，王ら	
野葡萄	（名古屋）	10月 ⇩ 1924年9月	板谷栄治，石原政明，西尾虹二（梅村星光），佐藤栄治ら	7号
天上の砂	抒情詩社	10月	渡辺渡ら	
黒濤	（中国・南京）	10月	蘆剣波，衛恵林ら	
紀元	紀元発行所（東京）	11月	発・編・岡村二一，印・内藤鋠策/多田文三，角田竹夫，宵島俊吉ら	詩誌
人類愛	水平宣伝部（奈良）	11月5日	編・松本正一/南梅吉，駒井喜作	1号 〈復刻〉『初期水平運動資料集』不二出版1989
途上に現れるもの	途上社（東京）	11月（6号）	編・発・藤田健次	13号まで確認
どん底	どん底社（岡山）	11月	編・印・発・後藤謙太郎	後藤の詩作品を高木精一方で出版
労働運動 4次	労働運動社（東京・本郷）	12月20日 ⇩ 1926年7月1日	発・編・印・近藤憲二(1-9号)，川口慶助(10-13号)，和田栄太郎(14-18号)/水沼辰夫，山鹿泰治，延島英一ら	18号。2号は雑誌型「大杉栄・伊藤野枝追悼号」月刊 〈復刻〉黒色戦線社1973

緑 (のち「みどり」)	緑社のちミドリ出版社，ミドリ社出版部 (東京・大阪)	この年 ⇩ 1931年頃	広海貫一(石井定治)		1930年(8巻5月号)まで確認
社会時評	自由人連盟	この年	八幡博道		
関西自由連合	黒社 (大阪)	この年			
創土		この年			

※詩と人生　生田春月，岡本かの子，小川未明，勝承夫，加藤武雄，加藤朝鳥，河井酔茗，川路柳虹，木村毅，島田青峰，高須芳次郎，辻潤，新居格，藤森成吉，百田宗治，山村暮鳥，〈以下同人〉生田花世，江口章子，大島庸夫，加藤愛夫，竹内瑛二郎，中村詳一ら，〈準同人〉大江満雄，岡野他家夫，佐多稲子(夜思美)，佐藤信重

1924(大正13)年

種蒔き雑記	種蒔き社 (東京)	1月		臨時増刊「亀戸殉難記録」この号をもって『種蒔く人』は終刊
黙人	黙人社 (大阪)	1月	高橋光吉/飯田赤三，小板橋昇一，江西一三	3号
民衆運動	民衆運動社 (大阪)	1月 ⇩ 4月	佐野竹野/大川三郎	2号
防長水平1次	防長水平出版部(山口)	1月1日 ⇩ 9月1日	編・発・印・中野義登	6号 〈復刻〉『初期水平運動資料集』不二出版1989
相愛	群馬県水平社本部(群馬)	2月5日	編・発・印・沢口忠蔵/駒井喜作，平野小剣	1号 〈復刻〉『初期水平運動資料集』不二出版1989
極光	(静岡)	2月(号) ｜ 4月号	発・森川邦男/小野庵保蔵ら	創刊日不詳
労働運動	労働運動社 (東京・本郷)	3月1日 (4次2号)	発・編・印・近藤憲二	『大杉栄・伊藤野枝追悼号』雑誌版〈復刻〉ギロチン社・ネビース社・黒色戦線社の共同出版1971
自由人	(中国・上海)	3月5日 ⇩ 1925年10月	沈仲九，呉克剛ら	5号
平平旬刊	(中国・上海)	4月1日		
新台湾	新台湾安社 (中国・北京)	4月15日	発・范本梁ら	2号(同年12月)，3号(1925年3月1日)より新聞型
民衆運動	ピー・アール社(東京)	4月 ⇩ 1925年3月	発・編・佐藤光敬，印・吉田一	2巻3号 高尾平兵衛の追悼号あり

(1924年)

未来と青年	未来と青年社（東京）	4月 ⇩ この年中まで	発・編・印 長山直厚/渡辺政太郎, 臼倉甲子造, 石川旭山, 幸内秀夫, 平岩巌, 福中巧	1号？ 月刊
ブルドック	（東京）	4月	金咲道明ら	月刊
売恥醜文	文化書院（東京）	4月	編・清沢貞子/吉行エイスケ, 津田光造ら	月刊
名古屋労働者	名古屋労働者（名古屋）	5月15日 ⇩ 1925年12月	発・編・伊串英治	20号 『ナゴヤ労働者』の復刊
廃墟の上に	バラック文芸社（横浜）	5月12日	発・編・伊藤公敬/板谷治平ら	1号
社会主義研究	日本フェビアン協会, 新光社（東京）	5月 ⇩ 1925年9月	発・編・山崎今朝弥/安部磯雄, 石川三四郎, 秋田雨雀, 藤森成吉, 前田河広一郎, 青野季吉	15号。『解放思想』へ継承
文芸戦線	文芸戦線社（東京）	6月10日 ⇩ 1932年7月	編・金子洋文/小牧近江, 青野季吉〈主幹〉今野賢三ら, のち発・編・中西伊之助, 村松正俊, 柳瀬正夢ら/和田久太郎, 新居格, 飯田徳太郎, 高群逸枝, 陀田勘助, 壷井繁治, 中浜哲, 萩原恭次郎, 飯田豊二, 小野十三郎, 犬田卯, 麻生義	95号 1931年1月1日(8巻1号・1月号)より『文戦』に改題〈復刻〉日本近代文学館 1983
水平新聞 1次	全国水平社連盟本部（京都）	6月20日 ⇩ 10月20日	編・印・発・千崎富一郎	5号 〈復刻〉世界文庫1972
GE・GJM GJGAM・ PRRR・ GJMGEM	エポック社（東京）	6月13日 ⇩ 1926年1月	発・編・野川隆/野川孟, 近藤正治, 高木春夫, 玉村善之助, (2号から)橋本健吉(北園克衛)ら	10号, 創刊号のみカタカナ署名。誌名・ゲエ・ギムギガム・プルルル・ギムゲム
ピカーケジラミ		第三輯6月21日改題第四輯キキーカペ	編・刊・與野勝郎 執筆・柳瀬正夢・斉藤大, 吉行エイスケ, 畠山清身, 萩原恭次郎, 辻潤ほか	モダニズム詩誌
新興芸術	新興芸術社（静岡）	6月	発・編・松平義史/井東憲, 津田光造, 石渡山達, 新居格	1号確認
マヴォ MAVO	マヴォ出版会, 長隆舎書店（東京）	7月1日 ⇩ 1925年8月	(連名)発・編・村山知義/萩原恭次郎/柳瀬正夢ら(5-7号) ※別掲のとおり	7号。月刊 〈復刻〉日本近代文学館 1991
ワシラノシンブン	ワシラノシンブン社（大阪）	7月15日 ⇩ 1925年3月	発・難波英夫/倉橋仙太郎ら, のち小岩井浄ら	30号。1925年3月(19号)より『解放新聞』に改題, 11月5日まで, 半月刊 〈復刻〉不二出版1990

1103

(1924年)

自　由	自由社 (群馬関東水平社連盟本部内)	7月25日 ⇩ 1925年6月1日	編・発・印 沢田忠蔵	8号。号外1 〈復刻〉『初期水平運動資料集』不二出版1989
二　人	本郷活版所	7月25日	林芙美子, 友谷静栄	4号?
無産詩人	無産詩人社 (東京)	7月 ⇩ 11月	発・編・陀田勘助(山本忠平)/渋谷定輔, 松本淳三, 村松正俊, 三輪猛雄, 伊福部隆輝, 重広虎雄ら	3号 詩誌『鎖』『感覚革命』『悍馬』の合同誌
傾斜市場	(発売) 波屋書房 (大阪)	7月 ⇩ 9月	小野十三郎, 〈同人〉小野勇, 神崎清, 田中健三, 藤沢桓夫, 崎山猶逸ら	2号
夢　幻	(藤枝)	7月創刊 9月2号	発・繁村徹, 小野庵保蔵, 矢嶋歓一ら	
聖樹詩人	聖樹詩人協会 (芦屋)	8月	発・編・印・吉沢桝男(独陽)/浅野紀美夫, 大江満雄ら	詩誌
解放運動	解放運動発行所(東京)	9月	李憲/季鉄, 馬場, 寿生, 金若水, 蒙古里, 申伯雨, 堺利彦, 安光泉, 辛日鎔, 在明, 美世乙, 山川均, 弥勤巌, 大杉栄, 二能生, 金鐘範, 佐野学	朝鮮文
水平運動	岩崎水平社 (奈良)	10月1日	南梅吉, 駒井喜作, 平野小剣, 西光万吉	1号 〈復刻〉『初期水平運動資料集』不二出版1989
極東平民	極東平民社 (神戸)	10月20日 ⇩ 1926年6月20日	発・編・大崎和三郎/印・西田友市	6号
詩を生む人	詩を生む人社	11月1日 ⇩ 1925年2月	松本淳三ら	4号
詩戦行	青赤黒社 (東京)	11月10日 ⇩ 1927年6月	編・(前半)斎藤峻/編・(後半)局清(＝秋山清)/(途中・編集)小林一郎/細田東洋男, 遠地輝武, 佐藤義雄ら	14号
水平線	大阪府水平社 水平線発行所 (大阪・ 南河内郡)	11月21日 ⇩ 1925年1月20日	発・編・印・北井正一	4号 〈復刻〉『初期水平運動資料集』不二出版1989
聖　戦	聖戦雑誌社 (三重)	11月25日 ⇩ 1925年11月20日	編・発・印・北村庄太郎	5号 〈復刻〉『初期水平運動資料集』不二出版1989

(1924年)

ダムダム	南天堂書房，ダムダム会（東京）	11月10日	発・小野十三郎/編・林政雄/萩原恭次郎，野村吉哉，岡本潤，高橋新吉，壺井繁治，溝口稠，橋爪健，飯田徳太郎，神戸雄一，中野秀人ら	1号のみ
夜光虫	（名古屋）	11月 ⇩ 1925年12月	石原政明，板谷栄治ら	4号
烽火	烽火詩社（東京）	11月	生田花世ら	
呉評論	呉評論社（呉）	12月 ⇩ 1925年1月?	発・弘中柳三/丹悦太，野安司堂，天野武士，横山秀夫，高橋彰三	6号 半月刊 1925年2月『中国評論』と改題
文明批評	黒刷社（神戸）	12月 ⇩ 1925年6月	発・編・和田信義，印・小島硯鳳/安谷寛一，小山壤人，宮山栄，柳沢善衛	『悪い仲間』改題
マルクス主義研究	（中国・上海）	この年	発?・毛一波/〈執筆〉巴金，抱樸，盧剣波ら	
自由労働	新時代社（名古屋）	この年 ⇩ 1926年1月	浅野晃人	3巻1号 『新時代』付録形
黒蘭	（横浜）	この年	井上黒蘭	
商人と行商人	（大阪）	この年?	林重平	
巨炎	京都市自由青年同盟	12号?		

※**マヴォ** 村山知義，萩原恭次郎，柳瀬正夢，門脇晋郎，大浦周蔵，尾形亀之助，高見沢路直（田河水泡），岡田竜夫，加藤正雄，戸田達雄，矢橋公麿（丈吉），片柳忠男，住谷磐根（イワノフ・スミヤヴキッチ），沢青鳥，多田文三

1925（大正14）年

ヨタリスト		1月	発・臼井源一	1号
原始	原始社（芦屋）	1月 ⇩ 1927年4月2日	発・加藤一夫/壺井繁治，百瀬二郎，新居格，高群逸枝，村松正俊，江口渙，萩原恭次郎，小野十三郎	28号 18号までは加藤一夫個人雑誌，19号よりは加藤一夫編集，25号よりは無産階級文芸雑誌 〈復刻〉不二出版1990
フラーモ	フラーモ社	1月27日	輪違定夫（オーロラ社）	
闘ひ	闘ひ社（大阪・北区）	2月10日 ⇩ 3月20日	発・江上繁治/中尾正義，植田増吉	2号 月刊

(1925年)

関東連合	関東労働組合連合会, 労働運動社	2月20日			1号。労働運動号外 関東連合が号外で出したもの
中国評論	中国評論社（呉）	2月 ⇩ 1929年6月3日（734号）	発・弘中柳三/原正夫/高橋彰三, 野間崎高, 高橋貞夫, 河東稔（加藤実）, 米田剛三, 楠光男, 入江秀夫, 大村秋果, 熊谷三郎兵衛, 高橋武夫, 宮岡栄, 竹森一則, 畠山清行ら		通刊736号？ 『呉評論』を改題 1928年5月, 日刊『中国日報』と改題
朝	朝発行所（東京）	2月 ⇩ 26年6月	赤松月船〈主宰〉/鷹樹寿之介（菊岡久利）, 黃瀛, 木山捷平		15号。詩誌 のち『氾濫』と改題
抹殺運動	抹殺社（東京）	3月20日	児島東一郎〈主幹〉/佐藤護郎, 岩佐作太郎, 河合康左右ら		5月号から『左翼運動』と改題
戦へ	戦へ社（大阪）	3月1日	福田理三郎/福田狂二, 遠藤友三郎, 山根積, 山川亮ら		1号
自然児	自然児連盟（東京・大井町）	3月25日 ⇩ 7月1日（2号）	編・印・山田作松/横山楳太郎, 椋本運雄, 原田利文, 西田宮士, 畠山清行, 荒木秀雄, 臼井源一, 木下茂, 山田緑郎		3号
労働文化	労働文化協会（神戸）	3月			
造型	白陽画集社（兵庫）	4月1日	編・浅野孟府, 発・淵上白陽		1号
関東連合リーフレット	関東労働組合連合会本部	4月 ⇩ 8月			3号。1号はメーデー, 2号は労働者に訴ふ, 3号は階級と階級闘争
銅鑼	銅鑼社（中国・広州嶺南大学）	4月 ⇩ 1928年6月	発・編・草野心平/長沼富, 宮越信一郎, 岩佐作太郎, 望月桂, 黃瀛, 原理充雄, 劉燧元, 富田彰ら		16号。当初謄写版, のち活版(1925.9以降4-7・12号を福島県・上小川村, 8-11・13・16号を東京・池袋, 杉並, 大森などで発行)〈復刻〉日本近代文学館 1978
左翼運動	抹殺社（東京）	5月	佐藤護郎		『抹殺運動』を改題
黒 2次	黒発行所（大阪・港区）	5月10日	発・編・印・藤岡房一		1号
論戦	論戦社（東京）	5月1日 ⇩ 8月30日	編・発・能智修弥〈主幹〉/岡本潤, 辻潤, 古川時雄, 石川三四郎, 豊坂徳衛, 柴田専, 多田文三, 岩田玄之朔, 兼古毅一, 長谷川勲, 川口慶助, 伊是名朝義		3号

(1925年)

無産人	無産人社（札幌）	5月11日	編・発・印・棚田義明/岸本嘉市，橋浦泰雄，岸波栄(臼井三郎)，田中鉄造，石坂繁章，多奈木照雄(棚田義明)，鈴木了空，三芳左血夫(戸倉忠治)，井上松男，小野鉱(秋葉安一)	
芸術と自由	芸術と自由社のち紅玉堂書店（東京）	5月1日 ⇩ 1931年4月1日	編・発・西村陽吉/石原純，中村孝助，渡辺順三，花岡謙二ら	63号。短歌誌。1926年5月から新短歌協会の機関紙 1964年3月再刊
近代詩歌	近代詩社（東京）	5月 ⇩ 1926年6月	編・陶山篤太郎/渡辺渡ら	2巻6号
自由新聞	自由新聞社（静岡）	6月10日 ⇩ 11月1日	発・編・印・小山紋太郎	6号。月刊。『自由』の事実上の後継紙。のちに全水青年連盟の機関紙となる。1926年から埼玉で発行〈復刻〉『初期水平運動資料集』不二出版1989
黙殺	黙殺社（埼玉）	6月 ⇩ 7月	田口憲一	2号のみ確認 ビアアンチカ個人雑誌
クラルテ	クラルテ社（京都）	6月 ⇩ 8月	住谷悦治/〈同人〉河野密，坂本勝，波多野鼎，伊藤靖，麻生久，高倉輝，新明正道，松沢兼人，大宅壮一，林要，石浜知行，小牧近江，高橋康文	3号
虚無思想研究	虚無思想研究社(のち一時，虚無思想社と記載・新声社内)	7月1日 ⇩ 1926年4月 (2巻3号)	発・編・関根喜太郎(荒川畔村) ※別掲のとおり	通巻9号 〈復刻〉土佐出版社1986
正義日報	（中国・上海）	7月14日 ⇩ 9月11日	衛恵林ら	59号
西浜水平新聞	西浜水平新聞社（大阪・南河内郡）	7月15日 ⇩ 8月15日	発・編・印・北井正一	2号 〈復刻〉『初期水平運動資料集』不二出版1989
嫩葉	社会問題論攷会（東京）	7月	神崎儲/小川未明，井田秀明，藤田勉，西六介	1号
尖端	整頓社（東京）	7月 ⇩ 8月	鈴木善一〈主幹〉/高城茂平	2号 『民衆運動』改題

(1925年)

誌名	発行所	発行期間	発行・編集者等	備考
大道	大道社 のち建設社 (東京・上高井戸)	7月 ⇩ 1931年3月	堀井梁歩	13号 〈復刻〉緑蔭書房1991
白山文学	白山文学社	7月10日		
文党	金星堂	7月 ⇩ 1926年5月	発・編・今東光/村山知義, 飯田豊二 ※別掲のとおり	月刊 11号
白永会	白永会出版部	7月1日 (2号)	発・内田増太郎	創刊日不詳。季刊
閃光	広島純労働者組合 (広島労働組合連合会事務所のち閃光社)	8月1日 ⇩ 12月	編・大前浅一/加藤実/米田剛三, 高橋彰三ら	3号
中国連合	中国評論社	8月7日	発・編・印・弘中柳三	創刊日不詳。第3輯
自我人	自我人社 (東京・芝区)	8月20日 ⇩ 1926年はじめ	発・編・印・松永鹿一, 上野勝三郎	3号まで確認
ヒドロパス	ヒドロパス社 (大阪)	8月	編・久国明一/多田文三, 村山知義, 橘不二雄, 長谷川勲	1号。詩誌
世界詩人	世界詩人社 (東京)	8月1日 ⇩ 1926年1月	発・編・都崎友雄(ドン・ザッキー)/小野十三郎, 宮嶋資夫, 松本淳三ら	3号
階級と階級闘争	関東労働組合連合会	8月15日		
土	(広島)	8月	米田剛三, 坂井繁基, 土井光造	創刊
LIBERA LABO- RISTO	全世界無国家主義者エスペラント連盟 (TLES)	8月		SATから分れて結成。山鹿泰治らが機関誌の取次を行う
獏	文芸社 (広島)	8月頃	弘中柳三, 藤田兼男, 天野武士, 野間崎高	文芸誌 『あかつき』を改題
ボロジン	(気仙沼)	この夏以降	菅野青顔ら	
大阪水平新聞	大阪水平新聞社 (大阪・南河内郡)	9月15日 (3号) ⇩ 1926年6月28日(9号)	発・編・印・北井正一/栗須七郎, 石田正治	7号(通刊9号) 『西浜水平新聞』を改題 〈復刻〉『初期水平運動資料集』不二出版1989

(1925年)

誌名	発行社	発行日	関係者	備考
祖国と自由	文明批評社 (大阪・住吉区)	9月16日 (2号) ↓ 12月20日	編・大串孝, 発・印・石田正治/逸見吉造	4号。1号は「高尾平兵衛」追悼号, 2号「大杉栄」追悼号, 4号「中浜哲著作集」(1927年再刊)。〈復刻〉1975年10月15日小松亀代吉が2号, 4号を復刻。4号は『中浜哲詩文集』(黒色戦線社1992)に収録
民　衆	(中国・上海)	9月	巴金, 衛恵林, 毛一波ら	半月刊
横浜印刷工組合	同組合	9月		1号 『印刷工連合』の号外として発行
水平新聞 2次	水平新聞社 (神戸)	9月20日 ↓ 1929年3月10日	発・編・印・木村京次郎	26号(第3次, 1929年12月-32年7月, 16号。第4次, 1934年11月-37年2月, 23号)〈復刻〉世界文庫1972
詩　神	聚芳閣 (のち詩神社) (東京)	9月1日 ↓ 1932年	発・編・印・福田正夫, 清水暉吉, 高崎孝政, 田中清一と続く	月刊
惑　星	惑星社 (大阪・布施町)	9月 ↓ 11月	編・発・印・土呂基	2・3号合併号(11月)のみ確認
黒嵐時代		この年秋	松本淳三, 上野壮夫	9月「詩を生む人」と改題
ド・ド・ド	ド・ド・ド社 (東京)	10月	編・発・多田文三/小野十三郎, 岡田竜夫ら	3号
戦　線	戦線社 (東京)	10月	小宅建一	1号
解　放 2次	解放社 (東京)	10月 (4巻1号) ↓ 1928年1月 (7巻2号)	山崎今朝弥〈主幹〉	『社会主義研究』『解放思想』『解放文芸』『解放法律』の後継 〈マイクロ版〉八木書店1982
自由労働	自由労働社 (名古屋)	10月1日 ↓ 1926年1月1日	発・編・印・浅野正男/工藤葉魔, 長谷川玲児, 横山秋之介	2号。2号は『新時代』(発・編・印・宮村汝春〈新時代社〉)第3巻第1号附録として刊行。
広島労働者	広島労働組合連合会(広島)	11月1日 (3輯)		3輯のみ確認。『中国評論』付録
文芸市場	文芸市場社 (東京)	11月1日 ↓ 1927年10月	編・梅原北明/佐藤惣之助, 小川未明, 今東光ら	18号 〈復刻〉日本近代文学館1976

1109

(1925年)

誌名	発行所	発行期間	同人・関係者	備考
黒　旗	黒旗社 (東京・杉並区高円寺のち小松川町)	11月22日 ⇩ 1926年1月22日	発・編・高田国(格), 大沼渉/山本勘助, 机高助, 鈴木光雄	2号 月刊
黒　闘	黒闘社 (神戸)	11月27日	増田信三, 岡崎竜夫, 笠原勉, 中村一次, 宇治木一郎, 長沢清, 春日武夫	月刊 謄写版 のち1927年3月再刊
文芸批評	文芸批評社 (東京)	11月 ⇩ 1926年2月	新居格, 宮嶋資夫, 加藤一夫, 松本淳三, 川合仁, 井上勇, 小山勝清, 布施延雄, 江口渙, 中村白葉, 高群逸枝, 橋本憲三, 辻潤, 太田黒克彦, 新島栄治, 麻生義, 木村毅, 佐野袈裟美, 望月百合子, 伊藤永之助, 大泉黒石, 村松正俊, 石川三四郎, 萩原恭次郎, 大月隆仁, 百瀬二郎, 玉生謙太郎, 百瀬晋, 室伏高信, ドン・ザッキーほか	2号 月刊
黒　手	黒手社 (東京・長崎村)	11月 ⇩ 1926年1月	発・編・印・松崎貞次郎/難波正雄, 畠山清行, 大竹てる	2号
一人文芸	一人文芸社 (東京)	11月	発・編・荻郁子/石渡山達, 川崎春二, 吉田金重	1号
中国連合	中国自由連合社(岡山)	12月15日 ⇩ 1926年3月28日(3輯)	発・弘中柳三	中国労働組合連合会機関誌
中国連合	中国評論社 (呉)	12月15日 ⇩ 1926年3月15日	中村千満与	3号中国自連の機関誌を『中国評論』の附録として刊行。26年9月15日新創刊の『中国評論』(岡山版)に継承
低気圧	(東京)	この年	渡辺渡/大村主計, 岡本潤, 加藤立雄, 神山森吉, 菊田一夫, 平亭爾, 萩原恭次郎, 村山知義, 山口義孝, 矢橋公麿, 鈴木藤吉郎	2号?
万人文芸	万人文芸社 (東京)	この年 ⇩ 1926年1月	下中弥三郎	8号
無軌道	無軌道社 (東京)	この年 ⇩ 12月	発・印・坂野良三, 編・江西一三	4号。3号(25年9月)のみ確認

潮流	三田書房(東京)	この年?	沢田敬光/伊藤栄之介, 岡田光一郎, 岡下一郎, 川合仁, 壺井繁治, 中村白葉, 土屋長村, 黒島伝治, 古田徳次郎, 福見治郎, 三井虎男, 山川亮	
第三戦線		この年		
無差別	無差別社(埼玉)	この年 ⇩ 1927年9月	発・編・印・望月辰太郎, 堂脇次郎/鳴海黒流, 滝沢深, 長谷川清, 橋本五一	3号?
空	(北海道)	この年 ⇩ 1928年	発・小柄作雄/渡辺茂, 竹内てるよ他	
DADAIS	ダダイス社	この年?	遠地輝武	個人誌
ことば	龍宿山房	この年?	発・加藤一夫	
東印ニュース	東京印刷工組合	この年頃?		
奔流	奔流社(松江)	この年?		山陰新人総連盟
文芸新聞旬刊	文芸新聞(横浜)	この年?	発・松本淳三/深谷進	
辻馬車		この年	発・編・宇崎祥二/神崎清, 武田麟太郎ら	

※**虚無思想研究** 関根喜太郎(荒川畔村), 辻潤, 村松正俊, 高橋新吉, 室伏高信, 萩原恭次郎, 中村還一, 新居格, 卜部哲次郎, 武林無想庵, 大泉黒石, 加藤一夫, 生田春月, 古谷栄一, 内藤辰雄, 飯森正芳, 尾山篤二郎(放浪), 小川未明, 遠地輝武, 宮沢賢治, 百瀬二郎, 吉行エイスケ, 〈寄稿〉西村陽吉, 大原外光, 小島きよ, 橋本政尾, 堀以, 一安訊, 滝原流石, 河村柳男, 蛯原邦夫, 池上浩水, 馬場剛, 麻生義, 伊藤欽二, 多田文三, 奥村イガラシ, 菅野千介, 影影盟, 佐々木太郎, 安岡黒村, 和田信義, 平田千代吉ら(以下, 第2巻)〈寄稿〉中谷空極, 東坡, 伊藤芳子, 本名隆次, 永嘉大師, 西谷勢之介, 水野正次, 小野庵(小野田)保蔵ら

※**文党** 今東光, 村山知義, 佐藤八郎(サトウ・ハチロウー), 赤松月船, 飯田豊二, 金子洋文, 古賀竜視, 水守亀之助, のち間宮茂輔, 下店静市, 宮坂普九, 梅原北明, 〈寄稿〉岡田竜夫, 新居格, 井東憲, 内藤辰雄, 萩野野呂ら

1926(大正15)年

平等新聞	平等新聞社(静岡)	1月1日(8号) — 5月1日(11号)	発・印・編・加藤弘造	8号より『自由』改題 〈復刻〉『初期水平運動資料集』不二出版1989
自由新聞	自由新聞社(埼玉)	1月15日 ⇩ 5月1日	編・印・発・辻本晴一	4号。発行所を静岡から移す。実質的にはこの1号は『自由新聞』(静岡)の7号にあたる 〈復刻〉『初期水平運動資料集』不二出版1989
七道より		1月	河本乾次	私家版

(1926年)

誌名	発行所	期間	関係者	備考
大衆評論 1次	大衆評論社 (静岡)	1月 ⇩ 4月	主宰・大塚昇, 牧野修二/発・編・岩崎佐一ら	2号
飢渇人	飢渇人社 (横浜)	1月	編・印・発・佐藤枯葉/若杉浪雄	1号
月曜	恵風館 (東京)	1月1日 ⇩ 4月1日	編・尾形亀之助, 発・鈴木恵一	4号 月刊営業誌
夜の横浜	夜の横浜社 (横浜)	1月 ⇩ 1932年 3月?	発・伊藤公敬/板谷治平, 那迦莫人, 扇谷義男ら	17号? タウン誌
二七三周紀念刊	サンジカ 4組合 (上海)	2月7日	上海紡績総工会, 上海海陸運工会, 上海小沙渡工人自治会, 上海揚樹浦工人自治同盟ら	『二七惨案』3周年に当たり発行
DON	ドン社 (東京)	2月	都崎友雄(ドン・ザッキー)	詩誌
ラ・ミノリテ	ラ・ミノリテ社 (神戸)	2月	発・近藤光(茂雄)/中尾吉之助, 和田信義, 安谷寛一, 穂田玖二, 神戸光, 笹井末三郎, 牧寿雄(秀雄), 飛地義郎, 三田二郎, 岡本潤, 坂田一郎, 小林輝, 田代建, 小野十三郎, 宮嶋資夫ら	1号
山脈	甲斐詩人協会 (甲府)	2月 (1年2号) ⇩ 1927年1月 (2年1号)	発・編・印・杉原邦太郎	創刊日不詳。1927年『虹』に改題
黒潮	黒潮社 (熊本)	2月下旬	猪古勝, 工藤日露時, 林博, 山田尚種ら	1号
解放戦線	解放戦線社 (東京)	3月 ⇩ 1927年7月	後藤学三	3号。通巻5号 1927年3月4号より『解放新聞』(1次)と改題
野火	大衆社 (大阪)	3月1日 ⇩ 4月1日	発・編・印・下阪正英	2号 〈復刻〉『初期水平運動資料集』不二出版1989
自我声	自我声社 (大阪・此花区)	3月20日 ⇩ 4月	発・編・印・金泰/〈同人〉金突波, 李春植	2号。欄外にCHIGASEIと表記
大衆	大衆社 (東京)	3月 ⇩ 1927年10月	津田光造, 山内房吉, 前田河広一郎, 佐野袈裟美, 新居格, 岡本潤, 藤井真澄, 川崎長太郎ら	のち『文筆労働』と改題 〈復刻〉法政大学出版局 1976

1112

(1926年)

田園と工場	田園と工場社（大阪）	3月	佐藤十五郎，井上貞吉，中尾無人，上田増吉，阿部均	1号
街頭人	街頭人社（黒潜社内・名古屋）	3月	編・発・印・篠田清/宮崎阿村，成田政一，上西憲	1号
黒流	黒流社（別府）	春頃	発・田坂積春	
黒色青年	黒色青年連盟（東京）	4月5日 ⇩ 1931年2月10日	発・水沼熊，横山楳太郎，前田淳一，古川時雄，山崎真道	24号 号外1 〈復刻〉黒色戦線社1975
自治農民	農民自治発行所（農民自治会・埼玉）	4月10日	発・渋谷定輔/中西伊之助，江渡狄嶺，奥谷松治，下中弥三郎，菅野勘之丞	1号。2号(5月)より『農民自治』に改題・継承
北斗	北斗社	4月		『北斗星』を改題
虚無思想	虚無思想社（新声社）	4月1日 ⇩ 6月	発・編・印・吉行栄助 ※別掲のとおり	3号 発・荒川畔村/吉行栄助（出資）
新聞労働	新聞労働連盟	4月	東野彦	1号
自然児	自然児詩社（北海道古平）	4月	発・平田千代吉/吉田一穂，仲谷謙二	1号
どん底	どん底社（名古屋）	4月20日	発・編・印・伊藤長光/林哲人	1号
人類愛	関東水平社青年連盟（群馬）	4月	編・坂本清作/平野小剣	(第1輯)通刊8輯？ 1937年に『人類の為の聖戦』と改題
上野浅草新聞	（東京）	この年（春先）	編・和田信義	
太平洋詩人	太平洋詩人協会（東京）	5月1日 ⇩ 1927年4月1日	発・編・印・渡辺渡/野口米次郎，萩原朔太郎，白鳥省吾，加藤介春，千家元麿，野口雨情，佐藤八郎，中西悟堂，萩原恭次郎ら	8号。アナ系詩人の大同団結を渡辺が試みる
農民自治	農民自治会のち農民自治会全国連合	5月10日 ⇩ 1928年8月5日	発・渋谷定輔/中西伊之助，江渡狄嶺，奥谷松治，下中弥三郎，菅野勘之丞，竹内囹衛ら	17号(通号は18号) 『自治農民』を改題・継承
失業労働	失業労働社（川崎）	5月 ⇩ 7月	石上太郎，猪俣南津雄，田代恒	2号 『失業運動』を改題
痴人の群	痴人の群社	5月	発・寺尾実/森鶴久，上村実，佐藤敬，高尾亮，越田力，矢代(八代)勇，牛島茂ら	詩と創作 謄写版

1113

(1926年)

誌名	発行所	発行日	発行・編集者ほか	備考
女性詩人	太平洋詩人協会（東京）	5月	発・編・友谷静栄	1号
青い手	日本詩学協会（東京）	5月		
黒旋風	黒旋風社（東京・世田谷町）	5月 ⇩ 1927年11月	発・編・印・杉浦万亀夫, 増田英一/緒方昇	3号
自由連合のち自由連合新聞	全国労働組合自由連合会（東京）	6月5日 ⇩ 1935年2月28日	発・編・大塚貞三郎, 梅本英三, 宮川章, 大久保卯太郎, 山本義態, 木村英二郎, 山口安二	98号。1928年8月(26号)まで『自由連合』, 1928年9月(27号)より『自由連合新聞』と改題・継承。月刊〈復刻〉海燕書房1975
激風	激風社（東京・戸塚町）	6月14日	発・編・印・臼井源一/上田光敬, 藤尾清三郎	1号 月刊
自然人	自然人社（東京）	6月	発・山田作松	個人雑誌
黒化	黒化社（東京落合町）	7月	麻生義, 前田淳一, 深沼弘魯胤, 椋本運雄ら	1号
自由	自由労働者同盟（大阪）	7月(2号)	渡辺鉄治/加藤昇	創刊日不詳。2号のみ確認
白山詩人 1次	白山詩人社（南天堂書房）	7月 ⇩ 1929年3月	編・河本正義〈東洋大学詩学部協会〉/萩原朔太郎, 黄瀛, 草野心平, 岩瀬正雄, 田中ケイスケ(啓介?), 尾山篤二郎ら	13号
詩調	詩調社	7月	編・今井武治/伊福部隆輝, 芳賀融	
黒友	黒友会	7月? ⇩ 1927年10月?	張祥重, 元心昌, 李弘根, 鄭泰成ら	のち『自由社会』に改題
黒闘	黒闘社（神戸）	この年 ⇩ 7月	宇治木一郎, 中浜哲, 中村一, 岡崎竜夫	3号
野獣群	野獣群（東京）	8月 ⇩ 1927年1月	発・編・印・金昌照/今東光, 岡田竜夫, 萩原恭次郎	2巻1号
氾濫	氾濫社	夏頃	発・赤松月船	月刊
夜汽車	精華社	この夏	発・加藤太丸/矢橋三子雄	二人雑誌
青豚	青豚社	この夏		
中国評論	（岡山版）	9月15日	発・中村千満与/竹内春三ら	この号のみ確認
変態資料	文芸資料研輯部（文芸市場社内）	9月1日 ⇩ 1928年6月	梅原北明ら	

1114

(1926年)

誌名	発行社	発行日	関係者	備考
アクション	アクション社（東京）	9月（9号）	編・三好十郎/壺井繁治，坂井徳三，上野壮夫ら	詩誌
自由人	黒人社（松本）	9月 ⇩ 1928年7月	吉川澄，吉弘慎一	2号。1号は大杉栄追悼号
小作人 3次	小作人社（浦和）	10月5日 ⇩ 1928年10月5日	編・発・印・木下茂，2号より6号まで印・佐藤進三	19号。のち『農民自由連合』に継承〈復刻〉黒色戦線社1989
公娼	公娼制度研究会	10月20日		
黒幟	黒幟社（中国・上海）	10月		
解放運動	解放運動社（岐阜）	10月 ⇩ 1928年1月	発・小河国吉	2号
街頭	街頭詩人連盟（松本）	11月？	発・吉沢夏雄/ドン・ザッキー，原口広	1号
自由公論	自由公論社	11月 ⇩ 年内まで？	芝原淳三/広海貫一，宇治木一郎，和田信義，柴田芳明（芳郎）ほか	2号
黒友	不逞社（のち黒風会と改称）	11月		のちさらに東興労働同盟を含め『自由社会』と改題発行
サパトランド	（台湾）	12月1日	小沢一ら	宣伝パンフと宣言再刊・印刷
復讐人	未来と青年社（名古屋・東京）	12月	福中巧/轟大助，厚井勇三，近藤三郎	1号 月刊
詩文学	中外文芸社（東京）	12月1日 ⇩ 1927年10月	発・太田穂/編・三瀬雄二郎/松本淳三，伊福部隆輝ら	6号 アナ系の著名詩人が結集
性文学	性文学社（東京）	12月創刊 ⇩ 27年5月	渡辺渡（渉）編発/楠本楠郎，宮武外骨，羽太鋭治，綿貫六郎，今野賢三，金熙明，中条辰夫，浅野研夏，田辺若男	2巻5号確認
叛逆	叛逆社（北海道）	12月	発・岸本嘉市	
近代思想研究	（神戸）	この年	井上信一，芝原淳三，笠原勉，大松多三郎，三木滋三	
民鋒（上海版）	（中国・上海）	この年前半	盧剣波，張謙弟ら	

1115

(1926年)

月刊A	A社（中国・武昌）	この年頃		3号
新時代	新時代社（名古屋）	この年		『自由労働』の後継紙
先駆者	先駆社	この年?	岡本利吉	
小作人	島根県小作人連合会	この年?		
新内軟派		この年	岡本文弥	
青林檎	（静岡）	この年	編・発・杉山市五郎	個人誌
飢餓人	（愛知）	この年? ⇩ 1927年2月	竹内吉左衛門	4号まで確認

※**虚無思想** 吉行栄助、生田長江、小川未明、辻潤、石川三四郎、新居格、萩原朔太郎、小宮山明敏、加藤一夫、今東光、稲垣足穂、村山知義、武林無想庵、神近市子、橋爪健、村田春海、長谷川如是閑、中河与一ら

1927（昭和2）年

碧桃	碧桃社（東京）	1月1日 ⇩ 12月(6月)	発・編・亀井文夫/高木正己，黄瀛，高村光太郎，尾崎喜八ら	
労働運動5次	労働運動社（東京・本郷）	1月 ⇩ 10月	近藤憲二，岩佐作太郎，水沼辰夫，山鹿泰治，石川三四郎，八太舟三，能智修弥	10号 月刊 〈復刻〉黒色戦線社1981
平民の鐘	平民の鐘社（浜松）	1月18日	編・発・小山紋太郎	1号
文芸解放	文芸解放社（東京）	1月 ⇩ 12月	発・編・壺井繁治/萩原恭次郎，小野十三郎，岡本潤，江森盛弥ら ※別掲のとおり	11号，月刊 『文芸戦線』からアナ派が分離(12月解散)
文芸公論	文芸公論社（東京）	1月1日 ⇩ 1928年5月	発・編・橋爪健/萩原恭次郎，岡田竜夫ら	17号 〈復刻〉日本近代文学館1985
文明批評	文明批評社	1月1日		
紀元	紀元社	1月28日		
無産新聞	無産新聞社（山口）	2月1日 (34号)	発・編・岸本信威，印・神崎建蔵	この号のみ現物確認
黒き群	黒き群社（東京）	2月 ⇩ 11月	発・根岸棺(菅四郎)，編・米山謙蔵，印・己野善一	根岸菅四郎のプラクン社と合同。7月号の「農村問題号」を確認
肉食時代	先駆芸術社（名古屋）	2月 ⇩ 9月	石原政明，大西俊，市川光，吉川春雄，佐藤栄治，村岡清春，吉崎吉ヱ(衛)門ら	4号

(1927年)

誌名	発行社(所在)	刊行日	関係者	備考
解放新聞 1次	解放戦線社 (東京・上目黒)	3月15日 (4号) ⇩ 7月15日 (5号)	発・編・後藤学三/宇田川一郎,山崎真道,笠英明,岡崎竜夫,下山繁夫,斎藤修三,笠井茂	2号。『解放戦線』を4号より改題
黒闘	黒闘社 (神戸)	3月 〈再刊〉	増田信三,岡崎竜夫,笠原菊次郎(勉),中村一次,宇治木一郎,長沢清,春日武夫,春田(某),山口安二,田代建,八木豊吉,和田信義	月刊 のち1928年2月『アナーキ』と改題
街頭時報	街頭時報社 (静岡)	3月10日 ⇩ 7月28日	編・発・印・山崎佐一/牧野修二,奥猛,大野良	3号
未来と青年	未来と青年社 (名古屋)	3月 ⇩ 4月1日	福中巧	3月復活号,2号
黒色戦線	(札幌)	3月 (3輯)	浦田純穂	この号のみ確認
文芸陣	文芸陣社 (小樽)	3月 ⇩ 11月までか	東口安利ら	
土民芸術	土民芸術社	4月	大島唯史,岡本潤,吉田金重,大島護ほか。〈協力〉石川三四郎,木下茂,草野心平ら	1号 月刊
解放運動	解放運動社 黎明社 (福山)	5月	小松亀代吉/山口勝清,岡田光春,小松猛,沢田寧	
先駆	先駆社 (東京)	5月	高橋久由,草野心平,土方定一ほか	1号
リベルテール		5月	石川三四郎,新居格,望月百合子,麻生義,鑓田研一,鷹樹寿之助ほか	1号
蠢動		5月 ⇩ 1930年3月	佐藤十五郎,池田寅三,大串孝,古河三樹松	3巻1号
革命週報	(中国・上海)	5月 ⇩ 1929年9月	主編:沈仲九(創刊-5号),畢修勺(6号-終刊)ら	110号
村落同盟	黒鞭社 (水戸)	5月中旬		1輯

(1927年)

誌名	発行所	発行日	関係者	備考
反政党運動	反政党運動発行所のち反政党新聞社（千葉・中山町，事務所は東京・亀戸）	6月11日 ⇩ 10月5日	発・編・印・江西一三/山本忠平，横山楳太郎，難波正雄，中尾正義，飯田豊二ほか	4号
荊冠旗	荊冠旗社（広島）	6月21日	発・白砂春一（健）	
機関車	（朝鮮）	6月（1号）	発・山辺珉太郎	8月（2号），10月（3号）
黒色評論	黒手社?（仙台）	6月	斎藤修三	1号
社会理念	自由書房	6月 ⇩ 10月		4号
平民評論	（茨城）	6月	川又常夫，寺田義一ら	
光風地	光風地詩社（愛知郡）	6月 ⇩ 10月	浅野紀美夫（麦屋南荘）ら ※別掲のとおり	4号 詩誌
平　等	編集・パリ平社 印刷・上海 発行・サンフランシスコ	7月1日 ⇩ 1931年10月	発・中心は劉鐘時＝英語名，Ray Jones（広東出身） 巴金，呉克剛，衛恵林ら	在サンフランシスコ中国人移民アナグループ「平社」，3巻23期（4期1巻1927年10月）（10期・1928年）
全国水平新聞	全国水平新聞社・全国水平社解放連盟（長野・北大井村のち小諸町）	7月25日 ⇩ 9月25日	発・編・印・朝倉重吉/白砂健，北原泰作ら	3号 〈復刻〉『初期水平運動資料集』不二出版1989
港　街	港街詩社（釧路）	7月1日 ⇩ 1928年2月	発・葛西暢吉/渡辺茂ら	4号 5号より『至上律』に改題
自　由	自由社出版部（東京・大阪）	7月12日 ⇩ 1929年1月	発・編・印・柳沢善衛/広海貫一，備前又二郎，兼谷美英，和田信義	月刊
黒　潜	黒潜社（名古屋）	8月 ⇩ 1928年2月	発・池下稔，山田利一/髙嶋三治	3号
バリケード	社会評論社（東京）	9月1日 ⇩ 11月	発・編・磯貝錦一/小野十三郎，草野心平ほか ※別掲のとおり	3号 表紙は矢橋公麿，漫画は沢田鉄三郎（小山内竜）
黒　魂	黒魂社（倉敷）	9月6日	山本京平，野間田金蔵，久保由市	4号は28年6月7日発行

1118

(1927年)

吾々は空想する	吾々は空想する社(東京)	9月15日 ⇩ 10月	畠山清身/荒木秀雄，工藤信	2号
悪い仲間 MALBONA KAMARADO	新声社書店発行(1928年1月号から)(東京)	9月18日 (10月号) ⇩ 1928年9月	編・和田信義，発・畠山清身/辻潤，岡本潤，小野十三郎，飯田徳太郎，新居格，萩原恭次郎，畠山清行，内藤辰雄，工藤信，川合仁ら	12号。3号まで悪い仲間社。4号より『文明批評』併合，『虚無思想』改題。1928年10月『文芸ビルディング』と改題。表紙装丁は，1号から終刊号まで佐藤八郎
祖国と自由	文明批評社(大阪・南河内郡)	9月20日 (3巻1号)	林重雄，大串孝	再刊，この号のみ確認
颱風		9月 ⇩ 11月	山内恭三，井本尚，津田秀夫，吾妻(東)玲二ほか	2号
羅列	羅列社(東京)	9月 ⇩ 11月	小川増雄，河本正男，津田出之，高橋勝之，中島信，村松敏，斎藤譲吉，安田篤郎	3号 月刊
かちん	無産者自由社	9月	大泉譲	
映潮	映潮社(東京)	9月まで (3巻9号)		映画評論
黒闘	黒闘社(広島)	10月5日?	萩野他人男ら	
関西自由新聞	関西自由新聞社(大阪・泉南郡)	10月15日 ⇩ 1928年3月	発・中尾正義，編・印・平井貞二/久保譲，大串孝，河本乾次，高川幸二郎，二木寛，逸見吉三，杉村直太郎，山岡喜一郎	5号，月刊 のち『黒色運動』と改題
平民思想 (リーフレット)	平民思想社(岡山)	10月10日	玉田徳三郎	2号は1928年1月14日発行。一号は発禁
夜の都	(広島)	10月12日	吉田昌晴	月刊
農民 1次	農民文芸会のち農民作家同盟へ(東京・北多摩郡)	10月 ⇩ 1928年6月	加藤武雄/犬田卯，大槻憲二，鑓田研一，帆足図南次，中村正湖ら ※別掲のとおり	9号，のち5次1933年9月まで後継 〈復刻〉不二出版1990
名古屋詩人	名古屋詩人社(名古屋)	10月 ⇩ 1929年6月	石原政明，伊藤耕人，市川高光，国立富美雄，麦屋南荘，村岡清春，武田実，近藤文子，浅野紀美夫ら	12号
夜の広島	(広島)	11月1日	吉田昌晴	

(1927年)

誌名	発行所	発行日	関係者	備考
社会運動	社会運動社（岡山）	11月10日	入江秀夫ら	6号は30年8月1日付
装甲車	装甲車詩社（兵庫）	11月	坂本順一、浅野紀美夫、薄野寒雄ら	
黒色文芸	黒色芸術連盟	12月5日?	大前浅市、佐久間貢、加藤実	
社会評論	社会評論社（東京・滝野川町）	12月10日（3号）	発・編・印・大塚貞三郎	3号が創刊号『黒き群』を改題
行動者	行動者編集所（東京・杉並町高円寺）	12月8日	編・発・印・星野準二／入江一郎、野村考子、正木久雄、石村頼夫	1号
サラリーマン運動	関東サラリーマン同盟（東京・世田谷町池尻）	12月5日	発・編・印・江川菊次郎	1号
農民自治		12月（号）	芝原貫一	
世紀文学	稲門堂書店	この年⇩1928年1月	編・上田吉郎、青柳優、渡辺竹二郎ほか。※別掲のとおり	2巻1号まで月刊
黒流	黒流社（佐世保）	1927-28.7（8号）	編・発　野田欽三　福野穣、千千岩四郎、伊知地直也、伊藤和ほか	
南方詩人	南方詩人社（鹿児島）	この年	発・大坪勇、編・小野整	1930年1月1日号は現物確認
東海黒連情報	東海黒連（静岡）	この年		謄写版
近代思想	近代思想研究会（兵庫）	この年⇩1928年12月	村中俊道	4号
思想批判	思想批判社（東京）	この年?⇩1931年	発・伊福部隆輝	2巻5号まで
社会思想	社会思想研究会	この年?⇩1929年?	松村元	
紀伊詩人		この年	村岡清春、岡崎竜夫ら	1号
聖化		この年⇩1939年	住谷天来ら	
自由社会	黒風会	この年?		『黒友』改題紙
労働者評論	クロバ社	この年?		

戦線同人	戦線同人社（神戸）	この年末			

※**文芸解放** 壺井繁治，麻生義，工藤信，飯田徳太郎，矢橋公麿(丈吉)，萩原恭次郎，小野十三郎，江森盛弥，飯田豊二，萩原四郎，金井新作，上脇進，高橋勝之，山名剛，木原徹，片岡茂，坂本七郎，成木一三，岡本潤，吉田金重，柳川槐人，横地正次郎，川合仁，村上啓夫，野川隆，岡田竜夫ら
※**バリケード** 磯貝錦一，萩原恭次郎，岡本潤，小野十三郎，河本正男，高橋勝之，中島信，津田出之，草野心平，矢橋公麿，土方定一，東宮七男，原田充雄，坂本遼，細田英之，妻木泰治，菱山修三，斎藤譲吉，江森盛弥，斎藤秀雄，岡田刀水士，局清，横地正次郎，手塚武，梅津錦一，碧静江，尾崎喜八，三野混沌，田辺若男，遠地輝武，田中均，広沢一雄，新居格，麻生義，伊藤整，斎藤峻，井上康文，畠山清美，北晴美，寺尾実，森下義夫，猪狩満直，金井新作，本間尚文，森佐一，村田春海，上脇進，松本淳三，小川増雄，長田滋利，鱶十郎，坂本七郎，鈴木白屋
※**農民・1次** 犬田卯，中村星湖，加藤武雄，白鳥省吾，石川三四郎，和田伝，五十公野清一，帆足図南次，鑓田研一，黒島伝治，佐々木俊郎ら
※**光風地** 麦屋南荘(浅野紀美夫)，中島春宵，岡田広美，藤本蔦之助，小段重夫，杉沢文雄，永井一郎，近藤正夫ら
※**世紀文学** 西沢揚太郎，岡田赤城夫，大島昌夫，沖大助，渡辺竹二郎，和田佐久，加藤豊男，永井正次，村田蒼生，上田吉郎，黒岩末吉，藤村嗣，青柳優，水盛源一郎，須可賛之助

1928(昭和3)年

関西自連	関西自由新聞社（大阪・泉南郡）	1月	発・中尾正義／編・印・平井貞二		関西自由新聞・号外，組合員のみ配布。謄写版
自由人	（名古屋）	1月	鈴木茂雄ら		
村落	（名古屋）	1月	加藤正信，石川忠二ら		
互助運動	黒友連盟	1月	元心昌，張祥重，呉致燮		創刊か？（黒友会を改称）
アナーキ	黒闘社（神戸）	2月28日（3巻3月号）⇩8月	発・編・米山謙治		3巻3月号が創刊。5号？全国黒闘社機関誌『黒闘』改題
大衆評論2次	大衆評論社（静岡）	2月⇩1929年1月	服部豊(出資)／桑名哲夫ら※別掲のとおり		11冊3巻1号まで
経済戦線	（大阪）	2月	野洲伝三郎ら		
社会芸術	社会芸術社（小樽）	2月	発・中出荘七／渡辺茂，沢田鉄三郎，岡本潤，小野十三郎，萩原恭次郎，石川三四郎ら		2号まで確認
近代思潮	近代思潮社（東京・下目黒）	2月(2号)	編・印・発・村中俊道／庄司美作，嶋津一郎		創刊日不詳。2号のみ確認
アナーキズム文献出版年鑑（1928年版）	社会評論社（東京・滝野川町）	2月20日	編・発・大塚貞三郎		(復刻)黒色戦線社1986
田園と工場	田園と工場社（水戸）	3月19日	発・編・印・木村英二郎		1号

(1928年)

誌名	発行所(所在地)	期間	執筆者	備考
非台湾	（台湾）	3月20日	稲垣藤兵衛ら，〈寄稿〉中西伊之助	
社会芸術		昭和3年3月創刊1巻4月号 ⇩ ？	小野十三郎，岡本潤，金井新作，渡辺茂，田中五呂八らが執筆	アナキズム芸術・思想雑誌
無政府主義研究	A思想協会（東京）	3月 ⇩ 6月15日	発・前田淳一/麻生義，石川三四郎，新居格，八太舟三	2号
無軌道	（福島）	3月 ⇩ 12月		4号(12月)のみ確認
北極星	北極星社（東京）	4月15日 ⇩ 7月15日	発・鈴木靖之/石川三四郎，星野凖二，野村考子，小野十三郎，安谷寛一，八太舟三，木下茂，新居格，草野心平，藤島好夫，小杉美智子，伊東健太郎，和田信義，飯田豊二，中村陽二，二見晋次，髙木鉄次，藤原肇	3号月刊
パンと自由		4月 ⇩ 5月	長谷川武，星野凖二ほか	2号
瓦斯労働	瓦斯工組合	4月	熊木十一	1号
屠殺者	（名古屋）	4月	吉川春雄，吉崎吉エ門ら	
関東一般労働者組合報	関東一般労働者組合	4月28日 ⇩ 9月1日		3号
虚無者	虚無社	4月	平野正夫	
V.NARODO! 民衆の中へ	民衆社（大阪・南河内郡）	4月5日 ⇩ 1929年9月11日	発・印・山岡喜一郎，編・大串孝/岡田勘次郎，岩本秀司，井上春雄，田口俊二	4号
都会詩人	都会詩人社（名古屋）	4月	鈴木惣之助，落合茂ら	昭和4年7月(2巻3号)，同10月(2巻4号)，昭和5年1月(3巻1号) 10号。1930年『社会詩人』に継承。
民間文化周刊	（中国）	4月	毛一波ら	『民衆日報』の副刊
全詩人連合	全詩人連合事務所（東京）	4月 ⇩ 5月	発・編・尾形亀之助，菊田一夫，印・安江次朗 ※〈寄稿〉別掲	2号

1122

(1928年)

左翼芸術	左翼芸術同盟	5月1日	壺井繁治(名義人)/三好十郎, 江森盛弥, 高見順, 竹中英太郎ら	1号
文化戦線	(中国・上海)	5月1日	毛一波ら	週刊
恐怖時代	恐怖時代社(東京・麻布区)	5月1日	編・発・印・平見思郎/藤島国利	1号
自由労働者	自由労働自治会	5月1日		
現代文芸	素人社	5月(4号)⇩1930年(7巻5号)	発・編・金児農夫雄/北川冬彦, 井東憲, サトウハチロー, 佐藤惣之助ら	
別働戦		5月	発・黒原英嗣郎(奥山重義)/浅野紀美夫, 石原政明ら	半営業紙
ラ・ミノリテ	ラ・ミノリテ社	5月	荒木秀雄, 畠山清行ら	
黒旗は進む	黒旗は進む社(東京)	6月10日	発・編・松村元/小野十三郎, 麻生義一, 土方定一, 萩原恭次郎(筆名・杉山扶助), 三野混沌, 吉沢白彦, 鵜島健員, 古田徳次郎, 谷丹三, 黒沢四郎, 飯田豊二, 高群逸枝, 千々和蘭次ら	1号。なお, リーフレット版『黒旗は進む』(4ページ)が同社より, 1928年7月21日に第1年第1号として刊行されている。
奪還	在中国朝鮮無政府主義者連盟(上海)	6月	柳基石, 安恭根(柳基錫), 李丁, 韓一元, 伊浩然, 李丁奎ら	〈復刻〉ソウル
単騎	川合書店(東京)	6月⇩10月	発・編・矢橋丈吉/岡康雄, 西村豊吉, 川合仁, 飯田徳太郎, 土方定一, 岡本潤, 畠山清行, 局清, 泉斜汀, 尾崎喜八, 古田徳次郎, 上脇進, 飯田豊二, 西川勉, 畠山清身, 中村登三	3号のち11月『矛盾』と合併
黒蜂	黒蜂社(東京)	6月⇩11月	〈1・2号〉佐々木富治/加藤哲二郎, 西山浩, 植田信夫, 塩長五郎, 松村元, 岩崎奇作〈3号〉発・塩長五郎	5号
手旗	手旗社(静岡)	6月⇩8月?	柴山群平/坂本七郎, 杉山市五郎, 小野鰲, 神山康人, 湊英季, 小田巻次郎, 唐沢伊那夫, 横地正次郎, 服部豊,〈同人〉渡辺渡, 永井善太郎, 金井新作	3号? 詩誌
革命研究	革命思想研究会(東京)	6月		1号 2号より『社会評論』に改題

1123

(1928年)

矛　盾	矛盾社 (千葉のち 東京)	7月10日 ⇩ 1930年2月1日	発・編・五十里幸太郎／金井新作，竹森一則，岡本潤，畠山清行，安谷寛一，田戸正春，宮嶋資夫，草野心平，西川勉，宮山栄，局清ら．〈寄稿〉新居格，小川未明，石川三四郎ら	28年11月，3号で『単騎』と合併 〈復刻〉緑蔭書房1989
正義と自由	不逞琉人社 (沖縄・糸満)	7月15日	編・発・比嘉栄／屋宜盛則，城田徳隆	1号のみ
至上律	至上律社 (釧路)	7月 ⇩ 1929年11月	発・渡辺茂	8号(通刊12号) 『港街』改題5号が創刊号
女人芸術 2次	女人芸術社 (東京・牛込)	7月1日 ⇩ 1932年6月	発・長谷川時雨，編・素川絹子，印・生田花世／望月百合子，八木秋子，神近市子ら	48号 月刊 〈復刻〉竜渓書舎1981，不二出版1987
現代文化	(中国・上海)	8月1日	毛一波，張謙弟，盧剣波，柳絮ら	革命文学論争
黒色運動	黒色運動社 (大阪・泉南郡，事務所は浪速区)	8月5日 ⇩ 10月21日	発・編・印・逸見吉三	2号 『関西自由新聞』の改題
二十世紀	二十世紀社 (東京)	8月 ⇩ 10月1日	発・山内恭三／松田巌，丹沢明(青柳優)，植田信夫，山岡英二，中本弥三郎，南条葦夫，吉沢専弥，東玲二，森辰之助ら	2号 月刊
底　路	愚人連盟 (東京)	8月	発・編・印・西山勇太郎／高群逸枝，山田彰	1号 謄写版
農　民 2次	農民自治会 (東京・芝区)	8月5日 ⇩ 9月8日	発・編・竹内愛国／加藤一夫，鑓田研一，小川未明，大槻憲二，中西伊之助，高群逸枝ら	2号
無政府主義	解放戦線社 (東京)	8月	松浦良一	
社会評論	革命思想研究会 (東京)	8月12日(2号)	発・編・印・山本義昭	2号のみ確認 『革命研究』の改題
無政府	AC労働者連盟 (東京・本所区)	8月15日	編・印・発・加藤宣雄	1号
黒　旗	認識と解放社 (東京)	8月15日 ⇩ 1929年1月5日	藤尾清三郎／北浦馨，石川三四郎，新居格，松村元，戸田鉄児，麻生義ら	2号
東　方	東方無政府主義者連盟	8月	朝鮮語・中国語・日本語で記載(同一紙面か各版かは不明)	

(1928年)

関東地方労働組合自由連合会リーフレット	関東地方労働組合自由連合会(東京・本所区のち府下大島町)	8月25日 ⇩ 12月9日	発・編・印・高橋光吉, 村田常次郎	2号
風が帆綱に侘しく歌ふよ	風が帆綱に侘しく歌ふよ社(新潟)	8月 ⇩ 1929年2月(7号)	発・亀井義男/浅弘見(浅井十三郎), 南千秋(阿部清), 三谷川篤, 阿部太郎, 伊藤武英, 原素子	7号のみ確認
文芸ビルデング	新声社書店(東京)	9月23日 ⇩ 1929年10月	発・編・畠山清行/畠山清身, 新居格, 飯田徳太郎, 安成二郎, 小川未明, 島田清次郎, 局清, 小林輝ら	通刊23号 『悪い仲間』の改題 月刊
黒色文芸	黒色文芸社(東京・杉並町高円寺)	10月1日 ⇩ 11月5日	発・編・印・星野準二	2号
労働者の叫び	AC労働者連盟(東京・東中野のみ淀橋町)	10月15日 ⇩ 1929年2月5日	発・編・印・松井勇	2号
太洋文学	近代書房(横浜)	10月	安田樹四郎ら。〈寄稿〉柴山群平, 大江満雄ら	
漂 人	詩芸術社(名古屋)	10月	石原政明, 大西俊, 宮田丙午, 吉川春雄ら	
海 豹	(名古屋)	10月	佐藤栄治個人誌, 石原政明ら	
関西実業		10月頃	中村勝治	
一千年	一千年社(名古屋)	10月	※別掲のとおり	3号か4号
グロテスク	グロテスク社(文芸市場社内)(東京)	10月15日 ⇩ 1931年8月	編・梅原北明/酒井潔, 大泉黒石ら	20号。月刊 のち『秘戯指南』『らぶ・ひるたあ』『ビルダー・レキシコン』を発刊するが全発禁
自由連合新聞号外東京一般版	全国労働組合自由連合会(東京・京橋区)	11月25日 ⇩ 1929年6月20日		4号
奴隷の血	(東京)	11月頃	松藤鉄三郎/大日方盛平, 増田貞二(治)郎ら	
学 校	学校社(群馬・前橋)	12月25日 ⇩ 1929年10月	発・編・草野心平/伊藤信吉, 横地正次郎, 逸見猶吉ら ※別掲のとおり	7号 謄写版6号のみ東京発行

1125

(1928年)

壱千九百二十八稔の一部	(東京・玉川村)	12月	※別掲のとおり	白山詩人によるアンソロジー
先駆文芸		12月 ⇩ 1929年2月 (3号)	神戸雄一ら ※別掲のとおり	3号
未踏地	未踏社 (東京・小石川)	この年 ⇩ 1930年11月	発・編・松本貞太郎/江古田宣、横光惟人、北村信一、田口亥三郎ら	11号
黒林	第一芸術社 (松山)	この年	発・宮本武吉	謄写版
自由人	自由人社 (三原)	この年? ⇩ 1931年9月15日 (11号)	原田凡/青山大学	
自由新聞	(大阪・水崎町)	この年?		
白山詩人 2次	白山詩人社 (東京・玉川村)	この年 ⇩ 1929年3月	発・山本和夫/黄瀛、岩瀬正雄ら	3号
事業と神戸新聞	(神戸)	この年か	中西愛一(中西勝治の兄)	
歓楽新聞	(神戸)	この年か	中西兼松、三木滋二、笠原勉、井上信一、芝原淳三、小林一信、柳川正一	
青果新聞	(神戸)	この年か	中西兼松、三木滋二、笠原勉、井上信一、芝原淳三、小林一信、柳川正一	
神港社会評論	(神戸)	この年か	中西兼松、三木滋二、笠原勉、井上信一、芝原淳三、小林一信、柳川正一	

※**全詩人連合** 〈世話人〉安藤一郎、赤松月船、神谷暢、草野心平、三好十郎、大鹿卓、岡本潤、小野十三郎、サトウ・ハチロー、吉田一穂、萩原恭次郎ら
※**大衆評論** 服部豊(出資)/由井正一(牧野修二)、桑名哲夫、野村素、瀬川竜(岡村恒夫)、中島要、石川三四郎、遠藤喜一、江川菊次郎、山田作松、滝川創(石川熊雄)、匹田治作(疋田治作)ら。2巻7号より発・疋田治作/後藤黒水、古川時雄、逸見吉三、奥猛、山崎佐一(市)(出資)、平尾渡、佐藤敬一、松谷功、東健児、高木敬四郎、平井貞二、杉東四郎、蘆剣波、大阪柳、大塚昇、永露文一(郎)、河合康左右、黒杉佐羅夫、浅井毅舟、中村生、後藤広数
※**学校** 草野心平、伊藤信吉、横地正次郎、逸見猶吉、金井新作、岡本潤、竹内てるよ、神谷暢、森竹夫、萩原恭次郎、小野十三郎、坂本七郎、三野混沌、坂本遼、猪狩満直、森佐一、小森盛、尾形亀之助、〈寄稿〉大江満雄、高村光太郎、尾崎喜八、岩瀬正雄、黄瀛、山本和夫、杉山市五郎、吉田一穂ら
※**壱千九百二十八稔の一部** 山本和夫、乾直惠、白井一二、沢木隆子、村松ちゑ子、河本正義、石井秀、吉田壮太、森正安、中村三郎、岩瀬正雄
※**先駆文芸** 神戸雄一、野村吉哉、太田千鶴夫、松田重造、〈寄稿〉高村光太郎、萩原恭次郎、森三千代、舟橋聖一、蔵原伸二郎、中村漁波林、壺井繁治ら

1929(昭和4)年

自由連合運動	関東地方労働組合自由連合会(東京・府下大島町)	1月20日(3号)↓2月27日(4号)	発・編・印・村田常次郎	創刊日不詳。4月刊行の大阪『自由連合運動』とのちに合併?
第二	第二発行所(東京・渋谷のち八王子)	1月15日⇩11月(10号)	発・末繁博一/坂本七郎、伊藤信吉、横地正次郎、柴山群平、竹内てるよら	9号。謄写版
自由青年	自由青年連盟	1月31日	洪永祐ら	
自画像	自画像発行所(豊橋)	1月	発・編・山本一夫	復活1号
無政府思想	無政府思想社(東京)	1月20日	星野準二/牟田征紀、鈴木三四郎	『北極星』を改題
歩道		1月⇩4月		4号確認
忘却	神戸労働者自由連盟	この年(初め頃)	多田英次郎	
農民自治リーフレット	農民自治会全国連合	2月17日⇩5月1日	編・発・瀬川知一良	3号。2号, 3号は『農民自治会リーフレット』
社会理想	社会理想研究会, 自由書房(東京)	2月⇩6月	発・編・印・大塚貞三郎/松村元, 新居格, 九十九一, 杉村紀一郎, 松谷幹雄, 宮田晃一	2号
黒色戦線1次	黒色戦線社(東京)	2月1日⇩12月	編・発・印・星野準二	7号。『二十世紀』『黒色文芸』『黒蜂』の合同誌〈復刻〉黒色戦線社1975
埼玉自治新聞	経済と宗教社(大宮)	2月23日(10号)	編・印・発・望月辰太郎・辻鈴風, 高橋鈴光, 中村重雄, 川田岩洲	この号のみ確認月2回
処女地	処女地社(愛知県海部郡)	2月	発・編・印・真野志岐夫/横居憲蔵, 浅井毅, 井東進一郎	1号
自由の先駆	解放戦線連盟(大阪)	3月17日	発・編・印・小倉敬介/蔵本光次郎, 林隆人	1号
解放運動	朝鮮東興労働同盟	3月25日	李政圭ら	朝鮮文
信州青年新聞		3月⇩5月	山崎武義	5号 旬刊

(1929年)

1127

(1929年)

自由連合運動	全国労働組合自由連合協議会組織準備会（大阪のち千葉，事務所は東京府下大島町）	4月10日 (3号) ｜ 30年5月20日 (10号)	編・印・発・逸見吉三，高橋光吉	創刊日不詳。3号から自協準備会機関紙となる
文学地帯	新創人社（愛媛・温泉郡久米村）	4月 ⇩ 8月10日 (1巻3号)	発・木原良一/伊福部隆輝，宮本武吉，杉山市五郎，木原茂，浅野紀美夫ら	3号
農民 3次	全国農民芸術連盟（東京・千歳村）	4月 ⇩ 1932年1月	発・編・鑓田研一，犬田卯，松原一夫，加藤一夫，石川和民ほか	32号ほかリーフレット1号。最終2号の発行は，農民自治文化連盟
自由連合新聞号外東京印刷工組合版	全国労働組合自由連合会（東京）	4月18日 (3号) ｜ 6月20日 (4号)	編・印・発・梅本英三	創刊日不詳
詩街人	詩街人社	4月	発・編・野田菊雄/伊藤伊太郎	
アナキスト詩集	アナキスト詩集出版部（東京）	5月1日	発・編・鈴木柳介 ※別掲のとおり	アンソロジー 〈復刻〉戦旗復刻版刊行会1983
吹雪	羅針社（札幌）	5月	発・薄野寒雄/黒杉佐羅夫，竹内てるよら	1号
大和詩園	大和詩園（奈良県吉野郡と龍門村蔴林草舎）	6月	発・前尾房太郎，編・増井美夫（桝井美夫） 植村諦，野長瀬正夫，山本静香，里井美秋，邑橋利良ら	『大和山脈』の後継誌 2号・8月
印刷工連合	東京印刷工連合会のち関東地方自由連合協議会（東京・本所区のち神田区）	6月5日 ⇩ 1930年6月1日	発・編・入沢三郎，古堅弘毅	11号
貧乏人新聞	無産者自治連盟（静岡）	6月 ⇩ 7月20日	疋田治作，大塚昇，沢田武雄（疋田治作・沢田武雄の共同編集）	4号 大衆評論社解散で『大衆評論』の後継紙
新詩学	エロス堂書房（東京・浅草）	6月	発・馬上義太郎，編・日野春助/萩原恭次郎，森竹夫ら	1号 全詩人連合の後継詩誌
断言	断言社（大阪・西淀川区）	7月3日 ⇩ 12月8日	編・発・印・多田文三，奥村秀男/ 岡崎竜夫，毛呂博明，中西維三郎，高橋新吉	2号

1128

(1929年)

民衆自治	民烽社（東京・駒沢町）	8月15日	発・編・印・小泉哲郎	1号
解放新聞2次	解放新聞社（東京・吉祥寺）	8月5日	編・印・発・山田真一／瓜生五郎，後藤学三，斎藤修造	1号
先駆詩人	先駆詩人協会（松山）	8月（2巻8号）	発・編・印・木原茂	『松山詩人』の改題
民衆岡山	民衆岡山社（岡山）	8月末	玉田徳三郎	不定期刊30年1月8日，8月6日（3周年記念号）にも刊行
民友時報	（姫路）	9月10日	寺田格一郎	月2回　30年に13号発行
無産者自治新聞	（静岡）	9月	沢田武雄，小松亀代吉，桑名哲夫ら	『貧乏人新聞』の後継紙
国際情報（のち国際労働者）	国際情報発行所（東京）	9月？ ⇩ 1931年3月15日（更生2号）	白井新平（山本三郎）／李弘根	通巻7号？　1930年2月4号で改題 半月刊 謄写刷
無首領者	無首領社（大阪）？	9月までに	仲元愛高？，和佐田芳雄ら	
昭和公論	（神戸）	10月4日	中西愛一	月2回　30年に39号発行
大地に立つ	春秋社（東京）	10月 ⇩ 1932年2月	加藤一夫，鑓田研一，麻生義，犬田卯，安岡黒村，栗原荒野，山川時郎ほか	27号 ほかに『大地パンフ』あり
関西水平新聞	全国水平社関西解放連盟（大阪・南河内郡）	10月15日	発・編・印・山関喜一郎／梅谷新之助，岡田勘二郎，前川敏夫，岩本秀司	1号〈復刻〉『初期水平運動資料集』不二出版1989
駝鳥	駝鳥社（東京）	11月5日	寺尾実，上村実	1号
La Anarkiisto	（東京・京橋区）	11月	3号までの発・島津末二郎，4号から8号までの発・安井義雄／山鹿泰治，平松義輝，古河三樹松ら	12号？ 8号（1931年1月）まで確認 エスペラント誌
ディナミック	共学社（東京・千歳村のち船橋）	11月 ⇩ 1934年10月	石川三四郎，望月百合子，生田春月ら	59号 個人誌。月刊 〈復刻〉黒色戦線社1974
開墾者	開墾社	11月	大内捷一，近藤正夫ら	
犀	北方詩社（山形）	12月5日 ⇩ 1933年10月1日	編・発・印・長崎浩／井上長雄，鈴木健太郎，更科源蔵，真壁仁，猪狩満直ほか	19号 〈復刻〉故園荘1974-77

(1929年)

学校詩集	学校詩集発行所 (東京・渋谷町)	12月31日	発・編・伊藤信吉 ※別掲のとおり	1929年版アンソロジー 〈復刻〉麦書房1981，戦旗復刻版刊行会1983
地方自連闘争ニュース	関西地方労働組合自由連合 (東京・大島町)	12月10日	発・高橋光吉	この号のみ確認
前衛文学	前衛文学社 (東京)	12月 ⇩ 1930年5月 (2巻2号)	小野十三郎ほか	
壁	壁詩社 (水戸)	この年 ⇩ 1930年2月 (2巻1号)	発・編・神谷三之助 ※別掲のとおり	5号(2巻1号)文芸誌
号外・芝浦労働	(瓦斯労働版)	この年 ⇩ 1930年7月	瓦斯工組合(『芝浦労働』の名義権利を借用したもの)	10号 謄写刷
蜜峰		この年	加村喜一(中村吉次郎)	謄写版
追放	自由民衆社 (兵庫)	この年	小松原弘，岩切亮一	
白星	白星詩人社 (兵庫)	この年	小松原弘	
相互扶助		この年? (1930年?)		2号
路傍詩人	(名古屋)	この年	加納喜三郎，浅野紀美夫，服部博次，海老名礼太ら	
労農運動	解放社 (東京)	8月(1巻2号) ｜ 1932年5月 (4巻5号)	延島英一ら	
自総ニュース	大阪自由総合労働組合	この年?		
山娘	秩父文芸社 (埼玉)	この年か	橋本貞治	
自由連合	自由協議会大阪	この年頃?		
文芸アパート	文芸アパート社(横浜)	この年頃?	発・伊藤公敬	
文学時代	新潮社 (東京)	5月 ⇩ 1932年7月	生田春月，村山知義，内田百閒，室生犀星ら	4巻7号 〈復刻〉やまに書房1995-96

※**アナキスト詩集** 鈴木柳介/猪狩満直，萩原恭次郎，畠山清身，星野準二，岡田刀水士，神谷暢，小野十三郎，岡本潤，金井新作，横地正次郎，竹内てるよ，高下鉄次，局清，野村考子，草野心平，矢橋丈吉，手

(1929年)

塚武, 坂本遼, 三野混沌, 秋岡潤一, 碧静江
※一千年　浅野紀美夫, 岡本潤, 石田寛二, 石原政明, 竹内てるよ, 板谷栄治, 横地正次郎, 柴山群平
※学校詩集　有島盛三, 萩原恭次郎, 広田万寿夫, 碧静江, 逸見猶吉, 伊藤和, 猪狩満直, 岩瀬正雄, 伊藤信吉, 黄瀛, 神谷暢, 小森盛, 草野心平, 木山捷平, 金井新作, 宮崎孝政, 三野混沌, 森佐一, 森竹夫, 岡本潤, 尾形亀之助, 尾崎喜八, 大江満雄, 小野整, 小野十三郎, 更科源蔵, 杉山市五郎, 坂本遼, 薄野寒雄, 坂本七郎, 柴山群平, 局清, 高村光太郎, 竹内てるよ, 吉田一穂, 山本和夫, 横地正次郎
※壁　尾形亀之助, 石川善助, 小森盛, 竹内てるよ, 遠地輝武, 金井新作, 碧静江, 更科源蔵, 日野春助, 渡辺茂, 真壁仁, 宮崎実, 山川景太郎, 久米七郎, 岩瀬正雄, 神谷三之助

1930(昭和5)年

解放運動	解放運動社（岡山）	1月1日(3号)	小松勝法	30年7月20日に3周年記念号を刊行
第一芸術	第一芸術社（松山）	1月1日(5月?)	発・印・宮本武吉/編・木原良一, 木原茂, 藤田唯志/名本栄一, 小川信男, 竹内てるよ, 伊藤耕人ら	『文学地帯』『先駆詩人』の合併
黒旗	黒色戦線社（東京市外武蔵野, 三鷹）	1月1日(2巻1号)⇩1931年5月(3巻4号)	発・編・印・星野準二/相沢尚夫, 鈴木靖之, 伊藤道賢, 平松義輝ら	15号。『黒色戦線』を継承〈復刻〉黒色戦線社1987
詩道場	（岡山）	1月⇩1938年まで	佐藤洞夢	
北緯五十度	北緯五十度社（北海道・弟子屈）	1月20日⇩1935年6月	発・更科源蔵/猪狩満直, 渡辺茂, 真壁仁ら	11号『至上律』の発展誌謄写版
底流	底流社（大阪）	1月	遠藤喜一, 吉村明, 高嶋三治ら	3号
黒戦	レボルテ書房（千葉）のち黒戦社（横浜・東京）, 事務所は東京府下大井町	2月1日⇩1931年10月3日	発・編・印・塩長五郎/森辰之介, 丹沢明, 浅弘見(浅井十三郎), 石川三四郎ら	6号『黒色戦線』分裂による反『黒旗』派のもの〈復刻〉黒色戦線社1988
弾道1次	弾道社（東京）	2月15日⇩1931年5月	編・(4号まで)小野十三郎/発・編・(5号から)秋山清/植村諦, 鑓田研二, 岡本潤, 竹内てるよ, 草野心平, 奈良重穂ら	7号〈復刻〉戦旗復刻版刊行会1978
ニヒル	ニヒル社（東京）	2月5日⇩5月1日	編・発・印・亀田督/竹下紘之介, 辻潤, 卜部哲次郎, 小野庵保蔵, 萩原恭次郎, 百瀬二郎, 飯森正芳, 武林無想庵, 生田春月ら	3号

(1930年)

誌名	発行所	発行日	発行・編集・印刷/同人	備考
死の旗	死の旗社（東京・滝野川）	2月15日	発・編・印・太田季吉/海明久夫，北達夫(宮島義勇)，峯松太一，左部千馬，横地正次郎	1号 詩誌
溶鉱炉	溶鉱炉社（豊橋）	2月	発・編・安形右衛(仲原姓?)/うがひさと，香河十，乙川伸，神木乙馬，榊原重夫，五味文男，鈴木秋男，富田進之助ら	
異端街	（名古屋）	2月	編・肥田伊佐男/森哲博，大島友次郎，安田佐和子ら	
詩文学	詩文学社	2月 ⇩ 1931年4月	発・編・中村漁波林 ※別掲のとおり	15号
根拠地	根拠地発行所（東京・下駒沢町）	2月 (1巻2号)	発・編・印・安川三郎/松永鹿一，尾山始ら	創刊日不詳。この号のみ確認。短歌誌
十二番街	（名古屋）	この年のはじめ頃?	発・編・伊藤正一/石原政明，大内捷一，岩瀬正雄，村岡清晴，和田英，伊藤耕人，浅野紀美夫，坂本七郎ら	詩雑誌
婦人戦線	婦人戦線社（東京）	3月1日 ⇩ 1931年6月	高群逸枝，住井すゑ子，神谷静子，望月百合子，平塚らいてう，八木秋子，松本正枝，城夏子，碧静江，竹内てるよら	16号 〈復刻版〉緑蔭書房1983
自由連合主義	黒色青年自由連合（大阪・住吉区のち南河内郡）	3月5日 ⇩ 7月1日	発・編・印・松谷功/村上義雄，小山紋太郎，花田清，大串孝，日高藤，上野克己，李ネストル，森分忠孝，山岡喜一郎，山口勝清，原田凡，片岡捨三，小林辰夫，黒川哲夫，山田五郎	3号
宣告		3月		
貨物列車	貨物列車社（大阪）	3月 (2巻3号)	発・平野光一/森山啓，越中谷利一，浅野純一，内藤辰雄，八木秋子	創刊日不詳。この号のみ確認。
風俗資料	風俗資料刊行会（東京）	4月10日 ⇩ 6月	編・発・山下登，印・山村三孝	3号 月刊
黒色労働者	黒色労働者連盟（東京）	4月20日 ⇩ 6月	小野長五郎/鷹樹寿之介	3号
社会批判	社会批判社（広島）	4月	荻野他人男，片岡捨三，河上(川上)剛ら	
黒潮時代	黒潮時代社（北海道夕張郡）	4月10日	編・発・印・小柄作雄/吉田一穂，草野心平，猪狩満直，小野十三郎，竹内てるよ，横地正次郎，更科源蔵，薄野寒雄，平田千代吉ら	

(1930年)

ナボドネニー	氾濫社	4月10日 (1巻2号) ⇩ 12月10日 (5号)	発・佐竹良雄(中村智),安宅良治	
自由連合	東京一般労働組合(埼玉),事務所(東京・浅草)	5月1日 ⇩ 6月	編・発・印・小川猛	2号
社会詩人	社会詩人社(名古屋市中区伊勢山町127落合方)	5月(11号) ⇩ 1935年9月(29号)まで	発・落合茂 ※別掲のとおり	1928年創刊『都会詩人』の改題
ギロチン	農民芸術連盟(会津)	5月		
解放運動	解放運動社(名古屋)	5月10日	小河国吉	
馬	馬社(千葉・栄村)	5月 ⇩ 1931年2月8日(8号)	発・伊藤和,編・田村栄/鈴木勝ら	8号,詩誌
自由人	自由人社(東京)	5月15日 ⇩ 1931年2月3日	編・発・印・鈴木靖之	5号 〈復刻〉『農村青年社事件・資料集「別冊・付録」』農村青年社運動史刊行会1997,創刊号のみ復刻
宣言	宣言社	6月		
黒戦ニュース	黒戦社	6月		
大衆公論(リーフレット)	大衆公論社(岡山)	6月15日	高原辰夫	
神戸自労ニュース	神戸自由労働組合(神戸)	6月23日 ⇩ 6月30日	多田英次郎,内藤好雄	2号。2号は発禁
生活思想	生活思想研究会(東京・荏原郡)	6月25日 ⇩ 1932年5月	発・編・印・佐野甚造	19号 思想誌
詩・現実	武蔵野書院(東京)	6月 ⇩ 1931年6月	編・前田武/北川冬彦,飯島正,神原泰ら。〈寄稿〉伊藤信吉,小野十三郎,萩原恭次郎,春山行夫ら	5号 季刊 〈復刻〉教育出版センター1979

(1930年)

黒色労農新聞（のち労働者新聞）	自由連合団体全国会議のち日本労働組合自由連合協議会（黒色労農新聞社，労働者新聞社）（埼玉・神奈川・東京など，事務所は東京・浅草）	7月1日 ⇩ 1934年11月20日(42号)	発・編・印・小川猛／小川一郎，白井新平，宇田川一郎，高橋光吉，田所茂雄	号数不明 月刊 『労働者新聞』への改題号は，1932年6月号(20号)。団体名変更は1932年1月
産業労働（リーフレット）	産業労働調査会（岡山）	7月1日	重実逸次郎	
神戸黒労ニュース	神戸黒色労働者連盟（神戸）	7月9日	多田英次郎，内藤好雄	2号は7月13日発行。1号は発禁。『神戸自労ニュース』の改題
解放思潮	解放思潮社（大阪・港区）	7月15日 ⇩ 10月	発・編・印・遠藤喜一	4号？
解放運動	解放社（東京）	7月		
黒色新聞	東興労働同盟と黒友自由青年連盟（東京）	7月22日 ⇩ 1935年5月	当初，東興労働同盟の李烈らが中心。／32年6月発行の6号の編・印・発は呉夜燮	37号。朝鮮文 再刊計画中に新聞法違反の逮捕事件あり
農民自由連合	農民自由連合発行所のち農民自由連盟事務所（東京・吉祥寺のち京橋区）	7月5日 ⇩ 8月27日	発・編・印・井上新吉，梅本英三	2号 『小作人』3次を継承 〈復刻〉黒色戦線社1989
自由コンミュン	神戸黒色労働者連盟（神戸）	7月30日	内藤好雄	『神戸黒労ニュース』の後継紙
文明批判	文明批判社（大阪・住吉区）	8月？ ⇩ 1931年1月(2巻1号)	発・編・印・多田康員（多田文三）	6号
明　日	（台湾・宜蘭）	8月(6号)	発・黄天海，林斐芳〈寄稿〉張維賢，王詩琅ら	創刊は溯る。6号のうち，3号が発禁処分
黒　流	黒流社（浜松）	8月	斎藤竹雄	

(1930年)

山　脈	山脈社 （甲府）	9月 ⇩ 10月	発・杉原邦太郎/上野頼三郎，都築凡世，川口啓一，大島庸夫，菊島茂義，黒島すみ江，雨宮竹男，佐藤重信，中室員重，麻生恒太郎，植村諦，鈴木久夫，武井京，石原政明，浅野紀美夫	2号
美・批評	美・批評社 （京都）	9月 ⇩ 1934年10月	中井正一	32号
自由民報	自由民報社 （愛知・瀬戸）	9月16日 ｜ 1931年2月15日（34号）	発・編・印・亀井高義	個人紙
エ　ロ	猟奇社 （東京）	9月 ⇩ 11月 (2・3号)	編・発・印・小沢清麿，主宰・浦司若浪/和田信義，根岸菅四郎，添田さつき，吉田金重，畠山清身	
労働時報 （リーフレット）	労働時報社 （岡山）	9月12日	藤本茂	
吉野信夫 個人雑誌	吉野信夫個人雑誌発行所 （東京）	10月1日	編・発・吉野信夫	1号
解放戦線	解放芸術連盟 （埼玉）	10月1日 ⇩ 1931年2月1日	編・印・延島英一，発・山本晴士	5号 〈復刻〉緑蔭書房1990
思想批判	思想批判社 （東京）	10月 ⇩ 1931年11月 (2巻5号)	発・編・印・伊福部隆輝/村松正俊（ルンペン・プロレタリア社会思想芸術家同盟編）	2巻5号まで
関西実業新聞	（神戸）	10月18日発行届出	中西勝治	月1回の予定
創生時代	創生時代社	11月1日 ⇩ 1932年4月13日 (3巻1号)	発・松永鹿一/太田二郎，鑓田研一，石川三四郎ら	
未踏地	未踏社 （東京）	11月 (3巻11号)	発・編・松本貞太郎/江古田宣，横光惟人，北村信一，田口亥三郎ら	創刊日不詳。この号のみ確認
新興農民詩集	全国農民芸術連盟 （東京・千歳村）	11月	編・犬田卯 ※別掲のとおり	アンソロジー 〈復刻〉戦旗復刻版刊行会1983

(1930年)

解放運動	解放運動社（大阪・西淀川区）	12月8日	発・編・印・大元輝一	黒煙社との共同宣伝機関紙。『混沌』河野九民・個人誌から分化
黒道	東京・淀橋区柏木314 石川方	創刊号12月。2号1931年6月	発行人　石川一郎	
混沌	（大阪）	この年まで	河野九民	個人誌 2号
農民詩人	農民詩人協会（和歌山）	この年頃	上政治	
農民文学	（埼玉）	この年 ⇩ 1934年頃まで	福島詩毛留	隔月刊、活版
炉辺者	慶嘆会	この年 ⇩ 1933年まで		
荊冠旗	荊冠旗社（尼崎）	この年		
南海報知新聞	南海報知新聞社（大阪）	この年か	福田勲	
自由連合通信	（東京）	この年か		
火箭			杉浦邦太郎、麻生恒太郎、佐藤重信、武井京、鯉淵武司	詩評論誌

※詩文学　中村漁波林、井上康文、伊福部隆輝、芳賀融、松村又一、村松正俊、岡本潤、尾崎喜八、小野十三郎、加藤介春、佐藤惣之助、深尾須磨子、福士幸次郎、福田正夫、正富汪洋、村野四郎、佐藤清、生田春月ら

※社会詩人　鈴木惣之助、内藤信吉（榊原烈）、落合茂、植村諦、近藤秀郷、西尾虹二、森哲博、藤岡洋次郎、肥田伊佐夫、町井猛、山中英俊、栗田勇。〈寄稿〉小野十三郎、浅野紀美夫、山本和夫、石原政明ら

※新興農民詩集　泉芳朗、石川和民、李均、加藤一夫、加村喜一、田中元治、武市亀雄、田代武雄、土屋公平、中野時雄、名本栄一、内田一夫、国井淳平、矢口孝志、鏈田貞子、山本晴士、松原一夫、藤本逸巳、小黒勝市、古山信義、胡麻政和、古茂田信男、小須田城子、寺神戸誠一、浅原冬彦、北山杜夫、目黒恒治、三村無根広、南小路薫、宮崎秀、森哲博、瀬木淳夫、鈴木勝

※黒道　（執筆者1号）塩野荀三、石川和民、杉山市五郎、左部千馬、伊藤和、小林定治、岩瀬正雄、石川一郎、南小路薫、浅海与三男、斉藤峻造、他(2号)植村諦、草野心平、野長瀬正男、瀬木悦男、吉田悦郎、森哲博、柴山郡平、田村栄、塩野荀三、石川一郎他

1931（昭和6）年

時代前	（中国・上海）	1月	衛恵林、巴金ら	6号
解放の前駆	（姫路）	1月	小松原弘ら	播磨黒色一般労組機関紙
防塞	新創人社（愛媛）	1月 ⇩ 6月	発・宮本武吉ら	

(1931年)

アメリカプロレタリア詩集	弾道社	1月	萩原恭次郎, 草野心平, 小野十三郎ら	アンソロジー, 共訳〈復刻〉戦旗復刻版刊行会 1983
黒色農民	神奈川県高座郡大野村上座間草薙一郎方	2月創刊号	編・発・草薙一郎　執筆者鈴木靖之ら	
民衆時評		2月13日	白砂春一(健)	旬刊
くさみち	黒潮時代社（北海道夕張郡）	2月	発・小柄作雄/加藤愛夫, 中島はなゑら	1号
自由連合運動	自由連合運動社（大阪・西成区）	2月 ｜ 1932年4月14日(2巻2号)	編・発・印・熊鳥国三郎	3号 謄写版
アナルキズム研究	アナルキズム研究社（大阪・堺）	3月1日	編・発・印・河本乾次	
アナルキスト	A思想研究会（静岡）	3月16日 ⇩ 4月20日	発・編・印・近藤寅夫	2号
無政府主義運動	バクニン書房（大阪・浪速区）	3月	編・印・発・逸見吉三	5号 謄写版
農村青年	農村青年社（東京・下目黒）	3月20日 ⇩ 1932年4月20日	編・発・印・鈴木靖之	6号 〈復刻〉『農村青年社事件・資料集Ⅱ』農村青年社運動史刊行会1991に収録
アナルキスト青年	アナルキスト青年連盟（大阪）	3月20日	大日方盛平ら	
近代風景	（名古屋）	4月	編・中村珠一郎/小野十三郎, 坂本七郎, 生田花世ら	
近代思潮		4月	富山喜蔵	
前衛時代	前衛時代社（東京）	4月 ⇩ 9月	編・発・印・依田昌二/小生夢坊, 梅原北明, 添田さつき, 竹中英太郎ら	6号 月刊『文学風景』の後継誌
自由論戦	（東京）	5月1日	張祥重	1000部
パンと自由	黒色戦線社	5月	星野準二	1号。『黒旗』5月号付録として。〈復刻〉『黒旗』黒色戦線社1989の「付録・解説」に収録

(1931年)

開　拓	開拓社（東京）	5月15日	印・編・発・安保京一/秋陽之助、中浜哲、伊井香元、片岡茂、畦又逸平	1号
AC評論	AC評論社（岡山）	5月？ ⇩ 8月	小松正道/山口勝清、野間田金蔵ら	3号？
黒連ニュース		5月（3号） ⇩ 6月30日（6号）	発・編・印・山崎真道（5・6・10号）	6号？ 月3回。謄写版
海　図	海図社（東京）	5月 ⇩ 1934年1月	発・編・佐藤重信、大島庸夫、印・岸田武男、安田頼太郎	4巻9号 生田春月門下生による詩誌
詩人時代	詩人時代社（東京）	5月	発・編・吉野信夫/竹内てるよ、生田花世、佐藤惣之助ら	
農民の友	農民青年社（東京・下目黒）	6月20日 ⇩ 9月1日	発・編・印・鈴木靖之	2号。のち『黒色農民新聞』に改題 〈復刻〉『農村青年社事件・資料集Ⅱ』農村青年社運動史刊行会1991に収録
全　線	（群馬）	6月	萩原恭次郎ら	1号のみ
新興信濃	新興信濃社	6月25日（5号）	黒表・中浜哲遺稿	創刊日不詳。この号のみ確認
冬の土	冬の土社（福島）	7月 ⇩ 1933年11月	発・編・印・瓜生伝（筆名・鳥見山捨麿）/松原一夫、佐藤正夫（男）、加村喜一、皆川利明、別所孝三（苗村三郎）、松村元ら	27号
ログニ	（名古屋）	7月	編・近藤正夫	
自由連合	自由連合社（大阪・南区のち泉南郡）	8月 ⇩ 1935年1月	編・印・発・遠藤喜一、のち発・河本乾次	17号
印刷労働者		8月5日	山田健介	
パンと自由	パンと自由社（東京・荏原町）	8月29日	発・編・印・小野長五郎	1号 〈復刻〉『農村青年社事件・資料集Ⅱ』農村青年社運動史刊行会1991に収録
革命新聞		8月下旬 ⇩ 9月上旬	宮崎晃	2号 謄写版
黒パン党宣言	渓文社（東京・赤堤）	8月	発・神谷暢	謄写版。中浜哲詩集5月刊の記述もある

(1931年)

黒色戦線 2次	黒色戦線社 （東京・目黒）	9月1日 ⇩ 1932年11月	発・編・印・鈴木靖之(1-6号)，一力重明(7号)，草村欽治(8号)	8号 『黒旗』改題誌 〈復刻〉黒色戦線社1988
南方詩派	（愛知）	10月1日 （10月号）		
農　民 4次	農民自治協会 全国連合 （東京・千歳村）	10月1日 ⇩ 1932年1月	鍵田研一，新田栄，石川三四郎，加村喜一，和田伝ほか	2号
山陽自治新聞	山陽自治新聞社　（呉）	10月23日	発・片岡捨三/弘中柳三	月刊
地平線	三菱職工学校同窓生会	11月15日 （4号）		創刊日不詳。4号のみ確認
地底人	新創人社 （松山）	11月1日	発・編・宮本武吉/井上弥寿三郎，起村鶴充，〈寄稿〉吉田一穂	1号 詩誌『防塞』発禁後の後継誌
北緯五十度詩集	北緯五十度社 （釧路）	11月25日	印・真壁仁 ※別掲のとおり	1931年版アンソロジー 〈復刻〉戦旗復刻版刊行会1983
農民詩人	全日本農民詩人連盟 （東京・高円寺 のち下落合）	11月 ⇩ 1933年5月	発・芳賀融 ※別掲のとおり	5号
プロレタリア新浪漫派	プロレタリア新浪漫派社 （大阪）	11月 ⇩ 1932年4月 （第6集）	発・編・印・中本弥三郎/白石清子，高群逸枝，堀江末男，大槻憲二，山中秀吉，里村欣三ら	文芸誌 謄写版
民衆評論		この年	白砂健	旬刊
生活解放	（東京）	この年？		
連盟情報	アナルキスト青年連盟 （大阪）	この年頃？		

※**北緯五十度詩集**　真壁仁，中島葉那子，渡辺茂，葛西暢吉，猪狩満直，更科源蔵

※**農民詩人**　芳賀融，国井淳一，泉芳朗，伊福部隆輝，延島英一，竹内てるよ，定村比呂志，大沢重夫，興津次郎，野村考子，橋本貞治，大杉幸吉，腰山茂忠，胡麻政和，上野頼三郎，中西悟堂，松尾啓吉，斎藤二郎，田代早苗，諸井完蔵，沢耿之助，朝木良之助，永田茂，大島養平，秋田芝夫，高岡露445，高橋愁一郎，相場誠哉，松本文雄，土屋公平，丹塚もりゑ，呉尾鳩子，英美子，北見千尋，寺神戸誠一，石川三四郎，中岳信郎，斉藤英俊，瀬木悦二，山田弥三平，木村信吉，青樹基嗣，高橋実，高岡岩松，伊波南哲，河野貞爾，上政治，福田正夫，太田明，三森友郎，石井幸介，橋口富次郎，泉漾太郎，遠藤奈加志，坂田浩一郎，白石光雄

(1932年)

1932(昭和7)年

誌名	発行所	期間	関係者	備考
我等の叫び	（東京・和歌山）	1月1日 ｜ 2月5日 (3巻2号)		
自覚と建設	自覚と建設社（東京・落合町）	1月3日 ⇩ 4月13日	発・編・印・入江一郎/相沢尚夫，遠藤斌，入江汎ら	4号
無政府主義研究	無政府主義研究会（東京・下目黒）	1月1日 ⇩ 9月1日	編・印・発・鈴木靖之/宮崎晃，南沢裂姿松	2号 〈復刻〉『農村青年社事件・資料集Ⅱ』農村青年社運動史刊行会1991に1号のみ収録
黒旗	黒旗社（大阪・西成区）	1月20日 ⇩ 6月25日 (6月号)	編・山岡栄治	3号
パンと自由	（岡山）	1月 ⇩ 5月23日 (6月号)	野間田金蔵	
鍬	農民文芸社（神奈川）	1月 ⇩ 1933年6月	発・編・草薙一郎/宮本武吉，小島谷子(大島)，真崎久，大山竜一郎，津島毅人，小松恁，進土猛，庄司力之輔ら	6号
詩と人生	詩と人生社（東京）	1月 ⇩ 1933年6月	生田花世，佐藤信重	復活号
黒色農民新聞	黒色農民新聞社（東京・下目黒）	2月1日 (3号)	編・発・印・望月秋幸	1号。『農民の友』改題3号が創刊号 〈復刻〉『農村青年社事件・資料集Ⅱ』農村青年社運動史刊行会1991に収録
解放劇場	解放劇場事務所（東京）	2月23日	発・編・局清/飯田豊二，水谷塔ら	1号
近代婦人	近代婦人社（東京）	2月 ⇩ 4月	編・神谷静子	3号 〈復刻〉緑蔭書房1991
社会理想リーフレット	近代評論社（東京）	2月 ⇩ 7月	川合仁，遠藤斌ら	6号
アナーキズム研究	クロポトキン協会（東京）	2月8日	発・編・印・相沢尚夫/冬川啓夫（長谷川進），鈴木四郎	1号

(1932年)

農本社会	農本連盟	2月 ⇩ 9月	河野康，森田重次郎，岡本利吉，犬田卯，山川時郎	7号
農民自治	農本青年連盟	2月(号)		
金属の旗は進む	関東金属労働者組合	2月 (1巻2号) ｜ 5月 (1巻5号)		
伊勢ぶら新聞	夜の横浜社 （横浜）	3月20日	発・編・印・伊藤公敬/板谷栄治	旬刊
測量船	（根室）	3月3日 ⇩ 1933年3月7日	発・中沢茂/渡辺茂，猪狩満直，更科源蔵ら	9号
戦野	アナキスト芸術連盟 （東京・千駄木のち根津）	3月15日 (4巻3号) ｜ 1933年2月号	編・発・印・土屋公平/寺神戸誠一ら	『農民』の改題誌
民衆の解放	国際評論社のち民衆の解放社 （大阪・西成区）	3月 ⇩ 1934年8月	発・編・印・上野克己/河本乾次，池田一夫，山下孟，速見俊夫	12号
信州自由連合	信州自由連合社 （東京・下目黒）	4月20日 ⇩ 6月20日	発・編・印・望月秋幸	2号 〈復刻〉『農村青年社事件・資料集Ⅱ』農村青年社運動史刊行会1991に収録
日本自協関東地協ニュース	日本労働組合自由連合協議会関東地協メーデー闘争委員会	4月5日 ⇩ 4月18日 (2号)		2号
農民文芸	農民文芸社 （神奈川）	4月	発・草薙市治	
思想界	黒流社 （浜松）	5月10日 (5月号)	発・斎藤竹雄	
裾野	裾野発行所	5月 ⇩ 11月	発・杉原邦太郎/佐藤重信，麻生恒太郎，中室員重，杉山市五郎	6号?
創造の旗	創造の旗発行所　（茨城）	5月	発・松倉小城?	
風	風発行所 （茨城）	5月	発・編・長谷川功/武田耕一，青木碧，前野栄二郎，村木繁，林宵路ら	

1141

(1932年)

労働者の叫び	（大阪）	5月10日 ⇩ 9月	山岡喜一郎	
アナーキズム文献1931年度出版年報	渓文社（東京・赤堤）	5月	発・神谷暢	
茨城文学	（茨城）	5月	発・編・長谷川功/岡崎一男ら	
労働者新聞	日本労働組合自由連合協議会(東京・浅草)のち労働者新聞社(東京・神田)	6月1日（20号）⇩ 1934年11月20日（42号）	編・発・印・宇田川一郎、高橋光吉、田所茂雄	日本自協機関紙『黒色労農新聞』20号から改題
アナーキズム文学	黒戦社（東京）	6月1日 ⇩ 11月	発・塩長五郎(磯崎邦)/鍵田研一、浅弘見(浅井十三郎)、丹沢明(青柳優)ほか ※別掲のとおり	4号 月刊 『黒戦』の改題誌
解放文化	解放文化連盟（東京・下落合）	6月15日 ⇩ 1933年6月20日	発・編・秋山清/岡本潤、植村諦ら ※別掲のとおり	11号 リーフ
クロポトキンを中心にした芸術の研究	萩原恭次郎個人誌（前橋市外上石倉）	6月 ⇩ 12月	発・萩原恭次郎/小野十三郎、伊藤和、小林定治、吉本孝一、坂本七郎ら	4号 個人誌、謄写版〈復刻〉戦旗復刻版刊行会1978
農民の友	農民の友発行所（大阪）	6月 ⇩ 9月	大串孝之助	
極地圏	極地圏社（釧路）	6月1日 ⇩ 1933年1月	発・和田兼治郎	4号
土地に立つ	生産者組合耕漁人舎	7月3日		
断道	断道社（神戸）	7月1日	発・林喜芳/板倉栄三、浜名与志春、中川信夫	1号
無政府コンミュン	文明批評社（大阪）	7月15日	大串孝之助	
我等の批判	（東京）	7月5日（1輯）		
白楊	（新潟）	7月5日（6・7月号）		
解放新聞	（岡山）	7月	小松勝法	1号

1142

(1932年)

誌名	発行元(所在)	発行期間	関係者	備考
弾道 2次	弾道社	7月 ⇩ 1933年6月	編・小野十三郎, のち編・植村諦/小林定治, 草野心平, 秋山清ら	7号 謄写版
AC評論	(広島)	7月27日 (8月号)		
自由の叫び	自由連合新聞横浜支局 (横浜)	8月 ⇩ 9月	編・印・発・須藤蓊	2号
人の噂	月旦社 (東京・麹町)	8月1日	編・発・阿部悟朗	1933年?
農民春秋	(埼玉)	8月15日 (2号) ｜ 9月25日 (3号)	発・大藤暉一	
朝	渓文社 (東京)	8月 ⇩ 12月	発・竹内てるよ	3号
雑木林	(神奈川)	8月?	発・草薙市治	
黒旗の下に	黒旗社 (東京・山谷)	9月5日 ⇩ 1934年3月	発・編・印・奥谷松治, 中村吉次郎, 岩楯佐吉	12号 〈復刻〉黒色戦線社1984
百姓運動	百姓運動東京支局	9月1日 ⇩ 10月10日	発・高橋武/小川光男	2号 謄写版
野火	(広島)	9月8日 (5号)		
近代思想	近代思想社	9月	井上信一, 芝原淳三, 長沢清, 山口安二, 三木滋二(治), 小林一信, 笠原勉ら	
詩戦	帰帆社	9月 ⇩ 1933年10月	発・清水清/上村実, 植村諦	通巻27号 『帰帆』の後継誌
解放自治	(愛媛)	10月		
関西地協ニュース	日本自協関西地協	10月		
新詩論	アトリエ社 (東京)	10月 ⇩ 1933年10月	編・吉田一穂, 発・北原義雄/〈寄稿〉高橋新吉, 小野十三郎, 萩原恭次郎, 宮沢賢治, 岡本潤ら	3号 季刊
新興歌謡	新興歌謡作家同盟 (岡山)	10月 ⇩ 1934年5月	犬養智	5号 『今日の民謡』を改題

(1932年)

無肥料地帯	無肥料地帯社（山形）	11月15日 ⇩ 1932年8月5日	発・大竹惣吉(大田富美樹)，加藤吉治，加藤精宏，高橋小一朗	5号。5号は『藁』と改題
黒色の叫び	朝鮮自由労働組合	11月29日		創刊か？
農民 5次	農本作家同盟	11月 ⇩ 1933年9月	犬田卯，住井すゑ子	8号 〈復刻〉不二出版1990
豊橋文学	耕文社（豊橋）	11月 ⇩ 1933年11月	発・編・印・(2号まで)碓井不二男(不二郎)／発・編・印・(4・5号)今城忠直 ※別掲のとおり	6号 文芸誌
南海黒色詩集	新創人社（松山）	11月	発・宮本武吉／編・起村鶴充，白井冬雄，日野忠夫(雄)，井上弥寿三郎，木原健(実)	アンソロジー 〈復刻〉戦旗復刻版刊行会1983
戦線確立（研究会）ニュース	日本自協戦線確立研究会（東京・浅草区）	12月9日 (3号) ｜ 12月17日 (5号)		創刊日不詳。謄写版
農民軍	農民軍社（東京）	12月15日	八木渡	
ガス社外工犠牲者救援ニュース	東京ガス犠牲者救援委員会	12月19日 (2号)		創刊日不詳。この号のみ確認。謄写版
自由コンミュン	自由コンミュン社	12月20日 ⇩ 1933年3月12日	洪性煥ら	
黒　旗	黒旗社（東京・下目黒のち緑ヶ岡）	12月30日 ⇩ 1933年9月7日 (3号)	発・編・印・鈴木靖之，船木幾政	4号 〈復刻〉『農村青年社事件・資料集Ⅱ』農村青年社運動史刊行会1991に1-3号を収録
自由への道	（岡山）	12月	山口勝清，小松勝法	1号。のち1933年2月『岡山民報』と改題
アナルキズム・ガイド	文明批評社（大阪）	この年	大串孝之助	文明批評社月報
大根詩集	童心社（岡山）	この年	編・小田正夫，発・青山紅人 ※別掲のとおり	1932年版 アンソロジー
二十世紀	極東労働組合	この年	陳珀源ら	

1144

(1932年)

協同社会	協同組合研究所	この年 ⇩ 1935年まで (4年11月号)		
民友新聞	民友社，民友新聞社(大阪)	この年	原徳太郎	
南海民衆新聞	南海民衆新聞社 (大阪)	この年	福田勲	
我等の論理		この年?		
自由論戦		この年?	発・張祥重/入江一郎	
火 耕	火耕詩社 (焼津)	この年 ⇩ 1933年2月	発・編・鈴木賢，印・八木勝/安原勇	6号 詩誌
尠い唄		この年	緒賀聖児	文芸雑誌
飢餓線の彼方	農民自治文化連盟	この年	中野時雄	
解放戦線	解放戦線社 (大阪)	この年	関谷栄，林隆人	
ソシアルガイド	ソシアルガイド社 (大阪)	この年	高川幸二郎，杉本武	
手 紙	(名古屋)	この年?	浅野紀美夫，坂本七郎	2号。無届けで出版
黒友行進	黒友連盟			朝鮮文
鳥之巣	(群馬)	この年	榎田薫	

※アナーキズム文学　塩長五郎/磯崎邦(塩)，丹沢明，村井啓，鹿川敦，辻村由美，田中祐二，浅弘見，森山義人，川船松二，延島英一，川奈弘二(青柳)，楠浜太加男，鑓田研一，森辰之介，野島淳介，霜月輯，加村喜一，上野頼三郎，細迫郁三，阿部一晴，中村三郎，川口一夫，浅井毅舟，中村耕三，秋田芝夫，秋山清，吉田義春，佐々木清一，中田満平，吉田東一，不木徹夫，小野田文平，〈農民文学研究号〉犬田卯，奥谷松治，土屋公平，佐藤正男，伊福部隆輝，延島英一，寺神戸誠一，上司小剣，中桐専一，野島久美子，定村比呂志，芳賀融
※解放文化　秋山清，岡本潤，植村諦，高山慶(=秋山清)，局清(=秋山清)，鷹樹寿三郎，熊十蔵，和田松夫，高寺一第，黒田均，陸進，林定，栗本清子，李信，河合寧ほか
※大根詩集　小田正夫，更科源蔵，木山捷平，塩野筍三，鈴木致一，福原寅雄，三嘴四郎，笠間静夫，田中静司，川合猛，鈴木勝，竹内てるよ，青山紅人
※豊橋文学　今城忠直/碓井不二男/大地民平，清水澄夫，神戸新，晋川音吉(佐藤長吉)，御手洗凡(大山英一)，柴山貞栄，横光疆，赤木至誠，白須はじめ，加藤白狐，李丙華，白井七郎，麦一夫，林正雄，小川清重，槇吾郎，河端雷太，桜井一，長谷川功，萩原恭次郎，植村諦，鈴木勝，柴山群平，局清，宮本武吉，井上弥寿三郎，坂本充，可児凡太郎，佐藤正雄，藤村俊，全寒村，岡本潤，伊藤醇之助，竹内てるよ，三海自助，神谷浩太，村松永一，八木凡太郎，真野三十五，浅野純，寺尾実，西野幸三郎，草葉英市，夕張譲二，田戸正春ら

1933(昭和8)年

大衆公論	(岡山)	1月15日		
芝浦労働者ニュース	東興労働芝支部	2月16日		
黒馬車	クロバ社(大阪・東淀川区)	3月18日 ⇩ 1935年5月6日	発・編・印・中尾正義	15号 文芸誌
地底人	(岡山)	3月31日		
芽		3月	小倉三郎	俳句誌
樹海	行路社(川崎)	3月(3号)	発・加藤寿美子/土屋彦一郎, 野口茂夫, 植村諦, 森久英	創刊日不詳。3号のみ確認
自由連合	(岡山)	5月1日(5月号)		
氾濫	氾濫社(大阪)	5月23日 ⇩ 10月?	田原保雄, 大日方盛平/小山利夫, 鈴木靖之, 伝田響, 山成秀夫ら	5号
生活と思想	(神戸)	5月(8月?)	井上信一ら	
日本農民詩集	世紀社内日本詩選刊行会(岡山)	6月30日	編・青山紅人 ※別掲のとおり	アンソロジー
野人群	(鳥取)	6月24日 ⇩ 9月1日(2号)		
自由を我等に	自由を我等に編集部, 哲刀閣(東京)	6月 ⇩ 11月	編・新居格/田戸正春/発・大道寺三郎/上司小剣, 広津和郎辻潤, 芹沢光治良, 戸川秋骨, 鷹樹寿之助, 福田正夫, 此木圭二, 伊福部敬子, 森三千代, 上条海二郎, 竹内てるよ, 卜部哲次郎, 遠藤斌(渡部栄介)ら	3号
ブラック・リスト		6月	高橋利夫ら	
黒色農民		6月以前	発・草薙一郎	
自主労働者		7月	久保譲, 河本乾次	1号のみ
文芸時調	文芸時調社(東京・大森区)	7月5日	編・発・船木幾政	月刊『黒色戦線』の改題誌
蟻の巣	麓林堂(埼玉)	7月(24号)	編・発・福島和夫	詩誌『山娘』を改題。24号のみ確認

(1933年)

順 風	順風社，解放文化連盟大阪協議会（大阪）	8月1日 ⇩ 1934年1月 (2巻1号)	発・中本弥三郎/多田文三，堀江末男，鷹樹寿之助，青木丹，小野十三郎，南和夫，岡田辰夫，米田俊，萩原野呂，岡崎竜夫ら	文芸誌 月刊
文学批判	（愛媛）	8月1日 (8月号)		
文学通信	解放文化連盟出版部（東京）	8月5日 ⇩ 1935年10月15日	発・編・印・植村諦(聞) ※別掲のとおり	19号。解放文化連盟関東協議会ニュース 『解放文化』『アナーキズム文学』『農民』の合併紙。アナキズム文学者の合同団体
解放パック	解放パック社（大阪）	8月10日 ⇩ 1934年5月1日 (2巻1号)	発・高川幸二郎，関谷栄/画・中山照/伊葉三郎，〈漫画〉野中一道ら	風刺雑誌
黄色評論		8月	小林テル(輝)	2号
限 象	現象社	8月	編・水戸敬之助，印・縄田林蔵/金子光晴，野口光次郎ら	2号？
民衆の鐘		9月6日	(8月16日付のもの)	李允熙が作成頒布する
土 民	土民社	9月12日 ⇩ 34年6月5日	全春甕が中心	2巻7号
協同組合運動	開拓社	9月 (1巻5号)		この号(1巻5号)のみ確認
闘ふ農民	自由連合新聞社（東京）	10月10日 ⇩ 1935年2月28日	発・印・木村英二郎，山口安二	『自由連合新聞』の付録としてしばしば発行 〈復刻〉『自由連合・自由連合新聞』海燕書房1975に収録
主情派	（東京）	10月	小倉三郎，木原実	短歌雑誌
日本は歌ふ	新歌人全日本協会	10月(号)		1巻1号
黒色戦線 3次	黒色戦線社（東京）	11月27日 (5巻1号) ⇩ 1934年6月10日(6月号)		
ぼくら	詩の仲間社（東京）	11月 ⇩ 1934年9月	発・清水清/上村実，福永剛ら	11号

1147

社会思潮	（岡山）	12月20日（4号）		
耕　人	農民文芸社（神奈川）	12月 ⇩ 1934年1月（1月号）	発・草薙市治	
自由評論	自由評論社（滋賀）	この年 ⇩ 1935年7月7日	朝野温知	
足　跡	（名古屋）	この年	肥田伊佐雄，茨城達也，内藤登志，森哲博ら	のち『鉄路』と改題
詩宗族	詩宗族社（札幌）	この年 ⇩ 1934年11月	発・富樫定雄/竹内てるよ，更科源蔵，大沢重夫	『北斗文芸』の改題5巻4号で終刊
出版労働者	関東出版労働者組合	この年？		
清　流		この年？	発・伊沢八十吉	
解放文化連盟関東協議会ニュース		この年		『アナーキズム文学』『解放文化』『農民』の合同準備紙

※**日本農民詩集**　犬養智，細川基，大沢重夫，小田順弘，加藤愛夫，川合猛，竹内てるよ，土屋公平，坪松一郎，長崎浩，植村諦，上野頼三郎，福原寅雄，小松恁，天領吉三郎，坂本遼，更科源蔵，佐藤末治，清水房之丞，鈴木勝，杉原邦太郎，鈴木一作，鈴木健太郎

※**文学通信**　土屋公平，岡崎竜夫，岡本潤，秋山清，小倉三郎，新居格，小野十三郎，伊藤和，長谷川功他，土田耕作，丹羽明，前田一夫，山川一，渡辺一掬，菊地三春，蛙叉逸平，田所茂雄，蘆提，倉持潤一郎，中村直樹，茨木達也，竹村茂，川名弘二，木村泰三，御子伝，全寒村，上野頼三郎，黒沢文平，望月のぞむ，野口哲也，李哲，小沢紫絃，後藤幹男，山本葉光，小沢謙二，今井純男，鈴木勝，板坂重五郎，松村実，磯屋功一，松永鹿一，木原実，堀江末男，桜井一，利田正男，御手洗凡，関口望洋，山下静男，加島秀一，土屋堅輔，保浦星六，寺神戸誠一，氏家さとる，小島大口坊，長谷川秋史，西判児，半谷三郎，中野武生，久鍋高一，黒田大造，笠原勉，高橋俊夫，近藤憲二，上村実，和田松夫，近江源太郎，清水清，森辰之助，石川ひなた，砂丘浪三，伊藤醇之助，菊岡久利，中島正利，小林琴の舎，中田章介，園林寺香仙，犬養智，川上茂樹，築地三郎，代井影舞，野村ふじお，萩原恭次郎，三角弘，金井新作，藤村俊，麻生基司，山下一夫，井上信一，布施漢，根津竜，晋川音吉，田中令三，宗像弘，林定，福永剛，福島詩毛留，佳白鳥，石川不知夫，林弘雄，鈴木八郎，土野耕二，松野浦一，谷田まさ子，神宮寺武徳，涙珠洞一掬，菊地晴吉，田川明光，草村鉄，塩長五郎，直樹竜之介，桜井宏，関根弘
〈座談会「プロレタリア文学の現状を語る会」(15号)参加者〉　上野壮夫，永瀬清子，中野重治，神保光太郎，壼井繁治，植村諦，局清，岡本潤，山下一夫

1934（昭和9）年

啄木研究	啄木研究社（大阪）	1月 ⇩ 1938年1月（5巻1号）	編・発・大蔵宏之，印・三枝正雄，萩原大助/西村陽吉，足立公平，内田博，南竜夫，内海信之ら	

(1934年)

誌名	発行所	発行月日	執筆者等	備考
春秋パック	春秋パック社（大阪）	1月	舟橋晴次	
詩精神	前奏社（東京）	2月 ⇩ 1935年12月	発・編・印・内野郁子/新井徹，遠地輝武，松永浩介，内田博ら	21号。月刊『詩人』に続刊〈復刻〉戦旗復刻版刊行会 1978
関西労働組合自由連合ニュース	関西労働組合自由連合会（大阪）	2月(2号)		創刊日不詳。2号のみ確認 朝鮮文
国家社会主義	日本国家社会主義同盟	2月(29号)		29号のみ確認
印刷労働者	全国印刷工組合連合会	4月5日 ⇩ 5月27日		2号
蟻の巣	（千葉）	5月頃	尾上始，利田正男	
布引詩歌	布引倶楽部のち布引詩歌社（神戸）	6月 ⇩ 1935年末頃	笠原菊次郎(勉)，井上信一，辻井民之助，小松原死解雄，野田鬼雄ら	
大阪自由総合ニュース	関西労働組合自由連合会	6月1日		朝鮮文
全国自連関西連合会教育出版部ニュース	全国自連関西連合会（大阪）	7月2日	編・印・逸見吉造	謄写刷
文陣	文陣社（東京）	7月 ⇩ 1935年9月	発・編・佐藤寅雄/青柳優，塩長五郎，唐木順三，神戸雄一，古谷綱武ら	10号 表紙は棟方志功
新興歌謡選集	新興歌謡作家同盟（岡山）	7月	※別掲のとおり	1933年版アンソロジー
全国自連ニュース	全国自連（東京）	8月23日(3号) ⇩ 1935年10月7日(11号)		謄写刷
芸南時報	（呉）	8月	福中巧	
東印ニュース	東京印刷工組合（東京）	9月25日(3号) ｜ 1936年にかけて	梅本英三，山田健介，大塚貞三郎，柴田知之，加藤栄太郎，堀田幸一，三井利員，満田友之助，川井大三，佐々木長四郎，八重樫春美，楠山次郎，山本捷太郎，古川清幸，菊地長太郎，玉置義明，佐藤留吉	謄写版 3号のみ確認
便り	便り発行所	9月	発・清水清	1号

1149

動　脈	動脈社(東京)	10月 ⇩ 1935年7月	発・木原実/加藤義治ほか ※別掲のとおり	短歌雑誌 月刊 『主情派』の後継誌
蛙文学	百姓詩人社 (福岡)	11月2日 (2輯)		
暖　流	詩の仲間社 (東京)	11月	発・清水清	1号
情　報	情報社(大阪)	12月 ⇩ 1935年5月 (4年5号)	上野克己/池田一夫，池田晋吉，佐藤伊太郎，種本重一，桜井一，中村徹雄	4年5号まで確認
東京朝鮮民報		12月15日	金浩永ら	
無風帯	無風帯社 (東京)	この年 ⇩ 1937年5月	※別掲のとおり	7号
民衆生活暁新聞	婦人解放運動社（和歌山)	この年	村松栄一	

※**新興歌謡選集**　犬養智，小原義正，上政治，菊池信，木坂俊平，国井重二，佐藤末治，鈴木勝，細川基，松根有二

※**動脈**　加藤義治/木原実/局清，西村陽吉，小城善太郎，笠原勉，萩村由二，木原稔(実)，中島国夫，小倉三郎(尾村馬人)，尾山紘二郎，伊東正躬，坪松一郎，植村諦，内田多田，木村欽一，簑中虫男，三橋臥竜洞，桜井宏，足立公平，福田米三郎，前川葭寿夫，泉すみ子，山内象一郎，高橋光吉，片岡明，安武千丸，墹国夫

※**無風帯**　西山勇太郎/塩野筍三，植村諦，堀江末男，竹内てるよ，晋川音吉，沢光一郎，林健作，御手洗凡，福田正夫，伊藤和，岩佐作太郎，辻潤，枯木杭三，吉田欣一，津山盛，望月百合子，宮尾伸，石川三四郎，新居格，高村光太郎，石井日出夫，京坂喜美子，枯木抗三ら

1935(昭和10)年

世界文化	世界文化社 (三一書店内)	2月1日 ⇩ 1937年10月 (33号)	発・編・富岡益五郎	34号。前身は中井正一ら『美・批評』
国際戦報	万人社	2月10日		
金属労働者	全評大阪金属労組	2月15日		朝鮮文。この号のみ確認(創刊は不詳)
文章講座	厚生閣 (東京)	3月 ⇩ 1943年6月	堀口大学，新居格，上司小剣ら，のち青柳優ら	9巻6号 1936年1月から月刊『文章』に改題
朝鮮東興労働ニュース	朝鮮東興労働本部	3月2日	発・編・印・丁賛鎮，洪性煥	

(1935年)

詩行動	詩の仲間社（東京）	3月5日 ⇩ 10月30日	発・編・清水清/岡本潤，菊岡久利，小野十三郎，局（秋山）清，関根弘ほか ※別掲のとおり	7号 〈復刻〉戦旗復刻版刊行会 1979
自連新聞ニュース	自由連合新聞社（東京）	3月25日 ⇩ 9月15日		6号 〈復刻〉『自由連合・自由連合新聞（復刻版）』海燕書房1975に7月号のみ収録
万人	万人社（東京）	2月	発・伊藤悦太郎/池下稔	3号
ばく	寂灯園獏社（兵庫）	5月	小松原死解雄，井上信一，笠原勉，国井重二，大塚徹ら	4号 詩誌
歴程	歴程社（東京）	5月	創刊，発・編・逸見猶吉/2-4号，発・編・草野心平/〈その後変わる〉/岡崎清一郎，尾形亀之助，土方定一，高橋新吉，菱山修三，中原中也，のち山之内獏，小野十三郎，伊藤信吉，大江満雄ら〈投稿〉松木千鶴ら（のち戦後）辻一ら	戦前26号 戦後復刊継続中
痴遊雑誌	話術倶楽部（東京）	5月 ⇩ 1938年11月	編・発・印・川村慶吉，主宰・伊藤仁太郎・添田さつき，望月百合子ら	4巻11号 〈復刻〉柏書房1981
反対	反対発行所のち反対社（東京）	6月1日 ⇩ 8月	発・菊岡久利，岡本潤，藤田勉/植村諦ほか ※別掲のとおり	3号 月刊
われらの理論	万人社（東京）	6月18日	発・編・印・伊藤悦太郎	1号。前身は『万人』
民衆時報	民衆時報社（大阪）	6月14日 ⇩ 1936年1月1日	李信珩，金文準	27号 半月刊，朝鮮文
京浜市民新聞	京浜市民新聞社（東京）	7月	編・発・印・松本淳三	1号
朝鮮労働者合同組合ニュース	朝鮮労働者合同組合	7月		5号
エクリバン	エクリバン社	1935年10月1日 ⇩ 1936年12月1日 （＊全14号）	発・藪田義雄/編・藪田義雄，大木惇夫，中野秀人/印・高島久雄ほか	
コスモス	叢文閣（東京）	11月25日	発・編・西村豊吉/創刊の編集責任者・萩原恭次郎 ※別掲のとおり	季刊

(1935年)

日本学芸新聞	新聞文芸社のち日本学芸新聞社（東京）	11月 ⇩ 1943年7月	社長・川合仁 月2回刊	155号。旬刊。1940年8月・136号より日本文学報国会の機関紙に〈復刻〉不二出版1986
太鼓	現代文化社 普及社	11月 ⇩ 1936年2月	編・発・燁居平治/壺井繁治，金子光晴，大江満雄ら	2巻2号。諷刺文芸雑誌〈復刻〉久山社1988
伊那評論	伊那評論社（伊那）	この年	加藤陸三，相馬寿恵雄	
作		この年	茨城（茨木）達也，内藤登志，肥田伊佐雄ら	『呼吸』に改題
廓声	廃娼促進同盟会（大阪）	この年	金井鉄之助	
我等の新聞	婦人解放運動社（和歌山）	この年	村松栄一	

※詩行動　長谷川七郎，小笠原喜佐夫，綿貫矯，津川荘司，野村教治，福永剛，華原しげる，赤石鋲，佐々木義郎，佐野久仁男，斎藤峻，広田好夫，御手洗凡，伊藤和，池田克己，小野十三郎，岡本潤，植村諦，局清(秋山清)ら
※反対　〈編集同人〉菊岡久利，藤田勉，岡本潤，飯島正，局清，小野十三郎，横倉辰次，伊藤和，阿部金剛，近藤憲二，田戸正春，宮崎孝政，三谷入馬，宮原晃一郎，金子光晴，阿部ツヤコ，石井日出木，永瀬清子，島崎蓊助，北浦馨
※コスモス　淀野隆三，萩原恭次郎，中谷孝雄，中野秀人，豊田勇，高橋新吉，蔵原伸二郎，草野心平，北川冬彦，岡本潤，小野十三郎，伊藤信吉(大川康之助)ら
※エクリバン　（おもな執筆者）中野秀人，藪田義雄，萩原朔太郎，大木惇夫，尾崎士郎，新居格，萩原恭次郎，青野末吉，村山知義，金子光晴，北川冬彦，村松正俊，八木重吉，草野心平，大鹿卓，浅原六朗，林房雄，川路柳虹，三好十郎，岡本潤，小野十三郎，平野威馬雄，土方定一，高橋新吉

1936（昭和11）年

詩人	文学案内社（東京）	1月1日 (3巻3号) ⇩ 10月	遠地輝武，貴司山治ら	10号。月刊。旧ナップ系の『詩精神』を改題継承，ナップ系とアナ系が交流〈復刻〉戦旗復刻版刊行会1979
南華通訊	在華韓人青年連盟（上海）	1月頃	柳碁石，柳子明，鄭海里，李敬孫，沈奎伯，季鐘鳳ら	
詩作	詩作社（東京）	4月17日	発・佐野国雄/甲斐芯太郎(清水清)，長谷川七郎，小野十三郎，岡本潤，局清，丹沢明，北本哲三ら	1号〈復刻〉戦旗復刻版刊行会1979
技友会会報	労働組合瓦斯電気技友会	7月14日 (14号)		
ラ・エスペロ	ラ・エスペロ社	10月 ⇩ 1937年3月	発・清水清/長谷川七郎，青柳優，竹内てるよ，中村純子，関根弘，岡本潤，高田太郎	3号

(1936年)

豚	豚詩社（奈良）	10月 ⇩ 1943年2月	池田克己〈寄稿〉小野十三郎，中室員重，宮崎譲，上林猶夫	17号。1941年5月『現代詩精神』と改題
無頼漢		この年？		

1937（昭和12）年

動向	動向発行所（東京）	8月	発・伊勢八郎/清水清，清水純子	1号
国際社会情報	国際社会情報社	この年	発・前田淳一ら	
プレスアルト		この年	脇清吉ら	戦争末期に休刊 1946年復刊

1938（昭和13）年

芸人アパート	芸人アパート社	1月1日	発・編・藤根道雄（春日次郎）/岡本文弥，正岡容，千草芯太郎，伊藤功〈共同編集〉	37年12月に発行準備号
粋界戦線	（佐世保）	3月10日	松尾清吾	
新公報	新公報社（東京）	5月 ⇩ 7月	編・発・高洲基/高見順ら	5号まで確認
大熊座	大熊座発行所（釧路）	6月20日	編・森川勇作/金井新作，坂本七郎，草野心平，小森盛，更科源蔵ほか	1号。2号の原稿は集まったが未刊（猪狩満直追悼号）

1939（昭和14）年

バクショー	爆笑社（東京）	7月（2巻5号）	発・編・印・望月桂/添田さつき，安成二郎ら	2巻5号のみ確認，漫画風刺雑誌

1940（昭和15）年

文化組織	文化再出発の会（東京）	1月1日 ⇩ 1943年10月 雑誌統制	発・編・福地立夫/（実際編集は）発・花田清輝と中野秀人/〈掲載〉岡本潤，小野十三郎，金子光晴ら	全42号 月刊
柚の木	呉詩人協会 柚の木詩社（呉）	1月 ⇩ 1942年5月	井上逸夫	16号
記録	記録社（東京）	3月 ⇩ 1941年6月（5号）	発・編・印・鍵山博史/押切順三，吉田十四雄ら	季刊文芸誌

1153

(1940年)

詩　原	赤塚書房（東京）	3月 ⇩ 4月	編・発・伊勢八郎/壺井繁治, 岡本潤, 秋山清, 小野十三郎, 金子光晴ほか	2号 月刊 〈復刻〉久山社1988
色即是空（すべてはながる）	すべてはながる社（東京）	4月 ⇩ 1941年10月	発・西山勇太郎/辻潤ら	10号。1941年1月『三千年』に改題
田舎新聞	（宇和島）	6月3日	井上淳一	

1941(昭和16)年

前衛時代	前衛時代社（東京）	4月 ⇩ 8月	発・編・印・依田昌二/添田さつき, 北園克衛, 小生夢坊, 竹中英太郎ら	『文芸風景』の後継誌

アナキズム運動史関連 機関紙誌リスト一覧
（1945-1968）

※このリスト一覧は，1945年の敗戦から1968年の日本アナキスト連盟解散までとした。

1945（昭和20）年

紙・誌名称	結社名（地名）	創・終刊月日	発行・編集・印刷人名/参加者名	備　考
ぶらつく	武良徒久社	11月30日 ⇩ 1947年9月1日	編・発・大木静雄，大木一治〔寺島珠雄〕/木村荘太，西山勇太郎，石川三四郎，髙橋新吉，岡本潤，大門一樹，秋山清	5号タイトルの変遷：『ぶらつく―黒或は散策』(2号)，『武良徒久―黒色或は散策』(3号)，『ブラック』(4号)，『ぶらつく』(5号)

1946（昭和21）年

紙・誌名称	結社名（地名）	創・終刊月日	発行・編集・印刷人名/参加者名	備　考
連盟ニュース/日本アナキスト連盟ニュース	日本アナキスト連盟準備会（東京・目白のち長崎町，新橋）	2月10日 ⇩ 5月2日	二見敏夫，白井新平	7号(1-4, 6号謄写版，7号活版)。〈復刻〉7号のみ『戦後版・平民新聞（コピー版）』黒色戦線社1983（以下『コピー版』と略）
先駆	日本アナキスト連盟（準備会）（東京・新橋）	2月17日 ⇩ 4月		3号
中国文化	中国文化連盟（広島）	3月10日	編・栗原貞子，発・栗原唯一/細田民樹，畑耕一	1号のみ確認。原子爆弾特集号
コスモス 1次	コスモス書店（東京・中野）	4月20日 ⇩ 1948年10月25日	編・発・秋山清/岡本潤，小野十三郎，金子光晴	12号。詩誌
平民新聞	日本アナキスト連盟，平民新聞編集局（東京・新橋）	6月15日 ⇩ 1949年8月22日	編・発・近藤憲二(1-127号)，久保譲(128,129号)	129号。週刊。〈復刻〉『コピー版』，『戦後アナキズム運動資料』1巻緑蔭書房1988（以下，『戦後アナキズム運動資料』緑蔭書房を『緑蔭版』と略。なお1-7巻は1988年，8巻は1990年刊）

(1947年)

無風帯社ニュース	無風帯社(東京・新宿)	7月5日 ⇩ 9月5日	編・印・発・西山雄(勇)太郎	2号
解放青年	解放青年同盟(東京・杉並のち新橋)	8月20日 ⇩ 1947年2月20日	編・発・白石幸男	4号。月刊 解放青年同盟中央機関雑誌。5号を『無政府思想』(1947.4)と改題
ダダ	ダダの会	8月 ⇩ 1947年10月(8号)	発・編・印・風間光作	8号
研究社印刷従業員組合組合報	全日本印刷出版労働組合研究社印刷所支部	9月15日(2号)	支部代表者・水沼辰夫	2号のみ確認
詩と詩人	詩と詩人社(新潟・広瀬村)	9月 ⇩ 1949年(8月号)	編・発・関谷与三郎(浅井十三郎)	復刊(旧『詩と詩人』は1939年頃創刊) 1949年8月号は、アナキズム文学特集
詩火	詩火社(浜松)	10月 ⇩ 1959年9月1日	編・発・後藤一夫、小池誠二(浦和淳)/菅沼五十一、松尾邦之助	28号
解放ニュース	解放青年同盟(東京・新橋)	12月20日大会特集号		この号のみ確認
詩精神	千葉詩人会(千葉)	12月20日 ⇩ 1948年11月	編・発・土屋公平/伊藤和、鈴木勝	7号詩誌
闘士	解放青年同盟兵庫支部(神戸)	この年	笠原勉、佐竹良雄、逸見吉三	1号のみ確認
関西地方委員会ニュース	(大阪・西成区)	この年(2号)	逸見吉三、青山大学	2号のみ確認
民主新聞	(高知)	この年	発・福島清/井上幸夫	準日刊
自由人	日本自由人連盟(盛岡)	この年		1号のみ確認

1947(昭和22)年

鱒	赤絵書房(東京)	1月1日	編・宮崎譲、発・江藤正夫	1号のみ確認。詩文芸雑誌
自由社会新聞	自由社会新聞社(東京・小石川)	2月16日 ⇩ 6月25日	編・発・宗世何、李耕人	4号。週刊

(1948年)

IOM（イオム）	イオム同盟（姫路，神戸）	3月 ⇩ 1960年	編・安田長久（向井孝）	62集まで確認 1957年56集で終刊。のち1959年に復刊（57集）
無政府思想	解放青年同盟（東京・新橋）	4月20日(5号)	編・発・白石幸男	1号 『解放青年』改題，号数継承
広島生活新聞	広島生活新聞社　（広島）	8月1日(129号) ｜ 1954年3月10日(175号)	編・発・栗原唯一／土居貞子	旬刊・週刊
民主タイムス	（姫路）	9月16日(14号＝再刊号)	主宰・小松原弘	この号のみ確認 13号まではボル派。14号よりアナ派
自由／自由新聞	自由新聞社（兵庫・佐用郡）	11月1日 ⇩ 1949年3月1日(7号)	発・小笹勉／向井孝	7号まで確認 7号からSZR(青年自由人連盟)の機関誌的役割を担う
無風帯	無風帯社（東京・新宿）	11月24日 ⇩ 1948年6月10日	発・印・編・西山雄(勇)太郎／萩原朔太郎，石川三四郎，卜部哲次郎，高橋新吉，今井俊三，飯森正芳，斉藤昌三，今井貞吉，添田知道，菅野青顔	2号
自由朝鮮	同友社（東京）	11月号 ｜ 1948年6月25日 (2巻6月号，11号)	編・発・柳済哲	
広島平民新聞	広島平民新聞社　（広島）	この年 ⇩ 1949年	編・発・印・栗原唯一	52号 53号(1949.12.10)より，日本アナキスト連盟機関紙となる
輝世新聞	（山口）	この年(7号)	主宰・光田嗣朗	7号のみ確認 7号にアナ連加盟を表明

1948（昭和23）年

無政府主義会議	日本アナキスト連盟(編・姫路，発・東京新橋)	2月10日 ⇩ 1949年10月10日	編・発・無政府主義会議発行委員会(責任者・向井孝) 6-8号の編・発は大門一樹	8号副題に，日本アナキスト連盟評論紙(1-7号)，8号は日本アナキスト連盟機関紙。 〈復刻〉1-5，7，8号は『緑蔭版』1巻
西中労	西播地方中立労働組合会議（姫路）	4月15日	編・発・西中労書記局(寺西工業労組・安田長久〔向井孝〕)	この号のみ確認。西播地方中立労働組合会議機関紙

(1949年)

民主解放	民主解放同盟（京都）	6月1日(2号)〜11月1日(7号)	編・発・酒井尊照	
青年労働者	日本アナキスト連盟東京青年部・労働者協議会	6月1日		1号のみ確認。東京青年部・労働者協議会機関紙
虚無思想研究（ニヒリズム研究）	星光書院（東京）	6月28日⇩1951年4月28日	編・荒川畔村/松尾邦之助	4号
新潟民報	新潟民報社（新潟）	10月15日(14号)〜1949年11月15日(22号)	編・発・印・須藤部	14号-22号のみ確認
自由連合	日本アナキスト連盟労働運動協議会（東京）	10月18日⇩1949年3月1日(特別号)		2号＋特別号
リベルテ	リベルテ編集室(東京)，リベルテ発行所のちリベルテ社（広島）	11月1日⇩1949年10月1日(5号)	発・編・栗原唯一	5号まで確認。アナキズム文芸誌。『中国文化』改題。1954年創刊の『リベルテ』に誌名と号数を継承
亞流	日本アナキスト連盟神戸地方青年部	この年	大歳，三谷	1号。山陽電車労組を対象とする機関紙
ANA	イオム同盟	この年(12集＝復刊)	IOM同人	12集のみ確認
思想紀元	民主解放同盟（京都）	この年		号数不詳

1949（昭和24）年

新樹	新樹社（東京）	3月⇩1951年4月	編・発・清水清	22号。文芸誌
日本アナキスト連盟ニュース	日本アナキスト連盟（東京・芝新橋）	6月6日⇩9月19日(6号)	編・坂田屋喬	6号。半月刊。〈復刻〉3号のみ『緑蔭版』8巻
全国生活擁護団体連合会ニュース	全国生活擁護団体連合会（東京・大井鎧町）	8月15日	代表・岩佐作太郎，常任委員・長谷川武，杉本博，若杉浪雄，宮崎秀人，向井孝，島津一郎，吉田潔，大門一樹	1号のみ確認

(1950年)

自由クラブ通信	自由クラブ	8月 ⇩ 1951年1月		13号。通信の前史としてパンフ『アツフランシスムの宣言』を刊行。『アフランシ』(1951.4)に継承
機関紙労働者	全日本印刷出版労働組合日本機関紙印刷所分会(東京・芝愛宕町)	10月1日 ⇩ 1960年10月1日 (15周年特集)	編・発・綿引邦農夫, 関谷幸雄, 泉川庄司	
コスモス2次	コスモス社(東京・中野)	12月1日 ⇩ 1957年9月20日(再刊2号, 通巻19号)	編・発・秋山清	7号(通巻19号) 1957年5月25日再刊1号=通巻18号刊
平民新聞	日本アナキスト連盟, 平民新聞社(広島)	12月10日 (53号) ⇩ 1950年4月20日	印・編・発・栗原唯一, 編集担当責任者・久保譲	7号(53〈通巻130〉-59号〈136号〉)。旬刊『広島平民新聞』と合併。〈復刻〉『コピー版』、『緑蔭版』1巻
支局だより	日本アナキスト連盟姫路支局 (姫路)	12月10日	向井孝	1号。『平民新聞』53号付録。〈復刻〉『コピー版』
フエルジナン	(浜松)	この年	新村好雄	1号確認。詩誌
ヒロシマ婦人新聞	(広島)	この年 ⇩	土居貞子	

1950(昭和25)年

解放	自由社会主義同盟中央機関紙(東京・武蔵野市のち渋谷)	1月13日 ⇩ 5月5日(7号)	編・江口幹, 白石徳夫	7号まで確認
世紀理論	世紀理論新聞社(東京・練馬)	2月10日 ⇩ 5月15日	編・大門一樹	4号まで確認。月刊
全国生活新聞	生活新聞社(千葉・松戸)	3月20日(16号) | 10月10日(18号)	編・山口健二(東京・新橋)	全国生活擁護団体連合会機関紙

(1951年)

自由人新聞	国際自由人協会のち自由人新聞社，自由人新聞編集局（東京・立川）	3月20日 ⇩ 1973年8月1日 (253号)	編・印・発・島津一郎		月刊
平民新聞	日本アナキスト連盟，平民新聞社（岡山）	5月1日(5号，通巻139号) ⇩ 12月25日(18号，通巻151号)	印・編・発・高畑信一(5-17号)，多田昇(18号)		10号(5-7, 9, 10, 12, 13, 16-18号確認)。旬刊 18号発行時には，全日本アナキスト準備連盟事務局を担う。〈復刻〉『コピー版』，『緑蔭版』1巻
処女地帯	北方自由詩人集団（秋田）	5月 ⇩ 1974年(60号)	押切順三，北本哲三		詩誌
労働運動	労働運動社(ASG＝アナルコ・サンジカリスト・グループ)（大阪・西成）	6月25日 ⇩ 8月10日	印・発・逸見吉三，編・久保譲		2号。月刊ASGは，AIT日本セクションも担う
文化新聞	（東京・吉祥寺）	この年	主宰・宮崎譲		

1951(昭和26)年

ノンベル報/ノンベル学報	あるじのなき家/あるじのない家(京都)	3月1日号(他2号)			3号分確認
平民新聞	全日本アナキスト準備連盟事務局，平民新聞社(大阪・高津)	3月31日(19号・通巻152号) ⇩ 5月25日(21号・通巻154号)	印・編・発・逸見吉三		3号。月2回刊。〈復刻〉『コピー版』，『緑蔭版』1巻
平民新聞エスペラント版	（京都）	3月31日(19号版) ｜ 5月25日(21号版)	山鹿泰治		〈復刻〉21号〈『平民新聞』通巻154号〉版のみ『コピー版』
アフランシ	自由クラブのちアフランシ社(東京・北山伏町)	4月1日 ⇩ 1957年12月15日	編・発・松尾邦之助(1号)，大沢正道(2-36号)		36号。月刊 7号からアフランシ社を名乗る。〈復刻〉『緑蔭版』7巻

(1951年)

紙名	発行所	発行日	編・印・発	備考
平民新聞（横浜地区）	パンと自由社（横浜・磯子）	6月5日	編・印・長谷川武，発・片岡裕策	1号のみ確認。〈復刻〉『コピー版』
東京地協ニュース	アナキスト連盟東京（東京・雪ヶ谷）	6月15日(3号)		3号のみ確認
連盟ニュース	アナキスト連盟（東京・雪ヶ谷）	6月15日 ⇩ 1952年1月1日 (13号)	編・山口健二	7号分(1, 5, 7, 9, 10, 11, 13号)のみ確認。〈復刻〉5, 7, 9, 10, 11, 13号は『緑蔭版』8巻
自由共産新聞	アナキスト連盟（東京・雪ヶ谷）	7月15日 ⇩ 1952年3月25日	印・編・発・山口健二	8号。月刊。〈復刻〉『コピー版』、『緑蔭版』1巻
自由共産新聞エスペラント版	（京都）	7月15日	山鹿泰治	『自由共産新聞』1号版のみ確認。月刊。〈復刻〉『コピー版』
コムミュン	コムミュン社（東京・小岩）	8月5日(12号) ｜ 11月20日(15号)	編・発・中川敏夫	4号分確認
アナキスト・クラブ	日本アナキスト・クラブ（東京・大井鎧町）	9月1日 ⇩ 1955年3月15日	編・印・発・綿引邦農夫	17号 18号から『無政府新聞』(1955年)と改題。〈復刻〉『緑蔭版』3巻・『アナキストクラブ機関紙合本』黒色戦線社1991(以下『黒戦版』と略)
自由共産新聞　九州版	自由共産新聞九州総局（福岡・穂波村）	9月10日 ⇩ 10月5日	印・編・発・杉藤二郎	3号。旬刊 4号から『九州自由共産新聞』に改題。〈復刻〉『コピー版』、『緑蔭版』1巻
九州自由共産新聞	九州自由共産新聞社（福岡・穂波村）	10月15日(4号) ⇩ 12月5日(9号)	印・編・発・杉藤二郎	6号。旬刊 『自由共産新聞九州版』改題。〈復刻〉『コピー版』、『緑蔭版』1巻
平民新聞	平民新聞社（福岡・穂波村）	12月15日 ⇩ 1953年5月25日	編・発・杉藤二郎	50号(ただし，1-15号，号外（中央版〈1952.5.25〉），17-32号, 34-50号のみ確認)。なお18-20, 23号にはリーフレット(8頁)の附録あり。『九州自由共産新聞』改題。〈復刻〉『コピー版』、『緑蔭版』1巻

(1952年)

岳麓労働	富士地区労働組合会議，富士地区一般産業合同労働組合（静岡・吉原，富士）	この年(30号)｜1976年4月(127号)	編・発・福田武壽	月刊
毒―詩と思想	毒の会（静岡・吉原）	この年(36号)｜1952年(43号)	福田武壽，釘谷芳男，佐藤	
金剛石	（名古屋）	この年⇩1974年	松井不朽/高橋敷（『人間改造』の主幹）	1000号 1001号(1974.4.25)より『人間改造』(1974年)と改題。
コンクリート	（神戸）	この年	笠原勉	不定期刊
批評	批評の会（姫路）	この年	向井孝	不定期刊

1952(昭和27)年

土曜詩人	土曜詩人の会（神戸）	1月15日(5号)｜7月廃刊	成瀬純	5, 8, 9号確認。不定期刊
兵庫地協ニュース	（姫路）	1月25日(8号)	向井孝	この号のみ確認
新文化	新文化新聞社（名古屋・東陽町）	4月5日⇩1954年1月10日(12号)	編・印・大鐘保治，発・蟹江正直 のち編・印・伊串英治，発・蟹江正直，編・印・発・伊串英治	12号まで確認
芸備評論	（広島・三原）	5月1日(41号)｜1963年12月6日(769号)	編・発・青山大学	昭和22年4月8日第三種郵便物認可
平民新聞附録関西版	平民新聞関西総局（大阪・高津）	5月25日｜6月25日		2号分のみ確認。それぞれ，『平民新聞』17号＋号外(中央版)，『平民新聞』20号と同時に発行。〈復刻〉『コピー版』
九州地協ニュース	アナキスト連盟九州地方協議会	5月28日		1号のみ確認。〈復刻〉『緑蔭版』8巻

(1954年)

アナキズム	アナキスト連盟(東京・雪ヶ谷のち大阪・東住吉,西成)	12月1日 ⇩ 1955年7月10日	近藤憲二,福井陽三,山口英	24号(全23号。13号欠番・発行せず)。月刊アナキスト連盟全国機関雑誌。1-6号(東京),7-22号(大阪・東住吉),23-24号(西成)で発行。〈復刻〉『緑蔭版』4巻
噴火	(姫路)	この年	山岸	

1953(昭和28)年

自由市民	自由市民社(大阪・東住吉),政治労働通信社(神戸)	1月15日 ⇩ 1954年12月1日(13号)	編・発・小松亀代吉/崎本正	13号まで確認。月刊。創刊以前の1952年12月5日に『自由市民』号外を刊行。11号より,戦争抵抗者インターナショナル日本支部機関紙(宣伝紙)
地協ニュース	日本アナキスト連盟阪神地協事務局	9月13日(4号)		この号のみ確認
亜細亜詩人	西東書林(東京)	10月 ⇩	編・大江満雄,発・福原寅雄/鶴見俊輔	詩誌
復活	復活社(東京・亀有)	11月1日(12号) | 1955年8月(23号)	市橋善之助(個人月刊誌)	1955年1-3月号を確認,1954年末に休刊,1955年8月に復刊(23号)

1954(昭和29)年

国際情報	アナキスト連盟	3月1日		1号のみ確認
リベルテ	アナキスト連盟(大阪・東住吉)	3月10日 ⇩ 1955年1月10日	福井陽三	6号(10-16号。ただし13号は欠番・発行せず)。広島で発行(1948年創刊)されていたアナキズム文芸誌『リベルテ』の誌名と号数を引き継ぐ。〈復刻〉『緑蔭版』5巻
人間	人間詩房(佐世保のち東京)	3月 ⇩ 1972年(3次15号)	編・発・野田欽三/中島光夫,塚本貞一,山田かん,西山又二,槙英輔,秋原英夫,池田時夫,高木護	第3次は1970年創刊
連盟ニュース	アナキスト連盟事務局	5月7日 ⇩ 9月15日(4号)	福井陽三	〈復刻〉1,2号は『緑蔭版』8巻

1163

(1954年)

政治労働新聞	政治労働通信社（京都）	8月1日（復刊104号）	編・発・瀧真美子/平野光一，山鹿泰治	この号のみ確認
アナキストクラブニュース	日本アナキストクラブ	9月29日 ⇩ 1955年4月21日(8号)	加藤亮	8号まで確認
考ふる人	（藤枝）	この年 ｜ 1955年	内田庄作(個人月刊誌)	
天狗雑誌	天狗雑誌社（京都のち茅ヶ崎）	4月1日(2号) ｜ 10月1日(8号)	編・添田知道，平野弘子，小生第四郎	「編集・小生夢坊・添田知道・平野光一」とあり 7号から発行所が茅ケ崎に移る
平民新報	平民新報社（岩手・花巻）	4月1日	発・岡崎龍雄	1号のみ確認
黒濤	（東京・杉並）	6月1日	編・発・邦創平	1号のみ確認
無政府新聞	無政府主義運動（東京・大井鎧町）	6月15日 ⇩ 1958年1月1日	編・発・綿引邦農夫	7号(18-24号)『アナキスト・クラブ』改題。25号から『無政府主義運動』(1958年)と改題。〈復刻〉『緑蔭版』3巻・『黒戦版』
世界市民	世界市民国際登録所日本部（千葉・市川）	6月 ⇩ 1956年7月20日(3号)	山鹿泰治	3号まで確認
作品・批評	（東京）	6月 ⇩ 1958年4月	編・川仁宏，黒田敏嗣，山田年也(岡田睦)	3号。文学同人誌
国際ニュース	日本アナキスト連盟国際局	7月10日 ⇩ 7月30日		3号まで確認
抵抗者	抵抗者社のちレヂスタンス社（福岡）	8月15日(2号) ｜ 1957年7月1日(8号)	発・青木弘/青木真子	8号
連盟通信	日本アナキスト連盟事務局（東京・調布）	10月10日 ⇩ 1959年2月1日	近藤憲二，大沢正道	34号 〈復刻〉『緑蔭版』8巻
NON	ノン同盟（彦根）	11月 ｜ 1957年	編・猪野健治	4, 6, 7, 9号確認ノン同盟機関誌。詩誌。

(1956年)

ひろば	ひろばの会（東京・調布のち大阪・生田）	12月1日 ⇩ 1959年5月1日	発・大沢正道, 大森尚, 高島洋, 山口英, 永田(名古屋), 猪野健治,	13号。季刊 1号(東京), 2号より(大阪)。6号から「ヒロバ」と表記。14号から『無政府研究』と改題。〈復刻〉『緑蔭版』6巻
蝶	土の会(岩手)	この年 (111, 12月号) ｜ 1957年	編・小鴨鳴秋	111, 12月号, 117, 118, 128-130号確認 詩誌
ムギメシ	(東京・練馬)	この年	杉本博	4号まで確認。日雇労務者誌
ひろば	日本アナキスト連盟機関誌(東京・調布)	この年	近藤憲二	1号確認
造形	(姫路)	この年	生田均	リーフレット

1956(昭和31)年

JAF関西地協ニュース	日本アナキスト連盟関西地協(神戸・生田区のち兵庫区)	1月10日(7号) ｜ 1961年10月10日号	小黒基司, 前田幸長, 向井孝	号数不明(7号, 11号, 102号(1956.12.20), 106号(1957.5.27), 112号(58.2.25)-61.10.10号を確認)。12号から100号は欠番か。〈復刻〉『緑蔭版』8巻
夢 (SONĜO)	夢社(名古屋・鉄砲町)	1月20日 ⇩ 1957年9月1日	発・編・伊串英治, 長縄文夫	5号(1, 2, 3, 一周年記念号, 9月1日号を確認) 9月1日号は、『資料日本社会運動史』(通巻12号, 1958年刊)の2号にあたる
詩論	創美社(東京・新宿)	1月	別所直樹, 川崎覚太郎, 長嶋武彦	1号確認
クロハタ	クロハタ編集局(福岡のち東京・北山伏町)	3月18日 ⇩ 1962年8月1日	編・発・副島辰巳(1-23号), 大沢正道(24-78号)	78号。月刊 79号より『自連』に改題。〈復刻〉『緑蔭版』2巻
Esperanto-Folio de AFJ	(京都〈日本アナキスト連盟〉)	この年 ⇩ 1961年	山鹿泰治	22号分確認(1956年は1号, 57年7号, 58年6号, 59年5号, 60年2号, 61年1号分)。アナ連全文エスペラント機関紙
ポエトリ		この年	片桐ユズル	2号確認。詩誌
合同労組	(静岡・吉原)	この年	福田武壽	2号確認

(1957年)

窓	日本反戦学生同盟東山支部（名古屋）	この年	編・岩崎重夫（名古屋大学理学部）	日本反戦学生同盟東山支部機関誌
平和の鐘	宇佐平和の会（高知）	この年	松岡正人	
広場	宇佐一般労働者組合（高知）	この年	松岡正人	
SORTO	同志社大学エスペラント同好会（神戸）	この年 ⇩	前田幸長，村瀬博之	詩集合冊は1962年刊

1957（昭和32）年

名古屋社会運動者列伝「資料」	（名古屋・東陽町）	1月1日	発・編・伊串英治	1号。『資料日本社会運動史』（通巻12号，1958年刊）の第1号にあたる
凡人	保証生活相互扶助協力会，凡人舎（横浜）	3月10日	発・吉田只次	1号のみ確認
姫路タイムス	姫路タイムス社	9月1日（155号）	編・発・向井孝	この号のみ確認
不盡	共学社（東京・世田谷）	11月23日 ⇩	発・編・石川永子	2号 1号は石川三四郎追悼
石鉄短信	（横浜）	この年もしくは1958年？ ｜ 1961年	石井鉄治	

1958（昭和33）年

無政府主義運動	日本アナキストクラブ（東京・大井鎧町のち川崎，東京・目黒，新宿）	2月1日 ⇩ 1980年3月20日	編・印・発・綿引邦農夫（62号まで），女屋勘左衛門（63-65号）	43号（25-67号） 『無政府新聞』改題。 〈復刻〉『緑蔭版』3巻・『黒戦版』
愛知県社会運動者略伝「資料」	（名古屋・東陽町，大阪・八尾市）	3月15日	著者・伊串英治，印・逸見吉三	1号。『資料日本社会運動史』（通巻8号，1958年5月刊）の3号にあたる

(1959年)

資料日本社会運動史	資料日本社会運動史調査所(名古屋・東陽町), 資料日本社会運動史刊行会(同), 日本社会運動史発行所(同)	5月15日(4号) ⇩ 1961年4月1日(13号)	発・編・伊串英治	8号(通巻全12号〔合併号あり〕)。通巻1号は『名古屋社会運動者略伝「資料」』(1957.1.1), 2号は『夢』の1957年9月1日号, 3号は『愛知県運動者略伝「資料」』(1958.3.15)にあたる
西播原水協ニュース	(姫路)	7月10日 ⇩	向井孝	創刊号の前に号外(1958.7.7)あり
鉱害	(福岡)	8月 ⇩ 1959年1月20日(5, 6合併号)	発・編・杉藤二郎	6号
サークル村	九州サークル研究会(中間)	9月20日 ⇩ 1961年10月	上野英信, 木村日出夫, 神谷国喜, 田中巌, 谷川雁, 田村和雅, 花田克己, 森一作, 森崎和江	31号。〈復刻〉『サークル村』不二出版2006
形象		11月 ⇩ 1963年6月	編・今泉省彦, 川仁宏(7号より)	8号 9号(1964.6)より『機関』に改称
ポレミーク	(横浜市)	この年	大門一樹	純アナキズム理論誌
るつぼ		この年	青島茂	-

1959(昭和34)年

イオム同盟ニュース	イオム同盟	9月5日		この号のみ確認
無政府研究	PBKの会(神戸・生田区のち兵庫区)〔PBK＝プルードン, バクーニン, クロポトキン〕	10月20日 ⇩ 1961年4月1日	発・山口英	4号(14-17号)。季刊『ヒロバ』(1955年)改題。18号から『アナキズム』に改題。 15号より兵庫区発行。 〈復刻〉『緑蔭版』6巻
狙撃兵	グループ狙撃兵 (大阪)	この年(5集) ｜ 1961年2月(10号)	藤本正彦	5集と10号を確認
黒点	黒点発行所(秋田)	この年	草階俊雄	2号(ハガキ雑誌), 4号(10頁の雑誌に変更)のみ確認

1167

(1960年)

| 目ざまし新聞 | （横浜） | この年 | 発・大川新九郎 | 2号まで確認 |

1960（昭和35）年

労働運動	日本アナキスト連盟労働運動協議会（東京・北山伏町）	1月1日 ⇩ 11月11日	大沢正道	4号「クロハタ」付録
労働運動（関西版）	日本アナキスト連盟阪神労働者懇談会（神戸）	2月1日 ⇩ 1962年4月10日	編・高島洋	6号 〈復刻〉『緑蔭版』8巻
変革者の言葉	集団「変革者の言葉」（新宿・北山伏町）	6月20日(2号) ｜ 9月頃(3号)	大沢正道	3号
自由思想研究	自由思想研究編集室，審美社（東京）	7月31日	小松隆二	1号 2号から『自由思想』と改題。〈復刻〉『自由思想』黒色戦線社1989
自由思想	自由思想編集室，審美社（東京）	10月20日(2号) ⇩ 1961年(7号)	小松隆二	6号(2-7号)。『自由思想研究』改題 3号から自由思想の会編集，6号から地六社発行。〈復刻〉『自由思想』黒色戦線社1989
戦争抵抗者	WRI日本支部（東京・江戸川町）	11月5日 ⇩ 1966年11月1日	編・遠藤斌，向井孝	15号。月刊。事務所は週，啓衆ビル内(61年，文京区江戸川町，65年同区後楽)
叛逆	（東京・初台）	12月1日	発・田中安	1号のみ確認

1961（昭和36）年

| アナキズム | 日本アナキスト連盟（東京・北山伏町） | 5月1日 ⇩ 1962年8月1日 | 大沢正道，山口英 | 3号(18-20号)。季刊『無政府研究』(1959年)改題。〈復刻〉『緑蔭版』6巻 |
| ムーヴ | 文化綜合通信社編輯局（大阪・天神橋筋） | 5月1日 ⇩ 1971年10月1日(60号) | 発・林隆人，編・宮脇久 | |

(1962年)

ひろしまの河	原水爆禁止広島母の会（広島）	6月15日 ⇩ 1975年7月25日	編・栗原貞子	19号。栗原は，5号（1962年）まで編集に携わる
素面	素面の会	この年 ⇩ 1980年	添田知道	76号

1962（昭和37）年

日本アナキスト連盟ニュース	日本アナキスト連盟関西地協（神戸・兵庫区）	1月10日 ｜ 1963年2月10日	前田幸長，山口英，向井孝	13号 〈復刻〉『緑蔭版』8巻
火点	後方の会（東京・下石神井のち中村北）	1月20日(2号) ｜ 7月25日(5号)	大沢真一郎，川仁宏，山口健二，定村忠士，谷川公彦	筑豊・中間に「手をにぎる家」を作るための募金活動用機関紙
カモメ	かもめ会（愛知・常滑）	4月	各務，小川潜	2号まで確認。詩誌
The Echo（エコー）	（神戸）	5月25日 ⇩ 12月10日	編・平山忠敬，平山房子，前田幸長	3号
超と反	反の会（現代思潮社）	6月24日 ⇩	編・石井恭二，山口健二/谷川雁，渡辺京二，菅孝行，宮原安春	2号？
瓢簞亭通信	（福岡）	6月 ⇩ 1993年6月（9期2号）	前田俊彦	
同盟ニュース	大正鉱業退職者同盟	8月10日(6号)		この号のみ確認
自由連合	自由連合編集局（東京・北山伏町）	9月1日 ⇩ 1969年1月1日	編・発・大沢正道	69号（79-147号）。月刊『クロハタ』（1956年）改題。 〈復刻〉『緑蔭版』2巻
SORTO（合冊）	エスペラント同好会（神戸）	9月20日 ⇩ 1967年9月4日(2号)	前田幸長，村瀬博之	3号。詩集。創刊は1956年
コスモス3次	コスモス社（愛知渥美郡のち岐阜市）	11月1日 ⇩ 1970年1月1日	編・発・河合俊郎（4号まで），発・河合俊郎，編・えのき・たかし（8号まで），編・発・吉田欣一（20号まで）/秋山清，伊藤正斉，錦米次郎	20号（通巻39号）

(1963年)

アカタレプシイ		この年 ⇩		風間光作(個人誌)	8号まで確認
富士地区労ニュース	(静岡)	この年			
犯罪者の赤い風船	犯罪者同盟(東京)	この年 ｜ 1963年8月15日(特別号『赤い風船あるいは牝狼の夜』)		宮原安春	1冊(号数不明)のみ確認 〈復刻〉犯罪者同盟機関誌『赤い風船あるいは牝狼の夜』前夜社1972
地熱	地熱の会(岐阜)	この年? ⇩ 1966年(33号)		鷲見善一	23, 25号(1964年), 33号のみ確認

1963(昭和38)年

自立学校シリーズ	自立学校(東京・西神田)	4月1日 ⇩	石井恭二/谷川雁, 今泉省彦, 山口健二, 大沢真一郎	1号のみ確認。パンフレット
連盟ニュース	GAの会(神戸・兵庫区)〔GA=現代アナキズム〕	6月 ｜ 1966年11月10日	前田幸長, 山口英, 向井孝, 平山忠敬	16号分確認 〈復刻〉『緑藤版』8巻
あかつき	日本アナキスト連盟名古屋地協(岐阜・名古屋)	7月 ⇩ 1964年6月14日	編・小川潜, 蟹江正直	10号
個	個の会とリュニークの会(東京・大田のち藤沢)	8月20日 ⇩ 1969年2月15日	編・発・松尾邦之助	14号。〈復刻〉『「個」個の会とリュニークの会紙』黒色戦線社1984

1964(昭和39)年

自連姫路支局通信		1月31日		この号のみ確認
小川正夫遺稿集発刊準備ニュース	(愛知・常滑)	3月21日		1号のみ確認
国際平和行進ニュース	国際平和行進協力委員会(東京・江戸川町)	1964年6月1日 ⇩ 8月24日	編・向井孝	30号。事務所は, 啓衆ビル内

(1965年)

機関		1964年6月(9号)⇩1966年3月(10号)	川仁宏	2号。『形象』改題
国際平和行進ニュース（長浜版）	国際平和行進協力委員会	1964年7月		1号
芸術と自由	芸術と自由社（東京・大田）	1964年3月⇩1969年7月(33号)	小倉三郎〔尾村幸三郎〕	33号まで確認。復刊（旧『芸術と自由』は1925年5月創刊）
暦	（東京・豊島区）	1964年9月20日⇩1965年	野田茂徳・野田千香子（個人誌），のち野田茂徳（個人誌）	5号まで確認。笹本雅敬気付

1965（昭和40）年

ＩＯＭ―イオム（通信）	向井孝（姫路）	2月15日⇩1995年3月		336号（なお141-193号1972.12-76.8は『SALUTON―サルートン通信』と改題）
アナキスト	日本アナキスト連盟明治大学支部，無政府主義者止揚研究所（東京・小金井）	5月1日(2号)	中沢	この号のみ確認
東京行動戦線	東京行動戦線（東京・西神田）	6月15日⇩1966年2月15日(9号)	編・石井恭二，穴木照夫〔川仁宏〕/山口健二	9号まで確認
ナゴヤ経済界	名古屋経済クラブのち金剛石社（名古屋）	8月20日(98号)｜1981年1月1日(242号)	発・松井不朽，編・昆恭一	月刊『金剛石』姉妹紙。1976年頃『民主経済』と改題
抵抗通信	抵抗通信社（福岡）	8月⇩10月20日	編・発・井原末九郎	2号1号謄写版，2号活版
黒色戦線	青年アナキスト連盟，地六社（東京）	11月30日	笹本雅敬，大島啓司	1号。青年アナキスト連盟機関紙。2号から『現代アナキズム研究』(1968年)に改題

(1966年)

梁山泊	京都大学学園評論社(京都)	12月25日(2号) ｜ 1966年4月15日(3号)	編・藤木睦子,藤本邦雄	2-3号のみ確認
反議会戦線		この年	松田政男	終刊号のみ確認

1966(昭和41)年

梁山泊政論	梁山泊編集局,学園評論社(京都)	4月18日	編・平岡正明,田辺繁治,藤本邦雄	1号のみ確認
労働と解放	労働と解放社(神戸)	5月5日 ⇩ 1968年9月9日	発・平沢貞太郎,編・高島洋	7号 〈復刻〉『緑蔭版』8巻
クロポトキン・パンフシリーズ	自連編集局,日本アナキスト連盟(東京・北山伏町)	5月(1集) ⇩ 1967年9月(5集)	制作・鬼頭広明	1集『青年に訴ふ』,2集『革命の研究』,3集『法律と強権』,4集『代議制度』,5集『革命政府』
週刊三文評論	(長野)	8月21日(94号) ｜ 1972年8月27日(297号)	東天紅	同人雑誌。『三文評論』の後継誌
反戦通信	ベトナム反戦直接行動委員会(東京・幡ヶ谷のち上目黒)	9月25日 ⇩ 1967年6月1日(10号)		10号+号外(1967.5.28)を確認。事務所は地六社内,のち黒層社気付
現代の朝	現代の朝社(東京・三鷹)	11月1日	編・発・宮崎譲	1号のみ確認
黒の手帖	黒の手帖社(東京・北山伏町)	11月20日 ⇩ 1977年6月10日	編・発・大沢正道	22号
INFORMILO	Japana Sekcio de Internacio Militrezistantoj(姫路)	12月6日	向井孝	1号
JAF連盟ニュース	日本アナキスト連盟名古屋地協(愛知・常滑)	12月10日 ⇩ 1968年1月16日	編・小川潜	11号+臨時号(1967.11.1) 〈復刻〉10号+臨時号は『緑蔭版』8巻

(1967年)

ALS ANA	黒層社, 学生アナキスト連盟 (ALS) 東京理科大支部	この年(3号) ⇩ 1967年(4号)		3号が創刊号
黒旗の下に	自由思想研究会 (川崎)	この年?		「サンジカリズム理論誌, アナキズム第二次発行」とあり

1967(昭和42)年

SALUTON (サルートン)	GAの会 (神戸・灘区)	1月15日 ⇩ 4月29日(2号)	小黒基司	2号+臨時号(1967.10.23)確認。GAの会会報(ニュース)
反議会戦線 (番外)	反議会戦線編集委員会 (東京・板橋)	1月25日	松田政男	1号のみ確認
世界革命運動情報	レボルト社	2月 ⇩ 1972年		28号+特別号3冊
直接行動	労働者社会主義研究会 (大阪・東住吉)	3月7日 ⇩ 9月	池田和義	3号まで確認
アナーキ	アナーキズム研究会 (東京・新宿)	4月20日 ⇩ 1974年(16号)	編・はしもとよしはる	16号まで確認。バルカン社
公判ニュース	黒層社, ベトナム反戦直接行動委員会 (東京・上目黒)	9月10日 ⇩		2号まで確認
大阪あなきずむ	大阪アナキズム研究会 (大阪・東住吉)	10月21日 ⇩ 1968年11月	編・因幡節, 山口英/尾関弘	4号
アルゴ	(神戸)	この年 ⇩ 1971年4月20日(14号)	前田幸長, 平山忠敬, 平山房子	
無告通信	無告窓 (東京・練馬)	この年	松村潔	1号?
ALW叛戦	叛戦攻撃委員会, 黒層社(東京・上目黒)	この年		1号のみ確認。 ALW = the attacking league to the War

(1968年)

ALS状報	黒層社, 学生アナキスト連盟 (ALS)	この年		1号のみ確認

1968(昭和43)年

非暴力ニュース	非暴力反戦行動(東京・杉並のち世田谷)	5月3日 ⇩ 1970年5月6日 (10号)	川上賢一, 柴田道子, 金井佳子/鶴見俊輔	10号まで確認
NON	早大アナキズム研究会	6月20日 ⇩ 8月25日(2号)	北村孝一	月刊
アナルコス	アナルコス編集委員会(東京・新宿)のちアナルコス社(東京・上荻)	6月20日 ⇩ 11月20日 (3号)	蓮台寺晋	3号まで確認
スペイン	明治大学スペイン革命研究会	8月23日		1号のみ確認。スペイン革命研究者連合, 明大黒騎士団
風信	風信社(愛知・江南のち一宮)	9月1日 ⇩ 1970年8月1日	発・浅野紀美夫	3号。3号のみ一宮発行
印友	印友会本部(東京・墨田)	11月15日	編・発・堀江磯吉/山口健助, 中村茂	1号のみ確認。印友会は, 戦前の東京印刷工連合会(関東出版産業労働組合, 東京印刷工組合)の闘士によって結成
L(エル)	自由戦線(武蔵野芸術大学)	11月15日 (2号)		この号のみ確認
マロース (мороз)	蒼ざめた馬社(札幌のち小樽)	11月26日 ⇩ 1971年6月15日(9号)	てづかあきら, 鈴木和男, 菊地伸視, 山部嘉彦, 卯木真	9号の後, 特別臨時号(71.9)が, 蒼ざめた馬社三多摩より刊行
労働者社会主義	労働者社会主義研究会(大阪・東住吉)	この年	池田和義	
現代アナキズム研究	現代アナキズム研究会(東京・南千束)	この年 ⇩ 1969年	葦井友	5号 『黒色戦線』(1965年)改題

1969年以後,『自由連合』(1969.3-1972.10, 40号),『アナキストクラブニュース』(1969.4.1, 1号),『麦社通信』(1969.9.1-1970.7.1 10号),『リベルテール』, (1969.12.1-1991.4, 195号)などがある。

機関紙誌索引

(▷印は1945-68年刊行)

ALS ANA ▷1173
ALS状report ▷1174
ALW叛戦 ▷1173
ELEUTHERIA 1098
Esperanto-Folio de AFJ ▷1165
INFORMILO ▷1172
IOM―イオム(通信) ▷1171
JAF関西地協ニュース ▷1165
JAF連盟ニュース ▷1172
La Anarkiisto 1129
LIBERA LABORISTO 1108
NON ▷1174
SALUTON(サルートン) ▷1173
SORTO ▷1166
SORTO(合冊) ▷1169
The Echo ▷1169
Verda Ombro(緑陰) 1090
Verda Utopio 1092

アナーキズム文学 1142
アナーキズム文献 1931年度出版年報 1142
アナーキズム文献出版年鑑(1928年版) 1121
アナキスト ▷1171
アナキスト・クラブ ▷1161
アナキストクラブニュース ▷1164
アナキスト詩集 1128
アナキズム ▷1163, ▷1168
アナルキスト 1137
アナルキスト青年 1137
アナルキズム・ガイド 1144
アナルキズム研究 1137
アナルコス ▷1174
アフランシ ▷1160
蛙文学 1150
アメリカプロレタリア詩集 1137
蟻の巣 1146, 1149
亞流 ▷1158
アルゴ ▷1173
ARS 1085
IOM(イオム) ▷1157
IOM―イオム(通信) ▷1171
イオム同盟ニュース ▷1167
泉 1097
伊勢ぶら新聞 1141
異端街 1132
一隅より 1091
一人文芸 1110
壱千九百二十二十八稔の一部 1126
一千年 1125
田舎新聞 1154
伊那評論 1152
茨城文学 1142
印刷工連合 1100, 1128
印刷労働者 1138, 1149
印友 ▷1174
上野浅草新聞 1113
うきよ 1084
薄い髭 1086
馬 1133
映潮 1119

AC評論 1138, 1143
エクリバン 1151
The Echo(エコー) ▷1169
L(エル) ▷1174
エロ 1135
演歌 1091
大熊座 1153
大阪あなきずむ ▷1173
大阪自由総合ニュース 1149
大阪水平新聞 1108
大阪鉄工組合・機関紙 1090
オーロラ 1093
小川正夫遺稿集発刊準備ニュース ▷1170

か行

階級と階級闘争 1108
開墾者 1129
壊人 1094
海図 1138
開拓 1138
街頭 1115
街頭時報 1117
街頭人 1113
海豹 1125
解放 ▷1159, 1085
解放1次 1090
解放2次 1109
解放運動 1098, 1104, 1115, 1117, 1127, 1131, 1133, 1134, 1136
解放劇場 1140
解放自治 1143
解放思潮 1134
解放新聞 1142
解放新聞1次 1117
解放新聞2次 1129
解放青年 ▷1156
解放戦線 1112, 1135, 1145
解放ニュース ▷1156
解放の前駆 1136
解放パック 1147
解放文化 1142
解放文化連盟関東協議会ニュース 1148

あ行

愛聖 1100
愛知県社会運動者略伝「資料」 ▷1166
青い手 1114
青十字報 1092
青テーブル 1085
青服 1088
青豚 1114
青林檎 1116
アカタレプシイ ▷1170
あかつき ▷1170
赤と黒 1098
アクション 1115
朝 1106, 1143
あざみ 1089
亜細亜詩人 ▷1163
足跡 1086, 1148
跫音 1093
明日 1134
ANA ▷1158
アナーキ 1121, ▷1173
アナーキズム研究 1140

1175

蛙文学　1150	飢餓線の彼方　1145	黝い唄　1145
科学と文芸　1086	飢渇人　1112	黒き群　1116
学涯　1097	機関　▷1171	黒潮　1112
革進　1090	機関車　1118	黒潮時代　1132
廓声　1152	機関紙労働者　▷1159	黒手　1110
革人　1094	紀元　1101, 1116	グロテスク　1125
革命研究　1098, 1123	技工　1090	黒猫　1095
革命週報　1117	輝世新聞　▷1157	黒の手帖　▷1172
革命新聞　1138	技友会会報　1152	黒馬車　1146
革命評論　1100	九州自由共産新聞　▷1161	黒旗　1110, 1124, 1131, 1140, 1144
岳麓労働　▷1162	九州地協ニュース　▷1162	クロハタ　▷1165
ガス社外工犠牲者救援ニュース　1144	共済　1091	黒旗の下に　1143, ▷1173
瓦斯労働　1122	行商人連盟　1096	黒旗は進む　1123
風　1141	暁人　1099	黒パン党宣言　1138
風が帆綱に佗しく歌ふよ　1125	兄弟通信　1092	クロポトキン・パンフシリーズ　▷1172
火箭　1136	協同組合運動　1147	クロポトキンを中心とした芸術の研究　1142
かちん　1119	協同社会　1145	鍬　1140
褐衣　1088	恐怖時代　1123	荊冠旗　1118, 1136
学校　1125	巨炎　1105	経済戦線　1121
学校詩集　1130	局外　1097	傾斜市場　1104
火点　▷1169	極地圏　1142	芸術と自由　1107, ▷1171
壁　1130	極東　1096	警鐘　1092
貨物列車　1132	極東平民　1104	刑象　▷1167
カモメ　▷1169	極光　1102	京城電報　1093
感覚革命　1099	虚無思想　1113	芸南時報　1149
考ふる人　▷1164	虚無思想研究　1107	芸人アパート　1153
関西実業　1125	虚無思想研究(ニヒリズム研究)　▷1158	芸備評論　▷1162
関西実業新聞　1135	虚無者　1122	京浜市民新聞　1151
関西自由新聞　1119	記録　1153	GE・GJM　GJGAM・PRRR・GJMGEM　1103
関西自由連合　1102	ギロチン　1133	
関西自連　1121	金属の旗は進む　1141	激風　1114
関西水平新聞　1129	金属労働者　1150	月刊A　1116
関西地協ニュース　1143	近代詩歌　1107	月曜　1112
関西地方委員会ニュース　▷1156	近代思想　1120, 1121, 1143	煙　1085
関西労働組合自由連合ニュース　1149	近代思想1次　1084	研究社印刷従業員組合組合報　▷1156
関西労働者　1094	近代思想2次　1086	原始　1105
関西労働新聞　1094	近代思想研究　1115	現社会　1099
感情　1087	近代思潮　1137	限象　1147
関東一般労働者組合合報　1122	近代風景　1137	建設者　1097
関東水平運動　1101	近代婦人　1140	現代アナキズム研究　▷1174
関東地方労働組合自由連合会リーフレット　1125	銀の壺　1099	現代詩歌1次　1088
関東連合　1106	くさみち　1137	現代の朝　▷1172
関東連合(リーフレット)　1106	鎖　1100	現代文化　1124
悍馬　1101	組合運動　1099	現代文芸　1123
歓楽新聞　1126	クラルテ　1107	個　▷1170
紀伊詩人　1120	廓声　1152	鉱害　▷1167
飢餓人　1116	呉評論　1105	号外・芝浦労働　1130
	黒1次　1100	
	黒2次　1106	

工学　1091
公娼　1115
黄色評論　1147
工場生活　1087
耕人　1095,1148
行動者　1120
合同労組　▷1165
公判ニュース　▷1173
光風地　1118
神戸黒労ニュース　1134
神戸自労ニュース　1133
工余　1095
黒煙　1089
黒化　1114
黒魂　1118
国際社会情報　1153
国際情報　▷1163
国際情報(のち国際労働者)　1129
国際戦線　1150
国際ニュース　▷1164
国際平和行進ニュース　▷1170
国際平和行進ニュース(長浜版)
　　　▷1171
黒幟　1115
黒色運動　1124
黒色新聞　1134
黒色青年　1113
黒色戦線　1117,▷1171
黒色戦線1次　1127
黒色戦線2次　1139
黒色戦線3次　1147
黒色農民　1137,1146
黒色農民新聞　1140
黒色の叫び　1144
黒色評論　1118
黒色文芸　1120,1125
黒色労働者　1132
黒色労農新聞(のち労働者新聞)
　　　1134
黒手　1110
黒潜　1118
黒戦　1131
黒戦ニュース　1133
黒旋風　1114
黒潮　1112
黒点　▷1167
黒濤　1096,1101,▷1164
黒闘　1110,1114,1117,1119
黒道　1136
黒蜂　1123

黒友　1114,1115
黒友行進　1145
黒耀　1092
黒蘭　1105
黒嵐時代　1109
黒流　1113,1120,1134
黒林　1126
黒連ニュース　1138
小作人　1116
小作人1次　1095
小作人2次　1097
小作人3次　1115
互助　1099
互助運動　1121
コスモス　1151
コスモス1次　▷1155
コスモス2次　▷1159
コスモス3次　▷1169
国家社会主義　1090,1149
ことば　1111
コムミュン　▷1161
暦　▷1171
根拠地　1132
コンクリート　▷1162
金剛石　▷1162
混沌　1136

さ行

サークル村　▷1167
犀　1129
埼玉自治新聞　1127
作　1152
作品・批評　▷1164
サパトランド　1115
左翼運動　1106
左翼芸術　1123
サラリーマン運動　1120
SALUTON(サルートン)
　　　▷1173
産業労働(リーフレット)　1134
山脈　1112,1135
山陽自治新聞　1139
詩・現実　1133
詩街人　1128
自覚と建設　1140
自我人　1108
自我声　1112
自画像　1127
色即是空(すべてはながる)　1154

事業と神戸新聞　1126
時局研究会　1100
支局だより　▷1159
詩原　1154
詩行動　1151
詩作　1152
自主労働者　1146
至上律　1124
詩神　1109
詩人　1152
詩人時代　1138
詩聖　1094
詩精神　1149,▷1156
詩戦　1143
自擅　1101
詩戦行　1104
自然児　1106,1113
自然人　1114
思想界　1141
思想紀元　▷1158
詩宗族　1148
自総ニュース　1130
思想批判　1120,1135
時代前　1136
自治農民　1113
七道より　1111
詩調　1114
失業労働　1113
実社自由録　1087
詩道場　1131
詩と詩人　▷1156
詩と人生　1100,1140
死の旗　1132
芝浦労働　1097
芝浦労働者ニュース　1146
詩火　▷1156
詩文学　1115,1132
資本と労働　1089,1098
シムーン　1096
社会運動　1098,1099,1120
社会改良　1087
社会芸術　1121,1122
社会詩人　1133
社会思想　1095,1120,1127
社会思潮　1148
社会時評　1102
社会主義　1092
社会主義研究　1090,1103
社会批判　1132
社会評論　1120,1124

社会問題研究　1089
社会理想リーフレット　1140
社会理念　1118
尺土　1093
借家人新聞　1094
借家人同盟　1096
自由　1104,1114,1118
自由／自由新聞　▷1157
週刊三文評論　▷1172
週刊労働新聞　1091
自由共産新聞　▷1161
自由共産新聞九州版　▷1161
自由共産新聞エスペラント版　▷1161
自由クラブ通信　▷1159
自由公論　1115
自由コンミュン　1134,1144
自由思想　▷1168
自由思想研究　▷1168
自由市民　▷1163
自由社会　1120
自由社会新聞　▷1156
自由人　1102,1115,1121,1126,1133,▷1156
自由人1次　1092
自由人2次　1095
自由人新聞　▷1160
自由新聞　1107,1111,1126
自由青年　1127
自由朝鮮　▷1157
十二番街　1132
自由の叫び　1143
自由の先駆　1127
自由評論　1148
自由への道　1144
自由民報　1135
自由連合　1130,1133,1138,1146,▷1158,▷1169
自由連合（のち自由連合新聞）1114
自由連合運動　1127,1128,1137
自由連合主義　1132
自由連合新聞号外東京一般版　1125
自由連合新聞号外東京印刷工組合版　1128
自由連合通信　1136
自由労働　1101,1105,1109
自由労働者　1091,1123
自由論戦　1137,1145

自由を我等に　1146
樹海　1146
主情派　1147
出発　1096
出版労働者　1148
春秋パック　1149
蠢動　1117
順風　1147
春雷　1101
小説月報　1093
商人と行商人　1105
情報　1150
昭和公論　1129
職業婦人　1100
処女地　1127
処女地帯　▷1160
女性改造　1097
女性詩人　1114
女性同盟　1092
自立学校シリーズ　▷1170
資料日本社会運動史　▷1167
自連新聞ニュース　1151
自連姫路支局通信　▷1170
白星　1130
詩論　▷1165
詩を生む人　1104
進化　1089
人群　1088
新興歌謡　1143
新興歌謡選集　1149
新興芸術　1103
新興信濃　1138
神港社会評論　1126
新興農民詩集　1135
新神戸　1089
新公報　1153
新詩学　1128
新詩人　1093
新時代　1116
新社会　1086,1096
新社会評論　1091
新樹　▷1158
信州自由連合　1141
信州青年新聞　1127
新詩論　1143
新進詩人　1088
新生　1088
新生活　1091
人生と芸術　1085
新大陸　1099

新台湾　1102
進徳会　1091
新内軟派　1116
新文化　▷1162
新聞労働　1113
信友　1088
人類愛　1101,1113
塵労　1087
粋界戦線　1153
水平　1096
水平運動　1104
水平新聞1次　1103
水平新聞2次　1109
水平線　1104
水脈　1084
進め　1099
裾野　1141
スペイン　▷1174
素面　▷1169
色即是空（すべてはながる）　1154
聖化　1120
青果新聞　1126
生活運動　1098
生活解放　1139
生活思想　1133
生活と芸術　1084
生活と思想　1146
正義と自由　1124
正義日報　1107
世紀文学　1120
世紀理論　▷1159
聖樹詩人　1104
政治労働新聞　▷1164
正進　1085,1092
聖戦　1104
青年雑誌　1086
青年労働者　▷1158
性文学　1115
清流　1148
世界革命運動情報　▷1173
世界詩人　1108
世界市民　▷1164
世界人コスモポリタン　1087
世界文化　1150
石鉄短信　▷1166
前衛時代　1137,1154
前衛文学　1130
先駆　1091,1117,▷1155
先駆詩人　1129
先駆者　1088,1116

1178

先駆文芸　1126
宣言　1133
閃光　1108
宣告　1132
全国自連関西連合会教育出版部
　　ニュース　1149
全国自連ニュース　1149
全国水平新聞　1118
全国生活新聞　▷1159
全国生活擁護団体連合会ニュース
　　▷1158
潜在　1095
全詩人連合　1122
戦線　1109
全線　1138
戦線確立(研究会)ニュース　1144
戦線同人　1121
戦争抵抗者　▷1168
尖端　1107
戦野　1141
相愛　1102
雑木林　1143
造型　1106
造形　▷1165
装甲車　1120
相互扶助　1130
創世　1084
創生時代　1135
創造の旗　1141
創土　1102
足跡　1086,1148
測量船　1141
狙撃兵　▷1167
祖国と自由　1109,1119
ソシアルガイド　1145
素面　▷1169
空　1111
村落　1121
村落同盟　1117

た・な行

第一芸術　1131
太鼓　1152
大根詩集　1144
第三戦線　1111
第三帝国　1084
第三労働新聞　1097,1099
大衆　1112
大衆運動　1093

大衆公論　1146
大衆公論(リーフレット)　1133
大衆の哄笑　1095
大衆評論1次　1112
大衆評論2次　1121
大地に立つ　1129
大道　1108
第二　1127
颱風　1119
太平　1089
太平洋詩人　1113
炬火　1094
太洋文学　1125
卓上噴水　1085
啄木研究　1148
駄々　1099
ダダ　▷1156
DADAIS　1111
闘ひ　1105
闘ふ農民　1147
戦へ　1106
駝鳥　1129
奪還　1123
種蒔き雑記　1102
種蒔く人1次　1093
種蒔く人2次　1094
ダムダム　1105
便り　1149
単騎　1123
団結　1093
断言　1128
断言　1142
弾道1次　1131
弾道2次　1143
暖流　1150
地協ニュース　▷1163
地上　1087
痴人の群　1113
地底人　1139,1146
地熱　▷1170
地平線　1139
地方自連闘争ニュース　1130
中国評論　1106,1114
中国文化　▷1155
中国連合　1108
中国連合(岡山)　1110
中国連合(呉)　1110
痴遊雑誌　1151
蝶　▷1165
朝鮮東興労働ニュース　1150

朝鮮労働者合同組合ニュース
　　1151
超と反　▷1169
潮流　1111
直接行動　▷1173
追放　1130
辻馬車　1111
土　1108
低気圧　1110
抵抗者　▷1164
抵抗通信　▷1171
デイナミック　1129
底流　1131
底路　1124
手紙　1145
手旗　1123
デモクラシイ　1090
田園と工場　1113,1121
天狗雑誌　▷1164
天上の砂　1101
ド・ド・ド　1109
東印ニュース　1111,1149
東海黒連情報　1120
東京行動戦線　▷1171
東京地協ニュース　▷1161
東京朝鮮民報　1150
動向　1153
闘士　▷1156
東方　1124
動脈　1150
同盟ニュース　▷1169
都会詩人　1122
毒一詩と思想　▷1162
屠殺者　1122
途上に現れるもの　1101
土地と自由　1095
土地に立つ　1142
土民　1147
土民芸術　1117
土曜詩人　▷1162
豊橋文学　1144
銅鑼　1106
鳥之巣　1145
トルストイ研究　1087
奴隷の血　1125
DON　1112
どん底　1101,1113
嫩葉　1107
ナゴヤ経済界　▷1171
名古屋詩人　1119

名古屋社会運動者列伝「資料」
　　▷1166
ナゴヤ労働者　1101
名古屋労働者　1103
七道より　1111
ナボドネニー　1133
南海黒色詩集　1144
南海報知新聞　1136
南海民衆新聞　1145
南華通迅　1152
南方詩人　1120
南方詩派　1139
新潟民報　▷1158
二七三周紀念刊　1112
肉食時代　1116
西中労　▷1157
西浜水平新聞　1107
西播原水協ニュース　▷1167
二十世紀　1124,1144
二七三周年記念刊　1112
ニヒル　1131
日本アナキスト連盟ニュース
　　▷1158,▷1169
日本学芸新聞　1152
日本自協関東地協ニュース　1141
日本農民詩集　1146
日本は歌ふ　1147
日本労働新聞　1089
女人芸術1次　1101
女人芸術2次　1124
人形の群　1089
人間　▷1163
布引詩歌　1149
熱風　1096
農村青年　1137
農本社会　1141
農民1次　1119
農民2次　1124
農民3次　1128
農民4次　1139
農民5次　1144
農民運動　1097
農民軍　1144
農民詩人　1136,1139
農民自治　1113,1120,1141
農民自治 リーフレット　1127
農民自由連合　1134
農民春秋　1143
農民の友　1138,1142
農民文化　1093

農民文学　1136
農民文芸　1141
のき行燈　1098
野火　1112,1143
野葡萄　1101
烽火　1105
NON　▷1164,▷1174
ノンベル報/ノンベル学報
　　▷1160

は・ま行

廃墟の上に　1103
背人　1101
売恥醜文　1103
貘　1108
ばく　1151
白永会　1108
白山詩人1次　1114
白山詩人2次　1126
白山文学　1108
バクショー　1153
白楊　1142
バリケード　1118
反議会戦線　▷1172
反議会戦線（番外）　▷1173
叛逆　1115,▷1168
半月　1092
犯罪者の赤い風船　▷1170
反政党運動　1118
帆船　1095
反戦通信　▷1172
反対　1151
パンと自由　1122,1137,1138,
　　1140
万人　1151
万人文芸　1110
氾濫　1114,1146
美・批評　1135
ピカーケジラミ　1103
火耕　1145
微光　1085
非台湾　1122
人の噂　1143
一人文芸　1110
ヒドロパス　1108
批評　1092,▷1162
非暴力ニュース　▷1174
姫路タイムス　▷1166
百姓運動　1143

兵庫地協ニュース　▷1162
漂人　1125
瓢箪亭通信　▷1169
平等　1118
平等新聞　1111
広島生活新聞　1157
ひろしまの河　▷1169
ヒロシマ婦人新聞　▷1159
広島平民新聞　1157
広島労働者　1109
ひろば　▷1165
広場　▷1166
貧乏人新聞　1128
風信　▷1174
風俗資料　1132
フエルジナン　▷1159
復讐人　1115
富士地区労ニュース　▷1170
不盡　▷1166
婦人週報　1086
婦人戦線　1132
婦人評論　1084
豚　1153
二人　1104
復活　▷1163
太い鮮人　1098
吹雪　1128
冬の土　1138
フラーモ　1105
無頼漢　1153
ぶらつく　▷1155
ブラック・リスト　1146
ブルドック　1103
プレスアルト　1153
プロレタリア新浪漫派　1139
噴火　▷1163
文化運動　1097
文学時代　1130
文学地帯　1128
文学通信　1147
文学批判　1147
文化新聞　▷1160
文化戦線　1123
文化組織　1153
文芸アパート　1130
文芸市場　1109
文芸解放　1116
文芸公論　1116
文芸陣　1117
文芸新聞旬刊　1111

機関紙誌索引　や～わ行

文芸戦線　1103	マヴォMAVO　1103	民友時報　1129
文芸時調　1146	鱒　▷1156	民友新聞　1145
文芸批評　1110	MAZUSHIKI HIKARI(貧しき光)　1088	ムーヴ　▷1168
文芸ビルデング　1125	貧しき者　1086	無我の愛3次　1091
文章講座　1150	抹殺運動　1106	無軌道　1110,1122
文陣　1149	窓　▷1166	ムギメシ　▷1165
奮闘　1091	MANIA　1099	夢幻　1104
文党　1108	まめの花　1085	無限　1094
文筆労働　1099	マルクス主義研究　1105	無告通信　▷1173
文明批判　1134	マロース(мороз)　▷1174	無差別　1111
文明批評　1088,1105,1116	漫画　1087	無産詩人　1104
平平旬刊　1102	三重水平新聞　1100	無産者自治新聞　1129
へいみん　1085	蜜蜂　1130	無産者新聞　1098
平民　1089	未踏地　1126,1135	無産人　1107
平民医学　1087	緑(のち「みどり」)　1102	無産新聞　1116
平民思想(リーフレット)　1119	港街　1118	無首領者　1129
平民新聞　1085,▷1155,▷1159,▷1160,▷1161	美なみ新聞　1088	矛盾　1124
	明星再刊2次　1095	無所謂宗教　1096
平民新聞 附録 関西地区　▷1162	未来と青年　1103,1117	無政府　1124
平民新聞(横浜地区)　▷1161	民間文化周刊　1122	無政府研究　▷1167
平民新聞エスペラント版　▷1160	民権新聞　1093	無政府コンミュン　1142
平民新報　▷1164	民衆　1088,1109	無政府思想　1127,▷1157
平民世界　1097	民衆運動　1099,1102	無政府主義　1124
平民の鐘　1166	民衆岡山　1129	無政府主義運動　1137,▷1166
平民之声　1096	民衆娯楽　1096	無政府主義会議　▷1157
平民評論　1118	民衆自治　1129	無政府主義研究　1122,1140
平明　1086	民衆時評　1137	無政府新聞　▷1164
平和の鐘　▷1165	民衆時報　1151	無肥料地帯　1144
碧桃　1116	民衆新聞　1100	無風帯　1150,▷1157
北京大学学生周刊　1091	民衆生活暁新聞　1150	無風帯社ニュース　▷1156
へちまの花　1085	民衆の意思　1097	芽　1146
別働戦　1123	民衆の解放　1141	明日　1134
変革者の言葉　▷1168	民衆の鐘　1147	目ざまし新聞　▷1168
変態資料　1114	民衆の芸術　1089	燃え挙る心　1097
忘却　1127	民衆の力　1097	黙殺　1107
防塞　1136	V.NARODO!民衆の中へ　1122	黙人　1102
防長水平1次　1102	民衆評論　1139	
ポエトリ　▷1165	民主解放　▷1158	**や～わ行**
北緯五十度　1131	民主新聞　▷1156	
北緯五十度詩集　1139	民主タイムス　▷1157	夜光虫　1105
北斗　1113	民鐘　1096	野獣群　1114
ぼくら　1147	閩星　1091	野人群　1146
北極星　1122	民声1期　1084	大和詩園　1128
暮笛　1089	民声2期　1086	山脈　1112,1135
歩道　1127	民声3期　1093	山娘　1130
ポレミーク　▷1167	民声社紀事録　1087	友愛新報　1084
ボロジン　1108	民風　1090	友愛婦人　1087
本会宣言書　1094	民鋒　1099	柚の木　1153
凡人　▷1166	民鋒(上海版)　1115	夢(SONĜO)　▷1165
奔流　1111		溶鉱炉　1132

1181

夜汽車　1114
横浜印刷工組合　1109
横浜労働新聞　1090
吉野信夫個人雑誌　1135
ヨタリスト　1105
夜の広島　1119
夜の都　1119
夜の横浜　1112
ラ・エスペロ　1152
ラ・ミノリテ　1112,1123
羅列　1119
リベルテ　▷1158,▷1163
リベルテール　1117
梁山泊　▷1172
梁山泊政論　▷1172
緑幟　1086
緑波　1096
るつぼ　▷1167
黎明　1084
歴程　1151
連盟情報　1139
連盟通信　▷1164
連盟ニュース　▷1161,▷1163,▷1170

連盟ニュース/日本アナキスト連盟　▷1155
廊声　1152
労働　1088
労働運動　1091,▷1160,▷1168
労働運動1次　1090
労働運動2次　1093
労働運動3次　1095
労働運動4次　1101,1102
労働運動5次　1116
労働運動(関西版)　▷1168
労働及産業　1085
労働音　1092
労働組合　1087
労働芸術　1092
労働時報(リーフレット)　1135
労働者　1092,1093,1098
労働社会　1090
労働者社会主義　▷1174
労働者新聞　1089,1142
労働者の叫び　1125,1142
労働者評論　1120
労働週報　1095
労働新聞　1086,1088,1091,1098

労働青年　1087
労働と解放　▷1172
労働文化　1106
労働文学　1090
労農運動　1130
ログニ　1138
ロシヤ研究　1099
炉辺者　1136
路傍詩人　1130
論戦　1106
惑星　1109
ワシラノシンブン　1103
悪い仲間　1101
悪い仲間MALBONA KAMARADO　1119
我等　1089
我等の運動　1100
我等の叫び　1140
我等の詩　1096
我等の新聞　1152
我等の批判　1142
われらの理論　1151
我等の論理　1145
吾々は空想する　1119

日本社会主義同盟加盟者名簿

※本名簿は，1920年12月に創立された日本社会主義同盟加盟者名簿である。国内に現存する名簿には，堺利彦旧蔵名簿全9冊と近藤憲二旧蔵名簿全2冊の2種がある。いずれも未公刊資料であり，本事典において初めて全容を公開する。堺旧蔵名簿は，向坂逸郎を経由して法政大学大原社研に寄贈され，近藤旧蔵名簿は，山辺健太郎を経由して和光大学図書館に寄贈されたものである。

※日本社会主義同盟は，治安警察法により創立から半年後の翌21年5月に解散処分を受けたが，加盟団体の創立年次や個人の所属団体名などから，解散処分後の22年以降にも加盟者のオルグ・記帳が継続されていたことが分かる。特に堺旧蔵名簿第8冊は資料的価値が高い。

＊個人加盟者は，名簿に記された名前を表記し，備考欄に筆名等を表記した。(秋田徳三/秋田雨雀など)

＊「堺1」「近1」という注記は，それぞれの名簿の第何冊目に記帳されているかを示す。

＊本事典ではアイウエオ順に再構成し，事典本編立項者は太字で示した。人名のヨミについて誤りがあればご指摘いただきたい。

＊名簿に記された住所，団体名など必要な注記を施した。判読不能文字は□で表記した。

(廣畑研二編)

団体加盟	堺	近藤	備考	集団加盟	堺	近藤	備考
新人会広島支部	堺1	近1	広島市元宇品町	暁民会	堺1	近1	東京市外戸塚町
文化学会	堺8		小石川区	京都中央看護婦会	堺1	近1	京都市富小路通
労働週報社	堺8		1922年2月創刊	炬火社	堺1	近1	沖縄県那覇区辻町
大衆時報社	堺8		在留朝鮮人団体	北郊自主会	堺1	近1	巣鴨町/橋浦時雄方
西部交通労働同盟	堺8		1922年3月創立	SS会	堺1	近1	印刷工連合会
大阪労働学校	堺8		1922年6月創立	日本鉱夫総同盟会釜石組合	堺1	近1	岩手県釜石町
阪神電鉄談笑クラブ	堺8		兵庫県武庫郡	建設者同盟	堺2	近2	池袋
鍬社	堺8		秋田県土崎/永井十一方	新人会能登支部	堺3	近1	七尾町湊町
下層民社	堺8		盛岡市/多田基一方	黒旋会	堺5	近2	大阪市
勢濃文書伝道会	堺8		三重県七取局私書箱	正進会	堺6	近2	印刷工組合
名古屋鉄工組合	堺8		名古屋市中区	牧民会	堺6	近1	盛岡市
社会主義研究所	堺8		鳥取県米子中町	新人会石川県支部	堺6		石川郡弓取村
赤農倶楽部	堺8		高知県/浜田虎吉方	大日本鉱山労働同盟会		近1	足尾町
同志会戸畑支部	堺8		福岡県遠賀郡	SR会		近2	京都市
赤色農民会	堺8		千葉県/小川光方	LL会		近2	大阪市
安房郡文化協会	堺8		千葉県安房郡				
紅一会	堺9		東京砲兵工廠職工				

個人名	堺	近藤		個人名	堺	近藤	
相川幸次郎	堺9		京橋区/指物職	青柿善一郎	堺5	近2	神戸市
合坂逸治郎	堺1	近1	大阪市南区/仏教大学	**青木いね**	堺1	近1	北郊自主会
相沢喜一郎	堺1	近1	日本橋区	青木太一		近1	大阪市南区
会田豊太郎	堺1	近1	神田三崎町	青木長吉		近2	静岡県/佐野石治紹介
相楽達雄	堺1	近1	セルロイド工	青木定一		近1	岡山県浅口郡
青井 泉	堺5	近2	岡山県児島郡	**青木祐一**	堺1	近1	青木助一/北郊自主会

日本社会主義同盟加入者名簿

氏名	堺	近	備考	氏名	堺	近	備考
青柳正二	堺6		金沢市	荒川畔村	堺1	近1	関根喜太郎/東雲堂
青山貝三	堺9		暁民会	荒畑勝三	堺1	近1	発起人/日本労働新聞社
赤石憲太郎	堺8		秋田市/「金砂」主宰	有賀 雅	堺1	近1	自由労働者組合小石川支部
赤座孝生	堺5	近2	神戸市/貿易商	有賀忠助	堺1	近1	王子町/事務員
明石善兵衛	堺2		池袋	有川 繁	堺3		福岡明治専門学校
赤間乾一	堺1	近1	正進会	有松正夫	堺1	近1	岡山県上道郡/岡山水平社
赤松克麿	堺1	近1	発起人/警視庁特要	有山隆造	堺5		大阪府西成郡
秋田徳三	堺2		秋田雨雀	或沢 勇	堺8		長野県上田市
秋田巻助	堺2		西巣鴨	安藤 治	堺3		新潟県南魚沼郡
秋田よし	堺2		西巣鴨	安藤国松		近2	LL会
秋月静枝	堺9		赤瀾会	飯尾弁次郎	堺3	近1	本名弁太郎/松山市
秋葉安一	堺7		北海道留萌町/和田炭鉱	飯田義造		近1	静岡市/佐野紹介
秋山 清	堺2		赤羽/詩人とは別人	飯塚秀治	堺8		山梨県東山梨郡
秋山 純	堺8		長岡市	飯干義雄	堺8		宮崎県西旧杵郡
秋山鉄也	堺5	近2	神戸市	猪飼眞左夫	堺5	近2	京都府特要/劇場広告社
秋山瑟二			神田区/退盟	猪狩忠英	堺1	近1	新人会
阿子崎呉服店		近1	陸前国/武者宗十郎紹介	猪狩見龍		近1	盛岡牧民会
浅枝次郎	堺3		福岡県若松市/画家	**伊串英治**	堺4		名古屋労働運動社支局
浅尾敏太郎	堺5		岡山県都窪郡/退盟	**生島繁**	堺1	近1	正進会
朝倉 正	堺5	近2	神戸市/会社員	生田虎蔵	堺1	近1	広島市/作家
浅沼稲次郎		近2	建設者同盟	井口九万太郎	堺1	近1	日本鉱夫総同盟会釜石組合
浅野 廣	堺1	近1	SS会	池上武士	堺1	近1	コスモ倶楽部/早大生
浅野 護	堺1		警視庁特要/自由人連盟	池亀新一	堺1	近1	鹿児島県熊毛郡
浅野研眞		近2	府下日暮里/教誨師	池尻卓夫	堺2	近2	国民新聞記者
浅野留三郎		近1	陸前国柴田郡/武者紹介	池添天紅	堺3	近2	高知市
旭 江緑	堺9		本名宮尾賢	池田 □	堺8		神田区表猿楽町
浅山敬次		近1	宮城県登米町	池田 隆	堺8		熊本市/5高生
鯵坂哲慧		近2	新人会	石井 清		近2	大阪市北区/旋盤工
味野金平	堺2	近2	建設者同盟	石井 悟	堺1		秋田県由利郡
東 忠續		近2	京都SR会	石井泉一郎		近1	岡山県浅口郡
麻生 久	堺1	近1	発起人/下谷区	石井正一	堺2		日暮里元金杉
安達健吉	堺3		熊本県鹿本郡	石井天洋	堺1		千葉県安房郡
穴吹 弘	堺8		香川県木田郡	石井虎吉	堺9	近2	芝白金三光町/機械工
安倍磯雄	堺1	近1	警視庁特要	**石井秀太郎**	堺9	近2	正進会
阿部小一郎	堺1	近1	SS会	石井泰一郎	堺9	近1	神田区/京橋区役所
阿部里雪	堺1		松山市/伊予日々新聞社	石川金次郎	堺6	近1	盛岡牧民会
阿部千代治		近1	磐城国亘理町/武者紹介	石川吉太郎		近2	静岡県賀茂郡/佐野紹介
雨宮 勝	堺8		山梨県東八代郡	石川暁星	堺2		石川太一/暁民会
綾部健太郎	堺9		芝区/信越電力	**石川三四郎**	堺9	近2	警視庁特要
鮎沢寛一	堺1	近1	長野県瀬戸郡	石川長三郎	堺2	近2	麻布区/加藤勘十紹介
鮎沢実也	堺1	近1	長野県瀬戸郡	石毛伴治	堺6	近1	千葉県香取郡
荒河貫一郎	堺8		和歌山県日高郡	石崎順二	堺3		新潟県蒲原郡岩室村
新井紀一	堺1	近1	北千住/「黒煙」同人	石沢鉄太郎	堺9		四谷区南寺町
荒井邦之介	堺2		戸塚源兵衛/暁民会	伊志世記	堺9	近1	石関伊勢松/京橋区
新井清太郎		近1	京都府綴喜郡	石田 満	堺8		群馬県多野郡
荒井筑水		近2	信友会	石田英一郎	堺8		本郷区第1高等学校
荒川実蔵	堺9		東京外語	**石田九蔵**	堺1	近1	SS会/福音印刷所職工
荒川精一		近1	本郷区駒込蓬莱町	石田慶治	堺7	近2	満洲長春新市街
荒木田忠太郎		近1	日本鉱夫総同盟会釜石組合	石田邦三	堺3		大分県八坂村
荒谷		近2	LL会	石塚松太郎		近2	府下戸塚上戸塚

日本社会主義同盟加入者名簿

石津英夫	堺9	近2	府下吾妻請地	今井安一	堺8		岐阜県加茂郡
石戸然而	堺1	近1	岡山県久米郡/銀行員	**今井勇治**		近1	SS会
石原伊之吉	堺5		姫路市野里町/香具師	今堀直治郎	堺4		滋賀県神埼郡
石原菊薫	堺8		群馬県佐波郡	今村静夫	堺9	近2	麹町区
石丸順一	堺1	近1	正進会	今村信夫	堺1	近2	神戸市/会社員
石水新三	堺8		神戸市	井村源太郎	堺9	近2	府下北品川
石本恵吉		近1	小石川区/男爵	岩内善作		近1	日暮里町金杉/新人会
石本七郎		近1	熊本県八代郡	岩内善作	堺1		京都市聖護院山王町
石山寛八郎	堺6		茨城県猿島郡	岩崎英精		近1	京都府特要/三日日新聞
石山寅吉		近1	足尾鉱山労働同盟	岩崎琴治	堺5	近1	京都府特要/北丹時報
石渡山達	堺1	近1	野本実/北郊自主会	岩崎喜作	堺2	近2	横浜市/画家
泉 眼鏡	堺8		大阪府下西成郡	岩崎庫造	堺7	近2	支那天津法界二号路
伊勢愛子	堺5	近2	大阪西区	**岩崎善右衛門**		近1	警視庁特要/おでんや
伊勢邦彦	堺5	近2	大阪西区	**岩佐作太郎**		近1	発起人/警視庁特要
五十里勝弘	堺8		小石川区林町	岩沢巌		近1	別名岡陽之助/牛込区
五十里幸太郎	堺2	近2	警視庁特要/北風会	**岩出金次郎**			LL会
井田 孝	堺1	近1	市外下目黒/画工	岩橋郁三		近1	新愛知新聞社編輯局内
板尾重松	堺1	近1	日本橋小網町/人力車夫	岩本梅吉		近2	府下戸塚源兵衛
板倉定四郎	堺1	近1	横浜市若竹町/新聞記者	岩本文雄	堺8		大阪市東区
井谷正吉	堺8		三重県度会郡	植草芳明			日本橋区
板橋万吉	堺2		建設者同盟/扶信会	上田 勇		堺1	麹町区八重洲町
伊丹勝利	堺8		岡山県御津郡	上田 隆		近2	夕張町/ミエル支教会
市川弁次郎	堺1	近	王子町上ノ原	上田義市	堺4		岡崎市/織布会社
一宮勝太郎	堺8		静岡県志太郡	植田憲治			長野県下伊那郡
井出 俊		近2	長野県畑八組	**植田好太郎**	堺1	近1	発起人/神奈川県特要
熨斗吉蔵	堺5	近2	大阪府東成郡	上田茂樹		近1	市外大滝町/水曜会
伊藤 憲	堺2		労働運動社静岡支局	上妻 久		近2	東京渋谷町/学生
伊藤 茂		近2	神奈川県/退盟	上野八郎		近2	LL会
伊藤勇四郎	堺8		北海道空知郡	植松	堺8		高松市
伊藤渓石		近2	名古屋市中区	上山正巳	堺8		茨城県筑波郡
伊藤定雄	堺8		静岡県浜松市	氏家清吉		近1	磐城国伊具郡/武者紹介
伊藤三郎	堺1	近	千葉県香取郡/退盟	**臼井源一**		堺8	黒連/自然児連盟
伊藤誠輔	堺1	近2	本郷春木町/三井事務員	薄井健一郎		堺8	大阪市北区
伊藤宗太郎	堺9	近2	大日本機械技工組合	薄井健次郎		堺8	大阪市北区
伊藤北斗	堺1	近2	芝白金三光町/明大生	碓井浪鷹		堺3	富山県中新川郡
伊藤睦男	堺9	近2	小石川区新諏訪町	内田成一		堺8	広島市山口町
伊藤宗蔵	堺1	近	東京毎日新聞支局	**内田庄作**		堺1	静岡県藤枝町/文筆家
伊藤安太郎	堺8		遠州磐田郡	**内田文夫**		近1	四谷区/正進会
五十崎義鶴	堺1	近	上海北四川路積慶里	打田友吉	堺5	近2	神戸市三宮/貿易商
糸屋久雄	堺9	近2	牛込区/法大生	内田昌夫	堺5	近2	大阪府下西成郡/電気工
稲生益太郎		近9	北風会/正進会	内沼三郎	堺2	近2	府下向島隅田村
稲富武次郎		近	鹿児島県鹿児島郡	内野威千代		近2	神奈川県足柄下郡
井上 清	堺8		大分県仲ノ浜町	宇都宮宮忠平		堺1	大分県速見郡
井上 誠	堺1	近	麻布西町/友愛会	内海朝次郎		近2	明大生/暁民会
井上康文	堺2	近2	市外池袋/民衆社	海野 潔		近2	静岡県賀茂郡
井上龍郎	堺1		SS会	梅沢喜一		近2	大阪中本町
井上直蔵	堺2		神奈川橘樹郡	梅沢佐威	堺8		高崎市田町
井上好夫	堺8		千葉県浦安町	梅田伝蔵		近2	下谷区龍泉寺町
井之口政雄	堺1	近	牛込区/徳田球一方	**浦崎夢二郎**		堺1	浦崎康華/琉球新報記者
今井沢彦	堺8		京都市東堀川通り	浦田武雄		近1	日大生/警視庁特要

1185

日本社会主義同盟加入者名簿

氏名	堺	近	所属/備考	氏名	堺	近	所属/備考
卜部 匡		近2	福岡市東中洲町	大堀常四郎	堺2	近2	麻布区/日本電気無線工
江口 渙	堺1	近1	下谷区上野桜木町	大堀允彦	堺2		原宿
越中谷利一	堺9		大崎町	大村繁二	堺8		岡山市西大寺
江渡幸三郎	堺1	近1	江渡狄嶺/警視庁特要	大基眞平	堺9	近2	神田駿河台南甲賀町
江戸清吉		近2	磐城国荒浜町/武者紹介	大森義文	堺5		神戸江戸町
江森盛弥	堺2	近2	神奈川県鎌倉町	大屋憲良	堺8		池袋下リ谷
遠藤 清	堺5	近2	大阪市東区/会社員	大脇勇吉	堺8		岐阜県加茂郡
遠藤吉兵衛	堺4	近2	豊橋市/豊橋市会議員	岡 辰雄	堺8		秋田市女形新町
遠藤友四郎	堺1	近1	警視庁特要/東北評論	岡 悌治	堺1	近1	府下奥戸村/文化学会
尾池眞弓		近1	群馬県勢多郡/建設者同盟	岡沢曲川	堺1	近1	SS会/東京毎夕新聞
大池倭文雄	堺4	近2	名古屋市南区/新聞記者	岡田 薫	堺8		岐阜県若宮町
大石芳枝	堺5	近2	京都府思想要注意人	岡田愛子	堺8		小石川区林町
大岡洋吉	堺1	近1	麻布区兵衛町/松山高校	岡田四十吉	堺9	近2	芝区/日本工学機械工
大鐘参夫	堺8		京都府加佐郡/香具師	岡田鉄拳	堺8		本郷区元町
大川戸源次郎	堺8		信州諏訪郡	岡田養四郎	堺1	近1	新潟県中頸城郡
大串秋水	堺5	近2	大串孝之助/黒旒会	岡田義雄	堺2		静岡県浜名郡
大久保久太	堺1	近1	名古屋市東区/店員	岡 千代彦	堺1	近1	発起人/警視庁特要
大倉三郎	堺5	近2	大阪府中河内郡	岡野作太郎	堺9	近2	添田平吉紹介
大黒作造	堺9	近2	深川区/米穀店	岡野重喜	堺3		長崎市稲佐町
大嶋音吉	堺2		中野町	岡野辰之助	堺1	近1	警視庁特要/売文社
大島前衛	堺8		大阪府東成郡	岡橋秋村	堺8		京都府相楽郡
大島義明	堺8		市外向島隅田	岡部一太	堺1	近1	神戸市国香通/貿易商
大島義晴	堺1	近1	府下向島隅田/印刷業	岡部静夫	堺2	近2	府下日暮里町
王城 繁	堺7		沖縄県糸満町	丘村道行	堺9	近2	一方井安正/東京瓦斯電工
大須賀健治	堺1	近1	愛知県額田郡	岡本 登	堺8		愛媛県東宇和郡
大杉 栄	堺1	近1	発起人/神奈川県特要	岡本勝三郎	堺8		福岡県遠賀郡
大杉結次	堺8		岡山県川上郡	岡本八重次郎	堺5	近2	SR会/蒔絵職
太田 勝		近1	新潟県三島郡/円明院	岡本保太郎	堺9		岡本潤/東洋大
大平藤市	堺8		新潟県佐渡郡/新保川発電	小川 武	堺8		東京市電運転手
太田千代子	堺9		丸山新町	小川源司	堺1	近2	横浜中村町/馬方
大谷 明		近1	本郷区/宇都宮病院	小川龍造	堺8		滋賀県八幡町
大谷秀雄		近1	七尾町/新人会能登支部	小川豊明	堺1	近1	千葉県香取郡
大谷平治	堺9	近2	信友会	小川光南	堺8		小川三男/赤色農民会
太田春夫		近2	大阪市北区	小川未明		近1	牛込区天神町
大塚忠蔵	堺1		王子町新町	荻原修一郎	堺1	近1	日本鉱夫総同盟会釜石組合
大坪和夫	堺8	近2	栃木県上都賀郡	沖敏之助		近2	建設者同盟
大蔵辰夫	堺5		大坂南区/日本労働新聞	荻野次郎	堺3		新潟県佐渡郡
大友良輔	堺5		岡山市/普選期成同盟会	奥家高市	堺9		飯田町
大西 昌		近2	LL会	奥田桃作	堺2		麻布
大西永次郎		近1	群馬県前橋市	奥野眞義	堺8		兵庫県淡路国洲本町
大西俊夫		近2	建設者同盟	奥村 茂	堺1		小石川区竹早町
大西留吉		近2	神戸市/高田宗太郎紹介	奥村甚之助	堺5	近2	京都府特要/鉄工職
大沼一路		近2	東京市麻布広尾/電気局	奥山一雄	堺1	近2	小石川区/文工社員
大沼源吉		近1	磐城国亘理町/武者紹介	小倉政蔵	堺9		大崎町上大崎
大野木入道	堺5		京都市上京区	生越義康	堺1		Whitefish. Mont. u. s. a.
大野伴直		近1	大阪市西区	尾崎士郎	堺1	近1	市外中目黒/警視庁特要
大野平行	堺5	近2	LL会	筬部治之助	堺5	近2	大阪市北区/黒旒会
大林春雄		近2	神奈川県足柄下郡	小沢影清	堺9		月島本仲通
大庭柯公	堺1	近1	発起人/読売新聞	小沢景晴	堺1	近1	小沢景勝/山梨民報社
大部雅章		近2	静岡市	小沢壽一	堺4		長野県下水内郡

日本社会主義同盟加入者名簿

小田甚次郎	堺9	近2	京橋区/機械工	上妻 久	堺2		官報配達夫
小田知一	堺5	近2	黒旙会/京都府特要	神永文三	堺1	近1	鉱山労働同盟
小田美寄穂	堺5	近2	京都労働学校	神波 立		近1	島根県周吉郡
小田吉伸	堺5	近2	神戸市江戸町	神谷重道	堺9	近2	本所区/靴行商人
越智 等		近2	LL会	加山光月	堺8		麻布区十番通
落合 済	堺8		群馬県多野郡/農民組合	苅田菊次郎	堺8		岐阜県加茂郡
小野秀文	堺9		愛宕町	苅谷紋太郎		近1	深川区猿江裏町
小野清一	堺2	近2	府下西巣鴨町池袋	河合勝次			静岡県浜名郡
小野忠男	堺2		静岡県浜名郡	河合正治	堺6		石川県石川郡
小畑俊夫	堺5	近2	大坂北区/黒旙会	河合満信			近2 府下南多摩郡
小畑松太郎	堺1		富山県氷見町	川勝篤郎	堺5		大阪府/紡績会社
恩田五郎	堺9	近2	神田区/歯科医師	**河上 豪**		近2	呉市/平民大学聴講
貝原タイ	堺2		大森海岸通/赤瀾会	河上渓露	堺8		京都市川端東町
甲斐頼吉	堺3		宮崎県東臼杵郡	川上養助	堺9	近1	深川区/人夫
柿田勇吉		近2	秋田県大曲町	河越虎之進		近1	相州小田原
角田 功	堺2	近2	府下南多摩郡/明大生	川崎 寛	堺8		千葉県印旛郡
角田 正	堺8		岡山県吉備郡/農民組合	**川崎春治**	堺1	近1	川崎春二/暁民会
加隈 傳		近2	麹町区/歌人	川島兼一郎	堺1	近1	王子町上ノ原
景山栄久	堺8		山梨県塩山町	川嶋吉太郎		近2	静岡県庵原郡/佐野紹介
笠嶋末吉		近2	LL会	河済金次郎	堺8		山口県都濃郡
笠原伊之松	堺1	近	芝区新網町/靴工	川添茂吉	堺8		釜山市香椎漁業事務所
風間丈吉	堺9	近2	京橋区/鍛冶職	河内啓蔵	堺1	近1	SS会
梶田依一郎	堺5	近2	大阪市東区/鉄仕上工	河内澄□		近1	本郷区三組町
鹿島宇吉	堺6	近2	埼玉県入間郡/早大生	川西延次	堺8		岡山県上房郡
粕川 勇	堺1	近	四谷区/正進会	川西和夫		近2	小石川区戸崎町
片桐市蔵		近2	名古屋市/普選期成会	川西定吉	堺5	近2	大阪市東区/紙器会社
勝本富久郎	堺2	近2	市外南先住	川端迷羊		近1	名古屋中区/商店員
勝山盛一	堺8		長野県上高井郡	川村 恒	堺8		群馬県多野郡
加藤	堺8		広島県海田市町	河村定方	堺4	近2	名古屋市東区
加藤 潔	堺9		牛込区/徳田球一方	河村栄松		近2	新人会能登支部
加藤重義	堺9		神田区/法大生	**河村儀松**			鉱山労働同盟
加藤一夫	堺1	近2	発起人/神奈川県特要	**河本乾次**			自由人連盟/北風会
加藤勘十	堺1		発起人/芝区	河森一喜		堺2 近2	商店員
加藤恭助		近2	山形県南置賜郡	神田志藝雄	堺2		静岡県浜名郡
加藤公典		近2	台湾廿番署□区	神田明徳	堺9		西片町
加藤助次郎	堺1	近2	京都市/貴金属装身具職工	神田美一郎		近2	京橋区/深沢由徳紹介
加藤清蔵	堺3		福岡明治専門学校	蒲原眞實		近2	高知県/並川勇馬紹介
門沢惣蔵		近	磐城国亘理郡/武者紹介	管村鈍平	堺1	近1	鵠谷純平/労運和歌山支局
金井寿堂	堺1		長野県更級郡	**菊田芳夫**		堺1 近1	福島県本宮町基督教青年会
金井津根吉	堺1	近2	群馬県碓氷郡/教員	菊地暁灯	堺2		西巣鴨
金山久雄	堺8		島根県能美郡	菊地壽郎	堺9	近2	三田四国町/建設者同盟
可児義雄		近	大日本鉱山労働同盟会	菊池繁満		近1	北海道室蘭区
蟹江慶造	堺1	近2	名古屋市/退盟	菊地伴之	堺8		北海道下富良野駅鉄道官舎
金子半酔		近	越中氷見町	菊地之吉		近1	磐城国荒浜町/武者紹介
金子稀司郎	堺2		北豊島郡赤羽	菊地宗遠		近1	磐城国亘理郡/武者紹介
金子魯道	堺1	近2	盛岡市外北山/僧侶	菊地由太郎		近2	京橋区/靴工同志会
金咲道明	堺5	近2	LL会	**岸井 清**	堺5		大阪市南区/借家人同盟
兼松義整		近2	四谷区	岸川 茂	堺9	近2	神田区/印刷工
金丸 茂	堺8		福岡県後藤寺町	木嶋辰正		近1	岩手県/鉄道官舎/退盟
加納栄太郎	堺1		大阪市/退盟	岸本 貢	堺8		岡山県上道郡/農民組合

日本社会主義同盟加入者名簿

宜壽次朝倹	堺7	近2	沖縄県糸満町
北　實	堺9	近2	本郷区動坂町
北　曠	堺8		北海道野付手町
北浦千太郎	堺1	近1	警視庁特要/正進会
北島泰之助	堺2	近1	西多摩郡
木谷栄吉	堺5	近2	神戸市
北原　晃	堺8		牛込中町
北原龍雄	堺1	近1	発起人/赤坂区
北村　實		近2	京橋区月島東仲通
北村栄蔵	堺1	近1	京橋区/正進会
北村佐市	堺1	近1	芝区/印刷工
木藤金吾	堺1	近1	福岡県八幡市
木名瀬露文	堺1	近1	茨城県多賀郡/山口炭坑
衣笠寅吉	堺8		静岡県蒲原郡
木本敏郎	堺1	近1	大阪市北区
木全大孝	堺2		浜松市/僧侶
木村勝衛		近1	石狩国空知郡/武者紹介
木村謙之助	堺1		岩手県西磐井郡
木村泰吉		近1	陸前国/武者紹介
木村武三	堺9		警視庁特要/印刷工
木村友次郎	堺7	近2	支那安東県市場通/店員
木村豊吉		近2	静岡県駿東郡/佐野紹介
木元政之介	堺1		神戸市/石鹸製造業
木闇照雄	堺8		群馬県高崎市
久間晴治		近1	名古屋市/平民大学聴講
姜　仁秀		近1	朝鮮咸境南道利原郡
京極貞三	堺5	近2	大阪商船会社乗組事務員
京谷周一	堺1	近1	北郊自主会
清川秀敏	堺2	近2	日暮里元金杉/抹殺社
清田彌一		近2	大阪市西区/佐野紹介
清野誠恒		近2	小石川区水道端
桐山	堺8		滋賀県坂田郡
金　東明			朝鮮金山府佐川洞
日下　眞		近1	磐城国白石町/武者紹介
日下部稔	堺1	近1	瀧野川町/徳田球一方
城田徳隆	堺1	近1	沖縄県糸満町
楠葉幽秋	堺8		京都府下舞鶴町
楠目義章		近2	高知県/並川勇馬紹介
楠本芳一	堺8		金沢市
久津見房子	堺2		巣鴨宮下/警視庁特要
工藤久蔵	堺1	近1	青森県弘前市
国島泰次郎	堺5		京都府思想要注意人
国司海二郎	堺8		大阪府下萩ノ茶屋郵便局
国司円爾		近2	兵庫県明石市/教員
国富　保			倉敷労働科学研究所
久野彦三		近1	京橋区/機械仕上工
久野瑳助			静岡県磐田郡
久保地理善		近2	高知県/並川勇馬紹介
窪田昌義		近1	神戸市上筒井町
倉本晃平	堺9	近2	本郷区/医療機械型録業
倉持忠助	堺5	近2	黒旗会/LL会/香具師
倉吉一雄	堺8		神戸合同労働組合
栗須七郎	堺8		大阪府水平社
栗田小文次	堺1	近1	静岡県小笠郡/弁護士
栗林菊太郎		近1	高知県/旅館得月館主
栗林四郎一	堺1	近1	警視庁特要/紅一会
栗原　精		近1	茨城県東茨城郡
栗原光三	堺1	近1	警視庁特要/売文社
栗原美津一	堺8		群馬県佐波郡
栗本秀五郎	堺1	近1	土佐幡多郡
黒石楠重		近2	高知県/並川勇馬紹介
黒川本四郎		近2	高知市/並川勇馬紹介
黒沢伸三郎	堺6		足尾町/鉱山労働同盟会
黒住宗一		近1	岡山県小田郡/農会技手
黒瀬哲郎		近1	神田区三河町
黒瀬春吉	堺9		労働同盟会
桑名清一郎	堺6	近2	猪苗代水力発電所
桑原松蔵	堺9		黒色労働組合/北風会
桑原錬太郎	堺1	近1	京橋区/正進会
郡司彝太郎	堺6	近2	茨城県東茨城郡
小池銀三	堺8		静岡県志田郡
小池新三郎	堺2	近2	芝浦製作所職工
小池はる	堺1	近1	北郊自主会
小池宗四郎	堺1	近1	北郊自主会/労働同盟会
小泉守治		近1	磐城国/武者紹介
小出邦延	堺1	近1	北郊自主会
小出黎一		堺8	山形県東置賜郡
幸　精一		近2	神田区小川町
黄登明	堺9		元町
糀谷重平	堺6		千葉県東葛飾郡
甲田　巌			長野県小県郡
河内山繁樹	堺9	近2	本郷東片町/日々新聞支局
河内山信久			東片町
幸徳富治			土佐国幡多郡
河野　鋭		近2	西巣鴨関原
河野重信	堺1	近1	長崎市/友愛会長崎支部
小倉政蔵		近2	府下大崎町/労働者
小阪祐一		近2	神戸市/藤井省一紹介
小嶋一吉	堺8		小島一吉/愛知県河辺郡
小平茂吉		近2	友愛会日暮里支部
小鷹牧夫	堺8		静岡県浜松市
小竹広哉		近2	京都市堀川通
小寺英雄	堺8		広島県厳島町
後藤　新		近2	府下戸塚源兵衛
後藤耕作		堺1	近1	七尾町/新人会能登支部
小名川慶太郎		近2	大分県大分郡
小西憲一		近2	浅草区/顕本□学会内
小幡茂男	堺8		日本基督教団小高伝道所
小林　茂	堺5	近2	京都府特要/木材石材商
小林栄治	堺5	近2	兵庫県美方郡

日本社会主義同盟加入者名簿

氏名	堺	近	備考	氏名	堺	近	備考
小林喜兵衛	堺1	近2	神奈川県足柄下郡/退盟	坂口善太郎	堺8		名古屋市中区/商店員
小林健三郎	堺9		本所区/護謨製造業	坂口由三郎		近1	和歌山県日高郡
小林三郎	堺8		石川県大聖寺町	坂野龍雄	堺6	近2	福島県伊達郡
小林進次郎	堺1	近2	小林進二郎/正進会	佐上静夫	堺8		岡山市桶屋町
小林武次郎			牛込区/徳田球一方	阪本 翠		近2	戸塚上戸塚
小林半平	堺1	近1	山梨県石和町	坂本英憲	堺8		東京府下西多摩郡
小林政次	堺8		静岡県志太郡	坂本久保			広島県福山市
小林晟一	堺2	近1	府下瀧野川	坂本孝三郎	堺8		大阪鉄工組合
小鮒参次	堺5		大阪市南区/南海食堂	坂本忠兵衛	堺9	近2	京橋月島通/技工組合
駒谷学而	堺1	近2	福岡県嘉穂郡/運送店	佐川林平	堺8		福島県西白河郡
小松立夫	堺1	近2	岡山県真庭郡/農業	桜井多喜夫		近1	牛込区市谷田町
小松利兵衛	堺1	近2	京橋区/東京法律内	桜田 実			陸前国増田町/武者紹介
小宮 修	堺1	近2	神戸市海岸通/商店員	**笹井 季**	堺5	近2	千本組笹井末三郎の別人
小山勝清			鉱山労働同盟	佐々井晃次郎	堺1	近1	佐々井一晁
小山治夫	堺1	近2	麹町五番町/法大生	佐々木嘉兵衛	堺6	近1	盛岡牧民会
渾大防五郎	堺2	近2	下谷区/上智大生	佐々木重一郎		近2	秋田県雄勝郡
近藤愛仁子	堺8		名古屋門前町	佐々木民三郎	堺8		京都府要注意人/帯地織職
近藤栄三		近2	LL会	佐々木隆然	堺8		京橋区築地南飯田町
近藤栄蔵	堺1	近2	警視庁特要	佐々木隆太郎	堺5	近2	京都府労働要視察人
近藤憲二	堺1	近1	警視庁特要/発起人	佐々木銀一	堺8		岡山市/絵紋師
近藤茂雄	堺5	近2	神戸市/黒旗会	笹沼耕一	堺6		栃木県塩谷郡
近藤ヨネ	堺1	近2	京都中央看護婦会	笹野徳三郎		近2	豊多摩郡中野村
今野仁平		近1	陸前長町/武者紹介	定石宗利	堺8		大分県大分市
権藤誠子	堺9	近2	牛込弁天町/赤瀾会	**佐竹富夫**		近1	自由人連盟
雑賀泗牛	堺1	近2	雑習之/建設者同盟	佐藤篤治		近1	陸前国長町/武者紹介
最所太郎	堺8		佐賀県三養基郡	佐藤嘉四郎			北海道札幌区
斉藤 勇			足尾町/抗夫	佐藤進太郎	堺9	近2	東京帝大
斎藤 清	堺2	近1	市外巣鴨町/教員	佐藤清一		近1	青森県三戸郡/質屋業
斉藤兼次郎	堺1	近2	警視庁特要	佐藤文粋		近1	陸前国登米郡/武者紹介
斉藤喜七		近2	府下吾妻請地	佐藤元春		近1	静岡県/佐野紹介
斎藤吉太郎	堺6	近2	盛岡市油町/牧民会	佐野石治	堺8		静岡県賀茂郡
斎藤源治		近2	新潟県西頸城郡	佐野一夫	堺2		戸塚源兵衛/暁民会
斎藤兼太郎	堺2		千駄ヶ谷八幡前	佐野甚助		近1	日本鉱夫総同盟会釜石組合
斎藤富三郎	堺4	近2	名古屋市/鉄工所経営	佐原 廣	堺2		静岡県浜名郡
斎藤野人	堺1	近2	浅草区馬道町	沢井治作		近1	高田市上職人町
斎藤彦三郎	堺2	近1	相州高座郡	澤田市治	堺8		岩手県上郷局区内
斎藤博巳	堺1	近2	神戸市/ワイシャツ製造販売	澤英二	堺5	近2	兵庫県神戸市
斉藤藤二郎		近2	深川区/計器製造	三宮桑雨			高知県/並川勇馬紹介
斉藤宗吉		近1	磐城国亘理町/武者紹介	塩屋 愛		近2	代々木山谷/早大生
三枝一保	堺8		山梨県東山梨郡/農民組合	塩見千里	堺5	近2	岡山市大雲寺町
三枝 勇		近2	満洲公主嶺駅/佐野紹介	鹿田秋二郎		近1	青森県弘前市
堺 ため	堺1	近2	麹町区麹町	止我羊一		近2	住所不定
堺 利彦	堺1	近2	警視庁特要/発起人	重田要一		近1	日本橋区/暁民会
堺 まがら	堺1	近2	麹町区麹町/赤瀾会	**茂野藤吉**	堺7	近1	金沢市鱗町
堺井金治郎	堺9		本石町	繁木勝蔵	堺3		佐賀県東松浦郡/相和炭坑
境田與五郎		近2	日本鉱夫総同盟会釜石組合	執行傳次		近1	長崎市桶屋町
酒井英雄	堺2		戸塚諏訪	品川壽一		近2	牛込区/暁民会
坂川 淳			愛知県中島郡	篠 冨士雄	堺8		森下滝の川中里
榊原 孝			芝区/正進会	篠崎 一		近2	小石川区戸崎町
坂口喜一	堺1	近2	牛込鶴巻町/信友会	篠崎四郎		近2	府下西巣鴨町/京華中学生

1189

篠崎彦郎	堺8		茨城県土浦区裁判所内	菅原　一	堺1	近1	福島県若松市/新聞記者
篠田五郎	堺1	近1	秋田県雄勝郡	菅原俊一	堺8		秋田県河辺郡
篠田重蔵		近2	秋田県雄勝郡	**杉駿三郎**		近1	高知新聞主筆
篠田祥治	堺1	近1	秋田県雄勝郡	杉浦啓一		近2	機械技工組合
篠田徳三	堺6	近2	秋田県雄勝郡	杉野喜精	堺5	近2	神戸市雲井通/鉄工業
篠田善四郎		近2	秋田県雄勝郡	杉本佳一	堺1	近2	LL会
篠原　勇	堺1	近1	琉球那覇/沖縄庶民会	杉本幸一郎			静岡県榛原郡
芝　武雄	堺8		広島市千日町	鈴木　清	堺2		静岡県田方郡
芝生田卯之助	堺1	近1	岡山市	**鈴木　豊**	堺1		神田区新銀町
柴崎義雄	堺7	近2	北海道山越郡/小作農	鈴木　亨			磐城国亘理町/武者紹介
柴田啓蔵	堺8		福岡県嘉穂郡/松山高校	鈴木菊蔵			磐城国白石町/武者紹介
柴田光三		近2	神田区/学生	**鈴木庫二**	堺8		鈴木庫二/農村運動同盟
柴田二郎	堺4	近2	岡崎市	鈴木源重	堺7		夕張郡/抗夫組合
柴本周助			府下高田村雑司谷	**鈴木賢吉**			本郷区根津須賀町
渋谷杢次郎	堺1	近1	北海道/夕張炭山	鈴木貞次	堺6		千葉県東葛飾郡
嶋田義文		近2	建設者同盟	鈴木定吉	堺9	近2	南品川/機械技工組合
嶋田暁汀	堺6		群馬県群馬郡	**鈴木重次**		近2	信友会
島田清吉	堺9		壽町/商店員	鈴木正次	堺5	近2	大阪北区/印刷所
嶋田清次郎	堺1	近1	新人会	鈴木庄蔵	堺1	近1	日本鉱夫総同盟会釜石組合
島田得三		近1	府下荏原郡	鈴木誠作	堺8		静岡県浜松市
嶋中雄三	堺1	近1	発起人/文化学会	**鈴木楯夫**		近2	名古屋通信社
島袋紀三郎	堺1	近1	沖縄県那覇区/地平社	鈴木長治郎	堺1		東京通信社員
清水　勤	堺5	近2	黒旒会	鈴木直治	堺8		北海道/釧路鉄道倶楽部
清水□山	堺8		富山市殿町	鈴木友治	堺1	近2	函館区旭町
清水憲太郎	堺5	近2	大阪電灯会社	鈴木信寛	堺4	近1	伊勢松阪愛宕町
清水仲太郎	堺9	近2	木挽町/建設者同盟	鈴木文助	堺1	近1	朝鮮永登浦
清水春一			大阪北区	鈴木光雄	堺8		北海道/苫小牧電化会社
清水安太郎		近2	静岡県賀茂郡/佐野紹介	鈴木保蔵			四谷区/武者紹介
示野吉三郎		近1	金沢市/労働運動支局	鈴木鯀夫		近2	名古屋市外/退դ
下吹　越		近2	建設者同盟	須藤和彦			深川区/外語学校
下店静市	堺5		京都市/美術史研究家	住谷燦次郎	堺2	近2	横浜市磯子区
下山左門			磐城国荒浜町/武者紹介	住吉旗吉		近2	京都S.R。会
宿利梅子	堺1	近1	婦選獲得同盟	**諏訪與三郎**	堺1	近1	警視庁特要/正進会
宿谷四郎	堺4	近1	名古屋市南区/会社員	**関家　博**		近1	鉱山労働間盟小滝支部長
首藤雄平	堺8		大分県別府市/中山病院内	関口		近2	熊本県/日本窒素肥料会社
庄崎俊夫	堺9		瀧山町/朝日新聞社	関根晃信	堺9	近2	京橋区
白石朝太郎	堺9		木挽町/正進会	関根啓蔵	堺9		文具店員
城寳光		近1	富山県東砺波郡/青旒会	関根三蔵	堺1	近2	横浜市/市役所雇
白石良廣	堺8		愛媛県八幡浜町警察署内	関野清六	堺8		神奈川県中郡
白崎鉄男		近2	神田区三河町	関原秋果	堺6	近2	千葉県君津郡
白熊簡斎	堺9	近2	府下大崎町/毛筆製造業	関原儀郎	堺2		岩関町
辛錫鉀	堺8		朝鮮全北抹安邑内	関藤正雄	堺5		岡山県小田郡
新海純夫		近2	牛込区/徳田球一方	関己之吉		近1	長野県上高井郡
新海紫風	堺1	近1	府下戸塚町/暁民会	千賀俊月	堺1	近1	小石川大和町/吉見写真館
眞秀順造	堺2		暁民会	相馬市太郎		近2	静岡県田方郡/佐野紹介
新谷与一郎		近2	大阪市外鶴橋町/黒旒会	相馬子太郎	堺1		大阪府泉北郡
進藤直剛	堺2		北郊自主会	相馬千作野	堺5	近2	大阪府泉北郡
新名啓三		近2	日暮里/セルロイド加工職	相馬泰介	堺6	近2	青森県中津軽郡
菅沼　智	堺2		静岡県浜名郡	**添田平吉**	堺1	近1	添田唖蝉坊/下谷区
菅野勘之助	堺1	近1	北郊自主会	副田久男	堺8		福岡県糟屋郡/大谷炭鉱

日本社会主義同盟加入者名簿

曽我祐造		近2	神奈川県足柄下郡	高橋力輔		堺1	陸前国増田町/武者紹介
曽根昌介	堺5		大阪市東区/商店員	高畠三衛司	堺5		岡山県児島郡/運送業
高市盛之助	堺1	近1	松山市/愛媛新報編集長	**高畠素之**	堺1		発起人/退盟
高井誠道	堺2	近1	府下戸塚町/暁民会	高松文子		堺1	市外中渋谷
高尾健一	堺5	近1	和歌山県海草郡	高見沢清	堺8		群馬県高崎市
高木與一	堺6	近1	石川県石川郡	**高山久蔵**		近2	牛込区/機械技工組合
高木治三郎	堺2		隅田村隅田	高山金一	堺1	近2	府下荏原郡
高木清一	堺8		自由連合岡山労働組合	**高山初二**	堺1	近1	正進会
高桑まん		近2	南品川/機械技工組合	滝池作市	堺8		兵庫県姫路/第39連隊
高崎岩吉	堺1	近1	SS会/中屋印刷文選工	**瀧田理吉**		近2	正信会
高地伝二郎	堺1	近1	京都府特要/車夫	**田口金三郎**	堺1	近1	正進会
高品岩松	堺1	近1	麻布区	田熊芳雄		近1	山口県熊毛郡
高須賀治利	堺8		芝区車町	**武 良二**		堺1 近2	神田区/歯科医専
高杉 賛		近2	芝区	**武居直人**		堺1 近1	信州岡谷
高瀬 清	堺1	近1	警視庁特要/暁民会	竹内 清	堺3		香川県高松市外磨屋町
高田和逸		近2	機械技工組合	**竹内一郎**		近1	北郊自主会
高田喜太郎	堺2	近1	府下北豊嶋郡/帽子工	**竹内園衛**		近1	長野県/兄弟奉仕団
高田幸三郎	堺8	近1	山形県西置賜郡	竹内文次	堺4		長野県/兄弟奉仕団
高田末吉	堺1	近1	東大久保/東京毎日記者	竹内鳳次郎	堺1	近1	神奈川県/日本郵船機関士
高田宗太郎	堺1	近1	神戸市/商館員	竹内悟楼		近1	竹内五郎/建設者同盟
高田良幻	堺1		甲府市/革人会	竹内竹蔵	堺7		函館区蓬莱町
高津 渡	堺8		建設者同盟	竹内富治		近1	愛知県知多郡
高津作吉		近1	長野県東筑摩郡	竹内春策	堺1	近2	神戸市/海運業労働者
高津正道	堺1	近1	発起人/警視庁特要	**竹内ひで**	堺1	近1	北郊自主会
高根 清	堺2	近1	市外駄ヶ谷/不動産業	武内勇治	堺5		神戸市/藤井省一方
高野□廉	堺8		大連春日街	竹内吉信	堺5		京都市洞之町/人力車夫
高野作二郎		近1	磐城国荒浜町/武者紹介	竹内吉松		近2	京都市洞之町
高野武二	堺1	近1	小石川区/北郊自主会	武田叔郎		近1	磐城国亘理町/武者紹介
高野正雄	堺6		千葉県東葛飾郡	武田清助		近1	磐城国亘理町/武者紹介
高野松太郎		近1	足尾鉱山労働同盟	**武田伝次郎**	堺5	近2	大阪市南区/黒旒会
高野和一郎	堺2	近1	静岡県富士郡/佐野紹介	多田基一	堺8		盛岡市/下層民社/牧民会
高橋 弘	堺8		府下隅田村	多田進一郎		近2	名古屋市中区
高橋 良	堺1	近1	淀橋町角筈/日大生	龍野周三		堺1	堺市/関西日報通信員
高橋 巍	堺1	近1	秋田県雄勝郡/退盟	辰巳弥三松	堺8		大和国生駒郡
高橋増雄	堺5		岡山県後月郡高屋村	立石明倫		近2	岡山県児島郡
高橋伴次	堺5		岡山県後月郡高屋村	帯刀良太郎		近2	島根県安濃郡
高橋亜助	堺8		府下吾嬬町	田所輝明	堺2		建設者同盟
高橋栄一郎	堺7		札幌区北六東二丁目	田中真吉	堺8		下谷区仲御徒町
高橋栄三郎		近1	陸前国栗原郡/武者紹介	田中和雄	堺8		芝区愛宕町
高橋栄造		近1	陸前国栗原郡/武者紹介	田中歓喜		近1	陸前国恩田郡/武者紹介
高橋勝輔		近1	陸前国増田町/武者紹介	**田中勘治**	堺9		北島町
高橋健次郎	堺1	近1	正進会	田中九一		近2	本郷区/新人会
高橋魁助	堺9		新湊町	田中源一郎	堺2	近2	山梨県中巨摩郡
高橋貞雄	堺8		広島市/広島県水平社	田中信治		近2	建設者同盟
高橋純二	堺1	近1	大阪府中河内郡	田中清一	堺4	近2	愛知県丹羽郡
高橋彰三	堺5	近1	呉市郷町	田中徹郎		近2	静岡県小山町
高橋仁吉		近1	陸前国名取郡/武者紹介	田中光次	堺5	近1	京都府/機械器具店員
高橋白日	堺2	近1	淀橋町角筈/画工	谷田徳蔵	堺1	近2	谷田徳三/警視庁特要
高橋彦寿	堺8		長野県飯田町	谷津 秀	堺8		茨城県東茨城郡
高橋松南	堺5	近2	大阪市西区/黒旒会	谷名信道	堺6	近2	茨城県新治郡

日本社会主義同盟加入者名簿

氏名	堺	近	備考	氏名	堺	近	備考
種田　清	堺1	近1	大阪市東区/関西日報社	飛塚新八	堺1	近1	山形県鶴岡町
玉那覇寛吉	堺8		沖縄県中頭郡屋良小学校	飛松又四郎	堺8		兵庫県三原郡
田村太秀	堺1		発起人/法大生	**冨岡　誓**	堺2	近2	中浜鉄の本名
樽水甚一	堺9	近2	京橋月島通/正進会	冨岡義徹			本所区/紡績工
田和一男	堺5		田和一夫/岡山県御津郡	富河三樹夫	堺8		牛込区東五軒町
丹　悦太	堺1	近1	新人会広島県支部	富田一学		近2	東洋紡績職工
丹　潔	堺1	近1	警視庁特要/自由人連盟	伴野久孝	堺4	近2	伊勢松阪愛宕町
丹澤　豊	堺8		本郷区駒込神明町	豊田　豊	堺6	近2	福島県石城郡/農業
丹野恒二郎		近1	磐城県亘理町/武者紹介	豊田豊吉	堺4	近2	長野県高井郡
千葉武郎	堺1	近1	麻布区/「民衆」発行	鳥山鉱造	堺1	近1	荏原郡平塚村/暁民会
千葉藤太郎	堺8		下谷区山谷町	**内藤辰雄**	堺2	近1	大嶋町/平沢計七方
千葉正雄	堺9		西小川町/諸霊徒学舎	直井高行	堺2	近2	府下代々木
千葉利一郎		近1	陸前国栗原郡/武者紹介	直井貞三郎	堺1	近1	茨城県筑波郡/三嶋小学校
張　省吾	堺7		支那	永井正明	堺5	近2	黒旋会
趙　文謨	堺8		府下上落合	永栄友次郎	堺6	近2	金沢市/北陸毎日新聞
陳　泉栄	堺2		西巣鴨町宮仲	中尾　操		近2	LL会
塚田専一	堺3	近2	富山県井波町	長岡文蔵	堺6	近1	盛岡牧民会
塚本恒次郎	堺1	近1	日本橋区/織物商	**中尾新三郎**	堺9		警視庁特要/印刷工
辻井民之助	堺5	近2	S.R会/京都府特要	**中川栄太郎**	堺2		静岡県周知郡
津田多□治	堺8		福岡県/弓削田小学校内	中川栄次	堺5		京都府要注意人/足袋職
土屋龍之助		近1	千葉市松尾町	中川孝八	堺9		大阪平民新聞元記者
土屋筆司	堺2		谷町	中川四郎		近1	静岡県磐田郡/倉庫会社
続木　斉		近2	京都寺町通竹屋町	中川安太郎	堺9	近2	小石川区/早大生
角掛千松		近1	盛岡市油町/牧民会	長阪保衛	堺1	近1	SS会/岡千代彦印刷所
津野田三蔵	堺8		山梨県東八代郡	中沢　潔	堺1	近1	兵庫県氷上郡/国領村助役
坪井隆吉	堺1	近1	印刷業	中沢俊夫	堺3	近2	高知市九反田
津村久雄	堺3		愛媛県/宇和島労働倶楽部	長芝眞一郎	堺2		鎌倉町由比ヶ浜
津山捨男	堺2	近2	会社事務員	**中島　及**	堺8		高知市/土陽新聞
津山清吉	堺5	近2	大坂北区/黒旋会	中島　高	堺1	近1	岡崎市康生町
露本常治		近2	LL会	中島申夫	堺2	近2	横浜市磯子町
鶴本丑之助	堺1	近1	牛込区榎町	中嶋裕利		近1	高知市外鴨田村
津脇　叶	堺1	近2	大阪市北区/建築業	中嶋元春	堺8		大久保東大久保
鄭　宇洪	堺1	近1	朝鮮全北扶安郡/北星会	**中嶋安太郎**	堺1	近1	富山県東砺波郡/青旋会
貞　包洋		近2	神田区/明大生	中島勇三		近1	小石川区
出口弁吉	堺8		静岡県藤枝町	永田　耀	堺1	近1	本郷/相互扶助連盟
手塚忠次	堺8		長野県上伊那郡	永田数夫		近1	京都府要注意人/学生
寺田かなへ		近1	SS会/警視庁特要	中田喜久郎	堺5		神戸市/藤井省一方
照屋芳子	堺7		沖縄県那覇市瓦屋	仲田治繁	堺3		宇和島町/四国タイムス
天目山荘主人		近1	武者宗十郎/磐城国荒浜町	**中名生幸力**		近1	警視庁特要/暁民会
土井　抂	堺9		愛宕下町	中西武重		近2	市外戸塚町諏訪
土井直作		近2	芝浦製作所	中根祖明	堺2		山梨県中巨摩郡/隆昌院
土井良輔		近1	仙台市/武者紹介	中野逸作	堺5	近2	兵庫県三原郡
徳田一郎		近2	神奈川県足柄上郡	長野可苗	堺3		鹿児島県下出水郡
徳田耕作	堺1	近1	市外巣鴨町/画工	中野守之助	堺1	近1	福岡県穂穂町/夕鮎田炭坑
徳永参二	堺8		鳥取米子町郵便局止	永橋真介	堺1	近1	戸塚町/明治学院生
徳弘竹吾		近2	高知県/並川勇馬紹介	中溝秀貞	堺9	近2	神田区/通信省人夫
徳淵一雄	堺3		福岡明治専門学校	中村清秀		近2	神奈川県保土ヶ谷町
所田角治郎	堺4		愛知県東春日井郡居村	中村清太郎	堺1	近1	伊勢松坂愛宕町
殿水藤之助	堺1		大阪市北区	中村高一		近2	建設者同盟
渡久地政馮	堺1	近1	沖縄県那覇区/炬燵村	中村徳蔵	堺8		沖縄県島尻郡

日本社会主義同盟加入者名簿

氏名	堺	近	所属/住所	氏名	堺	近	所属/住所
中村政一	堺6		群馬県吾妻郡	布山茂嘉		近1	長野県南安曇郡
中村万寿美		近2	京都市/藝術評論家	根岸正吉	堺9		警視庁特要
中村元次郎		近1	相州高座郡/米穀肥料商	能島伊四郎	堺1	近1	岡山県後月郡/農業
中村弥三次		近1	市外戸塚/暁民会	能村　潔	堺1		山形自由新聞社
中邨保邦	堺8		本郷区元町	野口一雄	堺1		本所区/自由労働者組合
長安亮太郎	堺8		岡山師範学生	野口和夫	堺1		野口和平/友愛会
中山勝治	堺9	近2	芝区琴平町/早大生	野口久太	堺8		秋田市土崎古川町
中山武夫		近2	農商務省試験所	野口圭一		近1	神田区駿河台鈴木町
中山義夫	堺8		徳島県北佐古町	野崎健造		近1	仙台市/武者紹介
中山義光	堺8		徳島県北佐古町	野崎智郎	堺9	近2	芝区/光学工業職工
名井尚志		近2	建設者同盟	野嶋　潔	堺6	近2	千葉県山武郡
鍋川市郎	堺9	近2	京橋区/布留川方	野嶋昌信		近2	高知市/並川勇馬紹介
鍋山貞親		近2	LL会	野谷　傳	堺5	近2	京都伏見町桃山/学生
並川勇馬		近2	高知市外潮江村	野田憲世		近2	高知県/並川勇馬紹介
滑川久次	堺9		飯田町	野中俊鱗	堺9	近2	野中俊治/暁民会
行木　勇	堺2		横浜ドクトルウオルデン方	延嶋英一		近1	発起人/警視庁特要
行方正夫	堺8		大阪市西区/会社員	野村隈畔		近1	小石川区下町
成清巧	堺5		岡山県浅口郡	野村珪助			青森県中津軽郡
成塚　愛	堺1	近1	京都中央看護婦会	野村鯛一		近1	愛知県/退盟
南郷春水	堺9		富川町	野本時代	堺1		北郊自主会
新居　格		近2	牛込区/東京朝日	野本正雄	堺8		府下西多摩郡
新妻康愛	堺1	近2	仙台市東一番町	萩野　義	堺8		三田四国町
新沼賢吾		近1	日本鉱夫総同盟会釜石組合	萩原草雨	堺8		山梨県東山梨郡
西　雅雄	堺1	近1	警視庁特要/水曜会	橘浦時雄		近1	発起人/警視庁特要
西江種次	堺5	近2	大阪市北区西野田	橘浦はる		近1	北郊自主会
西尾好蔵	堺9		報知新聞印刷工	橘浦泰雄		近1	府下野方村
西垣泰憲	堺1	近2	京都市/美術図案家	橘浦りく		近1	北郊自主会
西川一路	堺8		福島県平町	橘口　繁	堺8		鹿児島県肝属郡
西川友吉	堺2		静岡県浜名郡	橘田瑞穂		近2	高知県/並川勇馬紹介
錦小路文彦	堺2		神奈川県橘樹郡	橘本　茂	堺8		福島県立相馬中学校
西田房雄	堺5	近2	大阪市西区	橘本省三			熊本市/5高生
西田正雄	堺8		大分県北海部郡	橘本弥太郎	堺5	近2	大阪市北区
西宮藤朝	堺1		小石川区/教育者	蓮　藤助		近2	本郷区/警視庁特要
西堀誠一	堺8		西陣織友会事務所内	長谷川光太郎		近1	市外西久保/万朝報記者
西村祭喜	堺1		猪苗代水力発電所	長谷川淑		近1	横浜市
西村平等	堺8		横須賀予備隊	長谷川辰治	堺2		雑司ヶ谷/警視庁特要
西村眞熊	堺9		浅草区/新聞配達員	長谷部敬吾	堺8		深川区万年町
西村又彦		近2	鹿児島県熊毛郡	畑　桃代		近1	群馬県富岡町
西室吉助		近1	岡山県浅口郡	服部京市			岐阜県稲葉郡
西山　寛	堺9	近2	牛込鶴巻町/早大生	服部銀次郎		近2	正進会
西山留治	堺9	近2	府下大井町/交通労働者	服部善吉			陸前国柴田郡/武者紹介
西脇　英	堺1		兵庫県武庫郡/神戸高商	服部浜次		近1	発起人/警視庁特要
新田嘉一郎		近1	徳島市/洗濯店員	花岡　明	堺5	近2	大阪府/黒旒会
新田公栄	堺4	近2	連合紙器名古屋工場	花岡　潔		近2	LL会
新田静葉	堺7	近2	北海道宗谷郡稚内町	玻名城政博	堺1		親泊政博/沖縄炬火社
新田秀雄	堺8		奈良県北葛城郡	花田一二三		近1	神戸市/会社員
新田二葉	堺5		大阪市北区	羽田　誼		近2	大阪市西区/商店員
二宮　林	堺8		愛媛県北宇和郡	羽田耕之介		近1	金沢市長町
二宮伊平	堺9	近2	牛込区/法大生	羽田三吉	堺8		本郷菊坂町
布川杢治	堺1	近1	布川直治	羽原正一	堺5	近2	大阪市北区/ペンキ塗師

日本社会主義同盟加入者名簿

幅　忠次	堺8		長野県北佐久郡	平林　勝	堺8		大分県北海部郡
浜田亀鶴	堺1	近	鹿児島新聞記者	**平林敬保**	堺8		名古屋市中区
浜田仁左衛門	堺1	近	鹿児島県姶良郡	平松　専	堺5		岡山県吉備郡
浜田咲美		近2	高知県/並川勇馬紹介	平間平彦	堺6	近2	山形県東置賜郡/農業
濱中秀平	堺8		小石川区大塚坂下町	平間弥五郎		近1	陸前国名取郡/武者紹介
濱松孝太郎	堺8		横浜市/印刷工	平山太郎	堺6		千葉県香取郡
早川俊三		近1	愛知県碧海郡/鉄工所職工	平山平五郎		近2	深川区/機械工
林　覚文	堺1	近1	市外淀橋/法大生	平山未明	堺8		静岡県下田局区内
林　武男		近2	福岡県/退盟	広岡政蔵		近1	磐城国伊具郡/武者紹介
林　龍雄	堺8		府下渋谷宇田川	廣田　勇	堺5		岡山市斉田町
林　忠義		近2	暁民会/日大生	廣安昇多朗		近2	府下向島隅田村
林　秀生	堺5		下関市	深草小路邦彦	堺1	近2	大阪市北区/新聞記者
林　秀雄		近1	上田市/林興行専務	深沢雅重	堺8		山梨県北巨摩郡
林　柾木		近1	猪苗代水力発電所変電所	深沢由徳	堺9		小石川区/造船所事務員
林　亦威	堺8		牛込区/成城学校内	**深瀬八三郎**	堺1	近1	正進会
林田哲雄		近	愛媛県周桑郡/大谷大生	深見　壽	堺8		福岡県三井郡
林寅次郎	堺8		大津市/林熊吉方	**福井福太郎**	堺1	近1	正進会
林勇三郎	堺1	近1	SS会	福岡新之助	堺8		大阪市西区
原澤武之助	堺1	近1	警視庁特要/暁民会	福岡貞之助		近1	埼玉県北埼玉郡
原田新太郎	堺1	近2	麹町区/信友会	福島貫一	堺8		埼玉県児玉郡
原田清治	堺1	近1	東京市外滝野川町/事務員	**福島佐太郎**	堺8		京都市/印刷工
原田福生	堺8		市外大崎町	福田　薫	堺3	近2	宇和島/四国タイムス主幹
半田喜四郎	堺6		秋田県雄勝郡	**福田英一**	堺9	近2	江東自由労働者組合
半谷玉三	堺8	近2	LL会/京都府特要	福田甚一郎	堺1	近1	茨城県新治郡/退盟
比嘉　栄	堺1	近1	沖縄県島尻糸満町	藤井泉三	堺3	近2	愛媛県宇摩郡
比嘉□喜	堺8		沖縄県中頭郡	藤井秀明	堺8		中野町東高円寺
比嘉賀秀	堺7	近2	沖縄県島尻郡/牧師	藤井省一	堺1	近1	神戸市/新古書籍商
檜垣　勇	堺8		大坂市北区	藤井眞澄	堺1	近1	府下大井町/「黒烟」同人
東　潔	堺5	近2	神戸市東須磨町	藤井水龍	堺5		大阪市/黒旒会
比嘉春潮	堺7	近1	琉球那覇城/県庁職員	藤井親義	堺5		岡山市
比嘉良児	堺1	近1	沖縄県那覇区/炬火社	藤井徳三		近1	和歌山市
樋口次郎	堺1		神田区/通信省人夫	藤井虎次郎	堺9	近2	慶應義塾図書館員
樋口龍郎		近2	神戸市/藤井省一紹介	藤井速太	堺5		岡山県小田郡
久板卯之助	堺1		警視庁特要	藤井嵋山		近2	住所不定
日坂六朗	堺1		神戸市	藤岡喜七		近2	神戸市/藤井省一紹介
久原尚亮	堺1		窒素水俣工場/薬剤師	藤岡庄五郎		近2	高知県/並川勇馬紹介
久宗貞市	堺8		岡山市野田屋町	藤岡末吉		近2	LL会
備前又二郎	堺5		関西紡績労働組合	藤岡道夫	堺8		群馬県佐波郡
肥田信一	堺5		大阪府泉南郡	藤沢　猛		近2	LL会
左　泊		近1	磐城国伊具郡/武者紹介	藤田　清	堺1	近2	洋画家
火畑松太郎	堺3		富山県氷見町	藤田四郎	堺1	近1	神田仲猿楽町/豊生軒
平井太吉郎		近1	富山県特要視察人	藤田皐三	堺1	近1	警視庁特要/豊生軒
平岡　誠	堺2		西巣鴨庚申塚/抹殺社	藤田福太郎	堺8		千葉県東葛飾郡
平垣春湖		近1	浅草区材木町	**藤田雄吉**	堺1	近1	北郊自主会
平澤秀重	堺8		京都市第二京極	藤野清一	堺9	近2	京橋区/機械工
平沢吉松		近2	神田区/歯科学生	藤野富次郎	堺1		京城府南山町
平野菊太郎		近2	新人会能登支部	伏見　保		近2	小石川区雑司谷
平野重吉	堺1	近1	平野小劔/SS会	藤森　信	堺9		小石川区雑司ヶ谷
平野行孝	堺1	近1	福岡県企救郡	**藤森成吉**		堺9	小石川区雑司ヶ谷
平野力三	堺8	近2	建設者同盟	藤原　傳	堺9		本郷大町

日本社会主義同盟加入者名簿

藤原侃次		近2	岡山市/第6高等学校	正木藤次郎	堺1	近1	王子町上ノ原
藤原良助	堺3		福岡市	益田勝利	堺8		山梨県塩山町
筆谷由次郎	堺9		新栄町/新聞活版職工	益田兼吉	堺8		静岡県志太郡
船越 基	堺1	近1	京都府特要/黒旒会	舛田定助	堺4	近2	伊勢松阪愛宕町
船橋一壽	堺4	近2	愛知県宝飯郡	町田実行	堺4	近1	長野県中野町/農業
舟橋弘一	堺1		鳥取県日野郡	松家賢一了	堺9		原町
古池芳雄	堺9		小石川区原町	松居孝一郎	堺3	近2	日本労働新聞福岡支局
古市 茂	堺9		神田錦町	松浦 勉	堺1	近1	岡山県宇野港
古市ハル	堺1	近	鹿児島県熊毛郡	松浦喜代松		近1	陸前国益田局/武者紹介
布留川桂	堺1	近1	発起人/警視庁特要	松浦忠蔵		近2	LL会
布留川信	堺1	近1	正進舎	松浦藤四郎		近1	磐城国亘理町/武者紹介
古河三樹松	堺9	近2	小石川区	松浦力雄	堺8		満洲営口南本街
古新面発	堺1	近1	神戸市相生町	松浦隆造		近1	磐城国亘理町/武者紹介
古住秀雄	堺8		徳島市船場町	松枝 新		近1	岡山県浅口郡/医者
古田大次郎		近2	建設者同盟	松岡健吉		近2	LL会
逸見斧吉	堺1	近1	府下日暮里	松岡よしみ		近2	高知県/並川勇馬紹介
朴 曙夢	堺8		朝鮮慶尚南道	松尾吉太郎	堺5	近2	京都郵便局電信課
朴 永三郎	堺8		下渋谷	松尾要四郎	堺1	近1	SS会
変 哲		近1	信州諏訪郡	松下吉衛	堺8		栃木県柏木町/教育者
蔀 徳治郎	堺2		下十條	松下芳男	堺1	近1	戸塚町
彭華英			神田区/台湾青年雑誌社	松島謹一郎		近2	芝区/正進舎
保坂健一	堺8		山梨県東八代郡	松田伊三次		近2	神戸市北野町
星野国次郎	堺1	近1	正進舎	松田善舁		近1	沖縄県島尻郡
星野善作	堺1	近1	正進舎	松田龍平	堺8		京都府相楽郡
細井音夫		近2	小石川区/高野武二方	松田良岳	堺1	近1	岐阜県山県郡
細井花香	堺1	近1	大阪市西区/紡績職工	松永茂雄	堺5	近2	神戸郵便局私書函
細井隆太郎	堺8		岐阜県本巣郡	松延七郎	堺8		熊本市/第5高生
細野好雄	堺5		神戸江戸町/商店員	松延元次郎	堺8		福岡県羽大塚町
細見文治	堺1	近1	兵庫県氷上郡/兵庫県特要	松本倉吉		堺1	京橋区/暁民会
堀田康一	堺5	近2	大阪市外/黒旒会	松本淳三		近1	自由人連盟
堀 清俊	堺1		本郷区/堀印刷	松本徳松		近1	北海道/夕張炭山
堀 保子	堺1	近1	麹町区/警視庁特要	松本富太郎		近1	深川区/正進舎
堀 良次		近2	佐野町	松本文造	堺8		石川県金沢市
堀家逍渓	堺5		岡山県吉備郡	松本道男		近1	大分県速見郡/宿屋
堀井兼太郎	堺7		北海道函館区	松屋美敏	堺8		大分県別府町
堀井みさを	堺1		本郷区	間宮林蔵	堺8		茨城県筑波郡
堀場桂二	堺5		大阪府東成郡/郵便局員	丸谷儀平		堺1	磐城国亘理町/武者紹介
本郷忠三郎			陸前国岩沼町/武者紹介	丸谷由三郎		堺1	磐城国亘理町/武者紹介
本郷利吉			磐城国亘理町/武者紹介	丸山幸一郎		近1	北京/新支那社
本多季麿	堺1		暁民会/誉田季麿	丸山勇作	堺2		東大久保
本間三郎	堺8		新潟県西蒲原郡	丸山米蔵	堺5		兵庫県武庫郡
本間重次		近2	牛込市ヶ谷富久町	三浦清一		堺1	福岡神学校学生
本康正一	堺4		滋賀県坂田郡	三木幸造		近2	三木幸吉/扶信会
前川二亨	堺1	近	里村欣三/発起人	三熊義克	堺9		新堀町/家具職工
前田 清	堺8		支那上海/前田洋行内	三沢公平		近1	陸前国恩田郡/武者紹介
前田稲實	堺3		高知県吾川郡	水沼辰夫		堺1	発起人/警視庁特要
前田紋次郎	堺1	近1	滋賀県神崎郡/製茶行商	溝江貞造		近2	青森県
牧野新一		近1	浅草区元吉町	三田村四郎		堺1	市外戸塚諏訪/暁民会
牧野充安	堺1	近1	芝区/弁護士	三野啓逸		近2	LL会
正岡 容		近	小石川区/京華中学校	三橋庄作		近2	静岡県/佐野石治紹介

1195

日本社会主義同盟加入者名簿

水戸柏葉	堺1	近1	広島県/中外日報記者	村田文隆		堺9	赤城下町
三徳岩雄	堺9	近1	民人同盟会/早大生	村田米蔵		堺9	四谷区永住町/郵便局員
緑川 雪		近1	日本橋区	村西宇衛			京都市上京区
港 七朗	堺9	近1	京橋区/日大生	明珍鐙		堺5 近2	神戸市/会社員
湊孝次郎	堺8		青森県/是川第一発電所	目黒円之助		近1	磐城国亘理町/武者紹介
南 熊吉		近2	高知県/並川勇馬紹介	毛利郁郎		堺1	岐阜県加藤郡/退盟
見波午治郎	堺1	近1	新潟県中頸城郡	毛利都良一		堺8	麻布飯倉町
三之輪 進		近1	相州高座郡	毛利柳村		堺5	兵庫県加古郡
三松政吉	堺1	近1	麹町区飯田町	望月丈次		堺1 近1	神戸市/川崎造船所電気工
三村（髙橋）	堺8		愛媛県/八幡浜町	**茂木 茂**		堺2 近2	新島栄治の別名/中村屋方
三村佐市郎	堺3	近2	熊本県/日本窒素肥料会社	茂木治郎		堺1 近1	群馬県富岡仲町
宮内正司	堺8		大阪市東区	**本山茂貞**		堺1 近1	大阪市西区/岡山労働新聞
宮尾 賢	堺9		別名旭江緑	**百瀬 晋**		堺1 近1	警視庁特要/売文社
宮城月光	堺9	近2	神田三河町/新聞配達員	**百瀬二郎**		堺1 近1	神奈川県腰越東漸寺
宮城繁徳	堺1	近1	沖縄県那覇区	森 英吉		堺5	京都葛野郡/日本労農同盟
三宅 勲	堺8		岡山県都窪郡	森 重志			近1 本郷湯島
三宅正一		近2	建設者同盟	森 寛三		堺2	下澁谷
三宅徳嗣	堺5		大阪府泉北郡	森 勘吉			近1 陸前国名取郡/武者紹介
宮越信一郎	堺9		信友会/北効自主会	森 喜内			近1 陸前国名取郡/武者紹介
宮崎龍介		近2	小石川/警視庁特要	森 喜六			近1 陸前国名取郡/武者紹介
宮澤英心	堺8		大阪市南区	森 源吉			近2 磐城国亘理郡/武者紹介
宮澤藤卯	堺8		長野県北安曇郡	森 正蔵		堺9	牛込区/外語学校学生
宮地嘉六	堺1	近1	駒込坂下町/警視庁特要	森 担二郎		堺3	松山市/愛媛県警察官
宮嶋憲陽		近1	本所区柳嶋梅森町	森 鶴次			近2 横浜市/佐野石治紹介
宮田春一	堺8		岡山県上房郡	森 南州		堺8	大阪市北区
宮本 茂	堺1	近1	福岡県三池郡/酒造業	森 正夫		堺1 近1	大阪市北区
宮本謙吾	堺1	近1	本郷区追分町	森川 栄		堺3	徳島県麻植郡
宮本督次	堺1	近1	兵庫県武庫郡	森川喜一郎		堺9	本材木町
三代川一男	堺1	近1	正進会	森川信之		堺5	兵庫県揖保郡
三和一男		近2	建設者同盟	森源三郎			近1 磐城国亘理郡/武者紹介
三輪壽荘		近1	麹町区/中央法律事務所	森崎源吉		堺8	建設者同盟/農民運動社
美輪辰五郎	堺8		宇都宮市	森沢憲三			近2 高知県/並川勇馬紹介
向井 正		近1	福井県南條郡	森田 晃		堺1 近1	大阪市北区/商店員
棗原松蔵		近2	赤阪/機械工	森田五一			近1 奈良市
虫明申太郎		近1	本名藤井清士/弁護士	森田正夫		堺5	大坂市北区
武藤勝義		近1	青森県三戸郡	森近春男		堺1 近1	岡山県笠岡新聞社内
武藤喜三郎	堺1	近1	神田駿河台鈴木町	森戸辰男		堺2	淀橋町角筈/図案工
武藤重太郎	堺9	近1	神田駿河台/貸金業	森村義重		堺1 近1	神田仲猿楽町/西洋料理人
宗像合歓男	堺9		神田区三崎町	森本幹一		堺8	岡山県児島郡/農民組合
村井林三郎	堺5	近2	和歌山県新宮労働運動支局	矢川邦一		堺8	新潟県三島郡
村尾迎月	堺1	近1	本名村尾敏一	八木桂輔			近2 府下渋谷町/電気工
村上京三郎	堺3		福岡県戸畑町	八木静哉		堺8	兵庫県印南郡
村上立五郎	堺8		福岡県遠賀町	八木正雄			近1 神田区三河町/学生
村上正雄		近2	小石川/退盟	**屋宜盛則**		堺8	首里市/沖縄黒色琉人会
村上美里	堺5		下関市	矢口正雄		堺2	西巣鴨
村越義衞	堺1	近1	牛込区/日本国債会社	**矢崎源之助**		堺1 近1	甲府市/革人会
村澤周吉		近2	牛込区	矢崎長治		堺2 近2	甲府市朝日町
村瀬直一		近2	LL会	**矢嶋歓一**			近1 静岡市/歌人
村田喜八		近2	神戸市北長井通	安江文一		堺8	岐阜県加茂郡
村田徳平		近2	静岡県賀茂郡/退盟	安江林弥		堺8	岐阜県加茂郡

1196

日本社会主義同盟加入者名簿

安田 伸	堺8		麻布区	山本智雄		近2	警視庁特要/北風会
安田俊三			香具師/添田平吉紹介	山本春一	堺9		新佃西町
安谷寛一	堺5	近2	神戸市/黒旗会	山本秀吉	堺2		静岡県浜名郡
安永金鵄郎			府下西巣鴨町/京華中学生	山本裕章		近1	大分県玖珠郡
安成貞雄	堺1		青山北町/警視庁特要	山家為三郎		近1	陸前国柴田郡/武者紹介
安村庸二	堺6		石川県/明正新聞社	油川鐘太郎		近1	函館毎日新聞社/歌人
柳原四郎	堺4	近2	岡崎市/織布会社	余公芳太郎	堺5		岡山市/普選期成同盟
柳本為市	堺5		姫路市/香具師	横井仙龍	堺1	近2	京都市上京区/学生
矢部 孝	堺8		浅草職業紹介所	**横田淙治郎**	堺1	近1	名古屋市中区
山内みな	堺8		大阪市/後藤田正毅方	横手喜作	堺8		群馬県群馬郡
山上武雄		近2	岡山県上道郡/農民組合	横手仁平	堺8		群馬県群馬郡
山上正義	堺2		同盟通信社発信部長	**横山楳太郎**	堺8		京都府要注意人
山川 均	堺1	近2	発起人/警視庁特要	**横山勝衛**		近1	磐城国亘理郡/武者紹介
山川菊栄	堺9	近2	警視庁特要	横山達三	堺2	近2	麻布区西町
山岸正晴	堺8		長野県上高井郡	吉井英二			淀橋角筈
山際繁蔵		近2	浅草区千束町	吉川一郎	堺4		滋賀県蒲生郡
山口 清		近2	名古屋市東区	吉川千代		近1	赤瀾会
山口栄三郎	堺5		大阪府/電気工事請負	吉川輝雄	堺6	近2	宮城県気仙沼町
山口今朝治	堺4	近2	名古屋市中区/代書業	吉川二三郎	堺8		金沢市
山口竹三郎	堺2		日本交通労働組合	**吉川守邦**	堺1	近2	発起人/警視庁特要
山口年政		近2	京橋区南鍋町	吉田 廣	堺6	近2	猪苗代水力発電所
山口不己	堺8		京都府下綾部町	**吉田金重**	堺1	近1	東京毎日新聞支局
山口政雄	堺8		北海道勇払郡/海員組合	吉田義作	堺8		群馬県多野郡
山崎亥之助	堺1	近2	芝区/正進会	**吉田早苗**		近1	小石川区氷川町
山崎一雄	堺9		平塚村戸越/新人会	**吉田順司**		近2	警視庁特要
山崎吉二	堺8		新潟県北蒲原郡	吉田千太郎		近2	岡山県吉備郡
山崎今朝弥	堺1	近2	発起人/警視庁特要	**吉田只次**	堺1		発起人/横浜市戸部町
山崎元次郎	堺2	近2	府下渋谷町下渋谷/機械工	吉田眞鋤		近5	大阪府豊能郡/関西大学
山下儀平次	堺5		岡山県浅口郡	吉野俊一		近1	足尾町/抗夫
山下宗恵		近	岡山県浅口郡	吉本俊一		近2	本郷区/警視庁特要
山下源蔵	堺4		岐阜県大野郡	米岡利兵衛	堺3		福岡市雁林町
山代吉宗	堺8		本郷根津本町	**米田剛三**	堺8		カール・ヨネダの日本名
山田 實	堺5		姫路市野里町	米田富之助		近1	日本橋区
山田清之助	堺8		三重県水平社本部	米田福次郎	堺8		亀戸町火神森
山田幸次	堺1	近1	正進会	米山勝美		近2	建設者同盟
山田幸雄	堺1	近1	芝区	李 大釗	堺2	近1	北京大学教授
山田正一	堺5	近2	黒旗会	柳 幹		近2	大阪市北区
山田政一	堺1		青森県/農村運動同盟	柳 来禎			神田区表猿楽町
山田松寿			新潟県北魚沼郡	梁 啓武	堺8		朝鮮全南斎州島域内
山田守造	堺8		滋賀県坂田郡	呂 盤石	堺2		コスモ倶楽部
山中光次郎	堺5		岡山市/普選期成同盟	若梅益三		近1	千葉県山武郡
山梨政五郎		近2	静岡市/佐野石治紹介	若草伊太郎		近2	本名萩原貞雄/小石川区
山名露峰	堺8		岡山県英田郡	若草さだ子		近2	本名萩原貞子/小石川区
山根八郎	堺8		宇和島丸ノ内	若狭勝之助		近2	米沢市鍛冶町
山藤 稔	堺5	近2	兵庫県武庫郡	**若竹幸男**	堺8		函館区/北方黒潮会
山本 佑	堺8		名古屋市中区	**涌島義博**		近1	北郊自主会/南亲書院
山本朝志		近2	岡山県浅口郡	和嶋猛麿		近1	麹町区/東京夕刊新報
山中卯一郎	堺5		大阪市南区	**和田 巌**		近1	発起人/警視庁特要
山本久次郎	堺5	近2	大阪府西成郡/鍛冶工	**和田軌一郎**		近1	夕張炭山/渋谷方
山本壽一	堺5		大阪市北区	**和田久太郎**		近2	黒旗会/警視庁特要

日本社会主義同盟加入者名簿

和田万吉	堺8		長野県上高井郡	渡辺俊一		近2	大阪市北区/学生
渡木　一	堺2		南千住/和田牧場	渡辺正治		近2	麹町/山田院内/運転手
渡辺　健		近1	磐城国荒浜町/武者紹介	渡辺精一	堺8		千葉県/農村運動同盟
渡辺　幸	堺1	近1	北郊自主会/赤瀾会	渡辺政筆	堺8		新潟市
渡辺　侃	堺1	近1	中外経済新報社	**渡辺太郎**	堺1	近1	静岡県沼津/古典社
渡辺一豊		近1	足尾鉱山労働同盟	**渡辺満三**	堺1	近1	発起人/小石川区
渡辺霞山	堺7	近2	根室港緑町	渡辺庸太郎		近1	磐城国亘理町/武者紹介
渡辺之男	堺7		根室緑町	渡辺鎭雄		近2	府下戸塚/暁民会
渡辺喜作	堺8		盛岡市/藤原養蜂場内				

個人加盟1429人

人名索引

和文索引 *1201*
欧文索引 *1290*

凡　例

1. 本文中に記述されている人名（フルネーム）を対象とし，本文に準じ50音順に配列，その掲載ページを記した．なお，同姓同名の場合は職業・所属組織などを付記して区別した．
2. 運動に密接な関係をもった人名を選び，付録の「アナキズム運動史関連機関紙誌リスト一覧」などは除外した．
3. 筆名や別名・旧姓など複数の名前がある場合，本見出し項目にすべての名前をまとめて記載し，本見出し項目以外の名前は「見よ項目」として矢印（▷）またはページ数で本見出し項目に案内した．本見出し項目がない人名の場合もこれに準じた．
4. 列記されたページのうち，本見出し項目のあるページはボールド体（太字）で示した．
5. 各ページの左欄にある人名には l，右欄にある人名には r を付した．

和文索引

あ

靉　光　636*l*
相生垣秋津　685*l*
相川栄次郎　1*l*
藍川金江　531*l*
相川俊孝　512*l*,976*r*
相坂　佶　1*l*,154*l*,450*r*,806*r*,
　924*r*,948*l*,978*l*
相坂火剣　1*l*
四十崎喜久治　1*r*
相沢亀三郎　1*r*
相沢賢太郎　1*r*
相沢純一　442*l*
相沢尚夫　1*r*,19*l*,24*r*,81*l*,97*l*,
　107*r*,108*r*,126*l*,142*r*,147*r*,
　152*r*,156*l*,186*r*,209*l*,226*l*,
　240*l*,385*r*,404*r*,517*l*,607*r*,
　630*l*,634*l*,642*r*,648*r*,687*l*,
　738*r*,754*l*,766*l*,772*r*,807*r*,
　816*r*,820*r*,841*l*,846*l*,856*r*,
　880*r*,903*r*,987*l*
アイスナー　1036*l*
会田健太郎　218*l*
相田芳太郎　2*r*,65*l*
会津八一　40*l*
相羽忠七郎　2*r*,194*l*,1026*l*
饗庭寅蔵　3*l*,403*r*,430*r*,673*r*,
　968*l*
粟飯原留吉　3*l*
相原三子三　3*l*
アインシュタイン　60*l*
青井　潔　3*l*
青江　俊　984*r*
青木朝夫　3*l*,4*r*,4*r*,217*r*,436*r*,
　848*l*
青木有朋　3*r*
青木亥三郎　3*r*
青木市松　3*r*
青木いね　3*r*,4*l*
青木菊太郎　3*r*
青木喜好　3*r*,415*r*,878*l*,936*r*
青木健太郎　4*l*,206*l*,244*l*,498*r*,
　562*r*,675*r*,753*l*,758*l*,1069*l*

青木三郎　4*l*
青木助一　4*l*,3*r*
青木善太郎　4*l*
青木武治　4*l*
青木てう　4*l*,575*l*,1015*l*
青木　徹　459*l*
青木徳三　4*r*
青木寅重　4*r*
青木八郎　4*r*
青木　弘　4*r*,4*r*
青木真子　4*r*,88*r*,534*r*,935*r*
青木正児　225*l*
青木まつ　5*l*
青木道太郎　5*l*
青木義雄　5*l*
青木嘉一　5*l*
青島愛知　5*l*,243*l*
青島　茂　5*l*
青島辰子　5*r*
青田つぎ　35*l*,466*r*,968*l*
青地　晨　721*r*
青沼　晃　5*r*,143*l*,852*l*
青沼春詩　5*r*
青沼治重　5*r*
青沼要作　865*r*
青野季吉　5*r*,231*l*,279*l*,468*l*,
　541*r*,798*l*,939*l*
青柳尹二　6*l*,998*r*
青柳憲道　136*l*
青柳史郎　784*r*
青柳善一　458*r*,890*r*
青柳善一郎　695*r*
青柳虎吉　6*l*
青柳有美　850*r*
青柳雪江　346*l*
青柳　優▷丹沢明
青山幾治　6*l*
青山一心　177*r*
青山菊次郎　6*l*
青山貞男　6*l*
青山修平　860*l*
青山錠一　6*l*
青山正史　6*r*,433*l*
青山たい　6*r*
青山大学　6*r*,344*l*,435*r*,490*l*,

　856*r*,964*r*,984*l*
青山年見　6*r*
青山紅人　7*l*,93*r*,227*l*,477*r*,
　503*l*,508*r*
青山義雄　7*l*
青山緑水　272*l*
紅井　暁　7*l*
赤井謙五郎　7*l*
赤石憲太郎　7*r*
赤石　鋭　7*r*
赤石蔭洲　7*r*
赤岩　栄　7*r*,456*r*
赤尾　敏　8*l*,756*r*
赤尾房吉　8*l*,243*l*
赤尾義信　8*l*
赤川　謙　8*l*
赤川建吉　8*l*
赤川啓来　8*r*,370*l*,492*l*,494*r*,
　575*l*,744*r*,970*l*,1042*r*,1048*r*
垢木重一　8*r*
垢木茂一　8*r*
赤木　猛　3*l*,9*l*,217*r*
赤木冬彦　6*r*
赤木　竜　9*l*
赤座久一　9*l*
赤坂幸造　1019*r*
赤坂憲雄　1029*l*
赤坂　基　9*l*,83*r*,87*l*
明石順三　9*l*
明石鉄也　9*r*
明石平三　9*r*
赤瀬川克彦　10*l*
赤瀬川原平　10*l*,25*l*,287*r*,572*r*
赤田良次郎　10*l*
赤地敏郎　240*l*
赤野陽一　925*l*
赤羽巌穴　10*l*,11*l*,192*r*,425*l*,
　809*r*,839*l*,874*r*,915*r*,1022*r*,
　1073*l*
赤羽宜十　11*l*
赤羽　一　10*r*
赤林　精　11*l*
赤間乾一　11*l*,527*r*
赤松明子　568*l*
赤松五百磨　560*r*

あ

赤松　勇　　604*r*
赤松克麿　918*r*
赤松月船　236*r*, 317*r*
赤松泰助　612*r*
赤松　俊　　889*l*
赤松俊子　888*r*
赤松民平　**11***r*, 222*r*
赤松義視　**11***r*
阿岐栄三　**11***r*, 1019*l*
安芸　盛　　**11***r*, 438*l*
秋岡源蔵　**12***l*
秋岡潤一　546*r*
秋沢義夫　**12***l*
秋田雨雀　**1***l*, **12***l*, 23*r*, 37*l*, 60*r*, 153*r*, 220*r*, 391*r*, 526*l*, 533*r*, 604*l*, 619*r*, 709*l*, 730*r*, 826*l*, 854*r*, 922*l*, 928*l*, 946*r*, 956*r*, 1030*l*
秋田芝夫　**12***r*, 741*r*
秋田徳三　**12***l*
秋田富子　767*r*
秋田　実　　1037*l*,
秋田義一　**12***r*
秋月静枝　**13***l*, 405*r*, 563*r*, 613*r*, 692*r*, 693*l*
秋野弥之助　**13***r*
秋葉喜作　979*l*
秋葉　啓　　1028*r*
秋葉安一　**13***r*
秋葉安市　**13***r*
秋葉録之助　**13***r*
秋原林吉　190*l*
秋保　孝　　**13***r*, 835*r*
秋元　潔　　1029*r*
秋元源之助　578*l*
秋元清一郎　**14***l*, 862*r*
秋本静吾　**14***l*
秋本仙松　**14***l*
秋本守一郎　**14***l*
秋元義一　**14***l*
秋本義一　**14***l*, 37*r*, 178*r*, 256*l*, 269*r*, 380*l*, 423*l*, 596*l*, 612*r*, 698*r*, 703*r*, 796*l*, 883*r*, 936*l*
秋山　清　　7*r*, **14***r*, 44*r*, 44*r*, 52*r*, 57*l*, 73*l*, 73*r*, 75*r*, 80*l*, 85*l*, 90*l*, 123*l*, 124*l*, 125*r*, 167*l*, 172*l*, 195*r*, 202*r*, 224*r*, 231*l*, 234*r*, 236*r*, 262*r*, 269*r*, 279*l*, 287*r*, 312*r*, 327*l*, 328*r*, 329*l*, 340*r*, 345*l*, 363*r*, 384*r*, 386*r*, 401*l*, 414*l*, 418*r*, 424*l*, 429*l*, 446*l*, 451*l*, 457*l*, 463*r*, 467*r*, 476*l*, 490*l*, 499*l*, 528*r*, 558*l*, 567*r*, 568*r*, 571*r*, 579*r*, 615*l*, 635*r*, 644*l*, 662*l*, 679*l*, 681*l*, 681*l*, 691*r*, 694*l*, 716*r*, 718*r*, 719*r*, 728*r*, 743*r*, 753*r*, 761*r*, 810*l*, 832*l*, 835*l*, 848*r*, 849*l*, 873*l*, 879*l*, 880*l*, 886*l*, 892*r*, 918*l*, 938*r*, 946*r*, 947*l*, 950*l*, 962*r*, 975*l*, 994*l*, 1017*l*, 1029*l*, 1075*l*
秋山国義　**15***r*
秋山敬二　965*l*
秋山定輔　956*r*, 980*r*
秋山信良　**15***r*
秋山福之助　**15***r*
秋山竜四郎　**15***r*, 55*r*, 254*l*, 392*r*, 916*l*, 989*r*
秋吉民市　16*l*
秋好為一　16*l*
秋吉敏郎　**16***l*, 218*l*
芥川政男　28*l*, 144*r*
芥川政雄　444*l*
芥川龍(竜)之助　218*r*, 551*r*, 678*r*, 819*l*, 401*l*, 443*l*, 572*l*, 725*l*, 825*l*, 916*r*
暁烏　敏　　45*r*, 478*l*, 566*r*
明田市之助　**16***l*, 239*l*, 407*r*, 475*r*
浅　弘見　　16*r*
浅井猪三郎　**16***l*, 247*l*
浅井卯之助　**16***r*
浅井五豫　　817*l*
浅井茂雄　16*r*, 376*l*, 885*r*, 1014*l*
浅井十三郎　**16***r*, 27*l*, 133*l*, 272*r*, 457*l*, 652*r*, 855*r*, 985*l*, 989*l*
浅井秀雄　**17***l*, 279*r*, 441*l*, 730*r*, 798*l*, 805*l*
浅井与三郎　16*r*
浅井理市　637*l*
浅枝久朗　**17***l*, 656*r*, 767*r*, 884*r*
朝枝陸雄　**17***r*
浅岡鎌太郎　**17***r*
亜坂健吉　304*l*
浅川三之助　**17***r*
朝倉栄一　578*l*
朝倉喬司　**17***r*, 172*r*, 435*l*, 676*r*
朝倉金一　578*l*
朝倉重吉　**18***l*, 81*l*, 171*l*, 212*r*, 344*l*, 452*l*, 553*r*, 555*r*, 556*r*, 559*l*, 562*l*, 574*l*, 690*l*, 708*r*, 716*l*, 802*r*, 826*l*, 890*r*, 972*r*
朝倉節雄　18*r*, 218*l*
浅倉トクノ　**18***r*, 738*r*
浅子寅之助　**19***l*
浅田きみ　**19***l*
浅田石次　101*l*
朝田善之助　**19***l*, 26*r*, 55*l*, 305*l*, 549*l*, 907*l*
浅田種郎　702*r*
朝妻盛枝　**19***r*
浅沼稲次郎　455*r*, 675*l*, 1062*l*
浅沼一夫　964*l*
浅沼亀寿　**19***r*
浅野努人　20*l*
浅野喜美雄　**19***r*
浅野紀美夫　**19***r*, 37*r*, 66*l*, 83*r*, 217*r*, 312*l*, 386*r*, 406*l*, 424*l*, 438*l*, 512*l*, 518*r*, 691*l*, 706*r*, 782*l*, 885*r*, 1019*l*
浅野草之助　20*r*
朝野次郎　811*r*
浅野　進　　**20***l*
浅野猛夫　20*r*
浅野濤月　**20***l*
浅野　広　　**20***l*, 78*r*, 781*r*, 944*l*
浅野正男　**20***l*, 333*l*, 687*r*, 756*l*, 1014*l*
浅野　護　　**20***r*, 248*r*, 664*l*
浅野孟府　**20***r*, 203*r*, 295*l*, 781*l*, 1014*r*, 1022*r*
浅野吉雄　**21***r*
朝倉温知　191*l*, 95*l*, 810*r*, 869*r*
浅野吉之助　**21***r*
浅野和三郎　45*r*
浅葉わか　995*l*, 999*l*
浅原健三　**21***r*, 332*r*, 583*r*, 710*r*, 860*r*, 1004*l*
浅原庄三郎　**22***l*
浅原庄兵衛　**22***l*
浅原冬彦　512*r*
浅原政義　**22***l*
浅原正義　**22***l*
浅原守平　**22***l*
芦沢喜倉　69*r*
芦田恵之助　197*l*
葦津珍彦　**22***l*
蘆山兼徳　**22***r*
足山博義　**22***r*
足山四方雄　**22***r*
網代　広　　**22***r*

人名索引　あ

飛鳥井雅道　**22**r
アスカソ　**23**l, 275r, 651r
足助素一　**23**r, 36r, 402r, 595r, 604l, 747r, 748r, 1060l
アスター　913r
東　小羊　848r
東　佐吉　**23**r
東　純一　61l
東　忠続　495r
東　勉　24l, 189l, 435r
東　鉄雄　**24**l
東　哲洲　**24**l
東　怜二　976l
阿蘇茂平　**24**l
麻生恒太郎　124r
麻生路郎　281l, 316l, 371r, 817l
浅生政二　**24**l
麻生　哲　384r, 446l
麻生　久　9l, 421r, 426l, 709r, 788l, 807r
麻生　義　**24**l, 94r, 231l, 328r, 742r, 804l, 856r, 882l, 888r, 932r, 1075r
麻生義輝　**24**l
安宅　哲　**24**r, 76r, 382l
安宅良治　**24**r, 436l
阿竹銀次郎　**24**r
安達　巌　810r
安達きみ　**25**l
足立金次　166r
安達　源　68l, 614l
安達幸吉　**25**l, 124l, 659l, 721l, 827l, 1076l
足立好作　**25**l
足立幸作　457r
足立興三　**25**l
足立豊吉　**25**l
足立正生　**25**r
足立与三郎　**25**l
安達良三　423l
アダム　1036l
アダムズ　536r
厚井勇三　805l
熱田五郎　309l, 994l
厚田正二　**25**l, 67l, 108r, 213l, 311l, 587r, 770r, 986l
渥美広吉　**26**l
厚見民恭　**26**l
渥美鐡三　918r
厚見徳太郎　817r

厚見好男　**26**r, 26l, 226r, 420l, 716r, 818l, 822l
跡部義治　32l
アドルフ　824l
阿奈井文彦　638l
穴木照夫　287l
安仁屋政修　**26**r
姉川仁平　37r
阿比古欽　595l
安孫子貞次郎　617r
畔蒜義雄　**27**l
油川　直　1011l
アブラハム　915r
安部磯雄　75r, 149l, 201l, 231r, 251r, 273r, 281l, 294l, 310l, 393l, 434r, 464r, 491l, 657l, 840l, 872r, 915l, 918r, 988r, 1015r
阿部逸二　**27**l
阿部記平　**27**l
阿部　清　16r, **27**l, 272r, 855r, 985l, 989l
阿部賢蔵　**27**l, 1076l
阿部小一郎　**27**r
阿部三之助　**28**l
阿部　重　**28**l
阿部静江　**28**r
阿部順一　**28**l
阿部四郎　**28**l, 454r, 617l, 784r
阿部紫郎　**28**l
阿部次郎　722r
阿部誠一　**28**l, 61l, 144r
阿部清作　**28**r
阿部　正　13l
安倍　正　923l
安部宙之助　669r
阿部英男　**28**r, 28l, 113r, 150r, 496l, 558l, 878r
阿部秀吉　**29**l
阿部　均　**29**l, 770r, 864l, 928r
安部能成　851l
阿部義宗　**29**l
安保京市　**29**l, 274r, 517l
阿保与市　**29**r, 880r
天笠惣市　**29**r
甘粕正彦　89l, 603l, 603r
天田勝芳　**29**r, 263r, 765l, 987r
天土松太郎　**29**r, 58r, 350r, 445r, 473l, 663r, 1072r
天野喬蔵　**30**l

天野銀一　406l
天野幸治　**30**l
天野武士　**30**l, 559r
天野民三郎　**30**l
天野　暢　**30**l
天野英雄　877r
天野日出吉　1011l
天野兵太郎　**30**l
天野弥七　**30**r
天野林平　**30**r
天室愚童　136l
天本清一　647r
甘利鉄夫　**30**r
網本種吉　**30**r, 170r
鮎沢寛一　**30**r, 31l, 48l, 146l, 575l, 580r
鮎沢実也　**30**r, **31**l, 48l, 569r, 575l, 580r
荒　正人　763l
新井奥邃　**31**l, 149r, 373r, 915l, 917r
新井紀一　63r
荒井恭太郎　**31**r
新井金次郎　**31**r
荒井源次郎　521l
荒井七蔵　**31**r
新井淳一　**31**r
新井新吉　**32**l
新井　生　611l
新井猛夫　**32**l
新井竹治　**32**l
新井長八　**32**l
新井常之進　31l
新井　徹　217l
荒井利雄　**32**l, 564l
荒井春二郎　**32**r, 601l, 607r
新井房吉　**32**r
新井冨士重　**32**r, 848r
新井文吾　**32**r
荒井文作　33l
荒井平太郎　33l
新井兵太郎　33l
新井松太郎　33r, 802r
荒井義治　32l
荒井林兵衛　33l
荒井犀亀次郎　33r
荒岡庄太郎　501l
新垣清輝　33r, 127l
荒川　薫　33r
荒川綱吉　33r

荒川春吉 **33**r	有島武郎 7r,23r,**36**r,36l,82r,	安藤一郎 303l,950l
荒川畔村 **34**l,144l,232r,235r,	131r,257l,348r,391r,399l,	安藤 清 29l
626r,669l	447l,531l,551l,579r,726r,	安藤幸吉 89r
荒川芳夫 950r	747r,748r,798l,843l,922l,	安藤更生 **39**r,63r,79l
荒川芳三 950r	944r,971l	安藤 盛 917l
荒川義英 **34**l,75r,86r,98l,161l,	有島テル 1000r	安藤昌益 **40**l,149r,266l,301r
570l,1073r	有田永一 37l,782l	安藤信太郎 **41**l
荒木郁子 **34**r	有田 静 37r	安藤正楽 **41**r
荒木古童 626l	有馬盛三 497r	安藤花子 88l
荒木四郎 **35**l	有馬好雄 517l	安藤 弘 547l
荒木新蔵 **35**l	有馬頼寧 94r,647r,699l,1009r	安藤福治 **41**r
荒木素風 796r	有松英義 374r	安藤孫左衛門 40l
荒木秀雄 **35**l,757l,972l,989r,	蟻通佳明 37r,403l,421r	安藤正輝 39r
995r	有村忠恕 346l	安藤道雄 29l
荒木道子 **34**r	有村幽泉 1015r	安藤光房 **41**r,601r,750l
荒木弥右衛門 **35**l	有本俊夫 300l	安藤保太郎 **42**l
アラゴン 642l	有本芳水 1059l	安藤弥六 **42**l
新武 命 **35**l	有安浩雄(男) 14l,**37**r,91r,	安藤芳信 **42**l
荒畑勝三 35r	334r,380r,460r,502l,544r,	アンドレーエフ 762l
荒畑寒村 **35**r,48l,50l,62l,64l,	565r,596l,1026l	安中逸平 **42**l
86r,98l,110r,114l,138l,	有吉三吉 **38**r,175r,587l,899l	安中作市 **42**r,67l,282l,637l
140l,161r,176l,186l,201l,	アルシーノフ 128l,886l	安楽吉雄 **42**r,53l,75l,252r,
204l,205r,215l,216r,256l,	アルツィバーシェフ **38**l,412r,	265r,330r,500l,770l
282l,289l,294l,299r,304l,	585r,714r,762l,912r,1053r,	
337r,346r,360r,362r,393r,	798l	**い**
402r,439r,445r,446r,482r,	アルベルティ 276l	
514l,535l,553l,560r,570l,	アレクサンダー 12l,153r,946r	イ・ウルギュ 1037r
586l,587l,598l,600r,653r,	アン・インシク 39l	易 家鉞 480l
666r,677l,696r,705l,708l,	アン・ウセン 38r	イ・ガンフン 1039r
718l,722r,732r,748r,759r,	安 栄根 1038r	イ・ギュウク 1039l,1039r
761l,786r,799l,809l,810r,	安 偶生 **38**r,1043r,1049r	李 今順 1040r
827l,827r,846l,852l,864r,	安 興玉 **39**l	イ・サンス 1041r
893r,898l,898r,911r,921r,	安 恭根 38r	イ・シウ 1040r
930l,936r,941r,948r,952l,	安 載煥 1034l	イ・ジョンギュ 1041l,1042r
969l,969r,981l,988r,1005r,	安 重根 38r	イ・ジョンシク 1042l
1015r,1024l,1060r,1063l,	安 昌浩 323l	イ・ジョンムン 1042l
1064l,1066l,1073r,1074l,	安 鍾浩 407r	イ・スンシク 1040l
1075l	安 真 525l	イ・ソンフン 1041l
新巻圭太郎 320r	安 仁植 **39**l,323l	イ・ダル 1042l
荒俣滝二郎 **36**l	アン・フンオク 39l	イ・チャンハ 1040r
荒本守也 456r	安 邦佑 39l	イ・チルヨン 1040r
荒谷玉男 **36**l	アン・リネル▷リネル	イ・ドッキ 1043l
アラン 338r,550l	安西 激 **39**l,64r,573l	イ・ドンスン 1042r
有岡明正 333r	安西作治 **39**l	イ・ハグィ 1038r
アリオーニ 825l	安斉徳造 **39**l	イ・ハユ 1039l
有賀有喜 578l,971r	安西 均 606r	イ・ヒェングン 1039r
有坂 茂 **36**l	安西冬衛 303l,303l,521l	イ・ヒュク 1038r
有沢孝忠 **36**l,393r	安生岸二 39l	イ・ヒョモク 1040r
有島生馬 **36**l,36r,295l,767l	安生武夫 **39**r,613l	イ・ヒョンス 1039l
有島盛三 **36**r,230l,478r	安藤庵三郎 **39**r	イ・ビョンヨプ 1043l

人名索引 い

イ・ファ　1037*r*
イ・フェヨン　1038*l*
イ・ホングン　1040*l*
イ・ムンニョル　1043*l*
イ・ユンヒ　1037*l*
イ・ヨンギル　1043*r*
イ・ヨンジュン　1043*l*
イ・ヨンテ　1043*r*
伊井　迂　83*r*
伊井三郎　460*l*
伊井　敬▷近藤栄蔵
飯尾一二　603*l*, 671*l*
飯尾　静　842*r*
飯沢竹松　43*l*
飯島栄蔵　43*l*
飯島亀吉　43*l*
飯島金太郎　43*l*
飯島賢次郎　43*l*, 534*l*
飯島幸太郎　43*l*
飯島　正　303*l*
飯島つね　43*r*
飯島利之　512*l*
飯島万吉　43*r*, 239*l*, 428*l*, 695*l*
飯島由一　43*l*
飯島力三郎　43*r*
飯島菊次郎　43*l*
飯島九一　86*r*
飯島佐十郎　43*l*
飯田三吾　295*l*
飯田重晴　43*r*, 139*r*
飯田十三　976*l*
飯田新一　44*l*, 822*l*
飯田すず　44*l*
飯田清太郎　44*l*
飯田赤三　44*l*, 54*l*, 150*r*, 557*r*
飯田蛇笏　686*r*, 881*l*
飯田徳太郎　44*r*, 45*l*, 67*r*, 212*l*, 255*l*, 279*l*, 359*l*, 381*l*, 414*l*, 460*r*, 632*r*, 679*l*, 738*l*, 751*l*, 794*l*, 928*l*
飯田豊二　14*r*, 44*r*, 167*r*, 212*l*, 255*l*, 278*l*, 329*l*, 418*r*, 437*l*, 633*l*, 644*l*, 662*l*, 832*l*, 928*r*, 947*l*, 962*r*, 970*r*, 1017*l*
飯田正行　666*l*
いいだ・もも　981*r*
飯田　桃　223*l*
飯高棟三郎　45*l*
飯塚学堂　45*l*
飯塚古葉　806*l*

飯塚民次　45*l*
飯塚秀吉　32*l*
飯塚芳英　45*l*
飯沼二郎　638*l*
飯野時造　45*r*
飯森正芳　45*r*, 358*r*, 669*l*, 701*l*
飯山吉之助　46*l*
イヴォンヌ　585*r*, 627*l*, 767*r*, 854*r*
井浦吉兵衛　46*l*
井浦喜六　46*l*
井浦徳太郎　46*l*
イエー・フェイイン　1013*r*
家田瑳王賀男　406*l*
五百田一夫　406*l*
伊賀忠四郎　46*l*
井垣幸次郎　46*l*
井頭　堅　90*l*
伊賀道清一郎　46*l*, 239*l*, 645*r*
伊賀道天崖　46*l*
五十嵐栄吉　46*l*
五十嵐亀吉　46*l*
五十嵐栄　46*l*
五十嵐三四郎　62*l*
五十嵐茂　46*l*
五十嵐信吉　46*l*
五十嵐隆　46*l*
五十嵐年雄　47*l*
五十嵐友幸　971*r*
五十嵐喜広　717*l*, 872*l*
猪狩満直　47*l*, 230*l*, 380*l*, 396*r*, 424*l*, 451*l*, 504*r*, 563*l*, 579*r*, 634*r*, 642*r*, 678*l*, 682*l*, 860*l*, 909*l*, 1068*l*
郁　達夫　47*l*, 82*r*, 145*l*, 237*r*, 1054*l*
郁　文　47*l*
生草三郎　47*r*
生沢とめ　47*l*
伊串英治　6*r*, 31*l*, 31*l*, 37*r*, 44*l*, 48*l*, 74*r*, 87*r*, 206*l*, 207*l*, 217*r*, 243*l*, 243*l*, 250*r*, 252*l*, 279*r*, 305*l*, 308*r*, 321*r*, 339*r*, 359*r*, 375*r*, 376*l*, 382*l*, 403*l*, 422*r*, 444*l*, 466*r*, 486*l*, 522*l*, 580*r*, 627*r*, 656*l*, 666*l*, 679*r*, 754*l*, 822*l*, 862*l*, 870*l*, 891*r*, 907*r*, 966*l*, 1006*l*, 1016*l*, 1071*l*
生島清太郎　48*l*
生島　繁　48*r*, 83*l*, 109*r*, 302*r*,

317*r*, 338*l*, 422*l*, 435*r*, 508*l*, 759*l*, 820*l*, 821*l*, 827*r*, 840*r*, 891*l*, 908*l*
生田弘治　49*r*
生田鴻三　48*r*
生田　茂　49*l*
生田春月　49*l*, 49*r*, 50*r*, 161*l*, 165*r*, 174*l*, 247*l*, 304*l*, 352*r*, 503*l*, 538*l*, 587*l*, 626*r*, 701*r*, 834*r*, 872*r*, 944*r*, 999*l*, 1003*l*, 1048*l*, 1060*l*
生田長江　23*r*, 49*l*, **49***r*, 102*r*, 103*l*, 284*l*, 442*r*, 472*l*, 725*l*, 763*r*, 790*l*, 834*l*, 1060*l*
生田蝶介　965*r*
生田花世　50*r*, 999*r*
生田　均　983*l*
井口喜源治　321*l*, 533*r*
井口正吾　50*r*
井口　猛　50*r*
井口昌太郎　51*l*
井口竜城　544*l*
生野　進　51*l*, 392*r*, 452*r*, 936*l*
生野正夫　51*l*
生野益太郎　51*l*, 83*l*, 150*r*, 166*r*, 217*r*, 311*l*, 422*l*, 500*l*, 818*l*
生原　繁　51*r*
井組寿郎　51*r*
池内三雄　51*r*
池上忠夫　476*l*
池上　豊　51*r*
池下　稔　51*r*, 821*l*
池田郁郎　52*l*
池田市太郎　52*l*
池田一郎(欧文工)　52*l*
池田一郎(活版工)　52*l*
池田一夫　52*l*, 289*r*
池田克己　52*l*, 125*r*, 701*r*, 761*r*
池田　清　52*r*
池田清次郎　52*r*
池田国浩　502*l*
池田　賢　52*r*, 562*l*, 670*r*
池田源治　53*l*
池田幸吉　53*l*, 998*l*
池田浩吉　53*l*
池田康太　166*r*
池田定吉　53*l*
池田周太郎　53*l*
池田　稠　53*l*
池田晋吉　42*r*, 53*l*

い　人名索引

池田武雄　53*l*, 388*l*, 557*r*, 652*l*, 936*l*
池田胤夫　53*r*
池田種生　53*r*, 82*l*, 184*l*, 185*l*, 211*r*, 214*r*, 235*l*, 254*r*, 257*l*, 268*r*, 426*r*, 489*r*, 573*l*, 600*l*, 698*r*, 700*l*, 751*r*, 791*l*, 956*l*
池田禎治　53*l*
池田留吉　54*l*
池田豊吉　54*l*
池田虎一　54*l*, 394*l*
池田寅三　44*r*, 54*l*, 150*r*, 440*l*, 558*l*, 829*r*
池田久吉　683*r*
池田雅臣　54*r*
池田　実　191*r*, 1020*r*
池田ムメ　468*r*
池田義太郎　74*l*
池田義年　54*l*
池田米吉　54*r*
池端才次郎　54*r*
池部　鈞　944*r*
池森　清　54*r*
池谷兵三郎　54*r*
猪古　勝　54*r*, 115*r*, 333*l*, 769*l*, 997*l*
生駒宗兵衛　55*l*, 385*r*, 507*l*, 511*l*
生駒長一　55*l*, 251*l*, 305*l*, 379*l*, 385*r*, 510*r*, 511*l*, 798*l*, 814*r*, 1009*l*
井坂美代治　55*r*
伊崎豊太郎　15*r*, 55*r*, 254*l*, 288*l*, 392*r*, 916*l*
伊笹馬太郎　55*r*
伊笹重雄　55*r*
伊笹秀太郎　55*r*
伊佐治三郎　55*r*
イサム・ノグチ　731*r*
伊皿木恒雄　664*l*
伊沢梅吉　55*r*
伊沢康民　56*l*, 441*r*, 910*l*
伊沢八十吉　56*l*, 97*r*, 253*r*, 474*l*, 596*l*, 786*r*, 846*l*, 962*l*, 993*r*
石井　勇　56*r*
石井市蔵　56*r*
石井斧吉　56*r*
石井　俤　222*r*
石井兼次郎　56*r*
石井恭三　56*r*, 467*r*, 612*l*
石井きん　57*l*

石井研堂　924*l*
石井小太郎　57*l*, 500*r*, 545*r*, 1009*r*
石井　宇　57*r*
石井作次郎　57*r*
石井定治　799*r*
石井繁蔵　57*r*
石井　清　57*r*
石井武明　57*r*
石井忠純　58*l*
石井民樹　58*l*
石井長治　58*l*, 128*l*
石井鉄治　58*l*, 91*l*, 305*r*, 1024*l*, 1073*l*
石井徳太郎　58*l*
石井直治　58*l*
石井紀明　58*l*
石井　漠　58*r*, 102*l*, 187*r*, 834*l*
石井柏亭　49*r*, 295*r*, 721*r*
石井白露　56*r*
石井はつ　59*l*
石井　秀　59*l*, 1003*r*
石井秀次郎　59*l*
石井秀太郎　59*l*
石井真木　58*r*
石井政治　32*l*
石井光野　59*l*
石井竜太郎　59*l*, 360*l*, 645*l*, 720*r*, 997*l*, 1007*l*
石井林郎　58*l*
石浦卯之助　59*r*
石垣綾子　59*r*, 614*l*
石垣栄太郎　60*l*
石垣高次郎　683*r*
石垣忠吉　40*l*
石垣りん　810*l*
石上太郎　60*r*, 195*l*
石上文七郎　60*r*
石川覚太郎　61*l*
石川主計　61*l*, 145*l*, 266*r*, 309*l*, 1024*l*
石川和民　61*l*, 398*r*, 512*l*, 515*r*, 736*l*
石川勘司　61*l*
石川暁星　45*l*
石川旭山　62*l*
石川金太郎　61*r*, 393*l*, 405*r*, 453*l*, 457*r*, 894*l*, 945*l*
石川熊雄▷滝川創
石川定吉　61*r*, 734*l*

石川三四郎　10*r*, 21*l*, 40*r*, 45*l*, 49*l*, **61***r*, 62*l*, 71*l*, 73*l*, 78*l*, 79*l*, 82*l*, 84*r*, 94*l*, 102*r*, 103*r*, 136*r*, 149*r*, 150*r*, 152*r*, 155*r*, 157*l*, 167*l*, 172*l*, 174*l*, 191*l*, 197*l*, 198*r*, 208*r*, 212*l*, 215*l*, 216*r*, 231*r*, 235*l*, 237*r*, 241*l*, 241*r*, 250*l*, 251*r*, 255*l*, 257*r*, 267*r*, 274*l*, 274*r*, 278*r*, 289*l*, 292*l*, 309*r*, 310*r*, 312*r*, 315*l*, 319*l*, 337*l*, 337*r*, 348*r*, 359*r*, 364*r*, 365*l*, 368*r*, 369*r*, 373*r*, 377*l*, 383*l*, 390*r*, 391*r*, 399*l*, 402*r*, 407*r*, 429*l*, 437*l*, 440*l*, 441*l*, 444*r*, 455*r*, 464*r*, 479*l*, 489*l*, 494*l*, 502*r*, 523*r*, 531*l*, 532*r*, 533*l*, 536*r*, 537*l*, 561*l*, 562*r*, 564*l*, 573*l*, 580*r*, 581*r*, 588*l*, 592*r*, 599*l*, 600*r*, 606*l*, 615*r*, 616*l*, 618*l*, 619*r*, 632*l*, 634*l*, 638*l*, 639*l*, 655*r*, 668*r*, 683*l*, 688*r*, 689*l*, 698*l*, 698*r*, 701*r*, 713*l*, 718*l*, 722*r*, 723*r*, 725*l*, 728*r*, 732*l*, 735*l*, 736*l*, 744*r*, 754*l*, 760*l*, 760*r*, 762*r*, 769*r*, 773*l*, 774*l*, 780*r*, 789*l*, 791*l*, 796*l*, 801*r*, 808*r*, 809*l*, 833*l*, 839*r*, 840*l*, 842*l*, 851*l*, 859*r*, 872*l*, 873*r*, 879*l*, 882*r*, 884*r*, 888*l*, 892*l*, 915*l*, 915*r*, 918*r*, 924*l*, 934*l*, 935*l*, 938*r*, 946*r*, 952*r*, 953*l*, 966*l*, 971*l*, 975*l*, 978*l*, 978*r*, 983*r*, 988*r*, 1002*r*, 1005*r*, 1015*l*, 1016*l*, 1030*l*, 1032*l*, 1035*l*, 1036*l*, 1041*r*, 1051*l*, 1051*r*, 1057*l*, 1065*r*, 1068*l*, 1073*r*
石川鹿次郎　63*l*
石川　淳　63*r*, 40*l*
石川新平　63*l*
石川棄郎　293*r*
石川善助　706*r*
石川啄木　64*l*, 85*l*, 255*l*, 279*r*, 311*r*, 348*r*, 362*r*, 369*r*, 442*r*, 468*l*, 475*l*, 503*r*, 510*r*, 535*l*, 551*l*, 591*l*, 606*l*, 625*l*, 653*r*, 668*l*, 701*l*, 718*r*, 722*r*, 729*r*, 730*r*, 786*l*, 805*l*, 892*l*, 921*l*, 1017*l*
石川武美　152*r*

石川達三　677r
石川長作　64r
石川豊吉　64r,339l,645r
石川虎雄　64r
石川楢太郎　64r
石川信子　61l
石川　一　64l
石川半山　310l
石川彦吉　65l
石川不尽▷石川三四郎
石川政治　65l
石川三雄　2r,65l,704l
石川光子　892l
石川行夫　637l
石川良太郎　65l
石倉久七　65l
石黒　厳　527l
石黒鋭一郎　65l,276l,317l,320l,
　376r,541r,786l,786r,791r,
　908l,1025r
石黒栄三郎　65r
石黒栄二郎　65r
石黒修一　340r
石黒周太郎　65r
石黒スミ　65r
石郷岡睦　65r
石坂肇章　65r
石崎　潔　66l
石崎秀俊　66l
石崎吉郎　66l,238r,990l
石沢新二　66l
石関楠吉　66l
石田一松　66l
石田英一郎　526r
石田開二　66l,69r,437r,1019r
石田一男　66r,428r,534l
石田兼男　66r,444l,1076r
石田キヌ　66r
石田九蔵　66r,259l,570r
石田光栄　42r,67l,282l,637l
石田孝吉　67l
石田弘造　67l
石田小三郎　67l,911l
石田三郎　67l,564l,1048l
石田茂一　67r
石田正治　67r,83l,168l,301r,
　311l,317l,381l,383r,460r,
　614l,738r,840r,879l,976l,
　977r
石田惣二　68l

石田忠太郎　68l
石田鎮三郎　68l
石田友治　68l,149l,273r,290r,
　1027r
石田波郷　685l
石田　秀　68r
石田福太郎　68r
石田望天　68l
石田幹之助　867l
石田要之助　68r
石田芳吉　68r
石田義友　66r
石田義治　68r
石塚甚五郎　68r
石塚甚蔵　68r
石塚英之　69l
石出清蔵　612l
石動喜六　69l
石堂正太郎　69l,998l
石動　勝　69l
石野貞雄　69l
石野　隆　810l
石橋清太郎　69l
石橋湛山　587r,624l,1066l
石橋藤一　69l
石橋　弥　515l
石原猪之吉　69l,972r,972r
石原莞爾　22l,1004l
石原憲治　791l
石原　純　198l
石原青竜刀　80l
石原蝶四郎　69r,875l
石原政明　66l,69r,83r,217r,
　386r,437r,512l,734r,777l,
　867r,934l,999l,1019r,1020r
石原政次郎　70l
石原　三　70l
石原守明　811r
石部徳太郎　70l,302r
石仏次郎　70l
井島為治　70l
石巻篁西　70l
石巻良夫　48l,70l,137l,227l,
　304l,512r,963l
石村良之助　70r
石牟礼道子　70r,606r
石本恵吉　40l,71l,1051r
石山賢吉　740r
石山すい　71r
石山正義　71r

伊集院栄雄　71r
石渡山達　71r,380r,991l
石渡綱太郎　72r,1072r
石渡昇三　72l
伊地知直矢　723l,733l,918l
泉野利喜蔵　55l,301r,341r,
　1001r
伊豆丸徳一　72l
泉　鏡花　447l
泉　治作　295l
泉　順子　72l,143r
泉　正重　72l,74l,127r,143r,
　225r,329r,330l,330r,403l,
　451l,474r,655l,777l,836l,
　855r,911l
泉　　忠　72r
泉　敏登　73l
泉　留一　72r
泉　文三　274r
泉　芳朗　16r,73l,520l,741r,
　749r,1032l
伊豆見正重　72l
泉与史朗　73l
泉田繁雄　73l
泉田善雄　73l,318l
伊勢幸太郎　729l
伊勢敏一(信友会)　73l
伊勢敏一(正進会)　73l
伊勢寅吉　73r
伊勢八郎　73r
井関仁太郎　73r
伊是名朝義　72r,73r,127r,143r,
　330l,330r,836l
磯　茂樹　74l
磯貝広吉　74l
磯貝重二郎　74l,1020r
磯崎　巌　83r
磯崎　邦　456r
磯崎敬三　74l
磯田　登　74r,375r
五十子鶴太郎　74r
石上露子　915l
磯部四郎　74r,760r
磯部敏彦　75l
磯部光夫　75l
磯部門三郎　75l
磯村安良基　75l
磯村宗儀　42r,53l,75l
磯谷武郎　668r
五十里幸太郎　34r,75l,202l,233l,

1207

い 人名索引

256r, 301l, 346r, 587r, 594r, 605r, 863r, 873l, 898l, 902l, 916r, 922l, 948l
井田菊蔵 264r
板垣退助 445r, 651l, 1065l
井谷正吉 **75r**, 771l
板野栄治 69r, 437r
板野勝次 108l
板野貞夫 **76l**
板見谷直治 **76l**
板谷治平 76l, 86l, 701l
市江藤吉 **76r**
一尾卿三郎 **76r**
市川市太郎 **76r**
市川一男 **76r**
市川和平 24r, **76r**, 382l, 788r
市川休太郎 991r
市川元治 **77l**
市川しづ **77l**
市川俊一郎 **77l**
市川正一 5r, 742l
市川鉦太郎 272r, 324r
市川高光 1020r
市川竹次郎 77l, 998r
市川長次郎 **77l**
市川藤市 **77r**
市川白弦 **77r**, 194r, 539r, 564l, 797l
市川　光 69r, 185r, 934l, 1020r
市川彦太郎 20l, **78r**, 781r
市川房枝 77r, 213l, 215r, 404r, 406l, 809r, 995l, 1001l, 1010r
市川巳之助 **78r**
市川元春 77l
市川義孝 274l
市川林平 **78r**
一木斉太郎 713r
一倉徳子 298r
市毛善右衛門 111r
市田一太郎 **78r**
市谷信義 1060l
市野伸一 **78r**
一ノ瀬峰弥 **78r**
一関市三郎 **78r**
一宮　久 **79l**
市橋善之助 **79l**
市橋与三吉 **79l**
市原金之助 **79l**
市原てい **79l**
市原正恵 **79r**

市原正利 515l
市村菊三郎 **79r**
市村通次 **79r**
一森正吉 80l, 350r, 625r, 643r, 950l
一安　訒 **80l**
一安信夫 80l
一力重明 **80l**
五木寛之 18l, 283l
一　叩　人 80l, 328l
伊土　競 637l
井筒仙太郎 **80r**
井手　薫 158r
井出俊一 **80r**, 663l
井手仙太郎 **80r**, 1026r
井出則雄 938r
井出余塩 826l, 1057l
井出好男 **80r**, 113l, 212r, 256r, 398l, 442l, 526l, 576r, 663l, 719r, 890l, 971r
伊藤愛蔵 81l, 112l, 170l
伊藤　功 81l, 263r, 386r, 441l
伊藤逸平 222l
伊藤逸郎 **81l**
伊藤岩吉 81l
伊藤栄太郎 **81r**
伊藤永之助 7r, 278r
伊藤悦太郎 2l, 21l, 37r, 52l, **81r**, 142r, 186r, 264l, 505r, 753r, 903r, 908r, 987l, 1043r
伊藤音楠 81r
伊藤覚太郎 **82l**
伊藤兼二郎 82l, 188l, 199l
伊藤兼蔵 **82l**
伊藤貴一 82l, 489r
伊東菊雄 84l
伊藤菊之助 **82l**
伊藤久平 **82l**
伊藤　清 **82l**
伊藤金六 **82l**
伊藤　憲 82l
井東　憲 82r, 112r, 403l, 466r, 762l, 976r
伊東源二 923l
伊藤源次郎 **83l**
伊藤孝一 67r, **83l**, 166r, 168l, 422l, 694l, 926r, 976l
伊藤公敬 71r, 76l, **86l**, 380r, 727l, 991l, 598l
伊藤幸作 **83l**

伊藤耕人 19r, 69r, **83r**, 312l, 706r
伊藤巷太郎 **83r**
伊藤黒衣 83r, 218l
伊藤左千夫 795l
伊東三郎 69r, **83r**, 468r, 762r
伊藤三司 318l
伊藤三次郎 **84l**
伊藤繁雄（欧文工） **84l**
伊藤繁雄（芝浦製作所） **84l**
伊藤醇之助 **84l**, 444l
伊藤証信 **84r**, 136r, 227r, 281l, 290r, 341r, 908r, 956r
伊藤信吉 59l, **84r**, 86r, 123l, 142l, 196r, 303l, 328r, 347r, 348l, 363r, 386r, 424l, 443r, 446r, 498l, 504r, 518r, 684l, 743r, 798l, 835l, 873r, 950l, 1003r, 1016l, 1029r
伊藤信吉（信友会） **84r**
伊藤信次郎 **85l**
伊東深水 528l
伊藤信三 84r
伊藤祐之 719r
伊藤　整 **85r**, 219r, 451l, 734r, 860l, 949l
伊藤清吉 **85r**
伊藤正斉 195r
伊藤外治 **85r**
伊藤大輔 **85r**
伊藤　孝 1057r
伊藤隆照 250l, 438r
伊藤武次郎 **86l**
伊藤為之助 **86r**
伊藤痴遊 915r
伊藤常太郎 **87l**
伊藤鶴松 **87l**
伊藤貞太郎 **87l**
伊藤鉄次郎 **87l**, 761l, 845r
伊藤敏夫 **87l**
伊藤留吉 **87r**
伊藤友治郎 **87r**
伊藤長光 48l, 74r, **87r**, 141l, 273l, 324r, 375r, 379l, 382l, 431r, 567r, 666l, 687r, 805l, 1071l
伊藤仁左衛門 **88l**
伊藤忍之助 **88l**
伊藤野枝 4r, 34r, 38r, 58r, 74l, 79r, **88l**, 90r, 131l, 134l, 140r,

1208

人名索引　い

　　161*l*, 176*r*, 212*r*, 218*l*, 218*r*,
　　219*l*, 220*r*, 269*l*, 315*l*, 317*l*,
　　400*l*, 402*r*, 421*l*, 422*l*, 446*l*,
　　447*l*, 462*r*, 464*l*, 480*l*, 489*l*,
　　498*r*, 506*l*, 531*l*, 538*l*, 561*r*,
　　594*r*, 599*l*, 622*r*, 626*l*, 627*l*,
　　651*l*, 660*l*, 677*l*, 720*r*, 737*l*,
　　790*l*, 812*l*, 837*l*, 873*l*, 908*l*,
　　968*l*, 969*l*, 980*l*, 995*l*, 1019*l*,
　　1058*l*, 1064*l*, 1066*l*
伊藤　登　89*l*
伊藤初五郎　89*l*
伊藤花子　554*l*
伊東ハンニ　240*r*
伊藤彦造　89*l*
伊藤秀之助　89*r*
伊藤秀吉　547*l*
伊藤房一　89*r*
伊藤ふじこ　952*r*
伊藤真子▷青木真子
伊藤政吉　90*l*
伊東政次郎　90*l*
伊藤正宣　90*l*
伊東正躬　90*l*, 257*r*, 377*r*
伊藤まつ　90*l*
伊藤万吉　90*l*
伊藤美寿恵　163*l*
伊藤　和　90*l*, 233*l*, 515*l*, 520*r*,
　　611*r*, 615*l*, 630*r*, 733*l*, 743*l*
井東　融　933*r*
伊東右馬　238*r*
伊藤吉江　257*r*
伊藤ルイ　89*l*, 90*r*, 91*l*, 152*l*, 534*r*,
　　876*l*
伊藤和三郎　196*r*, 591*l*
糸賀茂三郎　91*l*
糸川二一郎　58*l*, 91*l*, 604*r*, 1024*l*
糸島幸太郎　210*r*
糸島孝太郎　91*l*, 108*l*, 313*l*, 335*l*,
　　392*l*, 394*l*, 502*l*, 513*l*, 544*r*,
　　565*r*, 577*l*, 610*r*, 818*l*, 999*l*
井戸田盛吉　91*r*
絲屋寿雄　91*l*, 762*r*
糸山政六　155*l*, 689*r*
稲生益太郎　92*l*, 759*l*
稲垣足穂　92*r*, 287*r*, 443*l*
稲垣貞子　1010*l*
稲垣藤兵衛　92*r*, 270*r*, 454*l*,
　　618*l*, 1049*r*
稲垣米吉　93*l*

稲川次郎　93*l*
稲木秀臣　889*r*
稲毛文蔵　93*l*
稲田市郎　645*r*
稲田末太郎　117*l*
稲葉喜一郎　93*r*
稲葉昇太郎　93*l*
稲見清之助　93*l*
稲村順三　312*r*
稲村隆一　999*l*, 1070*l*
稲吉富士夫　93*r*
乾　亀松　32*l*
乾　直恵　1003*r*
犬養　智　93*r*, 233*r*, 264*r*, 299*l*,
　　299*r*, 333*r*, 440*l*, 515*l*, 819*l*,
　　834*l*, 880*l*, 984*l*
犬飼重雄　94*l*
犬養　毅　138*r*, 271*l*, 915*r*
犬同久吉　94*l*
犬田　卯　32*l*, 41*r*, **94***l*, 184*l*, 192*r*,
　　263*r*, 274*l*, 284*r*, 285*r*, 372*r*,
　　391*l*, 396*l*, 431*l*, 436*r*, 515*l*,
　　520*l*, 522*l*, 561*l*, 630*r*, 643*l*,
　　668*r*, 691*l*, 696*r*, 718*r*, 737*l*,
　　765*l*, 789*l*, 791*l*, 817*r*, 842*l*,
　　1010*l*, 1065*r*
犬田すゑ　522*l*
犬丸要三　218*l*
猪野健治　198*l*
井上　昭　94*r*, 598*r*
井上逸夫　94*r*
井上稲夫　384*r*
井上英一　95*l*, 810*r*, 869*r*
井上栄次郎　95*l*
井上円了　547*l*
井上角五郎　407*r*
井上　潔　97*l*
井上敬一　892*r*
井上敬次郎　95*l*
井上剣花坊　95*l*, 98*l*, 100*r*, 162*r*,
　　234*l*, 273*l*, 280*r*, 281*r*, 423*r*,
　　470*r*, 489*l*, 597*r*, 631*r*, 635*l*,
　　681*l*, 893*r*, 904*l*, 910*l*, 925*l*,
　　954*r*, 955*r*, 1018*r*, 1068*r*
井上源三　96*l*
井上幸一　95*l*
井上江花　96*l*
井上紅梅　83*l*
井上黒蘭　96*l*
井上貞吉　96*r*

井上淳一　96*r*
井上正次　96*r*
井上信一　94*l*, **96***r*, 99*l*, 186*r*, 190*l*,
　　228*r*, 240*r*, 385*l*, 394*r*, 459*r*,
　　466*r*, 510*l*, 562*l*, 590*r*, 629*l*,
　　670*r*, 671*r*, 689*l*, 738*r*, 894*r*,
　　949*r*, 964*r*, 971*l*, 991*l*
井上新吉　97*l*, 342*r*, 362*l*, 642*r*,
　　709*l*, 757*r*, 829*l*, 879*r*, 945*r*
井上甚吾　11*r*, 97*r*
井上清吉　97*r*
井上仙太郎　97*r*
井上　隆　350*l*
井上猛一　204*l*, 402*r*, 873*l*
井上武次郎　97*r*
井上忠雄　96*l*
井上竜郎　97*r*, 120*l*
井上千代子　97*r*
井上哲次郎　134*r*, 243*r*, 724*r*
井上伝蔵　360*l*
井上刀三　371*r*
井上寿一　97*r*
井上豊蔵　97*r*
井上奈良蔵　98*l*
井上日召　407*l*, 592*r*, 912*r*, 1016*l*
井上ノフ　98*l*
井上信子　95*l*, **98***l*, 162*r*, 280*r*,
　　293*l*, 405*l*, 470*r*, 471*l*, 545*r*,
　　598*l*, 635*l*, 653*l*, 681*r*, 893*r*,
　　910*l*, 955*r*, 1068*l*
井上白文地　98*l*
井上春雄　99*l*
井上秀夫　392*l*
井上　誠　96*r*, 99*l*
井上正夫　99*l*, 431*r*
井上松男　99*l*
井上光晴　650*r*
井上美奈子　99*r*, 102*r*
井上村蔵　99*r*
井上弥寿三郎　100*l*, 312*l*, 316*l*,
　　489*l*, 783*l*, 927*l*
井上　靖　152*r*, 810*l*
井上康治　100*r*
井上康文　17*l*, **100***l*, 174*r*, 810*l*,
　　1069*l*
井上由雄　100*l*
井上頼雄　**100***r*
井上隆證　98*r*
井上麒二　100*r*
井之川巨　101*l*

1209

い 人名索引

井之口政雄　127r
猪瀬慶助　101r
猪俣資盛　101r
猪俣津南雄　703r, 912r
伊波普猷　72l, 911l
伊庭想太郎　101r
伊庭　孝　101r, 346r, 780l, 834l, 677l
伊波南哲　102l, 149l, 742l
井橋明治　102l
井原末九郎　102l, 502r, 534r, 775l
井原　孝　102l
茨木達也　102l
伊福部舜児　102r, 740l
伊福部舜二　102r
伊福部隆輝　82l, 102r, 489r, 561l, 683l
伊福部隆彦　102r, 103l, 236r, 284r, 312l, 512l, 664l, 706r, 740l, 741l, 1060l
伊福部敬子　102r, 568l
井伏鱒二　132r, 447r
イプセン　12l, 103l, 221r, 271l, 483r, 618r
井筧節三　207l
違星北斗　232l
今井一郎　103r
今井歌子　268l
今井　薫　104l
今井亀蔵　104l, 897r
今井鴨平　327r
今井国三　589r
今井久平　104l
今井幸一　104l
今井俊一　104l
今井庄之助　104l
今井整(信友会)　104l
今井整(東印)　104l
今井鉎一　104l
今井武吉　166r
今井輝吉　104l
今井常盤　104l
今井勇治　104l
今井喜雄　104r, 1017r
今井美武　105l
今井嘉幸　902l
今泉省彦　105l, 122l, 287l, 612l
今氏乙治　1028r
今岡元隆　105r

今坂正八　105r
今関友広　105r
今関友広　66r
今田　保　105r, 623r
今田真光　765r
今仲宗治　106l, 143l, 852l
今成　昶　783r
今西錦司　106l
今西賢次　106l
今西万太郎　106r, 687r
今野賢三　106r, 263l, 391l, 577l, 981r
今野賢蔵　106r
今林宇一　106l
今福田吉　685l
今村久平　106r
今村幸吉　107l
今村五月　147l
今村昌松　107l
今村徹堂　107l
今村英雄　646l
今村力三郎　74r, 107l, 129l, 427l, 760l, 830l, 893r
井水　孝　107l
イム・ハクチェ　725r
井村栄一　107l
伊村忠一　107r, 338l
井本　尚　976l
井元麟之　55l
伊予川辰造　107r
伊良子擁一　293l
入江一郎　107r, 108r, 156l, 313r, 739l, 846l, 865l
入江玉峯　108l
入江たか子　721l
入江常一　107r
入江秀夫　91l, 108l, 394l, 513l, 544l, 565l, 577l, 610r, 818r, 972r
入江　汎　2l, 45l, 107r, 108l, 112r, 126l, 156l, 188r, 291l, 415l, 459l, 558l, 630l, 642r, 664r, 679r, 807r, 815r, 820r, 826r, 841r, 903r, 976l, 987l, 1028l
入江暮鐘　108r, 336l
入江正士　108l
入沢吉五郎　108l
入沢吉次郎　67l, 108l, 109l, 114l, 530l, 738l, 872l

入沢三郎　25l, 109l, 827l
入沢正士　736l
入交好保　705r
入山浪造　109l
色川　豊　109l
岩井　栄　632r, 633l
岩井　茂　352l
岩井徳三郎　109l
岩井末美　109r, 974l
岩木躅躅　685l
岩切亮一　991l
岩倉栄司　109l
岩佐作太郎　3l, 6r, 8r, 10r, 21r, 27l, 31l, 38l, 56l, 64l, 64r, 71r, 72l, 72r, 77r, 81r, 109r, 111l, 117r, 121r, 123l, 124l, 126r, 129r, 130l, 139l, 147r, 173r, 184r, 192l, 206l, 209l, 215l, 216r, 229l, 248l, 253r, 299r, 305l, 316l, 319l, 329r, 332r, 335l, 335r, 336l, 340r, 346r, 347l, 354l, 357l, 369r, 375l, 402r, 405r, 410r, 427r, 441l, 444l, 451l, 473r, 487l, 494l, 494r, 503r, 522r, 532r, 534l, 550l, 552r, 554r, 559r, 569r, 579l, 580r, 582l, 604l, 606l, 606r, 645r, 648r, 663r, 672r, 679l, 680l, 683l, 692r, 698l, 709r, 721l, 723r, 735l, 743r, 744r, 758r, 759r, 767l, 777l, 794l, 800l, 806l, 827l, 828l, 829r, 835r, 855r, 862l, 875r, 903r, 908l, 911r, 916r, 918r, 930r, 938l, 952l, 954r, 963l, 979l, 987r, 988l, 1004l, 1009l, 1012l, 1015l, 1024l, 1037r, 1041l, 1042l, 1043r, 1047l, 1048l, 1051l, 1053l, 1069r, 1076l
岩佐七重　111l
岩佐良治　861l
岩崎　勇　377r
岩崎英一　111l
岩崎革也　111r, 232l, 953l
岩崎勘治　111l
岩崎きぬ子　232l
岩崎呉夫　981l
岩崎兼吉　457r
岩崎茂三郎　111l

1210

人名索引　う

岩崎秋月　111r
岩崎善右衛門　**111r**,361r,807r
岩崎健夫　36l,112l,393r
岩崎長太郎　**112l**
岩崎直三　**112l**
岩崎直蔵　81l,**112l**,170l
岩崎なみ　**112l**
岩崎政雄　**112l**
岩崎光好　**112l**,665l,883l
岩崎弥一　**112r**,160r,264l
岩崎与三郎　**112r**,900l
岩下幸一　**113l**
岩下順太郎　966l
岩下チヨ　**113l**
岩瀬久太郎　68l,614l
岩瀬清武　**113l**
岩瀬銀治郎　**113l**
岩瀬徳太郎　**113l**
岩瀬法雲　23r
岩瀬正雄　20l,59l,83r,**113l**,130r, 270r,350l,386r,441l,567l, 706r,730r,862l,950l,1003r
岩田栄吉　**113r**
岩田幹一　**113r**
岩田勘蔵　**113r**
岩田専太郎　584l
岩田藤蔵　**113r**
岩田彦次郎　**113r**
岩田　広　240l
岩田富美夫　65r,305r
岩田義信　765l,987r,1008r
岩橋佐吉　**113r**,150r,406r,558l
岩谷渋三　**114l**
岩谷新三郎　**114l**,770r
岩出金次郎　**114l**,184l,201l,223l, 311l,343l,583l,656r,748l, 760r,840r,948l
岩出白雨　**114l**
岩藤　偆　**115l**
岩藤思雪　**114r**,115l,246r
岩藤新三郎　**114r**
岩藤雪夫　**115l**,994l
岩波茂雄　71l,266l
岩野　清▷遠藤清子
岩野　猛　**115r**,321r
岩野泡鳴　34r,**115r**,215r,533l
岩野美衛　**115r**
イワノフ・スミヤヴィッチ　523r
岩橋恒星　116l
岩橋信二郎　**116l**

岩橋武夫　806r
岩橋恒男　**116l**
岩淵五郎　**116l**
岩淵天涯　**116r**
岩淵良雲　**116r**
岩間勝三郎　116r
岩間勝太郎　**116r**
岩間賢助　205l
岩間清四郎　**116r**
岩間留吉　**116r**
岩間留三郎　**116r**
岩間福松　**116r**
岩見謙吉　**116r**
岩村三千夫　734l
岩本一喜　536l
岩本貞之助　**117l**
岩本秀一　**117l**
岩本秀司　**117l**,195l,702l,855r, 977l,1028l
岩本　新　**117l**
岩本貞一　**117r**
イワンスキー　837r
尹　赫済　**117r**,365r
尹　奉吉　492r
印東熊児　830l
印東鎔次郎　28l,**117r**

う

禹　海竜　843r
禹　漢竜　237l,1040r
ウー・コーカン　356l
ウー・ジーホウイ　357r
ウー・チェン　356r
于　右仁　1013r
ウー・ランシー　358r
ヴァレリー　148l
ヴァンゼッティ　60l,69r,108l, **117l**,146l,231l,328r,411l, 437l,575l,674l,742r,744r, 859r,926r,992l,992r,724l, 995r
上　政治　74l,93r,**118l**,742l, 934r
ウエイ・ホゥイリン　146l
植木枝盛　808l
上木常吉　**118l**
植木清一郎　**118l**
植木徹誠　**118l**
植木徹之助　**118l**

宇江城良義　120r
上倉友男　**119l**
上島久助　**119l**
上島房吉　**119l**
上杉亀吉　**119l**
上田　彰　**119l**,302l,526l,1009l
上田蟻善　**119l**,201r,631l,679r, 716r,818l,953r,978l
上田音市　**119r**,996r
上田一夫　**119r**
上田吉郎　120r,901r,1070l
上田銀次郎　**120l**
植田好太郎　**120l**,296r,833l,918r
上田茂樹　289l
上田庄三郎　604r
上田次郎　**120l**
上田　進　123l,220r
上田セキ　**120l**
植田宗一郎　**120l**
上田太良　**120r**
上田　保　665r
上田敏雄　303l
植田信夫　**120r**,614r,901r,950r, 976l
上田日出男　119l
上田　敏　49r,442r
上田兵二郎　**121l**
上田正夫　**121l**
上田益吉▷植田増吉
植田増吉　96r,**121l**,147l,529r, 673r,770r,928r,974l
上田光敬　**121r**
上田光慶　**121r**,130l,222l,296r, 302l,375r,377l,380r,750r, 754r,804l,813r,856r,975l, 1033r
上田義雄　**121r**
上谷鉄夫　11r
上西　憲　121r,463l
上野岩太郎　445r
上野英信　70r,**121r**,606r
上野鋭之進　**121r**
上野克己　51r,52l,53l,**122l**,124l, 168l,233r,276r,289r,340r, 375r,422r,437r,547l,602r, 608r,687l,699r,702l,707l, 761l,772l,795l,805l,822r, 831l,960r,992r,995r,1061r
上野菊江　810l
上野澄水　123r

1211

う　人名索引

上野健助　**122**r
上野幸一郎　**122**r
上野高次　74l
上野三郎　210l
上野秀太郎　74r
上野惣太郎　**122**r
上野壮夫　**123**l,591l,677r,976r
上野　貴　**123**r
上野為次郎　**123**r
上野鶴之介　**123**r
上野富male　**124**l,218l,1071l
上野延代　122r,**124**l,659l,821l
上野保夫　659l
上野頼三郎　**124**l,247r,429l,
　　457l,503l,517r,701r,741r,
　　1018l,1030r
上原友定　**124**r,201r,203l,679l,
　　737r,955r
上原正直　**125**l
植松　勇　**125**l
植松一三　166r,311l,500l
植松丑五郎　**125**l
植松勝蔵　**125**l
植松孝松　934l
植松忠蔵　**125**l
植松秀太郎　**125**r
植村甲子郎　**125**r
植村鈔喜智　**125**r
植村正治郎　**125**r
植村　真　409l
上村　進　819r
植村　諦　2l,52l,90l,95l,108r,
　　123r,**125**r,202r,209r,234r,
　　269r,312r,328r,386r,403l,
　　406r,476l,512l,520r,615l,
　　642r,652r,702l,723r,731r,
　　734r,753r,810l,820r,846r,
　　938r,964l,970l,975l,1003r
植村諦聞▷植村諦
植村正久　597l,917r,947r
上本長太郎　**126**r
植山治太郎　81r,**126**l,206l,
　　410r,449l,518l,562l,752r
上山秀一　212l
ヴェーユ　**126**r,208r
上与那原朝敏　33r,72r,74l,
　　127r,143r,330l,655l,836l
ウェルズ　383l
ヴェルハーレン　262r
ヴォイチンスキー　367r,703r

魚住正太郎　510l
魚住折蘆　719r
魚田　康　**127**r
ヴォーリン　**127**r
ウォルター　752l
ウォン・シムチャン　354r
ウォン・ジョンリン　354l
鵜飼桂六　**128**l
宇垣一成　700l
請地介三　**128**r
宇佐美五郎　**128**r,307l,336l,
　　883r
鵜沢　覚　233r
鵜沢総明　**129**l
宇治秀吉　**129**l
宇治行忠　**129**l
牛尾兼一　208l
牛尾紘二　885l
潮田千勢子　310l,311l
宇治木一郎　**129**l,193r,240r,
　　388l,575r,592l,679r,695r,
　　776l,866l,974l,987l,991l,
　　1047l
牛窪　明　**129**r
牛山憲吉　**129**r
牛山平八郎　**129**r,765l
後沢重雄　170r
薄　又吉　814l
臼井一二　**129**r
碓氷　薫　129l
薄井　薫　**129**r,130r
臼井源一　121r,129r,**130**l,804l,
　　813r,932r,995r,998l
臼井憲治　346l
臼井三郎　604l
臼井省三　**130**l
臼井武三郎　**130**l
磨井豊喜　**130**r
薄井博夫　129r,**130**r
碓井不二朗　**130**r
臼井吉見　**130**r
臼倉甲子造　**131**l,786l,1073l
臼倉静造　131l
臼田亜浪　925l
宇田壹岫　131l
宇田誠一　**131**l
宇田友猪　1065l
歌川克己　709r
歌川　伸　121r,**131**r,186r,265l,
　　271l,411r,532r,644l,645r,

646l,654r,883r,898l,
宇田川一郎　89l,**131**r,379r,
　　636l,985l,1047l
宇田川三郎　**132**l
宇田川信一　131r,206l
宇田川新太郎　**132**l
宇田川文海　294l
宇田川芳郎　**132**l
内海正性　873l,902l
内ケ崎作三郎　248r
内田賢治　**132**l
内田源太郎　**132**l,210r,383r,
　　460l,671l
内田広蔵　**132**r
内田静江　89r,252l
内田庄作　**132**r,144l,581r
内田信次郎　**133**l
内田光明　369l
内田徳次郎　**133**l,238l,258l,679l
内田徳太郎　**133**l
内田　博　**133**l
内田文夫　**133**r,229r
内田文市　166r
内田松太郎　**133**l
内田　実　133r
内田保男　903l
内田要太郎　**133**r
内田　義　**133**r
内田義広　701l
内田竜太郎　**133**r
内田良平　915r
内田麟太郎　669r
内田魯庵　**133**r,337l,470r,538r
内野　剣　138l
内野健児　309l
内野壮児　363l
内堀栄太郎　**134**l
内村鑑三　36r,49r,62l,**134**l,
　　232l,281l,321l,369r,432r,
　　524l,537l,597l,631l,678l,
　　701l,779r,780r,797r,843l,
　　850r,959l,1051l
内村剛介　57l,**135**l,327l,878r
内山完造　83l,**135**l,145l,769r
内山愚童　1l,62l,70r,**136**l,199r,
　　201r,268r,370l,392l,488r,
　　582r,602r,760r,774l,809r,
　　889l,893r,920l,974r,1022r,
　　1073r
内山賢次　**137**r

人名索引　え

卯月長次郎　**137**r
宇都宮卓爾　**137**r,439r
宇都宮米一　191r
内海鶴記　**138**l
内海信之　**138**l
内海又次郎　**138**r
内海勇次郎　**138**r
有働俊雄　**138**r
ウドコック　**138**r,642l
畝田香村　**139**l
畝田辰之助　139l
宇野浩二　443l,551r
宇野静夫　44l,**139**l
宇野　淳　**139**r,611r,139r
宇野庄治　66r
宇野信次郎　**139**r
宇野　高　**140**l
鵜木与一　**140**l
生方敏郎　**140**l
海野志忠　**140**r
海野政蔵　**140**r
梅景友治良　**141**l
梅崎春生　92r
梅沢嘉右衛門　**141**l
梅沢啓三郎　**141**l
梅沢吉之助　**141**l
梅田定広　**141**l,243l,272r,431r,
　　463l,772l
梅田三八士　**141**l,792r
梅谷新之助　18r,117l,**141**r,
　　195r,438l,814r
梅津錦一　**141**r,504r,650l,1075l
梅原愛義　**142**l,283l,883l
梅原寛吉　219r
梅原久三　**142**l
梅原貞康　**142**l
梅原真隆　740l
梅原明明　82r,**142**l
梅本英三　2l,81r,97r,**142**r,264l,
　　433l,496l,813l,826r,849l,
　　903r,905l,913l,962r,983r,
　　987l
梅屋庄吉　114r
梅若しず　**143**l
梅若武一郎　**143**l,852l
浦　丁二　**143**l,989r
浦口兼吉　**143**l
浦崎康華　72l,74l,127l,**143**r,
　　329r,330l,330r,402r,451l,
　　474r,777l,836l,911l

浦島善次郎　**144**l
浦田茂男　**144**l
浦田武雄　456r,975r
卜部哲次郎　34l,132r,**144**l,188l,
　　282r,581r,626r
瓜生五郎　**144**r,380r,414l,996l
宇柳伸一　**144**r
瓜生伸一　**144**r
瓜生　伝　28l,61l,**144**r,309l,
　　444l,446l,520r,906l,1024l
瓜生敏一　274r
宇留喜内　627l
宇留河泰呂　**145**l
ウルストンクラーフト　382r
上井直作　**145**r
惲　代英　**145**r,158l
海野高衛　**146**l,430r,474l,554r,
　　575l,580r,993r

え

衛　恵林　**146**l,356r,359r,365l,
　　481r,619l,622r,831r,941l,
　　1053l
栄　福　374l,741r
永　露瞙　**146**r,750l
江上繁治　**146**r,529r
江上ルイ　436r
江川栄太郎　**147**l
江川かえ　**147**l
江川菊次郎　**147**l,574r,865r
江川　貞　184l
江川允通　**147**l,838r,892r
江木ルイ　3l,848l
浴田由紀子　18l,415l
江口章子　144l
江口　幹　2r,**147**l,244r
江口　渙　**148**l,248r,309l,693r,
　　760l,831l,841r,883l
江口三省　190l
江口　茂　**148**l,384l,882l,1007r
江口隼人　102l,**149**l,309l,739l
江古田宜　884l
江島　寛　101l
江島文夫　100l
江尻藤三郎　**149**l
江渡幸三郎　149r
江渡狄嶺　31r,80r,**149**l,181r,
　　185r,227r,373r,398l,399l,
　　451l,458r,530l,549r,615r,

666l,668r,684r,689l,719r,
780l,851l,971l,1073r
衛藤修劍　150l,245l
江藤正夫　**150**l
江成　一　**150**l
江成弥作　**150**l
江西一三　2r,28r,44r,51l,53l,
　　54l,108l,113r,**150**l,205l,
　　207l,224l,311l,335l,422r,
　　423l,473r,488l,542l,557r,
　　591r,636l,674l,710r,802r,
　　829r,841l,898l,976l,985l,
　　1016l
えのき・たかし　195r
榎田米吉　370l
榎田　薫　**151**l,386r,386r
榎本栄州　289l
榎本　熙　32l
榎本吉三郎　**151**r
榎本健一　863r,902l
榎本　栄　**151**r
榎本　弘　**151**r
榎本桃太郎　2l,**152**l,156l,226l,
　　518r,566l,607r,648r,746r,
　　846l,882r
榎本良作　**152**r
榎本りん　572l
江原慎二　219l,491r,508l
江原素六　547r
江原辰五郎　722r
海老名弾正　62l,**152**l,243l,523r,
　　803l,985r
海老名弥蔵　808r
海老原沼豊　**153**l
海老原重次　**153**l
エマ・ゴールドマン▷ゴールドマ
　ン
エマソン　115r,536r,537l,850r,
　　852r
江本万吉　**153**l
江森盛弥　92l,**153**l,212l,556l,
　　633l,727l,728r,865r
江森与吉　**153**l
江森林蔵　**153**r
エリオット　138r
エリス　218l,232l
エルツバッハー　**153**r,1059l
エルツバツヘル▷エルツバッハー
江連沙村　161l
エロシェンコ　1l,12l,131l,**153**r,

1213

お 人名索引

159r, 355l, 356l, 356r, 358r,
391r, 480l, 481l, 489l, 533l,
533r, 548r, 574r, 617r, 622l,
639r, 744r, 800l, 806r, 826l,
918r, 927r, 956l, 1031l, 1033l,
1042r, 1054l
閻　錫山　237l, 1045r
袁　紹先　494l
袁　振英　**154r**, 621l
エンゲルス　668l, 912r
延生寿恵吉　**154r**
円地文子　753r
円地与志松　851l
エンデ　240r
遠藤喜一　27r, 68l, **155l**, 233r,
289r, 601r, 609l, 689r, 784r,
855r, 1028l, 1061l
遠藤久右衛門　**155r**
遠藤清子　34r, 115r, **155r**, 419l
遠藤敬次郎　**155r**
遠藤　斌　**155r**, 2l, 108r, 126l,
147r, 172l, 172r, 209l, 209r,
257r, 261l, 270r, 279l, 335r,
403l, 558l, 594r, 712l, 754l,
807r, 846r, 873r, 874l, 1048l
遠藤幸子　443l
遠藤庄次郎　**156r**
遠藤総太郎　**156r**
遠藤達之助　155r
遠藤千鶴　873r
遠藤寿松　**156r**
遠藤友四郎　**156r**, 253l, 560r,
680l, 714l, 809l, 864r, 942r
遠藤友介　860l
遠藤浜太郎　**157r**
遠藤秀吉　**157r**
遠藤　誠　137r
遠藤万次郎　**157r**
遠藤未吉　**157r**
遠藤無水▷遠藤友四郎
遠藤芳吉　**157r**
塩谷鵜平　687l, 925l

お

オ・ウヨン　355r
オ・ギュホ　356l
オ・ジンサン　358l
オ・セヂャン　357l
オ・ソンムン　357l

オ・チソプ　358l
オ・ミュンシク　358l
小井はる　**157l**
生出金太郎　**157l**
及川鼎寿　924r
オイケン　834l
王　亜樵　1038l
王　祺　157r, 623l, 1041l
王　希天　402r
王　衡　159r
王　光祈　158l, 159r, 454r
王　光輝　158r, 940r, 1041l
汪　公権　425l
王　載澧　159l
王　時沢　480r
オウ・ショバイ　159l
王　詩琅　158r, 224l, 618r, 622l,
941l
汪　精衛　159l, 159r, 328r, 364r,
618l, 639l, 1041r, 1043r
王　清実　621r
区　声白　159l, 367l, 1047l
王　兆銘　159l
王　独清　83l
鴎　波　745l
王　敏川　1049r
王　万得　1049r
王　魯彦　159r, 318r, 481r, 800l,
1031l
オーウェル　**160l**, 642l, 138r
オーウェン　383r, 491l
扇谷義男　86r, 586r
近江谷駉　391r
大井憲太郎　216l, 246l, 594l, 809l
大井正一　107r, **160r**
大井隆男　669l, 767l
大井広介　217l
大石伊作　721l
大石和雄　183r
大石七分　**160r**, 163l, 163r, 212r,
721l, 723l
大石正平　**161l**
大石誠之助　16l, 114l, 134l, 137l,
161l, **161r**, 163l, 163r, 190l,
199r, 201l, 203l, 211l, 220r,
245l, 247r, 292l, 304l, 370l,
373l, 427l, 433r, 442r, 543r,
582r, 609l, 610l, 657l, 661l,
707r, 708l, 714l, 721r, 740l,
809l, 857l, 871l, 893r, 908r,

957r, 990r, 1011l, 1073r
大石善六　**162l**, 998r
大石太郎　**162l**, 588l, 720r, 759l
大石鶴子　98l, **162r**
大石朋吉　**163l**
大石真子　161l, **163l**, 163r, 721l
大石正己　216l
大石弥三郎　**163l**
大石泰雄　162r
大石安三郎　**163l**
大石米三　**163l**
大石余平　161l, **163l**, 610l, 721l
大石禄亭　161r
大泉　清　163r
大泉黒石　**163r**, 372r
大泉　昇　32l
大泉松尾　**164l**
大泉　譲　**164l**, 184r, 395l
大出守一　**164l**
大岩由太郎　**164r**, 721l, 827l, 905l
大内捷一　**164r**
大内兵衛　958r, 981l
大内政栄　**164r**
大内義夫　**164r**
大浦周蔵　**165l**, 610l, 1014r
大裏忠一　**165l**
大江健三郎　834r
大江万吉　**165r**
大江満雄　49l, 59l, **165l**, 255l, 638l,
918l, 938r, 1003r, 1016l
大条虎介　**165r**, 713l
大岡紫山　337l
大賀正太郎　**166l**
大鐘参夫　59r, **166l**, 645l, 720r
大川亀作　**166r**
大川周明　912r
大河利治　166r
大川利治　83l, 109r, **166r**, 311l,
974l
大川平三　**166r**, 847l, 886r
大川孫四郎　**167l**
大河原二郎　**167l**
大河原安二　**167l**
大木敦夫　567l, 692l
大木一治　644l
大木静雄　**167l**, 644l
大木淳二　**167r**
大木直太郎　**167r**, 278r
大木暮村　**167r**
大岸広市　**167r**

1214

人名索引 お

大喜多清七　**167**r
正親町勇　340l
大草彦太郎　**167**r
大草　実　717l
大串孝之助　46r, 48l, 54l, 67r, 83l, 99l, 117l, **167**l, 168l, 222r, 226r, 233r, 253l, 278l, 299r, 301r, 359l, 365l, 381l, 440l, 503l, 542l, 574r, 608r, 614l, 627r, 661r, 674l, 702l, 715l, 729l, 738r, 761l, 767l, 784r, 792l, 829r, 840r, 877l, 879l, 882l, 912l, 960r, 968r, 976l, 977l, 977r, 996l, 1061l, 1069r
大串　孝▷大串孝之助
大口金七　**168**r
大久保勇　33l, 33r, **168**r
大久保卯太郎　**168**r, 288l, 381l, 611r, 1009l
大久保栄　**168**r
大久保三五郎　**168**r
大久保四郎　**169**l
大久保新太郎　**169**l
大久保長吉　**169**l
大久保恒四郎　**169**l
大久保利通　689l
大久保秀吉　**169**l
大久保鵬鳴　685l
大久保又郎　**169**l
大久保松雄　**169**l
大久保安次郎　**169**l
大隈重信　651l, 672r, 974r
大熊信行　85r, **169**l, 472l, 570l, 954l
大熊房太郎　81l, 112l, **170**l
大倉恒敏　1003l
大胡二郎　964l
大河内伝次郎　340l
大河内信威　733r
大河内正敏　733r
大越泰治　**170**l
大崎正吉　**170**l
大崎政吉　**170**l
大崎和三郎　30r, 80l, **170**l, 575r, 590r, 669l, 866l, 1019l
大作金造　**170**l
大里繁太郎　**170**l
大沢秋蔵　578l
大沢久明　741l
大沢(澤)清　**170**r, 318l

大沢喜代司　**170**r
大沢重夫　**170**r, 333r, 380l, 587l, 741r
大沢実之助　**171**l, 212r, 637l, 826l
大沢真一郎　**171**l, 659l
大沢進次　768r, 1012r
大沢善太郎　**171**r, 998l
大沢鼎三　**171**r
大沢信広　171r, 951l
大沢白露　722r
大澤(沢)正道　5l, 15l, 34l, 57l, 135l, 139l, 147r, 150l, **171**r, 327l, 404r, 463r, 477r, 489r, 490l, 502r, 558r, 594r, 638l, 642l, 743r, 825l, 892r, 1044r
大沢弥一郎　**173**l
大路親春　767r
大鹿　卓　**173**l, 262r, 317r, 319r, 689l, 950l
大下三太郎　**173**r
大下藤次郎　921r
大島英三郎　**173**r, 214l, 314r, 658r
大島英十志　**174**l
大島啓司　17r, 172r, 435l
大島次助　**174**l
大島唯史　309r
大島庸夫　49l, **174**l, 701r, 872l
大島鉄次郎　**174**r
大島友次郎　**174**r, 386r, 741r
大島虎雄　174l
大島　渚　**174**r, 535r, 878r
大島政衛　**175**l
大島昌夫　901r
大島養平▷大島友次郎
大島義夫　84l, 619l
大島芳雄　164r, **175**l
大島吉次　**175**l
大慈弥利重　803l
大城次郎　**175**l
大須賀健治　**175**l, 175r, 220l, 942r
大須賀好次郎　**175**r
大須賀さと　175r
大須賀里子　**175**r, 980r
大須賀まき　**176**l
大杉あやめ　232l
大杉　勇　592l
大杉　猪　464l
大杉エマ▷野澤笑子
大杉幸吉　**176**l, 741r
大杉　栄　1l, 1r, 4r, 7l, 7r, 11l, 13l,

13r, 18l, 21r, 23r, 24r, 26r, 30r, 31l, 34r, 35r, 36r, 37l, 38l, 38r, 39r, 45r, 48l, 49l, 50l, 51l, 56r, 58l, 58r, 60r, 63r, 64l, 65l, 70l, 72l, 72r, 74l, 75r, 76l, 82r, 83l, 86r, 88l, 88r, 90r, 95r, 96r, 98l, 110l, 114l, 116l, 119r, 123r, 128r, 129l, 131l, 134l, 137l, 140l, 142r, 146l, 147l, 148r, 150r, 151r, 152r, 153l, 153r, 155r, 156l, 157r, 158r, 159r, 161l, 162r, 164r, 168l, 175r, **176**l, 182r, 184r, 187r, 193r, 200r, 204l, 209l, 209r, 212r, 213l, 214r, 216r, 217r, 218r, 219l, 220l, 220r, 224l, 228r, 232l, 238l, 248r, 269l, 273r, 276r, 277r, 282l, 301l, 304l, 305l, 305r, 311l, 317l, 324r, 329l, 330l, 332l, 332r, 335l, 337r, 338l, 339l, 341l, 346r, 348r, 350r, 351l, 354l, 354r, 356r, 360r, 361l, 367r, 369r, 371l, 372l, 374l, 375l, 378l, 383r, 384l, 391l, 392r, 393r, 399l, 400l, 400r, 401l, 402l, 402r, 404l, 404r, 406l, 406r, 410l, 412r, 416r, 419l, 421l, 422l, 424r, 425l, 428r, 430l, 435l, 439l, 443l, 443r, 446l, 446r, 447l, 450r, 455l, 455r, 456r, 462r, 464l, 464r, 468l, 470l, 478l, 480l, 482r, 484r, 485l, 489l, 496l, 498r, 500l, 503r, 505r, 512r, 516r, 517l, 524r, 527r, 528r, 531l, 532l, 533l, 534l, 536l, 538l, 541l, 546r, 550r, 551l, 551r, 553l, 559r, 560r, 561r, 564r, 565l, 566r, 570l, 570r, 574r, 575r, 580r, 581r, 582r, 583l, 592l, 592r, 593l, 594r, 598r, 599r, 602l, 603l, 606l, 610r, 614l, 617l, 617r, 619r, 620r, 622l, 622r, 626l, 627l, 631l, 637r, 639l, 641r, 645r, 648r, 651l, 653r, 657r, 660l, 661l, 673l, 674l, 674r, 675r, 677l, 686l, 688l, 692r, 694l, 695r, 696r, 698l,

1215

699*r*, 700*r*, 701*l*, 703*r*, 705*l*,
706*l*, 714*r*, 718*l*, 722*l*, 722*r*,
725*l*, 726*l*, 727*l*, 729*l*, 729*r*,
731*r*, 732*l*, 732*r*, 735*l*, 740*r*,
741*r*, 744*r*, 746*l*, 748*l*, 757*l*,
758*r*, 759*r*, 762*r*, 763*r*, 765*r*,
766*r*, 767*r*, 769*l*, 773*l*, 774*l*,
775*r*, 780*l*, 782*r*, 783*l*, 784*l*,
786*l*, 786*r*, 789*l*, 790*r*, 791*r*,
798*l*, 800*l*, 802*l*, 804*l*, 807*r*,
808*l*, 809*r*, 810*l*, 812*l*, 816*l*,
818*l*, 819*l*, 819*r*, 827*l*, 827*r*,
829*l*, 830*r*, 834*l*, 837*l*, 837*r*,
840*l*, 841*r*, 847*l*, 849*l*, 849*r*,
861*l*, 863*l*, 863*r*, 866*l*, 870*l*,
871*l*, 873*l*, 876*l*, 877*r*, 882*r*,
886*l*, 888*l*, 890*r*, 897*l*, 897*r*,
898*l*, 899*l*, 901*r*, 906*l*, 908*l*,
911*r*, 912*l*, 912*r*, 915*r*, 916*r*,
918*r*, 920*l*, 921*l*, 921*r*, 935*l*,
936*l*, 940*r*, 942*r*, 943*l*, 944*r*,
946*l*, 952*l*, 956*r*, 960*l*, 963*l*,
963*r*, 968*l*, 969*l*, 969*r*, 971*l*,
978*l*, 980*l*, 988*r*, 995*l*, 999*r*,
1001*l*, 1002*r*, 1003*l*, 1003*r*,
1004*l*, 1005*r*, 1006*l*, 1007*l*,
1009*l*, 1014*r*, 1015*r*, 1018*r*,
1019*l*, 1020*l*, 1021*r*, 1024*l*,
1025*r*, 1026*l*, 1032*l*, 1033*l*,
1033*l*, 1034*l*, 1043*l*, 1045*r*,
1048*l*, 1057*l*, 1058*r*, 1062*r*,
1064*l*, 1066*l*, 1066*r*, 1068*r*,
1070*l*, 1073*r*, 1074*l*, 1076*l*,
1076*r*
大杉幸子▷菅沼幸子
大杉ネストル 89*l*
大杉　伸 616*r*
大杉冨美子 274*r*
大杉魔子▷青木真子
大杉やす 849*r*
大杉ルイズ▷伊藤ルイ
大瀬一夫 **177***r*
大瀬東作 75*r*
大関英太郎 **177***r*
大関和子 311*l*
大関五郎 949*l*
大世渡貢 1001*r*
太田　明 **177***r*, 742*l*
太田喜志 1059*l*
太田光衛 **177***l*, 394*r*, 461*l*, 577*r*,

737*l*
太田　智 **178***l*
太田重次 **178***l*
太田順一 **178***l*, 557*r*, 707*l*
太田二郎 **178***l*
太田信二 **178***l*, 186*r*, 505*l*
太田仁四郎 **178***r*
太田季吉 **178***r*, 922*r*
太田末二 121*l*
大田タケ 534*r*
太田民明 179*l*
太田民男 **179***l*
太田千鶴夫 738*l*
太田定二郎 **179***l*
太田　登 475*r*
太田　広 976*l*
太田　博 700*l*
大田富美樹 180*l*
太田正雄 311*r*
太田正憲 179*l*
太田松蔵 179*l*
太田光雄 179*l*
大田光之助 **179***r*
太田善雄 **179***r*
太田　竜 **179***r*, 787*l*, 878*r*, 179*r*,
585*l*
太田燎原 177*r*
大高連三 935*r*
大滝由太郎 551*l*, 667*l*
大滝竜二 **180***l*
大竹権蔵 **180***l*
大竹惣吉 180*l*, 249*l*
大竹てる 757*l*, 875*l*
大竹久一 180*r*
大竹一灯子 180*l*, 332*l*
大竹芳松 180*r*
大舘喜三郎 180*r*
大谷勝太郎 180*r*
大谷幸三郎 180*r*
太谷秀水 416*l*, 848*l*
大谷四郎 278*l*
大谷二郎 2*r*
大谷藤子 559*r*
大谷平治 180*r*
大谷光次 180*r*
大津潤山 181*l*
大塚一三 181*l*
大塚銀次郎 181*l*
大塚金之助 181*l*
大塚源吉 181*r*

大塚甲山 149*l*, **181***r*, 709*l*
大塚寿助 181*r*
大塚　淳 840*l*
大塚常二 **182***l*
大塚昇壯 **182***l*
大塚則鳴 579*l*, 875*r*
大塚　猛 **182***l*
大塚貞三郎 121*l*, 142*r*, 152*l*,
182*l*, 433*l*, 561*l*, 589*l*, 813*l*,
913*l*, 923*l*, 962*r*, 983*r*, 1033*r*
大塚　徹 **182***r*, 395*l*
大塚直吉 **182***r*
大塚　昇 **182***r*, 207*r*, 250*l*, 375*l*,
377*r*, 380*l*, 393*l*, 453*l*, 526*l*,
572*r*, 684*r*, 778*l*, 862*l*, 986*r*,
1048*r*
大塚正吉 **183***l*
大塚義五郎 **183***r*
大月　健 **183***r*
大槻憲二 **183***r*, 561*l*, 765*l*, 791*l*
大槻潤一 **184***l*
大月隆伎 341*r*
大坪　勇 540*l*, 586*r*
大坪草二郎 628*l*
大坪　昇 456*r*
大手八郎 232*l*
大寺謙吉▷丹沢明
大歳辰夫 164*r*, **184***l*, 186*l*, 394*r*,
422*r*, 459*r*, 645*l*, 968*l*
大波政太郎 **184***r*
大浪益太郎 92*l*
大縄利男 **184***r*
大西猪之介 551*r*
大西君子 931*l*
大西巨人 761*r*
大西健次 155*l*, 689*r*
大西伍一 53*r*, 82*l*, 184*l*, **184***r*,
211*r*, 214*r*, 235*l*, 241*r*, 254*r*,
268*r*, 426*r*, 489*r*, 562*r*, 573*l*,
600*r*, 637*l*, 668*r*, 698*l*, 698*r*,
700*l*, 751*r*, 791*r*, 956*r*, 1057*l*
大西正次郎 **185***r*, 707*l*
大西真三郎 185*r*
大西信治▷浜野信治
大西貞三郎 **185***r*, 521*r*
大西伝次郎 68*l*, 614*l*
大西徳太郎 **185***r*
大西　俊 69*r*, **185***r*, 867*r*, 999*r*,
1019*r*, 1020*r*
大西俊夫 934*l*

1216

大西豊治　186*l*
大西　昌　186*l*, 311*l*, 553*l*, 816*l*, 968*l*
大西正雄　178*r*, 186*l*, 505*l*
大貫政次　186*r*
大沼金太郎　192*r*
大沼進次　973*l*
大沼　渉　55*l*, 64*r*, 131*r*, 144*l*, 186*r*, 206*l*, 265*l*, 271*l*, 336*l*, 337*l*, 411*r*, 550*l*, 591*r*, 644*l*, 645*r*, 654*l*, 710*r*, 826*r*, 853*r*, 877*r*, 997*r*
大野　篤　186*l*, 968*l*
大野伊三郎　186*r*, 498*l*, 652*r*, 939*l*
大野勝次郎　187*l*
大野国太郎　187*l*
大野源次郎　187*l*
大野重太郎　486*l*
大野捷一　406*l*
大野四郎　842*r*
大野翠峰　521*r*
大野末吉　187*l*
大野　隆　770*r*
大野長吉　187*l*
大野鉄次郎　187*l*
大野鉄太郎　187*l*
大野福太郎　187*l*
大野みち代　394*l*
大野　良　988*r*
大場　勇　58*r*, 187*l*
大庭柯公　807*r*, 911*r*, 973*l*, 1063*l*, 1070*l*
大場幸吉　187*r*
大場正史　187*r*, 821*r*
大橋梅吉　187*r*
大橋吉次郎　187*r*
大橋光吉　899*l*
大橋清治　1071*l*
大橋長四郎　187*r*
大橋鉄也　219*r*
大橋時子　524*r*
大橋治房　700*l*
大橋秀雄　187*r*
大橋　房　946*r*
大橋真八　1020*r*
大林亀次郎　187*r*
大林清茂　187*r*
大林二郎　453*l*
大林清蔵　82*l*, 199*l*
大林ちよ　188*l*

大原外光　188*l*, 581*r*
大原　慧　188*l*
大原静子　188*r*
大原淳之助　188*r*
大原曽平　189*l*
大原卓四　112*r*, 188*r*, 664*r*
大原幽学　341*l*
大原緑峯▷大澤正道
大藤暉一　189*l*
大堀近雄　552*l*
大前キクノ　189*l*, 773*l*, 881*l*
大前浅一　189*l*, 435*r*, 490*l*, 881*l*, 1017*l*, 1026*l*
大前芳成　253*l*
大前芳正　189*l*
大前栄五郎　189*l*
大牧武美　811*r*
大亦墨水　541*l*
大松多三郎　189*r*, 991*l*
近江谷友治　7*r*
大道憲二　598*r*
大道和一　190*l*, 445*r*
大宮敏充　418*r*
大宮　恵　190*l*
大宮芳太　190*l*
大村新蟬　489*l*
大村半次郎　190*l*
大村　宏　550*r*
大元輝一　190*r*
大森詮夫　819*r*
大森鉦八　190*r*, 658*r*
大森辰男　600*l*
大森長男　600*l*
大森浪太郎　190*r*, 951*l*
大森桃太郎　13*l*
大森義太郎　799*l*, 853*r*
大宅和子　760*l*
大宅壮一　62*r*, 123*l*, 148*r*, 190*r*, 274*l*, 890*l*
大藪　勲　191*l*
大山郁夫　281*r*, 731*l*, 755*r*, 918*r*, 940*r*
大山丑夫　191*l*
大山英一　81*l*, 191*l*, 263*r*, 350*l*, 441*l*, 1003*r*
大山清二郎　191*r*, 310*r*
大喜三吉　191*l*
大和平造　191*l*
大脇直寿　191*l*
大脇孫三郎　191*r*

大原久伊平　191*r*
大鷲革一　192*l*
大和田建樹　834*r*
大和田英雄　974*r*, 993*l*
丘浅次郎　75*r*, 450*r*
岡　邦雄　853*r*
岡　繁樹　192*l*, 340*r*, 371*r*, 825*r*
岡　正吉　192*l*, 263*r*, 637*l*, 765*l*, 925*r*, 987*r*, 1008*r*
岡　喬夫　456*r*
岡千代彦　110*l*, 192*r*, 251*r*, 346*r*, 440*l*
岡　寛　193*l*
岡　松子　13*l*
岡陽之助　130*l*
緒賀聖二　964*l*
岡上田実　903*l*
岡崎梅次郎　193*l*, 345*r*, 1069*r*
岡崎一男　193*l*, 512*l*, 643*l*, 752*r*, 874*l*, 962*r*
岡崎金太郎　193*l*
岡崎謙次郎　193*l*
岡崎庄三郎　193*r*
岡崎清一郎　842*r*
岡崎精郎　719*r*
岡崎達雄　193*r*
岡崎竜夫　129*l*, 193*l*, 207*r*, 240*r*, 253*r*, 274*r*, 375*l*, 414*l*, 575*r*, 591*l*, 680*l*, 695*r*, 776*l*, 866*l*, 1033*l*, 1047*l*
岡崎竜雄　934*l*
岡崎てる　960*r*
岡沢卯三郎　193*l*
岡沢曲川　3*l*, 67*l*, 193*r*, 229*r*, 280*l*, 1026*l*
小笠原一郎　218*l*
小笠原勘一　194*l*, 519*r*, 734*l*
小笠原貞　194*l*
小笠原秀実　77*r*, 194*l*, 297*l*, 539*l*, 564*l*, 963*r*, 1048*l*
小笠原登　77*r*
小笠原政利　194*l*
小笠原雄二郎　194*r*, 664*l*, 930*l*
小笠原誉至夫　541*l*
岡下一郎　702*r*
岡島勝治　683*r*
岡田赤城夫　702*r*, 901*r*
岡田一杜　80*l*, 195*l*
岡田亀吉　195*l*, 764*l*
岡田勘二郎　117*l*, 195*l*, 977*l*

1217

お　人名索引

岡田慶次郎　**195**r
岡田健二　195r,250r
岡田孝一　**195**r
岡田寧三　**196**l
岡田甚太郎　**196**l
岡田末神　**196**l
岡田助蔵　**196**l
岡田政治郎　355r
岡田宗司　853r
岡田達夫　**196**l
岡田竜夫　**196**l,252r,284l,442r,
　　571l,695l,861l,940l
岡田　徹　1020l
岡田刀水　**196**r
岡田刀水士　702r,1016l
岡田虎二郎　**197**l,310r,311r,
　　341r,499l,599r,839l,840l
岡田延治　**197**l
岡田播陽　341r
岡田　弘　1001r
岡田正雄　**197**r
岡田ます　**197**r
岡田光春　**197**r,392r,452r,490r,
　　960r,983r,1009l
岡田みどり　78l
岡田　睦　105l
岡田八千代　753r
岡田有対　**198**l,675l,716r,854l
岡田利喜蔵　**198**l
尾形逸郎　**198**l
尾形亀之助　95l,**198**l,254l,317r,
　　396r,468l,586r,627l,658r,
　　728r,811l,842r,927l,940l,
　　1003r,1029l
尾形幸三郎　**198**l
緒方　昇　155r,**198**l,230l,500r,
　　517l,865l
尾形　昇　198r
岡野勝二　82l,188l,**199**l
岡野興三　**199**l,928l
岡野　是　166r
岡野章平　**199**l
岡野辰之助　**199**l,337r
岡野春沓　199r
岡野秀松　**199**r
岡野谷新太郎　**199**r
岡林寅松　137l,**199**r,392l,394l
岡藤吉雄　21r
岡部一太　11r
岡部和義　**200**l,720r

岡部清美　**200**l
岡部里栄　**200**l
岡部隆司　340r
岡部よし子　**200**l,317l,808l,
　　1001l
岡部与四郎　**200**r
岡村昭彦　171r
岡村丑次郎　**200**r
岡村梅吉　**200**r
岡村敬事郎　**201**l
岡村祥七　**201**l
岡村庄太郎　**201**l
岡村須磨子　949l
岡村恒男　526l
岡村二一　591l,873l
岡本一平　368l,464r,944r
岡本顎一郎　114l,**201**l,602r,
　　893r,948r
岡本加一　**201**r
岡本かの子　753r
岡本綺堂　871r
岡本公夫　**201**r
岡本公三　1058l
岡本重夫　**201**r
岡本　繁　386r
岡本重四郎　**201**r,679r
岡本収蔵　**202**l
岡本　潤　14r,52r,69r,71r,75r,
　　123r,125r,167l,173r,198r,
　　202l,212l,217l,222l,234r,
　　262r,269r,279l,283r,297l,
　　302l,303l,309r,312l,317r,
　　328r,332r,376l,401l,403r,
　　404l,424l,430r,437r,476l,
　　490l,499l,520r,560r,567l,
　　585l,591l,615l,632r,652r,
　　665r,673r,689l,691r,717l,
　　723r,734r,738l,742r,753r,
　　761r,766r,767r,769l,810l,
　　811l,816l,822l,835l,863r,
　　865r,873l,895l,899r,918l,
　　922r,928l,950l,975l,1003r,
　　1021r,1028r,1068l
岡本伸一　**202**r,719l
岡本清一　451l
岡本清太郎　**202**r
岡本たけ　**203**l
岡本竹三郎　**203**l
岡本民造　124l,**203**l,737r,955r
岡本太郎　761r

岡本忠太郎　**203**l,339l
岡本経厚　**203**l
岡本唐貴　20r,**203**r,295r,490l,
　　636l,1014r,1022l
岡本登喜夫　203r
岡本凸二郎▷岡本顎一郎
岡本　登　203r,490l
岡本久男　203r
岡本文弥　**204**l,402r,735r,873l,
　　1073r
岡本昌蔵　**204**r
岡本方俊　499r
岡本保太郎　202l
岡本弥太　586r
岡本利吉　71r,94r,**204**r,215l,
　　274l,274r,372r,492l,557r,
　　697l,723r,788l,938l
岡安　愛　33l
岡安亀吉　**205**l
岡山吾六　166r
小川愛之助　**205**l
小川一郎　**205**l,425r,558r,690l,
　　976l
小川芋銭　94l,**205**r,729r,795l
小川一男　**206**l
小川亀次郎　208l
小川金治　**206**l,449r
小河国吉　**206**l,250r,382l
小川慶吉　272l
小川健作　209r
小川広太郎　**206**r,460r,557r,
　　939l,965l
小川五郎　548l
小川定科　**206**r
小川　哲　881r
小川政次　**206**r
小川清蔵　**206**r
小川　潜　206r,208r,522l
小川　武　4l,**206**r,244l,498r,
　　562r,675r,753l,758l,1069l
小川　猛　132l,**206**r,256l,492l,
　　565r,636l,775l,898l
小川健重　**207**l
小川武敏　384r
小川長三郎　599r
小川露夫　44l,**207**l,666l,822l
小川鉄五郎　**207**l
小川哲晴　881r
小川登一　563r
小川藤次郎　**207**r,375l,418l

小川　徹　981*r*	沖本信吉　27*r*,131*l*,1076*r*	奥村甚之助　186*l*,218*l*,403*l*,553*l*
小川豊明　209*l*	荻原四郎　212*l*	奥村富吉　217*r*
小川寅蔵　**207***r*	荻原井泉水　**212***l*,221*l*,274*r*,293*l*,	奥村梅皐　541*l*
小川尚春　**207***r*	347*r*,608*l*	奥村秀男　196*r*,591*l*
小川　浩　**207***r*	荻原籐吉　212*l*	奥村博史　790*l*
小川平蔵　**207***r*	荻原満三　951*l*	奥村文雄　3*l*,217*r*
小河牧夫　208*l*,752*r*	荻原明象　104*r*,**212***r*,826*l*,1017*r*	奥村勇助　217*r*
小川孫六　208*l*,613*r*	奥　梅尾　32*l*	奥村代一　217*r*
小川正明　208*l*	奥　栄一　161*l*,**212***r*,213*l*	奥矢　学　217*r*,729*l*,928*r*
小川正夫　48*l*,**208***r*,308*r*,463*l*,	奥　愁羊　212*r*	奥山重義　217*r*
522*l*,558*r*,593*r*,731*r*,932*l*	奥　　猛▷山崎佐市	小倉亀吉　218*l*
小川まつ　209*l*	奥　平賀　182*r*	小倉啓介　218*l*
小川未吉　209*l*	奥むめお　212*r*,346*r*,791*l*	小倉敬介　46*r*,**218***l*,222*r*,226*l*,
小川光生　209*l*	奥秋　博　2*r*,65*l*,**213***l*	340*l*,403*l*,770*r*,822*l*
小川三男　56*l*,**209***l*,222*r*,253*r*,	奥崎謙三　213*r*	小倉三郎▷尾village幸三郎
299*r*,644*r*,754*r*,975*l*	奥崎佐逸　214*l*	小倉七郎　218*l*
小川三次　**209***r*	奥沢邦成　172*r*,404*r*,1048*r*	小倉清三郎　218*l*,219*l*
小川未明　12*l*,100*r*,145*l*,174*l*,	奥田梅太郎　214*l*,661*l*	小倉泰造　218*r*
209*r*,391*r*,541*r*,614*l*,634*r*,	奥田銀次郎　214*r*	小倉忠三　218*r*,491*r*,508*l*
670*l*,702*r*,705*l*,717*l*,729*r*,	奥田次郎　214*r*	小倉ミチヨ　219*l*
736*l*,821*r*,883*r*,922*l*,925*r*,	奥田初太郎　214*r*	小黒一次　219*l*
928*l*,962*r*,974*r*,976*r*,981*r*,	奥田福太郎　214*r*	小黒基司　859*l*,859*r*
1021*r*,1030*l*	奥田雪枝　214*l*	小黒利一　218*l*,**219***l*
小川茂吉　205*r*	奥谷文智　227*r*	桶川広一　219*l*
小川安次郎　210*l*	奥谷松治　1114*l*,**214***r*,235*l*,274*l*,	桶地徹夫　178*r*
小川義夫　132*r*,383*r*,460*l*,831*l*	274*r*,373*r*,562*r*,632*l*,697*l*,	尾越辰雄　219*r*
小川義雄　210*l*,671*l*	698*l*,952*r*,956*l*,1057*l*	小坂狷二　617*r*,807*l*,978*l*
小川列三郎　866*r*	小口一好　215*l*	尾崎喜八　**219***r*,255*l*,451*l*,503*l*,
沖　大助　901*r*	小口　忠　215*r*	549*r*,668*r*,689*l*,860*l*
沖弥七郎　210*r*	小口徳三郎　**215***l*	尾崎三七　220*l*
沖浦勝夫　210*r*	小口みち子　155*r*,**215***r*,419*l*	尾崎士郎　157*l*,175*r*,**220***l*,295*r*,
沖浦静夫　210*r*,783*r*,983*r*	小口美留藻　215*r*	942*r*,1066*r*
沖田留吉　19*l*	奥津兼一郎　309*l*	尾崎直之助　**220***r*
沖田政五郎　211*l*	奥手三郎　215*r*	尾崎秀男　**220***r*
沖田松三　**211***l*,225*r*,265*l*,345*r*,	奥出三郎　215*r*	尾崎秀雄　221*l*
368*r*,463*l*,847*l*,895*r*,937*r*	小国善平　1024*r*	尾崎秀実　77*r*
沖田喜次郎　211*l*	小国露堂　510*r*	尾崎平吉　**220***r*
沖田義博　936*l*	奥西吉太郎　216*l*	尾崎放哉　**220***l*,293*l*,523*l*,608*l*
荻野啓三郎　211*l*	奥宮健之　74*r*,**216***l*,370*l*,809*r*,	尾崎三良　221*l*
沖野岩三郎　50*l*,134*l*,161*r*,**211***l*,	823*l*,1073*r*	尾崎　翠　1060*l*
248*l*,291*r*,427*l*,541*l*,543*r*,	奥山　伸　216*l*	尾崎行雄　205*r*,703*l*
609*l*,610*l*,721*r*,851*l*,909*l*	奥原光三　216*l*,1056*l*	尾崎義一　220*r*
荻野他人男　**211***l*,245*l*,280*r*,503*l*,	奥平　清　526*l*	長田　愉　221*l*
717*r*,773*l*,1006*l*	小熊秀雄　12*r*,171*l*,**216***r*,307*l*,	長田助吉　16*l*
荻野直一　211*r*	346*l*,476*r*,636*r*,718*r*,952*l*,	長田英雄　221*l*
荻野平三郎　211*r*	1011*l*	長田秀吉　221*l*
荻野正博　152*l*	奥宮加寿　823*r*	尾佐竹猛　924*l*
荻野道夫　211*r*	奥村英太郎　89*r*,217*l*	小山内薫　12*l*,58*r*,85*r*,**221***r*,
荻原守衛　533*l*	奥村国三郎　217*l*	314*r*,334*r*,585*r*,654*l*,787*r*
荻原碌山　131*l*	奥村俊一郎　3*l*,**217***l*	長内津水　**222***l*

お　人名索引

小山内竜　**222***l*, 442*l*, 453*l*, 975*l*, 1056*r*, 222*l*
長船義熊　934*l*
篋部治之助　218*l*, **222***r*, 223*l*, 226*l*, 335*l*, 383*r*, 384*l*, 996*l*
篋部義之助　**223***l*, 335*l*, 383*r*, 996*l*
大仏晃雄　223*r*
大仏　空　**223***l*
大仏　晃　223*l*
大佛次郎　825*l*
大仏照子　223*r*
小沢景勝　**223***l*, 552*r*, 965*l*, 1057*r*, 1060*l*
小沢勘一　329*r*
小沢クリ　**224***l*
小沢健一　666*l*
男沢源次郎　**224***l*
小沢昭一　704*r*
小沢　正　**224***l*
小沢信男　283*l*
小沢　一　151*l*, 158*r*, **224***l*, 422*r*
小沢　勝　**224***r*
押尾　孝　611*r*
押切順三　**224***r*, 308*l*
押田仙太郎　**225***l*
小島祐馬　**225***l*
押本　和　**225***l*, 488*l*, 700*l*, 719*l*, 841*l*
尾瀬敬止　954*r*
尾関憲城　166*r*
尾関潤吾　**225***r*
尾関　弘　172*r*, 463*r*, 1048*r*
尾瀬田辰造　**225***r*
小副川善吾　502*r*
織田一麿　478*r*
小田権次　211*l*, **225***r*, 368*r*, 463*l*, 895*r*
小田　栄　210*r*, **225***r*, 253*l*, 856*l*, 987*r*, 1031*l*
織田　栄　**226***l*
織田三平　**226***l*
小田就三　184*r*
織田順作　**226***l*
小田正平　**226***l*
織田　貫　2*l*, **226***l*, 517*l*
小田天界　225*r*
小田俊与　225*l*
小田知一　26*r*, 198*l*, 218*l*, 222*r*, **226***l*, 491*r*, 716*r*
小田　昇　**226***r*

小田平吉　**226***r*
小田　実　**226***r*, 638*r*
小田正夫　7*l*, **227***l*
小田正雄　227*l*
小田　優　985*l*
小田美奇穂　737*r*
小田野声　941*r*
織田　陽　183*r*
小田頼三　1061*l*
小田頼造　70*r*, 114*r*, **227***l*, 246*r*, 373*l*, 666*r*, 719*r*, 773*l*, 871*l*, 915*l*, 963*l*, 985*r*
小田内通敏　791*l*, 1027*r*
小田切章　41*r*
小田切秀雄　94*r*, 763*l*
尾竹一枝　227*r*
尾竹紅吉　194*l*, **227***l*, 269*l*, 968*l*
小田島良種　**227***r*, 997*l*
小田嶋鎌四郎　**228***l*
雄谷巳之助　**228***l*
小樽茂助　**228***l*
小樽まさ　**228***l*
越智　鼎　309*r*, 923*l*
越智道雄　760*l*
落合重信　**228***l*, 510*l*
落合　茂　**228***l*, 342*l*, 512*l*, 591*l*, 670*l*, 677*r*, 782*l*, 814*l*, 867*r*, 950*r*, 999*r*
落合蘭治　**228***l*
乙骨発太郎　**228***r*
尾辻克彦　10*l*
女屋勘左衛門　124*l*, **228***r*, 473*l*, 659*l*
小成田恒郎　110*l*, 139*l*, **229***l*, 369*r*, 938*l*
鬼倉輝城　374*r*
小野アンナ　823*r*
小野兼次郎　**229***l*
小野久太郎　**229***l*
小野清正　201*r*, 679*r*
小野愚外　13*l*
小野庫三郎　**229***l*
小野剣吾　**229***r*
小野賢次郎　229*l*
小野源之助　133*r*, **229***r*
小野　鑛　13*l*
小野俊一　823*r*
小野新七　229*r*, 895*l*
小野　整　36*r*, 219*r*, **229***l*, 317*r*, 326*r*, 396*r*, 497*l*, 540*l*, 586*r*

小野武夫　185*l*
小野竹次　230*r*, 1008*l*
小野忠孝　458*l*
小野チエ　13*l*
小野長悦　32*l*
小野長五郎　6*r*, 29*l*, 66*r*, 100*l*, 105*r*, 121*l*, **230***r*, 274*r*, 328*l*, 329*l*, 433*r*, 454*l*, 461*r*, 517*l*, 529*l*, 630*r*, 634*l*, 648*l*, 652*l*, 755*l*, 821*l*, 945*l*, 1019*r*, 1061*l*
小野鉄太郎　**230***r*, 901*l*
小野藤一郎　953*l*
小野十三郎　14*r*, 52*r*, 73*l*, 113*r*, 125*r*, 167*l*, 173*r*, 196*r*, 198*r*, **230***l*, 255*l*, 262*r*, 269*r*, 279*l*, 297*r*, 303*l*, 328*r*, 380*l*, 386*l*, 404*l*, 424*l*, 429*l*, 451*l*, 457*l*, 476*l*, 499*l*, 503*l*, 512*l*, 520*r*, 536*l*, 579*l*, 591*l*, 605*r*, 615*l*, 633*l*, 644*r*, 665*r*, 673*r*, 677*l*, 691*r*, 692*l*, 701*r*, 727*l*, 742*r*, 753*r*, 761*r*, 797*l*, 811*l*, 815*r*, 831*r*, 835*l*, 841*l*, 851*r*, 873*l*, 882*r*, 918*l*, 950*l*, 975*l*, 989*r*, 994*l*, 1003*r*, 1016*l*, 1022*l*, 1068*l*
小野福太郎　**231***l*
小野蕪子　685*l*
小野正太郎　**231***r*
小野光雄　**231***r*
小野保太郎　**231***r*
小野義勝　809*l*
小野吉勝　**231***r*, 274*r*, 470*l*, 599*r*, 776*l*, 915*l*, 923*r*
小野庵保蔵　132*r*, 144*l*, 188*l*, **232***l*, 581*r*, 965*r*
尾上柴舟　859*l*, 1059*l*
小野澤薫平　**232***l*
小野澤新太郎　**232***r*
小野沢鉄之助　**232***r*
小野沢照雄　**233***l*
小野田喜作　**233***l*
小野田末太郎　**233***l*, 384*r*, 757*r*
小野田太郎　91*r*, **233***l*
小野田保蔵　232*l*
小野寺秀隆　724*l*
小幡徳月　118*l*
小畑松治　608*r*
小原国一　81*r*
小原慎三　101*r*, **233***l*

人名索引　か

尾原与吉　17*l*, 730*r*, 798*l*
小原義正　93*r*, **233***l*
小尾政雄　**233***r*
大日方盛平　168*l*, **233***r*, 257*r*, 259*r*, 589*l*, 608*r*, 784*r*, 865*r*, 881*l*, 1000*l*
尾前正行　**234***l*
尾又勝次　**234***l*
小三木報淑　26*l*
オム・ヒョンスン　354*l*
五十殿利治　20*r*
尾村幸三郎　32*r*, 46*r*, 90*l*, **234***l*, 287*r*, 312*r*, 377*l*, 443*l*, 521*l*, 631*r*, 634*l*, 658*l*, 681*r*, 699*r*, 723*l*, 755*r*, 848*r*, 916*l*, 987*l*, 993*l*
面　漱二　**234***l*, 720*l*
表谷泰助　**234***l*
小柳津恒　198*l*, **235***l*, 675*l*, 854*l*
小谷田純吉　235*l*
小谷田隼人　**235***l*, 698*r*
親泊政博　**235***r*, 777*r*
尾山純秀　796*l*
尾山篤二郎　**235***r*
尾山　始　**236***l*, 658*l*, 966*l*
尾山夜半杖　597*r*
折口信夫　217*r*, 442*r*, 748*r*
折原尚仙　**236***l*
オリベル▷ガルシア・オリベル
オン・シロン　158*r*
恩田秀次　**236***l*
恩地金吉　**236***l*
恩地秀一　**236***l*
遠地輝武　86*r*, 216*r*, **236***r*, 312*l*, 384*r*, 414*l*, 446*l*, 512*l*, 677*r*, 706*l*, 880*l*, 976*l*, 1075*l*

か

河　岐洛　**236***l*
華　均実　1043*r*
河　銀波　237*l*
河　璟尚　236*r*, 237*l*, 318*r*, 322*r*, 1040*l*
何　震　**237***l*, 369*r*, 425*l*, 1045*r*
何　班　1045*r*
華　林　**237***r*, 494*l*
貝　京太　**237***l*
甲斐芯太郎　476*l*
甲斐　進　33*r*, 237*r*

海城兼次郎　**237***r*
皆州荘治　**237***r*
貝塚渋六▷堺利彦
貝原きく　722*r*
海明久夫　178*r*, 922*r*
カーカップ　70*r*
加賀見証三　**237***r*
加賀谷政雄　**238***l*
賀川才助　133*l*, **238***l*, 258*l*, 679*l*
賀川豊彦　11*r*, 59*r*, 68*r*, 75*r*, 136*l*, 184*l*, **238***l*, 250*l*, 291*l*, 307*r*, 349*l*, 454*l*, 525*r*, 527*l*, 698*r*, 712*l*, 721*r*, 758*r*, 761*l*, 892*l*, 902*r*, 912*r*, 947*l*, 967*r*, 1004*l*, 1010*l*, 1015*l*, 1019*l*
鹿川利助　521*l*
柿岡正雄　381*r*, 445*l*, 1009*r*
垣上　緑　66*l*, **238***r*, 990*l*
垣田金作　**238***r*
柿沼荘一郎　**238***r*
鍵山博史　678*l*
郭　安仁　1052*l*
郭　漢丁　**239***l*, 323*l*
郭　其祥　494*l*
カク・ハンジョン　239*l*
郭　炳楽　621*r*
郭　抹若　47*l*
郭　沫若　47*l*, 136*l*, 1054*l*
郭　夢良　480*l*
角田一雄　**239***l*
角田常八　189*l*
角本弥一郎　218*l*
筧　清七　46*l*, **239***l*, 475*r*
筧　米吉　239*l*
掛川幸太郎　**239***l*, 929*l*
掛川甚一　263*r*
掛川甚一郎　765*l*, 987*r*
掛川孝司　765*l*, 987*r*
景山楳子　**239***l*, 808*r*
景山英子　808*r*
笠井梅太郎　**239***l*
葛西銀造　43*r*, **239***r*, 428*l*, 695*l*
河西国三郎　**239***r*
笠井耕作　890*r*
笠井　茂　**239***l*
笠井唯雄　**239***l*
葛西暢吉　451*l*, 1068*l*
香西徳三郎　**240***l*
笠井　一　**240***l*
笠井彦乃　586*l*

葛西万平　**240***l*
河西善治　**240***l*
笠原卯太郎　**240***r*
笠原菊次郎　240*r*
笠原　節　**240***r*
笠原　勉　3*r*, 52*r*, 90*l*, 96*r*, 99*l*, 129*r*, 190*l*, 193*r*, 228*r*, **240***r*, 245*l*, 288*l*, 376*l*, 385*l*, 394*r*, 459*r*, 510*l*, 562*l*, 575*r*, 629*l*, 647*r*, 670*r*, 671*l*, 679*r*, 687*r*, 689*l*, 695*r*, 776*l*, 796*r*, 854*l*, 866*l*, 894*r*, 949*r*, 968*l*, 971*l*, 972*r*, 991*l*, 1008*r*
笠原範三　**241***l*
笠原正夫　244*l*
笠原利一　765*l*, 987*r*
笠間静夫　227*l*
風間栄松　**241***l*
風間光作　**241***l*
風間竹次郎　**241***r*
風間六三　409*r*
笠松一夫　571*r*
風見　章　**241***r*, 699*r*, 768*r*
風見貫一　**242***l*
笠本信夫　89*r*
文　英吉　**242***l*, 254*r*, 321*l*
梶　大介　**242***l*, 347*l*, 822*l*
加治時次郎　251*r*
梶井基次郎　303*l*
梶岡　勝　**242***r*
梶川均一　**242***r*
梶川為吉　**242***r*
梶田　耕　**242***r*
梶田徳次郎　141*l*, **243***l*, 252*r*, 431*r*, 754*l*
鹿島喜久尾　**243***l*
柏房次郎　**243***l*, 891*r*
柏木栄一　**243***l*
柏木義円　**243***l*, 803*l*
柏木幸之助　**243***r*
柏木秀造　**243***r*
柏木正夫　934*l*
柏木道太郎　**243***r*
柏木隆法　2*r*, 137*l*
柏崎武次郎　**243***r*
柏野貞之　115*r*, 243*l*
柏原経俊　416*l*
柏山宗平　**243***r*
梶原　直　244*l*
梶原得三郎　876*l*

春日正一　4*l*,206*r*,**244***l*,498*r*, 　　562*r*,675*r*,753*l*,758*l*,1069*l*	加藤愛夫　**247***l*	加藤　進　3*r*,**250***l*,891*r*
春日庄次郎　591*l*,677*r*	加藤朝鳥　614*r*	加藤精宏　180*l*,249*l*,**251***l*,508*r*, 　　557*r*
春日　実　**244***l*,765*r*	加藤　東　**247***l*	加藤清次　**251***l*
粕川　勇　**244***l*	加藤一之助　**247***r*	加藤清治　**251***l*
カストリアディス　**244***l*,720*l*	加藤今一郎　16*l*,**247***r*,504*l*	加藤泰蔵　**251***l*
和見正夫　935*l*	加藤栄太郎　89*r*,248*l*,252*l*,278*l*, 　　423*l*,433*l*,612*l*,698*r*,703*r*	加藤武雄　668*r*,689*l*,735*r*,842*l*, 　　1027*l*,1065*l*
粕谷義三　808*r*,809*r*	加藤栄之進　**248***l*	加藤武員　**251***l*
粕谷好三　**244***r*	加藤悦郎　217*l*	加藤　丈　811*l*
加太こうじ　490*r*,896*r*	加藤一夫　19*r*,20*r*,32*l*,60*r*,65*l*, 　　94*l*,137*r*,143*l*,144*l*,148*r*, 　　153*l*,161*l*,212*l*,235*l*,**248***l*, 　　273*r*,274*l*,276*r*,283*r*,289*l*, 　　290*r*,309*l*,315*r*,332*r*,354*l*, 　　378*l*,378*r*,383*l*,391*r*,403*l*, 　　428*r*,436*l*,445*r*,448*r*,455*r*, 　　456*r*,485*r*,502*r*,614*l*,618*r*, 　　630*l*,634*r*,663*r*,664*l*,668*r*, 　　693*l*,693*r*,721*r*,740*l*,743*r*, 　　750*l*,751*l*,758*r*,771*l*,775*l*, 　　786*l*,791*l*,810*l*,831*r*,897*r*, 　　918*r*,922*l*,944*r*,949*l*,954*r*, 　　956*r*,957*l*,976*r*,980*r*,1007*l*, 　　1019*l*,1069*l*	加藤　保　**251***l*
片井源三　**244***r*		加藤鉄次郎　**251***r*
片岡　明　**245***l*		加藤哲太郎　249*l*
片岡　壱　**245***l*		加藤　伝　**251***l*
片岡　茂　230*r*,648*l*		加藤天軒　932*l*
片岡捨三　120*l*,211*r*,**245***l*,280*r*, 　　754*r*,761*l*,936*l*		加藤伝次郎　1003*l*
片岡太三郎　190*l*		加藤藤太郎　249*l*
片岡常之助　**245***l*		加藤時次郎　119*l*,136*r*,166*l*, 　　204*l*,231*r*,**251***l*,305*r*,450*r*, 　　491*l*,657*l*,760*r*,779*l*,809*l*, 　　866*r*,942*r*,961*l*
片岡鉄兵　551*l*		
片岡直温　204*l*		
片岡道寧　**245***l*		
片岡和三郎　**245***l*		加藤咄堂　547*r*
片桐市蔵　48*l*,512*r*,870*l*	加藤勘十　21*r*	加藤とみ子　89*r*,248*l*
片桐福次郎　729*l*	加藤菊次郎　249*l*	加藤豊男　901*r*
堅田精司　**245***l*	加藤吉治　180*l*,247*r*,**249***l*,251*l*, 　　508*r*,508*l*,557*r*	加藤　昇　218*l*,243*l*,**252***l*,376*r*, 　　680*l*,754*l*,754*r*,1022*l*
片平茂雄　224*l*,246*l*,552*r*,965*l*		
片柳忠男　**246***l*,658*r*		加藤八郎　272*l*
片山正次　**246***l*	加藤清隆　438*r*	加藤春信　**252***r*
片山　潜　10*r*,60*l*,109*l*,126*r*, 　　142*l*,166*l*,192*r*,206*l*,216*r*, 　　229*l*,251*l*,294*l*,310*l*,368*l*, 　　402*l*,432*r*,434*r*,458*r*,494*r*, 　　582*r*,617*l*,674*r*,675*l*,703*r*, 　　718*l*,772*r*,773*l*,807*r*,816*l*, 　　874*r*,920*l*,938*l*,953*l*,1025*r*, 　　1030*l*,1073*l*	加藤銀太郎　249*l*	加藤正雄　232*r*,**252***l*
	加藤金之助　249*l*	加藤末一　42*l*,166*r*,**252***l*,500*l*
	加藤　健　17*l*,249*l*	加藤万之助　**252***l*
	加藤権市　249*r*,1071*l*	加藤実(広島)　189*l*,435*r*,490*l*, 　　702*l*,1061*l*,**253***l*
	加藤高寿　249*r*,683*r*,912*l*,1069*r*	
	加藤幸次郎　249*r*,998*r*	加藤実(信友会)　**253***l*
	加藤弘造　57*l*,93*l*,105*r*,**250***l*, 　　329*l*,373*r*,377*r*,983*r*,1009*l*	加藤保雄　**253***l*
		加藤　泰　417*r*
片山　哲　819*r*,909*l*,947*r*,980*l*	加藤五三郎　272*l*	加藤安之助　**253***l*
片山敏彦　549*r*	加藤　栄　**250***l*,250*r*,438*r*	加藤安世　**253***l*,472*r*
片山喜長　**246***l*	加藤重太郎　440*l*	加藤八十一　1001*r*
ガタリ　836*r*	加藤　茂　522*l*	加藤百合　**253***r*
勝　海舟　555*l*	加藤シズエ　71*l*	加藤義直　**253***l*
勝　精　114*r*,**246***l*	加藤治平衛　76*l*	加藤与之助　**253***l*
勝　承夫　317*r*,591*l*,873*l*,730*r*	加藤　襄　851*l*	加藤陸三　43*l*,56*l*,193*r*,**253***r*, 　　414*l*,534*l*,580*r*,847*l*,865*r*, 　　881*r*
勝木八十松　**246***r*	加藤松一郎　247*l*	
勝田八次郎　**246***r*,347*l*,750*r*, 　　756*r*,904*r*	加藤昇吉　**250***r*	
		加藤利造　15*r*,55*r*,**254***l*,288*l*, 　　392*r*,916*l*
勝田吉太郎　**246***r*	加藤正三　**250***r*	
勝俣一郎　**247***l*	加藤正平　**250***r*	角藤定憲　280*l*
勝目テル　**247***l*,478*l*,1010*r*	加藤次郎　**250***r*	角丸喜一　**254***l*
嘉手納モウシ　72*l*	加藤信一　250*l*,**250***r*,438*r*,511*r*	香取政世　**254***l*

か

門脇晋郎　**254***l*
門脇定吉　235*l*, **254***l*, 698*l*
門脇　文　**254***l*
金井伊三郎　864*l*
叶儀志武　**254***r*
金井喜助　**254***r*
金井恭次郎　742*l*
金井　栄　220*r*
金井正二　**254***l*
金井二郎　**254***l*
金井新作　45*l*, 112*r*, 121*l*, 219*r*, **255***l*, 270*r*, 451*l*, 466*r*, 664*r*, 810*l*, 835*l*, 860*l*, 883*l*, 1068*l*
金井鉄之介　**255***r*, 311*l*, 459*r*, 670*r*, 882*l*
金井鉄之助　650*l*
金井　広　**255***l*
金井文人　**255***r*
金井好次　76*r*
金咲道明　186*l*, **255***r*, 311*l*, 553*l*
金沢末松　14*l*, 207*l*, **256***l*, 269*r*, 449*l*, 775*l*, 883*r*, 898*l*
金沢すず　**256***l*
金沢　鍛　**256***r*
金森きみ子　89*r*
金森鶴二　**256***r*
金森留吉　**256***l*
金森美佐子　272*r*
金谷鉄三郎　**256***r*
金谷徳次郎　**256***r*
金山磯三郎　**256***r*
金山甚次郎　**257***r*
金子明彦　771*l*
金子伊三郎　**257***l*, 578*l*
金子外史　**257***l*
金子亀吉　262*l*
金子喜一　**257***l*, 337*l*, 410*r*, 561*l*, 593*r*, 809*l*, 859*r*
金子吉蔵　**257***r*
金子吉太郎　263*l*
金子きみ　**257***r*, 723*r*
金子欣喜　133*l*, 238*l*, **258***l*, 679*l*
金子幸吉　262*l*
金子幸作　**258***l*
金子広三郎　**258***l*
金子紅村　**258***l*
金子庄三郎　**258***l*
金子四郎　**258***l*
金子二郎　**258***r*
金子新吉　**258***r*

金子新助　**258***r*
金子新太郎　**258***r*
金子杉太郎　**258***r*
金子清一郎　**258***r*, 570*r*
金子善一郎　**259***l*, 744*l*, 756*r*, 767*l*
金子武夫　**259***l*
金子　猛　**259***l*
金子忠治　262*l*
金子常次郎　**259***l*
金子徳三　**259***l*
金子智二　257*r*
金子豊吉　**259***l*
金子農夫雄　**259***r*
金児農夫雄　965*r*
金子英章　**259***r*, 655*l*
金子秀夫　889*r*
金子広只　**259***r*, 589*r*, 846*r*, 971*r*
金子寛温　**260***l*
金子福雄　**260***l*
金子ふみ子　**260***l*
金子文子　38*r*, 65*r*, 97*l*, 112*l*, 156*l*, 249*l*, **260***l*, 325*l*, 341*r*, 342*r*, 366*r*, 408*l*, 447*l*, 484*l*, 493*l*, 496*l*, 531*l*, 714*r*, 730*r*, 819*r*, 843*r*, 845*l*, 848*l*, 879*r*, 932*r*, 944*r*, 988*r*, 1044*l*
金子正明　261*l*
金子益太郎　262*l*
金子松太郎　262*l*
金子　衛　262*l*
金子光太郎　262*l*
金子光晴　12*r*, 15*l*, 47*r*, 73*l*, 136*l*, 145*l*, 173*l*, **262***l*, 347*r*, 443*r*, 689*l*, 753*r*, 761*r*, 918*l*, 994*r*, 1054*l*
金子安和　262*l*
金子保和　262*r*
兼子弥総　684*r*
金子洋文　44*l*, 106*r*, **263***l*, 391*r*, 551*r*, 577*l*, 605*l*, 981*r*
金子佳雄　263*l*
金子由次郎　263*r*
金子義太郎　81*l*, 191*l*, **263***r*, 441*l*, 1003*r*
金子義光　263*r*
金子隆治　32*l*, **263***r*, 765*l*, 987*r*
金坂有栄　**264***l*
金田一郎　**264***l*
金田国太郎　**264***l*
金田　繁　**264***l*

金田　茂　**264***l*, 383*l*, 464*r*, 466*l*, 698*l*, 700*l*
金田辰三郎　**264***r*
兼田俊夫　93*r*, **264***r*
金田彦平　**264***r*
金田日出男　**264***r*
金田真義　**265***l*
金田吉政　193*l*, 211*l*, 225*r*, **265***l*, 345*r*, 847*l*, 937*l*, 1069*r*, 1072*r*
兼成藤吉　**265***r*, 847*l*
金葉三郎　**265***r*
兼平英示　442*l*
兼松素石　**265***r*
金三津とみ子　**265***r*
金森みつ子　252*l*
兼谷美英　403*l*, 972*r*, 1066*r*
金山呑天坊　923*l*
鹿野慶次郎　**265***r*
狩野鐘太郎　**265***r*
加納喜一　**265***r*, 330*r*, 783*r*
狩野亨吉　40*l*, 71*l*, **266***l*
加納幸蔵　**266***l*
狩野武司　**266***l*
狩野忠一　**266***l*
狩野直喜　225*l*
加納嘉彦　**266***r*
嘉納米二　**266***r*
加波沢六郎　**266***r*
カフカ　**266***r*
鏑木　順　456*r*
カーペンター　62*l*, 172*l*, 262*r*, **267***l*, 289*l*, 391*r*, 455*r*, 492*l*, 536*l*, 537*l*, 592*r*, 663*r*, 689*l*, 722*r*, 892*r*, 909*l*, 954*l*, 1002*r*
鎌田栄吉　1001*l*
鎌田喜右衛門　307*r*
鎌田敬止　737*r*
釜田源太郎　**267***r*
鎌田たま子　**268***l*
鎌田恙吉　648*r*
鎌田義栄　**268***l*
鎌田喜三　189*l*, 435*r*
鎌田芳太郎　**268***l*
蒲地源次郎　**268***l*
神尾東一　**268***l*
上岡義人　**268***l*
神川彦松　341*r*
神川松子　175*r*, **268***l*, 369*r*, 425*l*, 660*r*
神蔵周造　**268***r*

神倉長次郎 **268**r	亀田了介 87r, 141l, **272**r, 324r, 431r, 462r, 756r, 771r	河合 篤 819r
上坂才智郎 **268**r		河合一徹 276r
上笙一郎 721r	亀山金蔵 **273**l	川井きわ 884r
上條寛雄 **268**r	亀山剣鶴坊 **273**l	河合金太郎 276r
神代竹三郎 **338**l	亀山幸太郎 **273**l	河合康左右 210r, 253l, **276**r, 423l, 495r, 591r, 602r, 670r, 694l, 787l, 831l, 908l, 1031r
神近イチ 269l	亀山真二 273l	
神近市子 12r, 88r, 131l, 153r, 176r, 227r, **269**l, 301l, 405l, 446r, 505r, 533r, 794l, 921l, 980l, 1025r	亀山宝年坊 910l	
	亀山八十吉 **273**l	河合 繁 **277**l
	鴨川 潔 11r	河合 潤 974l
	鴨志田勝 634l	川井順英 **277**l, 277r
上司小剣 56r, 114r, **269**l, 821r, 1060r	賀茂真淵 41l	川井順志 **277**l
	萱野長知 1065l	川井順福 **277**l
上司延貴 269l	茅野雅子 213l	河合生三 **277**l
神永文三 873l	茅原華山 68r, **273**l, 804l	河合清九郎 278l
上林武夫 701r	茅原 健 1020l	河合仙次郎 **277**l
上村昌平 269r, 449l	茅原廉太郎 273r	河合大示 682r
上村 実 14l, 256l, **269**r, 382l, 476l, 883r	茅辺かのう 99r	川井大三 89r, **278**l, 433l
	唐 十郎 287r, 646r	河合宅蔵 682r
神谷錦一郎 **269**l	カーライル 340l, 850r, 1035l	川井 猛 702l
神谷静子 **270**l, 928r	唐亀弁吉 273r, 998l	川合 猛 227l
神谷信之助 **270**l	唐木順三 457l	河合 徹 **278**l
神谷 暢 20l, 121l, **270**l, 312l, 579r, 706r, 723r, 811l, 1003r, 1028r	カラコゾフ 615r	河合徳三郎 289l
	唐沢憲一 212r, **273**r, 274r, 431l, 578l, 580r, 971r	河合俊郎 195r
		河合直紀 **278**l
神谷三之助 **270**r	唐沢憲一郎 826l	河井 華 **278**l
神山康二 650l	唐沢伝次郎 **274**l	川井筆松 107r
神山幸之助 **270**r	唐沢俊雄 971r	河合 洵 109r, **278**l, 300l
神山茂夫 **270**r, 380r	唐沢富太郎 **274**l	河合盛太郎 278l
神山宗勲 **271**l	柄沢理一 **274**l, 517l, 945l	川合 仁 24l, 32l, 99r, 152l, 167r, 209l, 257r, **278**r, 284l, 401r, 558l, 562r, 699l, 711r, 832l, 1005l, 1057l
上山草人 101r, **271**l, 677l, 760l	唐沢理八 908l	
神山直蔵 **271**r	唐沢柳三 274l	
神山直次 **271**r	唐沢隆三 102r, 273r, **274**r, 638l	
カ ミ ュ 208r, 267l, **271**r	辛島初治 **274**r	川合弥寿太 **279**l
上脇 進 832l	烏 三平 681r	河合好衛 **279**l
加村喜一 696r	烏山朝太郎 142l	川合喜太郎 247r
亀井栄助 428r, 534l	ガリバルディ 887l	川合義虎 249r, 496l, 553l, 683r, 786l, 912l, 1069r
亀井貫一郎 1004l	苅谷きん子 275l	
亀井国太郎 **272**l	仮谷三郎 **275**l	河合陸郎 17l, 17l, **279**l, 441l, 730l, 731r, 798l, 805l, 862l
亀井玄谷 651l	苅谷生太郎 **275**l	
亀井勝次郎 372l	苅谷てつ **275**l	川井出保蔵 320l
亀井高義 228r, **272**l, 375r, 376l, 885l, 1007r, 1014l	苅谷紋太郎 **275**l	河内規矩二 **279**r, 313l
	苅谷録太郎 **275**l	河内啓蔵 67l, **279**l
亀井福太郎 **272**r	カール・ヨネダ▷ヨネダ，カール	川内唯彦 228l
亀井守一 **272**r	ガルシア・オリベル **275**r, 651r	河内チカ **280**l
亀井暘洲 555l	ガルシア・ロルカ **276**l, 676r, 704r	河内美三 **280**l
亀井義雄 16r, 27l, **272**r, 855r, 985l, 989l	ガルシア・ヴィクトール **275**l	川浦三四郎 85l, 669r
	ガルスト 206l	川江正種 **280**l
亀井嘉一 272r	カルダン 244r	川上一剣坊 280r
亀田 督 581r	河 宗鉉 237l	川上卯二郎 281l
亀田泰郎 **272**r	川合倉吉 702l	川上音二郎 **280**l, 605l

河上　清　310*l*	川崎　鋼　782*r*	河野齢蔵　1005*r*
川上健一　395*r*	川崎春二　**284***l*	河野信子　606*r*
河上　豪　211*r*, 245*l*, **280***r*, 702*l*, 772*r*, 1026*l*, 1061*l*	川崎秀夫　664*l*	河野通勢　528*r*
	川崎　洋　542*r*	川延松太郎　**287***r*
川上　剛　280*r*	川崎政吉　**284***l*	川野邊操　135*l*
河上弘三郎　384*r*	川崎勇蔵　**284***l*	川端菊次郎　**287***r*
川上貞夫　1060*l*	川路歌子　443*l*	川端孝吉　**287***r*
川上貞次郎　**280***r*, 630*l*	川路　健　677*r*	川端　清　689*r*
川上貞奴　280*l*	川路静江　300*l*	川端新太郎　**287***r*
川上七厘坊　281*r*	河路青棘　591*l*, 704*r*	川端正浩　**287***r*
川上正吉　**280***r*	川路　誠　285*l*	川端康成　873*l*
河上丈太郎　655*r*	川路柳虹　285*l*, 790*l*	川畑幸寿　**288***l*
川上真水　361*l*	川島伊勢五郎　599*r*	川端竜子　888*r*
川上為男　**280***r*	川島勝治　285*l*	河原重巳　326*r*
川上恒夫　284*l*	川島かね　285*l*	河原常一　**288***l*
川上寅吉　**281***l*	川島かよ　**285***r*	河東碧梧桐　281*r*, 572*l*, 686*r*, 924*l*, 1063*r*
河上　肇　84*r*, 214*r*, 225*l*, 247*l*, **281***l*, 287*l*, 306*l*, 362*r*, 388*r*, 425*l*, 539*l*, 627*r*, 709*l*, 894*r*, 1035*r*	河島酵三　**285***r*	
	川島甚一　263*r*, **285***r*, 550*l*, 765*l*, 925*r*, 951*l*, 987*r*, 1008*r*	川辺常三　112*r*, 664*r*
		川辺早雄　**288***l*, 680*l*
川上八厘坊　281*r*	河島真二　285*r*, 895*r*	川又常夫　55*r*, 64*r*, 254*l*, **288***l*, 339*l*, 645*r*, 916*l*
川上日車　95*r*, **281***l*, 316*r*, 371*r*, 397*l*, 424*l*, 508*r*, 598*l*, 817*l*, 923*l*, 925*l*, 954*r*	川島清一　**285***r*	
	川島仟司　285*r*	川村エマ子　3*l*, 436*r*, 848*l*
	川島貞作　125*l*	河村喜助　**288***r*
河上正雄　1009*r*	川島てふ　**285***r*	川村さと　**288***r*
川口粂吉　42*r*, 67*l*, **282***l*, 637*l*, 803*r*, 1004*r*	川島徳次　**285***r*	川村直吉　216*r*, **288***r*
	川島平十郎　286*l*, 452*l*	川村春子　268*l*
川口慶助　31*l*, 48*l*, 56*l*, 63*r*, 121*l*, 253*r*, **282***l*, 438*l*, 580*r*, 733*r*, 873*l*, 912*l*, 1015*r*	川島松五郎　286*l*, 690*l*	川村喜明　464*r*
	川島松蔵　286*l*, 286*l*, 557*l*	河村儀（義）弥　**288***r*, 289*l*, 320*l*, 554*r*
	川島元治　286*l*, 447*l*, 671*r*	
川口善一　235*l*, **282***r*, 562*r*, 691*l*, 698*r*, 791*l*, 1005*l*	川島芳之助　286*l*	川面凡児　166*l*
	川島米治　125*l*, 452*l*	河本乾次　52*l*, 53*l*, 68*l*, 155*l*, **289***l*, 503*r*, 509*r*, 542*r*, 637*l*, 674*l*, 687*l*, 689*r*, 691*r*, 702*l*, 715*l*, 750*l*, 784*r*, 822*r*, 902*l*, 1008*l*, 1076*r*
川口豊太　**282***r*	川尻なか　**286***r*	
川久保米蔵　142*l*, **283***l*, 883*l*	川隅鼎三郎　26*l*	
川越　勲　**283***l*	川瀬松太郎　**286***r*	
川越太郎　283*l*	河田賢治　**286***r*	
川越義長　283*l*	河田嗣郎　286*r*, 978*l*	河本正男　**290***l*, 556*l*
川崎彰彦　283*l*	河田　透　286*r*	韓　偉健　324*l*
川崎市太郎　**283***r*	川田岩夫　287*l*, 813*l*	韓　夏雲　**290***l*
川崎えつ　**283***r*	川田　順　585*r*	韓　何然　236*r*, 237*l*, **290***l*, 364*l*, 365*r*, 1041*l*
川崎覚太郎　172*l*, 489*r*, 490*l*	川田園吉　287*l*, 813*l*	
川崎亀太郎　**283***r*	河田武男　210*l*	韓　晛相　84*r*, **290***r*
河崎　潔　926*l*	河田　弘　212*l*	韓　源烈　408*r*, 1040*l*
川崎憲次郎　460*l*	河津一彦　172*r*, 435*l*	韓　国東　108*r*, **290***r*, **291***l*, 459*l*, 835*r*, 878*l*
河崎　孝　**283***r*	河東　稔　253*l*	
川崎長太郎　202*l*, 279*l*, **283***r*, 632*r*, 742*l*, 810*l*, 832*l*, 1000*r*	川奈錠作　**287***r*	カン・ジョンサム　319*l*
	川名　寿　287*l*, 767*l*	カン・シング　319*l*
	川仁　宏　57*l*, 105*l*, 171*r*, **287***l*, 612*l*, 878*l*	菅　忠正　27*r*
川崎恒夫　**284***l*		韓　道源　358*r*
河崎なつ　721*r*	河野常吉　1005*r*	カン・ホボン　318*r*
川崎七瀬　284*l*	河野貞三郎　182*l*	岸　　父　641*r*

神崎　清　211*r*, **291***l*, 982*l*
神崎憲一　**292***l*
神崎建蔵　**301***l*
神崎順一　**292***l*, 337*l*, 370*l*
神崎義太郎　**292***l*
ガンジー　**292***l*, 479*l*, 526*r*, 536*r*, 537*r*, 668*r*, 689*l*, 852*r*, 934*r*, 1035*l*
ガンス　331*l*
神田宇志八　**293***l*
神田栄太郎　25*l*, 89*r*, **293***l*, 721*l*, 827*l*
神田国夫　**293***l*
神田幸司　**293***l*
神田誠之助　**293***l*
観田鶴太郎　**293***l*
観田長松　293*l*
神田　博　**293***r*
カント　629*r*
菅野勘之丞　**293***r*, 972*r*, 1005*l*
菅野衣川　60*l*
管野すが　35*r*, 74*r*, 166*l*, 268*l*, **293***r*, 341*l*, 353*l*, 370*l*, 374*l*, 378*l*, 406*l*, 425*l*, 444*r*, 446*r*, 475*r*, 531*l*, 541*l*, 578*r*, 661*l*, 666*r*, 671*r*, 714*l*, 740*l*, 741*r*, 747*r*, 760*l*, 774*l*, 785*r*, 819*r*, 830*l*, 839*l*, 920*l*, 941*r*, 961*l*, 1005*r*
菅野青顔　**294***r*
菅野千助　**294***r*
樺美智子　389*r*
閑林　平　696*r*
神林常吉　**295***l*
上林猷夫　52*r*, 918*l*
神林与作　**295***l*, 751*l*
蒲原兼造　**295***l*
神原　泰　20*r*, **295***l*, 303*l*, 628*l*, 1014*r*
蒲原英枝　115*r*
神戸　光　403*r*
神戸雄一　**295***l*, 317*r*, 665*r*, 738*l*, 769*l*

き

木内喜七　**296***l*
木内四郎　**296***l*, 765*l*
木内宗位　**296***l*, 442*l*
木岡きの　**296***r*

木岡きみ　296*r*
菊岡久利　29*r*, 121*l*, 121*r*, 167*l*, 217*l*, 222*l*, **296***r*, 302*l*, 363*l*, 386*l*, 411*l*, 442*l*, 497*r*, 539*l*, 551*r*, 567*l*, 607*r*, 754*l*, 815*r*, 856*r*, 880*r*, 975*l*, 989*r*, 1015*l*, 1028*r*
菊水治次　78*l*, **297***l*, 963*r*
菊田一夫　**297***l*, 1074*r*
菊田数男　297*r*
菊田歓蔵　**297***r*
菊田芳夫　109*r*, **297***r*
菊池　寛　443*l*, 670*l*, 686*l*
菊地久平　**297***l*
菊地清吉　**298***l*, 539*l*, 991*l*
菊地源吾　**298***l*, 791*l*
菊地幸次郎　**298***l*
菊地繁松　**298***r*
菊地　茂　**298***l*, 470*l*, 809*l*, 846*l*
菊地隆義　656*r*, 884*r*
菊地長太郎　89*r*, **298***l*, 433*l*
菊池　徳　**298***l*
菊地直芳　522*r*
菊地北深　322*l*
菊池　信　93*r*, **299***l*
菊地道男　**299***l*
菊地杜夫　246*l*
菊地康雄　811*l*
菊畠新一　647*l*
菊畑茂久馬　122*l*
木坂俊平　93*r*, **299***l*
木崎　豊　45*l*, **299***l*
木沢源次郎　**299***r*
貴志浅吉　**299***l*
岸梅太郎　**299***l*
岸　莞爾　**299***l*
岸　三吉　**299***l*
貴志正三　81*l*
岸　清次　32*l*
岸他万喜　586*l*
岸井　清　48*l*, 168*l*, 222*r*, **299***r*, 383*l*, 495*r*, 627*r*, 661*r*, 682*r*
岸井清一　299*l*
岸上克己　192*r*
岸田一郎　**300***l*
岸田國士　**300***l*, 567*l*
岸田劉生　235*l*, 440*r*, 549*r*, 689*l*
岸原鴻太郎　582*l*
木島一揆　**300***r*, 16*l*, 754*l*, 1022*l*
木島勝三郎　**300***r*

木島勝太郎　**300***r*
木島金弥　**300***r*
木島政太郎　**301***l*
木島芳次郎　**301***l*
岸本嘉市　**301***l*, 804*r*, 833*l*
岸本加津一　934*r*
岸本順作　341*r*
岸本水府　371*r*, 817*l*
岸本辰三　861*l*
岸本てる　672*r*
岸本能武太　740*l*
岸本信威　**301***l*
岸本信義　581*r*, 925*l*
岸本久七　98*r*
北　一輝　65*r*, 111*r*, 501*l*, 592*r*, 791*r*, 915*r*, 978*l*, 979*l*, 1065*l*
喜多一二(児)▷鶴彬
喜多幸章　652*r*, 682*l*
北　清吉　131*r*
北　達夫　270*r*, 922*r*
北　晴夫　290*l*
北　晴美　290*l*
北　杜夫　704*r*
北　昤吉　332*r*, 551*r*
喜田貞吉　317*l*
きだみのる　**301***l*, 587*r*
木田　稔　301*l*
北井正一　68*l*, **301***l*, 879*l*, 977*r*
北浦　馨　121*r*, 141*r*, 222*l*, 296*r*, 297*l*, **302***l*, 526*l*, 792*l*, 813*r*, 815*l*, 856*r*, 975*l*, 989*r*
北浦千太郎　48*r*, **300***l*, **302***r*, 317*r*, 435*r*, 491*r*, 508*l*, 541*r*, 759*l*, 782*r*, 820*l*, 821*l*, 827*r*, 891*l*, 897*r*, 1067*r*
北浦　獏　119*l*
北尾一水　724*l*
北尾幸次郎　70*l*, **302***r*
北岡守敏　242*l*
北上　健　378*l*
北川重吉　478*l*
北川象一　303*l*
北川千代　554*r*
北川哲郎　964*l*
喜多川寿雄　**302***r*
北川冬彦　**303***l*, 761*r*, 811*r*, 950*l*
北川弥三郎　218*l*
北川竜太郎　392*l*
北葛明正　796*r*
北崎新次郎　**303***l*

北里柴三郎　464r	喜多村緑郎　886r	木原　茂　83r, 100l, **312**l, 313r,
北沢甲子　**303**r	北本哲三　**307**r	316r, 488r, 706r, 783l, 927l
北沢熊太郎　**303**r	北山　章　115r, 308r	木原誠一郎　**312**l
北沢新次郎　120l	北山　明　32l	木原　実　100l, 234r, **312**l, 316r,
北沢長次　**303**r	北山銀一郎　**308**r	377r, 489l, 681r, 783l, 848r,
北沢武一　**303**r	北山大助　1066r	927r
北沢楽天　368l	キーツ　854l	木原　稔　312l
北島吉蔵　683r	木津嘉一郎　**308**r	木原庸一　**313**r
北島　清　**303**r	橘田栄次郎　**308**r	木原良一　100l, **312**l, **313**l, 316r,
北島重太郎　**304**r	橘高武憲　**308**r	488r, 706r, 783l, 927l, 1020r
北島泰之助　**304**l	吉方出穂　659r	吉備朝平　175r
北園克衛　**304**l, 750r	木戸源吉　**308**r	木全増太郎　**313**l, 318l
北爪赳己　**304**r	城戸　昇　101r	君塚喜三郎　**313**r
木谷栄吉　11r, 968l	鬼頭広明　**308**l, 382l	キム・ククテ　322r
北野ひろし　138l	城所英一　303l	キム・ゴルヒ　322l
木田橋弥之助　**304**r	木名瀬露文　**308**r	キム・ゴン　322r
北林嘉六　**304**r	木野京太郎　602r	キム・サン　323r
北林太吉　**304**r	木下　勇　**309**r, 994l	キム・ジェウォン　322r
北原一郎　**304**r	木下伊和子　498r	キム・ジェハ　322r
北原泰作　55l, 55l, 93l, 120l, 250r,	木下吉之助　605l	キム・ジェホ　323l
304r, 379l, 387l, 399l, 438l,	木下源吾　521l, 654l	キム・ジャジン　323l
507l, 511r, 557l, 719r, 791l,	木下航二　101r	キム・ジュンハン　324l
869r, 977l	木下　茂　3l, 56l, 61l, 97l, 145l,	金　承万　494l
北原竜雄　111l, 157l, 168r, **305**l,	173r, 252l, 253r, 298l, **309**r,	キム・ジョングン　325l
361r, 402r, 757l, 807r, 942r,	372r, 440l, 444l, 476l, 539l,	キム・ジョンジン　325r
1073l	580r, 588r, 829r, 856r, 882r,	キム・ススン　325l
北原千鹿　970r	887r, 894l, 901l, 995l, 1018l,	キム・スンパル　324r
北原鉄雄　**305**r, 916r	1066r	金　善姫　694l
北原白秋　145l, 235r, 305r, 311r,	木下秀一郎　**309**r, 468l, 1014r	キム・ソギョン　324l
489l, 492l, 567l, 653l, 712r,	木下尚恵　310l	キム・ソク　325r
722l, 810l, 859l, 1059l	木下尚江　49l, 60l, 62l, 131l, 197l,	キム・ソンス　325l
北原真木夫　**305**r	201l, 253l, 281l, 291l, 294l,	金　達寿　171r
北原正雄　**306**l	**310**l, 311l, 369l, 393l, 406r,	キム・チャンギュ　324l
北原弥吉　**306**l	434r, 491l, 498l, 533l, 533r,	キム・テヨプ　326l
北原泰雄　304r	599l, 615r, 660r, 678l, 803l,	キム・ドンミン　326l
北原義雄　305r	809l, 839r, 840l, 850r, 872r,	キム・ドンリン　326l
北御門二郎　**306**l, 668r	941l, 1005r	キム・ハクジュン　322l
北村市郎　**306**r	木下直介　191r, **310**r	金　学淳　620l, 725r
北村栄以智　218r, **306**r, 313l,	木下春吉　**311**l, 339l	キム・ビョンウン　326r
387r, 881r, 1025r, 1063l,	木下　浩　**311**l	キム・ヒョンチョル　322r
1067r	木下操子　**311**l	キム・ホングン　322r
北村兼子　769r	木下杢太郎　**311**r, 567l	キム・ユチュン　324l
北村兼松　**306**r	木下元美　578l	キム・ヨンス　321l
北村桂之助　218l	木下浪哲　146r, 311r	キム・ワン　322l
北村佐市　**306**r	木原金一　26l, **311**r	木村英一　1117l, **313**r
北村定子　**307**l	木原熊太郎　**311**r	木村英二郎　107r, 186r, **313**r,
北村順次郎　307l	木原啓允　1011r	1009r
北村順治郎　**307**l	木原　健▷木原実	木村勝利　**313**r
北村庄太郎　**307**l	棋原源太郎　**312**l	木村亀吉　**313**r
北村信一　884l	木原茂樹　**312**l	木村亀蔵　810r

木村　毅	112*r*,274*l*,291*r*,883*l*		734*r*		金　　九	39*l*,358*l*,492*r*,639*r*,
木村京太郎	304*r*,305*l*,877*l*	ギーユー	775*r*			1046*r*
木村清子	155*r*	久徳正憲	317*r*,759*l*		金　玉均	613*l*,651*l*
木村謙吉	**313***r*	ギュルヴィッチ	833*r*		金　月波	365*l*
木村　駒	314*l*	許　広平	136*l*,1054*l*		金　　鍵	**322***r*
木村駒子	**313***r*	許　　子	41*l*		金　賢哲	**322***r*,1043*r*
木村三郎	316*l*	許　聖三	**318***l*		金　元鳳	493*l*,1046*l*
木村三山	314*l*	許　卓然	**318***l*,494*r*		金　乞熙	**322***r*
木村重夫	236*r*	許　論博	**318***l*,366*r*		金　豪九	640*l*,1038*r*,1038*l*
木村七厘坊	316*l*	姜　虚峰	**318***l*		金　弘根	**322***r*
木村七郎	314*l*	匡　互生	**318***l*,356*r*,358*r*,538*l*,		金　国泰	**322***r*
木村淳三	**314***l*		619*r*		金　在夏	**322***r*
木村荘太	34*l*,167*l*,**314***r*,668*r*,	姜　正三	**319***l*		金　済元	39*l*,**322***r*
	780*r*	姜　信球	**319***l*		金　済保	239*l*,**323***l*
木村荘八	314*r*,440*r*,689*l*	京井弥一	69*r*,89*r*,**319***l*,423*l*,		金　貞泰	165*r*
木村信吾	123*l*,**315***l*,742*l*		612*l*,698*r*,703*r*		金　佐鎮	**323***l*,**325***r*,1037*l*,1039*r*,
木村甚作	**315***l*	経田新一	586*r*			1042*r*
木村甚三郎	**315***l*	今日泊亜蘭	**319***l*		金　　山	**323***r*
木村信次	**315***l*	京谷周一	289*l*,**319***r*,320*l*,554*l*		金　祉雙	782*r*
木村新之助	285*l*	峡陽山人	**320***l*		金　錫永	322*l*,**324***l*,640*l*,1042*r*,
木村岬太	314*l*	清河清吉	501*l*			1043*l*
木村武三	**315***l*,564*r*	清川秀敏	**320***l*		金　若山	**323***r*
木村斌任	**315***l*	清川平成	**320***l*		金　若水	641*l*,845*l*,1034*l*
木村常吉	**316***l*	玉　観彬	358*l*		金　重漢	260*l*,**324***l*,620*r*,714*r*,
起村鶴充	100*l*,312*l*,**316***l*,489*l*,	曲線立歩	**320***l*			1037*l*,1044*l*
	783*l*,927*l*	清沢　洌	**321***l*		金　守顕	326*l*
木村とおる	314*l*	清沢清志	**320***l*,629*l*,1030*l*		金　勝恩	358*r*
木村得三郎	1*r*	清沢貞子	320*r*		金　昌圭	**324***l*
木村八厘坊	316*l*	清沢満之	84*l*,149*r*,566*r*,704*l*		金　昌根	358*l*
木村半文銭	95*r*,281*r*,**316***l*,	清志満敬	**321***l*		金　承八	**324***l*
	371*l*,397*l*,424*l*,508*l*,597*r*,	清住政喜	115*r*,**321***l*		金　汝春	272*r*,**324***r*,756*r*
	817*l*,923*l*,954*r*	清原一隆	409*r*		金　信遠	366*l*
木村久一	918*r*	清原道端	410*l*		金　水山	325*l*
木村広吉	316*r*	ギヨマン	456*r*		金　正根	**325***l*,343*l*,932*l*
木村ふさ	316*r*	桐谷竹次郎	**321***l*		金　聖寿	**325***l*,492*r*
木村平二	**316***r*	桐谷正義	321*r*		金　星淑	**324***l*
木村平太郎	67*r*	桐野興蔵	667*l*		金　性竜	**325***r*
木村正徳	**316***r*	桐生政次	321*r*		金　　碩	**325***r*
木村又三郎	316*r*	桐生悠々	**321***r*,768*r*,1016*r*		金　宗鎮	323*r*,**325***r*,492*r*,639*r*,
木村三七郎	**316***r*	キルケゴール	456*r*			1037*l*,1040*l*,1042*r*
木村芳二郎	**317***l*	ギルモア	731*r*		金　泰燁	117*r*,**326***l*,365*r*,409*l*
木村芳遠	315*r*	靳　　以	1052*l*		金　泰和	409*l*
木本凡人	67*r*,200*l*,289*r*,**317***l*,	金　演秀	321*r*		金　忠昌	324*l*
	391*l*,410*l*,424*l*,500*l*,702*l*,	金　　赫	323*l*		金　鼎花	694*l*
	729*l*,791*r*,799*r*,808*l*,853*r*,	金　　革	358*l*		金　　哲	21*l*
	877*l*	金　学俊	**322***l*		金　　鉄	326*l*,929*l*
木本正胤	317*l*	金　　漢	1043*l*		金　天海	474*l*
木元弥一郎	**317***r*	金　　翰	1034*l*		金　東宇	358*r*
木本夜詩子	200*l*	金　　堯	**322***l*		金　東民	**326***l*
木山捷平	227*l*,230*l*,230*l*,**317***l*	金　熙明	**322***l*		金　東輪	**326***r*

人名索引

金野雲　325*r*
靳文炳　622*r*
金炳運　**326***r*
金鳳守　356*l*
金奉文　**326***r*
金養福　1038*r*
キング　537*r*
銀山一郎　**326***r*
金城亀千代　**326***r*, 497*l*, 868*r*
金城陽介　326*r*
金田一京助　64*l*, 653*r*

く

区声白　318*r*
具阿弥忠夫　166*r*
クアン・フウション　318*r*
クォン・サングン　401*r*
クォン・サンテ　401*r*
久我信寿　327*l*
陸野広　132*l*
陸野政雄　132*l*
日下亀太郎　327*l*
日下秀雄　327*l*
日下米三郎　327*l*
草階俊雄　327*l*
日下野忠次郎　327*r*
草刈蒼之助　327*r*
草薙一　328*l*
草薙市治　6*r*, 66*r*, 230*r*, **328***l*, 382*l*, 433*r*, 453*r*, 461*l*, 507*r*, 529*l*, 630*r*, 648*l*, 652*l*
草薙一雄　677*r*
草彌甚一　**328***l*
草薙太助　433*l*
草野心平　83*r*, 84*r*, 154*l*, 196*r*, 198*r*, 231*l*, 255*l*, 270*l*, 303*l*, 309*l*, 312*l*, 317*l*, **328***r*, 355*r*, 363*l*, 386*r*, 396*r*, 424*l*, 426*l*, 443*r*, 458*l*, 463*l*, 497*r*, 504*r*, 518*r*, 550*l*, 560*r*, 563*l*, 567*l*, 579*l*, 642*r*, 652*r*, 727*l*, 741*l*, 742*r*, 781*l*, 811*r*, 835*l*, 842*r*, 882*r*, 909*l*, 919*r*, 922*r*, 950*l*, 1001*l*, 1003*r*, 1016*l*, 1027*l*, 1029*l*
草野守人　6*r*
草間英　583*r*
草村鈇治　234*l*, **329***l*, 429*l*, 517*r*, 821*r*, 835*l*

草村哲　659*r*
草柳太助　**329***l*, 328*l*
串上繁雄　218*l*, 329*r*
串上繁蔵　46*r*
櫛田民蔵　153*r*, 225*l*, 281*r*
九島作一　**329***l*
九島己之吉　329*l*
九島与治郎　698*l*
九條映子　646*r*
久城吉男　13*l*
葛生能久　809*r*
葛岡兼吉　**329***l*
城田徳明　72*l*, 143*r*, **329***r*, 330*l*, 330*r*, 450*r*, 474*l*, 655*l*, 758*l*, 777*l*, 836*l*, 855*r*, 911*r*, 963*l*
城田徳隆　72*l*, 127*r*, 143*r*, **329***r*, **330***l*, 330*r*, 403*l*, 450*r*, 655*l*, 758*l*, 777*l*, 836*l*, 911*r*, 963*l*
城間康昌　72*l*, 74*l*, 127*r*, 143*r*, 330*l*, 330*r*, 777*l*, 836*l*, 911*l*
楠田敏郎　965*r*
楠利夫　202*r*, **330***r*, 500*l*, 574*r*, 601*r*, 609*l*, 719*l*
楠利雄　519*r*
楠安五郎　683*r*
楠山次郎　**331***l*, 433*l*
楠山正雄　35*r*
朽津洋子　386*r*
グッドマン　**331***l*
久津見蕨村　**331***l*, 337*l*, 353*l*, 482*l*, 1015*l*
九津見一灯子　180*l*
九津見房子　13*l*, 45*l*, 180*l*, 200*r*, 247*r*, **332***l*, 338*l*, 405*r*, 549*r*, 809*l*, 854*l*, 866*r*, 991*l*, 999*l*, 1001*r*
久津見八重　353*l*
工藤勇　**332***l*
工藤運平　**332***r*
工藤秀剣　51*l*, 222*l*, 230*r*, **332***r*, 975*l*
工藤秀顕　332*r*
工藤信　**332***r*, 756*r*, 928*l*
工藤信太郎　922*l*
工藤精次　**333***l*
工藤精治　**333***l*
工藤哲　901*l*
工藤豊美　121*l*, 168*r*, **333***l*
工藤長人　**333***l*
工藤葉魔　20*r*, **333***l*, 756*l*, 1014*l*

工藤永男　353*r*
工藤日露時　54*r*, 115*r*, **333***l*, 769*l*, 997*l*
国井幸吉　**333***r*
国井重二　93*r*, **333***r*
国井淳一　170*r*, 247*r*, **333***r*, 741*r*
邦枝完二　677*r*
国木田独歩　432*l*, 719*l*
国木田虎雄　262*r*
国定忠治　86*l*, 189*r*, 298*r*, **334***l*
国立文夫　1019*r*
国見輝雄　225*r*, 334*l*, 987*r*
国本政太郎　**334***l*
グプタ　915*r*
久保栄　**334***l*, 566*l*
久保覚　171*r*
久保順　320*l*
久保清次　934*l*
久保由市　**334***r*, 402*r*, 461*l*, 737*l*, 1004*r*
久保譲　3*r*, 48*r*, 68*l*, 83*l*, 147*r*, 150*r*, 155*l*, 156*l*, 168*l*, 214*r*, 217*l*, 222*r*, 250*r*, 289*r*, **335***l*, 359*r*, 383*r*, 403*l*, 422*l*, 503*r*, 529*l*, 542*l*, 558*r*, 594*r*, 661*r*, 698*l*, 715*l*, 781*r*, 784*r*, 840*r*, 892*r*, 908*l*, 934*l*, 936*r*, 963*r*, 974*l*, 996*l*, 1011*r*
久保義信　334*r*
久保秋兵吉　**335***r*
窪川鶴次郎　691*l*
窪田空穂　1068*r*
久保田耕三　**335***r*
久保田重尾　**335***l*
久保田春太郎　**336***l*
久保田宵二　108*r*, **336***l*
窪田節次郎　129*l*, **336***l*, 442*l*, 527*l*
久保田武一　637*l*
久保田種太郎　**336***l*, 336*r*, 406*l*, 450*l*, 671*r*
久保田彝　373*r*
久保田一　183*r*
久保田正文　279*l*
久保田万太郎　423*r*
久保田頼男　**336***r*
久保田良一　**336***r*
窪寺せき　**337***l*
熊谷順二（自連）　**337***l*, 826*r*, 989*r*
熊谷順二（芝浦労組）　**337***l*

1229

熊谷千代三郎　337*l*
熊谷鼎児　337*r*, 499*l*, 1066*r*
熊木貝治　337*r*
熊木十一　337*r*
熊崎一郎　337*r*
熊沢喜一郎　166*r*
熊鳥国三郎　26*r*, 107*r*, 182*l*, 250*l*, 338*l*, 464*l*, 510*r*, 661*r*, 674*l*, 719*l*, 878*l*, 936*r*
熊野利貞　338*r*
隈本有尚　240*r*, 338*r*
熊本喜代志　338*l*
クマール　435*l*, 931*r*
粂銀次郎　339*l*
久米七郎　635*l*
久米正雄　917*l*
グラーヴ　915*l*, 1053*l*
倉上歌吉　339*l*
クラウゼヴィッツ　614*r*
倉方勝蔵　339*l*
倉沢翠山　857*r*
倉沢平治右衛門　149*r*
倉島きち　339*l*
倉田孝三郎　203*l*, 339*l*
蔵田豊吉　339*l*
倉田百三　628*l*, 659*l*, 666*l*, 719*r*, 871*r*
倉田　稔　64*r*, 339*l*, 645*r*
倉地啓司　255*l*, 276*r*, 311*l*, 339*l*, 383*r*, 422*l*, 422*r*, 423*l*, 495*r*, 603*l*, 650*l*, 670*r*, 673*r*, 694*l*, 786*r*, 831*l*, 907*r*, 963*r*
倉橋顕吉　761*r*
倉橋仙太郎　339*r*, 719*l*
倉林　隆　340*l*
倉林　喜　340*l*
蔵原惟人　123*l*, 946*r*
クラフチンスキー　519*l*
蔵前光家　595*r*
グラムシ　536*r*
倉持伊平　340*l*
倉持善三郎　77*l*, 110*l*, 340*l*, 679*l*
蔵本光次郎　218*l*, 340*l*, 770*r*, 1061*l*
クランストン　522*l*
栗須喜一郎　68*l*, 341*l*
栗須七郎　68*l*, 301*r*, 341*l*, 387*l*, 656*l*, 681*r*, 858*l*
栗田　勇　342*l*
栗田賢正　342*l*
栗林乙太郎　342*l*

栗林四郎一　342*l*
栗林健数　342*l*
栗原梅吉　342*l*
栗原一男　97*l*, 121*l*, 260*r*, 261*l*, 325*l*, 342*l*, 362*l*, 366*r*, 447*r*, 829*l*, 879*r*, 932*r*
栗原勝次郎　343*l*
栗原光三　343*l*
栗原荒野　94*r*
栗原貞子　343*l*
栗原唯一　6*r*, 343*l*, 343*r*, 427*r*
栗原登一　179*r*
栗原藤七郎　344*l*, 442*l*, 1027*l*
栗原俊子　469*r*
栗原虎治　344*r*
栗原春子　344*r*
栗原文吉　344*r*
栗原　基　469*r*
栗村　実　344*r*, 998*l*
栗本謹二　344*r*
栗谷鎌三　344*r*
厨川白村　1055*r*
栗山コト　345*l*
栗山次郎　517*r*
栗山鶴吉　345*l*
栗山祐太郎　345*l*
クリュツピ夫人　455*r*
来島恒喜　555*l*, 651*l*
グルニエ　775*r*
来間　恭　345*l*, 617*l*
車　隆三　550*r*
呉　養浩　913*l*
暮尾　淳　669*r*
黒板勝美　450*l*, 867*l*, 978*l*
黒岩周六　192*l*
黒岩末吉　901*r*
黒岩守也　345*l*, 384*l*
黒岩涙香　62*l*, 134*r*, 192*l*, 251*r*, 285*r*, 455*l*
黒江八千代　345*l*
黒川幸太郎　193*l*, 211*l*, 345*r*, 847*l*, 937*l*, 1069*r*
黒川真一郎　345*r*
黒川猛夫　155*l*
黒川　猛　855*r*
黒川哲夫　761*l*
黒川徳松　345*l*
黒川　洋　669*r*
黒川　実　345*l*
黒川安広　734*r*

黒木笹夫　345*r*, 936*l*
黒木蝶二　244*l*
黒木　英　346*l*
黒木　実　1*r*
黒木義之　346*l*
黒沢官太部　509*l*
黒島伝治　278*r*, 520*l*, 632*r*, 832*l*, 842*l*
黒杉佐羅夫　346*l*, 518*r*
グロースマン　1035*r*
黒瀬駒子　314*l*
黒瀬春吉　101*r*, 346*l*, 360*r*, 660*l*, 680*l*, 898*l*, 1074*l*
黒田オサム　347*l*
黒田乙吉　234*l*
黒田亀次郎　246*r*, 347*l*, 750*r*, 756*l*, 904*r*
黒田寛一　57*l*, 179*r*, 609*r*, 878*l*
黒田新之助　347*l*
黒田忠次郎　347*l*, 925*l*
黒田哲也　1075*l*
黒田寿男　1059*l*
黒田秀雄　347*l*, 684*l*
黒田八十吉　347*l*
黒田米二郎　348*l*
クローデル　1017*r*
黒沼　鱗　174*r*
黒原栄嗣郎　217*r*
黒部伊三郎　348*l*
黒部謙治　866*l*, 968*l*
克魯泡特金　744*r*
クロポトキン　19*l*, 21*l*, 22*l*, 24*l*, 36*r*, 48*l*, 62*r*, 66*r*, 70*r*, 75*r*, 77*r*, 85*r*, 106*l*, 137*r*, 139*l*, 145*r*, 146*l*, 149*r*, 150*r*, 153*r*, 158*l*, 171*r*, 174*r*, 182*r*, 186*r*, 190*l*, 217*r*, 220*r*, 237*r*, 269*r*, 297*l*, 298*l*, 305*l*, 315*l*, 319*r*, 330*l*, 332*r*, 335*r*, 348*l*, 354*r*, 356*r*, 357*r*, 359*l*, 369*r*, 404*r*, 412*r*, 455*l*, 456*r*, 457*l*, 480*r*, 481*l*, 491*l*, 494*r*, 503*r*, 512*r*, 526*r*, 527*l*, 528*r*, 541*r*, 548*r*, 549*r*, 560*r*, 606*l*, 614*r*, 616*l*, 627*l*, 634*l*, 637*r*, 641*l*, 661*l*, 667*r*, 689*l*, 699*r*, 704*l*, 709*r*, 714*l*, 718*l*, 724*l*, 733*l*, 734*l*, 744*r*, 748*r*, 754*l*, 760*l*, 762*r*, 787*r*, 799*l*, 826*l*, 827*l*, 833*l*, 838*l*, 853*l*, 888*l*, 892*l*, 894*r*,

908*l*, 934*l*, 935*r*, 943*l*, 954*l*, 954*r*, 956*r*, 958*l*, 971*l*, 1003*r*, 1005*l*, 1009*l*, 1015*l*, 1018*l*, 1027*l*, 1031*l*, 1033*l*, 1035*r*, 1036*l*, 1036*r*, 1041*r*, 1046*r*, 1051*l*, 1051*r*, 1052*l*, 1054*r*, 1056*r*, 1057*l*, 1071*l*, 1076*l*
黒柳勝次　**349***r*
黒柳貴一　**350***l*
黒柳綺一　350*l*
桑島稿吉　**350***l*
桑島藤枝　**350***l*
桑島政寿　**350***l*, 691*l*, 736*l*, 765*l*, 791*l*, 925*r*
桑田次郎　289*l*
桑名鋼次郎　80*l*, **350***l*, 625*r*
桑名哲夫▷鈴木重賓
桑原松蔵　30*l*, **350***r*
桑原武夫　78*l*, 678*r*
桑原政寿　282*l*
桑原錬太郎　213*l*, **350***l*, 403*l*, 783*r*
郡司楠峯　**351***l*
郡司成忠　166*l*

け

景　梅九　**351***l*, 454*r*, 481*r*, 494*l*, 622*l*, 741*r*, 913*l*, 940*l*, 978*r*
恵　　林　978*r*
倪　雲林　315*l*
ケストラー　**351***l*
ゲ　ゼ　ル　49*l*, **352***l*, 833*r*
結束林平　**352***r*
ゲ　ー　テ　49*l*
ゲ　バ　ラ　179*r*
毛馬内官次　**352***r*
煙山専太郎　331*l*, **353***l*, 425*l*, 482*r*, 839*l*, 888*l*, 920*l*
ゲ　ラ　ン　139*l*, 148*l*, **353***l*
ゲルツェン　667*r*, 745*r*
権　熙国　354*l*, 402*r*
権　五淳　484*l*
玄　永愛　**353***r*, 845*l*
厳　享淳　325*r*, **354***l*
玄　景周　**354***l*
元　鐘麟　**354***l*
元　心昌　290*r*, 322*r*, 353*r*, 354*l*, **354***l*, 365*r*, 401*r*, 408*l*, 620*r*, 639*r*, 745*l*, 1038*r*, 1040*l*, 1043*r*, 1043*r*, 1044*l*

源間政平　**355***l*
原理充雄　328*l*, **355***r*, 363*r*, 426*l*, 563*l*, 642*r*
顧　炎武　745*r*
胡　漢民　745*r*
コ・ジャソン　365*l*
コ・スンフム　365*l*
コ・ソンヒ　366*l*

こ

胡　　適　158*l*, 1053*r*
コ・ハニオン　363*l*
コ・マンシク　367*l*
コ・ムシク　367*l*
胡　愈之　**355***l*, 358*r*, 481*r*, 484*r*, 520*l*, 1044*r*
呉　宇泳　39*l*, 107*r*, 186*r*, 313*r*, **355***r*, 408*r*, 622*l*, 640*l*, 800*r*, 839*l*, 1037*l*, 1043*r*
呉　　我　918*r*
呉　規鎬　**356***l*
呉　空超　**356***l*
呉　克剛　146*l*, **356***l*, 358*r*, 623*l*, 800*l*, 1031*l*
呉　在徳　1047*r*
呉　芝瑛　480*l*
呉　　塵　**356***r*, 484*r*, 804*l*
呉　世剣　147*r*
呉　世創　**357***l*
呉　成文　**357***l*
呉　世民　970*l*
呉　成崙　323*r*
伍　　禅　**357***l*, 365*l*
呉　泉木　622*l*
呉　滄州　224*l*
伍　大光　318*r*
呉　稚暉　**357***r*, 484*r*, 639*r*, 782*l*, 804*l*, 1039*l*, 1041*r*
呉　致雯　239*l*, 323*l*, **358***l*
呉　鎮山　**358***l*
呉　文武　428*l*
呉　秉鉉　1038*r*
呉　松谷　224*l*
呉　冕植　325*l*, **358***l*, 1039*l*
呉　麗水　367*l*
呉　朗西　146*l*, **357***l*, **358***l*, 364*l*, 365*l*, 618*l*
小荒井啓八　**358***r*
五井輝夫　358*r*, 449*l*

小池愛三郎　**358***r*
小池伊一郎　**359***l*
小池梅三郎　**359***l*
小池英三郎　**359***l*
小池英三　335*r*, **359***l*, 403*l*, 481*r*, 935*r*
小池　　薫　81*l*, **359***r*
小池喜孝　**360***l*
小池　　潔　86*l*, **360***l*, 505*l*, 1024*l*
小池公平　**360***r*
小池蛇太郎　195*l*
小池宗四郎　**360***r*, 361*l*, 362*r*, 1074*l*
小池長治郎　**361***l*
小池長二郎　**361***l*, 498*l*
小池張造　930*r*
小池　　透　**361***l*
小池はる　360*r*, **361***l*
小池　　弘　**361***l*
小池政雄　**361***l*
小生夢坊　111*r*, 346*r*, **361***l*, 656*r*, 711*l*
小泉策太郎　294*l*, **361***l*, 369*l*, 371*l*, 961*l*
小泉三申　361*r*
小泉しま　**362***l*
小泉竹次郎　**362***l*
小泉哲郎　97*l*, 342*r*, **362***l*, 879*l*
小泉富三　**362***l*
小泉寅吉　**362***l*
小泉八雲　209*r*
小泉六一　59*l*, 645*l*
小板橋光太　**362***l*
小板橋昇一　44*l*, 150*l*
小出邦延　361*l*, **362***r*
小出檜重　767*r*
小出満二　185*l*
小岩新一郎　**362***r*
小岩　　陸　**362***r*
小岩井浄　**362***r*, 761*l*, 1001*r*
黄　　愛　158*r*, **363***l*, 619*l*, 622*r*, 843*l*, 1041*l*
黄　一欧　364*r*
黄　　瀛　230*l*, 317*r*, **363***l*, 498*l*, 567*l*
洪　泳祐　363*r*, 844*l*
黄　炎培　455*l*
洪　完基　358*l*
高　漢承　363*r*
高　漢容　**363***r*, 384*l*
洪　亨義　**363***r*, 449*l*, 966*l*

こ　人名索引

黄　　源	**364***l*	
黄　　興	**364***l*, 689*l*, 809*r*, 978*l*, 1013*l*	
江　亢虎	**364***r*, 407*l*, 484*r*, 525*l*, 623*r*	
高　自性	323*r*, **365***l*, 1037*r*	
黄　子方	**365***l*	
高　順欽	117*r*, 326*l*, 341*r*, **365***l*, 409*l*	
洪　承祐	1043*l*	
洪　性煥	290*r*, 364*l*, **365***r*, 640*l*	
高　成熙	**366***l*	
高　　宗	1038*l*	
黄　素英	**366***l*	
洪　祖順	**366***l*	
黄　尊生	159*r*, 318*r*, **366***l*	
高　ダダ	363*r*	
洪　鎮裕	260*r*, **366***r*, 484*l*	
黄　天海	158*r*, **367***l*, 1049*l*	
江　道恩	21*r*	
洪　　日	**367***l*, 1043*l*	
高　万植	**367***l*	
高　武湜	**367***l*	
康　有為	540*l*	
黄　凌霜	154*r*, 159*l*, 237*r*, **367***l*, 480*l*, 494*r*, 621*l*, 621*r*, 641*l*, 978*l*, 1046*r*	
郷　静子	994*l*	
幸内純一	**368***l*, 368*r*	
幸内久太郎	**368***l*, 807*l*	
幸内秀夫	**368***r*	
弘喜　智	133*l*	
高坂正顕	1019*l*	
国府田賢治	89*r*, **368***r*	
幸田露伴	266*l*, 921*r*	
合田佳辰	1001*r*	
郷田武哉	211*l*, 225*r*, **368***r*, 463*l*, 895*r*	
河内山歌吉	**368***r*	
上月岩太郎	**368***l*, 968*l*	
幸徳篤道	369*l*, 371*l*	
幸徳亀治	369*l*	
高徳きく	**369***l*	
幸徳駒太郎	**369***l*, 371*l*	
幸徳秋水	5*r*, 12*l*, 24*l*, 33*l*, 35*r*, 36*r*, 41*r*, 44*l*, 48*l*, 50*l*, 62*l*, 64*l*, 69*l*, 70*l*, 74*r*, 77*r*, 86*l*, 107*l*, 110*l*, 111*r*, 115*l*, 126*r*, 129*l*, 131*l*, 134*r*, 136*l*, 139*r*, 156*r*, 161*r*, 166*l*, 175*r*, 181*r*, 182*l*, 190*l*, 192*l*, 194*r*, 199*l*, 201*l*, 203*l*, 205*r*, 206*l*, 211*l*, 216*l*, 216*r*, 220*r*, 228*l*, 229*l*, 235*r*, 251*r*, 257*l*, 268*l*, 269*r*, 273*r*, 289*r*, 294*l*, 310*l*, 317*l*, 321*l*, 331*r*, 336*r*, 341*l*, 346*r*, 348*r*, 351*l*, 361*r*, 369*l*, **369***r*, 371*l*, 373*l*, 392*l*, 396*l*, 400*l*, 410*r*, 411*l*, 419*l*, 419*r*, 420*r*, 425*l*, 427*l*, 429*l*, 434*l*, 445*l*, 445*r*, 449*l*, 457*r*, 485*l*, 487*l*, 491*l*, 493*l*, 499*r*, 503*r*, 522*l*, 540*r*, 547*r*, 551*l*, 552*r*, 553*l*, 561*l*, 578*r*, 579*l*, 581*r*, 582*l*, 586*l*, 593*r*, 599*l*, 602*r*, 604*l*, 609*r*, 613*l*, 615*r*, 616*l*, 619*r*, 624*l*, 625*l*, 626*l*, 656*l*, 657*r*, 660*r*, 662*r*, 668*l*, 671*r*, 673*l*, 675*l*, 679*l*, 680*r*, 685*r*, 696*l*, 700*r*, 701*l*, 705*r*, 708*l*, 709*l*, 713*r*, 714*l*, 718*l*, 721*l*, 746*l*, 747*r*, 752*r*, 760*l*, 760*r*, 766*r*, 774*l*, 779*l*, 787*r*, 789*r*, 795*l*, 801*r*, 809*r*, 820*l*, 825*l*, 827*l*, 830*r*, 837*l*, 840*l*, 860*r*, 864*r*, 871*l*, 874*l*, 888*l*, 890*r*, 892*l*, 893*r*, 899*l*, 906*r*, 907*r*, 908*r*, 911*r*, 915*l*, 920*l*, 924*r*, 938*l*, 941*l*, 942*r*, 952*l*, 953*l*, 956*r*, 957*l*, 960*l*, 974*r*, 979*r*, 980*r*, 985*r*, 988*l*, 1005*r*, 1020*l*, 1045*r*, 1054*r*, 1058*l*, 1059*r*, 1066*l*, 1072*l*, 1073*r*, 1076*l*	
幸徳多治	369*l*, **371***l*	
幸徳伝次郎▷幸徳秋水		
幸徳富治	**371***l*	
幸徳幸衛	**371***l*	
河野九民	190*r*	
河野　淳	164*r*, 371*l*	
河野すて	**371***l*	
河野春三	327*r*, **371***r*, 509*l*, 521*r*, 885*l*	
河野久吉	**372***l*	
河野松太郎	**372***l*	
河野通夫	**372***l*	
河野　密	853*r*	
河野　康	**372***r*, 697*l*, 722*r*	
黄白成枝	1049*r*	
小海隆三郎	**372***r*, 519*r*, 734*l*	
香呂藤吉	164*r*, **372***r*, 395*l*	
郡　虎彦	401*l*	
古賀勝定	**372***r*, 398*l*, 928*l*, 972*l*	
古賀清志	592*r*	
古賀光二	**372***r*	
古賀甲三	**373***l*	
古賀辰美	**373***l*	
古賀春江	295*l*	
小門直吉	373*l*, 827*l*	
凩幸次郎	105*r*, **373***l*, 507*l*, 1009*r*	
粉川哲夫	347*l*	
後閑林平	31*r*, **373***r*, 549*r*, 655*r*, 668*r*, 851*l*	
谷　斯盛	**374***l*, 741*r*	
告原浦吉	**374***l*	
国分艶子	89*r*, 252*l*, 374*r*	
児倉輝城	374*r*	
児倉　勝	**374***l*	
小口みち子	155*r*, **215***r*, 419*l*	
木暮真人	312*l*	
小暮れい子	175*r*, **374***r*, 989*l*	
苔庵十仏	60*r*	
小坂嘉一郎	374*r*	
小坂多喜子	123*l*	
小坂千里	87*r*, 207*r*, **374***r*, 447*l*, 770*r*, 866*l*, 983*r*, 1071*l*	
小坂富雄	**375***l*, 436*r*	
小阪亮吉	**375***l*	
小坂田雲美	**375***l*	
小崎弘道	156*r*, 915*r*	
越崎宗一	551*r*	
越田清治	74*r*, **375***r*, 376*l*, 885*r*, 1014*l*	
越野進二	**375***r*	
小芝小太郎	637*l*	
小柴順治	375*r*, 574*r*	
小島秋生	376*l*	
小島　勇	121*r*, **375***r*, 377*l*, 750*r*	
古島一雄	95*l*	
小島一吉	16*r*, **375***r*, 885*r*, 1014*l*	
児島輝一	**376***l*, 590*r*	
小島きよ	**376***l*, 626*l*	
小島源蔵	**376***r*	
小島鉱治	**376***r*	
小島高太郎	**376***r*	
小島四郎	502*l*	
小島専三郎	**376***r*	
小島常三郎	376*r*	
小島鶴吉	**376***r*	
小島輝正	283*l*	
児島東一郎	252*l*, **376***r*	

児島延代▷上野延代
小島文次郎　**377***l*
小島康彦　261*l*,375*r*,**377***l*,632*l*
小島りう　**377***l*
小島竜太郎　190*l*,445*r*
小島林蔵　**377***l*
小島六厘坊　281*r*,316*l*,817*l*
腰山茂忠　**377***l*,741*r*
越山守一　**377***l*
越山良一　**377***l*
五条伊太郎　**377***r*
小城善太郎　90*l*,**377***r*
小杉栄一　**377***r*,526*l*
小杉未醒　205*r*
小助川祐三　**378***l*
小須田薫　**378***l*
コズロフ　**378***l*
小竹久雄　**378***r*,502*r*,664*l*
小谷滝雄　**378***r*
小谷　剛　92*r*
小谷川喜一郎　**378***r*
児玉怪骨　541*l*
児玉花外　541*l*,729*r*
児玉兼吉　**379***l*
児玉亀太郎　**379***l*,998*r*
児玉巌鉄　**379***l*
児玉　修　785*r*
児玉充次郎　248*l*
児玉昇之助　**379***l*
児玉四郎　1052*r*
児玉　節　379*l*
児玉はる　132*l*,**379***l*,698*l*
児玉　豊　**379***l*
小垂藤次郎　**379***r*,697*r*
ゴーチェ　775*r*
小柄　皎　**379***r*,518*r*,682*l*
小柄作雄　379*r*
コット　301*l*
小寺謙吉　14*r*
小寺謙吉(代議士)　902*r*
小寺千代蔵　**380***l*
後藤　章　183*l*,250*l*,**380***l*,466*r*,
　572*r*,684*r*,759*r*,862*l*
後藤学三　14*l*,37*r*,121*r*,131*r*,144*r*,
　184*r*,239*r*,270*r*,302*l*,**380***l*,
　414*l*,479*r*,507*r*,565*r*,596*l*,
　645*r*,754*l*,804*l*,813*r*,995*r*,
　996*l*,1047*l*
後藤　克　350*l*
後藤謙太郎　44*r*,48*l*,67*r*,71*r*,148*r*,

168*l*,**380***r*,460*r*,544*r*,559*r*,
　627*r*,683*l*,751*l*,798*r*,840*r*,
　883*r*,991*l*,1003*l*
後藤高治　**381***l*
後藤光倉　**381***r*
後藤三二　**381***r*
後藤静香　232*l*
後藤仙吉　202*l*,679*r*
後藤宙外　181*r*
五島千代槌　840*l*
後藤登記男　**381***r*
後藤富夫　**381***r*
後藤広治　3*r*,74*r*,87*r*,178*l*,
　250*r*,308*l*,375*r*,**381***r*,415*r*,
　464*r*,707*l*,878*l*,985*l*,1014*l*
後藤　博　**382***r*
後藤政久　**382***r*
後藤又吉　24*r*,76*r*,**382***l*
ゴドウィン　138*r*,**382***r*,752*l*,
　854*l*,953*r*
小徳喜有次　1003*l*
小那木璋　**383***l*
小西栄三郎　264*r*,**383***l*
小西繁三　702*l*
小西次郎　2*r*,132*r*,210*r*,277*l*,**383***l*,
　383*r*,384*l*,603*l*,670*r*,968*l*
小西武夫　222*l*,335*l*,383*l*,**383***r*,
　384*l*,842*l*,866*r*,968*l*,996*l*
小西寿保　**384***l*,805*r*,873*r*
小西益喜　**384***l*
小西松太郎　223*l*,**384***l*
小西弥一郎　**384***l*
小沼平次　**384***l*
近衛文麿　672*r*
此木圭二　754*l*
木場倉一　**384***l*
木場穂積　**384***r*,463*l*,697*r*,929*l*
小橋三四子　213*l*
小畑正英　**384***r*
小早川小大郎　208*l*
小早川鉄太郎　233*l*,**384***l*,757*r*
小林　明　1011*r*
小林　専　528*l*
小林一郎　**384***r*,414*l*,446*l*,848*r*
小林いね　**384***l*
小林丑松　**385***l*
小林栄之助　**385***l*,806*r*
小林歌鶴　**385***l*
小林覚次郎　**385***l*
小林角太郎　**385***l*

小林一信　96*r*,99*l*,234*l*,241*l*,338*r*,
　385*l*,453*l*,460*l*,466*r*,590*r*,
　670*r*,671*r*,689*l*,729*l*,949*r*,
　971*l*
小林一吉　55*l*,**385***r*,507*l*,511*l*
小林哥津　**385***r*
小林躬之助　26*l*,386*l*
小林恭平　819*r*
小林清親　262*r*,386*l*
小林裂裟松　**386***l*,525*r*,530*l*,663*l*,
　794*l*
小林　健　395*r*
小林光輝　**386***l*
小林栄(印刷工)　**386***l*
小林栄(豊橋出身)　**386***l*
小林定治　151*l*,**386***l*
小林三郎　341*r*,**386***l*,418*l*
小林佐平　387*l*,951*l*
小林茂八　**387***l*
小林　茂　**387***l*,855*l*
小林次太郎　57*l*,117*l*,195*r*,
　278*l*,**387***l*,438*r*,500*l*,545*r*,
　798*l*,1009*l*
小林周造　**387***r*
小林周太郎　**387***r*
小林重太郎　**387***r*
小林純一　705*l*,926*l*
小林潤三　706*l*
小林省一郎　767*r*
小林祥作　385*r*
小林進次郎　218*r*,862*r*
小林進二郎　306*r*,**387***r*,827*l*,
　1025*l*,1063*l*,1067*r*
小林清一　**388***l*
小林清作　**388***l*
小林清次郎　**388***l*
小林　傍　**388***l*
小林多喜二　85*r*,123*l*,148*r*,307*l*,
　327*l*,411*l*,442*l*,551*l*,597*r*,
　952*r*,954*l*
小林辰夫　61*r*,197*r*,**388***l*,405*r*,
　502*l*,737*l*,761*l*,936*l*,960*r*,
　983*r*
小林忠次郎　**388***r*
小林　司　927*r*
小林哲治　685*r*
小林　輝　143*l*,**388***r*,472*l*
小林輝次　**388***r*
小林藤五郎　**389***l*
小林藤三郎　**389***l*

こ　人名索引

小林藤次郎	**389***l*	
小林藤太郎	**389***l*	
小林徳三郎	13*l*	
小林徳寿	**389***l*	
小林利造	33*l*	
小林敏道	**389***l*	
小林トミ	**389***l*, 638*l*	
小林富次郎	658*r*	
小林彦次郎	**389***r*	
小林彦太郎	**389***r*	
小林久雄	**389***r*	
小林久松	**389***r*	
小林英雄	**390***l*	
小林秀夫	253*l*	
小林秀雄	189*l*, **390***l*, 435*r*	
小林富貴太郎	42*r*	
小林藤熊	**390***l*	
小林ふみよ	**390***l*	
小林正子	869*l*	
小林政敏	**390***l*	
小林政義	**390***l*, 604*r*	
小林松太郎	**390***l*	
小林武二男	**390***l*	
小林茂登次郎	**390***l*	
小林杜人	516*r*	
小林保次	**390***l*	
小林八十吉	**390***r*	
小林要三郎	**390***r*	
小林喜三	368*l*	
小林離憂	**390***r*	
小日向寅蔵	**390***l*	
小鮒　寛	672*r*	
ゴベール	**390***r*, 639*l*	
小堀茂七	**390***r*	
小堀甚二	794*l*, 799*l*	
胡麻政和	**391***l*, 741*r*	
駒井喜作	301*r*, 307*r*, **391***l*, 409*r*, 424*r*, 729*l*, 807*l*	
駒形亥三郎	**391***l*	
小牧近江	106*r*, 263*l*, **391***l*, 400*r*, 577*l*, 605*l*, 939*l*, 1017*r*	
小俣啓太郎	578*l*	
小松伊作郎	**392***l*	
小松一郎	**392***l*, 929*l*	
小松卯吉	**392***l*	
小松丑治	137*l*, 199*r*, **392***l*, 394*l*, 612*l*	
小松勝法	178*l*, 394*l*	
小松京介	923*l*	
小松亀代吉	15*r*, 31*r*, 51*l*, 55*r*, 61*r*, 168*l*, 210*r*, 254*l*, 384*r*, 388*l*, **392***r*, 405*r*, 452*r*, 509*r*, 564*r*, 770*r*, 783*r*, 840*r*, 894*l*, 916*l*, 932*l*, 936*l*, 945*l*, 983*r*	
小松　清	400*r*	
小松謙輔	**393***l*	
小松左京	**393***r*	
小松　徳	278*l*	
小松尚栄	36*l*, **393***r*	
小松なみ	**393***r*	
小松ハツ	393*l*	
小松はる	**393***r*	
小松正道	**394***l*, 461*l*, 502*l*, 513*l*, 577*r*, 737*l*, 818*r*	
小松頼正	705*r*	
小松隆二	172*l*, 261*l*, 917*r*	
小松崎千代	**394***r*	
小松崎守一郎	**394***r*	
小松原栄三	**394***r*, 395*l*	
小松原繁雄	164*r*, 182*r*, 190*l*, 385*r*, **394***r*, 395*l*, 562*l*, 590*r*, 645*r*, 671*r*	
小松原弘	**395***l*	
駒林菊松	13*r*	
駒見健二	**395***l*	
五味正彦	**395***l*	
小宮豊隆	266*r*	
小宮福太郎	294*l*	
小宮山隆雄	89*l*, **396***l*, 875*l*	
小宮山富恵	881*l*	
小向秀真	987*l*	
小向千代	**396***l*, 879*r*	
小村　泉	**396***l*	
小村真清	51*l*, **396***l*, 409*l*, 936*l*	
小村清次郎	**396***l*	
小村俊成	945*l*	
古茂田信男	**396***l*	
孤田小一郎	**396***r*	
小森　盛	270*l*, **396***r*, 451*l*, 586*r*, 1029*l*	
小森貞幸	**396***r*	
小森武夫	495*r*	
小森多慶子	204*l*	
古屋寅雄	397*l*	
古屋まさよ	**396***r*	
古屋夢村	**396***r*, 545*r*, 597*r*, 923*l*	
小谷内梅五郎	**397***l*	
小保啓太郎	578*l*	
小柳仙太郎	**397***l*	
小柳徳松	**397***l*	
小山　啓	691*r*, 791*l*, 826*l*, 1027*l*, 1027*r*	
小山壊人	822*l*	
小山勝清	344*l*, **397***r*, 663*l*, 942*r*	
小山菊次郎	**397***r*	
小山菊太郎	**397***r*, 57*l*	
小山敬吾	5*r*, 9*l*, 76*r*, 80*r*, 113*l*, 212*r*, 254*l*, 259*l*, 282*r*, 344*l*, **397***r*, 444*r*, 526*l*, 568*r*, 574*l*, 576*r*, 624*r*, 711*r*, 971*r*	
小山　茂	372*r*, **398***l*, 928*l*, 968*r*, 972*l*, 1066*l*	
小山荘吉	**398***l*	
小山正次郎	**398***r*	
小山正太郎	**398***r*	
小山長兵衛	230*r*	
小山東助	537*l*	
小山徳次郎	**398***r*	
小山利夫	**398***r*, 608*r*	
小山仁平	**398***r*	
古山信義	61*r*, **398***r*, 512*l*	
小山久二郎	938*r*	
小山弘健	982*l*	
小山政之助	**398***r*	
小山正義	223*r*	
小山三四	663*r*	
小山紋太郎	55*l*, 57*l*, 93*l*, 105*r*, 278*l*, 305*l*, 373*r*, 387*l*, 397*r*, **399***l*, 500*r*, 507*l*, 511*r*, 545*r*, 761*l*, 791*r*, 932*r*, 935*r*, 1009*l*	
小山四三	32*l*, 113*l*, 212*r*, 212*r*, **399***l*, 431*l*, 574*l*, 826*l*, 971*r*, 1057*l*	
ゴリキー	614*l*	
ゴールドマン	28*l*, 88*r*, 110*l*, 154*r*, 181*l*, 370*r*, **399***r*, 494*r*, 506*l*, 561*r*, 617*l*, 722*r*, 744*r*, 752*l*, 760*l*, 775*l*, 825*l*, 837*l*, 852*r*, 943*r*, 991*r*, 1030*l*, 1053*r*	
コルネリセン	391*r*	
コルビュジエ	855*l*	
コロメル	**400***l*	
コロンタイ	**400***r*	
今　春聴	530*r*	
今　東光	44*r*, 92*r*, **401***l*, 528*l*, 530*r*, 854*l*, 873*l*	
今和次郎	295*r*, 1022*l*	
権　熙國	918*r*	
権　尚瑾	**401***l*	
権　相泰	**401***r*	

1234

コンガー　257r
コンシデラン　616l
権正　博　282r, **401**r, 691r, 736l, 765l, 1005l, 1027r
権田権太郎　**401**r
ゴンチャロフ　762l
近藤　東　86r, 303l
近藤卯八郎　**402**l
近藤栄蔵　8l, 74l, 176r, **402**l, 455l, 553l, 981l, 1023l
近藤　鼎　**402**l
近藤喜七　**402**l
近藤恭一郎　1009r
近藤憲二　3l, 21r, 48l, 58l, 110r, 121r, 131r, 143r, 147r, 172r, 173r, 176l, 216r, 219l, 289l, 290r, 305r, 312r, 332r, 335l, 350r, 359r, 381l, 386r, **402**l, 404r, 406l, 444r, 455r, 479l, 481r, 491r, 498r, 508l, 509r, 541r, 546r, 550r, 552r, 567l, 592l, 672r, 709r, 765r, 767r, 800l, 829r, 831r, 834l, 873l, 898l, 899l, 916r, 917l, 918r, 954r, 978r, 981l, 987r, 1009l, 1038r, 1057l, 1057r, 1064l, 1073r, 1074l
近藤浩一路　944r
近藤広造　683r
近藤　栄　123l
近藤佐吉　**403**r
近藤定吉　**403**r
近藤三郎　403r, 805l
近藤三治　**403**r, 611l
近藤茂雄　3l, 11r, **403**r, 404l, 430l, 673r, 686l, 861l, 968l
近藤自由　**404**l
近藤正次　403r, **404**l
近藤正治　610r
近藤次郎　**404**l
近藤甚七　**404**l
近藤澄二　**404**l
近藤清吉　**404**r
近藤善一　251l
近藤千浪　172r, **404**r
近藤十四吉　98l, **405**l
近藤豊之助　453l
近藤寅雄　61r, **405**r, 453l, 894l, 945l
近藤延子　126l

近藤はる子　**405**r
近藤日出造　222l
近藤　弘　**405**r
近藤博人　**405**r
近藤富貴子　405l
近藤真柄　13l, 180l, 232l, 332l, 335r, 338l, 403r, **405**l, 419l, 419r, 472l, 541r, 549l, 692r, 748r, 787l, 980l
近藤正夫　19r, 164r, **406**l, 1019r
近藤正太　11r
近藤政平　**406**l, 660r
近藤正美　**406**r, 821l
近藤茂登木　**406**r
近藤良悦　**406**r
権藤　勇　**407**l
権藤震二　407l
権藤成卿　31l, 41l, **407**l, 515l, 592r, 743l, 883l, 912r, 975l
権藤善太郎　407l
今野カネ　**407**r
今野作太郎　16l
今野大力　672r
紺野武男　547l
紺野与次郎　654r
今野力作　307l
紺谷力松　**407**r, 475r

さ

沙　淦　**407**l, 484r, 623r, 1034r
左　舜生　158l
蔡　殷国　1042r
崔　学柱　365r, 406r, **407**r, 1043r
崔　圭悰　354r, **408**l
蔡　元培　158l, 160l, 318r, 357r, 366r, **408**l, 480r, 484r, 494r, 800l, 1041r, 1045r, 1048r
崔　甲竜　**408**r, 1040l
崔　在崙　**409**l
崔　錫栄　492r
蔡　秋宗　621r
崔　鐘観　**409**l
斉　角夫　798l
崔　然　615l
崔　善鳴　68l, 326l, 341r, 365r, 365r, **409**l, 614l
崔　相彬　**409**l
崔　仲憲　**409**l, 1043r
蔡　禎祥　621r

崔　福善　290r, **409**l
蔡　文耀　622r
崔　洛鍾　236r, **409**l, 620r
西園寺八郎　65l, 320l, 786l, 786r
雑賀善次郎　**409**r
雑賀隆次郎　903l
斉川民次郎　**409**r
斉川貞三郎　125l, 409r
犀川凡太郎▷望月桂
西光万吉　301r, 340l, 341r, 391l, **409**r, 424r, 729l, 791r, 796r, 807l, 877l, 906r, 907r
西郷兼久　**410**l
西郷謙二　196r, 591l
西郷　実　**410**l
西条　了　**410**l
西条守雄　**410**l
西条弥市　**410**r, 724l, 992l
西条八十　327r, 438r, 717l, 762l, 873l
細田謙蔵　341l
在津　豊　**411**l
斎藤　功　**411**l
斉藤磯吉　**411**l
斉藤一郎　**411**r
斎藤一平　89l, 131r, 186r, 207r, 265l, **411**r, 412r, 418l, 452r, 645r, 654l
斉藤亥子吉　**412**l
斉藤英子　723l
斉藤　修　1003l
斉藤可一郎　**412**l
斉藤角太郎　**412**l
斉藤一寿　**412**l
斉藤兼次郎　337r, 368r, **412**l
斉藤喜久治　**412**l
斎藤きさ　615r
斎藤慶次郎　**412**r
斎藤慶蔵　**412**r
斎藤恵太郎　**412**r
齋藤敬直　413l
斎藤源一郎　906r
斎藤健次　773l
斎藤　孔▷斎藤一平
斉藤幸次郎　**412**r
斎藤孝輔　413l, 507r
斎藤晃三　**413**l
斉藤三郎　**413**l
西東三鬼　**413**l, 516l, 685l, 724r, 793l, 1072l

さ　人名索引

斎藤重浦	7*l*	
斎藤修三	193*r*, 253*r*, 380*r*, **414***l*, 996*l*	
斉藤準一	435*l*	
斎藤昌三	241*r*	
斉藤真三郎	**414***l*	
斉藤信蔵	**414***l*	
斉藤新太郎	44*l*	
斎藤　峻	14*r*, 44*r*, 345*l*, 384*r*, **414***l*, 446*l*, 716*l*, 848*r*	
斎藤竹雄	355*l*, 387*r*, **414***l*, 437*r*, 623*r*, 632*r*, 868*r*	
斉藤武男	**414***r*, 513*r*	
斎藤辰夫	**414***r*, 558*l*, 680*r*, 826*r*, 976*l*	
斉藤忠次郎	**415***l*	
斉藤藤次郎	**415***l*	
斉藤留吉	**415***l*	
斉藤とり	**415***l*	
斎藤　和	17*r*, **415***l*, 435*l*, 878*r*, 984*r*	
斉藤信吉	895*l*	
斉藤半兵衛	**415***r*	
斎藤久雄	3*r*, 217*l*, **415***r*, 878*l*	
斉藤秀一	**415***r*	
斉藤英俊	**416***l*, 848*l*	
斉藤藤之助	**416***l*	
斉藤平吉	**416***r*	
斉藤政太郎	**416***r*	
斉藤正之助	**416***r*	
斉藤万吉	**416***r*	
斎藤光太郎	74*l*, **416***r*, 432*l*, 706*l*, 766*l*, 980*l*	
斉藤三四三	32*l*, 282*r*, **417***l*, 691*r*, 736*l*	
斎藤茂吉(無共党)	**417***l*, 792*r*	
斉藤茂吉(農自)	32*l*, **417***l*, 461*l*, 722*r*, 792*l*	
斎藤雄平	252*l*, 376*r*	
斎藤要三	**417***l*, 565*r*	
斉藤喜三	**417***l*	
斉藤義延	**417***l*	
斎藤竜鳳	**417***r*, 444*l*	
斎藤緑雨	134*l*	
斎藤錬一	964*l*	
斉藤わか	**417***r*	
斉野貞吉	**417***r*	
斉野留吉	**417***r*	
佐伯明子	962*l*	
佐伯郁郎	32*l*, 791*l*	
佐伯三郎	207*l*, **418***l*	
佐伯孝夫	123*l*	
佐伯彬郎	**418***l*	
佐伯祐三	456*l*, 531*r*	
三枝博音	781*l*	
三枝文雄	**418***l*	
三枝正夫	806*l*	
嵯峨伝三郎	**418***l*	
酒井石之助	**418***l*	
酒井栄治	**418***l*	
酒井喜一郎	**418***l*	
酒井国太郎	**418***r*	
阪井久良岐	1017*l*	
堺　枯川▷堺利彦		
堺　佐橘	**418***r*	
酒井貞治	**418***r*	
坂井繁基	1031*l*	
酒井　俊	45*l*, **418***r*, 644*l*, 1075*r*	
坂井二郎	**418***r*	
堺誠一郎	447*r*	
酒井武男	**418***l*	
坂井辰三	**418***l*	
堺　為子	155*l*, 215*r*, 232*l*, 268*l*, 374*r*, 405*r*, **419***l*, 541*r*, 717*r*, 809*r*, 918*r*, 961*l*	
酒井綱吉	420*l*	
酒井　悌	530*r*	
坂井徳三	123*l*	
堺　利彦	1*l*, 7*l*, 8*l*, 12*l*, 31*l*, 34*r*, 35*r*, 44*l*, 45*r*, 48*l*, 49*l*, 50*l*, 58*l*, 62*l*, 70*r*, 75*r*, 107*l*, 110*l*, 111*r*, 114*l*, 119*r*, 134*r*, 136*r*, 154*l*, 156*r*, 161*l*, 161*r*, 175*r*, 176*r*, 181*r*, 192*l*, 192*r*, 199*l*, 205*r*, 212*l*, 213*l*, 215*r*, 216*r*, 218*r*, 219*l*, 220*l*, 223*l*, 232*l*, 233*l*, 234*l*, 251*l*, 256*l*, 257*r*, 260*r*, 267*l*, 268*l*, 269*l*, 281*r*, 282*l*, 289*l*, 290*r*, 294*l*, 299*r*, 302*r*, 305*l*, 331*l*, 335*r*, 337*l*, 341*r*, 342*l*, 343*l*, 346*l*, 354*l*, 361*l*, 361*l*, 368*r*, 369*l*, 369*r*, 371*l*, 374*l*, 391*l*, 397*l*, 402*l*, 402*r*, 404*l*, 405*r*, 410*l*, 412*r*, **419***l*, 424*l*, 425*l*, 427*l*, 450*r*, 454*r*, 478*l*, 487*l*, 491*l*, 524*l*, 535*l*, 543*r*, 547*r*, 549*l*, 565*l*, 569*r*, 570*l*, 580*l*, 583*r*, 617*l*, 619*r*, 626*l*, 653*r*, 656*l*, 660*l*, 668*l*, 675*l*, 688*l*, 692*r*, 701*l*, 703*r*, 705*l*, 705*r*, 714*l*, 718*l*, 721*r*, 722*r*, 732*l*, 740*r*, 748*l*, 760*r*, 774*l*, 779*r*, 784*l*, 786*r*, 789*l*, 794*l*, 794*r*, 802*l*, 807*r*, 809*l*, 814*l*, 827*l*, 829*r*, 839*r*, 840*l*, 847*l*, 849*l*, 858*r*, 871*l*, 883*r*, 890*r*, 899*l*, 907*r*, 908*l*, 911*r*, 915*r*, 918*r*, 924*l*, 929*r*, 936*r*, 941*l*, 942*r*, 944*r*, 956*r*, 957*r*, 958*l*, 961*l*, 969*l*, 969*r*, 980*r*, 988*r*, 1004*l*, 1005*r*, 1015*r*, 1044*l*, 1055*r*, 1057*l*, 1058*r*, 1060*r*, 1062*l*, 1063*r*, 1066*r*, 1073*l*	
酒井釟一	**419***r*	
酒井久吉	**419***r*	
酒井　宏	**419***r*	
堺　真柄▷近藤真柄		
酒井松助	250*l*	
酒井　箴	26*l*, **420***l*, 822*l*	
堺美知子	405*r*, 849*l*	
坂井光雄	**420***l*	
酒井光好	112*l*	
酒井弥三郎	**420***l*	
酒井雄三郎	190*l*, 445*r*	
酒井勇造	**420***l*	
坂井由衛	379*l*	
坂出敬信	853*l*, 1006*r*	
境野黄洋	547*l*	
栄　　健	**420***l*, 435*l*	
栄　　尚	**420***r*	
坂上　明	**420***r*	
坂上栄勝	**420***r*	
坂上　清	669*r*	
坂上佐兵衛	1*l*	
坂上宗禅	23*r*	
坂上鶴吉	**420***r*	
阪上利一郎	**420***r*	
榊　泰治	41*r*	
榊原　厳	527*l*	
榊原規矩太郎	**420***r*	
榊原三吉	**420***r*	
榊原　剱	670*l*	
榊原　孝	**421***l*	
榊原藤太郎	486*l*	
坂口安吾	719*r*, 1000*l*	
坂口喜一	**421***l*, 870*l*, 902*l*	
坂口時頼	526*l*	
坂口　弘	242*r*	
坂口正雄	**421***l*	

坂口義治　37r, **421r**
坂下直人　**421r**
坂下をせ　**422l**
坂田セイ　**422l**
坂田徳義　115l, **422l**
坂田　斉　**422l**, 636r
阪田政治　166r
坂田安三　**422l**
坂谷寛一　83l, 108l, **422l**, 781l, 840r, 963r
坂詰孝童　136l
坂野一郎　**422r**, 503l
坂野八郎　28r, 113l, 150r, 252l, **422r**, 423l, 486l, 558l, 632l, 734r, 851r, 907r
坂野良三　108l, 113r, 150r, 252l, 276r, 422r, **423l**, 486l, 558l, 632l, 734r, 851r, 907r
坂間三九郎　578l
坂間庄作　578l
坂村義雄　**423l**, 612l, 698l, 703r
坂本　昭　404r
坂本生恵　960l
阪本　要　350r
坂本金十郎　125l
坂本紅蓮洞　**423l**, 1000r
坂本孝三郎　51l, 150l, 569r, 635r
坂本幸四郎　**423r**, 1003l
坂本貞義　**424l**, 987r
坂本繁二郎　767r
坂本七郎　19r, 83r, 363r, 396r, **424l**, 466r, 498l, 504r, 1003r, 1016r, 1075l
阪本清一郎　305r, 317l, 391l, 409r, **424r**, 729l, 791r, 807l, 906r
坂本清作　125l, **425l**, 452l
坂本清馬　166l, 292l, 304l, 308r, 353l, 370l, 373l, **425l**, 433l, 440l, 457l, 459l, 661l, 671r, 680r, 713l, 741r, 871l, 921r, 958l, 970l, 1022l, 1048l
坂本外吉　**425r**
坂本孝夫　**425r**
坂本孝雄　**425r**, 914r
阪本時二　**425r**
坂本徳松　**426l**
阪本直寛　907r
坂本直道　**426l**
阪本信男　**426l**

坂本斐沙子　591l
坂本ミチヨ　218r, 219l
坂本易德　423l
坂本義一　**426l**
坂本義治　**426l**
坂本竜之輔　535l
坂本　遼　20r, 270r, 317r, 355r, **426l**, 563l, 642r
坂本林蔵　125l
坂森米吉　**426l**
性山与里　235l, **426l**, 698r, 791l
相良武夫　796l
相良寅雄　914r
相良由次　243l, 426l
佐川英三　701r
佐川次男　**426l**
崎久保誓一　**426l**, 708l, 785r
向坂逸郎　312r, 761l, 853r
佐木谷友太郎　**427l**
鷺谷精一　**427l**
崎本数広　427r
崎本　正　**427r**, 859l, 983l
崎本つね子　216r
佐久間新吾　**427r**
佐久間仙次　**427r**
佐久間仙太郎　43r, 239r, **428l**, 695l
作間チヨノ　**428l**
佐久間貞一　613l
佐久間貞一郎　**428l**
佐久間利秋　586r
佐久間宮子　**428l**
桜井駒吉　**428l**, 464r, 534l
桜井　覚　19r, **428l**
桜井重夫　**428l**
桜井重信　**428l**
桜井治助　**428l**
桜井正次郎　329l, 429l
桜井庄之助　547l
桜井盛一　**428l**
桜井忠三郎　**429l**
桜井　一　124r, **429l**, 457l, 1018l, 1030l
桜井広昌　**429l**, 909l
桜井武平　19r
桜井松太郎　**429l**, 807r
桜井六郎　**429r**, 909r
桜川武平　784r
桜木忠平　**429r**
桜間喜次郎　**429r**

佐向克己　**429r**
酒向清次郎　**429r**
左近　毅　**429r**
笹　辰雄　**430l**
佐々井一晃　791l
笹井末三郎　3l, 26r, 202r, 226r, 299r, 403r, 420l, **430l**, 491r, 495r, 673r, 685r, 818l, 822l, 863l, 863r, 922l, 968r, 979r
笹尾安太郎　**430l**
笹岡　栄　146l, **430l**, 554r
小砂丘忠義　53r, 604r
笹川四十郎　**430l**
佐々木逸郎　**431l**
佐々木修　**431l**
佐々木一夫　**431l**
佐々木勝之助　**431l**
佐々木金悦　**431l**
佐々木兼正　**431l**
佐々木かねよ　586l
佐々木侃一　141l, 243l, **431l**, 567r
佐々木基一　763l
佐々木喜代美　219r
佐々木均一　**431r**
佐々木欽一　**431r**
佐々木銀次郎　**431r**
佐々木国策　**432l**
佐々木紅尼　**432l**
佐々木貞吉　**432l**
佐々木左門　74l, **432l**, 980l
佐々木正吾　**432l**
佐々木正太郎　**432l**
佐々木慎一郎　**432r**
佐々木末蔵　**432l**
佐々木専治　469r
佐々木大蔵　**432l**
佐々木孝丸　391r, 533l, 968l
佐々城佑　**432r**, 434l
佐々木保　**432r**
佐々木長四郎　**433l**
佐々木道元　219r, **433l**
佐々木德母　433l
佐々城豊寿　533r
佐々木寅三　160r, 264l, **433l**
佐々木登　**433r**
佐々木初太郎　**433r**
佐々木仁久　328l, **433r**, 454l
佐々城松栄　432r, **434l**
佐々木通理　**434l**

さ　人名索引

佐々木保男　**434**l
佐々木義夫▷砂丘浪三
佐々木龍太郎　**434**l
笹沢　勇　637l
笹沢美明　86r
笹島善吉　**434**r
笹島福造　**434**r
笹田土塊　32l
笹原定治郎　393l,412r,**434**r
笹部邦久　384r,**434**r,446l
笹本雅敬　15l,17r,57l,172r,
　　　415l,420l,**434**r,463r,892r,
　　　1063l
笹森　勲　**435**l
笹森修一　576l
笹森登美夫　**435**l,901l,901l,
　　　1039r
笹山米太郎　**435**r
佐治為政　612l
佐鋪亀太郎　**435**l
佐敷喜之助　**435**l
佐周原小一　**435**l
佐瀬由喜　144r,444l
佐多稲子　632r,753r
佐田清次　**435**r
佐竹　彬　606r
佐竹新市　6r,189l,253l,**435**r,
　　　490l,881l,964r,1017l
佐竹富夫　**436**l
佐竹良雄　2r,3r,6r,24r,96r,151l,
　　　241l,385l,415r,**436**l,680l,
　　　841r,878l,949r,985l
佐竹柳作　**436**l
定村　浩　436l
定村比呂志　12r,176l,333r,
　　　416l,**436**l,476l,520l,741r,
　　　848l,997r
定森於和可　**436**r,465r,735r
サッコ　60l,69r,108l,118l,
　　　146l,231l,328r,411l,**437**l,
　　　575l,674l,724l,742r,859r,
　　　926r,992l,992r,995r
佐々幸三　89r,**437**r
サッスーン　267r
薩田源次郎　**437**l
サ　ド　467r,752l
佐藤伊太郎　**437**l,699r
佐藤一英　718r,1021l
佐藤栄治　69r,83r,**437**l,777l,
　　　1019r,1020r

佐藤栄三　282r,431r,**438**l,829r,
　　　912l
佐藤於兎丸　**438**l
佐藤音丸　318l
佐藤一夫　3l,436r,848l
佐藤数雄　**438**l
佐藤和男　105l
佐藤一義　**438**l
佐藤勝弥　**438**l
佐藤枯葉　**438**l,1056r
佐藤清隆　250l,250r,**438**r
佐藤義亮　1027r
佐藤欽治　683r
佐藤国雄　**438**l
佐藤国之助　**439**l
佐藤久二彦　**439**l
佐藤国慶　**439**l
佐藤慶次郎　699l
佐藤健太郎　**439**l
佐藤広吉　**439**l
佐藤幸三　**439**l
佐藤紅緑　476l,605l
佐藤虎介　165r
佐藤護郎　44r,54l,150r,**439**l,
　　　445l,558l,829l,899l,912l,
　　　1072r
佐藤権八　**439**r
佐藤佐治　563r
佐藤貞男　490l
佐藤　悟　138l,406r,**439**l
佐藤実英　136l
佐藤三太郎　3l,217r
佐藤茂治　833l
佐藤治太郎　**439**l
佐藤十五郎　54l,150r,**440**l
佐藤　淳　**440**l
佐藤昌一　**440**l
佐藤庄太郎　**440**l
佐藤進三　**440**l
佐藤末治　93r,299r,**440**l,984l
佐藤清一　**440**l
佐藤善之助　**440**l
佐藤惣之助　102l,118r,230l,235r,
　　　262r,309l,326r,**440**r,477r,
　　　497r,540l,656r,689l,739l,
　　　868l,1069l
佐藤岳俊　163l
佐藤辰治　441l
佐藤長吉(印刷工)　**441**l
佐藤長吉(豊橋)　81l,130r,191l,

　　　263r,**441**l,731r,1003r
佐藤潮鳴　442r
佐藤貞一　441r,517l
佐藤徳松　56l,**441**r,910l
佐藤敏時　**441**r
佐藤留吉　433l,**441**r
佐藤酉夫　**441**r,980l
佐藤子之助　**441**l
佐藤信重　701l
佐藤信淵　149l
佐藤範雄　582r,583r
佐藤憲弘　**441**l
サトウ・ハチロー　3l,297r,811l,
　　　173r,717l
佐藤八郎　196r,317r,388r,**442**l,
　　　757l
佐藤春夫　47l,49r,92r,173r,
　　　212r,319r,401l,423r,**442**r,
　　　543r,560r,618r,721r,842r,
　　　1001l
佐藤彦治　797l
佐藤日出夫　**443**l
佐藤英麿　**443**r
佐藤福太郎　1071r
佐藤房次郎　**443**r
佐藤平七　**443**r
佐藤　真　152l
佐藤昌雄　**443**r
佐藤正男　61l,66r,144r,**443**l,446l,
　　　1024l
佐藤正雄　**443**r
佐藤三千夫　703r
佐藤満夫　444l
佐藤光政　32l,212r,**444**r,624r,
　　　826l,890l
佐藤三代次　**444**r
佐藤六三　**445**l
佐藤勇一郎　**445**l
佐藤勇作　190l,205r,**445**l
佐藤勇次郎　**445**r
佐藤祐介　**445**r
佐藤　豊　638l
佐藤陽一　30l,54l,58r,61l,94r,
　　　144r,150r,184r,439l,444l,
　　　445r,473l,663r,878l,898l,
　　　899l,900l,1069l,1072r
佐藤義雄　384r,**446**l
佐藤由蔵　**446**l
佐藤義友　1076r
佐藤義治　**446**l

人名索引　し

佐藤利一　285*l*,**446***r*	沢　青鳥　**451***r*	シェリー　382*r*,854*l*
佐藤良八　**446***r*	沢　敬　**451***r*	ジェリャーボフ　839*l*
佐藤緑葉　**446***r*,653*l*,1005*r*,	沢井栄一郎　**452***l*,998*r*	シェン・チュウンジョウ　494*l*
1059*l*,1060*r*	沢井忠四郎　690*l*	シェン・ルゥオーシエン　493*r*
郷迫郁三　436*r*	佐脇良治　**452***l*	塩長五郎　16*r*,114*l*,120*r*,167*r*,
里見幸吉　286*l*,**447***l*,671*r*	沢口忠蔵　**452***l*,628*r*,951*r*	278*r*,**456***r*,463*r*,614*r*,738*l*,
里見　順　**447***l*	沢路光太郎　**452***l*	922*r*,950*r*
里見　弴　36*l*,36*r*,**447***l*	沢田栄七　**452***r*,909*r*	塩崎市蔵　**457***l*
里見茂平　**447***l*	沢田　哲　222*l*	塩沢逸策　124*r*,429*l*,**457***l*,1018*l*,
里村欣三　346*r*,**447***l*,520*l*,702*r*	沢田正二郎　339*r*	1030*r*
左部千馬　178*r*,922*r*	沢田二郎　**452***l*	塩沢兼吉　**457***l*
左部彦次郎　253*l*,472*r*	沢田武雄　31*r*,51*l*,61*r*,197*r*,210*r*,	塩沢秀雄　**457***l*
真田玉蔵　**448***l*	388*l*,392*r*,405*r*,**452***r*,509*r*,	塩尻公明　719*r*
佐鍋亀太郎　**448***l*	760*l*,778*r*,783*r*,894*l*,936*l*,	塩田庄兵衛　**457***l*
佐野一郎　**448***l*,558*l*,970*l*,1038*l*,	945*l*,960*r*,983*r*,988*r*	塩野荀三　102*l*,149*l*,227*l*,386*r*,
1043*r*	沢田鉄三郎▷小山内竜	**458***l*
佐野英造　225*r*,**448***l*,488*l*,700*l*,	沢田穂束　**453***l*	塩野七生　**458***l*
719*l*,948*l*,1000*l*	沢田　実　410*l*	塩原伊三郎　**458***l*
佐野喜三郎　**448***l*	沢田与四郎　**453***r*	塩原市朗　**458***l*
佐野吉五郎　**448***l*	沢地久枝　80*r*	塩原あさ　**458***l*
佐野金次　**448***l*	沢柳政太郎　68*r*,286*r*	塩原幹重　**458***r*,890*l*
佐野袈裟美　71*r*,**448***l*,954*r*	サンガー　60*l*	塩見勇太　**458***l*
佐野艤太郎　457*l*	桟敷新松　**453***l*	塩谷菊枝　839*l*,840*l*
佐野繁太郎　**449***l*	サンソム　641*r*	塩山利一　**458***r*,733*l*,796*r*,1028*l*
佐野秀邦　466*l*	サンド　487*l*	志賀重昂　911*r*
佐野甚造　193*r*,253*r*,364*l*,414*l*,	山頭火　523*r*	志賀主殿　**458***r*,770*r*
449*l*,766*l*,835*r*,936*l*	サンドバーグ　231*l*,328*r*	志賀智之　101*l*
佐野　碩　60*r*	三宮亀平　**453***r*,520*l*	志賀直哉　34*l*,36*l*,263*l*,572*l*,971*l*
佐野太三郎　51*l*	三部　豊　6*r*,328*l*,433*r*,**453***r*	志賀　連　**458***r*,830*r*
佐野　努　519*l*	三本松義光　**454***l*,28*l*	志賀義雄　271*l*
佐野　寿　**449***l*		志垣　寛　234*l*,739*r*
佐野　学　147*r*,705*l*,860*r*	し	鹿田久次郎　631*l*
佐野道夫　**449***l*		鹿野　朗　**459***l*
佐野安吉　360*r*,**449***l*,667*l*	シ・カン　454*l*	四木良春　**459***l*
ザメンホフ　154*l*,340*l*,**450***l*,548*r*,	施　乾　93*l*,**454***l*	志岐義晴　291*l*,**459***l*,878*l*
617*r*,837*r*,870*l*,948*l*	施　存統　**454***l*,619*l*	ジークフリート・ナハト　1054*r*
座安盛徳　72*l*,143*r*,330*l*,330*r*,	シ・ツゥントン　454*l*	重井鹿治　**459***l*
450*r*,474*r*,655*l*,758*l*,777*l*,	シ・フー　455*l*	重井しげ子　654*l*
836*l*,911*l*	師　復　154*r*,318*r*,356*r*,**455***l*,	重岡　勢　42*l*,166*r*,214*r*,255*r*,
佐山梅吉　599*l*	484*r*,493*r*,525*l*,619*r*,622*l*,	317*l*,**459***r*,466*l*,650*l*,670*r*,
更科源蔵　171*l*,219*r*,227*l*,247*r*,	623*l*,641*l*,641*r*,745*r*,837*r*,	974*l*
255*l*,270*r*,396*r*,424*l*,**451***l*,	978*l*,1046*l*,1046*r*,1047*r*,1049*l*	重岡清三郎　**459***r*
579*l*,652*r*,672*r*,678*l*,682*l*,	ジャン・アイチェン　484*r*	繁田浅二　184*r*,**459***l*
860*l*,1062*r*,1068*l*	椎熊三郎　465*r*	繁谷市太郎　91*r*,**459***l*
サラマンダー　45*r*	ジイド　63*r*,1052*l*	繁戸多一　**459***r*
サリット　826*l*	椎名其一　23*r*,62*r*,94*l*,149*r*,184*l*,	重富惣一　**460***l*
サルヴェーミニ　838*l*	**455***l*,850*r*	茂野栄吉　132*l*,210*r*,**460***l*,460*r*,
猿取　哲　190*r*	椎名道治　**456***l*	670*r*
サルトル　267*l*,272*l*	椎名麟三　**456***r*,7*l*	茂野兼吉　31*l*
沢敬二郎　274*r*,945*l*	シエー・チンチン　479*r*	茂野藤吉　44*r*,67*r*,381*l*,**460***l*,460*r*,

1239

	670r, 683l, 751l	柴田　菊　464l, 498r, 592l, 675r	550l, 561l, 562r, 568r, 576r,
茂原一次	957l	芝田金三郎　428r, 502l, 685r, 766r,	578l, 591r, 663l, 688r, 698r,
重原ミカ	978l	818l, 863l	718r, 762r, 765l, 925r, 1057l
重久篤雄	206r, **460**r, 557r, 939l,	柴田金三郎　**464**l	渋谷悦作　**468**r
	965l	柴田匈保　464r	渋谷迷船　1002l
重広虎雄	**460**r, 591r, 637l	柴田三郎　464l, 599r, 944r	渋谷保夙　**468**r
重松岩吉	295l	柴田淳平　464l	渋谷黎子　**468**r
重松亀太郎	**460**r	柴田治朗　465l	島　　保　**469**l
重実逸次郎	91l, 178l, 335l, 394l,	柴田仙太郎　465l	島　宗博　**469**l
	460r, 502l, 513l, 565l, 577r,	柴田知之　89r, 278l, 423l, 433l,	島　影　盟　**469**l
	737l, 818r, 999r	465l, 612r, 698r, 703r	島上勝次郎　**469**r
志沢源太郎	**461**l	柴田宜要　465l, 704l	島上善五郎　469l
宍戸貫一朗	32l, 417l, **461**l	柴田八蔵　465l	島木赤彦　181l, 859l
宍戸精助	**461**r	柴田泥　465l	島木健作　1002l
宍戸林太郎	**461**r	柴田みさほ　436r, **465**r, 735r	島崎　勇　166r
志田広吉	**461**r	柴田芳明　465l	島崎蕃助　470l, 627l, 658r, 741l,
志田　操	**461**r, 856l	柴田力之助　33l	975l
信太　裕	**461**r, 463r, 658r, 1065r	柴田隆一郎　**465**r	島崎こま子　**469**r
志知文子	717l	柴田錬三郎　761r	島崎庄一郎　551l
志筑忠雄	266l	芝原貫一　202r, 225r, **466**l, 488r,	島崎新太郎　**470**l, 923r
部徳次郎	**462**r	500l, 503r, 700l, 719l, 974l,	島崎　忠　435l
シートン	137r	1000l	島崎藤村　85l, 134l, 286r, 314r,
品田源策	**462**r	芝原淳三　35l, 97l, 99l, 126l, 129r,	469r, **470**l, 763r, 944r
信濃太郎	321l	170r, 240r, 385l, 393l, 436l,	島崎彦八　**470**r
地主淳吉	595r	459r, 465r, **466**l, 575r, 590r,	島津末二郎　474l
信乃大二郎	**462**r	594r, 642r, 670r, 687r, 689l,	島田雅楽王　95r, **470**r, 893l, 1068r
示野テル ▷ 勝見テル		696r, 816l, 820r, 894r, 949r,	島田兼吉　**471**l
篠崎豊吉	**462**r	968l, 971l, 972l, 1066l	島田毅一　470r
篠崎豊次郎	**462**r	芝原淳蔵　466l	島田欣子　98l, **471**l, 857r, 955r
篠田　清	48l, 208r, 272r, **462**r,	芝生秀郎　637l	嶋田熊吉　599r
	567r, 656l, 666l, 707l, 756r,	柴山群平　20l, 69r, 95l, 142l, 183l,	島田健二郎　**471**r, 742l
	771r, 857l	380l, 424l, 437l, **466**r, 504r, 518r,	島田孝太郎　**471**l
信田照朗	**463**l	650l, 862l, 1075l	島田　栄　680r
篠田庄八	211l, 225r, 368r, **463**l,	柴山小柳丸　467l	島田三郎　310l, 547r, 578r
	895r	柴山久高　467l	島田三吉　**471**l
篠原国雄	384r, **463**l, 929l	芝山孫三　467l	島田清次郎　388r, **471**l
篠原五郎	**463**l	柴山道男　467l	島田清太郎　**472**l
篠原三郎	352r, 1011r	渋井福太郎　**467**r	島田善吉　578l
篠原志代	92r	渋川　驍　566l	島田善次郎　**472**l
篠原泰正	172r, **463**r	渋川玄耳　140l	嶋田宗三　63l, 274r, **472**r, 599r,
篠原有司男	10l	渋川三郎　**467**l	809r, 839r, 846l
篠原　律	48l, **463**l, 966l	渋川芳三　467l	島田　正　578l
信夫山人	309l	渋沢栄一　197l, 467r, 740r	島田浪吉　**472**l
四宮三郎	3l, 217r	渋沢竜雄　467r	島田信子　311l
斯波貞吉	251r, 337l	澁澤龍彦　57l, **467**r, 763l, 982l	島田彦太郎　**473**l
芝崎町男	1074r	渋沢正彬　468l	島田秀三郎　**473**l
柴崎三蔵	**463**r	渋谷　修　468l, 1014r	島田博夫　659r
柴田市太郎	**463**r	渋谷定輔　51r, 84l, 235l, 257l,	嶋田政五郎　599r
柴田悦五郎	**463**r	263r, 293r, 314l, 350l, 442l,	島田宗治　309l
柴田亀吉	**464**l	448r, **468**l, 468r, 479l, 525r,	島田吉信　**473**l

人名索引　し

島田美彦 **473***l*	清水太市郎　920*r*	下山常太郎　1007*l*
島谷鈍平　403*l*	清水武雄　**477***l*	下山　昇　**479***l*
嶋津一郎　30*l*, 121*r*, 228*r*, 445*r*, **473***l*, 938*l*, 1072*r*	清水長次郎　**477***l*	下山義三　**479***l*
	清水常次郎　**477***l*	シモンズ　115*r*, 731*l*
島津末二郎　**473***r*, 796*l*, 966*l*, 978*r*, 979*l*	清水照子　454*l*	シャ・カン　407*l*
	清水伝一郎　**477***l*	謝　晋青　**479***l*, 622*r*, 1033*l*
島津徳三郎　43*l*, 56*l*, 146*r*, **474***l*, 519*r*, 554*r*, 846*r*, 865*r*, 881*r*, 908*l*, 993*l*, 1020*r*, 1036*r*	清水豊子　809*l*	謝　　持　620*l*
	清水仲太郎　**477***l*	謝　有丁　621*r*
	清水信義　**477***l*, 810*r*	若　　愚　158*l*
島津峰蘭　**474***r*	清水英雄　**477***r*, 736*l*	杓子勘助　346*l*
島津義久　**474***r*	清水房之丞　**477***r*	ジャック白井▷白井ジャック
嶋中雄作　169*r*, 248*r*	清水政太郎　**477***r*	ジャリ　642*l*
島中雄三　68*l*	清水弥三郎　125*l*, 452*l*, 477*r*	朱　　権　1053*r*
島貫兵大夫　533*r*	清水康夫　**477***r*	朱　謙之　367*r*, **480***l*
島根芳太郎　**474***r*	清水安三　1031*l*	朱　光潜　319*l*, 356*r*
島野勇吉　339*l*, 339*r*	清水祐三　**478***l*	朱　鳴田　480*l*
島林十蔵　**474***r*	清水要助　**478***l*	ジュ・チエンジ　480*l*
島袋紀成　451*l*, **474***r*	清水善清　251*l*	シュイ・ヂュオラン　318*l*
島村瀧太郎　**474***r*	シム・ヨチュー　494*l*	シュイ・ルゥンボ　318*r*
島村竹馬　689*r*	志村兼周　**478***l*	周　恩来　621*r*
島村巴里　1020*r*	志村　喬　747*l*	周　和成　224*l*
島村抱月　197*l*, 209*r*, **474***r*, 506*l*, 533*l*, 586*l*, 848*l*, 969*l*	志村春吉　**478***l*	秋　　瑾　**480***l*
	七五三木実　26*l*, 478*l*	周　建人　356*l*
島村義夫　522*r*	示野吉三郎　247*l*, 403*l*, 478*l*	周　合源　270*r*, 618*l*, 1049*r*
島村龍三　1075*l*	示野テル　247*l*	周　作人　40*l*, 154*l*, 158*l*, 159*r*, 356*l*, 356*r*, **481***l*, 484*r*, 622*l*, 623*r*, 800*l*, 800*r*, 933*l*, 1031*l*, 1053*r*
清水幾太郎　890*l*	示野照子　247*l*	
清水市太郎　**475***l*	下岡昌人　**478***r*	
清水市平　475*l*	下阪正英　781*r*	
清水市郎　475*l*	下条房一　327*r*	周　索非　359*r*, **481***r*, 494*l*
清水卯之助　444*r*, **475***l*	下平美重　**478***r*	周　樹人　356*l*
清水央治　475*r*	四元　實　**478***r*	周　天啓　621*r*
清水　薫　475*r*	下中弥三郎　40*l*, 53*r*, 62*r*, 68*l*, 82*l*, 184*l*, 185*l*, 213*l*, 235*l*, 238*r*, 278*r*, 292*r*, 439*r*, 458*r*, 468*r*, **478***r*, 489*r*, 552*l*, 561*l*, 562*r*, 573*l*, 576*r*, 600*l*, 615*l*, 629*l*, 683*l*, 688*r*, 698*r*, 738*r*, 739*r*, 783*r*, 788*l*, 791*l*, 899*r*, 918*r*, 956*l*, 1005*l*, 1027*r*, 1057*l*, 1062*r*, 1065*r*	周　仏海　454*r*
清水兼太郎　**475***r*		周　　揚　1054*l*
清水喜一　475*r*		寿岳文章　850*r*
清水喜一郎　16*l*, 239*l*, 407*r*, **475***r*		祝　振綱　**481***l*
清水義勇　456*r*		シュタイナー　240*l*, 338*r*, **482***l*, 874*l*
清水きよ　**476***l*		シュティルナー　138*r*, 167*l*, 194*l*, 202*l*, 235*l*, 319*l*, 331*r*, 456*r*, **482***r*, 593*l*, 626*r*, 714*r*, 723*r*, 760*l*, 762*r*, 775*r*, 780*r*, 871*r*, 874*l*, 948*l*, 949*l*, 1019*r*, 1045*l*
清水　清　14*r*, 73*r*, 234*l*, 269*r*, 312*r*, 438*l*, **476***l*, 528*r*, 753*r*, 914*r*		
清水錦一郎　**476***l*		
清水健之助　**476***l*	下野勇吉　255*r*, 650*l*	
清水曠逸　**476***l*	下村悦男　161*l*	
清水貞雄　32*l*, **476***l*, 606*r*, 720*r*	下村槐太　771*l*	首藤雄平　**483***l*
清水重夫　**476***l*	下村国太郎　**479***l*	首藤猛熊　713*r*
志水繁治　**476***l*	下村謙岳　**479***l*	ジュネ　208*r*
清水修一　892*r*	下村湖人　185*l*, 534*l*	シュペングラー　939*r*
清水純一　73*l*	下村千秋　551*r*	シュミット毅　1002*l*
清水次郎長　197*l*, 858*r*	下山伊之助　**479***l*	ショー　60*l*, 383*l*, **483***l*, 536*l*, 731*l*
清水新太郎　**477***l*	下山繁夫　**479***l*, 1026*l*	
清水善次郎　**477***l*	下山正三九　**479***l*	徐　　一　323*l*

1241

ジョー・クボ　335*l*
徐　志摩　1047*l*
徐　錫麟　480*r*
徐　相一　484*l*
徐　相漢　483*r*
徐　相庚　260*r*, **484***l*
徐　東星　484*l*, 843*r*
ジョイス　85*r*, 676*r*
蔣　愛真　484*l*
蔣　介石　159*l*, 357*r*, 408*r*, 621*l*, 621*r*, 918*l*, 1035*l*, 1041*r*
章　警秋　484*l*, 804*l*
昇　黒竜　1038*r*
庄　直兄　965*r*
章　炳麟　357*r*, 364*l*, 369*r*, 425*l*, 485*l*, 619*r*, 809*r*, 1045*r*
逍　遙生　573*l*
城　夏子　485*r*, 568*l*
定林之助　485*l*
ジョヴァンナ　838*l*
城倉角三郎　485*r*
庄司乙吉　603*l*, 671*l*
庄司吉之助　485*r*
庄司きみ▷金子きみ
庄司富太郎　422*r*, **486***l*, 673*r*, 729*r*
荘司智夫　486*r*
荘司直次　486*r*
正司春市　486*r*
荘司美濃治　486*r*
庄司美作　938*l*
正田篠枝　343*l*
正田忠太郎　486*r*
庄野義信　68*l*, 614*l*
城之内元晴　25*r*
ジョージ　483*l*, 914*r*
ジョセフイン　453*r*
ショパン　486*r*
ジョル　139*l*, 1001*r*
ション・グオチョン　525*l*
ジョーンズ　953*r*
ジョンソン　487*l*, 825*r*
白井一二　350*l*, 1003*r*
白井喬二　748*l*, 1060*l*
白井ジャック　60*l*, **487***r*
白井新平　114*l*, 137*r*, 151*l*, 225*l*, 314*r*, 448*r*, **488***l*, 616*r*, 700*l*, 719*l*, 754*r*, 841*l*, 943*l*, 948*l*, 972*r*
白井戦太郎　350*l*
白井俊雄　488*r*

白井冬雄　100*l*, 312*l*, 316*l*, **488***r*, 783*l*, 927*l*
白井平十　489*l*, 561*r*
白井政子　151*l*
白石浅五郎　489*l*
白石朝太郎　95*r*, 98*l*, 318*l*, **489***l*, 490*l*, 954*l*, 955*l*, 1018*r*
白石維想楼▷白石朝太郎
白石かね　489*r*
白石清子　489*r*
白石　清　716*l*
白石　重　82*l*, 489*l*
白石徳夫　2*r*
白石虎一　490*l*
白石寅吉　490*l*
白石幸男　489*l*
白石幸雄　172*r*, **490***l*
白川　洋　45*l*, 490*l*
白河鯉洋　205*r*
白須新蔵　490*l*
白砂　健　6*r*, 117*l*, 195*r*, 197*r*, 435*r*, **490***l*, 814*r*, 960*r*, 964*r*
白砂春一　490*l*
白土宇吉　32*l*
白土三平　203*r*, **490***l*
白鳥鳩三　1002*l*
白鳥利一　491*l*
白仁成昭　172*r*
白柳秀湖　12*l*, 231*r*, 470*l*, **491***l*, 678*l*, 717*l*, 864*r*, 872*r*, 923*r*, 969*l*, 985*r*
白柳武司　491*l*
ジル　391*l*
城しづか　722*r*
城増次郎　124*r*, 203*l*, 226*r*, **491***l*, 716*r*, 737*r*, 955*r*
白銀東太郎　219*l*, 302*r*, 318*l*, **491***r*, 508*l*, 782*r*, 1067*r*
白田来鳥　329*r*
代田良一　612*l*
白鳥省吾　100*r*, 118*r*, 171*l*, 333*r*, 391*l*, 396*r*, **491***l*, 515*r*, 615*l*, 632*l*, 747*r*, 810*l*, 842*r*, 949*l*, 1020*r*
白山秀雄　8*r*, 206*r*, **492***l*, 575*l*
震　瀛　154*r*
申　栄雨　484*l*, 492*l*
申　焔波　260*r*, 484*l*
申　鉉商　492*l*, 1037*r*
申　采浩　323*l*, 370*l*, **492***l*, 1046*r*

沈　若仙　493*r*
秦　滌清　494*l*
沈　茹秋　494*l*, 1046*r*
申　大山　494*l*
シン・チェホ　492*r*
沈　仲九　356*r*, 359*r*, 365*l*, 481*r*, 494*l*, 538*l*, 619*r*, 623*l*, 782*l*, 913*l*, 1041*l*, 1046*l*, 1047*l*
シン・チョー　494*l*
申　哲　494*l*
申　哲洙　843*l*
シン・ヒョンサン　492*l*
秦　望山　318*l*, 356*r*, **494***l*, 620*l*, 1043*r*, 1048*r*
秦　抱朴　367*r*, **494***l*
沈　銘訓　494*l*
沈　容海　494*l*
シン・ヨンウ　492*r*
神　彰　982*l*
諶　小岑　1041*l*
新海　尚　495*l*
晋川音吉　441*l*
シンクレア　45*l*, 271*l*
新家庄松　495*l*
新沢忠平　1071*r*
シンシア　351*r*
神水留吉　495*l*
新谷与一郎　26*r*, 48*l*, 107*r*, 214*l*, 222*r*, 276*r*, 300*l*, 339*l*, 422*r*, **495***l*, 627*r*, 661*l*, 831*l*, 963*l*
新長基三　495*r*
新長力松　647*r*
新藤兼人　92*l*, 661*r*
新藤貫一　495*r*
神道寛次　496*l*, 819*r*
神道久三　496*l*
進藤直剛　496*l*
神野末吉　496*l*
新保英松　496*l*
真保美代司　496*l*
神保光太郎　123*r*, 860*l*
神保隆恒　496*l*
神保貞一　496*l*
神保四良　496*l*
新村杏三　329*l*, 853*r*, 1017*l*
新村竹之助　497*l*
新明文吉　497*l*
新明正道　472*l*, **497***l*, 833*l*
新屋敷幸繁　36*r*, 230*l*, 478*r*, **497***l*
親　鸞　341*l*, 566*r*, 740*l*

す

吹田順助　36r
吹田善三　**497l**
スウィージー　331l
スゥン・リアンクン　538l
末繁博一　424l,**497l**
末永時行　115r,**498l**,769l
末広重恭　613l
末広伝次郎　**498l**
末松兼澄　419l
末松準一郎　428l
末松福太郎　88l
須可賛之助　901r
須賀市太郎　**498l**,998l
菅善三郎　**498l**
菅松之助　**498l**
菅井熊次郎　187l,**498l**,652r,939l
菅沼五郎　498r
菅沼幸子　89l,152l,**498l**
菅沼高市　**498l**
菅野義清　4l,206r,244l,**498l**,562r,675r,753l,758l,1069l
菅谷伊和子　**498r**
菅谷修一　**499l**
菅谷　徹　498r
菅原章晴　964r
菅原市次　**499l**
菅原克己　73r,**499l**,753r
菅原喜平治　337l,**499l**,757r,1066r
菅原清吉　**499l**
菅原弥志雄　**499l**
菅原芳助　123l
菅原芳蔵　**499l**
杉　明一　93r
杉けい子　502r
杉駿三郎　**499l**
杉浦市太郎　42r,51l,202r,252r,265r,311l,330r,466l,**500l**,719l,974l
杉浦邦太郎　701r
杉浦啓一　569r,598r,912l,1069r
杉浦　栄　**500l**
杉浦茂夫　57l,387l,**500l**,545r
杉浦重剛　241r,911r
杉浦常弥　**500l**
杉浦敏尾　511r

杉浦非水　571l
杉浦万亀夫　198l,**500l**,517l,865l
杉浦まつ　**500r**
杉浦盛雄　867r
杉浦幸雄　222l,319r
杉尾　寿　**500r**
杉木弥助　**501l**,601l,900l
杉崎国太郎　**501l**,570r
杉島万堂　**501l**
杉田浅香　**501l**
杉田すゑ　**501l**
杉田定一　613l
杉田虎吉　**501l**
杉田秀治　**501l**
杉田　宏　207r,388r,464r,**501l**,534l,596l,610r,649l,737l,772r,999r
杉田　勝　**502l**
杉田松五郎　**502l**
杉田　実　710r
杉藤二郎　463r,**502l**,534l,632l,931r
杉野三郎　**502l**,378r
杉野　勝　211r,**502l**,773l
杉野矢捱吉　**503l**,777l
杉原喜一　**503l**
杉原金二　**503l**
杉原邦太郎　124r,**503l**,701r,734r
杉村紀一郎　923l
杉村広太郎　**503l**
杉村楚人冠　**503l**,653r
杉村直太郎　80l,219r,**503r**,715l
杉本岩松　115r,503r
杉本喜十郎　**503r**
杉本金次郎　813r
杉本孤蛙　934r
杉本五郎　115r,**504l**
杉本茂吉　**504l**
杉元　繁　504l
杉元しげる　**504l**,795r
杉本末松　**504l**
杉本清吉　**504l**
杉本　博　**504l**
杉本正雄　115r
杉本ミツ　499l
椙本紋太　293l
杉守圭次郎　**504l**
杉山市五郎　142l,230l,457r,

466r,**504l**,518r,581r,650l,1016l,1075l
杉山茂丸　538r
杉山正三　**504l**
杉山惣平　457r
杉山　剛　**505l**
杉山寿郎　**505l**
杉山平助　284r
杉山実子　**505l**
杉山元治郎　75r,248l,604l
杉山泰道　1012r
助川貞二郎　411r
須崎　実　**505l**
鈴井教市　**504l**
鈴川季安　**505l**
鈴木愛助　**505l**
鈴木朝次郎　**505r**
鈴木　厚　269l,**505r**,1023r,1025l,1025r
鈴木　勇　**505r**,909r
鈴木一太郎　**505l**
鈴木一郎　**505r**
鈴木丑三郎　**505r**
鈴木梅四郎　119l
鈴木梅次郎　**506l**
鈴木　悦　**506l**
鈴木億蔵　**506r**
鈴木斧松　**506r**
鈴木一男　**506r**,909r
鈴木勝丸　896r
鈴木　要　**506r**
鈴木鎌一郎　**506r**
鈴木貫一　437r,**506r**
鈴木季安　998l
鈴木吉五郎　722r
鈴木吉三郎　16l
鈴木吉蔵(信友会)　**507l**
鈴木吉蔵(水平運動)　**507l**
鈴木儀平　55l,385r,**507l**,511l
鈴木久一　**507l**
鈴木教市　795r
鈴木　清　228l,413l,**507l**
鈴木清士　6r,328l,433r,**507r**,754r
鈴木国男　**507r**,584r,822r
鈴木庫三　**508l**
鈴木　賢　964l
鈴木賢吉　219l,491r,**508l**,821l
鈴木健次郎　**508r**
鈴木健三　**508r**

鈴木健太郎　249*l*,251*l*,**508***r*,678*l*	鈴木為吉　513*l*	鈴木道彦　171*r*
鈴木源之助　**508***r*	鈴木　保　513*l*	鈴木光雄　**515***r*,519*r*,574*r*,601*r*,609*l*
鈴木嵩一郎　754*r*	鈴木千代吉　513*l*	
鈴木幸四郎　**508***r*	鈴木鶴吉　513*l*	鈴木三代吉　**515***r*
鈴木光二郎　**508***r*	鈴木鉄作　513*l*	鈴木致一　61*r*,227*l*,398*r*,512*l*,**515***r*
鈴木幸次郎　376*l*	鈴木伝吉　511*l*,**513***l*	
鈴木小寒郎　293*r*,**508***r*	鈴木藤八　513*l*	鈴木宗太郎　**516***l*
鈴木コリウ　656*l*	鈴木東民　741*l*	鈴木六林男　**516***l*,793*l*
鈴木斉太　**509***l*	鈴木堵賀治　736*r*	鈴木茂三郎　216*r*,**516***l*
鈴木　栄　**509***l*,510*r*,676*l*	鈴木時一郎　513*r*	鈴木元次郎　**516***r*
鈴木佐太郎　**509***l*	鈴木徳太郎　513*r*	鈴木茂利美　**516***r*
鈴木三郎　**509***l*	鈴木俊雄　513*r*	鈴木弥一郎　**516***r*
鈴木茂雄　**509***l*	鈴木寿助　513*r*	鈴木安五郎　**517***l*
鈴木重一　**509***l*	鈴木　富　513*r*,514*l*	鈴木保治　**517***l*
鈴木重治　133*r*,**509***l*,550*r*,1025*l*	鈴木富次郎　513*r*	鈴木泰次郎　32*l*
鈴木重賓　453*l*,**509***l*,739*r*,760*l*,778*r*,988*r*	鈴木虎夫　720*r*	鈴木安蔵　469*r*
	鈴木虎雄　513*r*	鈴木靖之　1*r*,6*r*,41*r*,51*r*,61*r*,66*r*,80*l*,100*l*,120*r*,124*r*,152*l*,178*r*,181*r*,193*l*,196*l*,226*l*,230*r*,247*l*,260*l*,274*r*,309*r*,328*l*,329*l*,429*l*,433*r*,444*l*,454*l*,456*r*,461*r*,500*r*,512*l*,517*l*,529*l*,582*l*,601*l*,607*r*,609*l*,613*l*,614*r*,630*r*,634*l*,648*l*,648*l*,652*l*,683*l*,793*l*,813*r*,821*l*,821*r*,836*l*,846*l*,860*l*,874*l*,894*l*,913*l*,933*r*,945*l*,950*r*,962*r*,967*l*,1000*l*,1017*l*,1018*l*,1019*l*,1030*r*,1061*l*,1069*l*
鈴木秋峰　**509***r*	鈴木寅男　414*r*,**513***r*	
鈴木周六　510*l*	鈴木虎次郎　513*r*	
鈴木俊二　510*l*	鈴木直一　683*r*	
鈴木丈一　510*l*	鈴木初太郎　513*r*	
鈴木尚治　510*l*	鈴木治亮　471*r*	
鈴木正次　228*l*,**510***l*	鈴木彦太郎(信友会)　514*l*	
鈴木正三　510*l*	鈴木彦太郎(東印)　**514***l*	
鈴木四郎　1*r*	鈴木久夫　124*r*	
鈴木志郎　360*r*,449*r*,**510***l*,667*l*	鈴木秀男　514*r*,759*r*,1024*l*	
鈴木次郎　516*l*	鈴木秀吉　514*l*	
鈴木信(京印)　510*r*	鈴木　博　514*l*	
鈴木信(水平)　250*l*,438*l*,**509***l*,510*l*,511*r*,676*l*,798*l*,900*r*	鈴木福太郎　514*r*,557*l*	鈴木弥太郎　**517***r*
	鈴木福好　337*r*,499*r*,**514***r*,757*r*,1066*r*	
鈴木真嗣郎　**511***l*		鈴木友一　**517***r*
鈴木　進　**511***l*	鈴木文彦　514*l*	鈴木雄五郎　**517***r*
鈴木誠一　**511***l*	鈴木文治　152*r*,420*l*,788*l*,827*r*,995*r*	鈴木行広　518*l*
鈴木星花　385*r*,**511***l*		鈴木　豊　518*l*
鈴木清次郎　**511***l*	鈴木文次郎　**514***r*	鈴木洋次郎　518*l*
鈴木清之助　**511***l*	鈴木文助　713*l*	鈴木吉三　518*l*
鈴木せき　511*r*	鈴木平次郎　**514***r*	鈴木吉之助(芝浦労働)　518*l*
鈴木善吉　251*l*	鈴木孫十　514*r*	鈴木吉之助(信友会)　518*l*
鈴木善十　251*l*	鈴木正雄　586*r*	鈴木ヨネ　86*r*
鈴木善次郎　**511***r*	鈴木正亀　514*r*	鈴木力太郎　518*l*
鈴木惣之助　20*l*,228*r*,342*l*,**511***r*,814*l*,867*r*,950*r*,999*r*	鈴木政吉　514*r*	鈴木柳吉　964*l*
	鈴木正志　515*l*	鈴木柳介　2*l*,**518***l*,546*z*
鈴木聡明　512*l*	鈴木　勝　90*r*,93*r*,149*l*,227*l*,233*l*,264*r*,299*l*,299*r*,333*r*,**515***l*,611*r*,630*r*,739*l*,819*l*,834*l*,848*l*,880*l*,984*l*	鈴木良吉　210*r*
鈴木代三郎　512*l*		鈴木了空　**518***l*
鈴木　武　61*r*,398*r*,**512***l*,515*r*,736*l*		鈴木礼三　**518***l*
	鈴木真洲雄　515*l*,698*r*	鈴木六太郎　**518***l*
鈴木　橘　512*r*	鈴木三重吉　634*r*	鈴木わか　797*l*
鈴木楯夫　48*l*,256*l*,**512***l*,675*l*,963*l*,1006*l*	鈴木　操　515*l*	薄田研二　661*r*
	鈴木道利　515*l*	鈴木田一男　115*r*

人名索引　せ

薄野寒雄　466r,504r,**518r**
須田禎一　768r
須田政之輔　578l,765l
スターリン　548r,878r,1025r,1044r
スチルネル▷シュティルナー
ステプニアク　**519l**,839l
須藤栄一　**519r**
須藤　茂　**519r**,574r,601r,609l
須藤　鄙　42r,43l,67l,100l,282l,372r,453r,474l,**519r**,520l,637l,734l,955l,985l,1004r
須藤徳次郎　**520l**
須藤与詩子　**520l**
ストパニ　**520l**,1044r
ストヤノヴィチ　367r
砂丘浪三　416l,434l,**520l**,520l,806l,848l
須永　好　**520r**
須永連次　**520r**
砂川潤一郎　**520r**
砂川信助　**520r**
砂川嶽正　**520r**
砂沢市太郎　**521l**
砂見　爽　**521r**
角南俊輔　606r
スノー　1051r
栖原徳三郎　**521r**,185r
スピノザ　194r
スペンサー　714r
墨作二郎　**521r**
鷲見善一　**522l**
住井すゑ　94l,284r,**522l**,568l
住釜仁三郎　**522r**
墨崎　信　**522r**,643r,952r
隅田りゅう子　962l
隅田　勇　523l,805r
澄田政介　**523l**
住田六郎　515r,**523l**,953l
住宅顕信　**523l**
住谷磐根　**523r**,571l
住谷悦治　62r,**523r**,854l
住谷天来　523r,**524l**,803l
スメドレー　60l,912r
陶山篤太郎　270l,579l,1074r
諏訪　優　982l
諏訪勇吉　**524l**
諏訪与三郎　402l,421l,**524r**,587l,827l,996l,1025r,1067r,1075r

せ

盛　国成　**525l**,1044l
成　仿吾　47l
生　死　生　541l
瀬尾九郎　**525l**,684l
瀬尾幸久　**525l**,684l
瀬川アイノ　979l
瀬川岩吉　**525l**
瀬川久次郎　**525l**,682r
瀬川知一良　32l,81l,171l,212r,282r,386l,442l,**525r**,577r,669l,691r,750l,791l,826l,1027r
瀬川久雄　**525r**,530l,794r
瀬川米八　302l,**526l**
瀬川　竜　377r,**526l**,572r
関　一男　399r,**526l**
関　和男　81l,113l,212r,398l,431l,**526l**,826l,971l
関　和喜　104r,1017r
関　要　441r
関　久蔵　**526l**
関　清　**526l**
関　賢蔵　**526l**
関　孝造　**527l**
関　誠一　**527l**
関　英夫　**527l**
関　英雄　705l,926l
関　秀夫　926l
関　芳一　**527l**
セ　キ　651r
関口愛治　547l
関口いね　**527l**
関口菊次　**527l**
関口庫次　**527l**
関口　栄　**527l**
関口三郎　174r
関口鉦二　**527l**
関口清一　765l
関口専三　**527l**
関口太一郎　**527r**
関口近次郎　**527r**
関口輝吉　**528l**
関口広八　**528l**
関沢源治　312l,706l
関島正人　**528l**
関戸政太郎　**528l**

関根市兵衛　578l
関根悦郎　600l
関根喜太郎　34l,188l,235r,581r,965r
関根庫太　**528l**
関根重吉　**528l**
関根正二　**528l**
関根善吉　**528l**
関根武二　263r,765l,987r
関根　弘　14r,73r,**528r**,761r
関根福太郎　**529l**
関根松太郎　**529l**
関根祐一郎　**529l**
関根六之助　**529l**
関水重雄　66r,**529l**
関水寅吉　**529r**
関目初次郎　**529r**
関谷　栄　29l,42r,96r,121l,**529r**,542l,636r,673r,770r,913r,928r,965r,974l
関谷新一　**529r**
関谷　博　289l,320l,554r
関矢与三郎　16r
瀬古沢精治郎　**530l**
セザンヌ　36r
瀬下　巌　**530l**
瀬下貞夫　386l,525r,**530l**,794l
瀬田進次　109l,**530l**
瀬戸内寂聴　261l,**530l**
瀬沼茂樹　85r
瀬野久司　311l
妹尾義郎　265l,704l,853r
瀬藤宇之助　**531l**
世良田実　**531l**
芹沢光治良　456l,**531l**
芹沢喜倉　89r,423l,**531r**,612l,698r,709r,875l
セルジュ　128l
銭　玄同　481l
宣　炳曦　**531r**
全　一路　259l
全　寒村　532l
全　春薆　**531r**
船貝喜四郎　144r
千家元麿　34l,315l,363l,440r,**532l**,615l,689l,767l
千田梅二　122l
仙洞田正治郎　532r,552r
千本　旻　**532r**
千本秀樹　12l

1245

そ

徐　黒波　843r
ソ・サンギョン　484l
ソ・サンハン　483r
ソ・ドンソン　484l
蘇　壁輝　92r, 1052r
宋　暎運　325l, **532l**, 1043r
奏　帰一　**532l**
宋　教仁　364r, 915r
宋　慶齢　408r
宋　柱軾　1038r
曹　汝林　318r
宋　世何　**532l**, 1039l
草堂啓三　**533l**
相馬愛蔵　131l, **533l**, 533r, 840l, 915r
相馬御風　12l, 34r, 209r, 215r, **533l**, 848l
相馬黒光　131l, 197l, 533l, **533r**
相馬三郎　519r, 533r, 955l
相馬十吉　153l
相馬昌治　533l
相馬寿恵雄　43l, **533r**
相馬俊子　533r
相馬寅三　428r, **534l**
相馬弥平　464l
相馬　良　533r
副島辰巳　3l, 90r, 102l, 126l, 502l, **534l**, 534r, 558r, 775l, 904r
副島民彦　**534r**
添田啞蟬坊　66l, 346r, 402r, 439r, 467l, **534l**, 544l, 551l, 587r, 625l, 660l, 1073r
添田　晋▷宮崎晃
添田知道　175r, 220l, 346r, 467l, **535l**, 542r, 660l, 696l, 871r, 942r, 945l
添田平吉　534r
添野陸次　**535r**
添野陸太　**535r**
曾我量深　704l
曾我廼屋五九郎　361r
曽川こと　**535r**
曽雌朝鍼　**536l**
外丸金太郎　**536l**
曾根昌介　214l
園田後藤太　552r
園田秀声　660l
園田末喜　**536l**
蕎麦　哲　232l
染井五郎　209l
染宮与三郎　599r
染谷一郎　**536l**
曾谷左右平　**536l**
曾山良彦　**536l**
ゾ　ラ　269l
ゾルゲ　999l
ソルト　292r, 383l, **536l**, 537l
ソレル　231l, **536r**, 709r, 794r, 948l
ソ　ロ　ー　292r, 315l, 340l, 374l, 536r, **537l**, 689l, 850r, 852r, 854l
ソン・インスル　537l
孫　光策　538l
孫　仁述　**537l**
ソン・セハ　532l
ソン・ビョンウィ　531r
ソン・ビョンヒ　537l
孫　文　157l, 159l, 357r, 364l, 364r, 480r, 485l, 620l, 621l, 622r, 651l, 915r, 1041r
孫　炳輝　**537l**
ソン・ム　538l
孫　無　538l
ソン・ヨンウン　532l
孫　俍工　494l, **538l**, 1041l, 1047l

た

田畦忠彦　303l
タァン・カム　621r
泰　義　1034r
戴　希陶　454r
泰　希同　8r
太　虚　356r, 1034r
泰三郎　538l
泰　重弘　538l, 765l
泰清之進　538l
田井為七　807l
代　準介　88l, **538l**, 651l
鯛尾吉五郎　538r
大東忠次郎　**539l**
大道寺浩一　32l, **539l**, 606r
大道寺三郎　292r, 298l, **539l**, 902l, 928r, 978l
大道寺房子　928r
大道寺将司　415l
大葉鉄郎　1017l
大門一樹　78l, 102r, 167l, 194r, **539r**, 564l, 638l
大門重徳　**540l**
大門富之助　539r
平　利文　191r
平　正夫　230l, **540l**
ダーウィン　106r, 483l
田岡左代治　540l
田岡嶺雲　205r, 216r, 234l, **540l**, 686r, 957l
高井信幸　**540l**, 736l
高石　新▷平井貞二
高尾亮雄　540l
高尾千代　**540l**
高尾智道　**540l**
高尾楓蔵　**540l**
高尾平兵衛　13l, 48r, 65l, 109l, 129l, 177l, 289r, 302r, 324r, 342l, 397r, 491r, 509r, 524r, **541l**, 550r, 559r, 575r, 577l, 661l, 693l, 696r, 703r, 705l, 727l, 773r, 782r, 786l, 819r, 897r, 922l, 937l, 968r, 1007l, 1023l, 1025l, 1030r, 1057r, 1062r, 1067r
高岡兼次郎　554r
高川幸次郎　558l
高川幸二郎　42l, 113r, 150r, 214r, 503r, 529r, **542l**, 673r, 715l, 928r, 1011r
鷹樹寿之介▷菊岡久利
高木　護　183r, 283l, **542l**, 733r
鷹木嘉右衛門　**542l**
高木敬四郎　**542r**
高木顕明　161r, 427l, **543l**, 610l, 708l, 785r, 908r
高木高蔵　**544l**
高木三郎　601r, 1076r
高木重太郎　511r, **544l**
高木正一　545l
高木錠太郎　**544l**, 813l
高木　晋　822l
高木末吉　**544l**
高木精一　91l, 108l, 313l, 334r, 460r, 501r, **544r**, 565r, 577l, 610l, 818l, 818l, 999r
高木辰夫　**545l**

人名索引　た

高木　哲　**545**l
高木徳子　101r
高木徳蔵　**545**l
高木寿造　29r
高木　肇　445l,564r
高木春夫　610r
高木　弘　84l,619l
高木益郎　1001r
高木　緑　**545**l
高木陸奥男　296r
高木　豊　112r,**545**l
高木夢二郎　**545**l
高木喜次郎　**545**r
高木六太郎　922l,948r
髙久英作　912r
高倉共平　735l
高倉金一　**545**r
高倉寿美蔵　57r,387l,500r,**545**r,798l,1009r
高倉　輝　428r
高倉徳太郎　7r
高倉美代蔵　546l
高桑久雄　**546**l
高崎岩吉　20l,**546**l,770r,944l
高砂長一郎　**546**l
高沢久侍　**546**l
高下鉄次　**546**l,739l,865l
高階四郎　**546**l
高島喜一　**546**r
高嶋三治　26r,51l,207l,305l,376l,420l,495r,**546**l,666l,707l,831l,995r
高島青鐘　101l
高島徳市郎　547r
高島米峯　119r,503l,**547**l,666r,809r,911r
高島宗良　**547**r
高島　洋　290l,**547**l,783l,788r,859l,983l
高須唖三昧　885l
高須以礼　**548**l
高須光治　235l
高須政治　**548**l
高洲　基　566l
鷹巣守人　**548**l
高杉一郎　**548**l
高杉晋吾　283l
高杉晋作　597l
高瀬幾太郎　**548**r
高瀬市太郎　**549**l

高瀬　清　406l,**549**l,553l,703r,1025r
高瀬慶次　**549**l
高瀬兼次郎　547l
高瀬藤五郎　**549**l
高相順一　**549**l
高田集蔵　45r,149r,180l,227r,332l,373r,**549**l,587r,666r
高田伝司　544l
高田道見　516r
高田博厚　**549**l,567l
高田一太郎　552l
高田　格　64r,144l,186r,207r,532r,**550**l,645r,710r
高田一男　517l
高田　国▷高田格
高田群次郎　**550**l
高田公三　213l,315r,402r,509r,541r,**550**r,564r,587l,898r,1006r
高田鉱造　**550**r
高田次作　551l
高田治作　551l,625l
高田仙治郎　599r
高田　保　551l,834l
高田太郎　14r
高田政孝　552l,783l
高田良幻　224l,**552**l,965l
高田和逸　286r,**552**r,1025r
高谷久次郎　**553**l
高地伝次郎　186l,**553**l
高知尾智耀　919l
高津正道　13l,45r,146l,176r,207l,354l,402l,454r,549l,**553**l,574r,647l,666l,692r,748l,794l,830r,853r,854l,881l,895r,918r,956r,1062l
高津多代子　406l
高塚伝右衛門　**553**r
高取芳河　925l
高梨二男　320l,**553**r,554r
高波啓作　**553**r
高根伝四郎　553r,986r
高野菊雄　578l
高野さん　**554**l
高野信太郎　**554**l
高野すみ子　186l
高野　宗　**554**l
高野武二　**554**l
高野貞二　326r

高野禎蔵　578l
高野八郎　**554**l
高野ハナコ　**554**l
鷹野武介　560r
高野松太郎　289l,320l,553l,**554**l,1023l
高野　実　**554**l
タカノヴスキー　560r
鷹野原長義　31l,56l,146l,232r,259l,260l,430r,474l,526l,**554**r,580r,713l,744l,767l,881r,908r,962r,976r,993l
高場　乱　**555**l,651l
高橋市次郎　18r,18l,442l,**555**r,562l,669l,708r
高橋一郎　**555**r,754r
高橋岩之助　259l,**555**l,744l,767l,813l
高橋和巳　**555**r
高橋和之　846l,865l
高橋勝之　290l,**556**l
高橋喜一　**556**r
高橋菊次郎　**556**r
高橋菊太郎　**556**r
高橋きよ　**556**r
高橋亀代　750l
高橋清吉　**556**r
高橋邦太郎　63r
高橋くら子　286l,**556**r,562l,581l
高橋くらの　**556**r
高橋　愿　435l
高橋源一　**557**l
高橋玄一郎　320r
高橋健治　**557**l
高橋健次郎　**557**l
高橋権次郎　206r,460r,**557**l,939l,965l
高橋五一　53r,**557**l,652l,709l
高橋小一郎　180l,249l,**557**l
高橋光吉　28r,44l,54l,90l,108l,113r,150r,172l,178l,205l,215l,406r,414r,422r,423l,448l,463r,473r,488r,527r,542l,**557**r,591r,595l,636l,789l,826r,898l,976l,985l
高橋光太郎　32l
高橋五三郎　**558**r
高橋吾助　**558**r,1022l,1072r
高橋佐久蔵　637l

1247

高橋貞雄 197*r*, 490*r*, **558***r*, 647*l*, 960*l*	高橋浪吉 **562***r*	704*l*
高橋貞樹 1001*r*	高橋昇 **562***r*	高村英作 912*r*
高橋定吉 **559***l*	高橋初太郎 **562***r*	高村光太郎 31*r*, 85*l*, 241*l*, 315*l*, 363*l*, 396*r*, 440*r*, 489*l*, 533*r*, 549*r*, 560*r*, **567***l*, 642*r*, 723*r*, 843*l*, 944*r*
高橋七郎 **559***l*	高橋はな **563***l*	
高橋修一 212*r*, 441*r*, 446*l*, **559***l*, 826*l*	高橋久由 **563***l*, 642*r*	
	高橋秀次郎 **563***l*	
高橋峻 **559***r*	高橋兵吉 **563***l*	高村次郎吉 **567***r*
高橋純二 **559***r*	高橋福之助 **563***l*	高村智恵子 213*l*
高橋準三 **559***r*	高橋古美 **563***l*	高村藤一 48*l*, 141*l*, 431*r*, 463*l*, **567***r*, 656*l*, 805*l*
高橋彰三 253*l*, 280*r*, **559***r*, 798*r*, 805*l*	高橋文吾 **563***l*	
	高橋孫次郎 **563***l*	高群逸枝 23*r*, 50*r*, 71*l*, 270*l*, 485*r*, 504*l*, 522*r*, 539*l*, **567***r*, 735*l*, 736*l*, 750*l*, 790*l*, 884*r*, 928*r*, 946*r*, 962*r*, 980*l*, 1010*r*, 1027*r*
高橋正太郎 **560***l*	高橋正義 **563***l*	
高橋松南 996*l*	高橋巳喜之助 **563***r*	
高橋新吉 167*l*, 173*r*, 198*r*, 236*r*, 363*l*, 372*r*, 443*l*, **560***l*, 581*r*, 586*r*, 591*l*, 626*l*, 728*r*, 738*l*, 790*l*, 810*l*, 842*r*, 873*l*, 927*l*, 1002*l*, 1019*l*, 1030*l*	高橋元吉 549*l*	
	高橋元彦 101*l*	鷹谷信幸 35*l*, 87*l*, 282*r*, **568***r*, 698*r*
	高橋森太郎 18*r*, 563*r*	高柳重信 **569***l*, 663*l*
	高橋ヨキ **563***l*	高柳奈美子 586*r*
	高橋芳三郎 **563***l*	高山兼次郎 31*l*, 430*r*, **569***r*, 575*l*, 580*r*
	高橋良三 78*l*, 194*r*, 297*l*, **564***l*, 1048*l*	
高橋信司 **560***r*, 625*r*		高山久蔵 **569***r*, 906*l*
高橋信次 **560***l*	高橋芳太郎 **564***l*	高山慶太郎 14*r*, 363*r*
高橋新次郎 722*l*	高橋利助 32*l*, **564***l*	高山周助 **570***l*
高橋真太郎 **561***l*	高橋李三 739*l*, 865*l*	高山信一 **570***l*
高橋季暉 **561***l*	高橋良 **564***l*	高山清次郎 **570***l*
高橋末義 **561***l*	高畑栄三 **564***l*	高山宗治 **570***l*
高橋すみ子 193*r*	高畑嘉一 **564***l*	高山辰三 **570***l*
高橋蔵八 61*l*, 144*r*, 443*r*	高畑耕 **564***l*	高山樗牛 725*l*
高橋たか子 499*l*	高畑信一 **564***r*, 819*r*, 944*l*	高山初二 **570***l*
高橋孝良 **561***l*	高畑得二 315*r*, **564***r*	高山久太郎 **570***r*
高橋滝司 555*r*	高畠初江 864*r*	高山万次郎 **570***r*
高橋猛 **561***r*	高畠素之 50*l*, 65*l*, 101*r*, 156*r*, 220*l*, 233*l*, 305*r*, **564***r*, 624*l*, 660*r*, 714*l*, 780*l*, 786*l*, 864*r*, 873*l*, 911*r*, 922*l*, 942*r*, 1064*l*	高山義三 186*l*, 256*l*, 388*r*, 430*r*, 495*l*, 553*l*
高橋武(在米) **561***l*, 593*r*		
高橋武(百姓運動) **561***l*		宝仁和行 120*r*, **570***r*
高橋辰夫 565*l*		宝木寛 1031*r*
高橋辰三郎 184*r*, 645*l*	高原誓之助 380*l*	田川浦人 925*l*
高橋玉枝 561*r*, 951*l*	高原辰夫 394*l*, 415*l*, 502*l*, 513*l*, 565*l*, 818*r*	田川ゑつ **570***r*
高橋玉吉 **561***r*		田河水泡 284*l*, **571***l*, 861*l*, 940*l*
高橋千代寿 **561***r*	高原秀行 559*l*, 647*l*	田川季彦 **571***l*, 938*r*
高橋鐵 184*l*	高比良雪四郎 **565***r*	田川大吉郎 678*l*
高橋藤重 489*l*, **561***r*	高間芳雄 566*l*	田川長吉 **571***r*
高橋藤蔵 827*l*	高松茂 417*l*, **565***r*	田川弥吉 925*l*
高橋徳太郎 **561***r*	高松次郎 10*l*, 105*l*, 287*r*	田木繁 **571***r*, 718*r*, 761*r*, 918*l*
高橋利夫 52*r*, 395*l*, **561***r*, 590*r*, 919*r*	高松すみ子 565*r*, 591*l*	瀧井孝作 **571***r*, 687*l*
	高丸久 770*r*, 928*r*	滝川恵吉 881*l*
高橋利重 556*r*, **562***l*	高丸義男 **565***r*	滝川政次郎 1009*r*
高橋富三郎 **562***l*	高見順 9*r*, **566***l*, 610*r*, 615*l*, 943*l*	滝川創 183*l*, 377*l*, 526*l*, **572***l*, 684*r*, 739*l*, 862*l*
高橋友次郎 235*l*, 282*r*, **562***r*, 698*l*, 1005*l*, 1057*l*	高見沢遠治 571*l*	
	高見沢仲太郎 571*l*	滝川智三 **572***r*
高橋知徳 4*l*, 206*l*, 244*l*, 498*r*, **562***r*, 675*l*, 753*l*, 758*l*, 1069*l*	高見沢融策 566*l*	滝川幸辰 306*r*
	高光大船 45*r*, 478*l*, **566***r*, 669*l*	滝口修造 **572***r*

人名索引　た

滝口武士　303*l*
滝口徳治　403*l*, **573***l*, 605*l*
滝沢重太郎　164*r*, 573*l*
滝沢　深　39*r*, 557*r*, **573***l*, 709*l*
滝沢村之助　573*l*, 672*l*, 826*l*
滝田　修　861*r*
滝田紫城　651*l*
滝田樗陰　164*l*
滝田利吉　**573***r*
滝波はる　**573***r*
滝野修黎　**573***r*
滝野藤之助　**573***r*
滝本竹松　**573***r*
滝脇治作　**573***r*
田口亥三郎　884*l*
田口一示　926*l*
田口運蔵　1025*r*, 1030*r*
田口一馬　**573***r*, 625*l*, 630*l*, 971*r*
田口金三郎　557*l*, **574***l*
田口亀造　**574***l*
田口憲一　**574***l*
田口幸作　164*r*
田口定吉　**574***l*
田口　智　**574***l*, 765*l*
田口俊一　971*r*
田口俊二　519*r*, **574***r*, 601*r*, 609*l*, 697*r*, 928*l*, 938*r*
田口善吉　**574***r*
田口千代子　806*l*
田口哲太郎　59*r*
田口福太郎　**574***r*
田口政吉　**574***r*
武　良二　3*l*, 4*l*, 8*r*, 121*r*, 365*l*, 492*l*, **574***l*, 687*r*, 856*r*, 936*l*, 995*r*, 1015*l*
武井昭夫　1029*l*
武居鐘次　**575***l*
武井時治　164*r*, **575***l*
武居直人　30*r*, 31*l*, 146*l*, 430*r*, **575***l*, 580*r*
武井芳雄　104*r*, 1017*r*
武石衛次　**575***l*
竹入金次郎　**575***r*
竹内愛山　568*r*, 826*l*, 1027*l*, 1057*l*
竹内一郎　541*l*, **575***r*, 581*l*, 748*l*
竹内一美　129*l*, 170*r*, 193*r*, 240*r*, **575***r*, 590*r*, 695*r*, 866*l*, 987*l*
竹内勝太郎　355*l*, **575***r*
竹内兼七　**576***l*
竹内兼松　**576***l*

武内　清　16*l*, 264*r*, 407*r*, 471*r*, 475*r*, 742*l*
竹内金之助　**576***l*
竹内圀衛　76*r*, 80*r*, 113*l*, 129*r*, 212*r*, 235*l*, 241*r*, 254*l*, 259*l*, 282*r*, 296*r*, 398*l*, 399*r*, 446*l*, 475*r*, 526*l*, 557*l*, 562*r*, 574*l*, **576***l*, 581*l*, 663*l*, 665*l*, 698*r*, 711*r*, 767*l*, 791*l*, 803*r*, 908*l*, 971*r*, 1004*r*, 1005*l*
竹内慶三　**576***r*
竹内孝二郎　**577***l*
竹内作左衛門　**577***l*
竹内俊次　**577***l*, 708*r*
竹内春三　37*r*, 91*l*, 108*l*, 178*l*, 334*r*, 394*l*, 461*l*, 513*l*, 544*r*, 565*r*, **577***l*, 610*r*, 674*l*, 737*l*, 818*r*, 999*r*
武内正司　**577***l*
竹内　新　431*l*, **577***r*, 665*l*, 669*l*, 747*l*
竹内新次　**578***l*
竹内清作　**578***l*
竹内精司　**578***l*, 971*l*
竹内善朔　199*l*, 201*l*, 291*r*, 370*l*, 425*l*, **578***r*, 619*r*, 661*l*, 951*r*
竹内武夫　182*r*
武内辰郎　580*l*
竹内　保　**579***l*
竹内鶴松　**579***l*
竹内鉄五郎　27*l*, 81*r*, 110*l*, 117*r*, 130*l*, 206*l*, 220*r*, 229*l*, 316*l*, 340*r*, 369*r*, 410*r*, 427*r*, 542*r*, **579***l*, 582*l*, 650*r*, 784*r*, 875*r*, 987*r*, 1012*l*
竹内照政　**579***l*, 813*r*
竹内てるよ　69*r*, 227*l*, 230*l*, 270*l*, 270*r*, 312*l*, 380*l*, 424*l*, 437*r*, 518*r*, 568*r*, **579***l*, 652*r*, 682*l*, 706*r*, 723*r*, 741*r*, 810*r*, 835*l*, 848*l*, 874*l*, 964*l*, 1062*r*
竹内東一　**580***l*
竹内利栄　**580***l*, 968*l*
竹内友次　578*l*, **580***r*, 971*r*
竹内豊次郎　**580***r*
竹内仲一　31*l*, 48*l*, 146*l*, 253*r*, 430*r*, 554*r*, 569*r*, 575*l*, **580***r*
竹内ひを　**581***l*
竹内　浩　847*l*
竹内文五郎　**581***l*

竹内文治　576*r*
竹内政代　282*r*, **581***l*, 691*r*, 736*l*, 791*l*, 925*l*, 1027*r*
竹内万之助　708*r*
竹内安次郎　**581***r*
竹内　好　609*l*
竹内義幹　918*r*
竹内余所次郎　**581***l*, 858*l*
武内利栄子　184*r*
竹内　良　729*r*
武内了温　21*l*
竹越与三郎　524*l*
竹腰捨三　**581***r*
竹沢庄蔵　599*r*
竹沢釣蔵　599*r*
竹沢房蔵　599*r*
竹下源之助　**581***r*
竹下静馬　**582***l*
竹下　浩　**582***l*
武田　勇　**582***l*, 967*r*
武田九平　114*l*, 137*l*, 201*l*, 392*l*, **582***l*, 583*l*, 893*r*
嶽田源治　**582***r*
武田源太郎　**582***r*
武田宏盛　853*r*
武田重太郎　**582***r*
武田俊市　912*r*
武田信良　221*r*, 277*l*, 277*r*, 536*l*, **582***r*, 583*l*, 656*l*, 664*r*, 765*r*
竹田宗七　**583***l*, 965*l*
武田武市　**583***l*
武田伝次郎　67*r*, 83*l*, 114*l*, 168*l*, 223*l*, 226*l*, 226*r*, 299*r*, 311*l*, 350*r*, 422*l*, 582*r*, **583***l*, 738*r*, 840*r*, 842*l*, 968*l*, 996*l*, 1064*r*
武田範之　407*l*
武田政治　**583***r*
武田光郎　**583***r*
武田元敏　780*l*
武田雷雄　646*l*
武田麟太郎　123*r*, 566*l*, 849*l*
武谷三男　637*r*
武知元一　**583***r*
竹友藻風　689*l*
竹中　郁　303*l*, 426*r*
竹中英太郎　228*l*, 272*r*, **583***r*, 584*r*, 589*r*
竹中彰元　**584***l*
竹中　労　179*r*, 242*r*, 583*r*, **584***r*, 609*r*, 644*r*, 711*r*, 787*l*, 861*r*

武永文七 613*r*	田代 倫 130*r*, **589***r*	伊達得夫 477*r*
竹浪昌四郎 **585***l*	田代武雄 848*l*	立井信三郎 999*l*
武林盛一 585*r*	田添鉄二 802*r*	館野芳之助 **594***l*
武林無想庵 38*r*, 232*r*, 319*r*, 551*l*, **585***l*, 627*l*, 660*l*, 737*r*, 854*r*, 1059*r*	多田英次郎 52*r*, 97*l*, 99*l*, 170*r*, 241*l*, 376*l*, 385*l*, 394*r*, 562*l*, 575*r*, **590***l*, 670*r*, 866*r*, 919*r*, 949*r*, 1008*r*	立松国次郎 **594***l*
		立松国松 318*l*
		田戸 栄 156*l*, 335*r*, **594***r*
竹久茂次郎 586*l*	多田英二郎 750*l*	田戸正春 75*l*, 539*l*, **594***r*, 605*r*, 717*l*, 831*r*, 873*l*, 902*l*, 928*l*, 948*r*, 980*l*
竹久不二彦 627*l*, 658*r*, 754*l*, 975*l*, 1058*l*	多田庄吉 **590***r*	
竹久夢二 145*l*, 232*l*, 485*r*, **586***l*	多田宗之助 591*l*	
武部小四郎 555*l*	多田そうべい 591*l*	田所茂雄 3*r*, 54*l*, 114*l*, 151*l*, 178*r*, 215*l*, 250*r*, 291*l*, 415*r*, 425*r*, 488*r*, 496*r*, 517*r*, **595***l*, 658*l*, 829*r*, 878*l*, 914*l*, 985*l*, 987*l*
竹見竹雄 **586***r*	多田当身次 **590***r*	
竹村あや **586***r*	多田不二 605*r*	
竹村菊之助 259*l*, **587***l*, 898*r*	多田文三 123*r*, 193*r*, 196*r*, **590***r*, 677*r*	
竹村 茂 164*r*		田所輝明 912*l*, 1069*r*
竹村寿葉 **587***l*	多田康員 590*r*	田所篤三郎 215*r*, **595***r*, 604*l*, 797*l*
竹村豊治 587*l*, 895*r*	陀田勘助 28*r*, 64*r*, 102*r*, 131*r*, 151*l*, 167*l*, 186*r*, 202*l*, 460*r*, 473*r*, 550*l*, 558*l*, **591***r*, 605*r*, 637*l*, 654*r*, 664*l*, 674*l*, 710*r*, 756*l*, 831*r*, 847*r*, 883*r*, 898*l*, 930*r*, 939*l*, 1006*r*, 1016*r*	
竹村 一 878*l*		田中綾子 59*r*, 60*l*
竹村 浩 **587***l*		田中郁俊 661*r*
竹本藤次郎 361*l*, **587***r*		田中 勇 **595***r*
竹森一則 301*l*, **587***r*, 912*l*		田中王堂 629*l*
竹森思水 **588***l*		田中海応 860*l*
田子忠四郎 **588***l*		田中勝次 **595***r*
タゴール 689*l*	田近愛子 783*l*	田中勝利 **595***r*
太宰 治 317*r*, **588***l*, 880*r*	立風信吾 240*r*, **592***l*, 695*r*	田中克己 **596***l*
太宰紀一 409*r*	立川秀雄 **592***l*	田中貫一 **596***l*
太宰施門 631*l*	太刀川平作 **592***l*	田中勘三郎 14*l*, 37*r*, 380*r*, **596***l*, 772*r*, 1011*r*
太宰秀明 274*r*	立木左馬之助 547*l*	
田坂積春 309*r*, **588***l*	橘あやめ 464*l*, 506*l*, **592***l*, 592*r*	田中勘治 **596***l*
田沢金太郎 **588***r*	立花きんじ **592***r*	田中幹治 318*l*
田沢義鋪 139*r*	橘孝三郎 94*r*, 124*l*, 407*l*, 486*r*, **592***r*, 912*r*	田中喜一郎 596*r*, 903*r*
田沢良七郎 **588***r*		田中久馬 89*r*, 596*r*
田島嘉之 386*r*	橘惣三郎 592*l*, 592*r*	田中清吉 **596***l*
田島梅子 199*l*	立花直之助 220*r*	田中清司 227*l*
田島栄五郎 189*l*	立花直之 81*r*	田中金太郎 **596***l*
田島顕明 543*l*	橘不二雄 196*r*, 591*l*	田中啓次郎 **596***l*
田島高七 **588***r*	橘 宗一 156*l*, 177*l*, 308*r*, 406*l*, 498*l*, 592*l*, **592***r*, 626*l*, 627*l*, 1019*l*	田中 玄 **596***l*
田島貞衛 448*l*		田中源次郎 **596***r*
田島治三郎 **588***r*		田中愿蔵 **596***r*
田島正次郎 **588***r*	橘 泰吉 **593***l*	田中小出海 597*l*
田島 弘 **588***r*	辰尾健一 **593***l*	田中孝子 1001*r*
田島政次郎 **589***l*	タッカー 482*r*, **593***l*	田中剛二 **597***l*
田島要蔵 **589***l*	立田時次郎 **593***l*	田中幸三 **597***l*
田島力太郎 **589***l*	立田 泰 67*l*, 280*l*, 570*r*, **593***r*, 738*r*, 898*r*	田中古代子 1060*r*
田代儀三郎 233*r*, **589***l*, 608*r*, 795*l*, 815*l*, 846*l*, 865*r*, 881*r*, 1061*l*		田中五呂八 95*r*, 281*r*, 285*l*, 316*l*, 320*r*, 397*l*, 424*l*, 470*r*, 545*r*, **597***r*, 635*l*, 893*r*, 954*r*, 970*r*
	辰野静雄 **593***r*	
	立野信之 456*r*	
田代 潔 244*l*	辰野 隆 1016*r*	田中佐市 10*r*, 258*r*, 360*r*, 504*r*, **598***l*, 1024*l*
田代 建 866*l*	辰巳寿三郎 **594***l*	
田代謙太郎 **589***l*	辰巳義雄 **594***l*	田戸貞吉 94*r*, **598***l*, 692*r*
	伊達 信 762*l*	田中三郎 **598***r*

1250

人名索引　た

田中治一郎　64r, 598r
田中　茂　961l
田中愁二　650l
田中正造　10r, 31r, 35r, 40r, 48l,
　　62l, 86l, 131l, 134r, 149r,
　　157l, 197l, 231r, 234r, 239r,
　　253l, 281l, 298r, 310r, 336r,
　　369r, 374l, 388r, 406r, 464r,
　　472r, **598**l, 615r, 660r, 808r,
　　839r, 840l, 846l, 850r, 864r,
　　911r, 915l, 915r, 961l
田中二郎　497r
田中仁之助　108l
田中寿美子　980l
田中清一　253l, 914r
田中静月　32l
田中清玄　881l
田中単之　930l
田中壮一　812r, 813l
田中惣五郎　**600**l, 730r
田中武雄　**600**r
田中忠男　384r
田中辰尾　**600**r
田中辰雄　447l
田中竜雄　32l, **600**r
田中智学　667l
田中長作　501l, **600**r
田中千代吉　789l
田中次俊　597r
田中鉄造　**601**l
田中要雄　**601**l
田中豊吉(宇都宮)　32r, **601**l, 607r
田中豊吉(信友会)　**601**l
田中ひかる　172r
田中英光　1011r
田中秀吉　**601**r
田中　弘　41r, **601**r
田中福太郎(正進会)　**601**r
田中福太郎(陶工)　**601**r
田中正義　519r, 574r, **601**r, 609l,
　　1076r
田中美知太郎　602l
田中明治　**602**l
田中やす　**602**l
田中やすゑ　**602**l
田中　泰　**602**r
田中康之助　**602**r
田中祐一　384r, **602**r
田中勇之進　122r, 276r, 383r, **602**r,
　　694l, 831l

田中与吉造　**603**l
田中義雄　**603**l
田中良雄　**603**l
田中芳次郎　**603**r
田中頼璋　888r
田中隆一　**603**r
田中竜一　**603**r
田中若松　166r
多奈木照雄　604l
棚田義明　13r, 65r, 99r, 139r,
　　215r, 595r, 601l, **604**l, 929r
棚橋小虎　552r, 788l
棚橋貞雄　340r
棚橋フミ　126l
田辺郁洋　604l
田辺兼吉　**604**l
田辺義道　**604**l
田辺　潔　390l, **604**r
田辺清春　403l, 573l, **604**r, 606r,
　　791l
田辺繁治　861r
田辺寿利　604r
田辺輝光　605l
田辺富蔵　605l
田辺　元　266r, 761r
田辺若男　605l, 769l, 863r
多並鹿造　**605**r
谷　寛城　968l
谷　甲州　393r
谷　常二　**605**r
谷　静湖　503r, **606**l
谷清太郎　606l
谷　昇　384r, 848r
谷　春松　**606**l
谷合信作　578l
谷川馨一　297l
谷川　進　**606**l
谷川　巌　**606**l
谷川　雁　17r, 57l, 70r, 105l,
　　122l, 287l, 415l, **606**r, 878l
谷川　清　607l, 945r
谷川健一　606r
谷口重太郎　**607**l
谷口長次郎　**607**l
谷口利巳　782r
谷口房吉　**607**l
谷口雅春　666l
谷口道之助　**607**r
谷崎潤一郎　136l, 271r, 314r, 401l,
　　443l, 654l

谷沢金誉　578l
谷螺　公　608l
谷田徳三　440l, 774l
谷水昇雄　234r
谷本角一　210r
谷本弘文　152l, 156l, **607**r, 738r
種岡惣太郎　**607**r
種子助蔵　32r, 601l, **607**r
種田山頭火　221l, **607**r
種本重雄　502l
種本重一　**608**r
田畑栄太郎　**608**r
田畑松治　**608**l
田端良蔵　**608**l
田原保雄　233r, **608**r, 784r, 846r,
　　1000l, 1061l
田平松雄　115r, 609l
田淵克巳　**609**l
田淵嘉平　**609**l
田淵　賢　**609**l
田淵好照　673r
田淵義輝　255r, 519r, 574r, 601r,
　　609l, 650l, 670r, 673r, 929l
田部井善吉　**609**r
玉井勝利　710r
玉置真吉　**609**r
玉置ミキ　502r
玉置義明　433l, 609r
玉川信明　179r, **609**r
玉生　清　376l
玉生謙太郎　376l
玉城正次　**610**l
玉置西久　161r, **610**l
玉木　肇　**610**l
玉田徳三郎　91l, 108l, 394l, 502l,
　　513l, 544r, 565l, 577l, **610**r,
　　818l, 818r, 999l
玉田徳太郎　335l
玉田芳子　**610**l
玉村善之助　145l, 304l, **610**r,
　　728r, 1014r
玉村徳之助　308l, **611**l
玉村方久斗　728r
田宮孝之助　**611**l
田宮　幸　**611**l
田村一雄　**611**l
田村寛一郎　168r, **611**l
田村厚三　1r
田村黒水　**611**l
田村さえ　677r

1251

田村　栄　90r, 233r, 363r, 515l, **611**r, 734r
田村　作　393r
田村高知　**611**r
田村たき　**612**l
田村次夫　713r, 871l
田村貞一　**612**l
田村徳次郎　89r, **612**l, 698r
田村俊子　140r, 506l, 665r
田村直臣　597l, 759r
田村治芳　**612**l
田村秀雄　**612**r
田村隆一　823l
為藤五郎　739r
田谷やす　**612**r
田山花袋　446r, 709l
ダ　リ　276l
樽井千代次　**612**r
樽井藤吉　**612**l
樽谷徳太郎　628r
樽見五郎　39r, **613**l
樽水甚一　**613**l
俵　次雄　13l, 139r, 563r, **613**r, 635r, 657r, 1025r
丹いね子　614l
丹　悦太　76r, 208l, 280r, 330l, **613**r, 773l, 895l, 1009r, 1019l
丹吉三郎　68l, **614**l
丹　潔　**614**l, 869r, 1055r, 1076r
丹　星董　613r
団伊玖磨　320l
淡徳三郎　**614**l
丹沢　明　6l, 16r, 120r, 312r, 456r, 457l, 476l, **614**r, 615l, 738l, 901r, 950r, 976l, 1070l
丹沢正作　149r, **615**l, 915l
丹野八千代　345r

ち

池　在善　**615**l
チ・ジェソン　615l
チャン・カンフー　364r
チェ・カビヨン　408r
チェ・ギュジョン　408l
チェ・サンビン　409l
チェ・ジョングァン　409l
チェ・ソンミョン　409l
チェ・チュンホン　409l

チェー・チン　480r
チェ・ハクジュ　407r
チェ・ポクソン　409l
チェ・ヨン　615l
チェ・ラクチョン　409l
チェーホフ　271r, 763r, 798l
チェルケゾフ　**615**r, 735l, 1035r, 1051r
チェルヌィシェフスキー　1034r
チェン・イェンニエン　621r
チェン・ジュンミン　622l
チェン・クンサン　622l
チェン・シアオウオ　623l
チェン・ションシュー　623l
チェン・チュウンペイ　622r
チェン・ファンユイ　623l
近角常観　149r
近田勝久　862l
近松秋江　34r
近嵐忠太郎　**616**l
千曲　皓　335r
千々岩四郎　733l
千野秀一　287l
千野勇造　**616**l
千葉敦子　405l
千葉成夫　405l
千葉正平　761l
千葉豊治　**616**l
千葉　浩　89r, 215l, 278l, **616**r, 644l, 875l
地場　博　**616**l
千葉正雄　**616**l
千葉雄次郎　**617**l
千葉雄二郎　345l
千葉利右衛門　28l, **617**l, 784r
千葉若夫　616r
地原玉吉　**617**l
千布利雄　**617**r, 806r
チャオ・タイモウ　621l
茶木　滋　926l
チャップリン　760l
チャン・サンジュン　620l
張　志弼　566l
チャン・ソンジュ　621l
チャン・ソンヒョン　620l
チャン・チー　619r
チャン・チエンティー　620l
チャン・ヂン　619l
チャン・チンチアン　620r
チャン・ヒョクチュ　618r

チャン・ビンリン　485l
チュ・ミンイー　618l
中条秀雄　492l
趙　恒惕　1041l
褚　民誼　237r, **618**l, 1051r
張　易　359r, 364l, **618**l, 941l
張　維賢　93l, 158r, 367l, 454l, **618**l, 618r, 622l, 898r, 941l, 1049l
張　永源　**618**r
張　恩重　618l
張　赫宙　**618**r
趙　家楼　538l
張　景　359r, 365l, 454r, 494l, 618l, **619**l, 622r, 941l, 1033l
張　継　110r, 369r, 425l, 578r, **619**r, 741r, 1065l
張　謙弟　159r, **620**l, 940l, 1053l
張　剛　804l
張　国燾　494r
趙　根在　122l
趙　時元　290r
張　之洞　364r
趙　昌国　**620**l
張　祥重　260r, 291l, 322r, 353r, 354r, 408l, **620**l, 1040l, 1044l
張　志楽　323l
張　深切　776l
チョウ・スオフェイ　481r
張　成賢　**620**r, 621l
張　静江　357r, **620**l, 1041r
張　善籌　620r, **621**l
趙　太侔　367l, **621**l
張　太雷　1367l
チョウ・チャングク　620l
チョウ・ツゥオレン　481l
長曾我部菊子　50r
長南善吉　**621**l
千代田愛三　926l
千代田米吉　**621**l
チョムスキー　331l
チョン・カプチン　639r
チョン・ソンオク　640l
チョン・チャンジン　640l
チョン・チュンソプ　531r
チョン・チョル　641l
チョン・テソン　640r
チョン・ビーアン　641r
チョン・ファーム　639l
チョン・ペイカン　641l

人名索引 つ

チョン・ユイーシュー　639*l*
チョン・ヨンギュ　640*r*
陳　偉光　639*r*
陳　延年　**621***r*,782*l*
陳　崁　158*l*,367*l*,**621***r*
陳　煥圭　621*l*
陳　瑢源　356*l*,**622***l*
沈　雁冰　355*l*
陳　其美　407*l*
チン・グァンウォン　622*l*
陳　空三　159*l*,**622***l*,623*l*
陳　炯明　158*l*,**622***l*,1046*r*
陳　源　621*l*
陳　国輝　318*l*
陳　昆山　622*l*
陳　春培　619*l*,**622***r*
陳　小我　**623***l*,1053*l*
陳　声樹　622*l*,**623***l*
陳　天華　364*r*
陳　独秀　154*l*,158*l*,159*r*,367*r*,
　　　　 621*r*,641*r*,1041*l*,1053*r*
チン・ノクコン　623*r*
チン・パオブウ　494*l*
陳　範予　158*l*,318*r*,**623***l*
陳　抱一　13*l*
陳　誠　782*r*
陳　友仁　494*l*
陳　翼龍　**623***r*
陳　緑根　105*r*,**623***r*
チン・ワンシャン　494*r*
ヂン・メイヂオウ　351*l*

つ

ツアイ・ユァンペイ　408*l*
ツァラ　560*l*
築比地仲助　406*l*,**624***l*,660*r*,
　　　　　 671*r*,978*l*
通平寺伴助　624*l*
塚沢憲太郎　**624***l*
塚田喜三郎　**624***l*
塚田隆雄　5*r*,177*l*,444*r*,**624***l*
塚田　博　**624***l*
塚田政之助　**624***r*
塚田　稔　**624***r*
塚田義光　**624***r*,971*r*
塚原賢二郎　**625***l*
塚原定次　**625***l*
塚原辰吉　551*l*,**625***l*
塚本卯四郎　**625***l*

塚本　栄　**625***l*
塚本恒次郎　**625***r*,683*l*
塚本はる　**625***r*
月丘きみ夫　611*r*
月岡国保　**625***r*,805*l*
月岡長一郎　**625***r*
月影辰之助　80*l*,350*r*,**625***r*
月形龍之介　747*l*
築地安次郎　**625***r*
津久井竜雄　680*l*
九十九一　923*r*
拓植利夫　211*l*
都崎友雄▷ドン・ザッキー
津司市太郎　26*r*
辻伊三郎　**625***r*
辻　潤　34*l*,34*r*,40*l*,45*r*,58*r*,
　　　　63*r*,75*r*,88*l*,92*r*,132*r*,144*l*,
　　　　164*l*,167*l*,188*l*,196*r*,198*r*,
　　　　202*l*,204*l*,217*r*,218*r*,219*l*,
　　　　232*l*,235*r*,241*l*,257*r*,262*r*,
　　　　294*r*,319*r*,320*r*,346*r*,363*r*,
　　　　372*r*,376*l*,396*r*,440*r*,483*l*,
　　　　494*l*,531*l*,539*l*,541*r*,542*l*,
　　　　551*r*,560*l*,566*r*,581*r*,585*r*,
　　　　594*r*,609*r*,619*r*,**626***l*,627*l*,
　　　　629*l*,644*r*,654*l*,656*r*,660*l*,
　　　　670*l*,689*l*,701*l*,720*l*,723*r*,
　　　　737*r*,743*l*,762*r*,769*l*,769*r*,
　　　　775*r*,780*l*,834*l*,834*r*,871*r*,
　　　　873*l*,915*r*,919*l*,922*l*,928*l*,
　　　　942*r*,954*r*,1000*r*,1019*l*,
　　　　1030*l*,1045*l*,1058*l*,1059*r*,
　　　　1066*r*
辻　久夫　796*l*
辻まこと　45*r*,89*l*,257*r*,319*r*,
　　　　　627*l*,658*r*,975*l*,1058*l*
辻　善明　112*r*
辻　利助　541*l*
辻　流二▷若松流二
辻井民之助　26*r*,716*r*
対馬　斉　628*l*
津島英次　722*r*
津島　琴　627*l*
津島修治　588*l*
津島忠孝　627*r*
対馬忠孝▷対馬忠行
対馬忠行　48*l*,198*l*,222*r*,226*r*,
　　　　　235*l*,383*r*,**627***r*,675*r*,716*r*,
　　　　　805*r*,963*r*
辻浜浩太郎　628*l*

辻本庄平　628*r*,813*r*
辻本晴一　105*r*,373*r*,452*l*,507*l*,
　　　　　628*r*,813*r*
辻本富蔵　628*r*,813*r*
辻山義雄　628*r*,733*l*
津田出之　290*l*,556*l*,629*l*
津田光造　320*r*,**629***l*,1000*r*
津田末松　**629***l*
津田　恒　**629***l*
津田はる　392*l*,393*r*
津田秀夫　**629***l*,976*l*
津田芳太郎　**629***l*
土田杏村　383*l*,**629***r*
土田精一　**630***l*
土田楢夫　860*l*
土田麦僊　**629***r*
土橋定治　**630***l*
土屋勝太郎　574*l*,625*l*,**630***l*,
　　　　　　971*r*
土谷清平　280*r*,**630***l*
土屋源吾　**630***l*
土屋堅輔　457*r*
土屋公平　90*r*,149*l*,333*r*,436*r*,
　　　　　630*l*,739*l*,741*l*
土屋里木　705*l*
土屋泰助　**630***l*
土屋彦次郎　**630***r*
土谷文雄　**631***l*
筒井栄一　977*l*
筒井亀策　650*r*
筒井弁芳　175*r*
続木ハナ　**631***l*
続木　斉　**631***l*
堤憲次郎　**631***l*
堤　重久　588*l*
堤水叫峰　**631***r*
堤末太郎　**631***r*
堤　強　631*l*
綱島正興　320*l*,554*r*
綱島弥右衛門　**632***l*
綱島梁川　776*l*
綱宗英蔵　1067*r*
恒川　長　**632***l*
常見花子　993*r*
角田いそ　161*l*
角田健太郎　1060*l*
椿　一朔　822*l*
椿　宏治　102*r*,**632***l*
椿大次郎　**632***l*,734*r*,851*r*
坪井愛二　**632***l*

1253

と　人名索引

壺井　栄　**632**r,738l
壺井重治　123l
壺井繁治　9r,24r,86r,121r,165r,
　　198r,202l,212l,217l,247l,
　　278r,283r,296r,332r,556l,
　　566l,583r,**632l**,665r,728r,
　　738l,742r,769l,790l,794l,
　　856r,865r,873l,928l,930l,
　　976r,993r,1075l
坪井専次郎　**633**l
坪井武彦　**633**l
坪井政之助　**633**r
坪井隆吉　**633**l
坪内逍遥　140l,197l,209r,271l,
　　474r,533l,**633**l,753l,1017l,
　　1076r
坪内勇蔵　633r
坪川　清　**634**l
坪川甚三郎　**634**l
坪田吟一郎　**634**l,642r,766l,820r
坪田譲治　278r,**634**l,738l
局　清▷秋山清
坪野勝次　**634**r
坪野政一　**634**r
坪松一郎　**634**r
妻木泰治　**634**r
津村　喬　395r
津山晃一郎　233r
露殖家誠　**635**l
鶴　彬　95r,98r,195l,281l,
　　282l,316l,340r,372l,397l,
　　423r,597r,**635**l,681l,910l,
　　923l,954l
鶴岡貞之　13l,331l,613r,**635**l
鶴岡次雄　613r
鶴岡直和　132l,207l,256l,**636**l,
　　774l,775l,898l
鶴岡裕導　635r
鶴岡政男　**636**l
鶴我文良　**636**l
ツルゲーネフ　49l,608l,819l,850r,
　　912r,1044r
鶴島輝光　**636**l
鶴田　佐　**636**l,929l
鶴田三雄　**636**l
鶴橋泰四郎　376l,637l
鶴間二郎　**637**l
鶴巻盛一　460l,561l,591r,**637**l,
　　1027l
鶴巻徳市　42r,67l,282l,**637**l

鶴見和子　**637**l
鶴見俊輔　78l,99r,165r,172r,
　　389r,**637**l,638r,676l,739l,
　　879l,938r,954l,1045l
鶴見　勉　943r
鶴見良行　**638**l

て

鄭　毓秀　159l,237r,390r,**639**l
鄭　華岩　237l,325r,354l,358l,
　　366l,448l,492r,**639**l,1038l,
　　1039l,1040l,1043r
鄭　賢瓔　**639**l
鄭　甲辰　**639**r,835l,1042l
丁　賛鎮　532l,638l,**640**l,844l,
　　1038l,1043l
鄭　振鐸　38r,481l
貞　心尼　1049l
鄭　承博　341r
鄭　聖鈺　**640**l
鄭　然圭　**640**l
鄭　泰信　1033l
鄭　泰崇　641l
鄭　太成　**640**l
鄭　泰成　290r,354l,**640**r,1044l
鄭　泰星　**640**l
鄭　哲　641l
鄭　鉄　782l
鄭　佩剛　159l,318r,367r,485l,
　　641l,1047l
鄭　伯奇　82r
鄭　白湧　641l
鄭　彼岸　318r,641l,**641**r,745l
ティウン・ウイヘン　618l
ティウン・エンゴァン　618l
テイラー　**641**r
デーヴィス　331l
出来秀正　149l,882l
出口王仁三郎　854r
出口豊泰　551l
弟子屈カムイ　451l
手島茂子　**642**l
手島　光　**642**l
手島　博　46r
手塚　勇　**642**l
手塚市次郎　**642**l
手塚　武　363l,563l,567l,**642**l
手塚　蘭　**642**l
手塚緑敏　769l

デミトロフ　1031r
寺内純一　1060r
寺尾トクノ　18r
寺尾　実　2l,18r,108r,125r,126l,
　　274r,385l,517l,634l,**642**r,
　　738r,820r,821l,903r,945l
寺尾やす　457r
寺門　昱　**643**l
寺神戸誠一　520l,**643**l,741l
寺川俊男　43l,259r,474l,865r,
　　881r
寺口豊太郎　**643**l
寺沢館太郎　80l,**643**l,950l
寺沢迪雄　178r,**643**l,724l
寺島伊久雄　89r,**644**l,875l
寺島　信　45l,**644**l,662l
寺嶋宗一郎　702l
寺島珠雄　149l,167l,172r,283l,
　　315l,372l,404r,**644**l,657l,
　　723r,739l,783l,1028r
寺島歳尾　**645**l
寺田　郁　781l
寺田格一郎　46l,59r,131r,162r,
　　164r,184r,206l,376l,395l,
　　422r,442l,551r,605l,643l,
　　645l,720r,972r
寺田　鼎　**645**r
寺田義一　64r,288l,339l,**645**l
寺田　信　418r
寺田　工　**646**l,228l
寺田俊男　329l
寺田政明　217l,636l
寺田　貢　64r,**646**l
寺西慶太　**646**l
寺本清次郎　**646**l
寺本みち子　268l,499l
寺山修司　**646**l
照井荘五郎　517r
照山正巳　558r,**647**l
田　華民　1043r
田　漢　158l,480l
天川敦三　**647**l
伝田　響　609l,1000l
天明　茂　**647**l

と

杜　伯訓　622r
戸井十路　**647**l
土肥保夫　505l

土井 要 **647**r
土居岩一 **648**l
土井喜八 **647**r
土井郷成 66r,**648**l
土居貞子 343l
土井直作 664l
土井 昇 **648**l
土井文一 **648**l
土居唯蔵 695r
樋田道賢 2l,405r,**648**l,846l
鄧 穎超 623r
陶 行知 861r
陶 成章 480r
鄧 夢仙 39l,448l,558l,**648**l
東井信福 502l,**648**r
トゥカチョフ 727r
桃源洞人 45r
道 元 136r,**649**l
東郷青児 320r
遠島哲男 791r
東條よし **649**l
桃中軒雲右衛門 915r
東野 彦 255r,311l,459r,**650**l,670r
当麻雪四郎 578l
東宮七男 141r,424l,504r,**650**l,1075l
堂本安松 81r,**650**r
遠矢徹彦 **650**r
遠矢政行 650r
頭山秀三 297l
頭山 満 22l,297l,538r,555l,**650**r,809r,860r,915l,915r,989l
道本精一 398l,625r,822l,972l,1066l
ドゥルーズ 836r
ドゥルティ 23l,275r,**651**l
堂脇次郎 53r,435l,557r,**652**l,709l,901l,945r
遠田武雄 **652**l
遠江 静 438r
遠矢郷太郎 **652**l
遠矢五郎 **652**l
遠山謙三 **652**l
富樫粂雄 187l,498l,**652**l,939l
富樫定雄 **652**l
富樫庄平 **653**l
渡嘉敷守良 758l
戸川イフ 653l

戸川静子 628l
戸川秋骨 286l
戸川継男 429l
戸川幽子 98l,**653**l
土岐哀果 34l,169r,348r,446r,570l,**653**l,722r,968r,969r,1005r,1059l,1060r
土岐孝太郎 667r
土岐新一 **653**l
土岐善麿▷土岐哀果
土岐太郎 **653**l
土岐彦次郎 **654**l
鴇英太郎 **654**l
時永良一 116r,337l,411r,550l,591r,**654**l,826r
常盤歌次郎 **654**r
徳 池隆 277r,**654**l,656l,664r,765r
徳岡武雄 164l,395l
徳川義親 62r
徳座研一 1009r
徳座貞子 1010r
徳沢邦次郎 **655**l
徳田球一 306r,387r,549l,692l,913l,1025r
徳田秋声 34r,321r,849l
徳田藤吉 259r,**655**l
渡久地政憑 127r,143r,235r,**655**l,777r,836l
徳富愛子 215l,373r
徳富健次郎 655r
徳富蘇峰 49r,257l,286r,655r,915l
徳富蘆花 227r,243r,373r,615r,**655**r,668r,689l,819l,850r,859r,1059r
徳永 亮 656l
徳永 清 656l
徳永国太郎 657l
徳永参二 566l,**656**l,972r
徳永 直 228l
徳永文四郎 656l
徳永政太郎 **656**r,884r
徳永保之助 657l
徳升はつえ 657l
徳美松太郎 203l,**657**l,908r,991l
戸倉義大 636l
戸倉米吉 **657**r
戸坂 潤 853l
戸沢清五郎 **657**r

戸沢仁三郎 205l,557r,**657**r,683r,938l,1070l
戸沢二三郎 657l
利田正男 **658**l
ドストエフスキー 456r,472l,560l,762l,850r,912r,992l
戸田広介 **658**l
戸田清吉 **658**l
戸田達雄 196l,230r,246l,284l,523r,627l,**658**l,940l,975l
戸田三三冬 190r,404r,**658**l
戸田麦花 572l
戸田茂睡 854l
登智気優吾 486l
栃木重吉 791l
戸塚博士 705l,926l
戸塚 廉 **659**l,861l
戸塚清男 **659**l
鳥取貫一 **659**l
鳥取春陽 **659**l
戸恒保三 369r,406l,578r,**660**r,951r
等々力広吉 **661**l
轟 大助 805l
殿水藤之助 214l,222r,226r,250r,554r,**661**l,996l,1023l
殿山泰司 **661**r
鳥羽郁乃 983r
鳥羽 修 **662**l
土橋治重 126l
戸原 謙 45l,212l,**662**l
登張竹風 725l
戸張峯蔵 **662**l
土肥正吉 **662**l
飛田杉松 **662**l
飛地義郎 203r,662r
飛松与次郎 **662**r
富秋勇次 **662**r
富岡小夜子 581l,**662**r,884r,925l
富岡 誓 693r
富岡 正 971r
富岡 誠 693r
富澤赤黄男 569l,**663**l,885l
富澤正三 663l
富田 彰 363l
富田格之助 58r,445r,**663**r
富田兼吉 243l,663r
富田経吉 **663**r
富田幸次郎 499r

な　人名索引

富田砕花　262r,373r,**663**r,810l,
　　949l,1020r
富田繁蔵　30l,439r,445r,473l,
　　663r,**664**l,1072r
富田庄吉　**664**l
富田鷹夫　950l
富田武夫　950l
富田常雄　102r,**664**l
富田常次郎　664l
富田　充　303l
富永　郁　284l
富永修一　**664**r
富永太郎　12r
富永義熈　**664**l
富本一枝　227r
富本憲一　668r
富本憲吉　227r,721r
富山喜蔵　**664**r
富山きよ子　**664**r
富山欣次　112r,**664**r,883l,1074r
富山金太郎　**665**l
富山信吉　**665**l
富山仙次郎　440l
戸村一作　778r
留岡幸助　778l
友野とくじ　441r,**665**l
友野義太郎　577r,**665**l
友松圓諦　871r,188l
友森星村　**665**r
友谷静栄　**665**r,769l,863r,873l,
　　916r,1074r
土門彦四郎　**665**r
鳥谷部陽太郎　149r,**665**r
外山卯三郎　303l
登山恒孝　321l
外山　照　207l,**666**l
豊川善吉　**666**l
豊川善暉　**666**r
豊田文吉　**666**r
豊田孤寒　**666**r,941r
豊田神尚　666l
豊田道之助　449l,**667**l
豊積金太郎　**667**l
トラー　152l
トラウベル　492l,810l
鳥居素川　755r
鳥居哲男　890l
鳥居雅夫　**667**r
鳥見山捨麿　144r
鳥山甚五郎　**667**r

トルストイ　7r,36r,45r,69r,75r,
　　137r,138l,139l,149r,163r,
　　172l,235l,248r,273r,292r,
　　306l,323r,337l,453r,470l,
　　495l,506l,532l,533l,592r,
　　634r,636l,655r,**667**r,719l,
　　752l,776l,779r,819l,819r,
　　832r,848l,850r,895l,923r,
　　933l,934r,947l,948l,956r,
　　971l,987r,1003r,1009r,1035r
土呂　基　**669**l
トロツキー　57l,127l,627r,940r
トン・モンシエン　648r
ドン・ザッキー　664l,665r,**669**l,
　　703l,976r

な

ナ・ウォルビョン　1034l
ナ・ギョンソク　1033r
ナイチンゲール　311l
内藤卯三郎　810l
内藤嘉易　791l
内藤国雄　441r,577r,**669**l,746r
内藤恵吉　670l
内藤健二　205l
内藤健治　**669**l
内藤湖南　266l,867l
内藤三郎　**669**l
内藤信吉　670l
内藤鋠策　228r,297r,873l,923r,
　　1074l
内藤総一郎　**670**l
内藤辰雄　456r,**670**l
内藤長太郎　**670**l
内藤　陳　**670**l
内藤伝三郎　**670**l
内藤登志　102r,950l
内藤久治　**670**l
内藤　操　135l
内藤好雄　52l,590r,**670**r
苗村三郎　835r
直木三十五　584l
中　勘助　1019l
仲　喜一　339l,460l,603l,**670**r,
　　831l,908l
中井数枝　424r
中井金次郎　**671**l
中井留吉　**671**l
中井正文　677r

中井嘉美　385l,**671**l
永井永吉　**671**l
永井億弥　**671**l
永井　恭　9r
永井　潔　**671**r
永井金次郎　**671**r
永井銈造　286l,447l,**671**r
永井孝吉　**672**l
永井清之助　**672**l
永井誠之助　573r,826l
永井龍男　572r
永井政吉　**672**l
永井政太郎　**672**l
永井正次　901r
永井慶重　**672**l
永井柳太郎　231l,**672**l
中家金一　**672**r
中江兆民　32r,50l,190l,369r,
　　445r,613l,651l,**673**l,914r,
　　960r
長江栄吉　**673**l
永江精次郎　**673**l
中尾吉之助　3l,403r,**673**l,861l,
　　968l
中尾新三郎　486l,**673**l,729l
中尾正義　21l,42l,42r,68l,121l,
　　147l,155l,214r,255r,338l,
　　406r,460l,466l,503r,529l,
　　542l,609l,650l,670r,**673**r,
　　702l,715l,770r,781r,784r,
　　841l,857l,913r,928l,938l,
　　1011r
長尾一泰　**674**r
長尾駒太郎　369l
長岡忠次郎　334l
永岡鶴蔵　**674**r,907r
長岡博明　198l,**675**l,854l
中上健次　341r,676r,861r,1058l
中上七松　341r
中川卯之助　**675**l
中川栄太郎　**675**l,953l
中川一政　122l
中川紀元　295l,571l
中川　栄　4l,206r,244l,498r,
　　562r,**675**r,753l,758l,1069l
中川重郎　**675**r
中川彰平　**675**r
中川政二　**675**r
中川善一　**676**l
中川退司　**676**l

な

中川哲郎　**676***l*
中川徳太郎　**676***l*
中川知味　689*r*
中河　一　115*r*
中川文次郎　**676***l*
中川正雄　509*l*, 510*r*, **676***l*
中川六平　18*l*, **676***l*
永川玲二　**676***l*
仲木貞一　**677***l*
長倉宇吉　**677***l*
中越金二　**677***l*
中込純次　965*l*
長坂善蔵　**677***l*
長坂保衛　**677***r*
長崎謙二郎　123*r*, 591*l*, **677***r*
長崎　浩　508*l*, **678***l*, 860*l*
中里初太郎　**678***l*
中里介山　149*r*, 197*l*, 373*r*, 464*r*, 549*r*, 587*r*, 626*r*, 666*l*, 668*r*, **678***l*, 679*r*, 854*l*
中里重松　**678***l*
中里重吉　**678***r*
中里弥之助　678*l*
中沢猪久三　133*l*, 238*l*, 258*l*, **678***r*
中沢右馬之亟　**679***l*
中沢次郎　**679***l*
中沢僊吉　**679***l*
中沢鉄五郎　**679***l*
中沢輝夫　**679***l*, 987*l*
中沢天蓋　359*r*, **679***l*
中沢寅二　784*r*
長沢碓三郎　201*r*, **679***r*
長沢　清　3*r*, 97*l*, 193*r*, 240*r*, 288*l*, 385*l*, 459*r*, 466*r*, 590*r*, 647*r*, **679***r*, 687*r*, 776*l*, 866*l*, 949*r*, 987*l*, 1033*l*
長沢九一郎　32*l*, **680***l*
長沢青衣　679*r*
長沢はる　**680***l*
長沢弥六　**680***l*
長沢　祐　753*r*
中島松二　466*r*
中島　敦　267*l*
中島市之介　**680***r*, 884*l*
中島亀之助　**680***r*
中島儀助　**680***r*
中島吉太郎　**680***r*
中島国夫　90*l*, 95*r*, 234*r*, 377*r*, **681***l*

中島敬三郎　**681***r*
中島コウ子　962*l*
中島作次　716*r*
中島茂八　**681***r*
中島重吉　**681***r*
中島秋声　**682***l*
中島　信　212*l*, 290*l*, 556*l*
中島すず　**682***l*
中島清一　666*l*
中島成功　680*r*
中島清太郎　**682***l*
中島千八　989*r*
中島　猛　625*l*
中島壹児　681*l*, 681*r*
中島斗八　1060*l*
中島直吉　**682***l*
中島はなゑ　451*r*, **682***l*
中島葉那子　682*l*
中島久吉　**682***l*
中島房太郎　**682***r*
中島雅一　932*l*
中島松夫　1075*l*
中島光夫　733*l*
中島光雄　**682***r*
中島安太郎　300*l*, **682***r*, 744*l*
中島義貞　**682***r*
中島与之助　**682***r*
永島蔵之輔　765*l*
永島光十郎　561*l*, **683***l*, 1005*l*
長島権平　**683***l*, 966*l*
長島　新　300*l*, 625*l*, **683***l*, 831*l*, 1069*l*
永島仁三郎　**683***r*
永島富士雄　711*l*
長島三芳　86*r*
永嶋暢子　822*l*
永代静雄　446*r*
中筋宇八　**683***r*
永瀬清一　123*r*, 761*r*
仲曽根原和　31*l*, 569*l*, 580*r*
仲宗根貞代　332*l*, 405*r*
中田健助　218*l*, **683***r*
中田二郎　**683***r*
中田とめ　**683***r*
中田長衛　**684***l*
中田　実　**684***l*
中田米吉　525*l*, **684***l*
仲田定之助　145*l*
中田忠太郎　347*l*, **684***l*
中田美穂　212*r*, **684***l*, 826*l*, 890*l*

中田勇作　445*l*
中田義秋　3*r*, 245*l*, 379*r*, 382*l*, 415*r*, **684***r*, 878*l*
中田驪郎　183*l*, 380*l*, 572*r*, **684***r*, 989*l*
永田軍二　685*l*
永田耕衣　**685***l*
永田衡吉　161*l*
永田省三　**685***l*
永田徳太郎　**685***r*
長田豊作　**685***r*
永田雅一　430*r*, 464*l*, **685***r*, 818*l*, 863*l*
永田　耀　302*r*
永田洋子　242*r*, 530*r*
中台準三郎　**686***l*
仲谷うしほ　686*l*
仲谷謙二　33*r*, **686***l*, 789*l*
中谷　博　678*r*, 761*r*
永谷赤助　**686***l*
長谷清七　**686***l*
中津弥太郎　**686***l*
中塚一碧楼　347*r*, 572*l*, **686***r*, 866*r*, 881*r*
中塚直三　686*r*, 866*r*
中津川儀作　**687***l*
中津川一　**687***l*, 822*r*
中辻修吉　428*r*, 534*l*, **687***l*
永露　瞑　146*r*
中出荘七　684*l*, **687***l*, 854*l*
長友　厳　**687***r*, 936*l*
長縄文夫　87*l*, **687***r*, 707*l*
中西愛一　680*l*, **687***r*, 688*r*, 968*r*, 971*l*
中西維三郎　591*l*
中西市左衛門　**688***l*
中西伊之助　129*r*, 155*l*, 171*l*, 235*l*, 257*l*, 263*r*, 278*r*, 282*r*, 285*r*, 289*r*, 375*l*, 375*r*, 390*l*, 436*r*, 439*r*, 447*r*, 465*r*, 468*r*, 469*r*, 479*l*, 504*l*, 520*l*, 561*l*, 562*r*, 568*r*, 576*r*, 683*l*, **688***l*, 691*r*, 698*r*, 730*l*, 735*r*, 737*l*, 765*l*, 791*l*, 795*r*, 934*r*, 1027*r*, 1057*l*
中西勝男　689*l*
中西勝治　680*l*, 688*l*, **688***l*
中西兼松　**688***r*, 971*l*
中西元治郎　689*l*
中西悟堂　62*r*, 267*l*, 515*l*, 668*r*, **689***l*, 741*r*, 860*l*, 873*l*

中西悟道	173*r*	
中西完孝	689*r*	
中西辰一	155*l*, **689***r*	
中西 徹	183*r*	
中西鋭夫	690*l*	
中西富嗣	689*l*	
中西夏之	10*l*, 105*l*, 287*r*	
中西政一	690*l*	
中西良雄	690*l*	
永沼喜一郎	690*l*	
長沼笹次郎	690*l*	
長沼末吉	690*r*	
長沼善吉	26*l*, **690***r*	
長沼智恵子	213*l*, 567*l*	
長沼 力	936*l*	
長沼 富	690*r*, 912*l*	
中根栄之助	690*l*	
中根喜作	690*r*	
中根梧郎	691*l*	
中根司郎	691*l*	
中根広義	691*l*, 870*r*	
中野岩吉	691*l*	
中野貞蔵	691*l*	
中野繁一	647*l*	
中野重治	14*r*, 85*l*, 123*l*, 133*l*, 195*l*, 211*r*, 217*l*, 271*l*, 327*l*, 550*l*, **691***l*	
中野正剛	541*r*, 692*l*, 761*r*, 912*l*, 918*r*	
中野妙子	282*r*, **691***r*, 736*l*	
中野時雄	691*r*	
中野徳蔵	691*r*	
中野敏雄	691*r*	
中野秀人	202*r*, **691***r*, 761*r*	
中野ふみ	692*l*	
中野文吉	692*l*	
中野嘉一	718*r*	
長野 朗	407*l*, 592*r*	
長野儀平	692*l*	
長野秀文	692*l*	
中名生いね	13*l*, 598*r*, **692***r*	
中名生幸力	13*l*, 81*l*, 249*l*, 252*l*, 335*l*, 339*l*, 422*l*, 423*l*, 486*l*, 541*r*, 549*l*, 553*l*, 598*r*, 602*r*, 683*l*, **692***l*, 696*l*, 786*r*, 854*l*, 907*l*, 912*l*, 934*l*, 1069*r*	
中橋一夫	1044*r*	
中橋庄平	693*l*	
永畑道子	693*l*	
中浜 哲	14*r*, 71*l*, 83*l*, 148*r*, 168*l*, 210*l*, 222*r*, 225*r*, 252*l*, 270*l*, 274*l*, 276*r*, 289*l*, 289*r*, 317*l*, 339*l*, 353*l*, 380*r*, 383*l*, 383*r*, 384*l*, 393*l*, 422*r*, 423*l*, 456*r*, 486*l*, 495*r*, 591*r*, 602*r*, 666*l*, 670*r*, 673*r*, **693***r*, 723*r*, 757*l*, 786*r*, 819*r*, 831*l*, 840*r*, 851*r*, 907*r*, 926*r*, 937*l*, 991*l*, 996*l*, 998*l*, 1022*l*, 1031*l*	
長浜 茂	498*l*	
長浜福松	694*r*	
中林淳真	762*l*	
中林 文	762*l*	
中原喜一郎	694*r*, 795*r*	
中原指月	963*l*	
中原春一	694*l*	
中原正三郎	694*r*	
仲原善賢	694*l*	
中原中也	626*l*, 842*r*	
中原平八	43*l*, 239*r*, 428*l*, **695***l*	
中原 実	145*l*, 304*l*, 610*r*, **695***l*, 1014*r*	
永原 清	695*l*	
永久源吉	164*r*, 395*l*	
中平文子	585*r*	
仲平鐐太郎	695*l*	
長藤 実	695*l*	
永洞友吉	695*l*	
中牧彦次郎	562*l*	
中俣新栄	695*l*	
中町彦蔵	695*l*	
長嶺紀政	474*r*	
中村浅吉	392*l*	
中村幾之助	695*l*	
中村伊三郎	702*l*	
中村 勇	695*r*	
中村一次	193*r*, 240*r*, 388*l*, 575*r*, 592*l*, **695***r*, 776*l*, 866*l*, 974*l*	
中村一郎	696*l*	
中村快一	696*l*	
中村勝次	696*l*	
中村勝次郎	696*l*	
中村嘉与造	696*l*	
中村 還一	38*l*, 65*l*, 346*r*, 360*r*, 402*r*, 541*r*, 546*r*, **696***l*, 700*r*, 780*l*, 1023*l*, 1025*r*, 1063*r*, 1073*r*, 1074*l*	
中村きい子	606*r*	
中村儀太郎	696*l*	
中村吉次郎	3*l*, 114*r*, 215*l*, 416*l*, 436*r*, **696***r*, 725*l*, 736*l*, 848*l*	
中村吉蔵	928*l*	
中村金次郎	697*l*	
仲村久慈	1028*r*	
中村鍬太	697*l*	
中村敬一	372*r*, **697***l*, 722*r*	
中村健二	1056*r*	
中村孝助	697*l*	
中村浩太	305*l*	
中村孝太郎	697*r*	
中村公平	384*r*, **697***r*, 928*r*, 938*r*	
中村古峡	50*l*, 666*l*	
中村駒之助	697*r*	
中村佐市	697*r*	
中村 栄	863*r*	
中村 智	436*l*	
中村鹿二	112*r*, 264*l*, 466*l*, **697***r*, 974*l*	
中村志げ	698*l*, 945*l*, 946*l*	
中村 茂	89*r*, 423*l*, 612*l*, **698***l*, 703*r*	
中村重次郎	698*l*	
中村錠造	698*l*	
中村庄太郎	698*l*	
中村如水	379*l*	
中村次郎	87*l*, 235*l*, 568*r*, **698***l*	
中村誠一	699*l*	
中村清吉	699*l*	
中村星湖	94*l*, 184*l*, **699***l*, 737*l*, 842*l*	
中村高一	819*r*	
中村種次郎	813*r*	
中村太八郎	310*l*, 613*l*	
中村民雄	516*l*	
中村為三郎	699*l*	
中村多緑	699*l*	
中村千満与	9*l*, **699***l*, 799*l*	
中村 司	236*l*, 699*l*	
中村次伴	699*r*, 848*r*	
中村 彝	197*l*, 376*l*	
中村悌二郎	197*l*	
中村徹雄	699*r*	
中村とう	699*r*	
中村 登	699*r*, 768*r*	
中村白葉	167*r*	
中村秀雄	700*l*	
中村 宏	287*r*	
仲村ふく	944*r*	
中村福太郎	700*l*	
中村房一	151*l*, 202*r*, 225*l*, 331*l*, 448*r*, 466*l*, 488*r*, 503*r*, **700***l*	

人名索引　に

719*l*,1000*l*
中村将為　699*l*
中村正直　808*r*,915*r*
中村政之　700*r*
中村又作　700*r*
中村磨美　700*r*
中村みき　700*r*
中村峰松　700*r*
中村　稔　981*r*
中村三山　98*r*
中村武羅夫　811*l*
中村弥二郎　701*l*
中村安太郎　1022*l*
中村八十八　700*r*
中村雄四郎　700*r*
中村勇次郎　76*l*,86*l*,598*l*,**700***r*,1024*l*
中村有楽　701*l*,364*l*,978*l*
中村義明　311*l*,689*r*,761*l*
中村喜造　**701***r*
中村李一　**701***r*
中村若次　701*r*,998*l*
中室員重　52*l*,124*r*,174*r*,503*l*,**701***r*,918*l*
仲元愛高　**702***l*,1061*l*
中元藤太　**702***l*
中本弥三郎　**702***r*,976*l*
中山　照　529*r*
中山　章　702*r*,929*l*
中山あさ　**702***r*
中山栄蔵　**702***r*
中山英之助　**702***r*
中山清助　**703***l*
中山金次郎　**703***l*
中山省三郎　123*l*
中山庄二郎　**703***l*
中山次郎吉　**703***l*
中山晋平　917*l*
中山寅之助　**703***l*
中山　昇　**703***l*
中山博道　341*l*
中山房助　648*l*
中山みき　531*r*
中山　豊　**703***l*
永山健二　423*l*,612*l*,**703***r*
長山直厚　65*l*,302*r*,491*r*,541*r*,554*l*,**703***r*,782*r*,786*l*,1025*r*,1067*r*
長与善郎　315*l*,440*r*,1060*l*
長川一雄　**704***l*

名川　三　384*r*
南雲錠太郎　65*l*,465*l*,**704***l*
名倉　修　**704***l*
名護良英　993*l*
名越　直　796*r*
那須耕介　99*r*
那須千万彦　374*r*
那須与一　**704***l*
なだいなだ　**704***r*
夏川小吉　14*r*
夏目漱石　49*r*,560*l*,843*l*
名取　操　**704***r*
名取幸雄　547*l*
ナフト　1055*l*
鍋川市郎　**704***r*
鍋田喜一　373*r*,1009*r*
鍋山歌子　180*l*,200*l*
鍋山貞親　186*l*,311*l*,383*r*,553*l*,591*l*,677*r*,**704***r*,761*l*
生江栄市　66*r*
奈街三郎　**705***l*,821*r*,925*r*,926*l*
浪岡民治　705*r*,998*l*
並河乳蛇　432*r*,**705***l*
並川勇馬　**705***l*
並河　亮　721*r*
行木　勇　379*r*,416*r*,**706***l*,755*l*,1019*l*
並木敏夫　1003*l*
並木凡平　1011*r*
滑川正之助　501*l*
名本栄一　312*l*,313*l*,520*r*,**706***l*,927*l*
奈良茂雄　706*r*
奈良重穂　20*l*,**706***r*
奈良民治　**706***r*
奈良井卯三郎　**707***l*
奈良梅庄太郎　**707***l*
成田政市　178*l*,185*r*,308*l*,375*r*,376*l*,382*l*,463*l*,547*l*,674*l*,687*r*,**707***l*,857*l*,998*r*,1014*l*
成田元雄　**707***l*
成井賢一郎　**707***r*
成石勘三郎　**707***r*,708*l*,776*l*
成石平四郎　220*l*,427*l*,**707***r*,714*l*,776*r*
成岡秀五郎　**708***l*
成沢富太郎　**708***l*
鳴沢槙太郎　**708***l*
鳴沢勇次郎　708*l*
成沢量一　435*l*,**708***r*,756*r*,900*r*,

951*l*
成瀬　純　427*r*
成瀬関次　803*l*
成瀬徳明　11*r*,709*l*
鳴海黒流　557*r*,**709***l*,757*l*,901*l*,945*r*
鳴海主計　951*l*
鳴海なつ　**709***l*
鳴海要吉　315*l*,443*l*,**709***l*
名和仲弐　82*r*
縄田林蔵　234*r*
縄野喜助　**709***r*
南条蘆夫　174*r*,798*l*,976*l*
南条美鈴　682*l*
難波慶爾　295*l*
難波大助　107*l*,360*l*,**709***r*,757*r*,856*r*,898*l*,995*r*
難波忠雄　184*l*,211*r*,214*r*,268*r*,700*l*,956*l*,1057*l*
難波留吉　**710***l*
南波　昇　**710***l*
難波英夫　340*l*,424*r*
難波正雄　151*l*,411*r*,558*l*,591*r*,**710***r*,757*l*,875*l*,997*r*,1016*r*
難波明治郎　**710***r*
南部岩造　666*l*
南部卯吉　**710***r*
南部僑一郎　326*r*,**710***r*
南部繁治　**711***r*
南部つなぎ　**711***r*

に

新居　格　24*l*,34*l*,47*r*,100*r*,112*r*,121*l*,132*r*,156*l*,208*r*,213*l*,248*r*,274*l*,295*r*,349*l*,353*l*,383*l*,439*r*,532*r*,539*l*,589*l*,615*l*,619*r*,**711***l*,721*r*,769*r*,821*r*,832*l*,853*r*,883*l*,890*r*,922*l*,923*l*,927*l*,954*r*,972*r*,975*r*,976*r*,1015*l*,1030*l*,1068*r*
新倉文郎　810*l*
新倉雅博　435*l*
新島栄治　669*r*,**712***l*
新島　襄　243*l*
新津米房　**712***r*
新津友蔵　615*r*
新妻イト　76*r*
新妻康愛　**713***l*
新沼栄蔵　**713***l*

に 人名索引

新原四郎　713*l*
新原兵太郎　713*l*
新美卯一郎　219*r*,314*l*,370*l*,433*l*,459*l*,662*r*,713*l*,830*r*,871*l*,991*r*,1008*l*
新村善兵衛　285*r*,700*r*,713*r*,714*l*
新村忠雄　157*l*,166*l*,220*r*,292*l*,294*r*,304*l*,369*l*,373*l*,406*r*,427*l*,433*l*,671*r*,700*r*,707*r*,708*l*,714*l*,747*r*,785*r*,830*l*,839*l*,920*r*,942*r*,988*l*,990*r*
新村みき　700*r*
新村明治郎　33*l*
新村善雄　714*l*
新山初代　38*r*,260*r*,324*r*,714*r*
苦瓜恵三郎　185*l*
二木　寛　503*r*,715*l*
西　進策　279*l*
西　杉夫　476*l*,669*r*
西　八郎　715*l*
西井福松　715*l*
西井　勝　149*l*,882*l*
西家喜楽　715*l*
西内信広　680*r*
西海喜多次　715*r*
西浦貞雄　395*l*,715*r*
西尾銀次郎　715*r*
西尾虹二　437*l*,777*l*
西尾貞次郎　715*r*
西尾末広　75*r*,108*l*,761*l*
西尾多恵子　1060*l*
西尾　正　662*l*
西岡達衛　814*r*
西岡久夫　715*r*
西岡政吉　716*l*
西岡政義　115*r*,716*l*
西方哲四郎　716*l*
西勝歌三　708*r*,716*l*,722*l*
西川計夫　345*l*,384*r*,716*l*
西川　欽　226*r*,491*l*
西川金三郎　675*l*
西川金次郎　26*r*,124*l*,198*l*,203*l*,235*l*,491*r*,716*l*,737*r*,739*l*,955*r*
西川金太郎　716*r*
西川孝一　716*r*
西川さきえ　716*r*
西河通徹　348*l*
西川　勉　536*r*,716*r*

西川　鉄　124*r*
西川文子　215*r*,268*l*,314*l*,419*l*,499*l*,717*l*,718*l*
西川正人　211*r*,502*r*,717*r*,773*l*,1006*l*,1031*l*
西川マツ　268*l*
西川光次郎　717*r*
西川光二郎　10*r*,70*l*,114*r*,166*l*,246*r*,257*r*,369*r*,412*l*,458*r*,491*l*,535*l*,537*l*,544*l*,551*l*,587*r*,625*l*,675*l*,717*l*,717*r*,760*r*,773*r*,774*l*,779*r*,802*l*,874*r*,911*r*,915*r*,929*r*,963*r*,985*r*,1020*l*,1024*r*,1073*l*
錦米次郎　195*r*,718*r*,1012*l*
西口弥一　124*r*,203*l*,718*r*,737*r*,955*r*
西久保義隆　719*l*
西黒勇次郎　719*l*
錦織正純　719*l*
西崎花世　49*l*,50*r*
西沢揚太郎　901*r*
西沢頼信　259*r*,971*r*
西島三郎　719*l*
西田市太郎　719*l*
西田幾多郎　106*l*,194*r*,629*r*,761*r*
西田健太郎　21*r*,332*r*
西田辰之助　139*l*
西田伝吉　197*r*,719*l*
西田天香　80*r*,221*l*,227*r*,304*r*,340*l*,454*l*,719*l*,839*r*,854*r*,904*r*
西田秀夫　650*r*,719*l*
西田博太郎　1018*l*
西田文夫　720*l*
西田文治　264*l*
西谷勢之介　720*l*
西出二郎　720*l*
西野勝信　720*r*
西野幸三郎　234*r*,476*r*,720*r*
西野貞治　640*r*
西野辰吉　720*l*
西端さかゑ　720*r*
西原　栄　720*r*
西原正春　133*l*
西堀進午　25*l*,89*r*,611*l*,721*l*,827*l*
西前雅文　311*l*
西見　徹　721*l*
西村伊作　161*l*,161*r*,162*l*,163*l*,163*r*,212*r*,248*r*,721*l*

西村　修　404*r*
西村　庚　722*l*
西村玄道　613*l*
西村幸三郎　722*l*
西村五郎　722*l*
西村祭喜　770*l*
西村才次郎　722*l*
西村準一　722*l*
西村正太郎　722*l*
西村節三　372*r*,697*l*,722*r*
西村寅次郎　722*r*
西村友次郎　722*r*
西村陽吉　75*r*,161*r*,212*r*,234*l*,234*r*,259*r*,312*r*,315*l*,443*l*,631*r*,697*l*,699*r*,721*r*,722*r*,755*r*,848*r*,916*l*,965*r*,987*l*,1069*l*
西村義太郎　723*l*
西山金蔵　723*l*
西山源一　618*r*
西山茂七　618*r*
西山英夫　723*l*
西山又二　542*r*,723*l*,733*l*,917*r*,918*l*
西山勇太郎　2*l*,167*l*,241*l*,257*r*,270*l*,723*r*,849*l*,871*r*,993*r*
西山雄太郎　723*r*
西山六郎　643*r*,724*l*,952*l*,992*l*
西脇英史　11*r*,968*l*
西脇順三郎　572*r*
仁智栄坊　724*l*,724*r*
ニーチェ　49*r*,331*r*,456*r*,472*l*,549*r*,714*r*,724*r*,971*r*
日　蓮　780*r*,813*l*
新田　栄　725*l*
新田　潤　566*l*
新田保太郎　725*l*
新田　融　725*l*,920*r*
新渡戸稲造　23*r*,134*r*,718*l*,740*r*,850*r*
二宮好治　725*r*
二宮　碩　725*r*
二宮尊徳　149*r*,197*l*,719*l*
ニム・ウェールズ　324*l*
丹羽　清　725*r*
丹羽三郎　725*r*
丹羽万平　725*r*
丹羽露舟　32*l*
任　学宰　725*r*

1260

ぬ

温井武治　726*l*
温井藤衛　386*r*, **726*l***
温井義信　726*l*
布川信五郎　**726*l***
沼尾善一郎　**726*l***
沼尾武彦　417*l*, 461*l*
沼田一郎　726*r*
沼田流人　726*l*
沼野　実　25*l*
塗谷逸次郎▷繁谷市太郎

ね

根井養吉　342*r*
根市賢蔵　526*r*
根岸角三　**726*l***
根岸　楢　**726*l*, 909*r*, 1033*l*
根岸正吉　71*r*, 243*l*, 380*r*, 402*l*,
　　672*l*, **726*l***, 888*l*, 991*l*, 1023*l*,
　　1024*l*
根岸川柳　1002*r*
根岸　節　**727*l***
根岸時雍　**727*l***
根岸留吉　**727*l***
ネグリ　836*r*
ネストル　1037*l*
ネチャーエフ　615*r*, **727*r***, 746*l*,
　　820*r*
根津辰雄　318*l*
根津龍雄　**728*l***
ネットラウ　**728*l***, 744*r*, 894*r*, 904*r*
根本金太郎　**728*l***

の

濃田　実　**728*l***
ノウルズ　894*r*
直方十郎　14*r*
野上荘吉　53*r*
野上豊一郎　266*l*
野上秀三郎　**728*l***
野上弥生子　790*l*
野川　隆　145*l*, 304*l*, 610*r*, **728*l***
野川　孟　304*l*, 610*r*, 728*r*
野川　洸　283*l*
野口市郎　48*l*, 168*l*, 317*l*, 384*r*,
　　729*l*, 799*r*, 967*r*

野口雨情　284*r*, 336*l*, 510*r*, 660*l*,
　　729*r*, 819*l*, 873*l*, 880*l*
野口英三　729*r*
野口援太郎　185*l*
野口一雄　252*l*, 422*r*, 486*l*, 673*r*,
　　729*r*
野口亀吉　**730*l***
野口樹々　83*r*
野口菊之助　**730*l***
野口清子　755*l*
野口金太郎　**730*l***
野口謙吉　**730*l***
野口弘一　375*r*, 477*r*, **730*l***
野口品二　17*l*, 279*r*, 441*l*, **730*l***,
　　805*l*, 1003*l*
野口授太郎　739*r*
野口丈夫　**730*l***
野口伝兵衛　1005*l*
野口伝平衛　600*l*, **730*l***
野口復堂　547*r*
野口平民　718*r*
野口昌夫　83*r*
野口満喜　731*l*
野口　稔　618*r*
野口元治郎　690*l*
野口義明　252*r*
野口米次郎　567*l*, 689*l*, 720*l*, **731*l***,
　　761*r*, 843*l*
野毛九郎　309*l*
野坂参三　286*r*, 788*l*, 1031*r*
野崎一友　**731*r***
野崎幸次郎　**731*l***
野崎清二　55*l*, 305*l*
野崎利夫　208*r*, 396*r*, **731*r***
野崎智郎　**731*l***
野澤笑子　89*l*, 152*l*, 498*r*
野沢蔵之助　**732*l***
野沢定吉　**732*l***
野沢三九郎　**732*l***
野沢重吉　111*l*, 368*r*, **732*l***, 807*l*
野沢琢磨　**732*l***
野沢達三　**732*l***
野沢秀吉　**732*l***
能島於菟吉　**732*r***
野島藤次郎　**732*r***
野島秀雄　**732*r***
野島八十吉　**732*r***
野尻吉之助　**732*r***
野末久三郎　**733*l***
能勢作次郎　**733*l***

能勢　仁　68*l*, 614*l*
野田鬼雄　458*r*, **733*l***
野田欣三　**733*l***
野田金三　733*l*
野田せつ　**733*r***
野田親武　**733*r***
野田念昌　733*l*
野田　洋　171*r*
野田文一郎　902*r*
野田由平　**733*r***
野田律太　247*r*, 311*r*, 705*l*, 842*l*
能智修弥　121*r*, 717*l*, **733*r***, 837*l*,
　　875*l*, 879*l*
野津元治郎　**734*l***
能登整三　194*l*, 372*r*, 519*r*, **734*l***
能登秀夫　718*r*
野中楠吉　499*r*
野中俊鱗　632*l*, **734*l***, 851*r*
野中誠之　703*r*
野中善次　734*l*
野中俊治　734*l*
野中由次　**734*l***
野中義人　**734*l***
野長瀬正夫　52*r*, 125*r*, 503*l*, 512*l*,
　　734*r*, 934*l*, 1019*r*
延島英一　149*l*, 204*l*, 288*l*, 309*l*,
　　333*r*, 346*r*, 378*l*, 396*l*, 509*r*,
　　550*r*, 561*r*, 616*l*, 727*l*, **735*l***,
　　741*r*, 817*r*, 884*r*, 899*r*, 1064*r*,
　　1067*r*, 1075*r*
延島せつ　204*l*, 735*r*
延島ゆき　735*l*
延原逸郎　1027*r*
延原亀一　436*r*, 637*l*, 735*r*, **736*l***
延原義憲　108*r*, 375*l*, 436*r*, 540*r*,
　　637*l*, **735*r***, 736*l*, 765*l*
延原三郎　282*r*, 691*r*, **736*l***
延原　茂　637*l*
延原重太郎　637*l*, 736*l*
延原大川　394*r*, 477*r*, 517*r*, 540*r*,
　　697*l*, 735*r*, **736*l***, 736*r*, 934*r*
延原　孝　736*r*
延原竹夫　637*l*
延原辰己　736*r*
延原　徹　736*r*
延原寅夫　736*r*
延原二三五郎　735*r*, **736*l***
延原政行　32*l*, 108*r*, 282*r*, 436*r*,
　　569*l*, 691*r*, 735*r*, 736*l*, **736*r***
信原幸道　582*r*

延原籠郎	736*r*	
延岡為子	419*l*	
延岡常太郎	419*l*	
延島治子	884*r*	
昇　曙夢	38*r*	
野間克己	**737***l*	
野間　宏	528*r*, 877*l*	
野間崎高	559*r*, 798*r*	
野間田金蔵	178*l*, 334*r*, 388*r*, 394*r*, 402*r*, 461*l*, 501*l*, **737***l*, 944*l*, 1004*r*	
ノーマッド	1055*l*	
ノーマン	40*l*	
野溝ナオ	737*r*	
野溝七生子	**737***r*	
野見山暁治	456*l*	
野見山留吉	**737***r*	
野村愛正	747*r*, 748*r*	
野村卯之助	124*r*, 203*l*, 491*r*, **737***r*, 955*r*	
野村栄松	**738***l*	
野村喜一郎	**738***l*	
野村吉哉	605*r*, 632*r*, 642*r*, **738***l*, 769*l*	
野村孝司	**738***r*	
野村孝太郎	26*l*, 109*l*, 114*r*, 120*l*, 315*r*, 389*l*, 564*r*, **738***r*, 770*r*, 872*l*, 1055*l*	
野村胡堂	64*l*	
野村貞吉	**739***l*	
野村三郎	**739***l*	
野村善兵衛	740*l*	
野村泰造	**739***l*	
野村考子	107*r*, 149*l*, 309*l*, **739***l*, 741*r*, 835*l*, 865*l*	
野村ツチノ	1001*l*	
野村藤太郎	**739***r*	
野村俊雄	**739***r*	
野村友吉	**739***r*	
野村初太郎	**739***r*	
野村　伴	716*r*, **739***r*, 818*l*	
野村まつ	**739***r*	
野村　索	**739***r*	
野村ユキ	739*l*	
野村芳兵衛	637*r*, 659*r*, **739***r*, 861*l*	
野村利市	51*l*, 998*r*	
野村良造	**740***l*, 857*r*	
野村隈畔	**740***l*	
野本錦子	**740***l*	
野本武一	740*r*, 951*l*	
野本政一	**740***r*	
野本　実	71*r*	
野安司堂	564*r*	
野与二三	218*l*	
野依秀市	740*r*, 911*r*	
則武春吉	**741***l*	
野呂　進	17*l*	
野呂　衛	**741***l*	

は

ハ・ウンパ	237*l*	
ハ・ギョンサン	237*l*	
ハ・キラク	236*l*	
巴　金	118*l*, 146*l*, 355*l*, 356*r*, 358*r*, 364*l*, 365*l*, 481*r*, 494*l*, 558*l*, 619*r*, 623*l*, 741*l*, **744***r*, 831*r*, 1013*r*, 1034*r*, 1041*l*, 1044*r*, 1046*l*, 1052*r*, 1053*l*, 1054*l*	
馬　鐘太	**741***l*	
馬　叙倫	1048*r*	
馬　宗融	**741***l*, 1034*r*, 1046*r*	
馬　宗豫	374*l*, **741***l*	
馬　超俊	158*r*	
梅敷軍次	119*l*	
ハイデガー	872*l*	
ハイネ	49*l*, 468*l*	
ハイヤーム	851*l*	
ハインドマン	915*l*	
芳賀　融	171*l*, 177*r*, 333*r*, 391*l*, 587*l*, 664*l*, **741***l*, 1003*r*	
袴田里見	471*l*, **742***l*, 753*r*	
バガリーア	276*l*	
羽川得一	**742***l*	
萩　四郎	**742***l*	
萩野他人男	1031*l*	
葉桐りん	**742***l*	
萩原卯之助	**742***l*	
萩原恭次郎	12*r*, 45*l*, 71*r*, 84*r*, 90*r*, 113*l*, 141*r*, 173*r*, 174*r*, 196*l*, 198*r*, 202*l*, 212*r*, 231*r*, 255*l*, 270*l*, 279*l*, 283*r*, 285*l*, 304*l*, 328*r*, 348*r*, 386*r*, 407*r*, 424*l*, 451*r*, 457*l*, 458*l*, 463*l*, 468*l*, 477*r*, 504*r*, 515*r*, 523*r*, 560*r*, 579*l*, 591*l*, 611*l*, 615*l*, 632*r*, 650*l*, 658*r*, 692*l*, 717*l*, 726*l*, 738*l*, **742***l*, 743*r*, 769*l*, 790*l*, 811*l*, 842*r*, 856*l*, 873*l*, 882*r*, 902*l*, 914*l*, 928*l*, 940*l*, 966*r*, 1003*r*, 1016*l*, 1028*r*	
萩原朔太郎	84*l*, 113*l*, 196*r*, 241*l*, 611*l*, 626*r*, 689*l*, 725*l*, 727*l*, **743***l*, 1002*l*	
萩原四郎	**743***r*	
萩原晋太郎	463*r*, **743***r*, 841*r*, 892*r*, 931*r*	
萩原仙太郎	**744***l*	
萩原貞一	**744***l*	
萩原時雄	259*l*, **744***l*, 767*l*	
萩原房吉	**744***l*	
萩原文吉	**744***l*	
萩原正清	682*r*	
萩原礫山	533*l*	
白　貞基	325*r*, 354*l*, 354*r*, 365*r*, 492*r*, 639*r*, **745***l*, 1038*l*, 1040*l*, 1043*r*, 1047*r*	
白　武	252*l*, 422*r*, 423*l*, 486*l*, **745***l*	
伯　峰	831*r*	
莫　紀彭	**745***l*	
獏与太平	551*r*, 834*l*	
朴　一	843*r*	
パク・ギソン	844*l*	
パク・キョンジョ	844*r*	
朴　準植	845*l*	
パク・チュンシル	844*r*	
パク・チョル	844*r*	
朴　庭植	640*r*	
パク・ドンシク	844*r*	
朴　興坤	260*r*	
パク・ヒョンミョン	844*l*	
パク・ブム	844*r*	
パク・ポンカプ	845*l*	
パク・ポンサン	845*l*	
パク・ヨル	845*l*	
白　隠	197*l*	
ハクスレー	138*r*	
バクーニン	66*r*, 75*r*, 139*l*, 152*l*, 153*r*, 156*l*, 246*l*, 319*r*, 348*l*, 560*l*, 593*l*, 616*l*, 727*l*, 728*l*, 738*r*, **745***l*, 752*l*, 762*r*, 767*r*, 805*l*, 820*r*, 832*l*, 833*l*, 853*l*, 880*r*, 887*l*, 908*l*	
バークマン▷ベルクマン		
羽毛田正直	212*r*, 577*r*, 665*l*, 669*l*, **746***r*, 826*l*, 908*l*	
箱田六輔	555*l*, 651*l*	

人名索引　は

硲伊之助　767r
間　一夫　526l
間可津夫　526l
波止影夫　685l,724r,**747l**
橋浦季雄　**747**r
橋浦時雄　50l,114r,346r,575r,
　　656r,**747**l,748l,749l,799l,
　　884r,1060l
橋浦はる(子)　13l,747r,**748**l,749l
橋浦泰佳　23r,224l,604l,747r,
　　748r,1003l,1060l
橋浦りく　747l,748r,**749**l
ハシェク　**749**l
橋川文三　116l,1004l
橋口愬也　**749**r
橋田倉之助　**749**r
橋詰銀次郎　**750**l
橋爪　健　664l,678l,**750**l,873l,
　　975l
橋爪捨三郎　**750**l
橋爪義孝　375r,**750**l
橋本磯吉　411l
橋本いね　**750**r
橋本卯三郎　**750**r
橋本一明　**750**r
橋本菊次郎　246r,347l,**750**r,
　　756r,904r
橋本義三　808r
橋本欣五郎　584l
橋本健吉▷北園克衛
橋本憲三　568l
橋本五一　557r
橋本権兵衛　**750**r
橋本三郎　**750**l
橋本重太郎　**750**r
橋本庄太郎　**751**l
橋本長太郎　**751**l
橋本貞治　102l,741l,**751**l,805r
橋本朝一郎　**751**l
橋本文明　**751**l
橋本万吉　295l,**751**l
橋本有光　**751**r
橋本義夫　235l,561l,562r,683l,
　　698l,**751**l
橋本義春　**751**r,892r
バシンスキー　137l
蓮沼兼吉　**752**l
蓮沼清吉　**752**l
蓮実庄三郎　**752**l
蓮見　末　637l

蓮見　米　**752**l
長谷雄京二　718r
長谷川勲　196r
長谷川功　193l,**752**r
長谷川市松　410r,**752**r,841r,953r,
　　1015r,1033r
長谷川勘太郎　**752**r,998r
長谷川清　557r,709l,**753**l,945r
長谷川源次郎　**753**l
長谷川光一郎　4l,206r,244l,498r,
　　562r,675r,**753**l,758l,1069l
長谷川こま子　469r
長谷川時雨　227r,471l,**753**l,
　　946r,962r
長谷川七郎　73r,**753**r
長谷川修二　**755**l
長谷川重太郎　**754**r
長谷川伸　1015r
長谷川仁策　243l,380r,**754**l
長谷川進　2l,63l,**754**l,823l,
　　833l,888r
葉瀬川進　754l
長谷川武　26r,29l,230r,252l,
　　274r,382l,517l,634l,**754**r,
　　821l,945l,1022l,1072r
長谷川長四郎　**755**l
長谷川嗣　99l
長谷川テル　39l,927r
長谷川天渓　724r
長谷川鑞三　**755**l
長谷川徳次郎　**755**l
長谷川如是閑　289l,319r,**755**l,
　　973l
長谷川ハナ　**755**r
長谷川春吉　**755**r
長谷川治芳　**755**r
長谷川秀清　**755**r
長谷川央　**755**r,848r
長谷川萬次郎　918r
長谷川之　**756**l
長谷川与吉　**756**l
長谷川龍生　1011r
長谷川玲児　20r,333l,**756**l,
　　1014l
長谷部寅吉　406r
長谷部一　**756**l
パソス　437l
パーソンズ　497l
波多朝子　585r
畑　研一　442r

畑　耕一　344l
畠　保　335l,460r,544r,565r,
　　756l,818r
羽太信子　481l
羽田　孟　259l,**756**l
波多保雄　246r,347l,750r,**756**l,
　　904r
バタイユ　57l
畠山花城　1027r
畠山清身　388r,411l,442l,546r,
　　756r,757l,831l,884l,995r,
　　1066r
畠山清行　35l,217r,756r,**757**l,
　　832l,875l,884l,995r,1066r
畠山敬介　102l
畠山シゲ子　757l
畠山天涯　97r,499r,**757**l
畠山敬介子　102l
畠山八郎　**757**r
畠山松太郎　**757**r
畠山義郎　233l,384r,**757**r
畠山弄月子　151r
幡司友三郎　253l
波多野秋子　37l
波多野勝之　**757**r
畑野義三郎　32l
波多野狂　**757**r
波多野千代子　629r
波太野都通　**758**l
波多野義次　**758**l
幡谷善秀　806l
鉢嶺喜次　**758**l
蜂谷　泰　**758**l
蜂谷力三郎　107l
パーチン　744r
伐　晃　4l,206r,244l,498r,
　　562r,675r,753l,**758**l,1069l
八太舟三　7l,64r,151l,189l,207r,
　　298l,309r,348r,377r,392r,
　　435r,452r,490l,532r,539l,
　　550l,590r,702l,**758**r,766l,
　　773l,797r,813l,866l,881l,
　　913l,935l,962r,964r,983r,
　　995r,1015r,1026l,1033r,
　　1038r,1056r,1061l
服部郁太郎　**759**l
服部一郎　759l
服部銀次郎　**759**l
服部光次　**759**l
服部繁子　480r

1263

服部節次 **759***l*	浜井勝治 195*l*,**764***l*	林　二郎　537*r*
服部相吉 **759***r*	濱川　博　**764***l*	林　　信　**768***l*
服部太喜弥　**759***r*	浜口長生　718*r*	林　新蔵　**768***l*
服部貞三郎　**759***r*	浜口八十郎　191*r*	林　聖子　767*r*
服部浜次　346*r*,360*r*,402*r*,514*l*,	浜崎直一郎　657*r*	林　唯義　311*l*
598*l*,600*r*,**759***l*,899*l*,936*r*	浜崎義典　**764***r*	林　達夫　301*r*
服部ミサ　720*r*,**759***l*	浜島幸太郎　**764***r*	林　立夫　713*r*
服部ミツ　524*l*	浜田喬太郎　994*l*	林常三郎　**768***l*
服部　豊　183*l*,377*r*,380*l*,466*r*,	浜田国夫　**764***r*	林　ツル　**768***l*
509*r*,526*l*,739*r*,**759***l*,862*l*	浜田重雄　1060*l*	林　哲人　20*r*,687*r*
服部嘉香　653*l*	浜田泰三　981*r*	林　富弥　**768***r*
初山　滋　204*l*	浜田知章　1011*r*	林豊三郎　**768***l*,860*l*,973*l*,1012*r*
ハーディング　536*r*	浜田　秀　**764***r*	林　虎雄　1057*l*
パテルノストロー　41*r*	浜田広介　210*l*	林　広吉　256*r*,699*r*,765*l*,**768***r*
ハートマン　**760***l*	浜田松太郎　**764***r*	林　　博　54*r*,115*r*,333*l*,**769***l*,
羽鳥猛男　**760***r*	浜田要助　**765***l*	997*l*
花井勝平　**760***r*	浜田碌一　327*l*	林　房雄　447*r*
花井熊次郎　**760***r*	浜野　壱　669*r*	林芙美子　173*r*,196*r*,230*l*,297*l*,
花井卓蔵　62*l*,74*r*,285*r*,289*l*,	浜野さく　669*r*	376*l*,497*l*,591*l*,605*r*,632*r*,
760*l*	浜野　俊　637*l*	665*r*,738*l*,753*r*,**769***l*,794*l*,
花岡　潔　311*l*,**760***l*	浜野信次　637*l*	863*r*,873*l*,916*r*,1060*l*,1075*r*
花崎和夫　170*l*	浜野信治　765*l*,987*r*,1008*r*	林　冬雄　**769***r*
花沢甚吉　**761***l*	浜野増太郎　**765***r*	林　真市　**770***l*
花沢雄一郎　87*l*,**761***l*,845*r*	浜畑秀磨　**765***r*	林　政雄　738*l*,**770***l*,1060*l*
花城政博　235*r*	浜畑義秀　**765***r*	林　柾木　**770***l*
玻名城政博　235*r*,777*r*	浜松孝太郎　216*r*,244*l*,417*l*,	林八重子　585*r*
花園歌子　346*r*	449*l*,706*l*,**765***r*,774*r*,1056*l*	林勇三郎　387*l*,**770***l*,1055*r*
花園兼定　1055*r*	浜村末吉　634*l*,**766***l*	林勇治郎　194*l*
花田　清　661*r*,**761***l*	早川銀次郎　**766***l*	林　隆人　29*l*,42*r*,68*l*,96*r*,121*l*,
花田清輝　14*r*,202*r*,303*l*,340*r*,	早川歳吉　570*r*,**766***l*	218*l*,255*r*,340*r*,384*r*,460*l*,
528*r*,692*l*,**761***l*,1021*r*	早川二郎　60*r*	529*r*,650*l*,729*l*,**770***r*,864*l*,
英　美子　741*r*,**761***r*	早川晋太郎　264*l*,697*r*	928*r*,929*l*
花村一平　**762***l*	早川竹次郎　**766***r*	林　良助　**771***l*
花山幾治　449*l*,**762***l*	早川福松　**766***l*	林崎　正　226*l*
花山　清　814*r*	早川松太郎　3*r*,107*r*,338*l*,415*r*,	林崎　琅　226*l*
花輪いく　**762***l*	464*r*,698*l*,**766***l*,878*l*	林沢　竜　354*l*
埴谷雄高　57*l*,467*r*,483*l*,556*l*,	林　昭雄　448*l*	林田兼吉　**771***l*
607*l*,**762***l*,878*l*	林　一郎　**766***r*	林田紀音夫　**771***l*
般若　豊　**762***l*	林　岩夫　**766***r*	林田甲子男　**771***l*
羽生三七　587*l*,684*r*,768*r*	林宇喜造　**766***r*	林田哲雄　**771***l*
馬場勝弥　763*r*	林　歌子　967*r*	林田馬行　371*r*,372*l*
馬場孤蝶　49*r*,86*r*,161*l*,570*l*,726*r*,	林　獲三　767*l*	林田松之助　**771***r*
763*l*,790*l*,944*r*	林　要　287*l*,**767***l*	林丸嘉吉　**771***l*
馬場善吉　**764***l*	林亀太郎　**767***l*	葉山民平　666*l*
馬場辰猪　216*l*,763*r*	林　定直　259*l*,744*l*,**767***l*,908*l*	葉山嘉樹　115*l*,141*l*,272*r*,431*r*,
馬場辰男　182*r*	林　重雄　**767***l*,882*l*	436*r*,447*r*,462*r*,497*l*,666*l*,
馬場常三郎　**764***l*	林　倭衛　17*l*,402*r*,485*l*,594*r*,	**771***r*,799*l*
馬場行雄　**764***l*	729*r*,**767***l*,798*l*,831*r*,884*r*,	葉山嘉重　771*r*
ハ　ベ　ル　88*r*,370*r*	944*r*,1073*r*	羽山義治　**772***l*
浜　嘉蔵　**764***l*	林　重平　**768***l*	羽山善治　877*l*

人名索引　ひ

早味貞雄 **772***l*	974*l*	東山　薫 **778***l*
速水　純 75*l*, 863*r*	ハルトマン 949*l*	疋田治作 31*r*, 183*l*, 453*l*, 509*r*, 760*l*, **778***l*, 862*l*, 988*r*, 989*r*
速見俊夫 **772***l*	バルビュス 391*r*	
原阿佐緒 198*l*	バルベス 824*r*	疋田親蔵 **779***l*
原　一郎 **772***l*	春海浩平 231*r*, **776***l*	樋口一葉 361*r*
原　霞外 729*r*	春山行夫 303*l*	樋口金平 **779***l*
原　紅果 **772***l*	ハン・グクトン 291*l*	樋口金一郎 650*l*
原　紫翠 106*r*	范　鴻泰 1041*l*	樋口元一 **779***l*
原　静子 **772***l*	韓　世復 869*r*	樋口信吉 **779***l*
原　敬 599*l*	范　天均 160*l*, 318*r*, 622*r*	樋口新三 **779***l*
原徳太郎 596*l*, **772***l*	ハン・ハウン 290*l*	樋口政六 **779***l*
原　とめ **772***r*	ハン・ハヨン 290*l*	樋口　伝 **779***l*
原　信子 **772***r*	ハン・ヒョンサン 290*r*	樋口福治 **779***l*
原　正夫 189*l*, 211*r*, 280*r*, 313*r*, 461*l*, 544*r*, 565*l*, **772***l*, 798*r*, 1026*l*	范　本梁 **776***l*	日暮甲一 811*r*
	潘　爐 621*r*	日暮　学 811*r*
	伴　一郎 **776***l*	日暮市太郎 **779***l*
原　　実 810*r*	伴仙太郎 **776***l*	日暮正路 806*l*
原　素行 600*l*	伴　正夫 **776***l*	彦坂かね 506*l*
原　由美 456*l*	パン・ハンサン 843*r*	彦田与一郎 **779***l*
原　竜次 417*r*	パン・レンチュアン 843*r*	久板卯之助 38*l*, 75*r*, 124*r*, 143*r*, 149*r*, 175*r*, 176*r*, 202*l*, 233*l*, 269*l*, 402*r*, 420*l*, 559*r*, 602*l*, 666*l*, 679*r*, 696*l*, 767*r*, **779***l*, 873*l*, 898*l*, 917*r*, 934*l*, 937*l*, 944*r*, 1048*r*, 1064*l*, 1066*l*, 1073*r*
原井男三 **773***l*	半沢公吉 380*r*, 754*l*	
原子　基 360*r*, 449*l*, 510*r*, **773***l*, 802*l*, 1073*l*	半田一郎 337*r*, 807*l*, 990*r*	
	半田幸助 **776***l*	
原沢小太郎 **773***l*	半田利助 **776***l*	
原沢四郎 **773***l*	伴内秋二 457*r*	
原沢武之助 403*l*, 541*r*, 575*r*, **773***l*, 918*r*	伴冨篤子 665*l*	
	坂野一郎 **777***l*	久木今作 314*r*
原沢虎之助 748*l*	坂野英治 **777***l*	久木　哲 315*l*, **780***r*
原田国蔵 968*l*	半谷悌三郎 **777***r*	久国明一 196*r*
原田虎助 775*l*		久下長三 **781***l*
原田新太郎 402*r*, **773***l*, 978*l*	**ひ**	久留弘三 903*l*
原田武次郎 216*r*, **774***l*		久永豊彦 **781***l*
原田　助 1018*l*	ピー・シューシャオ 782*l*	久野鍾七 **781***l*
原田種夫 872*l*	ビアス 760*l*	久山勝三郎 **781***l*
原田利文 995*r*	ビウスツキ 915*r*	土方定一 255*l*, 563*l*, 642*r*, **781***l*, 832*l*, 842*r*, 874*l*
原田寅助 636*l*, **774***r*	比嘉　栄 72*l*, 143*r*, 329*r*, 330*l*, 330*r*, 450*r*, **777***l*, 836*l*, 855*r*, 911*l*, 963*r*	
原田　凡 6*r*, 761*l*		土方与志 334*r*
原田正純 **774***r*		菱野豊彦 20*l*, 78*r*, **781***r*
原田道治 892*l*	比嘉春潮 72*l*, 330*r*, 695*l*	菱野貞次 **781***l*
原田　実 775*l*	比嘉良児 **777***l*	菱山修造 842*l*
原田民治 66*r*	比嘉良次 235*l*	備前又二郎 122*r*, 214*r*, 222*r*, 223*l*, 383*r*, 519*r*, 542*l*, 574*r*, 601*r*, 609*l*, **781***l*, 972*r*, 996*l*, 1066*r*
原田吉雄 775*l*	桧垣新八 **778***l*	
原田理一 256*l*, **775***l*, 892*l*, 898*l*	日笠　明 30*r*, 170*r*	
原戸鹿蔵 775*l*	日笠与八 450*l*, **778***l*	
原藤　治 775*l*	東　玲二 778*l*	
パラント 775*l*, 780*r*, 948*l*	東方勧之 **778***l*	肥田伊佐雄 37*r*, 102*r*, **782***l*, 950*r*, 966*r*
針生一郎 889*r*	東口安利 756*r*	
針尾　清 775*l*	東島百合子 **778***l*	肥田孝一 **782***l*
春田捨吉 **776***l*	東野清彦 913*l*, 983*r*	日高金三郎 **782***l*
春田武夫 193*l*, 240*r*, **776***l*, 866*l*	東野伝吉 994*l*	日高　晋 981*l*
		日高　藤 761*l*

1265

日高六郎 395*r*, 858*l*	平生釟三郎 204*r*	平野三郎 **791***l*
畢　修勺 146*r*, 741*l*, **782***l*, 1052*l*	平尾義高 796*r*	平野小剣 105*r*, 109*l*, 114*l*, 184*r*, 250*l*, 286*l*, 307*r*, 341*r*, 373*r*, 424*r*, 438*l*, 452*l*, 486*l*, 507*l*, 593*r*, 628*r*, **791***l*, 802*r*, 906*r*, 932*r*, 935*r*, 951*r*
秀島広二 302*r*, 491*r*, **782***r*, 1067*r*	平岡栄太郎 **786***r*	
	平岡浩太郎 555*l*, 613*l*, 651*l*	
秀島広治 318*l*	平岡大治 1039*l*	
人見少華 822*l*	平岡　誠 65*l*, 276*r*, 320*l*, 339*r*, 670*r*, 786*l*, **786***r*, 908*r*	
人見承門 183*r*		平野信太郎 670*l*
火野葦平 710*r*, 834*l*	平岡正明 18*l*, 179*r*, 585*l*, **787***l*	平野武治 **792***l*
日野清吉 547*l*	平賀寅松 **787***r*	平野藤太郎 **792***l*
日野善太郎 **782***l*	平川啓次 **787***r*	平野留三 795*l*
日野忠夫 100*l*, 312*l*, 316*l*, 489*l*, **783***l*, 927*r*	平川豊輝 **787***r*	平野留蔵 504*l*, **792***l*
	平澤猪之助 **787***r*	平野長克 806*r*
日野利春 909*l*	平沢栄一郎 347*l*	平野平作 417*l*, **792***r*
日野　登 **783***l*	平沢計七 66*l*, 139*r*, 204*r*, 392*r*, 557*r*, 657*r*, 683*r*, **787***r*, 937*r*, 960*l*, 1021*r*, 1070*l*	平野政雄 141*r*, **792***r*
日野柏朗 **783***l*		平野正義 **792***r*
日野正義 210*r*, 265*r*, 331*l*, **783***l*, 882*l*, 983*r*		平野力三 547*r*, **792***r*, 807*r*
	平沢貞通 870*l*	平野良一 **793***l*
日野弥平 **783***l*	平沢貞太郎 76*r*, 519*r*, **788***r*, 896*l*, 955*l*, 985*l*	平畑静塔 98*r*, 413*r*, 516*l*, 724*r*, 747*l*, **793***l*
日山忠三郎 991*r*		
ヒュネカー 760*l*	平瀬権次 **788***r*	平畑富次郎 793*l*
馮　自由 480*r*	平田嘉一 737*r*	平林　清 **793***r*
日吉春雄 **783***r*	平田光治 **788***r*	平林清太郎 794*l*
ヒョン・ギョンジュ 354*l*	平田貞之助 **788***r*	平林たい子 44*r*, 196*r*, 272*l*, 447*r*, 559*l*, 632*r*, 663*r*, 695*l*, 738*l*, 753*r*, **794***l*, 873*l*, 1007*l*
ヒョン・ヨンソプ 353*r*	平田繁造 **788***r*	
ピョン・ヨンウ 839*l*	平田　茂 **789***l*	
平井　昶 552*l*, **783***r*	平田周司 **789***l*	平林敬保 44*l*, 207*l*, 666*l*, **794***l*, 822*l*
平井貞吉 **783***r*	平田千代吉 380*l*, 686*l*, **789***l*	平林竜男 212*r*, 386*l*, 525*r*, 530*l*, **794***r*, 826*l*
平井貞則 **784***l*	平田鉄雄 **789***l*	
平井重三 637*l*	平田利興 **789***l*	平林初之輔 5*r*, 688*r*, **794***r*, 928*l*
平井清之助 **784***l*	平田留次郎 **789***l*	平林広善 795*l*
平井仙作 **784***l*	平田延次郎 **789***l*	平林松平 795*l*
平井太吉郎 **784***l*	平田　均 **789***l*	平福百穂 795*l*
平井武次郎 **784***l*	平田喜三 1026*r*	平間庫吉 795*l*
平井武平 28*l*, 454*l*, 617*l*, **784***l*	平田喜之輔 **789***l*	平間つね 795*r*
平井貞二 168*l*, 202*r*, 233*r*, 289*r*, 503*r*, 540*r*, 542*l*, 608*r*, 674*l*, 691*r*, 715*l*, **784***r*, 795*l*, 841*l*, 883*r*, 902*l*, 1008*l*, 1037*l*, 1061*r*, 1066*r*	平塚勝太郎 **789***r*	平松久雄 108*r*, 504*l*, 795*r*
	平塚義平 **789***r*	平松秀雄 230*r*, 517*r*, 589*l*, **795***r*, 846*r*, 962*l*, 1061*l*
	平塚らいてう 49*r*, 88*r*, 140*r*, 213*l*, 218*r*, 227*r*, 506*l*, 568*l*, 717*r*, 723*r*, **789***r*, 884*r*, 962*r*, 995*l*, 999*l*	
		平松義輝 359*l*, 473*r*, 648*r*, **796***l*, 846*l*, 935*l*, 966*l*
平井留吉 785*l*		平見思朗 14*l*, **796***l*, 815*l*, 936*l*
平井友信 785*l*	平出干城 964*l*	平山忠敬 658*l*, 859*r*
平井正武 785*l*	平戸廉吉 198*l*, 285*l*, **790***l*	平山　一 **796***l*
平井征夫 785*l*	平中喜佐久 **790***r*	ビリングス 215*l*
平出　修 64*l*, 311*r*, 427*l*, 748*l*, **785***r*, 949*r*	平沼平治 180*r*	広井音二 11*r*, 796*l*
	平野市十郎 **790***r*	広尾芳衛 245*l*, 458*r*, **796***r*, 1028*l*
平岩　巌 65*l*, 131*r*, 276*r*, 317*l*, 320*l*, 541*r*, **786***l*, 786*r*, 908*r*, 1025*r*	平野猪之助 787*r*	広岡智敬 **796***r*
	平野威馬雄 **790***r*, 969*l*	広川末吉 797*l*
	平野英一郎 **790***r*	広沢一雄 797*l*
平岩道男 **786***r*	平野　謙 217*l*, 763*l*	広沢惣吉 33*l*, **797***l*
平岩良知 **786***r*	平野光一 **791***l*	広島雄治 **797***r*, 990*l*

人名索引 ふ

広瀬莞爾　713r
広瀬儀蔵　90l,797r
広瀬庫太郎　759l,**797r**
広瀬長太郎　89r,423l,612l,
　　698r,703r,**797r**
広瀬文四郎　**797r**
弘瀬真澄　**797r**
広瀬保太郎　**797r**
広瀬わか　207r,550l,759l,**797r**
広田喜平　**798l**
広田金一　205l
広田静枝　71l
広田万寿夫　**798l**,976l
広津和郎　37l,327r,551r,594r,
　　747r,**798l**,1005r
広津信二郎　63l
広津柳浪　**798l**
広中義人　**798r**
弘中柳三　9l,30l,245l,379r,
　　559r,614l,684r,699r,773l,
　　798r
弘中隆三　**798r**
広野八郎　**799l**
広原喜三郎　**799l**
広海貫一　129r,642l,729l,**799r**,
　　936l,968r,972r,1066r
広村有明　**800l**
広安栄一　21r,332r,**800l**
関　興圭　**800r**,1043l
関　魯鳳　**800r**

ふ

フー・ユイージ　355l
ファッブリ　838l,888l
ファッブリ,ルイージ　659l
ファッブリ,ルーチェ　659l
ファーブル　301l,455r,790r
フアン・ネグリン　275r
フアン・プンニウ　776l
フィッツジェラルド　851l
フィリップ　391r
馮　省三　622l,623l,**800l**,1054l
笛木哀之介　378l
フェレル　270r,**801l**,837l,837r
フォースター　267r
フォール　128l,1036l
フォン・ションサン　800l
深井　清　708l
深井剛之助　**802l**

深井喜重　708r,802l
深尾けん　802r
深尾　韶　360l,449l,667l,773l,
　　802l,849l,1073l
深尾巳之助　201r,679r
深川　武　18r,33r,286l,305l,
　　452l,561l,606r,708r,716l,
　　722l,791l,791r,**802l**,1009l
深草みどり　201r,679r
深沢孝子　803l
深沢利重　310l,**803l**
深沢雄象　803l
深沢　勇　**803l**
深沢七郎　741l
深沢照治　**803l**
深沢白人　803l
深沢　宏　505l,803l
深瀬清親　803l
深瀬長五郎　**803r**
深瀬八三郎　**803r**
深田徳栄　803r
深沼火魯胤　130l,**803r**,813r,
　　856r,932r,998r
深沼弘胤　803r
深野千代松　804r
深町作次　356r,484r,**804l**
深町吉五郎　804r
深見きん　201r,679r
深見　正　417l
深谷源次郎　804r
深谷義勝　**804l**
布川助七　27r,1076r
福井竹治郎　**804l**
福井長四郎　804r
福井重三郎　**804l**
福井重太郎　**804l**
福井陽三　436l,841r
福井芳春　**804l**
福岡　巧　88l,130l,559r,567r,
　　805l
福岡千代造　**805l**
福岡東三　**805l**
福沢一郎　1020l
福沢卯吉　17l,279r,730r,**805l**
福沢諭吉　419l,524l
福士幸次郎　12r,262r,605l,
　　1021l
福島和夫　**805l**
福島兼義　272l
福島　清　**805r**

福島清信　806l
福島元吉　**805r**
福島源之　127l,805r
福島佐太郎　338l,464l,509l,510r,
　　625r,676l,680l,696l,716r,
　　805r,818l,936l,963r
福島詩毛留　**806l**
福島　静　485r
福島庄太郎　**806l**
福島四郎　68l
福島亮長　**806l**
福島泰樹　314r
福島徳三郎　**806l**
福島彦松　**806r**
福島ます　**806r**
福島万蔵　**806r**
福島義一　1070l
福島国太郎　1l,153r,450r,**806r**,
　　948l
福田　勲　**807r**
福田　英　808r
福田英一　**807r**
福田狂二　55r,129l,164r,254l,
　　276r,305r,376r,380r,551r,
　　552r,575r,629l,688r,**807l**,
　　809r,810r,1015r,1029r,
　　1073r
福田清人　63r
福田三郎　**807r**
福田秀一　288r,320l,541l,554r
福田たけ　**807r**
福田武三郎　602r,948r
福田武寿　2l,**807r**,1048l
福田哲一　853l,**808l**,901r
福田哲夫　503r,808l
福田徳三　169r
福田富五郎　**808l**
福田友作　62l,**808r**,809l
福田英子　10r,62l,155r,197l,231r,
　　234l,239r,268l,332l,337l,
　　406l,419l,499l,599r,**808l**,
　　911r,915l,915r
福田正夫　283r,492l,615l,742l,
　　809r,821r,949l,993l,1069l
福田美鈴　889r
福田道子　**810l**
福田勇次郎　810r
福田米三郎　477l,810l
福田理三郎　380l,**810r**,995r
福田律郎　938r

1267

福田了三 627*l*	藤蔭静枝 204*l*	藤田芳三郎 **816***r*
ブクチン 331*l*	藤方貴世志 **814***l*	藤田浪人 256*l*,816*l*
福徳清吉 95*l*,**810***r*	藤川市蔵 **814***l*	藤谷繁雄 816*r*,897*r*
福富菁児 303*l*,642*l*,**811***l*,950*l*	藤川兼介 245*l*,814*l*	藤富保夫 304*l*
福留義雄 **811***l*	藤川静子 652*r*	藤縄作太郎 **816***r*
福中 巧 805*l*	藤川正月 **814***l*	藤沼長次郎 **816***r*
福永和夫 747*l*	藤木徳太郎 479*r*	藤沼政吉 **816***r*
福永清造 273*l*	伏黒周次郎 **814***r*	藤野英二 **816***r*
福永 剛 476*l*,**811***l*	伏黒安平 **814***r*	藤野時次郎 **816***r*
福永藤助 **811***r*	藤崎寛起 326*r*	藤野井行仁 **816***r*
福野 穣 733*l*	藤崎武郎 **814***r*	藤平稲多 **817***l*
福原武夫 1020*l*	富士崎武夫 814*r*	藤巻多一 **817***l*
福原寅雄 227*l*	藤沢浅二郎 271*l*	伏見三郎 539*l*
福本猿三 **811***r*	藤沢定夫 720*r*	伏見十郎 539*l*
福本和夫 143*r*	藤澤真司 **815***l*	伏見彦麿 384*r*
福本熊一 456*r*	藤沢 猛 311*l*,770*r*	藤宮きん **817***l*
福山文男 **812***l*	藤沢武義 959*r*	藤村 嗣 901*r*
福山芳蔵 **812***l*	藤下三作 32*l*,**815***l*	藤村きよ **817***l*
福吉静馬 **812***l*	藤島国敏 796*l*,**815***l*	藤村 俊 731*l*
袋 一平 **812***l*	藤島武二 36*l*	藤村正一 **817***l*
藤栄三郎 702*l*	藤島てつ **815***l*	藤村青明 **817***l*
藤源三郎 702*l*	藤島 勝 **815***l*	藤村 一 **817***l*
藤なみ子 498*r*	藤島好夫 648*r*,846*l*	藤村マスヱ 447*r*
藤井 巌 **812***l*	藤城繁太郎 **815***l*	藤村 操 221*l*
藤井卯平 **812***l*	藤代高雄 908*l*	藤本 述 **817***r*
藤井蔵三郎 **812***r*	藤隅芳次郎 **815***l*	藤本逸巳 **817***r*
藤井元一 115*r*,812*r*	藤田一蔵 318*l*	藤本 巌 26*r*,226*r*,430*r*,716*r*,
藤井健一郎 **812***r*	藤田一郎 **815***l*	718*r*,739*r*,**817***r*
藤井周造 **812***r*	藤田兼男 559*r*	藤本角太郎 **818***l*
藤井順次 120*r*,**812***r*,813*l*	藤田喜作 754*l*	藤本一幸 523*l*
藤井次郎 **812***r*	藤田健次 819*l*	藤本貞助 **818***l*
藤井 紳 544*r*,**813***l*	藤田幸三 **815***r*	藤本 茂 313*l*,394*l*,513*l*,544*r*,
藤井武夫 555*r*,812*l*,**813***l*	藤田小四郎 596*r*	565*l*,**818***l*
藤井日達 **813***l*	藤田五郎 486*l*	藤本信一 **818***l*
藤井英男 1031*r*	藤田昌一 974*l*	藤本豊喜 130*r*
藤井 斉 592*r*	藤田正一 **815***r*	藤本虎吉 702*l*
藤井福寿 257*r*,849*l*	藤田正太郎 **815***r*	藤本八郎 **818***r*
藤井真澄 670*l*	藤田史郎 189*l*	藤本 愈 **819***l*
藤井三千次郎 **813***l*	藤田四郎 337*r*	藤森成吉 460*r*,**819***l*,922*l*,962*r*
藤江誠一 **813***l*	藤田仙太郎 **815***r*	藤森節子 195*l*
藤尾清三郎 130*l*,302*l*,804*l*,	藤田唯志 312*l*,706*r*,927*l*	藤森民三郎 892*l*
813*r*	藤田嗣治 464*r*,944*l*	藤山一郎 917*l*
藤尾 祐 968*l*	藤田 勉 186*l*,297*l*,**815***l*	藤原鎮夫 93*r*,**819***l*
藤岡亀吉 **813***r*,951*r*	藤田貞二 **816***l*	藤原準之助 **819***l*
藤岡淳吉 **813***r*	藤田俊徳 751*l*	藤原楚水 56*r*
藤岡房一 335*l*,781*r*,814*l*	藤田富次郎 **816***l*	藤原孝憲 **819***l*,944*l*
藤岡文六 710*r*	藤田 登 816*l*,928*r*	藤原鉄乗 45*r*,478*l*,566*r*
藤岡美智夫 155*l*	藤田文江 497*r*,586*r*	藤原智子 91*l*
藤岡洋次郎 **814***l*	藤田 操 **816***l*	布施辰治 60*r*,186*r*,261*l*,324*r*,
藤岡良三 1060*l*	藤田雄吉 **816***l*	325*l*,342*r*,352*r*,361*r*,496*l*,

人名索引 へ

529r,694l,770r,**819r**,831r,
946l,954r,958r
伏下六郎 48r,302r,317r,508l,
759l,**820l**,821l,827r,891l,
914r,974l
二葉亭四迷 134l,450r
二俣松太郎 **820l**,432r
二見晋次▷二見敏雄
二見敏雄 2l,19l,97l,108r,126l,
143l,297l,302r,385l,393l,
426r,466r,589l,607r,634l,
642r,679l,727r,738r,755l,
766l,816l,**820l**,821l,846l,
856r,869l,880r,895l,903r,
987l,992r
二見元之助 **820r**
淵上房太郎 778l
物茂 郷 854r
筆谷由次郎 508l,**820r**
舟生儀平 **821l**
船方 一 86r,309l
舟川勇三 18r,178r,517l,634l,
821l,933r
舟木重信 924r
船木枳郎 705l,**821l**,925r,926l
舟木貞一 **821l**
舟木鉄太郎 **821r**
船木藤一 821r
船木 上 51l,234l,329l,406r,
429l,517l,**821l**,1018l,1030r,
1066r
船越富雄 166r
舩(船)越基 218l,226r,**822l**,963r,
972l,1066l
舟津熊一郎 **822l**
舟津熊次郎 **822l**
船戸与一 18l
舟橋聖一 781l
舟橋晴次 1020l
舟橋一寿 44l,**822l**
船橋きよの 1012l
舟橋清吉 **822r**
舟見忠道 **822r**
船本洲治 415r,508l,584r,**822l**,
977l
船山保之助 **823l**
ブニュエル 276l
ブーバー 208r,**823l**,1036r
ブハーリン 762r,912r
ブブノワ **823r**,1014r

文原成勲 835l
䕨ことえ 272l
普門 暁 309r
冬川啓夫 754l
冬木耕生 209l
冬木耕太 209l
冬木 一 926l
冬木 充 212l
フライシュマン 487l
ブラウン 39l
ブラック 1031r
ブラン 487l,491l
ブランキ 824l,832l
フランス 60l,794r,946r,980l
ブランデス 403l
ブランド 825l
フーリエ 467r,491l
振角源次 931l
フリッチ 487l,**825r**
降旗倉太郎 212r,573r,672l,
826l
プリモ・デ・リベラ 275r
古市 茂 **826l**
古江 谷 826l,1076r
古江正敏 337l,414r,558l,**826r**,
976l,1011r
古堅弘毅 69r,89l,164r,721l,
826r,827l
古川清幸 69r,89l,433l,**826r**
古川金太郎 **827l**
布留川桂 48r,110r,302r,317r,
379l,394r,508l,557l,661l,
704r,759l,820l,821l,**827l**,
828l,862r,891l,899l,974l,
1006r,1064l,1067r,1075r
古川啓一郎 449r,**827r**
古川賢一郎 733r
布留川顕之助 **828l**
布留川茂一 828l,828r
布留川信 110r,124l,190r,379r,
435l,659l,827l,**828l**,975r,
1075r
古川常次郎 **829l**
布留川テツ 379l,829l
古川時雄 3l,97l,110r,121l,129r,
184r,309l,315l,342r,362l,
403l,444l,555r,733r,813l,
829l,879l,946r,1047l
古河三樹松 54l,150r,403l,438l,
440l,473r,573l,605l,727l,

829r,831r,839l,945l,966l
古川百合 946l
古河力作 294l,370l,714l,829r,
830l,839l,920r,981r
古口 栄 **830l**
古庄友祐 **830l**
プルースト 762l
古田兼二郎 **830l**
古田大次郎 107l,108l,122r,123r,
132r,146l,148r,210r,225r,
249l,276r,289l,339r,380r,
383r,396l,494r,495r,496l,
588r,594r,625r,634l,671l,
683l,692r,693r,698l,723r,
744r,757l,786r,819r,**830r**,
937l,945r,946l,963r,975l,
988r,1064r,1069r
古田徳次郎 45l,212l,255l,278r,
283r,**832l**,923l
古田平五郎 1013r
ブールデル 550l
ブルトン 57l,467r,572r,642l
プルードン 138r,352l,491l,497l,
536r,539r,560l,593l,667r,
733l,745r,**832l**,874r,892r
古海卓二 350l,551r,**834l**
古本哲夫 93r,**834l**
古谷栄一 **834l**
古谷綱武 738l
ブルリュック 198l,309r
ブ レ ア 160l
ブレイク 572r,**834r**,850r,971r
プレストン 852r
ブレッシ 887r
プレハーノフ 762r,948l
フロイト 184l
ブロック 790l
フローベール 947r
不破三雄 389l
憤 憤 484r
聞 一多 1047l
文 成勲 640l,**835l**,839r,
1039l,1042r
文 碩明 **835l**
文 致満 **835l**

へ

ヘイウッド 1015r,1030l
ペイター 1055l

ほ　人名索引

ペイラツ　5*l*
ペイン　593*l*
碧　静江　255*l*,270*r*,739*l*,**835***l*
碧　波　782*l*
ペク・チョンギ　745*l*
ヘーゲル　194*r*,714*r*,745*r*,781*l*
ペスタロッチ　197*l*
ヘッケル　936*r*
別所孝二　234*l*,329*l*,449*l*,517*r*,
　　835*r*,1017*l*
辺喜英長　72*l*,127*r*,143*r*,330*l*,
　　330*r*,655*l*,777*l*,**836***l*,911*l*
ベーベル　668*l*
ヘミングウェイ　**836***r*
ベラモンコロ　521*l*
ベラルディ　**836***r*
ベール　837*l*
ベルグソン　714*r*,971*l*
ベルクマン　45*l*,128*l*,359*l*,399*r*,
　　734*l*,744*r*,746*r*,762*l*,**837***l*,
　　935*r*
ベルテロ　573*l*,**837***r*,978*l*,1037*l*
ベルネリ,カミーロ　**838***l*
ベルネリ,マリー・ルイズ　502*r*,
　　641*r*,**838***l*
ペレス　667*r*
ペロフスカヤ　**838***r*
卞　栄宇　**839***l*
辺見伊左衛門　**839***l*
逸見斧吉　62*l*,197*l*,310*r*,464*r*,
　　599*r*,719*r*,809*r*,**839***l*,840*l*,
　　915*l*
逸見菊枝　197*l*,599*r*,809*r*,**840***l*
逸見吉三　2*r*,3*r*,6*r*,21*l*,26*r*,
　　42*r*,44*r*,48*l*,48*r*,51*l*,53*l*,
　　54*l*,54*r*,83*l*,96*l*,108*l*,109*r*,
　　121*r*,147*r*,150*r*,155*l*,166*r*,
　　168*l*,170*l*,202*r*,217*l*,225*l*,
　　250*r*,252*r*,255*r*,290*l*,335*l*,
　　338*l*,354*l*,380*r*,382*l*,394*l*,
　　415*r*,422*l*,436*l*,459*l*,463*r*,
　　466*l*,500*l*,503*r*,509*r*,542*l*,
　　557*l*,596*l*,609*l*,661*r*,673*r*,
　　684*l*,694*l*,702*l*,715*l*,719*l*,
　　772*l*,781*l*,783*l*,784*r*,799*r*,
　　818*l*,**840***l*,842*l*,853*r*,855*l*,
　　878*l*,908*l*,911*r*,926*r*,932*l*,
　　936*l*,938*l*,948*l*,966*r*,974*l*,
　　985*l*,989*l*,996*r*,1064*l*
逸見三郎　866*l*

逸見直造　67*r*,83*l*,168*l*,186*l*,223*l*,
　　280*r*,299*r*,311*l*,317*l*,324*r*,
　　338*l*,359*r*,368*r*,383*r*,403*l*,
　　705*l*,752*l*,806*l*,840*r*,**841***l*,
　　877*l*,926*r*,948*l*,1033*r*,1064*l*
逸見猶吉　198*r*,255*l*,328*r*,396*r*,
　　560*r*,567*l*,**842***r*,1001*l*,1021*l*
ベンヤミン　1036*l*

ほ

ホ・ソンサム　318*l*
ホー・チェン　237*l*
帆足図南次　**842***l*
黄　芸博　480*l*
ホアン・イン　363*l*
ボイス　240*r*
ホイットマン　36*r*,95*r*,137*r*,
　　267*l*,492*l*,532*l*,663*r*,689*l*,
　　767*l*,810*l*,**843***l*,850*r*,904*l*,
　　971*l*
ポイル　60*l*
彭　華英　1064*l*
方　漢相　484*l*,**843***l*
豊　子　319*l*
龐　人銓　158*r*,363*l*,622*r*,**843***r*,
　　1041*l*
傍嶋豊三　**843***r*
北條　成　**844***l*
保谷安之助　**844***l*
保苅幸太郎　**844***l*
朴　革命　**844***l*
朴　基成　**844***l*,1034*l*
朴　慶朝　**844***l*
朴　春実　**844***l*
朴　尚鎮　323*l*
朴　重華　365*r*
朴　哲　**844***l*
朴　東植　**844***l*
朴　東雲　1034*r*
朴　芒　**844***l*
朴　文子　260*l*
朴　鳳甲　**845***l*
朴　鳳翔　**845***l*
朴　烈　65*r*,260*r*,261*l*,290*r*,
　　322*r*,324*l*,330*r*,341*l*,341*r*,
　　342*l*,354*r*,366*r*,408*l*,447*r*,
　　484*l*,492*r*,493*l*,496*r*,620*l*,
　　640*r*,641*l*,693*r*,714*r*,730*r*,
　　745*l*,819*r*,843*r*,**845***l*,848*l*,

　　944*r*,988*r*,1004*l*,1034*l*,1037*l*,
　　1044*l*
保坂弥之助　**845***r*
星　寂子　320*r*
星　豊寿　432*l*
星加正信　**845***l*
保科五無斎　904*l*
星野明男　**845***l*
星野栄次郎　**845***r*
星野九一　**845***r*
星野国太郎　**845***r*
星野慶次郎　87*l*,761*l*,**845***r*
星野孝四郎　**846***l*
星野貞治　**846***l*
星野準二　2*l*,16*r*,20*l*,56*l*,107*r*,
　　120*r*,152*l*,196*l*,233*r*,247*l*,
　　260*l*,376*l*,456*r*,474*l*,517*l*,
　　518*r*,589*l*,608*r*,614*r*,648*r*,
　　683*l*,739*l*,813*r*,821*l*,821*r*,
　　846*l*,865*l*,865*r*,874*l*,881*r*,
　　913*l*,933*l*,950*r*,962*r*,975*l*,
　　993*l*,1014*l*,1061*l*,1069*r*
星野昌司　**846***r*
星野善作　**846***r*
星野知次郎　**847***l*
星野秀樹　101*l*
ボース　533*l*,533*r*,651*l*,915*r*
穂積八束　134*r*
細井角三郎　166*r*,211*l*,265*l*,265*r*,
　　345*r*,**847***l*,937*r*
細井とし　847*r*
細井　肇　**847***l*
細井和喜蔵　460*r*,591*r*,756*r*,**847***r*
細尾　繁　218*l*,847*r*
細川嘉六　77*r*,648*l*
細川喜久枝　**847***r*
細川　清　**847***r*
細川早次　732*r*
細川　基　93*r*,515*l*,586*r*,587*l*,
　　847*r*
細迫郁三　3*l*,416*l*,**848***l*
細迫兼光　281*l*
細田源吉　5*r*
細田民樹　5*r*,343*r*,**848***l*
細田東洋男　345*l*,384*r*,414*l*,
　　848*l*
細野孝二郎　678*l*
細野政次郎　**848***l*
細谷吉四郎　**848***l*
穂曾谷秀雄　90*l*,257*r*,377*r*,

1270

人名索引　ま

681r, **848**r	堀場正夫　309l	馬　伯援　1033r
ポーター　851l	堀部虎猪　149l, 882l	馬　鳴　484l
保高徳蔵　5r	ボルギ　888l	マア・ツゥンルン　741l
堀田幸一　433l, **849**l	ボールドウィン　518r, **852**l	前川永三　855l
堀田康一　350r	ホワ・リン　237r	前川銀治郎　387l, **855**l
堀田正一　392r, **849**l	ホワン・アイ　363l	前川國男　855l
堀田史郎　191r	ホワン・シン　364l	前川二享　447r
堀田正夫　**849**l	ホワン・スウーイン　366l	前川正一　566l
堀田正躬　**849**l	ホワン・ツゥンション　366r	前川敏夫　1117l, 1195l
ポッツ　160l	ホワン・ティエンハイ　367l	前島省三　**855**r
ボードレール　262r, 824r	ホワン・リンシュアン　367l	前島市蔵　645l, 720r
堀　愛　991r	ホン・イル　367l	前島浩一　1117l, 1155l, 1028l
堀　清俊　260l	ホン・ジニュ　366l	真栄城守康　**855**r
堀　熊吉　**849**l	ホン・ソンファン　365r	前田　晁　699l
堀　紫山　216r, 849r	ホン・ヒヨンウィ　363l	前田栄之助　30l
堀　辰雄　572r, 691l	ホン・ヨンウ　363l	前田音吉　856l
堀　悌治　834l	本郷　強　853l	前田寛市　856l
保利増己　**849**l	本郷基継　853l, 953r	前田栗平　471l
堀　増己　205l	本荘可宗　746r, 853l	前田吾平　856l
堀美知子　419l	本庄恒造　596l, 772r, 808l, **853**r, 1011r	前田貞宗　856l
堀　保子　176l, 269l, 337r, 370l, 374l, 405r, 419l, 592l, 741r, 763l, 802l, **849**l, 956l, 961l, 995l	本庄哲人　674l	前田貞義　856l
	本庄陸男　217l	前田実松　461l, **856**l
	本多京三　329l, **853**l, 1061l	前田実満　393r
	本多錦吉郎　205r	前田三遊　647l
堀　善明　796r	本多顕彰　63r	前田淳一　21l, 241l, 1121l, 121r, 296r, 302l, 309r, 575l, 588r, 754l, 766l, 804l, 815r, **856**l, 932r, 989r, 995l, 1029r
堀　良次　**850**l	本多宏盛　853r	
堀井金太郎　850l	本田貞吉　854l	
堀井計一　184r, 186l	本田成之　225l	
堀井幸次郎　**850**l	本田治平　854l	前田正平　**856**r
堀井久雄　521l	本多秋五　763l	前田新助　857l
堀井梁歩　87l, 149r, 177r, 373l, 455l, 537l, 698l, **850**l, 1057l	本多季麿　184l, 186l, 625r, **854**l	前田そがい　857l, 1074l
	本田季麿　854l	前田卓子　915r
堀内　秀　704r	誉田鉄麿　854l	前田辰之助　88l, 107r, 463l, 707l, 857l, 1029r
堀江磯吉　89r, 423l, 612l, 698l, 703r, **851**l	本多鉄麿　705l, 926l	
	本多利明　266l	前田忠次　320r
堀江熊治　164r, 395l	本田長次　487l	前田槌子　915r
堀江末男　270r, **851**r	本田庸一　311l	前田盗閑　471l, **857**l, 955r
堀江親尚　272l	本間次男　854r	前田藤作　857l
堀尾寅吉　**851**l	本間鉄之助　**854**r	前田徳五郎　857r
堀川　清　486l, 632l, 734r, **851**l	本間尚文　**854**r	前田俊彦　704l, **858**l
堀川清弘　9l, 83r, 228l, 445l, 511l, 646l, 742l	本間久雄　50l, 944r	前田虎次　858l
	本間久之助　**854**r	前田直一　858l
堀川　久　252l	本間義夫　855l	前田則三　858l
堀川正夫　809r	本間和歌子　271l, 272r, **855**l, 989l	前田福次　858r
堀切利高　612l, **852**l		前田平一　341r, **858**l
堀口源松　852l	**ま**	前田平吉　858r
堀口　誠　99l		前田正勝　859l
堀口保国　852l	マ・ジョンテ　741l	前田益次郎　616r
堀越佐一　5r, 106l, 143l, **852**l	馬　宗予　425l	前田元治　859l
堀越藤蔵　**852**l		前田夕暮　234l, 235r, **859**l, 1059l

ま　人名索引

前田幸長　658*l*,**859***l*,1048*l*	牧本武想　29*l*,529*r*,770*r*	町田　緊　775*l*
前田　豊　**859***r*	マクドナルド　**864***l*	町田四郎　326*r*,478*r*,**867***r*,868*l*
前田洋造　859*l*	政池　仁　959*r*	町田鶴吉　**868***l*
前田林外　533*l*	正岡　容　660*l*	町田徳次郎　**868***l*,986*l*,1027*l*
前田河左一郎　593*r*,655*r*,799*l*,　**859***l*,1055*r*	正岡芸陽　**864***l*	町田ふぢ　**868***l*
	正岡子規　181*r*,203*l*,281*r*,924*r*	町田安之助　**868***l*
前原一郎　501*r*	正岡猶一　864*l*	万千野松　**868***l*
前原恵太郎　768*r*,**860***l*,973*l*,　1012*r*	正木　清　13*r*	町野為次郎　**868***l*
	正木しげの　157*l*,**864***l*	町山初太郎　683*r*
マオ・イーボ　940*l*	正木野川　864*l*	松井　勇　**868***l*,936*l*
マカナクル　521*l*	正木久雄　107*r*,739*l*,846*l*,**865***l*	松井梅蔵　903*l*
真壁重次郎　**860***l*	正木ひろし　858*r*	松井栄太郎　**868***r*
真壁　仁　219*l*,247*r*,249*l*,270*r*,　424*l*,451*l*,508*r*,678*l*,**860***l*	真砂ひさし　350*l*	松井勝弥　**868***l*
	間島惣兵衛　1003*l*,1060*l*	松井勘次郎　**868***l*
真壁仁兵衛　860*l*	馬島　僴　238*l*	松井金五郎　**868***l*
真木　泉　125*r*	桝井寛一　647*r*	松井賢一　414*r*,**868***l*
槇　英輔　733*l*	増井　保　**865***l*	松井源次　**868***l*
真木応瑞　**860***r*	増岡幸平　**865***l*	松居孝一郎　895*r*
牧　きよ　**861***l*	増川常吉　**865***l*	松井重吉　**868***l*
牧　輝夫　568*r*,691*r*,736*l*,791*l*,　1027*r*	桝崎才一郎　**865***l*	松井庄五郎　424*r*,906*r*
	増島隆治　**865***l*	松井須磨子　475*l*,533*r*,605*l*,**869***l*
牧テルヲ　568*r*	増田篤夫　589*l*	松井徳太郎　**869***l*
牧　寿雄　673*r*,**861***l*	増田英一　198*l*,500*r*,517*l*,**865***l*	松井寅吉　**869***l*
牧　義人　**861***l*	増田義一　56*r*	松井直太郎　**869***l*
牧沢伊平　659*r*,**861***l*	増田教之助　**865***l*	松井橋雄　166*l*
牧瀬菊枝　637*l*	増田勤三郎　294*l*	マツイ・ハル　60*l*
牧野磯次郎　**861***r*,909*r*	増田惣八　406*l*,661*l*	松井久吉　21*r*,95*l*,810*r*,**869***l*
蒔田　幸　866*r*	増田貞治郎　146*r*,233*r*,259*r*,474*l*,　589*l*,**865***l*,881*r*,908*l*,993*r*	松井広文　869*l*
牧田忠蔵　459*l*		松井不朽　48*l*,213*r*,614*l*,**869***r*,　1076*r*
牧田吉明　**861***r*	増田庭助　**866***l*	
牧野栄一　**862***l*	増田信三　193*r*,240*r*,575*r*,776*l*,　**866***l*,974*l*	松井ふゆ子　**870***l*
牧野　静　88*l*		松井正男　414*r*,868*l*,**870***l*
牧野修二　25*l*,183*l*,375*l*,377*r*,　380*l*,447*l*,466*r*,526*l*,572*r*,　684*r*,759*l*,770*r*,**862***l*,988*r*	増田八太郎　**866***r*	松居松葉　192*l*
	増田久枝　507*l*	松井安太郎　**870***l*
	増田文二　**866***r*	松井康長　**870***l*
牧野信一　1000*r*	増田安太郎　**866***r*	松浦梅吉　691*l*,**870***l*
牧野　進　**862***r*	マスターズ　231*l*	松浦康介　421*l*,**870***r*,902*l*
牧野清一郎　318*l*,557*l*,**862***r*	増田正衛　1045*l*	松浦捨三郎　**870***r*
牧野虎次　135*r*	増原長治　686*r*,**866***l*,957*l*	松浦忠二郎　**870***r*
牧野秀麿　449*l*,862*r*	マスペロ　**866***l*	松浦　勉　108*l*
牧野文子　948*r*	桝本卯平　554*l*	松浦良一　**870***r*,989*r*
牧野正唯　862*r*	増山信太郎　**867***l*	松尾卯一太　219*r*,234*l*,314*l*,　433*l*,459*l*,662*r*,713*r*,830*r*,　**870***r*,957*r*,991*r*,1008*r*
マキノ雅広　464*l*,686*l*,**862***r*,　979*l*	間瀬孝次郎　**867***l*	
	町井武夫　867*r*	
牧野正躬　**863***l*	町井　猛　**867***r*,999*r*	松尾久三　**871***l*
牧野四子吉　75*r*,202*l*,495*r*,　605*l*,657*l*,673*r*,**863***l*,873*l*,　902*l*,928*l*,948*r*	町支源四郎　127*l*,867*r*	松尾邦之助　34*l*,39*r*,63*r*,79*l*,　172*l*,241*r*,294*l*,477*r*,542*r*,　594*r*,609*r*,627*l*,677*r*,721*r*,　723*l*,733*r*,764*l*,**871***r*,917*l*,
	町田鎌太郎　578*l*	
牧野田彦松　498*r*	町田義一　**867***r*	
牧本喜平　**864***l*	町田喜代三　244*l*,**867***r*	

1272

人名索引　ま

	918*l*,939*l*,975*l*,1000*r*,1045*l*	
松尾啓吉	174*l*,741*r*,**872***l*	
松尾枯泉	1015*r*	
松尾伍之助	912*r*	
松尾重治	**872***l*	
松尾清吾	**872***l*	
松尾尊兊	1001*r*	
松尾常次郎	**872***l*	
松尾季子	626*r*	
松尾要四郎	109*l*,259*l*,738*r*, **872***l*	
松岡勘七	**872***r*	
松岡荒村	470*l*,717*l*,**872***l*	
松岡駒吉	75*r*,918*l*,1060*r*	
松岡 悟	872*r*	
松岡戌雄	680*r*	
松岡親児	283*l*	
松岡悌三	713*r*,871*l*	
松岡虎王麿	75*r*,863*r*,**873***l*	
松岡虎三郎	873*l*	
松岡信之	**873***r*	
松岡二十世	346*l*,724*l*	
松岡文子	419*l*,717*l*	
松岡正男	1014*r*	
松岡正人	384*l*,**873***r*	
松丘町二	508*r*	
松岡保之助	**873***r*	
松木千鶴	147*r*,156*l*,**873***r*	
松倉亀次郎	**874***l*	
松倉小城	193*l*,512*l*,**874***l*	
マッケイ	482*l*,482*r*,832*r*,**874***l*	
松崎源吉	440*l*,774*l*,**874***r*	
松崎三郎	**874***r*	
松崎春涛	**874***r*	
松崎貞次郎	757*l*,**875***l*	
松崎天民	112*l*,769*r*	
松崎義家	**875***l*	
松沢嘉織	**875***l*	
松沢一雄	89*r*,**875***l*	
松沢孝次郎	**875***l*	
松沢淳蔵	578*l*	
松沢真一	578*l*	
松沢満里子	242*l*	
松沢良三	**875***l*	
松下庄平	511*l*	
松下昌平	**875***r*	
松下善平	**875***r*	
松下南枝子	594*r*	
松下初太郎	**875***l*	
松下義雄	33*l*	
松下芳男	152*l*,**875***r*	
松下竜一	**876***l*	
松島義一	**876***r*	
松島喜代八	867*r*,876*r*	
松島誠一	**876***r*	
松島亮蔵	**876***r*	
松田 巌	121*l*,976*l*	
松田喜一	19*l*,68*l*,305*l*,**876***r*, 1001*l*,1009*l*	
松田茂成	**877***l*	
松田静夫	**877***l*	
松田重造	738*l*	
松田純吉	**877***l*	
松田武臣	**877***l*	
松田長左衛門	546*r*,689*l*	
松田解子	186*r*,654*r*,698*l*,761*r*, **877***l*	
松田十九二	**877***r*,883*r*,912*l*	
松田知子	1012*l*	
松田ハナ	877*r*	
松田 等	3*r*,415*r*,459*l*,**878***l*	
松田政男	57*l*,116*l*,607*l*,**878***l*, 1063*l*	
松田正人	**878***r*	
松田道雄	135*l*,**878***r*	
松田稔	564*l*	
松谷 功	117*l*,278*l*,661*r*,702*l*, 761*l*,**879***l*	
松谷幹雄	923*l*	
松谷みよ子	490*r*	
松谷与二郎	635*r*,819*l*	
マッツィーニ	887*l*	
松戸 淳	790*r*	
松戸なを	**879***l*	
松永愛次郎	**879***l*	
松永鹿一	97*l*,178*l*,342*r*,362*l*, 492*l*,710*r*,733*r*,829*l*,**879***r*, 966*l*	
松永克己	901*l*,951*l*	
松永伍一	12*r*,171*l*,247*l*,314*l*, 542*l*,734*r*,806*l*,950*l*,1071*r*	
松永浩介	86*r*,309*l*,**879***r*,993*r*	
松永友作	**880***l*	
松波彦四郎	656*r*	
松根勇二	**880***l*	
松根有二	93*r*,**880***l*,934*r*	
松野勝美	**880***l*	
松野 猛	435*l*,**880***l*	
松野正七	**880***l*	
松野 翠	310*l*	
松延繁次	913*l*	
松葉鑑寿	554*r*	
松葉鑿寿	320*l*	
松原五千郎	29*r*,607*r*,738*r*, 766*l*,820*l*,**880***r*	
松原岩五郎	134*l*,985*r*	
松原一夫	94*l*,145*l*,372*r*,697*l*, 722*r*,750*l*,817*r*,**881***l*,983*r*	
松原カメ子	435*r*,**881***l*	
松原耕作	**881***l*	
松原徳重	**881***l*	
松原正清	**881***l*	
松藤鉄三郎	146*r*,233*r*,259*l*, 338*l*,474*l*,589*l*,846*r*,865*r*, **881***l*,908*l*,993*l*	
松宮寒骨	**881***l*	
松村伊三郎	330*r*,466*l*,**882***l*, 974*l*	
松村伊兵衛	500*l*	
松村介石	547*r*	
松村一人	734*l*	
松村喜平	907*r*	
松村 潔	882*r*	
松村熊三	**882***l*	
松村幸太郎	**882***l*	
松村坤六	**882***l*	
松村茂正	806*r*	
松村静枝	149*l*,384*l*,**882***l*,1007*r*	
松村 元	24*r*,61*l*,145*l*,182*r*,256*r*, 742*r*,781*l*,**882***r*,923*l*	
松村又一	734*r*,950*r*,984*l*	
松本安久利	1030*l*	
松本英子	311*r*	
松本一三	188*r*,665*l*,**882***r*	
松本 清	**883***l*	
松本君平	985*r*,1009*r*	
松本啓次	142*l*,283*l*,**883***l*	
松本 恒	729*l*	
松本高介	**883***l*	
松本幸太郎	**883***l*	
松本治一郎	559*l*,764*l*,860*r*, 935*r*	
松本四南一	795*r*	
松本竣介	636*l*	
松本淳三	20*r*,71*r*,102*r*,123*l*, 212*l*,236*r*,295*r*,380*r*,460*r*, 591*r*,637*l*,664*r*,847*r*,**883***l*, 939*l*,976*l*,991*l*,1071*r*	
松本淳造	883*r*	
松本西南一	504*l*	

1273

み　人名索引

松本竹松　883*r*	1023*l*,1051*r*,1054*r*	三浦鮮治　442*l*
松本為助　696*r*	マラルメ　762*l*	三浦　昂　131*r*
松本親敏　14*l*,121*l*,121*r*,131*r*,	丸木位里　78*l*,888*l*,889*l*,1031*l*	三浦　環　58*r*,772*l*
256*l*,269*r*,883*r*,995*l*,1033*r*	丸木　俊　78*l*,889*l*	三浦つとむ　609*r*
松本経夫　504*l*,795*r*	マルクス　70*r*,223*r*,353*r*,468*l*,	三浦恒四郎　892*l*
松本鶴吉　884*l*	482*r*,483*l*,536*r*,668*l*,745*r*,	三浦哲人　893*l*
松本貞太郎　884*l*	823*l*,834*r*,894*r*,948*r*,954*l*	三浦東三　893*l*
松本富太郎　318*l*,884*l*	丸橋慶太　889*l*	三浦　徹　702*r*
松本寅彦　884*l*,913*l*	丸橋健三　889*l*	三浦俊雄　893*l*
松本　寛　884*l*	丸橋倭一郎　889*r*	三浦とめ　893*l*
松本広治　606*r*	丸林　隆　647*r*	三浦逸雄　893*l*
松本文雄　333*r*,656*r*,884*r*,973*l*	丸林　力　647*r*	三浦　浩　131*r*
松本文充郎　550*l*	丸茂幾造　889*l*	三浦　祐　1002*r*
松本正枝　270*l*,282*r*,442*l*,568*l*,	丸毛兼道　612*r*	三浦益三　893*l*
581*l*,637*l*,663*l*,691*r*,735*l*,	丸山あつし　889*l*	三浦安太郎　114*l*,201*l*,602*r*,893*l*
750*l*,791*l*,884*r*,925*l*,946*r*,	丸山　薫　949*l*	三浦弥之助　251*l*
1027*r*	丸山幹治　755*r*	三笠しづ子　95*r*,98*l*,470*r*,893*r*,
松本弥三次　885*l*	丸山邦男　890*l*	1068*r*
松本良人　627*l*	丸山熊次郎　458*r*,890*l*	味方与太郎　894*l*
松本省弥　885*l*	丸山賢作　578*l*	三上於菟吉　584*l*,753*r*
松本芳味　885*l*	丸山源蔵　890*l*	見上千代一　637*l*,894*l*
松山英俊　416*l*	丸山　厚　889*l*	三上由三　51*l*,53*r*,392*r*,405*r*,
松吉小八　913*r*	丸山孝一　890*l*	452*r*,555*r*,557*r*,652*l*,813*l*,
マーティン　558*r*	丸山幸一郎　890*l*	894*l*,936*l*,945*l*
的井徳三郎　885*r*	丸山五郎　890*l*	三木　清　77*r*,531*r*
間藤隆太郎　885*r*	丸山周悦　578*l*	三木光次　27*r*
的場慶二　885*r*	丸山仙口　890*l*	三木幸次郎　894*r*
的間雁二　292*r*,478*r*	丸山貞子　893*l*	三木滋二　97*l*,190*l*,240*r*,288*l*,
真中鶴吉　885*l*	丸山輝夫　101*l*	460*l*,670*r*,689*l*,866*l*,894*r*,
真辺致一　404*r*	丸山十三二　578*l*	971*l*
間庭国義　885*l*	丸山寅二　891*l*	三木　卓　79*r*,283*l*,950*r*
間根山義三郎　885*l*	丸山直臣　519*r*,734*l*,891*l*,955*l*	右田年英　89*r*
間野捷魯　586*l*	丸山真男　637*l*	御木本隆三　894*r*,1035*r*
真野志岐夫　16*r*,375*r*,376*l*,	丸山峰吉　891*l*	見倉　勝　374*r*
846*r*,885*r*,1014*l*,1061*r*	丸山勇作　759*l*,891*l*	三崎良一　895*l*
真船晃一　396*l*	丸山　豊　542*r*,606*r*	三沢金太郎　895*l*
真船　浩　512*l*	丸山美樹　891*l*	三沢健一　211*l*,225*r*,368*r*,463*l*,
真船正己　174*r*	マレシュ　266*r*	895*r*
マフノ　128*l*,177*l*,298*l*,356*r*,	馬渡正人　80*r*,891*l*,1026*r*	三沢定次郎　895*r*
622*l*,762*l*,886*l*	政所安次郎　891*r*	三島一郎　788*l*,895*l*
間宮直三郎　166*r*,886*l*		三島　周　32*l*
間宮茂輔　678*l*	み	三島正治　585*r*
間明田条次郎　599*r*		三島中洲　341*l*
間明田仙弥　599*r*	三浦黒四郎▷三浦安太郎	三島　復　341*l*
真許　環　886*l*	三浦梧楼　538*r*	三島通庸　599*l*
真山　彬　886*r*	三浦参玄洞　424*r*,796*r*	三島由紀夫　467*r*,556*l*
真山イシ　810*l*	三浦正一　891*l*	三島芳男　896*l*
真山青果　134*l*,470*r*,886*r*	三浦清一　891*r*	三島芳之助　896*l*
マラテスタ　270*r*,380*r*,573*l*,659*l*,	三浦精一　463*r*,723*r*,743*r*,751*r*,	水上のぶ　201*r*,896*l*
727*l*,728*l*,763*l*,887*l*,892*l*	892*l*	水木しげる　896*l*

1274

人名索引　み

水口九之助　**897***l*	水橋信蔵　753*l*	満津多秀夫　**905***r*
水庫一実　**897***l*	水原秋桜子　1071*r*	光谷義香　174*r*
水沢幸子　**897***l*	三角徳太郎　813*r*	光成信男　**905***l*
水島行衞　319*l*	水村勝之助　**901***r*, 951*l*	三橋喜三郎　**905***l*
水島耕一郎　537*l*	水村幸治　578*l*	三嘴四郎　227*l*
水島仁三郎　**897***l*	水盛源一郎　901*r*	三橋雅五郎　**905***l*
水島善四郎　375*l*, 436*r*, 735*r*	水守三郎　**901***r*	三世重次　289*l*
水島文太郎　**897***l*	三瀬重次　648*l*, 808*l*, **901***r*	光吉悦心　21*r*
水島与八　660*r*	溝井宗吉郎　421*l*, 870*r*, **902***l*	三富義臣　589*l*
水島流吉　294*r*, 626*l*	溝口卯八郎　**902***l*	碧川企救男　551*l*, 667*l*
水田茂行　**897***l*	溝口稠　863*r*, **902***l*	緑川純子　428*l*
水田ふう　932*l*	溝口玉吉　**902***l*	緑川藤次郎　**905***r*
水谷英式　**897***r*	溝畠森太郎　702*r*	南方熊楠　537*r*, 808*r*, **905***r*, 941*l*
水谷武雄　**897***r*	溝呂木克　**902***r*	水上彦国　677*l*, **906***l*
水谷長三郎　1066*l*	三田修　**902***r*, 936*l*	水上滝太郎　423*r*
水谷麻都男　**897***r*	三田正　662*l*	水上好　773*r*
水沼熊　37*r*, 207*l*, 256*l*, 302*r*, 491*r*, 503*r*, 541*r*, 587*l*, 775*l*, 782*r*, 841*l*, **897***l*, 898*l*, 1025*r*, 1030*r*, 1067*r*	三田貞　271*l*	皆川三郎　**906***l*
	三谷昭　413*r*	皆川末吉　**906***l*
	三谷敬六　666*l*	皆川精一　189*l*
	三谷幸吉　**902***r*, 903*l*	皆川たきせ　**906***l*
水沼浩　616*r*, 659*l*, 775*l*, **898***l*, 984*r*	三谷佐和子　530*r*	皆川利明　**906***l*
	三谷晴美　530*r*	皆川利吉　**906***l*
水沼辰夫　6*r*, 25*l*, 26*l*, 27*r*, 64*r*, 67*l*, 110*r*, 121*r*, 131*r*, 139*r*, 213*l*, 228*r*, 229*r*, 350*r*, 402*r*, 439*l*, 445*r*, 473*r*, 524*r*, 570*r*, 587*l*, 593*r*, 645*r*, 735*r*, 738*r*, 770*r*, 774*l*, 782*r*, 791*r*, 827*l*, 829*l*, 878*l*, **897***r*, 898*l*, **898***l*, 910*r*, 1025*r*, 1067*r*, 1069*r*, 1073*r*, 1075*l*	三谷文太郎　**903***l*, 984*l*	皆木金七　736*l*
	三田村四郎　180*l*, 247*r*, 299*r*, 332*l*, 350*r*, 705*l*, 807*l*, 841*l*, 842*l*, 854*r*, 956*r*, 968*l*, 1001*r*	皆木大太郎　637*l*
		湊英季　466*r*, 504*r*, 518*r*
	三田村平八郎　**903***l*	港得一郎　**906***r*
	御手洗漠　177*r*	南泉子　45*r*
	御手洗凡　191*l*	南一郎　936*l*
	道脇　42*r*, 252*r*, 500*l*	見波午次郎　**906***r*
	道口庄蔵　**903***l*	
	道本精一　398*l*, 625*r*, 822*l*, 972*l*, 1066*l*	南梅吉　26*r*, 57*r*, 93*l*, 305*l*, 307*r*, 424*r*, 452*l*, 507*l*, 791*r*, **906***r*, 907*l*, 932*r*, 935*r*
水沼真澄　898*l*, **900***l*, 1025*r*	ミチューリン　192*r*	南喜一　1001*r*
水野秋　444*r*	三井市郎　**903***r*	南敬介　**907***l*
水野一清　251*l*	三井栄三　**903***r*	南助松　544*l*, 674*r*, **907***r*
水野勝男　**900***l*	三井剛　97*l*, 259*l*, 385*r*, 744*l*, 767*l*, **903***r*	南千秋　27*l*
水野清治　**900***l*		南芳雄　65*r*, 83*l*, 339*r*, 422*l*, 670*r*, 786*r*, **907***r*
水野金三郎　722*r*	三井利員　433*l*, 679*r*, **903***r*, 987*l*	南小路薫　151*r*
水野悟　272*l*	三井八郎　**903***r*	南沢裟姿松　259*l*, 260*l*, 446*r*, 553*r*, 554*l*, 555*r*, 744*l*, 767*l*, 813*l*, **908***l*, 1020*r*
水野静枝　**900***l*	三石勝五郎　**904***l*	
水野武男　**900***r*	ミッシェル　**904***l*, 1046*l*	
水野竹造　93*l*, 379*l*, 510*r*, 511*l*, 511*r*, **900***r*	三瀬新吉　246*r*, 347*l*, 750*r*, 756*r*, **904***l*	南出泰一　**908***r*
水野常三郎　599*r*	光瀬龍　319*l*	峯尾正一　**908***r*
水野利悦　435*l*, 754*r*, **900***r*, 901*l*, 951*l*	光田嗣郎　**904***l*	峯尾節堂　427*l*, 543*l*, 708*l*, **908***r*, 1011*l*
水野始　**901***l*	満田友之助　433*l*, 679*r*, **904***r*, 987*l*	峰川極　230*r*
水野彦市　599*r*		峯松太一　178*r*, 922*r*
水野広徳　876*l*	光田稔　706*r*	三野啓造　968*l*
水野綏茂　900*r*, **901***l*	満田よし子　522*l*	三野混沌　270*r*, 563*l*, 634*r*, 642*r*,
水野力蔵　**901***r*		

1275

909*l*,1027*l*
美濃　才　**909***r*
巳野善一　429*l*,452*r*,505*r*,506*r*,
　726*l*,861*r*,**909***r*,995*r*
巳野多賀造　**909***r*
三野春生　476*l*
三野啓逸　186*l*,311*l*,553*l*
美濃部四郎　**909***r*
美濃部長行　589*r*
美濃部路仁　**909***r*
箕輪宇太郎　**909***r*,937*r*,1067*r*
蓑輪正一　56*l*,441*r*,**909***r*
三橋雄之助　**910***l*
三原達夫　677*r*
三間二十次郎　**910***l*
美牧燦之介　39*r*
三村玉堂　910*l*
三村叱咤郎　**910***l*
三村久次郎　**910***r*
三村泰三郎　**910***l*
三村　陽　**910***r*
三村柳介　32*l*
三村　遼　265*l*
宮内健九郎　1001*r*
宮内四郎　**910***r*
宮内留吉　**910***r*
宮内勇治　599*r*
宮尾芳男　**910***r*
宮川音三　25*r*,**910***r*
宮川武七郎　**911***l*
宮川寒三郎　**911***l*
宮川貞四郎　**911***l*
宮川武雄　67*l*,**911***l*
宮城繁徳　72*l*,143*r*,329*r*,330*l*,
　330*r*,450*l*,655*l*,777*l*,836*l*,
　911*l*
宮城実苗　136*r*
宮城桃生　138*l*
宮城与徳　327*l*
宮城島かや　811*l*
三宅　功　**911***r*
三宅　磐　541*l*
三宅　磐　582*l*
三宅克己　368*l*
三宅正一　103*r*
三宅正太郎　547*l*
三宅政次　382*l*,**911***l*
三宅雪嶺　10*r*,491*l*,740*l*,755*l*,
　911*r*
三宅槌男　189*l*,912*l*

三宅艶子　721*r*
三宅哲次郎　456*r*
三宅徳一　253*l*,**912***l*
三宅雄二郎　911*r*
三宅　立　659*l*
宮越栄一　**912***l*
宮越信一郎　27*r*,282*r*,431*r*,
　438*l*,690*r*,**912***l*,974*l*,1056*r*,
　1064*l*,1069*r*
宮坂卓郎　**912***r*
宮崎　晃　2*l*,16*r*,56*l*,108*r*,134*l*,
　178*l*,230*r*,233*r*,250*l*,260*l*,
　328*l*,376*l*,414*r*,470*r*,474*l*,
　517*l*,554*r*,558*l*,589*l*,795*r*,
　813*l*,821*r*,826*r*,846*r*,865*r*,
　881*r*,885*r*,887*l*,**912***r*,951*l*,
　962*r*,976*l*,983*r*,993*r*,1014*l*,
　1061*l*
宮崎阿州　463*l*,913*r*
宮崎　巌　83*r*
宮崎　潔　87*l*,913*r*
宮崎健次郎　929*l*,**913***r*
宮崎策太郎　**913***r*
宮崎　秀　309*l*
宮崎正太郎　**914***l*
宮崎捨雄　**914***l*
宮崎清作　**914***l*
宮崎静三　89*r*,189*l*,425*l*,517*r*,
　875*l*,**914***l*
宮崎　節　254*l*,916*l*
宮崎惣治　**914***l*
宮崎孝政　**914***l*
宮崎武士　**914***r*
宮崎辰次郎　**914***r*
宮崎辰親　145*l*
宮崎民蔵　34*r*,232*l*,245*l*,292*l*,
　304*l*,373*l*,428*l*,433*r*,449*r*,
　713*r*,830*l*,858*l*,874*r*,**914***r*,
　935*l*,1008*l*
宮崎　保　**915***l*
宮崎伝次郎　93*r*
宮崎滔天　34*r*,170*l*,245*l*,292*l*,
　364*r*,373*l*,433*r*,454*r*,809*l*,
　858*r*,**915***l*,918*l*
宮崎徳次郎　93*l*
宮崎友太郎　57*l*
宮崎虎之助　45*r*,341*r*
宮崎　義　**916***l*
宮崎秀人　15*r*,55*r*,288*l*,357*l*,
　916*l*

宮崎白蓮　943*l*
宮崎真夫　**916***l*
宮崎松太郎　**916***l*
宮崎光男　**916***l*
宮崎光子　314*l*
宮崎巳之吉　**917***l*
宮崎　稔　586*r*
宮崎夢柳　348*l*,519*l*,839*l*,**917***l*
宮崎安右衛門　241*r*,373*r*,549*r*,
　780*l*,851*l*,**917***r*,944*r*
宮崎弥蔵　914*r*,915*r*
宮崎勇太郎　**917***r*
宮崎　譲　701*r*,723*l*,**918***l*
宮崎芳太郎　**918***l*
宮崎龍(竜)介　248*r*,402*r*,454*r*,
　918*l*
宮崎竜太郎　**918***r*
宮崎緑雨　733*l*
宮崎　渉　**919***l*
宮沢伊之助　**919***l*
宮沢賢治　34*l*,227*l*,235*r*,294*r*,
　363*r*,626*r*,642*r*,678*r*,**919***l*,
　949*r*,1035*l*,1051*l*
宮沢純一　139*r*
宮沢四郎　**919***r*
宮沢清六　567*l*
宮沢富士雄　**919***r*
宮下嘉一　**919***r*
宮下　恵　562*l*,590*r*,**919***r*
宮下森太郎　**920***l*
宮下太吉　156*l*,201*l*,294*l*,353*l*,
　370*l*,377*l*,433*l*,714*l*,725*l*,
　785*r*,830*l*,839*l*,881*l*,**920***l*,
　957*r*,988*l*
宮下利巧　**921***l*
宮島ウメ　**921***l*
宮嶋麗子　**921***l*
宮島　憲　936*l*
宮島志げ江　357*l*
宮島次郎　**921***r*
宮嶋資夫　1*l*,3*l*,24*l*,26*r*,38*r*,
　40*l*,75*r*,121*l*,202*l*,248*r*,
　295*r*,301*l*,346*r*,376*l*,391*r*,
　404*l*,430*r*,560*r*,587*r*,594*r*,
　605*r*,657*l*,661*r*,673*r*,737*r*,
　766*r*,767*r*,822*l*,829*r*,835*r*,
　863*r*,873*l*,921*l*,**921***r*,924*r*,
　928*l*,948*r*,960*l*,969*r*,1023*l*,
　1025*r*,1057*r*,1062*r*
宮嶋信泰　921*r*

人名索引　**む**

宮島隼人　**922**r
宮島福彦　**922**l
宮島平内　**922**l
宮島義勇　178r, 270r, **922**r
宮島義雄　**922**l
宮島龍二　**923**l
宮田篤子　**928**r
宮田栄蔵　**923**l
宮田　脩　232l, 405r, 470l, **921**l, 921r, **923**l, 946r
宮田晃一　**923**l
宮田弘平　**923**r
宮田豊司　**923**r
宮田寅吉　**923**l
宮田　暢　921l, **923**r
宮田丙午　**923**r, 1019r
宮田よし子　**923**l
宮武外骨　893l, **923**r, 957r
宮地亀松　**924**l
宮地嘉六　1l, 85r, 679r, **924**l, 981r
宮地橘子　840l
宮寺林太郎　**924**r
宮林釜村　**924**l
宮林童哉　687l, **924**r
宮林弥作　**924**l
宮原君子　581l, **925**l
宮原清重郎　765l, **925**r
宮原多米吉　**925**r
宮原無花樹　705l, **925**r
宮原良平　527l
宮原安春　787l
宮富岳坊　685l
宮部金吾　134r
深山良吉　**926**l
宮村江東　756r
宮村汝春　20r, 324r
宮村宗十郎　**926**l
宮村平治郎　243l, **926**l
宮本和男　**926**l
宮本熊吉　628l
宮本顕治　761l
宮本幸四郎　**926**r
宮本才吉　**926**l
宮本三郎　51l, 83l, 96r, 168l, 359r, 448r, 831r, 840l, 842r, 866l, **926**l
宮本利貞　**927**l
宮本直仁　847r
宮本武吉　100l, 312l, 313l, 316l, 488r, 706l, 783l, **927**l, 1021l
宮本正男　**927**r
宮本もと　**928**l
宮本百合子　279l, 632r, 753r
宮本亮一　218l, **928**l
宮森常之助　199l, **928**l
宮山栄之助　35l, 75r, 372r, 398l, 873l, **928**l, 968r, 972l, 1066l
宮山房子　270l, 539l, **928**l
宮脇　久　384r, 392l, 529r, 574r, 697r, 770r, **928**r, 965r
ミューザム　353r, **929**l, 1036l
三代川一夫　**929**l
三好伊平次　**929**l
三芳左血夫　**929**l
三好十郎　9r, 123l, 566l, 633l, 811l, **930**l
三好達治　303l, 743l, 949l
三好彦太　**930**l
三好勇次　**930**r
ミラー　731l, 854l
ミル　895l
ミルボオ　45l, 212l, 255l
三輪　威　**930**l
三輪　甚　**930**l
三輪寿壮　853l
美輪信次　**930**l
三輪猛雄　664l, **930**l
三輪秀雄　**930**l
三輪政太郎　**930**l
三輪芳太郎　**931**l
ミン・ノボン　800r
ミン・フンギュ　800r

む

無　等　641l
ムイシキン　839l
無縁寺心灯　384r
向井　孝　126r, 147r, 172r, 182r, 214l, 241l, 292r, 404r, 502r, 547r, 552r, 558r, 609r, 644r, 744l, 780r, 859r, **927**l, **931**l, 978r, 979l, 983l, 1048r, 1063r
向武次郎　**932**r
向井勇造　**932**l
向山琴紫　**932**r
椋本運雄　130l, 261l, 325l, 343l, 648r, 804l, 856r, **932**r, 995r, 998r
向　軍治　666l
向田新三郎　**933**l
武蔵繁太郎　**933**l
虫明柏太　13l
武者小路実篤　8l, 34l, 37l, 50l, 263l, 315l, 440r, 481l, 532r, 611r, 615l, 668l, 685l, 723l, 810r, 918l, **933**l, 971l, 1053r, 1059r
牟田征紀　14l, 18r, 256l, 274r, 517l, 634l, 642r, 820l, 821l, **933**r, 945l
武藤　清　**933**l
無藤辰三　**933**l
棟方志功　457l
ムーニー, トーマス　1030l
ムーニー, トム　1031l
武良　茂　896l
村井吉太郎　**933**r
村井知至　1015r
村井竜太郎　423l, 519r, 612l, 698r, 703r, 734l, **933**r, 955l
村井林三郎　559r, **934**l
村尾敏一　**934**l
村岡清春　69r, 83r, 193r, 880l, **934**l, 1019r, 1020l
村岡準一　77r
村岡静五郎　452l
村岡恒之助　**934**l
村岡花子　42l
村岡妖之助　384r, **934**r
村上伊勢男　477r, **934**l
村上一郎　116l, 606r
村上一夫　**934**l
村上　哿　**934**r
村上吉蔵　1003l, 1060l
村上健吉　189l, 253l, **935**l, 1026l
村上仁助　**935**l
村上長五郎　44r, 54l
村上長三郎　829l
村上経雄　**935**l
村上藤作　**935**l
村上浪六　361r, **935**l
村上信彦　274r, 359l, 632l, 796l, **935**l
村上文太郎　**935**l
村上　誠　**935**r
村上峰夫　**935**r
村上　由　264l
村上義雄▷和佐田芳雄

1277

も　人名索引

村上義博　51*l*, 332*r*, 333*l*, 388*l*,
　　392*r*, 396*l*, 452*r*, 575*l*, 687*r*,
　　754*l*, 849*l*, 857*l*, 868*l*, 894*l*,
　　902*r*, **936***l*, 1015*l*, 1074*l*
村上吉頼　**936***r*
村川柳之助　3*r*, 53*l*, 415*r*, 878*l*,
　　936*l*
村木源次郎　40*l*, 58*l*, 75*l*, 86*r*,
　　108*l*, 111*l*, 138*l*, 148*r*, 153*l*,
　　176*r*, 339*l*, 381*l*, 402*r*, 416*r*,
　　444*l*, 495*r*, 534*l*, 546*r*, 694*l*,
　　706*l*, 735*l*, 754*l*, 780*r*, 789*l*,
　　831*l*, 916*r*, **936***l*, 944*r*, 946*l*,
　　968*l*, 1019*l*, 1064*l*, 1073*l*
村木憲久　**937***l*
村国三郎　338*l*
村沢儀三郎　**937***l*
村島軍治　534*l*
村瀬信吉　**937***l*
村瀬信義　611*l*, **937***l*
村瀬博一　859*l*
村田喜三郎　211*l*, 265*l*, 345*r*, 847*l*,
　　909*r*, **937***l*, 1067*l*
村田兼吉　**937***l*
村田才吉　21*l*
村田重三　**937***r*
村田四郎　359*l*
村田清之助　**937***r*
村田善次郎　**937***r*
村田蒼生　901*r*
村田　祐　775*l*
村田常次郎　308*r*, 636*l*, **937***r*
村田常二郎　439*r*
村田　稔　139*l*, 340*r*, **938***l*
村中俊道　**938***l*
村野正次　**938***r*
村松栄一　255*r*, 426*l*, 697*r*, **938***l*
村松武司　**938***r*
村松チエ　13*l*
村松英雄　187*l*, 206*r*, 460*r*, 498*l*,
　　557*r*, 652*r*, **939***l*, 965*l*
村松正俊　79*l*, 391*r*, 460*r*, 542*r*,
　　591*r*, 637*l*, 638*l*, 664*l*, 692*l*,
　　761*l*, 847*l*, 871*r*, 883*r*, **939***l*,
　　1021*l*
村松又一　660*l*
村松　元　861*l*
村松義治　**939***l*
村本鎌太郎　115*r*, 939*r*
村元銀吾　**939***l*

村本信吉　**939***r*
村山槐多　541*l*
村山喜見次　26*l*, **939***l*
村山作一郎　**939***l*
村山俊太郎　860*l*
村山知義　17*l*, 44*r*, 196*l*, 198*l*,
　　203*r*, 236*r*, 284*l*, 334*r*, 451*l*,
　　571*l*, 742*r*, 750*l*, 823*r*, 873*l*,
　　893*l*, **939***l*, 973*l*, 975*l*, 1014*l*
村山文子　791*l*
室　謙二　638*l*
室生犀星　85*l*, 691*l*, 743*l*, 1002*l*
室伏高信　654*l*, 912*r*, **940***l*, 940*r*
室谷善郎　**940***l*
ムン・ソンフン　835*l*
ムン・チマン　835*r*

め

明脇帯刀　166*r*
命尾小太郎　80*l*
恵　秀和　**940***l*
目黒武之進　**940***l*
メゼンツォフ　519*l*
メチニコフ　971*l*
メーテルリンク　971*l*
メノン　434*r*, 931*r*
メーラー　763*l*
メリー　642*l*

も

モー・チーポン　745*l*
毛　一波　146*l*, 359*l*, 481*r*, 558*l*,
　　618*l*, 620*l*, 741*l*, **940***l*, 1046*l*,
　　1046*r*
毛　沢東　158*l*, 363*l*, 480*r*, 538*l*
毛　綸名　**940***l*
毛利清雅　**941***l*
毛利柴庵　708*l*, 740*l*, **941***l*
毛利津一　**942***l*
毛利力之助　**942***l*
茂木一次　**942***l*
茂木久平　75*l*, 157*l*, 220*l*, 346*r*,
　　594*r*, **942***l*
茂木虎次郎　808*r*
茂木秀好　**943***l*
茂木　政　**943***l*
茂木光夫　**943***l*
モース　301*r*

モスト　24*r*, 399*r*, 837*l*, 914*r*,
　　943*l*
甕弥治郎　**943***r*
持地千代治　20*l*, **944***l*
持田清吉　**944***l*
持田清三　**944***l*
持田太郎　819*r*, **944***l*, 960*r*
望月明美　780*r*, 1048*r*
望月一郎　438*l*
望月　桂　3*l*, 150*r*, 184*r*, 209*l*,
　　222*l*, 282*r*, 289*l*, 309*l*, 335*l*,
　　402*r*, 403*l*, 422*l*, 444*l*, 464*r*,
　　466*r*, 679*l*, 696*l*, 698*l*, 709*l*,
　　752*l*, 767*r*, 780*l*, 829*l*, 916*l*,
　　917*r*, **944***l*, 946*l*, 1018*l*, 1025*r*,
　　1064*l*
望月兼吉　**945***l*
望月欽策　**945***l*
望月好太郎　946*r*
望月丈二　186*l*
望月治郎　61*r*, 274*r*, 393*l*, 405*r*,
　　453*l*, 517*l*, 589*r*, 846*l*, 908*r*,
　　945*l*, 1061*l*
望月辰太郎　97*l*, 207*r*, 252*l*, 418*l*,
　　449*l*, 557*r*, 605*r*, 652*l*, 709*l*,
　　753*l*, 813*r*, 879*r*, 901*l*, 936*l*,
　　945*r*, 968*l*
望月仁太郎　**946***l*
望月誠一　**946***l*
望月ふく　698*l*, **946***l*
望月　満　188*l*
望月百合子　12*l*, 62*r*, 150*r*, 153*r*,
　　174*r*, 197*l*, 232*l*, 257*r*, 270*l*,
　　315*l*, 405*r*, 485*r*, 502*r*, 522*r*,
　　568*l*, 632*l*, 699*l*, 701*r*, 769*r*,
　　829*r*, 884*r*, **946***l*, 952*r*,
　　962*r*, 969*r*
望月　義　309*l*
望月由太郎　457*r*
元井久次郎　722*r*, **947***l*
元井宗治　**947***l*
本木　勇　**947***l*
本橋左門　925*r*
本橋福太郎　**947***l*
本部仁太郎　478*r*
本山茂貞　**947***l*
本山信一　**947***l*
モーパッサン　763*r*, **947***r*
百島　操　807*l*, **947***r*
百瀬二郎　40*l*, 63*r*, 282*r*, 780*r*,

948*l*	森川武美 346*l*, 522*r*, 643*r*, **952***l*	929*r*, 942*r*, **957***l*, 957*r*, 958*l*, 991*l*, 1059*r*, 1061*r*
百瀬 晋 75*r*, 114*l*, 201*l*, 602*r*, 656*r*, 863*r*, 873*l*, 884*r*, 893*r*, 948*l*, 978*l*	森熊 猛 **952***r*	
	森熊ふじ子 **952***r*	森近 繁 **957***r*
	森崎栄三郎 **952***r*	森近栄子 **958***l*
桃田伊三郎 **949***l*	森崎和江 70*r*, 122*l*, 542*r*, 606*r*	森近良平 **958***l*
百田宗治 100*r*, 380*l*, 443*r*, 492*l*, 677*r*, 777*r*, 810*l*, 848*l*, **949***l*	森下 健 **952***l*	森戸辰男 153*r*, 560*r*, 663*r*, **958***l*, 1027*l*
	森下藤一郎 675*l*, **952***l*	
モラエス 177*r*	守下日吉 515*r*, 523*l*, 814*r*, **953***l*	森長英三郎 188*r*, 293*r*, **958***r*
モラール 801*l*	森下日吉 **953***l*	守西利造 **959***l*
森 有正 456*l*	森下美之作 **953***l*	森本和夫 57*l*
森 石松 **949***l*	森下八三雄 853*l*, **953***l*	森本慶三 **959***l*
森 鷗外 38*r*, 49*r*, 181*r*, 271*l*, 311*r*, 474*l*, 482*r*, 589*l*, 786*l*, 949*l*	森下喜信 805*r*	森本厚吉 36*r*
	モリス 183*r*, 267*l*, 383*l*, 572*r*, 721*r*, **953***l*, 1044*l*, 1045*l*	森本生三 **959***l*
		森本丹一 895*l*
森 数男 **970***l*	森澄猪介 **954***l*	森本富士雄 912*r*
森 勝治 **949***r*	森田綾雄 **954***r*	森本宗一 **959***r*
森 儀一 **949***r*	森田一二 95*r*, 282*l*, 316*r*, 597*r*, 635*l*, 681*l*, **954***r*	森本義之助 **959***r*
森 健一 **949***r*		守屋龍巳 **959***l*
森孝一郎 **949***r*	森田亀之助 **955***l*	守屋典郎 762*r*
森 才一 3*l*, 848*l*	森田源蔵 **955***l*	森山 啓 519*r*, 955*l*, 960*l*
森 佐一 **949***r*	森田小一郎 519*r*, 734*l*, 788*r*, 891*l*, **955***l*, 985*l*	森山 賢 **960***l*
森 茂樹 **950***l*		森山重雄 **960***l*
森 繁 598*r*	森田五郎 **955***l*	森山泰一郎 **960***l*
森新太郎 **950***l*	森田重次郎 372*r*, **955***l*	森山芳太郎 **960***l*
森詮太郎 80*l*, 643*r*, **950***l*	森田新吉 **955***l*	森山米次郎 **960***l*
森 竹夫 113*r*, 270*l*, 424*l*, 504*r*, **950***l*, 1003*r*	森田心太 471*l*, 857*r*, **955***l*	森分忠孝 197*r*, 490*r*, 495*r*, 761*l*, 944*l*, **960***l*
	森田辰太郎 **955***l*	
森辰之介 114*l*, 120*r*, 456*r*, 614*r*, **950***r*	森田すすむ 912*l*	森分恭正 495*r*
	森田盛次 124*l*, 203*l*, 716*r*, 718*r*, 737*r*, **955***l*	茂呂徳弥 **960***l*
森 哲博 102*r*, 509*l*, **950***r*		毛呂博明 591*l*
森 徳次 **950***r*	森田成醇 **956***l*	茂呂松右衛門 599*l*
森登志次 **951***l*	森田善吉 **956***l*	師岡千代子 370*l*, 371*l*, **960***r*
森 博 **951***l*	森田草平 49*r*, 790*l*	モンセーニ 651*r*, **961***l*
森 文雄 **951***l*	森田辰夫 **956***l*	門奈義男 45*l*, 961*l*
森三千代 13*l*, 262*r*	守田虎尾 637*l*, 956*l*	門馬徳寿郎 **961***r*
森美千代 173*r*	森田虎雄 82*l*, 489*r*, 562*r*, 791*l*, **956***l*	
守 安宗 375*l*, 436*r*, 735*r*		**や**
森由太郎 **951***l*	守田文治 956*r*	
森 吉明 **951***l*	守田正義 **956***l*	八重樫檻太郎 **962***l*
森 利一 690*l*, 813*r*, 900*r*, 901*r*, 925*r*, **951***l*, 1056*l*	森田松栄 434*l*	八重樫哲三 **962***l*
	森田安治 903*l*	八重樫春見 433*l*, **962***l*
森井歌子 200*l*, 1001*l*	守田有秋 369*r*, 403*l*, 406*r*, 439*r*, 450*r*, 660*r*, **956***l*, 980*r*	八重樫春美 **962***l*
森内英太郎 806*r*		矢尾弥市郎 372*l*
森岡永治 369*r*, 439*r*, 660*r*, **951***l*	森田理喜蔵 **957***l*	八木あき **962***l*
守岡和善 **951***r*	森滝しげ子 343*r*	八木秋子 45*l*, 56*l*, 193*l*, 209*l*, 253*r*, 299*r*, 329*l*, 418*r*, 474*l*, 517*l*, 554*r*, 568*l*, 589*r*, 644*l*, 662*r*, 736*r*, 739*l*, 767*l*, 784*r*, 821*r*, 846*r*, 908*l*, 913*r*, 946*r*, 947*l*, **962***l*, 993*r*, 1017*l*, 1061*r*
森岡秀嗣 **951***r*	森近運平 70*r*, 114*l*, 137*l*, 161*r*, 199*l*, 201*l*, 332*l*, 370*l*, 392*l*, 541*l*, 582*r*, 602*r*, 624*l*, 626*l*, 671*r*, 708*l*, 732*r*, 752*r*, 760*r*, 778*l*, 866*r*, 871*l*, 893*r*, 920*l*,	
森岡基純 **952***l*		
森岡守三 **952***l*		
森川丑松 166*r*		
森川松寿 **952***l*		

八木一艸 822*l*	安田武彦 **967***l*	柳芳太郎 174*r*
八木うら 921*l*	安田長久 931*l*	柳沢 恰 212*r*, 273*r*, 574*l*, 578*l*,
八木麗子 921*r*	安田辰之助 **967***l*	578*r*, 630*l*, 826*l*, **971***r*
矢木鍵次郎 48*l*, 207*l*, 512*r*, 666*l*,	安田為太郎 37*r*	柳沢清武 971*l*
963*l*	安田忠四郎 **967***l*	柳沢七郎 851*l*
屋宜盛則 32*l*, **963***l*	安田徳司 **967***l*	柳沢次郎 259*r*, **971***l*
矢木てえ 963*l*, 963*r*	安田豊吉 **967***l*, 998*l*	柳沢すず **972***l*
八木豊吉 129*l*, 866*l*, **963***r*	安田彦五郎 **967***l*	柳沢 昇 **972***l*
八木信三 78*l*, 107*r*, 297*l*, 625*r*,	安田福松 **967***l*	柳沢祐一郎 **972***l*
805*r*, 822*l*, **963***r*	安田政次郎 **967***l*	柳沢善衛 35*l*, 226*r*, 372*r*, 398*l*,
八木 勝 **964***l*, 970*l*	安田光夫 1060*l*	466*r*, 793*l*, 799*l*, 928*l*, **972***l*,
八木勇次 **964***l*	保田与重郎 743*l*	1020*r*, 1066*l*
八木勇二 **964***l*	安田理貴 384*r*, 729*l*, 929*l*, **967***l*	柳下麟太郎 765*l*, **972***l*
八木 渡 **964***l*	安谷寛一 46*r*, 168*l*, 184*l*, 184*r*,	柳田国男 185*l*, 748*l*
八木庄平治 **964***r*	186*l*, 226*r*, 368*r*, 403*l*, 403*r*,	柳田謙十郎 810*l*
八木橋総一郎 **964***r*	404*l*, 430*l*, 466*r*, 518*l*, 580*l*,	柳田 泉 291*r*
矢口英一 6*r*, 253*l*, 435*r*, **964***r*	673*l*, 687*r*, 757*l*, 767*r*, 790*r*,	柳田邦枝 270*l*
矢倉米吉 318*l*	861*l*, 916*r*, 928*l*, **968***l*, 969*l*,	柳田弥二郎 **972***l*
矢合米吉 **964***r*	972*l*, 1066*l*	柳原白蓮 918*r*
八坂美実 **964***r*	安永信一郎 693*l*	柳本為市 656*r*, **972***r*
矢崎源之助 224*l*, 456*r*, 552*r*,	安永蔭子 693*l*	柳瀬正六 973*l*
965*l*, 1057*r*	安成くら子 232*l*, 969*r*	柳瀬福太郎 **973***l*
矢崎繁次郎 583*l*, **965***l*	安成貞雄 232*l*, 446*r*, 447*l*, 587*r*,	柳瀬正夢 196*r*, 198*l*, 571*r*, 656*r*,
矢崎保秀 206*r*, 460*r*, 557*r*, 939*l*,	653*l*, 864*r*, 923*r*, 928*l*, **968***l*,	658*r*, 702*r*, 761*r*, 824*l*, 884*r*,
965*l*	969*l*, 969*r*, 1005*r*, 1059*l*, 1060*r*	940*l*, **973***l*, 1014*r*
矢崎義久 554*r*, **965***l*, 993*r*	安成四郎 790*r*, **969***l*	簗田保代 768*l*, 860*l*, **973***l*, 1012*r*
矢島楫子 310*l*, 311*l*, 655*r*	安成二郎 305*r*, 403*l*, 717*l*, 740*r*,	梁取三義 **973***r*
八島京一 486*l*	968*r*, 969*l*, **969***r*, 1005*r*, 1060*r*,	谷野義一 **973***r*
矢島一郎 **965***l*	1063*r*, 1066*l*	矢野源次郎 **973***r*
矢嶋歓一 188*l*, **965***r*	安原 勇 964*l*, **970***l*	矢野準三郎 11*r*, 109*r*, 166*r*,
矢代東村 472*l*	安原謙市 646*l*	466*l*, **973***r*
矢代幸雄 767*r*	安村竹松 921*r*, **970***l*	矢野春太郎 **974***l*
安威三郎 923*r*	保持増巳 970*l*, 1072*r*	矢野積善 **974***l*
野洲伝三郎 929*l*, **965***r*	谷田新造 **970***l*	家野猛之 702*l*, 974*l*
安井 清 **966***l*	谷田部得一 218*r*, **970***l*	矢野はるよ **974***l*
安井曾太郎 528*r*	谷田部勇司 448*l*, **970***l*, 1072*r*	矢野万次郎 696*l*, 776*l*, **974***l*
安井 正 **966***l*	矢次一夫 551*l*	矢野竜渓 70*l*, 136*r*, 216*l*, 251*r*,
安井弘志 444*r*	八橋栄星 95*r*, 424*l*, 597*r*, **970***l*	**974***r*
安井義雄 473*r*, 474*l*, 796*l*, **966***l*	八橋清一▷八橋栄星	矢作康治 **974***r*, 993*l*
安家正明 591*l*, **966***l*	谷戸亮介 518*l*	矢橋丈吉 44*r*, 198*l*, 212*l*, 222*l*,
安岡正篤 407*l*	柳井 秀 547*l*, 931*l*, **983***l*	230*l*, 279*l*, 297*l*, 302*l*, 309*l*,
安川三郎 683*l*, 879*l*, **966***l*	柳川槐人 45*l*, 212*l*, 284*l*, **970***l*	396*r*, 523*r*, 627*l*, 658*r*, 739*l*,
安川省三 **966***r*	柳川正一 687*r*, 689*l*, **971***l*	832*l*, 861*l*, 865*l*, 940*l*, **974***r*,
保国 誠 **966***r*	柳川豊吉 **971***l*	1029*r*
安田愛之助 **966***r*	柳川福寿 578*l*	八幡市蔵 **975***r*
安田佐和 **966***r*	楊 明雄 18*l*	八幡兼松 975*r*
安田 穣 48*l*, **966***r*	柳 敬助 31*r*	八幡博道 456*r*, **975***r*
安田次郎 582*l*, **966***r*	柳 つる 881*l*	八幡政太郎 **975***r*
保田清之助 **967***l*	柳 宗悦 263*l*, 850*r*, 954*l*, **971***l*,	矢張圀人 119*l*
安田 武 721*r*	1035*l*	藪田 寛 **975***r*

人名索引　や

藪田義雄　692*l*
矢部喜好　612*l*
矢部甚吾　975*r*
矢部友衛　203*r*, 1014*r*
矢部友康　295*l*
山一由喜夫　205*l*, 415*l*, 558*l*, 826*r*, 975*r*
山内嘉市　311*l*
山内恭三　798*l*, **976***l*
山内三造　**976***l*
山内真三　**976***r*
山内鉄吉　311*l*
山内直孝　1000*r*
山内英夫　447*l*
山内房吉　**976***l*
山内勇次郎　**976***l*
山浦典男　**976***r*
山浦隆介　624*r*, 971*r*, **976***r*
山尾三省　**977***l*, 994*r*
山岡　勇　**977***l*
山岡栄治　**977***l*
山岡栄二　67*r*, 233*r*, 457*l*, 608*r*, 702*l*, 784*r*, **977***r*, 977*l*, 1061*r*, 1066*r*
山岡喜一郎　67*r*, 99*l*, 117*l*, 141*l*, 195*r*, 278*l*, 301*l*, 399*l*, 438*l*, 574*r*, 608*r*, 609*l*, 661*r*, 674*l*, 702*l*, 729*l*, 761*l*, 784*r*, 792*l*, 879*l*, **977***r*, 1061*l*
山岡強一　**977***r*
山岡喜造　608*r*
山鹿泰治　1*l*, 3*l*, 8*r*, 26*r*, 45*r*, 67*l*, 124*l*, 146*l*, 150*r*, 154*l*, 159*r*, 201*r*, 256*l*, 275*l*, 287*l*, 292*r*, 297*l*, 319*l*, 335*l*, 351*l*, 359*l*, 365*l*, 367*r*, 403*l*, 422*r*, 430*l*, 438*l*, 448*l*, 450*r*, 455*l*, 473*r*, 474*l*, 482*l*, 494*l*, 539*r*, 558*l*, 564*l*, 573*l*, 618*l*, 618*r*, 619*r*, 622*l*, 623*l*, 631*l*, 632*l*, 641*l*, 648*r*, 679*r*, 701*l*, 709*r*, 774*l*, 796*l*, 804*l*, 806*r*, 825*l*, 829*r*, 837*l*, 859*r*, 892*l*, 898*l*, 931*r*, 966*l*, 970*l*, **978***l*, 979*l*, 1000*r*, 1036*l*, 1048*l*, 1051*r*, 1052*r*, 1053*l*, 1064*l*
山鹿ミカ　**979***l*
山形三郎　539*l*
山県繁樹　**979***l*
山形春吉　427*r*, **979***l*

山片秀之　**979***r*
山上伊太郎　**979***r*
山上重蔵　**979***r*
山上房吉　416*r*, 432*l*, 441*r*, **979***r*, 986*l*
山川菊栄　49*r*, 75*r*, 216*r*, 269*l*, 301*r*, 432*l*, 434*l*, 568*l*, 717*r*, 763*r*, 794*l*, 922*l*, **980***l*, 981*l*
山川太郎　**980***r*
山川時朗　94*r*, 372*r*, 697*l*, 722*r*, **980***r*
山川　均　8*l*, 23*r*, 35*r*, 75*r*, 110*l*, 175*r*, 176*r*, 201*l*, 216*r*, 243*r*, 289*l*, 332*l*, 369*r*, 391*l*, 402*l*, 402*r*, 406*r*, 410*l*, 419*r*, 424*r*, 439*r*, 524*l*, 549*l*, 560*r*, 565*l*, 581*r*, 602*r*, 619*r*, 660*r*, 675*l*, 693*l*, 703*r*, 748*r*, 751*l*, 763*r*, 778*l*, 810*r*, 912*r*, 947*r*, 956*r*, 980*l*, **980***r*, 988*r*, 1001*l*, 1024*l*, 1052*r*, 1064*l*, 1068*r*, 1073*r*, 1074*l*
山川宗一　**981***r*
山川　亮　**981***r*
矢牧一宏　**981***r*
山岸寛治　**982***l*
山岸実司　683*r*
山岸春雄　**982***l*
山岸みつ　1025*r*
山岸みよ　**982***l*
山岸巳代蔵　**982***l*
山際茂樹　272*l*
山口在寛
山口　英　208*l*, 393*l*, 547*r*, 859*r*, 931*l*, **983***l*
山口勝清　91*r*, 197*r*, 207*r*, 210*r*, 335*r*, 375*l*, 388*l*, 394*r*, 452*r*, 461*l*, 502*l*, 564*r*, 642*r*, 737*l*, 761*l*, 770*r*, 783*r*, 819*r*, 903*l*, 913*l*, 944*l*, 960*r*, **983***r*, 1008*r*
山口　要　**984***l*
山口きよ　**984***l*
山口狂介　93*r*, **984***l*
山口啓一　124*r*, 701*r*
山口景造　**984***l*
山口健二　57*l*, 99*r*, 102*r*, 105*l*, 122*l*, 171*r*, 287*l*, 606*r*, 743*r*, 878*l*, 931*r*, **984***r*, 1048*r*
山口健助　16*r*, 24*r*, 27*l*, 69*r*, 76*r*, 89*r*, 114*l*, 132*l*, 147*l*, 194*l*,

248*l*, 278*l*, 298*r*, 308*r*, 382*l*, 423*l*, 433*l*, 453*r*, 465*l*, 519*l*, 531*r*, 612*l*, 697*l*, 698*r*, 703*r*, 721*l*, 734*l*, 788*r*, 802*r*, 827*l*, 851*r*, 875*l*, 895*r*, 905*r*, 914*l*, 938*l*, 955*l*, **985***l*, 1005*l*, 1007*l*
山口孝吉　**985***r*
山口孤剣　70*l*, 114*r*, 137*l*, 181*r*, 227*l*, 246*r*, 251*r*, 368*l*, 412*l*, 678*l*, 717*l*, 732*l*, 773*l*, 802*l*, 911*r*, 915*l*, 963*r*, **985***r*, 1061*r*
山口小静　1052*r*
山口重三郎　1001*l*
山口繁治　682*l*
山口　淳　466*r*, 862*l*
山口庄之助　719*r*
山口新一　647*r*
山口　静　452*l*
山口正憲　25*r*, 787*l*, 791*l*, 980*l*, **986***l*
山口蘇水　272*l*
山口大信　341*l*
山口武男　**986***l*
山口多郎　868*l*, **986***l*, 1027*l*
山口鼎明　**986***l*
山口伝次郎　**986***r*
山口藤吉　**986***r*
山口富蔵　554*l*, **986***r*
山口英雄　983*l*
山口広弥　**986***r*
山口文憲　638*l*
山口水星子　983*l*
山口光子　**986***r*
山口弥吉　**986***r*
山口安治　3*r*
山口安二　2*l*, 21*l*, 97*l*, 142*r*, 186*r*, 241*l*, 385*l*, 406*r*, 590*l*, 630*l*, 679*r*, 866*l*, 903*r*, 949*r*, **987***l*
山口弥太郎　**987***l*
山口勇子　343*l*
山口義三▷山口孤剣
山口与曾八　225*r*, **987***r*
山口律雄　765*l*, **987***l*, 1008*r*, 1027*l*
山越市太郎　**988***l*
山崎市之助　**988***l*
山崎亥治郎　**988***l*
山崎勘造　**988***l*
山崎菊太郎　**988***l*

1281

山崎きみ　**988***l*
山崎邦隆　**988***l*
山崎今朝弥　30*r*, 60*r*, 110*l*, 198*l*,
　216*r*, 256*l*, 289*l*, 346*r*, 359*l*,
　360*l*, 460*r*, 469*l*, 568*l*, 675*l*,
　694*l*, 819*r*, 831*l*, 850*l*, 924*l*,
　976*l*, 980*l*, 981*l*, **988***l*, 1022*r*,
　1075*l*, 1076*l*
山崎こう　**988***r*
山崎佐市　183*l*, 380*l*, 447*l*, 466*r*,
　509*r*, 739*l*, 760*l*, 770*l*, 778*l*,
　862*l*, **988***r*
山崎佐一　**988***r*
山崎　栄　**989***l*
山崎貞吉　**989***l*
山崎　茂　**989***l*
山崎修子　16*r*, 27*l*, 272*r*, 855*r*,
　989*l*
山崎正二郎　**989***l*
山崎次郎　48*l*, 966*r*, 989*l*
山崎真道　117*l*, 143*l*, 302*l*, 313*r*,
　332*r*, 374*r*, 518*r*, 856*r*, **989***l*,
　1047*l*
山崎千太郎　**989***r*
山崎太郎吉　**989***r*
山崎常吉　87*r*, 272*r*, 463*l*, 666*l*,
　772*l*, **989***r*, 990*l*
山崎輝義　797*r*, **990***l*
山崎東三　**990***l*
山崎藤蔵　**990***l*
山崎仁作　66*l*, 238*r*, **990***l*
山崎延子　985*l*
山崎ハル　**990***l*
山崎半次　**990***l*
山崎　光　989*l*
山崎英男　**990***r*
山崎祐茂　**990***r*
山崎　寧　506*l*
山崎矢三郎　**990***r*
山里栄吉　**990***r*
山路愛山　893*r*
山路二郎　**990***r*
山路　信　380*r*, 402*r*, **991***l*
山路登志雄　190*l*, 395*l*, 395*l*,
　647*r*, **991***l*
山下幾太郎　**991***l*
山下一平　32*l*
山下岩夫　**991***r*
山下英太郎　**991***r*
山下一夫　416*l*, 436*r*, 630*r*, 775*l*,
　848*l*, **991***r*
山下寒芽　124*l*, 203*l*, 737*r*, 805*r*
山下儀平次　**991***r*
山下こう　**992***l*
山下孝太郎　**992***l*
山下五六　30*l*
山下　茂　**992***l*
山下昇二　128*r*, 522*r*, 645*r*, 724*l*,
　952*l*, **992***l*
山下宗恵　992*l*
山下　武　150*l*, 172*l*, 489*l*, 490*l*,
　992*r*
山下　猛　**992***r*
山下東平　**992***r*
山下豊吉　275*l*
山下　孟　**992***r*
山下春雄　595*l*
山下博康　**993***l*
山下　泰　**993***l*
山城　繁　**993***l*
山城正忠　451*l*
山田　彰　56*l*, 146*r*, 338*l*, 474*l*,
　554*r*, 846*r*, 865*r*, 881*r*, 908*l*,
　974*r*, **993***l*
山田今次　86*r*, 309*l*, **993***r*
山田音之助　**994***l*
山田塊也　**994***l*
山田嘉吉　**994***r*, 999*l*
山田喜一　**995***l*
山田健助　985*l*
山田耕筰　58*r*, 840*l*, 877*r*
山田幸次　**995***l*
山田高次郎　**995***l*
山田幸太郎　**995***l*
山田五郎　761*l*
山田作松　130*l*, 184*r*, 380*l*, 710*l*,
　733*r*, 756*r*, 856*r*, 883*r*, 932*r*,
　995*r*, 998*r*, 1016*r*
山田三郎　438*r*, 705*l*
山田三造　529*r*, 673*r*
山田　茂　218*l*, 909*r*, **995***r*
山田正一　214*l*, 222*r*, 226*l*, 299*r*,
　383*r*, 384*l*, 831*l*, **996***l*
山田勝平　251*l*
山田次郎　**996***l*
山田真一（AC労連）　55*l*, 380*r*,
　414*l*, **996***l*
山田真一（熊本）　**996***r*
山田仁三郎　**996***r*
山田真次　329*l*
山田新之助　**996***r*
山田捨男　**996***r*
山田清三郎　283*r*, 295*r*, 542*l*
山田政治　**996***r*
山田静次　**996***r*
山田清太郎　**996***r*
山田静太郎　**996***r*
山田清之助　**996***r*
山田　孝　127*r*, **997***l*
山田忠兵衛　**997***l*
山田妻三郎　543*l*
山田藤二郎　**997***l*
山田尚種　54*r*, 115*r*, 228*l*, 333*l*,
　769*l*, **997***l*
山田文子　195*l*
山田　政　**997***l*
山田政一　**997***l*
山田政郎　243*l*
山田正信　645*l*, 720*r*, **997***l*
山田松雄　**997***r*
山田万吉　**997***r*
山田みき　**997***r*
山田道兄　231*l*
山田宗三郎　**997***r*
山田持定　**997***r*
山田弥三平　741*r*, **997***r*
山田安二　**998***l*
山田保永　592*l*
山田有幹　127*r*, 330*r*, 655*l*, 777*r*
山田幸雄　995*l*, **998***l*
山田良明　**998***l*
山田義夫　**998***l*
山田義雄　6*l*, 53*l*, 69*l*, 74*r*, 77*l*,
　87*r*, 162*l*, 171*r*, 249*r*, 273*l*,
　344*r*, 375*r*, 379*l*, 452*l*, 463*l*,
　498*l*, 505*l*, 567*r*, 656*l*, 701*r*,
　705*r*, 753*l*, 967*l*, **998***l*, 1026*l*
山田与志雄　436*r*
山田由太郎　**998***r*
山田義之助　222*r*
山田吉之輔　**998***r*
山田吉彦▷きだみのる
山田利一　88*l*, **998***r*
山田籐次郎　**998***r*
山田緑郎　130*l*, 670*r*, 932*r*, 995*r*,
　998*r*
山田わか　**999***l*
山手樹一郎　1015*l*
山名正実　**999***l*
山中鎌太郎　**999***l*

人名索引　ゆ

山中　正▷山中政之助	山本兼次郎　**1004**r	987r,**1008**r
山中光次郎　**999**r	山本澗松　**1004**r	山本晴広　**1008**r
山中武次郎　**999**r	山本勘助　591r	山本半次　**1008**r
山中英俊　867r,**999**r,1020r	山本喜一　**1004**r	山本久吉　**1008**r
山中政之助　151l,202r,225r,	山本義一　282l,**1004**r	山本万次郎　755l
448l,488r,700l,719l,**1000**l	山本きく　**1004**r	山本光久　172r
山成三三　976l	山本享介　1011r	山本三和人　165l
山成秀夫　609l,**1000**l	山本京平　334r,402r,461l,501r,	山本盛夫　934l
山西茂樹　912r	737l,**1004**r	山本有三　167r,880l
山根三郎　**1000**l	山本　潔　282r,562r,**1005**l	山本幸雄　590r,984l,**1008**r
山根　積　810r	山本九重郎　**1005**l	山本行雄　295l
山根藤次郎　**1000**l	山本健吉　85l	山本義昭　595r,**1008**r
山根正義　460r,591r,637l	山本憲幸　**1005**l	山本義忠　**1009**l
山根雪郎　278r	山本懸蔵　286r,1067r	山本利平　8r,197r,321r,814r,
山野虎市　248l	山本貞次郎　**1005**l	960r,**1009**l
山野増太郎　**1000**l	山本定次郎　**1005**l	山本良治　**1009**l
山の井愛太郎　**1000**l	山本実彦　134l	山本林之助　57r,373r,545r,**1009**l
山野井洋　1012l	山本三郎　488l	山本隣之助　**1009**l
山内画乱洞　**1000**r	山本飼山　571l,747r,798l,803l,	山寄正治郎　989l
山内みな　200l,881l,**1000**r	**1005**l,1060r	矢本敏高　**1009**r
山之口獏　198r,**1001**l	山本捷太郎　433l,**1005**r	屋良　猛　330l,614l,**1009**r
山辺健太郎　700l,**1001**r	山本正太郎　**1005**r	鑓田研一　94l,114l,263r,282r,
山辺珉太郎　**1001**r	山本新平　**1006**l	285r,515l,561l,668r,689l,
山部嘉彦　214l	山本助三郎　**1006**l	696r,725l,736l,750l,765l,
山村嘉平　**1002**l	山本清治　**1006**l	842l,991r,**1009**l,1010r,1027r
山村青二　194l	山本宣治　148l,235l,625r,834l,	鑓田貞子　581l,946r,**1010**l
山村　浩　954r	854l,963r	ヤン・イルドン　1047l
山村暮鳥　204l,909l,**1002**l,	山本　武　773l	ヤン・ウォンモ　1047r
1027l	山本武重　211r,502r,717r,	ヤン・グロジン　146r
山村　祐　424l,**1002**r	**1006**l,1031l	ヤン・サンギ　1047r
山室軍平　243r,967r	山本　佑　**1006**l	ヤン・ショウレン　1013l
山室　静　212l,763l	山本竜之助　**1006**l	
山室はな子　975l	山本種市　**1006**l	ゆ
山室武甫　235l	山本忠平▷陀田勘助	
山本　秋　488l	山本長司　**1006**r	俞　樾　485l
山本　勇　**1003**l	山本　求　**1006**r	俞　顕庭　918r
山本一蔵　747r,**1005**l	山本鶴也　853l,**1006**r	ユ・ジャション　1046l
山本　巌　**1003**l	山本貞次　**1006**r	俞　秀松　454r
山本栄蔵　1049l	山本徳市　89l,423l,612l,698r,	ユ・ソ　1046l
山本　薫　183r	703r,**1007**l	湯浅一之輔　**1010**l
山本一夫　191l,263r,350l,386r,	山本敏雄　272l,590l,799l,1007l	湯浅治郎　655r,803l
404r,441l,512l,730r,731r,	山本平重▷大岩由太郎	湯浅　昇　**1010**l
1003l	山本智雄　550r,**1007**l	湯浅喜太郎　**1010**l
山本和夫　59l,174r,424l,734l,	山本寅吉　**1007**l	ユァン・チェンイン　154r
950r,**1003**r	山本虎三　794l,**1007**l	由井貞次郎　**1010**l
山本勝夫　155l,1004l	山本直憲　384l,882l,**1007**r	ユイー・ダアフ　47l
山本勝利　707l	山本長継　**1008**l	由比忠之進　870l,**1010**r
山本勝之助　110r,168r,531r,	山本長寿　**1008**l	由井十三九　**1011**l
616r,975l,**1004**l	山本延二　**1008**l	ユィン・タイン　145r
山本　鼎　192r	山本晴士　149l,309l,765l,817r,	結城素明　795l

1283

湯川勘一郎　**1011***l*
油川鐘太郎　965*r*,**1011***l*
雪本徳太郎　**1011***r*
ユク・ホンギュン　1044*l*
湯口三郎　**1011***r*
弓削　繁　957*r*
ユゴー　904*r*
遊佐吉之丞　**1012***l*
遊差　猛　**1012***l*
譲原昌子　**1012***l*
油野誠一　889*r*
湯之口政文　**1012***l*
弓納持茂　768*l*,973*l*,**1012***l*
夢野久作　**1012***l*
夢野京太郎　584*r*
由利剣三　**1013***r*
由利六郎　**1013***r*
ユン・ヒョクチェ　117*r*

よ

宵島俊吉　591*l*
葉　井根　263*r*
楊　　貴　621*r*
楊　敬慈　622*r*
楊　守仁　**1013***r*
葉　紹鈞　481*l*
楊　汝舟　358*l*
葉　聖陶　481*r*
楊　世民　970*l*
葉　非英　**1013***r*
横井秋之介　20*r*,333*l*,756*l*,
　　　1014*l*
横井憲蔵　16*r*,178*l*,185*r*,272*l*,
　　　376*l*,707*l*,846*r*,885*r*,750*l*,
　　　1014*l*
横井弘三　550*r*,**1014***l*
横井仙之助　201*r*,679*r*
横井善平　**1014***r*
横石信一　286*r*
余公芳太郎　108*l*,751*l*
横江嘉純　**1014***r*
横川作太郎　**1014***r*
横川四郎　913*l*
横川保嘉　**1014***r*
横倉辰彦　15*l*,222*l*,345*r*,463*r*,
　　　495*r*,502*r*,632*l*,902*r*,936*l*,
　　　1015*l*
横瀬毅八　627*r*
横瀬夜雨　315*l*,396*r*

横田錦城　**1015***r*
横田幸一　**1015***r*
横田晃一　501*l*
横田淙次郎　44*l*,48*l*,98*l*,207*l*,
　　　282*l*,346*l*,372*l*,666*l*,822*l*,
　　　869*r*,953*r*,**1015***r*,1033*r*,
　　　1063*r*
横田敏雄　**1016***l*
横田兵馬　809*l*,**1016***l*
横地　尚　1016*l*
横地正次郎　69*r*,178*r*,386*r*,424*l*,
　　　437*r*,466*r*,504*r*,650*l*,922*r*,
　　　1016*l*,1075*l*
横野勇一郎　**1016***l*
横光惟人　884*l*
横光利一　136*l*,567*l*,873*l*,1021*l*
横山卯太郎　**1016***l*
横山楳太郎　46*r*,64*r*,151*l*,550*l*,
　　　558*l*,591*r*,710*r*,856*r*,995*r*,
　　　1016*l*
横山嘉吉　1016*l*
横山勝衛　1016*r*
横山源之助　134*l*,718*l*
横山潤之助　295*l*
横山雪堂　341*r*
横山達郎　**1017***l*
横山半次郎　**1017***l*
横山英雄　**1017***l*
横山政吉　**1017***l*
横山　実　329*l*,**1017***l*,1061*l*
横山隆一　222*l*
横山林二　377*l*
与謝野晶子　49*r*,64*l*,668*l*,721*r*,
　　　790*l*
与謝野鉄幹　49*r*,64*l*,311*r*,423*r*,
　　　442*r*,721*r*,786*l*
吉井　勇　311*r*,423*r*,**1017***l*
吉井信夫　1001*r*
吉池八十二　**1017***r*
吉池八十二　104*l*
吉浦吉松　**1017***r*
吉江喬松　94*l*,184*l*,455*r*,762*l*,
　　　1017*r*,1065*r*
吉岡伊三郎　926*l*
吉岡重甫　124*l*,**1017***r*,1030*r*
吉岡　忍　638*l*
吉岡春之介　**1018***l*
吉岡弥生　215*r*
吉岡嘉三　702*l*,1018*l*
吉川永三郎　**1018***l*

吉川英治　95*r*,489*l*,584*l*,**1018***r*
好川貫一　**1019***l*
吉川雉子郎▷吉川英治
吉川　澄　**1019***l*,1028*l*
吉川桐子　1021*l*
吉川邦郎　252*l*
吉川静夫　428*l*
吉川正吉　**1019***r*
吉川則比古　1021*r*
吉川春雄　19*r*,69*r*,185*r*,934*l*,
　　　1019*r*,1020*r*
吉川秀雄　578*l*
吉川房次郎　**1019***r*
吉川又市　66*r*,**1019***r*
吉川三慎　822*r*,**1020***l*
吉川守圀　337*r*,374*l*,402*r*,718*l*,
　　　786*r*,**1020***l*
吉川芳郎　729*r*
吉崎兼吉　**1020***l*
吉崎吉ヱ門　1019*r*,**1020***l*
吉沢勘一郎　**1020***l*
吉沢独陽　1020*r*
吉沢直高　1020*r*
吉沢博弥　976*l*
吉沢桝男　1020*r*
吉沢道秋　793*l*,1020*r*,**1021***l*
吉住　敦　**1021***l*
吉田幾太郎　**1021***l*
吉田　出　384*r*,1021*r*
吉田磯次郎　**1021***l*
吉田一穂　73*l*,317*r*,443*r*,761*r*,
　　　810*l*,811*l*,**1021***l*
吉田栄一　**1021***r*
吉田栄吉　**1021***r*
吉田金重　309*r*,542*l*,**1021***r*
吉田木一　95*l*
吉田甲子太郎　1023*l*
吉田公彦　171*r*
吉田　潔　558*r*,690*l*,**1021***r*,
　　　1072*r*
吉田　清　754*r*,**1022***l*
吉田欣一　195*r*,**1022***l*
吉田謙吉　295*l*,309*r*,1014*r*,
　　　1022*l*
吉田紘二郎　726*r*
吉田幸一　104*r*
吉田佐喜蔵　**1022***r*
吉田里吉　**1022***r*
吉田早苗　**1022***r*
吉田三市郎　921*r*,988*r*,**1022***r*

吉田周一郎　**1023***l*
吉田重吉　**1023***l*
吉田修太郎　**1023***l*
吉田順一　299*r*
吉田順司　403*l*, 554*r*, 661*l*, 918*r*,
　　1003*l*, **1023***l*, 1025*r*
吉田松蔭　281*l*
吉田士郎　775*l*
吉田　伸　329*l*
吉田　信　318*l*, **1023***l*
吉田甚一　**1023***r*
吉田清一郎　**1023***r*
吉田清三郎　**1023***l*
吉田清太郎　149*r*
吉田善助　**1023***l*
吉田多蔵　145*l*, 582*l*, 967*l*, **1023***l*
吉田只次　58*l*, 74*l*, 91*r*, 416*r*, 432*l*,
　　505*l*, 598*l*, 706*l*, 727*l*, 980*l*,
　　1024*l*, 1025*r*
吉田　磯　70*l*, 445*r*, 470*l*, 541*l*,
　　1024*r*
吉田つる　**1025***l*
吉田鶴太郎　**1025***l*
吉田定三　509*r*, **1025***l*
吉田鉄助　**1025***l*
吉田徳三郎　**1025***l*
吉田俊夫　45*l*
吉田とよ　**1025***l*
吉田なつ　**1025***l*
吉田　一　27*r*, 30*l*, 48*r*, 65*l*, 110*r*,
　　129*l*, 269*l*, 276*r*, 302*r*, 306*r*,
　　350*l*, 387*l*, 430*r*, 494*r*, 505*r*,
　　524*l*, 541*r*, 552*r*, 575*r*, 611*l*,
　　613*r*, 661*l*, 733*r*, 735*l*, 773*r*,
　　786*l*, 827*a*, 898*l*, 899*l*, 900*l*,
　　922*l*, 968*l*, 998*l*, 1024*l*, **1025***l*,
　　1063*l*
吉田秀雄　**1025***r*
吉田　弘　998*l*, **1026***l*
吉田豊年　1024*l*
吉田昌晴　6*r*, 280*r*, 435*r*, 464*r*,
　　490*l*, 610*r*, 772*r*, 912*l*, 935*l*,
　　964*r*, **1026***l*, 1061*l*
吉田民鉄　544*l*
吉田保慶　3*l*, 194*l*, **1026***l*
吉田義明　80*r*, 891*r*, **1026***l*
吉田吉平　**1026***r*
吉田笠雨　541*l*
吉永一次　662*r*
吉永長三郎　**1026***l*

吉永政一　647*r*
吉野　鼎　**1026***r*
吉野作造　136*l*, 152*r*, 497*l*, 523*r*,
　　669*l*, 712*r*, 918*r*, 924*l*, 940*r*,
　　1026*l*
吉野省一　346*l*, 1015*r*
吉野次郎兵衛　868*l*, 986*r*, **1027***l*
吉野せい　909*l*, **1027***l*
吉野信夫　997*r*
吉野文豊　**1027***r*
吉野義也　909*l*
吉場　強　666*l*, 791*l*, **1027***r*
吉原喜市　578*l*
吉原健吉　578*l*
吉原幸次郎　578*l*
吉原甚左衛門　578*l*
吉原東一　218*r*, 1027*r*
吉原幸男　578*l*
吉弘慎一　1019*r*, **1027***r*
義間倫一　**1028***l*
余島嘉一　458*r*, 796*r*, **1028***l*
吉松時次郎　251*r*
吉見二郎　953*r*
吉見伸吉　**1028***l*
吉村　明　117*r*, 155*l*, **1028***l*
吉村於兎也　311*l*
吉村鉉次郎　**1028***l*
吉村公三郎　92*l*, 661*r*
吉村光治　683*r*
吉邨二郎　295*l*
吉村大助　113*r*
吉村秀治　1060*l*
吉村益作　10*l*
吉村勇太郎　**1028***l*
吉本孝一　174*r*, 270*r*, 579*r*,
　　1028*r*
吉本隆明　15*l*, 57*l*, 116*l*, 407*r*,
　　606*r*, 607*l*, 761*r*, 878*l*, **1028***l*
吉本豊治　**1029***r*
好本　綱　**1029***r*
芳本優子　**1029***r*
吉森吾市　**1029***r*
吉屋信子　485*r*, 873*l*, 995*l*
吉行アグリ　1030*l*
吉行エイスケ　34*l*, 66*r*, 198*r*, 226*l*,
　　320*r*, 626*l*, 629*l*, 954*r*, **1029***r*
吉行栄助　**1029***r*
吉行和子　1030*l*
吉行淳之介　981*r*, 1030*l*
吉原勘次郎　578*l*

吉原源太郎　1030*l*
吉原太郎　**1030***l*
依田　耕　81*l*
与田準一　705*l*, 926*l*
四元　実　36*r*
米倉正則　124*r*, 429*l*, 1018*l*,
　　1030*l*
米沢順子　762*l*
米沢寅男　**1030***r*
米田葭郎　**1030***r*
ヨネダ，カール　211*r*, 253*l*, 502*r*,
　　717*r*, 773*l*, 806*l*, 1006*l*, **1030***r*,
　　1032*l*
米田剛三▷ヨネダ，カール
米田庄太郎　287*l*, 978*l*, **1032***l*
米田　富　425*l*, 729*l*, 796*r*, 906*r*
米田正雄　73*l*, **1032***l*
米田政吉　**1032***r*
米田政太郎　**1032***r*
米田　実　602*r*
米村市郎　115*r*, **1032***r*
米村嘉次郎　115*r*, **1032***r*
米村喜一郎　54*l*, 115*r*, **1032***r*
米村哲蔵　**1032***r*
米谷浜三郎　**1033***l*
米山一雄　**1033***l*
米山謙治　193*r*, 726*l*, **1033***l*
米山駒吉　**1033***l*
米山大甫　164*r*
米山俵蔵　376*l*, **1033***l*
米山平八郎　276*l*
頼実喜作　935*r*
頼実万作　935*r*
萬鐵五郎　12*r*

ら

羅　豁　480*l*, 619*l*, 622*r*, **1033***l*
羅　蕙錫　1034*l*
羅　景錫　**1033***r*
羅　月煥　844*l*, **1034***l*, 1039*l*
羅　淑　741*l*, **1034***l*, 1046*l*
羅　世安　741*l*, 1034*l*
羅　世弥　1034*r*
羅　日煥　1034*l*
頼　通堯　621*l*
ライヒ　208*r*, 838*r*
楽　無　356*r*, 407*l*, 484*r*, **1034***l*
ラクロア　456*l*
ラサール　943*l*

ラジニーシ　610*l*
ラスキ　1044*r*
ラスキン　292*r*,894*l*,953*r*,
　　1035*l*,1055*l*
ラスプーチン　223*r*
ラッセル　378*l*,1015*r*,1044*r*
ラムス　446*l*,781*l*,1035*r*,**1035***l*
ラング　826*l*
ランゲ　169*r*
ランダウアー　208*r*,352*l*,823*l*,
　　832*l*,929*l*,**1035***r*
ランティ　807*l*,**1036***l*
ランボー　572*r*

り

李　允熙　168*l*,230*r*,233*r*,324*l*,
　　356*l*,408*l*,608*r*,702*l*,761*l*,
　　784*r*,795*r*,837*l*,846*r*,**1037***l*,
　　1043*l*,1061*l*
リ・ウィハク　1039*l*
李　乙奎　323*r*,325*l*,492*r*,745*l*,
　　1037*r*,1038*l*,1039*l*,1042*r*,
　　1046*l*
李　華　**1037***r*
李　会栄　325*r*,358*l*,492*r*,745*l*,
　　1037*r*,**1038***l*,1043*l*,1046*l*
李　革　**1038***r*
李　鶴儀　640*l*,**1038***r*
李　何有　639*r*,844*l*,1034*r*,1039*l*,
　　1043*r*
李　康夏　1037*l*
李　箕永　366*r*
李　義鶴　**1039***l*
李　郷　290*r*
李　亨秀　532*r*,**1039***l*
李　堯棠　744*r*
李　圭旭　39*l*,323*l*,324*l*,**1039***l*,
　　1042*l*
李　圭虎　354*l*
李　圭淑　325*r*
李　圭瑞　358*l*
李　圭奭　435*l*,**1039***r*
李　鐘鳳　1043*l*
李　炫瑾　**1039***r*
李　賢淑　325*r*
李　建中　1053*l*
李　光海　1040*l*
李　康勲　325*r*,354*l*,365*r*,639*r*,
　　745*l*,**1039***r*

李　鉱洪　358*r*
李　宏根　358*l*,366*l*,408*r*,620*r*,
　　1040*l*
李　鴻藻　1041*r*
李　孝黙　615*l*,620*r*,621*l*,**1040***r*
李　黒　901*l*
李　垠　483*r*
李　在賢　39*l*
李　時雨　236*r*,237*l*,401*r*,**1040***l*
李　始栄　323*l*
李　七用　**1040***r*
リ・シーツオン　1041*l*
リー・シャオリン　1041*l*
李　寿竜　21*l*
李　俊根　325*r*
李　春植　326*l*
李　俊福　566*l*
李　昌夏　**1040***l*
李　相禹　1038*l*
李　承植　**1040***l*
李　承晩　845*r*
李　鐘文　186*r*
李　少陵　**1041***l*
李　聖勲　640*l*,**1041***l*
李　政圭　**1041***l*
李　石曾　110*l*,356*r*,357*r*,408*r*,
　　484*r*,493*l*,618*l*,621*l*,639*l*,
　　782*l*,**1041***l*
李　占標　366*l*
李　相守　**1041***r*
李　宗植　324*l*,640*l*,835*r*,**1042***l*
李　宗文　640*l*,835*r*,839*r*,**1042***l*
李　大釗　158*l*,237*r*,367*r*
李　卓　782*l*
李　達　325*r*,**1042***l*
李　丁奎　356*l*,639*r*,745*l*,
　　1037*l*,1038*l*,1039*l*,**1042***r*,
　　1046*l*
李　哲　366*l*,484*l*
李　東煥　566*l*
李　東輝　39*l*
李　東淳　366*l*,367*l*,**1042***r*
李　徳奇　**1043***l*
李　徳明　493*r*
リー・ニー　1052*l*
李ネストル▷李允熙
李　復遠　366*r*,484*l*
李　汝烈　**1043***l*
李　炳燁　**1043***l*
李　奉昌　492*r*

李　又観　356*l*
李　容俊　39*l*,**1043***r*
リー・リアンルン　1043*r*
李　里奎　1039*l*
李　立三　252*r*
李　竜吉　**1043***r*
李　竜大　**1043***r*
李　良栄　494*r*,**1043***r*
リアベフ　266*r*
リアン・ピンシエン　1047*r*
リアン・ルンクワン　1048*r*
リギョル　109*r*
陸　洪均　354*r*,1038*l*,**1044***l*
陸　式楷　481*r*,520*l*,**1044***l*
陸　蠡　**1044***r*
リーチ　721*r*
リチャーズ　558*r*,641*r*,838*l*
リード　138*l*,642*l*,**1044***r*
リネル　609*r*,871*r*,1036*l*,
　　1045*l*
リム・ジェジェ　1049*r*
リム・フイホン　1049*r*
リュー・シーシン　1046*r*
リュー・シペイ　1045*r*
リュー・モンウエイ　1047*r*
柳　澄錫　358*l*
柳　華永　365*l*
柳　愚錫　290*r*
劉　光漢　369*r*
竜　済光　455*l*
劉　師培　237*l*,425*l*,481*l*,485*l*,
　　578*r*,617*r*,741*r*,**1045***r*
劉　師復▷師復
柳　子明　319*l*,354*l*,639*r*,1038*l*,
　　1039*l*,1043*r*,**1046***l*,1049*r*
柳　絮　492*r*,494*l*,941*l*,**1046***l*
劉　紹彬　455*l*
柳　震杰　484*l*
劉　燧元　363*l*
劉　石心　367*l*,**1046***r*
柳　致真　407*r*
劉　道一　480*r*
笠　英明　**1047***l*
劉　夢葦　494*l*,538*l*,**1047***l*
柳　林　365*l*
竜胆寺雄　1030*l*
梁　一東　237*l*,353*r*,355*l*,365*r*,
　　366*l*,1043*l*,**1047***l*
梁　源模　**1047***r*

人名索引　わ

梁　相基　**1047**r
梁　冰弦　159r, 367r, 1046r, **1047**r
龍武一郎　67r, 183l, 564l, 564r, 780r, 825l, 859r, 931r, **1048**l
梁　竜光　494r, **1048**r
良　寛　**1049**l
林　君復　**1049**l
林　済采　**1049**l
林　春涛　918r
林　則徐　618r
リン・チュインフー　1049l
林　斐芳　93l, 158r, 367l, 618l, **1049**r

る

ルー・シュイン　1053r
ルー・チェンボ　1053l
ルー・リー　1044r
ルー・シーカイ　1044l
ルイズ・ミッシェル▷ミッシェル
ルオ・シュー　1034r
ルオ・ホウオ　1033l
ルオー　550l
ルクセンブルク, ローザ　1049l
ルクリュ, エリー　1051r
ルクリュ, エリゼ　49l, 62r, 71l, 728l, 782l, 913l, **1050**l, 1051r
ルクリュ, ジャック　456l, 531r, 913l, **1051**l
ルクリュ, ポール　62r, 348r, 391r, 455r, 782l, 1051l, **1051**l
ル　ソー　50l, 197l, 433l, 911r, 1031l
ルトガース　505l
ルフォール　244r
ル　ルー　487l

れ

麗　尼　**1052**l
レヴィ=ブリュル　301r
レオ・フェレ　720l
レオン　561r, 915l
レッシング　874l
レーニン　22l, 128l, 364r, 536r, 672r, 762r, 1025r, 1071r
レノン, ジョン　1052l
レールモントフ　762l

レン・ウンキン　1052r
連　温卿　92r, 978r, 1033r, 1049r, 1052r

ろ

朗　偉　364l
ロー・ウー　1034r
魯　彦　484l
盧　剣波　146l, 619r, 620r, 623l, 940r, 1046l, **1053**l
魯　迅　13l, 47r, 136l, 145l, 154l, 159r, 262r, 319l, 355l, 356r, 358r, 364l, 480r, 481l, 531r, 538l, 622l, 623l, 639r, 769r, 800l, 915r, 933l, 1042r, 1046r, **1053**l
呂　淦森　1034r
ロイド　536r
老　子　62r, 102r, 164l, 854l
ロゼッティ　731l
ロダン　371, 550l
ロッカー　33r, 744r, **1054**r
ロープシン　762l
ロ　ラー　1054l
ロ　ラン　60l, 63r, 248r, 391r, 455r, 549r, 668l
ロルカ▷ガルシア・ロルカ
ローレル　175r, 369r, 660r, 1054r
ロレンス　267r, 854l
ロングフェロー　49l
ロンドン, ジャック　1055l
ロンブロゾー　626l

わ

輪井満津雄　**1055**l
ワイエス　537r
ワイルド　154r, 383l, 456r, 560r, 751r, 934l, **1055**l
若井　泉　879r
若狭勝次　951l, **1056**l
若狭太平　951l, **1056**l
若杉香子　586r
若杉サト　**1056**l
若杉　慧　677r
若杉たけ　879r, **1056**l
若杉浪雄　216l, 438r, 449l, 755l, 766l, **1056**l

若杉葉子　1003l
若竹　直　**1056**r
若竹幸男　222l, **1056**r
若月　護　**1056**r
若林亀太郎　**1057**l
若林忠一　525r, **1057**l
若林藤蔵　583l
若林やよ　88r, 204l, 224l, 456r, 550r, 965l, 1007l, 1023l, **1057**l, 1073l
若林与市　**1057**r
若林芳三　**1057**r
若原賢太郎　**1057**r
若松孝二　**1057**r
若松せい　909l
若松流二　88r, 89l, 627l, **1058**l
若宮卯之助　**1058**r
若宮福松　**1058**l
若宮正則　**1058**r
若山喜志子　**1059**l
若山健二　**1059**l
若山　繁　**1059**l
若山ひで　**1059**l
若山牧水　100l, 235r, 371r, 446r, 653l, 689l, 722r, 859l, 968r, **1059**l
脇　貞邦　**1059**r
脇　清吉　**1059**r
和久井はな　**1059**r
涌井元久　**1060**l
涌(湧)島義博　224l, 747r, 769r, 1003l, **1060**l
和倉一郎　**1060**r
和気律次郎　1055r, **1060**r
分島貞治　**1060**r
和合恒男　944l
和佐田芳雄　197r, 214l, 233r, 278l, 490r, 589r, 594r, 608r, 702l, 761l, 784r, 795r, 846r, 960r, **1060**r
和沢重雄　**1061**r
和志喜一郎　**1061**r
鷲尾教導　866r, **1061**r
ワーズワース　398r, 854l
和田愛次郎　**1062**l
和田　乾　**1062**l
和田　厳　675l
和田　巌　**1062**l
和田梅尾　212r, 213l
和田栄吉　1062l

1287

和田栄太郎　7*l*,108*l*,168*r*,288*l*,
　　318*l*,381*l*,394*r*,403*l*,444*l*,
　　709*r*,814*r*,926*r*,964*l*,975*r*,
　　989*r*,**1062***l*,1064*r*,1067*r*
和田兼次郎　860*r*,**1062***r*
和田軌一郎　154*l*,306*r*,387*r*,
　　421*r*,494*r*,559*r*,575*r*,661*r*,
　　748*l*,922*l*,1023*l*,1025*r*,
　　1060*l*,**1062***r*,1067*r*
和田喜太郎　**1063***l*
和田吉郎　516*l*
和田久太郎　21*r*,38*l*,48*l*,89*l*,107*r*,
　　109*l*,127*l*,133*r*,143*r*,147*l*,
　　148*r*,168*l*,173*r*,175*r*,176*r*,
　　186*l*,194*l*,204*l*,216*r*,222*r*,
　　226*l*,271*l*,289*l*,311*l*,320*l*,
　　330*l*,332*r*,335*l*,339*r*,346*r*,
　　350*r*,401*l*,402*r*,416*r*,421*l*,
　　430*r*,444*l*,495*r*,496*l*,520*r*,
　　546*r*,554*r*,571*r*,572*l*,574*r*,
　　602*l*,694*l*,696*l*,698*l*,709*r*,
　　757*l*,769*l*,780*l*,800*l*,816*l*,
　　819*l*,831*l*,840*r*,870*r*,876*l*,
　　881*r*,897*r*,899*l*,916*r*,917*r*,
　　937*l*,944*r*,946*l*,963*l*,963*r*,
　　968*r*,1015*r*,1019*l*,1056*r*,
　　1063*r*,1066*r*,1073*r*,1074*l*
和田吾朗　734*r*
和田佐久　901*r*
和田三郎　**1064***r*
和田三居　**1065***l*
和田寿静　136*r*
和田俊一　435*l*,461*r*,861*r*,**1065***l*
和田新太郎　810*r*
和田政一郎　**1065***r*
和田二男　181*l*
和田　伝　561*l*,725*l*,735*r*,**1065***r*
和田登志男　**1065***r*
和田仁助　**1066***l*
和田信義　46*r*,114*r*,168*l*,184*l*,
　　184*r*,226*l*,226*r*,368*r*,398*l*,
　　466*r*,673*r*,687*r*,768*l*,822*l*,
　　861*l*,866*l*,928*l*,968*l*,972*l*,
　　1066*l*
和田　光　**1066***r*
和田福太郎　**1066***r*
和田北侭　337*r*,499*l*,**1066***r*
和田松夫　202*l*
和田　実　**1066***r*
和田むめお　346*r*

和田幽玄　281*l*
和田義雄　474*l*
渡辺郁市　502*l*
渡辺一郎　1068*r*
渡部栄三郎　**1066***r*
渡辺栄次　**1067***l*
渡部栄介　270*r*
渡辺嘉一郎　**1067***l*
渡辺畢山　197*l*
渡辺亀吉　1071*l*
渡辺寛作　**1067***l*
渡辺義助　909*r*,937*r*,**1067***l*
渡辺吉三郎　1068*l*
渡辺京二　71*l*
渡辺清嗣　**1067***l*
渡辺欣之助　**1067***l*
渡辺熊吉　860*l*
渡辺健市　**1067***l*
渡辺　幸　**1067***l*
渡辺広吉　**1067***l*
渡辺光三郎　**1067***r*
渡辺幸次郎　**1067***r*
渡辺公平　**1067***r*
渡辺幸平　215*l*,302*r*,491*r*,541*r*,
　　735*l*,782*r*,814*r*,898*l*,899*r*,
　　1067*r*
渡辺駒一　1068*l*
渡辺才三　**1068***l*
渡辺佐吉　776*l*
渡辺定雄　**1068***l*
渡辺　慧　637*r*
渡辺　茂　451*l*,652*r*,**1068***l*
渡辺尺蠖　95*r*,470*r*,893*r*,**1068***l*
渡辺順三　234*r*,236*r*,**1068***r*
渡部昭吉　**1069***l*
渡辺新吉　**1069***l*
渡辺精一（芝浦）　**1069***l*
渡辺精一（房総青年社）　3*l*,4*l*,
　　147*l*,206*r*,244*l*,444*l*,498*r*,
　　562*r*,675*r*,699*l*,753*l*,758*l*,
　　1069*l*
渡辺善三郎　193*l*,345*r*,**1069***r*
渡辺善寿　81*l*,249*r*,625*r*,683*l*,
　　692*r*,786*r*,831*l*,912*l*,934*l*,
　　1069*r*,1071*l*
渡辺大濤　40*r*
渡辺竹二郎　614*r*,901*r*,**1070***l*
渡辺威徳　1071*r*
渡辺　正　**1070***l*
渡部達三　**1070***l*

渡辺太郎　182*r*,**1070***l*
渡辺忠蔵　**1070***r*
渡辺ちよ　**1070***r*
渡辺長吉　**1070***r*
渡辺長輔　599*r*
渡辺綱三　**1070***r*
渡部常男　**1070***r*
渡辺鉄治　218*l*,252*l*,**1070***r*
渡辺照吉　**1071***l*
渡部　徹　12*l*,114*r*
渡辺外喜夫　**1071***l*
渡辺得一郎　**1071***l*
渡辺年之助　87*r*,207*l*,666*l*,
　　891*r*,**1071***l*
渡辺留吉　**1071***l*
渡辺虎吉　**1071***r*
渡辺直己　559*r*
渡部信義　718*r*,**1071***r*
渡邊白泉　793*l*,**1071***r*
渡辺春男　421*r*
渡辺半造　72*l*,**1072***l*
渡辺　寿　449*l*
渡辺　博　**1072***r*
渡辺丙午　382*l*,**1072***r*
渡辺正章　**1072***r*
渡辺政吉　30*l*,439*r*,445*r*,663*r*,
　　900*l*,**1072***r*
渡辺政太郎　10*r*,58*l*,88*r*,131*l*,
　　149*r*,176*r*,202*l*,204*l*,305*r*,
　　337*r*,402*r*,449*r*,535*l*,550*r*,
　　587*l*,594*r*,602*l*,666*l*,696*l*,
　　773*l*,774*l*,780*l*,786*r*,802*l*,
　　807*l*,809*r*,839*l*,873*l*,898*r*,
　　937*l*,965*l*,1025*l*,1057*l*,
　　1063*r*,**1073***l*
渡辺政太郎（信友会）　**1073***l*
渡辺政之輔　249*r*,705*l*,742*l*
渡辺　勝　168*r*,345*r*,857*l*,936*l*,
　　1074*l*
渡辺又吉　582*l*,967*l*,1047*l*
渡辺満三　49*l*,104*r*,143*r*,361*l*,
　　362*r*,748*l*,1067*l*,**1074***l*
渡辺満蔵　1074*l*
渡辺茂三郎　**1074***r*
渡辺元次郎　**1074***r*
渡辺やよ　873*l*
渡辺祐次郎　**1074***r*
渡辺与三郎　**1074***r*
渡辺義広　588*r*
渡辺　渡　219*r*,297*r*,466*r*,504*r*,

518r,665r,769l,811l,**1074**r
綿引邦農夫　25l,110r,121r,124l,
　690r,709r,782r,827l,828l,
　828r,899l,1064l,1067r,**1075**l
渡部大三郎　66r,**1076**l
渡すぎ子　1076r,1076l
渡　平民　869r,**1076**r

渡保次郎　1076r
渡　義夫　**1076**r
輪違清次　27r,**1076**r
輪違光治　**1077**r
輪違定夫　1003l
和辻哲郎　314r
ワン・クワンチー　158l

ワン・クワンホゥイ　158r
ワン・チー　157r
王　之春　1013l
ワン・チンウエイ　159l
ワン・ルーイェン　159r

1289

欧文索引

Artsybashev, Mikhail Petrovich 38*l*
Bakunin, Mikhail Aleksandrovich 745*r*
Baldwin, Roger Nash 852*l*
Berkman, Alexander 837*l*
Berneri, Camillo 838*l*
Berneri, Marie Louise 838*r*
Berthelot, Paul 837*r*
Blake, William 834*r*
Blanqui, Louis-Auguste 824*l*
Brand, Frank 825*l*
Buber, Martin 823*l*
Bubnova, Varvara 823*r*
Camus, Albert 271*r*
Carpenter, Edward 267*l*
Chopin, Fryderyk Franciszek 486*r*
Cherkezov, Varlaam Nikolaevich 615*r*
Colomer, André 400*l*
Durruti, Buenaventura 651*l*
Eltzbacher, Paul 153*r*
Eroshenko, Vasiliy Yakovlevich 153*r*
Ferrer, Francisco 801*l*
Fritz, Rose 825*r*
Gāndhī, Mohandās Karamchand 292*l*
García Victor 275*l*
García Lorca, Federico 276*l*
García Oliver 275*r*
Gesell, Silvio 352*l*
Gobert, Fernand 390*r*
Godwin, William 382*r*

Goldman, Emma 399*r*
Goodman, Paul 331*l*
Guerin, Daniel 353*l*
Hašek, Jaroslav 749*l*
Hartmann, Sadakichi 760*l*
Hemingway, Ernest 836*r*
Johnson, Albert 487*l*
Kafka, Franz 266*r*
Kata Phusin 1035*l*
Koestler, Arthur 351*l*
Kollontai, Aleksandra Mikhailovna 400*r*
Kosrob 378*l*
Kravchinsky, Sergei Mikhailovich 519*l*
Kropotkin, Peter Alekseevich 348*l*
Landauer, Gustav 1035*r*
Lanti, Eugeno 1036*l*
Lennon, John 1052*l*
London, Jack 1055*r*
Luxemburg, Rosa 1049*l*
MacDonald, Ranald 864*l*
Mackay, John Henry 874*l*
Makhno, Nestor Ivanovich 886*l*
Malatesta, Errico 887*l*
Marcelo Verema 837*r*
Maspero, Henri 866*r*
Michel, Clémence Louise 904*l*
Montseny, Federica 961*l*
Morris, William 953*r*
Most, Johann 943*l*
Mühsam, Erich 929*l*
Naft, Stephen 1055*l*
Nechaev, Sergei Gennadievich 727*r*
Nettlau, Max 728*l*
Nietzsche, Friedrich Wilhelm 724*r*
Orwell, George 160*l*
Palante 775*r*
Perovskaya, Sofiya Livovna 838*r*
Proudhon, Pierre Joseph 832*l*
Ramus, Pierr 1035*r*
Read, Herbert 1044*r*
Reclus, Elisée 1050*r*
Reclus, Jacques 1051*r*
Reclus, Paul 1051*r*
Rocker, Rudolf 1054*r*
Roller, Arnold 1054*r*
Ryner, Han 1045*l*
Sacco, Nicola 437*l*
Salt, Henry Stephens 536*l*
Shirai Jack 487*r*
Show, George Bernard 483*l*
Sorel, Georges 536*r*
Steiner, Rudorf 482*l*
Stepnyak 519*l*
Stirner, Max 482*r*
Stopani, V. 520*l*
Thoreau, Henry David 537*l*
Tolstoi, Lev Nikolaevich 667*r*
Tucker, Benjamin R. 593*l*
Vanzetti, Bartolomeo 117*l*
Wild, Oscar 1055*l*
Woodcock, George 138*r*
Yone Noguchi 731*l*
Yoneda, Karl G. 1030*r*
Zamenhof, Lazaro Ludoviko 450*l*

1290

—完—

後 記 編集を終え，人名事典との長期にわたる関わりに区切りをつけることができてほっとしている。最後に，旧版刊行(2004年)に至る事情の概要と，その後の本書刊行(2019年)までの編集委員会の経緯を記す。

旧版刊行の契機となったのは日外アソシエーツの『近代日本社会運動史人物大事典』の刊行(1997年)である。同事典でのアナキスト関係の人名の大半，700を越える項目を同書の編集委員の1人が執筆していたのだが，その多くに事実の誤りや記述の不足が見られ，また事実に反する人格攻撃的な表現も少なくなく，立項された人物の親族や研究者などを中心として改訂・絶版を求める抗議の輪が拡がった。だが，出版元の日外および同編集委員会からは「改訂する」との回答はなかった。

そのような時，同事典の「名ばかりの編集委員だった」という鶴見俊輔から，アナ系だけの人名事典を作ったらという提案があった。コスモス忌(秋山清の追悼会)の1998年の集会の講演壇上からの発言である。それを受けて同年12月に，石田友三，大澤正道，奥沢邦成，亀田博，黒川洋，近藤千浪，白仁成昭，冨板敦，中島雅一，西村修，水田ふう，向井孝が東京で会議を開き，同事典に見られるアナキズム運動史についての記述の誤りを正すために，事実に則した人名事典を発行することを確認した。旧版の編集委員会はこの12人に研究者や運動関係者を加えた形で編成されることになった。

旧版の編集作業では『日本アナキズム運動人名事典編集委員会ニュース』(1998年12月創刊，ぱる出版)を発行した。このニュースでは，在野の研究者を中心に多くの情報をいただくことができた。その中間報告として1999年11月には，「アナキスト」22名を立項した小冊子『日本アナキズム運動人名事典〈テスト版〉』を公表した。内容は以下のとおりである。

明石順三(鶴見俊輔)，秋山清(寺島珠雄・黒川洋)，足助素一(白仁成昭)，石川三四郎(山

口晃)，岩佐作太郎(戸田三三冬)，岩崎光好(向井孝)，植村諦(猪野健治)，大杉栄(大澤正道)，久保譲(白仁成昭)，幸徳秋水(亀田博)，後藤謙太郎(黒川洋)，近藤憲二(白仁成昭)，シュティルナー(大澤正道)，杉藤二郎(向井孝)，中名生幸力(後藤彰信)，新居格(小松隆二)，福田国太郎(冨板敦)，二見敏雄(大澤正道)，逸見吉三(向井孝)，森戸辰男(鶴見俊輔)，山口勝清(山口平明)，和田久太郎(白仁成昭)

　この「テスト版」を経て，編集委員会ニュースは2004年3月，第31号をもって終刊し，同年4月，旧版の刊行に至る。

　2004年4月に刊行した『日本アナキズム運動人名事典』は、「安藤昌益・田中正造から埴谷雄高・水木しげるまで。収録人名3000名」と謳い，日本のアナキズム運動に直接関わった人物だけでなく，近代日本の民衆運動に影響を与えた自由思想家や社会運動者を取り上げた。典拠は，「論より証拠」，「実事求是」をモットーに，当時の機関紙誌類を資料の基本とした。地域的には，台湾，朝鮮，中国も包括，内容的にはこれまで本邦の事典では光を当てられることのなかった無名の，しかし重要な人物を数多く掬い上げることができた。

　幸い旧版は好評をいただき版を重ねることができたが，資料が十分でなかったために立項し得なかった人物，見落とした人物が少なからず存在すること，さらに日本のアナキズムをより広くとらえられないかという認識から，本事典巻頭にも記したが10余年後に増補改定版を刊行することを期して，編集委員会は旧版刊行後引き続き準備を進めることになった。

　ひとつには，研究発表の場を広く提供するための雑誌『トスキナア』(皓星社)を刊行することであった。旧版刊行5ヵ月後の2004年9月に準備号を2005年4月に創刊号を発行。同誌

は春・秋，年2回の定期刊行を続け，旧版発行10年後の2014年10月に第20号で終刊。2007年7月には『トスキナア』別冊として『中濱鐵　隠された大逆罪——ギロチン社事件未公開公判陳述・獄中詩篇』を刊行した。
　『トスキナア』終刊から4年，旧版の記述の改稿を徹底するとともに，埋もれた人物や資料のさらなる探求を幅広く行った。さらに本書では日本を包むアナキズム運動の豊穣な歴史を示し，未来の探求に資する基礎資料として，旧版を超えて前近代の宗教・思想家，また戦後の活動家までを収載すべく，増補改訂版の刊行に力を注いできた。
　また，本書の刊行にはアナキズム文献センター（Cira-Japana，静岡・富士宮）との連携が欠かせないものとなった。旧版刊行以後，同センターが所蔵した多数の戦前の機関紙誌（『信友』『正進』『芝浦労働』『農民自治』等），さらには戦後の機関紙誌の充実した蔵書からも多くの示唆を得，結果として本書では旧版に倍する人物を立項することになった。
　末尾となりますが，明治，大正，昭和初期の原資料を提供くださった皆様，また，黒色戦線社，地六社，海燕書房，不二出版，緑蔭書房ほか，アナキズム文献の復刻事業に尽力された版元，グループ，また個人の皆様に，あらためて心より敬意を表し，あわせて日本の近代の歴史の中で，自由と平等を求めて闘った多くの有名，無名の活動家の軌跡の発掘と業績の顕彰に，この増補改定版が役立つことを願ってやみません。

　　2018年12月

編集委員会

増補改訂　日本アナキズム運動人名事典

2019年4月20日　増補改訂版　第1刷発行

編集　日本アナキズム運動
　　　人名事典編集委員会

発行者　奥沢邦成

発行所　株式会社ぱる出版
〒160-0011　東京都新宿区若葉1-9-16
代表03(3353)2835振替　東京00100-3-131586
本文製版印刷・三美印刷㈱　製本・中央精版印刷㈱

Ⓒ 2019 Pal Publishing　　　Printed in Japan
落丁・乱丁本は、お取り替えいたします
ISBN978-4-8272-1199-3 C0521